J.76.

LES OEVVRES MORALES ET PHILOSOPHIQVES DE PLVTARQVE,

Translatées de Grec en François, par Messire JACQVES AMYOT, viuant Euesque d'Auxerre, Conseiller du Roy, & grand Aumosnier de France, & reueuës, corrigées, & augmentées en ceste presente Edition en plusieurs passages, suiuant son exemplaire.

TOME SECOND.

A PARIS,
Chez CLAVDE MOREL, ruë S. Iacques, à la Fontaine.

M. DC. XVIII.
AVEC PRIVILEGE DE SA MAIESTÉ.

LES TRAICTEZ CONTENVS
EN CE SECOND TOME.

XLIX.	Es Propos de Table.	359
L.	Les Opinions des Philofophes.	439
LI.	Les Demandes des chofes Romaines.	460
LII.	Les Demandes des chofes Grecques.	478
LIII.	Collation abregee d'aucunes hiftoires.	485
LIV.	Les Vies des dix Orateurs.	492
LV.	De trois fortes de gouuernement.	503
LVI.	Sommaire de la Comparaifon d'Ariftophanes & de Menander.	504
LVII.	Eftranges Accidents aduenus pour l'amour.	505
LVIII.	Quels Animaux font les plus aduifez.	507
LIX.	Si les Atheniens ont efté plus excellents en armes qu'en lettres.	523
LX.	Lequel eft plus vtile, le feu, ou l'eau.	527
LXI.	Du premier froid.	528
LXII.	Les Caufes naturelles.	534
LXIII.	Les Queftions Platoniques.	539
LXIV.	De la creation de l'Ame.	546
LXV.	De la fatale Deftinee.	556
LXVI.	Que les Stoïques difent des chofes plus eftranges que les Poëtes.	559
LXVII.	Les Contrediéts des Philofophes Stoïques.	560
LXVIII.	Des communes Conceptions contre les Stoïques.	573
LXIX.	Contre l'Epicurien Colotes.	588
LXX.	De l'Amour.	599
LXXI.	De la face qui apparoift au rond de la Lune.	613
LXXII.	Pourquoy la prophetiffe Pythie ne rend plus les oracles en vers.	627
LXXIII.	De l'efprit familier de Socrates.	635
LXXIV.	De la malignité d'Herodote.	648
LXXV.	De la Mufique.	660

Traictez adiouftez.

LXXVI.	Des Fleuues & montagnes & des chofes rares qui s'y trouuent.	668
LXXVII.	Recueil de diuerfes preuues & argumens qui enfeignent que les difciplines font recordations.	675
LXXVIII.	De l'Amour & de fes effeéts.	ibidem.

LES OEVVRES MESLEES
DE PLVTARQVE.

Tranflatees de Grec en François, reueuës, &
CORRIGEES EN CESTE DERNIERE
Edition en plufieurs paffages par le Tranflateur.

TOME SECOND.

Les propos de table, ou Sympofiaques.

LIVRE PREMIER.

QVESTION PREMIERE.

S'il faut parler de propos de Lettres à la table.

IL y en a, Seigneur Soffius Senecion, qui difent que ce prouerbe ancien,

  Ie ne veux point pour compagnon à boire
  Vn qui apres en ait bonne memoire.

a premierement efté dict pour les hoftelliers, lefquels font ordinairement fafcheux & mal-plaifans quand ils fe viennent mettre à la table auec leurs hoftes, pource que les Doriens qui habitoient anciennement en la Sicile, appelloient, ce femble, vn hoftellier Mnamon. Les autres eftiment que ce commun prouerbe nous admonefte, de mettre en oubly tout ce qui fe fait & qui fe dit à la table, en faifant bonne chere. C'eft pourquoy lon tient en noftre païs que l'oubliance & la ferule font confacrees & dediees à Bacchus: Ce qui nous donne à entendre, que ou l'on ne doit aucunement fe fouuenir des fautes qui ont efté faictes à la table, ou bien qu'elles ne meritent que bien legere & puerile punition. Mais auffi eftant ainfi qu'il te femble, & auffi bien qu'à Euripides, que

  Mettre en oubly le mal, eft grand' fageffe:

mais auffi que d'oublier generalement tout ce que lon dit à la table, nón feulement eft repugnant à ce commun dire, Que la table fait les amis, & a les plus grands & plus excellents Philofophes qui portent tefmoignage au contraire, comme Platon, Xenophon, Ariftote, Speufippus, Epicurus, Prytanis, Hieronymus, & Dion l'Academique, qui tous ont eftimé & reputé chofe digne d'eux, de coucher par efcript les deuis qui auroient efté tenus en leur prefence à table: tu as penfé qu'il falloit auffi que ie

Pp

Le premier Liure

recueilliſſe les principaux & plus dignes poincts des propos de lettres que nous auons autrefois tenus & diſcourus, par cy par là, tant à Rome chez vous, qu'en la Grece, en beuuant & mangeant auec noz amis: à quoy ie me ſuis volontiers employé, & t'en ay deſia enuoyé trois Liures, contenans chacun dix Queſtions, & t'enuoyeray le reſte bien toſt, ſi ie m'apperçoy que tu n'ayes pas trouué les premiers impertinents, & ſans aucune doctrine. La premiere queſtion doncques que i'ay mis en auant eſt, à ſçauoir, S'il eſt bien ſeant de philoſopher, c'eſt à dire, de parler & traitter de propos de lettres, quand on eſt à table. Car il te peut ſouuenir que ceſte queſtion fut propoſee à Athenes apres vn ſoupper, S'il eſtoit bien ſeant de tenir des propos, & faire des diſcours de philoſophie, lors que l'on eſt à table pour faire bonne chere : & s'il en falloit vſer, iuſques à quelle borne il eſtoit raiſonnable d'en vſer. Et lors Ariſton, qui eſtoit vn de la compagnie: Comment, dit-il, y a il doncques, ie vous prie au nom des Dieux, des perſonnes qui refuſent lieu aux deuis & propos de la philoſophie à la table? Ouy, dis-ie, il y en a qui non ſeulement le refuſent, mais qui s'en mocquent à bon eſcient & à certes, & diſent qu'il ne faut pas que la Philoſophie (laquelle eſt comme la maiſtreſſe de la maiſon) parle à la table, où lon vient pour faire bonne chere : & que les Perſes faiſoient bien & ſagement, de ne vouloir pas banqueter ny baller & iouër auec leurs femmes eſpouſees, ains ſeulement auec leurs concubines: auſſi veulent ils ſemblablement que nous introduiſions en nos feſtins la muſique, les danſes, les farces, & plaiſanteries, & que nous ne touchiōs point à la philoſophie, comme n'eſtant pas elle iamais propre à iouër, ny nous lors diſpoſez à eſtudier : non plus que l'orateur Iſocrates ne voulut oncques reſpondre à ceux qui le preſſoient de luy dire quelque choſe de beau en banquetant, leſquels ne peurent iamais tirer de luy autre choſe ſinon, Il n'eſt pas maintenant le temps de ce que ie ſçay faire : & ce dequoy il eſt maintenant le temps, ie ne le ſçay pas faire. Alors Craton s'eſcriant à haute voix, Et par le bon Dieu Bacchus, il feit treſbien, dit-il, de refuſer à parler, s'il euſt voulu vſer de ſes longues clauſes & faſcheuſes trainees de paroles, leſquelles euſſent chaſſé & banny du feſtin toute grace, & tout plaiſir. Mais ce n'eſt pas tout vn, à mon aduis, que d'oſter d'vn feſtin le langage affetté de Rhetorique, & les propos de Philoſophie, par ce que c'eſt toute autre choſe que la philoſophie, laquelle eſtant l'art qui nous monſtre comment il faut viure, il n'eſt pas raiſonnable de luy fermer la porte de ieu ny de volupté & paſſetemps quelconque, ains faut qu'elle y aſſiſte & ſoit preſente à tout, pour nous enſeigner le temps, le moien, & la meſure qu'il y conuient obſeruer, ſi nous ne voulons dire par meſme moien, qu'il ne faudra receuoir en nos feſtins ny la iuſtice, ny la temperance, ny les autres vertus, en nous mocquant de leur venerable grauité. Or ſi nous deuions ſoupper au Palais de la Iuſtice, ſans parler ne dire mot, comme lon fait au bancquet du ſacrifice d'Oreſtes, cela ſeroit à l'aduenture vne peu heureuſe couuerture & excuſe de noſtre ignorance : mais s'il eſt ainſi que le Dieu Bacchus ſoit à bon droit ſurnommé Lyſius ou Lydius, c'eſt à dire, deſlieur de toutes choſes, & principalement de la langue, à qui il oſte le mors & la bride, & donne toute liberté à la voix & à la parole, ie penſe que ce ſeroit vne grande ſottiſe de priuer le temps, auquel on eſt plus emparlé & plus abondant en paroles, de bons propos & de fructueux deuis, & de diſputer aux eſcholes du deuoir qu'il faut obſeruer és feſtins, & de l'office du feſtoyant, cōment il ſe faut comporter à la table, & vouloir puis apres oſter de tout poinct la philoſophie des bancquets & feſtins, comme ne pouuant cōfirmer de faict ce qu'elle enſeigne de paroles. Et comme tu euſſes alors dit, qu'il ne falloit point s'amuſer à contredire en cela à Craton, mais qu'il falloit cercher à mettre quelque borne, & donner quelque forme aux propos de philoſophie que lon deuroit tenir à la table, pour euiter ce que lon a accouſtumé de dire plaiſammēt à ceux

qui ont

Des propos de table.

à qui ont enuie d'arguer & de disputer quand il faut manger, pris des vers d'Homere,
Allez vous-en pour ceste heure manger,
Et puis venez au combat vous ranger:
& m'eusses admonesté d'en dire mon aduis, ie me pris à deduire, qu'il me sembloit que lon deuoit premierement considerer, quelle estoit la cõpagnie du festin. Car s'il y auoit plus de gens de lettres que d'autres, cõme fut celuy d'Agathon, où estoiét vn Socrates, vn Phędrus, vn Pausanias, vn Eryximachus, vn Callias, vn Chorondas, vn Antisthenes, vn Hermogenes, & autres semblables à ceux la, nous les laisserons philosopher en leurs propos, meslant & trempant Bacchus, non moins auec les Muses, qu'auec les Nymphes, qui sont les eaux, par ce que celles-cy le font entrer doux & gracieux au corps, & celles la non moins courtois & agreable à l'ame. Car s'il y a quelque peu d'ignorans entre plusieurs doctes & sçauans, comme des lettres muettes parmy des voyelles, encore participeront-ils à quelque voix qui ne sera pas du tout inarticulee pour eux, & y pourront apprendre quelque chose: & si d'auenture il y a grand nombre de ces hommes qui aiment mieux ouïr le chant d'vn oiseau quel qu'il soit, ou le son d'vne corde, ou d'vn bois, que non pas la voix d'vn philosophe, alors l'exemple de Pisistratus sera bon à practiquer, lequel aiant quelque debat & different a l'encontre de ses enfans, & s'apperceuant que ses ennemis en estoient bien aises, il feit vne assemblee de ville, en laquelle il dit au peuple, qu'il eust bien desiré pouuoir tirer à soy & gaigner ses enfans, mais puis qu'ils n'y vouloient entendre, que luy-mesme se laisseroit gaigner & mener à eux. Aussi l'homme docte & philosophe parmy des autres conuiues qui ne voudront point prester l'oreille à ses propos de lettres & de philosophie, se rangera de leur costé, & mõstrera de prendre plaisir à leur passetemps, entant qu'ils se pourront comporter, & qu'ils ne passeront point les limites d'honnesteté, sçachant bien que les hommes ne peuuét monstrer & exercer leur eloquence qu'en parlant, mais qu'ils monstrent & exercent leur philosophie en se taisant mesme, voire & en se iouänt, & en se gaudissant des autres, & endurant d'estre aussi gaudis. Car ce n'est pas seulement vne iniustice extreme, comme disoit Platon, que n'estant pas iuste faire semblát de l'estre: mais est vne prudence souueraine de philosopher, & ne sembler pas philosopher, & en iouänt faire tous offices de ceux qui font à bon escient. Car ainsi comme les Bacchantes èn Euripide, sans armes & sans ferremét aucun, frappans auec leurs petits iauelots ceux qui s'adressent à elles, les blessent: aussi les rencontres, les mots de risee, & les ieux des sages & vrais philosophes esmeuuent & corrigent aucunement ceux qui ne sont pas du tout incorrigibles, ne si durs que rien ne les puisse entamer. Et puis il y a des contes propres à faire en vne assemblee de festin, les vns que l'on peut tirer des histoires escrittes, les autres des affaires que l'on a en main, cõtenans des exéples pour inciter les hommes, les vns à l'estude de la philosophie, les autres à la pieté & deuotion enuers les Dieux, aucuns à imiter des actes genereux & magnanimes, autres à faire œuures de bonté & d'humanité, par lesquels exéples qui pourroit secrettement & dextrement instruire ceux qui boiuét, sans ce qu'ils s'en apperceussent, deschargeroit le vin d'vne grande charge de plusieurs vices qu'on luy impute: Or y en a il qui mettét des fueilles de bourache dedans le vin, & arrosent les plachez des salles où l'on mange d'eau là où aiét trépé les herbes de la Verueine, & du Capilli Veneris, aians opinion que cela apporte quelque resiouïssance, & quelque gayeté aux cœurs de ceux qui sõt au festin, pour imiter Heleine, laquelle ainsi que dit Homere, charmoit auec quelques drogues le vin de ceux qui beuuoient & mangeoient auec elle, mais ils ne s'apperçoiuent pas que ceste fable amenee depuis l'Ægypte, par vn grand circuit de long chemin, se va terminant à la fin en propos honnestes & bien accommodez au temps & au lieu, par ce que Heleine leur raconte à table les trauaux d'Vlysses,

Pp ij

Le premier Liure

Ce qu'il a fait & souffert constamment,
En se battant luy-mesme rudement.

Car c'est cela que le poëte appelle Nepenthes, drogue qui garde de sentir &
charme la douleur, c'est à sçauoir vn parler discret, qui se sçait bien accómoder aux
affections, aux temps, & aux affaires qui se presentent, mais les hommes aduisez & de
bon iugement, encore que directement ils parlent de Philosophie, conduisent leurs
propos par voye douce & amiable de persuasion, plus tost que par force & cótrain-
te de demonstration. Voiez vous comment Platon en son Conuiue discourant de
la fin derniere des actions humaines, & du souuerain bien de l'homme, & bref faisant du Theologien, ne roidit point la preuue de sa demonstration, ny ne saupou-
dre point sa prise, en maniere de parler, comme il a accoustumé de faire ailleurs, la
rendant ineuitable, ains induit les personnes auec des arguments plus lasches & plus
mols, par certains exemples, & certaines fictions: & si faut d'auantage que les matieres mesmes, non seulement les raisons, soient vn peu plus familieres, & les questions
plus aisees, à fin qu'elles ne serrent & n'estraignent par trop ceux qui n'auront pas
l'esprit trop aigu ne trop vif, & qu'elles ne les degoustent ny ne destournent point.
Car tout ainsi que l'on a accoustumé quád on veut esgayer & remuer vn peu les côuiez en vn festin, de les faire danser & baller seulement: mais qui voudroit les faire
leuer de table pour escrimer à outrance, ou pour ietter la barre, & pour sauter, il rendroit son festin non seulement mal agreable aux conuiez, mais aussi nuisible & dômageable à la santé: Aussi les questions faciles & legeres exercét les esprits cómodé-
mét & vtilemét, mais il se faut abstenir & garder de disputes enueloppees & implic-
quees, qui estraignent l'entendement côme courroyes, ainsi que parle Democritus,
c'est à dire de questiós noueuses, espineuses, difficiles à soudre & à desnouër, lesquelles trauaillét ceux mesmes qui les proposent, & faschent ceux qui les escoutent. Car
il faut que comme le vin est commun en vn bancquet, aussi les propos & matieres
dont on parle soient intelligibles à tous, autrement ceux qui mettroient en auant
des matieres ainsi scabreuses, seroiét aussi desraisonnables, & auroiét aussi peu d'esgard à leur compagnie, que la Grue & le Renard d'Æsope: par ce que le Renard aiát
conuié à disner la Grue, luy presenta vn potage lié de febues passees, qu'il respandit
dessus vne pierre platte & lissee, de sorte que la pauure Grue n'en eut que l'ennuy de
la honte & mocquerie, d'autát qu'elle ne pouuoit humer ce potage lié auec son bec
qui estoit trop long & trop menu. Mais en reuanche, la Grue l'aiant aussi conuié à sô
tour à disner, luy presenta la viáde dedans vne bouteille qui auoit le goulet long &
estroit, par lequel elle pouuoit facilemét descédre sô bec iusques au fond, & en faire
bonne chere, mais le Renard n'y pouuoit atteindre pour en auoir sa part. Aussi depuis que les hômes doctes à la table se fondent en disputes espineuses, & questions
entrelassees de Dialectique, que les vulgaires ne peuuent côprendre, ils s'en faschét:
& ceux de leur costé se mettent ou à dire des chansons, ou à faire des contes de la Cigoigne, & à tenir propos de leurs traficques & marchandises: alors tout le fruict & la
fin de l'aséblee du festin se perd, & faict on iniure au Dieu Bacchus. Tout ainsi dôc
comme quand Phrynicus & Æschylus destournerét premieremét la Tragedie, qui
estoit à dire la chanson du bouc faitte à l'honneur de Bacchus, en des fables, & à esmouuoir des affections passionnees, on commença à leur dire, A quel propos cela,
quand il est question de Bacchus? aussi m'est-il venu souuent en pésee de dire à ceux
qui attirét en vn festin le Sophisme, qu'ils appellent le Maistre, Mes amis à quel propos de Bacchus cela? Car à l'aduéture que châter mesme les chansons ordinaires des
festins, que lô appelle Scolia, côme qui diroit, les tortues, estát encore la table au milieu, & la couppe dessus, les chappeaux de fleurs que le Dieu Bacchus nous met dessus les testes, pour signifier qu'il nous donne toute liberté, n'est ny beau, ny hôneste,
ny bien

Des propos de table.

A ny bien seant à l'entiere franchise qui doit estre aux festins, combien que lon die que ces chansons la ne sont pas des carmes obscurs, ainsi qu'il semble que le nom de Scolia, qui signifie obliques & tortues, le veuille donner à entendre: mais c'est que iadis tous les conuiez chantoiét premierement ensemble d'vne voix, la chanson à la loüange de Bacchus, & puis chacun à son tour chantoit à part: & bailloit on de main en main vne branche de Meurthe de rang à chacun, que l'on appelloit Æsacos, pour ce qu'il touchoit, à mon aduis, à celuy qui la receuoit, de chanter à tour de roolle. Et pour ce mesme effect portoit-on aussi de rang tout à l'entour vne Lyre, & qui en sçauoit iouër la prenoit & chantoit dessus: mais ceux qui n'entendoient rien en la musique, la refusoient. Aussi pour ce que ceste maniere de chanter n'estoit pas cómune ny facile à tous, elle en fut appellee Scolion. Les autres disent, que la branche de Meurthe n'alloit pas de rang tout à l'entour,
B mais qu'elle estoit portee de lict en lict, par ce qu'apres que le premier du premier lict auoit chanté, il l'enuoyoit au premier du second, & celuy la au premier du troisiesme, & puis consequemment le second au second: au moien dequoy, pour ceste varieté & obliquité tortue de telle reuolutió, la cháson fut appellee Scolion.

QVESTION SECONDE.

Si le festoiant doit luy-mesme faire l'assiette des conuiez, ou s'il s'en doit remettre à leur discretion.

MON frere Timon aiant vn iour conuié bon nombre de personnes, leur dit, que chacun à mesure qu'ils entreroiét prist place, & s'assist là ou il voudroit,
C & comme bon luy sembleroit, par ce qu'il y auoit des estrágers, & des citoiens de la ville, des voisins, des familiers, des parens & amis, & bref de toute sorte de gens qui auoient esté semonds: & comme desia pour la plus part ils fussent arriuez & placez, il y eut vn certain estranger bien en poinct, comme l'amoureux d'vne Comedie, vn peu trop excessif en curiosité de vestemens, & suitte de vallets qu'ils trainnoit apres luy, lequel vint iusques à la porte de la salle: & apres auoir ietté sa veuë tout à l'entour sur ceux qui estoiét à table, il ne voulut pas entrer dedás, ains s'en retourna tout court: plusieurs coururent apres luy pour le prier de reuenir & d'entrer en la cópagnie, mais il respondit, qu'il ne voyoit point qu'ó luy eust gardé place digne de luy. Ce qu'entendás ceux qui estoient à table, dont plusieurs auoient desia vn peu chargé de vin se prirét à dire auec grádes risees, qu'il le falloit

A la bonne heure en liesse & en ioye,
D Hors la maison, remettre sur sa voye.

Mais apres que le soupper fut acheué, mó pere dressant sa parole à moy, qui estois assis bien loing de luy tout au bout: Timon, dit-il, & moy t'auons esleu pour iuge d'vn different que nous auons ensémble. C'est que ie blasme pieça & représ à cause de ce Seigneur estráger, par ce que si dés le cómecemét il eust ordóné de l'assiette, ainsi que ie luy auois cóseillé, nous n'eussiós pas esté códánez de desordre d'estre peu entédus à mettre gés en ordónáces, mesmement par vn personnage qui sçait

Gens de cheual en bataille ordonner,
Et gens de pied à la guerre mener.

car on dit q̃ Paulus Æmilius, celuy qui deffit le Roy de Macedoine, Perseus, apres sa victoire feit de beaux & magnifiques festins, esquels il obserua en toutes choses vn ordre & dispositió merueilleuse, disát que d'vne mesme suffisáce d'entédemét dependoit & procedoit le sçauoir ordóner vne bataille bié formidable aux ennemis, & vn festin bien agreable aux amis: car l'vn & l'autre depéd d'vn bon iugemét

P p iij

Des propos de table.   362

A vieillent d'inimitié pour quelque courroux, ou pour quelques affaires qu'ils au-
royent eu ensemble, en les faisant manger en une mesme table: & au contraire, nous
sallons refueiller & rallumer par ambition, en abaissant les vns, & exaltant les autres. Et si fuyant le preiugé de la preference que nous auios faicte en l'assiette, nous
peuuons plus souuet aux vns que non pas aux autres, & les faisons seruir de plus de
viandes ou de meilleures, si nous les caresses & parlons plus familierem̃et & plus
souuent à eux, ce sera lors vn banquet de Seigneur, & non pas de pareils amis. Mais
si en toutes autres choses nous leur gardos & maintenons egalité, pourquoy est-ce
que nous ne commencons dés l'assiette incontinent à les accoustumer de ce rãger
& asseoir simplement & familierement les vns auec les autres, quand ils verroit dés
l'entree de la sale, qu'ils feront appellez democratiquement & populairement à vn
souppet, & non pas aristocratiquement & seigneurialement à vn Senat, estans les
B plus paures assis parmy les plus riches? Apres que ces raisons opposites eurent esté
deduittes, & que toute l'assistance m'en eut demandé ma sentence, ie dis, qu'aiãt
esté esleu pour arbitre, & non pas pour iuge, ie passerois entre deux par le milieu:
Car ceux qui feroiet de ieunes gens leurs egaux, tous amis, & les faut accoustumer, comme dit Timon, à se porter simplement & rondement en quelque
place que l'on les mette, prenant ceste facilité pour vn entretien bien propre &
conuenable à nourrir l'amitié. Mais s'il est question de traicter des estrangers, ou
des personnes constituees en dignité, ou des vieillards, i'ay peur qu'en fermant la
porte de deuant à la fierté & arrogance, nous ne luy ouurions la porte de derriere
auec nostre indifference: & si faut encore conceder en cela quelque chose à l'vsage & à la coustume, ou bien il faut que nous ostions toutes les caresses de parler
aux cõuiez, de les appeller & de boire à eux, desquelles façons nous vsons, non
C sans iugement, à la volee, enuers les premiers venus, ains auec le plus de discretion
que nous pouuons, en les honorant
D'assiette honneste, & de plus de viande;
De couppe pleine & toujours la plus grande,
comme dit le Roy des Grecs en Homere, mettant la seance en premier degré
d'honneur: aussi loüons nous Alcynoüs de ce qu'il fait seoir son hoste auprés de
luy en faisant leuer son propre fils
Laodamas assis auprés de luy,
Quoy que rien plus il n'aimast qu'iceluy.
Car de colloquer vn estranger suppliant en la place de son fils mieux aimé, c'est vn
acte de courtoisie, d'humanité & honnesteté singuliere, & mesme parmy les Dieux
est obseruee celle distinction de la seance. Car Neptune, quoy qu'il fust le dernier
venu en l'assemblee, si prit il sa place au milieu du conseil, comme estant le lieu
D'assiette qui luy appartenoit: & Minerue semble toujours auoir de propre sur
tous les autres le lieu proche de Iupiter, ce que le Poëte nous monstre en passant
quand il dit, parlant de Thetis,
Elle s'assit pres Iupiter, de grace
Pallas cedé luy auoit telle place.
Mais Pindare encore plus expressément:
Estant assise tout ioignant
De Iupiter, en main tenant
La foudre, dont sort feu & flamme.
Toutesfois Timon dit, qu'il ne faut pas oster ce qui appartient aux autres, mais c'est
luy mesme qui le fait: car celuy l'oste, qui rend comun ce qui est propre. Or n'est-il
si propre à chacun que le mettre de sa dignité, & en donnat à la vieillesse, & à celuy
qui se haste le plus, la presence qui est deuë à la vertu, à l'aage, à la parenté, à l'of-

Pp iiij

Le premier Liure

de sçauoir bien ordonner. C'est pourquoy Homere a accoustumé de nommer les plus vaillans & plus royaux hommes, mettrans mieux de commander, Ordonneurs de peuples. Et vous autres philosophes dites, que le grand Dieu ne feit que changer le desordre en bon ordre, quand il crea le monde, sans y oster ny adiouster rien de ce qui estoit, ains colloqua seulement chasque chose en lieu & place qui luy estoit conuenable, donnant à la nature, qui parauant estoit sans forme quelconque, vne tres-belle forme. Or quant à ces doctrines là, dignes veritablement & grādes, nous les apprenons de vous: mais de nous mesmes nous voyons bien, que toute la despēse que l'on fait en vn festin n'a rien de delectable ny de gētil, s'il n'y a à bon ordre. Et pourtant est-ce vne vraye mocquerie que les escuyers de cuysine & maistres d'hostel prennent garde soigneusemēt, quels mets ils doiuent seruir les premiers, quels au milieu, & quels à la fin, & qu'il y ait reps ordonné pour les parfums & senteurs quand il les faut apporter, & pour les chappeaux de fleurs quand il les faut distribuer, & pour ouir chāter & baller la balladine s'il y en a: Et ce pendant que l'on mette à la table pelle-mesle ceux qui y sont couuiez, à l'aduenture ainsi comme ils viennent, pour les fouler & engraisler seulemēt, sans rendre ny à l'aage, ny à la dignité, ny à autre telle qualité le rang qui leur appartient: combien que par discretre distinctiō de rangs, celuy que l'on prefere soit honoré, & celuy qui est mis au second lieu apres s'accoustume par là à se cōtenter de moins, & celuy qui en fait l'ordonnance & la distinctiō s'exerce à distinguer & à iuger ce qui est bien seant à vn chacun selon son estat & degré. Car on ne sçauroit souftenir auec raison, qu'il doiue auoir rang à se seoir en vn conseil, ou à se tenir debout, plus ou moins honorable, selon l'estat & la dignité des personnes: & que pour se mettre à table il n'y en doiue point auoir, ny que le festoyant doiue boire à l'vn premier qu'à l'autre: & que quant à l'assiette de table il n'y doiue faire differēce, ny obseruer distinction quelcōque, faisant d'vn festin des l'entree vne Mycone, cōme l'on dit en commun prouerbe, c'est à dire vne meslage confusé. Voila G les raisons que mon pere alleguoit. Mon frere à l'opposite respōdoit, qu'il n'estoit pas plus sage que Bias, qui ne voulut onques estre arbitre entre deux siens amis, encore qu'ils l'en requissent, pour de soy mesme se constituer iuge entre de parents, d'amis, & d'autres, mesmement ou il est question non pas d'argent, mais de preference & precedence, come s'il les auoit enuoyé semondre, non pour leur faire bonne chere, mais pour les fascher. Et si Menelaus feit iadis vne impertinēce grande, tellement qu'il en est venu en commun prouerbe de moquerie, quand il s'ingera sans estre mandé au conseil d'Agamemnon: à plus forte raison deura bie estre iugé plus impertinent celuy, qui au lieu de festoyant se constituera iuge & censeur de ceux qui ne l'en requirerent point, & qui ne voulent pas que son iuge- ment de ceux qui ne l'en requirerent point, & qui ne voulent pas que son iugement, s'ils sont pires ou meilleurs les vns que les autres, par ce qu'ils ne viennent pas en iugement pour estre à droit, ains au festin pour disner: outre ce que la di- H stinction n'en est pas aisée à faire, par ce que les vns precedent en aagé, les autres en degré de parenté, les autres en amitié, & faudra comme il soit estudioir vne leçon de cōparaison, auoir toulours le liure des Lieux d'Aristote, ou celuy des Precedences de Thrasymachus, en la main, sans faire en cela rié qui soit vtile ny pro- fitable, & non autre chose que transferer la vaine gloire touchant la preferēce du Theatre ou lō sied à regarder les ieux, & de la place ou lō se promene en l'alliere des festins, là ou on tasche d'abatre & reprimer les autres passions de l'ame, par la priuauté de la cōpagnie, remettre sus en ce faisant l'arrogance & l'orgueil, duquel à mon aduis on deuroit plus tost estudier & tascher à lauer son ame, que non pas ses pieds de la fange & de l'ordure, pour conuertir priuémēt & ioyeusement ensemble à la table: là ou maintenant nous taschons à oster aux conuiez quelque vieille.

Le premier Liure

fice & magiſtrat, ou autres telles qualitez, en cuidant fuir d'eſtre faſcheux à ceux qu'il a conuiez, il attire d'autant plus la faſcherie ſur luy: car il les faſche en priuant chaſcun d'eux de l'honneur qu'il a merité ou accouſtumé d'auoir. Et quant à moy, il ne me ſéble pas qu'il ſoit ſi fort difficile qu'il dit, de faire ceſte diſtinctiō: car premierement il ne ſe rencontrē pas ſouuent que pluſieurs, en pareil degré de dignité, ſoient conuiez en vn meſme feſtin:& puis y aiant pluſieurs lieux honorables, il y a moien d'en departir à pluſieurs, qui a bon iugemét, l'vn pource qu'il eſt le premier, l'autre pource qu'il eſt au milieu, vn autre pource qu'il l'aura mis aupres de luy, ou bien d'vn ſien amy, ou d'vn ſien familier, diſtribuant ainſi les lieux à chaſcune des perſonnes colloquees en quelque dignité: aux autres ie laiſſe le moien de les contenter de quelques preſens, & de quelques priuautez & careſſes plus que l'hōneur. Mais ſi les merites & dignitez ſont ſi mal aiſez à diſtinguer, & les perſonnes difficiles à contenter, regarde de quel engin ie me ſers en tel cas. S'il y a vn pere, ie le vous vay prédre par la main, & le couche au plus honorable lieu, ou s'il y a vn grād pere, ou vn beau pere, ou vn oncle, ou quelqu'vn qui ſoit Senateur au meſme Senat, Cōſeiller au meſme Cōſeil, ou qui ait pareille prerogatiue d'hōneur, que celuy qui fait le feſtin : prenant ceſte reigle la de iuger des offices és liures d'Homere, au lieu où Achilles voiant Menelaus en diſpute du ſecond pris de la courſe des cheuaux alécōtre d'Antilochus, & craignāt que leur courroux & leur debat ne paſſaſt plus outre, il veut donner le pris à vn tiers, faiſant ſemblant de parole d'auoir pitié de Eumelus, & de l'en vouloir honorer: mais en effect c'eſtoit pour oſter la cauſe du different des deux autres. Comme i'acheuois de dire ces paroles, mon frere commença à crier tout haut, ſuyuāt la couſtume, de deſſus vn petit lict bas, où il eſtoit aſſis, demandant à l'aſſiſtence qu'ils lùy donnaſſent congé de bailler vn peu de reprimédé à ce beau iuge qui reſuoit: & comme chacun luy diſt, qu'il pouſaſt hardiment, & qu'il n'eſpargnaſt perſonne: Et qui ſeroit celuy la, dit-il, qui eſpargneroit vn philoſophe, lequel diſtribue les lieux d'aſſiette en vn feſtin, cōme il feroit en vn theatre, pour veoir les ieux, ſelon les parentez, les alliances, les richeſſes, les eſtats, ne plus ne moins que s'il ordonnoit les ſeances, pour opiner en l'aſſemblee des eſtats des Amphictyons, à fin que non pas à la table meſme en beuuant, nous ne nous peuſſions depeſtrer de l'ambition, & de la folle conuoitiſe d'honneur. Car il ne faut diſtribuer les places à la table ſelon les degrez d'honneur, mais ſelon ce qui eſt plus au gré des ſeans, ny regarder à la dignité de chacun, mais à l'affection, l'habitude & conuenance de l'vn enuers l'autre, comme l'on fait és autres choſes que lon aſſemble en vne commune conionction. Car le bon Architecte ne met pas le marbre Attique, ou le Lacedęmonien, le premier en œuure, & deuāt le barbareſque, pource qu'il eſt le plus noble: ny le bon peintre ne donne pas la principale place de ſa peinture à la couleur qui eſt la plus riche, ou qui couſte le plus: ny le charpentier & maiſtre ouurier de nauires n'employe pas deuant tous autres bois, en la fabricque d'vne nauire, le Pin du Peloponeſe, ou le Cyprés de la Candie: mais ils diſtribuent chacune matiere, ſelon qu'eſtant aſſemblee & ioincte l'vne à l'autre, elle doit rendre le commun ouurage plus beau, plus fort, & plus vtile: ne plus ne moins que tu vois que Dieu, lequel noſtre Pindare appelle maiſtre ouurier, ne met pas touſiours le feu au deſſus, ny la terre au deſſoubs, mais ainſi & ſelon que l'vſage des corps le requiert, comme dit Empedocles en ces vers,

  Conques de mer & coquilles voutees
  De doz peſans, & Tortues crouſtees
  De teſts maſſifs, auſſi durs comme pierre,
  Deſſus leurs corps monſtrent auoir la terre:
non pas au lieu ny en la place que la nature leur a ordonnee en la conſtitution de
                         l'vniuers,

Des propos de table. 363

A l'vniuers, mais celuy que requiert l'ouurage commun, auquel elle est employee. Or est le desordre & la confusion par tout fort mauuaise, mais quand elle se met parmy les hommes, mesmement qui boiuent ensemble, elle fait veoir sa mauuaistié par insolences, outrages, & autres scandales que lon ne sçauroit ny compter, ny estimer, lesquels preuoir & y remedier est office d'homme entédu en matiere de police, d'ordre & d'harmonie. Nous respondismes adoncques tous : Mais pourquoy enuies-tu à la compagnie ceste science d'ordre, de proportió & d'harmonie, que tu ne la nous communiques? Il n'y a, dit-il, point d'enuie qui m'en engarde, pourueu que vous me vouliez croire, & obeir en ce que ie remueray & changeray en l'ordre du festin, ne plus ne moins que feroit vn Epaminondas, qui redresseroit l'ordonnance d'vne bataille mal ordonnee. Nous luy permismes adoncques tous de le faire ainsi. Et luy ayant premierement fait sortir tous les vallets & esclaues de la salle, regardant vn B chacun de nous au visage : Escoutez, dit-il, comment ie vous veux ranger & ordonner les vns auec les autres, car ie vous en veux deuant aduertir, pource qu'il me semble que le Thebain Pammenes reprenoit Homere iustement & auec bonne raison, disant qu'il n'entendoit rien à ordonner gens en bataille, par ce qu'il met & range ensemble ceux de mesme nation, de mesme race, & de mesme sang, là où il ne falloit que ioindre ensemble l'amant auec l'aimé, à fin que toute la bataille fust incitee & poussee d'vn mesme esprit, estant attaché d'vn lien vif & animé. Et ie veux faire tout de mesme en vostre festin, non pas accoupler à la table vn riche auec vn autre riche, ny vn ieune auec vn autre ieune, ou vn officier aupres d'vn officier, & vn amy ioignant vn amy, parce que telle ordonnance est morte, en maniere de dire, & n'a vigueur ny viuacité quelconque, pour imprimer & augmenter vn ardeur de bien-veuillance des vns enuers les autres : mais accommodant celuy qui a besoing auec celuy qui a ce qui luy faut, ie veux asseoir aupres d'vn homme sçauant vn autre stu-C dieux, aupres d'vn fascheux & malaisé vn doux & patiét, aupres d'vn vieillard grand conteur vn ieune homme desireux d'ouïr, aupres d'vn grand vanteur vn flattant mocqueur, aupres d'vn cholerique vehement vn taciturne & peu parlant : si ie voy quelque riche & puissant homme liberal à donner, ie feray leuer de quelque coing vn bon pauure homme pour l'approcher de luy, à fin qu'il se face comme quelque defluxion d'vne couppe pleine en vne vuide : mais ie me donneray bien garde de mettre aupres d'vn Sophiste vn autre Sophiste, ou vn Poëte & Rhetoricien aupres d'vn autre : car comme dit le vieux prouerbe d'Hesiode,

Tousiours vn pauure est de l'autre enuieux,

Vn chantre voit l'autre de mauuais yeux,

Combien que ces deux icy Soficles & Modestus, confirmans alternatiuement les D propos l'vn de l'autre,

Ne soufflent pas la flamme languissante,

ains s'accordent tres-bien ensemble. Ie separe aussi ceux qui prennent les gens à la gorge, les iniurieux, ceux qui sont prompts & soudains en leurs choleres, mettant tousiours quelqu'vn de gracieuse humeur entre eux d'eux, pour les amollir, & les engarder que de leur dureté ils ne s'entrefroissent l'vn l'autre : au contraire, ie mets ensemble & approche les vns des autres ceux qui aiment la luicte, & les autres exercices du corps, ceux qui aiment la chasse ou l'agriculture. Car il y a deux sortes de similitude, l'vne qui est hargneuse & querelleuse, comme celle des coqs : l'autre amiable, comme celle des geais : aussi mets-ie les vns aupres des autres, les bons compagnons qui boiuent volontiers, les amoureux, non seulement ceux

Qui ont d'amour l'aiguillon masculin,

comme parle Sophocles, mais aussi ceux qui sont saisis de l'amour des filles ou de femmes, d'autant qu'estans eschauffez d'vn mesme feu, ils s'attacheront & se prendront plus aisement les vns aux autres, ne plus ne moins que le fer que l'on soude, i'entends pourueu qu'ils n'aiment point en mesme lieu.

QVESTION TROISIESME.

Pourquoy est-ce que la place que l'on appelle Consulaire, à la table, est tenue pour honorable.

APRES cela on commença à deuiser des lieux & places de l'assiette, comme les vns sont tenus pour honorables en vn païs, & les autres en autres. Entre les Perses le plus honorable est celuy du milieu, auquel se sied le Roy: entre les Grecs, le premier: & entre les Romains, le dernier du lict du milieu, que l'on nomme communément le lieu Consulaire: comme au contraire, entre quelques Grecs habitans au païs de Pont, nommeement entre ceux d'Heraclee, le premier lieu du lict qui est au milieu, est le lieu d'honneur. Mais nous fusmes principalement en doute touchant le lieu que l'on appelle Cōsulaire: car c'estoit de nostre tēps celuy que l'on tenoit pour le plus honorable: ce qui n'estoit ny pour estre le premier, ny pour estre le milieu, comme les autres. Et d'auantage des qualitez que l'on remarquoit en iceluy, les vnes ou ne sont pas propres à luy seul, ou ne me sembloiēt pas estre d'aucune importāce, toutesfois il y auoit trois raisons, entre celles que l'on alleguoit, ausquelles nous nous arrestions le plus. La premiere estoit que les Consuls aians deffaict & chassé les Roys de Rome, & changeant toutes choses en façon plus populaire, se retiroient de la place Royale du milieu vers le bas, à fin que iusques à ce regard de se demettre de la place, qui leur appartenoit, ils euitassent toute occasiō de rendre leur authorité & puissance odieuse, à ceux qui conuersoient auec eux. La seconde raison estoit, que les deux premiers licts estans destinez pour les conuiez au festin, le troisiesme & le premier lieu d'iceluy appartient proprement à celuy qui fait le festin: car il est placé en lieu fort à propos, comme vn charton en vn chariot, ou vn pilote en vn nauire, pour voir tout l'ordre du seruice, & n'est pas trop loing des autres licts pour pouuoir entretenir & caresser la compagnie: car des lieux plus prochains de luy, celuy d'au dessoubs est coustumieremēt ou pour sa femme ou pour ses enfans, & celuy d'au dessus est ordinairement destiné au plus honorable personnage de ceux qui sont conuiez, à fin qu'il soit aupres du festoiant. La troisiesme raison & proprieté que sembloit auoir ce lieu la est, que l'on le trouuoit bien à propos & commode pour ceux qui ont des affaires: car le Consul des Romains ne fait pas comme feit iadis Archias le Capitaine des Thebains, si on luy apporte ou lettres ou nouuelles, & aduertissemens d'importance, fust-ce au milieu du soupper, il ne crie pas tout haut, à demain matin les affaires: & ne reiette pas le pacquet de lettres pour prendre la couppe de vin. Car non seulement ce que l'on dit en commun prouerbe,

La nuict apporte à tout pilote sage
Tousiours la peur de tourmente & orage:

mais aussi tout plaisir de festin & d'autres passetemps à vn sage Capitaine & homme de gouuernement, requiert qu'il ait tousiours l'œil au guet. A celle fin doncques qu'il puisse tousiours entendre ce qu'il faut commander & signer, ou soubscrire, s'il est besoing, on luy a attribué ce lieu la, auquel estant le second lict ioinct d'vn tenant au premier, l'encoigneure laissant vne espace ouuerte en tournant, donne moyen & à vn secretaire, & à vn sergent, & à vn garde-corps, & à vn messager venant du camp, de s'approcher pour parler à luy, & pour l'interroger sans que personne l'empesche, ne que luy aussi empesche personne des conuiez, ains a & la voix & la main fort libre à son commandement.

QVESTION QVATRIESME.

Quel doit estre celuy qui est esleu pour maistre du festin.

Mon

Des propos de table. 364

A MON gendre Craton & Theon mon familier estoient auec noûs en vn festin, auquel il se commença à faire quelque insolence d'yurongnerie, laquelle toutefois fut incontinent appaisee, mais cela leur donna matiere & occasion de parler de la presidence & maistrise des festins, dont on vsoit anciennement, disans qu'il falloit que ie meisse sur ma teste la couronne, & ne souffrisse point que l'anciene coustume de creer vn Roy ou gouuerneur du festin pour y donner l'ordre en toutes choses, & empescher que nul desordre ne s'y meist, s'en allast par desaccoustumance faillir de tout poinct, & qu'il falloit que ie la remisse sus, & la feisse reuenir en vsage. Autant en sembla-il à tous ceux de la compagnie, de maniere qu'il se leua vn bruit de toute la trouppe, qu'ils me prioient bien fort de le vouloir ainsi faire. Puis doncques, dis-je alors, que vous estes tous de ceste opinion, ie m'eslis moy-mesme president & mai-stre de ce festin, & ordonne à tous autres, que pour le present ils boiuét à leur discre-
B tion, ainsi comme il leur plaira : Mais quant à Craton & à Theon, qui ont les premiers mis en auant ce propos, ie leur enioins de nous esbaucher sommairement en peu de paroles quel doit estre celuy que lon eslit pour presider en vn festin, & à quelle fin il doit viser, & comment il s'y doit comporter enuers ceux qui l'ont esleu, & leur permets de diuiser entre eux deux la charge à leur discretion. Si en firent les susdits vn peu de refus du commencement, prians qu'on les en excusast, toutefois voyans que tous les assistans leur crioient qu'ils obeyssent au maistre, Craton le premier se prit à dire, qu'il faut que celuy qui commande aux gardes soit luy-mesme de bien & soigneuse & diligente garde, ainsi que dit Platon : aussi faut-il que celuy qui commande à ceux qui sont conuiez pour faire bonne chere, soit luy-mesme homme de fort bonne chere. Or sera-il tel, pourueu qu'il ne soit point ny facile à se prendre de vin, ny trop difficile aussi à boire : ains comme Cyrus escriuoit iadis aux La-
C cedęmoniens, que en toutes autres choses il estoit plus digne d'estre Roy que son frere, & mesmement en ce qu'il portoit mieux grande quantité de vin que luy ne faisoit. Car celuy qui s'enyure deuient insolent & outrageux en son yurongnerie, & aussi celuy qui ne boit point du tout, & est trop sobre, n'est point ioyeux, & est plus apte à seruir de pędagogue que de maistre de beuueurs. Or Pericles toutes les fois qu'il sortoit de sa maison, ayant esté esleu Capitaine general d'Athenes, en prenant son manteau ducal, deuant que le vestir il disoit ainsi en soy-mesme, pour refres-
» chir sa memoire : Pren garde à toy, Pericles, tu commandes à des hommes libres, tu
» commandes à des Grecs, tu commandes à des Atheniens : aussi faut-il que nostre maistre de festin die ainsi en soy-mesme, Tu commandes à des amis, à fin qu'il ne leur permette ny de faire aucune chose deshonneste, ny aussi il ne leur oste point leur plaisir : car il faut qu'il soit & amy de leurs serieuses vacations, & non ennemy de leurs ieux & plaisirs, ains bien temperé & pour l'vn & pour l'autre : bien faut-il que
D de son naturel, comme le bon vin, il soit vn peu plus enclin à l'austerité, d'autant que par ce moyen le vin reduira & ramenera ses meurs au milieu de sa mediocrité, en le destrempant & le rendant vn peu plus ioyeux & plus facile. Car comme Xenophon disoit que la triste seuerité de Clearchus & son aspreté sembloit plus gaye & plus gracieuse quand il falloit combattre, à cause de son asseurance : aussi celuy qui n'est point de nature aigre ny maling, mais seulement graue & seuere, en beuuât s'esgaye, & se relasche vn peu, tellement qu'il en deuient plus amiable : d'auantage il faut qu'il ait sur tout par experience cogneu quel est l'humeur de chascun des conuiez, quel changement il prent en beuuant, en quel accident ou passion il est enclin à tomber, & comment il porte son vin. Car s'il y a temperature propre de chasque sorte de vin auec l'eau, laquelle les sommeliers des Princes & des Roys sçauent bien discerner, & à ceste cause en versent dedans le vin tantost plus & tantost moins : par plus forte raison y doit-il auoir meslange de l'homme auec le vin, laquelle il faut que le mai-

stre du festin cognoisse, & la cognoissant qu'il obserue, à fin que comme le bon Musicien roidissant l'vn & le faisant boire d'auantage, & laschant l'autre en l'espargnāt, il ameine & reduise les natures differentes en vne mesme égalité & consonance, ne mesurant pas l'egalité à la couppe ny au verre, ains à la mesure de l'aage & à la force du corps, selon ce qui sera propre & conuenable à vn chascun. Et si d'aduenture cela est trop malaisé à sçauoir, de cognoistre toutes ces particularitez là, pour le moins est il conuenable qu'il sçache les choses generales des complexions & des aages: comme pour exemple, que les vieillards s'enyurent plustost & plus facilement que ne font les ieunes, ceux qui sont en mouuement continuel que ceux qui sont reposez & rassis, les tristes & chagrins que les gays & ioyeux, ceux qui sobrement vsent des femmes, que ceux qui excessiuement y sont dissolus. Car celuy qui cognoistra cela, sera certainement plus idoine à maintenir honnesteté, ordre & concorde en vn festin, que celuy qui n'y entendra rien. Outre plus, il n'y a personne qui n'entende tresbien, qu'il faut que le maistre du festin soit bien affectionné, & porte bonne volonté à tous les conuiez, & qu'il n'ait ny haine descouuerte ny secrette malueillance contre pas vn, autrement il ne sera ny supportable s'il commande, ny equitable s'il distribue, ny agreable s'il se ioue. Voyla, ce dit Craton, seigneur Theon, mon maistre de festin, que ie te liure formé de paroles comme de cire. Et ie le reçoy vrayement, respondit Theon, pour beau & bien formé, ainsi qu'il appartient pour gouuerner vn festin, mais ie ne sçay si i'en vseray à tout faire, & si en ce faisant ie gasteray point son estat. Toutesfois ie m'asseure que s'il est tel que tu l'as descrit, il sçaura bien ordonner & gouuerner vn festin, & ne souffrira point qu'on en face tantost vne assemblee de ville, tantost vne escole de Rhetorique, tantost vn berland à iouër aux dez, tantost vn eschaffaut à voir iouër Comedies, ou à ouyr chanter & baller. Ce que ie dy par ce que vous en voyez ordinairement qui en vn festin font des harengues, comme s'ils estoient en vne assemblee de peuple pour prescher, les autres qui plaident comme s'ils estoient deuant des iuges, les autres s'exercent pour parler en public, ou bien recitent leurs compositions pendant que lon est à table: les autres entreprennent de iuger quels farceurs auront le mieux ioué, comme s'ils en estoient esleus iuges pour en sentencier. Qui pis est, Alcibiades & Theodorus feirent du festin de Polytion vn mystere, y representant par mocquerie les torches & cierges que lon porte quād lon monstre les saincts secrets des mysteres, dont vn bon maistre de festin n'endurera rien par nonchalance, ains donnera lieu seulement aux propos, aux spectacles, aux ieux & aux passe-temps qui tendent à la fin pour laquelle on doit faire les festins, qui est d'engendrer ou augmenter amitié entre les conuiez, par le moyen du plaisir de manger ensemble, par ce que le festin n'est autre chose qu'vne resiouïssance de table, tendant à fin de contracter amitié, par le moyen du plaisir que l'on a de boire & manger en compagnie. Mais pour autant qu'en toutes choses la varieté plaist, & la nature s'esioüit en la diuersité, & au contraire la simple vniformité estant tousiours mesme, saoule & fasche incontinent, comme à l'opposite, la meslange de varieté appliquee opportunément en temps & lieu oste ce qui offense le plaisir, & qui contriste le profit: à ceste cause le maistre du festin cherchera de donner aux conuiez quelque passetemps & deduict meslé parmy le boire & le manger. Or entens-je dire à tout le monde que le pourmener au long de l'eau, & le nauiger au long de la terre sont les plus plaisans: aussi conioindra-il tousiours l'affaire auec le ieu, & le profit auec le plaisir, à fin que & en iouänt ils facent aucunement à bon escient, & en faisant à bon escient ils se recreent de voir le ieu: ne plus ne moins que ceux qui sont malades, & rendent leur gorge sur la mer, reprennent leurs esprits quand ils voyent de pres la terre, aussi peut-on bien profiter en riant, & rire en profitant, & rendre vn affaire plaisant. Car comme dict le commun prouerbe,

Parmy

Des propos de table.

Parmy chardons & espineux halliers
Naissent les fleurs des tendres violiers.

Mais toutes ces autres manieres de ieux, qui sans aucun profit se ruent insolentémét à trauers les festins, il commandera bien expressément aux conuiez de s'en abstenir, de peur que sans s'en prendre garde ils ne deuiennent furieux & outrageux, comme ceux qui ont pris du ius de l'herbe nommée sebue de porc, autrement hyuscyame, auec leurs beaux commandemens que lon appelle commandemens vineux. comme pour exemple, quand on commande à des begues de chanter, ou à des chauues de se peigner, ou à des boiteux de sauter sur vn pied: comme lon commanda quelquefois par mocquerie en vn festin où estoit Agamestor philosophe academique, lequel auoit vne cuisse toute eticque & pourrie, que tous ceux de la compagnie se tenans debout sur le pied droit beussent chascun vn pot de vin, autrement qu'ils payeroient certaine somme d'argent pour l'amende. Mais quand le droit de commander à tour de roolle fut venu à luy, il feit commandement que tous eussent à boire en la mesme sorte & maniere qu'ils le verroient boire. Si feit apporter vn vaisseau de terre qui auoit le goulet fort estroit, & mettant sa iambe eticque & diminuée de maladie dedans, il beut: & tous les autres, apres auoir essayé, cognoissans qu'ils ne pouuoient faire comme luy, furent tous contraincts de payer l'amende. En quoy cest Agamestor fut gentil, car il faut ainsi faire ses reuanches ioyeuses & faciles, & s'accoustumer à vser de commandemens qui tendent à plaisir & à profit tout ensemble, en commandant à chascun ce qui luy est propre & facile, & mesme qui est pour luy faire honneur: comme à ceux qui ont bonne voix & sont Musiciens leur commandant de chanter, aux Rhetoriciens de declamer, aux Philosophes de souldre quelque difficulté, aux Poëtes de mostrer quelques vers siens: car vn chascun prend plaisir à se laisser mener, & va volontiers à ce en quoy il se sent plus excellent. Or le Roy des Assyriens proposa iadis, à son de trompe par la voix du herault, vn pris à qui pourroit inuenter quelque nouuelle sorte de volupté: mais le Roy & gouuerneur d'vn festin feroit gentiment, s'il proposoit vn pris & loyer à qui pourroit inuenter quelque nouueau ieu honneste où il n'y eust point d'insolence, quelque delectation profitable, & vn ris qui n'approchast point de petulance ny de villanie, ains qui eust grace & plaisir: car c'est là où se perdent la pluspart des festins, & y font naufrage, n'estans pas regis & gouuernez ainsi qu'il appartient. Mais c'est faict en homme prudent & sage de sçauoir bien éuiter la male-grace & le mauuais bruit que l'on acquiert aux marchez par auarice, aux ieux des exercices du corps par opiniastreté, aux brigues des offices par ambition, & és festins par telles manieres de ieux.

QVESTION CINQVIESME.

Comment se doit entendre ce commun dire, l'Amour enseigne la musique.

ON meit vn iour en propos chez Sossius Senecion, comment se deuoit entendre ce commun dire d'Euripide,

Amour enseigne à l'homme la musique,

Quoy qu'il n'en eust deuant nulle prattique:
apres que l'on eut chanté quelques vers Saphicques, esquels le poëte Philoxenus dit, que le Cyclops geant Polyphemus reconfortoit son amour auec les Muses aux belles voix. Si fut allegué que l'amour est habile & apte à rendre l'homme hardy, auantureux, & prompt à entreprendre toutes nouuelletez, ainsi comme Platon mesme l'appelle entrepreneur de toutes choses: Car il rend babillard celuy qui parauant estoit morne & taciturne, grand courtisan & poursuyuant celuy qui parauant estoit

honteux, diligent celuy qui estoit paresseux & negligent: &, qui encore fait plus à
esmerueiller, vn chiche, tacquin & mechanique, depuis qu'il vient à donner dedans
l'amour, s'amollit ne plus ne moins que le fer dedans le feu, & deuient plus liberal,
plus courtois, & plus gracieux que de coustume: de maniere que ce commun dire ne
semble pas impertinent, Que la bourse d'vn amoureux ne ferme qu'auec des feuilles
de poireaux. On allegua aussi que l'amour ressemble à l'yuresse, d'autant que l'vn &
l'autre rend les personnes chaudes, gayes, resiouyes & ouuertes, & depuis que les hômes sont deuenus tels, ils se laissent facilement aller à chanter, à rymer, & à faire des
vers. Aussi dict-on, que le poëte Æschylus composoit ses Tragedies en beuuant,
quand il estoit bien eschauffé du vin. Et Lamprias nostre grand pere se monstroit
plus eloquent, plus aigu, & plus riche en inuentiôs, quand il auoit beu, qu'il ne faisoit
en tout autre temps, disant qu'il ressembloit à l'encens, à qui la chaleur fait rendre ce
qu'il a de bonne odeur. Et s'ils prennent grand plaisir à voir leurs amours, ils n'en
prennét pas moins à les loüer qu'à les regarder: car l'amour de soy-mesme estant babillard en toutes choses, il l'est encore plus à loüer ce qu'il ayme, d'autant qu'ils veulent persuader aux autres ce qu'ils se persuadent premierement à eux mesmes, qu'ils
n'ayment rien qui ne soit parfaict en beauté & bonté, & veulent que d'autres leur en
portent tesmoignage. Ce fut ce qui induisit le Lydien Candaules à tirer Gyges iusques dedans sa chambre, pour luy faire voir la beauté de sa femme nuë. Voyla pourquoy s'ils escriuent les loüanges de ce qu'ils aiment, ils les accoustrent & embellissent
encore de vers, de chants & de mesures, à fin qu'elles en soient plus volontiers oüyes
& mieux retenuës de plus de gens. Car s'ils donnent vn cheual, ou vn coq, ou autre
chose quelle que ce soit, ils veulent premierement que leur present soit beau de soy,
& puis bien proprement & exquisement accoustré: mais sur tout s'ils viennent à les
flatter par escript ou de paroles, ils veulent qu'elles coulent doucement, qu'elles
soient braues & releuées de figures, comme est ordinairement le style des poëtes.
Sossius approuuant toutes ces raisons y adiousta, qu'à l'auenture ne le prendroit-il
pas mal, qui tireroit ces raisons de ce que Theophrastus a laissé par escript touchant
la musique. Car il n'y a gueres que i'en ay leu le liure, là où il dit, qu'il y a trois principes de la musique, la douleur, la volupté, & le rauissemét d'esprit: desquelles trois causes chascune plie & destourne vn peu la voix en autre ton que son ordinaire, par ce
que les douleurs apportent coustumierement quand & elles des plaintes, qui facilement se glissent en chât piteux. C'est pourquoy nous voyós que les Orateurs en leurs
perorations & conclusions de leurs harengues, & les ioüeurs de Comedies & Tragedies, quand ils viennét à faire des regrets, approchent leur voix peu à peu de la façon
de chanter, & la renforcent: & les grandes & vehementes ioyes de l'ame souleuét tout
le corps, mesme de ceux qui sont vn peu legers de leur nature, & les prouoquét comme insensez à saulter & danser, & plaudir des mains s'ils ne peuuent baller,

  En se secoüant de furie,
  Auec forcenee crierie,
  Le col & la teste croslans,

comme dict Pindare. Mais ceux qui sont vn peu plus graues & plus rassis, se trouuans espris de telle ioye, laissent seulement aller leur voix iusques à parler hault, &
dire des chansons. Et sur tout le rauissement d'esprit ou inspiration diuine, qui s'appelle Enthusiasme, iette & le corps, & l'ame, & la voix hors de son ordinaire. C'est
pourquoy les Bacchantes esprises du rauissement de Bacchus, vsent de cadences
mesurées en leurs mouuements, & ceux qui par inspiration prophetique rendent
les oracles, respondent en carmes, & voit-on peu de personnes furieuses & mania-
ques, qui parmy les follastreries qu'ils font, ne chantent & ne dient des vers. Cela
estant ainsi, si vous voulez maintenant desployer l'amour, & le considerer vn peu de
                   pres à

Apres à descouuert, à peine trouuerez vous vne autre passion qui ait ny les douleurs plus aiguës, ny les ioyes plus vehementes, ny de plus grandes estases & rauissements d'esprit hors de soy-mesme, ains descouurirez que l'ame d'vn amoureux est comme la ville que descrit Sophocles en son Oedipus,

Pleine de pleurs & de gemissemens,
De chants de ioye, auec encensemens.

Parquoy ce n'est pas de merueille ny chose estrange, si l'amour contenãt & comprenant en soy toutes les causes primitiues de la musique, la douleur, la ioye & le rauissement d'esprit, il est en toutes autres choses diligent, grand causeur, & mesmement enclin à faire vers, & chanter chansons, autant ou plus que nulle autre passion qui puisse entrer dedans le cœur de l'homme.

QVESTION SIXIESME.

Si le Roy Alexandre de Macedoine estoit grand buueur.

L'ON tenoit vn iour propos d'Alexandre le grand, qu'il ne buuoit pas beaucoup, mais qu'il demouroit longuement à table, & passoit le temps à deuiser auec ses amis: Mais Philinus monstroit par escrouës de sa despense, & papiers iournaux de sa maison, que ceux qui l'asseuroient ainsi ne sçauoient pas bien ce qu'ils disoient, par ce que souuent & ordinairement on y trouue, Ce iour là fut le Roy emporté dormant de la table, & quelquefois le iour ensuyant encore aussi. C'est pourquoy il n'estoit pas si chaud ne si aspre apres les femmes, mais bien estoit-il prompt à la main & courageux, qui sont indices de chaleur interieure: & trouue lon escrit, que sa chair rendoit vne odeur fort souëfue, de maniere que ses chemises & vestemens mesmes en estoient remplis de bonne senteur, comme s'ils eussent esté parfumez. Ce qui semble aussi estre argument & signe de chaleur, comme nous voyons que les plus chaudes & seiches regions sont celles qui portent la cinnamome & l'encens, suyuant ce que dit Theophraste, que la souëfue odeur procede de la parfaicte concoction & digestion de l'humidité, quand par la chaleur l'humeur superfluë en est de tout poinct chassée. Si semble que ç'ait esté la premiere cause pour laquelle Callisthenes fut en sa male-grace, pource qu'il alloit enuis soupper chez luy, à cause qu'il luy falloit boire d'autant. Car on dict qu'vne fois la grande couppe, que lon surnommoit la couppe d'Alexãdre, estant venuë par tour iusques à luy, il la repoussa, & ne la voulut point boire, disant, Ie ne veux point pour boire en Alexandre auoir besoing d'vn Æsculapius. Voyla ce qui fut dit alors du beaucoup boire d'Alexandre. Au demourant Mithridates, celuy qui feit la guerre aux Romains, entre autres ieux de pris qu'il ordonna, en feit vn de ceux qui buuoient le mieux, & qui mangeroient le plus, & dit-on qu'il gaigna le pris de l'vn & de l'autre, tellement qu'il beut & mangea plus que homme qui fust de son temps, à l'occasion dequoy il fut publiquement surnommé Dionysius. Mais nous disons que cela est vne des choses que lon a creuës temerairemẽt, i'entens de la cause de ce surnom, par ce qu'estant enfant au berceau la foudre brusla ses langes par dessus, & ne toucha point à son corps, sinon entant qu'il luy en demoura vne petite marque de feu sur le front, que ses cheueux luy couuroiët tãt qu'il fut enfant: mais depuis estant ja tout homme, la foudre tomba derechef en sa chambre ainsi qu'il dormoit, & ne l'attaignit point quant à luy, mais passant à trauers sa trousse de flesches qui estoit penduë au cheuet de son lict, elle brusla les flesches qui estoient dedans: ce que les deuins interpreterét signifier, qu'il seroit vn iour puissant de gens de traict, & armez à la legere: mais depuis la commune le surnomma Dionysius, à cause de la similitude de pareils accidents de foudre, dont il auoit eſté frappé. Apres cela on commença à entrer en propos de ceux qui auoient eſté grands buueurs, & allegua-l'on vn eſcrimeur de poings, que ceux d'Alexandrie appelloient le petit Hercules du temps de nos peres. Ceſtuy ne pouuant trouuer buueur qui luy tint pied continuellement, en appelloit les vns à deſiuner dés le matin, les autres à diſner, les autres à ſoupper, & les derniers à la collation: & quand les premiers s'en alloient, les ſeconds ſuccedoient tout d'vn tenant, & puis apres les troiſiémes, & à la fin les quatriémes, ſans aucune interruption : & luy, ſans bouger ne faire intermiſſion quelconque, fourniſſoit à tous, & continuoit tout de rang les quatre repas. Et entre ceux qui eſtoient familiers de Druſus, fils de l'Empereur Tybere, il y auoit vn medecin qui deffioit tout le monde à boire, mais eſtát eſpié de pres, on trouua que deuant boire, à tous coups il prenoit cinq ou ſix amendes ameres, à fin qu'il ne s'enyuraſt point: ce qu'ayant eſté obſerué, & luy eſtant defendu de ce faire, il ne peut pas depuis tant ſoit peu durer ne reſiſter. Et dit-on que ces amendes la ont vne proprieté mordante, abſterſiue & eſſuyante la chair, tellement qu'elles oſtent meſmes les taches & lentilles du viſage: au moyen dequoy, quand on les prent auant boire, elles raclent par leur amertume les pores & petits pertuis du cuir, & y impriment vne morſure, par laquelle elles rabattent les vapeurs du vin qu'elles ne montent à la teſte, & les font euaporer par ces petits trous : mais quant à moy il me ſemble pluſtoſt, que l'amertume a force de deſeicher & de conſumer l'humidité. C'eſt pourquoy la ſaueur amere eſt la plus deſagreable qui ſoit au gouſt, parce qu'elle eſtraint & reſerre contre nature les petites veines de la langue, qui d'elles meſmes ſont molles, rares & ſpongieuſes, ainſi que dict Platon, en conſumant l'humidité par ſa ſechereſſe : Auſſi reſſerre l'on les playes auec medicamens compoſez de drogues ameres, ainſi que le poëte meſme teſmoigne,

 Deſſus luy meit d'vne amere racine,
 Qu'il luy broya, de ſa main, medecine
 Qui la douleur toute luy emporta,
 Seicha la playe, & le ſang arreſta.

Il a bien dit, que ce qui eſt amer au gouſt a proprieté & puiſſance de deſeicher: auſſi ſemble il que les pouldres dont les femmes ſe ſaulpoudrent pour reprimer les ſueurs, ſont ameres de nature & aſtringentes, tant l'amertume a force de reſtraindre. Cela doncques eſtant ainſi, il y a, diſ-je, grande raiſon que les amendes ameres ayent force & vertu alencontre du vin pur, attendu qu'elles deſſeichent le dedans du corps, & ne permettent que les veines s'en rempliſſent, de la repletió, tenſion, & commotion deſquelles, on dit que l'yureſſe procede : à quoy peut auſſi ſeruir de grand & apparent argument ce qui aduient aux Regnards, leſquels ayans mangé des amendes ameres, s'ils ne boiuent incontinent apres, meurent ſur le champ, par ce que ſoudain toute humeur defaut, & ſe tarit en eux.

QVESTION SEPTIESME.

Pourquoy eſt-ce que les vieilles gens ayment mieux le vin pur.

ON demandoit pour quelle cauſe les vieilles gens ayment mieux le vin ſans eau, & mettent moins d'eau dedans leur vin: les vns alleguoient la temperature de leurs corps qui eſt toute refroidie, & difficile à eſchauffer, au moyen dequoy le vin fort leur eſt plus conuenable. Ceſte raiſon là eſt toute commune, & qui ſe preſente la premiere à la main, mais elle n'eſt pas ſuffiſante pour rendre la cauſe de cet effect, ny meſme n'eſt pas en tout veritable. Car autant leur aduient-il és autres ſentimens qui ſont en eux difficiles à eſmouuoir, & mal-aiſez à exciter pour apprehender les qualitez les qualitez, si elles ne sont bien fortes & bien vehementes, dont la cause veritable est, que leur complexion & la temperature de leurs esprits estãt deuenuë foible & debile, elle veut estre frappee & feruë à bon escient. C'est pourquoy quant au goust ils aiment plus les saueurs qui piquent, & leur odoremẽt au cas pareil ne s'esmeut que d'odeurs fortes & vehementes, & leur attouchemẽt ne sent pas grande douleur des blessures, car quand ils viennent aucunefois à estre naurez, ils n'en endurẽt pas beaucoup de mal: & quant à l'oüye, il leur en aduient tout de mesme: au moyen dequoy les musiciens à mesure qu'ils vieillissent entonnent plus haut & plus durement leur chant, comme excitans leurs sentimens par la force & vehemence du son, d'autant que ce que fait le fil & l'acier au fer pour coupper, le mesme fait l'esprit au corps pour sentir: & depuis qu'il s'affoiblit & se lasche, le sentiment en deuient aussi mousse, pesant, & terrestre, & a besoin d'vn fort aiguillon qui le poigne à bon escient, comme fait le vin pur.

QVESTION HVICTIESME.

Pourquoy est-ce que les vieilles gens lisent mieux de loing que de pres.

A L'encontre de ces raisons que nous alleguions sur le subiect qui se presentoit, il sembla qu'il y eust opposition de la part de la veuë, par ce que les vieilles gens pour mieux lire esloignent vn peu les lettres de leurs yeux, & de pres ne les peuuent lire: ce qu'en passant nous monstre Æschylus quand il dit,

Ne l'ayant peu de loing apperceuoir,
Tu ne pourras de pres rien qui soit voir,
Car tu es comme vn vieillard secretaire.

Et Sophocles declare cela des vieilles gens encores plus manifestement par ces vers.

Tardiuement de la voix l'efficace
Par le pertuis de leur aureille passe,
Leurs yeux de loing voyent bien troublement,
De pres ils ont presque vn aueuglement.

S'il est doncques ainsi que les sentimens des vieilles gens n'obeissent à leurs obiects, sinon qu'ils soient forts & vehemens, pourquoy est-ce qu'ils n'endurent en lisant de pres le reiaillissement de la lumiere des lettres, ains les recullant plus arriere de leurs yeux affoiblissent ceste lumiere, d'autant qu'elle se respand & esuanoüit parmy l'air comme fait l'eau meslee parmy le vin? A cela y en eut qui respondirẽt, que les vieilles gens reculent arriere de leurs yeux les lettres, non pour rendre la lumiere plus douce, ne plus foible, mais plustost au contraire pour embrasser de la lumiere d'auantage, & pour emplir d'air lumineux l'interualle qu'il y a entre les yeux & les lettres. Les autres s'accordoient auec ceux qui estiment que les yeux iettent des rayons, car pourautant que de l'vn & de l'autre œil sort vne pyramide, dont la pointe est en la prunelle, & la baze embrasse l'obiect de la chose veuë, il est vray-semblable que l'vne & l'autre pyramide va separément iusques à quelque espace de distance, mais quand elles sont plus esloignees, venans à s'entrerencontrer & confondre l'vne auec l'autre, elles ne font plus qu'vne lumiere des deux. C'est pourquoy chasque chose que lon voit apparoit vne & non pas deux, encore qu'elle apparoisse à tous les deux yeux ensemble, à cause que les deux pyramides assemblees esclairent en commun, faisant de deux vne seule veuë. Cela supposé les vieillards approchans les lettres de pres les embrassent plus foiblement, d'autãt que les pyramides des rayons de leurs yeux ne sont pas encore ioinctes ensemble, & touchent à leur obiect chascune à part: mais ceux qui les esloignent plus loing estans desia les deux pyramides meslées, ils en voyent plus parfaictement, tout ainsi que ceux qui empoingnent quelque chose auec tou-

Q q iij

tes les deux mains la tiennent, ce qu'ils ne pourroient pas faire auec vne seule. Mais mon frere Lamprias donna incontinent à trauers, & recita, presque comme s'il l'eust leuë dedans vn liure, l'opinion de Hieronymus, maintenant que nous voyons, & que la veuë se faict par le moyen des images & especes qui sortent des choses visibles, lesquelles sortent premierement grandes & grosses, & à ceste cause troublent la veuë des vieilles gens quand ils les regardent de pres, pource qu'elle est tardiue & dure: mais quand elles sont plus auant sorties & espanduës en l'air, & qu'elles ont pris quelque distance, les plus terrestres se brisent & tombent à bas, mais les delies s'approchent des yeux sans leur donner peine, & s'accommodent vniement à leurs pertuis, ainsi les yeux en estans moins trauaillez, & troublez, les apprehendent & reçoiuent mieux: ne plus ne moins que les odeurs mesmes des fleurs sont plus souëfues à sentir vn peu de loing, là où si on les approche de trop pres, elles ne rendent pas vne si douce ny si naïfue senteur: dequoy la raison est, qu'auec l'odeur il sort de la fleur beaucoup de fluxion terrestre, trouble & espesse, qui corrompt & altere la souëfueté de l'odeur quand on la sent de pres: mais si on les sent vn peu de loing, ce qu'il y a d'euaporation terrestre se perd & difflue à l'enuiron, & ce qu'il y a de pur & de chaud demeure & penetre plus pour sa subtilité, tant qu'il arriue iusques au sentiment du nez. Mais nous, receuans le principe Platonique, disons, qu'il sort des yeux vn esprit lumineux, lequel se mesle auec la clarté & lumiere qui est alentour des corps & obiects visibles, dont il prend vne composition, tellement qu'il se faict des deux vn seul corps, s'accordans en tout & par tout l'vn auec l'autre, mais ils se meslent l'vn auec l'autre par mesure & proportion: car il ne faut pas que l'vn ou l'autre perisse, estant surmonté par son compagnon, ains faut que des deux meslez & contemperez ensemble par proportion, il se face vne puissance & faculté moyenne. Estant doncques ce qui sort de la prunelle des yeux des hommes suraagez, soit qu'on l'appelle fluxion d'esprit, ou rayon lumineux, foible & debile, il ne se peut faire vne meslange ny vne composition de luy auec l'air lumineux de dehors, ains plustost vne extinction & suffocation, si ce n'est qu'en esloignant les lettres vn peu arriere de leurs yeux, ils ne destrempent la trop vehemente clarté de la lumiere, en sorte qu'elle ne rencontre pas leur veuë estant trop forte & trop brillante, ains mesuree & proportionnee à la foiblesse de leur œil: ce qui est la cause de ce qui aduient aux animaux qui vont en tenebres, & se paissent la nuict, car leur veuë estant naturellement foible & offusquee de la grande clarté du iour, tellement qu'elle ne se peut pas mesler auec si forte & si puissante lumiere, d'autant qu'elle sort d'vne si petite & si debile source, mais bien iettent leurs yeux des rayons, qui sont assez forts & bien proportionnez, pour se mesler auec vne lueur plus morne & plus ternie, comme est celle d'vne estoille la nuict, tellement qu'elle s'incorpore auec elle, & parfaict l'operation du sentiment.

QVESTION NEVFIESME.

Pourquoy est-ce, que les habillemens se lauent mieux auec de l'eau douce, qu'auec de l'eau de la mer.

THEON le Grammairien vn iour que nous souppions chez Metrius Florus, demanda à Themistocles philosophe Stoïque, pourquoy c'estoit que Chrysippus ayant fait mention en plusieurs lieux de questions estranges, & qui semblent contre toute raison, come sont celles cy: Pourquoy c'est que le poisson ou la chair salee, si on les laue auec de la saulmure, ils en deuienēt plus doux: Pourquoy les pesons & pelottōs de laine se laissēt moins aller si on les deschire à force, que si on les tire doucemēt
petit à

Des propos de table. 368

petit à petit: Pourquoy c'est que ceux qui ont longuement ieusné, maschent plus laschement au commancement, que quand ils ont vn peu mangé: il n'en rend la raison de pas vne. Il luy respondit, que Chrysippus les propose en passant seulement, comme par maniere d'exemple, pour nous aduertir, que nous nous laissons trop facilement aller, & sans propos surprendre, à croire les choses où il y a peu d'apparence: & aussi au contraire à descroire celles qui nous semblent de premier front contre l'apparence: mais qu'as tu affaire, dit-il, mon bel amy, d'aller enquerir de cela? Car si tu es tant enquerant, & si fort contemplatif à rechercher les causes des choses naturelles, il n'est pas besoing que tu t'esloignes si loing de ce qui est de ta profession: mais dy moy, pourquoy c'est qu'Homere fait, que Nausicaa laue ses habillemens en la riuiere, & non pas en la mer qui estoit toute prochaine, combien que l'eau de la mer, estant plus chaude & plus claire que l'eau douce de la riuiere, il y auroit apparence qu'elle deust estre aussi meilleure pour lauer. Quant à cela, respondit Theon, que tu as proposé, il y a long temps que Aristote mesme le nous a resolu, en le referant à la terrestreité de la mer, d'autant que parmy l'eau de mer il y a beaucoup d'aspreté terrestre meslé, & est-ce qui la rend salee, à raison dequoy elle soustient mieux ceux qui nagent dedans, & porte plus gros fardeaux que ne fait l'eau douce, laquelle obeit & cede plus d'autant qu'elle est plus delice & plus legere, & moins forte d'autant qu'elle est plus simple & plus pure, à raison dequoy elle perce plus tost, & en penetrant plus facilement, elle efface mieux & fait plus tost en aller les taches que ne fait celle de la mer. Ne vous semble-il pas qu'en ceste raison d'Aristote il y ait grande apparence? Ouy certainement, dis-ie, il y a de l'apparence voirement, mais non pas pourtant de la verité: car ie voy que bien souuent lon grossit & espessit de l'eau douce auec de la cendre ou auec des pierres, voire s'il n'y en a, auec de la poudre mesme, comme estant l'aspreté de la substance terrestre plus apte à nettoier toute ordure: ce que l'eau simple & toute pure ne peut pas si bien faire, à cause de sa subtilité deliee, & qu'elle est trop foible. Parquoy il n'a pas bien dit, que l'espesseur de l'eau de la mer empesche cest effect de nettoyer: veu qu'elle est penetrante & perçante: & que ceste acuité desbouche & ouure les petits pertuis, & en attire dehors l'ordure: Mais au contraire ce qui est gras n'est iamais propre ny bon à lauer, ains plus tost fait tache & macule. Or est-il que la mer est grasse, & est à l'aduenture cela pourquoy elle n'est pas bonne à lauer: & qu'il soit vray que l'eau de mer soit grasse, Aristote mesme le tesmoigne: & le sel est gras aussi, au moien dequoy il fait que les lampes bruslent & esclairent mieux quand on en met dedans: & l'eau de la mer quand on la distille sur la flamme s'allume, & n'y a point d'eau qui brusle comme fait la marine, & est à mon aduis la cause pourquoy elle est aussi la plus chaude. Toutefois encore y a il vne autre raison, c'est que la fin du lauer est le seicher, & est le plus net ce qui est le plus sec. Parquoy il faut que l'humidité qui laue sorte quand & l'ordure, ne plus ne moins que l'humeur melancholique quand & l'hellebore. Or est-il que le Soleil rauit & enleue facilement l'humeur qui est douce, à cause de sa legereté, là où la salure de l'eau marine s'attachant aux petits pertuis, à cause de sa dureté & aspreté est malaisee à deseicher. Alors Theon prenant la parole: cela que tu dis est faux, dit-il, car Aristote au mesme liure dit, que ceux qui se lauent dedans la mer sont plus tost secs, que ceux qui se lauent dedans l'eau douce, s'ils se mettent au Soleil: il le dit voirement, respondis-je, mais ie pensois que tu deusses plus tost croire à Homere, qui dit l'opposite: car Vlysses apres son naufrage se rencontre deuant Nausicaa

Terriblement deffaict de la marine:
Et luy mesme dit aux seruantes & femmes d'icelle,
Retirez vous, filles, vn peu arriere,

Q q iiij

Le premier Liure

Iufques à tant que dedans la riuiere
l'aye laué les ordures que l'eau
De la marine a mifes fur ma peau.
Et apres leur auoir dit cela, defcendant en la riuiere
Il nettoya toute la villanie
Salee, dont fa tefte eftoit honnie.

Auquel endroit le Poëte a fingulierement bien entendu, & proprement exprimé ce qui fe fait: parce que quand ceux qui fortent de la mer fe tiénent au foleil, la chaleur d'iceluy diffipe incontinent la partie la plus fubtile & la plus legere de l'humidité, & ce qui eft plus ord & plus fale demourant, s'attache à la peau comme vne croufte de fel, iufques à ce qu'on l'ait lauee en eau douce & bonne à boire.

QVESTION DIXIESME.

Pourquoy eft-ce qu'à Athenes la danfe de la lignee Æantide n'eft iamais iugee la derniere.

AV feftin que Serapion faifoit pour la victoire de la danfe que la lignee Leontide auoit obtenue & gaignee par fa conduite, auquel feftin nous eftions conuiés comme eftans d'icelle lignee, par ce que le peuple nous auoit donné priuilege & droit de bourgeoifie en icelle, on tint plufieurs propos de la grand' brigue qui auoit efté en ce ieu la des danfes, qui fut pourfuiui & brigué fort chaudement & de grande affection, à caufe que le Roy Philopappus en perfonne y prefidoit fort honorablement & magnificquement, aiant fait les frais des danfes de toutes les lignees enfemble, & eftoit à ce feftin auec nous enquerant & alleguant luy mefme plufieurs antiquitez, plus à mon aduis par courtoifie pour entretenir la compagnie, que pour enuie qu'il euft d'apprendre. Si fut là allegué par le Grammairien Marcus, que Neanthes Cyzicenien efcrit en fes narrations fabuleufes qu'il fait de cefte ville, que la lignee Æantide auoit par honneur preciput ce priuilege la, que fa danfe n'eftoit iamais iugee la derniere. L'autheur, dit le Roy, n'eft pas gueres fuffifant pour authorifer vne hiftoire: mais fi cela d'aduenture n'eft point faux, prenons le pour vn fubiect & matiere propre à difcourir entre nous, & en recherchons la caufe. Mais fi la fuppofition eft faulfe? dit noftre amy Milon. Il n'y a point de danger, refpondit-il, s'il nous en prend pour l'amour des lettres, comme il feit iadis au fage Democritus, lequel vn iour mangeant d'vne figue trouua qu'elle auoit le gouft de miel. Si demanda à fa feruante, où elle l'auoit achetee. Elle luy nomma vn certain verger. Et luy fe leuant, luy commanda de le mener tout de ce pas fur le lieu. Dequoy la feruante s'efbahiffant, luy demanda pourquoy il y vouloit ainfi chaudement aller. Il faut, dit-il, que ie trouue la caufe de cefte douceur: & ie la trouueray quand i'auray veu & bien confideré le terroir. Dequoy la feruante fe prenant à rire, Raffeiez vous, dit elle, hardiment quant à cela, car n'y penfant pas, i'auois mis ces figues en vn vaiffeau où il y auoit eu du miel. Et luy comme en eftant marry, Tu me fafches, dit-il, de me dire cela: car nonobftant ie fuiuray ma deliberation, & chercheray la caufe, comme fi cefte douceur venoit de la figue mefme. Auffi nous ne prendrons point occafion de fuir cefte difpute fur la trop grande facilité de Neanthes à efcrire certaines chofes non receuables: car quand cela ne feruira d'autre chofe, pour le moins fera ce vn fubiect à nous exerciter. Si fe prirent egallement tous alors à loüer la lignee Æantide, & n'y furent pas oubliez les hauts & glorieux faicts d'armes qu'elle auoit autrefois faicts, Car on ne faillit pas d'amener en ieu la bataille de Marathon, qui eft vn des bouts d'icelle lignee: & allegua lon auffi que Harmodius & Ariftogiton

eftoient

estoient Æantides, natifs du bourg d'Aphidnes, lequel est en icelle lignee : & l'Orateur Glaucias afferma, que la poincte droicte de la bataille auoit esté donnee à ceux de ceste lignee le prouuant par les Elegies que le poëte Æschylus en auoit composées à la loüange d'icelle contree, y aiant luy mesme en personne fort vaillamment combattu. D'auantage il monstra que Callimachus le mareschal du camp en estoit, qui se porta fort vaillamment au combat, & fut l'vn des principaux autheurs de la bataille, aiant au conseil conclud à icelle apres le capitaine Miltiades: & ie confirmay le dire de Glaucias, alleguant que le decret, par lequel l'armee d'Athenes sortit en campagne, fut arresté lors que la lignee Æantide estoit en son rang de presider au conseil, & que la mesme lignee, en la bataille de Platees, emporta le pris d'auoir mieux fait. A l'occasion dequoy les Æantides vōt encore tous les ans faire vn sacrifice pour la victoire, commandé & ordonné par l'oracle d'Apollo, sur le mont de Citheron, aux Nymphes Sphragitiennes: à quoy la ville leur fournit les victimes, & autres choses necessaires pour le sacrifice. Mais vous sçauez, dis-ie, que toutes les autres lignees peuuent aussi bien alleguer beaucoup de telles vaillances, mesmement la Leontide, qui est la mienne, ne cedant en gloire à nulle des autres qui qu'elle soit. Considerez doncques s'il seroit point plus vray semblable de dire, que cela fust comme vne excuse & vn reconfort enuers le demy-Dieu Aiax Telamonien, lequel ne fut pas fort patient à supporter la perte de son procez au iugement des armes d'Achilles, ains fut si enflammé de ialousie & de courroux, qu'il ne voulut pardonner à personne. De peur doncques qu'il n'en deuint encore yne autre fois furieux, & n'en fust implacable, il a esté ordonné de luy oster ce qui le pourroit plus aigrir en sa defaueur, c'est que iamais la lignee qui porte son nom ne seroit reculée iusques au dernier lieu.

Le Second Liure des propos de table.

QVESTION PREMIERE.

Quelles sont les choses dont Xenophon dit que lon est bien aise d'estre interrogué & gaudy à la table.

ENTRE les choses dont on fait prouision pour vn festin, Sossius Seneciō, les vnes sont essentielles & du tout necessaires, comme le pain, le vin, & les viandes, les licts aussi, & les tables: les autres sont accessoires pour plaisir seulement, & sās aucune necessité vrgente, comme sont les passe-temps que lon y introduit pour veoir ou pour ouïr apres soupper, cōme sont les farces, le bal, les ieux, les masques, quelques plaisans boufons, pour faire rire, ainsi que pourroit estre vn Philippus de chez Callias: lesquels passe-temps resiouïssent bien quelquefois la compagnie, quand il y en a, mais quand il n'y en a point, on ne s'en soucie pas beaucoup, ny n'en trouue lon pas le festin defectueux, pour cela. Autant en peut on dire des propos de table, par ce que les vns concernent proprement l'vsage des festins, les autres contiennent bien quelque gentille speculation, mais qui conuient plus proprement au temps que lon employe à ouir la musique des flutes, des aubois, de la lyre ou des violes: dequoy le premier liure nous peut fournir quelques monstres & eschantillons meslez les vns parmy les autres. Comme pour exemple de la premiere sorte, soit la question, S'il est bon de traicter & disputer de la Philosophie à table: & ceste autre, S'il est meilleur que le festoiant distribue luy mesme les

Le second Liure

les lieux de l'assiette, ou qu'il les laisse à la discretion des conuiez. De là seconde sorte font telles questions, Pourquoy c'est que l'on dit, que l'amour fait les hommes musiciens & poëtes, & la question touchant la prerogatiue de la lignee Æantide, & autres semblables. Et quant à moy, i'appelle proprement les premieres, propos de table: & les secondes, propos apres la table. Si les ay couchez par escript pesle-mesle, non pas distinctement, ains selon que chacune me venoit en la memoire. Et ne faut pas que les lecteurs s'esbahissent, si ie vais recueillant pour te dedier quelques propos que toy-mesmes par cy deuant as tenus: car encore que nostre apprendre ne soit pas vn resouuenir, si est-ce que le resouuenir & l'apprendre se rencontrent bien souuent ensemble en mesme subiect. Au demourant aiant mis dix questions en chasque liure, la premiere de ce second est vne que Xenophon disciple de Socrates nous a aucunement proposee, quand il a escrit, que Gobrias souppant auec Cyrus loüoit grandement les façons de faire des Perses, mesmement en ce qu'ils se faisoient des interrogatoires l'vn à l'autre, dont ils estoient bien aises, & s'entredisoient des traicts de risee, dont ils estoient plus ioyeux que si on ne leur en eust point dit. Car s'il est ainsi que les autres, en nous loüans mesmes, bien souuent nous faschent, comment ne seroit grandement à loüer & priser la gentille grace & honnesteté de ceux la, dont les traicts mesmes de risee & de mocquerie donnoient plaisir & ioye à ceux à qui ils estoient dicts? C'est pourquoy Sopater nous festoiant vn iour proposa, qu'il sçauroit volontiers de quelle sorte estoient ces interrogatoires la, & quelle en estoit la façon. Car ce n'est pas vne petite partie de l'entre-gens, que sçauoir dextrement obseruer la bienseance en telles demandes, tels ieux & telles facecies. Non certainement, dis-je alors: mais regardez si Xenophon luy-mesme, tant au festin de Socrates qu'en ceux des Perses, ne donne point à entendre quelle en estoit la façon, & s'il vous semble bon que nous entrions en ce discours. Premierement il m'est aduis que les hommes sont bien-aises qu'on leur demande les choses que facilement ils peuuent respondre, & ces choses la sont celles dont ils ont plus de cognoissance & d'experience. Car si on les interrogue de choses qu'ils ne sçachent pas, ou ils s'en faschent, ne plus ne moins que qui leur demanderoit ce qu'ils ne pourroient pas payer, ou faisans des responses de trauers, & non pertinentes, ils se troublent & se mettent en danger de faillir, là où si la response leur est non seulement facile, mais aussi aiguë & subtile, elle en est tant plus agreable & plaisante à celuy qui la fait. Or est elle aiguë & subtile quand ils sçauent quelque chose de ce que lon ne sçait pas communement, & que peu de gens entendent ordinairement, comme sont des poincts d'Astrologie, ou bien de la Dialectique, si eux y sont bien versez: car non seulement ce que dit Euripides est vray, que

Chascun se plaist où il se trouue mieux,

mais aussi chascun deuise & parle plus volontiers de ce qu'il sçait & entend le mieux, & sont tous hommes bien aises quand on les interrogue de ce qu'ils sçauent bien, & qu'ils ne veulent pas que lon l'ignore, & que lon ne le sçache. Voyla pourquoy ceux qui ont beaucoup voyagé ou nauigué par le monde, sont bien aises quand on les interrogue des païs loingtains, des mers estrangeres, des mœurs, façons & coustumes des barbares, & volontiers le racontent, & descriuent sur vne table les lieux, les destroicts & les golfes par où ils ont passé, reputans que cela soit par maniere de dire le fruict & le reconfort des trauaux qu'ils y ont endurez. Brief tout ce que de nous mesmes, sans que personne nous en demande, nous auons accoustumé de dire & de raconter volontiers, nous sommes plus aises d'en estre interroguez, par ce qu'il semble que nous facions plaisir à la compagnie en les disant, là où nous auons grande peine à nous abstenir & garder de les dire: ceste sorte de maladie prend volontiers aux gens de marine: mais ceux qui sont plus honnestes & plus modestes entre eux,

font

Des propos de table. 370

A sont fort aises qu'on leur demande ce qu'ils voudroient bien dire, mais ils en ont honte, & n'osent reprendre ceux qui passent soubs silence les choses que par le passé ils ont faictes eux mesmes heureusement & honorablement. Parquoy le bon Nestor en Homere fait sagement, lequel cognoissant la conuoitise de gloire qui estoit en Vlysses luy dit,

> Dy moy tressage Vlysses, ie te prie,
> Le grand honneur de la cheualerie
> Des Grecs, comment vous pristes les cheuaux.

Car on oit mal volontiers ceux qui se louent eux-mesmes, & qui racontent leurs beaux faicts, s'il n'y a quelqu'vn de la compagnie qui le leur face faire, & que par contrainte ils le facent. Pourtant sont ils bien ioyeux qu'on les interrogue des ambassades qu'ils ont faictes, des actes de gouuernement, mesmement s'il y a eu quelque
B chose de grand & honorable, quand ils sentent que ce n'est point par enuie ne par malignité que lon les interrogue: & autrement aussi ceux qui sont enuieux, & malings destournent tels propos, ne voulans point donner de lieu à telles narrations, ny bailler occasion ou matiere de deuis qui tourne à l'honneur & à la loüange de celuy qui le dit. C'est doncques encores vn autre moyen de gratifier à ceux qui ont à respondre, de leur demander choses que lon sçait bien que leurs ennemis & malueuillans ne veulent pas ouïr, combien qu'Vlysses dit à Alcinoüs,

> Tu veux ouir mes plorables malheurs,
> Pour rengreger de rechef mes douleurs
> En gemissant ma dure destinee.

Aussi respond Oedipus en Sophocles en la compagnie de Chorus,

> Il griefue fort, amy, quand on refueille
> Vne douleur qui de long temps sommeille.

C Au contraire Euripide escrit ainsi,

> Combien en soy a de suauité
> Le souuenir d'vn danger euité?
> Mais non pour ceux qui en mer importune
> Courent encor' incertaine fortune.

Parquoy il se faut bien garder de demander de mauuaises nouuelles, par ce que les hommes se faschent quand on leur fait raconter comment ils ont mis en terre leurs enfans, comment ils ont esté condamnez, & comment ils ont perdu leur procez, ou comment ils ont esté malheureux en quelque trafficque par terre ou par mer: & au contraire, ils sont bien-aises de repeter souuent quand on leur demande comment ils ont eu bonne audience, comment ils ont obtenu ce qu'ils demandoient en quelque harengue publicque, comment ils ont esté bien recueillis du Roy, comment leurs autres compagnons estans demourez au danger de la tourmente, ou des lar-
D rons, ils en sont tous seuls eschappez. Et pource qu'en le racontant il leur est aduis qu'ils iouïssent de la chose mesme, ils ne se peuuent saouler de la raconter & remem orer: aussi sont-ils bien aises quand on leur demande de leurs amis qui font bien leurs besongnes, ou de leurs enfans qui profitent bien aux lettres, ou à plaider au Palais, ou qui ont credit aux cours des Princes. Ils sont aussi bien-aises & content volontiers quand on leur demande les pertes ou hontes de leurs malueillans ou ennemis qu'ils ont conuaincus & fait condamner, ou autrement qu'ils sont tombez en quelque desastre: car ils craignent de le raconter d'eux mesmes sans en estre enquis, pour ne donner opinion d'eux, qu'ils soient gens de maligne nature s'esiouïssans du mal d'autruy. C'est aussi grand plaisir à vn chasseur quand on l'interrogue des chiés, & à vn qui aime les exercices de la personne, quand on luy demande des ieux où lon s'exerce à nud, & à vne complexion amoureuse, quand on luy parle des belles crea-

tures: comme auſſi vn deuot & religieux ne fait ordinairement que raconter des ſonges & viſions qu'il a euës, & combien de choſes luy ſeront heureuſement ſuccedees pour auoir bien obſerué quelques preſages & augures, fait des ſacrifices, & conſulté les oracles par la faueur des Dieux: auſſi ſont-ils bien ioyeux quand on leur en demande: mais quand aux vieilles gens, quoy que la narration ne ſoit point à propos, toutefois ceux qui les interroguent de quelque choſe que ce ſoit, leur font preſque touſiours plaiſir & les grattent, comme lon dit, où il leur demange.

   O Neſtor fils de Neleus, beau ſire,
   Ie te ſupply la verité me dire,
   Comment eſt mort Agamemnon l'aiſné
   Fils d'Atreus, & où eſt ſon puiſné
   Menelaus, s'il eſt en Achaie,
   Ou en Argos, encore plein de vie.

Il luy demande pluſieurs choſes à la fois, & luy donne matiere de beaucoup parler, non pas comme font aucuns, qui eſtraignans les perſonnes à ne reſpondre que ce qui eſt neceſſaire, & preſſans ainſi les reſponſes, oſtent aux vieillards cela où ils prennent plus de plaiſir. En ſomme ceux qui veulent plaire, plus toſt que faſcher & deſplaire, propoſent de telles queſtions, que les reſponſes d'icelles ſoient plus toſt ſuyuies & accompagnees de loüange que de blaſme, d'amitié & de bienueillance plus toſt que de haine & de malueillance des eſcoutans. Voyla ce qui me ſemble quant aux interrogatoires & demandes. Au demourant quant aux brocards & traicts de riſee, le meilleur eſt de s'en abſtenir de tout poinct qui n'en ſçait vſer dextrement, & y eſtre retenu auec artifice en temps & en lieu opportun. Car tout ainſi que ceux qui ſont en lieu fort gliſſant & panchant, pour peu qu'on les touche en courant au long d'eux, on les porte & renuerſe par terre: auſſi à la table en beuuant nous ſommes en danger de broncher en cholere à la moindre occaſion du monde pour aucune parole ditte mal à propos, & bien ſouuent ſommes plus eſmeus pour vn traict de mocquerie que non pas d'vne iniure ouuerte, par ce que nous voions que l'iniure ſe dit bien ſouuent par vne impetuoſité de ſoudaine cholere contre la volonté meſme de celuy qui la dit: mais nous prenons à cœur plus aigrement la mocquerie, còme procedant de volonté propenſee d'outrager, & d'vne malignité volontaire ſans aucune neceſſité: & brief par tout le parler nous nous offenſons plus, & ſçauons plus mauuais gré à ceux qui parlent à certes grauement, qu'à ceux qui parlét à la volee legerement. Or eſt-il certain, qu'en tout brocard de mocquerie il y a touſiours quelque figure, & quelque parole dicte de biais, tellement que c'eſt comme vne artificielle iniure de longue main propenſee: comme, pour exemple, celuy qui appelle vn autre chaircuitier, il l'iniurie tout ouuertement: mais celuy qui luy dit, Il me ſouuient que tu te ſoulois moucher du coude, il ſe mocque de luy couuertement: & ce que dit Ciceron à vn Octauius que lon ſoupçonnoit eſtre Africain, & qui s'excuſoit de n'ouïr pas ce que Ciceron luy diſoit, Si eſt-ce que tu as l'aureille percee: & Melanthius eſtant brocardé & mocqué par vn ioüeur de farces, Tu me rens, dit-il, vne aumoſne que ie n'ay pas meritee. Les mocqueries doncques poignent & picquent dauantage, ne plus ne moins que les traicts barbelez qui demeurent plus long temps dedás la playe, & faſchent plus ceux qui ſont mocquez, d'autant que pour eſtre ingenieuſes elles delectent dauantage les aſſiſtans, qui pour le plaiſir qu'ils prennent à l'arguee ingenieuſe de la mocquerie ſemblent adiouſter foy à celuy qui l'a ditte: Car à dire vray, mocquerie n'eſt autre choſe, qu'vn reproche couuert & figuré de quelque faute, ainſi que Theophraſtus meſme le dit: tellement que l'auditeur qui l'eſcoute adiouſte de luy meſme par conieéture ce qui demeure à dire, comme le ſçachant bien & le croiant. Car celuy qui ſe prit à rire, & monſtra d'auoir trouué bon, quand il entendit que

Theocritus

Des propos de table.

A Theocritus refpõdit à vn qui auoit le bruit de deftrouffer, & ofter les robbes de ceux qui alloient la nuict par la ville, & luy demandoit s'il alloit foupper en ville : Ouy, dit il, i'y vais, mais ie coucheray là : Celuy-là, dif-je, fembloit confirmer le crime dont l'autre eftoit foupçonné : tellement que le mocqueur qui fe mocque mal à propos & de mauuaife grace, remplit les affiftans mefmes & efcoutans de malignité, comme eftans bien aifes de l'iniure qui eft faicte au mocqué, & comme aidans eux mefmes à l'iniurier. C'eftoit l'vne des chofes que lon apprenoit iadis en la belle Lacedemone, que fe mocquer & gaudir fans fafcher, & ne fe fafcher point auffi quand on eftoit gaudy & mocqué : & fi d'aduenture lon fe fafchoit de s'ouïr brocarder, le mocqueur incontinent s'en deportoit. Comment donques ne feroit-il difficile de trouuer vne mocquerie qui fuft agreable au mocqué, veu qu'il faut auoir l'entendement bien vif
B & aigu pour fçauoir iuger & difcerner que c'eft qui ne fafche pas en vn traict de mocquerie ? Toutefois pour en ouurir vn peu les moyens, il me femble en premier lieu que comme les mocqueries fafchent plus ceux qui fe fentent fubiects aux vices & imperfections dont ils font mocquez : auffi celles qui femblent mettre fus des fautes dont lon eft notoirement fort efloigné, font celles qui donnent quelque plaifir & quelque grace aux mocquez, comme Xenophon dit plaifamment d'vn homme qui eftoit extremement laid, & velu comme vn Ours, que c'eftoit les amours de Sambaulas. Il vous peut fouuenir auffi de noftre bon amy Lucius Quintius, qui eftant au lict malade fe plaignoit d'auoir les mains froides, & Aufidius Modeftus luy refpondit, Si les as tu nagueres rapportees bien chaudes de la Prouince de ton gouuernement. ce mot luy donna à luy Preteur, qui eftoit homme de bien, occafion
C de rire & matiere de plaifir, mais ce fut vn reproche & vne iniure bien picquante au Proconful qui eftoit larron. C'eft pourquoy quand Socrates prouoquoit Critobulus qui eftoit vn fort beau ieune homme, à faire comparaifon de leurs beautez, il fe ioüoit & ne fe mocquoit pas. Et Alcibiades de mefme fe ioüoit à Socrates en luy difant, qu'il eftoit ialoux du bel Agathon. Les Roys mefmes quelquefois prennent à plaifir quand on parle à eux, comme s'ils eftoient pauures, ou hommes priuez, ainfi comme vn bouffon, duquel Philippus fe gaudiffoit, luy dit, Et quoy, ne te nourris-ie pas ? Car en leur reprochant des maux ou imperfections que notoirement ils n'ont pas, on donne à entendre obliquement les biens qu'ils ont : mais auffi faut-il bien prendre garde, que ces biens là certainement & fans aucune doute foient en eux, car autrement ce que lon diroit au contraire les mettroit en foupçon douteufe.
D Car celuy qui dit à vn homme fort riche qu'il luy amenera fes creanciers & vfuriers qui luy preftent à vfure : ou qui dit à vn beuueur d'eau fort fobre, qu'il eft yure, & qu'il a trop beu : ou qui appelle vn perfonnage liberal, & qui defpend magnifiquement, & fait volontiers plaifir, chiche, tacquin & mechanique : ou qui menace vn qui a la vogue au Palais en matiere d'eftre excellent Aduocat, & qui a grande authorité au gouuernement, qu'il le fera adiourner : celuy-la, dis-je, donne occafion de rifée & de refiouïffance à celuy à qui il le dit. Ainfi fe rendit Cyrus agreable par cefte courtoifie de prouoquer fes familiers à faire à l'enuy les chofes efquelles il fçauoit bien qu'il eftoit inferieur à eux. Et Ifmenias iouant vn iour de fes fleuftes durant vn facrifice, comme les fignes & pronofticques des hofties ne fe monftraffent point propices, celuy qui l'auoit loüé pour iouër, luy oftant les fleuftes des mains s'en prit à flageoller lourdement & ridiculement : dequoy toute l'affiftence le reprenant, Ce n'eft pas tout, dit-il, de bien iouër, car il faut iouër au gré des Dieux. Adonc Ifmenias fe prenant à rire luy refpondit, Mais c'eft l'oppofite de ce que tu penfes, car cependant que ie iouois, les Dieux y prenoient fi grand plaifir qu'ils en differoient à receuoir le facrifice : & quand tu t'es meflé de iouër, ils l'ont incontinent receu, à fin de tant plus toft fe deliurer de toy. D'auantage ceux qui appellent les chofes

R r

Le second Liure

notoirement bonne par des noms iniurieux, auec risee, s'ils le font de bonne grace, ils plaisent plus que ceux qui loüent de droit fil à descouuert: comme aussi poignent & picquent plus asprement ceux qui iniurient sous de beaux & loüables noms, comme ceux qui appelleroient des meschans hommes des Aristides, ou des lasches & couards des Achilles : Oedipus en Sophocles quand il dit,

     Creon qui d'elle
  Auoit esté tousiours amy fidele.

Il y a vne autre sorte de mocquerie opposite à celle loüange simulee, quand on fait semblant de blasmer: de laquelle sorte de loüer Socrates a souuēt vsé, comme quand il appelloit la façon de faire qu'auoit Antisthenes de concilier amitié entre les hommes & les assembler ensemble, macquerelage & courretage, comme aussi pour la bonne grace qu'auoit le philosophe Crates, & pour ce qu'il estoit bien venu & receu en toutes maisons, on l'appelloit anciennement Thyrepanoictes, comme qui diroit, crocheteur de portes. Aussi est plaisante la mocquerie qui semble estre vne plaincte, mais accompagnee de gratitude, comme Diogenes disoit de son maistre Antisthenes, Celuy qui m'a vestu de haillons & de lambeaux, qui m'a contrainct de mēdier, qui m'a chassé de ma maison: Il n'eust pas eu si bonne grace s'il eust dit, Celuy qui m'a fait sage, content, & bien-heureux. Et vn Laconien faisant semblant de se plaindre d'vn maistre d'estuues, qui leur bailloit le bois si sec qu'il ne faisoit aucune fumee, Celuy par lequel on ne peut pas plorer. Et comme qui appelleroit celuy qui tiendroit fort bonne table, & donneroit tous les iours tresbien à disner, vn Tyran & vn preneur d'hommes à force, qu'il ne luy auroit pas souffert de manger chez luy, ny de voir vne seule fois la table de sa maison depuis tant d'annees. Et comme celuy qui disoit que le Roy l'auoit attrapé, & luy auoit ioüé vn mauuais tour, de luy auoir osté tout son repos & loisir, & le moien de dormir à son aise, l'aiant rendu de pauure riche. Et si quelqu'vn aiant recueilly de fort bon vin, accusoit les Dieux Cabires d'Æschylus, d'auoir fait faillir le vinaigre en sa maison, ainsi comme eux mesmes par ieu l'en auoient menacé. Car ces façons la de loüanges couuertes & simulees touchēt au cœur, & agreent de tant plus qu'elles ont la grace plus aiguë, tellemēt que ceux qui se sentent ainsi loüez n'y resistent pas, & n'en sont pas mal contents. Mais il faut que celuy qui veut gentiment & dextrement vser d'vne mocquerie, cognoisse bien la difference des vices & imperfections dont les personnes seront tarees, comme d'auarice & d'opiniastreté, & des vacations ausquelles elles seront adonnees, comme aux lettres ou à la chasse: car on est marry à bon escient de se sentir attaint de ces imperfections, & bien aise d'estre gaudy des autres, comme Demosthenes le Mitilenien dit plaisamment, estant allé voir vn sien familier qui aimoit fort la Musique & le ieu de la Cithre, Apres qu'il eut frappé à la porte, & que l'autre luy eut respondu de dedans qu'il entrast: mais que tu aies attaché ta Cithre, dit-il. Mais le bouffon de Lysimachus au contraire rencontra mal plaisamment, Car le Roy se ioüant à luy, luy meit vn scorpion cōtrefait de bois sur sa robbe, dequoy il s'effroya, & en tressaillit de peur: mais s'estant incontinent apperceu que le Roy se ioüoit: Ie te vais, dit-il (Sire) faire belle peur aussi, Donne moy vn talent. Autant faut-il auoir d'esgard & faire pareille difference quant aux defectuositez & imperfections corporelles des personnes, au moins en la plus part. Car si on les mocque pource qu'ils ont le nez long ou court, ils ne s'en font que rire: comme vn mignon de Cassander ne se courrouça point de ce que Theophrastus luy dit, Ie m'esbahis comment tes yeux ne chantent de ioye, veu que le nez leur cede. voulant dire, qu'il auoit le nez plus enfoncé que les yeux. Et Cyrus qui dit à vn qui auoit le nez grand & aquilin, qu'il espousast vne femme camuse, par ce qu'ainsi ils seroient bien appariez. Mais si on les picque d'auoir ou le nez punais, ou l'aleine puāte, ils s'en offensent: & derechef si on les gaudit d'estre chauues,

ils le

Des propos de table.

ils le passent aisément, mais si on les mocque d'estre borgnes ou aueugles, ils s'en fas-chent. Car Antigonus se gaudissoit bien luy-mesme de son œil creué, comme quand on luy presenta vn escript en grosses lettres, Vn aueugle mesme, dit-il, y mordroit. Mais il feit mourir Theocritus de Chio prisonnier, pour ce que quelqu'vn le recon-fortant, luy dit, qu'incontinent qu'il viendroit deuant les yeux du Roy, il auroit la vie sauue: voire mais, respondit-il, c'est autant à dire, qu'il est impossible que ma vie soit sauue: pour ce que le Roy Antigonus n'auoit qu'vn œil. Et Leon Bysantin, comme Paciades luy obijceast qu'il auoit les yeux chassieux: Tu me reproches, dit-il, vn peu de mal que i'ay aux yeux, & tu ne regardes pas que tu as vn fils qui porte la vengeāce diuine sur ses espaules: pour ce qu'il auoit vn fils qui estoit bossu. Aussi se courrouça Archippus, qui de son temps estoit l'vn des orateurs qui auoit credit au gouverne-ment d'Athenes, & de ce que Melanthius se mocquant de luy, pour ce qu'il estoit fort courbé en auant, disoit, ȣ προεςάναι, c'est à dire, qu'il ne presidoit pas: mais προσκεκυφέ-ναι, c'est à dire, qu'il courboit & panchoit en auāt la republique, comme qui diroit, qu'il ne dressoit pas, mais qu'il courboit le gouvernemēt d'Athenes. Il y en a d'autres qui prennent ces gaudisseries là doucement & moderément: comme l'vn des mignōs d'Antigonus luy ayant demandé vn talent en don, & en ayant esté refusé, luy demā-da qu'il luy baillast de ses gardes pour l'accompagner & luy faire escorte, de peur que par le chemin on ne l'espiast pour le destrousser, & qu'il feroit semblant de porter le talent sur ses espaules. Voila comment les hommes se portent en ces choses là exte-rieures pour leur inegalité, les vns d'vne sorte, les autres d'vne autre. Epaminondas estant en vn banquet auec ses compagnons en magistrat, beuuoit du vinaigre: & comme ils luy demandassent, pourquoy il faisoit cela, & s'il estoit bon pour la santé. Ie ne sçay, respōdit-il, mais bien sçay-ie qu'il est bon pour faire souuenir cōment on vit en ma maison: pourtant faut-il cognoistre & considerer les natures & les mœurs d'vn chacun, pour tascher à vser de ieux & de traicts de risee sans fascher personne, & pour se rendre agreable à vn chacun. Quant à l'Amour il est fort diuers & variable, comme en toute autre chose, en brocards & traicts de risee, par ce que les vns s'en of-fensent, les autres s'en esiouïssent, mais sur tout faut-il obseruer & sçauoir bien co-gnoistre l'opportunité du temps: car tout ainsi comme le vent du commancement esteint le feu à cause de sa foiblesse, mais quand il est embrasé il luy donne nourritu-re & accroissement: aussi l'amour quand il ne fait que naistre & commencer à venir, il se courrouce & se fasche contre ceux qui le descouurent: mais quand il est tout des-couuert & cogneu de tous, alors il s'en nourrit & s'en rit, estant par maniere de dire soufflé & enflammé d'auātage par les brocards & atteintes qu'on luy en donne: mais bien sont-ils ioyeux qu'on les gaudisse de leurs amours, principalemēt quand les per-sonnes qu'ils aiment sont presentes, encore que ce soit de leurs propres femmes qu'ils soient amoureux, ou de quelques ieunes hōmes qu'ils aiment d'vn amour vertueux, ils s'en preualent, en sont fort aises, & en font gloire enuers eux, d'estre gaudis & brocardez pour l'amour d'eux. Comme Arcesilaüs luy en ayant esté en son eschole ietté vn traict par quelqu'vn de ceux qui faisoient profession d'aimer, respondit, Ceste atteincte là ne me semble toucher à personne de la compaignie. Tu ne tou-ches doncques point, repliqua l'autre, à celuy là: en luy monstrant vn beau & hon-neste iouuenceau qui estoit assis tout ioignant luy. Il faut aussi bien prendre garde deuant qui on dit ces traicts là, car on se rit quelquefois des mots que lon s'oit dire entre familiers & amis, que qui les diroit deuant vne femme, ou deuant vn pere, ou deuant vn maistre d'eschole, on s'en offenseroit, si ce n'estoit chose qui leur fust fort agreable. Comme si quelqu'vn se mocquoit d'vn sien compagnon deuant vn philo-sophe, de ce qu'il iroit les pieds nuds, ou de ce qu'il passeroit les nuicts à estudier & escrire: ou deuant son pere, de ce qu'il seroit tenant & chiche: ou deuant sa femme, de

La grace ne se peut trouuer en termes François, parce que l'vn signi-fie estre droict, & l'autre courbé est auant.

Rr ij

Le second Liure

ce qu'il ne se monstreroit point courtois & gracieux aux autres dames, & qu'il seroit
seruiteur d'elle seule: comme Tigranes en Xenophon est mocqué par Cyrus, Et que
sera-ce si ta femme entend que tu portes toy mesmes tes hardes à ton col? Elle ne l'entendra
pas seulement, dit-il, car elle le verra en sa presence mesme. Mais quand ceux
qui disent de tels brocards, participent eux-mesmes aucunemét à la mocquerie, cela
les rend plus irreprehensibles, comme quand vn pauure se gaudit de la pauureté d'vn
autre, ou vn roturier de la basse & roturiere naissance de son cópagnon, ou vn amoureux
de l'amour d'vn autre: car il semble que ce n'est pas en intention d'iniurier ny
outrager, quand ils se disent par ceux qui ont semblables marques de defectuositez.
Autrement il fasche fort, & picque bien au vif asprement: comme l'vn des affranchis
de l'Empereur, glorieux à cause qu'il estoit soudainement deuenu fort riche, se portoit
superbement & insolentement en vn bancquet enuers quelques philosophes,
iusques à leur demáder par mocquerie, Pour quelle cause la puree des febues & blanches
& noires estoit egalement iaune. Aridices qui estoit l'vn des philosophes, s'en
courrouçant, luy demanda reciproquement, Pourquoy c'estoit que les marques des
coups de foüet, soit que les escorgees fussent blanches, ou fussent noires, estoient
tousiours egalement rouges: dequoy l'autre se courrouça si aigrement, qu'il se leua
de la table tout bouffé, & s'en alla. Et Amphias natif de la ville de Tarse, que lon tenoit
estre fils d'vn iardinier, s'estant mocqué de l'vn des familiers du gouuerneur,
comme estant yssu de petit lieu, y adiousta puis apres, Mais nous mesmes sommes
yssus de pareille graine: & en feit rire l'autre. Aussi y eut-il vn musicien qui arresta
gentiment & de bonne grace, la curiosité presumptueuse & importune du Roy Philippus
de Macedoine, qui s'oublioit tant, que de luy vouloir monstrer sa leçon, & le
reprendre touchant quelques accords de la Musique: à Dieu ne plaise, dit-il, Sire,
que tu sois si mal fortuné que d'entédre cela mieux que moy. car en faisant semblant
de se mocquer de soy-mesme, il remonstra au Roy sa faute sans l'offenser. C'est le
moyen duquel vsent aucunefois les poëtes comiques, pour oster l'aigreur de la picqueure
de leur mocquerie en se gaudissant d'eux mesmes, cóme fait Aristophanes de
sa teste chauue, & Cratinus de ce qu'il aimoit trop le vin, en sa comédie qu'il a intitulee
Pytiné. Mais sur tout faut-il bien prendre garde que les brocards & traits de risee
soient dicts promptement, & en respondant à quelque demande ou quelque risee sur
le champ, non pas de loing comme chose estudiee & premeditee: car ainsi cóme lon
porte plus doucement & plus patiemment les courroux, noises & debats qui naissent
aucunefois és conuiues mesmes, mais si quelque suruenant de dehors iniurie
quelqu'vn des conuiez, & y vient faire quelque scandale, on le repute importun ennemy,
& le chasse lon: aussi pardonne lon facilement à vn traict de mocquerie, à vne
risee, & à vne parole libre qui sera procedee de la matiere presente naïfuement, sans
estre par artifice cherchee d'ailleurs: mais si elle n'est point à propos de ce qui se fait,
ou qui se dit là presentement, ains tiree par les cheueux, comme lon dit, de dehors,
elle ressemble proprement à vn guet à pend, & à vne embusche proiettee de loing,
pour outrager & iniurier quelqu'vn, comme fut le brocard de Timagenes, qui dit
au mary d'vne femme coustumiere de rendre sa gorge,

> Ta musique est d'entree malplaisante
> Nous amenant icy la vomissante. *

& la demande qui fut proposee au philosophe Athenodorus, * si l'amour & charité
des peres enuers les enfans estoit naturelle: l'importunité de telles picqueures estans
hors de propos, monstre vne mal-vueillance maligne, vn propos deliberé d'outrager
& iniurier. Aussi ceux-là bien souuent pour la plus legere chose du monde,
qui est vne parole, payent la plus griefue amende qui soit: & au contraire, ceux
qui en sçauent vser bien à propos en temps & lieu rendent tesmoignage à Platon,

*La grace de ceste ré-[e]
contre ne se peut exprimer, à
cause de l'equiuo-
que des mots
Grecs, dit l'vn signifie musique, & l'autre vo-
missante.
Il deuoit
estre soup-
conné d'a-
uoir d'v-
ne sienne
fille.*

qui dit

Des propos de table.

A qui dit que c'est signe certain qu'vn homme est bien né,& qu'il a esté bien nourry & appris, quand il se sçait iouër de bonne grace sans offenser personne.

QVESTION SECONDE.

Pourquoy est-ce que les hommes mangent plus en Automne qu'en autre saison.

EN la ville d'Eleusine, apres la ceremonie des mysteres, estant la feste au fort de sa vigueur, nous estions en vn festin chez l'orateur Glaucias, là où apres que les autres eurent acheué de souper, le frere du festoiant, Xenocles, commença à harceler & gaudir le mien Lamprias, de ce qu'il mangeoit encore, en se mocquant de ceux de nostre païs de Bœoce, comme il a accoustumé, leur reprochant qu'ils sont grands mangeurs:& lors pour defendre mon frere, ie pris la parole contre Xenocles qui suyuoit la doctrine d'Epicurus, & luy dis: Tout le monde, mon bon amy, ne definit pas la volupté comme vostre Epicurus, que ce soit priuation de toute douleur:& y a d'auantage, que Lamprias qui honore plus le pourmenement des Peripatetiques & l'eschole de Lyceon, qu'il ne fait pas le verger d'Epicurus, veut par effect porter tesmoignage à ce que dit son Aristote, que chacun endroit soy mange plus en Automne, qu'il ne fait en toute autre saison de l'annee:& si en donne la raison, mais il ne m'en souuiet pas. Tant mieux, dit Glaucias: car nous nous efforceros de la trouuer apres que nous aurons acheué de souper. Apres doncques que les tables furent ostees, Glaucias & Xenocles en refererent la cause aux nouueaux fruicts diuersement, l'vn pour ce qu'il disoit, que les fruicts nouueaux esmouuoient & laschoient le ventre, & ainsi qu'en vuidant le corps ils y engendroient tousiours de nouueaux appetits: l'autre, Xenocles, disoit, que la plus part des fruits ont ie ne sçay quoy de perçant & poignant, qui prouocque l'estomach à appeter de manger plus que nulle autre viande ny autre sausse qui soit, tellement que les malades qui sont degoustez, recouurent bien souuent leur appetit perdu en mangeant vn peu de fruict nouueau: mais Lamprias dit, que la chaleur naturelle, par laquelle nous nous nourissons, se dissipe en Esté & deuient foible:& au contraire, quand ce vient sur l'Automne elle se rassemble de rechef,& se fortifie par la froideur de l'air enuironnant, qui estrainct & reserre le corps. Et moy, à fin qu'il ne semblast que ie voulusse participer à ce propos sans y rien contribuer à mon tour, ie dis que l'Esté nous auons plus grand soif, & vsons plus d'humidité à cause de la chaleur. Maintenant doncques la nature, à cause de la mutation de l'air, cherchant le contraire, selon sa coustume ordinaire, nous fait auoir plus de faim en Automne, à fin de rendre à la temperature du corps autant de nourriture seiche, comme elle en a pris d'humide en Esté. Toutefois encore ne pourroit-on pas nier, que partie de la cause de cest effect ne depende des viandes que l'on mange, qui sont faites des fruicts nouueaux tous frais & recents, non seulement des potages & legumages, mais aussi du pain, du bled, des chairs de l'annee presente, qui sont bien plus sauoureux & plus appetissans que ceux des annees passees, & par consequent prouoquent aussi plus à les appeter ceux qui en vsent & qui en mangent.

QVESTION TROISIESME.

Lequel a esté la premiere, la Poule ou l'Oeuf.

IL y auoit ja long temps que ie m'abstenois de manger des œufs à raison de quelque songe que i'auois eu, voulant bien faire ceste experience en vn œuf comme on le fait en vn cœur, pour vne vision qui m'estoit par plusieurs fois bien euiden-

Rr iij

ment apparue en dormant: Si prit la compagnie opinion de moy, en vn festin que nous faisoit Sossius Senecion, que i'auois mis en ma teste les opinions & superstitions d'Orpheus & de Pythagoras, & que i'abominois le manger de l'œuf, pource que ie croyois que l'œuf fust le principe & la source originaire de la generation, comme aucuns l'ont pensé du cœur, & les autres du cerueau, tellement qu'Alexandre Epicurien par maniere de risee allegua ces vers,

   Qui febues mange autant de mal il fait
   Que qui son pere ou sa mere deffait.

Comment si par ce mot Cyamos, qui signifie febues, ils eussent voulu entendre couuertement des œufs, à cause de la groisse qui s'appelle Cyesis, estimant que c'est tout autant manger des œufs que des animaux qui les ponnent. Et si pour respondre à cela ie leur eusse dit la vraye cause, elle leur eust semblé encore plus impertinente & plus digne de moquerie, mesmemét à cest Epicurien la, si ie luy eusse dit que c'estoit pour vn songe: tellement que ie n'empeschay pas que cest Alexandre qui se iouoit, n'imprimast ceste opinion de moy, car il estoit gentil personnage au demourant, & docte assez honnestemét. Mais de là il prit occasion de tirer en auát la question de l'œuf & de la poule, qui donna bien de l'affaire aux rechercheurs des causes naturelles, pour sçauoir lequel des deux auoit esté deuant en nature. Si dit nostre familier amy Sylla, qu'auec ceste petite question de l'œuf & de la poule, comme auec vn engin nous remuons toute la grande & lourde machine de la generation du monde, & se deporta d'en parler plus auant. Mais Alexandre s'en mocquant, comme d'vne demande legere pour rire, à laquelle il n'y auoit rien de pois attaché, mon gendre Firmus commença à dire, Il ne faudra doncques icy emprunter les atomes d'Epicurus: car s'il est vray qu'il faille supposer, que les petits elements soient les principes des grands corps, il est vraysemblable que l'œuf ait esté premier que la poule: car comme entre les choses qui se peuuét iuger par les sens, il est plus simple, là où la poule est corps plus meslé & composé. Et à parler generalement, le principe va tousiours deuant. Or la semence est vn principe, & l'œuf est plein de semence, & plus petit que non pas l'animal: & tout ainsi comme le progrés & aduancement est vn milieu entre la dispositió naturelle & la perfection, aussi semble-il que l'œuf soit vn progrés & aduancement de nature tendant à faire vn animal viuant de la semence disposée. D'auantage ainsi comme en l'animal on dit que premierement se forment les arteres & les veines, aussi est-il raisonnable de dire, que l'œuf a esté premier que l'animal, comme le contenu dedans le contenant: car les arts mesmes esbauchent premierement leurs ouurages grossiement sans forme ne figure, & puis apres elles donnent distinctement forme & figure à chasque chose, suyuant ce que disoit le statuaire Polycletus, que leur ouurage estoit lors le plus difficile, quand l'argile dont ils font leurs moules estoit venue à l'ongle. Pourtant est-il vraysemblable, que la matiere cedant & obeissant premier à la nature mouuante & informante, produisit du commancement des masses grossieres, non encore figurees ny formees, telles que sont les œufs, mais depuis ils furent taillez & formez, tellement que la nature figura & forma dedans l'animal: ne plus ne moins que nous voyons que la chenille s'engendre premierement, puis venant à s'endurcir par la seicheresse, en fin elle créue, & met hors de sa taye vn petit papillon, que lon appelle nymphe. Aussi l'œuf est comme la premiere matiere de la generation, par ce qu'il est force qu'en toute mutation precede & aille deuant ce qui se doit transmuer en autre chose. Regardez comment les artisons s'engendrent dedans les arbres, & les vers dedans le bois, par la putrefaction ou concoction de la seue. Il n'est homme qui sçeust nier que ceste humidité la n'ait precedé, & que selon tout ordre de nature ce qui engendre ne soit plus ancien que ce qui est engendré: par ceque la matiere, ainsi que dit Platon, tient lieu de mere & de nourrice

Des propos de table. 374

A rice en toutes choses qui viennent à naistre, & est la matiere tout ce dont est composé ce qui se produit : mais quant au surplus, ce dit-il en riant,

<pre>   Ie chanteray aux sages entendus</pre>

vne sentence saincte & sacree, prise des hauts secrets d'Orpheus, laquelle ne prononce pas seulement, que l'œuf soit plus ancien que la poule, ains luy donne & adiuge le droict d'ainesse de toutes les choses ensemble qui sont en ce monde, mais le reste demeure caché soubs sacré silence, comme dict Herodote, par ce que ce sont de trop profonds secrets : seulement vous diray-je en passant, que le monde contenant beaucoup de diuerses especes d'animaux, il n'y en a pas vne seule qui soit exempte de passer par la generation de l'œuf. Car l'œuf produict les volatiles, qui sont les oyseaux : les nageans, qui sont les poissons, en nombre infiny : les terrestres, comme les lisards : les ambigus qui viuent & en eau & en terre, comme les crocodiles : ceux qui n'ont que deux pieds, comme la poule : ceux qui n'en ont point du tout, comme
B le serpent : & ceux qui en ont plusieurs, comme les sauterelles. Ce n'est donc pas sans grande raison qu'il est consacré aux sainctes cerimonies de Bacchus, comme vne representation de l'auteur de nature qui produit & comprend en soy toutes choses.

Apres que Firmus eut ainsi discouru, Senecion luy respondit, que la derniere comparaison qu'il auoit faicte estoit celle qui faisoit la premiere opposition contre luy. Car tu ne t'es pas pris garde, Firmus, que tu as ouuert la porte, comme lon dit en commun prouerbe, du monde, contre toy-mesme : pource que si le monde a esté deuant toutes choses, comme celuy qui est le plus parfaict, & la raison veut que ce qui est parfaict precede ce qui est imparfaict de nature, l'entier ce qui est defectueux, & mutilé, & le tout la partie, d'autant que rien ne peut estre partie que son tout ne soit premier. C'est pourquoy personne ne dit iamais que l'homme soit de la semence,
C ains au reuers dit-on l'œuf de la poule, & la semence de l'homme, comme estans ces choses là, succedentes & posterieures à celles-cy, & prenans leur naissance en icelles, payans puis apres comme vne debte à la nature, qui est la generation : car elles sont indigentes & appetentes de ce qui leur est propre, pource qu'elles ont vne inclination naturelle à desirer produire chose telle que celle dont elles sont sorties. Aussi est-ce comme lon definit la semence, geniture appetante generation. Or n'y a-il rien qui appete ce qui n'est pas en estre : & voit-on que les œufs ont totalement leur essence de la composition & compaction qui se fait dedãs le corps de l'animal, il s'en faut seulement qu'il n'a pas les outils ny les vases tels qu'ils sont és animaux. C'est pourquoy lon ne treuue point escrit, qu'il y ait iamais eu œuf engendré de la terre, car les poëtes mesmes feignent que celuy des Tyndarides estoit tombé du ciel : là où la terre produict iusques au iourd'huy en Ægypte des animaux tous entiers & complets comme des souris, & en plusieurs lieux des serpens, des grenoüilles, des cygales,
D le principe & la puissance generatiue y estãt de dehors inseree. En la Sicile du temps de la guerre Seruile y ayant eu grande quantité de sang espandu, plusieurs corps s'estans corrompus & pourris dessus la terre sans estre inhumez, il en sortit vn nombre infiny de sauterelles, qui gasterent & rongerent tous les bleds, s'estans respanduës par toute l'isle. Tous ces animaux là doncques naissent de la terre & s'en nourrissent, & puis en se nourrissant font vne superfluité genitale propre à engendrer, que lon nomme semence : pour de laquelle se descharger ils s'apparient par volupté le masle auec la femelle, & se meslans ensemble, les vns selon leur nature font des œufs, les autres des petits viuans : & par là voit-on manifestement que leur premiere generation & production en estre estant yssue de la terre, par vne maniere de conionction, puis apres les vns auec les autres, ils font leurs enfantemens, mais en somme c'est tout autant comme qui diroit que la matrice a esté deuant la femme : car telle relation que la matrice a à l'œuf, telle aussi & semblable l'a l'œuf au petit qui

R r iiij

Le second Liure

s'engendre & s'escloſt dedans luy. De maniere que celuy qui demande comment font nez les oyſeaux, n'eſtans pas nez les œufs, c'eſt tout autant comme qui demanderoit, comment ſont nez les hommes & les femmes auant que les parties naturelles de l'vn & l'autre ſexe fuſſent en eſtre: combien que la pluſpart des parties naiſſent enſemble auec le total, mais les facultez & puiſſances viennent à eſtre empraintes apres és parties, & les operations & actions ſuccedent puis apres aux facultez, & conſequemment les ouurages accomplis & parfaicts aux actions & operations. Or l'ouurage de la puiſſance & faculté generatiue des parties naturelles eſt la ſemence, & l'œuf, de maniere qu'il eſt force de confeſſer, qu'il eſt donc poſterieur de generation à la naiſſance du total. Et conſiderez, que comme il n'eſt pas poſſible qu'il ſe face concoction de viande & de nourriture deuant que l'animal tout entier ſoit faict, auſſi n'eſt-il pas poſſible que l'œuf ny la ſemence ſoit, attendu qu'ils ſe font par certaines concoctions & alterations: & ne ſe peult faire que deuant que l'animal ſoit entierement complet, il y ait en luy ou de luy choſe aucune qui ait nature de ſuperfluité de nourriture. Toutefois encore la ſemence eſt autrement principe, là où l'œuf n'a pas meſme raiſon de principe, parce qu'il ne ſubſiſte pas le premier, ny auſſi raiſon de total, parce qu'il eſt imparfaict: dont vient que nous ne diſons pas que l'animal ait eſté engendré ſans principe, ains diſons qu'il y a eu vn principe de generation, qui eſt la puiſſance generatiue, par laquelle la matiere a eſté tranſmuée, & luy a eſté imprimée vne temperature generatiue, & que l'œuf puis apres eſt comme vne ſupergeneration, ne plus ne moins que le ſang & le laict de l'animal apres la nourriture & la concoction. Car on ne voit iamais œuf engendré de limon, d'autant qu'il a ſa generation & concretion dedans le corps de l'animal ſeulement, là où il y a des animaux innumerables qui ſe procreent & engendrent du limon, & dedans le limon. Car pour n'en alleguer point d'autres exemples, on prend tous les iours vne infinité d'anguilles, & ne veit on iamais anguille qui euſt ny œuf ny germe, ains ſi on eſpuiſe toute l'eau, & que l'on oſte toute la bourbe & le limon, ſoudain que l'eau retourne à couler dedans certain lieu, il s'y engendre des anguilles. Il eſt donc force que ce qui a beſoing d'vn autre pour eſtre, ſoit poſterieur de generation, & que ce qui autrement & ſans cela peult eſtre, ſoit precedent, & qu'il aille deuant quant à la precedence de generation, car c'eſt de celle priorité dont on parle. Qu'il ſoit ainſi, les oyſeaux font & compoſent leurs nids auant que pondre leurs œufs, & les femmes preparent des couches & des langes pour leurs enfans auant qu'elles ſoient accouchées, & toutefois vous ne diriez pas ny que le nid ait eſté de generation auant l'œuf, ny les langes auant l'enfant. Car la terre, ce dict Platon, n'imite pas la femme, mais c'eſt la femme qui imite la terre, & conſequemment chaſcune des autres femelles: & eſt vray-ſemblable, que la premiere generation a eſté faite entiere & accomplie de la terre par la vertu & perfection du generateur, ſans auoir beſoing de tels outils ny tels vaſes que la nature a fait & inuenté depuis és femelles, qui portent & engendrent à cauſe de ſon impuiſſance & imbecillité.

QVESTION QVATRIESME.

Si la Luicte eſt le plus ancien des combats & ieux de pris ſacrez.

Novs faiſions le feſtin pour la victoire que Soſicles de Corone auoit obtenu és ieux Pythiques ſur tous les autres poëtes, & approchant le iour que deuoient combattre les combattans à nud, on y parloit plus des luicteurs que de nuls autres, pource qu'il en eſtoit arriué grand nombre, & des plus renommez de toute la Grece. Eſtant doncques en la compagnie Lyſimachus, l'vn des procureurs des Amphictyós, dit, qu'il

Des propos de table.

A dit, qu'il auoit n'agueres ouy dire à vn Grammairien que la luicte estoit le plus ancien de tous les combats à nud, & disoit que le nom mesme en portoit tesmoignage, estant la luicte appellee Palé, comme qui diroit antique. Car communément les choses plus modernes & plus recentes d'inuention prennent & se seruent des mots & appellations qui ont esté imposees pour les plus anciennes, comme lon dit que la flufte a esté accoustree ou accordee, & encore auiourd'huy appelle lon le ieu des flustes χρουμα, qui signifie touchement, la denomination estant prise de la lyre dont on iouë en touchant. Qu'il soit vray, on appelle Palestra le lieu où s'exercent tous ceux qui combattent à corps nud, combien que le ieu de la luicte de toute anciennete luy ait donné le nom, & l'a tousiours retenu aussi bien pour les autres exercices qui ont esté inuentez, & sont venus en vsage depuis. Ie pris alors la parole & dis, que cest argument & tesmoignage là n'estoit pas fort assez pour conclure, par ce que Palestra a bien esté denommee de Palé, qui signifie la luicte, non pource qu'elle soit plus an-

B cienne que les autres combats, mais pource que c'est celuy seul de tous qui a besoing de saulpoudrure de poulsier qui s'appelle Pelos, & de Cerome, qui est vne composition d'huile & de cire dõt on frotte les luicteurs. Car au reste on n'exerce en ces lieux là ny la course ny l'escrime des poings, ains seulement y prattique lon la luicte, & le Pancration qui est l'escrime à faire du pis que lon peut, à cause qu'en l'vn & l'autre exercice on y renuerse l'vn & l'autre dessus le sable : & est tout apparent que ceste escrime là du Pancration est meslee de la luicte & de la simple escrime des poings : autrement, quel propos y auroit-il, que ce combat là, qui est le plus ingenieux & le plus artificiel de tous, soit aussi le plus ancien ? Car la necessité & l'vsage met en auant le premier ce qui est simple, sans art, & qui se faict auec force & violence plustost que auec regle. Apres que i'eus dict cela, Soficles y adiousta, Tu dis vray, quant à cela:

C & pour confirmer ton dire, il me semble que Palé a esté denommee de ce verbe παλλέιν, qui signifie porter par terre, & renuerser par ruse & par tromperie. Et Philinus, Mais plustost il me semble, dit-il, qu'elle a esté appellee de ce mot παλαμη, qui signifie la paulme de la main, par ce que c'est la partie des deux mains que plus employent ceux qui luictent, comme aussi ceux qui escriment se seruent plus des deux poings, dont l'escrime en a esté appellee πυγμή, comme la luicte Palé de la paulme de la main: combien que les poëtes vsent de ce mot παλυνέιν, qui signifie saulpoudrer & semer de poudre, dequoy nous voyons que les luicteurs vsent plus que nuls autres champions, & pourroit-on bien encore dire que le nom de Palé seroit deriué de là. Mais considerez encore d'auantage cela, que les coureurs font tout ce qui est en eux pour esloigner le plus qu'ils peuuent, & laisser derriere leurs concurrents: & les escrimeurs des poings, encore qu'ils ne demandent bien souuent autre chose que s'entreharper, les iuges & gouuerneurs ne leur permettent pas de ce faire, & voyons que les

D luicteurs seuls sont ceux qui plus s'entr'acollent & s'entr'embrassent, & la pluspart de leurs façons de combattre sont prises ou vrayes ou feintes, accrochemens & mesuremens de l'vn à l'autre, qui toutes les attachent & les entrelassent ensemble, tellement qu'il pourroit sembler que pour s'entr'approcher ainsi, & estre tousiours pres l'vn de l'autre, la luicte auroit esté appellee Palé, de ce mot πέλας, qui signifie auprés.

QVESTION CINQVIESME.

Pourquoy est-ce qu'Homere, entre les combats de pris, met tousiours en premier lieu l'escrime des poings, & puis la luicte, & le dernier de la course.

CES paroles ayans esté dictes, apres que nous eusmes tous louë les raisons de Philinus, Lysimachus se prit à dire de rechef: Et quel autre combat voudroit-on mettre deuant la courfe, & la carriere, comme lon l'obferue és ieux Olimpiques? Car icy aux ieux Pythiques, à chafque fois que lon combat, ils introduifent ainfi les combattans:Les enfans luicteurs les premiers, & puis les hommes luicteurs auffi, puis les efcrimeurs des poings, & apres les Pancratiaftes à faire du pis que lon peut, puis quand les enfans ont acheué tous leurs combats, alors on appelle les hommes. Mais prenez garde, ce dit Timon, fi Homere a point definy l'ordre de priorité & pofteriorité de temps entre ces combats là, parce qu'en fes œuures toufiours l'efcrime des poings eft ordonnee, entre les combats à nud, la premiere:au fecond lieu, la luicte: & au dernier, la courfe. Dequoy Crates le Theffalien s'efbahiffant, O Hercules (dict-il) combien nous ignorons de chofes! Et ie vous prie (dict-il) fi d'aduenture vous auez en main aucuns de fes vers, de les nous vouloir reduire en memoire. Timon refpondant: Il n'y a celuy, dit-il, à qui il ne fonne aux oreilles, que aux honneurs des funerailles de Patroclus, ceft ordre des combats y eft obferué. Et le poëte gardant toufjours ce mefme ordre également, fait qu'Achilles dit au bon homme Neftor,

  Ie t'offre en don gratuit ce prefent
  Pere Neftor, car ton aage eft exempt
  D'efcrimer plus des poings, & te rebutte
  D'or' en auant du combat de la lucte,
  Du iauelot à tour de bras lancer,
  Et du courir les autres auancer.

Puis faifant refpondre le bon vieillard auec vne longue trainee de paroles à la façon des vieilles gens, il dit ainfi,

  Clytomedes ie gaignay combattant
  De mes deux poings, Angeus en luictant,
  Et Iphiclus ie paffay de viftefse.

Et puis en vn autre paffage il introduit Vlyffes qui prouoque les Pheaciens

  A faire à coups de poings, ou à luicter,
  Ou à courir & fe cullebuter.

A quoy Alcinoüs luy refpond,

  A coups de poings pas nous ne combattons
  Des mieux du monde, & auffi peu luictons:
  Mais à courir nous fommes bien fort viftes.

Là où il ne change pas l'ordre fortuitement, & felon qu'il luy venoit en la memoire, tantoft en vne forte, tantoft en vne autre, ains fuiuant de poinct en poinct, comme par loy prefcrite, ce qui fe faifoit alors, & qui eftoit en vfage, parce qu'ils gardoiét encore lors l'ancienne ordonnance. Apres que mon frere eut acheué fon propos, ie dis, que felon mon aduis il auoit bien parlé, mais que pour cela ie ne pouuois entendre la raifon de ceft ordre, & fi fembla à quelques vns des autres, que veu qu'il eftoit queftion de combat, il n'y auoit point de propos que l'efcrime des poings, ou le luicter, allaft deuant le courir. Dequoy ils me prierent de rechercher la caufe vn peu de plus haut:parquoy ie me pris à leur dire tout fur le champ, Qu'il me fembloit que tous ces exercices là eftoiét reprefentations des chofes de la guerre. Car qu'il foit vray, la couftume eft encore, apres que tous les combats font acheuez, d'amener fur les rangs vn homme de pied armé de toutes pieces, cõme pour tefmoigner que cela eft le but où tendét tous les exercices du corps, & toutes ces ialoufies là de gaigner le pris & le priuilege que lon donne aux victorieux quand ils retournent triomphants és villes dót ils font nez, de faire vne brefche aux murailles, &en abattre vne partie par où il entrét en triomphe. Cela reçoit telle interpretation, qu'il n'eft pas grand befoing de murailles à vne ville qui a des hommes qui fçachent combattre & emporter la victoire. Et en Lacedemone ceux qui auoient vne fois emporté le pris en ces ieux là facrez

& cou-

Des propos de table.

A & couronnez, par special priuilege d'honneur auoient lieu & place de combattre en vn iour de bataille tout ioignant le Roy : & n'y a de tous animaux que le cheual seul qui puisse participer à la couronne de tels ieux, pour autant que luy seul est idoine de nature & instruict par discipline à accompagner l'homme és batailles, & à combattre quand & luy. Or si cela est veritable & à propos, nous voyons que le premier affaire de ceux qui combattent est de frapper l'ennemy, & de se couurir de luy. Le second est quand ils sont venus aux mains, & attachez aux prises, de s'entre-pousser & essayer de se renuerser l'vn l'autre, qui fut l'aduantage, à ce que lon dit, que nos Citoyens, estans bien adroicts à la luicte, eurent en la bataille de Leuctres à porter par terre les Lacedemoniens. C'est pourquoy Æschylus en quelque passage parlant d'vn vaillant homme de guerre, le nomme

    Ferme luicteur à l'espee & bouclier.

B Et Sophocles en quelque lieu parlant aussi des Troyens, les appelle
    Aymans cheuaux aux armes adresser,
    Les arcs de cornes aux deux bouts enfoncer,
    Luicter de pres par si rudes approches,
    Que les boucliers en sonnent comme cloches.

Le troisiéme apres tout est, de fuir si lon est vaincu, & de chasser si lon est vainqueur. A bon droict doncq l'escrime des poings precede, la luicte est mise au second lieu, & la course au dernier. Par ce que l'escrime des poings represente le charger l'ennemy, & se couurir de luy : la luicte, le harper & terrasser, & par le courir on s'exerce à chasser, ou à fuyr.

QVESTION SIXIESME.

C
Pourquoy est-ce que le Pin, le Sapin, & autres semblables arbres iettans resine, ne se peuuent enter en escusson.

SOCLARVS nous festoyant en vn sien vergier, qui est arrousé & enuironné tout à l'entour de la riuiere de Cephisus, nous monstroit des arbres diuersifiez de toutes sortes d'entures en escusson. Nous y voyons des Oliuiers qui sortoient de Lentisques, & des Grenadiers de Meurthes. Il y auoit des Chesnes qui portoiét de bons Poiriers, & des Platanes qui receuoient des Pommiers, & des Figuiers qui auoiét esté entez de greffes de Meuriers, & d'autres meslanges de plantes sauuages domtees & appriuoisees iusques à porter fruicts. Si se prirent les autres conuiez à se iöuer auec Soclarus, disans qu'il nourrissoit des especes de bestes plus estranges & plus monstrueu-
D ses que les Sphinges & les Chimeres des poëtes : Mais Craton nous meit en auant la question, Pour quelle cause les arbres huileux, & iettans resine, ne reçoiuent ny n'admettent point telles compositions, parce que lon ne veit iamais ne Cyprez, ne Pin, ne Sapin qui nourrist aucun greffe d'arbre de differente espece. Et Philon prenant la parole : Il y a, dict-il, vne maxime entre les hommes doctes, qui est confirmee par l'experience des laboureurs, que l'huile est ennemie de toutes plantes, & n'y a plus prompt moyen de faire mourir tel arbre que vous voudrez, que de le frotter d'huile, aussi bien que les abeilles. Or est-il que tous ces arbres là sont gras, & ont vne nature mollace, tellement qu'ils distillent la poix & la resine, & quand on les vient à fendre, ils iettent du dedans vne liqueur, & les esclats d'iceux rendent vne humeur huileuse qui reluit, à cause qu'elle est grasse. C'est pourquoy ils ne se peuuent mesler auec les autres arbres, non plus que l'huile auec les autres liqueurs. Philon ayant acheué, Craton adiousta qu'il estimoit que la nature de l'escorce y faisoit aussi quelque chose, parce qu'estant deliee & seiche, elle ne bailloit pas siege ferme ne

moyen de prendre séue, & s'incorporer aux greffes que l'on mettoit dedans, comme tous les bois qui ont les escorçes de qualité trop humide & trop molle: car ils empeschent que le greffe ne se puisse vnir & incorporer auec les parties qui sont au dessoubs de l'escorçe. Soclarus mesme dit alors outre cela, qu'il ne le prendroit pas mal celuy qui diroit estre necessaire, que ce qui reçoit vne autre nature soit facile à muer & mouuoir, à fin que se laissant vaincre il se rende semblable, & qu'il trásmuë sa propre nature en celle de ce qui est planté dedans luy. Voyla pourquoy nous rendons, premier que de semer ou planter la terre meuble, & l'amollissons & assouplissons, à fin qu'estant ainsi rompuë & labouree, elle en soit plus aisee à se transmuer, & à ambrasser en son sein ce que l'on y seme, & que l'on y plante: car au contraire, celle qui est aspre & dure se transmuë difficilement. Or ces arbres là estans de bois doux & leger, d'autant qu'ils ne se peuuent vaincre ne se transmuer, ne se peuuent aussi incorporer: & puis il est tout manifeste qu'il faut, que ce qui reçoit ait nature de champ & de terre labourable enuers ce qui est enté dedans. Or faut-il que la terre soit femelle & apte à porter: c'est pourquoy l'on choisit les plus fertiles arbres pour ficher aupres, ne plus ne moins que les femmes qui ont trop de laict, on leur baille encore d'autres enfans que les leurs à nourrir de mammelle. Et nous voyons que le cyprez, le sapin, & autres tels arbres sont steriles & ne portent gueres ny de beaux fruicts: ainsi que nous voyons le plus souuent, que les hommes, & les femmes qui sont par trop grasses, ne font & ne portent point d'enfans, parce que consumans la pluspart de leur nourriture en la grosseur de leurs corps, ils n'en laissent point de superfluité vtile à faire de la semence. Aussi ces arbres là employans toute leur substáce & nourriture à se grossir eux-mesmes, ils en deuiennent fort grands, & fort gros: mais ou ils ne portent point de fruict du tout, ou il est bien petit, & vient bien tard à perfection de maturité: pourtant ne se faut-il pas esbahir, si l'estranger ne peut naistre ne viure, là où le naturel malaisément se nourrit.

QVESTION SEPTIESME.

Du poisson qui s'appelle Remora, à cause qu'il arreste les nauires.

CHÆREMONIANVS le Trallien, vn iour qu'on auoit apporté grand nombre de petits poissons de toutes sortes, nous en monstra vn qui auoit la teste longue & pointuë, & nous dit qu'il ressembloit propremét à celuy que l'on appelle Remora ou Echeneis, lequel il disoit auoir veu nauiguát en la mer de la Sicile, & s'estoit grandement esmerueillé de voir la proprieté & force naturelle qu'a ce poisson, de retarder & alentir sensiblement le cours d'vne nauire cinglát à pleines voyles en haute mer, iusques à ce que le marinier de la prouë le surprit attaché au paroy de la nauire par dehors. Si y en eut en la cópagnie qui se mocqueret de luy, disans qu'il auoit receu pour bonne mónoye vn conte fait à plaisir, où il n'y auoit point de verisimilitude. Aussi y en eut-il d'autres qui commanceret à caqueter des proprietez occultes & côrrarietez naturelles, & alleguerent les assistans plusieurs telles choses, comme, Que l'Elephant estant en fureur s'appaise si tost qu'il voit vn moutó: Et, que si vous approchez d'vne vipere quelque petite brache de fousteau, & l'en touchez, vous l'arresterez & là la ferez demourer tout court. Qu'vn Taureau sauuage, quelque eschauffé & esmeu qu'il soit, s'appaise & s'adoucit aussi tost que l'on l'attache à vn figuier. Que l'abre remue & attire à soi tout ce qui est sec & leger, excepté le basilic & ce qui est frotté d'huile. Que la pierre d'aimát ne tire plus le fer quand elle est frottee d'ail. De tous lesquels effects l'experience est toute notoire, mais la cause en est bien difficile à trouuer, si du tout elle n'est impossible: & quant à moy, ie dis que cela estoit plustost vne deffaicte pour

Des propos de table.

A ne respondre point pertinemment à la question proposee, que non pas vne exhibition de la cause:car nous voyons que beaucoup d'euenemens qui s'entresuiuent l'vn l'autre sont reputez causes, qui ne le sont pas pourtant, comme si quelqu'vn disoit, que le florir de l'osier franc fust cause de faire meurir le raisin, pource que lon dict communément,

Si l'osier fleurit,
Le raisin meurit:

ou qui diroit que par les potirons qui apparoissent dedans l'huile des lampes l'air se trouble & le ciel se couure, ou les ongles crochus soient cause, & non pas accident, d'vlcere estant dedans les parties nobles. Tout ainsi doncques que chascun de ces exemples là, est suitte de diuers accidents produicts de mesmes causes, aussi cuide-je qu'il y a vne mesme cause qui retarde la nauire, & qui attrait ce petit poisson de Remora à s'y attacher:car cependant que la nauire est seiche,& non pas encore trop imbue & trempée d'eau, il est vraysemblable que la quille en coule plus facilement par dessus la mer,& que pour ceste legereté elle fend plus aisément les vagues qui luy cedent:mais apres qu'elle a esté bien trempée & longuement baignée, & qu'elle a amassé force algue, force coraline, & force mousse qui s'y est attachée, alors le bois de la quille en deuient plus mousse à coupper & fendre les flots de la mer, & la vague venant à donner contre ceste masse ainsi grasse, ne se rompt pas aisément. C'est pourquoy les mariniers ont accoustumé de bien fourbir & racler les parois de la nauire, pour en oster toutes accroches des herbes, d'algue, & de la mousse, qui s'y attachent, ausquelles il est aisé à croire que ce petit poisson Remora s'accroche volontiers, pour ce que c'est vne matiere molle & tendre, au moyen dequoy on a pensé qu'il fust cause principale d'arrester ainsi la nauire, & non pas accessoire ioincte à la principale de ce retardement.

QVESTION HVICTIÉSME.

Pourquoy est-ce que lon dit que les cheuaux Lycospades, c'est à dire, qui ont esté tirez ou rescous du Loup, sont plus courageux que les autres.

AVCVNS estiment que les cheuaux Lycospades ont ainsi esté appellez, à cause d'vne sorte de mors forte & rude qu'on leur baille, qui s'appelle Lycos, c'est à dire Loup, pour les arrester, à cause qu'ils sont ardents & malaisez à tenir: Mais nostre pere qui n'estoit pas homme prompt à dire comme les autres, & qui auoit tousjours de meilleurs cheuaux qu'on eust sçeu choisir, disoit que ceux qui estoient eschappez aux Loups pendant qu'ils estoient encore poulains en deuenoient meilleurs & plus vistes, & qu'on les appelloit pour cela Lycospades. Et d'autant que plusieurs luy portoient tesmoignage de dire en cela verité, nous estions en peine de trouuer la cause, comment & pourquoy cest accident là pouuoit rendre les cheuaux plus genereux, & plus courageux, parce que la pluspart de la compagnie soustenoit au contraire, que cela estoit plustost pour leur imprimer vne coüardise, que non pas vne generosité:& que pour cela estans deuenus paoureux & craintifs, ils en auoient les mouuemens plus legers & plus soudains, tout ainsi que les bestes qui se sont vne fois trouuées enueloppées dedans les toiles. Mais ie dis quant à moy, qu'il falloit considerer, si c'estoit point tout le contraire de ce qu'il sembloit de prime-face, par ce que les poulains ne deuenoient pas plus vistes & plus dispos pour auoir éuité le danger d'estre mangez des Loups, mais au contraire ils n'en fussent iamais eschappez, si de nature ils n'eussent esté vistes & courageux:Non plus que Vlysses ne deuint pas plus sage & plus prudent, pour auoir eschappé le danger du Cyclops geant Polyphemus:mais pour ce que de luy-mesme naturellement il estoit tel, il trouua l'expedient & le moyen de s'en sauuer.

QVESTION NEVFIESME.

Pourquoy est-ce que les moutons qui ont esté mords du Loup, en ont la chair plus tendre: mais la laine plus subiette à engendrer des poulx.

CE propos là nous conduisit apres à parler aussi des moutons qui ont esté mordus du Loup, par ce que lon dict, que celle morsure en rend la chair plus tendre, mais que la laine en engendre des poulx. Si sembla bien que la raison que mon gendre Patrocleas allegua touchant la delicatesse estoit vraye, disant que ceste beste rendoit par sa morsure la chair plus tendre & plus fondante, d'autant que son haleine est si chaude & si ardente, qu'elle fond & digere les os mesmes dedans son estomac. Et que c'estoit pourquoy les chairs que le Loup auoit mordues, se corrompoient plus tost que les autres:mais quāt à la laine nous en estions en doubte, d'autant qu'il nous sembloit qu'elle n'engendroit pas les poulx, mais que seulement elle les attrayoit, par la proprieté qu'elle a d'vne aspreté raclante, & d'vne chaleur dont elle ouure les pores de la chair, laquelle proprieté s'imprime en la laine du mouton, par la morsure & par l'haleine du Loup, qui altere non seulement la chair, mais iusques au poil & à la laine mesme de la beste tuee: dequoy faisoit foy l'experience & histoire, par ce que lon sçait que les chasseurs & les cuisiniers tuent aucunefois des bestes d'vn seul coup, de sorte qu'elles tombent toutes roides mortes, sans respirer ny remuer pied ne patte, & d'autres à plusieurs coups mal-aisément & à toute peine: & qui est encore plus merueilleux, c'est que la chair de celles qui sont ainsi tuees à plusieurs fois, prend du ferrement dont elles sont blessees, vne telle qualité, qu'elle se corrompt incontinent, & ne demeure pas entiere vn tout seul iour. Au contraire, celle des bestes qui sont tuees tout à coup, ou moins lentement, ne ressent rien de cela, ains demeure saine & entiere assez long temps. Et qu'il soit vray que les diuerses façons de mort dont les bestes sont tuees, passent & s'apperçoiuent iusques aux cuirs, iusques aux poils, & iusques aux ongles, Homere mesme le nous donne à entendre, parlant du cuir & des courroyes d'vn bœuf tué à viue force: car la peau de ceux qui ne meurent point de vieillesse, ny de maladie ou langueur, ains sont occis violentement, en est plus ferme & plus dure: vray est que des animaux qui ont esté mordus par les bestes sauuages, les ongles leur deuiennent noirs, le poil leur tombe, & leurs peaux en deuiennent lasches & faciles à deschirer.

QVESTION DIXIESME.

Si les anciens faisoient mieux seruans à table chascun à part, que maintenant que lon mange de communes viandes tous ensemble.

L'ANNEE que ie fus Preuost à Athenes de la preuosté qui donne le nom à l'annee, les souppers en ma maison estoient presque tousiours banquets ordinaires de sacrifices, là où à chascun estoit assigné à part sa portion: dequoy plusieurs estoiét fort aises, & les autres le blasmoient comme chose inciuile & mal honneste, disans que aussi tost que l'on a osté la couronne du sacrifice de dessus la teste, il faut remettre les tables à l'vsage & à la façon accoustumee: car ce n'est pas pour manger simplement, ce disoit Agias, ny pour boire, à mon aduis, mais pour manger & boire ensemble, que nous nous entreconuions, là où ce departement de chair & de viandes

par por-

Des propos de table. 378

par portions oste toute communication de societé, & faict d'vn soupper plusieurs souppers,& plusieurs souppans à part,& nuls souppans ensemble les vns auec les autres,quand chascun prent,ainsi comme de l'estau du boucher, sa chair à certain pois, & à certaine mesure,& met sa portion deuant soy. A quoy tient-il, ie vous prie, que lon ne baille quant & quant à chascun des conuiez son hanap, son pot plein de vin, & sa table à part? comme lon dit que ceux de la lignée Demophoontide feirent iadis à Orestes, en luy commandant de boire & manger, sans s'amuser à parler aux autres? N'est-ce pas tout vn que ce qui se faict maintenant, en mettant du pain & de la chair deuant vn chascun pour le paistre à part en sa propre mangeoire? Il n'y a difference sinon que lon ne nous faict pas commandement de manger en silence sans parler, comme lon faict à ceux qui disnent au festoyement d'Orestes,là où cela mesme nous doit appeller à communauté de toutes choses en vn banquet, que nous parlons les vns aux autres, que nous participons au plaisir du chant d'vne menestriere, qui nous resiouyt autant les vns que les autres de la musique, & d'vne balladine tout de mesme. Ceste couppe mesme d'amitié, qui est apportée au milieu de la compagnie pour y boire tous les vns aux autres, sans estre astrainct à certaines bornes, comme vne source & fontaine viue de beneuolence, ayant pour toute mesure la soif & disposition à boire d'vn chascun, non pas comme ceste tres-iniuste distribution des portiós de chair & de pain à chascun, qui se farde & se masque d'vne couleur fausse d'egalité entre ceux qui sont inegaux, parce que l'egal & le mesme à vn qui a besoin du moindre deuient plus, & à celuy qui a besoin de plus, est moins. Tout ainsi doncq que celuy se feroit mocquer, qui à plusieurs differents malades de diuerses maladies distribueroit medecines égales à pois & mesures exactement semblables: aussi feroit le festoyant, qui ayant assemblé en vn festin plusieurs differentement appetissez, les voudroit traicter tous de mesme, en mesurant l'egalité de sa distribution à la proportion Arithmetique, & non pas à la Geometrique. Il est vray que nous allós tous à la tauerne acheter le vin à vne mesme mesure & égale, qui est la publique, mais à la table chacun y apporte son estomac, lequel se remplit non de ce qui est égal à tous, mais de ce qui suffit à chascun. Et quant aux banquets d'Homere, il n'est point à propos de les apporter de ceste discipline la militaire, & de la coustume du camp, à nos mœurs de maintenant, ains est plus raisonnable que nous nous proposions à ensuiure l'humanité & courtoisie des anciens, qui honoroient non seulement ceux qui logeoient & demouroient auec eux, mais aussi leurs commensaux, qui mangeoient à mesme table, & de mesme viande, d'autant qu'ils reueroient la societé & communauté en toutes choses. Parquoy laissons là, ie vous prie, les souppers d'Homere, lesquels me semblent vn peu trop affamez, & trop alterez, encore qu'ils ayent des Princes pour maistres d'hostel, qui sont plus fins & de plus pres regardans à la despense que les tauerniers & hosteliers mesmes de l'Italie, veu qu'entre les armees, & lors qu'ils estoient aux mains auec les ennemis, ils se souuenoient exactement combien de fois chascun des conuiez auoit beu en son logis. Ceux de Pindare sont certainement bien meilleurs, esquels comme il dict,

>Bien souuent le Prince honorable
>Seoit auec eux à la table.

parce qu'ils auoiét cómunication de toutes choses ensemble: cela veritablemét estoit vne cómunion & vne mixtion des estrangers passans, là où cecy n'est qu'vne diuision & vne separation d'hommes, qui monstrent semblant d'estre grands amis, & ne peuuent pas neantmoins communiquer ensemble iusques à manger de mesme viande. Agias fut bien ouy & loüé pour les raisons qu'il auoit alleguees, & y en auoit qui disoiét qu'il ne falloit pas trouuer estráge, s'il se courrouçoit qu'on luy baillast vne portion égale aux autres, veu qu'il auoit le ventre si grand, & si gros: car à la verité il estoit

Ss ij

de grande vie, & mangeoit beaucoup. Or en vn poisson commun, comme disoit Democritus, il n'y a point d'arestes. Et c'est cela, dis-je, adoncq', principalement qui nous a indroduict & amené l'vsage des parts non mal-parties: car comme dict la vieille Royne Iocaste és Phœnices d'Euripide,

  Cela qui ioinct les peuples alliez
  L'vn auec l'autre, & citez à citez
  En vn lien, c'est ceste égalité:

de laquelle il n'y a rien qui ait tant affaire ny tant de besoing, comme la societé & communion de la table, l'vsage en estant fondé sur la nature & sur la loy necessaire, non pas vaine ou tiree d'ailleurs par opinion, par ce que naturellement celuy qui ne peult tant manger, ou qui demeure derriere, veut mal à celuy qui mange plus de la viande commune, ne plus ne moins que la galere qui vogue deuant les autres, necessairement est mal voulue d'elles: car ce n'est point à mon aduis vn amiable commancement de festin, quand on vient à rauir des mains la viande les vns aux autres, & que lon y iouë à qui sera le plus habile de la main, & que lon s'entrepousse à coups de coude l'vn l'autre, ains sont toutes ces façons de faire là mal honnestes, & tiennent de la coustume des chiens, se terminant quelquefois, & bien souuent, en iniures & en choleres, non seulement des conuiez les vns contre les autres, mais aussi à l'encontre des maistres d'hostel, voire de ceux mesmes qui font le festin. Mais du temps que ces sages Féés là, Mœra & Lachesis, gouuernoient la societé & communauté des festins, on n'y voyoit rien de desordre, rien de sale ny mechanique, ains appelloit-on lors les souppers & banquets δαῖτες, & les conuiez souppans δαιτυμόνας, & les escuyers trenchans qui seruoient à la table δαιτροὶ, pour ce qu'ils departoient & donnoient à chascun sa portion. Aussi auoient les Lacedemoniens pour leurs distributeurs de chairs, non personnes vulgaires, ains les premiers hommes de leur estat, tellement que Lysander mesme fut en Asie establý par le Roy Agesilaus, commissaire à distribuer les chairs en son camp. Mais telles distributions cesserent alors que la superfluité & les delices furent introduictes és festins, d'autant que lon ne pouuoit pas ainsi facilement partir les pastisseries, les tartes, les maschepans, les saulses, les saupiquets & viandes exquises, de maniere qu'estans vaincus par la friandise de telles voluptez, les hommes abandonnerent l'égale distribution des parts & portions: dequoy on peut prendre pour argument & preuue suffisante, ce que lon voit encore iusques auiourd'huy, que les sacrifices & banquets publiques se font encore à la mode antique aux portions: pour monstrer la netteté & simplicité de viure des anciens: tellement que celuy qui reçoit la distribution remet sus quant & quant la frugalité. Voire mais on me pourra dire, que là où il y a du propre se perd le commun. Ouy, bien, où le propre n'est pas égal entre tous: car ce n'a pas esté la passion du propre, mais l'vsurpation de l'autruy, & la conuoitise du commun, qui a amené l'iniustice, la noise & la guerre au monde, laquelle les loix reprimans par les bornes du propre à chascun, en ont esté appellees νόμοι, de l'authorité & puissance qu'elles ont de partir également à chascun ce qui est commun entre tous: autrement tu ne deuras non plus vouloir que le festoyant distribue à chascun sa couronne & son chappeau de fleurs, ny sa place de l'assiette, voire que si quelqu'vn d'aduenture amenoit au festin vne sienne amie, ou vne balladine, cela deura donc estre commun entre les amis, à fin que toutes choses soient ensemble pesle-mesle & tout vn, comme disoit Anaxagoras. Ou s'il est ainsi, que la vendication en proprieté de telle chose ne trouble rien la societé & communauté, veu que les autres de principale consideration, & de plus grande importance, sont communes, i'entens la conference de paroles, les caresses de boire les vns aux autres: nous nous deporterons à bon droict de mespriser & condamner les portions & le lot & le sort de partage, fils de Silence, comme dict Euripides, lequel ne

donnant

Des propos de table.

A donnant point la prerogatiue, ny à la richesse, ny au credit, ny à la noblesse, ains allant ainsi qu'il se rencontre, tantost cy, tantost là, esléue le cœur à celuy qui est pauure & petit, & ne le priue point de quelque espece genereuse de liberté, & si accoustume le grand à ne desdaigner point l'egalité, ains le modere & tempere sans le fascher.

Le troisiéme Liure des propos de table.

LE PREAMBVLE.

E poëte Simonides, Sossius Senecion, voyant en quelque banquet vn estranger à table qui ne disoit mot, & ne parloit à personne, luy dit: Mon amy, si tu es vn sot, tu fais sagemét, mais si tu es sage, tu fais sottement. Car il vaut bien mieux couurir & cacher son ignorance, comme disoit Heraclitus, que de la descouurir, mais il est bien malaisé quand on est à faire grand chere, & que lon boit à bon escient: car comme dict le poëte,

Le vin peut tant, que le sage il destraue,
Et fait chanter l'homme, tant soit-il graue,
Rire, gaudir, & saulter, & baller,
Et, ce que taire il deuroit, deceler.

Là où il semble que le poëte en passant nous a voulu monstrer la difference qu'il y a entre auoir beu & estre yure: par ce que le chanter, le rire, & baller, aduient communément à ceux qui ont assez beu, mais de babiller, & ne celer ce qu'il eust mieux vallu taire, cela est acte d'ebrieté & yurongnerie. C'est pourquoy Platon dict, que les conditions du commun des hommes se descouurent mieux en beuuant qu'autrement. Et quand Homere dict,

Ils ne s'estoient pas cogneus à la table,

il monstre bien qu'il entendoit la vehemence du vin, & la force qu'il a d'engendrer beaucoup de paroles: car on ne cognoistroit point les hommes, ny leurs mœurs & conditions, pour manger & pour boire, s'ils beuuoient & mangeoient sans mot dire. Mais d'autant que le boire induit les gens à beaucoup parler: & le parler descouure & met en euidence plusieurs choses, qui autrement estoient couuertes: le boire ensemble, par consequent, donne grande cognoissance des vns aux autres. De maniere que lon pourroit à bon droit reprédre Æsope, & luy dire, Deà mon amy, à que faire vais tu cherchant des fenestres, par lesquelles chascun peut voir ce que son voisin a dedás le cœur? car le vin le nous descouure assez, ne laissant pas demourer celuy qui a beu en silence, ains luy ostant tout masque & toute simulation desguisee, lors qu'il semble estre plus esloigné de la loy, comme de son regent & pedagogue. Le vin doncq' est suffisant pour Æsope, pour Platon, & pour tous ceux qui cherchét les moyens de descouurir les secrets des cœurs des hommes: mais ceux qui ne se veulent point tenter ne langueyer les vns les autres pour s'entredécouurir, ains cherchent à se resiouyr & recreer ensemble, ils tiennent de tels propos, & mettent en auant de telles questiós, que par icelles les mauuaises parties & imperfections de l'ame, si aucunes y en a, se cachent, & ce qu'il y a de meilleur & de plus gentil se fortifie, comme estant conduict par le deuis des lettres en ses propres prairies, & ses propres pastis. C'est pourquoy nous t'auons recueilly ceste troisiéme dizaine des propos de table, dont la premiere question sera celle des chappeaux de fleurs.

Sſ ·iij

Le troisiéme Liure

QVESTION PREMIERE.

S'il est bon de porter sur la teste chappeaux de fleurs à la table.

EN vn banquet que faisoit vn iour à Athenes le Musicien Eraton, ayant sacrifié aux Muses, là où il y auoit belle compagnie, on meit en auant le propos des couronnes & chappeaux de fleurs, par ce que lon en apporta de toutes sortes apres le soupper. Et Ammonius se mocqua vn peu de nous, qui au lieu de chappeaux de laurier en mettions de roses sur nos testes, par ce, disoit-il, que les chappeaux de fleurs sont plus propres aux filles, & conuiennent mieux aux pucelles & ieunes femmes, que non pas aux assemblees des Philosophes & des hommes de lettres. Et m'esbahis de cest Eraton, attendu que hayssant & reprouuant les fleuretis en la musique, & blasmant le bon & gentil Agathon de ce, que lon dict que ce fut luy premier qui faisant iouer la Tragedie des Mysiens mesla parmy la musique ordinaire vn petit de la chromatique, & ce pendant luy-mesme nous a remply tout son festin de festons & chappeaux de fleurs, & de toutes sortes de parfums & senteurs: trouuant estrange que fermant la porte des oreilles aux delices & aux voluptez, il ouure ce pendant celle des yeux & des naseaux, leur donnant entree en l'ame par ailleurs, & faisant de la couronne de religion & deuotion, chappeau de volupté & de dissolution: combien que les huiles de parfums, & pourdre de senteurs rendent plus douce & plus souëfue odeur, que ne font pas ces chappeaux de fleurs toutes fenees & flaistries entre les mains des bouquetieres: & toutefois elles n'ont point de lieu és banquets & assemblees des philosophes, d'autant que c'est vne volupté oyseuse, qui n'est accouplee à vtilité quelconque, ny ne part d'aucune source de necessité naturelle, ne plus ne moins que ceux qui vont en vn banquet, y estans menez par quelqu'vn des conuiez, suiuant vne coustume honneste, ils sont les bien venus, & traictez de mesme les conuiez, comme fut Aristodemus mené par Socrates au festin que faisoit Agathon: mais si quelqu'vn presumoit d'y aller de luy-mesme, sans y estre mandé ne mené, on luy fermeroit la porte. Aussi les voluptez du boire & du manger estans conuiees par la necessité, en suyuant les appetits naturels, ont lieu mesme entre les sages: mais aux autres qui viennent sans estre mandees ny conuiees par vne seule conuoitise desordonnee, la porte leur est bouchee. A ces paroles d'Ammonius, les ieunes hommes qui ne cognoissoient pas encore sa façon de faire, estans honteux, commancerent tout bellement à arracher les chappeaux de fleurs qu'ils auoient dessus leurs testes. Mais moy, qui sçauois que c'estoit pour vn exercice, & pour nous attirer à en chercher la raison, qu'il auoit mis ce propos en auãt, addressant ma parole au medecin Tryphon Il est raisonnable, dis-je, ou que tu poses comme nous ce beau chappeau que tu as sur la teste, reluisant de belles roses vermeilles, ou bien que tu dies presentement, comme tu fais souuent entre nous, les profits & commoditez que nous apportent les chappeaux de fleurs quand nous beuuons ensemble. Alors Eraton prenant la parole: Comment, dict-il, est-il doncques ordonné, que lon ne doit receuoir aucune volupté, sinon qu'elle apporte son salaire quand & elle? Et que quand on nous tiendra bien ayses, nous nous en fascherons & courroucerons, si ce n'est encore auec quelque loyer? car quant aux huiles de parfum & à la couleur de pourpre, à l'aduenture y a-il bonne occasion pour laquelle nous en deuons auoir quelque honte, pour la superfluité affectee & despense trop curieusement adioustee, qu'il y a: & les deurions reiecter comme vestemens, couleurs, & vnguens frauduleux & trompeurs, ainsi que disoit iadis le Scythe barbare *. Mais les couleurs & odeurs qui sont natu-relles, sont simples, pures & nettes, ne differans en rien des fruicts des arbres que la nature produict. Ne seroit-ce donc pas vne sottise de recueillir le ius de tels fruicts,

voyez le 3. d'Herodote. Le Roy des Ethiopiens Macrobies.

& ce

Des propos de table. 380

& ce pendant condamner & reietter les odeurs & les couleurs que les saisons apportent, à cause de la volupté & du plaisir qui florit par dessus, si d'ailleurs elles n'apportent encore quelque proprieté qui soit vtile & profitable? car plus tost il semble au contraire, que s'il est veritable, comme vous autres Philosophes dittes, que la nature ne fait rien pour neant & en vain, qu'elle a fait & produict ces choses là pour la volupté de l'homme seulement, qui ne seruent à autre chose qu'à resiouïr & donner plaisir, & n'ont point d'autre proprieté. Qu'il soit ainsi, considerez comme és arbres & plantes qui verdoient, la nature a donné des fueilles pour sauuer & contregarder leur fruict, & à fin que soubs icelles les arbres eschauffez, ou refraischis peussent plus facilement porter les iniures de l'air & mutations des temps: mais quant à la fleur, elle ne porte profit quelconque, si ce n'est qu'elle nous donne quelque plaisir à veoir & à sentir, pource qu'elle nous rend de merueilleusement souëfues odeurs, & nous ouure la porte à vne infinité de teintures & de couleurs presque inimitables. Et pourtant quand on arrache les fueilles aux arbres, il semble qu'ils en soient marris, qu'ils en sentent douleur d'vne blessure vlceree, & d'vn despouillement de leur naturelle beauté & honneur, en demourant difformes à veoir. Si ne se faut pas seulement abstenir, comme dit Empedocles,

  Totalement des fueilles de laurier:

Ains faut aussi pardonner aux fueilles & branches de tous autres arbres, & ne se point parer de leur desemparement, en leur rauissant par force & contre nature, là où leur oster leurs fleurs ne leur fait tort ny dommage quelconque: car cela ressemble proprement aux vendanges, quand on oste les grappes de raisin à la vigne, par ce que qui ne les luy oste en sa saison, elles tombent d'elles mesmes toutes sences & flestries. Comme doncques les peuples barbares se vestent des peaux de leurs moutons, au lieu de faire des draps de leurs laines: aussi me semble-il que ceux qui tissent leurs chappeaux & couronnes de fueilles plus tost que de fleurs, ne se seruent pas des plantes ainsi qu'il appartient. Voyla ce que ie dy quant à moy, pour defendre la cause des bouquetieres qui font les chappeaux de fleurs. Car ie ne suis pas Grammairien pour alleguer les poëtes, où nous lisons comme anciennement les victorieux qui auoient gaigné le pris és ieux sacrez, estoient couronnez de chappeaux de fleurs: bien diray-je, que le chappeau de roses estoit proprement destiné & attribué aux Muses, ainsi qu'il me souuient auoir leu en vn passage de Sappho, là où parlant d'vne femme ignorante & aliene des Muses, elle dit,

  Toute au tombeau morte gerras,
  Pource que cueilly tu n'auras
  Iamais des roses, dont fleurie
  Est la montaigne Pierie.

Mais il nous faut escouter si Tryphon nous alleguera point quelque tesmoignage de sa medecine. Tryphon adonc prenant la parole: Les anciens, dit-il, n'ont point oublié à traicter de cela, comme ceux qui vsoient & se seruoient beaucoup des plantes à la medecine, dont il y en a encore de grands signes qui en sont demourez iusques auiourd'huy: Car les Tyriens offrent à Agenorides, & les Magnesiens à Chiron; qui les premiers ont exercé & pratiqué la medecine en leurs pays, les primices des herbes & des racines, dont ils souloient guerir les malades. Et Bacchus, non seulement pour auoir inuenté le vin, qui est vne puissante & plaisante medecine, fut estimé bon medecin, mais aussi pource qu'il enseigna à ceux qui estoient espris de fureur bacchanale de se couronner la teste de lyerre, mettant ceste plante en honneur & en reputation, à cause qu'elle a vne proprieté contraire à celle du vin, reprimant & estraignant par sa froideur la chaleur d'iceluy, & le gardant par ce moyen d'enyurer, & les noms mesmes de quelques plantes montrent en cela la soigneuse

S f iiij

diligence des anciens: car ils ont appellé le Noyer Caryan, pourautant qu'il iette vne vapeur & esprit pesant & endormant, qui fait mal à la teste de ceux qui se couchent & s'endorment dessoubs ses branches & à son ombre. Le Narcisse, autrement Campanette, a semblablement esté ainsi appellé, d'autant qu'il amortit les nerfs, & engendre des pesanteurs endormies. C'est pourquoy Sophocles l'appelle l'ancienne couronne des grands Dieux, qui est à dire des Dieux terrestres. Aussi dit-on que Peganon, qui signifie la Rue, est ainsi appellee, d'autant que par sa chaleur elle fait seicher & durcir la semence de l'homme, & que generalement elle est ennemie aux femmes grosses. Quant à l'Amethyste, tát l'herbe que la pierre qui en porte le nom, ceux qui estiment qu'elles aient l'vne & l'autre esté ainsi nommees pource qu'elles empeschent l'yuresse, ils se mescótent, pource que l'vne & l'autre a esté ainsi nommee pour la couleur, à cause que la feuille n'a pas la couleur viue, ains fade & ressemblant à celle d'vn vin passé & vsé, ou qui est fort destrempé d'eau. Lon pourroit alleguer plusieurs autres plantes, ausquelles la force & proprieté naturelle a imposé le nom, mais ces exemples la suffisent pour monstrer la diligence & experience des anciens, pour laquelle ils vsoient de chappeaux de fueilles & fleurs sus leurs testes ce pendant qu'ils beuuoient. Car le vin pur venant à dóner à la teste, & à relascher tout le corps, en saisissant l'origine des nerfs & des sens, tourmente & trauaille fort l'homme, là où les fluxions de senteurs qui sortent des fleurs y seruent merueilleusement, d'autant qu'elles munissent, remparent & fortifient la teste contre l'yuresse, comme vne citadelle, d'autant que les chaudes ouurent tout doucement, & destouppent les pores, & en ce faisant donnent moien au vin de s'euaporer & euenter ses fumees. Au contraire, celles qui sont moderément froides, par vn gracieux attouchement repoussent les vapeurs qui montent au cerueau, comme font les chappeaux de violettes & de roses, & par leur odeur repriment & empeschent les douleurs de la teste. Mais la fleur du souchet, du safran, & de la gantelee, attire doucement à dormir ceux qui ont beu: car elle a vne defluxion douce & coulante vniement, qui applanit tout bellement les inegalitez & aspretez qui se font au dedans de ceux qui boiuent, & y engendrant vne tranquillité rabbat la tourmente de l'yurongnerie. Il y a d'autres especes de fleurs, dont les odeurs iaillissans au cerueau purgent les pores des sentimens, & subtilisent les humeurs tout doucement sans agitation ne violence, en les rarefiant par leur moderee chaleur, & le cerueau qui de sa nature est froid, en est aucunement rechauffé. Voyla pourquoy anciennement ils vsoient de festons de fleurs qu'ils attachoient & pendoient au col, lesquels pour ceste occasion ils appelloient ὑποθυμίδας, comme qui diroit, soubs-perfums, & se frottoient toute la poictrine des huiles où elles auoient esté trempees: ce que tesmoigne Alceus, là où il commande, que lon luy verse de l'huile parfumee sur sa teste qui a tant souffert, & sur sa poictrine chenuë, car ainsi les odeurs se guindent iusques au cerueau, estans rauies par les sentimés. Si n'estoit pas pource qu'ils pensassent, que l'ame eust sa residence dedans le cœur, qu'ils appelloient Hypothymidas ces chappeaux & festons qu'ils se mettoient alentour du col, comme quelques vns ont voulu dire, pource que si ç'eust esté à cause de cela, il eust plus tost esté couenable qu'ils les appellassent Epithymidas: mais c'estoit, comme ie dis, pour l'exhalatió & euaporation. Et ne nous faut pas esbahir si les exhalations des fleurs ont si grande force: car on trouue par escript, que l'ombre du lierre blanc fait mourir les hommes qui s'endorment dessoubs, mesmement quand il est en sa fleur. Et du Pauot il en decoule vn esprit quand on recueille le ius, que qui ne s'en donne bien de garde en tóbe tout esuanouy par terre: & l'herbe qui s'appelle Alysson, en la prenát en la main, voire en la regardant seulemét, fait passer les sanglos du hocquet: & dit-on qu'elle est aussi fort bonne au bestail pour le garétir de maladies, quád on la plante au long des bergeries, & alentour des estables. Et Rhodon, la rose, est ainsi

appellee

Des propos de table. 381

appellee pource qu'elle iette vn grand flux d'odeur, aussi est-ce pourquoy elle se fene & se passe bien tost: elle est refraichissante de proprieté, & neantmoins a couleur de feu, non sans cause, pource qu'il y a vn peu de chaleur qui vole par dessus, estant poussé du dedans au dehors par la naïfue froideur.

QVESTION SECONDE.

Si le Lierre de sa nature est froid ou chaud.

Nous donasmes tous loüanges au discours de Tryphon, & Ammonius s'en prenant à rire, Il ne seroit pas bien à propos, dit-il, de regimber maintenant alencontre d'vn discours embelly de tant de varietez, & aussi fleury que les chappeaux de fleurs mesmes, qu'il a entrepris de soustenir & defendre, sinon que ie ne sçay pas comment on a entrelassé le lierre en ce chappeau de fleurs, en disant que par sa naturelle froideur il a proprieté de restraindre la force du vin: car au contraire il semble qu'il soit chaud & ardant, & son fruict estant mis & trempé dedans le vin, luy donne force d'enyurer, & de trauailler & troubler le corps, d'autant qu'il enflamme. Au moyen dequoy, son serment de son naturel est tortu, ne plus ne moins que le bois que l'on courbe auec le feu. Et la neige, qui demeure bien souuent dessus les autres arbres par plusieurs iours, s'enfuit incontinent, ou pour mieux dire, se deffait & se fond dessus le lierre, à cause de sa chaleur: & qui plus est encore; & que Theophrastus a laissé par escript, c'est que Harpalus lieutenant d'Alexandre le grand en la prouince de Babylone, par ordonnance de son maistre s'efforça d'affier és vergers Royaux des arbres & plantes de la Grece, mesmement de celles qui sont grand ombrage, & qui ont la fueille large, & sont fresches, pource que le pays en Babylone est fort bruslant & ardant, mais la terre ne peut iamais endurer ny receuoir le lierre, combien que Harpalus y employast beaucoup de peine, & y vsast de grande diligence: car il y mouroit incontinent & se deseichoit, d'autant qu'il est chaud de sa nature, & que lon le mesloit auec vne terre encore plus chaude, qui empeschoit qu'il n'y pouuoit prendre pied, parce que tousiours les excessiues vehemences des objects destruisent les puissances. C'est pourquoy ils appetent leurs contraires, de maniere que la plante qui est froide demande place chaude, & celle qui est chaude demande assiette froide. A raison dequoy les lieux haults & montueux qui sont continuellement battus des vents, & couuerts des neiges, portent ordinairement les arbres qui font la poix, & qui seruent à esclairer, comme sont les Pins, les Pesses & Sapins. Mais sans cela, Tryphon mon bel amy, les arbres qui sont de nature froids & frilleux perdent leurs fueilles tous les ans, pour le peu de chaleur, foible & debile, qui se restraint & abandonne l'arbre, là où au contraire la chaleur & qualité grasse, & onctueuse, qui est en l'oliuier, au laurier & au cyprez, les maintient tousiours verds & fueillus, comme aussi demeure tousiours le lierre. Voyla pourquoy le bon pere Bacchus n'a pas amené en vsage le lierre, comme vn preseruatif & vn secours alencontre de l'yuresse, ny comme l'ennemy du vin, attendu qu'il appella le vin pur Methy, & se surnomma soy-mesme Methymnęus: mais à mon aduis, tout ainsi comme ceux qui ayment le vin, quand ils n'en peuuét auoir de celuy de la vigne vsent de biere, breuuage contrefaict d'orge, ou bien de cydre fait de pommes, ou de dattes. Aussi celuy qui desiroit auoir en la saison d'hyuer vn chappeau de pampre de vigne sur sa teste, la voiāt nuë & destituee de fueilles se contenta d'auoir du lierre qui luy resemble: Ioinct que son bois & son serment est aussi tousiours tortu, & ne va iamais droict, ains se iette à l'aduenture çà & là, & la mollesse grasse des fueilles esparses alentour des branches sans ordre, & apres tout, son raisin, qui ressemble proprement à vne grappe de

Le troisiéme Liure

verjus commenceant à se tourner, representent fort naïfuement toute la forme de la vigne : & toutefois encore qu'il apportast quelque secours alencontre de l'yuresse, nous dirons que cela se fait par le moyen de sa chaleur, en ouurant les pores & petits pertuis pour faire sortir & euaporer les fumees du vin, ou plustost en aidant de sa chaleur à le cuire & digerer, à fin que Bacchus, auec ta bonne grace, Tryphon, demeure medecin. A cela Tryphon demeura vne espace de temps sans respondre, pensant en luy-mesme comment il luy repliqueroit: & Eraton aiguillonnant chacun de nous autres ieunes gens, nous disoit, que nous deuiõs secourir Tryphon l'Aduocat & defenseur de nos chappeaux de fleurs, ou bien que nous les deuions oster de dessus nos testes. Mais Ammonius dit, qu'il leur donnoit asseurance de sa part, d'autant quil ne rechercheroit point à lencontre de ce que nous respondrions:& Tryphõ mesme nous incitoit à dire quelque chose. Alors ie me pris à dire, Ce n'est point à moy à prouuer que le lierre soit froid, ains à Tryphon, attendu qu'il l'employe souuent à refraichir & à reserrer & constiper. Mais quant à ce qui a esté maintenant allegué, que la grappe du lierre enyure quand elle est trempee dedans le vin, il ne se trouue pas veritable,& l'accident qu'il fait en ceux qui en boiuent ne se pourroit bõnement appeller yuresse,ains plus tost troublement d'esprit, & alienation d'entendement, comme fait le Iuscyame, autrement hanebane, & plusieurs autres plantes, qui troublent furieusement & transportent l'entendement. Et quant à la tortuosité des branches, elle est hors de propos:car les œuures & effects contre nature ne peuuent proceder des puissances naturelles,ains les bois mesme se courbent & se tordent parce que le feu qu'on leur applique en tire toute l'humeur naturelle par force, là où la chaleur interieure& naturelle, la leur eust entretenuë & augmëtee.Mais prenez garde plus tost,que ceste forme tortue bossue, & ceste bassesse tendant tousiours contre terre, ne soit plus tost argument d'imbecillité & de froideur au corps là où elle est, prenant plusieurs reposees,& faisant plusieurs reprises,ne plus ne moins qu'vn pelerin,qui pour sa foiblesse & lassitude se repose & se sied par plusieurs fois en chemin, & puis se remet de rechef à cheminer. Voyla pourquoy il a tousiours besoing de quelque soustien qu'il embrasse, à quoy il se tienne, & sur lequel il s'appuye, n'ayant pas la puissance de se soustenir & de se conduire soy-mesme, à faute de chaleur. De laquelle la force naturelle est de monter contremont: & quant à ce que la neige s'escoule & se fond incontinent dessus, c'est à cause de la moiteur molle de sa fueille, comme nous voyons que l'eau mesme deffait & dissoult incontinent la laxité & rarité spongieuse d'icelle, attendu qu'il semble que ce ne soit qu'vn amas de plusieurs petites boutifles serrees & estraintes ensemble, dont vient qu'aux lieux fort baignez & fort humides, la neige ne se fond pas moins tost, qu'aux lieux qui sont expolez au Soleil. Quant à l'estre tousiours fueillu, & auoir la ferme fueille, comme dit Empedocles, cela ne vient point de la chaleur, non plus que le perdre tous les ans la fueille ne procede pas de froideur. Qu'il soit ainsi, le Meurthe, & l'Adianton qui est Capilli Veneris, qui ne sont pas plantes chaudes, mais froides, sont tousiours fueillues & verdoiantes. Et pourtant y en a qui ont opinion, que ce demeurer fueillu procede d'vne certaine egalité de temperature. Mais Empedocles outre cela le refere à certaine proportion des pores & petits pertuis, par lesquels egalement penetre & se transmet la nourriture aux fueilles. Tellement qu'il y en coule tousiours suffisamment pour les entretenir, ce qui ne se fait pas és arbres perdans leurs fueilles, à cause de la laxité & largeur des pertuis d'enhaut, & l'estroisseur de ceux d'embas, qui fait que les vns n'en enuoyent pas, & les autres ne le retiennent pas, ains si peu encore qu'ils en reçoiuent, ils le respandent tout à la fois, comme il aduient és escheneaux & canaux à arrouser les iardins quand ils ne sont pas bien egaux, là où celles qui sont tousiours arrousees & abbreuuees, pource qu'elles ont continuellement de la

nourri-

Des propos de table. 382

A nourriture autant qu'il leur en faut en proportion, elles resistent, & demeurét fermes, tousiours verdoiantes, sans se fener ne vieillir. Voire mais quand on voulut planter & faire croistre le lierre en Babylone, il n'y peut iamais venir, & refusa d'y viure. Il feit bien certes & genereusement, si estant familier & commensal d'vn Dieu Bœotien, il ne voulut pas sortir hors de son pays, pour aller habiter entre les barbares. Et ne feit pas comme Alexandre, qui s'allia par mariage à ces nations estrangeres-là, ains resista à ce changement de son pays naturel. Mais la cause en estoit, non sa chaleur, ains plus tost sa froideur, de maniere qu'il ne pouuoit supporter vne temperature d'air si contraire à la sienne. Car ce qui est propre ne pert & ne gaste point ce qui luy est familier, ains le reçoit, le nourrit & le porte, comme la terre seiche le thim. Or dit-on que la prouince de Babylone a vn air si estouffant de chaleur, & si malaisé à supporter, que plusieurs des habitans, qui sont riches, font emplir des outres & peaux de chéure d'eau fraiche, & couchét dessus pour dormir & se tenir fraischemét.

B ## QVESTION TROISIESME.

Pourquoy c'est que les femmes s'enyurent malaisément, &
les vieillards facilement.

FLORVS s'esmerueilloit vn iour comment Aristote, en son traitté de l'yuresse, ayant escrit que les vieillards estoient fort facilement & bien tost surpris de vin, & au contraire les femmes difficilement & rarement, n'en auoit pas rendu la raison, veu qu'il n'a pas accoustumé de mettre ainsi en auant aucune difficulté sans la decider. Et puis le proposa à la compagnie, pour en chercher la raison: car c'estoit en vn souper de gens tous de familiere cognoissance. Si dit adonc Sylla, que lon voyoit l'vn atrauers l'autre, & que si nous prenons bien la cause des femmes, il ne sera pas besoing de beaucoup de recherche, pour trouuer celle des vieillards, parce que leurs C natures sont directement toutes contraires en humidité, siccité, aspreté, mollesse & dureté : & supposé cela premierement, que la naturelle temperature des femmes est fort humide, ce qui leur rend la charnure ainsi molle, lissee & luysante, auec leurs purgations naturelles. Quand donc le vin vient à tomber en vne si grande humidité, alors se trouuant vaincu il perd sa couleur & sa force, & deuient decoloré & eueux, & en peut-on tirer quelque chose des paroles mesmes d'Aristote : car il dit, que ceux qui boiuent à grands traicts sans reprendre haleine, ce que les anciens appelloient ἀμυστὶν, ne s'enyurent pas si facilement, par ce que le vin ne leur demeure gueres dedans le corps, ains estant pressé & poussé à force il passe tout outre atrauers. Or le plus communément nous voyons que les femmes boiuent ainsi : & si est vraysemblable que leur corps, à cause de la continuelle attraction qui se fait des humeurs D contre bas, pour leurs purgations menstruelles, est plein de plusieurs conduicts & percé de plusieurs tuyaux & escheneaux, esquels le vin venant à tomber, en sort vistement & facilement, sans se pouuoir attacher aux parties nobles & principales, lesquelles estans troublees l'yuresse s'en ensuit. Au contraire, que les viellards ayent faute d'humeur propre & naturelle, il me semble que le nom le donne assez à entendre: car ils ont esté appellez γέροντες, non pource qu'ils panchent vers la terre, mais pource qu'ils sont eux mesmes tous terrestres de leur habitude & temperature : & le monstre aussi ce, qu'ils sont malaisez & durs à plier : l'aspreté de leur cuir aussi monstre la seicheresse de leur temperature : ainsi est-il vray-semblable, que quand ils boiuent, leur corps, qui est deuenu, à cause de la seicheresse, rare comme vne esponge, reçoit par tout le vin, lequel s'y arrestant fait des battements au cerueau, & des pesanteurs en la teste. Tout ainsi doncques comme les eaux coulent par dessus les terres qui sont dures & seiches, & n'y sont point de boüe, ains les lauent par dessus en passant seulement, & penetrent plus au dedans de celles qui sont rares, aussi le vin estant attiré par la seicheresse alteree de leurs corps, y demeure dauantage. Mais sans cela encore voit-on que la nature des vieillards a d'elle mesme les accidents que l'yuresse cause, qui sont tous euidents, par ce qu'elle fait trembler & bransler les membres, beguayer la langue, parler beaucoup, se courroucer facilement, oublier, & troubler l'entendement, desquels la plus part estans aux vieilles gens, voire quand ils sont mesme en pleine santé, il ne leur faut pas gueres d'esbranlement, & bien peu d'agitation, pour faire que l'yuresse engendre en eux non de nouueaux accidents, mais qu'elle augmente ceux qui desia leur sont tous familiers : qu'il soit vray, il n'y a rien qui resemble mieux à vn vieillard qu'vn ieune homme quand il est yure.

QVESTION QVATRIESME.

Si les femmes sont de complexion & temperature plus froides, ou plus chaudes, que les hommes.

AINSI doncques parla Sylla: & le Capitaine Apollonides, qui faisoit profession de ranger les gens en bataille, dit qu'il approuuoit bien ce qui auoit esté allegué des vieilles gens, mais qu'il luy sembloit qu'on auoit obmis à dire la cause de la froideur naturelle des femmes, par laquelle on disoit que le vin qui est fort chaud venoit à s'estaindre, & à perdre celle vehemence enflammee qui secoüe & esbranle tout le corps de l'homme. ce qu'ayant esté trouué vray-semblable par toute la compagnie. Athryilatus medecin natif de l'Isle de Thasos entrejetta vn peu de retardement à l'inquisition de ceste cause : par ce qu'il y en a, dit-il, qui estiment que les femmes ne sont pas froides, mais plus chaudes que les hommes, & y en a aussi qui tiennent, que le vin ne soit pas chaud, mais froid. Dequoy Florus s'esmerueillant : Quant au vin, dit-il, ie le laisse à celuy-là, en me monstrant, pource qu'il n'y auoit pas long temps que nous en auions deuisé ensemble : Mais quant aux femmes, ceux qui cuident soustenir qu'elles sont plus tost chaudes que froides, alleguent pour prouuer leur dire, qu'elles ne sont point peluës ny veluës, disans que c'est à cause que la chaleur consume la superfluité qui engendre le poil. Secondement ils alleguent l'abondance du sang, qui semble estre la source de la chaleur qui est dedans le corps : & les femmes en ont tant, qu'elles brusleroient & s'enflammeroient, si souuent elles n'auoient leurs purgations. Tiercement, l'experience des bruslemens des corps, ce disent-ils, monstre & prouue que les corps des femmes sont plus chauds que ceux des hommes, par ce que ceux qui ont la charge de brusler les corps en mettent tousiours vn de femme parmy dix hommes, car il ayde à faire brusler les autres, d'autant que leur chair a ie ne sçay quoy de gras, qui brusle comme vne torche, de maniere qu'il sert de bois sec à allumer les autres. Dauantage s'il est vray que ce qui est plus generatif, soit aussi plus chaud : il est certain que les filles sont plus tost prestes à marier, & appetent plus tost l'acte de la generation, que non pas les fils : & n'est pas petite ny foible preuue de chaleur, ains plus grande & plus vray-semblable, ce qu'elles supportent plus facilement la rigueur du froid & de l'hyuer : car elles transissent moins de froidure que ne font les hommes, & demandent bien peu d'habillements. Mais au contraire, dit Florus, il m'est aduis que par ces mesmes argumens ceste opinion se refute d'elle mesme. Car premierement elles supportent mieux le froid, & y resistent plus facilement, d'autant que chasque chose s'offense moins de son semblable. Et puis elles ne rendent pas la semence idoine à engendrer, à cause de leur froideur, ains sert leur geniture seulemét de matiere & de nourriture à la semēce que rend l'hōme.

Qui

Des propos de table. 383

A Qui plus est, elles cessent bien plus tost de porter, que les hommes d'engendrer, & bruslent leurs corps mieux que ne font ceux des hômes, d'autant qu'ils sont plus gras, & la graisse est la plus froide partie de tout le corps: c'est pourquoy les ieunes hômes, & ceux qui font plus d'exercice, ont moins de graisse: & la purgation de leurs mois n'est pas signe d'abondance ou de quantité grande, mais de corruption ou de mauuaise qualité de sang: car ce qu'il y a de plus crud & de plus superflu, n'ayant où s'arrester & s'amasser dedans le corps, en sort dehors tout pesant & tout trouble, à cause de son imbecillité procedant de faute de chaleur. Ce qui appert par ce qu'ordinairement celles qui ont leurs mois sont frilleuses, & tremblent de froid le plus souuent, d'autant que ce qui est esmeu, & qui demande à sortir de leurs corps, est froid & crud. Au reste quant à ce qu'elles ont le cuir lissé sans aucun poil, qui diroit que cela fust effect de chaleur, & non pas plus tost de froideur? veu que nous voyons que les plus chaudes parties du corps humain sont ordinairement veluës: car toutes telles superfluitez sont poussees au dehors vers le cuir par la chaleur qui gratte & ouure les pores B de la superficie d'iceluy. Mais au contraire la polissure vient de la froideur, qui l'espessit & la serre. Or qu'elles ayent le cuir plus serré que les hômes, Seigneur Athryilatus, tu l'entendras de ceux qui couchét encores auec les femmes, lesquelles se parfumét le corps, ou se frottent d'huiles de senteurs: car ils se treuuent tous pleins de tel parfum & huilemens, encore qu'ils ne s'approchent pas d'elles, & qu'ils ne les touchent pas, à cause que leur corps d'eux, qui est chaud & rare, le tire à soy: Toutefois, dit-il, quoy qu'il en soit, si a la cause des femmes virilement esté debatue.

QVESTION CINQVIESME.

Si le vin est de nature froid.

C MAis au demourant ie desire sçauoir dont tu as prins suspicion de dire, que le vin soit froid de nature. Comment, dis-je adonc, cuides tu que ce soit moy qui le die? Et qui donc? dit-il. I'ay souuenance, dis-je, d'auoir leu, non depuis nagueres, mais il y a long temps, vn discours d'Aristote touchát ceste question: Et Epicurus mesme en son festin en fait vn long procez, dont le sommaire, ainsi côme il me semble, est tel: c'est qu'il dit, que le vin n'est pas absoluëment chaud, mais qu'il a en soy quelques atomes qui causent la chaleur, & d'autres aussi qui causent la froideur: dont il en perd les vnes quand il entre dedans le corps: & en prend aussi d'autres du corps mesme où il entre, selon qu'ils sont de nature ou de temperature propres à s'accommoder auec nous, de maniere que les vns quand ils sont yures s'echauffent par le vin, les autres au contraire se refroidissent. En disant cela, repliqua Florus, il nous meine tout apertement par les opinions de Protagoras en l'incertitude de Pyrrhon: car il D est tout manifeste qu'en parlát de l'huile, du laict, du miel, & de toutes autres liqueurs nous ne viendrons iamais à specifier de quelle nature elles serót, & dirons qu'elles deuiendront telles, selon qu'elles seront meslees & contemperees les vnes auec les autres. Mais toy, dit-il, quels argumens allegues tu pour monstrer que le vin soit froid? Ceux icy, dis-je, me voyant pressé par deux de dire sur le champ vistement ce que i'en pensois. Le premier qui me viét en l'entendement est, ce qui se fait par les medecins à ceux qui ont debilitatiõ d'estomac, & qui ont besoing de corroborer & fortifier celle partie, ils ne leur ordonnent rien qui soit chaud, mais en leur baillant du vin ils les secourent. Semblablemét aussi arrestent ils & font cesser les fluxions, quand le corps se resould tout en sueurs, auec du vin, les arrestant & retenant ainsi, non moins, voire plus, que ne sçauroit faire la neige en refraichissant & reserrant toute l'habitude du corps, qui se va autrement dissoluant: là où s'il auoit la nature & la force d'eschauffer

Tt

ce seroit autant d'appliquer du vin pur au cœur, comme d'approcher le feu de la neige. Et puis la plus part des medecins tient, que le dormir se fait par refrigeration, de maniere que la plus part des medicaments qui prouocquent à dormir sont froids, comme la mandragore & le pauot: mais c'est auec grand' force & violence qu'ils compressent & figent le cerueau, là où le vin refraichissant tout doulcement, & auec plaisir, arreste & fait reposer le mouuement, n'y ayant difference que du plus & du moins quant à cest effect. Dauantage ce qui est chaud est generatif de semence: car l'humeur luy donne aptitude de couler, & l'esprit par le moyen de la chaleur luy donne la vigueur, la puissance & appetit d'engendrer. Or ceux qui boiuent beaucoup de vin, mesmement tout pur, sont lasches à l'acte de la generation, & ne sement rien qui vaille, ne qui soit de bonne trempe pour bien engendrer, ains sont leurs conionctions auec les femmes vaines & imparfaictes, à cause de la foiblesse & frigidité de la semence. Et puis tous les signes que le froid fait aux hommes aduiennent semblablement à ceux qui sont yures: ils tremblent, ils deuiennent pesans, ils pallissent; l'esprit vital qui est en leurs membres bransle, la langue leur begaye, les nerfs en leurs extremitez se roidissent, perdent sentiment: & en plusieurs les yuresses se terminent en vne resolution generale de tous membres, apres que le vin a du tout amorty & esteint entierement leur chaleur. Et remedie-lon aux inconueniens qu'apportent ces yurongneries là & excés de boire sur l'heure, en les faisant coucher, & les courant fort pour les eschauffer, & le lendemain en les mettant au baing, & les frottant d'huile, & les nourrissant de viandes qui ne trauaillét point la masse du corps, reuocquant tout doulcement la chaleur qui par le vin a esté dissipee & chassee hors du corps. Et puis, dis-je, par les choses qui apparoissent à l'œil nous venons à côprendre des similitudes cachees & des facultez secrettes. Or ne se sçauroit on douter de l'yuresse que c'est, ny quelle elle est. Car ainsi que nous auôs desia dit, les yurongnes ressemblent le plus qu'il est possible aux vieillards, & pourtant les grands yurongnes vieillissent fort tost, & la plus part d'eux deuiennent chauues auant le temps, & se font chenus auant l'aage: ce qui semble aduenir à l'homme à faute de chaleur. Dauantage le vinaigre semble tenir de la nature & proprieté du vin. Or n'y a-il de toutes les choses propres à esteindre, rien si repugnát ny contraire au feu que le vinaigre, qui plus que nulle autre surmonte & suffoque la flamme par son excessiue froideur. Et entre tous les fruicts, nous voyons que les medecins se seruent le plus de ceux qui sont vineux pour refraischir, comme des grenades & des pommes, & du miel: mesme n'en mesle-lon pas la substáce auec de l'eau de pluye, ou de la neige pour faire du vin, le froid côuertissant le doux, pour l'affinité qui est entre-eux en saueur austere, quand il est plus puissant? Et qu'il soit ainsi, les anciens ont ils pas attribué & côsacré le Dragon à Bacchus pour ceste occasion? & le lyerre entre les plantes, comme estant vne puissance froide & gelee? Et si lon m'oppose pour cuider monstrer que le vin soit chaud, qu'à ceux qui ont beu de la ciguë le plus souuerain remede est de boire beaucoup de bon vin pur apres, ie luy repliqueray au contraire en renuersant son argument, que le vin meslé auec la ciguë est venin incurable, & qui sás remede tue & fait mourir ceux qui en boiuét, de maniere qu'il ne doit point estre estimé plus tost chaud pour repugner, que froid pour ayder à l'effect de la ciguë, ou bié il faudroit dire que ce n'est pas par sa froideur que la ciguë tue ceux qui boiuét, mais par quelque autre qualité & proprieté.

QVESTION SIXIEME.

Du temps propre à cognoistre femme.

QVELQVES ieunes hommes qui s'estoiét de nouueau mis à l'estude des anciens bons liures, deschiroiét Epicurus, comme homme impudent qui auoit importunément

Des propos de table. 384

A tunément mis en auant vn propos, au liure de son conuiue qui n'estoit ne beau ny honneste, & encor moins necessaire, mesmement en vn banquet où il y auoit force ieunes gens, d'aller faire mention des œuures de Venus, vn homme vieil & ancien comme luy, deuant de ieunes adolescents, & proposer la question, S'il est meilleur auoir affaire aux femmes deuant ou apres le souper : cela sembloit proceder d'extreme incontinence. Contre ce propos-là, il y en eut quelques vns qui alleguerent l'exemple de Xenophon, qui en son Conuiue apres souper emmene les conuiez, nō à pied, ains à cheual, coucher auec leurs femmes. Mais Zopyrus le medecin, qui estoit fort versé & exercité és liures d'Epicurus, dit, qu'ils n'auoient pas assez diligemment leu le Conuiue d'Epicurus, par ce qu'il n'auoit pas pris ceste question à traitter, comme vn subject expressément choisi, pour matiere principale de leurs deuis : mais ayant faict leuer les ieunes hommes de table, pour se pourmener apres le souper, il en commença à discourir pour les induire à continence & temperance, & les reti-
B rer des cupiditez dissoluës, comme de chose tousiours dangereuse à faire tomber l'homme en quelque inconuenient, mais qui faisoit encore plus de mal à ceux qui en vsoient apres vne repletion d'auoir bien beu & bien mangé. Et quand bien dit-il, il eust pris pour son principal subject, le discourir de ce poinct-là, est-il impertinent & du tout mal seant à vn philosophe de traitter & enquerir du temps propre & commode à coucher auec les femmes? ou bien (estant certain qu'il vault trop mieux en vser en temps opportun, & auec raison, qu'autrement) est-il deshonneste d'en deuiser en vn festin à la table, encore qu'il ne fust pas impertinent d'en disputer ailleurs? Quant à moy, il me semble au contraire, que lon pourroit auec raison reprendre & blasmer vn philosophe qui disputeroit publiquement de plein iour en son eschole, deuant toute sorte de gens, de ceste matiere : mais estant la table mise entre ses familiers & amis, là où il est quelquefois expedient de diuersifier vn propos qui sera ou tiede ou froid, comment voulons nous qu'il soit deshoneste de
C dire & d'ouïr chose qui soit salubre & vtile aux hommes pour l'vsage de la compagnie des femmes? car quant à moy, par le Chien, i'aymerois mieux que les escarquillemens de cuysses de Zenon eussent esté couchez en quelque liure de banquet, & en quelque ioyeux traitté, qu'en vne composition si graue & si serieuse, comme sont ses liures du gouuernement de la chose publique. Les ieunes hommes se sentans attaquez de ces paroles, demourerent tout court picquez. Et comme les autres de la compagnie le priassent de leur reciter les paroles d'Epicurus touchant ceste matiere, il dit, qu'il ne se souuenoit pas bien particulierement de tous les propos, mais qu'il pensoit qu'il craignoit les battemens & emotions qui se font en telle conionction, par ce que les corps en sont tous esmeus & agitez, d'autant que le vin, qui de soy-mesme est remuant, & causant agitation turbulante, communément iette le corps hors de son repos rassis : & si la masse du corps estant en telle agitation ne vient à trouuer
D vn calme de tranquillité & vn repos de sommeil, ains se va precipiter en d'autres mouuemens, troubles & agitations du ieu de Venus, tellement que les ligatures qui ont accoustumé de maintenir nostre corps plus robuste & plus ferme, en sont toutes esbranlees & escroulees, il y a danger que les fondemens estans ainsi remuez, tout l'edifice n'en vienne par terre : car la semence mesme & geniture ne coule pas lors facilement, y ayant vne obstruction à cause de la repletion, ains la faut arracher comme par force toute troublee & confuse : & pourtant dit-il, qu'il se faut mettre à ceste besongne là lors que le corps est totalement rassis, & que la concoction & digestion de la viande est toute parfaicte, de maniere qu'il a desia besoing d'vne autre nourriture. Et pour confirmer ceste opinion d'Epicurus, on y pourroit adiouster la raison medicinale, pour l'opportunité du lendemain matin, apres que la cōcoctiō est du tout paracheuee, est beaucoup plus seure : là où se mesler auec la femme incontinent apres le

Tt ij

Le troisiéme Liure

foupper n'eſt pas ſans danger, par ce que lon ne ſçait ſi apres l'emotion de l'acte Venerien il enſuiura point vne crudité & indigeſtion, tellement que ce ſeroit double inconuenient qui en enſuiuroit. A donc Olympius prenant la parole: Quant à moy, dit-il, la ſentence du Pytagorien Clinias me plaiſt infiniment, lequel eſtant enquis, quand il eſtoit meilleur s'approcher de la femme, Quand tu auras, reſpondit-il, enuie d'en valoir pis. Car ce que Zopyrus a dit maintenant, a bien grande raiſon: & l'autre temps opportun a pluſieurs autres importunitez, & pluſieurs difficultez que ie voy en ceſt affaire. Tout ainſi donc comme le ſage Thales eſtant importuné par ſa mere, qui le preſſoit de ſe marier, s'en deſſit d'extremement, & la trompa, en luy diſant à ſa premiere ſemonce, Il n'eſt pas encore temps, ma mere: puis quand il euſt paſſé la fleur de ſon aage, comme elle luy en feiſt encore inſtance, Il n'eſt plus temps, dit-il, ma mere. Auſſi ſera-il treſbon que chacun ſe porte & gouuerne de meſme enuers le ieu d'amours, de maniere que le ſoir en ſe couchant il die, Il n'eſt pas encore temps: & le matin en ſe leuant, Il n'eſt plus temps. Alors Soclarus prenát la parole ſe prit à dire, c'eſt à faire aux champions de la luicte & de la courſe, qui s'eſpargnent pour cóbattre aux ieux ſacrez à fin d'en gaigner le pris. Cela ſent ſa vieille mode, que lõ ioüoit à faire floquer le vin, & que lon ne faiſoit que manger force chair: mais à preſent cela eſt mal à propos, par ce qu'il y a icy beaucoup de ieunes gens qui ſont nouueaux mariez,

  Leſquels ioüer doiuent au ieu d'amours.

Et ſi n'eſt pas encor' de tout poinct dame Venus eſloignee ny reculee de nous, car nous luy faiſons encore priere en chantant les hymnes des Dieux, & luy diſons,

  Dame Venus, noſtre belle Deeſſe,
  Renuoye encore arriere la vieilleſſe.

Conſiderons donc, ſi bon vous ſemble, ſi Epicurus a bien & conuenablement oſté la nuict à Venus, ou s'il a faict contre tout droit & raiſon, combien que Menander homme bien entendu en l'amour l'appelle tres-bonne entre les Dieux: car il a eſté, à mon aduis, bien inſtitué par couſtume de venir à ceſt acte là, en mettant le voile des tenebres au deuant de la volupté, & non pas chaſſer toute hôte au dehors de ſes yeux, en y venant de plein iour à la lumiere, & donnant moyen à la luxure de s'enhardir & aſſeurer, & de s'imprimer la memoire de l'acte ſi viue, qu'elle demeure long temps en l'entendement, pour de rechef r'allumer de nouuelles cupiditez. Car la veuë, ainſi cóme dit Platon, paſſe fort viſtement à trauers les affections du corps iuſques à l'ame, & reſueille touſiours la concupiſcence fraiſche & nouuelle, en luy repreſentant auec grande vehemence les images de la volupté: là où au contraire, la nuict oſtant la plus part de ce qui eſt plus furieux, abuſe & endort la nature, de maniere qu'elle ne ſe deſborde pas par la veuë iuſques à luxurieuſe diſſolution. Mais ſans cela, quel propos y auroit il qu'vn mary retournant tout gay d'vn feſtin, ayant peut eſtre encore le chappeau de fleurs ſur la teſte, & parfumé d'huile de parfum, tournaſt le dos à ſa femme, & s'enueloppant dedans le lict ſe miſt à dormir, & puis qu'en plein iour au milieu des affaires du meſnage il mandaſt à ſa femme qu'elle le vint trouuer pour telle choſe? ou bien, qu'il ne l'embraſſaſt que le matin à ieun, comme fait le coq ſes poulles? car le ſoir, mon bel amy, eſt la fin & le repos des trauaux de tout le iour, & le matin en eſt le commancement. Au ſoir preſide le bon Bacchus, qui eſt ſurnommé Lyſius, pour ce qu'il diſſoult tous ennuis, & met fin à tous trauaux, & auec luy les Muſes, Terpſichoré qui ayme la danſe, & Thalia les banquets: là où le matin ſe leue au poinct du iour pour vaquer à Minerue l'ouuriere, & à Mercure le trafficqueur. Et pourtant au ſoir conuiennent les chanſons, la muſique, le bal, le plaiſir des nopces,

  Maſques, feſtins, & les chanſons à voix,
  Le bruit plaiſant des fleuſtes & aubois.

Le matin on n'entend que les coups de marteaux, le bruit des ſies, le reſueille-matin des ga-

des gabeleurs & peagers qui crient apres ceux qui entrent & qui sortent des portes, les adiournements des sergens à comparoir deuant les Iuges, les publications des Edicts, & sommation de venir faire la court à quelque Prince, ou à quelques Seigneurs ou Magistrats ayants charge publique, auquel temps il n'y a point de lieu pour la volupté:
     Dame Venus à l'heure est en default,
     Du jauelot de Bacchus plus ne chault,
     Ny de son Lierre, & prennent alors cesse
     Tous les festins & les ieux de ieunesse.

Et puis il ne se trouua point que le poëte ait iamais fait qu'aucun des Princes demydieux se soit sur iour couché auec sa femme ny auec sa concubine, sinon Paris, qui s'en estant fuy de la bataille s'en alla cacher entre les bras de son Heleine, donnant à entendre par là, que ce n'est point acte de mary honneste & legitime, mais lubricité d'adultere furieux de paillardise, de seruir à telle volupté en plein iour : & si ne fault point qu'Epicurus die, que le corps s'offense plus de l'œuure de mariage apres le soupper que le matin, si ce n'est que l'homme soit yure, ou bien si chargé de viande & d'auoir trop mangé, qu'il en créue : car certainement en ce cas là l'acte seroit dangereux & dommageable voirement, mais s'il a beu & mangé à suffisance, qu'il soit moderément gay, son corps dispos & son esprit bien deliberé, & qu'il vienne par interualles à embrasser sa femme, cela ne luy causera agitation grande la nuict pour la quantité de la viande, ny ne luy apportera dommage, vn refroidissement, ny vn remuement des atomes hors de leur place, ainsi que dit Epicurus, ains se mettant puis apres à reposer, & se relaschant par le sommeil, il remplira ce qu'il aura vuidé, d'autant qu'il se fera nouuelle fluxion és vases qui auront esté espuisez. Mais bien plus tost faut-il prendre garde de n'vser de ce mestier là sur iour, de peur que le corps & l'esprit estans agitez du labeur & du soucy des affaires, ne s'aigrissent & s'enflamment encore d'auantage, n'ayant pas eu la nature suffisant interualle & distance entre deux pour se reposer & refaire : car tout le monde, mon amy, n'a pas le grand loisir d'Epicurus, ny prouision pour toute sa vie de ce grand repos qu'il disoit auoir acquis par les lettres & l'estude de philosophie, ains n'y a celuy qui ne se treuue par chacun iour assailly de plusieurs affaires, & de plusieurs exercices qui le trauaillent infiniement ausquels il n'est ny beau ny bon d'exposer le corps ainsi relasché, affoibly & debilité d'vn furieux exploit de concupiscence : parquoy laissons Epicurus tenir sa folle opinion que les Dieux estans immortels & bien-heureux, ne se soucient & ne s'entremettent point de nos affaires : mais nous obeissans aux loix, vz & coustumes de nostre pays, ainsi comme tout homme de bien doit faire, donnons nous bien garde d'entrer le matin au temple, & de mettre la main aux sacrifices, venans tout fraischement de faire vn tel acte. Car il est honneste qu'interposant la nuict & le sommeil entre deux, & y mettans suffisant espace & interuale, nous nous y venions presenter purs & nets, comme nous estans leuez en vn autre iour nouueau, auec toute nouuelle pensee, ainsi que dit Democritus.

QVESTION SEPTIESME.

Pourquoy est-ce que le moust n'enyure point.

ON essaye du vin nouueau à Athenes l'vnziéme iour du mois de Feurier, & appelle-on ce iour là πιθοίγια, c'est à dire l'ouuerture des tonneaux : & anciennement auant que d'en boire ils en respandoient les primices aux Dieux, en leur faisant prieres que l'vsage de ce medicament leur fust salutaire & non dommageable. Mais en nostre pays ce mois-là s'appelle προςατηειος, & est la coustume que le sixiesme

Le troisiéme Liure

on taste des vins nouueaux, apres auoir faict sacrifice à la bonne Fortune & au bon Dæmon, & apres auoir commancé à sentir le soufflement du vent de Zephyre, qui est celuy du Ponent, par ce que c'est luy qui plus trouble & esmeut le vin, tellement que celuy qui s'en est peu sauuer, on a esperance qu'il demourera ferme, & tiendra bon pour toute l'annee. Si fit nostre pere le sacrifice accoustumé, & apres le soupper son vin ayant esté trouué bon, & loüé, il proposa ceste question aux ieunes hommes qui estudioient en la philosophie auec moy, Pourquoy c'est que le moust n'enyure point. La chose sembla de prime face estrange à plusieurs, & Agias dit, que le doux saoule incontinent & vient côtre-cœur, au moyen dequoy malaisément pourroit vn homme boire tant de moust qu'il fust suffisant à l'enyurer, par ce que l'appetit se lasse incontinent pour le peu de plaisir qu'il y prend, si tost qu'il est venu iusques à ne sentir plus de soif. Or qu'il y ait difference entre doux & soüef, le poëte mesme le donne à entendre, quand il dit,

    Du doulx miel auecques du fourmage,
    Du vin soüef agreable bruuage.

Car le vin à son commancement est doulx, & deuient à la fin soüéf, quand il est enuieilly, & que moyennant l'ebulition & concoction il a passé par la saueur austere & brusque. Et Aristænetus de Nice, dit qu'il se recorde auoir leu en quelques liures, que le moust meslé auec le vin fait cesser l'yuresse: & si dit dauantage, qu'il y a des medecins qui ordonnent à ceux qui ont trop beu, quand ils se vont coucher, de prendre du pain trempé dedans du miel. S'il est doncques ainsi, que les douceurs emoussent la force du vin, c'est auec bonne raison que le vin nouueau n'enyure pas iusques à ce que la doulceur soit changee en soüéfueté. Nous approuuasmes grandement le discours de ces ieunes hommes, de ce que n'estans point tombez sus les communes raisons, ils en auoient excogité de nouuelles: car les communes & plus promptes à la main sont, la pesanteur du moust, comme dit Aristote, laquelle ouure le ventre, & la quantité des vents qui y demeurent, & la substance eueuse dont les vents en sortent estans poussez par force, & la substance eueuse de sa nature affoiblit la force du vin, comme au contraire la vieillesse luy augmente la force, par ce que ce qu'il y auoit de substance eueuse en est dechassé, au moyen dequoy la quantité du vin en diminuë, & la force & vertu en augmente.

QVESTION HVICTIESME.

Pourquoy est-ce que ceux qui sont yures à faict, sont moins troublez que ceux qui le sont à demy.

Puis doncques, dit mon pere, que nous auons commancé à remuer Aristote, il ne sera pas mauuais que nous essayons de dire quelque chose touchant ceux qu'ō appelle ἀκροθώρακες, c'est à dire, qui ont bien beu & sont à demy yures: car encore qu'Aristote soit ordinairement fort aigu & subtil à resoudre telles questions, si m'est il aduis qu'il n'a pas assez exactement resolu celle-cy, ne suffisamment declaré la cause : car il dit, comme il me semble, que le discours de celuy qui est sobre, iuge bien & à la verité les choses ainsi comme elles sont: au contraire que de celuy qui est yure à faict, & mort yure, comme lon dit, le sentiment est du tout esteint & assoupi : mais de celuy qui a bien beu & est à demy yure, l'apprehension & fantasie est encore saine, mais le discours & iugement est desia troublé, & pourtant ils iugent, & iugent mal, pour ce qu'ils suiuent leurs fantasies & apprehensions corrompuës. Or que vous en semble de cela? Quant à moy, dis-je, consideant sa raison à part moy, elle me semble assez suffisante pour rendre bien la cause de cest effect. Mais si vous voulez

que

Des propos de table.

A que nous y recherchions quelque chose de singulier d'auantage, considerez premierement si ceste difference qu'il allegue ne se doit point referer au corps. Car de ceuxcy qui ont bien beu, il n'y a que le discours de la raison seulement qui soit troublé, & le corps peut encore seruir à toutes ses volontez, d'autant qu'il n'est pas du tout noyé de vin : car quand il est du tout abbatu & oppressé de la quantité du vin, il destitue les appetitions, & faut de garant aux affections, estant si descousu & si relasché qu'il ne leur peut plus seruir, ny venir iusques à executer ce qu'il voudroit bien. Les autres, ayans le corps qui leur sert & leur aide à pecher & faillir, sont descouuerts, non pource qu'ils soient plus fols ne plus priuez de raison, mais pource qu'ils ont plus de moyen de monstrer leur follie. Toutefois à le prendre par ailleurs, dis-je, qui considerera la force du vin, il n'y a rien qui empesche qu'auec la quantité, elle ne se change & deuienne diuerse, ne plus ne moins que le feu, s'il est mediocre il endurcit la tuyle, & tous ouurages de terre, mais s'il est vehement à outrance, il les fond & faict couler : & d'autre costé, l'Esté au commencement esmeut & enflamme

B les fiebures, & quand il est à son milieu, elles se rasseyent & diminuent, & à la fin se terminent du tout. Qui empesche donc que l'entendement, qui naturellement est troublé par le vin, apres qu'il a bien esté renuersé sans dessus dessoubs, venant la quantité à s'augmenter, ne se reuienne de rechef, & se rasseye aussi : ne plus ne moins que l'hellebore commance son operation de purger, par renuerser sans dessus dessoubs l'estomac & toute la masse du corps : mais si on en donne en quantité moindre dose qu'il ne faut, il trouble bien, mais il ne purge rien : & ceux qui prennent des medicamens propres à faire dormir, s'ils en prennent en dose moindre que moyenne, au lieu de dormir, ils se trouuent plus tourmentez qu'au parauant, & d'autres en ayans pris plus qu'il n'en faut, dorment à faict. Aussi peut-il estre, que la tourmente qui est en l'entendement de celuy qui a bien beu, quand elle est creuë iusques à sa plus grande force & vigueur, se va diminuant, & qu'à cela luy ayde le vin, lequel en-

C trant en grande abondance dedans le corps, brusle & consomme ce qu'il y a de maniaque, troublant l'vsage de la raison, tout ainsi que le chant funebre que l'on sonne auec des flustes aux funerailles des trespassez, au commencement esmeut les cœurs à compassion, & faict tomber les larmes des yeux : mais apres qu'il a ainsi amené l'ame iusques à pitié & compassion, passant plus outre, petit à petit il oste & assoupit tout sentiment de tristesse & de douleur. Semblablement aussi verrez vous apres que le vin a bien esmeu & agité la partie vigoureuse & courageuse de l'ame, leur entendement puis apres vient à se reuenir & à se rasseoir, de maniere qu'ils demeurent en repos, ayant passé plus outre que l'yuresse.

QVESTION NEVFIESME.

D *Que signifie ce vieil prouerbe, Boy cinq ou trois, & non pas quatre.*

APRES que i'eus dict cela, Aristion criant à pleine teste, comme estoit sa coustume, A ce que ie voy, dit-il, le rappel de ban des mesures aux bancquets a esté decerné auec la plus iuste & plus populaire raison du monde. Lesquelles mesures par ie ne sçay quel temps sobre, ne plus ne moins que par vn Tyran, en auoient esté longuement bannies. Car ainsi que ceux qui font profession de sonner de la lyre, dient que la proportion sesquialtere produict l'accord musical de la quinte, que la double produict le Diapason, qui est l'octaue, & que l'accord de la quarte, qui est le plus obscur qui soit, se fait de la proportion sesquitierce. Aussi ceux qui font profession d'entendre les harmonies de Bacchus, ont cognu qu'il y auoit trois accords du vin auec l'eau, disans & chantás ainsi, Boy cinq ou trois, & non pas quatre. Car le cinq

Le troisiéme Liure

contient la proportion sefquialtere, quád trois mesures d'eau sont meslees auec deux de vin: & le trois contient la proportion double, quand deux d'eau sont meslez auec vn de vin : mais le quatre contient en soy la proportion sesquitierce, quand sur vn de vin on verse trois d'eau, qui est la mesure de quelques graues Senateurs & Magistrats seans au Palais à depescher de grands affaires de consequence, ou de quelques Dialecticiens renfrongnez & fronçeans leurs sourcils, quand ils desueloppent & desmeslent les changemens de leurs Syllogismes. Brief c'est vne meslange & vne trempe trop sobre & trop froide: mais des deux autres, celles d'vn à deux, produict ce turbulent ton des Acrothoraces, c'est à dire, de ceux qui ont trop beu,

  Touchant du cœur les chordes plus cachees,
  Qui ne deuroient pour rien estre touchées.

Car il ne permet pas, le maladuisé qu'il est, que l'homme demeure ou sobre du tout, ou du tout noyé en vin. Mais la meslange de deux à trois est la plus gentille & plus musicale proportion de toutes, faisans gracieusement dormir l'homme, & oublier tous ses ennuis, comme celle bonne & fertile terre d'Hesiode,

  Tous les ennuis du laboureur chassant,
  Et ses enfans doucement nourrissant.

Elle appaise & endort toutes les plus superbes & plus violentes passions qui soient dedans nostre cœur, y induisant vne paix & tranquillité profonde. A ces paroles d'Aristion personne ne contredit ny ne repugna, parce que lon voyoit bien qu'il se iouoit. Parquoy ie luy dis, qu'il prist donc la couppe en main : & comme s'il tenoit vne lyre qu'il entonnast cest accord & consonance là qu'il louoit tant, & qu'il trouuoit si bonne. Si s'approcha incontinent vn seruiteur qui luy versa du vin, mais il le refusa, disant que la musique consistoit en raison de speculation, & non en pratique d'instrument, mais mon pere y adiousta non seulement, qu'il luy sembloit, que les poëtes anciens auoient aussi feinct que Iupiter auoit deux nourrices, Ide & Adrastia: & Iuno vne, Eubœa: Apollo semblablement aussi deux, Alethia & Corithalia: mais que Bacchus en auoit plusieurs, pour autant qu'il faut qu'il soit alaicté & nourry de plusieurs nymphes, c'est à dire, de plus de fois autant d'eau pour le rendre plus sage & mieux domté.

QVESTION DIXIESME.

Pourquoy est-ce que les chairs se corrompent plustost à la Lune que non pas au Soleil.

EVTHYDEMVS du bourg de Sunion nous festoyant en sa maison nous feit seruir vn porc sanglier bien grand, tāt que tous ceux de la table s'en esmerueilloiēt, & il nous dict, qu'on luy en apportoit vn autre qui estoit encore bien plus grād, mais qu'il s'estoit gasté en venant aux rayons de la Lune, & qu'il estoit en grand doubte dont cela pouuoit ainsi aduenir, pource qu'il ne luy sembloit pas vraysemblable, que le Soleil ne deust plustost corrompre la chair, attendu qu'il estoit plus chaud que la Lune. Et lors Satyrus: Cela n'est pas, dict-il, ce que ie treuue plus esmerueillable en tel cas: mais bien ce qui se faict par les veneurs. Car quand ils ont abattu ou vn sanglier ou vn cerf, & qu'ils le veulent enuoyer loing en la ville : ils y fichent dedans vn clou de cuyure, comme s'il auoit force & vertu d'empescher la putrefaction. Apres le souper doncques Euthydemus mettant derechef ceste demande en auant, Moschion le medecin dict, que la putrefaction estoit vne maniere de fonte & de couleure de la chair, parce que la corruption la reduict en vne certaine humidité, tellement que ce qui pourrit deuient plus humide qu'il n'estoit auparauant, & que

toute

Des propos de table.

A toute chaleur qui est douce & benigne esmeut & dilate l'humidité, mais au contraire l'ardente & bruslante la diminue & la rauit: & que de cela apparoissoit la raison de ce que nous demandions toute euidente, parce que la Lune eschauffant petitement le corps par consequence les humectoit, là où le Soleil rauissoit plustost tout ce qu'il y auoit d'humeur és corps par son ardente chaleur. Suyuant quoy, Archilochus a bien dict en philosophe naturel,

     J'ay bon espoir que la Caniculaire,
     Qui d'vne ardeur de feu bruslant esclaire,
     Descichera vn grand nombre d'iceux.

Et Homere encore plus clairement parlant d'Hector, sur le corps duquel gisant mort estendu, Apollo, dict-il, amena vne nuée vmbrageuse,

     Que du Soleil la cuisante bruslure
     Ne luy gastast les nerfs & la charnure.

Au contraire que les rayons de la Lune soient plus imbecilles, le poëte Ion le monstre quand il dict,

     Iamais raisin par iceux meurissant
     En sa couleur n'en deuint noircissant.

Apres que cela eut esté ainsi dict: Tout le reste, dis-je, me semble bon, mais de referer la cause de la pourriture à la quantité de la chaleur, & au plus ou moins d'eschauffaison, totalement ie le treuue mauuais: car nous voyons que le Soleil eschauffe moins en hyuer, & pourrit plus en esté, dequoy il eust deu faire le contraire, si les putrefactions aduenoient à cause de l'imbecille chaleur: mais au contraire plus il augmente sa chaleur, plus il gaste & corrompt les chairs. Parquoy il faut aussi inferer, que ce n'est point à faute de chaleur, ny par la foiblesse d'icelle, que la Lune amene les corps morts à pourriture & putrefaction, ains le faut plustost referer à vne proprieté de l'influence qui procede d'icelle. Car que la chaleur n'ait pas vne seule qualité differente du plus ou du moins, & que le feu mesme ait plusieurs facultez diuerses qui ne ressemblent point l'vne à l'autre, il appert par experiences qui sont toutes notoires. Car les orféures forgent l'or auec feu de paille: les medecins cuisent les medicamens, qu'ils veulent faire boüillir ensemble, principalement auec du serment de vigne: & pour fondre & mettre en œuure le verre, il semble que le feu de bruyere soit plus à propos que de nulle autre matiere. Le bois d'oliuier pour chauffer les corps est bien bon, mais au contraire il est fort mauuais pour chauffer les estuues, parce qu'il gaste les ais du lambris & foncemens d'icelles, & si gaste aussi les fondemens quand on en brusle dedans le fourneau, dont vient que les Escheuins de bon entendement, quand ils baillent à ferme les estuues publicques, exceptent ordinairement le bois d'oliuier, defendant à ceux qui les prennent à loüage d'en vser, & semblablement de ietter dedans le fourneau de la graine d'yuraie, parce que les fumées qui exhalent de telles matieres apportent des pesanteurs & douleurs de teste, & des esblouyssemens, à ceux qui se lauent & estuuent. Parquoy il ne se faut pas esmerueiller s'il y a difference entre la chaleur du Soleil & celle de la Lune, veu que l'vne enuoye influence qui desciche, & l'autre qui dissoult & estend les humeurs des corps. Voyla pourquoy les nourrices, si elles sont bien apprises, se gardent soigneusement d'exposer leurs petits enfans aux rayons de la Lune, parce qu'estans pleins d'humiditez, comme sont les boys verds, ils se tordent & rejettent: & nous voyons ordinairement que ceux qui s'endorment à la Lune ne se peuuent esueiller qu'à toute force, & quand ils sont esueillez se treuuent tout estourdis & hebetez de leur entendement, parce que la Lune fondant & dilatât leurs humeurs appesantit les corps: aussi dict-on qu'elle ayde & sert aux femmes grosses à leurs enfantemens, mesmement quand elle est au plein, en relaschant & respandant ainsi les humeurs. Voyla pourquoy, à mon aduis, Diane, qui n'eſt autre choſe que la Lune, s'appelle Lochia & Ilythia, c'eſt à dire, ayant la ſuperintendance des enfantemens : ce que Timotheus teſmoigne tout apertement en ces vers,

    Par le hault ciel azuré des eſtoilles,
    Et de la Lune auſſi, qui les femelles
    Faict accoucher, ſans douleur viſtement.

Et ſe monſtre la puiſſance de la Lune fort euidemment és corps meſmes qui n'ont point d'ame ny de ſentiment, parce que les charpentiers reiectent les bois qui ont eſté couppez en pleine Lune, comme eſtans tendres, ſubiects à vermoulure & à ſe pourrir bien toſt, à cauſe de l'humidité. Et les laboureurs s'eſtudient à enleuer leurs grains de l'aire, à la fin du mois au decours de la Lune, à fin qu'eſtans endurcis par la ſeichereſſe, ils en ſoient de meilleure garde, & en durent plus long temps, là où ceux qui ſont ſerrez en la pleine Lune ſe tournent en poudre, deuenans plus mols à cauſe de l'humidité. Auſſi dict on que la paſte ſe léue mieux durant la pleine Lune : car encore qu'il y ait peu de leuain, & moins en quantité qu'il n'en faudroit, ſi ne laiſſe il pas en rarefiant & aigriſſant de faire leuer auſſi bien toute la maſſe de la paſte. Les chairs auſſi qui ſe pourriſſent ne le ſouffrent pour autre choſe, ſinon que l'eſprit qui les maintient venant à ſe tourner en humidité, elles ſe rarefient, ſe laſchent & s'eſcoulét. Ce que nous voyós aduenir en l'air meſme, lequel ſe fondant aux pleines Lunes plus qu'en autre temps, rend auſſi lors plus grande quantité de roſée. Ce que le poëte Lyrique Alcman nous donne couuertement à entendre quand il dict,

    De Iupiter & de la Lune fille,
    Dame Roſée.

Ainſi eſt-il teſmoigné de tous coſtez, que la lumiere de la Lune a ie ne ſçay qu'oy d'humide, & proprieté de laſcher & d'humecter : & quand au clou de cuyure, s'il eſt vray ce qu'ils diſent, qu'eſtant fiché dedans la chair, il la preſerue quelque temps de putrefaction, c'eſt pource qu'il ſemble auoir quelque vertu & efficace de reſtraindre. Car les medecins vſent de ſa fleur qui eſt le ver-de-gris, à faire les medicamens reſtraintifs. Et dict-on que ceux qui frequentent pres des minieres où l'on tire le cuyure, en ſentent vn grand ſecours alencontre des maux & maladies des yeux, tellement que s'il y en a qui ayent perdu les ſourcils, ils leur reuiennent là. C'eſt pourquoy l'on dict que le poëte appelle le cuyure βλήνοφα & νώφσπα, c'eſt à dire ſeruant à la veuë : & dict Ariſtote, que les playes & bleſſeures qui ſe font de lances aux bouts de cuyure, ou d'eſpées meſmes de cuyure, ſont moins douloureuſes & ſe guariſſent plus facilement que celles qui ſe font auec le fer, d'autant que le cuyure a ie ne ſçay quoy de vertu medicinale, laquelle il laiſſe incontinent dedans la playe. Or eſt-il tout manifeſte, que ce qui reſiſte à pourriture eſt contraire à ce qui pourrit, & ce qui preſerue a faculté contraire à ce qui perd & qui gaſte, ſi ce n'eſt qu'on veuille dire, qu'en perçant à trauers la chair, le clou attire à ſoy toute l'humidité, attendu que touſiours la fluxion ſe faict en la partie qui eſt offenſée. Auſſi dict-on qu'il apparoiſt touſiours comme quelque meurtriſſeure & quelque maſcheure en ceſt endroict là de la chair, & y a apparence de raiſon que le reſte de la chair demeure ſain & entier, quand la corruption conflue toute & accourt en ceſt endroict là.

Le quatriéme Liure des propos de table.

LE PROEME.

POLYBIVS donna iadis à Scipion l'Africain vn bon aduertiſſement, de ne ſe partir iamais de la place, où il eſtoit prés & de ſes concitoyens enſemble, que premierement il n'y euſt faict quelque nouuel amy. Si ne faut pas prendre là eſtroictement & trop ſubtilement ce nom d'amy pour celuy qui demeure ferme & ſtable à tout iamais, ains le faut entendre ciuilement pour vn bienvueillant, ainſi comme le prenoit Dicęarchus, quand il diſoit qu'il falloit ſe rendre tous hommes bienvueillans, & les gens de bien amis, parce que celle vraye amitié ne s'acquiert que par vn long temps & auec la vertu, là où ceſte bienvueillance ſe peut gaigner pour auoir eu quelque affaire enſemble, pour auoir deuiſé ou ioüé quelquefois les vns auec les autres, meſmement quand l'opportunité du temps s'y rencontre, qui ayde à vne bonne volonté & affection humaine de s'entredonner du plaiſir. Mais conſidere, Soſſius Senecion, ſi ceſt admoneſtement ſe pourroit pas bien dextrement applicquer, non ſeulement à la place, ains auſſi au feſtin, & dire qu'il ne faut iamais ſe leuer de table, ny ſe departir de la compagnie du feſtin, que lon ne ſe ſoit acquis la bienvueillance & bonne affection de quelqu'vn de ceux qui auront eſté à la compagnie, auec tant plus de raiſon, que lon va ſur la place ordinairement pour autres affaires & negoces: mais à vn feſtin, les ſages & bien aduiſez y vont autant pour acquerir nouueaux amis, que pour entretenir ou faire plaiſir à ceux qui ſont deſia tous acquis. Car il ſeroit trop importun, trop ſale, & trop mechanique, de vouloir emporter d'vn banquet autre choſe, quelle qu'elle ſoit: mais d'en ſortir auec plus d'amis que lon n'y eſt entré, c'eſt choſe & delectable & honorable à vn homme de bien: comme au contraire, celuy qui neglige cela ſe rend l'vſage de ſe trouuer en compagnie imparfaict, ſans en rapporter ne plaiſir ne profit, & s'en va ayant ſouppé du ventre, & non pas de l'ame & de l'eſprit, attendu que celuy qui vient à vn ſoupper, n'y vient pas pour participer ſeulement au pain, au vin, à la viande, & aux confitures, ains pour communiquer auſſi aux deuis, à la doctrine & conuerſation des conuiez, laquelle finablement auec le temps ſe termine en amitié. Car les ſaiſies, accrochemens & priſes de ceux qui luictent, ont beſoing de pouſſiere eſparſe ſur leurs mains, pour les rendre plus fermes: mais le vin & la table ſont ce qui donnent la commodité aux priſes de l'amitié, quand on les accompagne de bons propos, d'autant que le deuis transfonde par celle communication, comme par des tuyaux, la courtoiſie & l'humanité honneſte du corps en l'ame. Autrement, le vin ſe reſpand çà & là par le corps, ſans y apporter rien de meilleur que de le ſaouler & remplir. Mais tout ainſi comme le marbre oſte au fer fondu l'humidité coulante en le refroidiſſant, & rend ſa molleſſe ferme & roide, apte à receuoir impreſſion de quelque forme: auſſi les propos & deuis honneſtes à la table, ne ſouffrent pas les conuiez beuuans & mangeans enſemble ſe laiſſer trop aller au vin, ains les arreſtent, & font que leur gayeté & reſioüyſſance procedant du relaſchement de boire, ſe deſtrempe & ſe rend apte à eſtre ſeellee, comme d'vn ſeau d'amitié, ſi on ſçait manier les hommes dextrement lors qu'ils ſont attendris & rendus ſuſceptibles de toute impreſſion par le vin & l'aiſe de la bonne chere.

Le quatriéme Liure

QVESTION PREMIERE.

Si la nourriture de plusieurs diuerses viandes est plus facile à digerer que la simple.

LA premiere question doncques de ceste quatriéme dizaine des propos de table, sera de la diuersité des viandes, parce qu'estant la feste de Elaphebolia, comme qui diroit, la tuerie des cerfs, en la ville de Hyampolis, où nous estions allez pour la solennité, le medecin Philon nous y festoyoit, ayant faict vn grand appareil pour nous traicter. Et voyant Philinus auec son petit garçonnet de fils, qui mangeoit du pain tout sec, sans demander autre chose: O Hercules, dict-il, c'est bien ce que lon dict communément,

  Ils combattoient en lieu tout plein de pierre,
  Et n'en pouuoient leuer vne de terre.

Si s'en alla courant à la cuysine pour leur apporter quelque chose de bon pour leur faire collation, & apres auoir demouré vne bonne espace de temps, il reuint sans leur apporter autre chose que des figues & du fourmage. Quoy voyant ie luy dis alors, que c'estoit l'ordinaire de ceux qui faisoient prouision de choses exquises & sumptueuses de ne se soucier point des vtiles & necessaires, dont il se trouue puis apres auoir faute. Il ne me souuenoit pas, respondit Philon, que Philinus nous nourrissoit vn Zoroastes, lequel on dit n'auoir iamais beu ny mangé en toute sa vie autre chose que du laict. Mais quand à celuy-là il est vraysemblable qu'il commença ceste vie par quelque mutatiõ, & qu'il n'auoit pas tousiours ainsi vescu: mais ce Philinus icy, comme vn nouueau Chiron, nourrit son fils en la maniere que fut esleué Achilles dés son enfance, de viandes emmiellées dont il n'a point esté tiré de sang, c'est à sçauoir des fruicts de la terre. Ne vous semble-il doncques pas, qu'il verifie par demonstration certaine ce que lon escrit des cygales, qu'elles viuent de l'air & de la rosée? Ie ne pensois pas, respõdit Philinus, que nous deussions auiourd'huy souper en festin de cent victimes, comme lon fait en Messene à la feste de Aristomenes, autremẽt ie fusse venu de chez nous premuny de viandes simples & saines, comme de preseruatifs à l'encontre de ces sumptueuses & fieureuses tables, ayant mesmement entendu par plusieurs fois des medecins, que les viandes simples sont encore plus aisées à digerer, que faciles à recouurer. Alors Marcion adressant sa parole à Philon: Ce Philinus icy, dict-il, gaste tous tes preparatifs, faisant peur à tes conuiez pour les diuertir d'en manger: Mais si tu m'en requiers, ie respondray pour toy, & me constitueray pleige enuers eux, que la diuersité de viande est plus aisée à digerer que n'est la simplicité & vniformité, à fin que plus asseurément ils se mettent à faire bonne chere de ce que tu leurs as fait appareiller. Philõ le pria d'ainsi le faire, & apres que nous eusmes souppé nous priasmes Philinus d'entreprendre de blasmer & accuser la multiplicité & diuersité de viandes: Ce n'est pas moy qui le dis, respondit-il, mais c'est le beau Philon icy qui à tous propos nous dit premierement, que les bestes qui ne mangent que viande simple & tousiours d'vne sorte, sont plus saines que ne sont les hommes, & que celles que lon tient enfermées dans des cages ou en des toicts, sont plus en danger de tomber en des maladies, & que souuent elles se treuuent trauaillées de cruditez, d'autant qu'on leur baille vne nourriture aucunement meslée. Dauantage il n'y eut iamais medecin si temeraire entrepreneur de nouueauté, ny si hardy, qui osast donner à vn febricitant viande & nourriture diuerse, ains leur ordonne lon tousiours la plus simple que lon peut & la moins cuysinée, comme celle qui est la plus aisée à cuire en l'estomac: car il faut que la viande soit alterée par les facultez naturelles, qui en viennent au dessus. Or la teinture de couleurs toutes simples perce & penetre bien
                mieux,

Des propos de table.

A mieux, & entre les huiles celle qui n'a aucune senteur prend bien mieux les drogues & bonnes odeurs des parfumiers, & se tourne plus facilement que ne faict l'autre : aussi la nourriture qui est plus simple, est celle qui plus aisément s'altere & se cuit par la vertu digestiue, là où quand il y a plusieurs diuerses qualitez contraires en facultez les vnes aux autres, elles s'en corrompent plus facilement, d'autant qu'elles s'empeschent les vnes les autres, ne plus ne moins qu'vne ville & vne tourbe confuse de gens ramassez de toutes pieces, difficilement peut iamais prendre consistence bien vnie & accordante, parce que chascune partie tire à son profit particulier, & à sa priuee affection à l'encontre de l'autre, & ne se peut iamais accorder & entendre auec ce qui luy est estranger. Ce que lon peut voir euidemmét par vn exemple bien familier, du vin, pource qu'il n'est rien qui enyure plus promptement que le vin meslé de plusieurs. Or semble-il que l'yuresse ne soit autre chose, qu'vne indigestion de vin qu'on ne peut cuire : c'est pourquoy ceux qui font profession de bien boire, fuyent le plus

B qu'ils peuuent le vin broüillé, & ceux qui le broüillent aussi le font à cachettes, le plus secrettement qu'il leur est possible, comme ceux qui dressent embusche : car toute mutation apporte inegalité, & sort de son premier estat : c'est pourquoy aussi les musiciens le plus tard qu'ils peuuent, touchent plusieurs cordes ensemble: & n'y a rien de mal qui ne soit meslé & diuersifié. Ie puis bien dire cela, que plus facilement on feroit à croire & consentir ce que lon voudroit, en alleguát raisons contraires, que lon ne feroit vne bonne cuisson & digestion de facultez diuerses & differentes, mais à fin qu'il ne semble que ie me mocque, laissant ces preuues là, ie reuiens aux raisons de Philon : car nous luy entendions dire bien souuent, que pour la qualité de la viande se cause la difficulté de la digestion, & que la meslange de plusieurs est chose pernicieuse qui engendre d'estráges accidents. Si faut cognoistre par experience ce qui est amy & propre à sa nature, en vser & s'en contenter : & si d'aduenture il n'y a rien qui soit de nature difficile à cuire, & que ce soit la quantité seulement qui trouble nostre

C estomac, & y fait la corruption, de tant plus, à mon aduis, deuons nous éuiter la diuersité de plusieurs sortes de viandes, desquelles le cuisinier de Philon exerçant vne art toute contraire à celle de son maistre, nous a empoisonnez, en nous diuersifiant & gardant nostre appetit de se lasser par nouuelle varieté, le menant de l'vne à l'autre, & le faisant sortir hors des bornes du contentement de la raison par ceste diuersité, comme le nourrisson de Hypsipyle assis dedans vne belle prairie,

> Alloit cueillant de main tendrette
> Mainte fleurette sur fleurette,
> Ne pouuant son cœur enfantin
> Rassasier de tel butin.

Et se faut en cest endroict souuenir de l'instruction de Socrates, qui conseilloit de se garder & abstenir des viandes qui conuient les hommes à manger, encore qu'ils

D n'ayent point de faim : ce qui ne vouloit autre chose dire, sinon que lon deuoit craindre & fuyr la diuersité & pluralité de viandes, d'autant que c'est ce qui tire hors des bornes de suffisance, plus loing qu'il ne seroit de besoing, la couoitise en toutes choses qui plaisent à voir & à ouyr, en amour, en ieux, en toutes sortes d'exercices, estant tousiours refraischie & renouuellee par la singularité qui a plusieurs commácemens, là où és simples & vniformes voluptez, iamais l'attraict de delectation n'excede l'appetit & le besoing naturel. Bref il m'est aduis, que plus supportable seroit le musicien qui loüeroit vne confusion de plusieurs cordes discordantes, ou vn maistre de luicte qui priseroit l'huile de parfum, & non pas la simple dont on huile les corps de ceux qui s'exercent, que non pas le medecin qui recómanderoit la pluralité & diuersité de viandes, parce que tels changemens & deguisemens de viandes destournent à force les hommes de la droicte voye & chemin de santé. Apres que Philinus

V v

eut ainſi parlé, Marcion dict qu'il luy ſembloit, que non ſeulement ceux qui ſeparoient l'vtilité de l'honneſteté, encouroient la malediction de Socrates, mais auſſi ceux qui diſtinguoient la volupté de la ſanté, comme ſi elle luy eſtoit repugnante & contraire, & non pas amie & compagne: car nous nous ſerions, dict-il, bien peu ſouuent & enuis de la douleur, comme d'vn inſtrument trop violent, là où lon ne ſçauroit, quand bien on le voudroit, chaſſer la volupté & la bannir de toutes nos autres actiōs, auſquelles elle eſt touſiours preſente, & aſſiſte au manger, au dormir, au lauer, eſtuuer, frotter & baigner, recueille, traicte & entretient celuy qui eſt trauaillé & laſſé, effaçant par ſa benignité amiable, & conuenable à la nature, toute l'eſtrangeté de la maladie: car quelle douleur, quelle diſette, quel poiſon, pour preſent qu'il ſoit, appaiſe & diſſipe ſi promptement & ſi doulcement vne maladie, que faict le baing donné à propos, & le vin baillé à ceux qui en ont beſoing, quand le cœur leur faut? La viande meſme deſcendant en l'eſtomac auec volupté & plaiſir reſout incontinent & efface tous ennuis & toutes faſcheries, remettant la nature en ſon eſtat, comme eſtant retourné le beau printemps & la ſerenité, là où au contraire les ſecours & remedes qui procedent par moyens douloureux & laborieux, petit à petit, difficilement & à grād' peine en viennent à bout, en forçant & tenaillant la nature. Parquoy que Philinus ne nous calomnie point, ſi nous ne fuyons la volupté à pleines voiles, leuant tous les appareils, ains nous eſtudions de concilier & marier enſemble la volupté auec la ſanté, plus raiſonnablement que ne font aucuns philoſophes la volupté auec l'honneſteté: car tout premierement il me ſemble, Philinus, que tu t'es grandement abuſé dés l'entree de ton diſcours, en ſuppoſant, que les beſtes brutes vſent de plus ſimple nourriture que les hommes, & que pour ceſte cauſe elles en viuent plus ſainemēt: car ny l'vn ny l'autre n'eſt veritable, ains eſt l'vn deſmenty par le teſmoignage des chéures d'Eupolis, qui chantent & loüent hautement leur paſture, comme eſtant meſlee & diuerſifiee de pluſieurs plantes & pluſieurs herbes, en diſant:

" Nous nous paiſſons de toute ſorte
De plantes que la terre porte,
Du ſapin les tendres iettons,
Et du cheſne verd nous brouttons,
Du cythiſe, de l'arbouſier,
Genieure odorant, & laurier,
De l'if au dru-menu fueillage,
Du pin, de l'oliuier ſauuage,
Du lierre, lentiſque, & du freſne,
Du tamarin, bruyere & cheſne,
Du foureau, & du groſellier,
Du ciſthe, ſaule & prunellier,
Des aphrodilles, du boüillon,
De la ſariette.

Ces plantes, herbes & arbres qu'il nomme là, il eſt certain qu'ils ont pluſieurs differences de ius, de ſaueurs, de ſenteurs & de facultez, encore en a-il obmis dauantage à compter. Et quant au ſecond poinct, Homere le refute par experience, affermant que les maladies contagieuſes & peſtilentes ſaiſiſſoient premierement les beſtes brutes: & puis la briefueté meſme de leur vie teſmoigne aſſez, combien elle eſt maladiue & ſubiecte à diuers accidents: car il n'y en a pas vne, en maniere de dire, qui viue bien longuement, ſi lon ne m'oppoſe le corbeau & la corneille, leſquelles mangent beaucoup & de toutes ſortes de viande, comme nous voyons ordinairement. Dauantage, il me ſemble que tu as pris bien à gauche le moyen de diſcerner les choſes qui ſont de facile ou de difficile digeſtion, en le prenāt de ce que lon ordóne aux malades:
car le

Des propos de table.

car le trauail & les exercices,& ce qui incife la viande, feruent de beaucoup à la dige-ftion,mais pour cela ils ne conuiennent pas à ceux qui ont la fieure. Et au demourãt il m'eft aduis que tu craignois,fans occafion, la repugnance & contrarieté de la viande & nourriture diuerfe: car foit de viandes femblables ou diffemblables, la nature prend toufiours ce qui luy eft propre, la diuerfe nourriture tranfmettant plufieurs diuerfes qualitez en toute la maffe du corps, elle diftribue à chafque partie,ce qui luy eft conuenable, de maniere qu'il fe fait ce que dit Empedocles en ces vers,

> Le doux faifit ce qu'il y a de doux,
> L'amer s'en court fe ioindre à l'amer roux,
> L'aigre s'attache à l'aigre, & la partie
> Qui eft bruflee, aufli à la roftie:

l'vn allant deçà, l'autre delà, à ce qui luy eft fortable, apres que la meflange par la chaleur eft dilatee, les femblables fuyuent ce qui eft de leur mefme genre: car vn corps qui eft ainfi fort meflé & compofé de plufieurs chofes, comme le noftre, il eft vray-femblable qu'il emprunte fon entretenement,& remplit fa temperature pluftoft d'vne diuerfe que d'vne fimple nourriture. Ou bien fi cela n'eft ainfi, mais que la concoction que lon appelle foit ce qui a force d'alterer & de changer la viande, encore ainfi cela aduiendroit bien pluftoft & mieux en vne viande diuerfe qu'en vne fimple, parce que le femblable ne reçoit point de paffion ny d'alteration de fon femblable, mais la contrarieté & repugnance altere & change bien pluftoft les qualitez affoiblies par la meflange de leur oppofite. Et fi d'auenture, Philinus, tu as refolu de condamner tout ce qui eft meflé & compofé, ne te prens pas feulement à reprendre & blafmer Philon, de ce qu'il traicte ainfi fumptueufement & friandement fes amis à la table, mais reprens-le encore dauantage de ce qu'il mefle fes compofitions royales de medicaments, que Erafiftratus fouloit appeller les mains des Dieux: condamne de vanité, de curiofité & fuperfluité ceux qui brouillent & meflent enfemble les herbes, les fimples mineraux, la theriaque où il entre partie des beftes venimeufes, tant de la mer que de la terre: car felon ton aduis, il vaudra mieux reduire la medecine à la tifanne, à la coucourde, à l'eau & à l'huile. Voire-mais la pluralité & diuerfité de viandes rauit & tranfporte hors de foy l'appetit, de maniere qu'il n'eft pas maiftre de foy-mefme. Ie te refpons aufli qu'elle tire apres foy la netteté, qu'elle faict bon eftomac, qu'elle rend l'aleine doulce, & brief qu'elle tient l'homme plus ioyeux & plus gay, & nous difpofe à mieux boire & mieux manger: car autrement, que ne deftrempons nous du fon aufli bien que de la fleur de farine pour faire de la boulie? Que ne faifons nous accouftrer des chardons & des oignons fauuages, aufli bien que des afperges? Que ne reiettons nous ce vin qui a l'odeur fi fouëfue, & que nous n'en buuons de quelque fauuage faict de pommes ou d'orge, enuironné d'vne mufique de moufcherons à l'entour? Pour ce, me diras-tu, que le viure, felon le regime de fanté, n'eft pas de fuyr totalement & abominer la volupté, mais pluftoft vne moderation & attrempement de voluptez qui rend l'appetit obeyffant à l'vtilité. Et tout ainfi comme les pilotes & patrons de nauires, ont plufieurs artifices & moyens d'efchapper vn vent impetueux & violent, mais quand il eft ceffé & du tout amorty, il n'y a perfonne qui le fçeuft refueiller ny remettre fus: Aufli à refrener l'appetit, & reprimer ce qu'il y a de trop, il n'y a pas beaucoup d'affaire, mais de le remettre fus, & le rendre gaillard & vigoureux quand il vient à fe lafcher & à perdre fa force auant fon temps, c'eft là maiftrife que de le fçauoir faire, & y a bien de la peine & de la difficulté. Parquoy la nourriture de diuerfes viandes eft meilleure que la fimple, qui pour toufiours eftre d'vne forte faoule incontinent, pour autant qu'il eft plus aifé d'arrefter la nature quand elle va trop vifte, que de l'emouuoir quand elle fe laffe. Au refte quant à ce que quelques vns difent, que la repletion eft plus à craindre & à fuïr,

Vv ij

Le quatriéme Liure

que non pas l'inanition, il n'est pas veritable: ains au contraire, la repletion, quand elle se termine en quelque corruption & quelque maladie, est mauuaise: mais l'inanition, encore qu'elle n'ameine autre mal, elle est contre nature d'elle-mesme. Voyla les raisons qui me semblent sonner au cōtraire de ce que tu as philosophé: mais vous autres chiches, qui vous attachez au sel & au cumin, de peur de despendre, n'auez pas entendu, que la varieté est plus plaisante, & que ce qui est plus plaisant, est aussi plus appetissant, pourueu que vous en ostiez tout excez & toute gourmandise de trop manger: car elle s'attache incontinent à nostre corps, qui la desire, & qui va, par maniere de dire, au deuant, pour la receuoir, luy ayant la veuë fait & preparé le chemin: là où au contraire, ce qui n'est point appetissant va flottant & errant dedans le corps sans trouuer qui le reçoiue, de sorte que ou nature le reiecte totalement, ou si elle le reçoit, c'est maugré elle & à faute d'autre: mais quand ie parle de diuersité & varieté de viandes, souuenez vous & notez, que ie ne parle point de pastisserie, de saulses, tartes & gasteaux, car tout cela ne sont que delicatesses curieuses & vaines. Et qui plus est, Platon mesme baille diuersité de viures à ses gentils & genereux citoyens qu'il descrit en sa Republique, en leur presentant eschalottes, oliues, des herbages des iardins, du fromage, & de toutes sortes de potage, & outre tout cela, encor' ne priue-il pas les festins des yssuës de table.

QVESTION SECONDE.

Pourquoy est-ce qu'il semble, que les truffes s'engendrent du tonnerre, & que lon pense que les dormans ne sont iamais frappez de la foudre.

EN vn soupper où nous estions en la ville d'Elide, Agemachus nous feit seruir de bien fort grosses truffes, dequoy les assistans s'esbahissans, il y eut vn de la compagnie qui en se souriant dit: Elles sont certainement dignes des tonnerres qu'il a fait ces iours passez: comme s'il se fust voulu mocquer de ceste opinion que lon a, que les truffes naissent du tonnerre. Si y en eut qui dirent, que le tonnerre fait ouurir & fendre la terre, en se seruant de l'air comme d'vn coing: & puis que ceux qui cherchent les truffes, par ces creuaces la coniecturent là où elles sont, & les trouuent, & que de là est venuë l'opinion vulgaire, qu'elles s'engendrent du tonnerre, comme si quelqu'vn pensoit que la pluye produisist les escargots, & non pas les feist sortir & venir en euidence. Mais Agemachus le confirmoit, & asseuroit par experience l'auoir veu, & prioit que lon ne le tint pas pour chose incroyable, si bien il estoit estrange & admirable, parce qu'il y auoit beaucoup d'autres effects du tonnerre, de la foudre, & autres impressions celestes, admirables, dont il estoit bien malaisé, sinon du tout impossible, de comprendre les causes. Car ce bulbe, que quelques vns appellent des appetits, dont lon fait plusieurs risees, iusques à le tourner en commun prouerbe, ne se sauue pas du tonnerre pour sa petitesse, mais pource qu'il a vne proprieté qui luy est contraire, comme aussi le figuier, & la peau du veau marin, & de la hyene, desquelles peaux les mariniers ont accoustumé de reuestir les bouts de leurs antennes ou verges à attacher leurs voiles: & les iardiniers qui cultiuent les iardins appellent les eaux de pluyes qui tombent quant & le tonnerre, διάλδια, c'est à dire, bonnes à arroser, & les estiment telles. Et brief ce seroit simplesse de s'esmerueiller de cela, veu que nous voyons deuant nos yeux des choses plus admirables & plus difficiles à croire que cela, de voir sortir du feu & de la flamme, & des bruicts si grands & si espouuentables des nuees qui sont humides & molles: ce que i'en caquette, dict-il, pour vous solliciter d'en vouloir chercher la cause, à fin que ie ne vous presse point d'exiger de chascun de vous sa quotte partie du payement de mes grosses truffes. Alors prenant la parole, ie dis, qu'Agemachus luy-mesme auec la main en monstroit

la vraye

Des propos de table.

à la vraye cause: car pour le present il ne me vient rien en l'entendement qui soit plus vray-semblable. C'est qu'auec le tonnerre il tombe bien souuent de l'eau genitale & propre à engendrer, dont la cause est la chaleur meslee parmy: car la substance pure, legere, & perçante du feu s'en est allee, s'estant conuertie en foudre. Et ce qui en est plus pesant & venteux demourant enueloppé dedans la nuee, l'altere, en ostant toute la froideur, & rendant l'humeur flatueuse, tellement que ces pluyes la penetrent & se fourrent fort douces & amiables dedans les plantes, arbres & herbes qui en sont arrosees, les faisant en peu de temps grossir, & leur impriment au dedans vne particularité de temperature & peculiere difference de ius, comme nous voyons que la rosee rend l'herbe plus appetissante & mieux assaisonnee au gré des moutons: & les nuees où se fait la refraction de l'arc en ciel, remplissent les arbres & les bois, sur lesquels elles fondent, d'vne bien soüefue odeur: au moyen dequoy nos paysans les recognoissans à cela, les appellent ἰριόσκηπτα, ayans opinion que l'arc en ciel est tombé dessus. Si est vraysemblable, que quand ces eaux là de foudre & de tonnerre auec leurs ventositez & chaleurs viennent à percer bien profondement dans la terre, elle s'en tourne, & s'y engendre quelques tels nœuds & pelottons mols & friables, comme és corps humains se produisent les tumeurs & enfleures, que lon appelle glandes & escroüelles, y estans formees par ie ne sçay quelles chaleurs & humeurs sanglantes, ou qui tiennent de la qualité du sang. Car la truffe ne ressemble point à vne plante, ny ne s'engendre point sans humeur, n'ayant ny racine, ny germe qui iette aucune verdure, & si est toute separee à l'entour ne tenant à rien, parce qu'elle a sa consistence de la terre seulement, qui a esté vn peu alteree & changee. Et si d'aduenture ce propos & ceste raison vous semble maigre, ie vous dy que la pluspart des accidents qui suiuent les foudres & tonnerres sont de semblable sorte: c'est pourquoy on a opinion qu'en la pluspart d'iceux il y a de la diuinité. Adonc l'orateur Dorotheus, qui estoit en la compagnie: Tu dis la verité, dict-il, car non seulement les personnes simples & ignorantes, mais aussi quelques vns des philosophes en sont là logez. Quant à moy ie le sçay bien par experience, parce que n'agueres la foudre estant tombee en nostre maison, y feit plusieurs choses estranges & merueilleuses: car elle versa tout le vin emmy la caue, sans offenser les tenons & poinçons de terre, où il estoit, & volant par dessus vn homme qui dormoit, elle ne luy feit aucun mal, ny ne toucha point à son habillement, mais ayant vn baudrier ceint, où il y auoit quelques pieces de billon, elle les fondit toutes, & les confondit, de sorte que lon n'y eust plus sçeu recognoistre aucune forme. Le personnage s'en addressa à vn philosophe Pythagorien, qui d'auenture se rencontra là passant son chemin, & luy demanda que cela vouloit signifier: mais le philosophe s'en excusant luy dit, qu'il y auisast luy-mesme à part luy, & qu'il se recommandast bien aux Dieux. I'entens aussi que depuis n'agueres il y eut vn soldat à Rome, lequel faisant la sentinelle en vn des temples de la ville, la foudre tomba tout aupres de luy, sans luy faire autre mal que de brusler seulement les courroyes de ses souliers: & des boistes d'argent estans dedans des estuis de bois, l'argent tout fondu se trouua en masse au fond, & le bois n'eut mal aucun, ains demoura en son entier. Et quant à cela, on le peut croire & non croire qui veut, mais ce qui est plus merueilleux & plus estrange, nous le sçauons, ie croy, tous, c'est que les corps de ceux qui ont esté tuez par la foudre, demeurent longuement sus terre sans se corrompre ne pourrir, pource que plusieurs ne les veulent brusler ny enterrer, ains les laissent sur la terre, & les remparent de quelque fermeture à l'entour, de maniere que lon voit les corps demourans là long temps sans se corrompre ny empuantir: & consequemment arguans de menterie Clymené, à qui Euripides en sa Tragedie faict dire du corps de son fils Phaëton,

Mon bien aymé, lás en quelque fondriere

Le quatriéme Liure

Son corps pourrit estant sur la poussiere.
Et croy que c'est pourquoy on a appellé le soulfre θεῖον, pour la similitude de l'odeur que rendent les choses qui ont esté frappees de la foudre, lesquelles sentent le feu, & ont vne odeur de soulfre fort perçante : c'est pourquoy à mon aduis les chiens & les oyseaux s'abstiennent de manger de tels corps, qui ont esté frappez du ciel. Iusques icy doncques soit la premiere pierre du fondement iettee par moy, & au reste prions cestuy-cy de l'acheuer, pource qu'il s'est bien porté, & a bien rencontré en la recherche de la cause & generation des truffes, à fin qu'il ne nous en prenne comme il feit iadis au peintre Androcydes, lequel peignant le gouffre de Scylla, peignit plus viuement & plus au naturel les poissons d'alentour, que tout le demeurant, par où lon iugea qu'il y auoit employé plus d'affection que d'artifice, parce qu'il estoit de sa nature friand de bons poissons. Aussi pourroit quelqu'vn dire, que nous aurions tant philosophé de la naissance & origine des truffes, qui est douteuse comme tu vois, pour le plaisir que nous prenons à les manger : mais attendu qu'il y auoit de la probabilité en ce propos, puis que personne ne disoit alencôtre, qui nous persuadoit que la cause en estoit assez clairement exposee : ie fus d'aduis, & dis, qu'il estoit temps de dresser les engins de feintes, comme lon faict és Comedies pour contrefaire le tonnerre, en deuisant des effects de la foudre & du tonnerre, dequoy toute la compagnie fut bien d'aduis, mais ils passoient tous les autres poincts, & me prioient instamment de leur vouloir discourir touchant cestuy-cy, Pourquoy c'est que les hommes en dormant ne sont iamais frappez de la foudre. Or voyois-je bien que ie ne gaignerois rien de toucher vne cause, dont la raison fust commune à tous les effects du tonnerre : toutefois si me mis-je à dire premierement, que le feu de la foudre estoit merueilleusement delié & subtil, comme celuy qui prenoit son origine & naissance de la plus pure, plus nette & plus saincte essence, & où encore qu'il y eust quelque humidité ou terrestreité meslee parmy, la celerité de son mouuement l'en ietteroit dehors & l'en purgeroit. Ce qui ne peut arrester ne soustenir le feu celeste, ce disoit Democritus, n'est iamais foudroyé. Parquoy les corps solides comme le fer, le cuyure, l'argent & l'or l'arrestent bien, mais aussi sont-ils gastez & fondus par la foudre, d'autant qu'ils luy tiennent coup, & luy font resistance. Au contraire ceux qui sont rares, pleins de pertuis, mols & laxes, il passe soudain à trauers, sans leur faire dommage : comme sont les habillements, & les bois fort secs, car ceux qui sont verds bruslent, d'autant que l'humidité qui est au dedans tient coup & s'allume. S'il est donc veritable, que les dormans ne soient iamais frappez ny tuez du tonnerre, il en faut là, & non ailleurs, chercher la cause : car les corps des hommes veillans sont plus robustes, plus serrez, & font plus de resistance, comme ceux qui en toutes leurs parties sont pleins d'esprit, lequel regissant les sentiments naturels, & les tenant serrez, l'animal en demeure roide, ferme, & s'entretenant tout d'vne venuë : là où en dormant il se lasche, deuient rare & inégal, mol, & comme tout descousu, les pores ouuerts, l'esprit luy defaillant & l'abandonnant. C'est pourquoy lors les voix, les odeurs & saueurs courent tout à trauers, sans qu'elles soient apperceuës ny senties, d'autant que ce qui doit resister, & en resistant souffrir, ne vient point au deuant de tels obiects qui se presentent, mesmement quand ils percent auec vn telle subtilité & vistesse que fait le feu de la foudre : car ce qui est de soy-mesme moins fort & robuste pour resister, nature le defend, en luy donnant des remedes contre ce qui le peut offenser, luy mettant au deuant des duretez & soliditez : mais ce qui est de puissance non-pareille & inuincible, oultrage & offense moins ce qui luy cede, que ce qui luy fait teste & luy resiste. Adioustez y cela dauantage, que ceux qui dorment ont moins de peur, d'estonnement & de frayeur, de laquelle plusieurs sont morts, seulement pour la crainte qu'ils auoient de mourir, sans souffrir autre mal. Voyla pourquoy les bergers duisent leurs moutons à courir tous

ensemble

ensemble en vne trouppe, quand il tonne, pour ce que ceux qui demeurent escartez çà & là, sont plus tost saisis & offensez de la frayeur, tellement qu'on en voit innumerables qui sont morts du tonnerre, sans auoir sur eux aucune marque ny de coup, ny de blesseure, ny de brusleure, leur ame s'en estant fuye de peur hors de leur corps, comme l'oiseau qui s'en vole de sa cage: car comme dit le Poëte Euripide,

  Le violent esprit du grand tonnerre
  Iette sans sang plusieurs tout morts en terre.

Et puis d'ailleurs l'oüye est le sentiment de tous le plus subject à souffrir violentes passions, & les peurs & frayeurs qui viennent du bruit apportent les plus grands troubles à l'ame: à l'encontre dequoy ne sentir point, est vn tres-ferme & tres-seur rampart à l'homme qui dort, là où ceux qui sont esueillez se perdent, de la frayeur qu'ils souffrent auant le coup, & la peur leur serrant & espessisant tout le corps, fait que la foudre tombant sur eux, en donne plus grand coup & plus rude atteinte, d'autant qu'elle trouue plus de resistence.

QVESTION TROISIESME.

Pourquoy est-ce que aux nopces on conuie plusieurs gens à soupper.

A LA feste des nopces de mon fils Autobulus se trouua Sossius Senecion à Cheronee auec nous, & y auoit vne belle & grande compagnie de plusieurs autres honorables personnages. Ce qui luy donna occasion de demander, pour quelle cause on conuioit plus grand nombre de personnes à vn soupper de nopces qu'à nul autre festin, attendu mesmement qu'entre les Legislateurs ceux qui ont plus formellement fait la guerre à la superfluité, ont nommément definy le nombre des personnes qu'ils vouloient pouuoir estre conuiees aux nopces. Car quant aux Philosophes celuy qui a voulu parler de ceste cause, qui est Hecatæus Abaritain, à mon iugement n'en a escrit rien qui vaille, ne où il y ait fondement. Car il dit, que ceux qui se marient conuient plusieurs personnes au festin de leurs nopces, à fin que plusieurs sçachent & puissent tesmoigner, qu'estans de condition libres, ils prennent aussi femme de mesme condition: & au contraire, les Poëtes comiques se mocquent de ceux qui font de superbes & sumptueux festins en leurs nopces, auec vne splendeur & magnificence grande, disans que c'est signe qu'ils ne se sentent pas bien certains ny asseurez de leur baston: comme Menander fait dire par vn, à qui l'on conseilloit qu'il remparast bien auec forces plats & escuelles,

  Le marié nouueau qui le feroit,
  Comme tu dis, par trop coüard seroit.

Toutefois à fin qu'il ne semble que, comme l'on dit communément, nous reprenions bien à nostre aise les autres, pource que nous ne disons rien de nous-mesmes, ie dis qu'il n'y a point d'occasion de festoyer qui soit si publique ne si diuulguee, que celle de ceux qui se marient. Car soit que l'on face sacrifice aux Dieux, ou que l'on conuoye vn amy partant pour faire vn long voyage, ou que l'on festoye vn sien hoste passant, on peut bien le faire sans le sceu de ses parents, & amis, mais la table & le festin nuptial, auec la chanson coniugale de l'Hymeneus criant à haute voix, les torches que l'on porte deuant l'espousee, les fleutes & aubois, comme dit Homere, & les femmes qui sont à leurs portes pour regarder l'espousee, tout cela ne peut estre que la feste ne soit cognuë de tous. Au moyen dequoy, les mariez ayans honte de n'y semondre ceux qui le sçauent, y conuient tous leurs familiers, leurs parents, leurs alliez & amis, & generalement tous ceux qui en aucune sorte leur appartiennent. Ce que nous tous ayans approuué, Theon prenant la parole: Cela, dir-il, soit supposé pour

veritable, car il y a grande apparence: mais adiouſtez y encore ſi vous voulez, que ces
feſtoiemens la nuptiaux ne ſont pas ſeulement feſtins d'amis, mais auſſi de parents &
d'alliez, parce que toute vne race & parenté vient à ſe conioindre & allier l'vne a-
uec l'autre. Et qui plus eſt, venans deux maiſons à ſ'aſſembler en vne, celle qui prend
eſtime qu'elle doit traicter & feſtoyer tous les parents & amis de celle qui donne, &
reciproquement celle qui donne de celle qui prend: ainſi doublent-ils le nombre de
leurs conuiez. Et puis d'autant que tout, ou la plus part des choſes qui appartiennent
au mariage, ſe font par l'entremiſe des femmes, là où les femmes ſont, il eſt neceſſaire d'y receuoir auſſi les maris.

QVESTION QVATRIESME.

Si les viandes de la mer ſont plus friandes que celle de la terre.

GALEPSVS eſt vn bourg en noſtre pays de Bœoce, là où il y a des baings de fontaine d'eau chaude, fort accommodez de la nature pour y prendre tous honneſtes
plaiſirs, & baſty de logis, en ſorte que c'eſt comme vne hoſtellerie publique de toute
la Grece, & y prend-on grande quantité de gibbier, tant de volatiles que d'animaux
terreſtres: & ſi la mer n'y rend pas les tables moins bien fournies, par ce qu'au long de
la coſte la mer y eſt fort profonde & haute, & l'eau fort nette, nourriſſant force beau
& bon poiſſon. Mais encore y fait-il meilleur au cœur du printemps, qu'en nulle autre ſaiſon de l'annee: car pluſieurs y conuiennent en ce temps là, qui conuerſent familierement les vns auec les autres, en grande affluence de viures, & abondance de
tous biens: & n'ayans autre choſe à faire, la plus part de leur paſſe-temps eſt, de deuiſer
enſemble de propos de lettres. Mais quand Calliſtratus l'orateur s'y treuue, il eſt bien
malaiſé de ſoupper ailleurs que chez luy, car il a vne courtoiſie & hoſpitalité inexpugnable. Et d'autant qu'il aſſembloit volontiers tous ceux qui eſtoient gens de lettres,
il en rendoit de tant plus douce ſa compagnie & conuerſation: car il imitoit ſouuent
Cimon entre les anciens, prenant plaiſir à feſtoyer pluſieurs perſonnes, & de tous païs
en ſa maiſon: mais touſiours, en maniere de dire, Celeus, lequel on eſcrit auoir eſté le
premier, qui iournellement en ſon logis mit ſus vn reduict & vne aſſemblee de perſonnes honorables & de gens de marque, qu'il appelloit le Conſeil, ou le Senat. Si
eſtoient les propos, que l'on y tenoit ordinairement, ſortables & conuenables à telle
compagnie: & vn iour la table eſtant chargee de toutes les ſortes de viandes que l'on
euſt ſceu ſouhaitter, cela donna occaſion d'enquerir touchant icelles viandes, leſquelles eſtoient plus commodes & les meilleures, celles de la terre, ou celles de la mer.
Et comme tous les autres preſque d'vn commun conſentement louaſſent celles de la
terre, y en ayant de toutes eſpeces en nombre infiny, Polycrates appellant Symmachus par ſon nom: Toy, dit-il, qui es vn animal aquatique, nourry entre tant de
mers, qui enuironnent tout alentour voſtre ſacree ville de Nicopolis, ne veux-tu
point ſouſtenir & defendre voſtre Neptune? Ouy certainement ie le veux, dit Symmachus, & te prens & prie d'eſtre en la defenſe de ceſte cauſe mon adioinct, attendu
que tu es iouïſſant de la plus belle partie de la mer d'Achaïe. Commençons doncques
premierement, ce dit Polycrates, à la couſtume de parler: Car ainſi comme entre tant
de poëtes qu'il y a, nous en appellons vn par excellence ſimplement le Poëte, auſſi y
ayant au monde pluſieurs friandiſes & pluſieurs viandes exquiſes, l'vſage de parler a ainſi obtenu, que le poiſſon ſeul, ou principalement, entre les autres, s'appelle
ὄψον, c'eſt à dire, viande exquiſe, parce que c'eſt la meilleure de toutes: dont vient que
nous appellons auſſi les friands & gourmands, Opſophages & Philopſes non ceux
qui ayment la chair de bœuf, comme Hercules, lequel ainſi que dit vn poëte,

Man-

Des propos de table.

A Mangeoit la chair ayant des figues fraifches. Ny vn figon, mangeur de figues, comme eſtoit Platon: ou vn friant de raiſins, comme eſtoit Arceſilaus: ains ceux qui ne ſe font que pourmener ordinairemét en la poiſſonnerie, & qui ont l'aureille touſiours ouuerte à eſcouter le ſon de la cloche, quand on deliurera le poiſſon au marché. Et Demoſthenes reproche à Philocrates que de l'argent qu'il receuoit du Roy Philippus de Macædone pour eſtre traiſtre à ſon pays, il en achetoit des putains,& des poiſſons, l'accuſant enſemble de luxure & de gourmandiſe. Et Cteſiphon ne rencontra pas mal, quand il dit à vn gourmant qui crioit en plein Senat, qu'il creueroit plus toſt: Garde toy bien, dit-il, mon amy, de le faire: car tu nous ferois manger icy aux poiſſons. Et celuy qui a compoſé ces petits vers,

Viure pourrois d'eſtourgeon graſſement,
Là où tu vis de capres maigrement,

que veut-il entendre? & que veut dire le commun vſage de parler, quand le peuple
B s'enhorte l'vn l'autre à ſe reſiouïr, en diſant, Auiourd'huy nous Actaſerons? qui eſt autant à dire comme, auiourd'huy nous ferons grande chere, pourautant que la grande chere ſe fait ſus le bord de la mer qui s'appelle Acté, non pas pour y voir les vndes de la mer, ny les petits cailloux & coquilles de la gréue. Quoy donq? pource qu'on y mange du potage de legumes, ou bien des capres? Nenny certes: mais c'eſt pource, que ceux qui habitent au long du riuage de la mer ont touſiours foiſon de beau, bon & frais poiſſon. Auſſi le vent-on plus cherement que nulle autre viande qui vienne au marché: de ſorte que Caton declamant vn iour deuant le peuple alencontre de la ſuperfluité, & des delices de la ville de Rome, dit, non point exceſſiuemét par vne maniere de parler, mais veritablement, qu'vn poiſſon ſe vendoit plus cher à Rome, que non pas vn bœuf: car ils vendent à plus haut pris vne oule ou pot de gelee faitte de poiſſon fondu, qu'ils ne feroient toutes les hoſties d'vn ſacrifice ſolennel, où le bœuf marche deuant aſpergé de farine. Or eſt-il ainſi, que le meilleur iuge de
C l'efficace des medicamens, c'eſt celuy qui eſt le plus exercité en la medecine: & ſemblablement celuy qui peut mieux iuger des chanſons & motets, c'eſt celuy qui eſt le plus expert en la muſique: par conſequent auſſi faut-il donecques inferer, que le plus apte à iuger de la bonté & friandiſe des viandes, c'eſt celuy qui les aime le plus. Car il ne faut pas prendre pour iuge & arbitre d'vn tel different, vn Pythagoras ny vn Xenocrates, mais bien vn Antagoras le Poëte, ou vn Philoxenus fils d'Eryxis, & vn Androcydes le peintre, lequel on dit, quand il peignit le gouffre de Scylla & de Carybdis, auoir peinct les poiſſons d'alentour auec plus d'affection, mieux au vif & au naturel, que tout le demourant, pour ce qu'il en eſtoit friand. Et Antagoras le Poëte eſtant vn iour au camp du Roy Antigonus, le Roy le trouua tout trouſſé & rebraſſé qui faiſoit cuyre vn Congre dans vne poille, ſi luy dit à l'aureille en s'approchant de luy, Penſes tu, Antagoras, qu'Homere s'amuſaſt à frire vn Con-
D gre, quand il eſcriuoit les hauts faicts du Roy Agamemnon? & le poëte luy repliqua tout ſur le champ, Mais penſes tu, Sire, que quand Agamemnon faiſoit ces hauts faits d'armes là, il allaſt curieuſement rechercher parmy ſon camp, qui friſoit du Congre dedans vne poille, comme tu fais? Ainſi parla Polycrates, en concluant: Quant à moy ie le donne gaigné à la poiſſonnerie, tant par les teſmoignages ſus alleguez, que par la preuue de la couſtume. Mais moy, dit Symmachus, i'y viens à bon eſcient, plus ſubtilement & plus dialectiquement. Car ſi friandiſe eſt cé qui aſſaiſonne & rend appetiſſante la nourriture, il eſt force de confeſſer, que la meilleure viande, & plus friande, ſera celle qui pourra plus retenir l'appetit à la table. Tout ainſi donecques que les philoſophes, que lon ſurnomme Elpiſtiques, afferment, qu'il n'y a rien qui contienne & conſerue mieux la vie de l'homme que fait l'eſperer, parce que ſans l'eſperance, qui adoucit les trauaux, la vie ſeroit inſupportable à tout le monde: auſſi

Le quatriéme Liure

faut-il confesser, que ce qui contient & qui conserue l'appetit est cela, sans quoy toute viande est desagreable & malaisee à prendre. Or ne trouuerez-vous rien procedant de la terre qui soit tel, mais de la mer, si : c'est le sel, sans lequel rien, par maniere de dire, ne se peut manger, car le pain mesme en est plus agreable au goust, quand on en mesle dedans. C'est pourquoy lon loge tousiours en vn mesme temple Neptune auec Ceres. Bref le sel est comme la saulse & la friandise de toutes les autres delicatesses & friandises du monde. Voyla pourquoy les demy-Dieux & Princes de la guerre de Troye, qui faisoient profession de vie simple, comme des religieux, & qui ostoient toute volupté curieuse & adioustee à la nourriture necessaire, de maniere qu'ils ne mangeoient pas seulement des poissons, lors qu'ils estoient campez sur le destroict de l'Hellespont, ne pouuoient endurer qu'on leur seruist de la chair à table sans sel, portans tesmoignage que c'est la seule saulse qui ne se peut obmettre ny refuser. Car ainsi comme les couleurs ont necessairemét besoing de lumiere, aussi ont les ius & liqueurs besoing de sel, pour resueiller & resiouir le sentiment du goust, autrement ils luy sont desagreables & fascheux. Car les morts, ce disoit Heraclitus, sont plus à ietter dehors, que non pas les fumiers. Or toute chair que lon mange est morte, & partie d'vn corps mort, mais quand la puissance du sel vient à y estre adioustee, c'est comme vne ame qui luy donne & grace & saueur. Voila pourquoy lon prend deuant toute autre nourriture, celle qui est aiguë ou salee, & brief celle qui tient & participe plus de sel. Car les choses salees sont comme vn aiguillon ou vn allechement de l'appetit, lequel appasté & alleché par tels auant-coureurs de haut goust, vient plus frais, plus dispos, & plus deliberé à donner dedans les autres viandes, là où s'il commançoit aux autres, il se lasseroit & se retireroit incontinent. Ie diray plus, que le sel n'est pas seulement la saulse & l'assaisonnement du manger de l'homme, mais aussi de son boire. Car l'oignon qu'Homere celebre, comme l'attraict & la friandise du boire, est plus conuenable aux matelots, forsats & mariniers, que non pas aux Princes ny aux Roys : mais les viandes qui sont vn peu saupaudrees de sel, pour la bonne bouche, ont force de rendre agreable au goust toute sorte de vin, & toute eau amiable, & si ne tiennent rien de ceste mauuaise senteur & odeur de l'oignon. Qui plus est il rarefie les autres viandes, & les rend plus faciles à concoction & digestion, tellement qu'il sert au corps de grace, de viande sauoureuse, & de force de medicament. Au demourant les autres viandes que la mer nous fournit, outre ce qu'elles sont tres-souëfues & plaisantes au goust, encore sont elles innocentes. Car bien qu'elles ayent la nature de chair, si ne chargent & ne pesent elles point sur l'estomac, ains se cuysent & digerent facilement : à quoy nous porteront tesmoignage Zenon & Crantor, lesquels, incontinent que l'homme se sent mal disposé, le renuoyent au poisson. Et si est vray-semblable que les animaux que la mer nous nourrit doiuent estre plus salubres : d'autant qu'ils sont plus exercitez, encore qu'ils ne respirent pas vn air en pureté & simplicité semblable au nostre. Tu dis bien, dit adonc Lamprias, mais i'y adiousteray encore ceste philosophie, que mon grand pere souloit dire ordinairement en se mocquant des Iuifs, qu'ils s'abstenoient de manger de la chair qui plus iustement meritoit d'estre mangee que nulle autre : aussi dirons nous, que la plus iuste viande que l'homme mange, est celle qui nous vient de la mer. Car quand nous n'aurions autre communauté auec ces animaux icy terrestres, si est-ce pour le moins qu'ils mangent de mesmes choses que nous, & respirent vn mesme air, se lauent & boiuent de mesmes nous, & brief ils font quelquefois honte & pitié à ceux qui les tuent, quand ils iettent vn cry lamentable, & font plusieurs choses respondantes à la nourriture qu'ils ont euë : là où les animaux maritimes & aquatiques sont totalement estrangers au regard de nous, comme estans nez & nourris en vn autre monde, & n'y a ny leur regard, ny leur voix, ny
seruice

Des propos de table.

A feruice aucun qu'ils ayent fait, ou puiffent faire, qui les fauue ou exempte d'eftre par nous tuez. Car on ne s'en fçauroit à quoy feruir les gardant vifs, attendu qu'ils ne viuent pas mefmes auec nous: & ne pouuons prendre aucune charitable affection enuers eux, parce que le lieu où nous habitons leur eft à eux comme vn enfer, d'autant que fi toft qu'ils y arriuent ils meurent.

QVESTION CINQVIESME.

Si c'eft par Religion, ou par abomination que les Iuifs s'abftiennent de manger chair de porc.

APRES que cela euft efté dit, comme quelques vns fe preparaffent pour difcourir au contraire, Calliftratus leur rompant la parole demanda, Que vous femble il de ce que Lamprias vient de dire, que les Iuifs ne mangent point de la chair la plus iufte qui foit? Il me femble, dit Polycrates, qu'il a fort bien parlé. Mais ie demande d'auantage, fi c'eft par honneur, ou reuerence qu'ils portent aux porceaux, ou bien par abomination & par haine, qu'ils s'abftiennent d'en manger. Car quant à ce qu'ils en content eux, cela reffemble proprement aux fables controuuees à plaifir, fi ce n'eft qu'ils en ayent quelques propos fecrets qu'ils ne veulent pas dire deuant tout le monde. Quant à moy, ce dit Calliftratus, i'eftime que cefte befte-là foit en quelque honneur enuers eux. Et bien que ce foit vne laide, villaine & orde befte, ie ne voy point qu'elle foit ny plus eftrange de figure à veoir, ny plus maufade de nature, que l'efcharbot, le chien, crocodile, la mufareigne, ou le chat, que les prefbtres des Ægyptiens honorent & reuerent, comme de treffainéts animaux, les vns en vn lieu, les autres en vn autre. Mais quant au porceau, on dit qu'ils l'honorent pour luy rendre graces, d'autant que ça efté luy qui premier a monftré la maniere de labourer la terre, en la fendant & couppant auec le bout de fon groin: & a quant-& quant enfeigné la forme & maniere de faire le foc de charrue, qui pour cela s'appelle ὖνις, le mot eftant deriué de ὖς, qui fignifie porceau. Qu'il foit ainfi, iufques auiourd'huy les Ægyptiens qui habitét en lieux bas & mols, au long de la riuiere, n'ont aucunement que faire de charrue: car quád le Nil s'eft efcoulé, apres auoir bien trempé les campagnes, les payfans ne font que ietter les porceaux dedans, & vont apres auec la femence, parce que les porceaux à force de tripper des pieds, & fouiller du muzeau, ont incontinent renuerfé toute la terre, & couuert la femence que les payfans ont iettee deffus. Si ne faut pas trouuer eftrange qu'il y ait des gens, qui pour cela s'abftiennent de manger du porceau, veu qu'il y a d'autres animaux, qui pour auffi legeres caufes, & quelques vnes fort ridicules & dignes de plus grande mocquerie, ont bien de plus grands honneurs empres les nations barbares, par ce que lon dit que les Ægyptiens ont deifié la Mufareigne, pour autant qu'elle eft aueugle, & qu'ils eftiment que les tenebres font plus anciennes que la lumiere, & qu'elle s'engendre des fouris à la cinquiéme generation, au croiffant de la Lune, & outre, que fon foye va diminuant à mefure que la Lune decroift. D'auantage ils attribuent le Lion au Soleil, par ce que c'eft la feule befte à quatre pieds, de celles qui ont les ongles croches, qui fait fon petit voyant, qu'il dort bien peu, que fes yeux reluifent encore quand il dort, & mettent des teftes de lyon au bout des tuyaux des fontaines, & en font des gargouilles, pour autant que le Nil améne de nouuelle eau fur leurs champs & terres labourables, quand le Soleil paffe par le figne du Lyon: ils difent que la Cigogne noire qu'ils appellent Ibis, incontinent qu'elle eft éclofe poife deux dragmes, autant que poife le cœur d'vn petit enfant qui vient de naiftre, & que de fes deux iabes eftendues, & de fon bec, elle forme en terre vn triangle à trois coftez égaux. Et pour-

Le quatriéme Liure

quoy reprendroit-on les Ægyptiens de si grande simplesse, veu que lon dit que les Pythagoriens mesmes adoroient vn coq blanc, & entre les animaux marins, ils s'abstenoient principalement du Surmulet, & d'vne ortye de mer: & que les Magiciens qui furent de la secte de Zoroastes, honoroient sur tous animaux le herisson de terre, & haïssoient les souris de mer, estimans que celuy faisoit grand seruice & agreable aux Dieux, & estoit plus heureux qui en tuoit le plus. Cela me fait penser que si les Iuifs auoient en haine & abomination le porceau, ils le tueroient, comme les Magiciens tuent les souris, là où au contraire il leur est autant defendu d'en tuer, comme d'en manger: & à l'aduenture y a il raison, que côme ils honorent l'asne, pour ce que jadis en vne grande seicheresse il leur monstra l'endroit où il y auoit vne fontaine, aussi qu'ils reuerent le porceau, d'autant qu'il leur monstra à labourer & semer la terre. Il y en a certes aussi qui disent, qu'ils s'abstiennent semblablement de manger du liéure, le haïssans & abominans, comme vne beste impure & pollue. Ce n'est pas sans cause, dit Lamprias, prenant la parole: car ils s'abstiennent de manger du liéure, pour la similitude qu'il a auec l'asne, lequel ils reuerent mysticquement & significatiuement: car la couleur en tous deux est mesme, les aureilles longues & grandes, les yeux grands & reluysans, dont ils s'entreresemblent merueilleusement, de maniere qu'il n'y a animal, de petit au grand, qui soit plus semblable l'vn à l'autre: si ce n'est d'aduenture qu'entre ces similitudes ils imitent encore en cela les Ægyptiens, qui estiment la celerité & vistesse de cest animal diuine, & la perfection de ses sentimens naturels. Car son œil est de telle vigueur qu'il dort les yeux tous ouuers, aussi a il l'ouyë fort aiguë, tellement que les Ægyptiens l'en ayans en admiratiô, quand ils veulent signifier l'ouyë en leurs lettres sacrees hyieroglyphiques, ils peingnent vn liéure. Mais il semble que les Iuifs abominent la chair de porc, pourautant que les barbares ont fort à contrecœur & haïssent merueilleusement, entre autres maladies, la lepre, & le mal de S. Main, estimans, que telles maladies deuorent & rongent à la fin les hommes ausquels elles s'attachent. Or voyons nous que le porceau ordinairement a le ventre tout plein de lepre, & couuert de ceste fleur blanche, qui s'appelle Psora, ce qui semble proceder de quelque mauuaise habitude au dedans, & de quelque corruption interieure, se monstrant au dehors par le dessus du cuir, outre que l'ordure de cest animal en sa façon de viure, apporte encore quelque mauuaise qualité à sa chair: car il n'y a point de beste qui prenne ainsi plaisir à la fange, & à se veautrer en ords & sales lieux, comme il fait, si ce ne sont celles qui y naissent & qui s'y nourrissent. Mais on dit d'auantage, que leurs yeux sont tellement de leur regard tournez & attirez contre bas, que iamais ils ne peuuent apprehender chose qui soit en hault, ny regarder le ciel, si ce n'est qu'on les renuerse les pieds contre-mont, & que leurs prunelles ne soient par ce moyen renuersees tout au contraire de leur naturel. Et pourtant voit-on, que combien que ce soit vn animal autrement criard & qui grongne ordinairement, toutefois si on le porte les pieds contre-mont, il se tait du tout sans crier, tant il est estonné de voir la face du ciel qu'il n'a pas accoustumé: & se trouuant serré de si estroite peur, il ne peut pas crier: & s'il y faut encore adiouster les fables poëtiques, on dit que le bel Adonis fut tué par vn porc sanglier. Et cest Adonis n'est autre chose que Bacchus mesme, ce qui est confirmé par plusieurs cerimonies semblables qui se font és sacrifices de l'vn & de l'autre: les autres tiennent que c'estoit le fauorit de Bacchus, comme lon peut voir par ces vers de Phanocles, homme bien entendu en matiere d'amour.

  Bacchus aymant des montaignes l'orée,
  Passant vn iour par Cypre la sacree,
  Veit d'Adonis la diuine beauté,
  Le rauissant en feit sa volonté.

Des propos de table.

Symmachus s'esmerueillant de ce dernier propos, se prit à dire: Comment, Lamprias, endures tu donques que lon insere & entremesle le Dieu qui est de vostre pays,

> Bacchus Euius, qui errantes
> Incite à fureur les Bacchantes,
> Qui veut estre honoré des ieux
> Et de seruice furieux,

parmy les secrettes cerimonies des Hebrieux: ou si tu penses que ce soit à la verité vn mesme Dieu, que celuy des Iuifs? Adonc Mœragenes prenant la parole, Laisse moy là, dit-il, Lamprias: car moy, qui suis Athenien, te dis & t'asseure, que ce n'est autre Dieu que Bacchus. Mais la plus part des arguments, indices & coniectures qui le preuuent, ne se peuuent declarer, sinon à ceux qui sont profez en la religion & confrairie Trieterique de Bacchus en nostre pays. Toutefois ce qui n'est pas defendu de dire entre ses amis, mesmement à la table en iouïssant des dons de ce Dieu, s'il plaist à la compagnie, ie suis prest de le dire. Toute l'assistance adonc le pria & enhorta de ce faire. Premierement, dit-il, la saison & façon de leur principale & plus grande feste, est toute propre & conuenable à Bacchus: car celle qu'ils appellent le Ieusne, ils la celebrent enuiron les plus grandes forces des vendanges, & dressent emmy les ruës des tables chargees de toutes sortes de fruicts, & se seent sous des fueillades & ramees tissues principalement de branches de vigne & de lierre entrelassees les vnes parmy les autres, & appellent le iour de deuant, la feste des Pauillons. Puis peu de iours apres ils en celebrent vne autre, qui n'est plus sous figure & couuertement, mais tout à descouuert de Bacchus, & est vne feste où lon porte des rameaux en main & des iauelots, & entrent ainsi auec leurs iauelots dedans leur temple, mais que c'est qu'ils y font, nous ne le sçauons pas, sinon qu'il est vraysemblable que ce soient quelques resiouïssances Bacchanales, car ils vsent de petites trompettes & clairons, dont ils inuoquent leur Dieu, ne plus ne moins que font les Argiens en la solennité de leurs Bacchanales, & en viennent d'autres qui iouënt de luts & de cithres, lesquels ils appellent en leurs langages Leuites, nom à l'aduenture deriué de ce surnom de Bacchus Lysius, ou bien plus tost d'Euius. Et si me semble que leur feste des sabbats n'est pas du tout aliene de Bacchus, par ce qu'il y a encore beaucoup de lieux en la Grece, où lon appelle les suppos de Bacchus Sabbes, lesquels en leurs ieux & ceremonies Bacchanales iettent ces voix, εὐοῖ & σαβοῖ, comme lon peut voir en l'oraison de la Couronne que feit Demosthenes contre Æschines, & en Menander aussi: ce que lon pourroit encore non sans propos dire estre imposé, à cause de l'agitation & turbulente motion dont sont espris les Bacchants en leur fureur Bacchanale, & eux mesmes semblent porter tesmoignage à ce propos, par ce qu'ils honorent ce sabbat, en se conuians les vns les autres à boire & à s'enyurer, si ce n'est qu'il soit suruenu quelque occasion grande qui les en empesche: & lors encore accoustument-ils de gouster du vin pur. Toutefois quelqu'vn pourroit dire, que tous ces arguments là ne sont que coniectures vray-semblables: mais ce qui se fait parmy eux en est preuue necessaire à toute force: premierement leur grand Pontife sortant en leurs festes auec vne mitre en la teste, vestu d'vn palletoc faict de peau de cerf, semé de papillotes d'or, auec vne robbe longue par dessous iusques en terre, de brodequins en ses pieds, & de petites clochettes attachees à la bordure de sa robbe tout alentour, qui sonnent à mesure qu'il chemine: ne plus ne moins que lon faict vn grand bruit en nostre pays és sacrifices nocturnes de Bacchus qui s'appellent Nyctelia, mesmement que lon surnomme les nourrices de Bacchus Chalcodristas, comme qui diroit, grattans le cuiure: & puis le Thyrse ou iauelot & les tabourins que lon monstre imprimez contre le lambris des parois de leur temple, toutes ces cerimonies là ne peuuent certainement conuenir à autre Dieu qu'à Bachus. D'auantage ils n'offrent iamais

X x

Le quatriéme Liure

en leurs oblations du miel, d'autant qu'il semble qu'il gaste le vin quand on y en mesle : & c'estoit anciennement ce dont on faisoit les libations aux Dieux, & dont on buuoit auant que la vigne fust trouuee : & iusques icy les Barbares qui ne boiuent point de vin, vsent de bruuage fait de miel, corrigeans sa douceur auec quelque saueur de racine aigrette & vineuse. Et les Grecs encores appellent ces mesmes oblations-là, Nephalia & Melisponda, comme qui diroit sobres & miellees, ayant le miel nature & proprieté toute contraire à celle du vin. Et que ce soit vn mesme Dieu, cela en est encore vn argument non petit, qu'entre plusieurs sortes de punitions qu'ils ont, la plus ignominieuse & plus honteuse est celle, où lon defend le vin à ceux qui sont punis, pour autant de temps qu'il plaist à celuy qui a la puissance d'imposer la peine : & ceux qui sont ainsi punis, *

Tout le reste de ce Quatriéme Liure ne se trouue plus.

Le cinquiéme Liure des propos de table.

LE PROEME.

IE ne sçay pas quelle opinion tu as presentement, Sossius Senecion, touchant les plaisirs de l'ame & du corps,
Car il y a entre nous maintenant
Beaucoup de mer terrible bruit menant,
Et de forests mainte montaigne noire.
Mais par cy deuant il me sembloit que tu accordois fort à mon opinion, & n'approuuois pas celle qui tient, qu'il n'y ait rien qui soit proprement agreable, ny aucunement plaisant à l'ame : & que ne faisant seulement que viure à l'ombre du corps, elle rit auec luy, selon qu'il sent de doulces affections : ou, au contraire, se chagrine & se contriste, comme si c'estoit vn miroir qui ne feist que receuoir les images & especes des sentimens qui se font en la chair. Car on peut aisément refuter par plusieurs raisons la faulseté ignorante & deshonneste de ceste opinion, mesmement par ce que à la table, incontinét apres souper, les hommes doctes & de sçauoir se mettent à deuiser ensemble, cóme si c'estoit vne seconde issue de table, s'entreresiouïssent & se donnent plaisir les vns aux autres de propos & deuis, ausquels les corps ne participent aucunement, si ce n'est de bien loing, portás tesmoignage que cela est comme vne reserue & vne espargne de plaisir pour l'ame, & que ces plaisirs là sont seuls propres à l'ame, & les autres sont bastards & estrangers qui sont attachez au corps. Tout ainsi doncques comme les nourrices, pendant qu'elles donnent la boulie, ou la panade, à leurs enfans, y prennent & en sentent quant à elles bien peu de plaisir : mais apres qu'elles les ont faict manger, & qu'elles les ont mis dormir, de sorte qu'ils ne crient plus, alors estans à par elles, elles prennent leur refection de boire & de manger, & font bonne chere. Aussi l'ame participe aux appetits du corps, ne plus ne moins qu'vne nourrice le seruant & s'accommodant à ses necessitez : mais quand il est suffisamment traitté & qu'il se repose, alors estant deliure de sa besongne & de son seruice, de là en auant elle se met à prendre ses proptes plaisirs, en se repaissant de discours de lettres, de sçauoir, d'histoires, d'enquerir, ouïr & apprendre tousiours quelque chose de singulier. Et qui pourroit dire autrement, veu que ceux mesmes qui sont alienes des lettres, & addonnez à plaisirs importuns, apres
le souper

Des propos de table. 396

A le souper appliquent leur entendement à des autres ieux qui sont bien eslongnez du corps, proposans & mettans en auant des Enigmes à souldre, & des questions impliquees à faire deuiner, & des noms comprins sous les notes de certains nombres? Oultre cela, les banquets ont donné lieu aux farces & moralitez à Menander & à ceux qui les iouent. Tous lesquels passetemps n'ostent aucune douleur au corps, ny n'apportent aucun doux & gracieux chatouillement à nostre chair: mais c'est pour ce que la partie speculatiue & studieuse, qui est en chacun de nous, requiert & demande quelque particulier plaisir & recreation sienne, quand elle est deschargee de l'occupation que luy donne le corps à le traitter.

QVESTION PREMIERE.

Pourquoy est-ce que nous oyons & voyons volontiers ceux qui font les courroucez & faschez, mais ceux qui le sont au vray, non.

De telles choses furent tenus propos entre nous à Athenes en ta presence, lors que le iouëur de Comedies, Straton, estoit en si grande reputation d'honneur, que lon ne parloit que de luy. Nous estions en vn banquet chez Boëtus l'Epicurien, auquel soupoient auec nous plusieurs de la mesme secte, & apres le souper la fraische souuenance de la Comedie que nous auions veu iouër, nous feit, comme gens de lettres, tomber sur le propos de recercher la cause, pour laquelle nous nous faschons & supportons mal volontiers d'ouïr les voix de ceux qui se courroucent, ou qui se contristent, qui craignent, & qui sont en frayeur: & au contraire, ceux qui contrefont ces passions-là, qui representent leurs voix, leurs gestes & leurs façons de faire, nous donnent du plaisir. Si estoit l'opinion & le dire des autres presque tout de mesme, par ce qu'ils disoient, que d'autant que celuy qui contrefait ces passions là, est meilleur que celuy qui les souffre, & que pour ne les souffrir point, il en est plus à priser: nous entendans & cognoissans cela, y prenons plaisir & nous en esiouïssons. Mais moy, combien que ie meisse le pied en la danse d'autruy, dis, que nous estans naturellement nez à discourir par raison, & aymans les choses ingenieuses & artificielles, portons affection, & auons en estime ceux qui rencontrent bien à les faire: car ainsi comme l'abeille, par ce qu'elle ayme le doux, recerche & ayme toute plante où il y a quelque substance emmiellee: aussi l'homme qui de sa nature est ingenieux & amateur de choses belles, cherit & embrasse tout œuure où il cognoit qu'il y a de l'entendement. Si doncques on vient à presenter à vn petit enfant vn pain, & vn petit chien ou vn petit bœuf faict de paste, vous verrez qu'il s'en viendra courant à ce qui sera figuré: Semblablement aussi, si quelqu'vn luy offre de l'argent en masse, & vn autre quelque petite beste formee d'argent, il prendra beaucoup plus tost cela où il verra qu'il y aura l'esprit de l'artifice meslé parmy. Et pourtant ces mesmes enfans, en cest aage là, prennent plus de plaisir à ouïr des propos couuerts, qui monstrent vne chose, & en enseignent vne autre: Et quant aux ieux ils prennent aussi plus de plaisir à ceux où il y a quelque entrelasseure ou quelque ingenieuse difficulté: car ce qui est gentil, aigu & subtil, tire à soy la nature de l'homme, comme estant son propre, encore que lon ne luy enseigne point. Pourautant doncq' que celuy qui à la verité se courrouce & se fasche, ne monstre que des passions communes & ordinaires, mais à les representer & contrefaire il y a de la dexterité & de la subtilité d'esprit, qui le sçait bien faire: c'est pourquoy nous prenons plaisir à voir l'vn, & desplaisir à regarder l'autre. Qu'il soit ainsi, il nous en prent tout de mesme aux spectacles que nous voyons, car nous voyons auec ennuy & tristesse ceux qui meurent ou qui sont malades: & au contraire nous prenons plaisir à voir, & admirons vn

Xx ij

Le cinquième Liure

Philoctetes peint en vn tableau, & vne Iocaste de bronze iettee en moule, sur la face de laquelle on dit que l'ouurier mesla vn petit d'argent, à fin que la bronze representast plus naïfuement la face & couleur d'vne personne trespassee. Cela, dirent les Epicuriens, est vn grand argument aux Cyrenaïques alencontre de nous, pour monstrer que és passetemps de voir & ouïr, le plaisir n'est pas ny en la veuë, ny en l'ouyë, mais à l'entendement : car c'est chose fascheuse & mal plaisante que d'ouïr vne poule croqueter, & vne corneille crailler, & toutefois celuy qui contrefait bien naïfuemēt la poule croquetāte, ou la corneille craillante, nous plaist & nous resioïst : aussi nous faschons nous de voir des personnes eticques, ou phthisiques, & toutefois nous prenons plaisir à en voir les figures bien peintes ou moulees, par ce que nostre entendement se delecte de l'imitation, comme de chose qui luy est propre : car à quel propos, & pour quelle occasion exterieure se seroient ainsi esmerueillez les hommes du porceau de Parmenon, que la chose en est venue en commun prouerbe? Car on dit que ce Parmenon estoit vn qui contrefaisoit excellemment le grongnement du porceau, dequoy ses compagnons estans enuieux s'efforçoient à le contrefaire à l'enuy de luy. Mais les hommes estans desia preoccupez d'vne opinion preiugee, disoient : Voyla bon, mais encore n'est-ce rien au pris du porceau de Parmenon. Parquoy il y en eut vn qui prit vn petit cochon sous son aisselle, & le feit crier : les assistans oyans ce vray cry se prirent à dire, Cela n'approche point du porceau de Parmenon. Et adonc celuy là laissa aller le cochon emmy la place, pour les conuaincre qu'ils iugeoient par opinion anticipee, & non pas à la verité : par où il appert tout manifestement, qu'vne mesme action du sentiment n'affectionne pas de mesme l'ame, quand l'opinion n'y est pas, encore que l'action soit faicte ingenieusement & exquisement.

QVESTION SECONDE.

Que c'estoit vn ancien ieu de pris que celuy de la Poësie.

EN l'assemblee des ieux Pythiques on tint quelquefois propos, qu'il falloit retrencher & oster les ieux supernumeraires, que lon auoit adioustez aux anciens premiers, par ce que du commancement il n'y en auoit eu que trois, le ieu des fleutes, le ieu de la Cithre, & le chanter sur la Lyre. Mais depuis y ayant esté receu le ieu des Tragedies, aussi tost que la porte, par maniere de dire, a esté ouuerte, on n'a peu resister à vn nombre infini d'autres ieux qui s'y sont iettez à la foulle : ce qui a bien apporté vne diuersité, & vne multitude concurrente à ceste feste qui n'est pas mal plaisante, mais aussi n'a pas la feste retenu son ancienne dignité ny grauité bien ordonnee, ains en ont esté les Iuges faschez, & a le combat engendré plusieurs inimitiez, par ce que où il y a plusieurs qui combattent & font à l'enuy à qui gaignera le pris, il est force qu'il y en ait beaucoup de malcontens qui perdent : mais entre autres on iugeoit principalement estre raisonnable d'en oster ceux qui combattent à qui gaignera le pris des Oraisons & de la Poësie : non certes pour haine qu'on portast aux lettres, mais pour ce que ceux qui se presentent à tels combats de lettres sont ordinairement les plus notables personnes de tous les combattans, ausquels les Iuges deputez portent honneur & reuerence, les estimans tous doctes & honnestes : & toutefois ils ne peuuent pas tous gaigner le pris. Or taschasmes-nous à contenir au conseil ceux qui vouloient changer & remuer les façons accoustumees, & qui blasmoient en vn ieu sacré la multiplicité & varieté de tant de voix, ne plus ne moins que de beaucoup de cordes en vn instrument : & durant le souper au logis de Petreus, le President & gouuerneur du ieu, qui nous festoyoit, le propos en estant derechef mis en auant, nous prismes à defendre la cause de la Musique, & monstrasmes que la Poësie

n'estoit

a n'eſtoit pas modernement ny depuis vn peu de temps entree aux combats des ieux ſacrez, ains que de toute ancienneté elle y auoit obtenu & gaigné des pris & des couronnes. Si y en auoit en la compagnie à qui il ſembloit que ie deuſſe alleguer des choſes toutes vulgaires & triuiales, comme les funerailles de Oeolycus Theſſalien, & celles d'Amphidamas Chalcidien, auſquelles lon tient qu'Homere & Heſiode feirent des carmes à l'enuy l'vn de l'autre, mais paſſant par deſſus tout cela, comme eſtāt trop repaſſez & diuulguez par le babil des Grammairiens : & ce que quelques vns alleguent des hōneurs funebres de Patroclus en Homere, là où ils liſent non ἠμονας, qui ſignifie lanceurs de dards, mais ῥήμονας, c'eſt à dire, haregueurs ou orateurs, comme ſi Achilles euſt propoſé vn pris pour les harengues & oraiſons : laiſſant auſſi, dis-ie que Acaſtus faiſant les funerailles de ſon pere Pelias, propoſa vn ieu de pris de Poëſie, auquel la Sibylle emporta le pris. A quoy pluſieurs s'oppoſans, & demandans garant &
B pleige de cela, pour ce que l'hiſtoire leur en ſembloit eſtrange, & mal-aiſee à croire, de bōne aduenture il me vint en memoire, que i'auois leu en la Chronique de Libye, de Aceſander, où il eſt eſcrit : & ce liure là, dis-je, n'eſt pas en la main de tout le monde, mais ie croy que pluſieurs de vous ont eſté curieux de lire ce que Polemon Athenien, homme diligent, & qui n'eſt point ſommeillant en la recerche des antiquitez & ſingularitez de la Grece, a mis par eſcript touchāt ce qui ſe treuue és Threſors de la ville de Delphes: car vous trouuerez là, dedans la chambre du Threſor des Sicyoniés, qu'il y auoit vn liure d'or, qu'auoit donné, dedié & conſacré Ariſtomache poëtiſſe Erythrienne, apres auoir obtenu la victoire, & gaigné le pris des ieux Iſthmiques. Et ſi ne faut pas que vous eſtimiez que la feſte Olympique, non plus que les autres, ait eſté comme vne fatale deſtinee immuable ny immobile en ſes combats, & en ſes ieux: car quant à la feſte des ieux Pythiques, il y en a eu trois ou quatre adiouſtez & extraordinaires de ceux des lettres : & quant à ceux où lon combat à corps nūd, la plus
C part furent inſtituez & eſtablis dés le commancement, ainſi comme ils ſont maintenant: mais quant aux Olympiques, tous ont eſté adiouſtez, fors que celuy de la courſe. Et ſi y en a pluſieurs que lon auoit premierement inſtituez, que lon a depuis abolis & oſtez, comme celuy de καλπη, qui eſtoit, que le coureur monté ſur vne iument, au milieu de la courſe ſe iettoit à terre, & tenant la iument par la bride couroit à pied à elle au grand galop: & celuy de ἀπηνη, qui eſtoit la courſe de charette trainee par deux mules. Auſſi a lon oſté la couronne qui auoit eſté ordonnee pour les enfans victorieux des ſaincts combats. Bref on a innoué, changé & remué beaucoup de choſes en l'ordonnance de ceſte feſte là, & ay peur que vous ne me demandiez encore vne autre fois garant, ſi ie vous dis qu'anciennement à Piſe il ſe faiſoit des combats à outrance d'homme à homme, où celuy qui demouroit vaincu & qui tomboit, eſtoit tué ſur le champ. Et ſi d'aduenture il ne me peut ſouuenir du nom de l'hiſto-
D rien qui l'a eſcrit, ie crains que lon ne s'en mocque de moy, comme en ayant perdu la memoire pour auoir trop beu.

QVESTION TROISIESME.

Pourquoy eſt-ce que le Pin eſt conſacré à Neptune & à Bacchus, & que du commancement on couronnoit de branches de Pin ceux qui gaignoient le pris és ieux Iſthmiques, & depuis d'Ache, & maintenant on a recommancé à les couronner de Pin.

ON demandoit vn iour pourquoy c'eſt que lon couronne de chapeaux de branches de Pin ceux qui gaignent le pris és Ieux Iſthmiques, c'eſtoit en la ville de Corinthe durant la feſte Iſthmiaque, que le grand Pontife Lucanius nous feſtoyoit en son logis. Le geographe doncq Praxiteles allegua les fables poëtiques, que le corps de Melicerta fut trouué contre le tronc d'vn Pin, où le flot de la mer l'auoit ietté, par ce qu'il y auoit assez pres de la ville de Megare vn endroit que lon appelloit encore La course de la belle, par où lon dit que Ino tenant son enfant entre ses bras s'en courut precipiter dedans la mer: mais estant le commun langage & la commune opinion, que le Pin est le chapeau propre à Neptune, le Pontife Lucanius y adiousta lors, que le mesme arbre estant aussi bien consacré à Bacchus, ce n'estoit pas de merueille s'il estoit aussi associé aux honneurs de Melicerta. Parquoy cela nous donna occasion de cercher, pour quelle raison les anciens auoient consacré le Pin à Bacchus & à Neptune tout ensemble. Si me fut aduis qu'en cela il n'y auoit rien d'estrange ny hors de propos, par ce que ces deux Dieux sont seigneurs & dominateurs d'vn principe genital, qui est l'humidité, estant certain que tous les Grecs vniuersellement sacrifient à Neptune sous le surnom de φυτάλμιος, comme qui diroit, protecteur des plantes: & à Bacchus aussi surnommé δενδρίτης, comme qui diroit, president aux arbres. Toutefois on pourroit dire, que le Pin particulierement appartiendroit à Neptune, non, comme dit Apollodorus, pour ce que ce soit vn arbre qui ayme les riuages de la mer & les vents, ainsi que fait la mer, car il y en a encore d'autres qui le disent: mais pource qu'il est propre à faire nauires: car luy & les autres arbres qui luy ressemblent, comme le Sapin, la Pesse, la Meleze, fournissent de bois fort propre à flotter sur les eaux, & si rendent la poix & la resine pour les godranner & poisser, sans laquelle composition rien ne seruiroit le calfeutrer, quelques iointures & liaisons que lon sceust donner au bois contre l'eau de la mer. Et quant à Bacchus, ils luy ont consacré le Pin, comme à celuy qui adoulcit le vin, pour ce qu'on dit que la vigne produit le vin doulx és lieux où croist le Pin naturellement. Ce que Theophrastus refere à la chaleur de la terre, car communément le Pin croist és terres où il y a de l'argille, laquelle de sa nature est chaude, & par consequent ayde à cuire le vin, comme elle rend & produit aussi l'eau fort legere & fort doulce. D'auantage estant meslee parmy du froment, elle en fait croistre le tas & le monceau, d'autant qu'elle l'enfle & l'attendrit de sa chaleur: mais encore reçoit la vigne plusieurs commoditez & plaisirs du Pin, attendu qu'il luy fournit les choses propres & necessaires à bonifier & conseruer le vin: car tout vniuersellement empoissent les vaisseaux où on le met, & encore y en a il qui mettent de la resine dedans le vin mesme, comme font ceux de Euboëe en la Grece, & en Italie ceux qui habitent aux enuirons du Pau. Et qui plus est, on apporte de la Gaule Viennoise du vin empoissé, que les Romains estiment beaucoup, & en font grand cas, d'autant qu'il semble que cela luy donne non seulement vne agreable odeur, mais aussi qu'il le rend plus fort & meilleur, luy ostant en peu d'espace tout ce qu'il a du nouueau, & de substance eueuse, par le moyen de sa chaleur. Cela ayant esté dit, il y eut vn Orateur qui auoit bien veu & beaucoup leu les lettres humaines, qui se prit à dire: ô Dieux, & comment, n'est-il pas vray qu'il n'y a come rien que les branches de Pin seruent de couronne aux victorieux qui gaignent le pris és ieux Isthmiques, & que parauant ils estoient couronnez de fueilles & chapeaux d'ache? Cela se peut voir par les mots que dit vn taquin auaricieux, en vne Comedie,

  Toute la feste Isthmique volontiers
  Ie quitterois pour autant de deniers
  Que cousteroit vne couronne d'ache.

Et Timeus l'historien escrit, que comme les Corinthiens marchoient en bataille, sous la conduite de Timoleon, alencontre des Carthaginois, pour combatre de la Sicile, ils rencontrerent en leur chemin quelques vns qui portoient des faisceaux d'ache: & comme plusieurs de l'armee prissent cela pour vn mauuais presage, à cause que l'ache
           est tenue

Des propos de table.

A est tenuë pour herbe funeste & mortuaire, de maniere que quand il y a quelqu'vn extremement malade en danger de mort, nous difons qu'il ne luy faut plus que de l'ache: Timoleon les affeura & leur remit le cœur, leur ramenant en memoire, que lon vfoit de l'ache és ieux Ifthmiques, & que lon en couronnoit les victorieux. Dauantage, la galere capitaineffe du Roy Antigonus fut furnommee Ifthmia, pour autant que fans femer ny planter, il y creut de l'ache d'elle mefme, à l'entour de la poupe. Et ceft Epigramme enigmatique, qui fous paroles obfcures & couuertes fignifie des vafes de terre pleins de vin, bouschez & eftoupez d'ache:

  Terre Argienne au feu arfe & bruflee,
  Cache le fang noir de Bacchus, fellee
  Sa gueule eftant d'Ifthmiaques rameaux.

Certainement ils n'auoient pas leu cela, ceux qui fouftenoient & vantoient le Pin, comme n'eftant vn moderne eftranger venu d'ailleurs, ains ancien, propre & naturel couronnement des ieux Ifthmiques. Ces paroles efmeurent aucuns de la com-
B pagnie, comme eftans dictes par homme qui auoit beaucoup veu & leu: & le grand pontife Lucanius iettant fes yeux fus moy, & me foubriant: O Neptune, dict-il, que ceft homme a de lettres! Toutefois les autres fe tindrent à mon ignorance, fe perfuadans le contraire, que le Pin eftoit le couronnement ancien, naturel & ordinaire du pays, és Ieux Ifthmiques: & au contraire, que celuy de l'ache eftoit eftranger, venu d'ailleurs par emulation & ialoufie d'Hercules, & auoit eu tant de vogue, que pour quelque temps il auroit fupplanté l'autre, mais que depuis le Pin, ayant de-rechef recouuré fon credit, florit auiourd'huy en honneur, comme deuant. Parquoy ie me laiffay perfuader, & me l'imprimay fi bien en ma fantafie, que i'appris d'eux plufieurs tefmoignages pour le confirmer, dont i'en retins quelques vns en ma memoire, meffmement d'Euphorion entre autres, qui dict ainfi touchant Melicerte,

  En lamentant l'enfant mort eftendirent,
  Soubs des hauts Pins, dont les branches ils prirent
C   Pour couronner les chefs victorieux,
  Qui gaigneroient les pris és facrez ieux:
  Car pas encor n'auoit la main meurtriere
  Tué Charon, au long de la riuiere
  Du pere Afope, & depuis lors en ça,
  Ceindre le front d'ache lon commença.

Et Callimachus qui l'expofe encore plus clairement, là où il introduit Hercules, luy difant touchant l'ache,

  Les Allaictins, qui au Dieu de la mer
  Feront vn ieu bien plus à eftimer
  Que ceftuy-cy, la prendront pour le figne
  De la victoire Ifthmiaque tres-digne,
D   Comme font ceux de Nemee, quittans
  Le pin, duquel iadis les combattans
  On couronnoit en la noble Corinthe.

Dauantage, il me femble auoir leu quelque efcrit de Procles, touchant cefte fefte des Ieux Ifthmiens, où il recite que du commancement que la fefte fuft ordonnee, la couronne eftoit de branches de pin: mais depuis que les Ieux furent facrez, ils transfererent de la fefte de Nemee la couronne d'ache aux Ifthmiques. Ce Procles a efté l'vn de ceux qui furent en l'efchole de l'Academie du temps de Xenocrates.

X x iiij

Le cinquiéme Liure
QVESTION QVATRIESME.

Que veulent dire ces mots qui sont en Homere, ζωρότερον δὲ κέραιρε.

QVELQVES vns de la compagnie où ie souppois vn iour se mocquoient d'A-chilles, de ce qu'il commande à son amy Patroclus, au neusiéme de l'Iliade d'Homere, qu'il verse du plus pur, & y adiouste encore ceste raison,

  Car ces Seigneurs qui voir me sont venus
  Sont de mon cœur plus chers amis tenus.

Mais l'vn de nos familiers amis Niceratus Macedonien affermoit, que ζωρότερον en cest endroict là ne signifie pas pur & sans eau, mais du meilleur & plus chaud, à cause de la chaleur vitale & de l'ebullition: & qu'il estoit raisonnable, qu'estans suruenus de ses plus grands amis, le ieune homme versast du vin frais, comme quád nous voulons faire les libations aux Dieux, nous versons tousiours du vin frais. Et Sosicles le poëte alleguant Empedocles, qui en la mutation generale de l'vniuers dict,

  Meslé fut lors ce qui souloit sainct estre.

& qu'il n'y auoit rien qui empeschast, que lon n'entendist qu'Achilles commandoit à Patroclus qu'il preparast & temperast le vin, comme pour boire : & ne se falloit point esbahir s'il auoit dit, ζωρότερον, au lieu de ζωρον, cóme nous auons accoustumé de dire θηλύτερον au lieu de θῆλυ, & δεξίτερον au lieu de δέξιον, estant receu en commun vsage que nous vsons des comparatifs en quelques dictions, au lieu des positifs. Et Anti-pater l'vn de nos amis disoit, que en langage ancien ὥρος signifioit l'annee, & que ζα, en composition, auoit accoustumé de signifier augmentation: c'est pourquoy le vin vieil, & qui est de plusieurs annees, en ce lieu là est appellé par Achilles ζωρότερον. Mais quant à moy, ie leur ramenay en memoire, que ζωρὸν aucunefois signifie chaud, & que par ce chaud il entendoit en ce lieu, viste & tost, comme nous cómandons quelquefois à nos vallets de se prendre plus chaudement à leur besongne: mais en fin ie leur remonstray, qu'ils craignoient puerilement de confesser que ζωρότερον signifiast en ce lieu-là plus pur & moins trempé, comme si en cela Achilles eust fait quelque erreur & quelque impertinence, ainsi comme Zoïlus Amphipolitain estimoit, ne prenant pas garde premierement, qu'Achilles voyoit Phœnix & Vlysses tous deux anciens, qui prenoient plus plaisir à mettre beaucoup d'eau en leur vin, ains le beuuoient plus pur, comme font tous autres vieilles gens. Au moyen dequoy il luy commande de leur moins tremper : & puis ayant esté disciple de Chiron, & ayant appris de luy le regime par lequel le corps se doit gouuerner, il discouroit en luy-mesme, que les corps qui sont en repos, & ne font rien, ayans au parauant accoustumé de trauailler, ont besoing d'vne temperature plus molle & plus aisee, comme leur estant plus conuenable. Car mesme aux cheuaux parmy les autres fourrages il leur faict ietter deuant de l'ache, non sans grande raison, parce que les cheuaux qui demeurent oyseux, & que lon tient à l'estable sans rien faire, se gastent les pieds, à quoy remedie souuerainement ceste herbe d'ache. Aussi ne trouuerez vous point en toute l'Iliade, que lon baille de l'ache, ou de quelque autre semblable pasture à nuls autres cheuaux qu'à ceux qui sont de repos & qui ne trauaillent point. Parquoy Achilles ayant cognoissance de la medecine, traictoit & pensoit les cheuaux selon que le requeroit l'occasion du temps : & pour les corps des hommes leur ordonne reigle de vie plus aisee, comme estant la plus saine à ceux qui sont de repos, & qui ne trauaillent point, là où il ne donnoit pas semblable traictement à ceux qui tout le iour estoient à la guerre & aux factions des armes, comme à ceux qui estoient de loisir, leur faisant mettre plus d'eau dedans leur vin. Et puis Achilles de sa nature estoit sobre, & n'aymoit pas le vin, d'autant qu'il estoit aspre, comme dict le poëte,

Car

Des propos de table.

Car point n'eſtoit d'vne nature douce,
Et qui iamais de rien ne ſe courrouce,
Mais homme ardent, aſpre & determiné.
Et parlant de ſoy-meſme auantageuſement il dict en quelque autre paſſage,
Sans clorre l'œil i'ay paſſé mainte nuict.
Or le court ſommeil & le peu dormir ne ſuffit pas, & n'eſt pas conuenable à ceux qui boiuent le vin pur. Et là où il entre en groſſes paroles à l'encontre d'Agamemnon, la premiere iniure qu'il luy dict, il l'appelle yurongne, comme eſtant l'yurongnerie le vice que ſon cœur deteſtoit le plus. Ainſi pour toutes ces occaſions-là, il eſtoit raiſonnable, que voyant ces perſonnages de tel aage venans deuers luy, il penſaſt à donner ordre, que lon ne leur trempaſt le vin comme lon auoit accouſtumé de le tremper pour luy, parce que telle trempe ne leur eſtoit pas conuenable.

QVESTION CINQVIESME.

De ceux qui conuient pluſieurs perſonnes à ſouper.

A MON retour d'Alexādrie, chacun de mes amis me voulut feſtoyer, & conuioit on quand & moy tous ceux que lon penſoit aucunement d'amitié ou de parenté m'appartenir : de maniere que pour la multitude grande des conuiez, le feſtin en eſtoit ordinairement tumultueux, & s'en retiroit-on pluſtoſt que lon n'auoit accouſtumé. Parquoy le deſordre qu'il y auoit en l'aſſiette de tels feſtoyemens, nous donna occaſion de parler de ceſte matiere : mais Oneſicrates le medecin, me feſtoyant comme les autres à ſon tour, n'en conuia pas beaucoup, ains ſeulement ceux qu'il ſçauoit qui m'eſtoient plus familiers & plus grands amis. Si me fut aduis proprement ce qu'auoit eſcrit Platon, que la ville qui va touſiours croiſſant, ſe trouue à la fin n'eſtre plus ville, & qu'il y a vne certaine grandeur qui luy eſt prefixe & limitee : auſſi y a-il vne certaine grandeur de feſtin iuſques à laquelle il demeure feſtin, mais outre laquelle ſ'il paſſe, les conuiez ne ſe peuuent plus entre-ſaluër, ny entrecareſſer de boire les vns aux autres, non pas ſeulement s'entrecognoiſtre, de maniere qu'il n'y a plus forme de feſtin : car il ne faut pas qu'en vn feſtin il y ait, comme en vn camp, des aduertiſſeurs pour enuoyer çà & là : ny, comme en vne galere, des comites & ſoubs-comites auec leurs ſifflets : ains faut que les conuiez par eux-meſmes parlent & deuiſent les vns auec les autres, & que ne plus ne moins qu'en vne danſe, celuy qui eſt à la queuë s'entende auec celuy qui eſt à la teſte. Apres que i'eus dict cela, mon grand pere Lamprias, prenant la parole d'vne voix ſi claire & ſi forte, que toute la compagnie le pouuoit entendre : Il y a donc, dict-il, vne eſpece de moderation & d'attrempance, dont nous auons beſoing, non ſeulement à manger en vn feſtin, mais auſſi à ſemondre & à conuier. Car auſſi y a-il vne intemperance de courtoiſie & d'humanité qui ne peut omettre ny laiſſer pas vn de ceux auec leſquels elle a quelquefois banqueté, ains les tire tous auec elle, comme ſi c'eſtoit pour aller voir ioüer des ieux, ou ouyr de la muſique : quant à moy, il me ſemble que le feſtoyant n'eſt pas tant digne de reprehenſion & de mocquerie, quand le pain ou le vin defaillent aux conuiez à ſon feſtin, comme quand il n'y a pas aſſez de place ny de lieu pour les placer, dequoy non ſeulement il y doit auoir largement pour ceux qui ſont conuiez, mais encore pour les ſuruenans, qui viennẽt d'eux meſmes ſans mander, & pour les eſtrangers paſſans, s'il en ſuruient : meſmement que quand il y a faute de pain ou de vin, on s'en peut prendre aux ſeruiteurs, & les meſcroire de l'auoir deſrobé, mais où il ſe treuue faute de place, & que le lieu eſt trop anguſte, pour le nombre de ceux qui ſont conuiez, cela ne peut venir que de la negligence & faute de iugemẽt du feſtoyant qui a fait faire la ſemõce :

Le cinquiéme Liure

de sorte que le poëte Hesiode a fort bien rencontré quand il a dict,
    Premierement le grand Chaos estoit.

Car il falloit qu'il y eust premierement lieu & place pour pouuoir tenir & comprendre les choses qui seroient creées: non pas, dict-il, comme mon fils feit l'autre iour de son souper, proprement ce que disoit Anaxagoras, que toutes choses estoient ensemble pesle-mesle. Toutefois encore qu'il y eust de la place assez, & prouision suffisante de viandes, il faudroit neantmoins euiter la presse & la confusion, comme ce qui rend vne societé non sociable, & vne assemblee mal compagnable. Car ce seroit moins de mal, d'oster à ceux qui sont appellez à vne mesme table la communication du vin, que la communication de discourir & de deuiser ensemble. C'est pourquoy Theophrastus, en se iouant, appelloit les ouuroirs & boutiques des barbiers, des bancquets sans vin, à cause que ceux qui y sont assis les vns aupres les autres, y deuisent ensemble : & ceux qui entassent les hommes à troupes, ainsi les vns sur les autres, leur ostent toute communication de propos : ou, pour mieux dire, ils font qu'il y en a peu qui soient ensemble : car ils se departent eux-mesmes deux à deux, & trois à trois, pour parler ensemble. Et ceux qui sont assis loing, à peine les cognoissent ny les regardent-ils, d'autant qu'ils sont esloignez d'eux de la course d'vn cheual, par maniere de dire,
    Les vns deuers les tentes d'Achilles,
    Autres deuers celles d'Aiax.

Voyla pourquoy les riches monstrent quelquefois leur magnificence mal à propos, quand ils bastissent des salles de trente licts, & encore de plus grandes. Car cela est vn appareil pour faire des soupers de gens qui n'ont aucune societé ny amitié les vns auec les autres, & où il seroit plustost besoing d'vn preuost de foire, que d'vn maistre de festin : mais quant à ceux-là, il leur faut pardonner, parce qu'ils estiment que leur richesse ne seroit pas richesse, ains qu'elle seroit à la verité sourde & aueugle, & sans honneur, si elle n'auoit beaucoup de tesmoings, comme la Tragedie beaucoup de spectateurs. Mais quant à nous, le remede de n'en assembler pas tant à la fois seroit, de les conuier souuent peu à peu à diuerses fois, parce que ceux qui conuient peu souuent, & quand il esclaire à Harma, comme l'on dict en commun prouerbe, c'est à dire, bien tard, & ne sçait-on quand, sont contraincts de faire mettre en leur roolle, tous ceux qui leur appartiennent aucunement ou de parenté, ou d'amitié, ou de cognoissance, là où ceux qui ordinairement en conuient tantost trois, tantost quatre, font de leurs festins comme des alleges & barques à descharger les grands bateaux. Mais auec cela, quand on considere la cause pour laquelle on faict l'assemblee, cela met quelque difference entre les amis. Car ainsi comme pour affaires nous n'assemblons pas toutes sortes de gens, mais seulement ceux qui sont idoines à chasque besongne : car si c'est pour prendre conseil, nous assemblons les plus prudents : si c'est pour plaider, les plus eloquents : si c'est pour aller à l'esbat aux champs, ceux qui sont plus deliures d'affaires & plus de loisir : aussi és semonces faut-il, selon les occasions, choisir les plus idoines. Car si c'est vn Prince ou vn Seigneur que nous festoyons, les plus à propos pour souper auec luy seront les officiers, ou les principaux hommes de la ville, mesmement s'ils ont quelque familiarité & cognoissance auecques luy : si c'est vn festin de nopces ou de la natiuité ceux qui sont parents & liez du lien de Iupiter, protecteur de consanguinité. Et en tels festoyemens faut tousiours auoir l'œil, de mettre ensemble ceux qui sont plus agreables les vns aux autres. Car quand nous sacrifions à vn Dieu, ce n'est pas à dire que nous facions priere à tous les autres, encore qu'ils soient en mesmes temples, & sur mesmes autels, ains estans trois coupes apportees pleines, nous offrons les libations aux vns de la premiere coupe, aux autres de la seconde, & aux autres de la troisiéme, d'autant que l'enuie n'a point lieu en la danse des Dieux, & la danse des amis est aussi diuine, moyennant que lon sçache bien distribuer & departir les caresses à tous, en buuant à eux.

QVESTION SIXIEME.

Pourquoy est-ce qu'au commancement du souper on se trouue pressé à table ; & à la fin au large.

CES propos acheuez, on demanda incontinent la cause, pourquoy au commancement du souper on se trouue coustumierement serré & pressé à la table, & à la fin à l'aise & au large, là où il sembleroit que ce deuroit plustost estre le contraire, d'autant que lon s'est remply au souper. Si y en auoit quelques vns d'entre nous, qui attribuoient cela, à ce que nous soupons ordinairement assis de nostre large, veu que nous estendons la main droicte sur la table : & puis quand nous auons soupé, alors nous nous tournons sur le costé, faisant la forme de nostre corps plus aiguë, & n'occupons plus la place de l'assiette par superfice, en maniere de dire, ains par ligne seulement. Ne plus ne moins doncques, que les osselets occupent moins de place quand ils tombent droicts sur l'vn des costez, que quand ils tombent couchez tout à plat: aussi vn chacun de nous au commancement panche sur le deuant, regardant de front vers la table, mais apres il change son assiette de front en flanc. Il y en auoit plusieurs autres qui alleguoient, que la coultre du lict s'affaissoit, parce qu'estant foullee de l'assiette, elle s'eslargit & s'esuachit, ne plus ne moins que les souliers croissans, & se laschans à force de marcher, deuiennent à la fin si larges que le pied tourne dedans. Et le bon vieillard alors se iouant dict, qu'il y auoit tousiours deux gouuerneurs & presidens d'vn mesme festin, qui estoient bien differens l'vn de l'autre : au commancement la faim, qui ne sçait rien de garder ordre : & à la fin puis apres Bacchus, que tous confessent auoir esté vn tres-suffisant capitaine. Tout ainsi donc comme Epaminondas, ayans les autres capitaines Thebains par leur ignorance ietté l'armee de Thebes en des lieux si estroicts & si malaisez, qu'elle se rompoit, heurtoit & fracassoit elle-mesme, la retira de ces destroicts, & puis la remeit en bonne ordonnance: aussi la faim nous trouuant à l'entree du souper affamez, nous fait presser & choquer les vns les autres, comme chiens : mais le bon Bacchus puis apres nous prenant, luy qui est surnommé Lyæus & Chorius, c'est à dire délieur & maistre de bal, nous rend & remet en ordonnance gracieuse, doulce & aisee.

QVESTION SEPTIESME.

De ceux que lon dict qu'ils charment.

S'ESTANT quelquefois esmeu propos à table, touchant ceux que lon dict qui charment, & qui ont l'œil ensorceleur, les autres passoient la chose en risee & mocquerie: mais Metrius Florus qui nous donnoit à souper, dict que les effects que lon en voyoit aidoient merueilleusement au bruict qui en estoit, & qu'il n'estoit pas raisonnable que si lon ignoroit la cause d'vne chose faicte, que lon la mescreust pour cela, attendu que d'vne infinité d'autres choses qui realement sont en essence, nous n'en pouuons comprendre la cause. Car generalement qui veut qu'en toute chose il y ait raison apparente, il en oste la merueille, parce que là où on ignore la cause, là commance lon à douter & enquerir, qui est à dire, philosopher : de maniere que lon peut dire, que ceux qui descroyent les choses merueilleuses, ostent toute la philosophie: mais il faut de telles choses cercher le pourquoy il est ainsi, auec la raison : & qu'il est ainsi, le prendre de l'histoire. Or en lisons nous de cela plusieurs exemples és histoires. Car nous sçauons & cognoissons des hommes qui par regarder fichément de petits enfans, les offensent griefuement, parce que la temperature de leurs corps, qui est humide & imbecille, s'en altere & s'en tourne en pire, là où ils souffrent moins cela quand leurs corps sont desia fermes & plus robustes. Et Philarchus escrit, que certaine nation de gens qui habitoient iadis au royaume de Pont, que lon appelloit les Thibiens, estoient mortels & pestilents, non seulement aux ieunes enfans, mais aussi aux hommes faicts, parce que ceux qui reçoiuent ou leur haleine, ou leur regard, ou leur parole, se fondoient en langueur, & tomboient aussi tost malades : dequoy se sont apperçeus, comme il est vray-semblable, les marchands trafiquans en ces quartiers-là, qui en amenoient des serfs à vendre : mais quant à ceux-là, l'exemple à l'auenture n'en est pas si esmerueillable, parce que l'attouchement, & la contagion de les hanter familierement, apporte vn manifeste principe de tel accident. Et tout ainsi comme les ailes des autres oyseaux, qui les met auec celles des aigles, perissent & viennent à neant, parce que les pennes & plumes leur tombent & pourrissent : aussi est-il bien raisonnable, que l'attouchement des hommes, d'aucuns soit vtile & profitable, & des autres nuysible & preiudiciable. Mais d'estre offensé pour estre seulement regardé, il se faict comme nous auons desia dict : mais pource que la cause en est difficile à trouuer, on le décroit. Et toutefois, dis-je, il semble que tu en es sur les voyes, & en as trouué la trace, ayant touché la defluxion qui se fait des corps : car & la senteur, & la voix, & la parole, & l'haleine, sont des fluxions & decoulemens qui sortent des corps des animaux, & parties qui esmeuuent les sentimens naturels, lesquels en les receuant en sont alterez & affectez. Et est encore plus vray-semblable, que telles defluxions se facent hors des corps des animaux par la chaleur & le mouuement, quand ils sont eschauffez, & esmeus, & que les esprits vitaux en prennent vn haulsement de pouls, & vn battement plus viste, duquel le corps estant agité & secoüé, iette hors de soy continuellement quelques defluxions. Et y a apparence que cela se fait autant par les yeux, que par autre conduict qui soit au corps : car la veuë estant vn sentiment fort leger & mobile, respand vne merueilleuse puissance enflammee quand & l'esprit qui la dirige, de maniere que l'homme par le moyen d'icelle veuë, fait & souffre plusieurs notables effects, & reçoit des choses qu'il voit des plaisirs & desplaisirs qui ne sont pas petits. Car l'amour, qui est l'vne des plus grandes & plus vehementes passions de l'ame, prent sa source & origine de la veuë : tellement que celuy qui est espris d'amour, se fond & s'escoule tout en regardant la beauté des personnes qu'il ayme, comme s'il entroit dedans elles. Au moyen dequoy lon se pourroit auec raison esbahir, comment il en y a qui confessent, que l'homme peut bien souffrir & receuoir dommage par la veuë, & trouuent estrange qu'il face du mal, & porte nuysance par la mesme veuë. Car le regard des personnes qui sont en fleur de beauté, & ce qui sort de leurs yeux, soit en lumiere ou fluxion d'esprit, fond les amoureux, & les consomme auec ie ne sçay quelle volupté meslee de douleur, qu'ils appellent eulx aigre-douce : car ils ne sont pas tant ferus & vlcerez, ny pour ouyr, ny pour toucher, que pour regarder & estre regardez, tant il se faict profonde penetration & inflammation grande par la veuë : de sorte qu'il me semble que ceux-là n'ont iamais senty ny esprouué que c'est de l'amour, qui s'esmerueillent de la Naphthe de Medie, laquelle s'allume en la monstrant seulement au feu de loing : car les yeux des belles creatures allument vn feu dedans les ames & entrailles des amoureux, encore qu'ils n'y regardent que de bien loing. Mais nous experimentons souuent le secours que faict à ceux qui ont la iaunisse le regard du Loriot, car s'ils le peuuent veoir, ils guarissent, ayant cest oyseau telle nature

& tempe-

Des propos de table. 401

& temperature, qu'il attire à foy & reçoit la maladie fortant du patient, comme vne fluxion par le conduict des yeux. C'eſt pourquoy les Loriots ne veulent iamais regarder vne perſonne qui a la iauniſſe, ny ne le peuuent endurer, & le fuyent & s'en deſtournent, tenans leurs yeux clos de peur de les regarder: non pour enuie qu'ils portent à la guariſon des malades, comme quelques vns eſtiment, mais pource qu'ils en ſont bleſſez & offenſez eux-meſmes. Et quant aux autres maladies, ceux qui hantent & frequentent auec ceux qui ont mal aux yeux, facilement & promptement prennent le mal, tant la veuë a vne prompte & legere puiſſance d'attacher à vn autre le principe de quelque contagion. Ouy bien, dict alors Patroclias, és maladies & paſſions corporelles, mais quant aux choſes de l'ame & ſpirituelles, entre leſquelles eſt le charmer & enſorceler, comment eſt-ce que cela ſe faict, & comment eſt-ce que par vn regard ils tranſmettent vne leſion & nuyſance au corps d'autruy? Ne ſçauez vous, diſ-je, que l'ame ſelon qu'elle eſt affectionee diſpoſe & altere auſſi le corps? car la cogitation du ieu d'amour faict dreſſer la nature: l'ardeur des chiens quand ils ſont acharnez apres les beſtes, bien ſouuent leur eſteint la veuë, & les aueugle du tout. Les ennuis, l'auarice & la ialouſie changent ordinairement la couleur du viſage, & deſeichent les habitudes des corps, & l'enuie qui n'eſt pas moins ſubtile à penetrer és ames, emplit le corps d'vne mauuaiſe & pernicieuſe diſpoſition, laquelle les peintres repreſentent gentilment és tableaux où ils peignent la face de l'enuie. Quand doncques ceux qui ſont infects de ce vice viennent à ietter leurs yeux, qui pour eſtre prochains de l'ame tirent aiſeement ce vice, & venans à darder leurs rayōs, comme des traicts empoiſonnez & enuenimez, ſur quelques vns, ſi ceux-là en ſont offenſez & bleſſez, il me ſemble qu'il ne leur aduient rien qui ſoit eſtrange, ny à quoy on doiue refuſer creance. Car les morſures meſmes des chiens ſont plus mauuaiſes & plus dangereuſes quand ils mordent eſtans courroucez: & la ſemence des hommes prend mieux, & eſt plus apte à engendrer quand ils ont affaire à femmes qu'ils ayment: et generalement les paſſions & affections de l'ame fortifient & corroborent les puiſſances & facultez du corps. Voyla pourquoy lon penſe que les preſeruatifs que lon appelle προβασκάνια, ayent force à l'encontre de ceſt enſorcelement d'enuie, quād on retire & deſtourne le regard qui eſt ainſi malefique, à fin que moins il s'appuye & prenne moins pied ſur les patiens: voyla, diſ-je, Seigneur Florus, mon eſcot de ce banquet, que ie te paye contant. Ouy bien, ce dict Soclarus, mais que nous en ayons eſprouué les deniers pour voir s'ils ſont bons, car il y en a qui me ſemblent faulx: parce que ſi nous ſuppoſons que ce que le vulgaire dict touchant ceux qui ſont ainſi enſorcelez, ſoit veritable, tu n'ignores pas certainement qu'ils eſtiment qu'il y ait des amis & des parents, voire des peres meſmes, qui ayent des yeux ſorciers, de ſorte que les femmes ne leur veulent pas ſeulement monſtrer leurs petits enfans, & ne permettent pas que telles gens les regardent longuement. Comment dōcques procederoit ceſt effect-là d'enuie? & que direz vous, ie vous prie, de ceux que lon dict qui s'enſorcelent eux meſmes? car tu l'as bien ouy dire, & pour le moins aſtu bien leu ceſt Epigramme,

  Belles eſtoient la face & cheueleure
  D'Eutelidas, mais trop, à ſa mal'heure,
  En l'eau d'vn fleuue eſbloüy les mira,
  Et ſa beauté tellement admira,
  Que de ſes yeux il ſe charma ſoy-meſme,
  En ſe fondant par maladie bleſme.

Ceſtuy Eutelidas s'eſtant veu dedans vne riuiere, ſe trouua ſi beau, & s'affectionna ſi fort à ceſte veuë, qu'il en tomba malade, & en perdit toute ſa beauté & ſon embonpoinct: mais maintenant regarde comment tu es prouueu de reſponſe pour ſouldre

Le cinquiéme Liure

ces inconueniens-là. Fort suffisamment, dis-je, d'ailleurs: mais encore buuant en vne si grande & si ample coupe comme ceste-cy, i'ose bien hardiment dire & asseurer, que toutes les passions demourans long temps en l'ame, y impriment des habitudes mauuaises, lesquelles apres y auoir auec le temps pris force de nature s'esmeuuent pour la moindre occasion du monde, & bien souuent tuent les hommes malgré eux, en leurs propres & accoustumees passions. Qu'il soit ainsi, voyez que les hommes coüards redoutent cela mesme qui les sauue, & ceux qui sont choleres se courroucent bien souuent à ceux qui sont leurs plus grands amis: & ceux qui sont luxurieux, à la fin ne se peuuent pas contenir qu'ils ne touchent mesmes aux plus saincts & plus sacrez corps: car l'accoustumance a vne force merueilleuse de conduire la disposition à ce qui luy est famillier, & est force que celuy qui est disposé à broncher, choppe à tout heurt qui se presente. Et pourtant ne se faut-il pas esbahir si ceux qui ont contracté en eux-mesmes vne habitude enuieuse & sorciere, se meuuent selon la particularité de leur passion contre ceux-mesmes qui leur sont plus chers: & quand ils sont vne fois esmeus, alors ils ne font pas ce qu'ils veulent, mais ce à quoy ils sont enclins & disposez: ne plus ne moins qu'vne boule quand elle se meut est contrainte de se mouuoir rondement, selon la qualité de sa forme: & semblablement aussi vn rouleau, en façon de rouleau, selon la difference de sa figure: aussi celuy qui a ainsi l'habitude de ceste enuie sorciere, sa disposition le meut & le pousse enuieusement à toutes choses. Et est vray-semblable qu'ils offensent plus ceux qui leur tiennent de plus pres, & qu'ils ayment le plus. Parquoy le bon Eutelidas, & tous autres que lon dit qui se charment & ensorcellent eux-mesmes, me semblent souffrir cela, & encourir en cest inconuenient, non sans tres-grande apparence de raison: car comme dict Hippocrates, l'extréme embonpoinct est fort dangereux, & les corps qui sont paruenus iusques à vne extréme vigueur de bon portement, n'y peuuent demourer longuement, ains panchent incontinent & enclinent vers l'opposite. Quand doncques ils sont venus à croistre tout à coup, & qu'ils se voyent en meilleur estat qu'ils n'esperoient, tellement qu'ils s'en esmerueillent & s'en esbahissent, alors leur corps est prochain de mutation, & tendans selon leur habitude au pire, ils s'ensorcellét & se charment eux-mesmes. Et cela se faict encore de tant plus facilement & plus promptement, par les fluxions qui sont arrestees par la repercussion d'vn miroüer, ou d'vne eau quoye, parce que telles fluxions reiaillissent en arriere à l'encontre de ceux mesmes qui y regardent, tellement que le mal & dommage qu'ils eussent faict à autruy, ils se le font à eux-mesmes. Ce qui, peut estre, aduient bien souuent aux petits enfans: mais on en attribue la cause, à faulses enseignes, à ceux qui les regardent. Comme i'eu acheué mon propos, Caïus, le gendre de Florus, se prit à dire: Et quoy, des images de Democritus on n'en faict doncques ne mise ny recepte, ny compte ny mention, non plus que des Ægiens ou Megariens (que dict le prouerbe) car ce philosophe dict, qu'il sort des images des yeux de ceux qui sont enuieux sorciers, & ce non sans quelque sentiment & quelque inclination, ains estans pleines de l'enuie & meschanceté de ceux qui les iettent hors de soy, auec laquelle venans à s'emplastrer, s'attacher & s'arrester auec ceux qui sont ainsi enuiez, perturbét & offensent leur corps, & l'ame, & l'entendement: car il me semble que cest homme parle ainsi magnifiquement & merueilleusement, & qu'il descrit ainsi son opinion. Si fait-il certainement, dis-je, mais ie ne sçay comment vous ne vous estes pas apperçeus que ie n'ay rien osté à ceste fluxion & decoulement-là, sinon l'ame & la volonté, de peur que si maintenant, qu'il est bien auant en la nuict, i'allois introduire des esprits & fantosmes, ayans sens & entendement, cela ne vous meist en quelque trouble & en quelque frayeur: parquoy, si bon vous semble, nous en remettrons la dispute & la consideration à demain au matin.

QVESTION

Des propos de table. 402
QVESTION HVICTIESME.

Pourquoy est-ce que le Poëte appelle le Pommier ἀγλαόκαρπον, portant beau fruict: & Empedocles appelle les pommes ὑπέρφλοια.

COMME nous soupions vn iour en banquet en nostre ville de Chęronee, on nous seruit de toutes sortes de fruicts en grande abondance. Si vint en la fantasie de l'vn de ceux qui estoient à la table d'alleguer ces vers d'Homere,
   Des figuiers doux, des pommiers au beau fruict,
   Des oliuiers verdoyans.
Et demanda lon, pourquoy le poëte auoit appellé les pommiers au beau fruict. Et adonc le medecin Tryphon respondit, que cela pouuoit estre dit par comparaison à l'arbre, lequel estant petit & de peu d'apparence produit vn si beau & si gros fruict. Vn autre dit qu'il apperceuoit, que la beauté composee de toutes ses parties estoit en ce seul arbre fruictier là, car il a l'attouchement net comme la violette, sans qu'il s'allisse en sorte du monde, & si r'emplit de douce senteur les mains de celuy qui le manie: il a le goust doulx, & si est à fleurer tressoüef, & tresplaisant à voir, de maniere que delectant tous les sentimens ensemble, il en est à bon droict loué comme beau. A cela nous dismes que c'estoit assez bien discouru: mais Empedocles ayant escrit,
   Voyla pourquoy les poires sont tardiues
   Communément, & les pommes hastiues.
I'entens, dis-je, bien l'epithete des poires, pourquoy il les appelle tardiues: c'est pour ce qu'elles ne sont point meures qu'il ne soit sur la fin de l'Automne, estans ja les grandes chaleurs toutes passees, pource que leur humidité estant foible & en petite quantité, le Soleil ne permet pas qu'elle prenne consistence, que l'air ne commence de se tourner & changer en froidure: Et pourtant dict Theophrastus, que c'est le seul de tous les arbres fruictiers qui meurit mieux & plustost son fruict à l'ombre. Mais ie ne sçay en quel sens le sage poëte a appellé les pommes ὑπέρφλοια, attendu mesmement que ce philosophe poëte là a accoustumé d'embellir & esgayer les matieres d'adiectifs fort propres & exquis, comme de couleurs viues, non pour orner son langage, ny enrichir son stile, ains pour representer & exprimer plus viuement quelque substance ou quelque faculté, comme quand il appelle ἀμφιβρότην, terre circummortelle, le corps qui enuironne l'ame, & νεφεληγερέτω, l'air assemble-nuee, & πολυαίματον le foye sanguifiant. Ayant mis ces doutes en auât, il y eut quelques Grammairiens qui diret, qu'il appelloit les pommes ὑπέρφλοια, à raison de leur vigueur, parce que les poëtes appellent φλοιεῖν estre en sa vigueur & en sa fleur: & que le poëte Antimachus auoit ainsi appellé la ville des Cadmiens, florissante de fruicts. Et semblablement Aratus parlant de l'estoille caniculaire,
   Croistre des vns elle faict la vigueur,
   D'autres perir la totale verdeur.
Il appelle en ce lieu-là la fleur & verdeur des fruicts φλόον: & y a quelques vns entre les Grecs qui sacrifient à Bacchus, surnommé Phlœus. Pour autant donc que la pomme se contregarde plus longuement en sa vigueur, c'est pourquoy le philosophe l'appelle ὑπέρφλοιον. Mais Lamprias nostre grand pere dit, que ceste diction ὑπέρ ne signifioit pas seulement fort & beaucoup, mais aussi par dehors & par dessus: car ainsi appellons nous ὑπέρθυρον le dessus de l'huis, & ὑπερῷον la chambre de dessus. Et le poëte appelle la chair ὑπέρτερα, qui est au dehors de la victime, comme il nomme ἔγκατα ce qui en est au dedans, comme les entrailles. Considere doncq, si Empedocles a point visé à cela en cest adiectif, que les autres fruicts sont côtenus dedâs quelque escorce, & ont par le dessus les coques, les tayes, & les gousses que lon appelle, là où l'escorce

Yy ij

Le cinquiéme Liure

de la pomme est par le dedans vne petite tunique gluâte & grasse, en laquelle est contenuë la graine & le pepin, & ce qu'il y a de bon à manger est par dehors tout à l'enuiron, à raison dequoy elle est appellee ἐπιφλοιον.

QVESTION NEVFIESME.

Quelle cause y a-il pourquoy le figuier estant vn arbre acre & agu produict vn fruict qui est fort doulx.

APRES cela, on demanda aussi, pourquoy la figue, qui est l'vn des plus doulx fruicts du monde, peult naistre d'vn arbre qui est fort amer: car la fueille mesme du figuier, à cause de son aspreté est appellee Thrion, & le bois en est plein de ius, de maniere que quand on le brusle il rend vne fumee fort acre, & quand il est bruslé la cendre en fait vne lexiue qui est grandement detersiue & forte à merueilles, à cause de son acrimonie: & ce qui est encore plus admirable, là où tous arbres & toutes plantes qui portent fueilles & fruicts fleurissent, le seul figuier ne fleurist iamais: & s'il est vray ce que lon dict dauantage, que iamais il n'est touché de la foudre, cela se doit referer & attribuer à l'amertume & mauuaise habitude du tronc: car il semble que la foudre & le tonnerre ne touche iamais à telles choses, non plus qu'à la peau du veau marin, ny au cuir de la hyene. Adonc le bon vieillard prenant la parole: Ce n'est pas de merueilles, dict-il, si toute la douceur se rendant au fruict, tout le reste de l'arbre en demeure acre & amer: car ainsi comme toute la substance & humeur cholerique se rengeant en la bourse du fiel, la propre substance du foye en demeure fort doulce, aussi le figuier ayant enuoyé tout ce qu'il auoit de doulceur au fruict de la figue, luy en demeure tout despourueu: car qu'il soit vray que dedans le tronc de l'arbre il y ait autrement quelque doulceur, & quelque peu de bon suc, i'en prens pour argument ce que lon dict de la rue, que ce qui en croist dessous vn figuier ou aupres, en deuient plus doulx, comme en tirant & receuant quelque peu de doulceur, par le moyen de laquelle la trop grande & trop vehemente pesanteur de la rue s'esteint: si ce n'est d'aduenture plustost au contraire, que le figuier attirant à soy la nourriture, luy oste ce qu'il y a d'acrimonie & d'amertume.

QVESTION DIXIESME.

Qui sont ceux que lon appelle en commun prouerbe, Apres le sel & le cumin: & pourquoy est-ce que le Poëte appelle le sel diuin.

FLORVS nous demanda vn iour que nous soupions en son logis, qui sont ceux que lon appelle en commun prouerbe, Autour du sel & du cumin. Apollophanes le Grammairien, qui estoit en la compagnie, solut la question tout sur le champ: Car ceux, dit-il, qui nous sont si amis & si familiers, qu'ils soupent de sel & de cumin, sont designez par ce commun prouerbe. Mais nous demandions d'aduantage, dont procedoit que lon honoroit tant le sel, parce qu'Homere dict tout ouuertement,

Iliad.l.9. en son Timée.

Il espandit du sel diuin dessus.

Et Platon dict, que le corps du sel par les loix humaines est tressacré & sainct: & augmenta encore la doute, que les presbtres des Ægyptiens, qui sont chastes, & viuent sainctement, s'abstiennent du tout de sel, de sorte qu'ils ne mangent point de pain salé: car s'il est sainct & diuin, pourquoy l'auoient-ils en abomination? Florus donc nous pria de laisser là les façons de faire des Ægyptiens, & de dire quelque chose des Grecs sur ce subiect: & adoncq ie dis, que les Ægyptiens mesmes n'estoient point en

cela

à cela contraires aux Grecs: car la saincteté de chasteté defend l'vsage de faire des enfans, le rire, & le boire vin, & plusieurs autres choses semblables, qui autrement sont choses bonnes & non point à reietter: mais quant au sel, ceux qui veulent mener vne vie saincte & impollue s'en abstiennent, à l'aduenture pource qu'il prouocque par sa chaleur ceux qui en vsent, à luxure, & à se mesler auec les femmes, ainsi comme quelques vns tiennent: & si est vray-semblable qu'ils s'en abstiennent, comme d'vne trop delicate viande: car l'on peut dire, que c'est la saulse & l'assaisonnement de toutes les autres viandes: & pourtant y en a-il qui l'appellent les graces, pource qu'il rend ce qui est necessaire pour nostre nourriture, doulx & aggreable. Dirons nous doncq que le sel soit appelé diuin pour ceste cause? Ce n'en seroit pas, dis-je, vne trop legere occasion, parce que les hommes ont accoustumé d'attribuer quelque diuinité aux choses qui sont fort communes, & dont l'vtilité s'estend bien largement, comme sont l'eau, la lumiere, les saisons de l'an, & la terre, laquelle ils n'estiment pas seulement diuine, mais en font vne deesse. Or à toutes ces choses-là le sel ne cede aucunement en vtilité & commodité, estant comme vn temperament & fortification de la viande dedans le corps, & qui luy donne vne conuenance auec l'appetit: mais toutefois considerez s'il y a point encore ceste proprieté diuine, que conseruant longuement les corps morts sans pourriture & corruption, il resiste par ce moyen à la mort, & ne souffre pas que ce qui est mortel perisse & s'en aille à neant de tout poinct: ains ne plus ne moins que l'ame estant la plus diuine partie de nous, qui maintient les corps viuans, & ne laisse point fondre la masse du corps: aussi la nature du sel prenant les corps morts, & imitant en cela les actions de l'ame, les retient qu'ils ne faillent precipiter en corruption, & les arreste, donnant aux parties vne amitié, accord & conuenance des vnes auec les autres. Voyla pourquoy quelques vns des Stoïques disent, que la chair de porc est dés sa naissance morte, & que l'ame y a esté semee, comme du sel, pour les garder de pourrir, & les conseruer longuement. Et vous voyez que nous estimons le feu du tonnerre feu celeste & diuin, pource que nous voyons que les corps qui ont esté frappez de la foudre demeurent long temps sans se gaster & corrompre. Quelle merueille est-ce doncques si les anciens ont estimé le sel diuin, pour autant qu'il auoit la mesme vertu que ce feu celeste & diuin? En cest endroict ayant finy mon propos, Philinus prenant la parole: Et ce qui est generatif & a puissance d'engendrer, dit-il, ne te semble-il pas estre diuin, attendu que l'on estime que Dieu est le principe & l'origine de la vie de toutes choses? I'aduoüay qu'il estoit ainsi. Et l'on tient que le sel ayde & sert beaucoup à la generation, comme toy-mesme en as faict mention en parlant des presbtres Ægyptiens. Et ceux qui nourrissent des chienes pour en faire race, quand ils voyent qu'elles ne deuiennent point chaudes, ils excitent & reueillent leur vertu generatiue qui est endormie, tant par autres viandes chaudes, que par leur faire manger des chairs salees & confites en saumure: & les vaisseaux & nauires où l'on mene du sel, produisent vne multitude innumerable de souris, parce que quelques vns tiennent que les femelles engrossissent sans la conionction du masle, quand elles ont lesché du sel. Mais il est plus vraysemblable que la saleüre imprime quelque demangeaison és parties naturelles des animaux, & les prouocque par ce moyen à se ioindre le masle & la femelle, & s'assembler ensemble. C'est pourquoy, à mon aduis, nous appelons la beauté d'vne femme salee & assaisonnee de sel, qui n'est point fade ny morne, ains accompagnee de grace viue & émouuante. Et c'est aussi pourquoy, à mon aduis, les poëtes appellent Venus ἀλιφυῆ, c'est à dire, engendree de la mer, & en feignent vne fable, qu'elle ait pris sa generation de la mer, donnans par cela couuertement à entendre la vertu generatiue du sel: & bref ils font tousiours les Dieux marins peres de plusieurs enfans & de grande lignee: & entre les animaux il n'y en a espece quelconque, ny terrestre, ny

Le cinquiéme Liure

volatile, qui soit si generatiue comme sont toutes les especes des poissons: à quoy visant Empedocles escrit,

 La nation muette conduisant
 Peuple infiny de poissons produisant.

Le Sixiéme Liure des propos de table.

LE PROEME.

PLATON retirant Timotheus le fils de Conon de ces sumptueux & superflus banquets que font ordinairement les Capitaines, luy donna vn iour à souper en l'Academie sobrement, doctement & nettement, d'vn appareil qui n'apporte point de fieburcuse eschaufaison, ny d'inflammation, comme souloit dire Ion, ains est communément suiuy d'vn doulx & gracieux sommeil, & d'imaginations produisans peu de songes, qui monstrent vne grande tranquillité & serenité du corps. Le lendemain doncques Timotheus s'apperceuant de la difference qu'il y auoit entre ces soupers-là & les autres, dict, que ceux qui auoient soupé chez Platon s'en trouuoient bien encore le lendemain: car à dire la verité c'est vn grand moyen de viure heureusement, que d'auoir le corps dispos & bien temperé, non noyé de vin, ny aggtaué de viande, prest à employer, sans doute ny deffiance quelconque, à toute action que lon veut. Mais il y auoit encore vn autre moyen, qui n'estoit pas moindre que celuy-là, qu'auoient ceux qui soupoient chez Platon, c'estoit la discussion des bons & doctes propos, qui y estoient tenus à table durant le souper: car les voluptez du boire & du manger ont vn souuenir qui n'est point liberal ny digne de gens d'honneur, & qui autrement ne faict que passer, & ne demeure point, non plus que l'odeur de parfum, ou la senteur de cuisine du iour passé: là où les discours de philosophie, & les decisions des disputes qui y sont traictees, en les rememorant apres, donnent du plaisir tousiours frais à ceux qui se souuiennent d'y auoir assisté: & si font que ceux qui ne s'y sont pas trouuez presents, en oyent & participent autant, quant à la doctrine & erudition, comme eux-mesmes, attendu que maintenant les hommes studieux & doctes ont autant de fruition & de participation aux festins de Socrates, que ceux-mesmes qui pour lors realement souperent auec luy. Et toutefois si les delices corporelles les eussent affectionnez & espris de volupté, il eust fallu que Platon & Xenophon eussent escrit les memoires non des propos & discours qui furent lors tenus, mais des viandes qui furent seruies chez Callias & chez Agathon, & qu'ils eussent laissé vne liste des pastisseries & des confitures: là où de toutes ces choses-là ils n'en ont iamais fait aucun compte, encore qu'il soit vray-semblable qu'ils y ayent employé & de la diligence, & de la despense beaucoup: mais au contraire ils ont soigneusement redigé par escript les discours des lettres & de la philosophie, qui lors furent tenus en iouät & passant le temps, & nous les ont laissez par escript, pour nous donner exemple que nous deuons non seulement conuerser ensemble de propos & de deuis, mais aussi nous souuenir encore apres de ceux qui ont esté tenus.

QVESTION PREMIERE.

Pourquoy est-ce que ceux qui ieusnent ont plus de soif qu'ils n'ont de faim.

Ie t'en-

Des propos de table. 404

A JE t'enuoye doncq, Soſſius Senecion, ce Sixiéme liure des propos de table, duquel la premiere queſtion eſt, Pourquoy ceux qui ieunent ont plus de ſoif qu'ils n'ont de faim. Car il ſembloit que ce fuſt contre raiſon que ceux qui auoient ieuné euſſent plus de ſoif que de faim, par ce que le defaut de nourriture ſeiche, ſembloit auſſi par nature requerir vn rempliſſement propre de nourriture pareille. Ie commençay doncques à dire aux aſſiſtans, que de tout ce qui eſtoit dedans nous, la chaleur naturelle, ſeulement ou principalement auoit beſoing de nourriture & d'entretenement, comme certainement nous voyons au dehors, que ny l'air, ny l'eau, ny la terre n'appetent d'eſtre nourris ny ne conſument ce qui eſt aupres d'eux, & n'y a que le feu ſeul qui le face : c'eſt pourquoy les ieunes mangent plus que ne font les vieux, à cauſe qu'ils ont de la chaleur d'auantage. Et au contraire, les vieillards portent
B bien plus facilement le ieune, par ce que la chaleur naturelle eſt deſormais toute languiſſante & debile en eux, comme elle eſt auſſi aux animaux qui n'ont point de ſang, leſquels ont beſoing de bien peu de nourriture, à faute de chaleur. Et nous voyons qu'en chacun de nous les exercices du corps, le crier, & autres choſes ſemblables, qui par le mouuement augmentent la chaleur, font que nous prenons plus de plaiſir à manger, & mangeons de meilleur appetit : Or la nourriture premiere plus propre & plus ſelon la nature de la chaleur, à mon aduis, c'eſt l'humeur, ainſi que nous monſtrent & donnent à cognoiſtre les flammes qui s'augmentent, quand on iette de l'huile deſſus, & ce que la cendre eſt la plus ſeiche choſe qui ſoit, par ce que toute l'humidité en eſt bruſlee, & la ſubſtance terreſtre, deſtituee de toute liqueur, y eſt ſeule demouree. Semblablement auſſi le feu ſepare & diuiſe les corps, en oſtant l'humidité qui les colle & tient reliez enſemble. Quand doncques nous auons bien ieu-
C né, la chaleur naturelle attire premierement toute l'humeur qu'il y a és reliques de noſtre nourriture, & puis l'inflammation paſſe oultre à la liqueur meſme radicale, qui eſt en noſtre chair, cerchant par tout de l'humidité pour ſe nourrir. Se faiſant doncques vne ſeichereſſe en noſtre corps, ne plus ne moins qu'en de la terre cuitte, noſtre chair par conſequence vient à auoir plus toſt beſoing de boire que de manger, iuſques à ce que, apres que nous auons beu, la chaleur en eſtant refaitte & renforcee, engendre lors vn appetit de nourriture graue, ſeiche & ſolide.

QVESTION SECONDE.

Si c'eſt l'indigence de nourriture qui fait la faim & la ſoif, ou ſi c'eſt le changement & la transformation des conduits.

D CE propos acheué, le medecin Philon voulut remuer & renuerſer la premiere poſition, par ce qu'il maintenoit que la ſoif ne prouenoit point de faute d'aucune nourriture, ains de la mutation des pores c'eſt à dire petis conduits : & pour le monſtrer, alleguoit d'vn coſté que ceux qui ont ſoif la nuict, s'ils s'endorment là deſſus, ils perdent leur ſoif ſans auoir beu : & de l'autre coſté, que ceux qui ont la fiebure, quand ils ont quelque relaſche, ou bien que la fiebure leur ceſſe du tout, ils ſont quant & quant deliurez de la ſoif. Item, il y en a qui apres s'eſtre baignez & lauez, ou bien apres qu'ils ont vomy, perdent auſſi leur ſoif : & toutefois ny l'vn ne l'autre accident n'augmente l'humidité du corps, & n'y a que les pores & petits conduits qui ſouffrent mutation, par ce qu'ils ſont remuez & transformez en autre eſtat & autre diſpoſition : ce qui appert encore plus manifeſtement en la faim, car il y a pluſieurs malades qui tout enſemble ont beſoing de nourriture & faute d'appetit : & d'autres qui, quoy qu'ils mangent & qu'ils ſe rempliſſent, iamais leur appetit n'en diminue, ains demeure touſiours & s'augmente. Et y en a pluſieurs qui eſtans degouſtez ont recouuré & fait

Yy iiij

Le sixiéme Liure

reuenir leur appetit, en gouſtant ſeulement vn peu d'oliue confite auec du ſel, ou vn peu de cappres. Par où il appert tout euidemment, que la faim ne nous vient pas de faute de nourriture, mais pour quelque alteration qui aduient aux pores & côduicts: car ces viandes là diminuent la faute de nourriture, & neantmoins font auoir faim. Ainſi la pointe & acrimonie de telles viandes confites en ſel, reſerrant & eſtraingnât l'eſtomac, ou bien au contraire, le relaſchant & l'ouurant, impriment en iceluy certaine conuenance mordante de la nourriture, laquelle nous appellons appetit. La raiſon de ceſt argument me ſembla bien aſſez ingenieuſement tiſſue, & ſubtilement deduitte, mais toutefois eſtre contraire à la fin principale de la nature à laquelle l'appetit méne & conduit tout animal, le faiſant appeter le rempliſſement de ce qui luy defaut, & pourſuyure touſiours ce qu'il s'en faut qu'elle n'ait ce qui luy eſt propre. Car de dire que ce en quoy principalement differe l'animal vif du corps ſans ame, ne nous ait eſté baillé pour la tuition, entretenement & conſeruation de noſtre ſalut, comme eſt le deſir de toutes les choſes qui ſont propres & amies à noſtre corps, & la crainte de toutes celles qui luy ſont ennemies & contraires, & de penſer que cela ſoit ſeulement vne paſſion, remuement & alteration des pores, qui aduient ſelon qu'ils ſont faits ou plus grands ou plus petits, cela eſt tout rondement à faire à gens qui ne mettent en aucun compte ny aucune conſideration la nature: & puis de confeſſer que le trembler de froid aduienne à noſtre corps à faute de la chaleur qui luy eſt propre & familiere, & nier que la faim & la ſoif n'aduienne pas auſſi à faute d'humidité & de nourriture, il n'y auroit point de propos: & ſeroit encore plus deraiſonnable de dire, que la nature deſire l'euacuation, quand elle ſe ſent chargee de repletion, & qu'elle n'appete pas repletion quand elle ſe ſent trop vuide, ains que ce ſoit quelque autre paſſion qui s'imprime en elle. Et neantmoins ces defauts là & rempliſſemens qui ſe font és corps des animaux, reſemblent proprement à ce qui ſe fait en l'agriculture. Car la terre ſouffre pluſieurs telles neceſſitez & defauts, auſquels on eſſaye de remedier, comme alencontre de la ſeichereſſe, on l'arroſe: quand elle eſt arſe & qu'elle bruſle, on la refraiſchit tout doucement: quand elle eſt gelee, on taſche à la rechaufer, & la couure-lon de pluſieurs couuertures. Et ce qui n'eſt pas en noſtre puiſſance de faire, nous ſupplions aux Dieux de le nous donner, comme de la roſee doulce, & des vents gracieux, tellement que la nature cerche touſiours le rempliſſement de ce qui luy defaut, pour côſeruer ſa temperature: & eſtime quant à moy que ce mot Trophé, qui ſignifie nourriture, ait ainſi eſté appellé, comme qui diroit, conſeruant la nature: laquelle ſe conſerue quant aux arbres & plantes inſenſiblement, ce dit Empedocles, par l'air d'alentour, quand elles ſont arroſees autant comme elles en ont de beſoing: mais quant à nous, l'appetit nous fait cercher & procurer ce qui s'en faut que nous n'ayons noſtre temperature. Mais toutefois conſiderons vn peu à part chacune des oppoſitions qui ont eſté propoſees, & nous verrons comment elles ne ſont pas veritables. Car premierement les viandes qui ont vne pointe aiguë, & acrimonie, n'impriment pas vn appetit aux parties capables & ſuſceptibles de nourriture, mais vne picqueure & morſure, côme vn chatouillement quand on a appliqué au cuir quelque choſe qui racle & qui gratte, il eſt vrayſemblable que par telles viandes acres ce qui rempliſſoit venant à eſtre ſubtilizé & attenué ſe reſoult, & par ainſi qu'il ſe fait vn defaut, non pource que les pores ſoient alterez ou changez en autre forme, mais plus toſt pour ce qu'ils ſont vuidez & purgez: parce que les ius qui ſont acres, aigus, perceans & ſalez, attendriſſans & attenuans la matiere de repletion, la diſſipent, diſgregent & reſpandent, en ſorte qu'ils engendrét vn nouuel appetit. Et quant à ceux qui s'endorment ſur leur ſoif, ce ne ſont pas les pores qui pour eſtre transformez appaiſent la ſoif, mais pource qu'ils reçoiuent l'humidité de la chair, & qu'ils ſe rempliſſent d'vne moiteur vaporeuſe. Quant aux vomiſſemens,

Des propos de table. 405

A semens, en reiettant l'humidité qui est estrangere, ou ennemie à la nature, ils luy donnent moyen de iouïr de celle qui luy est amie & familiere. Car la soif n'est pas vne apperence d'infinie quantité d'humeur, mais seulement de celle qui est propre & agreable à la nature. Voyla pourquoy l'homme, encore qu'il ait en son corps vne quantité grande d'humeur estrangere, a neantmoins faute & besoing, par ce que la soif ne cede qu'à l'humeur propre & naturelle dont elle est appetente, & ne donne point d'attrempance au corps de l'homme, iusques à ce que ce qui est estranger ait cedé & s'en soit allé, & alors les pores reçoiuent celle moiteur qui leur est propre & familiere. Quant à la fiebure elle pousse l'humidité au fond du corps, le milieu duquel bruslant, toute l'humeur s'y retire, & y est retenue, pressee & entassee: de sorte qu'il aduient souuent que pource qu'elle y est ainsi fort amassee, les parties du milieu la reiettent par vomissement, pour se descharger, & qu'ils ont soif quand & quand,
B par ce que le demourant du corps est aride & a besoing d'humidité. Quand doncques il se fait vn relaschement de la fiebure, & que l'ardeur s'en va du dedans, l'humidité retourne alors, & se respandant & coulant par tout, comme est son naturel, elle apporte tout ensemble vne aisance au dedans & milieu du corps, & rend la chair & la peau par dehors lissee, doulce & moite, au lieu que parauant elle estoit aspre, seiche & aride, & bien souuent elle amene encore des sueurs, dont vient que le defaut qui parauant engendroit la soif, cesse quand l'humidité passe du lieu où elle estoit au parauant estroictement retenue & pressee, à celuy où elle est au large, qui la desire & qui en a besoing. Car tout ainsi comme en vn iardin où il y a vn puys, dedans lequel il y a force eau, si on n'en tire & que lon n'en arrose, il est force que les herbes, plantes & arbres ayent grand soif & faute de nourriture: aussi en vn corps, si toute l'humeur est attiree en vn lieu, il ne se faut pas esmerueiller s'il y en a disete & grande seicheresse au demourant, iusques à ce que de rechef il s'y soit fait vn nou-
C ueau decoulement & nouuelle diffusion: ainsi comme il aduient aux febricitans quand la fiebure les a laschez, & à ceux qui s'endorment en leur soif. Car à ceuxlà le dormir en ramenant l'humidité du fond & milieu du corps, & la distribuant par tout aux membres & parties, en fait vn egal departement & remplissement. Mais ceste transformation & changement de pores, dont lon dit que procede la faim & la soif, quelle est elle? Quant à moy, ie n'y voy point d'autres differences que du plus ou du moins, & qu'ils soient estoupez, ou ouuerts: quand ils sont estoupez, ils ne peuuent receuoir ny bruuage ny viande: quand ils sont destoupez & ouuerts, alors ils font vn vuide, & vne place libre, qui n'est autre chose qu'vn defaut de ce qui leur est propre & selon leur nature. Car mesme ce que lon trempe premierement en eau sure d'alun les laines & draps que lon veut teindre, c'est pource que telle eau a vertu penetrante, nettoyante & abstersiue, par laquelle tout ce qu'il y a de superflu, estant es-
D praint & consumé, les pores alors reçoiuent mieux & retiennent plus ferme la teinture que lon leur baille, par ce que celle vuidange leur est comme vn defaut.

QVESTION TROISIESME.

Pourquoy est-ce, que ceux qui ont faim, s'ils boiuent, leur faim se passe: & ceux qui ont soif, s'ils mangent, leur soif s'augmente.

CES choses dittes, celuy qui nous festoyoit dit, Il me semble qu'il y a bien grande apparence en ceste raison là de la vuidange & repletion des pores, mesmement pour souldre encore vne autre question, Pourquoy c'est que ceux qui ont faim, s'ils boiuent, leur faim cesse incontinent: & ceux qui ont soif, s'ils mangent, leur soif en augmente. Il m'est aduis, dis-je, que ceux qui supportent ces pores-là, rendent fort

Le sixiéme Liure

facilement & fort probablement la cause de cest accident, & en plusieurs poincts plus que probablement: car comme ainsi soit, que tous corps ont des pores, & les vns d'vne mesure & symmetrie, & les autres d'vne autre, ceux qui sont plus larges reçoiuent la nourriture solide & liquide tout ensemble, & ceux qui sont plus estroicts admettent le bruuage, l'euacuation d'iceux cause la soif, & des autres la faim : parquoy si ceux qui ont soif mangent, ils ne sentent point de secours, par ce que les pores, à cause de leur capacité estroitte, ne peuuent receuoir la nourriture seiche & solide, & demeurent tousiours indigents & destituez de ce qui leur est propre : & ceux qui ont faim, s'ils boiuent, la nourriture liquide entrant dedans les grands pores, & remplissant les concauitez vuides qui y sont, relaschent & diminuent la veheméce de la faim. Quant à moy, l'euenement & effect me sembloit bien veritable, mais ie ne pouuois pas accorder ny consentir à la supposition de la cause pretenduë. Car si lon petçoit la chair de ces pores, ausquels quelques-vns s'attachent si fort, & les aiment tant, on la rendroit fort laxe, tremblante & vermoulue : & puis de dire que mesmes parties du corps ne reçoiuent pas & le boire & le manger ensemble, ains qu'ils soient passez & coulez, comme à trauers vne couloire ou vn tamis, cela me semble merueilleusement estrange, & comme vn conte fait à plaisir. Car la meslange de l'humidité attendrissant & destrempant les viandes, à l'aide de la chaleur naturelle & des esprits aguise & subtilise la nourriture par toutes sortes de couptures & d'incisions plus exactement & plus parfaictement que ne sçauroient faire outils ny instrumens du monde, de maniere que toute partie d'icelle nourriture est familiere, conuenable & amie de toute partie du corps, non par s'accommoder à certains vases ou certains pertuis, ains par s'vnir & incorporer à luy. Mais sans cela, ce qui est le principal de la question ne se soult pas par cela : car ceux qui mangent, s'ils ne boiuent, non seulement n'appaisent point leur soif, mais au contraire ils l'augmentent : à quoy on n'a point respondu ne satisfaict. Or considerons maintenant, dis-je, si les positions que nous supposons ont de l'apparence, supposans premierement que l'humidité perit estant consumee par la seicheresse, & que le sec destrempé & amolly par l'humide a ses diffusions & ses exhalations aussi. Secondement tenans que ny la faim ne soit pas vn defaut vniuersel & general de nourriture aride, ny la soif de liquide, ains indigence de l'vne & l'autre mediocre & suffisante : car ceux à qui l'vne & l'autre defaillent de tout poinct, n'ont ny faim ny soif, ains meurent subitement. Cela supposé, il n'est desormais pas malaisé de cognoistre la cause de l'vn & de l'autre : car la soif s'augmente à ceux qui mangent, d'autant que les viandes par leur seicheresse amassent & assemblent l'humidité qui est esparse, & qui demeure petite & foible en tout le corps, & la font encore d'auantage euaporer : ainsi comme nous voyons hors du corps la terre seiche, & la poulsiere rauir incontinent, & faire disparoir l'humeur que lon y mesle. Mais au contraire, le boire relasche necessairement la faim, car l'humidité destrempant & gaschant ce peu de viande qu'elle trouue dure & seiche, & en faisant du ius & des vapeurs, les esleue par tout le corps, & les applique aux parties qui en ont besoing, tellement qu'Erasistratus appelloit bien gentiment l'humidité, la voiture de la viande. Car se meslant parmy la viande qui est oyseuse & immobile pour sa seicheresse & pour sa pesanteur, elle nourrit & ayde à l'essence : de sorte que plusieurs sans boire, par se lauer seulement, ont appaisé vne excessiuement vehemente soif qu'ils auoient, par ce que l'humidité penetrant du dehors au dedans, les rendoit plus succulents & plus aptes à receuoir nourriture, en laschant & amollissant le dedans, de maniere que ce qu'il y a de plus amer & plus violent en la faim s'en amollit & s'en adoulcit vn peu. Voyla pourquoy ceux que lon fait mourir de faim viuent & durent longuement, si seulement ils prennent de l'eau, iusques à ce que tout ce qui peut nourrir & estre appliqué au corps soit entierement euaporé & deseiché.

QVE-

Des propos de table.

QVESTION QVATRIESME.

Pour quelle cause est-ce que l'eau de puis estant tiree, & laissee toute la nuict dedans l'air du puis, en deuient plus froide.

Nous auions vn hoste delicat, qui aimoit à boire froid : nos seruiteurs, pour le seruir à son appetit, tirerent de l'eau du puis en vn vase, lequel ils suspendirent au dedans du puis, en sorte qu'il ne touchoit point à l'eau, & l'y laisserent toute la nuict, & l'apporta-lon au souper plus froide, que n'estoit pas celle qui estoit toute fraische tiree. Or estoit cest estranger homme docte honnestement, & nous dit qu'il auoit appris cela d'Aristote, fondé en grande raison : & que la raison en estoit telle. Toute eau qui est premierement eschauffee en deuient apres plus froide, comme celle que lon appreste pour les Roys, apres que lon l'a eschauffee iusques à bouillir, on amasse fort neige tout alentour du vaisseau, & elle en deuient plus froide : ne plus ne moins que nos corps, apres que nous nous sommes estuuez, se refroidissent plus fort, par ce que la relaxation qui s'y fait à cause de la chaleur, rend le corps plus rare, & les pores d'iceluy plus ouuerts, & par consequent reçoit plus de l'air de dehors enuironnant, & fait la mutation plus violente. Quand doncques l'eau est patouillee par le battement du vase où on la puise, en estant premierement eschauffee, elle se refroidit plus par l'air qui enuironne le vase tout alentour. Nous loüasmes cest hoste, d'auoir si vaillamment retenu Aristote, mais nous doutions fort de la raison qu'il en alleguoit. Car si l'air auquel est suspendu le vase est froid, comment eschauffe-il l'eau ? & s'il est chaud, comment la refroidit-il apres ? Car il n'y a point de raison, qu'vne mesme chose souffre de mesmes choses passions toutes contraires, n'y estant point entreuenu aucune difference. Luy se taisant vne espace, & y pensant : Il ne faut point, dis-je, douter de l'air, car l'experience du sentiment nous monstre qu'il est froid, & mesmement au fond des puis, de sorte qu'il est impossible que l'eau soit eschauffee par l'air qui est froid. Mais cest air froid ne peut pas changer toute l'eau qui est au fond du puis, pour ce qu'il y en a trop grande quantité : mais si lon en tire en petite quantité, il en vient mieux à bout, & la refroidit d'auantage.

QVESTION CINQVIESME.

Pourquoy est-ce que les petits cailloux & les plombees que lon iette dedans l'eau, la rendent plus froide.

Mais vous souuenez-vous point de ce qu'Aristote dit, que les menus cailloux & les plombees, qui les met dedans l'eau, la refraischissent & la reserrent ? Il n'a seulement dit que ce qui se fait, respondit-il, mais nous essayons à en trouuer la cause, car il semble qu'elle soit bien malaisee à imaginer. Bien fort, dis-je, & sera bien merueille si nous la pouuons trouuer : mais voyez toutefois : premierement ne vous semble-il pas que l'eau se refraischisse deuant par l'air, qui vient du dehors à penetrer dedans, & qu'il a plus d'efficace quand il vient à s'appuyer & arrester sur les pierres & sur les cueux ? Car ils ne le laissent pas passer à trauers, comme font les vases de cuyure ou de terre, ains par leur solidité le soustenant, ils le rebattent de leur superfice en l'eau, de maniere que le refroidissement en est plus fort, & passe à trauers toute l'eau : c'est pourquoy l'hyuer les riuieres sont plus froides que la mer, par ce que l'air froid a plus de puissance en elles, estant rebattu du fond, là où en la mer il se dissoult, à cause de la grande profondeur, ne rencontrant rien sur quoy il se puisse appuyer. Mais encore par vn autre moyen il est vray-semblable, que les eaux tant plus elles sont deliees

& subtiles, plus elles sont aisees à refroidir par le froid, qui en vient plus aisément au dessus à cause qu'elle est plus debile. Or les cueux & les petits cailloux subtilisent & extenuent l'eau, en amassant & tirant au fond tout ce qu'il y a de brouillé & de substance terrestre meslé parmy, de sorte que l'eau deuenant ainsi plus deliee, & consequemment moins forte, en est plus tost vaincuë & surmontee par la refrigeration. Or le plomb est de sa nature froid, attendu qu'estant trempé dedans du vinaigre, il rend & fait le plus froid qui soit entre les poisons mortels, la ceruse. Et les cailloux, à cause de leur solidité conçoiuent le froid iusques au cœur: car toute pierre est vne congelation de terre refroidie & pressee par la vehemence du froid, & plus est pierre celle qui plus est constipee: au moyen dequoy, il ne se faut pas esbahir, si & le plomb & les cailloux rebattans la froideur augmentent celle de l'eau.

QVESTION SIXIESME.

Pourquoy est-ce que la neige se conserue dedans de la paille & des habillemens.

CEST hoste ayant icy fait vn peu de pause: Les amoureux, dit-il, desirent principalement deuiser auec leurs amours, ou pour le moins parler d'eux, comme ie fais de la neige. Car pour ce qu'il n'y en a point icy, & que nous n'en auons point, ie desire sçauoir pour quelle cause c'est qu'elle se cōserue par choses qui sont fort chaudes: car on l'enuelope dedans de la paille & dedans des draps non tondus, & la conserue-lon en ceste sorte bien long temps. Si me semble bien estrange, comment ce qui est fort chaud peut conseruer ce qui est tres-froid. Vrayement aussi est-il, dis-je, s'il est vray: mais il n'est pas ainsi, ains nous abusons nous mesmes, estimans que ce qui eschauffe soit incontinent chaud, attendu mesmement que nous disons qu'vn mesme vestement en hyuer nous eschauffe, & au Soleil nous refraischit, comme la nourrice Tragique qui allaicte les petits enfans de Niobe,

Les eschauffant & les refraischissant
Auec petits mantelets de tissure,
Bien deliee vsee couuerture.

Les Alemans n'vsent d'habillemens que pour se defendre du froid, & les Æthiopiens du chaud seulement, & nous de l'vn & de l'autre: parquoy il ne les faut point iuger chauds plus tost pource qu'ils eschauffent, que froids pource qu'ils refraichissent. Et s'il en faut tirer coniecture par le sentimēt exterieur, on les deura plus tost reputer froids que chauds: car soudain que nous vestons nostre chemise nous la sentons froide, & les draps aussi quand nous nous couchons dedans le lict, mais puis apres ils nous aydent à eschauffer, quand ils sont emplis de la chaleur qui sort de nous mesmes, enuelopans & contenans tout ensemble la chaleur qui est en nous, & empeschans que le froid & l'air de dehors n'attaigne iusques à nostre corps. Voyla pourquoy ceux qui ont la fiebure, & qui bruslent de chaud, changent continuellement de linge & de vestemens, parce que ce qu'on leur iette sus est tousiours fraiz, mais aussi tost qu'on l'y a ietté il deuient chaud, à cause de l'ardeur du corps. Tout ainsi doncq comme le vestement eschauffé eschauffe, aussi estant refraischy par la neige, il la refraischit reciproquement, & est refraischy par elle, à cause qu'il en sort vn petit vent & esprit delié, lequel demourant dedans, contient la liaison & concretion d'icelle. Et au contraire quand il s'en est allé, ce n'est plus qu'eau qui fluë, & coule & se fond, & la fleur de blancheur s'espand & s'euanouït, laquelle prouenoit de la commixtion de l'esprit auec l'humeur, dont elle estoit deuenue escumeuse. Tout ensemble doncq & le froid est enclos & enuelopé de l'habillement, &

l'air

Des propos de table. 407

l'air de dehors empesché d'entrer, ne coupe & n'incise, ny ne fond point la congelation de la neige: ioinct que ces draps qui ne sont point encore cardez, ny tondus, ny pressez, pour la lõgueur & seicheresse du poil velu, le vestemēt ne charge pas pesamment, ny ne presse ny n'estraint pas la laxité de la neige: comme aussi la legereté de la paille venant à la toucher mollement & doucement, ne rompt & ne presse point la cõgelation d'icelle:& si est au demourãt assez iointe & serree, pour empescher que ny la froideur de la neige de dedans n'en sorte, ny la chaleur de l'air n'y entre de dehors. Or que l'excretion & yssue de l'esprit soit ce qui fait fondre & destaire la neige, il est tout apparent au sentiment exterieur, par ce que la neige se fondant engẽdre du vent.

QVESTION SEPTIESME.

S'il faut passer & couler le vin.

NIGER l'vn de nos citoyens retournoit des escholes, ayant esté peu de temps auec vn excellent & renommé philosophe, non tant qu'il eust compris ce qu'il y auoit de bon en son maistre, mais bien tant qu'il s'y estoit remply de ce qu'il y auoit de fascheux & odieux, contrefaisant sa coustume de reprendre & de corriger en toutes choses ceux qui estoient en sa compagnie. Parquoy comme Aristion nous eust conuiez à souper chez luy, il reprenoit tout le reste de l'appareil, comme estant trop sumptueux, trop curieux, & trop superflu, & mesmement en ce qu'il disoit, qu'il ne falloit point couler ne passer le vin en le versant, ains le boire, ainsi que dit Hesiode, tel comme il vient du tonneau, ayant sa force & puissance naturelle, ainsi que nature l'a produit, là où ceste maniere là d'espuration, en le coulant, premierement luy coupe les nerfs de la force naturelle, & luy estaint sa chaleur, car il perd sa vigueur & s'esuente quand il est ainsi souuent passé à descouuert. Et puis cela, dit il, monstre vne curiosité, & vne delicatesse & volupté, qui consume & perd ce qui est vtile pour iouïr de ce qui est plaisant & delectable: car ainsi comme chastrer les coqs, & sener les porceaux, pour en rendre la chair, contre nature, plus tendre & plus delicate, ne fut iamais inuention d'hommes sains de meurs & de iugement, ains depravez & corrompus par gourmandise & friandise: aussi ceux qui coulent & qui passent le vin, le chastrent & l'effeminent, s'il faut ainsi dire en parlant par metaphore, ne le pouuans ny supporter à cause de leur imbecillité, ny le boire par mesure ainsi qu'il le faut, par leur intemperance, ains ont songé ceste inuention & cet artifice pour s'ayder à beaucoup boire: car ils ostent ce qu'il y a de graue & de ferme au vin, & y laissent ce qu'il y a de lissé & de glissant, ne plus ne moins que ceux qui donnent de l'eau boulue aux malades qui ne se peuuent tenir de boire de l'eau froide: car tout ce qu'il y a de vertu & de force au vin, ils l'ostent & l'espraingnent en le passant & coulant. Et qu'il soit vray qu'ils le corrompent & le gastent en ce faisant, cela en est vn grand argument, qu'il ne demeure pas en son naturel, ains se tourne incontinent & se passe, comme ayant esté coupé par la racine de dessus sa mere la lie. Et les anciens appelloient manifestement le vin Tryga, c'est à dire, lie: comme nous auons accoustumé, par vne maniere de parler, d'appeler l'homme l'ame & la teste, luy donnant la denomination de ces principales parties: encore disons nous Trygân, cueillir le fruict de la vigne. Et Homere en quelque passage a appellé la vigne Diatrygion, & a par tout accoustumé d'appeller le vin Æthopa & Erythron, dõt l'vn signifie bruslant la face, & l'autre rouge, non pas comme fait Aristion, qui à force de le frelater & espurer, le nous rend pasle & blesme. Non pas blesme ny decoloré, mon bel amy, dit Aristion, mais doulx & gracieux à le iuger premierement à la veuë, là où tu veux nous en faire gorger d'vn noir comme la nuict, gros & obscur

Zz

comme vne espesse nuee, & blasmes la clarification, qui est par maniere de dire, luy
faire vomir sa cholere, & le descharger de ce qu'il y a de pesant qui enyure l'homme,
& qui le dispose à maladies, à fin que plus agile, plus leger & moins cholere il se mesle dedans nous, tel comme Homere dit que les princes demy-dieux en la guerre de
Troye le buuoient, quand il appelle Æthopa, non celuy qui est gros & obscur, mais
qui est clair, net, & transparent, & luysant à la veuë : car ayant au parauant nommé
le cuyure Euenor & Norops, comme clair & luysant, il ne l'eust pas depuis appellé
Æthops. Tout ainsi donc comme le sage Anacharsis reprenoit quelques autres
choses és façons de faire des Grecs, & loüoit l'vsage du charbon, pour ce que laissans
la fumee dehors ils apportoient le feu à la maison : Aussi vous autres, messieurs les
sages, vous nous reprendrez, si bon vous semble, en autres choses : mais si reiettans
& dissipans ce qu'il y a de turbulent, de cholerique & de furieux au vin, en l'esguayāt,
& non pas le fardant, non comme retrenchans le fil & l'acier du fer, ains plus tost
luy ostant ce qu'il y a de rouille & de souïlleure, en le desrouïllant & fourbissant, nous
le baillons ainsi à boire, quelle grande faute commettrons-nous? Par ce, me diras-tu,
qu'il a plus de force quand il n'est point passé : aussi a bien l'homme quand il est en
phrenesie, ou qu'il est maniaque, mais apres qu'il a esté purgé par l'hellebore, ou par
quelque bon regime, & est reuenu en son sens rassis, ceste vehemence & violence
là se perd & s'en va, mais la vraye force naturelle & temperature luy reuient au corps :
aussi ceste esputation du vin, luy ostant ce qu'il a de furieux & de battant, le met en
vn estat paisible & sain. Et quant à moy, ie fais grande difference entre curiosité,
& netteté & propreté : car les femmes qui se fardent, qui se parfument & oignent
d'huiles de senteur, qui portent des affiquets d'or, & des robbes de pourpre, sont à
bon droit tenues pour curieuses, mondaines & affettees : mais de se baigner, lauer,
coiffer, & agencer ses tresses, il n'y a personne qui les en reprenne : laquelle difference le poëte Homere monstre fort gentilment & plaisamment en la description de la
pareure de Iuno,

  En premier lieu de diuine laueure
  Elle purgea toute tache & souïlleure
  De sur son corps immortel, puis l'oignit
  De claire & nette huile.

Iusques là ce n'est que diligence & propreté, mais quand elle prent ses carquans d'or,
& ses pendans d'oreille si exquisement ouurez & labourez, & à la fin qu'elle met la
main aux charmes du tyssu de Venus, cela n'est plus que curiosité & affetterie, qui
n'est point bien seante ne conuenable à vne dame d'honneur. Aussi ceux qui auec du
bois d'aloës, ou de la cinnamome, teignent le vin, ou qui l'adoulcissent auec du saffran, ils font comme ceux qui fardent des femmes pour les produire en vn festin :
mais ceux qui luy ostent ce qu'il a d'ordure & qui ne sert de rien, ceux-là le purgent
& le guarissent. Autrement vous direz que tout ce qu'il y a icy n'est que curiosité
superflue, commanceant à la maison mesme : car quel besoing estoit-il qu'elle fust
ainsi crespie & enduite? & pourquoy est-elle ouuerte du costé dont elle peut receuoir l'air & le vent le plus pur, & dont elle peut iouïr de la lumiere du Soleil baissant vers le couchant? Et pourquoy est-ce que les pots & la vaisselle est nettoyee &
frottee, de maniere qu'elle reluit & resplendit de tous costez? Falloit-il que le pot
fust pur & net de toute ordure & de toute mauuaise senteur, & que le vin que lon
boit dedans sentist le moisy, ou eust quelque autre tare? Quel besoing est-il que ie
discoure par tout le reste? La manufacture du bled mesme dont on fait le pain, qui
n'est autre chose qu'vne purgation, regardez ie vous prie auec combien de façons &
de labeur elle se fait, car non seulement il le faut battre, vanner, cribler, mouldre & sas-
ser, ains le faut pestrir & fouler pour ietter hors de la paste toute dureté, & incorporer
toute

Des propos de table. 408

A toute la masse ensemble, tant qu'elle soit propre à manger. Quel inconuenient doncques & mal y a-il, si la couleure oste au vin ce qu'il y peut auoir de lie ou de limon, comme si c'estoit la bale ou le son, attendu qu'il n'y a point en cela de despense ny de grande occupation ?

QVESTION HVICTIESME.

Quelle est la cause de la faim canine.

IL y a vn sacrifice qui se fait en nostre pays, lequel le Preuost de la ville fait sur l'autel commun, mais chacun des citoyens le fait à part en sa maison, & appelle-lon ce sacrifice le bannissement de la faim. On prend vn esclaue & le foüette-lon auec des verges d'ozier, & puis le iette-lon par les espaules hors de la maison, en luy disant, Dehors la famine, & dedans santé & richesse. L'annee doncques que ie fus Preuost plusieurs furent conuiez au festin du sacrifice, & apres que nous eusmes fait les cerimonies ordinaires, & que nous fusmes à table, on demanda premierement du nom de Bulimos, ce qu'il signifioit, & puis des mots que lon y dit à celuy que lon chasse, & de ce que lon luy fait. Or quant au mot de Bulimos chascun fut bien d'aduis qu'il signifioit vne grande ou publique famine, mesmement entre nous Grecs Æoliens qui vsons du p. au lieu du b. car nous ne disons pas Boulimon, mais Poulimon, comme si nous voulions dire Polylimon, grande famine : & sembloit neantmoins que ce fust autre chose que Bubrostis, dont nous tirions argument des Chroniques d'Ionie de Metrodorus, là où il escrit que ceux de Smyrne, qui d'ancienneté sont Æoliens, sacrifient à Bubrostis vn taureau, lequel ils taillent en pieces auec sa peau, & le bruslent entierement. Et pour ce que toute faim resemble à vne maladie, principalement ceste Canine qui s'appelle Bulimos, il semble que elle prenne à l'homme quand le corps se trouue en quelque disposition contre nature, & pourtant à bonne cause oppose-lon l'indigence à la richesse, la maladie à la santé. Et comme ναυτία, c'est à dire le mal de cœur, qui est vn relaschement d'estomach, a proprement esté appellé de ceux qui sont en vne nauire, & qui nauigent sur la mer, mais par accoustumance de parler, il a obtenu qu'il se prent aussi generallement pour tout mal de cœur de quelque occasion qu'il puisse aduenir : aussi ce mot de Bulimia ayant commencé de là, est venu iusques icy. Nous recueillismes doncques cela comme vne contribution commune des propos de chascun : mais quand nous vinsmes à toucher la cause de la maladie, en premier lieu on demanda pourquoy c'est que principalement sont saisis de ceste maladie ceux qui cheminent parmy de grandes neiges, come iadis feit Brutus allant de la ville de Duras à celle d'Apollonie, tant qu'il en fut en danger de sa vie. Il y auoit force neige sur la terre, & nul des sommiers & viuandiers qui portoient les viures n'auoit suiuy : le cœur luy faillit, & estoit pres de tomber tout esuanouy, si que les soudars furent contraints de recourir aux ennemis, & accoururent aux murailles de la ville, requirent à ceux qui estoient à la garde d'icelles de leur donner vn pain : ce qu'ils feirent, & le porterent à Brutus, dont ils luy feirent reuenir le cœur : à l'occasion dequoy, depuis quand il eut la ville en sa puissance, il en traitta humainement & gracieusement tous les habitans, pour la courtoisie dont auoient vsé les gardes. Ce mesme accident aduient aussi aux cheuaux & aux asnes, mesmement quand ils portent des figues ou des pommes. Et ce qui fait encore plus à esmerueiller, c'est qu'il n'y a rien qui face plus tost reuenir non seulement les homes, mais aussi les bestes de voiture, que de leur donner à manger du pain, tellement que s'ils en mangent, pour peu que ce soit, ils sont aussi tost reuenus, & cheminent. Icy s'estant fait vn silence, sçachant bien que les arguments & opinions des anciens

Zz ij

Le sixiéme Liure

font incontinent cesser, & contentent ceux qui sont paresseux & faillis de cœur, mais à ceux qui sont studieux, diligents, & qui ayment à bon escient les lettres, cela au contraire leur donne vne entree & vne hardiesse de recercher plus auant & enquerir la verité : Ie me souuins d'vne doctrine d'Aristote qui dit, que tant plus il y a de refroidissement par le dehors, tant plus le dedans s'eschauffe, & consequemment aussi se fondent plus les humeurs : & si ceste faute d'humeurs flue sur les cuisses, elle fait des lassitudes & des pesanteurs : & si c'est sur les principaux organes du mouuement & de la respiration, elle produit des defaillances & foiblesses. Ie n'eu pas plus tost dit ce propos, qu'il aduint ce qui est coustumier d'aduenir, c'est que les vns se prirent à oppugner ceste sentence, les autres à la defendre : mais Soclarus dit, que le commancement du propos estoit tresbien posé, par ce que les corps de ceux qui cheminent par la neige sont voirement bien refroidis par dehors & bien comprimez : mais de dire que ceste chaleur face fondre les humeurs, & que ces humeurs ainsi fondues saisissent les principes de la respiration, il luy sembloit que c'estoit vne feinte controuuee, & que plus tost luy estoit-il aduis que la chaleur serree ensemble, & se trouuant forte & puissante au dedans, elle consume toute la nourriture, laquelle venant à estre consumee, il est force aussi que la chaleur, ne plus ne moins que le feu qui n'a plus de bois, languisse. Voila pourquoy ils ont vne faim si vehemente, & quand ils ont vn peu mangé ils se reuiennent incontinent, pour ce que ce peu qu'ils prennent est vn entreteneinét de la chaleur. Et adonc le medecin Cleomenes dit, que ce mot de Limos, qui est à dire faim, estoit venu sans mander temerairement à la cóposition de ceste diction Boulimia, sans qu'il y ait rien de la chose par luy signifiee : ne plus ne moins qu'en ce mot de καταπίνειν, qui est à dire auualler, ce mot πινν, qui signifie boire : & en ce mot aussi ἀνακύπτειν, qui signifie se dresser, κύπτειν, qui est à dire se pancher : par ce que Boulimie n'est pas faim, comme il semble à plusieurs, mais est vne passion en l'estomach, qui par concours d'humeur qui coule dedans tout à coup, engendre vne defaillance de cœur. Tout ainsi doncq comme les senteurs remediét aux pasmoisons & defaillances de cœur, aussi le pain fait reuenir ceux qui defaillent par ceste Boulimie, non pour ce qu'ils ayent besoing de nourriture : car qu'il soit vray, pour peu de pain qu'ils prennent, le cœur leur reuient : mais c'est pour ce qu'il fait reuenir les esprits, & la force de nature qui se laissoit aller : & que ce soit vne defaillance & non pas vne faim, l'accident des bestes de voiture le monstre : car la senteur des figues & des pommes ne leur donne pas vne faute & indigence de nourriture, mais plus tost vne morsure & contorsion de l'estomach. Il me sembloit aussi d'autre costé, qu'il y auoit apparence de dire au contraire, que ce n'estoit point par vne condensation, mais plus tost par vne rarefaction que cela se faisoit : car l'esprit qui sort & flue de la neige, est comme la pointe & l'esprainte fort deliee, yssant de la concretion d'icelle, laquelle a ie ne sçay quoy d'aigu & perçeant, qui penetre & passe non seulement à trauers la chair, mais aussi à trauers les vases de cuiure & d'argent : car nous voyons que tels vases ne la peuuent pas contenir, ains que se venant à resouldre en esprit, elle se consume, & emplit l'exterieure superficie d'iceux vases d'vne moiteur fort subtile & claire comme glace, que cest esprit y laisse, en passant insensiblement à trauers les petits pores & pertuis desdicts vases. Cest esprit doncques ainsi aigu comme vn feu delié venant à saisir ceux qui cheminent par la neige semble brusler l'exterieure superficie du cuir, en l'incisant, & passant à trauers la chair, comme du feu, dont il se fait vne grande rarefaction au dedans du corps, par le moyen de laquelle chaleur interieure s'escoule au dehors, & à cause de la froideur de l'esprit qui s'esteint à l'entour de la superficie, il euapore vne sueur delice & subtile comme rosee, de sorte que la force naturelle se fond & se consume : & si l'on ne bouge d'vn lieu, il ne s'en va pas tant de chaleur hors du corps : mais quand le mouuement du cheminer a soudainement

transmué

A transmué la nourriture en chaleur, & que ceste chaleur s'enfuit au dehors à trauers la chair rarefiee, il est force qu'il se face tout à coup vne grande eclipse & defaillance de la force naturelle. Et qu'il soit vray, que le refroidir ne reserre & n'espessisse pas tousjours les corps, ains les fonde & rarefie, il appert par ce que és grands hyuers les cueux de plomb se fondent quelquefois en les approchant de l'eau: & ce que nous voyons que tous ceux qui ont faim ne tombent pas en ceste maladie de Boulimie, arguë que c'est plus tost vn coulement qu'vn espessissement des corps, lesquels se rarefient en hyuer, comme nous auons desia dit, par la subtilité de l'esprit, mesmement quand le trauail du cheminer & le mouuement aiguise & subtilise la chaleur qui est dedans le corps: car estant ainsi deuenue deliee & lasse, elle flue & se dissipe facilemẽt par le corps. Et est vray-semblable, que les figues & les pommes exhalent & euaporent quelque tel esprit, qui subtilise, aiguise & incise la chaleur des animaux de voiture: car comme il y a certaines choses qui viuifient les esprits aux vns, & d'autres aux autres, aussi y en a il qui les dissipent.

QVESTION NEVFIESME.

Pourquoy est-ce que le Poëte aux autres liqueurs vse d'Epithetes propres, & appelle l'huile seule humide.

ON demanda quelquefois, pourquoy c'est qu'y ayant plusieurs liqueurs, le poëte a accoustumé d'orner & remarquer les autres de propres Epithetes & adiectifs, comme d'appeller le laict blanc, le miel iaune, le vin rouge, mais l'huile seule il l'appelle ordinairement, d'vn accident qui est commun à toutes, humide. A quoy il fut respondu, que cela est tres-doux qui par tout est doux, & tres-blanc qui par tout est blanc: or il est par tout tel, quand il n'y a rien meslé parmy qui soit de nature contraire. Aussi faut-il appeller humide cela où il n'y a rien qui soit de sec meslé parmy, ce qui conuient proprement à l'huile: car premierement ce qu'elle est lissee & polie monstre que ses parties sont toutes vnies, & par tout, aussi s'accorde elle à la veuë, & se baille fort claire aux yeux à se mirer dedans, comme en vne glace de miroüer, par ce qu'il n'y a rien dedans qui soit rude, ou aspre, en sorte qu'il dissipe la reflexion de lueur, ains de toute part, à cause de l'humidité, toute lueur, pour petite qu'elle soit, se retourne contre la veuë: comme au contraire le laict seul entre les liqueurs ne renuoye point les images comme vn miroüer, à cause qu'il y a beaucoup de subsistance terrestre meslé parmy. D'auantage c'est de toutes les choses liquides celle qui moins fait de bruit quand on la remuë, d'autant qu'elle est humide en tout & par tout, là où des autres liquides les parties, qui sont dures & terrestres, en coulant & se mouuant s'entrechocquent & battent, & par consequent meinent bruit, à cause de leur pesanteur. Qui plus est, elle demeure simple, sans admettre composition ny meslange quelconque, d'autant qu'elle est fort dense & serree, par ce qu'elle n'a point de pertuis vagues & vuides entre ses parties dures & terrestres, pour pouuoir receuoir aucune substance dedans. Oultre cela pour la similitude de ses parties, elles se ioignent fort bien, & se continuent ensemble, qui est cause que le feu s'en nourrit, lequel ne se nourrit que de l'humidité, & n'y a rien qui soit apte & idoine à brusler que l'humeur, comme lon voit és bois que lon brusle, que ce qu'il y a d'air s'en va en fumee, ce qu'il y a de terrestre demeure conuerty en cendre, & n'y a rien que ce qui est liquide & humide qui se consume par le feu, par ce qu'il n'y a rien autre dont il se nourrisse: parquoy l'eau, le vin, & autres liqueurs tiennent fort du trouble & du terrestre: quand on les iette dedans le feu & sus de la flamme, elles la disgregent par leur aspreté, la suffoquent & l'esteignent par leur pesanteur: mais l'huile d'autant que plus proprement & plus sincerement elle est humide, à cause de sa subtilité elle se change & se gaigne facilement par le feu qui l'enflamme. Et pour vn manifeste signe & argument de son humidité, c'est qu'vne bien petite partie se peut espandre & diffundre fort amplement : car il n'y a ny miel, ny eau, ny autre liquide quelconque, qui de si peu de ius se puisse dilater & estendre si amplement comme fait l'huile, ains au contraire perissent tout incontinent, & se perdent & consument à cause de leur siccité, là où l'huile se peut tirer par tout, & estant molle elle se laisse mener & conduire par tout le corps quand on s'oingt, & flue & coule bien fort loing, à cause de l'humidité de toutes ses parties qui en sont d'autant plus mobiles, de sorte qu'elle demeure fort long temps, sans qu'on la puisse faire en aller. Car vn vestement qui sera tout trempé d'eau se seiche facilement, mais les taches d'huiles, il faut vne grande manufacture pour les nettoyer, d'autant qu'elle perce fort, à cause qu'elle est fort deliee, fort subtile & fort humide: car Aristote dit, que depuis que le vin mesme est embu dedans vn habillement, il est malaisé de l'en retirer & oster, à cause qu'il est plus delié que l'eau, & penetre plus auant dedans les pores.

QVESTION DIXIESME.

Pourquoy est-ce que les chairs des victimes que lon pend & attache à vn figuier, en deuiennent plus tendres.

LE cuisinier d'Aristion fut estimé habile homme de son mestier par ceux qui soupoient chez son maistre, d'autant qu'il auoit au demourant fort bien habillé toutes les autres viandes, & mesmement par ce qu'il nous auoit seruy vn coq, qui ne faisoit que de venir d'estre tué & immolé à Hercules, tout aussi tendre comme s'il eust esté tué vn iour ou deux deuant. Aristion respondit que cela estoit facile à faire, & qu'il ne le falloit qu'attacher seulement à vn figuier, incontinent qu'il auoit la gorge coupee. Nous cerchions la cause de cest effect. Or qu'il sorte du figuier vn vent & esprit fort agu & vehemét, la veuë mesme en porte tesmoignage: & ce que lon recite du taureau, que l'attachant à vn figuier, quelque farouche & sauuage qu'il soit, il s'appaise & deuient tout quoy, endurant qu'on le touche & qu'on le manie, & bref qu'il perd toute sa cholere & fierté, cóme si elle s'esuanouïssoit: mais la plus part de la cause s'attribuoit à l'acrimonie du bois, par ce que l'arbre est plus succulent que nul autre, tellement que la figue mesme, & le bois, & la fueille sont tous pleins de ius: & quand on le brusle il rend vne fumee fort acre, & qui fait fort mal aux yeux, & apres qu'il est bruslé, de la cendre on en fait vne lexiue qui est forte & detersiue à merueilles, qui sót tous signes de chaleur. Et si dit on d'auantage, que le ius fait prendre le laict, non que par son inegalité de figure il tresse & colle les parties du laict, en chassant au dessus à la superfice celles qui sont vnies & rondes, ains par ce que de sa chaleur il fond, resoult & consume ce qu'il y a d'humeur eueuse, diffluente, & qui ne se peult figer ensemble. Encore est-ce vn signe de chaleur ce qu'il est doulx, bien que ce ius là soit inutile, & le plus mauuais bruuage du monde: car ce n'est pas l'inegal & difforme qui fait prendre le lissé & vny, mais le chauld qui fige & coagule le froid, & le crud. Qu'il soit vray, le sel y sert à cela, pour ce qu'il est chauld, cóbien toutefois qu'il empesche l'entrelassement & liaison pretendus, & que son naturel est plus tost de dissouldre & de deslier. Le figuier doncques rend & iette dehors vn esprit acre, perceant & incisif, lequel attendrit & meurit la chair de l'oiseau: & tout autant en feroit-il qui le mettroit dedans vn tas de bled, ou qui le couuriroit de sal-nitre, pour la chaleur. Et qu'il soit vray que le bled froment ait de la chaleur, on le preuue par des cruches pleines de vin: car qui les mettroit dedans vn monceau de bled, il trouueroit le vin bien tost consumé.

Le Septié-

Le Septiéme Liure des propos de table.

LE PROEME.

LES Romains ont communément en la bouche le propos de quelque gentil & honneste personnage, Sossius Senecion, quiconque ait esté celuy-là, qui disoit quand il auoit soupé seul, I'ay auiourd'huy deuoré, & non pas soupé: monstrant qu'il desiroit tousiours auoir compagnie à manger, comme estant la compagnie la saulse de la viande. Euenus souloit dire, que le feu estoit la meilleure saulse du monde: & Homere appelle le sel diuin, comme les autres le surnomment la grace, pource qu'estant meslé & ioinct auec les autres viandes, il les rend fort plaisantes & agreables au goust: mais le plus diuin saupicquet d'vne table & d'vn souper, à la verité c'est vn amy, vn familier, vn que lon cognoist, non pource qu'il boit & mange auec nous, mais plustost pource qu'il participe à nos propos, & nous communique les siens, pourueu qu'il y ait quelque chose de bon, vtile & pertinent en tels deuis, d'autant que le babil que lon tient en buuant & folastrant, met bien souuent les mal-aduisez en des passions & inconueniens, & les desbauche encore plus qu'ils ne l'estoiét, de maniere qu'il ne faudroit pas moins examiner & esprouuer les propos, que les amis, que lon voudroit & deuroit receuoir à la table, en pensant & disant tout le contraire de ce que faisoient anciennement les Lacedemoniens, lesquels quand ils receuoient vn estranger ou vn ieune homme en leurs salles, où ils mangeoient ensemble, leur monstroient la porte, & leur disoient: Il ne sort pas vn propos hors de ceste porte. Mais nous nous pouuons accoustumer nous mesmes à tenir à table des propos qui pourront estre rapportez à tous & par tous, à cause des matieres, esquelles il n'y a rien de lubricité, rien de mesdisance, ny de detraction, rien de malignité, ne qui soit indigne d'vn homme de bien, comme lon pourra iuger par les exemples qui sont contenus en la dizaine de ce Septiéme Liure.

QVESTION PREMIERE.

Contre ceux qui reprennent Platon de ce qu'il a dict, que le boire passe par les poulmons.

IL aduint vn iour d'Esté à quelqu'vn de la compagnie où i'estois à souper, de s'escrier tout haut ces vers d'Alcæus,

Trempe de vin ton poulmon, car l'ardente
Caniculaire est au ciel euidente.

Ce n'est pas de merueille, dict adonc Nicias le medecin natif de Nicopolis, si vn poëte a ignoré ce que Platon le grand philosophe n'a pas entendu: combien que encore peut-on mieux excuser & secourir Alceus, parce que lon peut dire, qu'il entendoit que le poulmon estant prochain voisin de l'estomach, sentoit la fraischeur & moiteur de la liqueur quand on buuoit, & pour cela n'est-il pas impertinent de dire, qu'il s'en trempe. Là où ce grand philosophe là, en paroles expresses a laissé par escript, que le boire passe par les poulmons, de sorte qu'il ne laisse moyen quelconque vray-semblable de le reuenger & defendre, quelque bonne volonté que lon en eust, tant l'ignorance & la faulte est lourde & grossiere. Premierement parce qu'estant necessaire, que la nourriture aride se mesle auec la liquide, il est tout apparent

Le septiéme Liure

qu'il falloit vn commun vase, qui est l'estomach, pour les receuoir ensemble, à fin d'enuoyer & trasmettre au bas ventre la viande molle & destrempee. Et puis, veu que le poulmon est lissé, & tout d'vne piece solide, comment est-ce quand on donne vn bruuage où il y a de la farine meslee, qu'il passe, & qu'il n'est aresté? car c'est vne question que luy obijce Erasistratus fort à propos. Dauantage, ayant enquis par raison de plusieurs des parties du corps, pourquoy elles estoient faictes, & voulant sçauoir & entendre, comme il est bien seant à vn philosophe, à quel vsage nature les auoit produictes, il deuoit penser que la luette, autrement l'epiglottide, n'estoit pas faicte en vain, pour ne seruir de rien, estant ordonnee à cest effect, à fin que comme vne soupape elle bouschast & seellast le conduit du sifflet & artere aspre, de peur qu'en auallant il ne tombast aucune partie du boire ou du máger sur le poulmon, lequel est fort asprement trauaillé & deschiré de la toux, quand il en glisse quelque chose dedans le tuyau du sifflet par où l'esprit passe & repasse. Mais la luette estant assise droictement au milieu, quand on parle, elle bousche le conduict de l'estomach, & quand on boit & mange elle estoupe l'artere aspre qui est le canal des poulmons, gardans le passage pur & net au vent & à l'haleine pour la respiration. Dauantage nous sçauons par experience, que ceux qui boiuent peu à peu, à loisir, ont le ventre plus mol, que ceux qui entonnent tout à coup leur boire: car cela chasse & poulse incontinent l'humeur en la vessie, ne faisant que passer, pour l'impetuosité dót on l'y a ietté, là où l'autre demeure plus longuement auec la viande qu'il destrempe, de maniere qu'elle se mesle mieux auec le boire, & y demeure plus longuement. Ce qui n'aduiendroit pas si dés le commancement le boire estoit separé & distingué de la viande en auallant, mais nous les lions, & apparions ensemble la viande auec le boire, à fin que la viande se serue de l'humeur, comme d'vne voiture pour la porter par tout, ainsi que disoit Erasistratus. Nicias ayant faict ce discours, Protogenes le grammairien y adiousta, que le poëte Homere auoit le premier sçeu & cogneu, que l'estomach estoit le vase & receptacle de la viande, & le sifflet du vent de l'haleine, que les anciens appelloient Aspharagos. Voyla pourquoy ils souloient appeler les grands criards & qui auoient forte voix, ἐρισφάραγοι, qui signifie grand gousier. Parquoy ayant dict d'Achilles qui auoit abbatu Hector,

  Il luy donna dedans la gorge nuë,
  Là où de l'ame est plus prompte l'yssuë:
Il dict vn peu apres,
  Pas ne coupa sa lance le sifflet.
Il ne dict pas là Leucanien, qui est à dire la gorge, mais Aspharagon, comme le sifflet, qui est le propre canal & conduict de la voix & de l'esprit. Apres ces paroles dictes, on demeura quelque temps en silence, iusques à ce que Florus se prit à dire: Et comment, laisserons nous doncques ainsi condamner Platon absent par forclusion, à faute de defense? Non pas, dis-je, tout seul, car nous ietterons en auant auec Platon Homere, lequel tant s'en fault qu'il exclue & destourne le boire de l'aspre artere, & qu'il iette le boire & le manger ensemble, qu'il dict,

  Le vin sortoit hors de sa gorge pleine,
  Et les morceaux sanglans de chair humaine.
Si d'aduenture lon ne veut maintenir, que ce Cyclops Polyphemus, comme il n'auoit qu'vn œil, aussi n'auoit-il qu'vn mesme canal & conduit de la viande & de la voix: ou bien, si lon ne dict qu'en cest endroict là il appelle Pharynx l'estomach, & non pas le sifflet, ainsi qu'il a esté appellé vniuersellement par tous & anciens & modernes: ce que ie n'ay pas allegué pour faute de tesmoings, mais pour la verité. Car il y a assez de bons tesmoings pour Platon. Passez, si vous voulez, Eupolis le poëte Comique, lequel dict en sa Comędie de Colax, du flatteur,

            Protagoras

Des propos de table. 411

A Protagoras commandoit de bien boire
  Auant le temps de la Caniculaire,
  Afin qu'on euſt les poulmons bien trempez.
 Paſſez auſſi, s'il vous plaiſt, le gentil Eratoſthenes qui dict,
  De bon vin pur trempe iuſques au fond
  Tous les deſtours de ton poulmon profond.
Mais Euripides qui dict expreſſément en vn paſſage,
  Le vin paſſant les conduicts des poulmons,
voyoit à mon aduis, vn peu plus clair que ne faiſoit Eraſiſtratus : car il ſçauoit que le poulmon a des cauernes, & qu'il eſt percé de trous & conduicts, par leſquels l'humeur paſſe. Car quant à l'haleine, elle n'auoit point de beſoing de ces petits trous-là pour ſortir, ains a eſté fait par la nature, ainſi cauerneux, & pertuiſé comme vn crible, pour occaſion de l'humeur & des autres ſubſtances qui tombent dedans quand & l'hu-
B meur: & n'y a point plus d'inconuenient, que le poulmon tranſmette & donne paſſage à la farine meſlee auec l'humeur, & à la boulie, que l'eſtomach : car noſtre eſtomach n'eſt point liſſé, comme quelques vns nous diſent, ne gliſſant, ains a des aſperitez & inegalitez, auſquelles il eſt vray-ſemblable, que les menues parcelles de ce que nous prenons, s'attachans & arreſtans, éuitent d'eſtre ſoudain auallees & enuoyees à bas. Mais il n'eſt bien de dire ny l'vn ny l'autre, car la nature eſt ſi ingenieuſe & induſtrieuſe en ſes operations, qu'il n'y a eloquence qui le ſçeuſt aſſez exprimer : & n'eſt poſſible de bien ſuffiſamment expliquer l'exquiſe perfection des outils principaux dont elle ſe ſert, i'entens de la chaleur & des eſprits. Mais i'allegue dauantage pour teſmoings en faueur de Platon, Philiſtion le Locrien, perſonnage fort ancien, & fort renommé pour ſon excellence en voſtre art de medecine, & Hippocrates de Co, leſquels ne donnent point d'autre voye ne conduit au boire, que celuy que luy donne Platon. Quant à l'epiglottis, c'eſt à dire, la luette, tant priſee, Dioxippus ne
C l'a point ignoree. Car il dict qu'alentour d'icelle, l'humidité, en auallant, ſe ſeparant ſe coule dedans l'aſpre artere, & que la viande ſe roulle dedans l'eſtomach, & que dedans l'artere il ne tombe rien qui ſoit de la viande, mais que l'eſtomach parmy la viande reçoit auſſi quant-&-quant quelque partie du boire meſlee parmy. Car il eſt vray-ſemblable que ceſte luette ait eſté poſee comme vn couuercle & vn obſtacle au deuant de l'emboucheure de l'artere, à fin que petit à petit tout bellement le boire s'y coulaſt dedans, non pas à flot tout à coup, de ſorte que l'eſprit trop humecté en demouraſt ſuffocqué ou empeſché. Voyla pourquoy les oyſeaux n'ont point de luette, & ne leur en a nature point donné, d'autant qu'ils ne boiuent pas en attirant l'eau, ny en lappant & lechant, ains en baignant leur bec dedans l'eau, & tranſmettant peu à peu le boire, ils atroſent tout doucement leur artere, & la trempent. Mais quant aux teſmoings & aſtipulateurs, Platon n'en a que trop. Au de-
D mourant quant à la raiſon, l'experience du ſentiment luy en faict foy : car depuis que ceſte artere du ſifflet eſt bleſſee, le boire ne s'aualle plus, ains comme eſtant le tuyau coupé, on voit qu'il ſort dehors par la playe, combien que l'eſtomach demeure ſain & en ſon entier. Et puis nous ſçauons tous qu'à la maladie de Peripneumonie, qui eſt inflammation des poulmons, il ſuit vne ſoif fort ardente, à cauſe de la ſechereſſe ou chaleur, ou quelque autre cauſe, qui auec l'inflammation apporte ceſte grande enuie de boire. Et puis vn autre ſigne & argument fort puiſſant, c'eſt, que les animaux qui n'ont point de poulmon, ou qui l'ont fort petit, ceux-là n'ont aucun beſoing de boire, ny ne l'appetent point auſſi : parce que chacune partie du corps a vn naturel appetit de faire l'œuure à laquelle elle eſt deſtinee : & ceux qui n'ont point quelques parties, auſſi n'en ont-ils point l'vſage, ny la cupidité de l'operation qui ſe fait par icelles. En ſomme, il ſembleroit que la veſſie euſt eſté pour neant don-

née aux animaux qui l'ont: car si l'estomach reçoit le boire auec le manger, & le baille & l'enuoye au bas ventre, la superfluité de la nourriture humide n'a point de besoing de particulier receptacle & conduit, ains suffiroit qu'il y en eust vn commun
pour l'vn & pour l'autre, comme vn esgoust de la sentine, l'vne & l'autre nourriture
tendant en vn mesme receptacle par vn mesme conduit: mais maintenãt au contraire, la vessie est à part d'vn costé, & le gros boyau de l'autre, d'autant que l'vn procede
du poulmon, & l'autre de l'estomach, estant diuisé l'vn de l'autre dés l'aualler incontinent. Voyla pourquoy en la superfluité humide il n'apparoit rien de la seiche qui
luy soit semblable ny en couleur ny en odeur: & neãtmoins la raison naturelle voudroit, qu'estant meslee & destrempee auec elle dedans le ventre & les boyaux, elle
fust remplie des qualitez d'icelle, & qu'elle n'en fust pas coulee dehors ainsi nette &
non contaminee: au contraire, il ne se trouue point * qu'il y ait iamais eu pierre concreée dedans les boyaux, combien que la raison voudroit que l'humidité s'y con-
gelast & concreast aussi bien en pierre, comme elle faict dedans la vessie, s'il estoit
vray que tout ce qui se boit descendist au ventre & aux boyaux, en passant à trauers
de l'estomach seulement: mais il semble que l'estomach incontinent au commancement du boire, tire à soy de l'humeur qui passe au long de luy ce qui luy en est necessaire & requis pour mollifier, destremper, & conuertir en ius nutritif sa viande,
& que pour ceste cause il ne laisse rien de superfluité humide, & que le poulmon,
comme celuy qui depart & l'esprit & l'humidité de luy-mesme à ceux qui en ont besoing, espraint au demourant ce qui luy reste en la vessie. Il y a bien plus d'apparence de verité en ce propos là qu'és autres, combien que à l'aduenture seroit-il bien
malaisé de comprendre la certaine verité en telles choses: & pourtant ne falloit-il
pas ainsi temerairement prononcer sa sentence à l'encontre du prince des philosophes, tant à la verité qu'en l'opinion & reputation de tout le monde, mesmement
touchant vne chose incertaine, & où il y a tant de moyens & d'argumens pour defendre Platon.

*Cela est
faulx.
Il s'en
engendre
quelque-
fois de-
dans le
boyau qui
s'appelle
monoph-
talmos.*

QVESTION SECONDE.

*Que c'est que Platon appelle κερασβόλος, & pourquoy les grains qui en
les semant tombent sur les cornes des bœufs, en deuiennent
durs & malaisez à cuire.*

ON a tousiours demandé de Cerasbolus & de Ateramon, non pas que c'est, car il
est certain & manifeste que les semences qui tombent sur les cornes des bœufs,
selon la commune opiniõ, produisent vn fruict qui ne se peut amollir ne cuire: voyla pourquoy par translation on appelle vn homme reuers & farouche, Cerasbolus &
Ateramon. Mais on doutoit & demandoit de la cause, pour laquelle ces grains & semences là qui donnoient contre les cornes des bœufs quand on les seme, en prenoiét
ceste imperfection là: ce que i'ay par plusieurs fois refusé de cercher à mes amis, mesmement pource que Theophrastus en faict la raison fort obscure, le mettant entre
plusieurs exemples qu'il a recueillis & redigez par escript d'effects merueilleux, & dõt
la cause est bien malaisee à trouuer, comme est celuy des poules qui amassent à l'entour d'elles des pailles & festus apres qu'elles ont pondu leurs œufs: & le veau marin,
qui crache sa presure quand on le prend: & les cerfs, qui cachent en terre leurs cornes: & le chardon à cent testes Eryngium, que si vne cheure le prend en sa bouche,
tout le troupeau incontinent s'arreste. Entre ces effects-là il y met aussi les semences tombees sur les cornes des bœufs, chose qui est tenuë pour bien certaine qu'elle se treuue ainsi, mais dont la cause est impossible ou bien tres-difficile à imaginer:

*Pline es-
crit le
mesme du
Bieure.*

toutesfois

Des propos de table. 412

A toutefois vn iour, en la ville de Delphes, quelques vns de nos amis nous assaillirent de ceste question, disans, que non seulement
> Le ventre plein on en conseille mieux.

mais aussi on est plus dispos à souldre des questions, parce que le vin rend les personnes plus promptes & plus hardies à prononcer, & donner resolution. Si me requirent de vouloir dire quelque chose sur ceste question : ce que ie refusois de faire, & auois d'assez bons aduocats, qui me defendoient & prenoient ma cause en main. Euthydemus mon collegue & compagnon en la dignité de prestrise, & mon gendre Patroclus, qui alleguoient plusieurs choses telles, tant de l'art de l'agriculture que de la venerie, comme est-ce que lon dict, que lon destourne & garde lon de tomber la gresle auec le sang d'vne taulpe, ou des linges souillez des purgations menstruales d'vne femme : & que qui prendroit des figues d'vn figuier sauuage, & les attacheroit à vn figuier franc, il engarderoit que ses figues ne tomberoient point à terre, ains les
B retiendroit sur l'arbre, & les feroit meurir : & que les cerfs iettent des larmes sallees, & les sangliers doulces. Car si tu te mets à vouloir recercher la cause de cela, dit Euthydemus, il faudra incontinent que tu rendes aussi raison & de l'ache & du cumin, dont on foule l'vne aux pieds, pource que lon a opinion qu'elle en vient mieux apres, & l'autre on le seme en le maudissant & l'iniuriant. Florus respondit, que c'estoit toute mocquerie & chose controuuee à plaisir que cela, mais quant à la cause de l'autre, il n'en voudroit pas reietter la recerche, comme si elle estoit incomprehensible. I'ay trouué, dis-je, vn remede pour amener cest homme en nostre opinion auec la raison, de maniere que luy-mesme souldra quelques vnes des questions proposees. Il me semble donc que c'est la froideur qui produit ceste dureté reuesche, tát aux bleds, comme aux legumages, en les comprimant & estraignant iusques à les rendre durs, là où la chaleur les amollit & les rend faciles à cuire. Et pourtant ne disent pas bien ceux qui alleguent ce verset contre le dire d'Homere,
C   C'est l'an, non pas la terre, qui produit.

car les terres qui sont de nature chauldes, prouueu que l'annee soit au demourant de bonne & de gracieuse temperature, produisent les fruicts plus tendres. Parquoy les graines & semences qui incontinent au partir de la main du laboureur tombent droict sur la terre, entrans dedans, & y estans couuertes, se sentent par ceste couuerture plustost de la chaleur & humidité de la terre, pour germer & leuer, là où celles qui heurtent contre les cornes des bœufs, en tombant, n'ont pas ceste droicture que requiert Hesiode, ains allans chancellant & bronchant, elles semblent plustost estre iettees que semees : parquoy les froidures qui suruiennent, ou les gastent & perdent du tout, ou bien elles font vn fruict qui deuient dur, & qui ne se peut attendrir sans humeur, sec comme bois, n'estant couuert que de sa cotte : car vous voyez mesmes que des pierres les parties qui sont auant dedans la terre,&
D en lieu plus obscur, en sont plus fresles & plus tendres, conseruees par la chaleur, que celles qui sont à fleur de terre. Voyla pourquoy les ouuriers enfouissent dedans la terre les pierres de taille qu'ils veulent tailler, comme si elles s'y meurissoient par la chaleur, là où celles qui demeurent dehors à l'air toutes nues, à cause de la froideur deuiennent dures & mal-aisees à tailler, & à mettre en œuure : les grains mesmes s'ils demeurent longuement sur l'air nuds à descouuert, ils en deuiennent plus durs & plus reuesches que ceux qui en sont bien tost enleuez, & quelquefois le vent mesme qui suruient ce pendant qu'on vanne le bled, le rend plus rebours & plus dur, à cause de sa froideur : comme lon raconte qu'il s'experimente en la ville de Philippi en la Macedoine, là où quand on le serre auec sa bale, cela luy sert : ce qu'il ne faut pas trouuer estrange, veu ce que lon entend dire aux laboureurs, que de deux sillons & rayons qui sont tous ioignans l'vn l'autre, l'vn produit le fruict re-

Le septiéme Liure

belle & dur, & l'autre aisé & tendre: & qui plus est encore, que és febues d'vne gousse les vnes seront d'vne sorte, & les autres d'vne autre, selon qu'elles auront senty plus, ou de vent, ou d'eau froide.

QVESTION TROISIESME.

*Pourquoy est-ce que le milieu du vin, le haut de l'huile,
& le bas du miel, est le meilleur.*

MON gendre Alexion se mocquoit vn iour du poëte Hesiode, qui conseille de boire à bon escient, quand le tonneau est plein, ou qu'il est au bas, mais de l'espargner quand il est au milieu,

    Quand le tonneau est plein, ou qu'il est bas,
    Boy hardiment, & ne l'espargne pas,
    Mais au milieu fais en espargne chiche:

là où le vin est le meilleur. Car qui est celuy, dict-il, qui ne sçait que le milieu du vin deuient le meilleur, & le dessus de l'huile, & le dessous du miel? & luy conseille de laisser là le milieu, & attendre iusques à ce qu'il soit esuenté, aigre ou bas, quand il n'y en a plus gueres au vaisseau. Apres qu'il eut dict ces paroles, nous nous meismes à recercher les causes de ces differences & diuersitez, sans plus nous arrester à Hesiode. Or quant à la cause & raison du miel, elle nous donna beaucoup plus d'affaire, parce qu'il n'y a celuy qui ne sçache, que ce qui est leger, l'est pour autant que sa substance est rare, & que ce qui est solide, espais & continu, pour sa pesanteur s'affaisse au dessous, de sorte qu'encore que vous renuersiez le vaisseau, de rechef en peu de temps chascune partie retourne en sa place, le pesant deualle contre bas, & le leger flotte au dessus: & si n'y eut pas faute d'arguments pour rendre raison du vin. Car premierement sa puissance, qui est la chaleur, à bonne cause s'amasse enuiron le milieu, & conserue celle partie la meilleure de toutes: & puis le bas, à cause du voisinage de la lie, est mauuais: & ce qui est au hault en la superfice, se gaste à cause de la proximité de l'air: car nous sçauons tous que l'air luy est fort dangereux, d'autant qu'il le tire hors de sa qualité naturelle. C'est pourquoy on enfouït les vaisseaux dedans la terre, & les bousche l'on diligemment, à celle fin que tant moins d'air luy touche: & qui plus est, le vin ne se gaste pas tant quand les vaisseaux sont du tout pleins, que quand il s'en faut quelque chose. Car l'air entrant en quantité en l'espace qui est vuide, l'esuente & altere dauantage, là où quand les vaisseaux sont tout pleins, le vin s'en entretient de luy mesme, ne receuant pas de dehors beaucoup de ce qui luy est ennemy, & qui le gaste & corrompt. Mais l'huile nous arresta vn petit plus, & nous donna plus d'affaire: car les vns dirent que le bas est le pire, parce qu'il est troublé & brouïllé de la crasse & de la vase qui est au fond, & que le dessus n'est le meilleur, mais qu'il le semble, d'autant qu'il est plus esloigné de ce qui le gaste. Et les autres en attribuerent la cause à la solidité, pour laquelle elle ne se peut mesler ny incorporer auec pas vne autre liqueur, si ce n'est que lon la fende à force & par violence, tellement qu'elle ne donne pas à l'air mesme moyen de se mesler auec elle, ains se tient à part d'auec luy, & s'en retire pour la tenuité deliée, & continuité de ses parties: c'est pourquoy elle n'en est point alteree, d'autant qu'il ne la peult vaincre ne gaigner. Toutefois il semble qu'Aristote contredit à ceste raison, ayant, ce dict-il, obserué, que l'huile deuient meilleure & plus odorante quand elle est gardee en vaisseaux non tout pleins: & puis il attribue la cause de la melioration à l'air: parce, dict-il, qu'il entre plus d'air en vn vaisseau qui est à demy vuide. N'est-ce point doncques, dis-je, pour vne mesme puissance & faculté, que l'air amende l'huile & empire le vin? parce que la vieillesse

est

Des propos de table.   413

A est nuisible à l'huile, & profitable au vin, laquelle vieillesse l'air oste à l'huile, d'autant que ce qui est refraichy demeure ieune & frais, & ce qui est estouffé & ne prend point d'air, pour estre tenu reclus s'enuieillit incontinent. Il y a doncques de l'apparence vray-semblable à dire, que l'air approchant & touchant à la superfice tient frais & ieune ce qu'il touche. C'est pourquoy le dessus du vin est la pire partie, & de l'huile la meilleure, parce que l'enuieillissement apporte & engendre en celle-cy vne tresbonne disposition, & en celuy-là vne tref-mauuaise.

QVESTION QVATRIESME.

Pourquoy gardoient anciennement les Romains ceste coustume, de n'oster point la table vuide, ny la lampe esteinte.

B FLORVS amateur de l'antiquité ne vouloit iamais souffrir que lon ostast & enleuast la table vuide, ains y falloit laisser tousiours quelque reste de viandes dessus: & sçay, disoit-il, que mon pere & mon grand pere obseruoient non seulement cela soigneusement, mais aussi ne permettoient pas que lon esteignist la lampe apres souper, pour ne despendre point d'huile inutilement. Et Eustrophus Athenien, qui estoit en la compagnie: He-dea, dict-il, quel aduantage auoient-ils en cela? si d'aduenture ils n'auoient appris la finesse de nostre citoyen Epicharmus, lequel ayant, comme il disoit, longuement pensé, comment il pourroit engarder ses seruiteurs de luy desrober son huile, à peine à la fin en auoit-il trouué le moyen: car incontinent que lon auoit esteint les lampes, il les remplissoit toutes pleines d'huile, & puis il reuenoit le lendemain matin visiter si elles estoient encores pleines. Florus se prenant à rire de ceste habileté: Or bien doncq, dict-il, puis que ceste question est dissoulte, ie vous prie cerchons la raison pour laquelle les anciens ont esté si religieux quant
C à la table, & quant aux lampes. Lon commença par les lampes, & dict Cesernius son gendre, qu'il estimoit que les anciens eussent en abomination d'esteindre tout feu quel qu'il fust, pour la similitude & parenté qu'il auoit auec le sacré feu que lon garde inextinguible: parce qu'il y a deux moyens de le faire perir, ne plus ne moins qu'vn homme, l'vn violent, quand on l'esteint à force, l'autre naturel, quand il se meurt de luy-mesme. Or quant au sainct & sacré feu, on remedie à l'vn & l'autre moyen, en l'entretenant tousiours & le gardant soigneusement: mais quant à l'autre feu commun ils le laissoient assoupir de soy-mesme, & ne le forçoient point, ny ne le faisoient pas mourir, ains comme s'ils eussent osté les viures à vne beste, à fin de ne la nourrir pas en vain, ils ne l'entretenoient point. Lucius le fils de Florus dict adoncq, que tout le reste luy sembloit estre bien dict, mais quant au sacré feu, que les anciens ne l'auoient point choisi pour le reuerer & adorer à cause qu'ils l'esti-
D massent plus sainct ne meilleur qu'vn autre, mais ainsi comme aucuns entre les Ægyptiens adorent & reuerent toute l'espece des Chiens, & d'autres celle des Loups, ou des Crocodilles, mais ils n'en nourrissent pourtant qu'vn respectiuement, les vns vn Chien, les autres vn Loup, & les autres vn Crocodile, parce qu'il ne seroit pas possible de les nourrir tous. Aussi en ce cas icy que le soing, la vigilance, & la deuotion qu'ils employoient à garder le sainct feu, estoit signe & marque de l'obseruâce & religion qu'ils auoient enuers le total element du feu, parce qu'il n'y auoit rien qui resemblast mieux à creature animee & viuâte, attendu qu'il se meut & se nourrit de luy mesme, & par sa lueur esclaire, & nous met en evidence toutes choses, comme faict l'ame: mais principalement se monstre sa puissance n'estre point sans quelque principe de vie, quand on l'esteint ou qu'on le suffoque à force, car il crie & iette quelque son, & se reuenche comme fait vn animal que lon tue & que lon fait mourir à force:

Aaa

Le septiéme Liure

Et en disant cela, & iettant les yeux sur moy : N'as-tu rien, dict-il, à dire de meilleur? Ie ne sçaurois, dis-je, rien reprendre en tout ce qui a esté dict, mais i'y adiousterois volontiers, que ceste façon de faire & coustume là, est comme vn exercice & discipline d'humanité: car il ne faut ny perdre & abolir la viande & nourriture, apres que lon en a pris à suffisance, ny apres que lon s'est bien trempé d'vne bonne eau, en cacher ny estouper la source, ny gaster les marques & enseignes du chemin & de la nauigation apres que lon en a faict, ains en laisser les marques & instruments, qui pourront seruir à la posterité de ceux qui viendront apres nous. Voyla pourquoy il n'est pas honneste d'esteindre la lampe par chicheté, incontinent que nous n'en auons plus que faire, ains la fault garder & laisser, à fin que si quelqu'vn auoit affaire de feu, il la trouue encore bruslante & ardente: car ce seroit sainctement faict, qui pourroit, de prester mesme sa propre veuë, son oüye, voire sa prudence mesme, & sa force & vaillance, à quelque autre, quand on s'en va dormir, ou que lon se veult reposer. Et considerez dauantage si les anciens ont point permis ces excessiues obseruations là, pour vne discipline & exercice de gratitude: comme en ce qu'ils reueroient les chesnes portans gland, & les Atheniens appelloient vn certain figuier sainct, & defend on de couper Morian, c'est à dire l'oliuier consacré. Ces obseruances là ne rendent pas les hommes enclins à la superstition, comme aucuns estiment, ains nous exerçent & accoustument à la gratitude & sociable humanité les vns enuers les autres, par l'estre enuers ces choses-là, qui n'ont ny ame ny sentiment. Voyla pourquoy Hesiode faict bien, qui ne veut pas que nous tastions de la chair ny de la viande tiree de la marmite, que nous n'en ayons premierement offert les primices, & comme le loyer de son seruice, au feu : Et bien aussi faisoient les Romains, qui n'ostoient pas aux lampes la nourriture qu'ils leur auoient baillee, apres qu'ils en auoient faict, ains les en laissoient iouyr viuantes & ardentes. Apres que i'eu dict cela, Eustrophus prenant la parole: cela, dict-il, ne donneroit-il point bien vn propre passage pour passer de là à parler de la table, sur laquelle les anciens vouloient qu'il demourast tousjours quelques reliques du souper pour les esclaues & pour leurs enfans? car ils sont aises d'auoir non seulement dequoy manger, mais aussi de nostre reste, & du relief mesme de nostre table. C'est pourquoy lon dict, que les Roys des Perses enuoyoient la liuraison non seulement à leurs amis, aux Princes & Capitaines, & aux gardes de leurs corps, ains vouloient que le manger mesme des esclaues, voire des chiens, fust serui sur leur table, voulans que tous ceux dont ils se seruoient fussent, autant qu'il estoit possible, leurs commensaux, & vescussent de leur maison : car les plus sauuages & plus farouches bestes mesmes, s'appriuoisent en leur donnant à manger. Adoncq me prenant à rire : Et pourquoy mon bel amy, dis-je, ne tirons nous en auant le poisson serré, * que lon dict en commun prouerbe, auec le picotin de Pythagoras sur lequel il defendoit de se seoir? nous enseignant de laisser tousiours quelque reste pour le lendemain, & auiourd'huy nous souuenir du demain. Quant à nous autres Bœotiens, nous auons encore ce commun prouerbe en la bouche, Laisse quelque chose pour les Medois: du temps que les Medois coururent & fourragerent toute la prouince de la Phocide, & les bords de la Bœoce: mais il faut tousiours auoir en la bouche & à la main ce propos, Laisse quelque chose aussi pour les hostes & suruenans. Car quant à moy, ie trouue mauuaise & blasme la table d'Achilles, qui estoit tousiours vuide & affamee, parce qu'estans Aiax & Vlysses allez en ambassade deuers luy, ils ne trouuerent rien de prest, ains furent contraincts de cuisiner & appareiller le souper dés le commencement. Et vne autrefois voulant traicter & receuoir Priam, en se leuant il tue vn blanc mouton, le taille en pieces, le rostit, consumant la plus part de la nuict en cela: là où Eumęus, comme estant la sage nourriture d'vn sage maistre, ne se trouua point estonné ny embesongné quád Telemachus luy suruint à

*C'est vn prouerbe Grec. qui signifie, qu'il faut auoir soucy du lendemain.

l'impour-

Des propos de table.

A l'impourueu, ains le festoya incontinent, le faisant seoir à table,
    Là où en plats il fut soudain seruy
    De rost le iour de deuant desseruy.

Et si cela vous semble chose legere & de peu de consideratiõ, pour le moins me confesserez vous que ceste occasion n'est pas de petite importance, de retenir & refrener son appetit lors qu'il y a encore dequoy l'assouuir: car ceux qui s'accoustument à s'abstenir de ce qu'ils ont present, appetent moins ce qui leur est absent. Lors Lucius y adiousta, qu'il se souuenoit d'auoir ouy dire à sa grand' mere, que la table estoit chose saincte & sacree. Or faut-il qu'il n'y ait rien de sacré qui soit vuide: mais quant à moy, il m'est aduis que la table est vne representatiõ & figure de la terre: car outre ce qu'elle nous nourrit, elle est ferme, ronde & immobile, à l'occasion dequoy elle est pertinemment appelee d'aucuns Estia. Et ainsi que nous voulons que la terre porte & produise tousiours quelque chose à nostre profit, aussi estimons nous qu'il ne fault pas que l'on voye la table vuide, & qu'il ne demeure rien dessus.

QVESTION CINQVIESME.

Qu'il se fault donner de garde de prendre plaisir aux mauuaises musiques, & comment il s'en fault garder.

EN la solennité des ieux Pythiques, Callistratus ayant la charge & superintendence de ceux qui y deuoient iouër à l'enuy, pour gaigner le pris, forclut vn musicien iouëur de fleutes, qui estoit de son pays, & son amy, pour autant qu'il n'estoit pas venu en temps & lieu se presenter pour se faire enroller au nombre des contendans, selon que portent les loix & statuts desdicts ieux: mais vn soir qu'il nous donnoit à souper, il l'amena au festin, accoustré de belle robbe & de couronnes & festons magnifiquement, comme la coustume est en tels ieux de pris, auec vne danse de baladins accoustree de mesme: & certainement d'entree ce fut vn assez plaisant & gentil passetemps à ouyr pour le commancement, mais puis apres quand il eut vn peu esbranlé & sondé la compagnie du festin, & qu'il sentit que plusieurs estoient enclins à son intention, & se laissoient mener pour le plaisir qu'ils prenoient à tout ce qu'il vouloit leur sonner, & à toute dissolution qu'il vouloit representer, alors se descourant tout à l'ouuert, il nous feit voir clairement que la musique, à ceux qui en abusent impudemment à toutes heures, enyure plus que ne faict toute sorte de vin que l'on pourroit boire: car ceux qui estoient à la table ne se contenterent plus de crier à pleine teste, & de frapper des mains l'vne contre l'autre, mais à la fin la pluspart d'iceux se leuerent de table, & commancerent à se tremousser de mouuements deshonnestes & indignes de gens d'honneur, mais qui conuenoient aux sons & chansons qu'il leur sonnoit. Puis apres qu'ils se furent appaisez, & que le festin, comme apres l'acces d'vne fiebure & fureur, se fut vn peu rassis, Lamprias voulut parler, & reprendre à bon escient l'insolēce de la ieunesse, mais il craignoit de se rendre trop importun & fascheux, iusques à ce que Callistratus luy-mesme luy en donna le ton, qui l'incita à ce faire, par tels propos qu'il dit: Quant à moy, dict-il, i'absouls du vice d'intemperance la cupidité de voir & d'oüyr, mais pour cela ie ne suis pas de l'opinion d'Aristoxenus du tout, quand il dict, que ce sont les seules voluptez que l'on peult nommer belles & honnestes: car on appelle bien aussi quelquefois les viandes & les parfums honnestes, & dict-on que l'on a esté traicté honnestement, quand on a soupé plaisamment & magnifiquement. Et me semble qu'Aristote mesme n'exempte pas à bonne occasion du vice d'intemperance les voluptez que l'on reçoit du voir & de l'ouïr: pource, dict-il, que ce sont les seules voluptez qui sont propres à l'homme,

Le septiéme Liure

là où les bestes brutes ont les autres, en vsent & en participent: car ie voy qu'il y a plusieurs animaux qui n'ont point d'vsage de raison, qui prennent plaisir à la musique, comme les cerfs aux fleutes: & au temps de la monte, quand on faict saillir les iuments, on leur sonne vn certain chant, qui s'appelle Hippothoron: & Pindare dict qu'il a esté esmeu à chanter,

  Comme le Daulphin s'achemine,
  Courant la part de la marine,
  Dont il oit le son retentir
  Des aubois aymable à sentir,
  Quant la haulte mer applanie,
  Sanc vague, est calme & vnie.

& prent-on les ducs & chats-huans par le plaisir qu'ils sentent à voir danser, car ils taschent à contrefaire les dansans, & remuent les espaules çà & là. Ie ne voy donques point que ces voluptez là ayent rien de propre, pource qu'elles sont seules qui appartiennent à l'ame, & les autres au corps, & se terminent dedans le corps: là où le baller, danser, chanter, & sonner des instruments, passans oultre ce sentiment naturel, appuyent & fondent leur delectation, & leur chatoüillement sur la ioye de l'ame. C'est pourquoy nulle de ces voluptez là ne se cache, ny n'a besoing de tenebres ny de murailles qui l'enuironnent, comme les femmes disent, là où pour celles-cy on bastit des carrieres, & des Theatres & Amphitheatres: & est encore plus aggreable & plus venerable, tant plus on les peut voir en grande compagnie, parce que nous desirons auoir grand nombre de tesmoings, non de nostre intemperance ou volupté villaine, mais d'vn honneste exercice & gentille occupation. Apres que Callistratus eut acheué son propos, Lamprias apperceuant que ceux qui estoient les principaux fauteurs & introducteurs de tels passetemps de l'ouye, en deuenoient encore plus hardis & plus audacieux, se prit à dire, Cela n'est pas la cause, ô fils de Lion, mais il m'est aduis que les anciens n'ont pas bien fait de dire, que Bacchus estoit fils d'Oubliance, car ils deuoiét pluftost dire qu'il en estoit le pere, attendu que par luy toy mesmes oublies au moins pour le present, que des faultes que lon commet par les voluptez, les vnes procedent d'intemperance, les autres d'ignorance ou de nonchalance: car là où il y a perte & dommage tout euident, c'est là où ils pechent, leur raison estant forcee par intemperance & incontinence: mais là où le salaire de l'intemperance n'est pas tout present & cotent, aussi tost que la faulte est commise, ce sont les choses que les hommes font, qu'ils commettent, & qu'ils suiuent par faulte de ne cognoistre pas qui leur fait mal & qui les offense. Voyla pourquoy nous appellons dissolus & intemperans ceux qui se gouuernent mal quant à trop boire & trop manger, & trop vser des femmes, lesquels excez sont ordinairement accompagnez de plusieurs maladies, de despenses, pertes de biens, & de mauuaise renommee: côme estoit ce Theodectes là, lequel combien qu'il eust vn grád mal aux yeux, aussi tost qu'il apperçeut son amie, Dieu te gard, dict-il, la doulce lumiere de mes yeux: & Anaxarchus Abderitain,

  Qui mal-heureux, comme i'oy raconter,
  Se confessoit, sçachant que sa nature
  A volupté encline oultre mesure,
  Dont la pluspart de ces sages a peur,
  Le retiroit d'où aspiroit son cœur.

Mais ceux qui combattent gaillardement, & se tiennent sur leurs gardes de peur d'estre pris & vaincus des voluptez du ventre, des parties naturelles, du goust & de l'odorement, & ce pendant se laissent enuironner par derriere & surprendre par celles qui les espient, & qui se cachent en embusche dedans les yeux & dedans les oreilles: ceux-là, dis-je, encore qu'ils ne soient pas moins passionnez, ne moins dissolus
                     & incon-

Des propos de table. 415

A & incontinents que les autres, toutefois nous ne les appellons pas ainsi pourtant, car ils ne s'en apperçoiuent pas, & se laissent aller par ignorance, & pensent estre superieurs des voluptez, encore qu'ils demeurent tout vn iour sans boire & sans manger en vn theatre à regarder les ieux : comme si vn vase de terre se glorifioit de ce qu'il ne se laisseroit pas prendre par le ventre ou par le fond,& ce pendant se laisseroit facilement remuer de lieu à autre par les anses & oreilles. C'est pourquoy Arcesilaus souloit dire, que c'estoit tout vn d'abuser du deuant ou du derriere : & fault craindre la delicatesse & volupté qui nous chatoüille & aux yeux & aux oreilles : & n'estimer pas la ville imprenable qui aura toutes les autres portes bien fermees de gros courreaux, & fortifiees de barrieres trauersantes,& de harses coulisses, si les ennemis sont entrez dedans par vne autre porte: ny aussi ne cuider pas que nous soyons inuincibles à la volupté, si nous ne nous laissons pas prendre dedans le temple de Venus, mais bien dedans celuy des Muses, ou dedans vn theatre: car autant ceste passion desbauche no-
B stre ame, & la baille à mener & entrainer aux voluptez, qui versent en nos esprits des poisons plus aigus, plus perçans & plus diuers, des chansons, danses & accords, que ne sont tous ceux des cuisiniers & parfumiers, dót elles nous menent où il leur plaist, & nous corrompent par le propre tesmoignage que nous en portons à l'encontre de nous mesmes : car, comme dict Pindare,

    Rien ne fault reprendre ou changer
    De ce que pour boire ou manger
    Nous produit la terre sacree,
    Ou la mer des vents deschiree.

Mais il n'y a ny mangeaille, ny viande, ny mesme ce bon vin que nous buuons, qui pour plaisir qu'il nous donne, face ietter de tels cris, comme nagueres le son & le ieu de ces fleutes ont remply, ie ne diray pas seulement ceste maison, mais toute la ville, ie croy, de bruicts, de clameurs, de battemens de mains & d'alarmes : pourtant faut-il
C bien redouter & craindre telles voluptez, car elles sont tres-fortes & tres-puissantes, comme celles qui ne se terminent pas ainsi que celles du goust, de l'attouchement, & de l'odorement, en la partie irraisonnable de l'ame, sans passer plus oultre, ains touchent iusques au iugement & iusques au discours de la raison. Et puis és autres plaisirs & voluptez, encore que la raison defaille & succombe en leur resistant, il y a bien souuent d'autres passions qui leur resistent & donnent empeschemét : car s'il est question d'acheter des poissons delicieux, la chicheté retiendra quelquefois les doigts du friand & gourmand, qu'il ne mette la main à la bourse pour en auoir. Et l'auarice destournera bien souuent vn luxurieux, qui ayme les femmes, d'vne courtisane trop chere, & qui se mettra à trop hault pris, comme dit le maquereau en vne Comedie de Menander, qui auoit amené en quelque banquet de ieunes gens vne belle garse, fort bien en poinct pour les allecher & attraire,
D   Chascun baissant la teste grignotoit
    Le fruict de four qui deuant luy estoit.

Car quand il faut emprunter de l'argent à vsure, c'est vn grand chastie-fol de l'incontinence, & n'est pas chose qu'on face fort volótiers, que de mettre la main à la bourse. Là où les yeux & les oreilles de ceux qui ayment les chantres & ioüeurs d'instruments, & ces liberales recreations que lon appelle, assouuissent leur furieuse affection enuers la musique, pour neant, & sans qu'il leur couste rien, parce qu'ils peuuent puiser & ioüyr à plein fond de telles voluptez de plusieurs endroicts, és ieux publiques & sacrez, és theatres, és festins, aux despens des autres, de maniere qu'il est aisé de rencontrer matiere de se perdre & gaster, à ceux qui n'ont pas la raison qui les gouuerne & regisse. Icy s'estant faict vn peu de silence : Et que voulez vous, ce dit Callistratus, que die ou face ceste raisó pour nous secourir? car elle ne nous attachera pas alentour

Aaa iiij

Le septiéme Liure

des oreilles les oreillettes de Xenocrates, ny ne nous fera pas leuer de la table incontinent que nous entendrons accorder vn Luth, ou entonner vne fleute. Non pas,
respondit Lamprias, mais toutes les fois que nous tomberons en danger de telles voluptez, il nous fault inuoquer les Muses à nostre ayde, & nous enfoüir en la montagne de l'Helicon des anciens : car à qui est amoureux d'vne femme sumptueuse, on
ne luy sçauroit donner vne Penelope, ny le marier à vne Panthea. Mais vn qui prendroit plaisir à des farces impudiques, à des chansons lasciues, & danses lubricques,
on le peult bien diuertir en le mettant à la lecture d'vn Euripide, d'vn Pindare, d'vn
Menander, en lauant, comme dict Platon, vne oüye alteree d'vn propos bon à boire : car ainsi comme les magiciens commandent à ceux qui sont demoniaques, & trauaillez des mauuais esprits, de reciter à part eux & prononcer les lettres Ephesiennes : aussi quand nous nous trouuerons parmy telles menestreries, saults & gamba-
des de baladins,

En se secoüant de furie,
Auec forcenee cryerie,
Le col & la teste croulans,

nous nous ramenerons en la memoire les escripts graues, saincts & venerables de ces
sages anciens là, & en leur conferant ces belles chansons, poësies & vains propos, nous
ne nous foruoyerons pas pour eulx, ny ne leur donnerons pas le flanc pour nous laisser emporter à eulx, comme à vne riuiere coulante.

QVESTION SIXIEME,

*De ceux que lon appelle vmbres, & si lon peult aller sans estre conuiez chez autruy,
estant mené par ceux qui sont conuiez, & quand, & chez qui.*

HOMERE faict que Menelaus vient sans mander au festin que son frere Agamemnon donnoit aux Princes de l'armee,

Car il sçauoit qu'en son entendement
son frere estoit trauaillé grandement:

& ne voulut pas negliger, que l'ignorance ou l'oubliance fust autrement descouuerte, & moins encore la voulut-il luy mesme descouurir, en faillant d'y venir, ainsi comme les hommes fascheux & hargneux ont accoustumé de s'attacher à telles
oubliances ou nonchalances de leurs amis, estans plus aises d'estre negligez que non
pas d'estre honorez, à fin qu'ils ayent dequoy se plaindre. Mais ceux qui ne sont
point conuiez, que lon appelle maintenant vmbres, qui ne sont point semonds,
ains sont menez par ceux qui sont conuiez, on demandoit vn iour dont ceste coustume auoit pris son commencement : si furent aucuns d'aduis qu'elle auoit commancé à Socrates, lequel persuada Aristodemus, qui n'estoit point conuié, de venir
quand & luy au festin chez Agathon, là où il luy entreuint vne chose pour rire : car
il ne se prit pas garde que Socrates demeura derriere, & luy entra le premier, estant
à la verité vmbre qui precedoit le corps, & auoit la clarté derriere. Mais depuis aux
festoyements des hostes passans, mesmement quand c'estoient princes ou grands seigneurs, parce que lon ne sçauoit pas ceux qui estoient en leur suitte, & à qui ils faisoient l'honneur de máger à leur table, on auoit accoustumé de les prier eux mesmes,
d'amener qui bon leur sembleroit, & d'en determiner le nombre, de peur qu'il ne leur
aduint, comme il feit à vn qui donna à souper sur les champs au Roy de Macedoine Philippus. Car il y vint auec vne grande suitte, & il n'y auoit pas à souper appre-
sté pour beaucoup de gens : dequoy s'appercevant que son hoste estoit tout troublé,
il enuoya, sans faire semblant de rien, dire à l'oreille de ceux qu'il auoit amenez,

qu'ils

Des propos de table. 416

A qu'ils gardaſſent lieu en leur eſtomach pour la tarte. Parquoy s'attendans qu'on leur deuſt ſeruir de paſtiſſerie à l'yſſue, ils eſpargnerent ce qu'on leur meit deuant, de maniere qu'il y eut ſuffiſamment à manger pour tous: Et comme ie deduiſois ce propos deuant l'aſſiſtence, Florus fut d'aduis, qu'il falloit traicter ceſte queſtiõ vn peu ſerieuſement & à bon eſcient, touchant les ombres, s'il eſtoit honneſte de ſuyure & aller ainſi quand & ceux qui eſtoient conuiez: & quant à ſon gendre Cęſernius, il reiettoit entierement toute la choſe. Car il faut: dit-il, ſuyuant le conſeil du poëte Heſiode, Sur tous ſemondre à ſouper ſon amy: ſinon, à tout le moins ſes familiers & ceux de ſa cognoiſſance, pour participer aux libations & actions de graces que lon fait aux Dieux à la table, aux propos que lon y tient, & aux careſſes que lon s'y entrefait, en buuant l'vn à l'autre: mais maintenant c'eſt comme ceux qui loüent les nauires aux paſſagers, qui permettent de ietter dedans toutes les hardes que lon a quand & ſoy. Auſſi nous donnans le feſtin à quelques vns, nous leur permettons de rem-
B plir de ceux qu'ils veulent, ſoient perſonnes honneſtes & de qualité ou non: & m'eſmerueillerois grandement ſi vne perſonne d'honneur & de qualité y venoit arrieremandé, ou plus toſt non mandé, tel que bien ſouuent le feſtoiant meſme ne le cognoiſt pas, & ſi le cognoiſſant & conuerſant quelquefois auec luy, il ne l'a point conuié, encore eſt-ce plus grande honte d'y aller, comme luy reprochant, par maniere de dire, que lon iouït de ſes biens par force & malgré luy: & puis, aller deuant ou demourer derriere, apporte quelque vergongne au conuiant enuers l'autre: & n'eſt point honneſte d'auoir beſoing de teſmoings & de garant enuers le feſtoyant, pour luy inſinuer que lon n'eſt pas venu comme conuié au ſouper, mais comme l'ombre d'vn tel: & puis aller nacquetant apres vn autre, & obſeruant quand il ſe ſera eſtuué, oingt & laué, & l'heure qu'il partira, toſt ou tard, cela me ſemble fort ſalle, & qui ſent fort ſon bouffon Gnathon, ſi iamais il fut vn Gnathon pourſuiuant de repeües franches aux deſpens d'autruy, & s'il n'y a ny temps, ny lieu, auquel la langue ſe
C puiſſe permettre de dire,

Si tu te veux vn petit brauement
Eſcarmoucher, parle icy hardiment:

& s'il eſt ainſi qu'il y ait vne grande liberté & franchiſe en tout ce qui ſe fait, & qui ſe dit à la table, en faiſant bonne chere, & que lon y doiue prendre tout en ieu, comment ſe pourra & deura gouuerner en tel lieu vn qui n'y ſera pas naturel & legitime conuié, ains baſtard en maniere de dire, venu ſans mander, s'eſtant ingeré de ſoy-meſme à entrer au feſtin d'autruy? Car ſoit qu'il y parle librement ou non, l'vn & l'autre ſera ſubiect à grande calomnie & reprehenſion: & ſi n'eſt pas vn petit inconuenient, de ne ſe faſcher point d'eſtre but à mocquerie & à traicts de riſée, & d'endurer facilement, ſans ſe picquer, d'eſtre appellé ombre, & reſpondre à ce brocard là. Car le faire peu de compte des paroles mal-honneſtes, achemine & accouſtume
D peu à peu les perſonnes aux faicts des-honneſtes: & pourtant en conuiant des autres à venir ſouper chez moy, ie leur ay bien quelque fois donné des vmbres, & permis d'en amener: car la couſtume d'vne cité à grande puiſſance, & eſt bien malaiſé de s'en ſauuer & exempter: mais eſtant conuié par autres, pour aller chez des autres, iuſques icy i'y ay tant reſiſté, que ie ne l'ay point encore fait. Apres ces paroles il y eut vn peu de ſilence, iuſques à ce que Florus dit, Ce ſecond poinct a plus de doubte & de difficulté: mais quant au premier, il eſt force de conuier ainſi ſes hoſtes, quand on les veult traicter & feſtoyer en paſſant pays, ainſi qu'il a eſté dit au parauant: car il n'eſt pas raiſonnable qu'ils laiſſent en arriere leurs amis qui leur font compagnie, & n'eſt pas facile de cognoiſtre tous ceux qu'ils amenent. Prens garde doncques, dis-je alors, que ceux qui permettent aux feſtoyans de conuier en la ſorte que tu dis, ne donnent auſſi quand-&-quand par meſme moyen, permiſſion à ceux que les con-

Aaa iiij

uiez voudront amener, de leur obeyr & y venir. Car il n'est point honneste de donner ce qu'il ne seroit pas bien seant de demander, ny totalement de conuier à ce que lon ne voudroit pas estre conuié de faire ny de consentir. Or quant aux Seigneurs & aux hostes qui passent, il n'y a point en cela de semonce ny d'election : car il faut receuoir ceux qu'ils amenent quand & eux. Mais autrement quand vn amy festoye l'autre, il est plus cordial que luy mesme le festoyant conuie les amis, familiers ou parents de son amy, comme les cognoissant bien : car ce luy est faire plus d'honneur & plus de plaisir, en luy monstrant que lon sçait bien qu'il honore le plus ces personnes là, ayme leur compagnie, & prend plaisir qu'on les honore pour l'amour de luy, & que lon les prie. Si faut-il pourtant quelquefois remettre le tout à luy, comme ceux qui sacrifient à quelque Dieu, sacrifient quand & quand à ceux qui ont temple & autel commun, encore qu'ils ne les nomment pas chascun par leurs noms : car il n'y a ne vin, ne viande, ny parfum qui tant esiouïsse & donne de plaisir en vn festin, que fait la personne que lon ayme & que lon a aggreable, assise à table auprès de soy. Et puis de demander & interroguer celuy mesme que lon veut festoyer, quelles viandes & quelles pastisseries il ayme mieux, & l'enquerir de la diuersité des vins, & des senteurs & parfums, cela est merueilleusement inciuil & impertinent. Mais à celuy qui a plusieurs amis, plusieurs parents & familiers, le prier d'amener quand & luy ceux dont il ayme mieux la compagnie, & auec lesquels il prend plus de plaisir, il n'est ny mal à propos ny mal plaisant : car ny le nauiguer dedans mesme vaisseau, ny habiter en mesme maison, ny plaider en mesme cause auec ceux que lon ne voudroit pas, n'est point si fascheux ne si desplaisant, comme de souper & manger auec ceux que lon a à contre-cœur : ainsi comme aussi le contraire est aggreable & plaisant, car la table est vne communication & de ieu & d'affaires, & de faicts & de paroles. Voyla pourquoy il n'est pas besoing si lon veut y estre ioyeusement & gayement, que toutes personnes indifferemment y soient, ains seulement ceux qui ont amitié, priuauté & familiarité ensemble, les vns auec les autres. Car quant aux viandes, les cuysiniers les accoustrent de ius differents, en meslant ensemble l'aigre auec le doux, & le gras parmy le salé : mais vn souper ne sçauroit estre aggreable ny plaisant, s'il n'est composé de gens qui soient de mesme humeur & de mesmes affections. Et pour ce que, comme les Peripateticiens disent, le premier mouuant meut seulement, & n'est meu de nul autre, & le dernier est meu seulement, & ne meut rien, mais entre les deux est-ce qui meut les vns, & qui est meu des autres : aussi, dis-je, y a il icy mesme proportion entre trois sortes d'hommes, l'vne de ceux qui conuient, l'autre, qui sont conuiez seulement, & la troisiéme de ceux qui conuient & sont conuiez. Or auons nous desia parlé du festoyant qui conuie : il vaut doncq mieux que ie die aussi maintenant ce qu'il me semble des deux autres. Celuy doncques qui est conuié, & a loy d'en conuier d'autres, en premier lieu, il est bien raisonnable qu'il se garde d'en semondre beaucoup, & de manger & fourrager, comme pays de conqueste, la maison de son amy, en y menant à vn coup tous ceux de sa compaignie, ou de faire comme ceux qui occupent de nouueau vn pays, en menant beaucoup de ses amis, forclorre & mettre hors tous ceux de celuy qui l'a conuié, de maniere qu'il aduienne à celuy qu'il festoye, ce qu'il fait à ceux qui portent à souper à Proserpine, & aux Dieux que lon inuoque pour diuertir les maux : c'est qu'ils n'en mangent point eux, & n'y participent point, ny tous ceux de la maison, sinon entant qu'ils en sentët la fumee du rost, & en ont le bruit : car autrement ceux qui nous alleguent ce cõmun dire,

   Qui sacrifie en Delphes, qu'il s'attende,
   S'il veut manger, d'acheter sa viande.

ils nous disent cela en iouänt, mais il aduient à la verité à bon escient, à ceux qui festoyent des hostes ou des amis mal courtois & inciuils, auec vn nõbre grãd d'vmbres,

comme

Des propos de table.

A comme des harpyes qui dissipent & deuorent tout leur souper: en apres il ne faut pas qu'ils aillent chez autruy auec toutes sortes de gens, ains qu'ils appellent & ménent principalement ceux qu'ils sçauront estre amis & familiers du festoyant, faisans à l'enuy auec luy, à luy conuier & appeller les siens mesmes: ou bien s'il en veut mener de ceux qu'il a en sa compagnie, qu'il en choisisse ceux que le festoyant luy mesme choisiroit. S'il est modeste, gens modestes: s'il est studieux & docte, gens aussi doctes & studieux: s'il a eu autrefois authorité, hommes qui presentement soient en authorité, & ausquels il entendra qu'il desireroit bien parler, les salüer, & communicquer auec eux. Car c'est vne prudente courtoisie, & ciuilité grande, de donner à vn personnage tel, occasion & moyen de les salüer & les caresser. Mais celuy qui améne des gens qui n'ont rien de conuenable ny de conforme, comme à vn homme sobre de grands yurongnes: à vn homme retenu & reglé en despense, des hommes dissolus & superflus en toute profusion: ou bien à vn ieune homme qui
B ayme à boire, rire, gaudir, & faire bonne chere, des vieillards seueres, parlans grauement, sages par la barbe: celuy-là est importun & impertinent, recompensant vne caresse hospitale d'vne importunité fascheuse: car il faut que le conuié mette aussi grand' peine de complaire au conuiant, comme le conuiant & festoyant au conuié. Or sera-il le bien venu & aggreable, s'il rend non seulement luy, mais aussi ceux qui viennent auec luy, & pour l'amour de luy, courtois & gracieux. Le troisiéme qui nous reste, est celuy qui est conuié & mené par vn autre chez vn autre: lequel s'il se fasche & prend à desplaisir que lon l'appelle vmbre, sans point de doubte il craint son vmbre, mais il a besoing d'y aller bien retenu, & auec grande circonspection. Car il n'est pas honneste, de suiure facilement tous ceux qui conuient indifferemment, & si ne faut pas legerement considerer, qui est celuy qui l'appelle & conuie: car s'il n'est bien son familier, ains quelqu'vn de ces riches magnifiques & pompeux, qui veulent, comme sur vn eschaffaut, monstrer grand nombre de suitte & de satelli-
C tes apres eux, ou qui pensent faire beaucoup pour luy, & grandement l'honorer en l'y menant, il le faut refuser du tout. Mais encore qu'il soit bien amy & familier, il ne luy faut pas pourtant incontinent obtemperer, mais ouy bien si lon voit qu'il ait besoing necessairement de parler & de communiquer auec le festoyant, & qu'il ne puisse pas recouurer occasion plus opportune pour ce faire: ou qu'il vienne de quelque loingtain voyage, où il ait longuement esté: ou qu'il soit prest de s'en aller, & que pour l'amitié qu'il porte, il appete & desire d'entretenir celuy qu'il appelle, & qu'il n'y en méne pas plusieurs, ny gens estrangers & incogneus, ains ou luy seul, ou auec peu & d'amis familiers: ou, apres toutes ces considerations-là, qu'il prattique de contracter par son entremise quelque commancement de familiarité, de cognoissance & d'amitié de celuy qu'il veut mener auec celuy qui le festoye, qui soit homme de bien & d'honneur, & digne d'estre aymé. Car quant aux meschans,
D tant plus ils nous retiennent & embrassent comme des ronces, d'autant plus les faut il arracher, ou bien passer par dessus, encore que ceux qui nous y voudroient mener, fussent honnestes, mais non pas chez vn honneste homme, il ne faut pas les y accompagner, ny endurer que lon nous face prendre du poison parmy du miel, c'est à dire, l'accointance d'vn meschant par l'entremise d'vn bon amy. Aussi n'y a il point d'apparence d'aller chez vn homme que lon ne cognoist du tout point, & auec lequel on n'a familiarité quelconque, si d'auenture ce n'estoit quelque personnage d'excellente vertu, comme nous auons desia dit, & que cela puisse seruir à donner commancement à quelque bonne amitié & dilection, d'aller franchement & sans cerimonies deuers luy, soubs l'aile & l'vmbre d'vn autre: & quant à ceux qui nous sont familiers, vers ceux-là pouuons nous principalement aller à la semonce d'vn autre, ausquels nous donnons reciproquement licence de venir chez nous

à l'vmbre & au conuy d'vn autre. Car vn bouffon plaisant nommé Philippus disoit, que ceux qui alloient à vn festin sans mander estoient plus ridicules, & faisoient plus rire, que ceux qui estoient conuiez. Mais ie dis qu'il est plus honorable & plus agreable aux gens de bien & bons amis, d'aller chez leurs amis, gens de bien & d'honneur aussi, quand ils y viennent opportunément, sans estre conuiez ny attendus, auec d'autres amis: car tout ensemble ils resiouïssent ceux qui les recueillent, & honorent ceux qui les y menent. Mais bien se faut-il garder d'aller chez les Princes, grands seigneurs & riches hommes, que l'on n'y soit appellé par eux mesmes, ains menez par autres, si nous nous voulons garder qu'à bon droict l'on ne nous puisse imputer d'estre sans propos effrontez, impertinents, & ambitieux importunément.

QVESTION SEPTIESME.

S'il est honneste d'introduire des menestrieres & baladines en vn festin.

EN nostre ville de Cheronee il se tint vn iour propos à table où estoit Diogenianus Pergamenien, touchant les choses que lon doit ouïr en banquetant, & eusmes beaucoup d'affaires à nous defendre d'vn Sophiste à longue barbe de la secte Stoïque, qui nous alleguoit Platon, blasmant & condamnant ceux qui introduisoient en leurs festins, durant que lon soupoit, des menestrieres, pour les faire ouïr, comme s'ils ne pouuoint pas s'entretenir de bons propos les vns les autres: combien que toutefois fust aussi là present Philippus le Prusien de la mesme eschole, qui disoit qu'il ne falloit point alleguer, ains laisser là ces personnages qui sont introduits parlans au festin d'Agathon, lesquels sonnoient & parloient plus doucement & plus plaisamment, que toutes les fleutes & toutes les cithres du monde. Car ce n'eust pas esté grande merueille si des menestrieres n'eussent point eu d'audience en vn tel conuiue, mais si les conuiez n'oublioient pas tous à boire & à manger pour le grand plaisir & contentement qu'ils auoient d'ouïr de tels propos: combien que Xenophon n'ait point eu de honte d'endurer, en la presence de Socrates, d'Antisthenes, & autres tels personnages, vn bouffon plaisant, Philippus: non plus qu'Homere n'a point eu de honte d'enseigner en passant aux hommes, que l'oignon estoit la saulse du vin. Et Platon a ietté comme vn entremets de comedie en son Conuiue, le propos d'Aristophanes touchant l'amour, & à la fin ouurant la salle à portes arriere-ouuertes, encore y introduit-il vne farce la plus bizarre de toutes, c'est Alcibiades ayant bien beu, & estant couronné de chapeaux & festons de fleurs, qui y vient en masque faire vne mommerie. Et puis les altercations qu'il a alencontre de Socrates touchant Agathon, & la loüange de Socrates: O sainctes Graces, ie croy, s'il est loisible d'ainsi dire, que si Apollon luy mesme fust entré, ayant sa lyre toute preste & accordee pour iouër, les assistans l'eussent supplié d'arrester iusques à ce que le propos eust esté acheué & conduit à sa fin. Et puis ces personnages-là qui auoient tant de graces en leurs propos, vsoient neantmoins encore de ces entremets-là, & diuersifioient leurs festins de ces ieux-là, pour faire rire & pour esgayer la compagnie: & nous qui sommes meslez de gens manians affaires, de marchands, & de plusieurs, telle fois est, ignorans de toutes lettres, & rustiques, nous chasserons vne telle grace & tels passetemps hors de nos conuiues, où nous nous en irons fuyans de telles Sirenes, quand nous les verrons arriuer. On trouuoit estrange de ce que Clitomachus, qui faisoit profession de combattre és ieux de pris, incontinent que lon mettoit en auant des propos de l'amour, se leuoit de la compagnie, & s'en alloit. Et vn graue philosophe fuyant d'ouïr vn ieu de fleutes, s'en yra d'vn festin, & comme s'il auoit peur d'vne menestriere qui s'apprestast pour sonner ou chanter, il criera incontinent

à son

Des propos de table. 418

A à son vallet, qu'il allume la torche: ne sera-il pas en ce faisant digne d'estre sifflé & mocqué de tout le monde, s'il se scandalise des plaisirs innocens, qui ne portent dommage à personne, comme les escharbots fuient les parfums & doulces senteurs? Car s'il y a iamais temps ne lieu où il se faille iouër de tels ieux, c'est principalement ce pendant que lon est à table, & faut donner son esprit à cela ce pendant que lon sacrifie à Bacchus. Car quand à moy, Euripides, encore qu'il me plaise grandement au demourant, ne me satisfait point quand il ordonne de la musique, qu'il la faut transferer des conuiues aux dueils, aux douleurs & tristesses. Car là il faut donner, comme le medecin, vne bonne, sobre & sage remonstrance, & au demourant mesler ces voluptez icy de la musique parmy les dons de Bacchus, en maniere de ieu: car ie treuue de bonne grace ce que dit quelquefois vn Lacedemonien estant à Athenes, lors que les ieux des Tragedies & des danses se faisoient, quand il veit le grand & somptueux appareil des danses, le grand trauail & sollicitude que prenoient à l'enuy les vns des autres ceux qui faisoient iouër leurs Tragedies & Comedies, & qui mettoient en ordre leurs danses, car il dit que la ville estoit deuenue folle, de iouër si à bon escient: c'est à dire, de prendre tant de trauail pour vn ieu seulement. Car à la verité dire, il faut iouër en iouänt, & n'achetter pas si cherement auec tant de frais & de despense, & de temps qui seroit mieux employé à autres bons affaires, vn oisif passetemps: mais à la table, ce pendant que lon a l'esprit relasché d'affaires, gouster vn petit en passant de tels esbattemens, & quand-&-quand considerer si lon en pourroit point tirer quelque profit.

QVESTION HVICTIESME.

Quelles choses sont bonnes à ouïr durant que lon est à table.

QVAND cela eust esté dit, le Sophiste voulut repliquer: mais pour l'entrerompre, ie me pris à dire, Il vaudroit mieux, Diogenian, consider quelle sorte d'esbattement, entre plusieurs qu'il y en a, seroit plus propre & plus conuenable à ouïr, durant que lon est à table, & prions ce sage homme icy d'en vouloir donner son iugement. Car estant, comme il est, inflexible, & homme qui ne se laisse point mener aux voluptez & delices, il ne s'abusera iamais à preferer ce qui sera plus plaisant à ce qui sera meilleur. Comme doncq Diogenian l'en priast, & nous aussi, luy ne s'en faisant pas beaucoup prier, sans attendre dit incontinent, qu'il chassoit & renuoyoit tous autres passetemps de l'ouïe au Theatre, & à l'eschaffaut des baladins, & qu'il introduisoit vne sorte de plaisir d'ouïe, qui depuis nagueres estoit venue en vsage à Rome. Car vous sçauez, dit-il, qu'entre les Dialogues de Platon, il y en a aucuns qui contiennent vne narration continuelle de quelque chose qui a esté ou faite ou ditte, les autres sont à personnages qui deuisent ensemble. De ceux-là doncques qui sont à personnages, on en fait apprendre à des ieunes enfans les plus legers, qui les recitent par cœur, & y adiouste-lon les gestes conuenables aux meurs & au naturel des personnes introduittes, vn ton de voix, vne contenance & disposition qui accompagne les paroles: ceste façon de passetemps a esté merueilleusement bien receuë des gens d'honneur & graues: mais ceux qui ont les oreilles effeminees & trop delicates, pour estre ignorants & ne sçauoir que c'est de bien & d'honneur, qui, comme souloit dire Aristoxenus, vomissent la cholere & rendent leur gorge, quand ils oyent quelque bonne armonie, ceux-là la reiettoient & ne la vouloient point ouïr: & ne m'esbahis point s'ils la reiettoient & condamnoient du tout, car ils sont plus eneruez que femmes. Adonc Philippus voyant que quelques vns oyoient cela mal volontiers: Attens mon amy, dit-il, & dilayé de nous dire in-

Le septiéme Liure

liure : car nous mesmes fusmes les premiers qui reprouuasmes ceste maniere de faire, à Rome, & qui reprismes ceux qui vouloient faire seruir Platon de farce & d'esbatement à la table, & pretendoient ouïr reciter les Dialogues de Platon parmy les tartes, les confitures & les parfums, attendu que si l'on y admettoit seulement les chansons de Sappho, ou les Odes d'Anacreon, i'en aurois si grande honte, que i'en mettrois à bas la coupe, & laisserois à en boire. Il y a beaucoup d'autres choses qui me viennent en l'entendement, lesquelles ie crains de dire, de peur qu'il ne semble que ie dispute à bon escient alencontre de toy : parquoy ie donne auec la coupe à ce mien amy, comme tu vois, la charge de lauer vne oreille alteree d'vn propos qui soit bon à boire. Diogenianus adonc receuant la coupe : Mais ie voy, dit-il, icy tous bons propos & sobres, tellement qu'il semble que le vin ne nous fait point de tort, ny ne nous gaigne point. Mais ie crains que ie ne sois moy-mesme chapitré, toutefois ie suis d'aduis qu'il faut retrencher plusieurs des matieres que lon oyt par plaisir, & la premiere la Tragedie entre autres, comme chose qui ne sied pas gueres bien en vn festin, par ce qu'elle crie trop grauement, & represente des subiects & argumens qui esmeuuent à pitié & à compassion. Ie renuoye aussi & reiette entre les danses celle de Pylades, comme estant trop pompeuse, trop passionnee, & où il faut trop iouer de personnages : mais bien reçois-ie ces especes là villageoises, que Socrates parlant de la danse raconte, comme la Bathylliene, tenant du son de celle qui s'appelle Cordax à la rustique, où il y a parmy les sauts de quelque Pan, ou de quelque Satyre faisant de l'amoureux. Quant à la Comedie, celle qui s'appelle l'ancienne, n'est point bien sortable pour reciter pendãt que lon est à table, à cause de son inegalité, par ce que sa grauité & liberté de parler en ses digressions, que lon appelle ἀποβάσεις, est trop franche & trop vehemente, & sa facilité de brocarder, picquer, gaudir & mocquer est trop frequente, trop ouuerte, pleine de paroles des-honnestes, lasciues & dissoluës : & d'auantage ainsi comme és festins des princes & grands seigneurs, il y a tousiours aupres de chascun de ceux qui sont assis à table, vn eschanson pour luy donner à boire, aussi faudroit-il qu'il y eust tousiours vn Grammairien qui leur exposast à chasque coup, que veut dire ce mot Lesmodias, dont vse Eupolis, & Cinesias és Comedies du poëte Platon, & Lampon en Cratinus, & qui leur dóne aussi à cognoistre chascun de ceux qui y sont mocquez : de maniere que nostre festin deuiendra vne eschole de grammaire, ou bien que les brocards & traicts picquans de mocquerie seront iettez à la volee & s'en iront en vain, sourds & muets, sans estre de personne entendus. Mais quant à la nouuelle Comedie, qu'en-pourroit-on dire, sinó, qu'elle est si fort incorporee auec les festins, qu'il seroit plus aisé de dresser vn festin sans vin, par maniere de dire, que sans Menander ? Car le langage en est doulx & familier, & la matiere telle, que ny elle ne peut estre mesprisee des sobres, ny fascher les yures : & puis de belles & bonnes sentences en simples termes, qui coulent parmy si à propos, qu'elles amollissent & plient les plus dures meurs & natures dedans le vin, cóme le fer dedans le feu, & les amenent à toute humanité. Brief la meslange qu'il y a par tout de ieu & de grauité ensemble, est telle, qu'elle semble n'auoir esté inuentee pour autre chose que pour plaire & proufiter à ceux qui auroient bien beu, & en auroient pris au cœur ioye : & puis les amourettes qui y sont demenees, sont merueilleusement à propos pour gens qui ont faict bonne chere, & qui s'en vont au partir de là trouuer leurs femmes. Et ne se trouuera point en tant de Comædies qu'il a escrites, qu'il y ait amour de garson : encore les violemens des filles qui y sont depucelees se terminent ordinairement en mariages. Quant aux amours des courtisanes, si elles sont fieres & presumptueuses, il entrerompt ceste affection là par quelque chastiement ou quelque repentance des ieunes hommes qui se reuiennent & se recognoissent : & quant à celles qui sont bien conditionnees, & qui respondét à l'amour qu'on

leur

Des propos de table. 419

A leur porte, ou il leur fait retrouuer leur pere legitime, ou il leur mesure le temps de l'amour, qui à la fin se tourne en vne honneste honte. Ie sçay bien que toutes ces obseruations là à ceux qui sont embesongnez & occupez en quelques affaires, ne sont d'aucune importance : mais à la table en faisant bonne chere, ie m'esbahirois si leur delectation, leur dexterité & leur bonne grace obliquement n'apportoit aussi quand-& quand quelque amendement & ornement aux meurs de ceux qui y prennent garde, pour leur imprimer enuie de ressembler & se conformer à ceux qui sont gentils & honnestes. Icy se teut vn peu Diogenian, fust ou pour ce qu'il eust acheué son propos, ou qu'il voulust reprendre son haleine. Et comme le Sophiste derechef s'attachast à luy, & luy dist, qu'il y falloit bien reciter quelques endroits & passages d'Aristophanes, Philippus en me nommant : Cestui-cy, dit-il, a son desir satisfait, puis que lon a si bien recommandé son Menander, auquel il prend tant de plaisir, & ne se soucie plus du demourant : mais il reste encore beaucoup d'autres
B matieres que lon a accoustumé d'ouïr, dont on n'a point encore fait d'examen, & toutesfois ie serois bien aise d'en ouïr parler. Quant à iuger des ouurages des imagers & statuaires, s'il plaist à cest estranger icy & à Diogenian, nous en deciderons demain la querelle à ieun. Adonc ie me pris à dire, Il y a d'autres ieux qui s'appellent Mimes, dont les vns se nomment Hypotheses, comme Moralitez & representations d'histoires, & les autres Pegmes, folastreries, comme farces : mais selon mon iugement, ny l'vne ny l'autre sorte n'est bien conuenable à vn conuiue. La premiere pour sa longueur, & la mal-aisance de l'equipage qui y est necessaire : & les farceries par ce qu'elles sont pleines de gaudisseries, & de sales & ordes paroles, qui ne seroient pas bien seantes mesmes en la bouche de laquais portans les mules, prouueu qu'ils fussent à des sages & honnestes maistres. Et neantmoins plusieurs font representer en leurs conuiues où sont leurs femmes, & leurs enfans n'ayans encore point de barbe, des folies & des propos qui troublent plus les esprits & les embrouillent de
C passions, que ne feroient toutes les yurongneries du monde. Mais le ieu de la cithre, qui de si grande anciennté, & iusques au temps mesme d'Homere, est familiere amie des conuiues, il ne seroit pas honneste de dissouldre vne si longue & si ancienne amitié & familiarité, mais bien faudra-il prier les ioüeurs qui en sonnét, qu'ils ostent de leurs chants leurs ordinaires complaintes & lamentations, & qu'ils ne chantent dessus que chansons & matieres guayes & conuenables à gens qui sont assemblez pour faire bonne chere. Au demourant quant à la fleute, qui voudroit mesme on ne sçauroit la debouter & repousser arriere de la table, quand ce ne seroit que pour les libations, lors que lon espand du vin en l'honneur des Dieux, & que lon prend les couronnes des chapeaux sur les testes, cela necessairement la requiert, & semble que les Dieux mesmes chantent quand-& quand : & puis elle adoulcit les esprits, & penetre dedans les oreilles auec vn si gracieux son, qu'elle porte vne tran-
D quillité & pacification de tous mouuemens iusques dedans l'ame, tellement que s'il est encore demouré en l'entendement quelque ennuy, quelque cure & solicitude que le vin n'ait peu effacer & dechasser, par la grace amiable & doulceur de son chant, elle l'endort & assopit, prouueu qu'elle se maintienne aussi en la mediocrité, & qu'elle ne meuue & ne passionne point l'ame de trop de tons & de passages : lors qu'elle est destrempee & facile à glisser à cause du vin. Car ainsi comme les moutons n'entendent point le langage articulé qui ait quelque substance, mais auec quelques sifflemens, quelques flattemens des léures ou des mains, ou au son d'vn flageolet, les bergers les font leuer ou coucher : aussi la partie de l'ame qui est brutale, tenant de la beste paissante, & qui n'entend ny n'est pas capable de la raison, on l'appaise, on la renge, & la dispose-lon comme il faut par chants & par sons que lon luy chante & que lon luy sonne. Toutesfois à fin que i'en die ce qui m'en semble,

Bbb

Le septiéme Liure

i'estime que ny le son de la fleute, ny le son de la lyre à part soy, sans parole & voix d'homme chantant dessus, ne sçauroit resiouïr vne assemblee de conuiue, comme fera vne parole bien appropriee & accommodee au son: car il faut ainsi s'accoustumer de prendre la volupté principale de la parole, & s'arester à la parole: & quant au chant & à l'armonie, en faire comme la saulse de la parole, & non pas la manger & aualler toute seule. Car tout ainsi qu'il n'y a personne qui repoulse la volupté qui entre auec le vin & la viande que lon prend pour la necessité de la nourriture, mais celle qui entre auec les senteurs & parfums, comme non necessaire, ains trop delicate & superflue, Socrates en la souffletant la chassoit: aussi ne deuons nous point ouïr le son d'vne fleute, ny d'vn psalterion qui nous vienne battre les oreilles tout seul, mais bien s'il suit & accompagne vne parole qui festoye & resiouïsse la raison qui est en nostre ame, nous le pourrons bien alors introduire: & pense quant à moy, que ce pourquoy Apollon anciennement punit le presumptueux Marsyas, fut pour ce qu'auec sa museliere & sa fleute s'estant estoupé la bouche, il presuma de contendre & estriuer auec le seul son de sa fleute tout nud, alencôtre du son de la cithre & du chant, de la parole & de la voix ensemble. Prenons donceques garde qu'en compagnie de gens qui par la parole & docte deuis se peuuent entretenir, & donner du plaisir les vns aux autres, nous n'introduisons ie ne sçay quoy de tel, qu'il soit plus tost empeschement de plaisir que plaisir aucun: car non seulement ceux-là sont fols & mal conseillez, comme dit Euripide, qui ayans chez eux & de leur propre dequoy se sauuer, en vont cercher & emprunter d'ailleurs, mais aussi ceux qui ayans dedans eux mesmes assez dequoy se recreer & se resiouïr, s'efforçent de mendier des delectations peregrines au dehors: car la manificence du grand Roy de Perse, dont il cuida vser enuers Antalcidas le Lacedemonien, fut fort impertinente, lourde & grossiere, quand il trempa dedans de l'huile de parfum vn chapeau de roses & de fleurs odorantes, & le luy enuoya, en corrompant & esteignant la naïfue beauté & naturelle suauité d'odeur de ces fleurs-là. Ce seroit donceques tout vn d'aller enchanter & enfleuter vn conuiue au dehors, qui au dedans auroit & grace & musique, en luy ostant par l'estranger le propre, & par l'accessoire le principal. Parquoy ie conclus, que le plus opportun temps de tels amusemens d'oreilles seroit quand vn festin commenceroit vn petit à se troubler & se tourmenter de contention opiniastre, pour l'esteindre & assopir qu'elle ne sortist hors des gonds iusques à iniures, pour reprimer vne dispute se desbordant en altercation fascheuse & debat sophistique, ou pour arrester des plaideries d'aduocats, & animositez de harengueurs plaidans les vns contre les autres en vn conseil de ville, iusques à ce que le conuiue retournast de rechef en son calme & sa tranquillité premiere.

QVESTION NEVFIESME.

Que le tenir conseil à table estoit aussi bien anciennement coustume des Grecs, comme des Perses.

NICOSTRATVS nous donnoit vn iour à souper, là où on commença à parler de quelque matiere, dont les Atheniens deuoient le lendemain tenir assemblee de peuple & conseil de ville. Si y eut quelqu'vn de la compagnie qui dit, Seigneurs, nous faisons icy vne chose Persienne, de tenir conseil à table. Et pourquoy Persienne, ce dit Glaucias, plus tost que Grecque? car ce fut vn Grec qui dit,

Le ventre plein on en consulte mieux.

Et les Grecs auec Agamemnon tenoient Troye assiegee, ausquels, ainsi qu'ils buuoiét & mangeoient ensemble, le bon vieillard Nestor commença à donner ce conseil,

mettant

A mettant en auant au Roy Agamemnon de les assembler en conseil pour ce mesme effect,

> Donne à disner aux Seigneurs Capitaines,
> Quand assemblé plusieurs tu en auras:
> L'opinion de celuy tu suyuras,
> Qui conseillé t'aura plus sagement.

Parquoy les nations de la Grece qui ont eu de meilleurs statuts & de meilleures loix, & qui plus constamment ont retenu leurs anciennes façons de faire, tenoient leurs conseils à la table: car ce que lon appelloit en Candie Andria, & en Sparte Phiditia, tenoient lieu de conseils secrets, & de seance de Senateurs, comme aussi en ceste ville mesme le Palais & l'hostel de ville: aussi n'est pas loing de cela l'assemblee nocturne des plus gens de bien, & des plus entendus au gouuernement de la chose publique, que Platon met en ses liures; là où il renuoye les principaux affaires, & de plus grande importance, & ceux qui offrent des libations à Mercure dernier, lors qu'ils sont prests de s'en aller au lict, n'assemblent-ils pas le vin auec la parole? Et se retirant doncques ils font prieres & libation de vin au plus aduisé des Dieux, comme estant present & ayant l'œil sur eux: mais les plus anciens appelloient Bacchus luy mesme Eubulus, c'est à dire, donnant sage conseil, comme n'ayant point besoing en cela de Mercure: & la nuict, à cause de luy, Euphrone, qui est à dire, sage.

QVESTION DIXIESME.

S'ils faisoient bien de consulter à table.

QVAND Glaucias eut dit ces paroles, il nous sembla bien que ces propos là turbulents estoient appaisez & assoupis, mais à celle fin qu'ils fussent du tout plus oubliez, Nicostratus meit en auant vne autre question, disant que parauant il ne luy en challoit pas beaucoup, quand il sembloit que ce fust vne vsance Persienne, mais puis que maintenant il a esté descouuert qu'elle est aussi bien Grecque, elle a besoing de raison pour la soustenir alencôtre de l'absurdité, qui de prime face se presente, par ce que le discours de la raison, aussi bien comme l'œil, est bien mal-aisé à regir & manier en grande quantité d'humeur & encore agitee, là où toutes choses odieuses de tous costez viennent en euidence & sortent au dehors au vin, ne plus ne moins que les serpenteaux, lizards, & reptiles, au Soleil, rendans l'opinion vacillante & mal asseuree. Parquoy ainsi comme le lict est meilleur que la chaire à ceux qui boiuent, d'autant qu'il contient tout le corps & l'exempte de tout trauail de mouuement: aussi est-il meilleur de tenir l'ame à requoy du tout, ou sinon comme lon donne aux petits enfans qui ne peuuent arrester, non vne espee, ny vne iaueline, mais des sonnettes ou des boules, ne plus ne moins que Bacchus a donné en main aux yurongnes la ferule, baston fort leger, & arme fort gracieuse, à fin que pour ce qu'ils frappent volontiers, ils blecent & offensent moins: par ce qu'il conuient que les fautes qui sont commises par yurongnerie passent legerement en risee, & ne soient pas atroces ne tragiques, en amenant de grands inconueniens. Et puis ce qui est le principal, quand on delibere & consulte de bien grands affaires, que celuy qui a faute de sens ou d'experience suiue en son opinion ceux qui ont grand entendement, & aille apres ceux qui sont experimentez, le vin oste le moyen de le faire: de sorte que le nom de Oïnos, c'est à dire vin, comme Platon escrit, en a pris sa denomination, par ce qu'il fait que ceux qui ont bien beu estiment beaucoup de soy, & pensant auoir grand sens: car encore qu'ils s'estiment eloquents, beaux & riches, ils s'estiment encore plus sages & prudents: & pourtant est le vin fort plein de grand langage, & nous emplit de babil importun, & d'opinion grande de nous mesmes en toutes sortes, comme meritans plus tost d'estre ouys que d'ouyr, & de mener plus tost que de suiure. Mais, ce dit Glaucias, il est bien aisé de ramasser & alleguer ce qui fait à ce poinct là, par ce que c'est chose assez claire & notoire: mais il faudroit ouïr discourir au côtraire, s'il y auoit quelqu'vn ou ieune ou vieil qui se voulust opposer à cela, à la defense du vin. Et comment, dit alors mon frere malicieusement & finement: Et pensez-vous qu'il y ait homme qui sceust presentement inuenter & alleguer sur ceste question là tout ce qui s'en pourroit dire? Pourquoy non, dit Nicostratus, ne le penserois-ie, veu qu'il y a icy des gens qui aiment bien & les bonnes lettres & le bon vin? L'autre se soubriant: Tu cuides donc, dit-il, tu cuides que tu sois assez suffisant pour discourir de cela deuant nous, & neantmoins que tu sois indisposé & inhabile à deuiser d'affaires de gouuernement, pour ce que tu as bien beu: n'est-ce pas proprement tout ainsi, comme si quelqu'vn estimoit, que celuy qui a beu ne voit pas bien de ses yeux, ny aussi n'oit pas bien de ses oreilles ceux qui parlent & qui deuisent auec luy, mais qu'il entend & oit parfaittement bien ceux qui chantent ou qui iouënt des fleutes? Car côme il est vray-semblable, que les choses vtiles attirent & affectionnent plus les sens icy que les belles & gentilles, aussi sont elles l'entendement & ne trouuerois pas estrange si à ta table en beuuant, l'entendement ne pouuoit comprendre quelque poinct difficile & subtil de la philosophie: mais si vous le tirez à traitter & consulter d'affaires, il est vray-semblable qu'alors il se resserre & se renforce en bon sens: comme Philippus de Macedoine, apres la bataille qu'il gaigna à Cheronee, faisant & disant plusieurs folies dignes de grande mocquerie pour ce qu'il auoit bien beu, incontinent qu'on luy vint parler de paix & d'appointement, il rassit son visage, fronça ses sourcils, & chassant arriere toute vaine resuerie, & toute insolence & dissolution, il rendit aux Atheniens vne fort sobre & bien aduisee response. Mais aussi y a il difference entre bien boire & s'enyurer: car ceux qui sont yures, de maniere qu'ils ne sçauent ce qu'ils font ne ce qu'ils disent, nous estimons qu'il les faut enuoyer dormir: & ceux qui se sont vn peu donné au cœur ioye en buuant à bon escient, prouueu qu'ils soient au demourant gens de ceruelle, il ne faut pas craindre que pour cela l'entendement leur varie, ne qu'ils perdent ou oublient leur experience, attendu que nous voions les baladins, & les ioüeurs de cithres, qui pour auoir bien beu n'en font de rien moins bien en leur mestier, és festins & és theatres: car l'experience leur demourant tousiours presente auec eux, leur rend le corps adroit & se mouuant & maniant souplement & seurement, comme il faut. Et y en a plusieurs à qui le vin adiouste vne asseurance & hardiesse guaye & deliberee, qui leur ayde à bien faire leurs actions, non fascheuse ny insolente, mais gracieuse & plaisante: comme lon dit qu'Æschylus escriuoit ses Tragedies en buuant à bon escient, de sorte que toutes estoient de l'influence du bon Bacchus: non pas comme disoit Gorgias, qu'il y en auoit vne de Mars, celle qui est intitulee, Les Sept princes de deuant Thebes: car ayant le vin vertu d'eschauffer non le corps tant seulement, mais aussi l'ame, comme dit Platon, il rend le corps penetrable, & ouure tous les pores, de sorte que les imaginations le courent facilement, attirans quand & l'asseurance la raison: car il y en a qui ont bien l'inuention bonne, mais quand ils sont sobres ou à ieun elle est froide, craintiue, & figee, & quand ils ont beu, ils s'euaporent, & mettent hors côme l'encens fait son odeur par la chaleur du feu: Et puis le vin chasse la peur qui est autant côtraire à ceux qui consultent, côme chose qui soit, & esteint plusieurs autres passiôs basses & viles, côme la malignité. Il desploye les plis de l'ame, & fait vne descouuerture de toutes mœurs & de toute nature par les propos, & si a vertu de dôner vne frâchise de libremêt parler, & consequémement de dire verité, sans laquelle riê ne seruiroit ny l'experience, ny la profondité d'entendement: mais plusieurs tenâs & fuyuans l'aduis

de celuy

A de celuy qui a beu rencontrent mieux, que de ceux qui finement & cauteleusement cachent leur opinion. Il ne faut doncques point craindre que le vin ne remue les passions, car il n'en remue point des mauuaises, si ce n'est aux meschans hommes, desquels le conseil n'est iamais sobre: ains, comme Theophrastus souloit appeller les bouticques des barbiers, des banquets sans vin: aussi y a il vne yuresse sans vin, triste & malheureuse, qui demeure tousiours dedans les hommes vicieux & ignorants, tousiours tourmentee de quelque cholere, de quelque malignité, opiniastreté, ou auarice, dont le vin esmoussant la plus part, & non pas les aiguisant, les rend non pas fols ne sots, mais simples, ronds, & non pas cauts, ny mesprisants ce qui est vtile, ains elisants ce qui est honneste. Mais ceux qui estiment que finesse soit bon entendement, & que bien deguiser vne fausse opinion soit sagesse & prudence, à bon droit afferment que ceux qui en buuant à la table disent rondement & franchement ce qui leur semble, sont fols & eceruellez: mais au contraire les anciens appelloient le Dieu
B Bacchus Eleutherea & Lysion, c'est à dire, deliureur & deslieur: & maintenoient qu'il auoit bonne partie de la diuination, non pour ce qu'il fust furieux & insensé, comme dit Euripide, mais pour ce que nous ostant toute crainte seruile, defiance & coüardise de l'ame, il nous fait vser de verité & de liberté les vns auec les autres.

Le huictiéme Liure des propos de table.

QVESTION PREMIERE.

Des iours esquels sont nez quelques vns des hommes illustres, & parmy de la generation que lon dit descendant des Dieux.

CEVX qui chassent la philosophie hors des conuiues & banquets, Sossius Senecion, ne sont pas comme ceux qui en ostent la lumiere, mais bien pis, par ce que la lampe ostee, les hommes bien conditionnez & honnestes n'en deuiendront point plus mauuais pour cela, d'autant qu'ils ont le reuerer, qui est bien plus puissant que le voir l'vn l'autre: là où quand l'ignorance & la desbauche se ioignent auec le vin, la lampe mesme doree de Minerue, si elle y estoit, ne pourroit iamais rendre le conuiue modeste, honneste, ne bien ordonné: car de se remplir & saouler les vns auec les autres en silence sans mot dire, cela sent par trop son pourceau, & à l'aduenture est-il du tout impossible: & celuy qui laisse la pa-
D role au conuiue, & n'y reçoit pas le sagement & vtilement en vser, est plus digne de mocquer, que celuy qui penseroit estre necessaire que lon boiue & mange tousiours en vn souper, mais que lon n'y serue que le vin tout pur & sans eau, & la viande sans sel ny saulse, & sans estre nettement accoustree: par ce qu'il n'y a bruuage ny viande qui soit si fascheuse ny si pernicieuse, n'estant pas accoustree ainsi comme il appartient, que la parole errante importunément & indiscrettement parmy vn banquet. C'est pourquoy les philosophes blasmans l'yuresse disent, que c'est vn follastrer en buuant, & ce follastrer là n'est autre chose que l'vser de parole vaine, folle & indiscrette. Or quand vn caquet desordonné & vn fol parler entre en vn banquet, il est force qu'insolence & villainie en soit la trastlaide & tresdeplaisante yssue. Parquoy il y a bien de la raison en ce que les femmes obseruent en nostre pays, és cerimonies de la feste que nous appellons Agronia, là où elles font semblant de cercher Bacchus, &

Le huictiéme Liure

puis s'en deportent, disans qu'il s'en est fuy devers les Muses, & qu'il est caché chez elles. Et peu apres sur la fin du souper elles se proposent les vnes aux autres des Enigmes & questions obscures à souldre, voulant le mystere de ceste cerimonie nous donner à entendre, qu'il faut à la table vser de propos où il y ayt quelque bonne doctrine & quelque grace. Et quand tels propos sont conioints auec le vin, alors ce sont les Muses qui cachent ce qu'il y a de farouche & de furieux en luy, estant gracieusement retenu par elles. Ce liure doncques, qui est le Huictiéme de nos propos de table, contiedra pour la premiere question, ce que nous dismes & ouysmes dire n'agueres au iour que nous celebrions la feste de la natiuité de Platon. Car ayant le sixiéme iour de Feurier solennizé la feste de la natiuité de Socrates, le septiéme nous feismes celle de Platon: & ce fut ce qui nous donna argument d'entrer en propos conuenable à l'occurrence de ces deux natiuitez, par ce que Diogenian de Pergame dit, que le poëte Ion ne disoit pas mal de la Fortune, qu'estant differente de la sagesse en beaucoup de choses, elle produisoit neantmoins beaucoup d'effects semblables à elle: pour le moins semble-il qu'elle ait fait succeder cela fort à propos & dextrement, non seulement que ces deux natiuitez se sont rencontrees fort pres l'vne de l'autre, mais aussi que celle du plus ancien & du maistre est arriuee la premiere en ordre. Et i'alleguay aussi plusieurs exemples de choses arriuees ainsi à mesme temps, comme fut celuy de la mort & natiuité d'Euripides, qui nasquit le propre iour que les Grecs combattirent le Roy de Perse, en la bataille de Salamine, & mourut le mesme iour que nasquit Dionysius l'aisné, tyran de la Sicile, Fortune ayant, ce dit Timæus, tiré hors de ce monde le poëte representateur des maux & miseres tragiques, au mesme iour qu'elle en faisoit naistre l'executeur: aussi mentionna-lon que la mort d'Alexandre le grand se rencontra au mesme iour que celle de Diogenes le Cynique : & fut-on d'accord que le Roy Attalus estoit mort le propre iour de sa natiuité : & dirent aussi quelques-vns que Pompeius le grand estoit mort en Ægypte au mesme iour de sa natiuité, toutefois d'autres disoient que ç'auoit esté vn iour deuant: aussi vint en auant Pindare, estant né durant la feste des ieux Pythiques, qui depuis composa maint hymne à l'honneur du Dieu à qui se celebroient lesdits ieux. Florus aussi dit, que Carneades n'estoit point indigne d'estre mentionné au iour de la naissance de Platon, ayant esté l'vn des plus illustres suppots de l'Academie, & que l'vn & l'autre auoient esté nez en la feste d'Apollon, l'vn à Athenes, en celle qui se nomme Thargelia, & l'autre le iour que les Cyreniens solennisent celle qu'ils appellent Carnia, qui sont toutes deux le septiéme de Feurier, auquel iour vous autres messieurs les prestres d'Apollon dittes qu'il nasquit, & pource l'appellez Hebdomagéne : c'est pourquoy il m'est aduis, que ceux qui attribuent à ce Dieu la generation de ce personnage, ne luy font point de deshonneur, nous ayant engendré vn medecin qui nous a par le moyen de la doctrine de Socrates guary, comme vn autre Chiron, de tresgriefues passions & maladies de l'ame. Aussi n'oublia-lon pas à dire, ce que lon tient pour chose certaine, qu'Apollon s'apparut en vision la nuict à son pere Ariston, qui luy defendit de toucher à sa femme de dix mois : & Tyndares Lacedęmonien prenant la parole, adiousta que lon pouuoit bien chanter & dire de Platon,

Pas ne sembloit estre d'homme mortel
Fils engendré, mais d'vn Dieu immortel.

Mais i'ay peur que l'engendrer ne contredise à l'immortalité de la diuinité, autant comme l'estre engendré, car cest acte là est vne mutation & passion aussi bien : comme Alexandre mesme donna bien à entendre quelquefois, quand il dit, qu'il se cognoissoit mortel & corruptible, principalement au dormir, & au cognoistre la femme : par ce que le dormir se fait d'vne relaxation procedant de foiblesse, & que toute generatiõ soit vn trasmettre du sié propre en autruy. Mais d'autre costé ie m'asseure
de rechef

de rechef, quand i'entens que Platon luy mesme appelle Dieu eternel & non engendré, pere & facteur du monde & de toutes choses generables, non que Dieu engendre humainement par semence, mais par vne autre puissance, qui imprime en la matiere vne vertu generatiue qui l'altere & transmue :

  Car le vent mesme, en passant, de ses ailes
  Va remplissant des oyseaux les femelles,
  Auant leur temps prefix à engendrer.

Et me semble qu'il n'y a point d'inconuenient, que Dieu s'approchant des femmes, non pas comme homme, mais par autre sorte d'attouchement & d'approche, n'altere & n'emplisse de semence diuine vne femme mortelle : & cela, dict-il, n'est pas de mon inuention : car les Ægyptiens tiennent que leur Apis est ainsi engendré par la lumiere de la Lune qui engrossa sa mere: & brief ils admettent bien qu'vn Dieu masle puisse habiter auec vne femme mortelle: mais au reuers ils ne cuident pas qu'vn homme mortel puisse donner à vne Deesse aucun principe de grossesse & de generation, parce qu'ils estiment que la substance des Deesses consiste en quelque air, quelques esprits, ou en quelques chaleurs & humeurs.

QVESTION SECONDE.

Comment est-ce que Platon dict, que Dieu exerce tousiours la Geometrie.

APRES ces propos s'estant faict vn peu de silence, Diogenian recommençant à parler : Voulez vous, dict-il, puis que nous auons parlé des Dieux, au iour de la naissance de Platon, que nous le prenions luy mesme pour argument de nos deuis? en recerchant à quelle intention, & selon quelle intelligence il a dict, que Dieu exerce tousiours la Geometrie, au moins si vous voulez supposer que ceste sentence soit de Platon. Ie dis adonc, qu'elle n'estoit escripte en pas vn de ses liures, mais on la tenoit pour certainement sienne, & sentoit bien son stile & sa façon de parler. Tyndares adonc prenant incontinent la parole : Estimez doncq, dict-il, Diogenian, que ceste sentence couuertement nous signifie quelque grande & obscure subtilité, & non pas ce que luy mesme a plusieurs fois dit & escrit en loüant & magnifiant la Geometrie, comme celle qui arrache ceux qui s'attachent aux choses sensibles, & les éleue à penser aux intelligibles & eternelles, dont la contemplation est la fin & le but dernier de toute la philosophie, comme la veuë des secrets est la fin de la religion des mysteres, car le clou de volupté & de douleur qui attache l'ame au corps, entre les autres maulx qu'il faict à l'homme, le plus grand est, qu'il luy rend les choses sensibles plus euidentes que les intelligibles, & contrainct l'entendement de iuger par passion plus que par raison. Car estant accoustumé par le sentiment du trauail, ou du plaisir d'entendre à la nature vagabonde, incertaine & muable des corps, comme chose subsistente, il est aueuglé, & perd la cognoissance de ce qui veritablement est & subsiste, la lumiere & instrument de l'ame, qui vault mieux que dix mille yeux corporels, par lequel organe seul se peut voir la diuinité. Or est-il qu'en toutes les autres sciences Mathematicques, comme en miroüers non raboteux, mais egalement par tout vnis, apparoissent les images & vestiges de la verité des choses intelligibles : mais la Geometrie principalement, comme la mere & maistresse de toutes les autres, retire & destourne la pensee purifiee & deliee tout doulcement de la cogitation des choses sensuelles. C'est pourquoy Platon luy-mesme reprenoit Eudoxus, Archytas & Menęchmus, qui taschoient à reduire la duplication du solide quarré à des preuues par engins materiels & instruments faicts à main, comme s'il n'estoit pas possible par demonstration

Le huictiéme Liure

de raison, quoy que lon y taschaft, de trouuer deux lignes moyennes proportionnelles. Car il leur obijçoit que cela estoit perdre & gaster tout ce que la Geometrie auoit de meilleur, en la faisant retourner en arriere aux choses maniables & sensibles, en la gardant de monter à mont, & d'embrasser ces eternelles & incorporelles images, ausquelles Dieu estant tousiours ententif, en estoit aussi tousiours Dieu. Apres Tyndares, Florus qui estoit son familier, & faisoit semblant par maniere de ieu d'en estre amoureux: Tu m'as faict grand plaisir, dict-il, de dire que ce propos n'est pas tien, ains le commun dire d'vn chascun: car tu m'as, par ce moyen, donné licence de refuter ceste opinion là, en monstrant que la Geometrie n'est point necessaire aux Dieux, mais aux hommes. Car Dieu n'a point besoing d'aucune science mathematique, comme d'vn instrument & machine qui le destourne des choses engendrees, & conduise son entendement & sa pensee à la cogitation de celles qui sont tousiours: car elles sont toutes en luy, & auec luy, & autour de luy. Mais prens garde que Platon n'ait couuertement voulu signifier vne chose qui compete & appartient proprement à toy, qui mesles Socrates auec Lycurgus, non moins que faisoit Diceearchus Pythagoras. Car tu sçais bien que Lycurgus chassa hors de Lacedemone la proportion arithmetique, comme turbulente & populaire, & y introduisit la geometrique, comme plus conuenable à vn petit nombre de sages gouuerneurs, & à vne Royauté legitime: car celle-là attribue au nombre l'egalité, & celle-cy à la raison, selon la dignité: & ne confond pas toutes choses ensemble, ains y a en elle vne apparence & remarquable discretion & distinction entre les bons & les meschans, qui ne partagent pas entre eulx ce qui est propre à chascun, à la balance ny aux lots, mais à la difference du vice & de la vertu. Dieu donc, dict-il, amy Tyndares, applique ceste proportion là aux choses humaines, & est ce qui s'appelle equité & iustice, nous enseignans qu'il fault faire iustice egale, & non pas egalité iustice: car ce que le vulgaire recerche d'egalité, qui est la plus grande iniustice qui soit, Dieu l'oste du monde le plus qu'il est possible, & obserue la dignité & le merite geometriquement, le terminant & definissant selon la raison. Nous autres loüasmes ceste interpretation, mais Tyndares dict, qu'il luy portoit enuie, & pria Autobulus de s'en attacher à luy, & de corriger son plaidoyer: lequel s'en excusa, mais il amena & meit en auant vne autre sienne intelligence & propre opinion. C'est qu'il dict, que la Geometrie n'estoit point speculatiue des meurs, ny d'autre subiect quelconque, sinon des passions & accidents des termes qui terminent les corps, & que Dieu n'auoit point par autre moyen faict & fabriqué ce monde, sinon en finissant & terminant la matiere qui estoit infinie, non en quantité ny en grandeur, mais pour son inconstance vague & desordonnee, ayans les anciens accoustumé d'ainsi parler, appellans infiny ce qui n'estoit point arresté ny determiné. Car la forme & la figure est le terme de chasque chose formee & figuree, la priuation dequoy la rend à part elle informe & defiguree. Mais que depuis que les nombres & proportions y viennent à estre imprimez, la matiere alors liee & serree de lignes, & apres les lignes de superfices & de profondeurs, a produit les premieres especes & differences des corps, comme le fondemét pour la generation de l'air, de la terre, de l'eau, & du feu. Car il estoit impossible que de la matiere vague, errante & desordonnee, sortissent les egalitez des costez, & similitudes des angles, des corps premiers Octaëdres, Icosaëdres, Pyramides & Cubes, sans vn ouurier qui les ordonnast & disposast geometriquement. Ainsi, fin estant donnee à l'infiny, l'vniuers bien composé, ordonné & contemperé, a esté fait & se fait tous les iours: la matiere s'efforçant & taschant de retourner tousiours à son infiny, & refuyant d'estre geometrisee, c'est à dire definie & determinee: & la raison, au contraire, la referrant & estraignant, & la distribuant en diuerses & differentes especes, dont toutes choses qui naissent & viennent en estre ont leur generation & constitution. Apres qu'il eut dit

cela

Des propos de table. 423

A cela, il me pria de contribuer aussi quelque chose du mien à ce propos. Quant à moy ie loüay grandement leurs opinions, comme estans naïfuement propres à eux, & de leur inuention, & où il y auoit bien grande apparence. Mais à fin que vous ne vous mesprisiez vous mesmes, & ne regardiez du tout au dehors, escoutez l'intelligence & interpretation de ceste sentence, qui plaisoit le plus à nos precepteurs & maistres. Car il y a entre les propositions, ou plustost positions & theoriques geometriques, vne la plus notable, plus ingenieuse, & plus geometrique de toutes, Deux especes ou figures donnees en comparer vne troisiéme, qui soit égale à l'vne, & semblable à l'autre: pour l'inuention de laquelle on dict que Pythagoras feit vn sacrifice aux Dieux. Car ceste proposition est bien plus galante, plus gentille, & plus ingenieuse que celle par laquelle il prouua & demonstra, que la soubtendue pouuoit autant que les deux laterales qui font l'angle droict d'vn triangle. Vous dictes bien, respondit Diogenian, mais que sert cela au propos dont il est question? Vous l'entendrez facilement, dis-je, pourueu que vous vouliez vous reduire en memoire la diuision de laquelle il a diuisé en trois, en son liure du Timee, les principes par lesquels le monde a eu sa generation, dont il a appellé l'vn de tresiuste nom, Dieu: l'autre, la Matiere: & le troisiéme, l'Idee. Si est la Matiere, des subiects le plus desordonné: l'Idee, des moules & patrons le plus beau: & Dieu, des causes la meilleure. Or vouloit-il, autant comme il est possible, ne laisser rien finy & infiny, ains orner la nature de proportion, de mesure, & de nombre, composant vn de ces deux ensemble, qui fust semblable à l'Idee, & aussi grand que la matiere. Parquoy se proposant à luy-mesme ceste proposition, y ayant desia les deux, il en faict la troisiéme, & le faict & conserue egal à la matiere, & semblable à l'Idee: c'est le monde, lequel estant tousiours pour la necessité de la nature corporelle, nee auec luy, en generation, alteration & passions de toutes sortes, est secouru par son pere & son facteur, terminant & finissant la substance par raison & proportion à l'image de son patron. Voyla pourquoy le pourpris de l'vniuers est plus beau d'estre ainsi vaste & grand, que s'il estoit moindre.

Voyez Euclide sixiesme liure des Elemens, prop. 25.

QVESTION TROISIESME.

Pourquoy est-ce que la nuict est plus resonante que le iour.

COMME nous soupions vn soir à Athenes chez Ammonius, nous entendismes vn bruict, qui feit retentir toute la maison, de gens qui de la ruë crioient, Capitaine Capitaine, car Ammonius estoit lors pour la troisiéme fois Capitaine. Il enuoya incontinent de ses gens veoir que c'estoit: lesquels appaiserent aussi tost le tumulte, & conuoyerent ceux qui auoient crié. Cependant nous nous meismes à enquerir, pourquoy c'est que ceux qui sont dedans la maison entendent bien ceux qui crient dehors, & ceux qui sont dehors n'entendent pas si bien ceux de dedans. Ammonius dit incontinent, que ceste question auoit esté soluë par Aristote, parce que la voix de ceux de dedans sortant dehors en vn air grand & ouuert, s'esuanoüissoit & se dissipoit incontinent: mais celle de dehors entrant dedans, ne faisoit pas le semblable, ains estoit retenuë enfermee, & consequemment plus aisee à entendre: mais que cela auoit plus de besoing de trouuer la raison, pourquoy de nuict les voix estoient plus sonantes, & qu'auec la grandeur du son elles auoient aussi la clarté purement articulee & distincte. Quant à moy, dit-il, il m'est aduis, que la prouidence diuine a bien sagement ordonné la clarté viue à l'ouye, lors que la veuë ne pouuoit rien du tout ou bien peu seruir: car l'air de la nuict solitaire, cóme dit Empedocles, qui est tenebreux & obscur, autant qu'il oste aux yeux de presentiment, autant en rend il aux oreilles.

Le huictiéme Liure

Mais pour autant que des choses qui se font necessairement par contrainéte de nature, encore en faut-il recercher les causes : & cela est le propre & peculier office du philosophe naturel, de s'empescher aprés les principes & causes instrumentales & materielles: lequel sera-ce de vous qui premier mettra en auant vne raison où il y ait de l'apparence? Là seftant faict vn peu de silence, Boëtus dict, Quand i'estois encore ieune estudiant, i'vsois quelquefois des principes que lon appelle Petitions en Geometrie, & supposois quelques propositions, sans les demonstrer : mais maintenant i'en vseray de quelques vnes, qui par cy deuant ont esté prouuees & demonstrees par Epicurus, Ce qui est se meut en ce qui n'est pas : car il y a beaucoup de vuyde semé & meslé par entre les Atomes & menus corps indiuisibles de l'air. Quand doncques il est bien espandu en laxité spacieuse à discourir çà & là pour la rarité, il y a beaucoup de petits & menus vuydes parmy ces menues parcelles, qui occupent toute la place: mais au contraire, quand ils sont reserrez, & qu'il se faict vne compression & estrainéte d'iceux en peu de place, ces petits corpuscules s'entassans par force les vns sur les autres laissent vne large place & grande espace à vaguer au dehors: cela se faict la nuiét par le moyen de la froideur : parce que la chaleur lasche, disgrege & dissoult les espessissemens: c'est pourquoy les corps qui bouillent, qui s'amollissent, & qui se fondent, occupent plus de lieu, & au contraire ceux qui se prennent, qui se figent & se gelent, se restraignent & amassent ensemble, & laissent des places vuydes és vaisseaux & lieux où ils sont contenus, & dont ils se sont retirez. Et la voix venant à donner dedans ces plusieurs petits corps là ainsi semez & drus, ou elle s'assourdit de tout poinét, ou elle se disgrege, ou trouue de grandes resistences & empeschemens qui l'arrestent. Mais en vne espace vuyde où il n'y a point de corps, ayant vn cours libre, plein, continué & non enterrompu, elle paruient tant plustost à l'ouïe, retenant & gardant encore à la parole la clarté toute expresse, articulee & distinéte. Car tu vois mesmement que les vaisseaux vuydes, quand on les frappe, respondent mieux aux coups, & rendent le retentissement iusques bien loing, lequel bien souuent sortant à l'enuiron, s'estend & se dilate beaucoup: là où vn vaisseau qui sera plein ou d'vn corps solide, ou bien de quelque liqueur, est du tout sourd, & ne rend son quelconque, n'ayant pas la voix place ne voye par où passer. Et entre les corps solides l'or & la pierre, pource qu'ils sont fort pleins, ont bien peu de son foible, ne resonnant comme poinét, & encore ce peu qu'ils en rendent s'esteint incontinent. Au contraire le cuyure est criard & sonnant, d'autant qu'il a beaucoup de vuyde, & sa masse en est legere & delice, n'estant pas estrainét de plusieurs corps entassez les vns sur les autres, ains ayant foison de celle substance molle qui ne resiste point à l'attouchement, meslee parmy laquelle donne aisance à tous autres mouuemens : & recueillant la voix gracieusement, la conuoye iusques à ce que quelque chose la trouuant, &, par maniere de dire, la rencontrant par le chemin, bousche le vuyde, & là elle s'arreste & cesse de penetrer plus oultre, à cause de l'estoupement qu'elle treuue. C'est cela, dict-il, qui me semble rendre la nuiét plus sonante, & le iour moins, d'autant que la chaleur, qui dissoult l'air, fait les interualles des atomes de tant plus petits. Seulement requiers-je, que personne ne s'oppose & contredise à mes premises & premieres suppositions. Et me commandant Ammonius que ie disse quelque chose à l'encontre : Quant à tes premieres suppositions, dis-je, amy Boëtus, qui supposent qu'il y ait beaucoup de vuyde, qu'elles demeurent, puis qu'il te plaist ainsi : mais quant au vuyde, il n'est pas bien supposé pour l'aisance du passage & du mouuement de la voix. Car ceste qualité, de ne pouuoir estre touché ny frappé, est plustost propre au siléce & à la taciturnité quoye: là où la voix est vn battement & percussion de corps sonant, & le corps sonant est celuy qui est accordant & correspondant à soy-mesme, mobile, leger, vny, souple, comme est nostre air. Car l'eau, la terre & le feu sont muets, & sans voix d'eux mesmes,

mais

Des propos de table. 424

A mais ils sonnent tous quand il y entre dedās de l'esprit & de l'air, & rendent du bruit. Et quant au cuyure, il n'y a rien de vuide dedans, mais d'autant qu'il est mixtionné d'vn esprit egal & vny, pour cela est-il respondant aux coups & sonant. Et s'il falloit coniecturer parce qui s'en voit à l'œil, il semble que le fer est plus vermoulu, plus troüé, & plus tenant de la goffre: & toutefois c'est le metal de tous qui rend moins de son, & qui est le plus sourd. Parquoy il n'estoit point besoing de donner tant d'affaire à la nuict, en estraignant son air & le comprimant, & laissant ailleurs des places & espaces vuides, comme si l'air empeschoit la voix, & luy gastoit sa substance, luy qui est toute sa substance, sa forme & sa puissance: & oultre cela il faudroit que les nuicts inegales, comme celles où il faict grand broüillard, ou qui sont fort froides, fussent plus sonantes que les claires & seraines, parce que icy s'entrepressent les atomes, & là dont ils viennent ils laissent la place vuide de corps: &, ce qui est aisé & prompt à veoir, il faudroit que la nuict froide d'hyuer fust plus vocale & resonante

B que la chaulde de l'esté, dont ny l'vn ny l'autre n'est veritable. Parquoy laissant là ceste raison pour telle qu'elle est, ie mets en auant Anaxagoras qui dict, que le Soleil remuë l'air d'vn mouuement tremblant & plein de battement, comme il appert par ces petites limeures & petits lopins de poulsiere qui volettent par les trous où passe la lumiere du Soleil, que quelques vns appellent tiles: lesquelles, ce dict-il, sifflans & bruyans le iour, rendent par le bruict qu'elles font les voix plus malaisees à ouyr le iour, mais que la nuict leur branlement cesse, & par consequent leur son aussi. Apres que i'eus dict cela, Ammonius dict, On nous iugera à l'aduenture ridicules de cuider refuter Democritus, ou vouloir corriger Anaxagoras, mais toutefois si faut-il oster à ces petits corps d'Anaxagoras le sifflement: car il n'est ny vray-semblable, ny necessaire, & suffit d'admettre le branlement & le mouuement d'iceux, dansans en la lumiere du Soleil, qui disgregent & iettent çà & là la voix. Car l'air, comme il a esté dit, estant le corps & la substance propre de la voix, s'il est rassis, donne voye toute droi-

C cte, vnie & continuee aux petites parcelles & aux mouuements de la voix de tout loing. Car le calme & la bonace tranquille est resonante, & au contraire la tourmente est sourde, comme dict Simonides:

    Car alors ny vent ny halene
    Fueilles des arbres ne promene
    Qui la voix doulce disgregeant
    La garde de s'aller rengeant   *
    De pres aux oreilles des hommes.

Car bien souuent l'agitation de l'air ne permet pas que la forme de la voix bien expresse & articulee arriue iusques au sentiment, mais tousiours en oste & emporte elle quelque chose de la force & de la grandeur. Or la nuict, quant à elle, n'a rien qui remue & agite l'air, & le iour a vne grande cause, à sçauoir le Soleil, comme Anaxago-

D ras luy-mesme a dit. Adonc Thrasyllus fils d'Ammonius prenant la parole: Hé dea, dict-il, pourquoy, ie vous prie au nom de Iupiter, allons nous attribuans ceste cause à vn inuisible mouuement de l'air, & laissons là son agitation & laceration toute euidente & manifeste à nos yeux? Car ce grand gouuerneur & capitaine du ciel, le Soleil ne remue pas imperceptiblement, ny peu à peu, iusques aux moindres parcelles de l'air, ains tout aussi tost qu'il se monstre excite & remue toutes choses,

    Donnant le signe auquel apparoissant
    Le peuple va ses œuures commençant.

& tout le monde le suit, comme si au nouueau iour les hommes estoient resuscitez en vne autre vie, ce dit Democritus, & se mettét à besongnes qui ne se font pas sans bruit & sans crys: à raison dequoy Ibicus appelloit le matin, non mal à propos, Clytus, comme qui diroit bruyant, pource que lon y commence à ouyr bruire & crier: là où l'air de la nuict estant le plus souuent sans aucune tourmente ne vague quelconque, parce que toutes choses sont en repos, il est vraysemblable qu'il enuoye la voix toute entiere, non rompue ny diminuee iusques à nous. Lors Aristodemus de Cypre estant en la compagnie: Mais prens toy garde, dit-il, Thrasyllus, que cela que tu dis ne soit conuaincu & refuté par les combats & le marcher des grands exercites la nuict, parce que lors les voix n'en sont pas moins sonátes, encore que l'air soit bien agité & bien troublé, & à l'aduenture y a-il partie de la cause qui procede de nous. Car la pluspart de ce que nous parlons la nuict, ou nous le commadons à quelques vns en tumulte, & auec passion qui nous presse, ou demandans & enquerans quelque chose, nous crions tant que nous pouuons, pource que ce qui nous esueille & fait leuer au temps que nous deussions dormir & reposer, pour faire ou dire aucune chose, n'est pas petit ny paisible, ains grand, & qui nous haste pour la necessité de quelque affaire d'importance, de maniere que les voix & paroles en sortent plus vehementes & plus fortes.

QVESTION QVATRIESME.

Pourquoy est-ce que des Ieux sacrez les vns ont vne sorte de couronne, les autres vne autre, mais tous ont la branche de palmier: & pourquoy lon appelle les grandes dattes Nicolas.

COMME les Ieux Isthmiques se celebroient, Sospis en estát iuge & directeur pour la seconde fois, ie m'estois sauué de ses festins, là où il festoyoit quelquefois plusieurs estrangers ensemble, & quelquefois qu'il n'y auoit que de ses citoyens: Mais comme il eust vne fois conuié seulement ceux qui luy estoient plus grands amis, & tous gens de lettres, i'y fus aussi semond entre les autres. Comme doncques les premieres tables furét leuees, il y vint vn qui apporta à l'orateur Herodes, de la part d'vn sien familier qui auoit emporté le pris du combat de la loüange, vn rameau de palme, auec vne couronne tressee: & luy l'ayát acceptee, la luy renuoya puis apres, & dit, qu'il s'esbahissoit que de ces Ieux sacrez les vns auoient pour le pris vne certaine courône, & les autres vne autre, mais tous en commun auoient le rameau de la palme. Car quát à moy, ie ne me sçaurois persuader que ce soit pour la cause que quelques vns alleguent, disans que c'est pour l'egalité des fueilles qui sourdent & croissent tousiours egalement vis à vis l'vne de l'autre, & semble qu'elles combattent & estriuent à l'enuy les vnes des autres, & que ce mot de νίκη, c'est à dire victoire, a esté appellé de ne ceder point. Car il y a plusieurs autres plantes qui distribuent egalement presque au pois & à la mesure, la nourriture aux branches & rameaux opposites, & qui obseruent en cela exactemét vn ordre & vne egalité merueilleuse, & m'est aduis qu'il y a plus de vraysemblable apparence en ceux qui soupçonnent que les anciens ont aymé la beauté, haulteur & droicture de cest arbre, mesmement Homere qui accompare la beauté de Nausicaa au tronc & tige d'vn beau palmier. Car vous sçauez qu'anciennement on iettoit aux victorieux qui auoient gaigné le pris, des roses, de la chandeliere, & quelquefois des pommes & des grenades, cuidás les bien remunerer: mais il n'y a rien qui soit manifestement plus excellent qu'aux autres arbres en la palme, attendu qu'elle ne porte point en la Grece de fruict qui soit bon à manger, car il est imparfaict & non assez cuit. Car si elle produisoit à maturité les dattes comme elle fait en la Syrie ou en Ægypte, ce seroit bien le plus beau fruict que lon sçauroit veoir, & le plus doulx que lon sçauroit sauourer, & n'y en auroit point d'autre qui fust digne de luy estre comparé. C'est pourquoy l'Empereur Auguste aymant singulierement Nicolas le philosophe Peripatetique, qui estoit de fort doulce nature, long & gresle de stature, & ayát plusieurs rougeurs au visage, appella les plus belles & plus grandes dattes Nicolas, &

iusques

A iufques auiourd'huy encores les appelle lon ainfi. Herodes ayant defduit cela, refioüit autant l'affiftance de ce qu'il auoit dict du Philofophe Nicolas, que de la queftion propofee. Et pourtant, dict Sofpis, il fault que chafcun de tant plus s'efuertue de conferer fur cefte queftion propofee ce qu'il f'en perfuade. Quant à moy i'y apporte, qu'il me femble que c'eft pource qu'il faut que la gloire des vainqueurs dure & demeure fans fe paffer, & fans vieillir, autant comme il eft poffible: car la palme eft d'auffi longue duree qu'autre plante quelle qu'elle foit, comme mefme tefmoignent ces vers icy d'Orpheus.

  Viuant autant que la palme fublime,
  Laquelle efpand fes fueilles à la cime.

Et eft le feul arbre de tous prefque à qui veritablement aduient & appartient ce qui fe dict de plufieurs: c'eft, qu'elle a la fueille ferme, & qui dure & demeure toufiours: car nous ne voyons point que ny le laurier, ny l'oliuier, ny le meurthe, ny aucuns des au-
B tres, dont on dict que les fueilles ne tombent point, conferuent toufiours leurs premieres fueilles, ains apres que les vnes font efcoulees ils en reiettent d'autres, & par ce moyen demeurent toufiours ainfi vifs, & les mefmes comme les villes: là où la palme ne perdant iamais rien des fueilles qui font vne fois forties d'elle, demeure certainement toufiours fueillue de mefmes fueilles. Et c'eft, comme ie croy, cefte vigueur là qu'ils approprient principalement à la force de la victoire. Apres que Sofpis eut acheué de parler, Protogenes le grammairien appellant par fon nom Praxiteles l'hiftorien: Laiffons, dict-il, faire à ces Orateurs & Rhetoriciens icy ce qui eft de leur meftier, arguants par coniectures & par verifimilitudes: mais nous, ne fçaurions nous apporter de l'hiftoire rien qui foit bien à propos de cefte matiere? Si eft-ce qu'il me femble que i'ay leu n'agueres és Annales de l'Attique, que Thefeus le premier faifant vn ieu de pris en l'Ifle de Delos, arracha vn rameau de palme facree, dont il fut appellé Spadix, pource qu'il eftoit arraché, & non pas coupé. Autant en dict Praxi-
C teles: mais ils demanderent à Thefeus mefme, qui fut le directeur & gouuerneur de ce ieu là, pourquoy il arracha vn rameau de palme pluftoft que d'oliuier ou de laurier. Et pourtant regarde que ce ne foit vn pris Pythique, parce que les Amphictions honorerent là en Delphes premierement les vainqueurs de branche de palme & de laurier, attendu que lon ne confacre pas au Dieu Pythique les lauriers & les oliuiers feulement, mais auffi les palmes, comme feit Nicias quand il defraya en Delos la danfe des Atheniens, & les Atheniens mefmes en Delphes, & parauant eux Cypfelus Corinthien: car autrement noftre Dieu a aymé toufiours les combats & ieux de pris & la victoire d'iceux, ayant combatu luy mefme au ieu de la cithre, à chanter, & lancer la placque de cuyure, & comme aucuns difent, iufques au ieu de l'efcrime des poings, & pour le moins fauorifant & fecourant ceux qui y combattent, ainfi comme Homere mefme le tefmoigne, faifant dire à Achilles:
D   Deux champions en tout l'oft faut cercher
  Qui fçachent mieux des poings efcarmoucher,
  Et celuy d'eux à Phœbus en gloire
  De bien frapper donnera la victoire.

Et des archers il faict que celuy qui inuoqua l'aide d'Apollo emporta le pris, & l'autre fuperbe, qui n'auoit point faict de priere, faillit l'oifeau auquel ils tiroient: & fi n'eft pas croyable, que les Atheniens ayent facré & dedié le parc des exercices du corps à Apollo pour neant & fans occafion, ains ont eftimé que le mefme Dieu qui nous donne la fanté, nous donne auffi la force & difpofition de la perfonne pour tels ieux & combats: & y ayant aucuns d'iceux combats legers, les autres graues, on trouue par efcript, que les Delphiens facrifient à Apollo furnommé l'Efcrimeur des poings: ceux de Cadie, & les Lacedemoniens auffi, à Apollo Coureur. Et ce que nous

Ccc

Le huictiéme Liure

voyons que lon enuoye iusques à son temple en la ville de Delphes, les primices des despoüilles & du butin gaigné en guerre sur les ennemis, & que lon luy dedie les Trophees, n'est ce point tesmoignage & argument qu'il a grande puissance d'aider à gaigner la victoire & emporter le pris? Ainsi comme il parloit encore, Cephisus le fils de Theon prenant la parole: Voire mais, dict-il, cela ne sent point son histoire, ny les liures de Geographie, ains estant tiré du milieu des lieux des Peripatetiques, dont on tire les arguments, il tend à preuue apparente & non necessaire, & puis encore dressans vne feinte, comme lon faict és Tragedies, vous voulez intimider ceux qui vous contredisent, en les menassant d'Apollo, combien que le bon Dieu, ainsi qu'il est conuenable à sa bonté, soit à tous egal en clemence & benignité: mais nous suiuans la trace & le chemin que Sospis nous a fort bien monstré, tenons nous à la palme, laquelle nous donne matiere assez ample de discourir & d'en parler: car les Babyloniens chantent & magnifient haultement cest arbre, comme celuy qui leur apporte trois cens soixante sortes de diuerses vtilitez. Quant à nous autres Grecs, il ne nous est point vtile, mais pour instruire & prescher les champions des ieux sacrez, encore pourroit-on tirer quelque profit de ce qu'il ne porte point de fruict: car estant vn tref-beau & tref-grand arbre, il n'engendre point, au moins en nostre pays, ains employe & consume toute sa nourriture à grossir & fortifier son corps, comme feroit vn bon champion à se bien exerciter, & luy en demeure bien peu, & qui ne vaut gueres pour employer en semence. Mais outre tout cela, il a vne proprieté qui luy est peculiere à luy seul, & qui n'aduient à nul autre, que ie vous vais dire: car si vous mettez dessus & le chargez de quelque pesant fardeau, il ne plie point sous le fais, ains se courbe & se voulte à l'encontre, comme resistant à ce qui le charge & le presse. Autant en est-il des combats des ieux sacrez, car ceux qui par foiblesse du corps ou lascheté de cœur se laissent aller, ils se courbent: mais ceux qui robustement & magnanimement supportent l'exercice, non seulement du corps, mais aussi du courage, ce sont ceux qui en sont esleuez & haulsez en tout honneur.

QVESTION CINQVIESME.

Pourquoy est-ce que ceux qui nauiguent sur le Nil, en puisent l'eau pour leur vsage auant le iour.

QVELQV'VN demanda la cause, pourquoy les batteliers qui nauiguent sur la riuiere du Nil prennēt & puisent l'eau pour leur boire, non de iour, mais de nuict. Si y en auoit qui disoient, que c'estoit pource qu'ils craignoient le Soleil, qui en eschauffant l'eau la rend plus aisée à s'empuantir, & se corrompre: car tout ce qui est attiedi & eschauffé est tousiours plus prompt & plus disposé à mutatiō, & s'altere facilemēt par la relaxation de sa propre qualité, là où la froideur restraignāt semble conseruer & contenir chasque chose en son naturel, mesmement l'eau: & qu'il soit ainsi que la froideur de l'eau ait vertu de conseruer, la neige le tesmoigne, qui garde long temps la chair de se corrompre, là où la chaleur fait sortir toute chose hors de son naturel estre, mesmement le miel, car il se gaste quand on le fait boüillir, & s'il demeure crud, non seulement il se conserue, mais il aide à conseruer les autres choses. A quoy font tresgrande foy les eaux des lacs, lesquelles sont aussi bōnes à boire l'hyuer comme les autres, & l'esté deuiennent fort mauuaises & engendrēt des maladies. Parquoy la nuict respondant à l'hyuer, & le iour à l'esté, ils ont opiniō que l'eau demeure plus longuement sans se tourner ny gaster quand on la prend la nuict. A ce propos, qui de soy-mesme est assez vraysemblable, encline la raison de l'experience, cōme preuue

non arti-

Des propos de table.

non artificielle, confirmant ceste obseruation des batteliers: car ils disent qu'ils puisent l'eau estant encore la riuiere quoye & rassise, là où de iour elle deuient bien tost toute trouble & terreuse, parce que beaucoup d'hommes en puisent, beaucoup de bestes y courent çà & là, & ce qui est tel est aisé à pourrir: car tout ce qui est meslé est plus en danger de se tourner que ce qui est simple, parce que la mixtion & meslange fait vn combat, & le combat apporte l'alteration. Or la putrefaction est vne espece d'alteration: c'est pourquoy les peintres appellent les mixtions de couleurs Phthoras, c'est à dire, corruptions: & le teindre, le poëte l'appelle μιῶαι, infecter: & le commun vsage de parler appelle ce qui est simple & pur ἄφθαρτν κ̇ ἄκϱατον. mais principalement la terre meslee auec l'eau altere & gaste sa qualité & son naturel d'estre bonne à boire. Voyla pourquoy les eaux croupies & dormátes sont plus aisees à se corrompre, d'autant qu'elles se remplissent plus de terre, là où celles qui courent, fuyent & eschappent ceste meslange. Et pour ceste cause à bonnes enseignes a loüé Hesiode la belle
B fontaine quand il a dict,

    Viue fontaine & qui sans cesse sluë
    Iamais n'est trouble ou de fange polluë.

Car ce qui n'est point corrompu est plus salubre, & n'est point corrompu ce qui est tout simple, non meslé, & pur, à quoy sont grande foy les diuersitez & differences de la terre: car celles qui passent par terre de montagne & pierreuse, sont plus fermes & plus crues que celles des marez & des plaines, d'autant qu'elles ne tirent pas quand & elles beaucoup de terre. Et la riuiere du Nil coulant par pays plains, ou pour mieux dire, estant comme vn sang meslé auec la chair, en est bien doulce, & se remplit de ius qui ont vne force pesante & nutritiue, mais elle est ordinairement meslee & trouble, & de tant plus encore si elle est remuee, parce que le mouuement & agitation mesle la substance terrestre auec l'humeur, là où quand elle est reposee, la terre s'en va à bas, à cause de sa pesanteur. Voyla pourquoy ils puisent leur eau la nuict, ioinct
C qu'ils preuiennent le Soleil, lequel enléue ordinairement & corrompt ce qu'il y a de plus leger & de plus delié és eaux.

QVESTION SIXIEME.
*De ceux qui viennent tard au souper: & parmy cela, d'où sont
appellez ces mots ἀκϱατίσμα, ἄξιστον & δεῖπνον.*

MES plus ieunes enfans estoient demourez vn peu plus qu'il ne falloit au Theatre, à voir & ouyr les esbattements que lon y faisoit, & estoient à ceste cause venus tard au souper, à l'occasion dequoy ceux de Theon se iouans à eulx les appelloient κωλισιδείπνοις, c'est à dire, empeschans le souper: & ζοφοδορπίδας, comme qui diroit, soupans de nuict: & eux se reuenchans les appelloient reciproquement πϱο-
D χεδείπνοις, c'est à dire, courans au souper. Et y eut quelqu'vn des plus aagez qui dict que c'estoit celuy qui arriuoit tard qui se deuoit appeler πϱοχέδειπνος, car il se haste de venir plus viste que le pas, quand il sent qu'il a trop demeuré à venir. A propos dequoy il allegua vne plaisanterie de Battus le bouffon de Cæsar, lequel appelloit Epithymodipnos, c'est à dire, desirans souper, ceux qui y venoient tard: car, dit-il, combien qu'ils eussent des affaires, ils ayment tant les bons morceaux, qu'ils n'ont pas refusé quand on les a conuiez. Mais i'alleguay que Polycharmus iadis vn des orateurs qui se mesloient du gouuernement à Athenes, en vne sienne harengue, où il rend raison au peuple de sa maniere de viure, met entre autres choses: Voyla, Seigneurs Atheniens, comment i'ay vescu: mais oultre cela, iamais estant appellé à souper ie n'y vins le dernier. Car cela semble estre fort populaire: & au contraire lon hait ceux que lon est contrainct d'attendre, comme fascheux, & voulans faire des graues & des

Ccc ij

Le huictiéme Liure

seigneurs. Et Soclarus voulant defendre mes ieunes gens : Alceus, dict-il, n'appelle
point Pittacus Zophodorpidan pource qu'il soupoit tard, mais pource qu'il n'auoit
ordinairement que des petites, basses & viles personnes à souper chez luy : car de souper plustost, c'estoit anciennement vn reproche : & dict-on que ce mot Acratisma,
qui signifie desieuner, vient de Acratia, c'est à dire, intemperance. Adonc Theon
prenant la parole : Il ne fault pas, dict-il, adiouster foy à ceux qui nous ramenent la
façon de viure des anciens en ieu, car ils disent qu'estans hommes laborieux & moderez en leur viure, ils pr͂ noient le matin vn peu de pain trempé dedans du vin dés
le poinct du iour, & non autre chose, & qu'ils appelloient cela Acratisma, à cause
d'Acratos, qui signifie le vin pur : & ὄψον, la viande que lon appareilloit pour le
souper au soir, ce que signifie ce mot ὄψον, parce qu'ils ne soupoient que le soir,
apres qu'ils auoient depesché tous leurs affaires. De là on vint à demander, d'où
estoient deriuez ces mots-là, Dipnon & Ariston. Si faisoit-on compte qu'Ariston & Acratisma signifioient vne mesme chose. En tesmoignage dequoy ils apportoient Homere, qui dict qu'Eumœus apprestoit Ariston, c'est à dire le disner, à
l'aube du iour,

    Au poinct du iour le disner appresterent.

Et sembloit y auoir apparence qu'Ariston eust esté ainsi appellé à cause de la matinee, comme Aurion, qui signifie demain matin, de la matinee : & Dipnon, pource
qu'il se fault reposer, car on soupe apres que lon a faict quelque besongne, ou bien
en la faisant. Ce que lon peut encore monstrer par le tesmoignage d'Homere
qui dict,

    Quand son souper le boucheron appreste.

Si ce n'est qu'on vueille dire, qu'Ariston soit dict pource qu'ils disnoient de ce qu'ils
trouuoient le premier, sans peine & sans manufacture de cuisine : & leur souper
estoit elabouré & apresté, dont ils appellerent l'vn ῥᾷστον, comme qui diroit tres-fa-
cile : & l'autre διαπεπονημένον, c'est à dire elabouré & trauaillé. Mais mon frere Lamprias, qui de son naturel estoit facetieux & aymoit à rire : Puis que, dit-il, il est loisible
de babiller tout ce que lon veult, ie vous veulx monstrer que les mots & paroles des
Romains sont plus propres que celles des Grecs : car ils appellent le souper Cœnam,
à cause de la compagnie, qu'ils soupoient ensemble, parce qu'ils disnoient ordinairement à par eux anciennement, & soupoient en compagnie de leurs amis : & Prandium, le disner, Ariston, deriué de ἠῶθεν, qui signifie le matin : car ἔνδιον signifie mati-
nal, & διαζεῦξιν reposer apres le disner : ou bien il signifioit vn desieuner & manger
du matin, auant qu'ils fussent ἔνδεες, c'est à dire, ayans necessité de manger. Ie laisse à
vous dire qu'ils appellent στρώματα, strata, les licts : οἶνος, vinum, le vin : μέλι, mel, le miel :
ἔλαιον, oleum, l'huile : γεύσασθαι, gustare, gouster : προπίνειν, præbibere, boire l'vn à l'autre, de mesmes termes que les Grecs. Mais qui pourra nier que κωμάζειν, comessari, ne
soit deriué de κῶμος, qui signifie banqueter : & miscere de κεράζειν, c'est à dire, tremper
le vin ? comme dict Homere,

    Il luy mesla en sa coupe du vin
    Auec de l'eau.

Et Mensa, pource que lon la met au milieu : & Panem, le pain, pource qu'il faict cesser
la faim : & Coronam, vn chappeau de fleurs, de ce mot cranos, c'est à dire, la teste &
l'armet, comme Homere l'appelle quelque part τράπεζα : & cædere, fouetter, de δέρειν :
dentes, les dents, ὀδόντες : & labra, les léures, λαβεῖν βορᾶν, pource que lon en prend la
viande. Il fault doncq ou que nous oyons ces telles deriuations là sans rire, ou que
nous ne donnions pas si facilement entree à ceux qui rongnent & retrenchent ainsi
des parties des noms, ne plus ne moins que si c'estoient des cheueux.

                                                QVESTION

Des propos de table.

QVESTION SEPTIESME.

Des Preceptes Pythagoriques, par lesquels ils commandoient de ne receuoir point d'arondelles en sa maison, & de brouiller le lict incontinent que l'on estoit leué.

SYLLA de Carthage, comme ie fusse arriué à Rome, où il y auoit bien long temps que ie n'auois esté, m'enuoya prier qu'il me donnast le banquet de la bien-venuë, comme disent les Romains: & y conuia quelques autres amis, non en grand nombre, & entre autres vn Lucius de la Toscane, disciple du philosophe Pythagorique Moderatus. Cestuy apperceuant que nostre Philinus ne mangeoit point de chose qui eust eu vie, comme il est assez ordinaire, il se meit en propos de Pythagoras, & maintint qu'il estoit de la Toscane, non ia de part son pere, comme quelques autres ont voulu dire, mais affermât qu'il y auoit esté & né & nourry & enseigné. Ce qu'il prouuoit principalement par ces preceptes allegoriques & symboliques. Comme entre autres, qu'il commandoit, Que l'on brouillast les draps incontinent que l'on estoit leué du lict: &, Que l'on ne laissast point la forme du cul de pot en la cendre quand on l'en ostoit, ains que l'on remuast la cendre: Que l'on ne reçeust point d'arondelles en sa maison, De ne fouler aux pieds la balance, Ne nourrir point en sa maison bestes qui eussent les ongles crochues: parce dict-il, que toutes ces choses là que les Pythagoriques disent & escriuent de paroles, les Toscans seuls les obseruent de faict, & s'en gardent. Ce que Lucius ayant dict, on en trouua estrange celuy des arondelles, de chasser de sa maison vn animal innocent & humain, tout autant comme ceux qui ont les ongles crochues, qui sont les plus cruels & les plus sanguinaires: car Lucius mesme n'approuuoit pas la solution & interpretation que les anciés luy donnoient, que cela couuertement designoit les familiers qui sont rapporteurs & detracteurs, qui parlent en l'oreille: car l'arondelle n'en tient rien du monde, bien parle elle & crie beaucoup, mais non pas plus que les pies, les perdris, & les poules. Ne seroit-ce point doncques, ce dict Sylla, à cause de la fable que Progné tua ses enfans, qu'ils abominent ainsi les arondelles, à fin de nous faire de loing detester ces cas là, pour lesquels & Tereus & ses femmes feirent & souffrirent choses illicites & horribles, dôt iusques auiourd'huy on les appelle les oyseaux Daulides? Et Gorgias le Sophiste, comme vne arondelle eust iectté de son emeut sur luy, regardant à mont: Cela, dict-il, n'est pas beau, Philomele: ou bien, cela est commun: car ils ne chassent pas de la maison le Rossignol qui est de la mesme Tragedie, & ne l'en bannissent pas. Tout autant, dis-je, seroit-il raisonnable de l'vn que de l'autre: mais considere si c'est point pour la mesme raison qu'ils ne reçoiuent point les animaux aux serres crochues, qu'ils reprennét aussi l'arondelle, d'autant qu'elle mange chair, tue & deuore principalement les cigales qui sont sacrees, & musiciennes. Et puis elle vole tout contre terre pour prendre les petits animaux, comme dit Aristote: & puis elle est seule de tous les animaux qui sont soubs nostre toict, qui y loge sans rien payer, & y vit sans rien contribuer & apporter. Car la Cigogne qui n'a ny couuerture ny retraicte seure ny chaleur, ny secours aucun de nous, nous baille toutefois tribut de ce qu'elle marche seulement sur la terre, car elle va çà & là tuant les serpents & les crapaux qui sont ennemis mortels de l'homme: Et elle ayant toutes ces choses là de nous, incontinent qu'elle a acheué de nourrir ses petits, s'en va que l'on ne la voit plus, tant elle est ingrate & desloyale: & ce qui est encore plus estrange, seule de tous les animaux domestiques elle ne s'appriuoise iamais, ny iamais ne se laisse toucher & manier à l'homme, ny n'a conuersation ny communication quelconque, ny d'œuure ny de ieu, auec luy: ce que la mousche faict de peur qu'elle a d'en receuoir mal, parce qu'on la dechasse si souuent: mais l'arondelle le faict pource que de sa nature elle hait l'homme, & qu'elle ne

Dauli-des, du nom d'v-ne petite ville.
Daulus, où le cas fut commis.

Le huictiéme Liure

se fie point en luy, elle demeure tousiours sauuage & soupçonneuse. S'il faut donc prendre cela, non pas de droict fil, ainsi que les paroles sonnent, mais par reflexion comme des apparitions de choses qui apparoissent en d'autres, Pythagoras nous proposant cela comme le moule & patron d'vn ingrat & desloyal, il nous admoneste de ne receuoir point en nostre familiarité & amitié ceux qui pour vn temps s'approchét de nous, & se retirent dessous nostre toict, ny ne leur donner point de communication de nostre maison, de l'autel domestique, & des plus sainctes obligations. Ayant dit cela, il sembla que i'eusse donné à la compagnie asseurance de parler : car ils commancerent d'appliquer hardiment aux autres symboles des interpretations morales: Car Philinus dict qu'ils commandoient, Que lon troublast la forme de la marmite qui estoit emprainte dedans la cendre : nous enseignants qu'il ne falloit laisser aucune marque ne vestige apparent de cholere, ains apres qu'elle estoit esboulue & rassise, effacer toute rancune. Et la confusion des draps au sortir du lict, à aucuns sembloit n'auoir rien de caché dessous, ains seulemét designoit qu'il n'estoit pas honneste que lon veist la place & la forme emprainte comme le mary auoit couché auec sa femme: Mais Sylla coniectturoit, que c'estoit plustost vne dehortation & diuertissement d'y coucher sus iour, parce que lon emporte dés le matin le preparatif qu'il fault pour dormir, d'autant qu'il faut reposer la nuict, & le iour se leuer pour trauailler, & ne laisser pas au lict seulement la trace de son corps : car à rien ne sert vn homme qui dort, non plus que quand il est mort. A quoy sembloit aussi que se rapportoit ce que les Pythagoriens commandoient, N'ayder point à ses amis à descharger vn fardeau, mais bien à le charger & le mettre sur leurs espaules : comme n'approuuans aucune paresse ny aucune oysiueté. Et pource que pendant que ces choses se disoient, Lucius ne les approuuant ny reprouuant, ains se tenant tout quoy, escoutoit sans mot dire, & pensoit en soy-mesme, Empedocles appellant Sylla par son nom:

QVESTION HVICTIESME.

*Pourquoy est-ce que les Pythagoriens entre tous animaulx s'abste-
noient le plus de manger des poissons.*

SI d'auenture l'amy Lucius s'offense & ne prent pas plaisir à ce que nous disons, il seroit temps desormais que nous nous deportissions de plus en parler. Mais si cela est du precepte de leur silence, à tout le moins m'est-il aduis que cela se peult bien dire & communiquer aux autres, Pourquoy c'est qu'ils s'abstenoient principalement de manger du poisson : car on trouue cela par escript des anciens Pythagoriens, & ay parlé à quelques disciples d'Alexicrates, qui est de nostre temps, lesquels mangent bien vn peu quelquefois des autres animaulx, voire & en sacrifient aussi, mais pour rien ils ne tasteroient pas seulement du poisson : non comme ie croy, pour la cause que disoit Tyndares Lacedemonien, qui estimoit que ce fust pour l'honneur qu'ils portoient au silence : à raison duquel celuy qui portoit mon nom, Empedocles, qui premier a cessé d'enseigner Pythagoriquement, c'est à dire, de Regles donner de sagesse cachee : appelle les poissons Ellopas, comme ayans la voix attachee & enfermee au dedans : mais pource qu'ils estimoient que la taciturnité estoit chose singuliere & entierement diuine, attendu mesmement que les Dieux monstrent par œuures & par effects, sans voix ny parole, aux sages, ce qu'ils veulent. Lucius respondit doulcement & simplement, que quant à la vraye cause peult estre demoureroit-elle encore cachee & non diuulguee: mais il n'y a rien qui empesche de tascher d'en rendre quelqu'vne, où il y ait pour le moins de l'apparence & verisimilitude. Adonc le grammairien Theon le premier cómença à dire, qu'il seroit bien difficile de pouuoir

monstrer

Des propos de table. 428

A monstrer & prouuer que Pythagoras ait esté Thoscan, mais que pour certain il auoit long temps conuersé & habité auec les Sages d'Ægypte: là où il auoit approuué, ambrassé & loüé grandement plusieurs de leurs religieuses ceremonies, mesmement celles des febues, par ce que Herodote escrit, qu'ils n'en mangent ny n'en sement point, ny ne peuuent pas seulement les regarder:& quant aux poissons, nous sçauons certainement que iusques icy ils s'en abstiennent, & viuans chastement sans estre mariez, ils refuyent aussi l'vsage du sel de la mer, tellement qu'ils n'en mangent ny à part ny meslé auec les autres viandes: dont on améne plusieurs occasions, les vns d'vne sorte, les autres d'vne autre. Mais il y en a vne vraye, c'est l'inimitié qu'ils portent à la mer, comme element sauuage, estrange de nous, ou pour mieux dire ennemy mortel de la nature humaine. Car les Dieux ne se nourrissent point d'elle, comme les Stoïques estiment que les astres s'en nourrissent, ains au contraire se perd en elle le
B pere & le sauueur du pays de l'Ægypte, qu'ils appellent le decoulement d'Osiris,& en lamentant celuy qui naist à la main droicte, & perit à la gauche, couuertement ils donnent à entendre la fin & perdition du Nil, qui se fait en la mer: à l'occasió dequoy ils estiment, qu'il ne soit pas loisible de boire de son eau, ne qu'il y ait rien de tout ce qu'elle engendre, produit, ou nourrit, qui soit munde ny propre à l'homme, attendu qu'ils n'ont ny le respirer commun auec nous, ny pasture & nourriture approchante de la nostre: attendu que l'air mesmes qui nourrit & entretient tous autres animaux, leur est à eux mortel & pernicieux, comme s'ils estoient nez & viuans en ce monde contre la nature & contre toute commodité : & ne se faut pas esbahir si pour la haine de la mer, ils tiennent les animaux d'icelle estranges, & non idoines ne dignes d'estre meslez auec leur sang & leurs esprits, veu qu'ils ne daignent pas seulement saluer les pilotes & mariniers, quand ils les rencontrent, pource qu'ils gaignent leur vie sur la mer. Sylla loüant ce discours, y adiousta des Pythagoriens, que quand on faisoit sa-
C crifice aux Dieux, ils tastoient bien des primices de ce qui leur estoit immolé, mais qu'il n'y auoit poisson quelconque que lon sacrifiast ny que lon offrist aux Dieux. Apres qu'ils eurent acheué, ie me pris à dire: Quant à ces Ægyptiens là, dis-je, il y aura plusieurs, & doctes hommes & ignorans, qui combattront contre eux pour la defense de la mer, en reputant de combien de commoditez elle rend nostre vie plus abondante, plus heureuse & plus doulce. Mais quant à ces trefues & surceance de guerre des Pythagoriens auec les poissons, pour autant qu'ils sont estranges de nous, elle est merueilleusement impertinente & ridicule, ou, pour mieux dire, inhumaine & cruelle, attendu qu'ils rendent aux autres animaux vn guerdon & recompense de leur cousinage, & de la priuauté qu'ils ont auec nous, qui sent merueilleusement sa barbarie du Cyclops, en les tuant, consumant & mangeant. Et toutefois lon dit, que Pythagoras quelquefois achetta vn traict de filé de pescheurs, & puis qu'il com-
D manda que lon laissast aller en la mer tout ce qui estoit dedans la seinne, qui n'estoit pas vn acte d'homme qui haist ou mesprisast les poissons comme ses ennemis, ou cóme des estrangers, puis qu'il paya leur rançon les trouuant prisonniers, comme s'ils eussent esté ses parents & bons amis. Et pourtant l'humanité, equité & douceur de ces gens là nous donne à penser & soupçonner tout le cótraire, que ce fust plus tost pour vn exercice de la iustice, & vne accoustumance à benignité, qu'ils pardonnoient aux animaux de la mer, par ce que tous les autres donnent aucunement cause à l'homme de leur malfaire, là où les poissons ne nous offensent en aucune maniere, & quand bien ils en auroient la nature & la volonté, encore ne la pourroient-ils pas executer. Or peut-on coniecturer par les memoires & par les sacrifices des anciens, qu'ils estimoient vn cas abominable & detestable, non seulement de manger, mais aussi de tuer vne beste qui ne feist point de dommage & de tort : Mais à la fin se voyans resserrez, pour le grand nombre des bestes qui s'estendoient par tout : & d'auantage

Ccc iiij

Le huictiéme Liure

aiants eu vn oracle d'Apollo en Delphes, comme l'on dit, qui leur commandoit de secourir les fruicts de la terre qui perissoient, ils commancerent à les immoler aux Dieux: tremblans neantmoins encore de peur & redoutans, ils appelloient cela ἔρδην & ῥέζειν, qui signifient faire, pensans faire vne grande chose que de tuer vne creature qui eust vie: & iusques auiourd'huy encore gardent-ils ceste cerimonie fort religieusement, de iamais ne la massacrer qu'elle n'ait fait signe de la teste, apres que l'on a fait les libations & effusions de vin dessus, comme si elle le consentoit, tant ils estoient retenus & reseruez à commettre tout acte d'iniustice: combien que si tout le monde s'abstenoit de tuer & manger des poules & des connins, à fin que ie ne parle point des autres bestiaux, dedans brief temps on ne pourroit ny habiter dedans les villes, ny iouïr d'aucuns fruicts de la terre. Et pourtant la necessité ayant du commancement introduit l'vsage de manger la chair, maintenant il seroit bien malaisé pour la volupté de l'oster & faire cesser: là où le genre des animaux maritimes n'vsans ny de mesme air, ny de mesme eau que nous, ny s'approchans de nos fruicts, ains estans par maniere de dire, compris en vn autre monde, & ayants ses bornes & limites propres & distinctes, lesquelles ils ne sçauroient passer, qu'incontinent il ne leur couste la vie pour la punition, ne laisse à nostre ventre occasion quelconque, ne petite ny grande, de leur courir sus: & est toute chasse, toute prise & pescherie de poisson, manifestement œuure de gourmandise & de friandise, qui sans aucune occasion iuste ne legitime trouble les mers, & descend iusques au fond des abysmes. Car on ne sçauroit appeller le Rouget barbé, λιπόπυρον, paisseur de blé, ny le Scare τρυγηφάγον, mangeur de vendange, ny les Mulets ou les lubins, σπερμολόγως, cueillesemences, comme nous surnommons les bestes terrestres, les accusans des maux qu'elles nous font: & ne sçaurions imputer au plus grand poisson qui soit en toute la mer, la moindre iniure dont nous nous plaignons tacquinement d'vn chat, ou d'vne souris. Au moyen dequoy se retenans, non par la crainte de la loy seule, de faire tort & iniure à l'homme, mais aussi par instinct de nature, à toute chose qui ne nous fait ny desplaisir ny dommage, ils vsoient moins de poisson que de toute autre viande. Car outre l'iniustice, toute la negotiation & entremise des hommes, en cela estant fort curieuse & superflue, monstre vne grande intemperance de gourmādise & de friandise. Parquoy Homere fait que non seulement les Grecs, estans campez sur le destroict de l'Hellespont, s'abstiennent de manger poisson, mais ny les delicats Pheaciens, ny les ribauts poursuiuans de Penelopé, quoy qu'ils fussent bien dissolus, & tous habitans en des Isles, ne se sont iamais seruis en leurs tables de viandes venues de la mer: ny les compagnons d'Vlysses en tout ce grand & long voyage qu'ils feirent par la mer, ne ietterent oncques hameçon ne filé en mer pour pescher, tant qu'ils eurent du pain,

    Sinon apres qu'ils se veirent à chef
    Entierement des viures de leur nef.

Vn peu au parauant qu'ils meissent les mains sur les vaches du Soleil, lors ils commācerent à pescher des poissons, non pour friandise, mais pour nourriture necessaire,

    Auec courbez hameçons ils peschoient,
    Tant leurs boyaux de la faim se trenchoient.

De maniere que par mesme necessité ils mangeoient des poissons, & tuoient les bœufs du Soleil: tellement que c'estoit partie de saincteté, non seulement entre les Ægyptiens & les Syriens, mais aussi entre les Græcs, que de s'abstenir de manger des poissons, par ce que outre l'iniustice encore abominoient-ils la curiosité de telle mangeaille. En cest endroit Nestor prenant la parole: Et quoy, dit-il, ne fera-lon doncques point de compte de mes citoyens, non plus que des Megariens? Si m'auez vous toutefois ouy souuent dire, que les presbtres de Neptune, que nous appellons

Hieramne-

Des propos de table. 429

A Hieramnemones, ne mangent iamais poisson. Car ce Dieu là se surnomme Phytalmios, comme qui diroit nourrissant les plantes. Et les descendans de l'ancien Hellen sacrifient à Neptune Patrogenien, c'est à dire progeniteur, aians opinion que l'homme estoit né d'vne substance humide, comme les Syriens. Et c'est pourquoy ils adorent le poisson, comme estant de mesme generation & de mesme nourriture qu'eux, philosophants en cela auec plus d'apparence & de raison que ne fait Anaximander, lequel n'afferme pas que les hommes & les poissons aient esté nez en mesmes lieux, ains dit que les hommes ont premierement esté nez dedans les poissons mesmes, & nourris comme leurs petits, & puis quand ils furent deuenus suffisans de s'aider, alors ils en furent iettez dehors, & se prirent à la terre. Tout ainsi doncq comme le feu mange le bois auquel il est allumé, encore que ce soit son pere & sa mere, ainsi comme dit celuy qui a inseré les nopces de Ceyx entre les œuures d'Hesiode: aussi Anaximander en prononceant que le poisson soit le pere & la mere des hommes, il en blas-
B me & condamne le manger.

QVESTION NEVFIESME.

S'il est possible qu'il s'engendre de nouuelles maladies, & pour qu'elle cause.

PHILON le medecin asseuroit, que la maladie de ladrerie auoit esté cogneuë de bien peu de temps en ça, par ce qu'il n'y a aucun des anciens medecins qui en face mention, combien qu'ils se trauaillassent à traicter de ie ne sçay quelles autres menuës subtilitez difficiles à comprendre au vulgaire. Mais ie luy alleguay vn tesmoing de la philosophie Athenodorus, lequel en son premier liure des maladies populaires escrit, que non seulement la ladrerie, mais aussi la rage qui fait craindre l'eau, vindrent premierement en euidence du temps d'Asclepiades. Si s'esmeruuillerent tous les as-
C sistans, que ces maladies là eussent lors tout nouuellement pris leur naissance & consistence en la nature: & ne trouuoient pas moins estrange d'autre costé, que si grandes & si griefues maladies eussent esté cachees & incogneuës aux hommes par vn si long temps, mais toutefois la plus part inclinoit plus en ceste seconde opinion, par ce qu'ils ne se pouuoient persuader que la nature en telles choses fust dedans le corps humain, comme dedans vne ville amatrice & inuentrice de nouuelleté. Diogenian mesme discourut, que les passions & maladies de l'ame alloient leur grand chemin ordinaire & accoustumé, combien que la meschanceté soit fort copieuse en toutes sortes, & fort audacieuse à tout entreprendre, & que l'ame soit en son liberal arbitre & maistresse de se pouuoir tourner & changer facilement si bon luy semble: & a son desordre quelque chose d'ordonné, gardant les bornes de ses passions, comme fait la mer de ses flots & de ses flux & reflux, de maniere qu'elle ne pro-
D duit aucune espece nouuelle de vice, ne qui ait esté incogneuë aux anciens, & dont ils n'ayent point escrit: & bien qu'il y ait plusieurs differences de cupiditez, infinis mouuemens de peur, & tant d'especes de douleur, & de formes de volupté, que lon auroit bien à faire à les compter, neantmoins il n'y en a pas vne qui soit venue en estre depuis hier & deuant-hier, ains y sont de toute ancienneté: & n'y a homme qui sçeust dire depuis quel temps, & d'où est venue vne nouuelle maladie au corps, ny vne moderne passion, mesmement qu'il n'a pas chez soy ny en soy le principe de mouuement, comme a l'ame, ains est attaché de communes causes à la nature vniuerselle, & composé d'vne temperature, dont l'infinie varieté vague neantmoins dedans le pourpris de certaines bornes, comme feroit vn vaisseau qui flotteroit & bransleroit tousiours dedans vn circuit renfermé. Car l'establissement d'vne maladie ne peut estre sans cause, introduisant au monde irregulierement & contre

Le huictiéme Liure

toute loy de nature, vne production & puissance procedant de ce qui n'est point. Or est-il impossible de trouuer vne nouuelle cause, car il n'y a point de nouuel air, il n'y a point d'eau estrangere, ny de peregrine nourriture, dont nos predecesseurs n'aient iamais gousté, qui de quelque monde nouueau, ou bien d'aucuns entremondes soit en nos iours tout freschement icy decoulee. Car nous sommes malades des mesmes choses dont nous viuons: & n'y a point de propres & peculieres semences de maladies, ains les corruptions d'icelles choses dont nous viuons, enuers nous, & les fautes & erreurs que nous commettons enuers elles troublent nostre nature: & ces troubles & tumultes là ont des differences eternelles, lesquelles prennent souuent de nouueaux noms: mais les noms sont de l'institution & vsage des hommes, & les passions en soy sont de la nature: ainsi celles-là qui sont finies, estans diuersifiees par ceux-cy, qui sont infinis, c'est cela qui nous a deceus & abusez. Et comme il est impossible qu'il se commette à l'improuueu soudainement quelque nouueau barbarisme ou incongruité és parties d'oraison à part, ou bien en la liaison d'icelles ensemble: aussi les temperatures des corps humains ont leurs fouruoyemens & leurs transgressions certaines & determinees, estant compris en nombre certain tout ce qui est selon & contre nature. C'est ce qu'ont voulu signifier les ingenieux inuenteurs & compositeurs des fables, qui disent que lors que les Geans feirent la guerre aux Dieux, il nasquit des animaux fort estranges & monstrueux, estant la Lune desuoyee, & se leuant d'autre costé que dont elle auoit accoustumé: & ceux-cy veulent que la nature produise des maladies nouuelles, comme des monstres, sans inuenter cause quelconque ny vray-semblable ny incroyable d'vn tel desbauchement, ains prononçent asseurément que le plus ou le moins d'aucunes maladies en soient nouueautez ou diuersitez d'icelles: en quoy ils font mal, mon bon amy Philon. Car la tension & augmentation adiouste bien nombre & grandeur, mais pour cela elle ne transporte point le subiect hors du premier genre: comme ie pense que ceste Elephantie, lepre ou ladrerie, n'est qu'vne vehemence de galle, & la rage craignant l'eau n'est qu'vne augmentation des passions d'estomach & de melancholie. Et m'esmerueille comment nous auons oublié que Homere mesme ne l'a point ignoré: car il il est certain qu'il a appellé le chien λυσσητηρα, à cause de cest accident là de la rage, à laquelle il est subiect, dont on dit, que les hommes qui enragent ont le mal de Lyssé. Diogenian aiant ainsi parlé, Philon mesme luy respondit vn peu en refutant ses raisons, & me pria de secourir les anciens medecins que l'on condamnoit ainsi d'ignorace ou de nonchalance des choses principales, s'il est vray que ces maladies là ne soient pas plus recentes & plus modernes que leur aage. Premierement doncques il semble que Diogenian n'ait pas bien supposé, que les tensions & relaxations, augmentatiōs & diminutions ne facent point de differences, & ne transportent point les subiects hors de leurs genres. Car par ce moyen il faudra doncques dire, que le vin ne soit point different du vinaigre, ny l'amertume de l'astriction, ny le froment de l'yuraye, ny la mente sauuage de la franche: & toutefois ce sont toutes sorties & mutations de leurs qualitez, aux vnes relaxations & affoiblissemens, quand elles se passent: & aux autres tensions & roidissemens, quand elles se renforcent, & prennent vigueur. Ou il faudra que nous disions que le vent clair & blanc ne differe point de la flamme, ny la flamme de la lueur, ny la gelee de la rosee, ny la gresle de la pluye, ains que toutes ces choses ne sont que roidissemens & renforcemens: & par conséquent faudra aussi dire, que la cecité & aueuglement ne differera en rien de la veuë basse & ternie, ne le baillement de la nausee ne sera point differant de la maladie qui s'apelle cholere, & qu'elles ne sont distâtes que du plus & du moins: & toutefois encore ne feroit cela rié à propos contre ce qui est dit: car s'ils confessent que ceste tension & augmentatiō de vehemence soit venue premierement en ce temps, estant la nouueauté en la quátité,

non

Des propos de table.

non en la qualité, l'absurdité estrange demourera tousiours. Et puis Sophocles aiant bien dit touchant les choses que lon mescroit estre de present, par ce qu'elles n'ont pas esté par le passé,

Tous cas iadis ensemblément
Aduindrent du commancement:

il semble aussi qu'il y ait raison de dire, que n'estant pas le cours ouuert, comme la barriere leuee, les maladies ne coururent pas toutes ensemble pour sortir en estre, mais que l'vne venant tousiours apres l'autre, queuë à queuë, chacune a pris sa premiere naissance en quelque temps. Bien pourroit-on, dis-je, par coniecture estimer, que les vnes sont venues de faute & d'indigence, comme celles que nous engendre la chaleur, quand elle nous donne, ou la froidure, & que ce ont esté les premieres: & que les repletions, les delicatesses & les voluptez sont venuës puis apres auec oysiueté & paresse, qui pour l'abondance de viure ont fait beaucoup & de mauuaises superfluitez, dont sont procedees plusieurs diuerses sortes de maladies, les meslanges & entrelasseures desquelles, les vnes auec les autres, amenent tousiours quelque chose de nouueau. Car ce qui est selon nature est ordonné & determiné, par ce que nature n'est autre chose que l'ordre, ou bien l'effect de l'ordre: mais le desordre, comme le fable de Pindare, ne se peut comprendre en nombre certain, & ce qui est contre nature est incontinent indeterminé & infiny. Car dire verité ne se peut qu'en vne sorte, & de mentir, les affaires nous en donnent moyen en infinies sortes: & les accords, consonances, & conuenances ont leurs raisons certaines, mais les erreurs que les hommes font en la lyre, au chant, & en la danse, on ne les sçauroit comprendre, combien que Phrynichus poëte Tragicque die de soy-mesme,

I'ay de baller des sortes differentes,
Autant que fait de vagues violentes,
En la marine agitee, leuer
Toute vne nuict perilleuse d'hyuer.

Et Chrysippus escrit, que les diuerses complications & entrelasseures de dix propositions seulement, surmontent le nombre d'vn million: mais Hipparchus l'en repret, & prouue que l'affirmatiue monte cent quarante & neuf mille, & la negatiue des mesmes propositions, trois cents dix mille, neuf cents cinquante & deux. Et Xenocrates a asseuré que le nombre des syllabes que font les lettres ioinctes & meslees ensemble, monte à la somme de cent millions & deux cents mille. Pourquoy doncques trouuera-lon estrange que le corps ayant en soy tant de diuerses facultez, & acquerant encor tous les iours, par ce qu'il boit & qu'il mange, tant de differentes qualitez, attendu mesmement qu'il vse & de mouuemens & de mutations qui n'ont ny temps ny ordre tousiours vn & certain. Si les complications & entrelasseures de tant de choses ensemble apportent de nouuelles & inusitees sortes de maladies, comme Thucydides escrit que fut la pestilence à Athenes, coniecturant que ce n'estoit pas maladie ordinaire en ces pays, par ce que les bestes de proye qui mangent chair, ne vouloient pas toucher aux corps qui en estoient morts. Et ceux qui furent malades alentour de la mer rouge, ainsi comme Agatharchidas escrit, eurent des accidents estranges, que personne n'auoit iamais ne leus ne veus: & entre autres, qu'il leur sortoit des petits serpenteaux, qui leur mangeoient le gras des iambes, & les souris des bras: & quand on leur cuidoit toucher, ils rentroient au dedans, & s'enuelopans parmy les muscles engendroient des bosses & apostumes qui faisoient des douleurs intolerables. Cest inconuenient n'auoit iamais esté veu deuant, & iamais n'a esté receu depuis, ny à d'autres qu'à ceux-là, comme plusieurs autres accidents. Car il y a eu homme qui aiant esté bien longuement trauaillé d'vne retention d'vrine, ietta à la fin par la verge vn festu d'orge auec ses neuds: & nous sçauons que vn nostre

Le huictiéme Liure

amy & hoste, ieune adolescent, rendit auec grande quantité de semence vne petite bestiole veluë, qui auec plusieurs pieds marchoit bien vistement. Et Aristote escrit que la nourrice d'vn Timon en la Cilicie se retiroit à part deux mois durant tous les ans, sans boire ny manger, ny donner autre apparence de vie, sinon qu'elle respiroit. Et certes il est escrit és liures Meloniens, qu'vn certain signe de ceux qui ont le foye gasté est, quand ils espient diligemment par la maison les souris domestiques, & qu'ils courent apres. ce qui ne se voit maintenant nulle part. Et pourtant ne nous esmerueillons point, si nous voyons venir en estre quelque chose qui parauant n'ait point esté, ny aussi s'il vient puis apres à defaillir : car la cause en est la nature des corps, qui prennent tantost vne & tantost vne autre temperature. Et si Diogenian nous veut introduire vn air nouueau, vne eau peregrine, laissons les là : combien que nous sçauons bien que les sectateurs de Democritus disent & escriuent, que des mondes qui perissent hors de cestui-cy, & des corps estranges qui de celle infinité de mondes influent en cestui-cy, bien souuent il naist des principes de pestilences & d'accidents extraordinaires. Laissons aussi les particulieres corruptions qui aduiennent en diuers pays, ou par tremblemens de terre, ou par ardeurs & seicheresses excessiues, ou par pluies extraordinaires, desquelles causes il est force & que les vents, & que les riuieres & ruisseaux se resentent, attendu qu'ils naissent de la terre, qu'ils en deuiennent malades & s'en alterent. Mais il ne faut pas omettre les alterations & changemens qui aduiennent en nos corps des choses que nous mangeons & buuons, & du reste du traictement de la personne : car plusieurs choses, dont les anciens n'ont iamais tasté ne gousté, sont maintenant en delices, estimees tressauoureuses, comme le bruuage composé de miel & de vin, & la sommade. Quant à la ceruelle, on dit qu'ils ne la nommoient pas seulement, ains la iettoient, aians en horreur de l'ouïr nommer seulement. Et quant au concombre, au melon, au citron, & au poyure, ie cognois encore beaucoup de vieilles gens qui n'en sçauroient gouster. Parquoy il est croyable que nos corps reçoiuent vn estrange changement, & alterent leur temperature, acquerans peu à peu vne qualité toute autre, & vne superfluité d'excremens toute differente qu'au parauant. Et si est encore à croire, que la mutation de l'ordre des viandes y fait beaucoup : car les froides tables, que lon appelloit au parauant d'huitres, de herissons de mer, d'œufs durs, de sallades & herbages cruds, estans comme des pietons dispos & legers, que lon a transferez de la queuë à la teste de l'armee, ont maintenant le premier lieu, là où elles souloient anciennement auoir le dernier. Aussi fait grande diuersité ce que nous appellons Propoma, comme qui diroit l'auant-boire, car les anciens ne buuoient pas seulement de l'eau deuant que de manger : & maintenant à ieun auant que manger, estans presque yures, apres qu'ils ont bien trempé leurs corps, ils commancent alors à manger, & leur estomach bouillant desia, ils y fourrent toutes choses incisiues & aigues pour irriter & prouoquer l'appetit, & puis s'emplissent encore d'autres viandes. Mais il n'y a rien qui ait eu plus de pouuoir d'apporter mutation, & engendrer des nouuelles maladies, que tant de façons que lon donne à la chair de nostre corps és baings, car on l'amollist premierement & la fond on, comme le fer au feu, & puis on luy donne la trempe auec l'eau froide,

  Là Phlegeton & Acheron ardents
  De rouge feu se coulent au dedans.

Il me semble que si quelqu'vn de ceux qui ont vescu vn peu deuant nous, voyoit la porte ouuerte de nos estuues, il pourroit dire cela. Là où les anciens vsoient d'estuues si temperees & si doulces, que le Roy Alexandre aiant la fiebure couchoit & dormoit dedans : & les femmes des Gaulois y portans les pleins pots de boulie, la mangeoient auec leurs enfans qui se lauoient quand & elles. Mais maintenant il semble

que

que ceux qui font dedans les eftuues foient aux gros fanglots, tant ils halettent & palpitent, comme ceux qui eftouffent: & l'air que lon y refpire, eftant meflé de feu & d'humidité, ne laiffe pas vn endroit du corps à repos, ains croulle, fecoué, & remué de fon lieu iufques à la moindre parcelle & aux atomes, tant que nous venions à les efteindre ainfi enflammez & bouillans. Il n'eft doncques point befoing, Diogenian, de caufes peregrines venans de dehors, ny des entremondes: ains, fans aller plus loing que nous mefmes, le changement de la façon de viure eft fuffifante caufe pour pouuoir & engendrer de nouuelles, & faire ceffer de vieilles maladies en nous.

QVESTION DIXIESME.

Pourquoy eft-ce que lon ne croit point aux fonges de l'Automne.

FLORVS s'eftant mis fur les Problemes & queftions naturelles d'Ariftote, que lon auoit portees pour paffer le temps aux Thermopyles, fe remplit luy mefmes de plufieurs doubtes, & en remplit encore les autres, comme font ordinairement les hommes ftudieux, rendans en cela tefmoignage à Ariftote qui dit, Que le beaucoup fçauoir apporte beaucoup d'occafions de douter. Si nous donnerent les autres queftions aggreable paffetemps & entretien en nous promenant fur iour, mais ce que lon dit des fonges, qu'ils font plus mal affeurez & incertains principalement és mois que les fueilles tombent des arbres, Phauorinus aiant vacqué le refte du iour à autres lettres, fe remeit en termes apres le fouper: fi fembloit à tes familiers, qui font mes enfans, que Ariftote auoit fuffifamment folu la queftion, & penfoient qu'il n'en falloit rien enquerir ne dire d'auantage, finon en attribuer, comme il fait, la caufe aux fruicts nouueaux: car eftans encore frais en leur vigueur ils engendrent en nos corps beaucoup de vents & de brouillemens: n'eftant pas vray-femblable que le vin feul bouille & fe courrouce, ny que l'huile eftant frais faitte face du bruit en bruflant dedans les lampes, faifant la chaleur euaporer ce qu'il y a de ventofité, ains nous voions que & les bleds, & les fruicts des arbres nouueaux font enflez & tendus, iufques à ce qu'ils aient exhalé tout ce qu'il y a de crud, & de flatueux en eux. Or qu'il y ait des viandes qui facent fonger, & qui engendrent des vifions turbulentes en dormant, on en allegue le tefmoignage des febues, & la tefte du poulpe, defquelles viandes on commande de s'abftenir à ceux qui veulét deuiner les chofes à aduenir par leurs fonges. Or eftoit Phauorinus merueilleufement grand amateur d'Ariftote, & attribuoit à l'efchole Peripatetique cefte loüange, que leur doctrine eftoit plus vrayfemblable que de nuls autres philofophes: mais lors il tira vn ancien propos de Democritus hors de la fumee, dont il eftoit tout obfcurcy, pour le fourbir & efclarcir. Suppofant cefte vulgaire opinion que dit Democritus, que les images fe profondent dedans nos corps à trauers les pores, & que reuenás du fond elles nous caufent les vifions que nous auós en dormant, & qu'elles viennent de tous coftez, fortans des vtenfiles, des habillemens, des plantes, mais principalement des animaux, à caufe qu'ils fe meuuent beaucoup, & ont de la chaleur: aians non feulement les fimilitudes & formes empraintes des corps, comme Epicurus penfe, qui fuit iufques icy l'opinion de Democritus & puis la laiffe là, mais auffi tirans apres foy les apparences des mouuemens de l'ame, & des confeils, des mœurs, & des paffions, & que entrans auec cela elles parlent comme fi c'eftoient chofes animees, & diftinctement apportent à ceux qui les reçoiuent, les opinions, les paroles, les difcours, & les affections de ceux qui les tranfmettent, quand en entrant elles retienent encores les figures bien expreffes & non cófufes, ce qu'elles font quand leurs cours & cheminement fe fait vifte par l'air bien vny, fans trouuer empefchement quelconque. Or l'air de l'Automne, auquel les arbres perdent leurs

Le huictiéme Liure

fueilles, aiant beaucoup d'inegalitez & aspretez, diuertit & destourne en plusieurs parts les images, & rend leur euidence foible & fuyante, estant obscurcie par la tardité & demeure de leur cheminement: comme au contraire quand elles saultent hors des choses qui en sont grosses, & qui bruslent d'ardeur de les enfanter, qu'elles sont beaucoup, & passans vistement leur chemin, elles rendent alors les appareces toutes fraisches & fort signifiantes. Et puis iettant son regard sur Autobulus, & se prenant à rire: Il me semble, dit-il, que ie vous voy appareiller de cōbattre les vmbres de ces images icy, & passans l'attouchement de la main sur vne vieille opinion, comme sur vne peinture, vous y pensez faire quelque chose. Ne faittes point le fin auec nous, ce respondit adoncq Autobulus: car nous sçauons bien que vous tenez & approuuez l'opinion d'Aristote, mais pour luy donner lustre, vous luy comparez celle de Democritus, pour luy seruir d'vmbre & de fueille. Nous renuerserons donc celle-là, & combattrons ceste-cy qui accuse les nouueaux fruits, & blasme ce que nous aimons tant, sans propos: car & l'Esté & l'Automne porteront tesmoignage, que lors que nous mangeons les fruits les plus frais, & aians plus belle cotte, comme dit Antimachus, c'est lors que nous auons les songes moins trompeurs & moins menteurs. Mais ces mois-là qui font tomber les fueilles des arbres, estans assis & logez aux faux-bours de l'hyuer, ont desia reduict les grains & les fruits des arbres à leur parfaitte concoction, & rendu flestris, ridez, gresles, & aians perdu tout ce qu'il y auoit de violent & de furieux. Et quant au vin nouueau, ceux qui le boiuēt le plus recent, c'est ordinairement au mois de Feurier apres l'hyuer,* & ce iour là auquel on commence, nous autres en nostre pays l'appellons le iour de la bonne fortune: & les Atheniens l'appellent Pithœgia, pour ce que l'on y ouure les tonneaux. Mais quant au moust qui boult encore, nous voions que iusques aux manœuures mesmes craignent d'en boire. Cessans donc de calomnier les dons des Dieux, prenons vn autre chemin, auquel nous conduit le nom mesme de la saison, & des songes venteux & trompeurs: car la saison s'appelle φυλλοχόος, à cause que les fueilles des arbres tombent pour la froideur & seicheresse du temps, si ce n'est de quelque arbre qui soit de temperature chaude & grasse, comme l'oliuier, le laurier, & la palme: ou bien humide, comme le lierre, & le meurthe: car à ceux là leur temperature leur sert, & aux autres non, par ce que ceste proprieté collante & retenante ne leur demeure pas estant leur humidité naturelle ou gelee de froid, ou deseichee, pour ce qu'elle est foible, & qu'il y en a peu. Le florir doncques & le croistre & verdoyer aux plantes, & encore plus aux animaux, vient de l'humidité & de la chaleur, & au contraire la froideur & la seicheresse leur sont mortelles. Voyla pourquoy Homere appelle de bonne grace les hommes verds & gaillards δίερός, c'est à dire humides: & se reiouïr ἰαίνεσθαι, comme qui diroit, s'humecter, & arroser: & au contraire, ce qui est espouuentable & douloureux, ῥιγεδανόν, & κρυερόν, comme qui diroit, roide & transi de froid: & vn corps morts & seiché comme vne mommie s'appelle ἀλίβας, sans humeur: & σκελετός vne anatomie seichee au Soleil ou à la fumee: qui sont tous mots tendās à iniurier & diffamer la seicheresse. D'auantage le sang qui est la principale force & vertu qui soit en nous, est ensemble & chaud & humide, & la vieillesse est defectueuse de l'vn & de l'autre. Or semble-il que l'Automne soit comme la vieillesse de l'annee acheuant sa reuolution: car l'humidité n'est pas encore venue, & la chaleur s'en est desia allee, ou n'est plus forte, & qui est vn signe de froideur & de seicheresse, il rend les corps enclins & disposez aux maladies. Or est-il necessaire que l'ame compatisse & se sente des indispositions du corps, & que les esprits estans figez & engrossis, la vertu diuinatrice s'offusque & se ternisse, ne plus ne moins qu'vn miroüer qui est tout espris de brouillas: voila pourquoy il ne rend & ne renuoye rien qui soit bien exprimé ne bien apparent, d'autant qu'il est mal poly & ridé, non reluysant & lissé.

*Les autres suiuās Theodorus Gaza lisent, au mois de Nouembre deuāt l'hyuer.

Le Neufiéme

Le neufiéme Liure des propos de table.

QVESTION PREMIERE.

Des vers qui ont esté autrefois opportunément ou importunément escriez.

E NEVFIEME Liure des propos de table, Sossius Senecion, contient les propos qui furent tenus à Athenes en la feste & solennité des Muses, par ce que le nombre nouenaire conuient & est fort bien seant aux Muses : & si le nombre des questions surmonte la dizaine ordinaire des autres liures, il ne s'en faut point esbahir, par ce qu'il falloit rendre aux Muses tout ce qui appartient aux Muses, sans leur rien oster ny retenir, non plus qu'aux choses sacrees, attendu que nous leur deuons plus de choses & de plus belles que celles-là. Ammonius estant Capitaine de la ville d'Athenes, en faueur de Diogenianus voulut sçauoir comment profitoient les ieunes hommes qui estudioient aux lettres, en la Geometrie, en la Rhetorique, & en la Musique : & pour ce faire, il conuia à souper les plus fameux regents & maistres qui fussent en la ville. Il y auoit encore plusieurs autres gens doctes & studieux, & presque tous ses familiers & amis. Or Achilles és icux des funerailles de Patroclus ne conuia à souper auec luy que seulement ceux qui auoient combatu teste à teste à outrance, voulant, ainsi comme lon dit, que si les armes d'auenture les auoient allumez de cholere, ou d'appetit de vengeance l'vn encontre de l'autre, qu'ils la deposassent & quittassent en buuant & mangeant à mesme table ensemble. Mais il aduint lors tout le contraire à Ammonius, car la ialousie, contention & emulation de ces regents s'eschauffa d'auantage quand ils eurent bien beu, & ensemble & quand ce vint à s'entreprouoquer à boire les vns aux autres, il n'y eut plus d'ordre ny d'honesteté : parquoy il commanda premierement au musicien Eraton de chanter sur la Lyre. Si commença son chant par ces vers,

    Il n'y a donc pas vne seule sorte
    De quereller.

Et fut loüé d'auoir sçeu bien à propos accommoder & appliquer les paroles de son chant à ce qui se presentoit. Et puis il meit en auant ce subiect & argument de deuiser des vers opportunément proferez, disant que cela non seulement auoit bonne grace, mais aussi quelquefois apportoit grande vtilité. Si fut incontinent en la bouche d'vn chascun, le poëte qui aux nopces du Roy Ptolomeus, lequel espousoit sa propre sœur, & estoit estimé faire en cela vn acte estrange & illicite, commença son chant par ces vers,

    Lors Iupiter Deité souueraine,
    Manda Iuno sa femme & sœur germaine.

Et celuy qui s'appareillant pour chanter apres souper deuant le Roy Demetrius, comme le Roy luy eust enuoyé son fils Philippus, qui estoit encore vn petit enfant, adiousta sur le chrmp,

    Nourry le moy ce fils en discipline
    Qui d'Hercules & de moy soit bien digne.

Et Anaxarchus, comme Alexandre en vn souper luy iettast des pommes, en se leuant de table dit ce vers,

    Vn Dieu sera par vn homme blessé.

Et vn tres-gentil enfant de Corinthe estant mené prisonnier entre les autres, quand

Le neufiéme Liure

la ville fut prife, comme Mummius pour efprouuer ceux qui eftoient de libre condition les feift efcrire, il efcriuit ces vers,

  O bien heureux & trois & quatre fois,
  Ceux qui font morts cy deuant des Grejois.

On dit qu'il feit fi grand' pitié à Mummius, qu'il f'en prit à pleurer, & qu'il remeit pour l'amour de luy en liberté tous ceux qui eftoient de fa parenté. Auffi feit-on mention de la femme d'vn Theodorus ioüeur de Tragedies, laquelle eftant le iour prochain qu'ils deuoient faire à l'enuy à qui gaigneroit le pris, ne le voulut pas receuoir à coucher auec elle: mais comme il fut retourné du Theatre où il auoit gaigné & emporté le pris, elle le baifa, & luy dit ces vers,

  D'Agamemnon le noble fils, il t'eft
  Ores permis faire ce qu'il te plaift.

Auffi y en eut il qui en alleguerent plufieurs autres importunément proferez, & qu'il eftoit bon de fçauoir comment, pour f'en garder: comme de Pompee le grand, apres qu'il fut de retour de fa grande expedition, le maiftre qui monftroit à fa fille, luy voulant faire voir comme elle auoit profité, aiant fait apporter vn liure pour la faire lire, luy ouurit en vn tel endroit,

  Tu es venu fain & fauf de la guerre,
  Que pleuft à Dieu qu'on t'y euft mis en terre.

Et comme vne nouuelle incertaine fans auteur euft efté apportee à Caffius Longinus, que fon fils eftoit mort en pays eftrange, n'en pouuant fçauoir la verité, ny auffi en ofter la fufpicion de fa fantaifie, il y eut vn Senateur defia homme d'aage, qui le venant vifiter luy dit, Ne mefpriferas tu point Longinus ce vain bruit de ville incertain, & cefte nouuelle qui a efté femee par quelque homme malin? comme fi tu ne fçauois pas bien, & que tu n'euffes pas leu cefte fentence,

  Iamais en vain publique renommee,
  Ne fe trouua auoir efté femee.

Et celuy qui en l'Ifle de Rhodes en plein Theatre à vn Grammairien qui luy demandoit vn carme, pour là deffus faire monftre de fon fçauoir deuant le peuple, bailla ceftui-cy,

  Va t'en dehors cefte Ifle viftement,
  Va des viuans le pire garniment.

Et ne fçait-on f'il le feit de propos deliberé, pour faire iniure à ce pauure Grammairien, ou fi ce fut enuis qu'il rencontra à propos. Tant y a que ce deuis qu'Amomius meit alors en auant, appaifa gentiment & dextrement le tumulte.

QVESTION II. ET III.

Pour quelle caufe a efté A mife la premiere des lettres: &, En quelle proportion a efté compofé le nombre des voyelles & demy-voyelles.

Estant la couftume à Athenes durant les feftes des Mufes, que lon portoit par la ville des forts, & que ceux qui fe rencontroient tiroient au fort, à qui demanderoit le premier quelque queftion de lettres à fon compagnon: Ammonius craignant que gens de mefme profeffion fe rencontraffent enfemble, ordonna que fans tirer au fort, le Geometrien propoferoit vne queftion au Grammairien, & le Rhetoricien au Muficien, & reciproquement auffi qu'ils refpondroient. Parquoy Hermias le Geometrien, propofa à Protogenes le Grammairien, Qu'il luy dift la caufe pour laquelle A eftoit mife la premiere de toutes les lettres. Il luy rendit la caufe qui fe dit par les efcholes: car il eft certain qu'à trefiufte tiltre les voyelles precedent

toutes

Des propos de table. 433

A toutes les muettes & demy-voyelles, & entre icelles y en ayant aucunes longues, les autres breues, les autres ambigues, & de deux temps que lon appelle, ces dernieres à bon droit doiuent estre iugees de plus grande dignité & puissance : & entre elles doit auoir & tenir le rang de capitaine celle qui va tousiours deuant, & iamais derriere les deux autres, comme est Alpha, laquelle ne veut iamais seconder Iota, ny aller apres Ypsilon, de maniere que des deux il s'en face vne syllabe, ains comme s'en courrouçant & s'ostant de là, elle veut auoir sa propre place : & au contraire mettez la auec laquelle vous voudrez des deux autres, pourueu qu'elle aille deuant, elle s'accordera & fera des syllabes, comme nous voions en ces mots, ἄνεμον, & αὐλήν, & en ces autres αἴας, & ἀϊδεῖσθαι, & innumerables autres tels, ainsi va elle deuant toutes les autres, & l'emporte, comme font ceux qui combattent à toutes les cinq sortes des ieux sacrez deuant les communes, par ce qu'elle est voyelle deuant les autres voyelles, par ce qu'elle est de deux temps : & deuant celles de deux temps, par ce
B qu'elle marche tousiours la premiere, & iamais ne va apres ny ne suit les autres. Quand Protogenes eut acheué, Ammonius m'appella & me dit, Ne veux tu point secourir Cadmus, toy qui es Bœotien? car on dit qu'il meit Alpha la premiere, deuant toutes les autres, par ce que Alpha en langage Phenicien signifie vn bœuf, qu'il reputoit non le second, ny le troisiéme, cõme fait Hesiode, mais le premier entre les meubles necessaires à l'homme. Non pas moy, dis je, car ie suis plus tenu de secourir plus tost mon grand pere, si ie puis, que non pas celuy de Bacchus. Car Lamprias mon grãd pere disoit, que la premiere voix distincte & articulee que l'homme prononce, c'est par la puissance de l'Alpha : car le vent & l'esprit qui sort de la bouche se forme principalement par le mouuement des léures, lesquelles estans ouuertes, de la simple ouuerture il en sort ce premier son là, qui est le plus simple de tous, & qui a le moins de besoing de manufacture, n'appellant pas mesme la langue à son secours, ny ne l'attendant pas, ains sort dehors, elle demourant immobile en sa place : aussi est-ce
C la premiere voix que les petits enfans iettét: & l'appelle-lon αὐήν, qui signifie ouïr quelque voix, pour ce que tousiours s'entend celle voix, & plusieurs autres semblables dictions, comme ᾀδήν, αὐλήν, ἀλαλαζήν : & croy aussi que αὐρήν, αἰσθησιν, non sans cause ont ainsi esté nommez de l'entrebaillure & ouuerture des léures, par laquelle ce son là en sort : & pourtant tous les noms des autres lettres muettes se seruent de l'Alpha, comme d'vne lumiere pour esclairer leur aueuglement, excepté vne. Car il n'y a que le Pi où la puissance de ce son là ne soit employee : car quant au Phi & au Chi, l'vn est le Cappa mué en aspre son, & l'autre le Pi. A quoy Hermias respondit, qu'il approuuoit l'vne & l'autre raison. Et que ne nous dis-tu doncques, s'il y a quelque raison & proportion du nombre des lettres? comme il me semble qu'il y en a, dont ie prens argument, par ce que la multitude des muettes & des demy-voyelles n'est point fortuite ny des vnes enuers les autres, ny enuers les voyelles aussi, ains se trouue
D estre selon la premiere proportion & medieté que nous appellons Arithmetique, par ce que estans les vnes neuf, & les autres huit, le nombre du milieu vient à surmonter egallement, comme il est surmonté, & les deux bouts estans assemblez ensemble, le plus grand au regard du plus petit est en proportion telle, que le nombre des Muses à celuy d'Apollo : par ce que le neuf est attribué aux Muses, & le sept à Apollo : lesquels deux conioincts ensemble font le double de celuy du milieu, à bonne raison, par ce que les demy-voyelles qui sont entre les deux extremitez, participét de la puissance & efficace des deux bouts. Mercure, dit-il, fut celuy qui premierement trouua les lettres en Ægypte, & pourtant les Ægyptiens pour representer la premiere lettre peignent Ibis, d'autant qu'elle est dediee à Mercure : & mal, selon mon iugement, donnant la precedence de toutes les lettres à vne beste qui n'a ny voix ny son quelconque. Et attribue-lon à Mercure le quatre principalemét entre les nõbres,

Le neufiéme Liure

& y a plusieurs qui escriuent qu'il nasquit aussi au quatriéme iour du mois: & puis le quatre multiplié par quatre, fait les premieres que lon appelle Pheniciennes, à cause de Cadmus. Et des autres qui ont depuis esté inuentees, Palamedes le premier en inuenta les quatre, & Simonides y en adiousta autres quatre. Or est le premier parfaict de tous les nombres le trois, comme aiant commancement, milieu, & fin: & puis le six, comme estant egal à toutes ses parties ensemble. De ces deux-là le six multiplié par le quatre, & le trois multipliant le premier cube, font le nombre de vingt & quatre. Comme il parloit encore, le Grammairien Zopyrion s'en mocquoit tout apparemment, & parloit entre ses dents: mais si tost qu'il eut acheué, il dit, que tout cela n'estoit qu'vn babil friuole, pour autant que ce n'auoit esté par raison quelconque, ains par aduenture & cas fortuit, que les lettres s'estoient trouuees en tel nombre & en tel ordre. Comme que le premier carme de l'Iliade se soit rencontré d'autant de syllabes comme le premier de l'Odyssee, & derechef que le dernier de l'vne ait suiuy de mesme le dernier de l'autre, tout est aduenu fortuitement & casuellement.

QVESTION QVATRIESME.

Quelle main de Venus blessa Diomedes.

APRES cela Hermias voulut proposer quelque question à ce Zopyrion, mais le Rhetoricien Maximus luy demanda sus Homere, quelle main de Venus Diomedes auoit blessé. Et Zopyrion tout soudain luy contre-demanda, de quelle cuisse Philippus estoit boisteux. Ce n'est pas de mesme, respondit Maximus, car Demosthenes n'a point laissé de moyen de pouuoir respondre de cela: mais si tu confesses ne le sçauoir pas, d'autres te monstreront là où Homere dit à ceux qui ont entendement de le cognoistre, quelle main fut blessee. Il sembla que Zopyrion fust vn peu estonné de ce propos, parquoy luy se taisant, nous priasmes Maximus de nous le monstrer. Premierement, dit Maximus, les vers estans ainsi,

De Tydeus adonc le fils vaillant
Par grand' ardeur à costé tressaillant,
Du fer trenchant qu'auoit sa iaueline
Perça le haut de sa main feminine.

Il est tout euident que s'il l'eust voulu frapper à la main gauche, il n'eust point eu de besoing de saulter à costé, car il auoit vis à vis de sa droitte la gauche d'elle, luy courant sus de front:& si est plus vray-semblable qu'il ait voulu blesser la plus forte main, & celle dont elle emportoit son fils Æneas, & dont elle se sentant blessee lascha prise du corps qu'elle enleuoit. Secondement quand elle s'en fut retournee au ciel, Minerue, en se riant, dit ainsi à Iupiter:

Certes Venus subornant quelque Dame
Grecque de suiure en amoureuse flamme
L'vn des Troyens que son cœur ayme tant,
Assise aupres d'icelle, en la flattant,
A quelque agraffe ou espingle ensaignee
Elle a vn peu sa main égratignee.

Or ie croy que toy-mesme tressuffisant regent, quand pour le caresser tu touches quelqu'vn de tes disciples, & que tu le flattes, que tu ne le fais pas de la main gauche, ains de la droicte, comme il est vray-semblable que Venus, qui estoit la plus gracieuse & adroicte de toutes les Deesses, caressoit ainsi les Princesses Grecques.

QVESTION

Des propos de table.
QVESTION CINQVIESME.

Pourquoy est-ce que Platon dict, que l'ame d'Aiax estoit venuë la vingtiéme au sort.

CELA resioüit tous ceux de la compagnie, excepté vn grammairien nommé Hylas, lequel Sospis le Rhetoricien voyant morne, taciturne & tout engrongné, à cause qu'il ne luy estoit pas gueres bien succedé en la preuue qu'il auoit monstree du profit que faisoient à l'estude ses escholiers, il luy cria,

  Tout' seule estoit l'ame d'Aiax le fils
  De Telamon:
& puis luy acheua le reste en parole plus haute que quand on deuise familierement ensemble,

  Approche toy ie te prie beau Sire,
  Afin que mieux tu entendes mon dire,
  Et domte vn peu la cholere & courroux
  Que ton courage a conçeu contre nous.

Et Hylas grommelant encore en cholere, qu'on luy auoit faict tort, respondit sottement & impertinemment, que l'ame d'Aiax estoit venuë aux enfers la vingtiéme au sort, selon Platon, & qu'elle s'estoit tournee en nature de lion: mais que plusieurs fois il luy estoit venu en pensee ce que le vieillard de la comedie disoit, qu'il valoit mieux deuenir asne, que de voir que ceux qui valoient moins que soy fussent plus honorez & preferez. Dequoy Sospis se prenant à rire: Mais ie te prie deuant que tu entres en ceste peau de baudet, si tu as aucun soing de l'honneur de Platon, enseigne nous pour quelle raison il dict, que l'ame d'Aiax Telamonien vient la vingtiéme par le sort à faire son option: ce que Hylas refusant de faire, parce qu'il pensoit qu'on se moquast de luy, à cause qu'il luy estoit fort mal succedé en la dispute, mon frere Lamprias prenant la parole: N'est-ce point, dict-il, pource que Aiax emporte tousiours le second lieu de beauté, de grandeur & de vaillance,

  Apres le fils de Peleus parfait?
& le vingt est la seconde dizaine, & le dix entre les nombres le plus puissant, comme Achilles l'estoit entre tous les Princes Grecs: dequoy nous nous prismes tous à rire. Et Ammonius, C'est assez, dict-il, ioüé auec Hylas, en disant cela, Lamprias: mais ie te prie de nous discourir à bon escient & sans rire, puis que tu as volontairement pris la parole, touchant la cause. Lamprias se trouua vn peu estonné de prime-face pour ceste demande: toutefois y ayant pensé vn peu, à la fin il dit, que Platon se ioüe bien souuent auec nous par les noms dont il vse, mais là où il mesle quelque fable en parlant de l'ame, il vse fort de l'entendement. Car il appelle la nature intelligente du ciel, chariot volant, le mouuement armonieux du monde: & au lieu dont il est question, qui est à la fin du dixiéme liure de la Republique, il faict venir vn messager des enfers, qui vient apporter les nouuelles de ce qu'il y a veu, & l'appelle Er en son nom, Pamphylien de nation, & fils de Harmonius, nous donnant couuertement à entendre par cela, que nos ames s'engendrent par armonie, & sont conioinctes au corps, & que quand elles en sont deioinctes & separees, elles accourent de tous costez en l'air, & de là derechef elles retournent à secondes generations. Qui gardera donc, que cest εἴκοςον, quasi εἴκαςον, c'est à dire, vingtiéme, ne soit dit pour monstrer, que ce n'est pas à la verité qu'il parle, ains plustost par coniecture & fiction, ou pource que c'est vn mort qui parle, comme chose dicte en l'air à l'aduenture? Car il touche tousiours ces trois causes, comme celuy qui premierement ou principalement a cogneu & entendu comment la fatale destinee se ioinct & se mesle auec la fortune, & auec no-

stre liberal arbitre, & maintenant au lieu preallegué, il monstre singulierement bien, quelle puissance és choses humaines a chascune de ces causes là, attribuant le chois & election de la vie au liberal arbitre : car le vice & la vertu n'ont point de maistre qui les domine : & attachent à la necessité de la fatale destinee l'estre religieux enuers les Dieux, à ceux qui ont faict bonne option : ou le contraire, à ceux qui l'ont faite mauuaise. Et les cheutes des sorts, qui estans à l'aduenture iettez & semez çà & là sans ordre, arriuent à chascun de nous, introduisent la fortune, & preuiennent beaucoup de ce qui est nostre, par les nourritures & gouuernements de republique où chascun de nous se rencontre. Car il n'est pas raisonnable de recercher la cause de ce qui se fait fortuitement & casuellement, parce que s'il y auoit raison au sort, ce ne seroit plus fortune ou cas d'aduenture, ains quelque prouidence ou quelque fatale destinee. Comme Lamprias parloit encore, on apperçeuoit bien que Marcus le grammairien comptoit sur ses doigts à par soy quelque chose : puis quand il eut acheué, il nomma tout hault toutes les ames qui sont euoquees en Homere, entre lesquelles celle de Elpenor vaguoit encore sur les côfins, n'estant pas assemblee auec celles qui estoient aux enfers en l'autre monde, parce que le corps n'en estoit pas encore inhumé. Quant à celle de Tiresias, il semble n'estre pas raisonnable de la compter au nombre des autres,

> Auquel, encor qu'il soit mort, seulement
> Proserpine a donné entendement

& puissance de parler & d'entendre les viuants, encore auant qu'il ait beu du sang des victimes immolees. Si doncques, Lamprias, tu ostes celles-là, & comptes les autres, il se trouuera que l'ame d'Aiax fut la vingtiéme de celles qui vindrent deuant Vlysses : & à cela fait allusion Platon en se iouant, & conioignant sa fable auec l'euocation des morts qui est en l'Odyssee d'Homere.

QVESTION SIXIEME.

Que signifie la fable, en laquelle on feint que Neptune fut vaincu : & pourquoy les Atheniens effacent & ostent le deuxiéme iour du mois d'Aoust.

Icy s'estant esleué vn bruit, Menephyllus philosophe Peripatetique appellant nommeemént Hylas : Tu vois, dit-il, que la question n'estoit point vne mocquerie ny gaudisserie : mais laisse moy là, mon bel amy, ce mal plaisant Aiax là, & duquel le nom est de mauuais presage, comme dit Sophocles : & te renge du costé de Neptune, que luy mesme nous raconte auoir esté plusieurs fois vaincu, en ceste ville par Minerue, en Delphes par Apollo, en Argos par Iuno, en Ægine par Iupiter, en Naxe par Bacchus, & neantmoins par tout en ses rebuts & defaueurs s'est tousiours monstré doux & gracieux sans tenir son cœur. Qu'il soit vray, il a en ceste ville temple commun auec Minerue, auquel encore y a-il vn autel dedié à l'Oubliance. Et lors Hylas semblant vn peu plus resiouy : Tu oublies, dit-il, Menephyllus, à dire, que nous auós osté le deuxiéme iour du mois d'Aoust, non pour cause de la Lune, mais pource que ce fut le iour que ces deux Dieux là plaiderent de la seigneurie de ce pays. Neptune, dit Lamprias, en tout s'est monstré plus ciuil & equitable que Thrasibulus, sinon vainqueur, comme l'autre, mais vaincu, il a oublié son mal-talent.

Icy y a vne bréche grande de defectuosité en l'original Grec, où defaillent les questions qui ensuiuent.

Des propos de table. 435

7 *Pourquoy est-ce que les accords sont divisez & distribuez en trois.*
8 *En quoy different les interualles melodieux & accordants.*
9 *Quelle est la cause qui fait l'accord, & pourquoy est-ce que quand on touche ensemble deux cordes accordees, la melodie est au bas.*
10 *Pourquoy est-ce que les renolutions du Soleil & de la Lune estants egales en nombre, neantmoins on voit que la Lune eclipse plus souuent que ne fait le Soleil.*
11 *Que nous ne demourons pas tousiours mesmes & vns, d'autant que nostre substance coule tousiours.*
12 *Lequel est plus vray-semblable, que les estoilles soient en nombre pair, ou en nombre non pair.*

Ce qui ensuit est la fin de la douziesme question.

Lysander souloit dire, qu'il faut tromper les enfants auec des osselets, & les hommes auec les iurements. I'ay, dict Glaucias, ouy dire ce propos là de Polycrates le tyran, & encore à l'aduenture s'attribue il à d'autres. Mais pourquoy est-ce que tu le me demandes? Pource, dict Sospis, que ie voy que les enfants rauissent les osselets, & les Academiques prennent les paroles. Car il me semble que ces estomachs là ne different rien de ceux qui tendants le poing, demandent s'ils tiennent nombre pair, ou non pair en leur main close. Protogenes doncques se leuā m'appelle par mon nom, & me dict: Que voulons nous dire, de laisser ces Rhetoriciens icy ainsi brauer & se mocquer des autres, & qu'on ne leur demande rien ce pendant, & qu'ils ne contribuent point leur quote partie à ces propos icy? si ce n'est qu'ils vueillent dire qu'ils n'ont part ny communication aucune aux deuis de table en buuant, attendu qu'ils sont admirateurs & sectateurs de Demosthenes qui iamais en sa vie ne but vin. Cela n'en est pas cause, dis-je, ains c'est que nous ne leur auons rien demandé: mais si vous n'auez quelque chose de meilleur, ie leur proposeray vn faict de repugnance de loix contraires tiree d'Homere.

QVESTION TREIZIESME.

Vne question de loix contraires tiree du troisième de l'Iliade d'Homere.

QVELLE? me demanda-il. Ie te la diray, dis-je, & leur proposeray quant & quant, & pourtant qu'ils prestent l'oreille attentiuement: car Alexandre Paris au troisiéme de l'Iliade deffie Menelaus à certaines conditions en ceste maniere,

    Assemblez nous au milieu des deux osts,
    Menelaus & moy en vn camp clos,
    Pour teste à teste esprouuer sur la plaine
    A qui des deux appartiendra Heleine
    Auec ses biens: & qui demourera
    Victorieux, & plus vaillant sera
    Pour son butin que la Dame il emmeine,
    Et ses ioyaux auec, en son domaine.

Et derechef Hector faisant entendre à tous, & declarant aux vns & aux autres le deffy de son frere, vse presque des mesmes paroles en disant,

    Il veut que tous Troyens & Grecs gendarmes
    Posent à terre & sursсent les armes,
    Pendant que seuls Menelaus & luy
    Se combattront teste à teste: & celuy

Le neufiéme Liure

> Qui restera le vainqueur, qu'il emmeine
> La Dame auec ses biens en son domaine.

Menelaus ayant accepté les conditions, ils iurent les articles accordez, & dict ainsi Agamemnon,

> Si Alexandre est au combat si fort
> Que de renger Menelaus à mort,
> Qu'il gaigne Heleine auec tout son bagage:
> Si au rebours Menelaus saccage
> Mort Alexandre, il ait en son pouuoir
> Incontinent sa femme & son auoir.

Or pour autant que Menelaus vainquit bien, mais il ne desfeit pas Alexandre, chascune des parties soustenant sa demande s'oppose à celle des ennemis. Les Grecs la pretendent, comme ayant Paris esté vaincu : & les Troyens la leur denient, pource qu'il n'estoit pas mort. Comment doncq est-ce qu'il fault sentencier & iuger en ce different? C'est à faire non aux Philosophes, ny aux Grammairiens, mais aux Rhetoriciens qui sont sçauans & en droict & en philosophie comme vous. Sospis adonc respondit, que la cause du defendant estoit meilleure, comme si c'estoit loy. Car l'assaillant luy a denoncé soubs quelles conditions le combat se deuoit faire, & le defendant les ayant acceptees & receuës, il n'est pas en eux d'y pouuoir rien adiouster. Or le cartel du deffy n'a pas porté ces mots, Qui tueroit & massacreroit : mais, Qui vaincroit & qui gaigneroit : & auec grande raison, car il falloit que la Dame appartint au plus vaillant, & le plus vaillant est le vainqueur. Car il aduient bien souuent que les plus vaillans sont tuez des meschants, comme depuis Achilles d'vn coup de flesche fut tué par Paris : & ne croy pas que, pour auoir esté ainsi tué, personne vouluft dire qu'Achilles en fust moins vaillant, ny appeller cela victoire, mais plustost vne malheureuse & iniuste rencontre de celuy qui tira si droict : mais Hector au contraire fut vaincu par Achilles premier que tué, ne l'ayant pas attendu, ains en ayant eu peur, & s'en estant fuy deuant luy. Car celuy qui refuse la lice & s'en fuit, il est vaincu tout à plat, sans auoir dequoy couurir ou excuser sa desfaicte, & confesse que son ennemy vault mieux que luy : & pourtant premierement Iris en venant dire la nouuelle à Helene, luy dict,

> Ils combattront de long bois à outrance,
> A qui des deux t'aura en sa puissance,
> Et du vainqueur l'espouse tu seras.

Et puis Iupiter mesme adiuge le pris de la victoire à Menelaus,

> Menelaus comme il est tout notoire,
> De ce combat gaignera la victoire.

Car ce seroit vne mocquerie de dire qu'il eust vaincu Achilles, pour luy auoir tiré de loing par derriere vn coup de flesche, & donné au talon qu'il n'y pensoit pas, ny ne s'en donnoit point de garde : & que luy maintenant s'en estant fuy, cóme lasche & meschant, & s'estant allé cacher entre les bras de sa femme, ayant esté, par maniere de dire, vif despouillé de ses armes, son compagnon n'eust pas merité d'emporter contre luy le pris de la victoire, s'estant à sa deffiance monstré plus vaillant que luy, & estant demouré sur le champ vainqueur. Glaucias adonc prenant la parole, dict premierement, qu'en toutes loix, edicts, transactions & contraux, les subsequens sont tousiours reputez plus valides & de plus d'efficace que ne sont les precedents, & les secondes & dernieres pactions furent celles qui par Agamemnon, furent faictes, là où pour la fin la mort expressément est prescripte, & non pas l'estre vaincu. Et puis la premiere paction n'est faicte que de paroles simplement, & celle-cy qui est venuë apres a esté faicte auec iurement, en y adioustant maledictions &

execrations

Des propos de table. 436

A execrations à l'encontre de ceux qui la transgresseroient, & ne fut pas approuuee & ratifiee par vn homme seul, mais par toute l'armee ensemble: de maniere, que ceste seconde est celle qui proprement & veritablement se doit appeller paction & contract, là où la premiere n'est seulement qu'vn cartel & vne desfiance. Ce que confirme le Roy Priam, qui apres auoir iuré les articles du combat, se retire en disant,

  Iupiter sçait, si sont les autres Dieux
  Qui sont au ciel immortels glorieux,
  A qui des deux fatale destinee
  A ce iourd'huy la mort determinee.

Car il sçauoit que le combat estoit accordé à ceste condition là, & pourtant vn peu apres Hector luy mesme dict,

  Le haut Tonnant en son throsne eleué
  N'a le serment du combat acheué.

B Car le combat demoura imparfaict, & n'y eut point de coclusion certaine, n'y ayant ny l'vn ny l'autre des combattans esté tué: de maniere que quant à moy il m'est aduis qu'il n'y a aucune contrarieté, parce que la premiere paction est comprise en la seconde, où il est dit, Qui tuera, aura vaincu: non pas, Qui aura vaincu, tuera. Car à la verité dire, Agamemnon ne renuersa pas la proposition du deffy d'Hector, ains seulement la declara: ne n'y mua pas rien, ains y adiousta ce qui estoit le principal, constituant le vaincre au tuer. Car celle là est la totale & complette victoire, les autres ont tousiours des oppositions & des excuses, comme celle-cy de Menelaus, qui ne blessa ny ne poursuiuit pas son ennemy. Comme doncques, là où il y a vraye contrarieté de loix, les iuges ont accoustumé de prononcer selon celle qui est plus expresse & plus claire, & laisser celle où il y a de la doubte & de l'obscurité: aussi en ce faict icy la paction qui a la conclusion la plus euidente, & où il y a moins de tergiuersation, il la faut estimer la plus valable & la plus certaine. Et qui est le principal, celuy mes-
C me qui sembloit auoir gaigné, il ne se retire pas, & ne cesse pas de courir apres le fuyant, ains va çà & là parmy les troupes, cerchant s'il pourroit point apperceuoir le beau Paris: en quoy faisant il portoit luy-mesme tesmoignage, que sa victoire estoit imparfaicte & de nulle valeur, puis que son ennemy s'estoit sauué: & se deuoit souuenir de ce que luy-mesme auoit vn peu auparauant dict,

  Celuy de nous dont l'heure de la mort
  Arriuera, qu'il y demeure mort
  Dessus le champ, & que tout d'vne tire
  Chascun de vous chez soy puis se retire.

Pourtant falloit il necessairement qu'il cerchast par tout Alexandre, à fin que l'ayant tué il accomplist entierement l'execution du combat, mais ne l'ayant ne pris ne tué, à tort demande-il le pris de la victoire. Car il n'a pas vaincu, s'il le faut coniecturer & prendre droict par ses paroles mesmes, se plaignant de Iupiter, & se lamentant de ce
D qu'il auoit failly à son attente,

  O Iupiter, autre Dieu plus que toy
  Pernicieux n'est ores enuers moy:
  I'auois pensé de punir Alexandre
  Du meschant tour qu'il m'a fait & esclandre,
  Et mon espee est rompue en ma main,
  Ma iaueline à terre cheute en vain,
  Sans l'assener ny aucun mal luy faire.

Il confesse luy-mesme que ce n'est rien fait de luy auoir coupé son escu, ny luy auoir osté l'armet de la teste, s'il ne blesse & ne tue son ennemy. Apres ces propos nous feismes offrandes & libations aux Muses & au conducteur des Muses Apollo, en chan-

Le neufiéme Liure

tant des hymnes à leur loüange : & chantasmes aussi sur la lyre d'Eraton les vers que Hesiode escrit sur la naissance des Muses : & apres la chanson Herodes l'orateur se prit à dire, Escoutez vous autres qui voulez separer & distraire d'auec nous Calliope, escoutez ces vers qui disent qu'elle conuerse auec les Roys, non pas auec ceux qui plient & deplient des syllogismes, & qui proposent de grandes & arduës questions à ceux qui s'adressent à eux, mais bien à ceux qui font les œuures, lesquelles sont propres aux orateurs & aux hommes de gouuernement. Et quant aux autres Muses, Clio reçoit & aduoüe les oraisons où sont contenuës les loüanges, parce que les anciens appelloient Clea, les loüanges. Et Polymnia reçoit aussi les histoires, car ce n'est autre chose que la memoire de plusieurs antiquitez : & dict-on qu'en quelques lieux, comme en Lion, on appelle toutes les muses memoires : & si m'attribue encore quelque chose d'Euterpe, s'il est vray ce que dict Chrysippus, que c'est elle qui donne l'entretien aggreable, & l'entregent gracieux. Car l'orateur n'est pas moins affable en familiere conuersation, qu'eloquent en iugement à plaider, ou en conseil à deliberer. Car toutes ces parties & facultez là d'orateur contiennent des humanitez, des defenses, des responses & iustificatiõs : & puis nous vsons beaucoup de l'art de loüer & de blasmer, & en venons à bout de belles & grandes choses quãd nous le sçauons bien & ingenieusement faire : comme aussi si nous le faisons lourdement & impertinemment, nous faillons à venir au dessus de ce que nous pretendons, tellement que ce tiltre,

O Dieux combien cest homme est aggreable
A tout le monde, & qu'il est venerable

conuient, à mon iugement, plus aux orateurs qu'à nuls autres, comme à ceux qui ont la grace de bien dire & de persuader, qui est la partie la plus requise, mieux seante & plus conuenable pour conuerser entre gens. Ammonius adonc, Il ne te fault point, dit-il, porter d'enuie Herodes, encore que tu empoignes en ta main toutes les muses ensemble, parce que toutes choses sont communes entre amis. Et c'est pourquoy Iupiter a engendré plusieurs Muses, à fin que chascun peust abondamment puiser des choses qui sont bonnes & honnestes. Car nous n'auons pas tous besoing d'entendre la venerie, ny l'art militaire, ny la nauigation, ny les mestiers des artisans mechaniques, mais tous auons besoing de lettres & de sçauoir,

Tant qu'il y a d'hommes mangeans le fruict
Que de son sein large terre produict.

Voyla pourquoy lon n'a faict qu'vne Minerue, vne Diane, & vn Vulcain, mais plusieurs Muses.

QVESTION QVATORZIESME.

Du nombre des Muses, ce qui s'en dit non vulgairement

MAis qu'il y en ait neuf, & non plus ne moins, ie pense que tu le nous monstrerois bien : parce que i'estime que tu ayes bien estudié cela, estant si amy des Muses que tu es, & en ayant tant comme tu en as. Et quelle grande doctrine, respondit Herodes, y auroit-il en cela ? Car il n'y a celuy qui ne sçache & qui ne chante le nombre de neuf, comme estant le premier quarré procedant du premier non pair, & non-pairement non-pair, comme celuy qui se diuise en trois non-pairs egaux. Et Ammonius s'en prenant à rire : Tu as, dict-il, vaillamment retenu & recité par cœur cela, mais adiouste y encore ce petit corollaire, que c'est vn nombre composé de deux premiers cubes, de l'vnité & du huict, & par vne autre sorte de composition de deux triangles, c'est à sçauoir du trois & du six, dont l'vn & l'autre encore est nombre parfait. Mais comment & pourquoy est-ce qu'il conuient mieux aux Muses qu'il ne fait

aux

aux autres Dieux,& que nous auons neuf Muses, & non pas neuf Ceres, ny Minerues, ny Dianes: car ie croy que tu ne te persuades pas que ce soit pour autant, que le nom de leur mere μνημοσύνη soit composé d'autant de lettres. Herodes se riant de cela, & s'estant fait vne pause de silence, Ammonius nous sollicitoit de prendre le propos. Et mon frere dict adonc, que les anciens n'en cognoissoient que trois, mais que de le vouloir prouuer en compagnie où il y auoit tant de sages hommes & de si sçauans, ce seroit vne lourderie & vne vaine ostentatió: & la cause de cela n'est pas, comme quelques vns disent, à raison des trois especes de Musique, la Chromatique, la Diatonique, & l'Armonique: ny à l'occasion des trois bornes qui font l'interualle de l'octaue, c'est à sçauoir la Nete, qui est la haute voix, la Mese la moyenne, & l'Hypate la basse: combien que les Delphiens appelloient ainsi les Muses, & mal à mon aduis, d'autant qu'ils les attachoient toutes à vne science, ou plustost à vne seule partie d'vne science, qui est l'Armonique en la musique: mais les anciens entendans bien que tous les arts & sciences qui se traictent auec raison se reduisent à trois genres principaux, Philosophie, Rhetorique & Mathematique, estimerent que c'estoient dons & benefices de trois Deitez qu'ils appelloient Muses. Depuis, & enuiron le temps d'Hesiode, les facultez d'icelles generalles sciences venans à se plus reueler & descouurir, ils s'apperceurent que chascune d'icelles auoit trois differences, & les soubsdiuiserent en autres trois parties & especes, la Mathematique en l'Arithmetique, la Musique, & la Geometrie: la Philosophie en la Logique, la Morale, & la Physique. La Rhetorique eut du commencement pour sa premiere partie, la demonstratiue qui s'employe aux loüanges: la seconde, la deliberatiue aux consultations: la troisiéme, la iudicielle qui verse aux iugements & plaidoiries: de toutes lesquelles facultez ils n'estimoiét pas qu'il y en eust pas vne qui eust esté inuentee, ne qui se peust apprendre sans Dieu ny sans les Muses, c'est à dire, sans la conduitte & faueur de quelque puissance superieure. A l'occasion dequoy ils ne feirent pas autant de Muses, mais ils trouuerent qu'il y en auoit autant. Tout ainsi donc comme le neuf se diuise en trois ternaires, desquels chascun se soubs-diuise en trois vnitez: aussi la rectitude de la raison en l'entendement est vne seule & commune puissance, mais chasque genre de ces trois se soubs-diuise en trois especes, chascune desquelles prend à disposer, orner & accoustrer particulierement vne desdictes facultez: car ie ne pense pas qu'en ceste diuision les Poëtes ny Astrologues se puissent à bon droit plaindre, comme si nous auions laissé en arriere leur science: car ils sçauent aussi bien comme nous que l'Astrologie est contribuee & subalterne à la Geometrie, & la Poëtique à la Musique. Comme cela eut esté dit, le medecin Tryphon se prit à dire, He déa, que vous a fait nostre pauure faculté de Medecine, que vous luy fermez le Temple des Muses? Et lors Dionysius Melitien respondit, Tu en prouoques beaucoup d'autres à se plaindre semblablement: car nous autres Iardiniers & laboureurs nous approprións la Muse Thalia, qui est à dire florissante, pource que nous luy attribuons la cure & solicitude de faire croistre & de preseruer les semences & les plantes qui florissent, & qui reuerdissent. Mais en cela, dis-je, vous auez tort, car vous auez pour vostre patrone Ceres, surnommee αἰολοδώρα, pource qu'elle nous baille ses dons, qui sont les fruicts de la terre: & Bacchus, lequel, comme dict Pindare,

  Fait hors de la terre paroistre
  Les plantes, reuerdir & croistre,
  Et la saincte beauté des fruicts
  En beauté parfaicte produicts.

Et puis nous sçauons que les medecins ont Æsculapius pour leur guide, & dieu tutelaire, & qu'ils se seruent d'Apollo Pæan, appaisant la douleur en toutes choses, mais de Musagetes en rien: car, comme dit Homere,

Le neufiéme Liure

Tous les humains ont affaire des Dieux, mais non pas tous de tous. Et m'esbahis comment Lamprias a oublié ou ignoré ce que disent les Delphiens: car ils disent, que les Muses ne portent point les noms de sons ou de chordes enuers eux, ains que le monde vniuers estant diuisé en trois principales parties, la premiere celle des natures non errantes, la seconde des errantes, & la tierce celles qui sont soubs la sphere de la Lune, & qu'elles sont toutes distantes les vnes des autres par proportions armoniques, de chascune desquelles ils tiennent qu'il y a vne des Muses qui en a la garde: de la premiere celle qu'ils nomment Hypate, de la derniere Nete, & Mese celle du milieu, qui contient & dirige autant comme il est possible les choses mortelles aux diuines, & terrestres aux celestes, comme Platon mesme nous l'a couuertement donné à entendre par les noms des Fees ou des Parques, ayant appellé l'vne Atropos, l'autre Lachesis, & la tierce Clotho: car quant aux mouuements des huict cieux, ils leur ont attribué autant de Sirenes, non pas de Muses. Menephyllus le Peripateticien adoncques prenant la parole, Il y a, dict-il, quelque apparence vray-semblable en ceste sentence des Delphiens, mais Platon est impertinent, qui à ces eternelles & diuines reuolutions des cieux assigne au lieu de Muses des Sirenes, qui ne sont pas gueres bons ny benins Demons, en delaissant de tout poinct les Muses, ou bien les appellant des noms des Parques, & disant qu'elles sont filles de la Necessité: car la necessité est chose rude & violente, là où la persuasion est doulce & gentile, qui par le moyen des Muses domte amiablement ce qu'elle veut, haissant la contraincte de necessité beaucoup plus que ne faict la grace d'Empedocles,

Qui hait de mort la force intolerable.

Il est bien vray, ce dict Ammonius, celle qui en nous est cause forcee & non volontaire, mais la necessité qui est és Dieux n'est point insupportable, ny mal-aisee à obeyr, ny violente, sinon aux mauuais: ne plus ne moins que la loy en vne cité est aux bons la meilleure chose qui y soit, laquelle ils ne sçauroient ny tordre, ny transgresser, non pource qu'il leur soit impossible, mais pource qu'ils ne veulent pas la changer. Au demourant quant aux Sirenes de Platon, la fable nous en espouuente sans raison: car il nous a bien couuertement voulu donner à entendre la force & puissance de leur chant & musique, qui n'est point inhumaine ny mortelle, ains imprime és ames, qui partent de ce monde & s'en vont là, & errent vagabondes apres la mort, vne affection vehemente enuers les choses celestes & diuines, & vne oubliance des mortelles & terrestres, les arrestant & enchantant du plaisir qu'elles leur donnent, de maniere que pour la ioye qu'elles en reçoiuent, elles les suiuent, & tournent quand & elles: de laquelle armonie vne bien petite & obscure resonance, arriuant iusques icy à nous par les discours que lon nous en faict, appelle nostre ame, & la remet en memoire de ce qu'elle y oit alors, dont la pluspart est estoupee, bouschee, & plastree de farcissemens de chair & passions non sinceres: & neantmoins nostre ame pour la generosité dont elle est doüee, la sent & s'en resouuient, & en est esprise de si vehemente affection, que sa passion resemble proprement aux plus furieuses amours, tant elle appete & desire, & ne peut neantmoins se deslier d'auec le corps. Toutefois ie n'accorde pas du tout à cela, ains me semble que comme Platon en ce lieu a vn peu estrangement appellé les aixieux du monde & des cieux, quenoüilles & fuseaux, & tournillons ou pezons les astres: aussi a-il vn peu trop extraordinairement appellé les Muses Sirenes, qui exposent & declarent aux enfers les choses diuines & celestes, comme Vlysses en Sophocles dict, que les Sirenes filles de Phorcus sont venuës, lesquelles recitent les loix & statuts des enfers, & les Muses sont les huict Spheres des cieux, & vne qui a pour sa portion les lieux prochains de la terre. Celles doncq qui president aux reuolutions des huict Spheres, entretiennent &

conseruent

Des propos de table. 438

A conseruent l'armonie & consonance des estoilles errantes auec les estoilles fixes, & aussi entre elles mesmes: l'vne qui a la surintendance de l'espace qui est entre le ciel de la Lune & la terre, en se promenant parmy les choses temporelles & mortelles, y imprime & introduit la persuasion des graces de la conuenance, accord & armonie par le moyen de sa parole & de son chant, autant qu'elles sont capables d'en sentir & d'en receuoir. Ce qui sert & ayde grandement à maintenir la police ciuile & societé humaine, en adoucissant & appaisant ce qu'il y a de turbulent & de deuoyé en nous: & le remettant doucement en la bonne voye : mais comme dict Pindare,

    Ceux qui ne sont point des esleus
    Du haut Iupiter bien voulus,
    Fuyent la voix melodieuse
    Des Muses, & l'ont odieuse.

A quoy Ammonius ayant acclamé, comme il auoit accoustumé, ces vers de Xeno-
B phanes,

    Cela tenu soit en quelque creance,
    De verité il y a apparence

Et sollicitant encore chascun à en dire son aduis, apres auoir faict vn peu de silence, ie recommençay à dire : Que comme Platon mesme par l'etymologie des noms, ne plus ne moins que par la trace, pense trouuer les proprietez & facultez des Dieux, aussi nous de mesme mettons-en vne des Muses au ciel & parmy les choses celestes, qui semble estre Vrania, c'est à dire celeste. Car il est vraysemblable que les choses celestes n'ont pas grand besoing de beaucoup de diuers gouuernemens, n'ayans qu'vne simple & seule cause, qui est la nature : mais là où il y a beaucoup d'erreurs, excés & transgressions, c'est là où il faut transferer & loger les huict: l'vne pour corriger vne sorte de faute & de desordre, & l'autre pour en rhabiller vne autre. Et pource que de toute nostre vie vne partie est ieu, & vne partie affaire graue & serieux, & en tout y a
C besoing d'vne temperature reglee & moderee, ce qu'il y aura de graue & de serieux en nous sera reglé, moderé & conduit par Calliope, Clio, & Thalia, estans nos guides en la science & speculation des Dieux: Et les autres Muses auront le soing & l'office de conduire ce qui panche & qui est enclin à la volupté & à iouer, ne souffrans pas que par son imbecillité il se lasche & se laisse aller trop dissoluement & trop bestialement, ains le recueillans & accompagnans honnestement & en bon ordre, auec bal, chant, & danse, où il y ait bienseance temperee & meslee de raison & d'armonie. Quant est de moy, mettant Platon en toutes choses deux principes de nos actions, l'vn la cupidité naturelle & nee auec nous des voluptez: & l'autre, l'opinion venuë d'ailleurs, appetant ce qui est tresbon : & appellant aucunefois l'vn la raison, & l'autre la passion, l'vne & l'autre ayant derechef d'autres diuersitez & differences: ie voy certainement que toutes deux ont besoing de grande & veritablement diui-
D ne regle, discipline & conduicte. Premierement quant à la raison, il y en a vne partie ciuile & royale, c'est à dire, qui s'entremet du gouuernement & des matieres d'estat, & sur cela est ordonnee, ce dict Hesiode, Calliope: l'estat de Clio puis apres est de poulser en auant, honorer & esgayer l'ambition : Polymnia conserue & regit la vertu memoratiue & le desir d'apprendre & de sçauoir, qui est en l'ame: c'est pourquoy les Sicyoniens, des trois Muses qu'ils mettent, ils en appellent l'vne Polymathia, qui est à dire grand sçauoir. Euterpe, tout homme de bon iugement luy attribuera la speculation & contemplation de la verité de nature, n'estimant point qu'il y ait autres delectations ny recreations plus belles, plus pures, ny plus honnestes que celles-là. Mais quant aux cupiditez, ce qui concerne le boire & le manger, Thalia est celle qui le rend sociable, compaignable, ciuil & honneste, au lieu qu'il seroit autrement inhumain, bestial & desordonné. C'est pourquoy nous appellons

Eee ij

Le neufiéme Liure

 ϑαλιάζν, s'aſſembler honneſtement & gayement enſemble pour faire bonñe chere, non pas ceux qui conuiennent pour yurongner & faire excés de manger & de boire. Et quant aux accords de l'amour, c'eſt Erato qui y aſſiſte auec grace de perſuaſion, auec raiſon & opportunité, oſtant & eſtraignant la vilainie & ardeur furieuſe de la volupté, la faiſant terminer en foy & amitié, non pas en diſſolution ny intemperance de lubricité. Il reſte le plaiſir des yeux & des oreilles, ſoit qu'il appartienne à la raiſon, ou bien à la paſſion, ou qu'il ſoit commun à toutes les deux. Les deux autres Muſes, c'eſt à ſçauoir Melpomene & Terpſichore, le regentent & l'ordonnent en telle ſorte, que l'vn ſoit honneſte reſiouyſſance, & non pas chatoüillement attrayant, & l'autre recreation, & non pas enchantement.

Tout ce chapitre ſuyuant eſt ſi fort depraué & defectueux en l'original, que lon ne ſçait quelle coniecture y aſſeoir.

QVESTION QVINZIESME.

Qu'il y a trois parties au bal, mouuement, geſte, & monſtre: & que c'eſt que chaſcune d'icelles parties: & qu'il y a de commun entre l'art de la poëſie & celle de baller.

APRES cela on eſleua les tartes & gaſteaux, car c'eſt le pris de la victoire propoſee aux enfans qui ont le mieux ballé: & auoit-on eſleu pour iuges Meniſcus le maiſtre d'eſchole, & mon frere Lamprias, parce qu'il auoit autrefois gentiment danſé la moriſque armee, qui ſe nomme Pyrriche, & eſtoit tenu aux eſcholes des exercices pour celuy qui auoit meilleure grace à iouër des mains en ballant que nul autre des ieunes garſons. Et comme pluſieurs ſe meiſſent à danſer plus affectionnément qu'artificiellement, & auec plus d'ardeur que d'art, il y eut quelques vns de la compagnie qui en ayant choiſy deux des plus experts, & qui vouloient obſeruer les regles de l'art, les prierent de danſer boutee apres boutee, & mouuement apres mouuement. Si demanda lors Thraſybulus le fils d'Ammonius, que ſignifioit ce mot de boutee & de mouuement en cela. Cela donna matiere & occaſion à Ammonius de diſcourir vn peu au long des parties du bal. Car il dict, qu'il y auoit trois parties du bal, le mouuement, le geſte, & la monſtre: parce, dit-il, que le baller eſt compoſé de remuement & de contenances, comme le chant eſt compoſé de ſons & d'interualles, car les pauſes & arreſts icy ſont les fins des mouuements. Ils appellent doncques mouuement les remuemens & geſtes, les diſpoſitions & contenances de la perſonne, eſquelles ſe terminent les mouuements quand ils ſ'arreſtent, repreſentant à la forme de leur corps, ou Apollo, ou Pan, ou vne Bacchante, de maniere qu'on le cognoiſſe à voir leur port. Quant à la troiſiéme partie qui eſt la monſtre, laquelle n'eſt pas vne imitation, mais vne demonſtration & indication à la verité du ſubiect de la danſe: car comme les poëtes vſent des noms propres pour deſigner quand ils nomment Achilles, Vlyſſes, la Terre, le Ciel, ainſi comme le commun les nomme: mais pour plus grande expreſſion & repreſentation plus au vif de ce qu'ils veulent donner à entendre, ils vſent aucunefois de mots qu'ils inuentent expreſſément eux meſmes: comme quand ils diſent, καλαρύζν & καχλαζν, pour exprimer le bruict des eaux courantes, & pour dire que les fleſches volent.

De chair & ſang deſirans ſe ſaouler:

Et pour dire vne bataille ambigüe, où l'on ne ſçait qui a du meilleur,

Les fronts egaux la bataille y auoit.

Ils forment auſſi en leurs vers pluſieurs compoſitions de noms, pour repreſenter ce qu'ils veulent dire: comme Euripides de Perſeus.

Le meurtrier

Des propos de table.

Le meurtrier tueur de la Gorgonne,
Volant par l'air là où Iupiter tonne,
Et Pindare parlant du cheual,
Quand, sans picquer, d'ardant courage
Ton corps couroit sur le riuage
D'Alpheus, par grande roideur.
Et Homere parlant de la course des cheuaux,
Les chars d'estain & de cuyure parez,
Par les cheuaux aux vistes pieds tirez,
Couroient volans.

Ainsi est-il au bal, parce que le geste represente la forme & le visage, & le mouuement donne à entendre quelque affection, ou action, ou puissance : mais par les demonstrations on monstre proprement les choses, comme la terre, le ciel, les assistants : ce qu'estant faict par ordre, nombre & mesure, resemble à ce que les poëtes vsent aucunefois des propres noms coulans vniement auec quelque ornement, comme sont,

Venus aux yeux noirs, Themis venerable,
Iuno la riche, & Dione la belle.   Et ces autres,
Les Roys des Grecs Xuthus le Dorien,
Hippiotcharme aussi Æolien.

autrement le style seroit trop bas, & les carmes mauuais, comme seroit qui diroit, de l'vn nasquit Hercules, & de l'autre Iphytus : ou, de ceste Dame le pere, le mary, le fils, ses freres & progeniteurs ont esté Roys : la Grece l'appelle Olympiade. Les mesmes faultes se commettent en ballant és monstres, si elles n'ont grace & elegance auec bienseance & naïueté. Brief il faudroit transferer le dire de Simonides de la peinture au bal, pource que le bal est vne poësie muette, & la poësie vn bal parlant, dont vient que ny la peinture ne depend de la poësie, ny la poësie de la peinture, ny ne se seruent aucunement l'vne de l'autre : là où entre le bal & la poësie toutes choses sont communes, & participent en tout l'vne de l'autre, toutes deux representans vne mesme chose, mesmement és chansons à danser, qui s'appellent Hyporchemes, où la representation se faict plus efficacement de l'vne par les gestes & mines, & de l'autre par les paroles : & resemblent les poëmes comme aux lignes & aux traicts de la peinture, dont se tracent les visages. Si monstre bien celuy qui aura heureusement rencontré en ces chansons à baller, & y aura esté trouué excellent, que l'vne de ces deux arts a necessairement affaire de l'autre : car celuy qui entonne ceste chanson, Ie ioüe le cheual de Thessalie, ou le chien d'Amycle, poursuyuant d'vn pied imitateur son chant tortu, comme par la campagne Doriene, ou en la plaine d'Anthemiunte : Il vole pour haster la mort du cerf amé, prest d'attacher au collet toute autre beste. & ce qui suit apres. Il semble proprement que le poeme prouocque les gestes & les mines de la danse, & qu'il tire auec ces vers, comme auec ie ne sçay quelles cordes, les pieds & les mains, voire tout le corps, & qu'il le roidisse tellement, que quand cela se prononce & se chante, il n'y a membre qui puisse demourer quoy sans se remuer : à l'occasion dequoy il n'a point de honte de se loüer soy-mesme, non moins pour sa suffisance en l'art de baller qu'en l'art de poesie : Tout vieil que ie suis, encore sçay-je de pied leger saulter & baller. Ils appellent ceste sorte de bal, à la Candiote. Mais il n'y a maintenant chose qui soit si mal entendue, ne si mal prattiquee, & corrompue, que celle art du bal : & pourtant luy est-il aduenu ce que redoutant Ibycus dict de luy-mesme en ces vers,

Ayant peché contre les Dieux, ie crains
Que ie n'en sois puny par les humains.

Eee iij

Le premier Liure

Car s'eſtant aſſociee à ie ne ſçay quelle poëſie triuiale & vulgaire, & ayant abandonné l'ancienne, diuine & celeſte, elle retient les pleins Theatres fols & eſtourdis, ayant aſſeruy, comme vn Tyran, à elle vn peu de muſique, mais enuers les ſages hommes & diuins, elle eſt à la verité decheute de tout honneur. Voyla preſque, Soſſius Senecion, les derniers propos de lettres qui furent tenus chez le bon Ammonius durant les feſtes des Muſes.

Les Opinions des Philoſophes.

LIVRE PREMIER.

Tout cet Opuſcule des opinions des Philoſophes, eſt miſerablement corrompu & defectueux en l'original Grec, & n'y a cõieƈture qui le peuſt reſtituer, d'autant que c'eſt quaſi par tout, & faut attẽdre que par quelque heureuſe rencõtre il ſe treuue vn ancien exemplaire entier, & pour ce n'entés-je pas garentir la preſente trãſlation nõ plus que de certains autres opuſcules contaminez de meſme en leur ſource.

AYANT propoſé d'eſcrire de la Philoſophie naturelle, il me ſemble neceſſaire en premier lieu, & deuant toute autre choſe, mettre la diuiſion & diſtribution de Philoſophie, afin que nous ſçachions que c'eſt que la Naturelle, & quelle part & portion elle eſt de toute la Philoſophie. Or doncques les Philoſophes Stoïques diſent, que Sapience eſt la ſcience de toutes choſes tant diuines que humaines, & que Philoſophie eſt profeſſion & exercice de l'art à ce couenable, qui eſt vne ſeule, ſupréme & ſouueraine vertu, laquelle ſe diuiſe en trois generales, la Naturelle, la Morale, & la Verbale: à raiſon dequoy la Philoſophie vient à eſtre auſſi diuiſee en trois parties, l'vne naturelle, l'autre morale, & la tierce verbale. La Naturelle eſt, quand nous enquerons & diſputons du monde, & des choſes contenuës en iceluy: la Morale, celle qui eſt occupee à traicter de la bonté ou mauuaiſtié de la vie humaine: la Verballe, celle qui traicte de ce qui appartient à diſcourir par raiſon, laquelle ſe nomme autrement Dialectique, comme qui diroit, diſputatrice. Mais Ariſtote & Theophraſte, & preſque tous les Peripatetiques entierement, partiſſent la philoſophie en ceſte ſorte. Il eſt neceſſaire que l'homme pour eſtre parfait ſoit & contemplateur de ce qui eſt, & facteur de ce qu'il doit: ce que lon pourra plus clairement entendre par ces exemples: Lon demande, Si le Soleil eſt vn animal, c'eſt à dire creature animee ou non, ainſi qu'on le voit. Celuy qui va recerchant la verité de ceſte propoſition & queſtion, eſt contemplatif, car il ne quiert & ne cerche que ce qui eſt. Semblablement, Si le monde eſt infiny, & s'il y a aucune choſe hors le contenu de ce monde: toutes telles queſtions ſont contemplatiues. Mais d'autre coſté on peult demander, Comment il fault viure, & comment il fault gouuerner ſes enfans, comment il fault exercer vn magiſtrat, comment il fault eſtablir des loix: toutes ces queſtions là ſe demandent à intention de faire, & telle vie ſe demande actiue & practique.

Qu'eſt-ce que Nature.   CHAPITRE I.

PVis que doncques nous auons propoſé d'eſcrire & de traicter de la philoſophie naturelle, ie penſe qu'il ſoit neceſſaire de declarer premierement que c'eſt que Nature: car il n'y auroit point de propos de vouloir entrer en diſcours de choſes naturelles, & d'ignorer d'entree ce que ſignifie nature. C'eſt doncques ſelon l'aduis & opinion d'Ariſtote, le principe de mouuement & de repos, de ce en quoy elle eſt premierement & non par accident : car toutes les choſes que lon voit qui ne ſe font ny par fortune, ny par neceſſité, & ne ſont point diuines, ny n'ont aucune de

ces cauſes

Des opinions des Philosophes.

A ces causes efficientes, s'appellent naturelles, & ont vne nature propre & peculiere, comme la terre, le feu, l'eau, l'air, les plantes, les animaux. Et d'auantage ces autres choses que nous voions s'engendrer ordinairement, comme pluies, grelles, foudres, tourbillons, vents & autres semblables, ont quelque principe & commencement: car elles n'ont pas leur estre de toute eternité, ains ont eu quelque commencement: & semblablement les animaux & les plantes ont aussi principe de leur mouuement, & ce premier principe là, c'est la Nature, & non seulement principe de mouuement, mais aussi de repos: car tout ce qui a eu principe de mouuement, aussi peut-il auoir fin, & pour ceste raison Nature est le principe de repos & de mouuement.

Quelle difference y a-il entre Principe & Element. CHAP. II.

ARISTOTE donques & Platon estiment qu'il y ait difference entre Principe & Element: mais Thales Milesien pense que ce soit vne mesme chose Principe & Element: toutefois il y a bien grande difference, pource que les Elemens sont composez, mais les Principes ne sont point composez, ny aucune substance complette: comme nous appellons Elements, la terre, l'eau, l'air, & le feu: mais les Principes nous les appellons ainsi, pour autant qu'ils n'ont rien precedant, dont ils soient engendrez: car autrement s'ils n'estoient les premiers, ils ne seroient pas principes, ains ce dont ils seroient engendrez. Or y a il quelques choses precedentes, dont sont composees la terre & l'eau, c'est à sçauoir, la matiere premiere sans forme quelconque ny espece, & la forme que nous appellons autrement Entelechie, & puis priuation. Thales doncques a failly en disant, que l'eau estoit l'element & le principe de l'vniuers.

Des Principes, Que c'est. CHAP. III.

THALES le Milesien l'vn des sept sages a affermé que l'eau estoit le principe de l'vniuers: il a ce semble esté le premier autheur de la Philosophie, & de luy a esté nómee la secte Ionique des philosophes: car il y a eu plusieurs familles, & successions de philosophes, & aiant estudié en Ægypte, il s'en retourna tout vieil en la ville de Milet, où il maintient, que toutes choses estoient cóposees d'eau, & qu'elles se resoluoiét aussi toutes en eau. Ce qu'il coniecturoit par vne telle raison, c'est que premierement la semence est le principe de tous animaux, laquelle semence est humide, ainsi est-il vray-semblable que toutes autres choses aussi ont leur principe d'humidité. Secondement, que toutes sortes de plantes sont nourries d'humeur, & fructifient par humeur, & quand elles en ont faute, elles se dessechent. Tiercement, que le feu du Soleil mesme & des astres se nourrit & entretient des vapeurs procedentes des eaux, & par consequent aussi tout le monde. C'est pourquoy Homere, supposant que toutes choses sont engendrees d'eau, dit,

L'Ocean est pere de toutes choses.

Mais Anaximander Milesien aussi tient, que l'infiny est le principe de toutes choses, pource que toutes choses sont procedees de luy, & toutes se resoluent en luy, & pourtant qu'il s'engendre infinis mondes, lesquels puis apres s'euanoüissent en ce dont ils sont engendrez: pourquoy doncques, dit-il, y a il infiny? à fin que la generation ne defaille iamais. Mais il erre en ne declarant pas que c'est que l'infiny, si c'est air, ou eau, ou terre, ou quelque autre corps: & fault aussi derechef en ce, qu'il met bien vn suiect & vne matiere, mais il ne met pas vne forme reelle & actuelle: car cest infiny n'est autre chose que la matiere: mais la matiere ne peut venir en parfaict estre, s'il n'y a vne cause mouuáte & efficiente. Anaximenes Milesié aussi maintient, que l'air estoit

Eee iiij

Le premier Liure

le principe de l'vniuers, pour ce que toutes choses estoient engendrees de luy, & de rechef se resoluoient en luy: Comme nostre ame, dit-il, qui est air, nous tient en vie, aussi l'esprit & l'air contient en estre tout ce monde, car esprit & air sont deux noms qui signifient vne mesme chose: mais cestui-cy fault aussi, pensant que les animaux soient composez d'vn simple & vniforme esprit & air: car il est impossible qu'il n'y ait qu'vn seul principe de toutes choses, qui est la matiere, ains faut quant-&-quant supposer la cause efficiente: ne plus ne moins que ce n'est pas assez d'auoir l'argent pour faire vn vase, s'il n'y a ensemble la cause efficiente qui est l'orfeure: autant en faut il dire du cuyure, du bois & de toute autre matiere. Anaxagoras le Clazomenien asseura, que les principes de toutes choses estoient les menues parcelles semblables, qu'il appelloit Homœomeries: car il luy sembloit totalement impossible, que quelque chose se peust faire de ce qui n'est pas, ou que ce qui est se peust resoudre en ce qui n'est pas. Or est-il que nous prenons nourriture simple & vniforme, comme nous mangeons du pain de froument, & buuons de l'eau, & neantmoins de ceste nourriture se nourrissent les cheueux, les veines, les arteres, les nerfs & les os, & les autres parties du corps. Puis qu'il est donc ainsi, il faut aussi confesser qu'en ceste nourriture que nous prenons, sont toutes ces choses qui ont estre, & que toutes choses s'augmentent de ce qui a estre, & en ceste nourriture sont des parties qui engendrent du sang, des nerfs, des os, & des autres parties de nostre corps, qui se peuuent comprendre par le discours de la raison: par ce qu'il ne faut tout reduire aux sentiments de la nature pour monstrer que le pain & l'eau facent cela, ains suffit qu'il y a des parties lesquelles se peuuent cognoistre par la raison. Pour autant doncques qu'en la nourriture y a des parties semblables à ce qu'elles engendrent, à ceste cause les appelle-il Homœomeries, comme qui diroit parcelles semblables, & affirma que c'estoient les principes de toutes choses: ainsi vouloit-il que ces parcelles semblables fussent la matiere des choses, & que l'entendement fust la cause efficiente qui a ordonné tout: si commence son propos en ceste sorte: Toutes choses estoient ensemble pesle-mesle, mais l'entendemét les separa & les meit par ordre. Pour le moins en cela fait il à loüer, qu'à la matiere il a adioinct l'ouurier. Archelaus fils d'Apollodorus Athenien dit, que le principe de l'vniuers estoit l'air infiny, & la rarefaction & condensation d'iceluy, dont l'vn est le feu, & l'autre est l'eau. Ceux-cy doncques estans par succession continuelle depuis Thales venus les vns apres les autres, ont fait la secte du Philosophe qui s'appelle Ionique. D'autre part Pythagoras fils de Mnesarchus natif de l'Isle de Samos, le premier qui a donné le nom à la philosophie, a tenu que les principes des choses estoient les nombres, & les Symmetries, c'est à dire, conuenances & proportiós qu'ils ont entre eux, lesquelles il appelle autrement Harmonies: & puis les composez de ces deux Elements que lon dit Geometriques. De rechef il met encore entre les principes, l'Vn & le Deux indefiny: & tend l'vn de ces principes à la cause efficiente & specifique, qui est l'entendement, c'est à sçauoir Dieu: l'autre à la cause passiue & materielle, qui est ce monde visible. D'auantage il estimoit que Dix estoit toute la nature du nombre, pource que & les Grecs & les Barbares tous cóptent iusques à dix, puis quád ils sont arriuez iusques à la dizaine, ils retournent de rechef à l'vnité. Et outre disoit encore, que toute la puissance de Dix consiste en Quatre, c'est à dire, au nombre quaternaire: & la cause pourquoy, c'est que si lon recommence à l'vn, & que selon l'ordre des nombres on les adiouste iusques au quatre, on fera le nombre de dix, & si lon surpasse le quaternaire, aussi surpassera-lon la dizaine: comme si lon met vn & deux ensemble, ce sont trois, & trois auec font six, & quatre apres ce sont dix: de sorte que tout le nombre, à le prendre d'vn à vn, gist en dix, & sa force & puissance en quatre. Et pourtant les Pythagoriens souloient iurer, comme par le plus grand serment qu'ils eussent sçeu faire, par le quaternaire,

Par

Des opinions des Philosophes.   441

Par le sainct Quatre, eternelle nature
Donnant à l'ame humaine, ie te iure.

Et nostre ame, dit-il, est composee de nombre quaternaire, car il y a l'entendement, science, opinion, & sentiment, dont procede toute science & tout art, & dont nous mesmes sommes appellez raisonnables. Car l'entendement est l'vnité, pour ce qu'il ne cognoist & n'entend que par vn: comme y aiant plusieurs hommes, les particuliers vn à vn sont incomprehensibles par sentiment, attendu qu'ils sont infinis, mais nous comprenons en pensee cela seul, Homme, & en entendons vn seulement, auquel nul n'est semblable: car les particuliers, qui les considereroit à part, sont infinis: ainsi toutes especes & tous genres sont en vnité: & pourtant quand on demande de chasque particulier que c'est, nous en rendons vne telle definition en general, c'est vn animal raisonnable, apte à discourir par raison: ou bien, animal apte à hennir. Voyla pourquoy l'entendement est vnité, par laquelle nous entendons cela. Mais le deux & nombre binaire indefiny, est à bon droict science, car toute demonstration & toute probation est vne sorte de science: & d'auantage toute maniere de syllogisme ou ratiocination collige & infere vne conclusion qui estoit douteuse, de quelques propositions confessees, par où elle demonstre facilement vne autre chose, dont la comprehension est science: par ainsi appert-il que science vraysemblablement est le nombre binaire. Mais opinion à bonne raison se peut dire le nombre ternaire de la comprehension, pour ce que l'opinion est de plusieurs. Or le ternaire est nombre de multitude, comme quand le poëte dit, ô Grecs heureux trois fois. C'est pourquoy Pythagoras ne faisoit point estime du trois, la secte duquel a esté appellee Italique, pourautant que Pythagoras ne pouuant supporter la tyrannique domination de Polycrates se partit de Samos, qui estoit son pays, & s'en alla tenir son eschole en Italie. Heraclitus & Hippasus de la ville de Metaponte ont tenu, que le feu estoit le principe de toutes choses, pource que toutes choses se font de feu, & se terminent par feu, & quand il s'esteint tout l'vniuers monde en est engendré, car la plus grosse partie d'iceluy se serrant & espessissant en soy-mesme se fait terre, laquelle venant à estre laschee par le feu, se conuertit en eau, & elle s'euaporant se tourne en air: & de rechef le monde, & tous les corps qui sont compris en iceluy, seront vn iour tous consommez par le feu: parquoy il concluoit que le feu estoit le principe de toutes choses, comme celuy dont tout est: & la fin aussi, pource que toutes choses se doiuent resoudre en luy. Epicurus fils de Neocles Athenien suiuãt l'opinion de Democritus dit, que les principes de toutes choses sont les Atomes, c'est à dire, corps indiuisibles, perceptibles par la raison seulement, solides sans rien de vuide, non engendrez immortels, eternels, incorruptibles, que l'on ne sçauroit rompre, ny leur donner autre forme, ny autrement les alterer, & qu'ils ne sont perceptibles ny comprehensibles que par raison, mais qu'ils se meuuent en vn infiny & par vn infiny qui est le vuide, & que ces corps sont en nombre infiny, & ont ces trois qualitez, figure, grandeur, & pois. Democritus en mettoit deux, grandeur & figure: mais Epicurus y adiousta pour le troisiesme, le pois: Car il est, disoit-il, force que ces corps là se meuuent par la percussion du pois, car autrement ne se mouueroit-ils pas: & que les figures de tels corps estoient comprehensibles, & non pas infinis, pour ce qu'ils ne sont ny de forme de hameçon, ny de fourche, ny d'annelets, d'autant que telles figures sont fort fragiles: & les Atomes sont tels qu'ils ne peuuent estre ny rompus ny alterez, & ont certaines figures qui sont perceptibles non autrement que par la raison, & s'appellent Atomes, c'est à dire indiuisibles, non pour ce qu'ils soient les plus petits, mais pour ce que l'on ne les peut mespartir, d'autant qu'ils sont impassibles, & qu'ils n'ont rien qui soit de vuide, tellement que qui dit Atome, il dit infragile, impassible, n'aiant rien de vuide. Et qu'il y ait des Atomes, il est tout apparent, par ce qu'il y a des Elements eter-

nels, des corps & des animaux vuides, & l'vnité. Empedocles fils de Meton natif d'A-
grigente dit, qu'il y a quatre Elements, le feu, l'air, l'eau & la terre, & deux principes
ou facultez & puissances principales, accord & discord, dont l'vne a force & puissance d'assembler & vnir, & l'autre de desassembler & desunir: & dit ainsi,

    Premierement oy les quatre racines,
    Dont ce qui est prend tout ses origines:
    Iupin ardant, & Iuno souspirant,
    Pluto le riche, & Nestis qui plorant
      Auec ses pleurs humecte la fontaine,
    Dont sourd coulant toute semence humaine.

Iupiter est le feu, Iuno l'air, Pluto la terre, & Nestis l'eau. Socrates fils de Sophroni-
scus Athenien, & Plato fils d'Ariston Athenien aussi (car les opinions de l'vn & de
l'autre, de quelque chose que ce soit, sont toutes vnes) mettent trois principes, Dieu,
la Matiere, & l'Idee. Dieu est l'entendement vniuersel: la Matiere, le premier subiect
supposé à la generation & corruption: l'Idee, vne substance incorporelle, estant en
la pensee & entendement de Dieu: & Dieu, l'entendement du monde. Aristote fils
de Nicomachus natif de Stagire, met pour principes, la forme, la matiere, & la priuation: pour Elements, quatre: & pour le cinquième, le corps celeste estant immuable. Zeno fils de Mnaseas, natif de Citie, pour principe met Dieu & la matiere, dont
l'vn est cause actiue, & l'autre passiue, & quatre Elements.

Comment a esté composé le Monde.   CHAP. IIII.

LE Monde donc est venu à estre composé & formé de figure ronde en ceste maniere: Les Atomes indiuisibles aiants vn mouuement fortuit & non consulté ny
de propos deliberé, & se mouuans treslegerement & continuellement, plusieurs
corps sont venus à se rencontrer ensemble, differents pour ceste cause & de figures &
de grandeurs: & s'assemblans en vn, ceux qui estoient les plus gros & plus pesants deualloient en bas, & ceux qui estoient petits, ronds, polis & labiles, ceux-là à la rencontre des corps furent en pressant repoulsez & reiettez contre-mont: mais quand la
force poulsant vint à defaillir, & que l'effort du poulsement cessa de les enuoyer contremont, ne pouuans retomber contre bas, pour ce qu'ils en estoient empeschez, par
necessité ils estoient contraincts de se retirer aux lieux qui les pouuoient receuoir,
c'est à sçauoir, ceux qui estoient à l'entour, aux quels grãde multitude de corps estoiẽt
rebattus à l'enuiron: & venans en ceste repercussion à s'entrelasser les vns dedans les
autres, ils engendrerent le ciel: & puis d'autres encore de mesme nature, de diuerses
formes, comme dit est, estans aussi poulsez contre-mont, parsirent la nature des
astres: & la multitude des corps rendant exhalation & vapeur, feit l'air & l'espraig-
nit, lequel par le mouuement estant conuerty en vent, comprenant auec soy les
estoilles, les tourna quand & luy, & a contregardé iusques au iourd'huy la reuolution
en rond, qu'ils ont encore au hault du monde. Ainsi des corps qui deuallerent au
fond, s'engendra la terre: & de ceux qui monterent contre-mont, le ciel, le feu, &
l'air: mais à l'entour de la terre y aiant encore beaucoup de matiere comprise & espessie par les battemens des vents, & les halences des astres, tout ce qui y estoit de
plus delice & plus menue figure fut espraint, & engendra l'element de l'eau: laquelle
estant de nature fluide, s'en coula aual vers les lieux creux & bas qui la pouuoient cõ-
prendre & contenir, ou bien l'eau d'elle mesme s'arrestant creusa & caua les endroicts
qui estoient dessoubs elle. Voyla comment les principales parties du monde ont esté
engendrees.

                                                                                                    Si Tou

Des opinions des Philosophes.

Si Tout est vn.   CHAP. V.

LES Philosophes Stoïques ont tenu qu'il n'y auoit qu'vn monde, lequel ils appelloient Tout, & la substance corporelle. Empedocles disoit bien qu'il n'y auoit qu'vn monde, mais que ce n'estoit pas mesme chose que le monde & le Tout, par ce que le monde n'estoit qu'vne petite partie de Tout, & que le reste estoit vne matiere oyseuse. Platon preuue la coniecture de son opinion, qu'il n'y ait qu'vn monde, & que tout soit Vn, par trois arguments vray-semblables. Premierement par ce qu'autrement le monde ne seroit pas parfait, s'il ne comprenoit tout en soy. Secondement, qu'il ne seroit pas semblable à son patron, s'il n'estoit vnique. Tiercement, qu'il ne seroit pas incorruptible, s'il y auoit quelque chose hors de luy. Mais il faut dire alencôtre de Platon, que le monde est parfait, & si ne comprend pas toutes choses, car l'homme est bien parfait, & si ne comprend pas toutes choses: & puis, qu'il y a plusieurs exemplaires tirez d'vn patron, comme és statues & maisons, & és peintures. Et comme est-il parfait, si hors de luy quelque chose peut tourner? Incorruptible n'est-il pas ny ne peut estre, attendu qu'il a esté né. Metrodorus dit que ce seroit chose bien hors de propos de dire, qu'en vn grand champ il ne creust qu'vn espy de bled, & qu'autant estrange seroit-il qu'en l'infiny il n'y eust qu'vn monde. Or qu'il y en ait en multitude infinis, il appert de ce qu'il y a des causes infinies: car si le môde est finy, & que les causes dont il est côposé soient infinies, il est force qu'ils soient aussi infinis: car là où sont toutes les causes, là est-il force que soient aussi les effects. Or sont les causes du monde les Atomes, ou bien les Elements.

D'où & comment est-ce que les hommes ont eu imagination de Dieu.

CHAPITRE. VI.

LES Philosophes Stoïques definissent ainsi l'essence de Dieu, que c'est vn Esprit plein d'intelligence, de nature de feu, qui n'a forme aucune de soy, mais se transforme en tout ce qu'il veut, & se fait semblable à tout. Si en ont les hommes eu apprehension & apperceuance, premierement la prenât de la beauté des choses qui apparoissent à nos yeux: car il n'y a rien de beau qui ait esté fait à l'aduenture ny fortuitement, ains faut qu'il ait esté composé par quelque ingenieuse artificielle nature. Or est le ciel beau, comme il apparoit à sa forme, à sa couleur & à sa grandeur, & à la varieté des astres & estoilles qui sont disposees en iceluy. Et puis il est rond comme vne boule, qui est la premiere & plus parfaitte de toutes les figures, car elle est seule de toutes qui resemble à ses parties, pource qu'estant rond, il a les parties rondes aussi. Voyla pourquoy Platon dit, que l'entendement, & la raison, qui est la plus diuine partie de l'homme, a esté logee dedans la teste qui approche de la forme rôde: la couleur aussi en est belle, car elle est teinte en bleu, lequel est plus obscur que n'est pas la couleur de pourpre, mais il a vne qualité brillante & resplendissante telle, que par la vehemêce de sa lueur il fend vn si grâd interualle de l'air, & se fait veoir d'vne si esloignee distance. Aussi est-il beau pour sa grandeur, car de toutes choses qui sont d'vn mesme genre, le dehors qui enuironne & contient le demourant, est tousiours le plus beau, comme en l'homme & en l'arbre. Et puis ce qui consomme la beauté du monde sont les images celestes des signes & des estoilles qui nous apparoissent, car le cercle oblique du Zodiaque est embelly de diuerses figures:

Le Cancre y est, & le Lion apres,
La Vierge suit, & les Forces de pres,
Le Scorpion & l'Archer suyuans viennent,

Le premier Liure

Le Capricorne & le Verse-eau se tiennent,
Les deux poissons, le Mouton, le Taureau,
Les deux Iumeaux font le bout du cerceau.

& autres innumerables configurations d'estoilles que Dieu a faittes en semblables voultes & rotondité du monde: voyla pourquoy Euripides l'appelle

Splendeur du ciel estellé qui tout cœuure,
De sage ouurier admirable chef-d'œuure.

Nous auons doncques pris de là imagination de Dieu, que le Soleil, la Lune, & les autres astres, apres auoir fait le cours de leurs reuolutions soubs la terre, viennent à renaistre tous semblables en couleur, egaux en grandeur, & en mesmes lieux & en mesmes temps. Et pourtant ceux qui nous ont baillé la maniere de seruir & adorer les Dieux, nous l'ont exposee par trois diuerses voies, l'vne naturelle, la seconde fabuleuse, & la troisiéme ciuile, c'est à dire, tesmoignee par les statuts & ordonnances de chasque cité: & est enseignée la naturelle par les Philosophes, la fabuleuse par les Poëtes, la ciuile & legitime par les vz & coustumes de chasque cité. Mais toute ceste doctrine & maniere d'enseigner est diuisee en sept especes: la premiere est par les apparences des corps celestes, que nous apperceuons au ciel: car les hommes ont eu apprehension de Dieu, par les astres qui nous apparoissent, voians comme ils sont cause d'vn grand accord & grande conuenance, & qu'il y a tousiours vn certain ordre & constance du iour & de la nuict, de l'hyuer & de l'esté, du leuer & du coucher du Soleil, & puis entre les animaux & les fruicts que la terre produit: pourtant ont-ils estimé que le ciel estoit le pere, & la terre la mere, d'autant que le ciel verse les rauages des eaux qui tiennent lieu de semences, & la terre les reçoit & enfante: & considerant que ces astres faisoient tousiours leurs cours, & mesmement qu'ils estoient cause de ce que nous voions, pour cela ont ils appellé le Soleil & la Lude Theous, c'est à dire, Dieux, de ce mot Théin, qui signifie courir, ou de Theorin, qui signifie contempler. Ils ont puis apres diuisé les Dieux, en vn second & vn tiers degré, c'est à sçauoir en ceux qui profitent & en ceux qui nuisent, appellans ceux qui profitent Iupiter, Iuno, Mercure, Ceres: & ceux qui nuisent, les malings Esprits, les Furies, Mars, lesquels ils abominent & detestent, comme mauuais & violents. En outre ils adioustent le quatriéme & le cinquiéme lieu & degré aux affaires, & aux passions & affections, comme Amour, Venus, Desir: & des affaires, comme Esperance, Iustice, bonne Police. Au sixiéme lieu sont ceux que les poëtes ont faits, comme Hesiode, voulant donner pere aux Dieux engendrez, a de luy mesme inuenté & introduit de tels progeniteurs, Ceus, Crius, Hyperion, Iapetus: & pour tant ce genre là est appellé fabuleux. Le septiéme lieu est de ceux qui ont esté honnorez d'honneurs diuins, pour les grands biens par eux faits à la commune vie, encore qu'ils aient esté engendrez & nez humainement, comme sont Hercules, Castor & Pollux, Bacchus. Et ont dit que ces Dieux auoient forme d'hommes, d'autant que la plus noble & plus excellente nature de toutes est celle des Dieux, & entre les animaux le plus beau est l'homme, orné de diuerses vertus, & le meilleur quant à la constitution & composition de l'entendement. Voyla pourquoy l'on a estimé qu'il estoit raisonnable, que ce qui estoit le plus noble resemblast à ce qui estoit le plus beau & le meilleur.

Qu'est-ce que Dieu.   CHAP. VII.

Avcvns des philosophes, comme Diagoras Melien, & Theodorus Cyrenien, & Euemerus natif de Tegee, ont tenu resoluémét, qu'il n'estoit point de Dieux. Et quant à Euemerus Cyrenien, Callimachus le donne couuertement à entendre

en

Des opinions des Philosophes. 441

en ses carmes Iambiques, là où il dit,

  Allez vous-en tous en troupe à l'Eglise
  Qui hors les murs de la ville est assise,
  Où le vieillard glorieux long temps a
  Le Iupiter de bronze composa:
  C'est où le traistre escrit ses meschans liures.

ces meschans liures là estoient ceux où il discouroit qu'il n'y auoit point de dieux. Et Euripides le poëte tragique ne s'oza pas descouurir, d'autât qu'il redoutoit le Senat de l'Areopage: mais neantmoins il môstra quelle estoit son opinion, par telle maniere: il introduit Sisyphus autheur de ceste opiniô, & puis il fauorise luy mesme à sa sentêce.

  Il fut vn temps que la vie de l'homme
  Desordonnee en ses faicts, ainsi comme
  Des animaux plus farouches, estoit,
  Et qu'en tout lieu le plus fort l'emportoit.

Puis il dit, que ceste dissolution fut ostee par l'introduction des loix: mais pour ce que la loy pouuoit bien reprimer les malefices qui se commettent euidemment, & qu'il y en auoit plusieurs qui pechoient neantmoins encore secrettement, alors il y eut quelque sage homme qui pensa en luy-mesme qu'il falloit tousiours voiler la verité de quelque mensonge, & persuader aux hommes

  Qu'il est vn Dieu viuant vie immortelle,
  Qui voit & oit & ressent chose telle.

Mais ostons, dit-il, toute fiction & toute resuerie poëtique, auec la raison de Callimachus qui dit,

  S'il est vn Dieu, il est donc impossible
  Qu'il ne luy soit de tout faire possible.

Or est-il que Dieu ne peut pas tout faire: car s'il est Dieu, qu'il face que la neige soit noire, & le feu froid, & que ce qui est couché soit debout, & au contraire. Car, Platon mesme le magnifique parleur, quand il dit, que Dieu crea le monde à son moule & patron, sent fort sa rance & moysie simplesse d'antiquité, comme disent les poëtes de l'ancienne Comedie: car comment se regardoit-il soy mesme pour former ce môde à sa figure? & comment a il fait Dieu rond comme vne boule, & plus bas que l'hôme? Anaxagoras dit que les premiers corps du commancement estoient en repos & ne bougeoient, mais que l'entendement de Dieu les ordonna & arrengea; & feit les generations de toutes choses. Platon au contraire dit, que ces premiers corps-là n'estoient point en repos, & qu'ils se mouuoient confusément & sans ordre, mais que Dieu entendant bien que l'ordre vaut beaucoup mieux que la confusion, meit toutes choses par ordre. L'vn & l'autre doncques en cela ont fait vne mesme faute commune, qu'ils ont estimé, que Dieu eust soing des choses humaines, & qu'il eust fabriqué ce monde expressément pour en auoir le soing. Car vn animal bien-heureux & immortel, accompli de toutes sortes de biens, sans aucune participation de mal, totalement dedié à retenir & côseruer sa beatitude & son immortalité, ne peut auoir soing des affaires des hommes, autrement il seroit aussi malheureux comme vn manœuure, ou comme vn maçon trauaillant à porter de gros fardeaux, & resuant à la fabrique & gouuernement de ce monde. D'auantage ce Dieu dont ils parlent, il est force ou qu'il ne fust point auant la creation du monde, lors que les premiers corps estoient immobiles, ou qu'ils se mouuoient confusément: ou bien s'il estoit, ou il dormoit, ou il veilloit, ou il ne faisoit ne l'vn ne l'autre. Or est-il que ny l'vn ny l'autre n'est à confesser: car le premier ne faut-il pas admettre, pour ce que Dieu est eternel: ny le secôd aussi, pour ce que s'il dormoit de toute eternité, il estoit mort, car vn dormir eternel c'est la mort: & qui plus est, Dieu ne peut estre susceptible de sommeil, car

Fff

l'immortalité de Dieu, & l'eſtre prochain de la mort, qui eſt le dormir, ſont bien eſloignez l'vn de l'autre. Et ſi Dieu eſtoit eſueillé, ou il defailloit aucune choſe à ſa beatitude, ou il auoit felicité toute complette, & ny en l'vne ny en l'autre ſorte il ne ſe pouuoit dire bien heureux: car ſil luy defailloit quelque choſe, il ne ſe pouuoit dire entierement heureux: & ſil ne luy defailloit rien, pour neant ſ'entremettoit-il de vaine entrepriſe. Et ſ'il eſt vn Dieu, & que par ſa prudence les choſes humaines ſoient gouuernees, comment eſt-ce que les meſchans proſperent en ce monde, & que les bons & honneſtes ſouffrent au contraire? Car Agamemnon qui eſtoit, comme dit le poëte,

En armes preux, & prudent en conſeil,

fut par l'adultere de ſa femme paillarde ſurpris & tué en trahiſon: & Hercules qui eſtoit ſon parent, aiant repurgé la vie humaine de tant de maux qui en troubloient le repos, eſtant empoiſonné par Deianira, fut ſemblablement occis en trahiſon. Thales dit que Dieu eſt l'ame du monde: Anaximander, que les aſtres ſont les Dieux celeſtes: Democritus, que Dieu eſt vn entendement de nature de feu, l'ame du monde: Pythagoras, que des deux principes l'vnité eſtoit Dieu, & le bien qui eſt la nature de l'vn, & l'entendement: & que le nombre binaire indefiny eſtoit le Diable, & le mal, à qui appartient toute la multitude materielle, & tout ce monde viſible. Socrates & Platon, que c'eſt Vn vnique & ſimple de nature, né de ſoy-meſme, & ſeul, & veritablement bon, & tous ces noms-là tendent à vn entendement: ceſt entendement doncques eſt Dieu, forme ſeparee à part, c'eſt à dire qui n'eſt meſlee auec matiere quelconque, ny n'eſt conioint à choſe quelconque paſſible. Ariſtote tiét que le Dieu ſupreme eſt vne forme ſeparee, appuyé ſur la rondeur & ſpere de l'vniuers, laquelle eſt vn corps etheré & celeſte, qu'il appelle le cinquiéme corps: & que tout ce corps celeſte eſtant diuiſé en pluſieurs ſphẹres de nature coherentes, & ſeparees ſeulement d'intelligence, il eſtime chacune de ces ſphẹres là eſtre vn animal compoſé de corps & d'ame, deſquelles le corps eſt etheré, ſe mouuant circulairement, & l'ame raiſon immobile, cauſe du mouuement actuel. Les Stoïques en general vniuerſellement definiſſent, que Dieu eſt vn feu artificiel procedát par ordre à la generation du monde, qui comprent en ſoy toutes les raiſons des ſemences, deſquelles toutes choſes fatalement ſe produiſent & viennent en eſtre: Et vn eſprit qui va & penetre par tout le mõde, changeant de nom & d'appellation, à cauſe des changemens de la matiere par où il paſſe: & que le monde eſt Dieu, les eſtoilles la terre, & l'entendement ſuprême qui eſt au ciel. Epicurus tient que tous les dieux ont forme d'homme, mais qu'ils ne peuuent eſtre apperceus que de la penſee ſeulement, pour la ſubtilité de la nature de leurs figures: & luy-meſme dit que les autres quatre natures en general ſont incorruptibles, à ſçauoir les Atomes, le vuide, l'infiny, & les ſimilitudes, leſquelles ſ'appellent ſemblables parcelles & elemens.

Des Dæmons & demy-Dieux. CHAP. IIX.

SVIVANT le traitté des Dieux il eſt conuenable de traitter de la nature des Dęmons & des demy-Dieux. Thales, Pythagoras, Platon, & les Stoïques tiennent que les Dęmons ſont ſubſtances ſpirituelles, & que les demy-Dieux ſont ames ſeparees des corps, & qu'il y en a de bons & de mauuais: les bons ſont les bonnes ames, & les mauuais les mauuaiſes. Mais Epicurus ne reçoit rien de tout cela.

De la Matiere. CHAP. IX.

LA matiere eſt le premier ſubiect ſoubmis à generation, & corruption, & à autres mutations. Les ſectateurs de Thales & de Pythagoras, & les Stoïques, diſent que ceſte que ceste matiere est variable, muable, alterable & glissante, toute, & par tout l'vniuers. Les disciples de Democritus tiennent, que les premiers principes sont impassibles, comme les Atomes, le vuide & l'incorporel. Aristote & Platon, que la matiere corporelle n'a forme, espece, ne figure, ne qualité quelconque quant à sa proprieté, mais que quand elle a receu ces formes, elle en est comme la nourrice, le moule & la mere. Ceux qui disent que c'est eau ou terre, ou feu, ou air, ne disent plus qu'elle soit sans forme, ains que c'est corps: & ceux qui tiennent que ce sont Atomes indiuisibles, la font informe.

De l'Idee. CHAP. X.

IDEE est vne substance incorporelle, laquelle ne subsiste pas à par elle : mais figure & donne forme aux matieres informes, & est cause de les faire venir en euidence. Socrates & Platon estiment que les Idees soient substances separables de la matiere, mais subsistentes és pensemens & imaginations de Dieu, c'est à dire, de l'entendement. Aristote n'a point osté les Idees, autrement dictes especes, mais il tient qu'elles ne sont pas separees de la matiere, les patrons de tout ce que Dieu a faict. Les Stoïques disciples de Zenon ont dit, que nos pensees estoient les Idees.

Des Causes. CHAP. XI.

LA cause est ce dont depend vn effect, ou ce pourquoy quelque chose aduient. Platon fait trois genres de causes: car il dit que c'est par quoy, de quoy, ou pour quoy: mais il estime que la principale est parquoy, c'est à dire, la cause efficiente, qui est l'entendement. Pythagoras & Aristote tiennent que les premieres causes sont incorporelles: les autres causes par participation ou par accident sont de subsistence corporelle, tellement que le monde est corps. Les Stoïques tiennent que toutes causes sont corporelles, d'autant que ce sont esprits.

Des Corps. CHAP. XII.

LE corps est ce qui est mesurable & diuisible en trois sens, longueur, largeur & profondeur: ou, le corps est vne masse qui resiste au toucher tant qu'en soy est, ou ce qui occupe lieu: Platon, ce qui n'est ny pesant ny leger de nature, tant qu'il est en son propre lieu naturel: mais en lieu estranger il y a inclinatiō premierement, & puis apres impulsion à pesanteur ou à legereté. Aristote tient que la terre est la plus pesante simplement, & plus leger le feu: & l'air & l'eau entredeux, aucunefois ainsi, aucunefois autrement. Les Stoïques, que des quatre Elements il y en a deux legers, le feu & l'air: & deux pesans, l'eau & la terre: car leger est ce qui par nature, non par instigation, part & se meut de son propre milieu: & pesant, ce qui tend à son milieu, mais le milieu mesme n'est pas pourtant pesant. Epicurus tient que les corps ne sont pas contenables, & que les premiers sont simples, mais que les composez d'iceux ont tous pesanteur: que les Atomes se meuuent les vns droit à plomb, les autres à costé, & aucuns contremont, par vn poulsement & percussion.

Des moindres Corpuscules. CHAP. XIII.

EMPEDOCLES est d'opinion, que deuant les quatre Elements il y a de tres petits fragments, comme Elements deuant Elements, de semblables parcelles, tous ronds. Heraclitus introduit ne sçay quelles sieures ou racleures tres-petites, sans aucunes parties, & indiuisibles.

Fff ij

Des Figures. CHAP. XIV.

FIGVRE est la superfice, circonscription & finissement du corps. Les disciples de Pythagoras tiennent, que les corps des quatre Elements sont ronds comme boules, & que le plus haut, qui est le feu, est en forme de pyramide.

Des Couleurs. CHAP. XV.

COVLEVR est qualité visible du corps. Les Pythagoriens appelloient couleur la superfice du corps : Empedocles, ce qui est conuenable aux conduits de la veuë : Platon, vne flamme sortant des corps, aiant des parcelles proportionnees à la veuë : Zenon le Stoïque, que les couleurs sont les premieres figurations de la matiere. Les disciples de Pythagoras tiennent que les genres de couleurs sont le blanc & le noir, le rouge & le iaune : & que la diuersité des couleurs procede de certaine mixtion des Elements, & és animaux de la difference de leurs changements, & de l'air.

De la coupe des corps. CHAP. XVI.

LES sectateurs de Thales & de Pythagoras, que les corps sont passibles & diuisibles iusqu'à l'infiny. Democritus & Epicurus tiennent, que la section s'arreste aux Atomes indiuisibles, & aux petits corps qui n'ont point de parties, & que ceste diuision ne passe point oultre à l'infiny. Aristote dit, que potentiellement ils se diuisent en infiny, mais actuellement, non.

De la mixtion & Temperature. CHAP. XVII.

LES anciens tiennent, que ceste meslange des Elements se fait par alteration : mais Anaxagoras & Democritus disent, que c'est par apposition. Empedocles compose les Elements de plus petites masses, qu'il entend estre les moindres corpuscules, & comme, par maniere de dire, Elements des Elements. Platon est d'opinion que les trois corps (car il ne veut pas que ce soient proprement Elements, ny ne les daigne pas ainsi appeller) soient conuertissables les vns és autres, à sçauoir l'eau, l'air, & le feu, mais que la terre ne se peut tourner en pas vn d'eux.

Du Vuide. CHAP. XVIII.

LES Philosophes naturels de l'eschole de Thales, iusques à Platon, ont tous generalement reprouué le Vuide. Empedocles escrit,
Le monde n'a rien vuide ou superflu.
Leucippus, Democritus, Demetrius, Metrodorus, Epicurus, tiennent que les Atomes sont infinis en multitude, & le vuide infiny en magnitude : Les Stoïques, que dedans le monde il n'y a rien de vuide, mais dehors infiny : Aristote, qu'il y a hors du monde tant de vuide, que le ciel puisse respirer, d'autant qu'il est de la nature de feu.

Du Lieu. CHAP. XIX.

PLATON dit, que c'est ce qui est susceptible des formes les vnes apres les autres, qui estoit par translation exprimer la matiere premiere, comme vne nourrice qui reçoit tout : Aristote, que c'est l'extreme superfice du contenant, conioint & touchant au contenu.

De la

Des opinions des Philosophes. 445

De la Place. CHAP. XX.

LEs Stoïques & Epicurus tiennent qu'il y a difference entre vuide, lieu, & place: & que le vuide estoit solitude de corps: le lieu, ce qui estoit occupé du corps: & la place, ce qui est en partie occupé, comme il se voit en vn tonneau de vin.

Du Temps. CHAP. XXI.

PYTHAGORAS dit, que le Temps est la sphere du dernier ciel, qui contient tout: Platon l'image mobile de l'eternité, ou l'interualle du mouuement du monde: Eratosthenes, le cours du Soleil.

De l'essence du Temps. CHAP. XXII.

PLATON, que l'essence du temps est le mouuement du ciel: plusieurs des Stoïques, que c'est le mouuement mesme: & la plus part, que le temps n'a point eu commancement de generation: Platon, qu'il a esté engendré selon l'intelligence & apperceuance des hommes.

Du Mouuement. CHAP. XXIII.

PYTHAGORAS & Platon tiennent, que c'est mouuement & alteration en la matiere: Aristote, que c'est l'actuelle operation de ce qui est mobile: Democritus, qu'il n'y a qu'vn genre de mouuement en trauers: Epicurus deux, l'vn à plomb, & l'autre à costé: Erophilus, qu'il y a vn mouuement perceptible à l'entendement, vn autre au sens naturel. Heraclitus ostoit toute station & tout repos des choses de ce monde, disant que cela estoit propre aux morts: mais que mouuement ererneI estoit affecté aux substances eternelles, & perissable aux substances corrompables.

De la Generation & Corruption. CHAP. XXIV.

PARMENIDES, Melissus & Zenon ostoient toute generation & corruption, d'autant qu'ils estimoient l'vniuers estre immobile: mais Empedocles & Epicurus, & tous ceux qui tiennent que le monde est composé par vn amas de petits corpuscules, admettent bien des assemblemens & desassemblemens, mais non pas des generations & corruptions à parler proprement, disans que cela ne se fait pas selon qualité par alteration, mais selon quantité par assemblement. Pythagoras & tous ceux qui supposent la matiere passible, tiennent qu'il se fait generation & corruption proprement, d'autant qu'ils disent que cela se fait par alteration, mutation & resolution des elements.

De la Necessité. CHAP. XXV.

THALES appelle la Necessité tres-forte, comme celle qui tient tout le monde: Pythagoras disoit que Necessité embrasse le monde: Parmenides & Democritus, que toutes choses se font par necessité, & que c'est tout vn que la Destinee, la Iustice, la Prouidence, l'ouurier du monde.

De l'essence de Necessité. CHAP. XXVI.

Fff iiij

Le premier Liure

PLATON refere aucuns des euenemens à la Prouidence, autres à la Necessité: Empedocles, que l'essence de necessité est la cause idoine à vser des Principes & des Elements: Democritus la resistence, la corruption & la percussion de la matiere: Platon aucunefois, que c'est la matiere, autrefois l'habitude de l'agent vers la matiere.

De la Destinee. CHAP. XXVII.

HERACLITVS, que toutes choses se font par Destinee, & que c'est la necessité mesme. Platon reçoit bien la destinee és ames & actions des hommes, mais aussi y introduit-il la cause issante de nous. Les Stoïques conformément à Platon tiennent, que necessité est vne cause inuincible, & qui force tout, & que la destinee est vn entrelassement de telles causes entrelassees de reng, auquel enchainement est aussi comprise la cause procedente de nous, tellement que quelques vns des euenements sont destinez, les autres non destinez.

De la substance de Destinee. CHAP. XXVIII.

HERACLITVS, que la substance de la Destinee est la raison qui penetre par toute la substance de l'vniuers, & que c'est vn corps celeste, la semence de tout l'vniuers: Platon que c'est la raison eternelle, & la loy eternelle de la nature de l'vniuers. Chrysippus, que c'est vne puissance spirituelle, qui par ordre gouuerne & administre tout l'vniuers: & derechef au liure des definitions, La destinee est la raison du monde, ou bien la loy de toutes les choses qui sont au monde administrees & gouuernees par prouidence, ou la raison par laquelle les choses passees ont esté, les presentes sont, & les futures seront. Les Stoïques, que c'est vne chaine de causes, c'est à dire vn ordre & vne connexion qui ne se peut iamais forcer ny transgresser: Posidonius, que c'est la troisiéme apres Iupiter: pour ce qu'il met au premier degré Iupiter, au second Nature, au troisiéme la Destinee.

De la Fortune. CHAP. XXIX.

PLATON, que c'est vne cause par accident, & vne consequence és choses procedentes du conseil de l'homme: Aristote, que c'est vne cause fortuite & accidentelle és choses qui se font de propos deliberé à quelque certaine fin, icelle cause non apparente, mais cachee. Qu'il y a difference entre Fortune & cas d'aduenture, pour ce que toute fortune est bien aussi cas d'aduenture és affaires & actions du monde: mais tout ce qui est cas d'aduenture n'est pas quant & quant fortune, par ce qu'il consiste en choses qui sont hors d'action, & que la fortune est proprement és actions des creatures raisonnables: & cas d'aduenture est tant des animaux raisonnables, que des irraisonnables, & des corps mesmes qui n'ont point de vie ny d'ame. Epicurus, que c'est vne cause qui n'accorde point aux personnes, aux temps, ny aux mœurs. Anaxagoras & les Stoïques, que c'est vne cause incogneuë & cachee à la raison humaine, par ce que aucunes choses aduiennent par necessité, autres par destinee, autres par deliberation propensee, autres par fortune, & autres par cas d'aduenture.

De la Nature. CHAP. XXX.

EMPEDOCLES tient que la Nature n'est rien, mais qu'il y a mixtion & separation des Elements: car il escrit ainsi en son premier liure de Physique,
Ie diray plus, Ce n'est rien que Nature,

De tous

> De tous humains ny n'est la mort obscure
> Terme ne fin : mais seule mixtion
> Des Elements, & separation,
> C'est cela seul qu'on appelle Nature.

Anaxagoras semblablement, que Nature est assemblement & desassemblement, c'est à dire, generation & corruption.

Les Opinions des Philosophes.

LIVRE SECOND.

AYANT doncques acheué de traicter des Elements, Principes, & autres matieres semblables, ie passeray oultre maintenant à discourir des Effects qui en sont produicts & composez, commençant à celuy qui est le plus capable de tous composez.

Du Monde. CHAPITRE I.

PYTHAGORAS a esté le premier qui a appellé le contenu de l'vniuers Monde, pour l'ordre qui est en iceluy. Thales & ses disciples ont tenu, qu'il n'y a qu'vn monde: Democritus, Epicurus, & leur disciple Metrodorus, qu'il y a infinis mondes en vn infiny espace, selon toutes dimensions. Empedocles, que le cours du Soleil est la circonscription des bornes & termes du monde, & que cela est son confinement. Seleucus a tenu, que le monde est infiny : Diogenes, que l'vniuers est bien infiny, mais que le monde est terminé & finy. Les Stoïques disent qu'il y a difference entre le tout & l'vniuers, pource que le tout est l'infiny auec le vuide: & le tout sans le vuide, le monde: tellement que ce n'est pas encore tout vn, que le tout & le monde.

De la figure. CHAPITRE II.

LEs Stoïques tiennent, que le Monde est rond : les autres pointu en pyramide, les autres en forme d'œuf: Epicurus, qu'il y en peut auoir de ronds, & d'autres d'autre forme.

Si le Monde est animé. CHAP. III.

TOvs les autres tiennent qu'il est animé, & gouuerné par prouidence : Democritus, Epicurus & generalement tous ceux qui ont mis en auant les Atomes, & le vuide, qu'il n'est ny animé ny gouuerné par prouidéce, ains par quelque nature non capable de raison: Aristote, qu'il n'est ny animé, tout, & en toutes ses parties, ny sensible, ny raisonnable, ny intellectuel, spirituel, ou gouuerné par prouidence: bien sont tous les corps celestes capables de toutes ces qualitez là, pource que les Spheres des cieux sont animees & viuantes, mais que les corps terrestres n'ont aucune de toutes ces qualitez là, & que l'ordre qui est entre eux, y est par accident, non par raison propensee.

Si le Monde est incorruptible. CHAP. IIII.

Fff iiij

Le second Liure

PYTHAGORAS & Platon, que le monde a esté engendré de Dieu, & qu'il est corruptible quant à sa nature, d'autant qu'il est sensible, comme estát corporel, mais toutefois qu'il ne perira ny ne se corrompra point, pour la prouidence diuine qui le conserue & contient: Epicurus, qu'il est perissable, d'autant qu'il est engendré, ne plus ne moins qu'vn animal ou vne plante: Xenophanes, que le monde est eternel & incorruptible, non fait par creation: Aristote, que la partie du monde qui est au dessoubs de la Lune est toute passible, & que les corps voisins de la terre sont subiects à corruption.

Dont se nourrit le Monde.   CHAP. V.

ARISTOTE, que si le Monde se nourrit, il se corrompra. Or est-il, qu'il n'a besoing d'aucune nourriture: par consequent doncques aussi est-il eternel. Platon que le monde se baille à soy mesme nourriture de ce qui se corrompt par mutation: Philolaus, qu'il y a double corruption, quelquefois par le feu tombant du ciel, & quelquefois par l'eau de la Lune, qui se respand par subuersion de l'air, & que les euaporations de ces eaux là sont la pasture du monde.

A quel Element commença à Dieu à fabriquer le Monde.   CHAP. VI.

LES Naturels tiennent que la creation du monde commença à la terre, comme estant le centre d'iceluy, d'autant que le commancement d'vne sphere, c'est le centre: Pythagoras, au feu, & au cinquième Element: Empedocles, que le premier qui fut separé fut la quinte essence, le second fut le feu, apres lequel la terre, de laquelle estant vn peu estroictement serree, par l'impetuosité de la reuolutiō, sourdit l'eau, laquelle s'euapora en air: & que le ciel fut fait de la quinte essence, le Soleil du feu: & que des autres Elements furent constipez & composez les corps terrestres, & voisins de la terre. Platon, que ce monde visible a esté formé au moule & patron de l'intellectuel, & que du monde visible, l'ame a esté faicte la premiere, & apres elle ce qui est corpulence qui est du feu & de la terre, le premier: & ce qui est de l'eau & de l'air, le second. Pythagoras, que des cinq figures des corps solides, lesquelles s'appellent aussi Mathematiques, du Cube, qui est le corps quarré à six faces, auoit esté faicte la terre: de la Pyramide, le feu: du corps à huict faces, qui est l'Octaëdre, l'air: de l'Icosaëdre, qui est le corps à vingt faces, l'eau: & du Dodecaëdre, qui est le corps à douze faces, la supreme sphere de l'vniuers. Platon mesme en ceste opinion suit Pythagoras,

De l'ordre de la fabrique du Monde.   VII.

PARMENIDES disoit, que c'estoit comme des couronnes entrelassees l'vne dedans l'autre, l'vne de subitance rare, l'autre espesse, meslees l'vne & l'autre de lumiere & de tenebres entre elles, & que ce qui les contenoit ensemble toutes, estoit ferme comme vn mur. Leucippus & Democritus enuelopent le monde d'vne tunique ou membrane. Epicurus tenoit que de quelques mondes les extremitez estoiét rares, & de quelques autres espesses, & que d'iceux aucuns estoient mobiles, autres immobiles. Platon met le feu premier, puis le ciel, apres l'air, & puis l'eau, & la derniere la terre, mais aucunefois il conioinct le ciel auec le feu: Aristote en premier lieu le ciel impassible, qui est le cinquième corps, apres lequel les Elements passibles, le feu, l'air, l'eau, & la terre la derniere, desquels il attribuë le mouuement circulaire aux corps celestes, & des autres qui sont au dessoubs, aux legers le mouuement contre-mont: aux pesans, le mouuement côtre-bas. Empedocles ne pense pas que les lieux des Elemens

soient

Des opinions des Philosophes. 447

A soient tousiours arrestez & certains, mais qu'ils le changent tous entre eux.

Pour quelle cause est le Monde panchant. CHAPITRE VIII.

DIOGENES & Anaxagoras, apres que le monde fut composé, & les animaux sortis & produicts de la terre, que le monde se pancha ne sçay comment de luy-mesme, en la partie de deuers le Midy, à l'aduenture par la diuine prouidence, à fin qu'il y eust aucunes des parties du monde habitables, autres inhabitables par froid excessif, par embrazement, & par temperature: Empedocles, que l'air cedant à la violence du Soleil, les poles pancherent, & que celuy du costé de la bise se leua contremont, celuy deuers le Midy s'abbaissa, & par consequent tout le monde.

A sçauoir si hors du Monde il y a du vuide. CHAP. IX.

LES disciples de Pythagoras tiennent qu'il y a du vuide hors le monde, dedans lequel & duquel le monde respire : mais les Stoïques, auquel par embrazement se resoult l'infiny. Posidonius ne le met pas infiny, mais autant comme il suffit à la dissolution : au premier liure du vuide, Aristote disoit qu'il n'y auoit point de vuide: Platon, qu'il n'y auoit rien de vuide ny dedans le monde, ny hors du monde.

Quelle est la partie droicte, & quelle est la gauche du monde. CHAP. X.

PYTHAGORAS, Platon, Aristote, que l'Orient est la droicte partie, & l'Occident la gauche: Empedocles, que la partie droicte est vers le Tropique de l'esté, la gauche deuers le Tropique de l'hyuer.

Du Ciel, & quelle est sa substance. CHAP. XI.

ANAXIMENES tient, que c'est le mouuement circulaire de la ceinture exterieure: Empedocles, qu'il est solide, le ciel estant faict de l'air congelé par le feu, ne plus ne moins que le crystal, & qu'il contient ce qu'il y a de feu & d'air en l'vn & en l'autre hemisphere : Aristote, qu'il est composé du cinquiéme corps, ou d'vne meslange de chaud & de froid.

De la diuision du Ciel, & en combien de cercles il se diuise. CHAP. XII.

THALES, Pythagoras & ses sectateurs, que toute la boule du ciel est departie en cinq cercles, que lon appelle Zones ou ceintures, & d'iceux l'vn s'appelle Artique, & tousiours apparent, l'autre Tropique d'esté, l'autre Æquinoctial, l'autre Tropique d'hyuer, l'autre Antartique, & tousiours caché : & puis vn oblique à trauers les trois du milieu, qui s'appelle Zodiaque, touchant en passant tous les trois, lesquels sont tous entre-taillez à angles droicts par le Meridien, qui passe d'vn pol à l'autre. Pythagoras, à ce que lon dit, fut le premier qui s'aduisa de l'obliquité du Zodiaque, laquelle inuention neantmoins Oenopides natif de Chio s'attribue, comme s'il en estoit autheur.

Quelle est la substance des Estoilles, & comment elles sont composees. CHAPITRE XIII.

THALES tient qu'elles sont terrestres, mais enflammees neantmoins : Empedocles, qu'elles sont enflammees, & de feu, que le ciel contenoit en soy à la premieré excretion: Anaxagoras, que le ciel qui nous enuironne est bien de nature de feu, quant à son essence, mais que par la vehemence de sa reuolution rauissant des pierres de la terre, & les ayant allumees, elles deuindrét astres. Diogenes estime qu'elles soient de nature de pierre ponce; & que ce soient les souspiraux du monde: & de rechef luy mesme, que ce soient pierres non apparentes, lesquelles tombantes bien souuent en terre, s'esteignent, comme il aduint au lieu appellé le fleuue de la chéure, où il tomba iadis vn astre de pierre en forme de feu. Empedocles, que les estoilles fixes sont attachees au crystal du ciel, mais que les Planetes sont destachees: Platon, que pour la plus part elles sont de feu: mais neantmoins qu'elles participent encore des autres Elements, comme de la colle. Xenophanes, que ce sont des nuës enflammees, mais qui s'esteignent par chacun iour, & puis la nuict elles se rallument comme les charbons, & que leur leuer & leur coucher est vn allumer & esteindre. Heraclides & les Pythagoriens, que chascun des astres est vn monde contenant vne terre & vn air & vn ciel, en vne nature ætheree, infinie: & ces opinions-là sont és vers Orphiques, où de chascun astre ils font vn monde. Epicurus ne reprouue rien de tout cela, se tenant à son, Il peult estre.

De la figure des astres. CHAP. XIV.

LES Stoïques tiennent que les astres sont sphæriques, ne plus ne moins que le monde, le Soleil & la Lune: Cleanthes, qu'ils sont de forme de pyramide. Anaximenes, qu'ils sont fichez, comme testes de clou, au crystal du ciel. Autres tiennent que ce sont comme lames enflambees, comme des peintures.

De l'ordre & situation des astres. CHAP. XV.

XENOCRATES estime qu'ils se meuuent sur vne mesme superfice, mais les autres Stoïques qu'il y en a les vns deuant, les autres en bas & hault. Democritus met les estoilles fixes les premieres, & puis apres les planetes & errantes, apres lesquelles il met le Soleil, la Lune, Lucifer, & Venus. Platon apres la situation des estoilles fixes met en premier lieu celle qui s'appelle Phænon, qui est l'estoille de Saturne: la seconde Phaëthon, qui est celle de Iupiter: la tierce Pyroïs, c'est à dire enflambee, qui est celle de Mars: la quatriéme Phosphorus, qui est celle de Venus: la cinquiéme Stilbon, celle de Mercure: la sixiéme, le Soleil: la septiéme, la Lune: & au dessoubs d'icelle, les estoilles fixes & les errantes.

Du mouuement des astres. CHAP. XVI.

ANAXAGORAS, Democritus, Cleanthes, tiennent que tous les astres vont de l'Orient en Occident. Alcmæon & les Mathematiciens disent, que les Planetes se meuuent à l'opposite des estoilles fixes, de l'Occident en Orient: Anaximander, qu'ils sont portez par les sphæres & cercles, sur lesquels ils sont attachez: Anaximenes, qu'elles se meuuent aussi bien vers la terre, comme à l'entour de la terre: Platon & les Mathematiciens, que le cours du Soleil, de Venus, & de Mercure, sont egaux.

D'où sont les estoilles enluminees. CHAP. XVII.

METRODORVS, que toutes les estoilles fixes sont illuminees du Soleil: Heraclitus & les Stoïques, que les estoilles se nourrissent des exhalations, montans de la terre: Aristote, que les corps celestes n'ont point besoing de nourriture, pource qu'ils

Des opinions des Philosophes.

A ce qu'ils ne sont pas corruptibles, mais eternels : Platon & les Stoïques, que tout le monde & les estoilles semblablement se nourrissent d'eux mesmes.

Des Estoilles que lon appelle Castor & Pollux, & auiourd'huy le feu sainct Herme.
CHAP. XVIII.

XENOPHANES, que les estoilles qui apparoissent quelquefois sur les nauires, sont de subtiles nuees, qui selon vn certain mouuement reluisent : Metrodorus, que ce sont estincelles sortants des yeux de ceux qui les regardent auec crainte & estonnement.

De la signifiance des Estoilles, & comment se font l'hyuer & l'esté.
CHAP. XIX.

PLATON dit, que les signifiances de l'esté & de l'hyuer procedent du leuer & du coucher du Soleil & de la Lune, & des autres estoilles, tant fixes comme errantes : Anaximenes, que cela n'aduient point par la Lune, mais par le Soleil seul : Eudoxus & Aratus, que c'est communément par toutes les estoilles, & le dit en ces vers,

Dieu a fiché les astres radieux,
Signes certains en la voulte des cieux,
Les departant tout au long de l'annee,
Pour nous monstrer comme elle est gouuernee.

De la substance du Soleil. CHAP. XX.

ANAXIMANDER dit, que c'est vn cercle vingt & huict fois aussi grand comme la terre, ayant le tout semblable à celuy d'vne rouë de chariot plein de feu, auquel en certain endroict y a vne bouche, par laquelle il monstre son feu, comme par le trou d'vne fleute. Xenophanes, que c'est vn amas de petits feus, qui s'assemblent des humides exhalations, qui tous ensemble font le corps du Soleil, ou bien que c'est vne nuee enflambee. Les Stoïques, que c'est vn corps enflambé, procedant de la mer : Platon, vn corps de beaucoup de feu. Anaxagoras, Democritus, Metrodorus, que c'est vne masse, ou vne pierre enflambee : Aristote, que c'est vne boule du cinquiéme corps : Philolaus Pythagorien, que c'est vn plat en maniere de verre, receuant la reuerberation du feu, qui est en tout le monde, & en repoulse la lumiere vers nous : de maniere que ce feu du Soleil qui est au ciel resemble à la lueur qui par reflexion d'vn miroir se respand vers nous : car nous appellons ceste splendeur-là, le Soleil, estant comme l'image de l'image. Empedocles, qu'il y a deux Soleils, le premier le feu original, qui est en l'autre demie boule du monde, & remplit ceste autre demie boule-cy, estant tousiours situee vis à vis de sa resplendissante lueur par reflexion, & puis sa splendeur qui nous apparoist en l'autre demie boule, remplie d'air meslé de chaleur, laquelle splendeur se faict par refraction de la terre ronde dedans ce Soleil qui est de nature de crystal, & qui est entrainee par le mouuement de celuy de feu. Et pour dire plus clairement en peu de paroles, c'est à dire, que le Soleil n'est autre chose que la reflexion de la lueur du feu, qui est en la terre. Epicurus, que c'est vne espesseur terrestre, persee à iour, comme vne pierre ponce, ou esponge, & allumee de feu.

De la grandeur du Soleil. CHAP. XXI.

Le second Liure

ANAXIMANDER, que le Soleil est égal à la terre, mais que le cercle sur lequel il a sa respiration, & sur lequel il est porté, est vingt & sept fois aussi grand que toute la terre. Anaxagoras, qu'il est plusieurs fois aussi grand que tout le Peloponese: Heraclitus, qu'il est large comme le pied d'vn homme. Epicurus derechef dict, que tout ce qui est dict peut estre, ou qu'il est aussi grand comme il nous apparoist à la veuë, ou peu plus grand, ou peu plus petit.

De la forme du Soleil. CHAP. XXII.

ANAXIMENES, qu'il est plat comme vne lame: Heraclitus, qu'il est de la forme d'vne nacelle, ainsi bossu par dessous: Les Stoïques, qu'il est rond comme le monde & les estoilles. Epicurus, que tout ce qui en est dict peut estre.

Des Solstices. CHAP. XXIII.

ANAXIMENES, que les astres sont repoulsez par l'air espessy & resistant: Anaxagoras, par repoulsement de l'air, qui est à l'entour des Poles, que le Soleil mesme poussant rend plus fort par l'espessissemét: Empedocles, que la sphère qui le contient l'empesche de passer oultre, & semblablement aussi les deux cercles Tropiques. Diogenes tient que le froid s'opposant à la chaleur, le Soleil s'esteint: les Stoïques, que le Soleil passe à trauers l'espace de sa pasture, qui est au dessous de luy, qui est la mer Oceane, & la terre, des vapeurs & exhalations desquelles il se nourrit: Platon, Pythagoras, Aristote, que c'est à cause de l'obliquité du cercle Zodiaque, par lequel il chemine en biaisant, & pour la circonstance des deux cercles Tropiques, dont il est enuironné, ce que mesme la sphere monstre euidemment.

De l'Eclipse du Soleil. CHAP. XXIIII.

THALES a dit le premier, que le Soleil eclipse & defaut quand la Lune se met au dessous droictement à plomb, d'autant qu'elle est de nature terrestre, ce qui se voit clairement, comme en vn miroir, dedans vn bassin que lon met au dessoubs. Anaximander dict que c'est quand la bouche par où sort la chaleur du feu est close: Heraclitus, quand le corps du Soleil, qui est en forme de nacelle, se tourne dessus dessous, de maniere que la partie courbe soit contre-mont, & la bossue contre-bas deuers nostre veuë. Xenophanes, que cela se faict par extinction, & puis qu'il retourne derechef à sa premiere clarté le lendemain à son leuer: & si escrit dauantage, qu'il y a telle eclipse de Soleil qui dure tout vn mois, & aussi vne eclipse tout entiere, de sorte qu'il semble que le iour deuienne nuict. Aucuns tiennent que cela se fait par vn espessissement de nuees, qui suruiennent à l'improuueu au deuant de la placque du Soleil. Aristarchus met le Soleil entre les estoilles fixes, & dict que c'est la terre qui se tourne à l'entour du Soleil, & que selon les inclinations, elle vient à l'obscurcir de son ombre. Xenophanes tient qu'il y a plusieurs Soleils, & plusieurs Lunes selon la diuersité des climats de la terre, & à quelque reuolution de temps le rond du Soleil vient à donner en quelque appartement de la terre qui n'est pas habitee, & que ainsi marchant comme par vn pays vuide, il semble souffrir eclipse: le mesme dict, que le Soleil va tout droict à l'infiny, mais que par la longueur de la distance il nous semble qu'il tourne.

De la substance de la Lune, & de la grandeur d'icelle.

CHAPITRE XXV. & XXVI.

Anaximander

Des opinions des Philosophes. 449

ANAXIMANDER dict, que c'est vn cercle dixneuf fois auſſi grand que toute la terre, tout plein de feu, comme celuy du Soleil, & qu'elle eclipſe quand la roüe ſe tourne, pource qu'il dict que ce cercle reſemble à vne roüe de chariot, qui a la curuature de ſon tour creuſe & pleine de feu, mais qu'il y a comme vn ſouſpirail par où ce feu s'exhale. Xenophanes dict, que c'est vne nuee eſpeſſe & ſerree: Les Stoïques, qu'elle est meſlee de feu & d'air: Platon, qu'elle tient plus du feu: Anaxagoras, Democritus, que c'est vne fermeté allumee, où il y a des campagnes, des montagnes & des vallees: Heraclitus, que c'est vne terre enuironnee de broüillas: Pythagoras, que le corps de la Lune tire ſur la nature du feu.

De la forme de la Lune. CHAP. XXVII.

LES Stoïques la prononcent plus grande que toute la terre, & le Soleil de meſme: Parmenides, qu'elle est égale au Soleil, & qu'elle est enluminee par luy: Les Stoïques, qu'elle est ronde comme vne boule, ainſi que le Soleil: Empedocles, qu'elle est de la forme d'vn baſſin: Heraclitus, de la forme d'vne nacelle: les autres, de la forme d'vne pyramide ronde.

Des illuminations de la Lune. CHAP. XXVIII.

ANAXIMANDER tient qu'elle a vne lumiere propre, mais vn peu plus rare: Antiphon, qu'elle luit de ſa propre lumiere: & ce qu'elle ſe cache quelquefois procede de l'obiection du Soleil, quand vn plus grand feu vient à obſcurcir vn moindre feu, ce qui meſme aduient aux autres eſtoilles: Thales & ſes ſectateurs, que la Lune est illuminee du Soleil. Heraclitus dict, que c'est tout de meſme de la Lune comme du Soleil, pource que tous deux eſtans de la forme & figure d'vne nacelle, & que receuant des humides exhalations, ils ſont illuminez à noſtre veuë, le Soleil plus clairement, d'autant qu'il chemine par vn air plus pur & plus clair: & la Lune en vn plus trouble, & pour ceſte occaſion elle ſemble plus obſcure.

De l'Eclipſe de la Lune. CHAP. XXIX.

ANAXIMENES dict, que c'est quand la bouche par où le feu ſort est eſtoupee: Beroſus, que c'est quand la face qui n'est point allumee ſe tourne deuers nous: Heraclitus, que c'est quand la boſſe de la nacelle nous regarde, & ſe tourne deuers nous: Aucuns des Pythagoriens, que c'est vne reuerberation ou obſtruction de noſtre terre, ou bien d'vne autre oppoſite. Mais les plus modernes tiennent, que c'est par augmentation de la Lune qui ſe va allumant peu à peu reglement iuſques à ce qu'elle faſſe la pleine Lune, & de rechef ſe retourne, diminuant en meſme proportion, iuſques à la conionction, à laquelle elle s'esteint entierement. Platon, Ariſtote, les Stoïques, les Mathematiciens tous d'vn accord diſent, que ce que tous les mois elle s'abſconſe est parce qu'elle ſe vient ioindre au Soleil, de la lumiere duquel elle est toute offuſquee, mais que les Eclipſes ſe font quand elle vient à donner dedans l'ombre de la terre, qui ſe trouue directement entre ces deux luminaires: ou pluſtoſt, par ce que la Lune est toute bouſchee.

De l'apparence de la Lune, & pourquoy il ſemble qu'elle apparoiſt terreſtre. CHAP. XXX.

LES Pythagoriens tiennent qu'elle apparoiſt terreſtre, pourautant qu'elle est tout à l'entour habitee, ne plus ne moins que la terre où nous ſommes, & peuplee

Ggg

Le second Liure

de plus grands animaux, & de plus belles plantes, parce que les animaux y sont quinze fois plus forts que ceux de ce monde, qui ne rendent aucuns excrements, & que la nuict y est en mesme proportion de longueur. Anaxagoras dict, que l'inegalité qui apparoist en sa face procede de ce qu'il y a du froid & du terrestre meslé parmy, pour autant qu'il y a de la tenebrosité meslee parmy la nature de feu : d'où vient que lon l'appelle Astre de faulse lumiere. Les Stoïques tiennent, que pour la diuersité de sa substance la composition de son corps n'est pas incorruptible.

De la distance qu'il y a entre le Soleil & la Lune. CHAP. XXXI.

EMPEDOCLES tient qu'il y a deux fois autant depuis la Lune iusques au Soleil, comme depuis la terre iusques à la Lune : Les Mathematiciens disent, qu'il y a dixhuict fois autant : Eratosthenes, qu'il y a depuis la terre iusques au Soleil quatre millions huict cens mille stades, & que la Lune est distante de la terre sept cens quatre vingt mille stades.

Des annees, & combien contient la grande annee de chascune des Planetes. CHAP. XXXII.

L'AN de Saturne est de trente ans communs : de Iupiter, de douze : de Mars, de deux : du Soleil, de douze mois : & autant de Mercure & de Venus, car leur cours est egal : de la Lune, trente iours : car celuy là est le mois parfait, depuis son apparition iusques à sa conionction. Et quant au grand an, les vns le mettent à dixneuf ans, les autres à seize, & les autres à cinquante neuf. Heraclitus le met à dixhuict mille ans solaires : Diogenes, de trois cens soixante & cinq ans, tels comme l'an d'Heraclitus : les autres, de sept mille sept cens soixante & sept ans.

Des diuerses opinions des Philosophes.

LIVRE TROISIESME.

AYANT sommairement traicté, és deux liures precedents, des corps celestes, & estant demeuré aux confins d'iceux, qui est la Lune, ie me mettray en ce Troisiéme à traicter & discourir des Meteores, c'est à dire, de ce qui se faict à mont, depuis le cercle de la Lune iusques à la situation de la terre, laquelle on dict tenir le lieu du centre en la composition du Globe de l'vniuers : & commanceray d'icy.

Du Cercle de laict. CHAP. I.

C'EST vn cercle qui semble nubileux, apparoissant tousiours en l'air, & que lon nomme Cercle lactee, pource qu'il a blanche couleur. Aucuns des Pythagoriens disoient, que c'estoit l'embrazement de quelque astre, estant sorti hors de sa propre place, & ayant bruslé & embrazé en rond par tout le chemin où il estoit passé du temps de l'embrazement de Phaëthon : les autres disent que ce fut anciennement par là le cours & la voye du Soleil. Aucuns tiennent que c'est vne apparence speculaire seulement par reflexion des rayons du Soleil contre la voulte du ciel, ne plus ne moins qu'il se faict en l'arc en ciel & aux nuees. Metrodorus, que c'est pour le passage du Soleil

Des opinions des Philosophes. 450

du Soleil, & que c'est le cours par où passe le Soleil. Parmenides tient, que la meslange du rare & du pressé engendre ceste couleur-là de laict. Anaxagoras, que l'ombre de la terre s'arreste en cest endroict-là du ciel, quand le Soleil estant soubs la terre n'enlumine pas tout. Democritus, que c'est la splendeur de plusieurs petites estoilles pres les vnes des autres qui s'entre-enluminét à cause de leur espesseur. Aristote tient que c'est vne exhalation seiche qui s'allume, laquelle est en grande quantité, & s'entretient, & qu'ainsi se faict vne cheueleure de feu au dessous du ciel & des planetes: Posidonius, que c'est vne consistence de feu plus claire qu'vne estoille, & dont la splendeur est plus espesse & plus serree.

Des Cometes, estoilles saillantes, & des cheurons de feu qui apparoissent en l'air.
CHAPITRE II.

Avcvns des sectateurs de Pythagoras tiennent, que la Comete est vn astre du nombre de ceux qui n'apparoissent pas tousiours, mais qui à certaines reuolutions de temps prefix se monstrent: les autres, que c'est vne reflexion de nostre veuë vers le Soleil, laquelle se faict par la mesme raison que les apparences qui se font dedans les miroirs. Anaxagoras, Democritus, disent que c'est vn côcours de deux estoilles ou de plusieurs meslans leurs lumieres ensemble: Aristote, que c'est vne consistence d'exhalation seiche enflammee: Straton, que c'est la splendeur d'vne estoille enuelopee d'vn nuage espez, comme il se faict és lampes: Heraclides Pontique, que c'est vn nuage haut esleué qui est illuminé & esclairé par vne sublime lumiere aussi, & dit que l'estoille barbuë se forme de mesme les autres, comme tous les Peripateticiens disent, que le cheuron, la coulonne, & autres semblables impressions qui apparoissent en l'air, se font par diuerses conformatiós des nuees qui sont en l'air: Epigenes, que c'est vne eleuation d'esprit & de vent meslé de terre qui s'enflamme: Boetus, que c'est vne apparition d'air coulé. Diogenes tient que les Cometes sont estoilles: Anaxagoras que les estoilles saillantes sont comme estincelles qui tombent du feu elementaire, & que c'est la cause pour laquelle elles s'esteignent tout incontinent: Metrodorus, que c'est quand le Soleil vient à donner violentement dedans vne nuee, que ses rayons en scintillent: Xenophanes dict, que toutes telles apparitions sont constitutions & espessissemens ou mouuemens de nuees qui s'enflamment.

Des Tonnerres, foudres, esclairs, vents bruslans, & sions. CHAP. III.

Anaximander tient que tout cela se faict par le vent, pource que quand il aduient qu'il est enfermé dedans vne nuee espesse, alors par sa subtilité & legereté la rupture faict le bruict: & la diuulsion, à cause de la noirceur de la nuee, cause la lumiere: Metrodorus, quand en vne nuee serree pour son espesseur il vient à s'enfermer du vent, par l'effractió il fait le bruit, & par le coup & la dechireure il resplendit, & par la soudaineté de son mouuement, auec la chaleur qu'il prend du Soleil, il foudroye, & quand la foudre est imbecille, elle se conuertit en vent bruslant. Anaxagoras dit, que c'est quand le chaud vient à tomber dedans le froid, c'est à dire vne partie etheree, ou du feu celeste, vient à s'enfermer dedans de l'air, par le bruit elle engendre le tonnerre, & par la multitude & magnitude de la clarté, la foudre: & quand le feu a plus de corps, alors il se faict vn tourbillon ou sion: & quand il tient plus de la nuee, alors il s'engendre vn vent bruslant. Les Stoïques disent que le tonnerre est vn combat de nuees, l'esclair vn embrazement par la fraction, la foudre par vne forte & vehemente lueur, & le vent bruslant par vne plus lasche: Aristote, que tout cela se faict par vne exhalation seiche, qui se vient à rencontrer enclose dedans vne

Ggg ij

Le troisiéme Liure

nuee humide, & qu'elle s'efforce d'en sortir à force de se froisser l'vne contre l'autre, & par l'effraction le bruit s'engendre du tonnerre, & par l'inflammation de la seicheresse l'esclair, le vent bruslant & le tourbillon, selon qu'il y a plus ou moins de matiere, que l'vn & l'autre tire quand & soy: car si elle est chaude, il se fait vn vent bruslant: si elle est plus espesse, vn tourbillon ou sion.

Des pluyes, neiges, & gresles.   CHAP. IV.

ANAXIMENES tient, que les nuees se font parce que l'air vient à s'espessir fort: & quand elles se coagulent encore d'auantage, alors il s'en exprime de la pluye: & la neige, quand l'eau en tombant vient à se prendre & geler: & la gresle, quand elle vient à estre surprise d'vn vent froid. Metrodorus, tient que les nues se composent d'vne eleuation cueuse: & Epicurus, des vapeurs: & que les gouttes d'eau de pluye & la gresle s'arrondissent par la longueur de leur descente.

De l'Arc en ciel.   CHAP. V.

ENTRE les choses qui se font en l'air, aucunes ont veritable subsistence, comme la pluye, la gresle, les autres n'ont que l'apparence seulement, non point de reale subsistence, comme quand nous sommes dedans vn batteau, il nous semble que la terre ferme se remuë: l'Arc en ciel doncques est du nombre de celles qui se font seulement en apparence. Platon dict que les hommes ont feint que c'estoit le fils de Thaumas, comme qui diroit, de merueille, pourautant qu'ils s'esmerueilloient fort de le voir, comme monstre Homere quand il dict,

    Comme s'estend deuant les humains yeux
    L'arc teint de pourpre en la voulte des cieux.

C'est pourquoy aucuns ont fabuleusement inuenté & mis en auāt, que luy ayant vne teste de Taureau humoit les fleuues. Comment doncques est-ce que s'engendre cest arc en ciel? Il est certain que nous voyons par lignes ou droictes, ou courbes, ou bien rebatues, qui n'apparoissent point, ains se comprennent par le discours de la raison seulement, d'autant qu'elles n'ont point de corps. Or voyons nous à droictes lignes les choses à trauers l'air, & à trauers les pierres transparentes, ou les cornes, pource que toutes ces matieres là sont de parties fort subtiles. Et voyons aussi par lignes courbes dedans l'eau: car nostre veuë se courbe & se plie par force, à cause que la matiere de l'eau est plus espesse, c'est pourquoy nous voyós vne rame de loing, qui nous semble courbe. La troisiéme maniere de voir est par refraction, comme ce que lon voit dedans les miroirs: l'arc en ciel est de telle sorte, car il faut entendre que la vapeur humide estant esleuee contremont se tourne en nuee, & puis petit à petit en gouttes humides. Quand doncques le Soleil vient à descendre vers l'Occident, il est force que tout arc celeste apparoisse vis à vis en la partie contraire du monde, quand nostre veuë donnant dedans ces gouttes là vient à estre rebatuë, de maniere qu'il se forme là vn arc celeste: & sont ces gouttes là, non point la forme de la figure d'arc, mais de la couleur. La premiere est rouge, la seconde iaune, la tierce bleuë, la quarte verte: la couleur rouge donc apparoist pourautant que la clarté du Soleil donnant dedans ces gouttes-là, & ceste viue splendeur venant à estre rebatuë & renuoyee, faict apparoir la couleur rouge: la seconde partie plus obscure & venant à dissoudre ceste viue splendeur, faict le iaune, qui est comme vn relaschement du rouge, & puis venant à se broüiller & obscurcir encore d'auantage ce qui arreste la veuë, il se forme en verd. Ce que lon peut esprouuer par experience, car si lon prent de l'eau à l'opposite du Soleil, & qu'on la face distiller, de sorte que les gouttes

d'eau

Des opinions des Philosophes. 451

d'eau rompent & rebatent les rayons du Soleil, on trouuera qu'il se fera vne forme d'arc en ciel: le mesme aduient à ceux qui ont les yeux malades, quand ils iettent leur veüe sur vne lampe. Anaximenes estime que l'arc en ciel se faict par illumination du Soleil, qui donne dedans vne nuee espesse, grosse, & noire, de maniere que ces rayons ne pouuans percer & penetrer à trauers, s'amassent sur icelle. Anaxagoras tient, que c'est vne refraction de la lumiere ronde du Soleil donnant contre vne nuee espesse, laquelle doit tousiours estre vis à vis de luy, ne plus ne moins qu'vn miroir : par la mesme raison naturelle, comme il dit, apparoissent, principalement au pays de Pont, deux ou plusieurs Soleils. Metrodorus tient, que quand le Soleil reluit à trauers les nuës, la nue apparoist bleuë, & la lueur se fait de couleur rouge.

Des Verges. CHAP. VI.

Les Verges qui apparoissent quelquefois au ciel, & les Soleils opposites, aduiennent par la temperature de la matiere subiecte, & de l'illumination, quand les nues nous apparoissent non en leur naturelle propre couleur, ains en autre, causee de la diuerse irradiation : & en toutes ces apparitions-là mesmes effects aduiennent, & par raisons naturelles, & par espreuue d'experience.

Des Vents. CHAP. VII.

ANAXIMANDER tient, que le vent est vne fluxion de l'air, quand les plus subtiles & plus liquides parties de luy sont esmeües ou fondues par le Soleil. Les Stoïques disent, que tout vent est fluxion de l'air, & que selon les mutations des regions ils changent aussi de noms, comme venant deuers la Nuict, ou le Ponant, il s'appelle Zephyrus : du costé de Leuant, & du Soleil, il se nomme Apeliotes : du costé de Septentrion, Boreas : du costé de Midy, Lybs. Metrodorus, que vne vapeur eueuse estant eschauffee par le Soleil produit l'impetuosité des vents : & que les anniuersaires, qui s'appellent communément Etesies, soufflent quand l'air qui à l'entour du Septentrion estoit espessi par le froid, flue auec le Soleil qui s'en retourne apres le solstice de l'esté.

De l'Hyuer & l'Esté. CHAP. VIII.

EMPEDOCLES & les Stoïques tiennent, que l'hyuer se faict quand l'espesseur de l'air gaigne & monte contre-mont : & l'esté quand le feu au contraire gaigne & descend contre-bas. Au reste ayant traicté des impressions qui s'engendrent en l'air, nous courrons aussi par dessus celles qui se font en terre.

De la Terre, quelle est sa substance, & combien elle est grande.

CHAPITRE IX.

THALES & ses dependans tiennent, qu'il n'y a qu'vne terre : Oecetes Pythagorien deux, ceste-cy, & l'opposite. Les Stoïques, qu'il y a vne terre, & finie : Xenophanes que du costé d'à bas elle est fondee en vne profondeur infinie, & qu'elle est concreée de feu & d'air. Metrodorus, que la terre est la vase & la lie de l'eau : & le Soleil, de l'air.

De la forme de la Terre. CHAP. X.

Ggg iij

Le troisiéme Liure

THALES, & les Stoïques, & ceux de leur eschole, tiennent qu'elle est ronde comme vne boule: Anaximander, qu'elle est semblable à vne pierre taillee en forme de coulonne: Anaximenes, qu'elle est platte comme vne table: Lucippus, qu'elle a la forme d'vn tabourin: Democritus, qu'elle est platte comme vn bassin, mais creuse au milieu.

De la situation de la terre. CHAP. XI.

LEs disciples de Thales, qu'elle est au milieu: Xenophanes, qu'elle est la premiere fondee & enracinee en vn fond infiny: Philolaus Pythagorien, que le milieu est feu, pource que c'est le foyer de l'vniuers: la seconde, la contreterre: la tierce, celle que nous habitons, & qui tourne à l'entour de la contreterre, qui est la cause pour laquelle ceux qui sont en celle-cy ne voyent pas ceux qui sont en celle-là. Parmenides est le premier qui a limité les lieux habitez en la terre, à sçauoir ceux qui sont és deux bandes habitables iusques aux cercles des Tropiques.

Du panchement de la terre. CHAP. XII.

LVCIPPVS, que la terre encline vers le Midy, à cause de la rarité qui est és parties Meridionales, d'autant que les parties Septentrionales sont astraintes par les froidures, & les opposites enflammees: Democritus, pourautant que l'air est plus imbecille vers le Midy, la terre croissant panche de ce costé-là, d'autant que le costé du Nort est intemperé, & au contraire celuy du Midy est temperé : & pour ceste raison il peze plus sur ce costé-là, là où la terre produict plus de fruicts, & les amene à plus grande augmentation.

Du mouuement de la terre. CHAP. XIII.

LEs autres tiennent que la terre ne bouge : mais Philolaus Pythagorien tient qu'elle se meut en rond à l'entour du feu par le cercle oblique, ne plus ne moins que fait le Soleil & la Lune. Heraclides Pontique & Ecphantus Pythagorien remuent bien la terre, mais non pas qu'elle passe d'vn lieu en vn autre, ains en tournant, comme vne roüe à l'entour de son aixeau de l'Orient vers l'Occident, à l'entour de son propre centre. Democritus dict, que du commancement la terre vaguoit çà & là, tant pour sa petitesse comme pour sa legereté, mais que s'estant estrainte & appesantie par le temps, elle s'est arrestee immobile.

De la diuision de la Terre, & combien elle a de bandes. CHAP. XIV.

PYTHAGORAS dict que la terre, ne plus ne moins que la sphære de l'vniuers, est diuisee en cinq bandes, l'Artique, la Tropique d'esté, celle de l'hyuer, l'Æquinoctiale, & l'Antartique: desquelles la metoyenne termine le milieu de la terre, & pour ceste cause se nomme la Zone bruslee: mais à son aduis elle est habitable estant temperee, comme celle qui est au milieu de celle d'esté & de celle d'hyuer.

Des tremblemens de terre. CHAP. XV.

THALES & Democritus en attribuent la cause à l'eau. Les Stoïques disent, que le tremblement de terre est quand l'humidité qui est dedans la terre vient à se subtilier en air, & à sortir par force: Anaximenes, que la rarité & seicheresse de la terre

font

Des opinions des Philosophes.

A sont les causes du tremblement, l'vne estant produite & causee par les excessiues chaleurs, & l'autre par les excessiues pluyes: Anaxagoras, par ce que l'air estant entré dessous terre, viendra à se presenter au cuir pour sortir, mais le trouuant fort & espais, d'autant qu'il ne peut trouuer par où sortir, il la secouë par tremblement. Aristote, pour la circonstance du froid qui l'enuironne de tous costez, dessouz & dessus, car le chaud tasche à gaigner le haut, comme celuy qui est leger de sa nature: & pourtant l'exhalation seiche se trouuant enfermee, en s'efforçant de fendre, & tournant & retournant çà & là, secouë la terre. Metrodorus, que nul corps estant en son lieu propre & naturel ne se remue, si autre actuellemēt ne le pousse ou ne le tire: & pourtant que la terre estant situee en son lieu naturel ne se remue point, mais bien que aucuns lieux & parties d'icelle vont aux autres. Parmenides & Democritus, pour ce qu'elle est de tous costez egalement distante, elle demeure en son contrepois, n'aiant point de cause pourquoy elle deust pancher plus d'vn costé que d'autre: & pourtant
B qu'elle se secouë seulement, mais qu'elle ne bouge pas pourtant. Anaximenes, pour autant qu'elle est platte, qu'elle est portee dessus l'air. Les autres disent sur l'eau comme les lames & les aix plats flottent dessus l'eau, & que c'est pourquoy elle se meut: Platon, que de tout mouuement il y a six circonstances, dessus, dessous, à droit, à gauche, deuant, & derriere: & que la terre ne se peut mouuoir par aucune de ces differences, pour autant que de toutes parts elle est au plus bas du monde, à l'occasion dequoy elle demeure bien immobile, n'aiant rien pourquoy elle doiue plus encliner en vne part qu'en vne autre, mais que certains endroits d'icelle, pour estre rares au dedans, se secoüent. Epicurus tient, qu'il peut estre qu'elle est agitee & secouee par l'air, qui est au dessous, espais, & de nature d'eau: qu'il peut estre aussi qu'estant cauerneuse és parties inferieures, elle est agitee & tourmentee par le vent qui s'enferme dedans ses concauitez.

C *De la Mer, comment elle est concreée, & comment elle est amere.*
CHAPITRE. XVI.

ANAXIMANDER, que c'est vn reste de la premiere humidité, de laquelle le Soleil a seiché la plus grande partie, & ce qui en est demouré, il le transmue par son inflammation: Anaxagoras, que l'humeur primitiue estant respandue comme vn estang, a esté bruslee par le mouuemēt que le Soleil fait alentour, & qu'estant exhalee la partie doulce, le reste s'est affaissé en saleure & amertume. Empedocles, que c'est la sueur de la terre bruslee du Soleil, qui tousiours de plus en plus la serre: Antiston, que c'est la sueur du chaud, duquel l'humide, qui estoit contenu dedans, estant espraint à force de bouillir, en est deuenu salé, ce qui aduient en toute sueur. Metrodorus, pource qu'estant coulee à trauers la terre, elle retient quelque chose de sa den-
D sité, comme ce que l'on passe à trauers la cendre. Les sectateurs de Platon, que de l'eau elementaire, ce qui en est par refrigeration congelé de l'air, est doux: mais que ce qui en est euaporé par embrazement & inflammation, en est salé.

Comment se font les flux & reflux, le flot & l'hebe en la Mer.
CHAPITRE XVII.

ARISTOTE & Heraclitus, que c'est le Soleil qui le fait, d'autant que c'est celuy qui excite & meine quand & luy la plus part des vents, lesquels venans à donner dedans la mer Oceane enflent la mer Atlantique, & ainsi font le flux: & puis quād ils viennēt à faillir, la mer estant retiree baisse, & ainsi cause le reflux ou l'hebe. Pytheas de Marseille tient que la pleine Lune est celle qui fait le flux, & le decours le reflux:

Ggg iiij

Le troisiéme Liure

Platon l'attribue à vn soubs-leuement des eaux, disant qu'il se fait vn soubs-leuement qui à trauers la bouche d'vn pertuis porte çà & là le flux & reflux, par le moyen duquel les mers sont oppositement tourmentees. Timeus en donne la cause aux riuieres qui entrent dedans la mer Atlantique, tombans des montaignes des Gaules, qui par leurs irruptions & entrees violentes, en poussant les eaux de la mer font le flux, & en se retirant par interualles, quand ils cessent ils causent le reflux. Seleucus le Mathematicien, qui fait aussi la terre mobile, dit que le mouuement d'icelle est contraire & opposite à celuy de la Lune, & que le vent estant tiré çà & là, à l'opposite, par ces deux contraires reuolutions, venant à donner dedans l'Ocean Atlantique, brouille aussi la mer à mesure qu'il se remue.

De l'Aire.   CHAP. XVIII.

L'AIRE se fait ainsi, Entre le corps de la Lune ou de quelque autre astre, & nostre veuë, se rencontre & s'arreste vn air gros & nebuleux, & puis nostre veuë venant à se rompre en iceluy air & à s'eslargir, & puis à donner iusques au cercle de l'astre en sa circonference exterieure, il nous semble qu'il se fait vn cercle alentour de l'astre : & ce cercle-là ou couronne est ce qui s'appelle l'Aire, pource qu'il semble que ceste apparente impression se face tout ioignant cela où donne nostre veuë eslargie.

Des Opinions des Philosophes.

LIVRE QVATRIESME.

AIANT couru les generales parties du monde, ie passeray maintenant aux particulieres.

De la montee & debordement du Nil.   CHAP. I.

THALES estime que les vents anniuersaires, que lon appelle Etesiens, soufflans directement à l'opposite d'Ægypte, font leuer les eaux du Nil, pourautant que la mer poulsee par ces vents, entre dedans la bouche de la riuiere, & empesche qu'elle ne s'escoule & degorge librement, estant repoulsee contremont. Euthymenes de Marseille pense que ceste riuiere s'enfle, & se remplit de l'eau de l'Ocean, & de la grande mer, qui est hors les terres, laquelle à son aduis est doulce. Anaxagoras dit, que cela vient de la neige de l'Æthiopie qui se fond en esté, & se gele en hyuer. Democritus, que c'est de la neige qui est vers le Septentrion, laquelle se fond & respand enuiron le solstice de l'esté, d'autant que des vapeurs s'engendrent les nuees, lesquelles estans poulsees par les vents en Æthiopie & en Ægypte, vers les parties de midy, font de grandes & vehementes pluyes, desquelles les lacs & la riuiere du Nil se remplissent. Herodotus l'historien dit, qu'il a autant d'eau en hyuer qu'en esté, partant de ses sources, mais qu'il nous apparoist en auoir moins l'hyuer, d'autant que le Soleil estant plus pres de l'Ægypte en hyuer, fait euaporer toutes les eaux. Ephorus l'historiographe escrit, que toute l'Ægypte se resoult & se fond toute, par maniere de dire, en sueur, à quoy luy contribue encores ses eaux l'Arabie, & la Lybie, d'autant que la terre y est legere & sablonneuse. Eudoxus dit, que c'est à cause de la contrarieté des saisons, & des grandes pluyes, pource que

que quand il nous est esté, à nous qui sommes habitans dedans la zone, ou bande de l'esté, alors il est hyuer à ceux qui habitent en la bande opposite souz le tropique hyemal, d'où procede, dit-il, ce grand rauage d'eaux.

De l'Ame. CHAP. II.

THALES a esté le premier qui a definy l'ame, vne nature se mouuant tousiours, & soy-mesme: Pythagoras, que c'est vn nombre se mouuant soy-mesme, & ce nombre là il le prend pour l'entendement. Platon, que c'est vne substace spirituelle se mouuant soymesme, & par nombre armonique: Aristote, que c'est l'acte premier d'vn corps naturel organique, aiāt vie en puissáce: car ce qu'il appelle entelechie n'est autre chose que acte. Dicearchus, que c'est l'armonie & concordance des quatre Elements: Asclepiades le medecin, que c'est vn exercice cómun de tous les sentiméts ensemble.

Si l'Ame est corps, & quelle est sa substance. CHAP. III.

TOVS ces philosophes là que nous auons mis cy deuant, supposent que l'ame est incorporelle de sa nature, & qu'elle se meut elle mesme, que c'est vne substance spirituelle, & vne action d'vn corps naturel, composé de plusieurs organes, aiant vie: mais les sectateurs d'Anaxagoras disent, quelle est aërée, & qu'elle a corps de nature d'air: les Stoïques, que c'est vn esprit ou vn vent chaud. Democritus, que c'est vne certaine composition en feu des choses perceptibles par la raison, qui ont leurs formes rondes, & leur puissance de feu, ce qui est corps. Epicurus, que c'est vne meslange, & temperature de quatre choses, de ne sçay quoy de feu, ne sçay quoy d'air, ne sçay quoy de vent, & d'vn autre quatriéme qui n'a point de nom, qui est à luy la force sensitiue. Heraclitus, que l'ame du monde est l'euaporation des humeurs qui sont en luy, & que l'ame des animaux procede tant de l'euaporation des humeurs de dehors, que du dedans & de mesme genre.

Des parties de l'Ame. CHAP. IV.

PYTHAGORAS, & Platon, à le prendre à la plus generale diuision, tiennent que l'ame a deux parties, c'est à sçauoir la partie raisonnable, & la partie irraisonnable: mais à y regarder de plus pres & plus exactement, elle a trois parties, car ils sous-diuisent la partie irraisonnable en la concupiscible, & en l'irascible. Les Stoïques disent qu'elle est composée de huit parties, cinq des sens naturels, la veuë, l'ouye, l'odorement, le goust, l'attouchement, le sixiéme la voix, le septiéme la semence, le huitiéme l'entendement, par lesquelles toutes les autres sont commandees par ces propres instruments, ne plus ne moins que le poulpe se sert de ses branches. Democritus & Epicurus mettent deux parties en l'ame, la partie raisonnable logee en l'estomach, & l'autre esparse par tout le corps. Democritus met, que toutes choses sont participantes de quelque sorte d'ame, iusques aux corps morts, d'autant que manifestement ils sont encore participants de quelque chaleur, & de quelque sentiment la plus part en estant ia esuentee.

Quelle est la maistresse, & principale partie de l'Ame, & où elle est. CHAP. V.

PLATON & Democritus, en toute la teste: Straton, entre les deux sourcils: Erasistratus, en la taye qui enuelope le cerueau, laquelle il appelle Epicranide: Erophilus, dedans le ventricule du cerueau, qui en est le fondement: Parmenides, en tout

Le troisiéme Liure

l'estomach. Et Epicurus, les Stoïques tous, en tout le cœur, ou bien en l'esprit qui est alentour du cœur: Diogenes, en la cauité de l'artere du cœur, qui est pleine d'esprit. Empedocles, en la consistence du sang: les autres, au col du cœur: les autres, en la taye qui est au tour du cœur: autres, dedans le diaphragme. Aucuns des modernes tiennēt qu'elle occupe tout depuis la teste iusques à la trauerse du diaphragme. Pythagoras, que la partie vitale est alétour du cœur: la raison & la partie spirituelle, en la teste.

Du mouuement de l'Ame.   CHAP. VI.

PLATON, que l'Ame est tousiours mouuante, & l'entendement immobile quant à mouuement de lieu à autre: Aristote, que l'ame est immobile, encore que ce soit elle qui regisse & meuue tout mouuement, mais bien en est elle participante par accident, comme les formes des corps se meuuent.

De l'Immortalité de l'Ame.   CHAP. VII.

PYTHAGORAS, Platon, que l'Ame est immortelle, car en sortant du corps elle s'en retourne à l'ame de l'vniuers qui est de son genre. Les Stoïques, que l'ame sortant du corps, si elle est debile, comme celle des ignorants, demeure auec la consistence du corps: & la plus forte, comme est celle des sages & sçauants, dure iusques à l'embrazement. Democritus, Epicurus, qu'elle est corruptible, & qu'elle se corrompt quand & le corps. Pythagoras, Platon, que la partie raisonnable est incorruptible, pource que l'ame n'est pas Dieu, mais bien l'ouurage de Dieu eternel: & que la partie irraisonnable est corruptible.

Des sentiments & choses sensibles.   CHAP. IIX.

LEs Stoïques definissent ainsi le sentiment: Sentiment est la comprehension ou apprehension de l'organe sensible: mais sentimēt se prend en plusieurs sortes, car ou lon entend l'habitude, ou la faculté naturelle, ou l'action de sentir, & l'imagination apprehensiue, qui se font tous par le moien de l'organe sensitif, & la huitiéme partie mesme de l'ame, la principale qui est le discours de la raison, par lequel toutes les autres consistent. Derechef on appelle les instruments sensitifs les esprits intellectuels, qui partants de l'entendement s'estendent iusques à tous les organes. Epicurus: Le sens, dit-il, est vne parcelle de l'ame, qui est la puissance de sentir, dont procede l'effect du sentiment: tellement qu'il definit le sentiment en deux sortes, la puissance, & l'effect de sentir. Platon definit le sentiment estre vne societé du corps & de l'ame, pour les choses exterieures: car la faculté naturelle de sentir est de l'ame, l'organe est du corps, & l'vn & l'autre apprehende les choses exterieures, par le moien de l'imaginatiue, qui est la phantasie. Leucippus, & Democritus, tiennent que le sentiment & l'intelligence se font par le moien des images qui nous viennent de dehors, parce que ny l'vn ny l'autre ne se fait sans l'occurrence d'vne image.

Si les sentiments sont veritables, & les imaginations.   CHAP. IX.

LEs Stoïques tiennent que les sentiments sont veritables, & que des imaginations aucunes sont faulses, & autres veritables. Epicurus, que tout sentiment & toute imagination est veritable, mais quant aux opinions que les vnes sont vrayes, les autres faulses: & que le sentiment se deçoit en vne sorte seulement, c'est à sçauoir quant aux choses intelligibles: mais l'imagination en deux manieres, parce qu'il y a

imagination

Des opinions des Philosophes. 454

imagination tant des choses sensibles, que des intelligibles. Empedocles, Heraclides, que les particuliers sentimens se font selon la proportion des pores, estant l'obiect de chasque sens bien disposé.

Combien il y a de sentimens. CHAP. X.

LEs Stoïques, qu'il y en a cinq proprement, la veuë, l'ouye, l'odorement, le goust, l'attouchement. Aristote ne dit pas qu'il y en ait six, mais bien met-il vn sens commun qui iuge des especes composees, auquel tous les autres sens particuliers rapportent leurs propres imaginations, là où le passage de l'vn à l'autre, comme de la figure au mouuement, se monstre. Democritus dit, qu'il y a plus de sentimens és bestes brutes, & és Dieux, & és sages.

Comment se fait le sentiment & l'intelligence. CHAP. XI.

LEs Stoïques disent, que quand l'homme est engendré, il a la principale partie de l'ame, qui est l'entendement, ne plus ne moins qu'vn papier prest à escrire, dedans lequel il escrit chascun de ses pensemens : & la premiere sorte d'escriture est par les sentimens, car ceux qui ont senty quelque chose, comme, pour exemple, qui ont veu vne blancheur, apres qu'elle s'en est allee, ils en retiennent la memoire : & apres qu'ils ont assemblé plusieurs memoires semblables, & de mesme espece, alors ils disent qu'ils ont experience : car experience n'est autre chose qu'vn amas & multitude de plusieurs semblables especes. Mais quant aux pensees, les vnes sont naturelles qui se font en la maniere que nous auons ja dit parauant, sans artifice : les autres se font par estude & par doctrine, & celles-cy proprement sont celles qui s'appellent pensees, les autres se nomment anticipations : & la raison de laquelle, & pour laquelle nous sommes nommez raisonnables, se parfait par ces anticipations là, en la premiere septaine d'ans, & est l'intelligence de la conception de l'entendement de l'animal raisonnable : car l'imagination, quand elle vient à donner en l'ame raisonnable, alors elle s'appelle intelligence, aiant pris sa denomination de l'entendement : c'est pourquoy ces imaginations ne tombent point és autres animaux. Mais les imaginations qui se presentent aux Dieux & à nous, celles là seules sont proprement imaginations: & celles qui se presentent à nous sont imaginations en general, & pensemens en especial : comme des testons & des escus à part considerez en soy sont testons & escus, mais si vous les baillez pour le loüage d'vne nauire, alors oultre ce qu'ils sont deniers, encore sont-ils naulage.

Quelle difference il y a entre imagination, imaginable, imaginatif, & imaginé.
CHAPITRE XII.

CHRYSIPPVS dit, qu'il y a difference entre ces quatre choses. Imagination doncques est vne impression qui se fait en nostre ame, qui se monstre à soy-mesme ce qui l'a imprimee : comme quand par la veuë nous contemplons vne blancheur, c'est vne passion ou affection qui s'engendre par la veuë en nostre ame, & pouuós dire que la blancheur en est le subiect ou obiect qui nous esmeut : semblablement aussi par l'odorement & par l'attouchement, & s'appelle ceste imagination phantasie, qui est deriuee de ce mot Phaos, lequel signifie clarté. Car ainsi comme la lumiere se monstre soy mesme, & tout ce qui est compris en icelle : aussi la phantasie ou imagination se monstre soy-mesme, & ce qui l'a faitte. Imaginable est ce qui fait l'imagination, comme le blanc, le froid, & tout ce qui peult emouuoir l'ame, cela est ce qui

Le quatriéme Liure

s'appelle imaginable. Phantaſtique ou imaginatif eſt vne attraction en vain, vne paſſion ou affection en l'ame, qui ne prouient d'aucun obiect imaginable, comme de celuy qui eſcrime à ſon ombre, & qui méne les mains en vain : car à la vraie imagination & phantaſie il y a vn ſubiect qui ſe nomme imaginable, mais à l'imaginatif ou phantaſtique il n'y a aucun ſubiect ny obiect. l'Imaginé ou le phantaſme eſt ce à quoy nous ſommes attirez d'vne attraction vaine : ce qui ſe fait en ceux qui ſont furieux & malades d'humeur melancholique, comme Oreſtes en la Tragedie d'Euripide,

> Ie te ſupply ne pouſſe contre moy,
> O Mere, helas ! ces femmes que ie voy
> Pleines de ſang, & de ſerpents grouillantes,
> Les voicy pres, les voicy treſſaillantes.

Il dit ces paroles eſtant furieux, & ne voit rien, mais il penſe voir ſeulement : & pourtant Electra luy reſpond,

> Demeure quoy en ton lict miſerable,
> Tu penſes voir ce qui n'eſt veritable.

comme auſſi Theoclymenus en Homere.

De la veuë, & comme nous voions. CHAP. XIII.

DEMOCRITVS, Epicurus, eſtimoient que la veuë ſe fait par ſortie & emiſſion des eſpeces & images : les autres par quelque eiection de rayons, retournans vers noſtre œil apres l'occurrence de l'obiect. Empedocles a meſlé les images parmy les raions, appellant cela, les raions de l'image compoſee. Hipparchus tient, que les raions lancez de l'vn & de l'autre de nos yeux, venans à ambraſſer de leurs bouts, ne plus ne moins que par attouchement des mains, l'exteriorité des corps obiectez, emportent la comprehenſion à la puiſſance viſiue. Platon, que c'eſt par conionction de lueur, d'autant que la lueur des yeux ſe reſpand iuſques à quelque eſpace emmy l'air de pareille nature, & la lueur yſſant des corps auſſi vient à fendre l'air, qui eſt entre deux, eſtant de ſoy-meſme fort liquide & muable auec le feu de la veuë : c'eſt ce que lon appelle la conioincte lueur & radiation des Platoniques.

Des apparences des miroirs. CHAP. XIV.

EMPEDOCLES, par les defluxions qui ſe concreent ſur la ſuperfice du miroir, & s'acheuent par le feu qui ſort du miroir, & tranſmue quand & quand l'air qui eſt au deuant, par lequel ſe meuuent les fluxions : Democritus, Epicurus, que les apparences des miroirs ſe font par l'arreſt des images, leſquelles partent de nous, & ſe concreent ſur le miroir par reuerſion : Les Pythagoriens, par reflexion de la veuë, par ce que la veuë s'en va eſtendre iuſques contre le miroir, & eſtant arreſtee par l'eſpeſſeur, & rebatue par la poliſſure de l'obiect du miroir, elle s'en retourne en ſoy-meſme, ne plus ne moins que quand nous eſtendons la main, & puis la ramenons vers l'eſpaule.
Lon peut ſe ſeruir & accommoder de toutes ces opinions, quant à la queſtion, Comment nous voions.

Si les tenebres ſont viſibles. CHAP. XV.

LES Stoïques, que les tenebres ſont viſibles, par ce que de la veuë il ſort quelque lueur qui les enuelope : & ne ment point la viſion, car elle voit certainement & à la verité qu'il y a tenebres. Chryſippus dit que nous voyons par la tenſion de l'air

qui

A qui eſt entre deux, lequel eſtant poingt par l'eſprit viſif, qui paſſe depuis la principale partie de l'ame iuſques à la prunelle, & apres qu'il a donné dedans l'air prochain
il ſe tend en forme de Pyramide, quand l'air eſt de meſme nature que luy : car il fluë
des deux yeux des rais qui ſont comme feu, non pas noirs ny nebuleux : & pourtant
les tenebres ſont viſibles.

De l'Ouye. CHAP. XVI.

EMPEDOCLES dit, que l'ouyë ſe fait quand l'eſprit vient à donner dedans la concauité de l'oreille tournee en forme de vis, laquelle il dit eſtre ſuſpendue au dedãs
de l'oreille, ne plus ne moins qu'vne cloche, & batue. Alcmęon tient, que nous oyõs
par le vuide qui eſt au dedans de l'oreille : car il dit, que c'eſt cela qui reſonne quand
l'eſprit donne dedans, pour ce que toutes choſes vuides ſonnent : Diogenes, que c'eſt
quand l'air qui eſt dedans la teſte vient à eſtre touché & remué par la voix. Platon &
ſes ſectateurs diſent, que l'air de dedans la teſte eſt frappé, & que le rebriſemẽt ſ'en fait
iuſques à la partie principale où eſt la raiſon, & ainſi ſe forme le ſentiment de l'ouye.

De l'Odorement. CHAP. XVII.

ALCMÆON eſt d'aduis, que la raiſon, principale partie de l'ame, eſt dedans le
cerueau, & que par icelle nous odorons, en attirant les ſenteurs par la reſpiration : Empedocles, que quand & les reſpirations des poulmons, l'odeur ſe coule auſſi
dedans. Quand donc la reſpiration eſt empeſchee à cauſe de l'aſperité, nous ne ſen-
tons point les odeurs, comme ceux qui ſont enrheumez.

Du Gouſt. CHAP. XVIII.

ALCMÆON, que par l'humidité & la tiedeur, auec la molleſſe de la langue, ſont
diſtinguees les ſaueurs. Diogenes, par la rarité & la molleſſe, pour ce que les veines du corps ſe viennent à aboutir en elle, & les ſaueurs ſe reſpandent eſtans tirees au
ſentiment & à la principale partie de l'ame, ne plus ne moins que par vne eſponge.

De la Voix. CHAP. XIX.

PLATON definit la voix, eſprit qui par la bouche eſt amené de la penſee, & vn
frappement de l'air qui paſſe à trauers les oreilles, le cerueau & le ſang, iuſques à
l'ame : & appelle-lon auſſi abuſiuement & improprement voix és animaux irraiſon-
nables, & és creatures qui n'ont point d'ame, comme ſont les henniſſements des
cheuaux, & les ſons : mais proprement il n'y a voix que celle qui eſt articulee, pour
ce qu'elle declare ce qui eſt en la penſee. Epicurus tient que la voix eſt vn flux, enuoyé
par les choſes qui parlent, ou qui ſonnent, ou qui bruyent, & que ce flux-là ſe rompt
en pluſieurs fragments de meſme figure que ſont les choſes dont elles partent, comme ronds des rondes, & triangles des triangles : & que ces fragments-là venans à tomber dedans les oreilles, ſe fait le ſentiment de la voix : ce qui ſe voit manifeſtement
és vmbres qui ſ'ecoulent, & és foulons qui ſoufflent de l'eau contre les draps & habillemens. Democritus tient, que l'air meſme ſe rompt en petits fragmens de meſme
figure, c'eſt à dire, les ronds auec les ronds, & qu'ils coulent auec les fragmens de la
voix : car comme dit le prouerbe,

Aupres du geay touſiours le geay ſe perche,
Et le pareil touſiours ſon pareil cerche.

Le quatriéme Liure

car mesme sur la grèue au riuage de la mer les cailloux de mesme & semblable forme se trouuent ensemble, en vn endroit ceux qui sont ronds, en l'autre ceux qui sont longuets: pareillement aussi quand lon crible ou que lon vanne les grains, tousiours se rengent ensemble ceux qui sont de mesme forme: de maniere que les febues se mettent à part, & à part les pois chiches. Mais on pourroit alleguer contre ceux-là, Comment est-ce que peu de fragmens d'esprit & de vent peuuent remplir vn theatre capable de dix mille hommes: Les Stoïques disent que l'air n'est point composé de menus fragmens, mais qu'il est continu par tout, sans auoir rien de vuide, mais quand il est frappé d'vn esprit, c'est à dire, d'vn vent, il va vndoyant en cercles droits infiniement, iusques à ce qu'il ait rempli tout ce qu'il y a d'air à l'enuiron, ne plus ne moins que lon voit en vn estang où lon a ietté vne pierre dedans: car l'eau se meut en cercle plat, & l'air se remue en boule ronde. Anaxagoras, que la voix se fait, le vent venant à frapper contre vn air resistant & ferme, retournant le contre-coup iusques aux oreilles, qui est la maniere par laquelle se forme aussi le retentissement de la voix, qui s'appelle Echo.

Si la voix n'a point de corps, & comme se forme le retentissement de l'Echo.
CHAPITRE XX.

PYTHAGORAS, Platon, Aristote, tiennent qu'elle n'a point de corps, d'autant que ce n'est pas air, mais vne forme en l'air, & sa superfice par certain battement: or est-il que toute superfice est sans corps, vray est qu'elle se meut & remue auec les corps, mais quant à elle sans point de doubte elle n'a aucun corps: comme en vne verge que lon plie, la superfice ne seuffre aucune alteration quant à elle, ains est la matiere qui plie. Mais les Stoïques tiennent, que la voix est corps: car tout ce qui opere & qui fait, est corps: or est-il que la voix fait & opere, car nous l'oyons, & la sentons quand elle nous donne à l'ouye, & s'imprime ne plus ne moins que vn cachet dedans de la cire. D'auantage, tout ce qui nous emeut, & qui nous fasche, est corps: or l'armonie & accord de la musique nous emeut, & le discord nous fasche. Qui plus est, tout ce qui se remue est corps: or la voix se remue, & vient dóner dedans des lieux lissez & polis, par lesquels elle est renuoyee & rebatue, ainsi que lon voit d'vne balle que lon iette contre vne muraille, tellement que dedans les Pyramides d'Ægypte, vne voix laschee dedans rend quatre & cinq retentissemens.

D'où est-ce que l'ame sent, & qu'est-ce que sa principale partie. **CHAP. XXI.**

LEs Stoïques disent, que la partie de l'ame la plus haute, c'est la principale partie & la guide des autres, celle qui fait les imaginations, les consentemens, les sentimens, les appetitions: & c'est ce que lon appelle le discours de la raison. Or d'icelle principale il y a sept autres parties qui en sortent, & s'estendent par le reste du corps, ne plus ne moins que les bras d'vn poulpe. Desquelles sept parties les sens naturels en font les cinq, comme la veuë, l'odorement, l'ouye, le goust, & l'attouchement: desquels la veuë est l'esprit, qui tend depuis la raison & principale partie iusques aux yeux: & l'ouye, l'esprit qui tend depuis l'entendement iusques aux oreilles: l'odorement, l'esprit qui passe depuis la raison iusques aux nazeaux: le goust, esprit partant de la principale partie, & passant iusques à la langue: l'attouchement, esprit prenant depuis la principale partie iusques à la superfice sensible des choses accommodees à l'attouchement: des autres, le sixiéme s'appelle la semence, qui est vn esprit prenant depuis la principale partie iusques aux genitoires: & le septiéme ce que Zenon appelle vocale, que nous disons voix, qui est vn esprit qui prent depuis la principale

partie

Des opinions des Philosophes. 456

partie iusques au gozier, & à la langue, & autres inſtrumens appropriez à la voix : & au reſte, la principale partie eſt logee, comme au milieu de ſon monde, dedans la teſte ronde en forme de boule.

De la reſpiration. CHAP. XXII.

EMPEDOCLES eſtime que la premiere reſpiration du premier animal ſe fait, quand l'humidité qui eſt aux petits enfans venans de naiſtre ſe retire, & que l'air de dehors vient à luy ſucceder en entrant dedans les vaiſſeaux entre-ouuerts, mais puis apres la chaleur naturelle pouſſant deſia au dehors ceſte ſubſtance aëree pour l'euaporer, la reſpiration ſe fait : & auſſi quand elle ſe retire de rechef au dedans, alors ſe fait l'inſpiration, par ce qu'elle donne entree à la ſubſtance aëree. Au reſte, quant à celle reſpiration qui ſe fait maintenant, qu'elle ſe fait quand le ſang ſe meut vers l'exterieure ſuperfice du corps, & par ceſte fluxion eſpraint & chaſſe la ſubſtance aëree par les narines : & l'inſpiration, quand il s'en retourne au dedans, y r'entrant l'air quand & quand par les raritez que le ſang a laiſſees vuides : & pour le donner à entendre amene l'exemple de la clepſydre ou horologe à eau. Aſclepiades compoſe le poulmon comme vn entonnoir, & ſuppoſe que la cauſe de la reſpiration ſoit l'air delié & de ſubtiles parties qui eſt dedans la poitrine, vers lequel flue & ſe rue celuy de dehors qui eſt de groſſes & eſpeſſes parties, mais il en eſt de rechef repouſſé, ne pouuant plus la poitrine ny le receuoir, ny eſtre ſans : & demourant touſiours vn peu de ce gros air dedans la poitrine, par ce que le tout n'en auoit pas eſté chaſſé, celuy de dehors ſe reiette de rechef ſur celuy-là qui eſt dedans, pouuant ſupporter ſa peſanteur : & compare cela à des ventoſes. Au demourant quant à la volontaire reſpiration, il dit qu'elle ſe fait par ce que les petits trous qui ſont dedans la ſubſtance du poulmon ſe reſtraignent, & que le col d'iceluy ſe reſerre, car ces parties là obeiſſent à noſtre volonté. Herophilus laiſſe les facultez mouuantes des corps aux nerfs, aux arteres & aux muſcles : ſi dit, qu'il n'y a que le poulmon qui naturellement appete le mouuement de dilatation & de contraction, & les autres parties du corps conſequemment : & pourtant que c'eſt action propre au poulmon, que de tirer le vent de dehors, duquel eſtant remply, la poitrine, qui eſt tout ioignant, fait vn autre attraction par vne ſeconde apperition, deriuant en ſoy le vent : puis quand elle en eſt auſſi remplie, n'en pouuant plus attirer, elle refunde de rechef dedans le poulmon ce qu'elle en a de trop, par lequel il eſt reietté au dehors, s'entreſecourans ainſi les parties du corps : car quand il ſe fait dilatation du poulmon, contraction ſe fait de la poitrine, ſe faiſant ainſi la repletion & l'euacuation par mutuelle participation l'vn de l'autre, tellement qu'il y a quatre mouuemens du poulmon. Le premier, par lequel il reçoit l'air de dehors : le ſecond, par lequel il transfunde dedans la poitrine ceſt air qu'il a attiré & receu de dehors : le troiſiéme, par lequel il reçoit de rechef en ſoy celuy qui eſt eſpraint de la poitrine : & le quatriéme, par lequel il reuerſe dehors encore celuy-là qui eſtoit retourné dedans luy. Et de ces mouuemens-là il y en a deux qui ſont dilatations, l'vn celuy qui pouſſe l'air dehors de tout le corps : l'autre, qui le pouſſe de la poitrine dedans le poulmon : & deux contractions, l'vne quand la poitrine attire à ſoy le vent, & l'autre quand le poulmon attrait l'air en ſa concauité : & y en a deux ſeuls en la poitrine, l'vn de dilatation, quand elle l'attire : & l'autre de contraction, quand elle le rend.

Des paſſions corporelles, & ſi l'amey compatiſt en ſentant ſa douleur.

CHAPITRE. XXIII.

Hhh ij

Le quatriéme Liure

LES Stoïques disent, que les passions se font és parties dolentes, mais les sentimens en la principale partie. Epicurus, que les passions & les sentimens se font tous deux és parties dolentes, par ce que la raison & principale partie de l'ame, ce dit-il, est impassible: Straton au contraire, que & les passions & les sentimens se font en la partie principale, & non pas és parties dolentes, par ce que la patience se meut en elle aussi bien és choses terribles & douloureuses, comme és timides & magnanimes.

Des Opinions des Philosophes.

LIVRE CINQVIESME.

De la Diuination. CHAP. I.

PLATON & les Stoïques l'introduisent par inspiration, suiuant la diuinité de l'ame, quand l'ame est esprise de l'esprit diuin, ou bien par reuelation des songes: ceux-là admettent & approuuent plusieurs especes de diuination : Xenophanes & Epicurus, au contraire, ostent toute diuination. Pythagoras reprouue seulement celle qui se fait par les sacrifices: Aristote & Dicæarchus admettent seulement celle qui se fait par inspiration diuine & par les songes, non qu'ils estiment l'ame estre immortelle, mais qu'elle a quelque participation de la diuinité.

Comment se font les songes. CHAP. II.

DEMOCRITVS, que les songes se font par representation des images: Straton, par ce que l'entendement est ne sçay comment plus sensible en dormant, & s'emeut lors plus à appeter cognoissance. Herophilus, que les songes diuinement inspirez se font par necessité: Les naturels, par ce que l'ame se forme vne image & representation de ce qui luy est vtile, & de ce qui en doit aduenir. Ceux qui sont meslez & de nature mixte, casuellement & fortuitement, ou par approchement & accez des images, quand ce que nous desirons, nous le voyons, comme ceux qui songent qu'ils iouyssent de leurs amours.

Quelle est la substance de la semence. CHAP. III.

ARISTOTE, que la semence est ce qui a pouuoir de mouuoir en soy-mesme, à parfaire quelque chose de tel qu'est ce dont il a esté exprimé: Pythagoras, l'escume du plus vtile sang, la superfluité de la nourriture, comme le sang & la moëlle: Alcmçon, partie du cerueau: Platon, defluxion de la moëlle de l'espine: Epicurus, vne abstraction de l'ame & du corps: Democritus de tous les corps, & des principales parties d'iceux, la geniture des nerfs charnus.

Si la semence est corps. CHAP. IV.

LVCIPPVS & Zenon, que c'est corps, pour ce que c'est vne abstraction de l'ame: Pythagoras, Platon, Aristote, que la force de la semence n'a point de corps, comme l'en-

Des opinions des Philosophes. 457

me l'entendement, qui est celuy qui remue le corps, mais bien que la matiere qui est iettee hors & respandue est corporelle. Straton & Democritus, que la puissance mesme est corps, d'autant qu'elle est esprit.

Si les femelles aussi bien que les masles rendent semence. CHAP. V.

PYTHAGORAS, Epicurus, Democritus, que la femelle aussi iette semence, pour ce qu'elle a des vases seminaires à l'enuers. voila pourquoy elles ont grand appetit en l'acte de la generation. Aristote & Zenon, qu'elle rend vne matiere humide, comme la sueur qui sort des corps qui s'exercent ensemble, non pas que ce soit semence: Hippon, que les femelles iettent de la semence non moins que les masles, mais que cela ne sert point à la generation, d'autant qu'il tombe dehors de la matrice, d'où vient que aucunes femmes, mais peu, en iettent sans compagnie de l'homme, mesmement les vefues: & que les os se concreent de la semence du masle, & la chair de la femelle.

Comment se font les conceptions. CHAP. VI.

ARISTOTE pense que les conceptions & engrossemens se facent, par ce que la matrice a esté deuant attiree par la purgation naturelle, & que les fleurs ont attiré quand & elles quelque partie de sang pur de toute la masse du corps, & que la semence du masle vient à se mesler parmy: & au contraire, que ce qui empesche les conceptions, est quand la matrice est impure, ou qu'elle est pleine de ventositez, ou de peur, ou de tristesse, ou pour la foiblesse & imbecillité des femmes, ou par l'impuissance des hommes.

Comme s'engendrent les masles & les femelles. CHAP. VII.

EMPEDOCLES tient, que les masles & les femelles s'engendrent par le moien de la chaleur & de la froideur, d'où vient que lon raconte que les premiers masles nasquirent au monde deuers le Soleil leuant & deuers le Midy, & les femelles vers le Septentrion. Parmenides au contraire dit, que les masles nasquirent deuers le Septentrion, pour ce que l'air y est plus gros & plus espez: & au contraire, les femelles vers le Midy, à cause de la rarité & subtilité de l'air: Hipponax, à cause de la semence qui est plus forte & plus espesse, ou bien plus foible & plus liquide: Anaxagoras, Parmenides, que la semence qui vient du costé droit de l'homme se iette dedans le costé droit de la matrice, & du gauche en la partie gauche: mais si l'eiection se fait autrement, que lors il s'engendre des femelles. Leophanes, duquel Aristote fait mention, que les masles s'engendrent du genitoire droit, & les femelles du gauche: Lucippus, à cause de la permutation des parties naturelles, par ce que l'vn a la verge d'vne sorte, & l'autre la matrice d'vne autre, & n'en dit autre chose. Democritus, que les parties communes s'engendrent aussi tost de l'vn que de l'autre, selon qu'il se rencontre, mais les particulieres de celuy qui est le plus puissant. Hipponax dit, que si la semence est la plus forte, il se fait vn masle: si la nourriture, vne femelle.

Comme se font les monstres. CHAP. VIII.

EMPEDOCLES, que les monstres s'engendrent pour y auoir trop ou trop peu de semence, ou par la turbulence & perturbation du mouuement, ou pource qu'elle se diuise en plusieurs parts, ou pource qu'elle pasche. ainsi seble-il qu'il ait preoccupé

Hhh iij

toutes responses. Straton, par addition ou substraction, ou transposition, ou inflation de vents: aucuns des medecins, par ce que quelquefois la matrice deuient torse par force des ventositez.

Pourquoy est-ce que la femme qui a souuent compagnie de l'homme ne conçoit point.
CHAPITRE. IX.

DIOCLES le medecin, par ce que les vnes ne rendent du tout point de semence, ou bien moins qu'il n'en faut, ou bien telle, qu'elle n'a point de vigueur viuifiáte, ou par faute de chaleur, ou de froid, ou d'humidité, ou de seicheresse, ou par relaxation des parties. Les Stoïques, à cause de l'obliquité de la verge de l'homme qui est tortue, à raison de quoy il ne peut pas ietter la semence droit: ou pour ce que les parties sont disproportionnees pour la distance de la matrice. Erasistratus, à cause de la matrice, quand elle a des callositez & duretez, ou qu'elle est trop charnue, ou qu'elle est plus rare, ou plus petite qu'il ne faut selon nature.

Comment naissent les Iumeaux ou Triiumeaux. CHAP. X.

EMPEDOCLES dit, que c'est pour la multitude ou la diuulsion de la semence: Asclepiades, à raison de l'excellence des semences, ne plus ne moins que les chalumeaux d'orge où il y a deux ou trois espics, quand les semences sont fort generatiues. Erasistratus, à cause des purgations, comme és bestes brutes: car quand la matrice est repurgee, alors elle vient à la conception. Les Stoïques à cause des lieux qui sont dedans la matrice, quand la semence vient à tomber dedans le premier & dedans le second, alors se font les superfetations, & alors s'engendrent les Triiumeaux.

D'où se font les similitudes des pere & mere & des ancestres. CHAP. XI.

EMPEDOCLES, que les similitudes se font par la force plus grande de la semence genitale, & les dissimilitudes par ce que la chaleur qui est en la semence est euaporee: Parmenides, quand la semence descend en la droite partie de la matrice, ils ressemblent aux peres: quand à la senestre, aux meres. Les Stoïques, de tout le corps & de toute l'ame issent les semences, & si forment les similitudes de mesmes semences les formes & les figures, côme vn peintre qui de mesmes couleurs peindroit l'image qu'il verroit deuant soy: que la femme mesme rend de la seméce, & si elle est plus forte, alors l'enfant est semblable à la mere: & si c'est celle de l'hôme, semblable au pere.

Comment les enfans se font semblables aux autres, & non pas aux pere & mere.
CHAP. XII.

LA plus part des medecins, que c'est fortuitement & par cas d'aduenture: quand la semence du pere & de la mere est refroidie, les enfans ne leur ressemblent point. Empedocles, que par l'imagination de la femme en la conception se forment les enfans: car souuent des femmes ont esté amoureuses d'images & de statues, & ont enfanté des enfans semblables à icelles: Les Stoïques, par compassion & conuenance des pensemens, par euulsion de fluxions & de rayons, & non pas d'images, se font les resemblances.

Comment se font les femmes steriles, & les hommes impuissans d'engendrer.
CHAP. XIII.

LES

Des opinions des Philosophes. 458

A LES medecins tiennent qu'elles sont steriles, à cause de la matrice qui est ou trop serree, ou trop rare, ou trop dure, ou pour quelques callositez, ou quelques carnositez, ou parce que les femmes sont trop pusillanimes, ou parce qu'elles ne sont pas bien nourries, ou de mauuaise habitude de corps, ou parce qu'elles sont contrefaictes, ou par conuulsion. Diocles tient, que les hommes sont infeconds, ou parce que les vns ne rendent du tout point de semence, ou moins qu'il n'en faut, ou non ayant force d'engendrer, ou parce qu'ils ont les parties naturelles lasches sans pouuoir dresser, ou parce qu'ils ont la verge tortue qui ne peut ietter la semence droict, ou pource qu'elle n'est pas de longueur competente, veu la distance de la matrice. Les Stoïques en accusent certaines qualitez & facultez discordantes & incompatibles des parties, lesquelles separees l'vne d'auec l'autre, & conioinctes auec d'autres accordantes à leur complexion, alors se tempere la nature, & se parfait l'enfant.

B *Pourquoy sont les Mulets & les Mules steriles.* CHAP. XIV.

ALCMEON tient que les mulets sont infeconds, pource que leur semence est de trop deliee substance, qui vient de la froideur d'icelle: & les femelles, parce que leurs matrices ne sont pas assez ouuertes, car ainsi le dict-il. Empedocles, à cause que leur matrice est trop petite, trop basse, & trop estroicte, estât attachee & tournee vers le ventre, de sorte que ny la semence ne peut droict estre iettee dedans, ny quand bien elle y seroit iettee, elle ne la receuroit pas: à quoy Diocles luy porte tesmoignage disant, Plusieurs fois aux anatomies ay-je veu la matrice telle, & qu'il aduient aussi pour les mesmes causes que quelques vnes des femmes sont steriles.

Si l'enfant estant encore au ventre de sa mere est animal, ou non. CHAP. XV.

C PLATON tient qu'il est animal, d'autant qu'il a mouuement, & qu'il prend nourriture dedans le ventre: Les Stoïques, que c'est partie du ventre, non pas animal separé: comme les fruicts des arbres qui viennent à tomber quand ils sont acheuez de meurir: aussi fait l'enfant. Empedocles, qu'il n'est point animal, & qu'il ne respire point, & que sa premiere respiration est à l'enfantement, lors que la superflue humidité se retire, & que l'air de dehors entre dedans le vuide des vaisseaux ouuerts. Diogenes, que les fruicts s'engendrent dedâs la matrice sans ame, mais bien auec chaleur, d'où vient que la chaleur naturelle, incontinent qu'il est sorty hors du ventre de la mere, est attiree dedans les poulmons. Herophilus laisse aux fruicts estans dedans le ventre le mouuement naturel, non pas la respiration: & de ce mouuement là les nerfs sont la cause instrumentale, puis ils deuiennent animaux parfaicts, quand estans sortis du ventre ils prennent vn peu d'haleine & d'air.

D *Comment se nourrissent les fruicts dedans le ventre.* CHAP. XVI.

DEMOCRITVS & Epicurus tiennent, que le fruict estant encore dedans le ventre prend nourriture par la bouche, d'où vient que soudain qu'il est né il cerche de la bouche le bout de la mammelle, parce qu'il y a ainsi dedans la matrice des bouts de tetins, & des bouches par lesquelles ils se nourrissent. Les Stoïques, par le lict & par le nombril: d'où vient que les sages femmes incontinent le lient, & luy ouurent la bouche, à fin qu'il s'accoustume à vne autre sorte de nourriture. Alcmeon, qu'il se nourrit par tout le corps, parce qu'il attire, comme vne esponge, de toute la nourriture ce qui est propre pour le nourrir.

Hhh iiij

Le cinquiéme Liure

Que c'est qui se parfait le premier dedans le ventre. CHAP. XVII.

LEs Stoïques, que le tout ensemble. Aristote que l'espine du dos se forme la premiere, comme la quille de la nauire: Alcmeon, la teste, comme celle qui est le siege de la raison: Les medecins, le cœur, auquel sont les venes & les arteres: Les autres, le gros artueil du pied: les autres, le nombril.

Pourquoy est-ce que les enfans sont viables à sept mois. CHAP. XVIII.

EMPEDOCLES dit, que lors que le genre humain fut engendré de la terre, le iour estoit aussi long, pour le tardif mouuement du Soleil, comme sont auiourd'huy dix mois, & que par succession de temps il deuint aussi long cóme sont auiourd'huy sept mois, & pour ceste raison que les enfans de dix mois & de sept sont viables, s'estant la nature du monde ainsi accoustumee à amener en vn iour le fruict à maturité, depuis la nuict qu'il a esté mis en son ventre. Timæus dict, qu'il n'y a pas dix mois, mais neuf, & que lon pense qu'il y en ait dix, pourautant que les purgations aucunefois se suppriment, mesme deuant la conception: aussi pense lon que les enfans soient de sept mois qui ne le sont pas, pource qu'il y a des femmes qui ne laissent pas d'auoir leurs purgations encore apres qu'elles ont conceu. Polybus, Diocles, les Empiriques, sçauent que le huictiéme mois mesme est vital, mais vn peu plus debilement, d'autant que bien souuent par imbecillité plusieurs perissent. Le plus ordinaire est, que lon ne veult pas esleuer les enfans qui viennent à huict mois, mais que toutefois plusieurs y naissent. Aristote & Hippocrates disent, que si dedans sept mois la matrice se remplit, alors l'enfant demande à sortir, & lors ils sont viables, mais que s'il se pousse en auant, & qu'il ne se nourrisse point pour l'imbecillité du nombril, alors pour le grád trauail & la mere est en danger, & son fruict ne s'en nourrit point: mais s'il demeure tous les neuf mois dedans la matrice, sortant alors il est tout accomply. Polybus dit, qu'il faut que les enfans pour estre viables ayent cent quatre vingts deux iours & demy, pource que c'est l'espace de six mois, dedans lequel le Soleil vient d'vn solstice à l'autre: mais on dict qu'ils sont de sept mois quand il aduient que les iours qui defaillent au premier mois se reprennent sur le septiesme, & que les enfans de huict mois ne viuent point quand ils panchent hors de la matrice, & que le nombril est trop tendu, car il ne se nourrit point, comme celuy qui est cause de l'aliment. Les Mathematiciens tiennent qu'il y a huict mois qui sont insociables de toute generation, & sept qui sont sociables. Or les signes insociables sont, s'ils ont les astres dont ils sont les domiciles: car si en aucun d'iceux eschet le sort de la vie de l'homme, cela signifie qu'il sera malheureux & de courte vie: & les animaux aux signes insociables sont qui se comptent les huictiémes, comme le Mouton au Scorpion est insociable, le Taureau auec l'Archer, les Iumeaux auec le Capricorne, le Cácre auec le Verseau, le Lion auec les Poissons, la Vierge auec le Mouton: & pour ceste raison que les enfans à sept mois & à dix mois sont viables: & que à huict mois, à raison de la dissociation incompagnable du monde, ils perissent.

De la generation des animaux, comment ils ont esté engendrez, & s'ils sont corruptibles. CHAPITRE XIX.

CEVX qui tiennent que le monde est creé, tiennent aussi que les animaux ont esté creez, & qu'ils sont perissables. Les Epicuriens, selon lesquels les animaux n'ont point esté creez, tiennent que de la mutation des vns aux autres ont esté engendrez les animaux, car ce sont parties de ce monde, comme Anaxagoras & Euripides

Des opinions des Philosophes. 459

A ripides disent : Rien ne meurt, mais changeans d'vn en autre, ils monstrent tantost vne forme, & tantost vne autre. Anaximander tient que les premiers animaux furent engendrez en humeur, enuironnez d'escorces espineuses, mais qu'auec l'aage ils deuindrent plus secs, & finablement l'escorce estant rompue tout à l'entour ils suruescurent peu de temps apres. Empedocles, que les premieres generations des animaux & des plantes ne furent point toutes entieres & parfaictes, ains desioinctes, parce que les parties ne s'entretenoient point : que és secondes generations, les parties commançans à se ioindre, ils furêt semblables à des images: les tierces qui s'entretenoient les vns aux autres: les quartes, non plus de semblables, comme de terre & d'eau, mais bien d'entre eux-mesmes, aux vns estans leur nourriture espessie, aux autres la beauté des femmes les excitant à vn mouuement spermatique: au demourant, que les genres de tous animaux ont esté diuisez par certaines temperatures. Les vns estans humides eurent leur inclination plus à l'eau: les autres respirerent en l'air, selon qu'ils
B tindrent plus de la nature du feu : les autres de temperature plus graue se poserent en terre : les autres de temperature egale de tous les elements, ietterent voix de toutes leurs poitrines.

Combien il y a de genres d'animaux, & s'ils sont tous sensitifs, & ayans vsage de raison.
CHAPITRE XX.

IL y a vn traicté d'Aristote où il dict, qu'il y a quatre genres d'animaux, terrestres, aquatiques, volatiles, & celestes: car il appelle les cieux, les astres, & le monde, animaux, & Dieu animal raisonnable immortel. Democritus & Epicurus, que les celestes: Anaxagoras, que tous animaux ont la raison actiue, ou l'entendemét agént: mais qu'ils n'ont point l'entendement passif, que lon appelle le truchement de la pensée. Pythagoras, Platon, que les ames des animaux mesmes que lon appelle irraisonnables, sont bien raisonnables, mais toutefois qu'elles ne peuuent operer raisonnable-
C ment, à cause de l'intemperee composition de leurs corps, & d'autant qu'ils n'ont point la parole pour s'expliquer, comme lon voit és singes & és chiens, lesquels ont bien quelque voix, mais ils n'ont point de langage & de parole distincte. Diogenes, qu'ils ont bien quelque entendement, mais que pour la grossesse & espesseur de leur temperament, & pour l'abondance de leur humidité, ils n'ont ny discours de raison ny sentiment, ne plus ne moins que ceux qui sont furieux, parce qu'ils ont le cerueau blessé, & l'vsage de la raison empesché.

En combien de temps se forment les animaux dedans le ventre de la mere.
CHAP. XXI.

EMPEDOCLES, que les hommes commancent à se former depuis le trentesixies-
D me iour, & qu'ils se paracheuent de toutes leurs parties dedans le cinquantiesme il ne s'en faut qu'vn. Asclepiades, que és masles, d'autant qu'ils sont plus chauds, la formation des membres se faict dés le vingt & sixiesme iour, & que plusieurs se paracheuent de toutes leurs parties dedans le cinquantiesme iour : mais aux femelles elles se forment en deux mois, & se paracheuent en quatre, d'autant qu'elles ont faute de chaleur naturelle, mais que les parties des animaux irraisonnables se paracheuent entierement selon les temperatures des elements.

De combien d'elements se compose chascune des parties generales qui sont en nous.
CHAP. XXII.

Le cinquiéme Liure

EMPEDOCLES estime que la chair s'engendre de la mixture & temperature du dedans des quatre Elements: les nerfs du feu & de la terre meslez en double proportion: & que les ongles s'engendrent és animaux par les nerfs refroidis à l'endroict où l'air les touche: les os, de l'eau & du dedans de la terre : & de ces quatre meslez & contemperez ensemble la sueur & les larmes se font.

Comment se faict le sommeil, & la mort : si c'est de l'ame, ou du corps.
CHAP. XXIII.

ALCMEON dit, que le sommeil se faict par le sang qui se retire au dedans des venes confluentes, & que le resueil est la diffusion du sang : que la retraicte entiere est la mort. Empedocles, que le sommeil se fait par le refroidissement mediocre de la chaleur naturelle qui est en nous, & que le refroidissement entier est la mort. Diogenes, si le sang se respand par tout, & qu'emplissant les venes il repousse l'air qui est en nous en l'estomach & au ventre inferieur, il s'engendre le sommeil, & alors l'estomach en est plus chaud : mais si tout ce qui est de substance aërée vient à defaillir dedans les venes, alors c'est la mort. Platon & les Stoïques, que le sommeil se faict par remission de l'esprit sensitif, non point par abbaissement, & descente comme vers la terre, ains par eleuation contre-mont vers l'endroict où est le siege de la raison : mais quand il se faict entierement resolution de l'esprit sensitif, alors de tout poinct s'en ensuit la mort.

Quand & comment est-ce que l'homme commance à atteindre sa perfection.
CHAP. XXIV.

HERACLITVS & les Stoïques, que les hommes commancent à entrer en leur perfection enuiron la seconde septaine de leurs ans, auquel temps la semence commance à couler : car les arbres mesmes commancent lors à entrer en leur perfection, quand ils commancent à engendrer leurs semences : & au contraire ils sont imparfaicts tant qu'ils sont non meurs, & sans fruict : parquoy l'homme aussi alors est parfaict, là où enuiron la seconde septaine il commance à comprendre que c'est de bien & de mal, & de la doctrine d'iceux.

Lequel des deux est-ce qui dort, ou qui meurt, l'ame ou le corps. CHAP. XXV.

ARISTOTE tient que le dormir est commun à l'ame & au corps : & est le sommeil certaine humidité qui euapore de l'estomach & de la viande à la teste, & à la chaleur naturelle qui est au cœur refreschie, & que la mort est vn entier & total refroidissement : & que la mort n'est que du corps tant seulement, non pas de l'ame, car d'elle elle est immortelle. Anaxagoras, que le sommeil est de l'action corporelle, car c'est affection du corps, non pas de l'ame : & qu'il y a aussi bien mort de l'ame, à sçauoir la separation d'elle & du corps. Lucippus , que le sommeil appartient au corps seul par concretion de ce qui est subtil & delié, mais que l'excretion excessiue de la chaleur naturelle est la mort, qui sont passions du corps, & non pas de l'ame. Empedocles, que la mort est vne separation des elements dōt le corps de l'homme est composé : tellement que selon cela la mort est commune autant au corps comme à l'ame, & que le sommeil est vne separation de ce qui est de nature de feu.

Comment sont venuës à croissance les plantes, & si ce sont animaux.
CHAP. XXVI.

Platon

Des opinions des Philosophes.   460

A PLATON, Empedocles, tiennent que les plantes mesmes sont animaux, ce qu'ils disent estre manifeste, parce qu'ils se croullent, & qu'ils ont les branches estenduës:& quand on les plie ils cedent, puis quand on les lasche ils s'en retournent. Aristote tient bien qu'ils sont animez, mais non pas pourtant animaux, à cause que les animaux ont mouuement,& aucuns sentiment & discours de la raison. Les Stoïques & les Epicuriens, qu'ils n'ont point d'ame : car ceux qui ont ame, ou elle est appetitiue & concupiscible, ou elle est raisonnable: mais que les plantes sont creuës casuellement & fortuitement, non point par le moyen de l'ame. Empedocles dict, que les arbres premiers que les animaux saillirent de la terre, deuant que le Soleil fust desployé, & deuant que le iour & la nuict fussent separez : & que par la proportion de la temperature l'vn a eu le nom de masle, & l'autre de femelle, & qu'ils croissent par la force de la chaleur qui est dedans la terre, de maniere que ce sont parties de la terre, ne plus ne moins que les fruicts du ventre des meres sont parties de la matrice:& que
B les fruicts sont les superfluitez de l'eau & du feu qui est dedans les arbres: & que ceux qui en ont faulte, quand il est deseiché par la chaleur de l'esté, perdent leurs fueilles, mais qu'en la pluspart elles demeurent, comme celles du laurier, celles de l'oliuier, celles du palmier:& que les differences des ius & saueurs procedent de la diuersité de ce qui les nourrit, comme és vignes, car la difference d'icelles ne faict pas le vin bon à vser, mais du terroir qui les nourrit.

De la nourriture & accroissement.   CHAP. XXVII.

EMPEDOCLES, que les animaux se nourrissent par la substance de l'aliment qui leur est propre, & qu'ils croissent par la presence de la chaleur: qu'ils diminuent, & se corrompent par faute de l'vn & de l'autre : & que les hommes de maintenant, comparez aux anciens, sont comme enfans venans de naistre.
C

D'où viennent les appetits aux animaux, & les voluptez.   CHAP. XXVIII.

EMPEDOCLES, que les appetits & cupiditez viennent aux animaux par default des Elements qui les composent, & les voluptez de l'humidité, & les mouuements de perils, & autres choses semblables, les empeschemens, & *.

Comment se faict la fiebure, & si c'est vn accessoire d'autre mal.   CHAP. XXIX.

ERASISTRATVS definit la fiebure ainsi: La fiebure est vn mouuement du sang qui vient à tomber dedans les vaisseaux des esprits, qui sont les arteres, contre la volonté du patient. Car tout ainsi comme la mer, quand les vents ne la meuuent
D point, ne bouge, mais quand vn vent impetueux la vient à remuer, alors contre sa nature elle se remue & renuerse iusques au fond : aussi au corps de l'homme, pendant que le sang est esmeu, il tombe dedans les vaisseaux des esprits, & s'enflammant il eschauffe tout le demourant du corps: & luy plaist que la fiebure soit vn sur-accessoire. Mais Diocles dit: Ce qui apparoist au dehors est indice de ce qui est caché au dedans. Or voit-on que la fiebure suruient aux accidents qui aduiennent dehors, comme aux blesseures, aux apostumes, & aux bosses.

De la santé, maladie, & vieillesse.   CHAP. XXX.

ALCMEON tient, que l'egalité des qualitez du corps humain, comme de l'humide, du chaud, du sec, du froid, de l'amer, du doulx, & des autres, conser-

Des opinions des Philosophes.

Ces liures des Opinions des Philosophes sont si miserablement deprauez & corrōpus presque par tout, qu'il est impossible d'y asseoir cōiecture pour en tirer aucun sens passable: toutefois en ceste edition nous en auōs corrigé quelques passages, par collation des lieux que Eusebius en allegue en son Quatorzième liure de la Preparation Euangelique: & prions le lecteur de supporter le reste, que nous ne voulons pas garentir, non plus que le traité de la fatale destinee, qui est aussi tout laceré, iusques à ce que par heureuse rencontre un exemplaire plus entier & plus correct tombe en nos mains, ou de quelque autre homme de bien.

ue & contient la santé: & que au contraire, la monarchie, c'est à dire, predomination d'aucun d'iceux, faict la maladie: car celle domination & principauté apporte corruption des autres, & est cause des maladies, comme quand la chaleur ou la froideur y est excessiue pour la quantité trop grande, ou le default, comme en aucuns le sang default ou le cerueau: & que la santé est une proportionnee temperature de toutes les qualitez. Diocles dict que la plusparc des maladies au corps humain procede de l'inegalité des elements, & de la temperature. Erasistratus, pour la quantité trop grande de la nourriture, & de l'indigestion & corruption: mais que le bon ordre & la suffisance est la santé. Les Stoïques conformément tiennent, que la vieillesse aduient à cause de la faute de chaleur, car ceux qui en ont plus, sont ceux qui vieillissent plus longuement. Asclepiades dict que les Æthiopiens vieillissent bien tost, à l'aage de trente ans, pource que leurs corps sont trop bruslez de la chaleur du Soleil: & que en l'Angleterre les hommes y vieillissent iusques à six vingts ans, d'autant que les lieux y sont froids, au moyen dequoy ils contiennent au dedans la chaleur naturelle: car les corps des Æthiopiens sont plus rares, d'autant qu'ils sont laschez par la chaleur du Soleil: & au contraire, les corps des hommes qui sont vers le Septentrion sont plus serrez, & pour ceste cause ils viuent plus long temps.

Les Demandes des choses Romaines,
C'EST A DIRE, RECERCHES DES
causes de plusieurs façons & coustumes de Rome.

I. POURQUOY est-ce que lon commande aux nouuelles mariees de toucher au feu & à l'eau? Est-ce pource qu'entre les elements & principes dont sont composez les corps naturels, l'vn de ces deux, à sçauoir le feu, est le masle, & l'eau la femelle: & l'vn leur donne le principe de mouuement, l'autre la proprieté de subiect & de matiere? ou bien pource que le feu purge, & l'eau laue, & faut que la femme demeure pure & nette toute sa vie? Ou pource que ne plus ne moins que le feu sans humeur n'a point de nourriture, & est sec, & aussi l'humeur sans chaleur demeure oysifue, sans rien engendrer ne produire: aussi le masle est sans effect, & la femelle aussi, quand ils sont separez l'vn de l'autre, mais la conionction des deux mariez ensemble est la perfectiō de leur vie & cohabitatiō? ou pource qu'ils ne se doiuēt iamais abandōner l'vn l'autre, ains participer à toute fortune l'vn de l'autre, quand ils ne deuroient auoir autre bien cōmun entr'eux que le feu & l'eau seulement?

II. Pourquoy est-ce que lon allume aux nopces cinq flambeaux, qu'ils appellent cierges, & iamais plus, ny iamais moins? Est-ce pource que, comme dict Varro, les Preteurs en vsent de trois, & les Ædiles de deux, & ne seroit pas raisonnable qu'ils en eussent plus que les Preteurs & les Ædiles ensemble, mesmement qu'il faut que lon aille allumer les flambeaux des nouueaux mariez chez les Ædiles? Ou pource qu'en ayant à vser de plusieurs, le nombre non-pair leur sembloit en toute autre chose meilleur, & plus parfaict que le pair, & mesmement plus propre & mieux conuenable aux nopces, d'autant que le nombre pair reçoit diuision, & l'egalité des parts qui sont en luy a ie ne sçay quoy du querelleux & du combattant, là où le non-pair ne se peult iamais bien diuiser egalement, qu'il n'y demeure tousiours quelque chose de commun à departir: & entre tous les non-pairs il semble que le cinq est le plus

nuptial

nuptial & le mieux seant au mariage, pource que trois est le premier non-pair, & deux le premier pair, & le cinq est composé de ces deux, comme du masle & de la femelle: ou plustost pource que la lumiere est le signe de l'estre & de la vie, & la femme peut porter iusques à cinq enfans à vn coup pour le plus: à ceste cause ils accoustument de porter cinq cierges: ou pource qu'ils estiment que ceux qui se marient ayent affaire de cinq Dieux, de Iupiter parfaict, de Iuno parfaicte, de Venus, de Persuasion, & de Diane, que les femmes reclament aux douleurs & trauaux de leurs enfantemens.

III. Pourquoy est-ce que y ayant plusieurs temples de Diane à Rome, il n'y en a qu'vn, celuy qui est en la ruë que lon appelle Patricienne, où les hommes n'entrent point? Est-ce point pour vn conte que lon en fait, que anciennemét quelque femme estant là venuë pour adorer la Deesse, elle y fut violee, & celuy qui la força y fut deschiré par les chiens? depuis lequel inconuenient vne superstitieuse crainte s'en estant mise és entendements des hommes, ils n'y entrent plus.

IV. Pourquoy est-ce qu'ordinairement és autres temples de Diane on fiche des cornes de cerf, & en celuy qui est au mont Auentin il y a des cornes de bœuf? Est-ce pour la memoire d'vn ancien accident? car on dict, que iadis au pays des Sabins il nasquit à Antron Coratius vne vache qui deuint belle & grande à merueille par dessus toutes les autres, & qu'vn certain deuin luy dict, qu'il estoit predestiné que la ville qui immoleroit ceste vache à Diane au mont Auentin, seroit vne fois tres-puissante, & domineroit toute l'Italie. Cest homme s'en vint à Rome en deliberation d'y sacrifier sa vache, mais vn sien vallet vint secrettement faire entendre au Roy Seruius Tullius ceste prediction du deuin: & Seruius la communiqua au presbtre de Diane, Cornelius: parquoy quand Antron se vint presenter pour faire son sacrifice, Cornelius luy dict, qu'il falloit premierement lauer en la riuiere du Tybre, pource qu'ainsi le portoit la coustume des sacrifians. Antron s'y en alla pour se lauer, mais cependant Seruius le preuint, qui immola la vache à la Deesse, & en ficha les cornes dedans son temple. Iuba recite ainsi ceste histoire, & Varro aussi, excepté que Varro n'escrit pas le nom d'Antron, & ne dict point que ce fust le presbtre Cornelius, mais seulement le secretain du temple, qui abusa le Sabin.

V. Pourquoy est-ce que ceux que lon a faict morts faulsement en pays estranger, encore qu'ils retournent on ne les reçoit point à entrer par les portes des maisons, ains les fait-on monter sur les tuiles, & les descend-on au dedans par la couuerture? Varro en rend vne raison que i'estime du tout fabuleuse: car il dict, que durant la guerre de Sicile, il y eut vne grosse bataille donnee par mer, & courut incontinent vn bruit de plusieurs, comme s'ils y fussent morts, lesquels estans retournez moururent tous en peu de temps apres: mais que l'vn, ainsi qu'il vouloit entrer chez luy, trouua que la porte se ferma d'elle-mesme au deuant de luy, & quelque effort que lon feist pour l'ouurir, iamais elle ne se laissa aller: au moyen dequoy cest homme s'estant endormy deuant sa porte, la nuict eut en dormant vne vision qui luy enseignoit, comment il se deuoit de dessus la couuerture deualer auec vne corde audedans de sa maison, & que l'aiant ainsi fait il fut heureux le reste de sa vie, & vescut iusques à grande vieillesse: de là vint la coustume, qui depuis a tousiours esté obseruee. Mais à l'aduenture que ceste façon est aucunement deriuee des Grecs, lesquels n'estimoient point nets ceux que lon auoit portez en terre comme morts, ou à qui on auoit faict la sepulture, & ne les receuoient point à hanter & frequenter parmy eux, ny ne les laissoient point approcher des sacrifices: & dict-on que l'vn de ceux qui furent tenus & subiets à ceste superstition, nommé Aristinus, enuoya en Delphes à l'oracle d'Apollo, le supplier de deliurer des peines & difficultez où il se trouuoit à cause de ceste coustume, & que la prophetisse luy respondit,

Les demandes des choses Romaines.

Fay derechef ce que les femmes font
A leurs enfans dont en couche elles font,
Et puis apres fay aux Dieux sacrifice,
En leur rendant graces du benefice,

ce que Aristinus ayant bien compris & entendu, se bailla aux femmes, comme s'il eust esté de nouueau enfanté, à lauer, à emmaillotter, & à faire teter: & que depuis tous ceux que lon appelle Hysteropotmous, c'est à dire, à qui lon fait la fosse, comme s'ils fussent morts, ont tousiours faict de mesme: les autres disent, que deuant que Aristinus sust iamais né, on faisoit cela à ceux qui auoient eu pareils accidents, & que c'est vne coustume de toute ancienneté obseruee en tel cas: pourtant n'est-il pas de merueille si les Romains aussi n'estimoient pas, que celuy duquel ils pensoient auoir fait les funerailles, & estre desia en l'autre monde, au nombre des trespassez, deust entrer en la court par où eux sortent, quand ils veulent aller sacrifier aux Dieux, & par où ils rentrent quand ils ont sacrifié, ains vouloient que de dessus les tuiles il descendist dedans la closture: car ils font ordinairement toutes leurs cerimonies de purifications au descouuert.

VI. Pourquoy est-ce que les femmes baisent leurs parents en la bouche? Est-ce comme la plusart le pense, pource qu'estant defendu aux femmes de boire du vin, la coustume fut introduicte, que quand ils rencontreroient leurs parents, elles les baisassent en la bouche, pour conuaincre celles qui en auroient beu? ou bien pour la raison qu'allegue le Philosophe Aristote? Car ceste autre occasion qui est en la bouche de tout le monde, & que lon dict estre aduenuë en plusieurs lieux, fut hardiment executee par les Dames Troyennes, en la coste de l'Italie: car comme leurs hommes fussent descendus en terre, elles meirent le feu dedans leurs vaisseaux, pour l'enuie qu'elles auoient de mettre fin, comment que ce fust, à leur longue peregrination, & de se deliurer des trauaux & dangers de la mer, mais craignans la fureur de leurs hommes à leur retour, elles allerent au deuant de leurs parents & amis, qu'elles saluërent en les embrassant, & les baisant en la bouche: & ayants appaisé leurs courroux par ce moyen, & recouuré leurs bonnes graces, elles continuerent depuis tousiours à vser enuers eux de ceste caresse: ou plustost ce priuilege là fut donné aux Dames, comme chose qui leur apportoit honneur & credit, si lon voyoit qu'elles eussent beaucoup, & de gens de bien, qui fussent de leur race & parenté: ou pource qu'il estoit defendu d'espouser ses parentes, elles les pouuoient caresser iusques à les baiser: & leur est demouré ceste seule marque & communication de parenté: car par cy-deuant ils n'espousoient point les femmes de leur sang, comme encore ne font-ils pas auiourd'huy leurs tantes ny leurs sœurs, & a esté bien tard qu'ils ont permis de contracter mariage auec les cousines, pour vne telle occasion. Il y eut vn personnage qui auoit faute de biens, mais au demourant fort homme de bien, & plus aggreable que nul des autres qui s'entremissent du gouuernement de la chose publique: il espousa vne sienne cousine heritiere, de laquelle il eut beaucoup de biens, & deuint riche: il en fut accusé deuant le peuple, mais en faueur de luy le peuple n'en voulut point enquerir plus auant: & non seulement l'absolut de crime, ains dés lors feit vn statut, par lequel il fut dict, que de là en auant il seroit loisible d'espouser iusques aux cousines germaines & au dessoubs, mais au dessus non.

VII. Pourquoy est-ce qu'il est defendu au mary de receuoir don de sa femme, & à la femme de son mary? Est-ce point pource que comme Solon ordonna que les donations faictes par les mourans teinssent, sinon qu'elles eussent esté faictes par force, ou par induction de femme: exceptant la force, comme contraignant la volonté: & la volupté, comme deceuant le iugement: aussi ont-ils estimé, que les donations mutuelles entre le mary & la femme estoient telles Ou bien pource qu'ils estimoient le donner

Les demandes des choses Romaines. 462

le donner, vn mauuais figne d'amitié, d'autant que & les eftrangers donnent bien, & ceux qui n'ayment point, pour cefte caufe ils ont voulu ofter cefte flatteufe careffe du mariage, à fin que l'amour mutuel y fuft entre les parties, fans falaire ny loyer mercenaire quelconque, gratuitement, & pour le regard d'eux-mefmes, & non point d'autres. Et pource que les femmes le plus communément fe laiffent aller aux eftrangers, en prenant & receuant d'eux des prefens, il leur a femblé que cela auoit plus de dignité, que les hôneftes femmes aymaffent leurs propres maris fans qu'ils leur donnaffent: ou pluftoft pource qu'il faut, que tous les biens du mary foient communs à la femme, & de la femme au mary: car celuy qui reçoit apprent à reputer que ce qui luy eft donné n'eftoit pas fien auparauant, tellement qu'en donnant pour peu que ce foit, ils oftent tout le demourant.

Pourquoy eft-ce qu'il leur eft defendu de receuoir don quelconque de leur gendre, ou de leur beau-pere? Eft-ce point du gendre, de peur que par le moyen du pere le don ne retournaft à la femme? & du beau-pere, pource qu'il fembloit iufte, que celuy qui ne pouuoit donner, ne peuft auffi receuoir en don? VIII.

Pourquoy eft-ce que quand ils retournent d'vn voyage loingtain au pays, ou feulement des champs à la ville, f'ils ont leurs femmes à la maifon, ils enuoyent deuant pour leur faire fçauoir leur arriuee? Eft-ce point pour leur donner affeurance qu'ils ne veulent rien faire finement ny malicieufement enuers elles? car arriuer foudainement à l'improuueu, eft vne maniere d'aguet & de furprife: ou bien pource qu'ils fe haftent de leur enuoyer donner vne bonne nouuelle de leur venuë, comme fe tenans pour affeurez qu'elles les attendent & les defirent: ou pluftoft pource que eux mefmes defirent fçauoir de leurs nouuelles, s'ils les trouueront faines, & attendans à grande deuotion leur retour: ou pource que les femmes ont plufieurs petits negoces & befongnes à la maifon, pendant que leurs maris n'y font pas, & bien fouuent de petites hargnes & querelles à l'encontre de leurs domeftiques, feruans ou feruantes: à fin doncques qu'oftant toutes ces petites fafcheries-là, elles facent vn recueil gracieux & paifible à leurs maris, ils leur enuoyent deuant faire tels aduertiffemens. IX.

Pourquoy eft-ce que quand ils adorent & prient les Dieux, ils couurent leurs teftes, & au contraire quand ils rencontrent des perfonnages qui meritent qu'on leur face honneur, fi d'aduenture ils ont la tefte couuerte de leurs robbes, ils fe defcouurent? car il femble que cela rende la premiere doubte plus malaifee à foudre: car fi ce que lon recite d'Æneas eft veritable, que paffant Diomedes au long de luy, ainfi qu'il facrifioit, il fe couurit la tefte, & acheua fon facrifice: il y a raifon & confequence, fi lon fe couure deuant fes ennemis, de fe defcouurir quand on rencontre des gens d'honneur ou de fes amis: car la façon de fe couurir deuant les Dieux n'eft pas proprement venuë pour eux, mais par accident, & en eft toufiours demeuree la couftume, depuis ce qu'Æneas le feit ainfi pour l'occafion fufdicte. Mais f'il faut dire quelque chofe dauantage, il n'eft ia befoing que d'enquerir feulement, pourquoy c'eft qu'ils couurent leurs teftes quand ils prient les Dieux, pource que l'autre en depend & f'en enfuit: car ils fe defcouurent deuant les hommes de dignité & d'authorité, non pour leur faire plus d'honneur, mais au contraire pour leur ofter & diminuer l'enuie, de peur qu'ils ne femblent requerir qu'on leur face autant d'honneur qu'aux Dieux, ny fouffrir ou prendre plaifir que lon les reuere de mefme les Dieux. Et quant aux Dieux, ils les prient & adorent ainfi, ou par humilité, f'humilians deuant eux, en affublant leurs teftes: ou pluftoft pource qu'ils craignent qu'en faifant leur priere il ne vienne de dehors quelque voix de mauuais & finiftre prefage qui leur donne à l'oüye: à l'occafion dequoy ils tirent leur robbe iufques fur leurs oreilles: car qu'il foit vray qu'ils ayent foigneufement l'œil à prouuoir que telle chofe n'aduienne, il appert parce que quand ils vont à l'oracle, pour auoir refponfe de quelque X.

Iii ij

Les demandes des choses Romaines.

demande, ils font faire grand bruict à l'enuiron, en frappant & faisant sonner à l'entour des vases de cuiure: ou pource que, comme dit Castor, en accordant les façons Romaines auec celles des Philosophes Pythagoriens, le Dęmon ou bon Ange qui est dedans nous, prie & supplie les Dieux de dehors, donnant couuertement à entendre par cest affublement de teste, que l'ame est ainsi affublee, couuerte & cachee par le corps.

XI. Pourquoy est-ce qu'ils sacrifient à Saturne la teste descouuerte? Est-ce pource que Æneas fut celuy qui introduisit la coustume de se couurir la teste en sacrifiant, là où le sacrifice de Saturne est beaucoup plus ancien? ou pource qu'ils se couurent deuant les deïtez celestes? mais quant à Saturne, ils le reputent Dieu d'icy bas & terrestre: ou pource qu'il n'y a rien de caché ny de couuert en la verité? or les Romains estiment Saturne pere de la verité.

XII. Pourquoy est-ce qu'ils estiment Saturne pere de la verité? Est-ce point pource que comme aucuns des philosophes, ils ont opinió que Saturne soit le temps? or le temps est celuy qui descouure la verité. Ou pource que les fables des poëtes racontent, que sous Saturne regnoit l'aage doré, & la vie des hommes estoit tres-iuste, il falloit doncques aussi consequemment qu'il y eust beaucoup de verité?

XIII. Pourquoy est-ce qu'ils sacrifient aussi au Dieu qu'ils appellent Honor, c'est à dire, gloire ou honneur, la teste descouuerte? Est-ce point pourautant que l'honneur & la gloire est chose euidente, notoire & descouuerte à tous? & pour la raison qu'ils se descouurent deuant les gens de bien & d'honneur, pour la mesme adorent-ils aussi la deité d'Honneur à teste descouuerte.

XIV. Pourquoy est-ce que les fils portent & conuoyent leurs peres à leurs obseques les testes couuertes, & les filles descouuertes, & les cheueux destressez & pendants? Est-ce pourautant qu'il faut que les masles honorent leurs peres comme Dieux, & que les femelles les lamentent comme hommes trespassez? ainsi la Loy attribuant à chasque sexe ce qui luy est propre, a faict ce qui estoit bien seant & conuenable à chascun. Ou bien pource que cela est propre au dueil qui est hors de la coustume ordinaire? Or est-il plus ordinaire aux femmes de sortir en public les testes voilees & couuertes, & aux hommes les testes nuës & descouuertes: car mesme entre les Grecs, quand il arriue quelque calamité publique, la coustume est, que les femmes tondent leurs cheueux, & les hommes les portent longs: pource que l'ordinaire est, que les hommes aillent tondus, & les femmes portent les cheueux longs. Et qu'il soit ainsi, que les fils couurent leurs testes pour la cause que nous auons dicte, il se peut inferer parce que Varron escrit, qu'és funerailles, & à l'entour des tombeaux de leurs peres, ils se portent auec telle reuerence, commé és temples des Dieux: tellement que quand ils en ont bruslé les corps, les premiers os qu'ils en rencontrent, ils disent que celuy qui est mort est deuenu Dieu. Au contraire, il n'estoit aucunement permis aux femmes de voiler ny couurir leurs testes: & trouue-lon par escript que le premier qui repudia sa femme fut Spurius Caruilius, à cause qu'elle ne portoit point d'enfans: le second Sulpicius Gallus, pource qu'il auoit veu qu'elle auoit tiré son vestement sur sa teste: & le troisiéme Publius Sempronius, pource qu'elle auoit assisté à voir des ieux funebres.

XV. Pourquoy est-ce que, veu qu'ils estiment Terminus, qui signifie Borne, estre vn Dieu, duquel ils celebrent la feste, qu'ils appellent Terminalia, neantmoins ils ne luy sacrifient iamais aucune beste? Est-ce pource que Romulus ne meit point de bornes à son pays, à fin qu'il luy fust loisible de s'eslargir & en prendre là où il voudroit, & reputer toute terre sienne iusques où, comme disoit le Laconien, la picque pouuoit atteindre? Mais Numa Pompilius, estant homme iuste & droicturier, sçachant cóme il faut conseruer les droicts de la societé humaine, & se rendre subiect

à la raison,

Les demandes des choses Romaines, 463

à la raison, feit borner sa terre, ses voisins appellez, & nomma les bornés & limites Terminus, comme conseruateur & garde de paix & d'amitié entre les voisins, lequel il estima deuoir estre conserué pur & net de sang, & impollu de meurtre.

Pourquoy est-ce qu'il n'est pas loisible aux seruantes entrer dedans le temple de la XVI. Deesse Leucothea? & que les Dames y en meinent vne toute seule, laquelle elles frappent en la ioüe, & la soufflettent? Quant à celle qui est ainsi soufflettee, cela tesmoigne qu'il ne leur est point permis d'y entrer: & quant aux autres, c'est pour vne fable poëtique qui dict, que Ino iadis estant ialouse d'vne sienne seruante & de son mary, en deuint furieuse à l'encontre de son propre fils. Les Grecs tiennent que ceste seruante estoit de nation Ætolienne, & qu'elle s'appelloit Antiphere. Et pourtant en nostre pays, en la ville de Cheronee, deuant le temple de Leucothee, le secretain prenant vn foüet crie, qu'il n'y ait seruant ny seruante qui s'ingere d'y entrer, ny Ætolien, ny Aetolienne.

Pourquoy est-ce qu'au temple de ceste Deesse on ne prie iamais pour ses propres XVII. enfans, mais bien pour ses nepueux? Est-ce pource que Ino ayma iadis fort sa sœur, iusques à donner la mammelle à son fils, & fut mal fortunee en ses propres enfans? ou bien pource qu'autrement ceste coustume est fort cordiale & honneste, & qui induit les cœurs des hommes à porter amour & affection à ses parens.

Pourquoy est-ce que plusieurs riches hommes consacroient & donnoient la dix-XVIII. me de tous leurs biens à Hercules? Est-ce pource que luy-mesme estant à Rome sacrifia aux Dieux la dixme des bœufs qu'il auoit ostez à Geryon, ou pource qu'il deliura les Romains du tribut de la dixme de leurs biens qu'ils souloient payer à ceux de la Thoscane? Ce qui toutefois ne se treuue point escrit en l'histoire authentique & digne de foy: mais comme à vn Dieu grand mangeur, & qui aymoit à bien repaistre, ils offroient & sacrifioient ainsi abondamment & plantureusement: ou plustost pource qu'ils vouloient par ce moyen diminuer vn peu leur excessiue richesse, qui ordinairement est odieuse aux estats populaires, ne plus ne moins que s'ils eussent, par manieniere de dire, retrenché vn peu de leur en-bon-point, qui seroit venu à vne extremité de graisse & de corpulence, estimans par ce racourcissement faire honneur & seruice aggreable à Hercules, comme à celuy qui prenoit plaisir à voir ainsi consumer & reserrer toute superfluité, pource qu'en son viuant il auroit esté content de peu, sans delices ne superfluité quelconque.

Pourquoy est-ce qu'ils commancent leur annee au mois de Ianuier? car ancien-XIX. nement le mois de Mars alloit deuant, comme lon peut iuger par plusieurs autres coniectures, & mesmement parce que le cinquiéme mois apres Mars s'appelle encore Quintilis, & le sixiéme Sextilis, & tous les autres consequemment par l'ordre des nombres, iusques au dernier qu'ils appellent Decembre: ce qui faict penser & dire à quelques vns, que par cy-deuant les Romains accomplissoient leur annee en dix mois, adioustant aux dix mois quelque nombre de iours par dessus les trente. Les autres escriuent que Decembre estoit le dixiéme apres Mars, & Ianuier l'vnziéme, & Feburier le douziéme, ausquels ils vsent de quelques sacrifices d'expiation & purgation, & si sacrifient & font offrandes aux trespassez, comme à la fin de l'annee: mais que depuis ils ont esté transposez, & a-lon mis Ianuier le premier, pource qu'au premier iour d'iceluy que lon appelle les Calendes de Ianuier, les premiers Consuls furent installez lors que lon chassa les Roys hors de Rome. Mais il y plus d'apparence en ceux qui disent que Romulus estant homme Martial, qui n'aymoit que la guerre & les armes, comme celuy qui pensoit estre fils de Mars, preposa à tous les autres mois celuy qui portoit le nom de son pere. Mais Numa puis apres, qui estoit homme paisible, & qui taschoit à diuertir les cœurs de ses citoyens de la guerre à l'agriculture, donna le premier lieu à Ianuier, & feit de grands honneurs à Ianus,

Iii iij

Les demandes des choses Romaines.

comme à celuy qui auoit esté homme plus addonné au labour de la terre, & au gouuernement politique, que non pas à l'exercice des armes. Ou bien aduisez si Numa auroit point plus tost choisi ce commancement là de l'annee, comme le plus conuenable à la nature au regard de nous: car en general il n'y a rien de ce qui tourne en vn cercle, qui soit selon nature ne premier ne dernier: mais par ordonnance & institution des hommes, les vns commancent leur temps à vn poinct, les autres à vn autre: & ceux qui le commancent au Solstice d'hyuer, le font auec meilleure raison, lors que le Soleil cessant de passer outre, commance à retourner & reprendre son chemin deuers nous: car il semble que ce soit, & selon nature & au regard de nous, le plus raisonnable commancement, d'autant qu'il nous augmente le temps de la lumiere, & diminue celuy des tenebres, & nous approche l'astre qui est le dominateur, gouuerneur & conducteur de toute substance transitoire.

XX. Pourquoy est-ce que les femmes parans la chappelle de la Deesse feminine, qu'elles appellent la bonne Deesse, n'apportent iamais à la maison des branches de meurte, combien qu'elles y employent toutes autres sortes de fleurs & de fueillages? Est-ce pource que quelques vns racontent fabuleusement, que c'estoit la femme d'vn Flauius deuin, laquelle buuoit du vin à cachettes, & y ayant esté surprise par son mary, elle en fut foüettee de verges de meurte, & pour ceste cause n'y porte lon point de ramee de meurte, mais on luy fait offrande de vin, que lon surnomme du laict? Ou bien pource qu'il faut que celles qui font & qui assistent à ceste cerimonie-là, soient nettes de toutes autres pollutions, mais specialement de celle de Venus? car non seulement elles mettent hors de la maison où ce seruice se fait à la Deesse les hommes, mais aussi tout ce qui autrement est de sexe masculin: c'est pourquoy elles detestent le meurte, comme estant consacré à Venus, tellement qu'il semble qu'ils appelloient anciennement Venus Myrtea, qu'ils appellent maintenant Murcia.

XXI. Pourquoy est-ce que les Latins reuerent le Piuert, & se gardent bien de luy mal faire? Est-ce pource que lon dict que Picus iadis par les enchantemens & sorcelleries de sa femme changea de nature, & fut transformé en vn Piuert, soubs laquelle forme il donna des oracles, & rendit responses à ceux qui luy proposoiét quelques demandes: ou bien pource que cela est de tout poinct incroyable & estrangement fabuleux? L'autre fable que lon en raconte semble auoir plus de verisimilitude, que quand Remus & Romulus furent exposez, non seulement vne Louue leur bailla son pis à teter, mais aussi vn Piuert y suruint qui leur apporta la becquee: auquel propos encore voit-on ordinairement, comme recite Nigidius, que là où hante le Piuert en quelque fonceau couuert de bois & de ramee, là repaire aussi coustumierement le Loup. Ou plustost pource que consacrans à chasque Dieu chasque sorte d'oiseau, ils reputent celuy-là sacré à Mars, pource qu'il est courageux & hardy, & a le bec si fort qu'il ruine vn chesne, le perçant à force de becqueter iusques à la moëlle.

XXII. Pourquoy est-ce qu'ils estiment que Ianus ait eu deux visages, & de faict le peignent & le moulent ainsi? Est-ce pource que de nation il estoit Grec, venu de la Perrœbie, ainsi comme lon trouue par escript és histoires, & passant en Italie il s'habitua au païs parmy les Barbares qui y estoient, desquels il changea le langage, & les façons de viure? ou plustost pour-ce qu'il leur enseigna & persuada de viure ensemble ciuilement & honnestement en labourant la terre, là où auparauant ils auoient des meurs & façons de faire sauuages, sans loy ny iustice quelconque?

XXIII. Pourquoy est-ce qu'ils vendent les choses necessaires aux funerailles, dedans le temple de la Deesse Libitine, estimans que ce soit Venus? Est-ce point vne des sages inuentions du Roy Numa, à celle fin de leur apprendre à n'auoir point cela en horreur, ny ne le fuir point, comme chose qui rendist l'homme pollu? ou bien pource que cela est vn recors qui leur reduit en memoire, que tout ce qui a eu cómancement

de naisde naiſſance, aura auſſi fin de mort, comme eſtant le naiſtre & le mourir ſous le gouuernement & puiſſance d'vne meſme Deïté? car meſme en la ville de Delphes il y a vne petite image de Venus, que l'on ſurnomme ſepulchrale, deuant laquelle on euoque les ames des treſpaſſez, pour receuoir les offrãdes des liqueurs que lon leur reſpãd.

Pourquoy eſt-ce qu'ils ont en chaſque moys trois commancemens & prefixions, ne gardans pas meſmes interualles de iours entredeux? Eſt-ce pource que, comme Iuba eſcrit, les magiſtrats au premier iour, qu'ils nommoient les Calendes, auoient accouſtumé d'appeller le peuple, & luy denoncer que les Nonnes, c'eſt à dire, la foire ou le marché, ſeroient le cinquiéme iour d'apres: & quant aux Ides, ils le reputoiẽt vn iour ſainct & ſacré? Ou pource que meſurans & terminans le temps aux differences de la Lune, ils voyoiẽt qu'elle auoit trois principales diuerſitez par chacun mois, la premiere quand elle eſt toute cachee en ſa conionction auec le Soleil: la ſeconde, quand elle s'eſloigne des raions du Soleil, & commance à apparoir en croiſſant ſur le ſoir du coſté de Soleil couchant: la troiſiéme, quand elle eſt toute pleine: ils nomment ſon abſconſion & cachement les Calendes, pource que ce qui ſe fait occultement & à cachettes ils le diſent *clam, & celare* cacher. Et le premier iour de ſon illumination, que nous appellons Neomenie, c'eſt à dire, nouuelle Lune, ils l'appellent à bonne occaſion Nonnes, pource qu'ils nomment ce qui eſt nouueau, ieune, comme nous faiſons: & les Ides ſont nommees de ce mot εἶδος, qui ſignifie beauté, pource que la Lune eſtant lors toute pleine, eſt en ſa perfection de beauté: ou bien ils tirent ceſte denomination de ce mot Δίος, qui eſt à dire Iupiter. Et ne faut pas en cela recercher exactement le nombre des iours, ny calomnier ceſt vſage là, pour peu de faute qui s'y treuue: veu que maintenant meſme que la ſcience des aſtres, que lon nomme Aſtrologie, a pris ſi grand accroiſſement, l'inegalité du cours de la Lune ſurpaſſe encore les obſeruations des Mathematiciens, & ne la peuuent regler à certaine raiſon.

Pourquoy eſt-ce qu'ils reputent les lendemains des Calendes, des Nonnes, & des Ides, malencontreux, de ſorte qu'ils n'entreprennent iamais voyage, ny ne ſe mettent iamais aux champs, à ces iours là? Eſt-ce pourautant que, comme pluſieurs eſtiment, & comme Titus Liuius l'eſcrit, les Tribuns militaires, du temps qu'ils auoient l'authorité ſouueraine, aiants aux champs l'armee Romaine le lendemain des Ides du moys que l'on appelloit pour lors Quintile, & maintenant Iuillet, ils furent deſconfits en bataille par les Gaulois, le long de la riuiere d'Allia, & conſequemment perdirent la ville meſme de Rome: & pour ceſte occaſion ce lendemain des Ides eſtant tenu & reputé pour ſiniſtre, la ſuperſtition venant à pouſſer plus outre, la couſtume, comme il ſe fait ordinairement, a rendu le lendemain des Nonnes, & le lendemain des Calendes, à l'opinion des hommes, en pareille crainte & ſemblable religion. Mais à cela il y a pluſieurs oppoſitions & obiections: car premierement ils perdirent la bataille à autre iour qu'à celuy duquel il eſt queſtion, & appellent encore le iour de la bataille d'Allia du nom de la riuiere, l'ayans en abomination, comme malheureux, pour ceſte raiſon-là. Et puis ils ont pluſieurs autres iours qu'ils eſtiment ſiniſtres & malencontreux, mais pour cela ils ne redoutẽt pas les autres iours qui ſont de ſemblable denomination en chacun mois, ains chacun iour à part ſeulement au mois que le deſaſtre leur eſt arriué. Et que le malheur d'vn iour ait attaché ceſte ſuperſtitieuſe crainte à tous les lendemains des Calendes, des Nonnes & des Ides, il y a bien fort peu d'apparence. Prenez doncques garde, que commẽ lon a conſacré le premier mois aux Dieux celeſtes, & le ſecond aux terreſtres, auquel on fait quelques cerimonies & ſacrifices d'expiation & de purification, & preſente-lon des offrandes & ſeruices aux treſpaſſez: auſſi entre les iours des moys, les trois qui ſont comme les chefs & les principaux, ils ont voulu qu'ils fuſſent feſtez & ſanctifiez: mais ceux d'apres, les aiants dediez aux demy-dieux & aux treſpaſſez, ils les ont

Les demandes des choses Romaines.

aussi consequemment estimez malencontreux & mal propres à faire ou entreprendre aucune chose: car les Grecs adorans & seruans les Dieux aux premiers iours des
mois, ont atttribué les deuxiémes aux demy-Dieux & aux Dæmons: comme aussi és
festins ils boiuent la seconde coupe aux demy-Dieux & demy-Deesses. En somme, le temps est vne espece de nombre, & le commencement du nombre est ne sçay
quoy de diuin, car c'est l'vnité: & celuy qui vient apres le deux est contraire au commancement, & est le premier des pairs. Or le nombre pair est defectueux, imparfait,
& indefiny: comme à l'opposite le non-pair termine, & est terminé & parfait: voyla
pourquoy les Nonnes succedent aux Calendes cinq iours apres, & les Ides aux Nonnes neuf iours apres: car les non-pairs terminent les commancemens, mais ceux qui
viennent apres les commancemens, estans pairs, ils n'ont point de reng ny de puissance: c'est pourquoy ils ne commancent aucune entreprise de grand œuure, ny aucun voyage à ces iours là. A quoy se peut rapporter le propos que dit anciennement
Themistocles, que le Lendemain prit vne fois querelle alencontre de la Feste, disant
qu'il auoit beaucoup d'affaire & beaucoup de peine, & qu'il preparoit & acqueroit,
auec beaucoup de trauail, les biens dont la feste iouïssoit à son aise en tout repos
„ & loisir: à quoy la feste luy respondit, Tu dis la verité, mais si ie n'eusse esté, tu ne
„ fusses pas aussi. Themistocles teint ce propos là aux Capitaines Atheniens, qui vindrent apres luy, leur donnant à entendre qu'ils n'eussent eux & leurs faicts nulle
part comparu, si luy premier n'eust sauué la cité d'Athenes. Pourautant donc que
toute entreprise, & tout voyage d'importance, a besoing de quelque prouision & de
quelques preparatifs, & que les Romains anciennement aux iours de festes ne faisoient aucune besongne, ny aucune prouision, ains estoient du tout addonnez &
occupez au seruice de Dieu, & faisoient cela: comme encores auiourd'huy, quand
les presbtres commancent vn sacrifice ils cryent deuant à haute voix aux assistans,
Hoc age, c'est à dire, fay cecy: il est vray-semblable qu'ils ne se mettoient pas en
chemin d'vn long voyage, ny à l'entreprise d'vn grand affaire, incontinent apres la
feste, pource qu'ils n'auoient pas fait leurs apprests, ains se tenoient en la maison
tout le lendemain à penser à leurs affaires, & à se prouuoir des choses qui leur
estoient necessaires. Ou comme encore iusques auiourd'huy, apres qu'ils ont adoré & fait leur priere aux Dieux dedans les temples, ils ont accoustumé d'y faire vn
peu de sejour, & de s'y asseoir: aussi n'estimoient-ils pas qu'il fust raisonnable de
ietter immediatement apres les iours de festes, les ouurables, ains y mettoient quelque espace & quelque interualle entredeux, sçachans bien que les affaires apportent
tousiours plusieurs fascheries, oultre l'opinion & la volonté de ceux qui les ont en
main.

XXVI. Pourquoy est-ce que les femmes en dueil portent des robbes blanches, & la coif-
fure blanche aussi? Est-ce point pour s'opposer à l'enfer & aux tenebres, qu'ils se con-
forment ainsi à la couleur claire & reluisante? ou bien pource que comme ils reue-
stent & ensueclissent le corps du mort de draps blancs, ils estiment que ses proches
parents doiuent aussi porter sa liuree: & parent le corps ainsi, pour ce qu'ils ne peuuent accoustrer l'ame, laquelle ils veulent s'en aller luysante & nette, comme celle
qui desormais est à deliure, & qui a paracheué vn grand & diuers combat? Ou
Ce sont les bien pource qu'en telles choses, ce qui est le plus simple & de moindre coust, est le
paroles mieux seant, là où les draps d'autre teinture monstrent ordinairement ou vne super-
que d'vn
Roy d'Ae fluité, ou vne curiosité: car l'on peut aussi bien dire du noir, comme de la couleur de
thiopie pourpre, les robbes & les couleurs sont tromperesses. Et quant à ce qui est de soy
des robbes
des Per- mesme noir, il est teinct par nature, & non par artifice meslé & composé d'obscurité:
siens He- parquoy il n'y a que le blanc qui soit tout pur, non mixtionné, ny souillé d'aucune
rodote en teinture, sans qu'on le puisse imiter, & pourtant plus propre & conuenable à ceux
Thalia.
que

Les demandes des choses Romaines. 465

que lon enterre, attendu que le mort est deuenu simple, pur, exempt de toute mixtion, & deliure du corps, qui n'est autre chose qu'vne tache & souillure que lon ne peut effacer. En la ville d'Argos semblablement, quand ils portent le dueil ils vestent robbes blanches, comme dit Socrates, lauees en eau claire.

Pourquoy est-ce qu'ils estiment toute la muraille de la ville sacree & inuiolable, & les portes non? Est-ce, comme dit Varron, pourautant qu'il faut estimer les murs saincts, à fin que lon combatte & que lon meure genereusement pour la defense d'iceux? car il semble que ce soit la cause pour laquelle Romulus tua son frere Remus, pource qu'il entreprit de saulter par dessus vn lieu sainct & inuiolable, & le rendre prophane & violable: là où au contraire, il n'estoit pas possible de consacrer & sanctifier les portes, par lesquelles il est force de transporter plusieurs choses necessaires, & mesmement les corps des trespassez. Et pourtant ceux qui commançoient à fonder & bastir vne ville, enuironnoient & labouroient premierement auec vne charrue tout le pourpris & l'enceinte qu'ils vouloient bastir, y attellans vn bœuf & vne vache: puis quand ils auoient ainsi tracé toute l'enceinte, ils ostoient le soc, & portoient la charrue par autant d'espace qu'il en falloit pour bastir les portes: comme voulans dire, que tout le sillon qu'ils labouroient seroit sacré & inuiolable. XXVII.

Pourquoy est-ce que quand les enfans iurent par Hercules, ils les font sortir hors de la maison, & aller dehors à descouuert? Est-ce, comme aucuns veulent dire, pource que garder les cendres & la maison ne plaist point à Hercules, ains viure à la campagne, & coucher dehors? Ou plus tost, pource qu'entre les Dieux il n'est pas proprement naturel, ains comme estranger venu de dehors? car aussi ne iurent-ils point par Bacchus soubs le toict de la maison, ains sortent dehors, pourautant qu'aussi luy entre les Dieux est comme estranger. Ou bien cela est vn propos qui se dit voirement par ieu aux enfans: mais à la verité c'est vn moien de les retenir & engarder de iurer facilement & soudainement; ainsi que disoit Phauorinus: car il a esté expressément introduit pour les retenir vn petit, & leur donner, ce temps pendant qu'il leur faut sortir de la maison, loisir & espace d'y penser: & pourroit-on auec Phauorinus coniecturer que ceste façon de faire ne soit pas commune aux autres Dieux, mais propre à Hercules, pource que lon trouue par escrit qu'il estoit si religieux & si retenu à iurer, que iamais en sa vie il ne iura qu'vne seule fois, à Phyleus fils de Augias. Et pourtant la prophetisse de Delphes qui se nomme Pythia, respondit vn iour aux Lacedemoniens, XXVIII

Tous iuremens quand vous interdirez,
De bien en mieux amendans vous irez.

Pourquoy est-ce qu'ils ne permettent pas que la nouuelle mariee passe d'elle mesme par dessus le seuil de l'huys, quand on la mene chez son mary, ains ceux qui l'accompagnent l'enleuent & l'emportent au dedans? Est-ce pour souuenance qu'ils emporterent ainsi les premieres femmes qu'ils rauirent par force, & qu'elles n'y entrerent pas d'elles mesmes, de leur bon gré? ou si c'est pource qu'elles veulent que lon pense qu'elles entrent maugré elles, & non pas de leur bonne volonté, au lieu où elles doiuent perdre leur pucelage? ou c'est vn signe qu'elle n'en doit plus sortir, ny abandonner la maison sinon par force, tout ainsi comme elle y est entree aussi par force: car en nostre pays de la Bœoce on brusle deuāt la porte de la nouuelle mariee l'aixieu de la charette, sur laquelle elle a esté amenee en la maison de son mary: voulans par là luy donner à entendre, qu'il faut qu'elle y demeure vueille ou non, pour ce que la voyture qui la pourroit emmener est consumee. XXIX.

Pourquoy est-ce que quand ils introduisent la nouuelle espousee en la maison de son mary, ils luy font dire, Là où tu es Caïus, là ie seray Caïa, Est-ce pour tesmoigner par ces paroles, qu'elle entre pour estre incontinent commune en tous biens auec luy, & pour commander en la maison comme luy? car c'est autant à dire com- XXX.

Les demandes des choses Romaines.

me, là où tu seras maistre & seigneur, là ie seray dame & maistresse : & ont pris ces noms là, qui sont communs, les premiers venus, sans autre raison, comme les Iurisconsultes vsent de Caïus Seïus, Lucius Titius : & les Philosophes en leurs escholes vsent de Dion & de Theon. Ou bien c'est à cause de Caïa Cecilia, belle & honneste dame, qui iadis eut espousé l'vn des enfans de Tarquin, de laquelle on voit encore vne image de bronze dedans le temple du dieu Sanctus : & y auoit encore anciennement ses patins & ses quenoüilles, les vns pour signifiance qu'elle ne bougeoit de la maison, les autres pour monstrer la besongne qu'elle y faisoit.

XXXI. Pourquoy est-ce que lon chante és nopces ceste parole si commune, Talasius ? Est-il point tiré de ce mot Grec, Talasia, qui signifie filure de laine ? car ils appellent le pannier où les femmes mettent leurs laines, Calathus, & ceux qui conduisent l'espousee la font seoir dessus vne toison de laine, & elle porte la quenoüille & le fuseau, & enuironne toute la porte de la maison de son mary, de laine. Ou s'il est vray ce que disent les historiens, qu'il y auoit vn ieune homme vaillant & adroict aux armes, & au demourant fort bien conditionné, qui se nommoit Talasius : & comme les Romains rauirent les filles des Sabins, qui estoient venues à Rome pour voir les ieux, quelques vns de basse condition, aians dependance de ce Talasius, en choisirent vne fille fort belle de visage, & en l'emportant alloient criant pour leur seureté parmy les rues, A Talasius, à Talasius : à fin que personne ne s'approchast d'eux, ny n'attentast de la leur enleuer, faisans entendre qu'ils la menoient pour femme à Talasius : les autres qui les rencontrerent par le chemin, les accompagnerent pour l'honneur de Talasius, & les suyuirent en loüant la belle election qu'ils auoient faitte, & priant aux Dieux qu'ils leur en donnassent contentement : & pourautant que le mariage en fut heureux, ils accoustumerent depuis à chanter en toutes autres nopces ce nom là de Talasius, tout ainsi comme les Grecs ont accoustumé de chanter Hymenæus.

XXXII. Pourquoy est-ce qu'au mois de May ils iettent du pont de bois en la riuiere des images d'hommes qu'ils appellent Argeos ? Est-ce pour memoire que les Barbares qui anciennement habitoient en ce pays-là, firent ainsi mourir les Grecs qu'ils pouuoient prendre ? mais Hercules qui fut grandement estimé d'eux pour sa vertu, leur osta ceste cruelle façon de tuer les estrangers, & leur enseigna ceste coustume de contrefaire leurs anciennes superstitions de ietter ces images. Or les anciens appelloient tous Grecs, de quelque contree qu'ils fussent, Argeos : si ce n'est qu'on vueille dire que les Argiens, estans ennemis des Arcadiens, à cause du voysinage, ceux qui s'enfuirent d'Arcadie auec Euander, & se vindrent habituer en ce quartier-là, reteindrent tousiours la haine & rancune qu'ils auoient de tout temps enracinee en leurs cœurs contre les Argiens.

XXXIII Pourquoy est-ce qu'anciennement ils n'alloient iamais souper hors de leurs maisons, qu'ils ne menassent quand & eux leurs petits enfans quand ils estoient encore és premiers ans de leur enfance ? Est-ce pour la mesme raison que Lycurgus voulut que les enfans entrassent & hantassent és salles où les hommes mangeoient, à fin qu'ils s'accoustumassent de bonne heure à n'vser point des voluptez de boire & de manger immoderément, comme bestes brutes & rauissantes, aiants les plus aagez qui les regardoient & les contrerolloient : & à celle fin aussi que les peres mesmes en fussent plus retenus & plus honnestes pour la presence de leurs enfans ? Car là où les vieillards sont déhontez, ce dit Platon, là est-il force que les enfans le soient encore bien d'auantage.

XXXIV. Pourquoy est-ce que les autres Romains, faisans leurs offrandes, ceremonies & sacrifices pour les trespassez au mois de Feurier, Decimus Brutus, ainsi que dit Ciceron, les souloit faire au mois de Decembre ? ce Brutus là estoit celuy qui le premier enuahir le pays de la Lusitanie, & passa auec armee la riuiere d'Obliuion. Est-ce

pour ce

Les demandes des choses Romaines. 466

A pour ce que cõme la plus part ont accoustumé de ne faire tels seruices pour les morts que ce ne soit à la fin du mois, & sur la fin du iour, aussi sembloit-il y auoir raison d'honorer les morts à la fin de l'annee? or est le mois de Decembre le dernier de toute l'annee. Ou bien pource que c'est vn honneur que lon fait aux Deitez terrestres? or semble-il, qu'il est lors la vraye saison de reuerer ces Dieux là terrestres, quand tous les fruicts de la terre sont entierement recueillis & serrez. Ou pource que lors qu'ils commancent à remuer la terre pour faire leurs semailles, il est bien raisonnable d'auoir souuenance de ceux qui sont soubs la terre : ou pource que ce moys là est dedié & consacré par les Romains à Saturne : car ils estiment Saturne l'vn des Dieux de çabas, & non pas de la sus : ioinct que sa plus solennelle feste, qu'ils appellent les Saturnales, se celebre en ce mois-là, où ils font plus d'assemblees & de grandes cheres ensemble, il pensa qu'il estoit raisonnable que les trespassez en sentissent aussi quelque petite partie : ou bien il faut dire que cela est vniuersellement faux, de dire qu'il n'y
B eust que Decimus Brutus seul qui sacrifiast pour les morts en ce mois : car on fait le seruice de Acca Larentia, & porte-lon les effusions solennelles de vin & de laict dessus sa sepulture en ce mois-là de Decembre.

Pourquoy est-ce qu'ils honorent si fort ceste Acca Larentia, veu qu'elle a esté xxxv. courtisane? car il y a bien eu vne autre Acca Larentia nourrice de Romulus, surnommee Fabula, à laquelle ils font honneur au mois d'Auril : mais ceste courtisane-cy est venue à estre renommee par vn tel moyen : Vn Secretin du temple de Hercules, estant de grand loisir, comme ils sont ordinairement, ne faisoit le plus souuent que iouer tout le iour aux dez & aux osselets : & vn iour aduint par fortune, que personne ne s'y trouua de ceux qui auoient accoustumé de iouer & passer le temps en cest exercice auec luy : parquoy ne sçachant que faire, ny à quoy passer son temps, il s'aduisa de conuier son Dieu à iouer aux osselets auec luy, à telles conditions, que s'il gaignoit, Hercules luy deuroit enuoyer quelque bonne aduenture : & s'il perdoit, qu'il
C deuroit apprester bié à souper à Hercules, & vne belle garse pour coucher auec luy. Ces conditions ainsi specifiees, il ietta les dez, & aduint qu'il perdit : parquoy voulant accomplir ce qu'il auoit promis, il feit apprester vn souper plantureux à son Dieu, & enuoyant querir ceste Acca Larentia, qui publiquement exerçoit le mestier de courtisane, il la festoya, & apres le festin la coucha dedans le temple mesme, puis ferma les portes sur elle : & dit-on que la nuict Hercules la vint voir, non qu'il en vsast comme homme, mais qu'il luy dit, que le lendemain matin elle s'en allast sur la place, & que le premier homme qu'elle y rencontreroit, elle le caressast & en feist son amy. Larentia se leuant le matin s'y en alla, & rencontra vn homme riche, qui n'estoit point marié, & auoit ia passé la fleur de son aage, appellé Tarrutius : & s'estant accointee de luy, tant qu'il vescut elle commanda tousiours en sa maison : & à sa mort, par son testament il l'institua heritiere de tous ses biens. Depuis elle mesme venant à mourir,
D laissa toutes ses richesses à la ville, à l'occasion dequoy on luy fait encore ces hõneurs.

Pourquoy est-ce qu'ils appellent l'vne des portes de la ville Fenestre, aupres de la- xxxvi. quelle est la chambre de Fortune? Est-ce pourautant que le Roy Seruius, qui fut tres-heureux, auoit bruit de coucher auec la Fortune, & qu'elle le venoit voir par la fenestre de sa chambre? cela est vn conte fait à plaisir : mais apres que le Roy Tarquinius Priscus fut decedé, sa femme Tanaquil, estant femme sage & qui vouloit regner, mettanr la teste à la fenestre de la chambre, parla au peuple, & leur persuada d'elire Seruius Roy : c'est pourquoy le lieu a depuis retenu ce nom.

Pourquoy est-ce que des choses qui sont dediees & consacrees aux Dieux, la cou- xxxvii. stume porte que les despouïlles seules conquises en guerre sur les ennemis soient mises à nonchaloir, & que lon les laisse deperir auec le temps, sans qu'on les ait en reuerence, ny qu'on les entretienne & reface quand elles vieillissent? Est-ce point à

Les demandes des choses Romaines.

fin que croyás que leur gloire defaillant, & se passant auec ces premieres despouïlles, ils cerchent tousiours nouueaux moiens de rapporter quelque recente marque de leur vertu ? Ou plus tost, pource que le temps allant tousiours consumant les signes & marques de l'inimitié, qu'ils ont encontre leurs ennemis, il seroit odieux que eux les allassent renouuellans : car mesme ceux qui entre les Grecs ont les premiers fait des trophees de bronze ou de pierre, n'en sont pas bien estimez.

XXXIIX. Pourquoy est-ce que Quintus Metellus, souuerain Pontife, & au demourant reputé homme sage & bien entendu en matiere de gouuernement, defendoit que lon ne prist point les presages des oyseaux apres le mois d'Aoust ? Est-ce pourautant que nous n'auons accoustumé de vaquer à telles obseruations, sinon au commancement ou pour le moins au haut du iour, & à l'entree au milieu du mois, & nous gardons de les faire és iours du decours, comme estans inutiles à cest effect : aussi reputoit-il que le temps d'apres huict mois estoit comme les vespres, & le soir de l'annee declinante & tendante à sa fin ? Ou bien pource qu'il se faut seruir des oyseaux, & obseruer leur vol, alors qu'ils sont entiers & que rien ne leur defaut, comme ils sont auant l'esté : mais en automne, les vns muent & sont denuez de leurs pennages & forces, les autres sont encore trop ieunes & trop petits, les autres ne comparoissent du tout point, pource qu'ils sont passagers, & s'en vont en icelle saison.

XXXIX. Pourquoy est-ce qu'il n'estoit pas loisible à ceux qui n'auoient pas presté le serment d'homme de guerre, encore qu'ils fussent pour autre occasion dedans le camp, de tuer ny de frapper l'ennemy ? Ce que Caton mesme l'ancien donne à cognoistre en vne missiue qu'il escrit à son fils, par laquelle il luy mande, que s'il auoit accomply son temps, & que son Capitaine luy eust donné congé, qu'il s'en retournast : ou bien s'il aimoit mieux demourer là, qu'il demandast à son Capitaine permission & licence de pouuoir combattre & tuer l'ennemy. Est-ce pourautant qu'il faut qu'il n'y ait que la necessité seule qui permette de tuer vn homme, & celuy qui le fait sans que la loy & le commandement de son superieur l'y contraigne, il est homicide ? & pourtant Cyrus loüa Chrysantas de ce qu'estant sur le poinct de tuer son ennemy, & aiant desia haulsé le cymeterre pour luy en donner, soudain qu'il ouït le son de la trompette qui sonnoit la retraitte, il le laissa aller, & ne le frappa point, comme luy estant defendu : ou pour ce qu'il fault que celuy qui se presente à combattre l'ennemy, s'il recule ou qu'il fuye, en rende compte, & qu'il en soit puny : car il n'eust pas tant fait de seruice à batre ny à tuer l'ennemy, comme il fait de dommage en restituant ou fuyant. Or celuy qui a congé de son Capitaine n'est plus tenu ny obligé aux loix militaires, mais celuy qui a demandé permission de faire ce que font les soudards qui sont enrollez & qui ont presté le serment, il se remet derechef en la subiection de la loy & de son Capitaine.

XL. Pourquoy est-ce qu'il n'est pas permis au presbtre de Iupiter de s'huiler hors du couuert à l'air ? Est-ce pourautant que lon n'estimoit pas honneste ne licite que les enfans se despouillassent deuant leurs peres, ny le gendre deuant son beau-pere, & ne se lauoient & estuuoient iamais ensemble anciennement ? Or Iupiter est reputé son pere, & ce qui se fait à descouuert principalement, semble se faire deuant les yeux mesme de Iupiter : ou bien, ne plus ne moins que lon trouueroit estre peché & irreuerence trop grande de se despouiller à nud dedans vn temple & lieu sainct & sacré, aussi portoient-ils respect à l'air & au ciel ouuert, comme estant plein de Dieux & de demy-dieux. C'est pourquoy nous faisons beaucoup de choses necessaires soubs le couuert, nous cachans & couurans du toict des maisons deuant les yeux de la Diuinité. Et puis il y a des choses qui sont commandees par la loy au presbtre seul, & des autres à tous par le presbtre : comme, pour exemple, en nostre pays de la Bœoce porter chappeaux de fleurs sur la teste, laisser croistre ses cheueux, & porter espee, & ne

iamais

Les demandes des choses Romaines. 467

iamais mettre le pied dedans les limites de la Phocide, sont tous deuoirs & offices de celuy qui est Capitaine general. Mais ne taster point de nouueaux fruicts que l'equinoxe Automnal ne soit passé, ny ne tailler la vigne sinon apres l'equinoxe du printemps, cela est intimé & declaré à tous par le Capitaine general, car c'est la vraye saison qu'il faut faire l'vn & l'autre. Au cas pareil aussi semble-il, que parmy les Romains le propre deuoir du presbtre soit, ne monter point à cheual, n'estre iamais plus de trois nuicts hors la ville, n'oster iamais son chapeau ou habillement de teste, à raison duquel il est appellé en langage Romain *Flamen*. Mais il y a beaucoup d'autres offices qui sont notifiez & declarez à tous par le presbtre, entre lesquels l'vn est, ne s'huiler & oindre iamais à l'air au descouuert: car les Romains auoient ceste façon de faire pour fort suspecte, & ont encore opinion, qu'il n'y a rien eu qui tant ait esté cause de reduire les Grecs soubs le ioug de seruitude, & de les rendre lasches, que les parcs où les ieunes gens s'exercent à nud, & les ieux de la luicte, pour ce que tels exercices ont engendré par les villes beaucoup de perte de temps, d'oisiueté, de paresse languissante, & de vicieuses occupations, comme de faire l'amour aux ieunes garçós, & corrompre les corps des ieunes gens par les faire dormir & promener à certaine mesure, se mouuoir de mouuements compassez par art, garder vne reigle de viure exquise: par lesquelles façons de faire ils ne se sont donnez de garde qu'ils ont oublié tout exercice des armes, & ont mieux aimé estre tenus & estimez bons luicteurs, bons baladins, & beaux ieunes hommes bien mignons, que non pas bons pietons ne bons gendarmes. Or est-il mal aisé de fuir ces inconueniens-là, quand on s'accoustume à se despouiller nud à descouuert deuant tout le monde: mais ceux qui s'huilent à couuert en la maison, & y traittent leurs corps, ne font point de faute.

Pourquoy est-ce que l'ancienne monnoye auoit d'vn costé la teste de Ianus à deux XLI. visages, & de l'autre costé la prouë ou la pouppe d'vn bateau engrauee? Est-ce, comme plusieurs disent, pour honoter la memoire de Saturne, lequel passa en Italie par eau, dedans quelque vaisseau? mais cela se peut aussi bien dire de plusieurs autres, car & Ianus & Euander & Æneas y vindrét semblablement par la mer: au moien dequoy lon pourroit à l'aduenture coniecturer auec meilleure raison, qu'il y a aucunes choses qui sont bonnes & honnestes aux villes, & d'autres qui leur sont necessaires: & entre celles qui sont honnestes, la principale, le bon gouuernement: & entre les necessaires, l'aisance de viures. Or pour ce que Ianus leur institua le bon gouuernement, en leur establissant de bonnes loix, & ciuilisant leur maniere de viure, qui parauát estoit brutale, & que la riuiere estant nauigable leur fournit abondance de toutes choses necessaires, aucunes en remontant de la mer, & autres en auallant du costé de la terre: la monnoye porte la marque du legislateur, la teste à deux faces, comme nous auons dit, à cause de la mutation de façon de viure qu'il introduisit, & de la riuiere par le bateau: encore vserent-ils d'vne autre sorte de monnoye, où il y auoit la figure d'vn bœuf, & d'vn mouton, & d'vn porc, engrauee, d'autant que leurs richesses procedoiét principalement des nourritures, & leurs biens consistoient en bestail: d'ou vient que la plus part de leurs noms anciens estoient Ouilij, Suillij, Bubulci, Porcij, c'est à dire, Bergers, Bouuiers, Porchers, ainsi comme dit Fenestella.

Pourquoy est-ce qu'ils font leur thresor où ils retirent l'or & l'argent public du XLII. temple de Saturne, & aussi leurs archiues où ils mettent tous leurs contraux, tiltres, & enseignements? Est-ce pour l'opinion commune que lon a, & la voix qui en est en la bouche de tout le monde, que du regne de Saturne il n'y auoit point d'auarice ny d'iniustice parmy le monde, ains regnoient loyauté, fidelité & iustice parmy les humains? ou pour ce que c'est luy qui a inuenté les fruicts, & introduit l'agriculture & le labourage de la terre: car sa faux signifie cela, non pas ce que dit Antimachus, croyant au poëte Hesiode,

Kkk

Les demandes des choses Romaines.

>Saturne aiant la peau toute veluë
>Coupoit auec sa grande faux tortuë,
>Au ciel ce dont engendré il estoit,
>Et de son pere au lieu il se mettoit.

Or l'abondance des fruicts de la terre, & la vente d'iceux, est-ce qui améne quantité de deniers. Voila pourquoy ils font ce mesme Dieu autheur & conseruateur de leur felicité : dequoy porte tesmoignage ce que les assemblees qui se font de neuf en neuf iours sur la place qu'ils appellent Nundinas, c'est à dire, foires ou marchez, ils les estiment sacrees à Saturne : car la foison des fruicts est ce qui a donné commancement à l'emption & vendition. Ou bien pour ce que ces raisons-là sont fort antiques, & que le premier qui feit du temple de Saturne à Rome le tresor de l'espargne publique fut Valerius Publicola, depuis que les Roys furent chassez : il est plus vray-semblable de dire qu'il choisit ce lieu-là, pour ce qu'il l'estima fort & seur en veuë de tout le monde, & par consequent malaisé à surprendre ne forcer.

XLIII. Pourquoy est-ce que ceux qui viennent comme Ambassadeurs à Rome, de quelque part qu'ils viennent, s'en vont premierement au temple de Saturne deuant les Questeurs qui ont la charge du tresor public, faire escrire leurs noms? Est-ce pour autant que Saturne luy mesme estoit estranger en Italie, & pourtant fait-il bonne chere aux estrangers? ou bien ceste question encore se resout par la lecture de l'histoire : car anciennement les Questeurs ou tresoriers enuoyoient des presens aux Ambassadeurs, & appelloit-on ces presens qu'on leur enuoyoit, Lautia : & s'il aduenoit qu'ils deuinssent malades, ils les faisoient penser, & s'ils trespassoient ils les faisoient inhumer aux despens de la chose publique : mais maintenant pour le grand nombre d'Ambassadeurs qui y viennent de tous costez, ils ont bien retrenché ceste despense : mais la coustume ancienne est encore demouree, qu'ils se vont representer aux superintendans du tresor, & font escrire leurs noms en leurs registres.

XLIV. Pourquoy est-ce qu'il n'est pas permis au presbtre de Iupiter de iurer? Est-ce pour autant que le iurement est còme vne gehenne & vne torture que lon donne aux personnes libres? Or faut-il que l'ame aussi bien que le corps du presbtre demeure franche d'estre forcee ny gehennee aucunement, ou pour ce qu'il n'est pas raisonnable de decroire en petites choses celuy auquel on se fie des plus grandes & diuines : ou bien pour ce que tout iurement se termine à la fin en malediction de pariuremét : or toute malediction est odieuse & abominable, & pourtant n'ont pas accoustumé les autres presbtres mesmes de iamais maudire. Au moyen dequoy fut loüee la presbtresse de Pallas à Athenes, de ce qu'elle ne voulut iamais maudire Alcibiades, combien que le peuple luy commandast. Car i'ay, respondit elle, l'estat de presbtrise pour prier pour les hommes, non pas pour les maudire. Ou pour ce que le peril du pariuremét seroit commun à toute la chose publique, si vn homme meschant & pariure auoit la charge & superintendance des prieres & des sacrifices de toute la ville.

XLV. Pourquoy est-ce qu'au iour de la feste de Venus, qu'ils appellent Veneralia, ils respandent grande quantité de vin du temple de Venus? Est-ce pour l'occasion que lon dit, que Mezentius capitaine general des Thoscans enuoya deuers Æneas luy offrir appointement, prouueu qu'il s'obligeast de luy payer par chascun an certaine quantité de vins? Ce qu'Æneas luy aiant refusé, il promeit à ses gens, pour les animer à bien combattre, de leur donner du vin quand ils auroient gaigné la bataille. Mais Æneas aiant entendu la promesse qu'il auoit faitte à ses gens, consacra & dedia tout le vin aux Dieux : puis, apres auoir gaigné la bataille, il assembla tout ce qui en estoit cueilly, & le respandit deuant le temple de Venus. Ou si cela est vn signe qu'il faut que les hommes soient sobres és iours de feste, & non pas yures, comme si les Dieux prenoient plus de plaisir à leur en
voir

à voir respandre, qu'à leur en voir boire beaucoup?

Pourquoy est-ce que les anciens tenoient tousiours le temple de la deesse Horta XLVI. arriere ouuert en tout temps? Est-ce pour ce que, comme dit Antistius Labeo, Hortati en Latin signifie enhorter & inciter, & qu'ils estimoient qu'il falloit que la Deesse qui enhorte & incite les hommes à entreprendre & à faire de belles choses, qu'ils appellent Horta, fust tousiours en action, & qu'elle ne chommast iamais, que sa maison ne fust iamais fermee, & que iamais elle ne cessast de besongner? ou plus tost, comme ils la nomment maintenant Hora, la premiere syllabe longue, qui est vne Deesse vigilante & soigneuse, comme celle qui a la garde & le soing des choses humaines: & pourtant estimoient-ils qu'elle ne deuoit iamais estre oiseuse ny paresseuse. Ou bien ce nom-là, comme plusieurs autres, est Grec, & signifie vne Deité, qui a l'œil par tout & qui contrerolle tout, & pourtant sa maison est tousiours ouuerte, comme de celle qui ne dort ny ne repose iamais. Mais s'il est vray, comme dit Labeo, que ce mot de Hora soit tiré du Grec ὁρμᾶν & παρορμᾶν, qui signifie inciter, considerez si ce mot aussi d'Orator, qui est vn conseiller de peuple, incitant & esmouuant, en seroit point bien deriué, non pas d'oraison, qui est à dire priere & supplication, comme quelques vns veulent dire.

Pourquoy est-ce que Romulus fonda le temple de Vulcan hors de la ville de Rome? XLVII. Est-ce point pour la ialousie que lon conte que Vulcan eut contre Mars à cause de sa femme Venus, & luy estant tenu pour fils de Mars ne voulut pas le loger en mesme maison ny en mesme ville que luy? Ou bien ceste consideration seroit-elle point trop folle? Mais il edifia des le commencement ce Temple, des lors qu'il regnoit auec son compagnon Tatius, pour vn conclaue & vn conseil secret, à fin que tenans là leurs assemblees de conseil auec les Senateurs, en lieu où on ne les interromproit, ny ne les troubleroit-on point, ils peussent deliberer & consulter de leurs affaires à leur aise & à requoy: ou bien, pour ce que Rome des sa premiere fondation a tousiours esté fort subiette au feu, il fut bien d'aduis d'honorer le Dieu de feu, mais que ce fust dehors la ville.

Pourquoy est-ce que le iour de la feste des Consales ils couronnent de fleurs & de XLVIII. festons les cheuaux & les asnes, & les laissent chommer? Est-ce pour autant que la solennité se fait en l'honneur de Neptune qu'ils surnomment le cheualier, & l'asne se sent & participe de la feste pour l'amour du cheual? ou pour ce que le nauigage aiant esté trouué, & la façon de voiture par la mer, les bestes de charge & de voiture en eurent de tant meilleur temps, & quelque repos?

Pourquoy est-ce que ceux qui poursuyuoient quelque office & magistrat, se de- XLIX. uoient par la coustume, comme dit Caton, presenter au peuple pour faire leur brigue en robbe simple, sans saye par dessoubs? Estoit-ce de peur qu'ils ne portassent soubs leurs robbes de l'argent, pour en corrompre & achepter les voix & suffrages du peuple? ou plus tost pour ce qu'ils iugeoient dignes d'auoir charge publique & magistrat, non ceux qui estoient les plus riches ou les plus nobles, mais ceux qui auoient les corps plus cicatricez de coups receuz en la guerre pour le seruice de la chose publique: & pour ce, à fin que telles cicatrices fussent plus aisees à voir à ceux à qui ils parloient, ils descendoient ainsi sans sayes, en robbes simples, à la poursuitte de leurs brigues, ou bien pour ce qu'ils s'humilioient par ceste nudité, pour gaigner la bonne grace de la commune, aussi bien que par toucher en la main, supplier & embrasser les genoux des elisans.

Pourquoy est-ce que le presbtre de Iupiter quand sa femme vient à mourir se de- L. pose de sa presbtrise, ainsi comme Teïus a laissé par escript? Est-ce pour autant que celuy qui a eu femme & puis l'a perdue, est plus malheureux que celuy qui n'en a du tout point eu? car la maison de celuy qui a femme espousee est entiere & parfaitte,

Les demandes des choses Romaines.

mais celle de celuy qui l'a euë & puis l'a perduë, non seulement est imparfaite, mais aussi mutilee. Ou bien c'est pour ce que la femme du presbtre s'employe quand & son mary au seruice des Dieux, car il y a plusieurs cerimonies qu'il ne peut faire seul que sa femme ne soit presente: or d'en espouser vne autre soudain que la premiere est trespassee, il n'est à l'aduenture pas possible ny autrement honneste: c'est pourquoy par cy deuant il ne luy estoit pas mesme permis de repudier sa femme, ny encore maintenant ce semble, sinon que Domitian en estant requis l'a permis de nostre téps: les autres presbtres assisterent à ceste dissolution de mariage, là où ils feirent plusieurs cerimonies estranges, hydeuses & terribles. Mais quant à cela on le trouuera moins estrange qui aura premierement sçeu & entendu, que quand l'vn des Censeurs venoit à mourir, il falloit que l'autre se deposast & quittast aussi son office: toutefois quand Liuius Drusus fut decedé, son compagnon Æmylius Scaurus ne voulut pas quitter ny renoncer son office, iusques à ce qu'il y eut quelques vns des Tribuns du peuple qui commanderent qu'on le menast en prison.

LI. Pourquoy est-ce qu'aupres des Lares, que proprement ils appellent Prestites, ils mettent vn chien, & eux sont reuestus de peaux de chien? Est-ce pour autant que ce mot Prestites signifie autant comme, estans deuant? Or faut-il que ceux qui sont deuant gardent, & qu'ils soient terribles aux estrangers, comme l'est vn chien de garde, & doux à ceux de la maison. Ou plus tost ce que disent aucuns des Romains est veritable, comme aussi l'estime Chrysippus le philosophe, qu'il y a de mauuais esprits qui vont çà & là se promenans par le monde, & sont les bourreaux des Dieux, par lesquels ils tourmentent & punissent les iniustes & meschans hommes: aussi tiennent ils que ces Lares sont esprits malings & diables, qui vont espiant & guettant la vie des hommes: c'est pourquoy ils les vestent de peaux de chiens, & leur mettent vn chien aupres d'eux, comme voulans donner à entendre, qu'ils sont aspres à recercher & à punir les meschans.

LII. Pourquoy est-ce qu'à la Deesse appellee Genita Mana on sacrifie vn chien, & luy fait-on priere, que de ceux qui naissent en la maison il n'y en ait pas vn qui deuienne bon? Est-ce pour autant que ceste Genita est vne Deesse, qui a la superintendance sur les enfantemens, & la naissance des choses corruptibles? car ce mot signifie quelque coulement, ou bien generation coulante: & comme les Grecs sacrifient à Proserpine vn chien, aussi font les Romains à Genita, pour ce qui naist en la maison. Socrates dit aussi que les Argiens sacrifient vn chien à la Deesse Ilithya, pour auoir facile deliurāce en leurs enfantemens. Au demourant quant à la priere, qu'il ne naisse en la maison rien qui deuiéne bon, elle ne s'entend pas à l'aduenture des personnes, mais des chiens qui naissent en la maison, lesquels doiuent estre non doux, mais aspres & terribles: ou bien c'est pour ce que les morts s'appellent bons, ou de bonne memoire & gentils: ainsi en paroles couuertes ils prient que nul de leurs domestiques ne meure: ce qu'il ne faut pas trouuer estrange, par ce que Aristote escrit, qu'en vn certain traitté de paix entre les Arcadiens & les Lacedemoniens il fut mis, Que lon ne feroit bon personne des Tegeates, pour secours qu'il auroit porté, ou faueur qu'il eust presté à ceux de Lacedemone: & dit que ce mot, faire bon, signifie tuer.

LIII. Pourquoy est-ce que quand ils conduisent vne procession de sacrifice au Capitole, iusques auiourd'huy ils font crier par vn heraut, A vendre les Sardianiens: & méne-lon deuant toute la pompe vn vieillard, par mocquerie, qui a vn ioyau pendu au col, tel comme les enfans de bonne maison ont accoustumé de porter, qui s'appelle Bulla? Est-ce pour autant que les Veïens, qui anciennement estoient vne puissante ville de la Thoscane, feirent longuement la guerre à Romulus, & fut la derniere ville qu'il y prit, & en vendit beaucoup de prisonniers auec leur Roy mesme, se mocquant de sa lourderie & bestise: & pour ce que les Thoscans anciennement,

sont

Les demandes des choses Romaines. 469

A sont venus de la Lydie, & que la capitale ville de la Lydie est Sardis, ils croyent ainsi les prisonniers Veïens à vendre, soubs le nom de Sardianiens, & iusques auiourd'huy par ieu & mocquerie ils retiennent encore ceste coustume.

D'où vient qu'ils appellent la boucherie où lon vend la chair, Macellum? Est-ce XLIV. point pour ce que ce mot par corruption de langage est deriué de μάγειρος, qui signifie cuysinier en la lague Grecque, comme plusieurs autres mots par vsage ont esté receus tous corrompus? car le C. a grande affinité auec le G. en leur langue, & ont bien tard commancé à vser du G. de l'inuention d'vn nommé Caruilius Spurius: & puis ceux qui ont la langue grasse prononcent ordinairement L. au lieu de R. ou bien ceste question se peut mieux souldre par la cognoissance de l'histoire: car on lit que iadis fut vn homme violent & voleur, nommé Macellus, qui apres auoir fait plusieurs voleries, à peine fut pris à la fin & puny: & que de ses biens fut bastie vne boucherie publique à vendre la chair, qui fut appellee Macellum de son nom.

B Pourquoy est-ce qu'au iour des Ides de Ianuier il est permis aux menestriers ioüeurs XLV. de fleutes, d'aller par la ville desguisez auec robbes de femme? Est-ce pour la cause que lon allegue que le Roy Numa leur auoit donné de grands & honorables priuileges de son temps, pour la deuotion grande qu'il auoit au seruice des Dieux: & depuis pource que les dix Tribuns, militaires qui succederent au lieu des Consuls, les leur osterent, ils sortirent & s'en allerent hors de la ville de Rome? si furent bien tost apres regrettez du peuple, ioint qu'ils en faisoient conscience, pour ce que és sacrifices que lon faisoit par la ville lon ne sonnoit point de la fleute: & pour ce qu'ils ne voulurent pas reuenir quand on les enuoya querir, ains se teindrent à Tyuoli, il y eut vn serf affranchy, qui secrettement promeit aux magistrats qu'il trouueroit moien de les ramener: & aiant fait apprester vn magnifique festin, comme s'il eust faict quelque grand sacrifice, il y appella ces ioüeurs de fleutes & aubois. Il y auoit des femmes à ce festin, & ne feit-on toute la nuict que danser, iouër, & baller: mais soudain ce
C festoiant feit semer vn bruit que son maistre venoit, & faisant semblant d'en estre tout troublé, il persuada à ses menestriers de monter vistement dedans des chariots couuerts tout à l'entour de peaux, & s'en aller à Tyuoli: or estoit ce vne tromperie, car tournant les chariots sans qu'ils s'en donnassent garde, tant pour les tenebres de la nuict que pour ce qu'ils auoient bien beu: il les rendit tout au poinct du iour dedans Rome, ainsi comme ils s'estoient desguisez la plus part de robbes bigarrees, à vsage de femmes: ainsi estant gaignez par les magistrats auec bonnes paroles, & reconciliez à la ville, ils reteindrent tousiours depuis ceste coustume d'aller tous les ans à tel iour, follastrans ainsi desguisez par la ville.

Pourquoy est-ce que lon tient qu'anciennement les Meres fonderent & bastirent XLVI. le temple de Carmenta, & le reuerent encore iusques auiourd'huy grandement? Car on dit que le Senat, vn temps fut, defendit aux Dames d'aller en coches par la ville:
D dequoy elles furent si despites, que pour se venger de leurs maris elles conspirerent entre elles de n'engrosser point, & de ne faire point d'enfans, iusques à ce que les hommes se raduiserent, & leur permeirent d'aller en coches comme deuant: ainsi recommancerent à naistre des enfans, & celles qui en portoient & en faisoient beaucoup, fonderent alors le temple de Carmenta. Et dit-on que ceste Carmenta fut la mere d'Euander, qui vint quand & luy en Italie, & s'appelloit en son droit nom Themis, ou comme les autres disent, Nicostrata: & pour ce qu'elle rendoit des responses prophetiques, & oracles en vers, les Latins la surnommerent Carmenta, pour ce qu'ils appellent les vers Carmes. Les autres estiment que Carmenta soit vne des Parques, & que c'est la cause pourquoy les Meres luy sacrifient. Or la deriuation de ce mot Carmenta est, *carens mente*, c'est à dire, hors du sens, à cause de ses transportemens d'esprit: tellement que les carmes ne luy ont pas donné le sur-

Kkk iiij

Les demandes des choses Romaines.

nom de Carmenta, mais au contraire les carmes ont esté ainsi appellez d'elle, pour ce que quand elle estoit rauie & transportee hors de son sens, elle chantoit des oracles & propheties en carmes.

LVII. Pourquoy est-ce que les femmes qui sacrifient à la Deesse Rumina, respandent du laict sur leur sacrifice, & n'y apportent & n'y boiuent point de vin? Est-ce pour autât que les Latins appellent la mammelle Ruma, & dit-on que le figuier sauuage, aupres duquel la Louue donna son pis à teter à Romulus, en fut appelé pour cela Ficus Ruminalis? Ne plus ne moins doncques que nous appellons en nostre langage Grec Thelonę, les nourrisses qui nourrissent les enfans de laict, estant le mot tiré de Thelé, qui signifie la mammelle: aussi ceste deesse Rumina, qui est comme nourrisse, & aiant soing du nourrissement des enfans, ne reçoit point en ses sacrifices du vin, comme estant nuisible à la nourriture des petits enfans.

LVIII. Pourquoy est-ce que des Senateurs ils en appelloient les vns Patres simplement, & les autres Patres Conscripti? Est-ce pour autant que les premiers ordonnez par Romulus furent appellez Patres & Patriciens, c'est à dire gentils-hommes, que nous appellons Eupatrides: ou bien pour ce qu'ils pouuoient monstrer leurs peres? & ceux qui y furent depuis adioustez des maisons populaires, furent nommez Patres Conscripti.

LIX. Pourquoy est-ce qu'il y auoit vn autel commun à Hercules & aux Muses? Est-ce pour ce que Hercules enseigna les lettres à Euander, ainsi comme escrit Iuba? Et estoit lors trouué office honorable d'enseigner les lettres à ses parents & amis: car bien tard a lon commencé à les enseigner pour salaire d'argent: & le premier qui en teint publiquement eschole fut vn nommé Spurius Caruilius, serf affranchi de ce Caruilius qui le premier repudia sa femme.

LX. Pourquoy est-ce que y aiant deux autels dediez à Hercules, les femmes ne participent point, ny ne tastent point de ce qui est offert & sacrifié dessus le grand? Est-ce pour ce que lon dit, que Carmenta n'arriua pas à temps pour assister au sacrifice, aussi ne feit pas la famille des Pinariens, dont ils ont eu le nom? car pour ce qu'ils estoient venus trop tard ils ne furent pas admis au festin auec les autres qui faisoient bonne chere, & pour ceste cause furent nommez Pinariens, comme qui diroit affamez: ou bien, seroit-ce point pour la fable que lon raconte de la chemise empoisonnee du sang de Nessus, que Deianira donna à Hercules?

LXI. Pourquoy est-ce qu'il est defendu de nommer ny de demander le Dieu tutelaire, qui particulierement en recommandation le salut & la conseruation de la ville de Rome, ny d'enquerir s'il est masle ou femelle? & ceste defense procede d'vne superstitieuse crainte qu'ils ont, d'autant qu'ils disent, que Valerius Soranus en mourut de male mort, pour auoir ozé le proferer. Est-ce pour vne raison que quelques historiés Latins en alleguent, qu'il y a certaines cerimonies & certains charmes, dont on euocque les Dieux, par lesquels ils ont opinion de pouuoir euocquer & attirer les Dieux tutelaires de leurs ennemis, & les faire venir habiter chez eux, & pourtát ont-ils peur que lon ne leur en face autant à eux mesmes? A ceste cause, comme iadis les Tyriens, ainsi que lon trouue par escrit, estant leur ville assiegee, enchainerent les images de leurs Dieux, de peur qu'ils ne s'en allassent & ne les abandonnassent: & d'autres demandent des pleges & respondans, quand ils les enuoyent ou lauer ou nettoyer: aussi estiment les Romains, que l'estre incogneu, & non iamais nommé, soit la meilleure & la plus seure garde de leur Dieu tutelaire: ou bien comme Homere a bien dit,

La terre à tous les humains est commune,

à fin que les hommes adorent tous les Dieux, & qu'ils honorent la Terre, puis qu'elle leur est commune: aussi les anciens Romains ont ainsi caché & celé le Dieu ou l'ange qui a leur cité particulierement en garde, à fin que leurs citoyens n'adorassent
pas celuy

Les demandes des choses Romaines. 470

A pas celuy là seul, mais aussi tous les autres.

Pourquoy est-ce qu'entre les presbtres qui se nomment Feciales, qui sont ceux LXII. qui ont la superintendance des cerimonies que lon obserue à rompre la guerre, ou à traicter de paix, celuy qui est nommé Pater Patratus est estimé le plus grand, & c'est celuy de qui le pere vit encore, & qui a des enfans? Iceluy a encores auiourd'huy de grandes prerogatiues, & a lon grande fiance en luy : car les Empereurs mesmes s'ils ont des personnes, qui pour leur ieunesse & pour leur beauté ayent besoing de soigneuse, fidele & diligente garde, ils les mettent ordinairement entre leurs mains. Est-ce pourautant qu'ils sont plus contraincts d'estre sages, pour la crainte de leurs peres d'vn costé, & pour la honte de scandaliser leurs enfans de l'autre? ou bien est-ce pour la cause que le nom mesmes declare? car ce mot Patratus veut dire autant, comme parfait & accomply, comme estant celuy-là plus entier & plus acheué que les autres, qui a eu ce bon-heur du viuant de son pere, d'auoir des enfans. Ou bien est-ce
B pource qu'il faut que celuy qui a la cure & superintendance des traictez de paix, & des iurements, regarde, comme dit Homere, deuant & derriere luy : & voudroit la raison que celuy-là eust fils pour lequel, & pere auec lequel il peust consulter?

Pourquoy est-ce qu'il est interdict à celuy qui s'appelle Rex sacrorum, c'est à dire LXIII. Roy des sacrifices, de tenir & d'exercer aucun magistrat publique, & de haranguer deuant le peuple? Est-ce point pource qu'anciennement les Roys faisoient eux mesmes la pluspart des principaux sacrifices auec les presbtres : mais pour autant qu'ils deuindrent insolents, superbes & arrogans, tant qu'ils s'en rendirent insupportables, la pluspart des peuples de la Grece retrencherent la licence des leurs, & leur laisserent seulement la preeminence de faire les sacrifices publiques aux Dieux? mais les Romains ayans de tout poinct chassé les leurs, establirent vn autre officier qu'ils appellerent Roy, à qui ils donnerent la superintendance des sacrifices, & ne luy permirent pas d'exercer autre office quelconque, ny s'empescher des affaires publiques, à fin que
C lon cogneust qu'ils ne souffroient personne regner à Rome sinon és cerimonies des sacrifices, & qu'ils n'enduroient ce nom de royauté sinon pour le respect des Dieux. A ce propos il se faict sur la place, au lieu qui se nomme Comitium, vn certain sacrifice pour la chose publique, que ce Roy faict : mais incontinent qu'il l'a paracheué, il s'en fuit tant qu'il peut hors de la place.

Pourquoy est-ce qu'ils ne permettent pas que lon oste la table vuide du tout, ains LXIV. veulent qu'il y ait tousiours quelque chose dessus quand on l'oste? Est-ce pource qu'ils donnent par cela couuertement à entendre, qu'il faut tousiours garder quelque chose de ce que nous auons present pour l'aduenir, & se souuenir auiourd'huy de demain? Ou pource qu'ils estimoient estre honneste retenir & reprimer son appetit quand il y a encore dequoy le contenter & l'assouuir ? car ils appetent moins ce qu'ils n'ont pas, quand ils s'abstiennent de ce qu'ils ont. Ou bien est-ce par vne accou-
D stumance d'humanité enuers leurs seruiteurs domestiques, lesquels ne sont pas tant aises d'auoir dequoy manger, que de ce que c'est du relief de leurs maistres, cuydans, en maniere de dire, estre par cela compagnons de table auec leurs maistres? ou bien pource qu'il ne faut pas souffrir qu'vne chose sacree demeure iamais vuide, & la table est chose sacree?

Pourquoy est-ce que le mary n'approche pas de sa nouuelle espousee, qu'il y ait LXV. de la lumiere, pour la premiere fois, ains en tenebres? Est-ce pour autant qu'il la reuere encore, comme si elle ne luy estoit rien auant qu'il ait eu sa compagnie? Ou bien, comme Solon en ses ordonnances commanda que la nouuelle mariee n'entrast point en sa chambre nuptiale, que premierement elle n'eust mangé de la chair de coing, à fin que ceste premiere rencontre ne fust point mal plaisante ny fascheuse au mary : aussi le legislateur Romain a voulu cacher en l'obscurité des tenebres, les

Kkk iij

Les demandes des choses Romaines.

deformitez & imperfections du corps de la nouuelle mariee, si aucune y en auoit. Ou bien cela est institué pour monstrer combien on doit estimer damnable toute assemblee d'homme & de femme qui n'est pas legitime, veu qu'en celle qui est licite & legitime, encore l'ordonnance y a adiousté quelque honte.

LXVI. Pourquoy est-ce que l'vne des carrieres où se font les courses des cheuaux s'appelle Circus Flaminius? Est-ce point pource que l'vn des anciens nommé Flaminius, ayant donné le champ où est le parc & carriere, ils employerent le reuenu d'iceluy champ à faire des courses de cheuaux & de chariots: & pource qu'il y auoit encore de l'argent de reste, ils l'employerent à faire accoustrer le grand chemin qu'ils appellent Via Flaminia?

LXVII. Pourquoy est-ce que les huyssiers qui portent les faisceaux de baguettes deuant les Magistrats, s'appellent Lictores? Est-ce pourautant que c'estoient ceux qui lioient les malfaicteurs, & qui suiuoient Romulus, ayant des cordes & courroyes à l'entour d'eux? & la commune du peuple Romain appelle lier & garroter, *alligare*, mais ceux qui parlent plus proprement, disent, *ligare*? Ou bien pource que maintenant on a entreiecté en ce mot-là vn C. & parauant ils s'appelloient *Litores*, estans officiers qui auoient charge & administration publique: car il est notoire à tout le monde presque, qu'en plusieurs villes de la Grece le public s'appelle iusques auiourd'huy, Liton.

LXVIII. Pourquoy est-ce que les Luperques sacrifient vn chien? Ces Luperques sont personnes qui courent par la ville à vn certain iour de feste appellee Lupercales, tous nuds, auec des brayers seulement deuant leur nature, & ont des courroyes de cuir en leurs mains, dont ils frappent tous ceux qu'ils rencontrent en leur chemin. Est-ce pour autant que ce qui se faict en toute ceste cerimonie-là est vne purification de la ville? d'où vient qu'ils appellent le mois auquel elle se faict, *Februarius*: & le iour *Februata*, de ce mot *Februare*, qui signifie purger & purifier: & les Grecs presque tous vniuersellement immolent vn chien pour victime en tous leurs sacrifices de purification, encore iusques auiourd'huy, & portent à Proserpine, entre les autres offrandes de purification, des petits chiens, & essuyent tout à l'entour auec des petits chiens ceux qui ont besoing d'estre purifiez, appellans ceste maniere de purification Periscylacisme: ou bien pource que Lupus signifie vn Loup, & Lupercalia la feste aux Loups: or est-ce l'ennemy du loup que le chien, & pourtant le sacrifie lon és festes des loups. Ou pourautant que les chiens abbayent aux Luperques, & les importunent & faschent, quand ils courent par la ville. Ou bien c'est pource que ceste feste & sacrifice se faict en l'honneur du dieu Pan, à qui les chiens sont aggreables pour la garde des troupeaux.

LXIX. Pourquoy est-ce qu'anciennement au iour de la solennité qu'ils appellent Septimontion, ils n'vsoient point de coches attelez, comme iusques auiourd'huy ceux qui ne mesprisent pas les anciennes institutions l'obseruent encore? Ce iour de Septimontion est vne feste qu'ils celebrent en memoire de ce que la septiéme montaigne fut adioustee & enfermee dedans le pourpris de la ville de Rome, qui par ce moyen vint à auoir sept montaignes encloses au dedans de son enceinte. Est-ce pour la raison que quelques vns des Romains imaginent, que la ville n'estoit pas encore du tout conioincte ne composee de toutes ses parties? ou bien si cela n'est point autrement à propos, seroit-ce point pource qu'ils estimerét auoir acheué vn grand ouurage, quand ils eurent fait & parfait l'enceinte de leur ville, & penserent qu'elle ne procederoit iamais plus outre en grandeur, à l'occasion dequoy ils se reposerent eux, & firent semblablement reposer les bestes de voyture qui leur auoient aydé à faire leur closture, & voulurent qu'ils iouïssent du repos de la feste & solennité commune? ou bien c'est qu'ils voulurent que leurs citoyens solennisassent & honorassent de leur presence

Les demandes des choses Romaines. 471

A presence toutes autres festes de la ville, mais specialement celle qui estoit ordonnee & instituee pour le peuplement & agrandissement d'icelle : & à ceste cause n'estoit pas permis que au iour de la dedicasse & feste d'icelle on attelast aucune voiture, pour en sortir & l'abandonner.

Pourquoy est-ce qu'ils appellent Furciferos, comme qui diroit Porte-fourches, LXX. les esclaues notez ou de larcins ou d'autres tels crimes & forfaictures feruiles? Est-ce point vn certain signe de la diligence & soigneuse preud'hommie des anciens? car le pere de Famille qui auoit surpris vn sien serf en quelque meschanceté, luy faisoit porter sur son col vn bois fourché, que lon met soubs le timon d'vn chariot, par toute la contree de la ville, & tout le voisinage où il habitoit, en la veuë de tout le monde, à fin que lon se desfiast de luy, & que lon s'en gardast de là en auant. Or ce bois là s'appelle en langage Grec Sterinx, & en Latin Furca : & c'est pourquoy celuy qui estoit ainsi contrainct de porter çà & là ce bois fourché, s'appelloit par reproche Furcifer.

Pourquoy est-ce qu'ils attachent vn peu de foin aux cornes des bœufs qui sont LXXI. dangereux de la corne, à fin que ceux qui les rencontrent en leur chemin s'en donnent de garde? Est-ce point pourautant que les bœufs, les cheuaux, les asnes, & les hommes mesmes deuiennent fiers & insolents, pour estre trop nourris & pour manger à cœur saoul? ainsi que le poëte Sophocles le tesmoigne en quelque lieu, disant,

    Comme vn cheual regibbe de fierté,
    Quand il est trop nourry & bien traicté:
    Si fais tu toy, pour auoir grasse pance,
    Et bouche pleine, entres en arrogance.

Et pourtant disoient les Romains, que Marcus Crassus auoit du foin à la corne : car ceux qui harassoient & trauailloient les entremetteurs du gouuernement des affaires de la chose publique, se donnoient bien garde de s'attacher à luy, comme à celuy qui estoit vindicatif & dangereux à assaillir: mais toutefois aussi dict-on depuis, que Cæsar auoit osté le foin de la corne à Crassus, pource que ce fut celuy qui le premier luy feit teste au maniement des affaires, & ne se soucia point de luy.

Pourquoy est-ce qu'ils estiment que les presbtres qui predisent les choses à aduenir par le vol des oyseaux, lesquels on appelloit anciennement Auspices, & maintenant Augures, doiuent tousiours auoir leurs lanternes ouuertes, & point de couuercle dessus? Est-ce point pource que comme les anciens philosophes Pythagoriens par petites choses en signifioient & donnoient à entendre de bien grandes, côme quand ils defendoient de se seoir sur le boisseau, & d'attiser le feu auec l'espee : aussi les anciens Romains vsoient de plusieurs ænigmes, c'est à dire, de signes exterieurs, qui figuroient quelque secrette & cachee intelligence, mesmement és choses sainctes & sacrees, comme est cestuy-cy de la lanterne, laquelle resemble au corps qui contient nostre ame, car l'ame qui est dedans se rapporte à la lumiere, & faut que la raison qui est en elle soit tousiours ouuerte & tousiours voyante, sans iamais estre renfermee, ny de vents agitee? Or quand il faict vent, les oyseaux en leur vol ne sont pas bien fermes, & ne peuuent donner de presages certains à cause de leur variation & instabilité: pourtant enseignent-ils par ceste coustume à ceux qui deuinent par le vol des oyseaux, de ne les aller point considerer & obseruer quand il faict vent, mais quand l'air est tout serain, & si calme que lon y peut porter la lanterne toute descouuerte.

Pourquoy est-ce qu'il estoit defendu à ces presbtres là, d'aller obseruer le vol des LXXIII. oyseaux s'ils auoient quelque vlcere sur leurs corps? Cela n'estoit-il point ordonné pour signifier aussi quelque chose: c'est à sçauoir, qu'il ne se faut point entremettre du seruice des Dieux, ny de traicter les choses sainctes & diuines, quand on a quelque ennuy secret qui ronge le cœur, ny aucun vlcere ou passion imprimee en son

Les demandes des choses Romaines.

amé, ains faut que lon soit sans tristesse, l'esprit clair & net, sans estre diuerty ny distraict d'aucune fascherie ne douleur? ou bien pource qu'il est conforme à la raison, s'il n'est pas loisible ne legitime d'offrir aux Dieux pour hostie aucune beste qui soit vlceree, ny aussi prédre presage du vol d'oyseaux tarez & maleficiez, que plus estroittement ils gardassent ceste obseruation en leurs propres personnes mesmes, & qu'ils n'allassent point obseruer & contempler les significances des prognostiques celestes, qu'ils ne fussent eux mesmes bien saincts & nets, sans qu'il y eust en leurs personnes rien de defectueux, car l'vlcere semble estre vne maniere de mutilation & pollution du corps.

LXXIV. Pourquoy est-ce que le Roy Seruius Tullius fonda & bastit vn temple, que les Latins appellent Breuis Fortunæ, c'est à dire, de Fortune la petite ou la courte? Est-ce en memoire de ce qu'estant petit au commancement & de fort basse condition, comme celuy qui estoit né d'vne mere captiue, il deuint neantmoins à la fin, par le benefice & la faueur de Fortune, Roy de la ville de Rome? ou bien pource que ceste mutation monstre plustost vne grandeur qu'vne petitesse de la Fortune, il faut dire que ce Roy Seruius a deifié & attribué diuinité à la Fortune plus que nul autre, ayant imposé son nom à toutes sortes presque d'actions: car non seulement il edifia des temples à Fortune la puissante, & destournant malencontre, doulce, aisnee & masle, mais aussi y a-il vn temple de Fortune propre, vne autre de Fortune retournee, vn autre de bonne esperance, vn autre de vierge: & quel besoing est-il d'aller ainsi denombrant tous les surnoms qu'ils baillent à la Fortune, veu qu'il y en a vn mesme de Fortune l'engluee, qu'ils appellent en Latin Viscata, comme voulans donner à entendre que de loing nous sommes pris par elle, & attachez aux affaires? Mais considerós si ce seroit point qu'ayant cogneu par experience, combien a de pouuoir és choses humaines, le à peu pres de la Fortune, & comme souuent bien peu de chose, aduenu ou non aduenu, a esté cause à quelques vns de decheoir ou de paruenir à de tref-grandes entreprises: pour ceste occasion il a edifié vn temple de Fortune la petite, enseignant par cela aux hommes à estre tousiours soigneux & diligents, & de ne mespriser pas les euenemens pour petits qu'ils soient.

LXXV. Pourquoy est-ce qu'ils n'esteignoient point la lampe, ains la laissoiét defaillir d'elle mesme? Estoit-ce par vne maniere de deuotion qu'ils reueroient ce feu là, comme estant parent & frere germain du feu inextinguible & immortel? Ou bien, estoit-ce vn autre secret aduertissement qui nous enseigne de ne tuer ny ne violer chose aucune qui ait vie, si elle premiere ne nous porte quelque nuisance, cõme si le feu estoit vn animal viuant, car il a besoing de nourriture & se meut de soy-mesme, & quand on l'esteint, il iette ie sçay quoy de voix, comme si on le tuoit? Ou bien ceste façon de faire receuë par vsage commun, nous monstre elle point que nous ne deuons gaster ny le feu, ny l'eau, ny autre chose necessaire, apres que nous en auons faict, ains en laisser vser & s'en seruir aux autres qui en ont besoing, apres que nous n'en auons plus que faire?

LXXVI. Pourquoy est-ce que ceux qui sont des plus nobles & des plus anciennes maisons portent de petites lunes en leurs souliers? Est-ce, comme dit Castor, vn signe de l'habitation que lon dict estre au corps de la Lune, ou bien qu'apres nostre mort nos esprits auront la Lune au dessous d'eux? Ou bien pource que cela estoit la marque propre de ceux que lon reputoit les plus anciens, comme estoient les Arcadiens descendus d'Euander, qui pour ceste occasion furent appellez Proscleni, comme qui diroit, nez deuant la Lune? Ou bien est-ce que ceste coustume, comme plusieurs autres, admoneste ceux qui sont par trop esleuez, & qui se plaisent trop à eux mesmes, de l'incertitude & instabilité des choses humaines, par l'exemple de la Lune: laquelle Premierement se monstre en son croissant,

Les demandes des choses Romaines. 472

Qui parauant point n'eſtoit paroiſſant,
Et peu à peu de lumiere feconde
Elle remplit ſa belle face ronde:
Puis quand elle eſt apparuë en ſon plein,
Elle ſe coule arriere à ſon declin
En decroiſſant, & iamais ne ſeiourne,
Qu'au premier rien elle ne ſ'en retourne.

Ou bien c'eſt vne inſtruction qui leur enſeigne d'obeyr aux plus grands, & ne le faire point à regret, ains eſtre touſiours prompts à obeyr à ceux qui ont authorité par deſſus eux, & dependre d'eux, comme faict la Lune, qui touſiours iette ſon regard, ainſi que dict Parmenides, vers la lumiere du Soleil, en ſe contentant d'aller apres, & ſoubs la conduicte d'vn autre tenant le premier lieu, qui leur fait part de ſon honneur & de ſon authorité.

Pourquoy eſt-ce qu'ils eſtiment que les ans ſoient dediez à Iupiter, & les moys à Iuno? eſt-ce point pource qu'entre les Dieux inuiſibles, & qui ne ſe voyent que des yeux de l'entendement, les princes ſont Iupiter & Iuno, & entre les viſibles le Soleil & la Lune? Or eſt-ce le Soleil qui faict l'année, & la Lune les moys, & ne faut pas eſtimer que ceux-cy ſoient ſeulement figures & images de ceux-là, ains faut croire que ce Soleil meſme materiel que nous voyons, eſt Iupiter, & ceſte Lune materielle eſt Iuno: c'eſt pourquoy ils l'appellent Iuno, qui vaut autant à dire que, ieune & nouuelle, à cauſe du cours de la Lune: & la ſurnomment auſſi quelquefois, Iuno Lucina, comme qui diroit, luiſante ou eſclairante, ayans opinion qu'elle ayde aux femmes groſſes aux trauaux de leurs enfantemens. LXXVII

Par le champ bleu des aſtres, & la Lune
A faire toſt enfanter opportune:

car il ſemble qu'aux pleines Lunes les femmes enfantent bien plus facilement.

Pourquoy eſt-ce qu'entre les ſignes du vol des oyſeaux, celuy qui ſe preſente à coſté gauche eſt reputé heureux & de bonne encontre? ou bien cela eſt-il point faux, & ſont pluſieurs en erreur d'opinion par ignorance de l'equiuocation de ce mot, Siniſtrum? car ce que nous diſons gauche, les Latins l'appellent Siniſtrum, & auſſi appellent-ils *Sinere*, ce que nous diſons laiſſer: de ſorte que quand ils veulent dire laiſſez cela, ils diſent *Sine*. Le preſage doncques qui nous permet de faire ce que nous demandons, qui eſt par maniere de dire *finiſtere*, c'eſt à dire laiſſant faire, ils le cuydent & le nomment non à tort ſiniſtre, c'eſt à dire gauche? Ou bien c'eſt, comme dict Dionyſius, pource que quand Aſcanius le fils d'Æneas gaigna la bataille contre Mezentius, ainſi comme ils eſtoient rengez en bataille l'vn deuant l'autre, il luy tonna à la main gauche, & pource qu'il en demoura victorieux, ils iugerent alors que ce tonnerre luy auoit eſté vn heureux preſage, & à ceſte cauſe l'ont touſiours ainſi obſerué depuis. Les autres tiennent que ce fut à Æneas que ce preſage aduint, ne plus ne moins que pourautant qu'en la bataille de Leuctres les Thebains commancerent à entamer & rompre leurs ennemis du coſté gauche, dont ils eurent finablement l'entiere victoire, touſiours depuis en toutes leurs batailles ils ont donné la preference & l'honneur au coſté gauche: ou pluſtoſt, comme eſcrit Iuba, pource que quand on regarde deuers le Soleil leuant, le coſté de Septentrion eſt à la main gauche, & veulent dire aucuns, que c'eſt le coſté droict du monde, & le deſſus. Mais prenons garde que naturellement la partie gauche eſtant la plus debile, les preſages qui viennent de ce coſté là ne la fortifient, & ſupportent le defaut qu'il y a de puiſſance, pour l'egaler par maniere de dire à l'autre: ou bien c'eſt pource que penſans que les choſes terriennes & mortelles ſoient contraires aux diuines & celeſtes, ils eſtiment auſſi conſequemment, que ce qui eſt gauche au regard de nous, ſoit enuoyé de la partie droicte des Dieux. LXXIIX

Les demandes des choses Romaines.

LXXIX. Pourquoy est-ce qu'il estoit loisible d'apporter dedans la ville, & y mettre en depost les ossements d'vn personnage qui y auroit faict entree triumphale, puis seroit venu à mourir, & son corps ars & bruslé, ainsi que l'escrit Pyrrho Lipareien? Estoit-ce point pour honorer la memoire du defunct? car pareil priuilege d'honneur ont-ils autrefois concedé à d'autres vaillans hommes & Capitaines, que non seulement eux, mais aussi leurs descendans, peussent estre inhumez sur la place, comme à Valerius & à Fabricius: pour la conseruation de laquelle prerogatiue on dict, que quand leurs descendans viennent à mourir, on porte leurs corps sur la place, & met on dessoubs vne torche ardente sans plus, & incontinent les emporte lon hors de là, pour iouÿr de cest honneur sans enuie, & confirmer seulement, qu'il leur est loysible.

LXXX. Pourquoy est-ce que quand ils festoyoient aux despens du public vn Capitaine qui auoit fait entree triumphale, ils n'y admettoient point les Consuls, ains qui plus est les enuoyoient prier de ne se point trouuer au souper? Est-ce point pource qu'il falloit bailler au triumphateur & le lieu & la coupe à boire la plus honorable qui y fust, & le reconuoyer en sa maison apres le souper, mais rien de tout cela ne se deuoit ny pouuoit faire à autres qu'aux Consuls seulement quand ils estoient presents?

LXXXI. Pourquoy est-ce que le Tribun du peuple seul ne porte point de robbe de pourpre, veu que tous autres Magistrats la portent? Est-ce point pource qu'ils ne sont pas proprement Magistrats: car ny ils n'ont point d'huissiers qui portent les faisceaux de verges deuant eux, ny ils ne seent en chaire iudiciellement, pour faire iustice & donner audience, ny n'entrent en exercice de leur estat au commancement de l'annee, comme font tous les autres magistrats, ny ne sont point supprimez, quand il y a vn Dictateur éleu, ains là où le Dictateur trasfere toute la puissance & l'authorité de tous autres officiers & magistrats de la chose publique en soy, les Tribuns du peuple seuls demeurent, comme n'estans pas magistrats, mais ayans quelque autre reng & degré en la chose publique: & tout ainsi comme quelques orateurs tiennent, que exception n'est pas action, attendu qu'elle faict tout le contraire d'action, d'autant que l'action commance & intente le procés, & exception le dissoult & l'abolit: au cas pareil aussi estiment ils, que le Tribunat soit plustost vn empeschement & vn côtrecarre de magistrat, que non pas vn magistrat: car toute son authorité & sa puissance gist à s'opposer à l'authorité des autres magistrats, & à leur diminuer & reprimer leur trop excessiue licence & pouuoir. Ou bien toutes ces raisons là & autres semblables ne sont que langage & discours imaginez: mais à la verité le Tribunat ayant pris son origine & sa naissance du peuple, il est grãd & puissant par estre populaire, en ne s'enorgueillissant point plus que les autres, ains s'egalant en apparence en son vestement & en son viure au premier venu des citoyens: car la dignité de pompe & d'apparence appartient à vn Consul ou à vn Preteur, mais quant à vn Tribun de peuple, il faut, par maniere de dire, qu'il soit foulé aux pieds, comme disoit Caïus Curion, non point de graue & magnifique apparence, ny de difficile accez, ou mal-aisé à abborder au commun populaire: ouy bien aux autres, mais nõ pas à la simple commune, à qui il se doit tousiours monstrer affable & traictable: aussi est-ce la coustume que la porte de sa maison ne soit iamais fermee, ains arriere ouuerte & de iour & de nuict, comme vn port & vn seur refuge pour tous ceux qui en ont besoing: & d'autant que plus il s'humilie en exterieure apparence, d'autant augmente & croist-il plus en puissance: car ils le reputent comme vn commun recours & retraicte, & à qui se peuuent seurement retirer tous ceux qui en ont affaire, ne plus ne moins que à vn autel de franchise: & au demourant quant à l'honneur, ils le font sainct, inuiolable & sacré, attendu que si seulement il sort de sa maison en public, la coustume porte que tous se purifient & sanctifient le corps, ne plus ne moins que s'il estoit pollu.

LXXXII Pourquoy est-ce que deuant les Preteurs on porte des faisceaux de verges, ou de

baguettes

Les demandes des choses Romaines. 473

A baguettes liees ensemble, auec des haches qui y sont attachees? Est-ce point pour donner à entendre que l'ire du magistrat ne doit point estre prompte ne desliee: ou bien pource que le deslier ainsi à loisir ces baguettes, apportant quelque longueur & quelque espace à la cholere de se moderer & refroidir, est cause bien souuent de faire changer de voloté de punir? Et pourautant qu'entre les vices & fautes des hommes, il y en a aucunes guerissables & remediables, & d'autres incurables & irremediables, les verges sont pour corriger ceux qui se peuuent amender, & les haches pour retrencher ceux qui ne se peuuent corriger.

Pourquoy est-ce que les Romains ayans entendu que les Bletonesiens, qui sont LXXXIII peuples Barbares, auoient immolé vn homme aux Dieux, enuoyerent querir leurs magistrats, comme pour les en punir, mais depuis quand ils eurent entendu qu'ils l'auoient fait suiuant vne ancienne loy de leur pays, ils les laisserent aller sans leur mal faire, mais ils leur defendirent de n'obeyr plus de là en auant à telle loy: & neantmoins eux mesmes, non gueres d'annees auparauant, auoient enfoüy & enterré tous vifs deux hommes & deux femmes, les deux Grecs, & les autres deux Gaulois, en la place qui vulgairement s'appelle le marché aux Bœufs? car il semble que cela soit repugnant, qu'eux mesmes feissent les choses qu'ils reprenoient és autres comme damnables. Est-ce point pource qu'ils iugeoient estre superstition damnable de sacrifier vn homme aux Dieux, mais bien aux diables qu'il fust necessaire? Ou bien pource qu'ils estimoient que ceux qui le faisoiët par vne loy, ou par vne coustume, failloient, mais eux par ordonnance des liures de la Sibylle le feirent: car on dict, que l'vne des vierges Vestales, nommee Helbia, allant à cheual, fut attainte d'vn coup de fouldre, & que le cheual fut trouué nud tout estendu, & le corps d'elle pareillement, ses vestemens rebourssez par deuant les parties naturelles, comme qui l'eust faict tout expressément, ses souliers, ses anneaux & sa coeffe iettez l'vn deçà, l'autre delà, & la langue tiree hors de la bouche: ce que les deuins interpreterent signifier, que c'estoit vne grande vergongne qui deuoit aduenir aux vierges Vestales, & seroit fort diuulguee & diffamee, & que partie de la honte en appartiendroit aussi aucunement à l'ordre des Cheualiers. Sur ces entrefaictes il y eut le seruiteur d'vn certain cheualier barbare & estranger, qui vint descouurir comme trois de ces vierges sacrees, en vn mesme temps, auoient forfait à leur honneur, Æmylia, Licinia, & Martia, & qu'il y auoit ia long temps qu'elles auoient compagnies d'hommes, desquels l'vn estoit vn cheualier estranger nommé Butetius, maistre dudit seruiteur. Si furent lesdictes Vestales punies selon les loix, apres que leur procés leur eut esté faict: mais pource que la chose sembla terrible & espouuentable, il fut ordonné par le Senat, que les presbtres reuisiteroient les liures Sibyllins: esquels on trouua des oracles qui denonçoient cest inconuenient à aduenir, au grand malheur & dommage du public, pour lequel euiter & diuertir, ils commandoient d'abandonner à ie ne sçay quels malings esprits estranges deux hommes de nation Grecque, & deux autres de nation Gauloise, & les enterrer tous vifs sur le lieu.

Pourquoy est-ce qu'ils commancent leur iour à la minuict? Est-ce point pour- LXXXIV. autant, que toute leur police du commancement n'estoit qu'vne discipline militaire? or à la guerre la pluspart des entreprises qui reüssissent, se font ordinairement de nuict auant le iour: ou bien c'est pource que l'execution se commance bien au leuer du Soleil, mais les preparatifs se font auant iour: car il faut auoir faict ces preparatifs auant que mettre la main à l'œuure, & non pas se preparer alors qu'il fault executer: comme lon dict que Myson respondit anciennement à Chilon l'vn des sept sages, ainsi qu'il tissoit vn van en hyuer: ou bien comme lon voit que plusieurs à midy cessent & mettent fin aux affaires d'importance & de la chose publique, aussi estimerent ils qu'il falloit mettre le commancement à la minuict: pour la preuue dequoy

Ll l

Les demandes des choſes Romaines.

lon peut tirer vn grand argument, de ce que iamais le magiſtrat Romain ne fait appointement ny accord apres le midy. Ou bien c'eſt pource qu'il n'eſt pas poſſible de ficher le commancement & l'acheuement du iour au leuer & au coucher du Soleil: car ſi nous faiſons comme le vulgaire, qui diſtingue le iour & la nuict par le ſentiment de la veuë & des yeux, prenans pour le commancement du iour, quand le Soleil commance à ſe leuer, & pour le commancement de la nuict, quand il eſt de tout poinct abſconſé, nous n'aurons iamais equinoxe, c'eſt à dire egalité du iour & de la nuict: car la nuict que nous eſtimerons eſtre plus egale au iour, ſera plus courte que le iour d'autant d'eſpace que le corps du Soleil en contiendra. Et ſi d'autre part nous faiſons comme les Mathematiciens, qui pour remedier à ceſt inconuenient, mettent les confins & bornes du iour & de la nuict au poinct que le Soleil vient à toucher le cercle de l'orizon auec ſon centre, cela ſeroit oſter toute claire euidence: car il aduiendra qu'eſtant ia grande lumiere eſpandue ſur la terre, & le Soleil nous eſclairant par tout, que nous ne confeſſerons pas qu'il ſoit encore iour, ains dirons qu'il ſera encore nuict. Puis que donc il eſt malaiſé de prendre le commancement du iour & de la nuict au leuer & au coucher du Soleil, pour les inconueniens & abſurditez que nous auons dictes, il reſte qu'il faille neceſſairement arreſter ce commancement quand le Soleil eſt au milieu du ciel deſſus nous ou deſſoubs nous: or eſt-il meilleur de le commancer lors qu'il eſt au milieu deſſous nous, qui eſt la minuict, pourautant que lors il retourne deuers nous en Orient, & au contraire apres le Midy il s'eſloigne de nous vers l'Occident.

LXXXV. Pourquoy eſt-ce qu'anciennement ils ne permettoient point que les femmes mouluſſent, ny meiſſent la main à la cuiſine? Eſtoit-ce pour ſouuenance de l'accord qu'ils auoient faict auec les Sabins? car apres qu'ils eurent rauy les filles des Sabins, il s'en émeut vne groſſe guerre entre eux, & depuis appoinctement enſuiuit, en la capitulation duquel ceſt article entre autres expres fut mis, Que le mary Romain ne pourroit contraindre ſa femme ny à tourner la meule pour mouldre le bled, ny à faire la cuiſine.

LXXXVI. Pourquoy eſt-ce qu'ils ne ſe marient point au mois de May? Eſt-ce point pourautant qu'il eſt au milieu des moys d'Auril & de Iuin, deſquels l'vn eſt conſacré à Venus, & l'autre à Iuno Deeſſe, qui ont toutes deux la cure & ſuperintendance des nopçes & mariages, au moyen dequoy ils auancent ou retardent vn peu? ou ſi c'eſt pourautant qu'en ce moys-là ils font la cerimonie de la plus grande purgation qu'ils facent point en toute l'annee? car maintenant ils iettent de deſſus le pont en la riuiere des images & effigies d'hommes, mais anciennement ils y iettoient des hommes meſmes vifs. voyla pourquoy la couſtume eſt en ce temps, que la Flaminica, c'eſt à dire la preſbtreſſe de Iuno, ſoit touſiours triſte, comme en dueil, ſans iamais ſe lauer ny parer. Ou bien c'eſt pource que pluſieurs des peuples Latins font oblations aux treſpaſſez en ce moys-là: & c'eſt pourquoy à l'aduenture ils adorent Mercure en ce meſme moys, ioinct qu'il porte le nom de Maia mere de Mercure: ou bien c'eſt pourautant que, comme aucuns veulent dire, ce moys prent ſon nom de *Maiores*, qui veult dire les Anciens, comme celuy de Iuin le prent de ce terme *Iuniores*, qui veult dire, les Ieunes. Or eſt-il que la ieuneſſe eſt beaucoup plus apte à faire nopçes que n'eſt pas le grand aage, comme dict Euripides,

> Ou vieilleſſe eſt de Venus peu amie,
> Ou Venus eſt de vieilleſſe ennemie.

Voyla pourquoy ils ne ſe marient point au mois de May, ains attendent iuſques au mois de Iuin, qui ſuit incontinent apres.

LXXXVII. Pourquoy eſt-ce qu'ils meſpartét les cheueux de la nouuelle mariee auec le fer d'vn iauelot? Eſt-ce point pour vn ſigne & marque, que les premieres femmes qu'eſpou-

Les demandes des choses Romaines. 474

A ferent les Romains, furent ainsi rauies par force, & conquises auec guerre & armes? ou bien si c'est pour leur donner à entendre qu'elles espousent des marits soudards & guerriers, & pource qu'il faut qu'elles s'accoustument à vn embellissement & parement simple, sans aucune delicatesse feminine: comme pour ceste mesme raison Lycurgus voulut que les huisseries, couuertures, & planchers des maisons, se feissent auec la sie & la coignee seulement, sans y employer aucun autre outil ny instrument, pour reietter & chasser de sa republique toute curiosité & toute superfluité: ou bien ce mespartement de cheueux donne couuertement à entendre diuision, signifiant que le mariage ne sera iamais departi que par force d'armes: ou c'est pource qu'ils referent à Iuno la pluspart des cerimonies qui appartiennent aux nopces & au mariage. Or est la iaueline consacree à Iuno, tellement que la pluspart de ses images & statues est appuyee sur vne lance ou iaueline, & pour ceste cause la Deesse en est surnommee Quiritis, pource que les anciens appelloient vne iaueline Quiris, & pour ceste
B mesme occasion appelloit-on aussi Mars Quiris.

Pourquoy est-ce que lon appelle Lucar l'argent que lon paye pour les ieux? Est-ce LXXXVIII pource qu'il y a autour des villes plusieurs lieux consacrez aux Dieux que lon nomme Lucos, desquels on employoit le reuenu à faire des ieux?

Pourquoy est-ce qu'ils appellent Quirinalia la feste aux fouls? Est-ce point pour LXXXIX ce qu'ils attribuent ce iour-là à ceux qui ne sçauent de quelle lignee ils sont, ainsi que dit Iuba, ou à ceux qui n'ont pas sacrifié comme les autres aux lieux destinez à leurs lignees, quand on celebre la feste qui se nomme Fornicalia, soit ou pource qu'ils estoient empeschez à d'autres affaires, ou qu'ils estoient hors de la ville, ou qu'ils ne le sçauoient pas: à ceste cause on leur a assigné ce iour là pour recouurer la faute qu'ils auroient faicte?

Pourquoy est-ce que quand on faict sacrifice à Hercules, on ne nomme nul autre XC. des Dieux, ny ne seuffre-lon que chien aucun comparoisse dedans le pourpris où se
C faict le sacrifice, ainsi comme Varro a laissé par escript? Est-ce point quant à ce qu'ils ne nomment aucun Dieu en son sacrifice, pource qu'ils ne l'estiment que demyDieu? Et y en a qui tiennent que luy estant encore viuant entre les hommes, Euander luy edifia vn autel, & luy offrit sacrifice dessus: & au reste il feit la guerre au chien, plus qu'à nulle autre sorte d'animal, car aussi fut-ce celuy qui luy donna plus d'affaires en toute sa vie que nul autre, tesmoing le chien à trois testes Cerberus: & apres tous les autres le fils de Licymnius son nepueu, ayant esté tué par les Hippocoontides pour vn chien, il fut contrainct de leur donner la bataille, en laquelle il perdit plusieurs de ses amis, & entre autres son frere Iphicles.

Pourquoy est-ce qu'il n'estoit pas loisible aux Patriciens d'habiter au mont du Ca- XCI. pitole? Est-ce pourautant que Marcus Manlius y habitant attenta de se faire sei-
D gneur de Rome, & y vsurper tyrannie? en haine duquel on dit qu'il a depuis esté defendu à ceux de la famille des Manliens, de iamais prendre l'auant-nom de Marcus: ou bien c'est vne ancienne crainte que les Romains ont euë de tout temps, car combien que Valerius Publicola fust personnage fort populaire & bien affectionné à la part du peuple, iamais toutefois les grands ne cesserent de le calomnier, ny les petits & la commune de le redouter, iusques à ce que luy-mesme feit demolir sa maison, pourautant qu'elle batoit sur la place.

Pourquoy est-ce qu'à celuy qui a sauué vn citoyen à la guerre on donne vne XCII. couronne de branches de chesne? Est-ce pourautant que partout & en tout lieu on recouure facilement du chesne à la guerre, ou bien pource que ceste couronne est dediee & sacree à Iupiter & à Iuno, que lon repute protecteurs des villes? ou bien c'est vne ancienne coustume procedee des Arcadiens qui ont quelque consanguinité auec les chesnes, pource qu'ils se disent estre les premiers des hommes yssus de la

Lll ij

terre, comme le chefne entre tous les arbres.

XCIII. Pourquoy est-ce que pour prendre presage ils vsent de Vautours plus que de nuls autres oyseaux ? Est-ce pourautant que à la fondation de Rome il en apparut douze à Romulus ? ou pource que ce n'est pas oyseau qui soit ordinaire ny familier, car il n'est pas facile de rencontrer vne aire de Vautours, ains faut que soudain ils viennent de quelque estrange pays : voyla pourquoy la veuë en est pleine de pronostique & de presage : ou bien ils ont encore appris cela de Hercules, s'il est veritable ce qu'escrit Herodotus, que Hercules estoit fort aise, quand sur le commancement de quelque sienne entreprise il luy apparoissoit des Vautours, pource qu'il auoit opinion que le Vautour estoit le plus iuste de tous les oyseaux de proye : car premierement il ne touche iamais à chose quelconque viue, ny ne tuë iamais rien qui ayt vie, comme font les Aigles, les Faucons, & les Ducs, ains se paist des charongnes de bestes mortes : & si y a plus, qu'il ne touche pas encore à celles qui sont de son genre ny de son espece : car iamais homme ne veit Vautour qui mangeast de la chair d'oiseau, comme font les Aigles & autres oyseaux de proye, qui chassent & mettent en pieces principalement les oyseaux qui sont de mesme genre qu'eux : & toutefois ainsi que dict Æschylus,

   Comment pourroit estre l'oiseau goulu,
   En deuorant son semblable, impollu ?

Au reste quant aux hommes, c'est le plus innocent, en maniere de dire, & qui leur fait moins de dommage que nul autre, car il ne gaste fruict ny plante quelconque, ny ne faict mal à beste aucune priuee : & s'il est vray ce que comptent les Ægyptiens, qu'en ce genre-là d'oiseaux ils soient tous femelles, & qu'elles deuiennent grosses en receuant par le bec le vent de Leuant, ne plus ne moins que les plantes s'empreignent du vent de Ponát, il est vraysemblable que les signes & prognostiques tirez d'eux, soient plus asseurez & plus certains que ceux des autres, pource que de tous les autres leurs violences quand ils sont en amour, leurs impetueux vols quand ils poursuyuent leur proye, leurs fuittes & leurs chasses, doiuent auoir beaucoup de trouble & d'incertitude en leurs pronostications.

XCIV. Pourquoy est-ce que le temple d'Æsculapius est hors de la ville ? Est-ce pourautant qu'ils estimoient que la demourance hors de la ville estoit plus salubre que celle de la ville ? car à ce propos les Grecs ordinairement edifient les temples d'Æsculapius en lieux hauts où l'air est pur & serein. Ou si c'est pource que ce Dieu Æsculapius fut enuoyé querir de la ville d'Epidaure en la Moree : & est vray que les Epidauriens ont basty son temple non dedans l'enceinte de leur ville, ains assez loing d'icelle ? Ou pourautant que le serpent estant descendu de la galere en l'isle, & là s'estant disparu, il sembla qu'il leur eust enseigné par ce signe là, où il vouloit qu'on luy bastist sa demeure.

XCV. Pourquoy est-ce que la Loy defend à ceux qui doiuent viure chastement de manger des legumages ? Est-ce quant aux febues, pour les mesmes raisons qu'on dict que les Pythagoriens les auoient en abomination ? & quant aux pois-chiches particulierement, qui s'appellent en Grec λάθυρος & ἐρέβινθος, lesquels mots semblent estre deriuez de Erebus, qui signifie les tenebres d'enfer : & de Lethe, qui est oubliance, l'vn des fleuues infernaux : ou pource que és soupers & banquets des funerailles, on a accoustumé de seruir ordinairement des legumages : ou plus tost pource qu'il faut que ceux qui veulent estre chastes & viure sainctement, ayent les corps nets & gresles : or est-il que les legumages sont venteux, & engendrét vne superfluité és corps, qui a besoing de grande purgation : ou pource qu'ils incitent & prouoquent à la luxure, d'autant qu'ils sont flatueux & venteux.

XCVI. Pourquoy est-ce qu'ils ne punissent point autremét les sacrees vierges Vestales, qui
se sont

Les demandes des choses Romaines. 475

se sont laissées violer & corrompre, que de les enfoüir dedans la terre toutes viues? Est-ce point pource qu'ils bruslent les corps des trespassez? or d'inhumer auec le feu les corps de celles qui n'ont pas assez religieusement & sainctement gardé le feu diuin, il ne sembloit pas iuste ny raisonnable: aussi n'estimoient-ils pas qu'il fust loisible de tuer vne personne que auroit esté consacree auec les plus sainctes & plus religieuses cerimonies du monde, ny mettre les mains violentes dessus vne femme sacree: parquoy ils imaginerent ceste inuention de la faire mourir d'elle mesme, c'est qu'ils la deualloient en vne petite chambre dedans terre, là où ils laissoient vne lampe ardente, & du pain auec vn peu d'eau & de laict, & puis ils la combloient de terre par dessus: mais ny pour cela encore ne se peuuent-ils du tout exempter de superstitieuse crainte, car iusques auiourd'huy les presbtres allans dessus le lieu, leur font ie ne sçay quels seruices anniuersaires pour les appaiser.

Pourquoy est-ce que le treziéme iour de Decembre qui s'appelle en Latin *Idus* xcvii. *Decembres*, on fait vn ieu de pris de la course des chariots: & le cheual attelé du costé droict, qui est demouré victorieux, est immolé à Mars, là où il vient quelqu'vn par derriere qui luy coupe la queuë, laquelle il porte au temple qui s'appelle Regia, & en ensanglante l'autel: & pour en auoir la teste, il y a vne troupe de gens venant de la ruë sacree, & vne autre de celle qui se nomme Saburra, qui combatent les vns contre les autres à qui l'aura? Est-ce pour la raison que quelques vns alleguent, qu'ils ont opinion que la ville de Troye fut iadis prise par vn cheual de bois, & pource qu'ils en punissent le cheual en memoire de cela?

Si comme estans des Troyens descendus,
Et des Latins ensemble confondus.

Ou pource que le cheual est vn animal courageux, martial & belliqueux, & lon sacrifie ordinairement aux Dieux les victimes qui leur sont plus agreables & mieux sortables: & luy sacrifie lon celuy qui a gaigné le pris, pource que la victoire & la force luy sont propres, ou plustost pource que l'œuure de ce Dieu est ferme & stable, & sont victorieux ceux qui demeurent en leurs rangs contre ceux qui n'y demeurent pas, ains s'enfuyent: c'est pourquoy lon y punist l'animal qui court viste, comme la voiture de lascheté, pour couuertement leur donner à entendre, qu'il n'y a point d'esperance de salut à ceux qui fuyent.

Pourquoy est-ce que la premiere œuure que font les Censeurs, quand ils sont in- xcviii. stalez en possession de leur magistrat, c'est de bailler à ferme la nourriture des oyes sacrees, & de faire repeindre les statuës des Dieux? Est-ce pour commancer aux plus legeres choses & qui sont de moindre despense & de moindre difficulté? ou si c'est pour commemoration d'vn ancien benefice iadis receu de ces animaux, du temps de la guerre des Gaulois, pource que les oyes furent celles qui sentirent la nuict les Barbares montans sur la muraille qui enuironnoit le fort du Capitole, là où les chiens dormoient, & de leur cry esueillerent les gardes? Ou pource que les Censeurs estans gardiens des plus grandes choses, & ayans la charge & le deuoir qui leur commande de veiller & enquerir soigneusement pour conseruer la religion, les temples, les edifices publiques, les mœurs & les deportemens des hommes en leur maniere de viure, ils mettent en premier lieu de consideration, le plus vigilant animal qui soit, & en monstrant auoir ainsi soing de ces oyes, ils enhortent en ce faisant leurs citoyens de n'estre point paresseux, & de ne mettre point en nonchaloir les choses sainctes. Et au reste quant au refreschissement de couleur des images & statuës, c'est chose necessaire, car la viuacité de la couleur rouge de vermillon se passe incontinent, de laquelle ils souloient anciennement colorer les images.

Pourquoy est-ce que des autres presbtres, quand il y en a vn condamné & banny, xcix. ils le deposent de sa presbtrise, & en élisent vn autre en son lieu, excepté les Augures,

L.ll iij

Les demandes des choses Romaines.

qui sont les presbtres qui ont charge d'obseruer & contempler le vol des oyseaux? car ceux-là, encore qu'ils soient conuaincus & condamnez des plus grands crimes du monde, ils ne leur ostent point leur presbtrise. Est-ce comme aucuns disent, qu'ils ne veulent point qu'vn qui ne soit point presbtre cognoisse ny sçache les secrets des sacrifices? ou pource que le presbtre Augure estant lié & obligé de tres-grands sermens, qu'il ne reuelera iamais les secrets des sacrifices, ils ne le veulent pas absoudre & dispenser de ces sermens-là, en le degradant de presbtrise, & le rendant homme priué? Ou bien c'est pourautant que ce mot d'Augure n'est pas tant nom d'honneur & de magistrat, comme de science & d'art: & cela seroit comme vouloir degrader vn musicien qu'il ne fust plus musicien, ou deposer vn medecin qu'il ne fust plus medecin, vouloir defendre qu'vn deuin ne soit plus deuin: ainsi ne pouuans luy oster sa suffisance ny son sçauoir, encore qu'ils luy en ostent le nom, ils n'en establissent point d'autre en son lieu, à bon droict, pource qu'ils veulent garder le nombre qui en a d'ancienneté esté institué.

C. Pourquoy est-ce que le treziéme iour du mois d'Aoust, que lon nomme maintenant Idus Augusti, & parauant Idus Sextiles, les serfs & les serues font feste tous & toutes, & les maistresses affectent de lauer & nettoyer leurs testes? Est-ce pourautant que le Roy Seruius à tel iour nasquit d'vne serue captiue, & pour ceste cause les esclaues à tel iour ont vacation de besongne? Et quant à lauer les testes, le commancement en estant venu des serues, qui le font à cause de la feste, la coustume en est passee iusques aux maistresses.

CI. Pourquoy est-ce qu'ils ornent leurs enfans de bagues penduës au col, qu'ils appellent Bullas? Est-ce pour honorer les premieres femmes qu'ils rauirent, en faueur desquelles ils ordonnerent plusieurs autres prerogatiues aux enfans qui nasquirent d'elles, & mesmement celle-là? ou si c'est pour honorer la proüesse de Tarquin? car on dit qu'estant encore enfant, en la grosse bataille qui fut donnee contre les Latins ensemble & contre les Thoscans, il se ietta dedans les ennemis, là où estant abbatu de dessus son cheual, il sousteint ceux qui se ruerent sur luy, si vertueusement qu'il encouragea tous les autres Romains, tellement que les ennemis estans par eux tournez en fuitte, auec meurtre de dixhuict mille de leurs gents, qui demourerent morts sur la place, il en receut pour loyer de sa vertu vne telle sorte de bague à pendre au col, qui luy fut donnee par le Roy son pere. Ou si c'est pource qu'anciennement ce n'estoit pas chose qui fust reputee honteuse ne villaine, que d'aymer les garçons esclaues, quand ils estoient en aage d'aymer, ainsi que nous tesmoignent encore les comedies escriptes de ce temps-là: mais des enfans de libre condition & de noble maison, ils se gardoient fort bien d'y toucher: & à fin que lon ne pretendist ignorance de n'auoir sçeu de quelle condition ils estoient, s'ils les rencontroient nuds, à ceste cause on leur faisoit porter ceste marque & enseigne autour du col? Ou bien si cela est point vn preseruatif d'honneur, de continence, & d'honnesteté, & par maniere de dire, vne bride pour refrener l'incontinence, d'autant qu'ils auoient honte de faire des hommes, auant qu'auoir quitté les marques & signes d'enfance: car il n'y a point d'apparence à ce qu'en allegue Varro, disant que pource que les Æoliens appellent conseil, Bollas, les enfans pour vn signe & presage de prudence & de bon conseil portent ceste bague là, qu'ils appellent Bulla. Voyez doncques que ce ne soit à cause de la Lune, qu'ils les portent: car la figure de la Lune, quand elle est au plein, n'est pas forme de boule ronde, ains plustost de plat ou d'escuelle: & non seulement quant au costé qui nous en apparoist, mais aussi, comme Empedocles pense, quant à celuy qui en est dessoubs.

CII. Pourquoy est-ce qu'aux petits enfans ils imposent le nom, aux masles au neufiéme iour, & aux femelles au huictiéme? Est-ce point pour cause naturelle qu'ils imposent
plustost

Les demandes des choses Romaines.   476

A plus toſt les noms aux filles qu'au fils, d'autant que les femelles croiſſent plus toſt, & ſont plus toſt meures, & arriuent plus toſt à leur perfection que ne font les maſles: mais quant aux iours, ils prennent ceux qui ſuyuent ſans moien apres le ſeptiéme, pource que le ſeptiéme eſt fort perilleux aux petits enfans, tant pour autres occaſions, que pour leur nombril, d'autant que à pluſieurs il ſe denouë au ſeptiéme iour, & deuant qu'il ſoit ouuert l'enfant reſemble plus toſt à vne plante, qu'il ne fait à vn animal: ou tout ainſi comme les Pythagoriens eſtimoient que le nombre pair eſtoit femelle, & le non-pair maſle, d'autant qu'il engendre, & eſt plus fort que le nombre pair, eſtant compoſé: & ſi on les diuiſe l'vn & l'autre en vnitez, le pair monſtrera vn lieu vuide au milieu, là où le non-pair a touſiours le milieu remply d'vne de ſes parties, & pour ceſte cauſe ils ont opinion que le pair reſemble plus à la femelle, & le non-pair au maſle. Ou bien c'eſt pourautant que de tous les nombres, le neuf eſt le premier quarré, venant du trois qui eſt non-pair & parfaict, & le huict eſt le premier cubique, c'eſt à dire quarré en tous ſens, comme vn dé, procedant du deux, qui
B eſt nombre pair: or faut-il que l'homme ſoit quarré, ſingulier & parfait, & que la femme, ne plus ne moins qu'vn dé, ſoit ferme, gardant la maiſon, & difficile à remuer. Encore y faut-il adiouſter ce propos, que le huit eſt nombre cubique, procedant du deux pour ſon pied, & le neuf eſt nombre quadrangulaire, quarré en tous ſens, procedant du trois pour ſon pied, & pour ceſte cauſe les femmes ſemblent auoir deux noms, & les maſles trois.

Pourquoy eſt-ce qu'ils appellent les enfans qui n'ont point de pere certain, Spu- CIII. rios? car il ne faut pas eſtimer, comme le tiennent les Grecs, & comme le diſent les orateurs en leurs plaidoiers, que ce ſoit de ce mot Spora, pource qu'ils ſont engendrez de la ſemence de pluſieurs hommes meſlee & confondue enſemble: ains eſt ce mot Spurius, l'vn des premiers noms que prennent les Romains, comme Sextus, Decimus, & Caius: or n'eſcriuent-ils iamais ces premiers noms là entierement de
C toutes leurs lettres, ains les marquent aucuneſois d'vne ſeule lettre, comme Titus, Lucius, & Marcus, par T.L.M. ou auec deux, comme Spurius, & Cneus: ou auec trois, comme Sextus & Seruius. Spurius doncques eſt l'vn de leurs noms qui ſe marque auec deux lettres S P. qui ſignifient *Sine patre*, c'eſt à dire, ſans pere: car S. ſignifie ſans, & le P. pere. Voila d'où eſt venu l'erreur de la variation, pourautant que, *Sine patre* & Spurius s'eſcriuent par meſmes lettres. Mais encore en faut-il alleguer vne autre raiſon, qui eſt plus eſtrange, & où il y a moins d'apparence, c'eſt qu'ils diſent que les Sabins anciennement appelloient la nature d'vne femme Spurius, & que pour ceſte occaſion, par vne maniere d'iniure & de reproche, ils appelloient de ce nom là ceux qui eſtoient nez de femme non eſpouſee, & hors legitime mariage.

Pourquoy eſt-ce qu'ils appellent Bacchus, Liberum Patrem? Eſt-ce point pource CIIII. qu'il eſt pere & autheur de toute liberté à ceux qui ont beu? car la plus part des hom-
D mes deuiennent audacieux & ſe rempliſſent de hardieſſe de parler quand ils ſont yures, ou pource que c'eſt luy qui a trouué la libation, c'eſt à dire, l'offrande de vin, que l'on fait aux Dieux: ou, comme dit Alexandre, pource que les Grecs l'appellent Dionyſius Eleuthereus, c'eſt à dire, Bacchus liberateur, & le nomment ainſi à cauſe d'vne ville de Bœoce nommee Eleutheres, où il auoit vn temple.

Pourquoy eſt-ce que la couſtume ne porte point, que les filles ſe marient aux iours CV. des feſtes publiques, mais bien que les vefues s'y remarient? Eſt-ce pourautant, comme dit Varro, que les filles ſentent mal quand on les marie, & les vefues plaiſir quand on les remarie, & qu'à vn iour de feſte il ne faut rien faire où l'on ſente douleur, ny par contrainte? ou plus toſt pour ce que aux pucelles ce leur eſt honneur d'eſtre mariees à la veuë de beaucoup de monde, mais aux femmes vefues ce leur eſt deshonneur d'eſtre remariees en grande compagnie: pour ce que les premieres nopces ſont

LII iiij

Les demandes des choses Romaines.

defirables, mais les secondes abominables: car elles ont honte si elles prennent d'autres maris leurs premiers estans encore viuans, & s'ils sont morts elles en sont en dueil de viduité: c'est pourquoy elles aiment mieux que ce soit à requoy, en petite maignie, non pas en tumulte & conuoy de grande compagnie. Or les iours de festes & de ieux publiques diuertissent les hommes, les vns çà, les autres là, de maniere qu'ils n'ont pas loysir de vaquer à aller voir des nopces. Ou c'est pource que ce fut à vn iour de feste publique qu'ils rauirent les filles des Sabins, ce qui leur apporta la guerre, à ceste cause ils ont eu à mauuais presage d'espouser des filles à vn iour de feste.

CVI. Pourquoy est-ce que les Romains adorent Fortune, qu'ils appellent Primogenita, comme qui diroit l'aisnee, ou premier nee? Est-ce, comme dit Varro, pourautant que Seruius, qui estoit né d'vne serue captiue, regna fort noblement & glorieusement à Rome, car ainsi le tiennent les Romains pour la plus part: ou plus tost pource que la Fortune a donné le commancement & la premiere origine à la ville de Rome & à son Empire? ou bien la cause en est plus profonde, & qu'il faut recercher és plus cachez secrets de la nature & de la philosophie, pour ce que la Fortune est le principe de toutes choses, tellement que la nature mesme consiste & procede de la fortune, quand à certaines causes casuellement & fortuitement concurrentes, ordre & disposition est adioustee.

CVII. Pourquoy est-ce que les Romains appellent ceux qui iouent des comedies & autres ieux és theatres, Histrions? Est-ce pour la raison que escrit Claudius Rufus, que fort anciennement & dés l'an que furent Consuls Caïus Sulpitius, & Licinius Stolo, il y eut vne maladie pestilentielle à Rome, laquelle emporta entierement & indifferemment tous ceux qui faisoient profession de monter sur les eschaffaux des theatres pour iouer? au moien de quoy il en vint depuis à leur priere & requeste de la Thoscane plusieurs & excellés ouuriers en cest artifice: entre lesquels celuy qui estoit de plus grande reputation, & qui plus longuement auoit eu la vogue par les theatres, estoit appellé Hister, du nom duquel tous les autres furent depuis appellez Histrions.

CVIII. Pourquoy est-ce qu'ils n'espousent point leurs proches parentes? Est-ce pourautant qu'ils veulent par mariages amplifier leurs alliances, & acquerir plusieurs affins & alliez, en prenant & baillant femmes à d'autres qu'à ceux qui sont desia leurs parents: ou pour ce qu'ils craignent que telles nopces n'engendrent noises & querelles entre les parents, lesquelles esteignét & abolissent les droits de la nature? ou pource qu'ils voyent que les femmes à cause de leur imbecillité & infirmité ont besoing de beaucoup d'aide, ils ne les veulent pas marier à ceux de leur parenté, à fin que si d'aduenture il se treuue que les maris les traittent mal & leur facent tort, leurs parents les secourent & leur soient en aide.

CIX. Pourquoy est-ce qu'au presbtre de Iupiter, qu'ils appellent Flamen Dialis, il n'est pas loisible de toucher de la farine ny du leuain? Est-ce pourautant que la farine est nourriture crue & imparfaitte? car ny elle ne demeure ce qu'elle estoit, c'est à sçauoir bled, ny elle n'est ce qu'elle doit estre, c'est à sçauoir pain, ains a perdu la nature qu'elle auoit parauant, & n'a pas acquis l'vsage de viande & de nourrissement: c'est pourquoy le poëte l'appelle Mylephaton, par translation, comme qui diroit, tué & froissé par la meule en la moudure. Et quant au leuain, il s'engendre de corruption de farine, & si fait leuer & aigrir toute la masse de la paste quand il est meslé parmy: car elle en deuient moins forte & moins tenante, & brief le leuement de la paste, c'est à dire l'operation qu'y fait le leuain, est comme vne sorte de pourrissement: car quand on y en met plus que de raison, il la rend du tout si aigre que lon n'en peut manger, & gaste la farine.

CX. Pourquoy est-ce qu'il luy est aussi defendu de toucher chair crue? Est-ce point pour destourner de bien loing, par ceste accoustumance, de manger chair crue? ou

si luy

Les demandes des choses Romaines. 477

A s'il luy est enioint de l'abominer pour la mesme raison que la farine? car ny ce n'est plus animal, ny ce n'est encore viande, car le bouillir & rostir est vne alteration & transmutation qui luy fait changer de forme : là où la chair crue & freschement tuee n'est pas pure ny impolluë à voir, ains est hideuse, & a ne sçay quoy approchant de l'vlcere & de la playe saignante quand on la regarde.

Pourquoy est-ce que lon luy commandoit aussi de s'abstenir du chien & de la chéure, non seulement de les toucher, mais aussi de les nommer? Est-ce point, quant à la chéure, ou pour son excessiue luxure, & pour sa mauuaise odeur, ou pour ce qu'elle est maladiue? car c'est la beste du monde la plus subiecte au haut mal, & qui plus attache ce mal à ceux qui en mangent ou qui la manient:la cause dequoy ils disent estre l'estroississure des coduits par ou passent les esprits qui viennent à facilement s'estouper: ce qu'ils coniecturent, par ce qu'elle a la voix ainsi gresle & delieë:suiuant lequel propos on voit que és hommes mesmes qui sont subiects à ceste maladie, la voix à la
B fin leur deuient semblable au beslement des chéures. Et quant au chien, il est vray qu'il n'a pas à l'aduenture tant de la luxure, & n'est pas si getif ne si puant que la chéure, combien que toutefois aucuns tiennent que lon ne souffre pas seulement qu'vn chien mette le pied dedans le chasteau d'Athenes, pour ce que le temple de Diane y est: ny dedans l'isle de Delos non plus, pour ce qu'elle luy est consacree : à cause que publiquement à la veuë de tout le monde, il se mesle auec sa femelle : comme si les taureaux, les pourceaux, ou les cheuaux, auoient des chambres à faillir leurs femelles, & qu'ils ne le feissent pas ouuertement & manifestement en public: mais ils n'en sçauent pas la cause veritable, qui est, pour ce que le chien est vn animal de sa nature aspre & querelleux, & le bannit-on pour ceste cause des lieux saincts,& où il y a franchise, à celle fin que les paures affligez suppliants s'y puissent librement retraire. Ainsi est-il vray semblable qu'ils ont voulu que les presbtres de Iupiter, comme vne saincte & sacree viue statue de refuge, fust librement accessible & ouuerte à tout le
C monde, sans qu'il y eust rien qui empeschast, ne qui feist peur d'en approcher : c'est pourquoy il falloit que son lict mesme fust tout à l'entree de sa porte, & le serf qui pouuoit se venir ietter à ses pieds, & embrasser ses genoux, pour ce iour là estoit franc & hors de danger d'estre foüetté ou plus griefuemét puny:& si c'estoit vn prisonnier qui se peust approcher de luy aiāt les fers aux pieds,il estoit delié,& iettoit on ses fers & ses liés hors de la maison, non par la porte,mais par dessus le toict de la couuerture: or n'eust-il de rien serui qu'il eust ainsi esté gracieux,accointable & humain, s'il eust eu aupres de luy vn chien qui eust effroyé & chassé ceux qui eussent voulu recourir en franchise à luy : mais toutefois si est-ce que les anciens mesmes ne l'ont point estimé ne reputé du tout animal net & munde : car il n'est premierement dedié ne consacré à aucun des Dieux celestes, ains estant enuoyé pour souper à Proserpine terrestre és quarrefours, il semble que ce soit plus tost vne hostie expiatoire pour diuertir
D quelque malencontre, ou pour nettoyer quelque ordure, qu'autrement : ioint qu'en Lacedemone ils fendēt par le milieu des chiens pour sacrifice à Mars le plus sanglant de tous les Dieux : & les Romains mesmes au iour de la feste des Lupercales, qui se celebre au mois de purification, qui est Feurier, font sacrifice d'vn chien. Et pourtant n'est-il pas hors de propos de penser, que à ceux qui ont pris à seruir particulierement le plus souuerain & le plus net de tous les Dieux,il soit defendu d'auoir ny en leur maison ny autour d'eux vn chien.

Pour quelle cause n'est il pas permis à ce mesme presbtre de Iupiter de toucher au CXII. lierre, ny de passer par vn chemin couuert de branches de vigne attachee à vn arbre ? Est-ce point vn precepte semblable à ceux-cy des Pythagoriens, Ne mange point de dessus vne chaire,Ne te sied point sur vn boisseau, Ne passe point par dessus le balay? car ces philosophes là ne craignoient,ny ne refuyoient point les choses que les paro-

CXI.

les de prime face fignifioient, mais par celles-là ils en defendoient d'autres: car ce precepte de ne paffer point foubs la vigne, fe referoit au vin: voulant donner à entendre qu'il n'eftoit pas loifible au prefbtre de f'enyurer, d'autant que le vin eft deffus la tefte de ceux qui f'enyurent, & font par luy rabaiffez & raualez: là où il faut que les prefbtres foient fuperieurs, & qu'ils commandent à cefte volupté-là, non pas qu'ils foient fubiects à elle. voila quant à la vigne. Mais quant au lierre, eft-ce point pource que c'eft vne plante qui ne porte aucun fruict, ny aucune vtilité aux hommes, ains eft fi imbecille, que d'elle mefme elle ne fe fçauroit fouftenir, & a befoing d'autres qui la portent, & ce pendant par le moien de la froideur de fon vmbre, & la verdeur de fes fueilles, abufe ceux qui la regardent? pour cefte caufe n'eftiment-ils pas que lon le doiue nourrir ny entretenir pour neant en vne maifon, d'autant qu'il n'y apporte nul profit: ny l'embraffer, d'autant qu'il eft dommageable aux plantes qui le reçoiuent quand il a le pied dedans terre. Et pourtant ne voit-on iamais és facrifices & cerimonies de Iuno à Athenes, ny de Venus à Thebes, du lierre fauuage, mais bien en voit on és facrifices qui fe font de nuict en tenebres, comme font la plus part de ceux de Bacchus. Eft-ce doncques point cela vne couuerte defenfe de fe trouuer en ces danfes & follaftreries nocturnes de Bacchus? car les femmes qui font fubiectes à ces fureurs-là Bacchiques, fe ruent incontinent fur le lierre, & le defchirent, le prenant à belles mains, ou le mafchant à belles dents: tellement que ceux-là ne font pas du tout à reietter, qui difent que ce lierre aiant des efprits qui tournent les entendemens des hommes à fureur, les tranfporte hors d'eux, & les tourmente, & brief les rend yures fans boire vin, quand ils fe treuuent difpofez à tels tranfports & alienations de leurs entendemens.

CXIII. Pourquoy eft-ce qu'à ces prefbtres là il n'eft pas permis de receuoir ny de demander aucun magiftrat, & neantmoins ils ont vn maffier portant la verge deuant eux, & vn chariot à chaire prętoriale deffus, pour les honorer & recompenfer de ce qu'il ne leur eft pas loifible de tenir autre office ny magiftrat publique? Eft-ce point pour la mefme raifon qu'en la plus part des villes de la Grece la dignité de prefbtrife eftoit equiualente à celle de la royauté, ils n'elifoient pas des petites perfonnes les premieres venues pour prefbtres? ou plus toft pour ce que les prefbtres aiants leurs actions determinees & certaines, & les Roys indeterminees & incertaines, il n'eftoit pas poffible quand les deux quelquefois fe rencontroient en vn mefme temps tout enfemble, que vn feul peuft fatisfaire à toutes les deux, ains eftoit force que les deux eftans fouuent preffees, il en omift l'vne à faire: & que par ce moien tantoft il mefprift enuers les Dieux, & tantoft qu'il portaft dommage à fes citoiens. Ou bien voyans que és Magiftrats des hommes il y a bien fouuent autant de neceffité comme d'authorité, & qu'il faut que celuy qui a le gouuernement d'vn peuple, comme dit Hippocrates d'vn medecin, voye plufieurs mauuaifes chofes, & en touche plufieurs auffi, & que des maux d'autruy il fente & reçoiue propre fafcherie & douleur, ils n'ont pas trouué bon qu'vn facrifiaft aux Dieux, ny euft la fuperintendance des chofes fainctes & facrees, qui auroit affifté ou prefidé aux iugemens & condamnations à mort de fes citoyens, voire bien fouuent de fes parents & alliez, ainfi comme il aduint à l'ancien Brutus.

Les demandes des choses Grecques.

QVI sont ceux que lon appelle en la ville d'Epidaure Conipodes & Artyni? Il y auoit cent quatre vingts hommes, entre les mains desquels estoit tout le gouuernement de la chose publique: de ceux-là on elisoit des Senateurs qui s'appelloient Artyni, & la plus part du peuple se tenoit aux champs, & les appelloit-on Conipodes, qui vaut autant à dire comme, pieds poudreux, pource quand ils venoient à la ville, on les cognoissoit à cela.

Qui estoit celle que lon appelloit Onobatis, en la ville de II. Cumes? Quand il y auoit vne femme surprise en adultere, on la menoit en la place publique, là où on la mettoit dessus vne pierre eminête, à fin qu'elle fust veuë de tous: puis quand elle y auoit esté vne espace de temps, on la montoit dessus vn asne, & la menoit on par toute la ville, puis on la ramenoit en la place, & la remettoit on dessus la pierre, & de là en auant elle demouroit infame pour toute sa vie, & l'appelloit-on Onobatis, c'est à dire, celle qui a cheuauché l'asne: cela fait ils estimoient que la pierre en fust pollue, & l'abominoient comme chose interdite. Il y auoit aussi en la mesme ville vn office qui s'appelloit Phylactus, & celuy qui le tenoit auoit charge tout le reste du temps de garder la prison, excepté qu'en vne certaine assemblee de conseil qui se tenoit de nuict, il entroit au Senat, & alloit prendre les Roys par la main, & les menoit hors du Senat: là où il les tenoit iusques à ce que le Senat eust arresté s'ils auoient forfait, ou non, donnant ainsi occultement ses suffrages en tenebres.

Qui est celle que lon nomme en la ville de Soli Hypeccaustria? Ils appellent ainsi III. la presbtresse de Minerue, à raison de quelques sacrifices & quelques cerimonies à diuertir les malheurs qu'elle fait: le mot signifie comme qui diroit la chauffeure.

Qui sont, en la ville de Gnidos, ceux qu'ils appellent Amnemones, & qui est celuy qu'ils disent Aphester? Il y a soixante qu'on elit des plus gens de bien de la ville, IV. lesquels ont la superintendance des affaires: & sont ceux qui consultent premierement les matieres de plus grande importance, & les appelloient ainsi, pource qu'ils ne sont point syndiquez ne subiects à rendre compte de leur administration, si d'auenture lon ne veut dire que le mot signifie plus tost, de grande memoire: & celuy qui leur demande leurs aduis & suffrages s'appelle Aphester.

Qui sont ceux que les Arcadiens & les Lacedemoniens appellent Chrestos? Les V. Lacedemoniens aiants fait appointement auec les Tegeates en meirent les articles par escript, qu'ils feirent engrauer sur vne coulonne quarree, commune, laquelle fut plantee sur le bord de la riuiere d'Alpheus: & y a entre autres articles, Qu'ils chasseroient les Messeniens hors de leurs terres, mais qu'il ne leur seroit pas loisible de les faire Chrestos: ce que declarant Aristote, l'expose, qu'ils ne les pourroient faire mourir pour secourir ceulx des Tegeates, qui durant la guerre auoient fauorisé au party des Lacedemoniens.

Qui est celuy que les Opuntiens appellent Crithologos? La plus part des Grecs VI. en leurs plus anciens sacrifices vsoient d'orge, que contribuoient les citoiens: celuy doncques qui auoit la superintendance des sacrifices, & la charge de recueillir les primices d'orge que les citoiens contribuoient, se nommoit Crithologos, qui vaut autant à dire que, recueilleur d'orge: & auoient deux presbtres, l'vn qui auoit la superintendance des sacrifices qui se faisoient aux Dieux, & l'autre de ceux qui se faisoient aux Diables.

Quelles sont les nuees que lon appelle Ploiades? Ce sont celles qui sont les plus VII.

Les demandes des choses Grecques.

pleines d'eau, & qui sont agitees çà & là, ainsi comme Theophrastus le met de mot à mot au quatriéme liure des impressions qui se font en la region de l'air : attendu que ces nuees Ploiades, celles qui sont espesses, mais immobiles, & de couleur fort blanches, monstrent vne diuersité de matiere qui n'est ny conuertie en eau ny en vent.

VIII. Qu'est-ce que les Bœotiens appellent Platychetas ? Ils appellent ainsi ceux qui sont voisins de nostre maison, ou qui ont des terres ioignantes aux nostres, en langage Æolique, comme qui diroit, estants voisins : dequoy i'en allegueray vn exemple tiré de l'archiue de nos loix, combien qu'il y en ait plusieurs. *

C'est exemple defaut en l'original Grec.

IX. Qui est celuy que les Delphiens appellent Hosioter : & pourquoy est-ce qu'ils appellent l'vn des mois Bysius ? Ils appellent Hosioter, celuy qui immole l'hostie apres qu'il a esté eleu & declaré sainct : or y en a il cinq qui le sont toute leur vie, & sont concurrens auec les grands presbtres qu'ils nomment prophetes en plusieurs cerimonies du seruice des Dieux : come ceux qui se disent estre descendus de la race de Deucalion. Et quant au moys qu'ils appellent Bysius, ce n'est pas, comme plusieurs estiment, autant comme Physios, c'est à dire naturel, encore que ce soit le commancement de la prime-vere, & que plusieurs plantes alors naissent & germent de la terre : mais ce n'est pas la verité, car les Delphiens n'vsent pas d'vn B, au lieu d'vn Phi, ainsi que font les Macedoniens qui disent Bilippus & Balacros & Berenice, au lieu de Philippus, de Phalacros & de Pherenice : mais ils en vsent au lieu du Pi, car ils disent ordinairement Batein au lieu de Patein, & Bicron au lieu de Picron : ainsi Bysius est dit au lieu de Pysius, c'est à dire interrogatoire, en entendant de leur Dieu Apollo : car c'est la coustume du pays, pour ce qu'en ce mois-là ils proposent leurs demandes à l'oracle d'Apollo, & estiment que le septiéme d'iceluy soit le iour de sa naissance, lequel ils surnomment Polyphthoüs, non pas, comme plusieurs cuident, pour ce que lon y paistrit plusieurs gasteaux qui s'appellent Phthoïs, mais pour ce que lon y demande & y enquiert-on de beaucoup de choses : car il n'y a pas long temps que lon a permis de venir à l'oracle quand on voudroit en chasque mois, mais au parauant la religieuse d'Apollo ne rendoit les responses, & n'ouuroit l'oracle qu'vne seule fois en toute l'annee, ainsi comme Callisthenes & Anaxandrides ont laissé par escript.

X. Qu'est-ce que signifie Phyximelon ? Les petites plantes basses quand elles viennent à germer & bourgeonner, les bestes en aiment fort le premier bouton qu'elles iettet, mais en le mangeant elles font grand tort à la plante, & empeschent fort son accroissement : quand doncques elles viennent à croistre iusques à telle hauteur que les bestes paissantes alentour n'y peuuent plus faire de mal, elles s'appellent Phyximela, qui est à dire, eschappees du danger des moutons, tesmoing Æschylus.

XI. Qui sont ceux que lon nomme Aposphendoneti ? Les Eretriens habiterent iadis l'Isle de Corfou, iusques à ce que Charicrates y vint de Corinthe auec vne armee, & estant demouré victorieux, les Eretriens remontans sur mer s'en retournerent en leur pays : dequoy estants deuant aduertis leurs citoyens qui n'auoient bougé, les repoulserent & les garderent de descendre en leurs terres à coups de fonde : & ne les aians peu ny gaigner par belles paroles ny les forcer par armes, à cause qu'ils estoient en beaucoup plus grand nombre & inexorables, ils s'en allerent en la coste de Thrace, là où ils occuperent vn lieu, auquel on dit que Methon l'vn des predecesseurs d'Orpheus auoit anciennement habité : si nommerent la ville qu'ils y fonderent Methone, & eux furent surnommez par leurs voisins Aposphendoneti, qui vaut autant à dire, comme, les repoulsez à coups de fonde.

XII. Qu'est-ce que les Delphiens appellent Charila ? Ceux de la ville de Delphes celebrent trois nouenes d'ans continuellement l'vne apres l'autre : desquelles trois noueines ils appellent l'vne Septerion, l'autre Heroïde, & la tierce Charila. Quanr à
la premiere,

Les demandes des choses Grecques. 479

A la premiere, il semble que ce n'est qu'vne representation de la bataille que Phœbus eut contre Python, & de la fuitte & pourfuitte apres la bataille, en la vallee de Tempe. Ceste fuitte, comme aucuns disent, fut à cause de quelque homicide, duquel il cerchoit à estre purgé: les autres tiennent que Python estant blessé, & s'enfuyant par le chemin que nous appellons sacré, Phœbus le pourfuiuit, & qu'il s'en fallut peu qu'il ne se trouuast à sa mort: car il trouua à son arriuee qu'il estoit nagueres mort des blessures qu'il auoit receuës en la bataille, & auoit esté inhumé par son fils, lequel s'appelloit Aix, comme lon dit. Ceste noueine donques qui s'appelle Septerion, est vne representation de ceste histoire, ou bien de quelque autre semblable. Quant à la seconde, Heroïde, elle contient ie ne sçay quelles cerimonies secrettes, que les Bacchantes sçauent bien: mais quant à ce qui s'y fait manifestement à l'ouuert, on pourroit coniecturer que c'est la subleuation au ciel de Semelé. Au reste quant à celle de Charila, voicy ce que lon en conte: Il aduint apres vne grande secheresse vne grande famine en la ville de Delphes, tellement que les habitans de la ville venoiét à la porte de leur Roy, auec leurs femmes & leurs enfans crier à la faim. Ce Roy feit distribuer aux principaux d'entre eux de la farine & des legumages, pour ce qu'il n'y en auoit pas assez pour en donner à tous: & comme il y fust venu vne fille encore petite, orpheline de pere & de mere, le supplier de luy en donner aussi: le Roy la souffleta auec son soulier, & encore apres luy ietta il son soulier au visage: la fille estant pauurette & destituee de tout le monde, mais au demourant de gentil cœur, se retira de là, & desliant sa ceinture s'en pendit & estrangla. La famine alloit tousiours croissant de plus en plus, & les maladies y suruenoient encore: à l'occasion dequoy le Roy estant allé à l'oracle pour y cuider trouuer remede, la prophetisse Pythie luy respondit, qu'il appaisast l'ame de Charila, qui estoit morte volontairement: ainsi apres auoir longuement recherché, & trouué à la fin que ceste fille soufflettee auoit nom Charila, ils luy feirent vn sacrifice meslé de cerimonies de purification, lequel ils observent encore de neuf en neuf ans: car il y a le Roy assis en sa chaire qui distribue de la farine & des legumages à tous venans, tant estrangers que citoyens, & apporte lon l'image de Charila petite fille, & apres que tous ont pris de ces legumages, le Roy soufflette ceste image auec son soulier: & lors la principale des deuotes de Bacchus, qui sont les Bacchantes, emportant ceste image en vne profonde baricaue luy attache vne corde au col, & puis toutes ensemble l'enterrent au mesme lieu où iadis ils inhumerent le corps de Charila apres qu'elle se fut estranglee.

Qu'est-ce que les Ænianiens appellent, la chair mendiee? Les Ænianiens ont iadis eu plusieurs remuemens de lieu en autre: car premierement ils habitoient en la contree qui s'appelle le champ Dotien, dont ils furent dechassez par les Lapithes: de là ils allerent aux Æthiques, de là en vne partie de la prouince Molosside, qui s'appelle Araua, dont ils furent appellez Parauées: apres cela ils occuperent la ville de Cirrhe, & en icelle aiants assommé à coups de pierre leur Roy Onoclus, par le commandement d'Apollo, ils descendirent en la contree qui est au long du fleuue Inachus, estant lors habitee par les peuples que lon nommoit les Inachiens & Acheiens. Et aiants tous les deux peuples eu responce de l'oracle, à sçauoir les Inachiens, que s'ils donnoient volontairement part de leur terre, ils la perdroient toute: & les Ænianiés, que s'ils en pouuoient auoir de leur bon gré, qu'ils la gaigneroient & possederoient toute: il y eut vn notable personnage entre les Aenianiens, appellé Temon, qui se vestant de vieux haillons, & prenant vne besace sur son col, se desguisa en belistre, & en cest habit s'en alla vers les Inachiens demander l'aumosne. Le Roy de ces Inachiens en riant, & par maniere de mocquerie, prit vne motte de terre, & la luy bailla: l'autre la prenant bien volontiers la meit dedans sa besace, & puis s'osta de là, estant bien aise & content du don que le Roy luy auoit fait: car il s'en alla incontinent

XIII.

M m m

Les demandes des choses Grecques.

sans plus rien demander. Dequoy les plus anciens s'esmerueillans se vont souuenir de l'oracle qu'ils auoient iadis eu, & s'en allans deuers le Roy le prierent de ne mettre pas ceste chose à nonchaloir, & ne laisser pas cest homme ainsi eschapper. Temon aiant senty le vent de leur deliberation se meit à fuir: si bien qu'il se sauua, moiennant vn grand sacrifice qu'il voüa de faire à Apollo. Cela fait les deux Roys des Inachiens & des Ænianiens se desfient au combat d'homme à homme, & celuy des Ænianiens nommé Phemius, voiant venir encontre luy celuy des Inachiens, qui auoit nom Hyperochus, auec son chien, luy crya, qu'il ne faisoit pas tour d'homme de bien, de venir auec vn compagnon. Hyperochus se retourna pour rechasser son chien, & ainsi qu'il se tournoit, Phemius luy tira vn coup de pierre si à poinct, qu'il le porta par terre, & le tua: ainsi les Ænianiens aians conquis le pays, & chassé les Inachiens & les Acheiens, adorerent depuis ceste pierre, comme vne chose saincte, & luy font sacrifice, l'enueloppans de la graisse de l'hostie immolee: puis apres qu'ils ont payé vn magnifique & solennel sacrifice à Apollo, & immolé vn bœuf à Iupiter, ils en enuoyent la plus belle & meilleure piece aux descendans de Temon, laquelle iusques auiourd'huy ils appellent, la chair mendiee.

XIV. Qui sont ceux que les habitans d'Ithace appellent les Coliades, & qu'est-ce qu'ils appellent Phagilus? Apres que Vlysses eut tué les poursuiuans qui demandoient sa femme en mariage, les parents & amis des trespassez se souleuerent contre luy, mais à la fin ils enuoyerent de commun consentement querir Neoptolemus pour les mettre d'accord, lequel aiant pris cest arbitrage en main, condamna Vlysses à sortir du pays, & se bannir des Isles de Cephalenie, de Ithace, & de Zacynthe, iusques à ce qu'il fust absouls & purgé des homicides par luy commis: & semblablement les parents & amis de ceux qui poursuiuoyent d'auoir Penelopé à femme, payassent tous les ans quelque amende à Vlysses, pour les excez & dommages qu'ils auoient faits en sa maison. Quant à luy doncques il se retira en Italie, mais quant à l'amende, l'aiant côsacree aux Dieux, il ordôna que ceux d'Ithace la payassent à son fils: c'estoient certaine quantité de farines, du vin, certain nôbre de flambeaux de cire, de l'huile, du sel, des moutons à sacrifier plus grands que Phagiles, c'est à dire, que agneaux, côme Aristote l'interprete: au demourât Telemachus donna liberté à son porcher Eumeus, & luy donna droit de bourgeoisie à luy & à ses descendans en la ville, qui sont auiourd'huy les Coliades, comme les Bucoliens sont ceux qui sont extraits & yssus de Philetius.

XV. Qu'est-ce que le chien de bois chez les Locriens? Locrus fut fils de Physcius, fils d'Amphictyon: de ce Locrus & de Cabya nasquit vn autre Locrus, lequel estant entré en different alencontre de son pere, prit auec luy bon nombre de citoiens, & demanda conseil à l'oracle, en quel lieu il deuroit aller fonder vne nouuelle ville. L'oracle luy feit response, qu'il bastist sa ville au lieu où vn chien de bois le mordroit: & passant deuers l'autre mer, il marcha dessus vne ronce, qui s'appelle en Grec la ronce de chien, laquelle le picqua tellement, qu'il fut contraint de demourer là quelques iours: durant lesquels aiant bien consideré le pays, il y fonda la ville des Physcaiens, & celle de Hyanthia, & toutes les autres que depuis ont habitees les Locriens qui sont surnommez Ozolæ, c'est à dire puants: lequel surnom les vns disent leur auoir esté donné à cause de la riuiere de Nessus, les autres à cause du grand Dragon Python, qui aiant esté ietté par la mer au riuage, se pourrit en la coste des Locriens. Les autres veulent dire, que c'est à cause des peaux de mouton & de bouc, que les habitans du pays portoient, & pource que la plus part du tēps ils estoient parmy troupeaux de cheures, de maniere qu'ils en deuenoient puants. Les autres tiennent que, tout au contraire, ceste contree-là, portant grande quantité de fleurs, eut le nom de la bonne senteur, entre lesquels est Archytas natif d'Amphisse, en ces vers,

De beaux raisins Macyne couronnee

De souefue

Les demandes des choses Grecques. 480

De soüefue odeur doulcement alenee:

Qu'eſt-ce que les Megariens appellent Aphabroma? Niſus, duquel a eſté appellee la ville de Niſée, eſtant Roy de Megare, prit femme du pays de la Bœoce, nommee Abrote, fille d'Oncheſtus, ſœur de Megareus, dame de ſinguliere prudence, & de ſageſſe & honneſteté nompareille, laquelle eſtant venue à mourir, les Megariens volontairement & d'eux-meſmes ſe meirent à en mener dueil: & ſon mary Niſus voulant en perpetuer la gloire & la memoire, voulut que ſes os fuſſent veſtus des meſmes habits qu'elle ſouloit porter en ſa vie, & du nom d'elle appella la maniere des veſtemens Aphabroma: & ſemble que Dieu meſme ait voulu fauoriſer à la gloire d'icelle, car les Dames Megarienes aians par pluſieurs fois eſté en propos de changer leſdits habillemens, il le leur a touſiours defendu par ſon oracle. XVI.

Qu'eſt-ce que Doryxenus? La prouince Megarique eſtoit iadis habitee par bourgades, eſtans les citoiens diuiſez en cinq parties, les Heraiens, les Piraiens, les Megariens, les Cynoſuriens & les Tripodiſceiens. Or ceux de Corinthe qui eſtoient leurs plus proches voiſins, & qui eſpioient à toutes occaſions les moiens de les reduire ſoubs leur obeïſſance, trouuerent façon de les mettre en guerre les vns contre les autres: mais ils vſoient de ſi grande honneſteté les vns enuers les autres, que leur guerre eſtoit fort doulce & gracieuſe, comme entre parents: car iamais homme ne faiſoit tort ny deſplaiſir aux laboureurs qui labouroient la terre, & ceux qui eſtoient pris priſonniers eſchappoient pour vn certain taux d'argent, qui eſtoit dit entre eux, lequel ils receuoient apres auoir deliuré & donné congé à leur priſonnier: car au parauant iamais ils ne luy demandoient, ains celuy qui à la guerre auoit pris vn priſonnier l'emmenoit en ſa maiſon, où il luy faiſoit bonne chere, à ſa table, & puis le renuoyoit en ſa maiſon: & celuy qui eſtant ainſi renuoyé apportoit de bonne foy le pris de ſa rançon, en eſtoit loüé, & en demouroit toute ſa vie amy de celuy qui l'auoit pris, & s'appelloit au lieu de Doryalotos, qui ſignifie captif ou priſonnier de guerre, Doryxenos, c'eſt à dire hoſte de guerre ou frere d'armes: mais celuy qui retenoit l'argent, & en defraudoit ſon maiſtre, en demouroit infame pour toute ſa vie, non ſeulement entre les ennemis, mais auſſi entre les ſiens, eſtant tenu pour meſchant homme & de mauuaiſe foy. XVII.

Qu'eſt-ce que Palintocia? Les Megariens apres auoir chaſſé leur tyran Theagenes demeurerent peu de temps en bon & moderé gouuernement, ains, comme dit Platon, les flateurs du peuple & harengueurs les conuians à vne licencieuſe & exceſſiue liberté, ils en deuindrent de tout poinct perdus & gaſtez, iuſques à commettre toutes les inſolences qu'il eſt poſſible alencontre des bourgeois qui auoient bien dequoy: car les pauures alloient en leurs maiſons, & leur commandoient de les traicter & feſtoyer opulentement & magnifiquement: & s'ils refuſoient à ce faire, ils prenoient de force tout ce qu'il y auoit en la maiſon, & en abuſoient en toute diſſolution: & finablement ils feirent vne ordonnance, par laquelle il leur eſtoit loiſible de repeter des vſuriers qui leur auoient preſté de l'argent auparauant, toutes les vſures qu'ils leur auoient payees: & appelloient ceſte repetition d'vſures, Palintocia. XVIII.

Quelle ville eſt-ce qu'Anthedõ, de laquelle la prophetiſſe Pythia reſpõdit vn iour, XIX.
Boy de ton vin la lye iuſqu'au bas,
Car Anthedon ta patrie n'eſt pas?
car celle qui eſt au pays de la Bœoce n'a pas grand ny excellent vignoble. L'iſle de la Lauria s'appelloit anciennement Irené, du nom d'vne Dame ainſi appellee, laquelle on dit auoir eſté engendree de Neptune & de Melanthia fille d'Alpheus: mais depuis aiant eſté occupee & habitee par Anthes & Hypera, on la ſurnomma Anthedonia & Hyperia: car l'oracle, ainſi qu'eſcrit Ariſtote, diſoit ainſi,
Boy de ton vin la lye iuſqu'au bas,

Mmm ij

Les demandes des choses Grecques.

    Car Anthedon le tien pays n'est pas,
    Aussi ne l'est la sacree Hyperie,
    Car lors le vin tu beurois sans la lye.

voilà qu'en dit Aristote. Mais Mnasigiton escrit, qu'Anthus le frere de Hypera estát encore petit enfant par fortune fut perdu, & que son frere pour le cercher errant çà & là, d'aduenture s'adressa en la ville de Pheres deuers Acastus, ou Adrastus, là où de bonne fortune Anthus seruoit, aiant la charge de donner à boire : comme donques on le festoyoit, il aduint que ce ieune enfant en portant la coupe à son frere le recognut, & luy dit tout bas,

    Boy de ton vin la lye iusqu'au bas,
    Car Anthedon le tien pays n'est pas.

XX. Qu'est-ce que lon appelle en la ville de Priene, Les tenebres d'aupres du Chesne ? Ceux de Samos aians la guerre alencontre de ceux de Priene s'entrefaisoient les vns aux autres des dommages assez supportables au parauant, iusques à ce qu'il y eut vne grosse bataille donnee entre-eux, en laquelle ceux de Priene tuerent pour vn iour mille Samiens : mais sept ans apres en vne autre bataille qu'ils eurent alencontre de ceux de Milet aupres d'vn lieu qu'ils appelloient le Chesne, ils y perdirent tous les meilleurs & plus vaillans citoiens qu'ils eussent : ce qui fut alors, que le sage Bias estant enuoyé de Priene en ambassade vers ceux de Samos, y acquit vne grande reputation. Cest inconuenient donques & ceste calamité estant aduenue douloureuse & miserable à toutes les Dames de Priene ensemble, d'autant qu'il n'y en auoit pas vne qui ne s'en sentist aucunement : elles eurent depuis ces paroles là pour vn formulaire de malediction & de serment le plus solennel qu'elles eussent sçeu faire & de plus grandes choses, Les tenebres d'aupres du Chesne, pour ce que ou leurs peres, ou leurs freres, ou leurs maris, ou leurs enfans y auoient esté tuez.

XXI. Qui sont ceux d'entre les Candiots que lon nomme Catacautę, comme qui diroit les brusleurs ? Lon dit que quelques Tyrrheniens aians rauy & enleué par force vn nombre de filles & de femmes des Atheniens, du bourg de Brauron, quand ils habitoient és Isles de Imbros & de Lemnos, en furent depuis chassez, & s'en allerent prendre terre en la coste de la Laconie, là où ils eurent accointance auec les femmes du pays, iusques à en auoir des enfans : au moyen dequoy ils deuindrent à la fin suspects & mal voulus des naturels habitans, si qu'ils furent contraints d'abandonner la Laconie, & de se retirer en Candie, soubs la conduite de Pollis & de son frere Crataidas, là où faisans la guerre à ceux qui tenoient le pays, ils laissoient plusieurs corps de ceux qui mouroient aux rencontres, gisans sur la terre, sans leur donner sepulture du commancement, pour ce qu'ils n'auoient pas le loisir, à cause de la guerre qui les tenoit tousiours sur bout, & pour le danger qu'il y auoit à aller enleuer les corps, & aussi depuis pour ce qu'ils auoiét horreur de toucher à ces pauures corps qui estoient tous puants & infects, se fondans au Soleil, pour le long temps qu'ils estoient sur la terre : parquoy Pollis s'aduisa d'inuenter quelques honneurs, quelques priuileges, exemptions & immunitez, qu'il donna partie aux presbtres des Dieux, & partie à ceux qui enseueliroient les morts, en attribuant & consacrant ces prerogatiues à quelques Deitez terrestres, à celle fin qu'elles en fussent plus durables, & non subiectes à estre ostees. Depuis il en feit partage auec son frere, & furent les subiects qui escheurent par le sort, à l'vn les presbtres : & les autres, les Catacautes, c'est à dire, les brusleurs, pour ce qu'ils brusloient les corps des morts, lesquels se gouuernoient à part auec leurs loix & discipline particuliere, en laquelle outre les autres honnestetez dont ils vsoient parmy eux, ils n'estoient point subiects à certains crimes & forfaictures, ausquelles tous les autres Candiots sont communément addonnez, comme de courir, voler, & piller, les vns sur les autres : car ceux-là ne s'entrefaisoient

aucun

Les demandes des choses Grecques. 481

A aucun tort, ny ne deroboient & ne ratiffoient rien de l'autruy.

Qu'est-ce que la sepulture des enfans empres les Chalcidiens? Cothus & Aclus XXII. enfans de Xuthus vindrent iadis pour habiter en l'Isle d'Eubœe, laquelle estoit pour la plus part possedee par les Æoliens. Or auoit Cothus eu vn oracle par lequel il luy estoit promis, que ses affaires se porteroient heureusement, & qu'il viendroit au dessus de ses ennemis, s'il achetoit le pays. Parquoy estant descendu en terre auec peu de ses gens, il trouua de petits enfans qui se iouoient sur le bord de la mer : il se meit à iouer auec eux, & à leur faire caresse, en leur monstrant plusieurs petits affiquets & iouëts non vsitez en ce quartier-là, & voiant que ces enfans auoient grande enuie de les auoir, il leur dit qu'il ne les leur donneroit point autrement, s'ils ne luy bailloient en eschange de leur terre : les enfans adonc prenans de la terre à deux mains la luy baillerent, & aians aussi receu de luy ces iouëts, s'en allerent. Les Æoliens aians entendu ce faict, & quant-&-quant voians leurs ennemis qui leur venoient courir sus par la mer, furent si desplaisans & si marris, qu'ils en feirent mourir ces petits enfans : lesquels furent inhumez au long du grand chemin par où l'on va de la ville au destroit de la mer, qui se nomme Euripus. Voila pourquoy le lieu en est appellé la sepulture des enfans.

Qu'est-ce que l'on appelle Mixarchageuas en la ville d'Argos, & qui sont ceux que XXIII. lon nomme Elasiens? Ils appellent Castor Mixarchageuas, & pensent qu'il soit ensepuely en leur pays. Et quant à Pollux, ils le reuerent & adorent comme vn des Dieux celestes. Au demourant ils appellent Elasiens certains demy-dieux qu'ils reclament pour diuertir les apoplexies, lesquels ils estiment estre descendus de Alexide fille d'Amphiaraüs.

Qu'est-ce que les Argiens appellent Engnisma? Ceux qui ont perdu quelqu'vn XXIV. de leurs parens ou de leurs amis ont accoustumé incontinent apres leur dueil finy de sacrifier à Apollo, & trente iours apres à Mercure : car ils estiment que tout ainsi comme la terre reçoit les corps des trespassez, aussi fait Mercure les ames : & donnans au ministre d'Apollo de l'orge, ils reçoiuent de luy au lieu vne piece de chair de l'hostie immolee : & esteignans le premier feu comme estant pollu, ils en vont querir d'autre ailleurs, auec lequel ils rostissent leur chair, laquelle ils appellent Engnisma, comme qui diroit, du Rosty.

Qu'est-ce qu'Alastor, Aliterios, & Palamnçus? Il ne faut pas croire que ce soit, ce XXV. que quelques-vns veulent dire, celuy qui en temps de famine va espier ceux qui en *Il escris Autrement* leurs maisons meulent du bled, & qui le rauit & emporte à force : ains faut penser que Alastor soit celuy qui a commis des malefices Alasta, c'est à dire, non oubliables, & dont il sera memoire iusques à bien long temps. Aliterius est celuy qui pour *riosité, à* sa meschanceté est digne d'estre fuy de tout le monde, qui s'appelle aussi autrement *la fin.* Palamnçus. Socrates dit que cela estoit ainsi escrit en des tables de cuiure.

Que veut dire ce, que les filles qui accompagnent ceux qui emmeinent le bœuf XXVI. de la montaigne de Ænus, vers la ville de Cassiopee, vont chantant iusques aux confins,

      Plus reuenir iamais ne puissiez-vous
      En vostre cher pays auec nous?

Les Ænianiens estans chassez par les Lapithes, premierement s'habituerent aupres de Æthacia, & depuis en la Mollosside, aupres de Cassiopee, mais n'y trouuans rien de bon venant de la terre, & y aians de mauuais voisins, ils s'en allerent en la plaine de Cirtha, soubs la conduite de leur Roy Onoclus : mais là se trouuans surpris de secheresse merueilleuse, ils enuoyerent à l'oracle, qui leur commanda, à ce que l'on dit, de lapider leur Roy Onoclus : comme ils feirent, & puis se remeirent de rechef à cercher terre où ils peussent demourer, iusques à ce qu'à la fin ils arriuerent en la

Les demandes des choses Grecques.

contree où ils sont habituez de present, où la terre est bonne & fertile de tous biens. Voila pourquoy à bon droit ils souhaittent & prient aux Dieux, que iamais plus ils ne retournent en leur ancien pays, ains qu'ils puissent tousiours demourer là en toute prosperité.

XXVII. Pourquoy est-ce que à Rhodes il n'est pas permis au herault d'entrer au temple d'Ocridion? Est-ce point pour autant que iadis Ochimus fiancea sa fille Cydippe à Ocridion, & que Cercaphus, qui estoit frere d'Ochimus, estant amoureux de Cydippe, persuada au herault (pour ce qu'en ce temps là, la coustume estoit de faire demander les filles en mariage, & les faire amener par les heraults) que quand on la luy auroit consignee, il la luy amenast? Ce qui fut faict: ainsi Cercaphus aiant la fille, s'enfuit à tout : mais depuis quand Ochimus fut fort vieil, Cercaphus retourna : & depuis ce temps-là les Rhodiens feirent vn statut & ordonnance, que iamais herault n'entrast dedans le temple d'Ocridion, pour la meschanceté qui auoit esté commise contre luy.

XXVIII. Pourquoy est-ce qu'en la ville des Tenediens il n'est pas loisible à vn ioüeur de fleutes entrer dedans le temple de Tenes, ne d'y faire aucune mention d'Achilles? Est-ce pour autant que la belle mere de Tenes, l'aiant accusé d'auoir voulu coucher auec elle, Molpus ioüeur de fleutes tesmoigna faussement contre luy qu'il estoit vray, au moien dequoy il fut contraint de s'enfuir auec sa sœur, en la ville de Tenedos? Et au reste lon dit que Thetis, mere d'Achilles, luy auoit tres-expressément & à certes defendu, qu'il se gardast bien de tuer Tenes, pour ce qu'il estoit bien voulu d'Apollo, & qu'il en donnast nommeement la charge à l'vn de ses seruiteurs qui eust l'œil à le conseruer & le luy ramenteuoir, de peur que par mesgarde ou oubliance il ne luy aduint de le faire mourir : mais en courant la ville de Tenedos il apperceut la sœur de Tenes qui estoit belle, & Tenes se presentant au deuant pour defendre l'honneur de sa sœur, y fut tué, & sa sœur durant le combat eschappa : mais Achilles aiant recognu Tenes apres qu'il fut tumbé mort, en tua son seruiteur, d'autant qu'estant sur le lieu present au combat, il ne luy auoit pas ramenteu, & inhuma Tenes au lieu où maintenant est assis son temple. Voila pourquoy ny ioüeur de fleutes n'y peult entrer, ny Achilles y estre nommé.

XXIX. Qu'est-ce que les Epidamniens, qui sont ceux de la ville de Duras, appellent Poletes, c'est à dire, le vendeur? Les Epidamniens estans proches voisins des Esclauons, s'apperceurent que leurs bourgeois qui hantoient & trafiquoient auec eux, en deuenoient meschans : au moien dequoy craignans qu'à la longue cela ne leur apportast quelque remuement à leur estat, ils elisoient tous les ans vn des plus hommes de bien de leur ville, pour faire tous les contracts & toutes les permutations que ceux de la ville pourroient auoir auec les Barbares : & celuy là traittant & prattiquant auec eux, moiennoit tous les achapts & les ventes que ses citoyens auoient à negocier auec eux, & celuy qui auoit ceste charge s'appelloit Poletes, c'est à dire, le vendeur.

XXX. Qu'est-ce que lon appelle en la Thrace le riuage d'Arenus? Les Andriens & les Chalcidiens estans allez en Thrace pour y choisir lieu à s'habituer, y surprirent ensemble la ville de Sana qui leur fut liuree par trahison, & estans aduertis que les barbares auoient abandonné celle d'Achantus, ils y enuoyerent deux espies pour en sçauoir la verité : ces deux espies s'estans approchez si pres de la ville qu'ils veirent certainement que les ennemis s'en estoient fuis, celuy des Chalcidiens s'y en courut deuant, comme pour en prendre le premier la possession au nom des Chalcidiens : mais celuy des Andriens, voyant qu'il ne le pourroit iamais consuiure à la course, il lancea son iauelot qu'il auoit en la main : le fer duquel s'estant fiché dedans la porte, il s'escria qu'il auoit pris possession de la ville pour les Andriens auec le fer de sa iaueline : sur cela s'estant meu different sans guerre ouuerte entre eux, ils accorderent
amiablement,

Les demandes des choses Grecques. 482

amiablement, que les Erythreïens, les Samiens & les Pariens, seroient iuges de tous leur debats & differents: mais pource que les Erythreïens & les Samiens iugerẽt pour les Andriens, & les Pariens pour les Chalcidiens, les Andriens firent en cest endroict là vn solennel serment, auec imprecations & maledictions, que iamais ils ne prendroient femmes d'eux, ny iamais ils ne leur en donneroient: & pour ceste cause ils surnomment l'endroict de ceste coste le riuage d'Arenus, c'est à dire, de malediction, qui parauant s'appelloit le port du Dragon.

Pourquoy est-ce qu'à la feste de Ceres les femmes des Eretriens ne rostissent point XXXI. leur chair au feu, mais au Soleil, & qu'ils ne l'y appellent point Calligenia? Est-ce point pourautant que les Dames Troyennes, que le Roy en emmena captiues, celebrerent celle feste en ce lieu-là, mais pource que le temps se trouua à propos pour faire voile, elles furent contrainctes de s'embarquer à la haste, en laissant leur sacrifice imparfaict?

Qui sont ceux qui s'appellent Aïnaute en la ville de Milet? Apres que les tyrans XXXII. Thoas & Damasenor y eurent esté desfaicts, il se leua deux parts & deux ligues en la ville, l'vne qui s'appella Ploutis, & l'autre Chiromacha: à la fin celle de Ploutis, qui estoient les plus riches & plus puissans de la ville, demoura la maistresse, & se saisit de l'authorité & du gouuernement. Et pource que quand ils vouloient consulter des plus grands affaires, ils montoient en mer sur des vaisseaux, & s'eslargissoient bien loing de la terre: puis apres qu'ils auoient resolu & arresté entre eux ce qu'ils auoient à faire, ils s'en retournoient, ils en furent surnommez Aïnaute, qui est autant à dire comme tousiours nauigants.

Pourquoy est-ce que les Chalcidiens appellent vn certain lieu de leur ville, l'assem- XXXIII. blee des gaillards? Nauplius, à ce que lon dict, estant chassé & poursuiuy par les Acheïens, se retira en franchise de suppliant deuers les Chalcidiens: là où il respondit en partie à ce que les Acheïens luy mettoient sus, & en partie il vsa de recrimination encontre eux, les accusant d'autres malefices: parquoy les Chalcidiens n'ayans aucune volonté de le rendre, mais craignans que lon ne le tuast en trahison, luy donnerent pour sa garde les plus gaillards ieunes hommes qui fussent en leur ville, lesquels ils logerent en ce lieu là, à fin qu'ils fussent tousiours ensemble, & qu'ils gardassent Nauplius.

Qui est celuy qui immola vn bœuf à son bienfaicteur? Il y auoit iadis à l'ancre au XXXIIII. long de l'Isle d'Ithaque vne nauire de coursaires, dedans laquelle estoit vn vieillard qui auoit force pots de terre pleins de poix: or aduint que vn pauure marinier nõmé Pyrrhias, qui gaignoit sa vie à passer les gens çà & là, arriua là, qui sauua le vieillard: non pour profit qu'il y pretendist, mais à son instante requeste, & pour pitié qu'il en eut: & bien qu'il n'y eust pretendu aucun profit, si est-ce que le vieillard le pressa de prendre de ces pots de terre: & quand les coursaires se furent vn peu retirez, & que le vieillard se veit en liberté, il amena Pyrrhias, & luy monstra comme dedans ces pots il y auoit force or & argent meslé parmy. parquoy Pyrrhias estãt ainsi soudainement deuenu riche & opulent, traicta bien le vieillard en toute autre chose, & mesmement luy sacrifia vn bœuf: ce qu'ils disent encore en maniere de commun prouerbe, Nul ne sacrifia oncques bœuf à son bienfaicteur, sinon Pyrrhias.

Pourquoy estoit-ce que les filles des Bottieïens auoient accoustumé de dire com- XXXV. me vne maniere de refrain, Allons nous en à Athenes? On dict que les Candiots anciennement ayans faict vœu enuoyerent les primices de leur hommes à Apollo en Delphes, lesquels voyans qu'ils n'auoient aucun moyen de viure là, se delibererent de cercher quelque endroit où ils peussent bastir & fonder quelque ville: si s'en allerent premierement habiter en Iapygie, & de là puis apres vindrent occuper l'endroict de la Thrace où ils sont encore maintenant, ayans des Atheniens meslez parmy eux:

Mmm iiij

Les demandes des choses Grecques.

car il semble que Minos ne faisoit pas mourir les ieunes iouuenceaux que les Atheniens luy enuoyoient par forme de tribut, ains les tenoit pour seruiteurs: quelques vns doncques estans issus de ceux-là, & tenus pour naturels Candiots, furent quand & eux enuoyez en la ville de Delphes. voyla pourquoy les femmes des Bottiçiens, pour souuenance de leur extraction, alloient ainsi chantant és iours de leurs festes, Allons nous en à Athenes.

XXXVI. Pourquoy est-ce que les femmes des Eliens en chantant les loüanges de Bacchus, le prient de s'en venir auec son pied de bœuf vers elles? Les paroles de l'hymne sont telles, Plaise toy venir, Sire Bacchus, en ce tien sainct temple maritime, amenant quand & toy les Graces, courant auec ton pied de bœuf: & puis ils y adioustent par deux fois, Digne Taureau, digne Taureau. Est-ce pourautant que quelques vns appellent ce Dieu, fils de vache, & les autres Taureau, ou si c'est à dire auec son grand pied, comme Homere appelle Boopis, c'est à dire, œil de bœuf, la femme qui a l'œil gros, & Bougaius celuy qui a le cœur grand? ou plustost pource que le pied de bœuf ne faict aucun dommage, là où toute beste qui porte cornes en est dangereuse, ainsi le prient & le reclament-elles de venir à elles doux & gracieux: ou c'est pource que plusieurs estiment, que ce a esté luy qui premier a enseigné aux hommes à labourer la terre & à semer les bleds.

XXXVII. Pourquoy est-ce que les Tanagreïens ont deuant leur ville vn temple qu'ils appellent Achillium: car on dit qu'il eust en sa vie plustost haine qu'amitié à l'encontre de ceste ville-là, apres qu'il en eut rauy & emmené Stratonice la mere de Pœmander, & tué Acestor fils d'Ephippus. Pœmander le Pere d'Ephippus, estant encore la prouince Tanagraïque habitee par bourgades seulement, se trouuant assiegé par les Acheïens en vn lieu qui s'appelloit Stephon, pourautant qu'il ne vouloit pas aller à la guerre quand & eux, il abandonna ce lieu-là, & alla bastir la ville de Pœmandrie. Son Architecte Polycritus y estoit, qui alloit mesprisant tout son ouurage, iusques à saulter par dessus le fossé par mocquerie: dequoy Pœmander se sentant picqué & irrité, luy voulut ietter à la teste vne grosse pierre, qui estoit là cachee, que lon souloit mettre d'ancienneté dessus les sacrifices nocturnes. Pœmander n'en sçachant rien, l'arracha à force & la ietta, & ayant failly d'en assener Polycritus, il en tua son fils Leucippus. Or falloit-il suiuant la loy & coustume pour lors obseruee par toute la Grece, qu'il sortist hors du pays de la Bœoce en estat de banny, errät, pour homicide fortuitement par luy commis en la personne d'vn sien parent: ce qui n'estoit pas facile à faire lors, pourautant que les Acheïens estoient entrez en armes dedans la contree Tanagraïque: si enuoya son fils Ephippus par deuers Achilles pour le prier, lequel feit tant par prieres & remonstrances, qu'il le mena deuers son pere, & auec luy Tlepolemus fils d'Hercules, & Peneleus fils d'Hippalcmus, qui estoient tous leurs parens: par lesquels Pœmander fut conduit & accompagné iusques à la ville de Chalcide, là où il fut absouls & purgé de ce meurtre par Elphenor: en memoire duquel benefice il honora depuis tous ces Princes là, en leur faisant à chascun bastir vn temple, dont celuy d'Achilles dure en son entier iusques auiourd'huy, & retient encore son nom.

XXXIX. Qui sont ceux que les Bœotiens appellent Psoloes, & qui les Æolies? Lon dict que les filles de Minyas, Leucippé & Arsinoé, & Alcathoé, estans deuenuës enragees & hors du sens, eurent enuie de manger de la chair humaine, & qu'elles tirerent au sort entre elles de leurs enfans. le sort estant tombé sur Leucippé, elle bailla son fils Hippasus pour deschirer & demembrer: à l'occasion dequoy leurs marits saisis de tristesse & de douleur se vestirent de dueil, & en furent appellez Psoloes, Æolies & Oeonoloes. d'où vient que iusques auiourd'huy les Orchomeniens appellent encore ainsi les femmes qui sont descendues de leur race: & de deux en deux ans, és iours de festes qui s'appellent Agrionia, le presbtre de Bacchus court apres, l'espee traicte en la main,

Les demandes des choses Grecques. 483

A la main, & les fait fuir, & luy est permis de tuer celle qu'il en peut attraper: & de faict Zoilus estant leur presbtre de mon temps en tua vne, dont toutefois il ne leur aduint rien de bien: car Zoilus luy mesme tombant malade d'vn petit vlcere, apres en auoir esté mangé longuement, à la fin encore en mourut: & les Orchomeniens en estans aussi en commun tombez en calamitez & condamnations publiques, osterent la presbtrise à celle race là, & la donnerent au plus homme de bien qu'ils peurent choisir entre eux.

Pourquoy est-ce que les Arcadiens assomment à coups de pierres ceux qui de propos deliberé entrent dedans le pourpris de Lycæum, & enuoyent en la ville de Eleutheres ceux qui y entrent par ignorance? Est-ce point pource que ceux-là sont tenus pour absous & deliurez qui le font par ignorance, & pour raison de leur absolution, ceste maniere de parler, de les enuoyer à Eleutheres, est venuë en vsage, pource que Eleutheres signifie deliurance? Et est ceste façon de dire semblable, comme quand on dict, Tu iras au lieu du peu soucié, ou, au manoir du plaisant. Ou si c'est suyuant le compte que l'on faict, qu'il n'y eut des enfans de Lycaon, que Eleuther & Lebadus, qui ne furent point participans du crime que leur pere commit à l'encontre de Iupiter, ains s'enfuirent au pays de la Bœoce: en signe dequoy les Lebadiens ont encore commune bourgeoisie auec les Arcadiens. voyla pourquoy ils enuoyent en Eleutheres ceux qui fortuitement, sans y penser, sont entrez dedans le pourpris sacré à Iupiter, dedans lequel il n'est loisible à personne de marcher. Ou bien, ainsi comme escrit Architimus en ses Chroniques d'Arcadie, il y en eut iadis quelques vns qui ignoramment entrerent dedans ce parc, lesquels furent liurez aux Phliasiens, les Phliasiens les baillerent aux Megariens, de Megare ils furent portez à Thebes: mais ainsi qu'on les portoit ils furent arrestez à Eleutheres par rauage de pluyes, de tonnerres, & d'autres signes celestes: à raison duquel accident aucuns veulent dire, que la ville en eut le nom d'Eleutheres. Au demourant quant à ce qui se dict, que l'vmbre de celuy qui entre dedans ce pourpris ne tombe point à terre, il n'est pas veritable, mais si a-il pourtant esté tenu & creu pour chose fort vraye & asseuree. Est-ce point qu'on vouslust entendre que l'air s'obscurcist incontinent, & se contristast de nuees, quand il y entroit quelqu'vn: ou pource que celuy qui y entre est incontinent mis à mort, & les Pythagoriens disent, que les ames des morts ne font point d'vmbre ny ne sillent point? ou bien pource que c'est le Soleil qui faict l'vmbre, & la loy du pays oste la veuë du Soleil à celuy qui y entre, ainsi ils veulent entendre cela soubs la couuerture de ces paroles, car mesme celuy qui est attainct d'y auoir entré s'appelle Elaphos, c'est à dire, le cerf: & pourtant Cantarion Arcadien s'en estant fuy deuers les Eliens qui lors faisoient la guerre aux Arcadiens, & estant passé auec le butin qu'il auoit gaigné en vne course par le trauers de ce sainct lieu, comme, apres que la guerre fut finie, il se fust retiré en Lacedęmone, les Lacedęmoniens le rendirent aux Arcadiens par commandement de l'oracle qui leur enioignit & manda de rendre le cerf.

Qui est en la ville de Tanagre le demy-dieu qu'ils appellent Eunostus? & pourquoy est-ce que les femmes ne peuuent entrer dedans son verger? Cest Eunostus fut fils de Elicus fils de Cephisus, & de Sciade, qui fut ainsi nommé par vne Nymphe Eunoste qui le nourrit, & estant beau & iuste, il estoit encore plus chaste & austere en sa vie: toutefois on dict que l'vne des filles de Colonus sa cousine deuint amoureuse de luy, & comme elle le priast d'aymer, Eunostus la repoussa auec iniures, luy disant qu'il l'accuseroit enuers ses freres. Ce que la fille craignant, le preuint, & alla elle mesme la premiere le calomnier enuers ses freres Ochemus, Leon & Bucolus, qui en furent tellement irritez contre Eunostus, qu'ils le tuerent, comme ayant par force violé leur sœur. Ces freres doncques luy ayant dressé embusche, le tuerent en

Les demandes des choses Romaines.

trahison: parquoy Elieus les meit en prison, & Ochne se repentant de ce qu'elle auoit faict, & s'en trouuant toute perturbee, pour se deliurer de la douleur qu'elle souffroit à cause de son amour, & quant & quant ayant pitié de ses freres emprisonnez, alla découurir à Elieus toute la verité, & Elieus à Colonus, par sentence duquel les ieunes hommes furent bannis, & elle se precipita volontairement du hault d'vn rocher, ainsi que recite Myrtis, vne poëtisse, en ses vers. De là est que le temple & le parc & verger de cest Eunostus est depuis demeuré inaccessible, & non approchable aux femmes: tellement que souuent quand il aduient, ou de grands tremblemens de terre, ou de grandes secheresses, ou autres prodiges celestes, les Tanagręiens recerchent & enquierent fort soigneusement, s'il y a point eu quelque femme qui se soit approchee de ce lieu. Et disoient aucuns, entre lesquels estoit Clidamus personnage illustre, qu'ils auoient rencontré en leur chemin Eunostus qui s'en alloit se lauer en la mer, pource qu'vne femme auoit entré dedans son sanctuaire. Diocles mesme, au traicté qu'il a composé des demy-dieux, faict mention d'vn edict & ordonnance faicte par les Tanagręiens, sur ce que Clidamus leur auoit denoncé.

XLI. D'où est-ce que au pays de la Bœoce la riuiere qui passe par Eleon a esté appellee Scamander? Deimachus fils d'Eleon, & familier d'Hercules, fut auec luy à la guerre de Troye, mais ceste guerre allant en longueur, la fille de Scamander nommee Glaucia deuint amoureuse de luy, & luy s'accordant auec elle l'engrossa: depuis il aduint qu'il mourut en combattant contre les Troyens: & Glaucia craignant que Hercules n'apperçeust d'ailleurs comment elle estoit enceinte, elle mesme recourut à luy, & luy declara comme elle auoit esté surprise de son amour, & comme elle auroit eu affaire auec Deimachus. Hercules, tant pour la pitié de la pauure femme, que pour l'aise qu'il eut de ce qu'il estoit demouré de la semence d'vn vaillant homme, & qui auoit esté son familier amy, emmena quand & luy Glaucia dedans ses vaisseaux, laquelle s'accoucha d'vn beau fils, & la mena au pays de la Bœoce, là où il la consigna entre les mains de Eleon, elle & son fils: le fils fut appellé Scamander, qui fut Roy du pays, & surnomma le fleuue d'Inachus, Scamander, de son nom: & vn autre petit ruisseau d'auprés, Glaucia, du nom de sa mere: & la fontaine Acidusa, du nom de sa femme: de laquelle il eut trois filles, lesquelles on honore encore iusques auiourd'huy au pays, & les appelle l'on les pucelles.

XLII. Dont est venu ce que l'on dit en commun prouerbe, Ceste-cy l'emporte? Dino Tarentin estant Capitaine & tres vaillant homme de sa personne en guerre, comme ses citoyens eussent par leurs voix & suffrages reietté vn aduis qu'il auoit proposé, comme le heraut eust proclamé à haute voix, la part qui l'emportoit, luy-mesme haulsant la main droicte, Ceste-cy, dit-il, l'emportera. ainsi le recite Theophrastus: mais Apollodorus y adiouste en son Rythine, que comme le heraut eust proclamé, Ces cy (entendant des voix du peuple) sont plus: mais ces cy, dit-il, sont meilleures: & qu'en ce faisant il confirma la resolution de ceux qui estoient en moindre nombre.

XLIII. Dont a esté la ville des Ithacesiens appellee Alalcomena? Plusieurs ont escript qu'Anticlia estant encore fille fut forcee par Sisyphus, & qu'elle en conçeut Vlysses: mais Hister Alexandrien escrit dauantage en ses Commentaires, qu'ayant esté donnee en mariage à Laërtes, & emmenee en la ville d'Alalcomenion en la Bœoce, elle y enfanta Vlysses, qui depuis renouuelant la memoire de la ville où il estoit né, appella celle qui est en Ithaque de son nom.

XLIV. Qui sont ceux que l'on appelle Monophages, c'est à dire, mangeans seuls, en la ville d'Ægine? Plusieurs des Æginetes qui furent à la guerre de Troye y moururent és rencontres, & plus encore y en eut qui furent noyez par la tourmente au voyage: mais ceux qui retournerent en petit nombre, furent recueillis par leurs parents & amis, lesquels voyans que tous les autres bourgeois estoient en tristesse & en dueil,

penserent

Les demandes des choses Grecques. 484

A penserent qu'ils ne se deuoient pas resioüyr ny faire sacrifices aux Dieux manifestement, ains secrettement: & ainsi chascun à part en son priué receuoit les siens, & leur faisoient bancquets & festins, esquels ils seruoient eux mesmes leurs peres, leurs freres, leurs parents & amis, sans qu'aucun estranger y fust admis: à l'imitation dequoy ils font encore tous les ans des sacrifices à Neptune par assemblees secrettes, qu'ils appellent Thiases, esquelles ils s'entrefestoyent en priué l'espace de seize iours durant, sans mener bruict, & n'y entre pas vn seruiteur ny esclaue: & puis à la fin ils font vn solennel sacrifice à Venus, & ainsi mettent fin à leur feste. voyla dequoy & pourquoy ils sont appellez Monophages.

Pourquoy est-ce qu'au pays de Carie l'image de Iupiter Lebradien est faicte tenant XLV. en la main vne coignee haussee, non pas vn sceptre ny vne foudre, comme ailleurs? C'est pource que Hercules ayant tué l'Amazone Hippolyte, & entre ses autres armes ayant gaigné sa coignee, en feit vn present à Omphale, laquelle tous les Roys de Ly-
B die qui furent depuis Omphale, porterent, comme chose saincte & sacree, qu'ils auroient euë par succession de main en main de leurs peres, iusques à ce que Candaules dedaignant de la porter, la donna à porter à l'vn de ses amis. Depuis il aduint que Gyges se soubs-leua en armes contre luy, & à l'ayde de Arselis, qui luy amena vn grand secours de gens de guerre de la ville de Myles, il desfeit Candaules & le feit mourir auec celuy sien amy, auquel il osta la coignee, & l'emporta en la Carie auec les autres despoüilles, & ayant faict faire vne image de Iupiter, il luy meit en main celle coignee: à raison de laquelle il le surnomma Lebradien, d'autant que les Cariens appellent vne coignee Lebran.

Pourquoy est-ce que les Trallianiens appellent le grain que lon nomme Ers, pur- XLVI. gateur, & en vsent principalement, & plus que de nul autre, en leurs cerimonies de purgation & de purification? Est-ce point pourautant que les Minyiens & les Lele-
C giens les ayans chassez anciennement, occuperent leurs villes & leurs pays? mais les Trallianiens depuis y retournans furent les plus forts, & furent les Lelegiens tuez en la bataille, exceptez ceux qui se sauuerent à la fuitte, & qui pour leur foiblesse, ou par faute qu'ils n'eussent sçeu trouuer moyen de viure ailleurs, demourerent là, desquels ne faisans aucun compte, s'ils viuoient ne s'ils mouroient, ils feirent vn statut, que celuy des Trallianiens qui tueroit vn Lelegien ou Minyien, en seroit absous & purgé, en payant aux parents du mort vn boisseau d'ers.

Pourquoy est-ce que lon dict, par maniere de commun prouerbe, entre les Eliens, XLVII. Souffrir plus de maux que Sambicus? Lon dit qu'il fut iadis vn natif de la ville d'Elide nommé Sambicus, lequel ayant soubs luy beaucoup de complices, rompit plusieurs des images de bronze qui sont en la ville d'Olympie, & en vendit le cuyure, & que finablement il passa iusques à piller le temple de Diane que lon surnomme Veillante.
D Ce temple est dedans la ville d'Elide, & l'appelle lon Aristarchium. Apres ce notable sacrilege il fut incontinent surpris, & le gehenna lon tout vn an durant, pour luy faire declarer tous ceux qui auoient esté ses compagnons & complices, & mourut en ces tourments, dont est depuis ce commun prouerbe venu en vsage.

Pourquoy est-ce qu'en Lacedęmone ioignant le temple des Leucippides est ce- XLVIII luy d'Vlyßes? Hergieus, l'vn des descendans de Diomedes, à la suscitation & persuasion de Temenus, desroba d'Argos l'image de Pallas, du sçeu & auec l'aide d'vn Leager qui estoit familier de Temenus, lequel depuis estant tombé en quelque inimitié & courroux à l'encontre de ce Temenus, s'enfuit en Lacedæmone auec ceste image que les Roys reçeurent bien volontiers, & la poserent pres du temple des Leucippides, puis enuoyerent en Delphes deuers l'oracle, pour enquerir comment ils la pourroient sauuer & garder. L'oracle leur feit response qu'ils la baillassent en garde à l'vn de ceux qui l'auoient desrobee: à l'occasion dequoy ils bastirent en cest

Les demandes des choses Grecques.

endroict là le temple d'Vlysses, où ils la meirent: ioinct qu'ils estimoient qu'Vlysses appartenoit de quelque chose à leur ville, à cause de sa femme Penelopé.

XLIX. Pourquoy est-ce que les Dames Chalcedoniennes ont accoustumé quand elles rencontrent quelques hommes estrangers, mesmement si ce sont Magistrats, de cacher l'vne de leurs ioües? Ceux de Chalcedoine eurent iadis la guerre contre leurs voisins les Bithyniens, prouoquez de toutes les sortes d'iniures & de torts que lon le sçauroit estre, tellement que du temps du Roy Zipœtus auec toute leur puissance, & encore auec vn gros secours de Thraciens, ils coururent, pillerent & bruslerent tout son pays: mais à la fin ce Roy Zipœtus leur donna la bataille aupres d'vn lieu nommé Phalium, là où ils se porterent mal, tant pour leur presomptueuse arrogance, que pour le mauuais ordre qui estoit parmy eux, tellement qu'ils y perdirent huict mille hommes: toutefois ils n'y furent pas totalement desfaicts, pource qu'en faueur des Byzantins Zipœtus leur octroya appointement de paix. Mais la ville estant fort deserte & desnuee d'hommes, il y eut plusieurs femmes qui furent contrainctes de se remarier à des serfs affranchis, les autres à des estrangers venus d'ailleurs habitans en leurs villes, les autres aymans mieux demourer en viduité sans marits, que de choisir de telles nopçes, faisoient par elles mesmes ce qu'elles auoient à traicter & depescher deuant les Iuges ou deuant les Magistrats, en retirant seulement vne partie du voile qui leur couuroit le visage: les autres qui s'estoient remariees les imitans en cela, comme celles qui valoient mieux qu'elles, amenerent ceste façon de faire en coustume.

L. Pourquoy est-ce que les Argiens amenent les ouailles deuant le Temple d'Agenor, quand ils les veulent faire saillir aux beliers? Est-ce point pourautant que Agenor a tresbien entendu comment il falloit traicter les moutons, & a eu de plus grands trouppeaux de bestes blanches qu'autre Roy qui fut oncques?

LI. Pourquoy est-ce que les enfans des Argiens en vne certaine feste s'entre-appellent par ieu Ballachradas, qui vaut autant à dire, comme, ietteurs de pommes sauuages? Est-ce point pourautant que les premiers qui furent par Inachus amenez des montagnes en la pleine, se nourrissoient de ces pommes sauuages? & dict-on que ces pommes sauuages se trouuerent premierement dedans le Peloponese qu'en autre partie de la Grece, & que lors le Peloponese s'appelloit Apia: voila d'où vient que depuis on a surnommé ces pommes sauuages, qui communément se nôment Achrades, Apies.

LII. Pourquoy est-ce que les Eliens, quand ils ont des iumens chaudes, les meinent hors de leurs confins pour les faire saillir aux cheuaux? Est-ce point pource qu'Oenomaüs qui a esté le prince qui plus a aymé les cheuaux, & qui a pris plus de plaisir à ceste beste là, feit de grandes imprecations & maledictions à l'encontre des cheuaux qui couuriroient les iuments en Elide? Et pour ce craignâs de tomber en celles maledictions, ils les éuitent par ce moyen d'acquit.

LIII. Pourquoy est-ce que la coustume estoit parmy les Gnosiens, que ceux qui empruntoient de l'argent à vsure, le rauissoiét à force? Estoit-ce point à fin que s'ils venoient à renier la debte, & à vouloir frustrer l'vsurier de son argent, il peust agir de volerie contre eux, & qu'ils fussent par ce moyen dauantage punits?

LIV. Pourquoy est-ce qu'en la ville de Samos ils appellent, la Venus de Dexicreon? Est-ce point pourautant que comme iadis les femmes des Samiens fussent perduës de luxure, desbauchees, & lubriques en toute extremité, il y eut vn Dexicreon triacleur, qui par ie ne sçay quelles cerimonies & sacrifices expiatoires les en garentir? ou pour ce que ce Dexicreon, estant marchand traffiquant par mer, s'en alla pour traffiquer en l'Isle de Cypre, & comme il fust prest de charger sa nauire, Venus s'apparut à luy, qui luy commanda de charger d'eau seulement & non d'autre chose, & incontinent se mettre à la voile? ce qu'il feit, & ayant mis grande quâtité d'eau dedans son vaisseau,

s'en

Les demandes des choses Grecques.

A s'en partit. Quand ils furent en haulte mer, il y eut vn calme si grand, que ne tirant vent ny haleine par plusieurs iours, les autres mariniers & marchands cuyderent tous mourir de soif, n'eust esté qu'il leur vendit de son eau, dont il tira vn grand argent, & en feit depuis faire vne image de Venus, qu'il appella de son nom, la Venus de Dexicreon. Et si cela est veritable, il semble que la Deesse en cela ne voulut pas seulement en enrichir vn, mais sauuer la vie à plusieurs par le moyen d'vn.

Pourquoy est-ce qu'en l'Isle de Samos quand ils sacrifient à Mercure, qu'ils surnomment Charidotes, c'est à dire, donneur de ioye, il est permis à qui veult de desrober & destrousser les passans? C'est pource qu'anciennement par le commandement d'vn oracle, ils sortirent de Samos pour aller en Mycale, là où ils s'entreteindrent & vescurent dix ans durant de courses & de larcins sur la mer, & depuis retournans de rechef à Samos, ils y obteindrent la victoire contre leurs ennemis. LVI.

Pourquoy est-ce que lon appelle vn certain endroict de l'Isle de Samos Panæma, LVI. B c'est à dire, tout sang? Est-ce pourautant que les Amazones fuyans la fureur de Bacchus se sauuerent du pays des Ephesiens en ceste Isle de Samos, & luy ayant fait bastir & assembler des vaisseaux, les y poursuiuit, & leur donna la bataille, où il en tua grand nombre, enuiron ce lieu là, lequel pour la quantité de sang respandu, ceux qui le voyoient, par admiration l'appelloient Panæma? Et dit-on que de celles qui y furent tuees, aucunes vindrent mourir autour de Phlœum, & y monstre lon de leurs os: & veulent dire quelques vns, que le Phlœum en fut rompu mesme de ce temps-là, tant elles crierent d'vne voix haulte, forte & penetrante.

D'où vient que à Samos on appelle vne salle Pedetes? Apres que Demoteles eut LVII. esté tué, & sa monarchie & tyrannie ruinée, les Senateurs s'estans saisis du gouuernement, les Megariens allerent faire la guerre à ceux de Perinthe, qui sont extraicts & issus des Samiens, portans quand & eux des fers pour mettre aux pieds des prisonniers: ce qu'entendans les Senateurs leur enuoyerent incontinent du secours en tou-C te diligence, ayans esleu neuf Capitaines, & armé trente nauires, deux desquelles ainsi comme elles vouloient faire voile, furent frappees de la foudre, & perirent tout deuant le port: mais toutefois les Capitaines poursuiuans leur voyage auec les autres, vainquirent les Megariens en bataille, & en prirent six cens prisonniers, & ayans les cœurs esleuez de ceste victoire, delibererent de ruiner le gouuernement des nobles chez eux: à quoy ceux mesmes qui auoient le gouuernement en main leur donnerent occasion, leur escriuant qu'ils leur amenassent les prisonniers Megariens enferrez des mesmes fers qu'ils auoient apportez. Ayant doncques receu ces lettres, ils les monstrerent & communiquerent secrettement aux prisonniers Megariens, leur persuadans de se liguer & bander auec eux pour remettre leur ville en liberté, & deliberans entre eux de la façon d'executer leur entreprise, ils furent d'aduis d'ouurir & lascher les anneaux des fers, & les mettre ainsi aux iambes des Megariens, & puis les attacher auec des courroyes de cuir à leurs ceintures, de peur qu'estans laschez & ou-D uerts ils ne leur tombassent & ne leur sortissent des pieds en cheminant. Ainsi ayans accoustré de ceste façon les prisonniers, & leur ayans baillé à chascun vne espee, ils se remeirent à la voile vers Samos, là où quand ils furent arriuez & descendus en terre, ils les menerent à trauers la place dedans le Senat, là où estoient tous les Senateurs assis en conseil: & lors le signe donné, les Megariens se ruerent sur ces Senateurs, & les tuerent tous. La ville ainsi deliurée, ils donnerent aux Megariens, qui en voulurent, droict de bourgeoisie, puis feirent faire vne grande salle, à l'entour de laquelle ils pendirent & attacherent les fers, & l'appellerent pour ceste cause Pedetes, c'est à dire, la salle des fers.

Pourquoy est-ce qu'en l'Isle de Co, en la ville d'Antimachie, le presbtre de Hercu- LVIII. les estant vestu d'vne robbe de femme, & coiffé d'vne coiffe, commance le sacrifice?

Nnn

Collation d'aucunes histoires Romaines

Hercules estant party de Troye auec six nauires, courut fortune, & ses autres vaisseaux rompus & perdus fut ietté par le vent auec vne seule nauire en l'Isle de Co, à l'endroict qui s'appelle Laceter, n'ayant sauué autre chose que ses armes & les hommes qui estoient dedans son vaisseau : & trouuant vn troupeau de moutons, requit le berger qui les gardoit de luy en dóner vn: ce berger s'appelloit Antagoras, qui estant homme puissant & robuste, conuia Hercules à luicter auec luy, soubs condition que s'il le portoit par terre, le mouton seroit à luy. Hercules accepta l'offre, & comme ils furent aux prises, les Meropiens, qui sont les habitans de l'Isle, vindrent au secours d'Antagoras, & les Grecs de Hercules, de sorte qu'il y eut là vne grosse bataille : en laquelle Hercules se sentant pressé & lassé de la multitude d'ennemis, s'encourut, à ce que lon dict, à vne femme Thracienne, là où pour se cacher il se desguisa d'vne robbe de femme : mais depuis estant derechef venu au dessus de ces Meropiens, apres s'estre purifié il espousa la fille de Alciopus, & prit alors vne belle robbe. Voyla pourquoy son prestre va sacrifier au propre lieu où fut la bataille, & les nouueaux mariez y reçoiuent leurs espousees en habits de femmes.

I.IX. D'où vient qu'en la ville de Megare il y a des races qui s'appellent Hamaxocylistes? Du temps que le dissolu & insolent estat populaire, qui ordonna que lon peust repeter les vsures que lon auroit pieça payees, & qui permeit le sacrilege, estoit en la ville, il aduint que quelques deputez du Peloponese, pour aller à l'oracle d'Apollo en la ville de Delphes, passans par la prouince Megarique, aupres de la ville d'Ægires, au long du lac, verserent & tomberent de dessus leurs chariots, comme il aduient quelquefois, auec leurs femmes & leurs enfans : là se trouuerent quelques Megariens, qui estans yures furent encore si insolents & si cruels, qu'ayans releué & redressé ces chariots, ils les pousserent dedans le lac, tellement qu'il y eut plusieurs de ces pauures deputez qui y furent noyez. Or les Megariens, pour la confusion & le desordre du gouuernement qui pour lors estoit en leur ville, ne feirent compte de venger ceste iniure & ceste forfaicture : mais le conseil des Amphictyons, d'autant que l'ambassade de ces deputez estoit religieuse & sacree, en prit la cognoissance, & chastia les coulpables de ceste impieté, les vns de mort, les autres de bannissement : & depuis ceux qui sont descendus de ceux là ont esté surnommez les Hamaxocylistes.

Collation abregee d'aucunes histoires Romaines.

AVEC AVTRES SEMBLABLES GRECQVES.

Sur la marge d'vn vieil Exemplaire escrit à la main, qui est en la Librairie de la Royne mere, sont escrites ces paroles en Grec: Ce liure n'est du docte Plutarque, ny d'aucun autre sçauant autheur, ains de quelque vulgaire, ignorant de poësie & de grammaire.

PLVSIEVRS estiment les anciennes histoires estre des fables & contes faicts à plaisir, pour les estranges faicts qui s'y lisent: mais quant à moy, ayant trouué beaucoup de choses aduenuës en nos temps semblables aux anciennes, i'ay recueilly quelques vnes de celles du temps des Romains, & à chascune des anciennes ay subioint la narration d'autre semblable plus recente, en cottant les autheurs qui les ont laissees par escript.

DATYS Lieutenant du Roy de Perse estant descendu en la plaine de Marathon, au pays d'Attique, auec trois cens mille combattans, & y ayant

auec autres semblables Grecques. 486

A ayant planté son camp, denonça la guerre à ceux du pays. Les Atheniens faisans peu de conte de ceste grande multitude de Barbares, y enuoyerent neuf mille hommes soubs la conduicte de ces quatre Capitaines, Cynegirus, Polyzelus, Callimachus & Miltiades. Si y eut bataille, en laquelle Polyzelus, ayāt veu vne vision surpassant l'humaine nature, perdit la veuë, & deuint aueugle. Callimachus, ayant le corps percé de part en part de plusieurs coups de picque & de iaueline, tout mort qu'il estoit demoura debout:& Cynegirus arrestant vne nauire Persienne, ainsi qu'elle vouloit demarer, y eut les deux mains coupees.

ASDRVBAL Roy, ayant occupé la Sicile denonça la guerre aux Romains. Et Metellus estant éleu capitaine par le Senat, en obtint la victoire, en laquelle Lucius Glauco homme noble retenant la nauire d'Asdrubal y perdit les deux mains, ainsi comme l'escrit Aristides Milesien au premier liure des Annales de la Sicile, duquel Diodorus le Sicilien a pris le subiect.

B XERXES estant venu surgir au chef d'Arthemisium auec cinq cens mille combattans, denonça la guerre à ceux du pays: dequoy les Atheniens se trouuans estonnez, enuoyerent pour recognoistre & espier son armee, Agesilaus le frere de Themistocles, encores que son pere Neocles en dormant eust songé qu'il voyoit son fils ayant perdu les deux mains:& estant arriué au camp des Barbares en habit Persien, il occit Mardonius, l'vn des capitaines des gardes du corps du Roy, estimant que ce fust Xerxes: & estant pris par les assistans fut mené lié & garroté au Roy, lequel estoit apres à faire vn sacrifice sur l'autel du Soleil, dans le feu duquel Agesilaus mettant sa main, & y endurant la force du tourment sans crier ny souspirer, le Roy commanda qu'on le desliast, & lors il luy dist, Tous nous autres Atheniens sommes de cœur pareil, & si tu ne le veux croire, ie mettray encore la gauche dedans le feu. dequoy Xerxes se trouuant effroyé, le feit soigneusement garder: ainsi comme escrit Agatharchides au second liure des gestes des Perses.

II.

C PORSENA Roy de la Thoscane ayant logé son camp delà la riuiere du Tybre, faisoit la guerre aux Romains, & leur coupant les viures qui souloient venir à Rome, trauailloit fort la ville de famine, dont le Senat se trouuant estonné, Mucius l'vn des plus nobles de la ville, auec quatre cens autres de son aage tous des meilleures maisons de Rome, en habit de pauure homme passa la riuiere, & voyant le capitaine des gardes du Tyran qui departoit les viures aux autres capitaines, cuidant que ce fust Porsena, le tua. Il fut pris & mené deuers le Roy: il meit sa main droicte dedās le feu, & endurant les douleurs de la bruslure magnanimement, ne s'en fit que rire, en disant: Roy barbare ie suis deliuré, encore que tu ne le vueilles pas, & sçache que nous sommes quatre cens dedans ton camp qui auons entrepris de te tuer. dequoy Porsena ayant peur, feit appointement auec les Romains, ainsi comme escrit Aristides le Milesien au troisiéme liure de ses histoires.

D LES Argiens & Lacedæmoniens se faisans la guerre les vns aux autres, touchant la proprieté de la contree de Thyreatide, les Amphictyons iugerent qu'ils se donnassent bataille, & que le pays appartiendroit à ceux qui gaigneroient la victoire: parquoy les Lacedæmoniens esleurent pour leur capitaine Othryades, & les Argiens Thersander. Ainsi la bataille donnee, il ne demoura des vns & des autres que deux Argiens viuans, Agenor & Chromius, lesquels s'en allerent à la ville porter la nouuelle de leur victoire. Mais cependant tout estant coy sur le champ, Othryades ayant encore quelque peu de vie, s'appuyant sur des tronçons de lances rompuës prit les boucliers des morts, & en dressa vn Trophee, dessus lequel il escriuit auec son propre sang, A Iupiter garde des Trophees. Sur quoy les deux parties estans en controuerse, les Amphictyons se transportans sur les lieux, apres auoir veu le faict à l'œil, adiugerent la victoire aux Lacedæmoniens, ainsi que l'escrit Chrysermus au

III.

Nnn ij

Collation d'aucunes histoires Romaines.

troisiéme liure des Peloponesiaques.

LES Romains ayans la guerre à l'encontre des Samnites, esleurent capitaine Posthumius Albinus, lequel estant surpris en vn pas de montagne fort estroit, qui s'appelle Les fourches Caudines, y perdit trois legions, & luy-mesme y estant blessé à mort, y perdit la vie: toutefois sur la minuict, ayant encore vn peu de vie, il se leua, & ostant les boucliers aux ennemis morts sur la place, en dressa vn Trophee, & trempant sa main en leur sang escriuit dessus, Les Romains à Iupiter garde des Trophees contre les Samnites. Mais Marius surnommé le Goulu y estant enuoyé Lieutenant du peuple Romain, & ayant veu sur le lieu mesme ce Trophee: Ie prens, dict-il, cest augure à bonne encontre: & là dessus donnant la bataille aux ennemis, il les desfit, & ayant pris leur Roy l'enuoya à Rome prisonnier, ainsi que dict Aristides au troisiéme des histoires d'Italie.

IIII. LES Perses estans descendus en la Grece auec cinq cens mille combattans, Leonidas fut enuoyé par les Lacedemoniens auec trois cens hommes, pour garder le pas des Thermopyles: & comme ils prenoient leur refection, toute la foule des Barbares leur vint courir sus. Leonidas les sentant venir dit à ses gens, Disnez compagnons, en intention de souper en l'autre mode. Et ainsi se ruant sur les Barbares, & y estant percé de plusieurs coups de picque: il feit tant neantmoins qu'il fendit la presse, iusques à arriuer à la personne propre de Xerxes, auquel il osta le diadéme de la teste, & mourut. Xerxes le feit ouurir, & trouua qu'il auoit le cœur velu, ainsi comme l'escrit Aristides au premier liure des histoires Persiennes.

LES Romains ayans la guerre à l'encontre des Carthaginois: enuoyerent vne compagnie de trois cens hommes soubs la conduicte du Capitaine nommé Fabius Maximus, lequel donnant la bataille à son ennemy perdit tous ses gens entierement, & luy mesme se sentant blessé à mort se rua contre Annibal par telle impetuosité, qu'il luy osta le diadéme ou frontal qu'il auoit autour de la teste, & mourut auec luy, ainsi comme escrit Aristides le Milesien.

V. EN la ville de Celaines, qui est au pays de Phrygie, se feit iadis vne grande creuasse & fondriere de la terre, auec grande quantité d'eau, laquelle rauit & tira en abysme bon nombre de maisons, auec toutes les personnes qui estoient dedans. Le Roy Midas eut vn oracle des Dieux, par lequel il luy fut respondu, que s'il iettoit dedans cest abysme ce qui estoit le plus precieux, l'abysme se combleroit, & la terre se reioindroit. Midas y fit ietter grande quantité d'or & d'argent, ce qui n'y seruit de rien: mais son fils Anchurus, ayant imaginé qu'il n'y auoit rien si precieux que la vie & l'ame de l'homme, apres auoir embrassé son pere, en luy disant adieu, & aussi sa femme Timothea, il monta à cheual, & s'en alla ietter en celle fondriere. La terre soudain s'estant reserree, Midas y feit vn autel d'or, qui fut appellé l'autel de Iupiter Idæen, en y touchant de la main. Cest autel enuiron le temps que ceste fondriere de terre s'ouurit, estoit vne pierre: mais apres certaine prefixion de temps passé il deuint d'or, comme on le voit maintenant. Ainsi l'escrit Callisthenes en son second liure des Transformations.

LA riuiere du Tybre passant par le milieu de la place de Rome, pour le courroux de Iupiter Tarsien, il s'y ouurit vne grande fondriere, qui engloutit plusieurs maisons en abysme. Si leur fut donné vn oracle, que ceste fondriere cesseroit, pourueu qu'ils iettassent quelque chose precieuse dedans. Les Romains y ayans ietté en vain de l'or & de l'argent, Curtius l'vn des plus nobles ieunes hommes de la ville, ayant compris ce que vouloit dire l'oracle, faisant compte qu'il n'y auoit rien si precieux que la vie de l'homme, il se ietta tout à cheual dedans l'abysme de celle fondriere, & en ce faisant deliura ses citoyens de leurs afflictions. Ainsi l'escrit Aristides au quarantiéme des histoires Italiques.

AMPHIA-

auec autres semblables Grecques. 487

A AMPHIARAVS fut l'vn des princes qui accompagnerent Polynices, & comme VI.
ils estoient vn iour tous ensemble en vn festin, il y eut vn aigle qui fondant sur luy
emporta sa iaueline en l'air, & puis la laissant tomber, elle se ficha en terre & deuint
vn laurier: le lendemain la bataille s'estant attaquee en la place mesme, Amphiaraus
y fut englouty de la terre auec son chariot d'armes, au lieu où maintenant est assise
la ville qui en a retenu le nom de Harma, c'est à dire le chariot, ainsi que dict Trisimachus au troisiéme des fondations.

 LES Romains ayans la guerre contre Pyrrhus le Roy des Epirotes, Paulus Æmilius eut vn oracle qui luy promit la victoire, prouueu qu'il edifiast vn autel au lieu où il verroit vn de leurs gentilshommes englouty vif en terre auec son chariot. Trois iours apres Valerius Conatus ayant eu vne vision en songe qui luy commandoit de vestir son ornement de presbtre, pource qu'il estoit expert en l'art de deuiner, s'en alla à la guerre, là où ayant faict grande occision des ennemis, il fut englouty vif de-
B dans la terre. Et là Paulus Æmilius ayant faict dresser vn autel, gaigna la bataille, où il prit cent soixante Elephans portans tours, qu'il enuoya à Rome. Cest autel rendoit des oracles enuiron le temps que Pyrrhus fut desfaict. Ainsi le recite Critolaus au troisiéme des histoires Epirotiques.

 PYRAICHMES Roy des Euboiens faisoit la guerre aux Bœotiens: Hercules estant VII.
encore ieune le vainquit, & l'attachant à deux cheuaux le deschira en deux parties, &
puis le ietta là sans luy donner autre sepulture: d'où vient que le lieu où ceste execution fut ainsi faicte s'appelle encore auiourd'huy, Les poulains de Pyraichmes, & est au long de la riuiere qui s'appelle Heraclie, là où quand on abbreuue les cheuaux on entend comme vn hennissement de cheual: ainsi qu'il escrit au troisiéme liure des Riuieres.

 TVLLVS Hostilius Roy des Romains feit la guerre à ceux d'Albe, dont estoit Roy Metius Sufetius, contre lequel il differa & recula plusieurs fois de venir à la ba-
C taille, tant que les ennemis le tenant pour desconfit, se meirent à faire bonne chere, mais quand ils eurent bien beu, alors Hostilius les alla charger, & les desfit: & ayant pris leur Roy l'attacha à deux cheuaux, & le desmembra en deux parties, ainsi qu'escrit Alexarchus au quatriéme des histoires Italiques.

 PHILIPPVS voulant saccager les villes de Methone & d'Olynthe, en taschant VIII.
à passer delà la riuiere de Sandane, il reçeut dedans l'œil vn coup de flesche, que
luy tira vn Olynthien qui s'appelloit Aster: & y auoit ce vers en escrit dessus la flesche,

Philippe, Aster ce traict mortel t'enuoye.

mais Philippus se trouuant forcé par ses ennemis repassa la riuiere vers ses gens à nage, ayant perdu son œil. Ainsi le recite Callisthenes au troisiéme des Annales de Ma-
D cedoine.

 PORSENA Roy des Thoscans, ayans assis son camp de la riuiere du Tybre, faisoit la guerre aux Romains, & leur coupant les viures que lon portoit à Rome, trauailloit fort ceux de la ville: Horatius Cocles éleu Capitaine s'alla planter sur le pont de bois que les Barbares s'efforçoient de gaigner, & les arresta pour vn temps. En fin se sentant forcé par la multitude grande des ennemis, il commanda à ceux qui estoient en bataille derriere luy, qu'ils coupassent le pont. Cependant il soustint & garda les Barbares de passer outre, iusques à ce qu'ayant receu vn coup de traict dedans l'œil, il se ietta en l'eau & passa la riuiere à nage, ainsi que dict Theotimus au troisiéme des histoires d'Italie.

C'est la fable d'Icarus, chez lequel Bacchus alla loger. Eratosthenes en l'Erigone.

 SATVRNE alla quelquefois loger chez vn laboureur qui auoit vne belle fille nom- IX.
mee Entoria, laquelle il depucela, & engendra en elle quatre fils, Ianus, Hymnus,

Nnn iiij

Collation d'aucunes histoires Romaines

Faustus, & Felix. Si leur enseigna en recompense la maniere de faire le vin, & de planter la vigne, & leur commanda d'en faire part à leurs voisins: ce qu'ils feirent: mais eux ayans beu de ce breuuage qu'ils n'auoient point accoustumé, se trouuerent espris de sommeil, & s'endormirent plus qu'il ne falloit: & au resueil pensans que ce fust du poison qu'on leur eust baillé, ils assommerent le laboureur à coups de pierre: dequoy ses petits fils furent si desplaisans, que de regret ils s'en pendirent & estranglerent. A raison dequoy la peste s'estant mise au pays des Romains, l'oracle d'Apollo leur respondit, que la pestilence ne cesseroit iusques à tant qu'ils eussent appaisé le courroux de Saturne, & les esprits de ceux qui estoient morts iniustement. Luctatius Catulus vn des plus nobles bastit vn temple à Saturne qui est assis auprés du mont Tarpeïen, & y dressa vn autel à quatre faces, ou pour la memoire de ces quatre arriere-fils, ou pource que l'annee a quatre saisons: & ordonna le moys de Ianuier. Mais Saturne les transmua tous quatre en estoilles, que lon appelle à raison de cela, les vendangeurs, entre lesquelles celle de Ianus se leue deuant les autres, & se monstre aux pieds de la pucelle, ainsi que dict Critolaüs au quatriéme liure des apparences du ciel.

X.   Dv temps que les Perses fourrageoient la Grece, Pausanias Capitaine des Lacedemoniens ayant pris & receu du Roy Xerxes cinq cens talents d'or, auoit promis de trahir Sparte: mais son entreprise estant descouuerte, Agesilaus son pere le poursuiuit fuyant iusques au temple de Iuno Chalceœcos, qui est à dire, maison de bronze. Et ayant faict murer les portes du temple auec muraille de bricque, le feit mourir de faim: & sa mere ietta son corps aux chiens, sans luy bailler sepulture, ainsi que recite Chrysermus au second de ses histoires.

LES Romains ayans la guerre contre les Latins, éleurent pour leur Capitaine Publius Decius. Or y eut-il vn gentilhomme de bien noble race, mais pauure, nommé Cassius Brutus, qui entreprit pour vn certain pris d'argent que luy deuoient bailler les ennemis, de leur ouurir la porte de la ville. Ce qu'ayant esté descouuert il s'enfuit au temple de Minerue auxiliaire, là où son pere appellé Cassius Signifer le teint enfermé tant qu'il l'y feit mourir de faim, & ietta son corps sans luy donner sepulture, ainsi que dict Clitonymus és histoires Italiques.

XI.   Darivs Roy de Perse ayant combatu à l'encontre d'Alexandre le grand, & en ceste rencontre ayant perdu sept de ses Lieutenans & gouuerneurs de prouinces, & cinq cens & deux chariots armez de faux, estoit prest à combattre encore le lendemain. Mais son fils Ariobarzanes, ayant compassion d'Alexandre, luy feit promesse qu'il trahiroit son pere: dequoy le pere estant indigné, luy feit trencher la teste, ainsi que recite Aretades Gnidien au troisiéme des histoires Macedoniques.

Brvtvs estant par tous les Romains éleu Consul, chassa de Rome le Roy Tarquin le Superbe, qui se portoit tyranniquement: & luy s'estant retiré deuers les Thoscans, faisoit la guerre aux Romains. Les fils de Brutus voulurent trahir leur pere, mais estans descouuerts, il leur fit trencher les testes. Aristides le Milesien és Annales d'Italie.

XII.   Epaminondas Capitaine des Thebains auoit la guerre contre les Lacedemoniens, & estant venu le temps que lon deuoit eslire les magistrats à Thebes, il s'y en estoit allé, ayant cependant ordonné & commandé à son fils Stesimbrotus qu'il se gardast bien de combatre. Les Lacedemoniens estans aduertis de l'absence du pere, reprochoient à ce ieune homme, qu'il auoit faute de cœur: dequoy se sentant picqué, il entra en si grande cholere: qu'il oublia le commandement de son pere, & donna la bataille qu'il gaigna. Le pere estant de retour fut marry de ce qu'il auoit trangressé son commandement, & l'ayant couronné d'vne couronne de victoire luy fit trencher la teste, ainsi que recite Ctesiphon au troisiéme liure des histoires de la Bœoce.

LES

auec autres semblables Grecques. 488

A   LES Romains aians la guerre contre les Samnites, esleurent pour Capitaine Manlius, surnommé l'Imperieux, lequel estant retourné du camp à la ville de Rome, pour assister à l'election des Consuls, commanda à son fils qu'il se gardast de combatre les ennemis: dequoy les Samnites estans aduertis, picquerent auec paroles iniurieuses ce ieune homme, luy reprochant qu'il estoit couard: ce qui le meut à la fin tellement, qu'il leur donna la bataille, où il les desfit: mais Manlius à son retour luy feit trencher la teste, ainsi que recite Aristides le Milesien.

HERCVLES estant refusé du mariage d'Iole, saccagea la ville d'Oechalie. Iole se xiii. ietta du haut de la muraille au bas des fossez: & aduint que ses habillemens estans enflez du vent qui s'entonna dedans en tombant, elle n'eut point de mal, comme l'escrit Nicias natif de Malee.

LES Romains faisans la guerre aux Thoscans, eleurent pour leur Capitaine Valerius Torquatus, lequel aiant contemplé la fille du Roy, Clusia, la luy demanda en mariage. Ce que luy aiant esté refusé, il prit & saccagea sa ville: & Clusia se precipita du haut des tours en bas: mais par la prouoyance de Venus, qui enfla de vent ses habillemens, elle tomba à terre sans se faire mal. Le Capitaine la prit à force, & pour ceste cause par arrest de tous les Romains il fut confiné en l'Isle de Corcina qui est au deuant de l'Italie, ainsi que dit Theophile au troisiéme liure des histoires d'Italie.

LES Carthaginois & Siciliens aians fait ligue alencontre des Romains, & se pre- xiiii. parans pour leur faire la guerre; Metellus leur Capitaine aiant sacrifié aux autres Dieux, laissa derriere la deesse Vesta seule, laquelle fit tirer vn vent contraire à sa nauigation. Mais le diuin Caïus Iulius luy dit, que le vent cesseroit prouueu qu'il offrist en sacrifice premierement sa propre fille. Et se voiant pressé de partir, il fut contraint d'amener sa fille pour l'immoler: mais la Deesse Vesta en aiant pitié, au lieu d'elle supposa vne genice, & l'emporta en la ville de Lauinium, où elle la feit religieuse du Dragon qu'ils ont en grande veneration en celle ville. ainsi l'escrit Pythocles au troisiéme liure des choses d'Italie.

EN mesme sorte le cas d'Iphigenia, qui aduint en Aulide ville de la Bœoce, est recité par Meryllus au troisiéme de ses Bœotiaques.

BRENNVS Roy des Gaulois pillant & saccageant le pays de l'Asie, arriua à la vil- xv. le d'Ephese, là où il deuint amoureux d'vne ieune fille de race populaire, laquelle luy promit de coucher auec luy, & de luy trahir la ville d'Ephese, pourueu qu'il luy baillast des carquans, bracelets, & autres ioyaux dont les Dames ont accoustumé de se parer. Brennus commanda à ses gentils-hommes qu'il auoit autour de luy, qu'ils luy iettassent en son giron tout ce qu'ils auoient de ioyaux d'or. Ce qu'ils feirent en telle quantité, que la fille fut accablee toute vifue, & assommee du pois de la multitude de ces ioyaux d'or.

TARPEIA fille de bonne maison, aiant le Capitole en garde lors que les Ro-
D mains auoient la guerre alencontre de ceux d'Albe, promeit à leur Roy Tatius de luy donner entree dedans le chasteau du mont Tarpeïen, si en recompense il luy faisoit donner les bracelets & carquans que les Sabins portoient par ornement. Ce que les Sabins aians entendu l'en accablerent toute vifue, comme dit Aristides le Milesien en ses histoires Italiques.

LES habitans des villes de Tegee & de Phenee auoient eu vne longue guerre les xvi. vns contre les autres, iusques à ce qu'ils s'accorderent entre eux de vuider leurs differents par le combat de trois freres iumeaux, nez d'vne mesme ventree. Les Tegeates meirent en auant les enfans d'vn de leurs citoyens, nommé Reximachus: Et les Pheneates, ceux de Demostratus: lesquels estans descendus en champ de bataille, il y eut deux des fils de Reximachus qui furent tuez sur le champ: & le troisiéme, qui s'appelloit Critolaüs, vint à bout des autres trois par vne telle ruze: Il feit semblant

Nnn iiij

Collation d'aucunes histoires Romaines

de fuir, & tua l'vn apres l'autre ceux qui le poursuiuoient. A son retour au pays, tous ses citoiens luy feirent la plus grande chere dont ils se peurent aduiser, excepté vne sienne sœur appellee Demodice, d'autant que l'vn des freres qu'il auoit desfaicts estoit son fiancé. Critolaüs estant fasché de ce qu'elle luy faisoit si mauuais recueil, la tua sur la place. Sa mere le poursuiuit d'homicide, mais il en fut absouls à pur & à plein, comme escrit Demaratus au second liure de ses Arcadiques.

Les Romains aians la guerre contre ceux d'Albe, esleurent pour leurs champions d'vne part & d'autre trois freres nez de mesme ventree. Ceux d'Albe, les Curiatiens: & les Romains, les Horatiens. Le combat estant commencé, ceux d'Albe, tuerent deux de leurs aduersaires: le troisiéme s'aidant d'vne fuite simulee, tua l'vn apres l'autre tous les trois qui le poursuyuoient: de laquelle victoire tous les autres Romains menans grande ioye, sa sœur Horatia seule monstra de n'en estre point ioyeuse, pour ce que l'vn d'iceux l'auoit fiancee: à raison dequoy il tua sa propre sœur. Ainsi le dit Aristides le Milesien en ses Annales d'Italie.

XVII. En la ville d'Ilium le feu s'estant pris au temple de Minerue, l'vn des habitans nommé Ilus y accourut, qui rauit vne petite image de Minerue appellee le Palladium, que lon tenoit estre descendue du ciel, & en perdit la veuë, d'autant qu'il n'estoit pas loisible que ladicte image fust veuë d'aucun homme: toutefois depuis aiant appaisé l'ire de la Deesse, il recouura sa veuë, cõme escrit Dercyllus au premier des fondatiõs.

Metellvs homme noble, comme il vouloit aller en quelque maison de plaisance qu'il auoit pres de Rome, fut arresté par des corbeaux qui le battoient auec leurs ailes: duquel presage se trouuant estonné, il s'en retourna à Rome: & voiant que le feu estoit dedans le temple de la Deesse Vesta, il s'y en courut, & prit l'image de Pallas que lon nomme Palladium, à raison de quoy soudainement il deuint aueugle: toutefois depuis, apres auoir esté reconcilié auec elle, il recouura derechef sa veuë. Aristides Milesien en ses Chroniques d'Italie.

XVIII. Les Thraces aians la guerre contre les Atheniens eurent vn oracle qui leur promettoit la victoire, prouueu qu'ils sauuassent la personne de Codrus Roy d'Athenes. Mais luy se desguisant en pauure manœuure, tenant vne faux en sa main, s'en alla au camp des ennemis, où il en tua vn, & fut aussi tué par vn autre, & ainsi gaignerent les Atheniens. Ainsi l'escrit Socrates au second liure de ses Chroniques de Thrace.

Pvblivs Decius Romain aiant la guerre contre ceux d'Albe, eut en dormant vne vision qui luy promettoit, que si luy mouroit, il adiousteroit la force aux Romains: parquoy s'alla ruer en la plus forte presse des combattans, & y en aiant tué vn grand nombre, il fut aussi tué: & son fils aussi qui s'appelloit semblablement Decius, en la guerre contre les Gaulois sauua les Romains. ainsi le dit Aristides le Milesien.

XIX. Cyanippvs natif de Syracuse sacrifioit à tous les autres dieux fors qu'à Bacchus, dequoy ce Dieu se courrouçant luy enuoya l'yuresse, tellement qu'en vn lieu obscur il depucela par force sa propre fille qui s'appelloit Cyane, mais elle luy osta du doigt son anneau qu'elle bailla à sa nourrice, pour recognoistre qui c'estoit. La peste se mit depuis par tout le pays, & leur respondit Apollo, qu'il falloit immoler aux Dieux diuertisseurs des maux, vn incestueux. Tous les autres ne sçauoient que vouloit dire cest oracle: mais Cyane entendant bien ce qu'il vouloit dire, prenant son pere par les cheueux le traina à force, & l'aiant immolé, elle mesme se sacrifia puis apres sur luy, comme l'escrit Dositheus au troisiéme des Chroniques de la Sicile.

Lon celebroit la feste de Bacchus, que lon appelle les Bacchantes, à Rome, là où vn nommé Aruntius qui iamais n'auoit beu vin, ains tousiours mesprisoit fort la puissance de ce Dieu: lequel en vengeance de ce luy enuoya vne yuresse telle, qu'estant yure il força sa fille Medulline, laquelle par son anneau recognoissant qui c'estoit, prenant le faict à cœur plus que son aage ne portoit, feit vn iour enyurer son pere

auec autres semblables Grecques. 489

A pere, & l'aiant couronné de festons & chapeaux de fleurs, le mena à l'hostel de la foudre, là où en plorant elle sacrifia celuy qui par surprise luy auoit osté sa virginité, comme l'escrit Aristides Milesien au troisième de ses Chroniques d'Italie.

ERECHTHEVS faisant la guerre à Eumolpus, entendit qu'il obtiendroit la vi- xx. ctoire, si premierement il faisoit aux Dieux vn sacrifice de sa fille. Et en aiant communiqué auec sa fille Praxithea, il sacrifia deuant la bataille sa propre fille. Euripides en fait mention en sa tragedie de Erechtheus.

MARIVS ayant la guerre contre les Cimbres, & se sentant le plus foible, eut vne vision en dormant, qu'il gaigneroit la bataille s'il immoloit premierement sa fille, qui se nommoit Calpurnia: & luy mettant le bien public & l'affection enuers ses citoiens au deuant de celle qu'il portoit à son propre sang, le feit ainsi, & gaigna la bataille: & iusques auiourd'huy y en a il encore deux autels en Allemaigne, qui au temps & à l'heure que fut fait le sacrifice rendent vn son de trompettes. Dorotheus au troi-
B siéme des Annales d'Italie.

CYANIPPVS natif du pays de la Thessalie, alloit continuellement à la chasse. XXI. sa femme, qui estoit ieune, meit en sa fantasie, que ce qui le faisoit ainsi aller si souuent & demourer dedans les bois, estoit qu'il auoit la compagnie de quelque autre: parquoy elle se delibera de l'espier. Vn iour le suiuant à la trace, & se cachant dedans vn fort bien espais de la forest, attendoit ce qu'il aduiendroit: les branches des arbres se mouuants à l'entour d'elle, les chiens cuiderent que ce fust vne beste, & tirans celle part deschirerent ceste ieune Dame, qui aimoit tant son mary, ne plus ne moins que si c'eust esté vne beste sauuage. Et Cyanippus aiant veu deuant ses yeulx ce que iamais il n'eust pensé, en fut si desplaisant qu'il se tua luy mesme, ainsi le dit Parthenius le poëte.

EN la ville de Sybaris, qui est en Italie, il y eut iadis vn ieune homme nommé Æmilius, fort beau de visage, & qui aimoit singulierement la chasse. Sa femme, qui
C estoit ieune aussi, pensant qu'il fust amoureux d'vne autre Dame, entra dedans vn buisson, là où elle feit remuer les arbres: & les chiens qui accoururent celle part, la deschirerent en pieces: & luy se tua dessus elle, comme recite Clytonianus en son second des Sybaritiques.

MYRRHA pour auoir courroucé Venus deuint amoureuse de son pere, & decla- XXII. ra à sa nourrice la vehemence de son amour: elle trompa finement son maistre, luy faisant à croire qu'vne belle fille de leurs voisins l'aimoit, mais qu'elle auoit honte de se trouuer auec luy en public. Le maistre s'y accommoda, & coucha auec elle: mais vn iour voulant cognoistre qui estoit celle auec qui il couchoit, il demanda de la lumiere: si tost qu'il l'eust veuë il meit la main à son espee, & poursuiuoit la villaine: laquelle par la preuoyance de Venus fut transformee en vne plante du mesme nom, comme recite Theodorus en ses Metamorphoses.

D VALERIA Tusculanaria aiant encouru la malueillance de Venus, deuint amoureuse de son pere, & s'en descouurit à sa nourrice: laquelle affina cautement son maistre, luy donnant à entendre que c'estoit vne ieune fille de leurs voisins, laquelle auoit honte de se trouuer en public auec luy: toutefois le pere vne nuict aiant beu, demanda de la chandelle: & la nourrice à grand haste alla esueiller la fille, laquelle s'enfuit aux champs toute grosse, là où elle se ietta du hault en bas d'vn precipice, neantmoins son fruict vesut, car elle demoura enceinte au bas du precipice, & au bout de son terme accoucha d'vn fils, qui eut nom Syluanus, en langage Romain, & en Grec Ægipan. Valerius de regret qu'il en eut se precipita aussi luy mesme du precipice, comme le recite Aristides le Milesien, au troisième liure des histoires d'Italie.

APRES la destruction de Troye, Diomedes fut ietté par la tourmente en la coste XXIII. de la Libye: là où regnoit vn Roy nommé Lycus, qui auoit accoustumé de sacrifier

Collation d'aucunes histoires Romaines

à son pere le dieu Mars, les estrangers qui arriuoient en son pays. Mais Callirhoé sa fille estant deuenue amoureuse de Diomedes trahit son pere, & sauua Diomedes en le tirant de prison : & luy ne se souciant pas de celle qui luy auoit procuré vn si grand bien, s'en partit, dont elle eut si grand regret, qu'elle s'en estrangla, comme dit Iuba au troisiéme des histoires Libyques.

CALPVRNIVS Crassus gentil-homme Romain, estant à la guerre auec Regulus, fut par luy enuoyé contre les Massiliens pour prendre vn chasteau fort, qui s'appelloit Geretion, là où estant pris prisonnier & destiné à estre immolé & sacrifié à Saturne, Bysathie fille du Roy deuenue amoureuse de luy trahit son pere, & rendit son amy victorieux : depuis le ieune homme s'en estant retourné, la fille en eut si grand desplaisir, qu'elle se tua elle mesme, comme recite Hegesianax au troisiéme des Libyques.

XXIIII. PRIAM Roy de Troye sentant que sa ville s'en alloit prise, enuoya son petit fils Polydorus en Thrace à son gendre Polymestor, auec grande quantité d'or & d'argent. Polymestor pour la grande conuoitise de gaigner l'argent, tua l'enfant. Mais Hecuba estant venue en son pays le trompa soubs couleur de dire qu'elle luy vouloit donner cest argent, & le tirant à part à l'aide des autres Dames, la premiere, elle luy creua les deux yeux auec les mains, comme dit Euripides le poëte Tragique.

DV temps que Hannibal saccageoit le pays de la Campania en Italie, Lucius Imber deposa en garde son fils Rustius entre les mains de Valerius Gestius son gendre, auec grosse somme de deniers. Mais aiant entendu comme Hannibal auoit gaigné la bataille, par auarice viola tous les droits de nature, & fit mourir l'enfant. Le pere Imber allant par les champs rencontra le corps de son enfant, & enuoyant querir son gendre, luy manda qu'il luy vouloit monstrer vn tresor, mais quand il fut venu il luy creua les deux yeux, & puis le pendit en croix.

XXV. ÆACVS auoit eu de Psamatha vn fils nommé Phocus, qu'il aimoit fort tendrement. Telamon n'en estant pas content le mena quand & luy à la chasse, & s'estant presenté deuant eux vn sanglier il lança sa iaueline contre celuy qu'il haïssoit, & le tua : à l'occasion dequoy le pere l'enuoya en exil, ainsi que recite Dorotheus au premier des transformations.

CAIVS Maximus auoit deux enfans, Similius & Rhesus, desquels Rhesus estoit né de Hameria. Ce Rhesus estant à la chasse tua son frere, puis quand il fut de retour il voulut faire à croire à son pere que ce auoit esté par cas fortuit, & non pas de guet propensé : mais le pere aiant entendu & cogneu la verité, le chassa de sa maison, comme recite Aristides au troisiéme des Italiques.

XXVI. MARS eut la compagnie d'Althea, & engendra en elle Meleager. Euripides en la tragedie de Meleager.

SEPTIMIVS Marcellus aiant espousé Syluia estoit ordinairement à la chasse. Et Mars s'estant transformé en guise d'vn berger força sa femme nouuellement espousee, & l'engrossa, puis se declara qui il estoit, en luy donnant vne lance, & luy disant que la destinee de l'enfant qu'elle deuoit enfanter de luy, gisoit en celle lance. Septimius doncques tua * Tusquinius, & Mamercus faisant sacrifice aux Dieux, pour les biens de la terre mesprisa Ceres seule entre tous, laquelle estant indignee de ce mespris, enuoya vn grand sanglier en ses terres : & luy aiant assemblé plusieurs veneurs, fit en sorte qu'il le tua, & en meit à part la hure & la peau, qu'il enuoya à celle qu'il auoit fiancee : dequoy estans marris ses oncles freres de sa mere, Scimbrates & Muthias, l'allerent oster par force à la ieune fille, dont il fut si indigné qu'il en tua ses deux oncles : & sa mere, pour venger la mort de ses freres, meit la lance fee dedans le feu. Ainsi le dit Merylus au troisiéme des Italiques.

XXVII. TELAMON fils d'Æacus & de Endeide s'en fuit de la maison de son pere, & arriua

auec autres semblables Grecques. 490

A arriua de nuict en l'Isle de Euboee * Le pere l'aiant apperceu, cuidant que ce fust vn de ses subiects, donna la fille à vn de ses gardes pour l'aller ietter en la mer. Le garde en eut pitié, & aima mieux la vendre. La nauire estant arriuee en Salamine, Telamon l'achepte, & elle en fin enfante Aiax, comme dit Aretades Gnidien au second des Insulaires.

Tout cest endroit est par tout corrompu

LVCIVS Troscius auoit vne fille nommee Florentia de sa femme Patride. Calpurnius Romain la viola, & en estant nee vne fille, il la bailla à l'vn de ses satellites pour l'aller ietter en la mer. Le soldat en eut pitié, & la vendit à des marchands d'vne nauire: qui de bonne aduenture arriuez en Italie, Calpurnius l'achepta, & eut d'elle Contruscus.

ÆOLVS Roy de la Thoscane eut de sa femme Amphithee six filles, & autant de fils, desquels Macareus le plus ieune par amourettes en viola & engrossa l'vne: elle au bout de son terme fit vn enfant: ce qu'estant descouuert, le pere luy enuoya vne espee, & elle recognoissant la faute qu'elle auoit commise, s'en desfit: autant en feit puis apres Macareus, comme recite Sostratus au deuxiéme des Thyrreniques.

XXVIII.
B

PAPIRIVS Volucer aiant espousé Iulia Pulchra, eut d'elle six filles, & autant de fils, desquels l'aisné Papirius Romanus estant deuenu amoureux de Canulia, l'vne de ses sœurs, l'engrossa. Ce que aiant entendu le pere, luy enuoya vne dague, dont elle mesme se desfeit: autant en fit Romanus, ainsi que raconte Chrysippus au premier liure des histoires Italiques.

ARISTONYMVS Ephesien fils de Demostratus haïssoit les femmes, & auoit affaire à vne asnesse, laquelle auec le temps enfanta vne belle fille, qui fut surnommee Onoscelis, qui est à dire Cuisse d'asne. Aristote au second des cas estranges.

XXIX.

FVLVIVS Tellus haïssant les femmes se mesloit auec vne iument, qui à la fin porta vne belle fille, laquelle eut nom Epona, la Deesse qui a la superintendance des iumens. Agesilaus au troisiéme des choses d'Italie.

C CEVX de la ville de Sardis aians la guerre contre ceux de Smyrne, planterent leur camp deuant les murailles de la ville, & feirent sçauoir à ceux de dedans que iamais ils ne partiroient de là, qu'ils ne leur eussent enuoyé leurs femmes pour coucher auec elles: & comme les Smyrniens fussent reduits à telle necessité, qu'ils estoient prests de faire ce que leurs ennemis leur demandoient, il y eut vne chambriere, belle de visage, qui s'adressant à son maistre Philarchus, luy dit, qu'il ne falloit que choisir les plus belles garses de seruantes qui fussent en la ville, & les habillant en filles de bonne maison les enuoyer à leurs ennemis au lieu de leurs maistresses. Ce qui fut fait: & eux s'estans lassez à force d'auoir affaire à elles, furent surpris par ceux de la ville qui sortirent sur eux: d'où vient qu'encore auiourd'huy en la ville de Smyrne on celebre vn iour de feste qui s'appelle Eleutheria, auquel les seruantes portent accoustrements de maistresses, comme dit Dasyllus au troisiéme des Lydiaques.

XXX.

D ATEPOMARVS Roy des Gaulois faisant la guerre à ceux de Rome, iura que iamais il ne se leueroit de deuant, qu'ils ne luy eussent enuoyé leurs femmes pour coucher auec elles. Mais eux par le conseil de quelque seruante leur enuoyerét des chambrieres. Les Barbares se meslerent tant auec elles, qu'à la fin en estans lassez, ils s'endormirent: & lors Retana (car ainsi s'appelloit la seruante qui auoit donné ce conseil) print vne branche de figuier, & montant dessus vne muraille, fit signe aux Consuls, qui sortirent sur eux, & les desfeirent: d'où vient que lon celebre la feste des chambrieres, ainsi que dit Aristides Milesien au premier liure des histoires Italiques.

LES Atheniens aiants la guerre alencontre d'Eumolpus, Pyrander qui auoit charge des munitions, craignant qu'il n'y eust faute de viures, diminua la mesure pour espargner le bled: mais les habitans, pensans qu'il fust traistre l'assommerent à coups de pierres, comme dit Callistratus au troisiéme des histoires de Thrace.

XXXI.

Collation d'aucunes histoires Romaines

LEs Romains aiants la guerre contre les Gaulois, & n'aiants pas quantité grande de bleds, Cinna diminua au peuple la mesure du bled : les Romains soupçonnans qu'il prist ceste voye pour occuper le Royaume & se vouloir faire Roy, le lapiderent: Aristides au troisiesme des histoires Italiques.

XXXII. PISISTRATVS d'Orchomene durant la guerre du Peloponese, haïssoit les nobles, & aimoit les hommes de bas & petit estat. Parquoy ceux du Senat resolurent entre eux de le tuer, & le taillant en pieces, en cacherent chascun vne piece en leur sein, & raclerent la terre où le sang en estoit tombé : dequoy le menu peuple s'estant doubté s'en courut au Senat, & le plus ieune fils du Roy, nommé Tlesimachus : sçachant la conspiration, retira la commune de l'assemblee, & separa le peuple, asseurant auoir veu son pere qui auec vne plus grande & plus auguste forme s'en alloit monter à la cyme du mont de Pisæe, comme dit Theophile au second des Peloponesiaques.

A cause des guerres voisines de Rome le Senat osta au peuple la mesure de bled qu'il souloit auoir, & Romulus en estant marry la leur rendit, & en chastia plusieurs des plus grands, lesquels s'estans bandez contre luy le tuerent au milieu du Senat, & le taillant en pieces, en ietterent chacun vne piece en leur sein. Le peuple Romain, y accourut incontinent pour mettre le feu dedans le Senat : mais Proclus l'vn des plus nobles de la ville, dit qu'il auoit veu Romulus en vne montagne plus grand que nul homme, & qu'il estoit deuenu vn Dieu : ce que le peuple de Rome s'estant persuadé, pour l'authorité du personnage, se retira, ainsi que dit Aristobulus au troisiesme des Italiques.

XXXIII. PELOPS fils de Tantalus & de Euryanassa, aiant espousé Hippodamia, en eut Atreus & Thyestes, & de la Nymphe Danaïde Chrysippus, lequel il aimoit plus que ses autres enfans legitimes : mais Ianus le Thebain en estant deuenu amoureux le rauit, & estant ainsi pris par Thyestes & Atreus, il obtint sa grace enuers Pelops, à cause qu'il l'auoit fait par amour. Hippodamia persuada à Thyestes & Atreus ses enfans, qu'ils le feissent mourir, sçachant qu'il aspiroit à occuper le royaume de leur pere. Ce que eux aiants refusé de faire, elle mesme employa ses mains à commettre ce malefice : car vne nuict comme il dormoit profondement, elle prit l'espee de Laïus, & en donna vn grand coup à Chrysippus, ainsi comme il dormoit, laissant expressément l'espee en la playe. Si fut Laïus soupçonné de ce meurtre, à cause de l'espee : mais le ieune homme qui estoit à demy mort le deschargea, & declara toute la verité du faict. Au moien dequoy Pelops aiant fait inhumer son corps, chassa & bannit sa femme Hippodamia, ainsi que recite Dositheus en son liure des Pelopides.

HEBIVS aiant espousé vne femme qui se nommoit Nuceria, en eut deux enfans, & d'vne serue affranchie eut vn autre fils nommé Firmus, qui estoit d'excellēte beauté, & qu'il aimoit plus cherement que ses enfans legitimes. Nuceria aiant en haine ce beau fils, essaya de persuader à ses enfans qu'ils le tuassent, ce que sainctement ils refuserent de faire : mais elle l'entreprit à executer, & de faict la nuict prit l'espee de l'vn des gardes, dont elle donna vn coup mortel au ieune homme, ainsi qu'il dormoit : le garde en estant soupçonné à cause de son espee que l'on trouua, l'enfant luy mesme descouurit toute la verité : & le pere apres auoir fait inhumer son corps, chassa & bannit sa femme, comme recite Dositheus au troisiesme liure des Italiques.

XXXIV. THESEVS estant veritablement fils de Neptune, eut vn fils de la princesse des Amazones Hippolyte, qui fut appellé Hippolytus, & depuis luy amena en sa maison vne maratre nommee Phædra, fille de Minos, laquelle estant tombee en l'amour d'Hippolytus luy enuoya sa nourrice pour le solliciter, mais luy n'y ayant voulu entendre, abandonna la ville d'Athenes, & s'en alla à Thirezeus, là où il s'addonna à la chasse. La mauuaise femme se trouuant frustree de son dessein escriuit de mauuaises lettres à son mary contre l'honneste & chaste ieune homme, & de despit s'estrangla

auec autres semblables Grecques. 491

s'estrangla auec vn cordeau. Theseus adioustant foy à ce qui estoit contenu dedans les lettres, requit à son pere Neptune qu'il feist mourir Hippolytus pour l'vne des trois requestes, dont il luy auoit donné le chois. Neptune pour luy obtemperer enuoya à Hippolytus qui se promenoit au long de la mer, vn taureau, qui effroya tellement les cheuaux de son coche, qu'ils renuerserent Hippolytus, & le briserent.

COMMINVS Suber Laurentin, aiant eu vn fils nommé Comminius, de la Nymphe Ægeria, espousa depuis vne femme Gidica, laquelle deuenue amoureuse de son beau fils, & par luy esconduite de son amour, se pendit & estrangla, laissant des lettres faulses & controuuees. Comminius aiant leu les calumnieuses imputations qui estoient dedans lesdites lettres, & se laissant aller à sa ialousie, inuoqua Neptune, lequel monstra à son fils, qui estoit monté sur vn chariot, vn Taureau: les cheuaux effroiez tirerent en sorte, qu'ils demembrerent le fils, ainsi que recite Dositheus au troisiesme des Italiques.

LA peste estant grande au pays de Lacedemone, l'oracle d'Apollo leur respondit xxxv. que la pestilence cesseroit, prouueu qu'ils immolassent tous les ans vne ieune fille de noble lignee. Il aduint vne annee que le sort tomba sur Helene, de sorte qu'elle fut menee tout accoustree & preste pour estre immolee: vne Aigle fondit sur elle, qui rauit l'espee, qu'elle porta au pastir, ausquels estoient les troupeaux de bestes, & la posa dessus vne ieune genisse: au moyen dequoy de là en auant ils se deporterent de plus sacrifier des filles.

LA pestilence trauailloit les Phaleriens, & estant la contagion grande, il leur fut donné vn oracle, que laditte affliction cesseroit, si tous les ans il sacrifioient à Iuno vne fille. Ceste superstition estoit tousiours demouree. Valeria Luperca estant appellee au sacrifice par le sort, ainsi que l'espee fut desguainee, vn Aigle fondit sur elle qui l'emporta: & dessus l'autel, où estoit le feu allumé, meit vne petite verge, au bout de laquelle y auoit vn maillet emmanché: & quant à l'espee, elle la posa dessus vne ieune genisse, qui paissoit au long du temple. Ce que considerant la ieune fille, apres auoir immolé la genisse, elle emporta le maillet: auec lequel, allant de maison en maison, elle frappoit doulcement tous ceux qui estoient malades, en leur disant qu'ils fussent sains: d'où vient qu'encore auiourd'huy ceste mystique cerimonie s'obserue, comme dit Aristides au dixneufiesme de ses Italiques.

PHILONOME fille de Nyctimus & de Arcadia, chassoit auec Diane, & Mars se xxxvi. desguisant en berger l'engrossa. Elle aiant enfanté deux iumeaux, & redoutant son pere, les ietta dedans le fleuue de Erymanthus: & eux par la preuoyance des Dieux allerent à val l'eau sans danger, iusques à ce que le cours de l'eau les ietta contre vn chesne creux estant au bord de l'eau, là où vne Louue aiant des petits faisoit son giste: la Louue ietta ses petits en la riuiere, & donna la mammelle à ces deux petits enfans iumeaux. Ce qu'aiant apperceu vn pasteur nommé Tyliphus, recueillit les enfans, & les feit nourrir comme siens, appellant l'vn Lycastus, & l'autre Parrhasius, qui succederent au Royaume d'Arcadie, ainsi qu'escrit Zopyrus Byzantin au troisiéme de ses histoires.

AMVLIVS se pottant tyranniquement & violentement enuers son frere Numitor, tua son fils Ænitus à la chasse, & rendit religieuse de Iuno sa fille, qui auoit nom Iulia Syluia. Mars l'engrossa, & elle au bout de son terme enfanta deux iumeaux, & confessa toute la verité au Tyran, lequel les feit tous deux ietter dedans la riuiere du Tybre. L'eau les porta tous deux en vn endroit de la riue, où vne Louue auoit n'agueres fait ses petits, lesquels elle abandonna & ietta, & nourrit les deux enfans iumeaux. Faustus berger aiant veu cela, les prit & les nourrit, & en appella l'vn Remus & l'autre Romulus, les fondateurs de Rome, ainsi que recite Aristides le Milesien en ses histoires Italiques.

Collation d'aucunes histoires Romaines

XXXVII. APRES la prise & destruction de Troye Agamemnon fut tué auec Cassandre, mais Orestes estant ce pendant nourry par Strophius, feit la vengeance de ceux qui auoient tué son pere, comme dit Pyrander au quatriesme des Peloponesiaques.

FABIVS Fabricianus parent du grand Fabius, aiant pris & saccagé Thuscia ville capitale des Samnites, enuoya à Rome l'image de Venus victorieuse : car elle estoit en grãde veneration enuers eux. Sa femme aiant esté cogneuë par adultere d'vn beau ieune homme, qui s'appelloit Retinius Valentin, tua depuis son mary en trahison : mais Fabia sa sœur sauua vn sien petit fils, qui se nommoit Fabricianus, qui estoit encore enfant, & le feit secrettement nourrir : depuis quand le ieune homme fut venu en aage, il tua sa mere auec son adultere, & en fut absouls par le Senat. Ainsi l'escrit Dositheus au troisiesme de ses Italiques.

XXXIIX. BVSIRIS fils de Neptune & d'Anthippe fille du Nil, soubs pretexte de receuoir courtoisement les estrangers passans en sa maison, les immoloit. Mais la vengeance diuine vengea finablement la mort de ceux qu'il auoit ainsi fait mourir, car Hercules l'assaillant auec sa massue le desfit. Ainsi l'escrit Agathon Samien.

HERCVLES emmenant les bœufs de Geryon à trauers l'Italie, alla loger chez le Roy Faunus, qui estoit fils de Mercure, & sacrifioit tous les estrangers à son pere, mais en aiant voulu faire autant à Hercules, il fut tué luy mesme. Ainsi l'escrit Dercyllus au troisiesme des Italiques.

XXXIX. PHALARIS Tyran des Agrigentins homme cruel, auoit accoustumé de gehenner les passans : & Perillus, qui de son mestier estoit fondeur de cuyure, luy feit vne vache de bronze, qu'il luy donna, à fin qu'il feist brusler les passans dedans le corps d'icelle. Le Tyran se monstra iuste en cela seulement, car il le feit mettre dedans, & sembloit que la vache rendist vn mugissement. Ainsi est-il escrit au troisiesme des Causes.

EN Ægeste ville de la Sicile fut iadis vn cruel Tyran Æmilius Censorinus, lequel faisoit des presens à ceux qui luy inuentoient quelque nouuelle sorte de gehenne à tourmenter les hommes. Si y eut vn nommé Arontius Paterculus, qui aiant forgé & fabriqué vn cheual de bronze le luy donna, à fin qu'il y iettast dedans qui il voudroit : & luy, faisant lors le premier acte de iustice, feit ietter dedans, le premier, celuy qui luy auoit donné, à fin que luy premier experimentast le tourment qu'il auoit cuidé inuenter pour les autres. Et le prenant apres, le precipita du haut en bas du mont Tarpeïen. Et semble que ceux qui ont violentement regné, ont esté de luy appellez les Æmiliens, comme dit Aristides au quatriesme des Italiques.

XL. EVENVS fils de Mars & de Sterope, espousa Alcippe fille d'Oenomaüs, dont il engendra vne fille Marpisse, laquelle il vouloit garder vierge, mais Apharclus l'aiant veuë la rauit en vne danse. Le pere courut apres pour la penser recourir, mais iamais ne le peut atteindre, tellement que de douleur il se ietta en la riuiere de Lycormas, & fut fait immortel, ainsi que dit Dositheus au premier des Italiques.

ANIVS Roy des Thoscans, aiant vne belle fille nommée Salia, la gardoit fille, mais Cathetus l'vn des nobles, voiant ceste pucelle qui se iouoit, en deuint amoureux, & ne pouuant vaincre la passion de son amour, la rauit & la mena à Rome. Son pere s'estant mis à le poursuiure, & ne l'aiant sceu atteindre, se ietta dedans la riuiere qui lors s'appelloit Parension, & depuis a esté de son nom surnommée Anio. Et Cathetus couchant auec Salia engendra en elle Salius & Latinus, desquels sont descendues les plus nobles familles du pays, comme Aristides le Milesien & Alexandre le Polyhistor escriuent au troisiéme des Italiques.

XLI. EGESISTRATVS natif de la ville d'Ephese, aiant tué l'vn de ses parents s'enfouit en la ville de Delphes, & demanda à Apollo en quel lieu il se deuoit habituer. Apollo luy respondit qu'il s'arrestast là où il trouueroit des païsans dansans, couronnez

ronnez de chapeaux faits de rameaux d'oliue. Estant donques arriué en certain endroit de l'Asie, où il trouua les laboureurs couronnez de rameaux d'oliue, & dansans, il fonda là vne ville, laquelle il nomma Eleunte, comme recite Pythocles Samien au troisiéme de ses Georgiques.

TELEGONVS fils d'Vlysses & de Circé enuoyé pour cercher son pere, eut aduis par l'oracle qu'il edifiast vne ville au lieu où il trouueroit les laboureurs couronnez de chapeaux, & dansans ensemble. Parquoy estant arriué en vn certain endroit de l'Italie, & y voyant les paysans couronnez de rameaux & branches d'oliuiers sauuages, & s'esbattans à danser, il y edifia vne ville, que pour l'euenement il appella Prineste, laquelle depuis les Romains, en tordant vn peu le nom, ont appellé Preneste, ainsi que recite Aristocles au troisiéme des Italiques.

Les vies des dix Orateurs.

ANTIPHON. I.

ANTIPHON fils de Sophilus, natif du bourg de Ramnus, fut escholier de son propre pere, qui tenoit eschole, où lon dit qu'Alcibiades mesme alloit lors qu'il estoit encore enfant: & aiant acquis la suffisance de bien dire, de soy-mesme, pour la viuacité de son entendement, comme quelques vns estiment, il s'entremit des affaires publiques, & ne laissa pas pourtant de dresser aussi vne eschole, où il eut quelque different en matiere de lettres auec le philosophe Socrates, non pour disputer par emulation opiniastrement, mais pour reprendre sa façon de faire, ainsi comme a escrit Xenophon au premier de ses Commentaires des faicts & dicts de Socrates. Il composa des oraisons à quelques vns de ses citoiens qui l'en requirent, pour s'en seruir en iugement à defendre & iustifier leurs causes: & fut le premier, à ce que lon dit, qui commença ceste façon de faire: car on ne trouue pas vne oraison iudicielle pour prononcer en iugement, faitte par aucun des Orateurs qui ont esté parauant luy, non pas mesme de ceux de son temps (pour ce que la coustume n'estoit pas encore d'en composer ainsi pour autruy) ny de Themistocles, ny de Pericles, ny d'Aristides, combien que les temps leur presentassent plusieurs occasions, voire necessitez, de ce faire: & si n'estoit point par insuffisance qu'ils s'en abstenoient, ainsi qu'il appert de ce qui est escrit par les historiens de chacun de ceux dont nous auons fait mention. Au reste tous les plus anciens dont nous nous pouuons souuenir, qui ont eu ce mesme stile, & exercé ceste mesme forme de dire, comme Alcibiades, Critias, Lysias & Archinoüs, on trouuera qu'ils ont tous hanté & conferé auec Antiphon, qui estoit desia vieil: car aiant l'entendement grand & profond, il fut le premier qui composa & meit en lumiere des Institutions en l'art oratoire, de maniere qu'il estoit surnommé Nestor. Et Cecilius, au traitté qu'il a fait de luy, coniecture qu'il ait esté disciple de Thucydides l'historiographe, par ce qu'il le loüe. Il est en son langage exquis, plein de persuasion, aigu & subtil en inuention, és choses malaisees artificiel, assaillant à couuert, tournant son dire aux loix, & à esmouuoir les affections, visant tousiours à ce qui est le bien seant, & de plus belle apparence. Il fut enuiron les guerres des Perses, & du temps de Gorgias le Leontin Sophiste, estant vn peu plus ieune que luy, & dura iusques à la subuersiõ de l'estat & domination populaire, faitte

Ooo ij

Les vies des dix Orateurs.

par les quatre cens coniurez, à laquelle il semble que luy mesme ait tenu la main, par ce qu'il defraya deux galeres, & fut Capitaine en ce temps là, où il eut la victoire en plusieurs rencontres, & leur gaigna plusieurs grandes alliances. Il feit prendre les armes aux ieunes gens, & equippa soixante galeres, & à tout propos estoit enuoyé ambassadeur deuers ceux de Lacedemone, lors que l'on bastit les murailles de la ville de Erionie : mais apres que les quatre cens furent ruinez, il fut accusé de la conspiration auec Archeptolemus, l'vn des quatre cens conspirateurs, auec lequel il fut condamné & soubmis à la punition des traistres. Son corps fut ietté sans sepulture, & luy auec toute sa posterité escript au nombre des infames. Les autres tiennent qu'il fut mis à mort par les trente Tyrans, comme entre autres Lysias en vne harengue qu'il feit pour la fille d'Antiphon : car il eut vne fille laquelle Calleschrus, comme plus proche lignager, demanda pour femme en iustice : & que ce ayent esté les trente Tyrans qui l'ayent fait mourir, Theopompus mesme l'escrit au quinziesme de ses Philippiques, mais celuy-là estoit plus moderne, & si estoit fils d'vn Simonides, duquel Cratinus feit mention, comme d'vn homme non meschant, en sa comedie de Pythine. Comment donq seroit celuy, qui auroit au parauant esté tué par les quatre cens, derechef retourné en estre soubs les trente Tyrans ? On recite encore sa mort en vne autre sorte, c'est qu'estant ia fort auancé en son aage il nauigua en Sicile, lors que la tyrannie du premier Dionysius estoit en sa plus grande vigueur : & comme durant le disner on eust mis en auant vn propos, quel estoit le meilleur cuyure, les vns en disant d'vne sorte, les autres d'vne autre, luy respondit, que le meilleur à son aduis estoit celuy dont on auoit fait les statues de Harmodius & d'Aristogiton. Ce que Dionysius ayant entendu, & imaginé que c'estoit tacitement inuiter les Syracusains à luy courir sus, & attenter à sa personne, il commanda que l'on le feist mourir. Autres disent, que ce fut par despit de ce qu'il se moquoit de ses Tragedies. On trouue de cest orateur soixante oraisons, desquelles Cecilius tient qu'il y en a vingt & cinq qui faussement luy sont attribuees. Il est picqué & moqué d'auarice par Platon le Comique auec Pisander : & dit on qu'il a composé quelques Tragedies seul, & d'autres auec Dionysius le Tyrā. Et au mesme temps qu'il vacquoit à la poësie, il composa aussi vn art de remedier aux ennuis & maladies de l'esprit, ne plus ne moins que les medecins guarissent les maladies & douleurs du corps : & de faict aiant basty vne petite maison à Corinthe sur la place, il meit vn billet sur la porte, qu'il faisoit profession & auoit le moien de guarir de paroles ceux qui estoient ennuiez & attristez : leur demandant les causes de leurs ennuis, il les reconfortoit, & consoloit leurs douleurs : toutefois depuis estimant que cest art & profession là estoit trop petite & trop basse pour luy, il se remeit à enseigner la Rhetorique. Aussi y en a il qui attribuent à Antiphon le liure de Glaucus de Rege des Poëtes, & loue l'on principalement le traitté qu'il a fait d'Herodote, & celuy qui est dedié à Erasistratus touchant les Idees, & l'oraison de Dilation qu'il escriuit pour soy mesme, & celle contre Demosthenes le Capitaine, en laquelle il l'accuse d'auoir fait contre les loix. Aussi escriuit-il vne autre oraison contre Hippocrates le medecin estant capitaine, & le feit condamner par contumace, le Decret qui fut l'annee que Theopompus fut preuost, soubs lequel les quatre cens vsurpateurs de la chose publique furent ruinez. Cecilius escrit le Decret mesme du Senat, par lequel il fut ordonné que son proces luy seroit fait en ces termes : Du vingt & vniesme iour de la Prytanee, estant Demonicus d'Alopece greffier, Philostratus Pellenien Capitaine general, à la proposition de Andron, le Senat a ordonné touchant Archiptolemus, Onomacles & Antiphon, que les Capitaines ont declaré estre allez en ambassade à Lacedemone, au dommage de la cité d'Athenes, & estre sortis du camp sur vn vaisseau d'ennemis, & en terre auoir passé par le fort de Decelie : Le Senat a ordonné qu'ils

soient

Les vies des dix Orateurs.

A ſoient pris au corps, & conſtituez priſonniers és priſons fermees, à fin qu'ils ſoient puniz. Que les Capitaines meſmes, auec quelques vns du Senat iuſques au nombre de dix, tels comme il leur plaira choiſir, les deferent, à fin que ſur les poincts alleguez iugement ſoit donné. Que les Theſmothetes les appellent le lendemain qu'ils auront eſté conſtituez priſonniers, & qu'ils les introduiſent en iugement deuant les Iuges, apres que par le ſort ils ſeront eſleuz: & que les Capitaines auec les ſuſdits Orateurs les accuſent de trahiſon, & quiconque autre voudra: puis, quand le iugement ſera conclud & prononcé contre eux, que la condamnation ſoit executee ſelon la forme & teneur de la loy qui a eſté eſtablie contre les traiſtres. Au deſſoubs de ce decret y a eſcrit la condamnation de trahiſon: Furent condamnez Archiptolemus fils de Hippodamus d'Agrante preſent, Antiphon fils de Sophilus de Ramnuſe auſſi preſent, & furent condamnez à eſtre deliurez entre les mains des vnze executeurs de la iuſtice, leurs biens confiſquez, la dixme deſquels ſeroit attribuee à la deeſſe Minerue, leurs
B maiſons demolies de fond en coble, & la place d'icelle bornee de bornes, ſur leſquelles ſera eſcrit, Icy furent les maiſons d'Archeptolemus & d'Antiphon traiſtres à la R P. & declarees adiugees au Receueur du domaine, pour ** Qu'il ne ſoit loiſible enſepuelir ny inhumer les corps d'Archeptolemus ny d'Antiphon en la ville d'Athenes, ny en part quelconque qui ſoit ſoubs ſon domaine. Que leur memoire ſoit infame, & toute leur poſterité, tant d'enfans baſtards que legitimes: & que ſi aucun adopte pas vn de leurs enfans pour ſon fils, que luy meſme ſoit infame. Que tout cela ſoit eſcrit en vne coulonne de bronze, en laquelle ſoit auſſi mis le decret qui a eſté fait contre Phrynicus.

ANDOCIDES. II.

C ANDOCIDES eſtoit fils de Leagoras, celuy qui feit vne paix entre les Atheniens & les Lacedemoniens, du bourg Cydathenien ou Thurien, extraict de noble race des Ceryces, c'eſt à dire heraults, paruenue iuſques à luy voire que Hellanicus dit qu'il eſtoit deſcendu de Mercure. Et pourtant fut il eſleu vn iour auec Glaucon, pour aller auec vingt nauires porter ſecours aux Corcyreïens, qui auoient la guerre contre les Corinthiés: depuis il fut accuſé d'impieté, pour auoir auec les autres briſé les ſtatues de Mercure qui eſtoient parmy la ville, & d'auoir auſſi forfait contre les myſteres & ſainctes cerimonies de Ceres, pour ce qu'eſtant ieune deſbauché, allant en maſque follaſtrat, vne nuict il auoit briſé quelques images de Mercure, dót il auroit eſté deferé en iuſtice: & pour ce qu'il n'auroit pas voulu repreſenter & liurer à la tortue le ſeruiteur que ſes accuſateurs requeroient qu'il repreſentaſt, il fut tenu pour attaint & conuaincu de ce qu'on luy mettoit ſus: pour la ſeconde accuſation, laquelle fut bien toſt apres le partemét de la grande armee de mer qui alla
D en la Sicile, aians les Corinthiens enuoyé des Ægeſtiens & des Leótins dedans la ville d'Athenes, auſquels quelques particuliers Atheniens deuoient preſter ſecours, vne nuict ils briſerét toutes les images de Mercure qui ſont alentour de la place, ainſi que Cratippus dit. Et d'auátage aiant forfait côtre les ſaincts myſteres, & en eſtant appellé en iuſtice, il en fut abſouz, à la charge de donner à cognoiſtre & declarer les forfaiteurs: & y aiát employé toute ſon eſtude, il feit en ſorte qu'il trouua ceux qui auoient forfait côtre les ſaincts myſteres, entre leſquels fut ſon propre pere: & quát aux autres les aiant conuaincus, il les feit tous mourir: mais il ſauua la vie à ſon pere, encore qu'il fuſt deſia en priſon: & ſ'eſtát fait fort, & aiant promis qu'il feroit beaucoup de choſes qui ſeroiét de treſgrád profit à la RP. il ne leur faillit pas de promeſſe: car Leagoras en accuſa pluſieurs qui auoiét deſrobé les deniers publiques, & qui auoiét comis d'autres mauuais cas, au moié dequoy il fut abſouls. Mais eſtant Andocides en reputatió pour

Ooo iij

les affaires qu'il manioit en l'adminiſtration publique, il ne laiſſa pas de ſe meſler du trafic de marchandiſe par mer: au moien dequoy il acquit amitié & droit d'hoſpitalité auec pluſieurs princes & ſeigneurs, meſmement auec le Roy de Cypre, & fut lors qu'il rauit vne ieune fille d'Ariſtides, & ſa niepce, outre le ſceu & contre la volonté de ſes parens, & l'enuoya en don au Roy de Cypre:mais eſtant preſt d'en eſtre appellé en iuſtice, il la deſtroba derechef, & la ramena de Cypre à Athenes. A raiſon dequoy le Roy de Cypre luy aiant fait mettre la main ſur le coller, le retint priſonnier, mais il rompit les priſons, & ſ'en refouït à Athenes, lors que la conſpiration des quatre cens fut chaſſée de la ville. Mais derechef il en fut encore chaſſé quand les trente tyrans vſurperent la domination. Et ſ'eſtant tenu durát le temps de ſon exil en la ville d'Elide, lors que Thraſybulus & ſes adherents retournerét en la ville, il y retourna auſſi, & fut enuoyé en ambaſſade à Lacedęmone pour traicter de paix: là où ſ'eſtant trouué qu'il auoit mal verſé, il fut derechef banny. Toutes leſquelles choſes apparoiſſent par les oraiſons qu'il a eſcrittes, car il y en a les vnes auſquelles il reſpód à l'imputation qu'on luy mettoit ſus des myſteres violez, les autres où il prie generalement les Iuges. On trouue auſſi l'oraiſon, pour laquelle il defere ceux qui auoient forfait contre les myſteres, & ſa defenſion & reſponſe contre Phaiax, & de la paix. Il fut en vogue au meſme temps que Socrates le philoſophe, mais il naſquit en la ſoixante & dix-huictiéme Olympiade, lors que Theagenides eſtoit Preuoſt à Athenes, tellement qu'il vient à eſtre plus ancien que Lyſias d'enuiron cent ans. Il y auoit vn des Hermes qui portoit ſon nom, & l'appelloit on le Mercure d'Andocides, aiant eſté dedié par la lignée Ægeide, pour autant qu'Andocides auoit ſa maiſon tout ioignant. Il feit les frais d'vne danſe ronde au nom de la lignée Ægeide, qui pretendoit le pris d'honneur aux feſtes Bacchanales: & l'aiant gaigné il conſacra le tripié, qu'il attacha hault tout vis à vis du Porine Selin. Son ſtile eſt ſimple, ſans artifice, tout nud, & ſans figure quelconque.

LYSIAS. III.

LYSIAS eſtoit fils de Cephalus, fils de Lyſanias, fils de Cephalus, natif de Syracuſe, mais il ſ'en vint demourer à Athenes, pour l'affection qu'il portoit à la ville, & pour la perſuaſió de Pericles fils de Xanthippus, qui eſtant ſon amy & ſon hoſte, luy perſuada de ce faire, à cauſe qu'il eſtoit fort riche: ou bien comme les autres le tiennent, aiant eſté banny & chaſſé de Syracuſe lors qu'elle eſtoit aſſeruie par la tyránie de Gelon. Si vint à Athenes l'annee que Philocles fut Preuoſt apres Phaſicles, la deuxiéme annee de la quatre-vingt-deuxiéme Olympiade: & fut du commencement nourry & enſeigné auec les plus nobles des Atheniens. Mais depuis quand la ville enuoya la colonie de Sybaris, qui depuis fut ſurnommee Thuries, il ſ'y en alla auec ſon frere plus ancien Polemarchus, car il auoit encore deux autres freres Eudemus & Brachillus, leur pere eſtant deſia decedé: & ſ'y en alla pour participer à la diſtribution des terres au ſort, aagé de xv. ans l'annee que Praxiteles fut Preuoſt, & là ſe tint eſtant inſtruit & enſeigné chez Tiſias & Nicias tous deux Syracuſains. Et y ayant acquis vne maiſon, auec la portion de terre qui luy eſtoit eſcheute par le ſort, il y veſcut & ſe porta comme citoyen l'eſpace de ſoixante trois ans, iuſques à l'annee que Clearchus fut Preuoſt à Athenes, & l'annee enſuyuant ſouz Callias, la nonante & deuxiéme Olympiade, eſtant aduenu aux Atheniens la calamiteuſe perte qu'ils feirent en la Sicile: à raiſon de laquelle ſe remuans pluſieurs de leurs ſubiects & alliez, meſmement ceux du coſté de l'Italie, il fut accuſé de tenir le party & fauoriſer à ceux d'Athenes, à raiſon dequoy il fut banny auec trois autres: & eſtant arriué à Athenes en l'annee que Callias fut Preuoſt, apres Cleocritus, que les quatre cents auoient deſia occupé la ville, il ſ'y arreſta. Mais apres la bataille nauale

A de la riuiere de la Chéure que les trente tyrans eurent occupé la ville, il en fut dechaſſé l'eſpace de ſept ans, & fut priué de ſon bien & de ſon frere Polemarchus: & luy ſeſtant ſauué par l'huis de derriere de la maiſon où lon le gardoit en intention de le faire mourir, il ſe retira en la ville de Megares. Et comme ceux de Phile fuſſent rentrez dedans la ville, & en euſſent chaſſé les tyrans, pource qu'il s'eſtoit monſtré treſ-vtile à l'entrepriſe, comme celuy qui auoit contribué deux mille liures en argent, & deux cens boucliers: & ayant eſté enuoyé auec Herman, il ſoudoya trois cens & deux ſoldats, & ſi feit tant enuers Thraſyleus Elien ſon amy & hoſte ancien, qu'il les ayda de quelque nombre de talents: au moyen dequoy Thraſybulus à ſon retour en la ville propoſa au peuple, que pour ſes bós ſeruices le droit de bourgeoiſie luy fuſt octroyé, n'y ayant encore nul Preuoſt eſleu, l'an de deuant Euclidas: le peuple ratifia l'octroy: mais vn Archinus accuſa ceſte propoſition, comme faicte contre les loix, d'autant qu'elle auoit eſté propoſee au peuple, auant que d'auoir eſté proparlee & deliberee
B au Senat. Le decret de la ratification fut condamné & caſſé, & ainſi debouté du droit de bourgeoiſie: & neantmoins demoura en la ville tout le reſte de ſa vie auec meſmes droicts & priuileges que s'il eut eſté bourgeois, & y mourut finablemét apres y auoir veſcu l'eſpace de quatre vingts & trois ans, ou comme les autres diſent ſeptante & ſix, ou comme aucuns eſcriuent, quatre vingts, tant qu'il veit Demoſthenes encore ieune garçon. On dict qu'il fut né l'annee que Philocles fut Preuoſt, & treuue lon de luy quatre cens vingtcinq oraiſons, deſquelles il y en a, ſelon le iugement de Dionyſius & de Cecilius, deux cens & trente qui ſont naïfuement ſiennes, eſquelles il fut vaincu par deux fois ſeulement. Il y a auſſi celle qu'il feit contre Archinus, en la defenſe du decret, par lequel le droit de bourgeoiſie luy auoit eſté donné, & vne autre contre les trente tyrans. Il fut apte à perſuader, & és oraiſons qu'il bailloit aux particuliers fort ſuccinct & bref. On trouue auſſi des introductions à la Retorique de luy, & des Concions, des lettres miſſiues, des loüanges, des harengues funebres, des diſcours de l'a-
C mour, vne defenſe de Socrates qui picque ſes Iuges bien au vif, & ſemble que ſon ſtile ſoit aiſé & facile, combien qu'il ſoit impoſſible à imiter. Demoſthenes en l'oraiſon qu'il a faicte contre Neçra dit, qu'il fut amoureux d'vne Metanira, laquelle eſtoit ſerue & compagne de Neçra. Depuis il eſpouſa la fille de ſon frere Branchillides. Platon meſme faict mention de luy au liure de Phædrus, comme d'vn orateur fort eloquent & plus ancien que Iſocrates. Et Philiſcus qui eſtoit familier d'Iſocrates, & compagnon de Lyſias, en feit vn Epigramme, par où il appert qu'il eſtoit plus ancien d'ans, ce qui appert auſſi parce que Platon en dict: & eſt l'Epigramme tel,

De Callippé fille à langue diſerte,
Ores faut-il que tu ſois bien alerte,
Pour nous monſtrer ſi bon eſprit tu as,
En nous rendant le fils de Lyſias
D Tel, que ſonner en memoire eternelle
S'oye par luy la vertu paternelle:
Car de pays en autre tracaſſé,
De meurs en meurs paſſé & repaſſé,
Par ſapience immortel il doit eſtre,
Et en honneur apres ſa mort renaiſtre,
Notifiant ma grande charité
Enuers ſon pere à la poſterité.

Il compoſa auſſi vne harengue à Iphicrates, celle qu'il prononça contre Harmodius, & vne autre, par laquelle il accuſa Timotheus de trahiſon, & obtint en l'vne & en l'autre. Mais comme depuis Iphicrates approuuaſt les faicts & geſtes de Timotheus, & raſchaſt à ſouſtenir ceſte accuſation de trahiſon, en luy demandant compte des

Les vies des dix Orateurs.

finances qu'il auoit maniees, il en fut appellé en iustice, & respondit par vne oraison que luy composa Lysias: & quant à luy il fut bien absouls, mais Timotheus fut condamné en l'amende d'vne grosse somme de deniers. Il recita aussi en vne assemblee des ieux Olympiques vne longue oraison, par laquelle il suada aux Grecs, que se reconcilians les vns auec les autres, ils fissent entreprise de ruiner le tyran Dionysius.

ISOCRATES. IIII.

ISOCRATES estoit fils de Theodorus natif du bourg d'Erechthie, l'vn des mediocres bourgeois, qui auoit nombre d'esclaues faiseurs de aubois & de fleutes, par la manufacture desquels il deuint si riche, qu'il fit honorablement nourrir & instituer ses enfans. Car il en auoit encore d'autres masles, Telesippus, Diomnestus, & vne fille. C'est pourquoy il est farcé par les poëtes Comiques Aristophanes & Stratis, touchant ces fleutes. Il fut enuiron la quatre-vingtsixiéme Olympiade, plus aagé que Lysimachus Myrrhinusien de vingt & deux ans, & que Platon de sept. Il fut auditeur & disciple de Prodicus de Chio, & de Gorgias Leontin (& en son enfance fut aussi bien nourri & instruict que nul autre qui fust à Athenes) & de Tisias Syracusain, & de Theramenes le Rhetoricien, lequel estant prest à estre pris par les trente tyrans, s'enfuit à l'autel de Minerue conseillere, dont tous ses amis estans effroyez, Socrates seul se leua pour le secourir, & demoura longuement sans parler du commancement. Mais Theramenes luy mesme le pria de se deporter, disant qu'il luy seroit plus douloureux que son mal propre, s'il voyoit qu'il y eust aucun de ses amis qui tombast en affaire pour l'amour de luy: & dict-on qu'il luy ayda à compiler certaines Institutions, lors que lon le calomnioit en iugement: ces Institutions sont intitulees de Boton. Apres qu'il fut deuenu homme, il ne se voulut pas entremettre du maniement des affaires de la chose publique, tant pource qu'il auoit la voix foible & gresle, que pource que de nature il estoit craintif, & qu'il auoit perdu ses biens en la guerre contre les Lacédæmoniens. Il semble bien qu'il ait porté tesmoignage en public iugement pour d'autres, mais de harengues il n'en prononça iamais qu'vne seule, celle du contr'eschange des biens: & ayant dressé vne eschole, il se meit à estudier & à escrire, là où il composa son oraison Panegyricque, & quelques autres deliberatiues, dont il en lisoit luy-mesme les vnes, & les autres il les composoit pour des autres, estimant que par ce moyen il enhorteroit & inciteroit les Grecs à faire ce qu'ils deuoient. Mais se trouuant trompé de son intention, il se deporta de cela, & se fit maistre d'eschole, premierement en l'Isle de Chio, ayant neuf disciples, là où lon dict que voyant le salaire que ses escholiers luy comptoient pour leur escholage, il se prit à plorer, & dit, Or voy-je bien maintenant que ie me suis vendu à ceux icy. Il conferoit auec ceux qui vouloient deuiser auec luy, ayant esté le premier qui a separé les altercations des plaideries d'auec le discours des affaires publiques. Il ordonna des Magistrats en Chio, & vne mesme forme de gouuernement de la chose publicque qu'en son pays, & amassa autant d'argent que fit oncques maistre d'eschole, tellement qu'il eut bien la faculté de defrayer vne Galere. Il eut des auditeurs iusques au nombre de cent, & entre autres Timotheus fils de Conon, auec lequel il visita plusieurs villes, escriuant toutes les lettres que Timotheus enuoyoit aux Atheniens, à l'occasion dequoy il luy donna six cens escus de l'argent qui luy resta de la composition de Samos. Aussi furent ses disciples Theopompus de Chio, & Ephorus de Cumes, & Asclepiades qui a composé les subiects tragicques, & Theodectes qui a depuis escrit des Tragedies. Son sepulchre est en allant vers Cyamitis, en la ruë saincte qui va en Eleusine, maintenant tout demoly. Il y auoit aussi faict dresser les images des Poëtes illustres auec luy, dont il n'est demouré que celle
d'Homere

Les vies des dix Orateurs.   495

A d'Homere feule. Auffi eftoit de fes difciples Leodamas Athenien, & Lacritus Legiflateur:& comme aucuns difent, Hyperides & Ifeus. Et dit on que Demofthenes, ainfi comme il enfeignoit encore la Rhetorique, f'en vint à luy, & luy dit que certainemét il n'auoit pas moyen de luy payer & fournir les mille drachmes qu'il demandoit pour fon efcholage, mais que volontiers il luy en payeroit deux cens qu'il auoit, pour apprendre, au fur de fon argent, vne cinquiéme partie de fon art d'eloquence, & que Ifocrates luy refpondit, Demofthenes mon amy, nous ne defpeçons point par tronçons noftre befongne, non plus que les grands poiffons, mais les vendons tous entiers: auffi fi tu veux eftre mon efcholier, ie te monftreray mon art tout entier. Il mourut l'annee que Chæronides eftoit preuoft, eftans venuës les nouuelles de la defconfiture de Chæronee, qu'il entendit eftant au lieu des exercices d'Hippocrates: & fe fit volontairement mourir foy-mefme, en f'abftenant de manger par quatre iours durans, apres auoir prononcé les trois premiers vers des trois tragedies d'Euripides,

B
    Danaüs Roy qui eut cinquante filles.
    Pelops eftant arriué dedans Pife.
    Cadmus partant du pays de Sidoine.

Il vefcut quatre vingts & dix ans, ou comme quelques vns difent, cent. Eftans ia fort auant en fon aage, il adopta pour fon fils Aphareus, le plus ieune des trois enfans de Plataine fa femme, fille de l'Orateur Hippias. Il fut affez riche, parce qu'il exigeoit argent de fes familiers & efcholiers, & auffi pource qu'il eut de Nicocles Roy de Cypre fils de Euagoras, la fomme de douze mil efcus, pour l'oraifon qu'il luy dedia. A l'occafion dequoy ayant acquis des enuieux, il fut par trois fois éleu Capitaine de galere. Et pour les deux premieres fois feignant eftre malade, il f'en excufa par fon fils, mais à la troifiéme il fe leua & reçeut la charge, à laquelle il defpendit beaucoup d'argent. Il y eut vn pere qui luy parlant de fon fils qu'il enuoyoit aux efcholes luy dict, qu'il n'auoit enuoyé quand & luy pour le gouuerner qu'vn fien efclaue : Or va donc,

C refpondit-il, car pour vn efclaue tu en recouureras deux. Il combatit au ieu de pris que la Royne Artemifia inftitua fur le tumbeau de fon mary Maufolus, & trouue lon encore là l'oraifon qu'il y fit à la loüange du defunct. Il en fit auffi vne autre à la loüange de Helene, & vne autre à la loüange de l'Areopage. Aucuns efcriuent qu'il fortit de cefte vie, par s'eftre abftenu neuf iours de reng de manger, les autres difent quatre, au iour mefme que lon faifoit les obfeques publicques de ceux qui eftoient decedez en la bataille de Chæronee. Son fils auffi Aphareus compofa des oraifons. Si fut inhumé auec toute fa parenté pres du parc de Cynofarges, fur vne motte, à la main gauche. Son fils & fon pere Theodorus, & fa mere auec la fœur de fa mere Anaco tante de l'orateur, & fon frere qui auoit le mefme nom de fon pere Theodorus, & fon fils adoptif Aphareus, & fon coufin Socrates fils de fa tante Anaco, fa femme Plataine mere du fils adoptif Aphareus. Sur tous lefquels corps il y auoit

D fix tables ou tumbes de pierre, qui n'y font plus maintenant: mais fur le tumbeau d'Ifocrates il y auoit vn grand mouton de trente coudees, & fur iceluy vne Sirene de fept coudees, pour fignifier figureement la douceur de fon naturel & de fon ftile, ce qui maintenant n'y eft plus. Auffi y auoit-il pres de luy vne table où eftoient fes maiftres, entre lefquels y eftoit Gorgias regardant vne Sphere aftrologique, & Ifocrates ioignant de luy: auffi y auoit-il en la ville d'Eleufine au deuant de l'entree du portique vne ftatuë de bronze, que luy fit faire Timotheus fils de Conon, fur laquelle il y a cefte infcription,

    Timotheus par amour cordiale,
    En honorant l'alliance hofpitale
    D'Ifocrates, aux Deeffes a faict
    Icy pofer fon naturel pourtraict.

Les vies des dix Orateurs.

La statuë estoit faite de la main de Leochares. On trouue encore soixante de ses oraisons, entre lesquelles il y en a de vrayes vingt & cinq, selon le iugement de Cecilius, les autres luy sont faulsement attribuees. Et estoit si peu curieux d'ostentation, & se soucioit si peu de monstrer sa suffisance, qu'estans venus à luy trois pour l'ouyr declamer & discourir, il en retint les deux, & renuoya le troisiéme, disant qu'il retournast le lendemain, pource que lors il auoit vn plein theatre en son auditoire : & disoit souuent à ses familiers qu'il prenoit cent escus pour enseigner son art, mais qui luy pourroit enseigner à luy la hardiesse & la forte voix, qu'il en payeroit mille. A quelqu'vn qui luy demandoit, comment il estoit possible qu'il rendist les autres orateurs suffisans à bien dire, veu qu'il ne l'estoit pas luy-mesme : Pource, dict-il, que les cueux ne peuuent pas couper, mais elles rendent bien le fer apte & propre à couper. Aussi y en a il qui disent qu'il a composé des liures de l'art de Rhetorique, toutefois les autres tiennent que ce n'estoit pas par art ny methode, mais par exercitation seulement qu'il les rendoit eloquents. Il est vray que iamais il n'exigea salaire de citoyen d'Athenes, & prioit ses familiers de se trouuer aux assemblees de ville, pour luy rapporter ce qui s'y feroit dict. Il fut extrémement desplaisant de la mort de Socrates, & de faict le lendemain il en porta le dueil. A vn qui luy demandoit que c'estoit que Rhetorique, il luy respondit : C'est l'art de faire les choses grandes petites, & les petites grandes. Quelque iour estant en vn festin chez Nicocreon Tyran de Cypre, comme les assistans le priassent de discourir, il leur respondit : De discourir des choses ausquelles ie suis bien propre, il n'en est pas le temps maintenant : & quant à celles dont il est temps maintenant, ie n'y suis pas propre. Et voyant que Sophocles le poëte Tragicque poursuiuoit de l'œil affectueusement vn ieune garson, il luy dict : Il ne faut pas, Sophocles, qu'vn homme de bien contienne ses mains seulement, mais aussi ses yeux. Ephorus natif de Cumes estoit sorty de son eschole sans y auoir rien faict ne rien appris, à raison dequoy son pere Demophilus l'y ayant renuoyé auec vn second salaire, Isocrates s'en riant, l'appelloit par ieu Diphoros, c'est à dire, portant deux fois : si trauailloit-il beaucoup apres luy, & luy mesme luy suggeroit l'argument de sa declamation. Il estoit enclin & subiect au plaisir de l'amour, à raison dequoy il vsoit tousiours de grands & plantureux matteras en son lict, & auoit des aureillers parfumez & trempez d'eaux de senteurs : & tant qu'il fut ieune il ne se maria point, mais quand il fut deuenu vieil, il entretenoit en sa maison vne courtisane, laquelle s'appelloit Lagisce, de laquelle il eut vne petite fille, qui mourut auant que d'estre mariee, en l'aage de douze ans : depuis il espousa la femme de l'orateur Gorgias, Plathaine, laquelle auoit trois enfans, dont il adopta Aphareus, ainsi comme nous auons dit, qui luy fit faire vne statue de bronze, & la planta aupres du temple de Iupiter Olympien, auec vne telle inscription :

 Aphareus fils par adoption
 D'Isocrates, en veneration
 De Iupiter dedia cest image
 De son feu pere, à fin que de courage
 Il se monstrast deuot enuers les Dieux,
 Et honorast ses parents vertueux.

L'on dict qu'il courut en carriere estant encore ieune enfant, car on le voit de bronze au chasteau, dedans le ieu de paulme des presbtres de Minerue, à cheual, ainsi comme aucuns ont dict. En toute sa vie il a eu deux procés, le premier pour eschanger ses biens, estant prouocqué par Megaclides, là où il ne comparut pas en personne à l'adiournement, à cause de sa maladie, mais il y enuoya son fils, & le gaigna. Le second luy fut intenté par Lysimachus, pour eschanger ses biens, à la charge de defrayer vne galere, auquel procés estant vaincu, il fut contrainct de defrayer la galere : aussi y auoit

il vne

A il vne sienne image sur la place du Pompeum. Mais Aphareus composa plusieurs oraisons & iudicielles & deliberatiues, & fit des Tragedies enuiron trentesept, dont il y en a deux que lon contredit: & commença à faire ouyr en public ses œuures, depuis l'annee que Lysistratus fut preuost, iusques à celle de Sosigenes, en vingt & huit ans, durant lesquels il en fit iouër six ciuiles, dont il gaigna le pris de deux, les ayant mis en auant par vn maistre iouëur nommé Dionysius: & par d'autres iouëurs deux autres Lenaïques, c'est à dire, ioyeuses pour rire. Il y auoit des statues de la mere d'Isocrates & de Theodorus, & de la sœur d'elle Anaco, dedans le chasteau: dont celle de la mere est encore en estre, plantee aupres de Hygia, l'inscription en estant changee, mais celle d'Anaco ne se trouue pas. Elle laissa deux enfans, Alexandre qu'elle eut de Cœcon, & Vsicles de Lysias.

ISÆVS. V.

B ISÆVS estoit natif de Chalcide, & estant venu à Athenes, il estudia és œuures de Lysias, lequel il imita de si pres, tant à la tissure & assemblage des paroles, comme en la subtilité & arguce de ces inuentions, que si ce n'est vn homme bien exercité à discerner le stile de ces Orateurs, il ne pourroit pas facilement distinguer plusieurs de leurs oraisons à qui elles seroient. Il eut la vogue enuiron la guerre du Peloponese, ainsi comme lon peut coniecturer par ses oraisons, & dura iusques au regne de Philippus: mais il quitta son eschole pour aller domestiquement enseigner & instruire Demosthenes, pour le pris & somme de dix mille drachmes: à raison dequoy il acquit fort gr̃ade reputation, & luy composa des oraisons exhortatoires, comme quelques vns ont escrit. Il a laissé soixante & quatre oraisons, dont il y en a de naïues & legitimes à luy cinquante: aussi escriuit-il des particulieres introductiõs & regles de Rhetorique, & fut le premier qui
C commença à former & tourner la sentence de son stile au maniement des affaires, ce que principalement imite Demosthenes. Theopompus fait mention de luy en son Theseus.

ÆSCHINES. VI.

AESCHINES fut fils d'Atrometus, lequel fut banny & chassé du temps des trente tyrans, & ayda à remettre sus le peuple, & sa mere eut nom Glaucothea de la lignee Cothocide, n'estant ny quant à la noblesse de sa race, ny quant à ses facultez & richesses, des bõnes maisons de la ville, mais se trouuant ieune, & fort & roide de sa personne, il se fortifia encore dauãtage aux exercices du corps: & ayãt la voix forte & claire, depuis il fit profession de iouër des Tragœdies, & comme dict Demosthenes, il alloit apres les autres, & ne faisoit que tiercer entre les iouëurs és festes Bacchanales soubs vn Aristodemus. Estant encore ieune garson
D il monstra les lettres auec son pere, & arriué à son adolescence, il fut à la guerre parmy les autres. Il ouyt, comme aucuns tiennent, Isocrates & Platon, ou comme Cecilius dict, Leodamas: & se meslant des affaires publicques non sans bruict & reputation, pourautant qu'il faisoit teste à la faction de Demosthenes, il fut en plusieurs autres ambassades, & nomméement deuers Philippus pour traicter de la paix, pour laquelle il fut accusé par Demosthenes, pour auoir esté cause que la nation des Phociens fut exterminee: & pource que la guerre estant allumee entre les Amphictyons & les Amphissiens, ayant esté deputé pour comparoir en l'assemblee des Amphictyons qui faisoient vn port, il fut cause qu'ils se ietterent entre les bras de Philippus, lequel à sa suscitation prit cest affaire en main, & conquit tout le pays de la Phocide, mais moyennant le port & faueur que luy fit Eubulus fils de Spintharus Probal-

lusien, qui estoit l'vn de ceux qui auoient credit enuers le peuple, il eschappa, & fut absouls de trente ballotes & suffrages seulement: les autres disent que les Orateurs escriuirent & composerent bien les oraisons, mais qu'estant aduenuë la fortune de la bataille de Cheronee, la cause ne fut point appellee ny plaidee. Quelque temps depuis Philippus estant trespassé, & son fils Alexadre passé en Asie, il accusa Ctesiphon d'auoir mis en auant vn decret contraire aux loix en l'honneur de Demosthenes, mais n'ayant pas eu la cinquiéme partie des voix & suffrages du peuple, il fut banny d'Athenes, & se retira à Rhodes, n'ayant pas voulu payer mille drachmes, pour l'amende en laquelle il estoit condamné. Les autres disent qu'il fut dauantage noté d'infamie, pour n'auoir pas voulu sortir de la ville, & qu'il se retira à Ephese par deuers Alexandre, mais Alexandre mort, & les choses estans en grand bransle, il s'en retourna à Rhodes, là où il dressa vne eschole, & commença à enseigner l'art d'eloquence. Il recita quelquefois aux Rhodiens la harengue qu'il auoit prononcee en iugement à l'encontre de Ctesiphon, dont tous les assistans demourerent esmerueillez, comment il auoit peu estre vaincu, ayant prononcé vne telle oraison: Vous ne vous en esbaïriez pas, Seigneurs Rhodiens, leur respondit-il, si vous auiez ouy Demosthenes respondant à cela. Il laissa à Rhodes vne eschole, qui depuis fut appellee l'estude de Rhodes: depuis il s'en alla à Samos, & apres auoir demouré quelque temps en l'Isle, il y mourut. Il eut fort belle voix, comme il appert tant par ce qu'en dict Demosthenes, que par l'oraison de Demochares. On trouue de luy quatre oraisons, celle contre Timarchus, celle de la fausse ambassade, & celle contre Ctesiphon, qui sont vrayement de luy: car la quatriéme qui est intitulee Deliaque, n'est pas d'Æschines: car il est vray qu'il fut bien designé pour aller plaider en iugement la cause du Temple de Delos, mais il ne la prononça pas, parce que Hyperides fut esleu au lieu de luy, ainsi que dict Demosthenes. Il eut des freres, ainsi qu'il dict luy-mesme, Aphobus & Demochares: il apporta le premier la nouuelle de la seconde victoire que les Atheniens auoient gaignee à Tamynes, à l'occasion dequoy il eut en don vne couronne. Les autres disent qu'Æschines ne fut iamais à eschole de maistre quelcóque en Rhetorique, mais qu'ayant esté nourry au greffe il s'esleua de luy-mesme, parce qu'il assistoit & veroit ordinairement aux iugemens. La premiere fois qu'il parla en public deuant le peuple, fut contre Philippus, en quoy ayant esté bien ouy il fut incontinent esleu ambassadeur deuers les Arcadiens, là où il fit vne ligue de dix mille combattans à l'encontre de Philippus. Il accusa Timarchus de tenir vn bordeau, lequel craignant de comparoir en iugement se pendit, ainsi comme le dict quelque part Demosthenes. Depuis il fut esleu ambassadeur vers Philippus, auec Ctesiphon & Demosthenes, pour traiter de la paix, en laquelle il se porta mieux que Demosthenes. Et depuis fut esleu luy dixiéme pour aller faire iurer la paix, dont estant appellé en iustice il fut absous, comme il a parauant esté dict.

LYCVRGVS. VII.

LYCVRGVS estoit fils de Lycophron, qui fut fils de Lycurgus, celuy que les trente tyrans firent mourir à la suscitation d'vn Aristodemus qui estoit de Bata: & ayant esté tresorier general de la Grece, auoit esté banny, durant la domination populaire, du bourg de Buta, & de la famille des Etheobutades. Il fut premierement auditeur de Platon le Philosophe, & fit profession de Philosophe: & depuis estant deuenu familier d'Isocrates, il s'entremeit du gouuernement des affaires auec grand credit, tant en faits qu'en paroles, & si luy commit on le maniment des finaces: car il fut éleu tresorier general l'espace de quinze ans, durát lesquels il mania quatorze mille talens, qui sont huict millions & quatre cens mille escus, ou

comme

Les vies des dix Orateurs. 497

A comme les autres difent, dixhuict mille fix cens cinquante talents, & fut l'orateur Stratocles qui meit en auant qu'on luy decernaft ceft honneur. Si fut efleu du commancement luy mefme en perfonne treforier, mais depuis il y mettoit le nom de quelqu'vn de fes amis, & luy cependant faifoit tout le maniement, & auoit toute l'adminiftration, parce qu'il y auoit eu vne ordonnance publiee, que nul ne peuft auoir l'adminiftration des deniers publicques pour plus de temps que cinq ans. Il continua toufiours à prefider aux œuures publicques efté & hyuer, & luy ayant efté commife la charge de prouuoir aux chofes neceffaires pour la guerre, il r'habilla beaucoup de fautes en la chofe publicque. Entre autres il feit baftir au peuple trois cens galeres, & feit le parc aux exercices de Lyceum, & le planta d'arbres, & edifia auffi vn parc à luicter, & paracheua le Theatre qui eft au temple de Bacchus, luy mefme ayant l'œil fur les ouuriers: & eftoit fa foy & confcience tenuë fi bonne, que pour vne fois il f'eft trouué auoir entre fes mains iufques à la fomme de deux cens cin-
B quante talents, de l'argent des particuliers qui luy bailloient à garder. Auffi feit-il faire plufieurs beaux vafes d'or & d'argent pour ornement de la chofe publicque, & feit auffi faire plufieurs Victoires d'argent:& ayant trouué plufieurs ouurages publicques imparfaicts, il les paracheua tous, comme l'arcenal & les falles à ferrer les armes & vtenfiles publiques: & feit faire l'enceinte des murailles à l'entour de la clofture Panathenaïque,& combla & applanit la grande fondriere, ayant vn nommé Dinius, qui en eftoit proprietaire, quitté & donné la proprieté du fond en faueur principalement de Lycurgus. Il eut auffi la garde de la ville, & la charge de prendre au corps les malfaicteurs, qu'il chaffa tous, tellement que quelques Sophiftes difoient, que Lycurgus trempoit fa plume, non point en encre, mais en fang, quand il efcriuoit contre les malfaicteurs. A l'occafion dequoy il fut tant aymé du peuple, que quand Alexandre le demanda entre autres pour le faire mourir, iamais le peuple ne le voulut abandonner. Mais du temps que Philippus faifoit la guerre aux Atheniens pour
C la feconde fois, il alla auec Polyeuctus & Demofthenes en ambaffade, tant au Peloponefe qu'en quelques autres villes, & fut toufiours en bien bonne reputation, tant comme il f'entremeit du gouuernement, & le teint-on toufiours pour vn grand homme de bien & iufte, tellement qu'és iugemens quand on difoit que Lycurgus l'auoit ainfi dict, cela eftoit vn grand preiudice à celuy pour lequel il parloit. Il meit auffi en auant deux loix, l'vne que l'on celebraft & exerçaft le ieu des comœdies, où les poëtes feiffent iouër leurs œuures à l'enuy les vns des autres dedans le theatre, à la fefte des Chytres, & que celuy qui obtiendroit & gaigneroit le pris, acquift droict de bourgeoifie, ce qui parauant ne fe faifoit pas, remettant fus ce ieu qui auoit efté difcontinué. L'autre, que l'on feift faire aux defpens du public des images de bronze aux poëtes Æfchylus, Sophocles, & Euripides, & que l'on feift efcrire leurs Tragœdies pour les garder en public, & que le greffier de la ville les leuft aux iouëurs, par-
D ce qu'il n'eftoit pas loifible de les iouër. Et la troifiéme, qu'il ne fuft permis à aucun citoyen, ou autrement manant & habitant de la ville d'Athenes, acheter des prifonniers de guerre de condition libre, pour les rendre efclaues, fans le confentement de leur premier maiftre. Et dauantage, que l'on feift dedans le port de Piree le ieu de pris des danfes rondes és feftes de Neptune:& qu'il y en euft au moins trois : & que l'on donnaft à ceux qui emporteroient le premier pris non moins de cent efcus, & aux feconds non moins de quatre vingts, & aux troifiémes non moins de foixante, felon qu'il feroit adiugé par les iuges. Qu'il ne fuft loifible à pas vne dame Athenienne aller en coche à Eleufine, de peur que les pauures ne fuffent en cela inferieures aux riches, & que fi quelqu'vne y eftoit furprife allant en coche, qu'elle payaft pour l'amende fix mille drachmes. A quoy fa femme n'ayant pas obey, & ayant efté furprife contreuenant à la loy, par les efcumeurs qui alloient recerchás telles chofes,

Ppp

Les vies des dix Orateurs.

il leur bailla luy-mesme vn talent: dequoy ayant depuis esté accusé & chargé deuant le peuple: Au moins voyez vous, dict-il, Atheniens, que ie suis surpris d'auoir donné, & non pas pris, de l'argent. Il rencontra vn iour par la ville le fermier de la taille foraine, qui mettoit les mains sur le philosophe Xenocrates, & le vouloit emmener en prison pour le faire payer la taille des estrangers: il donna d'vne baguette qu'il auoit en la main sur la teste du fermier, & luy osta le philosophe d'entre les mains, puis le mena luy-mesme en prison, comme ayant faict chose indigne d'vn tel personnage. Peu de iours apres le philosophe rencontrant ses enfans: I'ay, ce leur dict-il, mes beaux enfans, bien tost rendu la grace à vostre pere, parce qu'il est loüé & prisé de tout le monde de ce qu'il m'a secouru. Aussi proposa-il & meit en auant quelques decrets publiques, vsant en cela de l'entremise d'vn Euclides Olynthien, qui estoit fort suffisant homme en matiere de dresser tels decrets. Et combien qu'il fust homme riche, si ne portoit-il iamais qu'vne mesme robbe l'hyuer & l'esté, & chaussoit de mesmes souliers. Il s'exercitoit continuellement à declarer & nuict & iour, n'estant pas bien propre à parler à l'improuueu. Pour son giste il auoit sur son chalit vne peau de mouton seulement auec la laine, & soubs sa teste vn oreiller, à fin que plustost & plus aisément il se peust esueiller pour estudier. Quelqu'vn luy reprocha qu'il payoit encore de l'argent à des Sophistes & Rhetoriciens pour apprendre les lettres: Mais, dict-il, s'il y auoit quelqu'vn qui me promeist de me rendre mes enfans meilleurs, ie ne luy baillerois pas seulement volontiers mille drachmes, mais la moitié de tout mon bien. Il estoit hardy à parler franchement au peuple, pour sa noblesse, & luy dire sa verité, tellement qu'vn iour pource que les Atheniens ne le vouloient pas laisser harenguer, il s'escria tout haut: O foüet de Corfou, combien tu vaux de talents! Vne autre fois, comme quelques vns appellassent Alexandre Dieu: Et quelle façon de Dieu est-ce là, du temple duquel ceux qui sortiront il faudra qu'ils s'aspergent d'eau pour se purifier? Apres qu'il fut mort on meit ses enfans entre les mains des vnze executeurs de la haute iustice, Thrasicles ayant minuté l'accusation, & Menesechmus l'ayant prononcee: mais Demosthenes du temps de son exil, en ayant escrit aux Atheniens, ils s'en repentirent, & les laisserent aller. Democles disciple de Theophrastus les ayant iustifiez & defendus, luy & quelques vns de ses enfans furent inhumez aux despens du public, vis à vis du temple de Minerue Peonienne, dedans le vergier de Melanthius le philosophe. On trouue encore iusques à nostre temps des tumbes inscriptes du nom de Lycurgus & de ses enfans. Et qui est le plus grand poinct de son gouuernement, il feit monter le reuenu de la chose publicque iusques à douze cens talents, qui sont sept cens vingt mille escus, qui n'estoit auparauant que de soixante. Vn peu deuant qu'il mourust sentant sa mort prochaine, il se feit porter au temple de la mere des Dieux, & au Senat, voulant estre syndiqué, & rendre compte & raison de toute son administration en la chose publique. Il ne se trouua personne qui l'osast accuser ny charger de rien, fors Menesechmus. Et apres auoir respondu aux charges & imputations qu'on luy mettoit sus, il se feit reporter en sa maison, où il mourut, ayant eu toute sa vie & reputation d'homme de bien, & estant loüé de son eloquence: sans que iamais il ait esté condamné, combien que par plusieurs fois il ait esté accusé. Il eut trois enfans de Callisto fille d'Abron, & sœur de Caleus, fils aussi d'Abron, du bourg de Cata, qui fut tresorier de l'extraordinaire des guerres, l'annee que Cherondas fut Preuost: de ceste affinité faict mention Dinarchus en l'oraison qu'il a faicte contre Pastius: & laissa des enfans, Abron, Lycurgus, & Lycophron: desquels Abron & Lycurgus moururent sans enfans: mais Abron, apres auoir eu bonne reputation & grand credit au maniement des affaires, deceda. Et Lycophron ayant espousé Callistomache fille de Philippus Aixenes engendra Callisto, laquelle fut mariee à Cleombrotus fils de Dinocrates

Acharna-

Les vies des dix Orateurs. 498

A Acharnanien, & eut vn fils Lycophron, que son grand pere Lycophron adopta pour son fils: celuy-là mourut sans enfans. Apres la mort de ce Lycophron Callisto fut remariee à Socrates, dont elle eut vn fils, Symmachus, duquel nasquit Aristonymus, & d'Aristonymus Charmides, & de cestuy-cy Philippe, & d'icelle Lysander Medien, qui fut interprete des Eumolpides: de luy & de Timothea fille de Glaucus nasquirent Laodamia, & Medius qui eut la presbtrise de Neptune Erechthien, & Philippe, qui depuis fut religieuse de Minerue: mais deuant l'auoit espousee Diocles Melittien, dont il eut Diocles, qui fut coulonnel de gens de pied: & ayant espousé Hediste fille d'Abron, il engendra Philippide & Nicostrate. Themistocles fils de Theophraste le porte-torche, ayant espousé Nicostrate engendra Theophrastus & Diocles, & gouuerna aussi la presbtrise de Neptune Erechthien. On trouue encore quinze oraisons de luy. Il fut couronné plusieurs fois par le peuple, & luy furét ordonnees les statues, dont il y en a vne de bronze en la ruë du Ceramique, par decret public, l'annee qu'A-
B naxicrates fut Preuost, sous lequel luy fut aussi decretee & ordonnee bouche à court en l'hostel de ville, à luy & à son fils aisné, par mesme decret du peuple: toutefois apres sa mort, Lycophró le plus aagé de ses enfans eut procés pour ce don là. Il plaida aussi pour les choses de la religion, & en accusa Autolycus Senateur en la court d'Areopage, & Lysicles Capitaine, & Demades fils de Demius, & Menesechmus, & plusieurs autres, lesquels il feit tous condamner. Il appella aussi en iustice Diphilus, pource qu'il ostoit des mines d'argent les pilliers qui soustiennent les fardeaux de terre qui sont au dessus, & en auoit acquis beaucoup de biens, ce qui estoit directement contre les loix: & y ayant peine de mort, il l'en feit condamner. Il distribua de ses biens à chasque citoyen d'Athenes, cinquáte drachmes, qui sont cinq escus, ou comme les autres disent vne mine, qui en sont dix, & monta la somme totale cent soixante talents, quatre vingts seize mil escus. Il accusa aussi Aristogiton, Cleocrates, & Autolycus d'estre esclaues, qui neantmoins se portoient pour libres. On surnommoit Lycurgus, Ibis,
C qui est vne cigoigne noire, & disoit-on communément à Lycurgus l'Ibis, à Xenophon le Chat-huant. Ils estoient anciennement descendus de ceux-là, & d'Erechtheus fils de la terre & de Vulcain, mais des plus prochains de Lycomedes & de Lycurgus, que le peuple honora de funerailles & obseques publiques. Et est ceste descente de leur race de ceux qui ont esté presbtres de Neptune, dedans le temple Erechthien, en vn tableau qui fut peint par Ismenias Chalcidien, & des statues de bois, tant de Lycurgus que de ses enfans, Abron, Lycurgus, Lycophron, que feirent iadis Timarchus & Cephisodorus, enfans de Praxiteles. Celuy qui posa & dedia le tableau fut Abron, auquel par ordre de succession hereditaire estoit escheute la presbtrise, mais il la ceda volontairement à son frere Lycophron: c'est pourquoy il est peint baillant à son frere le trident. Et ayant fait escrire sur vne coulóne quarree tout ce qu'il auoit faict en l'administration publique, il la feit planter deuant la porte du parc à la luicte
D qu'il auoit fait bastir, à fin que chascun le veist qui voudroit. Et ne se trouua personne qui le peust accuser ny conuaincre d'auoir rien desrobé au public. Il meit en auant que lon donnast vne couronne à Neoptolemus fils d'Anticles, & vne statue, pource qu'il s'estoit offert & auoit promis de dorer l'autel d'Apollo, qui est sur la grande place, ainsi comme il est commandé par son oracle. Il postula aussi des honneurs pour Euonymus fils de Diopithes, fils de Diotimus, l'annee que Ctesicles fut Preuost.

DEMOSTHENES VIII.

DEMOSTHENES fils de Demosthenes & de Cleobule, de la lignee Pæanie-ne, fut laissé orphelin par son pere en l'aage de sept ans, auec sa sœur qui n'en auoit que cinq. Depuis qu'il eut perdu son pere, il se teint auec sa mere

Ppp ij

Les vies des dix Orateurs.

veufue, allant à l'eschole d'Isocrates, comme quelques vns ont dict, ou comme la pluspart le tient, à celle de Isæus Chalcidien, qui estoit disciple d'Isocrates, se tenant à Athenes, imitant Thucydides, & Platon le Philosophe, à l'eschole duquel on dict qu'il fut premierement. Mais ainsi comme Hegesias le Magnesien raconte, estant aduerty que Callistratus Aphidneïen Orateur fameux, qui auoit esté capitaine general de la gendarmerie, & qui auoit dedié l'autel de Mercure harengueur, deuoit faire vne harengue deuant le peuple, il pria son pedagogue de la luy faire ouyr, & l'ayant ouy il deuint amoureux de l'eloquence. Or quant à cest orateur, il ne le peut pas ouyr longuement en la ville, car il en fut banny, & se retira en la Thrace : alors Demosthenes entrant en son adolescence commença à hanter Isocrates & Platon: & depuis il prit en sa maison Isæus, qu'il teint l'espace de quatre ans, & s'exerça à imiter son stile : ou comme recite Ctesibius en son traicté de la philosophie, il feit en sorte qu'il recouura les oraisons de Zethus Amphipolitain, par le moyen de Callias Syracusain: & par le moyen de Charicles Charistien, celles de Alcidamas : & se meit apres à les imiter. Puis estant homme faict, & sorty de tutelle, voyant que ses tuteurs ne luy rendoient pas de son bien suffisamment, il les meit en iustice pour leur faire rendre compte de sa tutelle l'annee que Timocrates fut preuost. Ils estoient trois, Aphobus, Theripides, Demophoon ou Demea, lequel il chargea plus que les autres, estant son oncle frere de sa mere. Il demandoit à chascun par sa demande dix talents, qui sont six mille escus, & obtint contre eux, mais il ne leur en feit iamais rien payer de la condamnation, ny d'argent aux vns, ny de grace aux autres. Et estant ia Aristophon si aagé qu'il ne pouuoit plus prendre la peine de dresser les danses, ausquelles il auoit esté éleu commissaire, Demosthenes en son lieu fut maistre de la danse. Et pource qu'en plein Theatre Midias le frappa d'vn soufflet, ainsi comme il vacquoit au deuoir de son office, de dresser & defrayer les danses, il l'en appella en iustice, mais depuis il se deporta de son actio pour le pris & somme de trois mille drachmes, que Midias luy en paya. L'on dict qu'estant encore ieune il se retira en vn caueau, là où il se meit à estudier, s'estant faict raire la moitié de la teste, à fin qu'il ne peust sortir en public, & que là il couchoit sur vne petite couche bien estroicte, à fin qu'il s'en leuast plus habillement, & qu'il s'exercitast à bien parler: mais pource qu'il auoit accoustumé de remuer l'espaule de mauuaise grace en parlant, il y remedia en attachant au dessus vne petite broche, ou, comme les autres disent, vne dague, au plancher, à fin que de peur de se piequer il oubliast ceste mauuaise contenance. Et à mesure qu'il profitoit & alloit en auant en l'art de bien dire, il feit faire vn miroir de grandeur égale à luy, à fin qu'il declamast deuant ce miroir, & qu'il obseruast les mauuais gestes qu'il auroit en parlant, pour les rhabiller. Aussi alloit-il quelquefois sur le port Phalerique faire ses exercices de declamation, à l'endroict où battoient les flots de la mer, à fin qu'il s'accoustumast à ne se troubler point du bruit & de la clameur du peuple. Et pource qu'il auoit l'haleine courte qui luy defailloit, il donna dix mille drachmes à Neoptolemus vn ioüeur de Comœdies, pour luy apprendre à pouuoir prononcer tout d'vne halenee de longues clauses. Quand il commença à s'entremettre des affaires, il trouua que les gouuerneurs estoient diuisez en deux factions, les vns tenans le party du Roy Philippus, les autres parlans pour la liberté. Il choisit la ligue de ceux qui contrarioient & resistoient à Philippus, & toute sa vie continua de conseiller au peuple de secourir ceux qui estoient en danger de tomber soubs la main de Philippus, communiquant ses conseils au maniement des affaires, & s'entendant auec Hyperides, Nausicles, Polyeuctus, Diotimus: & pourtant rendit il confederez à ceux d'Athenes les Thebains, les Euboïens, les Corcyreïens, les Corinthiens, les Bœotiens, & plusieurs autres encore. Mais il se trouua vn iour rabroüé du peuple en assemblee de ville, à l'occasion duquel rebut il se retiroit tout

fasché

Les vies des dix Orateurs. 499

A faſché & deſeſperé en ſon logis, quand Eunomus le Thriaſien, qui eſtoit deſia vieil, le rencontra par le chemin, qui le remeit, & le reconforta, & encore plus Andronicus ioüeur de Comœdies, leſquels enſemblément luy remonſtrerent, que ſes oraiſons eſtoient les plus belles du monde, & qu'il ne luy defailloit rien qui ſoit ſinon l'action, & luy recita quelques paſſages qu'il auoit dict en ſa harengue : & que Demoſthenes luy adiouſtant foy ſe donna du tout à luy : de maniere que depuis quand on luy demanda, quelle choſe eſtoit la premiere en l'art d'eloquence, il reſpondit, l'action : qui eſtoit la ſeconde, l'action : & quelle la troiſiéme, l'action. Il fut auſſi vne autre fois ſifflé en aſſemblee de ville, pourautant qu'il y dict quelque choſe qui ſentoit ſon ieune homme, dont il fut depuis brocardé par les Poëtes Comicques Antiphanes & Timocles, Par la terre, par les fontaines, par les fleuues & riuieres : & ayant faict ce ſerment-là deuant le peuple, il ſen ſuſcita vne émotion. Il iura auſſi vne autre fois par Æſculapius, & par erreur de langue il feit l'accent ſur la penultieme ſyllabe. Il

B ſembloit qu'il vouluſt ſouſtenir que c'eſtoit bien dict & bien prononcé, parce que le Dieu eſtoit pius, c'eſt à dire, doux & bening : il en fut pour cela ſouuenteſois troublé : mais frequentant l'eſchole d'Eubulides le Dialecticien, il corrigea tout. Se trouuant vn iour en l'aſſemblee des ieux Olympiques, & y ayant ouy Lamachus Terineïen, qui recitoit des harengues faictes à la loüange de Philippus & d'Alexandre, & qui couroit ſus aux Thebains & aux Olynthiens, ſ'approchant de luy il commença à alleguer au contraire pluſieurs paſſages des poëtes anciens, qui eſtoient à la loüange des Thebains & des Olynthiens, pour les choſes par eux vertueuſement faictes : de maniere que Lamachus ſe deporta de plus harenguer, & ſ'enfuit de l'aſſemblee. Et Philippus meſmes quand on luy rapportoit les concions & harengues qu'il auoit faictes contre luy, diſoit, Ie croy que moy-meſme ſi ie l'euſſe ouy harenguer de telle ſorte, ie l'euſſe eſleu Capitaine pour me faire la guerre. Suiuant lequel propos il appelloit ſes harengues, ſoudards, pour la force guerriere qui apparoiſſoit en icelles : &

C celles d'Iſocrates, eſcrimeurs, pour le plaiſir de la fanfare que lon y prenoit. Eſtant en l'aage de trente ſept ans, à compter depuis Doxitheus iuſques à Callimachus, en la preuoſté duquel les Olynthiens par leurs ambaſſadeurs enuoyerent demander ſecours à ceux d'Athenes, parce qu'ils eſtoient fort preſſez de guerre par Philippus, il ſuada au peuple de leur en enuoyer : & l'annee enſuiuant, qui fut l'annee que Platon mourut, Philippus deſtruiſit les Olynthiens. Xenophon auſſi le Socratique l'a cogneu, comme il commençoit encore à venir, ou bien qu'il eſtoit deſia en ſa fleur : car Xenophon eſcriuoit ſes Chroniques des faicts & geſtes des Grecs, meſmement de ce qui fut faict enuiron & peu apres la bataille de Mantinee, l'annee que Chariclides eſtoit Preuoſt : & Demoſthenes auparauant auoit deſia obtenu à l'encontre de ſes tuteurs. Apres la condemnation d'Æſchines, comme il ſ'en alloit d'Athenes en exil, Demoſthenes en eſtant aduerty, courut apres à cheual. Æſchines l'ayant apperçeu penſa eſtre pris priſonnier, ſi ſe meit à genoux deuant luy, & ſe couurit le viſa-

D ge : mais Demoſthenes le feit leuer, & luy donna vn talent d'argent. Il conſeilla aux Atheniens d'entretenir quelque nombre de ſoldats eſtrangers en l'Iſle de Thaſos, & pour ceſt effect y alla capitaine d'vne galere. Auſſi fut-il eſleu vne autre fois prouiſeur pour acheter des bleds, & accuſé d'y auoir mal verſé, ſe trouua innocent & fut abſous. Philippus ayant pris & occupé la ville d'Ælatia, luy ſortit de la ville auec ceux qui combattirent à Chęronee, là où il ſemble qu'il abandonna ſon reng pour fuir, & en ſ'enfuyant il y eut vne ronce qui accrocha ſon manteau : & luy en ſe retournant dit, Pren moy à rançon. Il auoit ſur ſon bouclier pour ſa deuiſe, Bonne fortune. Il feit l'oraiſon funebre aux funerailles de ceux qui moururent en ceſte bataille. Apres cela appliquant ſa ſolicitude à faire reparer & r'accouſtrer la ville, eſtant eſleu commiſſaire pour reparer les murailles, il y deſpendit du ſien, outre les deniers du public,

Ppp iij

cent mines d'argent, qui font mille efcus, & en donna encore dix mille pour employer aux fpectacles, & à faire iouër les ieux: puis montant fur vne galere il alla deçà delà recueillant argent des alliez & confederez, à l'occafion dequoy il fut couronné par plufieurs fois. La premiere fois à la propofition de Demomeles fils d'Ariftonicus fils de Hyperides, qui mit en auant qu'on luy donnaft par honneur vne couronne d'or: & la derniere fois à l'inftance de Ctefiphon, duquel le decret fut accufé, comme eftant contraire aux loix, par Diodetus & par Æfchines: contre lefquels il le defendit fi bien qu'il obtint fentence en fa faueur, de maniere que l'accufateur n'eut pas la cinquiéme partie des voix & fuffrages du peuple pour luy. Depuis eftant Alexandre paffé en Afie Harpalus f'enfuit à Athenes auec groffe fomme de deniers: & du commencement il empefcha que lon ne luy donnaft feureté, & que lon ne le reçeuft en la ville: mais depuis qu'il y fut arriué, & qu'il luy eut donné mille pieces d'or, adoncques il changea de langage: car voulans les Atheniens le rendre & mettre entre les mains d'Antipater, il y contredit, & efcriuit que fon argent fuft mis en depoft dedans le chafteau, & que lon luy fift declarer la fomme qu'il y auoit. Harpalus specifia qu'il y auoit enuiron fept cens cinquante talens, & vn peu plus, ainfi que dict Philochorus. Apres cela f'en eftant Harpalus fuy de la prifon, là où on le gardoit iufques à ce que lon euft nouuelles d'Alexandre, & f'eftant retiré, comme difent aucuns, en Candie: ou, comme les autres, à Tenarus en la Laconie: Demofthenes fut accufé de concuffion, & d'auoir pris argent de luy pour luy faire voye, d'autant qu'il n'auoit declaré ny la fomme & quantité de deniers qui fut trouuee, ny la negligence de ceux qui l'auoient en garde. Si fut appellé en iuftice par Hyperides, Pytheus, Menefechmus, Himereus & Patrocles, qui le firent condamner par la court de l'Areopage: & eftant condamné, il s'en alla en exil, parce qu'il ne peut payer le quintuple de fa condamnation, parce qu'il eftoit accufé d'auoir pris trente talens. Les autres difent qu'il ne voulut pas attendre l'iffue du iugement, & s'en alla deuant en exil. Depuis ce temps là les Atheniens enuoyerent Polyeuctus en ambaffade deuers la communauté des Arcadiens, pour les diuertir & diftraire de la ligue & confederation des Macedoniens. Ce que n'ayant fçeu faire, Demofthenes y furuint, qui parla tellement qu'il obteint & leur perfuada: dont il acquit telle grace & telle reputation, que lon rappella fon ban par decret public, & luy fut enuoyee vne galere pour le ramener à Athenes, & ordonnerent les Atheniens que pour l'amende des trente talens, en quoy il eftoit condamné, il fift baftir vn autel à Iupiter fauueur, au port de Piree, & ce faifant qu'il fuft tenu pour quitte de la condamnation. Ce decret fut propofé par Demon Pæanien qui eftoit fon coufin. Au moyen dequoy il retourna à fe mefler des affaires comme deuant. Et eftant Antipater renfermé & affiegé par les Grecs dedans la ville de Lamia, les Atheniens en firent facrifices pour la bonne nouuelle. Mais luy deuifant auec vn fien familier Agefiftratus, dict, qu'il n'auoit pas vne mefme opinion que les autres touchant les affaires: Car ie fçay trefbien, dict-il, que les Grecs d'vn plein fault, pour vne premiere carriere, fçauent & peuuent bien faire la guerre: mais à la continue, non. Depuis Antipater ayant pris Pharfalus, & menaffant les Atheniens d'aller mettre le fiege deuant leur ville, s'ils ne luy rendoient les orateurs qui harenguoient au peuple contre luy: Demofthenes le craignant abandonna la ville d'Athenes, & s'enfuit premierement en l'Ifle d'Ægine, pour fe ietter en franchife du temple d'Acræum: mais depuis ayant peur de n'en eftre enleué par force, il paffa en l'Ifle de Calabria, là où entendant que les Atheniens auoient refolu d'abandonner les Orateurs, & luy principalement entre les autres, il s'en alla feoir, comme suppliant, au temple de Neptune: là où Archias, celuy qui fut furnommé Phygadotheras, comme qui diroit, chaffeur de bannis, qui fut difciple & fectateur de Anaximenes, le vint trouuer, luy fuadant qu'il fe leuaft de là, & qu'il feroit des amis d'Antipater. Il luy

respondit,

A respondit, Quand tu iouois les Tragedies, tu ne me persuadois pas que cela fust vray que tu iouois, aussi peu me persuaderas tu maintenant de croire à tón conseil. Et comme il le voulust enleuer & tirer de là par force, ceux de la ville l'empescherent : & adonc Demosthenes leur dit, Ce n'a point esté en intention de sauuer ma vie que ie m'en suis retiré & fuy en ceste ville de Calabria, mais pour conuaincre les Macedoniens d'estre tyrans violents, mesme alencontre des Dieux. Et demandant à escrire, il escriuit, comme dit Demetrius le Magnesien, les vers que les Atheniens firent depuis escrire sur sa statue :

Demosthenes, si autant de puissance
Tu eusses eu comme d'entendement,
La Macedoine à toute sa vaillance
N'eust sur la Grece onc eu commandement.

Ceste statue est posee aupres du pourpris de l'autel de douze Dieux, aiant esté faicte par Polyeuctus. Les autres disent que lon trouua en escript le commancement d'vne
B missiue, Demosthenes à Antipater Salut. Philochorus escrit, qu'il mourut de poison qu'il beut : mais Satyrus dit que la canne estoit empoisonnee, & que l'aiant mise en sa bouche, sitost qu'il en eust gousté, il mourut. Eratosthenes dit que de long temps, redoutant la fureur des Macedoniens, il auoit fait prouision de poison, qu'il portoit dedans vn petit cerceau alentour de son bras. Les autres disent qu'il se feit mourir en retenant son haleine, tant & si longuement qu'il s'estouffa : les autres escriuent, qu'il auoit le poison dedans vn anneau. * *vingt & deux. Mais quand Philippus de Macedoine mourut, il sortit en public auec vne belle robbe neufue, encore qu'il n'y eust gueres que sa fille estoit morte, se resiouïssant de la mort de ce Roy Macedonien. Il aida aussi aux Thebains, faisans la guerre à Alexandre, & encouragea tous les autres Grecs, tant qu'il peut : parquoy Alexandre, apres auoir destruict la ville de Thebes, le demanda aux Atheniens, les menassant s'ils ne luy rendoient. Et
C quand il eut entrepris la guerre contre les Perses, il demanda aux Atheniés leurs vaisseaux, & Demosthenes luy contredit, alleguant pour sa raison, qu'il ne sçauoit s'il en voudroit point vser contre ceux mesmes qui luy auroient presté. Il laissa deux enfans qu'il eut de la fille d'vn Heliodorus des premiers citoiens de la ville. Il eut vne fille laquelle mourut auant que d'estre mariee : & vne autre, de laquelle, & de Lachis Leuconien, nasquit son petit fils Demochares, qui fut homme vaillant à la guerre, & aussi eloquent que nul autre de son temps. On en voit encore vne statue dedans le palais & hostel de ville, ainsi comme lon entre à main droicte. Ce fut le premier qui harengua auec son espee au costé, ceinte par dessus sa robbe, lors qu'Antipater demanda les Orateurs. Mais depuis les Atheniens ordonnerent bouche à court au palais à ses descédans, & luy dedierét vne statue sur la place, l'annee que Gorgias fut preuost, à la poursuitte de son arriere-fils Demochares, qui requit ces honneurs : & depuis Lachis
D son fils en requit aussi pour luy-mesme, l'annee que Pytharatus fut Preuost, dix ans apres, vne statue dedans la place, & bouche à court au palais, tant pour luy que pour l'aisné tousiours de ses descendans, & priuilege de presider en tous les ieux & spectacles. Les deux decrets en sont encore és registres, mais la statue de Demochares, dont nous auons parlé, fut transportee dedans l'hostel de ville. On trouue de ses oraisons, qui sont vrayement à luy, iusques au nombre de soixante cinq : il y en a qui disent qu'il vescut dissoluement, iusques à vser de robbes de femmes, & à faire banquets, masques & mommeries ordinairement, dont il fut surnommé par vn brocard de ville, Battalus : les autres disent, que ce fut du nom de sa nourrice que lon luy bailla ce soubriquet par iniure. Diogenes le Cynicque l'apperçeut vn iour dedans vne tauerne, dont Demosthenes eut honte, & se voulut retirer au dedans : & Diogenes luy dit, Tant plus tu recules arriere, tant plus auant tu entres en la tauerne. Et en se moc-

Les vies des dix Orateurs.

quant de luy il difoit, qu'il eſtoit Scythe en paroles, c'eſt à dire, braue comme vn Tartare, mais qu'au combat il eſtoit bourgeois d'Athenes. Il reçeut de l'argent d'Ephialtes l'vn des harengueurs, lequel eſtant allé en ambaſſade deuers le Roy de Perſe, en apporta groſſe ſomme de deniers, pour diſtribuer ſecrettement aux Orateurs, à celle fin qu'ils allumaſſent la guerre contre Philippus, & dit on que luy particulierement en eut pour vn coup trois mille drachmes. Il fit prendre vn Anaxilas de la ville d'Oree, qui auoit eſté autrefois ſon amy & ſon hoſte, & le fit conſtituer priſonnier, comme eſtant eſpion, & luy fit donner la queſtion: ſur laquelle il ne confeſſa rien, & neantmoins requit qu'il fuſt liuré entre les mains des vnze executeurs de la iuſtice. Vn iour qu'il vouloit harenguer en pleine aſſemblee de ville, le peuple ne le vouloit point ouyr, n'euſt eſté qu'il dit que ce n'eſtoit qu'vn conte qu'il leur vouloit faire: ce qu'entendant le peuple, luy donna audience: & il commença en ceſte
» ſorte: Il y eut, dit-il, nagueres vn ieune homme qui loüa vn aſne, pour aller de
» ceſte ville à Megares. Quand ce vint ſur le midy que le Soleil eſtoit fort ardent, l'vn
» & l'autre, le proprietaire & le locataire, vouloient ſe mettre à l'vmbre de l'aſne, &
» ſ'entr'empeſchoient l'vn l'autre, diſant le proprietaire, qu'il auoit loüé ſon aſne, mais
» non pas ſon vmbre: le locataire à l'oppoſite ſouſtenoit, que tout l'aſne eſtoit en ſa
» puiſſance. Aiant ainſi commencé ce conte, il ſ'en alla. Le peuple le rappella, & le
» pria d'acheuer. Et comment, leur dit-il, vous me voulez bien ouïr conter vne fable de
» l'vmbre d'vn aſne, & vous ne me voulez pas entendre parler de vos affaires d'impor-
» tance? Le ioüeur de Comedies, Polus, ſe vantoit vn iour à luy, que pour deux iours
» qu'il auoit ioüé, il auoit gaigné vn talent, qui ſont ſix cents eſcus: Et i'en ay, dit-il,
» gaigné cinq pour me taire ſeulement vn iour. Sa voix ſ'eſtant vne fois eſclattee,
» ainſi comme il harenguoit deuant le peuple, & à cauſe de cela ſon audience luy en
» eſtant troublee, il leur dit tout haut, Il faut eſtimer les ioüeurs de Comedies & de
» Tragedies, à cauſe de leurs belles & fortes voix: mais les Orateurs, pour leur bon
» ſens. Epicles ſe mocquoit de luy de ce qu'il eſtudioit & premeditoit touſiours ce
» qu'il auoit à dire: I'aurois honte, dit-il, ſi aiant à parler deuant vn ſi grand peuple,
» i'y venois à l'improuueu. On dit qu'il n'eſteingnit iamais ſa lampe, c'eſt à dire, qu'il
ne ceſſa d'eſtudier touſiours à limer ſes oraiſons, iuſques à l'aage de cinquante ans.
Il dit luy meſme, qu'il ne buuoit que de l'eau. Lyſias l'Orateur l'a cogneu, & Iſo-

Cecy ſem-
ble n'eſtre
pas de Plu-
tarque, &
repugne à
ce que deſ-
ſus.

crates l'a veu maniant affaires iuſques à la bataille de Cheronee, & quelques vns des philoſophes Socratiques. Il prononça la plus part de ſes oraiſons à l'improuueu, aiant l'eſprit prompt & propre à ce faire. Le premier qui requit qu'il fuſt couronné d'vne couronne, ce fut Ariſtonicus fils de Nicophanes Anagyraſien, & le ſeconda par ſerment Diondas.

HYPERIDES. IX.

HYPERIDES fils de Glaucippus, fils de Dionyſius du bourg Colyttien, eut vn fils du meſme nom que ſon pere Glaucippus, qui fut Orateur, & compoſa quelques oraiſons, duquel naſquit vn autre orateur Alphinus. Il fut vn temps auditeur du Philoſophe Platon, & de Lycurgus, & d'Iſocrates. Il ſe meſla des affaires, du temps qu'Alexandre le grand entendoit aux affaires de la Grece, & luy contredit touchant les Capitaines qu'il demandoit à ceux d'Athenes, & touchant les galeres. Il conſeilla au peuple de ne caſſer point les gens de guerre que lon entretenoit à Tenares, dont eſtoit capitaine Chares, duquel il eſtoit particulierement amy. Il plaida & aduocaſſa du commancemét pour de l'argent, & fut ſoupçonné d'auoir reçeu part des deniers que Ephialtes auoit apportez de Perſe. Il fut eleu Capitaine d'vne galere, lors que Philippus alla mettre le ſiege deuant Byzance,
& fut

Les vies des dix Orateurs. 501

A & fut enuoyé pour fecourir les Byzantins. Ceſte meſme annee il prit la charge de defrayer les danſes, là où tous les autres Capitaines, auoient eſté exemptez de toute charge publicque pour ceſte annee-là. Il requit auſſi des honneurs pour Demoſthenes, & ſon decret aiant eſté recuſé, comme fait contre les loix, par Diondas, il en fut abſouls. Il eſtoit amy de Demoſthenes, & de Lyſicles & de Lycurgus, & ne perſeuera pas en ceſte amitié iuſques à la fin : car depuis que Lyſicles & Lycurgus furent morts, & que Demoſthenes fut appellé en iuſtice, comme aiant pris argent de Harpalus, luy ſeul de tous fut nommé, & mis en auant pour faire l'accuſation, d'autant que tous les autres ſe trouuoient coulpables du meſme faict, & l'accuſa. Mais luy meſme fut accuſé par Ariſtogiton, d'auoir propoſé vn decret contraire aux loix, apres la bataille de Cheronee, Que tous les eſtrangers qui eſtoient habitans & domiciliez à Athenes fuſſent faicts bourgeois de la ville, & tous les eſclaues libres, & que lon depoſaſt les choſes ſainctes, les enfans & les femmes, dedans le port de Pirçe :

B toutefois il en fut abſouls : & comme quelques vns l'arguaſſent & ſ'eſmerueillaſſent comment il auoit ainſi lourdement failly à voir tant de loix qui eſtoient au contraire de ſon decret, il reſpondit, Si les armes des Macedoniens & la bataille de Cheronee ne m'euſſent eſblouy la veuë, ie ne l'euſſe iamais propoſé ny eſcrit. Mais il eſt certain que depuis ce iugement là, Philippus en eſtant eſtonné, leur donna permiſſion d'enleuer leurs morts, ce qu'il auoit auparauant refuzé aux herauls qui eſtoient venus de Lebadie. Depuis, apres la deſfaitte de Cranon, aiant eſté demandé par Antipater, & le peuple eſtant reſolu de le liurer, il ſ'enfuit de la ville en l'Iſle d'Ægine auec les autres condamnez, là où rencontrant Demoſthenes, il ſ'excuſa enuers luy de ce qu'il l'auoit par contraincte accuſé. Et comme il ſe vouloit departir de là, il fut ſurpris par vn Archias que lon ſurnommoit Phygadotheras, lequel eſtoit natif de la ville de Thurias, & ſa premiere profeſſion auoit eſté de iouër des Tragœdies, & lors il ſ'eſtoit mis au ſeruice d'Antipater. Si fut pris à force dedans le temple de Neptu-

C ne, là où il tenoit l'image du Dieu ambraſſee : & de là mené à Corinthe vers Antipater, où eſtans mis à la gehenne, il ſe tronçonna luy meſme la langue à belles dents, à fin qu'il ne peuſt rien deſcouurir des ſecrets de la ville, & ainſi finit ſes iours le neufieſme iour du mois d'Octobre. Toutefois Hermippus dit, qu'eſtant allé en Macedoine il y eut la langue coupee, & ſon corps ietté aux beſtes ſans ſepulture, mais qu'vn Alphinus ſon parent, ou comme les autres diſent, fils d'vn Glaucippus, obtint, par le moien d'vn medecin, licence d'enleuer le corps & le bruſler, dont il emporta depuis les cendres à ſes parents & amis, contre les arreſts des Macedoniens & des Atheniens, pour ce qu'ils eſtoient non ſeulement bannis, mais auſſi interdicts, de maniere qu'il eſtoit defendu de les inhumer dedans leur pays. Les autres diſent qu'il fut mené en la ville de Cleones, là où il eut la langue coupee, & fut tué ainſi comme nous auons dit, & que ſes parents en recueillans les oſſements, les inhume-

D rent deuant la porte aux cheuaux, ainſi que met Heliodorus en ſon tiers liure des monuments. Mais maintenant ſon ſepulchre eſt tout demoly, & n'y en a plus apparence quelconque. On dit qu'il eſtoit ſingulier entre tous les orateurs à preſcher le peuple, voire qu'il y en a qui le mettent meſme deuant Demoſthenes. On trouue de ſes oraiſons ſoixante & dix-ſept, dont il y en a de vrayes cinquante & deux. Il eſtoit ſubiect au plaiſir des femmes, de maniere que pour ceſte occaſion il chaſſa ſon fils de ſa maiſon, & y introduiſit Myrrhine, la plus ſumptueuſe courtiſane qui fuſt pour lors, & ſi ne laiſſoit pas d'auoir au port de Pirçe Ariſtagora, & en Eleuſine ſur ſes terres Philté Thebaine, l'aiant rachetee de vingt mines d'argent, qui ſont quatre cens eſcus. Il ſe promenoit tous les iours par le marché de la poiſſonnerie. Et eſtant la courtiſane Phryné, qu'il aimoit, appellee en iuſtice, & accuſee de leſe maieſté diuine, pour auoir forfaict contre les Dieux : il fut auſſi enquis alencontre de luy par

mesme moien, comme il semble, car luy mesme le monstre au commancement de
sa harengue. Et ainsi comme elle estoit toute preste à condamner, il la fit venir en auant au milieu de la place deuant les Iuges, & luy deschirant sa robbe, leur monstra son estomach à descouuert: de maniere que les Iuges, pour sa grande beauté, l'absolurent. Il auoit à part secrettement composé & dressé des memoires pour accuser Demosthenes, qui le descouurit en ceste sorte. L'estant vn iour allé visiter en sa maison vn peu mal disposé, il y trouua ces memoires dressez encontre luy: dequoy s'estant amerement courroucé, Hyperides luy respondit, Tant que tu me seras amy, cela ne te faschera point: mais au cas que tu me deuiennes ennemy, cela te gardera d'entreprendre quelque chose contre moy. Il requist que lon decernast des honneurs à Iolas, celuy qui donna le poison à Alexandre, & fut de la ligue de Demosthenes à la suscitation de la guerre Lamiaque, & fit l'oraison funebre, qui fut admirable, aux funerailles de ceux qui y moururent. Comme Philippus s'apprestast pour passer en l'Isle d'Eubœe, les Atheniens se trouuerent en grand esmoy & grande perplexité. Luy assembla en peu de temps iusques à quarante galeres de contribution volontaire, & luy mesme le premier pour soy & pour son fils contribua pour en defrayer deux. Et comme different & procez se fust meu entre les Atheniens & les Deliens, pour sçauoir ausquels deuoit appartenir la superintendance du temple de Delos, & qu'Æschines eust esté eleu pour plaider la cause, le Senat d'Areopage mit en auant Hyperides pour la plaider, & trouue lon encore auiourd'huy l'oraison qui est intitulee la Harengue Deliaque. Il fut aussi en ambassade deuers les Rhodiens, & y en arriua aussi d'autres de la part d'Antipater, qui le loüoient hautement, comme bon, doulx & gracieux prince. Il leur respondit, Ie sçay bien qu'il est voirement doulx & gracieux, mais nous ne voulons point de maistre, quelque bon & gracieux qu'il puisse estre. Lon dit, qu'il harenguoit sans action quelconque, & ne faisoit que simplement & nuement reciter les affaires, sans autrement fascher les Iuges. Il fut aussi enuoyé deuers les Eliens, pour defendre Callippus l'vn des combatants és ieux sacrez, qui estoit imputé d'auoir par corruption emporté le pris, & gaigna sa cause. Il accusa aussi le don qui par honneur auoit esté ordonné à Phocion, à l'instance & proposition de Midias Anagyrasien, l'annee que Xenius fut preuost, le vingt & septiéme iour du mois de May.

DINARCHVS. X.

DINARCHVS fils de Socrates, ou de Sostratus, natif du pays mesme d'Attique, ou cóme les autres veulent de Corinthe, vint à Athenes estant encore ieune, enuiron le temps qu'Alexandre de Macedoine passa en Asie. Il fut auditeur de Theophrastus, celuy qui succeda à Aristote en l'eschole peripatetique, & hanta aussi auec Demetrius Phalerien, pour autant qu'il commencea à s'entremettre des affaires du gouuernement apres la mort d'Antipater, estans les Orateurs les vns morts, les autres bannis & chassez de la ville: & aussi qu'il fut amy de Cassander. Il se fit riche merueilleusement, prenant argent de ceux à qui il composoit des oraisons, qui l'en requeroient: il se banda contre les plus renommez Orateurs de ce temps là, non qu'il vinst luy mesme deuant le peuple prononcer ses harengues, car il ne l'eust sceu faire, mais il les bailloit à ceux qui leur faisoient teste: mesme quád Harpalus s'enfuit, il composa plusieurs oraisons alencontre de ceux qui estoient soupçonnez d'auoir pris argent de luy, & les bailla aux accusateurs. Long temps depuis estant accusé d'auoir esté cómuniquer & parler auec Antipater & auec Cassander, enuiron le temps que le port de Munychia fut surpris par Antigonus & par Demetrius, qui y mirent garnison l'annee qu'Anaxicrates fut preuost, il vendit & fit argent de la

plus

Les vies des dix Orateurs. 502

plus part de ses biens, & s'enfuit en la ville de Chalcide, là où il fut en maniere d'exil bien l'espace de quinze ans, durans lesquels il acquit & assembla beaucoup de bien, & puis retourna à Athenes, par le moien de Theophrastus, qui procura le rappel de ban de luy & des autres bannis. Et s'en alla loger chez vn Proxenus qui estoit de sa cognoissance, là où estant ia fort vieil, & aiant mal aux yeux, il perdit son or & son argent : dequoy Proxenus voulant faire informer, Dinarchus le fit luy mesme adiourner, & fut la premiere fois que luy mesme en personne parla & plaida sa cause en iugement. L'on en trouue encore le plaidoier : & sont aussi és mains des hommes soixante & quatre oraisons vrayement siennes, excepté que l'on en attribue quelques vnes à Aristogiton. Il fut imitateur de Hyperides, ou, comme les autres veulent, de Demosthenes, à cause de sa vehemence à emouuoir les affections, & la force de ses figures.

DECRETS PROPOSEZ AV PEVPLE A ATHENES.

DEMOCHARES fils de Laches du bourg de Leuconthee, demande pour Demosthenes fils de Demosthenes Peanien, vne statue de bronze, bouche à court en l'hostel de ville, & le premier lieu aux seances d'honneur, pour luy & pour l'aisné de ses descendans à perpetuité, pour ce qu'il a esté tousiours bienfaiteur du public, & qu'il a conseillé au peuple d'Athenes plusieurs belles & honnorables choses : qu'il a tousiours exposé son bien pour le seruice de la chose publicque : & qu'il a liberalement contribué huict talents & vne galere, lors que le peuple affranchit & deliura l'Isle d'Euboee : & vne autre quand le capitaine Cephisodorus alla au voiage de l'Hellespont : & vne autre quand Chares & Phocion Capitaines furent enuoyez à Byzance par le peuple : pource qu'il a racheté de son argent plusieurs des citoiens qui auoient esté pris prisonniers par Philippus, és villes de Pydne, de Methone & d'Olynthe : qu'il a defrayé à ses propres cousts & despens les danses & les ieux publiques, quand la lignee des Pandionides faillit à fournir de defrayeurs : qu'il a fourny d'armes plusieurs pauures citoiens, qui n'auoient pas dequoy en auoir : & qu'aiant esté par le peuple esleu commissaire pour faire raccoustrer les murailles de la ville, il y a emploié trois talents de son argent, outre les dix mille drachmes qu'il emploia aussi du sien à faire faire deux trenchees alentour du port de Piree : & qu'apres la bataille de Chæronee il donna de son propre vn talent, & vn autre pour acheter du bled en la famine. Et que par ses persuasions & ses bienfaicts aiant induit les Thebains, les Euboiens, les Corinthiens, les Megariens, les Acheiens, les Locriens, les Byzantins, les Messeniens, à entrer en ligue offensiue & defensiue auec le peuple d'Athenes : il a assemblé vne armee de dix mille hommes de pied armez, & de mille cheuaux, outre la contribution de deniers : qu'estant ambassadeur il a persuadé aux alliez & confederez de contribuer iusques à la somme de plus de cinq cents talents, outre qu'il a empesché les Peloponesiens de secourir Alexandre alencontre des Thebains, donnant de son argent, & allant luy mesme en ambassade : & pour plusieurs autres bons & grands seruices qu'il a faicts, & plusieurs conseils qu'il a donnez au peuple, autant ou plus que nul autre qui se soit entremis des affaires de son temps, pour la conseruation de la liberté & de l'authorité du peuple. Ioinct qu'il a esté banny de son pays par les sedicieux vsurpateurs, qui supprimerent pour vn temps l'authorité du peuple : & finablement qu'il est mort en la ville de Calauria, pour l'amour & bienueillance qu'il a tousiours portee au peuple, aiant enuoyé Antipater des soudards pour le prendre : nonobstant lequel peril il est tousiours demouré ferme en la bonne affection & bonne volonté enuers le peuple, iusques à ne faire ny ne dire chose qui fuſt indigne de la grandeur du peuple, encore qu'il fuſt tombé en la main de ſes ennemis, & prochain de ſa mort.

CESTE PRESENTE ANNEE QVE PYTHARATVS ESTOIT PREVOST.

LACHES fils de Demochares de Leuconee, demande en don au Senat & au peuple d'Athenes, pour Demochares fils de Laches Leuconien, vne ſtatue de bronze pour mettre ſur la place, & bouche à court en l'hoſtel de ville pour celuy qui ſera touſiours l'aiſné de ſes deſcendants, & preſeance en tous ſpectacles & ieux publiques: pource qu'il a touſiours eſté bienfaiteur & bon conſeiller au peuple, aiant bien merité du public, tant és choſes qu'il a eſcrites, miſes en auant, negociees és ambaſſades, comme en ſon adminiſtration publique, à faire rebaſtir les murailles de la ville, faire prouiſion d'armes, de traicts, & d'engins de baterie & d'artillerie: & pour auoir bien fortifié la ville durant la guerre, qui a duré quatre ans auec les Bœociens: pour leſquelles cauſes il auroit eſté dechaſſé hors la ville par les Tyrans qui oppreſſerent l'authorité du peuple: & depuis qu'il fut rappellé par le peuple, l'annee que Diocles fut preuoſt, il fut le premier qui reſtraignit l'adminiſtration de ceux qui eſpargnoient leurs biens, & qui enuoyoient ambaſſades vers Lyſimachus: & qu'il prit pour le bien public du peuple trente talents, & depuis autres cent: qu'il mit en auant d'enuoyer ambaſſade deuers Ptolemeus en Ægypte, en laquelle ceux qui allerent, rapporterent cinquante talents d'argent au peuple. Et pource qu'il fut en ambaſſade deuers Antipater, duquel il reçeut vingt talents d'argent qu'il apporta au peuple en la ville d'Eleuſine: & pour ce qu'il perſuada au peuple de les prendre: & pour ce qu'il a eſté banny à cauſe qu'il eſtoit defenſeur & protecteur de la puiſſance & authorité populaire, & qu'il ne fut oncques participant d'aucune faction des vſurpateurs, ne qu'il n'eut iamais office ne magiſtrat depuis que l'eſtat populaire fut abbatu. Et pour ce que luy ſeul de tous ceux qui ſe ſont entremis des affaires de ſon temps, ne ſ'eſt iamais eſtudié ny entremis de rien remuer au gouuernement de ſon pays, pour le reduire à autre eſtat que le gouuernement populaire: & pour ce que par ſon côſeil & adminiſtration il a mis & entretenu en ſeureté les iugemés, les loix, les biens & facultez de tous les Atheniés, par ſes deportemés au maniement des affaires, & qu'il n'a iamais rien fait ny attété qui ait aucunemét preiudicié à l'eſtat du gouuernement populaire, ny en faict ny en parole.

LYCOPHRON fils de Lycurgus de Bute a preſenté requeſte, que bouche à court luy fuſt donnee en l'hoſtel de ville, ſelon le don & octroy qui en a par cy deuant eſté fait à ſon pere Lycurgus, l'annee qu'Anaxicrates eſtoit Preuoſt, & la lignee Antiochade preſidoit. Stratocles fils d'Euthydemus Diopithien propoſa: Comme ainſi ſoit que Lycurgus fils de Lycophron de Bute, aiant receu de ſes anceſtres de main en main vne bien vueillance & affection hereditaire enuers le peuple, & que ſes predeceſſeurs Diomedes & Lycurgus en leur viuant ont eſté eſtimez & honorez par le peuple, & apres leur treſpas le peuple leur a donné l'honneur d'eſtre publiquement inhumez en la rue de Ceramique, pour leur vaillance & preudhommie: & que Lycurgus luy meſme ſ'entremettant des affaires de la choſe publicque, a mis en auant pluſieurs belles, bonnes & honneſtes loix pour ſon pays, & que eſtant treſorier general du reuenu de la choſe publicque, par l'eſpace de dixhuit ans, durant leſquels il a manié des deniers publicques iuſques à la ſomme de dixhuit mille neuf cents talents: & qu'il a eu pluſieurs ſommes notables des particuliers en depoſt entre ſes mains, pour la foy que lon auoit de ſa loyauté: & qu'il a preſté & auancé du ſien à pluſieurs diuers temps & affaires de la choſe publicque, iuſques à la ſomme de ſix cens cinquâte talents: & que pour autant qu'il a eſté touſiours en toute ſon adminiſtration trouué

treſfidele

A tresfidele & loyal, & s'y est porté en fort homme de bien : il a esté plusieurs fois couronné par la ville. Et d'auantage pour ce qu'aiant esté esleu par le peuple superintendant des finances, il a assemblé bonne somme de deniers dedans le chasteau : & qu'il a faict faire vn grand ornement à la deesse Minerue, à sçauoir des images de victoire toutes d'or, & des vases à porter en procession d'or & d'argent, & autres ioyaux d'or, pour le seruice de la Deesse Minerue, iusques au nombre de cent paniers ou corbeilles d'or à porter sur la teste des filles en procession. Et qu'aiant esté aussi esleu commissaire pour les munitions & prouisiós necessaires à la guerre, il a assemblé grand nombre d'armes dedans la citadelle, & entre autres y a fait porter cinquante mille traicts. Qu'il a equippé & mis sus quatre cens galeres, les vnes qu'il a fait bastir tout de neuf, les autres qu'il a fait raccoustrer. Et qu'en outre aiant trouué des ouurages imparfaits, l'Arcenal, l'Armurerie, & le Theatre de Bacchus, il les a fait parachever, & parfaire la carriere Panathenaïque, le parc aux exercices, le Lyceum : & qu'il a embelly la ville de
B plusieurs autres fabriques, & edifices publiques. Et comme ainsi soit que le Roy Alexandre aiant desia subiugué toute l'Asie, & voulant commander vniuersellement à toute la Grece, il auroit demandé Lycurgus, comme celuy qui estoit du tout contraire à ses desseins, le peuple ne luy ait point voulu liurer pour quelque crainte qu'il eust de luy : & qu'aiant plusieurs fois esté appellé en iustice pour rendre compte de son gouuernement & administration, il a tousiours esté trouué irreprehensible, non taré d'aucune concussion ny corruption en iugement de ville libre, & gouuernee en estat populaire : A fin qu'vn chacun cognoisse que ceux qui sont ainsi bien affectionnez à la cóseruation de la liberté, & de l'estat populaire, le peuple en fait grand cópte tant qu'ils sont viuans, & apres qu'ils sont decedez leur en veut encore rendre graces immortelles : A la bonne heure & bonne encontre qu'il soit ordonné par le peuple, que lon honore Lycurgus fils de Lycophron de Bute, à cause & pour le merite de sa vertu & iustice, & que le peuple luy face dresser & eriger vne statue de bronze dedans
C la place, excepté s'il y a quelque endroit où la Loy defende d'y en poser : & que lon decerne bouche à court à celuy qui sera tousiours le plus aagé de ses descendans à perpetuité. Que les Decrets par luy proposez soient tous ratifiez, & par le greffier de la ville soient escrits en coulonnes de pierre, dressees dedans le chasteau, ioignant les offrandes qui sont faites à la Deesse, & que pour faire escrire lesdites coulonnes, le Tresorier de la ville ait à fournir cinquante drachmes d'argent, des deniers qui sont destinez à despendre pour les decrets & ordonnances du peuple.

De trois sortes de gouuernement,
Principauté, Estat populaire, & Seigneurie,

D *C'est vn fragment d'vne declamation, en presupposant vne autre exhortatoire à s'entremettre du gouuernement de la chose publique.*

COMME i'estois en pensement d'apporter & mettre au iugement de ceste compaignie les propos & deuis que ie teins hier deuant vous, il me fut aduis que i'entendis la vertu politique, ne sçay si c'estoit illusion de songe, ou essence de verité, qui me dit,
  Le fondement des disputes dorees
  Est preparé pour les Muses sacrees.
Nous auons ia posé le fondement du discours suadant & enhortant à s'entremettre des affaires de la chose publique, & maintenant poursuiuons à

De trois sortes de gouuernement.

sur edifier la doctrine qui est deuë apres vne telle exhortation: car depuis qu'vn homme a receu l'admonition & exhortation à se mesler des affaires, on luy doit consequemment bailler les preceptes de gouuernement, suiuant & obseruant lesquels il pourra, autant comme il est possible à l'homme, profiter au public, & ce pendant faire honnestement ses besongnes, auec telle seureté & tel honneur qu'il sera conuenable.

Premierement doncques il nous faut discourir vn poinct, qui est preallable à ce que nous deuons dire par cy apres, & qui depend de ce que nous auons dit par cy deuant: c'est à sçauoir, Quelle sorte de police & de gouuernement est la meilleure: car ainsi qu'il y a plusieurs sortes de vie des hommes particuliers, aussi y a-il du peuple, & la vie du peuple, c'est la police & le gouuernement. Il est doncques necessaire de declarer quelle est la meilleure, & l'homme d'estat choisira celle-là entre toutes: ou, s'il luy est impossible, il prendra d'entre les autres celle qui plus resemblera à la meilleure. Or y a-il vne signification de ce mot de Police, qui signifie autant que bourgeoisie, c'est à dire, participation des droicts & priuileges d'vne ville: comme quand nous disons, que les Megariens par ordonnance de leur ville donnerent à Alexandre le grãd leur police, c'est à dire, leur bourgeoisie, & qu'Alexandre se prit à rire de l'offre qu'ils luy faisoient: mais ils luy respondirent qu'ils n'auoient iamais decerné cest honneur qu'à Hercules seul, & depuis à luy: dequoy s'esmerueillant il accepta leur offre, la reputant honorable, d'autant qu'elle estoit rare. On appelle aussi la vie d'vn personnage politicque, qui se mesle du gouuernement de la chose publicque, la Police, comme quand nous loüons la police de Pericles, ou de Bias, c'est à dire, la façon de leur gouuernement, & au contraire nous blasmons celle d'Hyperbolus & de Cleon. Encore y en a-il qui appellent vne action grande & memorable en l'administration de la chose publicque, Police, comme la distribution d'argent, vn amortissement de guerre, vne introduction de quelque Decret notable & digne de memoire. En laquelle signification nous disons en vsage cõmun de parler, celuy-là a ce iourd'huy fait police, si d'aduenture il a fait quelque cas remarquable au gouuernement de la chose publicque. Outre toutes ces significations-là il y en a encore vne autre, qui est l'ordre & l'estat par lequel se gouuerne vne ville, par lequel sont maniez & administrez les affaires: selon laquelle signification nous disons qu'il y a trois sortes de polices, c'est à dire, de gouuernemés des villes, à sçauoir Monarchie, qui est Principauté: Oligarchie, qui est Seigneurie: & Democratie, qui est Estat populaire: desquelles Herodotus fait mention en son troisiesme liure, & les compare l'vne auec l'autre: & semble que ce sont les plus generales qui soient, car toutes autres sortes sont comme deprauations ou corruptions de celles cy, par peu ou par trop, comme és premieres consonances de la musique, quand on tend ou que lon lasche trop les chordes. Et si a departi ces trois gouuernemens par les natiõs qui ont eu tresgrand Empire, ou plus grand que nulle autre, comme les Perses ont tenu la Principauté ou Royauté, pour ce que leur Roy auoit plein pouuoir de toutes choses, sans estre subiect d'en rendre compte à personne. Les Spartiates ont tenu le conseil d'vn petit nõbre des plus gens de bien, qui depeschoiẽt tous affaires. Les Atheniens ont maintenu la domination populaire, franche & libre de toute autre mixtion. Esquelles administrations quand il y a des fautes, les transgressions & debordemens d'icelles se nomment Tyrannies, oppressions des plus forts, licence effrenee d'vne cõmune: c'est à sçauoir, quand le Prince qui a la Royauté se permet de faire outrage à qui il veut, sans vouloir souffrir qu'on luy en remonstre rien, il deuiẽt Tyran: La Seigneurie de peu de Senateurs, quand ils entrent en telle arrogance qu'ils mesprisent tous les autres, ils sont oppresseurs: L'estat populaire, quand il apporte desobeissance, & l'egalité, licence desmesuree: & toutes ensemble, temerité & folie. Ne plus ne moins doncq cõme le bon Musicien se seruira de toutes sortes d'instrumens à chanter dessus, en s'y accommodant selon que la qualité de l'instrument le

pourra

De trois sortes de gouuernement. 594

pourra comporter, & sera propre à resonner : mais toutefois s'il veut suiure le conseil de Platon, il laissera les Espinettes, les Manicordions, les Psalterions, la Harpe, & preferera à tous autres la Lyre ou la Cithre. Au cas pareil le bon politicque maniera dextrement la Seigneurie Laconique & Lycurgienne, accommodant à soy ses compagnons qui auront pareille authorité que luy, & peu à peu les attirant & amenant à soy : & se comportera aussi sagement en estat populaire, comme en vn instrument à plusieurs chordes & plusieurs sons, en laschant aller tantost quelque chose, & en se roidissant aussi quand il verra qu'il en sera temps, & s'attachant viuement, sçachant bien quand & comment il faudra resister & côtredire : mais si on luy donnoit le chois, ne plus ne moins que d'instrumens, de toutes sortes de gouuernemens, s'il n'en eslira iamais d'autre que la principauté, s'il veut adiouster foy à Platon, comme celle qui seule à la verité peut supporter celuy plus parfait & plus aigu son de la vertu, sans le laisser, ou par force, ou par grace & faueur, accommoder à l'vtilité : car toutes autres sortes de gouuernemens emmeinent autant, par maniere de dire, le politicque, comme luy les emmeine, & l'emportent autant comme luy les emporte, d'autant qu'il n'a pas puissance certaine sur ceux dont il a son authorité : ains bien souuent est contrainct d'exclamer ces vers du poëte Æschylus, que souuent escrioit le Roy Demetrius surnommé le Preneur de villes, apres qu'il eut perdu son Royaume,

Tu as voulu premierement me faire,
Et tu me veux, ce semble, ores desfaire.

Sommaire de la comparaison
d'Aristophanes & de Menander.

A PARLER en general il prefere de beaucoup Menander à Aristophanes, mais pour venir aux particularitez, voicy qu'il met en auant. Il dit que le langage d'Aristophanes est fascheux, qu'il sent son farceur, son triacleur, & son artisan mechanique : là où celuy de Menander n'en tient nullement. Aussi vn ignorant & grossier qui n'aura nulles lettres prendra plaisir à ce que celuy là dit : mais l'homme docte s'en faschera incontinent. I'entens ces contrecarres, termes opposez, ces finissans de mesme, ces allusions de noms : car de toutes ces affetteries là l'vn en vse bien peu souuent, & auec grande raison & bon iugement : y prenant soigneusement garde : mais l'autre en abuse à toutes heures importunément, & auec bien froide & mauuaise grace. Il est loüé, dit-il, de ce qu'il a noyé les Tresoriers qui n'estoient pas Tamies mais Lamies : &, cestuicy respire ou malice, ou calomnie : il vit pour son ventre & pour ses entrailles, & pour ses boyaux : &, à force de ris ie viendray à rire : &, que te feray-ie malheureuse cruche bannie en tais & en pieces ? &, ie vous feray, ô femmes, des maux sauuages, comme celuy qui ay esté nourry parmy des herbes sauuages : mais ces tresses ont deuoyé ma motte : &, apporte moy icy ma rondelle à la teste de Gorgone, & me donne vne rondelle de tarte : & plusieurs autres tels langages. Il y a doncques en la tissure de ses paroles du tragicque & du comicque, du haut & puis du bas, de l'obscur & puis du familier, de l'enflé & esleué, & puis du babil & de la causerie basse & fade en son langage : aiant tant de dissimilitudes & tant de differences, il ne sçait pas attribuer à chasque personne ce qui luy appartient & qui luy est propre & bien seant : i'entens, comme à vn Roy la parole enflee, à vn Orateur le langage rusé : à vne femme, simple : à vn homme sans lettres, bas : à vn marchand, fascheux & importun : ains à chasque personne les premiers

Comparaison d'Aristophanes & de Menander.

venus à l'aduenture : & ne sçaurois entrecognoistre ne discerner si c'est vn fils ou vn pere: ou vn villageois, ou vn homme de ville: ou vn Dieu, ou vne vieille, qui parle. Là où le stile & la phrase de Menander est tellement polie & tellement contemperee en soy-mesme, qu'estant proumenee par plusieurs diuerses mœurs, & diuerses passions, & s'accommodant à toutes personnes, neantmoins elle semble tousiours estre vne mesme, & retient sa semblance à soy-mesme en mots communs & familiers, & qui sont tous les iours en vsage. Et si d'aduenture quelquefois selon la matiere il est besoing de quelque caquet extraordinaire, & de quelque bruit de paroles, aiant debouché, par maniere de dire, tous les trous de la fleute, tout soudain il les recouure de bonne grace, & remet sa voix en son naturel. Et combien qu'il y ait en tous mestiers d'excellens artisans, iamais il n'y eut ny cordonnier qui feist soulier, ny mercier qui feist masque, ne cousturier qui feist robbe, qui fust propre & conuenable tout ensemble à vn homme & à vne femme, à vn adolescent & à vn vieillard, ou à vn vallet : mais Menander a vsé d'vne façon de dire qui est proportionnee & sortable à toute nature, à tout estat, & à tout aage : & ce aiant commancé à escrire estant bien ieune, & estant mort lors qu'il ne faisoit que commancer à estre en sa fleur & de composer, & de faire iouër & publier ses œuures, en l'aage que le stile, comme dit Aristote, prend son plus grand accroissement à ceux qui font profession de mettre par escript. Et si lon veut prendre garde aux premieres Comedies de Menander, & que lon les vueille conferer auec celles du milieu, & celles de la fin, par là on pourra cognoistre, combien il y en eust peu adiouster d'autres, s'il eust vescu plus longuement : pource qu'entre ceux qui mettent leurs œuures en lumiere, les vns escriuent pour la multitude du peuple & pour le vulgaire, les autres pour les gens d'honneur & d'entendement : & n'est pas facile d'en nommer vn autheur qui ait sceu bien obseruer le bien-seant & conuenable aux deux genres : mais quant à Aristophanes, il n'est ny plaisant à la commune, ny supportable aux gens d'honneur & de iugement, ains est sa poësie commune vne putain passee, qui veut contrefaire la femme de bien mariee : mais ny le peuple ne peut endurer son arrogance, & les gens de bien detestent son intemperance & sa malignité. Mais Menander, au contraire, auec bonne grace a satisfait à tous, estant lecture, science, dispute, commune aux Theatres, aux escholes, aux ieux & passetemps, aux festins : monstrant que la poësie est vne des belles choses que la Grèce ait produites, faisant voir que c'est & combien peut la dexterité & gentillesse du langage, allant par tout, auec vne grace attraiante, dont on ne sçauroit eschapper, rauissant & gaignant toute aureille, & tout entendement qui a intelligence de la langue Grecque. Car pour qui faut-il que l'homme docte prenne la peine d'aller au Theatre, sinon pour Menander ? Quand est-ce que les Theatres sont pleins de gens de lettres, sinon quand on monstre des masques à iouër Comedies ? & aux banquets, à qui est-ce que plus iustement la table cede, & Bacchus donne lieu ? & aux philosophes & gens qui trauaillent à l'estude, comme quand les peintres ont trauaillé leurs yeux sur couleurs trop viues & brillantes, ils les tournent sur celles qui sont verdoiantes, comme celles des herbes & des fleurs, pour les recreer & refaire : c'est Menander qui recueille l'entendement, comme en vn beau verger bien flory, où il y a de l'vmbrage & de la freccheur, des vents doux & gracieux : que la ville d'Athenes porta en ce siecle plusieurs excellents iouëurs de Comedies : que les Comedies de Menander sont pleines de graces & de sel amoureux, comme estant proprement faict de la mer, où Venus fut nee : là où les ieux salez d'Aristophanes sont d'vn sel aspre & cuisant, & qui ont vne pointe & acuité qui mord & vlcere : & ne sçay en quoy est la dexterité & gentillesse que lon vante en luy, si c'est aux paroles, ou aux personnages. Certainement ce qu'il imite & contrefait, c'est tousiours en la pire partie : car les ruses & finesses n'y sont point gallantes, mais
malignes,

A malignes, & la rusticité n'est point naïfue, mais sotte: & ses rencontres pour faire rire ne sont point ioyeuses, mais plustost dignes de mocquerie: les amours ne sont point gayes, mais dissoluës. Bref il semble que cest homme n'a escrit sa poësie pour estre leuë de pas vn homme de bien: car ce qu'il y a de deshonneste & de luxurieux, c'est pour les abandonnez à toute dissolution, & les attaches & brocards pour les enuieux & malings.

Estranges euenements aduenus pour l'amour.

EN la ville d'Aliarte situee au pays de la Bœoce fut iadis vne ieune pucelle d'excellente beauté, nommee Aristoclea, fille de Theophanes: deux ieunes hommes poursuiuoiét de l'auoir en mariage, Straton Orchomenien, & Callisthenes Aliartien. Straton estoit le plus riche & le plus amoureux de la fille, car il l'auoit veuë comme elle se lauoit en la fontaine de Hercyne, qui est en Lebadie, d'autant qu'elle deuoit le lendemain porter à la procession de Iupiter Roy la sacree corbeille: mais Callisthenes auoit l'aduantage, d'autant qu'il estoit vn peu parent d'elle. Si ne sçauoit Theophanes ce qu'il auoit à faire, car il craignoit Straton, comme celuy qui estoit le plus riche & le plus noble de tout le pays de Bœoce, & en vouloit remettre le chois & option à l'oracle de Trophonius: mais Straton, qui auoit entendu des domestiques de la fille, qu'elle inclinoit plus enuers luy, poursuiuoit que l'election fust remise au bon plaisir d'elle. Mais comme le pere Theophanes luy eust demádé à la veuë de tout le monde, lequel elle aimoit le mieux auoir pour mary, & qu'elle eust preferé Callisthenes, Straton monstra bien sur l'heure qu'il estoit fort marry de ce rebut: mais deux iours apres il s'adressa à Theophanes & à Callisthenes, disant qu'il vouloit demourer en bonne grace & amitié auec eux, encore que quelque male fortune luy eust par enuie osté l'esperance du mariage de la fille. Eux trouuerent fort bon ce propos, tellement qu'ils le conuierent ensemble au festin des nopces: mais ce pendant il feit prouision d'vn bon nombre de ses amis, & de grosse troupe de vallets qu'il distribua & cacha par les maisons de ses amis, iusques à ce que la fille selon la coustume du pays descendist à la fontaine qui s'appelle Cissoëssa, pour sacrifier aux Nymphes les sacrifices de deuant les espousailles. Lors ceux qui estoient en embusche accourans de toutes parts se saisirent d'elle, mesmement Straton qui la tiroit à luy le plus qu'il pouuoit: Callisthenes au contraire la retiroit aussi de son costé, & ceux qui estoient auec luy, iusques à tant que lon ne se donna garde, que la pucelle trespassa entre les mains de ceux qui la tiroient les vns contre les autres deçà & delà: & ne sçeut on que Callisthenes deuint sur le champ, s'il se tua luy-mesme, ou s'il s'en alla en exil hors du pays de la Bœoce, tant y a que lon ne sçeut iamais depuis qu'il deuint: mais Straton à la veuë d'vn chacun se tua luy-mesme sur le corps de la pucelle.

VN nommé Phidon pretendant se faire seigneur de tout le Peloponese, & voulant que la ville d'Argos, qui estoit son pays, dominast toutes les autres, dressa premierement embusche aux Corinthiens: car il leur enuoya demander mille de leurs ieunes hommes, des plus gaillards & des plus vaillans de leur ville. Les Corinthiés les luy enuoyerent, soubs la conduite de l'vn de leurs Capitaines nommé Dexander. Or estoit l'intention de ce Phidon de desfaire ceste troupe, à celle fin que la ville de Corinthe en fust d'autant affoiblie, & qu'il s'en seruist, comme d'vn bouleuart fort opportunément assis, pour tenir soubs ioug tout le Peloponese. Si communiqua ceste sienne deliberation à quelques vns de ses amis, entre lesquels estoit vn nommé Abron, lequel estant hoste de Dexander, luy reuela la conspiration: ainsi

Estranges euenements pour l'amour.

les mille ieunes hommes, auant qu'ils fussent chargez, se retirerent à sauueté dedans Corinthe. Parquoy Phidon s'efforçoit de trouuer celuy qui l'auoit descouuert & trahy. Ce que craignant Abron se retira à Corinthe, menant quand & luy sa femme & toute sa famille en vn bourg du territoire de Corinthe, qui s'appelle Melisse, là où il engendra vn fils auquel il donna le nom du lieu mesme de Melisse. Ce Melissus engendra vn fils qui eut nom Acteon, le plus beau & le plus honneste de son aage, duquel plusieurs furent amoureux, mais entre les autres vn nommé Archias qui estoit de la race des Heraclides, & en biens & tout autre credit & authorité le premier de tous les Corinthiens. Et pour ce qu'il voioit que de gré il ne pouuoit rien gaigner ny obtenir de ce ieune enfant, il se delibera de le forcer & de le rauir. Si s'en alla comme pour iouër en la maison de Melissus, menant quand & luy troupe grande de ses amis & de ses domestiques, & se meit en effort d'emmener l'enfant, mais le pere & ses amis le retenans à l'aide des voisins qui accoururent au secours tirans alencontre, l'enfant fut si bien tiré deçà & delà, qu'il mourut entre leurs mains : & ainsi s'en allerent tous les autres. Mais le pere Melissus en portant le corps sur la place de Corinthe, demanda iustice de ceux qui auoient commis vne telle forfaiture. Les Corinthiens ne firent rien plus que luy monstrer, qu'ils auoient compassion de sa fortune. Et ainsi s'en retournant sans rien auoir fait, il obserua & attendit l'assemblee generale des ieux Isthmiques, & montant sur le temple de Neptune, il se prit à crier alencontre de la race des Bacchiades, & rememora le benefice que leur auoit iadis fait son pere Abron, & apres auoir demandé vengeance aux dieux, il se precipita luy mesme du haut en bas des rochers. Peu de temps apres vne grande seicheresse & famine saisit la ville, & comme les Corinthiens enuoyassent deuers l'oracle pour sçauoir par quel moien ils en pourroient estre deliurez, dieu leur feit response, que c'estoit vn courroux de Neptune qui ne seroit point appaisé iusques à ce qu'ils eussent vengé la mort d'Acteon. Ce qu'entendant Archias, qui auoit esté deputé à ceste ambassade, ne retourna pas à Corinthe, ains nauiguant en Sicile, y fonda & bastit la ville de Syracuse, là où il engendra deux filles Ortygia & Syracusa, & à la fin y fut tué en trahison par vn Telephus, duquel il auoit autrefois abusé en son enfance, & qui aiant la conduite d'vne nauire l'auoit suiuy en la Sicile.

Vn pauure homme nommé Scedasus demouroit à Leuctres, qui est vn petit village du territoire de Thespies : il eut deux filles qui s'appelloient l'vne Hippo, & l'autre Meletia : ou, comme les autres escriuent, Theano & Euippe. Or estoit ce pauure homme Scedasus bening, courtois & humain, mesmement aux passans estrangers, encore qu'il n'eust pas beaucoup de biens. Si receut humainement en sa maison deux ieunes hommes Spartiates, lesquels espris de l'amour de ces deux ieunes filles furent retenus de rien attenter contre leur pudicité pour la bonté & courtoisie de leur pere, & le lendemain matin ils prirent leur chemin vers la ville de Delphes, à l'oracle d'Apollo Pythique, car ils estoient partis expressément pour faire ce voyage. Et apres auoir enquis de l'oracle ce qu'ils vouloient, reprirent leur chemin pour s'en retourner en leur pays. Et passans à trauers la Bœoce s'en allerent derechef loger chez Scedasus, lequel pour lors n'estoit pas à Leuctres : mais ses filles, pour l'accoustumance où elles auoient esté nourries, receurent ces deux hostes en leur logis. Et eux les voians toutes seules, les violerent à force : puis apres le faict, voians qu'elles estoient si amerement courroucees de l'iniure qu'ils leur auoient faitte, qu'ils ne les pouuoient appaiser, ils les tuerent toutes deux, & les ietterent dedans vn puys, & s'en allerent. Scedasus estant retourné ne trouue point ses filles, mais bien trouue-il tout ce qu'il auoit laissé en sa maison sauf & entier, & ne sçauoit que c'estoit à dire, iusques à ce que son chien se plaignant, & tantost accourant à luy, & tantost le menant au puys, il commença à se doubter de ce qui estoit, & ainsi tira les corps de ses deux

filles

Estranges euenements pour l'amour. 506

A filles: & entendant de ses voisins, que le iour precedent ils auoient veu entrer les deux ieunes hommes Lacedęmoniens qui quelques iours auparauant auoient logé chez luy, il se doubta incontinent que ce deuoit estre eux qui auoient commis le crime, mesmement qu'il se souuenoit qu'à la premiere fois ils ne faisoient que loüer ses filles, disans qu'ils reputoient pour bien heureux ceux qui les espouseroient. Si s'en alla en Lacedęmone pour en parler aux Ephores: & quand il fut dedans le territoire d'Argos, la nuict le surprenant, il se logea en vne hostellerie: dedans laquelle il trouua vn autre pauure vieillard natif de la ville d'Oree, en la contree Estiatide, lequel souspiroit & gemissoit en maudissant les Lacedęmoniens. Scedasus l'ayant ouy, luy demanda, que luy auoient faict les Lacedæmoniens qu'il les maudissoit ainsi. Le vieillard luy conte, comme il estoit subiect de Sparte, & qu'ayant vn Aristodemus esté enuoyé pour gouuerneur en la ville d'Oree, il y auoit vsé d'vne grande iniustice & griefue cruauté en son endroict. Car estant deuenu amoureux d'vn mien fils, dict-

B il, & voyant qu'il ne le pouuoit induire à sa volonté, il essaya de le forcer, & de l'emmener par force hors du lieu où il s'exerçoit auec ses compagnons à la luicte. Le maistre de l'exercice empescha ce gouuerneur, à l'aide de plusieurs ieunes hommes qui y accoururent au secours, tellement que pour l'heure Aristodemus se retira. Mais le lendemain ayant armé vne galere, il s'y en reuint & rauit mon enfant: & trauersant la mer iusques à l'autre riue, il se mit en deuoir de le violer: ce que l'enfant n'ayant pas voulu souffrir, il le tua, puis s'en retourna à Oree, là où il fit vn banquet à ses amis. Ie fus aduerty de l'inconuenient, & allay faire les funerailles de mon fils, & incontinent me mis en chemin deuers Sparte, où i'exposay le faict aux Ephores, mais ils n'en tindrent compte. Scedasus oyant ces paroles estoit en grande perplexité d'ennuy, pensant bien qu'ils ne feroient non plus compte de luy. Et de sa part raconta aussi sa desconuenuë à l'estranger, qui luy conseilla de n'aller pas seulement iusques à Sparte, ny en parler aux Spartiates, ains s'en retourner en la Bœoce, & là faire dresser vn

C tombeau à ses deux filles. Toutefois Scedasus ne le creut pas, ains alla iusques à Sparte, & parla aux Ephores, lesquels n'en firent autrement point de compte: puis s'adressa aux Roys, & apres aux particuliers bourgeois, en leur recitant le faict, & lamentant son malheur. Mais voyant qu'il n'y gaignoit rien, il se prit à courir à trauers la ville, leuant les mains deuers le ciel, & frappant du pied contre la terre, il inuoqua les Furies à son secours, & finablement se tua luy mesme. Mais depuis les Lacedæmoniens en payerent bien la peine: car estans si grands qu'ils commandoient à toute la Grece, & auoient mis des garnisons par toutes les villes, Epaminondas Thebain le premier coupa la gorge à la garnison qui estoit à Thebes: à raison dequoy les Lacedæmoniens firent la guerre aux Thebains, lesquels leur allerent au deuant iusques au village de Leuctres, prenans le lieu à bon presage, pource que là mesme ils auoient autrefois esté deliurez, quand Amphictyon chassé par Stenelus se retira en la ville de

D Thebes, & de là ayant subiugué les Chalcidiens, & rendu tributaires, ayant tué mesme le Roy de l'Eubœe Chalcodous, deliura les Thebains, du tribut qu'ils payoient au parauant. Si aduint que les Lacedæmoniens furent entierement desconfits & desfaicts auprés de la sepulture de ces deux filles. Et dit-on que deuant la bataille Scedasus s'apparut en songe à Pelopidas l'vn des Capitaines de l'armee Thebaine, qui estoit tout descouragé, à cause de quelques signes & presages qu'il iugeoit & interpretoit en male part, & l'admonesta d'auoir bon courage, parce que les Lacedæmoniens venoient là pour y payer la peine qu'ils deuoient tant à luy, come à ses deux filles, & luy commanda le iour de deuant la bataille d'immoler vne ieune poultre qu'il trouueroit toute preste sur la sepulture de ses filles. Pelopidas comme les ennemis estoient encore campez à Tegee, enuoya deuant à Leuctres enquerir de ceste sepulture, & en estant informé par ceux du pays, il y mena hardimét son armee, & y gaigna la bataille.

Q q q iiij

Estranges euenements pour l'amour.

IIII. PHOCVS estoit Bœotien de race, comme estant descendu de Clisante, & auoit vne fille nommee Callirhoé, belle, sage, & honneste à merueille. Si y auoit trente des plus gentils-hommes de toute la Bœoce qui la demandoient en mariage: mais le pere alloit tousiours trouuant des remises de iour à autre, craignant d'estre forcé. Finablement se voyant pressé de ces ieunes poursuyuans, il resolut d'en remettre l'election à l'oracle d'Apollo. Les ieunes gens irritez de ceste response, se ruerent sur luy, & le tuerent: &, en ce tumulte, la fille eschappant s'en fuit à trauers le pays. Les Iouuenceaux coururent apres, mais elle trouua des laboureurs qui accoustroient & entassoient du bled dessus vne aire, & la coucherent dedans le bled, tant que les poursuiuans passerent outre sans l'apperceuoir. Elle estant ainsi eschappee, attendit le iour de la feste & assemblee generale que lon appelle Pambœotia, pource que tous les habitans du pays de la Bœoce y conuiennent: & s'en allant en la ville de Coronee, s'alla seoir en habit de suppliante aupres de l'autel de Minerue Itonienne, là où elle recita aux assistans la meschanceté que ces poursuiuans auoient commise, nommant chascun par son nom, & declarant dont estoit chascun d'eux. Les Bœotiens eurent pitié d'elle, & furent fort asprement indignez contre les ieunes hommes. Ce que eux entendans s'enfuirēt en la ville d'Orchomene, mais les Orchomeniens ne les voulurent pas receuoir: au moyen dequoy ils s'allerent ietter dedans la petite villette de Hippolis, qui est vne bourgade pres de Helicon, entre la ville de Thebes & celle de Coronee. Les Thebains leur enuoyerent denoncer qu'ils eussent à liurer és mains de la iustice les meurtriers qui auoient tué Phocus. Ils n'en voulurēt rien faire, au moyen dequoy les Thebains & les autres Bœotiens y allerent auec armee mettre le siege, soubs la conduite du Capitaine Phœdus, qui lors estoit en estat de Capitaine à Thebes, & assiegea la bourgade qui estoit forte. Ils forcerent à la fin ceux qui estoient dedans, à faulte d'eau, lapiderent les homicides, & asseruirent & rendirent esclaues les habitās du lieu, razans les murailles & les maisons, & distribuans entre les Thebains & les Corcyriens leur territoire. Si dit-on que le iour de deuant que le bourg d'Hippolis fust pris, on ouyt vne voix venant du mont de Helicon, de quelqu'vn qui disoit, Voy-me-cy, par plusieurs fois, & que les trente poursuyuans recogneurent bien la voix, & dirent que c'estoit celle de Phocus: & le iour qu'ils furent lapidez & accablez de pierres, on dict que le tombeau du vieillard qui estoit à Clisante rendit du saffran coulant. Et ainsi comme le Capitaine des Thebains Phœdus retournoit du camp & de la victoire, on luy vint apporter nouuelle, comme sa femme estoit accouchee d'vne fille. Ce que prenant à bon augure, il l'en appella Nicostrate, qui signifie victoire de l'armee.

V. ALCIPPVS estoit Lacedemonien de nation, & ayant espousé vne dame nommee Democrita en eut deux filles, conseillant à son païs ce qui luy sembloit tousiours estre le meilleur, & les seruant de sa personne en toutes occurrences où le besoing s'en presentoit. Il suscita contre luy l'enuie de ses emulateurs au gouuernement, qui allerent seduire les Ephores par calomnies & faux rapports, leur donnans à entendre que cestuy Alcippus vouloit subuertir les loix, & changer l'estat de Sparte, tant qu'ils le firent bannir du pays, & encore empeschoient Democrita de le suyure auec ses deux filles: &, qui pis est, luy confisquerent son bien, à fin que les filles n'eussent pas dequoy estre mariees. Et comme neantmoins plusieurs ieunes gens les demandassent en mariage à cause de la vertu de leur pere, ses ennemis firent en sorte par leurs menees, que par decret public il fut defendu que lon ne les demandast en mariage, parce que leur mere Democrita auoit souuent faict priere aux Dieux, que bien tost ses filles portassent des enfans qui peussent venger l'iniure faicte à leur pere. Parquoy Democrita se voyant de tous costez chassee, espia le iour d'vne feste publicque solennelle, en laquelle les femmes auec leurs filles, leurs seruantes & leurs petits enfans festoyoient, & celles des magistrats & hommes d'honneur, à part en vne

grande

Estranges euenements pour l'amour. 507

A grande salle, veilloient & passoient toute la nuict. Si ceingnit vne dague par dessous sa robbe, & prenant ses filles auec elle, quand la nuict fut venuë s'en alla au temple auec les autres. Elle attendit l'heure que toutes les Dames estoient occupees aux cerimonies du seruice diuin, & faisoient leur mystere: les portes estans toutes fermees, elle amassa à l'encontre force bois, dont on auoit faict prouision pour le sacrifice de la feste, & mit le feu dedans. Et comme les hommes accourussent de toutes parts au secours, Democrita tua ses filles, & dessus elles soy-mesme. Parquoy les Lacedæmoniens ne sçachans plus sur quoy exercer leur courroux, enuoyerent ietter les corps de Democrita & de ses deux filles hors des confins de leur pays. Dequoy Dieu estant indigné, pour vengeance enuoya le grand tremblement de terre qui aduint en Lacedemone, ainsi que lon trouue par escrit.

Quels animaux sont les plus aduisez, ceux de la terre, ou ceux des eaux.

AVTOBVLVS.

ON demanda quelquefois à Leonidas Roy de Lacedęmone, ce qu'il luy sembloit du poëte Tyrtęus: à quoy il respondit, Il me semble que c'est vn bon poëte pour aiguiser les courages des ieunes hommes: pource que par ces vers il imprime és cœurs des ieunes gens vne affectiõ de ne s'espargner point aux perils de la guerre, pour acquerir honneur & reputation: aussi ay-je peur, mes amis, que le discours à loüange de la chasse, qui fut hier leu en ceste compagnie, n'ait si fort excité oultre mesure nos ieunes gens qui ayment la chasse, qu'ils estiment desormais toutes autres choses accessoires, ou plustost qu'ils n'en facent à l'aduenir aucun compte, & qu'ils ne se laissent de tout poinct emporter à l'affection de chasser: veu que moy-mesme de nouueau m'en retrouue plus chaudement affectionné que ne porte mon aage, tellement que, comme dict Phædra en Euripide,

   Mon deduit est à pleine voix
   Appeller chiens emmy les bois,
  En suyuant les cerfs à la trace:

tant ce discours me toucha au vif, pour le grand nombre des belles & viues raisons qu'il deduisit. SOCLARVS. Tu dis la verité, Autobulus: car il me sembla qu'il feit vne grande preuue de son eloquence ia par quelque temps discontinuee, pour gratifier, à mon aduis, aux ieunes gens qui assistoient, & s'esguayer auec eux: mais ce qui plus me contenta en tout son discours, fut quand il nous representa deuant les yeux des escrimeurs combatans à outrance les vns contre les autres, en deduisant que l'vne des raisons pour lesquelles principalement la chasse est à loüer, c'est pource qu'elle diuertit vne certaine affection que nous auons imprimee de nature, ou bien apprise par accoustumance, de prendre plaisir à voir combattre à coups d'espee des hommes les vns contre les autres: l'employant à ceste occupation, nous donne à voir vn spectacle & passetemps pur & innocent, du combat d'adresse conioincte auec hardiesse conduicte par raison, à l'encontre d'vne force & violence bestiale: en quoy faisant il nous a monstré que bien digne de loüange est la sentence d'Euripide, quand il dict,

Quels animaux sont les plus aduisez,

L'homme a bien peu de force corporelle,
Mais sa prudence & raison naturelle
Va iusqu'au fond de la mer captiuant
Tout ce qui est dedans les eaux viuant,
Et sur la terre & tout ce que par l'air
D'oyseaux on voit legerement voler.

AVTOBVLVS.

Et toutefois, amy Soclarus, il y en a qui tiennent que ceste dureté inflexible & aspreté sauuage, de ne se mouuoir de rien à pitié, est de là venuë aux cœurs des hommes, s'estant à la chasse accoustumez à tuer, & ayans appris à n'auoir point horreur de voir le sang & les blesseures des bestes qu'ils prenoient, ains estans bien aises de les voir mourir & de les mettre en pieces. Ne plus ne moins qu'en la ville d'Athenes, quand elle fut reduicte soubs la tyrannie des trente tyrans, le premier homme qu'ils feirent mourir fut vn calomniateur, & dit-on lors que c'estoit bien employé, & qu'il l'auoit bien merité: autant en dit-on du second & du troisiéme: mais de là en auant ils commancerent petit à petit à passer outre, iusques à s'attacher à des gens de bien, & finablement ne pardonnerent pas aux meilleurs, & aux plus vertueux. Aussi celuy qui tua le premier vn ours, ou vn loup, en fut estimé gentil compagnon: & le bœuf ou le pourceau qui auoient mangé de quelques choses que lon auoit preparees pour en faire offrande & sacrifice aux Dieux, en fut condamné comme digne de mort: puis apres les cerfs, les lieures, & les cheureux que lon commença desia à manger, conuierent à mettre sur table les chairs des moutons, voire en quelques lieux, celles des chiens mesmes, & celles des cheuaux. Mais ceux qui ont enseigné à desmembrer & tailler en pieces vn oyson priué, vn pigeon familier, vn coq, & vne poulle domestique, & encore non pour se nourrir & remedier à la necessité de la faim, côme font les belettes, les chats, & les fouins, mais seulement pour plaisir & pour delices: ceux-là ont grandement fortifié ce qu'il y a de sanguinaire & de cruauté bestiale en nostre nature, la rendans inflexible à la misericorde, & au contraire affoibly & rebousché la pluspart de ce qu'il y a de debonnaireté naturelle: comme à l'opposite les Pythagoriens vouloient que lon s'accoustumast à vser de mansuetude enuers les bestes, pour vn exercice de pitié & de misericorde enuers les hommes: car l'accoustumance se familiarisant petit à petit à quelque passion ou affection, a vne merueilleuse efficace de pousser l'homme fort auant. Mais ie ne sçay comment estans entrez en propos nous nous sommes oubliez de nous attacher à ce qui fut hier commencé, & qui se doit continuer auiourd'huy: car hier comme tu sçais, ayans arresté que toutes sortes d'animaux ont en eux quelque peu de discours & de raison, nous donnasmes vne belle occasion & matiere de dispute docte & plaisante à nos ieunes hommes qui ayment la chasse, à sçauoir, quelles bestes, terrestres, ou aquatiques, ont plus d'entendement: laquelle question nous deuons ce me semble decider auiourd'huy, si Aristotimus & Phædimus persistent aux defis & prouocations qu'ils se donnerent hier l'vn à l'autre: car l'vn promeit à ses compagnons qu'il soustiendroit que la terre produit & porte des animaux qui ont plus de sens & d'entendement: & l'autre au contraire, que c'est l'eau. SOCLARVS. Ouy, Autobulus, ils persistent voirement en leur volonté de disputer, & seront icy tous deux bien tost pour cest effect, car ie les ay veus qui s'apprestoient dés le matin: mais si vous voulez, en attendant que nous oyons le combat de la dispute, reprenons vn petit ce qui deuoit hier estre discouru, & ne le fut pas, pource que le temps ny le lieu n'estoient pas à propos, ou bien qu'il ne fut pas traicté à bon escient, d'autant que c'estoit à la table: car il y eut quelqu'vn qui ietta à la trauerse vne opposition bien pertinente, venant de l'eschole des Stoïques. C'est que comme le mortel est opposite à l'immortel, & le corruptible à l'incorruptible,

ceux de la terre, ou ceux des eaux. 508

A corruptible, & le corporel à l'incorporel: aussi faut-il confesser que le raisonnable est opposite à l'irraisonnable, & que si l'vn est en estre, l'autre y doit estre aussi, & que ceste couple de contraires entre tant d'autres n'estoit pas seule defectueuse ny imparfaicte. AVTOBVLVS. Et qui voudroit dire cela, amy Soclarus, qu'estant le raisonnable en nature & en estre, l'irraisonnable n'y doiue estre aussi? car il y en a, & en grande quantité, mesmement en toutes les creatures qui n'ont point d'ame: & n'est point de besoing de cercher autre opposition à ce qui est raisonnable, parce que tout ce qui est sans ame, incontinent est aussi opposite à ce qui auec ame a vsage d'entendement & de raison. Et s'il y a quelqu'vn qui maintienne que la nature ne soit point pour cela defectueuse ny imparfaicte, parce que toute substance qui a ame, est ou raisonnable ou irraisonnable: vn autre luy dira aussi, que la nature animee n'est point defectueuse voirement, parce que ou elle a imagination, ou elle est sans imagination, ou bien elle est sensitiue, ou sans aucun sentimét, à fin qu'elle ait à ses costez, ces deux

B oppositions ou priuations, faisant contrepois l'vne à l'autre alentour du mesme genre, comme deux branches opposites, sortans d'vn mesme tronc. Et s'il luy semble que celuy soit impertinent qui demande qu'on luy concede, que de la nature animee vne branche soit sensitiue, & vne autre sans sentiment, & l'vne imaginatiue, & l'autre sans imagination, pource qu'il estime que toute nature animee soit incontinent & sensitiue & imaginatiue: pour cela n'aura-il pas plus d'apparence à demander qu'on luy suppose pour veritable, que tout ce qui a ame soit ou raisonnable ou irraisonnable, en discourant auec gens qui ont opinion que rien n'ait sentiment qui n'ait quant & quant aussi entendement, & qu'il n'y ait pas vne espece d'animal qui n'ait quelque maniere d'opinion, & quelque discours de raison, tout ainsi qu'il a le sentiment & l'appetit de nature: car la nature, que lon dict veritablement faire toutes choses pour quelque cause, & à quelque fin, n'a point fait l'homme sensitif pour simplement sentir passiuement: ains comme ainsi soit qu'il y ait innumerables choses qui luy sont

C propres & d'autres qui luy sont contraires, il ne pourroit pas durer ny subsister vn moment de temps, s'il ne sçauoit se seruir & accommoder des vnes, & se garder des autres. Or est-il que le sentiment donne à tout animal la cognoissance autant de l'vn comme de l'autre également, mais la discretion puis apres, qui accompagne le sentiment de receuoir ou prochasser ce qui leur est profitable, ou bien de fuir & reietter ce qui leur est pernicieux & dommageable: il n'y auroit apparence quelconque de dire que les animaux l'eussent, s'ils n'auoient aussi ensemble quelque moyen & aptitude naturelle de discourir, de iuger, de comprendre & de retenir: & à ceux à qui vous aurez de tout poinct osté le pouuoir attendre, se souuenir, choisir, se prouuoir & preparer, & outre l'esperer, le craindre, le desirer, & le refuser, à ceux-là ne seruira plus de rien auoir des yeux ny des oreilles, ny aucun autre sens naturel, ny apprehension ou imagination, attendu qu'elle n'aura pas le moyen d'en vser ny de s'en seruir: &

D vaudroit mieux qu'ils en fussent de tout poinct destituez & priuez, que de pouuoir souffrir trauail, douleur & tristesse, & n'auoir pas de quoy s'en defendre & s'en garder: combien qu'encore y a-il vn discours du philosophe naturel Straton, par lequel il monstre qu'il n'est pas possible de sentir mesme, sans quelque discours de raison. Car nous courons bien souuent de l'œil des lettres, & oyons le son des paroles qui nous donnent aux oreilles, sans que nous les entendions ny comprenions, & nous fuyent, pour autant que nostre entendement est ailleurs, lequel reuenant à soy court apres & tasche à les reprendre, repassant & repetant vn chascun poinct: à l'occasion dequoy il n'a pas anciennement esté mal dict, l'Entendement voit, l'entendement oyt, tout le reste est sourd & aueugle: comme s'il vouloit dire, que le souffrir des yeux ou des oreilles ne faict pas le sentiment, si l'entendement n'y est. Et pourtant Cleomenes Roy de Lacedæmone estant quelque iour à vn festin en

Quels animaux sont les plus aduisez,

Ægypte, où il fut recité quelque composition qui aggrea fort à la compagnie, comme on luy demandast ce qu'il luy en sembloit, & s'il l'auoit pas trouuee bien faicte, Ie m'en rapporte à vous, dit-il, & vous en laisse le iugement, car quant à moy, mon entendement estoit cependant au Peloponese. de maniere qu'il est doncques necessaire, que toute creature qui a sentiment, ait aussi ensemble discours & entendement, puis que par l'entendre nous venons à sentir naturellement. Mais posons le cas que le sentiment n'eust point besoing de l'entendement pour exercer sa function & son operation naturelle, apres que le sentiment a faict le deu de son office, qui est de discerner ce qui est propre & commode à l'animal, & ce qui luy est contraire : cela passé, qu'est-ce qui en conserue la memoire, qu'est-ce qui craint les choses nuisibles & offensiues, & qui desire & appete les aggreables & vtiles, & qui cerche le moyen de les auoir & iouyr, quand elles ne sont pas presentes? Qu'est-ce qui prepare des forts & des retraictes, des engins à prendre, ou au contraire des ruses pour eschapper quand on est pris? Et toutefois ils nous rompent la teste à force de definir à tout propos en leurs Introductions, que c'est que προαίρεσις, c'est à dire, propos deliberé, designation de mettre à effect. Que c'est que entreprise, ἐπιβολή, appetit deuant appetit. Que c'est que παρασκευή, prouision, action deuant action. Que c'est que μνήμη, memoire, comprehension d'vne proposition affirmatiue ou negatiue passee, dont la verité presente a esté autrefois comprise par le sentiment. Car de toutes ces choses-là il n'y en a pas vne qui ne soit raisonnable, ie veux dire, qui ne procede du discours de la raison, & neantmoins toutes conuiennent & se treuuent en tous animaux. Comme aussi ils definissent νόησις, pensee, intelligence reseruee & mise à part, & pensement : διανόησις, intelligence qui est encore en mouuement : & les passions communément & en general, mauuais iugements & fausses opinions. C'est merueille donc comment ils passent par dessus tant d'effects & tant de mouuements que lon voit és animaux, les vns procedans de courroux & de cholere, les autres de peur, voire de ialouzie & d'enuie, & qu'ils ne sauent pas que eux mesmes punissent leurs chiens & leurs cheuaux quand ils leur font des faultes, & si ne le font pas en vain à la volee, ains en inuention & volonté de les rendre plus sages, leur imprimant vne desplaisance procedant de douleur, laquelle nous appellons repentance. Quant est aux voluptez, celle qui se reçoit par les oreilles ils l'appellent enchantement, & celle qui se reçoit par les yeux esblouïssement : ils vsent de l'vne & de l'autre sorte à l'encontre des bestes, car c'est chose certaine que les cerfs & les cheuaux s'esiouyssent d'ouyr le son des fleutes & des aubois, & faict-on à force sortir de leurs trous les cancres squinades auec des trompettes & clairons : aussi dict-on que l'alose oyant des hommes chanter & battre des mains les vnes contre les autres, vient au dessus de l'eau & en sort dehors : dauantage le duc estant enchanté à voir des personnes qui se resiouïssent à baller & danser, se laisse prendre en les cuidant contrefaire, & remuant les espaules à la cadence comme eux. Et quant à ceux qui parlent de cela si lourdement & si impertinemment, que de dire que les animaux ne se resiouyssent, ny ne se courroucent, ny ne craignent point, que l'arondelle ne faict point de prouision, & que l'abeille n'a point de memoire, mais qu'il semble seulement que l'arondelle vse de prouoyance, que le lion semble se courroucer, & la bische trembler de peur, ie ne sçay pas qu'ils respondroient à ceux qui leur mettroient en auant, qu'il faudroit doncques aussi dire qu'ils ne voyent & qu'ils n'oyent point, & qu'ils n'ont point de voix, mais seulement qu'il semble qu'ils voyent, & qu'ils oyent, & qu'ils ont voix : & brief qu'ils ne viuent pas, mais qu'il semble qu'ils viuent : car dire l'vn ne seroit pas plus contre toute manifeste euidence, que l'autre. SOCLARVS. Ie suis bien de ceste mesme opinion, Autobulus : mais de comparer les mœurs, les vices, les actions, & les deportemens des hommes à celles des bestes, outre ce que ie voy en cela beaucoup d'autre indignité,

encore

ceux de la terre, ou ceux des eaux. 509

A encore ne puis-je entendre comment la nature leur auroit baillé le commencement de la raison, veu qu'elles ne peuuent atteindre à la fin, qui est la vertu, à laquelle la raison se refere, attendu qu'il n'y a piece d'elles qui monstre aucun signe qu'elle y tende, qu'elle y profite, ne qu'elle en ait enuie. AVTOBVLVS. Voire-mais cela, amy Soclarus, ne semble pas estrange ny hors de verité à ces mesmes Stoïques là : car ils mettent l'amour & la charité naturelle que nous auons enuers ce qui est engendré de nous, pour le fondement de la societé ciuile, & de la iustice : mais combien qu'ils la voyent bien euidente & bien puissante és bestes brutes, si est-ce toutefois qu'ils nient fort & ferme qu'elles ayent aucune part en la iustice : & qui plus est, les mules & mulets n'ont point faute des instruments requis à la generation, car nature leur a donné aux masles les membres masculins, & aux femelles des matrices, & si sentent en les employant la mesme volupté que les autres animaux, & toutefois ils ne peuuent arriuer à la fin de generation. Et d'autre part pren garde que ce ne soit

B vne lourdise digne de mocquerie à tels philosophes, de maintenir que vn Socrates & vn Platon ne soient de rien moins vicieux que le plus meschant esclaue qui se pourroit trouuer au monde, & dire qu'ils soient tout autant ou fols, ou luxurieux, ou iniustes, pource que tous pechez leur sont égaux, & puis accuser que la source de vertu ne soit pas pure ne parfaicte en elles, comme si ce n'estoit pas vn default & vne imbecillité de raison : mesmement qu'ils confessent eux mesmes estre imperfection d'vsage de raison, dont toutes les bestes sont pleines, car nous voyons manifestement qu'il y a en aucunes de la coüardise, de l'intemperance, de l'iniustice, & de la malignité. Or celuy qui afferme que ce qui n'est apte ny habile à receuoir droicte raison, ne soit pas simplement capable de raison, premierement c'est tout autant comme s'il maintenoit que le singe ne fust pas capable de laideur, ny la tortuë de tardité, d'autant que ces animaux là ne sont pas susceptibles de beauté ny de vistesse. Et puis il n'entend pas la difference qu'il y a entre raison droicte, & raison

C simple : raison simplement vient & procede de nature, mais droicte raison vient de soing, d'estude & de diligence : & pourtant toutes creatures qui ont ame sensitiue sont capables & susceptibles de discipline, par le moyen de ceste faculté de discourir & de raisonner : mais ceste droicte raison que nous cerchons, qui n'est autre chose que la Sapience, ils ne sçauroient pas nommer vn seul homme qui onques l'ait eüe, comme il y a difference de veuë à veuë, & de vol à vol, parce que vn esparuier voit bien autremét que ne faict vne fourmis, & autrement vole l'Aigle que ne faict pas la perdris : aussi toute creature qui a capacité de raison n'a pas la viuacité ny la promptitude de pouuoir penetrer iusques à la cyme. Car on voit és animaux assez de signes tous manifestes de iustice en societé, de hardiesse, de ruze & de finesse en leurs prouisions, & en leurs mesnages : comme au contraire aussi y voit on des indices de violence iniuste, de lourderie & de sottise, comme tesmoigne ce qui a maintenant esmeu la

D contention de dispute entre nos ieunes hommes, parce que tous deux supposent que naturellement il y a difference : mais les vns maintiennent qu'il y a plus d'auancement à la vertu és animaux de la terre, & les autres és animaux de la mer : ce qui est bien manifeste qui voudra comparer les cigognes aux cheuaux de riuiere, parce que les vnes nourrissent leurs peres quand ils sont deuenus vieux, & les autres les tuent, pour pouuoir saillir & couurir leurs meres : & aussi qui conferera les pigeons auec les perdris, parce que les pigeons cassent les œufs, & tuent quelquefois les femelles cependant qu'elles couuent leurs œufs, d'autant qu'elles ne les veulent pas alors endurer ny receuoir : là où les perdris masles prennent sur eux part de la sollicitude de couuer les œufs, & les eschauffent à leur tour, & qui plus est, sont les premiers qui apportent la beccuee à leurs petits quand ils sont esclos, & si d'auenture la femelle demeure trop hors du nid, le masle la bat à coups de bec, & la contraint de retourner à

Rrr

Quels animaux sont les plus aduisez,

ses œufs & à ses petits. Et Antipater qui reproche aux asnes & aux moutons leur ordure & negligence de se tenir nettement, ne sçay comment il a oublié à parler des onces & des arondelles: car les onces cerchent vn lieu à l'escart pour vriner, & y cacher vne pierre fine, qui s'engendre de leur vrine, & s'appelle Lyngurion: & les arondelles enseignét à leurs petits à se tourner le derriere pour ietter hors de leur nid leur fiante. Et puis pourquoy est-ce que nous ne disons pas qu'vn arbre soit plus ignorant qu'vn autre, comme nous disons bien qu'vn mouton est plus simple qu'vn chien: ny qu'vne herbe soit plus timide qu'vne autre, là où nous disons bien que le cerf est plus coüard que n'est le lion? Et tout ainsi qu'entre les choses immobiles, nous ne dirions iamais que l'vne fust plus tardiue que l'autre, ny entre celles qui ne rendent son quelconque, que l'vne eust la voix plus gresle ny plus grosse que l'autre: aussi ne dira lon iamais l'vne plus rusee, ny plus lourde, ny plus grossiere, ny plus intemperante que l'autre, sinon entre celles qui par nature ont quelque habilité & aptitude à vser du discours de la raison, mais ceste puissance estant donnee aux vns plus, aux autres moins, c'est cela qui faict la difference. Voire-mais il n'y a point de comparaison, dira quelqu'vn, de l'homme auec les bestes, tant il les auance & precede en toute subtilité d'entendement, en iustice & equité de ciuile societé: aussi, luy diray-je, mon amy, y en a-il plusieurs qui en grandeur, & force de corps & legereté de pieds, en vigueur des yeux, & subtilité de l'ouye, laissent derriere tout tant d'hommes qu'il y a au monde, mais pour cela ce n'est pas à dire que l'homme soit impotent de pieds ny de mains, qu'il soit aueugle ny sourd: & ne nous a point la nature priué de grandeur de bras & de corps, & toutefois ce n'est rien de nostre force, au pris de celle des Elephans & des Chameaux. Semblablement aussi dirons nous des animaux, sils discourent plus lourdement & plus grossement que ne faict l'homme, ce n'est pas à dire pourtant qu'ils n'ayent du tout point de discours ny de raison naturelle: car ils en ont, mais elle est foible & trouble, ne plus ne moins qu'vn œil qui est obscurcy & terny. Et si n'estoit que ie m'attens tresbien que nos ieunes hommes qui sont doctes, studieux, & bien versez és liures anciens, nous allegueront tantost vn nombre infiny d'exemples, l'vn de la terre & l'autre de la mer, ie ne me pourrois pas tenir que ie ne vous recitasse des exemples & des preuues innumerables, tant de naturelle subtilité que de docilité des bestes, que la belle cité de Rome nous bailleroit aisément à puiser à seaux & à bacquets abondamment des ieux & spectacles que font faire en pleins Theatres les Empereurs. Mais laissons leur ceste matiere toute fraische & entiere à ces ieunes gens, pour tantost embellir leurs discours, & orner leur eloquence: & cependant ie veux à loisir examiner & considerer vn poinct auec toy: car i'estime qu'en chasque partie & puissance naturelle de nostre corps il peult aduenir quelque defectuosité ou mutilation & maladie, comme en l'œil aueuglement, en la cuisse le clocher, en la langue le begueyer: & ce qui est propre à vne partie n'aduient point à l'autre, parce que lon ne peult dire qu'vne partie soit deuenuë aueugle, qui n'a iamais eu puissance de veoir, ny boiteuse qui ne fut iamais ordonnee pour cheminer, & n'y a homme qui iamais appellast begue ou parlant gras vne chose qui n'a point de langue, ou qui ne rend point de son: au cas pareil aussi ne pourroit-on proprement & veritablement appeller fol, furieux ou enragé, ce qui de sa nature n'est pas capable d'entendement, de discours, ny de raison: car il est impossible que vne partie se puisse dire interessee ny maleficiee, qui n'a iamais eu l'aptitude, ne la puissance naturelle de receuoir diminution, ou priuation: ou mutilation, ou totale destruction: & toutefois ie ne doute point que tu n'ayes quelquefois veu des chiens enragez, quant à moy i'ay veu des cheuaux qui l'estoient, & y en a qui disent dauantage que les bœufs mesmes enragent, & les regnards, comme les chiens: mais l'exemple des chiens, qui est sans aucune doubte, suffit,

& porte

ceux de la terre, ou ceux des eaux.

A & porte tefmoignage que cefte efpece de befte a fens & entendement, & non pas petit, mais quand il aduient qu'il fe trouble, & qu'il fe confond, alors leur vient la maladie que lon appelle la rage & folie, là où on n'apperçoit point qu'ils ayent la veuë ny l'ouye alteree. Mais ainfi comme d'vn homme trauaillé d'humeur melancholique, & transporté hors de fon bon fens, qui diroit que fon entendement ne fuft point tourné, & fa ratiocination deuoyee, & fa memoire gaftee, il feroit fort impertinent, pource que l'ordinaire & la couftume des fols & furieux nous monftre euidemment qu'ils font hors d'eux-mefmes, & ont perdu tout difcours de raifon : auffi celuy qui cuideroit que les chiens enragez fouffriffent autre mal qu'vne perturbation & confufion de la partie qui parauant fouloit en eux imaginer, difcourir & fouuenir, de maniere que quand ils font fols & efpris de la rage, ils ne cognoiffent plus les perfonnes que plus ils cheriffoïent, & fuyent les lieux où plus ils fouloient hanter & demourer, & ne voyent pas ce qui fe prefente deuant eux : celuy-là me fembleroit

B opiniaftre contre la verité, à faute de comprendre ce qui de là s'en enfuit. SOCLA. Il m'eft aduis que ta coniecture eft bonne. Mais les philofophes Stoïques & Peripatetiques refiftent fort & ferme à l'encontre de ce propos là, difans que la iuftice ne pourroit auoir autrement naiffance, & que du tout il feroit impoffible de fouftenir qu'il y euft iuftice en ce monde, fi lon confeffe que les beftes foient aucunement capables de raifon : parce qu'il eft neceffaire ou que nous commettions iniuftice en ne les efpargnãt pas, ou fi nous ne nous en feruons à noftre nourriture, que noftre viure en demeure miferable & deftitué des chofes dont il ne fe peut bonnement paffer, & brief que nous viuions vne vie fauuage & agrefte, fi nous reiettons les profits & commoditez que nous receuons des animaux. Car ie laiffe les milliers innumerables de Troglodytes & Nomades, qui ne cognoiffent autre nourriture que la chair feule, & non autre chofe : mais nous qui femblons mener vne vie doulce, ciuile & humaine, quelle forte d'ouurage nous reftera plus à faire en la terre, quelle en la mer? quel me-

C ftier à exercer parmy les montagnes? quel ornement & embelliffement y aura-il plus de noftre vie, fi nous prenons cefte leçon pour vraye, qu'il nous faille refpecter les animaux, & vfer de toute equité enuers eux, comme eftans raifonnables, & de mefme extraction que nous? certainement il feroit bien malaifé de le dire. Il n'y a doncques refponfe ny folution quelconque à cefte doubte & difficulté, qui ofte ou l'humanité, ou la iuftice, de la vie de l'homme, fi nous ne gardons l'ancienne borne & loy qui fepare, comme dict Hefiode, les natures, & diftingue à part l'vn de l'autre les deux genres,

 Manger l'vn l'autre eft propre des oyfeaux,
 Des animaux de la terre & des eaux,
 Car point n'y a parmy eux de iuftice,
 Aux hommes feuls Dieu en donna notice.

D Or puis qu'ils ne peuuent vfer de iuftice enuers nous, il eft tout certain qu'auffi ne pouuons nous vfer d'iniuftice enuers eux : & ceux qui reiettent cefte conclufion & refolution, ne laiffent vfage quelconque, non pas le chemin fimplement par où la iuftice peuft entrer parmy nous. AVTOBVLVS. Certainement, amy, tu as bien dict cela au gré & felon le cœur de ces hommes là, toutefois fi ne leur faut-il pas ainfi conceder, ny faire comme lon faict aux femmes qui font en trauail d'enfant, aufquelles on attache quelque drogue pour les ayder à fe deliurer viftement de leurs enfans, en concedant à ces philofophes-là, qu'ils enfantent ainfi facilement & fans peine la iuftice : attendu mefmement que és poincts les plus importans de toute la philofophie, eux ne veulent pas donner ny conceder à Epicurus vne fi petite & fi legere chofe, comme eft la moindre declinaifon & deuoyement d'vn feul atome, c'eft à dire, des petits corps indiuifibles, pour luy laiffer introduire en ce monde les eftoilles,

Quels animaux sont les plus aduisez,

les animaux & la fortune, & pour sauuer nostre liberal arbitre: car il faut prouuer & demonstrer ce qui est douteux, ou supposer ce qui est de soy tout manifeste, non pas cest article touchant les animaux, pour establir la iustice, puis qu'on ne leur concede point, ny eux ne le demonstrent point autrement: car il y a vne autre voye & autre chemin pour amener la iustice entre les hommes, qui n'est ne si dangereux ne si roide, ny ne passe à trauers la subuersion & destruction des choses toutes euidentes, ains par vne autre sentier plus doux, que mon fils, l'vn de tes familiers, Soclarus, l'ayant appris de Platon, enseigne à ceux qui ne veulent point opiniastrement contester, ains suyure la raison, & apprendre. Car que l'homme ne soit pas totalement exempt & net d'iniustice, en traictant les animaux ainsi comme il faict, Heraclitus & Empedocles le reçoiuent comme veritable, se plaignans en plusieurs endroicts, & reprochans à la nature, qu'elle est vne force & vne guerre qui procede par contrainte, qui n'a rien de simple, ny de pur & de net, ains faict ses operations auec plusieurs & iniustes accidents, attendu qu'ils tiennent que la generation mesme se faict auec iniustice, par conionction du mortel auec l'immortel, s'esiouyssant ce qui est engendré d'oster & arracher contre nature les membres à ce qui l'engendre: toutefois cela semble vn peu trop cru & trop aspre. Mais il y a vne autre conciliation & solution plus gracieuse, qui n'oste pas du tout l'vsage de la raison aux animaux, & sauue la iustice en ceux qui en vsent ainsi qu'il appartient: laquelle moyenne voye ayant iadis esté introduicte par de bons & sages hommes, a depuis esté reiettee & de tout poinct destruite par la conspiration de la gourmandise & de la friandise: encore l'a depuis voulu remettre sus Pythagoras, enseignant aux hommes à se seruir des bestes, & en tirer vtilité, sans vser d'iniustice, ny leur faire tort. Car ceux qui punissent & font mourir les bestes sauuages qui n'ont aucune societé ny communication auec l'homme, ains luy font beaucoup de dommage, ceux-là ne commettent aucune iniustice: aussi ne font pas ceux qui dressent & qui domtent les priuees & familieres, en se seruant d'elles, & les employant aux seruices où elles sont de leur nature plus propres, comme cheuaux, asnes, bœufs, & taureaux, lesquels Prometheus en vne tragœdie d'Æschylus dit, nous auoir esté donnez par Iupiter pour nous seruir & ayder en nos labeurs: ny ceux qui vsent des chiens pour garder leurs troupeaux de cheures & de brebis: ny ceux qui en tirent le laict, ou en tondent la laine, mesmement de celles qu'ils paissent & qu'ils nourrissent: car ce n'est pas à dire que lon destruise ny que lon ruine la vie des hommes, s'ils n'ont les plats pleins de poissons, & les foyes des oyes, & s'ils ne decoupent par pieces les bœufs & les cheureaux pour faire leurs festins, & si pour passer leur temps aux ieux des Theatres, ou se donner du plaisir à la chasse, ils ne contraignent les vnes de combattre à eux maulgré qu'elles en ayent, & ne font mourir les autres qui n'ont point de defense, & ne leur peuuent faire aucune resistance. Car celuy qui se veut iouer & prendre son plaisir, il faut par raison, ce me semble, qu'il le face auec ceux qui se iouent, & s'esiouyssent du mesme passetemps comme luy: non pas faire comme disoit Bion, que les petits enfans se iouoient à ietter des pierres aux grenouïlles, mais que les grenouïlles ne prenoient point de plaisir à ce ieu là, d'autant qu'elles en mouroient à bon escient: aussi ne faudroit-il pas chasser ne pescher pour prendre plaisir de la douleur, & encore moins de la mort d'autruy, ny à emmener les fans & les petits à leurs meres, chose qui est pitoyable à veoir, car ce ne sont pas ceux qui vsent des bestes qui commettent iniustice, mais ceux qui en abusent outrageusement sans respect quelconque, & cruellement. SOCLARVS. Arreste toy vn petit, Autobulus, & remets à vne autrefois ton accusation: car ie voy venir plusieurs ieunes hommes tous grands chasseurs, & aymans le deduit de la chasse, lesquels il ne seroit pas aisé de remettre à vne autre assignation, & si n'est ia besoin de les ennuyer. AVTOBVLVS. Tu dis la verité, & treuue

bon ton

ceux de la terre, ou ceux des eaux.

A bon ton aduis. Ie cognois bien Bubiotus & mon nepueu Ariston, & les deux enfans de Dionyſius de la ville de Delphes, Æacides & Ariſtotimus, & puis Nicander fils de Euthydamus,

Tous entendus à la chaſſe de terre,

comme dit Homere. Et pour ceſte cauſe ils feront tous du coſté d'Ariſtotimus: comme auſſi, au contraire, ces autres cy qui ſont nez dedans les Iſles, ou bien au long de la marine, Heracleon de la ville de Megare, & Philoſtratus de l'Iſle d'Eubœe;

Se cognoiſſans au faict de la marine,

ſuiuent & accompagnent ton Phędimus:

De Tydides on ne ſçauroit iuger,

Deſquels pluſtoſt il ſe voudra renger.

i'entens d'Optatus noſtre compagnon d'aage, qui ſouuent a honoré Diane des primices de la chaſſe, tant des montagnes que de la marine: auſſi l'appelle lon tantoſt Agrotera, côme qui diroit champeſtre, à cauſe de la chaſſe des foreſts & des champs: & tantoſt Dictynna, c'eſt à dire, aymant les filets, à cauſe de la chaſſe de la mer. Voyle-cy venir droict à nous, comme celuy qui ne ſe veult renger pluſtoſt d'vn coſté que de l'autre. Ne coniecturons nous pas bien, Optatus, que tu ſeras arbitre & iuge commun entre ces ieunes gens? OPTATVS. Tu as fort bien deuiné, Autobulus, car il y a deſia long temps que la loy de Solon eſt abolie, laquelle puniſſoit celuy qui en vne ſedition ciuile ne ſe ioignoit à l'vne des parties. AVTOBVLVS. Vien donc icy te ſeoir aupres de nous, à fin que ſi nous auons beſoing de teſmoignage, il ne nous faille point aller fueilleter les liures d'Ariſtote, parce que nous nous en rapporterons & tiendrons à ce que tu en diras, pour la grande cognoiſſance que tu en as, & ainſi nous iugerons iuſtement & veritablemét. Or ſus, ieunes Seigneurs, auez vous fait quelque accord entre vous, touchant l'ordre à qui il touchera de parler le premier? PHÆDIMVS. Ouy, Soclarus, nous en auons aſſez longuement debattu, & à la fin le ſort, enfant de la Fortune, comme dict Euripides, a voulu que la cauſe des beſtes de la terre fuſt la premiere plaidee deuant celles des beſtes de la mer. Il eſt donques temps, Ariſtotimus, que tu commances à parler, & nous à ouyr.

En ceſt endroict y a vne grande defectuoſité en l'original Grec, qui ne ſe peult remplir ſans le ſecours de quelque vieil exemplaire.

Le barreau eſt pour ceux qui plaident. Les autres perdent leur ſemence & geniture, en courant apres leurs femelles lors qu'elles ſont preſtes à faire leurs petits. Et y a vne eſpece de mulets, que lon appelle Pardiens, qui ſe nourriſſent de leur morve. Le poulpe ſe mange ſoy meſme demourant tout l'hyuer

En maiſon froide, & vie miſerable,

tant il eſt pareſſeux, groſſier & gourmand, ou le tout enſemble. C'eſt pourquoy Platon en ſes loix defend, ou pluſtoſt ſouhaitte, que les ieunes gens ne s'addonnent point à la chaſſe de mer: d'autant qu'il n'y a point d'eſpreuue de hardieſſe ny d'exercice d'entendement, & n'employe lon point ny la force, ny la viſteſſe, ny l'adreſſe du corps à combatre contre les Bars, les Congres ou les Scares, comme lon faict à la chaſſe de terre, là où les beſtes courageuſes exercent la hardieſſe de ceux qui les combattent, les ruſes aguiſent & excitent la prudence, le ſoing & la diligence de ceux qui entreprennent de les auoir, les legeres & viſtes eſpreuuent la diſpoſition du corps, & patience aux labeurs de ceux qui les pourſuiuent, & c'eſt ce qui rend la chaſſe honneſte & recommandable: là où, au contraire, le peſcheur n'a rien qui le puiſſe mettre en reputation d'honneur: auſſi ne voit-on point qu'il y ait eu des Dieux qui ſe ſoient faict appeller Congroctonos, comme qui diroit, tueur de Congres, ne qui en ayent faict gloire, comme lon nomme Apollon Lycoctonos, qui ſignifie tueur de Loups: hy Triglobolos, c'eſt à dire, tirant aux Rougets barbez, cóme lon ſurnomme

Rrr iij

Quels animaux sont les plus aduisez,

Diane Elaphebolos, c'est à dire, tirant aux cerfs. Et n'est pas de merueille, parce que mesme il est plus honorable à vn gentil-homme de prendre vn sanglier, vn cerf, ou cheureul, voire vn liéure, que non pas de l'achepter: & au contraire il luy est plus honeste d'aller à la place achepter vn Thon, vne Langouste, ou vn Boniton, parce que leur coüardise, faute de sens, de conduicte & d'entendement, en rend la prise vtile, vile, non loüee, requise ny estimee. Mais en somme, pource que les preuues & argumens, dont les philosophes vsent pour preuuer que les bestes ont quelque discours & vsage de raison, sont leurs elections de preferer vne chose à vne autre, leurs prouisions & preparatifs, leurs souuenances, leurs affections, le soing qu'elles ont de leurs petits, leurs recognoissances vers ceux qui leur font du bien, leurs haines & rancunes à l'encontre de ceux qui leur ont fait du mal, l'industrie de trouuer les choses qui leur sont necessaires, apparence de vertu, comme de hardiesse, d'équité, de temperance & de magnanimité: Considerons les animaux maritimes, si nous y verrons rien qui soit de tout cela, sinon vn bien peu de ressentiment en quelques vns, encore fort obscur & fort difficile à apperceuoir, quelque diligence que lon face de le rechercher, là où aux terrestres on en peut veoir & remarquer infinis exemples, & preuues toutes euidentes, claires & certaines en chascune d'icelles vertus. Premierement voyons les premisses & preparatifs que font les Taureaux auant que d'entrer au combat, comment ils iettent & respandent la poulciere à l'entour d'eux, & les Sangliers, quand ils aguisent leurs defenses, & les Elephans, pource que l'vne de leurs dents, auec laquelle ils foüillent, arrachent & tondent les herbes, plantes & racines, dont ils se nourrissent, en est ordinairement mousse, vsee & espointee, ils contregardent tousiours l'autre pointuë & affilee, pour s'en seruir aux combats: & le Lion, quand il chemine par les champs, marche tousiours auec les pieds clos, pour cacher ses ongles au dedans, de peur qu'estans vsez ils ne viennent à perdre leur pointe, & aussi de peur qu'il ne laisse aucune cognoissance à ceux qui le suyuent à la trace: car à peine trouuerez vous iamais la trace de l'ongle du lion, ains seulement de petites marques de son pied bien peu apparentes, à fin que ceux qui vont apres les faillent, & ne les puissent rencontrer. Vous auez assez ouy dire de l'Ichneumon ou rat de Pharaon, comment il s'arme, ne plus ne moins que feroit vn champion qui iroit pour combattre en champ clos, tant il munit son corps, l'enduit & le crouste tout à l'entour d'vn fort halecret ou cuyrasse de limon, quand il veut combattre le crocodile. Nous voyons tous les iours les prouisions que font les hirondelles auant que faire leurs petits, comment elles mettent dessoubs premierement les plus gros & plus durs festus, pour faire le fondement, & puis y en entrelassent d'autres plus deliez: & s'ils voyent que leur nid ayt besoing de limon gluant & collant, elles volent à fleur d'eau sur les eaux des riuieres ou de la mer, moüillans vn petit leurs æles, tant qu'elles en soient seulement vn peu moittes, & non pas chargees d'humidité, & puis prenás de la poulciere, elles en plastrent & lient ce qui se lasche en leurs nids, ou qui menasse de ruine: & quant à la forme & figure, elles ne les font point à plusieurs faces ny à plusieurs encogneures, ains également vnis par tout, approchant le plus qu'elles peuuent de la forme ronde, comme est vne boule, pource que c'est la plus propre pour faire tenir fermement, & la plus capable au dedans, & qui donne moins de prises aux autres bestes qui leur voudroient courir sus du dehors. Et les ouurages de l'araignee, dont les femmes ont pris le patron pour ourdir leurs toiles, & les chasseurs pour brocher leurs pans de rets, font grandement esmerueiller pour plusieurs raisons: premierement pour la subtilité des filets, qui ne sont point distincts l'vn de l'autre, ny rengez tout du long, comme l'estaim à la tissure d'vne toile, ains s'entretiennent, comme vne taye toute vnie, collee auec ie ne sçay quelle humidité gluante, qui est imperceptiblement meslee parmy, & puis le taint & la couleur qui faict paroir de loing

que

ceux de la terre, ou ceux des eaux.

que ce ne soit qu'vn air espais & obscur, à fin que moins on s'en apperçoiue : mais sur toutla conduitte & le gouuernement de celle machine & panthere, quand quelque bestiole de celles qui s'y peuuent prendre vient à donner dedans, elle le sent incontinent, & sçait aussi tost tirer & amener tout le pan de rets ensemble, comme sçauroit faire le plus habile & le plus suffisant veneur qui soit au monde : tout cela, pource qu'on le voit, & qu'il se presente tous les iours deuant les yeux, on le croit : autrement on estimeroit que ce fust vne fable, aussi bien que celle des corbeaux de la Barbarie, lesquels quand ils ont soif, & que l'eau où ils veulent boire est trop basse, ils iettent des pierres dedans pour la faire monter iusques à telle hauteur qu'ils y puissent attaindre. Aussi me suis-je quelque fois grandement esmerueillé, voiant vn chien dedans vn nauire, pendant que les mariniers n'y estoient pas, ietter des petits cailloux dedans vne cruche, qui n'estoit pas du tout pleine d'huyle, m'esbahissant comme il pouuoit faire ce discours en son entendement, que l'huyle monteroit par force, quand les cailloux qui estoient plus pesants seroient deuallez au fond de la cruche, & que l'huyle qui estoit plus legere leur auroit cedé la place. Autant en pourroit-on dire des abeilles de Candies, & des oyes de la Cilicie : car celles là aiants à doubler vne pointe de terre sur la mer qui soit vn peu subiecte aux vents, portent sur elles de petites pierrottes pour s'affermir, ne plus ne moins que lon met l'estage au fond des nauires, pour les tenir fermes & droittes, à fin que le vent ne les emporte oultre leur gré: & celles-cy craignans les aigles qui ont leurs aires dessus les hauts rochers, quand elles veulent trauerser le mont de Taurus, prennent en leur bec chascune vne assez grosse pierre pour brider de ceste façon de mors leurs bouches, pource que de leur nature elles sont cryardes, & aiment à caqueter, à fin que sans ietter aucun son, ny aucun cry, elles puissent passer oultre la montagne seurement. L'ordonnance mesme que les grues gardent en leur vol, fait à esmerueiller grandement : car quand l'air est trouble, & qu'il fait grand vent, elles ne volent pas comme quand il fait beau temps, & que l'air est calme & serain, toutes de front, ou bien en forme de croissant, ains au partir se rengent en triangle, & auec la pointe fendent le vent qui souffle alentour, à fin que leur ordonnance rengee ne puisse estre rompue : puis quand elles sont posees en terre, celles à qui il touche de faire le guet la nuict se soustiennent de bout sur vne seule iambe, & de l'autre pied tiennent vne pierre en l'air, car le serrer du pied pour retenir la pierre les maintient longuement sans dormir, & quand elles viennent à lascher prise, la pierre tombant les esueille : de maniere qu'apres auoir veu cela, ie ne m'esmerueille pas fort d'Hercules, si aiant son arc dessoubs son aixelle, & l'embrassant de son fort & puissant bras,

> Il dort tenant sa massue ferree
> En sa main droicte estroittement serree.

Comme aussi peu sui-je esbahy de celuy qui premier s'aduisa du moien de faire ouurir vne huytre close, car il l'auoit appris de la ruse du heron, lequel quand il a aualé vne huytre ou vne coquille close, encore qu'elle luy face mal, il l'endure & la tient dedans son gisier iusques à ce qu'il sent qu'elle s'amollit, & s'ouure pour la chaleur, & lors il la reuomit toute ouuerte, & en tire ce qu'il y a de bon à manger. Quant aux prouisions & aux mesnages des fourmis, d'expliquer le tout par le menu il seroit presque impossible, ou à tout le moins bien difficile : mais aussi de passer par dessus, sans en dire rien du tout, seroit vne trop lasche negligence, pource qu'en toute la nature n'y a point de si petit miroir qui represente de plus belles & de plus grandes choses, estant là, comme en vne goutte d'eau pure & nette, la naïfue representation de la vertu toute entiere. Là dedans est la loyale, la societé : là se voit l'image de vaillance & de prouesse en leur patience de labeur : là se monstrent plusieurs semences de continence, plusieurs marques de prudence, & plusieurs apparences de iustice. Le philosophe

Quels animaulx sont les plus aduisez,

Cleanthes, encore qu'il maintienne que les bestes n'ont point d'vsage de raison, raconte neantmoins qu'il s'est trouué present à voir vn tel spectacle: il dit qu'il y auoit vn nōbre de fourmis qui alloient à vne autre formilliere que la leur, portans le corps d'vn fourmi mort: quelques vns de la formilliere sortirent au deuant d'eux, comme pour parler à eux: lesquels vn peu apres redescendirent dedans, & puis remonterent, & firent cela par deux ou trois fois, iusques à ce que finablement ils apporterent d'abas vn verm, comme pour la rançon du mort, que les autres chargerent dessus leurs espaules, apres auoir rendu le mort, & s'en retournerent chez eux. Au demourant c'est chose que tous les iours chascun peut voir à l'œil, l'honnesteté grande dont ils vsent les vns enuers les autres quand ils s'entrerencontrent, comment ceux qui ne sont point chargez cedent le chemin à ceux qui le sont, & leur font voye pour passer, & comment ils rongent les fardeaux qu'ils ne peuuent porter tous entiers, tant qu'ils les mettent en pieces, à fin qu'ils les puissent plus aisement porter & transporter de lieu à autre, estans plusieurs. Aratus en ses prognostiques met pour vn signe de pluye, quand ils tirent & estendent au dehors à l'air leurs grains & semences pour les euenter, refreschir & seicher:

> Où les fourmis de soigneuse maniere,
> Portent leurs œufs hors leur creuse tasniere:

combien qu'en ce passage, aucuns ne lisent pas ὤεα, qui est à dire œufs, mais ἤια, comme s'ils vouloient dire leurs biens, c'est à dire les biés qu'ils ont amassez & serrez pour leur prouision: quand ils voient qu'ils commancent à se moysir, & à sentir le rance, & qu'ils craignent qu'ils ne se corrompent & pourrissent: mais la caution & preuention, dont ils vsent à ronger le grain du froument, surpasse toute imagination de prudence humaine, par ce que le froument ne demeure pas tousiours sec, ny sain, ains s'amollit, & se resoult & destrempe cōme en laict, se tournant à germer & produire: parquoy de peur qu'il ne deuienne semence, & perde sa nature & proprieté de monition pour leur nourriture, ils rongent le bout par où le germe a accoustumé de sortir. Quant à moy, ie ne reçoy pas pour veritable tout ce que disent ceux qui ont fait comme vne anatomie de leurs formillieres, mais ils disent qu'il n'y a pas vne sente toute droitte pour descendre par tout au dedans, & qui soit facile à vne autre beste, ains a plusieurs tours & retours, par secrettes allees & pertuis obliques, qui se vont à la fin terminants en trois creux & cōcauitez: dont l'vne est comme leur maison commune, où ils se tiennent tous ensemble: l'autre est leur cellier, où ils serrent & retirent leurs prouisions: & la tierce, où ils mettent à part leurs morts. Si me semble que vous ne trouuerez point impertinēt, si apres les fourmis nous mettons en auant les Elephants, à fin que mieux nous cognoissons la nature de l'entēdement, tant és plus grands, comme és plus petits corps des bestes, & que nous cognoissions que si cela apparoist bien aux vnes, il ne defaut point aux autres. Or y en aura il qui s'esbahiront de ce que lon monstre à l'Elephant, & de ce qu'il apprend, ainsi que lon apperçoit par les preuues qu'il en fait voir és Theatres, comme les cadences d'vn bal, les diuers compartiments des danses, qui ne sont pas aux hommes mesmes bien faciles à retenir pour leur subtilité & grande diuersité, quelque peine qu'ils mettent à s'y exercer: mais quant à moy, il m'est aduis que ie voy plus clairement la prudence de cest animal és passions, affections & mouuements qu'il prend de luy mesme, sans qu'on les luy enseigne, comme estans plus naïfs & plus simples: car il n'y a pas long temps qu'à Rome on en exercitoit vn bon nombre à se remuer, aller, venir & arrester, de mouuements & arrests fort difficiles, estranges & mal aisez à demesler: mais entre les autres il y en auoit vn plus grossier & plus tardif à comprendre, & à retenir, que les autres, à raison dequoy il en estoit à tout propos iniurié, tansé & battu ordinairement, il fut quelquefois trouué la nuict à part, repetant sa leçon à la lune, & recordant ce qu'on luy auoit enseigné

ceux de la terre, ou ceux des eaux. 513

enſeigné. Agnon recite qu'il y a quelque temps qu'en la Syrie on en nourriſſoit vn en vne maiſon priuee, ſon gouuerneur auoit par chaſcun iour certaine meſure d'orge du maiſtre de la maiſon pour le nourrir, mais il luy en ſoubtrayoit & deroboit tous les iours la moitié: aduint que vn iour le maiſtre de la maiſon le voulut voir penſer: le gouuerneur adonc luy verſa deuant la meſure toute entiere, & l'Elephant le regardant de mauuais œil, ſepara auec ſa trompe, & meit à part la moitié de l'orge, declarant le mieux qu'il pouuoit à ſon maiſtre le tort que luy faiſoit ſon gouuerneur. Il raconte auſſi qu'vn autre, voiant que ſon gouuerneur luy meſloit de la terre & des pierres parmy ſon orge, pour faire croiſtre la meſure, ſ'approcha du pot où il faiſoit au fouyer cuire ſa chair pour ſon diſner, & le luy emplit de cendres. Vn autre eſtant importuné & irrité par des petits garſons, qui luy picquoiét ſa trompe auec des poinçons, il en ſaiſit vn par le milieu du corps, qu'il enleua de ſorte, que lon penſoit qu'il le deuſt creuer, tellement que ceux qui le veirent, ſe prirent incontinent à crier: mais il le remeit tout doulcement au meſme lieu où il l'auoit pris, & paſſa outre ſans luy faire autre mal, comme iugeant que c'eſtoit aſſez de punition pour vn tel enfant, que de luy auoir fait belle peur. Et quant aux ſauuages qui viuent emmy les champs, en pleine liberté, on en recite des choſes merueilleuſes, meſmement quant au paſſage des riuieres: car le plus ieune & le plus petit d'entre eux, ſe hazardant pour tous les autres, paſſe le premier: les autres le regardent faire de deſſus la riue, faiſans leur compte, que ſi luy qui eſt le moindre & le plus bas, ſurmonte de ſa hauteur la profondeur de la riuiere, eux qui ſont plus grands & plus haults, n'auront occaſion quelconque de rien craindre, & qu'il y aura toute ſeureté pour eux. Mais puis que ie ſuis tombé ſur ce propos, ie ne veux pas oublier à vous alleguer l'exemple du regnard, pour la conformité qu'il y a auec ceſte ruze là. Ceux qui ont inuenté les fables, diſent, que durant le deluge Deucalion laſchoit la coulombe, quand il vouloit ſçauoir quel temps il faiſoit, par ce que ſ'il faiſoit encore tempeſte & temps de pluies, elle ſ'en retournoit en l'arche, & quand le beau temps fut reuenu, elle ſ'en vola du tout, & ne retourna plus: mais les Thraciens encore iuſques auiourd'huy, quand ils veulent entreprendre de paſſer quelque riuiere gelee par deſſus la glace, ils prennent vn regnard pour leur guide à ſonder ſi la glace eſt aſſez forte & puiſſante pour les porter: ce regnard ſ'approchât de la riuiere, apporte l'oreille tout contre la glace, & ſi par le bruit de l'eau courante deſſoubs la glace bien pres de ſon oreille il conieceture qu'elle ne ſoit pas aſſez eſpeſſe & aſſez profondement gelee, il ſ'arreſte ou ſ'en retourne, ſi on luy permet: au contraire, ſ'il n'entend point bruire l'eau courante deſſoubs, il paſſe outre hardiment. Or ne ſçaurions nous dire que cela ſoit ſeulement vne viuacité du ſentiment de l'ouye, ſans aucun diſcours de raiſon: car c'eſt vne ratiocination & conſequence tiree du ſens naturel en ceſte ſorte, Ce qui fait bruit ſe remue, ce qui ſe remue n'eſt pas gelé, ce qui n'eſt pas gelé eſt liquide, ce qui eſt liquide plie ſoubs le faix, & ne tient pas ferme. Les Dialecticiens meſmes tiennent que le chien ſe trouuant en vn carrefour diuiſé en pluſieurs chemins vſe de l'argumentation qui ſ'appelle ſuffiſante enumeration des parties, diſcourant ainſi en ſoy-meſme, Il faut que la beſte que ie chaſſe ſoit paſſee par l'vn de ces chemins icy: or n'eſt elle pas allee par celuy-là, ny par celuy-là, elle eſt donc ques paſſee par ceſtuy-cy: car le ſentiment du nez ne luy donne intelligence que des premiſſes, & le diſcours de la raiſon luy donne à entendre la neceſſité de la conſequence & de la concluſion. Mais le chien n'a que faire de ce teſmoignage des Dialecticiens, car il eſt faux & menſonger, par ce que c'eſt l'odorement & ſentiment du nez qui par la trace du pied, & par la fluxion de l'odeur iſſant de la beſte luy monſtre par où elle a fuy, ſans ſe ſoucier des propoſitions diuiſees ne conioinctes, ny de la ſuffiſante enumeration des parties: mais par pluſieurs autres effects, paſſions, offices & actions qui ne procedent ny du ſens de la veuë, ny

Quels animaux sont les plus aduisez,

de celuy de l'odorement, ains seulement de l'intelligence & du discours de la raison, peut on assez apperceuoir & comprendre quelle est la nature du chien, duquel si ie voulois presentement alleguer & deduire deuant vous la creance, l'obeissance, les ruzes, la patience & tolerance de trauaux à la chasse, ie me ferois mocquer, attendu que vous le voyez, l'experimentez, & le prattiquez vous mesmes tous les iours: mais bien allegueray-je, que durant les guerres ciuiles à Rome, aiant vn citoien Romain esté tué, les meurtriers ne luy peurent iamais couper la teste, que premierement ils n'eussent fait mourir son chien à coups de pointe, qu'ils luy donnerent tout a lenuiron. Pyrrhus allant par pays rencontra vn chien qui gardoit le corps de son maistre que lon auoit tué, & entendant des habitans qu'il y auoit desia trois iours qu'il estoit aupres sans en bouger, & sans boire ny manger, commanda que lon enterrast le mort, & amenast le chien quand & luy, & qu'on le traittast bien. Quelques iours apres on vint à faire la monstre & reueuë des gens de guerre, passants par deuant le Roy qui estoit assis en sa chaire, & auoit le chien aupres de luy, lequel ne bougea aucunement iusques à ce qu'il apperçeut les meurtriers qui auoient tué son maistre, ausquels il courut sus incontinent auec grands abbois & grande aspreté de courroux, en se retournant souuent deuers Pyrrhus, de maniere que non seulement le Roy, mais aussi tous les assistans entrerent en suspicion grande, que ce deuoient estre ceux qui auoient tué son maistre: si furent arrestez prisonniers, & leur procez fait ladessus ioinct quelques autres indices & presumptions que lon eut d'ailleurs alencontre d'eux, tellement qu'à la fin ils aduouërent le meurtre, & en furent punis: autant en feit le chien du sage Hesiode, à ce que lon dit, aiant conuaincu les enfans de Ganyctor Naupactien d'homicide commis en la personne de son maistre. Mais ce que noz peres ont veu pendant qu'ils estoient aux estudes à Athenes, est encore plus euident que tout ce que nous auons dit. C'est, qu'vn sacrilege sestant coulé dedans le temple d'Æsculapius, y derobba les plus beaux & les plus riches ioyaux d'or & d'argent qui y fussent, & pensant n'auoir esté descouuert ny apperçeu de personne, trouua moyen de s'en sortir: le chien qui estoit pour la garde du temple, que lon appelloit Capparos, feit bien son deuoir d'abbayer, mais voyant que personne des margueilliers ne venoit, il se meit à poursuiure & aller apres le sacrilege qui s'en fuyoit: & combien qu'il luy iettast des pierres, non pour cela il ne laissoit pas de le poursuiure tousiours: quand le iour fut venu, il ne s'approcha pas pres de luy, ains le suyuit tousiours de l'œil, ne le perdant iamais de veuë: s'il luy iettoit du pain à manger, il n'en vouloit point: s'il se couchoit la nuict pour dormir, il demouroit toute la nuict aupres de luy, puis quand il se leuoit le matin pour cheminer, il se remettoit à le suyure: aussi s'il rencontroit des passants, il les caressoit, & leur faisoit feste à tous de la cueuë: & au contraire il abbayoit fort aspremēt au larron, & luy couroit sus: quoy entendu, ceux qui eurent la charge d'aller apres pour chercher le sacrilege, s'informans de ceux qu'ils rencontroient par le chemin, de quelle grandeur & de quel poil estoit le chien, continuerent leur poursuitte de tant plus chaudement, tant qu'ils attrapperent le larron en la ville de Crommyon, de là où ils le ramenerent à Athenes, le chien marchant deuant eux, faisant la plus grande feste, & demenant la plus grand' ioye du monde, comme s'il se fust glorifié d'auoir esté cause de faire prendre le larron. Les Atheniens aiants entendu toute la verité du faict, ordonnerent qu'il auroit du public certaine mesure de bled pour le nourrir, & enioignirent aux presbtres du temple d'en auoir le soing tant qu'il viuroit, suyuans en cela l'humanité & liberalité dont leurs ancestres vserent iadis enuers vn mulet: car lors que Pericles faisoit bastir le temple de Minerue, appellé Hecatompedon, dedans le chasteau, on y conduisoit tous les iours les pierres & matieres auec force chariots, & charettes qui estoient tirees par des mules & mulets, comme il est ordinaire: & y en auoit

ceux de la terre, ou ceux des eaux. 514

A auoit qui autrefois auoient bien seruy, mais pource que lors ils estoient vieux & caduques, on les laissoit aller paistre là où ils pouuoient: entre lesquels y en eut vn qui s'en venoit tous les iours en la rue Ceramique se mettre deuant ceux qui trainnoient les pierres à mont, & marchoit quand & eux, comme s'il leur eust donné courage, & les eust excité à trauailler: le peuple d'Athenes loüant le gentil cœur de ceste beste, commanda qu'il fust nourry aux despens du publique, luy ordonnant prouision pour viure, ne plus ne moins qu'à vn vieil soudart, qui pour sa vieillesse ne pourroit plus seruir. Pourtant faut-il dire, que ceux qui tiennent que nous n'auons aucune communication & societé de iustice auec les animaux, disent verité quant aux aquatiques & marins qui viuent és profonds abysmes des eaux, auec lesquels nous ne pourrions auoir aucune conference d'amitié ny d'affection, comme bestes totalement esloignees de tout sentiment de douceur & de benignité: au moyen dequoy Homere parlant d'vn homme de nature cruel & farouche, sans aucune participation
B de bonté, dit sagement,

    Tu as esté engendré de la mer.

comme voulant nous donner à entendre, que la mer ne porte ny ne produit animal aucun où il y ait rien d'amour ny de douceur. Mais qui voudroit appliquer ce propos là aux bestes de la terre, il seroit luy mesme sauuage & cruel, s'il vouloit nier qu'il n'y ait eu quelque reciprocation d'amitié & de iustice entre le Roy Lysimachus & son chien Hyrcanus, lequel demoura tousiours seul aupres de son corps apres qu'il fut mort, & quand on le brusla, il prit sa course de luy mesme & se ietta dedans le feu, où il fut bruslé auec luy: autant en feit vn autre, comme l'on dit, que Pyrrhus auoit nourry, non pas le Roy, mais vn homme priué: car quand son maistre fut mort, il ne bougea iamais de dessus son lict, & quand on le porta il se laissa enleuer quand & luy, & finablement luy mesme se lança dedans le feu, & se feit brusler auec luy. Le Roy Porus aiant esté griefuement blessé en la bataille que luy donna Alexandre le grand,
C l'Elephant sur lequel il combatoit luy tiroit tout doucement, de peur de luy faire mal, auec sa trompe, les dards & tronçons de iauelots dont il estoit nauré, & ne se rendit iamais, que premierement il n'eust senty le Roy son maistre s'esuanoüissant, pour la grande quantité de sang qu'il perdoit de tous costez: car alors craignant qu'il ne tombast de sa hauteur à terre, il se baissa tout bellement, à fin de luy donner moien de se coucher par terre sans se faire mal: & le cheual d'Alexandre, Bucephal, quand il estoit nud enduroit bien que le palefrenier montast à poil dessus luy, mais quand il estoit paré de ses harnois royaux, & de ses riches colliers, il n'en souffroit pas vn monter sur luy, qu'Alexandre tout seul: & si d'autres s'efforçoient d'y monter, il leur couroit sus en ronflant & hennissant, & se chabroit contre eux, & les fouloit aux pieds s'ils ne se hastoient bien vistement de se tirer arriere, & de s'en fuir. Ie sçay bien que ses exemples vous auront à l'aduenture semblé meslez d'vne varieté confu-
D se, mais il n'est pas facile de trouuer aucune action des nobles animaux qui ne nous represente qu'vne seule vertu: car parmy leur amitié se voit ne sçay quoy de cupidité d'honeur, atrauers leur generosité se voit vne sagesse, & leur ruze & finesse n'est point sans vne courageuse magnanimité: toutefois qui les voudra separer & diuiser les vnes des autres, les lions nous monstrent exemple de cœur humain & haut tout ensemble, quand ils se destournent & passent outre ceux qui s'abaissent & s'humilient deuant eux: suyuant ce que dit Homere en vn passage,

    Auec grand cris les autres accoururent,
    Mais Vlysses assis ne s'en esmeut,
    Ains de la main le sceptre à bas luy cheut.

Car ils ne combatent plus contre ceux qui se prosternent deuant eux, & qui monstrent semblant de s'humilier. On raconte d'vn chien Indique, des plus excellents

Quels animaulx font les plus aduifez,

qui fuffent en tout le pays, que lon enuoya par fingularité, pour le faire combattre deuant le Roy Alexandre, que quand on luy lafcha vn cerf premierement, & puis vn fanglier, & puis vn ours, il n'en feit compte, & ne s'en daigna pas remuer de fa place: mais quand il veit vn Lion qu'on luy prefenta, alors il fe dreffa incontinent fur fes pieds, & fe prepara pour le combatre, declarant manifeftement qu'il eftimoit celuy-là feul digne de combatre contre luy, & qu'il mefprifoit tous les autres: & quant aux noftres, ceux qui courent les liéures s'ils les tuent eux mefmes, ils font bien aifes de les defchirer, & en lechent & lappent le fang bien gouluëment, mais fi le liéure fe defefperant, comme il aduient fouuentefois, employe tout ce qu'il a d'halene en l'effort d'vne derniere courfe, tant qu'il eftouffe fur la place, les chiens le trouuans mort n'y veulent point toucher, ains fe tiennent tous alentour remuans la queuë, comme s'ils vouloient dire, que ce n'eft pas pour en manger la chair, mais pour gaigner le pris de la courfe, qu'ils ont combatu contre luy. Quant aux rufes & aftuces, d'autant qu'il y en a infinis exemples, ie laifferay celles des regnards, des loups, des grues, & des geais, pource que chacun les fçait & les voit: mais i'ameneray feulement le tefmoignage du fage Thales, le plus ancié des fept, qui fut fort aife d'auoir defcouuert & affiné la rufe d'vn mulet: car il y auoit vne troupe de mulets qui portoient du fel de lieu à autre, entre lefquels vn en paffant vne riuiere tomba par cas fortuit dedás l'eau: le fel aiant efté trempé dedans l'eau fe fondit pour la plus part, de maniere que le mulet fe releuant fe trouua fort allegé de fa charge, & en comprit auffi toft la caufe, qu'il imprima bien en fa memoire, tellement que toutes & quantes fois qu'il paffoit la riuiere il fe baiffoit expreffément, & trempoit les vaiffeaux où eftoit contenu le fel qu'il portoit, en fe couchant tout de fon long fur vn cofté & puis fur l'autre. Thales aiant entendu fa malice commanda au muletier qu'au lieu de fel on luy empliſt fes vaiffeaux d'autant pefant de laine & d'efponges, & qu'on les luy chargeaſt fur le dos, & qu'on le chaffaſt quand & les autres: il ne faillit pas à faire comme il auoit accouftumé, & aiant rempli fes vaiffeaux & fa charge d'eau, il cogneut que fa rufe luy eftoit dommageable, de maniere que de là en auant il fe teint debout, & fe donna bien garde qu'en paffant la riuiere fes vaiffeaux ne touchaffent pas feulement au deffus de l'eau, non pas mefme mal-gré luy. Les perdris vfent d'vne autre aftuce, qui procede d'vne amour & charité maternelle enuers leurs petits, aufquels quand ils font encore fi foibles qu'ils ne peuuent voler pour fuir, & qu'on les pourfuit, elles enfeignent à fe ietter fur le dos à la renuerfe, & à fe parer de quelque motte de terre, ou de quelque paille & chofe femblable, & elles ce pendant deftournent ailleurs ceux qui les pourfuiuent, & les attirent apres elles, en volant deuant eux çà & là, & fe traiinant comme fi elles eftoient arrenees, & qu'elles euffent peine à fe leuer feulement hors de terre, pour faire penfer qu'elles foient toutes preftes à eftre prifes, iufques à ce qu'elles aient ainfi tiré les pourfuiuants bien loing arriere de leurs petits. Et les liéures fe retirans en leurs giftes portent leurs petits leuraux l'vn d'vn cofté l'autre d'vn autre, tant qu'il y a bien fouuent vn arpent de diftance entre les deux, à fin que fi d'auenture il furuient homme ou chien, ils ne foient pas en danger d'eftre pris tout à vn coup, & eux apres auoir bien efgaré leur trace en courant & racourant çà & là, à la fin ils font vn grand fault le plus loing qu'ils peuuent de leur trace, & puis fe couchent en leur gifte. Semblablement l'ours quand il fe fent efpris de la maladie que lon appelle Pholia, qui eft vne graiffe endormie, deuant qu'il foit du tout oultré, & deuenu fi pefant qu'il ne fe puiffe plus remuer, il nettoye le plus qu'il peut le trou auquel il propofe fe retirer, & quand il y veut defcendre il chemine le refte du chemin le plus legerement à pas fufpendus qu'il luy eft poffible, ne touchant à terre que du bout des pattes feulement, puis quand il en eft pres, il fe met fur le dos, & traiine ainfi fon corps iufques au dedans de fa cauerne. Les bifches font ordinairement

leurs

ceux de la terre, ou ceux des eaux.

leurs fans au long des grands chemins, pour ce que les bestes rauissantes qui viuent de proye n'y hantent pas ordinairement, & les masles quand ils se sentent trop gras & chargez de venaison, y forpaissent, prouoyans à la seureté de leur vie par se cacher, quand ils n'ont plus de fiance au courir. Quant aux herissons de terre, la prudence dont ils vsent pour se garder & defendre a fait naistre le prouerbe qui dit,

  Le regnard sçait de bons tours vn millier,
  Le herisson vn seul, mais singulier:
car quand il sent le regnard approcher,
  Il vest son corps arrondy comme au tour
  D'vn espineux chardon tout alentour,
  Si seurement qu'il n'y a aucun ordre
  De le pouuoir pincer au vif ne mordre.

Mais encore est plus ingenieuse & plus gentille la prouoyance dont il vse pour paistre ses petits, car sur l'Automne, enuiron le temps des vendanges, il se coule dessoubs les ceps de vigne, & auec les pieds secoüe les grappes des raisins, tant qu'il en fait tomber les grains à terre, puis se roulant dessus, les fiche aux bouts de ses espines: tellemét que quelquefois à plusieurs que nous estions le regardans il feit sembler que c'estoit vne grappe de raisin qui rampoit ou qui marchoit, tant il estoit couuert tout alentour de grains de raisin: & puis se coulant dedans sa tasniere il en bailla à ses petits à manger, & à serrer pour leur prouision. Sa tasniere a deux pertuis, l'vn tourné deuers le Midy, l'autre deuers le Septentrion: & quand il cognoist qu'il y doit auoir mutation d'air & changement de temps, ne plus ne moins que les maistres des nauires changent la voile selon le temps, aussi bouche-il le trou de sa tasniere qui regarde contre le vent, & ouure celuy qui est à l'opposite: ce que quelqu'vn de la ville de Cyzique aiant iadis apperceu, acquit la reputation de sçauoir bien predire de luy-mesme de quel costé deuoit souffler le vent. Quant à la foy & l'amour sociale, les Elephans (ainsi comme le Roy Iuba escrit) en monstrent vn grand exemple, pour ce que ceux qui les chassent ont accoustumé de leur creuser de profondes fosses, lesquelles ils couurent par dessus, auec quelques menues brossailles, & quelques pailles bien legeres. Quand doncques il y a quelqu'vn qui tombe dedans, ainsi comme ils marchent tousiours plusieurs ensemble par les champs, les autres apportent force pierres & force bois qu'ils iettent dedans la fosse, taschans à la remplir, à fin que leur compagnon ait moyen d'en sortir. Il raconte aussi qu'ils vsent de vœux enuers les Dieux, en se purifiant auec l'eau de la mer, & adorant le Soleil leuant, en haulsant contremont leur trompe, comme si c'estoit leur main, le tout sans que personne leur ait enseigné à ce faire: aussi est-ce le plus deuot & le plus religieux de tous les animaux, ainsi comme le Roy Ptolomeus, surnommé Philopator, iadis le tesmoigna: car apres auoir desfait Antiochus, voulant rendre graces condignes aux Dieux d'vne si glorieuse victoire, il leur immola plusieurs victimes & hosties, & entre autres leur sacrifia quatre Elephans: mais depuis se trouuant inquieté & trauaillé la nuict de songes, luy estant aduis que Dieu le menassoit en cholere, pour auoir vsé d'vn si estrange sacrifice, il cercha de l'appaiser par plusieurs autres offrandes propitiatoires, & entre autres feit dresser quatre grands Elephans de bronze, au lieu de ceux qu'il auoit immolez. Les Lions aussi ne monstrent pas moins de bonté & d'equité compagnable entre eux, car les ieunes, dispos & gaillards meinent quand & eux en queste ceux qui sont desia vieux & pesans, lesquels quand ils se treuuent las, s'arrestent & se reposent ce pendant que les ieunes vont au loing chasser: & s'il aduient qu'ils rencontrent & qu'ils prennent quelque proye, il les appellent auec vn hurlement semblable au mugissement d'vn taureau, ce que les vieux entendent incontinent, & tirant celle part deuorent ensemble la proye qui a esté prise. Quant à leurs amours

Quels animaux sont les plus aduisez,

plusieurs y ont esté farouches & furieux, les autres y sont plus doulx & plus gracieux, comme fut celuy qui fut corriual du grammairien Aristophanes en l'amour d'vne ieune bouquetiere en la ville d'Alexandrie, & ne monstra pas l'Elephant moins son affection que l'homme, car se promenant par le marché où lon vendoit des fruicts, il en prenoit auec sa trompe & les luy portoit, & puis se tenoit long temps deuant elle, & luy mettoit quequefois sa trompe dedans le sein par dessoubs son collet, comme si ç'eust esté vne main, & luy tastoit le tetin & ce quelle auoit de beau sur l'estomac. Il y eut aussi vn Dragon qui fut amoureux d'vne ieune fille d'Ætolie, & la venoit veoir la nuict, se coulant tout doulcement au long d'elle, & l'entortilloit sans luy faire mal ny desplaisir aucun, ny volontairement, ny autrement, & puis se departoit d'auec elle tout bellement enuiron l'aube du iour, & comme il continuast à retourner tous les iours ordinairement, à la fin les parents de la fille l'enuoyerent arriere de là : le Dragon fut trois ou quatre iours sans venir à la maison, errant çà & là pour la cercher, comme il est à croire, & finablement l'aiant rencontree il luy lia les mains contre le corps auec les nœuds du sien, & du reste de sa queuë il luy battoit les iambes, monstrant vn courroux amoureux, auquel il y auoit plus d'affection de pardonner que d'enuie de punir. Ie ne vous parleray point de l'Oye qui fut amoureux d'vn ieune enfant, en la ville d'Asope, ny du Belier aussi qui feit l'amour à vne ieune menestriere, nommee Glaucia, pour ce que ce sont choses toutes notoires, & que desormais ie pense que vous soyez las d'ouïr des contes. Mais les Merles, les Corbeaux & les Perroquets qui apprennent à parler, & qui baillent à ceux qui les enseignent leurs voix & haleine si souple & si maniable, pour la former & l'estraindre à certain nombre de lettres & de syllabes à leur volonté, me semblent plaider assez & defendre suffisamment la cause des autres animaux, nous enseignans, par maniere de dire, en apprenant de nous, qu'ils sont capables non seulement du discours interieur de la raison, mais aussi de l'exterieur proferé au dehors par la parole & la voix distincte & articulee : de maniere que c'est vne grande mocquerie de vouloir faire comparaison d'eux à autres sortes de bestes qui n'ont pas tant de voix qu'elles puissent seulement hurler ou gemir, & se plaindre, là où aux ramages & chants naturels de ceux-cy, qu'ils sonnent d'eux mesmes, sans les auoir appris d'aucuns maistres, il y a de la grace & de la doulceur beaucoup, ainsi que le tesmoignent les meilleurs Chantres & les plus suffisans Poëtes, lesquels comparent leurs poëmes & leurs chansons aux chants des Cignes & des Rossignols. Et pour ce que l'enseigner monstre encore plus grand vsage de la raison que ne fait pas l'apprendre, il est bien force de croire que les bestes en ont, attendu qu'Aristote mesme tesmoigne qu'elles monstrent & enseignent les vnes aux autres : car il escrit que lon a souuent veu des Rossignols qui monstroient à chanter à leurs petits : à quoy luy pourroit bien seruir de tesmoignage ce que lon a souuent veu par experience, que les Rossignols qui ont esté pris ieunes dedans les nids auant qu'ils fussent acheuez de nourrir par leurs meres, n'en chantent pas si bien, par ce que ceux qui sont nourris par les meres sont & quant & quant enseignez : & y apprennent, non pour pris d'argent, ny pour la gloire, mais pour ce qu'elles prennent plaisir à bien chanter, & qu'elles aiment mieux la beauté que non pas l'vtilité de la voix : auquel propos ie voux veux reciter vne histoire que i'ay entenduë de plusieurs, tant Grecs que Romains, qui auoient esté presents. En la ville de Rome au deuant du temple que lon appelle Grecostasis, ou la place des Grecs, vn Barbier, qui tenoit sa boutique vis à vis, nourrissoit vne Pie qui faisoit merueille de chanter & de parler, contrefaisant la parole des hommes, la voix des bestes, & les sons des instruments, sans que personne la contraignist à ce faire, ains s'y estant accoustumee d'elle mesme, & faisant gloire de ne laisser rien à dire ny à contrefaire. Or aduint-il que lon feit les funerailles de l'vn des plus gros

& plus

ceux de la terre, ou ceux des eaux. 516

A & plus riches perſonnages de la ville, & emporta-lon le corps par la deuant, auec force trompettes & clairons, qui marchoient deuant: aduint que le conuoy fit vne pauſe en ceſt endroit-là, & s'y arreſterent les trompettes faiſant grand deuoir de ſonner & bien longuement. Depuis cela tout le lendemain la Pie demoura muette, ſans ſiffler ny parler, ny ietter ſeulement ſa voix naturelle, ny ſon ramage accouſtumé en ſes ordinaires & neceſſaires paſſions, tellement que ceux qui au parauant s'eſbahiſſoient de ſa voix & de ſon parler s'eſmerueilloient encore plus alors de ſon ſilence, trouuans eſtrange de paſſer par la deuant ſans luy ouïr rien dire, de ſorte que l'on eut quelque ſoupçon alencontre des autres maiſtres du meſtier, que l'on ne l'euſt empoiſonnee: toutefois la plus part des perſonnes eſtimoient que ce fuſt la violence du ſon des trompettes qui luy euſt eſtourdy l'ouye, & qu'auec l'ouyë la voix ne fuſt auſſi quant & quant demouree eſteinte: mais ce n'eſtoit ny l'vn ny l'autre, ains eſtoit, ainſi qu'il apparut depuis, vne eſtude profonde, & vne retraitte en ſoy-meſme, ſon
B eſprit s'exercitant & preparant ſa voix comme vn inſtrument de muſique: car à la fin la voix luy reuint, & ſe reſuſcilla tout ſoudain, ne diſant rien de tout ce qu'elle auoit accouſtumé au parauant de dire ou de contrefaire, ſinon le ſon des trompettes, auec les meſmes repriſes, les meſmes pauſes, les meſmes nuances, & les meſmes cadences: choſe qui confirme de plus en plus ce que i'ay dit au parauant, que les animaux monſtrent plus d'vſage de raiſon à s'enſeigner ſoy-meſme, que non pas à apprendre d'autruy: toutefois ſi ne me puis-je tenir, que ie ne vous recite encore en ceſt endroit ce que i'ay veu moy-meſme apprendre à vn chien. Ce chien ſeruoit à vn baſteleur qui iouoit vne fiction à pluſieurs mines & pluſieurs perſonnages, & y repreſentoit le chien pluſieurs choſes conuenables à la matiere ſubiette, meſmement l'eſpreuue que lon faiſoit ſur luy d'vne drogue ou d'vne medecine qui auoit force de faire dormir, mais que lon ſuppoſoit auoir force de faire mourir, il prit le pain où la drogue eſtoit meſlee, & peu d'eſpace apres l'auoir aual-
C lé, il commença, ce ſembloit, à trembler & branler comme s'il euſt eſté tout eſtourdy, finablement s'eſtendant & ſe roidiſſant comme s'il euſt eſté mort, il ſe laiſſa tirer & trainner d'vn lieu à autre, ainſi que portoit le ſubiect de la farce: puis quand il cogneut à ce qui ſe faiſoit & diſoit, qu'il eſtoit temps, alors il commencea premierement à ſe remuer tout bellement, comme s'il ſe fuſt reuenu d'vn profond ſommeil, & leuant la teſte regarda çà & là: dont chaſcun des aſſiſtans fut fort eſbahy: & puis ſe leuant du tout, s'en alla deuers celuy qu'il failloit qui le receuſt, & le careſſa: de ſorte que tous les aſſiſtans, & l'Empereur meſme (car Veſpaſian le pere y eſtoit en perſonne dedans le Theatre de Marcellus) en demourerent tous reſiouis. Mais à l'aduenture meriterons nous d'eſtre mocquez, louäns ainſi haultement les beſtes, de ce qu'elles ſont dociles à apprendre, veu que Democritus monſtre & preuue que nous auons nous meſmes eſté leurs apprentifs & diſciples és choſes principales dont nous
D auons affaire, comme de l'araignee en la tiſſure & couſture, de l'arondelle en l'architecture, du cygne & du roſſignol en la muſique, l'aians apriſe à les imiter. Quant eſt des trois parties de la medecine, nous en voions la plus grande partie, & ce qu'il y a de plus genereux & de plus noble, en la nature des animaux: car ils n'vſent pas ſeulement de la partie qui ordonne les drogues pour purger les mauuaiſes humeurs du corps, comme les tortues prennent de l'origane: autrement les belettes, quand elles ont mangé d'vn ſerpent, prennent de la rue: & les chiens meſmes, quand ils ſont malades de la cholere, ſe purgent auec l'herbe que lon appelle l'herbe aux chiens: & le Dragon qui eſclarcit & fourbit ſes yeux auec du fenouil, quand il les a vn peu ternis & eſblouis. L'ours ſortant de ſa cauerne va cercher l'herbe qui s'appelle Arum ſauuage, pour ce que le ius d'icelle, qui eſt fort aſpre, luy ouure le boyau quand il eſt eſtreſſi & comme pris enſemble: autrement quand il ſe treuue lan-

Sſſ ij

Quels animaux sont les plus aduisez,

guissant & degousté pour estre trop gras, il s'en va cercher des fourmillieres, & s'asslict aupres, tirant vne langue molle & grasse d'vne liqueur doulce & gluante, iusques à ce qu'elle soit toute pleine de fourmis & de leurs œufs, puis la retirant, il les aualle & s'en guarit. Aussi dit-on que les Ægyptiens ont obserué que l'oiseau qu'ils appellent Ibis, qui est vne Cigogne noire, se donne à elle mesme vn clystere auec de l'eau de la mer, ce que depuis ils ont imité en leurs corps mesmes. Et est certain que leurs presbtres prennent de l'eau, pour se asperger & sanctifier, dont elle a beu: car si l'eau est enuenimee, ou autrement maleficiee, & dangereuse & mal saine, elle n'en boit iamais. D'autres animaux se guarissent par abstinence & par diete quand ils se trouuent mal, comme les loups & les lions, quand ils ont trop mangé de chair, ils se couchent tout coy, & se rechauffent eux mesmes. On conte aussi d'vn Tigre à qui l'on auoit baillé vn petit cheureau, qu'il ieuna deux iours deuant que de luy toucher, & qu'encore au troisiesme iour aiant faim il demanda autre pasture, en deschirant la cage où il estoit enfermé, ne se voulant point prendre au cheureau, comme estant ia son domestique & familier compagnon. Qui plus est les Elephans semblent vser de l'art de chirurgie, car ils tirent les tronçons de lances, & les traicts & iauelots des corps des hommes blessez, sans les tourmenter, & si dextrement, qu'ils ne leur font mal ny douleur quelconque: & les chéures de Candie quand elles sont frappees d'vn coup de traict, elles vont manger de l'herbe appellee Dictame, dont elles font tomber facilement les traicts, & ont par ce moien enseigné aux femmes enceintes à se faire auorter: car si tost qu'elles se sentent frappees, elles s'en courent trouuer ceste herbe, & n'ont point d'autre remede. Ces choses sont merueilleuses certainement, mais non pas toutefois par dessus toute creance, pour des natures qui sont capables d'entendre les nombres, voire de tenir compte, comme font les bœufs de Suse qui sont ordonnez à tirer l'eau pour arroser les iardins du Roy, auec ces grandes roües & ces petits bacquets tournans: ils ont leur compte combien ils doiuent tourner de tours, car ils en doiuent tirer tous les iours iusques à cent chascun, & n'est possible de leur en faire tourner d'auantage ny de gré, ny de force, pour ce que depuis qu'ils ont fait leur tasche ils s'arrestent tout court, & n'est pas possible de les faire passer oultre: ce que l'on a bien voulu essayer, mais il n'y a ordre, tant ils sçauent bien exactement compter & retenir leur compte, ainsi comme Ctesias le Gnidien a laissé par escript. D'auantage les Lybiens se mocquent des Ægyptiens, de ce qu'ils vont racontant, comme pour vne singularité grande, que la beste qu'ils appellent Oryx, iette vne voix & crie le iour mesme & à l'heure propre que l'estoile nommee par eux Sothen, & par nous l'estoile caniculaire, se leue, pource qu'ils disent que toutes leurs chéures ensemble, à l'instant mesme que ceste estoile monte sur leur orizon auec le Soleil, se tournent toutes deuers l'Orient: & tiennent que cela est vn tres-certain indice de la reuolution de cest astre là, & qui se conforme tres-certainement auec les tables & les obseruations des Mathematiciens. Mais à fin que nous mettions le couronnement à ce propos, en l'acheuant, venons à toucher, comme l'on dit en commun prouerbe, à la ligne sacree, en parlant vn peu de leur diuinité & naturel prophetique: car il est tout certain que l'vne des plus grandes, des plus nobles, & plus anciennes parties de l'art de deuiner, est celle qui se tire du vol des oyseaux, d'autant que leur naturel, qui est leger, remuant & spirituel, & qui pour sa subtilité se plie aisément, & s'accommode à toute demonstration, sert à Dieu comme d'vn instrument propre à tourner ainsi qu'il veut, tantost en vn mouuement, tantost en quelque voix & quelques gazoüillemens, tantost en quelque geste & quelque port, les vnes pour retenir, les autres pour pousser & haster, ne plus ne moins que des vents, par lesquelles voyes il retient & empesche aucunes de ces actions & affections, & dirige les autres iusques à leur fin & accomplissement. C'est pourquoy Euripides

appelle

ceux de la terre, ou ceux des eaux. 517

appelle tous les oiseaux en general les heraults & meſſagers des Dieux, & en particulier Socrates ſe nomme conſeruiteur des Cygnes : comme auſſi entre les Roys Pyrrhus eſtoit bien aiſe quand on l'appelloit l'Aigle, & Antiochus le Sacre : mais au contraire, quand nous voulons nous mocquer d'vn lourdaut, qui n'a ny ſens ny entendement, & que nous le voulons iniurier, nous l'appellons poiſſon. Bref il y a cent mille choſes que les Dieux nous monſtrent, nous prediſent, & nous prognoſtiquent par le moien des animaux tant de la terre que de l'air : mais celuy qui a entrepris de plaider la cauſe de ceux des eaux, n'en ſçauroit alleguer vne toute ſeule : car de leur part tout y eſt ſourd & aueugle, priué de toute preuoyance diuine, ietté en vn arriere fond & abyſme Titanique, où il n'y a communication quelconque auec les Dieux, ne plus ne moins qu'en l'enfer où ſont les eſprits damnez, là où la partie raiſonnable & intellectuelle de l'ame eſt de tout poinct eſteinte : & le reſte deſtrempé & comme noyé, par maniere de dire, en la plus baſſe & plus vile partie du ſentiment, ſemble pluſtoſt palpiter que non pas viure. HERACLEON. Leue tes ſourcils, amy Phedimus, ouure les yeux, & te reſueille pour nous defendre nous autres pauures inſulaires & maritimes : car ce n'eſt pas vn ieu que ce diſcours icy, mais vn plaidoier elabouré & propenſé, vne oraiſon pleine d'artifice de Rhetorique, qui meriteroit d'eſtre prononcee en vn parquet d'audience iudicielle, ou bien en vne chaire & tribune aux harengues publiques. PHÆDIMVS. Mais bien eſt-ce vne ſurpriſe, Seigneur Heracleon, & vne tromperie toute manifeſte : car ce vaillant orateur icy eſtant à ieun, ſobre, & aiant eſtudié ſa harengue toute la nuict, nous vient ſurprendre d'aguet, & nous aſſaillir à l'improuueu eſtans tous peſans du vin & de la bonne chere que nous feiſmes hier : toutefois ſi ne faut-il pas reculer ny reſtiuer pour cela, car eſtant grand amateur du poëte Pindare, ie ne veux pas que l'on me puiſſe auec raiſon oppoſer ceſte ſentence de luy,

  Quand le combat eſt preſenté,
  Celuy qui cherche quelque excuſe,
  Iette en profonde obſcurité
  Le bruit de ſa vertu confuſe.

car nous ſommes tous de grand loiſir, eſtans non les danſes ſeulement à repos, mais auſſi les chiens & les cheuaux, voire les rets & la ſeinne : aiant pour ce iourd'huy eſté trefue generale donnee à tous animaux, tant de la mer que de la terre, pour vacquer à ouyr ceſte diſpute. Mais quant à vous, mes Seigneurs, n'ayez point de peur ny de doubte : car ie feray ma reſponſe courte, & ne vous allegueray ny les opinions des Philoſophes, ny les fables des Ægyptiens, ny les contes des Indiens, ou des Libyens, ſans aucune preuue de teſmoings, ains vous reciteray & produiray choſes toutes notoires, qui ſe peuuent veoir à l'œil & par tout, & qui vous ſeront teſmoignees & certifiees par tout tant d'hommes qu'il y a qui trauaillent en la mer. Ie vous en reciteray peu d'hiſtoires, combien que des preuues qui ſe font par les animaux deſſus la terre, il n'y a rien qui empeſche de les veoir, ains eſt la veuë toute deſcouuerte, & preſentee à nos yeux : là où la mer nous laiſſe mal-aiſement & peu ſouuent veoir les effects qui ſe font au dedans d'icelle, & nous cache la plus part des generations & des nourritures des poiſſons, & des moiens d'aſſaillir & de ſe defendre les vns des autres dont ils vſent : en quoy il y a pluſieurs actes de prudence, de memoire, de ſocieté, iuſtice en communauté, leſquels neceſſairement ſont ignorez, & à raiſon de ce noſtre diſcours en demourera tant moins riche & ample, & par conſequent plus malaiſé à ſouſtenir & à defendre. Il y a d'auantage, que les animaux terreſtres, pour eſtre par maniere de dire de meſme pays que les hommes, & pour conuerſer ordinairement parmy eux, prennent aucunement les meurs & façons de faire d'iceux, & en tirent la nourriture, l'apprentiſſage & l'imitation, laquelle addoucit toute l'amertume,

Quels animaux sont les plus aduisez,

toute l'austerité & aspreté de leur naturel, ne plus ne moins que l'eau doulce se meslant auec celle de la mer la rend plus doulce, & tout ce qu'il y a de pesant, de lourd & mal aisé à emouuoir, l'excite, estant esbranlé & poulsé par les mouuemens qu'ils ont, & qu'ils apprennent de la frequentation des hommes: là où, au contraire, la vie des animaux maritimes, estant par longs & larges confins separee de la conuersation des hommes, & n'aiant rien adiousté de dehors ny d'appris par accoustumance, est propre à soy, ainsi que la nature l'a produite, & non meslee ny composee de meurs estrangeres, à cause du lieu où ils habitent, & non pas pour la qualité de leur naturel: car la nature receuant & contenant en elle autant qu'il y peut entrer de cognoissance & de science, nous exhibe & met en auant plusieurs anguilles que lon appelle sacrees, toutes priuees & familieres à l'homme: comme, entre autres, celles qui sont en la fontaine Arethuse, & en plusieurs autres lieux des poissons qui obeissent quand on les appelle par leurs noms, ainsi que lon dit de la Murene de Crassus, laquelle estant venue à mourir, Crassus en plora: & comme vn iour Domitius luy reprochast par mocquerie, N'as tu pas ploré ta Murene morte? il luy repliqua sur le champ, N'as tu pas eu le cœur si dur, que de ne point plorer pas vne de tes trois femmes que tu as enterrees? Et les crocodiles non seulement entendent la voix des presbtres, quand ils les appellent, & endurent qu'ils les touchent: mais, qui plus est, ouurans la bouche, leur baillant leurs dents à nettoyer & à essuyer auec des linges. Il n'y a pas long temps que Philinus homme de bien & d'honneur, retournant de son voyage d'Ægypte, où il estoit allé pour desir de veoir, nous raconta auoir veu en la ville d'Anteus, vn crocodile couché & dormant bien honnestement au long d'vne vieille femme dessus vn petit lict: & treuue-lon par escript, que iadis vn des Roys Ptolomees, appellant le sacré crocodile, il ne voulut pas venir ny obeyr à la voix des presbtres qui caressoient de paroles, & le prioient de venir, & que cela fut estimé vn prognostique & presage de la mort qui peu de temps apres luy aduint: tellement que par ce moien, la nation des animaux aquatiques n'est pas du tout incapable ne priuee de la sacree & tant estimee science de deuiner & predire les choses à aduenir, attendu mesmement qu'au pays de la Lycie, entre les villes de Phele & de Myre, y a vn vilage que lon appelle vulgairement Sura, aupres duquel les habitans s'asseient à contempler les poissons nageans en l'eau, cõme ailleurs on cõtemple les oyseaux volans en l'air, considerans les tournoyemens de leurs aguets & embusches, leurs fuittes & leurs poursuittes, & en predisans par ie ne sçay quel art & quelques mots qu'ils leur disent, les choses à aduenir: mais cela suffise pour enseigne & indice, que leur naturel n'est pas de tout poinct estrange, & n'aiant aucune communication auec nous. Au reste quant à leur propre prudence naturelle, où il n'y ait rien de meslange empruntee d'ailleurs, cecy en commun en est vn grand argument, qu'il n'y a aucune creature nageante & aquatique, si ce ne sont d'aduenture celles qui sont tenantes & attachees aux pierres & aux rochers qui soit si facile à prendre à l'homme, comme sont les asnes aux loups, les abeilles aux mauuis, & les cigales aux arondelles, ou les serpens aux cerfs, qui se laissent ainsi emmener à eux, dont ils ont eu le nom de Elaphos, non pour leur legereté, mais pour leur proprieté de tirer les couleuures & serpens hors de leurs trous. Le mouton attire, en maniere de dire, & conuie le loup par le trac de son pied, comme lon dit que le Leopard attire la plus part des autres bestes, qui s'approchent de luy pour le plaisir qu'elles prennent à sentir son odeur, mesmement le singe entre autres. Mais les animaux maritimes tous en general ont vn presentiment qui les rend soupçonneux de toutes choses, & les fait tenir sur leurs gardes contre les aguets que lon leur dresse, par vne intelligence naturelle: ce qui fait que la pescherie, & l'art de les prendre & chasser n'est point vne petite industrie ne simple & grossiere, ains a besoing d'vn grand nombre d'engins de toutes sortes, de ruzes, & de finesses subtiles pour les affiner,

comme

ceux de la terre, ou ceux des eaux. 518

A comme il est tout notoire, parce que nous les auons tous les iours entre les mains: Premierement la canne, ou rouseau, dont on fait la ligne à pescher, ne doit pas estre grosse, encore qu'il faille qu'elle soit forte & roide, pour enleuer les poissons qui se debattent quand ils sont pris, & faut plustost choisir celle qui est deliee & menuë, de peur que iettant vne vmbre large, elle n'excite la doubte & soupçon des poissons: & puis ils ne veulent pas qu'il y ait beaucoup de nœuds à la ligne, ains veulent qu'elle soit toute plaine & vnie sans aucune aspreté, pource que cela leur baille desfiance de quelque tromperie:& si donnent ordre que les seies qui touchent à l'hameçon, soient blanches, d'autant qu'elles en sont moins apperceuës dedans l'eau, à cause de la conformité de couleur: car ce que le poëte dict,

    Au fond de l'eau l'hameçon va baissant,
    Comme du plomb la ligne trauersant
    Du bœuf rural la corne transparente,
    Qui aux poissons porte la mort latente:

B aucuns entendans mal ces vers, veulent inferer de là, que les anciens vsoient des poils de la cueuë de bœuf à faire leurs lignes, disans que ce mot Kéras, qui communément en Grec signifie corne, en ce lieu là signifie poil : & que de là vient que Keírasthæ signifie tondre, & Kourà signifie tonsure : & que de là semblablement Archilochus appelle vn muguet & mignon, qui s'amuse trop curieusement à peigner & testonner sa perruque, Keraplastes: mais cela n'est pas veritable, car ils vsoient comme nous du poil & seie de cheual, & non pas de iument, parce que les iuments trempans à tous coups leurs cueuës auec leur vrine, en rendent le poil moins fort, & plus aisé à rompre: & Aristote mesme escrit, qu'en ces vers il n'y a rien qu'il faille curieusement & subtilement recercher de docte intelligence, parce qu'à la verité les pescheurs enfilent en leur ligne vn petit bout de corne au deuant de l'hameçon. Et puis ils vsent des hameçons ronds à prendre les mulets & les bonitons, pource qu'ils ont

C la bouche petite, & se gardent de celuy qui est long & droict: & bien souuent le mulet souspeçonnant celuy mesme qui est rond, va nageant à l'entour, frappant auec sa cueuë ce qu'il y a de bon à manger, & decrochant ce qui en apparoist dehors, & s'il n'en peut venir à bout par ce moyen, alors estroissisant sa bouche, & la serrant, il touche du bout des léures, & ronge l'appast tout à l'entour: mais le loup de mer, quand il se sent pris de l'hameçon, faict plus genereusement que ne faict l'Elephant, tirant & arrachant le traict, non du corps d'vn autre, mais du sien propre, secoüant sa teste çà & là, tant qu'il eslargit la playe, endurant magnanimement la douleur de ce deschirement iusques à ce qu'il ait ietté l'hameçon hors de son corps. Et le regnard marin le plus souuent n'approche pas de l'hameçon, ains s'en recule & fuit l'embusche, mais si par fortune il aduient qu'il se trouue pris, il se rebourse incontinent, pour la force, agilité & humidité de son corps, qui est telle qu'il le retourne facilemét à l'enuers, de

D maniere que le dedans sortant dehors, il est force que l'hameçon tombe & lasche prise. Ces premiers exemples-là monstrent vne intelligence, & quant & quant vne execution ingenieuse & subtile de ce qui est expedient promptement au besoing: mais il y en a d'autres qui auec la prudence nous donnent à cognoistre vne amour de societé, & vne charité des vns enuers les autres, comme font les Barbiers & les Scares: car quand vn Scare a aualle l'hameçon, les autres ses compagnons saultent à l'entour, & rongent la ligne, & si d'aduenture il y en a vn qui ait donné dedans la nasse, ses compagnons luy baillent la cueuë par dehors, & luy la serre tant qu'il peult à belles dents, les autres tirent tant qu'ils l'entrainnent dehors: mais les Barbiers secourent leurs compagnons encore plus magnanimement, car mettans la ligne contre leur dos, ils dressent vne espine qu'ils y ont dentelee comme vne sie, & s'efforçét de la sier & couper auec icelle : là où il n'y a pas vn animal de terre, au moins que nous cognoissions,

Sss iiij

Quels animaux sont les plus aduisez,

qui ait le cœur & la hardiesse de secourir son compagnon estant en peril de sa vie, ny l'ours, ny le sanglier, ny la lionne, ny le leopard : ils s'amassent bien tous ensemble, ceux qui sont d'vne mesme espece, & courent les vns auec les autres alentour de l'arene des amphitheatres: mais de s'entresecourir l'vn l'autre, ils n'en sçauét pas le moyen, ny n'ont pas le courage de ce faire, ains s'enfuyent, & saultent se tirants le plus arriere qu'ils peuuent de celuy qui est blessé, & que lon tue deuant eux. Et quant à l'histoire que tu as alleguee des Elephans, mon bel amy, qu'ils iettent dedans la fosse tout ce qu'ils peuuent foüiller & arracher, pour faire comme vne leuee à leur compagnon qui est tombé dedans, à fin de l'aider à sortir, elle est merueilleusement estrange & de fort loingtain pays: aussi nous commande elle, comme par edict royal, venant des liures du Roy Iuba, de la croire: mais quand bien elle seroit veritable, il y a assez d'exemples des maritimes, qui monstrent que quand à l'estre sociables & bien auisez, ils ne cedent en rien aux plus sages des terrestres: mais quant à leur communauté & societé, nous en traicterons à part. Au demourant, les pescheurs s'apperçeuans que la pluspart des poissons se mocquoient de la ligne & de l'hameçon, ne plus ne moins que des ruses esuentees & descouuertes, se sont tournez à la force, les enfermans dedans vne seinne, comme font les Perses à la guerre, faisans leur compte, que quand ils seroient pris dedans les rets, il n'y auroit discours au móde ny sagesse qui leur peust donner moyen d'en eschapper: car auec les pans des rets, & les trubles on prend les Mulets, les Donzelles, les Mormyres & les Sarges, les Gouiars de mer & les Loubines: mais ceux qui plongent au fond, que lon appelle pour cela Bolistiques, comme les Rougets barbez, la Dorade, le Scorpion ou la viue de mer, on les enueloppe auec des engins qui s'appellent esparuiers & seinnes. Homere appelle ceste sorte de rets Panagra, qui vault autant à dire, comme, tout prenant: mais toutefois encore ont ils ingenieusement trouué remede à cela, la Loubine & le Chien marin entre autres: car quand ils sentent que lon tire l'engin, ils ouurent à force la terre au fond de l'eau, & la battent tant qu'ils la creusent, puis quand ils ont faict vne fosse grande assez pour se cacher contre le rauage du rets, alors ils se fourrent & se tapissent dedans iusques à ce que le bord du rets soit passé, mais le Daulphin se trouuant enfermé dedans la seinne, l'endure constamment sans s'estonner de rien, ains au contraire il s'en esiouït, pource qu'il prend & deuore là dedans tant qu'il veut de poisson qui est prisonnier quand & luy, sans qu'il ait peine à les chasser, puis quand il sent qu'on l'approche de terre, il ne faict que rompre & ronger le rets, & s'en va: & si d'aduenture il ne peut le faire assez tost, & qu'il vienne à estre pris, pour cela ne le faict-on pas mourir à la premiere fois, ains seulement luy coust-on vn ionc à trauers la peau au long de la creste, & le laisse lon aller, mais s'il se laisse reprendre vne autre fois, alors il est battu & puny à coups de baston, car on le recognoist à la cousture du ionc: mais cela n'aduient pas gueres souuent, parce que quand on leur a pardonné vne fois, ils recognoissent, la plusparts, la grace qu'on leur a faicte, & se gardant de là en auant de mal faire. Mais y ayant infinis autres exemples de ruzes & fines inuentions pour se donner garde, de preuoir vn danger, & sortir d'vn mauuais passage, celuy de la Seche est bien digne d'estre recité, & non passé soubs silence: car ayant aupres du col vne grosse vessie, qui proprement s'appelle Mytis, pleine d'vne humeur noire, laquelle pour ceste cause on nomme encre, quand elle se sent surprise en vn filé, elle iette son encre dehors, à fin que noircissant la mer alentour d'elle, & se couurát d'vne obscurité tenebreuse, elle se puisse sauuer & eschapper de la veuë de celuy qui la chasse, en quoy elle imite les Dieux d'Homere qui retirent & derobbét en vne nuee noire ceux qu'ils veulent respirer & deliurer de danger. Mais à tant est-ce suffisamment parlé de ce propos, & au reste quát à leur astuce & subtilité d'assaillir, & de quester, on en peult voir des exemples de bien grande ruze en plusieurs. Celuy que lon nomme

Estoile

ceux de la terre, ou ceux des eaux. 519

Estoile, sçachant bien que tout ce à quoy il touche, se dissoult & se fond, abandonne son corps à manier & toucher, & se souffre taster aux passans, & à ceux qui en approchent. Quant à la Tromble, autrement dicte Torpille, vous sçauez tous assez sa puissance, qui est, que non seulement elle endort & rend sans sentiment les membres qui la touchent, mais aussi à trauers les filets de la seinne elle transmet vne pesanteur endormie & amortie aux mains de ceux qui la remuent & manient : & y en a qui disent encore dauantage, ayans experimenté sa vertu plus auant, que si pendant qu'elle est viue on respand de l'eau dessus, l'on sent ceste passion qui gaigne contremont iusques à la main, de laquelle elle amortit & endort l'attouchement à trauers l'eau, qui est desja tournee & alteree, comme il est vray-semblable : ayant donques vne cognoissance de ceste vertu nee auec elle, elle ne combat ny ne se hazarde iamais de front contre vn autre poisson, mais enuironnant celuy qu'elle veult auoir & prendre, elle iette à trauers l'eau de son influence, comme si c'estoient flesches, charmant l'eau premierement, & puis apres le poisson par le moyen de l'eau, tellement qu'il ne peult ny se defendre ny s'enfuir, ains est arresté & fiché, comme s'il estoit attaché auec des liens. Celuy que l'on appelle la grenouille pescheresse est assez cogneu de plusieurs, & luy a l'on donné ce surnom pour sa façon de faire, de laquelle finesse Aristote mesme escrit que la Seche vse, car elle iette de son col vn boyau long comme vne ligne, qu'elle estend au loing en le laschant, & le retire à soy tout entierement quand elle veult. Quand donques elle apperçoit aupres d'elle quelque petit poisson, elle luy laisse mordre le bout de ce petit boyau, estant elle cachee dedans le sable, ou dedans la vase, & petit à petit elle le retire iusques à ce que le petit poisson soit si pres d'elle, qu'en saultant elle le puisse engloutir. Quant au poulpe qui change de couleur, c'est chose toute notoire, & Pindare le celebre par ces vers,

  Que ton sens soupple & maniable
  Soit au poisson de mer semblable,
  Qui tousiours va couleur changeant,
  Pour hanter auec toute gent.

& le poëte Theognis aussi,

  Aies le sens du Poulpe, lequel tainct
  Sa peau d'vn autre & puis d'vn autre tainct,
  Prenant tousiours la couleur de la roche
  Où de ses pieds estendus il s'accroche.

Il est vray que le Chameleon change bien aussi de couleur, mais c'est sans desseing d'aucune ruze, & non point pour se cacher, mais de peur tant seulement, estant de sa nature couard & timide, oultre ce qu'il est plein de vent, ainsi comme l'escrit Theophraste : car il ne s'en faut gueres que tout son corps ne soit plein de poulmon, par où l'on coniecture qu'il a beaucoup de vent, & consequemment qu'il est propre à telles mutations & changemens de couleur : mais quant au Poulpe, c'est vne action & non pas vn changement de passion : car il change de couleur auec certaine science & de propos deliberé pour se cacher de ce qu'il craint, & pour attraper ce dont il se nourrit : & par le moyen de ceste ruze il prend ce qui ne s'enfuit, & fuit ce qui passe oultre. Or de dire qu'il mange ses pieds ou ses bras, c'est chose faulse : mais il est bien certain qu'il craint fort la Murene & le Congre, pource que ces poissons là luy font beaucoup de mal, & il ne leur en peult faire, d'autant qu'ils luy eschappent en glissant : & au contraire, la langouste le desfaict, & le met en pieces quand il vient aux prises auec elle, pource que sa peau lissee ne luy peult de rien seruir contre la cocque de l'autre qui est dure & aspre : mais aussi si le poulpe la peult vne fois tenir & estraindre entre ses bras, elle est morte. Voyla comme la nature leur donne ceste vicissitude de fuir & d'assaillir les vns les autres, pour vn exercice de combattre, & pour vne espreuue

Quels animaux sont les plus aduisez,

de leur sens & de leur prudence. Voire-mais Aristotimus a allegué, comme le Herisson de terre a vne preuoyance & presentiment des vents, & a mis en ligne de merueille le vol des grues qui volent en triangle: quant à moy ie n'allegueray point le herisson de mer d'aucun lieu particulier, comme de Bysance ou de Cyzique, mais en general, tous ceux qui sont par tout, & en toutes mers : quand ils sentent qu'il doit auoir tempeste & tourmente en la mer, ils se chargent eux mesmes auec de petites pierres, de peur qu'ils ne soient renuersez & iettez çà & là par les flots de la mer, & demeurent fermes en leur lieu, par le moyen de l'estage de ces petites pierres dont ils se chargent. Et quant aux Grues, qui changent leur ordre de voler selon le vent : ie dis que ceste prudence là n'est peculiere ny propre à vne sorte de poissons, ains est commune à tous, qu'ils nagent tousiours contre vent & maree, & se donnent bien garde que le vent ne leur donne iamais en cueuë & par derriere, de peur qu'il ne leur enleue leurs escailles, & ne leur offense & face frissonner le corps descouuert & denué: c'est pourquoy ils ont tousiours le museau dedans le vent, parce que la mer estant ainsi fenduë en teste, leurs branches & escailles viennent à se coucher contre leurs corps, & coulant par dessus les serre toutes vniement, & ne leur enleue rien qui les face herisser: cela, dis-je, est vniuersellement commun à tous poissons, excepté celuy qui se nomme Ellope, lequel de sa nature nage à vau le vent & la maree, ne craignant point que le vent luy rebourse ses escailles, d'autant qu'elles ne sont pas couchees vers la cueuë, ains contremont vers la teste. Et le Thun sçait & sent si bien les solstices & les equinocces, que mesme il les enseigne à l'homme, sans que pour cela il ait besoing de regles d'Astrologie: car il demeure au lieu où le solstice d'hyuer le surprent, & n'en bouge iusques à l'æquinocce ensuiuât. Mais c'est vne grande sapience à la grue, d'empoigner auec son pied vne pierre, à fin que venant à la lascher elle s'esueille souuent: & combien doncques, mon bon amy, est plus sage le Daulphin qui ne peut iamais arrester ny cesser de courir, pource que son naturel est d'estre en perpetuel mouuement, finissant sa vie auec son mouuoir: mais quand il a besoing de sommeil, il pousse son corps contre-mont iusques au dessus de l'eau, & là se tournant le ventre dessus, se laisse aller à la renuerse au fond, estant bersé de l'agitation de la mer, comme s'il estoit branslé en vne brandilloire, iusques à ce qu'il vienne à toucher, & donner contre la terre, & ainsi se resueillant, il se relance vne autrefois au dessus de la mer, là où derechef il se laisse aller à bas, ayant par ce moyen trouué vne inuention de mouuement entre-meslé de repos: on dict que les Thuns en font tout de mesme, & pour vne mesme cause. Mais pource que nous auons desia exposé la Mathematique & Astrologique prescience & cognoissance qu'ont les poissons de la conuersion du Soleil, laquelle est confirmee par le tesmoignage mesme d'Aristote, escoutez maintenant comment ils sçauent bien aussi la science d'Arithmetique, ou bien certes premierement la Perspectiue, dequoy il semble que Æschylus mesme ait eu cognoissance, parce qu'il dict en quelque passage,

Clignant l'œil gauche, ainsi que faict le Thun,

pource qu'ils ont la veuë de l'autre œil debile. Et pourtant quand ils entrent en la mer de Pont, ou Mer-maiour, ils tirent à main droicte, au long de la terre, & quand ils en sortent à main gauche, faisans en cela prudemment & sagement, de commettre la garde de leur corps au meilleur œil: & pource qu'ils ont besoing de l'Arithmetique à cause de leur societé, ils sçauent ceste science des nombres parfaictement pour le plaisir qu'ils ont d'estre tousiours ensemble en grosse troupe, & font tousiours leur bande de figure cubique, c'est à dire, quarree en tous sens, & en dressent vn corps de squadron solide, clos & enuironné tout à l'entour de six faces toutes égales, puis nagent en ceste ordonnance quarree, autant large derriere que deuant, sans la rompre nullement, de sorte que celuy qui est au guet pour espier leur venuë, s'il

peult

ceux de la terre, ou ceux des eaux. 520

A peut seulement nombrer certainement, combien ils sont en la face qui luy apparoist, peut incontinent dire combien ils sont en tout le corps de la troupe, estant asseuré que le nombre de la profondeur est égal à la largeur, & la largeur à la longueur. Les Bonitons, que lon appelle en Grec Hamies, ont leur nom de ce qu'ils sont poissons de compagnie, pource que Hama signifie ensemble, & les Pelamides à mon aduis aussi : quant aux autres especes de poissons compagnables, qui se treuuent & viuent tousiours ensemble par grosses troupes, on n'en sçauroit dire le nombre : parquoy il vault mieux venir aux particulieres societez & compagnies inseparables, qu'aucuns ont entre eux, comme le Pinnothere qui a tant cousté d'encre au philosophe Chrysippus pour le descrire, car c'est tousiours le premier qu'il amene en ieu en tous ses liures tant naturels que moraux : quant au Spongothere, ie croy qu'il ne l'auoit pas veu, autrement il ne l'eust pas oublié. Or ce Pinnothere doncques est vn petit animal de la sorte d'vn cancre, à ce que lon dict, lequel vit & se tient tousiours auec la

B Pinne, qui est ceste espece de grande coquille que nous appellons Nacre, & demeure tousiours comme vn portier assis à l'ouuerture de ceste coquille, laquelle il tient continuellement entre-baillee & ouuerte iusques à ce qu'il y voye entrer quelques petits poissons de ceux qu'ils peuuent bien prendre : car alors il entre au dedans de la Nacre & luy mord la chair, elle incontinent ferme sa coquille, & lors eux deux ensemble mangent leur proye enfermee dedans leur fort. Quant au Spongothere, c'est vn autre petit animal, non semblable à vn cancre comme l'autre, mais plustost à vne araignee, qui garde & gouuerne l'Esponge, laquelle n'est pas du tout sans ame ny sans sang & sans sentiment, ains comme plusieurs autres animaux marins, est attachee contre les rochers, & a vn propre mouuement de se restraindre au dedans de soy, & de s'estendre au dehors : mais pour ce faire elle a besoing de la conduicte & de l'aduertissement d'autruy, parce qu'estant rare, lasche & molle, à cause de plusieurs petits pertuis vuides à faute de sang, ou bien de sentiment qu'elle a fort mousse,

C elle ne sent pas quand il entre quelque substance bonne à manger dedans ces trous & espaces vuides, ce que le petit animal luy faict sentir, & incontinent elle se resserre & le deuore : ce qu'elle faict encore bien plus quand l'homme s'approche d'elle, & qu'il la touche : car alors estant bien mieux aduertie & attainte au vif, elle se herisse de frayeur, & se referme en serrant & espessissant son corps, tellement que les plongeurs qui la cerchent & la chassent, ont bien de la peine à la coupper par dessoubs, & à l'arracher hors du rocher. Et les Pourpres assemblees en troupe, composent en commun leur gofre, comme font les abeilles, en maniere d'vne ville, & dict-on que c'est là dedans qu'elles engendrent & qu'elles font leurs petits : & ce qu'elles ont serré & preparé pour leur munition de viures, comme de la mousse ou de l'algue, herbe toute commune en la mer, elles le tirent dehors de leurs coquilles, & le presentent à manger à leurs compagnes en rond, ne plus ne moins que si c'estoit vn bancquet

D qu'elles fissent chascune à son tour, l'vne paissant & nourrissant ainsi l'autre par dehors : mais ce n'est pas grande merueille s'il y a societé amiable & communauté entre elles, veu que le plus farouche animal, & le plus cruel qui viue en toutes les riuieres, en tous les lacs & estangs, & en toutes les mers, le Crocodile, se monstre merueilleusement social & compagnable en ce qu'il a à demesler auec le petit Roytelet, qui est vn petit oyselet, hantant ordinairement au long des marets & des riuieres. Il faict le guet, & sert de garde au Crocodile, non pas à ses despens, mais au despens du Crocodile, car il vit de son dessert : & quand il voit que l'Ichneumon s'arme & se plastre le corps de limon, comme vn champion de luicte, qui se pouldre les mains à fin d'auoir meilleure prise sur son compagnon, pour assaillir d'aguet en surprise le Crocodile dormant, il l'esueille de son chant, & de son bec dont il le va piccotant : & le Crocodile est si doux & si priué enuers luy, qu'il luy ouure la gueule grande, & le

Quels animaux sont les plus aduisez,

laisse entrer dedans, estant bien aise qu'il aille recueillant les petits morceaux de chair qui luy sont demourez entre les dents, & qu'il les arrache tout doulcement auec son bec: puis quand c'est assez à son gré, & qu'il veult refermer sa bouche & la clorre, il baisse vn petit sa machouere de dessus, luy monstrant par signe qu'il sorte, & ne la rabat iamais du tout, qu'il ne sente que le petit oyselet s'en soit enuolé. Et celuy qui s'appelle la guide, qui est vn petit poisson de grandeur & de façon presque semblable au goujon de mer, à ce que lon dict, excepté que par dehors il ressemble à vn oyseau qui se herisse de peur, tant il a les escailles droictes & leuees: il est tousiours auec quelque grande Baleine, nageant deuant pour la diriger & conduire, comme vn pilote, de peur qu'elle ne s'aggraue en quelque platis où la mer soit basse, ou en quelque vase, ou qu'elle ne donne en quelque destroit, dont elle ne puisse sortir puis apres. La Baleine le suit, se laissant mener & tourner à luy aussi facilement que le timon faict tourner la nauire. Toute autre chose qui entre dedans le chaos de la bouche de ce monstre marin, soit beste, ou vaisseau, ou pierre, est incontinent englouty & perdu au fond de ceste abysme: mais cognoissant ce petit poisson, elle le reçoit en sa bouche, comme si c'estoit vne ancre: car il dort là dedans, & le monstre s'arreste cependant qu'il repose: puis quand il sort, il se remet à le suiure, sans iamais l'abandonner ny iour ny nuict, autrement il s'esgare & va errant çà & là sans conduitte: & y en a eu plusieurs qui se sont ainsi perdus ayans donné à trauers la coste, comme vn vaisseau qui n'a point de gouuernail: car nous mesmes en auons veu en l'Isle d'Anticyre il n'y a pas long temps: & dict-on que par cy-deuant y en eut aussi vn autre qui fut ietté par les flots de la mer sur le riuage, non gueres loing de la ville de Bunes, qui se pourrit, & meit la peste en tout le pays à l'enuiron. Est-il doncques maintenant raisonnable de comparer à ces societez là si estroictes & si conioinctes, les amitiez des regnards auec les serpents, pour la guerre qu'ils ont contre leur commun ennemy, qui est l'aigle: ou celle des otardes auec les cheuaux, parce qu'elles prennent plaisir à estre aupres d'eux, pour gratter & fouiller leur fiante? Quant à moy, ie ne voy point que les abeilles ny les fourmis ayent tant de soing les vnes des autres. Il est bien vray qu'elles trauaillent toutes en commun pour accroistre le bien public, mais qu'elles visent au bien particulier, ny qu'elles ayent cure du salut les vnes des autres particulierement, il n'y en a point d'exemple: encore verrons nous mieux ceste difference là si nous venons à parler du deuoir des principaux & plus grands offices de societé, i'entens de la generation & procreation des enfans. Premierement, tous poissons qui hantent les mers prochaines des marets, ou qui reçoiuent de grandes riuieres, quand ils se sentent pres de faire leurs petits montent contremont, cerchans l'eau doulce, la plus tranquille & la moins agitee qu'ils peuuent, d'autant que la tranquillité est fort necessaire & requise à l'enfantement, outre ce que dedans les marets & riuieres coustumierement il n'y a point de ces grands monstres marins, de maniere que leurs petits en sont en plus grande seureté. Voyla pourquoy il y en a si grande quantité qui vont faire leurs petits en mer maiour, parce qu'elle ne nourrit point de Baleines ny d'autres grandes bestes, excepté le veau marin, encore y est-il bien rare, & le Daulphin qui y naist bien petit: puis la descente de plusieurs grosses riuieres qui se desgorgent dedans, rend la temperature de l'eau fort benigne & fort à propos pour les meres qui ont des petits: mais sur tout est admirable le naturel de celuy qui se nomme le Barbier, lequel Homere appelle le poisson sacré: combien que les vns veulent dire, que sacré en ce lieu là signifie grand, comme quand on dict l'os sacré, c'est à dire, le grand: & le mal caduc, qui est vne grande maladie, on l'appelle aussi la maladie sacree: autres interpretent sacré communément, c'est à dire, voué & dedié à quelque Dieu, ou bien abandonné & laissé à l'abandon: toutefois il semble que Eratosthenes appelle ainsi la Dorade,

Leger

ceux de la terre, ou ceux des eaux. 521

Leger au cours, au beau sourcil doré,
C'est celuy-là qui est poisson sacré.

plusieurs estiment que c'est l'esturgeon que lon appelle Helops, pource qu'il est rare à trouuer & difficile à prendre, toutefois il se voit souuent en la coste de Pamphylie:& quand les pescheurs le peuuent rencontrer, ils sont couronnez eux & leurs barques de festons & chapeaux de fleurs : & quand ils retournent au port, ils y sont receuz & honorez auec grands cris de ioye & battemens de mains par tous les assistans. Mais la pluspart estime que le barbier Anthias est celuy qui s'appelle poisson sacré, & tenu pour tel, d'autant que là où il est il n'y a point de beste venimeuse ny rauissante: tellement que les plongeurs qui vont au fond de la mer arracher les esponges, se plongent hardiment aux endroicts où ils en apperçoiuent, & les autres poissons y font aussi asseureement leurs petits, comme ayans celuy là pour plege & pour respondant de toute franchise & de toute seureté : la cause en est bien mal-aisée à trouuer, si c'est pource que les bestes rauissantes & venimeuses le fuyent naturellement, comme les Elephans fuyent le pourceau, & les Lions le coq, ou si c'est qu'il y ait certains signes des lieux où telles bestes ne puissent resider, & que luy les cognoisse & s'en donne de garde par vne prudence, & par vne memoire naturelle qu'il a. Cela est bien commun à toutes meres d'auoir soing & solicitude de leurs petits, mais les masles entre les poissons en ont encore telle cure, que iamais ils ne mangent ce qui est de leur semence, ains demeurent aupres de ce que leurs femelles ont enfanté, & gardent leurs œufs, ainsi comme Aristote mesme a escrit: les autres apres leurs femelles les arrosent d'vn peu de liqueur, parce qu'autrement ce qu'elles ont faict ne deuient point grand, ains demeure imparfaict & sans croissance. Mais particulierement ceux qui s'appellent Roquaux Phycides forment leur nid auec l'herbe de la mer qui s'appelle Algue, & en munissent à l'entour & couurent leurs petits contre les flots de la mer. Les Chiens de mer ne cedent en sorte que ce soit aux plus priuees & plus douces bestes du monde, en charité, amour & dilection enuers leurs petits : car ils font premierement l'œuf, & puis apres le petit, & non point hors de leurs corps, mais dedans : le nourrissent & portent dedans leurs propres corps, comme s'ils le retournoient à engendrer & à enfanter vne autre fois : puis quand il est deuenu vn peu plus grand, ils le mettent dehors, & luy monstrent à nager tout ioignant d'eux, puis le reçoiuent encore par la bouche au dedans de leur corps, qui leur sert de demeure, de nourriture, de retraicte & de refuge, iusques à ce qu'il soit si grand qu'il leur puisse ayder. Aussi y a-il vne merueilleuse sollicitude de la Tortuë en la generation, nourriture & conseruation de ses petits: car elle sort de la mer & va pondre ses œufs sur le riuage : mais ne pouuant pas les couuer long temps, ny demeurer en terre hors de la mer, elle met ses œufs dessus la gréue, & puis amasse dessus le plus menu & plus delié sable qu'elle peut, puis quand elle les a bien cachez & couuerts seurement, aucuns disent qu'elle imprime quelques rayes ou quelques poincts dessus auec ses pieds, à fin de pouuoir trouuer & recognoistre le lieu puis apres. Les autres disent, que les masles renuersent leurs femelles sur le dos, & y laissent la forme de leur cocque, comme de leur anneau imprimee dedans le sablon: & ce qui est encore plus admirable, elle obserue le quarantiéme iour, car en autant de iours se meurissent & s'escloënt leurs œufs, & vient recognoistre son depost, qu'elle ouure auec aussi grand' aise & grand' ioye, comme sçauroit faire l'homme la cachette là où il auroit serré & caché son or & son argent. Les Crocodiles font bien à peu pres toutes autres choses semblables, mais à quelles marques ils peuuent retrouuer le lieu, ils n'en ont point laissé à l'homme moyen d'en imaginer ny colliger la cause : tellement que lon veut dire par cela, que c'est plustost vne precognoissance à ceste beste, procedante de diuination, que de ratiocination : car sans aller ny plus haut ny plus bas, il pose ses œufs iustemét à la

Ttt

Quels animaux sont les plus aduisez,

hauteur que la riuiere du Nil doit deborder, & iusques où il doit couurir la terre, de sorte que le paysan qui premier les rencontre de fortune, sçait & predit à ses compagnons iusques où le fleuue doit monter & sortir hors de son lict l'esté ensuyuant, mesurant & compassant iustement ce qui doit estre couuert d'eau & baigné, à fin que luy sans estre baigné puisse couuer les œufs. Au demourant, quand les petits sont esclos, s'il y en a vn qui au sortir de la cocque ne happe incontinent en sa gueule ce qui se presentera le premier deuant luy, soit vne mousche, ou vne formy, ou vn verm de terre, ou vne paille, ou vne herbe, la mere le deschirant à belles dents le faict mourir sur l'heure: mais ceux qui se monstrent courageux & prompts à la rapine & execution, elle les ayme & les caresse cherement, faisant comme les plus sages hommes iugent qu'il faut faire, de colloquer son amour par raison, & non pas par passion. Les veaux marins mesmes font bien leurs petits sur la terre, mais peu à peu elles les attirent en la mer, & la leur font gouster, puis tout à coup les en retirent, & font cela souuent les vns apres les autres, iusques à ce que par accoustumance ils s'asseurent, & commancent à aymer le viure dedans la mer. Les grenoüilles quand elles commancent à entrer en amour elles s'entr'appellent auec vn chant de nopces, & vne voix amoureuse, que l'on appelle proprement Ololygon: puis quand le masle auec cest appeau a faict venir sa femelle, ils attendent la nuict ensemble, pource que dedans l'eau ils ne peuuent pas habiter ny auoir compagnie l'vn de l'autre, & sur terre ils craignent le iour, mais quand l'obscurité de la nuict est venue, alors sortans de l'eau seurement, ils s'entr'ambrassent: au demourant quand elles sentent la pluye venir, elles chantent d'vne voix plus claire, & est cela vn des plus certains signes qui sçauroit estre de pluye. Mais, ô Seigneur Neptune, quelle faute & quelle erreur ay-je cuidé commettre? combien eust-il esté impertinent & digne de mocquerie, si en m'amusant à parler des veaux marins, & des grenoüilles, i'eusse oublié & laissé en arriere le plus sage animal & le plus aymé des Dieux, de tous ceux qui frequentent la mer? car quelle musique des Rossignols est à comparer à celle des Halcyons? quel fabrique des arondelles, quelle amitié & charité des coulombes, ne quel artifice des abeilles merite d'estre conferé auec celuy des oyseaux de la marine qui se nomment Halcyons? de quelle espece d'animaux ont iamais les Dieux tant honoré les couches, les naissances, & les enfantemens? car on dict qu'il n'y eut qu'vne seule Isle de Delos, qui receust l'enfantement de Latone, laquelle Isle estant auparauant vagante, en a depuis esté affermie, là où Dieu a voulu que toute la mer fust arrestee, affermie & applanie, sans vagues, sans vents, & sans pluye, cependant que l'Halcyone faict ses petits qui est iustement enuiron le Solstice, le plus court iour de l'an: au moyen dequoy il n'y a point d'animal que les hommes ayment tant que cest oyseau, par lequel ils ont sept iours & sept nuicts au fin cœur d'hyuer, qu'ils peuuent sans crainte nauiguer seurement, leur estant lors le chemin par la mer plus asseuré que celuy de la terre: & s'il faut dire vn peu de chascune des vertus qu'elle a, la femelle ayme si fort son mary, qu'elle demeure auec luy, non pour vne saison seulement, mais tout au long de l'annee: & reçoit la compagnie de son masle, non pource qu'elle soit honteusement subiecte à ceste volupté, car elle ne se mesle iamais auec autre masle, ains seulement pour l'amour & affection qu'elle luy porte, ne plus ne moins que feroit vne honneste dame mariee à son mary: car quand son masle vient à estre debile pour l'aage, & pesant, de sorte qu'il ne la peut plus suyure, alors elle le soustient & le nourrit en sa vieillesse, ny iamais ne le laisse, ny ne l'abandonne seul en façon que ce soit, ains le chargeant sur ses espaules, le porte par tout, a soing de le seruir, demeure auec luy iusques à la mort. Mais pour l'affection qu'elle porte, & le soing qu'elle a du salut de ses petits, quand elle se sent pleine incontinent elle se met à bastir & construire son nid, non point gaschant de la boüe pour l'attacher à des parois & à des

couuertures,

ceux de la terre, ou ceux des eaux. 522

A couuertures de maisons, comme font les arondelles, & n'employant pas toutes où le plus des parties de son corps à la besongne, comme faict l'abeille, laquelle entrant de tout son corps dedans sa goffre, & touchant de ses six pieds tous ensemble à l'œuure, diuise le tout en cellules de six angles chacune, là où l'Halcyon pour tous instrumés, pour tous outils, & pour toutes sortes d'armes, n'ayant que son bec seulement, sans autre chose quelconque qui le secoure en son trauail, il seroit bien malaisé à croire, qui ne l'auroit veu à l'œil, ce qu'elle compose, ou pour mieux dire qu'elle fabrique, cõme vn maistre charpentier bastissant vne nauire, d'vne forme qui seule entre toutes ne se sçauroit renuerser ny enfondrer en la mer: car elle va premierement recueillir les espines & arestes d'vn poisson qui se nomme aiguille, qu'elle conioinct & lie ensemble, les entrelassant les vnes de long, les autres de trauers, ne plus ne moins que sur l'estaim on iette la trame, y adioustant des courbes & arrondissemens l'vne dedans l'autre, tellement qu'elle en forme à la fin vn seiour rond, qui pour la hauteur ressem-
B ble proprement à vn verueu de pescheur, puis quand elle a paracheué de le construire elle le porte au battement du flot marin, là où la mer la battant tout doucement, luy enseigne à radoubber ce qui n'est pas bien lié, & à le mieux fortifier és endroicts où elle voit que sa structure se dément & se lasche pour les coups de mer : & au contraire ce qui est bien ioinct, le battement de la mer le vous estraint & le vous serre de sorte, qu'à peine le sçauroit-on rompre, dissouldre, ny endommager à coup de fer ny de pierre: & ce qui plus encore faict à admirer, c'est la proportion & la figure de la concauité du dedans du vaisseau : car elle est composée & proportionnee de maniere, qu'elle ne peut receuoir ny admettre autre chose que l'oyseau qui l'a bastie : car à toute autre chose elle est impenetrable, close & fermée, tellement qu'il n'y peut rien entrer, non pas l'eau de la mer seulement : ie croy qu'il n'y a personne de vous qui n'ait veu plusieurs fois ce nid là, mais quãt à moy qui l'ay veu, manié & tenu plusieurs fois, il me vient en fantasie de dire & de chanter,

C   Au temple sainct du Dieu Phœbus en Dele,
    I'ay autrefois veu vne chose telle.

i'entens l'autel qui est composé de cornes, renommé & celebré entre les sept miracles du monde, pource que sans aucune colle ny autre sorte de ligature, il est tout basty & construict de cornes du costé droict seulement. Si prie à ce Dieu qu'il me soit propice, & me vueille pardonner, si estant & Musicien & Insulaire, ie me mocque doucement de la Sirene de mer que lon celebre tant, & ensemble de ces belles interrogatoires que me font ceux icy en se gaudissant, Pourquoy c'est qu'Apollo ne s'appelle point tueur de Congres, ne Diane tirant aux Surmulets : sçachant que Venus faict emmy la mer ses sacrifices à couuert, & qu'elle n'a point à plaisir que lon tuë rien. Et puis vous sçauez qu'en la ville de Leptis les presbtres de Neptune ne mangent chose aucune venant de la mer, & qu'en la ville d'Eleusine ceux qui sont receuz
D & admis en la religion des mysteres honorent le Surmulet, & que mesme en la ville d'Argos la religieuse de Diane s'abstient par honneur d'en manger, pour autant que les Surmulets tuent & exterminent le plus qu'ils peuuent le liéure marin, qui est venim mortel à l'homme, à raison dequoy ils sont là honorez & conseruez, comme estans amis & salutaires à l'homme: & neantmoins encore y a-il plusieurs villes de la Grece des temples & des autels dediez à Diane surnommée Dictynna, comme qui diroit aymant les rets, & à Apollo Delphinien : & est certain que le lieu qu'il a particulierement choisy sur tous autres pour sa demeure, les descendans des Cretes le vindrent habiter conduicts par vn Daulphin, non que luy se fust transformé en vn Daulphin, comme disent ceux qui escriuent les fables, mais il y enuoya vn Daulphin pour guider leur flotte, & les addresser en la baye de Cyrrha : aussi escriton, que ceux qui furent enuoyez par le Roy Prolomeus surnommé Soter, en la ville

Ttt ij

Quels animaux sont les plus aduisez,

de Sinope, pour en apporter le Dieu Serapis, Soteles & leur capitaine Dionysius, coururent fortune, & furët emportez par vn vent violent oultre leur gré, par delà le promontoire de Malea, ayans le Peloponese à la main droicte: & comme ils alloient ainsi errans par la mer, sans sçauoir où ils estoient, pensans estre perdus, il leur apparut deuant la proüe de leur vaisseau vn Daulphin qui sembloit les appeller, les guidans aux endroicts de la coste où il y auoit bonne rade & seur abry pour les vaisseaux, iusques à ce que les conduisant, & accompagnant ainsi de lieu en lieu leur nauire, il les rendit finablement en la ville de Cyrrha, là où apres auoir faict sacrifice pour leur salut, ils entendirent que de deux statues qu'il y auoit là, il leur falloit emporter celle de Pluto, & prendre le moule seulement de celle de Proserpine, & la laisser là. Si est vraysemblable que Dieu porte affection à ceste beste, d'autant quelle ayme la musique, à raison dequoy le Poëte Pindare se comparant à elle, dict qu'il est prouocqué par la saillie du Daulphin,

    Comme le Daulphin s'achemine
    Courant la part de la marine,
    Dont il oit le son retentir
    Des aubois aymable à sentir,
    Quand la haute mer applanie
    Sans vagues est plaine & vnie.

ou plustost est-il à croire que Dieu luy veut bien, d'autant qu'il ayme l'homme: car c'est le seul animal qui ayme l'homme seulement pource qu'il est homme, là où entre les animaux terrestres les vns n'en aymët pas vn, & les plus priuez caressent seulement ceux qui les nourrissent & qui leur sont familiers, comme le chien, le cheual & l'Elephant: mais les arondelles estans receuës en nos maisons, & y ayans tout ce dont elles ont besoing, cöme l'vmbre, & la retraicte necessaire pour leur seureté, fuyent neantmoins & redoubtent l'homme, ne plus ne moins que si c'estoit vne beste sauuage, là où le Dauphin seul entre tous les animaux du monde est celuy qui porte telle amitié à l'homme, tant cerchee & desiree de tous les plus grands philosophes, par instinct de son naturel, sans en tirer aucun profit: car n'ayant besoing quelconque de l'homme en rien qui soit, il est neantmoins amy & bien-vueillant à tous, & en a secouru plusieurs au besoin, comme peut faire foy l'histoire d'Arion, si celebree qu'il n'y a celuy qui ne la sçache: & toy-mesme, mö bel amy, nous en as fait souuenir d'vn autre exemple d'Hesiode, mais tu n'as pas acheué le propos: car si tu voulois qu'on creust ton conte du chien d'Hesiode, il falloit que tu ne laississes pas aussi derriere les Dauphins: c'estoit certainement vn indice fort maigre & fort douteux du chien, qu'il abbayast & qu'il courust sus aux meurtriers qui auoient tué son maistre: à l'entour de la ville de Nemëe, les Dauphins ayans trouué le corps d'vn homme mort flottant çà & là dessus la mer, le chargerent dessus leur dos, & le baillans les vns aux autres à mesure qu'ils estoient las, de grande affection ils feirent tant qu'ils l'apporterent iusques au port de Rium, & là firent voir que lon l'auoit tué. Myrtilus le Lesbien escrit que Enalus Æolien estant amoureux de la fille de Phineus, laquelle suiuant l'oracle de la Deesse Amphitrite auoit esté par les filles de Pentheus precipitee dedans la mer, se ietta luy mesme aussi apres, & qu'il y eut vn Dauphin qui le reçeut, & le porta iusques à l'Isle de Lesbos. Au demourant l'affection & bien-vueillance qu'vn Dauphin porta à vn ieune garçon de la ville de Iase fut si vehemente & si grande, que lon estima qu'il en fust amoureux: car il se iouoit & nageoit tous les iours auec luy, & se laissoit toucher & manier à luy, & quand le garçon vouloit monter dessus il ne s'enfuyoit point, ains estoit bien aise de le porter, tournät là où il vouloit, en la presence de tous les Iasiens, qui accouroiët bien souuent tous sur le port, pour voir ce miracle: mais vn iour qu'il suruint à l'impourueu vn grand orage de pluye vehemente meslee auec de la gresle,

le garçon

ceux de la terre, ou ceux des eaux. 523

le garçon tombant se noya, & le Daulphin le prenant sur son dos, le ietta tout mort, & luy quant & quant, sur le riuage : & ne se partit iamais d'aupres du corps, tant que luy-mesme y mourut, iugeant estre raisonnable qu'il participast à la mort, dont il sembloit auoir esté cause : & pour memoire de cest accident les Iasiens en portent encore auiourd'huy l'histoire grauee en leur monnoye, vn garçon cheuauchant vn Daulphin. Ce qui rend desormais croyable ce que lon conte touchant Cœranus : Il estoit, à ce que lon dict, natif de l'Isle de Paros, & se trouuant à Constantinople, regardant pescher, il veit à vn traict de seinne qu'il y auoit beaucoup de Dauphins pris, que lon vouloit tous assommer : il les acheta, puis les laissa tous aller : peu de temps apres il aduint qu'il retourna sur mer dedans vne fuste à cinquante rames, où il y auoit des brigans, laquelle par fortune se rompit dedans le canal qui est entre l'Isle de Naxos & celle de Paros, de sorte que tous les autres hommes se perdirent & se noyerent, excepté luy, qu'vn Daulphin recueillit, & l'enleua sur son dos, l'emportant iusques au deuant d'vne cauerne de l'Isle de Zacyntos, que lon monstre encores auiourd'huy, & l'appelle lon de son nom Cœranion : aussi dict-on que c'est de luy que Archilochus escrit,

  Neptune en vn cruel orage
  Sauua Cœranus de naufrage,
  Seul entre cinquante autres hommes.

Depuis estant ledit Cœranus venu à mourir, ses parents bruslerent son corps aupres de la mer, là où se presenterent plusieurs Daulphins le long de la coste, comme monstrans qu'ils estoient là venus pour honorer ses funerailles, car ils y demourerent tant que tout fut paracheué. Qui plus est Stesichorus escrit que l'escu d'Vlysses auoit pour image & enseigne vn Daulphin, & la cause pourquoy les Zacynthiens la declarent en ceste sorte, ainsi que tesmoigne vn historien nommé Critheus. Telemachus estant encore bien ieune tomba en vn endroict de la mer, où l'eau estoit fort profonde, & fut sauué par le moyen de quelques Daulphins qui le receurent en tombant, & le porterent hors de l'eau : parquoy le pere depuis, pour en rendre graces & honorer cest animal, feit grauer l'image d'vn Daulphin dedans le chaton de l'anneau dont il seelloit, & le porta pour ornement à son escu. Mais pour autant que ie vous auois protesté au commencement que ie ne vous alleguerois aucune fable, & neantmoins ie ne sçay comment sur le propos de ces Daulphins ie suis allé donner iusques à Vlysses & à Cœranus, vn peu trop loing de verisimilitude, ie me condamne moy-mesme à l'amende, qui sera qu'en cest endroict ie mettray fin à mon discours : & pourtant messieurs les Iuges pouuez vous desormais, quand bon vous semblera, donner vostre sentence. SOCLA. Quant à nous, il y a ia bonne piece qu'il nous semble ce que dict Sophocles,

  Vos arguments qui se battoient n'a gueres,
  Sont ores ioincts ensemble comme freres.

car si vous mettez l'vn auec l'autre les arguments, preuues & raisons que vous auez deduittes d'vne part & d'autre, vous combattrez ensemble tresbien à l'encontre de ceux qui veulent priuer les animaux de l'vsage de discours & de raison.

Ttt iij

Si les Atheniens ont esté plus excellents
EN ARMES QV'EN LETTRES.

Ceste Declamatiõ est toute laceree.

COMME vn certain Capitaine Athenien estimast auoir fait vn bon seruice à la ville & s'en glorifiast enuers Themistocles, iusques à comparer ses faicts à ceux de luy, Themistocles luy respondit, la feste eut vn iour debat auec le lendemain, parce que le lendemain disoit qu'il estoit laborieux & plein d'affaires & de trauaux, là où au iour de la feste chacun faisoit bonne chere & despendoit ce qu'il auoit acquis. Tu dis la verité, respondit la feste, mais si ie n'eusse deuant esté tu n'aurois pas esté apres. Il eut bien raison de dire cela, quant à luy, aux Capitaines qui vindrent depuis luy, ausquels il donna entree à faire les choses qu'ils feirent puis apres, ayant chassé de la Grece ce grand Roy Barbare Xerxes, & deliuré les Grecs du danger de seruitude: mais aussi le pourroit-on dire à bon droict à ceux qui se glorifient de leurs lettres: car si vous ostez ceux qui font les beaux faicts d'armes, il ne sera plus besoin de ceux qui les reduisent par escrit. Ostez le gouuernement de Pericles, & les Trophees des victoires que Phormion obteint par mer, pres du promontoire de Rium, & les prouesses de Nicias à l'entour de l'Isle de Cythere, & deuant la ville de Megare, & celle de Corinthe, & le fort de Pyles de Demosthenes, & les trois cens prisonniers de Cleon, & Tolmidas qui alla escumer toute la coste du Peloponese, & la bataille que Myronides gaigna au lieu d'Oenophytes contre les Bœotiens: voyla tout Thucydides effacé. Ostez les vaillances d'Alcibiades à l'entour de l'Hellespont, & celles de Trasyllus pres l'Isle de Lesbos, & l'abolition de la tyrannie des trente Tyrans faicte par Theramenes & Thrasybulus & Archippus, qui auec soixante & dix compagnons eurent la hardiesse de se soubleuer à l'encontre de la principauté de ceux de Sparte, & Conon qui derechef feit remonter les Atheniens sur la mer, vous ostez toute l'histoire de Cratippus: car quant à Xenophon, il a esté luy mesme son historien, ayant mis par escrit les gestes qu'il auoit faicts & conduits à chef. Et dict-on que Themistogenes Syracusain escriuit de ce mesme subiect, à fin que Xenophon apparust plus vray-semblable, escriuant de soy mesme, comme d'vn tiers cedant à vn autre, & luy gratifiant le moyen de se faire honneur par les lettres. Au reste tous les autres historiens, comme vn Clinodemus, vn Diylus, vn Philochorus, vn Philarchus, n'ont esté que des reciteurs & ioüeurs des faicts d'autruy, comme si c'estoient Comedies, redigeans par escript les gestes des Roys, Princes & Capitaines, en se coulant par dessoubs leurs memoires, à fin qu'ils participassent de leur lumiere & clarté: car il y a comme vne image & espece de gloire qui reuerbere & reiaillit de ceux qui ont faict de grands & vertueux actes, à ceux qui les mettent bien par escript, ne plus ne moins que dedans vn miroir. Si a esté ceste ville d'Athenes mere & nourrice benigne de plusieurs autres arts, les vns qu'elle a la premiere inuentez & mis en lumiere, & aux autres a donné accroissement, honneur & authorité: mesmement la peinture, à laquelle elle a donné grand auancement & grand ornement. Car Apollodorus, le premier de tous les hommes qui a inuenté les diffinissemens & couloremens des vmbres, estoit Athenien, sur les ouurages duquel il y auoit escrit,

Il est plus aisé de reprendre,
Qu'il n'est de faict autant en rendre.

Et Euphranor, & Nicias, & Asclepiodorus, & Plistenerus frere de Phidias, dont les vns ont peinct les Capitaines victorieux, les autres des batailles, les autres des demidieux, comme Euphranor peignit Theseus, & le mit au parangon de celuy qu'auoit peinct Parrhasius, disant que celuy de Parrhasius auoit mangé des roses, & le sien de la chair de bœuf. Car à dire la verité celuy de Parrhasius est bien mignonnement

ment peinct, & reſſemble, comme il diſoit, à la roſe: mais qui verroit celuy d'Euphranor, il pourroit dire bien à propos ces vers,
>D'Erechtheus le peuple magnanime,
>Lequel Pallas, la fille du ſublime
>Iupiter, a eleué & nourry.

Il a auſſi peinct le combat à cheual de deuant la ville de Mantinee contre Epaminondas, lequel rauit ceux qui le regardent hors de ſoy, & en eſt l'argument tel. Epaminondas Thebain, apres la bataille qu'il gaigna en la plaine de Leuctres, voulut paſſer ſur le ventre de la ville de Sparte qu'il auoit abbatue, & fouller aux pieds le grand cœur & la reputation d'icelle: & premierement entrant dedans la Laconie auec vn exercite de ſoixante & dix mille combattans, il pilla & ſaccagea tout le plat pays, & retira les peuples circonuoiſins de leur confederation & alliance, & puis deuant la ville de Mantinee, il leur preſenta la bataille: laquelle ils ne voulurent & n'oſerent pas accepter, attendans le ſecours qui leur deuoit venir d'Athenes. Parquoy luy partant la nuict, ſans que perſonne ſçeuſt où il vouloit aller, deſcendit en la Laconie, & peu s'en fallut qu'il ne ſurpriſt en ſurſault la ville de Sparte vuide d'hommes de defenſe, & qu'il ne s'en ſaiſiſt. Mais les alliez de Lacedęmone l'aians apperçeu, & y eſtans accourus au ſecours, il monſtra ſemblant de ſe vouloir derechef mettre à courir & fourrager le plat pays, & par ceſte ruſe aiant abuſé & endormy les ennemis, il ſe partit la nuict de la Laconie: & aiant en diligence couru ce qu'il y a de pays entre deux, il ſe preſenta à l'improuueu aux Mantiniens, qui ne ſe doubtoient de rien moins, ains conſultoient & deliberoiét entre eux d'enuoyer du ſecours en Lacedęmone. Si commanda ſoudainement aux Thebains de prendre leurs armes: parquoy les Thebains, qui eſtoient courageux & braues en armes, leur coururent ſus incótinent, & enuirónerent la ville de Mantinee tout alentour. Les Mantiniens ſe trouuerent bien eſtonnez, ſe lamentans, & courans les vns deçà, & les autres delà, ne ſe ſentans pas forts aſſez pour ſouſtenir & repouſſer vne ſi groſſe puiſſance, qui comme vn torrent venoit tout à vn coup les enuahir, dont ils eſtoient ſi eſperdus, qu'ils ne penſoient pas ſeulement à ſe defendre. Sur ce poinct de temps & de fortune, les Atheniens ſe monſtrerent deſcendans des couſtaux en la plaine de Mantinee, ne ſçachans rien de ceſte ſurpriſe ny de la ſoudaineté de ce danger, ains cheminans à leur aiſe tout bellement. Mais comme quelqu'vn eſtant eſchappé de la ville fuſt accouru en diligence les en aduertir, eſtants en petit nombre au regard de la grande multitude des ennemis, & laſſez du trauail du chemin, ſans que nuls autres de leurs alliez les ſecondaſſent, neantmoins ils ſe preſenterent incontinent en ordónance de bataille aux ennemis, qui eſtoient pluſieurs contre vn, & eux rangeans auſſi leurs gens de cheual en bataille, en cheuauchant iuſques ſur les portes meſmes, & ioignant les murailles de la ville, donnerent vne bataille à cheual qui fut fort aſpre & roide, en laquelle aiants eu du meilleur, ils deliurerent & oſterent la ville d'entre les mains d'Epaminondas. Euphranor peignit ce combat-là, & voit-on en ce tableau la charge de la rencontre, & le choc plein de grand effort & de grand courage, les hommes & cheuaux ſoufflans à groſſe haleine. Mais à mon aduis vous ne prefererez pas le iugement du peintre à celuy du Capitaine, & ne ſupporterez pas ceux qui prepoſent ce tableau au trophęe, ny l'vmbre de la repreſentation à la reale eſſence de la verité, encore que Simonides die, que la peinture ſoit vne poëſie muette, & la poëſie vne peinture parlante. Car les actions que les peintres monſtrent comme preſentes, & alors qu'elles ſe font, les lettres les racontent & compoſent comme aiants eſté faictes, & ſi les vns le monſtrent auec couleurs & figures, & les autres auec paroles & dictions, ils different en matiere & en maniere d'imitation, mais aux vns & aux autres y a vne meſme fin propoſee, & eſt tenu pour le meilleur hiſtorien celuy qui ſçait mieux peindre vne narration, comme vn tableau, de diuerſes affections, & de diuerſes

Si les Atheniens ont esté plus excellents

conditions de personnages, comme de plusieurs images. Qu'il soit vray, Thucydides est tousiours apres ceste dilucidité d'oraison, taschant à rendre l'auditeur par ses paroles, comme spectateur, & desirant imprimer aux lecteurs les mesmes passions d'estonnement, d'esbahissement & d'agonie, que font les choses mesmes quand on les voit faire à l'œil. Car Demosthenes qui sur la gréue mesme de l'Isle de Pyle dresse le bataillon des Atheniens, & Brasidas qui haste le gouuerneur de sa galere de donner de la prouë en terre, qui s'en va sur la planche, qui y est blessé, & qui rend l'esprit, & se laisse aller sur le tillac de la galere: & les Lacedęmoniens qui combattent dessus la mer, comme s'ils auoient le pied ferme en la terre : & au contraire, les Atheniens qui combatent dessus la terre, comme s'ils eussent esté dedans des galeres : & de rechef en la guerre de la Sicile, la description qu'il fait des deux armees de terre qui sont sur le riuage de la mer, à voir combatre leurs gens en bataille nauale, la victoire estant longuement en balance sans incliner plus en l'vne qu'en l'autre partie, aiant vne intolerable agonie, destresse & trauail, à cause des chocs & charges diuerses, se communiquant l'effort de la contention aux corps mesmes des regardans, soufflans d'ahan, en aussi grande peur & peine que ceux mesmes qui combatent, la disposition par ordre & figuratiue narration qu'il en fait, tout cela est vne claire representation de peinture. Parquoy s'il n'est pas raisonnable de comparer les peintres aux capitaines, n'y comparons doncques pas non plus les historiens. Celuy qui apporta la nouuelle de la bataille & victoire de Marathon, ainsi comme escrit Heraclides Pontique, fut Thersippus natif d'Eroé, ou ainsi que plusieurs autres le mettent, ce fut vn Euclees qui accourut tout boüillant de la bataille auec ses armes, & battant aux portes des premiers & principaux de la ville d'Athenes, ne peut dire autre chose sinon, Resiouïssez vous, nous auons gaigné la bataille & cela dit, l'halene luy faillant, il trespassa tout soudain : mais encore celuy-là vint luy mesme annoncer la victoire de la bataille, en laquelle il auoit combatu. Mais ie vous demande, s'il y auoit quelque cheurier ou quelque bouuier qui de dessus quelque butte, ou de dessus quelque eschauguette, eust veu de tout loing ce grand chef d'œuure-là, que l'on ne sçauroit suffisamment exprimer de paroles, & qu'il en vint apporter la nouuelle en la ville, sans estre blessé, ne sans auoir espandu vne seule goutte de son sang, & puis qu'il demandast les mesmes honneurs & mesmes recompenses que iadis eut Cynægirus, Callimachus & Polyzelus, pour autant qu'il auroit annoncé les haultes proüesses, les grands coups, & les meurtres qu'auroient faicts ces vaillans hommes-là, ne vous sembleroit-il pas exceder toute impudence, veu mesmement que l'on dit que les Lacedęmoniens, à celuy qui leur alla porter la nouuelle de la bataille gaignee deuant Mantinee, que Thucydides a descrite, pour toute recompense luy enuoyerent vne piece de chair de leurs conuiues? & toutefois les historiens ne sont autre chose que messagers des faicts & gestes d'armes, aiants bonne & haulte voix, & qui par leur beau parler & leur eloquence les donnent aux hommes à entendre, ausquels doiuent le loyer des bonnes nouuelles ceux qui premierement les lisent & les voient : mais aussi veritablement en sont-ils loüez, quand on en fait mention, & les lit-on pour sçauoir ceux qui ont bien faict. Car ce ne sont pas les belles paroles ny le beau langage qui font les vaillances, & que l'on desire plus ouyr : car la poësie mesme a grace, & est estimee & prisee, d'autant qu'elle recite les choses comme si elles auoient esté faictes, ainsi comme Homere mesme le dit,

    Il les tenoit leur contant plusieurs fables,
    Qui resembloient à choses veritables.

& dit on qu'il y eut vn iour quelqu'vn des familiers de Menander qui luy dit, Les festes Bacchanales, Menander, sont bien prochaines, & tu n'as pas encore fait ta comædie. Menander luy respondit, Si ay, ainsi m'aident les Dieux, ie l'ay composee:

car la

en armes qu'en lettres. 525

car la disposition & ordonnance en est toute taillee & proiettee, il ne reste plus qu'à y adiouster des vers: pourautant que les poëtes mesmes reputent les choses plus necessaires & plus principales, que non pas les paroles ny le langage. La courtisane Corinna reprit vn iour Pindare qui estoit encore ieune, & se glorifioit vn peu trop superbement de son sçauoir & de ses lettres, luy disant qu'il estoit homme de mauuais iugement, d'autant qu'il n'inuentoit point de fables, ce qui est le propre de la poësie: & puis la langue y adiouste des figures de Rhetorique, des chants, des mesures, & des rythmes, qui ne sont qu'adoucissements & embellissements des choses. Pindare à par luy aiant pensé vn peu plus attentiuement à ces propos, fit ce cantique,

  D'Ismenus la lance doree,
  Cadmus & la race sacree
  Des vaillans champions semez,
  Les nerfs de force renommez
  Du grand Hercules ie surmonte.

& l'aiant monstré à Corinna, elle s'en prit encore plus à rire, disant qu'il falloit semer auec la main, & non pas à pleine poche: car à la verité aussi aiant ramassé & accumulé force semence de fables, il les a toutes espandues en ce cantique-là. Or que la poësie consiste à bien inuenter des fables, Platon mesme l'a escrit: & la fable est vne narration fausse resemblant à vne vraye, & pourtant est elle bien esloignee du faict, s'il est ainsi que l'oraison soit image du faict, & la fable vmbre & image de l'oraison: & d'autant cedent ceux qui controuuent & feignent des faicts d'armes à ceux qui les escriuent au vray, comme sont inferieurs ceux qui les recitent à ceux qui les font. Or n'a la ville d'Athenes iamais eu d'excellent ouurier de poësie, non pas mesme de la Lyrique, car Cinesias semble auoir esté vn maigre & fascheux poëte de cantiques Bacchanales, en estant farcé & mocqué par les poëtes Comiques, dont il acquist vn mauuais bruit & sinistre reputation. Et quant à celle qui est à personnages de la Comedie, ils en faisoient si peu d'estime, & la dedaignoient si fort qu'il y auoit vne ordonnance laquelle defendoit expressément, que nul Senateur du conseil d'Areopage n'eust à composer aucune Comedie. Et au contraire, la Tragœdie fut en vogue & en pris, pour le plus agreable spectacle, & le recit le plus recommandable que peussent auoir les hommes de ce siecle-là, donnant aux fictions & aux affections vne force de tromper, de laquelle tromperie, ce disoit Gorgias Leontin, celuy qui trompoit estoit plus iuste que celuy qui ne trompoit point, & celuy qui estoit trompé plus sage & mieux auisé que celuy qui n'estoit point trompé: car celuy qui trompoit de celle sorte estoit plus iuste, d'autant qu'il faisoit ce qu'il auoit promis: & celuy qui estoit trompé plus sage: car ceux qui ne sont pas du tout grossiers & lourdauts, sont ceux qui plus aisément se prennent par le plaisir & la volupté des lettres. Quel proffit doncques est-ce que ces belles Tragœdies ont apporté à la ville d'Athenes, qui soit comparable à celuy que luy apporta le bon sens de Themistocles, qui fut cause d'y faire rebastir les murailles de la ville: ou la vigilance & sollicitude de Pericles qui orna le chasteau de tant de beaux edifices: ou Miltiades, qui la deliura du peril de seruitude: ou Cimon, qui luy acquit la seigneurie & principauté de la Grece par mer? Si la sapience d'Euripide, ou l'eloquence de Sophocles, ou le beau parler d'Æschylus, l'eussent deliuree de quelque inconuenient, ou luy eussent acquis quelque gloire, il seroit parauenture bien raisonnable de parangonner les poëticques inuentions aux triomphes & trophees, & le conseil des capitaines au theatre, & les proüesses & hauts faicts d'armes à la science de composer & faire iouër de belles Comœdies & Tragœdies. Voulez vous que nous introduisions en place les personnages mesmes, en attribuant à chacun d'eux l'entree qui leur est conuenable, auec les marques & enseignes de leurs œuures? Viennent doncques en auant d'vn costé les Poëtes, au son des

Si les Atheniens ont esté plus excellents

» fleutes, des lyres & violons, disans & chantans: Seigneurs, il faut faire silence, & se
» tirer arriere qui ne faict profession de nos lettres, qui n'a la langue pure & nette, qui
» n'a ny chanté ny ballé aux sainctes cerimonies du seruice des Muses gentilles, & qui
» n'est point profes és saincts mysteres Bacchiques de Cratinus le grand mangeur.
Qu'ils portent quand & eux tout leur equipage, les habillements des ioüeurs, les masques, les autels qui sont dressez sur les eschaffaux, les feintes & engins à faire descendre les Dieux, les Tripieds d'or, pris de leurs victoires:& apres eux leur ioüeurs, comme vn Tragus, vn Nicostratus, vn Callipides, vn Meniscus, vn Theodorus, vn Polus, les supposts & satellites qui courtisent & accompagnent la Tragędie, comme vne riche & sumptueuse Dame qui a ses fardeurs qui pignent & qui la portent en sa chaire: ou bien des recuiseurs, doreurs & peintres d'images qui la suiuēt: & que l'on face prouision de robbes, d'habillements de ieux, de masques, de braguesques & chausses de pourpre, d'engins à employer les feintes sur la scene, de balladins & de satellites, de tout ce peuple-là malaisé à manier, qui sert à tels ieux, & dont le desfray est de grande despense. A quoy regardant vn Laconien rencontra fort bien quand il dit, Que les Atheniens s'abusoient & failloient bien lourdement, de despendre tant, & de faire à bon escient, pour ioüer: c'est à dire, de consumer les deniers qu'il faudroit mettre sus vne grosse armee de mer, & à soudoyer & entretenir vn puissant exercite de terre, à faire ioüer des ieux en vn Theatre: car qui voudra faire le compte, combien leur a cousté chacune Comędie, il se trouuera que le peuple Athenien a plus despendu à faire ioüer les Tragędies des Bacchantes, ou des Phœnisses, ou des Oedipes, ou Antigone, ou faire representer les actes d'une Medea, ou d'une Electra, que non pas à faire la guerre aux Barbares, pour acquerir empire sur eux, ou pour defendre leur liberté contre eux: car les Capitaines bien souuent menoient leurs hommes aux batailles, leur aiants fait commandement de porter des viures ausquels il ne falust point de feu. Et certainement les Capitaines des galeres aiants fait prouision de farines seulement, & pour viande, d'oignons & des formages, pour leurs hommes de rame, il les embarquoient dedans les galeres: là où les entrepreneurs qui faisoient les ieux & les danses à leurs despens, donnoient à leurs baladins des anguilles, des tendres laictues, des saulses où il entroit de l'ail & de la moüelle, & les festoyoient ainsi delicieusement & longuement pour leur exercer la voix. Or de ces desfrayeurs là, ceux qui demouroient vaincus n'en auoient autre chose, sinon qu'ils en estoient mocquez, farcez & iniuriez: & à ceux qui y estoient victorieux, il ne leur en restoit pas vn tripié, ny vne autre marque de la victoire, comme disoit Demetrius, mais vn seruir d'exemple de ceux qui ont follement despendu le leur, & ont laissé leur maison comme vne sepulture vuyde: telles sont les fins à quoy conduit les hommes la despense de la poësie, & rien de plus honorable. Mais d'autre costé regardons aussi maintenant passer de deça les Capitaines, & ce pendant qu'ils passeront, à la verité il faut bien faire silence, tenir sa langue, & se tirer arriere, mesmement ceux qui viuent sans rien faire, sans se mesler du gouuernement de la chose publique, & sans aller à la guerre, ny porter les armes: s'il y a aucun qui n'ait pas le cœur assez ferme, ny la volonté pure & nette, & qui ne soit pur ordonné & reçeu en la saincte confrairie ou de Miltiades le boucher des Medois, ou de Themistocles le meurtrier des Perses. C'est vne danse Martiale que ceste cy, meslee de batailles sur la terre, & de flottes de vaisseaux sur la mer, chargee de despouilles ensemble & de trophees. Escoute moy Enyo fille de la guerre: voyla vn preambule de lances & de picques. Ambrassez, ô gens de bien, la mort sacree, comme disoit Epaminondas le Thebain, en vous exposant à tres-honorables & tres-illustres combats pour la patrie, pour les sepultures de voz ancestres, & pour les choses sainctes. Il m'est aduis, que ie voy leurs victoires venir en procession, lesquelles ne tirent point apres elles, pour leur pris & loyer, vn bœuf ny vn bouc, & qui ne sont point

couronnees

en armes qu'en lettres. 526

A couronnees de fueilles de lierre, & ne sentent point la lye du vin ny le moust, comme les Bacchanales, ains des villes & citez: toutes prouinces sont à eux, les Isles, les terres fermes tant mediterranees que maritimes, des colonies nouuelles de dix mille hommes. Ils sont couronnez de trophees, de triomphes & de despouilles de toutes sortes, dont les marques, les statues & images sont de beaux temples, comme le Parthenon, ou l'Hecatompedon à Athenes, les murailles de deuers midy, vn Arcenal à loger les nauires, les portiques, la prouince de la Cherronese, la ville d'Amphipolis. La plaine de Marathon accompagne la victoire de Miltiades, la Salamine celle de Themistocles marchant par dessus le bois & naufrage de mille vaisseaux: & celle de Cimon apporte cent galeres Phœniciennes de la riuiere de Eurymedon: & celle de Demosthenes & de Cleon de l'Isle de Sphacterie, la rondelle de Brasidas capitaine, & ses soudards liez & enferrez: celle de Conon rebastit les murs de la ville, & celle de Thrasybulus ramena le peuple victorieux du fort de Pyle: celles d'Alcibiades, apres la
B Sicile, releuerēt la ville qui estoit tombee par terre, & des batailles de Neleus & d'Androclus en la Lydie & en la Carie, la Grece vit toute l'Ionie soubleuee. Et si l'on demande à chacune des autres quel bien est aduenu à la ville par elle, l'vne dira l'Isle de Lesbos, l'autre celle de Samos, l'autre celle de Cypre, l'autre la mer de Pont, l'autre cinq cens galeres, l'autre dix mille talents, sans la gloire & l'honneur des trophees. Ce sont les causes pour lesquelles la ville solennize & celebre plusieurs festes, c'est pourquoy elle fait des sacrifices aux Dieux, non pas pour les victoires d'Æschylus, ou de Sophocles, non pas quand Carcinus coucha auec Ærope ou Astydamas auec Hector, ains le sixiéme du mois de May * iusques auiourd'huy la ville celebre la victoire de la iournee de Marathon, & le sixiéme du mois * * elle fait offrande de vin aux Dieux en remerciement de la bataille nauale que gaigna Chabrias pres l'Isle de Naxos: & le douziéme ils sacrifient aussi aux Dieux en action de graces pour la liberté recouuree, pour autant qu'à mesme iour ceux de Phyle descendirent en la ville. Le
C troisiéme de Mars ils gaignerent la bataille de Platees, & consacrerent le sixiéme à Diane, auquel iour celle deesse reluisit en pleine Lune aux Grecs victorieux deuant l'Isle de Salamine: & la victoire qu'ils gaignerent deuant la ville de Mantinee a fait le douziéme iour de Septembre plus sainct & plus solennel, auquel tous les autres alliez estans forcez & tournez en fuitte, eux seuls aiants gaigné de leur costé, dresserent vn trophee sur leurs ennemis ja vainqueurs. Voyla ce qui a esleué la ville en gloire, voyla qui l'exalte en grandeur. C'est cela pourquoy Pindare a appellé la ville d'Athenes le soustien de la Grece, non pour autant que par les Tragedies de Phrynichus, ou de Thespis elle redressait les Grecs, mais pource que, ainsi que luy mesme dit ailleurs au long de la coste d'Artemise.

      Ceux d'Athenes ont planté
      Le glorieux fondement
D   De la Grecque liberté.

Et depuis à Salamine, à Mycale, & à Platees, l'aiants confirmee fort & ferme, comme vn diamant, la baillerent de main en main aux autres hommes. Mais bien vrayement pourra-l'on dire que ce n'est que ieu que des Poëtes, mais que les Orateurs ont quelque chose pourquoy on les doit comparer aux Capitaines, & pourquoy Æschines se mocquant de Demosthenes, dit, Il est vray-semblable que la tribune aux harengues intente procez contre le palais des Capitaines. Est-il doncques pas raisonnable de preferer l'oraison Plataïque d'Hyperides à la victoire que gaigna Aristides deuant la ville de Platees? ou la harengue de Lysias alencontre des trente Tyrans, à l'execution & occision qu'en firent Thrasybulus & Archias: ou bien celle d'Æschines contre Timarchus, accusé de conspiration & ligue conspiree, au secours que porta Phocion à ceux de la ville de Byzance, par lequel secours il empescha les Macedo-

Si les Atheniens ont esté plus excellents

niens d'infolentement & oultrageufement abufer des enfans des alliez & confederez
d'Athenes? Ou bien comparons l'oraifon de Demofthenes de la couronne, aux couronnes publicques que receut Themiftocles pour auoir deliuré la Grece du peril de feruitude: attendu mefmement que l'vn des paffages plus remarquable & plus eloquent d'icelle oraifon, eft quand il coniure les ames de leurs anceftres, qui en la bataille de Marathon expoferent leurs vies pour le falut de la Grece: ou bien ceux qui monftrent par les Efcholes la Rhetorique aux enfans, comme vn Ifocrates, vn Antiphon, vn Ifeus. Mais la ville a honoré ces vaillants hommes là de fepultures publicques, en recueillant honorablement les reliques de leurs corps, & les a deifiez, là où l'orateur qui iuroit par eux, ne les imitoit pas. Et Ifocrates qui en exaltant & loüant haultement ceux qui auoient combattu & expofé leurs vies au peril de la mort, en la bataille de Marathon, difant qu'ils faifoient fi peu de compte de leurs vies, qu'il fembloit que leurs ames fuffent à autruy, en celebrant leur hardieffe & le peu de compte qu'ils faifoient de leurs vies: & neantmoins eftant ja deuenu fort vieil, il refpondit à quelqu'vn qui luy demandoit, comment il fe portoit, Comme vn homme qui a plus de quatre-vingts & dix ans, & qui penfe que le plus grand mal du monde foit la mort. Car il eftoit enuieilly, non en affilant fon efpee, non en aiguifant fa lance, non en poliffant fon armet, non en portant les armes au camp, non en maniant la rame deffus les galeres, mais en compofant & collant, par maniere de dire, des figures de Rhetorique, & des claufes femblables, des oppofites, des finiffans de mefme, poliffant & vniffant fes claufes à la rafpe prefque, & au rabot. Comment donc n'euft ceft homme là redouté le clicquetis & le bruit des armes, ou le choc de deux armees, veu qu'il craignoit de heurter vne voyelle auec vne autre, & de proferer vne claufe où il y euft defectuofité d'vne feule fyllabe? car Miltiades apres auoir gaigné la bataille en la plaine de Marathon, le lendemain fen reuint à la ville auec fon armee victorieufe: & Pericles aiant domté & fubiugué les Samiens en l'efpace de dix mois, fe preferoit à Agamemnon, qui à peine au dixiéme an auoit pris la ville de Troye la grande: là où Ifocrates confuma prefque l'efpace de trois olympiades, qui font quinze ans, à efcrire & compofer fon oraifon qu'il appelle Panegyrique, fans qu'il ait iamais durant ce temps efté à la guerre, ny en ambaffade, ny bafty aucune ville, ny efté Capitaine de galere, encore que ce temps là ait porté des guerres innumerables: ains cependant que Timotheus deliuroit l'Ifle d'Eubœe, que Chabrias gaignoit la bataille nauale de Naxos, & Iphicrates tailloit en pieces tout vn regiment de Lacedęmoniens, pres le port de Lecheum, & que le peuple d'Athenes aiant affranchy toutes villes, donnoit à toute la Grece autant de voix & de fuffrages en l'affemblee des Eftats generaux, comme elle en retenoit pour elle: il eftoit affis en fa maifon à agencer les mots & approprier les dictions de fon liure, durant tout le temps que Pericles baftiffoit les grands portiques, & le beau temple d'Hecatompedon, combien qu'encore Cratinus le Comique fe mocque de ceft œuure, comme allant bien lafchement & lentement en befongne, parlant de la muraille du milieu,

> De parole il auance bien,
> Mais de faict il n'auance rien.

Confiderez vn peu, ie vous prie, la baffeffe de cœur & d'efprit de ce Sophifte qui defpendit la neufiéme partie de fa vie à compofer vne feule oraifon. Mais il n'eft pas raifonnable de conferer mefme les oraifons de Demofthenes l'orateur, aux faicts d'armes de Demofthenes le Capitaine, comme celle qu'il a efcritte contre Cimon, aux trophees que l'autre erigea deuant Pyle: celle qu'il a efcritte à Amathufius des efclaues, aux Lacedemoniens que l'autre prit & rendit efclaues: ny d'autant qu'il efcriuit vne harangue pour faire donner droict de bourgeoifie à ceux qui eftoient venus f'habituer à Athenes, pour cela il ne merite pas autant d'honneur comme Alcibiades

qui

A qui associa les Mantiniens & les Eliens en ligue, alencontre des Lacedemoniens. Qui plus est, ses oraisons publiques sont en cela reputees admirables, que és Philippiques il exhorte les Atheniens à prendre les armes, & louë l'entreprise de Leptines.

Lequel est le plus vtile, le feu ou l'eau.

L'EAV est le meilleur element,
Et l'or, comme le feu flammant
Reluit sur toute autre cheuance,
ce dit le poëte Pindare: par où il appert manifestement qu'il donne le second lieu au feu. Et semble qu'Hesiode s'accorde aussi à cela quand il dit,

Le Chaos a premier que tout esté:

car il est certain que la plus part des anciens a appellé l'eau Chaos, à cause qu'elle s'espand facilement: mais s'il n'estoit question que de tesmoings, la preuue seroit presque egale d'vn costé & d'autre, pour ce qu'il y en a assez qui estiment que le feu soit le principe de toutes choses, & comme la semence qui de soy produit toutes creatures, & les reçoit aussi toutes en soy par la generale inflammation: mais laissons là les tesmoignages des hommes, & considerons les raisons d'vne part & d'autre, pour voir en quelle part elle nous tireront d'auantage. N'est-il donq pas raisonnable de iuger plus vtile ce dequoy nous auons tousiours & continuellement affaire, & en plus grande quantité, comme d'vn outil & instrument necessaire, & comme vn amy de tout temps & de toutes heures, comme l'on dit, qui tousiours se presente à nous faire seruice? Or est-il que le feu ne nous est pas tousiours vtile, ains au contraire quelquefois il nous fasche, & nous nous en eloignons: là où l'eau nous sert en hyuer & en esté, quand nous sommes malades & quand nous sommes sains, de nuict & de iour, & n'y a iamais temps ny saison que l'homme n'en ait affaire: c'est pourquoy nous appellons les trespassez Alibantas, comme priuez de toute liqueur & humeur, & par consequent aussi priuez de la vie: d'auantage l'homme a esté longuement sans feu, mais sans eau iamais. Or est-il que ce qui a esté dés le commancement, & dés la premiere creation des hommes, est plus vtile que ce qui a depuis esté inuenté: car il est tout manifeste que nature nous l'a donné comme necessaire, & l'autre la fortune ou l'industrie l'a trouué comme accessoire. Or ne sçauroit-on dire en quel temps les hommes n'auoient point d'eau, & ne lit on point que pas vn des Dieux ou demy-Dieux en ait esté l'inuenteur: car elle a esté en mesme instant qu'eux, voire elle leur a donné l'estre, là où l'vsage du feu a esté trouué hyer ou deuant hyer, en maniere de dire, par Prometheus, ainsi

La vie peut sans feu non sans eau estre.

Et que ce ne soit point vne fiction poëtique controuuee à plaisir, la vie presente en fait pleine foy, car il y a encore auiourd'huy par le monde des nations qui s'entretiennent sans feu, sans maison, sans foyer, viuans à l'air à descouuert: & Diogenes le Cynique n'vsoit point de feu, tellement qu'aiant aualé vn Poulpe tout crud, Voila, dit-il, ô hommes, comme ie me hazarde pour vous: mais sans eau, iamais homme n'estima qu'il fust ny honneste ny possible de viure. Et quel besoing est-il que ie m'estraigne à ne parler seulement que la nature de l'homme? Car y aiant plusieurs, & pour mieux dire, presque innumerables especes d'animaux, il n'y a que celle des hommes presque qui ait cognoissance de l'vsage du feu, toutes les autres ont leurs vies & leurs nourritures sans feu. Ceux qui broutent, qui paissent, qui volent, qui se

Lequel est le plus vtile, le feu ou l'eau.

trainnent par terre, leur viure est de manger des herbes, des racines, des fruicts, de la chair, le tout sans feu: mais sans eau, il n'y a beste, ny terrestre, ny aquatique, ny de l'air, qui puisse viure. Il est bien vray qu'Aristote escrit, qu'il y a quelques bestes de celles qui deuorent la chair, lesquelles ne boiuent point, mais qu'elle se maintiennent auec certaine liqueur & humidité qui est dedans elle. Cela doncques est plus vtile, sans lequel nulle sorte de vie ne peut consister ny durer. Passons plus outre, des animaux qui vsent, aux choses dont ils vsent pour sustenter leurs vies, comme sont les plantes & les fruicts. Entre iceux il y en a qui n'ont du tout point de chaleur, les autres si peu que lon ne le peut apperceuoir: au contraire l'humidité est celle qui fait germer toutes semences, qui les fait croistre, & à la fin porter fruict: car qu'est-il besoing que i'allegue à ce propos le vin & l'huile, ny autres liqueurs que nous cueillons & vendangeons, ou bien que nous tirons des pis des bestes, & que nous chastrons és goffres des abeilles, veu que le froment mesme, qui semble estre de nourriture seiche, se procree par transmutation, putrefaction, & diffusion de l'humidité? Et puis, cela est le plus vtile, qui ne porte iamais dommage: or est-il que le feu gaignant & s'estendant est le plus mortel & le plus pernicieux du monde, là où la nature de l'eau de soy ne fait iamais mal: & puis, de deux choses celle-là est la plus profitable qui est plus simple, & qui sans aucun preparatif & appareil peut exhiber le profit qu'elle apporte: & le feu a besoing de secours & de matiere, c'est pourquoy les riches en participent plus que les pauures, les Roys que les priuez: là où l'eau a encore cela d'humanité, qu'elle se donne egalement à toutes sortes de gens: elle n'a point besoing d'outils ne d'instrumens: c'est vn bien complet & parfait en soy-mesme, sans emprunter rien au dehors de soy. D'auantage, ce qui estant multiplié perd son profit & sa commodité, est par consequent moins vtile: Et le feu est tel, ne plus ne moins qu'vne beste rauissante, qui deuore tout, & consomme tout ce qui approche de luy: de maniere que c'est plustost par industrie & artifice de celuy qui en sçait vser auec moderation, que de sa nature, s'il fait aucun bien, là où l'eau n'est iamais effroyable. Et puis, ce qui peut profiter seul, & en compagnie d'autre, est plus vtile: or est-il que le feu ne reçoit point en sa cōpagnie l'eau, ny ne profite point par la participatiō d'icelle: là où l'eau est profitable auec le feu, comme lon voit que les fontaines d'eau chaude sont medicinales, & en sent-on visiblement la guarison que lon en reçoit. Lon ne sçauroit trouuer du feu humide, là où l'eau, autant chaude comme froide, est tousiours profitable à l'homme. Il y a plus, que l'eau estant l'vn des quatre Elemens, elle en a produit vn cinquiesme, par maniere de dire, qui est la Mer, non moins vtile presque que pas vn des autres, tant pour plusieurs autres causes, que principalement pour le commerce: car estant parauant la vie de l'homme sauuage, & sans communication des vns aux autres, cest element-là l'a conioincte & rendue parfaitte, apportant communication & amitié des vns aux autres par mutuels secours & reciproques donations des vns aux autres. Ce disoit Heraclitus, Si le Soleil n'estoit, la nuict seroit tousiours: aussi pourroit-on bien dire, Si la mer n'estoit point, l'homme seroit le plus sauuage animal, le plus necessiteux, & le moins respecté du monde: là où maintenant elle a apporté des Indes la vigne iusques en la Grece, & de la Grece les fruicts iusques és prouinces lointaines d'outre-mer: & de la Phœnicie, l'vsage des lettres pour la conseruation de la memoire des choses contre l'oubliance: elle a conduit par deça le vin & les fruicts, & a empesché que la plus grande partie du monde ne demourast enseuelie en ignorance. Comment doncques ne sera l'eau plus vtile, quand elle nous fournit vn Element d'auantage? Mais au contraire à l'aduenture pourroit-on de là commencer à insister alencontre, en disant, que Dieu, comme vn ouurier aiant eu les quatre Elemens pour la fabrique de ce monde, lesdits Elemens repugnans les vns aux autres, la terre & l'eau ont esté mis dessoubs, cōme la matiere qui se laisse former & mouler, &
qui reçoit

Voyez Pline liu. 10. ch. 73. où il parle de l'Oryx.

Lequel est le plus vtile, le feu ou l'eau.

A qui reçoit ordonnance, disposition & force de produire & d'engendrer, telle, comme elle leur est departie par les autres deux, l'air & le feu, qui sont ceux qui façonnent, forment & moulent, & qui excitent les deux premiers à generation, lesquels autrement iusques à là demouroient morts sans aucun mouuement : & de ces deux-là derechef, le prince & le maistre c'est le feu. Ce que lon pourra manifestement cognoistre par ceste induction, car la terre, si elle n'est eschauffee d'vne essence chaleureuse, demeure sans produire ne porter aucun fruict : mais quand le feu s'espand & coule dessus, il la rend grosse & preste à engendrer : car autre cause ne sçauroit-on rendre pourquoy les rochers & montagnes arides sont steriles, sinon d'autant qu'ils n'ont du tout point, ou bien peu, de participation de la nature du feu. En somme, tant s'en faut que l'eau soit de soy suffisante pour se conseruer soy-mesme, ou pour engendrer d'autres creatures, qu'elle est cause de sa ruine & corruption sans l'aide du feu : car la chaleur est celle qui tient en estre & conserue en sa propre sub-
B stance l'eau, comme toutes autres choses : & là où elle est absente, & qu'elle defaut, l'eau se pourrit & se corrompt : de façon que la ruine & destruction de l'eau, c'est defaut de chaleur, comme on peut veoir par les eaux des marets, & toutes sortes d'eaux croupissantes & qui sont retenues en des creux & concauitez sans yssues : car elles deuiennent mauuaises, & à la fin se pourrissent & empuantissent, pour autant qu'elles n'ont point de mouuement, lequel aiant ceste proprieté d'exciter ce qu'il y a de chaleur en chascune chose, conserue plus les eaux qui sont courantes & qui coulent fort; d'autant que ce remuement conserue ce qu'elles ont en elles de chaleur : c'est pourquoy nous appellons le viure ζῆν, pour ce que ζεῖν signifie bouillir. Comment doncques pourra-lon dire, que de deux, celuy qui donne l'estre à l'autre, ainsi que fait le feu à l'eau, ne soit plus vtile ? Et puis ce qui pour estre de tout poinct dehors, est cause que l'animal perit est le plus vtile : car il est tout manifeste que cela, sans lequel on ne peut estre, a donné cause de l'estre, & voit-on qu'és corps mesmes des animaux,
C les parties qui ont moins de la nature du feu sont les plus insensibles, comme sont les os & les cheueux, & les parties qui sont plus esloignees du cœur, & presque la difference qu'il y a entre eux des grands aux petits, procede de la presence du feu : car ce n'est pas l'humidité qui produit les plantes, & les fruicts, mais bien la chaude humidité : aussi sont les eaux froides ou du tout steriles, ou bien peu fecondes & fertiles : & toutefois si l'eau de sa nature propre estoit fructueuse & fertile, il faudroit doncques qu'elle peust toute seule, & en tout temps, produire des fruicts, mais au contraire elle leur est nuisible pour vne autre raison. Et puis pour nous seruir de feu comme feu, nous n'auons point besoing d'eau, ains à l'opposite elle y nuit, car elle l'esteint & le perd : au rebours, plusieurs y en a qui ne se sçauroient seruir d'eau sans feu, car quand elle est chauffee elle en est plus saine, & en son naturel elle est nuisible. Celuy doncques des deux qui peut profiter de soy mesme sans auoir besoing du se-
D cours d'autruy, est le meilleur & le plus profitable. D'auantage l'eau n'est vtile qu'en vne seule sorte, qui est par attouchement, quand on s'en laue, ou qu'on la touche, là où le feu sert & profite à tous les cinq sens de nature, car il est propre & au toucher de pres, & au veoir de loing : de maniere que outre les autres moiens de profiter on y peut compter la multiplicité : car de dire que l'homme peut aucunefois estre sans feu, il est totalement impossible : mais il y a en cela difference entre les nations, comme en autres choses : la mer mesme est rendue plus vtile par la chaleur, comme estant plus courante & plus agitee, car d'elle mesme elle ne seroit point differente des autres eaux. Et ceux qui n'ont point besoing de feu de dehors, ce n'est pas à dire qu'ils n'en aient du tout point de besoing, mais pour ce qu'ils ont abondance & foison de chaleur naturelle en eux : de sorte qu'en ce poinct là mesme, l'vtilité du feu doit estre estimee plus grande par raison vray-semblable : car l'eau n'est iamais telle, qu'elle

Lequel est le plus vtile, le feu ou l'eau.

n'ait aucunement besoing de secours de dehors, & le feu pour son excellence est content de soy-mesme, sans auoir besoing d'autruy. Tout ainsi doncques qu'vn Capitaine seroit meilleur & plus excellent qui sçauroit tellement ordonner sa ville, qu'elle n'auroit point affaire d'alliez de dehors: aussi faut estimer qu'entre les Elemens celuy là soit le plus digne, qui se peut plus souuent maintenir sans le secours & l'aide d'autruy. Autant en faut-il dire des animaux qui ont moins de besoing, combien que au contraire on pourroit à l'aduenture dire, que cela soit plus vtile, duquel nous vsons seuls, mesmement que par le discours de la raison nous pouuons choisir ce qui est le meilleur: car qu'est-il plus vtile ny plus profitable aux hommes que la raison? & toutefois elle n'est point és bestes brutes. Que s'ensuit-il pour cela? Est-ce à dire qu'elle ait esté moins vtilement inuentee par la prouidence de Dieu? Mais puis que nous sommes tombez en ce propos, qu'est-il plus vtile à la vie humaine que les arts? or n'y a il art presque que le feu n'ait inuenté, ou pour le moins qu'il n'entretienne: c'est pourquoy on fait Vulcain le prince & le maistre d'icelle. Il y a plus, que le temps & l'espace de vie estant donné fort court & fort bref à l'homme, encore le dormir, comme dit Ariston, ne plus ne moins qu'vn gabeleur, luy en oste la moitié: il est vray que l'homme pourroit veiller sans dormir toute la nuict, mais ie puis bien dire, que le veiller ne luy seruiroit de rien, si n'estoit que le feu luy apportast les commoditez du iour, & luy ostast la difference qu'il y a entre les tenebres de la nuict, & la lumiere du iour. Si doncques il n'y a rien qui soit plus profitable aux hommes que le viure, comment ne iugera-lon le feu la plus vtile chose qui soit au môde, puis qu'il augmente & multiplie la vie? D'auantage, ce dequoy les cinq sens de nature participent le plus, est le plus vtile: or est-il tout euident qu'il n'y a nul des sens naturels qui se serue de la nature de l'eau à part, sans l'air ou sans le feu meslé parmy, là où tout sentiment participe du feu, comme d'vne vertu viuifiante, mesmement la veuë, qui est le plus soudain & le plus aigu de tous les sens corporels, & comme vn feu allumé qui nous confirme la foy & asseurance qu'il y a des Dieux: &, comme dit Platon, par le moien de la veuë nous pouuons conformer nostre ame au mouuement des corps qui sont au ciel.

Du premier froid.

Il faut qu'il y ait, ô Phauorinus, vne premiere puissance & substance du froid, comme du chaud est le feu, par presence & participation de laquelle chascune des autres choses soit froide: ou plustost il faut dire, que le froid est priuation de chaleur, comme lon dit que les tenebres sont priuation de lumiere, & station de mouuement, attendu mesmemét qu'il semble que le froid soit stationnaire, & le chaud motif: & le refroidissement des choses chaudes ne se fait point par entree d'aucune puissance froide, ains par departement de chaleur: car aussi tost comme elle est toute departie, ce qui demeure est tout refroidy: car la vapeur que les eaux bouillantes rendent, sort quand & la chaleur qui s'en va: & pourtant la refrigeration diminue la quantité par ce qu'elle chasse ce qu'il y a de chaud, sans qu'il r'entre rien d'autre. Ou bien, ceste opinion pourroit estre suspecte, premierement d'autant qu'elle subuertit & oste plusieurs puissances, comme si elles n'estoient pas qualitez ou habitudes realement subsistentes, ains seulement priuations de qualitez & d'habitudes contraires, comme

le bas

Du premier froid. 529

A le bas du haut, le dur du mol, le noir du blanc, l'amer du doux, & ainsi des autres semblables, selon que chascune est en puissance contraire à l'autre, non pas comme à l'habitude est contraire priuation. Et puis, d'autant que toute priuation est oisiue & sans action quelconque, comme aueuglement, surdité, silence & mort, par ce que ce sont dechassemens de formes, & especes & aneantissemens de substances, non pas natures ny substances reelles à part, là où nous voions que la froideur depuis qu'elle s'imprime dedans le corps, n'y engendre pas moins d'accidens & d'alterations que fait la chaleur: car plusieurs choses s'y figent & gelent par le froid, plusieurs s'y arrestent & retiennent, & s'y espessissent: & sa stabilité mal-aisee à emouuoir n'est point pourtant oiseuse, ains est graue & ferme, aiant force & vigueur d'arrester & de contenir. Et pourtant priuation est vne defaillance & departement de puissance contraire, là où plusieurs choses se refroidissent, encore qu'elles aient beaucoup de chaleur au dedans, & y en a quelques vnes que le froid serre & estraint, d'au-
B tant plus que plus elles les trouuent chaudes: comme, pour exemple, le fer que l'on trempe. Et les Philosophes Stoïques tiennent que les esprits naturels enclos dedans les corps des petits enfans venans de naistre, par la froideur de l'air enuironnant s'acerent & affinent, & qu'ainsi changeans de nature ils deuiennent ames, toutefois cela est subiect à dispute: mais veu que lon voit que la froideur est cause efficiente de plusieurs autres effects, il n'est pas raisonnable de penser que ce soit priuation. D'auantage la priuation ne reçoit point de plus ou de moins, comme de deux qui ne voient aucunement, l'vn n'est point plus aueugle que l'autre, & de deux qui ne parlent point, plus muet que l'autre, ny de deux qui ne viuent point, plus mort que l'autre: mais entre les choses froides il y en a bien de plus & de moins, & du trop & non trop, & generalement des roidissemens & relaschemens, aussi bien comme entre les chaudes, & pourtant la matiere, selon qu'elle seuffre plus ou moins par ses contraires puissances, produit d'elles des substances plus ou moins froides ou chaudes les vnes que les
C autres, car il ne se peut faire mixtion ny composition d'habitude auec priuation, & n'y a pas vne puissance qui reçoiue ny admette sa contraire qui luy apporte priuation, ny n'en fait iamais sa compaigne, ains luy cede. Au contraire le froid demeure bien meslé auec le chaud iusques à quelque degré, comme le noir auec le blanc, le haut auec le bas, le doux auec l'amer, & par ceste association, meslange & accord des couleurs, des sons, des drogues, des saueurs, produisent des compositions grandement agreables & plaisantes: car l'opposition, selon habitude & priuation, est du tout ennemie capitale, sans aucun moien de reconciliation, estant l'essence de l'vn la destruction de l'autre: là où celle qui est de deux puissances contraires, prise à propos & en saison, & les arts s'en seruent bien souuent, & la nature encore plus, tant en autres productions qu'és changemens & mutations de l'air: pour le reglement & ordonnance desquelles, Dieu, qui les gouuerne, s'appelle Harmonique, non
D pour accorder le haut auec le bas, ny pour faire que le blanc & le noir conuersent amiablement ensemble, mais pour ce que par sa prouidence il dispose si bien l'accord & discord de la chaleur & de la froideur au monde, qu'auec moderation & sans exces, ils se battent & se reconcilient ensemble, en ostant à l'vn & à l'autre ce qu'il y a de trop, & reduisant les deux en telle temperature & tel estat qu'il appartient: & puis on sent le froid tout aussi bien que lon fait le chaud, là où lon ne sçauroit ny veoir, ny ouïr, ny toucher, ny par aucun autre sentiment cognoistre la priuation: car il faut que ce soit quelque substance pour la pouuoir sentir: & là où il n'apparoit aucune substance, là on entend qu'il y a priuation, qui est negation de substance, comme aueuglement est negation de veuë, silence de voix, vuide solitude de corps. Car on n'apperçoit pas le vuyde par le sens de l'attouchement, mais là où il n'y a point d'attouchement de corps, là entend-on qu'il y a vuide: aussi

V vv iij

Du premier froid.

n'oyons nous pas le silence, mais quand nous n'oyons rien, nous entendons que c'est silence. Autant en faut-il dire des aueugles, des nuds & des desarmez, on n'en a nul sentiment, ains negation du sentiment: aussi faudroit-il doncques que lon ne sentist point le froid, ains seulement que là où defaudroit le chaud on entendist le froid, si ce n'estoit que priuation du chaud. Mais s'il est ainsi que comme le chaud se sent par le hale du cuir, & la dilatation de la chair, aussi le froid se sent par le resserrement & condensation d'icelle, il appert manifestement qu'il y en a vn propre & particulier principe & source, comme de la chaleur. D'auantage la priuation en chascune espece est vne & simple, mais les substances ont plusieurs differences & plusieurs puissances. Car le silence n'est que d'vne sorte, là où la voix est diuerse, tantost faschant, tantost resiouïssant le sentiment. Les couleurs & les figures semblablement ont pareilles differences, qui disposent & affectionnent tantost d'vne sorte, & tantost d'vne autre, le subiect qui s'en approche: mais ce qui est non palpable, non coloré, & generalement non qualifié d'aucune qualité, n'a point de diuersité, ains est tout semblable. Or maintenant doncques le froid resemble-il à ces priuatifs là, de sorte qu'il ne face aucune diuersité en ses accidents? Ou si tout au contraire, il vient quelquefois au corps de grandes & vtiles voluptez du froid, & au rebours aussi quelquefois de grands dommages, de grands maux, & de fascheuses pesanteurs: ausquelles qualitez du froid le chaud ne cede pas ny ne s'enfuit pas tousiours, ains bien souuent estant retenu & arresté dedans le corps, il resiste & combat alencontre, & ce combat des deux contraires s'appelle horreur, & tremeur, ou tréblement. Mais quand la chaleur est du tout vaincue, alors il succede l'estre gelé ou transy, & la victoire du chaud apporte au corps vne tiedeur & vne dilatation auec plaisir, ce que proprement Homere appelle, ἰαίνεσθαι. Mais cela est euident à tout le monde, & par iceux accidents autant ou plus que par nuls autres argumens, il se monstre & preuue que le froid est opposé au chaud, comme substance à substance, ou comme passion à passion, non pas comme priuation à habitude, ou negation à affirmation, & que ce n'est point la corruption & destruction du chaud, ains vne nature & puissance corrompante: autrement il faudroit oster l'hyuer du nombre des saisons de l'année, & la bise du nombre des vents, comme estans seulement priuations des saisons chaudes, & des vents du midy, & dirions qu'ils n'ont point de propre & peculiere source & principe. Et toutefois y aiant en tout l'vniuers quatre premiers corps, lesquels à cause de leur pluralité & de la simplicité de leurs puissances, aucuns appellent elemens, & les supposent estre principes de tous autres corps, le feu, l'eau, l'air, & la terre, il est force qu'il y ait aussi quatre premieres & simples qualitez. Et qui sont elles, sinon la chaleur, la froideur, la siccité, & l'humidité, moiennant lesquelles les elemens souffrent & font toutes choses? Et comme és elemens de la grammaire il y a les syllabes breues & les longues, & en la musique les notes basses & hautes, dont les vnes ne sont pas priuation des autres: aussi faut il estimer que és corps naturels les elemens sont les contrarietez de l'humide contre le sec, & du froid contre le chaud, si nous voulons adiouster foy & à la raison, & à ce que les sens naturels nous monstrent clairement: ou bien ainsi que l'ancien Anaximenes estimoit, ne pensons pas qu'il y ait rien ny chaud ny froid absoluement en substance, ains croyons que ce sont passions communes de la matiere, qui suruiennent apres les mutations. Car il disoit que ce qui se serre, espessit & estraint en la matiere, c'est ce qui est froid: & ce qui se rarefie & se lasche, car il vse de ce propre terme χαλαρόν, il disoit que c'est le chaud. Voyla pourquoy ce n'est pas sans propos que lon dit, que l'hôme de sa bouche souffle & froid & chaud, car l'aleine s'enfroidit quand elle est pressee & serree des léures, mais quand elle sort de la bouche arriere-ouuerte, alors elle est chaude, à cause de la rarité & laxité. Toutefois Aristote tient que c'estoit ignorance à luy de dire cela, par ce que quand nous soufflons la bouche toute ouuerte, nous soufflons l'air chaud

qui est

Du premier froid.   530

A qui est dedans nous mesmes, c'est à dire dedans nostre corps: mais quand nous soufflons les léures serrees, nous ne poussons pas l'air qui sort de nous, ains celuy qui est deuant nostre bouche, lequel est froid, & donne à ce qu'il rencontre au deuant. Mais s'il est necessaire pour tant de raisons, de laisser vne substance du froid & du chaud, ramenons nostre discours à la continuation de nostre premier propos, cerchants quelle est la substance, la nature, & la source de la froideur. Ceux donc qui disent que le geler de froid, trembler, transir, & dresser le poil, & autres choses semblables à telles passions, s'engendrent des formes triangulaires à costez inégaux, qui sont dedans nos corps, encore qu'ils faillent és particularitez, si est-ce qu'ils prennent leur commencement de là où il le faut tirer, pource qu'il faut que le fondement & l'origine de ceste inquisition parte comme de la deesse Vesta, ainsi que l'on dict en commun prouerbe, de la nature de l'vniuers. Et c'est en quoy il semble que differe le plus le philosophe du medecin, du laboureur, & du iouëur de fleutes, & autres semblables particuliers ouuriers, ausquels il suffit de sçauoir & entendre les dernieres causes. Car prouueu que le medecin cognoisse & comprenne la plus voisine & plus prochaine cause de la maladie de son patient, comme de fieure, que ce soit obstruction ou incidence du sang tombant des venes és arteres: & le laboureur, de la bruine des bleds le soleil ardent apres vne pluye: & le iouëur de fleutes de la bassesse de ton, soit de baisser les fleutes, & les approcher les vnes des autres: il suffit à chasque ouurier pour son propre ouurage & mestier: mais au philosophe naturel cerchant la verité des choses seulement pour la comprendre, la cognoissance des dernieres causes n'est pas la fin, ains plustost le commencement, pour aller iusques aux premieres & plus hautes causes. Et pourtant ont bien faict Platon & Democritus, lesquels recerchans les causes de la chaleur & de la pesanteur, n'ont pas arresté le cours de leur inquisition au feu ny à la terre, ains referans les choses sensibles aux intelligibles, ont procedé iusques aux moindres parcelles, comme aux premieres semences. Toutefois il vaut mieux manier premierement ces choses sensibles, esquelles Empedocles & Straton, & les Stoïques mettent les principes des puissances: les Stoïques attribuants la premiere froideur à l'air, & Empedocles & Straton à l'eau, & vn autre à l'aduenture supposeroit que ce seroit plustost la terre: mais examinons premierement les sentences de ces autres là. Puis qu'il est donc ainsi que le feu est ensemble chaud & luysant, il est force que la nature qui luy est contraire, soit froide & obscure, car l'obscur est contraire au clair, tout autant que le froid au chaud: & ainsi comme l'obscur & tenebreux confond & empesche la veuë, aussi le froid confond & empesche le sens de l'attouchement, là où la chaleur espand & resioüit le sens de celuy qui touche, ainsi comme la clarté de celuy qui voit: parquoy il faut dire que ce qui est premierement obscur & tenebreux, est aussi premierement froid en nature. Or que l'air soit le premier tenebreux, les poëtes mesmes ne l'ont pas ignoré, car ils appellent l'air tenebres,

> L'air si espais sur les naues estoit,
> Que le regard de la Lune il ostoit
> Luysante au ciel.

Et en vn autre passage,

> Il dissipa tout incontinent l'air,
> Et le broüillas feit aussi en aller:
> Lors le Soleil commença à reluire
> Et la bataille en veuë se reduire.

Outre cela on appelle κνέφας, l'air qui n'est point enluminé de clarté, comme qui diroit κενὸν φάους, c'est à dire, vuide de lumiere: & νέφος, c'est à dire nuee, vn air espessy & grossy, ainsi appellé par negation de lumiere. Il s'appelle aussi ἀχλὺ & ὀμίχλη,

Vvv iiij

Du premier froid.

qui signifie broüillas, & tout ce qui empesche la veuë de voir à trauers sont toutes differences d'air, & pourautant qu'il ne se peut voir, ne qu'il n'a aucune couleur, il en est surnommé Ades & Acheron. Ainsi donc comme l'air demeure tenebreux quand la lumiere en est ostee, aussi quand le chaud s'en est allé, ce qui demeure est air froid, & non autre chose: c'est pourquoy il est appellé Tartarus, à cause de la froideur, ce que le poëte mesme Hesiode nous enseigne, quãd il appelle Tartarus aëré, & le trembler & estre secoüé de froid, s'appelle ταρταϱίζῃν. Voyla les raisons que lon pourroit alleguer à ce propos-là. Mais pource que la corruption est mutation de chascune chose en son contraire, considerons si cela est vray que lon dict communément, La mort du feu est generation de l'air: car le feu se meurt aussi bien comme l'animal, ou s'esteinct à force, ou bien languissant de soy-mesme: mais l'extinction du feu monstre bien plus manifestement qu'il se muë en air, car la fumee est vne espece d'air selon Pindare,

  Vapeur en l'air vain consumee,
  Regibbant contre la fumee:

mais toutefois encore le peut-on voir quand la flamme s'esuanoüit & meurt à faute d'entretenement & de nourriture, comme és lampes que la cyme se va dissipant en vn air obscur & tenebreux: encore le peut-on suffisamment apperceuoir par la vapeur qui s'enuole contre-mont de nos corps, apres que lon s'est baigné ou estuué & que lon se fait ietter de l'eau froide dessus, que le chaud venant à se corrompre se tourne en air, comme estant par nature opposé & contraire au feu: à quoy il s'ensuit par consequent, que l'air est premierement tenebreux & froid. Mais qui plus est, la plus vehemente & plus violente impression qui se face és corps par la froideur, c'est la congelation qui est passion de l'eau & action de l'air. Car l'eau d'elle mesme s'espand fort, n'estant ny solide ny serree de sa nature, mais elle se roidit & se constipe, estant serree par l'air, moyennant le froid. Voyla pourquoy lon dict en vers assez commun,

  Quand au midy le Nort succedera
  Incontinent apres il negera.

parce que le vent de midy prepare la matiere, qui est l'humidité, & l'air de la bise qui vient apres, la gelé: ce qui apparoist manifestement és neges, lesquelles si tost qu'elles ont rendu & exhalé vn peu d'air delié, & froid, se fondent & coulent incontinent. Et Aristote escrit que les cuculx de plomb se fondent & coulent de froid & de la rigueur de l'hyuer, aussi tost que lon approche l'eau d'elles, & l'air serrant & pressant les corps par la froideur les casse & les rompt. Dauantage l'eau tiree hors de la fontaine se gele plustost, d'autant que l'air a plus de force sur vne petite quantité que sur vne grande. Et si lon puise vne petite quantité d'eau froide d'vn puis dedans quelque vaisseau, & que lon la redescende puis apres au puis, en sorte que le vaisseau ne touche point à l'eau, ains demeure suspendu en l'air: & qu'il y areste non trop long temps, l'eau en sera plus froide que celle du puis: par où il appert bien manifestemẽt, que la premiere cause de la froideur n'est pas en l'eau, mais en l'air. Qu'il soit ainsi, iamais les grandes riuieres ne gelent au fond, d'autant que l'air ne peut pas penetrer ne descendre par tout: mais ce qu'il peut embrasser de sa froideur en y touchant ou en approchant, il l'arreste & le congele. Voyla pourquoy les barbares, quand ils veulent passer à pied les grandes riuieres gelees, ils enuoyent deuant eux des regnards: car si la glace n'est pas espaisse, ains seulement superficielle, les regnards le sentans bien au bruit que mene la riuiere courant par dessoubs, s'en retournent. Et y en a qui peschent en creuant & fendant la glace auec de l'eau chaude, & puis deualent leur ligne par l'ouuerture, car les poissons mordent alors l'hameçon: ainsi le bas de la riuiere n'est aucunement alteré de la gelee, combien que le dessus en soit si fort

pris

Du premier froid.

A pris de glace, que l'eau, à force de se resserrer & restraindre en soy-mesme, rompt les batteaux, comme nous racontent mesmes ceux qui ont hyuerné n'agueres sur la riuiere du Danube auec l'Empereur. Mais toutefois ce qui aduient en nos corps mesmes en porte assez suffisant tesmoignage : car apres que nous sommes bien estuuez, & que nous auons bien sué, nous en sommes plus frilleux, d'autant que nos corps relaschez, ouuerts & estendus par la chaleur, en reçoiuent plus de froid, qui y entre quand & l'air: autant en aduient-il à l'eau mesme, laquelle se refroidit plus & plustost, quand elle a esté vn peu premierement eschauffee, en deuenant plus aisee à alterer à l'air, attendu que ceux mesmes qui iettent contre-mont & espandent de hault l'eau boüillante, ne font autre chose que la mesler auec beaucoup d'air. L'opinion doncques de ceux qui attribuent la premiere cause du froid à l'air, Phauorinus, est fondee sur telles apparentes & vray semblables raisons: mais celle qui l'attribuë à l'eau, prend aussi de semblables principes, parce que Empedocles dict ainsi,

> Voy le Soleil tousiours clair & luysant,
> La pluye noire, & tousiours froid faisant.

Car en opposant le froid au chaud, comme le noir au luysant, il nous donne occasion de colliger & inferer, que comme le chaud & le luysant appartiennent à vne mesme substance, aussi font le froid & le noir. Or que le noir procede non de l'air, mais de l'eau, l'experience mesme des sens nous en faict foy, pource que rien ne noircit par l'air, mais tout par l'eau : car si vous plongez dedans l'eau de la laine, ou quelque drap le plus blanc qui puisse estre, il apparoistra au sortir de l'eau noircy, & demourera tel, iusques à ce que par la chaleur l'humidité soit toute deseichee, ou bien qu'auec des presses, ou quelque fardeau pesant, on l'ait toute espreinte. Et la terre, quand elle vient à estre arrosee de la pluye, les endroicts qui sont touchez & attaincts des gouttes de l'eau tombant noircissent, le reste de la terre demourant de semblable couleur qu'il estoit auparauant. Et de l'eau mesme, celle qui est plus profonde semble plus noire, d'autant qu'il y en a plus en quantité: au contraire, tout ce qui s'approche de l'air est incontinent esclairé, & rit à l'œil. Des autres substances humides, celle qui est la plus transparente, c'est l'huyle, comme celle où il y a plus d'air, dequoy est vn certain signe sa legereté, qui faict qu'elle nage sur toutes autres liqueurs, estant portee au dessus, par le moyen de l'air. Il y a plus, qu'elle faict calme & tranquillité en la mer, quand elle est espandue par dessus, non à cause de sa polissure, qui faict que les vents glissent par dessus, comme disoit Aristote, mais pource que la vague battuë de quelque humeur que ce soit s'applanit & s'abat: & puis cela est propre & peculier à l'huyle, qu'elle fait vne clarté, & donne moyen de voir au fond des eaux, l'humidité se fendant & donnant ouuerture à l'air. Car non seulement aux plongeurs, qui vont cerchant & arrachant les esponges la nuict, il fait clarté & lumiere, quand ils ne sont qu'au dessus de la mer, mais aussi aux plus profondes fosses, quand ils la soufflent hors de leur bouche. L'air doncques n'a point plus du noir que l'eau, mais moins du froid. Qu'il soit ainsi, l'huyle qui entre les liqueurs participe plus de l'air, n'est aucunement froide, & se prend mollement, d'autant que l'air qui est incorporé dedans, ne permet pas que la prise ou cailleure se puisse faire dure. Et les artisans ne trempent pas les aiguilles ny les boucles & agraffes de fer auec de l'eau, ains auec de l'huyle, craignans la trop grande froideur de l'eau qui les rendroit torses. Car il est plus raisonnable d'examiner ceste dispute par telles marques & preuues, que non pas par les couleurs : attendu que la nege, la gresle & la glace sont tout ensemble & tres-claires & tres-froides, & à l'opposite la poix est plus chaude que le miel, & neantmoins est plus obscure. Toutefois ie m'esbahis de ceux qui veulent que l'air soit froid, d'autant qu'il est tenebreux, comme ils n'apperçoiuent que d'autres l'estiment & le iugent chaud, d'autant qu'il est leger: car la tenebrosité n'est pas si familiere ne si cousine à la froideur, que la pe-

Du premier froid.

santeur & la stabilité luy sont propres, pource qu'il y a plusieurs choses du tout exemptes de chaleur qui participent de splendeur & de clarté: mais il n'y a rien de froid qui soit leger ny agile, ny tendant contremont: car les nuees tant qu'elles tiennent plus de la nature de l'air, s'esleuent contremont, mais si tost qu'elles se tournent en nature de liqueur, incontinent elles tombent, & perdent non moins la legereté & l'agilité que la chaleur, quand la froideur vient à s'y mettre: & au contraire, quand la chaleur y suruient, elle change son mouuement tout à l'opposite, la substance montant contremont tout aussi tost qu'elle est muee & tournee en air. Qui plus est, la supposition de la corruption n'est pas veritable, car toute chose qui perit ne se muë pas en son contraire, mais bien toute chose s'esteinct & se perd par son contraire, comme le feu esteinct par l'eau se tourne en air. Car le poëte Æschylus, encore que tragiquement, si est-ce que veritablement il appelle l'eau le chastiement du feu: & Homere oppose en la bataille le fleuue à Vulcain, & Neptune à Apollo, non tant fabuleusement que naturellement: & Archilochus parlant d'vne mauuaise femme, qui auoit volonté toute contraire à ce qu'elle monstroit, dict de bonne grace,

La faulse femme en vne main portoit
L'eau, & le feu en l'autre presentoit.

Et entre les Perses la plus vrgente & plus pressante façon de supplier, & que lon ne pouuoit esconduire ny refuser, estoit, quand le suppliant entrant en la riuiere tenant du feu en la main, menassoit de ietter le feu en l'eau, si on ne luy octroyoit ce qu'il requeroit: car lors on luy concedoit bien ce qu'il auoit requis, mais apres l'auoir obtenu, il estoit puny pour la menasse dont il auoit vsé, comme estant malheureuse & meschante, & contre la nature. Et mesme ce que lon dict à tout propos en commun prouerbe, quand on veult signifier vne chose impossible, Mesler le feu auec l'eau: semble tesmoigner assez, que l'eau est l'ennemy mortel du feu, qui luy faict la guerre, le faict perir, & le chastie en l'esteignant, non pas l'air qui ne le destruit pas, ains recueille & reçoit sa substance quand il est alteré. Car si ce en quoy se tourne ce qui perit, est son contraire, le feu ne se trouuera point plus contraire à l'air que fera l'eau: car il se tourne en eau quand il s'espessit, & en feu quand il se subtilise: comme aussi au cas pareil, l'eau par rarefaction se resout en air, & par condensation elle deuient terre, non pour inimitié ny contrarieté qu'elle ait auec tous les deux, comme i'estime, mais plustost pour affinité & parenté qu'elle a auec l'vn & l'autre. Et en quelque sorte que ce soit des deux qu'ils le dient, ils destruisent & gastent leur intention. Mais de dire que ce soit l'air qui gele & glace l'eau, il n'y a propos ny raison quelconque, veu que nous voyons que l'air mesme ne se gele ny ne se durcit iamais: car les brouillas, nuees & nuages ne sont pas glacemens de l'air, ains seulement espessissemens & grossissemens d'vn air humide & vaporeux: mais le vray air qui n'a vapeur quelconque & est tout sec, ne reçoit point de refrigeration qui puisse produire en luy iusques à vne telle alteration. Car il y a des montagnes qui ne reçoiuent ny nuees, ny brouillas, ny rosee, d'autant que de leurs cymes elles atteignent iusques à vn air tout pur, exempt de toute humidité: par où il appert tout manifestement, que cest espessissement & grossissement qui se faict au bas de l'air, luy prouient de la froideur & de l'humidité qui luy est meslee d'ailleurs. Et quant au fonds des grandes riuieres qui ne se gelent pas, il y a grande raison, parce que le dessus qui est glacé ne laisse pas trauerser l'exhalation qui se leue du bas, & elle retenuë enclose, & rebatue contre bas, engendre quelque chaleur en l'eau qui est au fond, dequoy faict bien claire demonstration ce, que quand la glace vient à se rompre, il sort de l'eau, & s'esleue contre-mont beaucoup de vapeur & d'exhalation. Voyla pourquoy les ventres & les concauitez qui sont dedans les corps des animaux sont plus chauds en hyuer, pource qu'ils retiennent la chaleur que la froidure de l'air enuironnant repoulse au dedans

Comme le mont d'Olympe, dont la cyme passe la moyenne region de l'air. Voyez la vie de Paulus Aemylius.

Du premier froid.

dans,& puis le puiser verser & haulser l'eau en l'air n'en oste pas seulement la chaleur, mais aussi la froideur: & partant ceux qui veulent auoir l'eau bien froide, ne remuent iamais ny l'eau ny la nege que lon met à l'entour pour la refroidir, car le remuement chasse & l'vn & l'autre. Mais que cela soit la puissance interieure de l'eau, & non pas de l'air qui le face, on le pourroit ainsi de nouueau discourir. Premierement il n'est pas vray-semblable, que l'air estant proche voisin du feu elementaire, touchant & estant touché de sa reuolution flambante, ait vne puissance & nature toute contraire: ny n'est pas possible, attendu que leurs deux extremitez s'entretouchent & s'entretiennent: & n'est point accordant ny conforme à la raison, que la nature ait rengé tout d'vn tenant, le perdant & le perdu, le consumant & le consumé, comme si elle n'estoit pas ouuriere & mediatrice de paix & accord entre eux, mais plustost de noise, debat & discord: & n'a pas la nature accoustumé de ioindre front à front les substances totalement contraires, ny appertement repugnantes l'vne à l'autre, ains de mettre entre deux celles qui tiennent de l'vne & de l'autre, ayant vne situation & disposition qui ne tend point à destruction, ains à association des deux contraires au milieu entrelassee. Telle situation & region a eu l'air en l'vniuers, estant espandu au dessoubs du feu, & deuant l'eau, pour s'accommoder à l'vn & à l'autre, & les assembler tous deux, n'estant de luy-mesme ne chaud ne froid, ains vn attrempement & vne meslange des deux meslez ensemble, non d'vne mixtion pernicieuse, ains douce & gracieuse, qui mollement y introduit & reçoit les extremitez contraires, & puis l'air est par tout également: & toutefois l'hyuer n'est pas par tout semblable ny froid également, ains y a vne partie du monde qui est froide & fort humide, & l'autre fort chaude & fort seiche, & ce non point fortuitement, ains d'autant que c'est vne mesme substance susceptible du froid & du chaud: car la plus grande partie de l'Afrique est chaude & aride, sans eau : & ceux qui ont esté par le pays de la Scythie, de la Thrace, & de Pont, racontent qu'il y a de grands lacs, & qu'ils sont arrosez de plusieurs grands & profonds fleuues, & que les contrees qui sont au milieu, & ce qui est prochain de ces grands lacs & marets est fort froid, à cause des euaporations qui sortent des eaux. Et Posidonius disant que la cause d'icelle froideur est, que l'air palustre est tousiours frais recent & humide, ne soult pas la verisimilitude de l'opinion, ains plustost la rend plus vray-semblable: car l'air ne sembleroit pas tousiours de tant plus froid que plus il seroit recent, si le froid ne prenoit sa generation de l'humidité, & pourtant a mieux dict Homere,

Tousiours est froid le vent d'vne riuiere.

Dauantage le sentiment nous deçoit & trompe souuent, comme quand nous touchons de la laine, ou des draps froids, & qu'il nous semble que nous les touchons moittes & humides, d'autant qu'il y a vne substance commune à toutes les deux qualitez, & que les deux puissances sont voisines & familieres:& és climats du monde où l'hyuer est fort aspre & fort rude, le froid y rompt beaucoup de vaisseaux de cuyure & de terre, mais pas vn vuide, ains tous pleins, l'eau les forçant par sa froideur, combien que Theophrastus estime que c'est l'air qui rompt les vaisseaux, se seruant de l'humidité comme d'vn clou. Mais prenez vous garde que cela ne soit dict plus gentiment que veritablement, car il faudroit que les vaisseaux pleins de poix se rompissent plustost par l'air, ou pleins de laict: mais il est plus vraysemblable que l'eau soit froide par elle mesme, & premierement, car elle est contraire à la chaleur du feu par sa froideur, comme à sa siccité par son humidité : bref le propre du feu generalement est de dissiper, diuiser & segreger : mais de l'eau au contraire, le naturel est de ioindre, & de coller & assembler, congelant & caillant par son humidité. Et c'est ce qui faict penser, qu'Empedocles pour ceste occasion appelle le feu à tout propos noise pernicieuse, & l'eau amitié tenante & gluante : car la nourriture du feu est cela en quoy il se

Du premier froid.

tourne: or se tourne-il en ce qui luy est plus propre & plus familier, & ce qui est contraire est difficile à y tourner, comme l'eau, laquelle de soy-mesme est, par maniere de dire, impossible à brusler, & si rend & l'herbe moüillee & le bois trempé difficile à enflammer: & si à fine force ils s'enflamment, encore en sera la flamme obscure, & toute morne & trouble, la verdeur combattant de sa froideur contre la chaleur, comme contre son naturel ennemy. Pesez doncques ces raisons-là, & les conferez auec les autres: mais pource que Chrysippus estimant que l'air fust le premier froid, d'autant qu'il est obscur, a fait mention seulement de ceux qui disent que le feu elementaire est plus esloigné & plus distant de l'eau que non pas l'air, & voulant dire quelque chose contre eux: Par ceste mesme raison, dit-il, on pourroit dire que la terre seroit le premier froid, d'autant qu'elle est plus esloignee du feu elementaire: reiettant cest argument & raison comme faulse, & ne faisant aucunemét à receuoir, il me semble que ie puis bien monstrer, que la terre mesme n'a pas faute de preuues probables & vray semblables, faisant mon fondement sur ce que Chrysippus a pris pour l'air. Et qu'est-ce? C'est qu'il est premierement obscur: car si prenant ainsi deux contrarietez de puissances, il estime que necessairement il faille que l'vne suyue apres l'autre, il y a infinies oppositions & repugnances de la terre à l'air, lesquelles on pourroit dire qu'il faut que ceste-cy encore suyue: car elle ne luy est pas opposee comme pesante au leger, ny comme tendant à bas au montant à hault seulement, ny comme massiue au rare, ny comme tardiue & stable au soudain & remuant, ains comme tres-pesante au tres-leger, & tres-massiue au tres-rare, & finablement comme immobile d'elle-mesme à celuy qui se meut de luy mesme, & comme celle qui tient le lieu du milieu à celuy qui se tourne tousiours en rond. Ne seroit-il doncques pas hors de tout propos, de dire qu'à tant & de si grandes oppositions celle de la chaleur & de la froideur ne fust coniointe aussi? Ouy certes: mais le feu est clair, & la terre non tenebreuse. Au contraire, c'est la plus obscure & la plus tenebreuse qui soit: car l'air est celuy qui participe le premier de clarté & de lumiere, & qui le plus soudainement se tourne, & tout aussi tost qu'il est emply de lumiere il la depart incontinent partout, se donnant & exhibant soy-mesme, comme le corps de la clarté: car comme dict vn poëte qui a escrit des Cantiques à l'honneur de Bacchus,

    Si tost que dessus l'Orizon
    Le Soleil en se leuant monte,
    Il emplit la grande maison
    Des vents d'vne lumiere prompte:

mais puis apres en descendát il en enuoye vne partie aux lacs & en la mer, & les fonds des riuieres rient de tant que l'air penetre iusques à eux, mais la terre est seule entre tous les corps qui iamais n'est esclairee, & non iamais penetree des rayons ny du Soleil ny de la Lune, bien est elle eschauffee vn petit, & se presente à fomenter à la chaleur du Soleil, qui penetre au dedans iusques à quelque petite partie: mais la clarté n'y entre iamais à cause de sa massiue solidité, ains est seulement enluminee superficiellement par le Soleil, & le dedans est appellé Nuict, Chaos, Enfer & Erebus, qui n'est à dire à la verité autre chose que la terrestre obscurité, & les tenebres du dedans de la terre. Les Poëtes feignent que la Nuict est fille de la terre, & les Mathematiciens demonstrent & prouuent par raison que ce n'est autre chose que l'vmbre de la terre opposee entre le Soleil & nous: car l'air est remply de tenebres par la terre, comme de lumiere par le Soleil, & autant qu'il y a de l'air qui n'est point esclairé ny enluminé, c'est la grandeur de la nuict, autant comme l'vmbre de la terre en occupe. Et pourtant les hommes & les bestes aussi se seruent encore de l'air dehors des maisons, encore qu'il soit nuict: car il y a beaucoup d'animaux qui vont à leurs pasturages la nuict, à cause que l'air a encore quelques reliques & traces de lumiere, &

quelque

Du premier froid.

A quelque influence de clarté esparse çà & là : mais celuy qui est enclos dedans les maisons, & couuert du toict d'icelles, autant que celuy qui est de toutes parts enuironné de terre, est de tout poinct obscur & tenebreux. Qui plus est les peaux & les cornes des animaux, tant qu'elles sont entieres ne transmettent point la lumiere, mais quand elles sont ou siees ou ratissees, elles en deuiennent transparentes, d'autant qu'il y a de l'air qui se mesle parmy : & pense que c'est pourquoy les poëtes à tout propos appellent la terre noire, voulans dire obscure & sans aucune clarté : tellement que la plus importante & principale opposition d'entre le clair & l'obscur, se trouue plustost en la terre que non pas en l'air, mais celle-là est separee de la question que nous traictons : car nous auons monstré qu'il y a plusieurs choses froides qui sont claires, & plusieurs chaudes qui sont brunes & obscures. Mais ces autres puissances là sont plus propres à la froideur, comme la pesanteur, la stabilité, la solidité, & l'immutabilité, desquelles l'air n'en a pas vne, & l'eau en participe de toutes. Il y a dauantage, que

B la froideur est ce qui plus sensiblement est dur, & rendant les choses dures & solides : car Theophraste escrit que les poissons qui sont gelez par la grande rigueur du froid, qui les laisse tomber à terre, se rompent & se brisent en pieces, ne plus ne moins que des vaisseaux de verre, ou de terre : & toy-mesme as peu entendre de ceux qui monterent sur la montagne de Parnasse pour secourir les femmes Bacchantes, qui y auoient esté surprises d'vn mauuais vent & de la neige, leurs manteaux par la force de la froidure deuindrent si roides & tenans de la dureté du bois, qu'ils se rompoient & cassoient incontinent que lon les estendoit. Qui plus est la grande froideur rend les nerfs si roides que lon ne les peut plier, & la langue sans parler, glaçant & gelant par sa dureté, à faute de mouuement, les humides & molles parties du corps : ce qui se voyant par experience, say doncques maintenant ceste consequence, Toute puissance qui est plus forte a accoustumé de tourner & muer en soy ce qu'elle surmonte : car ce qui est vaincu par le chaud, deuient feu, & ce qui est vaincu par le vent deuient air,

C & ce qui tombe en l'eau, s'il n'en sort, il se dissoult & se fond à la fin en eau. Il est doncques force aussi, que les choses qui se refroidissent fort, se muent en ce qui est le premier froid. Or l'excessiue froidure est quand il gele, & le grand refroidissement que sçauroit souffrir quelque chose que ce soit, est quád elle glace, & ce glacement se termine en vn entier changement de nature, que la chose deuient dure comme pierre, quand le froid estant du tout le maistre, l'humeur se glace, & tout ce qu'il y a de chaleur, s'espraint & se chasse. Voyla pourquoy la terre vers son centre au plus profond est toute gelee & glacee, par maniere de dire, parce que le froid excessif & qui ne s'amollit & ne se lasche iamais, y demeure tousiours, estant reculé & repoussé en ce fond là, au plus loing du feu elementaire. Et quát aux rochers, pierres & croppes des montagnes qui apparoissent au dehors de la terre, Empedocles estime qu'ils ayent esté caillez, concreez, & poussez contremont, & soustenus dessoubs par la violence d'vn

D certain feu boüillant, qu'il dict estre aux entrailles de la terre : mais il semble plustost que les choses dont tout le chaud a esté espraint, & s'en est enuolé, sont congelees & glacees par le froid. C'est pourquoy on appelle ces croppes là de montagne, Pagi, comme qui diroit, glaces, dont on en voit plusieurs noircis à la cyme, à l'endroict par où le chaud s'en est enuolé, tellement qu'il semble à les veoir qu'elles ayent autrefois esté bruslees : car le froid serre & gele les choses, les vnes plus, les autres moins, mais par dessus toutes les autres, celles ausquelles il est premierement par nature inherant : car ainsi comme si le naturel du chaud est alleger, il est force que le plus chaud soit aussi le plus leger, & si le naturel de l'humide est amollir, que le plus humide soit ce qui est le plus mol : aussi si le propre du froid est de faire prendre & glacer, il est necessaire par consequent, que ce qui est le plus serré & glacé, soit doncques aussi le plus froid, comme est la terre : & ce qui est tres-froid, il l'est de nature,

X x x

Du premier froid.

& le premier froid. Parquoy il faut donc conclure, que la terre est & par nature froide, & le premier froid, ce qui est éuident & manifeste mesme au sentiment: car la fange est plus froide que l'eau, & quand on veut bien suffocquer & esteindre le feu, on iette de la terre dessus: & les forgerons & ferronniers qui font le fer, quand il est bien enflammé & fondu, ils iettent & sement par dessus des morceaux de marbre, & du chappelis de pierres de taille, pour engarder qu'il ne coule trop, & pour le refroidir: & la poulsiere que l'on iette dessus les corps des luicteurs les refroidit, & reprime les sueurs. Et puis la commodité qui par chascun an nous remuë & nous fait changer de logis, que veut-elle dire? l'hyuer nous faisant cercher des logis hauts & loing de la terre, & à l'opposite l'esté nous attachant aux salles basses, nous faisant descendre & appeter propres & conuenables retraictes, de maniere qu'elle nous feroit volontiers habiter dedans le sein mesme de la terre. Ne faisons nous pas cela estans conduicts par le sentiment naturel à cercher & recognoistre ce qui par nature est le premier froid? Et pourtant quand l'hyuer nous cerchons les habitations prochaines de la mer, c'est vne maniere de fuyr la terre autant que nous pouuons à cause du froid: car nous mettons à l'entour de nous l'air de la marine qui est chaud, & à l'opposite l'esté, pour la vehemente chaleur, nous desirons des lieux plus au dedans de la terre & arriere de la mer, non que l'air de soy y soit froid, mais pour ce qu'il germe & pullule, par maniere de dire, de ce qui est par nature, & le premier froid, & trempé de la puissance qui est dedans la terre, ne plus ne moins que l'on trempe le fer: car mesme entre les eaux courantes, celles qui sortent des roches & descendent des montagnes, sont les plus froides, & entre celles des puys mesmes, celles qui sont des plus profonds: car pour la grande profondeur, l'air ne se mesle plus auec elles au dehors, & les autres passent à trauers la terre franche, & non meslee: comme aupres du chef de Tænarus en la Moree, l'eau qu'ils appellent Styx, qui degoutte bien petitement de la roche, elle est si froide qu'il n'y a vaisseau au monde qui la puisse tenir, sinon la corne du pied d'vn asne, car par sa froideur elle fend & rompt tout autre vaisseau où l'on la puisse mettre. Dauantage nous entendons dire aux medecins, que toute terre, à parler generalement, restraint, resserre, & refroidit, & nous comptent plusieurs drogues que l'on tire des entrailles de la terre, qui ont vertu restraintiue & resserrante en la medecine. Aussi leur element n'est point, ny incisant, ny esmouuant, ny attenuant, ny ayant des acuitez perçantes, ny mollifiant, ny facile à s'espandre, ains ferme & stable, comme le corps quarré & arrestant, dont vient qu'elle a la pesanteur & la froideur. S'il est ainsi que sa puissance & faculté naturelle soit espessir, serrer, estraindre les humiditez, & engendrer és corps des herissemens d'horreur, & des tremblemens pour son inegalité, & si elle vient à gaigner le dessus, la chaleur s'en estant de tout poinct fuye ou esteinte, elle y imprime vne habitude glacee, amortie, & comme petrifice: de là vient que la terre ne se brusle aucunement ou bien petitement, & à grand'peine, là où l'air de luy-mesme bien souuent rend & iette de la flambe, & coule & esclaire tout enflambé, & l'humidité sert de nourriture & de pasture à la chaleur: car ce n'est pas ce qui est solide, mais ce qui est humide & liquide, qui se brusle au bois, mais quand cette humidité est toute resoluë & euaporee, alors ce qui est de nature solide demeure, qui est la cendre. Et ceux qui s'estudient & efforcent de monstrer, que cela aussi en fin se tourne & se consume, & pour ce faire l'arrosent par plusieurs fois d'huile, ou le meslent auec de la graisse, & puis le remettent au feu, n'auancent rien: car quand ce qu'il y a de gras & vnctueux est bruslé, alors il reste & demeure tousiours ce qui est terrestre. Et pourtant n'est-elle pas seulement immobile quant au regard de son lieu & de sa situation, mais aussi est immuable quant à sa substance: & quelquefois les anciens l'ont appellee Vesta, comme demourant ferme en la maison des Dieux, à cause de sa fermeté stable,

& de

Du premier froid.

A & de son glacement, duquel le froid est le lien, ainsi que disoit Archelaüs le philosophe naturel, veu que rien ne la destrempe ny ne la mollifie, quand elle est vne fois cuitte au feu, ou halee au Soleil. Mais ceux qui disent qu'ils sentent bien le vent froid & l'eau, mais moins la terre, ceux-là regardent ceste terre qui est la plus prochaine d'eux, qui n'est autre chose qu'vne meslange & composition de l'air, des eaux, du Soleil, de la chaleur: & me semble qu'ils font tout ainsi comme qui diroit, que le feu elementaire ne seroit pas le premier chaud, ains l'eau boüillante, ou bien le fer tout rouge de feu : d'autant que lon peut bien toucher ceux-là, & en approcher, & que du premier feu pur & celeste, ils n'en ont aucune sensible experience ny cognoissance par attouchement, comme aussi n'ont-ils de la terre qui est aupres du centre, que lon peut imaginer estre la vraye, pure & naturelle terre, comme la plus esloignee & separee de toutes les autres, mais bien en pouuons nous icy auoir quelque indice par les grosses roches, lesquelles de leur profondeur rendent vne vehemente froideur &

B non facile à supporter: & ceux qui veulent boire plus froid, ils iettent des petits cailloux dedans leur eau, laquelle en deuient plus fresche, & s'en acere, par maniere de dire, par la froideur grande & recente qui sort desdicts cailloux. Si faut estimer que quand les anciens hommes doctes & sages ont supposé, qu'il n'y pouuoit auoir mixtion ne meslange des choses terrestres auec les celestes, ils ne visoient pas aux lieux, ny au haut & au bas, comme aux bassins d'vne balance, ains à la difference & diuersité des puissances, attribuans les qualitez de chaleur, de clarté, d'agilité & de legereté à celle immortelle & eternelle nature, mais la froideur, l'obscurité & la tardité, prononçans estre le partage & le sort mal-heureux des trespassez, & de ceux qui sont là bas aux enfers : car le corps mesme d'vn animal, pendant qu'il respire & est florissant en verdeur, comme disent les poëtes, il a vie & chaleur : mais aussi tost qu'il est destitué de ces deux puissances là, & delaissé en la seule portion & possession de la

C terre, il deuient aussi tost roide & froid, comme estant la chaleur en tout autre corps plustost selon nature, qu'en vn corps terrestre. Compare, Seigneur Fauorin, ces arguments-là auec les raisons des autres, & si tu trouues que les vnes ne cedent ny ne surpassent gueres les autres en probable verisimilitude, laisse moy là l'opiniastreté d'espouser aucunes particulieres opinions, estimant que le surseoir & retenir son iugement en choses obscures & incertaines est faict en plus sage philosophe, que non pas de prester & adiouster à l'vne ou à l'autre partie son consentement.

Il appert par ce lieu & plusieurs autres, que Plutarque estoit de secte Academique.

Les Questions naturelles.

D POVRQVOY est-ce que l'eau de la mer ne nourrit pas les arbres? Est-ce point pour la mesme raison qu'elle ne nourrit pas non plus les animaux de la terre, parce que la plante est vn animal terrestre ou de terre, selon l'opinion de Platon, d'Anaxagoras, & de Democritus? car si bien elle nourrit & abreuue les plantes qui croissent dedans la mer, comme elle faict aussi les poissons, ce n'est pas à dire que pour cela elle nourrisse les arbres, ny les plantes qui naissent en terre arriere de la mer, d'autant qu'elle ne peut percer ny penetrer iusques aux racines, pource qu'elle est grosse, ny monter contremont, pource qu'elle est pesante. Et qu'il soit vray qu'elle est grosse, pesante & terrestre, il appert & se preuue par plusieurs autres raisons, & mesmement par ce

1.

Les causes naturelles.

qu'elle porte & souſtient plus les vaiſſeaux, les nageurs & plongeurs. Ou bien eſt-ce point pourçe qu'il n'y a rien qui offenſe plus les arbres que la ſechereſſe, & l'eau de la mer deſeiche? Voyla pourquoy le ſel reſiſte à la putrefaction, & pourquoy les corps de ceux qui ſe ſont lauez dedans l'eau de la mer ont incontinent le cuir ſec & rude. Ou bien, ſeroit-ce point pourçe que l'huile eſt naturellemẽt ennemie de toutes plantes,& faict mourir toutes celles qui en ſont ointes & frottees? Or l'eau de la mer tient du gras, & eſt vnctueuſe, de maniere qu'elle s'enflamme & augmente le feu: c'eſt pourquoy lon defend d'en ietter deſſus la flamme quand vn feu eſt embrazé. Ou bien eſt-ce point pourçe que l'eau de la mer eſt amere, & non pas bonne à boire, à cauſe de la terre bruſlee qui eſt meſlee parmy, comme dict Ariſtote, ne plus ne moins que la lexiue ſe faict, quand on iette de l'eau douce deſſus la cendre, pourçe que ce coulement & paſſement-là à trauers la cendre gaſte & corrompt ce qu'il y a de bon à boire en l'eau douce, tout ainſi que dedans nos corps l'ardeur de la fiebure tourne ce qu'il y a de douce humeur en cholere? Et quant aux plantes & arbres que lon dict qui croiſſent dedans la mer rouge, ils ne portent point de fruict, & ſont nourris des riuieres qui y portent force limon & force vaſe, auſsi ne laiſſent-ils pas auant dedans la mer, ains pres de la terre.

11. Pourquoy eſt-ce que les arbres, les graines & ſemences ſe nourriſſent mieux des eaux de pluye que d'autres eaux dont on les puiſſe arroſer? Eſt-ce point pourçe que la pluye, en tombant, du coup qu'elle donne, ouure la terre, & faict des petits pertuis, par où l'eau penetre iuſques aux racines, ainſi que diſoit Lętus? ou ſi cela eſt faulx, & ne ſ'eſt pas Lętus aduiſé que les plantes paluſtres & qui croiſſent aux eſtangs, comme la Maſſe, le Roſeau, le Ionc, demeurent ſans croiſtre ny ietter & verdoyer, quand il ne vient point de pluyes en la ſaiſon? Et eſt vray ce que dict Ariſtote, que l'eau de la pluye eſt toute nouuelle & fraiſchement faicte, là où celle des lacs & des eſtangs eſt vieille & croupie. Ou bien ſi cela a point plus d'apparence, que de verité? car il eſt certain que les eaux des fontaines, des ruiſſeaux, & des riuieres ſont auſsi neufues & fraiſchement venuës, parce que lon ne ſçauroit entrer deux fois en meſmes riuieres, comme diſoit Heraclitus, d'autant qu'il ſuruient touſiours de nouuelle eau, qui fluë continuellement: & neantmoins celles-là nourriſſent encore moins que celle des pluyes. Eſt-ce point doncques pourçe que l'eau du ciel eſt legere, ſubtile & aëree, meſlee auec de l'eſprit, qui pour ſa ſubtilité penetre facilement, & eſt aiſément conduicte iuſques à la racine de la plante? C'eſt pourquoy elle faict en tombant de petites bouteilles, à cauſe de l'air & de l'eſprit qui eſt meſlé parmy. Ou bien nourrit-elle point dauantage, pourçe qu'elle eſt plus facilement alteree & vaincuë par cela qu'elle nourrit, ce qui eſt proprement la concoction & digeſtion, & au contraire la crudité & indigeſtion eſt quand les eaux ſont ſi dures qu'elles ne peuuent pas facilement eſtre alterees & vaincuës? or celles qui ſont delices, ſubtiles, ſimples, & ſans ſaueur, ſalterent plus facilement & pluſtoſt, comme eſt l'eau de la pluye, pourçe que s'engendrant en l'air & au vent, elle tombe pure & nette, là où celles des fontaines reſſemblent à la terre, & aux lieux par où elles paſſent, & en acquierent pluſieurs qualitez qui les rendent plus mal-aiſées à alterer, & plus tardiues à reduire par concoction en la ſubſtance de ce qui eſt nourry par elles: & au contraire, que les eaux pluuiales ſoient aiſées à alterer & tranſmuer, il appert par ce, qu'elles ſe corrompent & ſe pourriſſent plus aiſément que celles des riuieres ny des puys. Or la concoction ſemble vne maniere de pourriture & putrefaction, comme teſmoigne Empedocles quand il dict,

       Le vin ſe faict de l'eau ſe pourriſſant.
       Dedans le bois ſoubs l'eſcorce.

Ou bien la plus certaine & la plus claire raiſon que lon en ſçauroit alleguer, eſt-ce point

Les causes naturelles. 535

A point la douceur des eaux pluuiales, & la bonté, soudain qu'elles sont enuoyees par le vent & tombees à terre? à l'occasion dequoy les bestes en boiuent plus volontiers que de nulles autres, & les grenoüilles sentans la pluye venir en chantent de ioye plus hautement, & en renforçent leurs cris, s'attendans bien qu'elle adoucira les eaux croupissantes de leurs marets, & leur sera semence de douceur : car Aratus mesme compte ce signe là entre les signes & presages de la pluye, disant,

Grenoüille lors des Serpens d'eau la proye,
En leurs marets ayent plus fort de ioye.

Pourquoy est-ce que les pastres baillent du sel à leurs bestes ? Est-ce, comme la IIII. pluspart des gens estiment, à fin qu'ils en mangent dauantage, & consequemment qu'ils en deuiennent plus gras, d'autant que l'acuité du sel prouocque l'appetit, & ouurant les pores & petits pertuis de la chair, donne voye à la nourriture pour se digerer & distribuer plus aisément par tout le corps? à raison dequoy le medecin Apollonius, fils de Herophilus, vouloit que lon nourrist les hommes gresles & maigres, non de viandes douces, ny de pain blanc de fleur de froment, mais de salures & de choses confites en sel, dont l'acuité deliee estant comme vne maniere de brayeure & de pilure ou frottement à faire venir le poil, conduit la nourriture par les petits pertuis à chasque partie du corps. Ou bien plustost ils accoustument leurs moutons à lescher du sel pour la santé, à fin de restraindre vn peu le trop de graisse, d'autant qu'ils deuiennent malades quand ils sont trop gras, & le sel consume la graisse & la dissoult : au moyen dequoy quand on les a tuez, on les en escorche plus facilement, d'autant que la graisse qui colloit & attachoit leur peau à la chair, en deuient plus deliee pour l'acrimonie du sel, ioinct que le sang se subtilise, & deuient plus delié & plus liquide de ceux qui leschent le sel, & n'y a rien qui se fige & se constipe au dedans, quand il y a du sel meslé. Il pourroit estre aussi, qu'ils le font pour les rendre plus enclins & plus habiles à engendrer : car les masles & les femelles en deuiennent plus chaudes, & en appetent plus à s'assembler : car les chiennes mesmes deuiennét plustost chaudes, & conçoiuent plustost, quand elles ont mangé quelques salures, & les batteaux où lon porte le sel, pour la mesme raison produisent plus de souris, d'autant qu'elles se meslent plus souuent ensemble.

Pourquoy est-ce qu'entre les eaux des pluyes celles qui tombent auec tonnerre & V. esclairs, que lon appelle pour ceste cause ἀστραπαῖα, c'est à dire eaux ou pluyes d'esclairs sont meilleures pour arroser? Est-ce point pource qu'elles sont venteuses & pleines d'esprit, à cause du trouble & de la combustion de l'air, & l'esprit du vent esmouuant ceste humidité l'enuoye & la distribuë mieux ? Ou bien est-ce point pource que la chaleur combattant à l'encontre de la froideur, fait & cause les tonnerres & les esclairs en l'air? Voyla pourquoy en hyuer on oit bien peu souuent des tonnerres : & en la primevere, & en l'automne, au contraire, bien souuent, pour l'inégalité & inconstance de la temperature de l'air : & la chaleur cuisant l'humidité la rend plus amiable & plus profitable aux plantes de la terre. Ou bien pource qu'il tonne & esclaire principalement & plus souuent en la saison de la primevere pour la cause susdicte, & les pluyes de la primevere sont plus necessaires aux grains, herbes & semences auant l'esté. C'est pourquoy les pays où il pleut souuent & à bon escient au printemps, comme est l'Isle de la Sicile, produisent beaucoup & de bien bons fruicts.

Pourquoy est-ce que de huict saueurs qu'il y a en tout, nous voyons qu'il n'y en a qu'vne seule, à sçauoir la salee, qui ne soit engendree en quelque fruict? Car quant à la saueur amere, l'oliue l'a produicte la premiere : quant à la verte, le raisin l'a du commencement, puis quand ils viennent à se tourner, l'amere saueur de l'oliue se change en grasse & vnctueuse, & la verte du raisin en vineuse. Semblablement aussi l'aspre és dattes, & l'austere és grenades, se tourne en douce, & y a bien quelques

Xxx iij

Les causes naturelles.

grenades & quelques pommes aussi qui ont simplement l'aigre : quant à l'acre & aiguë, elle est assez frequente en plusieurs racines & semences. Est-ce point pource que la saueur salee n'est pas primitiue, ny ne s'engendre pas originairement, ains est seulement corruption des autres primitiues saueurs, & pourtant ne peut-elle seruir à nourrir aucun animal qui viue, ou d'herbe, ou de grain, mais bien sert elle de sauce à quelques vns, parce qu'elle empesche qu'ils ne se saoulent, ou ne se degoustent de ce qui les nourrit ? Ou c'est que comme ceux qui font boüillir l'eau de la mer, luy ostent la saleure & la qualité mordante qu'elle a, aussi és choses qui sont chaudes de nature, la saleure vient à estre effacee & amortie par la chaleur. Ou bien est-ce point pource que la saueur, ainsi comme dict Platon, est eau coulee & passee à trauers le tronc ou la tige de quelque plante, & la mer coulee & passee, perd aussi sa saleure qui est le plus terrestre & le plus gros qui y soit ? d'où vient que quand on creuse & foüille au long des riuages de la mer, on y trouue de petits esgours d'eau douce, & y en a plusieurs qui tirent de la mer mesme de l'eau douce & bonne à boire, estant coulee à trauers des vases de cire, en estant espraint & separé ce qu'il y a de plus terrestre & plus salé : & brief l'argile & la coulature longue rendent l'eau de la mer passee à trauers, bonne à boire, d'autant qu'elles ne laissent pas passer ce qu'il y a de terrestre, ains le retiennent en soy : ce qui estant ainsi, il est vray-semblable que les plantes ny ne reçoiuent du dehors la saleure ou saueur salee, ny si d'aduenture elle s'engendroit au dedans, elles ne la transfondent & transmettent point en leurs fruicts, parce que les conduicts des pores estans trop estroicts & trop petits ne peuuent traietter ne transmettre ce qu'il y a de gros & de terrestre. Ou bien il faut dire que la saueur salee est vne partie de la saueur amere, ainsi comme Homere mesme le donne à entendre en ces vers,

Saleure amere hors sa bouche il iettoit,
Et tout son chef à force en degouttoit.

Et Platon dict que l'vne & l'autre saueur desseiche & restrainct, mais moins le faict la salee, comme celle qui est moins aspre, & se trouuera que le salé est different de l'amer en excés de seicheresse, car le salé est bien aussi aucunement desiccatif.

VI. Pourquoy est-ce que ceux qui cheminent ordinairement parmy des arbres ou des plantes baignees de rosee, les parties de leurs corps qui y touchent en deuiennent aspres & galeuses ? Est-ce, comme disoit Letus, pource que cette humeur de rosee pour sa subtilité deliee, racle & perce le cuir ? ou bien pourautant que tout ainsi comme la roüille prend aux graines & semences qui sont moüillees, aussi les plus tendres parties de la peau estans par dessus, en maniere de dire, vn peu deflorees & scarifiees par la rosee, il en sort vn peu de fleur qui luy faict dommage ? Et s'attachant aux parties qui ont peu de sang, comme sont le bas des iambes & les pieds, en mord & escorche le dessus : car qu'il soit vray qu'il y ait en la rosee quelque qualité de propriété estraignante & mordante, il appert par ce qu'elle rend ceux qui sont gras les plus gresles, tesmoing ce que font les femmes qui sont par trop en bon poinct, lesquelles vont recueillant la rosee auec quelques linges & quelques laines, & s'en frottent pour restraindre & resserrer ce qu'elles ont de trop gras & trop charnu.

VII. Pourquoy est-ce que les batteaux l'hyuer vont plus lentement sur les riuieres, qu'ils ne font en autre temps, mais non pas ainsi sur la mer ? Est-ce point pource que l'air des riuieres, estant tousiours gros, pesant, & malaisé à esmouuoir, l'hyuer est encore plus espessy, à cause de la froideur de l'air circonstant qui empesche les nauiguás ? Ou si c'est accident là aduient plustost aux riuieres que nó pas à l'air, parce que la froideur resserrant l'eau, la rend plus pesante & de corps plus solide, ainsi que lon peut apperceuoir aux horloges à eau, là où elle coule plus lentement & plus tardiuement l'hyuer,

qu'elle

Les causes naturelles. 536

A qu'elle ne fait pas l'esté. Et escrit Theophrastus qu'il y a au pays de Thrace, pres du mont appellé Pangeon, vne fontaine, de laquelle l'eau est deux fois plus pesante l'hyuer que l'esté, qui en pese vn mesme vaisseau plein. Or que l'espessissement de l'eau rende le cours de la nauigation plus lent, il appert par ce que les batteaux des riuieres portent plus grand fardeau en hyuer qu'ils ne font en l'esté, d'autant que l'eau estant espessie, deuient aussi plus forte & soustient d'auantage, là où l'eau de la mer ne se peut espessir en hyuer, à cause de sa chaleur, qui est la cause pourquoy elle ne gele point, & l'espessissement est vne sorte de refroidissement.

Pourquoy est-ce que nous voyons que les autres eaux en les remuant & agitant se vont refroidissent, & la mer agitee & tourmentee des vents s'eschauffe? C'est pource que s'il y a chaleur és autres eaux, elle est estrangere & venue d'ailleurs, aussi le mouuement l'en fait sortir & la dissipe: mais celle de la mer qui luy est propre & naturelle, les vents l'excitent & l'augmentent d'auantage. Or qu'il soit vray que la mer ait de la B chaleur naturelle, la preuue en est toute euidente, par ce qu'elle est transparente, & qu'elle ne gele point, combien qu'elle soit terrestre & pesante.

Pourquoy est-ce que l'hyuer l'eau de la mer est au goust moins amere? Car on dit IX. que mesme Dionysius, lequel a escrit de la maniere de conduire les eaux, dit que l'amertume de l'eau de la mer n'est pas du tout sans aucune douceur, attendu que la mer reçoit tant & de si grandes riuieres, & si bien le Soleil attire ce qu'il y a de doux & de bon à boire, à cause de sa subtilité & legereté, ce n'est que dessus tant seulement encore le fait-il plus en esté qu'en autre temps, d'autant que l'hyuer il y touche plus laschement & plus debilement, à cause de l'imbecilité de sa chaleur: & la bonne portion de douceur qui y demeure, destrempe & dessale ce qui estoit excessiuement amer, & tenant de la drogue medicinale; ce qui mesme aduient aux eaux douces & bonnes à boire, par ce qu'en esté elles sont pires au goust qu'en hyuer, d'autant que la chaleur resoult & dissipe ce qu'il y a de leger & de doux: mais en hyuer il en coule C tousiours de nouuelle & toute fraische, de laquelle il est bien force que la mer se sente, tant pource qu'elle est agitee, que pource que les riuieres qui y entrent sont plus grosses.

Pourquoy est-ce que l'on verse de l'eau de la mer dedans les tonneaux de vin, & X. que l'on conte communément qu'il y eut iadis des mariniers, lesquels apporterent vn oracle qui leur commandoit de plonger Bacchus en la mer, & ceux qui sont loing de la marine, au lieu d'eau de mer y mettent dedans du plastre de Zacynthe cuit au fourneau? Est-ce point à fin que la chaleur luy aide alencontre du froid d'alenuiron: ou si plus tost au contraire c'est point pour l'affoiblir en luy esteignant & ostant de sa force? ou bien si c'est pour ce que le vin estant dangereux de se pousser & tourner en eau, ou bien de s'esuenter, la matiere terrestre que l'on iette dedans, estant sa proprieté naturelle d'estraindre & de reserrer le retient, & la salure de l'eau de mer ve-D nant à subtiliser & consumer ce qu'il y a d'estrange, & non pas de la propre substance du vin, empesche qu'il ne s'y mette aucune pourriture ou mauuaise senteur: & d'auantage tout ce qu'il y a de gros & de terrestre dedans le vin, s'attachant à ce qui va au fond, & en estant tiré contre bas, fait vne residence de lie, & en laisse le reste du vin tant plus clair & plus net.

Pourquoy est-ce que ceux qui nauiguent sur la mer, ont plus de mal au cœur que XI. ceux qui nauiguent sur les riuieres, encore que ce soit par beau & doux temps? C'est pour ce que ce qui plus cause & excite le mal de cœur entre les sentimens, c'est l'odorement: & entre les passions, la peur: car si tost que l'apprehension du peril saisit les hommes, ils tremblent de peur, leur poil se herisse & se dresse, & le ventre leur lasche: là où il n'y a rien de tout cela qui trouble ny trauaille ceux qui nauiguent dessus vne riuiere, par ce que l'eau doulce & bonne à boire, est familiere & accoustumee à l'o-

Xxx iiij

Les causes naturelles.

dorement, & la nauigation est sans danger: mais en la mer l'odeur de la marine estrange, & non accoustumee, les offense, & sont tousiours en peur, quelque beau temps qu'il face, ne se fians point à ce qu'ils voient present, par ce qu'ils ne sçauent ce qui leur doit aduenir: & pourtant peu ou rien ne leur sert le calme du dehors, estant leur ame en tourmente au dedans, agitee de la peur & desfiance, & tire le corps en semblable perturbation.

XII. Pourquoy est-ce que la mer estant arrosee d'huile par dessus, il se fait vne clarté transparente, & vn calme & tranquillité au dedans? Est-ce pour autant qu'Aristote dit, que le vent glissant par dessus l'huile, qui est lissee & polie, n'a point de coup, & ainsi ne fait point d'agitation? Ou bien cela a quelque apparence pour le dessus & le dehors: mais lon dit que les plongeurs qui plongent au fond de la mer, aiants de l'huile dedans leur bouche, s'ils la soufflent quand ils sont au fond, ils voient clair à trauers l'eau, dequoy on ne sçauroit referer la cause au glissement du vent. Parquoy seroit-ce point plus tost, pource que l'huile, à cause de sa solidité, fend & separe l'eau de la mer qui est terrestre & inegale, puis quand elle se referre & se rassemble, encore demeure-il de petits pertuis qui donnent aux yeux de la lumiere & transparence? Ou bien est-ce point pource que l'air qui est meslé parmy la mer, à cause de sa chaleur est naturellement lumineux, mais quand il est agité il en deuient inegal & tenebreux? Quand doncques l'huile auec sa solidité viue vient à polir son inegalité, elle reçoit adonc polissure & transparence.

XIII. Pourquoy est-ce que les rets des pescheurs se pourrissent plus tost en hyuer que non pas en esté, combien que toutes autres choses pourrissent d'auantage l'esté? Est-ce pour autant que, comme Theophrastus estime, le chauld cedant au froid qui l'enuironne alentour, fait que le fond de la mer en est plus chaud, ne plus ne moins que de la terre? C'est pourquoy les eaux des fontaines sont plus tiedes en hyuer, & fument plus les lacs & les riuieres en hyuer qu'ils ne font pas en esté, par ce que le chaud est rangé au fond par le froid qui le surmonte. Ou bien il faut dire, que ce n'est pas pourriture des rets, mais quand ils sont roides & gelez par le froid qui les a deseichez, ils en sont plustost rompus par la tourmente, ne plus ne moins que s'ils estoient pourris: car ils trauaillent plus au fond, tout ainsi comme les nerfs qui sont fort tendus rompent, mesmement que la mer est en hyuer plus souuent tourmentee. C'est pourquoy ils les referrent & les restraignent auec des teintures, craignants qu'ils ne se laschent & ne se desfacent: car s'ils n'estoient ainsi teints & frottez, ils tromperoient mieux les poissons, d'autant qu'ils ne les apperceuroient pas si tost, à cause que la couleur naturelle du fil, approchant de l'air, est propre à deceuoir en la mer.

XIIII. Pourquoy est-ce que les laboureurs prient & souhaittent auoir mauuaise fenaison? Est-ce pour ce qu'il ne faut pas serrer le foin quand il est moüillé? car on le fauche qu'il n'est pas tout sec, mais encore verd: & s'il est moüillé, il se gaste & pourrit incontinent: là où au contraire, le bled estant moüillé de la pluye vn peu auant la moisson, en est grandement aidé contre les vents chauds du midy, lesquels ne permettent pas que le grain se tienne serré en son espic, ains le deslient & le relaschent par la chaleur, si ce n'est que la terre estant baignee, refraischisse tousiours & tienne mol l'espic.

XV. Pourquoy est-ce que la terre forte profonde & grasse porte le froment, & la legere & sablonneuse porte l'orge? C'est pource que entre les grains, ceux qui sont plus forts & plus solides ont affaire de plus de nourriture, & les plus foibles de moindre & plus delicе. Or est l'orge plus foible & plus rare que n'est le froument, aussi ne nourrit elle pas fort & ne charge pas beaucoup l'estomach: ce que tesmoigne sa soudaine croissance, par ce qu'elle est venue en l'espace enuiron de trois mois, & mieux en terre seiche, pourautant qu'elle est moins solide, & a besoing de moins de nourriture, aussi arriue-elle plustost à sa perfection.

Pourquoy

Les causes naturelles.

A Pourquoy est-ce que lon dit communément, Semez le froment en bouë, & l'or- XVI. ge en poudre? Est-ce pour autant que, comme nous auons dit, le froment a besoing de plus grande nourriture, & l'orge ne peut souffrir l'abondance d'humeur qui la noye? Ou pource que le froment estant dur, & approchant de la nature du bois, germe mieux & plustost quand il est detrempé & amolly dedans la bouë, & au contraire la seicheresse sur le commencement est plus à propos pour l'orge, à cause de sa rarité. Ou pource que la temperature de l'air, à cause de la chaleur, est mieux proportionnee & moins mal-faisante à l'orge, qui de soy-mesme est vn peu froid. Ou bien ils craignent de semer le froment en seicheresse, à cause des fourmis, lesquels se mettent incontinent apres, là où ils ne peuuent pas si facilement porter les grains d'orge, d'autant qu'ils sont malaisez à remuer & à transmuer de lieu en autre, à cause de leur grosseur & grandeur.

Pourquoy est-ce que les pescheurs prennent plustost les seies & poils des queuës XVII. B de cheual, pour faire leurs lignes, que ceux des iuments? Est-ce pource que le masle, comme en toutes autres parties, encore au poil est plus fort que la femelle? Ou plus tost qu'ils pensent que les queuës des iuments, estans à tout propos baignees de leur vrine, en sont moins fortes?

Pourquoy est-ce que quand les Calamars & Casserons apparoissent en la mer, c'est XVIII. vn signe de grande tormente? Est-ce pourautant que tous poissons moulx, sont fort impatiens du froid & de la tormente, à cause qu'ils sont tous nuds, & ont la chair fort tendre, n'estant couuerte ny de cocque, ny de gros cuir, ny d'escaille, & au contraire, aiants ce qui est dur & ossu au dedans? C'est pourquoy on les appelle Malacia, comme qui diroit moulx: & pour ceste cause nature a fait qu'ils presentent bien tost & facilement le froid & la tempeste à aduenir, d'autant que le froid leur fait mal, & la tourmente les offense. Parquoy quand le Poulpe s'encourt à terre, & s'attache aux petits rochers, c'est signe qu'il y aura bien tost de grand vent: & le Casseron saulte dehors, C fuiant le froid & la tourmente du fond de la mer, car entre tous les poissons moulx il a la chair fort tendre & fort molle.

Pourquoy est-ce que le Poulpe change de couleur? Est-ce pourautant que, com- XIX. me dit Theophrastus, c'est vn animal timide de sa nature, au moien dequoy, quand il est trauaillé du vent, il change de couleur, ainsi comme fait l'homme? Voyla pourquoy lon dit en commun prouerbe.

  L'homme coüard souuent de couleur change.

Ou bien y a-il apparence en cela, quant au changement de couleur: mais ce n'est pas cause suffisante pour faire resembler, car il change de couleur, en sorte qu'il resemble aux roches, desquelles il s'approche, suiuant ce que Pindare dit en ce passage,

  Que ton sens souple & maniable
  Soit au poulpe marin semblable,
D   Qui tousiours va couleur changeant,
  Pour hanter auec toute gent.

Et Theognis aussi semblablement en ces vers,

  Ayes le sens du poulpe, lequel teint
  Sa peau d'vn autre & puis d'vn autre teint,
  Prenant tousiours la couleur de la roche
  Laquelle auec ses longs pieds il accroche.

Aussi dit-on, que ceux qui sont excellents trompeurs, fins & cauteleux, ont ceste coustume, que pour se sauuer que lon ne les cognoisse, ils se font semblables au poulpe, & changent de couleur, c'est à dire, de meurs, comme de robbe, en prenant de telles comme ils veulent. Est-il donques point ainsi, que le poulpe donne bien les commencements de ceste mutation de couleur par la peur qu'il a, mais au reste la

principale cause vient d'ailleurs, & non pas de luy? & pource pesez vn peu ce que dit Empedocles,
> Tout ce qui est a ses defluxions.

Car non seulement il sort continuellement des defluxions des pierres, des animaux, des plantes, de la terre & de la mer, mais aussi du cuiure mesme, & du fer: car toute chose fuse, & toute chose rend quelque odeur par vne defluxion qui se fait hors de son corps, & par ce que quelque partie s'en va & s'en deperit, & est à supposer que ces defluxions-là sont des attractions, des insultations, des embrassements, des frappemens, des poussemens, & des enuironnemens: & s'il est vray ailleurs, encore plus vray-semblable est-il, que des pierres & roches qui sont au long de la mer continuellement baignees, & battues des vagues, il s'en aille tousiours quelque loppins & quelques rompures bien deliees, lesquelles ne s'attachent pas aux autres corps, ains coulent alentour de ceux qui ont les pores trop serrez, ou bien passent à trauers ceux qui les ont trop rares & trop ouuerts, mais le poulpe à le veoir seulement a la chair percee & pertuisee, comme vne goffre à miel, propre à receuoir toutes defluxions. Quand doncques il a peur du vent, il serre & estrainct son corps, de maniere qu'il reçoit & conserue, en la superfice de sa peau, les defluxions qui sortent de ce qui est aupres de luy, par ce que les rides de sa peau molle, qui se fronce de peur, font des sillons tortus, propres à recueillir les defluxions des choses voisines qui viennent à donner contre luy, & ne se respandent point çà & là, ains s'amassans sur le cuir en rendent la superfice semblable de couleur. Et que cela en soit la vraye cause, ce en est vn grand signe, que ny le poulpe ne ressemble pas en couleur à tout ce qui est aupres de luy, ny le cameleon à la couleur blanche, ains l'vn & l'autre seulement à ce dont les defluxions sont proportionnees à leurs pores & petits pertuis.

XX. Pourquoy est-ce que les larmes des Sangliers sont douces, & celles des Cerfs salees & de mauuais goust? La chaleur & la froideur en sont cause, par ce que le Cerf est froid de nature, & le sanglier chaud & bouillant, comme feu: c'est pourquoy l'vn fuit, l'autre fait teste, & se defend quand on l'assault: & c'est principalement lors qu'il iette ses larmes, quand la chaleur grande luy monte aux yeux, comme dit Homere,
> Les seies droits, sa hure herissant,
> Les yeux ardents d'aspre feu rougissant,

ce qui est distillé est doux. Aucuns disent que comme le maigue sort du laict, aussi du sang troublé s'espraint la larme, entre lesquels est Empedocles: & pour autant que le sang du sanglier est noir & mordant à cause de sa chaleur, & celuy des Cerfs delié & cueux, il y a raison que ce qui s'escoule au courroux & en la peur de l'vn & de l'autre, soit tel.

XXI. Pourquoy est-ce que les Truyes priuees font des cochons plusieurs fois l'annee, & les vnes en vn temps, les autres en vn autre, là où les Layes sauuages ne font leur marcassins qu'vne fois seulement, & presque toutes en mesmes iours, qui sont au commencement de l'esté, dont lon dit en commun prouerbe,
> Depuis la nuict que la sauuage truye
> A cochonné, il ne fait plus de pluye?

Est-ce point pour la foison de nourriture? car à la verité, de la pance, comme lon dit, vient la danse: & l'abondance d'aliment cause la superfluité de la semence & geniture tant és animaux, comme és plantes. Or les layes sauuages prochassent elles mesmes auec trauail & crainte leur nourriture, là où les Truyes priuees en ont tousiours foison que la nature leur fournit d'elle mesme, ou que l'industrie du porchier leur procure & prepare. Ou bien est-ce point pource que les vnes sont tousiours en oisiueté, & les autres en trauail: d'autant que les priuees sont paresseuses, & ne s'eloignent

Les Questions naturelles. 538

A loignent iamais gueres de leurs porchiers, les autres grauissans tousiours par les montagnes, & courans çà & là, emploient tout ce qu'elles mangent, & le consument en corpulence, & non point en semence? Ou pource que les priuees sont tousiours en trouppe ensemble auec leurs masles, ce qui les eschauffe & leur prouocque l'appetit de se mesler ensemble, comme dit Empedocles des hommes en ces vers,
>Par le regard vient l'amoureux desir
>De se mesler les personnes saisir:

là où aux sauuages, ce qu'ils viuent à part, & ne paissent point ensemble, fait qu'ils n'ont point d'amour l'vn enuers l'autre, & leur emousse la pointe de l'appetit naturel de se mesler. Ou bien est-ce chose veritable ce qu'escrit Aristote, qu'Homere appelle le sanglier Chlounes, qui vaut autant à dire comme n'aiant qu'vn genitoire, par ce que la plus part en se frottant contre les troncs des arbres se les brisent & froissent?

B Pourquoy est-ce que lon dit, que la main de l'Ours est fort douce, & la chair d'i- XXII. celle fort plaisante à manger? C'est pource que les parties qui cuisent & digerent mieux leur nourriture sont plus delicates au goust: or cuisent mieux, & font meilleure digestion les parties qui plus se meuuent, & qui font plus d'exercice, comme l'Ours se meut plus de ceste partie là: car auec ses mains, qui sont les pieds de deuant, il commance à marcher & à courir comme des pieds, & à prendre & saisir comme des mains.

Pourquoy est-ce, qu'en la saison du printemps les chiens ont moins de nez pour XXIII. suiure les bestes à la trace? Est-ce point pourautant que les chiens, comme dit Empedocles,
>Cerchans du nez le giste de la beste,

reçoiuent les fumees & senteurs que les bestes laissent en passant parmy les bois, mais elles sont offusquees & amorties par plusieurs senteurs des arbres & des plantes qui
C florissent alors, lesquelles trauersent & trompent le sentiment des chiens, & les mettent en default, leur faisant perdre la trace de la beste? C'est pourquoy lon dit, qu'en la montaigne d'Ætna en la Sicile personne ne chasse, d'autant que tous les ans à la prime-vere il y croist grande quantité de violettes de montaignes, par les bois & prayeries, tellement que le pays estant tousiours remply de celle soüefue odeur, les chiens en perdent le sentiment des bestes. Et puis on raconte vne fable, que Pluto rauit là Proserpine, ainsi comme elle y cueilloit des fleurs: à raison dequoy les habitans honorans & reuerans le lieu, comme sainct & sacré, ne courent point sus aux bestes qui y paissent.

Pourquoy est-ce, que quand la Lune est au plein, il est malaisé de suiure les bestes XXIIII. à la trace? Est-ce pour la cause susdite, d'autant que la pleine Lune engendre beaucoup de rosee? c'est pourquoy le poëte Alcman appelle la rosee fille de Iupiter & de
D la Lune,
>De Iupiter & de la Lune fille
>Dame Rosee:

Car la rosee n'est autre chose qu'vne foible & debile pluye, aussi est la chaleur de la Lune imbecille, d'où vient qu'elle la tire bien de la terre, comme fait le Soleil, mais ne la pouuant tirer ne monter en haut, elle la laisse à bas sur la superfice de la terre.

Pourquoy est-ce, que quand il fait gelee blanche, malaisément peut on suiure les XXV. bestes à la trace? Est-ce pour autant que l'hyuer les bestes n'esloignēt pas gueres leurs gistes & bauges, à cause du froid, & ainsi ne laissent elles pas beaucoup de marques? c'est pourquoy lon dit qu'elles espargnent ce qui est pres d'elles, de peur qu'elles ne soient contrainctes de prendre beaucoup de peine à aller au loing chercher leur proye & pasture en hyuer, ains qu'elles treuuēt au mauuais temps pres d'elles dequoy se paiftre. Ou c'eft pource qu'il faut non feulement qu'il y ait trace du pied de la beſte, mais auſsi qu'elle eſmeuue le ſentiment du chien : ce que les voyes des beſtes font mieux quand elles ſont vn peu diſſoultes par la chaleur, là où l'air par trop refroidy & eſpeſſy alentour, reſtraint les odeurs, & ne les laiſſe pas couler ny ſe reſpandre au dehors pour eſmouuoir les ſentiments. Voyla pourquoy le vin & les parfums rendent moins d'odeur en hyuer quand il fait grand froid, d'autant que l'air eſpeſſy & pris de froid arreſte les ſenteurs en elles meſmes & ne les laiſſe pas eſpandre au dehors.

XXVI. Pourquoy & comment eſt-ce que les beſtes, quand elles ſont malades, cerchent les remedes qui leur ſont propres, comme les Chiens quand ils veulent vomir & rendre la cholere, mangent de l'herbe au chien : & les Pourceaux vont cerchant des eſcreuiſſes pour en manger, par ce que cela leur ſert contre le mal de teſte : & la Tortuë aiant mangé de la chair d'vn ſerpent va cercher de l'origane, autrement ditte de de la mariolaine baſtarde : & l'Ours quand il eſt degouſté, tire ſa langue hors ſa gueulle & la laiſſe toute couurir de fourmis, & puis les auallant, il ſ'en guarit : & neantmoins de tout cela ils n'en ont experience quelconque, ny ne l'ont point appris par cas d'aduenture ? Eſt-ce doncq point l'odeur qui les eſmeut, comme la ſenteur des goffres à miel excite les abeilles,& les charongnes attirent les Vautours de tout loing, auſſi les eſcreuiſſes appellent les pourceaux, l'origane eſmeut la tortue, & les formilieres l'Ours, par odeurs, & fluxions de ſenteurs qui leur ſont propres, non pour ce que leur ſentiment les eſmeuue par diſcours de raiſon à ce qui leur eſt vtile ? Ou bien eſt-ce point la temperature de leur corps, apportant aux animaux, quand ils ſont malades, & que leurs humeurs ſont alterees des aigreurs ou des douceurs, & autres qualitez eſtranges & non accouſtumees, comme il appert és femmes groſſes,leſquelles mangent quelquefois durant leur groſſeſſe des pierres & de la terre,tellement que les bons medecins cognoiſſent par les appetits de leurs malades ceux qui doiuent mourir ou qui doiuent guarir ? Car à ce propos Mneſiteus recite que ſur le commenment d'vne inflammation de poulmons, vn qui appetoit à manger des aulx guarit,& vn autre qui demandoit des figues mourut : par ce que les appetits ſuiuent les complexions du corps, & les complexions & diſpoſitions viennent des maladies. Il eſt doncq vrayſemblable que les animaux qui ne ſont pas ſaiſis de maladies mortelles ne dont ils doiuent mourir, ont ceſte complexion & diſpoſition en eux, par laquelle ils prennent des appetits qui les meuuent & pouſſent chacun à ce qui luy eſt vtile & profitable pour guarir ſa maladie.

XXVII. Pourquoy eſt-ce que le mouſt demeure long temps doux, ſi le vaiſſeau qui le contient eſt enuironné du froid ? Eſt-ce point pour autant que la mutation de la ſaueur doulce en la vineuſe eſt vne concoction du mouſt, & le froid empeſche celle concoction qui vient de la chaleur? Ou au contraire eſt-ce point pour autant,que la propre ſaueur du raiſin eſt la doulce, & dit on que le raiſin ſe meurit alors qu'il ſe tourne en ſaueur doulce ? Or la froideur ne laiſſant point le mouſt exhaler, ains repouſſant ſa chaleur au dedans, conſerue la douçeur. C'eſt pourquoy ceux qui vendangent par temps de pluye, le mouſt n'en boult pas ſi toſt, d'autant que le bouillir vient de la chaleur, & le froid reſtraint & repouſſe la chaleur.

XXVIII. Pourquoy eſt-ce qu'entre les beſtes ſauuages l'Ours eſt celuy qui le moins dechire & rompt les toilles & pans de rets, là où les loups & les regnards les rongent bien ſouuent? Eſt-ce point pour ce qu'il a les crochets bien auant au dedans de la gueulle, de ſorte qu'il ne peut auenir à mettre les cordes entre ſes dents, d'autant que ſes léures qui ſont grandes & groſſes, ſe mettans entre deux l'empeſchent ? Ou pour ce que aiant plus de force aux mains il les rompt & les dechire auec ſes pattes,ou bien il vſe des pattes & des dents tout enſemble, dechirant les toilles & les rets auec

les

Les Queſtions naturelles. 539

A les pattes, & ſe defendant contre les veneurs auec les dents: mais plus encore luy ſert que nulle autre choſe le veautrer, & pour ce quand il ſe ſent pris dedans les rets, il plonge & ſort par deſſoubs, ſe ſauuant ainſi, ſans qu'il ait beſoin de ſes mains ny de ſes dents pour dechirer les toilles.

Pour qu'elle cauſe eſt-ce que nous ne nous eſbahiſſons point de voir des ſources XXIX. d'eau froide, & des chaudes ſi, combien que la froideur ſoit cauſe de celle-là, comme la chaleur de ceſte-cy? car il ne faut pas dire, comme quelques vns eſtiment, que la chaleur ſoit l'habitude, & la froideur ne ſoit que priuation: pour ce qu'il ſeroit encore plus eſmerueillable, comment ce qui n'eſt point pourroit, eſtre cauſe de ce qui eſt. Mais il ſemble que la nature donne la cauſe de la merueille à la rareté, & cerche lon pourquoy & comment ſe fait ce qui ne ſe fait pas ſouuent,

Ces dernieres queſtions ſont ſi corrompues que l'ō ne ſcait voir y aſſeoir conicture.

Vois-tu ce hault infiny firmament,
Qui en ſon ſein liquide fermement
B De tous coſtez la terre ronde embraſſe?
combien il nous apporte de merueilles à voir la nuict, & combien de beauté il nous monſtre le iour? Le commun des hommes, la nature d'icelles, * les arcs en ciel, les diuerſes teintures des nuees, les eſclairs qui ſe rompent, comme des bouteilles, dont il eſt orné. * *

Pourquoy eſt-ce que quand les vignes & les ieunes plantes ne portent point de XXX. fruict, on appelle cela Tragan, comme qui diroit boucquiner? C'eſt pour ce que les boucs qui ſont par trop gras, ne ſont pas aptes à engendrer, & à peine peuuent-ils de graiſſe ſaillir leurs femelles: car la ſemēce genitale eſt vne ſuperfluité vtile de la nourriture qui ne s'employe pas au corps. Quand doncq vn animal ou vn arbre eſt en bon poinct & gras, c'eſt ſigne que toute ſa nourriture ſe conſume en luy, & qu'il laiſſe bien peu ou du tout point de ſuperfluité.

Pourquoy eſt-ce que la vigne arroſee de vin, meſmement du ſien, ſe deſſeiche & XXXI. C deuient toute aride? Eſt-ce point pourautant que, comme aux grands yurongnes la teſte deuient chauue, à cauſe que le vin par ſa chaleur fait euaporer tout ce qu'il y a d'humeur? Ou bien eſt-ce que la liqueur vineuſe vient de putrefaction, comme dit Empedocles,

Le vin ſe fait de l'eau ſe pourriſſant
Dedans le bois ſoubs l'eſcorce?
Quand doncq la vigne vient à eſtre arroſee de vin par dehors, il y deuient feu, & corrompt la nature de l'humeur qui la deuoit nourrir: ou bien le vin pur aiant nature aſtringente, penetre iuſques aux racines: là où il reſerre les pores & les eſtraint, de maniere qu'il ne permet pas que l'eau & la ſeue dont la vigne a accouſtumé de bouter & bourgeonner, puiſſe penetrer iuſques à la tige du ſep. Ou bien c'eſt pour ce que cela eſt contre nature à la vigne, que ce qui eſt ſorty d'elle, retourne de rechef en elD le, n'eſtant pas poſſible que l'humidité qui ſort d'aucune plante, puiſſe plus retourner à eſtre partie ou nourriture d'icelle.

Tout le reſte eſt perdu.

Yyy

Les Questions Platoniques.

POVRQVOY est ce que Dieu auoit commandé à Socrates d'aider aux autres à enfanter, faisant office de sage femme, & defendu d'engendrer? ainsi comme il est escrit au traitté qui s'intitule Theçtetus: car il ne faut pas penser que ce soit par mocquerie, ne par ieu, qu'il soit dit, pour ce qu'il n'eust pas en tel endroit abusé du nom de Dieu: ioinct encore qu'en ce mesme traitté il attribue plusieurs autres propos haultains & magnifiques à Socrates, comme est cestui-cy entre autres: Plusieurs, dit-il, sont de tel courage enuers moy, qu'ils me mordroient & poindroient volontiers, quand ie leur oste quelque folle opinion, & n'estiment pas que ie le face pour bien que ie leur vueille, se monstrans en cela bien esloignez d'entendre, que nul Dieu ne porte mal vueillance aux hommes, comme aussi ne le fais-je pour aucune mal-vueillance que i'aye enuers eux: mais il ne m'est aucunement loisible ny de conceder la mensonge, ny de dissimuler la verité. Est-ce point doncques qu'il appelle Dieu son naturel, qui estoit fort vif à iuger, & fort fecond à produire & inuenter? ainsi comme fait Menander en ce verset,

C'est vn vray Dieu que nostre entendement: Et Heraclitus,
Le naturel de l'homme est vn Dęmon.

Ou bien si ce fut à la verité quelque cause diuine & celeste, qui suggera & inspira à Socrates ceste sorte de philosophie, par laquelle examinant & enquerant tousiours les autres, il les guarentissoit de toute presumptueuse fumee d'erreur, & de vanité, & d'estre fascheux & odieux à eux mesmes premierement, & puis à ceux de leur compagnie: car de fortune il estoit aduenu que parmy la Grece il y auoit de son temps vne grande volee de Sophistes, ausquels les ieunes hommes payans grosse somme de deniers pour leur salaire, se remplissoient de grande opinion d'eux mesmes, & de vaine persuasion de science, & de desir des lettres, consumans leur temps en disputes & altercations oyseuses, sans rien faire au demourant de beau ny de bon. Socrates doncques aiant le discours & la parole propre à refuter, arguer & conuaincre, comme vne drogue laxatiue pour purger, estoit de tant plus creu en refutant les autres, qu'il ne prononceoit ny n'asseuroit iamais rien de soy, & touchoit de tant plus auant au cœur des escoutans, qu'il sembloit cercher la verité en commun, & non pas espouser ny fauoriser à vne sienne particuliere opinion, par ce que l'engendrer empesche la faculté vtile à iuger, d'autant que l'amant est aueugle alendroit de ce qu'il aime. Or n'y a-il rien que l'on aime tant au monde que les opinions & raisons que l'on a engendrees & inuentees: car la distribution des enfans que l'on dit communément estre tres-iuste, és raisons & opinions est tres-iniuste, pource qu'en celle là chascune prend le sien, en ceste cy il faut prendre la meilleure, encore qu'elle soit d'autruy: & pourtant celuy qui en engendre de propres, en deuient plus mauuais iuge de celles d'autruy. Et comme il eut iadis vn Sophiste qui dit, que les Eliens seroient meilleurs gouuerneurs & iuges des ieux sacrez Olympiques, s'il n'y auoit pas vn Elien qui combatist esdits ieux: aussi celuy qui veut bien presider au iugement de diuerses sentences & opinions, il n'est pas raisonnable que luy-mesme ait enuie de faire couronner la sienne, ne qu'il soit vne des parties contendantes en ce iugement: car les capitaines des Grecs apres la défaite des Barbares, estans assemblez en conseil pour donner leur voix sur l'adiudication des pris & honneurs de proüesse, tous se iugerent eux mesmes les premiers & plus vaillans: & des philosophes il n'y en a pas vn qui ne face tout de mesme, excepté Socrates, & ceux qui luy ressemblent, lesquels confessent

n'auoir

Les Questions Platoniques.   540

A n'auoir ny ne tenir rien de propre: car ceux là sont ceux qui se monstrent seuls iuges entiers de la verité, non corrompus ne fauorables: car ainsi comme l'air qui est dedans les aureilles, s'il n'est ferme & arresté sans aucune voix propre à luy, & qu'il soit plein de son & de bruit, ne peut exactement bien comprendre ce que lon luy dit: aussi ce qui iuge les raisons en la philosophie, s'il y a quelque chose au dedans qui luy resonne, & qui luy retentisse, difficilement pourra il entendre ce que lon luy dira au dehors: car son opinion particuliere, qui luy est domestique & familiere, dequoy que ce soit qu'elle traitte, sera tousiours la philosophie qui aura mieux rencontré la verité, toutes les autres n'auront fait que cuider. D'auantage s'il est ainsi, que l'homme ne puisse rien parfaictement comprendre ny sçauoir, à bonne cause donc luy defendoit Dieu d'engendrer de ces faux germes-là d'opinions mensongeres & inconstantes, & le contraignoit de reprouuer & refuter ceux qui en auoient de telles: car ce n'estoit pas vn petit profit, mais tres-grand, de luy donner vne parole qui sceust
B deliurer les hommes du plus grand mal qui soit, c'est à sçauoir, d'erreur & d'illusion, & vanité de iugement.

  Dieu ne l'a pas donné mesme aux enfans
  D'Asclepius:

car la medecine de Socrates n'estoit pas de guarir les corps, ains de nettoyer & purifier les ames corrompues & pourries. Et à l'opposite aussi, s'il est ainsi que la verité se puisse sçauoir, n'y aiant qu'vne verité, celuy qui l'a apprise de celuy qui ne l'a pas trouuee, n'en a pas moins que celuy mesme qui l'a trouuee, & la prend mieux celuy qui ne s'est point persuadé de l'auoir: car il prend ce qui est le meilleur de tous, ne plus ne moins que celuy qui n'a point engendré d'enfans naturels, en prend le meilleur qu'il peut choisir pour l'adopter. Voyez si toutes autres sortes de lettres ne meritoient à l'aduenture pas qu'il y employast beaucoup d'estude, comme la Poësie, les Mathematiques, l'art d'eloquence, les opinions des Sophistes: pourtant la Diuinité defen-
C dit à Socrates de les engendrer: mais celle que Socrates estimoit seule Sapience, c'est à sçauoir, celle qui concerne Dieu & les choses spirituelles, que luy mesme appelle la Science amoureuse, ce ne sont point les hommes qui l'engendrent ne qui l'inuentent, car ils ne la font que rememorer. Voyla pourquoy Socrates n'enseignoit rien, ains mettant seulement en auant aux ieunes hommes des commancemens, des difficultez, des doubtes, comme des trenchez qui precedent l'enfantement, excitoit, esueilloit & poussoit les intelligences nees auec eux: c'est ce qu'il appelloit l'art d'aider à enfanter, comme font les sages-femmes, laquelle n'apportoit pas de dehors l'entendement & le iugement à ceux qui conferoient auec luy, comme d'autres faisoient à croire, mais leur monstroit celuy qu'ils auoient dedans eux mesmes propre à eux, mais qu'ils nourrissoient confus & imparfaict.

  Pourquoy est-ce qu'il appelle le souuerain Dieu, Pere & facteur de toutes choses? II.
D Est-ce pour ce qu'il est veritablement pere des Dieux qui ont esté engendrez, & des hommes, ainsi qu'Homere le nomme, & facteur des creatures qui n'ont ny raison ny ame? car on n'appelle pas, ce dit Chrysippus, pere du lict de l'enfant au ventre de la mere, celuy qui a fourny de semence, encore que ce lict soit fait de la semence de l'homme. Ou bien est-ce par translation qu'il appelle figurément pere du monde, celuy qui est cause efficiente, suiuant sa façon accoustumee de parler, comme au dialogue intitulé le Banquet, là où il nomme Phedrus pere des propos amoureux, pour ce que ce fut luy qui commancea à mettre en auant les deuis de l'amour: comme aussi au traitté qui est intitulé Callipidas, il appelle semblablement Callipidas pere des propos philosophiques, par ce que plusieurs beaux & bons propos furent tenus de la philosophie, luy en aiant baillé le commancement? Ou bien est-ce, qu'il y ait difference entre pere & facteur, & entre generation & facture? car tout ce qui est

Yyy ij

Les Queſtions Platoniques.

engendré eſt auſſi faict, mais non pas au reuers, tout ce qui eſt faict n'eſt pas engendré & ſemblablement qui a engendré a faict : car generation eſt facture d'vne creature animee : mais d'vn facteur, comme eſt vn maçon, vn tiſſier, vn faiſeur de lyres, ou d'vn ſtatuaire, l'œuure eſt diſtincte & ſeparee de l'ouurier, là où le principe mouuant, & la puiſſance de celuy qui engendre eſt infuſe en celuy qui eſt engendré, & contient ſa nature, eſtant comme vne partie diſtraicte de la ſubſtance de celuy qui a engendré : pour autant doncques que le monde ne reſſemble pas à vn aſſemblage de pluſieurs pieces rapportees & collees enſemble, ains y a vne grande portion de vie animale, & de diuinité, que Dieu y a infonduë & meſlee de ſa propre nature & ſubſtance en la matiere, c'eſt à bon droit qu'il eſt ſurnommé & pere & facteur du monde qui eſt animé. Ce diſcours eſtant fort conforme à l'opinion de Platon, conſiderez vn peu s'il y auroit pas auſſi apparence à ceſtuy-cy : c'eſt que le monde eſtant compoſé de deux parties, à ſçauoir de corps & d'ame : l'vne qui eſt le corps, Dieu ne l'a pas engendré, mais la matiere s'eſtant exhibee, il l'a formee & moulee, en liant & finiſſant de termes & figures propres l'infinité d'icelle : mais l'ame participante d'entendement, de diſcours de raiſon, d'ordre & d'harmonie, n'eſt pas ſeulement œuure de Dieu, mais partie, & n'eſt pas par luy, mais de luy, iſſue de ſa propre ſubſtance. En ſes liures doncques de la choſe publicque, aiant diuiſé l'vniuers, ne plus ne moins que vne ligne en deux ſections inegales, il ſoubs-diuiſe encore chaſque ſection en deux autres, par meſme proportion : car il fait deux genres de toutes choſes, l'vn ſenſible & viſible, & l'autre intelligible, & attribue au genre des intelligibles, en premier degré les premieres formes & Idees, en ſecond degré les Mathematiques : & quant au genre des ſenſibles, il y attribue en premier degré les corps ſolides, & en ſecond lieu, les images & figures d'iceux : & donne à chaſcun de ces quatre membres de ſa diuiſion, ſon propre iuge : pour le premier, l'entendement : pour les Mathematiques, la penſee : pour les corps ſolides, la foy : pour leurs images & figures, la coniecture. A quelle fin doncques & quelle intention a il diuiſé l'vniuers en deux ſections inegales, & laquelle des deux ſections eſt la plus grande, celle des choſes ſenſibles, ou celle des intelligibles ? car quant à luy il ne l'a point declaré, mais ſur le champ il ſemble que la portion des ſenſibles ſoit la plus grande : car la ſubſtance indiuiſible des choſes intelligibles eſtant touſiours d'vne meſme ſorte, & ſur vn meſme ſubiect, eſt reduite à bien peu, qui eſt pur & net, là où l'autre eſtant eſpanduë & vague ſur les corps, a fait la ſection des ſenſibles. D'auantage le propre de l'incorporel, eſt d'eſtre terminé, & le corps quant à ſa matiere, eſt infiny & interminé, & ſe fait ſenſible, quãd par participation de l'intelligible il vient à eſtre terminé. Outre, ainſi comme des choſes ſenſibles chaſcune a pluſieurs images, pluſieurs vmbres, & pluſieurs figures, & generalement d'vn ſeul patron il ſe peut tirer pluſieurs copies & pluſieurs exemplaires, imitez tant par art que par nature, auſſi eſt il force que les choſes qui ſont icy ſenſibles, ſoient en plus grand nombre que celles qui ſont là ſus intelligibles, ſelon l'opinion de Platon, ſuppoſant que les choſes ſenſibles ſoiẽt comme images & exemplaires des originaux des Idees intelligibles. Qui plus eſt, l'intelligence des Idees & eſpeces par abſtraction & circonciſion du corps, les reduit au reng des Mathematiques, montant de l'Arithmetique ou ſcience des nombres, à la Geometrie, qui eſt la ſcience des meſures, & puis apres à l'Aſtrologie, qui eſt la ſcience des eſtoilles, & puis par deſſus toutes les autres mettant l'Harmonique, qui eſt la ſcience des ſons & accords : car le ſubiect de Geometrie ſe fait, quand à la quantité en general s'adiouſte magnitude de longueur & largeur : & de la Stereometrie, qui eſt la ſcience de meſurer les corps ſolides, quand à la magnitude de longueur & largeur s'adiouſte la profondeur : & le propre ſubiect de l'Aſtrologie, quand à la magnitude ſolide s'adiouſte mouuement : & le ſubiect de l'harmonique ou muſique, quand aux corps mouuans s'adiouſte le

ſon &

Les Questions Platoniques. 541

son & la voix : doncques en foubstraiant & retirant la voix des corps mouuans, & le mouuement des solides, la profondeur des superfices, & la magnitude des quantitez, nous nous trouuerons és Idees intelligibles, lesquelles n'ont aucune difference entre elles, quant à l'vn & le seul, par ce que l'vnité ne fait point de nombre, si elle ne vient à toucher au deux indefiny : mais produisant ainsi le nombre, elle va aux poincts, & puis des poincts aux lignes, des lignes aux superfices, des superfices aux profondeurs, & des profondeurs aux corps, & puis aux qualitez des corps qui se font és alterations. D'auantage des choses intellectuelles il n'y a qu'vn iuge, qui est l'entendement : car la pensee ce n'est autre chose que l'entendement appliqué aux Mathematiques, esquelles les choses intellectuelles apparoissent ne plus ne moins que dedans des miroüers, là où pour la cognoissance des corps, à cause du grand nombre qu'il y en a, nature nous a donné cinq puissances & cinq diuers sentimés pour les iuger, encore ne peuuent ils pas suffire à les descouurir tous, ains y en a beaucoup qui pour leur petitesse fuyent nos sens, comme estant vn chascun de nous composé de l'ame & du corps : c'est bien petite chose que l'esprit & l'entendemét qui est caché en vne grande & grosse masse de chair : ainsi est-il vraysemblable qu'il y a mesme proportion dedans tout l'vniuers, entre les choses sensibles & les intellectuelles : car les intellectuelles sont commancement des corporelles : or ce qui procede du commancemét est tousiours plus en nombre & plus grand, que n'est le commancement. Mais au contraire pourroit on aussi dire, Premierement, que en comparant les choses sensibles & corporelles aux intellectuelles, nous egalons aucunement les mortelles aux diuines, car Dieu est entre les choses intellectuelles. Et puis, par tout le contenu est tousiours moindre que n'est le contenant : or la nature de l'vniuers dedans l'intellectuel comprend le sensible, car Dieu aiant mis l'ame au milieu, l'a estendue par tout le dedans, & encore par dehors a caché & enueloppé tous les corps d'icelle : or est l'ame inuisible & imperceptible à tous les sentimens naturels, ainsi comme il est escrit aux liures des Loix : & pourtant est vn chascun de nous corruptible, & le monde ne se corrompra point, pource qu'en chascun de nous ce qui est de façon mortelle & subiect à dissolution, contient en soy au dedans la force & puissance viuifiante : mais au monde c'est tout au contraire, car la principale puissance & nature qui est tousiours en vne sorte immuable, conserue la partie corporelle qu'elle contient & embrasse au dedans de soy. Et puis, en la nature corporelle l'indiuidu & impartissable s'appelle pour sa petitesse, ce qui est si petit qu'il ne se peut diuiser : mais en la nature incorporelle & spirituelle, c'est pour sa simplicité, syncerité & pureté, laquelle est exempte de toute multiplicité & toute diuersité : & autrement encore est-ce simplesse & sottise de vouloir coniecturer les choses incorporelles par les corporelles. Or est-il que l'instant ou le maintenant s'appelle indiuisible & impartissable, & toutefois il est ensemble par tout, & n'y a partie de la terre habitable qui soit sans luy, ains toutes les passions, toutes les actions, toutes les corruptions & generations qui sont par le monde, sont toutes comprises en ce maintenant : & l'instrument seul de iuger les choses intellectuelles est l'entendement, ne plus ne moins que la veuë de la lumiere, pour sa simplicité vniforme, & par tout ressemblant à soy mesme, mais les corps aians plusieurs diuersitez & plusieurs differences, aussi se comprennent ils par diuers instrumens à iuger. Mais il y en a qui desestimét & raualent comme trop petite, à tort, la puissance intellectuelle & spirituelle qui est en nous : car au contraire elle est belle & grande, comprenant tout ce qui est sensible, & attaignant iusques aux Dieux. Et qui plus est, luy mesme en son liure intitulé le Banquet, enseignant comment il faut vser de l'amour, en retirant l'ame de l'affection des beautez corporelles, & l'appliquant à celles qui sont intellectuelles, il nous enhorte de ne nous asseruir ny assuiettir point à la beauté ny d'vn corps, ny d'vne estude, ny d'vne sciéce, ains en nous esleuant à mont de ceste bassesse,

Yyy iij

Les Questions Platoniques.

nous tourner & conuertir à la grande & vaste mer de beauté.

III. Pourquoy est-ce que, veu qu'il afferme tousiours que l'ame est plus ancienne que le corps, qu'elle est cause de la generation d'iceluy & son principe? à l'opposite il dit que l'ame n'eust pas esté sans le corps, ny l'entendement sans l'ame, & qu'il faut que l'ame soit dedans le corps, & l'entendement en l'ame : car il semble qu'il y ait contradiction en cela, & que le corps soit & non soit, s'il est vray qu'il soit ensemble auec l'ame, & neantmoins qu'il soit engendré par l'ame. Est-ce point pour ce que ce que nous disons souuent est vray, que l'ame sans entendement, & le corps sans forme, ont tousiours esté ensemble, & ny l'vn ny l'autre n'a eu commancement d'estre, ny principe de generation : mais quand l'ame vint à auoir participation d'entendement & d'harmonie, & qu'elle deuint sage par consonance, elle fut cause de mutation en la matiere, & estant plus forte en ses mouuemens, elle attira & conuertit à soy les mouuemens d'icelle? Voyla comment le corps du monde a eu sa generation de l'ame, par laquelle il fut formé, & fait semblable : car l'ame d'elle mesme ne produisit pas la nature du corps, ny ne le crea pas de rien, ains d'vn corps desordonné & sans forme quelconque, elle en feit vn bien ordonné & bien obeissant, comme qui diroit que la force de la graine est tousiours auec le corps, mais neantmoins que le corps du figuier ou de l'oliuier est né de la graine, il ne dira rien qui soit desaccordant, car le corps mesme estant esmeu & alteré par la graine, est né & germé tel : aussi la matiere sans forme, & indeterminee, aiant esté figuree par l'ame, qui estoit dedans a eu telle forme & telle disposition.

IIII. Pourquoy est-ce que y aiant des figures & des corps composez, aucuns de lignes droittes & autres de lignes circulaires, il a pris le triangle à deux costez egaux, & celuy à trois inegaux pour le fondement & commancement de ceux qui sont composez de droittes lignes? desquels le triangle à deux iambes egales compose le corps quarré, qui est l'element & principe de la terre, & le triangle à trois costez inegaux compose la Pyramide : & l'Octaëdre, le corps à huict faces, & le Icosaëdre, le corps à vingt faces, l'vn principe du feu, & l'autre de l'air, & l'autre de l'eau : & neantmoins il omet du tout les corps & figures circulaires, combien qu'il ait fait mention du rond comme vne boule, quand il dit que chascune des figures cy dessus nombrees, est apte à diuiser vn corps rond comme vne boule, en parties egales. Est-ce comme aucuns soupçonnent, pour ce qu'il attribuoit le Dodecaëdre, corps à douze faces, à la boule, en disant que Dieu s'estoit seruy de ceste forme & figure là, en la composition du monde? car pour la multitude de ses elemens constituans, & par ce que ses angles sont plus mousses, il s'esloigne plus de la droitte ligne, & se courbant facilement, & s'estendant alentour, comme les Spheres que l'on compose de douze cuirs, il approche plus du rond, & en est de tant plus capable : car il a vingt angles solides, chascun desquels est enuironné & contenu de trois angles plats mousses, estant chascun composé d'vn droict, & d'vne cinquiéme partie du droict : outre cela il est composé & constitué de douze Pentagones, corps à cinq faces, aians les angles & les costez egaux, desquels chacun est composé de trente, les premiers triangles à costez inegaux : à raison dequoy il semble qu'il ensuit le nombre des degrez du Zodiaque, & le nombre des iours de l'an en la distribution de ses parties constituantes, qui sont egales en nombre. Ou bien est-ce que par nature le droict precede le rond? ou pour mieux dire, il semble que le rond soit vne passion & qualité du droict : car on dit que le droict se courbe, & le cercle se descrit par le centre & la distance qu'il y a iusques à la circonference, qui est le lieu de la droitte ligne, par laquelle il est mesuré : car la circonference est de tous costez egalement distante du centre, & puis le Conus, qui est la pyramide ronde, & le Cylindre, qui est comme vne coulonne ronde, sont composez de figures à lignes droictes, l'vn par

vn trian-

Les Questions Platoniques. 542

A vn triangle, dont l'vn des coſtez demeure ferme, & l'autre auec la baſe tourne tout à l'enuiron, & le Cylindre par vne figure plus longue que large, à angles droicts, dont l'vn des coſtez demeure, & l'autre tourne de meſme. Dauantage ce qui eſt le moindre, eſt le plus pres du commancement : or la moindre & la plus ſimple de toutes les lignes eſt la droicte, car de la ronde le dedans eſt courbe, & le dehors boſſu. Outreplus, les nombres ſont deuant les figures : car l'vnité reſſemble au poinct, parce que c'eſt vn poinct en ſituation, & poſition : or eſt-il que l'vnité eſt triangulaire, parce que tout nombre triangulaire par huict fois repeté, y adiouſtant l'vnité, deuient quarré, & cela aduient auſſi à l'vnité : par ainſi, le triangle eſt deuant le cercle : & cela eſtant ainſi, adonc la ligne droicte va deuant la courbe. Dauantage, l'element ne ſe diuiſe iamais en ce qui eſt compoſé de luy, ains au contraire toute autre choſe ſe diuiſe & ſe reſout en ſes elemens dont elle eſt compoſee. Si donceques le triangle ne ſe reſout en rien qui ſoit courbe, & au contraire les deux diametres s'entrecroiſans

B partiſſent le cercle en quatre triangles, c'eſt donceques à dire, que la figure à droicte ligne va deuant celles qui ſont circulaires. Qu'il ſoit ainſi que la droicte ligne precede, & que la courbe ſuyue apres, Platon luy-meſme l'a demonſtré, en diſant que la terre eſt compoſee de pluſieurs corps quarrez, dont vn chaſcun eſt clos & contenu de ſuperfices plattes à lignes droictes, en maniere diſpoſees, que tout le corps & toute la maſſe de la terre ſemble eſtre ronde & de forme de boule, tellement qu'il n'eſt point de beſoing de faire aucuns des elemens dont le corps de la terre ſoit conſtitué rond, ſil eſt ainſi que de corps à droictes lignes, conioincts & appliquez les vns aux autres en certaine ſorte, ceſte forme ſe ſoit produicte. Dauantage la droicte ligne, ſoit petite, ſoit grande, garde touſiours vne meſme droicture, là où au contraire nous voyons les circonferences des cercles, ſi elles ſont petites, eſtre plus courbes, plus ſerrees, & plus eſtranglees : & au contraire, ſi elles ſont grandes, eſtre plus laxes & plus eſtenduës, tellement que qui dreſſe les cercles tout debout ſur leur partie boſſue

C deſſus vne ſuperfice platte, ſils ſont petits, ils n'y touchent que d'vn ſeul poinct, ſils ſont grands, d'vne ligne : tellement que lon pourroit de là coniecturer, que pluſieurs petites lignes droictes, ioinctes les vnes aux autres queuë à queuë, en certaine ſituation, feroient la circonference du cercle : mais à l'aduenture n'y a-il par deçà ny cercle ny boule, qui ſoit en ſa forme exquiſement & exactement parfaict : & en l'extenſion des droictes lignes & ſuperfices tout à l'entour, pour la petiteſſe des parties on n'apperçoit point la difference, ains nous en ſemble la figure circulaire & ronde : auſſi n'y a-il corps icy qui ſe meuue naturellement de mouuement circulaire, ains ſe meuuent tous ſelon ligne droicte : auſſi le parfaictemēt rond n'eſt point element de corps ſenſible, ains de l'ame & de l'entendement, auſquels auſſi il attribue le mouuement circulaire, comme leur appartenant par nature.

Pourquoy eſt-ce qu'il dict au liure intitulé Phędrus, que la nature de l'aile, dont ce V.
D qui eſt graue & peſant ſe leue contre-mont, participe grandement du corps de Dieu? Eſt-ce pource que là il parle de l'amour lequel eſt de beauté corporelle, & ceſte beauté pour la ſimilitude qu'elle a auec la diuinité émeut l'ame, & la fait rememorer? Ou bien pluſtoſt il le faut prendre ſimplement, ſans curieuſement recercher rien plus outre, que l'ame eſtant dedans le corps a pluſieurs facultez & puiſſances, dont celle du diſcours de la raiſon & de l'entendement participe de la diuinité, laquelle il a non improprement ny impertinemmēt appellee aile, pource qu'elle éleue l'ame des choſes baſſes & mortelles à la conſideration des celeſtes & diuines.

Comment & pourquoy eſt-ce que Platon dict, que l'Antiperiſtaſe, c'eſt à dire la VI.
circonſtance contraire de mouuement à l'entour des corps (d'autāt qu'il n'y a rien de vuide en nature) eſt cauſe des effects qui ſe font és ventoſes des medecins, en auallant la viande, en iettant de gros & peſans fardeaux, és fluxions des eaux, és cheutes des

Yyy iiij

Les Quëstions Platoniques.

foudres, en l'attraction que fait l'ambre, & la pierre de l'aimant, & en la consonance & accord des voix? car il semble qu'il n'y ait point de propos, d'attribuer vne mesme & seule cause à tant d'effects, si diuers, & si differents de genre : car encore, quant à la respiration des animaux, qu'elle se face par ceste mutuelle pulsion de l'air, il l'a suffisamment declaré : mais des autres effects qui semblent estre des miracles en nature, & ne sont rien, ce dict-il, parce que ce ne sont que les corps qui s'entrepoulsent les vns les autres à l'enuiron, & passent reciproquement és places les vns des autres, il nous a laissé à declarer comment cela se faict particulierement en chascun exemple.

Pour le premier doncques, quant à la ventose, voicy comment il en va. L'air qui est compris au dedans de la ventose, ioignant la chair, estant par la chaleur enflammé, & deuenant plus delié & plus subtil, que ne sont les petits pertuis & pores du cuiure dont est faicte la ventose, en sort dehors, non pas en vn lieu vague ne vuide, car il n'y en a point, mais en l'autre air qui est tout alentour de la ventose, par dehors, & le pousse, & celuy-là en pousse vn autre deuant luy : & ainsi de main en main, l'vn cedant, & l'autre poulsant, & se mettant au lieu vacant que le premier a laissé : ainsi reuenant à toucher alentour de la chair que la ventose a empoignee, & la boüillant, il en tire, espraint, & faict sortir l'humeur qui y est au dedans de la ventose. L'aualler de la viande se fait aussi tout de mesme : car les creux & cauitez, tant de la bouche que de l'estomach, sont tousiours pleines d'air : quand donc la viande est poulsee au dedans du canal de la gorge, tant par la langue que par les glandules & muscles du gosier qui s'estendent, l'air estant pressé & espraint par la viande, la suit de pres à mesure qu'elle cede, & ayde à la pousser à bas. Semblablement aussi les pesants fardeaux que lon iette, comme grosses pierres, & autres telles choses, fendent l'air en sortant auec l'impetuosité du coup qu'on leur baille, & le mespartissant, & luy coulant alentour, selon son naturel, qui est de poursuyure la place delaissee, & la remplir, le vuide suit apres la masse lancee, & luy haste encore dauantage son mouuement. Les cheutes aussi de la foudre ressemblent ne plus ne moins aux lancements des fardeaux, car elle saute enflammee hors de la nuë par la violence du coup en l'air, lequel ouuert & rompu luy cede, & puis se reioignant ensemble au dessus, la pousse en bas contre sa nature, par force. Quant à l'ambre, il ne faut pas penser qu'il attire rien de ce qu'on luy presente, non plus que faict la pierre de l'aimant, ne pareillement que rien qui en approche luy saute sus de luy mesme : mais quant à la pierre, elle iette hors de soy ne sçay quelles fluxions grosses, pesantes & flatueuses, par lesquelles l'air contigu venant à estre entre-ouuert, pousse celuy qui est deuant luy, & celuy-là tournant alentour, & rentrant en la place vuidee, force le fer, & le pousse deuant soy : & quant à l'ambre, il a bien ne sçay quoy de flambant & d'esprit flatueux, qu'il iette dehors quand on le frotte par dessus, parce que ses pores & petits pertuis s'ouurent : ce qui en sortant fait le mesme effect que la pierre de l'aimant, & attire ce qui est aupres de luy, le plus leger & le plus sec, pource qu'il est plus gresle & plus debile : car il n'est pas assez fort, ny n'a pois, ny violence, pour pouuoir pousser & chasser vne grande quantité d'air, auec lequel il puisse venir à bout des plus grandes choses. Mais comment donc est-ce que cest air ne pousse ny le bois ny la pierre, ains seulement le fer, & l'amene à la pierre? Ceste doubte & difficulté est commune à ceux qui cuident que cest assemblement de ces deux corps se face ou par attraction de la pierre, ou par naturel mouuement du fer. Or le fer n'est ny trop rare, comme est le bois, ny trop serré, comme l'or ou la pierre, ains a de petits trous, de petites voyes, & des asperitez raboteuses à cause de ces inégalitez, bien proportionnees & sortables à l'air, tellement qu'il ne coule pas si aisément par dessus, ains a des arrests & des prises, où il se peut affermir, & prendre pied assez raisonnablement pour pouuoir pousser en auant & forcer le fer, iusques à ce qu'il aille baiser la pierre. Voyla les causes & raisons que lon

pourroit

Les Queſtions Platoniques. 543

A pourroit rendre de ces effects là. Mais le coulement des eaux ſur la terre, par quelle maniere de pouſſement il ſe faict, il n'eſt pas ſi facile à apperceuoir, ny à declarer: & faut entendre que és eaux des lacs qui ne bougent, & demeurẽt touſiours en vn lieu, c'eſt pource que l'air eſpandu alentour, & les eſtraignant de tous coſtez, ne ſe mouuant point, ne leur laiſſe place aucune vuide. Par ainſi le deſſus de l'eau, tant és lacs, comme en la pleine mer, ſe remuë & ſe courbe de vagues, ſelon que l'air eſt agité, parce que l'eau ſuit incontinent le remuement de l'air, & flue quand & luy, pour ſes inégalitez: car le coup donné au bas faict le creux de la vague, & celuy d'enhaut faict la tumeur & enfleure d'icelle, iuſques à ce que toute la place qui contient l'humeur de l'eau, ſoit toute quoye & raſſiſe, alors la vague ceſſe, & l'eau ſe raſſiet auſſi. Les fluxions doncques des eaux qui courent touſiours, ſe font parce que les eaux ſuyuent touſjours & vont apres l'air qui leur cede, eſtans chaſſees par celles qui les pouſſent derriere, & ainſi ſe faict vn coulement perpetuel & continuel, qui ne ceſſe iamais: c'eſt

B pourquoy les riuieres, quand elles ſont groſſes à plein chantier, elles courent plus roide: mais au contraire, quand il y a peu d'eau, elles vont auſſi plus lentement, l'air ne leur cedant pas, pource qu'elles ſont trop foibles, & qu'elles n'ont pas beaucoup de contraires circonſtances qui les preſſent, ne qui les chaſſent. Ainſi eſt-il force que les ſources des fontaines ſortent ſur la terre, parce que l'air de dehors entrant ſubtilement és places vuides aux creux de la terre, en chaſſe l'eau dehors. Le paué d'vne maiſon fort obſcure, contenant vn air eſtouffé, ſans qu'il y entre ny vent ny haleine, ſi on reſpand de l'eau deſſus, engendre du vent & de l'eſprit, eſtant l'air debouté de ſon lieu par l'eau qui y tombe, & en eſtant frappé & battu, ainſi comme leur propre naturel eſt de s'entre-pouſſer & de s'entre-ceder l'vn à l'autre, n'y ayant point de place vuide, en laquelle l'vn eſtant colloqué ne puiſſe eſtre ſubiect à ſe reſſentir de la mutation & alteration de l'autre. Et quant à la conſonance de l'harmonie, luy meſme a declaré comment c'eſt que s'accordent les ſons: car le viſte & leger eſt haut & aigu, &

C le tardif & lent eſt bas & gros: & pourtant les aigus frappét les premiers le ſentiment de l'oüye: mais quand eux ja languiſſans & finiſſans, les tardifs commancent à leur ſucceder, la meſlange des deux, pour la conformité donne plaiſir & volupté à l'oreille, laquelle ſe nomme conſonance & accord, dequoy l'air eſt l'inſtrument, ainſi comme il eſt facile à voir par ce que nous auons deſia dict: car la voix eſt le battement de ce qui ſent par les oreilles, battu de l'air, à cauſe que l'air eſtant battu par ce qui le remue, bat auſſi le ſentiment de l'oüye, s'il eſt vehement, aiguëment: s'il eſt mouſſe, mollement. Or celuy qui eſt battu auec vehemence & roidement, c'eſt celuy qui arriue le premier à l'oüye, mais puis apres tournant alentour, & venant à trouuer le tardif & lent, il ſuit & accompagne le ſentiment.

 Comment eſt-ce que Timęus dit que les ames ſont ſemees parmy la terre, parmy VII.
la Lune, & parmy les autres inſtruments du temps? Eſt-ce pource qu'il auoit opinion
D que la terre ſe remuoit auſſi bien comme le Soleil & la Lune, & les autres cinq planettes, qu'il appelle inſtruments du temps, à cauſe de leurs conuerſions: & tenoit qu'il ne falloit pas imaginer ne fabriquer la terre, comme ſi elle fuſt ferme & immobile ſur l'aixieu qui paſſe à trauers tout l'vniuers, ains l'imaginer mouuante & tournante alentour, comme depuis Ariſtarchus & Seleucus l'ont demonſtré, l'vn en le ſuppoſant ſeulement, & l'autre l'affermant à certes: outre ce que Theophraſtus eſcrit que Platon ſur ſa vieilleſſe ſe repentit d'auoir donné à la terre le milieu du monde, place qui ne luy eſtoit pas conuenable? Ou bien (pource que cela eſt directemẽt contraire à pluſieurs opinions que ce perſonnage ſans doubte a tenuës) s'il faut changer l'eſcripture, & mettre le datif au lieu du genitif, & entendant par les inſtrumentş du temps, non les aſtres ny les eſtoilles, mais les corps des animaux: ainſi cõme Ariſtote a definy l'ame, eſtre l'acte continuel du corps naturel inſtrumental, en puiſſance ayant

Les Questions Platoniques.

vie, tellement que la sentence de ce passage là soit, Les ames par le temps ont esté semees en des corps organiques, c'est à dire se seruans d'vtils à elles conuenables. Mais cela encore est contre son opinion, parce que non en vn lieu seulement, ains en plusieurs, il a appellé les estoilles instruments du temps, veu qu'il afferme que le Soleil mesme a esté fait pour la distinction & garde du nombre des temps, auec les autres planettes. Le meilleur doncques est entendre que la terre soit instrument du temps, non pource qu'elle soit mouuante, comme les estoilles, mais pource qu'elle demourant tousiours ferme en soy, elle donne aux astres qui se meuuent alentour d'elle, le leuer & le coucher, par lesquels sont limitez le iour & la nuict qui sont les premieres mesures des temps: & pourtant l'a-il luy mesme appellee gardienne & ouuriere veritablement du iour & de la nuict. Qu'il soit ainsi, les aiguilles des Horologes ne se remuans pas auec les vmbres, ains demourans fermes, sont instruments & mesures du temps, representans l'obstacle de la terre, qui est au deuant du Soleil se mouuant alentour d'elle, ainsi comme a dict Empedocles,

    La terre faict la nuict en s'opposant
    Aux clairs rayons du Soleil reluisant.

Voyla l'interpretation que lon y peut donner. Mais à l'aduenture pourroit-on trouuer cela estrange & hors de raison, de dire que le Soleil, la Lune & les Planettes ayent esté faits pour distinguer le temps, car d'ailleurs la dignité du Soleil est grande, & Platon mesmes en ses liures de la R.P. l'appelle le Roy & le maistre de tout ce monde sensible & corporel, comme le Bien est seigneur & maistre du monde intelligible & spirituel, & est le Soleil extraict de luy, donnât aux choses visibles non seulement le paroistre, mais aussi le subsister & l'estre, ne plus ne moins que le Bien donne aux choses intelligibles & l'estre, & qu'on les cognoisse. Or qu'vn Dieu ayant telle & si grande puissance, soit vn instrument du temps, & mesure euidente de la difference qu'il y a de vistesse ou de tardité entre les huict Spheres des cieux, cela ne leur semble pas fort conuenable ny autrement raisonnable. Il faut doncques dire que ceux qui se troublent pour ces considerations là, se trompent par ignorance, cuidans que le temps soit, ainsi que l'a definy Aristote, la mesure du mouuement, & le nombre selon deuant & apres, ou bien la quantité en mouuement, ainsi que l'a definy Speusippus, ou bien distance de mouuement, & non autre chose, ainsi que les Stoïques le descriuent en definissans vn sien accident, & n'entendans pas sa substance, laquelle il semble que le Poëte Pindare n'ait pas mal soufpeçonnee, quand il dict,

    Le Temps, qui de son estre vieux
    Surpasse tous les autres Dieux:

& Pythagoras aussi, lequel enquis que c'estoit que le Temps, respondit: C'est l'ame du ciel: car le temps n'est point vn accident ny vne passion d'aucun mouuement, quel qu'il soit, ains est la cause, la puissance & le principe de la proportion & de l'ordre qui contient toutes choses, selon laquelle la nature du monde & de l'vniuers, qui est amee, se meut: ou pluftost celle mesme proportion & ordre se mouuant, est ce qui s'appelle le temps,   Qui cheminant sans faire bruict,
    A son poinct iustement conduict
    Toute chose qui est mortelle,   Car selon quelques anciens la substance de l'ame est vn nombre se mouuant soy mesme. C'est pourquoy Platon a dict que le temps estoit né quand & le ciel, mais que le mouuement estoit deuant le ciel, lors qu'il n'y auoit point de temps, pource qu'il n'y auoit ny ordre ny mesure quelconque, ny distinction, ains vn mouuement indeterminé, comme vne matiere du temps sans forme ne figure quelconque: mais depuis que la nature eut vne fois ietté en couleur & enfermé la matiere de formes & figures, & le mouuement de reuolutions, elle feit tout ensemble, l'vne le monde, & l'autre le temps, qui sont

tous

Les Questions Platoniques. 544

A tous deux images de Dieu, c'eſt à ſçauoir de ſa ſubſtance le monde, de ſon eternité le temps: car Dieu en ce qu'il ſe meut, eſt le temps: en ce qu'il ſubſiſte, eſt le monde. Voyla pourquoy il dict, qu'eſtans venus en eſtre tous deux enſemble, tous deux auſſi ſeront-ils diſſolus enſemble, ſi iamais il y aduient diſſolution: car ce qui eſt engendré ne peut eſtre ſans temps, comme ne ce qui eſt intelligible ſans eternité, ſi l'vn a à demourer touſiours, & l'autre à ne ſe diſſoudre iamais, depuis qu'vne fois il a eſté compoſé. Ainſi donc que le temps ayant vne neceſſaire liaiſon & entrelaſſement auec le ciel, n'eſt pas ſimplement vn mouuement, ains comme nous auons dict, vn mouuement ordonné par ordre, qui a ſa meſure, ſes fins & ſes bornes, & reuolutions, deſquelles le Soleil eſtant le ſurintendant, le gouuerneur & directeur pour les limiter & diriger, & pour monſtrer & quotter les mutations, & ſaiſons de l'annee, leſquelles produiſent toutes choſes, comme dict Heraclitus, il faut confeſſer qu'il ayde au premier & prince des Dieux, en choſes qui ne ſont pas petites, ne friuoles ou legeres, ains tres-grandes, & de principale conſequence.

B Platon en ſes liures de la choſe publique a treſbien accomparé les trois puiſſances VIII. de l'ame, à ſçauoir la raiſonnable, la concupiſcible, & l'iraſcible, à l'accord & harmonie d'vne octaue, ayant vne quinte au milieu, dont la haute & aigue note s'appelle Nete, la moyenne, Meſe, & la baſſe s'appelle Hypate. Or quant à la ſituation & diſpoſition des parties du corps, où telles puiſſances de l'ame ont leurs ſieges, la partie courageuſe & iraſcible eſt aſſiſe au milieu: & la raiſonnable, qui eſt le diſcours de la raiſon, tient le lieu de l'Hypate, pource que les anciens appelloient ce qui eſt au deſſus & le premier, Hypaton: ſuyuant quoy Xenocrates appelle Iupiter l'air, qui eſt touſiours vn, & touſiours de meſme ſorte, Hypatos, & celuy qui eſt au deſſoubs de la Lune, Neatos: & deuant luy Homere a appellé le Dieu ſouuerain, prince des princes, Hypaton Criontωn, qui vaut autant à dire, comme le ſupréme ou le ſouuerain des regnants. Et à bon droict la nature a donné à la partie qui eſt la meilleure, la plus hau-

C te place, ayant logé le diſcours de la raiſon, comme le gouuerneur, dedans la teſte: & a reculé bien loing de là, aux plus baſſes & inferieures marches, la partie concupiſcible: car la ſituation d'à bas s'appelle Neate, comme le donnent à entendre les appellations & noms des morts, que lon appelle Nerteros & Eneros: & pour ceſte meſme raiſon y en a qui diſent que le vent qui ſouffle de deſſoubs la terre des lieux qui ne nous paroiſſent pas, s'appelle Notos. Comme ainſi ſoit donc que la partie concupiſcible à la raiſonnable a la meſme contrarieté qu'il y a du premier au dernier, & du haut au bas, il n'eſt poſſible que la raiſon ſoit la plus haute, & la premiere, & qu'elle ne ſoit point l'Hypate, ains que ce ſoit vne autre: car ceux qui luy baillent, comme à la principale puiſſance, celle de la moyenne, ils ne ſe prennent pas garde qu'ils luy oſtent celle qui eſt encore plus principale, c'eſt celle de l'Hypate, laquelle ne peut conuenir ny à l'ire ny à la cupidité: car l'vne & l'autre eſt nee & faicte pour ſuyure & eſtre commandee,

D & non pas pour commander ny pour preceder la raiſon. Dauantage encore ſembleroit-il que pluſtoſt l'ire deuroit auoir la place du milieu par nature, attendu que naturellement le commander conuient à la raiſon, & à l'ire le commander & eſtre commandé, eſtant ſubiecte d'vn coſté au diſcours de la raiſon, & commandant de l'autre à la cupidité, & la puniſſant quand elle eſt deſobeyſſante à la raiſon. Et comme entre les lettres, celles que lon appelle demy-voyelles ſont moyennes entre les muettes & les voyelles, d'autant qu'elles ont plus de ſon que celles là, & moins que celles cy: auſſi en l'ame de l'homme l'ire n'eſt pas ſimplement paſſionnee, ains y a bien ſouuent vne apparence du deuoir meſlee auec l'appetit de vengeance. Et Platon luy meſme comparant toute la ſubſtance de l'ame à vn attelage de deux cheuaux freres conduits par vn chartier qui les mene, il entend par le chartier, cõme il eſt tout notoire à vn chaſcũ, le diſcours de la raiſon, & des deux cheuaux: celuy des cupiditez & voluptez eſt re-

Les Questions Platoniques.

bours, farouche, & indomtable du tout, ayant les aureilles veluës, à peine obeyssant au fouët, ny à l'esperon, là où celuy de l'ire pour la plus part est obeyssant à la bride de la raison, & luy seruant. Comme doncques en vn attelage de deux cheuaux, le chartier n'est pas en vertu & puissance le milieu, mais l'vn des cheuaux qui est pire que le chartier, & meilleur que son compagnon, auec lequel il est attelé, aussi n'a-il pas attribué la place du milieu à la partie qui domine en l'ame, mais à celle où il y a moins de raison, & plus de passion qu'en la premiere, & plus de raison & moins de passion qu'en la troisiéme: car cest ordre & disposition obserue la proportion qui est entre les accords de la partie irascible à la raisonnable, comme à la haute note, vne quarte d'interualle, & à la concupiscible, comme à la note basse, vne quinte, & de la raisonnable à la concupiscible, qui est comme de la note basse à la haute, vne octaue: là où si nous tirons la raison au milieu, l'ire sera la plus esloignee de la cupidité, laquelle neantmoins aucuns des philosophes ont tenu estre vne & mesme chose, pour la similitude grande qu'il y a entre elles. Ou bien c'est vne mocquerie que d'attribuer à l'assiette, le premier, le milieu, & le dernier, veu que nous voyons qu'en la lyre la note Hypate tient le premier & le plus haut lieu, & és fleutes elle tient le plus bas & le dernier: dauantage la moyenne en quelque endroit de la lyre qu'on l'accommode, on voit qu'elle sonne tousiours vn mesme son, plus aigu que l'Hypate, & plus bas que la Nete: car l'œil mesme n'a pas en tout animal mesme situation, mais en tout animal, & en quelque lieu qu'il soit posé selon nature, il est tousiours faict & ordonné pour voir. Comme doncques le pedagogue qui va derriere & non pas deuant ses enfans, les meine neantmoins, ainsi que lon parle, & le Capitaine des Troyens en Homere,

Qui paroissoit or' entre les premiers,
En commandant, or' entre les derniers,

& en l'vne & en l'autre part, toutefois il estoit tousiours le premier, & auoit la premiere puissance: aussi ne faut-il pas forcer & attacher par force aux lieux les parties de l'ame, ny aux noms, ains faut en cercher la puissance & la proportion: car que le discours de la raison soit situé au corps de l'homme, en premier lieu de situation, c'est par accident: mais il a la premiere & principale puissance, comme la moyenne enuers la partie concupiscible, qui est la note Hypate, & enuers l'irascible, comme la Nete, en laschant ou tendant & faisant consonance & accord, en ostant de l'vn & de l'autre ce qu'il y a de trop, & aussi à l'opposite, en ne les laissant pas aller du tout, ny s'endormir: car la moderation & commensuration se limite & definit par mediocrité, ou plustost pour mieux dire, c'est le chef d'œuure de la puissance de la raison, de faire & imprimer és passions les mediocritez & moyennetez, s'il faut ainsi parler, que lon appelle sainctes essences, lesquelles consistent en vne temperature des deux extremitez auec la raison, & entre elles mesmes par le moyen de la raison: car l'attelage de deux cheuaux n'a pas pour son moyen ou son milieu celui des deux qui est le meilleur, ny ne faut pas penser que le gouuernement du chartier en soit vne extremité, ains plustost faut estimer que c'est le milieu & la mediocrité entre la demesuree celerité & tardité des deux cheuaux, ne plus ne moins que la force de la raison qui retient les passions, quand elles s'esmeuuent hors de mesure & de raison, & les accommodant alentour d'elle en mesuree proportion, constitue vne mediocrité & vn moyen entre le plus & le moins, & entre le peu & le trop.

IX. Pourquoy est-ce que Platon dict, que l'oraison est temperee de noms & de verbes? car il semble que toutes les autres parties du parler, sans ces deux là, ne soient du tout rien: & dict-on qu'Homere par vne galanterie de ieunesse, s'estudia à les mettre toutes ensemble en ce vers, Αὐτὸς ἰὼν κλισίηνδε τὸ σὸν γέρας, ὄφρ' ἐῦ εἰδῇς.
car il y a vn pronom, & participe, & vn nom, & vn verbe, & vne preposition, & vn article, & vne conionction, & vn aduerbe, pource que ceste particule δε est mise au
lieu

Les Questions Platoniques.

A lieu de la prepofition εἰς, de forte que cefte façon de dire, κλισίωδε, eft telle comme αἰθυαζε. Que faut-il doncques refpondre pour Platon? Eft-ce point pource que premierement on appelloit Logos, c'eft à dire oraifon, ce que les anciens appelloiét propofition, & maintenant on appelle ἀξίωμα dignité? ce font les paroles que premierement proferants les hommes, mentent ou difent verité, ce qui eft compofé de nom & de verbe, dont les Dialecticiens appellent l'vn le cas, & l'autre le predicament, vulgairement *fubiectum & praedicatum*: car quand nous oyons dire, Socrates enfeigne, ou Socrates fe tourne, nous difons que l'vn eft vray, & l'autre eft faulx, fans en attendre rien d'auantage: car il eft vray-femblable que les hommes du commancement eurent befoing de langage & de voix articulee, pour f'entredonner à entendre les vns aux autres les actions & ceux qui les auoient faictes, & les paffions & ceux qui les auoient foufferres. Pourautant donc que par le verbe nous exprimons fuffifamment les actiós & paffions, & par les noms ceux qui les font ou les feuffrent, ainfi comme luy-mefme a dit, il femble que ce font ces deux parties là d'oraifon, qui les fignifient: les autres, on pourroit dire qu'ils ne les fignifient pas, non plus que font les gemiffements & lamentations des ioüeurs de Tragœdie, voire vn ris, vn filence & vne retenuë donnent bien quelquefois plus grande expreffion à la parole, mais toutefois ils n'expriment pas neceffairement & principalement, comme font le nom & le verbe, ains par maniere d'acceffoire, pour diuerfifier vn peu le langage, comme lon diuerfifie auffi les lettres, en y adiouftant des efprits, aux vnes afpres, aux autres doux, & en faifant les vnes longues, les autres briefues, qui font pluftoft paffiós & accidents, & diuerfitez d'elements, que elements diftinguez & par foy differents, comme il appert manifeftement par ce, que les anciens efcriuoient fuffifamment auec feize lettres. Mais d'auantage auifons que nous ne prenions autrement les paroles de Platon, que comme il les a dictes, car il a dict que l'oraifon eftoit temperee de ces deux parties, non par ces deux parties: que nous ne facions la faulte que feroit celuy qui calomnieroit vn autre, pour auoir dict que vn oignement feroit compofé de cire & de galbanum, alleguant qu'il auroit obmis à dire le feu & le vafe, fans lefquels on ne fçauroit mefler lefdictes drogues: auffi femblablement fi nous le reprenions pour autant qu'il auroit obmis à dire les conionctions, les prepofitions, & autres telles parties: car le parler & l'oraifon n'eft pas compofé de ces parties là, mais par icelles, & non fans elles. Car comme celuy qui prononceroit battre ou eftre battu, ou d'ailleurs, Socrates & Pythagoras, encore donneroit-il aucunement à entendre & à penfer quelque chofe: mais celuy qui profereroit, car, ou de, fimplement & feulement, on ne pourroit imaginer qu'il entendift aucune chofe ny aucun corps: ains fi l'n'y a quelques autres paroles qui foient proferees quát & quant, elles reffembleront à des fons & des bruicts vains, fans aucune fignification, d'autant que ny à par elles ny auec d'autres femblables, elles ne peuuent rien fignifier. Mais à fin que nous conioignions, ou meflions, & affemblions tout en vn, nous y adiouftons des prepofitions, conionctions, & articles, voulans en faire vn corps de tout, autrement il femblera que nous bruyons, non pas que nous parlions: mais auffi toft que vn verbe eft ioinct à vn nom, ce qui en refulte eft incontinent vn parler & vne oraifon. Voyla pourquoy aucuns non fans quelque raifon eftiment, que ces deux foient proprement les feules parties d'oraifon: & c'eft à l'aduenture ce que veut Homere donner à entendre, quand il dict en plufieurs paffages,

   Ainfi parla, & en ce poinct nomma:
car il a accouftumé d'appeller le verbe Epos, comme en ces vers,
   Ce mot, ô femme, au vif le cœur me touche:
Et en ceft autre,
   A Dieu vous dis Seigneur mon hofte & pere,
   Si quelque mot de ma langue legere

Les Questions Platoniques.

Possible yssu vous a fascheux esté,
Qu'il soit au vent, ie vous prie, ietté:

car ce n'est ny vne cóionction, ny vne preposition, ny vn article qui touche au cœur, ne qui soit fascheux à oüyr, ains vn verbe signifiant quelque action honteuse, procedante d'aucune deshonneste passion. Voyla pourquoy nous auons accoustumé de ainsi loüer les poëtes & historiens, ou bien les blasmer, en disant, Celuy là vse de noms Attiques & de beaux verbes, ou au contraire de bas: mais de dire que Thucydides & Euripides ayent parlé en beaux & Attiques articles, iamais homme ne le dit: Cóment donc, pourra dire quelqu'vn, ces parties là ne seruent-elles de rien à l'oraison? quant à moy ie tiens qu'elles y seruent autant comme le sel à la viande, & l'eau à faire le pain. Euenus souloit dire que le feu estoit la meilleure saulse du monde: aussi sont ces parties là l'embellissement & assaisonnement de nostre langage, ne plus ne moins que le feu & le sel des breuuages & viandes, dont nous ne nous sçaurions passer, excepté que nostre parler n'en a pas tousiours necessairement affaire, comme lon peut dire du langage des Romains, duquel auiourd'huy tout le monde presque vse: car il a osté toutes les prepositions, excepté bien peu: & quant aux articles que lon appelle, il n'en reçoit pas vn tout seul, ains vse de noms sans bordure, par maniere de dire: & ne s'en faut pas esmerueiller, attendu qu'Homere, qui en beauté de carmes surpasse tout le monde: à peu de noms prepose des articles, comme si c'estoient anses à des vases qui en eussent besoing, ou des pennaches sur des morions: à raison dequoy les carmes où il le fait, en sont remarquez, comme en cestuy-cy,

Αἴαντι δὲ μάλιστα δαΐφρονι θυμὸν ὄρινε,
τῷ Τελαμωνιάδῃ.

Sur tous d'Aiax le fils de Telamon
Fut le courage esmeu de ce sermon.   & cestuy-cy,

Ποίεεν ὄφρα τὸ κῆτος ὑπεκπροφυγὼν ἀλέοιτο.

Il le faisoit à fin que par la fuitte,
Du marin monstre il eschappast la suite.

Et y en a eu peu d'autres auec ceux là: mais en autres, qui sont innumerables, n'y ayant point d'article, la phrase n'en est en rien diminuee, ny de beauté, ny de facilité & clarté: & toutefois il n'y a ny beste ny instrument, ny armeure, ny autre chose quelle qu'elle soit au monde, qui par ablation ou priuation d'vne sienne propre partie, soit plus belle, plus actiue, ne plus douce que parauant elle n'estoit, là où l'oraison bien souuent, en estans les conionctiós toutes ostees, a vne force & efficace plus affectueuse, plus actiue, & plus esmouuante, comme est ceste-cy:

Ayant vn vif, vn autre frais blessé,
Vn autre entier, vn autre trespassé,
En combattant, par les pieds elle tire.

,, Et ce passage icy de l'oraison de Demosthenes contre Midias: Car celuy qui bat au-
,, truy peut faire beaucoup de choses, dont celuy qui les a souffertes n'en sçauroit au-
,, cunes exprimer & donner à entendre à vn autre, en son port, en son regard, en sa voix:
,, quand c'est de brauerie, quand estant ennemy, quand c'est du poing, quand c'est sur
,, la ioüe: cela esmeut, cela transporte hors de soy les hommes qui n'ont point accou-
,, stumé d'endurer oultrage. Et en vn autre lieu apres: Mais non pas Midias, ains depuis
,, ce jour là il harengue, il iniurie, il crie, il est esleu, Midias Anagyrrasien est nom-
,, mé: il loge Plutarque en son logis, il sçait les secrets, la ville n'est pas assez grande pour
,, luy. C'est pourquoy ceux qui escriuent des figures de Rhetorique, loüent & prisent grandement celle qu'ils appellét desliee, là où ceux qui sont trop religieux, & qui s'assubiectissent trop aux regles de la Grammaire, sans oser oster vne seule conionction de la commune façon de parler: en sont à bon droit blasmez & repris, comme faisans

vn stile

Les Questions Platoniques.

A vn ſtile enerué, ſans aucune poincte d'affection, & qui laſſe & donne peine à ouyr, pour eſtre touſiours d'vne pareure ſemblable, ſans iamais diuerſifier. Or que les Dialecticiens ayent plus beſoing de conionctions, que nuls autres hommes de lettres, pour la liaiſon & tiſſure de leurs propoſitions, ou les diſionctions d'icelles, ne plus ne moins que les cochers ont beſoing d'attelages pour atteler les vns aux autres leurs cheuaux, ou comme Vlyſſes auoit beſoing d'ozier, en la cauerne du Cyclops, pour lier ſes moutons, cela n'arguë ny ne preuue pas, que la conionction ſoit autrement partie d'oraiſon, mais bien vn outil propre à conioindre, ſelon qu'elle en porte nom, & à contenir & aſſembler non pas toutes choſes, ains ſeulement celles qui ne ſont pas ſimplement dictes: ſi lon ne vouloit dire que la corde ou courroye dont vne balle ſeroit liée, fuſt partie de la balle, ou la colle d'vn papier, ou d'vn liure qui eſt collé, & les donnees & diſtributions des deniers, partie du gouuernement: comme Demades diſoit, que les deniers que lon diſtribuoit manuellement par teſte à chaſque citoyen d'Athenes, pour veoir les ieux, eſtoient la colle du gouuernement de l'eſtat populaire. Et quelle eſt la conionction, qui face de pluſieurs propoſitions vne, en les couſant & liant enſemble, comme le marbre fait le fer, quand on le fond auec luy par le feu, mais pour cela le marbre n'eſt pas pourtant, ny ne l'appelle lon pas partie du fer, combien que ces choſes là qui entrent en vne compoſition, & qui ſont fondues auec les drogues que lon meſle, ont accouſtumé de faire & de ſouffrir ne ſçay quoy de commun, compoſé de tous les ingrediens: mais des conionctions, il y en a qui nient qu'elles facent vn ce qu'elles conioignent, ains tiennet que ceſte façon de parler ſoit comme vne enumeratio, comme qui compteroit de reng tous nos magiſtrats, ou les iours du mois. Et puis des autres parties d'oraiſon, il eſt tout manifeſte que le pronom eſt vne ſorte de nom, non ſeulement en ce qu'il ſe decline par cas, comme faict le nom, mais auſſi en ce qu'il faict vne tres-propre deſignation de ce que lon penſe auec la nature, & que lon met dehors en choſes terminees: & m'eſt aduis que qui dict, Socrates, ne monſtre point plus expreſſément la perſonne, que qui dict, Ceſtuy-cy. Et celle que lon appelle participe, eſt vne mixtion du verbe & du nom, & non point vne partie qui ſubſiſte à par-elle, non plus que les noms communs qui conuiennent aux maſles & aux femelles: & ſe rengent ces participes à tous les deux, touchant aux noms par les cas, & aux verbes par les temps, & les appellent les Dialecticiens des reflexions, comme le prouoyant qui eſt reflexion du prudent, le temperant reflexion du temperé, comme ayans la force & puiſſance de noms & d'appellations. Quant aux prepoſitiōs, on les peut accomparer aux pennaches ou autres ornemens que lon met deſſus les habillemens de teſtes, ou bien aux baſes & ſoubaſſemens que lon met au deſſoubs des ſtatues, pource qu'elles ne ſont pas tant parties d'oraiſon, comme à l'entour des parties: & prenez garde que ce ne ſoient comme des tronçons & des pieces de noms, cōme ceux qui eſcriuent à la haſte, ne forment pas les lettres toutes entieres, ains ſont ſeulement des poincts & des tirets: car ces deux mots ἐμβιῶναι & ἐκβιῶναι, dont l'vn ſignifie entrer, & l'autre ſortir, ſont deux manifeſtes ſyncopes & racourciſſemens de ἐντὸς βιῶναι, & de ἐκτὸς βιῶναι: & παρεδρεύεσθαι, eſtre deuant, eſt vn racourciſſement & abbreuiation de παρέδρα ἠρέσθαι, & καθῆν, ſeoir, de κάτω ἵζῃ: ne plus ne moins que λιθοβολῶν & τοιχωρυχῶν, de λίθοις βάλλων, ietter pierres, & τοίχοις ὀρύσσειν. En ſe haſtant de parler, on a ainſi ſerré & eſtraint enſemble ces dictions: & pourtant peut-on bien dire, que chaſcune de ces dictions là apporte quelque aide & commodité au parler, & à l'oraiſon, mais pour cela elles ne peuuent eſtre dictes parties ny elemens de l'oraiſon: & n'y a que le nom & le verbe qui font celle premiere compoſition, contenant la verité, ou la menſonge, que les vns appellent propoſition, les autres dignité, & Platon l'a appellee oraiſon.

De la creation de l'Ame, que Platon descrit en son Liure du Timæus.

Le Pere à ses enfans, Autobulus & Plutarchus, S.

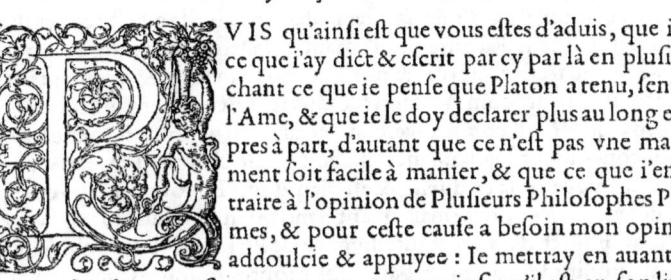VIS qu'ainsi est que vous estes d'aduis, que ie doy recueillir ce que i'ay dict & escrit par cy par là en plusieurs lieux, touchant ce que ie pense que Platon a tenu, senty & entendu de l'Ame, & que ie le doy declarer plus au long en vn traicté expres à part, d'autant que ce n'est pas vne matiere qui autrement soit facile à manier, & que ce que i'en pense est contraire à l'opinion de plusieurs Philosophes Platoniques mesmes, & pour ceste cause a besoin mon opinion d'estre bien addoulcie & appuyee: Ie mettray en auant premierement le texte de Platon mesme en propres termes, ainsi qu'il est en son liure du Timæus. De la substance indiuisible qui tousiours est, & tousiours d'vne mesme sorte, & de celle qui est diuisible en plusieurs corps, il en composa vne tierce espece de substance au milieu de ces deux, tenant d'vn costé de la nature du Mesme, & de l'autre costé de l'Autre: & la posa au milieu entre l'indiuisible & la diuisible, par les corps, puis prenant ces trois natures ensemble les mesla toutes en vne forme, en accommodant par force la nature de l'Autre fort malaisee à mesler auec celle du Mesme. Les ayant meslees auec la substance, & des trois en ayant faict vn suppost, derechef il le diuisa en portions telles, comme il estoit conuenable. Chascune d'icelles estant meslee du Mesme, & de l'Autre, & de la Substance: & commença sa diuision en ceste maniere. Or premierement de vouloir declarer combien ces paroles ont apporté de disputes & de contentions à ceux qui les ont voulu exposer, ce me seroit maintenant vn labeur infiny, & autrement superflu, quant à vous, attendu que vous en auez veu & leu la plus part comme moy: mais pour autant que Xenocrates en a tiré plusieurs & des plus notables à son opinion, en definissant que la substance de l'Ame estoit vn nombre se mouuant soy-mesme, & que les autres se sont rengez à l'opinion de Crantor de Soles, qui disoit que l'ame estoit meslee de la nature intellectuelle, & de la sensuelle subiecte à l'opinion: ie pense que ces deux sentences là bien desployees, nous donneront vne grande entree en l'intelligence de ce que nous cerchons. Et certes il n'est pas besoing de beaucoup de paroles pour les expliquer toutes deux: car il y en a qui cuident qu'il n'entende autre chose que la generation du nombre par la meslange de l'indiuisible auec le diuisible, parce que l'vnité est indiuisible, & la pluralité diuisible, & de ces deux est engendré & produict le nombre, l'vnité terminant la pluralité, & mettant fin à l'infiny, qui est le deux indeterminé. C'est pourquoy Zaratas le maistre de Pythagoras appelloit le Deux la mere, & l'Vn le pere des nombres, & pour ceste cause que les meilleurs nombres estoient ceux qui ressembloient à l'vnité: mais que ce nombre là pourtant n'est pas encore l'ame, d'autant que le mouuant & le mobile luy defaillent: mais quand le Mesme & l'Autre furent meslez ensemble, dont l'vn est le principe de mouuement & de mutation, & l'autre d'arrest & de station, l'ame alors vint en estre, laquelle est aussi bien principe d'arrester & d'estre arresté, comme de mouuoir & d'estre meu. Mais Crantor estimant que le propre de l'ame estoit iuger les choses intelligibles, & les sensibles, & les similitudes & dissimilitudes qu'elles ont, tant en elles mesmes que les vnes enuers les autres, dict que l'ame est composee de Tout, à fin qu'elle puisse iuger de tout, lequel Tout consiste en quatre principaux genres: le premier
est la

De la creation de l'ame.

A est la nature intelligible, qui est tousiours vne, & tousiours de mesme sorte : le second est la nature passible & muable, cócernant les corps : le troisiéme, la nature du Mesme : & le quatriéme la nature de l'Autre : pource que les deux premiers participent aucunement & du Mesme, & de l'Autre. Et tous ceux-là egalement tiennent que l'ame n'est point depuis certain temps, ny n'a point esté engendree, mais qu'elle a plusieurs puissances & facultez, esquelles Platon destiant & resoluant sa substance, par maniere de dispute & de speculation, suppose de paroles seulement qu'elle ait esté engendree, meslee, & contemperee : disent d'auantage qu'autant en sentoit-il du monde, pource qu'il sçauoit tres-bien qu'il estoit eternel & non engendré, mais que voyant qu'il n'estoit pas facile de comprendre comment il est composé, ne comment il s'administre & gouuerne à ceux qui dés le commancement ne supposent point de generation, ny des parties qui concourent à sa naissance, il auoit pris le chemin d'en parler ainsi. Voyla en somme ce que ceux-là en disent, & est bien d'auis Eudorus, qu'il y a de l'ap-
B parence au dire des vns & des autres : mais quant à moy il m'est aduis que ny l'vn ny l'autre n'a touché au poinct de la vraye intelligence de Platon, si nous voulons vser de la reigle de verisimilitude, non pour bastir nos propres opinions, mais pour dire quelque chose qui s'accorde plus probablement à luy : car la meslange qu'ils disent de la substance intelligible, & de la sensible, ne donne point à entendre, que ce soit la generation de l'ame, plustost que de quelque autre chose que l'on pourroit dire : car ce monde mesme & chascune des parties d'iceluy, est composé de substance intelligible, ou spirituelle, & sensible, & corporelle, dont l'vne a fourny de matiere, & l'autre de forme & espece, au suppost composé : & la partie de la matiere qui vient à estre formee par participation, ou ressemblance de l'intelligible, deuient incontinent palpable & visible, là où l'ame ne se peut perceuoir par aucun des sens naturels : & ne se trouuera pas que iamais Platon ait appellé l'ame nombre, mais bien tousiours, mouuement se mouuant soy-mesme, & la source & principe de mouuement :
C bien est vray qu'il a embelly & orné la substance d'icelle, de nombre, de proportion, d'accord & harmonie qu'il a mis en icelle, comme en subiect qui estoit capable & susceptible de la plus belle espece qui sçauroit estre, s'y imprimans par ces qualitez là. Quant à moy ie ne pense pas que ce soit tout vn, de dire que l'ame soit composee par nombre, & que sa substance soit nombre, car elle est bien composee par harmonie, mais ce n'est pas à dire qu'elle soit pourtant harmonie, ainsi comme luy-mesme l'a demonstré en son traicté de l'Ame : & outre ils ont manifestement ignoré ce qu'a voulu dire Platon par le Mesme & l'Autre : car ils disent que le Mesme apporte à la generation de l'Ame la faculté d'arrest & de station, & l'Autre la faculté du mouuement : là où Platon luy-mesme, en son liure intitulé le Sophiste, met Ce qui est, le Mesme, l'Autre, le Mouuement, & la Station, comme cinq choses differentes l'vne de l'autre, & les distingue à part, comme n'ayans rien de commun ensemble. Ce
D que toutefois ceux-cy d'vn accord, & plusieurs de ceux mesmes qui ont vescu auec Platon, redoubtans & en estans fort faschez, imaginent tout ce qu'ils peuuent, le detordent & tirent par les cheueux, ainsi que l'on dict, comme si c'estoit quelque chose abominable, & qui ne se deust point dire, cuidans qu'il le faille ou du tout nier pour son honneur, ou le couurir & cacher, qu'il ait parlé de la generation ou creation de l'ame, & du monde, comme s'ils n'auoient pas esté de toute eternité, & que de temps infiny ils n'eussent pas leur essence, dequoy nous auons ailleurs particulierement parlé : & pour maintenant il suffira de dire en passant, que la dispute & la contestation, de laquelle Platon luy-mesme confesse qu'il a vsé, auec plus de vehemence que son aage ne portoit, à l'encontre des Atheistes, ils la confondent, ou, pour mieux dire, ils l'abolissent du tout : car s'il est ainsi que le monde soit eternel sans auoir eu generation, la raison de Platon s'en va à vau l'eau,

Zzz iij

De la creation de l'ame.

que l'ame soit plus ancienne que le corps, principe & cause premiere de tout mouuement & de toute mutation, estant logee au dedans: mais que c'est que l'ame, que c'est que le corps, & comme il faut entendre qu'elle soit precedente, & plus ancienne que luy, le progrez de nostre discours cy-apres le declarera, pource que cela ignoré ou mal entendu, apporte grande difficulté, à mon aduis, de bien comprendre, & empeschement de croire la vraye opinion. Parquoy i'exposeray premierement ce que i'en pense, prouuant & fortifiant la verité de mon dire, qui de premiere rencontre semblera vn peu estrange, par arguments vray-semblables, autant qu'il sera possible, & puis ie l'accommoderay aux paroles du texte: car la chose selon mon opinion est telle. Heraclitus dict, qu'il n'y a eu ny Dieu ny homme qui ait faict ce monde: comme craignant que si nous desaduoüions Dieu pour Createur, il ne fust incontinent necessaire de confesser que l'homme en eust esté l'architecte & l'ouurier: mais il vaut beaucoup mieux, suiuant la sentence & aduis de Platon, que nous aduoüions, voire chantions, qu'il a esté faict & creé de Dieu, comme estant l'vn le plus grand chef-d'œuure qui iamais ait esté faict, & l'autre le plus excellent ouurier & la meilleure cause qui puisse estre: mais la substance & la matiere dont il a esté faict, n'a pas esté creée, ains a de tout temps esté subiecte à l'ouurier, pour la disposer & ordonner, & la rendre le plus qu'il seroit possible semblable à soy: car generation ne se peut faire de ce qui n'est point: mais de ce qui n'est pas bien, ou ainsi qu'il appartient, comme vne maison ou vn habillement, ou vne statue. Or auant la creation du monde l'vniuers estoit vn chaos, c'est à dire vn desordre confus, lequel toutefois n'estoit pas sans corps, ny sans mouuement & sans ame, mais ce qu'il y auoit de corps estoit sans forme & sans consistence, & ce qu'il y auoit d'ame mouuante estoit temeraire, sans entendement ny raison: ce qui n'estoit autre chose qu'vn desordre d'ame non regie par aucun iugement de raison. Car Dieu n'a point faict corps ce qui estoit incorporel, ny ame ce qui estoit inanimé: comme le Musicien ne faict pas la voix, ny le baladin le mouuement, mais il rend bien la voix doulce, accordante & harmonieuse, & le mouuement mesuré de bonne grace & bien compassé: aussi Dieu n'a pas faict la solidité palpable du corps, ny la puissance mouuante & imaginatiue de l'ame: mais ayant trouué ces deux principes là, l'vn tenebreux & obscur, l'autre insensé & turbulent, tous deux imparfaicts, desordonnez & indeterminez, il les a ordonnez & disposez tous deux, en sorte qu'il en a composé le plus beau & le plus parfaict animal de tous. La substance du corps doncques, qui est la nature qu'il appelle susceptible de toutes choses, le siege & la nourrice de tout ce qui est engendré, n'est autre chose que cela. Quant à la substance de l'ame, il l'appelle au liure intitulé Philebus, Infinité, qui est priuation de tout nombre, de toute mesure & de toute proportion, qui n'a en soy ne fin ne terme, ne plus ne moins, ne peu ne trop, ne similitude ne dissimilitude. Et celle qu'il dict au Timæus estre meslee auec l'indiuisible nature, & deuenir diuisible par les corps, il ne faut pas entendre que ce soit ny multitude en vnité, ny lógueur & largeur en poincts: car ce sont qualitez qui conuiennent plustost au corps que non pas à l'ame: ains ce principe là desordonné, indefiny, se mouuant soymesme, & ayant vertu mouuante, lequel il appelle en plusieurs lieux necessité, en ses liures des Loix il l'appelle tout ouuertement, ame desordonnee, mauuaise & malfaisante. C'est l'ame simplement dicte à par soy, laquelle depuis a esté faicte participante d'entendement, & de discours de raison, & de sage proportion, à fin qu'elle deuint ame du monde. Et aussi ce principe là materiel qui reçoit tout, auoit bien magnitude, distance & place, mais de beauté de forme & figure proportionnee, & de mesure, il n'en auoit point, mais il en eut quand il fut accoustré, à fin qu'il deuint corps de la terre, de la mer, des estoilles, & du ciel, des plantes, & des animaux de toutes sortes. Or ceux qui attribuent à la matiere, ce qu'il appelle

au Timæus,

De la creation de l'ame.   548

A au Timœus, Neceſſité, & au traitté de Philebus, Infinité & immenſité de plus & de moins, de peu & de trop, d'exces & de defaut, & non pas à l'ame: ils ne pourront pas maintenir qu'elle ſoit cauſe du mal, d'autant qu'il ſuppoſe touſiours que ceſte matiere là ſoit ſans forme ne figure quelconque, deſtituee de toute qualité & faculté propre à elle, la comparant aux huiles qui n'ont odeur quelconque ſienne, dont les parfumiers ſe ſeruent à faire leurs parfums: car il n'eſt pas poſſible que Platon ſuppoſe, que ce qui eſt de ſoy oyſeux, ſans qualité actiue, ny mouuement ou inclination à choſe aucune, ſoit la cauſe & le principe de mal, ne qu'il la nomme infinité mauuaiſe & malfaiſante, ny auſſi la neceſſité, qui en pluſieurs choſes repugne à Dieu, luy eſtant rebelle, & refuſant de luy obeyr. Car celle neceſſité qui renuerſe le ciel, comme il dit en ſon Politique, & le retourne tout au contraire: la concupiſcence qui eſt nee auec nous, & la confuſion de l'ancienne nature, où il n'y auoit ordre quelconque, auant qu'elle fuſt rengee en la belle diſpoſition du monde qui eſt mainte-
B nant, d'où eſt-ce qu'elle eſt venue és choſes, ſi le ſubiect, qui eſt la matiere, eſtoit ſans qualité quelconque, exempt de toute efficace de cauſe? Et l'ouurier eſtant de ſa nature tout bon, deſiroit, autant qu'il eſt poſſible, rendre toutes choſes ſemblables à ſoy, car il n'y a point de tiers, outre ces deux principes là: & ſi nous voulons introduire le mal en ce monde, ſans cauſe precedente & ſans principe qui l'ait engendré, nous tomberons és difficultez & perplexitez des Stoïques: car des principes qui ſont en eſtre, il n'eſt pas poſſible que celuy qui eſt bon, ne celuy qui eſt ſans force ne qualité quelconque, ait donné eſtre ny generation à ce qui eſt mauuais. Et n'a point fait Platon comme ceux qui ſont venus depuis luy, leſquels à faute d'auoir veu & entendu le troiſieſme principe, & troiſieſme cauſe, qui eſt entre Dieu & la matiere, ſe ſont laiſſez aller, & tomber en vn propos le plus eſtrange, & le plus faux du monde, faiſant ie ne ſçay comment venir de dehors caſuellement la nature du mal par accident, ou bien de luy meſme: là où ils ne veulent pas conceder à Epicurus qu'vn ſeul
C Atome gauchiſſe, ny deſtourne tant peu que ce ſoit, pour ce qu'ils diſent qu'il introduit temerairement vn mouuement, ſans en ſuppoſer aucune cauſe precedente: & eux ce pendant diſent que le vice, la meſchanceté, & mille autres difformitez & imperfections des corps, aduiennent par conſequence, ſans qu'il y ait autre cauſe efficiente. Mais Platon ne dit pas cela, ains deſpouïllant la matiere de toute qualité, & mettant bien au loing arriere de Dieu toute cauſe de mal, a ainſi eſcript touchant le monde, en ſes Politiques: Le monde a eu, dit-il, toutes choſes bonnes de ſon autheur qui
» l'a compoſé, mais de ſon habitude exterieure du parauant, tout ce qu'il y a de mau-
» uais, de meſchant & d'iniuſte au ciel, il le tient de là, & puis il l'imprime apres çà
» bas aux animaux. Et apres, vn petit plus auant: Par traict de temps, dit-il, oubliant
» ce prenant pied, & ſ'imprimant en luy la paſſion de ſon ancien deſordre & confu-
» ſion, y domine de plus en plus, & y a danger que venant à ſe diſſouldre il ne ſ'en re-
D tourne de rechef plonger en ſa fondriere vaſte & infinie de diuerſité. Or eſt-il que diſſimilitude ne peut eſtre en la matiere, à cauſe qu'elle eſt ſans qualité & ſans nulle difference: ce que Eudemus entre autres aiant ignoré, ſe mocque de Platon, comme ne mettant pas pour cauſe, ſource & origine premiere des maux, celle qu'il appelle en pluſieurs lieux, mere & nourrice. Car Platon appelle bien voirement la matiere mere & nourrice, mais auſſi dit-il, que la cauſe du mal eſt la puiſſance motiue reſſeante en icelle, & qui par les corps eſt diuiſible, qui eſt vn mouuement deſraiſonnable & deſordonné, mais non pas toutefois ſans ame, laquelle il appelle diſertement & expreſſément és liures de ſes Loix, ame contraire & repugnante à celle qui eſt cauſe de tout bien: par ce que l'ame eſt bien la cauſe & le principe de mouuement, mais l'entendement eſt la cauſe & le principe de l'ordre & de l'harmonie du mouuement: car Dieu n'a point rendu la matiere oyſeuſe, mais il a empeſché qu'elle ne fuſt plus agitee

Zzz iiij

De la creation de l'ame.

ny troublee d'vne cause folle & temeraire, & n'a pas donné à la nature les principes de mutations & de passions, mais elle estant enueloppee de toutes sortes de passions & de mutations desordonnees, il en a osté tout le desordre & tout l'erreur qui y estoit, se seruant pour outils propres à ce faire des nombres, des mesures & des proportions, dont l'effect est d'apporter aux choses, non par mouuement & mutation, les passions & differences de l'autre & de la diuersité, ains plustost de les rendre infaillibles, fermes & stables, semblables à celles qui sont tousiours d'vne sorte, & tousiours se ressemblent à elles mesmes. Voyla selon mon iugement quelle est la sentence & intelligence de Platon. dont la premiere preuue est, que par ceste interpretation se soult & sauue la contrarieté que l'on dit, & qui semble estre en ses escrits : car on n'attribueroit pas à vn yurongne de Sophiste, tant s'en faut qu'à Platon, vne telle inconstance & repugnance de propos, qu'il affermast vne mesme nature estre creée & non creé, c'est à sçauoir en son liure de Phædrus, que l'ame soit eternelle & non creé, & en celuy de Timæus, qu'elle ait esté creée & engendree. Or les paroles qui sont en son traitté de Phædrus, sont presques en la bouche de tout le monde, par lesquelles il prouue que l'ame n'est point perissable, d'autant qu'elle n'a point esté engendree, & monstre semblablement qu'elle n'a point esté engendree, d'autant qu'elle se meut
» soy mesme. Et au liure de Timæus il dit, Dieu n'a pas fabriqué l'ame plus ieune que
» le corps, combien que nous disons maintenant qu'elle est posterieure, car il n'eust ia-
» mais fait ny souffert que le plus ancien lié & attaché auec le plus ieune, eust esté
» par luy commandé : mais nous tenans forts, ie ne sçay comment, du fortuit & du te-
» meraire, aussi parlons nous de mesmes, car il est certain que Dieu a conioinct l'ame
» auec le corps precedente de generation & de vertu, comme dame & maistresse auec
» son subiect pour luy commander & le regir. Et derechef aiant dit, que l'ame se re-
» tournant en soy mesme a commancé à viure d'vne vie sage & eternelle : Le corps du
» ciel, dit-il, a bien esté fait visible, mais l'ame est inuisible, participant du discours
» de la raison, & de l'harmonie, engendree par la meilleure des choses intellectuelles
» & eternelles, estant aussi elle la meilleure des choses nees & temporelles. Appellant en ce passage euidemment Dieu le meilleur des choses eternelles, & l'ame la meilleure des choses nees & temporelles, par ceste toute euidente contrarieté il oste à l'ame l'eternité, & le non auoir esté procreée. Et quelle autre solution y a il à ces oppositions là, sinon celle que luy mesme baille à ceux qui la veulent receuoir ? Car il appelle l'ame ingenerable & non nee ny procreée, celle qui mouuoit toutes choses temerairement & desordonneement auant la constitution du monde, & au contraire nee ou procreée & engendree, celle que Dieu composa de celle premiere, & de la substance permanente, eternelle & tres-bonne, en faisant vne ame sage & bien ordonnee, en y mettant du sien, & adioustant au sentiment l'entendement, & l'ordre au mouuement, & l'aiant fait telle, la constitua comme gouuernante & regente de l'vniuers : tout de mesme aussi prononce-il, que le corps du monde est en vne sorte eternel, c'est à dire non creé ny engendré, & en vne autre sorte creé & engendré. Car quand il dit, que tout ce qui est visible, n'estoit point en repos, ains se mouuoit temerairement & sans ordre, mais que Dieu le prit, le rengea & disposa, par bon ordre : & derechef quand il dit que les quatre elements, la terre, l'eau, l'air, & le feu, auant que l'vniuers fust d'iceux accoustré, faisoient vn merueilleux croulement & tremblement en la matiere, & qu'ils estoient aussi fort secoüez par icelle, à cause de la difformité & inegalité, il appert qu'il fait là les corps estre comme vn subiect deuant la constitution du monde. Et quand au contraire il dit, que le corps estoit plus ieune que l'ame, & que le monde auoit esté engendré & creé, d'autant qu'il est visible & palpable, comme aiant corps, & que toutes ces choses là apparurent quand elles furent creées : il est tout manifeste qu'il attribue doncques vne

naissance

De la creation de l'ame. 549

A naiſſance à la nature du corps, & neantmoins il s'en faut beaucoup qu'il ſe contredise, & ſe repugne à ſoy-meſme ſi manifeſtement, & en choſes principales: car ce n'eſt pas vn meſme corps ny de meſme ſorte qu'il le dit auoir eſté creé par Dieu, & auoir eſté auant qu'il fuſt, par ce que cela ſeroit apertement le faict d'vn baſteleur ou enchanteur: mais luy meſme nous declare que c'eſt qu'il faut entendre par ceſte generation ou creation. Car par auant, dit-il, tout ce qui eſt en ce monde eſtoit ſans
,, ordre, meſure ny raiſon: le feu premierement, l'eau, la terre & l'air, eſtoient peſle
,, meſle en meſmes places, brouillez entierement, comme l'on peut penſer que doit
,, eſtre tout cela où Dieu n'eſt point: mais lors que l'vniuers commancea à prendre ſon
,, ornement, Dieu forma d'eſpeces & de nombres toutes choſes qui lors premierement
,, commancerent à venir en eſtre. Et encore auparauant aiant dit que ce n'eſtoit pas œuure d'vne ſeule proportion, ains de deux, de lier enſemble la machine du monde qui eſt ſolide & profonde: & aiant narré, que Dieu apres auoir mis l'eau & l'air entre
B le feu & la terre, lia quand & quand le ciel, & le ſerra enſemble: De ces choſes-là, dit-
,, il, telles, & quatre en nombre, le corps du monde a eſté engendré, s'accordant en pro-
,, portion, & s'entre-portant amitié, tellement que depuis qu'il a vne fois ainſi eſté aſ-
,, ſemblé, il n'y a rien qui le puiſſe plus deſlier ny deſaſſembler, que celuy ſeul qui l'a
,, lié, enſeignant manifeſtement que Dieu eſtoit pere & autheur, non du corps ſimplement, ny de la machine & matiere ſeulement du monde, mais auſſi de la proportion, meſure, beauté & ſimilitude qui eſt au corps. Autant en faut-il penſer de l'ame, comme eſtant l'vne non creée de Dieu, ny l'ame du monde, mais vne puiſſance de motion fantaſtique, turbulente, ſubiecte à opinion, ſe remuant de ſoy-meſme & touſiours, mais ſans ordre, meſure ny raiſon quelconque: l'autre, Dieu l'aiant accouſtree de nombres & de proportions conuenables, l'a conſtituee regente & gouuernante du monde creé, elle meſme eſtant creée. Or que ce ſoit ceſte là, la vraye ſen-
C tence & intelligence de Platon, non par vne maniere de ſpeculation & inquiſition, touchant la creation ou generation tant du monde que de l'ame, cela en eſt vn indice, oultre pluſieurs autres, qu'il dit, que l'ame eſt creée & non creée, & du monde qu'il a eſté né & creé, & non iamais qu'il eſt eternel, & non creé. Qu'il ſoit ainſi, il n'eſt ja beſoing d'en alleguer les teſmoignages du liure de Timæus, attendu que tout le liure d'vn bout à autre, n'eſt que de la generation ou creation du monde: & des autres liures en l'Atlantique, Timæus faiſant ſa priere, nomme celuy qui pieça eſtoit de faict, & maintenant auſſi de parole, Dieu. Et en ſon Politique l'hoſte Parmenidien *C'eſt en-*
,, dit, Que le monde compoſé de Dieu a eſté fait participant de pluſieurs biens, & que *droit eſt*
,, s'il y a quelque choſe de mauuais, qu'il y eſt demouré meſlé parmy de ſa premiere *tout corrompu.*
,, habitude & eſtat auquel il eſtoit auant ſa conſtitution tout deſreglé & deſordonné. *Le quater-*
Et en ſes liures de la Republique, parlant du nombre que quelques vns appellent *naire des*
,, mariage, Socrates commanceant à diſcourir dit ainſi, Le Dieu natif ou engendré a *Pythago-*
D ſa conuerſion, que le nombre parfait comprend. En ce lieu-là il ne peut appeler au- *riens, par*
tre Dieu natif que le monde.   *   *lequel ils iuroient.*

Icy y a vne breſche en l'original.   1 2
La premiere copulation eſt d'vn & de deux, la ſeconde de trois & de quatre, la   3 4
troiſiéme de cinq & ſix, deſquelles pas vne ne fait vn nombre quarré ny par ſoy, ny   5 6
par autres: la quatriéme eſt de ſept & de huict, laquelle aſſemblee auec les premieres, *ſont en-*
fait le nombre quarré de trente ſix.   *ſemble* 36.

De la création de l'ame.

Mais le Quaternaire des nombres que Platon a posez, a vne plus parfaite generation, estants les pairs multipliez par interualles pairs, & les non-pairs par interualles non-pairs: car elle contient premieremēt l'vnité cóme la souche premiere des nombres tant pairs que non-pairs, & au dessoubs d'elle le Deux, & le Trois, qui sont les premiers nombres plats: & puis Quatre & Neuf, les premiers quarrez: & puis Huit & Vingt & sept, les premiers cubiques, l'vnité estāt mise hors de compte: par où il appert qu'il ne veult pas que lon colloque les nombres tous les vns sur les autres en droite ligne, ains à part les vns deuāt les autres, les pairs d'vn costé, & les non-pairs de l'autre, cōme il est cy dessoubs descrit: Ainsi seront les filez des nōbres semblables, qui engendrerōt des nombres remarquables & notables, tant par composition que par multiplication: par composition ainsi, deux & trois font cinq, quatre & neuf font treize, huict & vingt & sept trente cinq: car de ces nombres là, les Pythagoriens appellent le cinq ϒϕον, c'est à dire son, estimants que le cinq soit le premier parlant & sonant des interualles du ton, & que le treize en est le residu, desesperans, comme aussi fait Platon, de pouuoir partir le ton en deux egales parties: & le trente-cinq, ils l'appellent Harmonie, d'autant qu'il est composé des deux premiers nombres cubiques, procedant du premier pied pair, & du premier non-pair, c'est à sçauoir du huit & du vingt & sept: & semblablement aussi est composé de ces quatre nombres, du six, du huit, du neuf, & du douze, lesquels contiennent la proportion Arithmetique & Harmonique: mais cela sera plus clair à voir, en le mettant en figure deuant les yeux. Supposons donques qu'il y ait vne figure en forme de thuile, qui s'appelle vn parallelogramme à angles droicts, qui soit designé par ces lettres, A B C D Dont le costé moindre A B, soit de cinq, & le plus long A D, soit de sept parties, le moindre costé soit diuisé en sections inegales, l'vne de deux, l'autre de trois parties au poinct signé E, & le plus long en autres deux inegales aussi, de trois & de quatre au poinct signé F: ainsi A E G F seront six, E B I G neuf, G H D F huict, G I C H douze. Ceste figure parallelogramme, plus longue que large, estant composee de trente-cinq parties, contient en soy toutes les raisons des premiers accords, & consonances de musique, és nombres des aires & petites placettes quarrees: car le six comparé au huict a la raison ou proportion sesquitierce, en laquelle cōsiste la quarte: le six à neuf a la raison sesquialtere, en laquelle consiste la quinte: & le six à douze a la raison double, en laquelle consiste l'octaue: aussi y est la raison du ton qui est sesquioctaue, cōme de huit à neuf: c'est pourquoy ils ont appelé ce nombre là de trente cinq, qui contient les raisons des tons, les consonances & accords l'Harmonie, lequel estant multiplié par six, fait le nombre de deux cents dix, qui est le nombre des iours, dedans lesquels se forment & parachevent les enfans qui naissent à sept mois. Item à le prendre par vn autre commancement par multiplication, deux fois trois font six, & quatre fois neuf font trente six, & huict fois vingt & sept font deux cens seize: or est le six nombre parfait, d'autant qu'il est egal à ses parties, & s'appelle mariage pour la commixtion du pair, & du non-pair. Qui plus est, il se treuue composé du principe des nombres qui est vn, du premier pair qui est deux, & du premier non-pair qui est trois. Et puis trente six est le premier nombre quarré ensemble & triangle quarré du pied de six, & triangle du pied de huict, & se produit par multiplication des deux premiers nombres quarrez, c'est à sçauoir du quatre multipliant le neuf,

Il aparauant en 2. lieux attribué cela au 5.

De la creation de l'ame. 550

le neuf, & par l'assemblement de trois cubiques de l'vn, du huict & du vingt sept, qui assemblez ensemble font trente six: & puis il se peult estendre en forme de thuile plus longue que large, en deux sortes, en mettant ou douze fois trois, ou neuf fois quatre. Or maintenant si lon prend les nombres des costez de toutes ces figures, c'est à sçauoir le six du quarré, le huict du triangle, le neuf de l'vne des thuiles, & les douze de l'autre, on trouuera qu'ils feront les raisons & proportions de toutes les consonances: car le douze comparé au neuf sera la quarte, comme fait la Nete la haulte note à la moyenne, au huit sera quinte, comme de l'Hypate la basse note à la moyéne, & à douze sera l'octaue, comme la Nete à l'Hypate. Et le nombre de deux cents seize, est nombre cubique, procedant de six pour son pied, & si est egal aux aires quarrees de son pourpris. Ces nombres proposez aiants tant de vertus & de proprietez, le dernier vingt sept a encore cela de peculier, qu'il est egal à tous les precedents assemblez ensemble, c'est à sçauoir à vn, deux, trois, quatre, huict & neuf: d'auantage c'est le nombre des iours de la reuolution de la Lune. Et les Pythagoriens entre les distances & interualles des sons mettent celuy du ton en ce nombre là: c'est pourquoy ils appellent le treize λεῖμμα, comme qui diroit, le defaut, d'autant qu'il s'en fault vne vnité que ce ne soit la moitié de vingt-sept. Or que ces nombres-là aussi contiennent les raisons & proportions de toutes les consonances & accords, il est aisé à entendre: car il y a la double d'vn à deux, en laquelle consiste le Diapason: de deux à trois la sesquialtere, en laquelle consiste le Diapente ou la quinte: de trois à quatre la sesquitierce, en laquelle consiste le Diatessaron, la quarte: & la triple, de trois à neuf, en laquelle consiste le Diapason & Diapente, ensemble la quinte sur double: & la quadruple, de deux à huit, qui est le Disdiapason, c'est à dire, double sur double, ou vne quinziéme. Il y a aussi la sesquioctaue de huit à neuf, en laquelle consiste le ton: & si lon compte l'vnité qui est commune aux nombres pairs & non-pairs, tout le nombre des pairs, les prenants depuis vn iusques à huit, fait quinze, nombre triangle procedát du pied de cinq: & ceux de la rengee des non-pairs, à sçauoir, vn, trois, neuf, vingt sept, font quarante, qui les somme ensemble, & ces quarante là sont composez de treize & de vingt-sept, par lesquels les Mathematiciens mesurent precisément les interualles des sons, dont on chante, appellants l'vn Diesis, & l'autre Ton: & ce nombre de quarante vient par multiplication de la vertu du quaternaire: car si vous multipliez quatre fois chascun des quatre premiers nombres pris à par-soy, c'est à sçauoir vn, deux, trois, quatre, il en prouiendra, quatre, huit, douze, seize, qui sommez ensemble feront quarante: & ces quarante-là contiennent encores toutes les raisons & proportions des consonances, pour ce que seize comparé à douze a proportion sesquitierce, à huict double, à quatre quadruple, & le douze à huict sesquialtere, à quatre triple, qui sont les proportions de la quarte, de la quinte, de l'octaue, & de la quinziéme. Et puis ce quarante est égal aux deux premiers nombres quarrez, & aux deux premiers cubiques: les deux premiers quarrez sont vn & quatre, les deux cubiques huit & vingt-sept, qui sommez ensemble, font quarante: tellement que le quaternaire de Platon est en sa disposition bien plus ample, plus diuersifié & plus parfaict que non pas celuy de Pythagoras. Mais pour ce que és nombres proposez ne se peuuent trouuer places pour les medietez qu'il introduit, il a fallu estendre les nombres en plus amples termes, en retenant tousiours les mesmes raisons & mesmes proportions: il nous faut vn peu declarer quels sont ces nombres-là, & premierement traicter de ces medietez. La premiere doncques est celle qui surmonte & est surmontee de ses extremitez par vn mesme nombre, laquelle on appelle maintenant Arithmetique: l'autre qui surmonte & est surmontee par mesme partie de ses extremitez, s'appelle Hypenantia, c'est à dire, soubcontraire: comme, pour exemple, les deux bouts & extremitez, & le milieu de la medieté Arithmetique sont six,

De la creation de l'ame.

neuf, douze : car neuf qui est au milieu surmonte six du mesme nombre qu'il est surmonté de douze, c'est à sçauoir de trois, & de la soubcontraire. Ces fins sont comme six, huit, douze : car huict qui est le milieu surmonte six de deux, & est surmonté par douze de quatre, & le quatre est la troisiéme partie de douze, comme deux est la troisiéme partie de six. Ainsi aduient-il qu'en la medieté Arithmetique le milieu surmonte l'vn des bouts, & est surmonté par l'autre d'vne mesme sienne partie : & en la soubcontraire d'vne mesme partie non sienne, mais de ses extremitez, c'est pourquoy elle est appellee soubcontraire : & c'est aussi celle que lon nomme harmonique, pour ce que dedans ses fins elle comprent les premieres consonances, c'est à sçauoir du moindre bout au plus grand, le Diapason, l'octaue : du plus grand au milieu, la quinte : & du milieu au moindre bout, la quarte : par ce que le plus grand terme ou bout estant mis sur la note ou corde Nete, & le moindre sur l'Hypate, le milieu se trouuera sur celle qui se nomme moienne, qui sera vers la Nete vne quinte, & vers l'Hypate vne quarte : tellement que huit sera sur la moienne, douze sur la Nete, & six sur l'Hypate. Or pour sçauoir facilement trouuer ces medietez-là, & promptement, Eudorus en monstre la maniere : car assemblez les deux bouts ensemble, & du sommé des deux en prenez la moitié, ce sera la medieté Arithmetique : ou prenez la moitié de chascun des bouts, & les mettez ensemble, ce qui en prouiendra sera la medieté Arithmetique, autant aux doubles comme aux triples. Mais en la soubcontraire ou harmonique, si les deux termes & bouts sont l'vn à l'autre en proportion double, prenez le tiers du moindre, & la moitié du plus grand, le nombre qui en prouiendra sera le milieu harmonique : mais si les deux bouts sont l'vn à l'autre en proportion triple, il faut au contraire prendre la moitié du moindre, & le tiers du plus grand, & le sommé sera le milieu : comme, pour exemple, soit en triple proportion le moindre terme six, & le plus grand dixhuit, si tu prens la moitié de six qui est trois, & le tiers de dixhuit qui est six, il en viendra neuf, pour le milieu qui surmonte & est surmonté de mesme partie des deux bouts, c'est à sçauoir de la moitié. Voyla comment les medietez se prennent. Or les faut-il là entreietter & colloquer entre deux, pour remplir les espaces ou interualles doubles & triples : mais entre les nombres proposez les vns n'ont aucune place de milieu, les autres ne l'ont pas suffisante : parquoy on les augmente, en retenant tousiours les mesmes proportions, & y fait-on des places & receptacles suffisans pour receuoir lesdites medietez : Et premierement pour le moindre bout ou terme, au lieu de vn on met six, pour ce que c'est le premier de tous les nōbres qui a moitié & tiers, & multiplie lon tous les nombres qui sont au dessoubs par six, ainsi cōme il est soubscript pour pouuoir receuoir les medietez toutes deux és doubles & triples in- 12. 2. 3. 18. teruales. Et pour autant que Platon a dit, Estans les interual- 24. 4. 9. 54. les sesquialteres, sesquitiers, & sesquioctaues, de ces liai- 48. 8. 27. 162. sons là és precedentes distances il remplissoit tous les sesquitiers de l'interualle sesquioctaue, laissant vne partie de chascun d'eux, & la distance de ceste partie prise de nombre à nombre, aiant pour ses bouts & ses termes deux cents cinquante six, & deux cents quarante & trois. pour les paroles de ce texte ils ont esté contraints d'estendre encore ces nombres, & les faire plus grands, tant qu'il y eust deux nombres suiuās de reng en proportion sesquioctaue : là où le six ny de luy mesme entier ne pouuoit auoir proportion sesquioctaue, & qui l'eust diuisé, en partissant l'vnité en parcelles de nombres rompus, l'intelligence en venoit à estre mal-aisée à comprendre : il appella celle façon multiplication, ne plus ne moins qu'en la musique aux mutations, là où si vous tendez & augmentez le premier nombre, il faut quant & quant que la description de toutes les autres notes se tende & s'augmente aussi. Eudorus doncques, suiuant Crantor, prit pour le premier nombre trois cents octante quatre, qui se fait en multipliant soixante quatre par six,

&

De la creation de l'ame. 551

& les induits à ce faire le nombre de soixante quatre, qui a pour son soubs-sesquioctaue huit, & son sesquioctaue septante deux. Mais il accorde mieux auec le texte & les paroles de Platon, de supposer la moitié: car le defaut qu'ils appellent λεῖμμα, aura la proportion sesquioctaue aux nombres que Platon a posez, deux cents cinquante six, & deux cents quarante trois, ayants mis pour le premier, cent nonante deux: & si le double d'iceluy se met pour le premier, le Limma sera de la mesme proportion, mais en nombre double, comme de cinq cents douze à quatre cents octante quatre: car deux cents cinquante six sont en proportion sesquitierce de cent nonante deux, & cinq cents douze, de quatre cents octante quatre. Et ne sera pas ceste reduction sans raison, ayant donné occasion apparente à Crantor: car le nombre de soixante quatre est Cube, procedant du premier quarré, & quarré procedant du premier cube, & estant multiplié par trois, le premier non-pair, & le premier triangulaire, le premier parfait & sesquialtere, il fait cent nonante deux, qui a aussi son sesquioctaue, comme nous monstrerons. Mais premierement vous entendrez mieux que c'est que Limma, & quelle est l'intelligence de Platon, si vous voulez vn peu rememorer ce que lon dit és escholes des Pythagoriens: car Diastema, c'est à dire, interualle en matiere de chant, est tout le contenu entre deux sons de diuerse tension, entre lesquels interualles il y en a vn qui s'appelle ton, celuy dequoy la quinte surmonte la quarte: de ce ton entier, comme tiennent les Musiciens, couppé en deux par la moitié, il se fait deux interualles, qui s'appellent l'vn & l'autre demy-tons: mais les Pythagoriens n'estiment pas qu'il se puisse mespartir egalement, & estants les deux sections inegales, ils en appellent la moindre Limma, c'est à dire, le defaut, pource que c'est vn peu moins de la moitié: & pourtant il y en a qui forment l'accord de la quarte de deux tons & demy ton, les autres de deux tons & d'vn Limma, & semble que le tesmoignage du sentiment de l'ouye s'accorde auec les Musiciens & Harmoniques, & la demonstration auec les Mathematiciens. La preuue de la demonstration se fait en ceste maniere: C'est chose qui se suppose pour certaine, esprouuee par les instrumens, que le Diapason ou l'octaue a la proportion double: Diapente, la quinte, sesquialtere: Diatessaron, la quarte, sesquitierce: & le ton, sesquioctaue: & en peut-on encore presentement examiner & esprouuer la verité, en attachant deux pois doubles à deux cordes égales, ou faisant de deux tuyaux de aubois d'egale concauité, l'vn double en longueur de l'autre: car l'aubois qui sera de plus grande longueur sonnera plus gros, comme l'Hypate au regard de la Nete, & des deux cordes, celle qui sera roidie par le plus grand pois sonnera plus clair, comme la Nete à comparaison de l'Hypate, & cela est la consonance du Diapason: semblablement aussi trois comparez à deux, soit en longueur ou en pesanteur, fera la quinte, & quatre à trois fera la quarte, car l'vn a la proportion sesquitierce, & l'autre sesquialtere: & si l'inegalité des pois ou des longueurs est comme de huict à neuf, elle fera l'interualle du ton, non pas que ce soit accord, mais son propre à chanter: car les sons, qui les touche, ou sonne, ou entonne l'vn apres l'autre, rendent vn chant doux & agreable aux aureilles, mais qui les sonneroit ensemble, le son en seroit fascheux, & offenseroit l'ouye: au contraire és consonances, qui les touche ou ensemble, ou l'vn apres l'autre, l'aureille en reçoit le consent & accord auec grand plaisir: toutefois encore monstre lon cela par raison, car l'harmonie du Diapason est composee de la quinte, & de la quarte, & en nombres, le double est composé du sesquialtere, & du sesquitiers, car douze sont en proportion sesquitierce du neuf, & sesquialtere du huict, & double du six: adonc la proportion double est composee de la sesquialtere, & de la sesquitierce, comme le Diapason du Diapente, & du Diatessaron, c'est à dire, l'octaue de la quinte & de la quarte: mais la quinte est plus grande que la quarte d'vn ton, & icy és nombres la sesquialtere plus grande que la sesquitierce, d'vne sesquioctaue:

L'experiē-ce monstre que le double doit prendre à la concauité, & non pas à la longueur.

Aaaa

De la creation de l'ame.

il appert doncques que le Diapason a la proportion double, & la quinte sesquialtere, & la quarte sesquitierce, & le ton la sesquioctaue. Cela estant prouué & demonstré, voyons maintenant si la sesquioctaue se peut mespartir en deux sections egales : car si elle ne peut, aussi ne fait doncques pas le ton : & pour ce que le huict & le neuf font la premiere proportion sesquioctaue, il n'y a rien d'interualle entre deux, l'vn & l'autre estans doublez, le nombre qui se treuue entre deux fait deux interualles : il est manifeste que si ces deux interualles sont egaux, la sesquioctaue se peut egalement diuiser en deux. Or est-il que la double de neuf est dix-huict, & de huict seize, lesquels reçoiuent entre eux-deux dix-sept : ainsi y-a-il l'vn des interualles plus grand, & l'autre plus petit, car le premier est de dix-huict à dix-sept, & le second de dix-sept à seize : adonc la sesquioctaue proportion se diuise en portions & sections inegales, & consequemment aussi le ton. Parquoy la diuision faicte, nulle des sections n'est proprement demy ton, ains a esté l'vne à bon droict appellee par les Mathematiciens Limma : & c'est ce que dit Platon, que Dieu remplissant les sesquitiers des sesquioctaues laissa vne partie de chascun d'iceux, dont la raison est & proportion qu'ont deux cens cinquante six, à deux cens quarante trois : car que l'on prenne vne quarte en deux nombres qui ayent entre eux vne proportion sesquitierce, comme deux cents cinquante six, à cent nonante deux, dont le moindre nombre, 192. soit colloqué sur la note basse du tetrachorde, & le grand 256. sur la haute : il faut monstrer que cela remply de deux sesquioctaues, il demeure vne interualle aussi grand, comme à le prendre en nombre deux cens cinquante six : car le bas son estant roidy & tendu d'vn ton, qui est la raison sesquioctaue, il se fait deux cents seize, & puis derechef cestuy estant encore roidy & tendu d'vn autre ton, il deuient deux cents quarante trois : car ils surmontent deux cents seize de vingt sept, & deux cents seize surmontent cent nonante deux de vingt quatre, dont le vingt sept est sesquioctaue de deux cens quarante trois, & vingt & quatre de deux cents seize. Parquoy de ces nombres icy le plus grand est sesquioctaue du milieu, & le milieu du plus petit, & la distance depuis le plus petit iusques au plus grand, c'est à dire, depuis cent nonante-deux, iusques à deux cents quarante trois, deux tons remplis de deux sesquioctaues, lequel interualle osté il demeure l'interualle du total, qui est entre deux cents quarante trois, & deux cents cinquante six, qui sont treize : c'est pourquoy ils appelloient ce nombre là λεῖμμα, comme qui diroit, defaut ou residu. Quant à moy donc ie pense que la sentence de Platon est tres-clairement exposee en ces nombres là : les autres mettans les fins & termes du Diatessaron, pour le haut deux cents octante huict, & pour le bas deux cents seize, acheuent proportionalement le reste, sinon qu'ils prennent deux defauts entre les deux extremitez : le bas estant tendu d'vn ton, il se fait deux cents quarante trois, & le haut estant lasché d'vn autre, il deuient deux cents cinquante six, car ils sont sesquioctaues, 243. de 216. & 288. de 256. de maniere que chascun des interualles est d'vn ton, & demeure ce qui est entre 243. & 256. qui n'est pas demy ton, ains est moins : car 288. est plus que 256. de trente-deux, & 243. est plus que 216. de vingt-sept, & 256. est plus que 243. de treize, & tous les deux auantages sont moins que demy ton : parquoy le Diatessaron se trouue de deux tons, & de ce qu'ils appellent Limma, non pas d'vn demy ton : voila comment il se demonstre. Ainsi n'est-il pas mal-aisé à entendre par ce que nous auons dit, pourquoy c'est que Platon ayant dit, qu'il se fait des interualles sesquialteres, sesquitiers, & sesquioctaues, en remplissant les sesquitiers des sesquioctaues, il n'a point fait mention de sesquialteres, ains les a laissez en arriere : c'est pour ce que la sesquialtere est remplie, quand on adiouste la sesquioctaue à la sesquitierce, ou bien la sesquitierce à la sesquioctaue. Ces choses ainsi demonstrees, maintenant, quant à remplir les interualles, & y entreietter les medietez, quand

personne

De la creation de l'ame.

A personne ne l'auroit fait au parauant, ie le vous laisserois faire pour vostre exercice: mais cela ayant desia esté fait, & par plusieurs gens de bien, principalemét par Crantor, Clearchus, & Theodorus, tous natifs de la ville de Soles, il ne sera point hors de propos de parler vn petit de la difference qu'il y a entre eux : car Theodorus ne fait pas deux files de nombres, comme les autres, ains les met tous d'vne rengee les vns apres les autres, les doubles & les triples, & se fortifie premierement par ceste partition de la substance que lon appelle selon la longueur, qui fait deux branches d'vn tronc, & non pas quatre de deux : & puis il dit qu'il faut que les interpositions des medietez prennent ainsi place, autrement qu'il y auroit perturbation & confusion, & passant incontinent du premier double au premier triple, y debuant estre ce qui doit remplir l'vn & l'autre. De l'autre costé aussi fait pour Crantor la situation & position des nombres plains auec les plains, quarrez auec les quarrez, & cubes auec les cubes, qui sont ainsi colloquez vis à vis l'vn de l'autre en files opposites, & non pas seló leur rang, ains alternatiuement. *

B *Icy y a vne grande breche en l'original.*

Ce qui est tousiours d'vne sorte, c'est l'espece ou la forme : mais ce qui se diuise par les corps, c'est le subiect & la matiere : & la mixtion qui se fait des deux, c'est le suppost parfaict. Quant à la substance doncques indiuisible, qui est tousiours vne & tousiours de mesme sorte, il ne faut pas entendre qu'elle fuye diuision pour sa petitesse, comme font les petits corps, que lon appelle Atomes : car c'est ce qu'elle est simple, pure, non subiecte à passion, ny alteration aucune, ains tousiours semblable à soy & de mesme sorte, qui fait qu'elle est indiuisible, & n'ayant point des parties, pour laquelle simplicité, quand elle vient à toucher aucunement les composez & differents, elle fait cesser la diuersité, & les rend d'vne mesme habitude par similitude & si lon veut appeller celle qui est diuisible par les corps, matiere, comme subiecte à icelle & participante d'icelle, vsant d'equiuocation, il n'y aura point d'interest quát

C à ce dont il est question : mais ceux qui veulent que la corporelle matiere soit meslee auec l'indiuisible, sont en grand erreur. Premierement par ce que Platon n'a point vsé maintenant d'aucuns noms d'icelle, par ce qu'il a tousiours accoustumé de l'appeller receptacle receuant tout, & nourrisse, non pas diuisible par les corps, ains plustost corps diuisé en singuliers indiuidus. Et puis quelle difference y aura-il entre la generation du monde & de l'ame, si leur constitution de l'vn & de l'autre est composee de la matiere & des choses intelligibles ? Platon certes luy mesme, comme ostant à l'ame l'estre engendré du corps, dit que Dieu luy a mis tout ce qui estoit corporel au dedans d'elle, & puis que par dehors il a esté caché & couuert d'elle tout à l'enuiron : & brief apres auoir fabriqué de proportion l'ame, il subioinct puis apres le traitté de la matiere, ne s'en estant point seruy au parauant quand il traittoit de la creation de l'ame. Autant en peut-on semblablement respondre à Posidonius:

D car il ne s'est pas fort esloigné de la matiere, ains cuidant que la substance des termes & extremitez soit ce qu'il appelle substance diuisible par les corps, & ioignant cela auec l'intelligible, il a prononcé & affermé que l'ame est l'Idee de ce qui est distant en tout sens selon les nombres qui cótiennent l'harmonie : par ce que les Mathematiques sont situees entre les premiers intelligibles & les sensibles : mais l'ame aiant des intelligibles l'estre eternelle, & des sensibles l'estre passible, il est conuenable qu'il y ait quelque substance entre deux : mais il n'a pas pris garde que Dieu depuis, apres auoir fait & parfait l'ame, vsa des termes & extremitez du corps, pour en dóner forme à la matiere, terminant & finissant sa substance vague & esparse, non contenue d'aucune liaison, l'enuironnant de superficies composees de triangles ioincts ensemble : encore est-il plus impertinent de faire l'ame vne Idee, par ce que l'ame est tousiours en mouuement, & l'Idee est immobile, & l'Idee ne se peut

De la creation de l'ame.

mefler auec ce qui eft fenfible, & l'ame eft toufiours attachee auec le corps. Et puis Dieu a efté imitateur de l'Idee comme de fon patron, & ouurier de l'ame comme de fon ouurage. Et que Platon ne tienne point que la fubftance de l'ame foit le nombre, ains bien qu'elle foit ordonnee par nombre, nous l'auons defia dit au parauant: mais alencontre de ces deux opinions cefte oppofition eft commune: Que ny aux nombres, ny aux termes & bornes des corps il n'y a aucune apparence, ny veftige de celle puiffance, par laquelle l'ame iuge de ce qui eft fenfible : car l'entendement & la faculté d'entendre qu'elle a, c'eft la participation du principe intelligible que luy mefme y a imprimé : mais l'opinion, la creance, l'imagination, & l'eftre paffiue & fenfitiue des qualitez qui font és corps, il n'eft homme qui fceuft penfer que cela puiffe proceder des vnitez, des poincts, des lignes, ny des fuperfices. Et toutefois non feulement les ames des mortels ont la faculté de iuger de toutes qualitez exte-
» rieures perceptibles aux fentimens : mais auffi celle du monde, ce dit Platon, quand
» elle vient à fe tourner en foy-mefme, & à toucher quelque chofe qui ait la fubftan-
» ce vague, fluide : & auffi l'indiuifible en fe mouuant par toute elle mefme, elle dit
» à quoy chafque chofe eft mefme, & à quoy elle eft autre & diuerfe, & à quoy prin-
» cipalement chafque chofe eft conuenable, foit à faire ou à fouffrir, tant és chofes
» qui viennent en eftre, qu'en celles qui font toufiours d'vne forte. D'auantage fai-
fant vne defcription des dix predicamens, il declaire encore cela plus dilucidement puis apres. La raifon vraye, dit-il, quand elle f'attache à ce qui eft fenfible, & le
» cercle de l'Autre allant droit l'annonce par toute fon ame, alors il f'engendre des
» opinions & des creances fermes & veritables : mais auffi quand elle eft en la partie
» intelligente & difcourante, & que le cercle du Mefme tournant aifément & ron-
» dement le demonftre, alors neceffairement la fcience fe parfait : & en quoy que ce
» foit que ces deux chofes là f'engendrent, fi aucun le nomme autrement qu'ame, cer-
» tainement il dit pluftoft toute autre chofe que la verité. D'où eft-ce doncques que l'ame a eu cefte motion opinatiue, qui comprend ce qui eft fenfible, diuerfe & diffe- rente de l'autre intellectiue, qui fe termine en fcience ? Il eft bien mal aifé de le dire, filon ne fuppofe fermement, que maintenant & en ceft endroit-là il ne compofe pas l'ame fimplement, ains l'ame du monde auec les parties cy deffus mentionnees, c'eft à fçauoir de la meilleure fubftance indiuifible, & de la pire, qu'il appelle di- uifible par les corps, qui n'eft autre chofe que l'imaginatiue & opinatiue motion, f'accordant auec ce qui eft fenfible, laquelle ne f'engendre pas, ains eft comme l'au- tre eternelle : car la nature qui a la vertu d'entendre, l'a auffi d'opiner : mais cefte in- tellectiue là eft immobile, impaffible, & pofee & fondee fur la fubftance qui touf- iours demeure d'vne mefme forte, & l'autre eft vague & diuifible, comme celle qui touche à vne matiere mobile, toufiours flottante & efpandue çà & là : car la ma- tiere fenfible parauant n'auoit ordre quelconque, ains eftoit fans forme, & fans bor- ne ne terminaifon aucune : & la puiffance qui eftoit en elle, n'auoit ny les opinions expreffes, articulees & diftinguees, ny fes mouuemens tous certains & ordonnez, ains pour la plus part reffemblans à des fonges temeraires, turbulents, trauaillans ce qui eft corporel, finon que par fortune ils tombaffent fur ce qui eft le meilleur : car elle eftoit entre deux, & auoit nature conforme & accordante à l'vn & à l'autre, touchant à la matiere en ce qu'elle eft fenfitiue, & aux chofes intelligibles en ce qu'el-
» le a moien de iuger : ainfi le declare il luy mefme en ces propres termes, Selon mon
» calcul, dit-il, cefte fomme foit arreftee de tout compte : que ces trois chofes
» triplement feparees eftoient auant que le ciel fuft, la fubftance, la place, la genera-
» tion. Il appelle la place la matiere, comme ailleurs le fiege, & aucunefois le recepta- cle, ce qui eft l'intelligible : la generation, lors que le monde n'eftoit pas encore, ne peut eftre autre chofe que la fubftance fubiette à mouuemens & alterations, fituee

entre le

De la creation de l'ame.

A entre le moulant & le moulé, tranfmettant les images de là icy : c'eft pourquoy elle a efté appellee diuifible, pource qu'il eft force que le fenfitif fe diuife & aille quand & le fenfible, & l'imaginatif quand & l'imaginable : car le mouuement fenfitif fe meut vers le fenfible au dehors, mais l'entendement de luy mefme eftoit ftable, ferme & immobile : mais eftant imprimé en l'ame & en eftant feigneur, il fe tourne en foy-mefme, & accomplit vn mouuement en rond & circulaire, touchant à ce qui eft principalement en ce qui demeure toufiours. Et pourtant difficile fut la meflange, & l'affociation de mefler le diuifible auec l'indiuifible, & ce qui n'eft aucunement mobile auec ce qui remue toufiours, & qui va par tout, contraignant par force le Mefme de f'affembler auec l'Autre. Si n'eftoit pas l'Autre mouuement, comme ny le Mefme n'eftoit pas ftation ou repos, ains eftoient le principe de diuerfité & de identité : car l'vn & l'autre defcendent de diuers principes, à fçauoir le Mefme

B de l'vnité, & l'Autre du binaire, & ont efté premierement meflez icy en l'ame, eftans liez par nombres & par proportions, & par medietez enarmoniques : & le Mefme imprimé en l'Autre fait difference, & l'Autre au Mefme fait ordre, comme il appert manifeftement és premieres puiffances de l'ame, lefquelles font la puiffance de mouuoir, & la puiffance de iuger. Le mouuement fe monftre incontinent au ciel, & en la diuerfité, l'identité, à la reuolution des eftoilles errantes & Planettes, & en l'identité la diuerfité en la fituation des eftoilles fixes : car là eft le Mefme le plus fort, comme és chofes terreftres tout le contraire. Et le iugement a bien deux principes, l'entendement du Mefme pour iuger les chofes vniuerfelles, & le fentiment de l'Autre pour iuger les particulieres : & la raifon puis eft meflee des deux, eftant Intelligence és chofes generales, intelligibles, & opinion és chofes fenfibles, vfans pour inftrumens & outils de la memoire & de l'imagination, dont les vnes font le Mefme en l'Autre, & les autres l'Autre au Mefme : car l'intelligence eft

C le mouuement de l'entendement enuers ce qui demeure ferme, & l'opinion eft la demeure de ce qui fent enuers ce qui remue : le Mefme colloque & met l'imagination ou phantafie, qui eft vne liaifon de l'opinion auec le fentiment en la memoire, & l'Autre au contraire la remue, pour la difference du paffé & du maintenant, touchant enfemble à l'identité & à la diuerfité. Et pour bien entendre la proportion de laquelle il a compofé l'Ame, il faut prendre l'exemple de la conftitution du corps du monde : car là les deux extremitez, à fçauoir le feu & la terre, eftans de nature bien difficiles à contemperer l'vn auec l'autre, ou pour mieux dire, impoffibles à comparir & à fe mefler enfemble, il meit au deuant du feu l'air au milieu d'eux, & l'eau au deuant de la terre : fi contempera premierement ces deux moiens là enfemble, & puis par eux les deux extremes des bouts qu'il accommoda & ioignit, & auec ces moiens là & auec eux mefmes. Et là mefme auffi derechef affembla-il le Mefme,

D & l'Autre, puiffances contraires & extremitez ennemies, non par elles mefmes immediatement, ains en mettant entre deux d'autres fubftances, l'indiuifible au deuant du Mefme, & la diuifible au deuant de l'Autre, eftant aucunement conuenable à l'vne & à l'autre : puis ces deux eftans meflees, y meflant & contemperant auffi les autres extremes, il ourdit & tiffut ainfi toute l'efpece de l'ame, faifant en tant qu'il eftoit poffible de differents femblables, & de plufieurs vn. Or y en a-il qui difent que Platon n'a pas bien dit, d'appeller la nature de l'Autre difficile à mefler, attendu, difent-ils, qu'elle n'eft point infufceptible, ains pluftoft amie de mutation, & que pluftoft la nature du Mefme eftant ferme & difficile à remuer, ne reçoit pas facilement meflange, ains la fuit & la reiette, à fin qu'elle demeure fimple, nette, fans aucune alteration : mais ceux qui reprennent cela, ignorent que le Mefme eft l'Idee de chofes qui font toufiours d'vne forte, & l'Autre l'Idee de celles qui fe portent diuerfement, & que l'effect de ceftui-cy eft de toufiours diuifer, feparer, & alterer ce à quoy

De la creation de l'ame.

il touche, & d'en faire d'vn plufieurs, & l'effect de celuy là, de conioindre & affembler par fimilitudes ces plufieurs en vne mefme forme & puiffance. Voyla quelles font les puiffances de l'ame de l'vniuers, lefquelles entrans en des inftrumēts caduques & paffibles, qui font les corps, bien qu'elles foient quant à elles incorruptibles & impaffibles, l'efpece de la dualité indeterminee y apparoift d'auantage, mais celle de l'vnité fimple plus obfcurement y eft enfoncee: toutefois encore ne fçauroit-on remarquer en l'homme, ny vne paffion du tout exempte de raifon, ny mouuement auffi de raifon, où il n'y ait du tout rien de cupidité, d'ambition, de ioye ou de douleur. Et pourtant y a il aucuns philofophes qui veulent que les paffions foient des raifons, comme fi toute cupidité, toute fafcherie, & toute ire, eftoient des iugemens: & d'autres auffi qui tiennent que toutes vertus font paffions: car force & vaillance, difent-ils, eft ce qui craint, & temperance ce qui iouït de volupté, & iuftice ce qui gaigne: toutefois l'ame eftant enfemble & contemplatiue & actiue, & contemplant les chofes vniuerfelles, & faifant les particulieres, entendant les vnes & fentant les autres, la commune raifon rencontrant toufiours au Mefme l'Autre, & en l'Autre auffi le Mefme, tafche bien à feparer de diuerfes bornes & feparations, vn d'auec plufieurs, & l'indiuifible d'auec le diuifible, mais elle n'en peut venir à bout, ny eftre purement en l'vn ny en l'autre, tant les principes font entrelaffez l'vn auec l'autre, & brouillez peflemefle. Et pourtant a Dieu conftitué vn receptacle au Mefme, & à l'Autre, de la fubftance diuifible & indiuifible, à fin qu'en diuerfité il y euft ordre: car cela eftoit le naiftre, & fans cela le Mefme n'auroit point de diuerfité, & confequemment point de mouuement ny de generation, & l'Autre n'euft point eu d'ordre, & par confequent auffi point de confiftence ny de generation: car f'il fuft aduenu au Mefme d'eftre autre d'Autre, & à l'oppofite auffi à l'Autre d'eftre Mefme à foy-mefme, cefte telle communication & participation l'vn de l'autre n'auroit ny ne produiroit rien de generatif, ains a befoing de quelque tierce matiere qui les reçoiue, & qui par eux foit difpofee: & c'eft celle que Dieu conftitua & compofa la premiere, en terminant & arreftant l'infinité de la nature mouuante des corps par la fermeté immobile des chofes intellectuelles. Et comme il y a vne forte de voix non articulee ne diftincte, pour fignifier aucune chofe, là où la Parole eft vne voix fignifiante & articulee pour donner à entendre la penfee: & harmonie eft vn compofé de plufieurs fons & interualles, & le fon eft vne chofe fimple & mefme, & interualle eft difference & diuerfité de fons, lefquels eftans meflez & affemblez enfemble, il fe fait le chant & melodie: auffi la paffibilité de l'ame eftoit infinie, & inftable & defordonnee, & depuis elle fut terminee, quand les bornes, termes & limites de l'efpece certaine furent appofees à la diuerfité variable de fon mouuement. Ainfi aiant compris le Mefme & l'Autre par fimilitudes & diffimilitudes de nombres, faifans de difference accord, de là eft procedee la vie de l'vniuers, fage & prudente, l'harmonie confonante, & la raifon menant gré & force, grace & contrainte, meflee enfemble, que le commun appelle la fatale deftinee: Empedocles la nomme accord & difcord enfemble, Heraclitus la tenfion oppofite du monde, comme d'vn arc, dont les deux bouts tirent l'vn contre l'autre, ou d'vne lyre: Parmenides, lumiere & tenebres: Anaxagoras, Entendement & Infinité: Zoroaftres, Dieu & le Diable, nommant l'vn Oromafdes, & l'autre Arimanius: mais Euripides n'a pas bien vfé de difionctiue au lieu qu'il deuoit vfer de conionctiue, là où il dit,

Iupiter foit neceffité forcee
De la nature, ou l'humaine penfee:

car à la verité, celle puiffance qui penetre & domine par tout l'vniuers, eft entendement & neceffité. C'eft ce que les Ægyptiens couuertement veulent donner à entendre foubs le voile de leurs fables, difans que quand Orus fut puny & defmembré,

l'efprit

De la creation de l'ame.

A l'esprit & le sang en fut donné à son pere, & la chair & la graisse à sa mere: mais de l'ame il n'y a rien qui demeure pur & net, simple, à part des autres: car comme disoit Heraclitus, Harmonie latente est meilleure qu'apparente, dedans laquelle Dieu qui l'a meslee, a caché & enfoncé les differences & diuersitez: & toutefois encore y voit-on, en la partie irraisonnable, la temerité turbulente: & en la raisonnable, la sagesse ordonnee: és sentimens necessité, en l'entendement pleine & entiere liberté: mais la puissance terminante ayme l'vniuersel & l'indiuisible, à cause de leur consanguinité: & au contraire, la puissance diuidente s'attache aux particuliers, par le diuisible: & le total s'esioüyt de la mutation du mesme à ce qu'il faut par l'autre: mais la difference des inclinations à l'honneste ou au deshonneste, & au plaisant & au desplaisant, & les rauissemens d'esprit & transports des amoureux, & les combats de l'honneur à l'encontre de la volupté en eux, monstrent euidemment, autant que nulle autre chose, la mixtion de la partie diuine & impassible, auec la mortelle &
B passible enuers les corps, dont luy-mesme appelle l'vne concupiscence des voluptez nee auec nous, l'autre vne opinion introduicte d'ailleurs, appetant le souuerain bien: car l'ame produict de soy-mesme la passibilité, & la participation de l'entendement luy vient de dehors, infuse par le meilleur principe, qui est Dieu. Si n'est pas la nature du ciel mesme exempte de ceste double compagnie, ains voit-on comme elle encline quelquefois en la reuolution du Mesme qui est la plus forte, & gouuerne le monde: & viendra vne portion de temps, comme elle a desia esté par plusieurs fois, en laquelle la sagesse s'espointera & s'esmoussera, & par maniere de dire s'endormira, en se remplissant d'oubliance de son deuoir, & de ce qui luy est propre, & ce qui dés le commencement est familier & conforme au corps, attire, appesantit & destourne en arriere l'acheminement & alleure de l'vniuers à la main droicte: mais il ne le peut rompre du tout à faict, parce que la partie meilleure se resueille de rechef, & regarde au moule & patron de Dieu, qui l'aide à retourner & à le redresser. Ainsi
C nous est-il monstré de plusieurs endroicts, que l'ame n'est pas toute œuure de Dieu, ains que ayant en elle vne portion de mal nee auec elle, elle a esté ordonnee & disposee par luy, en terminant par l'vnité l'infiny, à fin qu'elle deuint substance bornee de ses termes, & y mettant par le moyen du Mesme, & de l'Autre, l'ordre, la mutation, la difference & la similitude, & ayant contracté vne societé, alliance & amitié de toutes ces choses là, les vnes auec les autres, autant comme il estoit possible, par le moyen des nombres & des proportions. Dequoy encore que vous ayez bien souuent ouy parler, & en ayez leu plusieurs liures & plusieurs escripts, il ne sera pas mauuais que j'en die vn petit mot, en proposant premierement ce qu'en dit Platon: Dieu, dict-il, osta premierement vne partie de l'vniuers, & puis en osta encore le double de celle-là, & puis vne triple sesquialtere de la seconde, & triple de la premiere, & puis vne quatriéme double de la seconde, & vne cinquiéme triple de la
D troisiéme, & puis vne sixiéme octuple de la premiere, & vne septiéme vingtseptuple de la premiere. Apres cela il remplit les doubles & les triples interualles, en retrenchant encore vne partie de là, & la mettant au milieu d'iceux, de maniere que en chasque interualle il y auoit deux medietez, l'vne surmontant & estant surmontee d'vne mesme partie de ses extremitez, l'autre surmontant de mesme nombre l'vne de ses extremitez, & estant surmontee par l'autre: mais estans les interualles sesquialteres, sesquitiers & sesquioctaues de ces liaisons là és precedentes distances, il remplit tous les sesquitiers de l'interualle sesquioctaue, laissant de chascun d'eux vne partie, & la distance de ceste partie prise de nombre à nombre, ayant pour ses termes deux cens cinquante six, & deux cens quarante trois. En quoy l'on demande premierement de la quantité de ces nombres, & secondement de l'ordre de la quantité, qui sont ceux qu'il prend en doubles interualles: & quant à l'ordre, à sçauoir s'il

De la creation de l'ame.

les faut tous disposer en vne rengee, comme faict Theodorus, ou plustost, comme faict Crantor, en forme d'vn Lambda, Λ, en mettant l'vn sur la poincte, & puis en vne file, les doubles à part, & les triples en vne autre file: & quant à l'vsage & à l'efficace qu'ils ont, à la constitution & composition de l'ame. Quant au premier, nous reietterons ceux qui disent, qu'il suffit és proportions considerer quelle nature ont les interualles, & les medietez qui les remplissent, en quelques nombres que ce soit que lon suppose qu'ils ayent des places capables des proportions, la doctrine s'en faisant également: car encore que ce qu'ils disent soit vray, ils enseignent peu sans exemples, & si empeschent vne autre speculation, où il y a grace & doctrine ensemble. Si donc commençans à l'vnité, nous mettons à part les nombres doubles & les triples, ainsi comme luy nous monstre, il y aura d'vn costé, Deux, Quatre, Huict, & de l'autre costé, Trois, Neuf, Vingt-sept, qui seront sept nombres en tout, en prenant l'vnité commune, & procedant la multiplication iusques à quatre: car ce n'est pas en cest endroict seulement, ains en plusieurs autres, que la conuenance du quaternaire au septenaire est manifeste: or le quaternaire qui est tant celebré par les Pythagoriens, est de trentesix, lequel a cela d'admirable qu'il est composé des quatre premiers pairs, & des quatre premiers non-pairs, & se faict par la quatriéme couple ou coniugaison des nombres mis ensemble de reng: * car la premiere couple est d'vn & de deux, la seconde d'vn & de trois: car mettant l'vnité en premier lieu, comme commune à tous les deux, il prend huict, & puis vingt-sept, nous monstrant presque au doigt quelle place il baille à l'vn & à l'autre genre. Or traicter cela plus exquisement & plus exactement, appartient à d'autres, mais ce qui reste est propre à la matiere subiecte: car ce n'a point esté par ostentation de sa suffisance és arts Mathematiques, qu'il a inseré parmy vn traicté de philosophie naturelle des medietez Arithmetiques & Harmoniques, mais comme propos fort conuenable, & seruant à la composition & constitution de l'ame: combien que les vns cerchent les susdictes proportions aux mouuements plus ou moins vistes des Spheres des planettes, les autres plus aux distances, aucuns aux grandeurs des astres, & les autres qui semblent recercher les choses vn peu trop subtilement, aux diametres des Epicycles, comme si l'ouurier eust pour ceste cause appliqué l'ame distribuee en sept parts aux corps celestes. Plusieurs aussi accommodent à cecy les inuentions Pythagoriques, triplans la distance des corps depuis le milieu: ce qui se faict en mettant l'vnité sur le Feu, & sur l'Antichthone, c'est à dire sur la terre opposee à la nostre, trois: sur la Terre neuf, sur la Lune vingtsept, sur Mercure octante-vn, sur Venus deux cens quarante trois, & sur le Soleil sept cens vingtneuf, pource qu'il est ensemble quarré & cubique: c'est pourquoy ils appelloient le Soleil mesme aucunefois quarré, & autrefois Cube: & reduisent ainsi par triplation les autres astres: mais ils se mescomptent & se fouruoient grandement de la raison, si les demonstrations Geometriques valent quelque chose: & sont bien plus croyables à comparer à eux, ceux qui en vsent, combien qu'encore eux ne prouuent pas leurs positions bien exactement, mais ils en approchent bien pres, disant que le trauers ou diametre du Soleil comparé à celuy de la terre, est en proportion telle comme de douze à vn, & le diametre de la terre à celuy de la Lune est triple, & que celle qui apparoist la moindre des estoilles fixes, n'a pas son diametre moindre que la troisiéme partie de celuy de la terre, & que la totale boule de la terre à la totale boule de la Lune à proportion comme de vingtsept à vn. De Venus & de la terre les diametres sont en double proportion, & les boules en octuple proportion comme de huict à vn, & l'interualle de l'vmbre qui faict l'Eclipse au diametre de la Lune triple, & la largeur que decline la Lune hors du Zodiaque est vne douziéme partie, & les habitudes & respects d'icelle en distances triangulaires ou quadrangulaires, prennent forme ou de Lune coupee par moitié, qui est le premier
quartier,

De la creation de l'ame.

A quartier, ou de boſſuë deuant & derriere: & apres auoir paſſé ſix ſignes, elle faict la pleine Lune, comme vn accord & conſonance de Diapaſon:& eſtant ainſi que le Soleil ſe meut fort lentement au Solſtice, tant d'Eſté comme d'Hyuer, & fort viſtement aux deux equinoxes, la proportion de ce qu'il oſte aux iours, & adiouſte aux nuicts, ou au contraire és premiers trente iours apres le Solſtice d'Hyuer, eſt qu'il adiouſte au iour de la ſixiéme partie de la baſſe, dont la plus longue nuict ſurmonte le plus long iour, & les trente iours d'apres la troiſiéme partie, & aux autres iours iuſques à l'equinoxe, la moitié en interualles ſeſcuples & triples pour égaler l'inégalité du temps. Et les Chaldeiens diſent que le Prim-temps eſt au regard de l'Automne en proportion de Diateſſaron, en Diapente vers l'Hyuer, & vers l'Eſté de Diapaſon: mais ſi Euripides a bien limité les ſaiſons, quand il a dict,

  De quatre moys eſt l'Eſté chaleureux,
  Et tout autant dure Hyuer le hereux,
B   La moitié moins dure le bon Automne,
  Et le Prim-temps autant que luy fleuronne:

les ſaiſons ſe changent en proportion de Diapaſon. Les autres donnans à la terre la place de la note Proſlambanomenos, qui eſt A re, & à la Lune celle de Hypate, qui eſt B mi, à Mercure & à Venus celles de Diatonos & de Lichanos, qui ſeroient comme C fa vt, & D ſol re: ils mettent le Soleil ſur la Meſe, comme tenant le milieu du Diapaſon, diſtant de la terre d'vne quinte, & de la ſphære des eſtoilles fixes, d'vne quarte. mais ny la gentile imagination de ceux-cy ne touche droict à la verité aucunement, ny ceux-là non plus ne viennent preciſément au poinct. Mais ceux qui veulent que Platon n'ait iamais penſé à cela, diſent bien que cela ſe rapporte fort aux deſcriptions de la tablature des muſiciens, laquelle conſiſte en cinq tetrachordes, qu'ils appellent, le premier Hypaton, comme qui diroit des baſſes notes, le ſecond Meſon des moyennes, le troiſiéme Synemmenon des conioinctes, le quatriéC me Diezeugmenon des diſioinctes, & le cinquiéme Hyperboleon des ſupremes. Auſſi diſent-ils que ſemblablement les Planettes ſont poſées en cinq diſtances, dont l'vne eſt depuis la Lune iuſques au Soleil, & ceux qui ont meſme reuolution que luy, comme Mercure & Venus, l'autre depuis ces trois iuſques à l'enflammee planette de Mars, la troiſiéme iuſques à Iupiter, la quatriéme iuſques à Saturne, & la cinquiéme iuſques au ciel des eſtoilles fixes, tellement que les ſons & notes qui bornent les cinq tetrachordes ont les proportions des interualles des aſtres. Dauantage nous ſçauons que les anciens ne mettoient que deux notes Hypates, trois Netes, vne Meſe, & vne Parameſe, tellement que les notes eſtoient égales en nombre aux ſept Planettes: mais les plus modernes, ayans adiouſté celle qui ſe nomme Proſlambanomenos, plus baſſe d'vn ton que l'Hypate, ont paracheué toute la compoſition du DiapaD ſon, mais ils n'ont pas retenu ny conſerué l'ordre des conſonances & accords qui eſt ſelon nature, parce que le Diapente eſt premier que le Diateſſaron en adiouſtant vn ton au bas, là où Platon tout notoirement l'adiouſtoit au hault: car il dict en ſes liures de la R P. que ſur chaſcun des huict cieux y a vne Sirene aſſiſe qui le faict tourner, qu'elles iettent chaſcune vne voix propre, & que de toutes enſemble il s'en contempere vne harmonie, & qu'elles y prenans plaiſir chantent les choſes diuines, en danſant ſa danſe ſacree ſoubs la douce conſonance de huict chordes, comme auſſi y auroit-il huict termes premiers des proportions doubles & triples, en comptant pour vn terme l'vnité à chaſcune des files: & les plus anciens nous ont auſſi baillé neuf Muſes, les huict, ainſi que Platon meſme dict, entour les choſes celeſtes, & la neufiéme alentour des terreſtres, euocquee pour les addoucir & mettre en repos au lieu d'erreur, de trouble & d'inegalité. Or conſiderez ſi l'ame eſtant deuenuë treſiuſte & tres-ſage, ne manie pas le ciel & les choſes celeſtes par ces accords & mou-

De la creation de l'ame.

uements, qui font en elle eftant ainfi deuenuë bonne par les proportions harmoniques, dont les images font empraintes fur les corps & parties vifibles, & qui fe voyent du monde : mais la premiere & principale puiffance d'icelles eft vifiblement mefme inferee en l'ame, qui fe monftre elle mefme accordante & obeyffante à la meilleure & plus diuine partie, toutes les autres y côfentans auffi. Car le fouuerain ouurier & createur, trouuant vn defordre & vne confufion és mouuements d'icelle ame defordonnee & folle, qui difcordoit toufiours à elle mefme, il en diuifa & fepara vne partie, & en reconcilia & raffembla d'autres en vfant de nombres & de proportiôs, moyennant lefquelles les plus fourds corps, comme des pierres, des bois, des efcorces d'arbres, les boyaux mefmes des beftes, leurs nerfs, leurs fiels, & leurs prefures eftans contemperez & accommodez par raifons enfemble, exhibent des figures de ftatuës merueilleufes à voir, des forces de drogues & medicamens, des fons d'inftruments admirables. A raifon dequoy, Zenon le Citiciën côuioit les ieunes gens à aller voir & oüyr les ioüeurs des fleutes & aubois, és Theatres, pour entendre, difoit-il, quelle douceur de fons & de voix rendent des cornes, des bois, des cannes & roufeaux, & autres matieres dont on fait les inftrumens de mufique, quand on leur applique la raifon des proportions des accords. Car ce que les Pythagoriens fouloient dire & affermer, que toutes chofes reffemblent aux nombres, cela auroit befoing de long difcours, pour le monftrer : mais que tout ce en quoy il y auoit parauant difcord & debat, à caufe de la diffimilitude, & depuis y a eu accord & côfonance des vns auec les autres, ne foit aduenu par vne contemperature, moderation & ordre, en receuant les raifons & proportions des nôbres: il n'eft pas iufques aux poëtes qui ne le fçachent, appellans les chofes douces, amiables & gracieufes ἄρθμια, comme qui diroit, nombrees: & au contraire ἀνάρτιος les ennemis & aduerfaires, comme fi le difcord & inimitié n'eftoit autre chofe qu'vne difproportion: & celuy mefme qui a fait en vers vne loüange funebre au poëte Pindare, dict,

 Accommodé pour aux eftrangers plaire,
 Et à pas vn des bourgeois ne defplaire.

en quoy il monftre bien qu'il tenoit pour vne vertu finguliere cefte facilité accointable, de fe fçauoir accommoder: comme Pindare luy mefme dit de Cadmus,

 Dieu l'appellant il efcoutoit,
 Sa vaillance point ne vantoit.

Et les Theologiens du temps iadis, qui font les plus anciens philofophes, ont mis és mains des Dieux des inftruments de mufique, non qu'ils vouluffent dire, que ce fuft à faire à vn Dieu de ioüer & fonner de la fleute ou de la lyre, mais qu'il n'y a point de plus grand chef d'œuure, que l'accord & la confonance harmonique en toutes chofes. Ne plus ne moins doncques que celuy qui cercheroit les proportions fefquialteres, fefquitierces & doubles, au manche ou au ventre & aux cheuilles du luc & de la lyre, feroit digne d'eftre mocqué: non qu'il ne faille que ces parties là foient trefbien mefurees & proportionnees les vnes enuers les autres, en longueurs, groffeurs & efpeffeurs, mais pource qu'il faut cercher cefte conuenance là entre les fons: auffi eft-il vray-femblable que & les corps des aftres, & les diftances & interualles des Sphæres, & les viteffes de leurs cours & reuolutions foient proportionnez les vns enuers les autres, & enuers le total de l'vniuers, comme des inftruments bien tendus & accordez, encore que la mefure de la quantité nous foit incogneuë, & de nous ignoree: mais il faut eftimer que le principal effect & efficace de ces nombres, & proportions là, dont le fouuerain ouurier vfa, eft la confonance, accord & conuenance de l'ame en foy-mefme, par le moyen defquels nombres elle a remply le ciel mefme, quand elle y fut appofee, de biens infinis, & a difpofé & ordonné les chofes de la terre par faifons & mutations temperees & mefurees, trefbien & treffagement, tant pour la production que pour la conferuation des chofes produictes & engendrees.

                     Sommaire

Sommaire du Traitté de la creation de l'ame. 556

E Traitté qui est intitulé, De la creation de l'Ame, selon qu'elle est descripte au liure du Timæus de Platon, declare tout ce que & Platon & les Platoniques en ont escript, & ameine certaines proportions & similitudes Geometriques, lesquelles il estime appartenir à la contemplation & intelligence de la nature de l'ame: aussi apporte-il des propositions de Musique & d'Arithmetique: & dict que la matiere a esté informee par l'ame, donnant à l'vniuers vne ame, & à chasque animal aussi la sienne, qui le regit & gouuerne: & l'introduit aucunement ingeneree, & aucunement aussi subiecte à generation: mais la matiere eternelle ayant esté formee de Dieu, par le moyen de l'ame, Que le mal & le vice est vn germe de la matiere: à fin, dict-il, que l'on ne pense point que Dieu soit cause de mal.

Tout le reste est de mot à mot dedans le Liure, & seroit chose superflue de le mettre deux fois.

De la Fatale Destinee.

Ce Traicté est corrompu & esbreché en plusieurs endroicts, obscur par tout, faux en la pluspart, & defectueux à la fin, où defaut tout le discours comme les choses particulieres & singulieres sont contenuës & comprises en la Fatale Destinee.

E tascheray à t'escrire le plus briefuement & le plus clairement qu'il me sera possible, cher amy Pison, mon opinion touchant la fatale Destinee, pour satisfaire à ta demande, encores que tu sçaches fort bien que ie n'escris pas volontiers, & que ie suis fort retenu à ce faire. Premierement doncques il faut que tu entendes, que la fatale Destinee se nomme, & se prend & entend en deux sortes, l'vne comme estant action, l'autre comme estant substance. Quant à l'action, en premier lieu Platon l'a ainsi grossement esbauchee en son liure intitulé Phædrus, C'est l'ordonnance ineuitable, qui tousiours suit & accompagne Dieu: Et en son traicté qui se nomme Timæus, Les loix que Dieu a establies aux ames immortelles, en la procreation de l'vniuers. Et en ses liures de la Chose publique, il dict, que la Destinee fatale est la raison & parole de la fee Lachesis, fille de la Necessité: par lesquels traicts il nous donne à entendre non tragiquement, mais theologiquement, ce qui luy en semble. Et si d'auuenture en reprenant ces passages alleguez, on les vouloit vn peu plus familierement expliquer, on pourroit dire en exposant sa description du Phædrus, que la Destinee fatale est la raison diuine intransgressable pour cause qui ne se peut diuertir ny empescher. Et selon ce qu'il en a dit en son Timæus, c'est la loy attachee à la nature & creation du monde, par laquelle passent toutes les choses qui se font: car c'est ce que faict Lachesis, qui veritablement est la fille de Necessité, ainsi que nous auons desia dict, & comme nous l'entendrons encore mieux par ce que nous dirons en ce traicté cy apres. Voyla doncques que c'est que la Destinee, quand on la prend comme action. Mais comme substance, il semble que ce soit l'ame de l'vniuers, laquelle est diuisee en trois parties, la premiere celle qui n'erre point, la seconde celle que l'on estime errer, & la troisiéme celle qui est au dessoubs du ciel, alentour de la terre, desquelles trois parties de l'vniuers, la plus haulte s'appelle Clotho, la seconde se nomme Atropos, & la plus basse Lachesis, laquelle reçoit les influences & efficaces de ses deux sœurs celestes, & les transmet & attache aux choses terrestres, qui sont dessoubs son gouuernement. Ainsi doncques auons nous

De la fatale destinee.

exposé ce qu'il faut dire de la Destinee, à la prendre comme substance, quelle elle est, quelles parties elle a, comment elle est ordonnee, & en soy-mesme & enuers nous: mais quant aux particularitez de tout cela, il y a vne autre fable és liures de la Chose publique qui les donne couuertement à entendre, & nous auons essayé de te les expliquer au mieux que nous auons peu. Mais reuenans à nostre Destinee, comme action, discourons-en, pource que c'est d'elle que se font la pluspart des questions morales, naturelles, & dialectiques. Or auons nous desia aucunement definy que c'est, & voyons maintenant quelle elle est: encore que à plusieurs il semble fort estrange, ie dis que la Destinee n'est point infinie, mais finie & terminee, combien qu'elle embrasse, comme dedans vn cercle, l'infinité des choses qui sont & ont esté depuis temps infiny, & qui seront iusques à infinis siecles: car ny loy, ny raison, ny autre chose diuine ne sçauroit estre infinie: ce que tu entendras mieux, si tu consideres la reuolution vniuerselle & tout le temps vniuersel, quand les vistesses des huict reuolutions, c'est à dire des huict sphæres, comme dict Timæus, ayans paracheué leurs cours reuiennent à vn mesme poinct, estans mesurees par le cercle du Mesme qui va tousiours d'vne sorte: car en ceste raison qui est terminee & finie, toutes les choses qui sont tant au ciel comme en la terre, consistent par necessité de là sus, & seront derechef remises en mesme situation, & derechef rendues en leur premier commancement. Parquoy la seule habitude du ciel ordonne en toutes choses, tant enuers soy-mesme, qu'enuers la terre, & enuers toutes les choses terrestres, apres longues reuolutions reuiendra derechef quelquefois, & celles qui suyuent apres consecutiuement, & qui s'entretiennent de reng, baillent aussi consequemment chascune ce qu'elle apporte par necessité: car, à fin que la matiere soit plus esclaircie, supposons que tout ce qui est en nous, & autour de nous, aduienne & se face par le cours des cieux & influences celestes, comme estans cause efficiente entierement de ce que i'escris cecy maintenant, & de ce que tu fais aussi presentement, & en la mesme sorte que tu le fais. Par cy apres doncques, quand la mesme cause reuiendra, nous ferons les mesmes choses que nous faisons, & en la mesme sorte, & redeuiendrons les mesmes hommes, & ainsi de tous les autres, & ce qui suit apres aduiendra aussi par la cause suiuante: & brief toutes choses qui seront aduenuës en chascune des vniuerselles reuolutions, seront derechef rendues les mesmes. Par ainsi apparoist-il ce que nous auons desia dict auparauant, c'est que la Destinee estant en quelque sorte infinie, est neantmoins terminee & finie: & aussi ce que nous auons dict, que c'est comme vn cercle, se peut aucunement voir & comprendre: car ainsi comme le mouuement du cercle est vn cercle, & le temps qui le mesure est vne maniere de cercle, aussi la raison des choses qui se font & qui aduiennent en cercle, à bon droict se peut estimer & dire cercle. Cela doncques, quand il n'y auroit autre chose, nous monstre presque que c'est que la Destinee, non pas la particuliere, ne celle de chascune & en chascune chose. Quelle donc est celle-là? c'est la generale en mesme espece de raison, tellement qu'on la pourroit accomparer à la loy ciuile: car premierement elle commande la pluspart des choses, si non toutes, au moins par supposition, & puis elle comprend, autant qu'il luy est possible, toutes les choses qui appartiennent au public en general: & pour mieux donner à entendre l'vn & l'autre, il le faut specifier par exemple. La loy ciuile parle & ordonne en general du vaillant homme, & du lasche & coüard, & ainsi des autres: mais ce n'est pas à faire à la loy de parler en particulier de cestuy-cy & de celuy-là, ains l'vniuersel en general principalement, & le particulier qui est compris soubs le general consequemment: car nous ne dirions iamais que ce soit à la loy ciuile de specifier qu'il faut punir ce particulier icy pour la coüardise, & remunerer celuy-là pour la vaillance, pourautant que la loy en a definy en puissance, non pas en paroles expresses: tout ainsi comme la loy des medecins & des maistres des exercices,

en

De la fatale destinee. 557

A en maniere de parler, comprend les choses particulieres & speciales dedans les generales, tout ainsi faict la loy de nature, determinant les choses generales principalement & premierement, & les particulieres consequemment & secondement: ainsi se peuuent dire les choses particulieres & indiuiduës en aucune maniere destinees, pource qu'elles le sont par consequence des generales. Mais à l'aduenture pourroiton dire que cela seroit trop subtilement recerché, & au contraire que les particulieres choses & indiuiduës precedent la composition des generales, & que les generales sont pour les particulieres: or ce pourquoy autre est, precede tousiours ce qui est pour luy: toutefois ce n'est pas icy le lieu où il faut traicter ceste difficulté-là, ains en faudroit parler ailleurs: mais que la Destinee ne comprenne pas toutes choses nettement & expressément, ains seulement les vniuerselles & generales, cela soit pour le present comme tout resolu, tant pource que nous auons desia dict, que pource que nous dirons cy-apres: parce que le finy & terminé conuenant proprement à la
B prudence diuine, se voit plus és choses vniuerselles & generales que non pas és particulieres: telle est la loy diuine, & aussi la ciuile, & l'infiny est és choses indiuiduës & singulieres. Apres cela il nous faut declarer que c'est que par supposition, & estimer que la Destinee est telle. Nous auons doncques appelé par supposition, ce qui n'est pas posé de soy ny par soy-mesme, ains supposé & adioinct apres vn autre qui signifie suitte & consequence: & cela est l'ordonnance d'Adrastie, c'est à dire la loy & arrest ineuitable, à laquelle si quelque ame se pouuoit associer, elle verroit par consequence tout ce qui feroit iusques à l'autre generale reuolution, & seroit exempte de mal, & si elle le pouuoit tousiours faire, elle ne souffriroit iamais aucun dommage. Voyla que c'est que nous appellons par supposition, & general. Et que la destinee fatale soit telle, il est tout manifeste, tant par sa substance que par son nom: car elle s'appelle εἱμαρμένη, comme si lon vouloit dire εἰρομένη, c'est à dire dependante & enfilee: & est vne loy & vne ordonnance, pourautant que les choses y sont or-
C donnees & disposees selon & ensuiuant celles qui se font ciuilement. Apres il nous faut venir à traicter aussi de la relation, c'est à dire comment se refere & se raporte la fatale Destinee enuers la prouidence diuine, & comment enuers la fortune, & que c'est ce qui est en nous, & qui est contingent, & toutes choses semblables: & dauantage decider en quoy, & comment il est faux, & en quoy & comment il est veritable, que toutes choses aduiennent & se facent par fatale Destinee: car si lon entend que toutes choses soient comprises & contenuës en la fatale Destinee, il faut conceder que ceste proposition est veritable: & si lon veut mettre toutes les choses qui se font entre les hommes, & sur la terre, & au ciel mesme, en la fatale Destinee, concedons le encore pour le present: mais si lon entend, ce qu'il semble que ce mot d'estre fatal emporte plus, que non toutes choses, ains seulement ce qui suit, & qui est dependant, soit fatal, alors ne faut-il pas dire ne confesser, que toutes choses soient
D en la fatale Destinee: car tout ce que la loy comprend, & dont elle parle, n'est pas legitime ny selon la loy, parce qu'elle comprend trahison, elle traicte de la lascheté d'abandonner son reng en bataille, de l'adultere, & de plusieurs autres choses semblables, dont on ne sçauroit dire que pas vne soit legale, attendu mesme que ny faire vaillamment tuer les tyrans, ny faire aucun autre acte vertueux, ne se doit à mon aduis appeller legal, parce que legal proprement est ce qui est commandé par la loy: & si la loy ne commande, comment ne seroient rebelles à la loy & transgresseurs d'icelle ceux qui ne feroient de grandes vaillances d'armes, & qui ne tueroient les tyrans, ou qui ne feroient quelques autres tels actes insignes de vertu? & s'ils sont transgresseurs de la loy, pourquoy donc ne les punit-on? mais si cela n'est pas iuste ny raisonnable, il faut doncques aussi confesser, que ces choses-là ne sont pas legales ny selon la loy, & que legal & selon la loy est ce qui nommeement est prefix, & expressément

Bbbb

De la fatale destinee.

commandé par la loy en quelque action que ce soit: ainsi sont seulement fatales, & selon la destinee fatale, celles qui sont faictes suyuant la disposition diuine precedente, tellement que la fatale destinee comprend bien toutes choses, mais toutefois plusieurs de celles qui sont en elle comprises, & presque toutes celles qui precedent, à proprement parler, ne se doiuent point prononcer estre fatales, ny selon fatale destinee. Cela estant ainsi, il faut maintenant declarer comme ce qui est en nous, le liberal arbitre, la fortune, le possible & le contingent, & autres choses semblables, qui sont colloquees entre les precedentes, peuuent subsister auec la fatale destinee, & la fatale destinee auec elles: car la fatale destinee embrasse tout, comme il semble, & toutefois ces choses là n'aduiennent pas par necessité, ains chascune d'icelles selon le principe de son naturel. Or est-il que le possible, comme estant genre, doit preceder & aller deuant le contingent, & le contingent, comme subiect & matiere, doit estre supposé à ce qui est en nous, & ce qui est en nous en doit vser & s'en seruir comme maistre & seigneur, & la fortune entreuient en ce qui est en nous par la proprieté du contingent, qui est de pancher en l'vne & en l'autre partie: ce que tu comprendras plus facilement, quand tu considereras que tout ce qui se produit, voire la production mesme, ne se faict pas sans vne puissance, & la puissance n'est pas sans vne substance: comme, pour exemple, la production & le produict de l'homme n'est pas sans vne puissance qui est en l'homme, & l'homme en est la substance. De la puissance qui est entre deux vient la substance, qui est le puissant, & la production & le produict sont les possibles. Y ayant doncques ces trois choses, la puissance, le puissant, & le possible, auant que la puissance puisse estre, il est force que le puissant, comme son subiect, soit presupposé, & aussi est force que la puissance subsiste deuant le possible. Par ceste deduction doncques se peut aucunement entendre & declarer que c'est que le possible, & le peut-on grossement definir, que c'est ce que la puissance peut produire en estre: & plus proprement cela mesme, en y adioustant, prouueu qu'il n'y ait rien au dehors qui l'empesche: mais entre les choses possibles il y en a qui iamais ne sçauroient estre empeschees, comme celles qui se font au ciel, à sçauoir le leuer & coucher des estoilles, & choses semblables: les autres peuuent bien estre empeschees, comme sont la plusplart des choses humaines, & plusieurs aussi de celles qui se font en l'air. Les premieres, comme se faisans par necessité, s'appellent necessaires: les autres, qui peuuent aduenir en vne sorte & en vne autre s'appellent contingentes, & les pourroit-on ainsi descrire toutes deux. Le necessaire possible celuy qui est contraire à l'impossible, & le contingent possible celuy duquel le contraire est possible: car que le Soleil se couche c'est chose ensemble necessaire & possible, d'autant qu'il est contraire à l'impossible que le Soleil ne se couche point: mais que le Soleil couché il vienne de la pluye, l'vn & l'autre est possible & contingent. Et puis derechef entre les choses contingentes aucunes arriuent le plus souuent, les autres rarement & peu souuent, les autres également, autant d'vne sorte que d'autre, comme elles se rencontrent: & celles-là sont opposees à elles mesmes, à sçauoir celles qui arriuent le plus souuent à celles qui aduiennent rarement, & celles-là pour la plusplart sont subiectes à la nature: mais ce qui aduient également autant en vne sorte qu'en l'autre, est en nous: car que soubs l'estoille caniculaire il face chaud ou froid, chaud le plus souuent, & froid peu souuent, tous deux sont soubmis à la nature: mais se promener ou non, & autres semblables, dont l'vne & l'autre est soubmise au liberal arbitre de l'homme, cela s'appelle en nous & en nostre election, mais plus vniuersellement s'appelle-il estre en nous: car il y a deux sortes de cest estre en nous, l'vne qui procede de passion, comme de courroux ou de volupté, l'autre de discours & de iugement de raison, qui proprement se peut nommer estre en nostre election: & y a raison pourquoy ce possible & cõtingent qui a esté nommé en nous, ne le

De la fatale destinee.

A ne le soit pas pour mesme regard, ains pour diuers: car eu esgard à l'aduenir, il s'appelle possible & contingent: & eu esgard au present, il se nomme en nous & en nostre arbitre: si le pourroit-on ainsi definir, que le contingent est ce qui est, & son contraire possible: & ce qui est en nous l'vne des parties du contingent, à sçauoir celle qui presentement se faict selon nostre apperit: parquoy il appert que le possible par nature precede le contingent, & que le contingent subsiste deuant ce qui est en nous. Ainsi auons nous presque declaré quel est chascun d'iceux, que c'est, dont il a esté ainsi appellé, & les qualitez qui leur sont adiacentes: il reste maintenant à traicter de la Fortune & de l'accident ou cas fortuit, & s'il y a autre chose semblable dont on ait accoustumé de disputer. Il est certain que Fortune est vne cause, mais entre les causes il y en a aucunes qui sont cause de soy & par soy, les autres le sont par accident: comme d'vne maison ou d'vne nauire, les causes propres par soy sont le maçon & le charpentier, mais par accident le Musicien & le Geometrien, & toute autre qualité

B qui peut aduenir au maçon & au charpentier, tant au corps comme en l'ame, ou bien aux choses exterieures: dont il appert que la cause par soy ne peut estre que determinee, certaine & vne, mais que les causes par accident ne sont iamais vnes, mais infinies & indeterminees, car plusieurs accidents totalement differents, voire infinis, peuuent estre ensemble en vn mesme subiect. Ceste cause doncques par accident quand elle se rencontre en chose qui se faict à quelque fin, & qui soit en nostre arbitre & election, alors elle s'appelle Fortune, comme trouuer vn thresor en fouyssant vn fossé ou vn creux pour planter vn arbre, ou bien faire ou souffrir quelque chose extraordinaire, en fuyant ou chassant, ou bien autrement en marchant, ou seulement en se retournant, prouueu que ce ne soit pas à la fin de ce qui est aduenu, ains à quelque autre intention. Voyla pourquoy quelques vns des anciens ont definy la Fortune estre la cause incogneuë & impreuoyable au discours de la raison humaine: mais selon les Platoniques, qui en ont approché plus pres par la raison, on la definit

C ainsi, La Fortune est cause par accident és choses qui se font à quelque fin, & qui sont en nostre election: & puis ils y adioustent encore, improuueuë & incogneuë au discours de la raison humaine: combien que le rare & l'estrãge par mesme moyen apparoisse aussi en ce genre de causes par accident: mais que c'est que cela, s'il n'apparoist assez par les oppositions & disputes faictes à l'encontre, au moins apparoistra-il tres-clairement par ce qui est escript dedans le Phedon de Platon, là où sont

„ ces paroles: N'auoient-ils doncques pas entendu comment auoit esté faict le iuge-
„ ment? Ouy bien, car quelqu'vn le nous estoit venu dire, dont nous nous estions bien
„ fort esmerueillez, de ce que y ayant long temps que le iugement estoit donné, il
„ estoit mort long espace depuis. Qui fut cause de cela, Phedon? Ce fut vne fortune
„ qui luy aduint, Echecrates: car le iour de deuant le iugement, la prouë de la galere
„ que les Atheniens enuoyoient en l'Isle de Delos, auoit esté couronnee. Esquelles pa-

D roles il faut noter que ce mot, Il luy aduint, ne se doit pas entendre simplement pour, il fut faict, mais plustost pour, il arriua par vn concours de plusieurs causes ensemble l'vne sur l'autre: parce que le presbtre couronna de festons le vaisseau à autre fin & autre intention, & non pas pour l'amour de Socrates, & les Iuges l'auoient condamné pour autre cause aussi: mais l'euenement & accident fut estrange & de telle sorte, comme s'il fust arriué par preuoyance ou de quelque humaine creature, ou de quelque autre superieure nature. Et quant à la definition de Fortune, cela suffise, qu'il faut necessairement qu'il subsiste quant & quant quelque chose contingente, de celles que l'on faict à quelque fin, dont le nom luy a esté imposé, & qu'il faut que deuant il y ait vn subiect des choses qui sont en nous & en nostre arbitre: mais accident ou bien cas fortuit s'estend plus amplement que ne faict la fortune, car il la comprend elle mesme, & plusieurs autres choses qui peuuent aduenir

Bbbb ij

De la fatale destinee.

tantost d'vne sorte & tantost d'vne autre: & ainsi comme la deriuation du mot mesme ἀυτίματον le monstre, c'est ce qui aduient au lieu d'vn autre, quand ce qui estoit l'ordinaire n'aduient pas, mais vn autre en son lieu, comme seroit le froid au temps de l'estoille caniculaire: car quelquefois il y faict froid, & non pas sans cause, temerairement. En somme tout ainsi que ce qui est en nous & arbitraire est partie du contingent, aussi est la fortune partie du cas d'aduenture ou de l'accident, & sont tous deux euenements conioincts & dependans de l'vn & de l'autre, à sçauoir le cas fortuit du contingent, & la fortune de ce qui est en nous, & qui est arbitraire, & encore non pas de tout, mais de ce qui est en nostre election, ainsi comme nous auons desia dict. Voyla pourquoy ce cas fortuit est commun autant aux choses qui n'ont point d'ame, comme à celles qui sont animees, là où la fortune est propre à l'homme seul qui a ses actions volontaires: au moyen dequoy on estime que ce soit tout vn estre fortuné & estre heureux, & l'heur consiste en bien faire, & le bien faire est propre à l'homme, & à l'homme encore parfaict. Voyla doncques les choses qui sont comprises dedans la fatale Destinee, c'est à sçauoir, le contingent, le possible, l'election, ce qui est en nous, la fortune, l'accident ou cas fortuit, & leurs adioincts, comme sont ce qui est signifié par ces mots, peut estre, & à l'aduenture: mais ce n'est pas à dire que pour estre contenuës dedans la Destinee, pour cela elles soient fatales. Il reste maintenant à discourir de la prouidence diuine, car elle comprend mesme la fatale destinee. La prouidence doncques supreme & premiere est l'intelligence & volonté du premier & souuerain Dieu, qui fait bien à tout ce qui est au monde, par laquelle toutes les choses diuines en tout & par tout ont esté tres-bien & tres-sagement ordonnees & disposees. La seconde prouidence est celle des seconds Dieux qui vont par le ciel, par laquelle les choses temporelles & mortelles s'engendrent ordonneement & reglement, & ce qui appartient à la conseruation & continuation de chasque genre des choses. La troisiéme se peut vray-semblablement appeller la prouidence des Dæmons qui sont parmy la terre, ordonnez pour obseruer & regir les actions des hommes: ceste troisiéme prouidence se voit, mais toutefois proprement & principalement se nomme prouidence la supreme & premiere. Si ne faudras point de dire, encore que nous contredisons en cela à quelques philosophes, que toutes choses se font par la prouidence & par la fatale destinee, & par la nature aussi, mais aucunes choses par la prouidence, les vnes par l'vne, & les autres par les autres, & aucunes par la fatale destinee: & la fatale destinee entierement par la prouidence, mais la prouidence nullement par la fatale destinee: & pour le present cela s'entend de la premiere & souueraine prouidence. Or tout ce qui se faict par autre, quelque chose que ce soit, est tousiours posterieur à ce par qui il se faict, comme ce qui se faict par la loy est posterieur à la loy, & ce qui se faict par nature est posterieur à la nature: aussi ce qui se faict par la fatale destinee est posterieur à la fatale destinee, & faut qu'il soit plus recent & plus moderne: parquoy la prouidence supreme est la plus ancienne de toutes, excepté celuy seul de qui elle est l'intelligence ou la volonté, ou toutes les deux ensemble, qui est le souuerain autheur, ouurier & pere de toutes choses. Et pour quelle cause, dict Timæus, est-ce qu'il a construit toute la machine de ce monde? Pource qu'il est tout bon, & qu'en celuy qui est tout bon ne se peut iamais imprimer ny engendrer aucune enuie, ains en estant hors du tout en tout, il vouloit autant qu'il est possible, que toutes choses luy ressemblassent. Qui receura ceste origine de generation & de la creation du monde, telle comme les hommes nous l'ont laissee par escript, il fera tresbien: car Dieu voulant que toutes choses fussent bonnes & rien de mal, entant qu'il estoit possible, il prit tout qu'il y auoit de visible, qui n'estoit pas à requoy, immobile, ains se mouuoit temerairement & confusément sans ordre ne regle, & le rengea en bonne ordonnance hors de celle confusion, ayant en soy

De la fatale destinee.

A en soy-mesme iugé que l'vn estoit trop meilleur que l'autre : car il n'estoit ny n'est conuenable à celuy qui est tresbon, de faire chose qui ne fust tresbóne & tresbelle : il faut doncques estimer, que la Prouidence, ie dis la premiere & souueraine, constitua premierement cela, & puis de reng les choses qui ensuiuent iusques aux ames des hómes, & apres il crea les huict Spheres, autant comme il y a de principaux astres, & distribua à chascune vne ame, & les meit toutes comme dedans vn chariot sur la nature de l'vniuers, & leur monstra les loix & ordonnances de la fatale Destinee. *
Qui sera celuy qui ne croira que par ces paroles il declare diferemment & manifestement la Destinee fatale estre comme vne tribune aux harengues, & par maniere de dire vne constitution de loix ciuiles conuenables aux ames des hommes, de laquelle il rend les causes puis apres? Quant à la seconde prouidence, il la remarque & signi-
„ fie par ces paroles : Leur ayant ordonné loy de toutes choses, à fin que s'il aduenoit
„ apres quelque faute, il fust exempt & non cause de la malice d'aucune chose, il en es-
B pandit les vnes par la terre, les autres sur la lune, les autres sur les autres outils & in-
„ strumens du temps, apres laquelle distribution il dóna mandement aux ieunes Dieux
„ de faire des corps mortels, & y adiouster ce qui defailloit à l'ame humaine, & apres
„ auoir fait & parfaict tout ce qui y est adherent & consequent, qu'ils regissent & gou-
„ uernassent le mieux & le plus sagement qu'il leur seroit possible le mortel animal, à
„ fin qu'il ne fust pas luy-mesme cause de ses maux. En ces paroles, qu'il fust exempt & non cause de la malice d'aucune chose, par apres il cotte & monstre tres-clairement à vn chascun la cause de la fatale Destinee : & l'ordre & office de ces ieunes Dieux nous monstre la seconde prouidence, & si semble encore qu'il ait attaint & touché en passant la troisiéme, si c'est pour cela qu'il a estably les loix & ordonnances, à fin qu'il ne peust estre accusé comme autheur de la malice qui seroit en chascun, puis apres : car Dieu qui est exempt de toute malice, n'a que faire de loix ny de fatale Destinee, mais chascun de ces petits Dieux, tirez par la prouidence de celuy qui les a en-
C gendrez, faict ce qui est de son office. Que cela soit vray, & que ce soit l'aduis & la sentence de Platon, il me semble que les paroles du legislateur en ses liures des Loix
„ en donnent assez suffisans tesmoignages. S'il y auoit homme qui fust suffisant de sa
„ nature, ou par diuine fortune engendré & né si heureusement qu'il peust compren-
„ dre cela, il n'auroit que faire de loix qui luy commandassent : car il n'y a ny loy ny or-
„ donnáce qui soit plus digne ny plus puissante que la science, & n'est pas loisible qu'il
„ soit serf ny suiect à personne, s'il est veritablement & realement franc & libre de na-
„ ture, ains doit commáder par tout. Quant à moy ie compren toute l'opinion de Platon en ceste diuision à trois membres : car estant la Prouidence triple, la premiere, cóme celle qui a engendré la fatale Destinee, en quelque maniere la cóprend : la seconde estant engendree auec elle, est aussi totalement comprise & embrassee quand & elle : la tierce, comme estant depuis engendree de la fatale Destinee, & comprise dessous
D elle, en la mesme sorte que le sont ce qui est en nous & la fortune, comme nous auons dit : car ceux à qui l'assistance de la puissance d'vn Dæmon ayde, ainsi comme dict Socrates, exposant que c'est que l'ordonnance ineuitable d'Adrastia, Ce sont ceux-là que toy-mesmes sens & entens bien, lesquels croissent & viennent en auant incontinent : ainsi faut-il attribuer à ceste tierce prouidence la faueur que font les Dæmons à quelqu'vn, & ce que soudainement ils deuiennent grands par force de la Destinee : brief il ne peut estre doubteux à personne que cela n'appartienne à la Destinee. Et à l'aduenture pourra-il estre trouué plus vraysemblable, que mesme la seconde prouidence fust comprise soubs la Destinee, & en somme tout ce qui se faict entierement, attendu mesme que la Destinee, comme substáce, a esté par nous diuisee en trois parties : & le propos de la chaine qui lie le ciel à la terre, comprend les reuolutions des cieux au nóbre & au reng des choses qui aduiennét par supposition : mais quant à cela

Bbbb iiij

De la fatale destinee.

ie n'en debattrois pas beaucoup, à sçauoir s'il les faut appeller, aduenants par supposition, ou bien conioincts à la Destinee, attendu que à la Destinee mesme commande vn autre destin. Nostre opinion doncques, à la dire par articles abbregez, est telle. Mais la sentence contraire ne met pas seulement toutes choses soubs la Destinee, ains selon & par la Destinee. Or tout accorde à autre, & ce qui accorde à autre, il est tout clair qu'il est autre aussi. Selon ceste opinion doncques, le Contingent a esté dict le premier, ce qui est en nous le second : la fortune, le troisiéme : & l'accident ou cas fortuit, auec tout ce qui depend d'eux, loüange, blasme, & tous leurs alliez, le quatriéme : le cinquiéme & dernier de tous, les prieres aux Dieux, leurs ceremonies & seruices. Au demourant, quant à ces arguments Sophistiques que lon appelle Oiseux, & Moissonneurs, & à celuy que lon appelle contre la Destinee, ce ne sont que vaines arguces & laqs sophistiques, selon ceste opinion : mais selon la sentence contraire, la premiere & principale conclusion est, que rien ne se faict sans cause, & que tout se faict par causes precedentes : la seconde, que ce monde est gouuerné par nature, qu'il conspire, consent & compatit auec soy-mesme : la troisiéme semble plustost estre de tesmoignages, dont le premier est de la diuination qui est approuuee de toutes sortes de gens, comme estant veritablement en Dieu : le second l'equanimité, & patience des sages, qui prennent doucement, & portent patiemment tout ce qui aduient, comme aduenant par ordonnance diuine, & ainsi qu'il appartient : le troisiéme, ce propos qui est commun & vulgaire en la bouche de tous, à sçauoir, que toute proposition est ou vraye ou fausse. Nous auons ainsi estrainct ce discours en petit nombre de courts articles, à fin que nous comprinsions en peu de paroles toute la matiere de la Destinee. S'il faut examiner tous ces poincts-là de l'vne & de l'autre opinion auec plus diligente inquisition, nous le ferons particulierement cy-apres.

Que les Stoiques disent des choses plus estranges que ne font les Poëtes.

ON reprend Pindare de ce qu'il feint par trop estrangement, hors de toute verisimilitude, que Cæneus estoit si dur que sa peau ne pouuoit estre entamee par aucun ferrement, &, que, sans estre blessé, il fut enfondré dedans la terre, comme il dict,

D'vn roide pied fendant la terre.

Mais ce Lapithe icy, c'est à dire, ce sage des Stoïques, forgé d'vne impassibilité, comme d'vn metal plus dur que diamāt, n'est pas tel qu'il ne soit bien quelquefois blessé, quelquefois malade, & quelquefois attainct de douleur : & toutefois, comme ils disent eux, il est tousiours sans peur, sans tristesse : il ne peut estre vaincu ne forcé, si bien on le naure, que lon luy face tous les maux du monde, que lon le tourmente, que lon luy saccage & destruise son pays deuant ses yeux, & autres telles calamitez. Le Cæneus de Pindare, encore qu'il soit assené de coups de traict, pour cela n'en est point blessé : mais le sage des Stoïques, encore qu'on le tienne enfermé, il n'est point pour cela priué de sa liberté : qu'on le iette du haut en bas d'vn precipice, il n'est point forcé : qu'on luy donne la gehenne, il n'est point tourmenté : que lon le brusle, on ne luy faict point de mal : encore qu'il tombe en luictant,

il est

Propos estranges des Stoïques.

il est inuincible: qu'on l'enuironne de muraille, il n'est point pourtant assiegé: qu'il soit vendu par les ennemis, si est il imprenable: ressemblant proprement à ces nauires qui ont ces belles inscriptions en pouppe, Heureuse nauigation, ou Prouoyance salutaire, ou Remede contre tous dangers, & neantmoins elles sont tourmentees en mer, & quelquefois froissees contre vn rocher, & enfondrees iusques au fond de la mer. Iolaüs, ainsi comme le poëte Euripides feint, par la priere qu'il feit aux Dieux, deuint soudainement de vieil, imbecille & decrepité qu'il estoit, ieune, dispos & gaillard pour combattre: aussi le sage des Stoïques estant hier malheureux & meschant, auiourd'huy se trouuera tout soudain changé en homme de bien & vertueux, & deuiendra de ridé, pasle, maigre & deffait vieillard, comme dit Æschylus,

De mal de reins griefuement trauaillé,
Et de douleurs tendu & tenaillé,

ieune, beau, dispos, plaisant & agreable aux hommes & aux Dieux. Minerue, ainsi que dit Homere, osta à Vlysses ses rides, sa teste chauue & sa laideur, à fin qu'il apparust beau: mais le sage de ceux icy, encore que la vieillesse ne se parte point de son corps, ains au contraire qu'elle y adiouste & augmente toutes incommoditez, demourant bossu, si ainsi se rencontre, besgue, boiteux & edenté, n'est pour cela laid, ne difforme, ne contrefaict. Et comme l'on dit que les escarbots fuyent les bonnes & douces odeurs, & cerchent les puantes, aussi l'amour des Stoïques s'attachant aux plus laids & plus difformes, apres les auoir par leur sapience tournez en toute venusté & beauté, se depart d'auec eux. Chez les Stoïques, qui le matin à l'aduenture estoit tres-meschant, le soir sera deuenu tres-homme de bien: & qui s'allant coucher estoit fol, ignorant, outrageux, intemperant, ou bien esclaue, pauure & indigent, le lendemain se leuera Roy, riche, bien-heureux, chaste, iuste, ferme & constant, non point subiect à varieté d'opinions: non qu'il ait soudainement fait barbe ne poil en vn corps ieune & tendre, mais bien ayant engendré en vne ame debile & molle, effeminee & inconstante, vn entendement parfaict, vne souueraine prudence, vne disposition egale aux Dieux, vne science certaine sans branlement d'opinions, & vne habitude immuable: non que premierement la meschanceté qu'il auoit, s'en soit allee petit à petit, mais tout soudain estant deuenu d'vne tres-mauuaise beste vn demy-Dieu, vn Dæmon, ou vn Dieu tout entier. Car depuis qu'ils ont pris la vertu en l'eschole Stoïque, ils peuuent dire,

Ce que voudras demande par souhait,
Incontinent il t'aduiendra tout fait,

Ceste vertu leur apporte richesse, elle meine quand & soy vn royauté, elle dóne bonne fortune, elle rend les hommes bien-heureux, n'ayans besoing de rien, contents de soy, encore qu'ils n'ayent pas vne seule drachme d'argent en leur maison. Les fables des poëtes sont controuuees auec plus de raison: car iamais elles n'abandonnent Hercules en necessité de viures ou d'aucunes choses necessaires, ains semble qu'il y a tousiours vne viue source de tous biens quand & luy, dont il en coule à foison pour luy & pour ceux de sa cópagnie. Mais celuy qui a vne fois appris la chéure Amalthee, & la corne d'abondance des Sroïques, il est incontinent riche, & si mendie sa vie des autres: il est Roy, & si enseigne pour de l'argent à coudre & descoudre des syllogismes: luy seul possede tout, & si paye le louage de sa maison: il achepte son pain auec de l'argent qu'il emprunte à vsure bien souuent, ou qu'il demáde à ceux qui n'en ont point. Il est bien vray que le Roy d'Ithaque, Vlysses, demande bien l'aumosne, mais c'est pource qu'il ne veut pas qu'on le cognoisse, & contrefaict le belistre miserable le plus qu'il peut. Mais celuy qui est issu de l'eschole Stoïque, criant à pleine teste, C'est moy seul qui suis Roy, c'est moy seul qui suis riche, se fait souuent voir aux portes & huys d'autruy, disant,

Bbbb iiij

Propos estranges des Stoiques.

A Hipponax donnez vn vestement,
Car de froidure il transit durement,
Clacque des dents, & branle des machoires.

Les Contredicts des Philosophes Stoiques.

EN premier lieu ie voudrois que lon veist vne conformité & accord entre les opinions & les vies des hommes: car il n'est pas tant necessaire que l'Orateur & la Loy, comme dit Æschines, sonnent vne mesme chose, comme il est requis que la vie d'vn philosophe soit conforme & consonante auec sa doctrine & sa parole. Car la parole du philosophe est vne loy volontaire & particuliere qu'il s'impose à soy-mesme, s'il est ainsi qu'ils estiment que la philosophie soit, comme elle est, profession de chose serieuse, graue & de tres-grande importance, non pas vn ieu, ny vn cacquet mis à la volee au vent, pour en acquerir honneur seulement. Or est-il que nous voyons que Zenon luy mesme a escript beaucoup, ainsi que le papier endure tout, & Cleanthes aussi, mais Chrysippus encore d'auantage, touchant le gouuernement de la chose publique, touchant le commander & obeïr, touchant le iuger, plaider & aduocasser: Mais en la vie de pas vn d'eux, vous ne trouuerez qu'ils aient iamais esté ny Capitaines, ny Legislateurs, ny Senateurs, ny Conseillers, ou Orateurs plaidans deuant les Iuges, ny qu'ils aient esté en aucune guerre, portans les armes pour la defense de leur pays, qu'ils aient esté en quelque ambassade, qu'ils aient fait quelque liberalité au public, ains ont demouré toute leur vie, qui n'a pas esté courte, mais fort longue, en pays estranger hors du leur, aiants gousté de l'aise du repos, comme des Alises des Lotophages, que dit Homere, à escrire, à disputer, & à se pourmener: par où il appert manifestemēt qu'ils ont vescu plustost selon que les autres disent & escriuent, que selon ce qu'eux mesmes iugent & confessent estre leur deuoir, aiants passé tout le cours de leur vie au repos qu'Epicurus & Hieronymus loüent & recommandent tant. Qu'il soit ainsi, Chrysippus luy mesme en son quatriéme liure de la diuersité des vies escrit, que la vie des Scholastiques, c'est à dire des gens d'estude oiseux, ne differe en rien de celle des voluptueux: mais il vaut mieux alleguer ses propres termes: Ceux, dit-il, qui pensent que la vie scholastique & oiseuse conuienne principalement aux philosophes, s'abusent dés le commancement, cuidants qu'il faille philosopher par maniere de passetemps, ou pour quelque autre chose semblable, & vser ainsi tout le cours de sa vie à l'estude des lettres, c'est à dire, pour le declarer apertement, viure à son aise & ioyeusement. Et n'est pas ceste opinion fort cachee, ny dissimulee: car plusieurs le disent tout clairement, & plusieurs vn peu plus obscurement. Mais qui est celuy qui soit plus enuieilli en telle vie oiseuse que Chrysippus, que Cleanthes, que Diogenes, que Zenon, & Antipater? lesquels ont abandonné leur pays, encore qu'ils n'eussent occasion quelconque de s'en plaindre, ains seulement à fin qu'ils passassent leur vie plus doucement en repos *, & sur le baudrier, comme lon dit, c'est à dire en plein loisir, à disputer & à estudier. Qu'il soit vray, Aristocreon disciple & familier de Chrysippus luy aiant fait dresser vne statue de bronze, y escriuit ces vers:

> Ceste statue Aristocreon meit
> A Chrysippus lumiere des Stoiques,
> Le fer trenchant des nœuds Academiques.

*en Zoni-
re Zoster
ce dit Ste-
phanus e-
stoit len-
douleure
de l'Atti-
que: Il si-
gnifie aus-
si le bau-
drier dont
on se ceint
par dessus les armes. ou, en la plus delicate partie de l'Attique.*

Les contredicts des philosophes Stoiques. 561

A Voyla doncq quel a esté Chrysippus le vieil, celuy qui loüe la vie des Roys, & de ceux qui se meslent en l'administration de la chose publique, celuy qui estime qu'il n'y ait point de difference entre la vie scholastique & oiseuse, & la voluptueuse. Mais ceux d'entre eux qui s'entremettent d'affaires, repugnent encore plus que luy aux resolutions de leur secte. Car ils exercent des magistrats, ils sont Iuges, ils sont Senateurs, ils vont au conseil, ils font des loix, ils punissent les mal-faitteurs, ils recompensent & honorent ceux qui font bien, comme estants villes celles où ils s'entremettent du gouuernement, comme estants Senateurs, Conseillers & Iuges, ceux qui sont legitimement esleus à tels offices par le sort ou autrement, & comme estants Capitaines ceux que les citoiens tiennent pour tels, & comme estans vrayes loix celles de Solon, de Lycurgus, & de Clisthenes, lesquels toutefois ils maintiennent auoir esté fols & mauuais: parquoy encore en se meslant des affaires, ils ne laissent pas de se
B contrarier à eux mesmes, & contredire leur doctrine. Et puis Antipater au liure de la dissension d'entre Cleanthes & Chrysippus escrit, que Zenon & Cleanthes ne voulurent oncques estre faits citoiens d'Athenes, de peur qu'il ne semblast qu'ils feissent tort & iniure à leur propre pays. Or si ceux-là firent bien, il n'y a que tenir que Chrysippus n'ait mal fait en se faisant enroller & immatriculer au nombre des citoiens d'Athenes: toutefois ie ne me veux point arrester à le discourir plus auant pour ceste heure, mais bien dis-je, qu'il y a vne grande & merueilleuse repugnance en leurs faicts, de conseruer en leur pays le nom tout nud de patrie, & ce pendant luy oster la presence de leurs personnes & de leurs vies, en s'en allant ailleurs demourer si loing en estrange terre: qui est tout ne plus ne moins que si quelqu'vn laissant & abandonnant sa femme legitime s'en alloit habiter auec vne autre, qu'il couchast ordinairement auec elle, & luy feist des enfans, sans que toutefois il la vouluft espouser, ne passer contract de mariage, de peur qu'il ne feist tort & iniure à sa premiere. Et puis
C Chrysippus, au traitté qu'il a fait de la Rhetorique, escriuant ainsi, Que le sage harenguera en public, & s'entremettra des affaires, comme si la richesse, l'authorité & la santé estoient choses bonnes, confesse par là, que ses preceptes & resolutions induisent les personnes à ne sortir point de leurs maisons, & à ne se point entremettre d'affaires, & par consequent que leurs doctrines & preceptes ne se peuuent accommoder à l'vsage, ny estre conuenables aux actions de la vie humaine. D'auantage, c'est vn des arrests donnez par Zenon, Qu'il ne faut point bastir de temple aux Dieux, d'autant que le temple n'est point chose saincte, ne qui soit grandement à estimer, attendu que c'est ouurage de massons & manœuures, & que nul ouurage de telle maniere de gens ne peut estre de grand pris. Et ce pendant ceux qui aduouent & approuuent cela comme sagement dit, le sont neantmoins receuoir en la religion des mysteres: ils montent au chasteau où est le temple de Minerue, ils adorent les images
D des Dieux, ils ornent de festons & de couronnes les temples qui sont ouurage de massons & de manœuures: & toutefois ils pensent que les Epicuriens, qui nient que les Dieux s'empeschent du gouuernement des choses humaines, se refutent eux mesmes, quand ils leur sacrifient, & eux mesmes sont encore mieux refutez, quand ils sacrifient aux Dieux dedans les temples, & sur les autels, lesquels ils maintiennent ne deuoir point estre, ny que l'on n'en doit point bastir. Zenon met plusieurs vertus selon leurs differences, comme aussi fait Platon, Prudence, Force, Temperance, Iustice, & autres, disant qu'elles sont bien de faict inseparables, mais neantmoins diuerses & differentes de raison, & neantmoins en les definissant les vnes apres les autres, il dit, que la Force est prudence en ce qu'il faut executer, Iustice prudence en ce qu'il faut distribuer, comme si ce n'estoit qu'vne seule vertu aiāt diuerses relations selon la difference des choses qui tombent en action. Si n'est pas Zenon seulement en cela repugnant à soy mesme, mais aussi Chrysippus qui reprend Ariston

Les contredicts des Philosophes Stoiques.

en ce qu'il dit, que toutes les vertus ne sont que diuerses habitudes & relations d'vne mesme, & neantmoins defend Zenon qui les definit ainsi chascune. Et Cleanthes en ses Commentaires naturels aiant dit, que le battement du feu est la vigueur des choses: & s'il est suffisant en l'ame pour paracheuer ce qui se presente, cela, dit-il, s'appelle force & puissance. Il subioint apres de mot à mot: Et ceste force & puissance là si elle s'imprime és choses apparentes où il faille se contenir, elle se nomme continence: & si c'est en choses qu'il faille supporter, elle s'appelle force: si c'est en estimation de merite, iustice: si en chois ou en refus, c'est à dire en choses qu'il faille eslire ou refuser, temperance. Contre ceste commune sentence,

Par toy ne soit iustice departie,
Deuant qu'ouyr l'vne & l'autre partie.

Zenon y contredisant allegue ceste raison: Si le premier a prouué son dire, il n'est point besoing d'ouïr le second, car la question est desia finie & terminee: & s'il n'a point prouué, c'est tout autant comme s'il estoit contumax, n'aiant point comparu estant appellé, que aiant comparu n'auoir fait que basteler: soit doncques qu'il ait prouué, ou qu'il n'ait point prouué, il n'est point de besoing d'ouïr le second, & ce pendant luy mesme, qui faisoit ceste demande, escriuoit contre les liures de la Republique de Platon, & enseignoit à souldre les arguments Sophistiques, & enhortoit ses disciples d'apprendre diligemment la Dialectique, comme science qui monstroit à ce faire, & neantmoins on luy pouuoit obiicier, Ou Platon auoit prouué son dire, ou il ne l'auoit pas prouué: Ny selon l'vn, ny selon l'autre: il n'estoit donc point necessaire de luy contre-escrire, ains ne seruoit de rien estant superflu. autant en peut-on aussi dire des arguments Sophistiques. Chrysippus est d'aduis qu'il faut que les ieunes gens apprennent premierement les arts qui concernent le parler, en second lieu les sciences morales, & tiercement les naturelles, consequemment qu'ils oyent parler de Dieu, pour le dernier. Ce qu'aiant dit en plusieurs passages, il suffira d'alleguer ce qu'il en escrit de mot à mot en son troisième liure des Vies: Premierement, dit-il, il me semble, suiuant ce qui a esté dit par les anciens, qu'il y a trois genres de speculations philosophiques, celles qui appartiennent au parler, celles qui concernent les mœurs, & celles qui touchent la nature des choses: & qu'il faut preferer & mettre deuant celles qui appartiennent au parler, en second lieu celles qui traittent des mœurs, & au troisiéme les naturelles, entre lesquelles la derniere est celle qui traitte de Dieu: c'est pourquoy l'on appelle les traditions d'icelle τελεται, comme qui diroit les dernieres. Mais ce traitté là des Dieux, qu'il dit deuoir estre mis au dernier lieu, luy mesme au mesme traitté le met deuant toute autre question morale. Car il ne traitte ny des fins, ny de la iustice, ny des biens & des maux, ny de mariage, ny de la nourriture des enfans, ny de la loy, ny du gouuernement de la chose publique, en aucune sorte, que comme ceux qui proposent & mettent en auant les decrets és choses publiques, n'aient mis au deuant, à la bonne fortune, ou à la bonne heure, aussi il n'ait luy mis deuant vne preface de Iupiter, de la Destinee, de la prouidence diuine, & que le monde est maintenu par vne seule puissance, qu'il n'y a qu'vn monde, & qu'il est finy: desquels poincts nul ne se peut fermement resoudre, ny bien persuader, que l'on n'ait profondement penetré, & que l'on ne soit imbu iusques au fond des plus profonds secrets & discours de la philosophie naturelle. Mais escoutez vn peu ce qu'il en dit en son troisiéme liure des Dieux: On ne sçauroit, ce dit-il, trouuer vne autre origine, ny vne autre source de la iustice, que de Iupiter & de la commune nature. Car il faut que ce soit de là que toute telle chose se deriue, si nous voulons discourir des choses bonnes & mauuaises. De rechef en son traitté des positions naturelles: On ne sçauroit, dit-il, autrement ny bien proprement proceder au discours des choses bonnes & mauuaises, ny des vertus, ny de la felicité souueraine, que de la

commune

Les contredicts des philosophes Stoiques. 562

commune nature, & de l'adminiſtration de ce monde. Puis encor plus outre : Il faut, dit-il, ſubioindre à cela le propos des bonnes & des mauuaiſes choſes, n'y en aiant point de commancement meilleur que celuy là, ny meilleure relation, n'eſtant la ſcience naturelle pour autre occaſion requiſe ny neceſſaire à apprendre, ſinon pour cognoiſtre la difference du mal & du bien. Il ſ'enſuit donques, ſelon Chryſippus, que la ſcience naturelle eſt tout enſemble deuant & apres la morale, ou pour dire la verité plus ouuertement, il y a vn merueilleux renuerſement d'ordre, duquel il eſt bien malaiſé de ſe deſpeſtrer, de dire qu'il faille mettre cecy apres cela, lequel cela ne ſe peut aucunement comprendre ſans cecy : & y a manifeſte repugnance, de dire que la ſcience naturelle ſoit le principe de la morale qui traitte du bien & du mal, & neantmoins ordonner qu'elle ſoit enſeignee non deuant, mais apres celle-là. Et ſi quelqu'vn me dit que Chryſippus a eſcrit en ſon traitté de l'vſage d'oraiſon, que celuy qui apprend en premier lieu la Logique, c'eſt à dire la philoſophie concernant le parler, ce n'eſt pas à dire pour cela qu'il ſe doiue abſtenir d'apprendre auſſi les autres parties, ains qu'il en faut auſſi prendre autant que lon en aura de moien, il dira bien la verité, mais auſſi confirmera il l'accuſation de ſa faute. Car il ſe combat ſoy-meſme, en ordonnant tantoſt que lon apprenne apres tout le demourant, & le dernier, la ſcience qui traitte de Dieu, eſtant la raiſon pour laquelle on l'appelle τελετὴν, comme qui diroit, finale : & tantoſt diſant au contraire, qu'il faut du commancement en prendre, auſſi bien que des autres, quelque partie : car tout ordre ſe rompt & ſe confond, ſ'il faut par tout prendre part, & gouſter de tout. Il y a encore plus, c'eſt qu'aiant arreſté que le commancement de la doctrine des bonnes & mauuaiſes choſes doit proceder de la doctrine de Dieu, il ne veut pas neantmoins que ceux qui ſe mettent à apprendre la philoſophie morale, commancent par là, ains qu'en apprenant celle cy, ils prennent vn petit en paſſant de celle là, autant qu'il leur en ſera donné de moien : & puis paſſer de la philoſophie morale à la Theologie, ſans laquelle Theologie & doctrine de Dieu, il dit qu'il ne ſe peut auoir aucun principe ny progres en la diſcipline des mœurs. D'auantage il dit, que diſputer ſur vne meſme matiere en l'vne & en l'autre partie, il ne le reprouue pas vniuerſellement, mais auſſi conſeille il d'en vſer bien reſeruément, & y eſtre bien retenu, comme quelquefois on fait en plaidant, où lon allegue les raiſons des aduerſaires, non pour les ſouſtenir, mais ſeulement pour les refuter, & diſſouldre ce qu'il y a de vray-ſemblable apparence : car autrement, dit-il, cela eſt à faire à ceux qui doutent & retiennent leur conſentement de toutes choſes, pour ce que cela leur ſert à ce qu'ils pretendent. Mais à ceux qui veulent imprimer és cœurs des hommes vne ſcience certaine, ſelon laquelle lon doit indubitablement ſe conduire, il faut fonder le contraire, & de poinct en poinct y conduire ceux que lon y introduit depuis le commencement iuſques à la fin : en quoy il eſchet bien quelquefois opportunité de faire mention des opinions & ſentences contraires, pour refuter & reſouldre ce qu'il y pourroit auoir de veriſimilitude, comme lon fait en plaidant deuant les Iuges. Voyla ce qu'il en dit en propres termes. Or que ce ſoit choſe hors de tout propos, que les philoſophes doiuent amener les opinions des autres philoſophes contraires à la leur, non auec toutes leurs raiſons, mais ſeulement à la mode des aduocats plaidans en iugement, en affoibliſſant les preuues & arguments d'icelles, comme ſi la diſpute ſe faiſoit, non pour trouuer la verité, ains ſeulement pour acquerir l'honneur de la victoire, nous l'auons ailleurs diſcouru contre luy : mais que luy meſme, non en peu de lieux, ains ſouuent & en pluſieurs endroicts, ait confirmé & corroboré les reſolutions contraires à la ſienne, auec ſollicitude, affection & diligence, telle qu'il n'eſt pas aiſé à chaſcun de diſcerner laquelle luy plaiſt le plus, ceux meſmes qui admirent la ſubtilité & viuacité de ſon entendement le diſent, & tiennent que Carneades n'a rien de ſoy-meſme, ne qui

Les contredicts des philosophes Stoiques.

soit de sa propre inuention, ains que des propres moiés & arguments dont Chrysippus cuidoit prouuer ses assertions, il les retournoit au contraire alencontre de luy, de maniere que bien souuent il luy crioit tout haut en disputant ce vers d'Homere,

O malheureux, ta force te perdra.

pource que luy mesme donnoit de si grandes prises & de si grands moiens à ceux qui vouloient renuerser ou calomnier ses opinions. Mais quant à ce qu'il a mis en auant contre la coustume & l'ordinaire, ils s'en glorifient si fort, & l'en magnifient si hautement, qu'ils disent que tous les liures des Academiques, qui les mettroit ensemble, ne sont pas dignes d'estre comparez à ce que Chrysippus a escrit de l'incertitude des sentiments. Ce qui est vn manifeste signe de l'ignorance de ceux qui le disent, ou d'vne aueuglee amour de soy-mesme : mais cela est bien vray, que depuis aiant voulu defendre la coustume & les sens, il s'y est trouué de beaucoup inferieur à soy-mesme, & le dernier traitté beaucoup plus foible & plus mol que le premier, de maniere qu'il se contredit & repugne à soy-mesme, attendu qu'il commande que lon propose tousiours les opinions & sentences des aduersaires, non comme en y consentant, mais auec vne monstre en passant, qu'elles sont hors de la verité, & puis se monstrer plus aspre & plus vehement accusateur que non pas defenseur de ses propres sentences, & conseiller aux autres de se donner garde des raisons contraires, comme de celles qui destournent & empeschent la comprehension, & ce pendant estre plus diligent à recueillir & confirmer les preuues & raisons qui destruisent la comprehension, que celles qui l'establissent & confirment. Et toutefois qu'il craignist cela mesme, il le monstre clairement au quatriéme liure de ses Vies, là où il escrit ainsi : Il ne faut pas facilement ny legerement proposer les opinions contraires, ny respondre aux arguments vray semblables que lon allegue alencontre des sentences vrayes, ains s'y faut porter bien reseruément, craignant tousiours que les auditeurs destournez par icelles ne laissent aller leurs comprehensions, & que n'estans pas capables de comprendre suffisamment les solutions, ains les comprenant si foiblement, que leur comprehension soit facile à esbranler & secoüer, veu que ceux mesmes qui comprennent par la coustume les choses sensibles, & qui dependent des sentiments, les laissent facilement aller, diuertis par les interrogations Megariques, & par autres encore plus puissantes & en plus grand nombre. Ie demanderois doncq volontiers aux Stoïques s'ils estiment les interrogatoires Megariques plus puissantes que celles que Chrysippus a escrites en six liures, ou plustost il le faut demander à Chrysippus mesme : car voyez ce qu'il a escrit de la raison Megarique en son liure intitulé De l'vsage d'oraison, disant : Ce qui est aduenu à la raison Megarique de Stilpon & Menedemus, personnages qui ont esté renommez pour leur sapience : & neantmoins toute leur façon d'arguer est maintenant tournee en reproche, mocquerie & risee, comme estants leurs arguments ou trop grossiers, ou apertement captieux & sophistiques. Mais ce pendant, bon homme, ces arguments là dont tu te mocques, & que tu appelles mocquerie & reproche de ceux qui sont telles interrogatoires, comme contenans apertement vne fallacieuse malice, tu crains neatmoins qu'elles ne diuertissent aucuns de la comprehension. Et toy mesme escriuant tant de liures contre la coustume, où tu as adiousté tout ce que tu as peu inuenter de toy mesme, t'efforçant de surmonter Arcesilaüs, n'esperois tu & ne t'attendois tu point de diuertir & esbranler aucuns des lecteurs ? Car il n'vse pas seulement de nuës argumentations en disputant contre la coustume, ains comme si c'estoit en vn plaidoyer, il esmeut les affections, se passionnant & affectionnant luy mesme, en l'appellant quelquefois folle, & quelquefois vaine & sotte : à fin qu'il ne peust plus dire du contraire que luy mesme ne se contredie, il a ainsi escrit en ses positions naturelles. On pourra bien quand on aura parfaitement compris vne chose, arguer

Les contredicts des Philosophes Stoiques.

A vn peu alencontre, en y appliquant la defense qui est en la chose mesme: & quelque fois quand on ne comprendra ny l'vn ny l'autre, discourir de l'vn & de l'autre ce qui en est. Et au traitté de l'Vsage d'oraison, aiant dit qu'il ne fault pas vser de la force de la raison, non plus que des armes, contre ce qui n'y est pas propre, il y adiouste puis apres: car il en fault vser à trouuer la verité, & ce qui luy ressemble, non pas le contraire, combien que plusieurs, le facent. En disant plusieurs, à l'aduenture entend il ceux qui doubtent & qui sursoient leur iugement de tout. Mais ceulx là, d'autant qu'ils ne comprenent ny l'vn ny lautre, ils arguent & contre l'vn & contre l'autre, comme monstrant la verité certaine comprehension de soy mesme en ceste seule ou principale maniere, s'il y a rien au monde qui soit comprehensible. Mais toy qui les accuses, escriuant le contraire de ce que tu comprens touchant la coustume, & enhortant les autres à le faire auec affection de defense, confesses que tu vses de la force

B d'eloquence en choses non seulement inutiles, mais dommageables, par vne vaine ambition de monstrer ton bel esprit, comme vn ieune escholier. Ils afferment que la bonne œuure est le commandement de la loy, & le peché est la prohibition: & pourtant que la loy defend beaucoup de choses aux fols, & ne leur commande rien, d'autant qu'ils ne peuuent faire aucun acte parfaitement vertueux. Et qui est celuy qui ne voit qu'il est impossible à celuy qui ne peut faire acte vertueux, de se garder de peché? Parquoy ils font que la loy se combat & se repugne à soy-mesme, si elle commande ce que les hommes ne peuuent faire, & defend ce dont ils ne se peuuent garder: car celuy qui ne peut viure honnestement, ne sçauroit faire qu'il ne se gouuerne deshonnestement, & qui ne peut estre sage, ne peut qu'il ne soit fol: & eux mesmes tiennent que ceux qui defendent, disent vne chose, en defendent vne autre, & en commandent vne autre: car celuy qui dit, Tu ne desroberas point, il dit cela mesme, & defend de ne desrober point. Parquoy la loy ne defendra rien aux fols,

C ou autrement elle leur commandera: comme ils disent que le Medecin chirurgien commande à son disciple de coupper & de brusler, sans y adiouster opportunément & moderément: & le Musicien semblablement commande de chanter ou de iouer quelque chanson, sans y adiouster de bon accord & par mesure: & neantmoins ils punissent ceux qui le font mal & contre les regles de l'art, d'autant qu'on leur auoit commandé de le bien faire, & ils ne l'ont pas bien fait. Aussi le sage commandant à son vallet de dire ou de faire quelque chose, & le punissant pour ce qu'il l'aura fait mal à propos, & autrement qu'il ne falloit: il est certain doncques qu'il luy auoit commandé de faire vn bon office, & non pas vn indifferent ou moyen. Et si les sages commandent bien aux fols des choses moiennes, qui empeschera que les commandements des loix ne puissent estre aussi semblables? Outreplus, l'instinct qu'ils appellent ὁρμὴ, selon luy n'est autre chose que raison incitante l'homme à faire quelque chose, ainsi comme il a escrit en son traitté de la Loy: au contraire doncques la diuersion qu'ils appellent ἀφορμὴ, ne sera aussi autre chose que la raison diuertis-

D sante de faire quelque chose, & l'inclination est raisonnable inclination, & la crainte retenue, raison du sage qui luy defend aucune chose, parce que l'estre retenu & reserué est acte de sages, & non de fols. Si doncques c'est autre chose, la raison du sage que la loy, les sages ont ceste crainte retenue repugnante à la loy: mais si c'est autre chose la loy que la raison du sage, il se treuue doncq loy qui defend aux sages ce qu'ils doubtent & qu'ils craignent. Aux fols & meschants, ce dit Chrysippus, il n'y a rien qui soit proufitable, ne n'y a fol qui ait commodité quelconque ny besoing. Aiant dit cela au premier liure de ses Offices parfaicts, il dit apres, que la commodité & la grace appartiennent aux choses indifferentes & moyennes, desquelles selon eux nulle n'est vtile. Qui plus est, encore dit il, qu'il n'y a rien qui soit propre ne couenable au fol. Parquoy selon cela, par consequent, il n'y a rien qui soit aliene ny estrage

Cccc

Les contredicts des philosophes Stoiques.

du sage & de l'homme de bien. Comment doncques est-ce qu'il nous rompt la teste à force d'escrire en tous ses liures, tant naturels que moraux, que dés nostre naissance nous sommes affectionnez & appropriez à nous mesmes, à nos parties, & à tout ce qui est né & yssu de nous? Et au premier liure de la Iustice il dit, que les bestes sauuages mesmes sont affectees & appropriees à leurs petits, autant que leur besoing & leur necessité le requiert, exceptez les poissons, car leurs petits se nourrissent d'eux mesmes: mais il n'y a point de sentiment là où il n'y a rien de sensible, ny d'appropriation là où il n'y a rien de propre, par ce que l'appropriation semble estre le sentiment & embrassement de ce qui est propre. Ceste opinion est conforme à leurs principales. D'auantage il appert manifestement que Chrysippus, encore qu'il ait en plusieurs passages escrit le contraire, s'accorde à ceste sentence, qu'il n'y a ny vice plus grand ny peché plus grief l'vn que l'autre: ny reciproquement aussi vertu plus excellente, ny acte vertueux, qu'ils appellent office parfait, qui soit plus vertueux qu'vn autre: attendu qu'il dit au premier liure de la Nature, que tout ainsi comme il sied bien à Iupiter, & luy conuient de se magnifier soy-mesme, se plaire de sa vie, & s'il faut ainsi parler, tenir la teste droitte, s'estimer beaucoup, & parler hault, viuant de vie digne de parole haultaine: aussi est-il bien seant & conuenable à tous gens de bien d'en faire autant, attendu qu'il n'a rien plus qu'eux ny deuant eux. Mais luy mesme de rechef au troisiesme liure de la Iustice dit, que ceux qui disent que la volupté soit la fin & le bien souuerain de l'homme, destruisent la iustice, mais ceux qui disent qu'elle est simplement bien, ne la destruisent pas. Les propres
» termes dont il vse sont tels: A l'aduenture qu'en laissant à la volupté qu'elle soit bien
» simplement, & non pas la fin & la cyme des biens, ny du genre des choses choisissa-
» bles pour l'amour d'elles mesmes, & qui sont honnestes, nous pourrions sauuer la
» iustice par ce moien, en laissant l'honnesteté & la iustice vn plus parfaict bien que
» la volupté. Mais s'il est ainsi, que cela seul qui est honneste soit bon, celuy erre qui affirme que la volupté soit bien: mais il erre moins que celuy-là qui voudroit dire qu'elle fust la fin des biens, pour ce que cestui-cy destruit & abolit entierement la iustice, & l'autre la conserue: & selon celuy-là toute societé humaine perit, & cestui-cy garde encore lieu à la preudhommie. Ie passe, qu'il dit au liure qu'il a intitulé de Iupiter, que les vertus croissent, voire & qu'elles passent, de peur qu'il ne semble que ie m'attache aux paroles: combien qu'il morde bien asprement Platon & les autres philosophes en ceste sorte de reprehension, de se prendre aux mots: mais quand il defend de loüer tout ce qui se fait selon vertu, il donne à entendre qu'il y a doncques quelque difference entre les offices. Or dit-il ainsi en son traitté de Iu-
» piter: Car encore que les actes selon les vertus soient loüables, ce n'est pas à dire
» pourtant, qu'il faille loüer tout ce qui en est procedé, comme de la vaillance, l'auoir
» estendu le doigt vaillamment: de la temperance, s'estre abstenu d'vne vieille, prochai-
» ne de sa fosse: & de la prudence, d'auoir bien entendu que trois ne font pas quatre. Qui
» voudroit loüer vn homme de telles choses & l'en recommanderoit, il se monstreroit
» merueilleusement impertinent & froid. Autant presque en a il dit au troisiéme des
» Dieux: Ie pense, dit-il, encore que les loüanges de telles choses sont impertinentes,
» bien qu'elles dependent de la vertu, comme s'abstenir d'vne vieille qui se va mourant,
» endurer la morsure d'vne souris. Quel autre accusateur attend il doncques de ses opinions, que luy mesmes? Car s'il est ainsi que celuy là soit impertinent & de mauuaise grace qui loüe telles choses, encore bien plus impertinent doit estre estimé celuy qui suppose que chascune de ces choses là soit office vertueux, non seulemét grand, mais encore tresgrand: car si c'est acte de vaillance que d'endurer la morsure d'vne souris, & de temperance, s'abstenir d'vne vieille estant pres de sa fosse: il n'y a doncques point de difference, & sera tout vn, de loüer l'homme de bien, autant pour cela que

pour

Les contredicts des philosophes Stoiques. 564

pour cecy. D'auantage en son second liure de l'Amitié, enseignant qu'il ne faut pas dissoudre les amitiez pour toutes fautes, il vse de ces propres mots : Car il y a des fautes, dit-il, qu'il faut totalement passer sans s'y arrester, les autres où il faut vn peu prendre garde, les autres vn peu plus, les autres qu'il faut estimer dignes que pour elles on dissolue l'amitié. Et qui est encore plus que cela, au mesme liure il dit, que nous contracterons auec les vns plus, auec les autres moins, tellement que les vns nous seront plus, les autres moins amis. Et ceste difference & diuersité s'estend bien largement, en maniere que les vns seront dignes de telle, les autres de plus grande amitié, & les vns meriteront tant de foy, & les autres plus que tant : car que fait-il en tous ces passages-là, sinon mettre de grandes differences entre les choses pour lesquelles l'amitié s'engendre? Et toutefois en son traitté de l'Honnesteté, pour demonstrer qu'il n'y a rien que ce qui est honneste qui soit bon, il vse de telles paroles : Le bon est choisissable, le choisissable est esiouïssable, l'esiouïssable est louable, & le louable est honneste. Et derechef, Le bon est esiouïssable, l'esiouïssable est venerable, le venerable est honneste. Ces propos combattent contre luy-mesme : car soit que tout ce qui est bon soit louable, adoncques l'est aussi par temperance s'abstenir d'vne vieille, ou soit que tout bon ne soit pas esiouïssable ny venerable, sa raison doncques est nulle : car comment est il possible que les autres soient impertinents & froids de loüer quelqu'vn pour telles choses, & que luy ne soit digne que l'on sé mocque, de se'siouïr & se magnifier pour telles occasions? Voila quel il est en la plus part de ses escripts : mais aux disputes qu'il fait contre les autres, il se soucie encore moins d'estre contraire & repugnant à soy-mesme. Car en son traitté qu'il fait de l'exhortation, reprenant Platon qui disoit, qu'à celuy qui n'a rien appris, & qui ne sçait pas viure, il est expedient de ne viure point, il dit ainsi en ses propres termes : Ce propos là se combat soy mesme, & n'a force ny efficace quelconque pour exhorter : car premierement en nous monstrant qu'il nous est expedient de ne point viure, & par maniere de dire, nous conseillant de mourir, il nous exhorte plustost à autre chose qu'à philosopher, par ce qu'il n'est pas possible de philosopher si l'on n'est viuant : ny aussi de deuenir sage quelque long temps que l'on suruiue, si l'on vit mal & ignorantement. Puis vn peu plus auant il dit, qu'il est aussi conuenable aux mauuais de demourer en vie, & vse de ces propres mots : Premierement, ainsi comme la vertu par soy nuëment consideree n'a rien pourquoy nous deuions viure, aussi le vice n'est rien pourquoy nous nous en deuions aller de ceste vie. Il ne faut ja fueilleter d'autres liures de Chrysippus, pour monstrer comment il se contredit & se repugne à soy-mesme : car en ceux là que nous venons d'alleguer, tantost il amene ce mot d'Antisthenes, en le loüant, qu'il faut faire prouision de sens pour entendre, ou d'vn licol pour se pendre : & cest autre du poëte Tyrtęus,

De la vertu, ou de mort, approcher.

Et toutefois qu'est-ce que veulent dire ces propos là, sinon qu'il est plus expedient aux fols & aux mauuais de mourir que de viure? Et quelquefois corrigeant Theognis, qui dit,

Pour pauureté fuir & euiter,
Il se faudroit, Cyrne, precipiter
En la grand mer, & des plus hautes cymes,
Des durs rochers iusques au fond des abysmes.

Il falloit, dit-il, plustost mettre, Pour le peché fuir & euiter. Que fait-il doncques autre chose, sinon que les mesmes propositions & sentences que luy-mesmes telle fois a escrittes, il les efface & les condamne quand d'autres les escriuent? car il reprend Platon de ce qu'il asseure, qu'il est plus expedient de ne viure du tout point, que de viure meschamment, ou en ignorance : & ce pendant il conseille à Theognis

Cccc ij

Les contredicts des philosophes Stoiques.

de mettre en sa poësie, qu'il se faut precipiter en la mer pour euiter le vice & la meschanceté. Et loüant Antisthenes de ce qu'il enuoye les fols, qui n'ont point de ceruelle, au licol pour se pendre: toutefois il blasme celuy qui disoit, que le vice n'estoit
pas cause suffisante pourquoy nous nous deuions ietter hors de ceste vie. Et contre
Platon, de la Iustice, dés le commancement il saute aux propos des Dieux: & dit que
Cephalus ne diuertit & ne destourne pas bien les hommes de mal faire, par la crainte
des Dieux, & que le discours qu'il fait de la vengeance diuine est aisé à refuter & à calomnier, par ce que de luy mesme il suggere beaucoup d'argumens & de verisimilitudes au contraire, comme si cela resembloit proprement aux comptes d'Acco &
d'Alphito, dont les bonnes femmes font peur aux petits enfans, pour les garder de
s'appliquer à mal faire: ainsi se mocquant & detractant de Platon, il loüe au contraire
ailleurs, & allegue en plusieurs passages ces vers d'Euripide,

  Mais il y a vn Iupiter aux cieux
  Qui voit les faits humains, & d'autres Dieux,
  Pour les venger, encore que l'on rie
  De ce propos, par folle mocquerie.

Semblablement au premier liure de la Iustice, aiant allegué ces vers icy d'Hesiode,

  Saturnien Iupiter irrité
  Fait deualler griefue calamité
  Du ciel sur eux, la peste & la famine,
  Qui tout vn peuple en la terre extermine.

il dit que les Dieux font cela, à fin que les meschans estans ainsi punis, les autres aduertis par ces exemples là, s'adonnent moins à faire telles meschancetez. Derechef en
son traitté de la Iustice aiant dit, que ceux qui tiennent que la volupté soit bien,
mais non pas la fin des biens, sauuent aucunement & retiennent la Iustice: car il le
met en ces propres termes: A l'aduenture qu'en laissant à la volupté qu'elle soit
bien simplement, mais non pas la fin & la cyme des biens, ny du genre des choses
choisissables pour l'amour d'elles mesmes, & qui sont honnestes, nous pourrions sauuer la iustice par ce moien, en laissant l'honnesteté & la iustice en plus parfait bien
que la volupté. Voyla ce qu'il dit en ce lieu là de la volupté. Mais en son liure contre
Platon, le reprenant de ce qu'il mettoit la santé entre les choses bonnes, il dit que
non seulement la iustice, mais aussi la magnanimité, la temperance, & toutes autres
vertus se perdent & s'abolissent, si nous tenons que la volupté, ou la santé, ou quelque autre chose, quelle qu'elle soit, se puisse nombrer & mettre entre les biens, si
elle n'est honneste. Or quant à ce qu'il faut respondre pour la defense de Platon,
nous l'auons escrit ailleurs alencontre de luy: mais en cest endroit la repugnance
& contradiction à soy-mesme est toute manifeste, veu qu'en vn lieu il tient que
l'on peut maintenir & defendre la iustice, en supposant que la volupté soit bien
auec l'honnesteté: & en vn autre lieu il accuse tous ceux qui reputent autre bien
que ce qui est honneste, disant que c'est destruire & abolir toutes les vertus. Et à fin
qu'il ne laisse aucun moien de sauuer & defendre ses contradictions, escriuant de
la iustice alencontre d'Aristote, il escrit qu'il a tort de dire, qu'en supposant que la
volupté soit la fin des biens on oste la iustice, & auec la iustice toutes les autres vertus: Car il est bien vray, dit-il, que ceux qui ont ceste opinion là, ostent voirement
la iustice: mais il n'y a rien qui empesche que les autres vertus ne puissent demourer, sinon choisissables pour l'amour d'elles, à tout le moins bonnes & realement
vertus. Et puis il les nomme par leurs noms, les vnes apres les autres, & vaut mieux
que nous produisions ses propres termes: Encore qu'il semble par ce discours que
volupté soit la fin des biens, ce n'est pas à dire pourtant que tout y soit compris dessoubs: & pourtant faut-il dire, que nulle des vertus n'est à choisir pour l'amour d'elle
                            mesme

Les contredicts des Philosophes Stoiques. 565

A mesme, ny des vices à fuir, mais qu'il faut referer tout cela à vn but proposé: & cependant rien n'empeschera selon eux, que la force, la prudence, la continence, la patience, & autres semblables vertus, ne soient entre les choses bonnes, & leurs contraires entre celles qu'il faut fuir. Qui fut doncques iamais plus temeraire en paroles que luy, veu que de deux Princes des philosophes il impute à l'vn qu'il oste & abolit toute vertu, en ne confessant pas que cela seul qui est honneste soit bon:& à l'autre, que supposé que la volupté fust la fin des biens, il n'estime pas que toute vertu se puisse sauuer & defendre, excepté la iustice:car c'est vne merueilleuse licence, qu'en discourant sus vn mesme subiect & de mesme matiere, ce que luy supposé, le reprendre en Aristote, & puis luy mesme le subuertir & destruire en accusant Platon, & toutefois en ses demonstratiõs de la iustice il met expressémét, que tout office parfait est action legitime & iuste operation. Or ce qui se fait par continéce, par patience, par prudence, ou par vaillance, est office parfaict: il sensuit doncques, qu'il est aussi legitime action. Comment doncq ne laisse il la iustice à ceux à qui il laisse la prudence, la continence, la vaillance, attendu que tous les actes qu'ils font selon ces vertus là, sont offices parfaits, & par cõsequent iustes & legitimes operatiõs? Platon a escrit en quelque passage, que l'iniustice est vne corruption de l'ame & sedition intestine, laquelle ne perd iamais sa puissance, non pas en ceux mesmes qui l'ont dedans eux: car elle fait combatre le meschant alencontre de soy mesme, elle le chocque, le trouble & le trauaille. Chrysippus reprenant cela, dit que c'est mal & faulsement parlé de dire, qu'on se peut faire tort & s'outrager soy-mesme, Par ce que tout outrage, dit-il, est contre vn autre: mais puis apres ne se souuenant plus de ce propos, au traitté des demonstrations de la iustice il dit, que celuy qui fait iniustice s'outrage soy mesme, & qu'il s'offense & se fait tort, estant cause à soy mesme de ce qu'il trãsgresse les loix:en quoy il se griefue & se blesse soy-mesme indignement. Voicy ce qu'il dit contre Platon en discoutant que l'iniustice ne peut estre contre soy-mesme, ains contre autruy:Car pour estre particulierement iniustes, il faut, dit-il, qu'il y en ait plusieurs tels qui dient choses cõtraires l'vn à l'autre:& d'ailleurs, le mot d'iniustice se prend ainsi comme estant entre plusieurs affectionnez de telle sorte les vns enuers les autres, & ne conuient ny ne peut appartenir rien de semblable à vn seul, sinon seulement en ce qu'il se deporte ainsi, ou ainsi enuers ses voisins. Au contraire, en ses demonstrations il argumente ainsi, pour prouuer que l'iniuste s'outrage & se fait tort à soy-mesme: La loy defend d'estre auteur ny cause de transgresser:or commettre iniustice est transgresser la loy: celuy donc qui est cause à soymesme de commettre iniustice, transgresse la loy de soy mesme: & celuy qui transgresse la loy contre quelqu'vn, luy fait tort & l'outrage. Celuy doncq qui outrage & fait tort à qui que ce soit, s'outrage & se fait tort à soy-mesme. D'auantage le peché est vne espece de blesseure & dommage que lon fait:& tout homme qui peche, peche cõtre soymesme:parquoy tout homme qui peche, se blesse & s'endõmage soymesme:& s'il est ainsi, il se fait tort & s'outrage doncq soy mesme. Et puis il arguë encore ainsi: Celuy qui souffre estre blessé & offensé par vn autre, se blesse & offense quant & quant soy-mesme indignement: & cela est outrager & faire iniustice: celuy doncq qui est offensé & reçoit iniure de qui que soit, se fait tort à soy-mesme. Au troisiéme liure des exhortations il dit, que la doctrine des bonnes & mauuaises choses qu'il introduit & qu'il approuue, est fort accordante auec la vie humaine, & qu'elle est fort conioincte aux anticipations qui par nature sont empraintes en nous. Mais au cõtraire, au premier liure il met, que ceste doctrine destourne & diuertit l'homme de toutes autres choses, comme n'estant rien qui nous appartienne, ne qui nous aide à acquerir beatitude & felicité souueraine. Voyez donc comment il s'accorde auec soy-mesme, quand il afferme que sa doctrine nous diuertit du viure, de la santé, du repos, & de l'integrité des sens, & qu'il maintient que cela que nous

Cccc iij

Les contredicts des philosophes Stoiques.

demandons le plus en nos prieres aux Dieux, ne nous touche & ne nous appartient
en rien, & neantmoins est fort accordant à la vie humaine, & aux communes anticipations de cognoissance qui naissent auec nous. Mais à fin que lon ne puisse aucunement nier qu'il ne se repugne & contredie à soy mesme, voicy qu'il dit au troisiéme de la Iustice: C'est pourquoy, dit-il, à cause de la transcendente grandeur & beauté de nos sentences, il semble que ce que nous disons soient choses feintes & controuuees à plaisir, oultre le pouuoir de l'homme, & par dessus la nature humaine. Est il possible de confesser plus apertement que lon se combat & contredit à soy mesme, que fait celuy-cy, disant que ses propositions & opinions sont si transcendentes & extrauagantes, qu'elles resemblent à des fables controuuees à plaisir, & qu'elles sont oultre l'homme & par dessus la nature humaine, & toutefois qu'elles accordent & conuiennent fort à la vie de l'homme, & qu'elles approchent fort des communes notions & anticipations de cognoissance nees auecques nous? Il afferme que l'essence propre de l'infelicité est le vice, asseurant en tous ses liures de philosophie morale & naturelle, que viure selon le vice, est autant que viure malheureusement: mais au troisiéme liure de la Nature, aiant dit qu'il est vtile & expediét de viure fol & insensé, pluftost que de ne viure point, encore que l'on n'eust aucune esperance de deuenir iamais sage, il subioinct apres: Car il y a de tels biens aux hommes, que les maux mesmes en quelque maniere precedent les choses moyennes. Or qu'il ait escrit, que rien ne sert ny n'est vtile aux fols, & neantmoins qu'il escriue en cest endroit, qu'il est expedient de viure voire fol & insensé, ie le laisse passer: mais, attendu qu'il appelle moyennes les choses qui ne sont ny mauuaises ny bonnes, de dire maintenant que les mauuaises aillent deuant, & valent mieux, c'est autant à dire comme, que les choses mauuaises valent mieux, & doiuent aller deuant les non mauuaises, & que l'estre malheureux soit plus vtile, que le non estre malheureux: & par ainsi il estime donc plus inutile le non estre malheureux: & s'il est plus inutile, il est doncques plus dommageable que d'estre malheureux. Mais voulant vn peu rabotter & polir ceste raboteuse faulseté, il subioinct touchant les choses mauuaises: Non pas, dit-il, qu'elles aillent deuant, mais c'est la raison auec laquelle il vaut mieux viure, encore que lon deust estre fol, que non viure. Premierement doncques il appelle mauuaistié & vice, les choses mauuaises & qui participent de mauuaistié: or mauuaistié est raisonnable, ou pour mieux dire est raison errante: ce n'est doncques autre chose viure auec raison, estant fols, que viure auec mauuaistié: & puis viure estant fols, est autant que viure estant malheureux. En quoy donc, & comment est-ce que cela precede les choses moyennes? Car il ne vouloit pas entendre (ce disent-ils) que l'estre bien heureux precedast & allast deuant l'estre malheureux: ny ne pensa iamais Chrysippus qu'il fallust compter & mettre entre les choses bonnes le demourer en vie, ny entre les mauuaises le sortir de ceste vie, ains a pensé que c'estoient choses moyénes de soy: au moien dequoy il est quelquefois conuenable aux heureux de sortir de ceste vie, & aux malheureux d'y demourer. Et quelle contrarieté peut estre plus grande que celle cy, quant aux choses choisissables ou refusables, que de dire, qu'à ceux qui sont extremement heureux, pour l'absence d'vne chose indifferente, il conuienne s'abstenir des biens presents? Et toutefois il estime que nulle chose indifferente n'est ny choisissable de soy, ny refusable, ains que cela seul soit à eslire, qui est bon, & cela seul à fuir, qui est mauuais: tellement qu'il aduiendra selon eux, qu'ils ne dresseront les discours & conseils de leurs actions, ny à la poursuitte des choses qu'il faut eslire, ny à la fuitte de celles qu'il faut fuir, ains qu'ils auront autre but ou ils viseront, & qu'ils viuront & mourront pour choses qu'ils n'esliront ny ne fuyront. Chrysippus aduouë que les choses bonnes sont entierement differentes des mauuaises, comme aussi est-il necessaire, s'il est vray que les vnes rendent ceux en qui elles sont

tout

Les contredicts des philosophes Stoiques.   566

A tout aussi tost extremement malheureux, & les autres extremement heureux. Or dit-il au premier liure De la fin des biens, que les choses bonnes & mauuaises sont sensibles, & le dict en ces termes: Que les choses bonnes & mauuaises soient sensibles, il est force de le dire pour ces raisons. Car non seulement les passions auec leurs especes sont sensibles, comme la tristesse, la crainte & autres semblables, mais encore peut-on sentir le larrecin, l'adultere, & autres semblables malefices, & generalement toute follie, coüardise, & tous autres vices, non seulement la ioye, les benefices, & plusieurs autres dependences des vertueux offices de la prudence, de la vaillance, & des autres vertus. Or à fin que nous laissions ce qu'il y a au demourant d'absurdité en ces paroles-là, qui est ce qui confessera qu'estant present le bien sensible, & ayant vne grande difference auec le mal, il soit possible de deuenir de meschant, homme de bien, & l'ignorer, & ne sentir pas la vertu presente, ains estimer que le vice y soit meslé? Comment peut-il estre que cela ne soit tres-estrange? Car nul ne peut ignorer ny mescroire qu'il ayt toutes les vertus ensemble, ou il faut confesser qu'il y a bien peu de difference, & bien malaisee à discerner, entre le vice & la vertu, entre la felicité & l'infelicité, & entre la vie tres-honneste & la tres-deshonneste, s'il est possible que lon passe de l'vne en l'autre sans s'en appercevoir. Il a escrit vn œuure qu'il a intitulé, Des Vies, diuisé en quatre liures, au quatriéme desquels il dict, que le sage fuit les affaires, & ne se mesle que des siens, sans estre curieux de ceux d'autruy. Ses termes propres sont tels: I'estime quant à moy, que l'homme prudent fuit les affaires, s'entremet de peu, & ne se mesle que des siens: car cela est propre aux gens d'honneur de se mesler de leurs affaires simplement, & d'entreprendre peu. Il dict aussi presque le semblable au liure intitulé, Des choses choisissables & eligibles pour l'amour de soy, en ces propres termes: Car à la verité, dict-il, il semble que la vie reposee soit hors de peril & en seureté, ce que le vulgaire ne peut pas bien comprendre. En quoy premierement il est tout manifeste, qu'il approche bien pres de l'erreur d'Epicurus, qui oste de ce monde le gouuernement de la prouidence diuine, pource qu'il veut que Dieu demeure en repos, oisif, sans se mesler de rien. Mais Chrysippus luy-mesme au premier Liure Des vies dit, que le sage volontiers receura vn Royaume, & en fera son profit, & s'il ne peut regner luy-mesme, au moins il hantera auec le Roy, ira quand & luy à la guerre, estant tel comme estoit le Roy Hydanthyrsus de Scythie, ou Leucon le Roy de Pont. I'allegueray encore ses mesmes paroles, à fin que nous voyons, si comme de la plus haute & de la plus basse corde il se faict vne consonance & accord de l'octaue, aussi s'accorde la vie d'vn homme qui choisit de viure à repos sans rien faire, ou qui s'entremet de bien peu d'affaires, & puis apres s'en va auec les Scythes à la chasse à cheual, & prend en main les affaires du Roy du Bosphore, pour la moindre necessité qui se puisse presenter. Car quant à ce poinct, dit-il, que le sage ira à la guerre auec les Princes, viura & conuersera auec eux, nous le considererons incontinent apres cecy: ce que quelques vns ne soupçonnent pas, à cause qu'il y a de presque semblables discours, & nous leur laissons à cause de pareilles raisons. Puis vn peu apres: Et non seulement auec ceux qui ont penetré bien auant en la discipline de vertu, & qui ont esté bien conditionnez, comme Hydanthyrsus & Leucon. Il y en a qui reprennent Callisthenes, de ce qu'il passa la mer pour aller trouuer Alexandre en son camp, soubs esperance de faire rebastir la ville d'Olynthe, comme Aristote auoit faict restablir celle de Stagira, & loüent grandement Ephorus, Xenocrates & Menedemus, de ce qu'ils refuserent Alexandre: Mais Chrysippus nous pousse son sage, la teste la premiere, pour gaigner & faire son profit, iusques à la ville de Panticapæum, & iusques aux deserts de la Scythie: & que ce soit pour y gaigner & y faire son profit, il l'a monstré auparauant, supposant qu'il y a trois principaux moyens, par lesquels le sage peut praticquer & gaigner. Le premier, c'est par les bienfaicts des

Cccc iiij

Les contredicts des philosophes Stoiques.

Roys: le second, de ses amis: & le troisiéme, d'enseigner les lettres. Et toutefois en plusieurs lieux il nous rompt la teste à force de loüer ces vers du poëte Euripides,

   Que faut-il plus à l'homme transitoire,
   Que pain & eau pour manger & pour boire?

Mais aux liures de la Nature il dict, que le sage, quand bien il auroit perdu de tresgrandes facultez & richesses, estimera auoir perdu seulement autant que vaut vne drachme d'argent: & l'ayant là ainsi éleué & enflé, au contraire icy il le rauale & abaisse, iusques à en faire vn mercenaire & vn maistre d'eschole. Car il veut qu'il puisse demander & exiger son salaire, voire & prendre argent auant la main, tout au commancement de l'apprentissage, & quelquefois aussi apres que le temps prefix à son disciple sera passé: ce qui, dict-il, est plus honneste, mais l'autre est le plus seur, de se faire payer auant la main, estant l'autre façon de dilayer & attendre subiecte à receuoir beaucoup d'iniures & de pertes: & le dict en ces propres termes: Les bien-aduisez, dict-il, exigent de leurs auditeurs leur escholage, non pas tout d'vne mesme sorte, ains diuersement selon que l'opportunité se presente, & ne leur promettent pas de les rendre sages, & ce dedans vn an, mais bien promettent-ils qu'ils le feront en tant qu'il sera en eux, & dedans le temps qui sera dict & accordé entre eux. Et vn peu plus auant parlant de son sage, Il sçaura, dict-il, le temps opportun de demander son salaire, à sçauoir s'il vaudra mieux l'exiger incontinent à l'entree de son escholier, comme la pluspart le font: ou bien, s'il leur faudra bailler vn terme prefix, estant ceste façon bien subiecte à receuoir dommage & perte, combien qu'elle semble estre plus ciuile & plus honneste. Et comment sera donc maintenant le sage mespriseur d'argent, s'il est ainsi qu'il contracte à pris faict pour liurer la vertu, & encore qu'il ne la liure pas, qu'il en exige son salaire, comme ayant faict tout ce qui estoit en luy, & ce que requeroit son office? Ou comment sera-il plus grand que de pouuoir endurer aucune perte ou dommage, s'il est ainsi qu'auec si grande sollicitude il se tienne sur ses gardes, que lon ne luy face tort ou dommage au payement de son salaire? Car nul ne reçoit tort à qui on ne faict point de dommage. Et pourtant combien qu'ailleurs il eust maintenu que le sage ne pouuoit receuoir tort, toutefois en ce lieu-là il dict, que ceste façon est subiecte à receuoir perte & dommage. Et en son liure de la Republique, ayant dict que les citoyens ne feront rien pour volupté, ny ne prepareront rien, loüant grandement Euripides de ce qu'il a dict en ces vers,

   Que faut-il plus à l'homme transitoire,
   Que pain & eau, pour manger & pour boire?

vn peu plus auant il loüe Diogenes, de ce que publiquement il abusoit de sa nature, disant aux assistans, A la mienne volonté que ie peusse ainsi chasser la faim de mon ventre. Quel propos donc y a-il en mesmes liures de loüer celuy qui chasse toute volupté, & celuy qui pour volupté fait à la veuë de tout le monde vne si meschante & si vilaine chose? En ses liures de la Nature ayant escrit que la nature a produit beaucoup d'animaux pour la beauté seulement, prenant plaisir à faire de belles creatures, & s'esiouyssant en la diuersité: & y ayant dauantage adiousté vn fort estrange propos, que le Paon auoit esté produict par la nature pour sa queuë, à cause de la beauté d'icelle: Au contraire en ses liures de la Republique il reprend fort asprement ceux qui nourrissent des Paons & des Rossignols, comme voulans faire des loix contraires au souuerain legislateur du monde, en se mocquât de la nature qui prend plaisir à produire de tels animaux, ausquels le sage ne donne point de lieu ny de place en sa republique. Car comment ne trouueroit-on estrange & hors de toute raison, de reprendre ceux qui nourrissent les animaux, pour la creation & production desquels ils loüent hautement la prouidence diuine? Ayant dit en son cinquiéme liure de la Nature, que les pulces nous esueillent vtilement, & que les souris

nous

Les contredicts des philosophes Stoiques. 567

nous aduertissent aussi de prendre bien garde là où nous mettons chasque chose, & qu'il est vray-semblable que la nature prend plaisir à produire de belles creatures, & qu'elle s'esioüit en la diuersité: il dit encore ces propres mots, Cela peut bien euidemment apparoir en la queuë du Paon: car elle monstre là que cest animal a esté produit pour sa queuë, & non pas au rebours: ne plus ne moins qu'apres que le masle a esté creé, la femelle est venuë apres. Et en son liure du gouuernement de la Chose publique, ayant dict que nous sommes prests de faire peindre mesmes iusques aux lieux où lon fait pourrir le fumier, vn peu apres il dit, qu'il y en a qui embellissent leurs terres labourables de vignes sur les arbres plantez à la ligne, & de meurthes mesmes, & qui nourrissent des paons, des pigeons, & des perdris, à fin d'auoir le plaisir de les oüir jergonner, & des rossignols aussi: mais ie luy demanderois volontiers, que c'est qu'il sent & qu'il pense des abeilles & du miel. Car il estoit consequent à celuy qui auoit dict que les pulces estoient creées vtilement, de dire que les abeilles estoient creées inutilement: & s'il leur donne lieu & place en sa Chose publique, pourquoy est-ce qu'il defend à ses citoyens les choses qui resioüyssent l'oüye? Bref tout ainsi que celuy seroit impertinent qui reprendroit les conuiez au festin, qui mangeroient des confitures & de la pastisserie, beuroient de bon vin, & mangeroient des delicates viandes, & cependant loüeroit celuy qui les auroit conuiez à ces delices-là, & qui les leur auroit preparees: aussi est hors de toute raison celuy qui loüe la prouidence diuine de ce qu'elle a produit des delicieux poissons, des oiseaux, du miel, & du bon vin, & reprend ceux qui ne reiettent point tout cela, & qui ne se contentent pas de pain & d'eau pour manger & pour boire, choses qui nous sont tousiours à la main, & qui suffisent pour nostre nourriture: celuy-là ne se soucie point de se contredire à soy-mesme, & de tenir des propos tout contraires. Qui plus est, en son traicté des exhortatiōs ayant dict, que c'est sans raison que lon a blasmé & diffamé l'auoir affaire auec ses meres, filles & sœurs, & de manger quelque sorte de viande, ou bien d'aller au sortir d'auec vne femme, ou d'vn mortuaire, à vn sacrifice: Car il faut, dict-il, en cela regarder les bestes brutes, & par les exemples de ce qu'elles font, conclure & colliger, qu'il n'y a rien de tout cela qui soit importun ou contre la nature: car on peut bien opportunément alleguer cela, & comparer l'vsage des autres animaux, pour monstrer que ny pour s'assembler, ny pour engendrer, ny pour mourir és temples, il n'y a rien qui puisse soüiller ny contaminer la diuinité. Et au contraire, au cinquième liure de la nature il dict, que le poëte Hesiode nous admoneste bien & honnestement, de ne pisser point dedans les fontaines, ny dedans les riuieres, mais encore plus raisonnable est-il, s'abstenir de pisser contre vn autel, ou contre l'image & statue d'vn Dieu: & qu'il ne faict rien de dire, que les chiens, les asnes, & les petits enfans le font bien, qui n'ont point de discretion ny de cōsideration de telles choses. Il n'y a doncques point de propos de dire là, qu'il soit opportun de considerer les exemples des bestes brutes: & icy, qu'il soit hors de toute raison. Il y a des philosophes qui imaginent vn mouuement accessoire de dehors en la partie principale de l'ame, pour bailler solution aux inclinations, quand il semble que lon est contrainct & forcé à quelque chose par des causes exterieures. Ce mouuement apparoist principalement és choses ambiguës: car quand de deux choses égales en puissance, & du tout en tout semblables, il est force d'en choisir l'vne, n'y ayant cause aucune qui nous incline plustost en l'vne qu'en l'autre, d'autant qu'elle n'est en rien meilleure que l'autre, ceste puissance accessoire venant d'ailleurs, & saisissant l'inclination de l'ame, decide toute ceste doubte. Contre ces philosophes-là, Chrysippus discourant, comme forçans la nature en mettant aucun effect sans cause, entre plusieurs exemples allegue l'osselet, & la balance, & plusieurs telles autres choses qui ne peuuent pas tomber ny pancher tantost en vn costé, & tantost en vn autre, sans quelque cause & quelque

Les contredicts des philosophes Stoiques.

difference qui soit en eux entierement, ou qui leur aduienne d'ailleurs, parce qu'ils tiennent, que ce qui est sans cause ne peut estre nullement, ne ce qui est fortuit, mais qu'en ces mouuements accessoires, qu'ils supposent, il y a quelques causes latentes qui secrettement esmeuuét & induisent nostre iustice & nostre inclination en l'vne des parties. Cela est l'vn des propos que plus souuent & plus notoirement il repete: mais ce que luy mesme dict apres tout au contraire, d'autant qu'il n'est pas exposé en veuë à tout le monde, ie l'allegueray aux mesmes paroles dont il vse. Car en son traicté de l'Office de iuger, supposant deux coureurs qui arriuent au bout de la carriere tout l'vn quand & l'autre, il demande que c'est que doit faire le iuge en ce cas là, à sçauoir s'il luy est loisible d'attribuer auquel qu'il luy plaira des deux le rameau de palme, supposé encore qu'ils luy soient tous deux si familiers, qu'il soit plustost pour leur gratifier du sien, que de leur oster ce qui seroit à eux, ou si la palme estant commune à tous deux, il luy sera loisible d'incliner fortuitement à l'vn ou à l'autre, comme s'ils eussent tiré au sort: ie dy incliner fortuitement, comme quand lon nous presente deux drachmes semblables au demourant, nous enclinons plus en celle que nous prenons. Et au sixiéme des Offices ayant dict, qu'il y a certaines choses qui ne meritent pas que lon s'y arreste beaucoup, ny que lon les considere de bien pres, il estime qu'il faut en telles choses donner le chois à la fortuite inclination de la pensee, ne plus ne moins qu'à l'aduenture du sort: comme, pour exemple, s'il est question d'esprouuer ces deux drachmes qui seront presentees, les vns pourront dire, celle-là, les autres celle-cy est la bonne: mais pource qu'il en faut prendre l'vne des deux, alors sans s'arrester à en faire plus grand examen, nous prendrons la premiere venuë. Et en vn autre lieu il dit: Mettant cela à l'aduenture du sort, nous prendrons quelquefois la pire. En ces passages là, la fortuite inclination de la pensee à la premiere venuë, & le commettre à l'aduenture du sort, n'est autre chose sinõ introduire vn chois des choses indifferentes, sans aucune cause. Au troisiéme, ayant dict de la Dialectique, que Platon & Aristote auoient fort trauaillé apres, & leurs disciples & sectateurs aussi, iusques à Polemon & à Straton, & principalement Socrates, & ayant encore adiousté à cela, que lon pourroit vouloir faillir auec de tels & si grãds personnages, il subioinct puis apres de mot à mot: S'ils n'en eussent, dict-il, parlé qu'en passant par dessus, on se fust à l'aduenture peu mocquer de ce lieu là: mais en ayant traicté si diligemmẽt & si serieusement, comme de l'vne des plus grandes & plus necessaires facultez, il n'est pas vray-semblable qu'ils ayent si lourdement failly, estans en toute philosophie tels que nous les presumons. Comment donc, luy pourroit quelqu'vn repliquer, ne cesseras tu iamais de combattre de tels & si grands personnages, & de les conuaincre, comme tu penses, d'auoir erré? Car il n'est pas vray-semblable qu'ils ayent escrit diligemment & soigneusement de la Dialectique, & que des principes de la fin des biens, de la Iustice & des Dieux, ils n'ayent escrit qu'en iouant, & par maniere d'acquit, encore mesmement que tu appelles leurs traictez & discours aueugles, repugnants à soy mesme, & contenants innumerables fautes & erreurs. En quelque autre passage il nie que le vice de ἐπιχαιρεκακία, c'est à dire, la ioye de voir mal aduenir à autruy, soit en estre, & qu'elle ait reale subsistence, pourautant, dit-il, que iamais homme de bien ne s'esioüit de voir mal aduenir à vn autre. Mais en son second liure du Bien, declarant que c'est qu'enuie, c'est à sçauoir, douleur du bien d'autruy: pource que les hommes, dit-il, veulét raualer leurs voisins, à fin qu'eux ayent le dessus: il y adiouste puis apres, la ioye du mal d'autruy, en disant: A celle là est contiguë la ioye du mal d'autruy, parce que les hommes cerchent à rabattre leurs voisins pour causes semblables, mais quand ils sont destournez en d'autres mouuements naturels, il s'engendre la misericorde. Il appert par là, qu'il met la ioye du mal d'autruy, comme chose subsistente aussi bien que l'enuie & la misericorde: laquelle toutefois il dit ailleurs n'estre aucunement

nement

Les contredicts des philosophes Stoiques.   568

A nement subsistente, comme ny la haine des meschants, ny la cupidité de gaing deshonneste. Ayant dict en plusieurs lieux, que pour estre plus long temps heureux les hômes n'en sont pas plus heureux, que ceux qui participét de la beatitude en vn moment de temps: en plusieurs autres lieux au contraire il dict, qu'il n'en faut pas seulement estendre le doigt pour vne prudence qui ne dure qu'vn moment de temps, ne plus ne moins qu'vn esclair qui passe volant. Mais il suffira d'alleguer les propres mots qu'il a escrits en son sixiéme liure des questions morales, touchant ceste matiere. Car ayant dict que ny tout bien ne tombe également en ioye, ny tout vertueux
,, office en vanterie, il subioinct puis apres ces paroles: Car s'il ne doit auoir la pruden-
,, ce que pour vn moment de temps, ou pour le dernier iour de sa vie, il n'en conuient
,, pas seulement estendre le doigt pour vne telle prudence, combien que pour estre
,, plus long temps heureux les hommes n'en soient pas plus heureux, ny la beatitude
,, eternelle ne soit pas plus souhaitable, ny plus desirable que celle d'vn moment d'heu-
B re. Or s'il estimoit que la prudence fust vn bien produisant la beatitude, comme fait Epicurus, on ne reprendroit seulement que la nouueauté & fausseté estrange d'vne telle sentence: Mais puis que la prudence n'est point autre chose que la beatitude par soy, ains est la beatitude mesme, comment est-ce que cela ne se contredict & repugne, de dire que également soit eligible & desirable la beatitude d'vn moment d'heure, que celle d'vne eternité, & que la beatitude d'vn moment ne soit d'aucune valeur? Il dict que les vertus s'entresuyuent l'vne l'autre, non seulement en ce que qui en a l'vne, il a toutes les autres, mais aussi en ce que qui ouure selon l'vne, ouure quand & quand selon toutes les autres: & tiennent qu'vn homme n'est point parfaict qui n'a toutes les vertus. Mais toutefois au sixiéme liure des questions morales il dict, que ny l'homme de bien ne faict pas tousiours vaillamment, ny le meschant laschement: pource qu'il faut que l'vn, luy estans certains obiects presentez, perseuere en ses iu-
C gements, & que l'autre s'en departe: & est aussi croyable, que ny le meschant ne paillarde pas tousiours. Or si faire vaillamment est vser de vaillance, & faire laschement vser de lascheté, ils disent choses contraires, quand ils afferment que le meschant ouurant selon vn vice, ouure selon tous ensemble, & que le vaillant n'vse pas tousiours de vaillance, ny le lasche de lascheté. Il definit la Rhetorique estre l'art touchant l'ornement & ordre de l'oraison prononcee: dauantage il a ainsi escrit au premier liure:
,, Et ne faut pas, à mon aduis, auoir seulement soing d'vn honneste & simple orne-
,, ment en ses paroles, ains faut aussi auoir cure des propres gestes, des pauses & stations
,, conuenables de la voix & composition du visage & des mains. Et estant ainsi cu-
,, rieux & exquis en cest endroict, au contraire en ce mesme liure ayant parlé de la col-
• lision des voyelles: Non seulement, dict-il, il faut negliger cela, & penser à ce qui est
,, plus grand, & de plus d'importance, ains faut laisser passer certaines obscuritez, &
,, certaines defectuositez, voire iusques à des incongruitez, dont plusieurs autres au-
D roient honte. Or de permettre quelquefois d'estre curieux à bien disposer par ordre son langage, iusques à auoir honneste contenance & en son visage, & en ses mains, & vne autre fois ne se soucier point d'aucune defectuosité en son langage, ny d'aucune obscurité, voire n'auoir point de honte de commettre de grosses incongruitez, cela est faict en homme qui dict à la volee tout ce qui luy vient en la bouche.

Et en ses positions naturelles touchant ce qui a besoing d'estre veu à l'œil, & d'experience, ayant auparauant commandé d'y aller reseruément, & y estre bien retenu,
,, il dict: Par ainsi nous ne cuiderons pas, comme a faict Platon, que la nourriture liqui-
,, de, c'est à dire le boire, aille aux poulmons, & la seiche en l'estomach, ny ne tombe-
,, rons pas en autres erreurs semblables à celuy-là. Quant à moy, i'estime que repren-
,, dre les autres, & puis tomber en l'erreur que l'on a repris és autres, c'est la plus grande
,, repugnance & contrarieté qui sçauroit estre, & la plus laide faute. Mais luy-mesme

Les contredicts des philosophes Stoiques.

dit que les connexions qui se font par dix dignitez, c'est à dire dix propositions affirmatiues, excedent en multitude vn million, n'ayant pas ny par luy-mesmes assez diligemment enquis & recerché cela, ny par hommes exercitez en tel art bien entendu la verité. Et toutefois Platon a les plus excellents & plus renommez medecins pour tesmoings, Hippocrates, Philistion, Dioxippus disciple d'Hippocrates, & entre les poëtes Euripides, Alceus, Eupolis, Eratosthenes, qui tous disent que le boire passe les poulmons. Mais tous les sçauants en Arithmetique, & exercitez en la science des nombres, reprennent Chrysippus, entre lesquels est Hipparchus, monstrant & prouuant qu'il y a en son dire vn tres-grand erreur de calcul, s'il est vray que l'affirmatiue faict des connexions de ces dix dignitez iusques à cent trois mille quarante neuf: & la negatiue, trois cens dix mille neuf cens cinquante & deux.

Quelques vns des anciens ont dict, qu'il estoit aduenu à Zenon, comme à celuy qui auoit du vin s'aigrissant, qu'il ne le pouuoit vendre ne pour vinaigre, ny pour vin: car de son preallable, qu'ils appellent, il ne le pouuoit exposer en vente, ny comme pour bon, ny comme pour indifferent. Mais Chrysippus a rendu l'affaire encore de plus malaisee deffaire: car en quelques endroits il dit, que ceulx là sont furieux qui n'estiment rien & ne font compte des biens, de la santé & integrité du corps, & qui ne mettent peine de les auoir: & alleguant ce vers d'Hesiode,

Race des Dieux gentil Perses trauaille,
Il dict que ce seroit vne fureur que de dire,
Gentil Perses garde de trauailler.

Et en son traicté des Vies il escrit, que le sage fera la court aux Roys pour faire ses besongnes, & enseignera les lettres pour de l'argent, prenant des vns de ses disciples de l'argent d'auance, & faisant marché auec les autres. Et au septiéme liure des Offices il dict dauantage, qu'il fera trois fois la culbute, prouueu qu'on luy baille vn talent. Et au premier liure des Biens, il permet aucunement & concede à qui le voudra, d'appeler les choses preallables biens, & les contraires maux, en ces propres termes:

» Si quelqu'vn veut, suyuant ces permutations-là, appeller l'vn bien à soy, & l'autre
» mal, prouueu qu'il vise aux choses, & ne vague point temerairement, & qu'il ne
» faille point en l'intelligence des choses signifiees, au demourant qu'il s'accommode
· à l'vsage & coustume de la denomination. Ainsi ayant approché le preallable du bien si pres en ce passage là, & l'ayant meslé encore, au contraire en autres lieux il dit, que rien de tout cela ne nous appartient, ains que la raison nous retire & destourne de toutes telles choses: car il a ainsi escrit cela au premier liure de l'Exhortation. Et au troisiéme de la Nature il dict, qu'il y en a qui benissent & reputent heureux & glorieux les Roys & les riches, qui est autant comme si on les benissoit & reputoit heureux, pource qu'ils auroient des bassins à retraict & des passemens d'or: mais qu'à l'homme de bien autāt luy est perdre toutes ses facultez, comme s'il ne perdoit qu'vne drachme, & l'estre malade autant que de chopper vn petit. Et pourtant a-il remply de telles contrarietez, non seulement la vertu, mais aussi la prouidence: car la vertu se trouuera extrémement mechanique & folle, de s'occuper à choses si viles & de si peu de pris, commandant au sage de nauiguer pour icelles gaigner, iusques au pays du Bosphore, & de saulter & culbuter. Et Iupiter est digne de mocquerie, prenant plaisir à s'ouïr appeller Ctesius, qui signifie donnant des possessions: & Epicarpius, superintendant des fruicts: & Charidotes, donateur de ioye, pourautant qu'il donne aux mauuais & aux meschans des bassins à retraict & des passemens d'or, & aux bons choses valants vne drachme, quand ils deuiennent riches par la prouidence de Iupiter. Apollo est encore plus digne de mocquerie, s'il est ainsi qu'il s'amuse à rendre responses & oracles touchant des bassins à retraict & des franges d'or, & du choppement des pieds. Mais encore rendent-ils ceste contrarieté plus euidente

& plus

Les contredicts des philosophes Stoiques.

& plus manifeste par la demonstration: car ce dequoy lon peut, ce disent-ils, & bien & mal vser, n'est ny bien ny mal, ny bon ny mauuais. Or tous les fols vsent mal de la richesse, de la santé, & de la force du corps, parquoy nulle de ces choses ne se pourra dire bonne. Si doncques Dieu ne donne pas la vertu aux hommes, ains ce qui est honneste s'acquiert, & il donne la richesse, la santé sans la vertu, & à ceux qui en doiuent non bien vser, mais mal, c'est à dire inutilement, honteusement & pernicieusement: & toutefois si les Dieux peuuent bailler la vertu & ils ne la baillent, ils ne sont pas bons: & s'ils ne les peuuent rendre bons, aussi ne leur peuuent-ils doncques ayder, attendu qu'il n'y a rien hors cela qui soit ny bon ny vtile. Car de dire que les Dieux iugent par vertu & par force ceux qui sont autrement bons que par eux, cela n'est rien dict: car aussi bien les bons iugent les mauuais par vertu & par force, tellement qu'ils n'en aydent point plus les hommes qu'ils n'en sont aydez par les hommes. Toutefois Chrysippus ne iuge bon ny luy, ny aucun de ses familiers, ou de ses precepteurs. Que pensez vous doncques qu'ils sentent des autres, sinon ce que eux-mesmes disent, qu'ils sont tous furieux, fols & insensez, qu'ils sont mescreans, violateurs des loix, qu'ils sont au plus haut & dernier degré de misere & d'infelicité? Et puis ils tiennent, que nous estans si malheureux & si miserables, sommes gouuernez par la prouidence diuine. Or si les Dieux se changeans nous vouloient offenser, affliger, & tourmenter & débriser, ils ne nous pourroient pas mettre en pire estat que nous sommes maintenant, selon que Chrysippus prononce, ny ne pourroit pas estre la vie de l'homme ne pire ne plus malheureuse qu'elle est, tellement que si elle auoit langue & voix pour parler, elle diroit les paroles d'Hercules,

Plein suis de maux, plus n'en pourrois auoir.

Quelles sentences & affirmations pourroit-on doncques trouuer plus contraires & plus repugnantes l'vne à l'autre, que celles de Chrysippus touchant les Dieux & touchant les hommes, quand il dict que les vns, à sçauoir les Dieux, prouoyent le mieux qu'ils peuuent, & les hommes sont le pis qu'ils sçauroient estre? Il y a des Pythagoriens qui le reprennent de ce qu'il dict au traicté de la Iustice, touchant les Coqs, à sçauoir qu'ils ont esté vtilement procreez? Car, dit-il, ils nous esueillent pour trauailler, ils amassent & deuorent les scorpions, & nous animent aux combats, nous imprimant vne enuie & ialousie de combattre vaillamment: & toutefois il nous les faut manger, de peur qu'il ne naisse plus grand nombre de poullets qu'il n'en seroit de besoing. Et se mocque tant de ceux qui le reprennent de telles sentences, qu'il escrit ainsi au troisiéme liure des Dieux, touchant Iupiter sauueur, createur, pere de Iustice, de loy & de paix: Et comme les villes & citez quand elles sont trop pleines de peuple, en ostent ou enuoyent des colonies au loing, & commancent des guerres contre quelques vns: aussi Dieu enuoye les commancemens de quelque mortalité, & cite pour tesmoing Euripides, & les autres qui disent que la guerre de Troye fut enuoyee par les Dieux pour espuiser la trop grande multitude du peuple. Or quant aux autres toutes euidentes faussetez, ie les laisse: car ie n'ay pas proposé de recercher tout ce qu'ils ont mal dict, mais seulement ce qu'ils ont dict en contredisant à eux-mesmes. Considerez comment il donne à Dieu tousiours les plus beaux noms, & les plus humaines appellations du monde, & au contraire les effects sauuages, cruels, Barbares & Galatiques: car ces grandes mortalitez & pertes d'hommes ne ressemblent point proprement aux colonies que les citez enuoyent dehors, comme celle qu'amena la guerre de Troye, ou celle des Medes, ou la Peloponesiaque: si ce n'est que ces gents icy sçachent qu'il y a quelque ville qui se fonde & se peuple dessoubs la terre aux enfers. Mais Chrysippus faict Dieu semblable à Deiotarus, le Roy de Galatie, lequel ayant plusieurs enfans, & voulant laisser son estat

Dddd

Les contredicts des philosophes Stoiques.

& Royaume à l'vn d'iceux seul, il tua luymesme tous les autres, comme s'il eust couppé & taillé les verges d'vn cep de vigne, à fin que celle qui demeure en deuienne plus grande & plus forte, combien que le vigneron le face lors que les branches sont encores petites & foibles. Et nous quand les petits chiens sont encore si ieunes qu'ils ne voyent goutte, pour espargner la chienne nous luy en ostons plusieurs : là où Iupiter ne laisse pas tellement croistre & venir en aage parfaict les hommes, ains luy-mesme les faisant naistre, & leur donnant croissance, les tourmente puis apres en leur preparant occasions de corruption & de mort, là où il falloit plustost ne leur donner point de causes & de principes de naissance : mais cela est moindre, & cecy que ie diray maintenant est bien plus grief: car il ne sourd guerre aucune aux hommes sans quelque vice, ains est cause de l'vne la volupté, de l'autre l'auarice, de l'autre l'ambition & la cupidité de dominer. Parquoy si Dieu forge les guerres, par consequence aussi produit-il doncques les vices, en aiguisant, prouocant & destordant les hommes : combien que luy mesme en son traicté de Iuger, & encore en son second liure des Dieux, escriue, Qu'il n'est pas raisonnable de soustenir, que Dieu soit cause de chose aucune deshonneste : car tout ainsi comme les loix ne sont iamais cause de violer les droicts, aussi n'est iamais Dieu cause d'aucune impieté. Aussi n'est-il pas vraysemblable qu'ils soient causes aux hommes de commettre aucune deshonnesteté. Et que peut-il estre plus deshonneste que de procurer les vns aux autres perdition & ruine, dont Chrysippus dict que Dieu leur suggere les commancemens ? Voire-mais, dira quelqu'vn, au contraire il loüe Euripides de ce qu'il dict,

Si les Dieux font rien qui soit vicieux,
Certainement ils ne sont donc pas Dieux.   Et ailleurs,
Accuser Dieu est chose bien facile.

comme si nous faisions autre chose maintenant que d'exposer ses paroles & sentences contraires les vnes aux autres : toutefois ce propos loüé maintenant, se peut alleguer non vne, ny deux, ny trois fois, mais innumerables, contre Chrysippus : car premierement en son traicté de la Nature, ayant accomparé l'eternité du mouuement à vn breuuage composé de toutes sortes de ius d'herbes, qui broye & confond pesle-mesle toutes les choses qui naissent, les vnes d'vne sorte, les autres d'vne autre, il dict ainsi: Comme ainsi soit que le gouuernement & l'administration de l'vniuers procede & aille en ceste sorte, il est necessaire que nous soyons disposez en la maniere que nous le sommes, comment que ce soit que nous le soyons, soit que nous soyons malades contre nostre propre nature, soit que nous soyons mutilez & estropiez, ou que nous soyons Grammairiens ou Musiciens. Et derechef vn peu apres: Selon ceste raison nous en dirons autant de nostre vertu ou vice, & generalement de la science ou ignorance des arts, comme i'ay dict. Et vn peu apres, ostant toute doubte & ambiguité: Car il n'y a rien de particulier, iusques aux moindres choses, qui puisse autrement aduenir que selon la cõmune nature, & selon la raison d'icelle. Or que la nature commune & la raison d'icelle soit la destinee, la prouidence diuine, & Iupiter, il n'est pas iusques aux Antipodes qui ne le sçachent : car ils n'ont autre propos en la bouche que celuy-là, & disent qu'Homere a fort bien dict,

De Iupiter le vouloir se faisoit.

referant cela à la destinee & à la nature de l'vniuers, par laquelle toutes choses se regissent. Comment est-il maintenãt possible que ces deux positions subsistent ensemble, que Dieu ne soit point cause d'aucune chose deshonneste, & qu'il n'y ait rien, iusques aux moindres choses, qui se face, sinon par la commune nature & selon la raison d'icelle ? car entre toutes les choses qui se font, sont certes aussi les deshonnestes. Et toutefois Epicurus se tourne & vire de tous costez, & va imaginant toutes les subtilitez qu'il luy est possible, pour tascher à deslier & de s'attacher le liberal arbitre de ce

mouuement

Les contredicts des philosophes Stoiques. 570

mouuement eternel, de peur de laisser le vice sans iuste reprehension. Mais cestuy-cy luy donne vne licence tout arriere ouuerte, de dire que non seulement il se commet par necessité de la destinee, mais aussi par la raison de Dieu, & selon la nature & la meilleure qui soit: encore y voit-on cela de mot à mot, Car la commune nature s'estendant à toute cause, il faudra que tout ce qui se faict, comment qu'il se face, & en quelque partie que ce soit, se face selon ceste commune nature, & selon la raison d'icelle, par suitte de consequence, sans empeschement, parce qu'il n'y a rien au dehors qui mette empeschement à son administration, & qu'il n'y a partie qui se meuue, ne qui soit autrement habituee que selon la nature commune. Mais quelles sont les habitudes & quels les mouuements des parties? Il est certain que les habitudes sont les vices, & les maladies, comme l'auarice, la luxure, l'ambition, la coüardise, l'iniustice: & les mouuements sont les actes qui en procedent, comme les adulteres, les larcins, les trahisons, les homicides, les parricides. Chrysippus estime qu'il n'y a rien de tout cela ne petit ne grand qui se face outre la raison de Iupiter, & contre la loy, la iustice & la prouidence, de maniere que violer les loix n'est point contre la loy, ny oultrager autruy n'est point faire contre iustice, ny faire mal contre la prouidence. Et toutefois il tient que Dieu punit le vice, & qu'il fait beaucoup de choses pour punition des meschans: comme au second liure des Dieux, Aucunefois (dit-il) il aduient des choses inutiles aux bons, non comme aux mauuais par punition, ains par vne autre prouidence, comme il aduient és villes & citez. Et derechef en ces mots, Premierement il faut entendre les maux, comme nous auons dict parauant, & puis qu'ils sont distribuez selon la raison de Iupiter, ou par punition, ou par vne autre œconomie & disposition de l'vniuers. Or est cela fort dur à digerer, que le vice soit par la disposition & raison de Dieu, & neantmoins qu'il le punisse: mais il roidit encore dauantage sa contradiction, au second de la Nature, escriuant ainsi: Mais le vice, quant aux grands & griefs accidents a vne peculiere raison: car il se fait par la commune raison de la nature: & à fin que ie le die ainsi, il se fait non inutilement, eu esgard à l'vniuersel, car autrement les biens ne seroient point. Et puis il va reprenant ceux qui egalement disputent & discourent en vne & en l'autre partie, luy qui pour enuie qu'il a de dire tousiours & en toutes choses quelque nouueauté & singularité exquise par dessus tous les autres, il dict que ce n'est point inutilement qu'il y a des coupeurs de bourses, des calomniateurs, des luxurieux, & que ce n'est point inutilement qu'il y a des personnes inutiles, dommageables, malheureuses: & s'il est ainsi, quel est Iupiter? I'entens celuy de Chrysippus, s'il punit vne chose qui n'est ny de soymesme, ny inutilement: car le vice, selon l'opinion de Chrysippus, seroit totalement irreprehensible, & à l'opposite Iupiter luy-mesme seroit à reprendre, s'il faict le vice estant inutile, & s'il le punit l'ayant faict non inutilement. Et derechef au premier liure de la Iustice, ayant dict des Dieux qu'ils s'opposent aux iniquitez de quelques vns, mais oster du tout le vice, il n'est ny possible, ny expedient quand il seroit possible, ny bon d'oster toute iniustice, toute iniquité contre les loix & toute folie: ce qui n'appartient pas au present traicté d'en discourir, ny de recercher. Mais luy-mesme ostant tout vice par le moyen de sa philosophie, entant comme en luy est, ce qui n'est pas expedient ny bon d'oster, il faict chose en cela qui est repugnante & à la raison & à Dieu. Dauantage en disant qu'il y a des iniquitez & pechez ausquels les Dieux s'opposent, il donne taisiblement à entendre qu'il y a doncques quelque inegalité entre les pechez. Outre, ayant escrit en plusieurs passages, qu'il n'y a rien à reprendre, ny dont on se peust plaindre en ce monde, parce que toutes choses s'y font par vne tresbonne raison: au contraire, il y a des endroicts ausquels il nous laisse des negligences & paresses reprehensibles, & en choses non legeres ny petites. Qu'il soit ainsi, en son troisiéme liure de la Substance, ayāt fait mention qu'il peut bien aduenir quelques telles

Dddd ij

Les contredicts des philosophes Stoiques.

» fautes aux gens de bien & d'honneur: Est-ce, dict il, parce qu'il y a des choses dont
» on ne tient point de compte, comme en vne grande maison, il ne se peut faire qu'il
» ne se perde quelque son & quelques grains de bled, encore que la totalité & genera-
» lité au demourant soit bien gouuernee & regie ? ou pource qu'il y a quelques ma-
» lings esprits superintendans sur ces choses-là, où certainement les negligences & pa-
» resses sont reprehensibles ?& dict aussi qu'il y a beaucoup de necessité meslee parmy.
Or ie ne me veux point arrester à deduire au long, ny à peser combien grande legereté & temerité c'est à luy de comparer les accidents aduenus aux grands & vertueux
personnages, comme la condemnation de Socrates, l'embrazement de Pythagoras,
qui fut bruslé tout vif par les Cyloniens, le martyre que le Tyran Demylus fit endurer à Zenon, & le tourment que Dionysius fit souffrir à Antiphon, quand ils les
firent mourir, à du son qui se perd és grandes maisons. Mais qu'il y auroit des malings esprits commis à la superintendance de telle charge, par prouidence diuine,
comme est-il possible que cela ne soit vn reproche faict à Dieu, comme si c'estoit vn
mal-sage Roy qui commist des gouuernements de prouinces à des mauuais & temeraires Gouuerneurs & Capitaines, en leur souffrant outrager, iniurier & tourmenter par sa nonchalance, les plus gens de bien de ses subiects ? Et s'il est ainsi qu'il y ait
beaucoup de necessité & contrainte meslé parmy les affaires de ce monde, adoncques
ques Dieu n'est pas souuerain maistre de tout, ny toutes choses ne sont pas absoluëment regies & gouuernees par sa raison. Il combat fort à l'encontre d'Epicurus, & à
l'encontre de ceux qui ostent du gouuernement du monde la prouidence diuine, les
refutant principalement par les communes notions & conceptions nees auec nous,
par lesquelles nous nous persuadons que les Dieux soient bienfaicteurs & benings
enuers les hommes:& pource que c'est chose toute vulgaire & commune parmy eux,
il n'est ia besoing d'en alleguer les exprés passages: & toutefois toutes sortes de gens
ne croyent pas que les Dieux soient doux ny benings. Car voyez ce que les Iuifs & les
Syriens croyent des Dieux : voyez les escrits des poëtes, de combien de superstition
ils sont pleins. Il n'y a personne qui estime que Dieu soit mortel, corruptible, ny
qu'il ait esté engendré:toutefois Antipater de Tarse, à fin que ie passe les autres soubs
» silence, en son liure des Dieux en escrit ainsi de mot à mot: Mais à fin que tout ce di-
» scours soit plus clair, nous recueillirons en peu de paroles l'opinion que nous auons
» de Dieu. Nous estimons donc que Dieu soit vn animal bien-heureux, incorrupti-
» ble, & bienfaicteur aux hommes. Et puis en exposant chascun de ces termes là, il dit:
» combien que tous estiment qu'ils soient incorruptibles. Il faut doncques, selon le
dire d'Antipater, que Chrysippus ne soit point entre ces tous là: car il n'estime qu'il
y ait rien incorruptible entre tous les Dieux, sinon Iupiter tout seul, ains pense que
tous également ont esté engendrez, & que tous semblablement aussi soient pour vne
fois perir. Ce qu'il dict presque par tout, mais toutefois i'en allegueray vn passage
» exprés de son troisiéme liure des Dieux, à vn autre propos. Les vns, dict-il, sont en-
» gendrez & mortels, les autres non engendrez : mais la preuue & demonstration de
» cela, dés son principe appartient plus à la science naturelle: car le Soleil & la Lune,
» & les autres Dieux qui sont de semblable nature, ont esté engendrez, mais Iupiter est
» sempiternel. Et derechef vn peu plus auant, Autant en dira lon de Iupiter & des au-
» tres Dieux, touchant le naistre & le perir: car les vns sont perissables, & des autres les
» parties sont incorruptibles. A cela ie veux encore conferer vn peu de ce qu'en es-
» crit Antipater: Ceux, dict-il, qui ostent la beneficence aux Dieux, touchent en par-
» tie à l'anticipee cognoissance d'iceux, & par mesme raison ceux qui estiment qu'ils
» soient participans de generation & de corruption. S'il est ainsi doncques que celuy
qui estime que les Dieux soient perissables & corruptibles, soit autant faux & abusé
que celuy qui pense qu'ils n'ayent point de beneficence ny de benigne affection
enuers

Les contredicts des philosophes Stoiques. 571

A enuers les hommes: autant doncques est eslongné de la verité Chrysippus, comme Epicurus, parce que l'vn oste aux Dieux l'immortalité & incorruptibilité, & l'autre leur oste la beneficence & liberalité. Et puis Chrysippus en son premier liure des Dieux, dict touchant ce poinct, que les autres Dieux se nourrissent, il dict ainsi : Les autres Dieux vsent de nourriture, s'entretenans de mesme également par icelle, mais Iupiter & le Monde par vne autre maniere qu'eux qui sont engendrez & consumez par le feu. En ce lieu il maintient que tous les autres Dieux se nourrissent, exceptez Iupiter & le Monde. Et au premier de la prouidence il dict, que Iupiter s'augmente tousiours iusques à ce que toutes choses soient consumees en luy: car estant la mort la separation du corps & de l'ame, & l'ame du monde ne se separe point, mais bien s'augmente elle continuellement iusques à ce qu'elle ait consumé toute la matiere en soy, il ne faut pas dire que le monde meure. Qui pourroit plus se contredire à soy-mesme que celuy qui dit, qu'vn mesme Dieu se nourrit & ne se nourrit point? & n'est
B ja besoing de l'inferer & colliger par consequence necessaire, attendu que luy-mesme au mesme lieu l'a escrit tout apertement: Lon dict que le Monde seul se suffit à soy-mesme, pource que le Monde seul contient en soy-mesme tout ce dont il a besoing, & dont il se nourrit de soy-mesme, & s'augmente, les parties d'iceluy se transmuans l'vne en l'autre. Non seulement doncques il se contredict & repugne à soy-mesme, en cela qu'il dit que les autres Dieux se nourrissent, exceptez le Monde & Iupiter, mais aussi encore dauantage en ce qu'il dit, que le Monde s'augmente en se nourrissant de soymesme: là où au contraire il estoit plus vraysemblable de dire, Le Monde seul ne s'augmente point, ayant pour sa nourriture sa destruction, & que au contraire les autres Dieux s'augmentent & s'accroissent, d'autant qu'ils ont leur nourriture de dehors d'eux, & que plustost le monde se consumoit en eux, s'il est ainsi que le Monde prenne tousiours de soy-mesme, & les autres Dieux de luy. Le second poinct que contient la commune notion & opinion qui est imprimee en nous touchant les
C Dieux, c'est qu'ils sont benedicts, & bienheureux, & parfaicts : & pourtant loüent-ils Euripides de ce qu'il a dict,

   Si Dieu au vray est Dieu realement,
   Il n'a besoing de poëte nullement,
   Qui à son los de beaux carmes escriue:
   Tout cela n'est que parole chetifue.

Toutefois Chrysippus aux lieux que i'ay alleguez dict, que le monde seul est content & suffisant à soy, pource que seul il contient dedans soy tout ce dont il a besoing. Qu'est-ce doncques qui s'ensuit à ceste proposition, que le monde seul soit content & suffisant de soy, sinon que ny le Soleil ny la Lune ne sont suffisans de soy, ny autre quelconque des Dieux, & n'estans pas contents & suffisans de soy, aussi ne sont-ils doncques pas bien-heureux? Il estime que l'enfant estant dedans le ven-
D tre de sa mere s'y nourrit naturellement, ne plus ne moins que faict vne plante & vn arbre dedans la terre, mais que quand il est enfanté, alors estant refroidy par l'air, & affiné, par maniere de dire, il muë d'esprit, & deuient animal, & que ce n'est pas sans cause que l'ame a esté appellee Psyche, à cause de ceste refrigeration là: mais puis apres repugnant à soy mesme, il dict que l'ame est vn esprit plus rare & plus subtil de nature: car comment est-il possible qu'vne chose subtile se face d'vne grosse, & qu'vn esprit se rarefie par refroidissement, & par espessissement? Et qui plus est, comment est-ce que affermant que l'ame s'engendre par refrigeration, ou par refroidissement, il estime que le Soleil qui est de feu soit animé & engendré d'vne exhalation transmuee en feu? car il dict ainsi en son tiers liure de la Nature, La mutation du feu, dict-il, est telle, par l'air il se tourne en eau, & de l'eau en la terre, luy estant au dessoubs posee, l'air en exhale, lequel air venant à se subtiliser, le feu s'en produict

Dddd iij

Les contredicts des philosophes Stoiques.

» tout à l'enuiron, & les estoilles auec le Soleil s'allument de la mer: Qu'y a-il plus contraire à l'allumer, que le refroidir? ou rarefier & subtiliser, que l'espessir & condenser? L'vn faict l'eau & la terre du feu & de l'air, l'autre tourne ce qui est humide & terrestre en feu & en air. Et toutefois en vn lieu il faict le refrigerer cause de l'ame, & en
» l'autre l'allumer: Et quand il y a inflammation par tout, dict-il, alors il vit & est ani-
» mal: mais puis apres quand il vient à l'estaindre & à l'espessir, il se tourne en eau, en
» terre, & en nature corporelle. Au premier liure de la prouidence il escrit ainsi:
» Car quand le Monde est par tout en feu, alors il est tout aussi tost son ame & sa rai-
» son: mais lors que se tournant en humeur & en l'ame delaissee au dedans, il se tour-
» ne presque en ame & en corps, tellement qu'il demeure composé d'iceux, il est
» d'vne autre sorte. En ce passage il tient manifestement que les parties mesmes inanimees du monde, par exustion & inflammation se tournent & muent en ame, & au contraire que par extinction l'ame se relasche & s'humecte en feu retournant en nature corporelle. J'infere donc qu'il est impertinent, absurde & estrange, de vouloir tantost faire deuenir des choses insensibles animees, & tantost transmuer la pluspart de l'ame du monde en choses insensibles & inanimees. Mais encore outre cela, le discours qu'il faict de la generation de l'ame, a la preuue & demonstration contraire à son opinion. Car il dict, que l'ame s'engendre apres que l'enfant est sorty du ventre de la mere, parce que l'esprit se transforme par la refrigeration, ne plus ne moins que la force & le fil de l'acier s'affine par la trempe. Et pour prouuer que l'ame s'engendre, & qu'elle s'engendre encore apres que l'enfant est né, il vse de cest argument principal, Que les enfans deuiennent semblables à leurs peres & meres en leurs mœurs, & en leur inclination naturelle. En quoy la repugnance & contrarieté est si manifeste, qu'elle se peut, en maniere de dire, voir à l'œil: car il n'est pas possible que l'ame qui s'engendre apres l'enfantement, prenne son ply d'inclination naturelle auant l'enfantement: ou il faudra dire que l'ame, auant que d'estre sera desia semblable à vne autre ame, c'est à dire qu'elle sera par similitude, & ne sera pas, parce qu'elle ne sera pas encore en estre. Et si quelqu'vn dit que c'est pour la temperature & les complexions des corps que la similitude s'imprime, mais que les ames quand elles viennent à estre engendrees se changent, il destruit l'argument & le signe, par lequel il se monstre que l'ame s'engendre. Car il s'ensuit par là que l'ame, encore qu'elle fust ingenerable, quand elle entreroit dedans le corps, se tourneroit par la temperature d'vn semblable corps. Il dict aucunefois que l'air est leger, & qu'il monte contremont, & quelquefois qu'il n'est ny pesant ny leger. Qu'il soit ainsi, en son second liure du mouuement il dict, que le feu n'ayant aucune pesanteur va contremont, & semblablement l'air aussi, & que l'eau est plus ressemblante & conforme à la terre, & l'air au feu. Mais en ses arts naturels il panche en la contraire opinion, que l'air n'a de soy ny pesanteur ny legereté. Il dict que par nature l'air est tenebreux, & pour ceste cause par consequent il est aussi le premier froid, & que sa tenebrosité est directement opposee à la clarté, & sa froideur à la chaleur du feu: mouuant ce propos au premier liure des questions natu-
» relles, au contraire en son traité des habitudes il dit, Que les habitudes ne sont
» autres choses que des airs, par ce que les corps, dit-il, sont contenus par elles, & la
» cause par laquelle vn chascun corps qui est contenu de quelque habitude est tel, c'est
» l'air contenant, lequel on appelle dureté au fer, espaisseur en la poix, blancheur en
» l'argent. En quoy il y a grande repugnance, & grande & estrange faulseté. Car si cest air demeure tel qu'il est de sa nature, comment est-ce que le noir en ce qui n'est pas blanc, se peut appeller blancheur: & ce qui est mol en ce qui n'est pas dur, dureté: ce qui est rare en ce qui n'est pas espais, espaisseur? Et s'il veut dire qu'en se meslant en cela, il s'altere & deuient semblable, comment est-ce donc qu'il est habitude,

n y puis-

Les contredicts des philosophes Stoiques. 572

A ny puissance, ny cause de ces effects-là, par lesquels il est luy mesme subiugué? Car cela est plustost souffrir que faire, & ceste mutation là n'est pas tant de nature contenante, que d'impuissance, par laquelle il perd toutes ses proprietez & propres qualitez: combien que par tout ils soustiennent que la matiere de soy est oiseuse, & sans nul mouuement, subiecte & exposee à receuoir les qualitez, & que ces qualitez sont esprits & tensions aërees, lesquelles forment, moulent & figurent les parties de la matiere ou elles s'attachent. Ils ne peuuent soustenir cela, aians supposé que l'air soit tel, comme ils disent qu'il est: car s'il est habitude & tension, il conformera & configurera à soy chasque corps, tellement qu'il les rendra noirs & mols: mais si pour estre meslé & destrempé auec eux, il prend des formes contraires aux siennes naturelles, il s'ensuit qu'il est doncques matiere de la matiere, non pas habitude, ny cause ou puissance d'icelle. Chrysippus escrit souuent, & en plusieurs lieux, que hors du monde il y a vn vuide infiny, & que l'infiny n'a ny commancement, ny milieu, ny fin: & est la
B raison principale par laquelle ils refutent de luy mesme le mouuement contre les atomes, c'est à dire de petits corps indiuisibles que met Epicurus: par ce qu'en l'infiny il n'y a point de differences locales, par lesquelles on peust entendre ny specifier ny haut ny bas: mais au quatriéme liure des Possibles il suppose qu'il y ait vn lieu de milieu, & vne place moyenne, là où il dit que le monde est fondé. Le texte où il le dit
„ est tel: Pourtant faut-il dire du monde qu'il est corruptible, combien qu'il soit mal-
„ aisé à prouuer, toutefois il me semble plus à moy estre ainsi. Et neantmoins pour
„ induire à croire qu'il y ait, s'il faut ainsi parler, quelque incorruptibilité, beaucoup
„ luy sert l'occupation de la place du milieu, là où il est colloqué, pource qu'il est au mi-
„ lieu. Car si l'on entendoit qu'il fust ailleurs, il seroit totalement necessaire qu'il y eust
„ quelque corruption attachee. Et de rechef vn peu apres: Car ainsi la substance eter-
„ nellement a occupé la place du milieu, estant dés le commancement telle, que &
„ par autre maniere, & par la rencontre, elle ne reçoit point de corruption, & est eter-
C nelle. Ces paroles-là contiennent vne repugnance & contrarieté toute euidente, & qui se voit à l'œil, quand il nous laisse en l'infiny vne place du milieu. Mais il y en a vne autre seconde & plus obscure & plus cachee que celle là, & aussi plus desraisonnable. Car estimant que le monde ne demoureroit pas incorruptible, si son assiette eust esté en autre endroit de l'infiny qu'au milieu: il appert manifestement qu'il craignoit que les parties de la substance ne se mouuans & rendans au milieu, il ne s'en ensuiuist vne dissolution & corruption du monde. Or n'eust il pas craint cela s'il n'eust pensé que les corps eussent naturellement tendu de tous costez au milieu, non de la substance, mais de la place qui contient la substance, dequoy il a en plusieurs lieux parlé, que c'estoit chose impossible, & contre la nature, par ce qu'il n'y a point dedans le vuide de difference, pour laquelle les corps se doiuent mouuoir plustost en çà qu'en là, & que la composition du monde est cause du mouuement au centre,
D & que toutes choses de tous costez tendant au milieu. Et pour le veoir, il suffit alleguer son texte mesme du second liure du mouuement: car aiant dit que le monde est vn corps parfait, & que les parties du monde ne sont point parfaictes, par ce qu'elles sont au regard de l'vniuers, & non pas par elles mesmes: & aiant discouru du mouuemét d'iceluy, qu'il estoit par nature apte à se mouuoir en toutes ses parties pour se contenir & conseruer, non point à se rompre, dissouldre ne brusler, il dit
„ apres: Mais l'vniuers tendant & se mouuant à mesme poinct, & ses parties aians
„ mesme mouuement de la nature du corps, il est vraysemblable que ce mouuement
„ premier selon nature est propre à tous corps vers le milieu du monde, le monde se
„ mouuant ainsi, eu esgard à soy mesme & ses parties, comme estants parties d'iceluy. Et dea, luy pourroit dire quelqu'vn, homme de bien mon amy, quel accident t'a fait oublier ces paroles là de prononcer, que le monde, si par fortune il ne se fust trouué

Dddd iiij

Les contredicts des philosophes Stoiques.

& rencontré au milieu, euſt eſté corruptible & diſſoluble? Car ſon propre naturellement eſt de tendre touſiours à ſon milieu, & y adreſſer ſes parties de tous coſtez en quelque endroit du vuide qu'il euſt eſté tranſporté: & contenant ſoy-meſme, & ſ'embraſſant, il fuſt touſiours demouré incorruptible & hors de danger de toute fractió. Car les choſes qui ſe briſent, & qui ſe corrompent & eſteingnent, ſouffrent cela par la diuiſion de chaſcune de leurs parties & diſſolution, ſe retirant & eſcoulant chaſcune en ſon propre lieu naturel, hors de celuy qui leur eſt contre nature. Mais toy cuidant que qui mettroit le monde en autre endroit du vuide, il ſ'en enſuiueroit vne totale ruine & corruption, & l'affirmant ainſi, & pour ceſte cauſe mettant vn milieu, là où naturellement il n'y en peut auoir, à ſçauoir en l'infiny, tu quittes là ces tenſions, embraſſements & inclinations, comme n'aiants rien d'aſſeuré pour maintenir le monde: & attribues toute la cauſe du maintien & de la conſeruation du monde, à l'occupation du lieu, & neantmoins tu adiouſtes encore cecy, comme ſi tu prenois plaiſir à te conuaincre & arguer toy meſme: Et en la ſorte que chaſcune des parties ſe meut eſtant attachee au reſte, il eſt accordant à raiſon, que par ſoy auſſi il ſe meuue: & ſi par maniere de dire nous imaginions & ſuppoſions en quelque partie vuide de ce monde, & comme eſtant enueloppé de toutes parts, il ſe mouueroit vers le milieu, il demourera en ce mouuement-là, encore que, par maniere de dire, ſoudainement il ſe rencontraſt du vuide autour de luy. Et puis chaſque partie, quelle qu'elle ſoit, embraſſee du vuide ne perd point ſa naturelle inclination de tendre & ſe mouuoir vers le milieu: & le monde luy meſme tout entier, ſi la fortune ne luy euſt preparé ſon ſiege au milieu, euſt perdu ſa vigueur & tenſion qui le conſerue, les autres parties de ſa ſubſtance ſe mouuans ailleurs: & en cela il y a de pluſieurs autres grandes contrarietez à la raiſon naturelle: mais ceſte-cy particulierement, entre autres alencontre de la raiſon de Dieu, & de la diuine prouidence, c'eſt que leur attribuant des moindres & plus legeres cauſes, il leur oſte la principale & la plus grande. Car quelle autre puiſſance pourroit eſtre plus grande que la manutention & la conſeruation de l'vniuers, ou de faire que la ſubſtance viue auec ſes parties, ſe contienne en ſoymeſme? Mais cela eſt aduenu caſuellement & fortuitement, ſelon Chryſippus car ſi l'occupation d'vn lieu eſt la cauſe de l'incorruptibilité du monde, & ſi elle eſt aduenue par cas d'aduenture, il faut donques inferer que le ſalut de l'vniuers depend de celle aduenture, non pas de la deſtinee ny de la prouidence diuine. La doctrine touchant les choſes poſſibles que met Chryſippus, repugne directement contre celle de la deſtinee. Car ſi le poſſible n'eſt pas, ſelon ce que dit Diodorus, ce qui eſt ou qui ſera veritable, mais tout ce qui eſt ſuſceptible de pouuoir eſtre, encore que iamais il ne doiue eſtre, cela eſt le poſſible: il y aura beaucoup de choſes poſſibles, qui ne ſeront pas par deſtinee inuincible, inexpugnable, & qui eſt par deſſus toutes choſes: ou bien il faut qu'il deſtruiſe toute la force & puiſſance de la deſtinee: ou bien ſ'il eſt ainſi, comme veut Chryſippus, ce qui ſera ſuſceptible de pouuoir eſtre, tombera bien ſouuent en impoſſible, & tout ce qui eſt vray ſera neceſſaire, eſtant compris & contenu de la plus grande neceſſité de toutes, & tout ce qui eſt faux impoſſible, aiant la plus grande & plus puiſſante cauſe repugnante à luy, pour pouuoir eſtre veritable. Car celuy auquel il eſt deſtiné de mourir en la mer, comment eſt-il poſſible que celuy là ſoit ſuſceptible de mourir en terre? & comment eſt il poſſible que celuy qui eſt à Megare vienne à Athenes, eſtant empeſché par la deſtinee? Mais auſſi ſa doctrine & deciſion, touchãt les imaginations & fantaſies, repugne brauement à la fatale deſtinee: car voulant prouuer que la fantaſie n'eſt pas entiere cauſe du conſentement, il dit, que les ſages feront dommage, imprimants de fauſſes fantaſies, ſ'il eſt ainſi que les fantaſies facent entieremẽt le conſentement. Car ſouuentefois les ſages ont de fauſſes imaginations & fantaſies touchant les meſchants, & aménent

vne

Les contredicts des philosophes Stoiques.   579

A vne fantasie vraysemblable, non pas toutefois cause de consentement, car elle seroit aussi cause d'opinion faulse, & de deception. Si doncq quelqu'vn transfere ce propos là du sage à la destinee fatale, disant, que la destinee n'est pas cause des consentemens, car il faudroit confesser que par la destinee se font les faux consentements, & opinions & deceptions, & seront endommagez par la destinee: la raison, qui exempte le sage de iamais faire aucun dommage, montre quant & quant que la destinee n'est pas cause de toutes choses. Car s'ils n'opinent ny ne reçoiuent dommage par la destinee, certainement aussi ne font-ils rien de bon, ny ne sont sages, ny n'opinent fermement, ny ne reçoiuent bien & profit par la destinee, & ainsi s'en va à vau l'eau, ceste conclusion qu'ils tiennent pour toute asseuree, que la fatale Destinee soit cause de toutes choses. Et si quelqu'vn d'aduenture me dit, que Chrysippus ne fait pas la destinee fatale cause entiere & absoluë de toutes choses, mais seulement vn principe antecedent, il se descouurira derechef se contredisant à soy mesme, là où il louë excellemment le poëte Homere disant de Iupiter,

B Chascun de vous a de mal ou de bien
Ce qu'il luy plaist vous enuoyer du sien.   Et Euripide,
O Iupiter y a il apparence,
Qu'en nous chetifs soit aucune prudence,
Veu que du tout de toy nous dependons,
Et ne faisons de nous, ny n'entendons,
Sinon cela que cognoist ta sagesse?

Celuy mesme escriuant plusieurs choses accordantes à cela, finablement il dit, que rien du tout ne s'arreste ny ne se meut, tant peu que ce soit, autrement que par la raison de Iupiter, qu'il dit estre le mesme que la destinee fatale. Et puis la cause principiante est plus debile & plus infirme que la parfaitte, & n'attaint pas à l'effect, estant
C vaincue par autres qui s'y opposent: là où, luy prononceant que la fatale destinee est vne cause inuincible, que lon ne peut ny empescher ny fleschir, luy mesme l'appelle pour ceste cause Atropos & Adrastie, comme qui diroit, cause que lon ne sçauroit destourner ny euiter, Necessité, & Pepromene, c'est à dire finissant & terminant toutes choses. C'est à sçauoir doncques si nous dirons que les consentemens, les vertus, les vices, bien ou mal faire, ne sont pas en nostre liberal arbitre: ou bien si nous dirons, que la fatale destinee soit imparfaitte, & la fatalité finissante n'aiant point de pouuoir de finir & les mouuements & habitudes de Iupiter non paracheuees. Car de ces conclusions là les vnes ensuiuent à dire, que la destinee soit vne cause absoluë & parfaitte, les autres à ce, qu'elle soit seulement cause principiante. Car estant parfaitte & absoluë de toutes choses, elle tollit le liberal arbitre, & ce qui est en nous: & si elle n'est que principiante & acheminante, elle perd l'estre efficace par dessus tout empeschement. Car ce n'est pas vne fois ny deux, mais par tout, & pour mieux dire,
D en tous ces liures de Physique qu'il escrit, qu'il y a aux particulieres natures & particuliers mouuements, beaucoup d'obstacles & d'empeschemens, mais que au mouuement de l'vniuers, il n'y en a point. Et comment est il possible que le mouuement de l'vniuers ne soit empesché & destourbé, s'estendant aux particuliers, s'il est ainsi que les singuliers & particuliers soient empeschez & destourbez? Car la nature de l'homme en general n'est point empeschee, si celle du pied ou de la main ne l'est point, ny le mouuement de la galere ne sera point empesché, s'il n'y a point d'empeschement à la voile ny aux rames & à voguer. Mais outre cela, si les fantasies & imaginations ne s'impriment point par fatale destinee, comment doncques sont elles cause des consentemens? Et si c'est pource qu'elles impriment des fantasies qui conduisent à consentement, & les consentemens se disent estre par fatale destinee, comment est il possible que ceste fatale destinee ne se contrarie & repugne à soy mesme, attendu

Les contredicts des philosophes Stoiques.

qu'és choses de plus grande importance elle imprime bien souuent des fantasies toutes differentes, & destourne la pensee & l'entendement en fantasies toutes contraires, là où ils tiennét que ceux qui s'attachent à l'vne des imaginations, & ne soustiennent point leur consentement, errent & pechent. Car s'ils cedent, disent ils, à fantasies incertaines, ils choppent & bronchent: si à faulses, ils se trompent & abusent: si à non communément entenduës, ils opinent. Et toutefois il faut necessairement que ce soit l'vn de ces trois, ou que toute fantasie ne soit pas œuure ny effect de la destinee, ou que toute reception & assension de fantasie ne soit pas infallible, ou bien que la destinee mesme ne soit pas irreprehensible. Car ie ne voy pas comment elle soit irreprehensible, faisant de telles fantasies & imaginations, ausquelles le repugner & le resister ne soit pas reprehensible, mais le suiure & le ceder. Et toutefois en leurs disputes alencontre des Academiques, la principale force de Chrysippus mesme, & d'Antipater, est de prouuer que nous ne faisons du tout rien, ny ne sommes enclins à rien faire, sans consentement precedent, ains que ce sont fables controuuees à plaisir, & vaines suppositions, que quand la fantasie propre se presente, incontinent on est enclin sans ceder ny consentir. Et derechef dit Chrysippus, que Dieu & le sage impriment des faulses imaginations, non qu'ils veulent que nous y cedions, ne que nous y consentions, mais que nous faisions seulement, & que nous nous incitions à ce qui nous apparoist. Mais que nous estants mauuais, pour nostre infirmité, condescendons à telles fantasies & imaginations. La repugnance & contrarieté de ces propos là est bien facile à voir. Car celuy qui ne veut pas que nous consentions aux fantasies qu'il enuoye, mais seulement que nous faisons, soit ou Dieu, ou le sage, il sçait bien que telles fantasies suffisent à faire operer, & que les consentements sont superflus. Car si sçachant bien que la fantasie n'imprime point vn instinct à operer sans consentement, il nous imprime de faulses & de vraysemblables fantasies: il est doncques sciemment & volontairement cause de nous faire broncher & faillir, en prestant consentement à choses non parfaictement entendues & comprises.

Des communes Conceptions contre les Stoiques.

IL est vray semblable, Diadumenus, que vous autres Academiques ne vous souciez pas beaucoup que lon die & pense que vous philosophiez côtre les communes notices & conceptions, attendu que vous ne faittes pas grand compte des cinq cens de nature mesmes, dont procede la plus part des communes conceptions, aiants pour leur siege & fondement la foy & asseurance des imaginations qui nous apparoissent. Mais ie te prie que tu essayes de me guarir, ou par paroles, ou par charmes & enchantemens, ou par quelque autre espece de medecine, si tu en sçais, par ce que ie viens à toy, plein, ce me semble, de grand trouble & d'estrange perturbation, tant i'ay esté secoüé & esbrálé par certains personnages Stoïques qui m'ont fait perdre terre, combien qu'ils soient au demourant bien gens de bien certes, & encore mes familiers & amis: mais ils se sont trop asprement & auec trop d'animosité attachez à l'Academie, attendu que pour quelques petites choses que i'auois dittes modestemét en tout hôneur & reuerence, ils m'en ont, ie n'en mentiray point, bien rudement repris, & si ont appellé en cholere les anciens, Sophistes, corrupteurs des sentences & doctrines de la philosophie, laquelle autremét s'en alloit en bon train bien establie: & plusieurs autres propos encore plus estranges: iusques à ce que finablement ils sont coulez sur
les

A les communes conceptions, reprochans à ceux de l'Academie, qu'ils y introduisoient vne confusion & combustion. Et y en a eu l'vn d'entre eux qui a dit, qu'il estimoit que ce n'auoit point esté par fortune, mais par diuine prouidence, que Chrysippus auoit esté apres Arcesilaüs & deuant Carneades, desquels l'vn est autheur & promoteur de l'iniure & outrage fait alencontre de la coustume, & l'autre a eu plus de vogue que nul autre de tous les Academiques. Et Chrysippus aiant esté entre les deux, par ses escripts contraires à la doctrine d'Arcesilaüs boucha & couppa chemin à l'eloquence de Carneades, aiant laissé au sentiment beaucoup de secours, comme pour soustenir vn siege, & luy ostant du tout le trouble des anticipations & communes conceptions, en corrigeant chascune, & la remettant en son propre: tellement que ceux qui de rechef ont voulu depuis troubler & forcer les choses, n'y ont rien gaigné, ains ont esté conuaincus d'estre malicieux, & Sophistes trompeurs. Aiant doncques esté irrité & enflammé de ces paroles dés le matin, i'ay besoing de gens qui m'e-
B steignent & qui m'ostent comme vne inflammation de la doubte que i'en ay en mon esprit. DIAD. Tu fais à l'aduenture comme plusieurs du vulgaire. Mais si tu crois aux poëtes, lesquels disent que l'ancienne ville de Sipylus en Magnesie fut iadis destruitte & abysmee par la prouidence des Dieux, qui vouloient chastier & punir Tantalus: croy aussi à nos amis de l'eschole Stoïque, que nature a porté & produit, non par cas de fortune, mais de certaine prouidence diuine, Chrysippus, voulant renuerser la vie humaine, & mettre le dessus dessoubs, & au contraire le dessoubs dessus, car il n'y eut iamais homme qui fust plus à propos pour faire cela que luy: ains comme Caton disoit de Iules Cęsar, que deuant luy nul n'estoit iamais venu sobre ny aduisé à conspirer la ruine de la chose publique: aussi me semble-il que cest homme, auec plus grande diligence, & plus d'eloquence, & de viuacité d'entendement, abolit & destruit la coustume autant qu'en luy est. Ce que tesmoignent ceux mesmes qui le magnifient, quand ils combattent contre luy du Sophisme qu'ils appellent le Men-
C teur: car de dire que ce qui est composé de positions contraires, ne soit pas notoirement faux: & derechef de dire aussi, que des Syllogismes aians les premisses vrayes, & les inductions vrayes, puissent encore auoir les contraires de leurs conclusions vrayes, quelle conception de demonstration, & quelle anticipation de foy est-ce que cela ne renuerse? On dit que le Poulpe en hyuer mange ses pieds & ses fleaux pendents: mais la Dialectique de Chrysippus ostant & subuertissant les principales parties d'icelle, quelle autre conception laisse elle qui n'en deuienne suspecte? Car on ne sçauroit penser que cela soit seur, & ne bransle point, qui est basty sur des fondements, qui ne demeurent point fermes, ains où il y a tant de doubtes & de troubles. Mais tout ainsi que ceux qui ont de la fange ou de la poulsiere dessus leurs corps, s'ils touchent à quelques autres, ou qu'ils se frottent à eux, ils ne s'ostent pas tant l'ordure, comme ils se l'attachent d'auantage: aussi y en a-il qui blasment & accusent les
D Academiques, & pensent leur mettre sus des imputations & accusations dont eux mesmes se trouuent les plus chargez: car qui sont ceux qui plus peruertissent les communes conceptions du sens commun que font les Stoïques? Mais si tu veux, sans nous arrester à les accuser eux, nous respondrons aux calomnies & imputations qu'ils nous mettent sus. LAMPRIAS. Il me semble Diadumenus, que ie suis maintenant deuenu tout autre & tout different de ce que i'estois tantost: car nagueres ie m'en venois la teste basse & tout confus, aiant besoing de quelqu'vn qui parlast pour moy, & maintenant ie me tourne & change tout prest à accuser, & veux iouir du plaisir de la vengeance de les voir tous ensemble arguez & conuaincus, de ce qu'ils philosophent eux mesmes contre les communes conceptions & communes anticipations, pour lesquelles principalement ils semblent magnifier leur secte. * & disent qu'elle seule consent & s'accorde auec la nature. DIAD. Commencerons

Des communes conceptions,

nous doncques premierement à leurs plus renommees propositions, qu'ils appellent eux mesmes Paradoxes? c'est à dire, estranges opinions: aduoüans eux mesmes facilement qu'elles sont estranges & exorbitantes, comme: Que les sages seuls sont Roys, qu'ils sont seuls riches & beaux, seuls citoiens, & seuls Iuges: ou si tu veux que nous enuoyons tout cela au marché des vieilles & froides denrees, & que nous examinions ceste question és matieres qui consistent plus en action, & qui se disent plus à certes. LAMP. Quant à moy ie l'aime mieux ainsi: car quant aux refutations de ces Paradoxes là, qui est-ce qui n'en est de pieça tout remply? DIAD. Or considere doncques en premier lieu, si cela est selon les communes conceptions, consentir & accorder auec la nature, d'estimer les choses naturelles toutes indifferentes, & que ny la santé, ny la bonne disposition & bon portement, ny la beauté, ny la force, ne soient ny choisissables, ny vtiles, ny profitables ny seruans à la perfection qui est selon la nature: ny les contraires aussi euitables, ny nuisibles & dommageables, comme mutilations de membres, douleurs, hontes, maladies: desquelles choses ils confessent que la nature nous allie aux vnes, & nous estrange des autres: ce qui mesme est fort bien contre le commun sens, & la commune conception, que la nature nous allie & concilie à ce qui n'est ny bon ny vtile, & qu'elle nous en estrange de ce qui n'est ny mauuais ny nuysible: & qui plus est, qu'elle nous en estrange & aliene iusques là, que pour faillir à obtenir les vnes, & tomber dedans les autres, les hommes auec raison se iettent eux mesmes dehors de ceste vie, & refusent de viure. I'estime que cela se die aussi contre le sens commun, que la nature d'elle mesme soit indifferente, & que l'accorder & consentir à la nature ait en soy quelque partie de bien: car ny suiure la loy & obeir à la raison n'est bon, si la loy & la raison ne sont aussi bonnes & honnestes: & encore est cela le moindre. Mais si Chrysippus en son premier liure d'exhortation a escrit, Le viure heureusement gist & consiste seulement à viure selon vertu, & toutes autres choses accessoires, dit-il, ne nous touchent ny appartiénent en rié, ny ne nous seruent de rien à cela. il faut qu'il aduoüe que non seulement la nature est indifferente, mais bien plus, qu'elle est insensee & folle, qui nous allie & fait amis de ce qui ne nous touche en rien: & sommes aussi fols nous mesmes de penser, que la felicité souueraine soit consentir & s'accorder auec la nature, laquelle nous conduit à ce qui ne sert de rien à la felicité. Et toutesfois qu'y a il plus selon le sens commun, que comme les choses eligibles choisissables sont pour viure vtilement, aussi les choses selon nature soient pour viure selon nature? Mais eux ne le disent pas ainsi, ains supposans que le viure selon nature soit la fin derniere du bien de l'homme: neantmoins ils tiennent, que les choses selon nature soient de soy indifferentes. Et n'est pas moins que cela contre le sens commun & la commune conception, qu'vn homme de bon sens & prudent ne soit pas egalement enclin & affectionné à choses qui sont egales, ains que des vnes il n'en face compte aucun, & pour les autres il supporte & endure toutes choses, encore qu'en grandeur ou petitesse elles ne soient aucunemét differentes: car ils tiennét que ce sont choses egales, mourir pour son pays, & s'abstenir de cognoistre vne vieille estant sur le bord de sa fosse, & que l'vn & l'autre semblablement font ce que requiert le deuoir: & toutesfois pour cela, cóme pour chose grande & glorieuse, ils seroiét prests & disposez à perdre la vie, là où se vanter de cestuy cy seroit vne honte & vne mocquerie. Si dit encore Chrysippus au traitté qu'il a fait de Iupiter, que c'est chose froide, maigre & impertinente, de loüer de tels actes, encore qu'ils procedent de la vertu, comme de porter vaillamment la picqueure d'vne mousche guespe, & s'abstenir chastement d'vne vieille tirant à la mort. Ceuxlà donc n'enseignent & ne philosophent ils pas contre le sens commun, & la commune conception, de confesser & aduoüer qu'il n'y a rien de plus beau, que des actions qu'ils ont honte de loüer? car comment est eligible, & comment approuuable

ce qui

Contre les Stoïques.

A ce qui ne merite pas ny que lon le loüe, ny que lon l'admire, ains que lon repute sots, froids & impertinents ceux qui les loüent ou admirent? Mais encore, à mon aduis, te semblera plus contre le sens commun, que l'homme sage & prudent ne se soucie pas, s'il a ou s'il n'a pas les plus grands biens du monde, ains tel comme il est enuers les choses indifferentes, ainsi se deportera-il au maniement & administration de ces biens là : car

Tant qu'il y a d'hommes mangeans le fruict,
Que la grandeur de la terre produict,

nous iugeons que ce qui present apporte & secours & vtilité, & absent fait faute, & qui se fait regretter, soit bon, vtile & recerchable : mais ce pourquoy lon n'iroit pas d'icy là, si ce n'estoit pour iöuer, rire, ou pour passer son temps, cela est indifferent : car nous ne separons ny ne distinguons par autre marque de difference l'homme diligent à bon escient, d'auec celuy qui se trauaille pour neant, sinon que l'vn se trauaille à choses inutiles ou indifferentes, & l'autre pour quelque chose grandement vtile & profitable : mais ceux-cy font tout au contraire, car selon eux l'homme sage & prudent se trouuant en plusieurs comprehensions, & memoires de comprehension, se souuenant de plusieurs choses dont il a certaine & parfaicte science, il estime qu'il y en ait peu qui luy appartiennent, & des autres ne s'en souciant point, il ne pense pas auoir ny plus ny moins, pour s'en souuenir il aura la comprehension, c'est à dire, certaine cognoissance & science de Dion qui esternua, ou de Theon qui forgea : combien que toute comprehension en l'homme sage, & toute memoire aiat asseurance & fermeté, est incontinent science, & vn bien grand, voire tresgrand. C'est à sçauoir doncques s'il est autant sans cure ne soucy quand la santé luy defaut, quand quelqu'vn de ses sentimens se porte mal, quand il perd ses biens : & si le sage estime que rien de tout cela ne le touche, ou si se sentant malade il paye le salaire aux medecins qui le viennent visiter, & si pour gaigner quelque argét il s'en va deuers Leucon, le prince du pays de Bosphore, & s'en va trouuer iusques en la Scythie le Roy Idathyrsus, comme dit Chrysippus : & si a des sens, que les perdant il ne voudroit pas viure. Comment doncq ne recognoissent & ne confessent ils qu'ils philosophent contre le sens commun, prenans tant de peine, & se trauaillans tant pour choses indifferentes, & se portans indifferemment quand de grands biens leur sont ou presens ou absens? Mais encore est aussi cela contre les communes conceptions que leur sage estant homme, ne s'esiouït point pour sortir de plus griefs maux, & entrer és plus grands biens : & toutefois c'est ce que fait leur sage, car sortant d'vne extremité de vice, & passant à vne extremité de vertu, fuyant la plus miserable vie qui soit au monde, & s'acquerant la plus heureuse, il n'en monstre signe aucun ny apparence de ioye : ny ne l'esléue, ny émeut aucunement vn si grand changement, de se voir eschappé de toute la misere & malheureté plus grande qui pourroit estre, & paruenu à vne consommation ferme & asseuree de tous biens. D'auantage cela est contre le sens commun, que le plus grand bien de l'homme soit l'estre immuable en ses iugemens & ses conformations, & toutefois que celuy qui atteint à la cyme n'ait point besoing de cela, ny ne s'en soucie point quand il est arriué, tellement que bien souuent il n'en estendroit pas seulement le doigt, pour ceste asseurance & stabilité, laquelle toutefois ils estiment le souuerain & parfaict bien. Si ne disent pas les Stoïques ces estranges propos là seulement, mais encore ceux-cy d'auantage, Que le temps en quelque longueur qui suruienne n'augmentera point le bien du sage, ains que si par vn moment d'heure seulement il a vne fois esté sage, il ne sera de rien moindre ny inferieur en felicité, à celuy qui tout son aage aura vescu selon vertu, & y aura heureusement vsé & passé toute sa vie. Et combien qu'ils prononcent & asseurent cela ainsi hardiment & vaillamment, ce neantmoins d'autre

Eeee

Des communes conceptions,

costé ils disent, que la vertu de peu de duree ne sert ny ne profite de rien : car dequoy seruiroit à vn qui deuroit incontinent perir & estre noyé en vn naufrage, ou bien estre precipité du hault en bas d'vn precipice, si la sagesse en vn moment luy suruenoit ? Et qu'eust seruy à Lichas, lequel Hercules lança à tour de bras, comme dedans vne fonde au milieu de la mer, s'il se fust soudain tourné de vertu en vice? Ces propos là doncques ne sont pas seulement d'hommes qui philosophent contre les sens & les conceptions communes de tout le monde, ains aussi de ceux qui brouillent les leurs propres, & se contredisent à eux mesmes, s'il est ainsi qu'ils estiment que acquerir & posseder la vertu, pour peu de temps que ce soit, ne diminue rien de la souueraine felicité, & que quant & quant ils ne facent du tout aucune estime d'vne si briefue & si courte vertu. Et encore n'est ce pas ce que tu trouueras le plus estrange en leurs propos, mais bien qu'ils disent, que quand on acquiert ceste souueraine vertu & beatitude, celuy qui l'acquiert, bien souuent n'en sent rien, & ne s'apperçoit point qu'estant n'agueres tres-miserable & tres-fol, maintenant il se treuue & heureux & sage tout ensemble : car non seulement ce seroit vne plaisante farce de dire, qu'vn homme prudent & sage ignorast seulement ce seul poinct, qu'il fust sage, & ne cogneust point qu'il fust hors d'ignorance. Mais à dire en somme, ils font le bien sans aucun pois, & si obscur qu'il n'apparoist point, s'il est ainsi qu'il ne se face point sentir quand il arriue : car de sa nature le bien n'est point imperceptible selon eux : ains escrit expressément Chrysippus en son liure de la fin, que le bien est perceptible par le sentiment, & le preuue & demonstre à son aduis. Il reste donc que ce soit ou par foiblesse, ou par sa petitesse, qu'il fuit le sentiment, quand ceux qui l'ont present, ne le sentent ny ne l'apperçoiuent pas. Et puis il n'y auroit point d'apparence de dire, que la veuë sentant & discernant ce qui est vn peu & moyennement blanc, ne puisse sentir ce qui est en perfection blanc, & que l'attouchement qui sent & iuge ce qui est mollement & laschement chaud, ne sente point ce qui l'est extremement. Et encores est-il plus absurde, que quelqu'vn comprenne ce qui est communement selon la nature, comme la santé & le bon portement, & ignore la vertu quád elle se presente, veu qu'ils disent, qu'elle est souuerainement selon nature : car comment ne seroit cela contre le sens commun, de comprendre bien la difference qui est entre santé & maladie, & ignorer celle d'entre sagesse & folie ? ains estimer que celle là s'en estant allee soit presente, & celle-cy quand on l'a acquise, ignorer que l'on l'ait ? Et pour autant que apres que l'on est arriué à la cyme du profit & auancement, on change en felicité & vertu, il faut necessairement l'vn des deux, ou que cest estat là de profit & auancement ne soit point vice ny infelicité, ou qu'il n'y ait pas grand' difference ny distance entre le vice & la vertu, ains que la diuersité des biens aux maux, soit petite & imperceptible au sentiment : car autrement les hommes n'ignoreroient pas quand ils auroient l'vn & l'autre. Tant que doncques ils ne se departiront d'aucune contrarieté de sentences, ains qu'ils se voudront permettre d'affermer & poser toutes choses : Que ceux qui profitent & auancent encore sont fols & meschants : Que ceux qui sont deuenus sages & bons, l'ignorent eux mesmes, & ne s'en apperçoiuent point : Qu'il n'y ait pas grande difference entre la sagesse & la folie : te semble il qu'ils gardent vne grande constance & vniformité en leurs sentences & doctrines ? Mais si en leurs doctrines ils contreuiennent au sens commun, & se contredisent à eux mesmes, autant en font-ils en leurs negoces & affaires, quand ils afferment, que tous ceux qui ne sont pas sages, sont egalement mauuais, iniustes, desloyaux & fols. Et puis toutefois en leurs affaires il y en a qu'ils refuyent & abhorrissent, & quelques vns mesmes qu'ils ne daignent pas saluër quand il les rencontrent par le chemin : aux autres ils commettent leur argent, ils les elisent magistrats, leur donnent leurs filles en mariage. Parquoy si c'est par ieu qu'ils tiennent

ces propos

Contre les Stoïques.

A ces propos-là si extrauagans, qu'ils raualent donques leurs sourcils, & ne facent point tant des graues : mais si c'est à certes, & comme philosophes, c'est contre les communes opinions, blasmer & reprendre egalement tous hommes, & neantmoins vser des vns comme de gens modestes, & d'autres comme de tres-meschans : & admirer extremément Chrysippus, & se mocquer de Alexinus, & neantmoins auoir opinion qu'ils ne soient pas moins fols l'vn que l'autre. Il est bien vray, disent-ils : mais comme celuy qui dedans la mer n'est qu'à vne coudée pres de la superfice, se noye & suffoque tout aussi bien comme s'il estoit enfondré en cinq cens brasses de fond : aussi ceux qui approchent de la vertu, sont aussi bien dedans le vice, comme ceux qui en sont bien reculez : comme les aueugles sont tousjours aueugles, encore que quelques vns soient pres de recouurer leur veuë : aussi ceux qui profitent, iusques à ce qu'ils ayent attainct la vertu, ils demourent tousjours fols & vicieux. Mais au contraire, que les profitans ne resemblent pas aux aueugles, ains à ceux qui voyent moins clair : & non pas à ceux qui se noyent, mais à ceux qui nagent, mesmement pres du port, eux mesmes le tesmoignent par leurs œuures : car autrement ils ne s'en seruiroient pas pour Conseillers, Capitaines, Legislateurs, & Gouuerneurs, comme les aueugles se seruent de guides pour les conduire, ny ne loüeroient & n'imiteroient pas les faicts, les actions, les dicts, & les vies d'aucuns, s'ils voyoient que tous egalement fussent noyez & suffoquez dedans la folie & la meschanceté. Mais encore laissant cela à part, considere vn peu cecy pour plus t'esmerueiller d'eux, de ce que par les exemples d'eux mesmes ils ne sont pas enseignez de quitter là ces sages qui ne se recognoissent pas eux mesmes, & qui ne sentent ny ne cognoissent pas, qu'ils cessent d'estre suffoquez, & qu'ils commancent à voir la lumiere, & qu'estans venus au dessus du vice & de la malice, ils commancent à respirer & reprendre haleine : & que c'est contre le sens commun, qu'vn homme qui a tous les biens, & à qui rien ne defaut pour estre parfaitement heureux & bien fortuné, à celuy-là il soit conuenable se deffaire soy-mesme : & encore plus, que celuy qui n'a ny n'aura iamais rien de bien, à celuy-là il ne soit pas conuenable de refuser le viure, si ce n'est que quelque chose de celles qu'ils tiennent pour indifferentes, luy aduienne. Voyla les belles loix qui sont en l'eschole des Stoïques : & en deffont plusieurs, leurs donnans à entendre qu'ils seront encore plus heureux, combien que selon eux le sage soit heureux, beneit, bien né, bien fortuné, asseuré, sans danger, mais le mauuais & fol plein de tous vices & meschancetez, tel que lon ne sçauroit où le mettre : & toutefois à ceux-cy est conuenable de demourer en la vie, & à ceux-là d'en sortir. Et non sans cause, ce dit Chrysippus, par ce qu'il ne faut pas mesurer la vie aux biens ou aux maux, ains à l'estre selon nature. Voyla comment ces philosophes là maintiennent la coustume ordinaire, & philosophent selon les communes conceptions. Que dis tu ? ne faut-il pas considerer.

Si bien ou mal se fait en la maison,

à celuy mesmement qui fait profession d'enseigner de la vie & de la mort ? ne doit-il pas examiner, comme à la balance, ce qui a marque de seruir à la felicité & à l'infelicité, pour en choisir ce qui en sera profitable, ains faire son fondement & sa supputation pour viure plus heureusement ou non, des choses indifferentes, & qui point ne seruent ny ne nuisent ? Selon telles presuppositions & tels principes, sera-il pas conuenable que celuy à qui rien ne defaut de ce que lon doit fuir, choisisse de viure, & que celuy là fuye le viure qui a tout ce que lon doit cercher & eslire ? Et combien qu'il soit estrange & hors de raison, de dire que ceux qui ne sont en nul mal, fuyét la vie : encore est il plus estrange & plus hors de tout propos & de toute apparéce, pour n'auoir pas quelque chose indifferéte, quitter & abandonner ce qui est bien, cóme ceux-cy font, laissans la felicité & la vertu preséte à faute de richesse & de santé qui leur est absente :

Eeee ij

Des communes conceptions

Saturnien à Glaucus bien osta
L'entendement, alors qu'il permuta
Cent bœufs à neuf, & de l'or à du cuyure.

Et toutefois encore les armes de cuyure n'estoient pas moins vtiles pour combattre que celles d'or, là où la belle forme & disposition du corps, & la santé, selon les Stoïques, n'apporte aucun profit ny accroissement à la felicité. Et neantmoins ceux-cy permutent & eschangent la sagesse à la santé : car ils tiennent qu'il eust esté conuenable à Heraclytus & à Pherecydes, s'ils eussent peu quitter la vertu & la sagesse, si par là ils eussent peu faire cesser leurs maladies, l'vn la pediculaire, l'autre l'hydropisie. Et si Circé versoit deux bruuages, l'vn qui feist deuenir les hommes fols de sages, & l'autre sages de fols, Vlysses eust deu boire plustost celuy de la folie, que de changer sa figure humaine en forme de beste, aiant en soy la sagesse, & par consequent la felicité aussi : & disent que c'est la sagesse & prudence mesme qui monstre & enseigne cela, & les admoneste ainsi : Quitte moy-là & me laisse perir, s'il faut que ie sois portee çà & là en forme & figure d'asne. Mais ceste sagesse & prudence-là, ce leur dira quelqu'vn, est la sagesse d'vn asne, si l'estre sage & heureux est par soy bon, & porter la face d'vn asne est indifferent. On dit qu'il y a vne nation entre les Æthiopiens, là où vn chien est le Roy, & est salué & honoré comme Roy, a les honneurs & les temples que lon fait aux Roys, & les hommes y font tous les offices qui appartiennent aux gouuerneurs de villes, & aux magistrats. N'est-ce pas tout de mesme enuers les Stoïques ? Car la vertu a le nom & l'apparence du bien, & l'appellent seule eligible, profitable & vtile : mais toutefois ils font toutes choses, ils philosophent, ils viuent & meurent à l'appetit & comme par le commandement des choses indifferentes. Et toutefois il n'y a personne des Æthiopiens qui tue ce chien-là, ains est assis & adoré de tous en grande reuerence : mais ceux-cy perdent la vertu, & la font mourir & perir en eux mesmes, pour retenir la santé & la richesse. Mais le couronnement que Chrysippus mesme adiouste à leurs enseignemens, nous oste de peine d'en dire d'auantage. Car comme ainsi soit, dit-il, qu'il y a en la nature des choses bonnes, des autres mauuaises, des autres indifferentes & moiennes, il n'y a homme qui ne voulust plustost auoir ce qui est bon, que ce qui est indifferent, ou ce qui est mauuais. Et qu'il soit vray, nous en faisons mesmes les Dieux tesmoings, quand nous leur demandons par nos prieres & oraisons, principalement la possession & iouïssance des biens : ou sinon, à tout le moins de pouuoir eschapper les maux : mais ce qui n'est ny bon ny mauuais, nous ne le voulons point auoir au lieu de bien, & le voulons bien auoir au lieu du mal. Mais cestuy-cy change la nature & renuerse son ordre, transposant le milieu de la place moienne en la derniere, & ramenant le dernier, & le remuant en la place du milieu, comme font les Tyrans qui aux meschans donnent le credit & l'authorité : nous donnant la loy de cercher premierement le bien, secondement le mal, & de reietter & reputer le dernier & le pire de tout ce qui n'est ny bon ny mauuais : comme si lon mettoit apres le ciel les enfers, & que lon reiettast la terre & ce qui est alentour d'elle, là bas en la fondriere du Tartare,

Là bas dessoubs bien loing au fond du monde,
Où l'enfer est baricaue profonde.

Aiant doncques dit en son troisiéme liure de la Nature, qu'il vaut mieux viure, encore que imprudent & fol, que de ne viure point, encore que iamais l'homme ne deust deuenir sage, il y adiouste de mot à mot : Car tels sont les biens des hommes, que les maux en quelque maniere vont deuant ceux qui sont au milieu, non pas qu'ils aillent deuant : mais la raison auec laquelle est le viure conioinct, peze plus & va deuant, encore que nous deuions estre fols. Il est doncques aussi manifeste, qu'encor
que nous

que nous deuions estre meschans, iniustes, ennemis & haïs des Dieux, & malheureux, car rien de tout cela ne default à ceux qui sont fols: il vault donc mieux estre malheureux que n'estre point malheureux, & souffrir mal que ne souffrir point, commettre iniustice que n'en cōmettre point, violer les loix que ne les violer point: c'est à dire il fault faire ce qui ne fault pas, & conuient viure selon ce qui ne conuient pas. Ouy, car il est pire estre sans discours de raison & sans sentiment, que d'estre fol. Et où ont ils doncques la ceruelle, de ne vouloir pas aduoüer & confesser que cela soit mal, qui est pire que le mal, & que pour ceste cause ils afferment estre à fuir? Pourquoy disent-ils qu'il ne faut fuir que la folie, s'il est conuenable de fuir non moins, mais encore plus, la disposition qui n'est pas capable ny susceptible de folie? Mais qui se courrouceroit ou scandaliseroit de cela, se souuenant de ce qu'il a escrit en son second liure de la Nature, où il dit & afferme, que le vice n'a point esté inutilement faict pour l'vniuers? Mais il sera meilleur de repeter ceste sienne doctrine auec ses propres termes, à fin que tu entendes en quel lieu mettent, & en quel reng tiennent le vice ceux qui accusent Xenocrates & Speusippus, de ce qu'ils n'estimoient pas la santé chose indifferente, ny la richesse inutile, & quels propos ils en tiennent. Mais le vice, dit-il, a son limite au regard des autres accidents: car il est aussi luy aucunement selon nature, & à fin que ie die ainsi, il n'est pas du tout inutile, eu esgard à l'vniuers, car autrement le bien ne seroit pas. Doncques faut-il inferer, qu'il n'y a point de bien entre les Dieux, puis qu'il n'y peut auoir de mal, ny apres que Iupiter aura resolu toute la matiere en soy & sera deuenu vn, aiant osté toutes autres diuersitez & differences: ce ne sera doncques plus rien que le bien, attendu qu'il n'y aura plus rien de mal. Et il y aura accord & mesure en vne danse sans que personne y discorde & faille à la cadence, & santé au corps humain sans que nulle partie d'iceluy en soit malade ne dolente: & il ne se pourra faire qu'il y ait de la vertu sans le vice, ains comme il y a quelque conuenance entre certaines drogues medicinales, & le venin d'vn serpent ou le fiel d'vne hyaine: aussi y aura il quelque alliance entre la meschanceté de Melitus, & la iustice de Socrates: & entre la dissolution de Cleon, & la preud'hommie de Pericles. Et comment est-ce que Iupiter nous eust produit Hercules & Lycurgus, s'il ne nous eust quant & quant aussi engendré Sardanapalus & Phalaris? Et m'esbahis qu'ils ne disent aussi que la Phthise, quand on crache les poulmons, a esté mise en auant pour le bon portement, & la goutte pour la bonne disposition des pieds, & qu'Achilles n'eust pas esté cheuelu, si Thersites n'eust esté chauue: car quelle difference y a il entre ceux qui alleguent ces folies & resueries là, & ceux qui disent que la dissolution & paillardise n'a pas inutilement esté mise sus pour la continence, & l'iniustice pour la iustice, à fin que nous prions aux Dieux que tousiours il y ait de la meschanceté,

    Et qu'il y ait tousiours des menteries,
    Propos rusez, & fines tromperies:

si ces choses là ostees, la vertu s'en va quant & quant perduë & perie? Mais veux-tu encore voir ce qu'il y a de plus galand & de plus elegant en sa gentille inuention & deduction? Tout ainsi, dit-il, que les Comedies ont quelquefois des epigrammes, c'est à dire des tiltres ou inscriptiōs ridicules, lesquelles ne valent rien quāt à elles, mais neantmoins elles donnent quelque grace à tout le poëme: aussi est bien à blasmer & ridicule le vice quant à luy, mais eu esgard aux autres il n'est pas inutile. Premierement doncques c'est chose qui surpasse toute imagination de faulseté & absurdité, de dire que le vice ait esté fait par la diuine prouidence, ne plus ne moins que la mauuaise inscription a esté mise par la volonté expresse du poëte. Car comment, si cela est vray, seront doncques plus les Dieux donneurs de biens que de maux? & cōment est-ce que le vice sera plus ennemy & hay des Dieux? & que pourrons nous plus respondre

Des communes concēptions

à ſes ſentences icy des poëtes qui ſonnent ſi mal aux aureilles religieuſes,
  Dieu fait ſortir en eſtre quelque cauſe,
  Quand d'affliger du tout il ſe diſpoſe
  Vne maiſon.   Et ceſte autre,
  Lequel des Dieux les a ainſi poulſez
  A conteſter en termes courroucez?

Et puis vn mauuais tiltre orne & embellit la Comędie, & ſert à la fin à laquelle elle eſt ordonnee & deſtinee, qui eſt de plaire & donner à rire aux ſpectateurs. Mais Iupiter que nous ſurnommons pere & paternel, ſouuerain iuridique, & parfait ouurier, comme dit Pindare, n'a point compoſé ce monde comme vne poëſie grande, variable, & de grande ſcience, ains comme vne ville commune aux hommes & aux Dieux, pour y habiter auec iuſtice & vertu en commun accord heureuſement. Et quel beſoing eſtoit-il à ceſte ſaincte & venerable fin de brigands & larrons, de meurtriers, de parricides, ny de Tyrans? Car le vice n'eſtoit point vne entree de moriſque plaiſante, ny galante & agreable à Dieu, & n'a point eſté attaché aux affaires des hommes pour vne recreation par maniere de paſſe-temps, pour faire rire, ny pour vne gaudiſſerie, choſe qui n'apporte pas ſeulement vne vmbre de celle tant celebre concorde & conuenance auec la nature. Et puis le mauuais tiltre ne ſera qu'vne bien petite partie de la Comędie, & qui occupera bien fort peu de lieu en icelle, & ſi n'y abondent pas telles ridicules compoſitions, ny ne corrompent & gaſtent pas la grace des choſes qui y ſont bien faittes: là où les affaires humains ſont tous remplis de vice, & toute la vie des hommes, depuis le commancement du preambule iuſques à la fin de la concluſion, eſt deſordonnee, depraueé & perturbee, & n'y en a partie aucune qui ſoit pure ny irreprehenſible, ains eſt la plus laide & plus mal-plaiſante farce qui ſoit au monde. Parquoy ie luy demanderois volontiers, à quoy a eſté le vice vtile à l'vniuers: Car ie croy qu'il ne dira pas, pour les choſes diuines & celeſtes, parce que ce ſeroit vne mocquerie de vouloir dire, que ſi le vice n'euſt eſté ny ne fuſt entre les hommes, ny l'auarice, ny la menterie, & que ſi nous ne nous entredeſrobions & pillions, & calomnions, & entretuions, le Soleil ne chemineroit pas ſon ordonné chemin, ny le monde ne garderoit pas ſes ſaiſons & ſes reuolutions des temps ordinaires, ny la terre ne ſeroit colloquee au milieu de l'vniuers, pour donner les principes & cauſes primitiues des pluyes & des vents. Il reſte donc que ç'ait eſté pour le regard de nous & de nos affaires, que le vice ait eſté vtile au monde, & eſt à l'aduenture ce qu'ils diſent auſſi. Sommes nous doncques plus ſains pour eſtre vicieux? ou auons nous plus grande abondance des choſes qui nous ſont neceſſaires? nous ſert elle ceſte mauuaiſtié ou à nous rendre plus beaux, ou à nous faire plus forts? Ils diſent que non. Auſſi eſt-ce vne conception de ſilence ou deteux ſeulement, & vne opinion celle-là tenebreuſe de Sophiſtes nocturnes, qui ſe couurent d'vne nuict, non pas comme la preudhommie, laquelle eſt expoſee à tous en veuë de tout le monde, en ſorte qu'il n'eſt pas poſſible qu'elle apporte aucune nuyſance, ou choſe qui ne ſoit vtile: mais moins encore, ô bons Dieux nous pourroit eſtre le vice vtile, pour le regard de la vertu, à laquelle nous auons eſté nez. Et quelle abſurdité ſeroit-ce de dire qu'à vn laboureur, à vn marinier, à vn chartier, ce qui leur eſt vtile, leur ſert & leur aide à paruenir à leur but & à leur propre fin, & ce qui auroit eſté creé de Dieu pour la vertu, ait perdu, gaſté & corrompu la vertu? Mais à l'aduenture eſt-il deſormais temps de paſſer à vn autre poinct, & laiſſer ceſtui-cy. LAMP. Non ie te prie, mon amy, pour l'amour de moy: car ie deſire ſçauoir & entendre comment ces gens icy introduiſent les maux deuant les biens, & le vice deuant la vertu. DIAD. Auſſi eſt-ce certainement, amy, vn poinct bien digne de ſçauoir & d'entendre. Si en babillent ils bien au long, mais en fin ils diſent, que prudence eſt la ſcience des biens & des maux, autrement

que

Contre les Stoiques.   578

que sans les maux elle seroit ostee & abolie de tout poinct: parce que tout ainsi comme estant la verité, il est impossible que la fausseté ne soit auprés, au cas pareil est-il conuenable qu'estans les biens, les maux soient quant & quant aussi. LAMPRIAS. L'vn n'est pas mal dict, mais il me semble que de moy mesme i'apperçoy l'opposite de l'autre: car i'en voy bien la difference, parce que ce qui n'est pas verité, est incontinent mensonge, mais ce qui n'est point mal, n'est pas incontinent bien, parce qu'entre le vray & le faux il n'y a point de milieu, mais entre le bien & le mal, si, à sçauoir ce qui est indifferent: & n'est pas necessaire si l'vn est, que l'autre soit aussi quant & quant: car il peut estre que la nature ait le bien sans qu'elle ait besoing du mal, mais ouy bien ce qui n'est ne bien ne mal: mais du premier propos s'il se dit quelque chose par les vostres, c'est ce qu'il faudroit oüyr. DIAD. Il s'en dict beaucoup de choses, mais pour ceste heure il en faut prendre ce qui est plus necessaire. Premierement c'est vne sottise de penser, que pour la prudence le bien & le mal ait subsisté: car au contraire estant ja le bien & le mal, la prudence est suruenuë aprés, ne plus ne moins que la medecine a esté trouuee, estans ja les choses salubres & maladiues. Car le bien & le mal ne subsistent pas à fin que la prudence soit, mais la puissance par laquelle nous iugeons & discernons le bien & le mal qui desia sont, s'appelle prudence: ne plus ne moins que la veuë est vn sentiment, par lequel nous discernons le blanc d'auec le noir, lesquelles couleurs ne sont point venuës en estre à fin que nous eussions la veuë, mais à l'opposite nous auons eu besoing de la veuë pour discerner ces couleurs là. Secondement quand le monde sera tout reduit en feu, selon qu'ils tiennent eux, il ne demourera rien qui soit de mal, & l'vniuers alors sera tout sage & prudent: ainsi faut-il qu'ils confessent, qu'il peut y auoir prudence, encore qu'il n'y ait point de mal, & qu'il n'est point necessaire que le mal subsiste si prudence est. Mais quand bien il seroit totalement ainsi, que la prudence fust la science du mal & du bien, quel mal y auroit-il, si estant les maux abolis, il n'y auoit plus de prudence, mais vne autre vertu au lieu d'elle, laquelle ne seroit plus science du mal & du bien, mais seulement du bien? Comme si entre les couleurs le noir perissoit entierement, qui nous contraindroit de confesser que la veuë perist aussi? Car qui nous empescheroit de dire, que la veuë ne seroit pas le sentiment pour discerner le blanc & le noir? Il n'y auroit point d'inconuenient, si nous n'auions pas le sentiment que tu dis, mais bien vn autre sentiment & puissance naturelle, par laquelle nous apprehenderions la blanche & noire couleur. Car ie ne pense pas que quand bien la saueur amere, ou toutes les choses ameres seroient ostees hors de la nature, que pour cela le goust fust perdu, ny l'attouchement, quand toute douleur seroit abolie & aneantie, ny prudence aussi, quand le mal ne seroit point present, ains que ces sentimens là demoureroient qui apprehenderoient les saueurs douces, & la prudence aussi qui seroit la science du bien, & de ce qui ne seroit pas bien. Et s'il y en a qui ne le trouuent pas bon ainsi, qu'ils prennent le nom pour eux, & nous laissent à nous la chose. Mais sans cela, qui empescheroit de dire, que le mal fust en intelligence, & le bien en essence? comme la santé est, à mon aduis, entre les Dieux en essence, & la fiebure & la pleuresie en intelligence: attendu que, comme ils disent eux mesmes, nous auons tous affluence de tous maux, & rien de bien: mais pour cela nous ne laissons pas d'entendre que c'est que prudence, que c'est que le bien, & que c'est que la felicité. Ce qui faict à esmerueiller, s'il n'y a point de vertu, ainsi qu'ils disent comment il y a des gens qui enseignent toutefois que c'est, & en impriment vne comprehension: mais si elle n'estoit point, il ne seroit pas possible d'en acquerir l'intelligence. Voyez ce que nous persuadent ceux-cy qui philosophent, ce disent-ils, selon les conceptions communes, que par l'imprudence nous comprehendons la prudence, mais la prudence sans l'imprudence ne peut comprendre l'imprudence mesme: & quand bien la nature

Eecc iiij

Des communes conceptions

eust necessairement eu besoing de la generation de mal, vn exemple certes, ou deux, de mal eust peu suffire: & si vous voulez, il falloit qu'il y eust dix mauuais, ou mille, ou dix mille, non pas vne si grande abondance de mauuaistié & de vice, que ny l'arene, ny la poulciere, ny les plumes des oyseaux aux pennages diuers, n'en pourroient pas rendre vn si grand nombre: & de vertu, non pas vn songe seulement. Ceux qui auoient la surintendence des salles où lon mangeoit à Sparte, monstroient en public à leurs ieunes gens deux ou trois de leurs esclaues, qu'ils appelloient Elotes, yures & pleins de vin, pour leur faire voir quelle grande villanie c'est que de s'enyurer, à celle fin qu'ils s'en gardassent, & apprissent à estre sobres. Mais en la vie humaine la pluspart de nos actions sont exemples de vice: car il n'y a personne qui soit sobre à la vertu, ains nous errons tous mal-viuans, & estans malheureux. Ce propos-là nous enyure & nous remplit de si grande perturbation & folie, que nous ressemblons proprement à ces chiens-là qu'Æsope dict, qui hurloient apres certains cuyrs qu'ils voyoient flotter sur l'eau, & pour les cuyder auoir, ils se prirent à vouloir boire & aualler toute la mer, mais ils creuerent plustost que de toucher à ces cuyrs là. Aussi nous esperans acquerir gloire & reputation par la raison, & approcher de la vertu, auant que d'y arriuer, elle nous corrompt & nous perd, estans remplis auparauant de force pure & amere mauuaistié, s'il est ainsi que ceux-cy disent, que ceux mesmes qui profitent iusques au bout, n'ont allegeance, ny relasche, ny respiration aucune de folie & de malheureté. Mais voy vn petit comment celuy qui dict que le vice n'a point esté produit en estre inutilement, le vous depeint, quelle chose il dict que c'est, & quel heritage pour celuy qui l'a. Car en son traicté des offices il dict, que le vicieux n'a besoing ny faute de rien, rien ne luy est vtile, rien ne luy est propre ny conuenable: comment doncques est-ce que le vice sera vtile, auec lequel ny la santé mesme n'est pas vtile, ny la quantité de pecune, ny le profit & auancement? & ne luy seruent de rien les choses que eux mesmes appellent preallables & preferables, voire vtiles, & d'autres selon nature, & de tout cela nul n'en reçoit vtilité ny profit, s'il n'est sage. Le mauuais doncques & vicieux n'a point de besoing de deuenir sage, ny les hommes n'ont point de faim ny de soif iusques à ce qu'ils soient sages. Quand ils ont soif doncques, ils n'ont que faire d'eau, ny de pain quand ils ont faim, ressemblans aux hostes estrangers gracieux qui ne demandent que le couuert, & du feu. Ainsi n'auoit point de besoing de couuert & de manteau celuy qui disoit,

   A Hipponax donnez vn vestement,
   Car de froidure il gele durement.

Mais veux-tu dire vne proposition bien estrange, extrauagante & peculiere? dis que le sage n'a affaire de rien, ny n'a besoing de chose quelconque: il est bien heureux, il est bien fortuné, il n'a besoing de rien, content de soy, parfaict. Mais quel esbloüyssement & estourdissement de ceruelle est-ce de dire, que celuy qui n'est indigent de rien, ait besoing des biens qu'il a, & que le vicieux & meschant ne soit indigent de beaucoup de choses, & n'ait besoing de rien? Car c'est ce que dit Chrysippus, que les meschans n'ont besoing de rien: & toutefois ils sont indigents remuans çà & là, comme des dez ou osselets, les communes conceptions. Car tous hommes iugent que l'auoir affaire aille deuant l'estre indigent, estimans que celuy qui a besoing de choses qu'il n'a pas prestes à la main, ny ne sont pas aisees à recouurer, est indigent. Qu'il soit vray, nul homme n'est indigent de cornes ny d'ailes, parce qu'il n'en a point de besoing: mais bien disons nous, que quelques vns sont indigents d'armes, & d'argent & de vestemens, lors qu'en ayans affaire ils n'en treuuent pas à leur necessité, ny ne les ont pas. Mais ces gens icy ont si grande enuie de sembler dire tousiours quelque chose de nouueau contre les communes conceptions, que bien souuent ils sortent mesme hors de leurs propres opinions & assertions, pour l'enuie qu'ils ont de

dire

Contre les Stoiques.   579

A dire tousiours quelque nouueauté, comme en cest endroict. Qu'il soit vray, conside-re le, reduisant ta memoire vn peu plus haut. C'est vn des poincts qu'ils afferment contre le sens commun & les communes opinions, Que rien ne sert ny ne vaut au meschant: & toutefois il y en a plusieurs, qui estans instruicts & endoctrinez profi-tent, estans esclaues sont affranchis, estans tenus assiegez sont deliurez, estans yures sont conduicts & menez par la main, & estans malades sont guaris: mais pour tout cela ils ne sont point aydez, quelque chose qu'on leur face, ny ne reçoiuent point de bienfaicts, ny n'ont point de bienfaicteurs, ny aussi ne negligent-ils point leurs bien-faicteurs: par ainsi doncques les vicieux ne sont point ingrats, mais aussi ne le sont point les bons & les sages. Doncques l'ingratitude est chose qui n'est point, & qui n'a point de subsistance, parce que les bons ne mescognoissent iamais la grace & le bien-faict qu'ils ont receu, & les meschans ne sont pas aptes d'en receuoir. Or voy mainte-nant qu'ils respondent à cela. Ils disent que la grace est au rang des choses moyennes,
B & que l'ayder & estre aydé appartient aux sages seulement: vray est que les meschans reçoiuent aussi grace: mais tous ceux qui ont part à grace, n'ont pas aussi part à be-soing & vtilité: & là où s'estend la grace, là rien n'est vtile ne propre. Et y a-il autre chose qui face que le plaisir soit grace, que l'estre vtile celuy qui l'a fait à celuy qui le reçoit? LAMPRIAS. Mais à tant laisse ce poinct là, & nous dy que c'est que la ὠφελία, dont ils font tant de cas. DIAD. C'est chose, laquelle, comme grande & singuliere, ils reseruent aux sages seuls, & neantmoins ne leur en laissent pas seulement le nom. Si vn sage, disent-ils, où que ce soit estend son doigt sagement, tous les sages qui sont sur la terre habitable en sentent aide. Cela est l'effect de l'amitié qui est entre eux, & en cela se terminent les vertus des sages à faire des aides communes. Et Aristote res-uoit, aussi resuoit Xenocrates, qui affermoient, que les hommes estoient aidez par les Dieux, aidez par leurs peres & meres, & aidez par leurs precepteurs: & n'entendoient pas ceste merueilleuse aide que les sages reçoiuent les vns des autres, quãd ils s'esmeu-
C uent à la vertu, encore qu'ils ne soient pas ensemble, & qu'ils ne s'entrecognoissent pas les vns les autres: neantmoins tous hommes estiment que amasser, serrer, garder, & mesnager soit vtile & profitable, quand on en reçoit profit & vtilité. Et vn bon mesnager achette des clefs, & garde bien ses celiers,
    Prenant plaisir à ouurir le tresor,
    Là où il met son argent & son or.
mais amasser & serrer ce qui n'est vtile à rien, & le garder soigneusement & diligem-ment, auec grand soing & grand labeur, n'est ny grand ny honorable, ains digne de mocquerie. Si doncques Vlysses auec le nœud que Circé luy auoit enseigné, eust lié 8. de l'O-& scellé, non les presens qu'Alcinoüs luy auoit faicts, des pots à trois pieds, des vases dissee. d'argent, des draps & vestements, & de l'or, mais ie ne sçay quelles drogueries de pier-res, & autres fatras qu'il auroit amassez, & eust estimé vn grand heur à luy, de posse-
D der & garder diligemment vn tel amas, qui seroit celuy qui louëroit & voudroit imi-ter ceste folle prudence, prouoyance & vaine diligence? Et toutefois c'est là toute l'honnesteté du consentement des Stoïques, toute la grauité & le bon heur, & rien autre chose, sinon vn amas, garde & conseruation de choses inutiles & indifferentes. Car telles sont, disent-ils, les choses selon nature, & exterieures, attendu qu'ils compa-rent bien souuent vne tresgrande richesse à des franges, ou à des vrinaux d'or, ou bien à des burettes à huyle quelquefois. Et puis comme ceux qui semblent auoir superbe-ment mesprisé les temples, & iniurié les sacrees cerimonies & seruices de quelques Dieux ou quelques demy-Dieux, tout incontinent apres, comme changeans de note, ils parlent bas, & se seyent contre terre benissans & magnifians la diuinité: aussi eux comme tombans en la vengeance & punition diuine de celle folle arrogãce & vani-té de paroles, ils trauaillent à bon escient apres les choses qu'ils appellent indifferen-

Des communes conceptions,

tes, & crians à pleine teste, que cela ne leur touche en rien, que l'amas & l'acquisition des biens, & le mesnage à les augmenter & conseruer, n'a rien de bon, de grand, ny honorable: ils tiennent puis apres, que quand ils n'en peuuent auoir, ils pensent qu'il ne faille plus viure, & se deffont eux-mesmes, ou se font mourir de faim en s'abstenant de manger, franchissans compagnie à la vertu: & qu'il soit vray, ils reputent totalement le poëte Theognis homme de bas, lasche & vil courage, parce qu'il dict,

  Pour pauureté fuir & éuiter   Il se faudroit Cyrne precipiter
  En la grand mer, & des plus hautes cymes
  Des durs rochers iusques au fonds des abysmes.

pource qu'il s'est monstré si lasche en ses vers: & cependant eux admonestent & disent en prose, que pour fuir vne grande maladie ou vne vehemente douleur, si lon n'a en la main vne espee, ou que lon ne puisse finer de cigüe, qu'il se faut ietter dedans la mer, ou se precipiter des plus hauts rochers, & que ny l'vn ny l'autre n'est dommageable, ny mauuais, ny inutile, ny ne rend malheureux ceux qui tombent en tel accident. D'où est-ce doncques, dict Chrysippus, que ie commanceray, & quel fondement & commancement prendray-je de l'office & du deuoir, quel subiect & quelle matiere de la vertu, quand i'auray laissé la nature, & ce qui est selon la nature? Et dont est-ce qu'Aristote (beau sire) a commancé, & Theophrastus? quels fondemens prennent Xenocrates & Polemon? & Zenon mesme ne les a-il pas suiuis en ce qu'ils supposent la nature, & ce qui est selon nature, estre les elements de la felicité? Mais ceux-là s'y sont arrestez, comme à choses eligibles, choisissables, bonnes & profitables, y adioustans dauantage la vertu, qui employe chascune d'icelles, & s'en sert selon leur proprieté: & ont estimé en ce faisant accomplir vne parfaicte & entiere vie, & consommer la concorde & conuenance qui est à la verité sortable & consonante auec la nature. Car ils ne s'embroüillent point, & ne se contredisent point, comme ceux qui sautent haut de terre, & retombent incontinent sur elle, en nommant de mesmes choses prenables & non choisissables, propres & non bonnes, inutiles & profitables, & ne nous appartenantes en rien, & neantmoins les principes des offices & du deuoir. Mais tel comme estoit le langage, telle aussi estoit leur vie de ces grands personnages là, rendans leurs faicts conformes & semblables à leurs paroles: & au contraire, la secte de ces Stoïques icy fait comme la femme que descrit Archilochus, qui d'vne main tient, cauteleuse, l'eau, & en l'autre le feu. Car en quelques vnes de ses doctrines & assertions elle reçoit & admet la nature, & és autres elle la reiette: ou, pour dire plus clairement, quant aux actes & aux faicts, ils adherent aux choses qui sont selon nature, comme estans eligibles & bonnes: mais quant aux propos & aux paroles, ils les refusent & reiettent, comme indifferentes & inutiles à la vertu pour acquerir felicité: &, qui pis est, les iniurient, & leur font contumelie. Et pource que tous hommes generalement entendent & estiment, que le souuerain bien soit esioüyssable, souhaitable, heureux, de tresgrande dignité, suffisant, content de soy, n'ayant faute de rien, voy maintenant le souuerain bien de ceux-cy, & le compare à la commune opinion. Ne disent-ils pas que c'est vn bien esioüyssable que d'estendre sagement le doigt? Que le souffrir la torture & la gehenne est au sage bien souhaitable & desirable? Celuy qui se iette du hault en bas d'vn precipice auec bonne raison, n'est-il pas heureux? Leur bien souuerain n'est-il pas de tresgrande dignité & tresgrand pris, veu que la raison choisit bien souuent de le quitter & reietter pour vne chose qui n'est pas de soy bonne? N'est-il pas content de soy, accomply & parfaict, encore que luy present, si d'auenture ils ne peuuent obtenir quelqu'vne des choses indifferentes, ils ne daignent ny ne veulent pas viure? Encore y a-il vn autre propos qui oultrage villainement la coustume ordinaire, luy soubstrayant & luy arrachant ses legitimes & naturelles conceptions, comme ses propres enfans, &
luy

Contre les Stoiques. 580

A luy en fuppofant d'autres baftardes, farouches & eftranges, & le contraignant de les aymer & nourrir au lieu des autres : & ce en traictant des biens & des maux, des chofes à élire ou à fuyr, propres & eftranges ou contraires, lefquelles deuoient eftre plus clairement & plus notoirement diftinctes, que non pas les chofes chaudes des froides, ny les couleurs blanches des noires. Car les apprehenfions & imaginations de ces qualitez-là font de dehors introduictes par les fens naturels : mais celles-cy font dedans nous, prenans leur naiffance des biens que nous auons au dedans : & ceux-cy venans à donner dedans le propos de la fouueraine felicité auec leurs arguces de Dialectique, comme s'ils auoient à traicter du Sophifme, qu'ils appellent le Menteur ou le Maiftre, ils n'ont folu pas vne des doubtes & queftions qui y font, ains en ont fufcité innumerables qui n'y eftoient point. Et puis il n'y a perfonne qui ne fçache, que y ayant des biens de deux fortes, l'vne qui eft la fin derniere, l'autre les moyens pour y paruenir, la fin eft le plus grand & le plus parfaict. Chryfippus mefme fçait
B bien cefte difference là, comme il appert par ce qu'il efcrit en fon troifiéme liure des Biens : car il difcorde auec ceux qui cuident que la fin foit la fcience, & met au lieu où il traicte de la Iuftice, s'il y a aucun qui fuppofe que la volupté foit la fin des biens, il n'eftime pas que le droict & la iuftice fe puiffent fauuer, & non pas feulement la fin des biens, mais fimplement le bien. Ie ne penfe pas que tu vueilles que ie te recite prefentement fes propres termes : car on les peut prendre en quelque endroict que lon veut du troifiéme liure de la Iuftice. Quand doncques ils difent que nul bien n'eft plus grand que l'autre, ny moindre auffi, ains que le bien final eft égal à celuy qui ne l'eft pas, il femble qu'ils ne repugnent pas feulement aux communes conceptions, mais à leurs propres propos mefmes. Et derechef, fi de deux maux l'vn nous rend pires que nous n'eftions quand il nous eft venu, & l'autre nous endommage bien, mais il ne nous rend pas pires, le mal à mon aduis eft le plus grand, celuy qui nous rend pires nous mefmes. Mais Chryfippus confeffe qu'il y a des peurs,
C des fafcheries, & des tromperies qui nous offenfent bien, mais elles ne nous rendent pas pires. Ly le troifiéme liure de ceux qu'il a efcrits contre Platon, touchant la Iuftice : car encore pour autres chofes faict-il bon voir la iaferie de ceft homme en ce lieu là, qui n'efpargne matieres ny doctrines quelles qu'elles foient, ny propres à leur fecte, ny eftrangeres, qu'il n'en die contre le fens commun : comme, pour exemple,
„ Qu'il eft loifible de fe propofer deux fins, & deux buts de la vie, & non pas rapporter
„ & referer tout ce que nous faifons à vn feul poinct. Et encore plus eft contre le fens commun, qu'il y ait vne fin, & toutefois qu'à autre poinct fe referent les actions, & neantmoins il eft force qu'ils endurent l'vn ou l'autre. Car fi les premieres chofes, felon nature ne font pas eligibles pour elles mefmes, & la fin derniere, mais bien la raifonnable election & le chois d'icelles, & que chafcun face ce qui eft en luy pour auoir & obtenir ces chofes là qui font premieres felon nature, & que toutes les actiós
D & operations ayent là leur relation, à fçauoir pour acquerir & iouyr les chofes premieres felon nature. S'ils eftiment ainfi, il faut que fans vifer ny afpirer à obtenir ces chofes là, ils ayent vne autre fin, à laquelle ils referent l'election & le chois d'icelles chofes, & non pas elles mefmes. Car la fin fera, les fçauoir bien choifir & prendre fagement : mais elles mefmes, & le iouyr d'elles, fera peu de chofe, eftant comme vne matiere & vn fubiect qui aura la dignité & l'eftime : il me femble qu'ils vfent & mettent par efcrit ce mefme mot là pour monftrer la difference. LAMPR. Tu as vaillamment retenu & ce qu'ils difent, & comme ils le difent. DIAD. Mais confidere qu'ils font comme ceux qui s'efforçent de fauter par deffus & plus auant que leur vmbre. Car ils ne laiffent point, ains portent toufiours quand & eux l'abfurdité & fauffeté auec leur dire, qui s'efloigne toufiours de plus en plus du fens commun : tout ainfi comme fi quelqu'vn difoit, que l'archer faict tout ce qui eft en luy, non

Des communes conceptions

pour atteindre au but, mais pour faire tout ce qui est en luy, il seroit à bonne cause tenu pour homme qui parleroit par ænigmes, & diroit choses prodigieuses: aussi font ces trois fois radottez resueurs, qui veulent à toute force que l'obtenir les choses selon nature, ne soit pas la fin de viser & aspirer aux choses selon nature, ains les prendre & les eslire: & que l'appeter & le recercher la santé ne se termine pas en chacun en la santé, & en l'estre sain, ains au contraire que l'estre sain se rapporte & refere à l'appeter & le poursuiure: en disant que le promener, le lire, ou parler hault, l'endurer des sections, & prendre des medecines, le tout par raison, soient les fins de la santé, & non pas elle fin de tous ces moyens là. Ceux là resuent tout aussi bien que qui diroit, nous souppons à fin que nous sacrifions, que nous nous baignions & estuuions. Ce qu'ils disent, change dauantage l'ordre & la coustume, & contient vne confusion & vn renuersement de tous affaires. Nous ne prenons pas garde à nous promener opportunément, pour bien cuire & digerer nostre viande, ains nous cuisons & digerons la viande pour nous promener opportunément. La nature n'a elle point ainsi produit la santé pour l'hellebore, ou si plustost elle a produit l'hellebore pour la santé? Car que leur reste-il plus à dire de toutes choses estranges que de telles propositions? quelle difference y a-il entre celuy qui dict que la santé a esté faicte pour les drogues medicinales, & non pas les drogues medicinales pour la santé, & celuy qui tient que la cueillette desdictes drogues, l'vsage & la composition, est preferable à la santé mesme? ou plustost n'estimant qu'elle soit aucunement choisissable, & constituant la fin en la negociation & tractation d'icelles drogues, en affermant que le iouïr se refere à l'appeter, & non pas l'appeter au iouïr: car à l'appeter, dict-il, est conioinct le proceder sagement & raisonnablement. Ouy bien, dirons nous, s'il regarde au iouïr & obtenir ce qu'il poursuit: autrement toute raison en est hors, s'il faict toutes choses pour obtenir ce qui n'est ny digne ny heureux.

LAMPR. Et puis que nous en sommes tombez sur ce propos-là, on diroit plustost que toute autre chose fust selon le sens commun, que de dire, que sans auoir notice ny conception du bien, on le puisse poursuyure & l'appeter: car tu vois que Chrysippus mesme serre & presse Ariston en ce destroit-là, de songer & imaginer vne difference des choses ny bonnes ny mauuaises, n'ayans pas encore le bien & le mal estendus & cogneus: car ainsi faudra il que ceste indifference subsiste deuant, s'il est ainsi que l'on n'en puisse auoir intelligence que le bien ne soit premierement entendu, qui n'est autre chose que le bien seulement. DIAD. Or considere & voy maintenant ceste indifference, que les Stoïques nient, & qu'ils appellent consentement, comment & d'où elle a doné moyen d'imaginer le bien: car si sans le bien il n'est pas possible de conceuoir & d'imaginer l'indifference d'auec ce qui n'est pas bien, encore dauantage la prudence & intelligence des biens ne donne point la cogitation à ceux qui n'ont point propensé le bien. Mais comme il n'y a point de cogitation de l'art des choses salubres, & insalubres & maladiues, à ceux qui deuant n'ont eu la cogitation d'elles mesmes: aussi n'y a-il point de science des biens & des maux, que premierement on n'ait pensé les biens & les maux. Qu'est-ce doncques que le bien? non autre chose que la prudence. Et qu'est ce que la prudence? non autre chose que la science. Il y a doncques bien du Corinthe de Iupiter, comme l'on dit en commun prouerbe, c'est à dire, des redittes en leurs propos: car quant à dire que cela est tourner le pilon, laisse-le là ie te prie, de peur qu'il ne semble que tu te mocques d'eux: combien que leur dire soit proprement cela, parce qu'il semble que pour l'intelligence du bien il faille entendre la prudence, & au reuers, qu'il faille cercher la prudence en l'intelligence du bien, estant force de poursuyure tousiours l'vn par l'autre, y ayant defectuosité en l'vne & en l'autre, & implication de contrarieté en ce qu'il faut tousiours entendre deuant ce qui ne peut estre entendu à part. Et encore peut-on par vne autre voye

entendre

Contre lés Stoiques.

A entendre non ja l'entorſe, mais la deſtorſe & reduction de leur propos à neant en-tierement. Ils diſent que la ſubſtance du bien eſt l'election raiſonnable de ce qui eſt ſelon la nature. Or n'eſt pas l'election raiſonnable qui eſt dirigee à quelque fin, comme il a eſté dit parauant. Qu'eſt-ce doncq' que cela? Autre choſe, diſent-ils, que le raiſonnablement diſcourir és elections, de ce qui eſt ſelon nature. Premiere-ment donques ſ'en va à vau-l'eau, & ſe perd la conception du bien: car ce bien diſ-courir és elections, eſt vne operation qui depend de l'habitude du bon diſcours: & pourtant eſtans contraincts d'entendre celle habitude de la fin, & la fin non ſans icelle habitude, nous demourerons courts de l'intelligence de tous les deux. Et puis ce qui eſt encore plus, par toutes les raiſons du monde, il falloit que la raiſonna-ble election fuſt election des choſes bonnes, vtiles & cooperantes à paruenir à la fin: Car de choiſir & élire choſes qui ne ſoient ny vtiles, ny honorables, ny tota-lement eligibles, comment ſeroit-il raiſonnable? Suppoſons qu'il ſoit ainſi, com-
B me ils diſent, que la fin ſoit raiſonnable election des choſes qui ont dignité pour eſtre heureux. conſidere vn peu comme leur diſcours reüſſit & ſe va terminer en vne belle & digne concluſion & ſommaire: car la fin, ſelon eux, eſt le bien diſcou-rir, en faiſant election des choſes qui ont dignité pour eſtre heureux. En oyant ces paroles, Amy, la ſentence ne t'en ſemble elle pas bien eſtrange? LAMPRIAS. Ouy bien: mais ie voudrois ſçauoir d'auantage, comment cela aduient. DIADVM. Il faut bien doncques que tu y prennes garde de plus pres, car il n'entend pas qui veut ceſt ænigme. LAMPRIAS. Eſcoute donc, & me reſpons. Eſt-ce, ſelon eux, la fin, que bien diſcourir és elections ſelon nature? DIADVM. Ils le di-ſent ainſi. LAMPRIAS. Et ces choſes qui ſont ſelon nature, les eliſent-ils com-me bonnes, ou comme ayants quelques dignitez, ou quelques preferences pour eſtre heureux? DIADVM. Pour cela. LAMPRIAS. Eſt-ce pour aduenir à la fin, ou pour autre choſe? DIADVM. Ie ne le penſe pas, ains croy que c'eſt
C pour la fin. LAMPRIAS. Or voy doncques à deſcouuert maintenant ce qui leur aduient, que leur fin eſt, bien diſcourir de la felicité. DIADVM. Ils diſent voi-rement, qu'ils n'ont ny n'entendent autre choſe de la felicité, que ceſte precieuſe rectitude de diſcours, touchant les elections des choſes qui ont dignité. Mais il y en a qui diſent que ces refutations-là ſont ſeulement à l'encontre d'Antipater, & non pas de toute la ſecte, & que luy ſe reſentant preſſé par Carneades, tomba en ces jaſe-ries & vains propos là. Au demourant, quant à ce que l'on diſcourt & enſeigne de l'amour en l'eſchole Stoïque, contre les communes conceptions, il touche à tous les ſuppoſts qui ſont de la ſecte, qui ont tous part à l'abſurdité: Car ils diſent que les ieunes gens ſont laids eſtants vicieux & fols: & que les ſages ſeuls ſont beaux, & que de ces beaux là, nul iamais n'a eſté aymé ny digne d'eſtre aymé. Et cela n'eſt pas encore le plus eſtrange, mais ils diſent, que ceux qui ſont aymez pource qu'ils
D ſont laids, ceſſent d'eſtre aymez quand ils ſont deuenus beaux: & qui a iamais veu vn tel amour, qui incontinent que la laideur du corps & mauuaiſtié de l'ame ſe deſcouure, vient en eſtre, & incontinent apres la cognoiſſance de la beauté auec temperance & iuſtice, il ſ'eſteint & ſ'eſuanoüit? Ils reſemblent proprement aux mouſcherons qui ayment le vin aigre, ou eſuenté, ou pouſſé, & l'eſcume d'iceluy: mais le bon vin & ſoüef à boire, ils le fuyent & ſ'enuolent arriere. Et quant à ce qu'ils nomment apparence de beauté, qui doiuent eſtre attraict de l'amour, premierement il n'y a point de veriſimilitude: car en ceux qui ſont treſ-laids & treſ-mauuais & meſchants, il n'y ſçauroit auoir ceſte apparence de beauté: ſ'il eſt vray ce qu'ils diſent, que la mauuaiſtié des mœurs remplit la face, & ſe monſtre au viſage: car il y en a qui expliquent fort eſtrangement, que c'eſt à dire, que l'homme laid ſoit digne d'eſtre aymé: pource, diſent-ils, qu'il doit deuenir beau, & ſ'attend-on qu'il l'aura quelque

Ffff

Des communes conceptions,

fois: & quand il a acquis la beauté, & qu'il est deuenu beau & honneste, alors disent-ils, il n'est plus aymé de personne. Car l'amour est cõme vne chasse d'vn ieune homme qui est encore imparfaict, mais bien né à la vertu. LAMP. Et que faisons nous maintenant, mon bon amy, autre chose, que de refuter les erreurs de leur secte, qui destruict & force ainsi les communes conceptions? car il n'y a personne qui empesche la solicitude de ces sages icy enuers les ieunes gens: pourueu que la passion & affection en soit hors que tous hõmes & toutes femmes entendent & appellent amour, ce que les poursuyuans de Penelopé disent en Homere,

  Ils souhaittoient tous de tresardent zele,
  D'estre couchez en vn lict aupres d'elle.

Et Iupiter à Iuno,

  Iamais amour de Deesse ne femme
  N'esprit mon cœur de si ardente flamme,
  Que maintenant de coucher auec toy.

DIAD. Voyla comme en iettant la philosophie morale en des inuolutions ainsi tortues, où il n'y a rien de bon, cependant ils detractent, desprisent & vilipendent tout ce qui est à l'entour d'eux, comme estans seuls qui ont restitué en son entier, & redressé la nature & la coustume, ainsi qu'il appartient: & toutefois la nature & la coustume incite & induit par appetitions, poursuites & inclinations, chascune chose à ce qui luy est propre. Et quant à la Dialectique contentieuse & disputatrice, elle n'en reçoit aucun bien ne profit: ains comme l'oreille qui est malade par des sons vains, est remplie de toute dureté & difficulté d'ouyr, de laquelle cy apres prenans vn nouueau principe, si bon te semble, nous deuiserons plus amplement. Mais pour le present prenons leur philosophie naturelle, laquelle ne trouble pas moins les anticipations & communes conceptions, que leur doctrine morale des fins, és principaux & plus importants poincts. Premierement c'est chose hors de toute apparence & contre le sens commun de dire, que ce qui est ne soit pas, & que ce qui n'est pas soit: & c'est qu'ils disent de l'vniuers. Car supposans qu'il y ait tout autour de l'vniuers vn vuide infiny, ils disent que l'vniuers n'est ny corps, ny sans corps: à quoy il ensuit que l'vniuers qui est, n'est doncques pas: car ils disent & tiennent, que cela seulement est qui est corps. Et pource que le propre du corps est faire & souffrir quelque chose, & l'vniuers n'estant pas, est: adonc l'vniuers ne fera ny ne souffrira rien, & ne sera pas mesme en lieu: car ce qui occupe lieu est corps, & l'vniuers n'est pas corps. Et ce qui occupe vn mesme lieu, c'est ce qui demeure: doncques l'vniuers ne demeure pas, parce qu'il n'occupe point de lieu: & qui plus est, il ne se remuë pas mesme, parce qu'il faut que ce qui se remuë, soit en lieu & en place certaine. Et puis pource, que ce qui se remuë, ou se remuë soy-mesme, ou est remué par autruy: or ce qui se remuë soy-mesme a quelques panchemens, & quelques inclinations de legereté ou de pesanteur: & la pesanteur & legereté sont, ou quelques habitudes, ou quelques puissances ou differences de tous corps. Et l'vniuers n'est pas corps: adonc il est force que l'vniuers ne soit ny pesant ny leger, & par consequent qu'il n'ait doncques point en soy de principe de mouuement. Et toutefois aussi ne sera-il point remué par autruy, car il n'y a rien outre l'vniuers: de maniere qu'il est force qu'ils dient, ce qu'ils disent eux mesmes, que l'vniuers n'est ny mouuant ny arresté. En somme, pource que selon eux il ne faut pas dire que l'vniuers soit corps, & toutefois le ciel, la terre, les animaux, les plantes, les hommes, & les pierres sont parties de l'vniuers: il faudra doncques dire, que ce qui n'est point corps aura des parties qui seront corps, & ce qui ne sera pas pesant aura des parties pesantes, & ce qui ne sera pas leger, des legeres: ce qui est tant contre les communes conceptions, que les songes mesmes ne le sont pas tant: outre ce, qu'il n'est rien si accordant au sens commun, que ceste disionction: Si

quelque

A quelque chose n'est point animee, elle n'a donc point d'ame: & au contraire, si aucune chose n'est point sans ame, doncques elle est animee. Et toutefois ils tollissent ceste manifeste euidence, confessant que l'vniuers n'est ny sans ame, ny animé: & sans cela il n'y a personne qui entende ny imagine l'vniuers imparfaict, attendu qu'il n'y a partie aucune qui luy defaille, & neantmoins ceux-cy tiennent qu'il est imparfaict: parce, disent-ils, que ce qui est parfaict est finy & terminé: & l'vniuers pource qu'il est infiny, n'est point aussi terminé, ains desordonné. Ainsi selon eux, il y a quelque chose qui n'est ny parfaicte ny imparfaicte. Aussi n'est-il point partie, parce qu'il n'y a rien plus grand que luy: ny tout aussi, pource que s'il est tout, il est doncques ordonné: là où l'vniuers d'autant qu'il est infiny, aussi est-il interminé & desordonné. Aussi n'a-il point d'autre cause, parce qu'il n'y a rien plus ny outre l'vniuers: ny n'est point l'vniuers cause d'autruy ny de soymesme, parce qu'il n'est pas né à rien faire, & la cause s'entend estre ce qui faict quelque effect. Prenez le cas doncques que lon demande
B à tous les hommes qui sont au monde, que c'est qu'ils entendent estre rien, & quelle pensee ils en ont, ne diront-ils pas, ce qui n'est cause d'autruy, ny n'a point de cause de soy mesme, qui n'est ny tout ny partie, ny parfaict ny imparfaict, ny ayant ame ny sans ame, ny mouuant ny arresté, ny subsistant, ny corps ny sans corps? cela qu'est-ce autre chose que rien, veu que ce que tous les autres hommes afferment de rien, ceux-cy l'afferment de l'vniuers? Il semble qu'ils facent tout vn l'vniuers & rien. Il faut donc dire que le temps ne soit rien, la predication, la proposition, la conionction, la composition. Ce sont termes dont ils vsent plus que nuls autres philosophes, & toutefois ils disent que ce ne sont pas choses existentes. Qui plus est, ils tiennent que le vray estant, n'est ny ne subsiste point, ains se comprend par intelligence, & est compris & passé en croyance, encore qu'il n'ait aucune part d'essence. Comment sçauroit-on sauuer cela qu'il ne surpasse toute extrauagance de faussete & d'absurdité? Mais à fin qu'il ne semble que cela tienne trop des doubtes & difficultez de Logique,
C nous en traicterons d'autres qui seront plus propres à la Physique & philosophie naturelle. Pourautant doncques qu'ils disent,

  Iupiter est de tout commancement,
  Et le milieu, & paracheuement:

il falloit principalement qu'ils r'habillassent & redressassent en mieux les communes conceptions des hommes touchant les Dieux, si d'aduenture il y auoit en elles quelque erreur & quelque perturbation: sinon, les laisser chacun en l'opinion que les loix ou la coustume de leur pays leur donnent de la diuinité: car ce n'est pas de ceste heure ou de n'agueres, mais de tout temps, que ces opinions-là des Dieux sont au monde, & n'y a homme qui sçeust dire de quel temps elles ont commancé. Mais ceux-cy ayans commancé dés la Deesse domesticque Vesta, comme lon dit en commun prouerbe, à remuer ce qui estoit estably, & qui estoit receu en chasque pays,
D touchant la creance des Dieux, ils n'en ont laissé pas vne opinion ny cogitation, qu'ils n'ayent, par maniere de dire, contaminee & brouillee: car qui est ou qui a esté celuy des hommes, qui iamais n'ait entendu que Dieu soit incorruptible & eternel? Quelles confessions faict on plus coustumieres, & de plus certain consentement, que celles-cy?

  Là pour tousiours les Dieux se resioüyssent,
  Beatitude eternelle ioüyssent.
  Les Dieux là sus sont au ciel immortels,
  Sur terre en bas marchent hommes mortels. Et ceste autre,
  Point ne sont subiects à foiblesse
  De maladie ou de vieillesse,
  Exempts de douleur & de mort,

Des communes conceptions

Sans crainte de passer le port
D'Acheron bruyant.

On pourroit à l'aduenture trouuer quelques nations barbares & sauuages, qui ne pensent point qu'il y ait de Dieu, mais il n'y eut iamais homme qui eust quelque imagination de Dieu, qui ne l'estimast quant & quant immortel & eternel. Qu'il soit vray, ces malheureux qui ont esté appellez Atheistes, vn Diagoras, vn Theodorus, vn Hippon, n'ont pas osé dire que Dieu fust corruptible : mais ils ne croyoient pas qu'il y eust rien au monde qui peust estre incorruptible : ainsi conseruoient-ils la commune anticipation des Dieux, mais ils ostoient l'incorruptibilité de substance : là où Chrysippus & Cleanthes ayāt remply de paroles, par maniere de dire, & en leurs escripts, tout le ciel, la terre, l'air & la mer, de Dieux, neantmoins de tant de Dieux ils n'en font pas vn eternel, ny pas vn immortel, sinon Iupiter seul, en qui ils despendent & consument tous les autres, tellement que le resouldre en luy n'est de rien meilleur que l'estre resolu : car autant est-ce d'imbecillité d'estre par resolution tourné en vn autre, comme d'estre entretenu & nourry par la resolution des autres en soy. Et cela n'est pas comme les autres absurditez, que lon tire par illation des premisses & suppositions qui soient en leurs escripts, & qui par necessaire consequence s'ensuyuent de leurs doctrines : mais eux-mesmes crians à pleine teste le disent expressément en leurs escripts des Dieux, de la prouidence, de la destinee, de la nature, Que tous les Dieux ont eu commancement d'essence, & que tous seront resolus par le feu, fondus en soy, comme s'ils estoient de cire, ou d'estain. Or est-ce contre le sens commun autant, de dire que l'homme soit immortel, comme que Dieu soit mortel : ou plustost, ie ne voy point quelle difference il y aura de l'homme à Dieu, si Dieu est aussi bien que luy vn animal raisonnable & corruptible. Car s'ils nous opposent ceste belle arguce & finesse de dire, que l'homme est bien mortel, & le Dieu non mortel, ains corruptible, voyez l'inconuenient qui en dépend : car il faut qu'ils dient, ou que Dieu soit immortel & corruptible, ou ny mortel ny immortel. Dont on ne sçauroit, quād expressément on s'y estudieroit, excogiter rien plus estrange ny plus absurde, ie dis aux autres : car quant à eux, ils n'ont rien laissé à dire & attenter des plus extrauagantes absurditez du monde. Et puis Cleanthes fortifiant & confirmant encore dauantage son embrazement & inflammation, dict que le Soleil rend semblable la Lune & les autres estoilles à soy, & les tourne en soy, & que la Lune & les estoilles estans Dieux, aident au Soleil à faire leur resolution par inflammation. Ce seroit doncques vne grande mocquerie à nous de leur faire prieres & oraisons pour nostre salut, & les estimer sauueurs des hommes, s'il leur est naturel de tendre à leur corruption & resolution. Et toutefois eux ne laissent rien à faire ny à dire, crians contre Epicurus, qu'il oste l'opinion & persuasion anticipee és cœurs des hommes touchant les Dieux, quand ils ostent la prouidence diuine : parce que les Dieux sont estimez & tenus de tous, non seulement immortels & bienheureux, mais aussi humains, benings, ayans soing du bien & du salut des hommes, comme il est vray : mais si ceux qui ostent la prouidence diuine, ostent quant & quant l'opinion anticipee de Dieu, que font ceux qui disent que les Dieux ont bien soing de nous, mais qu'ils ne nous aident de rien, & qu'ils ne sont point donneurs de biens, ains indifferents, ne donnans point la vertu, mais donnans bien la richesse, la santé, la generation des enfans, & autres semblables choses, dont pas vne n'est vtile, ny profitable, ny eligible? n'est-il pas vray que ceux-là ostent les communes conceptiōs que lon a des Dieux? Et ceux-cy les oultragent & s'en mocquent, disans, qu'il y a vn Dieu fruictier, qui a la superintendence des fruicts de la terre, vn autre generatif, vn autre medecin, vn autre deuin : & cependant la santé n'est rien de bon, ny la generation, ny la fertilité & abondance de fruicts, ains sont choses indifferentes
& inutiles

& inutiles à ceux qui les ont. Le troisième poinct de la commune conception des Dieux est, qu'ils ne different des hommes en rien, tant que en felicité & en vertu : mais selon la doctrine de Chrysippus, ils n'ont point cela par dessus les hommes : parce qu'il tient que Iupiter ne passe point en vertu Dion, & que Iupiter & Dion estás tous deux sages, sont également & semblablement aydez l'vn de l'autre, quand l'vn se sent du mouuemét de l'autre : car c'est le bien que les Dieux font aux hommes, & les hommes aux Dieux, quand ils deuiennent sages, & non autre chose : & que prouueu qu'il n'ait pas moins de vertu, il n'a pas moins de beatitude aussi, ains qu'il est autant & également heureux que Iupiter le sauueur, encore que ce soit vn pauure fortuné, qui pour ses griefues maladies & mutilation de ses membres est contrainct de se ietter hors de ceste vie, & de se faire mourir soy-mesme, prouueu qu'il soit sage. Mais il n'y en a pas vn, ny n'en y eut iamais dessus la terre, & au contraire innumerables millions d'hommes malheureux en toute extremité, en la police & domination de Iupiter, duquel le gouuernement & administration est tresbonne. Et que pourroit-il plus estre contre le sens commun, que de dire, que Iupiter gouuernant souuerainement bien, nous soyons souuerainement malheureux ? Si doncques (ce qui n'est pas seulement loisible de dire) il ne vouloit plus estre ny sauueur, ny deliureur, ny protecteur, ains tout le contraire de ces belles appellations là, on ne sçauroit plus rien adiouster de mal à ce qu'il y en a, ny en nombre ny en quantité, ainsi comme ils disent : que les hommes viuent en toute extremité miserablement & meschamment, ne receuant plus le vice aucun accroissement, ny la malheureté aucun auancement. Et toutefois encore n'est-ce pas là le pis qu'il y ait, ains se courroucent à Menander, de ce qu'il a dict, comme poëte, par ostentation,

 L'estre trop bon est cause de grands maux:

disans que cela est contre le sens commun. Et cependant eux font Dieu, qui est tout bon, la cause de tous maux : car la matiere n'a peu produire le mal de soy, parce qu'elle est sans qualité, & toutes les diuersitez qu'elle a, elles les a de ce qui la remuë & qui la forme, c'est à dire, la raison qui est dedans, qui la remue & la forme, n'estant pas idoine à se former & se remuer soy-mesme : tellement qu'il est force que le mal vienne en estre ou de rien, & de ce qui n'est pas, ou si c'est par quelque principe mouuant, que ce soit par Dieu : car s'ils pensent que Iupiter ne domine pas sur ses parties, & n'vse pas de chascune selon sa propre raison, ils parlent contre le sens commun, & feignent vn animal, duquel plusieurs des parties n'obeyssent pas à sa volonté, vsans de leurs propres actions & operations, ausquelles le total ne donne point d'incitation, ny n'en commance point le mouuement : car il n'y a rien si mal composé entre les creatures qui ont ame, que contre sa volonté ou ses pieds marchent, ou sa langue parle, ou sa corne frappe, ou sa dent morde : dont il est force que Dieu souffre plusieurs choses, si contre sa volonté les mauuais mentent & commettent d'autres crimes, rompent les murailles des maisons pour aller desrober, ou s'entretuët les vns les autres. Et si, comme dict Chrysippus, il n'est pas possible que la moindre partie se porte autremét que comme il plaist à Iupiter, ains toute partie animee, & qui a ame viuante, s'arreste & se remue ainsi que luy la meine, & la manie, & arreste & dispose. Mais encore est ceste parole de luy plus pernicieuse : car il estoit plus raisonnable de dire qu'innumerables parties, par force, pour l'impuissance & foiblesse de Iupiter, feissent plusieurs choses mauuaises contre sa nature & volonté, que de dire, qu'il n'y ait ny malefice, ny intemperance aucune, dont Iupiter ne soit cause. Et puis que le monde soit vne ville, & les estoilles soient les citoyens : s'il est ainsi donc, il faut aussi qu'il y ait des lignees, des magistrats, & volontiers que le Soleil en est vn Cóseiller, & que Vesper ou l'Estoile de Venus le Preuost ou le Maire. Ie ne sçay si d'autres de leurs absurditez qui appartiennent plus aux choses naturelles, móstrent point ceux qui s'amusent à refuter de telles

Des communes conceptions,

impertinences, encore plus impertinents que ceux qui les asseurent & afferment. N'est-ce pas vne affirmation contre le sens commun de dire, que la semence est plus grande que non pas ce qui est engendré d'icelle? Car nous voyons que la nature en tous animaux & toutes plantes sauuages prent les principes de graines fort petites, & si menuës qu'à peine les peut-on veoir, pour la generation de tresgrands arbres : car non seulement d'vn grain elle produit vn espy, & d'vn pepin de raisin vn cep de vigne, mais d'vn noyau d'oliue ou d'vn gland qui sera eschappé & tombé à vn oiseau, comme d'vne petite scintille allumant & enflammant la generation, elle produit vn tronc d'vne espine d'vn chesne, ou d'vn palmier, ou d'vn sapin fort grand & droict : & pour ceste cause, disent-ils, que ce mot de Sperma, qui signifie semence, a esté ainsi nommé, comme Spirasis, c'est à dire contraction ou enueloppement de grande masse en petite quantité : & Physis, c'est à dire nature, comme Emphysesis, qui signifie soufflement & diffusion des proportions & des nombres qui sont ouuerts & desliez sous elle. Mais derechef le feu, qu'ils disent estre la semence du monde, apres l'inflammation vniuerselle change le monde en sa semence, de peu de corps & de petite masse s'estendant en beaucoup de soufflement, & encore dauantage occupant vne place infinie du vuide qu'il enuahit par son augmentation : puis quand la generation est faicte, la grandeur aussi tost se retire & tombe, se referrant incontinent la matiere en soy apres la generation. On peut lire beaucoup de leurs liures & de leurs escrits, où ils disputent & crient à l'encontre des Academiques, qu'ils confondent toutes choses auec leurs indistinguibles identitez, voulans à toute force, qu'en deux substances il n'y ait que vn qualifié. Et toutefois il n'y a celuy qui ne l'entende, & ne le pense ainsi, & ne pense le contraire estre merueilleux & estrage, si vne cane à vne cane, vne abeille à vne abeille, & du froment à du froment, & vne figue à vne figue, comme on dict en commun prouerbe, n'est pas toute semblable en tout temps. Mais cela veritablement est contre le sens commun qu'ils disent eux, & qu'ils feignent, qu'en vne seule substance il y a deux particulierement qualifiez, & qu'vne mesme substance ayant particulierement vn qualifié, y en suruenant vn autre, le reçoit & garde également l'vn comme l'autre. Car s'il y en a deux, ie dis qu'il y en pourra auoir trois, & quatre, & cinq, & autant que lon en sçauroit dire, en vne mesme substance : ie dis, non en diuerses parties, mais tous également en toute la substance, voire infinis. Chrysippus doncques dict, que Iupiter resemble à l'homme, & le monde aussi, & à l'ame la prouidence : quand doncques l'embrazement sera fait, Iupiter seul des dieux incorruptible se retirera à la prouidence, & demoureront tous deux en la substance de l'æther. Mais laissons là pour ceste heure les Dieux, en les priant de vouloir donner à ces Stoïques vn sens commun & entendement accordant auec le reste des hommes, & voyons maintenant ce qu'ils disent eux touchant les elements. C'est contre le sens commun qu'vn corps soit le lieu d'vn corps, & qu'vn corps passe à trauers d'vn corps, n'ayant l'vn ny l'autre rien de vuide, ains le plein entrant dedãs le plein, & ce qui n'a point de distance, receuãt en soy ce qui se mesle parmy luy, mais ce qui est plein, n'a point de distance vuide en soy, à cause de la continuité. Et ceux-cy ne mettent pas vn dedans vn, ny deux, ny trois, ny dix, les poussans ensemble, ains toutes les parties du monde taillees en petites pieces, & les iettãs en vn, le premier venu, voire le moindre sensible : disans dauantage qu'il receura & contiendra le plus grand qui sçauroit suruenir : & l'asseurant brauement & hardiment, ils font de ce qui les conuainct & refute vne de leurs sentences, ainsi qu'en plusieurs autres choses, comme ceux qui prennent des suppositions toutes repugnantes au sens commun. Premierement dõcques suyuant ce propos-là, il faut admettre beaucoup de positions monstrueuses & prodigieuses à ceux qui meslent les corps entiers auec les entiers, entre lesquelles absurditez est, Que trois font quatre. Car ce que les autres alleguẽt pour vn exemple de ce qui ne peut tomber

en ima-

en imagination de sens humain, ceux-cy le tiennent pour chose vraye, disans, que quand vn verre de vin est meslé auec deux d'eau, il ne defaut point, ains s'egale en approchant le tout du tout, & le confondant ensemble, tellement qu'vn faict deux par l'egalisation de la meslange d'vn auec deux, par ce qu'vn demeure & s'estend autant comme deux, faisant autant que le double. Et si par la mixtion à deux il prend la mesure de deux en la diffusion, cela est la mesure ensemble & de trois & de quatre: de trois, par ce qu'vn est meslé auec deux: & de quatre, par ce qu'estant meslé à deux, il a autant de quantité comme ceux à qui il est meslé:& ceste belle gentillesse là leur aduiét, par ce qu'ils iettent vn corps dedás des corps, & par ce que lon ne sçauroit imaginer cóment ils font contenir l'vn dedans l'autre. Car il est force que les corps entrans les vns dedans les autres par la meslange, que l'vn ne contienne pas, & l'autre soit contenu, & que l'vn reçoiue, & l'autre soit dedans. Car ainsi ce ne seroit pas mixtion, ains attouchement & approchement des superfices, l'vne entrant dedans, & l'autre contenant par le dehors, les autres parties demourans pures & entieres sans se mesler, & ainsi sera vn de plusieurs differents. Là où il est force que quand la mixtion se fait ainsi comme ils veulent, que les choses meslees se meslent les vnes dedans les autres, & qu'vne mesme chose en estant dedans soit quant & quant contenue, & en receuant contienne l'autre : & n'est plus possible que l'vn ny l'autre retourne à estre ce qu'il estoit, ains aduient que les deux qui se meslent, penetrent l'vn dedans l'autre, & n'y a pas vne partie de l'vn ny de l'autre qui demeure, ains sont toutes necessairement remplies les vnes des autres. Icy vient en ieu la cuisse d'Arcesilaüs qui est tant promenee par les escholes, marchant par dessus leurs absurditez auec grande risee. Car si les mixtions se font de tout en tout, qui empeschera qu'vne cuysse estant couppee, pourrie & iettee en la mer, & par succession de temps toute fondue, que non seulement la flotte d'Antigonus nauiguera dedans, comme disoit Arcesilaüs, mais aussi les douze cents voiles de Xerxes, & que encore les trois cents galeres des Grecs ne donneront vne bataille dedans icelle cuysse ? Car elle ne defaudra point de s'estendre tousiours en auant, ny ne cessera pas le moindre dedans le plus grand, ny iamais la mixtion ne prendra fin, ny l'extremité d'icelle ne sera attouchement là où elle finira, ne penetrant pas par le total, ains se lassera de se mesler, ou si elle se mesle par le total, elle ne donnera pas seulement place de bataille aux armees naualles des Grecs, estant pour cela besoing de corruption & de mutation : mais si vn verre de vin, ou bien mesme vne goutte, venoit à tomber en la mer Ægee, ou la mer de Candie, elle viendra iusques dedans l'Ocean, & iusques à la grande mer Atlantique, ne touchant pas à la superfice seulement par le dessus, mais se respandant par toute la profondeur, longueur & largeur. Et Chrysippus admet cela au commencement de son premier liure de ses questions naturelles, disant qu'il ne s'en falloit rien qu'vne goutte de vin ne se meslast par toute la mer. Et à fin que nous ne nous en esmerueillions pas, il dit d'auantage, que ceste goutte là par mixtion s'estendra par tout le monde: ce qui est si absurde & hors de toute apparence de raison, que lon ne sçauroit rien dire de plus, & contre le sens commun: par ce qu'il n'y aura point en la nature de corps supréme ny premier, ny dernier, ny en quoy se doiue terminer la grandeur du corps, ains passant tousiours outre celuy qui sera pris pour subiect, la chose ira en l'infiny & interminé. Car on ne pourra entendre ne comprendre vne magnitude plus grande ou plus petite que l'autre, par ce qu'à l'vne & à l'autre aduiendra le proceder de ses parties en infiny, qui est oster toute la nature d'inegalité. Car de deux magnitudes qui sont entendues inegales, l'vne demeure courte de ses dernieres parties, & l'autre passe outre & va plus auant : & n'y ayant point d'inegalité en longueur, aussi n'y aura il point d'inegalité en superfice, ny d'aspreté. Car le raboteux n'est autre chose qu'inegalité de superfice enuers soy mesme, & l'aspreté est l'inegalité de

Des communes conceptions

superfice auec rudesse & dureté, dont ne laissent rien ceux qui ne terminent pas vn E corps en sa derniere partie, ains tirent tous corps par multiplication de parties en infiny : & toutefois à qui n'est il euident & notoire, que l'homme est composé de plus grand nombre de parties quen'est son doigt ? & le monde plus que l'homme ? Tous hommes sçauent & pensent cela, s'ils ne sont Stoïques : mais depuis qu'ils sont vne fois deuenus Stoïques, ils disent & sentent le contraire, que l'homme n'est point composé de plus de parties que son doigt, ny le monde que l'homme. Car la section reduit les corps à l'infiny, & en l'infiny il n'y a ny plus ny moins, ne n'y a point de multitude qui surpasse, ny ne cesseront iamais les parties de ce qui est resté d'estre tousiours encores soubs-diuisees, & de bailler & fournir multitude de soy. Comment est-ce donc qu'ils desnoüent ces nœuds là ? fort subtilement & vaillamment certes. Car Chrysippus dit, que si lon nous demande si nous auons aucunes parties, & combien, & si elles sont composees d'autres parcelles aussi, & de combien, que nous vserons de telle distinction, supposans que le total entier est composé de parties, F comme de la teste, de l'estomach, & des cuysses, comme si cela estoit tout ce que lon demande, & dequoy lon est en doubte : mais s'ils produisent leurs interrogatoires iusques aux extrémes parties, il n'en faut rien estimer, determiner, ny rien dire, ne qu'il soit composé d'aucunes parties, ny de combien, ne si elles sont finies ny infinies. Mais il vaut mieux que i'allegue ses propres paroles, à fin que tu voyes comment il conseruoit les communes conceptions, en nous defendant d'entendre & d'imaginer, ne de dire de quelles parties, ny de combien de parties chasque corps est composé, ne si elles sont finies ou infinies. Car s'il y auoit vn milieu entre le finy & l'infiny, comme il y a entre le bien & le mal, qui est l'indifferent, il falloit dire ce que c'est, & ainsi souldre la difficulté. Mais si tout ainsi comme ce qui n'est pas egal, incontinent est inegal, & ce qui n'est pas corruptible est incorruptible, aussi ce qui n'est pas finy est infiny : il me semble que dire, que le corps n'est composé de par- G ties ny finies ny infinies, c'est autant comme de dire, que vn argument est composé ny de vrayes ny de faulses positions : & se glorifiant temerairement de cela, il dit, que la pyramide estant constituee de triangles, les costez inclinans vers la commissure sont inegaux, & toutefois l'vn ne passe pas l'autre, en ce qu'ils sont plus grands. Voyla comment il sauuoit les conceptions : car s'il y a quelque chose qui soit plus grande & qui ne passe pas, aussi y aura il quelque chose plus petite qui ne defaudra pas, & ne demourera pas courte : doncques y aura il quelque chose inegale qui ne surpassera point, & si ne defaudra point : c'est autant à dire comme, qui sera egale & inegale : & non plus grand ce qui sera plus grand, & non plus petit ce qui sera plus petit. D'auantage voy vn petit comment il respond à Democritus qui doutoit fort naturellement & vifuement, si vne pyramide ronde venoit à estre couppee à niueau aupres de sa base, que faudroit-il iuger touchant les superfices des sections, si elles seront e- H gales ou inegales : car si elles sont inegales, elles feront doncques que la pyramide rōde prendra plusieurs engraueures profondes & rabbotteuses : & si elles sont egales, les sections seront aussi egales, & se trouuera que la pyramide rōde fera pareil effect que la coulomne, comme si elle estoit composee de cercles egaux, & non pas inegaux, ce qui est fort absurde. En cecy doncques monstrant Democritus estre vn ignorant, il dit, que les superfices ne sont ny egales ny inegales, mais que les corps sont inegaux, à cause que les superfices ne sont ny egales ny inegales. Or de vouloir par forme d'ordonnance affermer qu'il peut estre que les superfices estans inegales, les corps ne soient pas inegaux, c'est à faire à homme qui se permet vne merueilleuse licence d'escrire & de dire tout ce qui luy vient en l'entendement. Car la raison auec l'euidence toute notoire, nous donne à entendre tout le contraire, que des corps inegaux les superfices sont aussi inegales, & plus grandes celles du plus grand,

si la

Contre les Stoiques.

A fi la paſſe, dont il ſurauance le plus petit, ne doit demourer ſans ſuperfice. Car ſi les ſuperfices des plus grands corps ne ſurpaſſent celles des moindres, ains defaillent auant le bout, il faudra dire, qu'vne partie du corps ia terminé n'aura point encore de terme ny de fin. Car s'il dit que par force il eſt contrainct de le tenir ainſi, pour ce que les graueures raboteuſes qu'il ſoupçonne en la pyramide ronde, c'eſt l'inegalité des corps, non pas celles des ſuperfices, qui les fait. C'eſt doncques vne ſottiſe digne de mocquerie, qu'en oſtant les ſuperfices, eſtre conuaincu de laiſſer vne inegalité és corps. Mais pour ne ſortir point de ceſte matiere, que peut il eſtre plus contre les conceptions du ſens commun, que de feindre de telles reſueries? Car ſi nous mettons que la ſuperfice ne ſoit ny egale ny inegale, il faudra auſſi conſequemment dire, que ny la magnitude ny le nombre ne ſeront ny egaux ny inegaux: attendu que l'on ne ſçauroit dire qu'il y ait entre l'egal & inegal quelque milieu qui ſoit neutre, ny le

B conceuoir en l'entendement. Et puis s'il y a des ſuperfices qui ne ſoient ny egales ny inegales, qui empeſchera qu'il n'y ait auſſi des cercles qui ne ſoient ny egaux ny inegaux? Car ces ſuperfices là eſtants ſuperfices de ſections de pyramides rondes, ſont cercles: & ſi vous mettez des cercles, auſſi faudra il mettre des diametres qui ne ſoient ny egaux ny inegaux: & ſi cela, auſſi des angles & des triangles, & des parallelogrammes, & des ſuperfices egalement diſtantes. Car ſi les longueurs ne ſont ny egales ny inegales, adoncques ny le pois, ny les coups, ny les corps. Et puis comment oſent ils reprendre ceux qui introduiſent des vacuitez, & quelques indiuiſibles combattans l'vn contre l'autre, & qui ſuppoſent qu'ils ne bougent ny ne ſe meuuent, veu qu'ils ſouſtiennent que telles propoſitions ſont fauſſes? Si quelques choſes ne ſont egales les vnes aux autres, elles ſont inegales: & ces choſes icy ne ſont pas egales les vnes aux autres: elles ſont doncques inegales les vnes aux autres. Mais pource qu'il dit qu'il y a quelque choſe de plus grand qui ne paſſe point, pourtant il eſt raiſonna-

C ble de demander, à ſçauoir ſi elles quadreront l'vne à l'autre, ou ſi l'vne paſſera, & l'autre demourera courte: car ſi elles quadrent, comment ſera l'vne plus grande que l'autre? Et ſi elles ne quadrent point, comment eſt-il poſſible que l'vne ne paſſe, l'autre demeure courte? Ce ſont choſes contraires de dire, ny l'vn ny l'autre ne paſſe: & il ne quadrera point, & il quadrera, & l'vn où l'autre eſt plus grand que l'autre. Il eſt force que ceux qui ne ſe gardent pas des communes conceptions, ſe treuuent en telles perplexitez. D'auantage, c'eſt contre le ſens commun de dire, que rien ne touche à l'autre, & non pas moins, que les corps s'entretouchent les vns les autres, & qu'ils ne s'entretouchent de rien. Or il eſt force que ceux qui ne laiſſent point de moindres parties du corps admettent cela, & s'ils mettent quelque choſe premier que ce qui ſemble toucher, & qui ne ceſſent iamais de paſſer touſiours oultre: c'eſt ce que principalement ils obiicent à ceux qui defendent & ſouſtiennent les parcelles indiuiſibles, qu'il ne ſe fera point de touchement de tous, ains que ce ſera mixtion,

D & que cela n'eſt pas poſſible, attendu que les indiuiſibles n'ont point de parties. Comment doncq' eſt-ce que eux meſmes ne tombent en pareil inconuenient, veu qu'ils ne laiſſent partie aucune premiere ny derniere? pour autant qu'ils diſent, que les corps s'entretouchent de tout en tout par vn terme, non pas par vne partie, & le terme n'eſt pas corps, adonc le corps touchera le corps par vn terme qui n'eſt pas corps: & à l'oppoſite ne le touchera point, l'incorporel n'eſtant point entre deux. Et s'il touche, il fera & ſouffrira quelque choſe eſtant corps, par vn incorporel qui n'eſt pas corps: Car le propre des corps eſt de faire & de ſouffrir quelque choſe les vns des autres, & de s'entretoucher: & ſi le corps a le touchement particulier, par le moien de l'incorporel, auſſi aura il l'attouchement vniuerſel, la mixtion & l'incorporation. D'auantage en ſes attouchemens & ſes mixtions, il eſt neceſſaire que les termes des corps demeurent, ou qu'ils ne demeurent pas, ains deperiſſent,

Des communes conceptions,

& l'vn & l'autre est contre le sens commun. Car eux mesmes ne mettent pas des corruptions & generations des incorporels, & ne sçauroit on dire qu'il y ait mixtion ny attouchement vniuersel des corps retenans leurs propres termes. Car c'est le terme qui constitue & termine la nature du corps, & les mixtions (si ce n'estoient approchements des parties pres des parties) confondent en vn les corps qui se meslent. Et comme disent ceux-cy, il faut laisser des corruptions des termes és mixtions, & puis de rechef des generations és separations & segregations. Or n'est-il homme qui peust entendre ny comprendre cela facilement: car par ce que les corps s'entretretouchent, par cela mesme ils s'entrepressent, s'entreserrent & se froissent l'vn l'autre. Or est-il impossible que chose incorporelle souffre ny face cela, & ne se peut mesme imaginer, & ils nous veulent contraindre de l'imaginer & entendre. Car si vne boule touche vn plain corps par vn poinct seulement, il est certain qu'elle sera aussi trainee par vn poinct tout le long de ce plain. Et si la boule est peinte de vermillon par dessus, elle imprimera vne ligne seulement rouge dessus le plain: & estant iaune, elle iaunira la superfice du plain. Et que chose incorporelle teigne ou soit teincte de couleur, c'est contre le sens commun. Et si nous imaginons vne boule de terre, ou de crystal, & de verre, qui tombe de haut sur vn plain de pierre bien vny, il est contre raison de penser qu'elle ne se brisera point, quand le coup viendra à donner contre vn plain dur & solide. Et encore sera-il plus hors de toute raison de dire, qu'elle se brisera par vn terme, comme vn poinct qui n'a aucun corps. de maniere qu'en toutes sortes les anticipations & communes conceptions, touchant les corps, sont toutes perturbees, ou plustost ostees du tout, en supposant plusieurs choses impossibles. C'est contre le sens commun de dire, qu'il y a vn temps futur & vn temps passé, mais qu'il n'y a point de temps present, ains que n'agueres, & n'a pas long temps subsistent, mais que maintenant n'est totalement rien qui soit: & toutefois cela aduient à ces philosophes Stoïques: lesquels ne laissent pas le moindre temps du monde entre deux, & ne veulent pas que le maintenát mesme soit indiuisible: ains de tout ce que l'homme prend à penser & imaginer comme present, de cela ils disent qu'il y en a desia partie de passé & partie de futur: de sorte qu'il ne reste ny ne demeure au milieu par celle quelconque de temps present, si de ce que lon dit estre instant, partie est attribuee aux choses passees, & partie aux futures. Parquoy il faut que l'vn des deux en aduienne, ou qu'en mettant le temps, il estoit, & le temps, il sera, on abolisse totalement le temps, il est: ou qu'estant present le temps, il est, vne partie en soit passee, & vne encore à venir: & dire que de ce qui est, partie en est encore future, & partie en est desia passee: & du maintenant, qu'il y a vne piece deuant & vne autre derriere: tellement que maintenant soit ce qui n'est pas encore maintenát, & ce qui n'est plus maintenant: car ce n'est plus maintenant ce qui est desia passé, ny maintenant ce qui est encore à venir. Et en diuisant ainsi le maintenát, il faudroit qu'ils disent aussi, que de l'annee & de la lumiere partie seroit de l'an passé, & partie de l'an qui vient, & du quant & quant qu'il y eust deuant & derriere. Car ils ne trauaillent pas moins à brouiller estrangement toutes ces paroles là, le non encore, le desia, le non plus, & le maintenant: là où tous les autres hommes entendent & estiment, le nagueres, le peu apres, estre parties differentes du maintenant, & en mettent l'vne deuant, l'autre apres le maintenát. Et Archidemus disant que le maintenant est vn principe, vne ioincture & vne commissure, ne s'apperçoit pas qu'en ce disant il abolit tout le temps entierement. Car s'il est vray que le maintenant ne soit pas temps, ains seulement vn aboutissement de temps, & toute partie du temps est comme le maintenant: il semble donc que le maintenant n'a aucune partie, ains se resolt tout en termes, aboutissemens, & ioinctures, & commencements. Et Chrysippus se voulant monstrer ingenieux & artificiel en ses diuisions, au traitté qu'il fait du vuide, & en quelques autres passages,

Contre les Stoiques. 586

A passages, il dit, que le passé & le futur du temps ne subsiste pas, ains a subsisté, & qu'il n'y a que le present ou instant qui subsiste: mais au troisiéme, quatriéme & cinquiéme traitté des Parties, il met que du temps instant partie est future, & partie passee: tellement qu'il luy aduient de diuiser la substance du temps en parties non subsistentes du total subsistant, ou pour mieux dire, de ne laisser partie aucune subsistente, si l'instant & present n'a partie aucune qui ne soit ou passee ou future. L'intelligence doncques du temps, à eux, resemble proprement à l'empoignement de l'eau, laquelle plus on l'estraint & serre, plus elle coule & glisse. Mais quant aux actions & mouuemens, toute euidence y est brouillee & confondue. Car il est force, si l'instant & le maintenant se diuise en ce qui est passé, & ce qui est à venir, que de ce qui se meut en instant, partie soit desia remuee, & autre partie encore à remuer, & que le commencement & la fin du mouuement soient abolies, & que de nulle œuure il n'y aura eu rien de premier, & n'y aura rien de dernier, estans les actions distri-

B buees auec le temps. Car tout ainsi comme ils disent, que du temps present partie est passee, & partie est à venir: aussi de ce qui se fait, partie est desia faitte, partie encore à faire. Quand donc a eu son commencement, & quand aura sa fin le disner, l'escrire, le marcher, si tout homme disnant a ia disné & disnera, & tout marchant a desia marché & marchera? &, ce qui est, comme lon dit, de toutes estranges absurditez la plus estrange, s'il aduient que celuy qui vit, ait ia vescu, ou doiue viure: iamais doncques le viure n'a eu commancement, ny iamais n'aura fin, ains chascun de nous, comme il appert, a esté né sans commancer à viure, & mourra sans cesser de viure, s'il n'y a nulle derniere partie. Car s'il y a quelque chose de futur à celuy qui vit de present, iamais il ne sera faux de dire, Socrates viura, tant qu'il sera veritable, Socrates vit. Tellement que s'il est veritable, Socrates viura en infinies parties de temps: en nulle partie de temps ne sera iamais veritable, Socrates est mort. Et neant-

C moins quelle fin y aura-il autrement en chascune operation, & où arresterez vous le bout de chasque action, si autant de fois comme il sera veritable, il se fait, autant de fois aussi sera-il veritable, il se fera? car celuy mentira qui dira, c'est le bout de Platon escriuant ou disputant, par ce que iamais Platon ne cessera d'escrire & de disputer, si iamais il n'est faulx de dire de celuy qui dispute, il disputera, & il escrira de celuy qui escrit. D'auantage, de ce qui se fait, il n'y aura partie qui ne soit ia faitte ou à faire, & preterite ou future: & outre de ce qui est ia fait, ou de ce qui se fera, du passé & de l'aduenir, il n'y a aucun sentiment. Parquoy il n'y aura simplement & vniuersellement sentiment de rien du monde: car nous ne voyons pas ce qui est passé, ne ce qui est à aduenir, ny ne l'oyons, ny ne prenons aucun sentiment des choses qui ont esté, ou qui seront: ny, encore qu'il fust present, rien ne sera pourtant sensible, si du present vne partie vient, & vne autre est desia passee, & l'vne a esté, & l'autre sera. Et toutefois eux mesmes crient apres Epicurus, qu'il fait choses intolerables de

D forcer les communes conceptions, en mouuant les corps d'egale celerité, & tenãt qu'il n'y en a point vn plus viste que l'autre. Mais bien plus est insupportable, & plus elongné du sens commun, de dire, que nulle chose n'en peut atteindre vne autre,

  Si le cheual d'Adrastus qui voloit,
  Courant apres vne tortue alloit,

comme lon dit en commun prouerbe. Et est force que cela aduienne en ceux qui se meuuent selon deuant & apres: mais estans les interualles, selon lesquels ils se meuuent, diuisibles en parties infinies, ainsi comme ceux-cy veulent, si la tortue est de la longueur d'vn arpent seulement deuant le cheual, ceux qui diuisent l'interualle en infinies parts, & qui meuuent l'vn & l'autre selon deuant & apres, iamais n'approcheront le plus viste du plus tardif, adioustant tousiours celuy qui est le plus tardif quelque peu d'interualle, qui sera diuisible en innumerables autres interualles. Et puis

Des communes conceptions

de dire, que quand on verse de l'eau d'vn verre ou d'vne couppe, iamais elle ne sera versee tout à faict, comment pourroit-on soustenir que cela ne soit contraire au sens commun? & comment n'est-il pas consequent à ce que ceux-cy disent? car iamais on ne pourra comprendre vn mouuement des choses diuisibles en infiny, où il y ait deuant & apres qui paracheue tout l'interualle, ains laissant tousiours quelque espace diuisible, il sera tousiours toute l'effusion, ou tout le coulement, ou tout le glissement de l'humeur, ou la ruine du solide, ou la cheute du pesant imparfaicte. Ie passe par dessus plusieurs autres absurditez de leurs doctrines, & m'arreste seulement à celles qui sont contre le sens commun. Quant au propos donc qui concerne l'augmentation, il est ancien : car comme dit Chrysippus, ce fut Epicharmus qui le demanda, parce que les Academiques estiment que ce soit vne question non trop facile, ne qui se puisse ainsi sur le champ promptement soudre & desmesler, ils crient alencontre d'eux, & les accusent de tollir les anticipations, là où ce sont eux mesmes qui ne gardent pas les communes conceptions : & qui plus est, ils destordent & peruertissent le sentiment : car le discours en est simple, & eux mesmes en concedent les presuppositions, que toutes particulieres substances fluent & coulent, les vnes rendans & iettans quelque chose hors d'elles, les autres en receuant d'autres venans d'ailleurs : & que pour le nombre & la multitude de ce qui s'en va du dedans, ou qui vient du dehors, les choses ne demeurent pas vnes & mesmes, ains deuiennent autres, & en prend leur substance vne alteration. Et que contre droict & raison, la coustume auoit obtenu que telles mutations s'appellassent augmentations & diminutions, là où il falloit plustost les appeller generations & corruptions, par ce qu'elles font par force sortir d'vn estre en vn autre, là où le croistre & le diminuer sont passions & accidents qui aduiennent en vn corps & subiect permanent. Ces raisons se disans & se supposans ainsi en l'eschole des Academiques, qu'est-ce que veulent ces defenseurs icy de l'euidence, & les reformateurs & contrerolleurs des communes conceptions? Que chascun de nous est double & comme iumeau, composé de deux natures, ainsi comme les poëtes feignent des Molionides, qu'ils estoient vnis & conioincts d'aucunes legeres parties, & separez & disioincts des autres, ains deux corps aiants mesme couleur, mesme figure, mesme pois, mesme lieu, chose que nul des hommes n'auoit iamais veu ny entendu auparauant eux, ains eux seuls ont veu & apperceu ceste duplicité, ceste composition & ambiguité, comme chascun de nous est vn double suppost & subiect, l'vn estant substance, l'autre intelligence : l'vn d'iceux tousiours coule & tousiours va, sans toutefois s'augmenter, ny diminuer, ny toutefois demeurer en mesme estat, tel comme il est : l'autre demeure, & croist & décroist, & seuffre toutes choses contraires, que celuy auquel il est incorporé, conioinct & confondu, ne laissant point d'apparence & de discretion de difference au sens exterieur. Combien qu'on lise que Lynceus anciennement auoit la veuë si perçante & si aiguë, qu'il voyoit à trauers les pierres, & à trauers les bois : & se seant sur quelque eschauguette en la Sicile, il voyoit les vaisseaux qui partoient du port de Carthage, par vn interualle & distance de la nauigation d'vn iour & d'vne nuict. Et dit on que Callicrates faisoit des chariots de la grandeur de fourmis, tellement que l'aile d'vne mousche les couuroit, & engrauoit sur vn grain de millet des vers d'Homere. Et toutefois pas vn d'eux ne veit ny n'apperceut ceste diuersité & ceste perpetuelle allure, ny nous mesmes iamais ne nous apperceusmes que nous fussions doubles, & que d'vne partie nous coulissions tousiours, & de l'autre nous demourissions tousiours vns & mesmes, depuis nostre naissance iusques à nostre fin. Mais encore fais-ie le propos plus plain & plus simple : car quant à eux ils font quatre subiects alendroit d'vn chascun de nous, ou, pour mieux dire, que vn chascun de nous en est quatre : mais il suffit de deux pour monstrer la faulseté de leur resuerie : car quand

nous

Contre les Stoiques.

A nous oyons dire à Pentheus és Tragedies, qu'il voit deux Soleils & deux Thebes, nous iugeons qu'il ne les voit pas, mais qu'il les cuide voir, aiant le sens & l'entendement troublé & transporté. Et ceux-cy qui supposent non vne ville seule, mais tous les hommes, tous les animaux, les arbres, les plantes, tous les meubles & vtensiles, & tous vestements estre doubles & composez, ne les reietterons nous pas, comme gens qui nous veulent faire non entendre, mais peruertir & confondre nostre entendement? Toutesfois à l'aduenture en ce propos leur faut-il pardonner s'ils controuuent & feignent d'autres natures, par ce qu'ils ne peuuent trouuer autre moyen, quelque peine qu'ils y mettent, de conseruer & retenir les augmentations. mais en l'ame, à quel propos, & pour quelles autres suppositions vont ils former d'autres differentes especes de corps, par maniere de dire, innumerables? On ne le sçauroit dire, sinon qu'ils veulent desplacer, ou plustost tollir du tout & perdre les communes conceptions, pour y en introduire de nouuelles toutes estranges & sauuages. Car c'est chose merueilleusement extrauagante & pleine de toutes absurdité, que des vices & des vertus, & d'auantage des sciences & des arts, des memoires, des apprehensions, des passions, & encore des inclinations & des consentemens, en faire des corps, & dire qu'ils ne gisent ny ne subsistent en nul subiect, & leur laisser seulement dedans le cœur vn pertuis petit comme vn poinct, là où ils rengent & serrent la partie principale du discours de la raison en l'ame, estant occupé de tant de corps, qu'il seroit malaisé de les compter à ceux qui sçauent mieux distinguer & discerner l'vn d'auec l'autre, & de n'en faire pas seulement des corps, mais des animaux mesmes raisonnables, & vne si grande ruchee ou formilliere d'animaux, & encore non doulce ne priuee, mais qui par sa mauuaistié repugne à l'euidence & à la coustume. Et ceux-cy tiennent que non seulement les vertus & les vices sont animaux, ny les passions seulement, comme l'ire, le courroux, l'enuie, la douleur, la malignité, ny les comprehensions, les apprehensions, les ignoran-
C ces & les arts & mestiers, comme le mestier de cordonnier, de serrurier: mais outre cela encore sont-ils les operations & les actes mesmes corps & animaux, le promener vn animal, le baller, le chausser, le saluer, l'iniurier, à quoy il est consequent que le rire soit aussi vn animal, & le plorer: & si cela est, que le toussir aussi, l'esternuer, le gemir, le cracher, le moucher, & autres actions semblables, qui sont assez manifestes. Et si ne doiuent pas trouuer estrange ny se courroucer, si on les conduit de paroles peu à peu, iusques à ces badineries là, s'ils se souuiennent de Chrysippus, qui au troisième de ses questions naturelles dit ainsi: La nuict n'est-elle pas corps? le vespre, le matin, le milieu du iour & de la nuict, ne sont-ce pas corps? Le commencement du mois, le dixiéme, & le quinziéme de la Lune, le trentiéme, le mois entier n'est-ce pas corps? l'Esté & l'Automne, & l'An? Et quant à tout ce que nous auons dit, ils le tiennent à toute force contre les communes anticipations &
D conceptions: mais ce que nous dirons, est contre les leurs propres: car ils engendrent ce qui est tres-chaud par refrigeration, & ce qui est le plus subtil par grossissement & espessissement, par ce que l'ame est vne substance fort chaude, & de fort subtiles parties, & ils la produisent par refrigeration & condensation du corps, comme par vne trempe, commuant l'esprit, & le rendant de vegetatif esprit, animal. Ils disent aussi, que le Soleil est deuenu animé, l'humidité s'estant tournee en feu intellectuel & spirituel. Vois-tu comme ils imaginent, que le Soleil ait esté engendré & produit par refrigeration? On dit que Xenophanes oyant vn iour compter à quelqu'vn, qu'il auoit veu des anguilles viuantes en de l'eau chaude: Et nous les cuirons doncques, dit-il, en de l'eau froide. Puis que donc ils engendrent la chaleur par la refrigeration d'alentour, la consequence veut aussi qu'ils produisent la legereté par la condensation, & par la chaleur la froideur, par le fondre l'espessir, &

Gggg

par le rarefier le peser, pour garder vne correspondance & proportion de faire toutes choses contre raison. Et quant à la substance de la commune conception & sens commun, n'en determinent ils pas contre le sens commun mesme? car ceste conception est vne apprehension, & ceste apprehension vne impression qui se fait en l'ame : & la nature de l'ame est vne exhalation, laquelle difficilement peut receuoir impression, à cause de sa rarité : & encore qu'elle la receust, il seroit impossible qu'elle la gardast & reteint : car sa nourriture & sa generation procedant d'humidité a vn continuel cours de succession & de consomption, & la meslange de la respiration auec l'air fait tousiours quelque nouuelle exhalation, se tournant & changeant par le flux de l'air inspiré & respiré, qui du dehors donne dedans, & derechef sort du dedans au dehors. Car pluftost pourroit-on imaginer vn ruisseau d'eau courante, qui conseruast les formes, figures, & especes empraintes, qu'vn esprit coulant en des vapeurs & humeurs, & meslé auec vn autre vent de dehors oisif & estranger continuellement. Mais ils s'oublient tant, qu'aians definy les conceptions communes, estre pensees mises à part, & les memoires permanentes, & impressions relatiues, & sichans du tout les sciences, comme aians toute fermeté & toute stabilité, puis apres ils mettent dessoubs tout cela vn fondement & vne base de substance glissante, facile à dissiper & espandre, qui tousiours va & vient, & tousiours coule. Or est-il que tous hommes ont ceste conception imprimee en leur entendement touchant le principe & element, qu'il est pur, simple, & non meslé ny composé : car ce qui est meslé, ne peut estre element ny principe, mais ce dont il est meslé & composé. Et toutefois ceux-cy faisans Dieu principe de toutes choses, vn corps spirituel & entendement assis en la matiere, ils ne le font ne pur ne simple, ny incomposé, ains afferment qu'il est composé d'vn autre & par vn autre. Or la matiere estant par soy sans raison & sans qualité, a la simplicité & la propriété de principe : & Dieu, s'il est vray qu'il ne soit pas sans corps, & sans matiere, participe de la matiere, & comme d'vn principe : car si c'est tout vne & mesme chose que la matiere & la raison, ils n'auroient pas bien definy de dire, que la matiere soit irraisonnable sans raison : & si ce sont choses differentes, Dieu doncques est constitué de toutes les deux, & non vne simple essence, mais composee, aiant pris l'estre intelligent auec l'estre corporel de la matiere. Et puis veu qu'ils appellent les quatre premiers corps, la terre, l'eau, l'air & le feu, premiers elemens, ie ne sçay comment ils en font aucuns d'eux simples, & les autres composez & meslez : car ils tiennent que la terre & l'eau ne peuuent contenir ny eux mesmes ny autruy, & que c'est de la participation de l'esprit, & de la force du feu, que depend la conseruation de l'vnion, & que l'air & le feu pour leur force se fortifient eux-mesmes, & estans meslez auec les deux autres, leur donnent force & vigueur, & la fermeté de subsistence. Comment doncq est-ce que la terre est element, ou l'eau, s'il n'est ny simple, ny premier, ny suffisant à se conseruer, ains aiant besoing d'autruy qui le contienne par dehors en estre, & le conserue? car ils ne laissent pas seulement moien de penser qu'ils soient substance, ains contient ce propos grande confusion & grande incertitude touchant la terre à par soy. Mais si la terre est par soy, comment est-ce qu'elle a besoing de l'air qui la lie & la contienne? car ainsi elle ne sera plus par soy terre, ne par soy eau, ains l'air serrant & espessissant ainsi la matiere, en a fait de la terre : & au contraire la destiant & amollissant ainsi, en a fait de l'eau. Il faut doncques inferer, que nul de ces deux-là n'est element, puis qu'vn autre luy a donné essence & generation. D'auantage ils disent, que la matiere & la substance subsiste par ses qualitez, & la definissent presque ainsi. Et puis d'vn autre costé ils font les qualitez estre des corps, en quoy il y a vne grande confusion : car si les qualitez ont vne substance propre, pour laquelle elles soient appellees &
soient

soient realement corps, elles n'ont point besoing d'autre substance, par ce qu'elles ont la leur propre. Et si elles ont seulement celle qui est commune, qu'ils appellent essence ou matiere, il est euident qu'elles participent de corps, & qu'elles ne sont pas corps. Or ce qui se soubsterne & qui reçoit, il est force qu'il soit different de ce qu'il reçoit, & à quoy il est soubsterné. Et ceux-cy ne voyent qu'à demy: car ils appellent bien la matiere non qualifiee, c'est à dire sans qualitez, mais ils ne veulent plus appeller les qualitez sans matiere. Et toutesfois comment est-il possible de faire vn corps sans qualité, que lon n'entende aussi vne qualité sans corps? car le langage qui complique le corps auec toute qualité, ne permet pas que la pensee puisse toucher à corps aucun, sans quelque qualité. Il faut doncques que celuy qui repugne à l'estre corporel de la qualité, repugne aussi quant & quant à l'estre qualifié de la matiere, ou celuy qui separe l'vn d'auec l'autre diuise tous les deux d'ensemble. Et quant au propos que quelques vns d'entre eux mettent en auant, qu'ils appellent la substance non qualifiee, non pour ce qu'elle soit du tout priuee de toute qualité, ains plustost pour ce qu'elle a toutes qualitez, cela est plus que iamais contre le sens commun. Car nul ne pense ne imagine pour non qualifié ce qui est participant de toute, & priué de nulle qualité: ny impassible, ce qui est né pour receuoir & souffrir toute passion: ny immobile, ce qui est mobile en tout sens: & ceste doubte n'est point soluë, que si bien tousiours la matiere s'entend auec qualité, neantmoins on entend que ce soit autre chose & differente, la matiere que la qualité.

Contre l'Epicurien Colotes.

COLOTES celuy qu'Epicurus souloit appeller Colotare, ou Colotarion, par vne mignarde & flatteuse diminution, amy Saturnin, a composé & mis en lumiere vn liure, lequel il inscrit Que ce n'est pas viure que de viure suiuant les opinions des autres philosophes: & a dedié ce liure là au Roy Ptolomeus. I'ay pensé que tu prendrois plaisir à lire par escrit, ce qui me vint en l'entendement de dire alencontre de ce Colotes, pour ce que tu aimes toutes choses honnestes, & mesmement qui appartiennent à la cognoissance de l'antiquité, & que tu estimes que la plus belle estude & plus Royale que lon sçauroit faire, est d'auoir bien en memoire & à la main les propos & discours des anciens sages, le plus que lon peut. N'agueres doncques, comme ie le faisois lire, l'vn de nos amis que tu cognois bien, Aristodemus natif d'Ægie l'vn des suppostz de l'Academie, fort passionné, & par maniere de dire, forcené sectateur de Platon, encore qu'il ne porte pas la ferule, comme les supposts de Bacchus, ie ne sçay comment se teint quoy, contre sa coustume, tant que la lecture dura, & l'ouït patiemment iusques au bout sans mot dire: puis quand ce fut à la fin, Et bien (dit-il) qui faisons nous leuer pour combattre alencontre de cestuy-cy pour la defense des philosophes? car ie ne suis pas de l'aduis de Nestor, qui commeit à l'aduenture du sort au lieu qu'il failloit choisir le plus vaillāt des neuf guerriers qui se presenterent pour combattre Hector teste à teste: mais aussi tu vois, dis-je, que luy mesme se met à ordonner & disposer du sort, de maniere que la liste des neuf se fait soubs le gouuernement du plus sage,

Mais de l'armet le sort d'Aiax sortit,
Lequel estoit plus à leur appetit.

Toutesfois si tu me commandes que ie face l'election,

Gggg ij

Contre l'Epicurien Colotes.

Comment pourrois-ie estre au choisir si vain
Que d'oublier Vlysses le diuin?

Parquoy regarde & aduise bien comment tu pourras refuter cest homme. Et lors Aristodemus, Voire mais tu sçais (dit-il) ce que feit iadis Platon, lequel s'estant courroucé à son vallet, ne le voulut pas foüetter, ains commanda à son nepueu Speusippus de ce faire, disant qu'il estoit en cholere. I'en diray autant de cestuy-cy, Prens le, & le foüette à ton plaisir, car quant à moy ie suis courroucé contre luy. Et comme tous les autres de l'assistance me priassent de prendre ceste charge, Il le faut doncques faire, dis-ie, puis qu'il vous plaist ainsi: mais i'ay peur qu'il ne semble que ie face plus de compte de ce liure qu'il ne merite, pour soustenir & defendre Socrates contre l'inciuilité, la mesdisance, & l'insolence de cest homme, qui par maniere de dire, luy presente du foin comme à vne beste, & l'interrogue comment il porte la viande en la bouche, & non pas à l'oreille: là où à l'aduenture ne faudroit-il faire autre chose que se rire d'vne telle raillerie, mesmement quand on considereroit bien la douceur & la grace de Socrates en telles choses. Mais pour tout l'exercice des autres philosophes Grecs, comme Democritus, Platon, Empedocles, Parmenides & Melissus, lesquels respondans aux blasmes que lon leur donnoit, & aux iniures qu'on leur disoit, ont estimé, que se taire en telles choses non seulement estoit infame, mais que ce seroit vn sacrilege de ceder & remettre aucun poinct de la franchise de parler pour eux mesmes, & par ce moien ont auancé la philosophie en tel honneur & telle reputation comme elle est. Et certes nos peres & meres auec les Dieux nous ont donné le viure, mais le bien viure nous vient de la raison que nous auons apprise des philosophes, fauorisant la Loy & la Iustice, & refrenant nos cupiditez. Et ce bien viure là est viure socialement, amiablement, temperéement & iustement: de toutes lesquelles bonnes conditions ne nous en laissent pas vne ceux qui crient, que le bien souuerain de l'homme gist au ventre; & qu'ils n'acheteroient pas toutes les vertus ensemble d'vn denier percé, si lon en chassoit de tout poinct & de tous costez la volupté. Et en leurs discours qu'il font de l'ame, & des Dieux, ils tiennent que l'ame perit quand elle est separee du corps, & que les Dieux ne se meslent point de nos affaires. Ainsi les Epicuriens reprochent aux autres philosophes, que par leur sapience ils ostent la vie à l'homme: & les autres à eux, qu'ils enseignent les hommes à viure laschement & bestialement. Et quant à cela, il est semé par cy par là dedans les escripts d'Epicurus, & respandu par toute sa philosophie. Mais ce Colotes icy en a extraict quelques paroles vuides de sens & de substance, & en tire quelques parties comme des lambeaux, sans arguments quelsconques pour les prouuer, ou pour les donner à entendre, dont il a composé son liure, comme vn recueil ou vn tableau de monstres: ce que vous sçauez mieux que nuls autres, par ce que vous auez tousiours en main les œuures des anciens. Si me semble que comme le Lydien, il n'ouure pas vne seule porte contre luy, ains qu'il enueloppe Epicurus en beaucoup de tres-grandes doubtes & difficultez: car il commance à Democritus, lequel reçoit de luy vn beau salaire de son apprentissage, estant certain qu'Epicurus luy-mesme s'appella long temps Democritien, ainsi comme d'autres le disent, & mesmement Leonteus, l'vn des plus sublins disciples d'Epicurus, en vne lettre qu'il escrit à Lycophron, disant, qu'Epicurus honoroit Democritus, à cause qu'il auoit le premier attainct vn peu de loing la droitte & saine intelligence de la verité, & que generalement tout le traitté des choses naturelles s'appelloit Democritien, par ce que Democritus le premier estoit tombé sur les principes, & auoit rencontré les premiers fondements de la nature. Et Metrodorus dit tout ouuertement de la philosophie: Si Democritus n'eust ouuert & enseigné le chemin, Epicurus ne fust iamais arriué à la sapience. Et s'il est vray que cestuy-cy dit, que viure selon les opinions des

autres

Contre l'Epicurien Colotes.

autres philosophes, ce n'est pas viure: Epicurus estoit doncques vn sot, qui suiuoit Democritus, lequel le conduisoit à non viure. Et reprend en luy premierement, que supposant que chasque chose ne soit point plustost telle que telle, il confond par là toute la vie humaine. Mais il s'en faut tant que Democritus ait eu ceste opinion, que nulle chose ne soit plustost telle que telle, qu'il en combatit alencontre du Sophiste Protagoras qui l'auoit dit, & escriuit plusieurs bons argumens concluans alencontre, lesquels ce beau Colotes ne veit ny ne leut iamais, non pas en songe: ains s'est abusé à faute d'entendre vn passage qui est en ses œuures, là où il determine que Den n'est pas plus que Meden, nommant en ce lieu là Den le corps, & Meden le vuide, voulant entendre que le vuide auoit sa propre nature & subsistance aussi bien comme le corps. Mais celuy qui est d'opinion que nulle chose n'est plustost telle que telle, se sert de l'vne des sentences d'Epicurus, en laquelle il dit, que toutes les apprehensions & imaginations que nous donnent les sentimens sont veritables: car si deux hommes qui diront, l'vn ce vin est rude, l'autre ce vin est doulx, ny l'vn ny l'autre ne ment en son sentiment, pourquoy est-ce que le vin sera plustost rude que doux? Lon verra bien souuent qu'vn mesme baing l'vn le trouuera chaud, l'autre le trouuera froid, par ce que l'vn commandera que lon y verse de l'eau froide, l'autre de la chaude. Lon dit qu'il y eut vne dame Lacedęmoniene qui alla pour visiter Berenice, la femme du Roy Deiotarus: mais quand elles furent pres l'vne de l'autre, elles se tournerent incontinent arriere, l'vne abhorrissant la senteur du beurre, l'autre du parfum. Si doncques le sentiment de l'vn n'est point plus veritable que le sentiment de l'autre, il est aussi vraysemblable que l'eau n'est point plus chaude que froide, & que le parfum & le beurre ne sont point plustost bien odorants que puants: car si quelqu'vn dit qu'il sera vn à l'vn, & autre à l'autre, sans y penser il affermera qu'il sera l'vn & l'autre tout ensemble. Et puis ces proportions & conuenances des pores ou petits pertuis des sentimens dont ils babillent tant, & les diuerses meslanges des semences qu'ils disent estre esparses par toutes les saueurs, odeurs & couleurs, ne conduisent elles pas manifestement les choses à n'estre point plustost vnes qu'autres? Car ceux qui pensent que le sentiment se trompe & qu'il mente, par ce qu'ils voyent de contraires euenements en ceux qui vsent de mesmes obiects, ils sauuent ceste obiection en enseignant que toutes choses estants meslees & confuses ensemble, l'vne est neantmoins plus sortable & plus conuenable à l'vn, & l'autre à l'autre: au moyen de quoy il ne se fait pas attouchement ny comprehension d'vne mesme qualité, ny l'obiect n'émeut pas egalement tous de toutes ses parties, ains rencontrant chascun seulement celles ausquelles il a le sentiment proportionné, ils ont tort d'opiniastrer que la chose soit coloree ou non, blanche, ou non blanche, pensans establir leurs sentimens en destruisant ceux des autres: là où il ne faut pas ny combattre contre les sentimens, par ce que tous touchent à quelque qualité (chascun puisant, comme d'vne viue & large fontaine, de ceste confuse meslange, ce qui luy est sortable & conuenable) ny accuser le tout en touchant seulement à des parties, ny estimer que tous doiuent souffrir vne mesme chose, attendu que l'vn souffre par vne qualité & puissance, & l'autre par vne autre. Faut il donc maintenant douter qui sont ceux qui mettent en auant ceste opinion, que les choses ne soient point plustost telles qu'autres, sinon ceux qui tiennent que tout ce qui est sensible, soit vne meslange composee de toutes qualitez ensemble, comme vn instrument d'orgues où il y a de tous ieux? Ils confessent, que toute regle, toute touche, & toute certitude de iuger est perdue, s'il n'y a pas vn obiect sensible qui soit pur & simple, ains que chascun en soit plusieurs. Voyez à ce propos ce que Polyędinus au conuiue d'Epicurus discourt & dispute de la chaleur du vin: car il luy demande, Dis-tu Epicurus, que le vin n'eschauffe pas? Quelqu'vn respond,

Gggg iij

Contre l'Epicurien Colotes.

N'afferme pas que vniuerſellement le vin eſchauffe, mais bien que telle quantité de vin eſchauffe vn tel. Et puis y adiouſtant la cauſe, il allegue les eſpanchemens & diſperſions des Atomes, & les compreſſions & conionctions des autres, quand le
» vin ſe vient à meſler auec le corps. Et puis il y adiouſte ceſte concluſion, Vniuerſel-
» lement doncques ne faut-il pas dire que le vin eſchauffe, mais bien d'vne telle nature
» ainſi diſpoſee, & en telle quantité, & qu'vne autre en telle quantité il la refroidit.
» Car en tel amas il y a des natures & complexions, deſquelles il ſe compoſeroit du
» froid, ſi beſoing eſtoit, & eſtants conionctes à d'autres, elles rendroient vne vertu
» refrigerante. Voyla pourquoy ſe trompent les vns, diſant, le vin eſtre vniuerſellemēt
» eſchauffant, & les autres vniuerſellement refroidiſſant. Celuy donc qui dit eſtre de-
ceuz & trompez pluſieurs qui tiennent que ce qui eſchauffe ſoit eſchauffant, & ce qui refroidit ſoit refroidiſſant, luy meſme ſe trompe, ſ'il ne penſe qu'il ſ'enſuit de ce qu'il dit, que vne choſe n'eſt point plus telle qu'vne autre. Il adiouſte puis apres, que bien ſouuent le vin entrant dedans vn corps n'y porte ny vertu eſchauffante ny refroi-
diſſante, ains que eſtant remuee & agitee la maſſe du corps, & ſe faiſant vne tranſpo-
ſition des parties, les Atomes qui produiſent le chaud, ſ'aſſemblent maintenant en vn, & pour leur multitude apportent vne chaleur & inflammation au corps: & maintenant au rebours ſe deſaſſemblant ils le refroidiſſent. Mais encore eſt-il tout mani-
feſte, qu'il ſ'eſt auancé iuſques à dire, que ce que lon appelle & que lon eſtime amer, doux, purgeant, dormitif, lumineux, que nul de toutes ces choſes n'a vne entiere & parfaitte qualité & proprieté de produire tels effects, ny de faire pluſtoſt que de ſouffrir, quand ils ſont dedans les corps, mais qu'ils y prennent autre & autre tempera-
ture & difference. Car Epicurus meſme en ſon ſecond liure alencontre de Theophraſte, diſant que les couleurs ne ſont pas attachees aux corps, ains qu'elles ſ'y en-
» gendrent, ſelon certaines ſituations & poſitions à la veuë de l'homme: Par ceſte rai-
» ſon, dit-il, le corps n'eſt point pluſtoſt coloré que ſans couleur. Et vn peu au deſſus,
» de mot à mot il eſcrit ainſi: Mais ſans cela ie ne ſçay comment on peut dire que ces
» corps qui ſont en tenebres ayent couleur, combien que bien ſouuent l'air egalement
» tenebreux, eſtant eſpandu alentour, les vns diſtinguent les diuerſitez des couleurs,
» les autres ne les apperçoiuent point, à cauſe de l'imbecillité de leur veuë: & puis en-
» trans dedans vne maiſon tenebreuſe & obſcure, nous ne voyós d'arriue nulle diuer-
» ſité de couleur, & quand nous y auons vn peu eſté, nous en voyons. Parquoy il faudra
» doncques dire, que chaſque corps ne ſera point pluſtoſt coloré, que non coloré. Or
» ſi la couleur eſt relatiue, & a ſon eſtre du regard d'autre choſe, auſſi l'eſt dōc le blanc, &
» le bleu auſſi: & ſi les couleurs le ſont, auſſi le ſeront le doux & l'amer, tellement que
» lon pourra veritablement affermer de toute qualité, qu'elle ne ſera point plus toſt
» telle que non telle: car elles le ſeront à ceux qui ſeront ainſi diſpoſez, & à ceux qui
» ne le ſeront pas, auſſi ne ſeront elles pas telles. Colotes donc reſpand ſur ſoy-meſme, & ſur ſon maiſtre, le bourbier & la fange, où il dit que ſont embourbez ceux qui tiennent, que les choſes ne ſont point pluſtoſt telles que telles: mais eſt ce en cela tant ſeulement que, comme dit le commun prouerbe,

Tout vlceré il veut guarir les autres?

Non certainement, ains encore beaucoup plus en ſa ſeconde reprehenſion, il chaſſe, ſans ſ'en prendre garde, Epicurus auec Democritus hors de ceſte vie. Car il met en auant que Democritus dit, que les Atomes ſont aux ſentiments couleur, ſont doux, ſont amer par certaine ordonnance: Et que celuy qui vſe de ceſte raiſon là, & tient ceſte opinion, ne ſçauroit luy meſme imaginer, ſ'il eſt mort ou vif. Ie ne ſçay que contredire à ce propos là, mais bien diſ-je, que cela eſt autant inſeparable des ſentéces & doctrines d'Epicurus, comme eux diſent que la figure & le pois ſont inſeparables des Atomes. Car qu'eſt-ce que dit Democritus? Qu'il y a des ſubſtances en nombre
infiny

Contre l'Epicurien Colotes.

A infiny qui s'appellent Atomes, parce qu'elles ne se peuuent diuiser, differentes toutefois, sans qualité quelconque, impassibles, qui se meuuent, disperses çà & là, en vuide infiny, & quand elles s'approchent les vnes des autres, ou qu'elles s'assemblent & conioingnent, que de tels assemblements l'vn apparoist eau, l'autre feu, l'autre arbre, l'autre homme: & que tout l'vniuers est Atomes, qu'il appelle aussi Idees, & qu'il n'est rien autre: parce qu'il ne se peut faire generation de ce qui n'est pas, comme aussi ce qui est ne peut deuenir rien: parce que les Atomes sont si fermes, qu'ils ne peuuent ne se changer & alterer, ny souffrir. Parquoy il ne se peut faire couleur de ce qui est sans couleur, ny nature ou ame de ce qui est sans qualité & sans ame. Democritus doncques est reprehensible non en ce qu'il confesse ce qui s'ensuit & aduient de ses principes: mais en ce qu'il suppose des principes ausquels cela aduient. Car il ne falloit pas supposer les principes immuables, ou bien en le supposant ne s'appercevoir pas que toute qualité s'en alloit quant & quant. Et de le nier apres que lon s'apperçoit de l'absurdité qui s'en ensuit, c'est vne impudence tresgrande. Epicurus dit, qu'il

B suppose bien les mesmes principes que faict Democritus, mais qu'il ne dit pas que le doux, le blanc, & les autres qualitez, soient par certaine ordonnance. Or s'il ne confesse pas qu'il die ce que toutefois il dit, ce n'est que sa coustume de faire: car c'est côme quand il oste la prouidence diuine, & neantmoins il dict, qu'il laisse la pieté & deuotion enuers les Dieux: & disant que pour la volupté il choisit l'amitié, toutefois que pour ses amis il endure de tres-griefues douleurs: & qu'il suppose que l'vniuers est infiny, & toutefois il ne tollit pas le haut & le bas   * *   Mais ce n'est pas comme quand on boit l'vn à l'autre à la table, où vous pouuez, prenant la couppe, boire tant que bon vous semble, & puis rendre le demourant: ains aux propos d'vn sage philosophe il se faut bien souuenir de ceste notable sentence, Les Principes n'estans pas necessaires, les fins & consequences en sont necessaires. Il n'estoit doncques pas necessaire de supposer, ou pour mieux dire, de desrober à Democritus, que

C les Atomes soient les principes de l'vniuers: ou bien apres auoir supposé ceste doctrine, & s'estre pleu & glorifié des premieres vray-semblables & belles apparences d'icelle, il faut apres aussi aualler ce qu'il y a de fascheux, ou il faut monstrer comment des corps qui n'ont aucune qualité, peuuent apporter aux autres toutes sortes de qualitez, par s'assembler & se conioindre ensemble seulement. Comme, pour prendre la premiere venuë en main, celle que nous appellons chaleur dont est elle venuë, & comme s'est elle engendree és Atomes, s'ils n'auoient point de chaleur quand ils sont venus, ny ne sont deuenus chauds apres s'estre ioincts ensemble? Car l'vn presuppose qu'ils eussent quelque qualité, & l'autre qu'ils fussent idoines à en receuoir. Et vous dictes qu'il ne faut pas dire, que l'vn ne l'autre conuienne aux Atomes, d'autant qu'ils sont incorruptibles: Comment donc Platon, Aristote, Xenocrates, ne produisent-ils pas de l'or de ce qui n'est pas or, & de la pierre de ce qui n'est pas pierre, & plusieurs autres choses des quatre premiers simples corps? Ouy bien. Mais auec

D ces corps concourent incontinent aussi les principes à la generation de chasque chose, portans quand & eux de grandes contributions, c'est à sçauoir les premieres qualitez qui sont en eux, puis quand viennent à s'assembler & ioindre en vn, le sec auec l'humide, le froid auec le chaud, le ferme auec le mol, c'est à dire, corps agents auec autres aptes à souffrir & à receuoir toute alteration & mutation, alors se faict la generation en passant d'vne temperature en vne autre. Là où l'Atome estant seul est priué & destitué de toute qualité & force generatiue, & quand il vient à se rencontrer auec les autres, il ne peut faire qu'vn bruit & vn son, à cause de sa dureté & fermeté, & non autre accident. Car ils frappent & sont frappez tousiours, ne pouuans par ce moyen composer ny faire vn animal, vne ame, ou vne nature, mais non pas seulement vn monceau ny vn tas d'entre eux-mesmes, attendu qu'ils se

Contre l'Epicurien Colotes.

heurtent, & se desemparent l'vn d'auec l'autre. Mais Colotes, comme s'il parloit à quelque Roy ignorant des lettres, attache derechef Empedocles en ce qu'il dict,

    Ie diray plus, il n'y a geniture
    Entre mortels, vie, mort, ny nature,
    Ains seulement meslange & vnion,
    Puis des meslez apres desvnion,
    Ce que nature ont appellé les hommes.

Ie ne voy point, quant à moy, comment cela repugne & contrarie à la vie ny au viure mesmement à ceux qui estiment qu'il n'y a point de generation de ce qui n'est pas, ny de corruption de ce qui est, mais que l'assemblee & vnion des choses qui sont, s'appelle generation, & la dissolution & desvnion se nomme mort & corruption. Car qu'il ait pris nature pour generation, & qu'il l'entende ainsi, luy-mesme l'a declaré, quand il a opposé la nature à la mort: & si ceux ne viuent pas, ny ne peuuent viure, qui mettent la generation en l'vnion, & la mort en la desvnion, que font ces Epicuriens icy autre chose? combien qu'Empedocles collant & conioignant les elements ensemble, par chaleurs, mollesses & humiditez, encore leur donne-il aucunement mixtion & composition vnitiue: mais ceux qui chassent & poussent ensemble les Atomes qu'ils disent estre immuables & impassibles, ils ne composent rien prouenant d'iceux, mais bien font-ils plusieurs & continuels battemens d'eux. Car l'entrelassement empeschant la dissolution, augmente d'auantage le froissement, & le conquassement: de maniere que ce n'est ny mixtion, ny attachement & collement, ains vne combustion & combat, qu'ils appellent selon eux, generation. Et si les Atomes maintenant se reculent pour le choc qu'ils ont donné, maintenant se r'approchent apres le coup passé, ils sont plus que le double du temps arriere les vns des autres, sans se toucher ny approcher, tellement qu'il ne se sçauroit rien composer d'eux, non pas corps mesme sans ame: mais le sentiment, l'ame, l'entendement & la prudence, il n'est homme qui peust seulement penser ny imaginer, comment ils se pourroient former d'vn vuide & des Atomes, lesquels ny à part quant à eux, n'ont qualité quelconque, ny passion ou alteration aucune, quand ils sont assemblez ensemble, attendu mesmement que cest assemblement n'est point vne incorporation, & attachement ou liaison, ains vn battement & vn reiallissement: de maniere que selon la doctrine de ces gens icy, le viure vient à estre osté, & l'estre animal, attendu qu'ils supposent des principes vuides, impassibles, inuisibles, & encore ne pouuans admettre ny receuoir mixtion ou incorporation aucune. Comment doncques est-ce qu'ils admettent & laissent la nature, l'ame, l'animal? Tout ainsi comme ils laissent le iurement, la priere, le sacrifice & l'adoration des Dieux, ainsi comme ils l'adorent de bouche & de parole, en les nommant & feignant seulement, ce que par leurs principes, & selon leurs doctrines ils ostent & abolissent totalement: ainsi que lon appelle ce qui est né, la nature, & ce qui est engendré, la generation, comme ordinairement on nomme le bois mesme, la coupe & façon de bois: ou consonance & accord, les voix accordantes & consonantes. D'où luy est venu en l'entendement d'obijcer de telles paroles à Empedocles: Quel tort faisons nous à la Nature, si nous auons soing de nous mesmes, & si nous appetons certaines choses, & nous gardons de certaines autres? Car nous ne sommes par vous autres, ny ne viuons pas pour les autres. Mais on luy pourroit dire: N'aye pas de peur, Colotes mon amy, il n'y a personne qui t'empesche que tu n'ayes soing de toy-mesme, enseignant que la nature de Colotes, c'est Colotes luy-mesme, & non autre chose, ny que vous n'appetiez certaines choses: mais ces choses-là sont les voluptez: en moustrant que ce n'est pas la nature des tartes, ny des marchepans, ny des senteurs, ny de l'amour, que vous appetez, ains ce sont tartes mesmes, & parfums, & femmes. Car le grammairien

qui

Contre l'Epicurien Colotes. 591

qui dict, la force d'Hercules, il ne nie pas pour cela Hercules, ny ceux qui disent que consonances ou opinions sont seulement prolations, ne disent pas pour cela que les sons & les apparences ne soient pas : veu que quelques vns ostans & abolissans l'ame & la prudence, ne semblent pas abolir ny le viure, ny l'estre prudent. Et quand Epicurus dict, la nature des choses est le corps & le lieu d'iceux, le prenons nous comme s'il vouloit dire, que la nature fust autre chose que les choses qui sont, comme la nature du vuide, le vuide mesme, comme certainement la nature de l'vniuers, l'vniuers mesme? Et si quelqu'vn luy demandoit, Que dis-tu Epicurus, que cecy est le vuide, & cela est la nature du vuide? Non certes, dira-il. Mais ceste communication de noms l'vn pour l'autre, n'est-elle point en vsage par loy & coustume, ou non? Ie le confesse. Qu'a doncques faict Empedocles autre chose, qu'enseigner que la nature n'est autre chose que ce qui n'est, ny la mort autre chose que ce qui meurt? Mais comme les poëtes bien souuent en langage figuré, formans comme vne image, disent,

    Là demouroit querelle, trouble, & noise,
    Là cœur maling, & volonté mauuaise:

aussi appellent plusieurs generation & corruption, l'assemblement & desassemblement des choses. Mais tant s'en faut qu'il ait remué & osté ce qui est, ne qu'il contreuienne à ce qui euidemment apparoist, qu'il ne iette pas vne seule parole hors de l'accoustumé vsage, ains en ostant toute la fraude figuree qui pourroit nuire & porter dommage aux choses, il rend derechef l'accoustumee & ordinaire signification aux mots en ces vers,

    Meslez ensemble ores vn homme ils font,
    Ores des bois & des bestes ils sont,
    Ou des oyseaux, & cela est nature:
    Puis se venant à rompre la ioincture,
    Le depart d'eux s'appelle triste mort.

Toutefois ie dy moy-mesme, que Colotes alleguant cela n'entend pas qu'Empedocles n'oste pas les hommes, les bestes, les buissons, ny les oyseaux, qu'il dict estre composez des elemens meslez ensemble : & enseignant comment se trompent ceux qui accusent & appellent ceste composition-là, nature & vie : & ceste dissolution infortune malheureux, & mort euitable: il n'a pas osté le moyen d'vser des paroles accoustumees touchant cela. Quant à moy il me semble qu'Empedocles ne remuë point en ces lieux-là la façon de proferer & prononcer par paroles, ains realement estre en different de la generation des choses qui sont, que les vns appellent nature. Ce qu'il monstre manifestement par ces vers,

    Fols, ignorants, de loing pas ils ne voyent,
    Qui pouuoir rien venir en estre croyent,
    Qui parauant ne fust aucunement,
    Ou bien perir du tout entierement.

Car ces vers là crient assez hautement à ceux qui ont des aureilles, qu'il ne tollit pas la generation, ains la procreation de rien, ny la corruption, ains la totale destruction, c'est à dire, reduction à rien. Car à celuy qui ne voudroit pas si sauuagement & si sottement, ains plus doucement calomnier les vers qui suyuent apres, donneroient occasion coloree de charger Empedocles au contraire, là où il dict,

    L'homme de sens & de bon iugement
    Ne mettra point en son entendement,
    Que tant qu'il vit, cela vie il appelle,
    Là où de biens & de maux, pesle mesle,
    Tant il essaye : & qu'il n'ait esté rien,
    Auant que fust formé son corps terrien:

Contre l'Epicurien Colotes.

Ou retourner qu'il s'en doiue à non estre,
Dissoulte estant ceste masse terrestre.

Ces termes là ne sont pas d'homme qui nie que ceux qui sont nez, & qui viuent, ne soient pas, ains plustost qui pense que ceux qui ne sont pas encore nez soient, & aussi ceux qui sont desia morts. Et generalement aussi ne reprend pas Colotes cela, ains il dict, que selon luy, nous ne serions iamais blessez ny iamais malades. Et comment est-il possible que celuy qui dict, que les hommes sont deuant leur vie & apres leur mort, & durant leur vie ils ont beaucoup de biens & de maux pesle-mesle, ne leur laisse pas le pouuoir souffrir? Mais à qui doncques est-ce qu'il s'ensuit, qu'on ne puisse estre ny blessé ny malade? c'est à vous autres qui estes composez d'Atomes & du vuide, car ny l'vn ny l'autre, ce dictes vous, n'a sentiment. Et pour cela encore non force: mais, qui pis est, il ne vous demeure rien qui face volupté, parce que les Atomes ne reçoiuent point les choses qui sont aptes à la faire, & le vuide ne peut souffrir d'elles. Mais pource que Colotes a voulu incontinent apres Democritus enfoüir & enterrer Parmenides, & que remettant vn peu la defense de Parmenides, i'ay entre-deux compris celle d'Empedocles, parce qu'elle me sembloit estre plus adherente & tenante d'vne suitte aux premieres reprehensions, reuenons maintenant à Parmenides. Colotes dict qu'il a mis en auant les honteuses & villaines inuentions Sophistiques: & toutefois par ses sophisteries ce personnage là n'a point rendu l'amitié moins honoree, ny la concupiscence des voluptez plus audacieuse & effrenee. Il n'a point osté à l'honnesteté la proprieté d'attraire à soy, ny d'estre venerable & recommendable de soy. Il n'a point perturbé les opinions que l'on doit auoir des Dieux: ains ayant dict, que le tout est vn, ie ne voy pas comment pour cela il vous empesche de viure. Car quand Epicurus mesme dict, que le tout est infiny, qu'il n'est point engendré, ny point perissable, qu'il ne peut croistre ny diminuer, il parle de l'vniuers, comme d'vne seule chose. Et au commencement du traicté de ceste matiere, ayant dict, que la nature de l'vniuers consiste és petits corps indiuisibles, qu'il appelle Atomes, & au vuide, il fait la diuision, comme d'vne chose en deux, dont l'vne à la verité n'est point subsistente, aussi l'appellez vous impalpable, vuide, sans corps, de maniere qu'en ceste sorte le tout vient à vous estre aussi vn, si vous ne voulez vser de vaines paroles & vuides de sens, en parlant du vuide en combattant de paroles en vain à l'encontre des anciens. Mais les corps atomes (direz vous) sont en quantité infinie, selon l'opinion d'Epicurus, & est chasque chose qui nous apparoist, composee d'iceux. Or voy maintenant quels principes doncques vous supposez de la generation, l'infiny & le vuide, dont cestuy-cy est sans action, sans passion & sans corps, & celuy là est desordonné, sans raison, incomprehensible, se confondant & dissoluant soy-mesme, parce qu'il ne peut estre contenu, compris ny limité. Mais Parmenides n'a osté ny le feu ny l'eau, ny les rochers & precipices, ny les villes, comme dict Colotes, qui sont basties & habitees tant en Europe, comme en Asie: attendu qu'il dict que le monde est Iupiter, & que meslant les elements, & le lumineux & le tenebreux, de ces choses, & par ces choses, il compose tout ce qui est au monde. Car il a beaucoup escrit de la Terre, & du Ciel, du Soleil & de la Lune, & des Astres, & a parlé de la generation des hommes, & comme ancien philosophe, il n'a rien laissé en nature dont il n'ait parlé, & escrit sa doctrine propre, non point empruntee d'ailleurs, & n'a point faict de difference entre les communes & principales sentences. D'auantage il a le premier deuant tous autres, & deuant Socrates mesme, entendu qu'en la nature il y a vne partie subiecte à l'opinion, & vne autre intelligible, & celle qui est soubs l'opinion inconstante, vagabonde & errante en plusieurs passions & plusieurs mutations, subiecte à diminution & augmentation, & à estre autrement & autrement disposee, & non pas tousiours d'vne sorte, ny enuers

Contre l'Epicurien Colotes. 592

vn mesme. Et quant à la partie intellectuelle, c'est tout vne autre espece,
   Constante, entiere, & non point generable,
comme il dict, tousiours semblable à soy mesme, & perdurable en estre. Colotes calomniant cela, en s'attachant aux paroles, non pas aux choses, & en oppugnāt ce propos, non de faict, mais de paroles, il afferme que Parmenides oste & subuertit toutes choses également en vn mot, supposant que tout soit vn: mais au contraire il ne tollit ny l'vne ny l'autre partie de la nature, ains rend à chascune ce qui luy appartient, & qui luy est conuenable. Car il met l'intelligible en l'espece ou idee de l'vn, & de ce qui est, disant qu'il est proprement, parce qu'il est eternel & incorruptible: & vn, parce qu'il se ressemble tousiours à soy-mesme, & ne reçoit point de diuersité: & au reng de l'incertain, desordonné, & tousiours mouuant, ce qui est subiect au sentiment: desquelles deux parties chascune a son propre iugement en l'ame,
   Verité l'vne & certaine science,
qui concerne ce qui est intelligible, & tousiours d'vne mesme sorte egalement:
   L'autre doubteuse opinion humaine,
      Dont la foy n'est pas seure ny certaine:
parce qu'elle verse en choses qui reçoiuent toutes sortes de diuersitez & de mutatiōs & de passions: & toutefois comment eust-il laissé le sentiment & l'opinion, s'il n'eust quant & quant laissé ce qui est opinable & sensible? on ne le sçauroit maintenir. Mais pource qu'à ce qui est veritablement, appartient le demourer en estre, & que les choses sensibles tantost sont, & tantost ne sont pas, ains passent tousiours d'vn estre en vn autre, & en changent perpetuellement, de maniere qu'elles meritent plus tost vne autre appellation que celle de l'estre: ce propos-là de dire que tout soit vn, n'est pas oster la pluralité des choses sensibles, ains est monstrer la difference qu'il y a d'icelles auec les intelligibles. Laquelle difference Platon au traicté des Idees voulant encore plus declarer, donne vne prise à Colotes. Et pourtant me semble-il raisonnable de prendre tout d'vn train de reng ce qu'il a aussi dict à l'encontre de luy. Mais premierement nous considererons la diligence, & le grand & profond sçauoir de ce philosophe Platon, attendu qu'Aristote, Xenocrates, Theophrastus, & tous les Peripateticiens ont suiuy sa doctrine. Car en quelle partie inhabitable du monde est-ce que tu as, Colotes, escrit ton liure, où tu as compris toutes ces reprehensions contre tels personnages, dont tu n'as iamais leu les œuures, ny pris en main les liures d'Aristote du Ciel & de l'Ame, ny ceux de Theophrastus contre les naturels, ny le Zoroastres d'Heraclitus, celuy des enfers, celuy des doubtes naturelles, celuy de Dicæarchus de l'ame, en tous lesquels liures ils contredisent & repugnent és plus grands & principaux poincts de la Physique à Platon? & mesme le prince des autres Peripateticiens, Straton, ne conuient pas mesme en toutes choses auec Aristote, & a toutes contraires opinions à celles de Platon, touchant le mouuement, touchant l'entendement, de l'ame, de la generation: en fin il tient que le monde n'est point vn animal, & que ce qui est selon nature, suit ce qui est selon fortune, parce que le cas fortuit a donné le commancement, & puis tous les effects naturels en ont esté paracheuez apres. Quant aux Idees, touchant lesquelles Aristote reprend Platon, remuant ceste matiere à tous propos, alleguant toutes doubtes à l'encontre en ses liures des Ethiques, de la Physique, en ses dialogues exoteriques, plus opiniastrement que philosophiquement, comme il semble à beaucoup de gens: comme s'estant proposé d'abaisser & mespriser la philosophie de Platon, tant il est loing de la vouloir ensuiure. Quelle imprudente temerité doncques est-ce, que n'ayant pas sçeu ne veu ce que ces personnages ont escrit, & quelles ont esté leurs opinions, aller controuuer ce qu'ils n'ont iamais escrit ne pensé: & en se faisant à croire qu'il reprouue & refute les autres, produire vne preuue escrite de sa main propre, qui l'arguë & le

Contre l'Epicurien Colotes.

conuainct luy mesme d'ignorance & de temeraire & effrontee impudence, en disant que ceux qui contredisent à Platon, luy consentent: & que ceux qui luy repugnent, le suiuent? Platon, ce dict-il, escrit, Que les cheuaux pour neant estoient cheuaux, & les hommes aussi. Et en quel œuure de Platon est-ce que Colotes a trouué cela caché? car quant à nous nous lisons en tous ses liures, que les cheuaux sont cheuaux, & les hommes hommes, & que le feu est par luy estimé feu, parce qu'il tient que chascune de ces choses est sensible & subiecte à l'opinion. Mais ce beau Colotes icy, comme celuy qui ne sçait rien en philosophie, a pensé que ce fust vne mesme chose & tout vn de dire, l'homme n'est point, & l'homme est ce qui n'est point. Mais Platon estime qu'il y a merueilleusement grande difference entre n'estre point du tout, & estre ce qui n'est point: parce que le premier emporte l'aneantissement & abolissement de toute substance, & l'autre monstre la difference qu'il y a entre ce qui participe, & qui est participé: laquelle difference les suiuans qui sont venus depuis, ont distingué en genres, especes, differences, propres & communes qualitez & accidents seulement, & ne sont point montez plus hault, tombans en plus raisonnables doubtes & difficultez. Mais il y a proportion entre ce qui participe & qui est participé, comme de la cause à la matiere, de l'original à l'image, & de la puissance à la passion. En quoy principalement differe ce qui est par soy & tousiours mesme, de ce qui est autre, & non iamais d'vne mesme sorte: parce que l'vn ne fut iamais qu'il ne fust, ny ne sera iamais qu'il ne soit, & à ceste cause il est veritablement & totalement subsistant: & l'autre, ce qu'il n'a pas de soy, ains le participe & le prend d'ailleurs, encore ne l'a-il pas ferme & constant, ains en sort par son imbecillité, parce que la matiere en l'espece glisse & coule tousiours, & reçoit plusieurs passions & plusieurs mutations enuers l'image de la substance, tellement qu'elle remuë & branste tousiours. Tout ainsi donc comme celuy qui dict, que Platon n'est pas l'image de Platon, il n'oste pas le sentiment ny la subsistance de l'image, ains monstre la difference de ce qui est par soy, & d'vn autre qui est au regard de celuy-là: aussi n'ostent ny la nature, ny l'vsage, ny le sentiment des hommes, ceux qui disent que chascun de nous est par participation de l'Idee d'vne commune substance, l'image de ce qui nous baille sa similitude à nostre naissance. Car ny celuy qui dict que le feu n'est pas le fer rouge de feu, ny la Lune le Soleil, ains comme dict Parmenides,

   Flambeau portant sa lumiere empruntee
   A l'enuiron de terre la nuictee,

ne tollit pas l'vsage du fer, ny la nature de la Lune, s'il ne disoit que ce n'est pas vn corps, & qu'il n'est pas enluminé: alors il contrediroit aux sentiments, comme celuy qui ne laisse ny corps ny animal, ny generation, ny sentiment: mais celuy qui par opinion imagine que ces choses-là ne subsistent que par participation, & combien elles sont esloignees & distantes de ce qui tousiours est, & qui leur baille l'estre, il n'omet ny ne laisse pas pour cela le sensible, ains dict que l'intelligible est: ny ne tollit & abolit pas les effects qui se font & qui se voyent en nous, ains monstre à ceux qui le suyuent, qu'il y en a de plus fermes & de plus stables quant à l'essence, parce qu'elles ne naissent ny ne perissent point, ny ne souffrent aucunement: & enseigne, en touchant la difference plus purement par les noms, à nommer les vnes naissantes, les autres subsistantes. Et le mesme entreuient aussi aux modernes, lesquels priuent de l'appellation de subsistance plusieurs grandes choses, comme le vuide, le temps, le lieu, & generalement tout le genre entier des dicts, où sont comprises toutes choses vrayes, qui sont, & ne sont, toutefois ils en disent aucunes estre, & en vsent tant en la vie qu'en la philosophie, comme de choses subsistantes & existentes. Mais ie demanderois volontiers à nostre accusateur, si en leurs affaires ils n'apperçoiuent pas eux-mesmes ceste difference, par laquelle aucunes choses sont permanentes

λεκτά, les dicts sont ce que l'on appelle maintenant en l'eschole, Ens nominis.

& immua-

& immuables de leurs substances, comme ils disent que les Atomes en tout temps sont tousiours d'vne mesme sorte, à cause de leur impassibilité & dureté, & les composez d'iceux sont tous flexibles, muables, naissans & perissans, d'autant que infinies images s'en departent tousiours & en sortent, & autres infinies, comme il est vray-semblable, y recoulent de l'air enuironnant, & remplissent ce qui estoit diminué de la masse qui se diuersifie & se transuase ainsi par ceste permutation, attendu mesmement que les Atomes qui sont au fond & au cœur de la masse, ne peuuent iamais cesser de se remuer ny de s'entrechoquer les vns les autres, comme ils disent eux-mesmes. Ainsi y a-il entre les choses vne telle difference de substance. Et neantmoins Epicurus est plus sage & plus docte que Platon, en ce qu'il appelle toutes choses également subsistantes, le vuide impalpable & le corps solide, les principes & les composez: & qu'il estime que l'Eternel participe de commune & non propre substance auec ce qui naist, & ce qui est immortel auec ce qui se corrompt, & les natures impassibles, perdurables & immuables, & qui ne peuuent iamais decheoir ny estre priuées de leur estre, & celles-cy qui ont leur estre en souffrir & en changer, & qui iamais ne demeurent en vn mesme estat. Mais quand bien Platon auroit merité le plus iustement du monde d'estre condamné d'auoir failly en cela, encore ne faudroit-il qu'il fust condamné enuers ces messieurs icy qui parlent plus correctement & plus elegamment, sinon que pour auoir confondu les noms, & improprement parlé, non pas pour auoir osté les choses, ny pour nous auoir tiré hors de la vie, pource qu'il auroit appellé les choses naissantes, & non pas existentes, comme ceux-cy. Mais pource que nous auons passé par dessus Socrates apres Parmenides, il le nous faut reprendre. Colotes doncques a commencé d'entrée, comme l'on dict en commun prouerbe, à remuer celuy de la ligne sacrée, & en ayant recité comme Cherephon auoit apporté vn oracle de Delphes touchant Socrates que nous sçauons tous, il dict ainsi: Or quant à tout ce narré de Cherephon, pource qu'il est fort fascheux, plein de fausseté, & sophistique, nous le laisserons-là. Platon doncques est aussi fascheux qui l'a couché par escript, à fin que ie ne die rien des autres: & encore plus fascheux les Lacedemoniens qui ont celuy de Lycurgus entre leurs plus anciennes & plus authentiques escritures. Aussi fut-ce vne feinte sophistique, que l'oracle de Themistocles, par lequel il persuada aux Atheniens d'abandonner leur ville, & desfeit en bataille nauale le barbare Xerxes. Aussi sont fascheux tous les anciens legislateurs & fondateurs des Grecs, qui ont establi la pluspart des temples, sacrifices & festes, par response de l'oracle Pythique. Mais s'il est ainsi que l'oracle apporté de Delphes touchant Socrates, homme rauy de zele diuin à la vertu, par lequel il est appellé & declaré sage, soit fascheux, feint, faux & sophistique, de quel nom appellerons-nous voz cris, voz bruicts, voz hurlements, voz plaudissements, voz adorations & canonizations dont vous exaltez & celebrez celuy qui vous incite & enhorte à voluptez continuelles, qui en vne sienne missiue à Anaxarchus escrit en ceste sorte: Quant à moy, ie vous inuite & conuie à continuelles voluptez, & non pas à vaines & inutiles vertus, & qui n'ont que des esperances turbulentes de faicts incertains. Et toutesfois Metrodorus escriuant à Timarchus luy dict, Nous ferons quelque chose de beau & sur des beaux, prouueu que nous ne nous laissions point plonger à des reciproques affections, ains que nous retirans de ceste vie basse & terrestre, nous nous esleuions iusques aux veritablement sainctes & diuinement reuelees cerimonies & mysteres d'Epicurus. Et Colotes luy-mesme escoutant vn iour Epicurus qui discouroit des choses naturelles, soudain s'alla ietter à ses pieds luy embrassant les genoux, & luy-mesme Epicurus s'en glorifiant, l'escrit: Car comme si tu eusses adoré ce que lors ie disois, il te prit soudainement vne enuie, qui ne procedoit point de cause naturelle, de me venir, te prosternant en terre, embrasser les genoux,

Hhhh

Contre l'Epicurien Colotes.

& d'vſer de toutes les prehenſions enuers nous, dont vſent ordinairement ceux qui adorent & qui prient les Dieux, tellement que tu feis que reciproquement auſſi ie te deïfiay & adoray. Ie pardonne certainement à ceux qui diſent qu'ils acheteroient tout ce que lon voudroit vn tableau où ceſte belle hiſtoire fuſt depeinte, de l'vn qui ſe proſternaſt à genoux, & embraſſaſt les iambes de l'autre, qui mutuellement le contre-adoraſt, & luy feiſt ſes deuotes prieres. Mais toutefois ce deuot ſeruice, combien qu'il euſt eſté bien attilltré & compoſé par Colotes, ne reçeut pas le fruict condigne qu'il attendoit: car il ne fut pas declaré ſage, ains luy fut dict ſeulement, Va t'en & te pourmene incorruptible, & nous repute auſſi ſemblablement incorruptibles. Ces gens icy ſçachans bien en leurs conſciences qu'ils ont vſé de ſi folles paroles, qu'ils ont eu de tels mouuements, & de telles paſſions, oſent neantmoins encore appeller les autres faſcheux. Et Colotes vrayement ayant faict ces belles premiſſes touchant les ſens naturels, que nous mangeons de la viande, & non pas du foin ny du fourrage, & que quand les riuieres ſont grandes, nous les paſſons à batteaux, & quand elles ſont baſſes & faciles à paſſer, nous les trauerſons à gué, il exclame puis apres, Tu vſois bien de vaines paroles, ô Socrates, & tenois d'autres propos à ceux qui parloient à toy, & faiſois d'autres choſes. Mais ie voudrois bien ſçauoir, comment les propos de Socrates eſtoient vains & arrogants, veu qu'il diſoit ordinairement qu'il ne ſçauoit rien, mais qu'il apprenoit continuellement, & alloit enquerant & cerchant la verité. Mais ſi tu fuſſes tombé en tels propos de Socrates, comme ſont ceux qu'Epicurus eſcrit à Idomeneus: Enuoye nous doncques des premiſſes pour le traictement de noſtre ſacré corps, pour nous & pour nos enfans: Il me prend enuie de te demander, de quels termes plus arrogants & plus inſolents euſſes-tu peu vſer? Et toutefois que Socrates ne parlaſt autrement qu'il ne faiſoit, il en bailla de merueilleuſes preuues en la bataille de Delium, & en celle de Potidee, ce qu'il fit durant le temps des trente tyrans, à l'encontre d'Archelaüs, enuers le peuple: ſa pauureté, ſa mort, ſes deportements en tous ces endroicts-là ne reſpondent-ils pas aux propos & à la doctrine de Socrates? C'eſtoit là la vraye preuue, pour monſtrer qu'il faiſoit autrement qu'il ne parloit, ſi ſe propoſant que la fin de l'homme fuſt de viure ioyeuſement, il a ainſi veſcu. Voyla quant aux iniures qu'il dit à Socrates. Au demourant, il ne s'apperçoit pas qu'il ſe treuue luy meſme entaché du crime d'impieté qu'il luy obijce: car l'vne des ſentences & propoſitions d'Epicurus eſt, Que perſonne ne ſe doit irreuocablement & immuablement rien perſuader, ſinon le ſage. Or puis que Colotes n'eſtoit pas ſage, apres meſmes les adorations qu'il auoit faictes à Epicurus, qu'il face premierement ces queſtions & interrogatoires-là ſiennes, comment eſt-ce qu'il mange de la viande & non du foin, & pourquoy il veſt à l'entour de ſon corps vne robbe, & non à l'entour d'vne colonne, veu qu'il ne ſe perſuade pas irreuocablement que ce ſoit viande que la viande, ny robbe que la robbe. Et s'il faict cela, & ne paſſe pas les riuieres à gué quand elles ſont grandes & groſſes, & s'il fuit les ſerpens & les loups, ne ſe perſuadant point irreuocablement, que rien de cela ſoit tel comme il ſemble, ains faiſant chaſque choſe ſelon ce qui luy apparoiſt, l'opinion des ſentiments n'empeſchoit doncques non plus Socrates d'vſer ſemblablement de ce qui luy apparoiſſoit, car le pain n'apparoiſſoit point pain à Colotes, ne le foin foin, pource qu'il auoit leu les ſainctes regles deſcendues du ciel d'Epicurus: ny Socrates, pour ſa vanité, ne prenoit point fantaſie que du pain fuſt du foin, & du foin du pain, car ces ſages icy ont les opinions & les propos meilleurs que nous. Mais le ſentir & le receuoir impreſſion en l'imaginatiue, eſt commun auſſi bien aux ignorants comme aux ſages, parce que cela procede de cauſes où il n'eſt point beſoing de diſcours de raiſon. Mais la propoſition qui dict, que les ſentimens naturels ne ſont pas ſuffiſans ne certains aſſez pour faire foy entiere, n'empeſche

pas que

pas que chafque chofe ne nous apparoiffe, ains nous en laiffant vfer aux actions felon ce qui apparoift, elle ne nous permet pas d'y adiouster foy comme estans du tout en tout veritables, & fans erreur: car il fuffit qu'en ce qui eft neceffaire & vtile à l'vfage, il n'y a rien de meilleur. Mais quant à la fcience & de cognoiffance & de perfection, qu'vne ame de philofophe defire auoir de chafque chofe, les fens ne l'ont pas. Et quant à cela, Colotes nous donnera encore occafion d'en parler ailleurs: car il obijce cefte mefme obiection à plufieurs autres. Au refte, ce en quoy il fe mocque plus de Socrates, & le vilipende le plus, c'eft de ce qu'il demande que c'eft de l'homme, & fait le niais, dit-il, affermant qu'il ne le fçauoit pas bien, il appert que luy mefme qui s'en mocque, n'a iamais penfé à cela : là où Heraclitus au contraire, comme ayant faict quelque chofe de grand & digne, dit de foy, Ie me fuis cerché moy-mefme. Et des fentences qui font efcrites aux portes du temple d'Apollo en Delphes, la plus digne, & plus diuine femble celle-là, Cognois toy-mefme. Ce qui donna à Socrates occafion & commancement de doubter & enquerir de cela, ainfi comme Ariftote le met en fes demandes Platoniques. Et cela femble ridicule & digne de mocquerie à Colotes, & m'efbahis comment il ne fe mocque auffi de fon maiftre mefme qui en fait autant, quand il efcrit ou qu'il difcourt de la fubftance de l'ame, & du principe du compofé: car fi ce qui eft conftitué des deux, comme ils veulent eux, de l'ame & du corps, eft l'homme, celuy qui cerche la nature de l'ame, cerche confequemment auffi la nature de l'homme en fon principal principe. Et qu'elle foit bien difficile à comprendre par la raifon, mais par le fens exterieur de tout poinct incomprehenfible, ne l'apprenons pas de Socrates, qui eft vn homme vain & difputateur fophiftique: mais prenons-le de ces fages icy, lefquels forgent & conftituent la fubftance des facultez de l'ame en la chair, par lefquelles elle donne chaleur, molleffe & roideur au corps, de ie ne fçay quoy de chaud & d'efprit aëré, & ne penetrent pas iufques à ce qui eft le principal, ains demeurent las & recreus en chemin : mais ce dont elle iuge, dont elle fe fouuient, dont elle ayme & hait, & bref la raifon qui preuoit & difcourt, fe faict puis apres de ie ne fçay quelle qualité qui n'a point de nom. Nous fçauons bien que c'eft vne confeffion d'ignorance qui a honte, faifant femblant de ne pouuoir nommer ce qu'elle ne peut entendre ny comprendre : mais que cela leur foit pardonné : car ce n'eft pas petite chofe ny legere, ou facile à trouuer & comprendre au premier venu, ains qui eft enfoncee au fond de quelque lieu bien arriere & fort obfcurement cachee, puis qu'il n'y a, entre tant de mots & de termes qui font en vfage, pas vn qui la fçeuft expliquer ny monftrer. Parquoy il fault doncques dire, que Socrates n'eftoit point vn fot ny vn lourdaut, qui alloit cerchant qui il eftoit, mais pluftoft ceux qui cerchent quelque autre chofe deuant celle-là, dont la cognoiffance eft fi neceffaire & difficile à trouuer: car à peine pourra il efperer de comprendre la fcience d'vne autre chofe, qui ne peut pas entendre la principale partie de foy-mefme. Mais quand bien nous luy aurions confeffé, qu'il n'y a rien fi vain ne fi inutile & fafcheux, que de fe cercher foy-mefme, nous demandons quelle confufion y a-il de la vie humaine en cela, ou comment eft-ce que l'homme ne peut demourer en vie quand il vient à compter & difcourir en foy-mefme, Qui fuis-je moy? Suis-je vn fuppoft meflé & compofé d'ame & de corps, ou pluftoft vne ame qui fe fert & vfe du corps, comme vn cheuaucheur fe fert d'vn cheual, & non pas vn fuppoft compofé de cheual & d'homme? ou bien fi chafcun de nous eft la principale partie de l'ame, par laquelle nous entendons, nous difcourons, nous faifons, & toutes les autres parties & de l'ame & du corps, ne font qu'organes & outils de celle puiffance? ou fi totalement il n'y a point de propre fubftance de l'ame à part, ains eft feulement la temperature & complexion du corps ainfi difpofé, qu'il a la force & puiffance d'entendre & de viure? Socrates

Contre l'Epicurien Colotes.

en cela ne confond point la vie humaine, veu que tous les philosophes naturels traictent ceste mesme matiere. Mais ce sont ces mauuaises questions & inquisitions qui troublent la republique sans dessus dessoubs, qui sont au Phædre, là où il dict, qu'il se faut examiner & considerer soy mesme, si lon n'est point vne beste sauuage plus cauteleuse que ne fut oncques le serpent Typhon, & plus audacieuse, & plus furieuse: ou bien vn animal plus doux & plus simple, participant de meilleure condition, & non superbe. Mais par ces discours & raisonnemens-là il ne renuerse point sans dessus dessous la vie de l'homme, mais il en dechasse la presumption & l'arrogance, & les orgueilleuses & enflees opinions & outrecuidances de soy-mesme: car cela est le serpent Typhon que vous a bien imprimé en la teste vostre precepteur & maistre, en faisant la guerre aux Dieux & aux hommes diuins. Apres Socrates & Platon il prend à combattre Stilpon. Et quant à ses vrayes doctrines & bons discours dont il regentoit & gouuernoit soy-mesme, son pays, ses amis: & quant aux princes qui l'aymoient & en faisoient estime, il n'en a rien escrit, ne combien il y auoit de magnanimité en son cœur, auec mansuetude, modestie & douceur, ains fait mention d'vn petit mot qu'il dict en iouant & se riant des Sophistes, & sans alleguer aucune raison à l'encontre, ny souldre l'arguce de ses obiections, il excite vne Tragœdie à l'encontre de Stilpon, & dict que la vie est ostee & subuertie par luy, d'autant qu'il dict, que l'vn ne s'afferme point de l'autre: Car comment, dict-il, viurons nous, si nous ne pouuons dire bon homme, ny homme capitaine, ains qu'il nous faille dire à part bon bon, & capitaine capitaine, ne dix mille cheuaux, ny ville forte, mais gens de cheual gens de cheual, & dix mille dix mille, & autant des autres? Et qui est l'homme qui pour cela ait pirement vescu? Et qui est celuy qui ayant ouy ce propos, n'ait incontinent apperceu & entendu que c'est vn dire d'homme qui se iouë galantement, & qui propose aux autres ceste question-là de Dialectique pour les exercer? Ce n'est pas vn grand & dangereux scandale, Colotes, de ne dire pas homme bon, ny dix mille cheuaux, mais bien de dire, que Dieu n'est pas Dieu, comme vous faictes vous autres, qui ne voulez pas confesser qu'il y ait vn Iupiter presidant à la generation, ny vne Ceres legifere, ny vn Neptune arrosant les plantes. C'est ceste separation là de noms qui est pernicieuse, & qui remplit la vie d'vn mespris, d'impieté, & d'vne temerité: quand vous destachez les noms & appellations qui sont attachees aux Dieux, vous abolissez quant & quant les sacrifices, les mysteres, les processions, les festes: car à qui sacrifierons nous le sacrifice nuptial? à qui offrirons nous le sacrifice de salut, les Bacchanales, le sacrifice des funerailles, ne laissans ny les presbtres Bacchanaux, ny les porte-torches, ny les sacrifices que lon faict auant les semailles, ny les Dieux sauueurs? car cela touche aux principaux & plus grands poincts, estant l'erreur és choses, & non pas és paroles, ny en la tissure des propositions, ou en l'vsage des termes. Mais si c'est cela qui trouble & renuerse la vie humaine, qui sont ceux qui pechent & faillent plus au langage que vous, attendu que vous dictes que les propositions sont la seule substance de l'oraison, & abolissez totalement l'estre des simples dictions, & laissans seulement ce qui est par composition, vous ostez cependant les choses particulierement entre deux signifiees, par lesquelles se font les apprentissages, les enseignemens, les anticipations, les intelligences, les inclinations & les consentemens, & tenez qu'elles ne sont du tout point? Mais cependant le dire de Stilpon est tel, Si nous affermons le courir du cheual, il dit, que ce n'est pas tout vn ce qui est affermé, que ce dont il est affermé, ains que la definition essentielle de l'homme est autre que celle du bon, & derechef que l'estre cheual est autre chose que l'estre courant: car si lon nous demande la definition de l'vn & de l'autre, nous n'en rendons pas vne mesme pour les deux, & pourtant que ceux-là faillent qui affermét l'vn de l'autre: Car si c'estoit tout vn, homme & bon, & cheual & courir, comment est-ce que le

A que le bon s'afferme & d'vne viande & d'vne drogue, & le courir semblablement d'vn lyon & d'vn chien? Et si c'est autre chose, adonc nous ne difons pas bien, bon homme, & cheual court. Si en cela Stilpon s'abufe lourdement, ne laiffant aucune liaifon ny complexion de ce que lon dit eftre en fubiect, ou affermé d'vn fubiect auec le fubiect mefme, ains si chafcun n'eft parfaictement vn auec ce dont il eft dit, n'eftimant pas qu'il s'en doiue dire & affermer, au moins comme accident, s'offenfant de quelques dictions, & s'oppofant à l'accouftumance de parler, pour cela il ne renuerfe pas la vie humaine fans deffus deffoubs, ny les affaires, comme il eft tout euident. Colotes donc ques eftant defpeftré des anciens fe tourne aux philofophes de fon temps, fans en nommer pas vn, combien qu'il euft efté meilleur d'arguer aufsi bien ces modernes-là comme les anciens, par leur nom, ou bien ny les vns ny les autres. Mais luy qui tant de fois a paffé Socrates, Platon & Parmenides par fa plume, monftre euidemment que c'eft par coüardife de ne s'ofer attacher aux viuans, non par modeftie

B & reuerence, laquelle il ne portoit pas à ceux qui eftoient plus excellents qu'eux: & veult, comme ie me doubte, affaillir les Cyrenaïques les premiers, & puis apres les Academiques d'Arcefilaüs: car ceux-cy eftoient ceux qui doubtoient de toutes chofes, & ceux-là mettans les paffions & les imaginatiōs en eux-mefmes, eftimoient que la foy procedante d'icelles n'eftoit pas fuffifante pour affeurer & affermer les chofes, mais comme en vn fiege de ville, abandonnans ce qui eft au dehors, ils fe font enfermez dedans les paffions, mettans, Il femble: & n'affeurans pas du dehors, Il eft. Et pourtant dict Colotes, qu'ils ne peuuent viure ny vfer des chofes. Et puis en fe farçāt, Ceux-cy (dict-il) nient que l'homme, le cheual, le mur, foient, mais qu'eux deuiennent mur, deuiennent cheual, deuiennent homme, abufant en premier lieu malicieufement des termes, comme font ordinairement les calomniateurs, car ils font couftumiers de ce faire. Mais il falloit prendre le faict ainfi comme eux l'enfeignent: car ils difent que deuenir doulx, deuenir amer, deuenir lumineux ou tenebreux, fe faict

C quand chafque chofe a l'effect de ces paffions-là en foy, fans en eftre diftrait: mais si le miel eft doulx, l'oliuier amer, la grefle froide, le vin chaud, & l'air de la nuict tenebreux, il y a plufieurs animaux, plufieurs chofes, & plufieurs hommes qui tefmoignent le contraire, les vns abhorriffans le miel, & les autres mangeans les branches de l'oliuier, les autres eftans bruflez par la grefle, & refroidis par le vin, & ne pouuans regarder le Soleil, & voyans bien la nuict. Parquoy l'opinion fe contenant en ces paffions fe conferue fans faillir : mais quand elle fort dehors, en iugeant & prononçant des chofes exterieures, elle fe trouble bien fouuent elle mefme, & combat contre d'autres, qui de mefmes obiects prennent de contraires paffions, & de differentes imaginations. Et Colotes reffemble proprement aux ieunes enfans, qui ne font que commancer à apprendre les lettres: car eftans accouftumez de nommer les lettres grauees dedans des tablettes de buix, quand ils les voyent efcrites ailleurs, ils doub-

D tent alors & fe troublent: aufsi luy, les propos qu'il loue & approuue és efcripts d'Epicurus, il ne les entend ny ne les recognoift point, quand ils font dicts par d'autres: car ceux qui difent que le fentiment eft veritablement informé & moulé quand il fe prefente à nous vne image ronde, & vne autre rompuë, & neantmoins ne permettans pas que lon prononce que la tour eft ronde, & la rame rompuë, ils confirment que les paffions font les imaginations, mais ils ne veulent pas aduoüer & confeffer que le dehors foit ainfi. Mais comme ceux-là ne difent pas qu'ils foient cheual, ny mur, mais bien qu'ils foient empraints d'image de cheual & de mur: aufsi eft-il neceffaire de dire, que la veuë s'imprime figure ronde & triangle à trois differents coftez, mais non pas que la tour foit neceffairement ronde ny triangle à differents coftez, parce que l'image dont la veuë eft imprimee eft rompuë, & la rame dont procede l'image n'eft pas rompuë. Puis donc qu'il y a difference de la paffion

Contre l'Epicurien Colotes.

auec le subiect de dehors, ou il faut que la foy demeure en la passion, ou bien que l'estre qui est affermé par l'apparoistre, soit argué & conuaincu de fausseté. Et ce qu'ils crient & qu'ils se courroucent touchant le sentiment, ils disent que le dehors n'est point chaud, mais que la passion du sentiment est telle : n'est-ce pas tout vn que ce qui se dict touchant le goust, qu'il ne dit pas que le dehors soit doux, mais que c'est quelque passion & quelque mouuement en iceluy sentiment? Et celuy qui dit qu'il a pris apprehension de forme humaine, mais que s'il est homme il ne le sent pas, dont a-il pris occasion de dire cela? N'a-ce pas esté de ceux qui disent, qu'ils prennent vne imagination & apprehension de figure & forme ronde, mais s'il est courbe ne rond, que la veuë ne l'afferme pas? Ouy bien, dict quelqu'vn, mais moy approchant de la tour, ou bien touchant la rame, prononceray & affermeray que l'vne est droicte, & l'autre a plusieurs angles & plusieurs faces : mais s'il luy quand il sera pres, confessera qu'il luy semble & qu'il luy apparoist ainsi, & rien plus. Ouy certainement plus que cestui-cy, voyant & gardant que toute fantasie & imagination est semblablement digne de foy pour soy-mesme, & pour autruy nulle, ains qu'elles sont toutes en egale condition. Et ton opinion s'en va à vau-l'eau, qu'elles soient toutes veritables, & qu'il n'y en ait pas vne fausse ny incroyable : si tu estimes qu'il faille que celles-cy prononcent de ce qui est dehors, & qu'à celles-là loingtaines tu ne croyes rien d'auantage que ce qu'elles souffrent. Car si elles sont en pareille condition, quand elles sont de pres & quand elles sont de loing, pour estre creuës, il est iuste, ou que à toutes, ou que non à cestes-cy, ne suiue le iugement affirmatif de l'estre : mais s'il y a difference de passion entre ceux qui sont pres, & ceux qui sont loing, il est doncques faux qu'il n'y ait ny apprehension ny sentiment qui soit plus expres & plus euident l'vn que l'autre, comme celle qu'il appelle attestations, lesquelles ne sont rien de plus quant au sentiment, mais ouy bien quant à l'opinion, tellement que fuyant icelles, ils veulent que lon afferme & prononce des choses exterieures, attribuants le iugement de l'estre à l'opinion, & au sentiment la passion qui apparoist, & transportent le iugement de ce qui est totalement vray, à ce qui eschappe bien souuent. Toutefois il n'est ia besoing de dire maintenant combien il y a de confusion & de contradiction en cela. Mais il semble que la reputation d'Arcesilaüs faschoit bien fort Epicurus qui fut entre tous les philosophes le mieux aymé & le plus estimé de ce temps-là. Car ne disant rien du sien ny de son inuention, il dict qu'il imprimoit aux hommes ignorants opinion & estime qu'il fust bien sçauant & fort lettré. Mais tants s'en falloit qu'Arcesilaüs aymast la reputation d'estre remueur de nouuelles opinions, ne qu'il s'attribuast celles des anciens, qu'il reprenoit, & tansoit les Sophistes de son temps, de ce qu'ils attribuoient à Socrates, à Platon, à Parmenides & à Heraclitus, les opinions & doctrines de la retention & de l'incomprehensibilité, qui n'en pouuoient mais, & n'estoient que pour en referer la probation & confirmation à tels illustres personnages. Or quant à cela ie rends graces à Colotes, & à tous ceux qui disent & afferment, que la doctrine Academique a esté introduite par Arcesilaüs : mais quant à la retention & consentement & doubte de toutes choses, ny ceux qui s'en sont beaucoup trauaillez, & qui se sont tendus à en composer de gros liures, & grands traictez, ne l'ont iamais peu remuer, ains amenans à la fin de la doctrine des Stoïques, comme la fee Gorgonne pour faire peur aux gens, la cessation de toutes actions, ils s'en sont lassez, apres qu'ils ont veu que combien qu'ils remuassent & essayassent toutes choses, l'instinct ou l'appetition ne leur obeyssoit point pour faire vn consentement, ny ne receuoit point le sentiment pour origine & principe de la propension, ains se presentoit d'elle mesme aux actions, n'ayant point de besoing de s'adioindre à rien. Mais le combat & la dispute est legitime & iuste à l'encontre de tels aduersaires :

Et tout autant comme tu leur diras,

Te repli-

Contre l'Epicurien Colotes. 596

Te repliquer de mesme tu orras.

Car de parler à Colotes de l'instinct ou appetition, & du consentement, c'est autant comme sonner de la lyre à vn asne. Mais on dit à ceux qui le peuuent consuiure & entendre, qu'il y a en nostre ame trois sortes de mouuements, l'imaginatiue, l'appetitiue, & la consentante. Quant à l'imaginatiue ou apprehension, on ne la sçauroit oster quand bien on le voudroit, parce qu'il est force que quand on approche des choses, on soit informé & moulé, en maniere de dire, par icelles, & que lon reçoiue impression d'icelles. L'appetitiue estant excitee par l'imaginatiue, esmeut actiuement l'homme à ce qui est propre & conuenable à sa nature, ne plus ne moins que quand en la ratiocinatiue il se fait vne propension & inclination. Or ceux qui se retiennent & doubtent de toutes choses, n'ostent point cela, ains se seruent de l'appetition ou instinct naturellement conduisant chascun à ce qui luy est propre. Qu'est-ce doncques qu'ils fuyent? c'est l'opiner, appliquer & prester son consentement : en quoy seul est le mensonge & la tromperie, qui est vn ceder par imbecillité à ce qui apparoist, & qui n'a aucune vraye vtilité. Car l'action a besoing de deux choses, de l'apprehesion ou imagination de son propre, & de l'instinct & appetition poussant à son propre, dont ny l'vn ny l'autre ne repugne à la retention : car ce discours nous retire de l'opinion, & non pas de l'appetition ny de l'imagination. Quand doncques le delectable nous semble nostre propre, il n'est point de besoing d'opinion pour nous mouuoir & tendre à luy, ains se presente incótinent l'appetition, qui n'est autre chose que le mouuement & allure de l'ame : & pourtant qu'il est force d'auoir sentiment de ces choses là, & d'estre de chair & de sang, aussi semblera la volupté estre le bien. Parquoy aussi le semblera elle estre à celuy qui defend la retention, parce qu'il est participant du sentiment, & est de chair & d'os, & depuis qu'il a pris imagination du bien, il l'appete & fait toutes choses, à fin qu'il ne luy eschappe point : mais autant qu'il luy sera possible, il hantera & conuersera tousiours auec son propre, poussé & attiré par contrainctes naturelles, non pas Geometriques. Car ces doux & gracieux eslans-là de la chair attrayent assez & sans maistre, comme ils n'oublient pas à dire eux, & conuient celuy mesme qui nie & fait semblant de n'estre point plié ny amolly par iceux. Mais tu me demandes pourquoy c'est que le retenu, & doutant, ne s'en va courant amont vne montagne, & non pas aux estuues, & pourquoy ne donne il de la teste contre la muraille, & non droit à la porte, quand il veut sortir pour aller sur la place? Me demandes-tu cela toy qui tiens que les sentiments sont infaillibles, & les apprehensions de l'imaginatiue certaines & veritables? C'est par ce que l'estuue luy apparoist, & non pas la montagne, & la porte, non pas la muraille, & ainsi de chascune des autres choses. Car le propos de la retention ne subuertit pas le sentiment, ny ne luy apporte pas d'estranges passions & mouuements qui luy troublent l'imaginatiue, ains oste & subuertit seulement les opinions, se seruant au demourant des autres choses selon leur naturel. Mais il est impossible de ne consentir point aux euidences : car nier ce que lon croit, est plus hors de raison, que ne nier ny n'affermer rien. Qui sont doncques ceux qui nient ce qu'ils croyent, & qui combattent contre les euidences? Ceux qui ostent & tollissent la diuination, & qui disent qu'il n'y a point de gouuernement de prouidence diuine, ny que le Soleil n'est point animé, ny la Lune, ausquels tous hommes sacrifient, les honorent & adorent. Mais vous ne tollissez-vous pas ce qui semble & qui paroist à tout le monde, que les enfans soient contenus dedans les parents, & qu'entre douleur & volupté il n'y ait rien de moien? ne l'affermez-vous pas contre ce que tous hommes experimentent, disans que se iouir est ne se douloir point, & souffrir ne faire point? Mais, à fin que ie laisse tout le demourant, quelle chose est plus euidente, ny plus creuë de tout le monde, que ce que les malades de melancholie, & qui ont le cerueau

Hhhh iiij

Contre l'Epicurien Colotes.

troublé & le sens transporté, pensent voir & ouir choses qu'ils n'oyent ny ne voyent, quand l'entendement vient à estre ainsi alteré & transporté? comme de celuy qui dit,

  Femmes aiants des habits noirs me dardent
  Contre les yeux brandons de feu, qui m'ardent
  Tout le visage espouuentablement.   Et,
  Entre ses bras elle soustient ma mere.

Et beaucoup d'autres illusions encore plus estranges & tragiques, resemblants aux monstres & prodiges que descrit Empedocles, dont ils se rient & se mocquent, iambes torses, teste de belier, corps de bœuf, & deuant d'homme, & toute autre sorte de figure monstrueuse & de nature estrange meslee ensemble, prise des illusions de songes, & du transport d'esprits esgarez: ils disent qu'il n'y a rien de tout cela qui soit egarement ou erreur de veuë, ny mensonge, ains que ce sont toutes vrayes imaginations de corps & de figures qui viennent de l'air circonstant & enuironnant. Et puis qu'est-il plus impossible de doubter en la nature, s'il est possible de croire telles resueries? Car ce que iamais faiseur de masques, ny potier de terre, ou mouleur de figures estranges, ny peintre habile n'oza ioindre ensemble pour abuser les regardans, ou leur donner du passetemps: ceux-cy supposans à certes que telles choses subsistent à bon escient, & qui plus est affermans que toute fermeté de creance, toute certitude de iugement & de verité s'en va perissant, si telles choses ne subsistent, ce sont ceux qui iettent toutes choses en obscurité incertaine, qui ostent l'apparence de toutes choses, & qui induisent aux iugements des frayeurs, aux actions des souspeçons, si les ordinaires apprehensions, & qui nous sont tousiours prestes à la main, sont portees en mesme imaginatiue auec mesme seureté & certitude de creance que ces illusions-là enormes, estranges, & extrauagantes: car l'egalité qu'ils supposent en toutes, oste plus tost la foy aux ordinaires, qu'elle ne la donne aux estranges & extrauagantes. C'est pourquoy nous cognoissons beaucoup de philosophes qui confesseroient plus tost, & plus volontiers, que nulle imagination n'est veritable, que, que toutes le soient: & qui plus tost refuseroient à croire tous hommes qu'ils n'auroient pas hantez, toutes choses qu'ils n'auroient pas experimentees, & generalement tous propos qu'ils n'auroient pas ouys, que de se persuader qu'vne seule de ces telles imaginations & illusions-là qu'ont les furieux enragez, ou les fanatiques possedez de fureur diuine, ou que ceux qui resuent en dormant prennent. Puis donc qu'il y a des imaginations que l'on peut oster, & d'autres non, on peut donques se retenir & doubter des choses, si elles sont ou non, quand il n'y auroit autre cause, que celle discordance-là, qui est suffisante pour faire souspeçonner si les choses sont ou non, & ainsi rien d'asseuré ny de certain, ains vne incertitude & perturbation grande. Car quant à l'infinité des mondes, à la nature des Atomes, aux diuersitez & differences des torses & declinations, encore qu'elles troublent & empeschent beaucoup de gens, si y a-il au moins ceste consolation, qu'en cela il n'y a rien qui soit pres de nous, & que toutes ces questions-là sont oultre & pardelà les sentiments. Mais ceste deffiance, ceste perturbation, ceste ignorance, touchant les choses sensibles & les imaginations, à sçauoir si elles sont faulses ou vrayes, quelle opinion est-ce qu'elles n'esbranlent? quel consentement, & quel iugement est-ce qu'elles ne mettent sans dessus dessoubs? Car si des hommes, n'estans point yures, ny ensorcelez, ny hors du sens, ains sobres, sains d'entendement, & faisans profession d'escrire de la verité, des regles & instruments de bien iuger, és plus euidentes passions & mouuemēts du sentiment posent & mettēt pour vray ce qui ne subsiste point, ou pour faux ce qui subsiste: il ne se faut pas esmerueiller ny mescroire, s'ils ne font aucun iugement des imaginations qui apparoissent, mais plus tost s'ils en ont contraires iugements. Car il est moins esmerueillable ne poser ny l'vn ny l'autre, ains se retenir entre choses
                               opposites,

contre l'Epicurien Colotes. 597

oppofites, que non pas affermer chofes repugnantes & contraires. Car celuy qui n'afferme ny ne nie, ains fe tient quoy, repugne moins à celuy qui afferme & qui pofe vne opinion, que celuy qui la nie, & moins à celuy qui nie, qu'à celuy qui afferme. Et s'il eſt poſſible de doubter de cela, auſſi n'eſt-il pas impoſſible des autres, au moins felon vous, qui eſtimez qu'il n'y ait rien qui foit de difference entre fentiment & fentiment, imagination & imagination. Ce n'eſt doncques pas vne fable ny vn eſbat de ieunes gens temeraires qui ont enuie de babiller & de caufer comme dit Colotes, que le propos de la retétion: ains eſt vne habitude & difpoſition certaine d'hommes qui fe veulent garder de meſprendre ny de tomber, & qui n'abandonnent ny ne iettent pas à la volee leur iugement à l'appetit des fentimens fi defcriez & fi ambigus, & ne fe laiſſent pas deceuoir auec ceux qui tiennent que les chofes apparentes ont la foy, & doiuent eſtre creues comme certaines, voyant vne fi grande obſcurité & fi grande incertitude és imaginations & chofes apparentes: mais bien eſt-ce vne fable que l'infinité que vous mettez, & les images que vous refuez: & imprime bien vne temerité de babil affecté aux ieunes gens celuy qui eſcrit de Pythocles, lequel n'auoit pas encore dix-huict ans, qu'il n'y auoit pas en toute la Grece vne meilleure ny plus excellente nature, & qu'il exprimoit fes conceptions monſtrueuſement bien. Et fi fait comme les femmes celuy, qui prie que ces exceſſiues louanges qu'il donne à ce ieune adoleſcent, ne luy tournent point à haine ny à enuie. Mais bien font Sophiſtes & hommes vains ceux, qui contre les grands & excellents perfonnages eſcriuent fi impudemment & fi fuperbement. Et toutefois Platon, Ariſtote, Theophraſte & Democrite, ont bien contredit à ceux qui ont eſcrit deuant eux, mais il n'y eut iamais homme qui oſaſt compofer vn liure alencontre de tous enſemble auec vne telle infcription que celuy-là. Et puis, comme ceux qui ont offenfé les Dieux, à la fin de fon liure, confeſſant fes fautes, il dit, que ceux qui ont eſtably les loix & ordonnances, qui ont inſtitué les Royautez & les gouuernemens des villes & citez, ont mis la vie humaine en grand repos & grande feureté, & l'ont deliuree de grands troubles, & que fi lon oſtoit cela, nous viurions vne vie de beſtes fauuages, & que l'vn mangeroit l'autre, le premier qu'il rencontreroit: car ce font les propres mots dont il a vſé, mais iniuſtement & non veritablement. Car qui oſteroit les loix, & laiſſeroit les doctrines & liures de Socrates, de Platon, & d'Heraclitus, il s'en faudroit beaucoup que nous ne mangeiſſions les vns les autres, & ne veſcuſſions vne vie fauuage: car nous craindrions les chofes deshonneſtes, & honorerions pour l'honneſteté feulement la Iuſtice, les Dieux, les fuperieurs & magiſtrats, croyans que nous auons des eſprits & dæmons qui font gardiens & furintendans de la vie humaine, & n'eſtimans pas que tout l'or qui eſt deſſus ny dedans la terre, foit à contrepefer à la vertu, & faifans volontiers pour la raifon, ce que nous faifons maintenant à force, par crainte de la loy. Quand doncques deuiendra noſtre vie fauuage & beſtiale? Ce fera quand les loix feront oſtees, que demoureront les liures & doctrines qui incitent les hommes à la volupté, & que lon croira que le monde ne foit point regy ny gouuerné par la prouidence diuine, & que lon iugera fages ceux qui cracheront contre l'honneſteté meſme, felle n'eſt conioincte auec volupté, & qui fe mocquent de tels propos & de telles fentences,

Par tout s'eſtend l'œil diuin de Iuſtice.

Et ceſt autre,

Dieu touſiours eſt pres de nous, qui tout voit.

Et ceſte autre notable fentence, Dieu (ainfi que dit le mot ancien) tenant le commancemét, le milieu, & la fin du monde, fe promene par la nature, faifant vne ligne droitte, & apres luy marche la Iuſtice vengereſſe de ce qui a eſté omis ou cómis & forfaict contre la loy diuine. Car ceux qui meſpriſent ces enfeignements-là, & qui eſtiment

Ce font les paroles de Platon au 4. des Loix.

Contre l'Epicurien Colotes.

que le souuerain bien de l'homme consiste au ventre, & aux autres endroits par où lon iouïst de la volupté, ce sont ceux-là qui ont besoing de loy, de crainte de foüet, d'vn Roy & d'vn Prince & magistrat qui ait la iustice en la main, à fin qu'ils ne débauchent leurs voisins par leur gloutonnie, se confians en leur impieté de ne craindre point les Dieux. Car c'est la vie des bestes sauuages, par ce que les bestes ne sçauét rien de meilleur ny de plus honneste que la volupté, ne cognoissent point la iustice des Dieux, ny ne reuerent point la beauté de la vertu, ains si la nature a mis en elles quelque poinct de hardiesse, de ruse, d'efficace, elles en vsent à assouuir leurs voluptez & accomplir leur cupidité. Et pourtant est estimé par eux vn grand sage homme
» Metrodorus, quand il dit: Toutes les belles, subtiles & ingenieuses inuentions de l'a-
» me ont esté trouuees pour le plaisir & la volupté de la chair, ou pour l'esperance d'y
» pouuoir paruenir & en iouïr, & est vain & inutile tout acte qui ne tend à celle fin.
» apres que par ces beaux discours & raisons de telle Philosophie. Les loix sont ostees
» il n'y a plus que des ongles de lions, des dents de loups, des ventres de bœufs, des cols de chameaux, & à faute de sçauoir escrire ou parler, les bestes enseignent & preschent telles opinions & telles doctrines par buglements, hennissements, & brayements, & toute leur voix est pour leur ventre, & pour la volupté de leur chair, qui leur rit presente, ou qu'ils attendent, si d'auenture ce n'est quelque espece d'animaux qui aiment à cacqueter & à gazoüiller. Nul doncques ne pourroit assez suffisamment loüer ceux qui font des loix alencontre de ces affections-là si furieuses, qui ont establi l'estat & gouuernement des villes, ont ordonné les magistrats, & dressé les bons edicts. Mais qui sont ceux qui confondent cela, & qui l'abolissent du tout? Ne sont-ce pas ceux qui disent que la couronne de tranquillité & de vie reposee n'est point comparable, ains vaut mieux que tous les Royaumes & principautez du monde? Ne sont-ce pas ceux qui tiennent que l'estre Roy, & regner, est vn
» faillir le chemin, & s'esgarer de la droitte voye de felicité? & qui escriuent en ces
» propres termes, Il faut dire comment on pourra maintenir & garder la fin de na-
» ture, & comment on euitera dés le commancement d'entrer de gré & volontaire-
» ment és offices & magistrats des peuples. Et encore ces autres paroles: Il n'est
» doncques point de besoing de se tuer le cœur & le corps pour sauuer les Grecs, ny
» pour obtenir d'eux vne couronne de sagesse, mais bien boire & manger, Timocrates, sans faire dommage, ains donnant plaisir à la chair. Et toutefois le premier article de l'establissement des loix, & de la police que Colotes mesmes loüe tant, & le plus important, c'est la creance & persuasion des Dieux, par le moyen de laquelle Lycurgus sanctifia iadis les Lacedemoniens, Numa les Romains, Ion les Atheniens, & Deucalion tous les Grecs vniuersellement, en les rendant deuots & affectionnez enuers les Dieux, en prieres, sermens, oracles & propheties, par le moien de la crainte & de l'esperance qu'ils leurs imprimerent: de sorte qu'allant par le monde, vous trouuerez des villes qui ne sont point clauses de murs, qui n'ont point de lettres, qui n'ont aucuns Roys, voire qui n'ont point de maisons, ny point d'argent ny ne se seruent point de monnoye, qui ne sçauent que c'est de theatres ny des exercices du corps: mais vous n'en trouuerez iamais vne qui soit sans Dieu, qui n'ait point de serment à iurer, qui n'vse point de prieres ny de sacrifices pour obtenir des biens & destourner des maux, iamais homme n'en veit, ny n'en verra iamais: ains me semble que plus tost vne ville seroit sans sole, qu'vne police ne s'y dresseroit & establiroit sans aucune religion ou opinion des Dieux, & sans la conseruer apres l'auoir euë. C'est ce qui contient toute societé humaine, c'est le fondement & appuy de toutes loix, lesquelles subuertissent & renuersent ceux-cy, qui ne sappans point alentour ny secrettement & par circuit de paroles couuertes, ains de primsault ouuertement assaillent la principale des opinions de la religion: & puis comme estant agitez de

furies,

furies, ils viennent à confesser qu'ils ont griefuement peché, en ostant ainsi les loix, & confondant les ordonnances de la iustice & gouuernement de la police, de maniere qu'ils sont indignes de tout pardon. Car faillir en opinion, encore que ce ne soit pas faict de sages hommes, si est-ce pour le moins que c'est faict d'hómes: mais de vouloir imputer à autruy les erreurs & pechez qu'ils meritent eux mesmes, qui se tiendroit de les appeller par les noms qu'ils meritent? Car si escriuant alencontre d'vn Antidorus, ou d'vn Bion le Sophiste, il eust fait mention des loix, de la police, de l'ordre & de la iustice, on ne luy eust point dit comme fait Electra à son frere furieux Orestes,

Demeure quoy miserable en ton lict,

enueloppant bien & tenant chaudement ta delicate chair. C'est à faire à ceux qui ont vescu en gens d'estat & d'honneur, & en bon mesnagers, à reprendre de cela tels comme sont ceux que Colotes en son liure a iniuriez. Entre lesquels Democritus admoneste par ses escrits d'apprendre la science militaire, comme la plus grande de toutes, & s'accoustumer à supporter les trauaux d'icelle, dont les grands biens & grands honneurs viennent aux hommes. Et Parmenides orna & decora son pays de tresbonnes loix qu'il institua, de sorte que tous les ans encore fait on iurer aux officiers, quand ils entrent nouuellement en l'exercice de leurs estats, qu'ils obserueront les loix & ordonnances de Parmenides. Et Empedocles meit en iustice, & feit condamner des principaux de sa ville, qui abusoient insolentement, & desroboient tous les deniers publiques, & si deliura son pays de sterilité & de peste, ausquels maux il estoit au parauant subiect, en faisant boufcher & murer des entrecoupeures de montaignes, dont il sortoit vn vent chaud de midy, qui couroit toute la campagne. Et Socrates, depuis qu'il eut esté condamné à mort, ses amis luy donnants moien de se sauuer, s'il eust voulu, il n'en voulut point vser, pour conseruer l'autorité des loix, ains aima mieux mourir iniustement, que se sauuer en desobeissant aux loix de son pays: & Melissus estant Capitaine general de sa ville, desfeit les Atheniens en vne bataille nauale. Et Platon a bien laissé par escript de beaux discours touchant les loix, le gouuernement & la police: mais il en imprima encore de plus beaux és cœurs & esprits de ses disciples & familiers, qui furent cause que Dion deliura la Sicile de la Tyrannie de Dionysius, & Python deliura la Thrace auec Heraclides, qui tuerent le Roy Cotys. Cabrias & Phocion, deux grands Capitaines des Atheniens, sont sortis de l'Academie, eschole de Platon: là où Epicurus enuoya iusques en Asie tanser Timocrates, & le retirer de la court, pour ce qu'il s'estoit courroucé à Metrodorus estant son frere: & cela est escrit dedans leurs liures. Et Platon enuoya de ses disciples & familiers Aristonymus aux Arcadiens, pour ordonner leur republique: & Phormion aux Eliens, Menedemus à ceux de Pyrrha, Eudoxus aux Gnidiens, & Aristote à ceux de Stagira, qui tous estans ses disciples escriuirent & establirent des loix: & Alexandre le grand demanda à Xenocrates des regles & preceptes pour bien regner. Et celuy qui fut enuoyé devers Alexandre par les peuples Grecs habitans en Asie, & qui l'enflamma & l'esguillonna le plus à ambrasser & entreprendre la guerre contre le Roy barbare de Perse, ce fut Delius Ephesien, qui estoit l'vn des familiers de Platon: & Zenon le familier de Parmenides entreprit de tuer le tyran Demylus, & aiant failly à son entreprise, maintenir la doctrine de Parmenides, comme vn or fin, sans tare, espuré par le feu, monstrant par effect qu'il n'y a rien qui soit espouuentable à l'homme magnanime, sinon le deshonneur, & qu'il n'y a que les enfans & les femmes, ou bien les hommes qui ont cœur de femmes, qui craignent la douleur: car tronçonnant luy mesme sa langue auec les dents, il la cracha au visage du tyran. Mais de l'eschole & de la doctrine d'Epicurus, ie ne demanderay pas qui soit sorty pour tuer vn tyran, quel vaillant homme ait fait de grandes apertises d'armes, quel legislateur, quel magistrat, quel conseiller de Roy, ou gouuerneur de peuple, qui

Contre l'Epicurien Colotes.

soit mort, ou qui ait esté tourmenté pour soustenir le droict & la iustice: mais seulemét quel de tous ces sages icy a iamais fait vn voyage par mer, pour le bien & seruice de son pays, qui a esté en ambassade, qui a despédu quelque argent, ou qui a escrit aucun beau faict de gouuernement que vous ayez oncques fait. Et toutefois pour ce que Metrodorus descendit vn iour depuis la ville iusques au port de Pyree, & feit enuiron quatre ou cinq lieuës pour aller secourir vn Mithres Syrien, des gens du Roy de Perse, qui auoit esté pris & arresté prisonnier, il l'escriuit à tout le monde: & magnifie & exalte Epicurus ce voyage-là en plusieurs missiues. Qu'eussent-ils doncques fait au pris, s'ils eussent fait vn tel acte qu'Aristote, qui feit restaurer & rebastir la ville de sa naissance Stagira, qui auoit esté destruicte par le Roy Philippus, ou comme Theophrastus qui par deux fois deliura sa ville occupee par les tyrans? Le Nil eust plustost cessé de porter l'herbe du papier, qu'eux se fussent lassez d'escrire de leurs beaux faicts. Et n'est ce pas chose indigne que de tát de sectes de philosophes qui ont esté, eux seuls iouïssent des biens qui sont és villes sans y auoir iamais rien contribué du leur? Il n'est pas les Poëtes des Tragedies ou Comedies qui ne s'efforcent de faire & dire tousiours quelque chose de bon pour la defense des loix & de la police: Mais ceux-cy, si d'auenture ils en escriuent, ils escriuent de la police, à fin que nous ne nous entremettions point du gouuernement de la Republique:& de la Rhetorique, à fin que nous facións acte quelconque d'eloquence : & de la Royauté, à fin que nous fuyons de hanter & conuerser autour des Roys: & ne nomment iamais les grands personnages qui se sont meslez d'affaires, sinon pour s'en mocquer, ou pour abolir leur gloire: cóme ils disent d'Epaminondas, qu'il auoit bien quelque chose de bon, mais encore bien mince, car ils vsent de ce propre terme: au demourant ils l'appellent cœur de fer, & demandent qu'il auoit à saller ainsi promenant auec son armee par tout le Peloponese, & pourquoy il ne se tenoit plustost quoy en sa maison, auec vn petit chapellet en la teste, en rendát à faire bonne chere & à se bien traitter. Mais il me semble que ie ne dois pas omettre en cest endroit, ce que Metrodorus escrit en son liure de la philosophie, abiurant toute entremise du gouuernement de la Republique, & dit ainsi: Quelques vns de ces sages par abondance de vanité & d'arrogance enueloppent tellement l'ouurage d'icelle, qu'ils se laissent emporter aux cupiditez de Lycurgus & de Solon, en traittant des preceptes de la vie & de la vertu. Comment, c'estoit doncques vanité, & abondance de vanité & d'arrogance de rendre la ville d'Athenes libre, de rendre la Sparte policee & gouuernee de bonnes loix, que les ieunes gens ne feissent rien licencieusement, & n'engendrassent point d'enfans de courtisannes & putains publiques, & que la richesse, les delices, l'intemperance & la dissolution n'eust point la vogue ny le cómandement par les citez, ains la loy & la iustice: car c'estoient là les cupiditez de Solon. Et Metrodorus, en se mocquant & gaudissant adiouste vne telle conclusion:Parquoy il est bien seant que lon s'en rie d'vn rire libre, & de tous autres hommes, & mesme de ces Solons & de ces Lycurgues icy. Mais certainement ce n'est pas là vn rire libre, Metrodorus, ains seruile, dissolu, & qui auroit besoing de fouët, non pas de celuy dont on foüette les personnes libres, mais où il y eust à chasque bout de corde de petits osselets, dont on punit & chastie les chastrez sacrificateurs, quand ils ont failly aux cerimonies & sacrifices de la Mere des Dieux. Mais qu'ils ne feissent pas la guerre au legislateur, ains aux loix mesmes, on le peut ouïr & entendre d'Epicurus: car il demande en ses questions, Si le sage, asseuré que lon n'en sçaura rien, commettra & fera quelque chose de ce que les loix defendent. Et respond vne response qui n'est ny ronde ny honeste, Il le fera: mais ie ne le veux pas confesser. Et derechef ailleurs, escriuant, ce me semble, à Idomeneus, il l'admoneste de n'asseruir point sa vie aux loix, ny aux opinions & reputations des hommes, sinon qu'autrement il en pourroit ensuiure la fascherie de quelques prochains coups de foüet. S'il est doncques ainsi que

ceux

A ceux qui abolissent les loix & les gouuernemens & polices des hommes, peruertissent & destruisent la vie humaine, & Epicurus & Metrodorus le font, diuertissans leurs familiers & disciples, de s'entremettre du gouuernement des villes, & haissans ceux qui s'en meslent, mesdisans des premiers & plus sages legislateurs, & admonestans de mespriser les loix, prouueu qu'il n'y ait point de crainte ny de danger du fouët & de la punition, ie ne voy point que Colotes ait tant proposé d'accusation fausse contre les autres philosophes, comme il en a allegué & mis en auant de vrayes contre les escripts & doctrines d'Epicurus.

De l'Amour.

Autobulus fils de Plutarque recite à ses compagnons les contes qu'il auoit autrefois ouy faire à son pere touchant l'Amour.

FLAVIANVS. Fut-ce en la ville de Helicone, ô Autobulus, que furent tenus les propos & discours de l'Amour, que tu nous as promis de nous reciter presentement, soit que tu les ayes mis par escript, ou bien que tu les ayes imprimez en ta memoire, pour en auoir souuent enquis & interrogé ton pere? AVTOBVLVS. Ce fut en Helicone voirement, la ville des Muses, lors que les Thespiens y solennisoient la feste de l'Amour: car on y celebre des ieux de pris de cinq ans en cinq ans, en l'honneur de l'Amour, aussi bien comme en l'honneur des Muses, auec grande pompe & grande magnificence. FLAVIANVS. Sçais tu doncques dequoy nous te voulons prier tous ceux qui sommes icy venus pour t'ouïr? AVTOB. Non, mais ie le sçauray quand vous me l'aurez dit. FLAVIANVS. C'est que tu ostes de ton recit pour ceste heure tous ces preambules de descriptions que font ordinairement nos versificateurs, quand ils nous peignent de belles prairies, de beaux ombrages, des tapisseries de lierre, & des ruisseaux de fontaines, qui vont voltigeant alentour, & autres tels lieux communs, ausquels ils s'amusent, cuidant contrefaire la description de la riuiere d'Ilissus, le bel ombrage de l'osier franc, & l'herbe druë & menuë au dessoubs, la terre allant vn peu en montant tout doulcement, qui sont au commencement du Phedrus de Platon, auec plus de peine & de diligence que de grace ny de beauté. AVTOB. Ceste narration n'a point besoing de telles prefaces, bel amy Flauianus: car l'occasion de laquelle procederent les propos, ne demande qu'audience & lieu commode pour raconter le faict, par ce qu'au demourant, de tout ce qui est requis à vne plaisante Comedie, il n'y defaut rien qui soit: seulement prions la mere des Muses Memoire, qu'elle nous soit propice, & nous aide à pouuoir conseruer, retenir, & bien reciter tout le discours du conte. Mon pere doncques, long temps auant que ie fusse né, aiant nouuellement espousé ma mere, estoit allé en Helicone, expressément pour sacrifier à l'Amour, à cause de quelque different qu'il auoit eu alencontre des parents d'elle, & l'y auoit mené quant & luy, pour ce que c'estoit elle principalement qui faisoit la priere & le sacrifice. Si l'accompagnerent de nostre ville quelques vns de ses plus familiers amis, & en la ville de Thespies il trouua Daphneus, le fils d'Archidamus, lequel estoit amoureux de Lysandra fille de Simon, & y auoit plus de credit que nul autre de ceux qui la demandoient en mariage, & Soclarus fils d'Aristion venu de Tithore: aussi y estoit Protogenes de Tharse, & Zeuxippus Lacedemonien, tous deux ses hostes: & disoit

Iiii

De l'Amour.

mon pere que les plus notables hommes de la Bœoce y estoient aussi. Si furent deux ou trois iours par la ville, s'entretenans les vns les autres tout doulcement de propos de lettres, & se trouuans ensemble, tantost aux parcs des exercices où la ieunesse s'esbat, & tantost aux Theatres: mais depuis pour euiter le fascheux combat des Musiciens & ioüeurs de Cithre, où tout se menoit par brigues & faueurs, ils se deslogerent de là, la plus part d'eux, ne plus ne moins que de pays d'ennemy, & s'en allerent loger en Helicone, chez les Muses, là où le lendemain matin arriuerent vers eux Anthemion & Pisias hommes notables, tous deux affectionnez à Bacchon, surnommé le beau fils, & aians ie ne sçay quoy de ialousie l'vn contre l'autre, pour l'affection qu'ils luy portoient, d'autant qu'il y auoit en la ville de Thespies vne Dame nommee Ismenodora, de maison noble & riche, & au demourant sage & honneste en tout le reste de sa vie: car elle s'estoit longuement contenue en viduité, sans aucun blasme ne reproche, combien qu'elle fust ieune, & de visage assez belle, mais en traittant le mariage de luy qui estoit fils d'vne sienne familiere amie & voisine, auec vne fille qui estoit sa parente, & se trouuant à deuiser souuent auec luy, elle s'affectionna enuers luy, en disant & oyant dire beaucoup de bien de luy, & voyant le grand nombre de gens de bien & d'honneur qui l'aimoient, petit à petit elle mesme en deuint aussi amoureuse, auec intention toutefois de ne commettre rien indigne d'elle, ains de l'espouser legitimement, & de viure publiquement auec luy. Si sembla de prime face la chose estrange, & la mere du ieune fils d'vn costé redoutoit la grandeur de la maison d'elle, la noblesse & magnificence de sa race, & de l'autre costé les compaignons du ieune fils qui alloient à la chasse quant & luy, estants de son aage, luy imprimoient des peurs en l'entendement, luy donnans à entendre qu'elle seroit bien sa mere, qu'elle n'estoit pas d'aage pour luy, & s'en mocquoient de luy, tellement qu'ils empeschoient plus le mariage que ceux qui à bon escient faisoient tout ce qu'ils pouuoient pour le rompre, parce qu'il auoit honte, estant encore fort ieune, & la barbe luy commançant seulement à poindre vn petit, d'espouser vne veufue. Toutefois à la fin, sans plus s'arrester au dire des autres, il s'en remit à Anthemion & à Pisias, pour luy en dire & conseiller ce qui luy seroit plus expedient de faire. Anthemion estoit son cousin, beaucoup plus aagé, & Pisias le plus austere de tous ceux qui luy faisoient l'amour, au moyen de quoy il resistoit plus asprement à ce mariage, & s'en attachoit à bon escient à Anthemion, de ce qu'il abandonnoit ainsi ce ieune garçon à Ismenodora. Anthemion au contraire disoit que Pisias ne faisoit pas bien, ains quoy qu'il fust homme de bien au demourant, qu'en cela toutefois il imitoit les mauuais amoureux, de vouloir ainsi priuer son amy d'vn si beau mariage, & d'vne si grande maison, où il y auoit tant de biens, à fin qu'il eust le plaisir de le voir plus longuement despouiller à nud au parc des exercices, frais & entier, sans auoir encore touché à femme. Mais à fin que par disputer ainsi l'vn côtre l'autre, ils n'entrassent peu à peu en cholere, ils esleurent pour arbitres & iuges de leur different, mon pere, & tous ceux qui estoient auec luy, & les vindrent trouuer là où ils estoient assistez, l'vn de Daphneus, & l'autre de Protogenes, comme si c'eust esté chose expressémét apostee, d'autant que Protogenes mesdisoit à bouche ouuerte de la Dame Ismenodora. Parquoy Daphneus se print à dire, O Hercules, quelle chose ne pourroit aduenir en ce monde, s'il est ainsi que Protogenes soit icy venu pour faire la guerre à l'amour, attendu que toute sa vie, tout son ieu, & tout son affaire a esté de l'amour & pour l'amour, qui luy a fait oublier l'estude des lettres, voire & son propre païs mesme? lequel n'est pas distãt de cinq iournees seulement, cõme estoit iadis celuy de Laius: car l'amour de celuy là estoit pesant, & n'alloit que par terre, mais le tien estédant ses legeres ailes est volé d'outre mer, depuis la Cilicie iusques à Athenes, pour y voir les belles personnes, & conuerser auec elles: car à la verité la premiere cause du

voyage

voyage de Protogenes hors de son païs, au commácement auoit esté celle-là. Dequoy s'estant la compagnie prise à rire: Comment, dit adonc Protogenes, te semble-il que ie face la guerre à l'Amour, & non pas pour l'Amour, contre l'intemperance & la violence de ceux qui soubs honnestes & venerables paroles veulent couurir à force de tres-vilaines actions, & tres-laides passions? Quoy, dit adonc Daphneus, appelles tu tres-vilaines actions le mariage, & la conionction legitime de l'homme auec la femme, qui est la plus digne & la plus saincte liaison qui puisse estre? Cela, dit Protogenes, comme estant necessaire à la generation, à bon droit est loüé & recommandé par les legislateurs, qui en disent bien deuant le commun populaire: mais quant au vray amour, les femmes n'y ont aucune part ne portion: ny ie n'estime pas que vous autres qui estes affectionnez aux femmes ou aux filles, les aimiez non plus que la mousche n'aime pas le laict, ny l'abeille la gauffre à miel, comme les viuandiers & cuisiniers qui tiennent en muë & engraissent en lieu obscur les veaux, les oiseaux, & autres animaux, ne les aiment pas pourtant. Mais tout ainsi comme la nature conduit l'appetit de l'homme au pain & à la viande modereement, & autant qu'il en a de besoing, & le trop & l'exces qui fait de l'appetit naturel vne passion vicieuse, s'appelle gourmandise ou friandise: aussi procede bien de la nature le desir qu'ont l'hôme & la femme de la volupté l'vn de l'autre: mais ceste impetuosité qui y poulse l'hôme auec force & vehemence, telle qu'il est malaisé de la retenir, ce n'est pas dignement ny pertinément parler, que de l'appeller amour, d'autant que l'amour s'attachant à vne ieune ame bien nee, se doit terminer par amitié en vertu, là où de ces affections & conuoitises de femmes, si elles succedent heureusement, il en aduient à la fin que l'on en a quelque fruition & iouïssance d'vne ieunesse & d'vn beau corps: comme respondit anciennemét Aristippus fort à propos à quelqu'vn, qui pour le dégouster de la courtisanne Lais, luy disoit, qu'elle ne l'aimoit point: Aussi ne fais-ie pas moy, respôdit-il, le bon vin, ne le bon poisson, mais si en vse-ie de l'vn & de l'autre auec plaisir. Car le but & la fin où tend concupiscence, c'est la volupté & iouïssance d'icelle, mais l'amour depuis qu'il perd l'attente & l'esperance d'amitié, ne veut plus demourer & caresser pour sa beauté ce qui le fasche, quelque fleur d'aage qu'il y ait, s'il ne luy réd & rapporte le fruict qu'il demande, qui est vn naturel disposé à l'amitié & à la vertu. C'est pourquoy vous oyez vn certain mary Tragique en vne Tragedie, parlant ainsi à sa femme.

 Tu me veux mal, & ie porte à mon aise
 Facilement ta volonté mauuaise,
 Tirant profit de ta haine & mespris.

Car plus amoureux que celuy-là n'est point celuy, qui non pour profit pecuniaire, mais pour volupté corporelle supporte & endure vne femme mauuaise & peruerse où il n'y a rien d'amiable: comme Phillipides le poëte Comique, se mocquant de l'orateur Stratocles, luy reproche en ces vers,

 Elle se tourne arriere tellement
 Que tu ne peux luy baiser seulement
 Que le dessus à peine de la teste.

Mais s'il est force d'appeller ceste passion-là Amour, pour le moins sera-ce vn amour efféminé & bastard, qui ne comparoistra qu'au cabinet des femmes, ne plus ne moins qu'au parc de Cynosarges à Athenes, où il n'y a que les enfans bastards qui s'exercent: ou plustost, ainsi comme lon dit, qu'il n'y a qu'vn seul genre d'Aigle royal qui soit naïf de montagne, celuy qu'Homere appelle l'Aigle noir & le chasseur: les autres sont bastards, qui ne prennent que des poissons, ou des oiseaux lasches, pesans, & paresseux, & qui bien souuent pour disette qu'ils endurent, iettent vn cry lamentable de famine. Aussi l'amour naïf & legitime est celuy que lon porte aux ieunes enfans, lequel n'estincelle point d'ardeur de concupiscence, comme fait celuy des

Iiii ij

De l'Amour.

filles, ce dit Anacreon, ny n'est point parfumé ny fardé, ains tousiours simple & naïf, sans affetterie ny mignardise quelconque, parmy les escholes des Philosophes, ou és parcs, là où s'exerce & addresse la ieunesse, & là ne fait que chasser aux ieunes gens, les encourageant, & excitant viuement à la vertu ceux qui sont dignes que l'on en prenne soing & sollicitude : là où ce mignard icy, casanier, lasche & failly de cœur, qui ne bouge iamais du giron, ou des courtines des femmes, qui ne demande que toutes choses molles & delicates, enerué de voluptez effeminees, où il n'y a point d'amitié reciproque, ny de rauissement d'esprit, il le faut chasser au loing, comme Solon le chassa de sa Republique, quand il defendit aux esclaues d'aimer les enfans, & de s'huiler à nud, pour les exercices de la personne, là où il ne leur defendit pas d'habiter auec les femmes, par ce que l'amitié est chose belle, honneste & gentille, & la volupté chose basse, sale & vile. Pourtât n'est-il pas raisonnable & bien-seant qu'vn esclaue face l'amour aux enfans, d'autant que ce n'est point vn amour charnel qui porte dommage, comme fait celuy des femmes. Protogenes vouloit encores continuer son propos : mais Daphneus l'entrerompant, Tu as (dit-il) allegué Solon fort à propos, & le nous faut prendre pour iuge du vray amour, là où il dit,

  Tu aimeras les enfans iusques à ce
  Que le poil fol leur cottonne la face,
  Leur doulce haleine & cuisses cherissant.

Et si tu veux encore, y peux-tu adiouster Æschylus d'auantage, là où il dit,

  O homme ingrat des cuisses respecté,
  Tu n'as les droits & saincte saincteté,
  Tant de baisers mettant en oubliance.

Voyla de beaux iuges de l'amour! Aussi les autres se mocquent bien d'eux, en ce qu'ils veulent que les amoureux regardent aux cuisses & aux reins, ne plus ne moins que font les Sacrificateurs & Deuins. Mais ie tire de là vn grand argument pour la cause des femmes : car si la cohabitation auec les masles, qui est contre la nature, ne tollit point la bien-vueillance de l'amour, ny ne luy preiudicie point, il est bien plus vray-semblable, que celle des femmes qui suit la nature, s'en aille par grace, finissant en amitié : car, à fin que tu le sçaches, Protogenes, les anciens appelloient grace la soubmission que fait la femelle au masle. C'est pourquoy Pindare dit, que Vulcain estoit né de Iuno sans grace : & Sapho parlant d'vne ieune fillette, qui n'estoit pas encore en aage de marier, dit ainsi,

  Tu me sembles fillette
  Bien petite & ieunette,
  Sans grace entierement.

Et y a quelqu'vn qui demande à Hercules,

  Luy as-tu fait la grace maugré elle,
  Ou si tu as eu de gré la pucelle?

Mais la soubmission du masle au masle, si elle est violente, se nomme force & rapt : & si elle est volontaire par vne lascheté effeminee se laissant saillir, ainsi que dit Platon comme vne beste brute, elle est du tout infame, detestable, sans grace ny amour quelconque. Parquoy i'estime quant à moy, que Solon ait escript ces vers-là, estant encore ieune, & plein de beaucoup de semence, ainsi que dit Platon : mais au contraire il escriuit ceux-cy estant desia sur son aage,

  Dame Venus est ores mon deduit,
  Et de Bacchus le breuuage me duit:
  Les dons aussi des Muses, car ce sont
  Les poincts qui viure en plaisir l'homme font:

apres qu'il eut retiré sa vie côme d'vne tourmente & tempeste de l'amour des masles,

en vne

en vne tranquillité calme du loyal mariage, de l'eſtude des lettres & de la philoſophie. Or ſi nous voulons de pres conſiderer la verité, Protogenes, la paſſion de l'amour, ſoit des maſles, ſoit des femelles, eſt toute meſme & vne : mais ſi par opiniaſtreté tu la veux diuiſer, tu trouueras que ceſt amour des maſles ne ſe porte pas ny ne ſe contient pas modeſtement enuers l'autre, ains qu'eſtant le dernier venu, quaſi hors d'aage, par maniere de dire, au cours de la vie humaine, baſtard, & conceu à la deſrobee, il en veut dechaſſer à tort le naturel, legitime, & celuy qui eſt le plus ancien : car ce n'eſt que d'hier ou de deuant-hier, ainſi que lon dit communément, mon bel amy, depuis que les ieunes garçons ont commencé en la Grece à ſe deſpoüiller & déueſtir nuds pour les exercices de la perſonne, qu'il ſ'eſt gliſſé és parcs & lieux où la ieuneſſe ſ'adreſſe à la luiċte : & ſ'y eſtant tout bellement coulé, logé & inſtallé, & depuis peu à peu y aiant fait des ailes, il eſt à la fin deuenu ſi inſolent, que lon ne le peut plus tenir, ains oultrage & iniurie l'amour nuptial & legitime, qui aide la nature humaine à ſ'acquerir immortalité en la r'allumant incontinent par generation, à meſure qu'elle vient à ſ'eſtaindre par mort. Et puis ceſtuy-cy nie qu'il tende à volupté, par ce qu'il a honte de le confeſſer, & craint de l'adoüer : auſſi faut-il bien qu'il cerche quelque belle apparence pour toucher & manier les beaux ieunes enfans. La couleur donc-ques & la couuerture qu'il prend, eſt l'amitié & la vertu : Il ſe ſaulpoudre de pouſſiere pour luiċter, il ſe baigne en eau froide, il fronce ſes ſourcils, & dit qu'il philoſophe, & qu'il eſt chaſte & continent : mais c'eſt au dehors pour la crainte des loix, & quand ce vient la nuiċt que chaſcun eſt retiré,

  Doulx eſt le fruiċt quand point n'y a de garde
  Qui le cueillir ſecrettement engarde.

Et ſi comme dit Protogenes, ceſt amour des maſles ne tend point à copulation charnelle, comment doncq eſt-il amour, ſi Venus n'y eſt point ? attendu que c'eſt celle des Dieux & Deeſſes, à laquelle ſeule ſeruir & faire la court il eſt deſtiné & deuoüé, n'aiant d'honneur ny de puiſſance & d'authorité, qu'autant comme elle luy en depart. Si tu me dis qu'il y a bien quelque amour ſans Venus, ne plus ne moins qu'il y a de l'yureſſe ſans le vin, quand on boit d'vn breuuage fait de figues, ou d'orge : Ie te reſpons, que c'eſt vne boiſſon flatueuſe, dont on ſe faſche & ſe laſſe bien toſt : auſſi eſt voſtre amour choſe imparfaiċte, & qui ne porte aucun fruiċt. Ce pendant que Daphneus parloit ainſi, il eſtoit bien euident que Piſias ſ'en ſentoit fort picqué, & en eſtoit bien courroucé alencontre de luy. Parquoy ſi toſt qu'il eut fait vn peu de pauſe, O Hercules (ſe print-il à dire) quelle inſolence, quelle impudence & temerité de gens qui confeſſent eſtre comme les chiens liez & attachez par leurs natures aux femelles, de vouloir ainſi dechaſſer & bannir le Dieu Amour des parcs publiques, & des proumenoirs & allees deſcouuertes, d'vne conuerſation pure & nette, au Soleil, à l'ouuert, deuant tout le monde, pour le renger & reduire enfermé aux petites ſarfouettes à foüiller les racines, & aux hachettes pour les hacher, & aux drogues à faire les fards, les charmes & ſorcelleries des femmes impudiques? car quant aux honneſtes & pudiques, ie dis qu'il ne leur eſt conuenable d'aimer ny d'eſtre aimees. En ceſt endroit mon pere dit, que luy-meſme ſ'attacha à Protogenes, en luy diſant ces vers du poëte,

  Ce propos-là fera les armes prendre
  Aux Argiens.

car certainement Piſias par ſon inſolence nous fait renger du coſté de Daphneus, & prendre ſa cauſe en main, attendu qu'il ſort ainſi exceſſiuement hors des bornes de toute raiſon, en voulant introduire és nopces & mariages vne ſocieté ſans amour, priuee de toute amitié diuinement inſpiree & gouuernee, là où nous voyons qu'on a bien à faire à la maintenir auec tous les iougs, toutes les brides & les mords

De l'Amour.

de crainte & de honte, si le gré & l'affection cordiale n'y est. Et Pisias, Ie ne me soucie (dit-il) pas gueres de cela, mais il m'est aduis que ie voy aduenir à Daphneus ce qui aduient au cuiure, lequel ne se fond pas tant par la force du feu, comme par d'autre cuiure fondu qui le fait fondre quant & luy, si on le verse dessus. Aussi la beauté de Lysandra ne le fond & ne le trauaille pas tant, comme fait ce qu'il s'est approché long temps, & attaché à quelqu'vn qui estoit tout enflammé & tout plein de feu, dōt il s'est ainsi remply luy-mesme, & est tout euidēt, que si bien tost il ne s'en retire deuers nous, il se fondra entierement. Mais ie voy que ie fais ce que plus doit desirer Anthemion, c'est que i'offense & les Iuges & moy-mesme: & pourtant ie me tais. Tu me fais grand plaisir, respondit Anthemion, car il falloit dés le commancement que tu disses quelque chose sur le subiect dont il est question. Ie dy doncques, respondit Pisias (mais c'est apres auoir premierement protesté tout hault & clair, que quant à moy ie n'empesche point que les femmes n'aient chascune leur amy) que ce ieune homme Bacchon se doit garder de la richesse & opulence de Ismenodora, autrement qu'en se mettant dedans la magnificence & grandeur d'vne telle maison, il trouuera qu'à faute d'y prendre garde, il aura fait perdre l'estain dedans le cuiure: par ce que ce seroit beaucoup fait à luy estant si ieune qu'il est, quand bien il auroit espousé vne femme de simple & moyen estat, s'il pouuoit en telle meslange retenir le dessus, comme le vin où lon met de l'eau: & nous voyons que ceste-cy s'attend resoluëment de luy commander & d'estre la maistresse, autrement elle n'eust pas refusé tant de marits nobles, puissants & riches, pour venir demander à espouser vn ieune garçon sortant de page, par maniere de dire, & qui auroit encore besoing d'estre soubs vn pedagogue. Voyla pourquoy les marits qui sont sages, reiettent d'eux-mesmes, ou retrenchent & rongnent les ailes à leurs femmes, c'est à sçauoir leurs biens & leurs richesses, qui les rendent superbes & fieres, & leur apportent des vaines gloires legeres & sottes, auec lesquelles s'esleuans bien souuent, elles prennent leur vol & s'en vont à l'essor: ou bien si elles demeurent fermes à la maison, il vaudroit mieux au mary estre attaché à des ceps auec des chaines d'or, comme lon enchaine les prisonniers en Æthiopie, que non pas auec les biens & richesses d'vne femme. Mais tu n'allegues pas encore, ce dit Protogenes, qu'en ce faisant nous renuersons sans propos, & auec mocquerie la sentence d'Hesiode qui nous conseille ainsi,

> Quand tu seras en l'aage de trente ans,
> Ny beaucoup plus ny beaucoup moins montans,
> C'est la saison vraye de mariage:
> La femme est preste à marier en l'aage
> De quatorze ans, & à quinze il luy faut
> Donner mary.

Et nous au contraire attacherons vn ieune garçon, non encore meur ny prest à marier, à vne femme qui d'autant d'annees presque qu'il en a, est plus vieille que luy, ne plus ne moins que lon attache les fruicts des palmiers & figuiers masles aux femelles pour les faire meurir? Voire-mais, on me dira, Elle est amoureuse de luy, & meurt d'enuie de l'espouser. Ie m'esbahy donc qui empesche qu'elle ne va en masque iouër à sa porte, donner des aubades la nuict, chanter des plaintes amoureuses à son huys, couronner ses images de festons & de chapeaux de fleurs, combattre alencontre de ses corriuaux qui luy font l'amour, car toutes ces choses-là sont actes d'amoureux. Qu'elle tienne doncques les sourcils bas, qu'elle ne face plus la braue, & qu'elle prenne le geste & la cōtenance qui est propre à telle passion: mais si elle a honte de ce faire, & si elle est sage & honneste, qu'elle demeure honnestement en sa maison, attendant que lon l'aille requerir & demander en mariage. Car femme qui confesse ouuertement qu'elle est amoureuse, tant s'en faut que l'hōme la doiue recercher

ne prendre,

De l'Amour.

A ne prendre, qu'il la doit fuir & hair, puis qu'elle commence son mariage par vne si honteuse incontinence. Protogenes ayant icy fait vn peu de pause, Vois tu Anthemion, dit Daphneus, comment ils nous remettent encore en la premiere dispute, & nous contraignent à parler derechef de l'amour nuptial, nous qui ne nions pas d'en estre des supposts, & ne fuyons pas d'y entrer en la danse? Ouy certes, respondit Anthemion, & te prie que tu prennes à defendre vn peu plus au long l'amour, & à secourir aussi la richesse, de laquelle il semble que Pisias, plus que d'autre chose, nous face peur. Et quelle chose, dit adonc mon pere, ne tournera lon en crime à vne femme, si nous voulons reietter Ismenodora, pource qu'elle nous ayme, & pource qu'elle a beaucoup de biens? Voire-mais elle est braue & sumptueuse. Qu'en peut-il chaloir, si elle est belle & ieune? Elle est de grande & de noble maison. Quel mal y a-il, quand elle a bon nom & bonne reputation? Il n'est pas necessaire que les femmes, pour estre honnestes & sages, soient austeres ou mal-propres, ny fascheuses, & ayét mauuaises testes:

B & toutefois il y en a qui les appellent des Furies, & disent qu'elles veulent mal à leurs marits, quand elles sont modestes, honnestes & sages. Pour ces folles opinions-là, vaudra-il donc mieux espouser vn Abrotonon de Thrace, que lon aura achetee en plein marché, ou vne Bacchis Milesienne que lon aura fiancee, en achetant des cuyrs conroyez, & toutefois encore sçauons nous qu'il y a eu assez d'hommes qui se sont fort honteusement asseruis à telles femmes: car des menestrieres de Samos, & des baladines, comme vne Aristonica & vne Oenanthe auec son tabourin, & vne Agatoclia, ont foullé aux pieds, par maniere de dire, les couronnes & diademes des Roys: & Semiramis du pays de Syrie estoit serue & concubine d'vn esclaue du grád Roy Ninus, lequel Roy depuis qu'il l'eut vne fois halenee, en fut si fort espris, & elle le maistrisa & mesprisa tant, qu'elle oza bien luy requerir qu'il la laissast seoir tout vn iour dedans son throsne auec le diadéme royal autour de la teste, donner audience & depescher affaires comme luy: ce que Ninus luy ayant octroyé, & commandé que chascun

C luy rendist obeyssance comme à luy-mesme, & feist tout ce qu'elle ordonneroit, elle vsa modestement de ses premieres ordonnances enuers les gardes du corps, & quand elle veit qu'ils ne luy contredisoient en rien, elle leur commanda de le prendre au corps, & puis de le lier, & finablement de le tuer. Ce qui ayant esté entierement executé, elle regna, & commanda en grande magnificence à toute l'Asie par vn bien long temps. Et Belistiche, au nom de Iupiter, n'estoit-elle pas vne femmelette barbare achetee entre les autres au marché? de laquelle neantmoins ceux d'Alexandrie ont auiourd'huy des temples & des autels, que le Roy Ptolomæus, qui en estoit amoureux, feit intituler de Venus Belistiche. Et Phryne qui est au temple de Cupido, & icy, & en la ville de Delphes, dont la statuë toute doree est entre celles des Roys & des Roynes, par quel doüaire est-ce qu'elle maistrisa tant ceux qui furent amoureux d'elle? Mais comme ceux-là par leur bestise & lascheté, sans y prendre gar-

D de, se sont trouuez proye & pillage de telles femmes: aussi au contraire s'en treuue-il d'autres de petite & basse condition, qui s'estans mariez auec femmes nobles & riches, ne se sont point perdus: ny n'ont rien rauallé de la grandeur & generosité de leur cœur, ains ont vescu tousiours aymez & honorez d'elles, & tousiours esté maistres iusques à la fin de leurs iours. Mais celuy qui renge & reduit sa femme à peu d'estat, pource qu'il est luy-mesme petit & estroict, comme celuy qui estrecit vn anneau, craignant qu'il ne luy tombe du doigt, resemble proprement à celuy qui tond les crins de ses iumens, & puis les meine boire en quelque fontaine, ou en quelque lac & riuiere, parce que lon dict que se voyans ainsi tondues & enlaidies, elles en perdent le cœur, tellement que puis apres elles se laissent couurir à des asnes. Au moyen dequoy, choisir & preferer la richesse à la vertu où à la noblesse de la race, est chose trop vile & trop basse: mais aussi de la fuir, quand elle se trouue conioincte à noblesse & à vertu,

I iii iiij

De l'Amour.

c'est vne sottise. Antigonus escriuant au Capitaine qu'il auoit mis à Athenes en la forteresse de Munichia, laquelle il reparoit & fortifioit en toute diligence, luy manda qu'il feist non seulement le collier & la chaine forts, mais aussi le chien foible: voulant luy donner à entendre qu'il ostast aux Atheniens les moyens de se rebeller & soubsleuer. Non pas qu'il soit bien-seant au mary qui a belle femme & riche, de la rendre ny laide ny pauure, mais bien de se maintenir luy-mesme par sagesse & prudence, & par ne se monstrer iamais estonné de chose qu'il y ait, tousiours égal & non point asseruy ny assubietty, donnant par ses mœurs & ses deportements le contrepois à la balance, pour la tenir ferme, ou la faire pancher là où il est expedient à tous deux. Il y a plus, que son aage est propre à faire mariage, & la disposition de sa personne apte à porter des enfans: car i'entens qu'elle est en la fleur de son aage, & qu'elle n'est point plus vieille (disant cela en se riant à Pisias) que ses corriuaux, & si n'a point encore de cheueux blancs, comme quelques vns de ceux qui sont si fort affectionnez à Bacchon. Or si ceux-là ne s'estiment pas hors d'aage pour hanter & conuerser familierement auec luy, qui empeschera qu'elle ne soit pour prendre aussi bien soing de sa personne qu'autre quelconque ieune fille, qu'on luy sçauroit bailler? Les ieunes gens sont quelquefois malaisez à mesler, vnir & incorporer ensemble, & malaiseement, sinon auec bien long temps, peuuent-ils laisser leur fierté gaillarde, se tourmentans du commancement, sans se pouuoir accoustumer au ioug, de tant plus mesmement, s'il y a quelques amourettes au dehors, qui, comme vn vent, troublent & trauaillent leur mariage, n'estant pas le gouuerneur, qui est le bon sens, en la nauire, d'autant que les parties ne veulent pas obeyr, & ne sçauent pas commander. Et puis s'il est ainsi, que la nourrice commande au petit enfant de mammelle, le pedagogue au ieune garçon, le maistre d'escrime à l'adolescent, l'amant au ieune fils qu'il ayme, & puis, apres tout, la loy & le capitaine à l'homme faict, tellement qu'il n'y a personne qui ne soit commandé, ne qui demeure entierement libre, quel inconuenient y a-il qu'vne femme plus prudente, gouuerne la vie d'vn sien ieune mary? luy estant vtile, pource qu'elle est plus sage, & le gouuernant plus doucement, pource qu'elle l'ayme: mais apres tout encore faut-il que nous autres qui sommes Bœotiens, portions honneur à Hercules, & que nous ne nous offensions point du mariage inégal d'aage, attendu que nous sçauons que luy maria sa femme Megare, qui auoit trente trois ans, à Iolaus qui n'en auoit que seize. Ainsi comme ils tenoient ces propos, à ce que mon pere disoit, il arriua vn des amis de Pisias, venant de la ville tout batant à cheual, qui racontoit vne chose merueilleusement hardie, parce que Ismenodora se persuadant, comme il est vray-semblable, que Bacchon n'auoit pas trop à contrecœur ce mariage, mais qu'il portoit respect & reuerence à ceux qui l'en diuertissoient, se resolut de ne quitter point sa poursuite pour cela. Si enuoya querir de ses amis ceux qu'elle sçauoit estre les plus gaillards & amoureux comme elle, & des femmes celles qui luy estoient les plus amies & plus fideles: & les ayant tous & toutes assemblez en son logis, elle espia l'heure que Bacchon auoit accoustumé de passer pardeuant sa porte, allant honnestement au parc des exercices. Quand doncques il en approcha tout huylé qu'il estoit auec deux ou trois hommes, elle luy alla au deuant iusques à sa porte, & luy toucha le manteau seulement: & lors les amis d'elle tous ensemble enleuans le beau fils de belle façon, auec son manteau & sa cazacque double, l'emporterent au dedans, & fermerent incontinent la porte sur eux. Si tost qu'il fut leans, les femmes le despoüillant de son manteau le reuestirent d'vne belle robbe nuptiale de nouueau marié, & les seruiteurs courans çà & là par toute la maison, couronnerent de festons & de rameaux de lierre & d'oliue les huis & portes non seulement d'Ismenodora, mais aussi de Bacchon, & par mesme moyen vne menestriere alla iouër des fleutes parmy la ruë. Quant
à ceux

De l'Amour. 603

A à ceux de la ville de Thespies, & aux estrangers qui estoient en icelle, les vns en rioient, les autres s'en courrouçoient, & irritoient les maistres & gouuerneurs qui president aux exercices de la ieunesse, lesquels ont grande authorité sur les ieunes hommes, & ont soigneusement l'œil à regarder de pres & considerer tout ce qu'ils font. Si ne fut plus question de vacquer aux exercices, ains laissant tous les parcs, & les theatres, s'en vindrent deuant le logis d'Ismenodora, où ils eurent de grands propos, & grandes disputes entre eux. Apres donc que cest amy de Pisias fut arriué courant à toute bride, comme s'il eust apporté quelques grandes nouuelles de guerre, & qu'il eut seulement dit, estant tout hors d'haleine, Ismenodora a rauy Bacchon: mon pere disoit que Zeuxippus s'en meit à rire, & prononça ces vers du poëte Euripide, dont il estoit grand amateur,

  Planté de biens, femme, te faict cercher
  En tes desirs le plaisir de la chair.

B Mais Pisias se leuant en cholere se prit à crier, O Dieux, où se terminera à la fin ceste licence qui ruine nostre ville, veu que nous voyons desia l'audace si effrenee, qu'elle supplante toutes loix? Mais que dis-je, toutes loix? c'est vne mocquerie. Il n'est pas question de transgresser les loix ciuiles seulement: car on viole la nature mesme par l'insolence & la temerité des femmes. Quelle chose fut oncques faicte telle en l'Isle de Lemnos? Allons, allons nous-en, & quittons desormais le parc des exercices, le Palais de la iustice, & le Senat mesmes aux femmes, si la ville est si lasche & si eneruee que de souffrir vne telle insolence. Pisias doncques se partit ainsi de la compagnie, & Protogenes le suyuit, se courrouçant en partie autant comme luy, & en partie aussi l'adoucissant & le remettant vn peu. Et lors Anthemion, A dire la verité, c'est, dit-il, vne hardie entreprise, & qui sent la hardiesse des femmes de Lemnos. Nous sçauions bien qu'elle en estoit fort amoureuse. Et Soclarus, en se soubriant: Comment, penses-tu que ce soit vn rapt, ny vne prise à force, non pas vne habilité & subtile

C ruze du ieune homme, pour auoir dequoy se couurir & excuser, de ce que fuyant les embrassements de ses amoureux, il s'est ietté entre les bras d'vne belle ieune & riche Dame? Ne dictes point cela, & n'ayez point ceste opinion de Bacchon, dict alors Anthemion: car s'il n'estoit bien simple de nature, & bien grossier de iugement, il ne me l'eust iamais celé, veu qu'il me dict tous ses autres secrets, & qu'il sçait bien qu'en ce faict ie fauorisois fort affectueusement à ce que pretendoit Ismenodora. Mais il est bien mal-aisé de combattre contre l'amour, & non pas contre l'ire, comme disoit Heraclitus: car quoy que ce soit qu'il desire, il ose bien acheter au peril de sa vie, de ses biens, & de sa reputation. Qu'il soit vray, est-il rien plus sage ny plus honneste qu'Ismenodora, en toute nostre ville? Quand a l'on iamais ouy qu'il soit sorty en public vne mauuaise parole, ny vne seule suspicion d'aucun faict deshonneste de ceste maison-là? Il faut certainement dire, qu'elle a esté surprise de quelque inspira-

D tion diuine, plus forte que la raison humaine. Dequoy Pemptidius se prenant à rire: Vrayement, dict-il, comme il y a vne maladie du corps qui s'appelle sacree, aussi ne se faut-il pas esbahir, si aucuns appellent la plus grande & la plus furieuse passion qui soit en l'ame, sacree & diuine. Mais il me semble que vous estes en mesme erreur que ie veis vne fois deux voisins en Ægypte, qui disputoient & debattoient l'vn contre l'autre sur ce, que s'estant presenté deuant eux au milieu du chemin vne couleuure se trainant par la terre, tous deux estoient bien d'accord que c'estoit vn heureux presage & bon augure, mais chascun tenoit que c'estoit pour luy: aussi ie voyois tantost que les vns de vous tiroient l'amour és salles des hommes, & les autres és cabinets des femmes comme vn singulier & diuin bien, & ne m'en esbahissois pas, veu que ceste passion a obtenu si grande force, & tant d'honneur entre les hommes, que ceux qui luy deuoient rongner les ailes, & le chasser arriere d'eux de tous

Les femmes de Lemnos tuerent iadis tous leurs hõmes.

De l'Amour.

coftez, ce font ceux qui le magnifient plus, & en idolatrent. Or m'en fuis-je teu fur l'heure de la difpute, pource que ie voyois que c'eftoit vn debat de chofe priuee plus toft que publique : mais maintenant que ie fuis deliuré de Pifias qui s'en eft allé, ie fçaurois & entendrois volontiers de vous, à quoy vifoient & tendoient ceux qui mirent en auant les premiers, que l'Amour eftoit vn Dieu. Pemptidius ayant acheué fa propofition, ainfi comme mon pere commançoit à luy refpondre, il furuint encore vn autre meffager qu'Ifmenodora enuoyoit de la ville pour amener Anthemion, parce que le trouble de la fedition croiffoit en la ville, d'autant que les deux maiftres des exercices publiques eftoient en different l'vn contre l'autre, difant l'vn qu'il falloit redemander Bacchon, & l'autre eftant d'aduis qu'ils ne f'en deuoient point mefler plus auant. Si fe leua incõtinent Anthemion, & s'en alla en diligence : & lors mon pere appellant Pemptidius, & adreffant fa parole à luy : Tu me fembles, dict-il, Pemptidius, toucher vne grãde & hardie queftion, ou pour mieux dire, remuer vn poinct, auquel on ne deuft aucunement toucher, c'eft l'opinion & creance que nous auons des Dieux, en nous demandant la preuue & la raifon de chafcun d'iceux. Car l'ancienne foy & creance, que nous en auons de nos anceftres en ce pays, nous doit fuffire, ne f'en pouuant dire ne imaginer de plus fuffifante ne plus euidente preuue,

  Dont fens humain par fubtile fineffe
  N'inuenta oncq la profonde fageffe.

Ains eftant cefte tradition, le fondement & la bafe commune de toute religion, fi la fermeté & la creance d'icelle receuë de main en main vient à eftre efbrãlee & remuee en vn feul poinct, elle deuient fufpecte & doubteufe en tous les autres. Tu peux bien auoir ouy dire comment Euripides fut fifflé & rabroué pour le commancement de fa Tragœdie Menalippe qu'il auoit ainfi commencee,

  O Iupiter, car de toy rien finon
  Ie ne cognois feulement que le nom.

Il fe fioit fort de cefte Tragœdie-là, comme eftant magnifiquement & exquifement bien efcritte : mais pour le tumulte & murmure qu'en feit le peuple, il changea le premier vers ainfi comme il fe lit maintenant,

  O Iupiter, combien en verité
  Ce nom conuient à ta diuinité!

Et quelle difference y a-il de reuocquer par paroles en doubte, & rendre incertaine l'opinion de Iupiter ou de Mercure, ou celle de l'Amour? Car il ne commance pas de cefte heure à demander des autels & des facrifices, ny n'eft point vn Dieu eftranger, venu de quelque barbare fuperftition, comme vn ie ne fçay quel Atys & Adonis, qui fe foit gliffé clandeftinement en l'adoration des hommes, par le moyen de quelques Hermaphrodites, ou de quelques femmes, & ayant vfurpé fecrettement à la defrobee des honneurs qui ne luy appartiennẽt pas, de forte qu'il puiffe eftre accufé de baftardife, & d'auoir efté à faux tiltre mis au catalogue des Dieux. Car quand tu entendras, mon bel amy, dire à Empedocles,

  Voy l'amitié laquelle eft en longueur
  A l'Vniuers égale & en largeur,
  Mais de l'efprit pour la cognoiftre mieux
  Sans te laiffer efbloüir à tes yeux:

il te faut penfer que cela foit dict de l'Amour, d'autant que ce n'eft point vn Dieu qui foit vifible, ains fe comprend par opinion & creance entre les plus anciens Dieux : de chafcun defquels fi tu veux auoir la demonftration & la preuue, mettant les mains fur chafque temple, & y appliquant la touche de fophiftique argumentateur fur chaque autel, tu ne laifferas rien à regratter ny à calomnier. Car, pour n'aller pas loing,

  Ne vois-tu pas combien la deité De Venus eft de grande dignité?

Celle

De l'Amour. 604

A   Celle qui a d'Amour esté la mere, Qui nous le donne, & de qui la premiere Conception de tous hommes dépend.

Car Empedocles l'appelle fertile, & Sophocles feconde, tous deux fort à propos & fort pertinemment, & toutefois ce grand & admirable chef d'œuure principal de Venus & accessoire de l'Amour, qui est la generation, si l'Amour y est present, il est aggreable & plaisant, mais au contraire s'il n'y assiste, il demeure sans zele d'affection, sans estre honoré, ny prisé, ny aymé : & parce que la conionction de l'homme auec la femme sans amour, ne plus ne moins qu'vne faim & vne soif, qui a pour son but l'intention de se saouler seulement, ne se termine en rien de beau ny de bon : mais la Deesse Venus, par le moyen de l'Amour, engendre vne amitié & meslange de deux en vn. C'est pourquoy Parmenides afferme que l'Amour est le plus ancien chef d'œuure de Venus, escriuant ainsi en sa Creation du monde :

      Premierement l'Amour elle feit naistre
B   Deuant que nul autre Dieu fust en estre.

Mais Hesiode plus naturellement, à mon aduis, faict que l'Amour est le plus ancien de tous, à fin que le demourant prenne naissance par luy. Si donques nous deboutons l'Amour des honneurs que lon a accoustumé de luy faire, ceux de Venus ne demoureront pas non plus, & ne sçauroit-on dire auec verité que lon iniurie l'Amour, que lon n'iniurie quant & quant Venus. Car de dessus les mesmes eschaffaux nous entendons proferer ces iniures,

      En ses faicts mesmes Amour est paresseux,
      A se mirer, à blondir ses cheueux
      Il perd le temps, & de trauail n'a cure.

Et d'autre costé, O mes enfans Venus n'a pas ce nom
      Tant seulement, de maint autre surnom
      Diuersement elle est aussi nommee :
C   C'est vn enfer, vne rage affamee :
      C'est vn effort violent mais sans fin
      De volupté insatiable faim,
      C'est vn regret, vn plaindre pitoyable.

Comme aussi n'y a-il presque pas vn des autres Dieux qui éuite la lâgue iniurieuse de l'ignorant. Considere vn petit le Dieu Mars, qui comme en vne reuolutiô iudiciaire & table Chaldaïque, tient la place diametralement opposite à celle de l'Amour, combien il a d'hôneurs que les hommes luy ont decernez, & combien à l'opposite on luy dit d'iniures, Mars est aueugle & priué de lumiere,
      Dames, & est sa façon coustumiere,
      Dessus dessoubs tout mettre en vn monceau,
      Comme vn sanglier fouïlle auec le muzeau.

D Homere l'appelle meurtrier, homicide & variable, saultât de l'vn à l'autre. Chrysippus mesme donnât l'etymologie de son nom, le calomnie & accuse, disant, que ἄρης est deriué de ἀραιρῶ, qui signifie perdre & destruire, donnant occasion à ceux qui tiennent que la force belliqueuse & courageuse qui est en nous s'appelle Mars, côme les autres aussi au cas pareil, diront que la concupiscence en nous s'appellera Venus, & la parole Mercure, les arts & sciences les Muses, & la prudéce Minerue. Vois-tu en quelle fondriere & quel precipice d'impieté nous nous allons precipiter, si nous distribuôs ainsi les Dieux, selon les passions, puissances & facultez qui sont en nous? Ie le voy bien, respondit Pemptidius : mais comme ce seroit irreueremment & impieusement faict, de faire des passions Dieux, aussi seroit-ce de croire que les Dieux soient des passions, Comment, dit mon pere, que penses tu donc, que Mars soit vn Dieu, ou vne passion nostre? Pemptidius respondit, qu'il estimoit que c'est vn Dieu, lequel ordonne, gou-

De l'Amour.

uerne & modere noſtre cholere, & noſtre courage. Comment Pemptidius, s'eſcria mon pere alors, donc la partie militaire & guerriere qui eſt en nous, aura vne deité pour la regir, & celle qui eſt amiable, ſociable & pacifique, ſera ſans aucune diuinité? & y aura vn Dieu belliqueux & guerrier, qui aura la ſurintendence & preſidence des hommes tuans & tuez, des armes, des traicts, des aſſauts de villes, & des pillages, & il n'y aura Dieu quelconque qui ſoit teſmoing, guide ne conducteur de l'affection nuptiale, qui ſe termine en vnion & concorde? Il y aura quelque Dieu ſauuage qui aidera aux veneurs à courir & crier apres les cheureux, les cerfs & les liéures: & ceux qui attrapent les loups & les ours auec des foſſes & des pieges, feront prieres à Ariſteus, pource que ce fut le premier qui inuenta la maniere de les prendre aux pieges & auec des las courans: Hercules meſme prenant ſon arc pour tirer à vn oyſeau, inuoque vn autre Dieu, comme dit Æſchylus, Phœbus chaſſeur luy dirige ſa fléche: Et de celuy qui eſtudie à la plus belle chaſſe du monde pour prendre vne amitié, il n'y aura ny Dieu ny Ange, qui dirige, qui addreſſe, ne qui fauoriſe ſon intention? Quant à moy ie n'eſtime pas, amy Daphneus, que l'homme ſoit plante ou arbre, moins à eſtimer que le cheſne, ou l'oliuier, ou la vigne, laquelle Homere pour la loüer ſurnomme domeſtique & priuee, veu qu'en ſa ſaiſon il monſtre vn inſtinct à germer & produire vne grande grace & beauté, tant de l'ame que du corps. Et qui eſt celuy, ce dict Daphneus, qui a iamais parlé au contraire? Qui? reſpondit mon pere: Ce ſont tous ceux qui eſtiment que le ſoing de labourer, de ſemer & de planter appartienne aux Dieux, pource qu'il y a des Nymphes Dryades qui ont la duree de leur vie égale à celle de l'arbre, & diſent que Bacchus eſt celuy qui faict croiſtre les arbres, & la ſaincte beauté des fruicts, ainſi que parle Pindare, & que la nourriture & croiſſance des ieunes enfans & garçons qui ſe forment & ſe dreſſent en leur fleur & beauté, n'appartienne & ne conuienne à pas-vn des Dieux ny demy-Dieux, & qu'il n'y ait aucune diuinité qui ait le ſoing de faire que l'homme naiſſant croiſſe droict en vertu, & que ce qu'il a de vigueur genereuſe ne tombe, & ne ſoit point abbatu ne rompu, à faulte de directeur qui en prenne ſollicitude, ou par la malice de ceux qui hantent autour de luy: ce ſeroit vne grande ingratitude & impertinence de dire cela, en oſtant à Dieu ſa bonté & benignité, qui ſe reſpand & diſtribue par tout, & ne defaut nulle part, non pas és actions meſmes, dont la fin eſt bien ſouuent plus neceſſaire que belle à voir: comme eſt noſtre naiſſance, laquelle n'eſtant ny belle ny honneſte à la veuë, à cauſe du ſang & des douleurs de l'enfantement, a neantmoins vne diuinité qui luy preſide, laquelle ſe nomme Ilithia & Lochia: autrement il valloit mieux ne naiſtre point du tout, que de naiſtre mauuais, à faute de bonne guide & de bon gardien. Mais la diuinité n'abandonne point l'homme, ny eſtant malade, ny venant à mourir, ains y a touſjours quelque Dieu qui exerce ſon office & ſa puiſſance en cela, de tranſporter les ames de ce monde en l'autre, & de mettre en repos, conduire & accompagner ceux qui ſont arriuez à la fin de leurs iours, ainſi que declare ceſtuy-cy,

> La nuict ne m'a point enfanté pour eſtre
> De bien ſonner de la Lyre le maiſtre,
> Ny les ſecrets incogneus deuiner,
> Ou pour les corps mal-ſains mediciner,
> Mais pour des morts les eſprits conduire.

Et toutefois il y a en ces adminiſtrations-là pluſieurs choſes faſcheuſes & hydeuſes, là où au contraire on ne ſçauroit dire entremiſe plus ſaincte, ne vacation ny ſollicitude plus conuenable à vn Dieu, que d'auoir l'œil à ordonner & regir les deſirs & prochas des ieunes amoureux qui ſont en fleur & en vigueur d'aage & de beauté: car il n'y a rien ny de laid, ny de contraict & forcé, mais tout gré & grace par amiable compoſition, qui rend l'amour agreable, & adreſſe la peine & le trauail à la vertu

& amitié

De l'Amour.

A & amitié, laquelle sans Dieu ne peut attaindre à la fin qui luy est propre & conuenable, & n'a autre Dieu pour guide, maistre ne conducteur, que l'amour, qui est le compagnon des Muses, des Graces & de Venus, ainsi que tesmoigne Melanippides en ces vers,

    Cupido venant à semer
    Vn gracieux desir d'aymer,
    Au cœur de l'homme sage assemble
    L'honneur & le plaisir ensemble.

Ou bien s'il n'est ainsi, qu'en pensons nous Zeuxippus? I'en pense certes cela mesme plustost qu'autrement, parce que le contraire me semble tout euidemment faulx: ioinct que l'amitié, selon que les anciens l'ont diuisee, se depart en quatre diuerses especes. La premiere est la naturelle, la seconde celle de la parenté, la tierce celle de la compagnie ou société, & la quatriéme celle de l'amour: chascune desquelles a vn B Dieu qui luy preside & qui la gouuerne, comme nous surnommons vn Iupiter, φίλιος, ξένιος, ὁμόγνιος, & πατρῷος, comme qui diroit protecteur des amis, des hostes, des parents, & de ceux d'vn mesme pays: & l'amitié de l'amour seule comme impieuse & interdicte demourera-elle sans dominateur ne gouuerneur, attendu mesmement qu'elle a plus affaire de cure, de solicitude, & de gouuernement que nulle des autres? Il est certain qu'elle en a voirement, ce dict Zeuxippus, & non point d'estrangers, mais de propres. Qui plus est, dict mon pere, la doctrine de Platon, mesme en passant, se pourroit alleguer à ce propos-là, qu'il y a vne espece de fureur qui vient du corps à l'ame, procedant de quelque mauuaise temperature d'humeur maligne, ou de la meslange de quelque mauuais vent & esprit pernicieux, mais ceste fureur-là est fascheuse & maladie dangereuse. Il y en a vne autre espece qui ne s'engendre pas sans quelque diuinité, ny ne se concree pas en l'ame ou dedans nous, ains est vne inspiration estrangere, qui vient de dehors, vn deuoyement de la raison, du sens & de l'en-C tendement naturel, prenant son origine & le principe de son mouuement de quelque puissance diuine, laquelle passion en general s'appelle enthusiasme, comme qui diroit inspiration diuine: car ainsi comme ἔμπνουν se nomme repletion d'esprit, & ἔμφρον, qui est à dire prudence & repletion de sens: aussi telle agitation de l'ame se nomme ἐνθουσιασμός, qui n'est autre chose qu'vne repletion de quelque puissance diuine. De cest enthusiasme il y a vne partie diuinatrice qui predit les choses futures, & celle-la s'inspire par Apollo. Il y en a vne autre Bacchanale, qui s'inspire par Bacchus, comme Sophocles dict en quelque passage,

    Dansez auec les Corybantes.

Car quant aux fureurs de Cybele mere des Dieux, & aux Panicques, elles tiennent des Bacchanales. La troisiéme espece est celle qui procede des Muses, laquelle saisissant vne ame delicate, non polluë ne contaminee de vices, excite en elle l'inspiratiõ poë-D tique & musicale. Et quant à la Martiale & guerriere, il est tout notoire qu'elle est inspiree par le Dieu Mars, & que c'est vne sorte de fureur où il n'y a nulle grace ny douceur de musique, fascheuse, empeschant d'engendrer & nourrir enfans, & faisant prendre les armes à tout vn peuple. Il ne reste plus d'alienation d'entendement & de fouruoyement d'esprit en l'homme qu'vne seule sorte, qui n'est ny obscure à cognoistre, ny gueres quoye ne paisible: touchant laquelle, Daphneus, ie veux vn petit demander à ce Pemptidius,

    Qui est le Dieu qui secouë & conduit
    Le iauelot portant de si beau fruict?

i'entens le rauissement d'amour, tant enuers les beaux & bons enfans, comme enuers les sages & honnestes femmes, veu que c'est le plus chaud & le plus vehement transport d'entendement qui soit entre tous. Ne vois-tu pas que le guerrier mesme

in Phædro.

De l'Amour.

venāt à en estre surpris, pose soudain les armes, se desuest de toute belliqueuse fureur.
Lors ses vallets grande ioye en sentans,
Luy vont du dos le corcelet ostans:
& luymesme n'aiant plus volonté de combatre, demeure assis à regarder faire les autres. Et quant aux mouuements & aux saults Corybantiques, & courses Bacchanales, on les appaise & fait-on cesser en changeant seulement à la mesure le pied trochee en spondee, & au chant le Phrygien en Dorien: & semblablement la presbtresse Pythie sortant de la machine à trois pieds, sur laquelle elle reçoit l'esprit qui l'incite à fureur, demeure quoye, en paix & en tranquillité: mais depuis que la fureur de l'amour a vne fois attainct l'homme au vif à bon escient, il n'y a plus musique, ny charme, ny changement de lieu, ny chant lenitif qui la peust arrester, par ce que les amoureux aiment presents & regrettent absents: de iour ils prochassent, de nuict ils veillent sobres, & à ieun ils reclament & inuoquent leurs amours, & apres boire ils les chantent: & ne sont pas les inuentions poëtiques, comme quelques vns des anciens ont dit, pour leur viue expression, songes des veillants, mais plustost des aimants, qui parlent & deuisent à leurs amours absents comme s'ils estoient presents, les caressent & se complaignent à eux encore qu'ils ne les voyent pas, pour ce qu'il semble que la veuë peigne en l'entendement les autres apprehensions & imaginations auec couleurs liquides, lesquelles s'effacent incontinant, & s'escoulent hors de l'ame, mais les imaginations des amoureux estants imprimees & peintes à huile auec brusture de feu, laissent en leur memoire des images viues engrauees, lesquelles se meuuent, viuent, parlent, & y demeurent à tousiours suiuant ce que le Romain Caton disoit, que l'ame de l'aimant viuoit & habitoit en celle de celuy qu'il aimoit, d'autant qu'il s'imprime le visage, les meurs, le naturel, la vie: & les actions de ce qu'il aime, par lesquelles estant conduit il abrege en peu d'heure beaucoup de chemin, & trouue vne voye courte & droitte, comme parlent les poëtes Comiques, pour paruenir à la vertu: car il passe de l'amour en l'amitié, estant porté & guidé par la faueur du Dieu d'Amours sur l'instinct de son affection, ne plus ne moins que dessus vne vague. Ie dy doncques en somme, que le rauissement & enthusiasme des aimants n'est point sans diuinité, & qu'il n'y a autre Dieu qui le guide & gouuerne, que celuy duquel nous solennisons auiourd'huy la feste, & auquel nous sacrifions. Toutefois pour ce que nous mesurons la grandeur d'vn Dieu à la puissance & à l'vtilité, & que suiuant ceste taxe là nous estimons & nommons entre les biens humains la royauté & la vertu les plus diuins, il nous fault premierement considerer si l'amour cede à aucuns des Dieux en puissance, combien que, comme dit Sophocles,

Venus à vaincre a de pouuoir beaucoup.
Aussi est bien grande la puissance de Mars, & voyons que de tous les autres Dieux la force & puissance est diuisee egalement en deux parts, dont l'vne consiste à nous approcher & faire aimer ce qui est beau & bon, & l'autre à nous faire haïr ce qui est laid & mauuais, qui sont les premieres impressions, qui dés le commencement s'engrauent en nos ames, ainsi comme Platon en quelque lieu parle des Idees. Or considerons doncques tout premierement, que quant à l'acte de Venus nous le pouuons achetter auec vne drachme, c'est à dire auec vne bien petite piece d'argent, & n'y a homme qui pour iouir de telle volupté endurast aucun trauail, ny s'exposast à aucun danger, s'il n'estoit amoureux. Et à fin que nous n'alleguions icy vne Phryné & vne Laïs, nous trouuerons quelquefois sur le soir Gnathenion sans lanterne, attendant de la lumiere, ou appellant quelqu'vn, nous passerons outre sans nous y arrester: peu de temps apres il suruiendra vn vent d'affection & d'amour vehemente, qui fera que nous estimerons autant que les thresors & la seigneurie de Tantalus, comme lon dit, ce dont nous ne faisions n'agueres aucun compte, tant le plaisir & la
grace

De l'Amour.

A grace de Venus est foible, & saoule promptement l'homme, si l'amour n'y inspire sa vertu. Ce que vous verrez encore plus euidemment par cest autre argument icy, c'est qu'il y a plusieurs hommes qui communiquent à d'autres leurs voluptez, iusques à leur produire & prostituer non seulement leurs amies & concubines, mais aussi leurs propres femmes espousees, comme l'on recite d'vn certain Galba Romain, lequel donnoit à soupper à Mecenas, & voyant qu'il commançoit à escrimer des yeux & de petits regards amoureux auec sa femme, il laissa tout doucement aller sa teste sur le coussin, comme faisant semblant de dormir: cependant il y eut quelqu'vn des vallets qui s'approcha de la table tout bellement, & essaya de desrober du vin: ce que voyant Galba, Malheureux, dict-il, ne vois-tu pas que ie ne dors que pour Mecenas? Et quant à celuy-là à l'aduenture n'est-il pas de merueille, pource que ce n'estoit qu'vn plaisant & bouffon: mais en la ville d'Argos il y auoit deux des principaux citoyens concurrents & contraires l'vn à l'autre au gouuernement des affaires, l'vn nommé Nicostratus, & l'autre Phaulius. Passant doncques vn iour le Roy Philippus par là, l'opinion commune estoit que Phaulius ne faudroit pas de se prochasser & effectuer quelque domination tyrannique & principauté en la ville, par le moyen de sa femme qui estoit belle & ieune, si vne fois elle couchoit auec le Roy. Dequoy se doutant bien Nicostratus, s'en alla pourmener expressément deuant la porte de son logis: & Phaulius feit chauffer des botines à sa femme, luy donna vn manteau à la Macedonienne, luy meit vn chappeau sur la teste, & la conduisit luy-mesme en cest habit iusques au logis du Roy, comme si c'eust esté vn page. Or veu que par le passé & encore de present il y a eu si grand nombre d'amoureux, auez vous iamais leu ne veu, qu'aucun ait esté courtier de ses propres amours, voire quand bien ç'eust esté pour gaigner la maiesté souueraine, & les honneurs diuins de Iupiter? Ie croy, quant à moy, que non: car comment seroit-il possible, veu qu'il n'y a personne qui contredie, ne qui s'oppose aux actions des Princes & tyrans, & au contraire il y en a plu-
C sieurs qui sont leurs concurrents en amour, & qui leur font teste à aymer de belles ieunes personnes: comme lon lit, qu'Aristogiton Athenien, Antileon Metapontin, & Menalippus Agrigentin, ne s'attacherent point aux tyrans tant qu'ils les veirent gaster & ruiner le public, & faire tous les excés & cruautez du monde: mais si tost qu'ils commancerent à solliciter & tascher de corrompre leurs amours, alors ils oublierent toutes choses, & hazarderent leur vie à tout peril. Aussi dict-on qu'Alexandre escriuit à Theodorus, frere de Protheas, Enuoye moy la ieune fille musicienne que tu as, pour six mille escus que ie t'enuoye, si ce n'est que tu en sois amoureux. Vn autre de ses mignons Antipatrides estant venu en masque iouer en son logis, auec vne ieune garse qui iouoit de la flusté. Alexandre la trouua gentille, & y prit plaisir. Si luy demanda, N'es-tu point amoureux de ceste ieune garse? Et comme l'autre luy eut respondu, que si estoit bien fort: Que maudit sois tu donc, dict-il,
D malheureux que tu es, & s'en abstient, sans la vouloir toucher. D'autre costé voyez-vous en faicts d'armes, combien l'amour y a de pouuoir, n'estant ny lasche ny paresseux, comme dict Euripides, fuyant les armes, & habitant és delicates ioües des ieunes Damoiselles: car l'homme remply d'amour n'a que faire de l'assistance de Mars, pour combattre les ennemis, ains ayant son Dieu quant & soy qui luy assiste, il est prest de passer à trauers le feu, à trauers la mer, & les tempestes de l'air, pour son amy, quoy que ce soit qu'il luy commande. De tous les enfans, tant fils que filles, de Niobé, qui en la Tragœdie de Sophocles sont tuez & tirez à coups de flesches, il n'y en a pas vn qui appelle à son secours en mourant, autre defenseur ne protecteur que son amoureux,

O Iupiter enuoye à mon secours,
Celuy qui est mes loyales amours.

De l'Amour.

Vous sçauez (ie croy) tous, comment & pourquoy mourut en combattant Cleoma-chus le Thessalien. Non pas moy, dict Pemptidius, mais ie le sçaurois volontiers. Aussi est-ce chose bien digne de sçauoir, dict mon pere. Il estoit venu au secours des Chalcidiens, estant la guerre Thessalique en sa plus grande force contre les Eretriens. Or estoient les Chalcidiens assez forts de gens de pied, mais de cheual, non, & leur estoit bien malaisé de rompre la cheualerie des ennemis. Si prierent Cleomachus leur allié & confederé, homme vaillant & magnanime, de commencer la charge, & de donner le premier dedans les gens de cheual des ennemis. Et luy demanda à son amy qui là estoit, s'il verroit le combat. Le ieune adolescent respondit que ouy, & l'embrassa fort affectueusement, en luy mettant son armet en la teste. Dequoy Cleomachus ayant le cœur esleué, assembla autour de luy vne troupe des meilleurs & plus hardis hommes d'armes Thessaliens, & donna vaillamment dedans les ennemis, de maniere qu'il les esbranla dés la premiere charge, & finablement les rompit tout à faict: ce que voyans les gens de pied, prindrent aussi la fuitte: & ainsi les Chalcidiens gaignerent la bataille entiere: mais il aduint que Cleomachus y fut tué, & monstrent encore auiourd'huy les Chalcidiens sa sepulture sur la place, où il y a vne haute colonne dessus: & là où les Chalcidiens reputoient auparauant chose vituperable & infame que d'aymer les ieunes enfans, depuis ils en aymerent la façon, & l'honnorerent plus que nuls autres des Grecs. Toutefois Aristote escrit, que Cleomachus mourut bien ayant gaigné la bataille contre les Eretriens, mais que celuy qui fut baisé par son amy, estoit de la ville de Chalcide en Thrace, ayant esté enuoyé au secours de ceux de Chalcide en Eubœe: d'où vient que iusques auiourd'huy lon y chante vne telle chanson,

    Enfans extraicts de noble race,
    Doüez de belle & bonne grace,
    N'enuiez de vostre beauté
    La familiere priuauté
     Aux hommes vaillans à la guerre,
     Pource qu'on faict en ceste terre
    De vaillance profession,
    Et d'amoureuse affection.

L'aymant se nommoit Anthon, & l'aymé Philistus, ainsi que le poëte Dionysius l'escrit en son liure des Causes. Et en nostre ville de Thebes (dit-il) Pemptidius Ardelas ne donna-il pas au ieune homme qu'il auoit aymé, vn harnois complet de toutes pieces, le iour qu'il fut enroollé entre les gens de guerre? Et Pammenes homme bien experimenté en l'amour, ne changea-il pas l'ordonnáce en bataille de nos gens de pied? reprenant Homere, comme n'ayant rien entendu en l'amour, de ce qu'il rengeoit & ordonnoit les Acheiens par nations & lignees, & ne mettoit pas l'aymant aupres de l'aymé, parce que cela eust esté proprement ce que dict Homere,

    Vn escu l'autre en ordre soustenoit,
    Et vn armet en l'autre se tenoit.

Ce qui est la seule ordonnance d'armee inuincible en bataille: parce que les hommes quelquefois abandonnent bien au peril ceux de leurs lignees, leurs parents & alliez, voire leurs propres peres & leurs enfans: mais il n'y eut iamais ennemy qui euadast ne qui passast à trauers vn aymant & vn aymé, attendu que bien souuent sans qu'il en soit besoing, ils leur monstrent leur hardiesse asseuree, & qu'ils ne craignent point leur peau: comme feit Theron le Thessalien, lequel mettant sa main gauche dessus vne muraille, & desguainant son espee auec la droicte, s'en couppa le poulce deuant son amy, prouoquant son corriual à en faire autant, s'il auoit le cœur bon. Vn autre estant par cas de fortune tombé sur le visage en combattant, comme
l'ennemy

De l'Amour. 607

A l'ennemy hauſſoit l'eſpee pour luy donner le coup mortel, le pria d'attendre qu'il ſe fuſt retourné, de peur que ſon amy ne le veiſt bleſſé par derriere. Auſſi voyons nous, que non ſeulement les peuples & nations qui ont eſté plus adonnees à l'amour, ont auſſi eſté les plus belliqueuſes, comme les Bœoticns, les Lacedæmoniens, & les Candiots: mais auſſi les anciens Princes & Capitaines, comme Meleager, Achilles, Ariſtomenes, Cimon, & Epaminondas, lequel auoit deux ieunes hommes qu'il aymoit, Aſopicus & Zephiodorus, qui mourut quant & luy à Mantinee, & eſt enterré tout aupres de luy. Et Euchnamus Amphiſſien, qui le premier oſa faire teſte à Molus, le plus terrible & le plus redouté qui fuſt entre tous les ennemis, & l'ayant tué en fut honoré par les Phociens d'honneurs heroïques. Quant à Hercules il ſeroit malaiſé de nombrer ſes amours, tant il y en a : mais entre les autres on reuere & honore iuſques auiourd'huy Iolaüs, d'autant qu'on eſtime qu'il ait eſté aymé de luy, & va l'on prendre le ſerment & l'aſſeurance d'amour que l'on ſe iure reciproquement l'vn à

B l'autre deſſus ſa ſepulture, & dict-on qu'Apollon eſtant expert en la medecine ſauua Alceſtis d'vne maladie deſeſperee, en faueur d'Admetus, qui eſtoit amoureux de ſa femme: car les poëtes feignent qu'Apollon aymant Admetus, le ſeruit, comme ſon vallet, vn an tout entier: & nous eſt venu Alceſtis bien à propos en la memoire, parce que les femmes n'ont pas ordinairement rien de commun auec Mars, mais toutefois le rauiſſement d'amour les pouſſe iuſques à oſer faire choſes qui ſont contre leur naturel, & de volontairement mourir. Et ſi les fables des Poëtes ont quelque puiſſance de faire foy, cela eſt prouué par ce que l'on dict d'Alceſtis, de Proteſilaüs, & de Eurydicé femme d'Orpheus, que Pluton n'obeyt à autre Dieu, & ne faict ce qui luy eſt commandé par autre que par Amour, combien qu'enuers tous les autres, ainſi que dict Sophocles,

De grace il n'vſe & de doulce equité,
Ains de iuſtice en toute auſterité:

C encore toutefois porte-il quelque reſpect aux amoureux, & enuers ceux-là ſeuls ſe monſtre gracieux, & non pas rigoureux & inflexible. Parquoy ie dis, mon amy, que c'eſt bien bonne choſe que d'eſtre reçeu en la religion & côfrairie des myſteres d'Eleuſine, mais ie voy que les ſuppoſts & deuots de l'amour ſont encore en meilleure condition en l'autre monde enuers Pluton: non que ie croye du tout aux fables des Poëtes, mais auſſi ne les decroy-je pas du tout: car ils diſent bien, & par ne ſçay quelle diuine rencontre ils touchent au poinct de ce qui eſt & de la verité, diſans qu'il n'y a que les aymans qui retournent des enfers en ceſte lumiere: mais comment, & par quel moyen, ils n'en ſçauent rien, comme s'eſtans eſgarez, & en ayant failly le droict chemin, que Platon le premier des hommes, par le moyen de la philoſophie a retrouué & recogneu. Il y a bien parmy les fables des Ægyptiens quelques vmbres obſcures de la verité eſpandues par cy par là, mais elles ont beſoing d'vn bien experimenté

D & habile veneur, qui de peu de trace ſçache bien cognoiſtre & iuger beaucoup. Apres doncques auoir diſcouru de la force & puiſſance de l'amour qui eſt ſi grande, ie viens maintenant à examiner & conſiderer ſa largeſſe & liberalité enuers les hommes, non pas ſ'il faict beaucoup de biens à ceux qui ſont aymez, parce qu'ils ſont notoires à tout le monde, mais ſ'il porte encore plus de profit & de plus grand à ceux meſmes qui ayment. Car Euripides, quoy qu'il ſoit au demourant grand partial de l'Amour, ſi eſt-ce qu'il loüe & admire ce qui eſt le moindre en luy, quand il dict.

Amour enſeigne à l'homme la muſique,
Quoy qu'il n'en euſt deuant nulle prattique.

Car on peut dire qu'il le rend habile homme, encore qu'il fuſt lourdaut au parauant : qu'il le faict hardy & vaillant, encore qu'il fuſt auparauant laſche & coüard, comme ceux qui bruſlent & mettent au feu le bois, le rendent ferme & dur, au lieu

KKKK iij

De l'Amour.

qu'il estoit mol auparauant. Aussi tout amoureux deuient large, liberal & magnifique, au lieu qu'il estoit chiche, taquin, & tenant: car l'auarice & la chicheté se fondent & amollissent par l'amour, ne plus ne moins que le fer par le feu, de maniere qu'ils prennent plus de plaisir de donner à leurs amours, que non pas de prendre & de receuoir des autres: car vous sçauez bien comme Anytus le fils d'Anthemion estant amoureux d'Alcibiades, ainsi comme il traictoit quelques siens hostes en vn festin magnifique, Alcibiades y vint en masque folastrer, & prenant la moitié de la vaisselle d'argent, s'en alla à tout: ce que les conuiez trouuerent fort mauuais, & dirent qu'il s'estoit en cela monstré trop insolent & trop outrageux enuers luy. Mais bien courtois & gracieux, leur respondit Anytus: car il pouuoit prendre le tout s'il eust voulu, & il m'en a laissé la moitié. Zeuxippus adonc tout resiouy: O Hercules, peu s'en faut, dict-il, que tu ne m'ayes osté toute l'inimitié hereditaire que i'auois à l'encontre d'Anytus, à cause de Socrates & de la philosophie, puis qu'il estoit ainsi courtois & gentil en amour. Ainsi soit, ce dict mon pere: mais au reste poursuiuons nostre propos. L'amour rend les personnes qui autrement estoient melancholiques, seueres & chagrines, plus gentilles, plus douces & gracieuses, à ceux qui les frequentent.

    La maison est à voir plus honorable,
    Où il y a feu luysant perdurable:

Aussi est l'homme plus ioyeux & plus gay, quand il est eschauffé de la chaleur d'amour. Mais le vulgaire des hommes iuge peruersement en cela: car s'ils voyent de la lueur celeste sur vne maison la nuict, ils estiment que ce soit chose diuine, & s'en esbahissent: au contraire voyans vne ame petite, basse & vile, qui se remplit incontinent de courage, de franchise, de desir d'honneur, de grace, de liberalité, ils ne sont point semonds de dire ce que dict Telemachus en Homere,

    Certes vn Dieu habite là dedans.

Mais, par toutes les Graces, ce dict Daphneus, n'est-ce pas vn effect de cause diuine, que celuy qui est espris d'amour, mesprise presque toutes autres choses? ie ne dis pas seulement ses familiers, ses amis domestiques, mais aussi les loix, les magistrats, les Princes & les Roys: il ne craint, n'estime ny n'admire rien, ains est-si hardy qu'il se presenteroit deuant la foudre mesme penetrante guerriere: & toutefois si tost qu'il voit ses amours,

    Il se tapit de peur, comme le coq
    Qui baisse l'aile, & va fuyant le choq:

son audace luy tombe, la gayeté de son ame parauant esleuee se rauale. Et ne sera point impertinent de faire entre les Muses mention de Sappho. Les Romains escriuent que le fils de Vulcain, Cacus, iettoit feu & flamme par la bouche: mais de Sappho les paroles, à la verité, sont meslees de feu, & par ces vers elle monstre au dehors la chaleur enflammee de son cœur,

    Allegeant la douleur cuisante
    De son amour par la plaisante
    Voix des Muses,

ainsi que dict Philoxenus. Mais si d'aduenture, Daphneus, l'amour de Lysandra ne t'a faict oublier les ieux, ausquels tu soulois iadis passer le temps, ie te prie remets nous en memoire les vers de la belle Sappho, esquels elle dict, que quand son amie se presentoit deuant elle, elle perdoit la voix & la parole, son corps fondoit en sueur froide, elle deuenoit passe, & vn esblouïssement & esuanouïssement la surprenoit.

De l'Amour. 608

LA CHANSON DE SAPPHO.

Egal aux Dieux, à mon aduis,
 Est celuy qui peut vis à vis
 Ouïr tes gracieux deuis,
 Et ce doux rire,
Qui le cœur hors du sein me tire,
 Qui tout l'entendement me vire
 Dessus dessoubs, tant il l'admire.
 Quand ie te voy,
Soudainement ie m'apperçoy,
 Que toute voix default en moy.
 Que ma langue n'a plus en soy
 Rien de langage.
Vne rougeur de feu volage
 Me court sur le cuir au visage,
 Mes yeux n'ont plus de voir l'vsage.
 Ie sens tinter
Mes aureilles sans escouter,
 Froide sueur me degoutter
 Par tous les membres, & suinter
 D'humeur glacee.
Puis d'vn tremblement conquassee
 Ie demeure pasle effacee,
 Plus que l'herbe iaulne passee.
 Finablement
Ie me treuue en ce troublement
 A demy morte, ensemblement
 Aiant perdu tout mouuement,
 Pouls & haleine.

Apres que Daphneus les eut recitez, N'est-ce doncq pas, adiousta mon pere, ie vous prie au nom de Iupiter, vn saisissement & rauissement diuin tout manifeste que cela? N'est-ce pas là vne celeste émotion de l'ame? Quelle passion si grande saisit iamais la Prophetisse Pythie pour estre montee sur la machine à trois pieds? Qui est celuy de ceux que lon estime espris de fureur diuine, que la fleute, le tabourin, ou autre dependance des cerimonies de la mere des Dieux Cybele, transporte si fort de son sens? Plusieurs regardent vn mesme corps & vne mesme beauté, & n'y en a qu'vn qui demeure pris: pour quelle cause? Certes nous ne sçauons, ny n'entendons pas ce que veut dire Menander en ces vers,

 Amour estant de l'ame maladie
 Gist proprement en quelque occasion
 Et dans le cœur s'en fait la lesion.

Et de cela le Dieu Amour en est la cause, qui touche l'vn, & laisse l'autre. Mais ce qui deuoit auoir esté dit tout au commancement, puis qu'il me vient encore en la bouche, comme dit Æschylus, ie ne le passeray point soubs silence, pour ce qu'il est de bien grande importance. Car de toutes choses qui nous entrent en l'entedement, non par le ministre des cinq sens de nature, les vnes dés le commancement ont eu foy &

Kkkk iiij

De l'Amour.

authorité par les fables, les autres par les loix, & les autres par le discours de raison. Or de la creance & opinion des Dieux, les premiers maistres & enseigneurs nous ont esté les Poëtes, les Legislateurs & les Philosophes, estants tous bien d'accord en cela de supposer, comme chose certaine, qu'il y a des Dieux, mais au demourant estants entre eulx en grand discord, touchant le nombre, l'ordre, le rang, l'essence & puissance d'iceux. Car ceux des Philosophes ne sont point subiects à devenir malades, ny à vieillir, ny ne sçauent que c'est de sentir labeurs & trauaux,

   Seurs de ne passer point le port
   D'Acheron bruyant à la mort:

de maniere qu'ils ne reçoiuent point les Erides des Poëtes, ny les Lites, c'est à dire, les dissensions & reconciliations, ny Dimus ny Phobus, qui sont la peur & la frayeur, car ils ne veulent point aduoüer qu'ils soient Dieux ny enfans de Mars, & combattant mesmes de plusieurs alencontre des Legislateurs, comme Xenophanes qui disoit aux Ægyptiens, touchant Osiris, Si c'est vn Dieu, ne le lamentez point: si c'est vn homme, ne l'adorez point. Au contraire aussi les Poëtes & les Legislateurs ne daignent pas seulement escouter & ouïr certains Philosophes qui font des Dieux de quelques Idees des nombres, des vnitez, & des vents, & ne les peuuent pas entendre. Bref, il y a touchant cela vne grande inegalité & difference entre leurs opinions. Mais tout ainsi comme anciennement il y auoit trois ligues & factions à Athenes, toutes aduersaires & ennemies les vnes des autres, & nonobstant quand ils furent tous ensemble, ils esleurent d'vn commun consentement, & donnerent tous leurs voix à Solon, l'eslisans pacificateur, gouuerneur & legislateur, d'autant que sans dispute ils luy deferoient tous la principauté & premier degré de vertu & d'honneur : aussi les trois ligues des opinions des Dieux, donnans leurs voix les vns d'vn costé, les autres de l'autre, & ne receuans pas facilement celles des autres toutes ensemble s'accordent en vn: & vnanimement admettent & reçoiuent Amour en la liste des Dieux, les plus excellents Poëtes, les meilleurs Legislateurs, & les plus excellents Philosophes, le loüant haultement par leurs escrits: Et comme Alceus dit, que tous les Mytilenciens d'vn accord & consentement esleurent Pittacus pour leur prince: aussi Hesiode, Platon & Solon amenent & conduisent Amour de la ville de Helicon en l'Academie pour nostre Roy, nostre Prince & gouuerneur, couronné de chappeaux de fleurs, honoré & accompagné de plusieurs couples d'amitié & de société, non ia telle que la descrit Euripides, quand il dit,

   Estans liez de fers sans fer forgez,

les attachant d'vne pesante, certes, & froide chaine, qui est, le besoing & la necessité, mais d'vne autre liaison qui auec des ailes les rauit & emporte aux plus belles & plus diuines choses qui soient au monde, desquelles d'autres ont mieux & plus amplement traicté. Mon pere aiant ainsi parlé, Soclarus se prit à dire, Vois-tu comment estant retombé de rechef pour la seconde fois en vne mesme matiere, ie ne sçay comment tu te destournes à force, pour n'entrer point en ce sacré propos, fuyant iniustement, s'il faut dire ainsi, ce qui m'en semble, de payer la debte que tu nous as promise? Car nagueres aiant vn peu en passant, & comme enuis, fait mention des Ægyptiens & de Platon, tu as passé oultre, & maintenant encore en fais-tu tout autant. Or quant à ce que Platon en a diuinement escrit, ou plus tost les Muses d'icy par luy, ie sçay bien que quand nous t'en prierons, tu ne le nous dirois pas: mais pource que tu nous as touché en passant, que la fable des Ægyptiens s'accorde assez à ce que les Platoniques escriuent touchant l'amour, il ne seroit pas raisonnable que tu refusasses à nous descouurir & declarer comment, & nous nous contenterons quand nous en entendrons vn peu de beaucoup. Les autres de la compagnie l'en prierent aussi. Parquoy mon pere recommença à dire, que les Ægyptiens, conformément aux

Grecs,

De l'Amour.

A Grecs, recognoissent deux Amours, l'vn vulgaire, & l'autre celeste: mais ils en croyẽt encore vn troisiésme, qui est le Soleil, & ont Venus en grande reuerẽce. Quant à nous nous voyons bien qu'il y a beaucoup de similitude entre l'amour & le Soleil: car ny l'vn ny l'autre n'est feu materiel, comme quelques vns pensent, mais la chaleur de l'vn & de l'autre est doulce & generatiue. Car celle qui procede du Soleil, donne au corps nourriture, lumiere, & deliurance de l'hiuer, & celle qui procede de l'amour, fait les mesmes effects aux aux ames: & comme le Soleil entre deux nuees ou à trauers vn brouillas est plus ardent, aussi est l'amour apres vn courroux & vne ialousie, quãd on fait appointement auec ses amours, plus doux & plus vehemeut. Dauantage tout ainsi comme il y en a qui estiment que le Soleil tous les soirs s'esteigne, & tous les matins se r'allume, autant en cuydent-ils de l'Amour, comme estant mortel & perissable, non pas constant en vn estre: & puis la disposition du corps qui n'est
B bien exercitee à supporter froid & chaud, ne peut endurer le Soleil: aussi ne fait le naturel de l'ame, qui n'est bien apprise & bien endoctrinee, supporter l'amour sans peine & fascherie: ains & l'vn & l'autre s'en altere, & en sort de son ordinaire, s'en trouuant également indisposé, & s'en prenant à la force & puissance du Dieu, & non à sa propre imbecillité & impuissance: excepté qu'il y a difference en ce, que le Soleil monstre sur terre à ceux qui ont des yeux, autant les laides que les belles choses, & l'amour n'est la lumiere que des belles seulement, ne faisant regarder les amants qu'à celles-là seules, & se tourner deuers elles, & au contraire ne tenir compte de toutes les autres. Au demourant ceux qui appellent la Terre Venus, n'en cottent aucune similitude, mais si bien ceux qui appellent la Lune Venus, d'autant qu'elle est diuine & celeste, & la region où est la meslange du mortel auec l'immortel imbecille de soymesme, obscure & ombrageuse, quand le Soleil ne luy luit pas, ne plus ne moins que Venus, quand Amour ne luy assiste pas. Et pourtant est-il plus croya-
C ble que la Lune resemble à Venus, & le Soleil à l'Amour plus qu'à nul autre Dieu, mais non pas pourtant que ce soient du tout les mesmes, parce que le corps n'est pas mesme chose que l'ame, ains autre, comme aussi le Soleil est sensible, & visible, & l'amour spirituel & intelligible: & si cela ne sembloit vn peu trop dur, on pourroit dire, que le Soleil fait tout au contraire de l'amour, par ce qu'il diuertit l'entendement de la speculation des choses intelligibles, à la contemplation des sensibles, en l'abusant & deceuant par le plaisir & la splendeur de la veuë, & luy persuadant de demander & de cercher en luy ou par le moyen de luy, toutes autres choses, & mesmement la verité, & rien ailleurs, estants rauis de son amour, pour ce que nous le voyons

    Tel & si beau reluire sur la terre,

comme dit Euripides, à faute de sçauoir & auoir experience de l'autre vie, ou pour mieux dire, à cause de l'oubliance des choses dont l'amour en est la ressouuenance.
D Car tout ainsi comme, quand nous nous esueillons en vne grande & claire lumiere, s'esuanouissent soudainement toutes les visions & apparitions nocturnes, que nostre ame auoit euës en dormant: aussi semble-il que le Soleil esblouïsse, charme & enchãte d'aise & d'estonnement, la memoire & l'entendement de ceux qui naissent & qui viennent en ceste vie, oublians ce qu'ils ont sçeu en l'autre. Combien que veritablement là soit la vraye & reale subsistance des choses, & icy l'apparence ou le songe, & par maniere de dire, en dormant nostre ame embrasse & admire ce qui est le plus beau & le plus admirable de tout le monde:

    Mais alentour sont les songes friuoles,
    Illusions deceuantes & folles.

Se persuadant que tout ce qu'il y a de beau, de grand & de digne, soit pardeça: si ce n'est qu'elle rencontre de bonne aduenture vn diuin, chaste & honneste amour pour

De l'Amour.

son medecin, son guide & son sauueur, lequel passant de l'autre monde par les biens corporels, la guide & conduit à la verité & au champ d'icelle, là où est logee la parfaitte, pure & naïfue beauté, sans aucune meslange de faulseté, desirant s'entr'ambrasser & deuiser ensemble, comme de bons amis qui de long temps ne se sont entreueus, luy assistant tousiours amour, ne plus ne moins qu'vn Secretain qui meine par la main les profez d'vne religion, & leur monstre toutes les sainctes & secrettes ceremonies l'vne apres l'autre : puis quand ils sont derechef renuoyez pardeçà, l'ame par elle mesme ne s'en peut pas approcher, ains par l'organe du corps, tout ainsi que les ieunes enfans ne peuuent pas d'eux mesmes comprendre les choses intelligibles, au moyen dequoy les Geometres leur baillent en main des formes palpables & visibles de la substance incorporelle & impassible, c'est à sçauoir des representations de spheres, de cubes ou corps quarrez, ou de dodecaëdres, c'est à dire de corps à douze faces egales. Aussi l'amour celeste nous presente & monstre des miroirs beaux pour contempler les choses belles, mais mortels pour y admirer les diuines, & sensibles pour y imaginer les spirituelles & intelligibles : ce sont les beaux traicts de visage, belle couleur, & figures plaisantes des ieunes personnes en fleur d'aage, & nous resueille tout doucement nostre memoire, qui peu à peu s'enflamme par cela : d'où vient que quelques vns par la sottise de leurs amis & parens, taschans à esteindre ceste affection & passion par force & sans raison, ne font rien pour eux, ains se remplissent eux mesmes de trouble & de fumee, ou se laissans aller la teste deuant en des voluptez villaines & deshonnestes, sans s'en pouuoir retirer, se fondent & desseichent. Mais ceux qui auec vn sage discours de raison accompagné de vergongne honneste, ont osté à l'amour l'ardeur bruslante de son feu, & en ont laissé en l'ame la lueur & splendeur auec la chaleur, laquelle n'excite point vn coulement ny vn glissement de semence, comme dit Epicurus, estans les Atomes serrez & estrainds, à cause de leur polissure & chatoüillement, mais bien esmeut elle vne dilatation, & ouuerture merueilleuse, fertile & generatiue, ne plus ne moins qu'il se fait en vn arbre qui iette feuilles, fleurs & fruict, à cause qu'il prend nourriture en ouurant les pores & pertuis de facilité d'obeïr & de se laisser persuader, en receuant amiablement les douces remonstrances il ne passe gueres de temps que ceux-là, dis-ie, ne penetrent plus auant que le corps de ceux qu'ils aiment, & qu'ils n'entrent au dedans de l'ame, & ne touchent aux mœurs, en rappellant leurs yeux du regard du corps, & qu'ils ne s'entreuoyent interieurement, & conuersent ensemble par communication de bons propos, le plus souuent, prouueu qu'ils ayent quelque marque & image de la vraye beauté empreinte dedans leur entendement : sinon, ils les quittent là, & se tournent à en aimer d'autres, ne plus ne moins que les abeilles qui laissent plusieurs verdures & plusieurs fleurs, pour ce qu'elles n'y treuuent point de miel : mais là où ils rencontrent quelque trace, quelque influence ou semblance de la diuine beauté qui leur rit, & qui les caresse, alors estans rauis d'aise & d'admiration, & l'attirans à eux ils s'en delectent, & se resiouissent de cela qui veritablement est aimable, desirable & cherissable à tous. Or est-il vray que les Poëtes escriuent la pluspart de ce qu'ils disent de ce Dieu d'amour, en iouant, & le chantent en follastrant, & y a peu de choses qu'ils dient à certes ny à bon escient, quand ils veulent toucher la verité ou par iugement & discours de raison, ou par inspiration diuine, comme est entre autres choses ce qu'ils disent de sa generation,

  La gente Iris, de fin or cheuelee,
  S'estant auec le Zephyre meslee
  A engendré le plus ruzé des Dieux.

Si ce n'est que vous adioustez foy aux Grammairiens, lesquels tiennent que ceste fable a esté inuentee pour exprimer la varieté & diuersité des couleurs qui apparoissent

en

De l'Amour.

A en l'arc celeſte. Et pourquoy doncq' dit Daphneus; Ie le vous diray, ce dit mon pere. Nous ſommes contraincts par manifeſte euidence de croire, que l'accident de l'arc en ciel n'eſt autre choſe qu'vne reflexion du ray de noſtre veuë qui donne dedãs vne nuee humide, egale & moyennement eſpeſſe, où elle rencontre & touche au Soleil, en voyant par reflexion ſa clarté & lueur, elle imprime en noſtre entendement ceſte opinion, que telle apparition ſoit empraincte dedans la nuee. Telle eſt l'ingenieuſe habilité & ſubtile inuention de l'Amour, qui és ames gentilles & bien nees fait vne reflexion de memoire des beautez qui apparoiſſent, & ſont ainſi nommees icy au regard de celle diuine, veritablement aimable, heureuſe & admirable beauté : mais la plus part des hommes vulgaires, pourſuiuants & maniants vne image d'icelle qui apparoit és belles & ieunes perſonnes, ne plus ne moins que dans des miroirs, n'en peuuent tirer fruict aucun plus aſſeuré ny certain, que vn peu de volupté meſlee de
B douleur : ce qui n'eſt autre choſe qu'vn eſblouïſſement & erreur du vulgaire, qui en des nuees & des vmbres cerche & pourſuit en vain le contentement de ſon deſir, ne plus ne moins que les enfans qui taſchent à prendre à belles mains l'arc en ciel, attirez & trompez par l'eſpece qui apparoit à leurs yeux : mais l'amoureux honneſte, pudique & chaſte, fait bien autremẽt, car il eſleue ſon deſir de là vers la diuine, ſpirituelle & intellectuelle beauté, & rencontrant la beauté d'vn corps viſible, ſen ſert comme d'vn inſtrument de ſa memoire, l'aime & le careſſe, & en conuerſant & hantant auec luy, d'aiſe & de ioye enflamme encore ſa penſee d'auantage. Tels amoureux eſtants par deçà auec les corps, ne s'y arreſtent pas à les deſirer ny admirer, ny quand ils ſont par delà apres leur mort ne retournent pas derechef pardeçà, comme fugitifs, pour s'amuſer aux chambres ny aux cabinets des nouueaux mariez, qui ne ſont que vaines illuſions de ſonges apparentes à hommes & femmes trop adonnez à la volupté & à l'amour des corps, que lon appelle iniuſtement & à faulſes en-
C ſeignes amoureux. Car celuy qui veritablement eſt amoureux, & aiant approché des vrayes beautez, autant comme il eſt loyſible à l'homme, prend des ailes, deuient ſanctifié, & demeure pour tout iamais là-ſus, ballant & ſe promenant touſiours alentour de ſon Dieu, iuſques à ce que paruenant derechef aux vergers de la Lune & de Venus, il ſy endort & repoſe, & recommance à reprendre vne autre generation. Mais cela eſt vn ſubiect plus hault & plus grand que ce que nous auons pour le preſent entrepris de diſcourir : parquoy pour retourner à noſtre Amour, il a cela, comme tous les autres Dieux, ainſi que dit Euripides,

Il aime à eſtre honoré des humains.

Et au contraire il luy deſplaiſt d'en eſtre meſpriſé : car il ſe monſtre doulx & bening enuers ceulx qui le reçoiuent dextrement, & rude & aſpre enuers ceulx qui ſe monſtrent rebelles à luy. Car ny Iupiter hoſpital ne chaſtie & venge ſi promptement les torts faicts aux hoſtes & aux ſuppliants, ny le Genital les maledictions des peres
D & meres offenſez, comme l'Amour exauce toſt les prieres des amants qui ingratement ſont traittez de leurs amours, en puniſſant les ſuperbes & mal-gracieux. Car que penſez vous que ce ſoit de Euxynthetus & de Leucomantide, que lon appelle encore auiourd'huy en Cypre, la Regardante par la feneſtre ; Et à l'aduenture n'auez vous point ouy conter la vengeance de Gorgo en Candie, qui fut punie tout ainſi, comme la Regardante, excepté que celle-là fut conuertie en vne roche ainſi qu'elle vouloit regarder par la feneſtre le corps de ſon amy que lon portoit en terre. Et de ceſte Gorgo fut iadis amoureux vn ieune homme appellé Aſander, honneſte & de bonne lignee, & qui aiant autrefois eſté riche eſtoit deuenu pauure & petit en biens, mais pour cela n'auoit-il point perdu le cœur, ny ne s'eſtimoit point indigne de fortune, quelque grande qu'elle fuſt. Car il pourſuiuoit en mariage ceſte Gorgo qui eſtoit ſa parente, cõbien qu'elle fuſt pour ſes biẽs & ſes richeſſes fort pourſuiuie &

De l'Amour.

pourchaffee par plufieurs autres: & quoy qu'il euft beaucoup de gens de bien & d'honneur pour corriuaux & competiteurs, toutefois il auoit gaigné tous les tuteurs, curateurs & proches parents d'icelle.

En cest endroit y a vne grande bréche en l'original Grec.

D'auantage les caufes de l'Amour que lon dit, ne font point propres ny peculieres à l'vn ny à l'autre fexe, ains font communes à tous deux. Car les images qui penetrent au dedans des amoureux, felon les Epicuriens, & difcourent par tout, efmeuuent & chatouillent toute la maffe du corps gliffante & coulante en femence par certaines difpofitions des Atomes : il ne fe peut dire que cela foit poffible, procedant des mafles, & impoffible procedant des femelles, ny auffi ces belles & fainctes rememorations que nous referons à la diuine, vraye & parfaitte beauté, felon les Platoniques, moyennant lefquelles l'ame fe forme des ailes, qui empefche que telles recordations ne procedent des ieunes enfans, auffi bien comme des ieunes filles ou femmes. Quãd on voit vn bon naturel, chafte & honnefte, conioinct auec vne fleur de grace & de beauté, & quand le beau foulier, comme difoit Arifton, monftre la bonne façon du pied, c'eft à dire, quand foubs beaux vifages & en corps pudicques & nets, ceux qui font exercitez à cognoiftre & iuger telles chofes, apperçoiuent des traces cleres & euidentes d'vne ame droicte, fincere & non point affettee : il n'y auroit point de propos de dire que le voluptueux interrogué,

L'affection tienne à aimer eft-elle
Encline au mafle ou plus à la femelle?

& aiant refpondu,

Où beauté eft, ambidextre ie fuis,

euft fait vne refponfe pertinente, felon fa concupifcence charnelle, & que l'honnefte & genereux ne dirigeaft fes affections à la beauté & gentilleffe de la nature, ains à la difference du fexe. Le bon Efcuyer qui aime les cheuaux, n'aimera pas moins la bonté & viftesse du cheual Podargus, que celle d'Ætha la iument d'Agamemnon: Et le veneur ne prend pas plaifir feulement à auoir des chiens, ains nourrit auffi des lyces de Candie & de Laconie. Celuy doncques qui aime la beauté & la doulceur, ne fera-il pas egal à l'vn & à l'autre fexe, ains penfera qu'il y ait difference, comme entre les habillements, entre aimer les hommes & les femmes? Et toutefois on dit, que beauté eft la fleur de vertu. Or de dire que le fexe feminin ne florit point, & ne donne aucune apparence de nature difpofee à produire rien de bon, il n'y auroit point de propos: Car Æfchylus dit bien,

La ieune femme à qui l'œil eftincelle
Me fait iuger qu'elle n'eft pas pucelle.

Et comment, y aura-il doncques des marques & fignes apparents fur les vifages des femmes, qui tefmoigneront vne nature fiere, lafciue & corrompue, & au contraire n'y aura fur leur face nulle lumiere d'honnefteté & de pudicité? Ou bien y en aura-il qui apparoiftront en plufieurs, mais elles ne prouoqueront ny n'exciteront perfonne à aimer? Ny l'vn ny l'autre n'eft ny vray ny vray-femblable, ains y eft tout commun autant en l'vn comme en l'autre fexe, ainfi que nous auons demonftré.

Icy y a vne autre grande defectuofité en l'Original.

O Daphneus cõbattons alencontre de ces propos là que Zeuxippus vient de difcourir, fuppofant que ce foit vne mefme chofe que l'amour, & la concupifcence qui eft defordonnee, & tire l'ame en toute diffolution : non que ie penfe qu'il le croye, mais pour ce qu'il l'a fouuent ainfi ouy dire à des hommes hargneux, & qui n'ont rien de commun auec l'amour, dont les vns tiennent foubs leur main de pauures femmelettes qu'ils ont attirees auec des doüaires, & les iettent auec leur argent en des meffnageries, & en des comptes mechaniques & fordides, querellants tous les iours

alencontre

De l'Amour.

A alencontre d'elles: les autres aiants plus de defir d'auoir des enfans que des femmes efpoufees, ne plus ne moins que les Cygales iettent leur femence fur l'efquille ou l'oignon marin, ou autres femblables herbes: auffi eux engendrans à la hafte, en des corps les premiers trouuez, apres en auoir cueilly le fruict qu'ils demandent, au refte ils ne font plus compte de mariage ny de leurs femmes, ou bien s'ils demeurent auec elles, ils ne s'en fouçient point, ny ne font plus compte de les aimer, ny d'eftre aimez d'elles: & toutefois *Stergin* & *Stergefta*, qui fignifient cherement aimer & eftre aymé, femblent eftre deriuez de *Stegin*, qui fignifie contenir, n'y aiant différence que d'vne lettre: ce qui monftre que c'eft vne mutuelle beneuolence, procedant de la longueur du temps & de la cohabitation. Mais celuy auquel amour s'attache, & qui en eft infpiré, premierement, comme s'il eftoit de la republique de Platon, il n'aura point de mien & de tien: car tous biens ne font pas communs entre tous amis, ains entre ceux
B qui eftants feparez de corps conioignent leurs ames par force, & les fondent enfemble, ne voulans ny ne croyans pas que s'en foient deux, mais vne feule. Et puis quant à la pudicité & loyauté de l'vn enuers l'autre, dont le mariage a principalement befoing, celle qui vient du dehors, & des loix, tenant plus du forcé que du volontaire, & procedant de honte & de crainte,

Ouurage eftant de plufieurs mords de bride,
De maint timon enfemble qui la guide,

a toufiours affaire de fongneufe & eftroitte garde entre ceux qui font mariez, là où en amour il y a tant de continence, d'honnefteté & de loyauté, qu'encore que quelquefois il touche vne ame impudique & lafciue, il la diuertit de toutes autres amours, & luy retrenchant toute audace effrontee, luy rabaiffant toute arrogance, & oftant toute diffolution, luy apporte au lieu vne honnefte honte, vn filence, vn gefte pofé, & vne contenance raffife, & la rend deformais obeiffante à vn feul amant:
C comme vous auez certainement bien ouy parler de cefte tant renommee courtifanne Laïs, qui eftoit appetee & recerchee de tant de gens, & fçauez bien comme elle enflammoit de fon amour toute la Grece, ou pour mieux dire, comme les deux mers Ionique & Ægee combatoient à qui l'auroit, incontinent qu'elle fut attainte de l'amour de Hippolochus Theffalien, elle quitta & abandonna le mont d'Acrocorinthe, baigné de belle fontaine fraifche, & s'enfuyant fecretement au defceu de tous fes autres amoureux, s'en alla honneftement au grand Camp d'Alexandre, là où les autres femmes par enuie & ialoufie l'aiants menee dedans vn temple de Venus, la lapiderent & affommerent à coups de pierre, d'où vient qu'encore iufques auiourd'huy lon appelle ce temple-là, le temple de Venus homicide. Nous cognoiffons des efclaues & feruantes qui fuyent la cohabitation de leurs maiftres propres, & des hommes priuez qui mefprifent la compaignie des Roynes & des Princeffes, quand ils ont les ames efprifes d'autre amour qui les domine. Car tout ainfi
D qu'à Rome, quand le Dictateur eftoit efleu, foudain tous ceux qui auoient d'autres offices & magiftrats eftoient depofez: auffi tous ceux de qui amour eft deuenu le maiftre, foudain font francs, quittes & deliures de tous autres feigneurs, & demeurent au refte en toute liberté. Et vne honnefte dame liee d'amour coniugal auec fon efpoux legitime, fouffriroit pluftoft d'eftre ambraffee de quelques Ours ou quelques Dragons, que d'eftre touchee ou de coucher auec vn autre homme que fon mary. Et bien qu'il y en ait vn nombre trefgrand d'exéples, mefmement chez vous qui eftes du pays & des fuppofts familiers de l'Amour, fi ne feroit-il point raifonnable de paffer celuy de Camma, du pays de Galatie. C'eftoit vne fort belle ieune Dame mariee auec vn Seigneur du pays, nommé Sinnatus, de laquelle Synorix le plus puiffant homme qui fuft entre tous les Galates deuint amoureux. Et voyant qu'il ne la pouuoit forcer ne perfuader pendant que fon mary viuoit, il le feit mourir. Camma pour le

LIII

De l'Amour.

refuge de sa pudicité, & le reconfort de sa douleur, choisit le temple de Diane, &
de se rendre religieuse d'icelle, selon la coustume du pays: elle se tenoit le plus du
temps au temple, sans vouloir ouyr parler aucun de ceux qui la poursuiuoient, combien qu'il y en eust plusieurs, & de grands Seigneurs, qui la demandoient en mariage:
mais Synorix aiant pris l'audace de luy en faire parler, elle monstra de ne refuir point
sa poursuitte, ny ne se plaignit point du passé, comme si pour l'amour d'elle, & pour
l'ardente affection qu'il luy portoit, non pour autre meschanceté, il eust esté induit
à faire ce qu'il en auoit fait. Si vint à la fin luy mesme, & luy teint propos de mariage: elle luy alla au deuant, & monstrant estre d'accord luy donna la main, puis
l'approcha de l'autel de Diane, là où elle feit offrande à la Deesse, en respandant vn
peu d'vn breuuage de vin & de miel empoisonné qu'elle auoit mis dedans vne coupe,
& en aiant beu presque la moitié, donna l'autre au Galathe. Puis quand elle veit
qu'il l'eut toute beuë, alors iettant vn souspir trenchant elle se prit à dire, I'ay vescu
sans toy depuis ton trespas en griefue douleur & grand regret, mō tres-cher Espoux,
attendant tousiours ceste iournee: mais maintenant reçoy moy ioyeusement, puis
que i'ay eu l'heur & la grace de venger ta mort sur ce meschant icy, estant tres-aise de
t'auoir esté compaigne en la vie, & de luy en la mort. Synorix doncques emporté
de là, dedans vne littiere, trespassa bien tost apres: Et Camma l'aiant suruescu vn
iour & vne nuict, mourut aussi fort constamment & ioyeusement. Il y a eu par le
passé plusieurs tels exemples, tant en la Grece comme entre les Barbares: qui pourroit doncques supporter ceux qui blasment & iniurient Venus, comme si assistant
& estant adioustee à l'amour, elle empeschoit l'amitié? Là où au contraire, la cohabitation du masle auec le masle se doit nommer intemperance desordonnee, & faut
crier alencontre,

   C'est villanie & violent oultrage,
   Non pas Venus, qui guide tel ouurage.

Voyla pourquoy ceux qui volontairement endurent vne telle villanie, sont estimez les plus lasches, & entachez du plus detestable vice du monde: lon ne se fie
point en eux, on ne leur porte ny honneur ny amitié, ains à la verité, comme dit
Sophocles,

   Ceux qui de tels amis perdent, en rient:
   Et qui en ont, de les perdre aux Dieux prient.

Et ceux qui n'estans pas lasches & meschants de nature ont esté de ieunesse abusez
ou forcez de l'endurer, toute leur vie puis apres les regardent de mauuais œil, & ont
en haine mortelle ceux qui les y ont disposez, voire & s'en vengent bien asprement
quand ils en peuuent auoir le moyen. Ainsi Crateuas tua Archelaüs, duquel en ses
premiers ans il auoit abusé, & Pytholaus semblablement Alexandre le tyran de Pheres. Periander le tyran d'Ambracie demanda vn iour au garçon qu'il entretenoit, s'il
estoit point encore gros: dequoy le garçon fut si irrité, qu'il le tua tout roide sur le
champ. Là où aux femmes, & mesmement à celles que lon a espousees, ce sont les
arres & gaiges d'amitié, comme obligation & societé de tressainctes cerimonies, & y
fait-on peu de compte de la volupté, mais grand de l'honneur, de la grace, foy &
loyauté mutuelle qui iournellement en sourd: tellement que par là on cognoist que
les Delphiens ne faillent point en ce qu'ils appellent Venus Harma, c'est à dire, le
chariot attelé, ny Homere quand il nomme telle conionction φιλότης, qui est à dire
amitié: & iuge-lon aussi que Solon a esté legislateur bien entendu en ce qui concerne le mariage, ordonnant que le mary aille veoir sa femme pour le moins trois fois
le mois, non pour la volupté seulement: mais ainsi comme les villes renouuellent par
interualles de temps les alliances qu'elles ont les vnes auec les autres, aussi vouloit
il que lon renouuellast l'alliance des nopces, en maniere de dire, par les propos
que lon

De l'Amour.   612

A que l'on s'entretient en telle caresse & visitation. Voire-mais il se commet plusieurs mauuaises & furieuses choses par ceux qui sont amoureux des femmes. Et ne s'en fait il pas encore d'auantage par ceux qui aiment des garçons? comme celuy qui dit,

 Tout aussi tost que i'eu ietté ma veüe
 Sur ce tendron au visage lissé
 Beau ieune fils, ie suis à bas glissé
 A mon souhait qu'entre mes bras ie l'eusse,
 Et que mourir en l'embrassant ie deusse,
 Prouueu qu'apres ma mort il en fust fait
 Vn Epigramme en memoire du faict.

Mais comme cela est vne furieuse passion enuers les femelles, aussi est cecy vne forcenee affection enuers les masles, & ny l'vn ny l'autre n'est amour. C'est doncques chose manifestement faulse de dire, que les femmes n'aient aucune vertu: car qu'est il besoing de parler de leur temperance, prudence, foy, loyauté & iustice, veu que la force mesme, la constance & magnanimité en plusieurs d'icelles est apparente? Or de dire que leur naturel ne soit pas mal propre aux autres vertus, mais que à l'amitié seule, comme on leur impute, il ne soit aucunement conuenable, il n'y auroit point de propos: car il est tout notoire qu'elles aiment leurs enfans & leur marits, & la charité naturelle qui est en elles, comme vn champ fertile, apte à receuoir & porter amitié, n'est point destituee de grace, de persuasion & de raison: ains tout ainsi comme la poësie aiant accommodé à la parole le chant, la mesure & la cadence, en a rendu ce qu'il y a de profitable, plus attrayant & plus esmouuant, & ce qu'il y a de dangereux, plus malaisé à s'en garder: aussi la nature aiant orné la femme de gracieux attraict des yeux, doulceur de parole, & beauté de visage, luy a donné de grands moyens, si elle est impudique, de deceuoir l'homme, en luy donnant du plaisir: & si elle est honneste & pudique, de gaigner la bonne grace & amitié de son mary. Or Platon conseilloit à Xenocrates, excellent philosophe & grand personnage autrement, mais vn peu trop rebours & austere de sa nature, qu'il sacrifiast aux Graces: mais aussi pourroit-on admonester la dame sage & honneste, qu'elle sacrifie à l'Amour, à fin que propice & fauorable à son mariage, il demeure auec elle en la maison, de peur que le mary ne se laissant aller & couler ailleurs, ne soit contrainct de dire ces paroles prises des Poëtes Comiques,

 O moy chetif, quelle dame d'honneur,
 Ie traitte mal, & luy fais deshonneur!

Car certainement en mariage, l'aimer est encore plus grand bien que l'estre aimé, par ce qu'il engarde le mary de tomber en beaucoup de fautes, lesquelles ruinent & gastent le mariage. Et quant à la possession qu'il y a, vn petit poignante au commancement de l'amour coniugal, ie te prie beau sire Zeuxippus, qu'elle ne te face point de peur, non plus que si c'estoit vne petite esgratigneure, ou quelque mal de dents, combien qu'encore n'y auroit point de mal, quand bien ce seroit auec esgratigneure, de se coller & incorporer auec vne femme honneste, ne plus ne moins que les arbres que l'on ente. Et quand tout est dit, le commancement de la grosse est comme vne maniere d'vlcere, & ne se peut faire meslange de deux en vn, qu'ils ne soient alterez & affectionnez l'vn enuers l'autre. Les sciences Mathematiques que l'on monstre aux ieunes enfans, les tourmentent du commancement, aussi fait la philosophie les ieunes hommes. mais comme à ceux-là ne demeure pas tousiours perseuerante la pointure de fascherie, aussi ne fait elle pas aux amants, ains semble que l'amour à son commancement face ne plus ne moins que quand deux liqueurs se meslent & incorporent ensemble, qu'il y a comme vn bouillonnement, mais apres quand il est rassis & bien espuré, il apporte aux amants vne tresferme & asseuree disposition.

De l'Amour.

laquelle est proprement la mixtion que lon appelle vniuerselle de tout en tout: mais celle des autres amis qui viuent ensemble, se rapporte à la mixtion qui se fait par attouchements ou entrelassemens, comme disoit Epicurus, & est subiecte à receuoir des rompures, separations & brisures, & ne peut faire vne telle vnion comme fait l'amour coniugal, aussi ne sont les voluptez des autres amours point plus grandes, ny les vtilitez plus continuelles des vns enuers les autres, ny la beauté plus honorable ny plus desirable que,

    Quand le mary en loyal mariage
    Auec sa femme accorde en bon mesnage.

mesmement quand le lien de la generation commune y aide: & nous monstre la nature, que les Dieux mesmes ont besoing de tel amour: car ainsi disent les poëtes, que le Ciel aime la Terre: & les Naturels tiennent, que le Soleil aime ainsi la Lune, laquelle tous les mois se conioinct auec luy, & de celle conionction en deuient enceinte. Brief n'est-il pas force que la generation mere des hommes, des animaux, & de toutes les plantes, se perde & s'esteigne totalement, quand l'amour, qui est vn desir diuinement inspiré, abandonnera la matiere, & que la matiere aussi cessera de desirer & de recercher ce principe & cest engrossement? Mais à fin que nous ne nous esgarions pas, & que nous n'vsions de langage superflu, ou tu mens à bon escient ou tu sçais bien toy-mesme que ceux qui vient de ces amours-là de garçons s'en gaudissent, comme n'aians point de fermeté ny de tenue, & comme ils s'en mocquent, disans que leur amitié se diuise auec le poil, comme vn œuf, & que quant à eux, qu'ils ressemblent les Scythes Nomades, qui campent tousiours où il y a prime vere, & où le pays est verd & fleury, mais que si tost qu'il blanchit ils en descampent. Et le Sophiste Bion disoit encore plus cruëment & plus brusquemét, car il appelloit les premiers poils de barbe des beaux ieunes fils Armodiens & Aristogitons, par ce que les amoureux estoient deliurez de tyrannie par eux, incontinent qu'ils commançoient à poindre. Il est vray que ie sçay bien que cela se diroit & obiiceroit à tort aux vrais amants, & que le dire d'Euripides est plus gentil: car en ambrassant le beau Agathon qui auoit desia de la barbe, il dit, que des beaux l'arriere-saison en estoit encore belle: mais ie dy plus, que des belles & honnestes femmes la beauté & amitié ne s'en passe point, ny auec les rides, ny auec les cheueux blancs, ains perseuere tousiours iusques au sepulchre, & iusques au monument. Aussi pourroit-on compter bien peu de couples de garçons, là où de femmes il s'en trouueroit innumerables qui ont iusques au bout gardé fidellement loyauté & cordiale amitié à leurs marits: mais ie vous en veux raconter vn exemple entre autres, qui est aduenu de nostre temps à Rome, soubs l'Empereur Vespasian. Iulius, celuy qui suscita la rebellion de la Gaule, auoit plusieurs consors & complices de sa conspiration, comme lon peut penser, & entre autres vn Sabinus ieune homme de grand cœur, & le premier do la ville de Rome en biens & en reputation, mais aiants failly à leur entreprise, & s'attendans bien qu'ils en seroient punis par iustice, les vns se tuerent eux-mesmes, les autres en s'en cuidant fuir, furent surpris. Quant à Sabinus, il luy estoit bien aisé de se sauuer en pays estrange parmy les barbares, mais il auoit espousé vne ieune Dame, la meilleure & la plus honneste qui fust au monde, que lon appelloit à Rome Emponina, comme qui diroit en langage Grec, Heroïque, laquelle il ne pouuoit ny abandonner, ny mener quand & luy. Parquoy aiant en quelque sienne maison aux champs des cachettes creusees bien profondement en la terre, pour y serrer & retirer des biens, lesquelles n'estoient sçeuës ny cogneuës que de deux de ses affranchis seulement: il enuoya dehors tous ses seruiteurs & esclaues, leur donnant à entendre qu'il auoit resolu de s'empoisonner: & retenant auec luy ces deux ausquels il se fioit, descendit en ces caueaux soubs-terrains, puis enuoya l'vn de ses affranchis nomé

Martialis

A Martialis à sa femme, luy dire qu'il s'estoit fait mourir auec du poison, & qu'il auoit bruslé toute la maison auec son corps, car il se vouloit seruir du dueil que sa femme meneroit à bon escient, pour plus certainement & plus seurement faire croire le bruit qui couroit de sa mort, comme il aduint. Car si tost qu'elle entendit ceste nouuelle, se iettant contre terre auec grands crys & lamentations, elle demeura trois iours & trois nuicts sans vouloir boire ny manger. Ce qu'entendant Sabinus, & craignant qu'elle ne se feist mourir, il commanda à Martialis de luy aller secrettement dire en l'oreille, qu'il estoit viuant, & caché dessoubs terre, mais qu'il la prioit de perseuerer encore en son dueil, & de continuer en sorte qu'on ne se peust apperceuoir qu'il y eust de la fainte. Si feit la ieune Dame tout ce qui est possible de faire, pour confirmer l'opinion diuulguee de sa mort: mais desirant le veoir, elle s'en alla vne nuict, & reuint la nuict mesme, sans que personne s'en apperceust: & continua plus
B de sept mois de rang à hanter ainsi aux enfers, par maniere de dire, auec son mary. Durant lesquels vn iour elle le desguisa d'habillemés, & luy razant la barbe & les cheueux, & luy bandant la teste, le rendit tel qu'on ne le pouuoit cognoistre, puis le feit porter à Rome parmy quelques siennes hardes, là ou n'aiant peu rien faire, elle s'en retourna derechef aux champs, & se tenoit la plus part du temps auec luy dessoubs terre, & puis au bout de quelques iours elle reuenoit à Rome, & se faisoit veoir aux autres femmes qui luy estoient familieres. Mais ce qui est encore plus malaisé à croire que tout le reste, c'est qu'on ne s'apperceut iamais qu'elle fust grosse, combien qu'elle se lauast & baignast auec les autres Dames: car l'oignement duquel les femmes frottent & huilent leurs cheueux pour les rendre blonds comme fin or, a ie ne sçay quoy de gras qui enfle & fait leuer la chair, tellement qu'il la rend plus laxe: & vsant de ce medicament-là à s'oindre toutes les autres parties de sa personne, elle cacha par ce moyen l'enfleure de son ventre qui s'esleuoit à la iournee, & supporta les douleurs
C de son enfantement toute seule, sans aide de sage femme quelconque, estant descendue dans le caueau auec son mary, ne plus ne moins que la Lionne dedans sa cauerne, là où elle nourrit elle mesme de sa mammelle deux petits iumeaux dont elle accoucha: desquels l'vn fut depuis tué en Ægypte, & l'autre passa il n'y a pas encore long temps chez nous en la ville de Delphes, aiant nom comme son pere, Sabinus. Ce neantmoins Vespasian à la fin la feit mourir: mais il en a aussi depuis esté puny, car toute sa posterité a esté en peu de temps entierement esteinte. Il ne fut en tout le regne de cest Empereur-là faict acte si cruel ne si pitoyable à veoir, & n'y eut spectacle que les Dieux & les Dæmons abominassent plus à veoir que celuy-là, combien que la constance & magnanimité d'elle en son parler diminuast la compassion de ceux qui la regardoient, mais ce fut ce qui plus irrita Vespasian alencontre d'elle: car quand elle veit qu'elle ne pouuoit sauuer la vie à son mary, elle voulut qu'on la feist mourir quand & luy, disant qu'elle auoit vescu plus ioyeusement en
D tenebres soubs la terre quand & luy, que Vespasian n'auoit fait en la lumiere du Soleil auec tout son Empire. En cest endroit, dit mon pere, se termina leur deuis de l'amour, comme ils estoient près de la ville de Thespies, là où ils apperceurent de loing venir à eux plus viste que le pas, vn des amis de Pisias, nommé Diogenes: auquel Soclarus de tout loing cria, Et bien, nous annonces-tu point la guerre? Diogenes luy respondit, Vsez de paroles de meilleur presage, car vous estes tous conuiez aux nopces: & doublez le pas, car on n'attend plus que vous pour commancer les sacrifices nuptiaux. Ces paroles resiouïrent toute la compaignie, & apperceut on que Zeuxippus mesme n'en estoit pas trop mal content, car il fut le premier qui approuua ce que Ismenodora auoit fait, & dit qu'il estoit content de prendre vn chapeau de fleurs sur sa teste, auec vne robbe blanche, & de marcher le premier à trauers la place, pour aller rendre graces au dieu Amour, de ce mariage.

C'est bien dit, par Iupiter, respondit mon pere, allons nous y-en, à fin que nous rions, & nous mocquions de cest homme. Allons adorer & remercier le Dieu, car il est tout euident qu'il a pour aggreable & fauorise ce faict icy.

De la face qui apparoist dedans le rond de la Lune.

SYLLA doncques dit cela. Car il conuient à mon propos, lequel dépend de là. Mais ie demanderois volontiers premierement, quel besoing il est de faire vn tel preambule pour venir à ces opinions qui sont en la main & en la bouche de tout le monde, touchant la face de la Lune. Pourquoy non, dis-ie, veu que la difficulté qu'il y a en ces proposicy, nous a reiettez en ceux-là? Car ainsi comme és longues maladies, apres que l'on est las d'esprouuer tous ordinaires remedes, & accoustumees regles de viure, & dietes, finablement on vient à des expiations & purifications, à des breuets que l'on attache au col, à des interpretations de songes: Aussi est-il force en si obscures & si difficiles questions & speculations, quand les communes, apparentes & ordinaires raisons & opinions ne satisfont pas, essayer encore les plus extrauagantes, & ne les mespriser point, ains nous enchanter, par maniere de dire, mesmes des discours des anciens, pour essayer par tous moyens de trouuer la verité. Car tu vois de la premiere rencontre, combien est impertinente l'opinion & le dire de ceux qui tiennent, que la face qui apparoist en la Lune est vn accident de la veuë, laquelle pour son imbecillité cede à la clarté reluysante d'icelle, ce que nous appellons esblouïssement ou barlue, & ne s'apperçoiuent pas que cela se deuroit beaucoup plus faire au Soleil, dont la lueur est bien plus brillante, plus viue, & les rayons plus perceans, comme Empedocles mesme en quelque passage en a assez plaisamment noté la difference, quand il dit,

L'aigu Soleil, & la Lune pierreuse,

nommant ainsi la lueur amiable, doulce, & non mal-faisante de la Lune. Et puis ils rendent raison pourquoy ceux qui ont la veuë foible & basse, n'apperçoiuent en la Lune aucune difference de visage, ains leur apparoist son cercle tout plain & tout vny, & au contraire ceux qui ont les yeux plus aigus & plus perceans discernent mieux les traicts du visage, & remarquent plus parfaittement l'impression d'vn visage, & en distinguent plus euidemment les parties. Car, à mon aduis, ce deuroit estre tout l'opposite, si l'imbecillité de l'œil vaincu causoit ceste apparence, que là où l'œil patient seroit plus debile, là deuroit estre l'apparence plus expresse & plus euidente. Et puis l'inegalité refute entierement ceste raison: car on ne voit point ceste face-là en vne ombre continue & confuse, ains Agesianax le poëte depeignant ne dit pas mal,

De feu luysant elle est enuironnee
Tout alentour, la face enluminee
D'vne pucelle apparoist au milieu,
De qui l'œil semble estre plus verd que bleu,
La iouë vn peu de rouge coloree.

Car à la verité les choses ombrageuses & obscures enuironnees de luysantes & claires s'enfoncét dessouz, & les claires se rehaussent aussi reciproquemét, estás par elles entrecoupees, & bref sót entrelassees les vnes dedás les autres, de sorte qu'elles representét la

figure

De la face qui apparoift en la Lune.

A figure d'vn vifage naïfuemẽt depeincte:& femble qu'il y auoit bien grande apparence en ce que difoit Clearchus à l'encontre de voftre Ariftote. Car ce perfonnage là Ariftote eftoit bien Peripateticien, ayant efté familier de l'ancien, encore qu'il ait renuerfé plufieurs poincts de la doctrine des Peripatetiques. Et quelle eftoit l'opinion de ceft Ariftote?demanda Apolloniades.Il feroit plus conuenable à tout autre, dif-je, de l'ignorer, que non pas à toy qui fais ta principale profeffion de la Geometrie. Car il dict que ce que lon appelle vifage en la Lune, font les images & figures de la grande mer Oceane, reprefentees & apparoiffantes en la Lune, comme en vn miroir. Car la circonference du rond eftant rebattuë de plufieurs endroicts, a accouftumé d'abufer la veuë és chofes que lon ne peut pas voir de droict fil. Et la pleine Lune eft le plus beau & le plus net miroir en poliffure vnie, & en luftre, qui foit au monde. Tout ainfi doncques, comme vous autres tenez que l'arc en ciel apparoift, quand la veuë eft rebattuë vers le Soleil en vne nuee qui a pris vn peu poliffure humide & de
B confiftence: auffi difoit-il, que lon voyoit en la Lune la grande mer Oceane, non pas en la place où elle eft fituee, mais au lieu où la reflexion en faict la veuë par attouchement de fa lueur reuerberee & renuoyee, comme derechef Agefianax a dict en vn autre paffage,

En vn miroir l'image flamboyante
De la grand mer vis à vis ondoyante
Elle fembloit.

Apolloniades adonc fe perfuadant qu'il eftoit ainfi: O opinion, dict il, veritablement bien fienne, & quand tout eft dict, bien eftrangement & nouuellement controuuee par vn homme temeraire, mais ayant bien des lettres & du fçauoir. Mais commẽt eft-ce que Clearchus le refutoit? En premier lieu, dif-je, Si la grand' mer Oceane eft toute d'vne nature, il faut qu'elle foit toute d'vn tenant, confluente d'vn bout en autre, & l'apparence des noirceurs & obfcuritez que lon apperçoit en la face de la Lune, n'eft
C pas toute continuee, ains y a des entre-deux clairs & reluifans, qui diuifent & feparent ce qui eft obfcur & ombrageux. Parquoy chafque lieu eftant diftingué, & ayant fes propres bornes à part, les approchemens des clairs aux obfcurs prenans vne femblance de haut & de bas, expriment & reprefentent la fimilitude de la figure qui apparoift des yeux & des léures, tellement qu'il eft force de fuppofer qu'il y ait donc plufieurs Oceans & grandes mers diftinguees par des entre-deux de terres fermes. Ce qui eft éuidemment tout faux, ou s'il n'y en a qu'vne continuee, il n'eft pas croyable que fon image apparuft ainfi diftraicte & diffipee en pieces: & quant à cecy, il eft plus feur, & y a moins de danger à l'interroguer, que non pas à l'affirmer en ta prefence. Si la terre habitable eftant égale de longueur & de largeur, il eft poffible que toute la veuë repliee & renuoyee par la Lune touche également toute la grand' mer, & tous ceux qui nauiguent, voire & qui habitent en icelle, comme font les Anglois, mefine-
D ment que vous dictes que la terre n'a pas la proportion d'vn poinct feulement au regard de la fphære de la Lune: C'eft à toy, dif-je, à regarder & confiderer cela: il eft vray que quant au repliement & à la reflexion de la veuë de la Lune, ce n'eft plus à toy ny à Hipparchus, combien que, amy Lamprias, il y ait plufieurs naturels qui ne trouuent pas bon de dire que la veuë foit ainfi rebattue, & difent qu'il y a plus de verifimilitude, qu'elle ait vne temperature & compaction obeyffante & accordante, que non pas vn battement ny vne repercuffion, telle comme Epicurus feignoit que les Atomes auoient: & ne croy pas, à mon aduis, que Clearchus nous vueille fuppofer que la Lune foit vn corps pefant ny maffif, ains vn aftre celefte rendant lumiere, auquel vous dictes que telle refraction de la veuë appartient, tellement que toute reflexion & reuerbération s'en va à vau-l'eau. Mais fi lon me prie de la receuoir & admettre, je demanderay, Pourquoy eft-ce donc que ce vifage de la mer fe voit feulement au corps

LlII iiij

De la face qui apparoift dedans

de la Lune, & non en pas vn des autres tels aftres? Car la verifimilitude requerroit que la veuë fouffrift également cela en tous, ou totalement en nul. Mais ie te prie, dif-je, en iettant les yeux fur Lucius, remets moy vn petit en memoire de ce qui a efté le premier dict par les noftres: mais pluftoft, refpondit Lucius, de peur qu'il ne femble que nous facions trop d'iniure à Pharnaces, en paffant ainfi oultre & par deffus l'opinion Stoïque, fans luy rien oppofer: dy, ie te prie, quelque chofe à l'encontre de ceft homme, lequel fuppofe que la Lune foit totalement vne mixtion de l'air & d'vn feu mol: & puis dit, que comme en vn calme il aduient quelquefois vn peu d'haleine qui frize le deffus de la mer, auffi l'air fe noircit, & que de là fe fait vne apparence de forme de vifage. Tu fais, dif-je, courtoifement, Lucius, de reueftir & couurir ainfi de paroles honneftes vne fi abfurde & fi faulfe opinion. Mais ainfi ne faifoit pas noftre amy, ains difoit ce qui eft vray, que les Stoïques meurtriffoient la Lune au vifage, en la rempliffant de taches & de macheures noires, en l'appellant Diane & Minerue, & cependant en faifant vne maffe paiftrie d'vn air tenebreux, & d'vn feu de charbons qui ne fe peut ny allumer, ny rendre lumiere propre de foy-mefme, vn corps difficile à iuger & cognoiftre, toufiours fumant, & qui toufiours brufle, ne plus ne moins que ces foudres que les poëtes appellent fans clarté & enfumez: mais que vn feu rutilant de charbons, comme ceux-cy veulent que foit celuy de la Lune, ne dure point, ny ne peut pas confifter feulement, s'il ne rencontre quelque matiere folide & qui le puiffe entretenir, conferuer, & nourrir. Ie penfe que ceux qui en fe iouant ont dit que Vulcain eftoit boiteux, l'ont mieulx entendu que n'ont pas ces philofophes là, pour ce que le feu ne peult aller auant fans bois, non plus que le boiteux fans bafton. Si doncques la Lune eft le feu, d'où eft venu qu'il y a tant d'air en elle? Car ce lieu la fublime qui fe meut en rond, n'eft point d'air, mais de quelque plus noble fubftance, laquelle peult fubtilifer & allumer toute autre chofe. Et s'il s'y eft engendré depuis, comment eft-ce qu'il ne fe perit, change & tranfmue par le feu en la fubftance ætheree & celefte? Et comment fe peult il maintenir & fe conferuer durant auec le feu fi longuement, comme vn clou fifché & attaché toufiours en vn mefme lieu? Car demourant rare diffus & efpandu, comme il eft de fa nature, il eft conuenable, qu'il fe refolue & qu'il fe diffipe, & qu'il fe referre & efpeffiffe: il eft impoffible, tant qu'il eft meflé auec le feu, & n'y aiant ny eau ny terre, qui font les deux elements feuls qui le peuuent figer & faire prendre. Et puis la celerité & impetuofité du mouuement a accouftumé d'enflammer l'air qui eft dedans les pierres, & dedans le plomb mefme tout froid: à plus forte raifon s'enflammeroit il bien plus toft, eftant tourné dedans le feu mefme auec celerité & impetuofité fi grande. Car mefme ils rabrouënt Empedocles de ce qu'il fait la Lune vn air congelé, cóme grefle contenu en vne Sphere de feu qui contient de l'air efpars çà & là & encore qui n'a en elle ny rompures ny concauitez, ny profondeurs, comme ceux qui la font de terre luy en laiffent, ains veulent qu'il foit fuperficiellement fur la voute de fon dos: ce qui eft contre la raifon, s'il a à y demourer, & ne peult eftre fi nous adiouftós foy à ce que nous en voions és pleines Lune. Car il ne falloit point diuifer & mettre à part, eftant noir & tenebreux, ains falloit ou qu'eftant caché il fuft du tout obfcurcy, ou qu'il fuft illuminé par le Soleil & quand & la Lune. Car icy bas celuy qui eft en des creux profonds & baffes fondrieres, où la lumiere ne peut penetrer, demeure vmbrageux & obfcur fans clarté: & celuy qui eft efpandu à l'entour de la terre, a de la clarté & couleur lumineufe. Car à caufe de fa rarité il eft fort aifé à tranfmuer en toute qualité & toute faculté, mais principalement de lumiere & clarté, de laquelle s'il eft tant foit peu attainct & touché, incontinent fe changeant, il eft auffi toft tout illuminé. Cefte mefme raifon dócques femble bien ayder & eftayer l'opinion de ceux qui pouffent l'air en ie ne fçay quelles profondes valees & fondrieres de la Lune,

& coarguer la vostre qui meslez & composez ie ne sçay comment sa sphære de feu & d'air. Car il est impossible qu'il demeure vmbre ny obscurité en sa superfice, quand le Soleil esclaire & enlumine de sa clarté tout ce que nous pouuons discerner & tailler de la Lune auec nostre veuë. Comme ie parlois encore, Pharnaces se prit à dire: Voyla de rechef l'ordinaire ruze de l'Academie venuë en ieu à l'encontre de nous, qui est de s'amuser à tout propos à dire contre les autres, & ne donner iamais moyen de pouuoir reprendre ce qu'ils disent eux, & rendre tousiours defendans ceux auec qui ils parlent & disputent, non pas assaillants ny accusants: mais quant à moy, vous ne m'attirerez d'auiourd'huy à rendre raison de ce que vous reprenez aux Stoïques, que premierement vous ne m'ayez vous mesmes rendu compte de ce que vous mettez le monde dessus dessoubs. Lucius adonc en se riant, Ie le veux bien, dict-il, beau sire, prouueu seulement que tu ne nous accuses point d'impieté, comme Aristarchus estimoit que les Grecs ensemble deuoient mettre en iustice Cleanthes le Samien, & le condamner de blaspheme encontre les Dieux, comme remuant le foyer du monde, d'autant que cest homme taschant à sauuer les apparences, supposoit que le ciel demouroit immobile, & que c'estoit la terre qui se mouuoit par le cercle oblique du Zodiaque, tournant à l'entour de son aixieu. Mais quant à nous, nous ne disons rien que nous prenions d'eux, mais ceux qui supposent que la Lune soit terre, pourquoy est-ce qu'ils mettent le monde sans dessus dessoubs, plustost que vous qui dictes que la terre demeure icy suspenduë en l'air, estant de beaucoup plus grande que la Lune, ainsi que les Mathematiciens les mesurent, par les accidents des eclipses, & par les passages de la Lune à trauers l'vmbre de la terre, colligents combien elle occupe? Car l'vmbre de la terre est moindre qu'icelle, d'autant qu'elle est iettee par vn plus grand luminaire. Et que le bout d'icelle vmbre soit plus estroit & plus pointu, on dict qu'Homere mesme ne l'a pas ignoré, ainsi l'a exprimé quand il a appellé la nuict Thoen, c'est à dire aiguë à cause de la poincte aiguë de l'vmbre de la terre, & neantmoins la Lune és eclipses estant comprise dedans icelle vmbre, à peine en peut elle sortir en passant trois fois autant de longueur d'espace, comme elle est grande. Considerez doncques maintenant combien de fois la terre doit faire la grandeur de la Lune, s'il est ainsi qu'elle iette vne vmbre, de laquelle la plus estroicte pointe en largeur est autant que la Lune trois fois. Mais à l'aduenture que vous craignez que la Lune ne tombe, si lon aduouë qu'elle soit terre. Et quant à la terre, Æschylus vous a asseurez, à l'aduenture, disant,

  Atlas est or asseuree coulomne
  Qui sur son dos a du ciel la couronne,
  Fardeau bien mal-aisé à ambrasser.

Et au dessoubs de la Lune court l'air leger, & non assez ferme pour soustenir vne solide masse, là où au dessoubs de la terre, il y a des coulomnes & pilliers de diamant qui la soustiennent, comme dict Pindare. C'est pourquoy Pharnaces est hors de crainte que la terre ne tombe: mais il a pitié de ceux qui sont à plomb au dessoubs du cours de la Lune, comme les Æthiopiens & ceux de la Taprobane, de peur qu'vn si pesant fardeau ne tombe sur eux: & toutefois il y a le mouuement de la Lune qui engarde qu'elle ne tombe, & la violence de sa reuolution, ne plus ne moins que les pierres & cailloux, & tout ce que lon met dedans vne fonde, sont empeschez de tomber, parce que lon les tourne violentement en rond. Car chasque corps se meut selon son mouuement naturel, s'il n'y a autre cause qui l'en destourne. C'est pourquoy la Lune ne se meut point selon le mouuement de sa pesanteur, estant son inclination deboutee & empeschee par la violence de la reuolution circulaire. A l'aduenture y auroit-il plus de raison de s'esbahir, qu'elle demourast totalement ferme sans se remuer ne plus ne moins que la terre: mais maintenāt la Lune a vne grande cause qui

De la face qui apparoiſt dedans

l'empeſche de tendre icy bas. Et la terre qui n'a autre mouuement quelconque, il eſt vrayſemblable qu'il n'y a autre cauſe qui la meuue, que ſa peſanteur: car elle eſt plus peſante que la Lune, non ſeulement pource qu'elle eſt plus grande, mais auſſi pource qu'elle eſt chaude, à cauſe du feu qu'il y a dedans, qui la doit rendre plus legere. En ſomme il ſemble, parce que tu dis, ſ'il eſt vray que la Lune ſoit feu, qu'elle ait beſoing de la terre ou de quelque autre matiere, ſur laquelle elle ſe poſe & s'attache pour y maintenir & nourrir ſa puiſſance. Car il n'eſt pas poſſible d'imaginer comment vn feu ſe puiſſe maintenir ſans matiere apte à bruſler, & vous autres dites que la terre demeure ferme ſans aucun ſoubaſſement ny pied qui la ſouſtienne. Ouy certainement, ce dit Pharnaces, eſtant en ſon lieu naturel, qui eſt celuy du milieu: car c'eſt celuy auquel toutes choſes graues & peſantes tendent, enclinent, contrepouſſent, & aſpirent naturellement de tous coſtez. Et la ſuperieure region, ſi d'aduenture il y a quelque choſe terreſtre & peſante qui y ſoit iettee contre-mont par violence, incontinent elle la repouſſe à toute force çà bas, ou pour mieux dire, elle la laiſſe aller à ſa propre inclination, qui eſt de tendre à bas, ſelon ſon naturel. A quoy refuter, voulant donner temps à Lucius de ſe reſouuenir des raiſons, appellant Theon ie luy demanday qui eſt le poëte Tragique qui dict,

    Les medecins deſtrempent la cholere
    Amere, auec vne autre drogue amere.

Theon m'ayant reſpondu que c'eſtoit Sophocles, Il leur faut, diſ-je, conceder cela, quant à eux, pour la neceſſité: mais il ne faut pas preſter l'oreille aux philoſophes qui veulent ſouſtenir des opinions eſtranges par d'autres encore plus eſtranges, & qui pour oppugner des ſentences extrauagantes & eſmerueillables, en forgent d'autres encore plus eſmerueillables, comme ceux-cy introduiſent & mettent en auant le mouuement vers le milieu. En quoy, quelle ſorte d'abſurdité a-il qui ne s'y trouue? Ne tiennent-ils pas, que la terre eſt ronde comme vne boule, & neantmoins nous voyons qu'elle a de ſi grandes hauteurs & ſi grandes profondeurs, & telles inegalitez? Ne tiennent-ils pas, qu'il y a des Antipodes qui habitent à l'oppoſite l'vn de l'autre, attachez de tous coſtez à la terre, mettant deſſus ce qui eſt deſſoubs, & deſſoubs ce qui eſt deſſus, comme ſi c'eſtoient des artiſons & des chats qui s'attachent à belles griffes? Ne veulent-ils pas, que nous meſmes ſoyons poſez ſur la terre, non à plomb & à angles droicts, mais penchans à coſté comme font ceux qui ſont yures? Ne font-ils pas ces comptes, que ſ'il y auoit des fardeaux de mille quintaux qui tombaſſent dedans la profondeur de la terre, que quand ils ſeroient arriuez au centre du milieu, ils ſ'arreſteroient ſans que rien les ſouſteint ny leur vint au deuant: & ſi d'aduenture tombans à force, ils oultrepaſſoient le milieu, ils s'en retourneroient & rebouſſeroient de rechef en arriere d'eux meſmes? Ne diſent ils pas, que qui ſieroit deux trócs de poultre d'vn coſté & d'autre de la terre, ils ne tomberoient pas touſiours contrebas, ains que tombans tous deux ſur la ſuperfice de la terre par le dehors, egalement ils contrepouſſeroient pour ſe cacher au milieu? Ne ſuppoſent-ils pas, que ſi vn torrent impetueux d'eau couloit contre bas, & qu'il rencontraſt le poinct du milieu, lequel ils tiennent eſtre incorporel, il s'amaſſeroit, tournant en rond, tout alentour, demourant ſuſpendu d'vne ſuſpenſion perpetuelle & ſans fin? Il n'eſt homme qui ſe peuſt alencontre de la verité forcer de rendre par imagination cela poſſible. Car cela eſt proprement mettre le haut en bas, & toutes choſes renuerſees ſans deſſus deſſoubs, parce que ce qui eſt iuſques au milieu ſera le bas, & ce qui eſt deſſoubs le milieu au contraire ſera le hault: de maniere que ſi quelque homme par ſouffrance & conſentement de la terre auoit ſon nombril contre le milieu d'icelle, il auroit par ce moyen tout enſemble & les pieds & la teſte en hault contremont: & ſi l'on venoit à cauer le lieu qui eſt par delà le milieu, quand on le viendroit à deterrer & tirer dehors, le

                                                                                  hault

le rond de la Lune. 616

hault seroit tiré contre bas, & le bas contremont tout ensemble. Et si lon en imaginoit quelque autre place à l'opposite de celuy-là, les pieds qui seroient au contraire l'vn de l'autre, seroient neantmoins tous deux appellez contremont. Ayans doncques sur leurs espaules, & trainans apres eux, ie ne dis pas la besasse, mais la gibeciere d'vn triacleur, & bougette d'vn ioüeur de passe-passe, pleine de tant d'absurditez, ils disent neantmoins que les autres errent, quand ils mettent la Lune, qu'ils disent estre terre, en hault, & non pas là où est le milieu du monde : & toutefois si tout corps pesant incline en mesme endroict, & de toutes ses parties oppositement tend au milieu, certainement la terre ne s'approchera & ne s'appropriera pas les masses pesantes, qui sont ses parties, pource qu'elle soit le milieu de l'vniuers, plustost que pource qu'elle est vn tout : & l'amas des corps graues à l'entour d'elle ne sera pas signe qui monstre qu'elle soit le milieu du monde, mais bien sera-ce indice pour prouuer & tesmoigner que ces corps là qui en auoient esté arrachez, & qui derechef y retournent, ont communication & conformité de nature auec la terre. Car ainsi comme le Soleil conuertit en soy les parties dont il est composé, aussi la terre reçoit la pierre, comme partie à elle appartenante, de sorte qu'auec le temps chascune de ces choses s'vnit & s'incorpore auec elle. Et si d'auenture il y a quelque autre corps qui dés le commancement n'ait point esté attribué à la terre, ny distraict d'auec elle, ains ait eu à part sa consistence & sa nature propre & peculiere, comme ceux là pourroient dire la Lune, qui empesche qu'il ne demeure à part separé, estrainct, composé & relié de ses propres parties? car ils ne demonstrent point que la terre soit le milieu de l'vniuers : & la congregation des corps graues qui sont icy, & assemblage auec la terre, nous monstre la maniere comment il est vray-semblable, que les parties qui sont là assemblees au corps de la Lune, y demeurent. Mais celuy qui chasse & renge les masses pesantes & terrestres en vne mesme place, & les faict parties d'vn mesme corps, ie m'esbahis comme il ne baille la mesme force & contraincte aux substances legeres, ains laisse à part l'vn de l'autre tant d'assemblements de feu, & qu'il n'a-massé ensemble tous les astres, & n'estime qu'il y doiue auoir vn seul corps de toutes les substances flamboyantes, & qui montent contremont. Mais vous autres Mathematiciens, amy Apollonides, affermez que le Soleil est distant du premier mobile d'vne quantité innumerable de stades, & apres luy Venus & Mercure, & les autres planettes semblablement, lesquelles au dessoubs des estoilles fixes distantes les vnes des autres de grands interualles, font leurs reuolutions, & ce pendant vous estimez que le monde ne baille pas aux corps pesans & terrestres vne place large & grande, distante des vns aux autres. Vous voyez manifestement que ce seroit vne consequence ridicule, de nier que la Lune soit terre pource qu'elle n'est pas au bas du monde, & ce pendant affermer qu'elle soit astre, estant esloignee du firmament & premier mobile, d'vne si grande multitude de stades, comme si elle estoit plongee en vn fond. Car elle est si basse au dessoubs de toutes les autres estoilles, que lon ne le sçauroit exprimer, ains vous defaillent les nombres à vous autres Mathematiciens, quand vous le voulez supputer & sommer, & semble qu'elle touche presque à la terre, faisant sa reuolution toute prochaine des cymes des montaignes, ne plus ne moins que l'orniere d'vn chariot, ainsi que dict Empedocles. Car bien souuent elle ne surpasse pas l'vmbre de la terre qui est bien courte, pour la grandeur excessiue du corps du Soleil illuminant, ains semble qu'elle tourne si pres de la superfice, &, par maniere de dire, entre les bras, & au sein de la terre, qu'elle nous bousche la veuë du Soleil, d'autant qu'elle ne surpasse point ce lieu vmbrageux, obscur comme la nuict, & terrestre, qui est en maniere de dire, le finage de la terre. Et pourtant peut-on dire hardiment, que la Lune est dedans les bornes & confins de la terre, attendu mesmement qu'elle est offusquee par les haultes crouppes des montagnes d'icelle. Mais

De la face qui apparoiſt dedans

pour laiſſer là les eſtoilles, tant errantes que fixes, voyez ce que preuue & demonſtre E
Ariſtarchus en ſon traicté des grandeurs & interualles, que la diſtance du Soleil eſt
plus grande que la diſtance de la Lune, dont elle eſt eſlongnee de nous dixhuict fois,
& moindre de vingt. Et celuy qui eſleue la Lune le plus hault, elle eſt, dit-il, cinquante & ſix fois autant eſlongnee de nous, comme il y a depuis le centre de la terre iuſques à nous, laquelle diſtance eſt de quarante mille ſtades, ſelon ceux qui en font la
ſupputation moyenne: & à ce compte là le Soleil doit eſtre eſlongné de la Lune quarante millions & trois cens mille ſtades, tant elle eſt diſtante du Soleil, à cauſe de ſa
grauité, & tant elle s'approche de la terre: tellement que ſi par les lieux il faut diſtinguer les ſubſtances, la part, portion & region de la terre s'attribue à la Lune, & à raiſon du voiſinage & de la proximité, elle a droict d'eſtre cenſee & reputee entre les
natures & les corps terreſtres: & ne faillons point, à mon aduis, ſi ayans donné au deſſus, que lon appelle, ſi vaſte & ſi profonde hauteur, & diſtance ſi immenſe, nous laiſ-
ſons au bas auſſi quelque eſpace à diſcourir, & quelque largeur, autant comme il y a F
depuis la terre iuſques à la Lune: car ny celuy qui appelle la ſeule ſuperfice du ciel le
deſſus, & tout le reſte le bas, n'eſt moderé ne tolerable: ny celuy qui definit le bas à la
terre, ou pluſtoſt au centre d'icelle ſeulement, n'eſt ſupportable, attendu que la grandeur & vaſtité du monde donne moyen d'aſſigner encore à ce bas là quelque eſpace
tel qu'il faut pour quelque mouuement: & à l'encontre de celuy qui voudroit maintenir, que tout ce qui eſt depuis la terre fuſt incontinent le hault, le deſſus & le ſubli-
me, il y a incontinent vne autre oppoſition qui luy vient au deuant & luy contredict: c'eſt, qu'il fauldroit donc auſſi dire, que tout ce qui ſeroit depuis le premier mobile & mouuement des eſtoilles fixes, ſe deuroit appeller le bas. En ſomme, comment eſt-ce que la terre eſt aſſiſe au milieu, & au milieu dequoy eſt elle? Car le tout
ou l'vniuers eſt infiny, & à l'infiny qui n'a ne commancement ny fin, il n'eſt point
conuenable qu'il y ait de milieu: car le milieu eſt vne ſorte de finiſſement, & l'infinité
eſt priuation de toutes ſortes de fins: & celuy qui affirme que la terre n'eſt point au G
milieu du tout, ains du monde, eſt plaiſant, s'il ne penſe pas que le monde meſme
ſoit ſubiect à meſmes doubtes & difficultez: car l'vniuers ne laiſſe point, non pas au
monde meſme, le milieu, ains eſt ſans ſiege certain, ſans pied ny fermeté en vuide
infiny ſe mouuant, non à aucun lieu qui luy ſoit propre. Et ſi d'aduenture il a rencontré quelque autre cauſe d'arreſt qui l'ait arreſté, non ſelon la nature de lieu, on en
pourroit autant coniecturer de la Lune, que par le moyen d'vne autre ame & d'vne
autre nature, ou pour mieux dire, d'vne autre difference, la terre demeure ferme icy
bas, & la Lune ſe meuue. Et oultre cela, voyez qu'ils ne s'apperçoiuent pas d'vne grande abſurdité & erreur où ils tumbent: car s'il eſt vray que tout ce qui eſt hors du centre de la terre, comment que ce ſoit, ſoit deſſus & hault: il n'y a donc point de partie
du monde qui ſoit le bas, ains & la terre meſme, & tout ce qui eſt ſur elle ſera hault &
deſſus: & brief, tout corps qui ſera autour & à l'enuiron du centre ſera deſſus, & n'y H
aura bas ny deſſoubs que vn ſeul poinct qui n'a aucun corps, qui ſera teſte & ſera oppoſé neceſſairement à tout le reſte de la nature du monde, ſi par nature le deſſus eſt
contremont oppoſé au deſſoubs, & le hault au bas. Et n'y a pas ſeulement ceſte abſurdité, ains les fardeaux & corps peſans perdent la cauſe pour laquelle ils tendent
& ſe meuuent vers icy bas: car il n'y aura point de corps vers lequel ils ſe meuuent,
& ce qui eſt ſans corps, il n'eſt pas vray-ſemblable, & auſſi ne le veulent-ils pas eux-
meſmes, qu'il ait tant de puiſſance que d'attirer à ſoy, & retenir à l'entour de ſoy
toute choſe. Et toutefois ſi trouue lon deſraiſonnable, & eſt contraire à la nature,
que tout monde ſoit le deſſus, & qu'il n'y ait rien qui ſoit le deſſoubs, ſinon vn terme ou bout ſans corps & ſans eſpace. Mais cela que nous diſons eſt plus raiſonnable
que la region du deſſus, & celle du deſſoubs, eſtant diuiſee l'vne de l'autre, ont
neantmoins

le rond de la Lune.   617

A néantmoins chafcune fa largeur grande & fpacieufe. Toutefois fuppofons fi tu veux, que les corps terreftres ayent des mouuements contre la nature au ciel. Confiderons tout doulcement à loifir, non violentement, que cela ne preuue pas que la Lune ne foit pas terre, mais bien que la terre foit en lieu où par nature elle ne doit pas eftre: car le feu du mont Ætna eft bien foubs terre contre la nature, mais toutefois il ne laiffe pas d'eftre feu. Et le vent qui eft contenu dedans des outres, eft bien leger de fa nature, & tendant contremont, mais par force il eft venu où fa nature ne portoit pas qu'il fuft. Et l'ame mefme, ie vous en prie au nom de Iupiter, n'eft-elle pas contre nature detenuë dedans le corps qui eft pefant, elle qui eft legere: froid, elle qui eft de feu, comme vous mefmes dictes: palpable, elle qui eft inuifible? Pour cela nous ne difons pas que l'ame ne foit rien dedans le corps, ny que ce ne foit vne chofe diuine foubs vne maffe pefante & lourde, & qui en vn moment va par tout le ciel, toute la terre, & toute la mer, & qui penetre dedans la chair, les nerfs, & les moüelles, & eft caufe d'in-
B finies paffions auec les humeurs. Et voftre Iupiter, tel comme vous le peignez & imaginez, n'eft-il pas quand il vfe de fon naturel, vn grand feu continuel? Mais maintenant il fe foubmet, il fe plie & fe transforme en toute chofe par diuerfes mutations. Parquoy prens garde, beau fire, qu'en transferant & ramenant chafque chofe à ce qui luy eft naturel, tu ne nous excogites vne diffolution de tout le monde, & ramenes és chofes la querelle ancienne d'Empedocles, ou pour mieux dire, que tu ne nous remuës ces anciens Titans & Geans contre la nature, & que tu ne trauailles pour receuoir encore cefte fabuleufe & efpouuentable erreur & confufion, où tout le pefant foit à part, tout le leger à part,

  Où du Soleil la belle claire face
  Point ne fe voit, ny l'herbuë terrace,
  Et là où point ne fe cognoift de mer,

comme dict Empedocles: la terre ne fent aucune chaleur, ny l'eau aucun vent: il n'y
C a rien en haut de pefant ny rien au bas de leger, ains font les principes des chofes folitaires, fans amour ny dilection les vns auec les autres, ne receuans aucune focieté, ny mixtion enfemble, ains f'entrefuyans & s'entredeftournans, & fe mouuans à part de mouuements particuliers, & defdaigneux, fuperbes, & fe portans en forte que fe porte tout cela où Dieu n'eft point, comme dit Platon, c'eft à dire, comme fe portent les corps où il n'y a ny ame ny entendement, iufques à ce que par la prouidence diuine defir reuienne en nature, & amitié, Venus & Amour y eftans engendrez, ainfi comme Empedocles, Parmenides, & Hefiode difent, à fin que permutans leurs lieux naturels, & s'entrecommunicans leurs puiffances, les vnes eftants aftraintes à mouuement, les autres à demeure & arreft par neceffité, le tout tendant à mieux, chafcune relafchant vn peu de fa force, & cedant de fon lieu, elles refacent vne harmonie, accord & focieté enfemble: car s'il n'y auoit aucune autre partie du monde qui fuft cō-
D tre fa nature, ains que chafcune fuft & au lieu & en la qualité où elle doit eftre felon nature, fans auoir befoing d'aucun changement ny d'aucune transpofition, & fans en auoir eu affaire dés le commancement, ie ne fçay quel ny en quoy eft l'ouurage de la prouidence, ou dequoy c'eft que Iupiter a efté pere, ny createur, ny ouurier: car en vn camp il ne feroit point de befoing d'homme qui entendift bien l'art de dreffer & ordonner les batailles, fi chafque foudard de luy-mefme fçauoit & entendoit fon reng, & fon lieu & fa place, & l'occafion qu'il deuroit prendre & garder, non plus que de iardiniers ny de maçons, fi l'eau de foy-mefme eftoit pour aller à ce qui en auroit befoing, & pour arrofer où il faudroit en coulant par deffus, & fi les briques, les bois, les pierres vfans de leurs naturelles inclinations & mouuements eftoient pour fe renger d'elles mefmes és places & ordres qu'il appartiendroit. Et fi ce propos là tout manifeftement ofte du monde la prouidence & l'ordonnance, & fi la

De la face qui apparoift dedans

diftinction des chofes qui font en ce monde, appartient à Dieu, pourquoy fe faut-il E
esbahir que la nature ait ainfi efté difpofee & ordonnee par luy, que le feu foit icy, &
les aftres là, & derechef icy bas la terre, & là fus la Lune logee en plus feure & plus
ferme prifon, celle qui eft felon la raifon, que non pas felon le premier ordre de la
nature? car f'il falloit de neceffité abfoluë que toutes chofes fuiuiffent leur naturel inftinct, & fe meuffent du mouuement auquel elles font nees, ny le Soleil ne fe mouueroit plus circulairement, ny Venus, ny autre planette quelconque, parce que les fubftances legeres & de nature de feu naturellement vont à droict fil contremont. Et fi d'aduenture la nature mefme reçoit telle permutation & chágement à raifon du lieu, tellement que le feu fe mouuant icy, fe meuue à droicte ligne contremont, & puis quand il eft arriué au ciel, que auec la reuolution du ciel il fe tourne en rond, qu'y a-il d'efmerueillable, fi femblablement les corps graues & terreftres fortans hors de leur naturel, font forcez & vaincus par l'air circôftant, de prendre vne autre forte de mouuement? car il ne fe pourroit dire auec raifon, que le ciel euft felon nature cefte puif- F
fance-là, d'ofter aux fubftances legeres la proprieté de fe mouuoir contremont, &
qu'il ne peuft auoir la puiffance de vaincre les pefantes & qui tendent contre bas, ains
aucunefois il a vfé de fa puiffance, aucunefois du propre naturel des chofes, pour les
ordonner toufiours en mieux. Mais f'il nous faut defpoüiller des habitudes & opinions afferuies, & aufquelles nous nous fommes afferuis, pour dire librement & franchement ce qui nous en femble, ie penfe qu'il n'y a partie quelconque feparee de l'vniuers, qui à part ait fon reng, fa fituation, fon mouuement, que lon peuft fimplement
dire eftre fon naturel. Mais quád chafcune partie rend & exhibe vtilement ce à quoy
elle eft nee, à quoy elle eft deftinee, & pourquoy elle a efté faicte, fe mouuant elle mefme, faifant ou fouffrant, ou eftant difpofee, ainfi comme il luy eft expedient & conuenable, ou pour fon falut, ou pour fa beauté, ou pour fa puiffance, alors il femble qu'elle a fon lieu, fon mouuement & fa difpofition qui luy eft felon nature. Qu'il foit ainfi, l'homme qui eft difpofé felon nature f'il y a autre chofe au monde qui le foit, il a G
au deffus les chofes pefantes & terreftres, principalement à l'entour de la tefte, & au
milieu, les chofes chaudes & qui tiennent du feu: & des dents les vnes viennent &
naiffent deffus, les autres deffoubs, & toutefois ny les vnes ny les autres ne font contre nature: ny le feu qui eft au hault reluifant dedans les yeux, n'eft felon nature, & celuy qui eft au cœur & en l'eftomach contre la nature, ains eft en chafque lieu colloqué proprement & vtilement. Et toutefois,

   Concques de mer & coquilles vouftees
   De dos pefans, & tortuës crouftees
   De tects maffifs auffi durs comme pierre,
   Deffus leurs corps monftrent auoir la terre.

Et neantmoins cefte croufte-là dure & pefante comme vne pierre, eftant pofee deffus
leurs corps ne les preffe ny ne les foule point, ny au contraire la chaleur naturelle H
qu'ils ont, pour fa legereté ne f'enuole pas côtremôt ny ne fe perd pas, mais font meflez & compofez les vns auec les autres felô la nature de chafcun. Auffi eft-il vrayfemblable que le monde f'il eft vn animal, a en plufieurs endroicts de fon corps de la terre,
& en plufieurs autres du feu & de l'eau, non ietté & chaffé là par force, mais ordonné
& difpofé par raifon : car l'œil n'a pas efté par force de fa legereté pouffé à l'endroict
du corps où il eft, ny le cœur n'a point efté deprimé par fa pefanteur en l'eftomach,
ains pource qu'il eftoit meilleur & plus expedient que l'vn & l'autre fuft ainfi colloqué. Auffi ne faut-il pas que nous penfions que des parties du monde ny la terre foit
gifante où elle eft, pour y eftre tombee par fa pefanteur, ny que le Soleil ait efté par fa
legereté pouffé contremont, comme vn outre ou vn ballon plein de vent, qui feroit
au fond de l'eau, viendroit incontinét au deffus, ains côme fe perfuadoit Metrodorus

natif

le rond de la Lune. 618

A natif de Chio, ny les autres astres non plus, comme qui les eust mis en vne balance, que chascune chose eust tendu pour sa legereté ou grauité aux lieux où elles sont assises maintenant : mais la raison ayant dominé en la constitution du monde, les vnes, à sçauoir les astres, comme des yeux esclairans, ont esté attachez au ciel, ne plus ne moins qu'au front du monde, pour tourner continuellement : & le Soleil ayant la force & la vigueur du cœur, enuoye par tout & distribue, comme du sang & des esprits, sa chaleur & sa lueur: & la terre & la mer sont au monde, ne plus ne moins que le ventre & la vessie au corps d'vn animal: & la Lune, qui est entre le Soleil & la terre, comme le foye ou quelque autre molle partie des intestins entre le cœur & le ventre, transmet icy bas la chaleur des corps superieurs, & attire à l'entour d'elle les vapeurs qui montent d'icy, en les subtilisant par vne maniere de concoction & de purgation: & si sa qualité solide & terrestre a quelque autre proprieté, nous ne le sçauons pas, mais en tout il est tousiours plus seur & meilleur de tenir ce qui est necessaire: car que

B pouuons nous ainsi tirer de ce qu'ils disent, vray-semblable ? Ils disent que de l'air la partie plus subtile & plus lumineuse, à cause de sa rarité, a esté faicte ciel, & ce qui s'en est espessi, resserré & compressé, a esté faict les astres, entre lesquels la Lune estant la plus pesante fut concreée de la lie la plus trouble & plus grosse : toutefois encore peut-on bien veoir comment elle n'est point separee ny diuisee de l'air, ains qu'elle se meut & faict sa reuolution à trauers celuy qui est à l'entour d'elle, à sçauoir la region des vents, & là où se font les cometes : ainsi n'a-ce pas esté par inclinations naturelles, selon que chasque corps estoit pesant ou leger, qu'ils ont esté situez & colloquez, ains par autre raison qu'ils ont tous esté rengez & ordonnez. Ces choses dictes, comme ie baillois le propos à suyure & continuer à Lucius, ne restant plus à adiouster que les demonstrations de ceste doctrine, Aristote se prenant à rire, Ie suis bien tesmoing, dict-il, que tu as faict tous tes contredicts, & toute ta refutation, à l'encontre de ceux qui supposent que la Lune soit demy feu, & qui disent que generalement tous corps

C tendent d'eux mesmes ou contremont, ou contrebas: mais s'il y a quelqu'vn qui die, que les astres de leur nature se meuuent en rond, & qu'ils soient de substance toute differente des quatre elements, il ne vous est pas incidemment & de cas d'aduenture venu en memoire d'en parler, tellement que ie suis hors d'affaires. A quoy Lucius: Si vous mettiez, dict-il, les autres astres & tout le ciel vniuersel à part en vne nature pure & nette, exempte de toute mutation & alteration de passion, & que vous meissiez vn cercle par lequel ils feissent leur mouuement de perpetuelle reuolution, à l'aduenture ne trouueriez vous pas qui maintenant vous contredist, encore qu'il y ait en cela des doubtes & difficultez infinies. Mais quand le propos descend iusques à toucher à la Lune, elle ne peut plus retenir celle perfection d'estre exempte de toute passion & alteration, ny celle beauté celeste, ains à fin que nous laissions les autres inegalitez & differences, la face mesme qui apparoist au corps de la Lune vient ne-

D cessairement de quelque passion de sa substance, ou par la meslange d'vne autre : car ce que l'on mesle souffre, parce qu'il perd sa premiere sincerité, se remplissant par force de ce qui est pire. Au demourant sa lentitude & tardité de son cours, sa chaleur foible & debile,

  Par qui iamais le raisin ne meurit,

ce disoit Ion, à quoy l'attribuerons-nous, sinon à vne imbecillité d'icelle, & à vne passion, si vn corps eternel & celeste peut estre subiect à passion ? En somme, amy Aristote, Si la Lune est terre, comme terre c'est vne tres-belle & esmerueillable chose: mais comme vn astre ou corps diuin & celeste, i'ay peur qu'elle ne soit laide, difforme, & faisant deshonneur à son beau nom, si de tous les corps qui sont au ciel en si grand nombre, elle seule, selon Parmenides a besoing de lumiere empruntee d'ailleurs,

  Tousiours beant aux rayons du Soleil.   Or nostre familier ayant

Mmmmm ij

De la face qui apparoist dedans

demonstré en sa lecture ceste proposition d'Anaxagoras, que le Soleil baille à la Lune ce qu'elle a de clarté, en a esté bien estimé. Mais quant à moy ie ne veux point dire ce que i'ay appris de vous, ou auec vous, mais l'ayant pour confessé, ie passeray outre. Il est doncques vray-semblable que la Lune est illuminee, non comme vn verre ou vn crystal, quand la clarté & les rayons du Soleil passent à trauers, ny derechef aussi par collustration & conionction de lumiere & de clarté, comme des torches allumees augmentent la clarté l'vne de l'autre : car autrement elle ne seroit pas moins pleine au croissant & au premier quartier, qu'en son opposition, si elle ne soustenoit & rebattoit les rayons du Soleil, ains les laissoit passer à trauers, à cause de sa rarité, ou si par vne contemperature il reluisoit & allumoit sa clarté en elle : car on ne sçauroit pas alleguer ses biaisemens & destournemens en la conionction, comme lon faict quand elle nous apparoist demie, ou bossuë deuant & derriere, ou comme en croissant, ains estant lors à plomb, comme dict Democritus, au dessoubs de celuy qui l'enlumine, elle recueille, & reçoit le Soleil : tellement qu'il seroit vray-semblable qu'elle mesme nous apparoistroit, & si nous monstreroit à trauers soy le Soleil. Mais tant s'en faut qu'elle le face, qu'elle mesme ne nous apparoist pas lors, & si nous cache & empesche de voir le Soleil bien souuent, comme dict Empedocles,

>   Du clair Soleil les rayons elle empesche
>   Là sus, d'attaindre à bas en terre seiche,
>   Obscurcissant d'iceluy tout autant
>   Que la largeur de la Lune s'estend.

comme si ceste lumiere du Soleil tomboit en vne nuict & en vnes tenebres, non pas en vn autre astre. Et quant à ce que dit Posidonius, que pour la profondeur du corps de la Lune, la lumiere du Soleil ne penetre pas à trauers iusques à nous, cela se refute manifestement : car l'air qui est infiny, & qui a vne profondeur beaucoup plus espaisse que n'est le corps de la Lune, est neantmoins tout esclairé & illuminé des rayons du Soleil : Il reste donc que selon l'opinion d'Empedocles, la lumiere de la Lune, qui nous apparoist, vienne de la repercussion & reflexion des rayons du Soleil. Voyla pourquoy elle n'arriue iusques à nous ny chaude ny claire, comme il seroit vray-semblable, si tant estoit que telle clarté procedast ou d'inflammation, ou de commixtion des deux lumieres : ains tout ainsi comme les voix reuerberees rendent vne Echo, & retentissement plus obscur & moins exprimé que n'est la parole, & les coups de flesches & traicts reiallissans de contre quelque muraille, sont plus mols : aussi le rayon venant à frapper dedans le large rond de la Lune a vne imbecille & debile refluxion & refusion de clarté vers nous, sa force estant dissoulte & affoiblie par la reflexion. Sylla adonc prenant la parole : Certainement, dit-il, il y a bien du vray-semblable en tout cela, mais la plus forte obiection qui soit à l'encontre, vous semble-il qu'elle ait esté aucunement adoucie, ou si nostre amy a passé par dessus sans s'y arrester ? Quelle est l'opposition que tu veux dire, ce dict Lucius ? Est-ce point la doute de la Lune, quand elle est demie ? Ouy, respondit Sylla : car il y a quelque raison, attendu que toute reflexion se fait à angles égaux, quand la Lune demie se trouue au milieu du Ciel, que la clarté venant d'elle ne doiue point donner sur la terre, mais tomber outre & delà la terre : car le Soleil estant lors sur l'orizon, touche de ses rayons la Lune. Parquoy il faut que la reflexion se face à l'opposite bout de l'orizon, & par ainsi elle n'enuoyera pas icy la lumiere, ou il se fera vne grande torse & grande difference de l'angle, ce qui est impossible. Et ie vous asseure, dict Lucius, que cela mesme ne fut pas oublié ne mis en arriere. Et iettant ses yeux en parlant sur le mathematicien Menelaüs, I'ay honte, dit-il, d'entreprendre de subuertir & destruire, en ta presence, vne position de Mathematique, laquelle est supposee comme vne base & fondement en matiere de miroirs : mais il est force, parce que ny il n'apparoist
en cest

le rond de la Lune.

A en cest exemple-cy, que toute reflexion se face à angles pareils, ny n'est vniuersellement vray, ains est contredit & refuté és miroirs esleuez en bosse ronde, quand ils font les images apparentes à vn poinct de la veuë plus grandes que soy. Et est aussi refuté par les miroirs doubles, lesquels estans ioincts l'vn deuant l'autre, l'angle se faict au dedans, & chacune des glaces rend double image apparente, les deux respondentes au costé gauche, & les deux autres obscures & peu euidentes au costé droict, tout au fond des miroirs, là où ils rendent les images apparentes plus grandes que soy-mesme à vn seul poinct de la veuë. Aussi se desment-il és miroirs qui sont concaues & creux, dont Platon rend la cause efficiente : car il dict que le miroir venant à se releuer & rehausser d'vne part & d'autre, les veuës contr'eschangent la reflexion qui vient à tomber d'vn costé en l'autre. Ainsi donc, comme des veuës les vnes recourent incontinent deuers nous, les autres glissantes en la part opposite du miroir, de rechef retournent de là par deuers nous, il n'est pas possible que toutes refle-

B xions se facent à angles égaux, tellement que venans à combattre de pres, ils pensent par ces oppositions oster aux fluxions de lumiere de la Lune en terre l'equalité des angles, estimans estre bien plus vray-semblable en l'vn qu'aux autres. Toutefois quand bien il faudroit donner & conceder cela à la bien aymee Geometrie, premierement il est vray-semblable que cela aduient és miroirs qui sont parfaictement & exquisement polis & lissez, là où la Lune a beaucoup d'inegalitez & aspretez, de maniere que les rayons sortans d'vn grand corps, & venans à donner dedans des hauteurs non petites, renuoyent de l'vn à l'autre, & s'entre-communiquent leurs lueurs qui se rebattent & s'entrelassent de toutes sortes, & les contrelumieres se viennent à rencontrer, comme si elles venoient de plusieurs miroirs à nous. Et puis encore que nous meissions & supposissions les angles égaux en la superfice de la Lune, il n'est pas inconuenient que ces rayons-là venans iusques à nous par vn si long interualle ne puissent auoir des flexions, fractions & glissemens, à fin que la lu-

D miere en soit composee & en esclaire mieux. Et y en a qui preuuent par demonstration lineaire, qu'elle iette beaucoup de sa lumiere selon la ligne droicte tiree à plomb au dessoubs de la couchee, mais d'en faire la description & delineation, en lisant & discourant ainsi publiquement, mesmement où il y auoit tant d'auditeurs, il n'estoit pas bien facile. En somme ie m'esmerueille comment ils vont ainsi remuer contre nous la Lune demie, & bossuë des deux costez, & cornuë : car si le Soleil l'enluminoit comme vne masse de matiere celeste ou de feu, il ne luy laisseroit pas la moitié de sa boule tenebreuse & sans clarté tousiours, ainsi que lon la voit, ains pour peu qu'il luy touchast en tournoyant à l'entour, il seroit conuenable qu'elle fust remplie totalement, & du tout en tout transpersee par la clarté qui s'espand facilement, & va aiseément par tout : car veu que le vin touchant à l'eau en vn poinct seulement, & vne seule goute de sang venant à tomber dedans quelque liqueur, la teint & co-

D lore toute de rouge: & dict-on que l'air mesme est alteré de la lumiere, non par aucuns decoulemens, ny par aucuns rayons qui se meslent parmy, ains par mutation & conuersion qui se faict par vne seule pointure : comment peuuent-ils penser qu'vn astre venant à toucher vn autre astre, & vne lumiere vne autre, ne se meslent pas, & ne se confondent, & ne se tournent pas entierement l'vne auec l'autre, ains qu'elle enlumine seulement par dehors ce dont elle vient à toucher & attaindre la superficie ? car le cercle que fait le Soleil en tournoyant à l'entour la Lune, tantost tombant sur le departement de ce qui en est visible & non visible, tantost se leuant droit à plomb, de maniere qu'il la coupe, & est aussi reciproquement coupé d'elle en deux, par diuers regards & diuerses habitudes du luisant aux tenebreux, estant la cause des diuerses formes de demie, de bossuë deçà & delà, & de cornuë en croissant que lon apperçoit en elle, cela plus que nulle autre chose monstre, que ce n'est vne meslange de deux

Mmmm iij

De la face qui apparoift dedans

lumieres, ains vn attouchement feulement, ny vn affemblement de diuerfes lueurs, ains vn efclairement à l'entour, que toute cefte illumination de la Lune. Mais pour autant que non feulement elle s'enlumine, mais auffi elle renuoye pardeçà l'image de fon illumination, cela nous confirme encore d'auantage en ce que nous difons touchant fa fubftance: car les reflexions & reuerberations ne fe font contre rien qui foit rare & de menuës & fubtiles parties, ny n'eft pas facile d'imaginer feulement comment vne lumiere puiffe reiaillir, ny vn feu d'vn autre feu ou lumiere, ains faut que ce qui doit faire la reuerberation & reflexion foit folide & ferme, à fin qu'il fe donne coup contre, & fe face reiailliffement en arriere. Qu'il foit vray, l'air donne paffage à trauers foy au Soleil, à caufe qu'il ne le rebat ny ne le repouffe point: & au contraire, des bois, des pierres, & des veftemens que l'on met au Soleil, nous voyons qu'il fe fait plufieurs reflexions de lumiere, & plufieurs illuminations à l'entour. Ainfi voyons nous que par luy la terre eft enluminee, non iufques au fond, comme l'eau, ny en tout & par tout, comme l'air, les rayons du Soleil paffans tout à trauers, ains tout tel cercle que faict le Soleil tournoyant vers la Lune, & autant comme il en coupe d'elle, autant en fait-il vers & à l'entour de la terre, & autant en illumine-il, & autant en laiffe-il à illuminer, car ce qui eft enluminé en l'vne & en l'autre, eft vn peu plus que demie fphære. Permettez-moy doncques que ie concluë maintenant ainfi à la maniere des Geometriens par proportion: S'il y a trois chofes defquelles la lumiere du Soleil s'approche, l'air, la Lune, & la terre, & nous voyons que la Lune n'eft point enluminee de luy comme l'air, ains comme la terre: il eft doncques force que ces deux chofes-là ayent mefme nature, qui d'vne mefme caufe feuffrent mefmes effects. Et pource que toute la compagnie qui fe prit à loüer grandement le difcours de Lucius: Fort à propos, dif-je, certes, Lucius, tu as à vn beau difcours adioufté pour conclufion vne belle proportion: car il ne te faut point fruftrer de ce qui t'appartient. Et luy s'en riant, Ie veux doncques encore y adioufter vne feconde autre proportion, à fin que nous demonftrions que la Lune reffemble toute à la terre, non feulement parce qu'elle feuffre & reçoit de mefme caufe mefmes accidents, mais auffi parce qu'elle fait de mefmes effects à l'endroict d'vn mefme obiect. Car vous me concederez bien, qu'il n'y a accident qui aduienne au Soleil, qui reffemble plus à fon coucher que fait l'eclipfe, fi vous voulez vous fouuenir de la conionction qui fe feit il n'y a pas long temps, laquelle nous feit veoir incontinent apres midy, en plein iour, plufieurs aftres en diuerfes parties du ciel, & rendit la temperature de la lumiere en l'air telle, comme eft celle du crepufcule, auant le leuer du Soleil. Sinon, ceftuy Theon nous amenera vn Mimnermus, vn Cydias, vn Archilochus, & outre ceux-là encore Stefichorus & Pindare fe lamentans, que aux eclipfes la lumiere du monde a efté defrobee, & difans qu'au milieu du iour la nuict eft venuë, & que le rayon du Soleil eft entré en la fente des tenebres. Et apres tous encore Homere, qui dict qu'au commencement de la naiffance des hommes, tout eftoit occupé de nuict & de tenebres, & que le Soleil s'eftoit perdu à l'endroict de la Lune: & cela naturellement aduient, à fin que i'vfe de fes propres termes,

Lors que des mois l'vn va & l'autre vient.

Car le demourant de la demonftration, à mon aduis, eft auffi certainement & exactement concluant comme font les demonftrations des Mathematiciens. Que fi la la nuict eft l'vmbre de la terre, & l'eclipfe du Soleil eft l'vmbre de la Lune, quand la veuë retourne en foy-mefme: car le Soleil fe couchant eft offufqué par la terre, & defaillant en fon eclipfe par la Lune, & l'vne & l'autre eft offufcation de tenebres, celle du Soleil couchant par la terre, celle du Soleil eclipfant par la Lune, qui de fon vmbre empefche noftre veuë, il eft facile de cela conclure le refte. Car fi l'effect eft mefme, mefmes font les efficients, parce qu'il eft neceffaire que mefmes accidents

en mefme

le rond de la Lune. 520

A en mesme subiect aduiennent par mesmes causes efficientes. Et si les tenebres de l'eclipse ne sont pas si profondes, & ne saisissent pas si fort, & si entierement l'air, comme font celles de la nuict, ne nous en esmerueillons pas: car la substance du corps qui fait la nuict, & de celuy qui faict l'eclipse est bien mesme, mais la grandeur n'est pas egale. Car les Ægyptiens, ce me semble, tiennent que la Lune soit en grandeur la soixante-douziesme partie de la terre : & Anaxagoras dit, qu'elle est aussi grande que le Peloponese. Et Aristarchus escrit que la ligne transuersale, ou le diametre de la Lune a vne proportion à celle de la terre, qui est plus grande que de soixante & dix-neuf, & moindre que de cent & huict à quarante trois, dont vient que la terre nous oste tout entierement la veuë du Soleil pour sa grandeur. Car il y a vn grand obstacle & opposition, qui dure autant comme faict la nuict : & la Lune, encore que quelque fois elle cache tout le Soleil, elle ne dure pas tant de temps, ny
B n'a pas telle largeur, ains apparoist tousiours alentour de sa circonference quelque lueur, qui ne permet pas que les tenebres soient bien noires & profondes, & parfaictement obscures. Et Aristote l'ancien rendant la raison, pourquoy lon voit plus souuent aduenir eclipses de Lune, que non pas de Soleil, entre autres causes améne ceste-cy, que le Soleil eclipse par obstruction de la Lune, & la Lune par obstructió de la terre, qui est beaucoup plus grande & plus spacieuse, & par consequent s'oppose bien plus souuent, au moins pour quelque sienne partie. Et Posidonius definissant ainsi cest accident, Eclipse de Soleil est la conionction du Soleil & de la Lune, de laquelle l'vmbre offusque nostre veuë : car il n'y a eclipse que pour ceux-là, desquels l'vmbre de la Lune occupant la veuë, les empesche de voir le Soleil. En quoy confessant que l'vmbre de la Lune descend à nous, ie ne sçay pas qu'il se laisse à dire, par ce qu'vn astre n'a point d'vmbre. car ce qui n'est point enluminé s'appelle vmbre, & la lumiere ne fait point d'vmbre, ains au contraire elle la chasse. Mais quels indi-
C ces & arguments, dit-il, allegua-il puis apres? La Lune, dis-je lors, souffroit mesme eclipse. Tu me l'as, dit-il, bien remis en memoire : mais voulez vous que ie me mette à poursuiure le reste du propos, comme si vous auiez desia supposé & concedé que la Lune eclipsast, estant entreprise dedãs l'vmbre de la terre? ou si vous voulez que pour le subiect d'vne declination, ie prenne à vous en faire la demonstration en vous recitant tous les arguments les vns apres les autres? Ie t'en prie, respondit Theon, fay nous le discours de cela. Certainement, dit-il, i'aurois besoing de quelque persuasion, aiant seulement oy dire, que quand ces trois corps, la Terre, la Lune & le Soleil, sont en droitte ligne, les eclipses arriuent, par ce que ou la Terre à la Lune, ou la Lune à la terre oste le Soleil. Car luy seuffre eclipse & defaut quand la Lune, & la Lune quand la terre est au milieu des trois, dont l'vn se fait en la conionction, & l'autre en l'opposition, lors que la Lune est pleine. Et Lucius : Ce sont-là, dit-il, les principaux poincts, & le sommaire, de ce qui s'en dit : mais prens premierement, si tu le
D treuues bon, le premier argument qui est tiré de la forme & figure de l'vmbre, qui est la figure d'vne pyramide renuersee, attendu qu'vn grand feu, ou grande lumiere ronde, ambrasse vne masse ronde aussi, mais moindre, dont vient qu'és eclipses de la Lune, les circonscriptions du noir & obscur, d'auec le clair & luysant, ont tousiours leurs sections rondes. Car les approches d'vn corps rond, quelque part qu'il aille, soit qu'il baille ou qu'il reçoiue les sections, pour la similitude, tiennent tousiours de la forme ronde. Le second argument. Ie pense que tu sçais bien que la premiere partie qui eclipse en la Lune, c'est tousiours celle qui regarde vers le leuant, & du Soleil à l'opposite, celle qui regarde vers le couchant : & se meut l'vmbre de la terre de l'Orient vers l'Occident, & le Soleil & la Lune, au contraire, de l'Occident vers l'Orient. L'experience des apparences nous donne cela visiblement à cognoistre, & n'est pas besoing de beaucoup de paroles pour les donner à entendre, & de ces suppositions

Mmmm iiij

De la face qui apparoiſt dedans

là ſe confirme la cauſe de l'eclipſe. Car d'autant que le Soleil eclipſe par eſtre attainct, & la Lune par aller au deuant de ce qui fait l'eclipſe, vray-ſemblablement, ou plus toſt neceſſairement, l'vn ſe ſurprent par le derriere, & l'autre par le deuant, par ce que de là commance l'obſtruction, dont premierement approche ce qui ſe met au deuant. Or eſt-il que la Lune va trouuer le Soleil venant de l'occident, comme eſtriuant de la courſe auec luy, & de l'vmbre de la terre venant du coſté d'Orient, comme de celle qui a ſon mouuement au contraire. Le troiſiéme argument eſt celuy du temps & de la grandeur des eclipſes. Car quand la Lune eclipſe eſtant bien haulte, & fort eſloignee de la terre, elle demeure peu de temps en default : & quand elle ſeuffre le meſme, eſtant baſſe & prochaine de la terre, elle eſt fort oppreſſee, & fort à tard & lentement hors de l'vmbre d'icelle : combien que quand elle eſt baſſe, elle ait ſon mouuement plus viſte, & quand elle eſt haute, plus tardif. Mais la cauſe en eſt en la difference de l'vmbre, laquelle eſt la plus large aupres de la baſe, comme ſont les pyramides, & va touſiours en eſtroiſſiſſant petit à petit, en poincte vers la cyme, iuſques à ce qu'elle ſe termine en vn bout pointu. Dont vient que quand elle eſt baſſe, elle ſe trouue embaraſſee dedans plus grands cercles, & trauerſe le fond de l'vmbre, & ce qui en eſt le plus obſcur & plus tenebreux : & quand elle eſt en hault pour l'eſtroicte eſpace de l'vmbre, eſtant comme vn peu ſouillee de limon, elle en ſort incontinent. Ie laiſſe à dire les effects qui ont des cauſes particulieres : car nous voyons que le feu en vn lieu tenebreux & obſcur apparoiſt & reluit d'auantage, à cauſe de la denſité de l'air tenebreux qui ne ſeuffre point d'effluxions ny de diffuſions de la vertu du feu, ains en contient & reſerre la ſubſtance en ſoy : ou bien ſi cela eſt paſſion du ſentiment, comme les choſes chaudes aupres des froides ſont trouuees plus chaudes, & les voluptez plus vehementes aupres des trauaux, ainſi les choſes claires apparoiſſent mieux, quand elles ſont aupres des obſcures par diuerſes paſſions qui tendent plus roide l'imagination de l'entendement, combien qu'il y ait plus de vray-ſemblable apparence en la premiere raiſon : car au Soleil toute nature de feu non ſeulement perd ſa puiſſance d'eſclairer, mais auſſi deuient plus mouſſe & plus debile à bruſler, par ce que la chaleur du Soleil diſſipe & eſpand toute ſa force. S'il eſtoit doncques veritable, que la Lune euſt vn feu mol & imbecille, comme eſtant vn aſtre limonneux & trouble, ainſi comme diſent les Stoïques, il ſeroit conuenable qu'elle ne ſouffriſt maintenant rien de ce que lon la voit ſouffrir, ains tout le contraire qu'elle ſe monſtraſt quand elle ſe cache, & qu'elle ſe cachaſt quand elle ſe monſtre, c'eſt à dire, qu'elle ſe cachaſt tout le reſte du temps, obſcurcie par l'air enuironnant, & qu'elle reluiſiſt & ſe rendiſt apparente & manifeſte par ſix mois durant, & puis au contraire qu'elle diſparuſt par l'eſpace de cinq mois, entrant en l'vmbre de la terre. Car de quatre cents ſoixante & cinq reuolutions d'eclipſes lunaires, les quatre cents & quatre ſe font de ſix en ſix mois, & les autres de cinq en cinq mois. Il faudroit doncques durant ce temps là, que la Lune apparuſt reluiſante en l'vmbre, & au contraire nous voions qu'en l'vmbre elle eclipſe & perd ſa lumiere, & la recouure derechef puis apres quand elle eſt eſchappee & ſortie de l'vmbre, & apparoiſt ſouuent ſur le iour, de ſorte que c'eſt pluſtoſt toute autre choſe, que non pas vn corps de feu, & reſſemblant vn aſtre. Quand Lucius eut dit cela, accoururent enſemble Pharnaces & Apollonides, comme pour combattre ce propos : & dit Pharnaces aſſiſté d'Apollonides, C'eſt cela qui principalement monſtre que la Lune eſt vn aſtre, ou du feu, par ce que és eclipſes elle n'eſt pas du tout obſcurcie & diſparente, ains ſe monſtre auec ie ne ſçay quelle couleur de charbon eſpouuentable à voir, qui luy eſt propre : & Apollonides feit inſtance & oppoſition de ce mot vmbre, par ce que les Mathematiciens appellent touſiours ainſi le lieu qui n'eſt pas enluminé, mais que le ciel ne receuoit point d'vmbre. A quoy ie reſpondy, que ceſte inſtance

là

le rond de la Lune. 621

A là eſtoit pluſtoſt alleguee contre le nom opiniaſtrement, que contre la choſe naturellement ou mathematiquement. Car le lieu qui eſt offuſqué par oppoſition de la terre, ſi lon ne le veult pas appeller vmbre, ains lieu priué de la lumiere, comment que ce ſoit, il eſt touſiours neceſſaire que la lune y eſtant deuienne obſcure. Et en toute ſorte, diſois-ie, c'eſt vne ſottiſe de dire, que l'vmbre de la terre n'arriue pas iuſques là, dont l'vmbre de la Lune venant à tomber ſur la veuë contre terre, fait l'ecliple du Soleil. Et pourtant ie me tourne à toy Pharnaces, car ceſte couleur la charbonniere & bruſlee de la Lune, que tu dis luy eſtre propre, appartient à corps qui a eſpeſſeur & profondeur. Car il n'a point accouſtumé de demourer reſte, marque, ne veſtige quelconque de flamme és corps qui ſont rares, ny ne ſe peut faire charbon, là où il n'y a point de corps ſolide, qui dedans ſoy puiſſe receuoir l'ardeur du feu, & la noirceur de la fumee, comme Homere meſme le monſtre en quelque paſſage,

  La fleur du feu ſ'en eſtant enuolee,
B   La flamme eſteincte, & du tout eſcoulee,
  Le braſier plat demeure.

Car le braſier n'eſt pas feu proprement, mais vn corps eſpris & alteré de feu, ſ'arreſtant & demourant en vne maſſe ſolide, & aiant pied ferme, là où les flammes ſont allumements & fluxions de paſture & matiere rare, qui pour ſon imbecillité ne reſiſte gueres, & eſt incontinent reſoluë & conſommee, tellement qu'il n'y auroit point de plus euident & plus manifeſte argument, pour monſtrer que la Lune ſeroit ſolide & terreſtre, que ſi ſa propre couleur eſtoit la couleur de charbon: mais elle ne l'eſt pas, amy Pharnaces, ains quand elle eſt en eclipſe, elle change de pluſieurs couleurs, & les diſtinguent les Mathematiciens en ceſte ſorte, determinant le temps & la place. Si elle eclipſe du coſté de l'occident, elle apparoiſt fort noire iuſques à trois heures & demie: ſi c'eſt au milieu du ciel, elle iette vne couleur rougeaſtre, & qui reſſemble au feu: apres les ſept heures & demies, ceſte rougeur ſ'en va: & finale-
C ment, quand ce vient ſur l'aube du iour, elle prent vne couleur bleuë & perſe. C'eſt pourquoy les poëtes, & meſmement Empedocles, l'appelle Glaucopis, comme qui diroit, aux yeux pers. Attendu donc que nous voyons à l'œil, comme la Lune change de tant de couleurs en l'vmbre, ils font mal de luy attribuer ſeulement celle de charbon ardent, laquelle on pourroit dire luy eſtre moins propre que nul autre, ains vn peu de reſte & ſemblance de lumiere qui apparoiſt reluiſant à trauers l'vmbre, & que ſa propre couleur ſoit la noire & terreſtre. Et veu qu'icy bas les fleuues & les lacs qui reçoiuent les rayons du Soleil, en prenans, à voir leur ſuperfice, couleur tantoſt rouge, tantoſt violette, les lieux circonuoiſins vmbragez en prennent meſmes apparences de couleurs, & en ſont enluminez, reiettans & renuoyants, à cauſe des reflexions pluſieurs rebattuës ſplendeurs: Quelle merueille eſt-ce, ſi comme vn grand fleuue d'vmbre venant à donner, ne plus ne moins qu'en vne vaſte mer, dedans
D la lumiere celeſte, qui n'eſt point vne lumiere ferme ny arreſtee, ains agitee & promenee d'innumerables aſtres, & qui prent de toutes ſortes de meſlange & de differentes mutations, en prenant de la Lune impreſſion tantoſt d'vne & tantoſt d'autre couleur, elle la renuoye icy bas? Car on ne ſçauroit deſauoüer, que vn aſtre ou vn feu ne peuſt apparoir en vne vmbre ou noir ou bleu & violet, veu que l'on voit courir ſur les montagnes, ſur les campagnes, & ſur les plattes marines, pluſieurs diuerſes ſortes d'apparences de couleurs par reflexion de Soleil, qui ſont les teintures, que la clarté meſlee d'vmbres & de nuages, qui ſont comme les drogues des couleurs des peintres, y améne: leſquelles teintures Homere a taſché à aucunement nommer & exprimer, quand il appelle quelquefois la mer violette, ou rouge comme vin, vne autre fois, le flot de pourpre, & ailleurs la mer perſe, & la bonace blanche. Quant aux diuerſitez des teintures & couleurs qui apparoiſſent deſſus la terre, il les

De la face qui apparoist dedans

a, ie croy, laissées, parce qu'elles sont en nombre infiny. Si n'est pas vray-semblable, que la Lune n'ait qu'vne superfice toute pleine & vnie comme la mer, ains plus tost qu'elle ressemble de sa nature principalement à la terre, de laquelle l'ancien Socrates en Platon faisoit des contes à plaisir, soit qu'il voulust, soubs paroles couuertes, donner à entendre ceste-cy, ou qu'il parlast de quelque autre. Car il n'est point incroyable ny esmerueillable, si n'aiant rien de corrompu en soy, ny de limonneux & fangeux, ains iouïssant d'vne lumiere pure & nette du ciel, & estant pleine d'vne chaleur, non de feu bruslant & furieux, ains gracieux, & ne faisant aucun mal, elle a en soy des lieux beaux & plaisans à merueilles, des montagnes resplendissantes, comme feu clair, des ceintures de couleur de pourpre, force or & argent, non point espars çà & là dedans le fond d'icelle, ains sortant à fleur de terre par les campagnes en grande abondance, ou bien semé par des collines & montagnes rases. Et si la veuë de toutes ces choses là arriue iusques à nous à trauers vne vmbre, tantost en vne sorte & tantost en vne autre, pour la diuersité & differente mutation de l'air circonstant, pour cela la Lune ne perd pas la venerable persuasion, ny la reputation de diuinité, estant estimee par les hommes vne terre celeste, ou plus tost vn feu trouble, vn marc ou vne lie, comme disent les Stoïques. Car le feu mesme est honoré d'honneurs barbaresques empres les Assyriens & Medois, qui par crainte seruent & adorent ce qui peult nuire, en le sanctifiant plus tost que ce qui est de soy sainct. Quant au nom de la Terre, il est à tout Grec venerable, & est reçeuë par toute la Grece la coustume de l'adorer & reuerer autant que nul autre des Dieux : & sommes bien loing de penser que la Lune, que nous tenons pour vne terre celeste, soit vn corps sans ame & sans esprit, exempt & priué de tout ce que l'on doit offrir aux Dieux. Car & par la loy nous luy payons les recompenses & actions de graces des biens que nous en receuons, & par nature nous adorons ce que nous recognoissons de plus excellente vertu, & de plus honorable puissance, & pourtant ne pensons pas pecher en supposant que la Lune soit vne terre. Et quant à ceste face qui nous apparoist en elle, tout ainsi comme ceste terre, sur laquelle nous sommes, a de grandes sinuositez de vallees, aussi est-il probable que celle là est ouuerte & fendue de grandes fondrieres & baricaues, esquelles il y a de l'eau, ou bien de l'air obscur, au fond desquelles la clarté du Soleil ne peut atteindre ne penetrer, ains y defaut, & en renuoye icy bas la reflexion. Adonc Apollonides prenant la parole : Hé dea, ie vous prie, dit il, par la Lune mesme, vous semble-il qu'il soit possible qu'il y ait là des vmbres des fondrieres & baricaues, & que la veue en vienne iusques icy à nos yeux ? ne prenez vous pas garde à ce qui en aduient ? Ie vous diray quoy, & l'escoutez, encore que vous ne l'ignoriez pas. Le trauers de la Lune, selon la grandeur qui nous apparoist, quand elle est au milieu du ciel est de douze doigts, & chascune des taches noires & vmbrageuses est plus grande que vn demy doigt, de sorte qu'elle est par consequent plus grande que la vingt & quatriéme partie de la ligne trauersante, & toutefois si vous supposez que le tout & la circonference soit trente mille stades, & la ligne trauersable de dix mille selon la presupposition, chascune de ces vmbrageuses marques ne sera pas moins grande que de cinq cents stades, Considerez donc premierement, s'il est possible qu'en la Lune y ait de si grandes fondrieres, & de telles inegalitez, qu'elles puissent faire vne telle vmbre : & puis comment il est possible qu'estans si grandes elles ne soient point veues de nous. Et adonc me prenant à rire : Tu m'as fait plaisir, dis-je, Apollonides, d'auoir trouué vne telle demonstration, par laquelle tu prouueras que toy & moy serons plus grands que les Geans Aloades, non pas à toute heure du iour, mais principalement le matin & le soir. Penses-tu que lors que le Soleil fait nos vmbres si longues, qu'il baille ceste belle ratiocination à nostre sentiment, que si ce qui est adumbré est grand, qu'il faille que ce qui adumbre

soit

le rond de la Lune. 622

A ſoit encore bien plus exceſſiuement grand? Ie ſçay bien que ny l'vn ny l'autre de nous n'a eſté en l'Iſle de Lemnos, mais auſſi que & l'vn & l'autre a bien ſouuent ouy dire cers vers,

   Le mont Athos couurira le coſté .
   Du bœuf qui eſt dedans Lemnos planté.

Car l'vmbre de ceſte montagne atteint l'image d'vn bœuf de bronze, qui eſt en Lemnos, ſ'eſtendant vne longueur par deſſus la mer, non moindre que de ſept cents ſtades : non que la haulteur du mont qui fait l'vmbre, en ſoit cauſe, mais pource que l'eſloignement de la lumiere fait les vmbres des corps beaucoup de fois plus grandes que les corps ne ſont. Conſidere donc icy que quand la Lune eſt au plein, & qu'elle rend la forme d'vn viſage plus expreſſe, à cauſe de la profondeur de l'vmbre, c'eſt alors qu'elle eſt plus eſlongnee du Soleil : car le reculement de la lumiere eſt ce qui
B fait l'vmbre grande, non pas les grandeurs des inegalitez qui ſont ſur la ſuperfice de la Lune. Et puis tu vois que l'illumination du Soleil tout alentour, ne permet pas que l'on voye en plein iour les cymes des montagnes, & au contraire le bas, & ce qui en eſt creux ou vmbragé, en apparoiſt de tout loing. Il n'y a doncques rien d'abſurdité n'y d'eſtrange, ſi l'on ne peult pas bien exactement voir ce qui eſt du tout eſclairé & illuminé de la Lune, & ſi par approchement des choſes obſcures & tenebreuſes aupres des claires & reluiſantes pour ceſte diuerſité, la veuë en eſt plus exquiſe. Mais cela, dis-ie, ſemble plus refuter & arguer la reflexion & reuerberation, que lon dit qui ſe fait en la Lune, parce que ceux qui ſont dedans les rayons repliez, voyent non ſeulement ce qui eſt enluminé, mais auſſi ce qui enlumine. Car quand la lueur iailliſſant d'vne eau contre quelque muraille, la veuë ſe fait au lieu qui eſt ainſi enluminé par reflexion, l'œil y voit trois choſes, à ſçauoir le rayon ou la lueur qui eſt rebattue, l'eau qui fait la reflexion, & le Soleil meſme, dont la lumiere venant
C à donner contre la ſuperfice de l'eau eſt rebattue & renuoyee. Cela eſtant conſeſſé, comme ce qui apparoiſt manifeſtement, on obiice à ceux qui diſent, que la terre eſt eſclairee de la Lune par reflexion de la lumiere du Soleil en elle, qu'ils monſtrent de nuict le Soleil apparent ſur la ſuperfice de la Lune, ne plus ne moins que lon le voit de iour apparoiſſant dedans l'eau, où il donne, quand il ſe fait reflexion de ſes rayons. Et comme ainſi ſoit qu'il n'y apparoiſt point, ils en inferent que c'eſt doncques par quelque autre maniere, & non par reflexion que ſe fait l'illumination de la Lune : & ſi la reflexion ne ſe fait point, que la Lune n'eſt point doncques vne terre. Que leur faut-il doncques reſpondre, ce dit Apollonides ? Car l'argument de ceſte obiection contre la reflexion eſt commun auſſi bien alencontre de vous que de nous. Il eſt voirement commun, dis-ie, en quelque ſorte, & en quelque autre auſſi, non. Mais premierement regarde la comparaiſon, comment ils la prennent bien au rebours, & tout à l'enuers. L'eau eſt icy bas ſur la terre, & la Lune eſt la-ſus au
D ciel, de ſorte que les rayons rebattus & repliez font vne forme d'angle toute oppoſite, l'vne aiant la poincte la-ſus contre la ſuperfice de la Lune, l'autre ça-bas. Qu'ils ne demandent doncques pas que toute face ſoit egalement viſible, ny que de toute diſtance & eſloignement il ſe face pareille & ſemblable reflexion, parce qu'en ce faiſant ils repugneroient à l'apparence toute notoire & manifeſte. Et ceux qui tiennent que la Lune ſoit vn corps non liſſé, ny egalement plat & vny comme l'eau, ains peſant & terreſtre, ie ne ſçay comment ils nous demandent l'apparence ſpeculaire du Soleil : car le laict meſmes ne rend point de telles images ſpeculaires, ny ne fait point de reflexions de noſtre veuë, à cauſe de l'inegalité & aſpreté rabotteuſe de ſes menues parties. Comment doncques ſeroit-il poſſible que la Lune renuoyaſt arriere de ſa ſuperfice la veuë , comme la renuoyent les miroirs qui ſont plus polis, & encore ceux-là ſi'il y a quelque rature, ou quelque ordure, ou quel-

De la face qui apparoist dedans

que ternissure en la superfice, dont la veuë repliee a accoustumé de prendre forme, on voit bien les miroirs, mais ils ne rendent point de contre-lueur. Celuy doncques qui demande que le Soleil apparoisse en la Lune, ou que nostre veuë soit rebattue & repliee au Soleil, qu'il demande quant & quant que l'œil soit le Soleil, la veuë la lumiere, & l'homme le ciel. Car il est vray-semblable que la reflexion des rayons du Soleil qui se fait en la Lune, pour leur vehemence & grande splendeur reiallit auec coup vers nous: mais nostre veuë qui est debile & gresle, quelle merueille est-ce, si elle ne donne point de coup qui face reiallir, ou si encore qu'elle reiallist, elle n'entretient pas maintenant sa continuité, ains s'euanoüit & vient à defaillir, n'aiant pas telle a-bondance de lumiere qu'elle ne soit disgregee & dissipee dedás les inegalitez & aspre-tez? car il n'est pas impossible que la reflexion de nostre veuë qui se fait sur l'eau & sur les autres sortes de miroirs, estant encore nostre veuë forte & puissante & pro-chaine de son origine, ne puisse reiallir contre l'œil. Mais de la Lune encore qu'il se puisse faire quelques glissemens, ils seront tousiours foibles & obscurs, & qui defau-dront en chemin, à cause de la longueur de distance: car autrement les miroirs creux & concaues rendent les rayons reuenans & rebattus plus forts que les allans, de sorte que bien souuent mesmes ils s'allument & renuoyent du feu: & les bossus & cour-bez en forme de boule, d'autant qu'ils ne contrepoulsent pas de tous costez, les ren-dent foibles & obscurs. Vous voyez certes, quand deux arcs en ciel apparoissent, vne nuee en comprenant vne autre, que celle qui enuironne l'autre par le dehors, fait des couleurs obscures, & non assez distinctes & exprimees, par ce que la nuee exterieu-re estant plus eslongnee de nostre veuë, ne fait point vne roide & forte reflexion. Et quel besoing est-il d'en dire d'auantage, veu que la lumiere mesme du Soleil re-battue & renuoyee par la Lune perd toute sa chaleur, & de sa clarté il n'en arriue à grand'peine iusques à nous qu'vn bien peu de reste, bien petit & bien foible? Est-il doncques possible que nostre veuë passant la mesme carriere, il en arriue au-cune parcelle de reste de la Lune au Soleil? Quant à moy, ie ne le pense pas: mais consideréz, dis-ie, vous mesmes, que si nostre veuë estoit de mesme affectionnee & disposee enuers l'eau & enuers la Lune, il faudroit que la pleine Lune representast les images de la terre, des arbres, des plantes, des hommes, & des astres, comme fait l'eau, & tous les autres genres de miroirs. Et s'il ne se fait point de reflexion de no-stre veuë à nous rapporter telles images, ou pour la foiblesse d'icelle nostre veuë, ou pour la raboteuse inegalité de la superfice de la Lune, ne demandons non plus qu'elle reiallisse au Soleil. Or auons nous doncques rapporté, autant qu'il ne nous est point eschappé de la memoire, tout ce qui fut là discouru: maintenant il est heure de prier Sylla, ou plustost d'exiger de luy, qu'il nous face sa narration, par ce qu'il a esté receu à ouïr tout le rapport à telle prefixe condition. Parquoy si bon vous semble, cessans de nous promener & nous asseans sur ces sieges, donnons luy vne audience reposee & rassise. Chacun le trouua bon ainsi. Aiants doncques tous pris place à se seoir, Theon se prit à dire: Ie desire certes, Seigneur Lamprias autant que nul autre de vous, ouïr ce qui se dira: mais deuant ie voudrois bien entendre quelque cho-se touchant ceux que l'on dit habiter dessus la Lune, non s'il y en a quelques vns qui y habitent, mais s'il est possible d'y habiter: car s'il n'est pas possible qu'on y habite, aussi est il est hors de raison de dire, que la Lune soit vne terre: autrement elle auroit esté creée pour neant & à nulle fin, ne portant fruicts aucuns, & ne seruant de siege à la naissance ou nourriture d'hommes quelsconques, pour lesquelles causes, & ausquelles fins nous tenons, que ceste-cy où nous viuons, comme dit Platon, a esté faitte & creée pour estre nostre nourrice & vraye gardienne, produisant & distinguant le iour d'auec la nuict. Tu sçais que l'on dit beaucoup de choses & en ieu & à bon es-cient, à certes & par risee, de cela: car à ceux qui habitent au dessoubs de la Lune, on dit

qu'elle

le rond de la Lune.

A qu'elle leur pend deſſus la teſte ſuſpenduë, comme ſi c'eſtoient des Tantales: & à l'oppoſite ceux qui habitent au deſſus, qu'ils y ſont attachez & liez, comme des Ixions, ſur la roüe, mais qu'ils ſont tournez d'vne ſi roide impetuoſité, qu'ils ne peuuent tomber, combien qu'elle ne ſe meuue pas d'vn ſeul & ſimple mouuement, ains de trois: qui eſt auſſi la cauſe pour laquelle les poëtes l'appellent aucuneſois Triuia, ſe mouuant & ſelon la longueur, & ſelon la largeur, & ſelon la profondeur du Zodiaque, dont le premier mouuement s'appelle reuolution: le ſecond volute, qui ſignifie ligne torſe en rond, ſans que les deux bouts s'entrerencontrent: & le troiſieſme que les Mathematiciens nomment ne ſçay comment anomale c'eſt à dire inegalité, combien qu'ils voyẽt qu'elle n'en a pas vn autre qui ſoit ſi egal ne ſi certain en ſes reuerſions, que ceſtuy-là. Parquoy il ne ſe faut pas eſmerueiller ſi quelquefois de la roideur de ce mouuement il eſt tõbé vn Lion au Peloponeſe, ains pluſtoſt ſe faut eſbahir comment nous ne voyõs tous les iours dix mille cheutes d'hommes, & ſecouſſes d'animaux, tombans les pieds
B contre-mont de la-ſus: car ce ſeroit mocquerie de diſputer de leur demeure là, s'ils n'y peuuent ny naiſtre ny conſiſter. Car veu que les Ægyptiens & Troglodytes, ſur la teſte deſquels le Soleil eſt à plomb aux Solſtices vn moment d'vn iour ſeulement, & puis s'en retourne, peu s'en faut qu'ils ne ſoient tous ards & bruſlez, pour la ſiccité exceſſiue de l'air: comment ſeroit-il poſſible que ceux qui habiteroient en la Lune, y peuſſent durer douze eſtez par chaſcun an, quand le Soleil leur ſeroit à plomb ſur la cyme de leur teſte, lors que la Lune ſeroit en conionction ou oppoſition? Quant aux vents, aux nuees, & aux pluyes, ſans leſquels les fruicts de la terre ne ſçauroient ny naiſtre ny ſe conſeruer, il eſt impoſſible d'en imaginer là, tant l'air y eſt ſubtil, ſec & chauld, veu qu'icy bas meſmes les plus hautes montagnes ne reçoiuent point d'aſpres hyuers annuels, ains y eſtant l'air pur & net ſans agitation quelconque pour ſa legereté, il euite toute ceſte concretion & eſpeſſiſſement qui eſt icy: ſi d'aduenture nous ne diſons, que comme Minerue inſtilla à Achilles du Nectar & de l'Ambroſie quand
C il ne receuoit point de nourriture: auſſi que la Lune qui eſt & qui s'appelle Minerue, nourrit les hommes là, en leur produiſant & enuoyant tous les iours de l'Ambroſie, comme l'ancien Pherecydes dit, que les Dieux meſmes ſe nourriſſent: car quant à celle racine Indienne que dit Megaſthenes, que certain peuple des Indiens qui n'ont point de bouche, dont ils ſont appellez Aſtomes, & ne mangent ny ne boiuent point, font bruſler & fumer, & en viuent de l'odeur du parfum: où eſt-ce que l'on en prendroit là, veu que la Lune n'eſt point arroſee de pluye? Theon aiant dit cela: Tu as, luy dis-ie, fort dextrement & gentilement par ceſte riſee oſté tout le ſourcil, le chagrin, & l'auſterité de ce propos, ce qui me donne hardieſſe de luy reſpondre, par ce que ſi ie faulx, ie n'en attens pas de punition fort aſpre ny fort ſeuere: car à la verité ceux qui deſcroyent & reiettent du tout cela, ne ſont pas les plus contraires à ceulx qui ſe le perſuadent, mais ceulx qui ne veulent pas doulcement conſiderer ce
D qu'il y a de vray-ſemblable apparence & de poſſible. En premier lieu doncques ie dis, qu'il n'eſt pas neceſſaire, s'il n'y a point d'hommes qui habitent en la Lune, qu'elle ait eſté faitte en vain & pour neant, à nulle fin: car nous voyons que ceſte terre-cy meſme n'eſt pas par tout habitee, ny par tout labouree, ains vne petite portion d'icelle ſeulement, comme ſi c'eſtoient quelques promontoires, & quelques demy-Iſles ſortans hors la mer pour y faire naiſtre, nourrir & viure les plantes, les arbres & les animaux, le reſte en eſt deſert & deshabité, ou pour les grandes froidures, ou pour les exceſſiues chaleurs, & la plus grande partie en eſt couuerte & ſubmergee au deſſous de la grande mer Oceane. Mais pour ce que tu aimes touſiours & eſtimes Ariſtarchus, tu n'eſcoutes pas Crates quand tu lis,

L'Ocean dont les hommes & les Dieux
Sont engendrez, de ſon corps ſpacieux

Nnnn

De la face qui apparoift dedans

La plus grand part du rond terreftre couure, mais pourtant il s'en faut beaucoup que cela ait efté fait pour neant: car la mer iette & rend des vapeurs molles, & les plus doulx vents nous viennent au plus fort de l'efté des regions gelées, & inhabitables pour le froid des neiges qui s'y fondent, & fe refpandent par tous nos pays, & eft colloquee au milieu, comme dit Platon, certaine gardienne & maiftreffe ouuriere qui fait le iour & la nuict. Il n'y a doncques rien qui empefche que la Lune ne foit vuide d'animaux, & qu'elle ne baille des reflexions à la lumiere qui fe refpand tout alenuiron d'elle, & receptacle aux rayons des aftres qui confluent & fe meflent enfemble dedans elle, pour cuire les euaporations efleuees de la terre, & quant & quant pour ofter au Soleil fon ardeur trop cuifante & trop enflammee. Et en deferant beaucoup aux anciens propos que nous auons eu de main en main de nos peres, nous dirons qu'elle eft cenfee & reputee Diane, vierge & fans generation, mais au demourant falutaire, & de grand fecours & profit au monde: car de tout ce que nous auons dit, amy Theon, il n'y a rien qui preuue ne qui monftre que l'habitation en la Lune foit impoffible: car fon tournoyement eftant fort doulx, tranquille & gracieux, il adoulcit & polit l'air prochain, & l'efpand alentour en bonne difpofition, de maniere qu'il n'y a point occafion de craindre que ceux qui ont vefcu là, n'en tombent ny n'en gliffent, fi ce n'eft qu'elle mefme tombe. Et quant à la diuerfité & multiplicité de fon mouuement, il ne procede pas d'inegalité, erreur, ou incertitude aucune, ains les Aftrologues monftrent en cela vn ordre & vn cours admirable, l'enfermans dedans des cercles qui fe tournent par d'autres cercles, aucuns fuppofans qu'elle ne bouge quant à elle, autres la faifans mouuoir toufiours également & vniement de mefme viftefle: car ce font les afcenfions de diuers cercles, les tournoyemens & habitudes des vns enuers les autres, & puis enuers nous, qui font fort ordonneement les hauteurs, baffefles, & les depreffions qui nous apparoiffent en fon mouuement, & fes difgreffions en latitude, le tout conioinct à la reuolution ordinaire qu'elle fait en longitude. Quant à la grande chaleur & continuelle inflammation du Soleil, tu cefferas de la craindre, fi tu oppofes premierement aux douze conionctions les douze oppofitions, & puis la continuation de mutation aux exceffiues extremitez, lefquelles ne durent pas long temps, les reduifant à vne propre & peculiere temperature, & leur oftant ce qu'il y a de trop en toutes les deux: car il eft vray-femblable que ce qui eft entre deux, a vne faifon fort femblable à la primevere. Et puis le Soleil enuoye iufques à nous fes rayons par vn air gros & trouble, où il imprime fa chaleur nourrie par les euaporations, là où l'air eftant là fubtil & tranfparent, refpand & difgrege les rayons, n'ayants aucun entretenement ny aucun corps à quoy s'attacher. Quant aux arbres & aux fruicts, icy ce font les pluyes qui les nourriffent: mais ailleurs, comme en la haulte Ægypte alentour de Thebes chez vous, & aux enuirons de Syene, ce n'eft pas l'eau du ciel, mais de la terre, qui les nourrit, la terre la beuuant, & eftant fecourue de vents refraifchiffants & de rofee, elle ne cederoit pas en fertilité à la mieux trempee & arrofee qui foit au monde, tant elle eft bonne & forte. Et les mefmes efpeces d'arbres, en noftre pays, s'ils ont efté bien hyuernez, & qu'ils aient eu vn bien afpre & long hyuer, ils produifent beaucoup de bon fruict: mais en Afrique, & chez vous en Ægypte, ils craignent fort & s'offenfent du froid. Et la prouince de Gedrofie & de Troglodytide, prochaine de la mer Oceane, eftant fort fterile pour fa feichereffe, & fans aucuns arbres, neantmoins dedans la mer adiacente elle nourrit des arbres de hauteur & grandeur merueilleufe, & verdoye iufques au fond, dont ils appellent les vns Oliuiers, les autres Lauriers, les autres Cheueux d'Ifis. Et cefte plante qui s'appelle Anacampferotes, eftant arrachee de terre, non feulement vit tant que l'on veult, mais qui plus eft, elle iette verdure. Et entre les graines que lon feme, les vnes, comme

Ce font plufieurs plates, qui s'appellent autremēt Sempervines.

nommee-

A nommeement le Centaurium, si on les seme en vne bonne & grasse terre, que lon les trempe & arrose, ils sortent de leur naturelle qualité, & perdent toute leur vertu, parce qu'elles aiment la secheresse, & en profitent en leur propre naturel: il y en a d'autres qui ne peuuent pas seulement supporter les rosees, comme la plus part des plantes Arabiques qui se fenent, se flestrissent & se meurent, si on les mouille. Quelle merueille donc est-ce, s'il croist en la Lune des racines, des semences & des plantes, qui n'aient point besoing de pluyes ny des froidures d'hyuer, ains qui soient propres à vn air delié & sec, comme celuy de l'esté? Et comment n'est-il vray-semblable que la Lune iette des vents tiedes, & que du bransle de son agitation ne sorte de doulces haleines, & des subtiles rosees & humiditez legeres, qui s'espandent par tout, pour fournir aux plantes verdoyantes, attendu qu'elle est de sa temperature non ardente ny alteree de secheresse, ains plus tost molle, moite, & engendrant toute humidité?

B car il ne vient d'elle à nous pas vn effect de siccité, mais plusieurs d'humidité & de mollesse feminine, les croissances des plantes, putrefactions des chairs, les tournemens & relaschemens des vins, les attendrissemens des bois, les faciles enfantemens des femmes. Mais ie crains d'irriter & prouocquer Pharnaces qui ne dit mot, en alleguant, comme ils disent eux, les flus & reflus de la grande mer Oceane, les haures & destroits de mer qui s'enflent & se haulsent par la Lune, augmentant les humeurs. Et pourtant ie me tourneray plustost deuers toy, amy Theon, car tu nous dis interpretant ces vers du poëte Alcman,

    De Iupiter & de la Lune fille,
    Dame Rosee:

qu'en ce lieu-là il appelle l'air Iupiter, lequel estant humecté par la Lune se conuertit en rosee: car elle est, mon bel amy, de nature presque toute contraire au Soleil, non seulement en ce que tout ce qu'il espessit, desseiche & endurcit, elle a accoustumé de
C le humecter, fondre & amollir, mais qui plus est, d'humecter & refroidir sa chaleur, quand elle vient à donner sur elle, & se mesler à elle. Ceux doncques qui estiment que la Lune soit vn corps de feu, & bruslant, faillent: & pareillement ceux qui veulent que les animaux y habitants aient toutes les choses necessaires à la naissance, vie, nourriture, & entretenement qu'ont ceux de pardeçà, ne considerent pas la diuersité grande & inegalité qui est en la nature, là où il se treuue des varietez & differences plus grandes entre les animaux des vns aux autres, que non pas auec les autres substances, qui ne sont pas animaux: & faudroit dire qu'il n'y eust point d'hommes au monde sans bouche, qui se nourrissent de senteurs seulement, s'il semble que les hommes ne peussent viure sans nourriture solide. Mais Hesiode au contraire nous donne à entendre couuertement par ces vers,

    Le fol ne sçait de combien sert la mauue,
    Ny l'aphrodile, & que vaut la guimauue.

D La puissance que nous exposoit Ammonius, & que Epimenides nous monstroit mesme par effect, enseignant que la nature soustient l'animal de bien peu d'entretenement, & proueu qu'il y en ait aussi gros qu'vne oliue, qu'il n'a besoing d'autre nourriture. Or ceux qui habitent sur la Lune, si aucuns y en a, doiuent estre dispos & legers, & faciles à nourrir de tout ce que lon veut, & que la Lune mesme, comme le Soleil aussi estant vn animal de feu, plusieurs fois grand comme la terre, se nourrir & entretient des humiditez qui sont dessus la terre, comme aussi font, ce disent-ils, tous les autres astres qui sont en nombre infiny, tant ils estiment que les animaux de la-sus viuent legerement, & se contentent de peu de choses. Mais ny nous ne voyons cela, ny ne considerons que la region, la nature, la disposition & temperature est toute autre & accommodee à eux. Tout ainsi comme si nous ne pouuans approcher de la mer, ny la toucher, ains en aiant seulement la veuë de tout loing, & entendans

De la face qui apparoift dedans

que l'eau en eft amere, falee, & non beuuable, quelqu'vn nous venoit dire qu'elle E
nourrit de grands animaux en grand nombre, & de toutes formes dedans son fond,
& qu'elle eft toute pleine de grandes beftes, qui fe feruent de l'eau ne plus ne moins
que nous faifons de l'air, il nous feroit aduis qu'il nous côteroit des fables, & des nouuelles eftranges, controuuees & faittes à plaifir. Ainfi femble-il que nous foyons affectionnez & difpofez enuers la Lune, defcroiants qu'il y ait aucuns hommes qui habitent là, & croy que eux f'efmerueillent encore bien plus voyants la terre qui eft comme la lye, & la vafe du môde, leur apparoiffant à trauers des nuees & brouillas humides, petit lieu, bas & abiect, & immobile, fans clarté ny lumiere quelconque, fi cela petit peut produire, nourir & entretenir des animaux qui aient mouuement, refpi-
ration, chaleur. Et fi d'aduenture ils auoient iamais ouy ces vers d'Homere

  Horrible, lieu villain & deteftable
  Aux Dieux, eftant foubs la terre habitable,   F
  Autant comme eft la terre loing des cieux,
ils penferoient certainement qu'ils auroient efté efcripts de cefte terre-cy, & que l'Enfer & le Tartare auroient efté reculez icy, & que la terre egalement diftante des cieux
& des enfers, ce feroit la Lune. Comme ie parlois encore, Sylla me dit : Arrefte
toy vn peu Lamprias, & prens garde que tu ne paffes point la porte, comme l'on
dit en commun prouerbe, en faifant donner la fable en terre, & que tu ne troubles
& confondes tout le ieu, qui pour le prefent a vne autre fcene & vne autre difpofition. Ie feray doncques le ioüeur, dis-je, mais deuant que d'y entrer plus auant,
ie vous diray l'autheur, f'il n'y a rien qui l'empefche, commançant ainfi comme fait
Homere,

  Ogygie eft vne Ifle loing en mer,
diftante de l'Angleterre, en nauiguant deuers le couchant, de cinq iournees de nauigation, & y en a encore trois autres diftinctes egalement d'elle, & les vnes des autres, en tirant deuers l'Occident eftiual, en l'vne defquelles les Barbares du pays fei- G
gnent que Saturne eft detenu prifonnier par Iupiter. Et pour garde tant de luy que
des Ifles, & de toute la mer adiacente, qui fe nomme Saturnienne, le Geant Ogygius
ou Briareus eft là colloqué, & que la grande terre ferme, par laquelle la grande mer
eft tout alentour circulairement bordee, & diftante des autres Ifles de moindre efpace, & de celle d'Ogygie enuiron de cinq mille ftades, à y aller en vaiffeaux à rame,
par ce que la mer y eft platte & baffe, difficile à nauiguer aux grands vaiffeaux ronds,
à caufe de la vafe qu'y apporte la multitude des riuieres, qui venans de la grand'terre
fe defgorgent dedans, & y font de grands bancs & platis, qui atterrent la mer, & la
rendent mal-aifee à nauiguer, dont on a eu anciennement opinion qu'elle eftoit glacee. Les coftes d'icelle terre ferme au long de la mer font habitees alentour d'vne grãde baye, qui n'eft pas moindre que celle des marets Mæotides, dont l'embboucheure
eft vis à vis à droitte ligne de celle de la mer Cafpienne. Ils fe nomment & feftiment H
eux habitans de terre ferme, & nous autres infulaires, comme habitans en vne terre
qui tout alentour eft enuironnee & baignee de mer. Et penfent que ceux qui iadis y
furent auec Hercules & y demourerent, fe meflans parmy les peuples de Saturne,
remeirent fus la nation Grecque, laquelle commançoit à f'y efteindre, & à eftre vaincue & fupplantee de la langue, des loix, & façons de faire des Barbares, & la feirent derechef florir & retourner en vigueur. Et pourtant le premier honneur y eft
deferé à Hercules, & le fecond à Saturne. Or quand l'eftoille de Saturne, que nous
appellons Phænon, & eux Nycturus, arriue au figne de Taurus, qui fe fait en l'efpace de trente ans, ils font long temps à preparer ce qui eft neceffaire à vn folennel
facrifice, & au voyage d'vne longue nauigation, auquel il fault que ceux à qui le
fort touche, aillent auec rames. Eftans doncques embarquez & partis, ils demeurent
                                  long

A long temps en pays estrange, où ils ont diuerses aduentures, l'vn d'vne sorte, l'autre d'vne autre, & que ceux qui se sauuent & eschappent de la marine, abordent premierement en ces Isles opposites-là, qui sont habitees de peuples Grecs, là où ils voyent que le Soleil ne demeure pas absconsé vne heure durant, l'espace de bien trente iours, que cela est leur nuict, dont les tenebres sont bien peu obscures, & comme le crepuscule du iour: qu'apres auoir demeuré là quatre vingts dix iours grandement caressez & honorez, comme estants tenus pour saincts, & tels appellez, apres ils sont conduits par les vents, & traiettez en l'Isle de Saturne, là où il n'y a point d'autres habitans qu'eux, & ceux qui y ont esté enuoyez deuant eux: car il leur est loisible apres treize ans qu'ils ont seruy à Saturne, de s'en retourner en leurs pays & en leurs maisons, mais que la plus part aiment mieux demourer là doulcement, que de s'en retourner, aucuns pour ce qu'ils s'y sont desia accoustumez, les autres pour ce que sans labeur & sans affaires ils ont abondance de toutes choses, tant pour faire sacrifices,

B & pour l'entretenement de la despense ordinaire à ceux qui versent continuellement à l'estude des lettres, & de la philosophie, parce qu'ils disent que la nature de l'Isle & la doulceur de l'air enuironnant est admirable: & qu'il y en a eu quelques vns qui en auoient voulu partir, ausquels Dieu auoit resisté & empesché leur partement, se monstrant à eux, comme à ses familiers amis, non seulement en songes, & par signes exterieurs, mais aussi visiblement, se presentans à eux des esprits familiers & Dæmons, & deuisans auec eux: car ils disent que Saturne mesme y est, dedans vne grande cauerne d'vn rocher reluisant, comme s'il estoit de fin or, endormy, parce que Iupiter luy a preparé le sommeil au lieu de fers aux pieds, pour le garder de bouger: mais qu'il y a des oiseaux qui volants dessus, luy apportent de l'ambrosie, & que toute l'Isle en est remplie d'vne odeur & parfum admirable, qui s'espand comme vne fontaine odorante hors de ceste cauerne-là par toute l'Isle, & que ces Dæmons là seruent & font la court à Saturne, aians esté ses courtisans & familiers amis, du

C temps qu'il tenoit l'Empire & royauté sur les hommes & sur les Dieux, & qu'aiants la science de deuiner les choses futures, ils en predisent beaucoup d'eux-mesmes: mais les plus grandes, & de plus grande importance, quand ils retournent de veoir Saturne, ils les reuelent: par ce que tout ce que Iupiter propense, Saturne le songe: mais que son resueil est de toutes passions Titaniques, & perturbations d'esprit en luy. Le sommeil **doux & gracieux, & la diuine & royale nature en iceluy toute nette, incontaminee & pure. Là doncques aiant cest estranger esté porté, & y seruant Dieu en repos & à loisir, il acquit de l'Astrologie autant de suffisance comme il s'en peut acquerir, en penetrant le plus auant qu'il est possible en la Geometrie, & au reste de la Philosophie. Il s'adonnoit aussi aucunement à la naturelle, mais luy estant pris vne enuie & desir de veoir & visiter à l'œil la grande Isle (car ainsi appellent ils la terre ferme là où nous sommes) apres que les trente ans furent passez, &

D ses successeurs arriuez, aiant pris congé de tous ses parents & amis, il monta sur mer, equippé au demourant sobrement & legerement, mais portant quant à soy bonne prouision d'argent en des vases d'or. Or de vous raconter particulierement tout ce qui luy aduint, combien de nations il visita, combien de pays il passa, comment il estudia és lettres sainctes, & feit profession en toutes sainctes confrairies, & toutes religions, vn iour tout entier ne suffiroit pas à le vous reciter par le menu, ainsi comme il le nous racontoit s'en souuenant tresbien, & iusques aux moindres particularitez. Mais quant à ce qui appartient à la presente dispute, escoutez-le: car il demoura bien longuement à Carthage, y estant grandement honoré & respecté, par ce qu'il trouua certaines peaux de parchemin sacrees, qui auoient esté transportees secretement hors de la ville au premier sac d'icelle, & auoient esté cachees bien long temps dedans la terre. Si disoit qu'il falloit, & m'admonnestoit fort de le faire, entre

De la face qui apparoiſt dedans

les Dieux apparents adorer & honorer ſur tous la Lune, comme celle qui eſtoit la E principale guide & maiſtreſſe de noſtre vie. Dequoy m'eſmerueillant, & le priant de me le declarer & expoſer vn peu plus clairement: Les Grecs, dit-il, ô Sylla, diſent beaucoup de choſes touchant les Dieux: mais non pas tout bien, comme premierement de dire qu'il y a vne Ceres & vne Proſerpine, ils ont raiſon, mais de les mettre enſemble, & toutes deux en vn meſme lieu, non: car l'vne Ceres eſt en terre, dame & maiſtreſſe de ce qui eſt ſur la terre: & l'autre eſt en la Lune, & s'appelle par ceux qui ſont habitans en la Lune, Coré ou Proſerpine: Proſerpine, pour ce qu'elle porte lumiere & clarté: & Coré, pour ce que nous appellons Coré la prunelle de l'œil, dedans laquelle ſe voit l'image de celuy qui regarde, tout ainſi comme la clarté du Soleil reſplendit en la Lune. Et quant à ce que lon dit qu'elles vont errantes & ſ'entrecerchent l'vne l'autre, il y a auſſi de la verité: car elle ſ'entre-appétent, quand elles ſont ſeparees l'vne de l'autre, & ſ'entre-ambraſſent ſouuent en l'vmbre. Et que ceſte Coré ſoit tantoſt au ciel & en la lumiere, & tantoſt en tenebres & en la nuict, cela n'eſt pas F faulx, mais il y a ſeulement erreur au nombre du temps. Car nous la voyons, non pas ſix mois durant, mais de ſix en ſix mois deſſoubs la terre, comme deſſoubs ſa mere priſe de l'vmbre: & peu ſouuent ſe rencontre que cela aduienne dedans cinq mois, par ce qu'il eſt impoſſible qu'elle abandonne Pluton eſtant ſa femme, comme Homere meſme ſoubs paroles couuertes a gentiment dit,

En la campagne Elyſienne, au bout
Et à la fin de la terre.

Car là où finit l'vmbre de la terre, c'eſt cela qu'il appelle le bout & la fin de la terre, là où nul meſchant, ne qui ait veſcu impurement, ne ſçauroit iamais paruenir: mais les gens de bien apres leur mort y eſtants portez, y ménent vne vie aiſee, non pas pourtant heureuſe ny diuine iuſques à la ſeconde mort. Mais quelle elle eſt, amy Sylla, ne m'en interrogue point, car moy-meſme le declareray cy apres. Le commun eſtime que l'homme ſoit vn ſuppoſt compoſé, & ont raiſon de le croire ainſi: G mais ils faillent en ce, qu'ils l'eſtiment compoſé de deux parties ſeulement, par ce qu'ils eſtiment que l'entendement ſoit vne partie de l'ame, par ce que l'entendement eſt meilleur que l'ame, d'autant que l'ame vault mieux, & eſt plus diuine que le corps: & fait ceſte compoſition de l'ame auec l'entendement la raiſon, & auec le corps la paſſion, dont l'vne eſt le principe de la volupté & de la douleur, & l'autre de la vertu & du vice. Eſtants doncques ces trois parties conioinctes enſemble, la terre en a baillé le corps, la Lune l'ame, & le Soleil l'entendement en la generation de l'homme ** & donne l'entendement la raiſon à l'ame, comme le Soleil la lumiere à la Lune. Et des morts dont nous mourons, l'vne fait des trois deux, & l'autre de deux vn, & l'vne eſt en la region de Ceres * luy ſacrifier. Et auſſi les Atheniens appelloient les treſpaſſez, les Demetriens ou Cerealiens anciennement. & l'autre * mort en la Lune, region de Proſerpine, & eſt domeſtique de l'vne Mercure le terreſtre, de l'autre le H celeſte. L'vne deſlie l'ame d'auec le corps ſoudainement, & auec force & violence: & Proſerpine doucement auec long temps, l'entendement d'auec l'ame: & c'eſt pour cela que lon l'appelle Monogenes, comme qui diroit vnique, ou vnigenite. Car ce qui eſt de meilleur en l'homme, deuient ſeul quand il eſt ſeparé par elle, & l'vn & l'autre aduient ſelon nature. Toute ame ſans entendement & auec entendement ſortant du corps, il eſt ordonné par fatale deſtinee, qu'elle vague certain temps, non pas egal, en la region qui eſt moyenne entre la terre & la Lune. Car celles qui ont eſté iniuſtes & deſordonnees, y paient là les peines de leurs pechez: & les bonnes & honneſtes iuſques à ce qu'elles aient nettoyé, & par expiation chaſſé hors toutes les infections qu'elles pourroient auoir contractees de la contagion du corps, comme de l'autheur de tout mal, & ce en la plus doulce partie de l'air, que lon appelle le verger de
Pluton,

le rond de la Lune. 626

A Pluton, là où il faut qu'elles demeurent vn certain temps prefix. Et puis, ne plus ne moins que si elles retournoient d'vne peregrination vagabonde de long exil en leur pays, elles gouftent de la ioye, telle que la fentent ceux qui font profeffion és fainctes ceremonies, meflee de trouble & d'efbahiffement, chafcun auec fa propre efperance. Car il en pouffe & chaffe plufieurs, lefquelles appétent defia la Lune. Quelques-vnes prennent plaifir à eftre au bas, & regardent encore derechef comme au fond, mais celles qui font montees à mont, y font feurement colloquees. Premierement comme victorieufes elles font couronnees de couronnes que lon appelle la conftance des ailes, pourautant qu'en leur vie elles ont refrené la partie defraifonnable & paffible de l'ame, & l'ont renduë fubiecte & obeyffante au frein de la raifon. Secondement elles reffemblent à voir à vn rayon de Soleil. Tiercement l'ame qui eft là fus efleuee, y eft affermie & fortifiee par l'air qui eft à l'enuiron de la Lune, & y prend force & roideur, ne plus ne moins que les ferremens de la trempe. Car ce qui eft
B encore rare & laxe, fe refferre & affermit, & deuient luyfant & tranfparent, de maniere qu'il fe nourrit de la moindre euaporation du monde. Et c'eft ce que Heraclitus a voulu dire, quand il dict, que les ames en la region de Pluton odorent. Et là premierement elles voyent la grandeur de la Lune, & fa beauté, & fa nature, qui n'eft fimple ny fans mixtion, ains eftant comme vne compofition faicte d'aftre & de terre. Car comme la terre meflee de vent & de liqueur deuient molle, & le fang meflé parmy la chair, luy donne fentiment, auffi difent-ils que la Lune meflee auec la quinteeffence celefte, iufques au fond, en deuient animee, & feconde, & generatiue, & quant & quant également contrepefee de pefanteur & de legereté. Car le monde mefme eftant ainfi compofé des chofes qui vont naturellement contre-bas & contre-mont, eft du tout exempt de mouuement local de lieu à autre: ce qu'il femble que Xenocrates mefme par vne diuine imagination ait entendu, en ayant pris le commancement de Platon. Car c'eft Platon qui le premier a affermé que chafcun
D aftre eft compofé de feu & de terre, par les natures moyennes donnees en certaine proportion, d'autant que rien ne peut venir ny cheoir au fentiment de l'homme, qui n'ait quelque proportion meflee de terre, & de lumiere: & Xenocrates dict, que le Soleil eft compofé du feu & du premier folide, & la Lune du fecond folide, & de fon propre air: & la terre de l'eau, & du feu, & du tiers folide: & que du tout ny le folide feul à par foy, ny le rare n'eft capable ny fufceptible d'ame. Voyla quant à la fubftance de la Lune: & quant à la largeur & grandeur, elle n'eft pas telle, comme les Geometres la difent, mais beaucoup de fois plus grande, & mefure peu fouuent l'vmbre de la terre de fa grandeur, non pource qu'elle foit petite, mais pource qu'elle y adioufte vn trefchaud mouuement, à fin que bien toft elle paffe l'endroict tenebreux, en emportant les ames des bien-heureux qui fe haftent & crient, parce que tát comme elles font dedans l'vmbre, elles ne peuuent plus oüir l'harmonie des corps ce-
D leftes, & quant & quant au deffoubs les ames des damnez qui font punies, fe lamentent & crient diuerfement à trauers cefte vmbre. C'eft pourquoy en l'eclipfe plufieurs ont accouftumé de mener du bruict, & de faire fonner & bruire des poëlles & chaudieres de cuiure à l'entour de ces ames. Encore les effroye ce que lon appelle la face de la Lune, quand elles en approchent, pource qu'elle leur femble chofe efpouuentable à voir, ce qu'elle n'eft pas. Mais ainfi comme la terre, fur laquelle nous fommes, a plufieurs grands & profonds golphes, l'vn, celuy de la mer Mediterrance, qui fe refpand entre les deux coulonnes d'Hercules au dedans de la terre vers nous, & d'autre au dehors, comme la mer Cafpienne, & celuy de la mer Rouge: auffi fontce des fondrieres & profondes vallees de la Lune, & appelle lon le plus grand des trois, le gouffre de Hecaté, là où les ames fouffrent & font fouffrir les peines des maux qu'elles ont faicts ou foufferts depuis qu'elles ont efté nees: les deux autres petits,

Nnnn iiij

De la face qui apparoist dedans

les passages par où il faut que les ames passent, & appelle-lon ce qui en regarde vers le Soleil, le champ Elysien: & ce qui regarde vers la terre, le champ de Proserpine. Si ne demeurent pas tousiours les Demons dessus icelle, ains descendent quelquefois icy bas pour auoir le soing & superintendence des oracles, & assistent & concelebrent les plus hautes ceremonies, ayans l'œil sur les mesfaicts, & les punissans, & preseruans aussi le bon tant és perils de la guerre que de la mer. Et si en cela ils commettent eux-mesmes quelques fautes, ou par cholere, ou par enuie, ou par iniuste grace & faueur, ils en payent & portent la peine. Car ils sont reiettez contre terre, & attachez à des corps humains. Mais du nombre de ces meilleurs-là estoient ceux qui seruoient & accompagnoient Saturne, ainsi comme eux-mesmes disoient, & deuant encore ceux qui iadis en Candie s'appelloient les Dactyles Idees, & en la Phrygie les Corybantes, & ceux de la Bœoce en la ville de Lebadie, que lon nomme les Trophoniades, & infinis autres en diuers lieux de la terre habitable, dont les noms, les temples, & les honneurs durent & demeurent encores iusques auiourd'huy, mais les puissances d'aucuns defaillent, estans transferez par vn tres-heureux changement en autre lieu. Ce qui aduient aux vns plustost, aux autres plus tard, quand l'entendement vient à estre separé de l'ame, laquelle se fait par l'amour, & le desir de iouïr de l'image du Soleil, en laquelle & par laquelle resplendit la beauté diuine desirable & heureuse, que toute nature appete diuersement & desire, l'vne en vne sorte, & l'autre en vne autre. Car la Lune mesme tourne continuellement, pour le desir qu'elle a de se conioindre à luy, comme la source de toute fertilité. Si demeure la nature de l'ame en la Lune retenant quelques vestiges, & quelques songes de la vie: au moyen dequoy estime que cela ait esté tresbien dict,

L'ame s'en est, comme vn songe, enuolee.

ce qu'elle ne faict pas incontinent qu'elle est separee d'auec le corps, ains apres quand elle se treuue seule & segregee de l'entendement. Et de tout ce que iamais dict Homere, il n'y a point vn passage plus diuin, ne plus diuinement dict, que celuy-là où il dict de ceux qui sont aux enfers,

Apres ie vey d'Hercules la semblance,
Car au ciel est sa veritable essence
Parmy les Dieux:

parce que chacun de nous n'est point ny le courage, ny la crainte, ny la cupidité, non plus que ny la chair, ny les humeurs, ains est la partie dont nous discourons & entendons: mais l'ame estant moulee & formee de l'entendement, & moulant & formant le corps en l'embrassant de tous costez, elle en reçoit vne impression & forme, tellement qu'encore qu'elle soit separee & de l'entendement & du corps, neantmoins elle retient encore la figure & la semblance bien long temps, de sorte qu'à bon droict on l'en appelle l'image. Et de ces ames-là, comme i'ay desia dict, la Lune est l'element, parce que les ames se resoluent en icelle, ne plus ne moins que les corps des trespassez se resoluent en la terre: & celles qui ont esté vertueuses & honnestes, ayans aymé le repos de l'estude, sans s'embroüiller d'affaires, se resoluent & esuanoüyssent promptement, parce qu'estans laissees de l'entendement, & n'vsans plus des passions corporelles, elles se resoluent & esuanoüyssent incontinent: mais celles des ambitieux, & de ceux qui se sont meslez d'affaires, des amoureux qui ont aymé les corps, & des courageux, se ramenans la memoire des choses qu'ils ont faictes en leur viuant, ne plus ne moins que des songes en dormant, se promenent vagantes çà & là, comme celle d'Endymion: pource que leur inconstance, & l'estre trop subiectes aux passions, les transporte & les retire hors de la Lune à vne autre generation, ne les laissant point reposer, ains les deceuant & abusant. Car il n'y a plus rien de petit, ny de rassis, ny de constant & accordant, depuis qu'estans delaissees de l'entendement,

elles

elles viennent à estre saisies des passions corporelles, ains & de telles ames viennent & naissent puis apres des Titiens & des Typhons tels comme celuy qui iadis par force & violence saisit la ville de Delphes, & renuersa sans dessus dessoubs le sanctuaire de l'oracle, ames destituees de toute raison, & qui se laissent aller à la superbe violence de toutes les passions: toutefois encore, apres long traict de temps, la Lune reçoit ces ames-là, & les racoustre: & le Soleil inspirant derechef & semant à leur faculté vitale de l'entendement, en faict de toutes nouuelles ames: & la terre, pour le tiers, leur baillant de nouueaux corps, car elle ne donne rien apres la mort de ce qu'elle prend à la naissance: & le Soleil ne prend rien, mais il reprend & reçoit l'entendement qu'il a donné. Mais la Lune donne & reçoit, conioinct & desioinct, vnit & separe, selon diuerses facultez & puissances, dont l'vne se nomme Ilythia, celle qui conioinct: & Diane, celle qui diuise & desioinct: & des trois Deesses fatales ou Parques, celle qui s'appelle Atropos, est colloquee dedans le Soleil, qui donne le principe de la naissance: & Clotho logee en la Lune, est celle qui ioinct, mesle & vnit. Et la derniere, Lachesis, est en la terre, qui y met aussi la main, auec laquelle la fortune a bien grande part. Car ce qui est sans ame, est imbecille de soy, & né à souffrir de toute autre chose. Mais l'entendement est souuerain sur tout le reste, & n'y a rien qui le puisse faire souffrir. Et l'ame est moyenne & meslee des deux, comme la Lune a esté faicte & creée de Dieu vne composition & mixtion des choses hautes & basses, ayant la mesme proportion enuers le Soleil que la terre a enuers elle. Voyla ce dict Sylla, ce que i'entendy de ce mien hoste passant estranger, ce qu'il disoit auoir entendu des Dæmons, qui seruoient & ministroient à Saturne. Et vous, ô Lamprias, le pouuez prendre en telle part que bon vous semble.

Pourquoy la prophetisse Pythie ne rend plus les Oracles en vers.

BASILOCLES.

VOVS auez tant fait à promener par tout cest estranger, pour luy monstrer les statuës & ouurages publiques, Philinus, qu'il est soir bien tard, & que ie suis las de vous attendre. PHILINVS. Aussi marchions nous tout bellement, Basilocles, en semant des propos, & les moissonnant aussi tost auec combat, pource qu'ils estoient cachez en embusche, & guerriers nous germans & leuans par le chemin, comme feirent anciennement les hommes semez de Cadmus. Enuoyerons nous donques querir quelqu'vn de ceux qui y ont assisté pour les nous raconter, ou si toy-mesmes, en faueur de nous, prendras la peine de nous dire quels estoient les propos & ceux qui les tenoient? Il faut que ce soit moy qui le face, Basilocles: car il seroit bien mal-aisé que tu en peusses recouurer d'autres par la ville, d'autant que i'en ay veu la pluspart qui sont derechef montez auec cest estrager au Corycium & à la Lycourie. Coment, cest estranger est-il si fort curieux de voir, & de si douce & amiable côpagnie? Mais il est encore plus studieux & desireux d'apprendre, docte & sçauāt: & encore n'est-ce point ce qui est plus digne d'admirer en luy, ains est vne douceur grande accompagnee d'vne singulierement bonne grace. La viuacité aiguë de son entendemēt luy suggeroit matiere de contredire, & de mettre en auant des doubtes, mais c'estoit sans estre fascheux en ses propositions, ny rude en ses responses; de

maniere que pour peu que l'on hante & conuerse auec luy, on est contrainct de dire,
 Oncques mauuais pere ne t'engendra.
Car tu cognois bien Diogenianus l'vn des plus hommes de bien qui soit au monde. Ie ne le cognois point, Philinus, quant à moy, mais ie voy beaucoup de gens qui en disent autant de ce ieune homme. Mais quel commancement & quelle occasion eurent vos propos? Ceux qui estoient versez & exercitez en la lecture des histoires, recitoient & lisoient de bout à autre toutes les compositions, sans se soucier de ce que nous les priions d'abreger leurs contes, & la pluspart des inscriptions. Et quant à l'estranger, il prenoit assez de plaisir à voir & considerer tant de belles statues, en si grand nombre, & si artificiellement elabourees: mais il admiroit la fleur de la bronze, comme ne ressemblant point à vne crasse ny à vne roüille, mais à vne teinture d'azur reluisant & brillant, de sorte qu'il demoura comme tout estonné & rauy quand il veit les statues des Capitaines de marine (car il commença là à faire sa visitation) comme naïfuement bien representans la marine en leur couleur, & vn gouffre d'eau. Les anciens ouuriers, dict-il, vsoient-ils point de quelque mixtion, & de quelque composition expresse, pour donner ceste teinture à leurs ouurages? Car quant au cuyure de Corinthe, qui est tant renommé, on tient que ce fut par vn accident & cas d'aduenture qu'il prit ceste belle couleur, & non par artifice, ayant le feu embrasé vne maison où il y auoit quelque peu d'or & d'argent, & grande quantité de bronze serree, lesquels metaux estans dissoults & fondus ensemble, le nom de la masse en demoura à la bronze, pource qu'il y en auoit plus grande quantité que des deux autres. A donc Theon prenant la parole: Nous en auons, dict-il, entendu vn autre propos qui est bien plus ruzé: c'est qu'en la ville de Corinthe vn fondeur ayant trouué vne cachette où il y auoit beaucoup d'or, & craignant d'en estre descouuert, il en prenoit peu à peu, & le mesloit tout bellement parmy son cuyure, qui en prenoit vne merueilleusement belle mixtion & temperature, & en vendoit ses ouurages bien cherement, à cause qu'on les aymoit & estimoit pour la beauté de la couleur: mais & l'vn & l'autre est faulx. Car c'estoit certainement vne mixtion & vne preparation faicte par art, comme encore maintenant ils meslent de l'or auec de l'argent, & en font vne certaine iaunisse pasle, qu'ils treuuent exquise, mais à moy elle me semble vne couleur de malade, vne deprauation sans beauté quelconque. Quelle autre cause doncques, dict Diogenianus, estimes-tu qu'il y ait, pour laquelle le cuyure prenne icy ceste couleur? Theon respond, Attendu que des premiers & plus naturels corps qui sont ou qui seront du feu, de l'air, de l'eau, & de la terre, il n'y en a pas vn qui approche du cuyure ne qui y touche, que l'air tout seul, il est bien force que ce soit l'air qui le face, que à cause de luy il ait la difference qu'il a d'auec les autres, veu mesmement qu'ils ne bougent iamais d'ensemble, & qu'ils s'entretouchent tousiours. Ou bien cela est chose toute notoire, voire deuant mesme que Theognis fust né, comme dict le poëte Comique. Mais veux-tu sçauoir pour quelle proprieté, & par quelle puissance l'air coulora ainsi le cuyure en le touchant? Diogenianus ayant respondu, que ouy: Aussi fais-je bien moy, mon fils, ce dit Theon: cerchons la doncques ensemble, & deuant encore pour quelle occasion l'huyle le remplit de roüille, plus que ne faict toute autre humeur ne liqueur. Car il ne se peut dire que ce soit l'huyle mesme qui luy attache la roüille, attendu qu'elle est pure & nette, sans ordure quelconque, quand elle en approche. Non certes, dict le ieune homme, & faut qu'il y ait quelque autre cause que l'huyle: car la roüille venant à trouuer l'huyle qui est subtile, pure & transparente, elle apparoist fort clairement, là où és autres liqueurs, elle se cache & ne se monstre point. C'est bien dict, mon fils, & veritablement: mais si tu veux, considere vn peu la raison qu'Aristote en allegue, & ie te la veux dire. Il dict doncques que la roüille suruenant penetre insensiblement, & se dispert à trauers

les

la prophetisse Pythie.

A les autres liqueurs, qui sont de parties inegales & de rare substance, mais que pour la solidité serree de l'huyle, elle la contient & demeure ensemble. Si donques nous pouuons presupposer quelque chose de semblable, nous n'aurons pas faute de moyen de charmer & endormir vn peu ceste doubte. Comme donc nous eussions confessé qu'il disoit vray, & prié de poursuyure, il dict, que l'air de la ville de Delphes estant gros, espais, fort & vehement, à cause de la reflexion & contrepoussement des montagnes d'alenuiron, & d'auantage mordant & incisant, comme tesmoigne ce qu'il faict incontinent digerer la viande: penetrant donques l'air, à cause de sa tenuité, & subtilité, & couppant le cuyure, il en faict sortir force roüille & force terrestreité, laquelle il arreste puis apres & reprime, parce que l'espaisseur de l'air ne luy donne & ne permet point d'yssuë: ainsi ceste roüille s'arrestant pour sa quantité iette ceste fleur de couleur, & prend lueur & splendeur en sa superfice. Nous approuuasmes ceste deduction de raison: mais l'estranger dict, que l'vne des suppositions seule

B estoit suffisante pour ceste raison: car la tenuité ou subtilité semble estre vn peu contraire à l'espesseur que lon suppose de l'air. Et si n'est point necessaire de la supposer: car le cuyure vieillissant de luy-mesme exhale & met dehors ceste roüille, laquelle l'espesseur de l'air arrestant, & la figeant, rend euidente pour sa quantité. Theon adonc repliquant: Et qui empesche, dict-il, qu'vne mesme chose ne puisse estre subtile & espesse tout ensemble, comme sont les tyssus de soye ou de fin lin, desquels Homere dict,

  Du fin tissu de son voile volant
  L'huyle liquide alloit à bas coulant?

donnant à entendre par cela la subtilité deliee de la tissure, de sorte qu'elle ne souffroit pas que l'huyle passast à trauers, ains couloit & glissoit par dessus, tant elle estoit frappee & serree, qu'elle ne la perçoit point. Et si pourroit-on se seruir de la subtilité de l'air, non seulement pour labourer le cuyure, & en faire sortir la roüil-

C le, mais aussi à ce qu'il rend la couleur plus plaisante & plus azuree, en meslant la lueur & splendeur parmy le bleu. Apres cela s'estant faict vn peu de pause, les guides historiens de rechef nous alleguerent les paroles d'vn ancien oracle en vers, qui parloit, ce me semble, de la Royauté du Roy Ægon d'Argos. Si dict Diogenianus, que plusieurs fois luy estoit venu en l'entendement, de s'esmerueiller de la bassesse & mauuaise façon des vers des anciens oracles, combien que le Dieu Apollo soit appellé le conducteur des Muses, comme celuy auquel n'appartient pas moins la beauté de l'elegance de la composition, que la bonté de la voix, & le plaisir du chant, & qu'il surpassoit de beaucoup & Homere & Hesiode en la science de faire de beaux & bons vers, & toutefois nous voyons plusieurs oracles pleins de fautes, & d'erreurs, & quant aux mesures, & quant aux paroles. Et lors le poëte Serapion, qui venoit d'Athenes, se trouuant là: Comment, dict-il, estimez vous donc que ces vers là soient de

D la composition d'Apollo? Laissons de dire, comme vous confessez vous mesmes, qu'il s'en faut beaucoup qu'ils n'approchent de la beauté & bonté de ceux d'Homere & d'Hesiode: Nous ne nous seruirons pas de ceux-là, comme pour exemple des mieux & plus elegamment faicts: mais corrigeons nostre iugement preuenu & preoccupé d'vne mauuaise accoustumance. Prenant adonc la parole Boëthus le Geometrien, car tu cognois le personnage qui s'est rengé à la secte d'Epicurus: As-tu point, dict-il, ouy faire le conte de Pauson le peintre? Non pas moy, dict Serapion. Si est-il digne d'estre ouy, dict Boëthus. Il auoit marchandé de peindre vn cheual se veautrant sur l'eschine, & il le peignit courant: dequoy se courrouçant le personnage qui luy auoit donné à peindre, Pauson ne s'en fit que rire, & renuersa le tableau: ainsi estant le dessus dessoubs, le cheual ne sembla plus courir, ains se veautrer. Le mesme, dict-il, aduient à certains propos quand on les renuerse, & pourtant y en a-il

Des Oracles de

qui vous diront, que les Oracles ne sont pas beaux & bons, pource qu'ils sont de Dieu: mais au contraire les autres diront, qu'ils ne seront pas de Dieu, parce qu'ils seront mauuais. Car cela est douteux & incertain, mais cecy est tout euident & manifeste, que les vers des Oracles ne sont pas bien elabourez: dequoy il ne faut point de meilleur iuge que toy, car tu composes & escris des poëmes, qui quant à la matiere & au subiect sont escrits philosophiquement & austerement, mais quant à la suffisance, à la grace, & à la composition & structure de la diction, resemblent pluftost aux vers d'Homere & d'Hesiode, que non pas aux vers des Oracles. Nous sommes malades, dict-il, Boëthus, & des aureilles & des yeux, estans accoustumez, tant nous sommes delicats & mols, d'estimer & appeller plus beau ce qui est plus doulx: & à l'aduenture nous plaindrions nous volontiers de la presbtresse Pythie, de ce qu'elle ne chante plus doucement que la menestriere Glauca, & de ce qu'elle ne se parfume point d'huyles odorantes, qu'elle ne se vest point de robbes de pourpre: & quelques vns, pource qu'elle ne faict point de parfum de cynamome, ou de ladanum, ou d'encens, ains de laurier, ou de farine d'orge. Ne vois-tu pas, dira quelqu'vn, combien de grace ont les vers de Sappho, & comment ils delectent & destrempent de ioye les cœurs des escoutans? là où la Sibylle auec sa bouche forcenee, comme dict Heraclitus, sonnant des paroles qui ne prouocquent point à rire, qui ne sont point fardees, qui ne sont point parfumees, attaint de sa voix iusques à mille ans, à cause du Dieu qui parle par elle. Et Pindare dict, que Cadmus ouït de Dieu vne musique hautaine & droicte, non doulce, non molle ny delicate, ne rompue de passages: car la nature qui est impassible, chaste & saincte, ne reçoit ny n'admet point la volupté, ains a esté icy bas iettee auec le chant: & la pluspart d'icelle en est coulee aux oreilles des hommes. Serapion ayant dict cela, Theon se prenant à rire: Serapion, dict-il, a suiuy la façon de faire de ses mœurs: s'estât offerte occasion de parler de la volupté, il en a voulu iouyr en passant. Mais pourtant Boëthus, encore que ces vers des Oracles soient pires que ceux d'Homere, nous n'estimons pas que ce soit Apollo qui les ait faicts, ains seulement qu'il a donné le principe du mouuement selon que chascune des prophetisses est disposee à receuoir son inspiration: car s'il falloit escrire & non pas prononcer les Oracles, ie pense que nous ne les reprendrions & blasmerions pas, disans que ce ne seroit pas escriture d'Apollo, s'ils estoient moins elegamment escrits que ne sont ordinairement les lettres des Roys: car la parole, ny la voix, ny la diction, ny la mesure, ne sont pas du Dieu, ains sont de la femme: Et luy donne seulement les imaginations, & allume en l'ame la lumiere pour esclairer l'aduenir, ce qui est & s'appelle Enthousiasme. Mais en somme il n'y a moyen d'eschapper de vos mains entre vous autres prophetes d'Epicurus (car on voit bien manifestement que tu te laisses aller, aussi bien que les autres, en ceste secte-là) d'autant que vous reprenez & blasmez les anciennes prophetisses, de ce qu'elles faisoient de mauuais vers, & maintenant les modernes de ce qu'elles prononcent en prose, & en termes vulgaires les Oracles, de peur qu'elles ne soient chapitrees de vous, si d'aduenture elles en faisoient qui fussent sans teste, sans reins, & sans queuë. Et lors Diogenianus, Ie te prie, au nom des Dieux, dict-il, ne te iouë point, mais dissouls nous ceste question & doubte qui est commune: car il n'y a personne qui ne demande & ne recerche la cause & raison, pour laquelle l'Oracle a cessé d'vser de vers en ses responses. Theon luy respondant: Mais maintenant, dict-il, mon fils, nous ferions tort & honte à nos guides historiens, ostant ce qui est leur propre office: & pourtant laisse leur faire premierement, & puis tu enquerras tout à loisir de ce que tu voudras. Or estions nous desia à l'endroict de la statue du Tyran Hieron, & l'estráger, combien qu'il sçeust bien tout au reste, si estoit-il si debonnaire & de bonne nature, qu'il escoutoit tout patiemment ce qu'on luy racontoit. Mais entendant qu'il y auoit eu vne colomne dudit

Hieron,

la prophetisse Pythie. 629

A Hieron, de bronze, laquelle estoit tombee d'elle mesme, le propre iour que Hieron trespassa à Syracuse en la Sicile, il s'en esmerueilla: & sur l'heure ie luy en ramenay en memoire d'autres semblables exemples, comme est celuy de Hieron le Spartain, que deuant le iour qu'il mourut en la bataille de Leuctres, les yeux de sa statuë tomberent, & les deux estoles que Lysander auoit offertes & dediees apres la bataille nauale du fleuue de la Chéure, & sa statuë mesme de pierre ietta soudain tant de broussaille, & d'herbe en si grande quantité, que la face en fut toute couuerte & offusquee. Et du temps des malheurs & calamitez que les Atheniens receurent en la Sicile, les dattes d'or du palmier tomberent, & les corbeaux vindrent marteller tout à l'entour à coups de bec, l'escu de l'image de Pallas: & la couronne des Gnidiens, que Philomelus le Tyran des Phociens auoit donné à la baladine Pharsalia, fut cause de sa mort: car estant passee de la Grece en Italie, vn iour comme elle iouoit & dansoit au temple d'Apollo, en la ville de Metapont, ayant ceste couronne sur la teste, les ieunes gens de la ville se ruans sur elle pour auoir l'or de ceste couronne, & combattans les

B vns contre les autres à qui l'auroit, deschirerent en pieces la baladine. Aristote souloit dire, qu'Homere estoit celuy seul qui faisoit des noms & des termes qui auoient mouuements, pour la viuacité de leur expression: mais quant à moy ie dis, que les offrandes que l'on a faictes en ceste ville de statuës & autres ioyaux, se meuuent aussi à predire & presignifier les choses à aduenir auec la diuine prouidence, & qu'il n'y en a pas vne partie qui soit vuide de sentiment, ains que tout y est plein de diuinité. Et Boëthus: Sans point de faute, dict-il, il ne nous suffit pas d'enfermer Dieu vne fois le mois dedans vn corps mortel, mais encore le voudrions nous mesler parmy toute pierre & toute bronze, comme si la fortune & le cas fortuit n'estoient pas assez suffisans ouuriers de tels accidents, & tels euenements. Comment, dis-je, te semble-il doncques que ces choses-là aduiennent fortuitement, & par cas d'aduenture, & qu'il soit vray-semblable que vos Atomes glissent, s'esbranlent, ou gauchissent, non au

C parauant ny apres, mais seulement au poinct iustement, que chascun de ceux qui ont faict ces offrandes, deuoit auoir quelque chose de pis ou de meilleur? Et Epicurus à ce que ie voy, te sert & profite maintenant des choses qu'il a dictes ou escrites il y a trois cens ans: & Dieu, s'il ne se va emprisonner dedans toutes choses particulierement, & ne s'y va emmurer, à ton aduis, ne pourra donner à chose qui soit, principe de mouuement, ny cause de passion, ou euenement quelconque? Voyla la response que ie feis lors à Boëthus: & autant luy en respondis-je touchant les vers de la Sibylle: car quant nous fusmes à l'endroict de la roche, qui est ioignant le Palais du Senat, sur lequel on tient que s'asseit la premiere Sibylle, venant de la ville de Helicon, où elle auoit esté nourrie par les Muses, combien que les autres disent qu'elle arriua à Malea, estant fille de Lamia, fille de Neptune. Serapion faict mention des vers, par lesquels elle mesme se louë, disant qu'elle ne cessera iamais de predire & prophetiser

D l'aduenir, non pas mesme apres qu'elle sera morte, par ce que quant à son ame elle sera lors ce que l'on appelle la face de la Lune qui nous apparoist, & son vent & haleine se meslant auec l'air, ira çà & là, prognostiquant par voix & paroles que l'on entendra en l'air & de son corps qui sera transmué & conuerti en terre, il en naistra des herbes, & des plantes & boccages, que mangeront & pastureront les sacrees victimes, qui auront toutes sortes de formes, & diuerses qualitez en leurs entrailles, par lesquelles les hommes prediront & precognoistront ce qui leur deura aduenir. Dequoy Boëthus se mocquoit encore plus euidemment, Et comme Zoüs dist, que combien que ces choses ressemblassent à des fables, si est-ce que plusieurs subuersions, plusieurs transmigrations de villes Grecques, plusieurs venuës d'armees Barbaresques, & destructions de Royaumes & principautez, portent tesmoignage aux propheties & predictions antiques. Et ces recents & modernes accidents qui sont n'agueres

Des Oracles de

en nos temps aduenus à Cumes & à Possol, n'estoient-ils pas promis, chantez & prophetisez par les liures Sibyllins, que le temps a depuis comme debteur acquittez & payez? Les eruptions de feu d'vne montagne, les boüillonnemens de la marine, les eruptions & iettemens de pierres ponces, & de cendre, par vents soubterrains, ruines & deuastations de tant & de si grandes villes, que le lendemain ceux qui y venoient, ne recognoissoient plus où elles auoient esté situees & basties, tant le pays estoit ruyné & confus. Il est bien malaisé de croire que cela ait iamais esté sans entremise d'œuure diuine, tant s'en faut qu'on l'ait peu preuoir ny predire sans diuinité. Et Boëthus adonc, Et quel accident, dit-il, sçauroit-on imaginer, beau sire, que le temps ne doiue à la nature, & quelle chose pourroit estre si estrange, si prodigieuse, & si inopinee, tant en la mer qu'en la terre, ou touchant les villes entieres, ou les hommes particuliers, que si quelqu'vn le predit, par traict de temps, il ne luy vienne faict? combien que cela, à proprement parler, ne soit pas predire, ains dire simplement, ou plustost ietter & semer en l'air, à l'aduenture, en l'infiny, des paroles qui n'ont point d'origine ny de fondement, ausquelles vagantes ainsi en l'infiny quelquefois la fortune se rencontre & s'assemble par accident. Car il y a bien difference, à mon aduis, entre aduenir ce qui a esté dict, & estre dict ce qui aduiendra: car la parole qui dict ce qui n'est pas, ayant desia en soy le vice & la faulte, n'attend pas iustement la foy & approbation de l'accident fortuit, ny n'vse pas de signe concluant pour prouuer qu'il sçait de certaine science predire qu'il soit aduenu apres qu'il l'a dict, attendu que l'infinité des accidents est capable de produire toutes choses: mais celuy qui coniecture bien, que le commun prouerbe dict estre le meilleur deuin,

  Celuy duquel la coniecture en vain
  Reüssit moins, est le meilleur deuin,

il semble qu'il suit à la trace, & qu'il chasse par les voyes de verisimilitude le futur: là où ces Sibylles icy & ces Bacchantes ont ietté & semé à vau le temps, ne plus ne moins qu'en vne vaste & vague mer, sans iugement ne coniecture quelconque, à l'aduenture, des mots & paroles de toutes sortes d'accidents, de passions & d'euenements, lesquelles sont tousiours faulses, encore qu'il en aduienne quelqu'vne par cas d'aduenture maintenant qu'elles se disent, comme elles seront peut estre veritables quand elles seront fortuitement aduenuës. Boëthus ayant ainsi discouru, Serapion luy repliqua: Boëthus dict vne iuste sentence, touchant des propositions qui sont dictes ainsi indetermineement sans certain subiect: Si la victoire est predicte à vn Capitaine, il a vaincu: Si la destruction d'vne ville, elle est perdue. Mais là où l'on dit non seulemét ce qui aduiendra, mais aussi comment, & quand, & apres quoy, & auec qui, cela n'est point vne coniecture de ce qui à l'aduenture sera, ains vne presignification & declaration de ce qui resoluëment sera: comme, pour exemple, le clochement d'Agesilaus,

  Garde toy bien, ô nation Spartaine,
  Bien que tu sois magnanime & haultaine,
  Que royauté boiteuse ne se germe
  En toy, qui as l'alleure droicte & ferme.

Et puis l'oracle qui fut donné de l'Isle que produisit la mer, là où est auiourd'huy Thera & Therasia, & de la guerre d'entre Philippus & les Romains:

  Quand au combat les yssus des Troyens
  Auront desfaict ceux des Phœniciens,
  Il se verra des effects incroyables:
  Car de la mer les flots espouuentables
  Ietteront feux & flammes à foison:
  Le ciel fendra des poissons la maison,
  D'estourbillons, de foudres & tonnerres

Meslez

A Meſlez parmy de cailloux & de pierre,
Et à l'endroict ſortira de la mer
Vne nouuelle Iſle, que nul nommer
N'aura iamais ouy : lors les debiles,
En efforçant leurs bras & mains habiles,
Vaincront celuy qui ſera plus puiſſant.

Car que les Romains en peu de temps ayent ſubiugué les Carthaginois, apres auoir desfaict Hannibal, que les Ætoliens auec le ſecours des Romains ayent gaigné la bataille contre le Roy de Macedoine Philippus, & que finablement il ſoit ſorty vne Iſle du fond de la mer, auec grande quantité de feu, & grand orage & tourmente, on ne ſçauroit dire que cela ſoit aduenu & arriué caſuellement & par cas fortuit, ains l'ordre monſtre vne preſcience. Et d'auoir predit aux Romains cinq cens ans auparauant le temps auquel ils deuoient auoir la guerre contre toutes nations enſemble, qui
B fut quand ils eurent la guerre contre les eſclaues qui s'eſtoient reuoltez : car en tout cela il n'y a rien de conieĉture, ny d'incertaine temerité : & de l'aller cercher en la fortune, c'eſt mettre les choſes en l'infiny, là où il y a pluſieurs pleiges qui nous donnent aſſeurance du finy & determiné, & qui nous monſtrent par où paſſe la fatale deſtinee : car ie n'eſtime pas qu'il y ait perſonne qui puiſſe dire qu'ayant eſté predit auec tant de circonſtances, ce ſoit eſté par fortune. Car qui pourroit empeſcher que lon ne peuſt dire auſſi qu'Epicurus ne vous auroit pas eſcrit ſon liure des opinions & doctrines principales, ains que les lettres ſe feroient ainſi trouuees & rencontrees enſemble par fortune & caſuellement, qui auroient ainſi compoſé le liure? En tenant ces propos nous allions touſiours en auant. Et comme en la ſalle des Corinthiens nous regardions le Palmier de bronze, qui ſeul de tous les ioyaux offerts y eſt demouré, Diogenianus s'eſmerueilla d'y veoir des grenoüilles & des couleuures tournees & labourees à l'entour de la racine, & auſſi feiſmes nous, parce que le palmier n'eſt
D point vn arbre paluſtre, ne qui ayme les eaux, comme ſont beaucoup d'autres plantes : ny les grenoüilles n'appartiennent & ne touchent de rien aux Corinthiens, pour eſtre vn ſigne & vne marque de leur ville, comme les Selinuntins ont quelquefois, à ce que lon dict, offert vne plante d'Ache, qui s'appelle Selinon, faicte d'or : & les Tenediens vne hache, ce qui eſt pris des cancres qui naiſſent en leur Iſle, aupres d'vn promontoire qu'ils appellent Aſterion, leſquels cancres ſeuls ont la figure d'vne hache imprimee deſſus leur cocque : car quant à Apollo, nous eſtimons que les Corbeaux, les Cygnes, les Loups, & les Eſparuiers, & toutes autres beſtes luy ſeroient pluſtoſt agreables que celles-là. Serapion adonc dict, que l'ouurier auoit voulu par cela donner à entendre que le Soleil ſe nourriſſoit des eaux, qu'il en naiſſoit, & qu'il les conuertiſſoit en viperes, ſoit qu'il euſt entendu d'Homere,

Le clair Soleil ſortit d'vn beau grand Lac,

D ou qu'il euſt veu, comme les Ægyptiens pour repreſenter l'Orient, peignent vn petit enfant aſſis deſſus vn Alizier. Adonc me prenant à rire : A quoy faire, diſ-je, nous viens-tu derechef fourrer icy ta ſecte Stoïque, & nous viens-tu glacer tout doucement par entre nos propos vos euaporations, & allumemens des aſtres, ſans nous tirer à bas le Soleil ny la Lune, comme font les femmes Theſſaliennes par leurs enchantemens, ainſi les faiſant ſourdre, comme de leur origine & principe de la terre & des eaux? car Platon a bien appellé l'homme arbre celeſte, comme eſtant dreſſé la racine contremont, qui eſt la teſte. Mais vous cependant vous mocquez d'Empedocles, pource qu'il dit que le Soleil par reflexion de ſa lumiere celeſte contre la terre reſplendit derechef contre le ciel d'vne face intrepide, & cependant vous en faictes vn animal terreſtre, ou vne plante paluſtre, en le peignant dedans les eaux & pays des grenoüilles. Mais remettons cela à la Tragicque & monſtrueuſe eſtrangeté

d'opinions des Stoïques, & cependant traictons accessoirement les accessoires ouurages des ouuriers mechaniques : car ils sont ingenieux & gentils en beaucoup de choses, mais aussi bien souuent ne se gardent-ils pas d'estre froidement curieux & ambitieux en leurs inuentions. Comme donc celuy qui peignit sur la main d'Apollo vn coq, voulut entendre le matin, & l'heure du leuer du Soleil, ou l'aube du iour : aussi pourroit-on dire icy que ces grenoüilles sont la marque du printemps, auquel le Soleil commance à dominer sur l'air, & à dissouldre l'hyuer, au moins s'il fault, selon que vous mesmes dictes, entendre que le Soleil & Apollo soit tout vn mesme Dieu, & non pas deux. Et Serapion : Comment ne le penses-tu doncques pas, & crois-tu que le Soleil soit autre qu'Apollo? Ouy, dict-il, comme c'est autre chose le Soleil que n'est la Lune. Mais encore y a-il plus : car la Lune ne cache pas souuent ny à tout le monde le Soleil, là où le Soleil faict, que tous les hommes ensemble ignorent Apollo, diuertissant la pensee par le sentiment, & la destournant de ce qui est à ce qui apparoist. Apres cela, Serapion demanda aux guides historiens, pour quelle cause ceste salle n'estoit intitulee, la Salle de Cypselus, attendu qu'il l'auoit fondee & dediee, ains la salle des Corinthiens. Et comme eux se teussent, pour ce, à mon iugement, qu'ils n'en entendoient pas la cause, me prenant à en rire : Et comment, dis-je, pouuons-nous penser que ces hommes icy le puissent sçauoir ou s'en souuenir, estans tous esbahis & estonnez de vous auoir ouy deuiser des impressions qui se font en l'air ? car par cy-deuant nous leur entendions dire, qu'apres que la Tyrannie de Cypselus eut esté ruinee, les Corinthiens voulurent attribuer à eux l'inscription de la statuë d'or qui est en Pise, & ceste salle aussi du Thresor, y mettant vne inscription, comme du corps de toute la ville : ce que les Delphiens leur octroyerent, & concederent selon qu'il estoit iuste. Mais les Eliens leur en porterent enuie : parquoy ceux de Corinthe feirent vn decret publique, par lequel ils les exclurent & priuerent de la feste & solennité des ieux Isthmicques, dont est venu que depuis il n'y a iamais eu pas vn champion du pays d'Elide qui ait combattu és ieux Isthmicques. Et le meurtre des Molionides que Hercules tua, aupres de la ville de Cleones, n'a point esté cause, comme aucuns estiment, que les Eliens en ayent esté deboutez : car au contraire ç'eust esté à eux à qui il eust appartenu d'en exclurre & debouter les autres, si pour cela ils eussent eu inimitié à l'encontre des Corinthiens. Voyla ce que i'en dis, quant à moy. Et comme nous fusmes en la salle des Acanthiens, & de Brasidas, que l'on appelle, l'vn des guides historiens qui nous conduisoient, nous monstra la place où souloient estre les Obelisques de fer, qu'auoit dediez la courtisanne Rodopis. Dequoy Diogenianus se courrouçant, C'est aussi grãde honte, dict-il, à ceste ville d'auoir donné à vne putain place pour mettre la decime du salaire qu'elle auoit gaigné à la peine de son corps, comme d'auoir iniquement faict mourir Æsope, qui estoit serf quant & elle. Et Serapion, Vrayement, dit-il, tu as bon temps de te courroucer de cela : mais regarde là hault, & y voy entre les statues des Capitaines & des Roys, celle de Mnesarete toute d'or, laquelle Crates disoit auoir là planté pour trophee de la luxure des Grecs. Le ieune hõme la regardant, Voire-mais, dit-il, c'estoit de Phryne que Crates disoit cela. Il est vray, ce dit Serapion : car son propre nom estoit Mnesarete, mais elle fut surnommee Phryne, par vn sobriquet, pource qu'elle estoit iaunastre, comme vne grenoüille de buisson, qui se nomme Phryn, ainsi que les surnoms ont suffocqué & faict eclipser beaucoup de noms : car la mere d'Alexandre, qui auoit nom Polyxene en son premier nom, fut depuis surnommee Myrtale, & puis Olympiade & Stratonice : & Eumethis Corinthiene, iusques icy plusieurs la surnomment du nom de son pere, Cleobuline. Et Herophile de la ville d'Erithre, qui auoit l'art de deuiner, on l'appella depuis Sibylla. Et tu entendras dire aux Grammairiens, que Leda mesme auparauant s'appelloit Mnesinoé, & Orestes
Achæus

A Achæus. Mais comment penses-tu, dit-il, regardant Theon, fouldre & refpondre à cefte accufation de Phryne? Et luy en fe riant: En forte, dict-il, que ie te chargeray & accuferay toy-mefme de t'amufer à reprendre ainfi les plus legeres fautes des Grecs. Car ainfi comme Socrates reprenoit en Callias ce qu'il faifoit la guerre feulement aux parfums & odeurs curieufes, & cependant il enduroit de veoir des danfes, des faults de foupplefse de ieunes garçons, & des baifers, & des bouffons & plaifans pour faire rire la compagnie: aufsi me femble-il que tu veux chafser & exclurre du temple vne femmelette qui a vfé de la beauté de fon corps vn peu trop deshonneftement, & cependant tu vois le Dieu Apollo enuironné tout à l'entour de primices & de decimes de meurtres, de guerres & de pillage, & tout fon temple plein de defpoüilles & de butin pris fur les Grecs, & ne t'en courrouces point, ny n'as point de pitié des Grecs lifant fur ces belles offrandes & ioyaux de treflaides infcriptions, Brafidas & les Acanthiens des defpoüilles des Atheniens, les Atheniens des Corinthiens, les
B Phociens des Thefsaliens, les Orneates des Sicyoniens, les Amphictyons des Phociens. Mais à l'aduenture que c'eftoit Praxiteles feul qui fafchoit Crates, de ce qu'il auoit là pofé vn prefent qu'il faifoit à fon amie. Et au contraire Crates l'en deuoit loüer, de ce que parmy les images d'or des Princes & des Roys il y mettoit celle d'vne courtifanne, reprochant & condamnant en cela la richefse, comme n'ayant rien de grand ny de venerable: car il eft bien feant aux Princes & aux Roys de mettre au temple d'Apollo des ioyaux qui foient tefmoings de la iuftice, de la temperance, & de la magnanimité, non pas de l'opulence bien dorée & fuperfluë, à laquelle ont part ceux mefmes qui ont le plus honteufement vefcu. Mais vous n'alleguez pas cela, dit l'vn de nos guides hiftoriens, que Crefus feit faire vne ftatuë d'or de fa boulengere, laquelle il offrit & dedia icy, non pas toutefois pour infolentement faire monftre de fes fuperflues richefses en ce temple, ains pour vne iufte & honnefte occafion, qui fut telle. On dict que Alyattes pere de Crefus efpoufa vne feconde femme, de
C laquelle il eut & feit nourrir d'autres enfans. Cefte femme doncques drefsant embufche à la vie de Crefus, donna du poifon à cefte boulengere, & luy commanda qu'elle en meift dedans le pain qu'elle feroit pour Crefus. La boulengere le luy feit fecrettement entendre, & donna le pain empoifonné aux enfans d'elle: au lieu defquels Crefus eftant venu à fucceder au royaume, voulut recognoiftre le bon feruice que luy auoit faict cefte femme, auec le tefmoignage mefme de Dieu, en quoy il feit vertueufement. Et pourtant, dict-il, eft-il bien feant de loüer, & honorer, & aymer les ioyaux & offrandes des villes qui ont efté prefentez & dediez pour telles occafions, comme celuy des Opuntiens: car comme les Tyrans des Phociens eufsent rompu & fondu plufieurs ioyaux facrez, & d'iceux faict de la monnoye, qu'ils auoient debitee & femee par les villes, les Opuntiens en recueillans le plus qu'ils peurent, en emplirent vne grande cruche, qu'ils enuoyerent icy, & en feirent offrande à Apollo. Et
D quant à moy ie loüe grandement ceux de Smyrne & d'Apollonie, qui enuoyerent icy des gerbes d'or: & encore plus les Eretriens & les Magnefiens, qui feirent à noftre Dieu prefent des primices de leurs hommes, le recognoifsans non feulement comme donateur des biens de la terre, mais aufsi des enfans, & comme autheur de la generation, & amateur des hommes. Et blafme les Megariens de ce que feuls prefque entre tous les Grecs, ils ont icy faict eriger vne image de noftre Dieu, tenant en main vne lance, à caufe de la bataille qu'ils gaignerent fur les Atheniens, quand apres la desfaicte des Medes ils vainquirent les Atheniens, & les chafserent de leur ville, laquelle ils auoient occupée & prife fur eux. Il eft vray que depuis ils luy feirent offrande d'vn peigne d'or à toucher la Lyre, ayans ce femble ouy dire au poëte Scytinus, difant de la Lyre, laquelle le beau fils de Iupiter, Apollo, accorde, comprenant tout le commancement & la fin,

Ayant en main le peigne reluisant,
Des beaux rayons du Soleil clair luisant.

Et comme Serapion vouluſt encore adiouſter quelque choſe de ſemblable, l'eſtranger ſe prit à dire: Ie prens, dict-il, bien plaiſir à ouyr deuiſer de tels propos: mais il eſt force que ie demande la premiere promeſſe qui m'a eſté faicte, que lon me rende la cauſe pour laquelle la Propheteſſe Pythie a ceſſé de rendre les oracles en carmes & en vers. Parquoy s'il vous plaiſt, nous ſurſerrons la viſitation du reſte des ioyaux, & nous aſſeans icy, nous deuiſerons vn peu de ceſte matiere: car c'eſt vn propos qui repugne merueilleuſement à la foy & croyance de l'Oracle, qu'il faut neceſſairement que ce ſoit l'vn des deux, ou que la Propheteſſe Pythie ne s'approche pas bien du lieu où eſt la diuinité, ou que le vent qui l'inſpiroit, eſt eſteint, & ſa force & puiſſance faillie. Tournans doncques à l'entour du temple iuſques au coſté du midy, nous nous aſſeiſmes ſur les entablemens d'iceluy, auprés du temple de la Terre, voyans de là l'eau de la fontaine Caſtalie, & le temple des Muſes, tellement que Boëthus dict incontinent, que le lieu meſme aydoit à la doubte & demande que faiſoit l'eſtranger: car il y auoit icy anciennement au lieu où ſourd le ruiſſeau, vn temple des Muſes, tellement que lon vſoit de ceſte eau à faire les effuſions aux ſacrifices, ainſi que teſmoigne Simonides,

Là deſſoubs, en vn baſſin beau,
Se garde la ſaincte & belle eau
Des Muſes à la teſte blonde.

Et encore derechef le meſme Simonides, vn peu plus curieuſement, appellant la Muſe Clio,

La ſaincte ſuperintendante
Des beaux baſſins, où faict deſcente
La font Caſtaline, que tant
Tout le monde va ſouhaittant,
Qui des cauernes prophetiques
Sourd auec odeurs mirifiques.

Parquoy Eudoxus croyoit mal, ceux qui diſoient qu'il entendoit de l'eau de Stix: mais ils colloquerent le temple des Muſes, comme gardiennes & aſſiſtantes de la diuination auprés du ruiſſeau, & auſſi le temple de la Terre, à laquelle appartenoit l'Oracle, où ſe rendoient les reſponſes en carmes & en chant: & y en a qui diſent que ce fut icy que lon oüyt le premier carme Heroïque de telle ſubſtance,

Tous les oyſeaux & abeilles volages,
Approchez cy vos cires & plumages,

lors que deſtituee de Dieu, elle perdit ſa dignité. Cela, dict Serapion, eſt plus raiſonnable & plus conuenable aux Muſes: car il ne faut pas combatre à l'encontre des Dieux, ny oſter auec la diuination la prouidence & la diuinité, ains pluſtoſt chercher ſolution de ce qui ſemble eſtre contraire, & cependant n'abandonner point la foy & croyance religieuſe, qui a eſté de pere en fils touſiours tenuë en noſtre pays. Tu dis fort bien, dis-je, Serapion. Car nous ne deſeſperaſmes point de la philoſophie, comme eſtant du tout perduë & eſteinte, pource que les philoſophes auparauant prononçoient & publioient leurs ſentences & doctrines en vers, comme faiſoient Orpheus, Heſiodus, Parmenides, Xenophanes, Empedocles & Thales, & depuis ils ceſſerent d'vſer de vers, excepté toy. Car tu as derechef ramené la poëſie en la philoſophie, qui excite & éguillonne viuement les ieunes gens. Ny n'a point eſté l'Aſtrologie renduë plus ignoble ne moins priſee, parce qu'Ariſtarchus, Timochares, & Ariſtyllus & Hipparchus en ont eſcrit en proſe, combien que Eudoxus, Heſiodus & Thales en euſſent parauant eſcrit en vers, au moins s'il eſt veritable que

Thales

la prophetisse Pythie. 632

A Thales ait escrit l'Astrologie que lon luy attribue. Et Pindare cõfesse qu'il doubte de la façon de la melodie qui estoit negligee de son temps, & s'esmerueille pourquoy elle estoit mesprisee: car il n'y a rien de mauuais ny d'estrange à recercher les causes de telles mutations. mais de vouloir oster les arts & les puissances, s'il y a d'aduenture eu quelque chose remuee ou alteree en elles, il n'est pas iuste ny raisonnable. A quoy Theon adiousta, On ne sçauroit nier certainement qu'il n'y ait eu en cela de grandes alterations & grandes mutations: mais si est-ce que de toute ancienneté il y a eu des oracles rendus & prononcez en prose, & encore touchant affaires de bien grande consequence. Car comme Thucydides mesme l'escrit, il fut respondu aux Lacedæmoniens, qui demandoient de l'issuë de la guerre qu'ils auoient alencontre des Atheniens, Qu'ils auroient victoire & demoureroient les plus forts, & qu'il leur seroit en aide, requis ou non requis: & s'ils ne rappelloient Pausanias, il recueilliroit l'argent ** Aux Atheniens qui enqueroient de l'euenement de la guerre qu'ils en-
B treprenoient pour conquerir la Sicile, il fut respondu, Qu'ils amenassent de la ville d'Erythres la presbtresse de Minerue: & la femme s'appelloit Hesychia, c'est à dire, repos. Et comme Dinomenes Sicilien enquist que ce seroit de ses enfans, l'oracle luy respondit, Qu'ils seroient tous trois Seigneurs & Tyrans: & comme il repliquast, Ouy bien, mais ce sera peult estre à leur malheur, Sire Apollon: il respondit, Et cela encore t'est donné. Aussi sçauez vous que Gelon fut hydropique durant sa domination, Hieron trauaillé de la pierre: & le troisiesme, Thrasybulus, se trouuant enueloppé de guerres & seditions, en peu de temps fut chassé & debouté de sa domination. Et Procles le Tyran d'Epidaure, aiant fait mourir cruellement, & tyranniquement plusieurs autres, tua encore Timarchus, qui s'en estoit fuy d'Athenes deuers luy, auec grosse somme de deniers, apres l'auoir reçeu en asseurance, & luy auoir fait beaucoup de caresses à son arriuee, & puis en ietta le corps en la mer dedans vne manne, & feit cela par l'entremise d'vn Cleander d'Ægine, sans que les au-
C tres en sçeussent rien: & depuis, ses affaires estants troublez, il enuoya icy à l'oracle son frere Cleotinus, enquerir s'il s'en deuoit enfuir & se retirer ailleurs. Apollon luy respondit, qu'il donnoit à Procles fuitte & retraitte, là où il auoit fait mettre la manne par son hoste d'Ægine, ou là où le cerf laisse ses cornes. Le Tyran doncques entendant que l'oracle luy commandoit de se ietter en la mer, ou bien de s'enterrer en terre, par ce que les cerfs enfouïssent & cachent leurs cornes en terre quand elles sont tombees, il attendit encore quelque peu de temps: puis à la fin, voyant que ses affaires empiroient de plus en plus tous les iours, il se cuyda sauuer à la fuitte: mais les amis de Timarchus l'aians surpris & tué, en ietterent le corps dedans la mer: & qui est encore plus, les Rhetres, c'est à dire les responses qui furent donnees à Lycurgus, pour ordonner le gouuernement de la chose publique des Lacedæmoniens, luy furent donnees en prose. Et Alyrius, Herodotus, Philochorus, & Ister, qui ont le plus tra-
D uaillé à assembler les responses des oracles en vers, en ont aussi escrit plusieurs sans vers. Et Theopompus, qui autant que nul autre s'est estudié à esclarcir l'histoire de l'oracle, reprend asprement ceux qui pensent que la prophetisse Pythie ne prophetisoit pas alors en carmes. Et puis s'efforçeant de le prouuer, il n'en peult alleguer que bien peu d'exemples, comme estants tous les autres oracles dés lors couchez en prose, comme aussi maintenant encore y en a il quelques vns qui courét en vers: par lesquelles allegations il a rendu vn faict fort diuulgué, qui est tel. Il y a en la prouince de la Phocide vn temple d'Hercules surnommé Misogyne, comme qui diroit, ennemy des femmes: & est la loy & coustume du pays, que celuy qui en est le presbtre, pour l'annee qu'il l'est, ne touche nullement à femme: à l'occasion dequoy ordinairement on eslit des vieillards à ceste presbtrise là. Toutesfois quelque temps au parauant, vn ieune homme qui n'estoit pas meschant, mais ambitieux d'honneur, & aimant vne

Oooo iiij

ieune garfe, prit cefte prelature:du commancement il fe conteint le mieux qu'il peut, & fuit cefte garfe: toutefois vn iour qu'il eftoit couché, apres auoir bien beu & danfé, la ieune garfe l'eftant venue voir, il eut affaire à elle. Parquoy en eftant troublé & efpouuanté, il f'enfuit à l'Oracle, & enquit Apollo fur le peché qu'il auoit commis, f'il y auoit point de remede & d'abfolution, & eut cefte refponfe,

Dieu permet tout ce qui eft neceffaire.

Mais quand quelqu'vn concederoit que nulle refponfe d'oracle ne fe donneroit en noftre temps finon en vers, encore feroit-il plus en doubte des anciens, qui quelquefois en vers, & quelquefois en profe fans vers, rendoient les oracles. Ce neantmoins ny l'vn ny l'autre, mon fils, n'eft ny faux ny eftrange, prouueu que nous aions les opinions droictes & pures de Dieu, & que nous n'eftimions point que ce fuft Apollo qui anciennement compofoit les vers, & qui maintenant fuggere à la Pythie les oracles, comme parlant dedans vn mafque:mais d'autre cofté il faudroit plus au long difcourir & enquerir de cela. Toutefois pour le prefent, à fin d'en entendre quelque chofe, fouuenons nous que le corps fe fert de plufieurs inftruments, & l'ame du corps & des parties d'iceluy, & l'ame eft l'organe & inftrument de Dieu. Or la perfection de l'inftrument & organe eft d'imiter & reprefenter cela, qui en vfe entant comme il a de puiffance, & exhiber l'œuure & l'effect de la penfee mefme en foy, tant qu'en luy eft & le môftrer, non pas tel côme il eft en l'ouurier, pur & net, fans paffiô, fans erreur & fans faute quelcôque, ains meflé. Car par foymefme il nous eft incogneu, & nous apparoift autre & par autre, & fe remplit de la nature de ceft autre-là. Ie laiffe là la cire, l'or, l'argent & le cuyure, & toutes autres efpeces de matiere & de fubftance qui fe peult mouler & imprimer, chafcune defquelles reçoit vne forme de femblance imprimee, mais à cefte reprefentation, l'vne y adioufte vne difference, & l'autre vne autre de foy-mefme, comme il eft aifé à voir par les infinies formes diuerfes d'images, & d'apparences, qui fe voient d'vne mefme face en diuers miroirs pleins, creux & courbez en rond, car on en voit de toutes fortes. Or ny a-il ny miroir qui reprefente mieux la face, ny inftrument qui foit de nature plus foupple & plus obeiffant que la Lune: toutefois prenant du Soleil la lueur & fplendeur allumee, elle ne la renuoye pas mefmes deuers nous, ains meflee auec du fien, & luy change fa couleur, en luy donnant toute autre & differente puiffance : car il n'y a du tout point de chaleur, & fa lumiere eft fi foible qu'elle default auant que d'arriuer iufques à nous. Et me femble que c'eft ce qu'a voulu dire Heraclitus, quand il a dit, comme le Seigneur auquel appartient l'oracle qui eft en la ville de Delphes, ne dit, ny ne cache, mais il fignifie. Adioufte donc à cela qui eft bien dit & imaginé, que le Dieu qui icy eft, vfe de la Pythie quant à la veuë, & quant à l'ouyë, tout ainfi que le Soleil vfe de la Lune, il monftre & fignifie par vn corps mortel, & vne ame qui ne peult arrefter, & ne fe pouuant exhiber immobile & raffife à celuy qui l'agite, ains fe troublant encore d'auantage par les mouuemens & paffions qui font attachez à elle mefme. Car ainfi comme les tournoyemens des corps qui f'en vont tombans en rond contre-bas, ne font pas les forts, ains tournans en rond par force, & tendans contre-bas par nature, il fe fait des deux vn enueloppement de volute & reuolution irreguliere : auffi le rauiffement d'efprit, qui fe nomme Enthoufiafme, eft vne meflange de deux mouuemens, dont l'ame eft efmeuë, l'vn de l'infpiration, l'autre de la nature. Car veu que és corps qui n'ont point d'ame, & qui demeurent toufiours en mefme eftat, on ne les fçauroit par force mouuoir autrement que la qualité de leur nature ne porte, ny remuer vne haulte colomne rondement, comme vne boule, ny comme vn corps quarré, ny manier vne lyre comme vne fleute, ou vne trompette comme vne cithre, ny autre chofe quelconque, finon ainfi comme par art, ou par nature, elle eft idoine à vfer : Comment feroit-il poffible de manier & traiter ce qui eft animé, qui fe meut
foy-mefme

la prophetisse Pythie. 633

A soy-mesme, qui est capable de raison, de volonté & d'inclination, autrement que selon sa precedente habitude, puissance, ou nature? comme de mouuoir musicalement vn qui seroit du tout ignorant & ennemy de la musique, ou grammaticalement qui seroit ignorant & ennemy des lettres, ou doctement, celuy qui n'auroit intelligence ny experience de science quelconque, il ne seroit pas au monde possible. En quoy Homere mesme me rend tesmoignage, supposant qu'il ne se fait rien du tout, sans que Dieu en soit aucunement cause, & toutefois ne faisant pas que Dieu se serue & vse de toutes personnes à toutes choses, ains de chasque homme, selon sa suffisance ou d'art, ou de nature. Qu'il soit vray, ne vois-tu pas, amy Diogenianus, que quand Minerue veult persuader quelque chose aux Acheïens, elle leur met en auant Vlysses: quand elle veult troubler & confondre le traitté de paix, elle cerche Pandarus: quand elle veult desconfire & mettre en route les Troyens, elle s'adresse
B à Diomedes: car l'vn estoit robuste de corps, & vaillant de courage: l'autre estoit bon archer, mais homme sans ceruelle: & l'autre eloquent, sage & prudent. Car Homere n'estoit pas du mesme aduis que Pindare, au moins si c'est luy, comme l'on dit, qui a fait ces vers,

    Si Dieu vouloit, tu cinglerois en mer
    Sur vne claye:

ains sçauoit qu'il y a des puissances & natures destinees à autres & autres effects, dont chascune a ses mouuements differents, encore qu'il n'y ait qu'vne seule cause mouuante qui les remuë toutes. Tout ainsi donc comme ce qui meut l'animal qui marche à pied, ne le peult faire voler, ny celuy qui est besgue, & a la langue grasse, ne le sçauroit faire disertement parler, ny crier fort qui a la voix foible & gresle: ce fut pourquoy on enuoya Battus en Afrique, quand il fut paruenu en sa force, pour y fonder & bastir vne ville, pource qu'il auoit la langue courte & grasse, & la voix petite, mais au demourant auoit vne nature royale, propre à gouuerner, & estoit hom-
C me de bon sens. Aussi est-il impossible que la Pythie sçache parler elegamment & doctement: car elle sera bien nee legitimement & honnestement autant que nulle autre, & aura vescu bien sagement, mais aiant esté nourrie en la maison de pauures laboureurs, & n'apportant aucune suffisance d'art qu'elle ait apprise à l'eschole, ny d'autre experience, elle descend au lieu de l'oracle. Et comme Xenophon estime qu'il faille que la fille à marier, quand elle est menee à la maison de son mary, n'ait iamais rien veu ne rien ouy: aussi la Pythie estant ignorante & inexperte de toutes choses presque, & aiant l'ame veritablement vierge, se vient conioindre à Apollo. Mais nous voulons que Dieu, pour signifier les choses futures, vse de herons, de roytelets, de corbeaux, & autres tels oyseaux parlans à leur mode, & ne voulons pas que les deuins & prophetes, s'ils sont messagers & heraults de Dieu, comme ils sont, exposent leurs predictions en paroles claires & intelligibles; ains que la voix de la prophetisse Py-
D thie soit comme celle d'vn Chorus de Tragœdie de dessus vn eschaffaut, qui ne profere point ses responses en termes simples, ronds & naïfs, sans fard quelconque, ains auec magnificence poëtique de carmes esleuez & enflez, & vn desguisement de termes figurez, & encore au son des aubois & des fleutes. Que dirons nous doncques des anciens? Non vne response seule, mais plusieurs. Premierement les anciennes Pythies aussi bien prononçoient plusieurs oracles en prose. Secondement ce temps-là portoit des complexions & temperatures de corps, qui auoient ie ne sçay quoy d'inclination coulante à la poësie, ausquelles dispositions se ioignoient incontinent d'abondant les desirs, les affections, & dispositions des ames, de sorte qu'elles se trouuoient toutes prestes, & ne falloit plus que quelque peu de commancement venant de dehors, qui esbranlast l'imagination & la conception, pour attirer à ce qui leur estoit propre non seulement les Astrologues & les Philosophes,

comme dit Philinus, ains aussi quand ils se trouuoient bien trempez de vin, & bien esbranlez de quelque affection, comme de pitié qui les eust espris, ou de ioye qui leur fust suruenuë, ils se laissoient aller & glisser en vne voix approchante de chant de maniere que les festins estoient remplis de carmes & de chansons, & les liures d'inuentions & de compositions d'amour: & quand Euripides a dit,

  Amour enseigne à l'homme la musique,

  Quoy qu'il n'en eust deuant nulle prattique:

il entendoit, non que l'amour meist en l'homme vne puissance de poësie ou de musique qui n'y fust pas auparauant, ains esueille, esmeut & eschauffe celle qui y estoit auparauant cachee & oysiue. Or maintenant disons, qu'il n'y a plus pas-vn qui soit amoureux, ains que l'amour soit du tout esteinct & pery, pource qu'il n'y a plus personne,

  Qui en beaux vers & plaisans sons

  Descoche de doulces chansons

  Au los de sa belle maistresse,

comme dit Pindare: mais cela est faulx, car il y a tousiours des amours qui remuent les ames des hommes, mais ils ne s'adressent pas à celles qui sont bien nees & disposees à la musique & à la poësie. Voyla pourquoy ils demeurent sans musique de fleutes, ny de violons & de lyres, & toutefois ils ne sont pas moins babillards ne moins ardents en leurs amours, que les anciens. Et croy qu'il n'y a personne qui ne feist conscience de dire, que l'Academie, & toute la compagnie de Socrates & de Platon, eust esté sans amoureuse affection, attendu que l'on lit encore auiourd'huy leurs deuis de l'amour, & toutesfois ils n'en ont point laissé de poëmes. Est-ce pas autant comme qui diroit qu'il n'y auroit iamais eu femme qui eust fait l'amour que Sappho, ne qui eust eu le don de prophetie que Sibylla & Aristonica, & celles qui ont en vers poëtiques publié leurs vaticinations & propheties? Car le vin, comme disoit Chæremon, se mesle & destrempe auec les mœurs de ceulx qui le boiuent. Or le rauissement prophetique, ne plus ne moins que celuy de l'amour, vse & se sert de la suffisance qu'il trouue en son subiect, & esmeut vn chascun de ceux qui le reçoiuent, selon ce à quoy il est né. Ce neantmoins encore si nous regardons à Dieu & à sa prouidence, nous verrons que le changement s'en sera fait tousiours en mieux: car l'vsage de la parole ressemble proprement au debit & employ de la monnoye. Car la bonne & approuuee est celle qui est accoustumee & cogneuë, & qui a cours & pris l'vne en vn temps, & l'autre en l'autre. Il a doncques esté vn temps que la marque & monnoye de la parole qui auoit cours, estoit les carmes, les chants & cantiques, par ce que alors toute histoire, toute doctrine de philosophie, toute affection, & brief toute matiere qui auoit besoing de plus graue & ornee voix, ils la mettoient toute en vers poëtiques, & en chants de musique. Car ce que peu de gens escoutent maintenant à toute peine, alors tout le monde l'oyoit, & prenoit grand plaisir à l'ouir chanter, & laboureurs & preneurs d'oyseaux, comme dit Pindare: mais pour la grande aptitude qu'ils auoient à la poësie, la plus part, quand ils vouloient faire des remonstrances, les faisoient sur la lyre, auec des chansons: s'ils vouloient arguer, enhorter, inciter, ils le faisoient auec des fables, des allegories: & d'auantage les hymnes à l'honneur des Dieux, les prieres, les chants de victoires, ils faisoient tout en carmes & en chant: aucuns pour la gentillesse de leur entendement, autres pour accoustumance. Parquoy Apollo ne voulut pas non plus enuier cest ornement & ce plaisir à la science de deuiner, ny ne voulut point bannir de la machine à trois pieds, sur laquelle se rendent les oracles, la Muse qui l'honoroit, ains plus tost l'y introduisit, aimant & excitant les natures poëtiques: & luy mesme leur donnoit des imaginations & conceptions de poësie, & aidoit à pousser en auāt ce qu'il y auoit de brauerie & de doctrine,

comme

la prophetisse Pythie.　　　634

A comme chose bien-seante alors, & qui estoit grandement prisee & estimee. Mais depuis, comme la vie des hommes auec les fortunes & les natures vint à se changer, l'vsage repoulsant & chassant toute superfluité, osta les coëffes & affiquets d'or que lon souloit porter en la teste, & despouilla les robbes longues deliees, & roigna les cheueux, qui estoient par trop longs, deschaussa le brodequin, s'accoustumants les hommes auec bonne raison à faire gloire de sobrieté & d'espargne alencontre des delices, & de la superfluité, & mettre en honneur la simplicité & la modestie plus tost que la pompe & la curiosité : ainsi se muant aussi la maniere de parler, & se despouillant quant & quant, l'histoire descendit, comme de dessus vn chariot, de la versification à la prose, & par ceste mesme façon d'escrire & parler sans liaison de pieds & mesures, fut separé le fabuleux d'auec le veritable : & la philosophie embrassant le stile clair, familier & apte à enseigner, plus tost que celuy qui estonne le monde pour estre figuré, commença à disputer & enquerir la verité en termes communs : & lors Apollo
B feit aussi cesser à la Pythie d'appeller ses citoiens Pyricaos, c'est à dire brusle-feux, & les Spartains Ophioboros, deuoreurs de serpents, les hommes Oreanes, & les fleuues Orempotes : & ostant aux oracles les vers, les mots estranges, les circunlocutions, & l'obscurité, il les apprit à parler à ceux qui venoient à l'oracle, comme les loix deuisent aux citez, & comme les Roys parlent à leurs peuples & subiects, & comme les escholiers escoutent leurs maistres, accommodant sa façon de parler, en sorte qu'elle fust pleine de sens & de grace persuasiue. Car il fault entendre, que comme dit Sophocles,

　　Dieu quelque oracle aux sages tousiours donne,
　　Mais peu ou mal les fols il n'arraisonne.

Et depuis la foy & croyance a tellement esté conioincte à la clarté, & dilucidité, aiant esté changee auec les autres choses, que parauant ce qui n'estoit pas ordinaire ny commun, ains extrauagant & dit obscurement & couuertemét, le vulgaire le tour-
C noit en opinion de saincteté là dessoubs cachee, s'en estonnoit & le reueroit : mais depuis aimants à entendre les choses clairement & facilement, & non pas auec vne enfleure ny vn masque de paroles, ils cómancerent à blasmer la poësie qui estoit alentour des oracles, non seulement comme contraire & repugnante à la facile intelligence de la verité, & comme meslant de l'vmbre & des tenebres d'obscurité à la sentence, mais aussi en auoient desia la prophetie mesme pour suspecte, disans que les translations, les ænigmes ou paroles couuertes, & les ambiguitez dont vse la poësie, estoient des retraictes & cachettes pour se couurir & cacher, quand il y auroit faulte à l'euenement. Et en eussiez ouy plusieurs qui contoient, qu'il y auoit des gens stilez & exercitez à composer vers, qui estoient alentour de l'oracle pour receuoir & recueillir les paroles, lesquelles tissoient incontinent des carmes, des vers, & des mesures sur le champ, comme des paniers à mettre les paroles respondues. Ie laisse à
D dire combien d'occasion de blasmer & calomnier les oracles, ont apporté ces interpreteurs de noms, ces traistres abuseurs, leur aiant adiousté vne pompe & vne enfleure de parole, dont ils n'auoient point de besoing, ne que lon y feist aucun changement. Il est bien certain aussi, que ces charlatás, triacleurs & basteleurs, ioüers de passe-passe, & toute ceste maniere de vagabonds qui vont chátant aux festes & sacrifices de Cybele & de Serapis, ont grandement descrié & vilipendé la poësie, les vns à leur seule façon d'aller ainsi errants par le monde, les autres par les sorts de quelques certaines lettres, dont ils forgent certains oracles qu'ils baillent à des vallets, & des femmelettes qui se laissent abuser, principalement à cause qu'ils les voyent reduits en vers, à cause des mots poëtiques qu'ils y voyent. De là est venu & que la poësie s'estant ainsi laissee prophaner & publier à des trompeurs, des abuseurs de gens, enchanteurs & faulx deuins, est decheute de la verité, & reiettee arriere du tripied prophe-

tique. Si ne m'esbahis pas s'il estoit aucunefois besoing aux anciens de double enten- E
te, de circunlocution & obscurité. Car il ne venoit point à l'oracle vn homme priué & particulier demander s'il achetteroit vn esclaue ou non : ou vn autre, s'il auroit profit en son trafic : ains y enuoyoient ou venoient de grosses & puissantes citez : des Princes & des Roys, qui n'entreprenoient rien de petit, ny ne se venoient point conseiller à Apollo de choses legeres, lesquels il n'estoit pas expedient pour ceulx qui auoiét charge de l'oracle, de fascher ny irriter, en leur faisant ouyr beaucoup de choses contraires à leur volonté : car Dieu n'obeit pas à Euripides, comme luy donnant la loy & faisant vne ordonnance,

Phœbus doit seul aux hommes deuiner.

Car il vse de prophetes & de ministres mortels, desquels il doit auoir soing pour les conseruer à ce qu'ils ne soient outragez & tuez par les meschans, en luy faisant seruice, ny aussi ne doit-il pas tenir ainsi cachee la verité, en destournant la declaration nuë d'icelle, comme vne lumiere qui prend plusieurs reflexions, & se diuise en plu- F
sieurs parties, il en ostoit ce qu'il y en auoit de fascheux & de dur. Or ne falloit-il pas ny que les Tyrans sceussent, ny que les ennemis fussent aduertis de ce qui estoit proposé contre eux. Pour ceux-là doncques il enueloppoit en ses responses des doubtes & des ambiguitez, lesquelles aux autres cachoient l'intelligence vraye de ce qui estoit respondu : mais ceux qui venoient à l'oracle eux mesmes, & qui y prenoient de bien pres garde, ne failloient point à le bien entendre. Parquoy celuy est bien impertinent & de mauuais iugement qui accuse & calomnie Dieu, si l'estat des affaires estant changé, il pense qu'il ne faut plus aider aux hommes à la mode accoustumee, mais par vne autre maniere. D'auantage la poësie & versification n'apporte point à l'oraison de plus grande vtilité, sinon que la sentence estant comprise & serree en certain nombre de paroles & de syllabes mesurees, on la retient & s'en souuient-on mieux. Or falloit-il que ceux qui estoient anciennement se souuinssent de beaucoup de choses, pour ce qu'on leur disoit beaucoup de signes & de marques de lieux & de temps, d'af- G
faires, de sacrifices, de Dieux estrangers d'outre mer, & des monuments cachez des demy-Dieux malaisez à trouuer, mesmement en pays loing de la Grece : car au voyage de Chio & de Candie **de Onesichus & de Palanthus, & de plusieurs autres Capitaines & chefs de flottes de vaisseaux, combien falloit-il obseruer de signes & de coniectures pour trouuer le siege & le lieu de repos qui leur estoit ordonné à chacun ? à l'obseruation desquels ils faillirent, au moins aucuns, comme entre les autres Battus : car il dit qu'il n'auoit peu gaigner le lieu auquel il auoit esté enuoyé, & s'en reuint derechef à l'oracle se plaindre : & Apollo luy replicqua,

 Mieux que moy sçais que tu n'as point esté
 En la Libye, ou enuoyé ie t'ay :
 Si tu y vas, tu feras grand'sagesse.

& le renuoya derechef ainsi. Et Lysander n'aiant pas bien sceu cognoistre la motte H
Archelide que l'on surnommoit autrement Alopecos, & la riuiere d'Ophites,

 Et le serpent fils de la terre mere,
 Le cauteleux assaillant par derriere,

il perdit la bataille, & fut tué en ces lieux-là par Inachion Aliartien, qui auoit pour sa deuise à son escu vn Dragon peint. Et n'est ia besoing de vous en reciter plusieurs autres anciens tels, qui sont malaisez à rememorer & à retenir, car ie sçay que vous les sçauez bien. Mais maintenant, graces à Dieu, les affaires dont on vient enquerir nostre Dieu, sont en repos. Et quant à moy, ie l'aime bien mieux ainsi, & m'en contente : car il y a vne grande paix & tranquillité, la guerre est cessee, & ne faut plus courir çà & là par le monde. Il n'y a plus de seditions ciuiles, ny plus d'vsurpations de Tyrannies, & d'autres anciens trauaux & miseres de la Grece, lesquelles auoient

besoing

a besoing de diuerses drogues & medecines pour y remedier. Mais là où il n'y a rien de diuersité, rien de secret, rien de dangereux, ains toutes les demandes & interrogatoires des particuliers sont de petites choses vulgaires & populaires, comme sont les questions que lon propose à l'eschole, Si lon se doit marier, Si lon doit entreprendre vn voyage par mer, S'il fault emprunter à vsure : & les plus grandes propositions & demandes des villes sont, De la fertilité des biens de la terre, de la multiplication du bestial, de la santé des corps : vouloir embrasser cela en des vers, forger de longues circunlocutions, vser de mots estranges & obscurs à des interrogatoires qui demandent vne courte, simple & claire responce, ce seroit à faire à vn Sophiste ambitieux, qui feroit gloire de bien composer des oracles. Et puis la Pythie de soy-mesme est genereuse de nature, & quand elle descend de là, & qu'elle est auec le Dieu, elle a plus de soing de la verité que de la gloire, & ne se soucie pas qu'il y ait des hommes qui la loüent & qui la blasment, & seroit meilleur que nous mesmes fussions aussi tels. Mais au contraire, maintenant nous sommes comme en transe & en crainte, que le lieu ne perde la reputation qu'il a euë par l'espace de trois mille ans, & qu'il n'y ait quelques vns qui l'abandonnent & cessent d'y venir, comme si c'estoit l'eschole d'vn Sophiste qui craignist de perdre son credit, & d'estre abandonné : & songeons des defenses, & feignons des causes & des raisons des choses dont nous ne sçauons rien, & qu'il ne nous appartient pas de sçauoir, pour reconforter & remettre celuy qui s'en plaint, & pour tascher de le persuader, là où nous le deussions laisser aller : car ce sera luy mesme à qui il cuira le premier, aiant telle opinion de nostre Dieu, qu'il approuue & a en estime ces anciennes sentences des sages, qui sont escriptes à l'entree du temple, Cognoy toy mesme, Rien trop, principalement à cause de leur briefueté, cõme contenant en peu de paroles vne sentence bien serree & pressee, & par maniere de dire, bien battuë à froid : & ce-pendant il reprend & accuse les oracles modernes, pour ce qu'ils disent les choses, la plus part du temps, briefuement, simplement, & de droit fil. Et ces dicts-là notables des sages anciens ressemblent aux riuieres courantes par vn destroit fort serré, là où l'eau se presse si fort que lon ne voit point à trauers : aussi ne comprendront pas le fond de leur intelligence ny leur sens. Mais si tu consideres ce qui en est escript ou dit, par ceux qui se sont efforcez de comprendre iusques au fond ce que vouloit donner à entendre chascune d'icelles sentences, tu trouueras qu'à peine sçauroit-on trouuer des oraisons plus longues que celles-là. Or le langage de la Pythie est tel, comme les Mathematiciens definissent la ligne droite la plus courte qui puisse estre entre deux poincts, aussi ne fait-il aucune courbe ny aucun cercle, ny double-entente, ny ambiguité, ains va de droit fil à la verité : & bien qu'il soit subiect à estre examiné & dangereux d'estre mescreu, toutefois iusques icy il n'a donné aucune prise ne preuue par où on l'ait peu conuaincre de faulseté, & ce pendant il a remply tout ce temple de dons, de presens & offrandes, non seulement des peuples Grecs, mais aussi des Barbares, & de beauté & magnificence de structure & fabrique des Amphictyons : car vous y voyez beaucoup d'adionctions de bastimens qui n'y estoient pas au parauant, & plusieurs reparations & restitutions en son entier des anciens, qui estoient ou fondus, ou gastez de vieillesse. Et tout ainsi comme nous voyons qu'aupres des grands arbres bien branchus & bien verdoyans, il en germe & pullule d'autres petits : aussi voyons-nous qu'aupres la ville de Delphes, l'assemblee de Pylæ florit & vient en vigueur, prenant pasture de l'abondance & affluence qui est icy, de sorte qu'elle commance à auoir apparence & forme des assemblees és eaux sacrees, telle qu'en mille ans au dessus elle ne l'a iamais peu acquerir semblable. Aussi ont les habitans de Galaxius au pays de Bœoce, senty & apperceu l'assistance & faueur de nostre Dieu, par la quantité & affluence grande de laict : car de toutes leurs brebis pissoit le laict, ne plus ne moins que l'eau viue qui

Pppp

Des Oracles de la prophetisse Pythie.

sourd d'vne fontaine, dont en grande haste ils emplissoient leurs tonneaux, & n'y auoit ny cruche, ny outre, ny vaisseau en leurs maisons, qui ne fust tout plein de laict. Et à nous autres encore nous baille-il de plus euidentes & plus claires marques, & signes plus vtiles de sa presence & faueur, que ne sont ceux-là, aiants mis nostre pays de seicheresse, solitude deserte, & poureté où parauant il estoit, en toute abondance, frequence de peuple, splendeur & honneur, où nous le voyons maintenant. Il est vray que certainement ie m'en aime mieux moy mesme, de ce que i'ay esté bien affectionné & vtile à tenir la main à cela auec Polycrates & Petræus, & aime aussi celuy qui nous a esté l'autheur premier de ce gouuernement & police, & qui a pris le soing auec nous de icy establir & mettre sus tout cela: mais il n'eust pas esté possible qu'en si peu de temps il y eust eu vne si grande & si euidente mutatio, si Dieu ne nous eust assisté & aidé à sanctifier & mettre en reputation son Oracle. Mais tout ainsi qu'anciennement il y auoit des gens qui reprenoient l'ambiguité, obliquité & obscurité des Oracles, aussi y en a-il maintenant qui calomnient la trop grande simplicité de ceux qui se rendent à present, desquels la passion est fort iniuste & fort folle: c'est comme font les enfans qui sont plus aises & aiment mieux voir l'arc en ciel, les cometes, les couronnes ou aires qui apparoissent autour du corps du Soleil ou de la Lune, qu'ils ne font pas le Soleil & la Lune mesmes: aussi ceux-cy demandent des ænigmes, des paroles couuertes, des figures, des translations, qui ne sont que toutes reflexions de la diuination en l'imagination & apprehension de nostre entendement mortel. Et s'ils n'entendent la cause suffisamment à leur appetit de telle mutation, ils s'en vont condamner Dieu, & non pas nous ny eux mesmes, qui ne peuuent par le discours de la raison comprendre le conseil & l'intention de Dieu.

Du dęmon ou esprit familier de Socrates,
EN FORME DE DEVIS.

ARCHIDAMVS.

I'AY souuenance, Caphisias, d'auoir ouy vn propos qui n'est pas mauuais d'vn peintre qui faisoit comparaison de ceux qui venoient regarder les tableaux qu'il auoit peints: car il disoit que les ignorants spectateurs, & qui n'entendent rien en l'art de la peinture, ressembloient à ceux qui saluent en troupe tout vn peuple: & que les sçauans & bien entendus en l'art, ressembloient à ceux qui saluent par nom & par surnom chascun de ceux qu'ils rencontrent: par ce que ceux là n'ont pas vne cognoissance exquise, ains superficielle & grossiere des ouurages: & au contraire ceux-cy faisans iugement à part de chacune des parties de l'œuure l'vne apres l'autre, ne laissant rien à considerer, à remarquer & nommer, de ce qui y est bien ou mal fait. Si me semble que tout de mesme és vrayes & non peintes actions l'entendement des hommes lasches & paresseux se contente de sçauoir & entendre seulement le sommaire & l'issuë du faict: mais au contraire celuy des hommes diligents amateurs des choses belles & honnestes, ne plus ne moins qu'vn aigu & excellent spectateur de vertu, comme d'vne art grãde, prend plus de plaisir à ouïr les particularitez par le menu, d'autant que la fin ordinairement a beaucoup de choses communes auec la fortune: mais le bon sens se voit mieux és causes, & en la vertu des particulieres occurrences & affaires qui se presentét,

quand

De l'esprit familier de Socrates. 636

A quand la hardieſſe ſe monſtre non eſtonnee, ains bien aduiſee au fort des perils, où il faut que le diſcours de la raiſon ſoit meſlé auec la paſſion qu'apporte la ſoudaineté preſente du danger. Or penſe donc que nous ſoyons de ce genre-là de ſpectateurs, & nous recite maintenant dés l'entree, comment tout ce faict eſt paſſé, & a eſté executé, & quels propos y ont eſté tenus, eſtant vray-ſemblable que tout y a eſté faict & dit en ta preſence: car quant à moy i'ay ſi grande enuie de l'entendre que ie ne feindrois point d'aller iuſques à Thebes pour le ſçauoir, ſi ce n'eſtoit qu'il ſemble aux Atheniens que ie ſauoriſe encore à ceſte heure aux Bœotiens outre le deuoir. CAPHISIAS. Certainement, Archidamus, puis que tu as ſi grande enuie de ſçauoir & entendre comme ceſt affaire eſt paſſé, pour la bien-vueillance que tu nous portes, il euſt fallu, comme dit Pindare, mettre deuant tout autre affaire, le venir icy expres pour te le raconter: mais eſtans icy venus en ambaſſade, & nous trouuans de loiſir, en attendant la reſponſe que nous voudra faire le peuple d'Athenes, reſtituer & faire le faſcheux, en refuſant d'obtemperer à ſi ciuile requeſte, d'vn perſonnage tant affectionné enuers ſes amis, ſeroit reſueiller l'ancien reproche que lon faiſoit aux Bœotiens, qu'ils haïſſoient les lettres & le bien parler, lequel reproche commence à ſe paſſer & eſteindre chez voſtre Socrates, & ſi en ce faiſant il ſemble que nous traittons d'affaires chez deux preſbtres. Parquoy voyez & ſçachez ſi ces Seigneurs icy preſens ſont diſpoſez à ouïr le recit de tant de propos, & de tant de faicts, pour ce que tu me commandes d'y adiouſter auſſi les propos: car la narration n'en ſera pas courte. ARCHIDAMVS. Tu ne les cognois pas, Caphiſias, mais ils ſont bien dignes d'eſtre cogneus: car ils ſont yſſus de gens de bien, & qui ont eſté bien affectionnez enuers noſtre pays. Ceſtui-cy eſt Lyſirhides nepueu de Thraſybulus, & ceſtui-cy Timotheus fils de Conon: ceux-cy ſont les enfans d'Archinus, & les autres ſont nos familiers amis, de ſorte que tu as vn auditoire beneuole, & qui prendra plaiſir d'ouïr ceſte narration. CAPHISIAS. Tu parles bien: mais d'où ſeroit-il bon que ie commenceaſſe mon propos, pour ne redire point ce que vous ſçauez deſia bien? ARCHID. Nous ſçauons preſque, Caphiſias, l'eſtat auquel eſtoit la ville de Thebes, auant le retour des bannis: comment Archias & Leontidas eurent intelligence auec Phœbidas Capitaine Lacedæmonien, & luy perſuaderent durant la paix de ſurprendre d'emblee le chaſteau de la Cadmee: & cóment cela aiant eſté executé, ils chaſſerent aucuns des citoyens hors de la ville, & en meirent d'autres en priſon, dominans ce pendant eux tyranniquement & violentement: ce que i'ay bien peu ſçauoir, par ce que i'eſtois hoſte de Melon & de Pelopidas, & tant qu'ils furent en exil hors de leurs maiſons, i'ay hanté & conuerſé touſiours fort familierement auec eux. Auſſi ſçauons nous d'auantage comme les Lacedæmoniens condamnerent Phœbidas en l'amende, pour auoir occupé & ſaiſi le chaſteau de la Cadmee, & comme ils le rappellerent du voyage d'Olynthe, où ils l'enuoyoient, & neantmoins deſpeſcherent Lyſanoridas auec deux autres Capitaines, au lieu de luy, & meirent groſſe garniſon dedans le chaſteau. Auſſi entendiſmes nous bien, comme Iſmenias fut aſſez meſchamment tué, apres qu'on luy eut faict ie ne ſçay quel procez, par ce que Gorgidas eſcriuoit tout de poinct en poinct aux bannis pardeçà, de ſorte qu'il ne te reſte à reciter ſinon le retour d'iceux bannis, & la ſurpriſe des Tyrans. CAPHISIAS. Enuiron ces iours-là, Archidamus, tous nous autres qui eſtions de la ligue & de l'intelligence, ſoulions nous aſſembler en la maiſon de Simmias, qui ſe reuenoit & guariſſoit d'vne bleſſure qu'il auoit receuë en la cuiſſe, & là conferions ſecrettement enſemble, s'il eſtoit beſoing, de nos affaires, mais à deſcouuert nous y communiquions des lettres & de la philoſophie, y attirant bien ſouuent Archias & Leontidas, qui n'eſtoient point alienes de telle cóference & communication, à fin de deſtourner tout ſouſpeçon de telle aſſemblee: car Simmias aiant eſté longuement en pays eſtrange parmy

Pppp ij

De l'esprit familier de Socrates.

les Barbares, & en estant retourné à Thebes peu de temps au parauant, estoit plein de contes nouueaux & de propos estranges des nations Barbares, de sorte que quand Archias estoit de loisir, il l'en escoutoit volontiers discourir, s'y trouuant auec nous autres ieunes gens, outre ce qu'il estoit bien aise que nous nous adonnissions à l'estude des lettres, plustost qu'à penser & prendre garde à ce qu'ils faisoient eux ce-pendant. Et le iour propre auquel sur le soir quand la nuict close seroit venue les bannis se deuoient trouuer secrettement au pied de la muraille, il arriua de ceste ville vn hôme que Pherenicus enuoyoit, que nul de nous ne cognoissoit, sinon Charon, & nous certifia que douze des plus ieunes & des plus gaillards des coniurez, estoient auec des chiens en la montagne de Citheron, là où ils chassoient, pour se trouuer en la ville sur le soir, & qu'ils l'auoient enuoyé deuant, pour nous aduertir de cela, & pour sçauoir qui seroit celuy qui bailleroit la maison, en laquelle ils se cacheroient quand ils seroient arriuez, à fin que quand ils en seroient bien aduertis, ils s'y en veinssent rendre tout droit. Cest homme delibera de s'en retourner incontinent en diligence deuers les bannis : & lors Theocritus le deuin me serrant fort la main, & regardant Charon qui marchoit deuant : Cestui-cy, dit-il, Caphisias, n'est pas philosophe, & n'a point de lettres exquises ny de sçauoir excellent, comme son frere Epaminondas, & neantmoins tu vois, comme estant naturellement poulsé & conduit par les loix à l'honneur & à la vertu, il s'expose volontairement au danger de la mort pour deliurer son pays : & ce-pendant Epaminondas, qui a esté mieux instruit & nourry à la vertu que nul autre des Bœotiens, est ainsi mousse, & fait du restif quand il est question d'executer vne si grande entreprise pour la deliurance de son pays. A quelle meilleure occasion sera-il iamais mieux disposé ny plus preparé à s'employer pour sa patrie ? Ie luy respondy, Nous faisons, gentil Theocritus, ce que nous auons trouué bon, conclud & arresté entre nous : mais Epaminondas ne nous aiant peu donner à entendre, & faire croire ce qu'il pense luy, qu'il vault mieux ne faire pas ce que nous entreprenons, à bon droit resiste à ce à quoy sa nature repugne, & n'approuue pas ce à quoy on le conuie : car il ne seroit pas raisonnable de contraindre vn medecin, lequel promettroit de guarir le mal autrement sans feu ny fer, d'vser d'incision ou de cautere. Comment, dit Theocritus, il n'approuuoit doncques pas la conspiration ? Non pas, dis-ie, de faire mourir aucuns des citoyens, qu'ils ne fussent premierement condamnez par la Iustice : mais bien, disoit-il, que si sans meurtre & effusion de sang des citoyens ils vouloient tascher à deliurer la ville, il leur aideroit fort volontiers. Et voyant qu'il ne nous pouuoit induire à croire ses raisons, & que nous poursuiuions nostre chemin, il nous pria de le laisser pur & incontaminé du sang de ses citoyens, & sans coulpe espier & attendre l'occasion à laquelle auec iustice il peust s'attacher à ce qui seroit vtile pour le public : car le meurtre, dit-il, ne se contiendra pas dedans les limites qu'il faudroit, ains croy-ie bien, disoit-il, que Pherecides & Pelopidas à l'aduenture s'addresseront principalement à ceux qui sont autheurs de la tyrannie, & qui sont meschans : mais vn Eumolpidas & vn Samiadas, hommes ardents de cholere & violents, prenans licence de la nuict, ne poseront iamais les armes, ny ne r'enguaineront ia leurs espees, qu'ils n'ayent premierement remply toute la ville de meurtres, & qu'ils n'aient faict mourir plusieurs de leurs ennemis. Comme ie deuisois ainsi auec Theocritus, Anaxidorus nous aiant entre-ouis : car il estoit tout aupres de nous : Arrestez vous, dit-il, car ie voy Archias, & Lysanoridas le Capitaine Spartain, qui sortent du chasteau, & semble qu'ils viennent le grand pas droit à nous. Nous arrestasmes, & Archias appellant Theocritus, & l'approchant à part de Lysanoridas, deuisa longuement auec luy, le tirant hors du chemin, vn peu dessoubs du temple d'Amphion, de maniere que nous estions en vne extréme agonie, qu'ils n'eussent quelque suspicion de nostre entreprise, ou quelque descouuerture, de

laquelle

De l'esprit familier de Socrates. 637

A laquelle ils enquissent Theocritus. En ces entrefaittes, Phyllidas que tu cognois, Archidamus, qui estoit lors Greffier & Secretaire soubs Archias, estant Capitaine general, arriua là, qui dit tout hault à Archias, Ils viendront. Et estant de nostre intelligence, me prit comme il auoit accoustumé par la main, & tout couuertement commença à nous railler & mocquer de nos exercices, & de la luicte, & puis me tirant à part, assez loing des autres, il me demanda si les bannis viendroient pas ce iour-là. Ie luy respondy, que ouy. I'ay doncques, dit-il, bien à propos preparé le festin auiourd'huy pour festoyer Archias en mon logis, & pour le liurer aisément entre leurs mains quand il sera bien saoul, & qu'il aura bien beu. Tres-bien, luy dis-je, Phyllidas, & te prie de tascher à les assembler tous, ou le plus qu'il sera possible de nos ennemis ensemble. Il n'est pas facile, dit-il, & plustost est-il impossible: car Archias esperant qu'vne Dame d'estat & de qualité le doit là venir trouuer auiourd'huy, ne veult pas que Leontidas y soit, tellement qu'il nous est force de les diuiser & separer par leurs maisons: mais si Archias & Leontidas sont vne fois attrapez, ie pense que les autres s'enfuiront de belle heure, ou bien qu'ils demoureront quoys, se contentans bien que lon leur donne asseurance de leur vie. Nous le ferons aussi, dis-je, mais quel affaire ont ils auec Theocritus, auquel ils deuisent si longuement? Phyllidas respondit, Ie ne le sçay pas certainement, ny comme l'aiant ouy, mais i'ay entendu qu'il y a des signes fascheux & mauuais presages sur la ville de Sparte. Comme Theocritus fut retourné à nous, Phidolaüs Haliartien nous venant alencontre: Simmias, dit-il, vous prie que vous l'attendiez vn peu icy: car il intercede pour Amphitheus, par le moyen de Leotidas, taschant faire que la peine de mort luy soit commuee en bannissement. Voyla qui vient bien à poinct, dit Theocritus, & comme s'il eust esté fait à poste expressément: car ie te voulois demander, quelles choses lon auroit trouuees dedans la sepulture d'Alcmena, & quelle en estoit la veuë quand on l'a ouuerte en vostre pays, & si tu y auois esté present quand Agesilaüs y enuoya pour en faire rapporter les reliques à Sparte. Phidolaüs respondit, Ie ne m'y trouuay pas present, & m'en courrouçay & tourmentay bien fort alencontre de nos citoyens, mais ils m'abandonnerent. Au reste on y trouua auec les ossemens & reliques du corps vn carquant de cuyure qui n'estoit pas grand, & deux vrnes de terre pleines de terre, laquelle pour l'antiquité s'estoit desia conuertie en pierre. Au dessus de la sepulture y auoit vne table de cuyure aussi, où il auoit des lettres fort anciennes & merueilleuses: car on n'en peut iamais rien lire, combien que les lettres apparussent bien, apres que lon eut fait lauer & nettoyer le cuyure, mais c'estoit vne certaine forme de characteres estrange & barbaresque, qui ressembloit fort aux lettres des Ægyptiens. Et pourtant Agesilaus en enuoya, ce disoit-on, vne copie au Roy d'Ægypte, le priant de les monstrer à leurs presbtres, pour veoir s'ils y entendroient rien. Mais à l'aduenture que Simmias nous en pourroit bien dire quelques nouuelles, aiant enuiron ce temps-là fort hanté & prattiqué auec les presbtres Ægyptiens pour la philosophie. Et ceux de la ville d'Haliarte ont opinion que la grande sterilité & le desbordement & inundation du lac n'aduint pas fortuitement, mais que c'estoit vne vengeance diuine sur ceux qui auoient souffert & enduré que lon éuentast celle sepulture. Et lors Theocritus apres auoir fait vn peu de pause, Les Lacedæmoniens mesme en sont aussi menassez de l'ire des Dieux, ainsi que presagissent des signes & prodiges dont me parloit à ceste heure Lysanoridas, qui de ce pas s'en va en la ville d'Haliarte pour faire recombler ceste sepulture, & y offrir les effusions funebres à l'ame d'Alcmena & d'Aleus, suiuant ie ne sçay quel Oracle, ne sçachant qui est cest Aleus: & retourné qu'il sera de là, il doit aussi cercher la sepulture de Dirce, que les Thebains ne cognoissent pas s'ils ne sont capitaines de la cheualerie: car celuy qui sort de cest office, mene celuy qui y entre seul de nuict, là où ils font quelques cerimonies sans feu, dont

Pppp iij

De l'esprit familier de Socrates.

ils effacent & confondent puis apres les signes & les marques, & puis s'en vont en tenebres, l'vn deçà l'autre delà. Mais quant à moy, Phidolaüs, ie croy qu'il ne la trouuera point autrement : car la plus part de ceux qui ont esté legitimement Capitaines de la cheualerie, ou pluftoſt pour mieux dire, tous sont en exil, exceptez Gorgidas & Platon, lesquels ils n'interroguoient iamais, par ce qu'ils les redoutoient. Et ceux qui sont en l'eſtat maintenant, prennent bien la lance & l'aneau dedans le Chaſteau de la Cadmee, mais au demourant ils n'en sçauent ny n'en monſtrent rien. Ainsi que Theocritus disoit cela, Leontidas sortit auec ses amis, & nous entrans saluasmes Simmias, eſtant aſſis sur son lict, & croy qu'il n'auoit pas obtenu ce qu'il demandoit, car il eſtoit fort penſif & fort triſte, & nous regardant tous au viſage : O Hercules, dit-il, les sauuages & barbares mœurs d'hommes! Et ne fut-ce doncques pas fort bien respondu à Thales, lequel aiant eſté long temps hors de sa maiſon errant en pays eſtrange, à son retour, comme ses familiers & amis luy demandaſſent ce qu'il auoit veu de plus eſtrange & plus nouueau, il leur respondit, vn Tyran enuieilly : car celuy meſme, qui en son particulier n'a point receu de tort & d'outrage d'vn Tyran, toutefois pour la fascherie & la dureté qu'il y a d'auoir affaire auec eux, il eſt ennemy de tous ceux qui vsurpent vne souueraine domination, non subiecte à rendre compte aux loix. Mais à l'aduenture, dit-il, Dieu y pouruoyera. Au demourant Caphisias, sçais-tu qui eſt ceſt eſtranger venu vers vous? Ie ne sçay, dis-ie, de qui tu parles. Si eſt-ce, dit-il, que Leontidas me vient de dire, que lon voit la nuict vn homme qui se léue alentour de la sepulture de Lyſis, accompagné d'vne grande suitte d'hommes bien en ordre & en bon poinct, qui se loge là, & couche sur des paillaſſes, par ce que lon y voit le matin de petits licts d'ozier franc & de bruyere, & si y voit-on des marques de feu, & des effuſions & oblations de laict, & que dés le matin il demande aux premiers qu'il rencontre, s'il trouuera les enfans de Polymnius au pays. Et qui pourroit eſtre, dis-ie, ceſt hoſte-là : car à t'ouir conter, ce doit eſtre quelque gros perſonnage, & non pas vn homme priué, de bas eſtat. Non, ce dit Phidolaüs, mais quant à celuy-là, quand il viendra, il sera bien venu, & nous le receurons. Mais pour le preſent, Simmias, si d'aduenture tu sçais quelque chose touchant les lettres dont nous eſtions n'agueres en doubte, declare le nous : car on dit que les presbtres d'Ægypte entendent les lettres d'vne table de bronze, que n'agueres Ageſilaus prit chez nous, dedans la sepulture d'Alcmena quand il la feit ouurir. Ie n'ay point veu ceſte table-là, Phidolaüs, reſpondit Simmias, mais Agetoridas Spartiate, aiant pluſieurs lettres d'Ageſilaüs vint en la ville de Memphis deuers le prophete Conuphis, auec lequel conferans de la philoſophie, nous auons demouré quelque temps moy & Platon, & Ellopion Peparethien : & y vint enuoyé par le Roy Ageſilaus, qui prioit Conuphis, que s'il entendoit quelque chose de ces lettres qui eſtoient escrittes en ce cuyure, qu'il les luy interpretaſt & renuoyaſt incontinent. Si fut ce prophete trois iours à part soy à feuilleter toutes sortes de figures & characteres des anciennes lettres, & finablement feit reſponſe au Roy Ageſilaus, nous dit de bouche à nous, que ces lettres commandoient aux Grecs, de celebrer des feſtes & ieux en l'honneur des Muſes, & que les formes des lettres eſtoient celles dont on vſoit du temps que Proteus regnoit en Ægypte, lesquelles Hercules fils d'Amphitryo auoit apriſes, & que Dieu par icelles lettres conſeilloit & admoneſtoit les Grecs de viure en paix & en repos, en inſtituant des ieux aux Muſes pour l'eſtude de la philoſophie & des lettres, & en diſputant les vns contre les autres auec raiſons & paroles de la iuſtice, mettans bas les armes. Quant à nous, nous iugeaſmes bien sur l'heure meſme que Conuphis diſoit la verité, mais encore bien plus le diſmes nous, quand à noſtre retour d'Ægypte, ainſi que nous paſſions le long de la Carie, quelques gens de l'Iſle de Delos nous rencontrerent, qui feirent requeſte à Platon, comme

eſtant

De l'esprit familier de Socrates.

A estant bien versé & exercité en la Geometrie, de leur soudre vn oracle estrange & fascheux à entendre que Dieu leur auoit donné. La teneur de l'oracle estoit, Que les Deliens & tous les autres peuples Grecs auroient cessation de leurs maux & miseres, quand ils auroient doublé son autel qui estoit au temple de Delos. Car ils ne pouuoiét imaginer que vouloit dire la substance de cest oracle, & si se feirent mocquer d'eux, quand ils cuyderent doubler la structure & fabrique de cest autel: car en ayant doublé chasque costé, ils ne se donnerent garde qu'ils auoient faict vn corps solide huict fois aussi grand comme il estoit auparauant, par ignorance de la proportion qui double telle grosseur. Si recoururent à l'aide de Platon en ceste difficulté. Et luy se souuenant du presbtre Ægyptien leur dict, que Dieu se ioüoit aux Grecs, qui mesprisoient les sciences, comme en leur reprochant leur ignorance, & leur commandant d'estudier à bon escient, & non pas par dessus, en la Geometrie : parce que ce n'estoit pas œuure d'entendement mousse, ne qui veist trouble, ains qui fust extremement exer-
B cité en la science des lignes, que de sçauoir trouuer deux lignes moyennes proportionales : qui est le seul moyen de doubler vn corps quarré, en augmentant egalement toutes ses dimensions : & quant à cela, que Eudoxus le Gnidien, ou Helicon le Cyzicenien, le leur rendroient parfaict. Mais au reste, que Dieu n'auoit que faire de ce redoublement là, ny n'estoit pas ce qu'il vouloit dire, ains qu'il commandoit aux Grecs, de quitter les armes pour conuerser auec les Muses, en adoucissant leurs passions par l'estude des lettres & des sciences, & ainsi se comporter ensemble en profitant, & non pas en portant dommage les vns aux autres. Comme Simmias parloit, mon pere Polymnius entra, & se seant aupres de Simmias : Epaminondas, dit-il, vous prie, & toy, & vous tous qui estes icy, si vous n'auez quelque plus grand affaire, que vous ne failliez de l'attendre icy, voulant vous faire cognoistre cest estranger, qui est quant & luy gentil & genereux personnage, & si est venu par deça auec vne genereuse & honneste intention, estant des philosophes Pythagoricques d'Italie, & est venu
D admonesté par quelques visions qu'il a eües en songeant, comme il dict, & quelques apparitions bien euidentes, pour offrir & respandre au bon vieillard Lysis, sur sa tumbe, des effusions que lon donne aux trespassez. Et ayant apporté quant & luy vne bonne somme d'or, il pense estre tenu de payer à Epaminondas la despense qu'il a faicte à nourrir & entretenir le bon homme Lysis en sa vieillesse, & veut à toute force contre nostre gré & volonté, suruenir à nostre pauureté. Dequoy Simmias estant tout resiouy, Tu nous parles d'vn merueilleux homme, & digne certes de la philosophie : mais pour quelle cause ne vient-il tout droict vers nous? Pource qu'il a couché la nuict sur la sepulture de Lysis, & à mon aduis Epaminondas l'a mené à la riuiere d'Ismenus pour le lauer, & puis ils s'en viendront ensemble icy vers nous : mais premier que parler à nous, il s'est logé sur la tumbe de Lysis, en propos, comme ie croy, d'en enleuer les os, pour les emporter quant & luy en Italie, s'il n'y auoit quelque
D Dæmon qui l'en empeschast la nuict. Mon pere ayant dict cela se teut, & lors Galaxidorus : O Hercules, dict-il, combien il est difficile de trouuer homme où il n'y ait tousiours quelque espece de vanité & de superstition! Car il y en a qui malgré eux sont quelquefois surpris de ces passions-là, ou pour leur ignorance, ou pour leur imbecillité, & les autres afin qu'on les estime plus religieux, plus deuots & plus aymez des Dieux, referans leurs actions aux Dieux, comme s'ils en estoient autheurs, & mettans au deuant des inuentions qui leur viennent en l'entendement, des songes & des apparitions de fantasmes, & toute telle enflee apparence : ce qui à l'aduenture n'est pas mal-seant ny inutile à ceux qui manient affaires d'estat, & qui sont contraincts de viure au gré d'vne tourbe populaire desordonnee & temeraire, pour ramener & retirer auec la superstition, comme auec vn mors de bride, vne populace. Mais ce masque non seulement me semble indecent & laid à la philosophie, mais aussi contraire

De l'esprit familier de Socrates.

à sa profession, par laquelle elle nous promet de nous enseigner tout ce qui est bon & vtile auec la raison, & puis apres referer le principe des actions aux Dieux, comme mesprisant la raison, & deshonorant la preuue de la demonstration en ce où elle semble plus estre excellente, en se tournant à ie ne sçay quels oracles, & ie ne sçay quelles visions de songes, en quoy le plus meschant bien souuent rencontre autant, comme faict le plus homme de bien du monde. C'est pourquoy il m'est aduis que nostre Socrates s'est seruy & a vsé de la forme d'enseigner qui est la plus digne d'vn philosophe, simple, sans fard ne fiction quelconque, l'ayant choisie comme la plus franche & plus amie de la verité, & ayant renuoyé & reiecté la vanité & la mine, comme vne fumee de la philosophie, aux Sophistes. Adonc Theocritus prenant la parole: Comment, dict-il, Galaxidorus, Melitus t'a-il doncques persuadé, aussi bien qu'aux Iuges, que Socrates mesprisoit les choses diuines? car c'est dequoy il l'accusa enuers les Atheniens. Nullement, dict-il, quant aux choses diuines: mais prenant la philosophie des mains de Pythagoras, & d'Empedocles pleine de derisions, de fables, de superstitions & de fantasmes, & faisant la folle à bon escient, il l'a accoustumee de s'attacher sagement aux choses qui sont, & à recognoistre qu'en raison sobre gist la verité. Soit ainsi, dict Theocritus, mais quant à l'esprit de Socrates qu'en disons nous? est-ce vne menterie & vne fable, ou quoy? Car quant à moy, il me semble que tout ainsi comme Homere feint que Minerue assistoit à tous les trauaux & perils d'Vlysses, ainsi que dés le commancement la diuinité attacha à Socrates vne vision qui le guidoit en toutes actions de sa vie, laquelle vision seule marchant deuant luy, estoit, comme vne lumiere en affaires où l'on ne voyoit goutte, & qui ne se pouuoient comprendre ny colliger par raison & prudence humaine, comme bien souuent l'esprit parloit auec luy, gouuernant & inspirant diuinement ses intentions. Et qui en voudroit auoir plus grand nombre de preuues & de plus merueilleuses, il les faudroit ouyr de Simmias, & des autres qui ont vescu familierement auec luy: mais quant à moy, i'en diray vn exemple que i'ay veu deuant mes yeux, & où i'ay esté present. Vn iour que i'allois chez le deuin Eutyphron, Socrates montoit à mont (comme il t'en peut bien souuenir, Simmias, car tu y estois aussi) vers le lieu appellé Symbole, & vers la maison d'Andocydes, interrogant par le chemin tousiours, & harassant de questions Eutyphron, par maniere de ieu: & lors il s'arresta tout soudain, & s'appuya demourant attentif vn assez long temps, puis s'en retournant tout court, s'en alla par la rue des faiseurs de coffres, & feit rappeller ceux de ses familiers qui estoient deuant, parce que son esprit luy defendoit d'aller par là. Si y en eut la plusart qui retournerent quant & luy, entre lesquels i'en fus vn, suyuant tousiours Eutyphron: mais quelques autres ieunes hommes voulurent aller tout droict de propos deliberé, comme pour conuaincre l'esprit de Socrates, & attirerent auec eux Charillus le ioueur de fleutes, qui estoit aussi venu à Athenes quant & moy deuers Cebes: & ainsi comme ils cheminoient pardeuant les boutiques des statuaires le long du palais où se tient la Iustice, ils trouuerent au deuant d'eux vn grand trouppeau de pourceaux fort serrez tous pleins de fange & de villenie, & poulsans tous en foulle pour le grand nombre qu'ils estoient, & qu'il n'y auoit moyen de se destourner, ils porterent aucuns de ces ieunes hommes par terre, & enfangerent tous les autres. Si retourna Charillus au logis, les iambes & les cuysses & tous ses habillemens pleins de boue, de sorte qu'il nous feit bien souuenir auec grandes risees de l'esprit familier de Socrates, nous esmerueillans comme la diuinité n'abandonnoit iamais ce personnage-là, qu'elle n'en eust tousiours soing en tout & par tout. Et Galaxidorus: Cuydes-tu donc que cest esprit familier de Socrates ait esté quelque propre & peculiere puissance, & non pas vne parcelle de la commune necessité qui confirmoit cest homme par longue experience à donner le contre-

pois

De l'esprit familier de Socrates. 639

A pois & le panchement pour le faire incliner deçà ou delà en choses obscures & difficiles à coniecturer par discours de la raison? Car tout ainsi comme vne liure par elle seule ne mene pas la balance, mais là où le pois est entre deux fers, si on l'adiouste à l'vn ou à l'autre costé, elle tire à soy & faict pancher le tout de ce costé-là : aussi vne voix, ou quelque autre signe petit & leger n'est pas suffisant pour attirer vne graue pensee à faire quelque chose, mais adioustee à l'vn des deux discours contraires, elle soult toute doute & toute difficulté, estant tout l'inegalité ostee, de sorte qu'il se fait alors vn mouuement & inclination. Adonc mon pere prenant la parolle : Mais i'ay dit-il, entendu Galaxidorus, d'vn certain Megarien, qui l'auoit aussi ouy dire à Terpsion, que cest esprit n'estoit autre chose qu'vn esternument de luy ou des autres qui estoient à l'entour de luy. Car si vn autre en sa compagnie esternuoit à la main droicte, soit qu'il fust deuant, ou qu'il fust derriere, il inclinoit à faire ce qui se presentoit & s'il estoit à la main gauche, il s'en deportoit : & si c'estoit luy mes-
B me qui esternuast, quand il estoit en doute de faire ou non quelque chose, il se confirmoit à la faire : & si c'estoit lors que la chose estoit desia commancee, il l'arrestoit, & empeschoit son inclination à la parfaire. Mais c'est ce que ie trouue estrange, s'il est vray qu'il vsast de ceste obseruation d'esternuer, comment il disoit doncques à ses amis, que c'estoit vn esprit familier qui l'incitoit ou le retenoit de faire aucune chose. Car cela, mon bel amy, ne pouuoit proceder que d'vne folle vanité & d'vne presumptueuse ostentation, non pas d'vne verité & franche simplicité : en quoy nous estimons que ce personnage-là veritablement a esté grand & excellent par dessus les autres, si pour quelque voix venant de dehors, ou pour quelque esternuement il se troubloit, & se deportoit de continuer vne action qu'il eust encomencee, & abandonnoit son dessein & sa deliberation : là où il semble au contraire que les motions & inclinations de Socrates auoient vne fermeté & vne vehemence durable, à quoy que ce fust qu'il se meist, cóme celles qui procedoient d'vn droict, puissant & fort iugement &
C principe. Car il demoura volontairement en pauureté toute sa vie, là où il pouuoit auoir beaucoup de biens s'il en eust voulu receuoir de ses amis, qui eussent esté bien aises de luy en dóner : il ne s'est iamais departy de la philosophie, pour tant de grands empeschemens qu'il en eust : & finablemét luy estant facile de s'enfuir, & de se sauuer par le moyen que ses amis luy en donnoiét, & l'instance qu'ils luy en faisoient, iamais il ne se laissa amollir ny plyer aux prieres de ses amis, ny pour la mort presente ne desista point de se iouër en paroles cóme de coustume, ains eut tousiours la raison ferme & stable au plus fort du peril. Cela ne sont pas actes d'homme qui se laissast transporter à vne voix ou à vn esternuemét de quelque resolution qu'il eust prise, ains qui estoit mené & conduit par vne plus grande regence & plus puissante domination à son deuoir. I'entés aussi qu'il predit à quelques vns de ses familiers la perte & desfaicte de l'armee des Atheniens en la Sicile. Et deuant cela encore, Pirilampus fils d'An-
D tiphon ayant este pris par nous en la chasse, & en l'execution de la victoire de Delion blessé d'vn coup de iaueline, quand il entendit de ceux qui furent enuoyez d'Athenes vers nous pour traicter de la paix, que Socrates auec Alcibiades & Laches, estans descendus au chemin de Retiste, estoient retournez à sauueté, nous dict, que Socrates l'auoit par plusieurs fois r'appellé, & quelques autres de ses amis & de sa bande, lesquels s'enfuyans auec luy le long de la montaigne de Parnes, furent attaincts & tuez par nos gens de cheual, pour n'auoir pas obey à l'esprit familier de Socrates, & auoir pris vn autre chemin à la fuitte de la bataille, que celuy par où il les guidoit. Ie pense que Simmias mesme l'a ouy comme nous. Ouy certes, dict Simmias, plusieurs fois & de plusieurs personnes : car pour tels exemples l'esprit familier de Socrates fut fort celebré & renommé à Athenes. Quoy doncques, ce dict Phidolaüs, souffrirons-nous, ô Simmias, que ce Galaxidorus icy en se iouänt rauale si fort vne si grande œuure

De l'esprit familier de Socrates.

de la diuination, & la face esuanoüir en ie ne sçay quelles voix, & ie ne sçay quels esternuemens, desquels signes le vulgaire & les hommes ignorants se seruent par risee en choses legeres & de nulle consequence: mais où il est question de si grand danger, & d'affaires de telle consequence, alors il aduient ce que dict le poëte Euripides,

Là où il fault de la vie combattre,
Il n'y a nul qui iouë ny follastre.

Et Galaxidorus, Si Simmias, dict-il, Phidolaüs, en a ouy dire quelque chose à Socrates mesme, ie suis prest à l'ouyr, & à luy pardonner auec vous: mais quant à ce que toy & Polymnis en dictes, il est facile à le refuter. Car comme en la medecine le poulx & la pustule n'est pas de soy grande chose, mais bien signe de grande chose: aussi à vn gouuerneur & pilote de nauire, le bruict de la mer ou la veuë de quelque oiseau, ou de quelque petit nuau rare courant par l'air signifie du vent, & vne violente tempeste en la mer: aussi à vne ame diuineresse vne voix ou vn esternuement de soy n'est pas grande chose, mais ils peuuent estre signes de bien grands accidents. Car en nulle art & science, on ne mesprise le iuger peu de beaucoup, & par petites choses de bien grandes: comme si quelque ignorant, qui ne sçauroit pas la force des lettres, les voyant peu en nombre & de forme vile & contemptible, ne pouuoit pas croire qu'vn homme docte en peust lire & reciter les grandes guerres qui ont esté par le passé, & les fondations des villes, les gestes & fortunes aduenuës aux grands Roys, & qu'il dist qu'il y auroit quelque chose qui tout bas luy diroit & declareroit ces histoires-là, il donneroit vne belle enuie de rire & de se mocquer plaisamment de son ignorance, à ceux qui luy orroient dire cela. Aussi regarde que nous, pour ne cognoistre la vertu & l'efficace de chasque presage à signifier l'aduenir, ne nous courroucions sottement, si quelque homme prudent & sage par ces signes-là predit quelque chose incogneuë, & mesme s'il dict que ce n'est point vne voix ny vn esternuement, mais vn esprit familier qui luy ait declaré. Car ie viens maintenant à toy Polymnis, qui admires & estimes Socrates, comme personnage qui par sa ronde simplicité, sans fard ny vanité quelconque, a plus humanizé, par maniere de dire, c'est à dire, attribué à la raison humaine, la philosophie, s'il n'appelloit pas son signe vne voix ou vn esternuement, ains tragicquement le nommoit vn esprit familier. Car au contraire ie m'esmerueillerois plustost, si vn homme si bien emparlé, si disert, & qui auoit le langage tant à main comme Socrates, disoit que ce fust vne voix ou vn esternuement, & non pas vn esprit diuin qui luy eust enseigné, comme si quelqu'vn disoit, qu'il auroit esté blessé d'vne flesche, non pas de celuy qui auroit lasché la flesche, & que la balance auroit pezé, & non pas celuy qui tiendroit & manieroit la balance: car l'œuure ne depend pas de l'instrument, mais de celuy à qui est l'instrument, & qui en vse pour faire son ouurage: & le signe & l'instrument dont vse & se sert celuy qui deuine, est ce qui prognostique & signifie. Mais comme i'ay dict, il nous faut escouter ce que Simmias nous en dira, comme celuy qui le sçait plus certainement. Et Theocritus: Ouy bien, dict-il, mais apres que nous aurons veu qui sont ceux-cy qui entrent ceans: & certes c'est Epaminondas, qui nous amene ce personnage estranger. Nous regardasmes tous vers la porte, & veismes Epaminondas qui marchoit deuant, accompagné d'Ismenodorus, de Bacchilidas, & de Melissus le iouëur de fleutes: l'estranger suyuoit apres, homme de belle presence, & face liberale, monstrant vne douceur grande & humanité en son visage, accoustré & vestu venerablement. Si luy fut baillé siege aupres de Simmias, & mon frere se seit aupres de moy, & chascun des autres ainsi comme il se trouua: & s'estant faict silence, Simmias adressant sa parole à mon frere: Et bien, dict-il, Epaminondas, qui est cest estranger icy, d'où est-il, & comment a-il nom? car c'est vn commancement ordinaire, & vne entree de cognoissance & d'entretien. Il a nom (respondit mon frere) Theanor, Simmias, natif de

De l'esprit familier de Socrates. 640

A la ville de Crotone, l'vn de ceux qui pardelà font profession de la philosophie, ne faisant point de deshonneur à la gloire du grand Pythagoras, ains estant icy venu de l'Italie par si long chemin, pour confirmer par bonnes œuures sa belle & bonne doctrine. Mais toy Epaminondas, dict Theanor, m'empesches de faire des bonnes œuures la meilleure & la plus belle. Car s'il est honneste de faire bien à ses amis, il ne peut estre deshonneste d'en receuoir de ses amis : & pour estre grace, il est autant besoing qu'il y ait vn receuant, comme vn donnant, estant la grace composée de tous deux, tendant à œuure vertueuse, & celuy qui ne la reçoit comme vn ballon qui a esté bien enuoyé, il le deshonore, le laissant cheoir à terre, & demourer court. Car quel but y a-il que lon soit si aise d'atteindre en y tirant, & si marry de le faillir, comme de faillir à faire bien à vn homme qui en est digne, quand on le desire ? Et encore en ceste comparaison-là, celuy qui faut à donner au but, lequel demeure ferme, c'est sa faulte : mais icy celuy qui refuse & qui fuit, c'est celuy qui faict tort à la grace, laquelle par son refus ne peut atteindre là où elle pretend. Or t'ay-je desia recité les causes pour lesquelles ie suis venu par deçà, mais ie les veux reciter aussi à ces gens de bien icy presents, à fin qu'ils me soient iuges à l'encontre de toy. Quand les colleges & societez des philosophes Pythagoriens, qui estoient en chasque ville de nostre pays, eurent esté dechassez par la part & sedition des Cyloniens, ceux qui estoient encore ensemble, tenans leur conseil en la ville de Metapont, les seditieux meirent le feu de tous costez en la maison où ils estoient, & les y bruslerent tous ensemble, exceptez Philolaüs & Lysis, qui estoient encore ieunes, gaillards & dispos, lesquels se sauuerent à trauers le feu, & Philolaüs se retirant au pays des Lucaniens se sauua là auec ses amis, lesquels commançoient desia à se rallier & auoir du meilleur à l'encontre de ces Cyloniens. Quant à Lysis, on fut long temps que lon ne sçeut qu'il estoit deuenu, iusques à ce que Gorgias Leontin, retournant de la Grece de pardeçà en la Sicile, apporta nouuelles certaines à Arcesus qu'il auoit parlé à Lysis, & qu'il se tenoit en la ville de Thebes. Si fut Arcesus en volonté de monter incontinent sur mer pour l'aller trouuer, tant il en auoit grand desir, mais pour sa vieillesse & foiblesse, se trouuant indisposé à faire vn tel voyage, il ordonna par testament que sur tout on ramenast Lysis vif, s'il estoit possible, en Italie, ou pour le moins ses reliques & ses os, si d'auenture il estoit mort : mais les guerres, les seditions & tyrannies qui ont esté depuis, ont empesché que ses amis n'ont peu de son viuant accomplir la charge qu'il leur auoit ordonnee. Mais depuis que l'esprit de Lysis estant ia decedé, nous eut visiblement & manifestement annoncé sa mort, & que ceux qui l'auoient veu & sçeu certainement nous rapporterent, comme il auoit eu vn liberal entretenement de sa vieillesse en vne maison pauure, où il auoit esté tenu & reputé comme vn des enfans de la maison, & estoit decedé en tel estat : i'ay icy esté enuoyé ieune & seul par plusieurs & plus anciens, qui ont de l'argent, & vous en donnent à vous qui n'en auez point, en recompense de beaucoup de grace & d'amitié qu'ils ont receu de vous. Car Lysis a esté honnestement enseuely par vous en honorable sepulture, & plus encore honorable luy est la grace qui en est payee à ses amis par ses confreres. Ainsi que l'estranger parloit, les larmes vindrent aux yeux de mon pere, qui plora longuement pour la souuenance de Lysis. Et mon frere se riant à moy, comme estoit sa coustume, Que ferons nous, dict-il, Caphisias ? quitterons nous nostre pauureté pour de l'argent, & si nous nous tairons ? Rien moins, dis-je, nous ne la quitterons point nostre bonne amie, sage nourrice des ieunes gens : mais toy defens la, car c'est à toy à parler. Et toutefois, dict mon pere, ie n'auois doute que ma maison fust prenable à l'argent, sinon par cest endroict seulement du corps de Caphisias, qui auroit besoing d'vne belle robbe, à fin de se monstrer pompeusement à ceux qui luy font l'amour qui sont en si grãd nombre, & de beaucoup de viande & de nourriture,

De l'esprit familier de Socrates.

à fin de durer au trauail des exercices, & aux combats qu'il luy faut souſtenir aux eſ-choles de la luicte: mais puis que celuy-cy duquel i'auois plus de defiance, n'abandonne point la pauureté, ny ne laiſſe point comme vne teinture l'indigence paternelle & hereditaire, ains encore qu'il ſoit ieune adoleſcent, il ſe repute bien paré, & fait gloire de frugalité, ſe contentant de ſa preſente fortune, en quoy voudrons-nous plus employer, & à quel vſage nous ſeruir de l'argent? Voudrons-nous dorer nos armes, & couurir noſtre bouclier, comme faiſoit Nicias l'Athenien, d'or meſlé auec de la pourpre? Et t'acheperons nous à toy mon pere, vn beau manteau de drap de Milet, & à ma mere vne belle cotte d'eſcarlatte? car certes nous n'abuſerons pas de ce preſent pour traicter noſtre ventre, en nous feſtoyant plus graſſement & plus opulemment que de couſtume, comme ayans receu en noſtre logis vn hoſte ſumptueux, qui eſt la richeſſe. Oſte mon fils tout cela, dict mon pere, à Dieu ne plaiſe que ie voye iamais vn tel changement en ma maiſon. Et toutefois auſſi ne demourerons-nous pas aſſis en noſtre logis, pour l'y garder oyſif: car telle grace ſeroit trop deſagreable & mal-plaiſante, & la poſſeſſion ſans honneur. A quoy faire donc le receurions-nous, mon pere? Voyla pourquoy il ſembla dernierement à Iaſon le Capitaine des Theſſaliens, que ie luy euſſe faict vne reſponſe ruſtique & inciuile, quand il enuoya icy vne groſſe ſomme d'or, & me pria de la receuoir en don. Et ie luy manday, qu'il me faiſoit tort, & me commançoit la guerre, d'autant que luy affectant & aſpirant à vne Monarchie, il me venoit tenter & ſolliciter de me corrompre par argent, ſimple citoyen d'vne ville libre & viuant ſous ſes loix. Mais quant à toy, amy eſtranger, i'approuue ta bonne volonté, parce qu'elle eſt honneſte & vertueuſe, digne d'vn philoſophe, & l'ayme ſingulierement, mais ie te dis que tu apportes des drogues medicinales à hommes qui ne ſont point malades. Tout ainſi doncques comme ſi ayant entendu que lon nous feiſt la guerre, tu fuſſes venu nous apporter des armes & des baſtons de defenſe pour nous ſecourir, & puis qu'eſtant arriué ſur les lieux, tu euſſes trouué que nous fuſſions en paix & en bonne amitié auec nos voiſins, tu n'euſſes pas eſtimé deuoir donner & laiſſer ces armes là à ceux qui n'en auroient que faire: auſſi tu es venu pour nous porter & donner ayde & ſecours à l'encontre de la pauureté, comme ſi elle nous trauailloit, mais au contraire elle nous eſt aiſee & plaiſante à porter, & ſommes bien-aiſes de l'auoir en noſtre maiſon logee chez nous, & pourtant ne nous faut-il point d'armes ny d'argent à l'encontre d'elle qui ne nous faict aucun deſplaiſir. Mais tu feras rapport à tes freres de pardelà, qu'ils vſent tres honneſtement de leurs biens & de leurs richeſſes, mais auſſi qu'ils ont des amis par deçà qui vſent bien de la pauureté: au demourant quant à la nourriture, funerailles & ſepulture de Lyſis, il nous les a luy-meſme bien renduës & payees, nous ayant enſeigné entre autres belles & bónes choſes, à ne craindre point, & ne nous faſcher point de la pauureté. Theanor adonc prenant la parole: Comment, dit-il, ſi c'eſt faute de cœur que de craindre la pauureté, comment auſſi ne ſera-ce faute de iugement de redoubter & fuyr la richeſſe? Cela n'eſt-il pas hors de tout propos, meſmement ſi ce n'eſt pas auec raiſon, ains par mine ſeulement, ou par vne vanité & vne ſottiſe qu'on la reiette & la refuſe? Et quelle raiſon y a-il qui ſceuſt defendre l'acquiſition & poſſeſſion des biens, qui ſe faict par tous iuſtes & honneſtes moyens, comme faict Epaminondas? mais pluſtoſt pource que tu t'es aſſez donné à entendre en la reſponſe que tu as faicte touchant cecy au Theſſalien Iaſon, ie te demande Epaminondas, eſtimes-tu qu'il y ait quelque ſorte de donner argent qui ſoit iuſte & legitime, & qu'il n'y en ait nulle d'en prendre, ou ſi tous ceux qui donnent & tous ceux qui prennent pechent? Non, ie ne le penſe pas, reſpondit Epaminondas, ains eſtime que des biens & richeſſes, comme de toute autre choſe, il y a vne largition & poſſeſſion qui eſt honneſte, & vne autre qui eſt deshonneſte. Et bien, dict

Theanor,

De l'esprit familier de Socrates. 641

A Theanor, celuy qui donne volontiers & de bon cœur ce qu'il doit, à sçauoir s'il ne le donne pas honnestement? Il le confessa. Et celuy qui reçoit ce qui se donne honnestement, ne le prend-il pas aussi honnestement? Où peut-il estre plus loyale & iuste prise d'argent, que celle qui se prend de celuy qui donne iustemét? Ie croy qu'il n'y en sçauroit auoir de plus iuste, dit Epaminondas. Entre deux amis donc, s'il est iuste que l'vn donne, il est iuste aussi que l'autre prenne: car és batailles il se faut bien destourner de deuant celuy des ennemis dont on a receu quelque plaisir: mais aux bienfaicts il n'est ny beau ny honneste de fuir ne reietter celuy qui donne iustement entre amis: car si la pauureté de soy n'est point mauuaise, aussi n'est pas la richesse à ainsi reietter & mespriser. Non vrayement, ce dit Epaminondas: mais il faut que tu considères auec nous, qu'il y a en nous plusieurs cupiditez & de plusieurs choses, les vnes naturelles, que lon appelle, & nées auec nous, se germans en nostre chair pour les voluptez qui luy sont necessaires: les autres sont estrangeres, venuës de vaines opinions, lesquelles prenans
B force & vigueur par traict de temps & longue accoustumance en vne mauuaise nourriture, bien souuent tirent à bas & atterrent nostre ame auec plus de force & violence que ne font pas les naturelles. Or la raison par bonne accoustumance & exercitation vertueuse nous donne moyen d'en espuiser beaucoup, de celles mesmes qui sont nees auec nous, mais il faut employer toute la force & puissance de l'accoustumance & exercitation encontre les concupiscences qui sont estrangeres, & qui viennent d'ailleurs, pour les consumer, retrencher & chastier par toutes voyes de repressions & retentions raisonnables. Car si la resistance que faict la raison & l'appetit de boire & de manger, force bien souuent la faim & la soif, bien plus facile luy sera-il de retrencher l'auarice & l'ambition, en s'abstenant & gardant des choses qu'elles conuoitent, tant qu'à la fin elles en demeureront toutes desconfites. Ne te semble-il pas ainsi? L'estranger le confessa. Vois-tu doncq, qu'il y a difference entre l'exercitation, & l'œuure à laquelle se dresse l'exercitation? Et tout ainsi comme de l'art qui enseigne les exerci-
D ces du corps, vous pourriez dire, que l'œuure en seroit l'emulation, l'effort & la contention pour obtenir le pris de la couronne à l'encontre de son aduersaire, & l'exercitation la preparation que fait le combattant pour y rendre son corps apte & dispos par continuation d'exercices: aussi me confesseras tu qu'il y a difference entre la vertu & l'exercitation à la vertu. L'estranger le confessa. Or me dy doncques premierement, s'abstenir de villaines & illicites voluptez, que penses-tu que ce soit, exercitation à la continence, ou plustost l'œuure & la preuue de la continence? Ie pense que ce soit l'œuure & la preuue: & l'exercitation & assuefaction à l'abstinence, n'est-ce pas ce que vous mesmes faictes, quand apres vous estre trauaillez le corps, & apres auoir prouoqué comme des bestes sauuages vos appetits, vous vous mettez à table & y demourez long temps, les tables chargees de toutes exquises & diuerses viandes, sans y toucher, & les laissez à vos vallets pour s'engorger & faire grand' chere: & cepen-
D dant vous prenez quelque bien peu de chose simple, estans desia vos concupiscences toutes esteintes & amorties? car l'abstinence des voluptez permises est exercitation à l'encontre des defenduës. Ouy certes, dit l'estranger. Il y a doncques aussi, amy, quelque exercitation de la iustice à l'encontre de l'auarice & de la conuoitise d'auoir, qui n'est pas de n'aller point la nuict desrober & piller les maisons de ses voisins, ny de ne destrousser point les passans, ne si aucun ne trahit point ses amis & son pays pour de l'argent, cestuy-là ne s'exerce pas contre l'auarice: car la Loy, peut estre, & la crainte refrene & retient sa cupidité d'offenser autruy: mais celuy qui souuentefois s'abstient & se garde volontairement des iustes gains, & qui luy sont concedez & permis par les loix, celuy-là s'exerce & s'accoustume à se tenir loing de toute iniuste & illegitime prise d'argent. Car il n'est pas possible qu'en grandes voluptez, mais mauuaises & pernicieuses, l'ame se puisse contenir de les appeter, si au parauant souuentefois

Qqqq

De l'esprit familier de Socrates.

estant en pleine liberté d'en iouyr, elle ne les a mesprisees: & n'est pas aisé de passer par dessus, & mespriser des grands proufits meschans, & de grands gains qui se presentent, à qui de longue main n'a domté & chastié la conuoitise de gaigner & d'auoir, laquelle par assez d'autres habitudes & actions est nourrie & exercitee à vouloir tousiours impudemment gaigner, & frit apres les iniustices, s'abstenant bien fort à grand'peine & malaisément d'outrager quelqu'vn pour son proufit. Mais elle n'assaudra iamais vn personnage qui ne sera point abandonné à receuoir des dons & largesses de ses amis, ny à prendre des presents des Roys, qui aura renoncé mesmes aux beneficles de la fortune, & qui aura esloigné & retiré l'auarice brillant apres vn thresor qui luy sera apparu: iamais, dis-je, elle ne l'assaudra pour le tenter de faire quelque iniustice, ny iamais ne luy troublera son entendemēt, ains s'en seruira paisiblement à faire toute chose honneste, ayant le cœur assis en bon lieu, & ne sentant rien dedans qui ne soit grand & bon. Voyla les hommes dont Caphisias & moy sommes amoureux. Et c'est pourquoy, Simmias, nous prions cest homme de bien estranger, de nous laisser suffisamment exerciter en la pauureté, pour paruenir à celle vertu. Apres que mon frere eut acheué ce propos, Simmias ayant deux ou trois fois croullé la teste, C'est vn grand homme, dict-il, c'est vn grand homme qu'Epaminondas, dequoy est cause ce bon pere Polymnis, qui dés le commancement a donné vne telle nourriture & education en la philosophie à ses enfans: mais quant à cela, amy estranger, accorde-t'en auec eux. Au demourant ie te demande, si c'est chose qui nous soit loisible de sçauoir, si tu remueras les reliques de Lysis hors de sa sepulture, & les transporteras en Italie, ou bien si tu nous les laisseras icy entre ses amis & bienvueillans, qui seront bien-aises d'estre logez auec luy quand nous serons par delà. Et Theanor se riant à luy, Il semble, Simmias, que Lysis se trouue bien par deçà, & n'en vueille point bouger, n'y ayant eu faulte de rien honneste, par le moyen d'Epaminondas. Mais il y a quelques sainctes cerimonies particulieres que nous obseruons és sepultures de nos confreres Pythagoriens, lesquelles si nous n'auons eües à nostre trespas, nous ne pensons pas auoir attainct la fin heureuse que nous desirons. Quand doncques nous eusmes par songes cogneu la mort de Lysis (car nous auons certain signe, auquel nous cognoissons si c'est l'image d'vn viuant ou d'vn trespassé) plusieurs eurent fantasie qu'estant mort en pays loingtain, estranger, il auroit esté autrement inhumé, & qu'il le falloit remuer de là où il estoit, à fin qu'estant transporté il eust les seruices des obseques accoustumees en nostre societé. Et estant venu par deçà en ceste pensee, & ayant esté incontinent conduict par ceux du pays en sa sepulture, sur le soir ie luy ay versé les effusions des mortuaires, euocquant son ame, à fin qu'elle me vint instruire comment ie deuois me gouuerner en cela: & la nuict se passant ie n'ay rien veu, mais bien m'a-il semblé que i'ay ouy vne voix qui me disoit que ie ne remuasse point ce qui ne se deuoit point remuer, parce que le corps de Lysis auoit esté sainctement inhumé par ses amis, & que son ame estant desia iugee auoit son congé pour s'en aller à vne autre natiuité, accouplee auec vn autre Dæmon. Et le matin en ayant conferé auec Epaminondas, & entendu la maniere comme il l'auoit inhumé, i'ay cogneu comme il auoit esté bien instruict iusques aux plus secrets poincts de nostre religion, & qu'il auoit vn mesme Dæmon & esprit pour guide de sa vie, si ie ne suis mal-expert à coniecturer par la nauigation le pilote: car les chemins sont bien larges de la vie, mais il y a peu d'hommes que les Dæmons y conduisent. Theanor donc ayant dit cela, ietta son regard sus Epaminondas, comme si derechef il eust voulu contempler ses mœurs & son naturel, par l'inspection de sa face. En ces entrefaictes le chirurgien arriué desiia le bendage de la playe de Simmias, comme pour le penser: & Phyllidas qui entra apres luy auec Hipposthenidas, commanda à Charon & à Theocritus de nous leuer, puis nous tira à part en vn coing du portique, estant fort troublé à veoir son visage. Et comme ie luy deman-

De l'esprit familier de Socrates. 642

demandaſſe, qu'y a-il de nouueau, Phyllidas? Il n'eſt, dict-il, rien arriué de nouueau pour moy: car ie l'auois preueu, & vous l'auois bien predit, redoubtant la laſcheté de Hippoſthenidas, que vous ne luy communiquiſſiez point voſtre entrepriſe, ny ne le recueſſiez point en la compagnie. Ces paroles nous meirent en vn grand eſtonnement. Et Hippoſthenidas, Ne dy point cela ie te prie, dit-il, au nom des Dieux, ny ne vueilles eſtre la cauſe de la deſtruction de ceſte ville, & de noſtre ruine quant & quant, en penſant que temerité ſoit hardieſſe, & aye patience que ces perſonnages retournent à ſauueté en la ville, ſ'il eſt ainſi en la fatale deſtinee. Et Phyllidas aguiſé de cholere, Dy moy, dit-il, Hippoſthenidas, combien penſes-tu qu'il y ait d'hommes qui ſçachent noſtre ſecret? I'en cognois, dict-il, ce me ſemble, iuſques à trente. Puis qu'il y en a doncques tant, dict-il, pourquoy eſt-ce que toy ſeul as eſté à l'encontre, & empeſché ce qui auoit eſté conclud & arreſté par tous, ayant enuoyé vn homme à cheual aux bannis qui eſtoient deſia acheminez pour venir icy, & leur as mandé qu'ils ſ'en retournaſſent arriere, & qu'ils ne pourſuyuiſſent pas leur chemin pour auiourd'huy? Pource, dict-il, que la fortune leur a d'elle meſme procuré, à la pluſpart, leur retour. Quand Hippoſthenidas eut dit cela, nous nous en trouuaſmes tous troublez: & Charon entre les autres iettant ſon œil fiché bien aſprement ſur luy, O meſchant homme que tu es, dict-il, que nous as-tu faict? Rien de mal, dict Hippoſthenidas, ſi laiſſant ceſte aſpreté de voix courroucee, tu veux auoir patience d'oüir & entédre les raiſons d'vn homme qui eſt de ton aage, & qui a le poil auſſi blanc comme toy: car ſ'il n'eſt queſtion que de monſtrer à nos citoyens que nous ſommes hardis & courageux, ſans faire compte d'aucun peril de la vie, il y a encore beaucoup du iour, n'attendons point le ſoir à venir, allons nous-en tout de ce pas courir ſus aux Tyrans auec nos eſpees au poing, tuons-les, mourons-y, & ne nous eſpargnons point. Cela n'eſt difficile ny à faire, ny à ſouffrir: mais de deliurer la ville de Thebes de tant d'ennemis armez qui la tiennent, & d'en ietter dehors la garniſon des Spartiates, pour deux ou trois hommes morts il n'eſt pas facile: car Phyllidas n'a pas tant appreſté de vin pour ſon banquet, qu'il y en ait ſuffiſamment à enyurer les mille cinq cens ſoldats de garde d'Archias: mais encore que nous tuyons auſſi celuy-là, Crippidas & Arceſus ſobres attendent la nuict pour faire le guet. Qu'eſt-il beſoing doncques de nous haſter d'attirer nos amis en vne mort toute euidente & certaine, meſmement que nos ennemis ſont aucunement aduertis qu'ils reuiennent? Car pourquoy eſt-ce qu'il auroit eſté fait par eux commandement à ceux de Theſpies de ſe tenir preſts auec leurs armes au troiſiéme iour qui eſt ceſtuy-cy, & qu'ils ſe teinſſent en ordre pour partir quand les Capitaines des Lacedæmoniens les mãderoient, & ſi doiuent comme i'entens auiourd'huy faire mourir Amphitheus, quand Archias ſera venu, apres l'auoir interrogué & luy auoir donné la torture. Ne ſont-ce pas de grands ſignes que l'entrepriſe leur eſt deſcouuerte? Ne vaut-il pas bien mieux differer vn peu de temps iuſques à tant ſeulement qu'ils ayent appaiſé les Dieux? Car les deuins ayans ſacrifié vn bœuf à Ceres, diſent que le feu du ſacrifice denonce vne grande ſedition, & vn grand peril à la choſe publique: & ce qui merite bien que toy particulierement, Charon, y prennes garde, c'eſt que hier Hypatodorus fils de Erianthes, homme de bonne ſorte au demourant, & qui ne ſçait rien de ce que nous auons entrepris, me dict, Charon eſt bien ton familier amy, Hippoſthenidas, & à moy non gueres: aduertis le donc, ſi bon te ſemble, qu'il ſe prenne garde de quelque danger faſcheux & eſtrange qui le regarde: car la nuict paſſee en ſongeant il me fut aduis que ſa maiſon eſtoit comme en trauail d'enfant, & que luy & ſes amis en eſtans eux-meſmes en deſtreſſe, faiſoient prieres aux Dieux pour elle, & luy aſſiſtoient à ce trauail tout à l'entour, mais qu'elle mugiſſoit criant & iettant ie ne ſçay quelles voix non articulees, iuſques à ce que finalement il en ſortit du dedans vn grand feu, dont la pluſpart de la ville fut incontinent embraſee,

De l'esprit familier de Socrates.

& le chasteau de la Cadmee tout couuert & enueloppé de fumee, mais la flamme n'en vola pas à mont. Voyla la vision que cest homme me raconta, Charon, & qui me meit sur l'heure en vne grande tremeur, & encore bien plus quand i'ay entendu que ce iourd'huy les bannis doiuent arriuer en vn logis. Ie suis en merueilleuse angoisse de crainte, que nous ne nous emplissions de miseres & de maux sans en pouuoir faire aucun d'importance à nos ennemis, sinon de mettre toute la ville en combustion: car ie suppose que la ville sera des nostres, & la Cadmee sera comme elle est, pour eux. Adonc Theocritus prenant la parole, & arrestant Charon qui vouloit replicquer quelque chose à cest Hipposthenidas : Mais au contraire il n'y a signe, dict-il, qui m'asseure plus à continuer ceste entreprise, encore que i'aye tousiours eu de bons presages pour les bannis en tous les sacrifices que i'ay faicts, que ceste vision que tu nous as recitee, s'il est ainsi que tu dis, qu'vn grand feu clair ait esclairé & enflammé toute la ville, sortant d'vne maison amie, & que la retraicte & demourance de nos ennemis ait esté noircie & obscurcie de fumee, laquelle n'apporte iamais rien de meilleur que larmes & toute confusion : & qu'il sorte d'entre nous des voix non articulees, cela, encore que lon le vueille prendre en mauuaise part à cause de la voix, sera quand nostre entreprise soufpeçonnee d'vne suspicion obscure, doubteuse & incertaine tout ensemble, apparoistra & obtiendra. Au reste, les mauuais signes des sacrifices touchent non au public, mais à ceux qui sont maintenant les plus forts. Comme Hipposthenidas parloit encore, ie luy demanday : Mais qui as tu enuoyé deuers eux, car s'il n'est bien auancé nous enuoyerons bien apres. Ie ne sçay, Caphisias, à vous dire la verité, si vous le pourriez attaindre : car il a vn des meilleurs cheuaux qui soit en toute la ville de Thebes, & est homme que vous cognoissez tous, car c'est celuy qui gouuerne les chariots de Melon, & auquel Melon a luy mesme dés le commancement descouuert l'entreprise. Et à l'heure mesme l'apperceuant, Est-ce point (dis-je) Chlidon que tu veux dire, Hipposthenidas, celuy qui l'annee passee gaigna le prix de la course des cheuaux à la feste de Iuno ? Celuy-là mesme, dict-il. Et qui est donc celuy-là que ie voy, qui attend il y a ja long temps à la porte ? C'est Chlidon luy-mesme, dict il, par Hercules. O Dieux, y a-il point encore quelque chose de pis aduenu ? Et luy voyant que nous le regardions, s'approcha tout bellement de nous. Hipposthenidas luy faisant signe de la teste qu'il parlast deuant tous, & qu'il n'y auoit point de danger, d'autant qu'ils estoient tous gens de bien : Ie les cognois tresbien, dict il, Hipposthenidas, & ne t'ayant trouué ny en ta maison, ny en la place, i'ay bien pensé que tu serois venu deuers eux, & m'y en suis venu à la plus grande haste que i'ay peu, à fin que vous entendissiez au vray comme tout est allé : car comme tu m'auois commandé qu'à toute diligence i'allasse rencontrer nos gens en la montagne, ie m'en suis allé en mon logis pour y prendre mon cheual. Si ay demandé à ma femme la bride, mais elle ne me l'a sçeu bailler, ains ay attendu bien long temps en la chambre, & apres l'auoir bien cerchee par tout, & remué tout ce qu'il y auoit de mesnage en nostre maison, apres s'estre bien iouëe de moy, finablement elle m'a confessé l'auoir prestee à nostre voisin, sa femme la luy ayãt demandee à emprunter hier au soir : dequoy ie me suis fort aigrement courroucé à elle, & luy en ay dict des iniures : & elle de l'autre costé s'est mise à me donner des maledictions abominables à dire, & à faire priere aux Dieux que malheureuse fust mon allee, & plus encore malencontreux mon retour, ce que les Dieux vueillent pluftost retourner sur sa teste d'elle mesme. A la fin elle m'a tant irrité que ie l'ay tresbien battuë, & y est incontinent accouru grand nombre de voisins & de femmes, de sorte qu'apres auoir faict & souffert vne grand' honte, à peine suis peu venir iusques à vous, pour vous prier d'enuoyer vn autre qui face vostre message à ces hommes que vous sçauez : car quant à moy, ie suis pour le present hors de moy, & me trouue tout mal.

Il nous

De l'esprit familier de Socrates.

A Il nous prit sur l'heure à tous vn merueilleux changement de volonté & d'affection: car au lieu que vn peu deuant nous nous courroucions de ce que lon auoit empesché leur venuë, lors pour la soudaineté de l'occasion & la briefueté du temps, voyans qu'il n'y auoit plus moyen de reculer, nous en estions en transe & en crainte: toutefois monstrant bon visage à Hipposthenidas, & le prenant par la main ie l'encourageay, luy donnant à entendre que les Dieux mesmes nous conuioient à l'execution de nostre entreprise. Cela faict Phyllidas s'en alla chez luy pour donner ordre à son festin, & attirer Archias à bien boire & faire grand chere, & Charon pour tenir sa maison preste à receuoir les bannis quand ils arriueroient: & cependant Theocritus & moy retournasmes deuers Simmias, à fin qu'ayans trouué l'occasion à propos nous parlissions encore à Epaminondas, lequel estoit desia entré bien auant en vne belle question que Galaxidorus & Phidolaüs auoient au parauant entamee, demandans de quelle substance & de quelle nature & puissance estoit l'esprit familier de

B Socrates, dont on parle tant. Or n'entendismes nous pas ce que Simmias respondit au propos de Galaxidorus, mais bien, dict-il, qu'en ayant vne fois interrogué Socrates luy-mesme, il ne luy en auoit point rendu de responce, & pour ceste cause que iamais depuis il ne l'en auoit voulu enquerir: mais bien, disoit-il, qu'il auoit souuent esté present quand Socrates disoit, qu'il estimoit hommes vains & menteurs ceux qui disoient auoir veu à l'œil quelque chose de diuinité, & au contraire qu'il prestoit l'oreille à ceux qui disoient auoir ouy quelque voix, & les en enqueroit à certes & diligemment, dont il nous donnoit à penser & coniecturer entre nous à part, & à souspeçonner que ce Dæmon de Socrates ne fust point vne vision, ains vn sentiment de voix & intelligence de paroles qui le venoit à toucher par quelque extraordinaire maniere: comme en songeant ce n'est pas vne voix que les dormans oyent, mais ce sont opinions & intelligences de quelques paroles qu'ils cuident ouyr prononcer: mais ceste intelligence des songes aduient veritablement aux dor-

C mans, à cause du repos & de la tranquillité du corps, mais les veillans ne peuuent ouïr qu'à grande peine les aduertissemens diuins, estans trauaillez du tumulte des passions, & de la distraction des affaires, à l'occasion dequoy ils ne peuuent prester leur entendement & pensee à ouyr les declarations que les Dieux leur font. Mais Socrates ayant vn entendement pur & net, non agité d'aucunes passions, & ne se meslant auec le corps sinon que bien peu pour les choses necessaires, estoit facile à estre touché, subtil & delié pour soudainement estre alteré par ce qui l'attaignoit, & ce qui l'attaignoit nous pouuons coniecturer que c'estoit, non vne voix ou vn son, mais la parole d'vn Dæmon, qui touchoit sans voix la partie intelligente de son ame, auec la chose qu'elle luy declaroit: car la voix ressemble à vn coup qui est donné à l'ame, laquelle par les aureilles est contrainte de receuoir la parole quand nous parlons les vns aux autres. Or l'entendement de la nature diuine méne & con-

D duict l'ame bien-nee par la chose qui luy faict entendre, sans auoir besoing d'autre coup, & l'ame luy cede & obeyt selon qu'il luy lasche ou luy roidit les instincts & inclinations non violentement pour resistence que luy facent les passions, mais soupples & maniables comme des resnes lasches. Et ne s'en faut esbahir, veu que lon voit que de petits timons tournent & virent de grandes carraques, & d'vn autre costé les roües des potiers de terre, qui pour peu qu'on les touche de la main tournent fort aisément: car bien que ce soient instruments sans ame, toutefois ils sont contrepesez si faciles & si agiles à roüer, pour la polissure qu'on leur donne, qu'ils cedent à la cause mouuante pour peu d'esbranlement qu'il y ait. Or l'ame de l'homme estant roidie & tendue d'innumerables inclinations, comme de cordages, est beaucoup plus agile que nul instrument ny outil qui soit au monde, qui la sçait manier par raison, depuis qu'elle a pris vn peu d'esbranlemét à estre esmeuë vers la chose

Qqqq iiij

De l'esprit familier de Socrates.

entenduë: car les principes des instincts & des passions tendent tous à ceste partie qui entend, & elle estant vne fois esbranlee & secoüee, elle tire, tend & roidit tout l'homme. En quoy nous est donné à entendre, combien de force & de puissance à la chose entenduë: car les os sont insensibles, les nerfs & la chair pleins d'humeurs, & la masse de toutes ces parties ensemble pesante, gisante sans mouuement. Mais aussi tost que l'ame met quelque chose en son entendement, & que l'entendement esmeut les inclinations à cela, il se leue tout debout, & se roidissant de toutes ses parties il court, comme s'il auoit des aisles, à l'action. Et si n'est pas la maniere de ce mouuement, ou roidissement & promptitude, difficile, & moins encore impossible à comprendre, par laquelle l'ame si tost qu'elle a entendu, attire quant & quant par instincts & inclinations toute la masse du corps: car ainsi comme la raison comprinse & entenduë sans aucune voix esmeut l'entendement, aussi me semble-il qu'il n'y a pas beaucoup d'affaire, que vn entendement plus diuin, & vne ame plus excellente ne méne vn autre entendement inferieur, & le touchant par dehors de la touche que la raison peult toucher à l'autre raison, ne plus ne moins que la lumiere a sa reflexion de la lumiere rebattuë. Car à la verité nous nous entredonnons à cognoistre nos conceptions & pensees les vns aux autres, comme tastonnans en tenebres par le moyen de la voix. Mais les intelligences des Dæmons, ayans leur lumiere, reluysent à ceux qui sont susceptibles & capables de telle lueur, n'ayans besoing ny des noms ny des verbes, dont vsent les hommes en parlant les vns aux autres, par lesquelles marques ils voyent les images & especes d'intelligences & pensees les vns des autres: mais les intelligences propres ils ne les cognoissent pas, sinon ceux qui ont vne propre & diuine lumiere, comme nous auons dict, combien que ce qui se faict par le ministere de la voix, conforte aucunement & aide ceux qui ne peuuent croire. Car l'air estant feru & moulé de sons articulez, & deuenant de tout en tout, parole & voix, imprime l'intelligence en l'ame de celuy qui escoute, tellement que selon ceste similitude là, quelle merueille y a-il si ce qui est entendu par ces superieures natures altere l'air, & l'air alteré pour sa qualité facile à receuoir impressions, signifie & donne à entendre aux hommes excellents, & de rare nature & diuine, la parole, de ce qui a entendu. Car ainsi comme les coups qui se donnent contre des boucliers de cuyure s'entendent de loing, quand ils procedent du fond du milieu, à cause de la resonance & du retentissement, là où ceux qui sont donnez contre autres sortes de boucliers, se perdans insensiblement, ne s'entendent point: aussi les paroles des Dæmons & esprits volans aux oreilles de tous, resonnent & retentissent seulement aux ames de ceux qui ont les mœurs rassises, & les ames tranquilles, lesquels nous appellons hommes celestes & diuins. Or le vulgaire a bien opinion que la diuinité communique auec les hommes en dormant, & puis il trouue estrange, & luy semble incroyable, si lon leur dict que les Dieux esmeuuent tout de mesme les esueillez, & qui ont le plein vsage de raison. Comme qui diroit, qu'vn musicien ioüeroit bien de sa lyre quand toutes les chordes seroient lasches & destenduës, mais quand elle est bien accordee & tenduë, qu'il n'y touche ny n'en ioüe point: car ils n'en apperçoiuent pas la cause qui est dedans eux, c'est à sçauoir le discord, le trouble & la confusion, dequoy estoit exempt Socrates nostre familier amy, comme l'oracle le prophetisa, qui fut donné à son pere, luy estant encore ieune enfant. Car il luy commanda de luy laisser faire tout ce qui luy viendroit en l'entendement, & ne le forcer de rien, ny le destordre, ains de donner la bride lasche à l'instinct & naturel de son enfant, en priant seulement pour luy à Iupiter eloquent & aux Muses, & au demourant ne se soucier point de recercher curieusement plus auant de Socrates, comme ayant dedans luy vn guide & conducteur de sa vie, meilleur que dix mille maistres & pædagogues. Voyla, Phidolaüs, ce que nous auons senty & iugé, tant

du viuant

De l'esprit familier de Socrates. 644

A du viuant de Socrates que depuis sa mort, touchant son Dæmon, ou esprit familier, en reiettant & ces voix, & ceux qui alleguent ces esternuements, & toutes autres semblables resueries. Mais quant à ce que nous en auons ouy dire à Timarchus de Chæronee, touchant cela, pour ce que lon pourroit estimer, que ce seroient contes faicts à plaisir, il les vaut mieux taire. Nullement, ce dit Theocritus, mais ie te prie de les nous vouloir reciter. Car encore que les fables n'expriment pas bien la verité, si est-ce qu'elles la touchent aucunement. Mais premierement dy nous qui estoit ce Timarchus, car ie ne l'ay point cognu. Il est bien vray-semblable, dit-il, Theocritus: car il estoit fort ieune quand il mourut, & pria qu'on l'inhumast auprès de Lamprocles le fils de Socrates, qui estoit decedé peu de iours au parauant, aiant esté son grand amy, & de mesme aage que luy: & comme ieune homme de gentille & bonne nature, qui n'agueres auoit commancé à gouster de la philosophie,

B desirant sçauoir quelle estoit la nature & la puissance du Dæmon de Socrates, aiant communiqué sa deliberation à moy seul & à Cebes, il alla descendre dedans le trou de Trophonius, apres auoir fait premierement les sacrifices accoustumez en cest oracle, & y aiant demouré deux nuicts & vn iour, comme ia plusieurs desesperassent de son retour, & ses parents & amis le plorassent, vn matin, il en sortit fort resiouy, & apres auoir rendu graces au Dieu, si tost qu'il se peut eschapper de la presse, il nous raconta beaucoup de merueilles qu'il auoit veuës & ouyes: & nous dit qu'estant descendu en l'oracle, il trouua premierement des tenebres fort obscures, & puis apres auoir fait sa priere, il demoura gisant par terre bien longuement, ne pouuant pas bien certainement asseurer s'il dormoit, & songeoit, ou s'il veilloit: toutefois il luy fut aduis qu'il entendit vn bruit qui luy vint donner à la teste, & que les coustures de son test s'ouurirent, par où il rendit l'ame au dehors, laquelle estant separee se trouua bien-aise, quand elle se veit en vn air clair & serain. Si luy sembla premierement

C qu'elle respira, aiant au parauant long temps esté estendue & serree, & deuint plus grande qu'elle n'estoit, comme vne voile qui est estendue. Et luy fut aduis, qu'il ouït sourdement, comme vn son tournant alentour de sa teste, dont la voix estoit fort douce à ouïr: & de là regardant il ne veit plus la terre, mais bien des Isles enluminees & esclairees d'vn feu delicat, lesquelles changeoient entre elles de places & de couleurs, selon que la lumiere se diuersifioit en ces mutations, & qu'elles luy sembloient en nombre innumerables, de grandeur excessiue, non toutes de mesme pourpris, mais toutes rondes, & luy sembloit que du mouuement d'icelles, qui tournoient en rond, le ciel en resonnoit, pour ce qu'à l'egalité vnie de leur mouuement respondoit & estoit conforme la douceur & suauité de la voix & de l'harmonie composee de toutes, qui en resultoit. Par le milieu d'icelles y auoit vne mer ou vn lac espandu, resplendissante de diuerses couleurs à trauers vn bleu serein, & qu'entre ces Isles il y en auoit peu qui nauigassent par le droict cours de l'eau, & qui trauersassent de là, & plusieurs

D autres se trainoient inegalement & obliquement, de sorte qu'il sembloit qu'elles deussent tomber, & que ceste mer en aucuns endroits auoit vn grand fond du costé du Midy: mais du costé de Septentrion y auoit des grands marets & platis, & en beaucoup d'endroits elle se respandoit sur la terre, & aux autres elle s'en retiroit, ne faisant pas de grandes sorties: & quant aux couleurs l'vne est simple, & vrayement couleur de pleine mer, l'autre non pure, ains confuse meslee de couleur d'eau de lac. Quant aux reuolutions de ces Isles tournans ensemble, elles les retirent vn peu, & iamais ne conioignent la fin auec le commancement, ny ne font pas vn cercle entier & parfait, ains gauchissent vn peu les bouts faisants en tournant vne ligne de tortis & volute. Au milieu d'icelles & vers l'endroit le plus grand de l'ambient est inclinee la mer vn peu moins des huict parts de l'vniuers, ainsi comme il luy sembloit, & auoit icelle mer deux bouches & ouuertures, par lesquelles elle receuoit deux riuieres de

Qqqq iiij

De l'esprit familier de Socrates.

feu opposites l'vne à l'autre, de sorte que son bleu en estoit pour la plus grande partie offusqué & effacé par vne blancheur. Si dit qu'il prenoit grand plaisir à voir & considerer toutes ces choses-là: mais quand il vint à regarder contre-bas, il y apperceut vne grande fondriere toute ronde, comme qui auroit couppé vne boule en deux, mais fort profonde & merueilleusement horrible, pleine de tenebres, non pas quoyes, ains turbulentes & bouïllonnantes souuent, dont l'on entendoit innumerables mugissemens & gemissemens de bestes, les cris infinis d'enfans, & les lamentations de femmes & d'hommes meslez ensemble, des bruits, des clameurs & des tumultes de toutes sortes, mais sourds & s'amortissans, comme venants d'vn abysme bien profond, & qui l'espouuentoit terriblement, iusques à ce qu'apres vn espace de temps il y eut quelqu'vn, lequel il ne voyoit pas, qui luy dit, O Timarchus, qu'est-ce que tu desires d'entendre? & qu'il luy respondit, Tout: car qu'y a-il icy qui ne soit admirable? Il est bien vray, dit-il, mais quant à nous, nous auons bien peu de part és regions superieures, par ce qu'elles appartiennent à autres Dieux. Mais la portion de Proserpine l'vne des quatre, laquelle nous gouuernons, est bornée par la riuiere de Styx: tu la peux bien, si tu veux, visiter. Et comme il luy demandast que c'estoit que Styx, C'est, dit-il, le chemin qui méne aux Enfers, diuisant les parties contraires de lumiere & de tenebres auec sa cyme. Car elle prend, comme tu vois, du fond des Enfers, & touche à l'extremité de la lumiere tout alentour, bornant la derniere partie de l'vniuers, lequel est diuisé en quatre regimens. Le premier est celuy de vie, le second du mouuement, le tiers de generation, & le dernier de corruption: estant le premier attaché au second par l'vnité en ce qui n'est pas visible, & le deuxiéme au troisiesme par l'entendement au Soleil, & le troisiesme auec le quatriesme par la nature en la Lune. Et de chascune de ces liaisons-là vne Fee ou Parque en tient la clef, fille de la Necessité: de la premiere, celle qui se nomme Atropos, c'est à dire inflexible: de la seconde, Clotho la filandiere: & de la troisiesme en la Lune, Lachesis le sort, là où se fait le ply de la naissance. Car toutes les autres Isles ont des Dieux, mais la Lune appartenant aux Dæmons terrestres fuit la lisiere de Styx, estant vn peu plus hault, en approchant vne seule fois de cent septante mesures secondes. Ceste lisiere de Styx approchant, les ames crient d'effroy. Car Enfer en rauit plusieurs qui glissent, & la Lune en reçoit d'autres qui d'à-bas nagent à elle, celles ausquelles opportunement la fin de generation est tombee, exceptees celles qui sont impures & contaminees, lesquelles elle foudroyant & bruyant horriblement ne souffre point approcher, ains lamentans leur malheur, voyants qu'elles ont failly à leur entente, s'en retournent derechef à bas à vne autre natiuité, comme tu vois. Ie ne voy rien, ce dit Timarchus, sinon plusieurs estoilles qui en ceste fondriere saultent, & les autres plongent, & d'autres qui reluysent d'à-bas. Ce sont des Dæmons que tu vois, sans les cognoistre: car voicy comment il en va. Toute ame d'homme est participante de raison, mais ce qui en est meslé auec la chair, & auec les passions, estant alteré par les voluptez & douleurs deuient irraisonnable: mais toutes ne s'y meslent pas de mesmes, autant l'vne que l'autre, par ce que les vnes se plongent toutes dedans le corps, & estants troublees de passions courent çà & là toute leur vie: les autres sont en partie meslees auec la chair, & en partie laissent dehors ce qui est le plus pur & moins alteré, & n'est pas tiré à bas, ains demeure comme nageant & flottant par dessus, & touchant seulement au sommet de la teste de l'homme, le reste estant enfondré dessoubs au fond, & est còme vn signal suspendu au dessus du coupeau de l'ame, qui est droict à plomb au dessoubs, & sort ce signal au dehors, autant comme l'ame luy obeit, & ne se laisse pas maistriser aux perturbations & passions. Or ce qui en est plongé & enfoncé dedans le corps, s'appelle ame, mais ce qui est entier & incorrompu, le vulgaire l'appelle l'entendement, estimant qu'il soit dedans eulx, comme és miroirs,

Les mesures sõt autant fabuleuses que tout le subiect.

De l'esprit familier de Socrates. 645

A miroirs, ce qui y apparoist par reflexion : mais ceulx qui en iugent droictement à la verité, l'appellent Dæmon, comme estant au dehors. Ces estoilles donc que tu vois, qui semblent esteintes, pense que ce sont les ames qui sont totalement plongees & noyees dedans les corps : & celles qu'il semble qu'elles se rallument & retournent à reluire derechef, & qui se remontent d'embas, secoüants quelque brouillats & quelque obscurité, comme quelque fange & ordure, estime que ce sont celles, qui apres la mort retournent hors des corps : mais celles qui vont ainsi au dessus, ce sont les Dæmons des hommes qui ont entendement. Par force toy de voir le lien, par lequel il est attaché à l'ame. Aiant entendu cela, ie commençay à y prendre plus garde, & à contempler ces estoilles branlantes les vnes plus, les autres moins, comme nous voyons les pieces de liege qui nous monstrent, flottants sur la mer, l'endroit où sont les filets des pescheurs, les vns qui tournoyent comme les fuseaux & bobines,

B quand on file, aians vn mouuement tout inegal & perturbé, & ne le pouuans dresser à droict fil : & disoit la voix que celles qui auoient leur cours & mouuement droict & ordonné, estoient ceulx qui auoient des ames bien obeissantes aux resnes de la raison, pour auoir eu bonne nourriture & honneste education, & ne monstrans pas leur brutalité terrestre, fangeuse & sauuage : mais celles qui fouruoyent inegalement & desordonnément, tantost hault & tantost bas, comme se battans à l'attache, sont celles qui estriuent alencontre du ioug par rebelles & desobeissantes mœurs, à cause de leur mauuaise institution. Car aucunefois en est-on maistre, & les tourne-lon à droict, vne autre fois elles sont courbees par les passions, & tirees par les vices, ausquels derechef elles resistent vne autre fois, & se roidissent alencontre & les forcent. Car la liaison qui les lie, est comme vn mors de bride, mis en la bouche de la brutalité irraisonnable de l'ame. Quand donc ceste bride les retire, elle améne la penitence & repentance que lon appelle apres les pechez, & la honte des voluptez illicites

C & prohibees, qui est vne douleur & vn remors de l'ame refrenee par celuy qui la gouuerne, & qui luy commande, iusques à ce qu'estant ainsi chastiee, elle deuienne obeissante & toute priuee, comme vne beste bien domtee, sans battre ne luy faire mal, entendant promptement les signes & marques que luy monstre le Dæmon. Celles-là doncques à peine & bien tard se rengent à la raison : mais de celles-là qui sont obeissantes dés leur origine & commancement de leur naissance, & qui escoutent leur propre Dæmon, sont les prophetes qui ont la grace de predire les choses futures, & des hommes saincts & deuots, du nombre desquels tu as entendu que l'ame de Hermodorus Clazomenien abandonnoit du tout son corps, & en sortoit & de iour & de nuict, & alloit errant en plusieurs lieux, & puis apres s'en retournoit aiant assisté à plusieurs choses qui s'estoient faites & dittes bien loing de là, iusques à ce que ses ennemis par la trahison de sa femme, surprenans son corps destitué de son ame, le bruslerent dedans sa maison : cela n'est pas veritable : car son ame ne sor-

D toit pas du corps, mais obeissant tousiours à son Dæmon, & luy laschant le nœud, luy donnoit moyen de courir & d'aller çà & là en plusieurs lieux, de sorte qu'ayant veu & ouy beaucoup de choses au dehors, elle luy venoit rapporter, mais ceux qui luy bruslerent son corps, ainsi comme il dormoit, en sont encore maintenant tormentez en la fondriere du Tartare : ce que, ieune homme, tu sçauras plus certainement dedans trois mois, & pour ceste heure va-t'en. Quand ceste voix eut acheué de dire, Timarchus se retournant çà & là voulut bien regarder qui c'estoit qui luy parloit : mais sentant derechef vne grande douleur de teste, comme qui luy eust pressee à force, il perdit toute cognoissance & tout sentiment de luy, & de tout ce qui estoit autour de luy : & bien tost apres estant reuenu à soy, il se trouua couché dedans le trou de Trophonius aupres de l'entree, comme il s'estoit couché au commancement. Voyla la fable de Timarchus : lequel depuis, iustement trois mois apres,

De l'esprit familier de Socrates.

ainsi que la voix luy auoit predit, estant retourné à Athenes, vint à mourir. Nous en estans esbahis le contasmes à Socrates, qui nous sceut bien mauuais gré de ce que nous ne luy en auions rien dit du viuant du trespassé, par ce qu'il en eust bien volontiers enquis & interrogué luy mesme plus particulierement & plus clairement. Tu as donc, ô Theocritus, ouy le conte & le propos de Timarchus : mais regarde qu'il ne nous faille appeller à nostre secours cest estranger, pour la decision de ceste question, laquelle est fort propre & conuenable à hommes deuots & de religion. Et pourquoy, dit Theanor, Epaminondas ne nous en dit-il son opinion, attendu qu'il a esté nourry & institué en mesme discipline & eschole que nous ? Et lors mon pere se prenant à rire, C'est son naturel, amy estranger, d'estre ainsi peu parlant, & taciturne, & craintif à parler, mais insatiable d'apprendre & d'ouïr : & pourtant Spintharus Tarentin aiant demouré assez long temps pardeçà auec luy, disoit qu'il n'auoit iamais parlé à homme qui sceust tant, ne qui parlast moins que luy. Mais dy nous donc ce que tu sens toy mesme, touchant ce qui a esté dit. Quant à moy, dit-il, i'estime que ce propos & discours de Timarchus, cōme sacré & inuiolable, doit estre consacré à Dieu, sans y toucher : mais ie m'esbahy s'il y a aucun qui décroye ce que Simmias a dit, veu qu'ils nomment bien des cygnes sacrez, des dragons, des chiens, & des cheuaux, & neantmoins ils n'appellent pas Dieu φίλορνις, c'est à dire aimant les oyseaux, mais ils l'appellent φιλάνθρωπος, c'est à dire aimant les hommes. Tout ainsi doncques comme vn homme qui aime les cheuaux, n'aime pas tous les particuliers qui sont compris soubs ceste espece-là, mais en choisissant tousiours quelqu'vn excellent par dessus les autres, il le dresse à part, & le nourrit, & l'aime singulierement : Aussi les diuins esprits qui sont au dessus de nous, choisissent les meilleurs de nous à part du troupeau, ausquels ils impriment leurs marques, & les estiment dignes d'vne propre & particuliere education, les dressans non auec resnes & longes, mais auec la raison, par certains signes & marques, dont les vulgaires, qui n'ont rien par dessus le reste du troupeau, n'ont aucune cognoissance ny experience. Car ny les communs chiens n'entendent les signes des veneurs, ny les communs cheuaux les sifflets des escuyers, ains ceux qui ont esté bien dressez & appris, qui au moindre sifflet & houppet du monde, entendent incontinent ce qu'on leur commande, & se rengent là où il faut. Ce que Homere mesme semble auoir entendu, & cogneu la difference qu'il y a entre nous autres hommes. Car entre les deuins il en appelle aucuns οἰωνοπόλους, regardeurs d'oyseaux, autres ἱερεῖς, regardeurs de sacrifices, & les autres, il estime qu'ils predisent & preuoyent les choses secrettes & à aduenir, en entendant parler les Dieux mesmes.

  Mais Helenus en son diuin esprit
  De ces deux Dieux le conseil bien comprit.

Et vn peu apres,
  Ie l'ay ouy dire aux Dieux immortels.

Car ainsi comme ceux qui ne sont pas domestiques & familiers des Roys, Princes & Capitaines, entendent leurs conseils & volontez par le moyen des signes de feu, ou par le son des trompettes, mais à leurs plus feaux & familiers, ils parlent eux mesmes de viue voix : Aussi Dieu parle à peu de gens & rarement, & au commun des hommes il donne des signes, dont est composee l'art de diuination. Car les Dieux prennent peu d'hommes en recommandation pour orner ainsi leurs vies, ains seulement ceux qu'ils veulent rendre singulierement heureux & vrayement diuins. Mais au reste les ames deliurees de toute generation, estants desormais de loisir, libres & desliees d'auec le corps, deuiennent puis apres Dæmons, qui ont soing, cure & solicitude des hommes, selon que dit Hesiode. Car ainsi comme les champions qui ont autrefois fait profession de la luiête, & des autres exercices du corps, apres encore

qu'ils

De l'esprit familier de Socrates. 646

A qu'ils ont cessé de plus exercer le mestier pour raison de leur vieillesse, ne laissent pas pourtant du tout le desir & appetit de gloire, ny l'affection qu'ils ont autrefois euë à leurs corps, ains prennent encore plaisir à voir les autres ieunes s'exercer, & les encouragent, & s'efforcent encore de courir quant & eux: Aussi ceux qui sont hors des trauaux & labeurs de la vie humaine, pour la vertu de leurs ames deuenans Dæmons, ne mesprisent pas totalement ce qui est pardeçà, ains estans fauorables à ceux qui s'estudient & aspirent de paruenir à vne mesme fin qu'ils sont paruenus, & se bendans auec eux, les incitent & exhortent à la vertu, mesmement quand ils les voyent ia prochains du but de leur esperance, s'efforçeans & ia presque y touchants. Car ceste diuinité de Dæmons ne s'accouple pas auec tous hommes: ains tout ainsi comme ceux qui sont sur le bord de la mer, ne peuuent faire autre chose à ceux qui nagent en haulte mer, encore bien loing de la terre, sinon que de les regarder, sans mot

B leur dire: mais ceux qui approchent pres de la coste, ils accourent à eux, & entrans vn peu dedans en la mer, ils leur aident & de la voix & de la main, tant que finablement ils les tirent à port de salut. Ainsi faict enuers nous, Simmias, le Dæmon: car ce pendant que nous sommes plongez & noyez en affaires, & que nous changeons de plusieurs corps, comme de plusieurs chariots & voictures, passants de l'vn en l'autre, il nous laisse efforcer de nous mesmes, tirer au collier, & tascher à nous sauuer, & gaigner le port de nous mesmes: mais quand il y a vne ame qui ia par innumerables generations a supporté & enduré de longs trauaux, & aiant presque acheué sa reuolution s'efforce de tout son pouuoir, & ahanne alaigrement auec force sueur, pour tascher à sortir dehors, tendant contremont, à celle-là Dieu permet que son propre Dæmon luy soit en aide, & donne aussi congé à qui veult des autres de la fauoriser, & l'vn en prend l'vne, & l'autre l'autre, à seconder & aider à se sauuer: elle aussi de sa part l'escoute, pour ce qu'elle approche, & finablement se sauue, mais celle

C qui n'obeit & n'obtempere pas à son Dæmon, n'a pas bonne yssuë de son faict. Cela dit, Epaminondas me regardant: Il est desormais heure, dit-il, que tu t'en ailles au parc des exercices, Caphisias, à fin que tu ne failles point à tes compagnons, & ce-pendant ie feray compagnie, & auray le soing de Theanor, prenant congé, quand bon semblera, de la compagnie. Ie luy respondis, Faisons le donc ainsi: mais Theocritus, Galaxidorus, & moy, te voulons tenir quelque petit propos. En la bonne heure, qu'ils dient ce qu'ils voudront: & quant & quant se leuant nous mena au coing où le portique commance à tourner, & nous l'enuironnants, taschions à le persuader de vouloir participer à l'entreprise. Il nous respondit qu'il sçauoit tresbien le iour que deuoient reuenir les bannis, & qu'il auoit donné ordre auec ses amis, qu'ils teinssent tous prests auec Gorgidas pour vser de l'occasion, mais qu'il ne feroit mourir pas vn citoyen qui ne fust condamné par la iustice, si ce n'estoit que bien vrgente necessité le pressast à ce faire: & qu'autrement sans cela encore estoit-il expedient & cō-

D uenable pour le peuple de Thebes, qu'il y eust quelques vns qui ne fussent point coulpables de ce meurtre, & nets de tout ce qui s'executeroit par voye de faict, d'autant que le peuple en entrera moins en souspeçon, & pensera que nous l'enhortions à se souleuer à toute bonne fin. Nous trouuasmes bon son aduis, & luy s'en retourna deuers Simmias, & nous descendismes au parc des exercices, où nous rencontrasmes nos amis, & l'vn en prenant l'vn, & l'autre l'autre, en l'instant luy disoit ou demandoit aucune chose, & le preparoit à l'execution de nostre desseing, & là veismes Archias & Philippus tous huylez qui s'en alloient au festin. Car Phyllidas craignant qu'ils ne feissent deuant mourir Amphitheus, prit incontinent Archias, apres qu'il eut reconuoyé Lysanoridas, & le mettant en esperance de iouïr de la dame qu'il desiroit, luy promettant qu'elle seroit au festin, il feit tant qu'il luy persuada de ne penser plus à autre chose qu'à se donner du bon temps, & faire bonne chere auec ceux qui

Dé l'esprit familier de Socrates.

auoient accoustumé d'yurõgner & paillarder auec luy. Le soir venu le froid commen- E
ça à estraindre, & se leua vn vent qui feit que chascun se retira de meilleure heure en la
maison: & nous rencontrâts Damoclidas, Pelopidas & Theopompus, les receusmes,
& d'autres receurent les autres: car ils se diuiserent incontinent qu'ils eurent passé le
mont de Citheron, & le froid qu'il faisoit au cœur d'hyuer, leur donna moyen de s'af-
fubler sans soufpeçon le visage, & passer ainsi sans estre descouuerts à trauers la ville.
Il y en eut à qui en entrant dedans la porte de la ville il esclaira à la main droicte sans
tonnerre, & leur sembla vn bon presage pour la seureté & la gloire, comme si cela leur
eust monstré que leur execution seroit heureuse, sans danger, & honorable. Quand
nous fusmes doncques tous dedans, iusques au nombre de cinquante deux hommes,
il ne s'en falloit que deux, comme desia Theocritus faisoit vn sacrifice à part, en vne
petite sallette, nous entendismes vn grand rabattement, & vint vn vallet nous dire
que c'estoient deux hallebardiers d'Archias qui battoient à la porte, estants enuoyez
à grande haste deuers Charon, & qu'ils commandoient qu'on leur ouurist, & se cour- F
rouçoient de ce que l'on demouroit tant: dequoy Charon estant troublé, commanda qu'on leur ouurist promptement: & luy leur allant au deuant auec vne couronne
sur la teste, comme aiant sacrifié aux Dieux, & estant à table; il demanda à ces deux
hallebardiers ce qu'ils vouloient. Archias & Philippus, ce dirent-ils, te mandent que
tu t'en viennes tout de ce pas vers eux. Charon leur demanda quelle occasion il y
auoit, pourquoy ils le demandoient à si grande haste, & s'il y auoit rien de nouueau.
Nous n'en sçauons rien, dirent ces sergens, mais que veux-tu que nous leur reportiõs?
Dittes leur que ie m'en vois laisser ma couronne, & prendre ma robbe pour m'en aller
incontinent apres vous: car si ie m'en allois quant & vous, cela pourroit estre occasion de troubler & esmouuoir quelques vns qui pourroient soufpeçonner que vous
me meneriez prisonnier. C'est bien dit, respondirent les archers, fais le ainsi: car aussi
bien nous faut-il aller porter quelque mandement des Seigneurs aux soldats qui sont
de garde. Ainsi s'en allerent les hallebardiers. Charon retournant deuers nous, nous G
dit ces nouuelles, qui nous meirent tous en grand effroy, pensans pour vray que nous
fussions descouuerts, & en soufpeçonnoient la plus part Hipposthenidas, aiant tasché
à empescher & destourner le retour des bannis, leur enuoyant au deuant Chlidon, &
voyant qu'il auoit failly à ce dessein, qu'il estoit vray-semblable, que de peur il estoit
allé reueler & descouurir nostre conspiration, quand il auoit veu la chose reduitte
au poinct du peril: car il n'estoit point venu auec les autres en la maison où nous
estions tous assemblez, & brief il n'y auoit celuy qui ne iugeast qu'il estoit vn traistre meschant. Toutefois nous estions tous d'aduis qu'il falloit que Charon allast où
il estoit mandé, & qu'il obeïst aux Magistrats qui l'auoient enuoyé querir. Et luy
faisant venir son fils Archidamus, qui estoit le plus beau qui fust en toute la ville de
Thebes, de l'aage enuiton de quinze ans, fort laborieux & affectionné aux exercices
de la personne, plus hault & plus fort que nul autre garçon de son aage. Si nous H
dit, Seigneurs, ie n'ay que cest enfant seul, & l'aime, comme vous pouuez penser: ie
le vous liure entre vos mains, vous priant au nom de tous les Dieux & de tous les
Dæmons, que si vous trouuez qu'il y ait aucun tour de male foy en moy vers vous,
vous le faciez mourir, & ne luy pardonnez point. Au demourant ie vous supplie,
vaillants hommes, preparez vous bien alencontre de ce festin des Tyrans, n'abandonnez pas laschement à faulte de cœur vos corps à outrager & perdre à ces villains
meschans, ains en faittes la vengeance, gardans vos courages inuincibles à vostre
patrie. Ainsi que Charon nous disoit ces paroles, il n'y eut celuy de nous qui ne pri-
sast grandement sa magnanimité, & sa loyale preudhommie, mais nous nous cour-
rouceasmes de ce qu'il auoit doubté que nous eussions défiance de luy, & luy dismes
qu'il emmenast son fils. Et en toute sorte, ce dit Pelopidas, tu n'as pas fait sagement

pour

De l'esprit familier de Socrates. 647

A pour nous, que tu ne l'as enuoyé deuant en quelque autre maison: car quel besoing est-il qu'il perisse ou soit en peril, s'il est trouué parmy nous? Et encore est-il temps de l'en enuoyer, à celle fin que si d'aduenture il nous aduient quelque meschef, il demeure, pour vn iour-cy apres faire la vengeance des Tyrans. Il ne sera pas ainsi, dit Charon, car il demeurera icy auec nous, & courra la mesme fortune que nous: car il ne seroit pas honneste de le laisser en la main de nos ennemis. Et pour ce mon fils ayes bon cœur, plus ferme que ton aage ne porte, essayant de ces hazards & trauaux necessaires, auec plusieurs bons & vaillans citoyens, pour la liberté & la vertu. Et nous auons encore bien bonne esperance que le faict nous reüssira, & qu'il y a quelque Dieu qui regarde & prend en protection ceux qui trauaillent pour la iustice. Il y eut plusieurs à qui les larmes vindrent aux yeux en oyant dire de telles paroles à Charon mais luy inflexible sans s'attendrir le cœur, les yeux secs, consigna son fils entre les mains de Pelopidas, embrassant chascun de nous, en nous touchant en la main, &
B nous donnant courage s'en alla vers la porte. Et encore eussiez-vous plus admiré la gayeté, la constance & fermeté de son fils, comme vn nouueau Neoptolemus, sans pallir ny muer de couleur pour quelque danger qu'il y eust, ny s'estonner de rien: au contraire il tira du fourreau l'espee de Pelopidas, & regarda si elle trenchoit bien. En ces entrefaittes vint deuers nous Diotonus, l'vn des amis de Cephisodorus, auec son espee, armé d'vne bonne cuirasse soubs sa robbe, lequel aiant entendu que Charon auoit esté mandé par Archias, blasma nostre longue attente, & nous encouragea d'aller promptement aux maisons des Tyrans: Car en ce faisant, dit-il, nous les preuiendrons: sinon, encore vault-il mieux que nous les combattions dehors, separez les vns des autres, & non tous en foule, que d'attendre renfermez dedans vne maison, que les ennemis nous y viennent coupper à tous la gorge, ou nous prendre comme vne ruchee d'abeilles. Aussi nous pressoit Theocritus le deuin, disant que les signes des sacrifices estoient bons & salutaires, nous promettant toute seureté. Parquoy
C nous commenceasmes tous à prendre nos armes & à nous preparer, quand Charon retourna auec vn bon & ioyeux visage, en riant, & nous regardant tous en la face, disant que nous eussions bon courage, par ce qu'il n'y auoit point de danger, & que nostre affaire estoit fort bié acheminé: Car Archias & Philippus si tost qu'ils ont entendu que ie venois à leur mandemét, estáts ja demy yures, ne se pouuans pas presque soustenir, tant ils ont beu, se sont à grand'peine leuez de la table, & venus à la porte de la salle. Archias a commancé à me dire, Nous entendons, Charon: que les bannis sont en ceste ville cachez, y estants entrez à cachettes. Et moy, faisant de l'esbahy: Et où dit-on qu'ils sont, dis-je? Nous ne sçauons, dit Archias, & c'est pourquoy nous t'auons mandé que tu vinsses deuers nous, si d'aduenture tu en auois point ouy dire quelque chose de plus certain. Et moy demourant comme tout estonné, vn peu d'espace pensif, discourus en moy-mesme que ce deuoit estre quelque descouuerture incertai-
D ne qui leur auoit esté faitte, & que ce ne deuoit auoir esté pas vn de ceux qui sceussent l'entreprise qui la leur eust descouuerte, par ce qu'ils n'ignoroient pas la maison où ils se deuoient assembler, & qu'il falloit que ce fust quelque indice incertain, ou quelque bruit de ville qui fust venu iusques à leurs aureilles. Si luy dis, que du viuant d'Androclides nous auions bien souuent ouy plusieurs tels bruits & propos vains, qui auoient couru par la ville, mais maintenant ie n'ay rien entendu ny ouy de semblable: toutefois i'iray m'en enquerir si tu veux, Archias, & si i'en trouue quelque chose d'importance, ie le vous viendray dire. C'est bien dit, ce dit Phyllidas, ne laisse rien à cercher & enquerir diligemment pour ces Seigneurs, Charon: car il est bon de ne rien mespriser, ains prendre garde à tout, & auoir l'œil au guet: c'est vne belle & bonne chose que la preuoyáce, & d'estre tousiours à l'herte. Aiant dit cela, il a pris Archias, & l'a remené en la salle, où ils sont tous. Et pour ce n'attendons plus, mes amis,

Rrrr

De l'esprit familier de Socrates.

ains apres auoir fait nos prieres aux Dieux de nous estre en ayde, allons nous-en. Charon aiant dit cela, nous faisons chascun priere aux Dieux, & nous entredonnons congé l'vn à l'autre. Il estoit l'heure iustement que chascun a accoustumé d'estre à table pour souper, & le vent croissant auoit amené vn peu de neige, tombant auec vn peu de pluye, tellement qu'il n'y auoit personne par les ruës quãd nous passasmes. Ceux donc qui auoient esté ordonnez pour aller alencontre de Leontidas & Hypates, qui demouroient l'vn aupres de l'autre, sortirent en robbes, n'aiants autres armes que chascun leurs espees, & estoient Pelopidas, Damoclidas & Cephisodorus: mais Charon, Melon, & les autres ordonnez pour assaillir Archias, auoient leur deuant de cuirasses, & sur leurs testes de grands chappeaux de branches de Pin & de Sapin, aucuns d'eux aiants des cottes de femmes vestues, contrefaisans les yurongnes, comme s'ils fussent venus en mommon auec ces femmes. Et qui pis est, Archidamus, la fortune egalant la lascheté & bestise de nos ennemis à nos hardiesses & à nos preparatifs, & aiant diuersifié nostre entreprise dés le commancement, de tres-dangereux entremets, se rencontra encore sur le poinct mesme de l'execution, là ou elle apporta le trauail d'vn tres-soudain, tres-dangereux & inesperé accident. Car comme Charon, apres auoir parlé à Archias & à Philippus, s'en fust reuenu à la maison, & nous disposast en ordre pour aller executer nostre entreprise, il arriua vne missiue qui venoit d'icy, escrite par Archias le souuerain presbtre, à Archias son hoste & ancien amy, laquelle luy declaroit, comme il est vray-semblable, le retour des bannis, & la surprise qu'ils deuoient executer, la maison où ils s'estoient assemblez, & ceux qui estoient de leur ligue & intelligence. Mais Archias estant desia tout estourdy de vin, & tout transporté du desir & de l'attente des femmes qu'il attendoit, encore que le messager luy dist que c'estoit pour affaires de consequence qu'elles estoient escrites, il prit bien les lettres, mais il respondit, A demain les affaires: & meit les lettres dessoubs son oreiller, & demandant sa couppe commanda qu'on luy versast à boire, enuoyant Phyllidas à toute heure veoir si ces femmes venoient point. Ceste esperance entretenant ainsi le festin nous arriuasmes là dessus, & passasmes à trauers les seruiteurs iusques à la salle, là où nous nous arrestasmes vn peu à la porte, considerans chascun de ceux qui estoient à la table. Or la veuë des chappeaux que nous auions sur les testes, & les robbes de femmes vestues, les abusa vn peu à nostre arriuee, de maniere qu'il y eut vn peu de silence, iusques à ce que Melon le premier mettant la main à l'espee se rua à trauers la salle. Et Cabirichus, qui estoit Preuost de la febue, le prit par le bras, ainsi qu'il passoit au long de luy, en s'escriant: Est-ce pas cy Melon, Phyllidas? Melon secoüa sa prise en desguainant son espee quant & quant, & courant sus à Archias, qui se cuidoit leuer, ne cessa de le frapper à coups d'espee, iusques à ce qu'il l'eust rendu mort. Charon aussi tost frappa Philippus sur le col, lequel se couuroit & targeoit des pots qui estoient sur la table, iusques à ce que Lysitheus vint du costé de la table, qu'il renuersa par terre, & par dessoubs le tua. Quant à Cabirichus, nous l'adoucissions & l'admonestions de ne se mettre point en effort de secourir des Tyrans, ains de tascher auec nous à deliurer la patrie de tyrannie, luy qui estoit sainct & consacré pour le bien & le salut du public: mais n'estant pas aisé à ramener à la raison, & à ce qui luy estoit plus expedient, à cause qu'il estoit à demy yure, tout branslant en doubte il se leua de sa place, & nous presenta le fer de sa iaueline, laquelle par la coustume du pays les Preuosts portent tousiours quant & eux. Ie la pris par le milieu, & la leuay dessus ma teste, luy criant qu'il la laschast, & qu'il se sauuast, ou qu'il seroit tué. Mais en ces entrefaittes Theopompus qui estoit à costé, s'approchant de luy, luy donna de l'espee à trauers le corps, en luy disant, Demeure gisant icy auec ceux à qui tu as serui de flatteur: car il ne t'appartient pas d'estre couronné, estant la ville de Thebes libre, ny de faire plus sacrifice aux Dieux,

deuant

De l'esprit familier de Socrates. 648

deuant lesquels tu as maudit ton pays, quand tu as souuent fait prieres pour la prosperité de ses ennemis. Cabirichus estant tombé mort, Theocritus qui estoit assistant amassa la iaueline sacree, & la retira hors du sang : & cela fait, nous tuasmes encore quelque peu de leurs seruiteurs, qui s'oserent mettre en defense: mais ceux qui se teindrent quoy, nous les enfermasmes dedans la salle, ne voulans pas qu'en sortant ils allassent publier par toute la ville ce qui auoit esté fait, auant que nous sçeussions comment il estoit allé des autres. Et en estoit allé en ceste sorte. Pelopidas & sa suitte vindrent à la porte de Leontidas, où ils battirent tout bellement, & au seruiteur qui demanda de dedans qui c'estoit, ils dirent que c'estoient des lettres de Callistratus que lon apportoit d'Athenes à Leontidas. Le seruiteur l'alla dire à son maistre, qui luy commanda d'ouurir, & oster la barre : mais si tost que la porte fut vn peu entrebaillee, se ruans dedans en foule ils renuerserent par terre le seruiteur, & passant à trauers la court allerent droit à la chambre de Leontidas, qui se doubta incontinent de ce que c'estoit : si deguaina son espee & se meit en defense, estant bien homme iniuste & tyrannique, mais fort & robuste de corps, & magnanime de courage: toutefois il oublia de tuer la lumiere & esteindre sa lampe, pour en tenebres se couler à trauers ceux qui luy couroient sus : mais estant veu par eux à la lumiere de ceste lampe, si tost que la porte fut ouuerte, il donna vn coup d'espee dedans le flanc à Cephisodorus, & puis s'attacha à Pelopidas qui estoit le second, criant & appellant ses seruiteurs à l'aide : mais Samidas auec d'autres les engarderent d'y aller, auec ce qu'ils n'oserent pas se hazarder de venir aux mains contre des plus nobles citoyens de la ville. Si y eut là vne rude escrime à outrance entre Pelopidas & Leontidas, dedans la porte mesme de la chambre qui estoit estroitte, estant tombé entre eulx deux Cephisodorus tirant aux traicts de la mort, de maniere que les autres ne pouuoient secourir Pelopidas, tant qu'à la fin le nostre aiant receu vne petite blecure en la teste, & en aiant donné plusieurs à Leontidas, il en tomba par terre, & fut tué dessus le corps de Cephisodorus, lequel estoit encore tout chaud : car il veit tomber son ennemy, & donna la main à Pelopidas, & dit adieu à tous les autres compagnons, & puis rendit l'ame tout ioyeux & content. Apres qu'ils eurent fait là, ils s'en allerent de ce pas trouuer Hypates, & leur estant aussi la porte ouuerte, ils le tuerent, ainsi qu'il se pensoit sauuer, fuyant par dessus les tuiles chez ses voisins: puis de là retournerent nous trouuer, & nous trouuerent dehors au long du portique. Ainsi apres nous estre embrassez les vns les autres, & auoir vn peu parlé ensemble, nous nous en allasmes droit aux prisons, là où Phyllidas appellant par son nom le geolier, celuy qui auoit charge des prisonniers : Archias, dit-il, & Philippus te mandent, que tu leur amenes promptement en diligence Amphitheus. Le geolier considerant l'importunité de l'heure, & que la parole de Phyllidas n'estoit point bien rassise, ains qu'il estoit encore tout bouïllant & émeu du combat passé, se doubtant de l'escarmouche: Quand est-ce, dit-il, qu'on a iamais veu, que les Capitaines enuoyassent querir à telle heure vn prisonnier ? & quand par toy ? & quelle enseigne de par eux m'apportes-tu ? Comme ce geolier luy tenoit ces propos, il luy donna d'vne iaueline de barde, qu'il tenoit en sa main, au trauers du corps, & le ietta mort par terre, ce meschant homme-là, que plusieurs femmes foullerent aux pieds le lendemain, & luy cracherent au visage. Et nous rompans les portes de la prison, appellasmes par son nom le premier Amphitheus, & puis les autres, selon que chascun de nous auoit plus d'amitié ou de familiarité auec eux : & eux entendans nos voix se leuerent incontinent de dessus leurs paillasses sur pieds, tirans bienaises leurs chaines apres eux : les autres aiants les pieds dedans des ceps leur tendoient les mains, & nous prioient que nous ne les laississions point là. Ainsi que nous les destachions, plusieurs des voisins qui auoient entendu le bruit, accouroient desia, &

Rrrr ij

De l'esprit familier de Socrates.

estoient bien ioyeux, & les femmes, selon que chascune auoit entendu de ceux qui leur appartenoient, ne se contenans pas és mœurs & coustumes des Thebains, s'en couroient les vnes vers les autres, & en demandoient des nouuelles à ceux qu'elles rencontroient par les ruës: les autres trouuans ou leurs peres ou leurs marits, les suiuoiét, & personne ne les engardoit: car la pitié & commiseration qu'on en auoit, leurs larmes, leurs prieres & supplications estoient de grande efficace & de grand amour à cest effect. Les choses estans en tel estat, entendans qu'Epaminondas & Gorgidas, auec leurs amis, estoient desia assemblez dedans le temple de Minerue, nous nous en allasmes droit à eux, & y vindrent aussi plusieurs gens de bien & d'honneur de la ville, y affluant tousiours de plus en plus grand nombre. Et apres que lon leur eut conté comme tout estoit passé, & prié de nous vouloir aider à acheuer le demourant, en se rendans sur la place tous ensemble, incontinent ils crierent à ceux de la ville, Liberté, Liberté, & distribuerent des armes à ceux qui se venoient ioindre à eux, qu'ils prenoiét dedans les temples, qui estoient tous pleins de despouilles de toutes sortes, gaignees sur les ennemis, & en prenoient aussi dedans les boutiques des fourbisseurs & armeuriers voisins. Aussi y vint Hipposthenidas auec ses amis & ses seruiteurs, amenant outre quant & soy des trompettes, qui estoient d'auenture venus pour seruir à la feste d'Hercules: incontinent les vns sonnerét l'alarme sur la place, les autres aux autres endroits de la ville de tous costez, pour estonner les ennemis, cōme estant toute la ville reuoltee contre eux: lesquels faisans encore de la fumee, pour n'estre point apperceus, s'enfuyoient dedans le chasteau de la Cadmee, attirants apres eux ceux que lon appelloit les Meilleurs, qui auoient accoustumé de faire toute la nuict vn corps de garde par dehors alentour de la Cadmee. Les Capitaines qui estoient au chasteau voyants leurs gens se ruer ainsi à la foule & en grand effroy au dedans, & nous sur la place en armes, n'y aiant en toute la ville endroit aucun qui fust quoy, ains l'alarme estant par tout, & le bruit & tumulte en montant contremont, ils ne furent pas d'aduis de descendre, encore qu'ils fussent iusques au nombre enuiron de cinq mille, craignans le danger, ains prirent leur excuse sur l'absence du Capitaine Lysanoridas, qui s'estoit tousiours tenu auec eux iusques à ce iour là: ce fut pourquoy depuis les Lacedæmoniens trouuants moyen de l'auoir par argent de Corinthe, là où il s'estoit retiré, le feirent mourir. Mais lors nous rendans par composition le chasteau de la Cadmee, ils s'en allerent, bagues sauues, auec leurs gens de guerre.

De la malignité d'Herodote.

BEAVCOVP de gens, Alexandre, se trompent à la diction de l'historien Herodote, par ce qu'elle leur semble simple, naïfue, & coulant facilement par dessus les choses: mais il y en a encore plus d'autres, qui sont en mesme erreur quant aux mœurs: car non seulement c'est extreme iniustice, comme disoit Platon, de vouloir sembler iuste quand on ne l'est pas: mais aussi est-ce acte de singuliere malignité, de contrefaire le doulx & le simple, & estre maling si couuertement, que malaisément on le puisse descouurir. Et pour ce qu'il monstre sa malignité principalement alencontre des Bœotiens & des Corinthiens, sans toutefois s'abstenir d'offenser aussi les autres, i'ay pensé qu'il appartenoit à mon deuoir de defendre en cela l'honneur de nos ancestres auec la verité, contre ceste partie de ses escripts: car qui voudroit poursuiure les autres bourdes

De la malignité d'Herodote. 649

A bourdes & menteries qui sont en son histoire, il en faudroit faire plusieurs gros liures. Mais comme dit Sophocles,
> Suasion a emprainte la face
> De merueilleuse & fort viue efficace:

mesmement quand elle est emprainte en vn langage qui a grace & force telle pour couurir les fautes, & entre autres la malice des mœurs d'vn historiographe. Philippus Roy de Macedoine disoit à ceux des Grecs, qui se departoient de son alliance pour se mettre en celle de Titus Flaminius, qu'ils changeoient leurs ceps à d'autres plus polis, mais plus longs aussi: Ainsi peult-on dire que la malignité d'Herodote est plus polie & plus delicate que celle de Theopompus, mais qu'elle picque aussi & qu'elle touche plus au vif, comme les vents coulis qui nous donnent par vn estroit pertuis, pource que l'on n'y prend pas garde, nous offensent plus que ne font ceux qui sont au large espandus. Et me semble qu'il vaudra mieux premierement descrire, comme en gros & en general, les traces & marques pour discerner vne narration, non simple ny naïfue, mais malicieuse & maligne, pour les applicquer puis apres à chasque poinct que nous examinerons, pour voir si elles y conuiendront. Premierement doncques celuy qui vse de plus fascheux noms & verbes, là où il y en a de plus gracieux pour exprimer les choses faittes: comme pour exemple, là où l'on pourroit dire, que Nicias estoit trop adonné aux ceremonies enuers les Dieux, qui diroit que Dieu luy auroit troublé l'entendement, ou qui aimeroit mieux appeller la façon de faire de Cleon fureur & temerité que legereté de parler, on pourroit dire que celuy-là tiendroit du maling, prenant plaisir à la chose, veu la maniere de la reciter. Secondement, quand il y a bien du mal en quelqu'vn, mais qui n'appartient rien à l'histoire, & neantmoins l'historien l'empoigne & l'insere en la narration des affaires qui s'en fussent bien passez, & tirant sa narration hors de propos, & la faisant extrauaguer, à fin qu'il y enueloppe l'infortune de quelqu'vn, ou quelque mauuais accident, ou acte reprehensible qui luy sera aduenu, il est tout euident que celuy-là prend plaisir à mesdire. Voyla pourquoy au contraire Thucydides, combien que Cleon eust faict vne infinité de faultes, il n'en fait iamais vn recit apert: & touchant l'orateur Hyperbolus, en passant il l'appelle mauuais homme, & puis le laisse là. Et Philistus a laissé toutes les iniustices & violences que commeit le Tyran Dionysius, qui furent en grand nombre, contre les peuples barbares, lesquelles n'estoient point entrelassees parmy les affaires des Grecs: car les sorties & digressions des histoires sont principalement à raconter quelques fables ou quelques antiquitez. D'auantage celuy qui parmy les loüanges de quelque personnage entreiette vne mesdisance & vn blasme, celuy-là semble encourir en la malediction du poëte Tragique,
> Maudit sois-tu qui vais faisant recueil
> Des maux de ceux qui gisent au cercueil.

Et puis ce qui est opposite à cela, chascun le sçait: car obmettre à dire quelque chose belle & bonne, semble n'estre point reprehensible ny subiect à rendre compte: si se fait-il pourtant par malignité, mesmement quand l'obmission tombe en lieu là où elle eust esté bien pertinente au fil de l'histoire: car loüer froidement n'est pas moins maling que blasmer affectueusement, ou à l'aduéture encore pire. Le quatriéme signe de maligne nature en vn historien est, à mon compte, quand vne chose se raconte en deux ou plusieurs manieres, & que l'historien s'arreste à celle qui est la pire. Car il est bien permis aux Sophistes & Rhetoriciens, ou pour gaigner, ou pour acquerir reputation de bien dire, de prendre à orner ou defendre vne mauuaise proposition: car ils n'impriment pas vne foy de ce qu'ils disent, & si ne nient pas eux mesmes qu'ils entreprennent à prouuer choses incroyables contre l'opinion commune:

De la malignité d'Herodote.

Mais celuy qui escrit vne histoire, fait son deuoir quand il escrit ce qu'il sçait de verité: mais des choses douteuses, obscures & incertaines, celles doiuent sembler les veritables qui sont les meilleures plustost que les pires: & y en a plusieurs qui du tout obmettent & laissent les pires, comme de Themistocles, Ephorus aiant dit qu'il auoit sçeu la trahison que machinoit Pausanias, & ce qu'il traittoit auec les lieutenans du Roy de Perse: Mais il ne luy consentit point, dit-il, ny ne presta oncques l'oreille à sa sollicitation, de vouloir participer à ses esperances. Et Thucydides a de tout poinct obmis ce propos-là, comme le condamnant, & ne le trouuant pas veritable. D'auantage és choses que lon confesse auoir esté faittes, mais on ne sçait pas pour quelle cause & à quelle intention, celuy qui les prend par coniecture en la pire part, est mauuais & maling: comme les poëtes Comiques, qui affermoient que Pericles auoit allumé la guerre des Peloponesiens pour l'amour de la courtisanne Aspasia, & à cause de Phidias, là où au contraire ce n'auoit esté ny par ambition, ny par opiniastreté, ains plustost pour rabbatre l'orgueil des Peloponesiens, & ne ceder en rien à ceux de Lacedæmone. Car en actes approuuez & affaires loüables, il suppose vne cause fausse & mauuaise, & tire par ses calomnies en soufspeçons extrauagantes, touchant l'intention secrette & occulte de celuy qui a fait l'œuure, laquelle il ne peult ouuertement reprendre ne blasmer: comme ceux qui disent de la mort d'Alexandre le Tyran de Phere, que sa femme Thebe feit mourir, que ce ne fut pas vn acte de magnanimité, ny de haine du mal & du vice, ains d'vne ialousie & d'vne passion feminine: & ceux qui disent que aussi Caton d'Vtique se tua soy-mesme, craignant que Cæsar ne le feist mourir honteusement, ceux sont enuieux & malings en toute extremité. La narration aussi historique prend vne malignité, selon que l'œuure & le faict est recité, comme si lon dit que ça esté plustost par argent que par vertu, que quelque grand exploict a esté faict, comme il y en a qui disent de Philippus: ou facilement & sans aucun trauail, comme d'Alexandre le grand, & non par sagesse & prudence, mais par faueur de la fortune: comme les malueillans & enuieux de Timotheus peignoient en des tableaux, les villes qui d'elles-mesmes se venoient renger dedans ses filets, ce-pendant qu'il dormoit. Car il est euident que c'est pour amoindrir la gloire, beauté & grandeur d'iceux actes, si on leur oste la magnanimité, la diligence, la vertu, & les auoir faicts & executez par eux-mesmes. D'auantage ceux qui directement veulent iniurier quelqu'vn, luy improperent qu'il est ou quereleux, ou temeraire, ou iniurieux, s'ils ont la langue effrenee: mais ceux qui obliquement, comme deslaschants des coups de flesches d'vn lieu obscur, mettent sus des charges & imputations, & puis tournans par derriere, & se pensans cacher, en disant qu'ils ne croyent pas ce qu'ils desirent estre fort creu, & reniant la malignité, ils se treuuent, outre la malignité, condamnez encore d'effrontee impudence. Voisins de ceux-là sont aussi ceux qui parmy des improperes & blasmes adioustent quelques loüanges, comme du temps de Socrates, vn Aristoxenus l'aiant appelé ignorant, mal-appris, dissolu, il y adiousta puis apres, Il est vray qu'il ne fait tort à personne. Car ceux qui auec quelque artifice & finesse flattent, aucunefois parmy beaucoup de desmesurees loüanges, meslent quelques legeres reprehensions, iettans parmy leur flatterie, comme vn peu de saulse, quelques paroles franchement & librement dittes: aussi le maling pour faire croire ce qu'il blasme, met aupres vn peu de loüanges. L'on pourroit encore specifier & designer d'autres signes & characteres de la malignité, mais ceux-cy suffisent pour nous donner à cognoistre le naturel & l'intention de l'autheur, dont il est question. Premierement doncques commenceant à Vesta, comme lon dit, à Io, la fille d'Inachus, tous les Grecs estiment qu'elle a esté deïfiee & honoree d'honneurs diuins par les nations barbares, de maniere qu'elle en a laissé son nom à plusieurs mers, à plusieurs nobles ports, pour sa grand' gloire & renómee,

& a esté

De la malignité d'Herodote. 650

& a esté la source & l'origine premiere de plusieurs tres-nobles, tres-illustres & royales maisons. Et ce gentil historien icy dict, que ce fut vne femme qui s'abandonna à emmener aux marchands Pheniciens, craignant qu'elle ne fust trouuee grosse, parce qu'elle auoit desia volontairement esté dépucellee par vn maistre de nauire, & faict à croire aux Pheniciens qu'ils tiennent de tels propos d'elle : à quoy il dict aussi que se rapporte le tesmoignage des hommes doctes de Perse, que les Pheniciens la rauirent & emmenerent auec d'autres femmes, monstrant en cela quelle est son opinion & sa sentence, que le plus bel acte & le plus grand que feirent oncques les Grecs, à sçauoir la guerre de Troye, a esté vne sottise, comme entreprise pour vne meschante femme. Car il est tout euident, ce dict-il, que si elles n'eussent voulu, elles n'eussent pas esté rauies ny emmenees. Il faudra doncques aussi que nous confessions, que les Dieux ont faict sottement de se monstrer courroucez & indignez contre les Lacedæmoniens pour le violement des filles de Scedasus de Leuctres, & de ce qu'ils chastierent Aiax, pour auoir forcé Cassandra : car il est certain, selon Herodote, que si elles ne l'eussent voulu, elles n'eussent pas esté violees : & toutefois luy-mesme dict apres, qu'Aristomenes fut pris vif par les Lacedæmoniens, & Philopœmen depuis Capitaine general des Achaiens, & Attilius Regulus Consul des Romains fut aussi pris par les ennemis, tous personnages tels, qu'à peine pourroit-on trouuer ny de plus grands Capitaines, ny de plus vaillans hommes : mais il ne s'en faut pas autrement esmerueiller, car l'on prend bien des Lyons, des Leopards, & des Tygres tous vifs. Et Herodote accuse des femmes qui ont esté violees, defendant ceux qui les ont forcees : & est tant amateur des barbares, qu'il absout Busiris du mauuais nom qu'il auoit, de tuer ses hostes, & de sacrifier des hommes : & attribuant aux Ægyptiens toute iustice & toute diuinité, il retourne ce crime abominable, de meurtrir ainsi ses hostes & sacrifier les hommes, sur les Grecs. Car il escrit en son second liure, que Menelaus ayant recouuré des mains de Proteus sa femme Heleine, & ayant esté par luy honoré de grands & riches presents, se porta tres-iniustement & tres-meschamment enuers luy. Car ne pouuant auoir le temps à propos pour faire voile, il songea vne chose damnee & maudite, c'est qu'il prit deux petits enfans du pays, & les chastra : à l'occasion dequoy estant hay de ceux d'Ægypte, & poursuiuy, il s'enfuit auec ses vaisseaux en la Libye. Quant à moy, ie ne sçay qui est celuy des Ægyptiens qui tient ce beau propos-là, mais au contraire sçay-je bien qu'en Ægypte ils retiennent encore beaucoup d'honneurs qu'ils font à la memoire de Menelaus & de Heleine. Et continuant en ceste mesme façon de faire, il dict que les Perses abusent charnellement des garçons, l'ayans appris des Grecs : & toutefois comment est-il possible que les Perses ayent appris ceste intemperance & villanie-là des Grecs, attendu qu'il est confessé de tous, que les enfans que l'on en amenoit, estoient tous chastez auant qu'ils veissent la mer de la Grece ? Et que les Grecs auoient appris des Ægyptiens à faire pompes & processions, & assemblees de festes, & à adorer les douze Dieux, & que Melampus auoit appris le nom mesme de Bacchus des Ægyptiens, & l'auoit enseigné aux autres Grecs. Quant aux mysteres & ceremonies secrettes de Ceres & de Bacchus, qu'elles auoient esté apportees d'Ægypte par les filles de Danaus, & que les Ægyptiens se battent & demenent grand dueil : mais pourquoy ils le font, qu'il ne le veut pas dire, ains que cela demeure couuert & caché soubs silence. Quant à Hercules & à Bacchus, que les Ægyptiens estiment Dieux, & les Grecs hommes fort anciens, il ne faict en nul lieu mention de ceste reseruee distinction, combien qu'il die en quelque endroit qu'Hercules est du second ordre des Dieux, & Bacchus du troisiéme, comme ayans eu principe de leur essence, & n'estans pas eternels : & toutefois il afferme que ceux-là sont Dieux, & pense qu'il leur faut faire funerailles anniuersaires, comme

Rrrr iiij

De la malignité d'Herodote.

ayans esté mortels & demy-Dieux, & non pas leur sacrifier comme à Dieux : autant en dict-il de Pan, renuersant les plus saincts & plus venerables sacrifices des Grecs par ces vanitez & fables controuuees des Aegyptiens. Encore n'est-ce pas le pis : car il dit que Hercules estoit descendu de la race de Perseus, & tient que Perseus estoit Assyrien, selon que disent les Perses, mais les Capitaines des Doriens monstrent qu'ils sont de droicte ligne descendus des Aegyptiens, descriuans la genealogie des ancestres de Danaé & d'Acrisius. Car quant à Epaphus, à Io, à Iasus, il les a tous laissez, s'efforçeant de monstrer non seulement que les autres Hercules sont Aegyptiens & Pheniciens, mais aussi d'estranger de la Grece, & attribuer aux barbares ce troisiéme cy, combien que de tous les anciens doctes hommes, ny Homere, ny Hesiode, ny Archilochus, ny Pisander, ny Stesichorus, ny Alcman, ny Pindare, ne facent aucune mention d'vn Hercules Aegyptien ou Phenicien, ains en cognoissent tous vn seul, le Bœotien & Argien : & qui plus est, entre les sept Sages, qu'il appelle Sophistes, il asseure que Thales estoit Phenicien de nation, & d'ancienne extraction descendu des barbares. En vn autre endroict, iniuriant les Dieux soubs le masque de la personne de Solon : O Cresus, dit-il, tu m'interrogues des choses humaines, sçachant bien que les Dieux sont enuieux & pleins d'inconstante incertitude. Il attribue à Cresus le sentiment & l'opinion qu'il auoit luy-mesme des Dieux, adioustant malignité à l'impieté & au blaspheme. Quant à Pittacus, il ne s'en sert qu'en choses bien legeres, & qui ne sont de consequence aucune, & cependant passe par dessus ce qui est le plus beau & le plus grand faict qu'il feit oncques. Car comme les Atheniens & les Mityleniens eussent guerre ensemble, touchant le port de Sigæum, Phrynon Capitaine des Atheniés ayant defié à combatre teste à teste le plus hardy des Mityleniens, il se presenta au deuant de luy, & feit si dextrement qu'il enueloppa le Capitaine, qui estoit grand, fort & puissant, dedans vn filé, & le tua. Et comme les Mityleniens pour cest acte de prouesse luy offrissent de beaux & riches presens, il prit vn iauelot qu'il darda tant qu'il peut, & leur demanda seulement autant de terre comme en contenoit le traict de son iauelot, dont vient que iusques auiourd'huy encore ce champ-là s'appelle Pittacium. Que dit doncques Herodote ? Quand il est arriué à cest endroict-là, au lieu de reciter la vaillance de Pittacus, il raconte la fuitte d'Alceus, qui s'enfuit de la bataille, & ietta ses armes : en quoy il appert que fuyant à escrire les actes vertueux, & ne taisant pas les vicieux, il porte tesmoignage à ceux qui tiennent que l'enuie, qui est la douleur du bien, & la ioye du mal d'autruy, sortent & partent de la racine d'vne mesme malignité de vice. Apres cela les Alcmæonides, qui furent hommes genereux, & qui deliurerent leur pays de tyrannie, sont par luy imputez & accusez de trahison. Car il dit qu'ils receurent Pisistratus, retournant d'exil, & luy aiderent à le faire reuenir, à la charge qu'il espouseroit la fille de Megacles : & que la fille dit à sa mere, O ma bonne mere, Pisistratus, voyez-vous, ne me cognoist pas selon la loy de nature. Et les Alcmæonides indignez de telle meschanceté, chasserent le Tyran. Et à fin que les Lacedemoniens ne se sentissent pas moins de sa malignité, que les Atheniens, voyez comment il contamine Othryadas, celuy qui est entre eux estimé & admiré par dessus tous les autres pour sa vaillance : Vn des trois cens, dict-il, qui estoit demeuré seul, ayant honte de s'en retourner à Sparte, ses compagnons estans tous demourez morts sur le champ, s'accabla luy-mesme en la place dessoubs vn monceau de boucliers & de pauois. Car vn peu au dessus il dict, que la victoire estoit demouree ambiguë & doubteuse, & maintenant par la honte d'Othryadas il confirme, que les Lacedæmoniens perdirent la bataille : Car c'est honte de viure estant vaincu, & grand honneur de suruiure estant victorieux. Ie laisse donc à noter, que descriuant par tout Cresus pour vn fol, glorieux, digne d'estre mocqué en toutes choses, il dict neantmoins, que quand il fut prisonnier, il instruisit & enseigna Cyrus, qui en prudence,

vertu

De la malignité d'Herodote. 651

A vertu & grandeur d'entendement surpassoit tous les Roys qui furent oncques, n'ayāt par le tesmoignage de son histoire attribué autre bien à Cresus, sinon qu'il honora les Dieux de grandes offrandes & ioyaux qu'il leur donna, qui fut le plus sceleré acte du monde, ainsi comme il le descrit: car son frere Pantaleon du viuant mesme du pere, entra en querelle de la succession du Royaume auec luy, qui demoura vainqueur, & depuis qu'il fut paruenu à la couronne, il feit prendre l'vn des plus grands amis de son frere, homme noble, qui luy auoit esté aduersaire, & le tirant en la boutique d'vn foulon, le feit tant carder à coups de cardes & de peignes de cardeur, qu'il en mourut: & de ses deniers qu'il confisqua, il en feit faire ces ioyaux & offrandes qu'il enuoya aux Dieux. Deioces Medois, qui par vertu & iustice acquist la Royauté, il tient que ce ne fut pas par iustice, ains par simulation de iustice. Mais ie ne me veux point arrester à rechercher les exemples des barbares: car il nous en donne assez en escriuant des Grecs. Il dict doncques que les Atheniens & plusieurs autres Ioniens

B auoient honte de ce nom là, & ne vouloient point estre appellez Ioniens, & que ceux d'entre eux que lon estime les plus nobles, & descendus du Senat mesme des Atheniens, engendrerent des enfans de femmes barbares, apres auoir tué leurs peres & leurs enfans: à l'occasion dequoy icelles femmes feirent vne ordonnance entre elles, & la baillerent de main en main à leurs filles, de ne boire & ne manger iamais auec leurs marits, ny ne les appeller iamais par leurs noms, & tient-on que les Milesiens qui sont auiourd'huy, sont descendus de ces femmes-là. Et ayant dit nettement que tous ceux qui celebroient la feste nommee Apaturia, estoient Ioniens: Et tous, dict-il, la celebrent, exceptez les Ephesiens & les Colophoniens: par ce traict-là il priue ces deux citez-là de la noblesse & antiquité de la nation. Il dit aussi que les Cumeïens & les Mityleniens auoient entre eux complotté de liurer à prix faict entre les mains de Cyrus, Pactyas, l'vn de ses Capitaines qui s'estoit rebellé contre luy: Mais ie ne sçay pas certainement, dict-il, pour combien, parce que lon ne l'asseure pas: toutefois il ne falloit

C pas imprimer vne telle note d'infamie à vne ville Grecque, sans en estre bien certainement asseuré. Et apres il dict, que ceux de Chio l'arracherent du temple de Minerue tutelaire pour le liurer aux Perses, & qu'ils le feirent apres en auoir receu pour loyer le champ qui s'appelle Atarnes. Et toutefois Charon Lampsacenien recitant le faict de ce Pactyas, ne taxe aucunement d'vn tel sacrilege ny les Mityleniens, ny ceux de Chio, ains dict ainsi en ces propres termes: Pactyas entendant comme l'armee Persienne s'approchoit, s'enfuit premierement à Mitylene, & puis en Chio, & en fin Cyrus l'eut entre ses mains. Et en son troisiéme liure descriuant l'expedition des Lacedæmoniens à l'encontre de Polycrates le Tyran, il dict, que les Samiens disent & pensent que c'estoit pour leur rendre la pareille du secours qu'ils leur auoient faict en la guerre qu'ils eurent contre la ville de Messene, qu'ils entreprirent de guerroyer le Tyran, & de remettre les bannis en leurs maisons & en leurs biens: mais les Lacedæ-

D moniens nyoient fort & ferme ceste cause-là, & qu'ils disoient que ce n'estoit point ny pour affranchir l'Isle de Samos, ny pour donner secours aux Samiens qu'ils entreprirent ceste guerre-là, ains plustost pour chastier les Samiens, qui auoient surpris & volé vne couppe d'or, qu'ils enuoyoient à Cresus, & encore vn corps de cuyrasse que le Roy Amasis leur enuoyoit. Et toutefois nous sçauons certainement, qu'en tous ces temps-là il n'y auoit cité aucune en la Grece qui fust tant desireuse d'honneur, ny tant ennemie des Tyrans, comme celle de Lacedemone. Car pour quelle autre couppe ny pour quelle cuyrasse chasserent-ils de Corynthe & d'Ambracie les Cypselides, & de Naxos Lygdamis, & d'Athenes les enfans de Pisistratus, de Sicyone Æschines, de Thebes Symmachus, de Phocee Aulis, de Milet Aristogenes, & ruinerent aussi la principauté vsurpee sur la Thessalie, par Aristomedes & Angelus, lesquels ils feirent desfaire par le Roy Leotychides, dequoy il est plus amplement & plus

De la malignité d'Herodote.

diligemment escrit ailleurs? Et selon Herodote ils faisoient vne extréme follie & meschanceté, s'il est vray que quittans vne tres-iuste & tres-honorable occasion de ceste guerre, ils confessassent, qu'ils estoient allez courir sus à des pauures gens affligez & opprimez par vn Tyran, pour vne vengeance & vne auarice mechanicque. Mais encore quant aux Lacedæmoniens, il leur a donné ceste atteinte, parce qu'ils se sont rencontrez dessoubs sa plume : mais en ce mesme endroict, la ville de Corinthe qui estoit hors de sa voye, il la vous a remplie en passant chemin, comme l'on dict communément, d'vne tresgriefue imputation & bien mauuaise calomnie. Les Corinthiés
„ aussi, dict-il, fauoriserent & ayderent affectueusement à ceste expedition pour vne
„ grande iniure & outrage qu'ils auoient iadis reçeu des Samiens, qui est tel : Perian-
„ der le Tyran de Corinthe enuoyoit trois cens ieunes enfans de ceux de Corfou, des
„ meilleures maisons, au Roy Aliattes, pour les chastrer : ces enfans arriuerent en Samos,
„ là où les Samiens les receurent, & leur enseignerent de s'aller seoir comme suppliants
„ requerants franchise dedans le temple de Diane, & leur meirent aupres d'eux pour
„ les nourrir des gasteaux faicts de fleur de froment & de miel. Voyla ce que ce bel historien appelle outrage des Samiens enuers les Corinthiens, & pourquoy il dict que les Lacedæmoniens furent irritez & prouoquez contre eux, pource qu'ils auoient sauué, & gardé d'estre chastrez les enfans des Grecs. Mais celuy qui attache ce reproche aux Corinthiens, monstre que la ville estoit plus meschâte que n'estoit le Tyran. Car quant à luy, il se vouloit venger de ceux de Corfou, qui luy auoient faict mourir son fils : mais les Corinthiens quel tort auoient-ils reçeu des Samiens, pourquoy ils leur deussent ainsi courir sus, lesquels s'estoient opposez, & auoient empesché vne si grande cruauté & meschanceté? mesmement qu'ils resuscitoient vn maltalent & vne rancune apres trois generations, & en faueur d'vne tyrannie qui leur auoit esté fort griefue & fort dure à supporter, & laquelle destruite & ruinee, encore ne cessoient-ils point d'en effacer & abolir toute la memoire. Voyla quel estoit l'outrage que les Samiens auoient faict aux Corinthiens : mais la punition des Corinthiens contre les Samiens, quelle estoit elle? Car si à bon escient ils estoient indignez côtre les Samiens, il estoit conuenable, non qu'ils irritassent les Lacedæmoniens, mais plustost qu'ils les diuertissent de commancer la guerre contre Polycrates, à fin que le Tyran n'estant point desfaict ny ruyné, eux ne fussent iamais affranchis, ny deliurez de seruitude tyrannique. Mais qui plus est, quelle occasion auoient les Corinthiens d'estre courroucez à l'encontre des Samiens, qui auoient voulu, & n'auoient peu, sauuer les enfans des Corcyreiens, attendu qu'ils ne vouloient point de mal aux Gnidiens qui les sauuerent & les rendirent? combien que les Corcyreïens, quant à ce faict-là, ne parlent aucunement des Samiens, mais quant aux Gnidiens, ils ont des honneurs, des immunitez & des secrets faicts à leur honneur. Car nauigans en l'Isle de Samos ils chasserent du temple les gardes de Periander, & prenans les enfans les reporterent à Corfou, ainsi comme ont laissé par escrit Antenor le Candiot, & Dionysius le Chalcidien en ses fondations. Or que les Lacedæmoniens ayent entrepris ceste expedition, non pour punir les Samiens, mais pour les deliurer du Tyran, & pour les sauuer, ie n'en veux croire que le tesmoignage des Samiens mesmes. Car ils disent qu'ils ont la sepulture faicte honorablement aux despens de leur Chose publique de Archias citoyen de Sparte, dont ils honorerent fort la memoire, qui y mourut lors en combattât vaillamment : à l'occasion dequoy les parents & encore descendants d'iceluy portent bonne affection, & font tout le plaisir qu'ils peuuent aux Samiens, comme Herodote luy mesme le tesmoigne. Et au cinquiéme liure il escrit, que Clisthenes l'vn des plus hommes de bien & des plus nobles de toute la ville d'Athenes, persuada à la religieuse Pythie de prophetiser faulx, mettant tousiours en auant aux Lacedæmoniens, de deliurer la ville d'Athenes des trente Tyrans, attachant à vn tres-glorieux & tres-iuste

chef-

De la malignité d'Herodote. 652

A chef-d'œuure, la calomnie d'vne si grande impieté & si damnable crime, & ostant à Dieu la belle & bonne prophetie, digne de Themis, laquelle ainsi que lon tient, prophetise auec luy. Il dit aussi que Isagoras prestoit sa femme à Cleomenes qui le venoit voir : & comme sa coustume est, meslant quelques loüanges parmy ses vituperes pour se faire croire : Cest Isagoras, dit-il, fils de Tisander, estoit de maison noble, mais ie ne sçaurois dire quelle estoit sa race d'ancienneté, sinon que ses parents sacrifioient à Iupiter Carien. A dire vray, c'est vn plaisant & facecieux mocqueur que ce bel historien qui enuoye ainsi Isagoras en la Carie, comme s'il l'enuoyoit aux corbeaux du gibet. Et quant à Aristogiton, ce n'est point par l'huis de derriere secrettement, ains par la grande porte tout ouuertement qu'il le chasse en la Phœnice, disant qu'il estoit anciennement venu des Gephyreïens, non pas de ceux qui sont en Eubœe ou en Eretrie, comme quelques vns cuydent, ains dict, qu'ils sont Pheniciens, & se le persuade ainsi. Mais ne pouuant du tout oster aux Lacedæmoniens la gloire d'auoir deliuré la
B ville d'Athenes de la seruitude des trente Tyrans, il tasche à effacer, ou bien de deshonorer vn acte tresnoble par vne fort vilaine passion. Car il dit, qu'ils s'en repentirent tout incontinent, comme n'ayans pas bien faict d'auoir, par induction d'oracles faulx & supposez, ainsi chassé de leur pays des personnages qui estoient leurs amis, & leurs hostes & alliez, & qui leur auoient promis de rendre la ville d'Athenes entre leurs mains, & de l'auoir renduë à vn peuple ingrat : & depuis ils enuoyerent querir Hippias l'vn des Pisistratides iusques à Sigæum pour le remener & remettre à Athenes, mais que les Corinthiens s'opposerent à eux, & les en diuertirent, en leur discourant & mõstrant combien de miseres & de maux la ville de Corinthe auoit endurez, pendant que Periander & Cypselus l'auoient tenuë soubs domination tyrannique, combien que de tous les actes de Periander il ne s'en sçauroit dire vn plus scelcré ny plus cruel que celuy des trois cens enfans qu'il enuoya pour faire chastrer : & neantmoins cestuy cy oze bien dire, que les Corinthiens estoient indignez & irritez à l'encontre des Sa-
D miens, qui les auoient sauuez & gardez de tomber en vn tel inconuenient, comme s'ils leur eussent faict iniure : tant la malignité de ses propos est pleine d'inconstance, de repugnance & de contradiction, qui sont à tout propos en sa narration. Apres cela venant à descrire la prise de la ville de Sardis, il diminue, & diffame l'acte le plus qu'il peut, ayant bien l'audace si effrontee, que d'appeller les nauires que les Atheniens enuoyerent au secours des Ioniens, qui s'estoient rebellez contre le Roy, origine du mal, pource qu'elles auoient essayé d'affranchir & tirer hors de seruitude tant & de si belles villes Grecques occupees par violente domination des Barbares. Quant aux Eretriens, il n'en fait qu'vn bien petit de mention en passant seulement, & passe soubs silence vn tresgrand & glorieux acte qu'ils feirent alors. Car estant ia toute Ionie en combustion, & approchant l'armee nauale du Roy, ils luy allerent au deuant au loing en pleine mer de Pamphylie, là où ils la desfeirent en bataille : puis retournans
D en arriere, & laissans leurs vaisseaux en la ville d'Ephese, ils allerent mettre le siege deuant la ville capitale de Sardis, & assiegerent Tissaphernes dedans le chasteau où il s'en estoit fuy : voulans aller leuer le siege de la ville de Milet, ils le meirent à execution, & feirent leuer les ennemis de deuant, les ayans mis en vn merueilleux effroy : mais quand ils veirent vne multitude d'ennemis qui leur venoient sur les bras, alors ils se retirerent. Plusieurs Chroniqueurs recitent ainsi ceste histoire, & entre autres Lysanias le Mallotien en ses Chroniques d'Eretrie, & eust esté bien seant, sinon pour autre occasion, au moins apres la prise & destruction de leur ville, y adiouster cest acte-là de vaillance & de proüesse : & au contraire luy dict, que ayans esté desfaicts en bataille, les Barbares les poursuyuirent iusques dedans leurs vaisseaux, dequoy toutefois Charon Lampsacenien ne faict aucune mention, ains escrit ainsi de mot à mot : Les Atheniens se meirent en mer auec vingt galeres, pour aller secourir les Ioniens, &

De la malignité d'Herodote.

allerent defcendre à Sardis, là où ils prirent tout, excepté la forterefse du Roy, & cela faict s'en retournerent à Milet. Et au fixiéme liure, ayant recité comme ceux de Platæes s'eftoient donnez aux Lacedæmoniens, & qu'ils leur remonftrerent, que pluftoft ils fe deuoient retirer deuers les Atheniens, qui eftoient leurs voifins & fuffifans pour les defendre, il y adioufte puis apres, non par opinion ou foufpeçon, mais comme le fçachant de certaine fcience, que les Lacedæmoniens lors confeilloient cela, non pour affection ny bonne volonté qu'ils leur portafsent, mais pource qu'ils eftoiét tous contents de voir les Atheniens en trauail, s'eftans attachez auec les Bœotiens. Il faut donc fi Herodote n'eft maling, que les Lacedæmoniens ayent efté eux mefmes trompeurs & malicieux, & les Atheniens beftes, ne voyans pas qu'on les trompoit, & que les Platæiens furent ainfi iettez en auant, non pour amour ny pour honneur qu'on leur portaft, mais pour vne occafion de guerre. Et puis il eft manifeftement conuaincu d'auoir faufsement controuué l'excufe de la pleine Lune contre les Lacedemoniens, pour laquelle attendre il dict qu'ils faillirent à fe trouuer à la iournee de Marathon au fecours des Atheniens. Car non feulement ils ont commancé plufieurs voyages, & donné plufieurs batailles au commancement du mois, & au croifsant de la Lune, mais à cefte mefme bataille de Marathon, qui fut le fixiéme de Nouembre, il s'en fallut bien peu qu'ils n'arriuafsent à temps, de maniere qu'ils trouuerent encore les morts de la defconfiture fur le champ : & toutefois il a ainfi efcrit touchant la pleine Lune : Il leur eftoit impoffible de faire cela, parce qu'ils ne vouloient pas rompre l'ordonnance, d'autant qu'il n'eftoit que le neufiéme du mois, & ils refpondirent, qu'ils ne pouuoient partir que la Lune ne fuft au plein. Ainfi donques attendoient-ils la pleine Lune : mais tu transferes la pleine Lune au commancement du mois, eftant lors qu'ils partirent le premier quartier, & confonds le cours du ciel, l'ordre des iours, & toutes chofes. Et promettant par l'infcription de ton hiftoire d'efcrire les faicts des Grecs, tu employes ton eloquence à magnifier & amplifier les geftes des Barbares : & faifant femblant d'eftre fort affectionné enuers les Atheniens, ce neantmoins tu ne fais aucune mention de la proceffion qui fe faict à Agres en l'honneur de Proferpine, pour luy rendre graces de la victoire dont ils font la fefte. Mais cela luy fert à l'encontre de la calomnie qu'on luy met fus, qu'il auoit flatté les Atheniens en fon hiftoire, pour en auoir vne grofse fomme de deniers qu'il en auoit euë : car s'il euft leu cela aux Atheniens, ils n'euffent pas laifsé ce mefchant Philippides, qui alla femondre les Lacedæmoniens de venir à la bataille de laquelle luy mefme venoit, mefmement qu'il fut d'Athenes à Sparte en deux iours, ainfi comme il dict, fi les Atheniens apres la bataille gaignee n'euffent enuoyé querir le fecours de leurs alliez. Si eft-ce que Diyllus Athenien, qui n'eft pas des pires hiftoriens, efcrit qu'il eut des Atheniens la fomme de dix talents à la propofition de Anytus. Au refte ayant narré le faict de la bataille de Marathon, plufieurs eftiment que luy-mefme en deftruit l'exploict pour le nombre des morts qu'il en met, parce qu'il dict, que les Atheniens feirent vœu à Proferpine la ruftique, qu'ils luy facrifieroient autant de chéures comme ils tueroiét de Barbares : mais depuis quand ils veirent, apres la defconfiture, que le nombre des morts eftoit infiny, ils fupplierent la Deefse, de les difpenfer de leur promefse, & les quitter pour cinq cens chéures qu'ils luy facrifieroient tous les ans. Mais paffons cela : voyons ce qu'il dict apres la bataille. Les Barbares, dict-il, auec les autres vaiffeaux fe tirans au large en mer, & allans prendre en l'Ifle les Efclaues qu'ils auoient apportez d'Eretrie, doublerent la poincte de Sunion, en intention de preuenir les Atheniens auant qu'ils peuffent gaigner la ville d'Athenes : & eurent les Atheniens opinion, qu'ils auoient pris ce confeil-là par l'intelligence & le complot qu'ils auoient auec les Alcmeonides, qui auoient conuenu auec les Perfes de leur faire figne en leur monftrant vn efcu quand ils feroient rentrez

en

De la malignité d'Herodote.

A en leurs vaisseaux. Ils doublerent doncques la poincte de Sunion. En ce lieu ie passe oultre ce qu'il appelle les prisonniers d'Eretrie esclaues, qui monstrerent autāt de courage & de hardiesse en ceste guerre-là, & autant de desir d'acquerir honneur, que nuls autres des Grecs, mais leur vertu fut indignement affligee. Et encore fais-je moins de compte de ce qu'il diffame les Alcmæonides, entre lesquels estoient les plus grandes maisons & les plus notables hommes de la ville : mais le pis est, que toute la grandeur de la victoire en est toute renuersee, & la fin de ce tant renommé fait d'armes reuient presques à rien, & ne semble pas que ç'ait esté vne bataille ny vn exploict si grand que ce fut, ains seulement vne legere rencontre & escarmouche contre les Barbares descendans de leurs vaisseaux, ainsi comme les malueillans enuieux disent en detractant du faict, s'il est ainsi qu'en fuyant à val de routte dedans leurs vaisseaux, ils n'ayent pas couppé les chables de leurs nauires, se laissans aller au vent, qui les porta plus au dedans de l'Attique, ains qu'on leur ait leué & monstré en l'air vn escu signal de la trahi-
B son, & que de propos deliberé ils ayent fait voile vers la ville d'Athenes, en esperance de la surprendre, & qu'ayans sans faire bruit doublé la poincte du Sunion, ils se soient trouuez flottans à l'endroict du port de Phalerus, & que les principaux & plus apparents des Atheniens leur eussent trahy la ville, desesperans de la pouuoir sauuer : car puis apres deschargeant les Alcmæonides, il attribuë la trahison à d'autres. Il est certain, dit-il, que l'on monstra l'escu, & ne le sçauroit-on dire autrement, comme s'il l'auoit luy-mesme veu. Mais il estoit impossible que cela se feist, si les Atheniens eussent vaincu tout à faict : & quand il eust esté fait, les Barbares ne l'eussent iamais apperceu, qui s'enfuyoient à vau-de-routte, en grand effroy & grande agonie, chassez à force coups d'espee & de traict iusques dedans leurs vaisseaux, en quittant la cāpagne le plus viste qu'ils pouuoient. Mais puis apres quand il fait semblant de respondre pour les Alcmæonides, refutant les crimes que luy-mesme le premier des hommes leur auoit mis sus : Ie m'en esmerueille, dit-il, & ne croy point le propos de ceste imputation, que
C iamais les Alcmæonides par intelligence auec les Barbares ayent monstré l'escu, voulans que les Atheniens vinssent soubs la domination des Barbares & d'Hippias. Il me fait souuenir d'vne certaine resuerie de frenaisie, Tu le prendras, où l'ayant pris tu le lascheras : aussi tu accuses, & apres tu defens : tu escris des calomnies à l'encontre des personnes illustres, & puis tu les refutes apres, te descroyant toy mesme : car tu t'es ouy toy mesme, disant, que les Alcmæonides auoient haulsé l'escu pour signal aux Barbares deffaits & fuyans à vau de routte. Et toutefois en ce que tu les defens & responds pour eux, tu te monstres calomniateur : car s'il est vray ce que tu escris en cest endroit, que ces Alcmæonides fussent autant ou plus ennemis des Tyrans, que Callias fils de Phenippus, & pere de Hipponicus, où est-ce que tu pourras doncques asseoir la coniuration d'eux à l'encontre de la Chose publique, que tu as escrit en tes premiers liures? disant qu'ils feirent alliance de mariage auec Pisistratus, & moyennant ceste alliance
D le feirent reuenir d'exil à la tyrannie, & ne l'en eussent iamais chassé, n'eust esté que leur fille se plaignit de ce que Pisistratus ne la cognoissoit pas selon la loy de mariage & de nature. Voyla les variations, contradictions & repugnances qui sont en la calomnie côtre les Alcmæonides. Mais en preschant les loüanges de Callias fils de Phenippus, & y attachant son fils Hipponicus, lequel ainsi qu'il dit luy-mesme, estoit de son temps des plus riches hommes d'Athenes, il confesse que pour s'insinuer en la bōne grace de Hipponicus & le flater, il a mis en ieu ce Callias, sans qu'il en fust besoing, ny que la matiere subiecte le requist aucunement. Chascun sçait que les Argiens ne refuserēt point d'entrer en la commune ligue des Grecs, mais qu'ils ne voulurēt point marcher ny estre soubs le commandement des Lacedæmoniens qui estoiēt leurs plus grands ennemis, & qui les hayssoient plus qu'hommes du monde, & il ne se pouuoit faire autrement. Mais luy subioinct vne cause fort maligne : Quand ils veirent, dit-il,

Sfff

De la malignité d'Herodote.

que les Grecs les vouloient comprendre en la ligue, sçachans bien que les Lacedæmoniens ne leur feroient iamais part de la prerogatiue de commander, ils la demanderent, à fin qu'ils demourassent en repos auec quelque occasion couloree. Ce qu'il dit apres que Artaxerxes depuis long temps recorda aux Ambassadeurs des Argiens qui estoient allez deuers luy iusques en Suse, & qu'il leur dit qu'il n'estimoit qu'aucune cité de la Grece luy fust plus amie que celle d'Argos, il y adiouste puis apres selon sa coustume pour se couurir : Quant à cela ie ne le sçay pas bien certainement, mais bien sçay-je que tous hommes sont subiects à faire des faultes, & ne croy pas que les Argiens en ayent fait des plus villaines : mais ie suis, dict-il, tenu de dire ce que lon dit, & non pas de le croire du tout : & ce propos-là, dict-il, soit dit pour tout le cours de mon histoire. Car cela mesme se dit, que c'estoient les Argiens qui auoient appellé le Roy de Perse pour faire la guerre à toute la Grece, à cause qu'ils ne pouuoient par armes faire teste aux Lacedæmoniens, & aymoient mieux auoir toute autre peine que la douleur presente & le regret qu'ils en auoient. N'est-ce pas comme il conte luy-mesme, que vn Æthiopien dit touchant les parfums & la pourpre des Perses, que les huiles & les habillemens des Perses estoient trompeurs ? Autant luy pourroit-on dire, que trompeuses sont les paroles & trompeuses les figures du parler d'Herodote, tout y est enueloppé, & tournoyant à l'enuiron, & rien de clair ny de sain : comme les peintres qui rendent les choses claires plus apparentes & plus eminentes par les vmbres qu'ils mettent à l'enuiron : aussi par ses façons de dire, qu'il ne dit pas ce qu'il dit, il roidit plus ses calomnies, & par ses ambiguitez rend les suspicions plus profondes. Mais si les Argiens ne sont voulus entrer en ligue comune auec tous les autres Grecs, ains s'en sont abstenus pour vne ialousie de commander, ou vne emulation de vaillance à l'encontre des Lacedæmoniens, qu'ils n'ayent grandement deshonoré la memoire de leur progeniteur Hercules, & leur ancienne noblesse, on ne sçauroit dire du contraire, comme s'il eust esté mieux seant aux Siphniens, ou aux Cithniens, qui sont deux petites Isles, de combattre pour la liberté de la Grece, que non pas aux Spartiates, en estriuant à l'encontre d'eux, & contestant de la prerogatiue de commander, & cependant faillir de se trouuer à tant de grands & honorables combats & trauaux. Et si ce ont esté eux qui ayent appellé le Roy de Perse contre la Grece, pource qu'ils ne pouuoient par armes faire teste & resister aux Lacedæmoniens, pourquoy est-ce qu'ils ne se declarerent tout ouuertement du party des Medois, depuis que ce Roy fut arriué en la Grece ? Et s'ils ne vouloient pas s'aller rendre au camp du Roy barbare, pour le moins demourans à la maison que ne faisoient-ils quelque dommage au pays des Lacedæmoniens ? que n'occupoient-ils derechef la contree de Thyree, ou par quelque autre moyen ne s'attachoient-ils aux Lacedęmoniens, & ne les empeschoient ? car en ce faisant ils eussent peu porter grand dommage aux Grecs, s'ils les eussent gardez d'aller au camp de Platæes auec vn si bon nombre de bons combattans à pied. Mais il fait en cest endroict les Atheniens grands, & les appelle saueurs de la Grece, faisant en cela bien & droictement, s'il n'y auoit beaucoup de blasmes & de vituperes meslez parmy ces loüanges. Mais maintenant quand il dict que les Lacedæmoniens furent abandonnez par les autres Grecs, & que neantmoins estans delaissez seuls apres auoir faict plusieurs grandes vaillances ils estoient morts genereusement, ayant mesmement veu au parauant que les Grecs fauorisans le party des Medois auoient intelligence auec le Roy Xerxes, n'est-il pas tout euident par cela, qu'il ne disoit pas tous ces propos-là à la loüange des Atheniens, mais plustost qu'il les loüoit, à fin de mesdire de tous les autres Grecs ? Car qui se pourroit maintenant courroucer & fascher de ce qu'il iniurie ainsi atrocement & outrageusement les Thebains & les Phociens, veu qu'il condamne de trahison, qui ne fut oncques, mais qui pourroit auoir esté ainsi comme il coniecture, ceux mesmes qui se sont exposez à tous perils de la mort

pour la

De la malignité d'Herodote.   654

pour la liberté de la Grece? Des Lacedæmoniens mesmes il nous faict doubter, mettant en incertitude s'ils sont morts en combattant, ou bien s'ils se sont rendus, separant d'auec eux par bien legeres coniectures ceux des Thermopyles. Et en racontant le naufrage qui aduint aux vaisseaux du Roy de Perse, où il fut perdu vne grande richesse, Aminocles, dict-il, fils de Cresines, natif de Magnesie, en fut grandement enrichy, car il rencontra vne infinité de deniers & de vaisselle d'or & d'argent. Il n'a pas seulement laissé passer cela sans vne morsure de malignité. Car celuy-là qui n'estoit pas gueres heureux au demourant, par ceste rencontre deuint fort riche, parce qu'il luy estoit aduenu vn malencontreux accident qui le tenoit en grande tristesse, c'est qu'il auoit tué son fils. Il est donc tout euident qu'il a faict venir & mis en auant en son histoire toute ceste rencontre de thresors & vaisselle d'or & d'argent, & de toute ceste richesse que le flot de la mer ietta sur le riuage, expressément pour bastir le lieu & la place à mettre le meurtre qu'Aminocles auoit commis en la personne de son propre fils: ayant Aristophanes le Bœotien escrit, qu'il auoit demandé quelque argent aux Thebains, qu'ils luy auroient refusé, & qu'il auoit voulu deuiser & conferer des lettres auec les ieunes hommes de la ville, mais que les magistrats de la ville le luy auoient defendu, tant ils estoient rudes & grossiers, haïssans toutes bonnes lettres: il n'y en met autre preuue ny coniecture quelconque: mais Herodote en porte tesmoignage, veu les choses dont il impute & charge les Thebains, les vnes en mentant faussement, les autres par ignorance, les autres comme leur voulant mal, & ayant querelle à l'encontre d'eux: car il asseure que les Thessaliens eurent intelligence auec les Medes du commancement par necessité, en quoy il dict verité: & puis deuinant des autres Grecs, qu'ils eussent volontiers abandonné les Lacedæmoniens, il y subioinct, que ce n'estoit pas de leur bon gré, mais par contraincte & necessité, d'autant qu'on les prenoit ville apres ville. Et neantmoins il ne donne pas aux Thebains l'excuse de la mesme contraincte, combien qu'ils eussent enuoyé cinq cens hommes soubs la conduicte du Capitaine Mnamias, pour la defense du destroict de Tempes, & au pas des Thermopyles, autant comme le Roy Leonidas en demanda, lesquels seuls demourerent auec luy, & auec les Thespiens, là où tous les autres l'abandonnerent apres qu'ils se veirent enuironnez par derriere: & comme le Roy barbare s'estant faict maistre des aduenuës fust sur leurs confins, Demaratus Spartiate estant amy d'Apaginus, chef de la ligue, pretendant à la principauté, pour le droict d'hospitalité qu'ils auoient entre eux, le donna à cognoistre, & le feit amy familier du Roy barbare: tous les autres Grecs estoient sur la mer, & n'y auoit personne qui par terre allast au deuant des ennemis. Voyla comment ils receurent à la fin les conditions d'appointement auec les Barbares, se trouuans surpris d'vne tresgrande necessité: car ils n'auoient ny mer ny vaisseaux, comme les Atheniens, ny n'estoient logez és plus reculees parties du fond de la Grece, comme les Spartiates, ains estoient distants d'vne iournee & demie seulement du camp des Barbares, & auoient ia tenté la fortune aux destroicts des aduenuës auec les Spartiates seuls, & auec les Thespiens, où ils auoient eu du pire, & auoient esté desfaicts. Et neantmoins cet historien icy est si iuste qu'il dict, que les Lacedæmoniens se voyans delaissez & abandonnez de tous alliez, se fussent à l'aduenture laissez aller à entendre à appointement: & ne pouuant effacer vn si beau & si glorieux acte, ny nier qu'ils ne l'eussent faict, il le va contaminant par ceste mauuaise imputation & suspicion, en escriuant ainsi: Les alliez doncques & confederez estans renuoyez, s'en retournerent en leurs pays, & obeyrent au mandement de Leonidas, & les Thespiens & les Thebains demourerent seuls auec les Lacedæmoniens: Mais quant aux Thebains, ce fut malgré eux & contre leur volonté, parce que Leonidas les retenoit, comme en ostage: & les Thespiens de leur bon gré, car ils dirent que iamais ils n'abandonneroient Leonidas,

Sfff ij

De la malignité d'Herodote.

ny ceux qui estoient auec luy. Ne monstre-il pas clairement en cela qu'il a quelque mal-talent & mal-vueillance à l'encontre des Thebains particulierement, pour laquelle non seulement il calomnie faussement & injustement la ville de Thebes, mais il ne s'est pas soucié de faire en sorte que sa calomnie fust seulement vray-semblable, ne qu'il ne fust point repris de sa conscience, mesme de se contredire en bien peu de lignes? Car ayant vn peu deuant escrit, que Leonidas voyant les confederez & alliez n'estre pas bien encouragez, & n'auoir pas le cœur de prendre la fortune, il leur commanda de se retirer: au contraire vn peu apres dict, qu'il retint les Thebains par force contre leur volonté, lesquels il est plustost vray-semblable qu'il eust chassez à force, quand ils eussent voulu demourer, s'ils eussent esté accusez ou soupçonnez de s'entendre auec les Medois: car veu qu'il ne vouloit point de ceux qu'il sentoit mal-affectionnez & mal encouragez, quel profit auoit il de laisser parmy les siens qui deuoient combattre, des hommes qui luy estoient suspects? Car vn Roy des Spartiates, & Capitaine general de tous les Grecs, n'auoit pas vn tel entendement ny iugement de vouloir retenir comme ostages quatre cens hommes ayans armes, auec trois cens qu'il en auoit, mesmement lors qu'il se voyoit enueloppé d'ennemis qui luy couroiēt sus tout à vn coup, & par deuant & par derriere: car si bien auparauant il les eust menez quant & luy en lieu d'ostages, au moins est-il bien vraysemblable qu'à l'extremité, ou qu'eux ne se soucians plus de Leonidas s'en fussent allez librement, ou que Leonidas eust redouté autant d'estre enuironné par eux que par les Barbares. Mais outre cela, n'eust-ce pas esté vne sottise digne de mocquerie au Roy Leonidas, de commander aux autres Grecs qu'ils se retirassent, estant son intention & sa resolution de bien tost s'en aller mourir, & le defendre aux Thebains, à fin qu'il les gardast aux autres Grecs, luy qui estoit resolu de s'en aller mourir? car si veritablement il les menoit quant & luy en lieu d'ostages, ou bien au lieu d'esclaues, il ne les deuoit pas retenir auec ceux qui estoient certains & resolus de mourir? ains plustost les liurer aux Grecs qui s'en alloient d'auec luy. Et la cause qui restoit, que l'on pouuoit dire qu'il les retenoit à l'aduenture à fin qu'ils mourussent quant & luy, ce bel historien a osté encore ceste occasion-là, parce qu'il a escrit de la cupidité de gloire du Roy Leonidas en ces propres termes: Leonidas faisant ce discours en luy mesme, & voulant que ceste gloire appartint aux Spartiates seuls, renuoya les confederez chascun en leur pays, plustost que pource qu'ils fussent de conseils & opinions contraires: car c'eust esté vne excessiue sottise, de retenir ses ennemis pour les rendre participants d'vne gloire dont il deboutoit & priuoit ses amis. Il appert doncques par les effects, que Leonidas ne se deffioit point des Thebains, mais qu'il les estimoit & tenoit pour ses bons & loyaux amis: car il passa par dedans Thebes en menant son armee, & à sa requeste obtint ce que nul n'auoit iamais obtenu, de coucher dedans le temple d'Hercules, & raconta le matin aux Thebains la vision qu'il y auoit euë. Car il luy fut aduis qu'il veit toutes les plus grandes & principales villes de la Grece en vne vaste mer agitee de fort aspre & violente tourmente, là où elles flottoient & branloient fort inegalement, mais que celle des Thebes surpassoit toutes les autres: car elle s'esleuoit à mont iusques au ciel, & puis soudain se baissoit si bas qu'on la perdoit de veuë, ce qui estoit proprement la figure de ce qui leur aduint puis apres. Mais Herodote, en escriuant le combat de Leonidas, a obscurcy par silence la plus noble action qui y fust, disant seulement qu'ils moururent tous dedans le destroict de la vallee, à l'entour d'vne motte. Mais il fut autrement faict: car quand ils s'apperceurent la nuict qu'ils estoient enuironnez par les ennemis, ils se leuerent & s'en allerent droict, la teste baissee, dedans le camp des ennemis, & mesmement vers la tente du Roy, en intention de le tuer s'ils l'y trouuoient, & de mourir à l'entour de luy. Si allerent iusques à sa tente, tuans tousiours ceux qui par le chemin se trouuoient deuāt

eux

De la malignité d'Herodote. 655

A eux pour leur faire teste, ou bien leur faisant prendre la fuitte. Mais ne pouuans trouuer Xerxes en vn camp si vaste, si spacieux, errans çà & là à le cercher par tout, à la fin à grande peine furent-ils desfaicts par les Barbares, qui s'espandirent tout à l'entour d'eux de tous costez. Or escrirons-nous en la vie de Leonidas tous les autres actes de grande hardiesse, & les mots notables des Spartiates qu'Herodote a laissez à dire : mais toutefois en passant, il ne sera point mauuais d'en quotter encore icy quelques vns. Auant leur partement de Sparte on leur fit des ieux funebres, là où assisterent à les voir leurs peres & leurs meres : & luy-mesme Leonidas respondit à vn qui luy disoit, qu'il menoit bien peu de gens auec luy pour combattre : Mais beaucoup, dict-il, pour mourir. Et à sa femme qui luy demandoit au sortir, s'il luy vouloit rien dire, en se retournant il luy dict, qu'elle se remariast auec quelque homme de bien, & qu'elle portast de bons enfans. Quand il fut dedans la vallee des Thermopyles, il auoit en sa compagnie deux de sa race qu'il desiroit sauuer. Si

Il appert donc que Plutarque auoit escrit la vie de Leonidas.

B donna vne lettre à l'vn d'eux pour la porter là où elle s'adressoit : mais l'autre ne la voulut point prendre, disant en cholere, Ie suis venu pour combattre, & non pas pour porter lettres. A l'autre il commanda d'aller porter quelque parole aux Magistrats de Sparte : mais luy reiettant les lettres, & prenant le bouclier, s'alla mettre en son rang pour combattre. Qui est-ce qui ne reprendroit vn autre qui auroit faict telle omission? Mais cestuy-cy ayant pris la peine de ramasser & de mettre par escrit le bassin d'Amasis à lauer les pieds, le larron qui mena les asnes, qui donna les outres de vin aux gardes, & plusieurs autres telles badineries, celuy-là ne sera iamais estimé auoir obmis par negligence, ny par mespris ou oubliance, tant de beaux actes & de dicts si notables, mais par vne malice & mauuaistié & iniustice enuers quelques vns. Si dict que les Thebains estans auec les autres Grecs combattirent, mais que ce fut parce qu'ils estoient retenus par force : car non seulement Xerxes, mais aussi Leonidas, auoient des foüetteurs qui les suyuoient, ie croy, auec des foüets pour

D foüetter ceux qui restiuoient, & ceux-là contraignoient à coups de foüet les Thebains de combattre contre leur volonté, là où ils s'en pouuoient aller & s'enfuïr, puis que volontairement ils auoient pris intelligence auec le Roy barbare, là où il n'y auoit personne qui les vint secourir. Et puis apres il escrit que les autres se hastans pour gaigner la motte, les Thebains se separans tendirent les mains aux Barbares, & s'approcherent d'eux, disans vne tres-veritable parole, qu'ils tenoient le party des Medes en leur cœur, & qu'ils auoient baillé au Roy l'eau & la terre, mais toutefois qu'estans retenus par force ils estoient venus en ce destroict des Thermopyles, & qu'ils ne pouuoient mais de la blesseure que leur Roy auoit receuë : en faisant ces remonstrances-là ils gaignerent leur cause, mesmement qu'ils auoient les Thessaliens pour tesmoings de leur dire. Voyez comment ceste iustification pouuoit bien estre entenduë & ouyë entre tant de clameurs barbaresques de tant de

D milliers d'hommes, & tant de bruicts meslez & confus, tant de fuittes, tant de chasses & poursuittes, & les tesmoings ouys & examinez. Et les Thessaliens qui alloient par toute la vallee parmy tant de gens que lon tuoit, parmy tant de corps que lon fouloit aux pieds, harenguans & plaidans pour les Thebains, d'autant que peu aparauant eux ayans conquis par armes toute la Bœoce, iusques à la ville de Thespies, il les en chasserent, les ayans desfaicts en vne bataille, & ayans tué leur Capitaine Lattamias : car voyla les alliances & intelligences que les Bœotiens auoient auec les Thessaliens en ce temps-là, & rien d'equité ny d'humanité des vns enuers les autres. Mais encore, comment est-il possible que les Thebains eussent esté sauuez par le tesmoignage des Thessaliens? car les Barbares, ce dict-il, en tuerent les vns qui approcherent d'eux, & en flestrirent les autres en plus grand nombre des marques & picqueures du Roy, commençant au Capitaine mesme Leontiades,

De la malignité d'Herodote.

Mais ce n'eſtoit pas ſeulement Leontiades, qui eſtoit Capitaine des Thebains aux Thermopyles, ains Anaxander, comme l'eſcrit Ariſtophanes, ayant pris les noms des magiſtrats de Thebes des archiues meſmes publiques: & auſſi le met ainſi Nicander Colophonien: & n'y a iamais eu perſonne deuant Herodote, qui ait ſçeu que le Roy Xerxes euſt faict fleſtrir ne picquer aucun Thebain: car cela euſt eſté vne grande defenſe contre ſa calomnie, & euſt eſté vn beau moyen à celle ville de ſe glorifier de telles picqueures, comme ayant voulu Xerxes ainſi punir pour ſes plus grands & plus mortels ennemis Leonidas & Leontiades: car il feit foüetter & pendre le corps de l'vn tout mort, & feit picquer l'autre tout vif. Et ceſtuy-cy a pris la cruauté dont ils vſerent enuers Leonidas mort, pour vne preuue manifeſte que ce Roy barbare hayſſoit plus que tous les hommes du monde Leonidas lors qu'il viuoit. Et cependant il dict que les Thebains qui tenoient le party des Medes, furent mocquez & picquez comme eſclaues aux Thermopyles: & puis, apres encore auoir eſté picquez, ils combattirent bien aſprément pour les Barbares deuant la ville de Plataeas. Et me ſemble que qui luy diroit comme feit Cliſthenes à ce beau danſeur Hippoclides, qui morguoit auec les cuiſſes en vn feſtin, Tu as danſé la verité: il reſpondroit, Il n'en chault à Hippoclides. Et en ſon huictiéme liure il dict, que les Grecs eſtonnez & effroyez prirent reſolution de s'enfuir de la coſte d'Artemiſium au dedans de la Grece, & que ceux d'Euboec les prians qu'ils vouluſſent demourer encore vn petit de temps, iuſques à ce qu'ils peuſſent ſe deſcharger de leurs femmes & de leurs familles, ils n'en feirent compte, iuſques à ce que Themiſtocles prenant de l'argent, en donna à Eurybiades & à Adimantus Capitaines des Corinthiens, & alors ils demourerent & combattirent par mer contre les Barbares. Pindare, qui eſtoit natif non de cité confederee auec les autres Grecs, mais d'vne que lon ſouſpeçonnoit de tenir le party des Medes, neantmoins faiſant mention de ceſte bataille d'Artemiſium, y adiouſte ceſte belle exclamation,

>   Ceux d'Athenes ont planté
>   Le glorieux fondement
>   De la Grecque liberté.

Et Herodote au contraire, que quelques vns veulent dire auoir orné & embelly la Grece, tient que ceſte victoire là fut vn acte de côcuſſion & de larcin, & que les Grecs combattirent malgré eux, eſtans abuſez par leurs Capitaines qui en auoient pris de l'argent pour ce faire. Encore ne fut-ce pas là le bout de ſa malignité. Car tous ſçauent & confeſſent que les Grecs ayans eu du meilleur par mer en ceſte coſte là, neantmoins cederent le chef d'Artemiſium aux Barbares, apres auoir ouy la nouuelle de ce qui eſtoit aduenu au pas des Thermopyles: car il n'euſt de rien ſerui de s'arreſter là, à garder la mer de la Grece, veu que la guerre eſtoit au dedans iuſques à leurs portes, & que Xerxes auoit gaigné les paſſages. Et Herodote faict, que les Grecs, deuant qu'ils euſſent eu la nouuelle de la mort de Leonidas, tenoient conſeil, & eſtoient en propos de s'enfuir: car il dict ainſi, Mais ayans eſté mal traictez, meſmement les Atheniens qui auoient pluſieurs de leurs vaiſſeaux bien offenſez, deliberoient de prendre la fuitte vers la Grece. Toutefois permettons luy de nommer ainſi, ou pluſtoſt de reprocher ainſi la retraicte de deuant la bataille: mais l'ayant appellé deuant fuitte, & l'appellant encore de preſent fuitte, il la nommera encore apres fuitte, tant il s'attachoit amerement à ce villain mot de fuitte. Mais, dict-il, il vint auec vn batteau aux Barbares vn homme natif d'Eſtiaeae, leur apporter la nouuelle de la fuitte des Grecs du chef d'Artemiſium: ce que eux ne pouuans croire, retindrent le meſſager en bonne & ſeure garde, & enuoyerent quelques galeres ſubtiles pour deſcouurir. Que dis-tu? comment eſcris tu, que ceux s'enfuyent comme vaincus, que les ennemis meſmes apres la bataille ne peuuent croire qu'ils fuyent, comme les penſans beaucoup plus forts?

De la malignité d'Herodote. 656

A forts? Et puis on estimera qu'il soit digne de foy, quand il escrit d'vn homme particulier, ou d'vne ville à part, veu qu'en vn seul mot il oste la victoire à toute la Grece ensemble? Il abbat le trophee que tous les Grecs dresserent, & arrache les inscriptions qu'ils meirent en l'honneur de Diane le long de la coste d'Artemisium, faisant trouuer que ce n'estoit que tout vent d'orgueil & vaine vanterie. L'Epigramme & inscription estoit de telle teneur,

  Apres auoir par martiale encombre
  Icy deuant iadis en mer deffait
  Des nations d'Asie infiny nombre,
  Les preux enfans d'Athenes en ont fait
  Edifier, pour memoire du faict,
  Ce monument à Diane la saincte,
B   Lors que par eux eust esté en effect
  Des fiers Medois toute l'armee esteincte.

Il ne descrit point l'ordre de la bataille, en quel rang & place chascune ville combattoit: & en la retraicte, que luy baptise du nom de fuitte, il dit, que les Corinthiens nauiguoient les premiers, & les Atheniens les derniers. Il falloit donc qu'il ne foullast pas ainsi villainement aux pieds ceux qui tenoient le party des Medois, luy qui est estimé de plusieurs auoir esté natif de Thuries, & qui se ioinct luy mesme aux Halicarnassiens, lesquels estants d'extraction Doriens, vindrent auec leurs femmes & leurs enfans faire la guerre aux Grecs. Mais tant s'en faut qu'il allegue premierement les contrainctes & necessitez qu'eurent les villes qui tindrent pour les Medois, qu'il recite des Thessaliens, qu'estants capitaux ennemis des Phociens, ils leur manderent neantmoins deuant qu'ils conserueroient leur pays, sans que lon y feist dommage quelconque, s'ils leur vouloient bailler cinquante talents d'argent. Il escrit en cest endroit-là en ces propres termes. Les Phociens estoient seuls des Grecs
C qui en ce quartier-là ne tenoient point le party des Medois, non pour autre cause,
„ ainsi comme ie trouue, apres auoir bien tout consideré, que pour la haine qu'ils por-
„ toient aux Thessaliens: & si les Thessaliens eussent esté du costé des Grecs, ie croy
„ que les Phociens eussent tenu le party des Medois. Et neantmoins bien peu apres il dira que treize villes des Phociens furent entieremēt arses & bruslees par ce Roy barbare, le pays tout gasté, & le temple de la ville d'Abes consumé par feu, les hommes & les femmes passees au fil de l'espee, ceux qui ne peurent à temps gaigner la cyme du mont de Parnasse: & toutefois il met au rang de ceux qui estoient les plus affectionnez partisans des Barbares, ceux qui aimoient mieux endurer toutes les extremitez de miseres que peult apporter la guerre, que d'abandonner la defense de l'honneur de la Grece: & n'aiant peu reprendre les faicts des hommes, il s'est amusé à songer des faulses imputations & des soufpeçons qu'il forge & compose auec sa plume
D alencontre d'eux, ne voulant que lon iuge de leurs intentions par leurs actions, s'ils n'auoient pas la mesme volonté & opinion que les Thessaliens, comme s'ils eussent laissé à estre de la trahison, pour ce que la place auroit desia esté prise par autres. Si donc quelqu'vn voulāt tascher à excuser les Thessaliens de ce qu'ils s'entendirēt auec les Medes, disoit qu'ils ne l'auroient pas voulu, mais que pour la haine qu'ils auoient contre les Phociens, les voyants adherēts & alliez auec les Grecs, ils se seroint au contraire tenus du costé des Medes, contre leur volonté & iugement, ne sembleroit-il pas estre vn effronté flateur, & qui en faueur d'autruy, cerchant d'honnestes couuertures à de villains faicts, destordroit la verité? Ie croy que ouy, quant à moy. Comment donc ne sera-il trouué vn manifeste calomniateur celuy qui dira, que les Phociens n'aient pas suiuy le meilleur party pour la vertu, mais pource qu'ils sçauoient que les Thessaliens auoient volonté & iugement contraires? Car encore ne destourne-il pas

Sfff iiij

De la malignité d'Herodote.

la calomnie ſur des autres, comme il a bien accouſtumé de faire ailleurs en diſant l'auoir ouy dire à d'autres, ains dit que luy-meſme en conferant toutes choſes, n'en trouue point d'autre occaſion. Il falloit doncq qu'il alleguaſt quant & quant ſes preuues & indices, par leſquels il ſe perſuadoit, que ceux qui font les actions toutes ſemblables aux gens de bien, aient la volonté & l'intention meſme que les meſchants. Car l'occaſion qu'il allegue de l'inimitié, eſt vne friuole digne de riſee, parce que l'inimitié que les Æginetes auoient alencontre de ceux d'Athenes, ny les Chalcidiens contre les Eretriens, ny les Corinthiens contre les Megariens, ne les empeſcha pas de ſe ioindre à la ligue de la Grece, pour la defenſe de la liberté commune, comme auſſi à l'oppoſite, les Macedoniens leurs plus aſpres ennemis, & qui plus chaſtioient les Theſſaliens, ne les deſtournerent pas de l'intelligence & alliance auec les Barbares. Car le peril commun couuroit & cachoit les inimitiez particulieres, de ſorte que quittans & ſe deſpouillans de leurs paſſions priuees, ils attachoient leur conſentement ou à l'honneſteté pour la vertu, ou à leur proufit pour la neceſſité. Et neantmoins oultre celle neceſſité, de laquelle ils ſe trouuerent ſurpris, & contraints de ſe ſoubmettre aux Medois, ils ſe retournerent de rechef du coſté des Grecs, dequoy Laocrates meſme Spartiate leur porta publiquement teſmoignage. Et Herodote luy meſme, comme eſtant forcé & contrainct, confeſſe en la deſcription de la guerre de Plataees, que les Phociens ſe ioignirent aux Grecs. Et ne ſe fault pas eſbahir, ſ'il eſt ainſi violent & aſpre alencontre de ceux qui ont eſté infortunez, veu meſmes que ceux qui ſe trouuerent aux affaires, & qui hazarderent leur eſtat pour le bien public, il les remue & tranſpoſe au rang des ennemis & des traiſtres. Car ceux de Naxos enuoyerent trois galeres armees au ſeruice & ſecours des Barbares, mais l'vn des Capitaines nommé Democritus, perſuada aux autres deux, de ſe renger pluſtoſt auec les Grecs. Voyla comment il ne ſçauroit loüer ſans blaſmer: ains à fin qu'vn homme particulier ſoit loüé, il faut que toute vne ville ſoit vituperee & tout vn peuple, dequoy luy porte teſmoignage entre les anciens, Hellanicus, & entre les recents & modernes, Ephorus, diſant l'vn que les Naxiens vindrent au ſecours des Grecs auec ſix, & l'autre auec cinq galeres: & Herodote ſe conuainc ſoy meſme, d'auoir controuué & falſifié cela: car les particuliers hiſtoriographes des Naxiens eſcriuent, que par-auant ils auoient repouſſé Megabates lieutenant du Roy, qui auec deux cents voiles eſtoit venu ſurgir en leur Iſle, & que depuis encore vn autre lieutenant du Roy Datis en paſſant leur auoit bruſlé cent villes. Et ſ'il eſt ainſi, cõme Herodote luy meſme dit ailleurs, que eulx meſmes deſtruiſirent leur ville, & meirent le feu dedans, & ſauuerent leurs perſonnes dedans les montagnes, n'euſſent-ils pas eu vne bonne occaſion de porter ſecours à ceux qui auoient eſté cauſe de la ruine & deſtruction de leur pays, & non pas de ſe ioindre auec ceux qui combattoient pour la liberté commune? Mais que ce n'ait pas tant eſté pour loüer Democritus, comme pour blaſmer les Naxiens, qu'il ait controuué ceſte menſonge, il le monſtre clairement, par ce qu'il tait & omet à dire le vaillant exploict d'armes que feit alors ce Capitaine Democritus, ainſi comme Simonides l'a declaré par ceſt Epigramme:

> Democritus fut le tiers qui chocqua
> En la bataille, où par mer ſuffocqua
> La flotte Grecque au bras de Salamine,
> Celle de Mede, & la meit en ruine:
> Il recourut vn des vaiſſeaux amis,
> Et en prit cinq de ceux des ennemis.

Mais qui ſe courrouceroit pour les Naxiens contre luy? Car ſ'il y a des Antipodes, comme quelques vns tiennent, qui habitent le rond de la terre deſſoubs nous, ie penſe que ceux-là encore ont ouy parler de Themiſtocles, & du conſeil qu'il donna

De la malignité d'Herodote. 657

aux Grecs de combattre dedans le destroict de Salamine, là où depuis il feit bastir vn temple à Diane la sage conseilliere, en l'Isle de Melite, apres que le Roy barbare fut desconfit. Ce gentil historien icy refusant, tant qu'en luy est, d'aduoüer cest exploict, & taschant d'en transferer la gloire à vn autre, escrit ainsi de mot à mot: En ces entrefaittes, ainsi comme Themistocles fut de retour en sa galere, il y eut vn Athenien nommé Mnesiphilus, qui luy demanda ce qu'ils auoient resolu: & entendant qu'il auoit esté conclud de retirer leurs vaisseaux au destroict de Peloponese, pour illec combattre par mer deuant le Peloponese: Ie te dis, repliqua Mnesiphilus, que sils remuét leur flotte de deuant Salamine, tu ne combattras plus iamais par mer pour ton pays, car chascun se retirera au sien bien tost apres. Parquoy s'il y a moyen au monde, va tascher à rompre ceste resolution, & fais tant enuers Eurybiades qu'il demeure plus tost icy. Et puis subioignant que ce conseil agrea merueilleusement à Themistocles, & que sans rien respondre à cela, il s'en retourna droict trouuer Eurybiades, derechef il escrit en ces propres termes: Se seant aupres de luy, il luy recite le conseil que luy auoit recordé Mnesiphilus, se l'attribuant à luy, & y adiousta encore d'autres choses. Voyez vous comment il attache à Themistocles vne opinion de malignité, de l'attribuer vn conseil comme sien, qui estoit de l'inuention de Mnesiphilus? & puis se mocquant encore d'auantage des Grecs, il dit, que Themistocles n'estoit pas homme prudent, & qu'il ne voyoit point pourquoy on l'auoit surnommé Vlysses pour sa prudence: mais que Artemisia qui estoit natifue de mesme ville que luy, sans que personne luy eust enseigné, ains l'aiant excogité d'elle mesme, auoit predit à Xerxes que les Grecs ne luy pourroient pas resister ny faire teste long temps, & qu'ils se separeroient & escarteroient chascun en leurs villes, & s'enfuiroiét: Et n'est pas vray-semblable que si tu fais marcher ton armee de terre vers le destroict du Peloponese, qu'ils t'attendent, & ne se soucieront plus de combattre par mer pour les Atheniens: là où si tu te hastes de combattre par mer, ie crains & doute que si ton armee de mer reçoit aucun dommage, que cela ne face quelque preiudice à celle de terre. Il ne s'en fault que des vers qu'Herodote ne face de ceste Artemisia vne Sybylle, prophetisant les choses à venir ainsi exactement: & pourtant Xerxes luy donna la charge & commission de remener ses enfans en la ville d'Ephese: car il auoit oublié, comme on peult penser, d'amener des femmes de sa Royale ville de Suze, s'il eust pensé que ses enfans eussent eu besoing d'estre accompagnez & conduits par escorte de femmes. Ie ne veux point parler de ce qu'il a controuué & faulsement inuenté contre nous, mais examinons vn peu ce qu'il a controuué contre les autres. Il dit doncques, que les Atheniens disent, que Adimantus le Capitaine des Corinthiés, quand on fut aux mains auec les ennemis, s'enfuit de peur, non pas siant en arriere, ny se retirant peu à peu d'entre les ennemis, ains tout ouuertement, mettant voiles au vent, & faisant faire la volte à tous ses vaisseaux, & puis qu'vne fregate allant apres luy, l'attaignit à la queuë de l'Isle de Salamine, & que de dessus la fregate il y eut quelqu'vn qui luy cria: Adimantus, tu t'enfuis trahissant & abandonnant les Grecs, mais toutefois ils n'ont pas laissé de gaigner la bataille, & d'estre victorieux sur les ennemis. Ceste fregate-là estoit, comme il fault penser, descendue du ciel. Car quel besoing estoit-il d'vser là de feinte & machine tragicque, veu que en tous autres endroicts il surpasse tous les poëtes tragicques du monde en toute faulseté & vanité? Adimantus doncques croyât à ceste voix retourna en l'armee, estant ainsi despesché, C'est le bruit qu'en sement les Atheniens, mais les Corinthiens ne le confessent pas, ains disent qu'ils furent les premiers qui chocquerent & combattirent en ceste bataille nauale, & en cela aussi leur porte tesmoignage tout le reste des Grecs. Tel est cest homme en plusieurs endroicts, il seme ainsi des calomnies & des imputations des vns contre les autres, à fin que l'vn ou l'autre ne faille point, comment que ce

De la malignité d'Herodote.

soit, d'estre trouué meschant, ainsi comme en ce lieu il luy succede bien à propos. Car si sa calomnie est creuë, les Corinthiens en demoureront deshonorez: & si elle est decreuë, les Atheniens: ou il fault que les Atheniens n'aient pas menty contre les Corinthiens, mais luy-mesme contre tous les deux. Qu'il soit vray, Thucydides introduisant l'ambassadeur Athenien, parlant alencontre des Corinthiens en la ville de Lacedæmone, & haultement parlant de leurs faicts & gestes contre les Medes, & mesmement de ceste bataille de Salamine, ne met sus aux Corinthiens aucune imputation de trahison, ny de lascheté d'auoir abandonné leur rang. Car il n'est pas vray semblable, que les Atheniens eussent reproché vne telle villanie à la ville des Corinthiens, veu qu'ils la voyoient engrauee au troisiéme lieu apres les Lacedæmoniens, & apres eux és inscriptions des monuments que lon en consacroit aux Dieux: & en Salamine, ils leur permirent d'enterrer leurs morts ioignant la ville, comme estants gens de bien, & qui s'estoient portez vaillamment, auec telle inscription,

  Nous habitions iadis, Amy passant,
  La ville où sourd Pyrene iaillissant,
  Et maintenant la seiche Salamine
  Contient nos os, aians sur la marine
  Icy desfait vaisseaux Pheniciens,
  Guerriers Medois & soldats Persiens,
  Pour la sacree Achaïe defendre,
  Que soubs le ioug Barbares vouloient rendre.

Et la representation de sepulture vuide, qui est dedans le destroict du Peloponese, a aussi vne telle inscription,

  Nous cy gisans auons perdu la vie,
  Pour engarder Grece d'estre asseruie.

Et sur les offrandes d'vn Diodorus, Capitaine de galere des Corinthiens, au temple de Latone, il y a aussi vne autre inscription telle,

  Les mariniers de Diodorus ont
  Fait à Latone offre des armes, dont
  Estoient armez les Perses, en memoire
  Qu'en mer sur eulx ils eurent la victoire.

Adimantus luy mesme, auquel Herodote ne cesse iamais de dire iniure, & de faire contumelie, disant qu'il se partit seul de tous les Capitaines pour s'en fuir, & qu'il n'attendit pas le choc de la bataille, regardez quel honneur on luy a fait:

  Adimantus, Estranger, se repose
  En ce tombeau, lequel a esté cause
  Que la Grece est couronnee auiourd'huy
  De liberté, qui fust serue sans luy.

Il n'est pas vray-semblable qu'on eust fait tant d'honneur à vn homme lasche, coüard & traistre, apres sa mort, & n'eust pas eu l'audace de mettre & imposer à l'vne de ses filles le nom de Nausinica, qui signifie, victoire nauale: & à l'autre Acrothinium, qui signifie despouille gaignee sur les ennemis: & à la troisiéme, Alexibia, qui signifie, secours contre la force: & à son fils, Aristeus, qui signifie, grand guerrier, s'il n'eust acquis quelque grande reputation & illustre gloire par ces faicts-là. Et d'auantage il n'est pas croyable non plus, ie ne diray pas qu'Herodote, mais non pas le dernier des hommes de la Carie, ait ignoré celle glorieuse & memorable priere que feirent lors les Dames Corinthiennes à Venus, qu'il luy pleust inspirer à leurs hommes vn amour de donner la bataille aux Barbares. Car ce fut vne chose renômee par tout, & en feit Simonides vn Epigramme, qui est engraué sur des images de bronze qui sont dedans le temple de Venus, lequel on dit auoir esté anciennement basty par

Medee

De la malignité d'Herodote. 658

A Medee : les vns, à fin qu'elle cessast de plus aimer son mary, les autres, à fin que son mary Iason cessast d'aimer vne Thetis : & est l'Epigramme tel,

> Saincte Venus n'a voulu de la Grece
> Abandonner aux Medois la foiblesse,
> Pour la deuote instance & oraison
> Que faite en ont ces Dames, à raison
> Dequoy on a ces statues dressees
> Pour honorer leurs diuines pensees.

C'estoit cela qu'il falloit escrire, & en faire mention, plus tost que d'aller inferer en son histoire, qu'Aminocles auoit tué son fils. Mais outre, apres s'estre bien saoulé de charges & imputations qu'il met sus à Themistocles, & l'accusant qu'il ne cessoit de robber & piller toutes les Isles secrettement, au desceu des autres Capitaines ses compagnons, finablement encore oste-il aux Atheniens la couronne de la prin-
B cipale vaillance, & la met sur la teste des Æginetes, escriuant ainsi : Les Grecs aiants enuoyé les premices de leurs despouilles & butin au temple de Delphes, y feirent demander à Apollo, s'il auoit eu suffisante part d'icelles despouilles, & s'il s'en contentoit. Et il respondit que des autres Grecs ouy, mais des Æginetes non, ausquels il demandoit le pris du premier honneur de vaillance qu'ils auoient emporté à la bataille de Salamine. Ce n'est pas aux Tartares ny aux Perses, ny aux Ægyptiens, qu'il attribue sa parole, en feingnant & mentant, comme fait Æsope aux corbeaux, aux singes, ains se sert de l'oracle mesme d'Apollo Pythien, pour debouter les Atheniens du premier lieu & degré d'honneur de la bataille de Salamine, & à Themistocles du second qui luy fut adiugé au destroict du Peloponese, par ce que là chascun des autres s'attribua à soy le premier lieu, & à luy le second : & ainsi le iugement n'aiant point eu de conclusion, à cause de l'ambition des Capitaines, tous les Grecs se departirent, n'aiants pas voulu par enuie deferer à Themistocles le premier honneur de
C la victoire. Et en son neufiesme & dernier liure, ne luy restant plus à medire & detracter, sinon des Lacedæmoniens, & de ce beau chef-d'œuure qu'ils feirent contre les Barbares deuant la ville de Platæes, il escrit que les Lacedæmoniens, qui parauant auoient eu fort grand peur que les Atheniens ne s'accordassent auec Mardonius, & n'abandonnassent les autres Grecs, quand ils eurent acheué de murer le destroit du Peloponese, & mis en seureté leurs pays, ils ne se soucierent plus des autres, & les laisserent là, faisant feste & grande chere chez eux, en se mocquant des ambassadeurs des Atheniens, & les retenant sans les despescher. Et comment doncques sortirent du pays cinq mille Spartiates, aiant chascun d'eux sept Ilotes auec luy ? & comment prenant sur eulx vn si grand peril, vainquirent & desconfirent-ils tant de milliers de Barbares ? Escoutez en la cause. Il y auoit, dit-il, à Sparte vn homme qui estoit accouru de Tegee, appellé Chileus, duquel aucuns des Ephores estoient ho-
D stes & amis. Ce fut celuy qui leur persuada de mettre leur armee aux champs, leur remonstrant que la closture & muraille du destroit ne seruiroit de rien au Peloponese, si vne fois les Atheniens se ioignoient auec Mardonius : & si d'aduenture quelque particulier affaire eust retenu ce Chileus-là en Tegee, la Grece ne fust point demouree victorieuse. Puis derechef ne sçachant qu'il doibt faire de ceux d'Athenes, il les remue, & les met tantost hault tantost bas, disant qu'estants en dispute du second lieu d'honneur alencontre des Tegeates, ils feirent mention des Heraclides, & qu'ils alleguerent les vaillances qu'ils auoient autrefois faites contre les Amazones, & les sepultures des Peloponesiens morts deuant le Chasteau de la Cadmee, & que finablement ils vindrent descendre sus la bataille de Marathon, tant ils auoient d'enuie & de conuoitise de mener & conduire le costé gauche de l'armee. Et vn peu apres, il met que Pausanias & les Spartiates volontairement leur cederent la superio-

De la malignité d'Hérodote.

rité de commander, & leur prierent de prendre le costé droict de la battaille, & leur baillér le gauche, à fin qu'ils combattissent de front contre les Perses, comme si les Atheniens eussent restiué à combattre contre les Barbares, pour ce qu'ils ne l'auoient pas accoustumé. Combien que c'est vne mocquerie de dire qu'ils ne voulussent pas combattre contre des ennemis qu'ils n'auoient pas accoustumez: Mais il dit plus, que tous les autres Grecs, comme les Capitaines les voulussent mener camper en vn autre lieu, si tost qu'on les remua, Les gens de cheual, dit-il, s'en fussent volontiers fuis dedans la ville de Plataees, mais pour le moins allerent-ils fuyans iusques au temple de Iuno: en quoy il accuse tous les Grecs ensemble de desobeissance, de lascheté, coüardise, & de trahison: & finablement il escrit qu'il n'y eut que les Lacedæmoniens, & les Tegeates qui chargeassent les Barbares, & les Atheniens qui combattissent alencontre de ceulx de Thebes, priuant egalement toutes les autres villes de leur part de la gloire d'vn si bel acte, par ce qu'il n'y en eût pas vn qui meist la main à l'œuure, ains demourerent tous appuiez sur leurs armes à regarder le passe-temps, abandonnans & trahissans ce-pendant, sans rien faire, ceux qui combattoient pour leur salut, iusques à ce que bien tard les Phliasiens & les Megariens, entendans que Pausanias auoit ja deffait ceux qu'il auoit trouuez en teste, vindrent courans donner sur les gens de cheual des Thebains, là où ils furent aussi tost desconfits: mais les Corinthiens ne se trouuerent pas à ceste rencontre, par ce qu'ils auoient pris le chemin hault des costaux, & par ainsi ne rencontrerent pas la cheualerie des Thebains. Car les gens de cheual Thebains voyants les Barbares mis à vau de route, se ietterent deuant eulx, pour couurir leur fuitte, & les secoururent de grande affection, pour leur rendre le gré & la grace, s'il vous plaist, en recompense des picqueures qu'ils leur auoient faites au visage, dedans le destroict des Thermopyles. Mais on peult voir & entendre par ce que descrit Simonides des Corinthiens, le rang & le lieu qu'ils tenoient en ceste battaille, & le deuoir qu'ils y feirent en combattant contre les Barbares deuant Plataees, par ces vers,

 Les habitans d'Ephyre ville pleine
 De mainte source & ruisseau de fonteine,
 Gents au mestier de la guerre sçauans,
 Et ceux qui sont à Corinthe viuans,
 Ville à Glaucus, au milieu combattoient,
 Qui pour tesmoings des trauaux qu'ils portoient,
 Depuis ont fait vn ioyau precieux
 De fin or pur, qu'ils ont sacré aux Dieux.
 D'eulx & des leurs tousiours la renommee
 De mieux en mieux en sera estimee.

Simonides a escrit cela d'eulx, non comme tenant eschole des lettres en la ville de Corinthe, ny comme aiant expres entrepris d'escrire vn cantique à leur loüange, mais comme escriuant vne histoire de ces affaires-là en vers Elegiaques. Mais cestuy-cy anticipe la preuue & conuiction de ceste menterie par telles raisons que lon luy pouuoit obijcer: D'où viennent doncques tant de grands charniers de sepultures, tant de monuments de morts, sur lesquels les Plataeiens iusques auiourd'huy font encore des effusions anniuersaires aux ames des trespassez, les autres Grecs assistans? car à mon aduis il accuse & condamne encore plus villainement de trahison leurs ancestres par ces mots qui ensuiuent : Et les sepultures que lon voit encore alentour de Plataees, i'entens, dit-il, que depuis les successeurs aiants honte de ceste faulte, de ne s'estre leurs parents trouuez à ceste battaille, les ont esleuees comme des fosses pour le regard de la posterité. Herodote est seul d'entre tous les hommes, qui ait ouy reputer ceste absence de la battaille, trahison: & Pausanias, Aristides, les

De la malignité d'Herodote.

A Lacedæmoniens & les Atheniens ne cognoiſſoient pas bien ceux qui auoient fait default de ſe trouuer à la bataille, & toutefois ny les Atheniens n'empeſcherent point les Æginetes, qui eſtoient leurs aduerſaires, d'eſtre compris en l'inſcription, ny ne conuainquirent point les Corinthiens de ſ'en eſtre fuis de la bataille de Salamine, par ce que la Grece porte teſmoignage au contraire. Et toutefois Herodote dit, que dix ans apres ceſte guerre des Medes, Cleadas citoyen de Platæes, eſtant amy & hoſte public des Æginetes, entaſſa vn monceau de terre en façon de charnier, qu'il appella le charnier des Æginetes, pour leur gratifier en cela. Et à quoy teint-il donc, que les Lacedæmoniens & les Atheniens, qui eſtoient ſi ialoux de ceſte gloire, que peu ſ'en fallut qu'ils ne vinſſent aux mains les vns contre les autres, pour l'erection du Trophee, qu'ils ne debouterent & dechaſſerent ceux qui par laſcheté auoient failly de ſe trouuer à la bataille, ou qui ſ'en eſtoient fuis, des pris d'honneur, ains ſouffrirent que leurs noms fuſſent engrauez ſur le Trophee, & ſur les grandes ſtatues qui en fu-
B rent faittes pour memoire? ains leur feirent part du butin & des deſpouïlles, & finablement engrauerent ceſte inſcription ſur l'autel public,

  Les Grecs vainqueurs par haults exploicts de guerre,
   Aiants chaſſé les Perſes de leur terre,
   Ce franc autel commun à toute Grece
   Ont erigé à la digne haulteſſe
   De Iupiter, qui de leur liberté
   Contre Medois protecteur a eſté.

N'a-ce point eſté Cleadas, Herodote, ou quelque autre, qui flattant les villes Grecques ait engraué ceſte inſcription? Quel beſoing doncques eſtoit-il qu'ils ſe trauaillaſſent en vain à fouïr la terre, & à entaſſer des charniers & des tombeaux pour le regard de la poſterité, veu qu'ils voyoient leur gloire conſacree & immortaliſee par les plus illuſtres & plus nobles marques publiques & monuments dediez? Et qui plus eſt,
C encore dit-on que Pauſanias penſant deſia à vſurper la tyrannie, en vne offrande qu'il feit au temple d'Apollo en Delphes, feit mettre ceſte inſcription,

  Pauſanias ſouuerain Capitaine
   Des Grecs, aiant l'armee Perſienne
   Toute deffaitte, en a publiquement
   A Apollo donné ce monument.

Et bien qu'il communiquaſt aucunement la gloire de ceſte execution aux Grecs, dont il ſe diſoit ſouuerain Capitaine, ce neantmoins les Grecs ne le voulans ſupporter, ains ſ'en plaignans, les Lacedæmoniens enuoyerent à Delphes faire effacer à coups de ciſeau ceſte eſcriture, & y feirent engrauer les noms des villes, comme la raiſon & iuſtice le vouloit: & toutefois, comment eſt-il vray ſemblable, ou que les Grecs ſe ſoient courroucez de ce qu'ils n'auoient point de part à ceſte inſcription, ſ'ils ſe
D ſentoient coulpables de ne ſ'eſtre point trouuez en la bataille, ou que les Lacedæmoniens faiſans effacer & racler le nom de leur Capitaine, y feiſſent engrauer & eſcrire les noms de ceux qui les auoient abandonnez & trahis au danger? car c'eſt choſe fort indigne ſi Sochares & Dipniſtus, & tous les autres qui feirent le deuoir de gents de bien & vaillants en ceſte iournee-là, ne ſe douleurent & ne ſe plaignirent point, que les Cythniens ny les Meliens fuſſent inſcripts ſur les Trophees, & qu'Herodote attribuant ceſte bataille-là à trois villes ſeules, efface & racle toutes les autres des Trophees, & des lieux dediez & ſacrez: car de quatre batailles qui furent lors donnees contre les Barbares, il dit que les Grecs ſ'enfuirent du chef d'Artemiſium, & au pas des Thermopyles, ce pédant que leur Roy & ſouuerain Capitaine ſ'expoſoit pour eux au peril de la mort, ils ſe tenoient clos & couuerts en leurs maiſons, & ne ſ'en ſoucioient point, ains celebroient les feſtes & ieux Olympiques & Carniens. Et en

De la malignité d'Herodote.

descriuant la bataille de Salamine; il parle tant de la Royne Artemisia, qu'il n'vse pas autant de paroles à reciter tout le discours & le succes de la bataille. Et finablement touchant celle de Plataees il dit, que les autres Grecs assis à leur aise ne sçeurent rien du combat, iusques à ce que tout fust fait, comme Pigres Artemisien, se iouant & follastrant en des vers, escrit, qu'en vne guerre des rats & des grenouïlles ils auoient accordé qu'ils combattroient sans crier ny mot dire, à fin que les autres n'en apperceussent rien. Et puis il dit, que les Lacedæmoniens ne furent de rien plus vaillants ny meilleurs combattans que les Barbares, mais qu'ils les deffirent, parce qu'ils estoient nuds & desarmez au combat. Et Xerxes estant luy-mesme present en personne, s'ils n'estoient chassez à coups de foüet par derriere, on ne les pouuoit iamais faire aller attacher les Grecs : mais en ceste iournee de Plataees aians changé d'ames & de courage, comme il fault dire, ils n'estoient de rien moindres en hardiesse, force de corps, & fermeté de cœur, que les Grecs. Mais la robbe se trouuant destituee d'armes les affolla, parce qu'estants tous nuds, ils auoient à combatre contre les Lacedæmoniens qui estoient bien seurement armez. Quelle gloire doncques ny quelle grandeur reuient aux Grecs de ces quatre battailles, s'il est ainsi que les Lacedæmoniens combattirent contre des hommes nuds & desarmez? & les autres, encore qu'ils fussent sur les lieux, ne sçeurent neantmoins rien du combat, iusques à ce que tout fust fait? & si les charniers que chascune ville honnore d'anniuersaires annuels estoiēt tous vuides, & les tripieds & autels des Temples des Dieux pleins de faulx escriteaux? & Herodote seul a sçeu & cogneu la verité, & tous ceux qui ont iamais ouy parler des affaires des Grecs, ont esté deceus & trompez par le bruit commun qui court touchant ces faicts d'armes-là, comme estants excellents & merueilleux. Qu'en fault-il doncques penser & dire? Que c'est vn homme qui peint bien au vif, que son langage est beau & doulx, qu'il y a de la grace, de l'artifice & de la beauté en ses narrations : mais comme vn poëte musicien, quand il recite doulcement, elegamment & delicatement vne fable, non pas comme bien l'entendant & au vray la sçachant, cela delecte & resiouït tous ceux qui l'escoutent : mais il se faut garder comme d'vne mousche cantharide entre les roses, de sa medisance, de sa bassesse de faire grand cas de peu de chose, qui se glissent par dessoubs ces bien polies, lissees & vnies façons de parler, à fin que sans y prendre garde nous ne mettions en nostre teste de faulses, estranges, & absurdes opinions & persuasions des meilleurs & plus nobles hommes & villes de la Grece.

De la

De la Musique.

Les deuisans au discours, Onesicrates, Soterichus, Lysias.

Ce traitté n'appartient point, ou bien peu, à la Musique de plusieurs voix accordees & entrelassees ensemble, qui est auiourd'huy en vsage, ains à la façon ancienne, qui consistoit en la conuenance du chant auec le sens & la mesure de la lettre, & la bonne grace du geste, & le style ne semble point estre de Plutarque.

LA femme du preudhomme Phocion souloit dire, que ses bagues & ioyaux estoient les beaux faicts d'armes de son mary: mais quant à moy ie dis que mes bagues & ioyaux, & tout l'ornement, non de moy en particulier seulement, mais aussi en commun, de tous mes amis & parents, est la diligence de mon maistre, & son affection à m'enseigner les lettres: car nous sçauons que les plus nobles victoires des grãds Capitaines, sauuent de peril eminent & present quelque nombre de soudards, ou bien vne ville, ou, au plus, toute vne nation, mais pour cela ils ne rendent point meilleurs ny leurs soudards, ny leurs citoyens, ny ceux de leur nation: & au contraire la science & erudition, qui est la vraye substance de la felicité, la cause efficiente de prudence, se treuue vtile, non seulemẽt à vne maison, à vne ville, & à vne nation, mais vniuersellement à tout le genre humain. D'autant doncques que le profit du sçauoir & des lettres est plus grand que de toutes les ruses de guerre du monde, d'autant en est aussi la souuenance & la rememoration plus digne. Or n'agueres le gentil Onesicrates auoit conuié à vn festin en sa maison, le second iour des Saturnales, certains personnages sçauans & experts en la Musique, & entre autres Soterichus d'Alexandrie, & Lysias vn qui prenoit pension de luy, & apres que les cerimonies ordinaires en tels banquets eurent esté faittes, il se prit à dire à la cõpagnie: Ie croy mes amis, qu'il ne seroit pas fort à propos maintenant à ce banquet de recercher qui est la cause efficiente de la voix humaine, par ce que c'est vne questiõ qui demãderoit vn plus grand loisir & plus loing du repas: mais pour ce que les meilleurs Grammairiens definissent la voix, Que c'est vn air frappé, sensible & perceptible à l'ouïe, & qu'hier nous enquismes de la Grammaire, & trouuasmes que c'est vn art qui fait profession de figurer auec des traicts & lignes, les voix, & les mettre en depost d'escriture pour le thresor de la memoire: voyons maintenant quelle est la seconde science apres celle-là, à qui il conuient, & appartient traitter & s'embesongner de la voix, ie pense quãt à moy que c'est la Musique. Si est chose deuote, religieuse & prealable aux hommes, de loüer & remercier les Dieux de ce qu'ils leur ont donné à eux seuls la voix articulee. Ce que Homete mesme a bien remarqué en ces vers,

 Les fils des Grecs le courroux appaisoient
 Du clair Phœbus, par ce qu'ils ne faisoient
 Que tous les iours ses loüanges chanter,
 Et de beauté supréme le vanter:
 Pæan qui l'arc à faute point n'entése,
 Son cœur oyant luy en tressailloit d'aise.

Or sus doncques gentils supposts de la Musique, rememorez à la compaignie, qui en a esté le premier inuenteur, & que c'est que le temps y a depuis adiousté, qui ont esté les plus excellents maistres qui aient exercé ceste science: & d'auantage à combien de choses & quelles est vtile cest exercice. Voyla ce que proposa nostre maistre,

De la Musique.

Et Lysias prenant la parole, Tu demandes, dit-il, Onesicrates, vne question qui a esté proposee par plusieurs: car la plus part des philosophes Platoniques, & les meilleurs des Peripateticiens se sont employez à composer & escrire de l'ancienne Musique, & de la corruption qui depuis y a esté adioustee: mais les plus sçauans Grammairiens & Musiciens ont mis ou employé beaucoup de peine à en escrire, aussi y a-il beaucoup de dissension entre-eux. Heraclides au recueil qu'il a fait des hommes qui ont esté excellents en la Musique, escrit qu'Amphion a esté le premier qui a inuenté l'vsage de chanter sur la Cithre, & la poësie Citharistique, estant fils d'Antiope & de Iupiter, qui luy enseigna ceste façon de chanter: ce qui se preuue par vn roolle qui est soigneusement gardé en la ville de Sicyone, auquel sont nommees les presbtresses d'Argos, les poëtes, & les Musiciens. En ce mesme aage fut aussi Linus, natif de l'Isle d'Eubœe, qui composa des lamentations funebres: & Anthes natif d'Anthedone, au pays de la Bœoce, qui a fait des hymnes: & Pierius natif de la ville de Pierie, qui composa le poëme des Muses: & Philammon natif de Delphes, qui feit la natiuité d'Apollo & de Diane en chansons, & fut celuy aussi qui inuenta premierement les danses que l'on danse au Temple d'Apollo en Delphes. Et Thamyris natif de la Thrace eut la meilleure voix, & chanta plus melodieusement qu'homme qui fust de ce temps-là, tellement qu'il prouoqua les Muses, & chanta à elles, ainsi comme disent les poëtes. L'on escrit que ce fut luy qui composa la guerre des Titans alencontre des Dieux. Aussi dit-on, que Demodocus natif de Corcyre fut vn ancien Musicien, lequel feit la destruction de Troye, & les nopces de Venus & de Vulcain. Et que Phemius natif d'Ithaque feit le retour des Grecs, qui retournerent de Troye auec Agamemnon. Si dit que la diction de ces poëmes-là n'estoit pas prose folüe, & sans mesure de pieds, ains qu'elle estoit comme celle de Stesichorus & des autres anciens compositeurs de chansons, qui faisoient des carmes, & puis y adioustoiẽt des chants: car il dit, que Terpander mesme estoit vn poëte de chansons à chanter sur la Cithre, qui selon chascune loy adioustoit à ses carmes & à ceux d'Homere des chants qu'il chantoit és ieux de pris, où les Musiciens chantoient les vns contre les autres: & dit que ce fut luy qui imposa le premier les noms aux loix, c'est à dire, aux airs & façons de chanter sur la Cithre: à l'imitation duquel Terpander, Clonas fut le premier qui composa les loix des fleutes, & les Prosodies, c'est à dire, cantiques d'entree és sacrifices, & fut aussi poëte, qui escriuit des Elegies & des vers hexametres. Et Polymnestus le Colophonien, qui fut apres luy, vsa semblablement de mesmes poëmes. Or les loix des fleutes dont vsoient ces bonnes gens-là, Onesicrates, estoient Apothetus, Elegies, Comarchios, Schœnion, Cepion, Tenedius, & Trimeles. Mais depuis furent inuentees celles que lon appelle Polymnasties: mais les loix du ieu de la Cithre furent long temps deuant celles des fleutes inuentees du temps de Terpander, qui deuant nomma celles de la Cithre la Bœotiene, Æoliene, Trochaique, & Aiguë, Cepion & Terpandriene, & encore Tetraœdiene: aussi a encore fait ce mesme Terpander des poëmes ou preludes de la Cithre en vers. Or que les loix des Cithres des anciens fussent composees en vers hexametres, Timotheus le donne à cognoistre: car meslant les premieres loix en ses carmes, il vsa de la diction Dithyrambique, à fin qu'il ne semblast incontinent qu'il pechast contre l'ancienne musique. Ce Terpander a esté excellent en l'art de iouër de la Cithre: car on trouue aux Tables anciennes des ieux Pythiques, qu'il en a emporté quatre fois le pris tout de rang, & est fort ancien en l'ordre des temps: car Glaucus d'Italie le met plus ancien mesme que n'est Archilochus, en vn traitté qu'il a fait des poëtes & musiciens anciens, car il dit qu'il est second apres ceux qui ont institué le ieu des fleutes: & Alexandre en son recueil de ceux de la Phrygie, escrit qu'Olympius fut le premier qui apporta en la Grece le battement des chordes, & aussi les Idees Dactyles, & que

Hyagnis

De la Musique. 661

A Hyagnis fut le premier qui ioüa des fleutes, & puis apres son fils Marsyas, & puis Olympus, & que Terpander imita les carmes d'Homere, & les chants d'Orpheus. Mais quant à Orpheus, il semble qu'il n'imita personne, attendu que deuant luy il n'y en auoit pas vn, sinon les poëtes pour chanter sur les fleutes, ausquels les œuures d'Orpheus ne ressemblent aucunement. Et ce Clonas poëte des loix des fleutes, qui fut vn peu apres le temps de Terpander, fut natif de Tegee, ainsi comme disent les Arcadiens : ou bien, ainsi que disent les Bœotiens, de la ville de Thebes. Apres Terpander & Clonas on met Archilochus, combien que quelques autres historiens escriuent, que Ardalus Trœzenien ordonna la Musique des fleutes, & qu'il y eut aussi vn Polymnestus poëte, fils de Meles Colophonien, qui auec vne femme nommee Polymneste feit les loix des fleutes. Il est vray que ceux qui ont compilé les tables font mention, que Clonas feit ces deux loix Apotherus & Schœnion, & quant à ce Polymnestus, Pindare & Alcman, poëtes de chansons, en font mention, & disent
B que Philammon ancien natif de Delphes, composa les loix de la Cithre, qui ont esté faittes par Terpander. En somme, le chant sur la Cithre de Terpander continua en sa simplicité iusques à l'aage de Phrynis : car il n'estoit pas anciennement loisible de chanter ainsi sur la Cithre à volonté, comme lon fait maintenant, ny de transferer les harmonies ny les rythmes : car ils gardoient à chascune loy sa propre tension des chordes : c'est pourquoy elles estoient appellees loix, pour ce qu'il n'estoit pas loisible de transgresser en chascune de ces loix l'espece de tension des chordes qui luy estoit accoustumee : car apres auoir par acquit chanté vn peu des Dieux, ils sortoient incontinent à la poësie d'Homere & des autres poëtes, ce que lon peut voir clairement par les preludes de Terpander : & fut faitte la forme de la Cithre du temps de Cepion, disciple de Terpander, laquelle fut appellee Asiade, pour ce que les ioüeurs de Cithre de Lesbos, qui est tout ioignant l'Asie, en vserent d'vne telle forme, & dit-on que Periclitus fut le dernier ioüeur de Cithre, qui gaigna le prix és ieux Carniens
C en Lacedæmone, estant natif de Lesbos, apres la mort duquel faillit à Lesbos la continuation de la succession des ioüeurs de Cithre. Il y en a qui s'abusans cuident que Hipponax ait esté du mesme temps que Terpander, & il semble que Periclitus mesme ait esté plus ancien, que non pas Hipponax. Mais aiant exposé les loix du chant des fleutes & des Cithres ensemble, nous passerons maintenant à exposer celles qui sont propres aux ioüeurs des fleutes seulemét : car on tient que le susdit Olympus estant ioüeur de fleutes, venu de la Phrygie, feit la loy des fleutes sur Apollo, laquelle s'appelle Polycephalus, & dit-on que cest Olympus est vn des descendans du premier Olympus, fils de Marsyas, qui feit les loix sur les Dieux : car estant aimé de Marsyas, & aiant appris de luy à ioüer des fleutes, il apporta les loix Harmoniques en la Grece, desquelles à present vsent les Grecs és festes des Dieux. Les autres disent que ceste loy de Polycephalus est de Crates, qui fut disciple d'Olympus : mais Pra-
D tinas escrit que ceste loy est d'vn autre Olympus plus recent, & que l'autre loy, qui s'appelle Harmatias, ce fut le premier Olympus disciple de Marsyas qui la feit, & quelques-vns tiennent que ce Marsyas auoit nom Masses : les autres disent Marsyas, fils de Hyagnis, qui le premier inuenta l'art de ioüer de la fleute. Mais que ç'ait esté Olympus qui ait fait la loy, qui s'appelle Harmatias, on le peult voir par les tables des anciens poëtes que Glaucus a compilees, & peult-on aussi par là mesme apprendre, que Stesichorus natif de Himere ne se proposa à imiter ny Terpander, ny Antilochus, ny Thales, ains Olympus, vsant de la loy Harmatias, & de l'espece qui est par dactyle, laquelle aucuns disent estre de la loy Orthiee : les autres disent que ce ont esté les Mysiens qui ont inuenté ceste loy, pour ce qu'il y a eu autrefois quelques ioüeurs de fleutes de la Mysie. Et y a aussi vne autre ancienne loy qui s'appelloit Cradias, que Hipponax dit, que Mimnermus ioüoit : car du commancement les

Tttt iij

De la Musique.

ioüeurs de fleutes iouoient des Elegies mises en chant: ce que nous monstrent les tables & registres du ieu de pris des Musiciens, en la feste des Panatheneiens. Aussi y a-il eu vn Sacadas Argien, poëte de chansons & d'Elegies mises en chant, lequel est nombré entre les bons poëtes, & és tables est enregistré auoir gaigné le pris par trois fois aux ieux Pythiens. Pindare mesme en fait mention. Et comme ainsi soit qu'il y ait trois modes selon Polymnestus & Sacadas, à sçauoir la Phrygiene, & la Doriene, & la Lydiene, que Sacadas feit en chascune d'icelles vn tourdion, & qu'il enseigna le Chorus à chanter le premier en mode Doriene, le second en Phrygiene, & le tiers en Lydiene, & que ceste loy-là s'appelle Trimeres, à cause de ces trois tourdions, toutefois aux tables & registres des anciens poëtes qui sont en Sicyone, il est noté que ce fut Clonas qui inuenta ceste loy Trimeres. Le premier estant doncques de la musique, qui a esté ordonné & institué en la ville de Sparte par Terpander, estoit tel. Le deuxième fut ordonné, ainsi que lon tient plus communément, par Thales Gortynien, Xenodamus Cytherien, & Xenocritus Locrien, & Polymnestus Colophonien, & Sacadas Argien, comme les principaux autheurs & conducteurs: car ce ont esté ceux qui ont premierement institué en Lacedæmone les danses nuës, qu'ils appellent Gymnopædies, & en Arcadie les Demonstrations qu'ils appellent, & en Argos les Endymaties: & estoient Thales, Xenodamus & Xenocritus poëtes de chants de victoire, qui s'appellent Pæans: & Polymnestus de ceux que lon appelle Orthiens, & Sacadas d'Elegies. Les autres disent que Xenodamus a esté poëte de Hyporchemates, c'est à dire cantiques au son desquels on dansoit és festes des Dieux, & non pas des Pæans, comme Pratinas. Et encore auiourd'huy a-lon en main vne chanson de cestuy Xenodamus, qui manifestement est vn Hyporcheme, duquel genre de poësie Pindare mesme vse. Et qu'il y ait difference entre vn Pæan & vn Hyporcheme, les œuures mesme de Pindare le monstrent, car il a escrit des vns & des autres. Et Polymnestus a fait aussi des loix du ieu de fleutes, & en celle qui se nomme Orthie, il a vsé de melodie, ainsi comme disent les Harmoniques: mais nous ne le sçaurions asseurer au vray, d'autant que les anciens n'en ont rien laissé par escrit. Aussi doubte-lon si Thaletas le Candiot a esté poëte de Pæans: car Glaucus disant, qu'il a esté apres Archilochus, escrit bien qu'il a imité ses chansons, mais qu'il les a estenduës d'auantage, & qu'il entremesla le rythme Maronien, & celuy de Candie parmy sa melodie, dequoy iamais Archilochus n'auoit vsé, ny Orpheus, ny Terpander: car on dit que ce Thaletas apprit à le faire du ieu d'Olympus, & qu'il fut tenu pour bon poëte. Quant à Xenocritus natif de Locres en Italie, il n'est pas resolu s'il a esté poëte de Pæans: car on dit bien qu'il prenoit des subiects de faicts Heroïques, de maniere qu'il y en a qui appellent ses arguments des Dithyrambes. Glaucus dit bien que Thaletas estoit plus ancien d'aage que Xenocritus. Et Olympus, ainsi comme a escrit Aristoxenus, est reputé auoir esté inuenteur du genre de Musique Enarmonique, car au parauant luy tout estoit ou Diatonique, ou Chromatique: & coniecture-lon que l'inuention en fut de telle sorte: car Olympus prattiquant le Diatonique, & passant souuent son chant iusques à la note Parypate diatonique, qui est, tantost de la Paramese, tantost de la Mese, & passant outre la Lichanos diatonique, il entendit la douceur & beauté de telle affection, & ainsi admirant la composition de telle proportion, & la trouuant bonne en celuy-là, il la feit en la mode Doriene: car il ne touche point à ce qui est propre au genre Diatonique, ny au Chromatique. Tel fut le commencement de l'Enarmonique. Car ils mettent le premier vn Spondee, auquel nulle des diuisions ne monstre ce qui luy est propre ne peculier, si ce n'estoit que eu esgard au vehement Spondiasme, on ne vouloit dire & coniecturer que ce fust Diatonique: aussi est-il manifeste qu'il mettra faulx & discord, qui le mettra ainsi, pour autant qu'il est d'vne diese moindre que le ton posé

aupres

De la Musique.

auprès du prince discordant, pource que si quelqu'vn met en la puissance d'vn ton, ce qui est propre au vehement Spondiasme, il aduiendra qu'il mettra tout ioignant l'vn l'autre, deux Diatoniques, l'vn simple, & l'autre composé: car l'Enarmonique renforcé sur la Mese b fa, b mi, dont lon vse maintenant, n'est pas de ce poëte. Cela est facile à apperceuoir, si lon prend garde en oyant vn qui iouë des fleutes à la vieille mode: car le demy ton és meses est incomposé. Voyla doncques le commancement des Enarmoniques. Mais depuis le demy ton a esté diuisé és Lydiens & Phrygiens, & semble que Olympus ait augmété la Musique, parce qu'il a introduit ce qui n'auoit point encore esté trouué, & qui estoit ignoré de ceux qui auoient esté deuant luy, & qu'il a esté autheur de la Grecque & belle Musique. Il faut aussi parler des rythmes, c'est à dire nombres & mesures: car on a aussi inuenté certains genres & especes de rythmes, & y a eu diuers ouuriers de chants & de rythmes. Car la premiere innouation de Terpander introduisit vn beau moyen en la Musique, duquel il vsa luy-mesme adherant à la belle forme: autant en feit Thaletas & Sacadas. Car ceux-là sont suffisans à faire des rythmes sans sortir de la belle forme. Aussi y a-il vne innouation de Alcman, prise de Stesichorus qui ne se depart non plus de la belle forme. Mais Crexus, Timotheus & Philoxenus, & ceux qui ont esté enuiron cest aage-là, sont vn peu trop importunément amateurs de nouueautez, en affectant celuy que lon appelle maintenant humain & positif thematique. Car le peu de chordes, & la simplicité & grauité en toute sorte plaisoit à l'antiquité. Ayant doncques parlé de la premiere Musique, selon ma puissance, & des premiers autheurs qui l'ont inuentee, & par qui elle a depuis de temps en temps par leurs additions esté augmentee, ie mettray icy fin à mon propos, & donneray lieu de parler à nostre amy Soterichus, homme non seulement ayant bien estudié en la Musique, & y estant bien exercité, mais aussi en toute autre science & litterature liberale: car quant à moy, ie suis plus exercité à la manuelle prattique de la Musique. Lysias ayant ainsi parlé meit fin à son propos: & Soterichus apres luy parla ainsi, Onesicrates tu nous as côuiez à discourir de la venerable & aux Dieux agreable Musique: quant à moy, ie prise grandement mon maistre Lysias, tant pour son bon entendement, que pour sa memoire, qu'il nous a monstree, en nous recitant les autheurs & inuenteurs de la premiere Musique, & ceux qui ont escrit d'icelle: seulement luy veux-je ramenteuoir vne chose, c'est qu'il a prouué son dire par les registres & memoires de ceux qui en ont escrit, & non autrement. Mais quant à moy ie n'estime point que ç'ait esté vn homme qui ait inuenté tant de biens que nous apporte la Musique, ains cuide que ç'ait esté le Dieu qui est orné de toutes vertus, Apollo. Car ce n'a esté ny Marsias, ny Olympus, ny Hyagnis qui a trouué l'vsage de la fleute, comme quelques vns estiment, ce que lon peut cognoistre par les danses & les sacrifices que lon faict au son des auboys & des fleutes à Apollo, ainsi comme Alcæus, entre autres, a laissé par escrit en quelqu'vn de ses Hymnes: & d'auantage l'assiette de son image en l'Isle de Delos, qui tient en sa main droicte son arc, & en sa gauche les Graces, dont chascune tient quelque instrument de Musique, l'vne tient la Lyre, l'autre le auboys, & celle du milieu vne fleute, qu'elle approche de sa bouche. Et à fin que vous ne pensiez que i'aye controuué ce propos, Anticles & Hister le quottent ainsi en leurs Commentaires: & est ceste image si fort antique, & la dedicace d'icelle, qu'ils disent qu'elle est faicte du temps mesme que viuoit Hercules. Et d'auantage quand l'enfant apporte le laurier de la vallee de Tempe en la ville de Delphes, il y a vn iouëur de auboys qui l'accompagne & marche apres luy, & mesmes les sacrifices que lon souloit anciennement enuoyer des Hyperborees iusques en l'Isle de Delos, estoient accompagnez de ioüeurs de auboys, de fleutes & de cythres. Les autres disent encore plus, que luy mesme ioüa des auboys, ainsi comme dict vn tresbon poëte de chansons Alcman. Et Corinna y ad-

Tttt iiij

De la Musique.

ioüeurs de fleutes ioüoient des Elegies mises en chant : ce que nous monstrent les tables & registres du ieu de pris des Musiciens, en la feste des Panatheneiens. Aussi y a-il eu vn Sacadas Argien, poëte de chansons & d'Elegies mises en chant, lequel est nombré entre les bons poëtes, & és tables est enregistré auoir gaigné le pris par trois fois aux ieux Pythiens. Pindare mesme en fait mention. Et comme ainsi soit qu'il y ait trois modes selon Polymnestus & Sacadas, à sçauoir la Phrygiene, & la Doriene, & la Lydiene, que Sacadas feit en chascune d'icelles vn tourdion, & qu'il enseigna le Chorus à chanter le premier en mode Doriene, le second en Phrygiene, & le tiers en Lydiene, & que ceste loy-là s'appelle Trimeres, à cause de ces trois tourdions, toutefois aux tables & registres des anciens poëtes qui sont en Sicyone, il est noté que ce fut Clonas qui inuenta ceste loy Trimeres. Le premier estant doncques de la musique, qui a esté ordonné & institué en la ville de Sparte par Terpander, estoit tel. Le deuxième fut ordonné, ainsi que lon tient plus communément, par Thales Gortynien, Xenodamus Cytherien, & Xenocritus Locrien, & Polymnestus Colophonien, & Sacadas Argien, comme les principaux autheurs & conducteurs : car ce ont esté ceux qui ont premierement institué en Lacedæmone les danses nuës, qu'ils appellent Gymnopædies, & en Arcadie les Demonstrations qu'ils appellent, & en Argos les Endymaties : & estoient Thales, Xenodamus & Xenocritus poëtes de chants de victoire, qui s'appellent Pæans : & Polymnestus de ceux que lon appelle Orthiens, & Sacadas d'Elegies. Les autres disent que Xenodamus a esté poëte de Hyporchemates, c'est à dire cantiques au son desquels on dansoit és festes des Dieux, & non pas des Pæans, comme Pratinas. Et encore auiourd'huy a-lon en main vne chanson de cestuy Xenodamus, qui manifestement est vn Hyporcheme, duquel genre de poësie Pindare mesme vsé. Et qu'il y ait difference entre vn Pæan & vn Hyporcheme, les œuures mesme de Pindare le monstrent, car il a escrit des vns & des autres. Et Polymnestus a fait aussi des loix du ieu de fleutes, & en celle qui se nomme Orthie, il a vsé de melodie, ainsi comme disent les Harmoniques : mais nous ne le sçaurions asseurer au vray, d'autant que les anciens n'en ont rien laissé par escrit. Aussi doubte-lon si Thaletas le Candiot a esté poëte de Pæans : car Glaucus disant, qu'il a esté apres Archilochus, escrit bien qu'il a imité ses chansons, mais qu'il les a estenduës d'auantage, & qu'il entremesla le rythme Maronien, & celuy de Candie parmy sa melodie, dequoy iamais Archilochus n'auoit vsé, ny Orpheus, ny Terpander : car on dit que ce Thaletas apprit à le faire du ieu d'Olympus, & qu'il fut tenu pour bon poëte. Quant à Xenocritus natif de Locres en Italie, il n'est pas resolu s'il a esté poëte de Pæans : car on dit bien qu'il prenoit des subiects de faicts Heroïques, de maniere qu'il y en a qui appellent ses arguments des Dithyrambes. Glaucus dit bien que Thaletas estoit plus ancien d'aage que Xenocritus. Et Olympus, ainsi comme a escrit Aristoxenus, est reputé auoir esté inuenteur du genre de Musique Enarmonique, car au parauant luy tout estoit ou Diatonique, ou Chromatique : & coniecture-lon que l'inuention en fut de telle sorte : car Olympus prattiquant le Diatonique, & passant souuent son chant iusques à la note Parypate diatonique, qui est, tantost de la Paramese, tantost de la Mese, & passant outre la Lichanos diatonique, il entendit la douceur & beauté de telle affection, & ainsi admirant la composition de telle proportion, & la trouuant bonne en celuy-là, il la feit en la mode Doriene : car il ne touche point à ce qui est propre au genre Diatonique, ny au Chromatique. Tel fut le commencement de l'Enarmonique. Car ils mettent le premier vn Spondee, auquel nulle des diuisions ne monstre ce qui luy est propre ne peculier, si ce n'estoit que eu esgard au vehement Spondiasme, on ne vouloit dire & coniecturer que ce fust Diatonique : aussi est-il manifeste qu'il mettra faulx & discord, qui le mettra ainsi, pour autant qu'il est d'vne diese moindre que le ton posé

aupres

De la Musique. 662

A auprés du prince discordant, pource que si quelqu'vn met en la puissance d'vn ton, ce qui est propre au vehement Spondiasme, il aduiendra qu'il mettra tout ioignant l'vn l'autre, deux Diatoniques, l'vn simple, & l'autre composé: car l'Enarmonique renforcé sur la Mese b fa, b mi, dont lon vse maintenant, n'est pas de ce poëte. Cela est facile à apperceuoir, si lon prend garde en oyant vn qui ioüe des fleutes à la vieille mode: car le demy ton és meses est incomposé. Voyla doncques le commancement des Enarmoniques. Mais depuis le demy ton a esté diuisé és Lydiens & Phrygiens, & semble que Olympus ait augmété la Musique, parce qu'il a introduit ce qui n'auoit point encore esté trouué, & qui estoit ignoré de ceux qui auoient esté deuant luy, & qu'il a esté autheur de la Grecque & belle Musique. Il faut aussi parler des rythmes, c'est à dire nombres & mesures: car on a aussi inuenté certains genres & especes de rythmes, & y a eu diuers ouuriers de chants & de rythmes. Car la premiere innouation de Terpander introduisit vn beau moyen en la Musique, duquel il vsa luy-mesme adherant
B à la belle forme: autant en feit Thaletas & Sacadas. Car ceux-là sont suffisans à faire des rythmes sans sortir de la belle forme. Aussi y a-il vne innouation de Alcman, prise de Stesichorus qui ne se depart non plus de la belle forme. Mais Crexus, Timotheus & Philoxenus, & ceux qui ont esté enuiron cest aage-là, sont vn peu trop importunément amateurs de nouueautez, en affectant celuy que lon appelle maintenant humain & positif thematique. Car le peu de chordes, & la simplicité & grauité en toute sorte plaisoit à l'antiquité. Ayant doncques parlé de la premiere Musique, selon ma puissance, & des premiers autheurs qui l'ont inuentee, & par qui elle a depuis de temps en temps par leurs additions esté augmentee, ie mettray icy fin à mon propos, & donneray lieu de parler à nostre amy Soterichus, homme non seulement ayant bien estudié en la Musique, & y estant bien exercité, mais aussi en toute autre science & litterature liberale: car quant à moy, ie suis plus exercité à la manuelle pratique de la Musique. Lysias ayant ainsi parlé meit fin à son propos: & Soterichus apres
C luy parla ainsi, Onesicrates tu nous as coüiez à discourir de la venerable & aux Dieux agreable Musique: quant à moy, ie prise grandement mon maistre Lysias, tant pour son bon entendement, que pour sa memoire, qu'il nous a monstree, en nous recitant les autheurs & inuenteurs de la premiere Musique, & ceux qui ont escrit d'icelle: seulement luy veux-je ramenteuoir vne chose, c'est qu'il a prouué son dire par les registres & memoires de ceux qui en ont escrit, & non autrement. Mais quant à moy ie n'estime point que ç'ait esté vn homme qui ait inuenté tant de biens que nous apporte la Musique, ains cuide que ç'ait esté le Dieu qui est orné de toutes vertus, Apollo. Car ce n'a esté ny Marsias, ny Olympus, ny Hyagnis qui a trouué l'vsage de la fleute, comme quelques vns estiment, ce que lon peut cognoistre par les danses & les sacrifices que lon faict au son des auboys & des fleutes à Apollo, ainsi comme Alcæus, entre autres, a laissé par escrit en quelqu'vn de ses Hymnes: & d'auan-
D tage l'assiette de son image en l'Isle de Delos, qui tient en sa main droicte son arc, & en sa gauche les Graces, dont chascune tient quelque instrument de Musique, l'vne tient la Lyre, l'autre le auboys, & celle du milieu vne fleure, qu'elle approche de sa bouche. Et à fin que vous ne pensiez que i'aye controuué ce propos, Anticles & Hister le quottent ainsi en leurs Commentaires: & est ceste image si fort antique, & la dedicace d'icelle, qu'ils disent qu'elle est faicte du temps mesme que viuoit Hercules. Et d'auantage quand l'enfant apporte le laurier de la vallee de Tempe en la ville de Delphes, il y a vn ioüeur de auboys qui l'accompagne & marche apres luy, & mesmes les sacrifices que lon souloit anciennement enuoyer des Hyperborees iusques en l'Isle de Delos, estoient accompagnez de ioüeurs de auboys, de fleutes & de cythres. Les autres disent encore plus, que luy mesme ioüa des auboys, ainsi comme dict vn tresbon poëte de chansons Alcman. Et Corinna y ad-

Tttt iiij

iouste d'auantage, que ce fut Diane qui luy monstra à en iouër, tant est chose saincte & auguste que le ieu des fleutes, qui est inuention des Dieux: aussi en vsoient les antiques dignement, comme de tous autres exercices, là où ceux de maintenant reiettans & desdaignans ce qu'il y a de grandeur & de maiesté en elle, au lieu de celle virile, saincte, & aux Dieux agreable, Musique, ils en introduisent aux theatres vne toute effeminee, & affectee. C'est pourquoy Platon au troisiéme liure de sa Republique se courrouce de telle Musique, & reiette l'harmonie Lydiene qui est propre à lamenter, comme aussi dict-on que sa premiere constitution fut lamentable. Car Aristoxenus en son premier liure de la Musique dict, qu'Olympus sonna des auboys vne lamentation funebre sur la mort de Python en mode Lydiene. Il y en a d'autres qui disent que ce fut Melampides qui l'inuenta, & qui commença le chant. Et Pindare en ses Pæans dict, que la mode Lydiene fut premierement enseignee aux nopces de Niobe: les autres, que ce fut vn Torebus qui vsa le premier de telle harmonie, comme l'escrit Dionysius Iambus. La Mixolydiene aussi est pleine d'affection, & pour ceste cause conuenable aux Tragœdies. Aristoxenus escrit que ç'a esté Sappho qui la premiere a inuenté ceste Mixolydiene, de laquelle depuis les ioueurs de Tragœdies l'ont apprise & l'ont conioincte auec la Doriene, parce que l'vne luy donne la magnificence & la dignité, & l'autre les affections, & la Tragœdie est meslee de ces deux choses-là: toutefois és roolles & registres de ceux qui ont escrit des Musiciens, il est dict que Pythoclides iouëur de auboys en fut le premier inuenteur. Et Lysis met que Lamprocles Athenien ayant apperçeu que la disionction n'est pas là où presque tous les autres la pensoient, ains est vers le hault & aigu, en feit vne telle forme, comme depuis la Paramese iusques à l'Hypate des Hypates. La soubs-Lydiene aussi, si elle est contraire à la Mixolydiene, ressemblant presque à l'Ionique, fut, à ce que lon dict, trouuee par Damon Athenien. Mais de ces deux harmonies l'vne estant lugubre & lamentable, l'autre dissoluë & eneruee, Platon à bon droict les refusant, choisit la Doriene, comme celle qui est mieux seante aux vaillans & sobres hommes: non pas qu'il ignorast, comme mesme Aristoxenus le dict en son second liure des Musiciens, qu'il y eust encore és autres quelque chose vtile à la conseruation de la Chose publique. Car Platon estudia fort en la Musique, y ayant esté auditeur de Draco Athenien, & de Metellus Agrigentin. Mais d'autant qu'il y a plus de grauité & de dignité en la Doriene, il la prefera aux autres: toutefois il n'ignoroit pas que Pindare, Alcman, Simonides & Bacchilides auoient escrit plusieurs Parthenies, & encore des Prosodies, des Pæans, voire des lamentations tragiques à la Doriene, & mesme iusques à des chansons amatoires. Il luy suffisoit de celles qui sont à la louänge de Mars, de Minerue, & des Spondees, car elles sont bien propres & suffisantes pour fortifier l'ame d'vn homme. Aussi n'ignoroit-il pas de la Lydiene, & sçauoit fort bien de l'Ioniene, que la Tragœdie vse de celle melodie. Aussi faisoient tous les anciens, lesquels n'estans pas ignorans des autres melodies, se contentoient toutefois d'vser seulement d'vne. Car l'ignorance ou faute d'experience n'estoit pas cause de ce qu'ils se rengeoient ainsi à l'estroict, & se contentoient de peu de chordes: & ne fault pas estimer que Terpander & Olympus par ignorance & faulte d'experience, ny tous leurs sectateurs ayent retrenché la multiplicité de chordes ny la varieté. Ce que tesmoignent les poëmes de Terpander & d'Olympus, & de leurs semblables: car estans simples, & n'ayans que trois chordes, ils sont plus excellents que ceux qui ont beaucoup de chordes, & qui sont bien diuersifiez, de sorte que personne ne peult imiter la maniere d'Olympus, & demeurent derriere luy tous ceux qui vsent de plusieurs chordes, & de varieté. Or que les anciens s'absteinssent de la tierce, en la spondaïque, non par ignorance, ils le monstrent assez en l'vsage de la pulsation. Car ils n'en eussent pas vsé d'accord auec la Parypate,

fils

A fils n'en euſſent bien cogneu l'vſage: mais il eſt certain que la beauté de l'affection qui ſe faict en la ſorte ſpondaïque par la troiſiéme, eſtoit cela qui amenoit leur ſentiment à hauſſer & paſſer leur chant iuſques à la Paranete : & meſme raiſon y a-il auſſi de la Nete, car ils en vſoient à la pulſation : à la Paranete en diſcord, & à la Meſe en accord. Mais en chant elles ne leur ſembloient pas propres à la ſorte ſpondaïque, & non ſeulement en ceux-là, mais auſſi en la Nete du Tetrachorde conioinct tous en vſent ainſi : car en la pulſation ils le deſaccordoient auec la Paranete & la Parameſe, & auec la Lichanos, mais en chant ils en auoient honte, pour l'affection naturelle qui en reſultoit. Il appert auſſi manifeſtement par les Phrygiens, que cela n'eſtoit point par ignorance à Olympus ny à ſes ſectateurs : car ils en vſoient non ſeulement en la pulſation, mais auſſi au chant és ſacrifices de la Mere des Dieux, & en quelques autres chants Phrygiens. Auſſi eſt-il tout euident des Hypates, que ce n'eſtoit point par ignorance qu'ils ſ'en abſtenoient és Doriens de ce Tetrachorde, car in-
B continent aux autres tons ils en vſoient. Il eſt certain que c'eſtoit ſciemment, mais pour éuiter l'affection, ils l'oſtoient en la mode Doriene, honorans la beauté d'icelle, comme auſſi és poëtes Tragiques : car iuſques auiourd'huy la Tragœdie ne ſe ſert point encore du Chromatique ny du Rythme, là où la Cithre, qui de beaucoup de generations eſt plus ancienne que la Tragœdie, en vſe. Et eſt auſſi manifeſte que le Chroma eſt plus vieil que n'eſt la Cithre. Car il faut prendre ceſte anciennetélà de l'vſage & de la pratique des hommes, pource que ſelon la nature des genres des ſons, l'vn n'eſt point plus vieil ny plus ancien que l'autre. Si donc quelqu'vn vouloit dire que Æſchylus ou Phrynicus ſe ſoient abſtenus d'vſer du Chromatique, pource qu'ils ne le ſçauoient pas, ne ſeroit-il pas abuſé grandement? Celuy-là meſme pourroit dire, que Pancrates auroit auſſi ignoré le genre Chromatique, parce que ceſtuy-là auſſi ſ'en abſtenoit le plus ſouuent : mais il en a vſé par tout en quelques vns. Ce n'eſtoit doncques pas par ignorance, mais par iugement & conſeil qu'ils ſ'en abſtenoit.
C Il imitoit doncques, ainſi comme il diſoit, la maniere de Pindare & de Simonides, & en general celle maniere que les modernes appellent l'ancienne. Meſme raiſon y a-il de Tyrtæus Mantinian, d'Andreas Corinthien, & de Thraſyllus Phliaſien, & de pluſieurs autres, leſquels nous ſçauons ſ'eſtre abſtenus par iugemét du Chromatique, de la mutation, de la multiplicité de chordes, & de pluſieurs autres choſes qui ſont en vſage commun, comme de rythmes, d'harmonies, de dictions, de chants & d'interpretations. Sans aller plus loing, Telephanes le Megarien eſtoit ſi fort ennemy des fleutes, qu'il ne vouloit pas ſouffrir que les ouuriers les meiſſent ſeulement deſſus les auboys, ains fut pour cela principalement qu'il ſ'abſtint du ieu de pris Pythique. Et generalement ſi pour n'vſer point d'vne choſe, quelqu'vn vouloit coniecturer que ce fuſt par ignorance, il condamneroit doncques comme ignorants, pluſieurs de ceux qui ſont maintenant, comme il ſera forcé qu'il condamne les Dorioniens, pource
D qu'ils meſpriſent la mode Antigenidiene : car ils n'en vſent point, & les Antigenidiens de la Dorioniene pour la meſme cauſe, & des ioüeurs de Cithre de la maniere de Timotheus. Car ils ſe ſont preſque tous mis aux rappetaſſeries, & aux poëmes de Polyidus. D'autre coſté, ſi lon conſidere ſainement & auec experience, en comparant ce qui lors eſtoit à ce qui eſt maintenant, lon trouuera que la varieté & diuerſité eſtoit alors meſme en vſage, car les anciens ont vſé de la varieté & diuerſité aux rythmes qui eſtoit fort diuerſe : ainſi faut-il dire, que la varieté des rythmes, & la diuerſité & difference auſſi des pulſations eſtoit lors plus variable : car ceux de maintenant ayment le ſçauoir, ceux de iadis les rythmes & la belle grace. Il eſt doncques manifeſte que les anciens ſ'abſtenoient de chants rompus & diminuez, non pource qu'ils ne les ſçeuſſent pas chanter, mais pource qu'ils ne les approuuoient pas. Et ne le fault pas trouuer eſtrange, car il y a beaucoup de façons de faire en la vie hu-

De la Musique.

maine que lon sçait bien, dont lon n'vse pas, mais on en est estrange, pource que l'vsage en est osté, à cause que lon y a monstré quelque chose qui n'estoit pas bien seante. Mais que ce ne soit ny par ignorance ny par faute d'experience que Platon ait reietté les autres genres de Musique, ains seulement pource qu'ils n'estoient pas bien seants à sa maniere de Chose publique, nous monstrerons puis apres qu'il estoit expert en l'Harmonique : car en sa procreation de l'ame qu'il descrit au liure de Timæus, il monstre l'estude qu'il auoit employee tant és autres Mathematiques qu'en la Musique, en ces paroles : Apres cela il remplit les doubles & les triples interualles, en retrenchant vne portion, & la mettant entre les deux, de sorte qu'en chascun interualle il y auoit deux medietez. Ce commencement là est bien d'vn homme expert en l'harmonie, ainsi comme nous monstrerons cy-apres. Il y a trois sortes de medietez primitiues, desquelles toutes autres sont tirees, l'Arithmetique, la Geometrique, & l'Harmonique : l'Arithmetique est celle qui surmonte & est surmontee de nombre égal : la Geometrique, de raison égale & semblable : l'Harmonique, ny de nombre ny de raison égale, mais de mesme partie de ses extremitez. Platon doncques voulant non seulement monstrer l'harmonie des quatre elements de l'ame, & la cause pourquoy choses ainsi diuerses s'accordent ensemble en chascun interualle, il a mis deux medietez de l'ame, selon la raison musicale. Car en l'accord de Diapason en Musique, il y a deux interualles entre les deux extremitez, desquelles nous monstrerons la proportion. Parce que l'accord de Diapason consiste en la proportion double, & pour le voir par exemple, la double proportion se fera és nombres six & douze. Ceste interualle est depuis l'Hypate des moyens, iusques à la Nete des desioincts, estant le six & le douze les deux extremitez, la Hypate des moyens le nombre de six, & la Nete des desioincts le nombre de douze. Il reste de prendre les nombres moyens entre ces deux extremes, dont les extremes soient l'vn en proportion sesquitierce, & l'autre en proportion sesquialtere, qui sont les nombres de huict & de neuf. Car six est au dessoubs de huict en proportion sesquitierce, & de neuf en proportion sesquialtere. Voyla quel est l'vn des extremes, & l'autre qui est douze, est au dessus de neuf en proportion sesquitierce, & au dessus de huict en proportion sesquialtere. Ces deux nombres doncques estans entre six & douze, & l'interualle du Diapason estant composé du Diatessaron, de laquelle & du Diapenté de la quinte il appert, que la Mese, B fa b mi, aura le nombre de huict : & la Paramese, A la mi re, le nombre de neuf. Cela faict, il y aura mesme habitude de l'Hypate à la Mese, que de la Paramese à la Nete, du tetrachorde desioinct. La mesme proportion se treuue aussi és nombres : car la mesme raison qu'il y a de six à huict, la mesme y a-il de neuf à douze : & la mesme raison qu'il y a de six à neuf, la mesme y a-il de huict à douze. Or est la proportion sesquitierce de huict à six, & de douze à neuf : & sesquialtere de neuf à six, & de douze à huict. Cela est assez pour monstrer comme Platon auoit bien estudié és Mathematiques, & y estoit fort expert. Mais que l'harmonie soit vne chose digne, grande & diuine, Aristote qui estoit disciple de Platon, le dit ainsi : L'harmonie est celeste, ayant la nature diuine, belle, & plus qu'humaine, & estant partie en quatre de sa nature, elle a deux medietez, l'vne Arithmetique, l'autre Harmonique, & les parties d'icelle, les magnitudes & les extremitez, selon le nombre & equalité de mesure : car les chants sont appropriez en deux tetrachordes. Ce sont les paroles d'Aristote, qui dict, que le corps de l'harmonie est composé de parties dissemblables, & neantmoins accordantes les vnes auec les autres, mais toutefois que les medietez d'icelle s'accordent selon la raison Arithmetique, parce que la Nete accordee auec l'Hypate à la double, faict accord & consonance de Diapason : car elle a ainsi que nous auons dict parauant, la Nete de douze vnitez, & l'Hypate de six, & la Paramese accordant auec l'Hypate en proportion sesquialtere de neuf vnitez : mais de la Mese nous disons qu'il y a huict

vnitez,

De la Musique. 664

A vnitez, & les principaux interualles de la Musique sont composez de ces deux-là, à sçauoir de la quarte, qui est en proportion sesquitierce, & de la quinte, qui est en proportion sesquialtere: & le Diapason, l'octaue, est en proportion double: aussi se conserue la proportion sesquioctaue, qui est la raison du ton. Voyla comment les parties de l'Harmonie se surmontent & sont surmontees de mesmes excés, & les medietez des medietez, tant en excés de nombres que de puissance Geometrique. Aristote doncques declare qu'elles ont telles puissances, que la Nete surmonte la Mese de sa troisiéme partie, & que l'Hypate est surmontee aussi de la Paramese semblablement, de maniere que ces excés sont du genre des choses relatiues qui se referent ailleurs, car ils surmontent & sont surmontez de mesmes parties. Par mesmes raisons & proportions doncques, les deux extrêmes sont surmontees, & surmontent la Mese & Paramese : c'est à sçauoir sesquitierce & sesquialtere, & tel est l'excés Harmonique: mais l'excés de la Nete, & de la Mese par raison Arithmetique, demonstre ses excés en egale partie, & autant la Paramese de l'Hypate: car la Paramese surmonte la Mese de proportion sesquioctaue, comme derechef la Nete est en double proportion de l'Hypate, & la Paramese de l'Hypate, en proportion sesquialtere, & la Mese sesquitierce au regard de l'Hypate. Voyla doncques comment est composee l'Harmonie, selon Aristote mesme, & de ses parties & de ses nombres, & si est composee fort naturellement de la nature, tant finissante que infinie, & du pair & non pair, elle & ses parties toutes: car elle totale est pair, estant composee de quatre termes, & ses parties & leurs raisons sont pairs & non pairs, & pairs non pairs: car la Nete est pair de douze vnitez, la Paramese non pair de neuf vnitez: la Mese pair de huict vnitez, & l'Hypate pair non pair estant de six vnitez. L'Harmonie doncques ainsi composee, & ses parties les vnes enuers les autres, tant en excés qu'en proportions, elle accorde auec soy-mesme, & auec ses parties ensemble. Mais, qui plus est, les sentimens mesmes estans inserez dedans nos corps par Harmonie, principalement les celestes & diuins, la veuë & l'ouyë, qui auec Dieu donnent l'intelligence & le discours de la raison aux hommes auec la voix, & la lumiere, nous monstrent l'Harmonie, & les autres moindres qui les suyuent, entant qu'ils sont sentimens, sont aussi composez par Harmonie: car eux accomplissent tous leurs effects, non sans Harmonie, estans bien inferieurs & moins nobles, que ces deux premiers-là, mais non pas dependans pourtant d'eux: car ceux-là entrans dedans le corps, accompagnez de ie ne sçay quoy de diuinité presente auec le discours de la raison, ont vne forte & excellente nature. Il appert doncques manifestement que les anciens Grecs faisoient fort grand compte, & non sans cause, d'estre dés la ieunesse bien instruicts en la Musique, estimans qu'il falloit former & temperer les ames des ieunes gens à la vertu & honnesteté par le moyen de la Musique, comme estant vtile à toutes choses honnestes, & que l'on doit auoir en grande recommandation, mais singulierement & principalement pour les dangers de la guerre, ausquels les vns se seruoient de auboys, comme les Lacedæmoniens, ausquels se chantoit la chanson qu'ils appelloient Castoriene auec les auboys, quand ils marchoient en ordonnance de bataille pour aller charger leurs ennemis. Les autres faisoient leurs approches, pour aller chocquer l'ennemy, au son de la lyre: comme l'on treuue que les Candiots ont bien longuement vsé de celle sorte de Musique aux perils de la guerre: les autres, iusques à nostre temps, vsent du son des trompettes: & les Argiens allans au combat de la luicte aux ieux qui s'appellent Stheniens, en leur ville vsoient du son des auboys. Ces ieux, ainsi que l'on dict, furent premierement instituez à l'honneur & memoire de leur Roy Danaus, & depuis furent derechef consacrez à l'honneur de Iupiter surnommé Sthenien: toutefois encore iusques auiourd'huy, au ieu de pris des cinq exercices, la coustume est que l'on y ioüe des auboys, encore que ce ne soit rien d'exquis, ny ancien que l'on y ioüe,

De la Musique.

ny tel qu'il auoit accouſtumé d'eſtre au temps paſſé, comme le cantique qui fut iadis compoſé par Hierax, qui s'appelloit Eudrome, pour ceſte ſorte de combat : & bien que ſoit choſe maigre & foible, ſi eſt-ce que lon y ſonne encore des auboys. Et és temps plus anciens on dict, que les Grecs ne cognoiſſoient pas meſme la Muſique theatrale, pource qu'ils en appliquoient & employoient toute la ſcience au ſeruice & à l'honneur des Dieux, & à l'inſtitution des ieunes gens, auant qu'il y euſt aucun theatre edifié en la Grece, ains eſtoit la Muſique ſeulement employee à l'honneur des Dieux és temples & ſeruice diuin, & à la celebration des loüanges des vaillans hommes, tellement qu'il eſt vray-ſemblable que ces paroles de Theatre, & de Theorein, qui ſignifie regarder l'eſbattement des ieux, beaucoup deuant la ſtructure meſme des Theatres, ont eſté deriuees de ce mot Theos, qui ſignifie Dieu. Tant y a que de nos temps il y a ſi grand accroiſſement de difference & de diuerſité, que maintenant il ne ſe faict mention quelconque de genre de Muſique, pour enſeigner, ne n'y a plus perſonne qui s'y applique, & qui en face profeſſion, ains tous ceux qui s'y mettent, s'addonnent à la theatrale pour delecter. Mais quelqu'vn me pourra dire, Mon amy, penſes-tu que les anciens n'y ayent rien adiouſté ny rien innoué ? Ie confeſſe que ſi, & dis bien qu'ils y ont adiouſté voirement de nouuelles inuentions, mais auec grauité & honneſteté : car les hiſtoriens qui ont eſcrit de ces choſes là, ont attribué à Terpander la Nete Doriene, parce que les anciens auparauant n'en vſoient point en chantant : auſſi dict-on que la mode Mixolydiene a du tout eſté inuentee depuis, & la mode de la melodie Orthiene, le cantique qui ſe nomme Orthien, par le trochæe pour ſonner à l'arme, & reſueiller les courages. Et s'il eſt vray ce que Pindare dict, que Terpander a eſté inuenteur des chants que lon chantoit és feſtins appellez Scolia, il faut bien dire que les anciens ont inuenté quelque choſe : qui plus eſt, on tient que Archilochus adiouſta les rythmes des Trimetres, & la tranſition & mutation en autres rythmes qui ne ſont pas de ſemblable genre, & la maniere comme il les faut coucher : d'auantage à luy premier s'attribuent les Epodes, les Tetrametres, le Procritique, & le Proſodiaque, & l'augmentation du premier, & par aucuns l'Elegie meſme : oultre cela la tenſion d'Iambe au Pæan, montant, & de l'Heroïque augmenté au Proſodiaque & au Cretique : & puis encore que des Iambes les vns ſe prononcent durant le battement, les autres ſe chantent, on dict que ce a eſté Archilochus qui a monſtré tout cela, & que deduis les poëtes Tragiques en ont auſſi vſé, & que Crexus fut le premier qui en tranſporta l'vſage aux chanſons Bacchanales des Dithyrambes : & dict-on meſme que ce fut luy premier qui inuenta le battement apres le chant, parce que tous les anciens battoient les chordes quant & la voix. Auſſi attribue lon à Polymnaſtus toute la mode que lon appelle maintenant Hypolydiene, & que ce fut luy qui en feit la diſſolution & la ſortie bien plus grande. Et Olympus, celuy à qui on attribue l'inuention de la Grecque, belle & legale Muſique, on dit que ce fut luy qui meit en auant le genre de l'Harmonie, & des Rythmes, le Proſodiaque où il y a la loy de Mars, & le Chorion duquel il vſe fort és ſacrifices de la Mere des Dieux, & y en a encore qui luy attribuent le Bacchius. Or eſt-il certain que nul des anciens cantiques ne les a. Et Laſus Hermonien ayant amené les rythmes aux Dithyrambes, & ſuiuy la multiplicité de voix des auboys, en vſant de pluſieurs ſons diſperſez çà & là, introduiſit vne grande mutation en la Muſique, qui n'eſtoit pas auparauant. Semblablement Melanippides qui vint apres, ne ſe conteint pas en la façon de Muſique qui eſtoit en vſage, ny Philoxenus auſſi, ny Timotheus meſme : car n'ayant la Lyre que ſept chordes iuſques à Terpander Antiſſeïen, il la ietta en plus de ſons. Et meſme la façon de ſonner du auboys, de ſimple qu'elle eſtoit auparauant, a eſté changee en façon bien plus diuerſifiee : car anciennement iuſques à ce Melanippides poëte de Dithyrambes, les ioüeurs de auboys

prenoient

De la Musique. 665

A prenoient leurs salaires des mains des poëtes, & estoient les poëtes les principaux acteurs de la Musique, & les ioüeurs de auboys n'estoient que leurs ministres soubs eux: mais depuis ceste coustume-là fut corrompue, à l'occasion dequoy Pherecrates poete Comique introduit la Musique en habit de femme, ayant tout le corps dechiré de coups de verges, & la Iustice qui luy demande la cause pourquoy & comment elle a ainsi esté fouëttee, & la Poesie luy respond ainsi,

    Ie le diray, car à le raconter
    I'auray plaisir, & toy à l'escouter.
    L'vn des premiers qui m'ont faict cest exces
    Si piteux, est vn Melanippides,
    Qui auec douze escorgees battue
    M'a faict si lasche, & si molle rendue:
    Mais il estoit encore supportable
B   Au pris du mal qui maintenant m'accable,
    Car vn certain Cinesias d'Attique,
    Maudit des Dieux auecques sa prattique,
    De tourdions rompus hors d'harmonie
    A acheué de rudoyer ma vie.
    Son Dithyrambe à gauche semble droict,
    Comme vn bouclier, à l'vn & l'autre endroict.
    Encore m'a celuy-là moins traictee
    Cruellement, & non pas tant gastee
    Comme Phrynis, lequel en me iettant
    Son tourbillon, & me pirouëttant,
    Tournant, virant, trouua douze harmonies
    Selon sa mode en cinq chordes garnies,
C   Mais toutefois celuy-là s'il failloit
    En vn costé, d'autre il le rhabilloit.
    Timotheus apres (ma bonne Dame)
    M'a dechiree à oultrance plus qu'ame,
    I'entens celuy qui natif de la ville
    De Milet m'a faict des maux mill' & mille,
    Et a passé à me greuer tous ceux
    Qui m'ont esté iamais plus outrageux,
    En amenant sa fade fourmilliere
    De ses fredons mal plaisante maniere:
    Si par chemin seule il me rencontroit
    De mes habits il me desaccoustroit,
    En me liant auecques douze chordes.

D Et Aristophanes le poete Comique fait aussi mention de Philoxenus, & dit qu'il auoit introduit les chansons aux danses rondes, & fait ainsi parler la Musique,

    Auec ses chants Hyperboleïens,
    Niglariens & Hexarmoniens,
    Comme il les nomme, il m'a toute remplie
    De fainte voix, laschee, & amollie
    Comme vne raue.

Les autres Comiques semblablement ont aussi blasonné les modernes qui ont ainsi dechiqueté en passages diminuez, & decoupé en petits morceaux la Musique: mais qu'elle ait pouuoir & efficace grande, soit à dresser, soit à tordre & deprauer les mœurs & les institutions, Aristoxenus l'a bien monstré: car il dit, que de son temps

Vuuu

De la Musique.

Telesias Thebain auoit esté de sa ieunesse instruict & nourry en la meilleure sorte de Musique, & y auoit appris des plus estimez cantiques & motets, comme entre autres de ceux de Pindarus, de Dionysius le Thebain, & de ceux de Lamprus, de Pratinas, & des autres poëtes lyriques, qui ont esté excellents pour bien toucher la Lyre: & auoit aussi appris à fort bien iouër du auboys, & suffisamment exercité en toutes autres parties de la science. Quand il eut depuis passé la fleur de son aage, il fut tellement surpris & deceu de ceste Theatrale musique ainsi diuersifiée, qu'il mesprisa le beau & bon style des anciennes musiques & poësies, auquel il auoit esté nourry, pour apprendre celles de Timotheus & de Philoxenus, & encore entre les autres celles où il y auoit plus grande diuersité & plus de nouueauté: & que s'estant mis à composer des chansons selon les differents styles à la mode de Pindarus, & à celle de Philoxenus, il ne peut iamais rencontrer à la mode de Philoxenus, & que la cause en fut la bonne nourriture & droicte institution qu'il auoit euë de son enfance. S'il y a doncques homme qui vueille bien & auec droict iugement vser de la Musique, qu'il imite l'ancienne maniere, mais cependant qu'il la remplisse encore des autres sciences, & qu'il apprenne la philosophie pour le conduire comme par la main: car c'est elle qui peut iuger quelle sorte de carmes est conuenable à la musique, & quelle luy est vtile. Parce qu'il y a trois genres principaux, esquels vniuersellement est diuisée toute la Musique, le Diatonique, le Chromatique & l'Harmonique: il fault qu'il sçache la poësie, laquelle vse de ces genres-là, & qu'il ait quant & quant attaint la suffisance de sçauoir exprimer & coucher par escrit ses inuentions poëtiques. Premierement doncques il fault penser, que toute la science de Musique est vne accoustumance, sans sçauoir encore à quelle fin il faut apprendre chasque chose que lon monstre à celuy qui apprend: apres cela il fault aussi penser qu'à cest apprentissage & institution-là on n'adiouste pas promptement l'enumeration des modes & manieres de la Musique, ains la plusart apprennent sans discretion temerairement, ce qui semble bon, & qui plaist à celuy qui apprend, ou à celuy qui enseigne: comme les Lacedæmoniens par le passé, les Mantiniens, & les Palleniens choisissoient vne des modes entre autres, ou bien peu en nombre, lesquels ils estimoient estre propres & conuenables à la reformation & correction des mœurs, & n'vsoient que de ceste musique-là. Ce qui pourra clairement apparoir si lon enquiert & considere ce que chasque science prend pour son subiect à traicter: car il est certain que le genre harmonique est celuy qui concerne & qui donne cognoissance des interualles, des composez, des sons, des tons, & des mutations de ce qu'ils appellent Hermosinenon, c'est à dire, bien-seant & conuenable, & ne luy est pas possible de passer plus auant: tellement qu'il ne fault pas requerir d'elle, qu'elle donne la cognoissance, & qu'elle puisse discerner, si le poëte a bien pris proprement & accommodeement pour exemple en musique, la mode Hypodoriene en son entree, ou la Mixolydiene & la Doriene à son yssue, ou bien la Phrygiene, ou l'hypophrygiene au milieu: car cela n'appartient point à la matiere du genre Harmonique, & a besoing de beaucoup d'autres choses: car s'il ne cognoist bien la force de la proprieté, ny le genre Chromatique, ny l'harmonique, il ne viendra iamais à auoir la puissance parfaicte de la proprieté, selon laquelle les mœurs du poeme se monstrent: car cela est l'office & le chef-d'œuure de l'ouurier: car il est manifeste que autre est la voix du composé, & autre celle du chant qui est dressé en ce composé-là, de laquelle traicter & enseigner n'appartient pas à la faculté du genre Harmonique: autant en faut-il aussi dire touchant le rythme: car nul rythme ne viendra auec la cognoissance & puissance de la parfaicte proprieté en soy: car ce que nous appellons propre, c'est tousiours eu esgard & le referant aux mœurs, dequoy nous disons que la cause est en la composition ou mixtion, ou en tous les deux ensemble, comme ce qu'Olympus a mis le genre Harmonique
monique

A monique en la mode Phrygiene, meslé auec le Pæon Epibate: car ce commencement là a engendré ce que nous appellons les mœurs en la loy & cantique de Minerue: car estant la melodie & le rythme artificiellement adioustee, & estant transmué le rythme seulement, & mis vn trochee au lieu d'vn Pæon, de là fut composé le genre harmonique d'Olympus. Et neantmoins demourant le genre Enarmonique & la mode Phrygiene, & oultre cela encore tout le composé, les mœurs ont receu vne grande alteration: car l'Harmonie qui est en ceste loy de Minerue est bien differente en mœurs du commun vsage. Si doncques à celuy qui seroit expert en la Musique estoit encore ioinct le iugement & la faculté de iuger, il est certain que celuy-là seroit vn parfaict ouurier & maistre passé en la Musique: car celuy qui sçait la mode Doriene sans sçauoir iuger & discerner la proprieté, il ne sçaura ce qu'il fera, ny ne conseruera pas les mœurs, attendu que lon doubte mesmes des modulations Doriennes, à sçauoir si elles appartiennent à la matiere Harmonique ou non, comme quelques vns des Doriens le pensent. Pareille raison y a-il de toute la science rythmique, car celuy qui sçait le Pæon ne sçaura pas incontinent la proprieté de son vsage, parce que lon doubte mesme des façons de rythmes Pæoniques, à sçauoir si la matiere rythmique en peut donner le iugement & la cognoissance: ou si, comme quelques vns disent, elle ne s'estend pas iusques à là: il faut doncques qu'il y ait pour le moins deux cognoissances en celuy qui veult faire discretion & iuger entre le propre & l'estrange: premierement celle des mœurs pour lesquelles toute la composition est faicte, & puis des parties dont la composition est constituee. Cela doncques suffise, pour monstrer que ny l'harmonique, ny la rythmique, ny aucune de celles facultez de la Musique, que lon nomme particulieres, n'est suffisante de soy-mesme seule pour iuger des mœurs & des autres qualitez. Comme ainsi soit doncques que le Hermosmenon, comme qui diroit, le bien seant, se diuise en trois genres egaux, les grandeurs des composez, les puissances des sons, & les puissances aussi des tetrachordes, les anciens n'ont traicté que d'vn seul: car ceux qui ont esté deuant nous, n'ont consideré & escrit ny du Chrome, ny du Diatone, ains seulement de l'Enarmonien, & de celuy-là encore en vne seule grandeur de composé, qui s'appelle Diapason, l'octaue: & du Chrome, ils en estoient en different, & presque tous s'accordoient à dire, qu'il n'y auoit que celle Harmonie seule. Parquoy iamais n'entendra ce qui appartient à la matiere Harmonique celuy qui aura penetré iusques à celle cognoissance, ains appert qu'il faut qu'il suyue & les particulieres sciences, & le corps aussi total de la Musique, & encore les mixtions & compositions des parties: car celuy qui n'est que Harmonique, est confiné en vn certain genre seulement. A parler doncques en general vniuerfellement, il fault que & le sentiment exterieur, & l'entendement interieur, aillent & se rencontrent ensemble au iugement des parties de la Musique, & non pas que l'vn preuienne & aille deuant, comme font les sentimens qui sont trop vistes & precipitez, ny aussi demeure derriere, comme font les tardifs & difficiles à émouuoir: mais il aduient aucunefois en quelques sentiments l'vn & l'autre ensemble, qu'ils se hastent & demeurent à cause d'vne naturelle inegalité qu'ils ont. Il faut doncques oster au sentiment & retrencher ce qu'il y aura de trop, à fin qu'ils marchent ensemble: car il est necessaire qu'il y ait tousiours trois choses pour le moins, qui se rencontrent ensemble en l'ouye, le son, le temps, & la syllabe ou la lettre: & aduiendra que du chemin selon le son, se cognoistra le Hermosmenon: le bien proportioné du chemin selon le temps, le rythme: & du chemin selon la lettre ou la syllabe, ce qui s'appelle les mœurs: & quand ils marchent ensemble, il est force qu'il se face rencontre du sentiment: aussi est-il manifeste que le sentiment ne pouuant separer & discerner chascune de ces trois choses, & les suyure & accompagner particulierement, il est impossible qu'il puisse cognoistre ne iuger ce qu'il y a de bien

De la Musique.

ou de mal en chascune particularité. Premierement doncques il fault cognoistre de la continuation, car il est necessaire qu'il y ait en la puissance & faculté de iuger vne continuation, parce que le bien & le mal ne sont pas determineement en tels sons, ou en tels temps, ou en telles lettres, mais en la suitte & continuation d'icelles, d'autant que c'est vne mixtion de parties qui ne peuuent estre conioinctes en vsage: & quant à la suitte, cela suffise. Apres cela il fault considerer, que les hommes sçauants maistres en la musique ne sont pas encore suffisans pour en iuger: car il est impossible d'estre parfaict musicien, & parfaict iuge des parties qui semblent estre de la totale musique, comme de la science des instruments, & du chant, & de l'exercitation des sentiments, ie dis de celle qui tend à l'intelligence de sçauoir cognoistre l'Hermosmenon, le bien proportionné, & du Rythme, & outre cela de la matiere Rythmique & Harmonique, & de la speculation touchant le battement & la diction, & s'il y en a encore quelques autres, & pour quelle cause il est impossible d'estre bon iuge & apte à iuger d'icelles par elles mesmes: il nous fault rascher à l'entendre, premierement parce que des choses qui nous sont proposees à iuger, les vnes sont parfaictes, les autres imparfaictes: parfaictes comme chasque œuure poëtique qui est ou chantee ou iouee auec les auboys, ou sonnee sur la cithre: & puis l'interpretation que lon appelle desdicts poëmes, comme le ieu des fleutes ou le chant, & autres semblables imparfaictes, celles qui tendent à celles-là, & qui sont pour celles-là, comme sont les parties de celle que lon appelle interpretation. Secondement de la Poësie, car elle en est aussi: par ce aussi bien pourroit on iuger en oyant le ioüeur, si les auboys sont d'accord ou non, & si le langage en est clair, ou au contraire: & chascune d'icelle chose est partie de l'interpretation des auboys, non pas la fin, ains qui se faict pour la fin: car les mœurs de l'interpretation se iugeront de là, & des causes semblables, si elles auront esté bien accommodees, propres au poëme composé, que l'argent aura pris à traicter, exprimer & interpreter: pareille raison y a-il aussi des passions qui seront signifiees dedans lesdicts poëmes par la poësie. Les anciens doncques, comme ceux qui principalement faisoiët compte des mœurs preferoient & estimoient d'auantage la façon de la Musique graue, non curieuse ny affectee. Car on dict que les Argiens mesmes ordonnerent punition certaine à l'encontre de ceux qui offenseroient contre la Musique, & condamnerent en vne bonne amende, celuy qui le premier vsa de sept chordes, & qui se mesla d'vser de la mode Mixolydiene. Mais Pythagoras ce grand & venerable personnage reprouuoit le iugement de la Musique qui se faict par le iugement de l'ouyë: car il disoit que la vertu d'icelle estoit vne intelligence bien subtile & bien deliee, & pourtant ne la iugeoit-il point par l'ouyë, ains par l'harmonie proportionale, & estimoit que c'estoit assez d'arrester la cognoissance de la Musique iusques au composé du Diapason: là où les Musiciens d'auiourd'huy reiettent & desestiment totalement le genre qui est le plus beau, & dont les anciens pour sa grauité, faisoient plus de compte: & sont si lasches & si paresseux qu'ils disent, que la Diese harmonique ne donne apparence quelconque des diuersitez de voix qui tombent soubs le sentiment de l'ouyë, & la bannissent de tout poinct de la modulation du chant, disans que ceux qui en ont escrit, ou qui en ont autrefois vsé, estoient des resueurs: & pour prouuer que leur dire soit veritable, ils pensent apporter vne bien forte demonstration, que la grosserie hebetee de leur sentiment, comme si tout ce qui fuit leur sentiment, & qu'ils ne sentent point, deuoit incontinent estre hors de la nature & de toute subsistance, & du tout inutil. Et puis ils maintiennent qu'elle ne se peut prendre en consonance de voix, comme font le ton & le demy ton, & autres semblables interualles: & cependant ils ne se donnent pas garde que par ignorance ils pourroient doncques aussi chasser la tierce magnitude, la quinte & la septiéme, dont

l'vne

De la Musique.

A l'vne est de trois, l'autre de cinq, l'autre de sept Dieses: & generalement ils reietteroiẽt, & reprouueroient tous les interualles qui sont non-pairs, comme inutiles, pource que nul d'iceux ne se peut prendre en accord ny consonance: car ce sont ceux que la plus petite Diese mesure en nombre non-pair: à quoy il ensuit necessairement que nul compartiment & partition de Tetracorde n'est vtile, sinon celle seule, là où lon vse de tous interualles pairs, & celle-là est celle du Syntone, Diatone, & Tonien Chrome: ce que dire ou penser seroit à faire à gents qui contrediroient non seulement à ce qui apparoist manifestement, mais aussi qui se repugneroient à eux-mesmes: car eux vsent plus que nuls autres de telles partitions de Tetrachordes, là où tous les interualles sont ou non-pairs, ou ont proportions de non-pairs: car ils feignent & amollissent tous les Lichanos, & les Paranetes, & laschent aussi vn peu les sons & notes mesmes qui sont stables & fermes par ie ne sçay quel interualle, où il n'y a point de raison, relaschans aussi les tierces & les Paranetes, estimans que cet vsage de com-
B posez soit le plus loüable, là où la pluspart des interualles sont sans raison ny proportion, estans relaschez non seulement les sons qui naturellement se peuuent remuer, mais aussi ceux qui sont immobiles, comme il est tout manifeste à ceux qui ont le sentiment assez exercité pour sentir & iuger telle chose. Or que la Musique soit bien seante & conuenable à vn grand & vaillant homme, le gentil Homere nous l'a bien donné à cognoistre: car pour nous monstrer comment elle est vtile à plusieurs choses, il faict qu'Achilles cuit & digere sa cholere contre Agamemnon par la Musique, qu'il auoit apprise de son tressage gouuerneur Chiron:

  Ils l'ont trouué, comme il se soulassoit
  Auec sa lyre, où son temps il passoit,
  Fort douce, belle & proprement ouuree,
  Manche d'argent, qu'il auoit recouuree
  Pour son butin au sac d'Eétion,
C   Ville par luy mise à destruction.
  Il en donnoit à son cœur alaigresse,
  Chantant dessus la gloire & la prouësse
  Des demy-Dieux, & vaillants cheualiers.

Note de là, & apprens, ce dict Homere, comment il faut vser de la Musique: car il chantoit dessus les glorieux faicts des vaillans hommes, & les gestes des demy-Dieux: cela estoit conuenable à Achilles, fils du tresiuste Peleus. Et d'auantage Homere enseigne aussi le temps propre & conuenable, ayant trouué vne occupation & exercice bien seant à homme qui n'estoit point empesché: car estant Achilles homme de guerre & d'execution, il ne participoit neantmoins alors point aux hazards & perils de la guerre, pour le courroux qu'il auoit conceu à l'encontre du Roy Agamemnon: si pensa Homere qu'il estoit conuenable que ce grãd & heroïque personnage Achil-
D les aiguisast son courage par ces tresbelles chansons, à fin que son cœur fust tout prest pour la saillie & escarmouche qu'il deuoit faire bien tost apres, ce qu'il faisoit en rememorant les hauts faicts d'armes qui auoient esté faicts par le passé. Telle estoit l'ancienne Musique, & à telles choses vtile, car nous sçauons qu'Hercules & Achilles, & plusieurs autres tels grands & vaillants personnages ont vsé de la Musique, laquelle Achilles auoit apprise du bon & sage Chiron, auec la iustice & la medecine. en somme, l'homme de bon iugement estimera, que ce n'est point la faulte des sciences, s'il y en a qui en vsent mal. Parquoy si quelqu'vn dés sa ieunesse aura esté bien appris & institué en la musique, il approuuera & receura ce qui y est de loüable & honneste, blasmera & reiettera aussi ce qu'il y aura de contraire: & non seulement en la musique, mais aussi en toutes autres choses, & se retirera de toute indigne & deshonneste action, receuant de la musique le plus grand & le plus doux contentement

Vuuu iij

De la Musique.

qui sçauroit estre, & pourra estre cause d'vn tresgrand bien, tant à luy qu'à tout son pays, n'vsant ny de faict ny de parole aucune qui ne soit bien seante & conuenable, gardant par tout, & en toutes choses, ce qui est bien seant à vne honneste personne. Et que les villes & citez les mieux policees, & regies par meilleures loix, ayent tousjours eu soing de la genereuse & bonne musique : on en pourroit alleguer plusieurs tesmoignages, mesmement celuy de Terpander, qui iadis appaisa la grande sedition qui fut en Lacedæmone, & Thales le Candiot que lon dict estre par le commandement de l'oracle d'Apollo allé en Lacedæmone, là où il garentit les Lacedæmoniens, & les deliura de la pestilence qui les trauailloit grandement, & ce par le moyen de la Musique, ainsi que l'escrit Pratinas : & Homere mesme dict, que les Grecs appaisoient la pestilence, qui les oppressoit, par la Musique, disant ainsi,

 Les fils des Grecs le courroux appaisoient
 Du clair Phœbus, parce qu'ils ne faisoient
 Que tous les iours ses loüanges chanter,
 Et de beauté supréme le vanter :
 Pæan qui l'arc à faute point n'enteze,
 Son cœur oyant luy en tressailloit d'aise.

I'allegue ces vers là, nostre bon maistre, pour le couronnement & la fin de nostre discours de la Musique, attendu que toy le premier nous as donné à entendre la force & puissance d'icelle par ces mesmes vers : car à la verité, le premier & le plus loüable effect d'icelle est la recognoissance & action de graces enuers les Dieux. Et le second apres est vne purifiee temperature, & bien composee & accordee constitution de l'ame. Ces paroles dictes, Soterichus y adiousta : voyla, mon bon maistre, les discours de la Musique qui se peuuent tenir apres la table. Si fut Soterichus prisé & estimé de ce qu'il auoit discouru : car il monstra bien & à la vehemence de sa voix & à son visage, qu'il auoit affection grande & bien estudié en la Musique : & mon maistre apres les autres dict, Ie loüe encore outre le demourant cela en vous deux, que l'vn & l'autre a bien sçeu garder & tenir son reng : car Lysias nous a festoyez de ce qui est propre & conuenable à vn ioüeur de cithre, qui n'a rien plus que le ieu de la main : & Soterichus nous a enseigné ce qui concerne l'vtilité qui en procede, & la speculation, l'vsage, & la force & puissance, dont il nous a opulentement & plantureusement traictez : & croy que tous deux m'ont, de propos deliberé, laissé la commission d'attirer la Musique aux bancquets & festins : car ie ne les veux point condamner de timidité, comme s'ils auoient eu honte de ce faire. Mais s'il y a endroict de la vie des hommes où elle soit vtile & plaisante, c'est principalement aux festins, comme dict le bon Homere,

 Le chanter est & danser delectable,
 Proprement deu à la fin de la table.

Si ne faut-il pas penser qu'il l'ait estimé vtile seulement, pour resiouyr & delecter la compagnie, car il y a bien vne plus haute & plus profonde intelligence qui est cachee dessoubs ces vers là, parce qu'il a amené la Musique au temps propre & opportun pour faire grand profit & grand secours aux hommes, i'entends aux banquets & assemblees des anciens, là où il estoit expedient de l'introduire pour diuertir & temperer la force du vin, ainsi comme quelque part dict nostre Aristoxenus : parce que le vin faict chanceller & bransler l'ame & le corps de ceux qui en vsent immodereement, & la Musique par l'ordre, l'accord, & la mesure, qui est en elle, les addoulcit & les raméne en vne temperature toute contraire. Parquoy Homere dict, que les anciens ont vsé opportunément de ce moyen là, & de ce secours pour les addoulcir & rasseoir. Mais ce qui est le principal, mes compagnons, & qui rend la Musique plus venerable, a esté par vous obmis : car Pythagoras, Archytas, Platon,

De la Musique, & des Fleuues.

A Platon, & tous les autres anciens sages tiennent, que le mouuement des cieux, & la reuolution des astres ne se fait point sans musique, par ce qu'ils disent que Dieu a fabriqué toutes choses par accord & harmonie : mais il seroit maintenant importun de plus allonger ce propos-là, & est chose tres-saincte & tres-musicale, que de sçauoir à toute chose donner le moyen & la mesure qu'il est requis. Cela dit, il commencea à entonner vn hymne, & apres auoir offert & respandu du vin à Saturne, & à ses enfans, & à tous les Dieux, mesmement aux Muses, il donna congé à toute la compagnie.

TRAICTÉ DE PLVTARQVE,
TOVCHANT LES FLEVVES ET
montagnes, & des choses rares qui se trouuent en iceux.

Traduict sur l'original Grec, par F E D. M O R E L, Doyen des Interpretes du Roy.

DV FLEVVE HYDASPES.

CHRYSIPPE estant esprise de l'amour de Hydaspes son pere, par vn dedain de Venus, & ne pouuant refrener ses amours incestueux & contre nature, alla trouuer sondit pere en pleine nuict, accompagnee de sa mere nourrice. Le Roy fort desplaisant du malheur qui estoit arriué, fit enterrer toute viue la vieille qui luy auoit dressé ces embusches : & apres auoir fait pendre sa fille à vn gibet, transporté d'vne excessiue tristesse, se precipita dans le fleuue d'Inde, lequel depuis retint le nom d'Hydaspes. C'est vne riuiere d'Inde, qui se descharge dans la Syrtis Saronitique. Il s'y engendre vne pierre que lon appelle lychnis, comme qui diroit lampe : elle retire à la couleur d'huile, & est fort chaude & bouillante : on la trouue la lune estant au croissant, au son des flustes : & ceux qui sont en quelque degré eminent, l'employent à leur vsage. On rencontre aussi là aupres de Pyles vne herbe semblable à celle qu'on nomme Tournesol ; du suc de laquelle, apres l'auoir broyee & pilee, on oingt les bruslures & eschaufaisons : & ceux qui en sont frottez supportent sans aucun danger les exhalaisons, & l'excez de la plus vehemente chaleur. Ceux du pays ayant surprins des filles dissolues & desbauchees apres les auoir attachees à des croix auec des clous, les iettent en ceste riuiere, en chantant vn cantique en l'honneur de Venus en langage commun. Ils enterrent aussi toute viue vne vieille condamnee à la mort par chascun an aupres du tertre dict Therogonum : & tout à l'heure il accourt du haut de la cime vn grand nombre de serpens & reptiles qui deuorent les animaux muets volants à l'étour, comme l'escrit Chryserme au liure octantiesme de l'histoire des Indes ; & Archelaus en faict plus expresse mention au tresciesme liure des riuieres. Le mont dit Elephas est à costé de ce fleuue, & fut ainsi nommé pour vne telle cause. Quant le Roy de Macedoine vint aux Indes auec son armee, & que ceux du pays se fussent resolus de luy faire teste, l'Elephant sur lequel estoit monté Porus le Roy d'icelle contree, estant soudainement comme picqué d'vn tan, se lança

Vuuu iiij

Des fleuues & montagnes.

pour monter au tertre du Soleil, & vsant de voix humaine, dit Sire, veu que tu és de la race de Gegasius, n'entreprens rien contre Alexandre, d'autant que Gegasius est issu de Iuppiter: & ayant acheué ces mots mourut sur le champ. le Roy Porus apres auoir ouy cela, émeu de peur, s'estant jetté aux genoux d'Alexandre demanda la paix; & ayant obtenu ses pretensions changea le nom de ceste montagne, & l'appella l'Elephant, comme le conte Dercyllus au troisiesme traicté des montagnes.

LE FLEVVE D'ISMENVS.

ISMENVS est vne riuiere en la Bœocie, aupres la ville de Thebes: & s'appelloit auparauant pied de Cadmus, pour vne telle cause. Cadmus ayant percé auec ses fleches le Dragon gardien de la fontaine, craignant que l'eau n'en fust infectee de poison, fit vn grand tour par le pays, cherchant vne fontaine; estant arriué à la cauerne Coryceenne par la pouruoyance de Minerue, il enfonça son pied droict dans la fange, dont sortit vn ruisseau; où le prince Cadmus ayant faict sacrifice, nomma le fleuue, pied de Cadmus. Or quelque temps apres Ismenus fils d'Amphion & de Niobe, transpercé des fleches d'Apollon, & tourmenté de grand douleur, se precipita dans ladite riuiere, laquelle retint le nom d'Ismenus, comme le recite Sostratus au second liure des fleuues. La montagne de Cithæron est voisine, laquelle se nommoit auparauant Asterie: d'aultant que lors que Bœotus fils de Neptune, ayant le choix d'espouser deux femmes des plus nobles, aymant mieux prendre celle qui luy apporteroit plus de commodité: comme il les attendoit toutes deux à la cyme d'vne coline qui ne se nomme point, tout soudain vne estoille tombee du Ciel cheut sur les espaules de Eurythemiste, & elle disparut aussi tost. Alors ledit seigneur Bœotius, ayant aperçeu ce que signifioit ceste vision, espousa ladite Eurythemiste: & nomma ceste montagne Asterie à cause de cest accident, & cheute de l'estoille. Il fut depuis nommé Cithæron pour vne autre raison, sçauoir est que Tisiphone, l'vne des furies d'enfer esprise de l'amour d'vn fort beau garçon nommé Cithæron, & ne pouuant plus celer sa passion & l'ardeur de son amour, elle luy fit porter parole pour auoir sa compagnie: mais cest enfant espouuanté d'horreur de ceste furie, ne daigna pas luy donner aucun mot de response, dont se trouuant fraudee de son esperance elle tira vn des Dragons de sa cheueleure, & le ietta sur ce fier garçon: & ce serpent l'ayant serré estroictement de ses liens le tua, cõme il paissoit son troupeau au coupeau de ce mont: mais par la prouidence des Dieux, ce mont en retint le nom de Cithæron, comme escrit Leon Bysantin en son histoire Bœotique. Hermesianax Cypriot recite vne autre telle histoire, disant que Helicon & Cithæron estoiẽt deux freres de diuerses mœurs & complexiõs: d'autant que Helicõ estant plus doux, bening, & courtois, sustentoit la vieillesse de ses parents auec plus grande charité: mais Cithęron estant auaricieux vouloit transferer toute la cheuance & opulance du patrimoine de son costé: & premierement il assassina son pere, & ayant dressé des embusches à son frere, il le precipita, & cheut quant & quant au mesme precipice: de là vint que par la prouidence de Dieu ils furent transformez en des montagnes qui retiennent leur nom: & quant au mont de Cithæron à cause de l'impieté est la fable des furies: mais Helicon à cause de son humanité & amour enuers ses parents, est deuenu le domicile sacré des Muses.

LE FLEVVE D'HEBRVS.

L'HEBRVS est vne riuiere en Thrace, laquelle fut ainsi nommee à cause du tournoyement de l'eau qui s'y precipite. Cassandre le Roy de ceste region ayant espousé Crotonice, il engendra d'icelle vn fils nommé Hebrus. Depuis apres l'auoir repudiée,

Des fleuues & montagnes. 669

A pudiée, il espousa Damasippe fille d'Atraces, qui fut belle mere de sondit fils Hebrus, duquel estant enamouree, elle luy fit porter parolle pour auoir sa compagnie : mais Hebrus euitant sa marastre, comme vne furie, prenoit son esbat à la chasse : ce que voyant ceste impudique deboutee de son attente & dessein, elle accusa calumniatoirement ce chaste ieune homme de l'auoir rauie & forcee. Alors Cassander transporté de ialousie, courant dans le bois auec vne impetuosité forcenee : & ayant degainé son espee, poursuiuit son fils comme s'il eust attenté à souiller la couche de son pere. Hebrus se voyant en ce desarroy dont il ne se pouuoit depestrer, se lança dans le fleuue dict Rhombe, lequel changea de nom & prit celuy d'Hebrus; comme Timothee le recite en l'vnziesme des riuieres. Le mont Pangæus luy est tout attenant, & fust ainsi nommé pour vne telle occasion. Pangæus fils de Mars & de Critobule, ayant couché auec sadite fille par ignorance, esmeu de grande fascherie courut en la montagne de Carmaine, & par excessiue tristesse se tua de son propre glaiue : or par la pro-
B uidence de Dieu il fut depuis nommé Pangæus. Au reste en ce mesme fleuue il y croist vne espece d'herbe semblable à l'Origanum, de laquelle les Thraciens ayant cueilly le tige, le mettent dans le feu, s'estans saoulés de pain : & en humant l'exhalaison & vapeur qui en sort, & retirant souuent leur vent, deuiennent assopis & surpris d'vn profond sommeil. Il croist aussi en ladite montagne du Pangæon vne autre herbe nommee Lut ou viole, pour vne telle occasion. Les Bacchantes ayant deschiré en piece Orpheus, ietterent ses membres en la riuiere d'Hebre : or la teste du mort, & tout le reste du corps fut changé par les Dieux en dragō : mais son lut demeura en son entier par la faueur d'Apollon : & du sang qui estoit escoulé de ses playes nasquit ceste herbe nōmee lut ou lyre, laquelle lors que lō faict sacrifice à Bacchus rēd vn son & harmonie de viole : & les habitās du lieu enueloppez de peaux de Cheureux, & tenāts leur thyrse ou iaueline en main, chantent vn hymne, le motet duquel ou refrain de ballade estoit,
C   Tu seras sage, alors que ta sagesse
        N'apportera ny proufit ny liesse.
Cela est couché par escrit par Clitonymus au troisiéme liure de ses histoires tragiques.

LE FLEVVE DE GANGES.

LA riuiere de Ganges en Indie a esté ainsi appellee pour ceste cause. Vne fille nommee Calauria eut de son mary Indien vn fils doüé d'vne tres-grande beauté, appellé Ganges : iceluy estant chargé de vin commist inceste auec sa mere Diopithusa par ignorance : mais le iour estant venu il apprint de sa mere nourrice la verité du fait : dont estant surprins d'vn extreme regret, se precipita dans le fleuue dit Chliarus, lequel depuis fut surnommé Ganges, comme ce desesperé. Il croist aussi vne herbe en ceste riuiere semblable à la buglose, laquelle estant broyee & pilee ils en gardent le suc,
D & en pleine nuict ils en arrosent les cauernes des Tigres : & ces bestes pour la force de ceste liqueur espanchee, ne pouuans s'auancer dehors, meurent sur le lieu, suiuant le recit qu'en faict Callisthenes au troisiéme liure de la chasse. La montagne voisine se nomme Anatolé, comme qui diroit oriental, pour vne telle occasion : Le Soleil ayant contemplé la nymphe ou vierge Anaxibia qui prenoit son esbat à se promener par la campagne, en deuint amoureux, & ne pouuant refrener sa concupiscence, poursuiuit ladite fille la voulant forcer. Donc estant enuironnee de toutes parts eut son refuge au temple de Diane dite Orthie, lequel estoit situé en la montagne nommee Coryphe, signifiant le sommet, où elle disparut. Ce Dieu ayant tousiours suiuy ses traces, & n'ayant peu rencontrer sa biē aymee, oultré d'vne fascherie excessiue, voulut faire paroistre son orient se leuant en cest endroit là : & de la vint que les habitans nommerent ce mont là Anatole, c'est à dire Orient, pour cest accident, comme Cæmaro le conte au dixiesme de l'histoire des Indes.

Dés fleuues & montagnes.

LA RIVIERE DE PHASIS.

LE fleuue de Phasis est en Scythie passant au trauers de la principale ville : on l'appeloit premierement Arcturus à cause de la situation qui est en des lieux fort froids : mais il changea de nom pour telle occasion. Phasis fils du Soleil & de Ocyroé fille de l'Ocean ayant surprins sa mere sur le faict, en crime d'adultere, la meurtrit : & troublé de fureur pour la vision des furies, s'elança dans le fleuue Arcturus, qui depuis retint le nom de Phasis. Ceste riuiere produit vne verge appellee leucophylle, laquelle se trouue durant la solemnité des mysteres de Hecate ou Diane à l'aube du iour par l'inspiration du Dieu Pan, au commancement de la prime-vere : & ceux qui sont ialoux, l'ayant cueillye la iettent à l'entour du lict virginal, afin de conseruer leur Mariage en pureté & integrité. que si quelqu'vn peu religieux & mal aduisé se rencôtre à l'estourdie, par insolence d'yuresse, estant entré en ce lieu, il pert tout iugement & entendement, & confesse deuant tous, sur le champ, ce qu'il iniquement & meschamment ou faict ou pourpensé de faire : & ceux qui se trouuent là presens l'empoignent & le iettent, & cousent dans vn sac, à l'endroit qui se nôme l'emboucheure des impies, qui est de forme ronde à la façon d'vn puits : & le corps ainsi ietté est renuoyé & repoussé dans trente iours en la Palus Mæotide, tout remply de vers : puis les Vautours qui n'auoient iamais paru suruenus à l'instant, deschirent & deuorent la charongne, côme dit Ctesippus au second liure de l'histoire des Scythes. Le môt Caucase est pres de là, lequel anciennement se nommoit le lict de la Bise ou Boree pour ceste cause. Boreas ayant rauy & enleué par amourettes Chloris la fille d'Arcturus, il la transporta en vn tertre nommé Niphantes, & procrea de ladite dame vn fils qui fut nommé Harpaces, lequel succeda au Royaume de Heniochus, dont la montagne print ce nom de la couche de Boreas : mais il fut depuis surnommé Caucasus pour vn autre accident. Saturne apres la guerre des Geans euitant les menaces de Iuppiter, s'en fuit au promontoire de la couche de Boreas, & la transformé en Crocodile occist vn pasteur de ceux du pays nômmé Caucasus : & ayant pris garde à la disposition de ses intestins, predit que les ennemis n'estoient pas esloignez : or Iuppiter suruenu là dessus ayant lié son pere d'vn cordage de laine, le precipita aux enfers : & ayant changé le nom de la montagne en l'honneur du pastre Caucasus, attacha là Promethee, & le reduisit par contraincte à estre tourmenté par vn aigle ronge-boyaux, d'autant qu'il auoit esté iniuste en la distribution des intestins, selon le recit qu'en faict Cleanthes au troisiéme liure qu'il a escrit de la Theomachie, ou guerre des Dieux. Il croist en ce mont vn herbe nommée Promethienne, laquelle Medee ayant cueillie & pilee, l'employa contre les affections farouches de son pere, comme le mesme historien a escrit.

LE FLEVVE D'ARAR, OV SAONE.

LA riuiere d'Arar dite Saone, est en la Gaule Celtique ou France; & a prins ce nom en Grec, d'autant qu'elle se côioinct auec le Rhosne : car elle se coule dans le Rhosne iusques en la Sauoye. elle s'appelloit premierement Brigule, & depuis changea de nom pour la raison qui s'ensuit. Arar pour le plaisir qu'il prenoit à la chasse, s'estoit auancé dans le bois, & ayant trouué son frere Celtibere deschiré par les bestes, oultré d'excessiue douleur, s'estant frappé mortellement, il s'elança dans le fleuue Brigule, lequel en fut surnommé Arar. Il s'engendre en iceluy vn certain poisson appellé Scolopide par les habitans du lieu, ou Clupee selon les Latins. Cét animal est blanc quand la Lune est en croissant; & quand elle est à son decours il deuient tout noir : & quand il est paruenu à vne grandeur démesuree, il se desfaict luy mesme par ses propres espines & arraistes. On trouue aussi vne pierre en sa teste fort semblable à vn gros grain
de sel

Des Fleuues & montagnes.

A de fel, laquelle eſt fort ſouueraine contre les fiéures quartes, quand on la lie aux parties ſeneſtres du corps, la Lune eſtant en decours & au dernier quartier: Calliſthenes Sybaritin le recite ainſi au treziefme liure de l'hiſtoire des Gaulois: d'où Timagenes le Syrien a pris le ſubiect. Il y a pres de ce fleuue vne môtagne appellee Lugdun, & depuis fut autrement appellee pour la cauſe qui ſenſuit. Quand Momorus & Atepomarus furent chaſſez de leur Royaume par Seſeroneus, ayans volonté de baſtir vne ville en ceſte colline là, ſelon le commandement de l'oracle, & en ayant deſia ietté les fondemens, les corbeaux y ſuruindrent ſoudainement, & prenans leur vol couurirent les arbres qui eſtoient alentour: or Momorus lequel eſtoit fort entendu en l'art de deuiner par augure & le vol des oyſeaux, appella la ville Loudun ou Lyon: car ceux de ce quartier là appelloient vn corbeau *Lugum*, & nommoiét la montagne Dunum, ou lieu eminent, ſelon que l'eſcrit Clitophon au treziéme liure des baſtiments des villes.

B ### LE FLEVVE DE PACTOLE.

La riuiere de Pactole eſt en Lydie aupres de la ville de Sardes: & ſ'appelloit premierement Chryſorrhoas. Chryſus fils d'Apollon & Apathippes eſtant expert en l'art des fabriques & machines, & menant vne vie taquine & chetiue, en vne nuict fort noire & profonde, trouua moyen d'ouurir les threſors de Crœſus, & en tranſportant l'or, il en fit part à ſes familiers: mais eſtant ſurpris des gardes & ennemis de tous coſtez, il ſe ietta dans la riuiere, qui de luy fut appellee Chryſorrhoas, & par apres ſurnommée Pactole pour vn tel accident. Pactolus fils de Iolius & Leucothée, eſtant aux ſacrees ceremonies de Venus, deſpucela Demodice ſa ſœur par ignorance: dequoy eſtant aduerty par ſes familiers, par excés de faſcherie ſe ietta luy meſme en ce fleuue, lequel en print le ſurnom de Pactole. Il ſe produit en iceluy de la ſieure ou pouldre d'or Darique qui deuale aux golfes heureux. Il ſ'engendre là auſsi vne pierre nommee
C *Arurophylax*, qui eſt à dire garde-terre, laquelle reſemble fort à l'argent: elle ſe trouue difficilemét, parce qu'elle eſt fort meſlee auec ladite ratiſſeure d'or coulâte, au reſte elle eſt doüee d'vne force que ie diray. Les plus eminents & notables des Lydiens, l'achettent enſemble, & la placent deuant le ſeuil de leurs treſors, & gardét ainſi ſans dâger l'or qui eſt là entaſſé: car toutes & quantes fois que les larrons y doiuent entrer, la pierre réd vn bruit côme celuy d'vne trôpette, & les voleurs côme ſ'ils eſtoiét pourchaſſez par les gardes & ſatellites ſe fourent en des precipices: & le lieu où ils tombent occis de mort violente, ſ'appelle la priſon de Pactole. Il y croiſt encore vne ſorte d'herbe portant des fleurs empourprees, qui ſe nomme Chryſopole: par la touche de laquelle les habitans des villes voiſines eſpreuuent l'or pur: car au meſme temps qu'ils le fondent, ils approchent ceſte plante: que ſi l'or n'eſt point faulx ny meſlé, les fueilles en deuiennent dorees, & conſeruent la ſubſtance de la matiere: que ſi l'or eſt corrôpu
D & meſlangé, les fueilles, reietrét l'humeur changee, ainſi côme l'eſcrit Chryſermus au troiſiéme liure des fleuues. Le mont Tmolus eſt proche, lequel eſt remply de toutes ſortes de beſtes, & ſ'appelloit premieremét Carmanorium du nom de Carmanorus fils de Dionyſus & Alexirhœe, lequel mourut allant à la chaſſe frappé d'vn Sanglier: & fut depuis appellé Tmolus pour l'accident qui ſuit. Tmolus fils de Mars & Theogone, Roy de Lydie, chaſſant en la montagne de Carmanorium, ayant veu la vierge Arrhipe qui accompagnoit Diane, fut touché de ſon amour, & en eſtant fort troublé & tourmenté, la pourſuiuit en intention d'en iouïr: & comme elle ſe vit ambaraſſee de toutes parts, ſ'en fuit au temple de Diane: mais le prince ayant meſpriſé la religion ſuperſtitieuſe, enleua l'honneur de ceſte pucelle dans le temple meſme, & elle tombée en deſeſpoir ſ'eſtrangla auec vn licol: or la deeſſe eſtant grandement indignee de ce meſchef & inſolence du Roy, enuoya au deuant de luy vn Taureau fu-

Des fleuues & montagnes.

rieux lequel le lança fort hault en l'air, & deualant sur des espieux aigus, il mourut auec grands tourments : or Theoclymenus fils dudit Tmolus ayant enseuely son pere, imposa le nõ d'iceluy à la montagne. Il y croist vne pierre semblable à vne pierre ponce, laquelle se trouue rarement: car elle change de couleur quatre fois le iour, & n'est apperceue que des filles qui n'ont point encore l'aage de prudence & iugement : que si celles qui sont d'aage nubile l'apperçoiuent, elles sont garanties & preseruees du tort & iniure que quelques vns auroient enuie de leur faire, comme le rapporte Clitophon.

LA RIVIERE DE LYCORMAS.

LYCORMAS est vne riuiere d'Ætolie, & fut par apres nommé Euenus, pour la raison que ie diray. Idas fils de Aphareus ayant enleué vne Dame nommee Marpisse, la mena à Pleurone : duquel rapt ayant esté aduerty Euenus, poursuiuit Idas qui auoit rauy sa fille: & comme il estoit desia paruenu iusqu'au fleuue de Lycormas, ayant perdu toute esperance de pouuoir attraper ce rauisseur fugitif, se ietta dans ceste riuiere, à qui le nom d'Euenus en demeura. Il croist en ce fleuue vne herbe nommee Sarisse ressemblant à vne lance ou picque, laquelle est fort souueraine pour guerir l'imbecillité & foiblesse de la veuë. la montagne d'aupres s'appelle Myenus du nom de Myenus fils de Telestor & Alphesiboee: car iceluy estant aymé de sa belle mere, & ne voulant pas souiller la couche de son pere, se retira au mont d'Alphion. Telestor deuenu ialoux de sa femme, s'empara du desert auec ses satellites, en intention de prendre son fils Myenus: lequel preuenant les menaces de son pere, se precipita du hault du Tertre en bas, d'où la montagne en retint le nom par la prouidence des Dieux. Il y croist vne fleur nommee Leucoïum qui est à dire violette blanche, laquelle se flaistrit quand on a dit le nom de la maratre, comme le recite Dercyllus au troisiesme liure des montagnes.

LE FLEVVE DE MÆANDRE.

MÆANDRE est vne riuiere d'Asie qui s'appelloit premierement Anabainon, cõme qui diroit la remontáte, ou rebroussante. Car ce fleuue seul entre tous les autres, commançant à sa source, retourne à son origine mesme. il fut en fin appellé Mæandre du nom de Mæandre fils de Cercaphus, & Anaxibie, lequel ayant guerre auec les Pessinontiens fit vne priere à la mere des Dieux, que s'il auoit l'auantage & obtenoit la victoire sur ses ennemis, il sacrifiroit celuy qui se presenteroit à luy le premier pour le congratuler de sa prouësse, portant son trophee quand & soy: or arriua il que ceux qui vindrent les premiers au deuant de luy, furent Archelaus son fils, sa sœur & sa mere: iceluy recors & memoratif de sa promesse, voulut qu'ils fussét menés aux autels & immolez sur iceux, la necessité le requerant: encore que ces personnes-là luy fussent tres-proches & de son sang : mais extremement fasché de ce qui s'estoit ainsi passé, il s'elança luy mesme dans le fleuue d'Anabainon, lequel depuis en fut nommé Mæandre; comme le raconte Timolaus au dixiéme des histoires Phrygiennes; dont Agathocles aussi le Samié faict métion en la republique de Pessinonte: mais Demostratus d'Apamie compte autrement ceste histoire. Mæander (dit-il) esleu Capitaine en chef en la guerre contre les Pessinontiens, & ayant obtenu la victoire contre toute esperance, il distribua aux soldats les dons consacrés à la mere des Dieux: & par la prouidence de la Deesse deuint tout en vn instant despourueu de raison & de iugement, & ainsi mist à mort sa femme & son fils : mais vn peu de temps apres estant reuenu à son bon sens, & se repentant du meurtre qu'il auoit faict, il se ietta luy-mesme dedans le fleuue, qui en fut depuis appellé de son nom Mæandre. Il croist en ce fleuue vne

Des Fleuues & montagnes. 671

A ue vne pierre nommee par Antiphrase, ou sens contraire, Sophron, qui est à dire prudente & retenuë: laquelle si on vient à ietter dās le sein de quelqu'vn, il en deuient forcené, & meurtrit quelques vns de ses parents: mais apres auoir appaisé la mere des dieux, il est deliuré de sa perturbation, comme le couche par escrit Demaratus au troisiesme liure des fleuues. Archelaus recite le mesme au premier liure des Pierres. La montagne prochaine se nomme Sipyle, du nom de Sipylus fils d'Agenor & Dioxippe: car cestuy aiant tué sa mere par mesgarde & ignorance, puis agité & epoinçonné par les furies, il se retira à la montagne de Ceraunium: & de douleur desmesuree s'accourcit la vie par vn licol, dont ceste montagne par la prouidence du Dieu fut appellee de son nom Sipyle. Il se trouue vne pierre en icelle representant vn Cylindre, laquelle lors que des enfans deuotieux la treuuent, ils la mettent dans le temple de la mere des Dieux: & iamais n'offensét par impieté, ains ayment cherement leurs parents: & sont affectionnez & obeissants à ceux de leur parentage, comme le recite
B Agatharchides le Samien au liure quatriéme des pierres. Demaratus aussi en faict mention plus exacte au quatriéme de la Phrygie.

LA RIVIERE DE MARSYAS.

LE fleuue de Marsyas est en la Phrygie coulant aupres de la ville de Celene, & s'appelloit premierement la fontaine de Midas, pour ceste cause: Midas Roy des Phrygiens estant paruenu aux lieux les plus deserts & eslongnez, & estant en peine de recouurer de l'eau, il toucha la terre, dont il sortit vn ruisseau d'or. Donc l'eau estant conuertie en or, tourmenté de grand soif, & ses subiects en estants aussi affligez, il inuoca l'ayde de Bacchus, lequel ayant exaucé ses prieres, fit sourdre de l'eau en abondance: dont les Phrygiens en estant rassasiez & desalterez, Midas nomma le fleuue qui decoula de ceste fontaine, la fontaine où la source de Midas. Ceste riuiere fut depuis autrement nommee Marsyas pour ceste raison. Marsyas ayant esté vaincu par Apollon & escorché, du sang qui ruisseloit de son corps nasquirent les Satyres & le
C fleuue appellé Marsyas, comme le recite Alexandre Corneille, au troisiesme des histoire de Phrygie: or Euemeridas Cnidien en escrit ainsi l'histoire: la peau de Marsyas consumee par le temps & tombee par terre fut poussee en la fontaine de Midas, & peu à peu fut trāsportee aupres d'vn pescheur; & suiuāt le commandement de l'oracle, Pisistratus Lacedæmonien bastit vne ville aupres du monumét du Satyre, pour cét accident & rencontre: & la nomma Noricum, duquel nom les Phrygiens en leur lāgage commun appellent vn outre. Il croist vne herbe en ce fleuue, laquelle on nomme Aulus qui est à dire vne fleutte, laquelle si quelqu'vn remue au vent, elle rend vne douce melodie, comme l'escrit Dercyllus au premier liure des mœurs Satyriques. Il y a vne montagne là aupres appellee Berecynthe, lequel nom luy est demeuré à cause de Berecynthus, qui auoit esté le premier prebstre de la mere des Dieux. Il croist en iceluy vne pierre appellee Machæra, d'autant qu'elle ressemble fort au fer: laquelle si quel-
D qu'vn treuue pendāt que les mysteres de la Deesse se celebrent, il est aussi tost espris de fureur, suiuant le recit qu'en fait Agatharchides au traicté des histoires Phrygiennes.

LE FLEVVE DE STRYMON.

STRYMON est vn fleuue de Thrace aupres de la ville d'Edonis, il s'appelloit premierement Palæstinus du fils de Neptune Palæstinus: car comme iceluy faisoit la guerre à ses voisins qui estoient aux bornes & lisieres, & estant tombé en foiblesse & maladie, commist son fils Haliacmon, pour estre chef de l'armee, lequel ayant liuré la bataille trop temerairement, fut occis: Palæstinus oyant les nouuelles de ce triste accident, au deceu de ses satellites à cause d'vn extreme regret, se ietta dans la riuiere Conozes, qui en fut nommee Palæstinus: mais Strymon fils de Mars & de Helice ayant entendu la mort de Rhesus oultré de grande tristesse se precipita dans le fleuue Palæstin, qui depuis en fut appellé Strymon. Il s'engendre là vne pierre nom-

Des fleuues & montagnes.

mee Pausilype, comme qui diroit, appaise-douleur: laquelle si quelqu'vn estant en dueil vient à trouuer, il est incontinant deliuré de la calamité qu'il auoit, comme le rapporte Iason Byzantin en ces contes Tragiques. Il y a deux monts bien pres de là, Rhodope & Hæmus, lesquels estants freres & s'entr'aymans fort, l'vn d'iceux ausa appeller Iuno sa sœur, & Rhodope nomma Iupiter son mignon; non sans impieté: & les Dieux ne pouuans souffrir telle outrecuidance, transformerent l'vn & l'autre en ces montagnes ayans mesme surnom. Il y croist des pierres dictes Philadelphes, qui est autant comme-aymans leurs freres: & sont d'vne couleur de Corbeau, & imitent le gére humain: lesquelles si lors qu'elles sont desioinctes & separees l'vne de l'autre, elles sont nommees, incontinant elles se dissoluent & se mettent à l'escart: comme l'escrit Thrasyllus Mendesien au troisiesme liure des pierres; & si en faict mention plus exàcte aux histoires Tragiques.

LE FLEVVE DE SAGARIS.

SAGARIS est vn fleuue de Phrygie, lequel s'appelloit premierement Xerabates pour vn tel euenement: par ce que en temps d'esté on le voyoit souuentefois reduit à sec. Il fut depuis appellé Sagaris pour ceste autre raison. Sagaris fils de Myndon & d'Alexirhoé, ayant vilipendé plusieurs fois les mysteres de la mere des Dieux, il fit des insolences & contumelies à ses prestres & Gaulois: & la deesse portant fort à regret ceste acte impie, enuoya vne fureur & rage audit Sagaris: lequel estant hors de soy & insensé, se lança dans le fleuue Xerabates à qui le nom de Sagaris demeura. Il naist en iceluy vne pierre appellée Autoglyphe. qui est à dire grauée naturellement, ayant l'image de la mere des Dieux emprainte: & si aucun des chastrez trouue ceste pierre, ce qui se rencôtre raremét, il ne s'estonne de rien de nouueau, ains porte magnanimemét la veuë de ce qui se fait oultre le cours de la nature: comme le recite Aretazes aux histoires Phrygiennes. Le tertre Ballenæum en est voisin, & ce nom signifie Royal, ayant esté ainsi nommé de Ballenæus fils de Ganymedes & Medesigistes: car iceluy ayant veu son pere tout languide, ordonna à ceux du pays de celebrer vne feste, nommee Ballenæum iusques à ce iourd'huy. Il s'engendre là vne pierre nommee After, laquelle a accoustumé de luire en vne nuict profonde comme vn flambeau, d'autant que au pays Ballen s'interprete Roy, comme le declare Hermesianax Cyprien, au second liure des choses Phrygiennes.

LE FLEVVE DE SCAMANDRE.

SCAMANDRE est vn fleuue de la Troade, & s'appelloit premierement Xanthus: la cause du changement du nom est telle: Scamandre fils de Corybante & Demodice, lors que les mysteres de la Deesse Rhea se celebroient, ayant esté subitement apperceu, deuint insensé, & d'vne boutade se ietta violemment dás le fleuue Xanthus, qui de luy en fut nommé Scamandre. Il s'engendre aussi là mesme, vne herbe que l'on nomme Sistron, & est semblable à l'Erebinthe, qui contient des grains & pepins qui se meuuent, d'où le nom luy a esté donné. ceux qui la tiennent & possedent ne craignét ny imaginations, ny fantosmes, ny la presence des Dieux, comme le recite Demostratus au second des riuieres. La montagne d'Ide est tout attenant, & s'appelloit aparauant Gargare, où les autels de Iupiter & de la mere des Dieux se rencontrent. La cause pourquoy ce môt fut depuis nommé Ide, est telle. Ægesthius, qui tiroit son origine de Diosphore, embrasé de l'amour de la vierge Ide, iouït de ceste maistresse, & en procrea les Ideans Dactyles: or icelle estant deuenue insensee dans le conclaue ou sanctuaire de Rhea: Ægesthius en l'honneur de ladite Dame imposa le nom d'Ide à ladite montagne. Il y croist vne pierre nommee Cryphius, qui est à dire cachee, laquelle seule se voit seulement aux sacrées ceremonies des Dieux, comme le raconte Hereclitus Sicyonien au second liure des pierres.

TANAIS.

Des fleuues & montagnes.

TANAIS.

TANAIS est vne riuiere de Scythie qui s'appelloit premierement Amazonie, parce que les Amazones se lauoient en icelles: le nom luy fut changé pour telle cause. Tanais fils de Berose & de Lysippes l'vne des Amazones estant fort sage & continente, hayssoit le sexe feminin, ne portant reuerance qu'à Mars seulement, & auoit en mespris & desdain le mariage: mais Venus incita contre luy l'amour desordonné de sa propre mere, à laquelle il resista du commancement courageusement, mais surmonté de la necessité des espoinçonnemens furieux, & neantmoins desireux de perseuerer en sa pieté & chasteté, il se rua dás le fleuue Amazonien lequel garda son nom. Il s'y engendre vne plante nommee Halinde, qui a les fueilles toutes semblables à celles de choux: ceste herbe estant pilee & broyee, les habitans du lieu s'oingnét & frottent du suc d'icelle, & s'en eschauffent, & endurent constamment la rigueur du froit: on l'appelle en langage vulgaire du pays l'huile de Berosse. Il s'engendre aussi au mesme fleuue vne pierre semblable au Crystal, & represente vn homme couronné. Or quand le Roy est mort ils tiennent l'assemblee des Estats aupres dudit fleuue: & quiconque a trouué ceste pierre est aussi tost establi Roy, & prend en main le sceptre du deffunct, comme l'escrit Ctesiphon au troisiesme liure des plantes: Aristobulus en faict aussi mention au premier traicté des pierres. La montagne d'aupres s'appelle en la langue des habitans Brixaba, qui signifie *front de Belier*: & la cause de ceste appellation est telle. Phryxus ayant perdu sa sœur Hellé au pont Euxin, & estant en perturbation selon le sens naturel, & le droict d'humanité, il se retira en des cymes & tertres de quelque montagne: & comme quelsques barbares l'eussent apperceu, & fussent là montez auec des armes, le Belier à la toison d'or s'estant auancé vit vn grand nombre de gens qui suruenoient, & vsant de voix humaine, éueilla Phryxus qui reposoit: & s'estant rangé au seruice de sondict maistre, il le transporta iusques à Colchos, dont le tertre fut nommé le front du belier à cause de l'accident. Il croist là aussi vne herbe nommee en langage des barbares Phrixa qui est autant à dire comme *haineur des meschants*: la plante est toute semblable à la ruë, laquelle, si les enfans du premier lict tiennent en main, leurs marastres ne leur peuuent faire de tort: & ceste plante vient principalement aupres de la cauerne dicte de Boreas ou Aquilon, & lors qu'on la cueille elle est plus froide que neige: mais quand il se prepare quelques embusches sur quelqu'vn par la belle mere, elle iette des flames: & ayant ce signal ceux qui craignent leurs secondes femmes, ils euitent la rigueur ou la necessité des craintes apprehendees: comme l'escrit Agathon Samien au second des histoires de Scythie.

THERMODON.

THERMODON est vn fleuue de Scythie, lequel a esté ainsi nommé pour quelque accident: & s'appelloit premierement Crystal, car il se glace mesme en Esté: la situation du lieu luy apportant ceste habitude, toutefois ce nom luy fut changé pour vne autre occasion. * *

NILVS.

LE Nil est vn fleuue d'Ægypte aupres la ville d'Alexandrie qui s'appelloit premierement Melas du nom de Melas fils de Neptune: il fut depuis appellé Ægypte pour la raison qui s'ensuit. Ægypte fils de Vulcain & Leucippe fut Roy de ce pays d'Ægypte: or à cause de la guerre ciuile, le Nil ne remontant point, & les habitans oppressez de famine, l'oracle de Pythius Apollo respondit qu'il y auroit fertilité, si le Roy sacrifioit aux Dieux sa fille, pour destourner les maux: partant Ægyptus affligé de misere, presenta sa fille Aganippe aux autels: & apres qu'elle fut immolee, le pere oultré d'vn extreme regret se ietta dans le fleuue Melas, qui en fut appellé Ægyptus: & depuis fut encore nommé Nil pour ceste occasion. Garmathone Reyne d'Ægypte, ayát perdu son fils Chrysochoa qui mourut auparauant qu'il eust attainct l'aage de puber-

Icy y a vne breche en l'original Grec.

Des fleuues & montagnes.

té, le deploroit auec ses domestiques fort amerement: mais la deesse Iris s'estant apparuë à elle, desguisant son maintien, & monstrant que sa presence luy estoit agreable, la receut courtoisement: dont elle voulant remunerer sa deuote affection, elle exhorta Osiris à retirer le fils de ladicte Dame des lieux sousterrains & infernaux: & ledit Osiris s'estant conformé aux prieres de sa femme, Cerberus, que quelques vns appellent Phoberon, c'est à dire terrible, en aboya si hault que Nilus le mary de Garmathone en estant deuenu subitement forcené & hors du sens, se precipita dans ledit fleuue appellé Ægyptus, lequel en prit le surnom de Nilus. Il s'engendre en ceste riuiere vne pierre ressemblante à vne febue, laquelle aussi tost que les chiens ont apperceuë, ils n'abayent plus: Icelle fauorise à ceux qui sont possedez du dæmon, car aussi tost qu'elle est approchee des narines, tout à l'instant le diable se retire. Il y croist aussi d'autres pierres que lon appelle *Collotes*, que les hyrondelles recueillent apres le desbordement du Nil, de sorte qu'ils en bastissent ce que lon appelle le mur Chelidonien, lequel soustient l'impetuosité des eaux, & empesche que le plat pays ne soit gasté du deluge, comme l'escrit Thrasyllus aux histoires Ægyptiennes. La montagne voisine est nommee Argille pour telle cause. Iuppiter espris de concupiscence amoureuse, apres auoir rauy la Nymphe Arge de la ville de Candie appellee Lyctus, la transporta en la montagne d'Ægypte nommee Argille, & engendra d'icelle vn fils appellé Dionysius: lequel estant en la fleur de son aage denomma le tertre Argillus en l'honneur de sa mere. Le mesme ayant leué vne armee de Panes & Satyres rengea les Indiens soubs sa puissance, puis, ayant remporté la victoire de l'Iberie, il en establit gouuerneur le Dieu Pan, lequel donna son nom à toute la contree, dont elle fut appellee Panie: & depuis les successeurs desguisant vn peu le mot, l'ont nommee Espagne: comme le raconte Sosthenes au treiziesme liure des histoires Iberiques ou d'Espagne.

LA RIVIERE D'EVROTAS.

HIMERE fils de la Nymphe Taygetes & de Lacedæmon, par la colere de Venus ayant forcé sa sœur Cleodicé en vne veille de feste solennelle, par mesgarde: le lendemain ayant esté instruict de l'accident qui estoit arriué, tout descôforté & touché de tristesse excessiue, s'eslança dans le fleuue de Marathone, qui en fut denommé Himerus: & par apres fut aussi appellé Eurotas pour la cause qui suit. Comme les Lacedæmoniens faisoient guerre aux Atheniens, & attendoient la pleine Lune, Eurotas leur Capitaine en chef, mettant soubs le pied toute superstition, mit en champ de bataille son armee preste à combattre, nonobstant que les foudres & esclairs l'en destournassent: mais apres auoir perdu son armee par sa temerité, troublé d'vn estrange regret, se darda dans le fleuue d'Himere, dont le fleuue en retint le nom d'Eurotas. Il s'engendre en iceluy vne pierre semblable à vn casque ou armet, laquelle on nomme Thrasydile, comme qui diroit, hardy poltron: car aussi tost que la trompette a sonné elle s'approche de la riue, mais incontinent qu'on prononce ce mot, *Atheniens*, elle reiaillit & se retire au fond de la mer. Il y a assez bon nombre de ces pierres consacrees au temple de Minerue Chalciœque, comme le recite Nicanor le Samien au second liure des fleuues. La montagne qui n'est pas élongnee se nomme Taygetus, ayât pris ceste appellation de la Nymphe Taygete, laquelle Iuppiter viola, & elle outree de fascherie d'auoir perdu son honneur, finit sa vie par vn cordeau, s'estant penduë aux cimes du mont Amycleen: auquel demeura le nom de Taygetus. Il croist là vne plante qui se nomme Charisium, qui signifie *conciliant la grace*: c'est pourquoy les dames la pendent à leur col en la prime-vere: ainsi sont-elles aymees de leurs maris auec plus de passion & d'affection, comme le tesmoigne Cleanthes au premier traité des montagnes: & Sosthenes le Cnidien faict plus ample mention de ces choses, d'où Hermogenes a pris son argument.

Des fleuues & montagnes.

INACHVS.

INACHE est vn fleuue de la region d'Argos: & s'appelloit premierement Carmanor, puis apres Haliacmon pour la cause qui suit: Haliacmon d'origine Tirynthien, cóme il paissoit ses troupeaux au mont Coccygion, ayant veu sans y penser Iuppiter auoir la compagnie de Rhea, il en deuint insensé, & poussé d'vne impetuosité furieuse, se rua dans le fleuue Carmanor, lequel en fut denommé Haliacmon. En fin il fut nommé Inache pour la raison que ie diray. Inache fils de l'Ocean, sa fille Io ayant esté deshonoree par Iuppiter, poursuiuit ce Dieu à belles iniures & contumelies, le suyuant pas à pas: Iuppiter portant cela trop indignement, luy enuoya Tisiphone l'vne des Furies, de laquelle estant eguillonné, il se rua dans le fleuue Haliacmon, qui en garda le nom. Il se produict en iceluy vne herbe nommee Cyura ressemblant à la rue, laquelle les femmes mettent sur leur nombril, l'ayant arrosee de vin, quant elles veulent auorter sans danger & inconuenient. On y treuue aussi vne pierre semblable au Berylle, laquelle si ceux qui desirent de porter faux tesmoignage tiennent sur eux, elle deuient noire. Il y en a vn assez bon nombre dans le temple de Iunon Prosymnee, comme le tesmoigne Timothee aux histoires Argoliques: mais Agathon le Samien en faict aussi mention au second des fleuues. Or Agathocles le Milesien en ses traictez des fleuues recite que Inachus à cause de sa finesse & tromperie fut foudroyé par Iuppiter, & reduict en vne extreme aridité. Les montagnes d'alentour se nomment Apæsantus, Coccygius & Athenæus, lesquels furent ainsi nommees, pour la cause ie diray. Quant au mont d'Apæsante il s'appelloit premierement Selenæe: car quand Iunon voulut venger Hercules & le punir, elle print la Lune pour estre coadiutrice: laquelle s'estant seruie d'enchantemens magiques, elle emplit son coffret d'escumes, de laquelle s'estant procreé vn tres grád lion, Iris l'ayāt entouré de ses liens, l'amena en la mōtagne d'Opheltió, où il deschira en pieces vn des pasteurs du lieu nómé Apesantus, dōt par la prouidence des Dieux ce tertre retint le nom d'Apæsantus, selō que l'escrit Demodocus au premier de l'Heracleide. il y croist vne herbe appellee Selene ou Lune: & les pasteurs recueillants au cōmencemét de l'Esté l'escume coulāte d'icelle, en oingnét & frottent leurs pieds, & ce faict ils ne sont aucunemét offensez des serpents. Le mont de Mycene qui s'appelloit auparauant Argion d'Argus le plus clair-voyant de tous, fut denommé Mycene pour la raison qui s'ensuit. Apres que Perseus eust tué Meduse, Stheno & Euryale ses sœurs le poursuyuirēt cōme vn traistre & guetteur: & cōme elles furent paruenues à la cyme de la montagne, par desespoir de le pouuoir apprehender, trāsportees de passion & animosité, firēt vn grād mugissemēt: dont ceux du pays nōment ce tertre Mycene pour le muglemēt qui s'estoit entendu de là, cōme Ctesias l'Ephesien l'escrit au premier de la Perseide: mais Chrysermus le Corinthien au premier des Peloponnesiaques fait mention d'vne telle histoire. Lors que Perseus estoit esleué en l'air, & desia paruenu à ce tertre, le plōbeau de la garde de sō espee vint à tōber: or l'oracle auoit respondu à Gorgophone Roy des Epidauriés estāt debouté de sa principauté, qu'il eust à faire le tour des villes Argoliques, & à bastir vne ville à l'endroit où il auroit trouué le plōbeau d'vne espee: or cōme Perseus fut paruenu au mōt d'Argion, & eut trouué vne garde d'yuoire, tōbee d'vne espee, il y bastit vne ville, laquelle il appella Mycene à cause de la cheute du plōbeau, que les Grecs appellēt Mycete. Il s'engendre là vne pierre nōmee Corybas de la couleur d'vn Corbeau, laquelle si quelqu'vn trouue & tiēt sur son corps, il ne craindra nullemēt les visiōs monstrueuses. Pour la mōtagne d'Apesante, elle fut ainsi appellee du nom du fils d'Acrisius: d'autāt que lors qu'il chassoit en cest endroit là, ayāt foulé aux pieds vn serpent venimeux, il tomba tout roide mort: & le Roy apres auoir ensuely son fils, nōma ceste colline là Apesante qui se nōmoit auparauāt Selinuntiū. Au reste la montagne Coccygie fust ainsi nōmee pour ceste cause. Iupiter enamouré de sa sœur Iunon, ayāt fait cōdescendre sa bien aymee à sa persuasion, engendra d'elle vn fils masle. De là vint que le mont

Xxxx iij

Des fleuues & montagnes.

Dyceum fut depuis cest accident appellé Coccygie, ainsi que le compte Agathonyme en sa Perside. Il croist en ceste môtagne vn arbre nommé Palinure, sous lequel si quelque beste brute s'assiet, ou se couche, il est detenu comme s'il estoit pris à la glu, excepté le Coucou: car il espargne cest oyseau, comme le recite Ctesiphon au premier liure des arbres. En outre le mont Atheneçe à pris son nom de Minerue, que les Grecs nomment Athene. Car apres la ruine de Troye, Diomede estant de retour en Argos, il monta au coupeau de Ceraunium, & ayant là construit vn temple à Minerue, il appella le mont d'Athenee, du nom de la Deesse. Il se trouue en ce tertre là vne racine semblable à la ruë: laquelle si vne femme mange par mesgarde, elle en deuient furieuse. On la nomme Adrastee, comme Plesimachus l'apprent au secôd liure des Retours.

LE FLEVVE D'ALPHEE.

ALPHEE est vn fleuue d'Arcadie aupres de Pise d'Olympie: on l'appelloit premierement Stymphele du nom de Stymphele fils de Mars & de Dormothec. Car iceluy apres la mort de son fils Philippe Alcmæon, estant oultré de grande tristesse, se precipita dans le fleuue Nyctimus, lequel en fut apres denommé Stymphele: or depuis il fut aussi appellé Alpheus, pour la cause que ie diray. Alpheus vn de ceux qui tiroient leur origine du Soleil, ayant eu debat & contention pour la vaillance auec son frere Cercaphus, il occist sondit frere: & dechassé par les pasteurs se ietta luy mesme en la riuiere de Nyctimus, & le nom d'Alpheus luy en demeura. Il croist vne herbe en ce fleuue appellée Cenchritis, qui represente vne goffre de ruche, de laquelle les Medecins font vne decoction pour faire prendre à ceux qui sont alienez d'esprit, & les deliurent ainsi de folie & manie, comme l'escrit Ctesias au premier liure des fleuues. Le mont qui est adiacent se nomme Cronie ou Saturnien, pour la raison qui s'ensuit. Apres la guerre des Geants contre les Dieux, Saturne euitant les menaces de Iuppiter se retira en la montagne de Crure, laquelle il nomma Cronie ou Saturnienne de son nom: & apres y auoir esté caché quelque temps, ayant espié l'occasion, il se transporta au mont de Caucase en Scythie. Il prouient là vne pierre que lon nomme Cylindre pour l'accident qui luy arriua: car toutes & quantes fois que Iuppiter esclaire ou tonne, ceste pierre roule du sommet de peur & tremblement: comme le tesmoigne Dercyllus au troisiéme liure des pierres.

LE FLEVVE D'EVPHRATES.

LE fleuue d'Euphrates est vn fleuue de Parthe aupres de la ville de Babylone; il se nommoit auparauant Mede du nom du fils d'Artaxerxes. Car ce Medus ayant forcé Roxane la fille de Cordyus, dés le lendemain il fut recherché par le Roy pour en faire la punition: dont estant espoüanté se ietta dans la riuiere Zarade, laquelle en fut appellee Mede. En fin ce fleuue fut nommé Euphrates pour la cause qui s'ensuit. Euphrates fils de Arandacus, ayant trouué son fils Axurtas reposant auec sa mere: & pensant que ce fust quelqu'vn des bourgeois, de ialousie & haine de ce peché, tira son espee & luy en couppa la gorge: duquel forfaict contre son esperáce se voyant estre seul autheur, de grand regret se precipita dans le fleuue de Mede, lequel en retint le nom d'Euphrate. Il prouient là vne pierre appellee Astige, laquelle les sages femmes mettent sur le ventre de celles qui sont en long trauail: & tout aussi tost elles accouchent sans douleur. Il croist aussi là mesme vne plâte nommée Exalla qui signifie chaleur: laquelle quand ceux qui ont les fiéures quartes ont apposé sur leur poitrine, ils sont incontinant deliurez de l'acccz, comme l'asseure Chrysermus le Corinthien, au treziéme liure des riuieres. La montagne dicte Drimylle est tout attenant: en laquelle s'engendre vne pierre fort semblable à vne Sardoyne, de laquelle les Roys se seruent: elle est aussi singuliere pour le mal & foiblesse des yeux quand on la trempe dans l'eau tiede: comme Nicias Mallotes le tesmoigne en ses liures des pierres.

CAICE

CAICE.

CAICE est vne riuiere de Mysie, qui s'appelloit auparauāt Astræe, du nō du fils de Neptune: car cōme lon celebroit la veille de la feste de Minerue, il viola sa sœur Alcippe par ignorance, & luy osta l'anneau de son doigt: dont le lendemain ayant recogneu le signet de sa sœur germaine, estrangement fasché se rua dans le fleuue Adurus, lequel en fut nommé Astræe: & du depuis fut encore nommé Caice pour vne telle occasion. Caice fils de Mercure, & de la Nymphe Ocyrhee ayant meurtry Timandre vn des gentils hommes du pays, & craignant les parents d'iceluy, se precipita dans la riuiere d'Astrẹe, à laquelle demeura le nom de Caice. il s'engédre en ce fleuue du Pauot, lequel au lieu de fruict porte vne pierre ; on trouue en iceux des grains noirs ressemblans à des Lyres, lesquels ceux de Mysie iettent en terre labouree, & si l'ánee doit estre sterile, ce que lon a iecté demeure en mesme place: que si elle doit estre fertile, ces grains sautent comme sauterelles ou locustes. Il s'engendre là vne plante nommee Elipharmaque, laquelle les Medecins appliquent aux femmes trauaillees des hæmorroides, pour arrester l'accroissance des veines; comme le recite Timagoras au premier liure des riuieres. La montagne de Teuthras est voisine, ainsi appellee du nom du Roy de Mysie nommé Teuthras, lequel pour le plaisir de la chasse estant monté au mont de Thrasylle, & ayant apperceu vn fort grand Sanglier, il le poursuiuit auec ses satellites, & la beste eut son refuge au temple de Diane Orthosie, comme sa suppliante: & comme tous les chasseurs vouloient entrer de force audit temple, le sanglier s'escria d'vne voix humaine intelligiblement, Pardonne, Sire, au nourrisson de la Deesse: mais Teuthras s'esleuant superbement, tua cest animal. Or Diane ayant à contre-cœur ceste action impie, resuscita le Sanglier, & enuoya à ce Prince autheur du meschef vne gratelle lepreuse auec fureur: de sorte que ce Prince honteux & desplaisant de ceste affliction, faisoit sa demeure aux couppeaux des montagnes: partant Lysippe sa mere informée de ces accidents courut à la forest amenant auec soy vn sçauant deuin Polyidus fils de Cyranus, duquel ayant appris curieusement toute la verité, elle tascha d'appaiser l'indignation de la Deesse par sacrifices de Bœufs: & ayant par ce moyen recouuert son fils reuenu en son bon esprit, elle bastit vn autel à Diane Orthosie: & y fit dresser la representation d'vn Sanglier d'or, qui auoit la face d'homme au lieu de hure. Ceste sculpture iusques auiourd'huy estant poursuiuie des chasseurs, entrée dans le temple semble donner vn son & voix humaine. Quand à Teuthras ayant recouuert cōntre son esperance sa forme & maiesté ancienne, donna le nom de Teuthras à la montagne: où il croist vne pierre nommee Antipathes, qui signifie repugnante: laquelle est fort souueraine contre les dartres & lepres, quand on broye la ratissure auec du vin, comme Ctesias Cnidien l'escrit au deuxiesme des montagnes.

LE FLEVVE D'ACHELOVS.

ACHELOVS est vn fleuue d'Ætolie, lequel on appelloit premierement Thestius, pour la cause qui s'ensuit. Thestius fils de Mars & de Pisidice pour quelques affaires necessaires de sa maison, ayant voyagé en Sicyone, & s'y estant arresté vne bonne espace de temps, retourna en sa terre & possession paternelle: & y ayant trouué son fils Calydon reposant auec sa mere, & soubçonnant que ce fust vn adultere, fut meurtrier de son enfant par ignorance: & puis se voyant tesmoin oculaire d'vn acte qu'il n'eust iamais pensé ny esperé, il se ietta en la riuiere d'Axene, laquelle changea ce nom en celuy de Thestius. finalement elle fut encore appellee Achelous, pour la raison que i'allegueray. Achelous fils de l'Ocean & de la Nymphe Naide, ayant eu affaire à sa fille Clestoris à son deceu, en conceut vne si grande tristesse qu'il se precipita dans le fleuue Thestius, lequel en retint le nom d'Achelous par apres. Il y croift vne plante nōmee Zacle refemblant à la laine, laquelle fi eu broyes & la iettes dans le vin, elle deuient eau, & garde bien l'odeur, mais non pas la force. Il s'y trouue auſſi vne pierre de couleur de plomb, que lon appelle Linurgue, à caufe de l'euenement & de fon effect: d'autant que fi on la iette dans vn linge, par vne conionction amoureufe, elle en retient la forme & figure de linge, & deuient blanche, comme le recite Antifthenes au troifiefme liure de la Meleagride. Diocles le Rhodien en faict ample mention dans fes hiftoires Ætoliques. On defcouure de là vne montagne que lon nomme Calydon, ayant retenu cefte appellation de Calydon fils de Mars & Aftynome: car iceluy ayant veu par mefgarde Diane fe lauant, changea la forme de fon corps en pierre, dont la montagne qui s'appelloit Gyrus par la prouidence des Dieux fut denommée Calydon. Il s'engendre là vne plante qui fe nomme Myops, laquelle fi quelqu'vn iette dans l'eau, & puis qu'il en frotte fon vifage, il en pert la veuë: mais auſſi toſt qu'il a appaifé Diane, il recouure la lumiere: comme le tefmoigne Dercyllus au troifiefme liure des hiftoires Ætoliques.

ARAXES.

ARAXES eſt vn fleuue d'Armenie, lequel fut ainfi appellé du nom d'Araxes fils de Pylus. Car ceſtui-cy debatant auec Arbelus fon ayeul touchant la royauté, il le tua à coups de fleches: & pour ce forfaict epoinçonné & bourrelé par les furies, il fe lança dans la riuiere de Bactre, laquelle depuis retint le nom d'Araxes: comme l'eſcrit Ctefiphon au premier des Perfiques. Araxes Roy des Armeniens ayant guerre contre fes voifins & limitrophes Perfans, deuant que les deux armees s'entrechocaſſent, il receut vn oracle, qu'il deuoit iouyr de la victoire, pourueu qu'il facrifiaſt deux des plus nobles vierges aux Dieux repouſſeurs des maux. Mais luy par vne bien-veillance naturelle enuers fes enfans, ayant efpargné fes propres filles, feit mettre fur les autels deux filles de l'vn de fes fubiects, excellentes en beauté, & les y facrifia; alors Mnefalces qui eſtoit le pere de ces vierges ainfi facrifiees, porta fort à contrecœur ce mefchef, & neantmoins diſſimula cefte iniure quelque temps: & puis prenant l'occafion qui fe prefentoit, il tua les filles du tyran, apres leur auoir dreſſé des embufches: cela faict il abandonna fon pays & fa demeure paternelle, & paſſa le mont vers la Scythie. Araxes donc eſtant aduerty de ceſt acte Tragicque, & oppreſſé de triſteſſe, il fe precipita dans la riuiere d'Halme, qui changea ce nom en celuy d'Araxes. Il croiſt là vne herbe, qui s'appelle Araxa au langage du pays, & fe peut interpreter, haïſſant les vierges: car auſſi toſt que cefte herbe a efté trouuee par les filles, ayant verfé vne quantité de fang, elle fe fleſtrit. Il s'y produit auſſi vne pierre nommee Sicyone de couleur noiraſtre: laquelle, quand il fe rencontre vn oracle, qui ordonne de faire facrifice d'vne victime humaine fur les autels des Dieux chaſſemaux, elle y eſt mife par deux vierges: & lors que le preſtre la touche auec le couteau, il fe faict vne grande effufion de fang: & au mefme temps les affiftans qui fe font employez à cefte fuperftition fe retirent auec de grands cris, ayant rapporté la pierre dans le temple, comme l'efcrit Dorothée le Chaldeen au 2. liure des pierres. Il y a bien pres de là vne montagne appelée Diorphe du nom d'vn Geant, duquel on recite cefte hiſtoire. Mithras defirant d'auoir vn fils, & neantmoins hayſſant le fexe feminin, il efchauffa de fa femence vne pierre, laquelle deuenuë enceinte apres le temps requis, procrea vn ieune garçon nommé Diorphe: lequel eſtant venu en la fleur de fon aage, & ayant prouoqué Mars au combat de la vertu, fut occis: & depuis par la prouidence des Dieux fut transformé en la montagne portant le mefme nom. Il y croiſt vn arbre reſſemblant à vn Grenadier, qui nourrit vne grande abondance de fruicts, lefquels ont le gouſt & la faueur femblable aux raifins: or quant quelqu'vn ayant pris de ces fruicts meurs, nommé Mars, ledit fruict vient à reuerdir, comme l'apprend Ctefiphon au treiziefme liure des arbres.

LE TIGRE.

LE Tigre est vn fleuue d'Armenie qui descend en la riuiere d'Araxes, & au Palus Arsacide: il s'appelloit premierement Sollax, qui signifie panchant à val: & fut depuis nommé Tigris pour la cause qui s'ensuit. Denys ou Bacchus par la prouidence de Iunon estant deuenu furieux, faisoit le tour de la terre & de la mer, pour se deliurer de ceste perturbation : donc comme il fut paruenu à la region d'Armenie, ne pouuant trauerser ledit fleuue, inuoqua l'ayde de Iupiter. Dieu ayant exaucé ses prieres, luy enuoya vn tigre, sur lequel estant porté sans aucun danger; en l'honneur & reuerence de ce qui estoit arriué, en denomma le fleuue Tigris, selon le narré de Theophile, au second liure des pierres. En outre Hermesianax Cyprien recite vne telle histoire. Bacchus espris de l'amour de la Nymphe Alphesibœe, & ne la pouuant ny par presens, ny par prieres persuader à mal, changea la forme de son corps en tigre: & ayant persuadé sa bien aymee par crainte, la print sur soy, & apres auoir ainsi passé le fleuue, engendra d'icelle vn fils nommé Medus: lequel estant deuenu en aage, en l'honneur de l'euenement, nomma le fleuue Tigris, comme l'escrit Aristonymus au troisiesme de ses histoires. Il prouient là vne pierre nommee Myndan, toute blanche, laquelle si quelqu'vn possede, il n'est point offensé des bestes, ainsi que Leon Byzantin le tesmoigne au troisiesme des fleuues. La montagne adiacente se nomme Gauran du nom du Satrape Rhoxanes, lequel estant deuot & religieux enuers les Dieux, obtint d'eux vne pareille grace, ayant seul de tous les Persans vescu trois cens ans: & mourat sans estre tourmenté d'aucune maladie, il fut honoré d'vne riche sepulture au sommet de Gauranus : & par la prouidence des Dieux le môt de Mausorus fut denommé Gauranus de son nom. Il y croist vne plante qui ressemble à l'orge sauuage: ceux du pays l'eschauffant se frottent de son huile: & par ce moyen ils ne tombent iamais malades iusques à la grande necessité de la mort, comme l'escrit Sostratus au premier de la collection de l'histoire fabuleuse.

LE FLEVVE D'INDE.

L'INDE est vne riuiere des Indes qui se verse d'vne grande roideur & rapidité dans la terre des Ichthyophages où les habitás ne viuent que de poisson: il se nommoit premierement Mausole de Mausole fils du Soleil, & chágea depuis de nom pour vne telle occasion. Cóme les sacrifices de Bacchus se celebroiét,& ceux du lieu estoiét tous attentifs à ceste superstition, Indus ieune homme d'illustre maison, ayant forcé & corrompu Damasalcide, la fille du Roy Oxyalcus, qui portoit la layette en l'honneur de Bacchus, ledit Gentilhomme en estant recherché par le prince pour le chastier, se ietta d'espouuante dans le fleuue de Mausole, lequel fut nommé de son nom Inde. Il croist là vne pierre, laquelle lors que les vierges la portent, elles ne craignent nullement les ribauds. Il s'y engendre aussi vne herbe nommee Carpyce semblable à la buglosse, qui est fort bonne & soueraine pour ceux qui ont la iaunisse, quant on la donne en de l'eau tiede à ceux qui sont trauaillez de ce mal: comme l'asseure Clitophon au dixiesme liure de l'histoire des Indes. La montagne prochaine s'appelle Lilæe du nom d'vn pasteur Lilæus: car cestuy-cy estant superstitieux,& portant seul reuerance à la Lune, en pleine nuict celebroit les mysteres sacrez de ladicte Dame: mais les autres Dieux indignez de ce deshonneur qui leur estoit faict, enuoyerent deux lions d'estrange grandeur, par lesquels estant dechiré en pieces, finit sa pauure vie. Or la Lune transforma son seruiteur & bienfacteur en vne montagne portant son nom. Il s'y trouue vne pierre appellee Clitoris laquelle est fort noire, laquelle les habitans du lieu portent sur eux pour ornement en la feste de salut, qu'ils appellent Soteria, comme Aristote le preuue au quatriesme liure des fleuues.

FIN.

RECVEIL DE DIVERSES PREVVES ET ARGVMENS
qui enseignent, que les disciplines sont recordations.

Extraict par Olympiodore Platonicien de Plutarque de Cheronæ, & traduict par le mesme Interprete sur l'original Grec escrit à la main en la Bibliotheque du Roy.

1. SI nous comprenons vne chose par vne autre, c'est signe qu'il auoit esté cogneu auparauant: autrement ne le pourroit-on comprendre. c'est vn argument Platonique. Et cest autre cy.
2. Si nous adioustons ce qui manque aux choses sensibles.
3. Si les enfans sont plus dociles, comme estans plus proches de la premiere vie, en laquelle la memoire a esté conseruee. Ceste raison & supposition est superficiaire.
4. Si quelques vns sont plus propres à vne discipline, qu'à l'autre.
5. Si plusieurs ont appris d'eux-mesmes toute sorte d'art.
6. Si plusieurs enfans rient en sommeillant, ce qu'ils ne font pas en veillant. Plusieurs aussi ont prononcé en veillant, ce qu'autrement ils n'auroient pas proferé.
7. Si quelques vns, nonobstant qu'ils soient courageux, craignent toutefois des choses viles; comme vne belette, ou vn coq, sans aucune cause apparente.
8. S'il n'y a point de moyen de trouuer autrement: d'autant que personne ne cercheroit ce qu'il sçait, ny ce qu'il ne sçauroit aucunement: veu mesme que nous ne trouuerions pas ce que nous ne sçauons point.
9. Si la verité, selon l'exemption d'oubliance, est vne rencontre de ce qui est: c'est vne preuue de Logique.
10. Si la memoire est la mere des Muses; comme la memoire sans distinction est cause des Questions.
11. Si nous ne recherchons pas ce qui ne se peut cognoistre. Or y a-il encore vn argument pris de l'inuention.
12. S'il y a inuention de ce qui est: asseurément qu'il y en a aussi des Theoremes ou contemplations: adonc de celles qui sont en quelque lieu, c'est à sçauoir en l'ame.

De l'Amour, & de ses effects.

Extraict des recueils de Stobeus au Tiltre de Venus, & de l'Amour: qui est transcript de Plutarque: Et translaté de Grec en François, par feu M. Iacques Amyot Euesque d'Auxerre, &c.

IL y a vn certain lien qui entretient toutes les Comœdies de Menander egalement, ne plus ne moins qu'vn esprit commun qui passe & penetre à trauers toutes, c'est Amour: & pourtant prenons auec nous ce personnage comme vn vray champion, & deuot suppost de ce Dieu, pour nous ayder à trouuer ce que nous cerchôs: parce qu'il a deuisé de ceste affection vn peu en Philosophe. C'est merueille comme il a bien dict ce que lon apperçoit és animaux:
Il parle en soy-mesme, il arguë, il respond & cherche à par-soy, & demande,

Qui l'a ainsi priué de liberté?
Sont-ce ses yeux qui en ont cause esté?
Abus, rien moins: car tous ceux qui verroiét
La mesme femme, amoureux en seroient,
Pource qu'en tous des yeux le sentiment
A mesme effect, & pareil iugement.
Mais le plaisir du iouyr les attire.
Et pourquoy dóc l'vn ne s'en fait que rire
Apres qu'il a de son amour iouy,
Sans que son sens en demeure esbloüy;
L'autre en demeure esperdu pour sa vie?
Amour estant de l'ame maladie,
Gist proprement en vne occasion,
Et dans le cœur s'en faict la lesion.

Considerons

De l'Amour. 676

A Considerõs vn peu que veut dire cela. car il cõtient quelque cause mouuante & poussante: & est vray semblable que la volupté de la iouyssance n'en soit pas la cause efficiente totale: bien en est-elle à l'aduenture quelque premier motif: mais la force principale & le fondement de ceste passion procede d'ailleurs; toutesfois la preuue qu'il allegue est legere & non veritable; pource que le regard des yeux n'a pas en tous égal iugemét, non plus que le goust de la langue; d'autãt que la veuë & l'ouïe est en aucuns naturellemét plus parfaicte, & par art plus exercitee à discerner les qualitez de son object. Cõme és accords & consonances de la Musique, l'aureille des Musiciens; és traicts & façons du visage, le iugement des Peintres: comme lon dit que le Peintre Nicomachus respondit à vn ignorant qui luy disoit, que la figure d'Helene que Zeuxis auoit portraicte ne luy sembloit pas belle; Prens mes yeux, ce luy dit-il, & elle te semblera vne Deesse: & les parfumiers en matiere de senteur, & les cuysiniers, & potagers, en matiere de saulses & de potages par accoustumance, & par exercice ont le iugement
B beaucoup plus subtil & plus certain que le nostre. D'autre costé, de dire que l'amour ne s'entretiéne pas par le plaisir de la iouyssance, pource que l'vn apres auoir iouy d'vne mesme femme, s'en va, & n'en fait plus de compte: c'est tout ainsi cõme qui diroit que le goulu & friãt Philoxenus n'estoit pas tiré du plaisir des delicates & sauoureuses viandes, pource que Antisthenes quand il en mãgeoit de telles, n'en ressentoit rien de semblable; & que Alcibiades ne s'enyuroit point de bon vin; pource que Socrates en beuuant autant, & du mesme vin, n'en sortoit point de son bon sens. Mais quãd à cela, laissons-le là: Et quant à ce qui suit apres, là où il semble qu'il declare son opinion, voyons que c'est qu'il dit; Amour estãt maladie de l'ame, gist proprement en quelque occasion. C'est bien & veritablement parlé, parce qu'il faut qu'il y ait vne rencõtre & correspondance de l'agent & du patient affectionnez de certaine maniere l'vn enuers l'autre, d'autant que la force de l'agent est defectueuse pour atteindre à la perfection de l'œuure, si la disposition du patiét ne luy respond:& cela est la rencõtre & le poinct
C de l'occasion qui l'appelle, quand ce qui est fait pour agir, estant en sa vigueur, se conioinct à ce qui est prest & en estat de souffrir.

Au tiltre du blasme de l'Amour, extraict d'vn liure de Plutarque, intitulé
Que l'Amour n'est point iugement; *qui ne se trouue plus.*

Les vns tiennent qu'Amour est entendement, les autres, que c'est concupiscence, autres, que c'est vne fureur & folie. Il y en a d'autres qui disent que c'est vn mouuement diuin en l'ame procedant de cause celeste: & y en a qui tout ouuertement preschent que c'est vn Dieu. C'est pourquoy lon peut à iuste cause & auec verité dire, que quand il cõmance à naistre, c'est vne concupiscence, quand il est excessif, c'est vne fureur: quand il est mutuel & reciproque, c'est amitié: quand il est bas, c'est infirmité:
D quand il est heureux, c'est vne extase & vn diuin rauissemét d'esprit: voyla pourquoy les Poëtes feignent qu'il porte vn brandon de feu, & les Peintres & Sculpteurs le portrayent de mesme façon; pource que du feu la lueur en est fort plaisante, & la bruleure fort douloureuse & cuysante. *Au mesme liure.*

Tout ainsi comme il est tresbon d'admonester & reprendre ses amis estans sains & disposts, quand ils viennent à commettre quelque notable faute; mais quand ils sont hors de leur bon sens, & deuoyez de leur entendemét, cõme en la maladie de phrenesie, nous n'auons pas accoustumé de cõtester à l'encontre d'eux, ny à leur resister: ains faisons semblant de conniuer & condescendre à leur volonté; aussi quand nous voyõs que par colere ou par auarice nos amis font de lourdes fautes, il les faut reprimer & rembarer, en leur disant librement leur verité, pour les engarder de plus faillir. Ainsi à ceux qui sont amoureux, il leur faut pardonner cõme estãs malades. Voyla pourquoy il vaut bien mieux dés le commancement ne donner aucune entree à ceste passion;

De l'Amour.

mais si elle est vne fois enracinee, fuyez vous-en aux autels des Dieux sauueurs & diuertisseurs des maux, comme dit Platon; c'est à dire, retirez vous, & ayez recours au conseil des sages hommes, chassez arriere de vous ceste male beste, deuant que les dents & les griffes luy soient venuës: autrement si vous la receuez en vostre sein, entre vos bras en son enfance, il vous faudra combattre encontre d'elle, lors qu'elle sera arriuee à sa perfection. Et quelles sont les griffes & les dents de l'Amour? ce sont les ialousies & les suspicions. Voire-mais tu me diras que c'est chose si gentille & si plaisante: & ie te responds que le monstre Sphinx auoit aussi la varieté de son plumage fort belle & agreable,

    Son dos sembloit d'or fin enluminé
    Vers les rayons du Soleil encliné :
    Et s'il estoit tourné contre vn nuage,
    Couleur d'azur prenoit lors son plumage,
    Ne plus ne moins que reluit l'arc en ciel.

Aussi a l'Amour de premier front ie ne sçay quoy de gracieux & de gentil : mais cela est cauteleux, temeraire & audacieux. Car il rauit & deuore les biens, les vies, les maisons, les mariages, & les seigneurs quelques grands qu'ils soient; non pas en leur proposant des questions difficiles & des ænigmes à soudre: mais estat luy-mesme vn ænigme fort malaisé à soudre & expliquer : qui voudroit rendre raison, pourquoy c'est qu'il hait & qu'il ayme, qu'il fuit & qu'il poursuit tout ensemble: qu'il menace & qu'il supplie, qu'il se met en cholere, & est émeu de pitié: qu'il veut & qu'il ne veut pas: qu'il comance & qu'il fait cesser. Pourquoy c'est qu'il se plaist en vne mesme chose, & puis s'en desplaist. car quant au Sphinx tout ce qu'il proposoit en sa demande estoit faux, parce que le vieillard n'a pas veritablement trois pieds, encore qu'il prenne vn baston pour secourir la foiblesse de ses pieds, ny le petit enfant n'a pas quatre pieds, encore que des pieds & des mains il appuye son alleure : mais au contraire les passions des amoureux sont veritables ; parce que bien souuent ils ayment, & hayssent en mesme lieu: ils desirent & regrettent vne mesme personne quand elle est absente, & tremblet de peur, quand elle est presente: ils la flattent, & l'iniurient: ils meurent pour elle, & la font mourir: ils souhaitent de ne l'aymer plus, & ne veulent pas cesser de l'aymer: ils la preschent d'estre pudique & sage, & taschent à la seduire : ils l'enseignent, & la corrompent: ils luy veulent commander, & la prient à genoux & la seruent : c'est pourquoy veritablement aucuns ont pensé que c'estoit vne rage,

    I'aymois alors, & l'Amour en tout aage
    Est aux humains vne espece de rage. Ce dict Euripides, vn grand
maistre en matiere d'amour.   *Au mesme liure.*

Amour ne naist point soudainement tout à coup, comme faict la colere, ny ne s'en va pas aussi legerement, combien que lon die qu'il a des aisles: ains il s'allume tout bellement, & se fond peu à peu soy-mesme, & apres qu'il a enflammé l'ame, il y demeure bien long temps, ne cessant pas en quelques vns, mesmes quand ils sont ja deuenus vieux: ains demeure encor en vigueur auec le poil chenu, comme s'il estoit nouueau venu & tout frais esmoulu : & encore qu'il vienne quelque fois à faillir, comme quad il est vsé par longueur de temps, ou qu'il vient à s'esteindre par quelque bonne remonstrance, encore ne sort-il pas de tout poinct de l'ame : ains y laisse vne matiere, comme vne cendre bruslee, & vne marque de la chaleur esteinte, comme en ceux qui ont esté attaints & frappez du tonnerre, car d'vne douleur appaisee, il ne demeure aucun vestige dedans l'ame, ny d'vne cholere vehemente, quand elle est passee, & l'ardeur d'vne cupidité quelque vehemente qu'elle soit se reprime: mais les morsures de l'amour, encores que le serpent qui les a faictes soit absent, ne perdent pas le venim; ains demeure dedans l'ame la deschireure: & ne sçait-on que c'est, comme elle s'est faicte, ne par où elle y est entree.

F I N.

TABLE TRESAMPLE DES NOMS,
MATIERES, ET CHOSES NOTABLES CONTENVES
EN TOVS LES OPVSCVLES DE PLVTARQVE.

 Pourquoy mis la premiere des lettres, feuillet 432. lettre H
A sert à exprimer tous les noms des muettes, excepté Pi 433 C
A dedié à Mercure, & representé par l'oiseau nommé Ibis 433 D
A est la premiere voix articulee que prononce l'homme 433 B
l'aage du monde d'à present, quel 274 D
l'aage doré regnoit soubs Saturne 462 F
l'aage de l'homme comment consideré, & combien long 339 B C
aage florissant chatouilleux, partant a besoin d'vne forte bride 7 D
l'aage de la perfection de l'hôme quand commence 459 G
aage de se marier 220 F, selon Hesiode 601 G
aage meur apporte son sens, & prudence 183 E
l'aage subsequent deffait & gaste tousiours le precedent 356 E
aage de vieillesse d'où procede 460 E
aage des seruiteurs de Mars, quel doit estre 182 F
aage des Corneilles, de neuf aages d'hommes pour le moins 271 G
aages sont plus grands changemens & mutations és hommes, qu'és citez 264 F
aagé à corriger les autres 53 G
trop aagé se mariant fait autant pour les voisins, que pour soy 182 D
si les aagez se doiuent encore mesler de la Republique 178 E
aagez quand requis pour s'entremettre de l'estat 181 H, 182 A
aagez doiuent instruire les ieunes 183 E
aagez en quoy doiuent imiter les Fourmis, & Abeilles 179 E
aagez voluptueux combien sales & ords 180 D E
aagez diffamez par paresse & volupté 179 A
à aagez est chose bien laide d'estre vicieux 223 H, 214 A
aagez peu aimez de Venus 473 H
aagez de soixante ans, contraints d'aller à la guerre 174 C
aagez Atheniens ia esteins, r'allumez par Solon 168 A
Abaris liure d'Heraclitus 8 H
l'abeille pourquoy appellee sage 100 G
l'abeille hante les fleurs pour en tirer le roux miel 115 D
l'abeille trouue le meilleur miel parmy les espines 21 D
l'abeille aime le doux 396 G
l'abeille aime la goffre à miel 600 A
l'abeille pour sa nourriture cerche la fleur 19 F
l'abeille applique tous ses six pieds ensemble à la besongne & à l'œuure 522 A
l'abeille par vieillesse ne deuient frelon 179 A
si l'abeille a memoire 508 H
abeilles composent en commun leurs goffres, en maniere d'vne ville 520 C
abeilles artificielles 521 G
abeilles trauaillent toutes en commun, pour accroistre le bien public 520 G
abeilles se meslent de la rep. iusques à la mort 179 A
abeilles amassent de tous costez 149 G
abeilles ont des Roys, qui ne sortent iamais de la ruche 345 A, 170 G
abeilles tirent du thym le plus sec miel 69 E
abeilles combien prudentes à cueillir les fleurs pour faire le miel 27 A
pastures des abeilles impollues 281 F
abeilles excitees par la senteur des goffres à miel 538 F
quelles sont les meilleures abeilles 177 C
abeilles chastrees de leurs goffres 106 G
abeilles comment chastrees 527 E
abeilles trop ingrates à l'endroit de ceux qui les nourrissent 175 E
abeilles portent de petites pierrottes, pour s'affermir contre le vent 512 B
abeilles poursuiuent mesmes ceux qui naguere ont touché à leurs propres femmes 149 D
abeilles faciles à prendre aux mauuis 517 G H
abeilles meurent frotees d'huile 376 D
abeilles murmurent de courroux 269 E
abominations engraces contre le Roy Mimis, & pourquoy 319 F G
Abron, fils de Lycurgus l'orateur 497 H
Abrote pourquoy & comment mise en perpetuelle memoire par le Roy Nisus son mary 480 D
Abrotonon, serue Thracienne 602 B
abstinence des plaisirs de la chair, deifie l'homme 318 D
abstinence appellee rusticité par les flateurs 45 A
abstinence & diette de quelques bestes 516 E
pourquoy on peut s'abstenir quelque fois de sa propre femme 67 A
abus comment se coulent dedans les villes 165 F
Abydus, ville d'Ægypte, sepulchre des riches 322 D
abysme Titanique 517 A
abysme du trou de Trophonius, & ses merueilles 644 D E
abysme bouché noyant tout le pays pour vn sacrilege commis 163 E
abysmes resserrez par hommes s'y iettans montez à cheual 486 G H
abysmes d'enfer, pleines de toutes sortes de gehennes 111 A
l'academie, eschole de Platon 598 C
l'academie, eschole de sapience 128 A
l'academie, parc des philosophes 99 C
l'academie, petit verger, qui ne cousta que 3000 drachmes, habitation de Platon, de Xenocrates, & de Polemon 126 G
la doctrine academique introduicte par Arcesilaus 595 G
academiques accusez par les Stoïques 574 C D
academiques prendre les paroles, comme les enfans les osselets 435 B
Acastus comment celebra les funerailles de son pere Pelias 397 A
Acca Larentia, deux femmes de ce nom, fort renommees entre les Romains, & de quels sacrifices honorees, & pourquoy 466 A
accidens contre esperance, combien griefs 36 C
accidens & qualitez estre des corps & des animaux, selon les Stoïques 587 B C H
fables d'Acco & Alphito dont on faisoit peur aux enfans 164 E
accord & discord, deux principes, selon Empedocles 441 E
accord & discord meslez font l'harmonie 553 H
accord harmonique estre le plus grand chef d'œuure 555 G
Dieu a fabriqué toutes choses par accord & harmonie 668 G
accords comment faits de sons diuers & contraires 543 B C
trois accords du vin auec l'eau 386 D
accords de musique accommodez aux proportiós d'entre les planettes 555 B
accords de musique accommodez à la creation de l'ame du monde 550 A, 551 A B
accords de musique sont poisons aigus 415 B
accords principaux de la musique 347 A, 663 G H
accords pourquoy diuisez en trois 435 A
accords d'où engendrez, & beau discours de ce 355 A
accords de la game, quels & combien 347 A
huict accords en musique 555 D
accords adaptez aux mediocritez des vertus 33 C D
accoustumance acquiert petit à petit grande efficace 32 E, 507 G
accoustumáce combien peut, bel exemple 86 G H, 115 F
accoustumance nous faut employer à l'encontre des concupiscences 641 B
accoustumance rend tout aggreable & plaisant 126 B, 293 E
accoustumance engendre cholere en l'ame 56 D
accoustumance necessaire pour domter la cholere 59 E

ã

accoustumance de bien faire chasse le vice 109 H
accoustumance a grande efficace pour engendrer la vertu au cœur des hommes 2 C, 34 E
par accoustumance on acquiert les vertus morales 2 B
accoustumance de trop parler est incorrigible 93 H
accoustumance mauuaise introduit des abus dedans les villes 165 F
accroissement ou augmentation comment se fait 586 E F G
accroissement & nourriture des animaux comment se font 460 B
faux accusateurs corrompent les Princes 134 E
accusateurs de Socrates, quels 138 C
accusateurs de Socrates tant hays des Atheniens, qu'ils se pendirent 108 C
accusations comment se faisoient entre les Romains 112 C
saulses accusations des flateurs reseruẽt de mauuaises cicatrices & gangrenes 89 G
punitions precedent les accusations à l'endroit des grands seigneurs 136 C
Achæiens cõment perdirẽt leurs terres, & furent chassẽz d'icelles 479 D E
Achæus, premier nom d'Orestes 630 H, 631 A
Achantus prise par vne merueilleuse astuce par les Andriens & Chalcidiens, & le different qui en aduint 481 H, 482 A
achapts comment faits iadis en la ville de Duras 481 G
Ache creuë sans semer ny planter 398 A
l'ache foulee aux pieds en vient mieux 412 B
l'ache tenuë pour herbe funeste & mortuaire 398 A
l'ache pourquoy seruoit de couronne aux ieux Isthmiques 397 D E
ache, plante nõmee selinon, faicte d'or, offerte par les Selinuntins 630 C
Acheron, signifie priuatiõ de ioye 246 B
acheron fleuue ardent 430 H
acheron bruyant, fleuue infernal 582 E
acheron fleuue d'enfer, non redouté des Epicuriens 289 C D
acheron, surnom de l'air, & pourquoy 530 E
Achilles fils de Peleus, lumiere de tous les Grecs 22 H, 667 C
Achilles instruict par Phœnix 2 B
Achilles sagement reprins par Phœnix 53 G
Achilles apprint de son gouuerneur Chiron, la musique, la iustice, & la medecine 17 A, 398 G, 667 D
Achilles nourry par Chiron seulement de fruicts de la terre 388 F
Achilles cheuelu, Thersites chauue, 577 C
Achilles combien constant, vaillant, & continent 21 E
Achilles sobre, & n'aymant le vin, estoit aspre, ardent & vigilant 399 A
Achilles tenoit table affamee 413 H
Achilles le beau 272 C
Achilles leger du pied 68 D

Achilles parangon de prouësse, auoit le cœur de lyon 19 E
Achilles au faict de Mars, tous les Grecs surpassoit 72 C, 434 C
Achilles appelle Agamemnon yurongne 399 A
Achilles comment aiguillonné d'Vlisses 55 A
à Achilles, Minerue instilla du Nectar & de l'Ambrosie 623 B C
Achilles n'estoit doux en son ire, ne de leger courroux 50 F G
Achilles vaillant d'vne sorte, & Aiax d'vne autre 129 H
Achilles & Patroclus, vne des couples d'amis anciennes 103 F
Achilles priué de la belle Chryseïde, pleura chaudement 17 C
Achilles filoit oisif entre les filles 22 E
Achilles vainquit & tua Hector 435 F
Achilles par auarice vendit le corps mort d'Hector 316 H
Achilles d'vn coup de flesche tué par Paris 435 F
Achilles desire de reuiure 10 C
Achilles pourquoy n'est nommé au temple de Tenes 481 F G
Achillium, quel temple, par qui & pourquoy basti 482 F
achrades sont pommes sauuages 484 G
acidusa fontaine, & de qui ainsi nommee 483 F
l'acier s'affine par la trempe 571 F
acier comment peut estre fait de fer 94 G
Aconit, poison mortel, ne nuit à ceux qui le portent auec eux 138 B
Acræum, temple en l'Isle d'Ægine 499 H
acratisma signifie le desieuner, & d'où vient ce mot 426 E
Acratos, vin pur 426 E
Acron medecin, par quel moyen acquist grande reputation 335 C
Acrotatus Lacedæmonien mort vertueusement en bataille 228 D
Acrotatus contre iustice ne voulut fauoriser à son pere mesme 114 D E
Acrothinium, l'vne des filles du capitaine Adimantus, & que signifie ce mot 657 H
Acrothoraces, sont ceux qui ont trop beu 386 E
Actæserons, que signifie 393 B
actes des sages faicts par toute vertu 310 H
actes selon les vertus sont loüables 563 G
actes vicieux d'où procedent 570 A
actes d'Alexandre tous faicts en philosophe 311 B
actes estre corps & animaux, selon les Stoïques 587 C
Actæon, enfant beau à merueilles mourut entre les mains de ceux qui le forçoient 505 E
action, promontoire 305 A B
action auoir besoin de deux choses 596 B
nulle action vertueuse sans passion 36 A

en chacune action, y a vne vertu eminente 310 H
action en quoy differe d'exception en procez 472 F G
actions d'où ont leurs causes mouuantes 144 G
actions doiuent estre reduites à mediocrité 118 C
actions accompagnás les parolles, quelle vertu ont 115 F
actions honorables mises à nonchaloir par les Epicuriens 189 E
actions honnestes maintiennent le bon sens en son entier 134 D
actions vertueuses deuroient rencontrer de belles descriptions 104 A
actions vertueuses quelles voluptez apportent 286 B
actions non regies par raison, affoiblissent la volonté 24 F
actions des hommes d'où ont source 44 C
actions des hommes auoir deux principes 438 C
actions de l'homme sage resembler aux boistes de l'encens 75 E
actions des hommes obseruees & regies par les dæmons 558 G
nos actions ne peuuent estre bonnes qu'en vne sorte, & mauuaise en plusieurs 33 A B
actions d'vn ieune homme bien morigeré, quelles sont 119 B
actions d'Alexandre composees de toutes les vertus 310 H
actions broüillees & confondues par les Stoïques 586 A
actions d'autruy recerchees par les calomniateurs & curieux 127 B
actions estre corps & animaux 587 B C
actions des bestes fort esloignees de toute vanité 272 A
Ada Royne de Carie, gracieuse & liberale enuers Alexandre 192 B, 285 G, 295 F
Ades, fils d'Ædo, c'est à dire, de honte, 324 G
ades, c'est à dire Pluton, est le sepulchre de l'ame 323 B. & pourquoy ainsi dict 329 A
ades, seigneur de l'autre monde 192 C D
ades, Dieu qui commande aux trespassez 334 G H
ades, surnom de l'air, & pourquoy 530 E
adianton, ou capilli veneris, pourquoy tousiours verdoiant 381 G H
Adimantus comment renommé par son frere Platon 85 A B
Adimantus traistre en bataille, admonesté du Ciel 657 C D
adiouster est chose plus royale, que d'oster 188 G
adipsa, medecine qui guarist de la soif 156 H
Admetus estant aimé d'Apollo, fut seruy par luy vn an tout entier, comme par son vallet 607 B
l'admirer est au mespriser contraire, signe d'vne plus douce nature 26 E
le fruict de la philosophie est, rien n'admirer

mirer, selon Pythagoras 28 D
les adolescens pourquoy ont plus de besoin de maistres que n'ont les enfans 7 C
Adonis, qui est Bacchus, tué par vn sanglier 394 H
Adonis à faux tiltre mis au catalogue des Dieux 603 G A
iardins d'Adonis en des pots de terre 265 C F
l'adoration qu'on doit à Dieu laissée & negligee des Epicuriens 590 G
Adrastia, fille de Iupiter & de Necessité, vengeresse des pechez 267 H
Adrastia l'vne des deux nourrices de Iupiter 386 E
Adrastia estre la fatale destinee, selon Chrysippus 573 C
Adrastia est la loy & arrest ineuitable 557 B, 559 D
Adrastus, frere d'vne meschante marricide 110 F
Adrastus se ietta aux pieds de son ennemy 19 F
Adrastus auoit vn cheual qui voloit 586 D
Adrastus sur le champ replique à Alcmæon 23 C
apprehensions de l'Aduenir, imprimees és hommes par les dæmons 347 G
aduentures des hommes, bonnes & mauuaises, au ciel en deux tonneaux 125 A
aduersité de Dieu enuoyee, faut porter auec patience 252 E
aduersité est la preuue des amis 222 A
en aduersité l'amy bien requis 51 F
souffrir aduersité sans en estre cause est grand allegement contre fortune 151 A
aduersité combatué par la philosophie 124 H
aduersitez deuoir estre apportees en commun, selon Socrates 245 G
aduersitez font cesser les enuies : mais les inimitiez non 108 E
qui bien porte les aduersitez, sçait bien garder le moyen 243 B
aduersitez aux hommes ostees par la mort 253 A
adultere est espece de curiosité 65 D
nul adultere commis à Chio 233 H
adultere tenu impossible à Lacedæmone 220 H
l'adultere pourquoy hay, & puny de Dieu 266 F
Agamemnon tué par l'adultere de sa femme 443 E
adultere, cause de l'abolissement des Roys de Rome 234 B C
femme adultere monstree à tout le monde en la ville de Cumes, montee dessus vn asne 478 A B
l'adultere furieux de Paris 385 A
l'adultere de Mars auec Venus, que signifie 12 D
l'adultere de la mere de Pisistratus comment traitté par luy 198 C
adultere & rauisseur de femme deschiré par les chiens 461 A
adultere surprins auec vne laide femme 225 C D
vn adultere surprins sur le faict, comment brocardé par le mary de la putain 98 E
adultere hay & detesté d'Alexandre le Grand 192 E
adulteres d'où causez 220 H, 570 A
adulteres des ieunes gens mal apprins 3 D
adulteres regardans les femmes d'autruy, mesprisent les leurs propres 71 B
adulteres de femmes mariees infames 7 D
deux adulteres mutuels de la femme l'vn de l'autre, ruinerent leur pays 178 B
deux adulteres qui causerent grandes guerres 236 F G
femmes adulteres, & homicides de leurs maris, punies de mort par leurs enfans 491 E
la loy Iulia contre les adulteres, par qui faicte 209 A
l'adultere d'Osiris, est le debordement du Nil 326 C
aduocat flatteur 142 E
aduocat n'vsant que d'vn mesme mot en sa harangue 212 F
le langage d'vn aduocat quel doit estre 164 C, 274 H
aduocat gaudisseur en plaidant mocqué 222 F
aduocats pourquoy prohibez d'emouuoir les affections 35 B
aduocats que doiuent obseruer en plaidoyant 79 H
aduocats qui apprennent à tonner aux despens des parties 78 C
Æacus, iuge des ames, non redouté des Epicuriens 289 C D
Æacus iuge des ames du costé de l'Europe 255 C
Æantides tous les ans sacrifioient pour la victoire 369 A
la lignee Æantide à Athenes, pourquoy n'estoit iugee la derniere 368 C
Ægeste ville de Sicile 491 F G
Ægine isle au port de Piree d'Athenes, comme vne maille en l'œil 196 F, 209 C, 499 H
Æginetes presque tous deffaits deuant Troye 485 H. calomniez par Herodote 659 B
le charnier des Æginetes 659 B
Ægipan fils de sa sœur & de son grand pere 489 D
Ægipans d'où engendrez 272 H
Ægistus tua Agamemnon 10 B
Ægon esleu Roy d'Argos par vn aigle 315 D, 628 C
Ægypte iadis estoit la mer 326 G
Ægypte, est vne terre fort noire 325 C
l'Ægypte se fondant en sueur, cause le debordement du Nil 452 H
en Ægypte les pourceaux labourent la terre 394 C
la terre d'Ægypte produict des animaux tous entiers 374 C
epigramme de la terre d'Ægypte & de la poësie 9 C

fortune comment se promena vn peu par l'Ægypte 301 G
Ægypte ouuerte à Alexandre par la fortune 314 F
Ægypte subiuguee par Alexandre 307 F
vn Ægyptien, quelle gentille response feit à vn curieux 63 G
Ægyptiens habitent soubs le solstice astiual 623 B
Ægyptiens ne prophanoient leur sapience 320 A
Ægyptiens legers & prompts à esmouuoir seditions 333 G
Ægyptiens vaillans en guerre 319 G
Ægyptiens tous medecins 273 C
Ægyptiens quelle opinion auoient des astres 151 G H
Ægyptiens quelles bestes adoroient 413 C
Ægyptiens quels hommes deïfioient 322 G H
Ægyptiens de qui apprindrent à honorer les Dieux 320 C
Ægyptiens reprins sur la multitude de leurs Dieux 332 A B
Ægyptiens de qui apprindrent la religion, & l'Agriculture 210 G
le Dieu des Ægyptiens tué & mangé par le Roy Ochus 320 D
Ægyptiens iettent les entrailles des trespassez 276 B
Ægyptiens comment accoustrent les corps des morts 157 F
Ægyptiens propres à faire le dueil, & pourquoy 250 B
Ægyptiens se lamentoient és iours de leurs festes 114 A
Ægyptiens qui s'excusent de ne retourner vers leurs femmes & enfans, en monstrant leurs parties naturelles 125 G
Ægyptiennes pourquoy ne portoient point de souliers 147 H
Ælatia ville occupee par le Roy Philippes 499 D
Æleas, Roy de Scythie, se disoit en rien ne differer de son palefrenier, estant oysif 184 E
æles d'or, & æles celestes 180 G
Æmylia vestale accusee d'impudicité, & punie 473 C
Æmylianus orateur 341 C
Æmylius Balearicus de bas lieu, fait prince du Senat 303 A
Paulus Æmylius print 160 Elephans portans tours, en la bataille contre Pyrrhus 487 B
Æmylius, beau ieune homme, se tua dessus sa femme deschiree des chiens, & comment 489 B C
Æmylius Censorinus tyran, feit ietter Arontius dedans le cheual de bronze qu'il auoit inuenté pour tourmenter les innocens 491 F G
Æneas vint en Italie par mer 467 G
Æneas & Ascanius son fils vainquirent Mezentius, selon le presage à eux donné par vn tonnerre 472 C D
Æneas comment introduisit la coustume de sacrifier la teste couuerte 462 D E

a ij

TABLE ALPHABETIQVE SVR LES

Æneas ayant vaincu les Toscains, respandit tout son vin deuant le temple de Venus 467 H
Æneas non totalement mort 290 B C
Ænianiens comment cóquirent les terres des Inachiens, & les chasserent d'icelles 479 D E
Ænianiens admonestez par l'oracle, lapidetêt leur Roy Onoclus: pourquoy prioient aux Dieux, qu'ils ne retournassent en leurs païs; & que c'est qu'ils appellent la chair mendiée 481 D E
ænigme de boire toute la mer, & la responce 153 B
ænigme, coller du cuiure auec le feu sur le corps d'vn homme 154 G
ænigmes sont questions obscures 151 E
ænigmes frequens aux anciens, & que signifie ce mot 471 C
ænigmes des oracles d'Apollo 353 E
beaux ænigmes interpretez au banquet des sept Sages 154 A B
ænigmes de Pythagoras interpretez 7 F
ænigmes des mutations de Bacchus 354 F
ænigmes proposez par les femmes à la feste d'Agronia 421 E
aënin, en Grec, que signifie 14 G
Ænitus, fils de Numitor, tué par son oncle Amulius 491 D
ænus, quelle montagne 481 D
Æoliens comment chassez d'Eubœæ par Cothus 481 A B
Æolies, quels hommes ainsi appellez 482 H
Æolus Roy de Toscane eut six fils, & autât de filles, & ce qui en aduint 490 A
Æolus le plus deuot de tous les hommes illustres, où habitoit 127 A
æquinoxe qu'est-ce, & comment il se fait 473 E
æquinoxes enseignez à l'homme par le poisson nommé Thun 519 F
æquinoxes mesmes par tout le monde 125 E
l'æquinoctial, cercle au milieu du Ciel 347 A
æsacos, est le meurthe és danses des festins 361 A
Æschines, philosophe Academique, disciple de Carneades 183 F
Æschines orateur, & sa vie 496 C
Æschines n'eut iamais de maistre d'eschole 496 E
Æschines haut-loüé par Platon deuant Dionysius 51 A B
Æschines pourquoy se moquoit de Demosthenes 526 D
Æschines que dist à Aristippus courroucé contre luy 61 F
Æschra mal-plaisante, & Callisto belle 73 G
Æsculapius Dieu doux & bening 499 A B
Æsculapius, guide, & dieu tutelaire des medecins 437 D
temples d'Æsculapius pourquoy hors les villes, & en lieux hauts 474 G
Æsculapius a esté hôme 64 H. né d'vn meschant pere 261 D
Æschylus, natif d'Athenes, fils d'Euphorion, s'en alla habiter en Sicile, &

où inhumé 127 H
Æschylus quel estẽ ses escrits 115 C
beau parler d'Æschylus 525 D. tiroit profit de tout ce qu'il voyoit 115 F
Æschylus destourna la tragedie en fables 360 H
Æschylus passa sa vie hors de son pays 127 H. escriuoit ses tragœdies en buant à bon escient 365 E, 420 G
Æsope tardif comme vn asne, couroit comme vn mulet 152 D E
Æsope aimoit à reprendre 153 F
Æsope auoit des geays, & des corbeaux qui parloient 159 E
Æsope entendoit la voix des corbeaux, & des geays 153 G
Æsope apprint du rossignol à parler diuerses langues 157 B
Æsope quelle belle fable raconte au banquet des sept Sages 152 D
Rodopis courtisane feit iniquement mourir Æsope 630 G
Æsope precipité, cause sterilité de la terre, & maladies 263 G
ætha, la iument d'Agamemnon 610 F
ætha iument plus vaillante que celuy qui la donna à Agamemnon 21 D E
ætha iument, preferee par Agamemnon à vn homme coüard 271 B
æther qu'est-ce 355 F
en Æthiopie ne tonne aucunement 120 B
Æthiopien enfanté d'vne femme Grecque, & comment 266 H
Æthiopiens n'vsent d'habits, que pour le chaud 406 G
Æthiopiens honorent vn chien comme roy 576 F
Æthiopiens pourquoy vieillissent bien tost 460 E
Æthiopiens pourquoy abominent les rats & souris 107 G
Æthiopiens assubjettis par Semiramis 315 B
æthops, quelle sorte de vin, & pourquoy ainsi dict 407 D
ætna montagne en Sicile, où l'on ne chasse point, & pourquoy 538 C
ætna contient du feu soubs soy contre la nature 617 A
Ætoliens, pourquoy n'entroient au temple de Leucothea 463 A
Ætoliens, auec le secours des Romains, vainquirent le Roy Philippus 630 A
estre Affable aux hommes, se faict par science 20 F
affections de l'ame changent l'habitude du corps 401 A B
affections non regies par raison affoiblissent la volonté 24 F
affections defenduës d'estre emeuës par les aduocats 35 B C
affiquets des femmes, sont curiositez 407 F
Affiquets bannis de Sparte 220 G
affliction humilie les insolens, exemple 306 D
affligez secourus par Alexandre 310 H, 311 A
Afranius combien modestemẽt se porta à la poursuitte du Consulat 166 B C
l'Afrique chaude & aride, sans eau 532 F

Agamedes & Trophonius recompensez de mort par Apollo, comme de la meilleure chose du monde 247 E
Agamemnon fils d'Atreus, & frere de Menelaus 243, 370 E
Agamemnon Roy des Acheïens 137 F
Agamemnon le grand Roy des Roys, en quoy reprins 183 A
Agamemnon se plaignoit de commander à tant de monde 69 B
Agamemnon prince parfait, comment descrit 316 G
Agamemnon preux en armes, & prudent en conseil 443 E
Agamemnon auoit neuf herauts 338 D
Agamemnon inuoque Dieu entrant en bataille 121 E
Agamemnon grandement se magnifioit 140 E
Agamemnon comment exempta vn coüard d'aller à la guerre 210 B
Agamemnon poursuit trop lasciuemẽt ses amours 272 E
Agamemnon ne feit rien indigne de soy enuers la belle Chryseïs 17 D
Agamemnon moins continent qu'Alexandre 316 H
Agamemnon chargé publiquement par Calchas 19 A
Agamemnon aigrement poinct d'Vlysses, & pourquoy 50 F
Agamemnon buuoit aux Princes Grecs, estant à table 156 D
Agamemnon appellé yurongne par Achilles 12 A, 399 E
Agamemnon tué auec Cassandre par l'adultere de sa femme 443 E, 491 E
Agamemnon tué par sa femme Clytemnestra ialouse 16 F
Agamemnon tué par Ægistus, desire de reuiure 10 B C
Aganestor auec sa iambe escroque, gentil en reuanches ioyeuses de boire 365 B
Aganice, fille de Hegetor, comment faisoit à croire qu'elle ostoit la Lune du ciel 149 H
Agatharchides, historien Persique 486 B
Agathocles Roy, fils d'vn potier, quelle belle responce feit aux ennemis assiegez se mocquans de luy 195 D
Agathocles de potier deuenu Roy de Sicile, & ses beaux dicts 141 F, 190 F
Agathocles, tyran de Syracuse, pourquoy pilla les isles de Corfou & d'Ithace 263 E
Agathocles, gouuerneur des isles 177 A
Agathon, bon & gentil musicien 379 F
Agathon pourquoy renuoya les flutes au festin des Dames 59 E
le bel Agathon baisé d'Euripides deuãt tout le monde 190 H
Agathon historien Samien 491 F
Agatoclia, baladine insigne 601 B
Aguaé transportee de son sens, par sa rage & manie 144 F
Aguaé, voyant ses enfans, pensoit voir des lyons, & des cerfs 121 D
Agenor & Chromius ayans entieremẽt tué tous les ennemis, perdirent la victoire

victoire 486 D
Agenor riche en bestes blanches, & pour ce on faisoit saillir les oüailles deuant son temple 484 F
Agenorides, le premier qui exerca la medecine en Tyrie 380 D
Agesianax le poëte, comment depeint la Lune en ses vers 613 H
Agesias renuersé par des gangrenes, qui sont les flateurs 49 H
Agesicles, Roy des Lacedæmoniens, conuoiteux d'ouyr & d'apprendre, & ses dicts notables 209 E
Agesilaus, Roy de Lacedæmone, pourquoy syndiqué par les Ephores 83 G
Agesilaus iuste d'vne sorte, & Caton d'vne autre 229 H
Agesilaus boiteux 619 G H
Agesilaus feit mourir de faim son fils Pausanias, conspirateur contre son pays 487 F
Agesilaus pour son pere ne voulut iuger contre les loix 79 G
Agesilaus combien continent 20 D
Agesilaus doüé d'vne crainte chaste & modeste 210 D
Agesilaus soigneux de ses amis : ne mangeoit iamais iusques à se souler 210 E
Agesilaus se glorifioit d'enrichir ses amis 168 B
Agesilaus trop fauorable à ses amis, estant gouuerneur 167 B C
Agesilaus tousiours mesme en sa vie 42 C
Agesilaus merueilleusement hardy 211 E
Agesilaus comment, & par qui poussé au maniement de l'estat 166 A B
Agesilaus, homme de si grand cœur, qu'il enduroit la main dedans le feu 486 B
Agesilaus apprint les Thebains à combatre, à son dam, 198 F
Agesilaus apprint aux Thebains malgré eux à combatre 215 A
Agesilaus blasmé d'auoir aguerry les Thebains 220 D
Agesilaus comment exempta les riches & coüards, d'aller à la guerre 210 B
Agesilaus tuë vn pou sur l'autel 209 H
que dist Agesilaus, oyant nommer le Roy des Perses, le grand Roy 115 A
Agesilaus le grand, esleu maistre du conuiue, & ses dicts notables 209 F
Agesilaus comment resalua vn medecin, se nommant Iupiter, & ses dicts & faicts 199 C
Agesilaus esleu legislateur des Lacedæmoniens 213 B
Agesilaus se plaisoit d'estre loüé de ceux qui l'eussent bien voulu blasmer 44 A
Agesilaus honoroit le dernier lieu de la danse 209 G
Agesilaus vieillard, monstroit vne ieunesse formidable aux ennemis 179 E F
Agesilaus pourquoy ne voulut auoir des statuës, esleu legislateur 199 E F

Agesilaus defendit en mourant, qu'on ne luy erigeast aucune statuë 213 E
Agesilaus deïfié malgré luy 210 H
Agesilaus, historien des choses d'Italie 490 B
Agesipolis fils de Pausanias, & ses beaux dicts 213 G
Agesipolis, fils de Cleombrotus, & ses beaux dicts 213 G
Agis, fils d'Archidamus, & ses beaux dicts 213 G
Agis, Roy des Lacedæmoniens, pourquoy condamné 220 A
Agis, croyant bon conseil, gaigna la victoire 187 D E
Agis, Roy de la mer & de la terre, cocu 69 G H
Agis, le dernier Roy de Sparte, surpris en trahison, & estranglé 214 D
Agis sagement reprint vn meschant homme 199 A
Agis tout attenué de vieillesse, estoit tout le conseil de Lacedæmone 187 F
Agis d'Argos dequoy s'escria deuant Alexandre 46 F
Agis vaincu par Antigonus 215 H, 225 A
Aglaïa l'vne des trois Graces 134 D
Aglaonice comment arrachoit la Lune du ciel 339 H
Agnon renuersé par les flatteurs 49 H
Agriante, bouffon plus prisé des tyrans, que les Sages 283 F
l'agriculture enseignee par Ianus 463
l'agriculture introduicte en Italie par Saturne 467 D
l'agriculture par qui enseignee aux Ægyptiens 320 G
l'agriculture premierement monstree par le pourceau 394 B C
l'agriculture bien recommandee par Numa 463 D
l'agriculture pourquoy fuye des curieux 65
l'agriculture delaissee par l'auaricieux Pythes 242 C
l'agriculture ruinee, quels maux s'en ensuiuent 157 C D
Agrigentins pourquoy defendirent la couleur bleuë 176 A
agrionia festes estrangement solennisees 421 D E, 482 H
agronia, feste de Bacchus 421 E
Agrotera, surnom de Diane, & que signifie ce mot 511 E
Agrypnie, vieille babillarde 96 D
Aiax, fils de sa sœur & de son grand pere Telamon 490 A
Aiax Telamonien demy-Dieu, & l'vne des lignees des Atheniens nommee de son nom, Æantide, & ses priuileges 369 A B
Aiax vaillant d'vne sorte, & Achilles d'vne autre 229 H
Aiax des hommes illustres le plus vaillant, où habitoit 127 A
Aiax combatit contre Hector homme à homme 19 C

Aiax prest à combattre contre Hector, admonneste les Grecs de prier Dieu pour luy 122 E
Aiax iniurieux le pire des detracteurs 23 A
Aiax parlant trop, bien reprins par Nestor 90 H
Aiax aimoit cherement Achilles 19 E
la luxure d'Aiax rigoureusement punie 263 F
Aiax chastié de Dieu, pour auoir forcé Cassandra 650 B
l'ame d'Aiax venuë aux enfers la vingtiesme au sort, & tournee en nature de lyon 434 B
aïdo, c'est à dire, honte, mere du Dieu Ades 324 D
aïdoneus, c'est à dire, ne voyant goute, surnom de Pluto 357 D
Αἴαι, la premiere voix que iettent les petits enfans 433 B C
l'aigle ennemy mortel des renards & serpens 520 F
qu'il n'y a qu'vn gente d'aigle royal, qui soit natif de montagne, appellé le chasseur 600 D
l'aigle porta sur ses espaules le roytelet au ciel, & fut de luy preuenu 166 F
aigle presagiant la mort d'Amphiaraus, & comment 487 A
aigle, qui esleut Ægon Roy d'Argos 515 D
aigle qui laissa tomber vne bien grosse pierre sur la maison du tyran Aristotimus 235 G
aigle qui deliura Valeria Luperca du danger d'estre sacrifiee 491 B
aigle qui garantit Helene, qu'elle ne fust immolee 491 B
Aigle surnom du Roy Pyrrhus 517 A
aigles en abondance au mont Taurus 94 D
aigles pourquoy goulus, selon Æschylus 474 F
aigles comment contre-gardent leurs ongles 66 C
plumes des aigles font perir celles des autres oyseaux 400 F
aigles enseignes des legions Romaines 207 H
aigles & cygnes s'entrerencontrans au milieu du monde 333 G
aigles & dragons s'entreguerroient 107 H
l'ail empesche l'aimant d'attirer le fer 376 H
l'aimant appellé l'os d'Orus 331 C
la pierre de l'aimant comment attire le fer 331 A, 542 G
l'aimant frotté d'ail, ne peut plus attirer le fer 376 H
qui aime, selon Platon, est aueugle à l'endroit de ce qu'il aime 112 H
qui aime bien, ne veut qu'on le mesprise 88 H, 104 F
aimer, & estre aimé de plusieurs en perfection, est impossible 103 F
aimer les trespassez, qu'est-ce 251 B
aimer ne faut pour esprouuer, ains esprouuer pour aimer 83 E

a iij

TABLE ALPHABETIQVE SVR LES

aimer & hair mesmes personnes, maintient entre freres concorde 88 F
l'aimer en mariage est vn plus grand bien, que d'estre aimé 612 C
Aïnautæ, quels hommes estoient-ce en la ville de Milet 482 B
l'air appellé monde 343 C
l'air appellé Iupiter, & pourquoy 544 B
l'air appellé Iupiter, & comment il se conuertit en rosee 624 C
l'air signifié par Iuno 324 G H
l'air auoir son principe de l'Octaèdre corps à huict faces 345 G, 446 G, 541 F G
la generation de l'air est la mort du feu 356 E, 347 B, 530 E
l'air s'engendre de l'eau 338 H
l'air coment faict & composé d'atomes 441 G H
l'air capable de toute substance en vne forme 346 D
l'air estimé le principe de l'vniuers, selon Anaximenes 440 D E
l'air en son element n'est simple ny pur 347 E
l'air pourquoy ne se peut voir, surnommé Ades, Acheron, & Tartarus 530 E
la plus douce pattie de l'air appellee le verger de Pluton 625 H, 626 A
d'air subtilié se fait le feu : & de l'espessi, l'eau 345 G
l'air congelé par feu, matiere du ciel 447 C
l'air & le feu façonnent & moulent les choses 528 A
l'air l'vn des trois premiers corps engendrez 325 H
l'air apres le ciel, selon Platon 446 H
à l'air la premiere froideur attribuee, par les Stoïques 530 C
l'air n'est de luy mesme ne chaud ne froid, & par tout egal 532 B
l'air ne se gele ny ne se durcit 531 G
l'air remué par le Soleil d'vn mouuement tremblant 424 D
qu'il y a vn mesme air par tout le monde 125 D E
l'air subtil & lumineux, auoir esté faict ciel : & le plus espés, astres 618 B
l'air est le premier participant de lumiere 532 F G
l'air est remply de lumiere du Soleil, comme il l'est de tenebres par la terre 512 H
l'air estre le premier tenebreux 530 E
l'air par nature tenebreux 571 G H
l'air du iour & l'air de la nuict comment different 335 F
air temperé & subtil cause l'abondance des fruicts 311 F
l'air estre plus imbecille vers le midy 451 F
l'air nourrit & entretient toutes choses 326 B C
l'air estre par tout continu, selon les Stoïques 455 E
l'air n'appete nourriture 404 F
l'air des lieux hauts est le plus serein 474 G
air subterrain cause les tremblemens de terre 452 A

attrauers l'air nous voyons les choses à droictes lignes 450 G
l'air amende l'huile, & empire le vin 412 H
l'air d'Autonne change les corps, estant fort inegal 431 D E
l'air osté du monde, l'vniuers periroit 339 G
l'air pourquoy respecté des Romains 466 H
si l'air gele l'eau 531 G
l'air facile à enflamber 533 G
l'air de dedans les pierres, & le plomb, s'enflamme par le mouuement 614
ce qui est vaincu par le vent, deuient air 533 B C
l'air, est le corps & la substãce de la voix 424 B C
air froid & chaud comment sort de la bouche de l'homme 529 H, 530 A
l'air de Delphes pourquoy gros & vehement 618 A
en l'air sont les mauuais dæmons 323 E
l'aire comment se fait alentour de la lune 452 F
Aix, fils de Python 479 A
aix plats flottans sur l'eau 452 B
les aixelles apportent vn rire non propre 294 F
aixieux du monde appellez quenoüilles & fuseaux par Platon 437 H
Alalcomena ville, de qui & pourquoy ainsi nommee 483 H
Alastor, qu'est-ce 481 C
Alastores quels demons 340 G
Albaniens par les Romains subiuguez 306 A
Alcæus Poëte a pensé que le boire passoit par les poulmons 410 D
Alcamenes quel homme 163 F
Alcamenes capitaine Lacedæmonien, & ses dicts notables 214 F
Alcander creua vn œil à Lycurgus, le pensant tuer 220 B
Alcathoé & ses deux sœurs tirerent au sort de manger leurs enfans 482 H
Alcestis aimoit son mary d'vne sorte, & Irene d'vne autre 229 H
Alcestis sauué d'vne maladie desesperee par Apollo, & pourquoy 607 B
Alceus ietta ses armes, & s'enfuit de la bataille 650 G
Alcibiades de desbauché deuint homme de bien 160 D E
Alcibiades reietta la raison, comme le mors de bride 308 E
Alcibiades l'amoureux d'Anitus, & quel tour il luy feit 607 E
Alcibiades en sa façon de viure muable 42 B C
vne caille eschappa de dessous la robbe d'Alcibiades haranguant 162 A
Alcibiades, homme d'execution & inuincible, par intemperance finit malheureusement 162 F
Alcibiades prompt à inuenter les choses, & craintif à les dire : & demouroit tout court en parlant 116 B
Alcibiades eut les aîles rongnees par

Socrates 52 D
Alcibiades ne vouloit pas dire seulement ce qu'il falloit, mais ainsi qu'il falloit 164 H
Alcibiades ne mordoit côme vne femme, ains comme vn lyon 196 G
Alcibiades releua Athenes tombee par terre 526 A B
pourquoy la presbtresse de Pallas ne voulut maudire Alcibiades 467 C
Alcibiades corrompit Timæa, femme du Roy Agis 69 G H
Alcibiades pourquoy coupa la queüe à son chien, qui luy auoit cousté sept cens escus 196 G
Alcibiades donna vn soufflet à vn maistre d'eschole, pour n'auoir point d'Homere 526 B
Alcinous, des hommes illustres le plus courtois aux passans, où habitoit 127 A
Alciopus, beaupere de Hercules 485 E
Alcippus banny à cause de ses deux filles, & ce qui en aduint 506 G, 507 B
Alcmæon quelle opinion auoit de l'ouye 455 A
Alcmæon, fuyant les furies, où habitoit 126 D
Alcmæon portoit enuie à la vertu de Themistocles 165 G
Alcmæon subitement repicqué par Adrastus 23 C
Alcmæon occist sa mere 110 F
Alcman natif de Sardis, & citoyen de Sparte 124 F
Alcman tresbon poëte de chansons 662 D. hors de son pays comment se confoloit 124 F G
d'Alcmena, & de sa sepulture ouuerte, qui causa vne grande sterilité 637 C D
Alcmeonides, ayans deliuré leur pays de tyrannie, calomniez par Herodote 650 G, 653 A
alcyon, oyseau de mer, combien industrieuse & soigneuse de ses petits 100 G H
l'alcyon fabrique son nid, comme vn maistre charpentier bastissant vne nauire 522 A
alcyons oyseaux escloënt leurs petits au cœur d'hyuer 304 F
Alemans de haut cœur, & magnanimes 250 B
Alemans n'vsent d'habits que pour le froid 406 G
Alethia l'vne des deux nourrices d'Apollo 386 D
Aleuas, par quel moyen declaré Roy de Thessalie, par l'oracle d'Apollo 89 C
Alexandre admonnesté par son pere Philippus, de faire beaucoup d'amis 166 C
Alexandre comment reconcilié au Roy Philippus son pere 192 C
Alexandre nommé fils de Iupiter, au temple de Hammon 193 A
Alexandre, fils de Iupiter Hammon, & comment effigié par les Poëtes 310 C

Alexan-

Alexandre petit enfant appellé le Grand Roy 316 D
Alexandre honoroit Hercules 140 F
Alexandre pourquoy irrité mortellement contre Clytus 53 C D
Alexandre fut trop indulgent à sa sœur qui se gouuernoit mal 173 G
Alexandre combien hayssoit le peché d'adultere 192 F
Alexandre ne vouloit voir la femme de Darius, tant estoit continent 66 H
Alexandre, tant estoit chaste, s'abstint de toucher aux femmes captiues 106 A, 606 C D
Alexandre merueilleusement sobre 195 F
Alexandre combien sobre 192 G, 285 B, 295 F. & frugal 606 C D
Alexandre à quelles heures mangeoit 314 C
Alexandre auoit deux espouses, l'vne pour l'amour, l'autre pour le Royaume 314 D
Alexandre vainquoit les femmes par temperance, & les hommes par vaillance 314 E
Alexandre, forteresse inexpugnable aux voluptez, aux trauaux, & à liberalité 314 F
si Alexandre estoit grand buueur, 366 B
Alexandre se monstra iuste & equitable enuers la bonne dame Timoclia 240 F
les familiers d'Alexandre côtrefaisoient son ply du col 42 F
Alexandre rongé des chancres des flateurs, feit mourir ses amis 49 H
Alexandre comment accoustra les amis de Philotas, & de Parmenion 105 B
Alexandre lourdement consolé par Anaxarchus 136 A
Alexandre pourquoy ne fut onc enuié 108 D
Alexandre naïfuement peint & effigié par Apelles & Lysippus 312 D E F G
Alexandre commanda qu'on razast la barbe aux Macedoniens, & pourquoy 192 G
Alexandre admirant la magnanimité de Diogenes, portoit enuie à sa besace 136 E
Alexandre desiroit estre Diogenes, & pourquoy 117 C D, 310 E
Alexandre si dolent de la mort de Clytus, qu'il s'en voulut tuer luy mesme 36 C
Alexandre demanda à Xenocrates des preceptes pour bien regner 598 C
Alexandre auoit les liures d'Homere, & la philosophie pour l'entretien de la guerre 308 C
Alexandre quelle affection portoit à son maistre Aristote 310 E
Alexandre liberal enuers les gens de sçauoir 310 E, 312 C
Alexandre fort liberal enuers les femmes grosses 231 F G
Alexandre souhaitoit vn Homere pour immortaliser ses faicts 119 B
Alexandre estimé tresgrand philosophe 308 H, 309 A

Alexandre faisoit tout en philosophe 311 A
Alexandre rendoit vne odeur de son corps fort soueüfue 366 B C
Alexandre festia cent espousez & cent espousees à sa table 309 C D
Alexandre habilement secoué de la fortune 302 G
Alexandre sagement vsa de la fortune 315 C
Alexandre opiniastrement hay de fortune 316 A B
Alexandre rendoit la fortune inuincible & magnanime 313 D
de la fortune d'Alexandre le Grand, premier traitté 307 E, & second 311 E
de la fortune ou vertu d'Alexandre 307 E F
Alexandre traitta en Roy son prisonnier le Roy Porus, & pourquoy 59 A
Alexandre acheta & conquist son empire auec son propre sang 307 E
Alexandre comment animé à faicts heroïques par Leonidas 192 E
Alexandre fasché de ce que le Roy Philippus conqueroit tout, & ses beaux faicts & dicts 192 D E
Alexandre ne montoit sur son Bucephal qu'en bataille 185 C
Alexandre eut la cuisse percee par son ennemy Darius 315 H
Alexandre menoit les Macedoniens conquerans iusqu'au bout du monde 323 A
Alexandre assis dedans le throne de Darius 309 C
Alexandre a beu és riuieres teintes de sang, & mangé de l'herbe, & ses faicts 315 E F
Alexandre, de tous ses biens ne se reseruoit que l'esperance 316 F
Alexandre plus vaillant que Hercules, & ses richesses 316 C
Alexandre composé de toutes vertus 316 H
Alexandre comparé auec tous les vaillans hommes 317 A B C
Alexandre, souuerain seigneur de la terre habitee 317 E
Alexandre, rude guerrier, & aux ennemis redoutable 312 A
Alexandre ennemy d'iniustice, & gracieux aux affligez 310 A, 311 A
Alexandre sage en conseil, & vaillant au combat 310 D
contre Alexandre toutes nations suscitees par la fortune 316 E
Alexandre de quelles vertus doüé 316 F G
Alexandre refusa la lyre de Paris, pour retenir celle d'Achilles 310 D
Alexandre sagement s'acqueroit la bonne grace de tous ses subiects, & comment 309 D E
Alexandre quelles nations domta & ciuilisa 308 F
Alexandre estimoit la terre estre le pays de tous hommes, & son camp en estre le donjon 309 B
Alexandre de quelles vertus guidé & secouru en ses conquestes 308 B
Alexandre conquist tout le monde auec

trente mille pietons, & quatre mille cheuaux 308 B
Alexandre, œuure propre de la fortune 307 E
Alexandre bastit plus de soixante & dix villes 308 G
Alexandre s'allia par mariages à nations estrangeres 382 A
Alexandre appellé Dieu 497 F
Alexandre se veut deïfier 216 B
Alexandre s'estimoit estre enuoyé du ciel 309 H
Alexandre se cognoissoit estre mortel au dormir, & au cognoistre sa femme 421 H
Alexandre comment empesché de croire qu'il n'estoit pas Dieu 50 A B
Alexandre blessé cogneut qu'il n'estoit pas Dieu 193 B
Alexandre pleura, oyant dire qu'il y auoit mondes innumerables 69 A
Alexandre combien eut de blesseures 315 G H, 317 A
Alexandre aagé de trente ans auoit desia fait ses conquestes 209 A
Alexandre en bref narre ses vaillances, & le nombre de ses blesseures, à la fortune 307 F G, 310 G
la mere de l'ennemy d'Alexandre mourut de regret quand & luy 317 A
Alexãdre & Diogenes le Cynique moururent en vn mesme iour 421 F
Alexandre comment empoisonné par Iolas 501 E
Alexandre tué proditoirement 108 E
Alexandre mourut de trop boire 294 A B
Alexandre mort, son armee resembloit au Cyclops Polyphemus aueuglé 193 H, 313 D
Alexandre, tyran de Pheres en Thessalie, ennemy mortel des Thebains 200 G
Alexandre, tyran de Pheres, amolly côme du fer par vne tragœdie 311 G
Alexandre le tyran asprement reprins par Pelopidas son prisonnier 201 D
Alexandre tyran tué par Pytholaüs, duquel il abusoit 611 G
Alexandre le tyran mort par sa femme Thebe 40 G, 649 F
Alexandre fils de Priam, ayant rauy la femme de son hoste, emplit de miseres l'Europe & l'Asie 106 A
Alexandre Paris vaincu non desfaict par Menelaüs 435 E
Alexandre, Roy des Molossiens, taillé en pieces 307 C
Alexandre historien 660 H
Alexandre Epicurien se rit des Pythagoriens 275 E
Alexandrie fondee par Alexandre 308 H
Alexandrie conseruee par Cæsar Auguste, pour l'amour de son fondateur Alexandre 171 E, 208 G
Alexandridas, fils de Leon, & ses dicts notables 214 F
Alexarchus historien des choses Italiques 487 C
Alexia, l'vne des filles du capitaine Adimantus, & que signifie ce mot

a iiij

657 H
Alexide, fille d'Amphiaraüs, de laquelle les demy-dieux Élasiens sont descendus 481 B
Alexidemus malcontant de n'estre assis à son gré en vn banquet 151 F. homme fol & eceruelé 152 A
Alexinus pourquoy estimé necessairement meschant 80 E F
Alexion, gendre de Plutarque 412 C
Alexis, poëte 13 G
Alexis, fort aagé ioüoit encores ses comedies 180 A
algue, quelle herbe 521 B
Aliarte, ville de Bœoce 505 B, 637 H
alima, medecine qui guarist la faim 156 H
aliment en abondance cause superfluité de semence 537 H
alisier en quel estime aux Ægyptiens 320 C D
Aliterios est celuy qui pour sa meschanceté est digne d'estre fuy de tout le monde 94 H
aliterius signifie meschant, d'où est venu ce mot 67 E
allegoriques expositions, quelles 12 D
alleure delicate, signe d'impudicité 111 A
allia, riuiere où les Romains furent desconfits 306 C
allia, riuiere d'Italie, & bataille pourquoy nommee d'Allia 464 C D
Aloades, quels Geans 621 H
aloes bon à teindre le vin 407 C
alopecos, quelle motte 634 H
les aloses oyans des hommes chanter, sortent hors de l'eau 508 G
aloüettes pourquoy honorees par les Ægyptiens 333 G
toutes aloüettes ont la houppe sur la teste, selon Simonides 112 D, 168 B
alpha en langage Phœnicien signifie vn bœuf 433 B
alpha pourquoy mise la premiere des lettres 432 H
alpha, la premiere voix articulee, que l'homme prononce 433 B
alpha sert à exprimer tous les noms des lettres muettes, excepté Pi 433 C
alpha iamais ne veut seconder iota, ny aller apres ypsilon 433 A
alpha dedié à Mercure, & representé par l'oyseau nommé Ibis 433 B
l'alphabet des Ægyptiens contient vingt cinq lettres 330 C
faut reciter l'alphabet deuant soy faire en courroux 209 A
alpheus, quelle riuiere, & où 478 C
alpheus fleuue, où on destrempe la cendre des sacrifices 348 H
contes d'Alphito & Acco, pour faire peur aux petits enfans 564 E
Althea, de Mars engendra Meleager 489 G
alun, quelle vertu a pour teindre les draps 404 C
Alyates, pere de Crœsus 631 B C
Alynomus, de pauure iardinier, creé Roy de Paphos 315 D E
alysson herbe, qui fait passer le hocquet

en la regardant 380 H
chéure amalthee, & corne d'abondance des Stoïques 560 D
l'amant est ordinairement aueugle à l'endroit de ce qu'il aime 39 H, 111 C D
Amasis, Roy d'Ægypte, de bas lieu 153 D
Amasis, Roy d'Ægypte, traitta royalement la bonne dame Eryxo 241 C D
Amasis, Roy d'Ægypte, enuoya lettres ænigmatiques à Bias, & interpretation d'icelles 153 B
bruuage amatoire qui charma Lucullus 184 D E
l'Amazone Hippolyte tuee par Hercules 484 A
Amazones chassees de la Lycie par Bellerophon 232 H
Amazones deffaictes par Bacchus en l'isle de Samos 485 B
ambassadeur Laconien quel bel apophthegme respondit au Roy Demetrius 94 H
hardiesse merueilleuse d'vn ambassadeur Romain 206 B C
ambassadeur indiscret en parlant, puny 224 B
ambassadeurs trop prolixes reprins & mocquez 200 F, 218 B, 223 C D
ambassadeurs s'entre-accusans 200 F
ambassadeurs appellez Theores par Demetrius 314 A
ambassadeurs de Perse qu'apprindrent de Zenon 90 F G
ambassadeurs combien humainement receuz iadis à Rome 467 A
iniure faicte à ambassadeurs vengee & punie, & comment 485 F
ambitieux quel est 133 A
ambitieux souuent enuieux 85 H
ambitieux blasment l'honneur deuant les autres 291 C
ambitieux, oyans bien parler d'autruy, s'auancent de parler d'eux 143 E
ambitieux sont attachez par les aureilles par les flateurs 44 A
ambitieux, les plus aspres de tous les choleres 58 D
ambitieux comment punis apres ceste vie 626 H
ambition seule ne vieillist en l'homme, selon Thucydides 178 H
ambition quelles pestes apporte aux rep. 174 G
ambition le plus souuent suiuie de deshonneur 78 E
ambition cause les guerres 569 E
ambition blesse grandement les ames des ambitieux 286 E
ambition vaine quels maux apporte 131 H, 132 A
l'ambition honoree par la muse Clio 438 D
ambition comment se peut facilement retrencher 641 B
ambre comment attire ce qui est aupres de luy le plus leger 542 G
l'ambre attire à soy tout ce qui est sec 376 H
l'ambrosie apportee à Iupiter par des coulombs 156 D

ambrosie admirable, de laquelle vit Saturne en son Isle 625 B
ambrosie instillee à Achilles par Minerue 623 B
ame qu'est-ce, de sa substance, de ses parties, de son mouuement, & immortalité 453 A B
ame qu'est-ce, selon Aristote 543 D E
l'ame est ouurage de Dieu, & comme elle entend 552 E
l'ame est l'organe de Dieu: & le corps, celuy de l'ame 652 F
l'ame est la matiere de la vertu 330 F
si l'ame est Idee 552 B
l'ame est vne chose diuine, qui en vn moment va par tout le ciel, par toute la terre, & par toute la mer: & ses autres actions 617 A B
l'ame, principe de tout mouuement 547 E
l'ame est la meilleure des choses nees 548 G
l'ame estimee estre vne lumiere 292 D
l'ame estimee estre l'air 440 E
l'ame n'auoir esté appellee nombre par Platon 547 B
l'ame appellee Psyché, à cause de sa refrigeration, selon Chrysippus 571 D
l'ame inuisible 548 F
l'ame diuisee en cinq parties 346 H
l'ame auoir trois puissances accommodees à l'harmonie d'vne octaue 544 B
l'ame par quelle bataille diuisee en deux 35 E
trois choses en nostre ame, & quelles 32 F
l'ame d'où sent, & qu'est-ce que sa principale partie 455 G H
seiche lueur, l'ame tressage 348 F
par l'ame nous entendons, discourons, & rememorons 184 C
le plus clair des yeux de l'ame, est la cognoissance de Dieu 121 H
l'ame est nourrie de la parole 7 G
l'ame nourrit le corps auec grands labeurs 158 E
qu'il ne faut consumer son ame de cures 7 F
des maladies de l'ame, & du corps 144 B
faut descouurir les maladies de l'ame 291 E F
l'ame malade guarie par la seule philosophie 4 G
les maladies de l'ame, sont les vices 22 F
l'ame miserablement tyrannisee par le vice 137 E
si l'ame compatist aux passions corporelles 456 D E
l'ame est grandement affligee de passions par l'ouye 24 G
les maladies & passions de l'ame, sont toutes laides, & mauuaises 120 A
l'ame menee par imagination s'en trouue pis ou mieux 263 B
l'ame eschauffee, iette arriere toute crainte 348 F
l'ame du monde yssué de la substance de Dieu, selon Platon 540 F
l'ame du monde estre Dieu, selon Thales

les 443 E
l'ame du monde quand faicte 446 G
l'ame du monde dequoy composee 31 F
l'ame comment infuse en toutes les parties du monde 541 B
l'ame du monde s'augmente iusques à ce qu'elle ait consumé toute la matiere en soy 571 A
l'ame du monde reçoit les autres ames sortans de leurs corps 453 F
l'ame du monde comment deuenuë bonne 555 D E
l'ame de l'vniuers diuisee en trois parties 556 D
l'ame du continent, quelle elle est 33 G
nostre ame du haut ciel est deuallee 126 F
l'ame de l'homme, est vne portion de celle de l'vniuers & ses parties 31 F G
l'ame de l'homme, est l'outil de Dieu 160 D
l'ame de l'homme n'est composee, & vient d'ailleurs icy bas 129 G
l'ame de l'homme composee de nombres quaternaires, selon Pythagoras 441 A
l'ame de l'homme double, & composee 31 E
l'ame de l'homme est le subiect de diuination 350 H
nostre ame de l'homme a deux parties contraires, & quelles 47 D
l'ame de l'homme venuë de la Lune, & le corps de la terre 625 G
l'ame de l'homme plus precieuse que toutes choses 486 G
l'ame de l'homme nee à aimer 103 F
l'ame imperceptible à tous les sentimés naturels 541 B C
l'ame dedans l'homme est assublee du corps 461 E
l'ame la plus digne partie de l'homme 284 C
l'ame de l'homme combien agile 643 D
l'ame de l'homme addoucie & temperee par la musique 31 F, 667 H
l'ame des petits enfans est cóme vn papier à escrire, selon les Stoïques 454 B. comment est nostre corps 617 E
l'ame sortir par la gorge 410 G
l'ame comparee à l'huile sans odeur, par Platon 548 A
l'ame plus anciéne que le corps, & principe d'iceluy, seló Platon 541 E, 548 G
l'ame moulee & forgee de l'entendement, forme le corps 626 G
l'ame s'engendrer apres que l'enfant est sorty du ventre de sa mere, seló Chrysippus 571 F
l'ame comparee par Platon, à deux cheuaux conduits par vn chartier 544 D
l'ame, dame & maistresse du corps, pour luy commander & le regir 548 F
l'ame auoir sa residence dedans le cœur 380 H
l'ame est en son liberal arbitre 429 C
affections de l'ame changent l'habitude du corps 401 A B
l'ame reduit foible de boire vin & manger chair 275 E
l'ame ne se doit exercer sans le corps 301 F

l'ame est au corps comme en vn sepulchre 324 B
si c'est l'ame, ou le corps, qui dort 459 G H
si l'ame estoit appellee en iustice contre le corps, elle perdroit son procez 300 F
l'ame n'a sa substance du sang 129 G
l'ame de l'homme comment deuient irraisonnable 644 G H
l'ame comment renduë imbecille, & le corps robuste 72 E
ame de nature tyrannique, quels songes fait la nuict 117 F
en vne meschante ame ne faut mettre vn bon propos 7 F
ame desordonnee, mauuaise & malfaisante, quelle 547 H
l'ame lasche se gaste, comme l'arc trop tendu se rompt 184 E
l'ame esleuee par ailes celestes 180 G
l'ame d'vn superstitieux dequoy est pleine 122 G
l'ame de l'homme vit à perpetuité 254 G
l'ame deslice d'auec le corps par Proserpine 625 H
l'ame petit, se separant du corps, selon les Epicuriens 588 D
ame enserree d'vne iaueline, & morte deux fois 215 H
l'ame de Typhon en quels animaux decoupee 333 F
l'ame d'Arideus separee de son corps trois iours entiers, où alla, & ce qu'il le vit 167, 268, 269
l'ame d'Arideus comment & par qui en son corps remise 269 F
l'ame de l'aimant vit & habite en celle de celuy qu'il aime 605 F
l'ame d'vn amoureux en quel estar est 366 F
de l'ame d'Hermodorus, qui sortoit & retournoit en son corps, & comment bruslé 645 F
l'ame d'Aiax venuë aux enfers le vingtiesme au sort, & tournee en nature de Lion 434 A B
l'ame d'Osiris eternelle & immortelle 329 G
l'ame de la premiere Sibylle prognostiquer 629 H
l'ame d'Elpenor vaguoit, son corps n'estant inhumé 434 F
l'ame de Chatila fille comment appaisee 479 A B
ce qui est sans ame est imbecille 627 B
ce qui est sans ame est orphelin & imparfaict 355 F
l'ame sensuelle comment renduë obeïssante 117 G
l'ame des animaux en quoy est plus parfaite que celle des hommes 270 F
l'ame des bestes à quoy est mieux disposee que celle des hommes 270 F
l'ame desraisonnable signifiee par Typhon 328 F
l'ame irraisonnable appellee les titans 276 A
ames des hommes ont chacunes vn dæmon dés leur naissance 645 C
ames des hommes languissent par oysi-

ueté 292 A
ames des petits enfans resemblent à la cire molle 2 F
ames des ieunes gens sont formees à la vertu par la musique 664 C
ames des hommes comment inspirees de la fureur diuine 348 H
si les ames des hómes peuuent preuoir les choses à aduenir 348 A B
ames des hommes demonstrees de quelles mœurs sont par leurs propos 309 H
ames des bons, cóment & quand voient les idees de toutes choses 341 H
ames des sages, sçauans, & ignorans, en quoy different, & de leur condition apres ceste vie 453 F
ames guaries par la medecine de Socrates 540 B
les ames pourries ne peuuent contenir leur authorité 156 G
ames examinees & iugees partant de ceste vie, & par qui 255 E, G
ames en quel estar sont és corps, & deliurees hors d'iceux 334 H, 335 A
la condition des ames en l'autre monde 278 A B C D E
ames apres ceste vie sont en triple difference, & habitation 292 E
ames diuersement teintes en l'autre monde, & pourquoy 268 B
les bonnes ames comment muees en demy dieux, & en dæmons 338 H
ames des morts ne faire point d'ombre 485 C
ames des trespassez coniurees, & euocquees des enfers 247 F, 265 E, 434 F
ames des ancestres coniurees par Demosthenes 526 E
ames des trespassez estimees estre receuës par Mercure 481 B C
ames des trespassez où vont, selon les Ægyptiens 324 D
opinion folle touchant les ames des trespassez 626 G H
ames appellees du nom qu'auoient les hommes de leur viuant 266 H
ames aucunes glisser en enfer, les autres monter en la Lune 644 G
ames semees parmy la terre, la lune, & autres instrumens du temps, selon Timæus, & comment 543 D
ames habiter en la lune 626 A C
les ames, estans en la lune, retiennent quelques vestiges, & songes de la vie 626 F
ames souffrir és fondrieres & profondes vallees de la lune 626 D
ames horribles és enfers 121 A
ames des hommes purgees apres ceste vie 268 A, 562 H
ames des meschans quelles choses ruminent en elles mesmes 262 G
ames des meschans de quels tourmens vexees apres ceste vie 268 A B C D
ames des meschans horriblement tourmentees par les dæmons 269 G
ames des meschans tourmentees par les diables en enfer 130 H
ames des ambitieux grandement blessees 286 E
ames appellees les dæmons des hommes 645 A

TABLE ALPHABETIQVE SVR LES

ames deuenir dæmons 645 H, 646 A
ames entrans de corps en autre 277 A B
ames deuenuës estoiles 322 E
ames dictes estoiles esteintes, & quelles 645 A
ames des hommes deuenir en bouteilles de feu, & vn plaisant conte de ce 267 C D E
ames transformees en bestes, opinion folle 269 E
ames des hommes prouuees immortelles comme Epicurus 289 F G H
ames immortelles confirmees par l'oracle 265 D
ames, apres la resolution du monde, seront enflammees d'vn feu spiritual & intellectuel 291 A
ames és sphæres celestes 446 D
aux ames le dodecaëdre accommodé 343 C
ames du monde produisent effects contraires 328 F G
ames des bestes estre raisonnables, selon Platon & Pythagoras 459 B C
amende payee par le legislateur mesme 497 H
amendes seiches venduës, brocardees 223 F
amendes ameres engardent d'enyurer 366 E
amendes ameres font mourir les renards 366 G
Amenthes, lieu où vont les ames des trespassez, selon les Ægyptiens 324 D
amertume est au goust desaggreable, & sa proprieté 366 F
Amestris, mere de Xerxes, pourquoy enfouit en terre douze hommes viuans 124 A
amethyste, pierre, qui engarde d'enyurer 9 B
amethyste, tāt herbe que pierre, estimee empescher l'yuresse 380 E
amy, est vn autre soymesme 103 F
l'amy est plus necessaire, que n'est l'eau & le feu 41 C
l'amy comment peut estre discerné du flateur, vn traitté de ce 39 H
amy doit se ressentir de l'iniure faite à son amy 105 A
amy faut estre iusqu'aux autels 77 G, 167 D, 196 C
l'ame de l'amy habite en celle de celuy qu'il aime 605 F
chose difficile à rencontrer qu'vn certain amy 105 G
auant que cognoistre l'amy, faut manger vn minot de sel auec luy 105 G
quel doit estre l'amy, & de quoy il sert 40 D E
le bon amy comment corrigé 54 G
l'amy en quoy doit faire plaisir à son amy, selon Gorgias 49 B
quel est le naturel du vray amy 48 G H
chose deshonneste, de ne secourir son amy 111 G
l'ombre seulement de l'amy, est à l'homme grand heur 103 D
quand il est bon de reprendre son amy 52 A
pourquoy il faut côtrister son amy 43 H
le vray amy bien souuent plaist, & quelquefois aussi desplaist 43 E F
celuy qui n'a point d'amy qui n'a point d'ennemy 105 A, 109 B
faut esprouuer l'amy ainsi que la monnoye 40 D
le vray & faux amy comment esprouué 41 E
perisse l'amy auec l'ennemy : si ce mot ancien est bon 41 B
mauuais amy combien importun 104 B
amy & flateur nul ne peut estre ensemble 49 B, 78 G, 147 H
amis sont les outils viuans, & sentans des gouuerneurs de rep. 167 A B
amis s'acquierent à la table 359 D
amis doiuent auoir toutes choses entre eux communes, selon Theophraste, 88 E, 288 C, 436 F
amis approuuez en aduersité 222 A
amis combien en aduersité sont requis 142 H
amis plus requis en prosperité, qu'en mal'heur 51 G
amis simples, & amis peruers, quels sont 88 C
garder la foy aux amis, & abuser les ennemis 210 B
bons mesnagers sont profit des amis & des ennemis 26 B
pour sauuer vn homme est besoin auoir de bons amis, ou d'aspres ennemis, 110 G, 117 B
amis de vaine ceruelle, quels sont 112 D
amis cõment doiuent remonstrer à leurs amis 142 C
faut recueillir les amis auec vne facilité 61 A
bien faire à ses amis, & mal à ses ennemis, est l'office d'vn bon Roy 215 C
n'aider à ses amis à descharger vn fardeau, mais bien le charger 427 F
quels sont les meilleurs amis 124 C
sortir d'vn banquet auec plus d'amis que l'on n'y estoit entré 388 D
les vrais amis imitent les Lacedæmoniens enuers les Smyrniens 49 A
bons amis, ou aspres ennemis necessaires pour garder vn homme d'estre meschant 55 F
amis ne faut descroire des choses incroyables 158 F
amis mourir auec leurs amis malades de peste 105 C
ruchee d'amis fait tomber en vne guespiere d'ennemis 105 C
amis des riches resemblent aux mousches 103 H
amis en different souffrent, & font souffrir de grandes calamitez 79 G
de la pluralité d'amis 103 C
pluralité d'amis defenduë par Pythagoras 105 A
qui a plusieurs amis, resemble au Poulpe, à Proteus, & à la premiere matiere 105 F
gratifier à plusieurs amis est impossible 104 F
cinq couples d'amis anciennes, & quelles 103 F
amis trespassez auoir souuenance de leurs amis viuans 289 B C

les plus grands amis qu'on puisse auoir, sont les dieux 146 G
amis des dieux sont bienheureux 288 C
deux amis adulterans la femme l'vn de l'autre, ruinerent leurs pays 178 B
Aminocles grandement enrichy par vn naufrage 654 A
amitié d'où a son commencement 41 C E
le seminaire d'amitié est le sçauoir des lettres 134 A
amitié s'engendre par conformité & similitude des mœurs 105 D
vraye amitié comment & en combien de temps s'acquiert 388 A B
amitié departie en quatre diuerses especes, chacune desquelles a vn dieu, qui luy preside 605 A
vraye amitié requiert trois choses, & quelles 103
l'amitié doit estre mesuree au nombre de deux 103 F
rien plus rare, en toute la nature, qu'amitié 103 F
amitié à present aussi rare entre freres, qu'estoit iadis la haine 81 B
amitié auec quels doit estre contractee 134 E
amitié comment conserueé 181 B
amitié comment entretenuë entre les voisins 463 A
quelle amitié dure long temps 104 C
vraye amitié resembler à la presure 104 D
amitié de quoy sert 40 E
amitié fructueuse, quelle 133 A
amitié est tousiours accompagnee de grace & d'vtilité 41 C
quel est le propre baston d'amitié 45 A
qui nous empesche d'acquerir vne amitié certaine 103 D
coupe d'amitié 378 F
amitié a maintenant la voix gresle à remonstrer franchement à son amy 110 G H
l'amitié choisie des Epicuriens pour la volupté 590 B
quel est le plus doux fruict de l'amitié 104 C
l'amitié bien esprouuee, nous est refuge & secours 104 A
amitié demande vne nature ferme & constante 105 A
à amitié conuient loüer & blasmer en temps & lieu 40 F
monnoye d'amitié quelle 103 F
amitié conceuë de ieunesse, difficilement se dissoult 83 A
en toute amitié se trouue meschanceté 83 C
l'amitié est bien beste de compagnie, mais non pas de troupe 103 F
amitié du peuple, est le second bien d'vn gouuerneur de rep. 175 D
amitié populaire ne faut affecter 105 A
l'amitié d'entre les freres, & enuers leurs pere & mere comment peut estre entretenuë, & beaux preceptes de ce 83 H, 84 A
l'amitié fraternelle quelle doit estre 81 F
de l'amitié fraternelle, traitté de ce 81 F
l'amitié & beauté des honestes femmes perse-

perseuere iusques en vieillesse & au tombeau 612 G
amitié feinte par quels indices cogneuë 48 A
amitié tresbelle & tresbien seante aux Dieux 343 F
amitié reciproque entre le Roy Lysimachus, & son chien Hyrcanus 514 B
amitié & charité des colombes 521 G
amitié parfaicte du Daulphin enuers l'homme 522 F G
amitiez de present ne sont qu'ombres 81 H
amitiez forment les naturels des personnes 88 E
amitiez reconciliees és festins 361 H
amitiez mutuelles vne fois separees, facilement se reprennent 83 J
amitiez suiuies des inimitiez 105 A
amitiez mesmes nous enueloppent en des inimitiez 109 B
amitiez corrompuës par les fols 109 E
amitiez des regnards auec les serpens 520 F
Ammon en Grec, & Amoun en Ægyptien, est Iupiter 319 H
Ammon estimé estre l'esprit qui reçoit selon les Stoïques 326 H
Ammonius maistre de Plutarque, combien subtilement reprint ses disciples 52 H
Ammonius esleu trois fois capitaine d'Athenes 423 C
Amnemones, quels magistrats en la ville de Gnidos 478 C
Amœbæus musicien 32 E
Amour fils de pauureté & de richesse 330 D
amour qu'est-ce, selon Palemon 135 F
amour estre vn Dieu 603 E
amour, le plus ancien œuure de Venus, & le premier des Dieux 604 A B
amour & amitié, le principe du bien 518 F
amour naturel, fondement de la societé ciuile & de la iustice 509 A
amour est vn desir diuinement inspiré 612 F
amour est maladie de l'ame 608 D
amour est vn enfer, vne violence qui point ne cesse, & vne rage enragee 604 B C
amour est vn maistre furieux & enragé 182 E
amour est vn ioug, & maistre furieux 283 C
amour, Dieu des passions 442 G
amour, la plus grande passion de l'ame, prend sa source de la veuë 400 G
l'amour babillard en toutes choses 365 E F
amour celeste quelles choses nous enseigne 609 E F
amour enseigne la musique, comme s'entend ce commun dire 365 B, 369 E, 605 D, 633 F
amour se tourne le plus souuent en courroux 12 E
l'amour le plus sainct, & le plus puissant de tous, quel 176 A
amour du mary enuers sa femme, quel 35 F

amour des mariez enuers leurs femmes comment peut estre tousiours frais 220 G
de l'amour des peres enuers leurs enfans 100 B
par amour de nous mesmes cholere en nous s'engendre 60 F
l'amour n'a rien de commun auec les hommes hargneux 610 H
l'amour des Stoïques s'attache aux plus laids 560 B
plus on reprend l'amour, & plus il presse 53 B
amour des grands deuient aussi tost adultere 136 G
amour necessaire aux Dieux 612 E
amour honoré & festié, & coment 599 B
l'amour defendu aux serfs, par la loy de Solon 153 H
amour, roy & gouuerneur de l'Academie 608 G
amour estre comme vne chasse d'vn ieune homme imparfaict 581 E
l'amour chaste n'est celuy du corps, ains de l'ame 7 B
quelles sont les causes d'amour 610 E F
amour ardent de vertu comment s'engendre 30 B
amour s'engendre és mols & paresseux 604 D
amour est inspiré par le Soleil entre les semences 135
amour resemble à l'yuresse 365 E
l'amour resemble au lierre 28 G H
amour fait hazarder les hommes à tout peril 606 B C D H
amour rend l'homme hardy, & ses autres effects 365 D
amour se doit terminer en amitié par vertu 600 D
l'amour est fort diuers & variable en toutes choses 372 C
amour compagnon des Muses, des Graces, & de Venus 605 A
amour regy par Erato auec toute grace & honnesteté 438 E
amour naïf & legitime quel, selon le poëte lascif Anacreon 600 D E
l'amour de la beauté corporelle pourquoy emeut l'ame 142 D
amour charnel sans vn peu de ialousie n'est point actif 118 C
amour impudic cause qu'Achilles tua Tenes par imprudence, & puis apres son seruiteur 481 F
amour effeminé & bastard, quel 600 D
l'amour fraternel des Muses 82 F
bruuages d'amour 295 G
bruuages d'amour quelles vertu ont 145 G
amour de soy mesme estre aueugle 562 E
amour de soy mesme combien dommageable 39 H, 40 A
amour de soy mesme donne entree aux flateurs 50 A
vn traicté de l'amour 599 B
estranges euenemens de l'amour, vn traicté de ce 505 A
l'amour d'entre Phrygius & Picria assoupit vne grande guerre 236 D E
amour parfait d'vne pergameniene en-

uers son amy trespassé 240 A B
comment il faut vser de l'amour, selon Platon 541 D
nations addonnees à l'amour, ordinairement belliqueuses 607 A
vray amour de fille ou de femme ne demande point de tesmoins 116 C
l'amour des animaux, qui n'ont qu'vn petit, est fort vehement 103 G
l'amour des animaux les rend hardis à contregarder leurs petits 101 A
amour d'vn dragon à l'endroit d'vne fille, qui couchoit auec elle 515 E
amour d'vne oye enuers vn enfant, & d'vn belier à l'endroit d'vne fille 515 F
amour merueilleux des chiens de mer enuers leurs petits 521 B C
amour des grenoüilles 521 F
l'amour mutuel d'entre les poissons 518 D
amour social des Elephans 515 B C
amour incestueux cause de mort & de bannissement 483 E
cogitation de l'amour fait dresser la nature 401 B
l'amour des masles brutal, infame, & detestable 600 H
amours de l'homme & de la femme mariez on ne doit descouurir, bel exemple 162 B
deux amours, l'vn vulgaire, & l'autre celeste 609 A
amours tempetez d'Alexandre 310 H
amours quand se descouurent le plus 144 H
amours achetez 216 D E
le pauure ne peut iouïr de ses amours, encor qu'il en iouïsse 13 D
amours regis par Isis 329 E
amours asseurez par serment dessus la sepulture d'Iolaus 607 A
amours dissolus d'où causez 276 E
amours deshonnestes & brutaux comment introduicts, & permis 606 E F
amours furieux de quelques hommes enuers les bestes 271 G H
amours violents des malings esprits 340 C
amours de filles infames 7 D
amours des folles femmes de peu de duree 12 E
aux amours les flateurs ruent leurs grands coups 47 A
amours de Sambaulas 371 B
amours des elephans 517 D E
és amourettes pourquoy la lune est reclamee 329 E
l'amoureux deuient large & liberal 607 E
quel est le vray & diuin amoureux 610 B C
l'amoureux desir vient par le regard 538 A
la bourse d'vn amoureux ne ferme qu'auec feuilles de porreaux 365 B
vn amoureux a son ame toute pleine de pleurs, auec chants de ioye 366 A
l'amoureux ne crie iamais, i'ay baisé, & pourquoy 282 H
ne faut descouurir la faute d'vn amoureux deuant ses amours 53 C
amoureux desirent de deuiser auec leurs

amours, & en parler 406 F
amoureux se delectent à parler de leurs amours 96 E
qui est amoureux d'vne femme somptueuse, on ne luy sçauroit dôner vne Penelope, ny vne Panthea 415 E
l'amoureux est flateur de ce qu'il aime 44 D
amoureux comment punis apres ceste vie 626 H
amoureux seuls retourner des enfers, & pourquoy 607 C
Amphiaraus ne vouloit sembler iuste, mais l'estre 21 C
Amphiaraus en reputation pour son oracle 337 A
Amphiaraus englouty de la terre auec son chariot d'armes 487 A
Amphias, fils d'vn iardinier, dit vn gentil brocard 372 F
Amphictyons, quels estats ou assemblee 362 G
Amphictyons, conseil general de toute la Grece, que feirent escrire au temple d'Apollo 94 H, 180 B, 185 E
Amphidamas, aux funerailles duquel Homere & Hesiode firent des carmes à l'enuy 397 A
pourquoy s'assembloient les poëtes à certain iour au sepulchre d'Amphidamas 154 E
l'oracle d'Amphilochus 267 C
Amphion, fils de Iupiter, inuenteur de la poësie cithatistique 660 E
Amphion edifia les murailles de Thebes auec sa lyre 134 G
le temple d'Amphion 636 H
Amphipolis, ville 526 A
Amphisse, ville de la Phocide 234 A
Amphisseïennes combien charitables & hospitalieres enuers les Thyades 234 A
amphitheatres pourquoy bastis 414 F
Amphitheus, prisonnier des tyrans de Thebes, comment deliuré 648 D
amphitrite, surnom de la mer, & pourquoy 334 C
Amphitryo, pere de Hercules 637 H
Amphoteros & Hecateros, deux freres ainsi nommez, & que signifient ces deux noms 191 D
Amulius se portoit tyranniquement enuers son frere Numitor, & luy tua son fils Ænitus 491 D
Amymone, territoire au pays d'Elide 234 D
Amyntas conspire contre son Roy Philippus 308 A
l'an diuersement commencé en diuerses nations 463 E
l'an des Romains pourquoy commencé au mois de Ianuier 463 E
à l'an comment & pourquoy furent adioustez cinq iours 310 E
l'an sans saison des femailles au commencement du monde 274 E
l'an & ses saisons, pourquoy estimé diuin 403 A
l'an produit, non la terre, selon Homere 412 B
vespres de l'an quand commencent 466 F
le grand An combien contient d'annees communes 449 F
l'an pourquoy appellé l'aage de l'homme 339 B C D E
le iour plus court de l'an quand est 521 G
l'an estre vn corps, selon Chrysippus 587 C
les ans prouuez plus courts les vns que les autres 336 A
trois noueines d'ans continuellement celebrees l'vne apres l'autre à Delphes, & pourquoy, & comment elles s'appelloient 478 H
ans de chacune des planettes combien contiénent d'années cómunes 449 E
ans pourquoy dediez à Iupiter, & les mois à Iuno 472 B
saisons de l'annee quottees par le Soleil 544 A
Anabus, Roy de Lybie, deliura les Cyreniens de la tyránie, & cóment 238 F G
anacampserotes, plante, laquelle estant arrachee, vit tant que l'on veut, & iette verdure 623 H
Anacharsis quelle rep. estimoit estre la meilleure 155 B
Anacharsis replique subtilement au chantre Ardalus 152 G
Anacharsis n'auoit point de maison, ains demouroit en vn chariot 155 C
Anacharsis se faisoit mespartir les cheueux par vne ieune fille, & pourquoy 151 E
Anacharsis enseignoit la maniere de charmer les maladies 151 F
Anacharsis pourquoy louoit le charbon 407 E
Anacharsis pourquoy s'enyura 155 G H
Anacharsis pourquoy dormoit la main droicte sur sa bouche, & la gauche sur les parties naturelles 91 C
Anactorium, quelle ville 260 G
anatomie seiche, appellee σκελετός 431 G
l'anatomie d'vn homme mort portee aux festins 151 D
Anaxagoras laissa ses terres en friche, pour philosopher 132 F
Anaxagoras sagement supporta la mort de son enfant 253 E F
Anaxagoras mettoit la sapience de l'hôme en la main 81 C
Anaxagoras composoit en prison sa quadrature du cercle 129 H, 130 A
Anaxagoras quelle opinió a eu de l'ame 453 B. foulé par la Lune 356 D
Anaxagoras quelle opinion auoit de la creation du monde 443 C
Anaxagoras quelle chose disoit estre l'arc en ciel 451 A
Anaxagoras tenoit que la Lune estoit vne fermeté allumee 449 A
Anaxagoras affermoit le Soleil estre plusieurs fois plus grand que tout le Peloponese 448 E
Anaxagoras disoit que le Soleil remuë l'air 434 B
Anaxagoras estimoit le Soleil estre vne pierre enflammee 448 C
Anaxagoras quelle opinion auoit du cercle de laict & des cometes 450 A B
Anaxagoras a estimé les bestes auoir raison actiue 459 B
Anaxagoras a estimé les parties semblables estre les principes de toutes choses 440 E
Anaxagoras tient que rien ne meut 458 H, 459 A
Anaxagoras disoit que la Lune estoit aussi gráde que le Peloponese 620 A
Anaxagoras à quoy attribuë la cause du debordement du Nil 452 G
Anaxagoras se tenoit auec le Prince Pericles 133 E
Anaxagoras à quoy attribuoit les tremblemens de terre 452 A
Anaxagoras quelle opinion auoit de l'essence de la mer 452 C
faut prattiquer la constance d'Anaxagoras 62 C
Anaxagoras pourquoy reprins par Platon 350 C D
Anaxagoras en quoy s'est deshonoré 355 G
Anagoras accusé d'impieté, pour ce qu'il auoit dit, que le Soleil estoit vne pierre 122 H
la prison d'Anaxagoras de qui non crainte 118 G
Anixander, fils d'Eurycrates, & ses dicts notables 214 G H
Anaxarchus le musicien honoré d'Alexandre 310 E
Anaxarchus receut d'Alexandre en pur don cent talens 162 F
Anaxarchus lourdement cônsoloit Alexandre 136 A
Anaxarchus comment piqué par Timon 34 C
Anaxarchus hardy, vehement, & impudent 76 C D
Anaxarchus pilé & brisé en vn mortier, & pourquoy 36 C D
Anaxicrates, preuost d'Athenes 498 A B
Anaxilas capitaine Lacedæmonien, & ses dicts notables 214 H
Anaxilas executé comme vn espion 500 E
Anaximander disoit le Soleil estre égal à la terre 448 E
Anaximander quelle grandeur donnoit à la Lune 449 A
Anaximander tenoit la Lune auoir vne lumiere propre 449 B
Anaximander disoit les astres estre Dieux 443 E
Anaximander quelle opinion auoit des tonnerres, & foudres 450 D
Anaximander posoit l'infiny principe de toutes choses 440 D
Anaximander soustenoit la terre estre longue comme vne colonne 451 E
Anaximander quelle opinion auoit de la mer 452 C
Anaximenes Rhetoricien 194 D
Anaximenes estimoit le Soleil estre plat comme vne lame 448 E
Anaximenes quelle opinion auoit de l'eclipse de la Lune 449 C
Anaximenes quelle opinion auoit de l'arc en ciel 451 A
Anaximenes a estimé l'air estre le principe de l'vniuers 440 D E
Anaximenes soustenoit que la terre estoit platte comme vne table 451 E

OPVSCVLES DE PLVTARQVE.

Anaximenes à quoy attribuoit les tremblemens de terre 451 H
Anaximenes côment definit le vět 451 B
ancestres, gens de bien, faut ramener en memoire 168 G
Anchises aimé d'vne Deesse 304 E
de dessoubs le riche habit d'Anchises sortoit vne odeur puante 38 C
Anchurus, fils de Midas, reserra vn abysme, s'y iettant monté à cheual 486 G
anciens laborieux, & moderez en leur viure 426 E
anciês ne deuoir estre proposez par exêple à leur posterité, & pourquoy 171 D
anciens appellez par Apollo, le conseil de Lacedæmone 182 G H
les anciens auoient seulement combats contre les bestes farouches 109 B C
Ancus Marcius, neueu de Numa, fonda le premier temple à Rome 303 C
Andocides orateur, & sa vie 493 C
Ἀνδραγαθίς, que signifie en Homere 153 D
Andreas poëte Corinthien 663 C
Andria en Candie, que signifioit 420 A
Andriens & Chalcidiens furent en vn merueilleux different pour la ville d'Achantus, & quel 481 H, 482 A
Androclus, vaillant capitaine Athenien 526 B C
Androcydes honoroit Alexandre 140 F
Androcydes peintre, bon iuge des viandes 393 C
Androcydes employa plus d'affection que d'artifice en peignant le gouffre Scylla, & pourquoy 393 C
Andromache confortee par Hector son mary 253 D
Andronicus, iouëur de comedies, encouragea Demosthenes 499 A
Androtion Athenien escriuit ses liures à Megares 127 C
Ange gardien de la ville de Rome 469 H
bon Ange dedans nous 462 E
vn bon Ange à vn chacun donné dés sa naissance 73 F
au bon Ange pourquoy sont attribuez les faicts des capitaines 172 G
en Angleterre sont les isles des dæmons 341 E
Anglois pourquoy ne vieillissent si tost que les Æthiopiens 460 E F
angoisses allegees par le dormir 110 C
angoisses des femmes en trauail d'enfant quelles 102 C
anguilles s'engendrent sans œufs & sans semence 374 F G
anguilles viuantes en de l'eau chaude 587 D
anguilles de mer creuent en enfantant leurs petits 93 C
anguilles sacrees, priuees & familieres à l'homme 517 E
ania signifie douleur 331 A
l'animal en quoy differe du corps sans ame 404 E
en l'animal quelles parties se forment les premieres 373 G
nul animal ne s'asseruit à vn autre animal de son espece 170 H
l'animal le plus aisé à tourner, est vne ville 163 C
l'animal le plus beau & plus parfaict de tous, quel 547 G
animal raisonnable est né pour en toutes choses vser de raison 36 F
l'animal le plus vtile à la guerre, est le cheual 321 H, 322 A
animaux premierement issus de la terre, selon Empedocles 460 A
animaux premierement produicts de la terre, & pourquoy s'apparient ensemble 374 D
animaux côment premierement engendrez, & s'ils sont corruptibles 458 H
animaux comment sont conçeuz en la matrice 457 H
animaux ont leur principe de la semence 440 C
animaux, comment & en combien de temps se forment au ventre de leurs meres 459 D
animaux comment se nourrissent & accroissent 459 H, 460 B
beaucoup d'animaux produicts de nature, pour la beauté seulement 565 H
animaux font partie de l'vniuers 581 H
tous animaux faits pour l'homme 106 F
combien de gentes d'animaux, si tous sont sensitifs, & s'ils ont vsage de raison 459 B
les animaux viuent par la chaleur 514 B
des animaux lequel plus excellent 528 E
de tous animaux l'homme le plus miserable 144 B
animaux sont totalement de la puissance de Dieu 160 D
animaux monstrent dés leur ieunesse leur inclination 266 E
animaux, qui ne viuent qu'vn seul iour 249 B
tous animaux aiment leur geniture 103 A
animaux aiment gratuitement leurs petits 101 E
animaux hardis à contregarder leurs petits 101 E
animaux vaillans & hardis par nature 271 A
animaux côtinuans leur haine entre eux apres la mort mesme 107 H
animaux les plus fins domtez par l'homme 106 F
animaux pourquoy ont les tettes soubs le ventre, excepté la femme 102 B
animaux pourquoy ont les ventres plus chauds en hyuer 53 E
animaux qui ne font qu'vn petit, en ont l'amour plus vehemente 103 F
animaux aquatiques capables de la science de deuiner 517 F
animaux qui n'ont point de sang, pourquoy ne mangent gueres 404 A B
animaux maritimes soupçonneux de toutes choses 517 H
animaux de mer ne respirent pas vn air en pureté semblable au nostre 393 G H
animaux marins pourquoy plus generatifs que les terrestres 403 D E
és animaux de la mer, il n'y a amour ny douceur 514 B
quels animaux plus aduisez, les terrestres ou aquatiques 507 B
animaux tous medecins 273 C
animaux iadis non mangez des hommes 274 A B C
animaux quand commencerent a estre occis pour estre mangez 277 A
animaux monstreux naiquirent lors que la Lune fut déuoyee 429 E F
animaux tout alentour de la Lune, quinze fois plus grãds que ceux de ce monde, qui ne rendent aucuns excremens 449 D E
animaux, qui sont en la Lune, viuent legerement 624 D
animaux habiter en la Lune, & dequoy ils viuent 623 A B C
animaux nourris de pierres 109 E
animaux reuerez des Ægyptiens 394 B
animaux qu'adoroient les Ægyptiens 333 B, 413 D
animaux adorez en Ægypte, peincts 322 F
animosité contentieuse faut amortir en dispute 115 H
Anius comment donna nom au fleuue Anio 491 H
anneau precieux ne guarit pas les panaris 67 H
anneau de recognoissance 488 H
ne porter pas vn anneau estroit, ænigme interpreté 7 F
anneau de silence au deuant de la bouche de Harpocrates 331 D
anneau mis sur la bouche d'Ephestion, en signe de silence 311 B, 315 B
anneau, cause de l'accusation & absolution de son possesseur Cephisocrates, & comment 48 G
l'anneau d'Vlysses marqué d'vn dauphin, & pourquoy 325 C
l'anneau de Sylla cause de la guerre d'entre luy & Marius 166 D
anneaux des gens de guerre, pourquoy marquez d'vn escharbot 520 B C
anniuersaires annuels pour les morts en bataille 659 F
Anomologie, liure de Chrysippus 36 E
Antæes puni par Hercules 316 C
Antæus ville, & histoire d'vn crocodile y aduenuë 517 F
Antagoras berger, pourquoy luicta contre Hercules 485 E
Antagoras le poëte, bon iuge des viandes, gentiment regaudit le Roy Antigonus 393 C D
Antalcidas Lacedæmonien, que respondit à vn vanteur Athenien 199 G
Antalcidas merueilleusement frugal, & ses beaux faits & dicts 200 A B, 214 H
Antalcidas replique subtilement à deux Atheniens 199 H, 200 A
Antea, femme impudique 21 A
Anthedon, quelle ville, de laquelle la prophetisse respondit, Boy de ton vin iusqu'à la lye 480 D
Anthedone, ville 660 E
Anthemion, homme notable, discourt de l'amour 599 E
Anthes, quel homme, & où habitoit 480 D
Anthes, poëte musicien, en quel aage du monde fut 660 E
anthias, poisson sacré, & son histoire 521 A

Anthus, petit enfant perdu, par fortune, & comment trouué 480 D
Antichthone est la terre opposite à la nostre 554 G
anticipations, qu'est-ce, & combien de sortes y en a 454 B C
anticipations de cognoissance naissent auec nous 565 E
Anticles a escrit des cômentaires 662 D
Anticlia, mere d'Vlysses 483 H
Antichdes, quel autheur 316 B
Anticyre, isle 520 F
Antigenes, soldat d'Alexâdre, combien fauori par luy en ses amours 193 C D
Antigenes vaillant aux armes, mais à l'auarice & aux voluptez esclaue 314 F
Antigenidas excellent iouëur de fleutes 201 A
Antigenidas, sonnât de la fleute, esmeut merueilleusement Alexandre 312 C D
Antigones successeurs d'Alexandre, de nulle valeur 313 D
Antigonus homme de bien, yssu d'vn meschant pere 266 H
Antigonus pourquoy appellé Cyclops 6 H
Antigonus ne voulut pas fier son secret à son fils mesme, bel exemple 92 B
Antigonus bon celeur de secrets, & ses faicts & dicts 194 B
Antigonus sobre en paroles, quel bel apophthegme dit en vne bataille 142 D
Antigonus feit grandes largesses aux Atheniens, pour vne incongruité par luy commise 194 B
Antigonus combien sagement supporta la mort de son fils Alcyoneus 254 A
Antigonus, quelle demande feit au philosophe Cleanthes 131 G
Antigonus contrebrocardé par le poëte Antagoras 194 E
Antigonus se mocquoit de celuy qui l'appelloit Dieu 323 B
Antigonus humainement admonestoit ses mesdisances 194 G
Antigonus que dist humainemêt à ceux qui mesdisoient de luy 58 F
Antigonus gentilement esconduit vn eshonté demandant lieu d'honneur 79 E F
Antigonus comment se vengea de ses mocqueurs 59 C D
Antigonus se gaudit d'Antagoras le poëte 393 C. dextrement regaudy par le mesme Antagoras 393 C D
Antigonus dextrement se mocqua de son œil borgne 372 A
Antigonus gaudy d'vn de ses mignons 372 C
Antigonus comment reprint celuy qui l'appelloit fils du Soleil 194 B C
Antigonus estant ia vieil, conquist toute l'Asie 184 A B
Antigonus le vieil comment repoussoit les importuns demâdeurs 78 A B
Antigonus 2. que manda il à Seleucus, qui tenoit son pere prisonnier, & ses dicts & faicts 194 G
Antilochus tousiours reputé sage 20 H
Antimachie, ville de l'isle de Co 485 D
Antimachus poëte, luy-mesme se consolede la mort de sa femme 245 G
Antimachus Colophonien superflu en son parler 96 B
Antiochus le Sacre, combien humain à l'endroit du Roy Seleucus son frere 195 B
Antiochus bien aise d'estre appellé le Sacre 517 A
Antiochus & Seleucus freres querellans, côblerent l'Asie de maux 85 G H
Antiochus se porta fort humainement enuers son frere Seleucus 87 E F
Antiochus & Charicles freres, departirent leur heritage au trenchant de l'espee 84 E
Antiochus informé de la verité de son estat, par vn paure paysant 195 E
Antiochus assiegeant Ierusalem, combien gracieux & liberal aux Iuifs ses ennemis 195 F
Antiochus par vn seul coup ceda l'Asie aux Romains 306 A
Antiochus ayant vne armee effroyable, deffait par les Romains 203 B C
Antiochus 3. côbien soigneux des loix, & de iustice, & ses dicts & faicts 195 B
Antiochus, Ephore de Sparte, se mocque des Messeniens, & pourquoy 199 H, 215 B
Antiochus Philopappus amy de Plutarque, auquel il escrit de l'amy & du flatteur 39 H
Antiope, mere d'Amphion, inuenteur de la poësie citharistique 660 E
Antipater Stoïque, natif de Tarse 128 A
Antipater pourquoy surnommé Calamoboas 96 H
Antipater abandonna son pays pour philosopher 560 H
Antipater reprochoit aux asnes, & aux moutons leur ordure 509 E
Antipater que rememoroit en mourant 70 G H
Antipater, capitaine de Philippus fort soigneux 192 B
Antipater met garnison à Athenes 198 A
Antipater honnestement refusé de son amy Phocion, par vn bel apophthegme 147 H
Antipater blanc par dehors, & rouge au dedans 193 B
Antipater tué pour auoir esté trop honteux 77 B C
Antipatrides, corriual auec Alexandre, iouyt de son desir auec liberale permission 193 B
Antiperistase pourquoy est cause des effects des ventoses des medecins, & que signifie ce mot 542 D
Antiphanes, poëte comique, pourquoy brocarda Demosthenes 499 A
Antiphanes, familier de Platon, disoit estre vne ville où les paroles se geloiêt 115 B C
Antiphere seruante, qui fut cause qu'Ino deuint furieuse alencontre de son propre fils 463 A
Antiphon orateur surnommé Nestor, & le premier qui escriuit de l'art oratoire 492 F
Antiphon comment renommé par son frere Platon 85 A B
Antiphon tenoit eschole de Retorique 526 E
Antiphon tenoit la Lune luire de sa propre lumiere 449 B
Antiphon traistre côment puny 492 A
Antiphon parla trop librement au tyran Dionysius 51 C
Antiphon comment tourmenté par le tyran Dionysius 570 G
Antiphon puny de mort pour n'auoir parlé sagement 51 D
Antipodes attachez de tous costez à la terre 615 G
Antippe, fille du Nil, & femme de Neptune 491 E
sçauoir si l'antiquité, est la plus Royale chose qui soit 588 C
Antisthenes, surnommé Hercules, cômandoit à ses enfans de ne sçauoir gré à ceux qui les louëroient 80 F
Antisthenes appellé macquereau d'amitié entre les hommes 371 E
Antisthenes brocardé dextrement par son disciple Diogenes 371 F
Antisthenes comment corrigeoit les poëtes 21 F
Antisthenes que respondit à celuy qui luy dist, Ta mere est Phrygiene 129 E
Antisthenes combien pauure 134 B
Antonius par les flatteurs cuida ruiner l'estat Romain 44 E F
Antonius bruslant de l'amour de Cleopatra, de plus en plus embrazé par ses flateurs 47 E
Antonius se brisa par yurongnerie, & paillardise 303 G
Antonî deffait par Auguste Cæsar 179 E
Anton frustré de sa vache fatale par Tullius Seruius 461 B
Anubis, fils bastard de Nephtys, que signifie 326 G
Anubis, garde des Dieux, fils de son oncle & de sa tante 321 B
Anubis estimé estre Saturne, surnommé Cyon 327 B
Anubis, est le cercle nommé Orizon, & pource comparé à vn chien 327 E
Anytus combien courtois enuers Alcibiades son amoureux 607 E
Anytus malicieux accusateur de Socrates 138 C
Anytus en accusant Socrates, ne luy peut nuire 74 E
Aorne, place imprenable, faite prenable par hommes couards 193 F
le second iour d'Aoust pourquoy effacé par les Atheniens 434 G H
Apaturia quelle feste 651 B
Apeliotes, vent du Soleil leuant 451 C
appellations honnestes & honorables des Roys anciens 141 D
Apelles peintre excellent 229 F
Apelles naïfuement peignit Alexandre & comment 312 F
Apelles mesprisant les Mathematiques, loüé des Epicuriens 283 A B
Apelles bien reprins par Lysippus 323 C
Apelles à quelle occasion ferma la bouche à Megabysus 72 C
Apelles auec quelle liberté reprint Megabysus grand seigneur de Perse 45 F

Apelles

Apelles reprint de bonne grace vn mauuais peintre 4 D
Apelles de Chio, pauure philosophe, comment secouru de son bon amy Arcesilaüs 48 F
Aphabroma, quels vestemens, & d'où ainsi nommez 480 A
Aphareus, fils adoptif d'Isocrates 495 B
Aphester, quel homme ainsi appellé en la ville de Gnidos 478 C
Aphidnes, bourg des Atheniens 369 A
Aphobus, frere d'Æschines orateur 496 F
l'aphrodile non cogneuë du sol 614 C
Apia est le Peloponese 484 C
Apis appellé bouc 333 G
Apis, est l'image viue d'Osiris 327 G
Apis, dieu des Ægyptiens, quel, & comment nourry 319 A
Apis bœuf, & dieu des Ægyptiens, par qui amené des Indes 324 B
Apis consacré à Osiris 333 G
Apis vesquit vingt-cinq ans 330 C
Apis, dieu des Ægyptiens, tué & mangé par Ochus Roy des Perses 320 D, 324 G
Apis tué & deschiré par Cambyses 327 F
Apis estrangement enterré 325 E
Apollo engendré deuant la naissance de ses pere & mere 320 F G
Apollo, fils de Iupiter 210 A
Apollo, fils d'Isis & d'Osiris, que signifie 329 D
Apollo où nasquit 337 B
Apollo, à quel iour né, & pourquoy nommé Polyphthoüs, & consulté au mois de Bysius 478 F
Apollo, à quel iour nasquit, & pourquoy appellé Hebdomagène 421 G
Apollo, est priuation de pluralité, & vne generation de multitude 357 A
Apollo eut deux nourrices Alethia & Corythalia 386 F G
Apollon, est Otus, qui est la puissance du Soleil 331 B
Apollo & le Soleil pourquoy estimez vn mesme Dieu 349 A, 353 A, 357 B, 610 B
Apollo pourquoy combatit contre vn serpent 340 E
Apollo banny du ciel pour auoir combatu le dragon 124 F, 340 E F G
Apollo banny de tout ce monde, pour auoir tué le serpent Python 229 F, 340 E, 342 E
Apollo expert en la Dialectique 353 C
Apollo dequoy se mocquoit des Dialecticiens 353 E
Apollon expert en la medecine 607 B
Apollo Pæan, Dieu des medecins 437 D
Apollo pourquoy a auprès de soy les Muses & la Memoire 357 D
Apollo, conducteur des Muses, surpassoit de beaucoup Homere & Hesiode en science de vers 628 C
la religieuse d'Apollo comment respondoit les oracles 95 G H
Apollo inspire l'enthusiasme, & la puissance diuinatrice 605 C
Apollo non moins philosophe, que prophete 352 D E

Apollo brief en ses oracles, & pour ce appellé Loxias 95 A
Apollo en reputation à Delphes pour ses oracles, plus de trois mille ans 635 B
Apollo pourquoy rendoit ses oracles ambiguement 634 E F
Apollo rendoit ses oracles par ænigmes 352 E
l'oracle d'Apollo combien à tous necessaire 50 A
Apollo pourquoy a cessé ses oracles 337 F G
sentences escrites aux portes du temple d'Apollo à Delphes 594 A
Apollo s'apparut la nuict à son pere Ariston, & pourquoy 421 H
Apollo n'a rien de commun auec la nuict 268 F
Apollo pourquoy punit Marsyas le musicien 419 E F
quel proufit vient d'obeyr au Dieu Apollo 50 A
Apollo redouté des superstitieux 123 B
Apollo donna pour la sauuegarde des Atheniens, vn mur de bois 130 F
Apollo veut iouer & chanter 357 E
Apollo amateur des ieux de pris 425 C
Apollo paya de mort les bastisseurs de son temple, comme de la meilleure chose du monde 247 E
Apollo enuironné de primices & de decimes de meurtres & pillages 631 F G
Apollo aimant Admetus, le seruit vn an tout entier, comme son vallet 607 B
Apollo pourquoy digne de mocquerie 568 H
le coq peint sur la main d'Apollo, que signifie 630 D
Apollo Pythien se delecte de la musique 353 G
Apollo Pythien où auoit son temple basty 335 G
Apollo pourquoy surnommé Pythius, Delius, Pheneus, Ismenius, & Leschenorius, & que signifient ces noms 292 C D, 352 E
l'vnité appellee Apollon 320 B
Apollo Ptous en reputation pour son oracle 337 A
Apollo appellé Aroueris 320 F
Apollo surnommé l'escrimeur des poings, & conteur 425 D
Apollo pourquoy appellé Delphien 522 D
Apollo pourquoy surnommé Lycoctonos 511 D
Apollo pourquoy se transmue en plusieurs sortes 354 C
à Apollo pourquoy est Neptune opposé par Homere 531 E
Apollo comment salué, & comment resalué 356 B
à Apollo vilaines & sacrileges demandes proposees 337 A
Apollo comment peint 354 F G
Apollo comment effigié en Delos 662 D
Apollo, ayant vne perruque d'or, tondu par Dionysius le tyran 333 A
Apollons infinis en infinies reuolutions 344 H

Apollodorus inuenteur des couloremens des ombres 523 H
Apollodorus songeait se voir escorcher, & boüillir en vne marmite 262 C
Apollodorus, quel tyran 134 E
Apollodorus sacrifia des hommes pour vsurper la tyrannie 263 A
Apollonides capitaine, s'entremet de disputer 382 F
Apollonides dispute de la face qui apparoist en la Lune 614 B
Apollonide dequoy se resiouyssoit le plus 82 D
Apollonie, quelle ville 260 G
Apolloniens offrirent des gerbes d'or à Apollo 631 D
Apollonius medecin pourquoy ordonnoit aux hommes maigres des salures 555 F
Apollonius quelles proportions Geometriques a inuentees 282 E
Apollonius honora son frere Sotion puisné, plus que luy-mesme 86 G
Apollonius le ieune, le bien aimé des Dieux 255 D
Apollophanes Grammairien 402 H
Apophthegmes Laconiques sagement dits 94 E
apophthegmes des sept sages de la gloire des Princes 153 E
Apopis, frere du Soleil, feit guerre à Iupiter 356 A
apoplexie apporte priuation de sentiment 144 E
apoplexies diuerties en reclamant les demy-dieux Elasiens 481 B
aporia signifie indigence 331 A
Aposphendoneti, quels peuples, & pourquoy ainsi dicts 478 C
apothetus, quelle loy de fleutes 661 A
apousia que signifie 325 D
apparition des ames des trespassez 262 D E
apparition d'vn membre viril, dont fut conceu Seruius Tullius 305 E F
apparitions hydeuses espouuentent les meschans 162 C
apparitions nocturnes s'euanouyssent par la clarté du Soleil 609 D
qui appete peu, ne peut auoir faute de beaucoup 60 G
l'appetit conduit de nature l'homme à la viande moderément 600 B
l'appetit comment retenu & conserué 393 E
appetit sensuel comment corrigé par Socrates 96 A
vn pur & net appetit rend toutes viandes bonnes 295 D
appetit perdu mauuais à recouurer 390
appetit perdu des malades comment recouuert 373 G, 404 D E
l'appetit faut souuent diuertir 294 G
appetits desordonnez d'vne commune, comment peuuent estre reprimez 273 H
appetits des hommes plus desordonnez que ceux des bestes 273 A
appetits charnels, sont maistres furieux 28 C

b ij

appetits suiuent les complexions du corps 558 G
appetitions de quelle partie de l'ame sont faictes 455 G H
l'appetitiue puissance est excitee par l'imaginatiue actiuement 596 A
Appius Claudius, Senateur aueugle, desiroit aussi ne point ouïr, & pourquoy 185 H
Appius Claudius admonesta honnestement Scipion, son concurrent 168 G
apprehension de l'aduenir comment inspiree és ames 348 H
apprehension, & de son efficace 290 F
apprehension de deux sortes 580 A
apprehensions du futur imprimees ès hommes par les dæmons 347 G
apprehensions des dangers esbranlent les hommes vulgaires 311 D
toutes apprehensions estre veritables, selon Epicurus 589 A B
apprehensions, corps & animaux, selon les Stoïques 587 B C
Apuril consacré à Venus, & propre aux nopces 473 G
Arabes pourquoy abominent les rats & les souris 107 G
Arabes assubiectis par Semiramis 313 B
Arabie, riche en drogues aromatiques, conquise par Alexandre 192 E F
Arabie par les Romains conquise 306 A
araenus riuage pourquoy nommé de malediction 481 A, 482 A
araignees en multitude prognostiquent l'esté pestilent 336 C D
araignees, sans aucune matiere filent & tissent leur toiles 322 C
araignees ont enseigné les femmes à ourdir la toile 511 H
araignees ont enseigné la tissure & cousture 516 C D
Araspes comment fut saisi de l'amour de Panthea 118 G
Aratus en grand credit pour auoir ruiné le tyran Nicocles 165 C
Aruua, ou Molosside, quelle prouince 479 G
Arbeles village, où Alexandre desfeit Darius 192 H, 307 H
arbitrages comment faits 215 E F
arbitre liberal de l'ame 429 C
arbitres, pleins de passions, donnent bien à faire à la raison 35 C D. doiuent estre neutres 540 D E
les arbres saillirent de la terre deuant que le iour & la nuict fussent separez, selon Empedocles 460 A
arbres tous également priuez de sentiment 273 G. s'ils sont animaux, comment ils croissent, & pourquoy portent fruicts differents 460 D
arbres pourquoy ne se nourrissent de l'eau de la mer 534 D
arbres pourquoy se nourrissent mieux d'eau de pluye que d'autre 543 F, 625 G
arbres croissent par le moyen de Bacchus 604 F
arbres de deux especes 64 D
arbres à quel aage entrent en leur perfection 459 G
arbres pourquoy portent des feuilles 380 A
entre les arbres les vns perdent leurs feuilles, les autres non 381 C, 460 B
arbres portans feuilles & fruicts fleurissent, excepté le figuier 402 E F
arbres diuers portent aussi diuers fruicts 72 H
arbres iettans resine pourquoy ne se peuuent enter en escusson 376 C
arbres qui font poix, où croissent 381 C
bons arbres deuiennent sauuages, si on n'y prend garde 2 A
tous arbres ne se peuuent domestiquer 109 C
arbres oincts & frottez d'huile, meurent 534 E
escorces d'arbres, viande des premiers hommes 274 E
arbres de la mer rouge, pourquoy ne portent aucuns fruicts 534 F
arbres dedans la Lune 624 A
l'arc en ciel qu'est-ce, & comment se fait 322 C, 450 A
l'arc en ciel quels effects produit 391 A
l'arc en ciel comment apparoist 614 A B
l'arc en ciel, ayant vne teste de taureau, hume les fleuues 450 F G
l'arc en la main droicte de l'image d'Apollo, que signifie 662 D
l'arc trop tendu se rompt, l'ame lasche se gaste 184 E
tirer de l'arc, bon exercice aux ieunes enfans 5 B C
arcs propres aux Scythes 160 D
Arcadiens descendus d'Euander 471 H
Arcadiens premiers des hommes yssus de la terre, pour ce auoir quelque consanguinité auec les chesnes 474 D E
Arcadiens policez par Aristonymus, disciple de Platon 598 C
Arcadiens pourquoy ennemis des Argiens 465 G
Arcadiés pourquoy assomment à coups de pierres ceux qui entrent au pourpris de Lycaeum 483 A
arcenal à loger les nauires à Athenes 526 A
Arcesilaus, le mieux aimé de tous les philosophes de son temps, faschoit bien fort Epicurus 595 A
Arcesilaus a introduict la doctrine Academique 595 G
Arcesilaus pourquoy defendit son eschole à Battus 43 H
Arcesilaus contre les paillards 295 A
la cuysse d'Arcesilaus tant promenee par les escholes 584 A
Arcesilaus rencontre gentilment touchant la mort 248 C
Arcesilaus combien patient, exemple 60 H, 61 A
Arcesilaus quel office de bon amy feit à l'endroit de son familier Apelles 48 F
Arcesilaus brocardé de ses amours, que respondit 372 D
Arcesilaus n'a iamais rien escrit 308 G
Arcesilaus friand de raisins 393 A
Arcesilaus Roy de Cyrene, empoisonné par vn de ses fauoris 240 G H
Archedamus Stoïque, natif d'Athenes, s'en alla demeurer entre les Perses 118 A B
Archelaus, philosophe naturel 53; H
Archelaus a estimé l'air infiny estre le principe de l'vniuers 440 G
Archelaus patiemment portoit les outrages à luy faicts 191 A
Archelaº, roy de Macedoine, auare, brocardé par le musiciẽ Timotheus 311 G
Archelaus que dist à celuy qui luy demandoit sa coupe d'or à donner 77 H, 78 A
Archelaus à quelle occasion dist à son barbier, qu'il luy feist sa barbe sans dire mot 93 F. ses beaux dicts & faicts 190 F G
Archelaus tué par Crateuas, & pourquoy 611 G
Archeptolemus traistre comment puny 492 A B E
Archestratus poëte gentil & pauure, que dist d'Alexandre 311 E F
Archias capitaine Thebain, combien vigilant 363 E
Archias, surnommé Phygadotheras, c'est à dire, chasseur de bannis 499 F
Archias, tyran de Thebes 285 H
Archias pour auoir abusé meschantement de ieunes enfans, comment puny 505 F
Archias pourquoy tant honoré apres sa mort 651 F
Archias, souuerain prebstre, comment tué 647 G
Archidamus, fils d'Agesilaus, & ses dicts notables 215 F
Archidamus, Roy de Lacedaemone, quelle question feit à Thucydides touchant luy & Pericles 163 H
Archidamus, Roy de Lacedæmone, mis à l'amende pour auoir espousé vne petite femme 1 E
Archidamus fils de Zeuxidamus, & ses dicts notables 215 D
Archidamus, greffier ou secretaire souz Archias 637 G
Archidamus quel disoit estre le maintenant 583 H
Archier excellent tireur d'arc 193 E
Archileonide, mere de Brasidas, modeste & de grand coeur, & ses dicts notables 216 B
Archiloch° poëte en quel téps fut 661 A
Archilochus pourquoy chassé de Lacedæmone 227 D E
Archilochus en quoy digne de reprehension 28 H
Archilochus deshonneste à l'encontre du sexe feminin 65 H
Archilochus combattoit son dueil, & sa douleur par boire, & faire bonne chere 21 E
Archilochus aux Muses consacré, occis en bataille, & son ame comment appaisee 265 E
Archimedes raui de desirs furieux des mathematiques 282 G H
Archimedes combien fort attaché à son tableau 180 F
Archimedes comment descouurit le larrecin d'vn orfeure 282 H
Archimedes a inuenté la proportion du diametre au cercle 282 E

Archimedes

Archimedes rauit les esprits en ses escrits 283 A
Archippus, vaillant capitaine 523 F
Archippus, orateur courbé, dextrement brocardé 372 A
deux Architectes entreprenans à l'enuy vne fabrique publique 163 F
quel est le bon Architecte 332 G
architecture inuentee par les arondelles 516 D
Architimus chroniqueur d'Arcadie 483 B
Archiues de Rome où estoient 467 E F
Archontes, officiers d'Athenes, esleuz au sort 315 D
Archytas le Tarentin ne voulut punir son receueur, estát cholere 6 D, 259 C
Archytas philosophoit en maniant les affaires publiques 5 A
Archytas comment acquist bonne reputation entre les citoyens 175 G
Archytas constitué vne venerable musique és cieux 667 H, 668 A
Archytas poëte, natif d'Amphisse 479 H
Arclus & Cothus freres, comment chasserent les Æoliens d'Eubœe 481 A B
Arcturus estoile se leue au temps de vendanges 132 G
mesme estoile d'Arcturus par tout le monde 125 E
Ardalus, ioüeur de fleutes, presbtre des Muses Ardalienes 152 D
Ardalus ordonna la musique des fleutes 661 A
à Ardalus chantre, Anacharsis replique subtilement 152 G
acte d'Ardelas Thebain 607 C
Areas, Roy des Scythes, ennemy barbare des Muses 311 H
la cour d'Areopage deprimee par Ephialte 170 B
Aretades historien de Macedoine 487 F
Aretaphile, dame vertueuse, deliura son pays de deux tyrans, les plus cruels qui onc furent 238 E H
areté, c'est à dire vertu, que opere és hommes qui la suiuent 15 G
arethuse fontaine, où il y a des anguilles familieres à l'homme 517 E
porchers d'Arethuse 133 D
Argei, quelles images iadis entre les Romains 465 G
argent, fils de la terre 190 H
l'argent de nature blanc 571 H
argent monnoyé descrié à Lacedæmone 219 E
argent fait les choses impossibles, faciles, exemple 191 E
l'argent fait les hommes meschans 218 E
l'argent à qui est necessaire 201 C
l'argent pourquoy facilement fondu par la foudre 391 G
cupidité d'argent combien grãde 272 G
le coffre de l'argent plein, & celuy des graces vuide 162 F
argentiers d'où engendrez 131 B
Argiens yssus d'Hercules 653 F
Argiens seirent mourir cruellement quinze cens de leurs citoyens 171 C
Argiens pourquoy sacrifient vn chien à Ilithya 468 G
Argiens pourquoy meinent saillir les oüailles deuant le temple d'Agenor 484 F
Argiens hayssoient à mort les Lacedæmoniens 653 D
Argiens pourquoy ennemis des Arcadiens 465 G
Argiens vainquirent deux Roys, pour defendre leur ville 231 D
trois cens Argiens vaincus par trois cens Lacedæmoniens 222 G
Argiens vaincus par les Lacedæmoniens tous entieremẽt ruez en bataille 486 D
Argiens desfaits pour les trefues rõpues de nuict, & gardees de iour 217 E
sept mille sept cens septante & sept Argiens fabuleusement tuez par les Spartiates 231 C
Argileonide dame Lacedæmoniene, & ses dicts notables 218 E
argille quelle proprieté a 130 B. profite au vin & au froment 397 F
l'argille rend l'eau de la mer douce 535 F
argo, nauire renommee par tout 134 G, transferee entre les astres 322 G
argos defendué par les femmes 218 A
en argos nul matricide 200 F
à Argos festes des Bacchanales celebrees 127 F
Argonautes, ayans abandonné Hercules, contraints d'auoir recours aux enchantemens 170 F
argucé en parlãt viẽt de taciturnité 94 G
arguces de dialectique des Stoïques 580 A, 581 E
argument sophistique, appellé Indien 299 C
argumẽt croissant des Sophistes 264 E F
argumens sophistiques, appellez oyseux, & moissonneurs 559 E
Argus auoit des yeux par tout le corps 103 D
arguts de Dialectique coustumiers à ieunes philosophes 115 B
Argynnus suiuy trop lasciuement d'Agamemnon 272 F
Ariamenes & Xerxes freres, bien paisiblement accorderent de la Royauté leur different 87 D E, 188 F
Aridæus enfant colloqué dedãs le throne d'Alexandre 313 G. mocqué pour sa lascheté 184 C
Arideus trois iours entiers esuanoüy, & où alla son ame, & ce qu'elle vid 267, 268, 269
Aridices bien dextrement brocarda vn gaudisseur 372 E F
Arimanius né des tenebres 328 C
Arimanius, nom du mauuais Dieu 328 A B
Arimanius est le diable, selon Zoroastres 553 H
Arimanius comment & quand sera destruit 328 C
Ariobarzanes eut la teste trenchee par son pere Darius, pour ce qu'il luy estoit traistre 487 C
Arion le musicien, ietté en la mer, comment sauué par les Dauphins 158 G H, 159 A B
Aristagora, courtisane de l'orateur Hyperides 501 D
Aristagoras pourquoy dit n'auoir point de mains 228 C
Aristarchium, temple de Diane, pillé par Sambicus, & comment pillé 484 C D
Aristarchus quels vers osta en Homere, & pourquoy 17 D
Aristarchus ne trouuoit pas sept ignoras au monde de son temps, se mocquant des Sophistes 81 D
Aristarchus quelles proportions geometriques a inuentees 282 F
Aristarchus rauy du desir des mathematiques 282 D
Aristarchus mettoit le Soleil entre les estoiles fixes, & la terre mobile 448 H
Aristeus signifie grand guerrier 657 H
Aristeus le premier chasseur, & pour ce Dieu des veneurs 604 E
Aristides pauure volontaire 105 H
Aristides surnommé le iuste, & Themistocles pourquoy donnerent trefues à leur inimitié 196 E
Aristides iniuste 113 E
Aristides instruit par Callisthenes 183 F
Aristides toute sa vie en action pour le bien de son pays 187 G
Aristides comment, & par qui vint au gouuernement de la repub. 166 A B
Aristides combien clement & doux 19 A
Aristides & Themistocles comment deposoient, & reprenoient leurs inimitiez 168 B
Aristides à la requeste d'vn paysan, s'escriuit pour estre banny, & ses beaux dicts & faicts 196 E
Aristides victorieux à Platæes 526 E
le bannissement d'Aristides de qui non craint 118 G
Aristides Annaliste de Sicile 486 A
Aristinus pourquoy se bailla aux femmes, comme s'il eust esté de nouueau enfanté, à lauer, à emmaillotter, & à faire teter 461 D E
Aristippus Socratique, inconstant en habits, & pourquoy 309 G
Aristippus que dist à celuy qui le consoloit de sa perte 70 F
Aristippus courroucé à Æschines, quelle belle sentence luy dist 61 F
Aristippus se mocqua plaisamment d'vn fol & ignorant pere 3 B C
Aristippus curieux d'amẽder sa vie 64 B
Aristippus vaincu par vn Sophiste, que luy dist 116 A
Aristobulus estoit l'asseurance d'Epicurus 288 C D
Aristobulus immortalisé par Epicurus 291 F G
Aristoclea, ieune pucelle, trespassa entre les mains de ses amoureux 505 C
Aristocles, historien des choses Italiques 492 A
Aristocrates puny vingt ans apres sa trahison 258 E
Aristocreon erigea vne statue à son maistre Chrysippus, lumiere des Stoïques 560 H
Aristodemus, sectateur de Platon, natif d'Argie 588 C D
Aristodemus, tyran d'Argos, en quelle crainte viuoit 136 G
Aristodemus, tyran de Cumes, tué par la vertu de la dame Xenocrite 241 H

b iij

TABLE ALPHABETIQVE SVR LES

Aristodemus, Roy des Messeniés, pourquoy se désfit luy-mesme 122 C
Aristodemus, familier d'Antigonus, sentoit fort son cuisinier 194 C D
Aristodemus sale, & vilain corrupteur d'enfans 506 A B
Aristodemus, thresorier general de la Grece 496 H
Aristogiton hazardoit sa vie pour la liberté d'Athenes 275 E
Aristogiton calomniateur condamné à mort pour calomnie 197 F
Aristogiton mis à mort pour auoir conspiré contre les tyrans 91 F
la statuë d'Aristogiton estre le meilleur cuiure, & pourquoy 51 C
Aristogitons, surnom des ieunes gens, ausquels la barbe poinct, selon Bion 612 F
à Aristomache, poëtisse Erythrienne, vn liure d'or consacré 397 B
Aristomenes, à la feste duquel y auoit cent victimes 388 G
Aristomenes pourquoy fait mourir par son disciple le Roy Ptolomeus 53 D
Ariston n'auoit veu son fils Platon, tenant escholes de Philosophie 101 A
Ariston, deshonneur à sa posterité 264 B
Ariston trop curieux & superflu en banquets 407 F
Ariston que disoit d'vne estuue, & d'vn sermon 27 C
Ariston tenoit qu'il n'y auoit qu'vne vertu, qu'il appelloit santé 31 B
Aristo Peripateticque, natif de Chio 128 A
Ariston de Chio quel bel apophthegme dist touchant les Sophistes 133 B
Ariston Lacedæmonien, & ses dicts notables 215 C
Ariston Oeteïen sacrilege puny par son fils 261 D
Ariston, peste de sa cité 168 E
à Ariston pourquoy apparut la nuict son fils Apollo 421 H
Ariston signifie le disner, & d'où vient ce mot 426 E F
Aristonica prophetisse 633 F
Aristonica, baladine insigne 602 B
Aristonicus, ioüeur de cithre, tué en vne bataille, & comment effigié par Alexandre 312 C
Aristonicus pourchassa le premier vne couronne à Demosthenes 500 B
Aristonymus, disciple de Platon, policea les Arcadiens 598 C
Aristonymus haïssoit les femmes, & feit vne fille à vne asnesse 490 B
Aristophanes, poëte comique 494 E F
Aristophanes fascheux, farceur, triacleur, & artisan mechanique, comparé auec Menander 494 F
Aristophanes se gaudissoit de sa teste chauue 272 G
elephant corriual d'Aristophanes 515 E
Aristophanes le Bœotien, historiographe 654 B
Aristophon quel poëte 11 D
Aristophon combien eloquent 163 E
Aristophon accusa, & exila Timotheus 128 D
Aristote, fils de Nicomachus de Stagire, quels principes met & constituë 441 F
Aristote, disciple de Platon, policea les Stagiriens 598 C, 663 H
Aristote, precepteur du grand Alexandre 192 A
Aristote bien aimé de son disciple Alexandre 310 E
Aristote vinoit à la cour de Philippe, & d'Alexandre 126 H
Aristote de quelles vertus munit son disciple Alexandre 308 B C
Aristote disne quand il plaist à Philippus, & Diogenes quãd il plaist à Diogenes, disoit ledit Diogenes 127 F
Aristote a suiuy la doctrine de Platon 592 C
Aristote, prince des Peripatetiques 128 A
Aristote aigu & subtil à resoudre questions 385 H
les disciples d'Aristote contrefaisoient son beguëyement 17 A, 42 F
Aristote comment a defini l'ame 453 A
Aristote quelle opinion auoit des tonnerres & foudres 450 D
Aristote à quoy attribuë les tremblemens de terre, & du flux & reflux de la mer 452 A
Aristote appelle les cieux astres, & le monde & Dieu animaux 459 B
Aristote estimoit le Soleil estre vne boule du cinquiesme corps 448 C
Aristote quelle opinion auoit du cercle de laict, & des cometes 450 A
Aristote tient les premieres causes estre incorporelles 444 B C
Aristote quelle opinion auoit de Dieu 443 F
Aristote n'a pas osté les Idees, ne les separant de la matiere 444 B
Aristote plus opiniastrement que philosophiquement reprend les Idees de Platon 592 B
Aristote tient que les masles s'engendrent du genitoire droit, & les femelles du gauche 457 C D
Aristote à qui attribuoit ce nom de Grand 115 A
Aristote disoit qu'Homere faisoit des noms qui auoient mouuemens 629 B
Aristote iniurié des Epicuriens 278 A
Aristote comment reprint vn causeur 90 B C
Aristote en quoy se delectoit 283 H
Aristote quel grand bien feit à son pays 284 F
Aristote feit rebastir Stagira, ville de sa naissance 516 D, 598 E
Aristote elegamment a escrit de la fondation, & gouuernement des grandes villes 282 B
Aristote qu'escriuit de la grandeur d'Alexandre 72 H
Aristote a escrit les liures des Ethiques, & des dialogues exoteriques 592 F
Aristote a escrit vn traicté des cas estranges 490 B
Aristote, disciple de l'ancien, renuersa plusieurs poincts de la doctrine des Peripatetiques 614 A
Aristote le ieune dispute de la face qui apparoist en la Lune 618 B
Aristotimus, tyran violent, contraint par crainte d'obeyr à des barbares 234 C
Aristotimus tué au temple de Iupiter 236 A
Aristotimus tyran tué, sa femme, & ses deux filles se pendirent 236 A
Aristoxenus appelloit Socrates ignorant, & dissolu 649 H
Aristoxenus a escrit de la musique 662 E
Aristoxenus a escrit les vies des hommes illustres 282 E
l'arithmetique, est la science des nombres, & la premiere des mathematiques 540 H
arithmetique, premiere partie de mathematique 437 B
arithmetique sans exercice s'oublie 184 E
arithmetique proportion introduite au lieu de la Geometrique par Solon 84 G
proportion arithmetique chassée de Lacedæmone par Lycurgus 422 F
armee effroyable aux ennemis, & festin aggreable aux amis se rengent d'vn mesme sens 203 D
l'armee de Darius estoit d'vn milion d'hommes 192 H
l'armee d'Alexandre mort, resembloit au Cyclops Polyphemus aueugle 193 H, 313 D
l'armee espouuentable d'Antiochus, desfaite par Domitius 203 B G
Armenie conquise par les Romains par vne seule boutee 306 A
cent mille Armeniens tuez par les Romains, desquels n'en demeura que cinq 206 D E
armes allument la cholere 432 G
armes maniques 323 A
expeditions d'armes quels profits causent aux citez 109 G H
armes ostees aux ennemis pourquoy non consacrees aux Dieux 217 E F
armes penduës aux temples 218 A
armes des trespassez enterrees auec eux 289 C
Armodiues, surnom des ieunes gens, ausquels la barbe poinct, selon Bion 612 F
Armodius hazardoit sa vie pour la liberté d'Athenes 275 E
la statuë d'Armodius estre le meilleur cuiure, & pourquoy 51 C
armonie, voyez Harmonie
l'arondelle vse de preuoyance 508 H
arondelle, qui descouurit vn parricide 261 D E
arondelles de quelle industrie vsent en faisant leurs nids 511 G
les arondelles ont monstré aux hommes l'architecture 516 H
arondelles ne faut receuoir en sa maison, & leur histoire 427 A B
arondelles habitans és maisons, ne s'appriuoisent neantmoins iamais 252 E
arondelles comment enseignent leurs petits 509 E
arondelles

OPVSCVLES DE PLVTARQVE.

arondelles pourquoy appellees oyseaux Daulides 427 C
arondelles facilement prennent les cigales 517 C
arondelles n'empruntent à vsure 131 F
Arontius experimenta le premier le cheual de bronze, qu'il auoit inuenté, pour tourmenter les innocens 491 F G
Aroueris engendré deuant la naissance de ses pere & mere 320 F G
Aroueris est Apollo, & l'aisné Orus 320 F
Arrachosiens, quels peuples 315 F
Arrachosiens apprindrent l'agriculture d'Alexandre 308 E
Arrius amy de Cæsar Auguste, sauua sa ville d'Alexandrie 171 E. 208 E
arrogance n'aime que soy-mesme, & demeure auec solitude 167 G
Arsalus, dieu seuere 342 E
Arsaphes, surnom de Bacchus, & que signifie 326 A
Arselis au secours de Gyges 484 E
Arsinoé Royne, iette le dueil & lamentations 249 E
Arsinoé & ses deux sœurs tirerent au sort de manger leurs enfans 482 H
l'art de bien viure est la philosophie 359 G
l'art de bien faire resembler, est tousiours estimee 11 B
chacun ne doit parler que de son art, exemple 45 F
l'art diuinatrice est de l'aduenir 353 E
art de diuination, de quels signes composé 645 E
tout art est plustost sa fin, que les moyes tendans à icelle fin 155 F
tout art mechanique defendu à Lacedæmone 227 F
l'art de la medecine commun à tous animaux 273 C
art de remedier aux maladies de l'esprit, composé par Antiphon
l'art de Rhetorique, qu'est-ce 495 F
l'art oratoire premierement mis par escrit par Antiphon 492 D
art & generation comment different 264 G
tout art est conioint auec verité 223 G
l'art d'aider à enfanter, enseigné par Socrates 540 C
art hereditaire d'Alexandre, quel 312 B
les arts ont petites prudences 107 A
les arts ont esté nourris & accreuz à Athenes 523 G
arts appellez les Muses 604 D
arts & sciences par quel ordre doiuent estre apprins 561 F
arts liberaux mesprisez des Epicuriens 283 A
arts liberaux retirent les femmes d'exercices indignes 149 H
les arts ne peuuent estre desrobez 74 E
comment on sçait qu'on profite és arts 113 F
les arts sont l'vn des cinq genres de bien 356 A
les arts n'ont rien de commun auec la fortune 107 B
fragmens de la prudence sont deuenus arts 107 A

enfans de bonne maison doiuent apprendre tous les arts liberaux 4 E
arts liberaux reduits à trois gentes principaux 437 A B
tous les arts ne sont d'aucune vtilité sans prudence 39 F
rien plus vtile à la vie humaine, que les arts 528 E
arts mathematiques ont besoin de repos & de loisir 72 E
arts mathematiques viennent en auant en despit des ignorans 283 A
deux arts pour la santé du corps 4 F
arts des superfluitez bannis de Sparte 220 G
plusieurs arts en vigueur, du siecle d'Alexandre 311 E
arts auancez par l'humanité des Princes 311 F
arts humains ne dependent de fortune, car ils ont Minerue pour leur patrone 166 H
arts de Grece quand se glisserent en Rome 305 B
arts & sciences iadis escrites en carmes 633 F
arts sans exercice s'oublient 134 E
arts comment procedent à leurs ouurages 373 G
arts d'où procedent 441 A
arts inuentez par le feu 528 E F
arts, corps & animaux, selon les Stoïques 587 B C
Artabanus iuge equitable entre Ariamenes & Xerxes freres 87 D
Artaphernes lieutenant du Roy Darius, pourquoy porta des chaines & des cordes à Athenes 130 H
Artaxerxes Longuemain, fils de Xerxes, & ses beaux dicts 188 A
Artaxerxes surnommé grande memoire, & ses beaux dicts & faicts 189 A
Artemisia, Royne 659 E
Artemisia predit à Xerxes la victoire contre les Grecs 657 B
Artemisia instituta ieux de pris sur le tombeau de son mary Mausolus 495 C
Artemisium, ou promontoire 659 E
arteres dequoy seruent au corps 456 C
articles non en vsage en la langue Romaine, & bien peu en Homere, & pourquoy 545 F
articles de paix, engrauez en vne colonne quarree 478 C
tous artifices cesserent par l'auarice de Pythes 242 C
artilleries aneantissent la prouesse des hommes 199 F, 215 F
artisans coment s'engendrent és arbres ·373 H
Attyni, quels magistrats à Epidaure 478 A
arum herbe, medecine des Ours 516 D
Aruntius sacrifié par sa fille qu'il auoit depucellee, & comment 488 H, 489 A
Asander, pauure ieune homme, bien & fidelement aimé de Gorgo, fille noble & de grands biens 610 B
asaphie obscure & noire 73 G
Ascalaphus, iuge des ames, non redouté des Epicuriens 289 C D
ascites, espece d'hydropisie 284 H

Asclepiades, disciple d'Isocrates 494 H
Asclepiades le medecin comment a definí l'ame 453 E
Asclepiades compose le poumon comme vn entonnoir 456 B
Asdrubal ou Clitomachus Carthaginois, enseigné par Carneades 308 F
Asiatiques sont d'extraction Grecque 211 A
Asiatiques moins prisez que leurs vestemens 210 B
Asiatiques bons esclaues, & mauuais hommes libres 212 E
l'Asie ne pouuoir porter deux Roys 193 H
l'Asie moissonnee par Alexandre, & glancee par Antigonus 194 A
l'Asie domtee & ciuilisee par Alexandre 308 F
l'Asie enuahie & rauie par Mithridates 91 D
l'Asie pillee & saccagee par les Gaulois 488 C
l'Asie subiuguee des Romains par vn seul coup 306 A
Asiens asseruis à vn seul homme, pour ne sçauoir prononcer ceste syllabe, Non 78 F
l'asne, la plus lourde des bestes priuees, dedié à Typhon 273 G, 329 A
l'asne a entendement 273 F G
l'asne, surnom d'Ochus, & pourquoy 324 G
l'asne pourquoy reueré des Iuifs 394 F
asne debatu pour son vmbre 500 E F
asne pourquoy de Dieu donnez aux hommes 510 G
asnes faciles à prendre aux loups 517 G H
les asnes ne font bien, selon Chrysippus 567 C
asnes surprins de la faim canine, portans des figues ou pommes 408 D
asnes deuienent fiers & insolens d'estre trop nourris 471 B
asnes pourquoy tant haïs des Ægyptiens 152 E
asnes roux, pourquoy precipitez par les Ægyptiens 324 E
aux asnes Antipater reprochoit leur ordure 509 E
asnes pourquoy couronnez de fleurs à la feste des Consales 468 C
os d'asnes fort bons à faire fleutes 152 G H
asnesse qui enfanta vne belle fille surnommee Onoscelis 490 B
asnier, qui s'excusa d'estre battu pour son asne 60 F
Asope, ville 515 F
Aspasia courtisanne, cause de guerre 649 E
aspharagos, est le sifflet du vent de l'haleine, selon les anciens 410 F G
l'aspic honoré en Ægypte 333 G
Assacaniens rompirent le talon à Alexandre 315 G H
Assos, naissance de Cleanthes Stoïque 128 A
Assyriens quand abandonnez de la fortune 302 G
fortune se proumena vn peu par l'Assy-

b iiij

TABLE ALPHABETIQVE SVR LES

tie 302 G
Assyriens adoroient le feu, & tout ce qui peut nuire 621 F
Astarte, Royne de Byblus, & histoire de ce 321 D
Aster Olynthien creua vn œil à Philippus, Roy de Macedoine, & comment 487 C
Asterion, promontoire en l'isle de Tenedos 630 C
Astomes, peuple és Indes qui n'a point de bouche, & vit du parfum d'vne racine 623 C
astres attachez au ciel, comme des yeux esclairans 618 A
chacun astre estre vn monde 447 E
astres animaux, selon Aristote 459 B
astre de pierre tombé du ciel en forme de feu 447 E
astres faicts de pierres rauies de la terre, & comment 447 E
astres faicts d'air le plus espessi 618 B, composez d'atomes 441 G
astres composez de feu & de terre, mesme selon Platon 626 B C
astres appellez tortillons ou pesons par Platon 437 H
astres estre repoussez par l'air espessi, & resistant, selon Anaximenes 448 F
astres d'où enluminez, & nourris 447 H, 448 A
astres n'ont point d'ombres 620 B
si les astres se nourrissent 447 H, 448 A
astres se nourrir de vapeurs 440 C D
astres se nourrir de la mer 428 A B
astres eschauffent les semences 135 G
sept astres ayans leur propre mouuement separé 353 E
des astres, de leurs figures, essence & mouuement 447 D E F
astres, auec leurs spheres, par leur mouuement font vne venerable musique 555 H, 667 H, 668 A
astres quelquesfois pires ou meilleurs selon leur hauteur ou bassesse 151 G H
astres se resiouïssent en s'entregardant & leurs influences 344 A
aux astres les anciens sages n'ont sceu (que reprendre 123 F
astres par Anaximander estimez estre dieux 443 E
astres ont donné aux hommes apprehension d'vn Dieu 442 F
astres tombent du ciel, exemple 447 H
Astrologie, belle science 100 A
l'Astrologie est contribuée à la Geometrie 437 C
astrologie, qui est la science des estoiles, est la troisiesme des mathematiques 540 H
astrologie a pris maintenant grand accroissement 464 B
Astycrates, & ses dicts notables 215 H
Até, fee, qui signifie la peste, pourquoy iettee du ciel par Iupiter 160 L
Ateas commandoit aux Tartares, qui sçauoient combatre contre la faim & la soif 193 E
Ateramon que signifie selon Platon 411 G H
Athamas, voyant ses enfans, pensoit voir des lyons, & des cerfs 121 C D

atheisme, quelle impieté 287 B
l'atheisme, est impieté rude & pierreuse 114 B
l'atheiste a l'ame aueuglee de malheureuse ignorance 121 B
l'atheiste quelle fin se propose 119 H
l'atheiste pense qu'il n'y ait point de Dieu 113 E
c'est vn grand signe d'atheiste, de n'honorer ses pere & mere 82 A
l'atheiste ne tient rien de la superstition 127 E
atheistes, Diagoras, Theodorus, & Hippon 582 E
atheistes & superstitieux en quoy different 121 F G H, 122 A
atheistes, ne voyent du tout point les Dieux, & ne sentent rien de la diuinité 111 D E
atheistes esloignent les hommes de toute diuinité 322 H
atheistes abolissans l'ame, reprins auec vehemence par Platon 547 D
atheistes se rient d'vn ris Sardonie 122 G
atheistes condamnez par les sages anciens 123 F
atheistes, quels & combien furent iadis 442 H
Athenes, eschole de sapience, & nourrice des bons arts 128 A
Athenes appellee par Pindare le soustenement de la Grece 223 D, 526 C
Athenes diuisee en trois parts 165 H, 166 A
athenes entretenoit son estat par le discord des orateurs 12 G
à Athenes estoit le theatre de gloire 191 D E
Athenes n'a iamais eu d'excellent ourier de poësie 525 B
à Athenes iamais homme ne deuint meilleur 216 H
Athenes s'acquist la principauté de la Grece, par Timon 525 E
Athenes ornee de beaux temples par Pericles 317 B
Athenes reduicte soubs la tyrannie de trente tyrans 507 E
Athenes par qui deliuree des trente tyrans 171 C, 652 B
Athenes prise par Lysander par famine 221 D E, 227 H
Athenes prinse par Antigonus 194 G
Athenes comment prinse par Sylla, & pourquoy remplie de meurtres 91 D
Athenes preseruee par Sylla 206 B
Athenes destruite, la Grece renduë borgne 164 C
Atheneus, auec ses deux freres, gardecorps du Roy Eumenes leur frere 82 D
Athenien asnier, qui s'excusa d'estre battu pour son asne 60 F
à nul Athenien est seant de haïr les Muses 283 F
Atheniens diuisez en trois ligues contraires 608 F
Atheniens hommes libres 170 H
Atheniens vaillans hommes en peinture 223 E
Atheniens victorieux par la mort de leur Roy Codrus 488 G
Atheniens de quelle espece de police

vsoient 503 G H
Atheniens sçauent ce qui est honneste, mais ils ne le font pas 225 C
Atheniens combien fideles à leurs ennemis 162 B
Atheniens contractent amitié auec Alexandre, tyran de Pheres 200 G
Atheniens pourquoy reputez heureux, par le Roy Philippus 191 A
Atheniens persuadez par Themistocles d'abandonner leur ville, & comment 593 D
Atheniens commandoient au demourant de la Grece 196 B
Atheniens despendoient plus en ieux & spectacles qu'en guerre 525 F
si les Atheniens ont esté plus excellens en armes qu'en lettres 523 E
victoires des Atheniens racontees sommairement 526 A
Atheniens ne traittoient de la paix, sinon en robbes noires 295 D
Atheniens solennisent les mois de leurs transmigrations 125 E
Atheniens par quel moyen sanctifiez par Ion 597 G
Atheniens auoient vn Ei de cuiure à Delphes 351 H
Atheniens combien haïssoient les accusateurs de Socrates 108 C
liberté Grecque plantee par les Atheniens 260 E
Atheniens font en l'annee trois labourages sacrez 149 A
Atheniens quel mur de bois eurent pour leur sauuegarde 130 F
Atheniens reçoiuent garnison d'Antipater 198 A
Atheniens 40000 au fil de l'espee, pour ignorer l'eclipse de la Lune 122 C D
Atheniens deffaicts par Melissus 598 D
Atheniés vaincus au ieu des osselets, par Philippus à Chæronee 191 C D, 227 H
Atheniens deffaits par les Lacedæmoniens 199 D
Atheniens desconfits en Sicile 93 F
Atheniens pourquoy n'alloient en coche à Eleusine 497 C
filles Atheniennes enleuees par les Tyrrheniens 480 F G
Athenodorus philosophe dequoy admonesta Cæsar Auguste 108 H, 209 A
Athenodorus merueilleusement munifique, & gracieux enuers son frere, & tuteur Xenon 84 E
Athenodorus visité de Cathon 133 E
Athenodorus a escrit des maladies populaires 429 E
Athenodorus, poëte victorieux en son art, au grand regret d'Alexandre 312 B
Atlantique, liure de Platon ainsi intitulé, combien delectable 281 D
Atlas, coulonne d'or, soustenant le ciel 615 C
Athletes ennemis de Plutarque, & pourquoy 275 E
athos quel mont, & côbien haut 622 A
athos, mont en Thrace, statuë digne d'Alexandre 312 H
au mont athos, Xerxes escriuit des lettres missiues 57 C
Athryilatus medecin doute du temperament

OPVSCVLES DE PLVTARQVE.

rament des femmes 382 F
Athyr, quel surnom d'Isis 330 D
Athyr, quel mois entre les Ægyptiens 321 A
l'atome priué de toute qualité, & force generatiue 509 D
atomes, corps indiuisibles, engendrez de la mere d'Epicurus 286 E
atomes estimez principes de l'vniuers 119 F
le monde estre faict & composé d'atomes, & comment 441 G
atomes estre les causes du monde 442 B
atomes, principes de l'vniuers, selon Democritus 590 B C
atomes estimez principes de toutes choses par Epicurus, & que c'est qu'atome 373 F, 441 C
atomes indiuisibles, impassibles, & tout estre atomes 444 A, 590 A
atomes incorruptibles, selon Epicurus 443 G
atomes glissants 629 B C
atomes comment se meuuent 444 D
atomes infinis en multitude 444 H
vuide parmy les atomes 423 E
atomes en tous temps estre d'vne mesme sorte, pour leur impassibilité 593 A
Atossa, femme de Darius, flatteresse 325
Atreus & Thyestes enfans de Pelops & d'Hippodamia 490 F
Atreus donna les propres enfans à souper à son frere 81 H
Atrometus, pere de l'orateur Æschines 496 C
Atropos, l'vne des Fees ou Parques 437 E
Atropos, c'est à dire, inflexible, & son office 644 F
Atropos estre la fatale destinee, selon Chrysippus 573 C
Atropos est la seconde partie de l'vniuers 556 D
Atropos colloquee dedãs le Soleil, donne le principe de la naissance 627 A B
Attalus, auec ses deux freres, garde-corps du Roy Eumenes leur frere 82 D
Attalus combien fauory du Roy Eumenes son frere 195 B C
Attalus se laissoit mener par le nez, comme vne beste 184 D
Attalus, s'estant saisi du Royaume & de la femme de son frere Eumenes, cõbien modestemẽt par luy traitté 87 H
Attalus mourut le mesme iour de sa natiuité 421 F
Attilus regulus, consul Romain, & capitaine tres-vaillant 650 B
l'attouchement attribué à la terre 355 C
l'attouchemẽt de quel esprit se fait 455 H
l'attouchement n'apperçoit pas le vuide 529 D
l'attouchement effeminé appette chatoüillemens feminins 276 E
Atys à faux titre mis au catalogue des Dieux 603 G H
auarice est vne rude & mauuaise maistresse 98 C
auarice est pauureté de l'ame 97 H, 98 A
auarice, passion furieuse, & miserable

98 A B
auarice malignement afflige l'homme 262 H
auarice esteint les bonnes sciences 311 F
auarice est conuoitise d'auoir 37 D
auarice n'est guarie par richesse 97 D
auarice cause les guerres 569 E
de l'auarice des Princes vient confiscation 136 G
auarice des vsuriers cause de leur menterie 131 C
auarice des vieillards haye 185 C
auarice se tourne incontinent au lieu de l'ambition 263 A
auarice comment se peut facilement retrencher 641 B
auarice insatiable de Darius 188 F
auarice taquine, & bestiale, quelle 98 F
auarice, cause de la mort de plusieurs, sauua vn ieune homme du gibet, & comment 240 A
l'auarice du sordide & vilain Pythes, causa famine extreme à tout le pays 242 B C
auarice faict violer tous les droicts de nature 489 F
auarice feit tuer Polydorus par son beau frere 489 F
auarice la ruine de Sparte 227 G H
auarice destourne souuent les luxurieux 415 C
l'auarice change la couleur du visage 401 B
auarice se fond & amollist par l'amour 607 E
auarice aucune n'y auoir au monde souz le regne de Saturne 467 D
auaricieux resembler aux gourmans & yurongnes 98 A
auaricieux resemblent aux vetoses 70 F
l'auaricieux resembler à l'asne des estues 98 F
auaricieux resemblent aux rats & souris 98 H
l'auaricieux deuant le temps deuient vieil & grison 99 D
auaricieux choleres contre leurs receueurs 58 C
auaricieux acquierent comme magnifiques, & despendent comme mechaniques 98 D
auaricieux n'ont fin ne terme 98 A
auaricieux loüez des flateurs 45 A
l'Aube du iour signifiee par vn coq peint sur la main d'Apollo 630 E
pourquoy appellee clytus 414 E
aubois és sacrifices 662 C
aubois és festins 369 D
aubois conuiennent au soir 584 H
aubois aux nopces 392 D
aubois en bataille 664 D
ioüeurs des aubois iadis ministres des poëtes 665 A
l'aubois iadis sonnoit au dueil, & connoy des trespassez 317 E F
au son des aubois, esclaues foüettez 60 C
aubois plaisent fort aux Dauphins 414 E
aubois plaisent aux cheuaux & cerfs 508 G
audace est au vice propre 262 B
l'auditeur en quoy doit imiter les abeil-

les 27 A
auditeur mal aduisé comment reprins par Euripides 89 G
quel est l'office d'vn bon auditeur 30 H
auditeurs faut tourner & changer en diuerses sortes 274 H
les auditeurs d'Hegesias se feirent mourir de faim 103 A
auditeurs de Theodorus prenoient les propos de leur maistre de la main gauche 69 D E
audition, qui plus resiouïst, quelle 180 H
audition sallee, par douces paroles est lauee 276 G
aueuglement, est negation de veuë 529 D
aueuglement, est priuation sans action quelconque 529 A
aueuglement ne reçoit point plus ou moins 529 B
aueuglement aduenu par l'image de Minerue, & recouuert 488 F
aueuglement de chiens, pour estre trop acharnez apres les bestes 401 B
les aueugles ont la memoire au lieu de la veuë 348 C
Aufidius Modestus aigrement brocarde Lucius Quintus au lict malade 371 B
augmentation cõment se fait 586 E F G
augures obseruez par les gens deuots 370 E
augures, quels presbtres aux Romains, & leur charge 475 D E
augures pourquoy auoient tousiours leurs lanternes ouuertes 471 C
Auguste, fils de Cæsar, le premier des Empereurs, cõmanda cinquante quatre ans à toute la terre & à la mer 303 F
le premier nommé Cæsar Auguste, quel 278 F
Auguste Cæsar desfeit Antonius vn peu auant que mourir 179 E
Aulide, ville de la Bœoce 488 C
Aulide, gentille ville, dequoy meublé & orné la table 130 C
aulx mangez, medecine de l'inflammation des poulmons 538 F G. voy Ail.
aulx semez aupres des roses, les rendent meilleures 112 E
aumosne demandee par Vlysses Roy d'Ithaque 560 D
aumosne demandee aux statuës par Diogenes, & pourquoy 78 B
aumosne donnee par vn Roy, luy causa la perte de son Royaume 479 D E
auortemens des femmes comment pronoquez 300 B
deux aureilles, & qu'vne langue à chaque hõme, & pourquoy 25 E, 89 F G
les aureilles ne font le sentiment de l'oüye, ains l'entendement 508 D
par les aureilles seules entre la vertu és ieunes gens 24 G
és aureilles les voluptez se cachent en embusches 414 H
aux aureilles des enfans faut mettre des aureillettes de fer 24 H
pourquoy on baise les enfans par les aureilles 25 A
aureilles des curieux resemblent aux maudites portes des villes, & aux

TABLE ALPHABETIQVE SVR LES

ventoses 64 F
le ventre n'a point d'aureilles 203 F G
Xerxes pourquoy feit coupper les aureilles & le nez à ses gens 71 E
Auspices deuoient tousiours auoir leurs lanternes couuertes 471 C
autel domestique 305 E F
autel des douze dieux 500 A B
autel celebré entre les sept miracles du monde 522 C
autel d'or edifié à Iupiter par Midas, & pourquoy 486 G
autel à quatre faces pourquoy dressé à Rome 487 E
autels dediez à Diane Dictynna, & à Apollo Delphien 522 D
deux autels dediez à Hercules 469 F G
autel commun à Hercules, & aux Muses, & pourquoy 469 F
autel dedié à Mercure harägueur 498 E
autel dedié à oubliance 434 H
l'autel double du temple de Delos, que signifie 353 C D
autel du temple de Delos doublé, pour la cessatiō des miseres des Grecs 638 A
autel de Paulus Æmilius rendant des oracles 487 B
defendu de pisser contre vn autel 567 B C
autels en Allemaigne qui rendent vn son de trompettes 489 A
authorité signifiee par le sceptre 329 B
authorité d'autruy ne faut augmenter en se diffamant 80 B
Autobulus, fils de Plutarque, tient propos de l'amour à ses compagnons 599 B
Autolycus honoré en sa posterité 261 B
Autolycus, grand pere d'Vlysses 273 H
Autonne pourquoy surnommé φυλλοχόος 431 F G
Autonne ennemy des plantes, & maladif pour les hommes 325 C
pourquoy on mange plus en Autonne, qu'en autre saison 373 A
pourquoy on ne croit aux songes d'Autonne 431 B
l'Autonne estre vn corps, selon Chrysippus 587 C
l'Autonne descrit auec ses effects 431 B C D E
l'autre, est l'Idee des choses qui se portent diuersement 353 D
l'autre, l'vn des cinq principes de Platon 355 G
l'autre & le mesme, parties de l'ame du monde 31 F
tout ce qui est, est & mesme & autre, & mouuement & station 346 C
l'autre & le mesme, deux principes selon Platon 328 F
l'autre quelle force a és choses spirituelles 346 C
l'autre fort malaisé à mesler auec le mesme 546 F
l'autre & le mesme ignorez des Philosophes mesmes Platoniques 547 C
l'autre a causé pluralité de mondes, 346 G.

B

B vsurpé pour vn Pi par les Delphiens, & pour vn Phi par les Ma-

cedoniens 478 F
babil ordinaire aux yurongnes 379 B C
babil és ieunes gens d'où vient 27 E
vin plein de babil importun 420 D E
le babil de Grece quand se glissa en Rome 305 B
homicides d'Ibycus par leur babil s'accuserent 94 C
comment on peut arrester le babil 96 B C
babil comment peut estre guary 94 F
le babillard, est la ligne blanche ou le traict blanc en paroles 96 E
le babillard importun pert la grace de son bien faire 90 H
babillard resembler à l'heptaphonos de la ville d'Olympe 89 H
l'amour babillard en toutes choses 365 E F
que doit euiter vn babillard 96 C D
le babillard, traistre gratuit & volontaire 94 D
comment on se peut depestrer d'vn babillard 77 E
le babillard parle par tout, & l'yure à la table 90 G
le babillard comment peut estre corrigé 95 C D
vn babillard bien à poinct mocqué d'Aristote 90 B C
babillards ont la bouche semblable à celle de la mer de Pont 90 D
babillards resembler aux vaisseaux percez, vuides de sens & pleins de bruit 89 H
babillards resemblent aux parties du corps offensees 94 C
babillards à quels maux subiects 91 C
babillards se perdent eux-mesmes 93 E
babillards mocquez & mal-voulus de ceux desquels ils s'estimēt estre aimez 91 B
babillards pourquoy ne sont creuz 90 D
babillards coustumieremēt s'assemblent és boutiques des barbiers 93 F
babillards quelles gens doiuent hanter 96 H, 97 A
babillards de quelles passions & maladies tourmentez 90 A
Babylone bastie par Semiramis 313 H
Babylone, habitation des Roys de Perse pour l'hyuer 127 E
Babylone, païs ardant & bruslant 381 B
Babylone a vn air chaud & estouffant 382 A
Babylone, & sa campagne, couuerte de corps morts par Alexandre 314 F
Babylone conquise par Alexādre 308 B
Babyloniens dorment sur des peaux pleines d'eau 382 A
Babyloniens subtilement trahis par Zopyre, & comment 188 E
Babyloniens contraints de danser, chanter, iouër, paillarder, & tauerner 188 F
bacchanales festoyees à Argos 127 C
feste des bacchanales à Athenes 174 B
procession des bacchanales comment faicte 99 F
bacchanales ioyeuses parmy les guerres d'Alexandre 310 H
bacchanales, feste des Ægyptiēs 395 B C
bacchantes au mont Parnasse 533 F

bacchantes furieuses 354 G
bacchantes, feste de Bacchus 488 H, 489 A
bacchantes esprises du rauissement de Bacchus, se meuuent auec mesures 365 H
bacchantes & les philosophes comparez 360 C
Bacchilides poëte escriuit ses liures au Peloponese 127 C
Bacchis, serue Milesienne 602 B
Bacchis & ses responses 229 G
Bacchon, surnommé le beau fils 599 E
Bacchon marié à la belle Ismenodora 602 H
Bacchus fils de Semele, par où monta en la compagnie des Dieux 268 E
le grand pere de Bacchus estoit banny 129 E
Bacchus le bon Dieu 359 F G
Bacchus estimé estre Osiris 320 C
Bacchus, Dionysius & Osyris, & Pluton vn mesme Dieu 323 A, 325 D, 326 A
Bacchus Dieu estranger des Romains 465 B
Bacchus estimé le Dieu des Hebrieux 395 A
Bacchus estimé bō medecin, pour auoir inuenté le vin 380 D
Bacchus plustost pere d'oubliance que fils 414 F G
Bacchus pourquoy eut plusieurs Nymphes pour ses nourrices 386 G
Bacchus meslé non moins auec les Muses qu'auec les Nymphes 360 A
Bacchus pourquoy surnommé Lysius ou Lydius 359 H
Bacchus pourquoy nōmé Lyæus, Chorius, Omestes, & Mænoles 61 D
Bacchus pourquoy appellé Liber pater 476 C
Bacchus pourquoy se nomma Methymnæus 381 D
Bacchus pourquoy surnommé Ἀνθρωπος 397 E F
Bacchus pourquoy surnommé Phlœus 402 D
Bacchus pourquoy appellé monde, Phœbus, Dionysius, Zagreus, Nyctelius, & Isodætes, & Apollo 354 E F
Bacchus pourquoy surnommé Hyes 325 D
Bacchus pourquoy appellé fils de Vache & Taureau : & par Homere, Boopis 482 E F
Bacchus surnommé Bougenes, c'est à dire, fils de vache 314 F
Bacchus, estimé l'esprit generatif 326 H
Bacchus estimé le premier qui amena deux bœufs des Indes 324 B
Bacchus estimé auoir amené des Indes Apis & Osiris, Dieux des Ægyptiens 314 B
Bacchus doux & gracieux 274 F
Bacchus sage & puissant Dieu, destiant toutes difficultez, pource nommé Lysien 152 E
Bacchus le plus aduisé des Dieux, n'a besoin de Mercure, & pourquoy dict Eubulus 420 B
Bacchus a donné aux yurongnes la ferule 420 D
Bacchus

Bacchus n'auoir moins de puissance à Delphes, qu'Apollo 354 E
Bacchus comment peint 354 F G
Bacchus, donneur de ioye 157 D
Bacchus quel ouurage fait 156 B
Bacchus seigneur de toute humidité 325 F
Bacchus quels dons eslargit aux hômes 437 F
Bacchus a enseigné aux hommes à labourer la terre 481 E F
Bacchus apprint aux hommes à semer les bleds 482 F
Bacchus mesprisé, comment punit ses contempteurs 488 H
Bacchus, Dieu d'vn principe genital, qui est l'humidité 397 E
Bacchus quand & par quels hommes initié 360 H
Bacchus preside au soir 384 H
la ferule de Bacchus, suffisante punition de l'yurongne 61 D
Bacchus pourquoy deifié 441 G H
Bacchus pourquoy plongé en la mer 336 C
Bacchus & ses sons tant chanté par les Poëtes 325 C
les supposts de Bacchus portent la ferule 588 D
spelonques de Bacchus 268 E
Bacchus pourquoy ne peut augmenter le Nil, ne commander aux morts 331 G
Bacchus pourquoy se transinuë en plusieurs formes 354 E
Bacchus fait croistre les arbres, & la saincte beauté des fruicts 604 F
Bacchus auoit en sa compagnie des flateurs nommez Silenes 46 F
Bacchus attenté par les Titans, que signifie 276 A
Bacchus desfeit les Amazones en l'isle de Samos 485 B
Bacchus suiuy pas à pas d'Alexandre 310 E
Bacchus signifié par le triangle 324 E
Bacchus comment inuoqué 325 E
Bacchus pourquoy effigié auec vne teste de taureau, & vn pied de bœuf 325 C
Bacchus où inhumé 325 F
Bactra, prouince subiuguee par Alexandre 317 D
Bactrianiens iettoient leurs morts aux oyseaux 138 A
Bactriens domtez par Alexandre 316 D
Bagoas Eunuque, de courier seit Darius Roy de Perse 315 C
Bagoas renuersé par les gangrenes, qui sont les flateurs 49 E
bagues pourquoy iadis penduës au col des enfans Romains 475 F
bagues d'or defenduës és sacrifices 324 E
bagues, qu'enuoyoit Dionysius aux filles de Lysander, refusees 147 D E
baing vtile apres l'exercice 298 A C
baings deuant le repas 151 D E
le baing a fait mourir plusieurs personnages 293 F
baings chauds & plaisans de Calepsus 392 F
baings defendus par Scipion 205 C
baings quels maux causent aux corps

340 H
d'où est venu la coustume de baiser en la bouche 230 C, 461 F
le bal est poësie muette, & la poësie bal parlant 439 B
le bal auoit trois parties, & que c'est de chacune d'icelles 438 F
le bal conuient au soir 384 H
bal, qui est le myrthe, dechasse la resuerie 335 C
baladins sont de grande despense 525 E
baladins blasmez 415 E
baladins ne sont iamais bons gendarmes 467 B
la baladine Pharsalia deschiree en pieces, & cômant, & pourquoy 619 A B
s'il est honneste d'introduire des baladines en vn festin 417 F
baladines és festins 361 E F, 378 H
baladines de quels maux sont cause, exemple 602 B C
baladines des Roys de Perse quand assistent à leur table 146 E
le baler aduient à ceux qui ont assez beu 379 B
lo baler passe outre le sentiment naturel 414 F
le baler est deshonneste à vne femme d'honneur 149 H
le baler estre vn animal, selon les Stoïques 587 C
ne passer la balance, precepte Pythagorique 427 B
ne passe point la balance, ænigme interpreté 7 F
ne passer par dessus le balet, precepte de Pythagoras 477 D
Balene, chaos & monstre marin, & son histoire 520 E F
Balene, qui mist la peste en tout vn pays 520 F
Balenes ne viuent en la mer majour 520 H
Ballachradas que signifie, & pourquoy s'entre-appelloient ainsi les enfans des Argiens 484 F G
ballo, verbe Grec, comment forme son futur 337 D
bande de l'esté, en laquelle nous habitons 453 A
cinq bandes en toute la terre 347 A
bandes de l'vniuers, quelles & combien 451 H
bannis Grecs, reuoquez & rappellez 216 H
bannissement, & vn traitté de ce 124 C
bannissement à quels gens vtile 109 E
bannissement de tous vices à Lacedæmone 219 G
bannissement de son pays par quel moyen porté doucement 38 B
le bannissement d'Aristides de qui non craint 118 G
bannissemens propres aux dæmons 340 D E
bannissemens sont semences occultes de guerres 309 B
bannissemens des dæmons, & pourquoy 342 E
Banon, truchement d'Hannibal, cuida estre tué par vne femme, de sa picque mesme 233 E

banquet des sept Sages, & vn traitté de ce 150 D
pour bien dresser vn banquet, faut estre sage 61 A
en vn banquet quelles choses sont bonnes à ouÿr 418 C
comment il faut aller, & se gouuerner en vn banquet 151 B
comment on peut estre sobre en vn banquet 194 E
en vn banquet quelle place est tenuë plus honorable 365 E
à vn banquet quelles choses necessaires, & quelles accessoires 365 G
si en vn banquet est meilleur que chacun ait sa portion 377 H
sortir d'vn banquet auec plus d'amis, que l'on n'y estoit entré 388 G
si on peut aller en vn banquet sans estre conuié 415 G H
des conuiez qui viennent tard au banquet 425 D
banquet du sacrifice, appellé le bannissement de la faim 408 A B
banquet du sacrifice d'Orestes 359 G H
banquet de Platon non sieureux 403 F
banquets pourquoy appellez δαῖτες, 378 F
banquets des philosophes, est vne volupté oyseuse 379 F
banquets reconcilient les amis 361 H
banquets faicts aux portions 378 G
banquets ont donné lieu aux farces & moralitez 596 A
banquets se faisoient iadis sur des liets 365 F, 399 F
homme mort és banquets des Ægyptiens 321 E. ou vne anatomie d'vn homme 151 D
aux banquets nuptiaux quels gens sont inuitez 392 E
banquets remplis de carmes & chansons 633 E
aux banquets femmes conuiees vn an deuant 151 B
és banquets des funerailles, pourquoy sert on des legumages 474 H
banquets superflus des capitaines 405 E F
banquets sans vin, sont boutiques des barbiers 399 E, 421 A
banquets comment supprimez à Syracuse 190 B
Barbares & Grecs distinguez par l'habit 309 B
Barbares d'Italie comment policez par Hercules 465 G
Barbares tous vicieux 309 B
barbe longue, est le plus beau parement de l'homme 222 A
barbe attifee mal seante à vn iuge 192 E
la barbe ne fait pas le philosophe 318 E
sages par la barbe 417 B
barbe blanche dequoy admoneste l'homme 223 D
barbes feintes au menton des nouuelles mariees 231 E
Alexandre commanda qu'on rasast les barbes aux Macedoniens, & pourquoy 192 G
Barbier babillard comment admonesté par Archelaüs 190 H

TABLE ALPHABETIQVE SVR LES

vn barbier mis sur la rouë pour s'estre hasté de porter mauuaises nouuelles 93 G
vn barbier crucifié pour auoir sortemét parlé 93 E
barbiers grands babillards 93 F
boutiques des barbiers appellees banquets sans vin 399 E, 421 A
le barbier poisson, pourquoy appellé sacré 510 H
barbiers poissons de quelle astuce vsent pour deliurer leurs compagnós prins 518 D
le barreau est pour ceux qui plaident 511 C
le bas & le haut du monde où est 616 F
en bas n'y a rien de leger, ny en haut rien de pesant 617 B C
bassin d'or du Roy Amasis 153 D
basteleurs pourquoy dicts histrions, & pourquoy tous emportez de peste 476 F
basteleurs faut fuir, pour guarir de la curiosité 66 G
bastimens nouueaux defendus à Lacedæmone 219 G
bataille effroyable aux ennemis, & festin aggreable aux amis, se rengent d'vn mesme sens 203 D
bataille gaignee par ceux qui moururent tous en icelle 486 D
bataille gaignee par les Romains, où ils ne perdirent que cinq des leurs 206 D E
bataille gaignee par vn subtil stratageme de Themistocles 195 H
bataille gaignee & reperduë 486 E
bataille gaignee par vn secret bien teu 92 B
bataille perduë pour ne sçauoir la cause de l'eclipse de la Lune 122 C D
bataille sanglante pour vn chien 474 C
la bataille de Darius estoit d'vn million d'hommes 192 H
la bataille de Phœbus contre Python comment representee 479 A
bataille de Marathon fut l'vn des bouts de la lignee des Æantides Atheniens 368 H
batailles gaignees par les capitaines, ayans sacrifié leurs filles 489 A
batailles rendent les hômes sages 188 E
batailles & festins comment comparez 361 D
bataillons dressez par les poissons, & comment 519 H
Battachus, maquereau fort expert en son art 11 D
Battalus, surnom & brocard donné à Demosthenes, & pourquoy 500 D
batteaux de papier conseruent ceux qui sont dedans,& pourquoy 31 G
batteaux, dedans lesquels le Soleil & la Lune nauiguent alentour du monde 325 D
batteaux pourquoy vont plus lentemét en hyuer sur les riuieres, mais non pas ainsi sur la mer 535 H
és batteaux portans du sel, pourquoy facilement s'engendrent des souris 535 C
batteaux se rompre de la gelee 531 A

tragœdie Batthyllienne receuë és festins 418 F
Battus surnommé Eudæmon, c'est à dire heureux, pere de Battus le boiteux 240 H
Battus, bouffon de Cæsar, pourquoy appellé Epithymodipnos 326 D
Battus boiteux contrefaict, declaré Roy de Cypre 241 B
Battus comment acquist bonne reputation entre ses citoyens 175 G
Battus auoir la langue grasse, mais homme de bon sens, & de nature royale 633 B
à Battus pourquoy defendit Arcesilaüs son eschole 43 H
la beatitude de Dieu, en quoy consiste 318 C
la beatitude de l'homme en quoy gist 24 C
beatitude & felicité de l'homme, consister en sçauoir & vertu 3 G
beatitude autrement prinse des philosophes, autrement des poëtes 16 B
la beatitude des bien-heureux descrite 192 E
beatitude de la richesse en quoy gist 99 H
beatitude exterieure, quelle 71 H
beatitude de ceste vie d'où depend 257 C
la beatitude des gens de bien trespassez, quelle 254 E
beau ne peut estre ce qui est laid de soy 11 B
ce qui est beau, est difficile, prouerbe 4 A
beaux ieunes hommes & mignons, ne sont iamais bons gendarmes 467 B
beauté est deriuee de beau 31 D
la mer de beauté, quelle elle est 541 D E
beauté ne doit estre soüillee par vice 147 D
beauté des sciences 100 A
beauté de l'ame est à desirer, non celle du corps 7 C
la beauté du monde en quoy consiste 442 D
beauté est bien desirable, mais elle est de peu de duree 3 F
beauté de corps n'est rien, si elle n'est fondee en bonnes mœurs 145 G
beauté corporelle peut estre de plus meschans du monde 22 F
la beauté corporelle pourquoy esmeut l'ame 542 D
beauté sans bonté, est blasme & deshonneur 22 F
beauté bien souuent fait l'homme gaucher, inconstant, & incontinent 22 F
la beauté de la vertu non reueree des bestes, ny des Epicuriens 597 E
nature produict beaucoup d'animaux pour la beauté seulement 566 H
beauté de femme pourquoy appellee salce 403 D
la beauté des femmes honnestes perseuere iusques en la vieillesse, & au tombeau 612 G
la beauté des fruicts croist par le moyen de Bacchus 604 F
vrayes beautez, quelles 610 B C
Bebæon, l'vn des familiers de Typhon 328 H

Bebon, signifie empeschement, surnom de Typhon 328 H, 331 C
Bebryciens traistres, deffaits par contretrahison 237 D E
belettes font leurs petits par la bouche, & pour ce honorees en Ægypte 333 G
belettes mangent les volailles domestiques 507 F
les belettes, ayans mangé des serpens prennent de la ruë 516 D
vn bellier amoureux de Glaucia menestriere 515 F
Belistiche courtisanne deifice 601 B
belistres paresseux, & truans 225 C
quelle est la plus belle chose du monde 321 H
la plus belle chose du monde, est la lumiere 154 E
Bellerophon, homme vaillant & vertueux, auec son Pegase, ou cheual volant 232 G H
Bellerophon, combien continent, ne voulant ouurir la lettre escrite contre luy 21 A, 65 E
Bellerophon suiuy de la mer, arresté par les femmes, en monstrant leurs deuans 233 A
beltion, comparatif Grec, de quel positif deriué 337 D E
beltiston, superlatif Grec, d'où deriué 337 E
beneficence quel effect produit 134 D
beneficence d'Alexandre 316 G
beneuolence, est la monnoye d'amitié 103 F
beneuolence contraire à enuie & à haine 107 F
beneuolence entre amis comment conseruee 154 E
le Dieu de beneuolence faict par Oromazes 328 C
Bepolitan, pour sa beauté recoux d'entre les mains du bourreau 240 A
Berenice femme du Roy Deiotarus 589 B
bergers pourquoy baillent du sel à leurs brebis & moutons 535 A
bergers pourquoy assemblét leurs moutons, quand il tonne 391 H, 392 A
Bessus parricide, s'accusant par vne arondelle, puny de mort 261 D E
le bestail estoit iadis les richesses des Romains 467 G
beste velüe & viue iettee par la verge d'vn homme 430 D E
la distance de beste à beste n'est si grande, comme d'homme à homme 273 G H
faut prendre du poil de la beste 296 A
nulle beste ne s'asseruit à vne autre beste de son espece 270 H
bestes appartenantes au bon Dieu, autres au mauuais dæmon 328 D
toutes bestes faites pour l'homme 106 F
bestes ne sont priuees de discours de raison 273 G
que les bestes brutes vsent de raison 269 H
bestes auoir raison actiue, selon Anaxagoras 459 B
bestes dociles à apprendre 515 C D

bestes

bestes comment attirees pour s'accoupler ensemble 272 E
bestes plus continentes que les hommes 272 F G
bestes pourquoy ne se conioignent en tous temps: & le soin qu'elles ont de leurs petits 100 F
bestes gardent mieux leur nature en son entier, que ne font les hommes, & pourquoy 100 D E
chasque genre de bestes a sa nourriture propre 273 A
bestes aiment gratuitement leurs petits 101 E
les bestes monstrent & enseignent les vnes aux autres 515 G
bestes pourquoy ont les tettes soubs le ventre 102 B
bestes pourquoy ne sõt enuieuses 107 G
bestes outragees prient & suppliẽt 275 A
bestes vestuës de nature, l'homme seul abandonné tout nud 106 E
les bestes ne sçauent rien de meilleur, que la volupté 597 E
bestes hardies à contregarder leurs petits 101 A
bestes de proye ne mangent les corps morts de proye 430 D
bestes cruellemẽt traittees par les gourmans & friãs 276 C D
bestes iadis non mangees des hommes 274 A B C
quand & comment on a commencé à occire des bestes pour les manger 277 A
bestes sauuages pourquoy difficilement suiuies à la trace au printẽps, à la pleine Lune, & à la gelee blanche 538 C D
bestes sauuages s'appriuoisent en leur donnant à manger 413 D
bestes tuees d'vn seul coup, se gardent long tẽps entieres, & pourquoy 377 F
des bestes sauuages la pire est le tyran: & des princes, le flateur, selon Bias 47 C, 150 G
ne nourrir bestes aux ongles crochus, Precepte de Pythagoras 427 B
bestes, qui naturellemẽt s'entrehaïssent, reuerees des Ægyptiens, & pourquoy 333 D
bestes qui ne boiuent point 527 D
bestes malades cerchent propres remedes 538 E
toutes bestes ne se peuuent pas appriuoiser 109 C
bestes nourries de pierres 109 E
bestes furieusement aimees de quelques hommes 272 G H
bestes reuerees des Ægyptiens 394 B
bestes qu'adoroient les Ægyptiens 333 F G, 413 D
bestes iadis figurees és monnoyes des Romains, & quelles 467 C D
bestes faictes d'or & d'argent, portees és armes 333 C
bestes mugissantes au trou Trophonius 644 E
Betis riuiere en Espagne 204 B
Bias le plus sage des Grecs 153 B
Bias l'vn des cinq sages anciens 352 F G
Bias le Sage, acquist grande reputation en ambassade vers les Samiens 480 F

Bias loüé pour son gouuernement de repub. 503 F
Bias grand ouurier de bien desaller vn regne 153 C D
Bias quelle repub. & quelle maison estimoit estre la meilleure 155 A B D E
Bias vaillant capitaine 216 A
Bias comment soudoit les difficultez à luy proposees 152 C
Bias ne refuyoit pas l'amitié des Roys: & quelle chair il estimoit la pire & la meilleure 150 F
Bias estimoit la langue estre la meilleure & la pire chair 25 A
Bias cõment reprima vn babillard 90 F
Bias ne voulut estre arbitre entre deux siens amis 361 G
le bien qu'est-ce 580 H
le bien est seigneur & maistre du monde intelligible 543 F
le principe du bien, est amour & amitié 328 A
le bien s'engendre de fuyr le mal 280 G, 281 B
le bien procede du bon Dieu, & le mal du mauuais 328 A
le bien apparoist en cinq genres, & quels 355 H, 356 A
bien souuerain, qu'est-ce 329 F
quel est le souuerain bien de l'homme 157 B
le bien souuerain de l'homme en quoy gist 24 C
tout bien colloqué en la chair, par les Epicuriens 291 G
le souuerain bien de l'hõme en volupté, selon les Epicuriens 277 D
le souuerain bien des Epicuriens consiste au ventre 285 E, 588 F, 597 D E
le bien n'est iamais en ce monde sans mal 16 F, 21 H, 73, 327 G
bien aucun n'est auec le vice, selon les Stoïques 16 G
entre bien & mal y a vn milieu 578 A
pour vn bien deux malheurs 246 D
image de bien, au lieu d'vn veritable 270 A
mal plus que bien és humains 83 G
le feu reputé estre le corps de la puissance du bien 329 C
bien faire à autruy, plus honneste, que receuoir bien d'autruy 134 D
bien de Pluto se peut par le plus meschant acquerir 22 E F
il est difficile d'estre homme de bien, selon Pittacus 150 H
l'homme de bien que demande il pour son salaire 139 A
gens de bien ordinairement enuiez 108 C
gens de bien, fils adoptifs de Iupiter 193 A
gens de bien estre tous parens, & les meschans seuls estrangers 309 A
estre haï de gens de bien, est extreme meschanceté 108 B
biens, aux Dieux seuls appartiennent 252 A
les biens & les maux là sus au ciel, en deux vaisseaux 245 B
tonneaux des biens & des maux sur le sueil du huis de Iupiter 73 B

biens & maux au ciel en deux tonneaux pour distribuer aux hommes 125 A
les biens en vn tonneau, les maux en vn autre 15 E
biens donnez aux hommes par les bons dæmons 323 F
quels biens sont requis pour l'entretenement d'vn mesnage, selon l'aduis des sept Sages 156 D E
heureux qui a biens & entendement 22 D
biens se tourner en or, & l'or en biens 354 D
grands biens se gaignent facilement: & les petits à grande peine 181 A B
mesure de biens on ne sçauroit prescrire à vn fol, ny à vn vicieux 156 E
qui a perdu ses biens, ne peut pas soudainement en amasser d'autres 125 H
biens de ce monde, mesprisez des sages 575 A
biens ne sont à ceux qui les possedent, mais à ceux qui les surmontent 312 C
nous deuons en nos prieres demander tous biens aux Dieux 318 B
plus de maux en la vie humaine, que de biens 251 H
biens presens cõment mieux conseruez 218 F
biens mondains sans vertu sont malheureux 23 H
biens mondains ne sont propres aux hommes, selon Euripide 251 H
biens mondains font auoir nombre d'amis, & grand credit 102 G
biens terriens comment delaissez par Philoxenus le chantre 132 F
biens exterieurs, sont dons de fortune 15 C D
biens humains seuls ne deliurent l'ame de fascherie 67 H
biens ne faut receuoir de fortune 107 D
biens de fortune, sans sçauoir est chose trop grossiere 12 H
biens de fortune estre indifferens, selon les Stoïques 577 A B C
sur quels biens fortune n'a puissance aucune 74 E
biens des Romains iadis consistoient en bestail 467 D
biens égaux entre les Laconiens 219 F
bienfaicteur, nom vsurpé par les tyrans 314 C
le binaire estre science 441 A B
le binaire & l'vnité, sont principes premiers & suprêmes 346 E
le binaire est indefiny, & le commencement de diuorce 92 D
le binaire estimé estre le diable, l'vnité Dieu 443 F
Bion le sophiste, comment surnommoit les ieunes gẽs, ausquels la barbe poinct 598 F, 612 A
que disoit Bion à ses disciples, de l'auancement en la vertu 117 D
Bion que disoit de ceux qui se laissoient gaigner par flaterie 80 E
Bion en quoy estimé sot & lourd par Plutarque 45 H, 46 A
bios, aux Grecs, que signifie 14 E

TABLE ALPHABETIQVE SVR LES

la bische tremble de peur 508 H
les bisches pourquoy font leurs fans au long des grands chemins 514 H, 515 A
comment on se peut venger de la bise 124 H
à Biton & Cleobis la mort donnee pour recompense de pieté & religion 247 D E
Biton & Cleobis reputez plus heureux par Solon, que le Roy Crœsus 45 G
le blanc est vne couleur toute pure 464 H
couleur blāche irrite les elephans 309 F
le blanc pourquoy porté en dueil par les femmes 464 G H
blancs de couleur, appellez enfans des Dieux 28 G, 44 D
qui blasme les vices d'autruy, quel doit estre 110 D E
le commencement de bien viure c'est estre blasmé & mocqué 30 H
blasmes mal reprochez, resemblent aux yeux malades 110 H
blasmes faicts aux Philosophes, repoussez par eux, & pourquoy 588 F
le bled en quel saison doit estre semé 102 D
le bled quand & comment se doit moissonner 536 H
le bled combien desire de façons auant qu'estre mis en pain 497 H
le bled deuient dur, si le vent le souffle en le vannant 412 D
bled froment consume le vin és cruches y enterrees 409 H
bleds aux espics d'or 194 F
bleds en quel quartier de la Lune doiuent estre enleuez de l'aire 387 E
blesseures faictes auec lances de cuiure, faciles à guarir 387 E
Bletonesiens peuples comment corrigez par les Romains, de ne plus immoler des hommes 473 A
le bleu pourquoy defendu à Agrigente 176 A
le ciel estre teinct de bleu 422 C D
Bocchoris Roy d'Ægypte receut vn serpent d'Isis, pour mieux iuger 76 G H
Bocchus liura Iugurtha prisonnier à Sylla 166 A
Bœoce, l'eschaffaut de la guerre 200 H
Bœoce iadis resonnante d'oracles, à present en est toute tarie 336 H
Bœotarche, estat souuerain de Bœoce 170 H, 200 G
le Bœotarche d'Epaminondas prolongé, & pourquoy 173 E
Bœotiens grossiers & lourdaux, pour manger beaucoup 275 E F
Bœotiens addonnez à l'amour, & par consequent belliqueux 607 A
Boëtus Epicurien 396 B
Boëtus, quelle opinion auoit des cometes, & des cheurons de feu 450 B
le bœuf est pour labourer la terre 37 C, 72 E F
le bœuf estre le premier entre les meubles necessaires à l'homme 433 B
vn bœuf moins vendu à Rome qu'vn poisson 393 B
bœuf pourquoy immolé à Iupiter par les Æninaniens 479 E F

la peau du bœuf marin n'est frappee du tonnerre 390 H
bœuf sacrifié à Cerés 642 C
bœuf pourquoy immolé par Pyrrhias à son bienfaicteur 482 C D
bœuf noir honoré par les Ægyptiens, & pourquoy 325 C
bœuf condamné à mort, & pourquoy 507 F
bœuf pourquoy figuré és monnoyes des Romains 467 C
le bœuf de la montagne Ænus comment emmené 481 D
bœuf donné aux Senateurs nouueaux creez 83 G
pied de bœuf, surnom de Bacchus 482 E F
bœuf representant Osiris 326 D
le bœuf Apis, Dieu des Ægyptiens, tué & mangé par le Roy Ochus 320 D
bœufs pourquoy donnez de Dieu aux hommes 510 G
bœufs où premierement furent attelez souz le joug 149 A
les bœufs enrager cōme les chiés 509 H
bœufs de Suse sçauent compter & nombrer 516 F G
bœufs dansans és theatres 273 E
cornes de bœufs font deuenir les grains durs, qui tombent sur elles en les semant 411 G H
bœufs dangereux pourquoy ont du foin attaché aux cornes 471 B
bœufs du Soleil mangez par Vlysses & ses gens 428 G
bœufs sacrifiez à Mars 227 G
bœufs sacrifiez à Neptune 117 H
bœufs tous pourquoy sacrifiez par les Ægyptiens 324 F
bœufs pourquoy honorez des Ægyptiēs 333 G
bœufs aux cornes dorees 326 E
cornes de bœufs pourquoy iadis fichees au temple de Diane 461 B
Boïdion amoureuse d'Epicurus 284 H
boire deuant manger n'est chose saine 430 E
boire vin affoiblist l'ame 275 E
boire force vin rend le corps robuste, & l'ame imbecille 72 E
boire vin sans eau que fait 91 B
le boire & le manger est la plus honneste volupté du corps 157 E
le boire est la seconde espece de volupté 13 G
pour boire & manger viuent les vicieux 13 H
loy de cōbien chacun doit boire 209 E F
au boire les ieunes gens doiuent estre honnestes 9 A
pourquoy les Spartiates boiuent si peu 218 F G
quelle difference y a il entre bien boire & s'enyurer 90 F, 420 F G
boy de ton vin iusqu'à la lye, quel oracle 480 G
le boire induit à beaucoup parler, & descouure les cōditions des hōmes 379 C
coustume de boire des anciés 378 A B C
boire à grands traits pourquoy n'enyure facilement 381 E
boire successiuement par commandement ioyeux 365 A B

le boire pourquoy fait incontinent passer la faim 405 D E
ieux de prix de boire & de manger 155 G H, 366 C D
le boire descend te aux poulmons, selon Hippocrates, Platon, & plusieurs autres, erreur 410 D, 568 D E
le boire & manger egal à tous les Lacedæmoniens 219 H
boy cinq ou trois, & non pas quatre, que signifie ce prouerbe 386 D
le boire & le manger causent la mort 158 C D
boire d'autant à vne feste, causa la mort aux Millesiens 236 G H
boire en Alexandre 366 C
le bois mangé de son fils, qui est le feu 429 A
le bois de sapin entretenoit le feu eternel à Delphes 352 E
bois en quel quartier de la Lune doiuent estre coupez 387 E
ce qui se brusle au bois est l'humidité seulemēt, & non la nature solide 533 H
piece de bois reueree par les Byblies, & pourquoy 321 E
ne se sied point sur le boisseau, ænigme interpreté 7 F
ne se seoir sur vn boisseau, precepte de Pythagoras 310 B, 477 D
boites de bois non offensees de foin, l'argent, qui estoit dedās, fondu 391 D
vn boiteux, allant à la guerre, comment admonnesté par sa mere 128 I
vn boiteux allant à la guerre, quel bel apophthegme dist : & pourquoy bon en guerre 211 B, 224 F
le boiteux attrappe en vin le viste 12 C
bolla signifie conseil en la langue Ætolienne 475 H
bon qui veut deuenir, faut que souuent se laisse circonuenir 30 E
celuy ne peut estre bon, qui ne peut estre aspre es meschans 44 A
cela seul est bon, qui est honneste 563 F
ce qui est bon est esiouïssable 564 B
faire bon, signifie tuer 468 H
bons egaux aux Dieux, selon Homere 323 C D
bons viennent de vertu 15 G
les bons sont aimez & auancez de Dieu 135 H
les bons demeurent indigens, & les meschans deuiennent riches gens 112 G, 114 H
les bons souffrent en ce monde, & les meschans prosperent 443 E
où les bons commandent, la republique est bien-heureuse 155 E
les bons meurent auant que de deuenir vieux 154 B G
bons, sortans de ceste vie, vont és Isles fortunees 255 A
bons de quelle beatitude iouïssent apres ceste vie 254 E
bonitons poissons, pourquoy dicts hamies 520 A
bonté est deriuee de bon 31 D
la bonté de l'homme d'où prend sa racine 2 H
bonté quel contentement apporte à l'homme

l'homme 38 H
bonté d'Alexandre 310 G
Boopis, surnom de Bacchus, & que signifie ce mot 482 F
Borborus, riuiere passant par Pella en Macedoine 126 H
bordeaux, mestiers à Athenes 225 F
bordeaux ruinez par Scipion 205 C
Boreas, vent du Septentrion 451 C
vn borgne bien dextremét se mocquant de soy-mesme 372 A
Borne, pourquoy estimee estre vn Dieu aux Romains 462 H
bornes des terres appellees Terminus par Numa 463 A
vn bossu dextrement gaudy 372 A
bossu mocqueur subtilement remocqué 110 E
filles Bottieennes, pourquoy chantoiét, Allons nous-en à Athenes 482 D
bouc trainé en procession 99 F
bouc de Mendes en Ægypte 271 G
boucs gracs ne sont propres à engendrer 539 F
les boucs luxurieux 106 A
la bouche de l'homme comment souffle chaud & froid 529 H, 530 A
la boucherie pourquoy s'appelle Macellum aux Romains 469 A
le bouclier est la saye à tout homme de cœur 230 H
le bouclier de Brasidas le trahit 215 A
bouclier de Demosthenes auoit pour deuise, Bonne fortune 499 D
bouclier baillé au fils par sa mere, pour aduertissement 229 A
boucliers iettez, cause d'infamie en vne bataille 216 D
boucliers des morts en bataille, dressez pour trophees 486 D E
le Bouquin, qui vouloit baiser le feu, retenu par Prometheus 109 D
bouffon gaudy de Philippus 371 G
le bouffon de Lysimachus rencôtra mal plaisamment en le gaudissant 371 H
bouffons plus prisez des Roys que les sages 182 F
bouffons poursuiuans repeuës franches 29 F, 416 B
bouffons picquans & mocqueurs 216 E
bougenes, c'est à dire, fils de vache, surnom de Bacchus 325 E
boules aux petits enfans 420 H
bouraches bonnes dedans le vin 360 D
bourreau, qui pour son auarice perdit sa proye 240 A
bourreaux nourris par les tyrans 137 D
bourreaux de Dieu, quels 260 H
bourreaux des Dieux, sont les esprits malings, appellez les Lares ou Præstites 468 F
bourreaux d'enfer, quels 121 A
bourreaux enflammez tourmentans les meschans en enfer 130 H
la bourse d'vn amoureux liee auec feuilles de porreaux 365 B
bourse sans fermeture ne sert de rien à son maistre 90 C
coupeurs de bourses n'estre point inutilement 570 G
bouteille vuide trouuee au temple de Iuno, & ce qui en aduint 94 A
boutiques des barbiers appellees banquets sans vin 399 E
boyaux des morts iettez en la riuiere 157 F
és boyaux ne se concree aucune pierre, ains en la vessie 411 E F
bracelets qui accablerent des filles traistresses à leur pays 483 C D
Branchides passez au fil de l'espee pour l'impieté de leurs ancestres 263 D E
Branchyllides, frere de l'orateur Lysias 494 G
Brasidas quel capitaine 229 C
Brasidas homme hardy 316 H
Brasidas tua son ennemy du iauelot qu'il arracha de son corps 215 A, 258 B
Brasidas mordu d'vne souris, que dist touchant la vie 115 F, 198 G, 216 A
Brasidas trahy de son bouclier 215 A
Brasidas, homme d'honneur, mort vaillamment en guerre 198 H, 228 B
brasidas mourut en deliurant les Grecs de seruitude 215 A
Brauron village, où furent enleuees les Atheniennes par les Tyrrheniens 480 F G
brebis qui pissoient le laict 635 D
brebis pourquoy saillies des beliers deuant le temple d'Agenor 484 F
aux brebis pourquoy baille lon du sel à manger 535 A
brebis non en vsage aux religieux d'Isis 318 H
la brebis est raisonnable 273 F G
brebis pourquoy plustost offensees de la foudre, separees, qu'estans ensemble 391 H; 392 A
bresueté fort louee en parlant 94 H 95 A
bresueté de langage louee en vn orateur 164 F G
Brennus, Roy des Gaulois, saccagea l'Asie, & la ville d'Ephese 488 C
breuuage, voyez Bruuage
breuets que lon attache au col 612 F
breuets donnez aux ieunes hommes, pour les sauuer de la guerre 219 C
breuets pour guarir les maladies 122 B
Briareus geant, où est colloqué 624 G
Briareus auoit cent mains, & cinquante ventres 104 G
Briareus detient Saturne lié de sommeil en Angleterre 341 F
brigandine permise entre les Samiens 485 A
briques furiales des magistrats 126 D
Brisson le coureur en quoy offensa Alexandre 72 B C
brocard subtil du musicien Timotheus, contre l'auarice du Roy Archelaüs 311 G
en tout brocard y a quelque figure, car c'est iniure artificielle 370 G
de brocards se doit abstenir celuy qui n'en sçait vser dextrement 370 F
brocards doiuent estre dicts proprement 372 E
brocards cóment doiuent estre accommodez 371 C
brocards quand enflamment d'auantage les amoureux 372 C
brocards de Ciceron, de Caton, & de Demosthenes 164 E
brocarder sans offenser personne, est signe d'vn homme bien né 373 A
à brocarder sans sascher apprenoient les Lacedæmoniens, & à estre brocardez sans se fascher 371 A
le brodequin de Theramenes, quel 177 D
brouet noir, la plus exquise viande des Spartiates 226 A
broüillas, qu'est-ce, & d'où procedent 531 G
à trauers vn broüillas, les corps paroissent plus grands 60 A
broüillas de nostre corps 290 A
le bruuage le plus vtile, est le viin 298 E F
bruuage vtile auant le dormir 335 E
quels bruuages defendoit Socrates 294 B
le bruuage de la coustume resembler à celuy de Circé 276 B
bruuages amatoires 185 G
bruuages d'amour donnez par les femmes 295 A
bruuages d'amour quelles vertus ont 145 G
Brutiens quels peuples 307 C
Brutus, premier consul de Rome, feit trencher la teste à ses fils qui luy estoient traistres 487 G
Brutus, palle & traistre 208 F
Cass. Brutus, traistre à son pays, feit mourir de faim par son pere 487 F G
Brutus pourquoy faisoit les cerimonies des trespassez en Decembre 461 H
Brutus surprins de la faim canine, pour auoir cheminé parmy les neiges 408 C
bruyere, viande des premiers hommes 174 E
à Bubrostis cóment on sacrifioit 408 B
Bubulci, vn des noms des anciens Romains, & pourquoy 467 D
bucephal, cheual d'Alexandre, ne seruoit qu'en bataille 185 E
bucephal, le cheual du grand Alexandre, & son histoire naturelle 514 C
Bucephalie, ville és Indes, fondee par Alexandre 308 H
Bucoliens, quelle famille à Ithace 479 G
Bucolus tué pour auoir tué son parent 483 D E
Bugæus est celuy qui a le cœur grand 482 E F
bulbe appellé des appetits, quel prouerbe 390 G
bulimos signifie vne grande & publique famine 408 B
bulla, ioyau, que les enfans de bóne maison portoient pendu au col 468 H
bulles pourquoy iadis penduës au col des enfans Romains 475 F
Bunes, ville 520 F
Buris & Spertis Laconiens voulás mourir pour tous les autres 225 D E
Busiride, sepulture d'Osiris 322 E
Busiris tuoit ses hostes, & sacrifioit des hommes 650 E
Busiris, immolant ses hostes, tué par Hercules 316 C, 491 E F
Busyrites, pourquoy ne sonnent des trompettes 324 E
butin gaigné sur les ennemis, enuoyé au

TABLE ALPHABETIQVE SVR LES

temple d'Apollo 425 E, 658 B
Butus ville d'Ægypte 321 G
Byblus ville, où Iſis trouua Oſiris 321 C
Byſachie ayant trahy ſon pere, & fruſtree de ſes amours, ſe tua 489 E
Byſius pourquoy au lieu de Pyſius par les Delphiens, & quel mois de l'annee 478 E F
vn Byzantin cocu; que diſt au paillard de ſa femme 98 E

C

C à grande affinité auec G, en la langue Romaine 469 A
Cabirichus, Preuoſt de la febue, pourquoy & comment tué 647 H
Cabya femme de Locrus l'aiſné, & mere de Locrus le ieune 479 E
cachet mis ſur les léures, pour celer vn ſecret 193 A
Καυότης, combien à ce nom de ſignifications 16 A
Cacus, fils de Vulcain, iettoit feu & flamme par la bouche 607
Cadmee chaſteau de Thebes prins & rédu par les gens des tyras 636 C, 648 G
victoire Cadmiene, prouerbe 6 A B
Cadmus ſema les hommes 617 C D
Cadmus inuenta les lettres Phœniciennes 433 E
Cadmus pourquoy meit Alpha la premiere des lettres 433 E
Cadmus quelle muſique ouyt de Dieu 628 F
le mal caduc à quels hommes aduient le pluſtoſt 477 A B
cæcias, vent, qui attire à ſoy les nuës 110 D
Cæneus tranſmué de femme en homme 113 D
Cæneus non vulnerable, enfondré en terre 559 G
Cæpion combien reſpecté de ſon frere Caron 86 E F
Cæſar priſonnier des courſaires, de quelle liberté vſoit enuers eux 208 A
Cæſar liſant les faicts d'Alexandre, ploroit 208 C
Iul. Cæſar conſpira la ruine de la choſe publique 574 B
Cæſar ayant puny vn adultere contre ſa loy Iulia, combien marry 209 A
Cæſar pourquoy repudia ſa femme Pompeia, & ſes beaux faicts & dicts 208 B
Cæſar en releuant les ſtatuës de ſon ennemy Pompee, affermit les ſiennes 111 G H, 207 H
Cæſar, ayant vaincu Pharnaces, eſcriuit ces trois mots à ſes amis, Ie veins, Ie vey, Ie vainquy 208 E
augmentation de Cæſar preiudiciable à la repub. 207 C
Cæſar pourquoy dict auoir oſté le foin de la corne de Craſſus 471 B C
Cæſar fauory de fortune, deuint le plus grand des Romains 303 D E
Cæſar, le premier nommé Auguſte, heritier de Iules Cæſar, & ſes faits & dicts 208 F
Cæſar Auguſte, fils de Iules Cæſar, le premier des Empereurs, commanda cinquante quatre ans à toute la terre,

& à la mer 303 F
Cæſar Auguſte pourquoy ne voulut ſaccager la ville d'Alexandrie 171 E
Cæſar Auguſte desfeit Antonius vn peu auant que mourir 179 E
Cæſar Traian Empereur du temps de Plutarque 188 A
Caïa, pourquoy ſe nom eſtoit vſurpé par les nouuelles mariees 465 D E
caille eſchappee de deſſouz la robbe d'Alcibiades harenguant 162 A
caille inuincible, pour laquelle Eros fut crucifié 208 H
Caius Iulius, deuin 488 B
Caius Martius ſe courrouçoit à la fortune 302 F
Caius Domitius desfeit l'armee eſpouuentable d'Antiochus 203 B C
Caius Fabricius combien vaillant capitaine, & ſes beaux faicts & dicts 201 E
Caius Marius ſorty de fort bas lieu, deuint grand, & ſes beaux faicts & dicts 205 G
Caius Gracchus ambitieux, tué 161 F
Caius Popilius, le plus hardy ambaſſadeur qui fut onc 206 B C
Caius Popilius penſant eſtre ſçauant en droict, picqué de Ciceron 107 F
Caius, mot vſurpé ſouuét des Iuriſcoſultes, & des nouuelles mariees 465 D E
calabria iſle 499 H
calamars poiſſons preſignifient la tourmente de la mer 537 B
calamitez aux hommes par les voluptez 7 E
calamitez ne ſont faſcheuſes à cœur genereux 118 H
calamitez meſpriſees des Stoïques 559 H
epilogue des calamitez de l'homme 102 A B
Calamoboas, ſurnom d'Antipater Stoïque, & pourquoy 96 H
calathus, que ſignifie proprement 465 D
Calbia, mere du tyran Nicocrates, femme ſanguinaire, bruſlee toute viue 238 A H
Calchas pourquoy reprint publiquement Agamemnon 19 A
Calendes quel iour de chaque mois aux Romains, & pourquoy ainſi dictes 463 D, 464 A B
le lendemain des Calendes, pourquoy reputé malencontreux 464 C
Callepſus, bourg en Bœoce, où il y a des baings chaulds, & plaiſans 392 F
Callias Preuoſt d'Athenes 491 H
Callias homme riche, ſuiuy des flateurs 99 E, 134 E
Callias, quelle demande feit à Iphicrates, & la reſponſe 39 F
Callias faiſoit la guerre aux parfums & odeurs curieuſes 631 A
Callias, ennemy des tyrans 653 C
Callias bouffon plus priſé des tyrans que les ſages 283 F
Callicles vſurier & creancier de Phocion 78 G, 176 B
Callicrates faiſoit des chariots de la grãdeur de formis, & engrauoit ſur vn grain de milet des versd'uomere 586 H
Callicratidas, capitaine Lacedæmonien, mauuais courtiſan 174 E

Callicratidas mourut pour ſon pays 217 E H
Callimachus mareſchal du camp des Atheniens à Marathon 369 A
Callimachus percé de part en part, & mort, demeura debout 486 A
Calliopé s'entremet du gouuernement d'eſtat 338 D
Calliopé ſuit les Roys, & les rend venerables 163 D
Callipidas, pere des propos philoſophiques 540 D
Callipides excellent iouëur de tragœdies, mocqué d'Ageſilaus 212 D, 535 E
Callippus, l'vn des combatans des ieux ſacrez 501 G
Callippus tua Dion, ſon Roy & ſon amy 77 B, 190 G
Callippus tué de la meſme dague dont il tua Dion le tyran 261 C
Callirhoé, fille du Roy Lycus, eſtant fruſtree de ſes amours, s'eſtrangla 489 E
Callirhoé comment ſe ſauua d'eſtre violee, & cauſe de la mort de ſon pere Phocus 506 E F
Calliſthenes acquiſt la male grace d'Alexandre, pour ne vouloir boire d'autant 366 C
Calliſthenes tranſſi d'amour, diſparut, & ne ſçeut on qu'il deuint 505 C
Calliſthenes par quel broquard s'irrita Alexandre 56 F
Calliſthenes fait mourir par les gangrenes, qui ſont les flateurs 49 H
Calliſthenes affranchy de Lucullus, lequel il charma d'vn bruuage amatoire 184 D E
Calliſthenes, annaliſte de Macedoine 487 C
Calliſto, femme de Socrates 498 A
Calliſto belle, & Æſchra mal plaiſante 73 G
Calliſto fille, femme de Lycurgus l'orateur 497 H
Calliſtratus, orateur fameux 498 E
Calliſtratus, orateur courtois & hoſpitalier inexpugnable 392 F G
vn calomniateur códamné à mort pour calomnie 197 F
vn calomniateur, le premier puny de mort à Athenes 277 A, 507 E F
calomniateurs à quel but tirent 3 F
calomniateurs recerchent ès actions d'autruy 127 B
calomniateurs de qui non craints 120 B
calomniateurs corrõpent les Princes 134 E
calomniateurs ſont de la confrairie des curieux 67 G
calomniateurs & accuſateurs de Socrates, quels 138 C
calomniateurs de Socrates tant hays des Atheniens, qu'ils ſe pendirent 108 C
calomniateurs n'eſtre point inutilement 570 C
calomnie n'eſtre aiguë 217 A B
calomnie comparee aux maladies 81 F
calomnie des flateurs, combien dangereuſe 47 D
calomnies furiales, quelles 116 G
Callondes comment appaiſa l'ame d'Archilochus, qu'il auoit occis 265 E
Calpurnia pourquoy ſacrifiee par ſon pere

pere Marius 489 A
Calpurnius achepta sa fille, & eut d'elle Contrufcus 490 A
Calpurnius Craſſus, deſtiné à eſtre immolé, comment garenty 489 E
Calixenus, calomniateur malicieux 138 C
Calypſo, pourquoy deſiroit Vlyſſes en mariage 17 E
Calypſo donna vne robbe d'immortalité à Vlyſſes 132 D
Cambyſes cruellemēt & ſans raiſon feit mourir ſon frere pour vn ſonge 88 B
Cambyſes tua Apis le Dieu des Ægyptiens 327 F
Camillus combien clement & doux 19 A
Fur. Camillus eſteignit le feu des Gaulois, & oſta Rome du baſſin de la balance 303 D
Camillus comment deliura Rome des Gaulois 307 B
Camillus appellé le ſecond fondateur de Rome, apres en auoir eſté chaſſé 128 D
ſans Camillus Rome ne fuſt demouree ville 291 H
Camillus dictateur depoſé & remis en ſon eſtat, & ſes vaillantiſes 306 D E
Camma, pour garder ſa pudicité, s'empoiſonna auec celuy qui la pourſuiuoit 611 D E
Camma, dame vertueuſe, en eſpouſant s'empoiſonna auec ſon eſpoux, & pourquoy 239 B C D
Cammonie, quelle victoire ſignifie 14 D
le camp des Romains repurgé de toutes diſſolutions 205 C
le camp de Darius eſtoit d'vn million d'hommes 192 H
le camp d'Alexandre, le donjon de toute la terre 309 B
le camp d'Alexandre mort, reſembloit au cyclops Polyphemus aueuglé 313 D
pourquoy il faut ſouuent changer vn camp de lieu en autre 221 A
campaignes de la Lydie 171 A
campanette ou narciſſe, couronne des grands Dieux terreſtres 380 E
Campania, pays en Italie, ſaccagé par Hannibal 489 F
camus dextrement gaudy par Theophraſtus 571 H
camus appellez aggreables 44 D
cancres ont la figure d'vne hache imprimee deſſus leur cocque 630 C
cancres ſortent de leurs trous, oyans des trompettes 508 G
Candaules, Roy de Lydie, comment défait par Gyges 484 H
Candaules monſtra ſa femme nuë à Gyges 365 F
Candiots communement voleurs & pilleurs 480 H
Candiots enuoyoient les primices de leurs hommes à Apollo 482 D
Candiots s'entrefaiſoient guerre ſouuēt, mais les eſtrangers contr'eux s'eſleuans, ſe r'allioient incontinent 88 C
Candiots vſoient de la muſique és batailles 664 E
Candiots addonnez à l'amour, par conſequent belliqueux 607 A
la caniculaire deſeiche & bruſle 387 A

l'eſtoile caniculaire pourquoy appellee Kyon 331 C
l'eſtoile caniculaire faicte de l'ame d'Iſis 322 E
l'eſtoile caniculaire obſeruee par les cheures, & la beſte Oryx 516 G
l'eſtoile caniculaire guide des autres 328 C
la canne à peſcher quelle doit eſtre 518 A
Canobus, ville en Ægypte 323 H
Canobus, nauire tranſferee entre les aſtres 322 G
cantharides s'attachent aux plus beaux bleds, & roſes eſpanoüyes 108 C
cantharides, pourquoy plus abominables que les lyons 98 F
cantharides, quel merueilleux naturel ont 14 B
les cantharides portent poiſon, & le contrepoiſon 261 F
Cantharion pourquoy appellé le cerf, & rendu par le commandement de l'Oracle aux Arcadiens 483 C D
Cantharolethron, lieu mortel aux eſcharbots, où 73 D
cantique Orthien 664 F
cantique appellé Eudrome 664 E
cantiques en vers eſtoient la parole des anciens 633 G
Canulia engroſſie de ſon frere Romanus, ſe tua, & comment 490 D
Canus ioueur de fleutes, ſe plaiſoit fort en ſon ieu 180 F
capilli veneris pour arrouſer ſalles où lon mange 360 D
capilli veneris, pourquoy touſiours verdoyans 381 G
le capitaine ſage doit touſiours auoir l'œil au guet 363 H
le bon capitaine eſt celuy ſeul qui eſt ſage 199 H, 216 F
le capitaine general doit ſçauoir regarder deuāt & derriere les affaires 182 A
vn capitaine doit ſauuer les autres, non pas luy 201 A
le capitaine doit auoir hardieſſe cōtre les ennemis, & amitié enuers ſes gēs 212 F
quel doit eſtre vn bon capitaine 136 B, 142 E, 528 E
le plus vaillant homme doit eſtre choiſi pour capitaine 222 V
on ne ſçauroit pas bien iuger d'vn capitaine pluſtoſt qu'il ſoit mort 201 A
capitaine eſtoit l'eſtat ſouuerain d'Athenes 170 G
capitaine impudique tué, & l'homicide couronné 205 H
vn capitaine Romain tué par Chiomara dame vertueuſe, qu'il auoit violee 259 F G
capitaine Macedonien, ſale & ord, aſſommé en vn pays, par celle qu'il auoit violee 240 F
capitaines generaux, quelles prerogatiues ont en Bœoce 466 H, 467 A
capitaines comment exhortent leurs ſoudards au fort de la bataille 21 B
quels ſont les meilleurs capitaines 197 C
capitaines vieux cōſeruēt les eſtats 181 G
craindre ſes capitaines, eſt ſigne de vaillance 19 B
capitaines combien eſtroictement doi-

uent eſtre obeïs, beaux exemples 487 H, 488 A
capitaines Spartiates eſtroictemēt obeïs 225 H
capitaines pourquoy attribuent leurs faicts à la fortune 171 G
capitaines vaillans honorez de ſepultures publiques 526 E
capitaines ſuperflus en bāquets 403 E F
capitaines de Cyrus que commandoient à leurs ſoldats 148 E
dix capitaines tous les ans eſleuz à Athenes 191 A
capitaines Atheniens nombrez en brief 526 A
capitole, cōbien iadis ſomptueux 307 A
le capitole preſerué des ennemis, par les oyes 306 G
capparos chien qui eut penſion du public, pour auoir deſcouuert & pourſuiuy vn ſacrilege 513 G H
cappres ſont recouurer l'appetit 404 D E
captees iſlette, où Tiberius Cæſar paſſa les ſept ans derniers de ſa vie 116 D
Carbon., pourquoy & en quoy ne fut creu des Romains 163 A
Carbon, plieur de voix 138 F G
Cardax bouffon plus priſé des tyrans, que les ſages 283 F
Cariens traiſtres, deffaits par vne contretrahiſon 232 A B
carme d'Homere qui comprend toutes les parties d'oraiſon 544 H
carme pour lequel Alexandre donna ſix mille eſcus au poëte Lycon 512 C
le premier & dernier carme de l'Iliade ſont egaux en ſyllabes au premier & dernier de l'Odyſſee 433 E
le premier carme heroïque, où & par qui inuenté 631 D
carmes deriuez de Carmenta 469 D
carmes hexametres par qui inuentez 660 G
les carmes ſoulagent la memoire 634 F
en carmes eſtoient les doctrines des anciens philoſophes 631 H
carmes eſtoient la parole des anciens 633 G
carmes propres aux propheres 365 H
carmes des oracles par qui compoſez, & pourquoy blaſmez 634 B C
carmes des oracles faux en meſures & paroles 628 C D
carmes eſtonnent le monde, pour eſtre figurez 634 A
carmes non ſi aptes pour traicter la philoſophie, qu'eſt la proſe 634 A
carmes opportunément & importunément eſcritez & prononcez 432 A B
carmes d'Homere engrauez ſur vn grain de millet par Callicrates 586 H
carmes de Sappho deſtrempēt les cœurs de ioye 628 F
carmes laſches de Theognis, touchant pauureté 579 E
carmes chantez és feſtins 633 E
Carmenta eſtimee vne des Parques, & ſignifie carens mente: & les carmes eſtre deriuez de ce mot: & chantoit des oracles en carmes 469 D E
à Carmenta, mere d'Euander, pourquoy
c iij

TABLE ALPHABETIQVE SVR LES

les dames Romaines fonderent vn temple 469 C D
Carneades, l'vn des plus illustres supposts de l'Academie, né à mesme iour que Platon 421 B
Carneades torrent d'eloquence 96 H
Carneades vsoit d'vn parler de grande efficace 308 F
Chrysippus coupa chemin à l'eloquence de Carneades 574 A
Carneades en dispute criant à pleine teste, comment corrigé 96 C
Carneades que disoit des enfans des Roys, & des riches 41 H
Carneades n'a iamais rien escrit 308 D
carnia, quelle feste des Cyreniens 421 G
carniens, quels ieux 661 B C
carquant de cuivre trouué en vne sepulture 637 C
carquans d'or, sont curiosité des femmes 407 F G
filles traistresses à leur pays, accablees de carquans 488 C D
Carthage saccagee 625 D
vne piece de fout appellee Carthage 204 H
Carthaginois de quel naturel sont, & de quelles mœurs 162 A
Carthaginois sacrifioient iadis à Saturne des hommes
Carthaginoises couperet leurs cheueux pour guinder les engins de batterie, pour la defense de leur ville 130 E
Carthaginois vaincus par Gelon, & contraints de ne plus immoler leurs enfans 189 F, 260 D
Carthaginois par vne seule deffaicte perdirent la Lybie 306 A
Carthaginois soustenus par la fortune, finalement ruinez par elle 302 G
Carthaginois deffaicts par Masinissa 184 G
Carthaginois en peu de teps subiuguez par les Romains 280 A
Carthaginois vaincus, & rédus tributaires aux Romains par Scipion 102 D E
Carthaginois ruinez, quel dommage aux Romains 110 A
Caruilius inuenta la lettre G 469 A
Sp. Caruilius, serf affranchy, fut le premier qui enseigna les lettres pour salaire d'argent 469 F
Caruilius fut le premier qui repudia sa femme à Rome 469 F
Carybdis, gouffre peint plus d'affection par Androcydes, que par artifice 393 C
Carion est vn noyer, & sa proprieté 580 E
cas diuins sont de beaucoup de formes 45 F
Cassander feit rebastir la ville de Thebes 171 C
Cassander homme trop impudent 193 C
la punition de Cassander differee, combien profita 260 F
la statuë de Cassander pourquoy fonduë 264 H
Cassandra miserable fille de Priam 16 F
Cassandra prophetisse non creuë 175 F
Cassandra forcee par Aiax, dont en fut de Dieu chastié 650 B
Cassiopee, quelle ville, & où 481 D

Cassius Seuerus que dist à vn Senateur flateur, en plein consistoire 46 G
Cassius palle & traistre 208 F
Castalie fontaine, où est 631 E F
Castor & Pollux freres, combien entre eux charitables 84 C D
Castor & Pollux, estoiles qu'on appelle le feu sainct Herme 288 F
feux de Costor & de Pollux, aident aux mariniers 228 F, 345 B
Castor & Pollux, pourquoy deifiez 442 G
Castor & Pollux logerent chez Phormion 258 D
Castor appellé Mixarchageuas en la ville d'Argos 481 B
castorium, medecine qu'on donne à l'extremité 52 A
Cata, quel bourg 497 H
Catacaurae, quels hommes ainsi appellez entre les Candiots 480 F G
catesin, c'est à dire silence morne 76 B
Catilina, peste de sa cité 168 E
Catilina esmeut tout le peuple Romain par sa coniuration 174 A
Caton, où sont honneur & reuerence portoit à son frere Caepion 86 E F
Caton nauigea pour aller voir le philosophe Athenodorus 133 E
Caton faisoit tous les commandemens de son paedagogue, & en demandoit tousiours la cause 18 B
Caton comment & par qui vint à l'estat 166 A B
Caton apprint souz Fab. Maximus 183 F
Caton esconduit sans honte Catulus demandeur dehonté 79 F, 167 H
Caton enuié de ce qu'il veilloit toutes les nuicts pour la patrie 141 G
Caton ne prenoit aucune inimitié alencontre de ses citoyens 168 D
Caton aimoit mieux ceux qui rougissoient que ceux qui pallissoient 76 C
Caton bien fidele accusateur de Muraena 112 C
Caton iuste d'vne sorte, & Agesilaus d'vne autre 229 F
Caton toute sa vie en action pour le bien de son pays 187 C
Caton declame à l'encontre de superfluité 393 B
Caton comment appaisa le peuple Romain à la coniuration de Catilina, 174 A
Caton contre Pompeius, estant en ligue auec Iules Caesar 168 H
Caton disoit que l'ame de l'amy habite en celle de celuy qu'il aime 605 F
Caton print plus de villes en Espagne, qu'il n'y fut de iours 204 C
Caton pourquoy ne vouloit qu'on luy erigeast des statuës 75 A, 203 H
Caton le vieil, grand brocardeur 164 E
Caton l'ancien, quelle belle remonstrance feit à vn meschant vieillard 131 D E
Caton aagé de quatre vingts ans, estant accusé, plaida luy-mesme sa cause 179 D
Caton d'Vtique pourquoy se tua 208 E, 649 F
Caton que vouloit demonstrer en se tuant 136 B G

Caton le second comment haranguoit en vne brigue & menee 165 B
Catulus Luctatius, capitaine Romain 206 B
Catulus demandeur dehonté, sans honte esconduit de Caton son grand amy 79 F
Luct. Catulus ordonna le mois de Ianuier 487 E
Caucase mont, limite de l'Empire Romain 306 C
Caucasus, image des faicts d'Alexandre 312 G
fourches Caudines, quel destroit 486 E
cause est ce dont depéd vn effect 444 B
sans cause efficiente rien ne peut estre faict 440 E
causes en combien d'especes diuisees 444 B C, 558 A B
deux causes de toute generation 350 G
rechercher les causes est le propre du philosophe naturel 423 E
les causes de la destinee sont incomprehensibles 15 E
des causes naturelles, vn traicté 534 C
là où sont toutes les causes, là aussi sont les effects 442 D
grands causeurs combien importuns 90 B
grands causeurs pourquoy ne sont creus 90 D
cauteleux & trompeurs resemblent au poulpe 537 D
Cecilius Metellus bon celeur de ses secrets 205 F G
Cecilius Metellus porté au sepulchre par quatre siens fils consulaires, & ses beaux faicts 303 A
Cecrops pourquoy appellé double 260 C
ceintures de l'vniuers quelles, & combien y en a 451 H
Celaines, ville de Phrygie, & l'abysme merueilleux y suruenu, & comment reserré 486 E
la cendre, d'où & comment faicte & engendree 533 H
la cendre des sacrifices où destrempee 348 H
cendres de figuier detersiues à merueilles 409 G
Censeur, quel estat à Rome, & qui fut le premier 305 C
Censeur le plus grand & plus honorable magistrat de Rome 79 F
Censeur est à dire, correcteur & reformateur de mœurs 167 H, 206 H
Censeurs nouuellement installez, quel premier œuure faisoient, & leur office 475 C
Aemil. Censorinus tyran, seit ietter Arontius dedans le cheual de bronze, qu'il auoit inuenté pour tourmenter les innocens 491 F G
Centaures ne sont au monde 131 H
le Centaurium comment doit estre semé, & son naturel 624 A
Cephalenie isle, pourquoy abandonnee de son seigneur Vlysses 479 F
Cephalus ne diuertit pas bien les hommes de mal faire, pour la crainte des Dieux 564 E

Cephéne

OPVSCVLES DE PLVTARQVE.

Cephéne Cariéne, cause de la défaite des Cariés, par son amy Nympheus 252 A
Cephisius, bon ioüeur de fleutes 195 D
Cephisocrates accusé de leze Majesté, comment deliuré par son amy Lacydes 48 G
Cephisodorus mort en tuant le tyran Leontidas 648 B
Cephisophon Rhetoricien, pourquoy chassé de Lacedæmone 227 E
Cephisus, quelle riuiere 125 G, 169 C, 215 A
ceramique, tué d'Athenes, quelle 78 B
cerasbolus, que signifie selon Platon 411 G H
ceraunies, montagnes 125 D
cerberus, chien à trois testes, donna bien à faire à Hercules 474 C
cerberus auprés de Pluton 323 A
Cercaphus comment rauit Cydippe, & ce qui en aduint 481 E
le cercle est apres le triangle 542 A
en vn cercle n'y a commencement ne fin 463 E
le cercle du mesme va tousiours d'vne sorte 556 F
le cercle qui porte le Soleil, plus grand vingt & sept fois que toute la terre 448 E
du cercle de laict, & que c'est 449 H
cinq cercles comprenans tout le ciel, & quels 347 A
cercles tropiques empeschent le Soleil de passer outre 448 E
des cercles du monde, leurs noms & offices 447 C D
Cercopes estoient les flateurs de Hercules 46 F
cerdous, c'est à dire, gaignant à traffiquer 72 D
Cerealiens, surnom des trespassez 625 G
Cerés legifere 594 G
Cerés inuentrice des sainctes loix 274 F
Cerés, dame & maistresse de ce qui est sur la terre 625 E
Cerés est vn des dieux qui profitent 442 G
Cerés estimee estre l'esprit de la terre penetratif 326 H
Cerés, deesse champestre, inuoquee par les laboureurs 122 E
Cerés fauorise le labourage 157 D
Cerés, patronne des laboureurs 457 D
Cerés signifiee par le quarré 324 E F
Cerés & Neptune, pourquoy logez en vn mesme temple 393 E
Cerés pourquoy n'a part de la superintendence des amours 331 G
Cerés, comment honoree par les Eretriennes 482 A
Cerés honoree de sacrifices de bœufs 642 C D
Cerés, & ses erreurs, tant chantee par les poëtes 323 C
cerfs facilement prennent les serpens, dont ils s'appellent Elaphi 517 H
cerfs quel aage viuent 339 A
cerfs premierement prins par Aristeus 604 G
cerfs s'esiouïssent d'ouyr le son des fleutes & des aubois 414 E, 508 G
cerfs se sentans trop gras, se cachent, &

pourquoy 515 A
les cerfs cachent en terre leurs cornes 411 H
cerfs pourquoy ont de si merueilleuses & si dangereuses cornes 312 H
cornes de cerfs pourquoy iadis fichees és temples de Diane 461 G
cerfs iettent des larmes salees 412 A B, 537 F
armee de cerfs conduitte par vn lyon, plus à craindre, qu'vne de lyons conduitte par vn cerf 197 C
cerices, que signifient 493 C
cerimonies pourquoy instituees au seruice de Dieu 6 F
és cerimonies est commandé de garder silence 91 G
cerimonies semees par Alexandre 308 G
cerimonies pour euocquer les Dieux 469 G H
cerimonies du seruice des Dieux 122 E
cerimonies du sacrifice appelé le bannissement de la faim 408 A B
cerimonies de purgation cõment faictes 484 B
cerimonies dirigees par les dæmons 340 A
cerimonies nuptiales quelles iadis à Delphes 178 A
cerimonies pour les trespassez, au mois de Feurier 463 H
cerimonies des sepultures des Pythagoriens 641 F G
cerimonies appellees la sepulture d'Osiris 326 E F, 327 B
cerimonies de la religion d'Orpheus 218 G
cerimonies des sages d'Ægypte, & des Pythagoriens 428 A
cerimonies des Lacedæmoniens communes 217 E
cerimonies d'vn maillet, pour guarir de la peste 491 B C
cerimonies qu'il n'est pas loisible de dire 323 C
ceroine, coposition à frotter les luicteurs 375 B
fol est qui laisse le certain pour suiure l'incertain 91 E
le cerueau estimé l'origine de la generation 373 E
le cerueau froid de nature, comment rechauffé 580 G
le cerueau comment reçoit les songes 335 D E
ceruelle en horreur aux anciens 430 F
ceruse faite poison mortel par le plomb trempé en vinaigre 406 A
Ceus, l'vn des peres des Dieux, selon Hesiode 442 G
Chabrias, grand capitaine des Atheniés, sortit de l'eschole de Platon 598 C
Chabrias Athenien, vaillant capitaine 197 C, 526 B
Chabrias trop ardant, mocqué d'Epaminondas 200 H
Chabrias gaigna la bataille nauale de Naxos 526 G
Chæreas, gardecorps de Caius, luy machinoit la mort 121 D E
Chæredemus immortalisé par Epicurus 291 F G

Chærephanes peignit les lascifs embrassemens d'hômes & de femmes 11 B C
Chæron tourna la ville de Chæronee du ponant vers le leuant, & pourquoy 63 A
Chærondas, Preuost d'Athenes 497 H
Chæronee ville & naissance de Plutarque 402 E
Chæronides, Preuost d'Athenes 495 A
hômes chagrins quel naturel ont 125 G
la chair de quels elemens s'engendre au ventre de la mere 459 E
la chair, cause materielle des maladies 280 F
la chair n'est à l'homme propre pasture 273 B
s'il est loisible de manger de la chair 274 A
manger chair est contre nature 279 E, 275 B
manger chair contrefait le corps 216 F
manger chair affoiblist l'ame 275 E
manger beaucoup de chair, rẽd le corps robuste, & l'ame imbecille 72 E
de chair ne faut assouuir son appetit 298 E
quand & comment commencerent les hommes à manger de la chair 277 A
chair cruë mangee és festes tristes 340 B
du manger chair, traitté second 276 B
la meilleure & la pire chair est la langue, selon Bias 25 A, 92 A, 150 F
chair rostie au Soleil, non au feu, & pourquoy 482 A
chair mendiee, pourquoy ainsi appellee 479 C D
chair cruë pourquoy non touchee du prestre de Iupiter 476 H, 477 A
chair morte est comme viuifiee estant salee 393 F
chair salee, lauee en saulmure, en deuiẽt plus douce 367 H
la chair garantie de corruption par la neige 425 H
chair tuee d'vn seul coup se garde long temps entiere, & pourquoy 377 F G
la chair de poulpe fait songer de mauuais songes B C
chair de mouton mordu du loup, pourquoy en est plus tendre 377 E
chair de porc dés sa naissance morte 403 B
chair de pourceau, pourquoy non mangee des Iuifs 394 B C
chair de pourceau engendre la lepre 394 F G
chair de coing mangee par les espousees deuant que se coucher 145 E
l'abstinence des plaisirs de la chair deifie l'homme 318 D
chairs grosses nourrissent beaucoup 298 D
chairs sallees aident à la generatiõ 403 C
chairs delicates engendrent diuerses maladies 275 D
quelles chairs sont les plus sauoureuses, selon Philoxenus 8 H
chairs tuees du tõnerre, demeurent long temps sans se corrompre 391 D
chairs frappees du ciel, pourquoy non mangees des bestes 391 E
chairs pourquoy se corrompent plustost

c iiij

TABLE ALPHABETIQVE SVR LES

à la Lune qu'au Soleil 387 G H
chairs attachees à vn figuier, pourquoy deuiennent plus tendres 409 F G
la chaire aux harangues, pourquoy appellee moisson d'or 161 E
Chalcedoniens rencontrans des estrangers, pourquoy cachent l'vne de leurs ioües 484 E
Chalcœcos, surnom de Iuno, & que signifie ce mot 94 A, 487 F
Chalcœcos, surnom de Diane 215 E
Chalcœcos, surnom de Minerue 220 D
Chalcœcos autel de Minerue, pourquoy ainsi dict 209 H
Chalcide, ville 502 E
Chalcidiens & Andriens furent en vn merueilleux different pour la ville d'Achantus, & quel 481 H, 482 A
Chalcidiens vainquirent les Eretriens par vn amoureux 606 E
la sepulture des enfans apres les Chalcidiens, qu'est-ce 481 A
Chalcodous, Roy d'Eubœc, comment & par qui tué 506 D
Chalcodristæ, surnom des nourrices de Bacchus, & pourquoy 395 D
Chaldees côment distinguent les Dieux des planettes 328 E
chaleur s'engendre par refrigeration, selon les Stoïques 587 D
la chaleur nourrice d'humidité 513 H
la chaleur cause de la vie des animaux 534 B
la chaleur tient & conserue toutes choses en leur essence 528 A B
chaleur desiccatiue signifiee par Typhó 325 B
signes de chaleur en vn homme, & ses effects 366 C
la chaleur oste toutes choses de son estre naturel 425 H
la chaleur naturelle s'affoiblist en esté 373 G
la chaleur du Soleil en quoy differe de celle de la Lune 387 D
la chaleur du Soleil est douce & generatiue 609 A
la chaleur du Soleil auance la vieillesse, exemple 460 E
la chaleur naturelle diminuee par luxure 297 C
le Chameléon prend toute couleur fors que la blanche 42 F
le Chameléon comment change de couleurs 519 C, 537 F
chambrieres des Smyrniés, & Romains, deliurerent leurs villes du danger des ennemis, & comment 490 D
champ Dotien, quelle contree 157 E
le champ Elysien en la Lune 616 E
champ Pitacium, pourquoy & d'où ainsi dict 650 D
chanson Castoriene estoit iadis l'entree de la bataille 664 D
chanson du bouc à l'hôneur de Bacchus 360 H
chansons sont poisons perceantes 415 B
chansons aux dances rondes par qui introduictes 665 G
chansons conuiennent au soir 384 H
chansons des anciens festins appellees Scolia 360 H, 664 F
chansons nuptiales parmy les guerres d'Alexandre 310 H
chansons à danser appellees Hyporchemes 439 B
belles chansons composees & chantrees par les Lacedæmoniens 226 F
chansons simples seulement approuuees aux Lacedæmoniens 227 A
chansons eshontees d'où causees 276 E
chansons dissolües rendent les mœurs desordonnees 12 E
chansons d'Osiris pour ciuiliser les peuples 320 G
chant non mortel des Sirenes 437 E
le chanter passe outre le sentiment naturel 414 F
le chanter aduient à ceux qui ont assez beu 379 B
le chanter proprement deu à la fin de la table 667 G
chanterêsses és festins 361 F. F
chanterêsses des Roys de Perse, quand assistent à leur table 146 E
le chantre porte enuie au chantre 112 D, 363 C
chantres amuseurs de gens à peu de chose 216 G
chantres appellez follastres 216 E
chantres pourquoy appellez potagers 215 E. & cuisiniers 218 D
chantres emulateurs les vns des autres 110 A
chantres ne doiuent chanter contre mesure 196 B
chantres aux festins 189 F
chantres sur la fin du souper des sept Sages 152 G
chantres quels sujets doiuent prendre 12 F
chaos est vn desordre confus, qui estoit deuant la creation du monde 547 D
chaos estoit toutes choses au commencement 330 D
chaos a esté premier que toutes choses, selon Hesiode 399 E, 527 A
chaos estre le dedans de la terre 531 H
chapeau pointu des Medois 309 E
chapeau de fleurs, pourquoy dict en Latin, corona 426 E
chapeau propre aux barbares 309 B
chapeau de volupté & de dissolution 379 F
chapeaux de fleurs portez sur la teste 171 C
chapeaux de fleurs pourquoy ostez des sacrifices 298 H
si chapeaux de fleurs sur la teste conuiennent à la table 379 F
chapeaux ostez aux seigneurs qui auoiet failly 188 H
chapeaux de fleurs conuiennent aux pucelles 379 E
chapeaux de fleurs à qui permis 466 H
chapeaux de fleurs appellez hypothymides 380 A
chapeaux de roses destinez aux Muses 379 C
chapeaux que baille le dieu Bacchus, que signifient 360 H
chapellet de melilot, signe d'Osiris 221 B
characteres fort anciens & merueilleux trouuez en la sepulture d'Alcmena 637 C
le charbon pourquoy loüé d'Anacharsis 407 E
le chardon à cent testes, estant en la bouche d'vne cheure, fait arrester le troupeau tout court 133 D, 264 D, 411 H
chardonnerets & mauuis encores ennemis estans morts 107 H
Chares, capitaine Athenien, refusé des Byzantins 197 F
Chares non propre à estre capitaine, mais bon vallet de capitaine 197 C
Charicles & Antiochus freres, departirent leur heritage au trenchant de l'espee 84 E
Chariclides Preuost d'Athenes 499 C
Charicrates chassa les Eretriens de l'isle de Corfou 478 G H
Charidotes, surnom de Iupiter & de Mercure 485 A, & que signifie ce mot 568 H
Charila fille, pourquoy se pendit & estrangla: & nouée d'ans instituee pour appaiser son ame 479 A
Charillus, humain egalement à tous, reprins 215 D
Charilaus declaré Roy au berceau par son oncle Lycurgus 313 H
Charillus, neueu de Lycurgus, & Roy de Lacedæmone, doux & debonnaire 108 A
Charillus ne punissoit estant courroucé, & ses dicts notables 223 C
Charillus ne fut en son forfait fauorisé mesme de son beau pere Phocion 167 D
Charillus ioüeur de fleutes 638 G H
Charinus aidé de Pericles à la rep. 170 B
chariot volant, surnom de la nature intelligente du ciel 434 C D
chariots attaints d'vsures, quels 130 G
chariots armez de faulx en bataille 487 G
chariots de la grandeur de formis, faicts par Callicrates 586 F
charité naturelle, fondement de la societé ciuile, & de la iustice 509 A
de la charité des peres enuers leurs enfans 100 B
charité grande des Lacedæmoniens à l'endroit de leurs voisins les Smyrniens 49 A
charité des Amphisseiennes enuers les Thyades 234 A
charité des bestes enuers leurs petits 100 G H
la charité des animaux les rend hardis à contregarder leurs petits 101 A
charité merueilleuse des chiens de mer enuers leurs petits 521 B C
charité & amitié des coulombes 521 G
charité des poissons les vns enuers les autres 518 D
charmes pour euoquer les Dieux 469 G H
charmes pour arracher la Lune du ciel 339 H
charmes des femmes appliquez à leurs maris 295 A

char-

charmes de femmes incitans à amour 12 F
charmes amatoires 238 D
des charmes faits en regardant 400 D E
charmes du tissu de Venus 407 G
charmer les maladies 151 F
charnier des Æginetes 639 A
charniers honorez d'anniuersaires annuels 639 F
Charon, chroniqueur Lampsacenien 237 C
Charon aide à tuer les tyrans de Thebes 647 G
Charops estimee fille de Hercules 323 B
quel est le bon charpentier 362 G
le soc de charruë inuenté par le pourceau, pour ce appellé ὖνις 394 C
charybdis, goulphe d'où sort la tourmente 142 D
la chasse inuentee par Aristeus 604 E
la chasse, bon exercice aux ieunes enfans 5 B C
chasse de poisson, est œuure de goutmandise 428 F
la chasse de mer n'est honneste, & pourquoy 511 D
les chasseurs ont apprins des araignees à faire les pans & rets 511 H
chasseurs prennent plaisir à discourir des chiens 370 D
chasseurs comment vestus 309 F
chassieux de quoy sont offensez 88 D
chasteté defend l'vsage de faire des enfans, de rire, & de boire vin 403 A
chasteté des Pythagoriens 428 A
chasteté & continence des Corneilles 271 G
à ceux qui doiuent viure chastement, pourquoy est defendu de manger des legumes 474 H
chastier ne faut en courroux 59 G H
chastier autruy ne peut celuy qui vit mal 8 E
qui chastie autruy, quel doit estre 53 E F
quelle chose fait chastier en cholere 60 B
chastiment des esclaues au son des fleutes 60 C
les chats sont frians 106 A
herbe au chat guarist la tortuë, ayant mangé d'vne vipere 273 D
chats entrent en fureur, sentans l'odeur des parfums 149 C
chats reuerez des Ægyptiens 594 B
Chat-huant, surnom de Xenophon, & pourquoy 498 B C
chats-huans prennent grand plaisir à voir danser 414 E
chats-huans & corneilles s'entreguerroient 107 H
chats-huans & corneilles encores ennemis estans morts 107 H
le chatoüillement des aixelles apporte vn rire qui n'est point propre 294 F
chaud & froid comment sort de la bouche de l'homme 529 H, 530 A
ce qui est vaincu par le chaud, deuient feu 533 B
le chaud & le luisant appartiennent à vne mesme substance 531 B
le chaud comment cause les tremblemens de terre 452 A
chauues-souris murmurent de cour-

roux 269 E
chemia que signifie 325 C
chemin court comment deuient long 30 F
chemin appellé sacré, où est 479 A
marques des chemins ne faut gaster 413 E
chenilles comment deuiennent papillons 373 H
Chennis, ville en Ægypte 321 A
chenosiris, en Ægyptien est du lierre, plante d'Osiris 326 A
Cherephon quel oracle apporta de Delphes touchant Socrates 593 B
Cherronese, prouince 526 A
Cherronese, peninsule 232 F
Chersias poëte, remis en la bonne grace de Periander, par le moyen de Chilon 156 C D
le chesne sacré à Iupiter, & pour ce en donnoit on vne couronne à celuy qui auoit sauué vn citoyen Romain 474 D
tenebres d'aupres du chesne, qu'estoit-ce en la ville de Priene 480 E
chesnes, entre les autres arbres, issus de la terre, pour ce estimez cousins des Arcadiens 474 D E
chesnes portans de bons poiriers 376 C
chesnes pourquoy iadis reuerez 413 F
le cheual leger court pour l'home 106 F
le cheual est pour seruir à la guerre 37 C, 72 E F
le cheual, de tous les animaux, le plus vtile à la guerre 321 H, 322 A
le cheual seul des animaux participe à la couronne des combats 376 A
le cheual naturellement aime l'homme 88 H
le cheual caresse ceux qui le nourrissent 522 F
le cheual s'engraisse de l'œil de son maistre 5 G
vn cheual né à la maison bien cher tenu 82 B C
cheual mené par les cheualiers Romains deuant les censeurs, & pourquoy 206 H
le cheual d'Alexandre nommé Bucephal, & son histoire naturelle 514 C
le cheual d'Adrastus voloit 586 D
cheual volant, nommé Pegase, estoit vn vaisseau sur mer, fort leger 232 A
cheual peint courant, & se veautrant sur l'eschine 628 D
cheual parfaictement bien peint par cas fortuit 106 H, 107 A
hennissement de cheual, ouy pres de la riuiere Heraclie 487 B
cheual moitié homme 152 B
cheual de riuiere, la plus cruelle des bestes sauuages 329 A
le cheual de riuiere estimé tuer son pere, & forçer sa mere 325 A
cheual de riuiere lié & attaché, figuré sur les gasteaux du sacrifice d'Isis, que signifie 329 A
cheuaux pourquoy donnez de Dieu aux hommes 510 G
cheuaux comment faicts à l'homme obeïssans 2 A
cheuaux deuiennent fiers & insolens

d'estre trop nourris 471 B
cheuaux récoux du loup, pourquoy sont plus courageux que les autres 377 C
cheuaux pourquoy couronnez de fleurs à la feste des Consales 468 C
cheuaux pour neant estre cheuaux, selon Colotes faussement alleguant Platon 592 E
cheuaux surprins de la faim canine, portans des figues ou pommes 403 D
grands cheuaux de qui entretenus 40 B
cheuaux s'esiouyssent d'ouyr le son des fleures & aubois 508 G
cheuaux dansans és theatres 173 E
cheuaux qui couuroient les iumens en Elide, pourquoy maudits par Oenomaus 484 G
cheuaux mangez des hommes en quelques lieux 507 F
cheuaux comment communs à Lacedæmone 227 B
cheuaux pourquoy immolez à Mars 475 B
cheuaux sacrez 645 F
cheuaux enragez 509 H
cheualiers de Rome, quelle bonne coustume auoient 206 C
cheueux engendrez de superfluité 318 G
cheueux pourquoy insensibles 528 C
cheueux longs, est le plus beau parement de l'homme 222 A
cheueux longs à qui permis 466 H
cheueux des ieunes pourquoy sont noirs 325 B C
pourquoy Lycurgus feit porter cheueux aux Lacedæmoniens 198 E
cheueux des religieux d'Isis, tondus 318 E F
cheueux d'Isis, quels arbres 623 H
cheueux curieusement accoustrez, signe d'impudicité 111 A
cheueux attifez mal seans à vn iuge 192 A
cheueux attifez commandez d'estre portez par les garsons 241 F
cheueux des nouuelles mariees, pourquoy mespartis auec le fer d'vn iauelor 473 C
cheueux des femmes, tondus en calamité 462 F G
cheueux des femmes comment rendus blonds comme fin or 613 B
cheueux des filles Romaines destressez & pendans à l'enterrement de leurs peres 462 F
cheueux des Carthaginoises coupez par elles, pour en faire des cordes à guinder les engins de batterie 130 E
cheueux d'Anacharsis mespartis par vne ieune fille, & pourquoy 151 E
cheueux des Spartiates, pourquoy curieusement accoustrez 221 B
cheueux arrachez aux seigneurs qui auoient failly 188 H
la chéure pour sa nourriture cerche la feuille verte 19 F
chéure prenant en sa bouche du chardon à cent testes, tout le troupeau s'arreste 264 D, 411 H
chéure, fleuue 629 A
chéure Amalthee, & la corne d'abon-

TABLE ALPHABETIQVE SVR LES

dance des Stoïques 560 D
chéures frappees d'vn coup de traict, mangent du dictame, pour le faire tomber 516 F
chéures de Candie, tirent les traicts de leurs corps auec du dictame 273 D
chéures pourquoy n'estoient nommees ny touchees par le prestre de Iupiter 477 A
chéures d'Eupolis, qui haut-loüoient leur pasture 389 F
chéures lasciuement aimees de quelques hommes 272 E
chi, est cappa mué en aspre son 435 C
chicheté, vne des extremitez de liberalité 33 E
chicheté se fond par l'amour 607 F
chicotin, drogue fort amere 147 F
pourquoy Homere a appellé le chien κυαμόπεζα 429 G
le chien est pour garder l'homme 106 F
le chien naturellement aime son maistre 88 H
vn chien né à la maison, bien cher tenu 82 B C
le chien void aussi bien de nuict que de iour 327 F
le chien comparé au plus docte des Dieux 320 G
chien qui accusa les meurtriers de son maistre, à la personne du Roy Pyrrhus 513 F
chien nommé Hyrcanus, qui se brusla auec le corps mort du Roy Lysimachus son maistre 514 B
le chien de Pyrrhus se feit brusler auec le corps mort de son maistre 514 B
chien Indique, qui ne voulut combattre contre autre beste que le lion 514 D E
pour vn chien, guerre horriblement sanglante 474 C
chien, qui conuainquit les homicides de son maistre Hesiode 513 F
chien de Lysimachus cōbien affectionné à son maistre 175 E
la mort du petit chien Perseus, presage de celle du Roy Perseus 513 D
le chien d'Alcibiades cousta sept cens escus, & pourquoy il luy couppa la queüe 196 G
chien qui causa la mort de son maistre Hyperochus, Roy des Inachiens, & comment 479 E
chien qui aidoit à iouër des farces 516 C
chien de bois fatal, qui mordit Locrus, & ce qui en aduint 479 G H
le chien pourquoy ne se voulut bastir vne maison 156 E
chien iettant des cailloux és vaisseaux, pour faire hausser l'huyle 512 A B
chien nommé Capparos eut pension du public, pour auoir descouuert & poursuiuy vn sacrilege 513 G H
chien aucun n'estoit souffert où on sacrifioit à Hercules 474 C
le chien pourquoy perdit sa prerogatiue en Ægypte 327 F
chien crucifié porté en procession 306 H
le chien sacré à Diane 333 B
chien à trois testes, nommé Cerberus 290 G
chien de Malthe 72 F

chien salué & honoré comme Roy entre les Æthiopiens 576 F
chiens, gardes des hommes 321 B
chiens, appartiennent au bon Dieu 328 B
chiens pourquoy donnez de Dieu aux hommes 510 D
chiens naissans à la maison doiuent estre aspres & terribles 468 G
chiens caressent ceux qui les nourrissent 522 F
chiens auoir raison selō aucuns 459 B C
les chiens sentent bien le iour 353 E
chiens pourquoy difficilement suiuent à la trace les bestes au printemps, à la pleine Lune, & à la gelee blanche 538 C D
chiens dialecticiens, & de la viuacité de leur odorement 513 D
chiens acharnez apres les bestes, s'aueuglent souuent 401 B
chiens excitez à engendrer par chairs salees 403 C
chiens ne voulans manger des liéures, s'ils ne les prennent à la course 514 E
chiens genereux quels sont 136 B
chiens aspres de quel naturel sont 68 B
chiens malades de la cholere, comment se guarissent 516 D
chiens pour vomir, mangent de l'herbe au chien 538 E
chiens des Roys de Perse, comment nourris 413 F G
morsures de chiens courroncez plus dangereuses 401 D
chiens comme cōmuns à Lacedæmone 227 D
chiens coüards quels sont 30 F
chiens pourquoy n'habitent en l'isle de Delos 477 A B
chiēs pourquoy chassez des lieux saincts 477 B
chiens hurlans feirent qu'Aristodemus se desfeit luy-mesme 122 C
les chiens ne font bien, selon Chrysippus 567 C
chiens sacrez 645 C
chiens fendus en deux, pourquoy sacrifiez à Mars 477 D
chiens immolez en tous sacrifices de purification 470 F G
chiens sacrifiez, & mangez 333 E
chiens sacrifiez à Genita, Proserpina, & à Ilithya 468 G
chiens de toutes especes adorez des Ægyptiens 394 B, 413 D
chiens de Lycurgus, par lesquels il reforma ses citoyens 219 D
les deux chiens de Lycurgus, par lesquels il monstra combien vaut la bonne nourriture des enfans 2 B C
chiens deschirerent vn rauisseur de femmes 461 A
chiens creuez, voulans boire toute la mer 578 E F
chiens pourquoy aggreables au Dieu Pan 470 G
chiens qui saultent à trauers des cercles tournans 273 E
chiens pourquoy n'estoient touchez ny nommez par le prestre de Iupiter 477 A

chiens, sepultures des Tattares & Hyrcaniens 138 A
chiens poursuiuis par Hercules plus que nul autre animal 474 C
chiens de mer, quelle charité & amour ont enuers leurs petits, & leur histoire 521 B C
chiens de mer, ayans fait leurs petits dans leur ventre, les laissant aller, & les remettent 100 H, 101 A
chiennes mangeans des salures deuiennent chaudes 535 C
chiennes hardies à defendre leurs petits 101 B
chiendent, viande des premiers hommes 274 E
chiendent herbe, presage de mort à Aristodemus, dont se tua 122 F
Chilon, l'vn des cinq Sages anciens 352 F G
Chilon Laconien, l'vn des sept Sages, quel apophthegme dict à Æsope 152 D E
Chilon auoit ceste regle en recommandation, Rien trop 160 C
Chilon, quelle rep. & quelle maison estimoit estre la meilleure 155 B E
Chilon comment alloit à vn festin 151 C
Chilon que dist à celuy qui se vantoit n'auoir aucun ennemy 105 A, 109 B
que dist Chilon à Myson tissant vn vari 473 D
chimæra, haute montaigne ardente, coupee par Bellerophon 235 B
chimæres, bestes monstrueuses des poëtes 376 C
Chimarrus, cruel & inhumain, capitaine des Pirates, tué par Bellerophon 232 G H
femmes de Chio combien sages & vertueuses 230 H, 231 A
Chiomara, dame vertueuse, apporta à son mary la teste de celuy qui la viola 239 F
Chioniens sauuez par leurs femmes, & comment 230 H
chiriston, superlatif Grec, d'où deriué 337 E
chiromacha, quelle ligue en la ville de Milet 482 A
Chiron, le premier qui exerça la medecine 380 D
Chiron sage gouuerneur d'Achilles, & ce qu'il luy apprint 667 B C D
Chiron enseigna la medecine à Achilles 398 G
Chiron nourrit Achilles seulement des fruicts de la terre 388 D
chiron, comparatif Grec, de quel positif deriué 337 F
la chirurgie exercee par les Elephans à l'endroit des hommes 506 F
Chlidon laboureur, pourquoy inepte à l'estat public 182 E
chloünes, surnom des sangliers en Homere, & pourquoy 538 E
Choaspes riuiere, de l'eau de laquelle boiuent les Roys de Perse, & non d'autre 125 G
la cholere est vne violente passion 17 D, & la plus manifeste 56 G H
cholere est vne passion qui plus tourmente

mente 83 A
cholere est la plus mauuaise passion de l'ame 111 D
la cholere est vne mixtion composee de toutes les passions de l'ame 61 H
la cholere, de toutes les passions est la plus haye & mesprisee 57 D
cholere est chose fragile 59 B C
la cholere en quoy est contraire aux autres passions 57 B
cholere d'où & comment engendree en nos corps 334 E F
cholere est engendree en l'ame par accoustumance 56 D
cholere s'engendre en nos ames par l'amour de nous mesmes 60 F
maistriser sa cholere, est vne grande perfection 20 A
la cholere se renge en la bourse du fiel 401 F
la cholere est aueugle, selon Chrysippus 36 E F
la cholere enflamme les hommes 138 C
cholere combien importune mesme en mariage, & amours 61 C
cholere produit des tragœdies estranges 61 D
la cholere met la raison hors de sa propre maison 56 B C
en cholere faut attacher sa langue 53 B
nostre cholere s'attache à tout, mesmes aux Dieux 57 C
en cholere les fautes paroissent plus grandes 60 A
la cholere allumee par les armes 432 B
la cholere gouuernee par le Dieu Mars 604 D
cholere des grands deuient aussi tost meurtre 136 G
en cholere les Pythagoriens practiquoient le commandement de Dieu 87 B
la cholere quels effects produict 59 A
comment on peut reprimer sa cholere 55 F, 56 G
la musique mitige la cholere 148 F
comment on peut guarir la cholere 57 D E F
la cholere d'vn taureau attaché à vn figuier, s'appaise 409 G
cholere facile d'Alexandre 310 H
la cholere sort de l'estomac, quand on vomist 104 B
la cholere sur la mer cause le mal de cœur 68 H
conte d'vn choleré se vengeant sur vn asne 60 F
choleres resembler aux formis & souris 59 A B
choleres & coüards comment different 401 E
marques des choleres, quelles 62 A
choleres quand se descouurent le plus 144 H
choleres soudains à dire iniure 370 G
choleres appellez magnanimes par les flateurs 44 D
aux cholerez faut ceder 7 F
cholerez doiuent imiter Aristides, & Caton, & en quoy 62 D
Chonopheus Ægyptien, precepteur d'Eudoxus 320 A

chordes des instrumens de musique 662 B
chorion, quelle harmonie 664 H
Chorius, surnom de Bacchus, & pourquoy 61 D, 400 C
chose qui ne fut onc, ny iamais ne sera, quelle 154 F
quelle est la plus belle chose du monde 321 H
choses humaines trompent beaucoup de gens 38 A
choses de ce monde, comment & par qui gouuernees 37 A
trois choses en nostre ame, quelles, & leurs definitions 32 F G
toutes les choses diuisees en deux especes 32 G, 540 F
toutes choses sont à tous hommes propres 125 F
toutes choses ne conuiennent pas à tous 72 E
choses humaines estre indifferentes, selon les Stoïques 577 A B C
chromatique, l'vne des trois especes de musique 437 A, 661 H
chronique de Libye 397 B
Chronius & Agenor, aians entierement occis tous les ennemis, perdirent la victoire 486 D
Chrysantas, capitaine, pourquoy tant loüé de Cyrus son seigneur 466 F G
Chryseis renduë à son pere par Agamemnon 17 C
Chrysermus, historien Peloponesiaque 486 D E
Chrysippus Stoïque, natif de Soles 118 C
Chrysippus, lumiere des Stoïques, abandonna son pays pour philosopher 360 H
Chrysippus auoir esté deuant Carneades & apres Arcesilaus par diuine prouidence 574 A
Chrysippus coupa chemin à l'eloquence de Carneades 574 A
Chrysippus introduisit vne ruchee de vertus 31 C D
Chrysippus vouloit renuerser la vie humaine le dessus dessouz 574 A
Chrysippus amene en ieu à tous propos le poisson Pinnothera 520 A
Chrysippus quelle estrãge fantasie auoit du milieu & de l'infini 344 F G
Chrysippus en beaucoup d'endroits est froid & maigre 20 E
Chrysippus reprins par Hipparchus au calcul 568 E
Chrysippus en quoy se côtredit 561 D F
Chrysippus de quelles choses a escrit 560 F G
Chrysippus, pourquoy tué par Hippodamia, femme de son pere Pelops 490 F G
Chrysippus, historien des choses Italiques 490 B
Chrystiens traistres, desfaicts par vne contretrahison 232 A B
Chthonié est la fee terrienne 73 F G
cicatrices des faulses accusations des flateurs 89 C
Ciceron aimoit fort l'honneur de bien dire 208 A

Ciceron auoit plus de foy, que d'eloquence 207 I
Ciceron mocqué de son nom, rendit les Cicerons illustres, & ses beaux faicts & dicts 207 D
Ciceron ne faisoit rien sans le conseil de P. Nigidius 187 F
Ciceron conseilloit pour Auguste Cæsar 303 G
Ciceron grand brocardeur 164 E
Ciceron de quoy se loüa honnestement en respondant à Metellus 140 C D
Ciceron faschoit les Romains, de tant repeter ses loüanges 129 F
Cicero chassé en exil par Clodius 128 D
la cicogne ne boit iamais eau corrõpuë ny empoisonnee: & fait vn triangle de costez égaux 334 B
la cicogne, nommee Ibis, a inuenté les clysteres 516 E
cicogne Dieu commun des Ægyptiens 333 F
cicogne nommee Ibis, quel naturel a en sa vieillesse 183 G
la cicogne nommee Ibis, pourquoy reueree des Ægyptiens, & son histoire 394 D
cicognes tuent les serpens & les crapaux ennemis des hommes 427 D
cicognes defenduës d'estre tuees par Edict, & pourquoy 333 G
le ciel est la borne de nostre pays, qui est ce monde 125 D
le ciel est la quinte essence 446 F
le ciel est l'admirable chef-d'œuure du Sage ouurier 442 E
le ciel comment engendré des atomes 441 G
le ciel estre de nature de feu 447 E
le ciel est corps visible, & l'ame inuisible 548 F
le ciel auoir esté fait de l'air le plus subtil 618 B
le ciel faict d'air congelé par feu, ou d'vne meslange de chaud & de froid 447 C
le ciel appellé monde 343 G
le ciel au commencement couuert d'air 274 F
le ciel a esté apres la substance, la place, & la generation 552 H
le ciel embrassant de tous costez la terre, luy influe les principes des semences 135 G
du ciel, & de sa substance, & diuision 446 C
au ciel les anciens sages n'ont sçeu que reprendre 123 F
le ciel supposé immobile par Cleanthes 615 B
crystal au ciel 447 E
le ciel aime la terre 612 E
le ciel & la terre, pere & mere des fruicts 442 F
le ciel mesme n'est de mal exempt 251 E
le ciel impassible, & le cinquiéme corps, selon Aristote 446 H
le ciel respirer au dehors du monde 444 H
le ciel à couleur bleuë, & par iceluy les hommes ont eu apprehension d'vn Dieu 414 C D

TABLE ALPHABETIQVE SVR LES

le ciel n'eſt du tout pur & ſimple 473 C
le ciel apres le feu, ſelon Platon 446 H
le ciel azuré 387 E
le ciel pourquoy reſpecté des Romains 466 H
le ciel pourquoy ſignifié par vn cœur 320 B
le ciel diuiſé en cinq cercles, & quels 347 A
cieux animaux, ſelon Ariſtote 459 B
les huict cieux comment font leurs reuolutions 556 F
huict cieux ayans chacun vne Sirene qui les fait tourner, & tempere leurs voix harmoniques 555 D
cieux par leurs mouuemens font vne muſique venerable 667 H, 668 A
cieux font accords harmoniques 555 H
les cieux font vne harmonie plaiſante aux ames des bienheureux 616 CD
Cienes merueilleuſemét chaſtes & honneſtes 233 H
cinq cierges pourquoy allumez aux nopces, ny plus ny moins 460 H
cigales produictes de la terre 374 E
cigales viuent d'air & de roſee 388 FG
cigales faciles à prendre aux arondelles 517 H
cigales iettent leur ſemence ſur l'eſquile ou l'oignon marin 611 A
cigales ſacrees, & muſiciennes 427 C
la cigüe n'occiſt de ſon venin, ſi on boit du vin apres 94 B, 383 G
Cilicie ſubiuguee par Alexandre 307 F
Cimbres desfeirent les Romains 206 D
Cimbres deſſaits par Marius 306 B
Cimmeriens eſtimoient, qu'il n'y auoit point totalement de Soleil 122 H
Cimon, fils de Miltiades, gaigna la victoire ſur la riuiere d'Eurymedõ 102 E
Cimon enſeigné par Ariſtides 183 F
Cimon, homme de bien 163 H
Cimon, honneur à ſa poſterité 264 B
Cimon acquiſt à Athenes la principauté de la Grece 525 D
Cimon dequoy embellit Athenes 173 H, 174 A
Cimon, propre à la guerre, aidé de Pericles 170 D
Cimon vainquit les Phœniciens 526 A
Cimon, courtois à feſtoyer toutes perſonnes 392 G
Cimon releué & reconforté par Ariſtides 186 D
on reprochoit à Cimon, qu'il aimoit le bon vin 137 A, 163 H
Cinare iſle, où les arbres viennent à regret 126 C
Cineſias, maigre & faſcheux poëte 525 B
Cineſias, ioüeur d'inſtrumens, reprend le muſicien Timotheus 14 A, 123 A
Cinna inuſtement lapidé par ſes concitoyens Romains, & comment 490 E
cinnamome croiſt és regions chaudes 366 C
cinnamome en abondance en Arabie 193 E F
cinnamome bon à teindre le vin 407 G
le cinq, eſt fils du deux & du trois 330 C

le cinq compoſé des deux premiers nombres, & belle contemplation de ce nombre 330 C, 346 H, 347 A
le cinq par les Pythagoriens appellé τρεφον 549 E
le cinq eſtre nuptial & le mieux ſeant au mariage 460 H, 461 A
le cinq pourquoy honoré, & appellé mariage 554 A B
le cinq conſacré à Apollo 356 B
le cinq attribué à Bacchus 354 H
Circé, enchantereſſe, mua les compagnons d'Vlyſſes en beſtes 145 H
Circé, quelles choſes faiſoit par ſes charmes & enchantemens 576 E
Circé transformoit les hommes en beſtes 269 H
Circé quel nœud donna à Vlyſſes 579 C
la circonference eſt de tous coſtez egalement diſtante du centre 541 H
Cirrha, quelle ville, & où 479 D
ceux de Cirrha, quel oracle eurent d'Apollo, pour viure en paix 113 H
Circus Flaminius pourquoy ainſi appellé 470 E
Ciſſoëſſa, fontaine en Bœoce 505 C
la cité faut prendre par les oreilles 164 A
la cité eſt bien-heureuſe, où il n'y a ny mien ny tien 146 G
quelle cité eſt la mieux gouuernee 155 A B
citez comment ſe maintiennent en leur entier 217 C
citez libres comment ſe peuuent garder des tyrans 175 F
citez comment entretenuës en paix 95 A
citez comment renduës ſages 109 GH
citez de quoy doiuent eſtre fortifiees 211 A
citez bien murees, ſont habitations de femmes 213 G
citez ruinees par les ſecrets euentez 91 C
citez deſtruictes par les ſuperfluitez 203 G
Cithæron montagne 636 E
Cithmiens inſulaires 653 F G
la Cithre inuentee par Amphion, fils de Iupiter 660 E
loix de la cithre quand inuentees 660 G
la cithre iadis ieu de prix 396 E
la cithre de Terpander pourquoy penduë à vn pau 227 A
cithre en quel vſage entre les anciens 120 E
ioüeur de cithre deceu ioyeuſement par Dionyſius 311 E
cithre Aſiade pourquoy ainſi appellee 661 B
cithres ne ſont ouurages des Muſes 156 A
cithres doiuent eſtre loing du bon gouuerneur de republique 504 A
cithres és feſtes des Iuifs 395 E
citoyens bien obeyſſans maintiennent leur cité entiere 217 C
citoyens égaux en biens viuent ſeurement 218 H

citoyens pauures ne tiennent cõte de leur Prince 190 B
citoyens cõment alliez par amitié 378 E
citoyens entretenuës en paix, par ſe contenter de peu 95 A
ne faut reputer aucun de ſes citoyens ennemy 168 E
citoyens corrõpus par largeſſes 176 A B
le naturel des citoyens doit eſtre cogneu par leur gouuerneur 161 FG
citoyens Laconiens égaux en biens 219 F
cittaris, chapeau ou turban des Roys de Perſe 15 C D
clairons font ſortir de leur ſon les cancres de leurs trous 508 G
clairons és feſtes des Iuifs 395 E
clairons és funerailles 516 A
clameurs horribles au trou de Trophonius 644 F
clarté defenduë de nuict aux Lacedæmoniens 226 E
ornemens de l'ancienne Claudia Romaine 130 B
Claudius Marcellus, capitaine courageux, moins craint en combatant que Fab. Max. ſe repoſant 102 A
Clea ſignifie loüanges 436 E
Clea dés ſon enfance conſacree à Oſiris 325 E
Cleander d'Ægine, homme mauuais & traiſtre 632 B C
Cleander, conſeiller auare 217 E
Cleanthes Stoïque, natif d'Arſes 128 A
Cleanthes abandonna ſon pays pour philoſopher 560 H
Cleanthes philoſophoit, gaignant ſa vie à tourner la meule, & à peſtrir 131 G
Cleanthes & Xenocrates vn peu groſſiers d'eſprit, que c'eſt qu'ils diſoient d'eux-meſmes 30 D
que Cleanthes ſe contredit 561 E
Cleanthes ſuppoſoit le ciel immobile, & la terre ſe mouuoir 615 B
Cleanthes cõment corrigeoit les poëtes 21 F
Cleanthes pourquoy ne voulut eſtre faict citoyen d'Athenes 561 B
Clearchus natif de la ville de Soles 552 A
Clearchus diſpute de la face qui apparoiſt en la Lune 614 C D
Clearchus, Preuoſt d'Athenes 493 H
Clearchus animoit les combatans de ſa face riante 51 A
Clearchus, tyran de Pont, s'enfermoit dedans vn coffre, pour dormir 136 A
Clearchus, triſte de nature, eſtoit gay allant au combat 364 D
Clearchus porta en ſa deuiſe, la foudre 314 B
clef, bel apophthegme de Philippus ſur ce 191 D
Cleiſthenes tyran enuoyé de Dieu, pour les Sicyoniens 261 A
clemence eſt deriué de Clement 31 D
clemēce en quelle extremité cõſiſte 33 E
clemence quels effects produict 59 A
clemence combien diuine 135 H
clemence d'Alexandre 310 H
les clemens ſont aimez & auancez de Dieu 135 H
Cleobis

Cleobis & Biton reputez plus heureux par Solon, que le Roy Cræsus 45 G
à Cleobis & Biton la mort donnee en recompense de pieté & religion 247 D E
Cleobule mere de Demosthenes l'orateur 498 D E
Cleobuline ou Eumetis Corinthienne 630 H
Cleobuline fille bien sage, qui mespartissoit les cheueux à Anacharsis, & pourquoy 151 E
Cleobuline dame d'honneur 150 B
Cleobuline, quel bel ænigme seit sur la fleute Phrygiene 152 H
Cleobulus, tyran des Lindiens, vsurpa par force le nom de sage 352 G
Cleobulus quelle republique & quelle maison estimoit estre la meilleure 155 B E
Cleobulus comment respond à la question de boire toute la mer 153 C
Cleocritus preuost d'Athenes 493 H
Cleodemus medecin, & son opinion de s'enyurer, & s'huyler 156 H
Cleomachus pour estre amoureux feit gaigner la bataille 606 E
Cleombrotus fils de Dinocrates Acharnanien 497 H
Cleombrotus Lacedæmonien, narre vne belle histoire 335 H, 336 A
Cleombrotus defend son pere au combat de la vertu 217 F
Cleomenes Roy de Sparte, vaincu par les femmes d'Argos 231 D
Cleomenes, quel disoit estre l'office d'vn bon Roy 215 C
Cleomenes comment mis en la malegrace de Ptolomeus 42 F
Cleomenes parjure, se feit mourir luymesme en riant 218 H
Cleon demandeur, preneur, & desrobeur 64 A
Cleon homme dissolu 577 G
Cleon temeraire & leger en parler 649 B
Cleon opiniastre & auaricieux 166 F G
Cleon bon conducteur d'armee 170 C
Cleon blasmé pour son gouuernement de republique 503 F
Cleon cuida par ses ruses ruiner Athenes 165 H
Cleonice tuee en sursaut par son adultere, horriblement espouuentee d'vn songe 262 D
Cleonymus, Roy de Lacedæmone, banny par ses subiects 216 C
Cleopatra finement feinte amoureuse d'Antonius 47 B
Cleopatra, rocher contre lequel Antonius se brisa 303 G
Clepsydre est vne horologe à eau 336 D, 456 B
Clidamus personnage illustre 483 C
Clientes que signifie aux Romains 305 E
Climacides, quelles femmes flateresses passees de Cypre en Syrie 40 H
Clinias Pythagorien, quelle opinion auoit de l'habitation auec la femme 384 E
Clinodemus, quel historien 523 H
Clio reçoit les louanges 436 E

Clio, honore & met en auant l'ambition 438 D
Clisthenes bon legislateur, maintenu fol par les Stoïques 561 A
Clitomachus ou Asdrubal Carthaginois, enseigné par Carneades 308 F
Clitomachus, bon athlete, oyant parler de l'amour, s'absentoit 417 H
Clitophon reietta la raison, comme le mors de bride 308 E
Clitophon cuida par ses ruses ruiner Athenes 165 H
Clitus se faisoit appeller Neptune, & portoit le trident 314 A
Clodius portoit enuie à la vertu de Pompee 165 G
Clodius chassa Ciceron en exil 128 D
Clodius cause que Cæsar repudia sa femme Pompeia 208 B
Clœlia, dame Romaine, & sa grande vertu 234 C
Clonas poëte, inuenta les loix des fleutes, les prosodies, elegies, & vers hexametres 660 G, 661 A
Clotho, c'est à dire, la filandiere, & son office 644 E
Clotho vne des trois Fees ou Parques 439 E
Clotho est la plus haute partie de l'vniuers 656 D
Clotho logee en la Lune, ioint, mesle, & vnit 627 A B
Clotho vengeresse des forfaicts 240 E
Clusia, pour ses amours, se precipita du haut des murailles sans se blesser 488 B
Climené arguee de menterie 393 D E
Clymené tousiours trembloit à la recordation de son fils 256 A
Clysteres inuentez par la cigogne nommee Ibis 516 E
Clysteres pour lascher le ventre, bien vtiles 300 B
Clytemnestra par ialousie feit tuer son mary Agamemnon 16 F
Clytonianus, historien des choses Sybaritiques 489 C
Clytus, surnom du matin, & pourquoy 424 D E
Clytus tué par Alexandre 136 A
Cnef, Dieu des Ægyptiens, qui iamais ne nasquit, ny iamais ne mourra 322 F
Cneus Scipion défeit les Galates en Asie 239 F
Co, isle, en laquelle le presbtre commençoit le sacrifice, habillé en femme, & pourquoy 485 D E
Coches reprises & gaudies par vn Laconien 223 F
Cocque Gnidien, quelle graine 300 A
la coction estre vne maniere de pourriture 534 G H
Cocytus signifie lamentation 246 B
Cocytus, riuiere de pleurs en enfer 290 G
Codrides, quelle famille 237 C
Codrus, Roy d'Attique, fils d'vn banny 129 F
Codrus, Roy d'Athenes, se liura à la mort pour sauuer son peuple 483 G
cœna, signifie le souper aux Romains, & pourquoy 426 G

Cœranion, surnom de l'isle Zacynthos, & pourquoy 33 B
Cœranus en recompense fut sauué d'vn dauphin, aux funerailles duquel assisterent les dauphins 523 B
le cœur chaud & humide, s'enclinant vers la partie gauche 325 G
le cœur estimé l'origine de la generation 373 E
le cœur pourquoy signifie le ciel aux Ægyptiens 320 B
tout licit bien à vn cœur genereux 118 H
le cœur de celuy qui philosophe, quel doit estre 118 E
vn cœur haut necessaire à ceux qui commandent 142 C
homme lasche de cœur, ne vaut pas vn chien, on vn asne 21 E
lasches de cœur, quels sont 138 A
lascheté de cœur empesche par tout la parole 128 H, 139 A
force de cœur par honte est aceree 21 C
le mal de cœur pourquoy appellé vaunia 408 C
le cœur defaillant comment guary 408 F G
le mal de cœur, d'où excité principalement 536 D
pourquoy le cœur fait mal à ceux qui sont sur la mer 68 H
ceux ausquels le cœur fait mal sur la mer, appetent à manger des salneures 162 H
cœurs des hommes communs, en quoy different de ceux des philosophes 311 D
cœurs des ieunes gens comment aiguisez 224 A
le cœur d'Alexandre inuincible de volupté, de trauail, & de liberalité 314 E
ne manger pas son cœur, ænigme interpreté 7 F
le coffre des salaires, plein ; & celuy des graces, vuide 65 F G
coffre courbé és cerimonies des Ægyptiens 327 B
coffre sacré porté par les presbtres 326 E
coffre où fut enfermé Osiris, ietté dedans la mer, & ce qui en aduint 310 H, 321 A
cogitation de l'amour fait dresser la nature 401 B
cognoissance de verité, est la plus desirable de toutes les choses 282 A
cognoy toy-mesme, precepte à l'homme fort necessaire 252 C
faut apprendre à cognoistre soy-mesme 72 F
cognoy toy-mesme, est vn recors d'homme mortel 357 F
de cognoistre soy-mesme, quel bien vient 23 E
cognoy toy-mesme, escrit au temple d'Apollo, & par qui 94 H, à qui s'addresse ceste sentence 110 F G
cognoy toy-mesme, estre vne entiere salutation d'Apollo 356 B
cognoy toy-mesme, exposition de ce 160 E F
cognoy toy-mesme, precepte d'Apollo,
d

TABLE ALPHABETIQVE SVR LES

mespriſé des flateurs 40 A
cognoy toy-meſme, ſentence eſcrite à l'entree du temple d'Apollo 352 F, 394 A, 635 B
coiffes de fil de pierres, qu'on blanchiſſoit dedans le feu 349 C
la coignee ſaincte pourquoy dedié à Iupiter Lebadien 434 A B
coings pourquoy mangez par les nouuelles mariees, deuant que ſe coucher 145 E
Colacides, quelles femmes flatereſſes 40 H
Coliades, quelle famille en l'iſle d'Ithace 479 F
colonnel ſuperflu aſprement reprins par Scipion 205 C
Coloſſes, quelles ſtatuës 137 E
aux Coloſſes, les Roys ignorans comparez 135 C
Colotes, homme modeſte 278 A
Colotes adoroit Epicurus 286 D E F
Colotes impoſteur alleguant faulſement Platon 592 E
Colotes tout vlceré vouloit guarir les autres 589 H
Colotes Epicurien, & vn traitté contre luy 588 C
Colyttus, bourg appartenant aux Atheniens 125 E
combat & noiſe, cauſe du mal 328 F
combat bien depeint par le peintre Euphranor 524 C
combat de trois freres iumeaux, pour le different d'vne grand' guerre 488 D E
combat des enfans Lacedæmoniens, appellé foüettade 217 F
pourquoy les Lacedæmoniens ayans ſacrifié aux Muſes, entroient au combat au ſon des fleutes 59 C
combats en quel ordre diſtribuez par Homere 375 D E
l'ardeur des combats diuinement inſpiree, eſt inuincible 37 E
côbats de poings, cômentſefont 178 C
quel eſt le plus ancien des côbats 374 H
combats des anciens, quels eſtoient 109 B C
és combats ſaincts, enfans victorieux couronnez 397 C
combats aimez d'Apollo 425 D
combats ſur mer defenduz aux Lacedæmoniens 227 G
combats de lettres aux anciens 396 H
combats des muſiciens faſcheux 599 E
combatre faut continuellement contre le vice, pour viure en paix 113 H
vaincre en combatant eſt valeur Grecque, ou mourir vertueuſement 19 F
Comete, qu'eſt-ce, & comment s'engendre 450 B
Comitium, quel lieu à Rome 470 C
commandemens ioyeux de boire 365 A B
bien commander nul ne peut, s'il n'a apprins à bien obeïr 166 F
qui commande doit eſtre meilleur que les ſubiects 188 D
commander doit la vieilleſſe, la ieuneſſe obeïr 182 G
qui commande à pluſieurs, en doit auſſi combatre pluſieurs 198 H, 213 G

ſçauoir commander & obeïr, eſt la plus belle diſcipline du monde 212 A
commander & obeïr, la principale ſcience des Lacedæmoniens 213 G
le commandement d'vn capitaine, combien eſtroitement doit eſtre gardé, beaux exemples 487 H, 488 A
Xenophon, en bien commandant, ſauua tous les Grecs 173 D
meilleur eſt de ne commander point, que commander 153 G
chacun doit commander à ſoy-meſme 294 H
bon commancement combien vaut 9 F
les commancemens ſont fort laborieux, & embroüillez 30 A
le commancement de bien viure, c'eſt eſtre blaſmé & mocqué 30 H
Comminius pourquoy deſmembré par les cheuaux de Neptune 491 A
commune, comment peut eſtre reprimee 173 H
la commune comment amorſee par les gouuerneurs 176 H, 177 A
comune eſmeuë cômentappaiſee 174 A
comœdie ancienne pourquoy n'eſt ſortable és feſtins 418 F
comœdies anciennes en quoy blaſmees 51 D E
comœdies à quelle fin inuentees 577 D E
ioüeurs de comœdies quels doiuent eſtre 142 G
comœdies bien ioüees, quelle vertu & efficace ont 365 G
comœdies defenduës à Lacedæmone 227 D
comœdies dedaignees à Athenes 525 B C
comœdies ioüees auec grande ſolicitude à Athenes 418 A B
comœdies de Menander pleines de graces, & de ſel amoureux, & celles d'Ariſtophanes aſpres & cuiſantes 504 H
mauuaiſes compagnies doiuent fuir les ieunes gens 7 E
le compagnon ne doit eſtre égal au frere, ſelon Heſiode 88 G
complexions viennent des maladies 538 G
compoſitions les plus belles, faites en exil 128 B
comprehenſion, qu'eſt-ce 575 B
comprehenſions ſont corps & animaux, ſelon les Stoïques 587 B
Val. Conatus englouty tout vif dedans la terre 487 A B
conception deuant l'enfantement, quelle 131 A
la conception arreſte les menſtrues aux femmes 458 F
conception commune des dieux 583 A
conceptions communes, comment definies 587 E F
conceptions comment ſe font en la matrice 457 D
conceptions communes contre les Stoïques 573 G
conceptions eſtranges & ſauuages des Stoïques 587 A B
conçeuoir precede l'enfanter 25 C
concions de Thucydides quelles ſont 164 D

concorde entretenuë entre citoyens ſe contentans de peu 95 A
concorde entre quatre vingts freres, comment enſeignee par leur pere Scilurus 189 E
concorde entre freres comment entretenuë 88 F
concubines faut euiter, & pourquoy 1 B
concubines de quels maux ſont cauſe, exemple 602 B C
concubines fauoriſees indignement 167 G
concubines des Roys de Perſe, quand aſſiſtent à leur table 146 E
la côcupiſcence a ſa ſource au foye 36 H
concupiſcence des voluptez, née auec nous 548 A, 554 B
concupiſcence appellee Venus 604 D
concupiſcence a la volupté pour ſon but & pour ſa fin 600 C
concupiſcence deſordonnee tire l'ame en toute diſſolution 610 H
concupiſcence, aſprement afflige l'homme 662 H
la concupiſcêce generatiue des animaux quand & comment excitee 271 E F
concupiſcence des beſtes plus continente que celle des hommes 272 E
concupiſcences faut chaſtier par accouſtumance 641 B
en refrenant ſes concupiſcences, on s'acquiert honneur 7 E
concurrens d'vn meſme eſtat, comment ſe doiuent comporter, beaux exemples 168 C D E F G
la condamnation de Phocion de qui non crainte 118 G
nul content de ſa condition 71 B C
confiance eſt le principal bien d'vn gouuerneur 175 B
confiſcation vient de l'auarice des Princes 136 G
confitures pourquoy refuſees par Ageſilaus 210 H
confrairies, où les pechez ſont purifiez 122 F
confuſion eſt par tout fort mauuaiſe 362 H
congelation, eſt paſſion de l'eau & actiô de l'air 530 F
Congroctonos, tueur de congres 511 D
la coniunction, Si, combien neceſſaire à ratiociner 353 C D E F
coniunctions combien neceſſaires à l'oraiſon 545 H, 546 A
Conipodes, ſignifie pieds poudreux: ſont ceux qui ſe tiennent aux champs 478 A
coniurations contre Dionyſius, cômentempeſchees 190 B C
Conon, vaillât capitaine d'Athenes 52; F
Conon rebaſtit les murailles d'Athenes 506 A
Conon adulteroit la mer 186 E
Conuphis, prophete Ægyptien, familier de Platon 636 G
le Conus, eſt la pyramide ronde 541 H
conqueſtes des Romains nombrees en brief 306 A
Côſales, quelle feſte aux Romains 468 G
bonne conſcience donne grande aſſeurance 119 A
remors

OPVSCVLES DE PLVTARQVE.

remors de conscience combien amer 162 AB
bonne conscience appellee lascheté par les flateurs 45 A
le conseil des vieux, conserue les villes 182 G
conseil n'est sans prudence 106 B
en conseil quelle prudence & sagesse est requise 4 B
le conseil appellé l'assemblee des vieillards 182 GH
au conseil d'autruy ne se faut ingerer, exemple 361 G
mauuais conseil est pire à qui le donne 261 E
conseil iadis tenu à table, selon la coustume des Grecs & des Perses 419 H
bon conseil vaut mieux, que plusieurs mains 183 A
bon conseil d'vn homme dissolu, reietté 163 AB
conseils predestinez, quels 15 C
conseils sages où germent 110 B
sages conseils d'où naissent 21 C
conseils de Caron, prudens : ceux de Pompeius, amiables 207 C
conseils d'Alexandre, constans 316 E
conseils estrangers engendrez des femmes 150 A
coseiller les Princes, côbié difficile 135 B
bien conseiller & bien courir n'ont pas vn mesme but 95 D
trois cens Conseillers à Sparte tous les ans esleuz 199 F
les consentemens en quelle partie de l'ame se font 455 GH
consentemens, corps & animaux, selon les Stoïques 587 BC
consolation de Plutarque à Apollonius 242 F
consolation de Plutarque à sa femme, sur la mort de sa fille 255 F
les consolations bien peu receues des hommes 44 B
quatre cens conspirateurs punis 492 E
conspirateurs de Mithridates punis de mort 240 A
conspiration subtile de Typhon, contre son frere Osiris, & ce qui en aduint 320 H, 321 A
la conspiration d'Ochus contre ses freres, feit mourir Xerxes son pere 82 D
conspirations contre Dionysius, comment empeschees 190 C
constance ne s'achepte point à prix d'argent 97 D
faut prattiquer la constance d'Anaxagoras 62 E
constance de Socrates en mourant, admirable 130 A
constance de Leæna, combien grâde 91 F
consul honoré & reueré de son pere 202 BC
consuls Romains combien vigilans 263 G
les consuls Romains tenoient leurs maisons ouuertes de iour & de nuict 472 H
consuls pourquoy n'assistoient aux soupers des triomphateurs 471 E
consuls desfeirent & chasserét les Roys de Rome 363 F

consuls quand premierement instalez à Rome 463 D
la place consulaire pourquoy tenuë pour honorable à la table 363 E
de consultation, & de son subjet 32 H
si les anciens faisoient bien de consulter à table 420 C
contemplation est le but de toute philosophie 422 C
contemplation de nature, plus belle que toutes choses 438 D
contemplation des Mathematiques, combien delectable 281 E
à contemplation repos & solitude requis 66 F
contemplation empeschee par le corps 247 A
se contenter de peu entretient les citoyens en paix 95 A
contention entre amis de vaine cerueile 112 D
contention entre chantres 110 A
continence, qu'est ce, selon Chrysippus 36 E
continence attribuee à la sagesse 21 AB
où continence est, l'homme est ambidextre veritablement 22 B
continence en quoy differe de temperance 33 F, 34 D
continence fort requise à celuy qui fait profession de sapience 62 FG
de côtinéce se doit garnir la ieunesse 5 B
continence d'Alexandre 316 G
continence plus grande és bestes, qu'és hommes 273 A
à côtinence nul téple edifié 303 C, 305 B
le contingent comment se doit entendre 557 GH, 558 A
contracts, comment faits iadis en la ville de Duras 481 G
contracts, pourquoy iugez par chaque iour des Ephores 217 A
contracts de mariage, passez au temple 239 C
contraires accordez és choses naturelles & artificielles 529 CD
contredire est bien facile : mais de faire, difficile 26 DE
les contredicts des Stoïques 560 E
Contrufcus fils de sa sœur & de son grand pere 490 A
conuersation auec les mauuais où les bons, de quelle efficace 2 G
mauuaise conuersation, combien dangereuse aux ieunes gens 7 E
conuiez pourquoy appellez δειπνωρίστς 378 F
qui va à vn festin sans estre conuié, est ridicule 417 E
de ceux qui conuient plusieurs à souper 399 B
conuiues introduits à Lacedæmone 219 H
conuiues des Laconiens fort sobres 216 AB
conuoiteux de vaine gloire, quels sont 116 C
conuoitise des hommes combien grande, & belle gradation de ce 71 BC
conuoitise de vaine gloire est vn maistre forsené 182 B

conuoitise des richesses, retrenchee à Lacedæmone 219 GH
de conuoitise d'auoir, vn traité 97 C
Copreus non honoré en sa posterité 261 E
copreir en Grec, signifie priuer 321 A
Coptites pourquoy precipitez en Ægypte 324 E
Coptus, quel lieu en Ægypte, & que signifie 321 A
Goptus, ville d'Ægypte 330 A
le coq pourquoy craint du lion 521 B
coq attendry pour auoir esté attaché à vn figuier 409 G
coq hay de Germanicus 108 A
coq, montant sur vn autre coq, bruslé tout vif 272 G
coq peint sur la main d'Apollo, que signifie 630 E
coq immolé à Hercules 409 F
coq blanc adoré des Ægyptiens 394 E
coqs sont querelleux 363 D
coqs courageux au combat 199 F
coqs si aspres au combat, qu'ils mouroient sur la place 218 E
les coqs sentent bien le iour 353 E
coqs procreez pour nous esueiller, & animer au combat, & pour denoter les scorpions 569 Q
coqs blancs & iaunes, pourquoy & à qui sacrifiez 331 AB
coqs pourquoy sacrifiez à Mars 227 C
coqs mal peints par vn quidam mauuais peintre, resemblant à vn flateur 49 F
coquilles, nourritures de quelques animaux 109 E
cora, que signifie 76 B
Corax, comment appaisa l'ame d'Archilochus qu'il auoit occis 265 E
le corbeau mange beaucoup, & vit long temps 339 A, 389 H
le corbeau sacré à Apollo 333 B
corbeau figuré sur la sepulture de Diodorus 207 F
rocher du corbeau 133 F
corbeaux apprenneint à parler 515 F
corbeaux d'Æsope 119 E, 273 F
corbeaux de quelle subtilité vsent pour faire croistre l'eau à boire 512 A
corbeaux martelans l'image de Pallas, presignifians calamitez 629 A
corbeaux portét mauuais presages 488 F
cent corbeilles d'or pour porter en procession 303 A
Corcina isle, où posee 488 B
la tragœdie Cordax, receuë és festins 418 F
corde qu'on coupoit en pieces aux Ægyptiens 322 A
Coré appellee Proserpine, par ceux qui habitent en la Lune 625 E
Coretas pasteur, le premier qui prophetisa à l'oracle de Delphes 349 A
Coretas pasteur, donna le premier sentiment de l'oracle de Delphes 350 B
Corfiots pillez pour la faute de leurs ancestres 263 E
trois cens enfans Corfiots chastrez, & pourquoy 651 E
Corfou isle iadis habitee des Eretriens, & comment chassez 478 GH
Corinna courtisane, reprint à bonne

d ij

TABLE ALPHABETIQVE SVR LES

occasion Pindare 525 A
Corinna apprint le ieu des fleutes de Diane 662 D E
Corinthe, porte du Peloponese 217 C D
Corinthiens estimez paresseux à cause d'vn liéure 221 E F
Corinthiens assaillis de leurs ennemis, à l'occasion d'vn liéure 199 B
Corinthiennes prient Venus pour leurs maris, contre les Barbares 657 H
Coriolanus destourné par les dames, de ruiner Rome 303 C, 305 B
Coriole ville, naissance de Seruius Tullius 305 E
corne d'abondance des Stoïques 560 D
corne d'abondance en la main de fortune 502 H
on void à trauers les cornes 450 G
cornes des animaux comment rendues transparentes 533 A
aux cornes des bœufs dangereux, pourquoy attachoit lon du foin 471 B
cornes des bœufs font deuenir les grains durs qui tombent sur elles en les semant 411 G H
cornes de cerfs & de bœufs, pourquoy iadis fichees és temples de Diane 461 B
la Corneille mange beaucoup, & vit long temps 389 H
la corneille vit l'aage de neuf hommes 359 A
corneille craillante fasche, mais la contrefaire plaist 396 E
la corneille qui enseigna aux Deliens, où nasquit Apollo 337 B
corneilles & chats-huants s'entretueroient 107 G
corneilles & chats-huants encores ennemis estans morts 107 H
corneilles combien chastes, & quel aage viuent 271 G
Cornelia femme de Scipion, dame d'hóneur 150 B
Cornelia magnanime d'vne sorte, & Olympiade d'vne autre 229 H
Cornelius Scipion, pour ses prouësses fait Consul contre les loix 165 E
Cornelius Sylla, colloqué au souuerain degré de Monarque 303 A
Cornelius prestre de Diane, admoneste Antró de sacrifier sa vache fatale 461 B
cornets ou ventoses, quand & pourquoy mises en vsage 154 H
Corniades mettoit en memoire par le menu ses voluptez 279 G
corona signifie vn chappeau de fleurs, & d'où deriné
Coronee, ville de Bœoce 211 H, 506 F
Coronistes, ainsi iadis s'appelloient ceux qui portoient longs cheueux 241 E
corps, qu'est-ce, & ses qualitez, selon les anciens philosophes 444 C
le corps est l'organe de l'ame, & l'ame celuy de Dieu 160 D, 612 F
chasque corps a son lieu propre & naturel 344 A
le corps humain n'a aucune partie qui soit oiseuse 157 F
le corps humain a les parties necessaires doubles 81 C
le corps de l'homme est le sepulchre de l'ame 324 B
le corps de l'homme venu de la terre, & l'ame de la Lune 625 G
le corps de l'homme debile, mais l'esprit habile 106 F
le corps de l'homme ne pouuoit estre obligé, selon l'ordonnance de Solon 130 G
le corps moulé & formé par l'ame 626 G
le corps comment rendu robuste, & l'ame imbecille 72 B
comment, & à quoy doit estre exercé nostre corps 297 D E F
le corps ne se doit exercer sans l'ame 301 F
quelles parties du corps sont dediees pour parfaire sa nourriture 157 F
le corps est nourry auec grands labeurs de l'ame 158 E
le corps de l'homme remply de chair & de vin, à quoy resemble 275 F
le corps nous apporte infinis destourbiers pour son entretenement 247 A
le corps s'entretient par repletion & par euacuation 5 F G
le corps plus ieune que l'ame 548 G H
si c'est le corps ou l'ame qui doit 459 G H
les maladies de l'ame & du corps 144 B
si le corps appelloit l'ame en iustice, il gaigneroit son procés 300 F
vices du corps ne sont mauuais, ny reprochables 23 A
corps vif & qui a ame, plus noble que celuy qui n'en a point 355 E
nul corps, estant en son propre lieu, ne se remuë 452 A
le corps sain engendre les voluptez 38 F
vn corps bien sain est en grand danger, selon Hippocrates 280 D
la santé du corps n'apporter accroissement à la felicité 576 E
le corps, quant à sa matiere, est infiny & interminé 540 E
les corps languissent par oysiueté 292 A
les fols vsent mal de la force du corps 569 A
vn corps ne peut estre lieu d'vn autre corps 583 G H
corps liquides quels sont 148 C
la nature des corps, vagabonde, incertaine, & muable 422 D
corps composez de plusieurs pieces, de combien de sortes 148 B
cinq figures des corps solides 446 G
les cinq premiers corps, estre les cinq premieres qualitez 347 C
quatre premiers corps en l'vniuers 529 G
les quatre premiers corps, sont les quatre elements 587 G
les cinq corps reguliers attribuez aux cinq premiers 355 B C
cinq corps reguliers, & cinq mondes 346 A, 355 B
corps reguliers de cinq sortes engendrez en la matiere 345 D
cinq especes de corps animez, les dieux, dæmons, demy-dieux, hommes, & les bestes 355 E F
corps premiers quels estoient au commancement, selon Anaxagoras & Platon 443 C
corps premiers engendrez, quels 325 H
corps premiers d'où & comment composez, selon Platon 422 H
de la coupe des corps, selon les anciens philosophes 444 F
corps changeans de substance, changent de place quant & quant 344 C
corps robustes par oisiueté deuiennent foibles : & les foibles par trauail se fortifient 2 A
corps des ieunes gens corrompus pour dormir, & se promener à certaine mesure 467 B
le corps du monde auoir eu sa generation, selon Platon 541 E F
le corps du monde n'est engendré de Dieu, selon Platon 540 F
le corps des sphæres celestes, quel est, selon Aristote 443 F
corps celestes font vne harmonie plaisante aux ames des bienheureux 626 C D
corps celestes animez, selon Aristote 446 D
corps des astres sont accords entre eux 555 H
corps solides pourquoy plustost foudroyez, que les autres 391 G
corps solides tiennent le premier degré des choses sensibles 540 F
corps terrestres auoir mouuement contre le naturel du ciel 617 A
corps, voisins de la terre, corruptibles 446 E
si les corps s'entretouchent, ou non 585 C D
corps tuez de la foudre, demeurét lóguement sans se corrompre 391 D, 403 E
corps frappez du ciel, pourquoy non mangez des bestes 391 E
le corps quarré propre à station & repos 346 C
le corps quarré, principe de la terre, selon Platon 541 F
du corps quarré, & de sa nature 345 E
les corps à trauers vn brouillas paroissent plus grands 60 A
corps deshómes de vertu, pourquoy mis en depost en la ville de Rome 472 B
les corps des Spartiates à quoy exercez 221 A
corps des hommes renaissans 277 A B
corps d'vn homme mort & sec, s'appelle σκελετός 431 G H
corps des trespassez enseuelis de draps blancs 464 H
corps mortels faicts par les ieunes dieux 559 B
corps morts des dieux d'Ægypte, incorruptibles 322 E
corps morts salez ne se corrompent 403 B
corps morts des vaillans hommes honorez de sepultures 526 E
corps des morts iadis bruslez 462 G
corps des trespassez, pourquoy iadis bruslez 475 A
corps des morts comment bruslez par les anciens 382 G H
corps morts de peste, non mangez des bestes

bestes 430 D
corps morts seruans de pont à l'armee d'Alexandre 307 F
le corporel est opposite à l'incorporel 508 A
ce qui est corporel se diuise en plusieurs pieces 346 F
corpuscules, atomes d'Epicurus, comment se meuuent 444 D
correcteurs d'autruy quels doiuent estre 53 E f
correction d'vne commune ne peut estre faite tout à vn coup 161 C D
correction des vicieux auec quelles circonstances est de Dieu faite 260 A
corrections des philosophes ne sont à negliger 29 E
corrections aspres requises en amitié 242 H
corrections des poëtes comment se doiuent faire 21 F
corriger ne peut celuy qui vit mal 8 E
corriger ne faut en courroux 59 G H
corruption, qu'est ce 292 C
corruption, est mutation de chacune chose en son contraire 530 E
corruption & generation estre dessemblement & assemblement des choses 591 B
corruption d'où procede 357 A B
corruption & generation comment se font 445 C
corruption & indigestion és corps humains, d'où prouient 460 E
corruption double, selon Philolaus 446 F
corruption empeschee par le sel 403 B
corruptions par tremblemens de terre 430 F
corruptions chassees de Lacedæmone 219 G
le corruptible est opposite à l'incorruptible 507 H, 508 A
Corybantes, quels dæmons 626 E
Corythalia l'vne des deux nourrices d'Apollo 386 F G
Cothus comment & par quel oracle chassa les Æoliens d'Eubœ 481 A B
Cotys Roy tyran de Thrace, tué par Python disciple de Platon 140 H, 598 C
Cotys que feit pour euiter courroux contre ses seruiteurs, & ses beaux faits 189 D
Cotys Roy, tué par Timoleon 172 G
couardise est vne des extremitez de vaillance 33 E
couardise est faute de sçauoir 20 G
couardise rend les enfans laids 22 F
couardise par tout empesche la parole 128 H, 129 A
couard moins prisé qu'vne iument 271 B
le couard souuent de couleur change 537 C
quand & où il faut estre couard 77 E
couards non fauoris de la fortune 313 C
couards gardiens de places imprenables, les font prenables 193 F
couards cogneuz au son des fleutes en bataille 211 B
couards ressembler aux femmes 222 E
couards reprins de leur mere, en leur

monstrant son ventre 218 F
couards tuez par leur mere 228 E
couards pourquoy souuent honorez de fortune 313 A
couards comment exemptez d'aller à la guerre 210 B
couards brocardez en les appellant des Achilles 371 E
couards & choleres en quoy different 401 E
couleur, qu'est ce, & ses especes 444 E
couleur rouge és ieunes gens plus plaisante que la palle 203 G H
couleur palle aux amoureux plaisante 118 G
la couleur blanche est toute pure 464 H
couleur iaune d'où procede 323 B C
de couleur bleuë est teint le ciel 422 C D
couleur bleuë pourquoy defenduë à Agrigente 176 A
la couleur de la Lune estre la noire & la terrestre 611 F
couleurs ne sont attachees aux corps, selon Epicurus 589 C
couleurs viues offensent les yeux chassieux 88 D
couleurs meslees sont corrompuës 357 A
teinture de simples couleurs penetre mieux 288 H
couleurs naturelles sont simples, pures & nettes 379 H
les couleurs & les robbes sont tromperesses 464 H
couleurs muables du poulpe, d'où procedent 537 C D E
couleurs meslees pourquoy appellees Phthoræ 426 A
couleurs de draps sont superfluitez 464 H
couleurs rouges irritent les taureaux, & les blanches les elephans 309 C
couleurs de l'arc en ciel quelles, & comment se font 450 G
couleuures portent bon presage 603 D
couleuures faciles à prendre aux cerfs 517 H
couleuures elabourees alentour d'vn palmier de bronze 630 A
la coulombe, oyseau sacré à Venus 333 A B
la coulombe pourquoy laschee de l'Arche par Deucalion durant le deluge 513 B C
coulombes amiables & charitables entre elles 521 C
coulombs apportans de l'ambrosie à Iupiter 156 D
coulomnes de diamant, qui soustiennent la terre 615 C
couppe d'amitié 378 B
couppe du temple de Delphes, combien riche 350 D
couppe surnommee d'Alexandre 366 C
la couppe des effusions de Delphes comment rompuë, & ce qui en aduint 178 A
couppe non populaire 155 F
couppe dedans laquelle se versent fleuues diuers 268 G
coupe-bourses à quel but tirent 3 E
coupeurs de bourses n'estre point inutilement 370 C

Courbe, l'vn des mauuais principes des Pythagoriens 328 F
Coureur, surnom d'Apollo 425 D
couronne de religion 379 F
couronne proposee par Pittacus, à qui boiroit le plus 155 G H
couronne de chesne pourquoy donnee à celuy qui auoit sauué vn citoyen Romain 474 D
couronne donnee à vn qui tua son capitaine impudique 205 H
couronne ordonnee aux enfans victorieux des saincts combats 397 C
la couronne des Gnidiens, cause de la mort de la baladine Pharsalia, & comment 629 A
couronnes és festins 377 H, 414 B C
couronne des Roys au capitole de Rome 307 A
couronne des bons gouuerneurs de republiques, quelles 175 B
couronnes publiques donnees à Themistocles 526 E
couronnes des ieux Isthmiques, dequoy faictes 397 D E
couronne 1200 gaignees par l'escrimeur Theagenes 169 F G
couronnes des danses de quoy faictes 492 A
des couronnes des ieux sacrez 424 F G
courroux est vne violente passion 17 D
le courroux est les nerfs de l'ame, selon Platon 36 D
le courroux est corps & animal, selon les Stoïques 587 B
courroux par accoustumance engendre cholere en l'ame 56 D
quand le courroux a deslogé raison, fait cas estranges à la maison 259 G
le courroux combien difficile à appaiser 137 E
courroux cause de la mort de son homme 487 H
le courroux a fait mourir infinis hommes 59 C
pour euiter courroux le Roy Cotys rompit des vases tresprecieux 189 D
en courroux Lycurgus ne voulut punir son esclaue 198 F
en courroux on ne doit faire punition, exemples 6 D E, 54 G H
le courroux des dæmons comment appaisé 340 C
le courroux de Saturne comment appaisé 487 E
le courroux de Dieu se cache pour quelque temps 163 C
par le courroux de Neptune aduint vne grande famine 505 F
le courroux de Nicocreon contre Anaxarchus, combien violent 36 C D
courroux des Princes, combien violent & dangereux 136 G
courroux comment signifié par les Ægyptiens 320 B
se courroucer de toutes choses, mauuaise accoustumance 86 G H
ne se courroucer point, est vne vertu singuliere 6 G
il ne faut irriter vn homme courroucé 7 F
courroucez feints pourquoy volontiers

ouys & veuz, mais ceux qui le sont au vray, non 396 B
morsures des chiens courroucez, plus dangereuses 401 B
la course estre au second lieu des combats 376 B
courtisanes faut euiter, & pourquoy 1 B
courtisans de maintenant bien descrits 137 C
le credit en court ne deliure pas l'ame de fascherie 68 A
coustume quelle efficace a 32 E
coustume, encore qu'elle soit mauuaise, ayant pris pied, a force de loy 112 A
le bruuage de la coustume, resembler à celuy de Circé 276 B
coustume de rauir l'argent par force, pour l'emprunter à viure 484 H
coustume de boire des anciens 378 A B C
la coustume de baiser en la bouche, d'où procedee 461 F
coustumes dereglees d'vne commune ne peuuent estre reformees tout à vn coup 162 C D
la cousture inuentee par les araignees 516 C D
le cracher estre vn animal, selon les Stoïques 587 C
cradias, quelle loy des fleutes 661 D
craindre ses capitaines, est signe de vaillance 19 B
craindre les reprehensions, est chose honneste 19 B
ceux qui craignent le moins, doiuet plus auoir de honte & d'honneur 136 A B
crainte de deshonneur, est signe de vertueuse nature 233 B
crainte du supplice, destourne les mauuais de mal faire 289 A
craindre & seruir à Dieu, combien profitable. 287 C D E
crainte de peine est vn des fondemens de vertu 7 E
qui craint Dieu, craint toutes choses, opinion fausse 110 B
crainte de Dieu combien profitable 287 C D
crainte genereuse est peculiere à vn Prince 136 C
craintifs & bas de courage, non fauoris de la fortune 313 B
cranium, ruë à Corinthe 125 E
Crantor de Soles, quelle opinion auoit de l'ame 546 G
Crantor Academique, quelle chose souhaittoit en maladie 243 B
Crantor reconforte Hippocles de la mort de ses enfans 244 D
Crassus plora la mort de sa muræne, dont en fut mocqué de Domitius 110 F, 169 C, 517 E
M. Crassus pourquoy dict auoir du foin à la corne 471 B
Crassus pourquoy accusé de conuerser charnellement auec vne religieuse Vestale 111 B
Calp. Crassus, destiné à estre immolé, comment deliuré 489 E
Craterus, capitaine fort redouté, vaincu par vn secret bien teu 92 B
Craterus le plus honoré des familiers d'Alexandre 193 G
Craterus bien affectionné à l'endroit de son frere Antigonus 85 G
Crates Thebain s'enfuit en la franchise de pauureté, & de philosophie 232 E
Crates surnommé Thyrepanoictes, c'est à dire, crocheteur de portes 371 C
Crates par quels moyens acquist liberté & gloire 138 A
Crates comment consola Demetrius le Phalerien exilé 52 E
Crates corrigea gentilement l'epitaphe de Sardanapalus, & quel 142 H
Crates harangue les Atheniens d'auoir soing de leurs enfans 3 B
Crates criminel bien & iustement traité par le Roy Philippus 192 B
Crates, n'ayant qu'vne besace, ne feit que iouër & rire toute sa vie 69 A B
Crates seditieux puny de mort 178 A B
Crateuas tua Archelaus, duquel il auoit abusé 611 G
Cratidas premier des Ephores de Sparte 221 H
Cratinus, poëte comique 492 F
Cratinus le grand mangeur 525 E
Cratinus se brocardoit de ce qu'il aimoit le vin 372 G
Cratippus, historien 523 F
Craton s'esrie du silence d'Isocrates à la table 359 F G
creatures engendrees par l'eau 527 E, 528 A
Creon Halicarnassien, orateur vehement & seditieux 212 A B
Creon bruslé auec sa fille 105 B C
Cresphontes parlant de la mort auec Hercules 248 B
cresserelle d'airain des sacrifices d'Isis 331 D
ne faut passer par dessus le cresson 295 A
Crete pleine de grandes forests 126 E
Cretin Magnesien, sagement deliura sa ville de grand danger, & cômmet 168 C
Crexus, poëte musicien 664 G
crimes iugez en plusieurs iours à Lacedæmone, & pourquoy 214 G
tous crimes causez par les meteurs 218 E
crimes vengez par les dæmons Alastores 340 G
crimes apres ceste vie purgez 268 A B
cris infinis d'enfans au trou Trophonius 644 E
Crisson Hymerien, flateur, en quoy offensa Alexandre 45 H
Critheus, historien 523 B
Crithologos, quel office iadis aux Opuntiens 478 D
Critias reiecta la raison, comme le mord de bride 308 E
Critias, legislateur des Carthaginois 123 G
Critolaus Peripatetique, natif de Phasele 128 A
Critolaus, homme vaillant, pourquoy tua sa sœur Demodice 488 D E
Critolaus, historien Epirotique 487 B
Crius, l'vn des peres des Dieux, selon Hesiode 442 G
Crobylus conseille d'entreprendre la guerre pour la liberté 197 G
le crocodile seul entre les animaux n'a point de langue 333 H. il void sans estre vû 334 A
le crocodile, le plus cruel des animaux de riuiere, & son histoire naturelle & admirable 520 D
crocodile, le plus cruel des bestes sauuages 329 A
le crocodile, beste preuoyante, & participante de diuination à l'endroit de ses petits 521 D E
crocodile couché aupres d'vne femme, mauuais presage 517 F
crocodiles productifs d'œufs 374 A
crocodiles du Nil 319 A
crocodiles n'offensent ceux qui nauiguent en batteaux de papier, & pourquoy 321 G
crocodiles entendent la voix des presbtres, & leur baillet leurs dens à essuyer auec les linges 517 C
crocodiles mâgez par ordônance 329 A
crocodiles adorez des Ægyptiens 394 B 413 D
Crœsus, Roy magnifique 248 E
Crœsus Roy de Lydie, & fils d'Alyates, pourquoy feit dresser vne statuë d'or à sa boulengere 631 B C
Crœsus enflé d'vne felicité vaine 52 B
Crœsus n'estoit pas plus heureux pour ses grandes richesses 155 D
Crœsus descrit pour vn fol & glorieux par Herodote 650 H
croire ne faut ses chose mesmes croyables 158 C
Crommyon ville, où fut atteint le sacrilege que le chien capparos poursuiuoit 513 H
Crotone, ville 640 A
cruauté, vne des extremitez de clemence 33 F
cruauté signifiee par l'espee aux Ægyptiens 320 D
Pythagoras s'abstenoit de cruauté iusques aux bestes mesmes 112 A
cruauté des choleres semble estre bonne disposition 58 B
la cruauté de Lachares trauailloit beaucoup les Atheniens 280 F
cruauté de Dionysius & de Phalaris, appellee des flateurs, bonne iustice 44 E
cruauté d'vn homme enuers vn mouton, punie 275 G
cruauté des gourmans & frians contre les bestes 276 B C
cry superbe & barbare 231 B
Cryassa, ville en Carie 232 C
le crystal de quoy & comment fait 447 C
au crystal du ciel les estoiles estre attachees 447 E
Ctesiphon accusé par Æschines orateur 496 E
Ctesiphon gentiment brocarde vn gourmand en plein Senat 393 A
Ctesiphon l'escrimeur en courroux vouloit regimber contre sa mule 58 C
Ctesius signifie donnant des possessions, surnom de Iupiter 568 H
cube, qu'est-ce, & sa nature 345 H, 446 G
cueux de plomb se fondent de froid 330 G

cuisiniers

cuisiniers quel ordre doiuent tenir en vn festin 361 E
cuisiniers artificiels outrepassent l'vtilité 295 A
cuisiniers de quelles gens entretenus 99 F
cuisiniers que demandent ordinairemẽt 65 C
cuisiniers donnent beaucoup d'affaires aux medecins 301 D
le cumin maudit en le semant, en vient mieux 412 B
apres le sel & le cumin, prouerbe expliqué 402 H
cupidité naturelle, l'vn des deux principes des actions humaines 438 C
cupidité appellee promptitude par les Stoïques 35 H
cupidité des hommes, insatiable 71 B
cupidité de dominer cause les guerres 569 E
cupidité de plus auoir combien grande és vsuriers 131 C
cupiditez combien forsennees 34 E
cupiditez charnelles sont maistresses furieuses 98 C
cupiditez dessechent les hommes 138 C
cupiditez reglees par temperance, & leurs differences 171 H, 272 A B
cupiditez du corps quels maux nous apportent 247 A
cupiditez des grands seigneurs, soudainement se monstrent 136 H, 137 A
Curiatiens vaincus par les trois Horatiens 488 E
curieux où ont leur entendement 64 A
curieux recerchent les actions d'autruy 127 B
curieux abandonnent leurs affaires, pour vacquer à celles d'autruy 65 A
curieux comparez aux vents 63 H
curieux resembler aux ventoses, & aux maudites portes des villes 64 E
curieux resembler aux poules 63 G
le curieux resemblant à la fee Lamia, est plus vtile à ses ennemis qu'à luy-mesme 65 D
curieux amassent les fautes d'autruy 63 G H
curieux souhaittent abondance de maux, d'affaires, & de noucautez 65 C
aux curieux nul ne se fie 65 G
curieux sont les plus haïs, & mal-voulus du monde 67 F
curieux sont entachez d'Epichærecakia, c'est à dire, joye du mal d'autruy 64 G
vn curieux chastié par Apollo 335 G H
curieux comment punis entre les Thuriens 65 C D
curiosité est vne incontinence, folie, & resuerie extreme 65 E F
curiosité est vn violement & descouurement des choses secrettes 65 D
curiosité est vne conuoitise d'ouyr les choses cachees 64 G
curiosité est vn desir de beaucoup sçauoir 66 C
curiosité est vn desir de sçauoir les imperfections d'autruy, vice ioinct auec enuie 63 B
curiosité ordinairement ioincte au trop parler 93 B C

curiosité de nos ennemis à recercher nos imperfections 111 D
curiosité resemble à vn vlcere qu'on gratte 67 B
curiosité doit estre refuye par les gouuerneurs de l'estat 162 E
curiosité sophistique cõment doit estre euitee en vn gouuerneur de republique 164 B
preceptes pour fuir la curiosité 66 A B C D
curiosité comment chassee par Lycurgus 474 A
comment on peut fuir curiosité 64 C
curiosité des flateurs combien dangereuse 47 D
curiositez des femmes en quoy consistent 407 F
curiosité enueloppa Oedipus en de tresgrands maux 67 A
curiosité des frians, gourmans, & adulteres 276 D
traitté de la curiosité 63 A
curiosité de vestemens blasmee 361 C
curiosité & netteté en quoy different 407 F
Man. Curius, viuant de naueaux, n'auoit que faire d'or, & ses faicts & dicts 201 E
Curtius referra vn abysme aduenu à Rome, en s'y iettant à cheual 486 H
la cuisse d'Arcesilaus tant promenee par les escholes 584 B
le cuiure, par Homere appellé Euenor & Norops 407 A
le cuiure vieillissant exhale & met dehors sa rouille 628 B
le cuiure pourquoy criard & resonant 423 G
le cuiure pourquoy facilement fondu par la foudre 391 G
quel est le meilleur cuiure 492 F
le cuiure s'vse en le maniant souuent, prouerbe 1 H
cuiure de Corinthe excellẽt, & discours sur ce 627 F
le cuiure bon en medecine pour restreindre, & soulager le mal des yeux 387 F G
le cuiure empesche la putrefaction 386 H
vases de cuiure pourquoy couuerts de la main 324 C
cyamos signifie febues, & pourquoy defendués des Pythagoriens 373 B
Cyanippus voyant sa femme deschiree des chiens, se tua 489 B
Cyanippus pourquoy immolé par sa fille Cyané 488 G H
Cyaxares comment admonesté par Cyrus 52 D
Cyclades isles, de quels Princes iadis tenués & habitees 126 G
Cyclops ne sacrifioit aux Dieux, ains à son ventre, le plus grand des Dæmons 349 H
Cyclops n'auoit qu'vn œil, & estimé n'auoir qu'vn sens qui conduit pour la viande & la voix 410 H
Cyclops où habitoit 126 G
Cyclops habitoit en terre produisant fruicts sans estre labouree 370 E

Cyclops, berger de Sicile, auenglé par Vlysses, & punition de ce 92 A, 263 E
Cyclops Polyphemus geant, comment consoloit son amour 365 D
Cyclops eut l'œil creué par Vlysses en la Sicile 190 G, 193 E
Cydathenien, quel bourg 495 C
Cydippe rauie par Cercaphus, & ce qui en aduint 481 E
Cydne, riuiere seule qui nettoye le cousteau sacré d'Apollo 348 H
cydre de pommes & de dattes 381 F
cycsis est la grosseur des œufs 373 E
cygnes bons chantres 515 G
les cygnes inuenteurs de la musique 516 D
cygnes sacrez 645 F
cygnes, & aigles s'entretrencontrans au milieu du monde 335 G
le Cylindre est vne coulonne ronde 541
Cylon tua le tyran Aristotimus 236 A
Cyloniens bruslerent Pythagoras tout vif 570 E
cynades, quels iours aux Ægyptiens 333 F
Cynægirus capitaine Athenien, eut les deux mains coupees en vne bataille 486 A
Cynisca, sœur d'Agesilaus, alla aux courses Olympiques auec son chariot 211 H
Cynocephale honoré des Ægyptiens 333 F G
Cynopolites habitans de la ville du chien 333 D E
Cynosarges, parc à Athenes, où les enfans bastards s'exerçoient 495 C, 600 D
Cynosuriens, partie des Megariques 480 A B
cyphy parfum, dequoy composé, & sa puissance 335 C D
cyprés pourquoy tousiours feuillus 381 C D
cyprés pourquoy ne se peuuent enter en escusson 376 C D
cyprés de Candie, bon à faire nauires 362 G
Cypris surnom de Venus 604 B
Cypselus, tyran de Corinthe 630 F
Cypselus, pere de Periander, sauué miraculeusement qu'il ne fut tué petit enfant 160 E
les Cyrenaïques ont beu en la bouteille d'Epicurus 279 E
Cyreneens tresscruellement outragez par le tyran Nicocrates 237 C
Cyrrha, ville 522 E
Cyrus couronné Roy, son pere viuant 315 F G
Cyrus pourquoy plus digne d'estre Roy, que son frere 364 B C
Cyrus auoit le nez aquilin, pour ce hommes l'ayans tel, aimez des Perses 176 A, 188 D
Cyrus au milieu des armes parloit hautement, ailleurs non 142 D
Cyrus en vertu surpassoit tous les Roys qui furent onques 650 H, 651 A
Cyrus comment se rendoit aggreable à ses familiers 371 F G
Cyrus n'osa voir la belle Panthea, tant estoit continent 20 D, 66 G

d iiij

TABLE ALPHABETIQVE SVR LES

Cyrus quelles remonstrances feit à Cyaxares 52 D
Cyrus ne s'exerçoit iamais, qu'auec plus fors que soy 96 F
Cyrus pourquoy ne fut onc enuié 108 D
Cyrus desiroit auoir beaucoup de Zopyres 188 E
Cyrus & Gorgias, soupans ensemble, s'entredisoient des traicts de risée 369 E F
Cyrus rompu en bataille auec les Perses 232 F
Cyrus mourut de courroux 59 C
Cyrus mort, l'Empire sortit de sa race, & comment 88 B
Cyrus le ieune, allié des Lacedæmoniens 217 C
Cyrus le ieune, comment attiroit les Lacedæmoniens à son alliance, & ses beaux dicts 189 A
Cythere, isle 523 F
Cythniens inscrits sur les trophees 659 D
Cyzicenus & Grypus freres querelans, comblerent l'Asie de maux 85 G H
Cyzique, ville 515 B
Cyzique ville, naissance de la Royne Apollonide 82 D

D

DActyles Idees, quels dæmons 616 E par qui apportez en Grece 660 H
les noms des Dactyles Ideïens, preseruatifs contre les frayeurs 119 A
dæmon, nom du mauuais Dieu 328 A
bon dæmon, ou bon Ange dedans nous 462 E, 645 C
le grand dæmon, tutelaire des Romains 306 A
dæmon ou esprit familier de Socrates 635 G H
le dæmon de Socrates quel estoit, & que c'estoit 643 B C
au bon dæmon sacrifices faicts 385 E
le mauuais dæmon pourquoy reueré des Ægyptiens 333 H
ce nom de dæmon prins en bonne & mauuaise part, par Homere 323 C D
dæmons au milieu des Dieux & des hommes 323 F
dæmons bons & saincts, gardiens des hommes 323 F
deux dæmons nous prennent des nostre naissance 73 E F
dæmons, gardes des hommes, selon Hesiode 348 A, 645 H, 646 A
dæmons appellez ames des hômes 645 A
dæmons estre natures raisonnables 338 H
dæmons estre les espies & escoutes des Dieux, & leurs autres offices 340 A
dæmons estre corps animez 355 E F
dæmons Alastores & Palamnæi, comment appaisez 340 C
dæmons deuisans familierement auec les hommes en l'isle de Saturne 625 B
dæmons, esprits vestus de substance aërée, selon Hesiode 347 G
dæmons parmy la terre, qui obseruent & regissent les actions des hommes 558 G

mauuais dæmons en l'air 323 E
dæmons introduicts par Empedocles 342 A
dæmons chassez du ciel, selon Empedocles 132 A
dæmons, ames & esprits separez des corps 348 A
dæmons, selon les anciens philosophes, estre substances spirituelles 443 H
dæmons ont vne nature masle, & volonté inegale 323 E
dæmons en quoy surpassent les hômes, & en quoy à eux egaux: & comment ils different entre eux 323 B C
dæmons côment faicts des bonnes ames 338 H
dæmons faicts des courtisans de Saturne 625 C
dæmons, vallets de Saturne, autour de luy en Angleterre 341 F
les dæmons conioignent les hommes auec Dieu 338 G H, 339 G H
dæmons de deux sortes, bons & mauuais 341 B C
dæmons violens amenent la pestilence, famine, & sterilité 340 D
dæmons peuuent predire les choses à aduenir 348 A
trois dæmons meslans les ruisseaux de l'autre monde 168 F
aux dæmons le nombre pair attribué 323 E
dæmons aiment ceux qui les honorent 249 E
dæmons comment appaisez 340 C
dæmons tourmentans horriblement les ames des meschans 269 E
dæmons appellez Dieux, & les Dieux dæmons 338 G
dæmons bien aises d'estre appellez des noms des Dieux 341 F
dæmons chastiez & punis pour leurs fautes 323 F, 342 E
dæmons attachez à des corps humains, pour estre punis 626 E
dæmons auoir soin des oracles, punir les malfaicts, & eux mesmes punis, s'ils faillent 626 E
dæmons defaillans, les oracles cessent quant & quant 340 H, 347 F
dæmons de treslongue vie 129 F G
dæmons meurent, selon Hesiode 338 H. & quel aage ils viuent 339 A B
dæmons prouuez mourir par le trespas du grand Pan 341 C D E F
le plus grand des dæmons, le ventre du Cyclops 349 F
dæmoniaques comment soulagez 415 E
dætron, est prouocation à boire 156 C
Daïphantus couronné par les Phociennes, pour auoir deliberé de les brusler 230 E F
Damas saccagée par Alexandre 315 A
Damasenor, tyran de Milet, y deffaict 482 C
Damatrien, quel mois aux Bœotiens 332 F
dames Troyenes, apporterent la coustume de baiser en la bouche 461 F
dames Troyenes, & leurs vertueux faicts 230 A
faicts des dames vertueuses 230 E

on ne doit parler des mœurs d'vne dame 216 F
des dames d'honneur on ne doit parler en vain 215 F
dames Romaines baillerét leurs ioyaux d'or, pour faire vne coupe à Apollo 130 E
dames Romaines pourquoy fonderent le temple de Carmenta 469 C
dames de Chio sauuerent par deux fois leurs maris de mort 230 H, 231 A
dames Persiennes feirent emporter la victoire en monstrant leurs deuans 231 F
Damindas Lacedæmonien, & ses dicts notables 216 C
Damis, quelle response feit à Alexandre se voulant deïfier 216 B
les damnez sont en enfer 517 A
Damon musicien, inuenteur de l'harmonie Soubflydiene 662 F
Damon & Pythias, vne des couples d'amis ancienne 103 F
Damonidas rendoit le dernier lieu de la danse honorable 199 G, 216 B
Danaé reconfortée par Dictys 245 F
Danaides asseruies à remplir vn tonneau percé 158 D
Danaides portent l'eau en vaisseaux percez 289 F
Danaus Roy, eut cinquante filles 102 F, 495 B
dangers font les hommes sages 184 E
dangers comment sont soustenus 21 B
dangers mesprisez des Stoïques 560 C
la souuenance du danger euité, a en soy grande suauité 370 B
danos, aux Macedoniens, signifie la mort 14 D
la danse vient de la panse 537 H
danse Martiale 525 H
danse en quel lieu se doit faire, selon Socrates 297 G
danses, sont poisons aigus 415 B
danses de trois sortes à Lacedæmone, des enfans, des ieunes, & des vieillards 142 A
danses rondes par qui introduites 665 D
danses où fils & filles dansoient tous nuds 209 G, 210 E
danses nuës par qui instituées à Lacedæmone 661 F
danses causes du rauissement des filles 491 G H
danses és festes des payens 114 E
danses és festes de Neptune, faictes au Piree d'Athenes 497 D
danses nocturnes de Bacchus 477 F
danses du temple d'Apollo en Delphes par qui inuentees 660 F
danses comment faictes iadis à Athenes 368 F G
danses faictes auec grande solicitude à Athenes 418 A B
danses coustoient plus aux Atheniens, que la guerre 525 F G
danses cause de fondations de villes, & quelles 492 A
danses des Sirenes des huict cieux 555 D
danses plaisent au Duc oyseau 508 G H
danses plaisent fort aux chats-huants 414 E

danses

OPVSCVLES DE PLVTARQVE.

danser est vn bon exercice, selon Socrates 294 C
le danser proprement deu à la fin de la table 667 G
le danser passe outre le sentiment naturel 414 F
mettre le pied en la danse d'autruy, prouerbe 139 B
elephans apprennent à danser 512 GH
Danube riuiere 345 B
Daphneus discourt de l'amour 599 D E
Daphnis tua Nicocrates, le plus cruel tyran qui onc fut 238 E
Daphnus quelle riuiere 159 F
dariques sont escus de Perse 200 F
dariques pourquoy appellees archers 211 C
Darius ouurage de fortune, de seruiteur & courtier, deuenu vn grand Roy, & son epitaphe 307 F, 310 A, 315 C
Darius par quel moyen vint à l'Empire de Cyrus 88 B
Darius par trauaux dangereux deuenoit sage 184 E, 188 E
Darius pourquoy enuoya des chaines & des cordes à Athenes 130 H
Darius par auarice feit ouurir le sepulchre de Semiramis 188 F
Darius feit trencher la teste à son fils Ariobarzanes, pource qu'il luy estoit traistre 487 G
Darius feit vn pont sur le Danube 189 D
Darius estonné de la continence d'Alexandre son ennemy, prie Dieu pour luy 314 E
Darius perça la cuisse à Alexandre en la bataille d'Issus 315 H
Darius accompagné d'vn million d'hommes, desfait par Alexandre 192 H
Darius massacré, couuert par son ennemy Alexandre, en philosophe 311 A
Darius inhumé par Alexandre son ennemy 316 H
Darius le ieune fut le premier qui eut derriere soy des mousches Otacoustes, & quelles 67 D E
Dascyles tyran 124 F
Dasyllus historien des choses Lydiaques 490 C
les dattes produisent la sueur aspre 535
des Dattes appellez Nicolas 424 F G
dattes d'or tombans du palmier, signifians calamitez aux Grecs 629 A
Datys lieutenant du Roy Darius, pourquoy porta des chaines & des cordes à Athenes 130 H, ayant trois cens mille combatans, vainquit les Atheniens 486 A
le dauphin est en perpetuel mouuement, finissant sa vie auec son mouuoir, & comment il dort 519 F G
le dauphin poisson, de quelle astuce vse pour se deliurer estant prins 518 G
vn dauphin, qui sauua vne fille d'estre noyee 160 A
dauphin qui reconduit les Cretes en leur pays 522 D E
dauphin qui mourut de la mort d'vn enfant qu'il aimoit vniquement 522 H, 523 A
dauphin engraué en l'escu d'Vlysses, & pourquoy 523 B C
dauphins de la mer maiour, bien petits 520 H
dauphins aiment la musique, & les petits enfans: pource est defendu de les tuer 159 H, 522 E F
dauphins prennent plaisir à ouyr des aubois 414 E
dauphins qui apporterét Arion le musicien au bord de la mer 158 G H, 522 G
dauphins qui apporterent le corps d'Hesiode au bord de la mer 159 G H
dauphins qui sauuerent Enalus & son amoureuse, iettez en la mer 160 B, 522 H
dauphins qui assisterent aux funerailles de Cœranus 523 B
debteurs le plus souuent mentent 131 B
debteurs nourrissent des harpyes, quelles 132 G
debteurs sont comparez au vautour qui vomissoit ses entrailles 132 C
debteurs comment se peuuent bastir vn temple de franchise 130 F
debteurs de quelles miseres affligez 132 A
debteurs sont plus que serfs 130 G H
debteurs auoient franchise au temple de Diane, à Ephese 130 F
debtes produisent infinis trauaux 131
debtes abolies par Solon 167 B, 317 B
debtes abolies par Lycurgus à Lacedæmone 219 F
decagone signifie Iupiter 324 F
Decembre, le dernier mois de l'annee 466 A
Decembre, le quantiéme mois iadis aux Romains 463 D
decimes de meurtres dediees à Apollo 631 G
Decimus Brutus pourquoy faisoit les cerimonies des trespassez en Decembre 463 H
Decius quelle voix nocturne ouyt annonçant la guerre aux Romains 303 D
P. Decius par sa mort volontaire sauua les Romains 488 G
Decius, capitaine Romain, se brusla luymesme pour le salut de l'Empire 137 G
decrets proposez au peuple à Athenes 502 B
commancer à la deesse Vesta, prouerbe 103 E
deesse Libitine, comment honoree des Romains 463 H
la bonne deesse, comment iadis honoree par les Romains 464 E F
la deesse de Syrie, quelle 123 C
à la deesse Genita Mana, pourquoy sacrifie-lon vn chien 468 G
deesses fatales ou Parques, où colloquees, & leurs offices 627 A B
defiance est en amitié mauuaise compagne 83 A
la defluxion se fait en la partie offensee 387 H
defluxion d'Osiris, qu'est-ce 328 H
defluxions du cerueau, comment empeschees 380 F
defluxions sortent continuellement de toutes choses, voire des pierres & rochers 537 E F
dehontez demandeurs comment faut refuser 79 E
Deianira empoisonna Hercules son mary, d'vne chemise infectee du sang de Nessus 443 E, 469 K
deiloi, signifie miserables & fols 14 C
Deima est la peur descrite par ses effects 110 B
Deimachus familier de Hercules, mourut en la guerre de Troye 483 F
Deiotarus Roy de Galatie, comment resuscita des enfans par le congé de sa femme sterile 239 E
Deiotarus pourquoy tua tous ses enfans excepté vn 569 D E
Deité nommee Hora, qui a l'œil par tout, & qui controlle tout 468 A
deitez terrestres honorees 466 A
deliberation n'est sans prudence 106 B
en deliberation quelle prudence & sagesse est requise 4 B
deliberations, pleines de passions, donnent bien à faire à la raison 35 C D
delicatesse nous chatouille, & aux yeux & aux oreilles 415 A
delicatesse infame à vn homme aagé 179 A, 180 E
delicatesses causent beaucoup de maladies 430 A B
delicatesses quand & où quittees par Venus 301 G
delicats ne valent pas des femmes 228 C
delicats quels sont 138 A
delicats ont de tristesse leur part 68 G
delices des hommes, quelles 274 C
delices en grande abomination aux anciens 319 F
vn effeminé par delices ne vaut pas vn chien, ou vn asne 21 E
delices par où entrent en l'ame 379 F
delices, quels maux apportent 130 C
delices causent les adulteres 220 H
delices font les hommes cruels & gourmans 274 F G
delices causent les guerres ciuiles 294 H
delices destruisent les villes 203 G
delices engendrent les vsuriers 131 H
delices malaisees à chasser d'entre les femmes, s'ils regnent és hommes 149 F
delices des gourmans & frians, cause de cruauté contre les bestes 276 C D
delices de peu de duree 11 F
delices comment delaissees par Philoxenus le chantre 12 F
delices reprinses par Caton en declamant 393 B
delices hayes d'Alexandre 310 F
delices des Lacedæmoniens reformees par les deux chiens de Lycurgus 219 D
Deliens plaident de la proprieté de leur isle de Delos 212 B
Deliens enseignez par vne corneille, où naistroit Apollo 337 B
Delion chasteau pres de Naxe 237 B
Delius signifie luisant, surnom d'Apollo 352 E, 357 D
Delius Ephesius, disciple de Platon, esguillonna Alexandre à entreprendre la guerre contre les Perses 598 D
Delos isle iadis vagante, arrestee par

TABLE ALPHABETIQVE SVR LES

l'enfantement de Latone 521 G
en Delos nulle femme n'enfante, ny aucun mort y est enseuely 222 B
en Delos pourquoy n'habite aucun chié 477 B
Delphes situees au milieu du mōde 335 H
Delphes en reputation plus de trois mille ans, pour les oracles d'Apollo 655 B
à Delphes estoient celebrez les ieux Pythiques 127 F
à Delphes pourquoy l'air est gros & fort 628 A
Delphes saisies par vn Typhon 627 A
Delphes ruinees par vn horrible tremblement de terre 349 E
Delphiens extremement affligez pour la mort d'Æsope, & comment deliurez 263 C D
Demades vieil orateur, n'auoit que la langue & le ventre 98 D, 195 A
Demades de quelle sage ruse vsa, pour reprimer les Atheniens 174 A B
Demades grand crieur, comment brocardé par Demosthene 164 E
Demades resembler aux lions 98 G
Demades se mocquant des espees courtes des Lacedæmoniens, bien remocqué 199 F
les statuës de Demades pourquoy fonduës 175 D
Demades sagement repicqué par Phocion 197 E
Demades que dist de l'armee d'Alexandre mort 193 H
à Demades plaisamment respond Phocion 169 C
demandeur eshonté honnestement refusé par Archelaus 190 H
hardis demandeurs sont dignes d'estre refusez 78 A
demandeurs déhontez comment faut refuser 79 E
quelles demandes plaisent, & quelles desplaisent 369 F G
demandes villaines & sacrileges proposees à Apollo 337 F
demandes quelles, & comment doiuent estre faictes 95 E, 370 C D
demandes deraisonnables, comme on peut refuser à l'exéple de Zenon 79 D
demandes Platoniques escrites par Aristote 594 B
demandes des choses Grecques 478 A
demandes des choses Romaines, vn traité de ce 460 G
qu'il n'est honneste de donner ce qui n'est seant de demander 416 E
Demaratus Corinthien à bōne occasion reprint Philippus, & dequoy 52 F
Demaratus reconcilia bien sagement le Roy Philippus auec sa femme, & son fils Alexandre 192 C
Demaratus pleuroit de ioye, de voir Alexandre assis dedans le throne de Darius 309 C
Demaratus, Roy de Sparte, vaincu par les femmes d'Argos 231 D
Demaratus combien patient,& ses dicts notables 216 C D
Demetria, dame Lacedæmoniene, tua son fils coüard 228 E

Demetriés surnom des trespassez 615 G
Demetrius le Grammairien, natif de Tarse, fut en Angleterre 335 H
Demetrius pourquoy feit acheter des liures au Roy Ptolomeus 198 D
Demetrius le Phalerien exilé, comment consolé par Crates 52 B
Demetrius le Phalerien banny, se trouua le premier de la Cour du Roy Ptolomeus 125 H, 126 A
à Demetrius furent erigees 300 statuës, & pourquoy abbatuës 175 D
Demetrius appellé Iupiter 314 A
Demetrius, surnommé le preneur de villes, perdit son Royaume 504 B
Demetrius tant outrecuidé, qu'il n'appelloit les autres Princes, Roys 177 A
Demetrius saccagea Megare, & ce que luy respondit Stilpon 5 G
Demetrius comment sauua de mort son amy Mithridates 194 F
Demetrius tua son amy Antipater, par trahison 77 B C
Demetrius prisonnier que manda à son fils Antigonus 194 G
Demochares, frere d'Æschines orateur 496 F
Demochares, petit fils de Demosthene 500 C
Democles, disciple de Theophraste 497 G
Democlides quelle moisson d'or se disoit auoir 161 E
Democrates se disoit auoir peu de force, & peu de vent 164 F
Democratie, quel estat de republique 503 G
quel estat de Democratie est le mieux policé 155 A B
Democratie comment peut estre faicte de monarchie 153 E
Democrita pourquoy se tua dessus ses deux filles 506 H, 507 A
Democritus a ouuert le chemin à la philosophie 588 H
Democritus combien soigneux de sçauoir les causes des choses 368 G H
Democritus mettoit deux principes, Grandeur & Figure 441 D
Democritus reprehensible en ses principes & atomes 590 A
Democritus à quoy attribuoit la cause du debordement du Nil 452 H
Democritus tenoit que la Lune estoit vne fermeté allumee, où il y a des campagnes, des montagnes, & des vallees 449 A
Democritus estimoit le Soleil estre vne pierre enflammee 448 C
Democritus disoit la terre estre comme vn bassin 451 E
Democritus disoit que la terre vaguoit au commancement, maintenant immobile 451 G
Democritus disoit que la terre panchoit vers le midy, & pourquoy 451 F
Democritus à quoy attribuoit les tremblemens de terre 451 H
Democritus estimoit Dieu estre vn entendement de nature de feu 443 E
Democritus quelle opinion a eu de l'ame 453 B

Democritus met la principale partie de l'ame en la teste 453 D
Democritus a faussement & mal estimé de l'ame apres ceste vie 453 F
Democritus quelle opinion auoit du cercle de laict 450 A
Demodoce pourquoy tuee par son frere Critolaus 488 C
Demodocus poëte ancien feit la destruction de Troye 660 G
Demomeles prochassa vne couronne d'or à Demosthenes 499 E
Demon Pæanien, cousin de Demosthenes 499 G
Demonicus d'Alopece greffier 491 H
Demonides aux pieds bots, prioit Dieu que ses souliers fussent bons à celuy qui les auoit derobez 11 E
demostration fait entédre la verité 353 E
demostratiōs d'Arcadie, qu'est-ce 661 D
Demophoontide, l'vne des lignees des Atheniens 378 A
Demosthenes fils de Laches, du bourg de Leuconthee 502 B
Demosthenes l'orateur, disciple d'Isocrates 495 A
Demosthenes disciple d'Isæus l'orateur 496 B
Demosthenes pourquoy surnōmé Battalus 500 D
Demosthenes sentoit l'huyle de la lampe en son eloquence 164 B
Demosthenes n'esteignit iamais la lampe 500 E
Demosthenes veilloit toute la nuict pour estudier & escrire 164 E
Demosthenes ne sçauoit pas si bien dire que Phocion,& pourquoy 164 F G
Demosthenes iamais ne beut vin 435 B
Demosthenes prononçoit la plus part de ses oraisons à l'improueu 500 C
Demosthenes fut le premier qui harangua l'espee au costé 500 C
Demosthenes accuse Philocrates de trahison, de luxure, & de gourmandise 393 A
Demosthenes combien sage & prudent en deliberation 4 B
Demosthenes que reprocha aux Atheniens intimidez 77 E F
Demosthenes en quoy honnestement se loüoit 140 C
Demosthenes esleu maistre des danses 498 F
Demosthenes mocqué d'Æschines, & de quoy 526 D
Demosthenes bien à poinct brocarda vn larron 164 E F
Demosthenes ne picquoit iniurieusement qu'en cause criminelle 169 A
Demosthenes pourquoy brocardé par les poëtes 499 B
Demosthenes pour sa deuise auoit sur son bouclier, Bonne fortune 499 B
Demosthenes combien patiemment supporta la mort de sa fille vnique 253 H
Demosthenes quelle expedition de guerre feit 526 B
Demosthenes comment se feit mourir 500 B
Demosthenes l'orateur, & Demosthenes le capitaine, conferez 526 H

Demosthenes

OPVSCVLES DE PLVTARQVE.

Demosthenes le capitaine accusé d'auoir faict contre les loix 492 H
Demosthenes Mitilenien bien à poinct brocarde vn sien familier musicien 371 G
Demosthenes Lacedæmonien dissolu, donnant bon conseil fut reietté 163 A B
Demoteles tyran tué, & sa monarchie ruinee 485 B
Demus de Chio, pourquoy ne voulut chasser tous les ennemis de sa republique 112 D
Demylus tyran, au visage duquel Zenon cracha sa langue 598 D
Demylus tyran, inartyrisa Zenon 570 E
Den & Meden que signifient 589 A
deniers distribuez aux citoyens, estre la colle du gouuernement populaire 546 A B
dentes, les dents, & d'où vient ce mot 416 H
les dents, rempart de la langue 90 C
depucelemens de filles se terminans en mariages 418 H
Dercyllidas magnanime ambassadeur Lacedæmonien, & ses dicts notables 216 C
Dercyllidas meprisé pour n'auoir point engendré d'enfans 220 F
Dercyllidas, farceur 212 D
Dercyllus a escrit des fondations 488 F
Deris aime tousiours teindre ses mains en sang humain 73 F G
desbauchez ne sont aimez du peuple 186 D
de desespoir ont esté remplis vn million d'hommes par les vers de Sophocles 15 H
desespoir, ainsi s'appelloit le conseil des Phoceens, & pourquoy 230 D E
deshonneur est la seule chose espouuentable à l'homme magnanime 598 D
deshonneur plus redouté que la loy, fait la republique bien policee 155 B
le desicnur des anciens, quel & pourquoy dit en Grec, acratisma 426 E
desir, dieu des affections 442 C
desir de nouueauté insatiable 103 E
le desir des hommes insatiable 71 B C
desirs de la chair sont maistres furieux 98 C
desirer ce qui ne se doit obtenir, est chose miserable 21 H
desordre ne se peut comprédre en nombre certain 430 B
desordre par tout fort mauuais 362 H
de desordre mis en bon ordre Dieu feit le monde 361 E
despense superfluë quels maux apporte 276 E
par despense excessiue Alcibiades finit malheureusement 162 F
despenses excessiues destruisent les villes 203 G
despenses excessiues engendrent les vsuriers 131 C
despenses superfluës de la ieunesse mal apprise 3 D
despenses folles, quels maux apportent 110 B C
despéses publiques ruinét l'estat 176. A B

despouilles de plus grande valeur que les ennemis mesmes 222 C
despouilles des ennemis, pourquoy non consacrees aux Dieux 218 E F
despouilles des ennemis enuoyees au temple d'Apollo 425 E, 658 B
despouilles des ennemis, dediees aux temples, pourquoy mises à nonchaloir 466 D
le desrober permis entre les Samiens 485 A
permis de desrober aux ieunes Laconiens 224 C, 226 F
dessaler vn regne, qu'est-ce 153 C D
destinee fatale de qui engendree 559 C
la male destinee des mortels d'où procede 244 D
destinee qu'est-ce, & de son essence 445 E F
destinee fatale qu'est-ce, & en combien de sortes elle se prend 556 C D
la destinee n'est cause des consentemens 573 A
la destinee & ses causes sont incomprehensibles 15 E
la destinee estre inuincible, & appellee Atropos & Adrastie par Chrysippus 573 B C
destinee fatale entenduë par Iupiter 15 B
la destinee fatale de maux sur maux enueloppe les hommes 251 E
destinee fatale soustenuë par les Stoiques 344 G H
vn traitté de la fatale destinee 556 C
destinees des hômes, bonne & mauuaises, au ciel, en deux tonneaux 125 A
deux destins nous prennent dés nostre naissance 73 F
Deucalion pourquoy laschoit la colombe de son arche, durant le deluge 515 B C
Deucalion par quel moyen sanctifia tous les Grecs 597 G
le dueil, quel honneur receut de Iupiter 249 E, 256 F
dueil defendu par Lycurgus 227 A
dueil pourquoy n'est faict pour les enfans trespassez 258 A
dueil pourquoy porté en blanc par les femmes 464 G H
dueil diuersement & estrangement fait en diuerses nations 250 B C
dueil comment faict entre les Argiens 481 B C
dueil comment faict par les Romains, à l'enterrement de leurs peres 462 F
dueil aux Ægyptiens pour quatre choses 316 C
le dueil de la deesse Isis, comment representé 326 E
en dueil perpetuel pourquoy est la presbytrelle de Iuno appellee Flaminica 473 G
dueil de la ruine de Phaëton, porté dix aages d'hommes 263 F
dueil faict à l'honneur de Leucothoé 221 F
portes d'oubliance & de dueil 324 C
dueils barbaresques faut reietter 251 C
deuin qui trompa le tyran Aristotimus 235 G
le deuin d'Arcadie se feit vn pied de

bois 81 F
le bon deuin est celuy qui coniecture bien 348 D
deuins rauis en fureur diuine par les dæmons 347 F
deuins & propheties, messagers & herauts de Dieu 633 C
combien d'especes de deuins 645 G
deuins chassez de Lacedæmone 219 G
deuins chassez par Scipion 205 C
deuoir accumule vn amas d'angoisses 131 E
deuoir, estimé des Perses estre le premier peché 131 B
deuots quelles choses racontent ordinairement 370 E
le deux est le premier pair, & le trois le premier non pair 330 C 354 A, 461 A
le deux est la mere, & l'vn le pere des nombres 546 H
l'vn & le deux principes des choses, selon Pythagoras 440 G
le deux comprend tout l'vniuers 355 H
deux, l'vn des mauuais principes des Pythagoriens 328 F
le deux appellé contention & audace 334 D
le deux appellé Diane 310 B
Dexander, capitaine des Corinthiens 505 D
Dexicreon, marchand d'eau douce, en vn instant deuint fort riche 484 H
dextre, l'vn des bons principes des Pythagoriens 328 F
ieux de dez des ieunes gens mal apprins 3 D
iouër aux dez est chose dissoluë 22 E
ieux de dez infames 7 D
iouëurs de dez condamnez par Alexandre 193 G
le diable est la plus dommageable chose du monde 154 B
le diable estimé estre le binaire, & Dieu l'vnité 443 F
le diable appellé Arimanius par Zoroastres 553 H
diables appellez lares ou præstites, bourreaux des dieux 468 F
les diables tourmentent les ames des superstitieux 110 D
diables, bourreaux enflammez, qui tourmentent les meschans en enfer 130 H
diables honorez de sacrifices d'orge 478 D
diadème que signifie 182 H
le diadème ne guarit pas la douleur de la teste 67 H
le diadème est plein de soucis & trauaux 183 A B
diadème sourd & muet 313 G
diæte de quelques bestes 516 E
Diagoras Melien, Atheiste 442 F
Diagoras, Theodorus & Hippon, Atheistes 582 E
Diagoras, legislateur des Carthaginois 123 G
le Dialecticien Polyxenus, comment reprins par Dionysius 190 E
dialecticiens auoir besoin de conionctions plus que nuls autres 546 A
dialecticiens composent leurs enonciations du nom & du verbe 545 A

TABLE ALPHABETIQVE SVR LES

dialecticiens renfrongnez 386 E
dialecticiens pourquoy mocquez d'Apollo 353 B
dialectique, qu'est-ce, & en quoy occupee 439 G
dialectique diligemment traittee par Platon, Aristote, Polemon, Straton & Chrysippus 567 C
la dialectique de Chrysippus subuertit les principales parties d'icelle 574 C
dialectique contentieuse & disputatrice des Stoïques 580 A, 581 E
arguts de dialectique coustumiers à ieunes philosophes 115 B
dialectique recommandee d'Apollo 353 D G
dialogues exoteriques d'Aristote 592 D
dialogues de Platon, quels & ce qu'ils contiennent 418 C
diametre, qu'est-ce 282 E
Diane pourquoy surnommee Agrotera, Dictynna, Elaphebolos 511 B E, furieuse, insensee, enragee, forsenee 123 A, veillante 484 C D, Orthie 227 F, Chalcœcos 215 E, le Deux 320 A, la sage conseilliere 657 A, Lochia, & Ilithya 587 E, la Lune 614 E F
le temple de Diane pourquoy inaccessible aux hommes 461 A
Diane, puissance de la Lune, qui diuise, & deioint 617 A
Diane chasse la nuict 333 B
Diane necessaire à ceux qui se marient 461 A
Diane d'Ephese donnoit franchise aux debteurs 130 F
Diane deuotement seruie des Galates 219 B
Diane reluisit aux Grecs victorieux deuant Salamine 526 C
pourquoy on ne fait qu'vne Diane 436 G
Dianes infinie en infinies reuolutions 344 H
Diapason, diapenté, diastema, diatessaron & diatonos, quels accords ou notes en musique 550 B, 551 C, 555 B, 663 G, 664 A
diatonique, l'vne des trois especes de sa musique 437 A, 661 H
Dicæarchus, comment a defini l'ame 453 A
Dicæarchus en quoy se delectoit 285 H
Dicé, est l'executrice de la iustice apres la mort 268 A
Dicé & Themis, assesseurs de Iupiter 136 A
dictateur esleu, soudain les autres deposoient leurs magistrats & offices 611 D
dictions poëtiques comment doiuent estre prinses 14 C
dicts notables d'vn Laconica 223 G
dicts notables des Lacedæmoniens 210
dicts notables des sages, resembler aux riuieres serrees 635 B C
Dictynna, surnom de Diane, & que signifie ce mot 511 B, 522 D
Dictys, nourrisson d'Isis, & fable de ce

319 E
Dictys reconfortant Danaé 245 F
Didymus Cynique, surnommé Planetiades, pourquoy s'escrie 337 E F
diesis, qu'est-ce en musique 347 A, 550 B
la diese harmonique ne tombe soubs les sentimens 666 H
diæte trop exquise au corps, & à l'ame pernicieuse 396 F
Dieu animal raisonnable immortel, selon Aristote 443 F, 459 B
qu'est-ce que Dieu 442 C H, 443 A
homme ne sçeut onc que c'est que Dieu 11 A
Dieu est le meilleur des choses eternelles 548 G
Dieu, le principe de toutes choses, qui se font par raison 325 G, 330 D, 403 G
Dieu, principe de toutes choses, corps spirituel, & entendement assis en la matiere, selon les Stoïques 587 F
Dieu estre l'ame du monde, selon Thales 443 E
Dieu est la plus vieille chose du monde 154 D
Dieu, selon Antipater, est vn animal bienheureux, incorruptible, & bienfaiteur aux hommes 570 G
Dieu, des causes la meilleure, l'vn des trois principes de Platon 423 B
Dieu, selon Platon, est l'entendement vniuersel 441 E F
Dieu, en ce qu'il se meut, est temps: en ce qu'il est, le monde, selon Platon 544 A
Dieu estre vn animal bienheureux 443 C D
Dieu estre feu artificiel, selon Aristote 443 F G
Dieu est Roy & principe de tout ce qui est, ayant en sa main le commancemēt, le milieu, & la fin de tout l'vniuers 125 E
Dieu tient le commancement, le milieu & la fin du monde, se promenant par la nature 597 D
Dieu estimé estre l'vnité, & le diable le binaire 443 F
Dieu estimé vn entrendement de nature de feu, par Democritus 443 E F
Dieu seul est, & est seul immuable 356 H
Dieu pourquoy appellé, Toy qui és vn 356 H
le Dieu souuerain, pourquoy appellé Pere & facteur de toutes choses 540 C D
le Dieu souuerain appellé par Homere, Hypaton Crionton 544 B
Dieu appellé Oromasdes par Zoroastres 553 H
Dieu appellé φιλανθρωπε, c'est à dire, aimant les hommes 645 E
Dieu appellé maistre ouurier, par Pindare 362 H. harmonique 519 C D
Dieu où colloqué, & que fait, selon Platon 136 D
Dieu resembler au Roy Deiotarus, selon Chrysippus & en quoy 569 D E
Dieu parfaitement bon 343 E F
Dieu parle à peu d'hommes, & rarement, & au commun il donne des signes 645 H
l'essence de Dieu est bienheureuse 288 F

Dieu orné de toutes vertus 662 C
Dieu, prince de toute vertu, pourquoy est beneist & heureux 115 H, 318 C
Dieu est esperance de vertu 122 F
en Dieu n'y a changement ny mutation quelconque 357 C D
à Dieu le premier lieu d'honneur deu, le second au pere & mere 82 A
ne faut enquerir l'origine de Dieu 338 E F
qui craint Dieu, craint toutes choses, opinion fausse 120 B
auoir vraye opinion de Dieu, est le plus agreable sacrifice qu'on luy peut faire 320 D
à qui a saine opinion de Dieu, appartient le nom de Grand 115 A
Dieu incogneu & caché en la machine de l'vniuers 292 C
Dieu de tout iamais & de tout homme creu estre, & quant & quant immortel & eternel 582 D
d'où & comment les hommes ont eu imagination de Dieu 442 C
la cognoissance de Dieu, est le plus clair des yeux de l'ame 121 B
cognoissance de Dieu a tousiours sa lumiere & splendeur 99 H, 100 A
Dieu, ayant gousté l'eternité, s'est monstré en cela ennuyeux 290 G H
si Dieu peut tout 443 B C
à Dieu est impossible de faire, que ce qui est fait, soit à faire 251 D
Dieu met la main à toute chose grande 62 E
Dieu eternel, pere & facteur du monde, & comment il engendre, selon Platon 422 A
Dieu a fabriqué toutes choses par accord & harmonie 668 A
Dieu, comment & dequoy a fait le monde 259 E
Dieu, à quel element commença à fabriquer le monde 446 F
Dieu, imitateur de l'Idee, comme de son patron 552 E
Dieu n'a rien qui soit inutile, & qui soit pour neant 543 F
la maiesté de Dieu est accompagnee de bonté 121 E
tout ce qui vient de Dieu, est bon 288 E
Dieu exempt de toute malice, n'a que faire de loix, ny de destinee 559 B C
Dieu n'est iamais cause d'impieté 569 F
Dieu n'est cause d'aucun mal 327 G, 545 G
Dieu n'a crainte ny repentance de rien 259 H
le Dieu souuerain fait bien à tout ce qui est au monde 558 F
Dieu tousiours ententif aux images incorporelles 422 E
Dieu comment exerce tousiours la Geometrie, selon Platon 422 C
suiure Dieu, & obeïr à raison, est vne mesme chose 24 F
il faut prier Dieu d'vne bouche droicte & iuste 120 E
faut honnorer Dieu principalement en prosperité 68 A
en quel estat on doit seruir à Dieu 318 G
Dieu veut

Dieu veut estre seruy d'vn cœur pur & net 471 D
seruir à Dieu n'est iamais laborieux 12 H, 13 A
seruir à Dieu dedans les temples, deïfie l'homme 318 D
que faut il demander à Dieu en le priant 318 B
Dieu prend en protection ceux qui trauaillent pour la iustice 647 A
Dieu tousiours est pres de nous, qui tout void 597 D
Dieu ne porte malueillance aux hommes 539 F
Dieu se sert des bons & mauuais en diuers affaires 633 A
Dieu a l'œil sur les œuures des hommes 258 H
accuser Dieu, chose bien facile 569 F
celuy est de mauuais iugement, qui accuse & calomnie Dieu 634 E
contre Dieu ne faut iamais murmurer 252 E
Dieu par quelles circonstances corrige les vices 260 A
Dieu punit ceux qui veulent imiter le tonnerre, qui sont les tyrans 135 D
Dieu ne haste pas egalement la punition à tous 260 B
Dieu pourquoy retarde la punition des meschans 260 C D
Dieu se monstrant aux hommes, comme à ses amis familiers, en l'isle de Saturne 625 B
l'image de Dieu est le Prince 135 G
la science de Dieu, deuoir estre apprise la derniere 561 H, 562 B
si Dieu a soing des choses humaines 443 C D
Dieu, selon Epicurus, demeure en repos, oisif, & sans se mesler de rien 566 C
Dieu estimé dormir l'hyuer, & veiller l'esté 332 F
Dieu ne peut dormir, & pourquoy 443 D
Dieu trois mille ans vainqueur, & trois mille vaincu, & trois mille à guerroyer, & quel 328 D
nul Dieu onc ne demanda qu'on luy sacrifiast des hommes 340 C
Dieu le donneur, Dieu le bening, Dieu le protecteur 288 C
Dieu Apollo, non moins philosophe que prophete 352 D E
le Dieu Apollo, pourquoy se mocquoit des dialecticiens 353 B
Dieu furieux, est le vin sans eau 183 G
le Dieu fol & entagé, & le Dieu sage & sobre, quel 9 E
le Dieu domestique, nommé Lar, en forme d'vn membre viril, engrossit Ocrisia 305 F
le Dieu tutelaire, pourquoy non permis de nommer, ny d'enquerir s'il est masle ou femelle 469 G
Dieu le grand mangeur, estoit Hercules 463 B
au Dieu Pan, pourquoy les chiens sont aggreables 470 G
vn Dieu par vn homme blessé, qui fut Alexandre 432 D
Dieu qui commande sur les trespassez, quel 334 G H
dieux engendrez 540 D
dieux de qui engendrez, selon Hesiode 442 G
les dieux engendrez de l'Ocean 63 D
la mere des dieux estoit Phrygiene 129 E
dieux à quel iour de l'an furent nez 310 E
conception commune des dieux 583 A
de la generation descendant des dieux 421 C D E
preuue qu'il y a des dieux 603 E F
dieux prouuez estre par les oracles 349 F G H
quels hommes ont premierement enseigné qu'il y auoit des dieux 608 E F
quelles opinions ont eu les hommes de tout temps des Dieux, & leur nature 582 C D
trois opinions touchant les Dieux 608 F
decret des dieux anciens immuable, quel 129 F G
c'est grande presomption aux hommes de discourir des Dieux 259 A B
sentimens és dieux, selon Democritus 454 A
dieux appellez dæmons, & les dæmons dieux 338 G
dieux par quels hommes iadis niez 442 H
dieux estre natures raisonnables 338 H
dieux estre corps animez 355 E F
les dieux estimez estre les astres, par Anaximander 443 E
dieux dequoy se nourrissent 571 A
les dieux ne meurent point, pource qu'ils ne mangent point 158 C
dieux & leurs puissances, signifiez par les figures Geometriques 324 A
dieux estimez naistre, les fruicts apparoissans: & absens, trespasser 332 H
dieux selon aucuns, sont certaines vertus & proprietez des choses 345 A
le Roy des dieux pourquoy appellé Milichius 59 A
l'ignorance des dieux mespartie en deux branches 119 E
entre les dieux, l'vn a sa puissance en vne chose: l'autre, en l'autre 72 D
les dieux sçauent les pechez des hommes 214 H
dieux auoir instrumens de musique en leurs mains, selon les anciens Theologiens, & pourquoy 555 H
dieux rendus bos par les prebstres 134 F
dieux benists, bien-heureux & parfaicts 571 C
dieux bien-faicteurs & benings enuers les hommes 570 F
dieux à tous hommes necessaires 437 E
les dieux quels biens & dons font aux hommes 135 G
les dieux font beaucoup de biens aux hommes, sans que les hommes le cognoissent 48 G
les dieux auoir besoing de nous, selon aucuns 582 H
dieux auoir besoin du vray amour 612 E
les dieux sont les plus grands amis qu'on puisse auoir 146 G
quel est le bien-aimé des dieux 2 G
amis des dieux sont bien-heureux 288 C
dieux qui profitent, & dieux qui nuisent, & quels 442 F G
dieux enuieux, & pleins d'inconstance, selon Herodote 650 F
dieux auoir forme humaine, selon Epicurus 442 G, 443 G
dieux couuertement niez par Epicurus & les siens 287 G H, 288 A, 590 G
dieux ne se mesler des choses humaines, selon les Epicuriens 561 D, 588 G
dieux iniuriez soubs la personne de Solon, par Herodote 650 F
dieux comment doiuent estre inuoquez 227 D
les dieux trompent les hommes, exposition de ce 13 B
seconds dieux, qui vont par le ciel 558 F
petits dieux, quelle office ont 559 C
les ieunes dieux font des corps mortels 559 B
dieux faicts d'hommes, & comment 322 F
vingt-quatre dieux faicts, & mis dedans vn œuf par Oromazes 328 C
dieux faicts des passions des hommes 604 C
cinq dieux fils de Rhea que signifient 347 A
cinq dieux necessaires à ceux qui se marient, & quels 461 A
dieux sauueurs 594 G
dieux visibles, & dieux inuisibles, quels 472 B
dieux terrestres en quel mois reuerez 466 A
grands dieux terrestres dequoy couronnez 380 E
douze dieux adorez en Grece 650 D
dieux espouuentez, estimez estre muez és corps des bestes par Typhon 333 B
dieux des Ethniques, de quelles choses faicts 403 A
dieux des Ægyptiens, quels 413 B
dieux des Ægyptiens, faicts de choses corruptibles 332 A B
dieux des Tarentins, courroucez 202 B
dieux qui diuertissent les malheurs 158 B
dieux iumeaux 209 H
dieux seueres, nommez Arsalus, Dryus, & Trosobius 342 E F
dieux des Tyriens enchainez, de peur qu'ils ne s'en allassent 469 H
deux dieux de mestiers contraires 328 A
dieux des planetes, selon les Chaldees, quels 328 E
dieux tutelaires, quels sont 145 A
dieux tutelaires des Roys & des Royaumes 314 E
dieux tutelaires, dieux de la naissance, dieux salutaires, & sauueurs 120 G
dieux salutaires inuoquez par les pilotes 121 E
dieux marins pourquoy faicts peres de plusieurs enfans, par les poëtes 403 D
les dieux blessez en Homere, & s'entre-guerroyans, comment faut entendre 13 A B
medicamens appellez les mains des

TABLE ALPHABETIQVE SVR LES

Dieux 390 B
images des Dieux, pourquoy armees à Sparte 223 C
demy-dieux se muent en dæmons 338 H
demy-dieux, estre ames separees des corps : les bons, estre les bônes ames: les mauuais, les mauuaises 443 H
monuments des demy-dieux 634 F
dieux en Angleterre 341 E F
diezeugmenon, quel accord de musique 347 A, 555 C
la difficulté de tous ouurages gist en la fin 119 E
digestion & coction, qu'est-ce 534 G
digestion aidee du trauail 390 A
digestion empeschee par la varieté des viandes 388 E F, 389 A
dilection merueilleuse des chiens de mer enuers leurs petits 511 B C
dilia signifie lascheté 331 A
diligence & labeur combien ont d'efficace 1 H
par diligence on trouue tout 106 C
par diligence Agathocles de potier deuint Roy 190 F
dimus signifie frayeur 608 E
Dinæe mène à bout tout ce qu'elle entreprend 73 G
Dinarchus fils de Socrates, ou de Sostratus, orateur, & sa vie 501 G H
Dino capitaine Tarentin, duquel est venu ce prouerbe, Ceste cy l'emporte 483 G
Dinomenes tyran quel oracle receut d'Apollo, touchant ses enfans 632 B
Diocles Medois, par vertu & iustice acquist la Royauté 651 A
Diocles quelle opinion auoit de la sterilité des femmes 458 A
Diocles a faict vn traité des demy-dieux 483 E
Diocles hoste de Thales, & familier de Periander, raconte ce qui fut faict au banquet des sept Sages 150 A
Diodorus Sicilien a prins son subiect d'Aristides le Milesien 486 A
Diodorus capitaine Corinthien, & son epigramme 657 F G
Diogenes Stoïque, natif de Babylone 128 A
Diogenes en exil commença à philosopher 69 E
Diogenes, surnommé le chien, que respondit à vn qui luy reprochoit son bannissement 126 E
Diogenes homme genereux, combien admiré d'Alexandre 136 E
Diogenes abandonna son pays pour philosopher 560 H
Diogenes abusoit publiquement de sa nature 566 G
Diogenes n'vsoit point de feu, & viuoit de choses cruës 527 D
Diogenes, gelant à pierre fendant, ambrassoit tout nud vne statuë de bronze 223 F
Diogenes librement remonstre à Dionysius reduit en calamité 178 G
Diogenes prins pour espion, combien librement respondit au Roy des ennemis 128 G H
Diogenes disoit, Aristote disne quand il plaist à Philippus: & Diogenes, quand il plaist à Diogenes 127 F
Diogenes le Babylonien, persuadé de philosopher par Zenon 308 F
Diogenes voyant vn qui beuuoit dedans le creux de sa main, ietta son gobelet 115 F
Diogenes exposé en vente, à qui vouloit acheter vn seruiteur: luy mesme crioit à l'encan, Qui veut acheter vn maistre 79 B, 137 G
Diogenes mocqué, que respondit 60 E
que dist Diogenes à vn ieune homme, estant en vne taucrne 117 C
Diogenes estimoit les astres estre de pierre ponce 447 E
Diogenes pourquoy demandoit l'aumosne aux statuës 78 B
Diogenes pourquoy donna vn soufflet à vn pedagogue 39 C D
que disoit Diogenes, comment on pourroit viure se véger de son ennemy 13 H
Diogenes que disoit de Platon 37 G
Diogenes que dist de Dioxippus, qui en triomphant regardoit vne ieune dame 66 D
Diogenes quel precepte donnoit pour sauuer vn homme 110 G
que dist Diogenes de la vengeance de son ennemy 110 B
Diogenes disoit le Soleil s'esteindre de froid 448 F
Diogenes a estimé les bestes auoir entendement 459 C
Diogenes met le grand an de trois cens soixante & cinq ans solaires 449 F, & des contes 450 B C
Diogenes quelle opinion auoit de l'ouïye 455 A B
Diogenes à quoy comparoit son passage de la ville d'Athenes en celle de Corinthe 114 H, 115 A
Diogenes pourquoy mangea vn poulpe tout crud 275 D
Diogenes par quel moyen acquist felicité 138 A
Diogenes brocarda dextrement Antisthenes son maistre 371 E
Diogenes que dist en mourant 246 H
Diogenes & Alexandre moururent en vn mesme iour 421 F
Diogenes le Sinopien, animé à la philosophie par vne souris 114 E
Diogenetus capitaine deceu, & sauué par Polycrite, & coment 236 H, 237 A
Diogenianus l'vn des plus hommes de bien du monde 627 E
Diogenian narre de ce qu'il faut ouyr à la table 418 F, 419 A B
Diomedes robuste de corps, homme sans ceruelle, apte pour mettre ses ennemis en route 633 A
Diomedes combien sagement se porta, en repliquant au Roy 19 A
Diomedes dequoy admonestoit Glaucus 85 G
Diomedes prest de combatre les Dieux mesmes 316 H
Diomedes en quelle main blessa Venus 433 F
Diomestus frere d'Isocrates 494 E
Dion disciple de Platon, ruina le tyran

Dionysius 133 E, 284 F, 598 C
Dion philosophoit en maniant les affaires publiques 5 A
Dion comment mis en la malegrace de Dionysius 42 F
Dion qui chassa Dionysius, combien gracieux à ses amis 190 C
si Dion n'eust esté cogneu de Platô, Sicile n'eust esté deliuree de tyrânie 291 H
Dion combien patiemment porta la mort fortuite de son fils 253 H
Dion tué pour estre trop honteux 77 B
Dion tué, & le meurtrier occis de sa propre dague 261 C
Dion & Theon, noms vsitez és escholes des philosophes 465 E
Diondas pourchassa vne couronne à Demosthenes 500 G
Dioné la belle 439 B
Dionysius le pere, de pauure deuint Roy 190 E F
Dionysius l'aisné, puissant tyran, enuoya Philoxenus aux carrieres, & feit vendre Platon 72 B, 311 H
à Dionysius le pere, quel presage fut ceste lettre M. & ses faits & dicts 189 H
Dionysius prioit à Dieu, de n'estre iamais oisif 184 E, 190 C
Dionysius disoit, qu'il falloit tromper les enfans auec des osselets, & les hômes auec les iuremens 310 A
Dionysius comment empescha de coniurer contre luy 190 C
Dionysius tyran entretenoit les flateurs 134 E
Dionysius appellé bon iusticier par les flateurs 44 E
Dionysius quel plus grand plaisir sentoit de sa tyrannie 136 F
Dionysius mort, ietté hors des confins par les Syracusains 264 H
Dionysius, autant tourmenté par sa tyrannie, que les autres 280 F
Dionysius le ieune, se disoit fils d'Apollo 314 F
Dionysius le ieune, comment reprins de son pere, & ses faicts & dicts 190 A
Dionysius comment perdit sa seigneurie 190 E F
Dionysius pourquoy entretenoit les gens de lettres 190 E
Dionysius comment accoustra les amis de Dion 105 B
Dionysius tondit Apollo, qui auoit vne perruque d'or 333 A
Dionys° en vain enuoya des bagues precieuses aux filles de Lysander 147 D E
Dionysius, poëte comique 492 E
Dionysius, à l'arriuee de Platon, fut espris d'vn furieux amour de la philosophie 42 B
Dionysius pourquoy ne peut engrauer en son cœur les sentences de Platon 135 A
Dionysius ioyeusement deceut vn musicien 311 H
Dionysius côment blasonna vn ioüeur de cithre 26 H
Dionysius bien à propos appelloit Gelon, gelos, c'est à dire risee, & pourquoy 140 G
Dionysius pardonna à vn yurongne, &
feit

feit mourir vn sobre & modeste 190 C
Dionysius a escrit de la maniere de conduire les eaux 536 B
Dionysius quelle tragœdie cōposa 26 G
la punition de Dionysius differee, combien vtile 260 G
Dionysius chassé de Sicile, par Dion disciple de Platon 284 F, 598 C
Dionysius chassé de son estat, s'aidoit de sa philosophie 190 E
Dionysius reduit en calamité, comment admonesté par Diogenes 178 G
Dionysius maistre d'Eschole 133 B
les enfans de Dionysius tyran, forcez, violez, bruslez, & les cendres iettees en la mer 175 H
Dionysius, Osiris & Bacchus, vn mesme Dieu 323 A B, 326 A
Dionysius aidé de Dieu, destroba la statuë enorme de Pluton 323 A
Dionysius, maistre ioüeur de tragœdies 496 A
Dionysius le Chalcidien a escrit des fondations 651 H
Dionysius Iambus, historien 662 E
Diophantus capitaine Thebain, mort en bataille 201 C
Diophantus se loüe d'estre nay de gens de bien 1 D E
Dioxippus triomphant, tiré & emmené par le collet, par vne ieune garse 66 D
Diphilus accusé, pource qu'il se tenoit pres pilliers des mines d'argent 498 B
Diphoros, surnom d'Ephorus disciple d'Isocrates, & que signifie ce mot 495 F G
Diphridas, vn des Ephores de Sparte 211 G
dipnon, signifie le souper, & d'où vient ce mot 426 E F
Dircé, quelle riuiere 99 C
de Dircé & de sa sepulture non cogneuë qu'aux capitaines de la cheualerie 637 D
ne dire ny faire rien temerairement, est belle chose 4 A
dire, est bien facile; faire, fort difficile 16 D E
en bien disant & bien faisant on acquiert grande reputation 212 F
vn disciple de Pythagoras se pendit, ayant esté reprins asprement 53 A
disciples des Dieux, quels doiuent estre 133 D
disciples de Theodorus prenoient les propos de leur maistre, de la main gauche 69 D E
ne faut descouurir la faute du maistre deuant ses disciples 53 C
les disciples de Platon contrefaisoient ses hautes espaules : & ceux d'Aristote, son begueyement 16 H, 17 A
discipline est en toutes creatures qui ont ame 509 E
discipline grande efficace pour engendrer la vertu au cœur des hommes 2 C
discord, qu'est-ce 555 G
accord & discord, deux principes, selon Empedocles 441 E
discord & accord meslez font l'harmonie 553 H
en discord le plus meschant a autho-

rité 81 F
le discord nous fasche 455 G
discours de la raison, de quelle partie de l'ame sont faicts 455 G H
discours des philosophes inutiles 222 B
auoir les discours des anciens à la main, est la plus royale chose qui soit 588 C
le disner des Romains à par eux, & le souper en compagnie 426 B
le cuisinier du disner d'Alexandre, estoit se leuer matin 192 G, 295 F
disputes ne conuiennent à la table 360 A
disputes comment se doiuent faire entre enfans 6 A B
disputes non passionnees, quelles 35 C D
disputes coustumieres à ieunes philosophes 115 B
disputes espineuses ne sont propres pour vn souper 299 E
disputes espineuses faschent ceux qui les escoutent 360 F
en disputes que faut il obseruer 115 H, 116 A
en disputes comment se faut gouuerner 96 C
disputes de philosophie, combien plaisantes 403 C
disputes des Sophistes, subtiles & artificielles 177 E
disputes d'Epicurus lourdes 341 H
dissension, fille de la guerre 84 D
dissolution des hommes plus desbordee que celle des bestes 273 A
dissolution des hommes, ostee par l'introduction des loix 443 B
dissolution de ceux qui parlent à l'appetit d'vne commune 3 H
par dissolution Alcibiades finit malheureusement 162 F
dissolution des vieillards haye 185 C
dissolution d'Epicurus, excessiue 284 H
dissolutions des Lacedæmoniens, reformees par les deux chiens de Lycurgus 219 D
dissolus pour quels actes ainsi dicts 414 G
Dithyrambe resuscité en hyuer 354 H
dithyrambes, quel genre de vers 158 F
dithyrambes, vers en l'honneur de Bacchus 354 F
ditonus, quel accord de musique 347 A
diuersité resiouït nature 364 G H
diuination a pour son subiect l'ame de l'homme, & l'exhalation pour son outil 350 F
diuination approuuee de toutes sortes de gens 559 F
diuination iadis parloit aux hommes par plusieurs voix 338 D
de la diuination, comment elle se fait 456 F
diuination inspiree vn seul iour en chaque annee 342 D
diuination par les animaux aquatiques 517 F G
la diuination par le vol des oyseaux, est la plus ancienne 516 H
l'art de diuination de quels signes composé 645 H
diuination de la fureur de Bacchus 348 F
diuination non abolie de par Dieu 338 E
diuinations ne sont sans diuinité 339 H

diuinations defaillent, les dæmons perissans 340 H
quelle est la vertu diuinatrice 348 E
diuinité, qu'est-ce 135 H
la diuinité est situee loing de douleur & de volupté 23 G
la diuinité communiquer auec les hommes en dormant 643 G
le dix estimé estre toute la nature du nombre, par Pythagoras, & pourquoy 440 H
le dix entre les nombres le plus puissant 434 C
Diyllus Athenien, historien 523 G, 651 G
Docana, quelles figures & deuises à Sparte 81 A
doctrine sans nature est defectueuse 1 F
la doctrine de Dieu, combien vtile, & en quel lieu doit estre apprise 562 B C
la doctrine des bonnes & mauuaises choses est fort accordante auec la vie humaine 565 D
la doctrine de la philosophie rend les cœurs actifs & vifs 133 B C
la doctrine & vie du philosophe doiuent estre conformes 560 E
doctrine Academique, introduicte par Arcesilaüs 595 G
des doctrines mauuaises se faut garder 26 F
doctrines des anciēs philosophes estoiēt en vers 631 H, 633 G
Dodecaëdre, corps à douze faces, d'où engendré 345 E
du Dodecaëdre Dieu se seruit en la cōposition du monde 541 G
le Dodecaëdre accommodé aux ames 343 C
le Dodecaëdre estre l'image de l'vniuers 346 C
le Dodecaëdre, matiere de la premiere sphære de l'vniuers 446 G
Dodone forest, où estoit l'oracle de Iupiter 210 A
ne se faut marier au rapport de ses doigs 147 C D
Dolon, homme vilain 272 A
Dolonia, porte de Delphes 340 F
cupidité de dominer cause les guerres 569 E
C. Domitius desfeit l'armee espouuentable d'Antiochus 203 B C
Domitius en quoy s'iniurié par Crassus 110 F, 517 F
Domitius ne plora iamais de trois femmes qu'il meit en terre 169 C
donaisons pourquoy defendües entre le mary & la femme 148 C, 461 H
donations publiques ruinent l'estat 176 A B
don le plus grand & magnifique, donné de Dieu, est la verité 318 B
dons de Iupiter, quels sont 15 C D
dons des Dieux meurent, non pas eux 338 E
dons enuoyez à des filles, refusez 215 F
donnees quand & quelles se peuuent faire au peuple 174 A
donner volontairement, & receuoir honnestement, est chose iuste & loyale 641 A
n'est honneste de donner, ce qui n'est

e ij

TABLE ALPHABETIQVE SVR LES

seant de demander 416 E
la Dorade poisson sacré, & son histoire 520 H, 521 A
Doris Nymphe, pretenduë mere de Dionysius le ieune 314 B
dormans ont chacun vn monde, les veillans vn seul commun à tous ensemble 120 F
dormans communiquer auec la diuinité 643 GH
dormans pourquoy estimez n'estre iamais frappez de la fouldre 390 F
le dormant & le veillant vne mesme chose, selon Heraclitus 246 A
dormir & mort sont freres iumeaux 246 G
le dormir & la mort comment se font 459 E
le dormir est le seul bien, que Dieu donne gratuitement 110 F
le dormir est le seigneur de fait-neant 357 D
le dormir appellé d'ærain, & le preambule de la mort 246 H
le dormir & le veiller à l'homme donné de nature 5 F
le dormir se fait par refrigeration 383 E
le dormir comme vn gabeleur, oste la moitié de la vie à l'homme 528 F
le dormir plus est profond, plus est doux & gracieux 246 G
le dormir à l'homme osté, quel mal s'en ensuiuroit 157 E
ficurs pour attirer doucement à dormir 380 F
le dormir bon à ceux qui sont yures 420 G
dormir soubs vn noyer, est chose dangereuse, & pourquoy 380 E
le dormir pourquoy esteint la soif 405 B C
peu dormir ne suffit pas à ceux qui boiuent le vin pur 399 A
le dormir corrompt le corps des ieunes gens 467 B
le dormir allege les ennuis 120 C
le dormir ne conuient aucunement à Dieu, & pourquoy 443 D
auant le dormir la musique est vtile 335 E
le dormir apres le souper, pernicieux 299 F
dormir sur des peaux pleines d'eau 381 A
la feste du dormir, & resueil de Dieu, comment celebree 332 F
par le dormir Alexandre creut qu'il n'estoit pas Dieu 50 A B, 421 H
le dormir contraire à apprendre les sciences 8 B
le dormir des superstitieux, est comme vn enfer, & le lieu des damnez, opinion damnable 120 D
si le dormir est du corps ou de l'ame 459 H
qui dort ne sert de rien, non plus que s'il estoit mort 427 F
Dorotheus, orateur 391 E
doryalotos, signifie captif, & prisonnier de guerre 480 B C
doryxenos, c'est à dire, hoste de guerre, & frere d'armes 480 B C

Dositheus chroniqueur des choses de Sicile 488 H
doüaire d'vne fille à marier, est la pudicité 229 C
doubtes viennent de beaucoup sçauoir 431 B
douceur de Socrates 588 E F
douceurs emoussent la force du vin 385 F
douleur resueillee, grefue bien fort 370 B
douleur, l'vn des trois principes de musique 365 G
douleur de Dieu enuoyee, faut endurer auec patience 252 E
la douleur de toutes les passions, est celle qui plus entame l'ame 241 H
douleur produict des larmes pour son fruict 245 E
douleur estoit toute la vie des premiers hommes 274 F
petite douleur est offusquee par vne plus grande, selon Hippocrates 286 B
la douleur de la teste, n'est pas guarie par le diademe 67 H
douleur excessiue resemble à la fieure chaude 37 E
ne sentir point de douleur, estimé le souerain bien de l'homme 24 C
douleur & volupté sont loing de la diuinité 23 G
douleur n'aduient à Dieu 582 D
douleur mesprisee des Stoïques 559 H
la douleur est corps & animal, selon Stoïques 587 B
douleurs de la teste comment reprimees 380 F
la vie de l'homme, pleine de douleurs 246 C
douleurs des femmes en trauail d'enfant, quelles 102 C
douleurs allegees par le dormir 120 C
douleurs en fin guaries par le laps du temps 249 E
drachme combien vaut 200 E
Draco Athenien, precepteur de Platon en musique 662 G
le dragon fourbit ses yeux de fenoüil 516 D
dragon qui rendit le pays desert & inaccessible 338 C
dragon amoureux d'vne fille, & qui couchoit auec elle 515 E
vn dragon aupres de Pluton 323 A
le dragon Python tué, empuantit toute la region des Locriens 479 H
dragon pour la deuise d'Inachion 634 H
dragon religieusement honoré à Lauinium 488 C
le dragon sacré à Minerue 333 B
dragon pourquoy consacré à Bacchus 383 G
le dragon pourquoy adiousté à la statuë de Pallas 334 C
dragon port, pourquoy nommé riuage d'Arænus, c'est à dire, de malediction 481 H, 482 A
dragons & aigles se guerroient 107 H
dragons sacrez 645 F
dragonne qui combatit contre Apollo 271 B
draps trempez en eau d'alun, s'en teignent mieux 404 C

draps non tondus, conseruet la neige 406 F
draps teincts, sont superfluitez 464 H
drogues aromatiques en abondance en Arabie 192 E F
drogues medicinales allegent les malades, & gastent les corps sains 290 E
drogues laxariues resoluent la vertu naturelle 299 H
droict, l'vn des bons principes des Pythagoriens 328 F
Dryades, Nymphes, ayans leur vie egale à celle des arbres 604 F
Dryopiens appellet les dieux Popi 14 D
Dryus, Dieu seuere 342 E
dualité & l'vnité estre les premiers & supremes principes 346 E
le duc oyseau, se delecte de voir danser, & danse luy-mesme 508 G H
ducs, oyseaux de proye, pourquoy estimez goulus 474 E
Duras, quelle ville, & où assise 481 E
Duris historien 308 B
Dysopetus, est celuy qui est trop honteux 76 B
dysopie en Grec, est manuaise honte 76 A

E

E La cinquieme lettre de l'Alphabet, signifiant cinq entre les nombres, & pourquoy consacree à Apollo 352 G
E, la seconde entre les lettres voyelles 353 A
E, pourquoy preferee à toutes autres lettres 353 H
deux E, consacrez à Apollo 355 H
l'eau est vn bien complet & parfaict en soy-mesme 527 F
l'eau est le meilleur element, selon Pindare 527 A
l'eau est vn dieu sage, & pourquoy 9 E
l'eau est le chastiment du feu, selon Æschylus 531 E
l'eau estre le principe de toutes choses 325 D
l'eau estimee estre le principe de l'vniuers 440 C
l'eau est vn des instrumës de Dieu 160 D
à l'eau la premiere froideur attribuee par Empedocles 530 C
l'eau auoir esté premier que les dieux, & leur auoir donné l'estre 527 C
l'eau, l'air & la terre, les premiers corps engendrez 325 H
l'eau femelle des elemens 460 G
l'eau s'engendre de la terre 338 G
l'eau s'engendre d'air espessy 345 G
l'eau s'engendre de la mort de l'air 356 G
l'eau comment engendree d'atomes 441 H
l'eau auoir son principe de l'Icosaëdre, corps à vingt faces 446 G, 541 G
l'eau de quelles qualitez participe 533 A
sans eau ne fut iamais la vie de l'homme, ouy bien sans feu 527 C
l'eau appellee monde 343 C
l'eau appellee le decoulement d'Osiris 325 G
l'eau appellee par Empedocles, amirié tenante, & ses effects 532 D
l'eau appellee Chaos par les anciens 527 A

l'eau

OPVSCVLES DE PLVTARQVE.

l'eau pourquoy estimee diuine 403 A
mesme eau par tout le monde 125 D E
l'eau en son element n'est simple ne pure 346 D
l'eau froide par elle mesme 532 D
l'eau n'est solide ny serree de sa nature 530 F
l'humidité de l'eau est gracieuse 298 H
l'eau se peut tourner en toutes sortes de qualitez 346 D
l'eau sans chaleur est oisiue, & n'engendre & ne produict rien 460 G
l'eau enemy mortel du feu 531 F
l'eau esteint & perd le feu 528 C
ce qui tombe en l'eau, s'il n'en sort, deuient eau 533 B C
pourquoy on void les choses courbes en l'eau 450 G
l'eau estre noire 531 B
l'eau fait apparoistre les choses noires 325 B
l'eau n'appete nourriture 404 A
l'eau muette d'elle-mesme 423 H
l'eau coule tousiours contre bas 88 C
l'eau chauffee refroidit plus, & plustost 406 A, 531 A
l'eau tombant auec le tonnerre, estre genitale 390 A
eau de pluye meilleure aux plantes, que toute autre, & pourquoy 539 F
l'eau du fond des grandes riuieres iamais ne gele, & pourquoy 530 H, 531 H
eau pourquoy renduë plus froide en y iettant des cailloux ou des plombees 406 D E
si l'eau est plus vtile que le feu 527 C
l'eau ne profite que par l'attonchement 528 D
eau tomber de la Lune 446 F
eau de la mer comment peut estre dessalee 535 E
l'eau de la mer à quoy sert 109 D
eau de mer pourquoy versee és tonneaux de vin 536 C
l'eau de la mer augmente le feu, & pourquoy amere & salee 534 E
l'eau de la mer pourquoy soustient plus pesant que l'eau douce 368 B, 524 E
l'eau de la mer pourquoy ne nourrit les arbres 534 D
eau de mer distillee sur la flamme, s'allume 268 C
eau de mer plus chaude & plus claire que l'eau douce 368 A
eau naphthe de Babylone, s'allume en la monstrant au feu de loing 400 H
l'eau Styx, pour sa froideur ne peut estre contenuë en aucun vaisseau, qu'en vne corne du pied d'vn asne 533 F G
eau de verueine pour arrouser les sales où lon mange 360 D
eau du puis suspenduë dedans le dit puis, deuient plus froide 530 G H
eau douce pourquoy laue mieux les habillemens, que celle de la mer 367 H
eau tiree de la fontaine, se gele plustost 530 G
eau d'vne fontaine, dont l'eau pese plus deux fois en hyuer qu'en esté 536 A
les Roys de Perse ne buuoient point d'autre eau, que de celle de la riuiere Coaspes 125 G

l'eau du Nil, pourquoy puisee auant le iour, pour en vser 425 G H
eau, où la cicogne a beu, sert aux prestres pour s'asperger 334 B
eau venduë par Dexicreon, dont se feit en vn instant fort riche 484 H
eau d'alun quelle vertu a pour teindre les draps 404 C
eau meslee auec le vin, fait sage vn dieu furieux 183 G
trois accords du vin auec l'eau 386 D
boire eau, & manger pain, sont seulemẽt necessaires à l'homme 24 B, 566 E
quand on peut prendre de l'eau chez son voisin 130 B
eau & feu demandez par le barbare Roy de Perse 130 G
eau portee en procession 325 G
eaux, comment coulent sur la terre, & les causes de ce 543 A
eaux froides sont steriles 528 C
quelles eaux sont les plus froides 533 F
eaux croupies, pourquoy se corrompent 426 A
eaux croupies pourquoy mauuaises, & quelle est la bonne eau 426 B
eaux des fontaines, pourquoy tiedes en hyuer 536 F
eaux de pluyes bonnes à arrouser 390 H
eaux de tonnerre pourquoy meilleures pour arrouser 533 C
eaux des riuieres en hyuer plus froides que la mer 406 A
eaux des lacs bonnes en hyuer, & mauuaises l'esté 425 H
eaux douces agitees pourquoy s'effroidissent, & la mer tourmentee des vents s'eschauffe 536 A
Ebrieté deceile ce qu'il faut taire 579 B C
Echecrates prophete, par la bouche duquel le dieu Apollo respondoit 337 B
echemythie, c'est à dire, tenir sa langue, ordonnee de Pythagoras pour cinq ans 65 D
echeneis, ou Remora, poisson arrestant les nauires 376 A
Echinades, isles sainctes 127 A, où situees 341 C
l'echo retentissement de voix, comment se forme 451 F
l'eclipse du Soleil comment se fait 448 G, 619 H, 620 B C D E
eclipse de Soleil, durant tout vn mois 448 G
l'eclipse de la Lune, pourquoy aduient plus souuent que celle du Soleil, & quand & comment elle se faict 149 D, 554 H, 610 B C D
eclipse de la Lune cõmet signifiee 330 B
eclipse de Lune ignoree, feit perdre la bataille à Nicias 122 C D
eclipses de la Lune comment se font, & comment signifiees 327 E
aux eclipses la lumiere du monde destrobee 619 G
aux eclipses de la Lune, pourquoy sonne lon des poëles & chaudieres de cuiure 626 C
eclipsemens des oracles pourquoy faicts 337 H
Ecphantus Pythagorien tient que la ter-

re se meut 451 G
Edicts en multitude, comment estimez du peuple 187 A
education bonne ou mauuaise, quelle efficace a, exemple des deux chiens de Lycurgus 219 D E
ville d'Eëtion destruicte par Achilles 667 B C
l'effect depend de sa cause 444 B
les effects sont là où sont toutes les causes 442 B
effects contraires, produicts par les ames du monde 328 F G
effects merueilleux de nature 376 H, 411 H
vn effeminé ne vaut pas vn chien, ou vn asne 21 E
l'effronté a des putains aux yeux, disoit Demosthenes 79 B
egalité ioint les citoyens en amitié 378 E
egalité de toutes choses fait la rep. bien-heureuse 155 E
egalité, la plus grande iniustice qui soit 421 F
egalité apporte repos entre les freres 84 H
Egeria, l'vne des Dryades, fee prudente, enseigna Numa Pompilius 304 E
Egesistratus natif d'Ephese, aiant tué l'vn de ses parés, où se sauua 491 H, 492 A
Ei, c'est à dire, Tu es, responce à la salutation d'Apollo 356 B, 357 C D
Ei, est parole d'admiration & d'adoration enuers Dieu 357 F
Ei, consacré au temple d'Apollo, que signifie 352 C
Ei, pourquoy consacré au temple d'Apollo 345 C
Ei, quelle efficace a pour prier & interroguer 353 B C
Ei de Liuia estoit d'or: celuy des Atheniens, de cuiure: & celuy des Sages, de bois 352 H
eithé, que signifie, & pourquoy la derniere syllabe superfluë 353 B C
elaphebolia, quelle feste en l'honneur de Diane 230 F. & que signifie ce mot 388 E
Elaphebolos, surnom de Diane, & que signifie ce mot 511 H
elaphos, est vn cerf, & pourquoy ainsi nommé 517 H
elaphos, c'est à dire, cerf, quel homme ainsi appellé 483 C
Elasiens, demy-dieux reclamez pour diuertir les apoplexies 481 B
elæa, signifie oliue 660 B
election de la vie, attribuee au liberal arbitre 454 E
Electra, sœur d'Orestes 598 G
elegies par qui inuentee 660 G
element & principe en quoy different 440 B
l'element ne se diuise iamais en ce qui est composé de luy 542 A
chaque element appellé monde 343 C
elemens creez d'vne mesme matiere, ont qualitez toutes contraires 85 B
elemens comment engendrez d'atomes 441 G
de combien d'elemens s'engendre chacune partie de nous 459 D E

e iij

TABLE ALPHABETIQVE SVR LES

elemens dequoy & comment composez selon Platon 422 G H
elemens s'engendrent l'vn de l'autre 338 H
elemens en quel ordre faicts & disposez de Dieu à la creation du monde 446 F, 549 A B
les elemens, sont les quatre premiers corps, & consideration sur ce 529 G, 587 G
elemens mesmes en tous pays 125 D E
cinq elemens corporels 346 C
cinq elemens mis par Aristote & Zenon 441 F
elemens ronds selon les Pythagoriens 444 E
elemens de la composition du monde, selon Platon, & quels 541 G
elemens soustenus de la terre 343 A
elemens repugnans entre eux, & leur ordre 527 H
elemens passibles, selon Aristote 446 H
des elemens lequel plus excellent 528 E
elemens sont instrumens de Dieu 160 D
les quatre elemens estimez principes par Empedocles 441 E
elemens subiects à corruption 331 E
deux elemens legers, & deux pesans 444 C D
des elemens le feu est le masle, l'eau la femelle 460 G
elemens premiers & necessaires, est le feu & la terre 302 B
elemens, excepté le feu, n'appetet nourriture 404 A
elemens eternels, & corps vuides, selon Epicurus 441 D E
les elemens ne sont totalement purs 347 C D
elemens sont simples, & non meslez ny composez 587 F
elemens comment se meslent 444 G
elemens non proportionnez au corps, causent les maladies, selon Diocles 460 E
elemens comparez aux vans à vanner le bled 347 C
elemens d'Epicurus 373 F
elemens de la grammaire, & de la musique 529 D
l'elephant caresse ceux qui le nourrissent 522 F
elephant declarant à son maistre, le tort que luy faisoit son gouuerneur 513 A
l'elephant du Roy Porus, combien sage & humain enuers son maistre 514 B C
elephant corriual d'Aristophanes 515 F
d'où procede la haine entre l'elephant & le pourceau 107 A
elephans fuyent le pourceau 521 B
elephans haïssent ceux qui sont vestus de robbes blanches 149 D, 309 F
elephans quelle foy & amour sociale ont entre eux 515 B C
elephans prient Dieu, & adorent le Soleil leuant 515 C
elephans seruent de chirurgiens aux hommes 516 F
elephans apprennent à danser, & leur histoire naturelle 106 F, 512 G H
elephans aguisent leur defenses entrans au combat 511 F

elephans estans en fureur, s'appaisent voyans vn mouton 376 H
elephans immolez, & punition de ce 115 C D
elephans 160 portans tours, prins en la bataille contre Pyrrhus, par Paul. Æmylius 487 B
elephantie, quelle maladie 429 F G
Elephantine contree en Ægypte 153 B, 327 C
Eleunte ville d'Asie, par qui & à quelle occasion fondee 492 A
Eleusine ville, & mysteres y celebrez 127 E
mysteres d'Eleusine 607 C
Eleusinium, temple de Ceres, & de Proserpine 129 E
Eleuther ne fut participant du crime de son pere Lycaon alencontre de Iupiter 483 B
Eleutheres ville, par qui bastie & nommee 483 B
Eleutheria feste, où les seruantes sont accoustrees en maistresses, & pourquoy 490 C
Elide ville 484 C
Eliens policez par Phormion, disciple de Platon 598 C
Eliens pourquoy exclus des ieux Isthmiques 630 F G
Eliens pourquoy menoient leurs iumés saillir aux cheuaux hors de leurs confins 484 G
les Eliens en quatre annees n'vioient qu'vn iour de iustice 199 A, 214 E
ellope, poisson qui nage selon le vent & maree, ce que ne font les autres poissons 519 F
ellopes signifie les poissons, selon Empedocles, & pourquoy 427 H
eloquence combien requise pour bien narrer 282 B
eloquence quelle efficace a 26 G
l'eloquence ne persuade sans les bonnes mœurs 163 B
eloquence ne peut estre exercee qu'en parlant 360 B
eloquence dequoy sert aux historiens 524 H
eloquence quand se coula dedans Rome 313 B
eloquence Suadele pourquoy auoit son image pres celle de Venus, de Mercure, & des Graces 145 D
l'eloquence d'vn gouuerneur de peuple quelle doit estre 164 A B
l'eloquence de Carneades, retrenchee par Chrysippus 574 B
eloquence merueilleuse de Pericles 163 G H
eloquence de Sophocles 525 D
l'eloquence de Demosthenes sentoit l'huyle de la lampe 164 B
Elotes yures, pourquoy monstrez aux ieunes gens 578 E
l'ame d'Elpenor vaguoit, son corps n'estant inhumé 434 F
Elpenor purge Pœmander, du meurtre par luy commis 482 G
Elpistiques, quels philosophes 393 D
Elysien coment & pourquoy coniura & suscita l'ame de son fils mort 247 F G

le champ Elysien en la Lune 626 E
Emathion aimé d'vne Deesse 304 E
Emerepes, Ephore de Sparte reprend Phrynix le musicien 216 E
Empedocles, fils de Meton, natif d'Agrigente, mettoit les quatre elemés pour Principes 441 E
Empedocles le premier qui a cessé d'enseigner Pythagoriquement 427 H
Empedocles publioit sa doctrine en vers 631 E
Empedocles pourquoy n'est reputé entre les poëtes 10 A
Empedocles disoit que le monde & le tout n'estoit qu'vne mesme chose 442 A
Empedocles pensoit que deuant les elemés il y auoit de petits fragmés 444 D
Empedocles fait la Lune vn air congelé, comme gresle, contenu en vne sphære de feu 614 C
Empedocles tenoit la Lune estre de la forme d'vn bassin 449 B
Empedocles quelle distance disoit estre entre le Soleil & la Lune 449 E
Empedocles constituoit deux Soleils, & comment 448 D
Empedocles quelle opinion auoit des sentimens 454 A
Empedocles quelle opinion auoit de la premiere generation des animaux, & des plantes 459 A
Empedocles tient que les arbres saillirent de la terre, deuant que le iour & la nuict fussent separez 450 A
Empedocles quels dæmons a introduict 342 A
Empedocles comment osta la peste ordinaire d'vne contree 63 B
Empedocles deliura son pays de peste, en faisant murer les trous des montagnes 598 B
Empedocles, quel diuin & grand precepte commanda 62 F
les sentences d'Empedocles seruoient de loix 276 G
Empereur, est à dire, souuerain capitaine general 206 F
le premier des Empereurs fut Auguste, fils de Cæsar 303 F
plusieurs des Empereurs Romains, n'auoir laissé l'Empire à leurs enfans 69 G
emphysesis que signifie 583 F
l'Empire Romain quelle estendue auoit 306 A
l'Empire des Romains auoit la iustice pour sa borne 207 A
pour l'Empire Romain, vertu & fortune ont combatu 301 H
Empires combien muables & inconstans 306 A
Emponina toute seule enfanta deux enfans iumeaux, en perseuerant sept mois dessoubs terre auec son mary Sabinus 613 A B
emprunter accumule vn amas d'angoisses 131 E
faut emprunter de sa propre table, & comment 130 E
ceux qui empruntoient de l'argent à vsure, pourquoy le rauissoient par force 484 H

hardis

OPVSCVLES DE PLVTARQVE.

hardis emprunteurs sont dignes d'estre refusez 77 H
emption & vendition d'où ont eu commencement 467 E
Empuse, quel fantosme 287 C
emulation entre chantres 110 A
emulation entre amis de vaine ceruelle 112 D
emulation mauuaise entre freres, pernicieuse 83 G
emulation de ialousie, peruerse 112 A
emulation, prompte passion à engendrer inimitié 109 A
emulation honneste aux ieunes gens 186 G
Enalus, s'estant precipité en la mer apres son amoureuse, furent tous deux sauuez par les dauphins 160 A, 522 H
enarmonique, quel genre de musique, & par qui inuenté 661 H
encens croist és regions chaudes 366 C
encens en abondance en Arabie, & 300 quintaux recueillis par Alexandre 192 E F
enchantemens pour attacher la Lune du ciel 339 H
enchantemens faicts par regard 400 D E
enchantemens des femmes incitans à amour 22 F
enchantemens, par lesquels le Soleil & la Lune sont attirez icy bas 630 D
enchantemens qui transformerent Picus en vn piuert, qui donnoit oracles, & rendoit responses 463 G
enchanteresse composant bruuages d'amours 145 G
enchanteresses arrachent la Lune du ciel 149 H
Endymion comment puny en l'autre monde 616 H
Eneros & Nerteros, noms des morts 544 C
l'enfant comment conformé au ventre de sa mere 356 D
si l'enfant au ventre de sa mere est animal, ou non, & comment il se nourrit & parfait 458 C D E
l'enfant dedans le ventre de sa mere se nourrit comme vne plante dedans la terre 571 C D
l'enfant en ce monde naissant, a son destin fatal tout filé 255 C
estre enfant de bon pere & de bonne mere, combien profite 1 B C D
l'enfant fort degenere, qui plaide contre son pere 84 C
l'enfant bien aimé, appellé par Homere μοῦνος, c'est à dire, vnique 103 G
enfant nourry du bout du doigt en lieu de mammelle, & immortalité 311 D E
enfant Æthiopien engendré d'vne femme Grecque, & comment 166 H
enfant declaré Roy estant au berceau 313 F
enfant captif, qui se tua pour garder sa liberté 224 D
enfant Laconien, merueilleusement magnanime & patient 224 C
enfant peint au temple de Minerue, que signifioit 325 A
enfant aimé d'vne oye 515 F
enfant portant le laurier à Delphes, de

qui accompagné 662 D
enfant mourant causa la mort au dauphin qui l'aimoit vniquement 522 H, 523 A
enfant mort, qui teuint parler à son pere 255 H
enfant qui mourut du regard d'Isis 321 E
enfant ne voulant endurer d'estre violé & corrompu, tué par le meschant vilain 506 B
enfant qui mourut entre les mains de ceux qui le forçoient 505 E F
enfans comment conceuz 457 B
enfans comment moulez & nourris au ventre de leurs meres 101 F G
enfans resembler aux plantes 5 F
enfans iumeaux comment s'engendrent 457 F
cinq enfans peuuent estre engendrez d'vne portee, & non plus 461 A
enfans pourquoy sont viables à sept mois, & non à huict 458 E
la nourriture & croissance des enfans n'appartient à pas vn des dieux ny demy-dieux 604 F
on doit dresser & former les membres aux petits enfans dés leur naissance 2 E
la premiere voix que iettent les petits enfans, est αἴειν 433 B C
enfans comment doiuent estre alimentez apres qu'ils sont nez 2 D
enfans doiuent estre allaictez par leurs meres 2 D
enfans robustes de quelles femmes engendrez 220 D
enfans des dieux, quels 28 C
enfans comment doiuent estre nourris 1 F, 413 F G
enfans reçoiuent l'impression du vice ou vertu des peres 266 C D
enfans bien moriginez sont ouurages des dames d'honneur 228 G
deuant les enfans ne faut tenir sales propos 419 B C
l'on doit accoustumer les enfans à dire tousiours verité 6 H
aux enfans comment on peut imprimer la honte 53 C
enfans doiuent estre loing des meschans 7 G
faut faire plaire le choses bones & honnestes aux enfans 39 E
que doiuent apprendre les enfans 222 F
aux oreilles des enfans, faut mettre des oreillettes de fer 24 H
enfans venans de naistre, quels esprits naturels ont 529 B
enfans que doiuent apprendre 228 F
enfans facilement apprehédent, & pourquoy 2 F
enfans de bône maison doiuent apprendre tous les arts liberaux, & sciences humaines 4 E
enfans doiuent estre visitez de leurs peres, comment ils apprennent chez leurs precepteurs 5 G
enfans doiuent exercer leur memoire 5 H
enfans en quels liures doiuent estudier 5 A

enfans comment doiuent estre attirez à bien faire leur deuoir 5 D
enfans ne doiuent parler de choses sales & deshonnestes 6 A
enfans pourquoy estimez auoir le don de prophetie 321 B
enfans iurans par Hercules, pourquoy chassez hors la maison 465 B
les enfans n'ont pas tant de besoin de maistres, qu'ont les adolescens 7 C
enfans comment faut instruire 25 E
enfans luictoient les premiers 375 E
enfans victorieux és saincts combats, couronnez 397 C
les enfans des Roys, & des riches n'apprennent rien adroit, disoit Carneades, & pourquoy 45 H
enfans pourquoy resemblent aux peres & meres 48 G, 457 G, 571 F
enfans pourquoy quelquefois resemblent aux autres, non pas aux peres & meres 457 G
enfans & neueux portans la marque du corps de leurs parens, & merueilleuse histoire de ce 267 A
enfans pourquoy honorent leurs peres & meres 102 F
de l'amour des peres enuers leurs enfans 100 B
enfans combien aimez de leurs peres 82 C D
enfans punis pour les pechez de leurs peres, & pourquoy 26, F G
enfans portent les pechez de leurs peres 1 C, 273 B
quels enfans portent la peine du vice de leurs peres 166 G
enfans ne peuuent estre bien chastiez par les peres vicieux 8 E
bons enfans peuuent estre engendrez de mauuais peres 166 H
enfans honnorez, ou deshonnorez pour les vertus, ou vices de leurs peres 364 B
enfans ne se doiuent despoüiller deuant leurs peres 466 H
enfans pourquoy aiment leurs progeniteurs, selon Epicurus 101 D E
enfans s'entre-aimans, monstrent aimer leurs pere & mere affectueusemens 82 G
enfans d'hommes vicieux, retiennent en ce de leurs peres 164 H
aux enfans masles, pourquoy on imposoit les noms au neufiéme iour, & aux femelles à l'huictiéme 475 H, 476 A
enfans pourquoy ne doiuent estre exposez à la Lune 387 D
pourquoy on baise les enfans par les oreilles 15 A
trois cens enfans des meilleures maisons de Corfou, chastrez 651 E
enfans de bonne maison portoient vn ioyau pendu au col, appellé Bulla 468 H
enfans bons & loyaux, quels sont ordinairement 82 E
enfans des auaricieux, mal conditionnez 98 H, 99 A
enfans des vaillans hommes, comment recogneuz 194 H
enfans immolez par leurs peres 123 H,

e iiij

TABLE ALPHABETIQVE SVR LES

enfans des grands Princes immolez 340 C
les quatre-vingts enfans de Scylurus Roy des Tartares, cõment enseignez par luy à garder concorde 95 A, 189 E
enfans Lacedæmoniens cõment apprins à ne s'enyurer point 57 D
enfans Laconiens auoient permission de desrober, & pourquoy 224 C, 226 E
enfans Lacedæmoniens, enduroient ioyeusemẽt d'estre deschirez à coups de foüets 227 F
enfans des Lacedæmoniens chastiez d'vn chascun plus ancien 226 D
enfans des Phociens, conclurent de se brusler tous ensemble 230 D E
enfans des Argiens pourquoy s'entre-appelloient Ballachradas 484 F G
enfans Romains pourquoy portoient des bagues penduës au col 475 F
la sepulture des enfans empres les Chalcidiens, qu'est-ce 481 A
enfans des Eliens tyranniquement massacrez 235 A B
enfans des Gaulois aux estuues auec leurs meres 430 H
pourquoy on ne prioit pour ses propres enfans au temple de Leucothea 463 B
enfans Romains pourquoy alloient auec leurs peres, souper chez leurs voisins 465 G H
enfans du tyran Dionysius, forcez, violez, bruslez, & les cendres iettees en la mer 175 H
enfans communs par les loix d'Alexandre 309 C
enfans se iouër auec les grenoüilles 510 H
enfans rauir les osselets, & les Academiques prendre les paroles 435 A
enfans trompez par les osselets, & les hõmes auec les iuremens 221 D, 310 A
enfans charmez en les regardant 400 E
enfans doiuent saluer volontiers vn chacun 6 A
les enfans sont fort laids de coüardise 22 F
enfans aimez des dauphins 159 H, 160 A
les petits enfans ne font bien, selon Chrysippus 567 C
enfans des traistres declarez infames 493 B
amour brutal & detestable d'aimer les enfans, comment introduict & permis 606 E F
abuser des enfans, note de grande infamie 226 C
enfans tuez és lieux saincts, diuinement vengez 257 F
pour les enfans morts, nuls sacrifices offerts à Dieu, & pourquoy 257 H
enfans des pauures pourquoy ne sont pas quelquefois esleuez 103 B
enfans bastards pourquoy appellez Spurij 476 B
enfantement deuant la conception, quel 131 A
enfantemens comment facilitez 220 D
enfantemens aidez de la pleine Lune 387 D

enfer estre le dedans de la terre 532 H
enfer, est vne baricaue profonde 576 H
enfer, est la prison de iustice & de punition 255 A
en enfer y a tourmens contre les meschans 130 H
en enfer les tourmens n'ont iamais fin 14 A, 281 D
en enfer sont les esprits damnez 517 A
enfer du palais, où se rend la iustice, quel 130 H
enfer rauit plusieurs ames 644 G
l'enfer de nostre corps, quel 157 G
enfers où sont 534 B
Enfers soubs la terre 569 D
enfers comment descrits par les poëtes, 10 E F
chemin qui mene aux enfers 644 F
messager racontant nouuelles des enfers 434 D
és enfers, fleuues de feu cruel 121 A
engendrer contredit à l'immortalité 421 H
engendrer ne peuuent ceux qui souuent hantent les femmes 90 C
quand & comment il faut engendrer 658 F
comment s'engendrent les animaux en la matrice 457 B
quand est bon ou mauuais d'engendrer 266 D
impuissance d'engendrer és hommes & femmes, d'où procede 457 H, 458 A
pour engendrer, le vin est cõtraire 383 E
rien n'est engendré sans chaleur & humeur 460 G
ce qui est engendré, comment differe de ce qui est artificiel 164 G
engins de batterie perdent la proüesse des hommes 215 H
engnisma, qu'est-ce aux Argiens 481 B C
l'ennemy est vn maistre qui ne couste rien 111 C
ennemy reformidable celé, cause d'vne belle victoire 92 C
l'ennemy comment nous rend plus gracieux enuers nos amis 112 E
qui n'a ennemy, semble n'auoir point d'amy 105 A, 109 B
pour sauuer vn homme, est de besoin d'auoir vn aspre ennemy, ou vn bon amy 117 C
ennemy nous fait plus de honte, si nous pechons, que l'amy 110 A G
Scaurus combien fidele à son ennemy Domitius 111 B
à qui & quand n'estoit loisible de frapper ny tuer l'ennemy en guerre 466 F
c'est chose barbare de s'humilier en bataille deuant son ennemy 19 F
rien plus graue, ne plus beau, qu'ouyr patiemment vn ennemy iniurieux 111 F
comment on se peut bien venger de son ennemy 13 H
bien faire à son ennemy, est grande humanité 111 G
faut tout renter & faire pour son ennemy desfaire 13 C
comment pouuons nous venger honnestement de nostre ennemy 110 B

Darius prioit Dieu pour Alexandre son ennemy 314 E
ennemis ont suspect l'amy de leurs ennemis 105 A
non seulement faut chastier les faicts de ses ennemis, mais aussi leur mauuaise intention 51 A
à ses ennemis faut souhaiter tous les biẽs excepté la vaillance 312 H
fautes de nos ennemis soigneusement par nous remarquees 112 H
ennemis resembler aux vautours 109 G
que dist Scipion Nasica, des Romains estans ses ennemis 110 A
aspres ennemis, ou bons amis, necessaires à vn homme pour le garder d'estre meschant 55 C
ennemis morts non despoüillez, & pourquoy 221 C
comment on pourra receuoir vtilité de ses ennemis, vn traitté de ce 109 A
ennemis moins prisez que leurs habillemens 212 C
inuasions des ennemis, commét on peut repousser 221 B
ennemis voyent les actions de leurs ennemis à trauers les pierres 109 A
mal faire à ses ennemis, & bien à ses amis, est l'office d'vn bon Roy 213 C
ennemis ne faut croire des choses mesmes croyables 158 F
bons mesnagers font leur profit des amis & des ennemis 26 B
ennemis auoient franchise mesmes aux statuës des Dieux 110 E
defendu de faire souuent guerre à mesmes ennemis 220 D
ennemis quand se descouurent le plus 144 H
abuser les ennemis, & garder la foy aux amis 210 B
ennuis allegez par le dormir 110 C
ennuis comment ostez 335 D
ennuis changent l'habitude du corps 401 B
ennuis de l'ame d'où naissent 244 D
enonciations des Dialecticiens composees du nom & du verbe 545 A
enseignemens des precepteurs resembler à la semence 1 F G
enseignes des chemins il ne faut gaster 413 E
peu de sages hommes enseuelis en leur pays 127 F
ensorcellemens faicts du regard 400 D E
entelechie, surnom de la forme, principe naturel 440 B
l'entendement qu'est-ce, selon le vulgaire 644 H
l'entendement est vnité, & pourquoy 441 A
l'entendement, est le seul instrument de iuger les choses intellectuelles 541 D
l'entendement est l'vn des cinq genres du bien 356 A
entendement & necessité, est celle puissance qui domine par tout l'vniuers 553 H
nostre entendement estre vn vray Dieu, selon Menander 539 F

l'enten-

l'entendement est le sentiment de l'ame 284 D
l'entendement est la matiere de la vertu, & le propre lieu des especes 330 F
l'entendement & la parole, sont les deux parties principales de l'homme 3 F
l'entendement de Dieu marche inuisiblement à generation 331 D
l'entendement venu du Soleil, & pour ce meilleur que l'ame 625 G
l'entendement pourquoy logé dedans la teste, selon Platon 442 C D
l'entendement est en l'ame, & ne peut estre sans icelle 541 E
l'entendement est souuerain sur tout, & n'y a rien qui le puisse faire souffrir 627 B
l'entendement de la nature diuine, comment conduit l'ame de l'hôme 641 C
l'entendement côment se change 21 D E
l'entendement de l'homme n'est subiect à fortune, ny à vieillesse 3 F
l'entendement de l'homme comment se trouble 510 A
en l'entendement y a science, opinion & sentiment 441 A
l'entendement est le plus subtil en dormant, selon Straton 456 G
l'entendement simple, non meslé de passion 329 G H
qui besongne beaucoup de l'entendement, se sert bien peu du sentiment 66 G
bon entendement auec sage parole, vaut plus que l'or de Croesus 176 F
l'entendement void, oyt, tout le reste est sourd & aueugle 313 A, 106 D, 508 D
à l'entendement contemplatif, repos & solitude requis 66 F
l'entendement est precipité par les sentimens mal instruicts 66 E
l'entendement guide de toutes les bonnes choses, signifié par Osiris 328 G
l'entendement faut exercer à inuenter de soy-mesme 30 H
heureux qui a biens & entendement 22 D
à l'entendement temple edifié 305 B
l'entendement des petits enfans est comme vn papier à escrire, selon les Stoïques 454 B
où est ordinairement l'entendement des curieux 64 E
grands entendemens du siecle d'Alexandre 311 E
pourquoy ne faut enter en escusson sur arbres portans resine 376 C
enthousiasme, qu'est-ce 628 G
enthousiasme, rauissement d'esprit diuinement inspiré, & comment 605 C, 632 H
l'entier est deuant le defectueux 374 B
entrailles des trespassez deschirees & iettees, & pourquoy 276 B
entrailles des morts, iettees en la riuiere 157 F
entreprinse, qu'est-ce 508 F
enuie d'où procede, & ses effects 25 H
enuie est vn vilain vice 111 H
l'enuie est corps & animal, selon les Stoïques 587 B
enuie est douleur du bien d'autruy 64 G

l'enuie est vne passion diuerse de la haine 108 F
enuie est vne passion qui plus tourmente 83 A B
enuie n'est conuenable à nul aage de l'homme 186 G
enuie rend les hommes laids 22 F
l'enuie peruertit le corps, est contagieuse & sorciere, & comment peinte 402 B
enuie esteint les bonnes sciences 311 H
enuie & haine en quoy different, & vn traitté de ce 107 E F, 108 C
enuie suit ceux qui ont grande puissance 80 D
enuie accompagne la bonne fortune 61 D E
enuie, entre amis de vaine ceruelle 112 D
enuie moins s'attache à la vieillesse, qu'à nul autre aage 181 C
l'enuie conuient seulement à l'homme contre l'homme 107 G
enuie ordinairement entre ceux de mesme estat 73 A, 86 A, 112 D
enuie cesse par les aduersitez: mais inimitié, non 108 E
enuie bien souuent esteinte par l'excellence de vertu 168 D
enuie de bien faire, chassee par la peur 311 D
enuie excessiue asprement afflige l'homme 262 H
enuie de qui non crainte 120 B
enuie pourquoy comparee à la fumee 181 D
enuie resembler aux mouches cantharides 108 C
enuies s'impriment és natures ambitieuses 85 H
enuies, pestes mortelles aux villes 84 H
enuies suiuent les gouuerneurs de rep. 168 B
enuieux, qu'est-ce 25 G
l'enuieux void clair és affaires d'autruy, és siennes bien peu 63 B
on ne peut estre enuieux du bien d'autruy iustement 108 A
enuieux sont bien aises d'auoir pitié 108 E
enuieux comment ensorcelent les enuiez 401 G
qui est celuy qui est le moins enuié 58 H
enuieux ne sont ceux qui vsent de leur fortune sagement 204 A
Enyalius, c'est à dire belliqueux 72 D
Enyo, fille de la guerre 525 H
iours Epactes, comment & pourquoy adioustez à l'an par Mercure 320 E
Epænetus disoit que les menteurs sont cause de tous les pechez 216 E
epænin, en Grec, que signifie 14 F
Epaminondas, Prince Thebain, ieunoit & veilloit, à fin que les autres peussent à seureté boire & dormir 136 B
Epaminondas, disciple de Platon, philosophoit au maniement de l'estat 5 A
Epaminondas mieux nourri & instruict à la vertu, que nul autre des Boeotiens 636 F
Epaminondas appellé coeur de fer par les Epicuriens 598 F
Epaminondas, n'ayant aucune charge,

feit vn acte notable en Thessalie, & quel 187 D
Epaminondas incogneu iusques à l'aage de 40 ans 291 H
Epaminondas esleu par enuie superintendant des gabelles 169 D
Epaminondas combien vaillant capitaine, & ses beaux faicts & dicts 200 F G H, 524 A
Epaminondas comment paruint au maniment de l'estat 166 A B
Epaminondas estant capitaine, les terreurs paniques n'aduenoient sans cause en son camp 200 A
Epaminondas conserua Thebes, qui s'en alloit perir 291 H, 292 A
Epaminondas estimé pour sa vertu 72 F G
Epaminondas feit trencher la teste à son fils victorieux, pour auoir combatu contre son commandement 487 H
Epaminondas comment enrichit vn de ses amis paure 168 B
Epaminondas extremement paure, ne vouloit receuoir aucun present 200 E
Epaminondas tousiours mesme en sa vie 42 C
Epaminondas orateur enuié pour sa vertu 165 B
Epaminondas pourquoy cassa son escuyer 201 A
Epaminondas combien porta patiemment l'imputation à luy faite faussement 162 B
Epaminondas sçauoit plus, & parloit moins que nul autre 25 E, 645 E
Epaminondas de quoy se resiouit le plus en toute sa vie 180 G, 285 B
Epaminondas de quoy honnestement se vantoit 119 D E
Epaminondas ne voulut souper chez son amy trop excessif 285 H
Epaminondas replique viuement à Callistratus 169 C
Epaminondas pourquoy buuoit du vinaigre en vn banquet 372 B
Epaminondas pourquoy ne permettoit à ses soldats loger à couuert 181 F
Epaminondas comment redressa l'armee mal ordonnee 363 A B, 400 C
Epaminondas pourquoy allongea son Boeotarche 173 E
Epaminondas associé de Pelopidas, pour bien parler 174 E
Epaminondas & Pelopidas, vne des couples d'amis anciennes 103 F
Epaminondas guarit les Lacedæmoniés du peu parler 142 C, 200 G
Epaminondas ruina en vn iour la domination des Lacedæmoniens, & comment 140 E
Epaminondas blessé à mort, dist qu'on feist la paix 201 C
Epaminondas mort auec acte de vertu 317 E
Epaminondas mourut auec son amy à Mantinee 607 A
Epaphroditus, signifie le bien aimé de Venus, surnom de Sylla 303 B
Epaphus, quel autheur 326 B
Epeus, escrimeur de poings, parle de soy

TABLE ALPHABETIQVE SVR LES

fort auantageusement 141 E
Epheses prinse par Brennus, Roy des Gaulois 488 C
Ephialte deprima la court d'Areopage 170 B
Ephialtes où habitoit 126 CD
Ephialtes, l'vn des harangueurs d'Athenes, traistre 500 E
Ephialtes, comment s'acquist l'honneur de son pays 165 H
Ephippus pourquoy enuoyé deuers Achilles, par son pere Pœmander 482 G
Ephores, trois cens à Sparte 222 F
Ephores par qui introduits à Sparte, & leur office 135 B
Ephores establis, quels commandemens faisoient 259 CD
Ephores Syndiques d'vn chacun 83 G
Ephores creez pour contreroller, & syndiquer les Roys 118 C, 149 H, 210 A, 214 H
Ephores reuerez des Roys de Sparte 173 A
Ephores pourquoy iugeoient par chacun iour des contracts 217 A
Ephorus l'historiographe à quoy attribuë la cause du debordement du Nil 452 H
Ephorus de Cumes, pourquoy appellé Diphoros par son precepteur Isocrates 495 F G
Ephorus loué de ce qu'il refusa Alexandre 556 D
Epicarpius, surnom de Iupiter, & que signifie ce mot 568 H
Epicaste se pendit aux soliueaux de son hostel 63 E
Epichærecakia, signifie ioye du mal d'autruy 64 G, 567 H
Epicharmus ne parla pas sagement au Roy Hieron 51 C
Epicharmus poëte, pourquoy condamné en l'amende par Hieron 189 H
Epicharmus, & ses ruses 264 E F
epicranides, est la taye qui enueloppe le cerueau, où est la principale partie de l'ame, selon Erasistratus 453 D
Epicurus, fils de Neocles Athenien, tenoit les Atomes estre principes de toutes choses 441 C
Epicurus comment definoit la volupté 373 B
Epicurus mettoit le souuerain bien de l'hôme en vn tresprofond repos 134 D
Epicurus estimoit le Soleil estre vne espesseur terrestre 448 D
Epicurus loüoit le repos 560 G
Epicurus faisoit des enfans à moitié 285 B C
Epicurus s'appella long temps Democritien 588 H
Epicurus entretenoit quatre belles ieunes femmes 284 E
Epicurus à cachettes faisoit l'amour à la gloire 286 E
Epicurus enseignoit hypocrisie à ses disciples 287 H
Epicurus Athee simulé 287 G H, 288 A
Epicurus malade d'hydropisie 284 H, 285 A
Epicurus adoré de ses disciples 236 D E F, 593 D

Epicurus a osté la nuict à Venus 384 F
Epicurus quelle sorte opinion auoit touchant ses petits corps 344 F
Epicurus oste la prouidence diuine hors de ce monde 566 B C
Epicurus conduit par Democritus a non viure, & comment 389 A
Epicurus à quoy attribuë l'agitation & tremblement de la terre 452 B
Epicurus comment definit le sentiment 453 G
Epicurus combien respecté de ses freres 86 F
Epicurus pourquoy composoit tant de milliers de vers 291 F G
Epicurus en quoy se delectoit 283 H
Epicurus estimoit Dieu auoir forme humaine 443 G
Epicurus a faussement & mal estimé de l'ame apres ceste vie 453 B F
Epicurus en quoy fascheux 29 C
le brigantin d'Epicurus, quel 9 D
prophetes d'Epicurus 628 G
Epicurus faillit à estre englouty en la mer 280 F
Epicurus tourmenté de griefues maladies 280 A
Epicurus comment mourut 286 B C
vn traitté contre l'Epicurien Colotes 588 C
Epicuriens mesprisent les arts liberaux 283 A
Epicuriens mesdisans des philosophes 278 A
Epicuriens quelle mauuaise opinion auoient des Dieux 561 D
Epicuriens constituent le bien souuerain au ventre, & estiment l'ame mortelle, & Dieu n'auoir soing de nos affaires 588 F G, 597 D E
Epicuriens constituent le souuerain bien en la volupté 277 G, 291 G
Epicuriens laissent la priere, le sacrifice, & l'adoration des Dieux, & les seignent seulement 590 G
Epicuriens abolissent les sacrifices, & les festes 594 G
Epicuriens extrauagans & transportez de leurs esprits 596 E F
Epicuriens ineptes à l'estat public 181 E
Epicuriens ne font aucun bien à leur pays 598 C D E
Epicuriens tiennent les animaux n'auoir esté creez 458 H
Epicuriens mocqueurs 349 F
Epicuriens pourquoy craignent si horriblement la mort 289 D
Epicycles des planettes 554 G
Epicydes, orateur lasche & auare 195 G
Epidamniens, c'estoient ceux de la ville de Duras 481 G
Epigenes, quelle opinion auoit des cometes & des cheurons de feu 450 B
l'Epiglottide à quel vsage faicte de nature 410 E, 411 B C
epigramme d'vn coüard, fait par sa mere qui le tua 228 E
epigrammes de deux coüards, tuez par leurs meres 228 E
epigramme de la poësie 9 C
epigrâme ænigmatique des vases pleins

de vin, estouppez d'ache 398 A
bel epigramme d'Eurydicé 8 F
epigrammes mauuais ornent & embellissent les comœdies 577 D E
epilepsie ou haut mal apporte priuation de sentiment 144 E
Epimenides, hoste de Solon, homme bien sage & sobre 156 G
Epimenides s'estant allé coucher ieune, se leua vieillard, cinquante ans apres 179 B
Epimetheus, homme de nulle valeur, & sans entendement 15 D
Epimetheus en quoy conseillé par son frere Prometheus 15 C, 107 B
Epiphi, quel mois des Ægyptiens 329 C D
Epirotes ne vainquirent les Romains, ains Pyrrhus 201 F
epitaphe gentil de Sardanapalus 142 H, 310 A
epitaphe d'Isocrates 495 G
epitaphe des Siciliens 215 G
epitaphes des sepultures, ostees par Lycurgus 227 A
Epitedius calomniateur, le premier puny de mort à Athenes 277 A
Epitherses narre l'histoire de la mort du grand Pan 341 C D
epithetes ou adiectifs d'Homere, bien propres 409 A
epithymodipnos, c'est à dire, desirant souper, surnom du bouffon de Cæsar 426 D
epodes, par qui inuentez 664 G
epoptique, quelle philosophie 354 G
epos en Homere signifie verbe 545 D
equité & iustice, sont asseseurs de Iupiter 136 A
Er, messager racontant des nouuelles des enfers 434 D
Erasistratus disoit que nature n'auoit rien de vain, ny de friuole 101 A
Erasistratus où met la principale partie de l'ame 453 D
Erato assiste aux accords de l'amour, auec grace de persuasion 438 E
Eraton musicien, sacrifie aux Muses 379 E, 432 C
Eratosthenes a pensé que le boire passoit par les poulmons 411 A
Eratosthenes quelle distance mettoit entre la terre & le Soleil 449 E
Erebus signifie les tenebres d'enfer 474 H
Erebus estre le dedans de la terre 532 H
Erechtheus, fils de la terre & de Vulcain 498 C
Erechtheus sacrifia sa fille, pour gaigner la victoire 489 A
Eressus, naissance de Theophraste 128 A
Eretriens pourquoy nômez Aposphendoneti 498 G
Eretriens resembler aux casserons 196 C
Eretriens offroient les primices des hommes, à Apollo 631 D
Eretriens vaincus par vn amoureux 606 E
Ergané, signifie artisane, surnom de Minerue 166 H
Erynnis, la plus cruelle des ministres d'Adrastia, vengeresse des crimes 208 A

Eroa

OPVSCVLES DE PLVTARQVE.

Eros, serf de Ciceron, pourquoy affranchy 208 A
Eros, seruiteur d'Auguste Cæsar, crucifié, pour auoir mangé vne caille inuincible 208 H
Eros, vn des amis de Plutarque 67 G
erreur de iugement, est chose bien mauuaise 119 F
erreur semé par les poëtes 10 EF
erreur en tous hommes estans en ce monde 16 E
tout erreur procede d'ignorance 252 F
erreurs d'autruy recerchez par les curieux 66 A
ers, quel grain, & pourquoy en vsage és cerimonies de purgation 484 B
erudition estre la vraye substance de felicité, & de son vtilité 660 B
Erymanthus, fleuue 491 C
eryngyum, l'herbe, estant en la bouche d'vne chéure, fait arrester tout court le troupeau 133 D, 264 D
Erythreïens, le plus puissant peuple d'Ionie 230 H
erythros, est dict du vin en Homere, & pourquoy 407 C
Eryxo, dame de grande vertu, deliura ses citoyens de tyrannie, & comment 240 H, 241 B
escailles, nourriture de quelques animaux 109 E
escargots d'où produicts 390 GH
escharbots sont tous masles, & pourtant estoient la marque des gens de guerre 320 BC
escharbots tous masles, & leur merueilleux naturel 333 H
escharbots fuyent les bonnes odeurs, & cerchent les puantes 283 H, 560 B
escharbots perissent au lieu nommé Chantharolethron 73 D
escharbots reuerez des Ægyptiens 394 B
escholes de sapience à Athenes 128 A
escholes des exercices 438 F
escholes des Sophistes, quelles 183 EF
l'esclair sort de la nuë apres le tonnerre, encores qu'il apparoisse deuant 136 G
esclairs, qu'est-ce, & comment se font 450 DE
esclaues comment doiuent estre nourris 413 F
esclaues moins prisez que leurs vestemens 210 B
esclaues chastiez au son des fleutes 60 C
esclaues yures, monstrez aux enfans pour exemple de ne s'enyurer 57 D, 578 E
esclaues de Chio, merueilleusement fideles 231 A
esclaues mariez aux vesues, libres 231 E
esclaues reuoltez contre les Romains 630 AB
Esclauons se reuoltent contre Philippus 308 A
Esclauons suscitez contre Alexandre, par la fortune 316 E
escorces d'arbres, viande des premiers hommes 274 E
escreuisses, medecine aux pourceaux 538 E
escreuisses appellent les pourceaux 538 F
l'escrime preceder les autres combats 376 B

l'escrime quand a commencé, & comment s'appelle en Grec 375 BC
l'escrime de poings, de pieds & de dents, pourquoy defenduë par Lycurgus 198 E
escrimes de poings comment se font 178 C
l'escrimeur des poings, surnom d'Apollo 415 D
Escritures Sainctes, tirees en fables par les Ægyptiens 324 G
escrouelles cóment s'engendrent 391 B
l'escu de l'image de Pallas, martelé des corbeaux, mauuais presage 619 A
l'escu d'Vlysses marqué d'vn dauphin, & pourquoy 523 BC
escu, signal de trahison 653 C
l'escuyer d'Epaminondas cassé, & pourquoy 201 A
escuyers trenchans pourquoy appellez δαίταὶ, & quels iadis estoient 378 F
l'eshonté a des putains aux yeux, disoit Demosthenes 76 B
Espagne reuoltee, par Sertorius subiuguee 306 A
l'esparuier, clair voyant, viste, & sobre à merueilles, & son naturel 329 B
esparuier honoré par les Ægyptiens 333 FG
esparuier representant la puissance de Typhon 329 A
esparuier peint au temple de Minerue, & sa signification 325 A
especes, selon Aristote, non separees de la matiere 444 B
les especes ont l'entendement pour leur propre lieu 330 F
especes dechassees par priuation 529 A
l'espee signifie homme cruel aux Ægyptiens 320 D
porter espee à qui permis 466 H
espees des Lacedæmoniens fort courtes, mais qui assenent bien les ennemis 199 F, 215 B
esperance, est la plus commune chose du monde 154 D
esperance, nourriture de la vieillesse, selon Pindare 75 B
esperance seule soubs la gueule du muy delaissee 245 C
esperance de mieux, paist les chetifs 129 A
esperance, deesse des affaires 442 C
esperance de deuenir riche, combien ardente 119 C
accidens contre esperance, cóbien griefs 36 C
ce qui aduient contre esperance, glisse facilement en douleur 74 B
esperance de pris, quelle efficace a 7 E
esperance, seul bien d'Alexandre 316 F
Dieu est esperance de vertu 122 F
esperance d'immortalité retrenchee par Epicurus 289 F, 291 A
espics d'or 394 F
l'espinette n'est sortable à chant lamentable 357 E
espinettes pourquoy inuentees 32 D
espinettes doiuent estre loing du bon gouuerneur de repub. 504 E
espions appellez mousches otacoustes, & quels 76 DE
l'esponge n'est sans ame, sans sang, ny

sans sentiment, & son histoire 520 B
esponges comment peschees 531 CD
espoir de pris, est vn des fondemens de vertu 7 E
espousailles solennisees au temple 239 C
espousees pourquoy receués de leurs nouueaux maris en habits de femmes en l'Isle de Co 485 EF
espousees pourquoy s'asseoient sur vne toison de laine, & portoient vne quenoüille & fuzeau 465 E
espousees pourquoy empruntoient vn pot à mettre au feu, de leur belle mere 148 D
espousees pourquoy ne touchent au seuil de l'huys de leurs maris 465 CD
espousees pourquoy proferét ces mots, là où tu es Caius, là ie seray Caïa 465 D
espousees ayans barbes feintes au menton 231 E
cent espousees ensemble à la table d'Alexandre 309 CD
esprit & air signifient mesme chose 440 E
l'esprit a la source de sa tranquillité en nous 69 C
l'esprit vital n'est le principe de vie en l'homme 129 G
l'esprit de l'homme habile, & le corps debile 106 F
l'esprit de l'homme s'entretient par repos & trauail 5 FG
rauissement d'esprit, l'vn des trois principes de musique 365 G
l'esprit familier de Socrates, quel estoit & que c'estoit 638 H, 639 D
l'esprit de Socrates familierement parloit à luy 288 D
esprit qui parloit auec Socrates, inspirant diuinement ses intentions 638 F
du contentement & repos de l'esprit, vn traitté 67 G
esprit enferré d'vne iaueline 215 H
esprits intellectuels, & leurs offices 453 G
esprits augmentent la force de nostre corps 297 G
esprits vestus de substance aëree, selon Hesiode 347 G
bons esprits auancez par l'humanité des Princes 311 F
esprits malades, guaris par la seule philosophie 4 G
grands esprits du siecle d'Alexandre 318 E
esprits familiers deuisans auec les hommes en l'Isle de Saturne 625 B
esprits naturels mystiquement signifiez 326 H
esprits naturels des petits enfans, quels selon les Stoïques 529 A
esprits malades, par quels medecins guaris 242 G
esprits des petits enfans resembler à de la cire molle 2 F
esprits des morts apparoissent aux hommes viuans 261 DE, 506 D
esprits des morts iniustement appaisez 487 E
esprits des trespassez coniurez & appaisez 265 E
esprits malings, dieux qui nuisent 442 G
esprits malings amenent la pestilence,

famine & sterilité 340 D
esprits malings chassez du ciel, selon Empedocles 132 A
esprits malings appellez Lares ou Præstites, bourreaux des Dieux 468 F
esprits horribles és enfers 121 A
esprits malings comment pacifiez 340 C
esprits damnez sont en enfer 517 A
Esquilies, quel lieu à Rome 305 D
l'estaim s'affine, fondu auec le cuyure 348 G
estat populaire, quel estat de repub. 503 D
vn gouuerneur d'estat, quel doit estre 161 B C
nul content de son estat 71 B C
estats, sont dons de fortune 15 C D
estats conseruez par le conseil des vieux, & prouësse des ieunes 182 G
estats ruinez par largesses 176 A B
estats ruinez par les flateurs 40 B
estats ruinez par les secrets euentez 61 C
l'esté appellé Venus 332 F
l'esté & l'hyuer comment se font 448 B, 451 C D
l'esté estre corps, selon Chrysippus 587 C
esté pestilent prognostiqué par les araignees 336 C D
l'esté plus pourrissant que l'hyuer 536 F
la constance de l'esté & de l'hyuer a donné aux hommes apprehension d'vn Dieu 442 B
l'esté au commencement esmeut les fiéures, & à la fin les termine du tout 586 B
esté à nous, lors que l'hyuer est à nos opposites 453 A
esternuëmens de Socrates quels estoient & que luy signifioient 639 A B D E
l'esternuer estre vn animal 587 C
l'estoile caniculaire pourquoy appellee Kyon 331 C
l'estoile caniculaire, guide des autres 328 C
l'estoile caniculaire obseruee par les chéures, & la beste Oryx 516 G
l'estoile caniculaire desseiche & brusle 387 A
l'estoile caniculaire consacree à Isis, & son naturel 326 B
mesme estoile du iour par tout le monde 125 E
chaque estoile estre vn monde 447 B
estoile poisson qui dissoult & fond tout ce à quoy il touche 519 A
estoiles comment & dequoy engédrees 441 G H
estoiles estre faictes de pierres rauies de la terre, & comment 447 E
estoiles faictes d'ames 312 E
estoiles, d'où enluminees, & nourries 447 H, 448 A
les estoiles & le Soleil s'allumer de la mer
si les estoiles se nourrissent 447 H, 448 A
estoiles au commencement meslees parmy l'humeur trouble 274 D
estoiles de deux sortes, fixes & errantes 127 C
la moindre des estoiles fixes, bien grande 554 H
si les estoiles sont en nombre pair ou impair 435 A
les estoiles estimees estre la terre 443 G
estoiles rondes comme le monde 448 E
estoiles sont vne armonie & consonance 438 A
figures des estoiles, essence, & mouuement, & opinions sur ce 447 D E F
estoiles esteintes, quelles ames ainsi appellees 645 A
estoiles se resiouyssent en s'entre-regardant, & leurs influences 344 A
de la signifiance des estoilles 448 B
estoiles errantes ou planettes se meuuent diuersement 553 B
estoiles errantes, qui sont les sept planetes, comprinses en cinq reuolutions 347 A
estoiles tombent du ciel, exemple 278 G, 447 E
estoiles passantes ou tombantes, qu'est-ce 450 B
estoiles appellees les vendangeurs, & pourquoy 487 E F
des estoiles qu'on appelle Castor & Pollux, & auiourd'huy le feu sainct Herme 448 A
estoiles de Lysander, qui tomberent 629 A
l'estomach est vn vase commun 410 D E
l'estomach reçoit le boire & le manger, & l'enuoye au bas ventre 411 E
estomach debile comment corroboré 383 D
estourneaux vont en trouppe 103 E
estranger, qui ne parloit aux hommes qu'vne fois l'annee 342 C
estranger, qui raconte les merueilles qu'il a veuës en l'isle Saturnienne 625 C D E
estranger grand amateur & fureteur de toutes resolutions 343 A B
estrangers sacrifiez au dieu Mars 489 D E
aux estrangers premicrement donner audience, qu'à ceux du pays 153 A
estrangers comment conuient traitter en vn festin 362 B
estrangers bannis de Lacedæmone 226 B
estrille pour s'estriller le corps 79 E
estrilles de roseaux 227 D
l'estude de la philosophie, par quelles choses empeschee 247 A
estudes des enfans 4 F G H
estudes semblables, commencement d'amitié 41 C E
l'estude des Lacedæmoniens 226 B
estuues vtiles apres l'exercice 298 A C
estuues deuant le repas 151 D E
estuues des anciens, bien douces & temperees 430 H
estuues defenduës par Scipion 205 C
estuues ont fait mourir maintes personnes 293 F
l'Eternité est à l'entour des Idees 341 H
Etesies, vens anniuersaires, quand soufflent 471 C
Etesies, vents anniuersaires, cause du débordement du Nil 326 D, 452 G
Etheobutades, quelle famille 436 H
Etheocles Thebain, quelle mauuaise opinion auoit 294 G
ethos, que signifie 32 F
ethos sont les mœurs des hommes, & pourquoy ainsi appellees 260 G
Etionie, quelle ville 492 E
Euander apprint les lettres de Hercules 469 F
Euander comment vint en Italie 467 C
euaporations sortans des eaux 532 C
Eubœa, nourrice de Iuno 386 F G
Eubœa iadis possedee par les Æoliens 481 A
Euboïdas reprend vn qui loüoit la femme d'autruy 216 E
Eubulides le dialecticien, precepteur de Demosthene 499 E
Eubulus Anaphlystien, sage gouuerneur de republique 370 D E
Eubulus surnom de Bacchus, & pourquoy 420 B
Euchnamus pourquoy honoré d'honneurs heroïques 607 A
Euclees annonçant la victoire gaignee, trespassa tout soudain 524 E
Euclides, disciple de Socrates, modestement appaisa son frere côtre luy courroucé 61 E, 87 H
Euclides esprit d'vn furieux desir de la Geometrie 282 E
Euclides Olynthien 497 D
Eucratidas, quelle ville disoit estre habitee seurement 218 H
Euctus flateur du Roy Perseus, tué par luy 52 E
Eudamidas reprend Xenocrates cerchant la vertu 216 F
Eudamonidas, & ses beaux dicts 199 G H
Eudemus, liure d'Aristote ainsi intitulé 251 F
Eudoxus, disciple de Platon, policea les Gnidiens 198 C
Eudoxus, auditeur de Chonopheus Ægyptien 320 A
Eudoxus rauy des mathematiques 282 D
Eudoxus diuinement a escrit du monde 282 B
Eudoxus rauit les esprits en ses escrits 283 A
Eudoxus à quoy attribuë la cause du débordement du Nil 452 B
Eudoxus à quelles conditions desiroit estre brusle 282 F G
Eudrome, quel cantique ainsi appellé 664 E
Euemenus Tegeen Atheïste 442 H
Euemerus a respandu par le monde vniuersel, toute impieté 322 H
euenemens des choses à qui referez, & d'où dependent 445 F
euenor en Homere, epithete du cuiure 407 E
Euenus, quel poëte 102 E F
Euenus se precipita au fleuue Lycormas, pour le rapt de sa fille Marpisse 491 G
Euergetes, nom honorable des Roysanciens, & que signifie 141 C D
Euippe

Euippe & Theano pucelles violees & tuees par les violateurs, & ce qui en aduint 505 G
Euippus condamné à mort auec son bon amy Phocion 198 B
Euius excellent & impudent ioüeur de fleutes 193 C
Euius, surnom de Bacchus 354 G
Eulæus flateur du Roy Perseus, tué par luy 52 E
Eumæus porcher affranchy par son seigneur Telemachus 479 G
Eumæus fut la sage nourriture d'vn sage maistre 413 H
Eumenes Roy, auoit ses trois freres pour ses garde-corps 82 D
Eumenes combien modestemēt se porta à l'endroit de son frere Attalus, qui s'estoit emparé de son Royaume, & de sa femme 87 H, 195 B C
Eumenes pour auoir teu son secret, gaigna vne belle bataille, & cōment 92 B
Eumetis ou Cleobuline Corinthienne 650 H
Eumetis fille bien sage, mespartissoit les cheueux à Anacharsis, & pourquoy 151 E
Eumetis proposoit ænigmes aux autres dames 154 G
Eumolpidas homme ardēt de cholere, & violēt 636 H
Eumolpus Thracien monstra aux Grecs la religion des mysteres 129 E
Eunoste nymphe 483 D
Eunostus quel demy-dieu, & pourquoy les femmes ne peuuent entrer en son verger 483 D
Eupathies que signifient 35 H
Eupatrides, quels Senateurs des Grecs 469 F
Euphorbus traistre 94 D
Euphorion couchoit auec vne riche vieille 72 F
Euphranor comment peignit Theseus 523 H
Euphrone, c'est à dire, la sage, pourquoy la nuict ainsi nommee 66 F
Euphrone surnom de la nuict, à cause de Bacchus 420 B
Euphrosyné, vne des trois Graces 134 D
Eupolis, poëte comique, a pensé que le boire passoit par les poulmons 410 H, 411 A
Eupolis comment descrit les flateurs 134 E
Euripides poëte tragique 489 F
Euripides a trop de langage 28 H
Euripides, quelles victoires emporta 102 E
Euripides grād partial de l'amour 607 D
sapience d'Euripides 525 D
Euripides en quoy reprend ceux qui ioüent de la lyre 148 F
Euripides combien impudent en vn festin 190 H
Euripides que dist à vn qui se rioit de luy 29 E
Euripides & ses tragœdies, à quelles nations enseignees par Alexandre 308 F
Euripides tient que rien ne meurt 458 H, 459 A
Euripides par son authorité a esmeu plusieurs touchant le bannissement 128 D E
la rondeur du parler d'Euripides, plaist 19 G
Euripides sifflé comme atheiste 603 F, 443 A
Euripides vescut à la cour d'Archelaus, Roy de Macedoine 117 F
Euripides à quel iour nasquit, & mourut 421 F
Euroras riuiere de Lacedæmone 125 G, 169 C, 199 H, 215 A, 223 A, 302 D
Eurybiades, capitaine sans cœur 195 H
Eurycles qu'est-ce, & commēt parloient és hommes 338 F
Eurycles accusé deuant Cæsar Auguste, & comment absouz 209 C
Eurydicé femme d'Orpheus 607 B
Eurydicé apprint les lettres pour enseigner ses enfans 8 E
Eurymedon, riuiere 526 A
Eutelidas, se mirant en l'eau, s'ensorcela 401 D
à Euterpe attribuee la contemplation de la verité de nature 438 D
Euterpe Muse, donne l'entregent gracieux 436 E
Euthycrates traistre d'Olynthe, pour la panse 94 D, 105 H, 106 A
Euthydemus compagnon de Plutarque en la dignité de presbtrise 412 A
Euthymenes de Marseille, quelle opinion auoit du débordement du Nil 452 G
Euthynous pour sa grande vertu, recōpensé de mort, comme la meilleure chose du monde 247 F
Euthyphron le deuin 638 G
Eutoria cōceut quatre fils, ayant couché auec Saturne, & quels, & ce qui en aduint 487 D E
Eutropion de cuisinier fait grand capitaine 6 H
Euxytheus, familier d'Aristote, grand mocqueur 164 E
entre les exaims d'abeilles, quels sont les meilleurs 177 B C
exception en quoy differe de l'action en procez 472 F G
excommuniez deterrez, & iettez hors du pays 257 F
execrations des Lyciens, comment & par qui faictes 342 E
exemples, quelle vertu ont 360 C D
exemples des choses mauuaises ne plaisent, mais sont necessaires 58 D E
exemples pour les enfans 6 B C
exemples des precepteurs des enfans, resembler à la semence 1 G
bons exemples necessaires aux ieunes gens 7 E
exercice continuel fortifie les corps foibles 2 A
exercices inuētez pour la santé du corps 4 F
exercices doiuent estre egaux à l'ame & au corps 301 F
exercices conuenables aux hommes de lettres 297 D
exercices seruent à la digestion 390 A
exercices des ieunes se faisoient à corps nuds 601 A
exercices militaires propres aux ieunes gens 5 B G
exercices par qui conioints à l'art de medecine 261 G
exercices du corps, dediez à Apollo 425 D
quels exercices du corps establis à Lacedæmone 221 A
exercices semblables, commencement d'amitié 41 C E
ieu de pris dés cinq exercices 664 D
exercitation la plus belle 111 H, 112 A
exercitation & l'œuure, comment different 641 B C
exercitation, quelle efficace a 19 D
exercitation cōbien peut, exemple 115 F
exercitation à la vertu repare le defaut de nature 1 G
exercitation de soin aiguise l'esprit 181 G
exercitation, medecine de la curiosité, quelle 66 F G
par exercitation on surmonte les vices 94 E
exercitation vient à chef de tout 97 B
l'exhalation est l'outil de diuination 350 H
exhalatiō seiche enclose dedās vne nuee humide, cause du tonnerre 450 D E
exhalation seiche, cause des tremblemens de terre 452 E
l'exhalation diuine & celeste n'est indefaillible ny incorruptible 351 H
exhalations pasture du Soleil, selon les Stoïques 448 F
exhalations de fleurs, quelles puissances ont 380 H
exhalations diuinatrices sortans de la terre 348 H, 349 D
exil, par quel moyen porté plus aiseement 58 B
les plus belles compositions faites en exil 128 B C
traitté de l'exil 124 G
exorcisateurs pour coniurer les esprits des trespassez 265 E
experience qu'est-ce, & comment s'engendre 454 E
experience apporte prudence 183 C
experience a engendré & accreu la medecine 291 E
expiation & purgation des ames, apres ceste vie 625 H
expositions allegoriques, quelles 12 D F

Fable qu'est-ce 525 B
fable voilāt la science naturelle 326 A
fable du Soleil, qui surmonta le vent de bise, bien accommodee 146 B
fable de Neptune vaincu, que signifie 434 H
fable d'Isis & d'Osiris interpretee tout au long 320 E F
fable de Typhon poursuiuant vne truye 316 F
la fable d'Orus desmembré, que signifie 553 H
fable merueilleuse de Timarchus, qui descendit au trou Trophonius 644 B C D, 645 D
fable de l'vmbre de l'asne, racontee au peuple par Demosthenes 500 F
fable gentille du lendemain, & de la feste, alleguee par Themistocles 464 F

TABLE ALPHABETIQVE SVR LES

la fable des Titans, signifie la resurrection 276 A
fable touchant la querelle de Neptune & Minerue 87 F
fable merueilleuse controuuee par les Mages 328 D E
la fable du vautour vomissant ses entrailles, adaptee aux debtreurs 132 C
fable de Picus transformé en vn Piuert par sa femme 463 G
fables d'où ont leur vigueur 16 E
és fables, que faût il remarquer 19 G
fables contiennent aduertissemens fort profitables 18 E
fables conuenables pour enseigner les ieunes gens 8 H
fables non indifferemment vtiles aux enfans 2 F
fables des poëtes preparent les ieunes à la philosophie 24 A B
les fables rendent la philosophie plus douce 9 F
fables voilent plusieurs mysteres 319 G
fables des sages Ægyptiens touchant les Dieux 328 C
fables ænigmatiques des mutations de Bacchus 354 F
les fables touchent aucunement la verité 644 G
comment il faut vser des fables 330 E
fables propres à la poësie 525 A
fables ressembler à l'arc en ciel 322 C
fables des Gentils, tirees des histoires des Iuifs 324 G
fables des poëtes, vagues & vaines 322 C
fables d'Homere touchant les Dieux, comment faut entendre 13 A B
fables delectent 231 H
fables des Ægyptiens, obscures & difficiles 607 C D
fables d'Herodote 650 E
fables, digressions des histoires 649 C
Fab. honora & reuera son fils Consul 202 B C
Fab. Max. appellé pædagogue d'Hannibal, & ses beaux faicts & dicts 201 F G
Fab. Max. plus craint sans combatre, que Marcelus en combatant 202 A
Fabius Maximus mourant, tua son ennemy Hannibal 486 H
Fabius Fabricianus tué par sa femme adultere 491 E
Fabricianus vengea la mort de son pere, en tuant sa mere adultere 491 E
Fabricius descouurit à son ennemy Pyrrhus, la trahison de son medecin 201 G
C. Fabricius combien vaillant capitaine, & ses beaux faicts & dicts 201 E
fabrique des arondelles 521 G
Fabula, nourrice de Romulus, honoree au mois d'Auril 466 B
faceties dextrement accommodees, est vne partie de l'entregent 369 F
la plus facile chose du monde, est ce qui plaist 154 B
la faim canine d'où procede 404 E, 408 A B C
faim sans cesse au commencement du monde 274 E
la faim pourquoy s'augmente en Automne 373 G
ceux qui ieusnent pourquoy ont plus de soif que de faim 404 C
la faim pourquoy se passe incontinent en beuuant 405 D
faim bannie par vn sacrifice, & comment 408 A B
ceux qu'on fait mourir de faim, durent longuement, & pourquoy 405 H
medecine pour guarir la faim 158 B
comment peut on côbatre la faim 131 G
faire est difficile: & contredire, bien facile 26 D E
faire vaut mieux que dire, exemple de deux maistres maçons 163 F
bien faire, & bien parler 186 E
faire mal, est plus dômageable, que mal receuoir 23 F
faire bon, signifie tuer 468 H
en bien faisant & bien disant on acquiert bonne reputation 212 F
ce qui est faict, est à Dieu impossible de faire qu'il soit à faire 251 D
faicts humains dependent de fortune, dit vn vieux quolibet 105 H
non seulement les faits doiuent estre chastiez, mais aussi la mauuaise intention 51 A
faut s'accoustumer aux faicts, non aux escritures 217 A
faicts des vertueuses femmes 229 E
les familiers de Platon contrefaisoient ses hautes espaules: ceux d'Aristote son begueyement: ceux d'Alexandre son ply du col 42 F
famine aduenuë pour n'auoir faict bonne iustice 505 F
famine suscitee par les malings esprits 340 D
famine extreme, causee par l'auaricieux Pyches 242 C
famine amenee au monde par Arimanius 328 C
en famine extreme on est contraint de manger son propre corps 139 F
famine grande à Delphes, pour le forfait du Roy, & comment assopie 479 A B
famine à Athenes, qui fut cause de ce mot, Aliterius 67 E
famine des Smyrniés secouruë par leurs voisins les Lacedæmoniens, & comment 49 A
Lydiens en temps de famine ne mâgent que de deux iours l'vn 299 A
les fantasies ne s'impriment point par fatale destinee 573 D
fantosme enferré d'vne iaueline 225 H
fantosmes hydeux espouuentent les meschans 262 E
farces introduictes és festins 359 F, 396 A
farces iouees par vn chien 516 C
fard des femmes, est curiosité 407 F
tout fard chassé hors de Sparte 220 F
fards causent les adulteres 220 H
farine, pourquoy distribuee au sacrifice pour la fille Charila 479 B C
farine, pourquoy defenduë d'estre touchee du presbtre de Iupiter 476 G H
fatale destinee qu'est-ce, & en combien de sortes elle se prend 556 C D
fatale destinee de qui engendree 559 C
la fatale destinee comment appellee par les anciens philosophes 553 H
la fatale destinee de maux sur maux, enueloppe les hommes 251 E
la fatale destinee n'est cause des consentemens 573 A
la fatale destinee estre inuincible, & appellee Atropos & Adrastie par Chrysippus 573 B C
fatale destinee entenduë par Iupiter 15 E
la fatale destinee & ses causes sont incomprehensibles 15 E
fatale destinee soustenuë par les Stoïques 344 G H
vn traitté de la fatale destinee 556 D
Deesses fatales ou Parques, où colloquees, & leurs offices 627 A B
deux Deesses fatales seulement effigiees au temple d'Apollo, & pourquoy 352 E F
faucons pourquoy estimez goulus 474 E
faueur combien dommageable 78 C
faueurs côcedees aux concubines 167 G
faueurs inegales, pestes mortelles entre freres 84 H
la faulx de Saturne, que signifie 467 D
Faunus fils de Mercure, immolant ses hostes à son pere, fut assommé par Hercules 491 E
Faustus, fils de Sylla, pourquoy brocardé par Ciceron 207 G
Faustus, berger & pere nourricier de Romulus & Remus 491 D
Faustus & ses freres pourquoy muez en estoiles par leur pere Saturne 487 E F
faute en tous hûmes, estans en ce monde 16 E
faute commise par ignorance, doit estre pardonnee 203 G
quelles fautes des parens, punies en leurs enfans 266 G
fautes des peres, reiettees sur les enfans 263 B E
fautes des enfans, plus legeres que celles des adolescens 7 D
fautes des hommes, les vnes guerissables, les autres incurables 473 A
fautes d'autruy, quand & comment on peut descouurir 53 C
fautes de nos ennemis soigneusement par nous remarquees 112 H
fautes couuertes par gracieux langage 649 A
fautes condamnees quand elles sont faites 495 D
petites fautes apparoissent grandes en la vie des Princes 162 F
fautes en combien de sortes commises par les voluptez 414 G
les fautes apparoissent plus grandes en cholere 60 A
chacun doit porter la peine de ses fautes 213 G
fautes faictes à table doiuent estre mises en oubly 359 D
maudits sont ceux qui recueillent les fautes d'autruy 65 G H
par les fautes d'autruy faut se corriger 297 D
la febue sortable auec la couleur de pourpre 348 G
febue de porc, herbe nommee hyuscyame, rend les hommes furieux 365 E
febues d'vne mesme gosse ne sont semblables

blables en dureté ou mollesse 412 E
febues engendrent des songes turbulens 431 C
s'abstenir de febues, ænigme interpreté 7 F
febues abominees des sages d'Ægypte, & des Pythagoriens 428 A
febues pourquoy abominees des Pythagoriens 373 E, 474 H
Febricitans pourquoy changent continuellement de vestemens 406 G H
aux Febricitans ne sont bonnes viandes diuerses 388 F
Februarius est le mois de Feurier, pourquoy ainsi appellé, & que signifie Februata & Februare 470 F
Feurier iadis le douziéme mois de l'annee 463 F
Feurier consacré aux Dieux terrestres, Ianuier aux celestes 464 G
au mois de Feurier offrandes faites pour les trespassez 465 H
Feurier apres l'hyuer 431 F
Feciales, quels prestres, & quelle charge auoient 470 G
la fee terrienne, est la Chthonie 73 F G
la fee Até, qui signifie la peste, pourquoy iettee du ciel 160 G
la fee Lamia, à la maison oste ses yeux, sortans dehors elle se les remet 63 H
fees ou Parques, filles de Necessité, & leurs noms 437 E F
fees, nommees les trois Parques, representent les trois parties de l'vniuers 556 D
fees gouuernantes des festins 378 F
felicité de Dieu en quoy consiste 318 C
felicité de l'homme, consister en sçauoir & vertu 3 G
la felicité de l'homme ne luy est ostee par changement de lieu 129 H
la felicité des bienheureux descrite 292 E
felicité ne s'achepte par argent 97 C
la felicité de la richesse, en quoy gist 99 H
felicité a son fondement de nature, selon Zenon 579 G
felicité a sa vraye substance de science & d'erudition 660 B
felicité ne se doit pas mesurer aux lieuës Persiennes 126 F
felicité supréme estre volupté, selon Epicurus 278 E
felicité de la ville de Rome 306 H, 307 A
felix, c'est à dire, heureux, surnom de Sylla 303 E
Felix & ses freres, pourquoy muez en estoiles par leur pere Saturne 487 E F
la femelle & le masle pourquoy s'accouplent ensemble 374 D
la femelle est sans effect, sans le masle 460 G
femelles & masles comme s'engendrent 457 C
les premieres femelles nasquirent vers le Septemtrion, & les masles vers le Midy 457 C
femelles en combien de temps se forment au ventre de leurs meres 459 D
femelles en toutes parties plus foibles,

que les masles 537 B
si les femelles, aussi bien que les masles, rendent semence 457 A
aux femelles pourquoy on imposoit les noms au huictiéme iour, & aux masles au neufiéme 475 H, 476 A
la femme estre apres la matrice 374 F
la femme n'a semence generatiue, ains nutritiue de celle de l'homme 382 H
la femme imite la terre, non pas la terre la femme 374 G
la femme doit demourer pure & nette toure sa vie 460 G
la femme sage fait au contraire de la Lune, & comment 146 A
la femme, quand & comment despouilla la honte 146 B
femme d'autruy on ne doit loüer 216 E F
la plus petite femme est des maux le moindre 83 D
quelle est la femme d'honcur, & la meilleure 229 E
iamais femme ne feit enfant sans auoir la compagnie de l'homme 149 H, 150 A
du temps propre à cognoistre femme 383 H, 384 A
quand & comment il faut habiter auec sa femme 658 E
de se mesler auec la femme on en vaut pis 384 E
s'abstenir quelquefois de sa propre femme, pour exercer continence 67 A
femme mariee, de quelles graces a besoin 147 A
femme mariee en quoy se doit confier 147 B
femme mariee pourquoy se doit mirer 147 D
femme mariee comment deuient lasciue 146 F
la femme peut porter cinq enfans à vn coup pour le plus 461 A
la femme sage, quand doit fermer les oreilles 148 H
la femme doit demourer à la maison, & sonner par la langue d'autruy 148 A
la femme de bien est vne force inexpugnable 147 C
la femme de bien doit estre sobre en parole 147 A
quel danger de dire son secret à sa femme, bel exemple 92 F
femme libre ne faut forcer 193 D
femme à qui l'œil estincelle, fait iuger qu'elle n'est pas pucelle 610 C
la femme auec autre femme conuient 41 E
la femme ne se doit troubler des parfums de son mary 149 C
la semence de la femme, de quoy sert à la generation 330 F
femme legitime ne faut repudier 183 C
femme premiere repudiee à Rome, quelle & pourquoy 461 D
femme repudiee de son mary pour auoir assisté aux ieux 462 H
qui a perdu sa femme, est plus malheureux que celuy qui n'en a point eu 468 D
femme aucune n'osoit approcher de l'oracle de Delphes 352 E F
nulle femme n'enfante en Delos 222 B
la beauté de femme pourquoy appellee

salee 403 C
femme descrite par Archilochus, qui d'vne main tient l'eau, & de l'autre le feu 531 F, 579 G
femme qui remist l'ame d'Aridæus en son corps 260 F
femme reprenant ses enfans coüards, en leur monstrant son ventre 228 F
femme rendant sa gorge proprement gaudie par Timogenes 372 H
femme transformee en vne plante, par Venus, & pourquoy 489 C
femme adultere à Cumes, monstree à tout le monde, montee dessus vn asne 478 A B
femme ruee à la feste d'Agrionia, par le prestre de Bacchus, & pourquoy 482 H
femme qui tous les ans estoit deux mois sans boire ny manger 410 E
pourquoy on ne brusloit iadis qu'vne femme morte parmy dix hômes morts 382 G H
femme Grecque qui enfanta vn Æthiopien, & comment 266 H
femme meschante, cause de la guerre de Troye 650 A
femme par prieres importunes, obtint iugement du Roy Philippus 192 D
femme foüettee pour auoir beu du vin 463 F
la femme de l'auaricieux Pythes, qui s'ensuelit tout vif, combien vertueuse 242 B C
la femme de Caruilius, fut la premiere repudiee à Rome 469 F
la femme de Pittacus, faisoit son mary malheureux 71 F G
la femme du tyran Aristotimus se pendit & ses deux filles 236 B
la femme du tyran Hieron, combien chaste 111 D, 189 E
femmes pourquoy ne sont peluës ny veluës 381 G
femmes pourquoy ont deux tetins 2 D
les femmes pourquoy ont les tettes à la poictrine 102 B
de femmes se doit abstenir le professeur de sapience 62 F G
femmes pourquoy sembler auoir deux noms, & les masles trois 476 B
femmes & filles de quoy honorees 147 E
femmes comment doiuent estre ornees 150 B
femmes pourquoy plustost prestes à marier que les hommes 381 H
femmes en quel aage mariables, selon Hesiode 601 G
quelles femmes faut espouser 8 D
femmes mariees sont les arres & gages d'amitié 611 H
femmes ne doiuent aller aux maris, mais les maris à elles 229 C
femmes doiuent apprendre les sciences de leurs maris 149 G
femmes de bon entendement comment comportent enuers leurs maris 148 E F
femmes mariees doiuent estre visitees de leurs maris, pour le moins trois fois le mois 611 A
maris sages rongnent les ailes à leurs femmes 601 F

f ij

TABLE ALPHABETIQVE SVR LES

femmes doiuent garder la maison 229 C
femmes que doiuent faire à la maison 465 E
és femmes honestes la beauté perseuere iusques en vieillesse, & au tôbeau 612 G
des femmes d'honneur on ne doit parler en vain 215 B
femmes pillent les hommes 602 D E
femmes grasses pourquoy ne peuuent engendrer 376 F
femmes grosses manger des pierres & de la terre 538 F
femmes grosses, appetent souuent de manger des pierres 162 H
femmes enceintes criminelles comment iusticiees 260 F
femmes grosses soulagees de la pleine Lune 387 D
femmes comment conçoiuent, & nourrissent leurs enfans au ventre 101 F G
les femmes quelquefois conçoiuent des amas sans forme de creature raisonnable 150 A
femmes ne pouuoir enfanter que cinq enfans en vne mesme portee 346 H, 347 A
femmes en trauail d'enfant, comment vistement deliurees 510 D
femmes en trauail d'enfant, reclamer cinq Dieux 461 A
femmes soulagees de la pleine Lune à leurs enfantemens 387 D, 472 B
femmes, quelles angoisses endurent en enfantant 102 C
qui les femmes hante souuent, engendrer ne peut 90 C
les femmes n'ont rien de commun auec Mars 607 B
femmes comment se font steriles 457 H
femmes qui ont souuent côpagnie d'hômes, pourquoy ne conçoiuent 457 E
femmes iettent semēce, voire sans compagnie d'homme 457 A B
quelles femmes on doit fuir 658 B
femmes qui se fardent, & qui portent assiquets d'or, tenuës pour curieuses & mondaines 407 F
femmes fardees produictes és festins 407 G
femmes, en despouïllant leur chemise, despouïllent aussi la honte 24 E F
femmes Indiennes s'entrebatent pour estre bruslees auec les corps de leurs defuncts maris 137 H
toutes femmes sont vne, quand la chandelle est esteinte 149 E
delices mal-aisez à chasser d'entre les femmes, s'ils regnent és hômes 149 F
femmes qui composent breuuages d'amour 145 G
femmes s'abandonnent en receuant des presens 462 A
femmes impudiques & lasciues, appellees honnestes par les flateurs 45 B
femmes folles, quelle coustume ont ordinairement 103 D
femmes folles, par medicamens se font auorter 300 B
femmes adulteres, & homicides de leurs maris, punies de mort par leurs enfans 491 E
femmes deuenuës fieres & superbes par

biens & richesses 601 F
si les femmes sont plus froides ou plus chaudes que les hommes 381 F G
femmes pourquoy plus choleres que les hommes 58 D
femmes aiment à faire le dueil 250 B
femmes pourquoy portent le dueil en blanc 464 G H
femmes subiectes à fureurs Bacchiques 477 F
femmes Bacchantes au mont Parnasse 533 B
femmes pourquoy s'enyurent malaisement 38 B
femmes sages receuans les enfans des accouchees, & leur office 458 D
femmes charment & trompent les hommes 12 F
femmes reprenans, & tuans leurs enfans coüards 228 E F G
femmes qui ne beuuoient ny ne mangeoient iamais auec leurs maris, & pourquoy 651 B
femmes prophetisses 338 C
femmes aux banquets conuiees vn an deuant 151 B
femmes, entretenans les iardins d'Adonis 265 C
femmes esprises furieusemēt de l'amour de quelques animaux 272 B
femmes amoureuses d'images & statuës, ont enfanté enfans semblables à icelles 457 H
femmes donnans breuuages d'amour, abominees 295 A
femmes ialouses de leurs maris, que les chiens deschirerent, & cômment 489 B
femmes comment celebrent la feste d'Agronia 421 D E
femmes cômment sacrifioient à la Deesse Rumina 469 E
femmes pourquoy ne participent point de ce qui est sacrifié sur le grand autel de Hercules 469 F
deux femmes & deux hommes enterrez tous vifs par les Romains, & pourquoy 473 A B
femmes de Chio sauuerent par deux fois leurs maris 230 H, 231 B
femmes de Chio, toutes chastes & bien honnestes 233 H
femmes scruantes Smyrniennes, & Romaines, deliurerent leurs villes du danger des ennemis, & cômment 490 C D
femmes Phoceenncs s'accorderent de se brusler toutes ensemble 230 D E
femmes Lyciennes arresterent Bellerophon suiuy de la mer, en luy monstrāt leurs deuans 233 A
femmes Toscanes, subtilement & vaillamment deliurerent tous leurs maris de prison 232 E
femmes des Thraces frisees pour la mort d'Orpheus 263 F
femmes Thessaliennes tirent icy bas le Soleil & la Lune auec enchantemens 339 H, 630 H
femmes d'Argos defendirent leur ville 218 A
femmes Carthaginoises couperent leurs cheueux, pour la defense de leur ville 130 E

femmes Laconiennes engrossies par les Tyrrheniens,& pource chassez 480 G
femmes Grecques tondoient leurs cheueux en calamité 462 F G
femmes Atheniennes pourquoy n'alloient en coche à Eleusine 497 D
femmes Atheniennes enleuees par les Tyrrheniens 480 F G
femmes des Eretriens pourquoy rostissoient la chair au Soleil, à la feste de Ceres 482 A
femmes Chalcedoniennes rencôtrans des estrangers, pourquoy cachent l'vne de leurs toües 484 E
femmes Laconienes commandoient à leur maris 220 B
femmes des Samiens, comment & par qui gnaties de leurs luxures & lubricitez 484 H
femmes de Lemnos tuerent iadis tous leurs hommes 603 B
femmes pourquoy ne peuuent entrer au verger d'Eunostus 482 G
femmes nommees Æolies, & Oconoloes, quelles 482 H
femmes d'Ægypte, pourquoy ne portoient point de souliers 147 L
femmes Colacides, ou Climacides, quelles 40 H
femmes Corinthiennes prient Venus pour leurs maris, contre les Barbares 657 H
femmes des Roys de Perse quād mangēt auec leurs maris,& quand non 146 E
femmes Gauloises portoient les pleins pots de bouïllie aux estuues 430 H
femmes Gauloises côsultent des affaires de la guerre & de la paix 231 G H
iouyssance de femmes feit croire à Alexādre qu'il n'estoit pas vn Dieu 50 A B
femmes vaincuës d'Alexandre par temperance 314 F
femmes Romaines pourquoy ne mouloient, ny mettoient la main à la cuisine 473 F
femmes Romaines baillerent leurs ioyaux pour faire vne couppe d'or à Apollo 130 E
les femmes cômandoient aux Romains & les Romains aux hommes 103 G
femmes Romaines cômment honoroient la bonne Deesse 463 E F
femmes premieres espouses des Romains rauies par force 473 H, 474 A
femmes Romaines, pourquoy baisoient leurs parens en la bouche 461 F
femmes Romaines, pourquoy fonderēt le temple de Carmenta 469 E
faicts des femmes vertueuses 230 A
mauuaise fenaison, pourquoy souhaitee des laboureurs 536 G H
fenestre, l'vne des portes de Rome, pourquoy ainsi appellée 466 D
fenestelle, vne des portes de Rome, d'où nommee 305 C D
fenoüil, medecine au dragon, pour fourbir ses yeux 516 D
le fer appellé l'os de Typhon 331 G
du fer comment fait on l'acier 94 C
le fer comment se peut mollifier, & endurcir, & enforcer 350 F
le fer s'affine par la trempe 348 C
le fer

le fer comment fondu par les ferronniers 353 E
le fer pourquoy facilement fondu par la
foudre 391 G
le fer s'vse en le maniant souuent, prouerbe 1 H
le fer non exercé se corrompt 292 A
fer monnoyé en vsage à Lacedæmone
219 F
le fer lié par le marbre fondu auec luy
par le feu 546 B
le fer comment attiré par la pierre de
l'aimant 331 C, 542 G
la ferule pourquoy consacree à Bacchus
359 D
la ferule, baston fort leger, & arme fort
gracieuse, donnee aux yurongnes par
Bacchus 420 D
la ferule portee par les suppos de Bacchus 588 D
la ferule de Bacchus, suffisante punition
de l'yurongne 61 D
feste de Diane, où se faisoit le sacrifice de
Nelcide 236 E
la feste des Lupercales en quel mois, &
comment celebree 477 D
la feste & le lendemain pourquoy eurent querelle 464 E F
feste nommee Elaphebolia 388 E
la feste Septimontion à Rome côment
solennisee 470 G H
la feste de Ceres comment solennisee
par les Eretriennes 482 A
feste nommee Eleutheria, où les chambrieres sont accoustrees en maistresses, & pourquoy 290 C
feste pourquoy appellee Sairei par les
Ægyptiens 324 D
festes d'Aristomenes, où il y auoit cent
victimes 388 G
la feste nommee Pambœotia, pourquoy
ainsi dite 506 E
à la feste des Consales pourquoy on couronnoit les cheuaux & asnes de fleurs
468 C
la feste des Ides d'Aoust, comment solennisee par les serfs 475 F
feste des chambrieres pourquoy celebrees à Rome 490 D
feste des Pamyliés cômēt celebree 325 G
à vn iour de feste furent rauies les filles
Sabines 476 E
feste en l'honneur des descendans du
poëte Pindare 263 H
vne seule feste en toute la vie des premiers hommes, & quelle 274 F
feste des Muses à Athenes 432 A
la feste de Iuno comment solennisee
642 F G
la feste de Venus, comment iadis celebree à Rome 467 D
la feste de l'amour comment celebree
599 B
feste des Panatheneiens 661 E
la feste du Soleil, quand & comment solennisee 329 D
la feste Agronia cômēt solénisee 421 D
feste solennisee par yurongnerie, causa la
mort des Milesiens 236 G H
feste des ieux Pythiques 335 H
festes des Bacchanales à Athenes 174 B
feste Carniene à Lacedæmone 227 A

feste des Chitres 497 C
la feste de Mercure, quand & comment
solennisee 332 D
feste solennisee par les femmes, filles, seruantes, & petits enfans 506 H
feste aux fols, appellee Quirinalia 474 B
feste instituee par chacun an, pour vne
victoire 230 F
feste instituee pour la victoire des femmes d'Argos 231 F
feste des yeux d'Orus, comment solennisee 329 C D
la feste du dormir & réueil de Dieu, cōment celebree 331 F
festes pourquoy ordōnees, & à quoy on
se doit occuper ces iours là 5 F, 464 F
festes comment doiuent estre celebrees
283 C, 318 G H
festes comment celebrees par les Epicuriens 285 C
és iours de festes on doit estre sobre
467 H
festes de Dieu contaminees, & comment 75 G
festes solennisees auec trois sortes de
danses 216 C
festes des Muses comment celebrees à
Athenes 432 H
rien n'est aux hommes plus ioyeux, que
les festes 122 F
festes solennisees à cause des victoires
gaignees 286 C, 527 B
festes Lupercales comment celebrees
470 F
festes des Iuifs, quelles & comment celebrees 395 B
aux festes des nopces, pourquoy conuie
lon plusieurs gens à souper 392 B
festes seueres & tristes 340 B
festes tristes, où lon mange chair cruë
340 B
festes des ieux Olympiques & Pythiques 397 B
festes de Neptune à Athenes, où & comment celebrees 497 D
festes Pamylienes pourquoy instituees
320 E F
festes de Leucothea ou Matuta, pour les
dames Romaines, comment celebrees
89 E
aux festes les Ægyptiens se lamentoient
124 A
festes des Atheniens combien desbor-
dees 114 G
festes des Grecs establies par l'oracle Pythique 593 C
festes parmy les guerres d'Alexandre 310
H
festes Capratines des Romains, pourquoy instituees 304 A
festes abolies par les Epicuriens 594 G
festes sans musique 287 G
festes & ieux commandez en l'honneur
des Muses 637 H
festes Thesmophories, où les femmes
ieunent assises sur la terre 332 F
festes nommees Agtionia, estrangement
solennisees 482 H
festes de Bacchus, comment celebrees à
Athenes 126 H
festes de Bacchus celebrees par passetemps 283 E

festes Bacchanales ioyeuses 310 F G
tous iours sont festes à l'homme de bien
75 E
festin aggreable aux amis, & bataille effroyable aux ennemis, se rengent d'vn
mesme sens 203 D
le maistre du festin, quel doit estre 364 A
si on peut aller à vn festin sans estre conuié 415 G H
qui va à vn festin sans estre conuié, est
ridicule 417 C
comment il se faut gouuerner à vn festin
151 B
comment on peut estre sobre en vn festin 294 A
en vn festin quelles choses sont bonnes
à ouyr 418 C
à vn festin quelles choses necessaires, &
quelles accessoires 369 C
en vn festin, quelle place est tenuë plus
honorable 363 E
si en vn festin est meilleur que chacun ait
portion 377 H
sortir d'vn festin auec plus d'amis, que
l'on n'y estoit entré 388 G
des conuiez qui viennent tard au festin
426 A
festin de cent victimes 388 G
festin pour la victoire 374 H
festin du sacrifice, appellé le banissement
de la faim 408 A B
festin conuerti en vn mystere 364 G
festin d'Orestes, fait en silence 378 A
festin de Platon, non fieureux 403 F
festin d'Agaton, quel, & quels conuiues
y estoient 360 A
festins conuiennent au soir 384 H
festins se faisoient iadis sur les licts 363
F, 399 F
festins reconcilient les amis 361 H
festins & batailles comparez 361 G
festins ont donné lieu aux farces & moralitez 396 A
festins remplis de carmes & chansons
633 E
aux festins nuptiaux, quels gens sont inuitez 393 E
aux festins l'anatomie d'vn hôme mort
apposee pour vn entremets 151 D,
321 F
festins publics des Princes & Roys 287 F
és festins les Romains beuuoient la seconde coupe aux demy-Dieux, & demy Deesses 464 E
festins és sacrifices, cōbien ioyeux 122 F
festins de Socrates, quels 403 C
aux festins, femmes conuiees vn deuant 151 B
festins sans vin, sont les boutiques des
barbiers 399 E, 421 A
festins comment supprimez à Syracuse
190 B
le festoyant comment doit traitter les
conuiez 361 D
festu d'orge, ietté par la verge d'vn homme 430 D
le feu masle des elemens 460 G
le feu inuenté par Prometheus 527 D
le feu diuisé par Prometheus 107 A
le feu inuenteur des arts 528 E F
le feu, des elemens le maistre 528 A
le feu appellé par Empedocles, noise

F iiij

TABLE ALPHABETIQVE SVR LES

pernicieuse, & ses effects 532 D
le feu s'engendre de l'air 338 H, 347 B
le feu comment engendré d'atomes 441 H
le feu a son seminaire de la pyramide 345 FG, 446 G, 541 G
le feu auoit forme de pyramide 444 E
le feu esteint, le monde ne seroit entier 326 F
le feu & la terre, premiers & necessaires elemens 502 B
le feu & la terre, les deux extremitez du monde 553 C
le feu est de nature mouuante 346 C
le feu va à droit fil contremont, & auec le ciel tourne en rond 617 E
le feu pur & elementaire non apperceu par les sens 534 A
le feu elementaire est par dessus l'air 532 A B
le feu reputé estre le corps de la puissance du bien 329 C
la mort du feu, est la generation de l'air 530 E, 531 E
le feu estimé le principe de toutes choses 441 B
le feu par l'air se tourne en eau, & de l'eau en la terre, selon Chrysippus 571 D
toutes choses se tourner en feu, & le feu en toutes choses 353 D, 354 D
le feu à quoy sert 109 D
le feu est le plus mortel & pernicieux du monde 527 F
le feu s'augmente de l'eau de la mer 534 E
le feu pourquoy & comment signifié par Vulcain 614 F
le feu muet de luy-mesme 423 H
le feu premier que le ciel, selon Platon 446 H
le feu est des elemens le plus leger simplement 444 C
le feu en son element n'est pur 347 B
le feu est la meilleure sausse du monde, selon Euenus 40 E, 295 C, 410 A, 545 E
mesme feu en tous pays 125 D E
le feu seul des elemens appete d'estre nourry 404 A
le feu se nourrit de cela en quoy il se tourne 532 D E
le feu se nourrit du vent 372 C
le feu sans humeur n'a point de nourriture, & est sec 460 G
le feu deuore & consume tout, comme vne beste rauissante 627 F
le feu mange son pere & sa mere, qui est le bois 429 A
le feu esteint & perdu par l'eau 528 C
du feu participent tous les sentimens 527 F
le feu sert & profite à tous les cinq sens de nature 528 D
le feu & l'air façonnent & moulent les choses 528 A
le feu chasse la peste 335 C
sans feu la vie de l'homme longuement a esté, mais sans eau iamais 527 C
le feu agit diuersement par vne mesme nature 31 C
le feu separe & diuise les corps 404 B

le feu augmente & multiplie la vie 528 F
le feu pourquoy perd sa force, exposé au Soleil 620 G
feu original, est le premier Soleil, selon Empedocles 448 D
le feu du Soleil & des astres se nourrir de vapeurs 440 C D
le feu d'Ætna est soubs terre contre la nature 617 A
le feu facilement se prend au poil de lieure 145 G
feu és yeux, pour faire la veuë, selon Platon 454 G
quel feu estimé pollu 481 C
feu du tonnerre estimé diuin, & pourquoy 403 B C
le feu diuin gardé par les Vestales 475 A
le feu de la foudre pourquoy est subtil & viste 391 H
le feu pourquoy honoré des Romains 468 B C
le feu adoré par les Assyriens & Medois 621 F
le feu pourquoy estimé sainct, & adoré des Ægyptiens 413 C D
feu inextinguible & immortel, & le feu estre vn animal, & pourquoy 471 G
le feu eternel de Delphes, entretenu de bois de sapin 352 E
feu intellectuel & spirituel 587 D
feu spirituel & intellectuel enflammera les ames apres la resolution du monde 291 A
feu perdurable rend la maison honorable 38 B, 607 F
le feu pour son excellence n'a besoin d'autruy 528 E
le feu quand ne fait point de fumee 165 C
feux de Castor & de Pollux secourent és perils de la mer 288 F, 345 E
feu denié aux accusateurs de Socrates 108 C
feu & eau demandez par le barbare Roy de Perse 130 G
n'attizer pas le feu auec l'espee, ænigme interpreté 7 F, 320 B
mesler le feu auec l'eau, prouerbe 531 F
des cheurons de feu qui apparoissent en l'air 450 B
du feu sainct Herme 448 A
au feu grejois pourquoy est comparé l'vsurier 131 C
feu de bruyere pour fondre & mettre en œuure le verre 387 C
deux riuieres de feu 644 G
feu d'enfer, quel 157 F G
feu cruel és enfers 121 A
si le feu est plus vtile que l'eau 527 A
feuille de figuier, appellee le mouuement de tous 325 G
feuilles contregardent les fruicts és arbres 380 A
fictions propres aux poëtes 10 C
fictions des poëtes, ingenieuses 284 A B
fictions poëtiques, delectent 281 H
fictions des poëtes, vaines 322 C
fictions d'Homere, pleines d'instruction 12 D
fictions d'Homere touchant les dieux,

comment faut entendre 13 A B
Ficus Ruminalis, pourquoy ainsi nommé 469 E
fidelité regnoit au monde du temps de Saturne 467 C
fidelité & pudicité principalement requises en mariage 611 B
fidelité pour taire les secrets des hommes 6 F
fiéure, qu'est-ce, & comment elle se fait 460 C
la fiéure pousse l'humidité au fond du corps 405 A
fiéures ardentes, quels mauuais symptomes apportent 144 E
fiéures esmeües au commencement de l'esté, à la fin se terminent du tout 386 B
le fiel de la hyaine, beste venimeuse, souuerain en medecine 260 H
la bourse du fiel reçoit l'humeur cholerique 402 F
fierceté vient d'estre trop nourri 471 B
Figon, mangeur de figues 393 F
figues seiches, viande de grande volupté 189 B
figues seiches nourrissent beaucoup 298 D
figues portees par cheuaux ou asnes, leur cause la faim canine 408 D
figues sauuages attachees à vn figuier franc, engardent que ses figues ne tombent 412 A B
figues portees en procession 99 F
figues defendües d'emporter hors du pays, causerent ce mot Sycophantes 67 E F
le figuier non frappé du tonnerre 390 G H
le figuier ne fleurit iamais, est acre, & son fruict doux, & n'est touché de la foudre 402 E F
le figuier appaise les taureaux sauuages 376 H
le figuier pourquoy fait deuenir la chair plus tendre, & son histoire 409 F G
figuier Ruminalis, quel 304 A B
figuier sainct à Athenes 413 F
figuiers portans des meuriers 376 G
figure qu'est-ce, & ses qualitez & proprietez 442 C
la premiere & plus parfaicte des figures, est la ronde 442 C
cinq figures des corps solides 446 G
figures mathematiques attribuees aux cinq premiers corps 355 B C
figures mathematiques accommodees à la composition du monde 345 E
figures mathematiques accommodees aux elemens & parties du monde 541 E F G
figures geometriques signifians la puissance des Dieux 324 E F
figures geometriques honorees des noms des Dieux 334 C
les figures sont apres les nombres 542 A
figures des corps solides tiennent le second degré des choses sensibles 540 F
figures accommodees à la creation du monde 549 E F, 550 A

fil de

fil de pierres,qu'on blanchiſſoit dedans
le feu 349 C
filets inuentez par les araignees 511 H
la fille nommee Charila, pourquoy ſe
pendit, & comment ſon ame appaiſee
479 A B
fille qui s'immola,ayant immolé ſon pere,& pourquoy 488 G H
fille ſacrifice par ſon pere, pour gaigner
la bataille 489 A
fille immolee tous les ans, pour l'aſſo-
piſſement d'vne peſte 491 B
fille ſauuee par vn dauphin 160 A
fille aimee d'vn dragon qui couchoit
auec elle 515 E
filles pourquoy pluſtoſt preſtes à marier
que les fils 382 H
filles à quels hommes faut marier 196 B
filles pourquoy ne ſe marioient aux
iours de feſtes 476 D
aux filles pucelles conuiennent chapeaux
de fleurs 379 E
filles ont beſoin d'eſtre ſoigneuſement
gardees 334 C
filles faiſans meſmes exercices que les
hommes 220 D E
filles pour leur doüaire, doiuent apporter la pudicité 219 C
filles ne doiuent receuoir aucuns preſens, exemple 147 D E, 215 F
filles rauies par les danſes 491 G H
rauiſſemens de filles, propres aux dæmons 340 D E
filles violees & tuees par les violateurs,
& ce qui en aduint 505 G H, 506 A
filles amoureuſes de leurs peres, par quel
moyen concherent auec eux 489 C
deux filles tuees par leur mere Democrita, laquelle apres ſe tua deſſus elles, &
pourquoy 507 A
filles traiſtreſſes à leur pays, accablees de
ioyaux 488 C D
filles comment accompagnent le bœuf
de la montagne Ænus 481 D
filles qui portoient cent corbeilles d'or
en proceſſion 503 A
filles pourquoy iadis conuoyoient leurs
peres en terre les reſtes deſcouuertes,
& les fils couuertes 462 F
deux filles dont l'vne engendree d'vne
aſneſſe,l'autre d'vne iument 490 B
filles Sabines, rauies és lieux par les Romains 465 F, 473 F, 476 E
filles Lacedæmoniennes pourquoy alloient deſcouuertes, & les femmes
voilees 223 C
filles Lacedæmoniennes pourquoy s'e-
xercçoient aux armes 220 D
filles pourquoy mariees ſans dot à Lacedæmone 220 F
filles Mileſiennes comment engardees de
plus ſe pendre 233 F
filles de Chio toutes pucelles iuſqu'en
mariage 233 H
filles Locriennes,quelle penitence faiſoient
pour la luxure d'Aiax 263 F
filles des Bottiæens pourquoy chantoient, Allons nous-en à Athenes 482
D
deux filles vierges condamnees à ſe pendre elles meſmes 236 B
violemens de filles, vengez des Dieux

650 B
fils pourquoy plus aimez des meres, que
les filles 148 E
le fils pourquoy aimé du pere,ſelon Epicurus 101 D E
fils conſul honoré & reueré de ſon pere
202 B C
le fils , fort degenere , qui plaide cont:e
ſon pere 84 C
en la fin de tous ouutrages giſt la difficulté 119 E
de douceur traiſtreſſe, la fin eſt pleine de
deſtreſſe 13 C
fins & trompeurs reſemblent au poulpe
537 C
à fineſſe le nom de vertu attribué 270 G
finy, l'vn des bons principes des Pythagoriens 328 F
le firmament ambraſſant de tous coſtez
la terre,luy influë les principes des ſemences 135 G
Firmus pourquoy occis par Nuceria,
femme de ſon pere Hebius 490 G H
cinq flambeaux pourquoy allumez aux
nopces 460 H
Flamen , nom du preſbtre des Romains,
& pourquoy 467 A
Flamen dialis, eſtoit le preſbtre de Iupiter, & pourquoy luy eſtoit defendu
de toucher de la farine, ny du leuain
476 G H
Flaminica, c'eſt la preſbtreſſe de Iuno,
pourquoy eſt touſiours en dueil 473
G
Flaminius Circus, & via Flaminia, pourquoy ainſi appellez 470 E
flaterie la pire qui ſoit, quelle 41 A
la flaterie ne ſuit point les pauures perſonnes 40 F
flaterie de l'amitié à preſent babillarde à
loüer, & muette à reprendre 110 F
ceux qui ſe laiſſent gaigner par flaterie,
reſemblent à des vaſes à deux anſes
80 E
flateries legeres, & flateries dangereuſes,
quelles 46 G
flateries tyranniques de Piſiſtratus reprimees par Solon 185 H, 186 A
le flateur eſt vn animal qui marche de ſes
dens 43 B
le flateur eſt la pire des beſtes priuees, &
le tyran des ſauuages 47 C, 150 G H
le flateur ſe maſque des marques d'vn
amy 45 A
le flateur eſt ennemy des Dieux , principalement d'Apollo 40 A
le plaiſir que fait vn flateur, n'a rien de
iuſte ny de liberal 48 H
le flateur de qui nourry 40 B
chacun eſt grand flateur de ſoy-meſme
40 A
le flateur reſemble au poulpe 42 C
le flateur ſemblable au chameleon 42 F
le flateur reſemble aux faux eſcus 40 F
flateur comparé à vn mauuais peintre,
& comment 49 F
flateur combien dangereux auec freres
81 F
le flateur comment peut eſtre diſcerné
d'auec l'amy,vn traitté de ce 39 H
flateur & amy , nul ne peut eſtre enſemble 49 B,78 G, 147 H

flateurs des Princes , reſembler aux oiſe-
leurs 161 C
flateurs,ſont chancres & gangrenes,ron-
geans les Princes 49 G
flateurs ſont ſerfs de volonté,& mauuaiſes beſtes 8 A
flateurs eſt vne malheureuſe generation
7 G. bien depeints 8 A
flateurs oublient leurs parens, femmes
& enfans 46 D
flateurs donnent les noms des vertus
aux vices 44 D
flateurs ne cerchent que le brouſt 40 H
flateurs pourſuiuans des repeües franches 3 D, 29 F, 143 C
flateurs attachent les ambitieux par les
aureilles 44 A
flateurs ruent leurs grands coups aux
amours 47 A
flateurs & harangueurs gaſtent le peuple
480 C
flateurs reſemblans aux compoſeurs de
tragœdies, & aux ſuperſices & lignes
mathematiques 48 C D E
flateurs pourquoy reſemblent aux poux
40 C
flateurs muets reſemblent aux chaſſeurs
45 E
flateurs comparez aux ſinges 49 D
flateurs en quoy ſemblables au poulpe
47 D
flateurs ſemblables à Hercules de Menander 46 B
flateurs imitent les peintres 44 H, 45 A
flateurs doiuent eſtre loing des enfans
7 G
flateurs ne doiuent eſtre autour des gouuerneurs des republiques 166 G
flateurs du Roy Demetrius, combien
impudens 177 A
flateurs d'Alexandre, l'appellans Dieu,
mocquez 193 B, 315 G H
flateurs depeints de leurs couleurs 134
E
flateurs eſcorchez , bruſlez & damnez
134 E
comment on peut fuyr les flateurs 50 A
le fleuue pourquoy oppoſé à Vulcain,
par Homere 531 E
fleuues pourquoy fument en hyuer 536
F
fleuues profonds pourquoy ne gelent au
fond 531 H
fleuues profonds en Scythie,Thrace, &
en Pont 532 B C
fleuues defaillir en aucuns lieux 349 B C
fleuues cauſer le flux & refflux de la mer
452 E
fleuues humez par l'arc en ciel 450 F G
fleuues diuers le verſans en vne coupe
268 F
deux fleuues de feu 644 D E
fleuues appellez Orempotes par la Pythie 634 B
fleuues de feu cruel és enfers 121 A
fleuues d'enfer meſlez auec vents & feu
157 G
fleuues d'enfer bruſlans 10 E F
fleurs naiſtre parmy les chardons 365 A
les fleurs des tendres violiers naiſſent
parmy les halliers 28 G
fleurs naiſſent ſouuent parmy les eſpi-
f iiij

nes 85 C
fleurs fortifient la teste contre l'yuresse 388 F
fleurs qui attirent doucement à dormir 380 F
fleurs sur la teste és festins 379 E F G
fleute Phrygiene, & epigramme de ce 152 H
fleutes est vn ieu auguste & sainct 662 E
fleutes par qui inuentees 662 C
fleutes pourquoy inuentees 32 D
les bonnes fleutes dequoy sont faites 152 G H
fleutes ne sont ouurages des Muses 156 A
fleures animent merueilleusement les cœurs des hommes, exemple 312 C
fleutes renuoyees au festin des Dames 99 F
fleutes sortables és festins 369 D, 419 C
fleutes és nopces 392 D
fleutes és sacrifices 371 D, 662 C
fleutes pourquoy ostees des sacrifices 298 H
fleutes aux funerailles des trespassez 386 C
fleutes conuiennent au soir 374 H
ioueurs de fleutes pourquoy vont desguisez en femmes aux Ides de Ianuier 469 B
ioueurs de fleutes pourquoy n'entroient au temple de Tenes 481 F
premiers ioueurs de fleutes 661 A
quel est le meilleur ioueur de fleutes 195 D
fleutes plaisent aux cheuaux & cerfs 414 E, 508 G
fleutes iadis ieu de pris 396 G
au son des fleutes les esclaues chastiez 60 C
fleutes de Glaucus enterrees auec luy 289 C
pourquoy les Spartiates combattoient au son des fleutes 211 B
consideration sur les fleutes 283 H, 284 A
loix des fleutes premierement composees par Clonas 660 G
flux & reflux de la mer, d'où causé 145 D 614 B
flux prophetique de diuination 348 E
fluxion se faict en la partie offensee 387 H
fluxions arrestees par les miroirs, quelles vertus ont 401 G
foiblesse n'est en Dieu 581 D
foin pourquoy attaché aux cornes des bœufs dangereux 471 B
foires des Romains, d'où ont eu commencement, & pourquoy sacrees à Saturne 467 B
le fol n'est incontinent, mais intemperant 34 D
fol est qui laisse le certain pour suiure l'incertain 91 E
vn fol ne se peut taire à table 90 F
vn fol ne se peut iamais taire 216 D
le fol ne sçait de combien sert la mauue 624 D
à vn fol on ne sçauroit prescrire mesure de biens 156 E

homme fol resembler à vn vaisseau qui par tout coule 89 D
fols quels sont 23 E
tous les fols vsent mal des richesses, de la santé, & de la force du corps 569 A
fols ne iouyssent des biens presens 73 B
fols corrompent les amitiez 109 E
fols se precipitent dedans les vices 20 D
fols glorieux sont estimez ceux qui dressent le col en marchant 129 G
fols sortent hors des gonds en prosperité 69 D
aux fols rien n'est vtile 563 C
follie est la premiere & principale maladie de l'ame 144 D
la follie des hommes de petite condition est innocente 136 F
la follie des peres gaste leurs enfans 3 C D
bon fondement combien vaut 1 C
fondriere, où s'esiouïssent les ames en l'autre monde 268 E
fondrieres reserrees par hommes, s'y iettans montez à cheual 486 G H
fondrieres & profondes valees en la Lune 626 D
fontaine, de laquelle l'eau est deux fois plus pesante en hyuer qu'en esté 536 A
fontaine d'eau chaude, & plaisante à se baigner, à Calepsus 392 F
la fontaine Castalie, où est 631 E F
fontaine de vie, quelle 38 B
dedans vne fontaine ne faut pisser 567 C
fontaines comment sortent dessus la terre, & les causes de ce 543 B
fontaines pourquoy tiedes en hyuer 536 G
fontaines d'eau chaude sont medicinales 527 G
fontaines chaudes defaillir 346 B C
fontaines enuoyer vapeurs à la Lune 327 A
fontaines d'Ægypte, pourquoy toutes salees 326 G
quand on peut prendre de l'eau aux fontaines d'autruy 130 D
force est deriuee de fort 31 D
force qu'est-ce, selon Zenon 31 C
force, en quelle mediocrité consiste 33 E
force de corps en l'homme debile, mais l'esprit habile 106 F
force de cœur par honte est acceree 21 C
force de corps est bien souhaitable, mais aisee à perdre 3 F
force n'a lieu où iustice regne 212 E
force & prouësse ne requiert les friandises 210 H
force n'est ostee à l'homme par changement de lieu. 129 H
forfaictures vengees par les dæmons Alastores 340 G
la forme, est le terme de chaque chose formee 422 G
la forme appellee Entelechie 440 B
les premieres formes tiennent le premier degré des choses intelligibles 540 F
formes dechassees par priuation 529 A
fornicalia, quelle feste, & comment so-

lennisee 474 B
forteresses imprenables, prinses par argent 191 E
forteresses imprenables, gardees par gens coüards, sont prenables 193 E
à Fortis Deesse, temple basty à Rome 303 D
fortune qu'est-ce, & de ses effects 445 G
fortune, fille de prouidence, tient en sa main la corne d'abondance 302 H
fortune est la plus puissante chose du monde 154 B
fortune estimee estre le principe de toutes choses 476 F
fortune estre entre les causes, & quelles 558 A B
fortune pleine de toutes sortes d'outils de malheurs, & quels 137 F
fortune n'a rien de commun auec les arts 107 B
fortune & sapience different, neantmoins produisent mesmes effects 302 A, 421 E
ce mot fortune n'estoit pas encore en vsage du temps d'Hesiode 15 D
fortune ne regarde point où elle vise 244 E
fortune vierge 305 D
fortune tousiours des impatiens accusee 252 F
fortune meslee és gestes des Princes 188 C
fortune ne sçauroit piller ce qui est en nous 74 E
fortune combatuë par la philosophie 124 H
fortune pourquoy souuent attache de grands estats à des hommes coüards 313 A
fortune quels malheurs suscite aux hommes 138 B
fortune comment peut estre preuenuë de l'homme 74 E, 75 A
fortune seule sans le vice ne peut rendre l'homme malheureux 138 A
fortune traisne apres soy les Royautez 302 G
fortune fait changer subitement aux Roys, de robbes 315 E
fortune aueugle meine par la main les aueugles 106 G
à fortune Dieu commande les plus petites choses 61 E
de fortune dependent tous faicts humains, dit vn vieux quolibet 105 F
à fortune on impute qu'elle est incestaine, mais bonne 301 H
fortune & sa puissance, signifiee par Iupiter 15 E
à fortune pourquoy les faicts des capitaines attribuez 172 G
fortune brassoit la guerre à Alexandre contre toutes nations 316 E
fortune opiniastre & implacable contre Alexandre 316 A B
fortune inuincible & magnanime auec Alexandre 313 C
fortune est chose grande, par ce d'Alexandre a dominé 313 C
male fortune est chose à l'homme commune 74 D
que dit fortune à la vertu de Romulus

OPVSCVLES DE PLVTARQVE.

Ius 304 D
fortune quand posa ses ailes à Rome, pour y faire sa demeure 302 G
fortune & vertu ont côbatu pour l'Empire Romain 301 H
fortune & vertu plaident pour l'Empire Romain 302 E
fortune patrone, nourrice, & le soustien de Rome 305 B
fortune, combien auoit de noms entre les Romains 305 C D
de la fortune des Romains 301 H, 302 A
fortune magnifiee par Paulus Æmylius 303 A
le iour de la bonne fortune 431 F
fortune inuoquee en estendant la main, prouerbe 227 D
à fortune diuers temples dediez, selon ses noms diuers 305 C D, 305 C D E
fortune plus fauorisee de Venus, que n'est la nuict 303 B
fortune primogenita, pourquoy adoree des Romains 476 E
fortune abandonnant les Perses & Assyriens, où s'en vola 302 G
l'image de fortune parla, & ce qu'elle dist 303 C D
fortune de bonne esperance 305 E
bonne fortune, deuise de Demosthenes 499 D
fortune couchoit auec Seruius Tullius 305 C D, 466 D
à fortune pourquoy Ser. Tullius edifia autant de temples qu'elle a de noms 471 E F
fortune descrite au vif 302 F G
de la fortune, vn traicté 105 H
és isles fortunees vont les gens de bien, apres ceste vie 255 A
foudre qu'est-ce, & comment elle se fait 450 D E
la foudre ne touche le figuier, ny la peau du veau marin 402 F
la foudre, pourquoy estimee ne frapper iamais les dormans, & ses effects merueilleux 390 F G, 391 A
la foudre qui frappa deux fois Mithridates, que signifioit 366 D
foudre, deuise du Roy Clearchus 314 A
la foudre imitee des tyrans, dont en sont de Dieu punis 135 C
foudre mal attribuee à Alexandre par Apelles 323 B
image d'Alexandre, surnommee Portant la foudre 312 C
foüet donné aux seigneurs qui auoient failly 188 H
Fourches Caudines, quel destroit 486 C
fourmage, viande des gens de guerre Atheniens 525 F G
fourmages nourrissent beaucoup 298 D
fourmis se meslent de la republique iusques à la mort 179 A
fourmis pourquoy se prennent plustost aux grains d'orge, que de froment 537 A
fourmis bons prouuoyeurs & mesnagers, & leur histoire naturelle 512 D E
c'est à faire à vne fourmis de mordre 59 A B
fourmis medecine des Ours dégoustez 516 D E, 538 E F

le fousteau arreste les viperes en les touchant 376 H
la Foy, fondement des communs conceptions 573 G
foy est la fin de toute parole 90 D
foy est le principal bien d'vn gouuerneur de republique 175 D
la foy d'vn gouuerneur, de quelle efficace est 163 B
la foy que nous auons de Dieu, confirmee par la veuë 528 F G
il ne faut abandonner la foy religieuse 631 H
foy principalement requise en mariage 611 B H
foy d'amitié, seau de silence 311 B
garder la foy aux amis, & abuser les ennemis 210 B
foy violee aux ennemis, punie de mort estrange, par son autheur 218 A
foy & amour sociale des Elephâs 515 B C
le foye, est la source de la concupiscence 36 H
signes de ceux qui ont le foye gasté 450 E
foye de la victime en la main gauche d'Agesilaus, & pourquoy 213 D E
fouyne, viande des premiers hommes 274 E
fouynes mangent les volailles domestiques 507 F
franchise donnee és temples, & aux statuës des Dieux, mesmes aux ennemis 110 H
fraudes des femmes, incitans à amour 12 F
fraudes chassees de Lacedæmone 219 G
frayeur de supplice destourne les mauuais de mal faire 289 A
frayeur Panique espouuantant les Toscains 232 F
frayeurs Paniques d'où ainsi nommees 321 A
les frayeurs Paniques n'aduenoient sans cause au camp d'Epaminondas 200 A
frayeurs des meschans infinies & sans relasche 262 B
les frayeurs du bruit troublent grandement l'ame 392 A
noms des Dactyles Ideiens, preseruatifs contre les frayeurs 119 A
fregate descendue du ciel 657 D
frelons des villes, qui ne veulent rien faire que picquer 173 H
freneticques ne sentent pas leur mal 117 A
freres ne doiuent estre comme le bassin d'vne balance 85 G
freres ne doiuent exceller en vne mesme chose, & pourquoy 85 H, 86 A
freres, quelles choses ont en communauté 85 B
freres s'entr'aimans, monstrent enuers leur pere & mere entierement 82 F
freres comment s'entredoiuent honorer & obeyr 86 D
freres combien doiuent aimer l'vn l'autre, raison auec exemple 85 C
freres comment sont maintenus en concorde 88 F
freres en matiere d'iniures doiuent imiter les Pythagoriens 87 B
pere de deux freres querellans, condamné 224 B
iours des querelles entre freres, mis en perpetuelle oubliance 87 F G
freres sages, quels 84 E G
pourquoy nature produit plusieurs freres 81 D
freres iumeaux quels sont ordinairemêt 246 G
trois freres iumeaux en combat, pour vuider le different d'vne grande guerre 488 D E
freres comment doiuent partager leur pattrimoine 84 D
quatre vingts freres comment enseignez par leur pere Scilurus, à garder paix 189 E
freres s'entreguerroyans, sont ennuis aux peres & meres, bien grands 82 D E
different de la royauté entre deux freres, accordé bien pacifiquement 87 D E
freres qui se sont entretuez, & pourquoy, & comment 489 F G
de l'amitié des freres, vn traicté 81 A
friandise, passion vicieuse 600 B
friandise, pasture de l'homme 273 B C
friandise a introduit iniustice contre les bestes 510 F
friandise cause de cruauté contre les bestes 276 B C
friandise faut retrencher pour viure sainctement 276 B
friandise deptrauë & corrôpt les mœurs 407 C
friandises sont mal saines 294 C D
friandises outrepassent l'vtilité 295 A
friandises pourquoy non receuës à Lacedæmone 210 H
friandises exquises, pourquoy refusees par Agesilaus 210 G H
friand ne crie iamais, i'ay mãgé, & pourquoy 281 H
frians & gourmans, pourquoy appellez Opsophages & Philophages 392 H
froid est priuation de chaleur 528 H
le froid & le noir appartiennet à vne mesme substance 531 B
froid, quels effects produit 529 A
froid & chaud comment sort de la bouche de l'homme 529 H, 530 A
le froid fort contraire à ceux qui tombent du mal caduc 136 H
le froid cause les tremblemens de terre 452 A
le froid rompt les vaisseaux de cuiure pleins, & non les vuides 532 C D
le froid fond le plomb 530 G
du premier froid, vn traicté 528 G H
froideur engendree par la chaleur, selon les Stoïques 587 B
froideur ennemie de la chaleur 532 E
la premiere froideur, auquel des elemens attribuee 530 C
la froideur, quels effects produit 533 A B
la froideur estre le partage des trespassez 514 E
és regions froides pourquoy viuent les hommes plus long temps, qu'és chaudes 460 E F
ce qui se refroidist fort, se muë en ce qui est le premier froid 533 B C
le froment demande terre forte & grasse, & à estre semé en boué 536 H, 537 A

le froment comment peut estre accreu en tas 397 G
froment enfermé en vn vaisseau, croist à la mesure, non en bonté 90 DE
le froment consume le vin dedans les cruches y enfermé 409 H
fruict de la philosophie 114 C
fruicts principaux de la philosophie 4 G
fruicts inuentez en Italie par Saturne 467 D
fruicts d'où produicts 528 C
fruicts des arbres estre la superfluité de l'eau & du feu en iceux, selon Empedocles 460 A B
fruicts enfans du ciel & de la terre 442 F
fruicts apparoissans, appellez la naissance des Dieux : & absens, le trespas d'iceux 332 H
fruicts apportez premieremét par la mer 527 H
les fruicts és arbres contregardez par les fueilles 380 A
fruicts se nourrissent de pluyes 623 G
en destruisant les plantes, herbes & fruicts, on peche 157 G
fruicts ne peuuent naistre, ny estre conseruez sans les vets & les pluyes 623 B
fruicts, quelle propriété ont 373 B C
fruicts produisans les huict saueurs, excepté la salee, & quels 535 D E
fruicts ont donné commencement à l'emption & vendition 467 E
fruicts nouueaux quand bons à manger 467 E
fruicts vineux sont froids 383 G
fruicts sans chair, viande des hommes 174 C D
fruict de la terre, seule viande d'Achilles en son enfance 388 F
fruicts des animaux, comment se nourrissent dedans le ventre 458 D
fruicts d'or presentez à l'auaricieux Pythes 241 B
frugalité des banquets des anciens 378 G
par frugalité faut s'accoustumer à se contenter de peu 60 G
frugalité de Diogenes desiree par Alexandre 310 F
Fuluius Camillus dictateur deposé & remis en son estat, & ses vaillantises 306 D E
Fuluius & Liuia sa femme, se tuerent eux-mesmes, pour auoir descouuert leur secret 93 B
Fuluius Tellus, haïssant les femmes, eut vne fille d'vne iument 490 B
fumee, qu'est-ce 530 E F
Fundanus & Sylla deuisent de la cholere 55 F
ieux funebres au trespas des grands personnages 193 H
funerailles des anciens comment faictes 382 G H
funerailles pour les morts en bataille 499 D
funerailles publiques pour Lycurgus l'orateur 498 C
funerailles combien soignees par les payens 240 A B
funerailles comment celebrees iadis par les Romains 462 G

funerailles celebrees auec clairons & trompettes 516 A
aux funerailles de Cœranus, assisterent des dauphins 523 B
és banquets des funerailles, pourquoy sert on des legumages 474 H
funerailles où Homere & Hesiode feirent des carmes à l'enuy 397 A
furca en Latin, signifie vne fourche 471 A
furciferi, que signifie proprement, & d'où est venu ce mot 471 A
fureur est chose fragile 59 B C
la fureur d'inspiration prophetique, cóment s'engendre 351 E
fureur diuine, nommee enthousiasme 605 F
fureur diuine inspiree és prophetes, par les dæmons 347 F
c'est fureur de se douloir de sa perte 70 G
fureur Bacchanale 395 B
la fureur de Bacchus a beaucoup de diuination 348 F
fureurs Bacchiques, a quelles gens aduiennent le plus souuent 477 C
fureurs Bacchanales, Paniques, Poëtiques, musicales & martiales, par qui inspirees 605 C D
furies, ministres & aides de iustice 328 F
furies seruent & secondent la iustice 127 D
furies, deesses qui nuisent 442 G
furies tourmentent l'ame des superstitieux 120 F
le furieux & le courroucé, en quoy different 204 A
Furius Camillus esteignit le feu des Gaulois, & osta Rome du bassin de la balance 303 D
fuseaux pourquoy portez par les espousees 465 E
les choses futures imprimees és hommes, par les dæmons 347 G
fuyards ne sont bons à la guerre 211 B, 224
fuyards n'ont aucune esperance de salut 475 C
fuyards notez d'infamie 199 E
fuyards repris de leur mere, en leur monstrant son ventre 228 F

G

Gard venu en vsage en la langue Romaine, & par qui inuenté 464 A
gabelleurs haïs de tout le monde 65 A
superintendant des gabelles, quel office 169 D
Gabij ville, où furent nourris Romulus & Remus 304 B
l'assemblee des gaillards, quel lieu en la ville des Chalcidiens 431 B
le gaing, tousiours est chose delectable 13 C
tout gaing tenu honneste à Athenes 215
mespris de gaing, conserue le Royaume 214 E
Galates habitans en Asie, desfaicts par les Romains 239 F
Galates singulierement deuots à Diane 239 B

soixante des principaux Galates condamnez à mort par Mithridates, & pourquoy 239 H
Galaxius quel lieu en Bœoce, & pourquoy ainsi dict 635 D
Galba, quel bouffon 606 A
galere d'Antigonus surnómee Isthmia, & pourquoy 398 A
gales engendrees és corps baignez de la rosee des plantes 535 G
Sul. Gallus, le premier des Romains, qui repudia sa femme, & pourquoy 462 H
la game, de quels & de combien de tons composee 347 A
gaudrilles fendirent en deux la iambe d'Alexandre 307 G
gangrenes, qui sont les flateurs, rongent les Princes 49 G
garçon cheuauchant vn dauphin, graué en monnoye, & pourquoy 523 B
garçons contraints de porter cheueux attiffez comme filles 241 G
honneste responce d'vne garse Laconiene 146 E
gasteaux sont delicatesses vaines & curieuses 390 E
gasteaux du sacrifice d'Isis, comment figurez 329 F
gasteaux figurez d'vn asne lié 324 E
gasteaux d'or presentez à l'auaricieux Pythes 241 B
gauche, l'vn des mauuais principes des Pythagoriens
le costé gauche est le plus heureux, & mieux fortuné 472 C D
gandisseries, cóment se doiuent accommoder 371, 372
en Gaule n'aduient aucun tremblement de terre 120 B
Gaulois de haut cœur, & magnanimes 250 B
Gaulois pillerent & saccagerent l'Asie, conduicts par Brennus 488 C
Gaulois occupans l'Italie 231 G
Gaulois campez deuant le Capitole de Rome 306 C
Gaulois à quel iour prindrent Rome 307 B, 464
deux Gaulois enterrez tous vifs par les Romains, & pourquoy 473 B C
Gaulois desfaicts deuant Rome, par les femmes seruantes 490 D
Gaulois sacrifioient iadis des hommes 123 G
Gauloises consultent des affaires de la guerre & de la paix 231 G H
Gaza ville, où Alexandre eut la cheuille du pied percee 307 G
Gaza ville, où Alexandre eut l'espaule percee 315 G
le geant Ogygius, où est colloqué 614 G
geans Aloades 621 H
geans suscitez contre Alexandre, par la fortune 316 B
geans, & leurs faicts tant chantez par les poëtes 323 C
le geay tousiours aupres du geay se perche 455 F
geays vont en troupe 103 F
geays sont amiables 363 D
geays d'Æsope, qui parloient 159 la

OPVSCVLES DE PLVTARQVE

la Gedrosie fort sterile, & sans arbres 623 H
Gedrosiens, quels peuples 315 F
gehennes de toutes sortes en enfer 121 A
la gelee rompt les vaisseaux de cuiure pleins, mais non les vuides 532 CD
Gelon tyran de Syracuse 493 G
Gelon bien à poinct appellé Gelos, par Dionysius, c'est à dire risee, & pourquoy 140 FG
Gelon de tyran deuint bon Prince 260 C
Gelon tyran hydropique 632 B
Gelon vainquit les Carthaginois, & cotraignit de ne sacrifier plus d'hommes 189 F
gemissemens horribles au trou Trophonius 644 E
genea est l'aage de l'homme 339 A
generation a esté deuant le ciel 552 H
generation premiere des animaux, produire de la terre 374 GH
generation d'où estimee auoir origine 373 E
generation & corruption comment se font 445 C
generation comment se fait selon Aristote & Platon 590 CD
generation d'où a son principe 374 F
toute generation procede de deux causes, & quelles 350 F
generation se fait par conionction du mortel auec l'immortel 510 E
generation ne se peut faire de ce qui n'est point 547 F
generation mere des hommes, des animaux, & de toutes les plantes 612 EF
generation est facture d'vne creature animee 540 E
generation est comme debte de nature B C
la generation & corruption, estre l'assemblement & desassemblement des choses 591 B
generation a son fondement & place en la matiere 330 B
generation & artifice, comment different 264 G
à generation Dieu marche inuisiblement 331 D
generation signifiee par Osiris 325 B
generation signifiee par Isis 329 F
generation a ses principes de la Lune 327 D
la premiere generation des animaux, comment faicte 458 H
la generation des enfans, quelle doit estre 1 ABEF
generation beaucoup aidee par le sel 403 C
de la generation des Dieux 421 CDE
la generation subsequente, gaste tousiours la precedente 356 E
generations comment se font en la matrice 457 B
genisse supposee pour estre immolee au lieu d'Helene 491 B
genisse supposee en sacrifice, au lieu de Valeria Luperca 491 B
genisse supposee au lieu de la fille de Metellus pour estre immolee 488 B
à Genita Deesse, pourquoy sacrifie lon vn chien 468 G

geniture & semence superfluë, cause de l'abondance de l'aliment 557 H
gens de guerre, grands conteurs de batailles 96 D
gensd'armes Lacedæmoniens, viuoient de gros pain 222 D
aux gentils-hommes est plus honorable prendre de la venaison, que de l'achepter 511 E
geolier des tyrans de Thebes, tué, foulé aux pieds, & decraché au visage, par les femmes, apres sa mort 648 CD
geometrie mere des autres mathematiques 422 D
geometrie, qui est la science des mesures, est la seconde des mathematiques 540 H
geometrie, tierce partie de mathematique 437 B
geometrie recommandee aux Grecs par le Dieu Apollo 353 C, 638 A
geometrie tousiours exercee de Dieu, selon Platon 422 C
geometrie à l'ame fort delectable 282 C
la geometrie chasse le boire & le manger 299 A
la geometrie destourne les hommes des choses sensibles, pour les faire penser aux intelligibles & eternelles 422 C
geometrie sans exercice s'oublie 184 E
Geradatas Spartiate, & ses dicts notables 220 H
Geræetion place forte 489 E
gerbes d'or offertes à Apollo 631 D
Germanicus ne pouuoit souffrir le chant ny la veuë d'vn coq 107 G
Geryon auoit plusieurs iambes, plusieurs bras, & plusieurs yeux, gouuernez par vne seule ame 174 E
Geryon deualisé de ses boeufs par Hercules 463 F
gestes du bal, qu'est-ce, & coment faicts 438 F, 439 A
Valer. Gestius pourquoy aueuglé, & crucifié par son beau-pere 489 F
Girtias Dame Lacedæmonienne, & ses dicts notables 228 D
la glace est claire & froide 531 D
gland, viande des premiers hommes 274 E
chesnes portans gland, iadis reuerez 413 F
Glauca menestriere 628 E
glaucia ruisseau, de qui & pourquoy ainsi nommé 483 F
Glaucopis, surnom de la lune, selon Empedocles, & que signifie ce mot 621 C
Glaucoste mere de l'orateur Æschines 496 C
Glaucus bon medecin, & mauuais philosophe 292 H
Glaucus dequoy admonnesté par Diomedes 85 G
Glaucus amy desloyal 263 A
Glaucus a compilé les tables des anciens poëtes musiciens 661 D
Glaucus enseueli auec ses fleutes 289 C
gloire est chose venerable, mais incertaine & muable 3 EF
gloire procede de la seule vertu 23 G, 313 A
gloire est euidéte & notoire à tous 462 F

gloire & vertu vont apres richesse, coma ment s'entend ce 16 A
gloire acquise gratis, enuiee des hommes 141 H
gloire promptement acquise n'engendre point d'enuie 165 CD
la gloire comment est renduë plus illustre 38 B
la gloire quand peut recreer l'homme 38 H
le theatre de gloire estoit à Athenes 191 DE
de gloire naist volupté, selon Epicurus 286 D
gloire mondaine se peut par le plus meschant acquerir 22 F
gloire vaine de quels hommes saluee de loing 134 B
conuoitise de vaine gloire, est vn maistre forcené 182 B
conuoiteux de vaine gloire, quels sont 116 C
conuoireux de gloire, comment se doiuent corriger 143 E
glorieux sots sont estimez ceux qui dressent le col en marchant 129 C
glorieux choleres contre ceux qui maldisent d'eux 58 D
glotta que signifie 331 B
Glycon Peripatetique, natif de Troade 128 A
Gnathon bouffon poursuiuant ses repeuës franches 416 B
Gnathon, homme glouton, se mouchoir dedans les plats, en vn banquet 291 C
Gnidiens policez par Eudoxus, disciple de Platon 598 C
Gnidos quelle ville, & ses magistrats appellez Amnemones 478 G
Gnosiens quelle coustume auoient d'emprunter à vsure 484 H
Gorgias Preuost d'Athenes 500 C
Gorgias tenant vne Sphære, peint sur le tobeau de so disciple Isocrates 495 D
Gorgias quels preceptes donna aux femmes d'honneur 229 E
Gorgias quelles nouuelles raconte à son frere Periander 158 EF
Gorgias raconte comment Arion fut sauué par les Dauphins 158 GH
Gorgias & Cyrus souppans ensemble s'entregaudissoient 369 EF
Gorgias brocardé à cause de sa chambriere 149 B
Gorgias le Sophiste, sur lequel emeurit vne arondelle, que dist 427 C
Gorgo fille noble, & de grands biens, fidelement amoureuse d'Asander pauure & honneste ieune homme 610 D
Gorgo dame Lacedæmoniene, & ses dicts notables 228 C
Gorgo femme de Leonidas, & ce que luy dist son mary, allant à la guerre 150 B, 219 B
Gorgones ne sont au monde 131 H
gourmand ne crie iamais, i'ay mangé, & pourquoy 282 G
vn gourmand ne s'abstient iamais d'vn bon morceau 98 A
gourmand brocardé en plein Senat 393 A

TABLE ALPHABETIQVE SVR LES

gourmans & frians, pourquoy appellez Opfophages & Philophages 392 H
gourmans qui se mouchoient dedans les plats en vn banquet 291 C
gourmans choleres contre leurs cuisiniers 58 D
gourmandise vice fort deshonneste 294 D
gourmandise est excez & passion vicieuse 600 B
gourmandise depraue & corrompt les mœurs 407 C
gourmandise cause de cruauté contre les bestes 276 B C
gourmandise a introduit iniustice contre les bestes 510 F
gourmandise enorme és ieunes gens 7 D
gourmandise faut retrencher pour viure sainctement 276 B
le goust attribué à l'eau 555 C
le goust à quelle fin à l'homme donné 106 D
le goust comment se faict 455 C
le goust de quel esprit se faict 455 H
le goust trompé & deçeu par les faulses 275 C
la goutte des pieds ne se guarit pas de la chaussure Patricienne 67 F
gouttes d'eau, en tombant souuét, creusent la roche dure, prouerbe 1 H
gouuernement de republique est vn ieu sacré 175 B
trois sortes de gouuernement de repub. vn traicté de ce 503 D E
le gouuernement enseigne & rend habile l'homme 179 C
vne sorte de gouuernement des hommes, & quand sera 328 D
tout gouuernement de republique apporte des inimitiez & enuies 168 E
quel gouuernement de repub. estimé le meilleur 221 F, 223 C
gouuernement populaire, bon & iuste, est vn sepulchre 178 H
le plus parfaict gouuernement est la royauté, & qui a plus de soucy 183 A B
le gouuernement de Platon inutile 308 F
gouuerneur de l'estat, quel doit estre 191 B C, 187 B
le sage gouuerneur, quel est en sa vie 179 H, 177 A, 514 A
vn gouuerneur de repub. doit auoir la parole pour instrument 164 A
gouuerneur doit cognoistre le naturel de ses citoyens 161 D
vn gouuerneur de quelle science doit estre garny 163 B C
gouuerneur politique s'acquiert prudence, sens rassis, &c. 184 E
gouuerneur doit diuiser son authorité à plusieurs, exemples 170 B C
gouuerneur doit ressembler à Geryon 174 E
gouuerneur bien renommé, combien respecté du peuple 163 B
gouuerneur nouueau, comment se doit reformer 162 D E
gouuerneur nouueau doit faire ainsi que Solon 165 H, 166 A
gouuerneur qui s'enrichit, est sacrilege 174 F

vn gouuerneur quand peut iustement enrichir ses amis 168 A
celuy-là est vn mauuais gouuerneur, qui ne se peut gouuerner soymesme 103 H
gouuerneurs, quelle science principale doiuent auoir 171 H
gouuerneurs de la police doiuent estre robustes 184 A
gouuerneurs comment peuuent amorser le peuple 176 H, 177 A
gouuerneurs comment peuuent acquerir bonne reputation 175 G
gouuerneurs ne doiuent curieusement rechercher leurs citoyens 172 E
gouuerneurs ne doiuent reformer la commune tout à vn coup 162 D
gouuerneurs doiuét ressembler aux bons musiciens 168 E
gouuerneurs, quels maistres doiuent euiter 182 B
gouuerneurs sont ordinairement enuiez 109 A B
gouuerneurs du public, ne sont aimez du peuple, exemple 186 C
gouuerneurs pourquoy ne doiuent estre changez 183 C
gouuerneurs comment remunerez 175 B
gouuerneurs plus necessaires aux adolescens, qu'aux enfans 7 C
C. Gracchus en haranguant, comment se faisoit moderer sa voix 57 E
C. Gracchus ambitieux tué 161 F
grace est deriuee des gracieux 31 D
grace, quelle ioye engendre 134 C
grace & vtilité accompagnent tousiours l'amitié 41 C
graces aux femmes mariees, necessaires 147 F
graces inegales, pestes mortelles entre freres 84 H
trois graces, & leurs noms 134 C
graces, pourquoy auoient leurs images ioignant celles de Venus, de Mercure, & de Suadele 145 D
graces en la main de l'image d'Apollo, & pourquoy 662 D
vsures des graces des enfans enuers leur pere & mere 82 B
graces conioinctes auec les Muses, est la plus belle assemblee du monde 229 F
graces des sept Sages apres souper 152 F G
graces indignes de bonne reputation 167 G
le sel pourquoy appellé les graces 403 A
le coffre des salaires plein, & celuy des graces vuide 65 F G
grand, nom vsurpé par les tyrans 314 C
à qui appartient ce nom de grand 115 A, 142 C
grandeur est deriuee de grand 31 D
grains tombez sur les cornes des bœufs en les semant, en deuiennent durs 411 G H
graines comment doiuent estre semees & gouuernees 412 C
grammaire inuentee par Prometheus 328 E
la grammaire a deux sortes de lettres 73 E

grammaire a des breues & longues pour ses elemens 529 G
grammaire met en depost d'escriture les voix, pour le thresor de la memoire 660 G
grammairien iniurié en plein theatre bien opportunément 432 G
aux grammairiens faut laisser les petites arguces 20 F
grammairiens & musiciens en dissension 660 E
Granique riuiere que passa Alexandre par dessus des corps morts 307 F
Granique riuiere où Alexandre receut vn grand coup sur son armet 315 G
gratitude, vertu fort recommandable 413 E F
Grece, vne des plus puissantes nations du monde 309 D
Grece depeuplee par les guerres & seditions 538 B
la Grece endura beaucoup par Philippus 308 A
toute la Grece subiecte aux Romains, quand & comment 228 A
Grecs indigenes, & non venus d'ailleurs 127 F
Grecs pourquoy tous appellez Argei 465 G
Grecs moins propres en leur langage, que les Romains 426 G
Grecs, sages coüards 271 D
Grecs appellez cœurs de lyons, & loups acharnez 271 C
Grecs auoir appris l'exercice de leur religion, des Ægyptiens 650 D
Grecs admonestez d'aprédre les sciences par Apollo 638 A B
Grecs sçauent, mais ne font, ce qui est honneste 225 B
Grecs preuoyans 79 C
Grecs reputez tous vertueux 309 E
les Grecs combatent auec vn silence 19 B
Grecs dequoy reprins par Anacharsis 115 B
Grecs suscitez contre Alexandre, par la fortune 316 E
Grecs deffaits par eux mesmes 211 F
Grecs vaincus à Chæronee par les Thebains 215 F, 240 C
Grecs vaincus par le Roy Philippus 191 A B
Grecs prisonniers, pourquoy gardez par Alexandre 193 F
Grecs reduicts soubs le ioug de seruitude, par les ieux de luicte 467 A
Grecs remis en liberté par les Romains 202 H
deux Grecs enterrez tous vifs par les Romains, & pourquoy 473 C
Grecs pourquoy remirent leurs differés à iuges estrangers 100 G
valeur Grecque, vaincre en combatant, ou mourir vertueusement 19 F
femmes Grecques tondoient leurs cheueux en calamité 462 G
Grecostasis, temple à Rome 515 H
grenades produisent la saueur austere, la douce 535 C
grenades

grenades sont froides 383 G
grenadiers sortans des meurthres 376 C
grenoüille pescheresse, merueilleusement industrieuse à prendre sa proye 519 B
grenoüilles engendrees de la terre 374 C
grenoüilles rendent vne voix nommee Ololygion, & leur histoire naturelle 521 F
grenoüilles annoncent la pluye en chantant plus hautement 535 A
grenoüilles marques du printemps 630 E
grenoüilles grauees alentour du palmier à Delphes 160 E, 630 B
la gresle est claire & froide 531 D
gresles comment se font 450 E
griues oyseaux delicats à manger, chez Lucullus friand 180 D E, 207 A B
gruës volent en triangle, & selon le vent 519 E
gruës sont la sentinelle posees à terre 512 B C
les gruës en dormant tiennent vne pierre en l'vn de leurs pieds pour s'esueiller 519 F
les gruës furent cause que les homicides d'Ibycus se descouurirent 94 C
Gryllus parlant en groüin de pourceau 271 F
Grypus & Cyzicenus freres querellans, comblerent l'Asie de maux 85 G H
la guerre appellee pere, roy, maistre & seigneur de tout le monde 328 E
la guerre & la paix pourquoy donnees aux hommes 5 F
la guerre ne s'entretient à pris faict à certain 198 G, 215 H
comment on doit entreprendre la guerre, exemple 209 H, 210 A
la guerre meilleure que la paix aux gens de bien 217 A
la guerre rend l'homme plus dextre 2 B
guerre faut faire sans cesse contre le vice, pour viure en paix 113 F
la guerre comme vn torrent entraine & dissipe toutes choses 3 F G
en guerre, iustice n'a lieu 310 C
en la guerre y a beaucoup de faulses alarmes, prouerbe 26 G
on ne peut faillir deux fois à la guerre 196 H
en guerre les bônes entreprinses se font deuant le iour 473 D
ne faut faire guerre continuelle à vne mesme nation 212 H
defendu de faire souuent guerre à mesmes ennemis 210 H
guerre aduertie par vne voix nocturne, aux Romains 303 D
la plus honneste mort est mourir en la guerre 200 A
en guerre, à qui & quand il n'estoit loisible de tuer ny frapper l'ennemy 466 F
guerre grande pour deux adulteres 236 F G
la guerre de Troye, causee par vne meschante femme 650 A
guerre sacree 260 H

guerre sociale 206 A
guerre irreconciliable entre les Thessaliens & Phoceens 23 D
guerre Decelique 196 H
guerre seruile de Sicile 374 C
la guerre des Titans alencôtre des Dieux par qui composee 660 F
la guerre d'entre les Romains & Sabins comment appaisee 473 F
gens de guerre, grands conteurs de batailles 96 G
gens de guerre pourquoy portoient la figure d'vn escharbot 320 B C
fuyards ne sont bons à la guerre 211 B
guerres d'où procedent 247 A, 378 G H
guerres enuoyees de Dieu, pour espuiser la trop grande multitude de peuple 569 C D
guerres causees par les vices 569 E
guerres suscitees par les dæmons violens 340 D
guerres contre toutes nations, predictes aux Romains cinq cens ans auparauant 630 A B
guerres ordinaires, quelles commoditez causent aux citez 109 G H
guerres continuelles rendent les ennemis vaillans 215 A
guerres depeuplerent la Grece 338 B
guerres ciuiles causees par les delices & superfluitez 294 H
és guerres ciuiles la signification des mots transferee 44 D
guerres entre freres sont bien griefues, principalement aux peres & meres 82 D E
guerres d'Alexandre entremeslees de festes 310 H
guerres naiales defendues aux Lacedæmoniens 227 C
grandes guerres assopies par le combat de trois freres iumeaux 488 E
guerriers Romains defendans la vertu contre la fortune, quels 302 F
guespes des villes, qui ne veulent que picquer 173 H
guide, poisson qui conduit la balene, & son histoire 520 E F
la guimaune non cogneuë du fol 624 C
guimaune viande de l'homme, commandee par Hesiode 156 G, 157 A
Gyare petite isle 126 C
Gyges pourquoy & comment defait Candaules Roy de Lydie 484 B
Gylippus banny pour larrecin 6 G
gymnopædies, danses nues, par qui instituees à Lacedæmone 661 B

H

Habillemens comandez estre communs 309 C
habillemens appellez Aphabroma, & pourquoy ainsi nommez 480 A
habillemens n'eschauffent d'eux mesmes 38 A
habillemens conseruer la neige 406 F
habillemens des Allemans ne sont que pour le froid, & ceux des Æthiopiens pour le chaud 406 F
habillemens des Perses, trompeurs 653 F
habillemens de trespassez enterrez auec eux 289 C
habillemens pourquoy se lauent mieux

en l'eau douce qu'en celle de la mer 367 H
l'habit ne fait pas le philosophe 318 F
l'habit des religieux Isiaques, faits de lin 318 C
l'habit des Persiens, sobre & modeste 309 D
habit d'Alexandre, par lequel il se rendoit aggreable à tous ses subjects 309 D E
habits de femmes, quels doiuent estre 150 B
l'habitude de nostre ame, qu'est-ce 32 F
habitude de courroux engendre cholere 56 D
habitudes des vices 570 A
habitudes, comme les vertus, vices, passions, & arts, estre corps & animaux 587 B C
hache, marque des Tenediens, & pourquoy 630 C
haches pourquoy portees deuant les Prætaurs de Rome 472 H, 473 A
haine, qu'est-ce 108 F G
haine comment s'engendre és cœurs 107 F
haine, mauuaise nourrice de vieillesse, & de ieunesse encore pire 81 H
haine & enuie, comment different 107 E F, 108 C
la haine des meschans, est vne qualité d'homme de bien 108 A
haine ne part iamais de ceux sur lesquels elle est ancree 108 E
haine iadis aussi rare entre freres, qu'est maintenant l'amitié 81 B
le haïr s'estend iusques aux bestes brutes 107 G
haïr & aimer mesmes personnes, maintient entre freres concorde 88 F
estre haï des gens de bien, est extreme meschanceté 108 F
comment pouuons nous faire honnestement desplaisir à ceux qui nous haïssent 110 C
l'haleine de l'homme comment souffle chaud & froid 529 H, 530 A
halcyons, le plus sage animal, & le plus aimé des Dieux, & son histoire naturelle 521 F G
halcyons esclouent leurs œufs au milieu de l'hyuer 295 C
Halibantæ sont les trespassez, & pourquoy ainsi appellez 527 C
Halycarnassus tomba par la fortune d'Alexandre 314 F
halyin, aux Grecs, que signifie 14 E
Hamadryades nymphes, qui naissent & meurent auec les chesnes 339 B
Hamaxocylistes, quelle race en la ville de Megare 485 F
l'hameçon à pescher, quel, & de quoy doit estre 518 A B
hamies, poissons, pourquoy ainsi dicts 520 A
Hammon, & son temple 193 E
hanebane, herbe, qui trouble & aliene l'entendement 381 F
Hannibal, fils de Barca, subtilement deceu par les dames de la ville Salmarique 233 D E

g

Hannibal l'asseurance des Carthaginois 202 E
Hannibal bon harangueur 170 C D
Hannibal passa par les Gaules 231 H
Hannibal rauagea l'Italie 309 G
Hannibal saccagea Campania, pays en Italie 489 F
Hannibal desfaict par les Romains 630 B
Hannibal consumé & desfaict par Scipion 133 E F, 306 B
Hannibal banny de Carthage, combien librement parla au Roy Antiochus 128 H
Hanno exilé pour auoir faict porter ses hardes à vn lion 162 A
hardiesse n'est és hommes par nature 271 C
hardiesse des Grecs, sagesse coüarde 271 D
hardiesse merueilleuse d'Agesilaus 211 E
hardiesse grande de Popilius 206 B C
harengue, ou harangue d'vn gouuerneur quelle doit estre 164 A B
harengue, pourquoy comparee à vne estuue 27 C
harengue deliaque d'Hyperides 501 F
harengue d'Heraclitus faicte par signes 95 A
harengue de Lysander, touchant l'election des Roys 221 G
harengues de Thucydides, quelles sont 164 D
harengues Philippiques de Demosthenes, sont nettes de toutes iniures 169 A
harengues de Lysias, quelles 90 H, 91 A
harengues de Demosthenes, appellees soudards, & celles d'Isocrates escrimeurs 499 B C
harengues des Sophistes, quelles 499 B C
la tribune aux harengues, est vn temple commun à Iupiter 174 F
la chaire aux harengues, pourquoy appellee moisson d'or 161 G
harangueur, quelle efficace doit auoir 26 G
vn harangueur persuade plus par ses bonnes mœurs, que par eloquence 163 B C
comment faut ouyr haranguer 26 C
harangueurs Atheniens rendoient Philippus plus homme de bien en mesdisant de luy 191 C
harangueurs perdent & gastent le peuple 480 C
hargneux, de quel naturel sont 125 A
Harma que signifie 399 G
Harma quelle ville, & d'où ainsi nommee 487 A
Harma surnom de Venus, & pourquoy 611 H
Harmatias, quelle loy des fleutes 661 D
Harmodius pere de celuy qui raconte en Platon, des nouuelles des enfers 434 G
Harmodius mit fin à la noblesse de sa race 197 A B
harmonie, qu'est-ce, & comment appellee par les anciens philosophes 553 G H

harmonie estre le plus grand chef-d'œuure 555 G
l'harmonie faicte de sons diuers & contraires 543 B C
l'harmonie composee de parties dissemblables, neantmoins accordantes 663 H
Harmonie deesse nee de Mars & de Venus 328 E
harmonie a la face riante 73 G
l'harmonie de musique nous emeut 455 G
l'harmonie partie en quatre especes 663 H
harmonie latente meilleure qu'apparente 554 A
l'harmonie du Diapason, dequoy composee 551 D
l'harmonie accommodee à l'ame du monde 544 B C
l'harmonie est celeste, ayant la nature diuine belle & plus qu'humaine 663 H
l'harmonie des estoiles 438 A
l'harmonie des corps celestes, plaisante aux ames des biens-heureux 626 C D
l'harmonie des cieux contemperee de huict accords 555 D
harmonie Doriene, graue & deuote: la Lydiene, gaillarde & ioyeuse 118 B
l'harmonie Lydiene propre à lamentations 662 E
harmonie Lydiene & Phrygiene, defenduë aux ieunes 176 C
harmonie de Bacchus 386 D
l'harmonique, qui est la science des sons & accords, est la plus haute des mathematiques 540 H
harmonique l'vne des trois especes de musique 437 A
harmonique Mixolydiene, quelle 29 E
loix harmoniques par qui portees en Grece 661 C
Harpalus ne peut faire venir du lierre en Babylone 381 B
Harpalus parlant au Roy Philippus, pour vn criminel, bien & iustement repoussé 192 B
Harpalus s'enfuit de prison 499 F
Harpocrates engendré d'Osiris ia mort 322 B
Harpocrates quand enfanté par Isis, & que signifie 331 H
Harpocrates correcteur du langage que nous deuons tenir des Dieux 332 D
Harpyes nourries par les debteurs, & quelles. 132 G
Harpyes qui deuorent aux festins 416 H, 417 A
haubois propres aux Grecs 160 D
le haut & le bas du monde, où est 616 F
en haut n'y a rien de pesant, ny en bas rien de leger 618 B C
Hebdomagene surnom d'Apollo, & pourquoy 421 G
Hebius pourquoy bannit sa femme Nuceria 490 G H
Hebrieux pourquoy s'abstiennent de manger chair de pourceau 394 B C, 395 A
Hecaté fondriere en la lune, où les ames souffrent 626 D
Hecateros & Amphoteros, deux freres

ainsi nommez, & que signifient ces deux noms 191 D
Hecatesie statuë de Proserpine, iadis colloquee aux carrefours des villes 200 H, 201 A
Hecatheus natif d'Abdere 319 H
Hecatheus rhetoricien, sçauoit bien parler & se taire 215 D
Hecatompedon, temple à Athenes 526 A
Hecatompedon, temple de Minerue, par qui basty 513 H
Hector fils de Priam, en sagesse egaloit de Iupiter la hautesse 22 H
Hector introduit par le poëte, racontant ses proüesses 96 D
Hector se cognoissoit bien soy-mesme 160 F
Hector conforte sa femme Andromache 253 C
neuf guerriers se presenterent pour combatre Hector teste à teste 583 D
Hector combatit contre Aiax, teste à teste 19 C, 122 C
Hector vaincu par Achilles, premier que tué 435 F
Hector pria Achilles pour sa sepulture 19 F
Hector mort, vendu par Achilles 316 H
Hecuba accusee d'auoir enfanté l'adultere Paris 18 B
Hecuba combien cruelle 123 C
Hecuba creua les yeux à son gendre Polymestor, & pourquoy 489 F
Hedia amoureuse d'Epicurus 284 H, 291 A
Hegemon, c'est à dire, guide, nom de Mercure 143 F
Hegesianax historien des choses Libyques 489 E
Hegesias en haranguant, feit que ses auditeurs se feirent mourir de faim 103 A
Hegesippus conseille d'entreprendre la guerre pour la liberté 197 C
Helbia Vestale, allant à cheual, horriblement frappee d'vn coup de fouldre, & ce qui en aduint 473 B C
Helene recouuerte des mains de Proteus, par son mary Menelaus 650 B C
Helene destinee par sort d'estre immolee, deliuree par vn aigle 491 B
Helene femme de Paris, adultere furieux 385 A
Helene estoit auaricieuse, & Paris luxurieux 147 A
Helene charmoit ceux qui mangeoient auec elle, auec la drogue Nepenthes 360 E
Helene accuse Hecuba d'auoir enfanté son adultere Paris 18 B
Helene, par quelles conditions condamnee estre renduë 189 C
Helicon mathematicien loüé de Platon 62 B C
Helicon recōmandé par Platon à Dionysius 79 A
Helicon, mont sainct, & dedié aux Muses 282 E F
Helicone ville des Muses 599 B
Heliodorus beaupere de Demosthenes 500 C

Helio-

Heliopolis, ville d'Ægypte 325 C, 328 A
heliopolis, signifie ville du Soleil 319 B
Helitomenus engendré d'Osiris ia mort 322 B
Hellade ville au mont Caucase, bastie par Alexandre 308 H
Hellanicus bon vieillard, tua le tyran Aristotimus 235 H, 236 A
l'hellebore pourquoy produit de nature 580 E F
l'hellebore purge la melancholie 368 D
l'hellebore purge la manie & phrenesie 407 F
l'hellebore d'Anticyre guarist la fureur & manie 61 D
Helops, quel poisson, & son histoire 521 A
hennissement de cheual ouy pres la riuiere Heraclie 487 B
Hephestion grand amy, & participant des secrets d'Alexandre 193 A
Hephestion par Alexandre seellé de l'anneau de silence 311 B, 315 B
Hephestion aigrement reprins & tensé par son seigneur Alexandre 313 E
à l'Heptaphonos de la ville d'Olympe, est le babillard comparé 89 H
Heraclides sang Royal à Argos 315 D
Heraclides grammairien de profession 278 B
Heraclides Pontique, quelle opinion auoit des cometes 450 F
Heraclides tient que la terre se meut 451 G
Heraclie, quelle riuiere 487 B
Heraclitus grand personnage, tourmenté de grieues maladies 280 B
Heraclitus hydropique disoit à son medecin, qu'il feist d'vne grande pluye vne grande secheresse 300 H
Heraclitus vexé de la maladie pediculaire 576 E
belle sentence d'Heraclitus 18 E
Heraclitus met le grand an de dixhuict mille ans solaires 449 F
la riuiere d'Heraclitus change la nature de toutes choses 164 G
Heraclitus feit vne harangue à ses citoyens par signes 95 A
Heraclitus appelloit la guerre, pere, Roy & seigneur de tout le monde 328 E
Heraclitus disoit, que Dieu ny homme n'auoit fait ce monde 547 E
Heraclitus, quelle opinion auoit des sentimens 454 A. & de l'ame 453 B
Heraclitus disoit le Soleil estre large comme le pied d'vn homme 448 E
Heraclitus disoit le Soleil & la Lune estre de la forme d'vne nacelle 448 E, 449 B
Heraclitus, quelle opinion auoit de l'eclipse de la Lune 449 C
Heraclitus tenoit le feu estre le principe de toutes choses 441 B
Heraclitus que disoit du flux & reflux de la mer 249 D
Heraclitus, quels liures a escrits 592 C
Heraians, partie des Megariques 480

A B
Heraults pourquoy n'entroient au temple d'Ocrision 481 E
neuf heraults d'Agamemnon 338 D
herbe prolongeant la vie sans aucune maladie 342 C
herbe au chat guarist la tortuë, ayant mangé d'vne vipere 273 D
herbe aux chiens, medecine des chiens 516 D, 538 E
herbe nommee papier, croist au Nil en Ægypte 598 E
herbes propres aux Sophistes, quelles 27 B
en destruisant les herbes on pesche 157 G
herbes, moderément doiuent estre arrousees 5 F
premices des herbes offertes à Chiron, & à Agenorides 380 D
herbes appartenantes au bon Dieu, autres au mauuais dæmon 318 B
Hercules fils de Iupiter, & ses faicts 316 A
à la naissance d'Hercules en quoy fut trompé Iupiter 160 G
Hercules engendré en vne longue nuict, le Soleil estant reculé & retardé 504 A
Hercules fils d'Amphitryo, quelles lettres apprint 637 B
Hercules le grand conquerant, fils d'vn banny 129 E
Hercules progeniteur des Argiens 653 F
Hercules enseigna les lettres à Euander 469 F
Hercules entendu en la science de conduire les eaux 133 C
Hercules comment dormoit 512 C
Hercules fut si religieux, qu'en toute la vie ne iura qu'vne fois 465 C
Hercules, pourquoy assiegea la ville d'Oechalie 340 C
Hercules magnanime en supportant les iniures 111 E
Hercules mesprisé de nul 215 A
Hercules engendra soixante huict enfans: combien dolent de la mort de son frere Iphicles: & pourquoy luy & Iolaus sont sur vn mesme autel 89 E, 465 B
Hercules alloit par le monde, tuant les meschans 80 A, 199 G
Hercules tua Busiris & Faunus, pource qu'ils immoloient leurs hostes 491 E F
Hercules feit la guerre au chien, plus qu'à nul autre animal 474 C
Hercules destacha Prometheus, & deuint tres-subtil à disputer & deuiner 353 G
Hercules auoit en sa compagnie des flateurs nommez Cercopes 46 F
Hercules mangeoit de la chair, ayant des figues fresches 392 H, 394 B
Hercules, trop lasciuement poursuiui ses amours 272 F G
Hercules enragé, quel mal feit à ses enfans 121 D
Hercules ayant repurgé le monde de tant de maux, tué par la trahison de sa femme 443 B
Hercules empoisonné d'vne chemise infectee du sang de Nessus, par Deianira

469 G
Hercules imité par Alexandre 310 F
Hercules pourquoy a vn autel commun auec les Muses 469 F
Hercules honoré par Alexandre 140 F
enfans iurans par Hercules, pourquoy chassez hors de la maison 465 B
Hercules gaigna son secretain aux dez, & ce qui en aduint 466 B C
Hercules pourquoy peint en damoiselle 180 C D
Hercules estimé estre l'esprit qui debat 326 H
Hercules estimé vn demy-Dieu 474 B G
Hercules pourquoy deifié 442 G
Hercules, pourquoy honoré de sacrifices, où le prestre est habillé en femme 485 E
Hercules, Dieu grand mangeur 463 B
Hercules conioinct auec le Soleil, enuironne le monde 327 A
Hercules auoit vn temple, nommé Misogyne 632 D
le temple de Hercules à Rome, dedié par Scipion 172 F
le sacrilege de Hercules estrangement puny mille ans apres 262 E
à Hercules pourquoy les riches offrent la dixieme partie de leurs biens 463 B
honneurs & prerogatiues aux descendans de Hercules 264 A
Hercules le petit, emportoit le pris de boire, contre tous venans 366 E
Hercules, fils d'Alexadre, tué pour estre trop honteux 77 G
hercyne, fontaine en Lebadie 505 B
Hergieus, desroba l'image de Pallas, & la porta à Lacedæmone 484 D E
le herisson prognostique les vents 519 E
le herisson pourquoy prohibé du renard de luy chasser ses mousches 183 E
le herisson sur l'eschine est armé d'espines 106 F
le herisson honoré des Magiciens 394 E
herissons de quelle prudence vsent contre le renard, & leur histoire naturelle 515 A B
herissons terrestres appartiennent au bon Dieu 318 B
herissons de mer se chargent de pierres, de peur d'estre iettez çà & là par les flots 519 E
Hermæus, quel mois des Argiens 231 D
hermanubis, que signifie 331 A
hermes, c'est à dire, les statuës de Mercure, pourquoy figurees en vieil aagé sans pieds, ny mains 187 A
Hermias à la faueur de son concurrent deliura sagement sa ville de danger 168 C
d'Hermodorus, & de son ame qui sortoit, & retournoit en son corps, & comment bruslé 645 C
Hermodotus poëte, mocqué d'Antigonus, pour l'auoir appellé Dieu 323 B
Hermodotus comment reprins par Antigonus, qu'il appelloit fils du Soleil 194 B C

TABLE ALPHABETIQVE SVR LES

Hermogenes quelle creance auoit des Dieux 288 D E
Hermolaus traistre courtisan d'Alexandre 132 D
Hermon pauure & vaillant capitaine Thessalien 176 E
Hermon pilote Lacedæmonien 217 G
hermosmenon, c'est à dire, bien seant, accord de musique 665 G
hermosmenon diuisé en trois genres egaux 666 B
Herodicus medecin phthisique, comment prolongea sa vie 161 G
Herodes l'orateur 424 F
Herodote Halicarnassien, pourquoy appellé Thurien 127 E
Herodote eloquent en ses histoires 282 E
Herodote trompeur en son parler 653 F
Herodote estimé menteur 276 H
Herodote maling, plus poly que Theopompus 649 A
Herodote reprins touchant la honte de la femme 146 A B
Herodote depeint bien au vif ses narrations fabuleuses 659 F G
Herodotus à quoy attribuë la cause du debordement du Nil 452 H
Herodote amateur des Barbares 650 B
Heroïques nombrez entre les demy-Dieux 338 H
le heron a enseigné à l'homme, la maniere d'ouurir vne huytre 512 C D
Herondas, quel homme 217 A
Herophile Erythrienne, prophetisse surnommée Sibylla 630 H
Herophilus, quelle opinion auoit du mouuement des animaux 456 C
Hesiode disciple des Muses 82 F, 245 C
Hesiode bien entendu en la medecine 157 A
Hesiode, quels peres a donné aux Dieux 442 G
Hesiode & Homere viuoient d'vn mesme temps 397 A
Hesiode concurrent contre Homere, emporta le tripié d'or 154 E
Hesiode a mis quatre genres de natures raisonnables 338 G H
Hesiode, dequoy a prophetisé 337 F
Hesiode dict le poëte des Ilotes de Lacedæmoniens 217 H
Hesiode mocqué d'Alexion gendre de Plutarque, & pourquoy 412 E F
Hesiode tué, estant soupçonné d'estre macquereau: & son corps miraculeusement porté à Rhion 159 E F
Hesiode tué, & les homicides conuaincus par son chien 513 F
Hesychia presbtresse de Minerue, & que signifie ce mot 632 E
l'heur n'est en ce monde asseuré 244 B
bon heur & malheur en deux tonneaux au ciel 15 E
l'heur parfaict de l'homme, quel est 559 C
l'heur de l'homme consister à viure selon vertu 574 E
l'heur du Roy consiste en vertu, & sçauoir 3 G
nul content de son heur, belle gradation de ce 71 B C
heureux, qu'est ce 16 C

heureux sans vertu, est petit en toutes choses 313 E F
quels hommes sont bienheureux 246 F
qui est celuy qui est heureux en ce monde 249 H
nul n'est heureux en toutes choses 121 E, 243 D
quel est le bien-heureux 1 G, 45 G
pour estre heureux on ne fait tort à personne 108 A
heureux qui a biens, & entendement 22 D
ceux qui se persuadent d'estre heureux, combien farouches 135 B
l'homme n'est tousiours heureux 16 E
estre heureux plus que de raison, de deuenir mal-heureux donne occasion 107 E
hexametres par qui inuentez 660 G
Hidanthyrsus, Roy de Scythie 556 C
Hieramnemones, presbtres de Neptune, qui ne mangent aucun poisson 428 H, 429 A
Hierax poëte musicien 664 E
Hieron tyran, fils de Dinomenes, trauaillé de la pierre 632 B
Hieron de tyran deuint Prince vertueux 260 C
Hieron, comment sçeut qu'il auoit l'haleine puante 111 D, 189 G
Hieron sacrifia ses amis 51 C
Hieron tyran de Syracuse, & ses beaux dicts 189 G
la statuë de Hieron, tyran de Sicile, tomba le iour qu'il trespassa 629 A
les yeux tomberent à la statuë de Hieron le Spartain, le iour deuant qu'il mourust en bataille 629 A
Hieronymus philosophe, quels remedes donne contre la cholere 56 G
Hierusalem assiegee par Antiochus, où il se monstra fort gracieux aux Iuifs 195 F
Himere ville, où furent vaincus les Carthaginois, par Gelon 189 F
Himerius flateur Athenien, dequoy blasmoit vn quidam vsurier 46 G H
Hipparchus rauit les esprits en ses escrits 283 E
Hipparchus reprend Chrysippus au calcul 568 E
Hipparchus quelle opinion auoit de la veuë, & comment elle se faisoit 454 F
Hipparchus en mourant, espouuenté par Venus 262 C
Hipparchus mort, le Roy Philippus fort desplaisant, & pourquoy 191 H
Hippasus tenoit le feu estre le principe de toutes choses 441 B
Hippasus liuré par sa mere, pour estre desmembré, & mangé 482 H
Hippias, beau-pere d'Isocrates 493 B
Hippo & Meletia, pucelles violees & tuees par les violateurs, & ce qui en aduint 505 G
Hippocles reconforté par Crantor, de la mort de ses enfans 244 D
Hippoclus Roy, tué en se iouant auec vne espousee 230 G
Hippocoontides tuerent Licymnius, neueu de Hercules, pour vn chien 474 C

Hippocrates le medecin à creu que le boire descendoit aux poulmons 492 H, 568 E
Hippocrates grand personnage, publia son ignorance, & pourquoy 117 D
Hippocrates accusé & condamné par contumace 492 H
Hippodamia, pourquoy bannie par son mary Pelops 490 F G
Hippodamus aagé de quatre vingts ans, mourut en bataille 217 D
Hippolis villette pres de Helicon 506 F
Hippolitains asseruis pour auoir retenu en leur ville des homicides 506 F G
Hippolochus cause de la mort de son amoureuse Laïs, & comment 611 C
Hippolite Amazone tuee par Hercules 484 A
Hippolytus chaste, saliüoit de loing la Deesse Venus 134 B
Hippolytus à la solicitation inique de sa marastre Phædra, brisé par Neptune son grand pere 490 H, 491 A
Hippomachus, maistre des exercices du corps, & beau dict de son estat 97 C
Hippon, Diagoras, & Theodorus athistes 582 E
Hippona fille engendree d'vn homme & d'vne iument, pource Deesse des iuments 490 B
Hipponax poëte musicien, en quel temps fut 661 C
Hipponax, quelle opinion auoit de la conception des masles & des femelles 457 C
hippothoron, chant par lequel on fait saillir les iuments 414 E
hippothoros, c'est à dire, saille-iument, quelle chanson 145 C
Hircius mouroit pour Cæsar Auguste 303 G
Hister Alexandrien, quel autheur 483 H
Hister a escrit des commentaires 662 D
Hister Toscan, duquel les basteleurs sont appellez Histrions 476 F
l'histoire anciennement escrite en vers & carmes 633 G
histoire merueilleuse de la mort du grãd Pan 341 G D
belle histoire de Cleombrotus 336 A B C D E
histoire plaisante de Thespesius, esuanouÿ trois iours entiers 267 C D E
belle histoire d'vn estrãger qui couersoit auec les Nymphes, & Dæmons 342 A
histoires receües par la muse Clio, que c'est qu'histoire 436 C
histoires pourquoy alleguees par les philosophes 12 G
comment on doit lire les histoires 115 D
histoires delectables à lire 281 H
histoires couenables aux curieux, ce que elles contienent, & côbien vtiles 64 E
histoires anciennes estimees d'aucuns estre fables 485 H
digressions des histoires, sont les fables 649 C
histoires des Iuifs, tirees en fables par les Ægyptiens 324 G
belles histoires, que la mort est la meilleure chose du monde 247 D E
histoires negligees des Epicuriens 283 B

histo-

historiens sont les messagers des faicts & gestes d'armes 524 G
quel doit estre le bon historien 649 E
quel est le meilleur historien 524 D
le hocquet se passe en regardant l'herbe Alysson 380 H
Homere, prince des Poëtes, iniurié des Epicuriens 278 B
Homere poëte diuin 244 E
Homere esprit diuin en la science des Muses, de la naissance duquel se debattent tant de citez 127 H, 128 A
Homere diuinemēt a chanté en ses vers 282 B
Homere vse d'Epithetes bien propres 409 B C
Homere, quelle louable coustume obserue en ses escrits 11 H
Homere qui en beauté de carmes surpasse tout le monde, à peu de noms preposé des articles 545 F
Homere faisoit des noms qui auoient mouuement 629 B
Homere n'a iamais saoulé ny degousté les hommes 91 A
Homere plein d'instruction en ses fictions 12 D
Homere excellent ouurier de consoler 245 A
Homere a esté le premier qui a diuisé le monde en cinq parties 355 D
Homere egalise les gens de bien aux Dieux 323 C D
Homere a estimé l'eau estre le principe de toutes choses 325 D
Homere defectueux en quelques vns de ses vers 65 G
Homere faillit à bien composer trois images, & quelles 316 G
Homere dict le poëte des Lacedæmoniens 217 H
Homere & Hesiode viuoient d'vn mesme temps 397 A
Homere & Hesiode concurrents pour la gloire de la poësie 154 C
les derniers liures d'Homere combien delectables 281 H
Homere, pourquoy a mis le premier de ses vers defectueux en mesure 116 B
Homere, en vn vers a comprins toutes les parties d'oraison 544 H
Homere & ses vers, à quelles nations enseignez par Alexandre 308 F
Homere nous apprend souz la personne d'Achilles, comment il faut vser de la musique 667 B C
vn maistre d'eschole receut vn soufflet, pour n'auoir point d'Homere 196 G
Homere, pourquoy reprins par Pammenes 363 A B
Homere prophetisa d'Alexandre 310 D
Homere estoit à Alexandre l'entretien de la guerre 308 C
Homere souhaité d'Alexandre, pour estre immortalisé par luy 119 B
Homere negligé des Epicuriens 283 B
Homere estant mort, nourrit plus de dix mille hommes 189 G
Homere le Corinthien 273 G
homicide cruel & inhumain, puny de mort deuant l'autel de Diane 239 C D
homicide, ayant tué son capitaine vilain

& impudique, couronné 205 H
homicide fortuitement commis, comment purgé 482 G
homicide d'vne féme, permis au presbtre de Bacchus, à la feste d'Agrionia 482 H, 483 A
homicide des parens, puny par bannissement 483 D E
homicide puny de sterilité de la terre, & de maladies sur les citoyens 263 C D
vn homicide estrangement puny 230 G
homicides d'où procedent 570 A
homicides quand cōmancerent à Athenes 277 A
homicides comment iugez à Lacedæmone 214 G
homicides lapidez 506 F
homicides d'Hesiode, comment punis 159 G
homicides diuinement punis 261 D E
femmes homicides de leurs maris, & adulteres, punies de mort par leurs enfans 491 E
les homicides que feit Vlysses, comment purgez 479 F
homicides chassez hors de la compagnie des bien-heureux pour vn temps infiny 129 F
homicides descouuerts, & conuaincus par des chiens 513 E F
homicides d'Ibycus, descouuerts par leur babil, & cry des grues 94 C
l'homme comment conceu, & nourry au ventre de la mere 101 F G
l'homme composé d'ame & de corps 284 C
l'homme a deux principales parties, l'entendement & la parole 3 F
chacun homme est double 31 E
l'homme composé de trois parties principales, & quelles 625 G
l'homme a la teste pour sa racine, s'esleuant vers le ciel 125 C
l'homme par Homere appellé arbre celeste, & pourquoy 630 D
l'hōme pourquoy appellé Phota 292 D
lors que l'homme fut engendré de la terre, le iour dura dix mois, selon Empedocles 458 E F
l'hōme nay pour vne fois mourir 252 B
l'homme n'est de la semence, ains la semence de l'homme 374 B
naistre homme, estre vne griefue calamité 251 E
l'homme seul abandonné de nature, tout nud: & les bestes vestuës 106 E
rien n'est sur la terre plus debile que l'homme 244 E
homme ne fut onc nay, qui n'ait esté mal fortuné 248 G
l'homme dequoy est doué de nature 131 F
la premiere voix articulee que prononce l'homme, est Alpha 433 B
l'hōme en quoy precede les bestes 509 F
l'homme, quand & comment commence à attaindre sa perfection 459 F G
l'homme n'est indigent de cornes ny d'ailes 578 H
l'homme de sa nature aime les choses belles 396 C
l'homme animal raisonnable, pourquoy

est en ce monde nay 103 F
l'homme est animal de nature muable 74 A
l'homme est vn animal prompt à deualler soudain 243 G
l'homme pourquoy le plus beau & le meilleur d'entre les animaux 442 H
l'homme en quoy est le plus sage des animaux 81 C
l'homme des animaux le plus malheureux, probation de ce 102 A B, 137 A, 149 B
l'homme est côtenu par habitude, nourry par nature, & vse de raison & d'entendement 37 A B
l'hōme pourquoy en ce monde nay 75 E
l'homme pourquoy appellé l'ame & la teste 407 D
quelle chose à l'homme est la meilleure, selon l'oracle d'Apollo 247 E F
à l'homme trop meilleur de mourir que de viure 246 C
homme heureux sans vertu, est petit en toutes choses 313 E F
homme n'est heureux en toutes choses 121 E
l'homme parfaictement heureux, quel est 559 F
l'homme n'est iamais en mesme estat 316 C D E F
l'homme n'a tous les auantages ensemble 72 H
la nourriture de l'homme laborieuse, la croissance lente, & la vertu longue à venir 102 E
l'hōme acquiert vertu par trois choses 1 F
l'homme change sa voix en diuerses sortes: le mouton, non 215 H
l'homme seroit le plus sauuage animal, & le plus necessiteux, si n'estoit la mer 527 H
l'homme perd la moitié de sa vie par le dormir 528 F
tout homme qui peche, peche contre soy-mesne 565 C
l'homme comment corrige ou deprauo son naturel 266 D E
l'homme n'est en tous aages vniforme 264 C
l'homme ne sçait encore quelle est sa propre & naturelle pasture 273 B
à l'homme ne faut que pain & eau, pour manger & pour boire 566 E
l'homme est conduit & dressé par la philosophie 133 G
l'homme sage ne se soucie des biens de ce monde 575 A
l'homme temperant est bien-heureux 118 F
à l'homme de bien, rien n'est estrange 563 D E
l'homme de bien n'aime l'honeur comme vn salaire 139 A
à l'homme magnanime, rien n'est espouuentable, sinon le deshonneur 598 D
nul homme parfaict, s'il n'a toutes les vertus 568 B
l'homme commence à mourir auant qu'il soit nay 356 D
le naturel de l'homme est vn dæmon 539 F
l'hōme & son naturel bien descrit 507 E

g iij

TABLE ALPHABETIQVE SVR LES

se souuienne d'estre homme, disoit Simonides à Pausanias 244 G
le souuerain bien de l'homme, mis par Epicurus, en vn tresprofond repos 134 D
l'homme couard, souuent de couleur change 557 C
l'homme mol s'estonne de tout ce qu'il void & oit dire 18 E, 26 F
l'homme riche qui n'a point d'heritier, est chose puissante 102 G H
la vie de l'homme, est l'ombre d'vn songe d'vn somme 244 C
l'homme qui ard sans torche ne tison, deuant le temps deuient vieil & grison 99 D
l'homme comment souffle de sa bouche chaud & froid 529 H, 530 A
le premier homme qu'on fit mourir à Athenes, fut vn calomniateur 507 E F
hôme qui conuersoit auec les Nymphes Nomades, & auec les dæmons 342 C
l'homme quel aage vit 339 B C
homme qui la nuict se leuoit de la sepulture de Lysis 637 F
homme moitié cheual, engendré d'vne iument 152 B
homme sans teste, pourquoy monstré en vne feste 340 D
homme mort és festins des Ægyptiens 321 F
la vie de l'homme diuisee en labeur & repos 5 F
hômes naissans, pourquoy plorent 24 B
hommes pourquoy en ce monde produicts 8 G
hommes appellez Oreanes par la Pythie 634 B
au commancement de la naissance des hommes, tout estoit occupé de nuict & de tenebres, selon Homere 619 G H
hommes engendrez de l'Ocean 623 D
hommes semez par Cadmus 617 C D
hommes estimez premierement estre nais dedans les poissons 429 A
hommes quant aux mœurs, semblables aux plantes 188 D E
tous hommes sont en ce monde estrangers & bannis 129 G
hommes anciens, comment & dequoy viuoient 157 A, 274 E
les premiers hommes passoient toute leur vie en douleur 274 F
hommes diuisez en trois genres 4 H, 289 A
hommes, comment different 72 E
hommes separez par loix & coustumes, qui tous deuroient estre concitoyens 309 A
hommes pour neant estre hommes, selon Colotes, faussement alleguant Platon 592 E
aux hommes rien plus profitable que le viure 528 F
hommes pourquoy appellez quelquefois des noms des Dieux 341 F
hommes beaucoup à Dieu redeuables, d'auoir la voix articulee 660 D
hommes aidez par les Dieux, par leurs peres & meres, & par leurs precepteurs 579 B
les hommes plus seruiles que les autres animaux 270 H
hômes ne suiuent pas si bien nature, que font les bestes & les plantes 100 D E
hommes disciples des bestes, selon Democritus 516 C D
hommes pourquoy semblét auoir trois noms, & les femmes deux 476 B
hommes pourquoy comparez aux feuilles des arbres 244 F, 265 C, 280 C
hommes comment sont faicts impuissans d'engendrer 457 H
hommes vsurpans les noms des Dieux, s'en sont allez en vent & fumee 323 A
hommes vicieux viuent pour boire & manger, mais au contraire les gens de bien 13 G
hommes viuoient tres-iustement souz Saturne 462 F
hommes, d'où & comment ont eu imagination de Dieu 442 C
hommes quand viuront heureusement 328 D
hommes sages quels sont 136 D E
peu d'hômes sages, enseuelis en leur pays 127 F
tous hommes comprins souz le vice, excepté le parfaict 113 E
hommes faicts Dieux, & quels 322 G H, 442 G H
hommes à quel aage mariables, selon Hesiode 601 G
hommes miserables par eux-mesmes 252 F
hommes sont manuais pour leur infirmité 573 F
hommes communs en quoy different des philosophes 311 C
les hommes en quoy resemblent aux mousches 73 G
les hommes obseruez & regis en leurs actions, par les dæmons 558 G
hommes pourquoy ne sçauent pas le iour de leur mort 255 B
hommes dormans communiquer auec la diuinité 643 G H
hommes de petite condition ne peuuent faire grand mal 136 F
hommes gaillards, pourquoy dicts δίποοι en Homere 431 G
hommes ou femmes grasses, pourquoy ne peuuent engendrer 376 F
hommes en proye, & pillez par les femmes 602 D E
hommes deuiennent fiers & insolents d'estre trop nourris 471 B
hommes roux, pourquoy fuis des Ægyptiens 325 B
hommes viuans sans maisons, & sans feu 527 D
hommes viuans sans labeur, en l'isle de Saturne 625 A B
hommes defaillans en la Grece, par les seditions & guerres 338 B
hommes à la queuë noire, quels 7 F
hommes qui n'ont point de bouche, & viuent du parfum d'vne racine 623 C
hommes Septentrionaux, pourquoy viuent plus long temps que les autres 460 E F
hommes à trois corps, & cent bras 81 D
hommes de nature canine, & où 88 E
hommes charmeurs de leur regard, ha-

leine, ou parole 400 E
hommes habiter en la Lune, & de quoy ils viuent 623 A B C, 624 D
hommes furieusement aimans quelques bestes 272 H
hommes transformez en loups & en lions 269 H
deux hommes & deux femmes enterrez tous vifs par les Romains, & pourquoy 473 A B
douze hommes viuans ensouis en terre par Amestris, mere de Xerxes, & pourquoy 124 D
hommes vifs iettez en la riuiere au mois de May, par les Romains, & pourquoy 473 G
primices des hommes enuoyees à Apollo 482 D, 631 D
hommes immolez par les Bletonesiens, & empeschez par les Romains, & comment 473 A
sacrifices de cent hommes 158 F
hommes bruslez & sacrifiez tous vifs, & appellez Typhoniens 333 G
hommes sacrifiez iadis par les Gaulois & Tartares 123 G
hommes sacrifiez à Saturne 189 F
hommes sacrifiez pour vsurper la tyrannie 263 A
hommes iadis sacrifiez contre le gré de Dieu 340 C
homœomeries sont parties semblables estimees estre les principes des choses 440 F
honnesteté, quel contentement apporte 38 H
honnesteté mise à nonchaloir, par ceux qui plaisent aux autres 4 A
honneur depend de la vertu 313 A
honneur premierement deu à Dieu, secondement aux parens 82 A
l'honneur du sçauoir des lettres, combien tenu cher 134 A
honneur est acquis en refrenant ses concupiscences 7 E
l'honneur rend aggreable le labeur 79 F
l'honneur à quels hommes est plus vtile 134 A
le vray honneur en quoy gist 175 E
affamez d'honneur, resembler à ceux qui mangent leur propre corps 139 B
honneur euident & notoire à tous 462 F
l'honneur seulement gardé par sobrieté & simplicité 175 D
l'honneur mesuré à la bienueillance, par le commun des hommes 134 A
l'hôneur de son estat faut auoir en grand estime 173 E
l'honneur des debteurs blessé par affiches, par les vsuriers 130 G
oster l'honneur à la vertu, est oster vertu à la ieunesse 203 H
honneur d'autruy ne faut augmenter en se deshonorant 80 B
l'honneur de frere à frere quel doit estre 86 D E
honneur du dueil, quel 249 E
les bestes n'ont sentiment d'honneur, ny de deshonneur 107 H
honneur deifié aux Romains 462 F
à honneur, temple basty par Marcellus 303 B

honneurs

honneurs distribuez aux bons en l'autre monde 265 F
hôneurs moderez accreuz par le temps, & les immoderez effacez 217 C
quels honneurs deubs aux bons gouuerneurs de rep. 175 B
honneurs mondains ne deliurent l'ame de fascherie 67 H
honneurs des Dieux vont perissant, & pourquoy 157 D
à Honor, pourquoy sacrifioient les Romains la teste descouuerte 462 F
les lieux ne honorent les hommes, ains les hommes honorent les lieux 209 G
n'honorer ses pere & mere, est grand signe d'Atheiste 82 A
Honte, mere du Dieu Ades, qui est Pluton 324 D
honte de choses laides, est vengeresse de vice 21 B
honte plus grande nous fait l'ennemy, si nous pechons, que l'amy 110 A
faut auoir honte d'estre tenu pour meschant 117 C
là est la honte, où est la peur 59 G
honte mauuaise gardiéne de l'age puerile 76 H. & de la chasteté des femmes 77 A
auoir honte d'estre repris, est commencement de salut 29 G
honte appellee vergongne, par les Stoïques 35 G
chacun doit auoir plus de honte de soymesme, que de nul autre 203 H
honte suit l'homme par toute la terre 245 E
honte de la femme, quand & comment despouillée 146 B
honte de deshonneur, est signe de vertueuse nature 233 G
comment faut imprimer la honte aux enfans 53 C
la honte des ieunes gens, est l'anse de la philosophie 37 H
honte de mal faire entre les Lacedæmoniens 220 H
les Lacedæmoniens apprenoient à auoir honte 214 G
honte rendoit les Lacedæmoniens hardis 221 H
honte qui porte aux humains dommage, quelle 76 F
honte excessiue, honte simple, & vergongne, distinguez de noms par les Stoïques 76 F
honte excessiue nous fait promettre choses impossibles 79 B
honte excessiue souuent accompagnee d'infamie 178 B
honte excessiue tyrannise les honteux 76 H. & quels dommages elle apporte 77 A
honte excessiue lie les honteux de fers sans fer forgez 78 H
honte doit estre vaincuë par accoustumance 77 F
de la mauuaise honte, & traitté de ce 76 A
deux hontes, & quelles 35 G
faut endurer des hontes pour combatre l'ignorance 30 E
honteux & effrontez en quoy different 76 A B
honteux d'apprendre quelle honte reçoiuent 30 C
Hora, Deesse vigilante & soigneuse 468 A
Horatia pourquoy tuee par son frere 488 E
Horatiens, freres iumeaux, gaignerent la victoire contre les trois Curiatiens 488 E
Horatius Cocles, vaillant capitaine Romain, comment perdit vn œil 302 F, 487 D
les horologes sont instrumens & mesures du temps 543 E
horologes à eau, nommez clepsydres 336 D
Horta, quelle Deesse, & pourquoy son temple ouuert en tout temps 468 A
Hortensius brocardé bien à poinct de son Sphinx, par Ciceron 207 F
Hosioter que signifie aux Delphiens 478 E
hospitalité pitoyable des Amphissëiennes 234 A
hostellier, pourquoy appellé Mnamon 359 C
hostelliers ordinairement mal-plaisans 359 C
hostie de beste vlceree ne doit estre offerte à Dieu 471 E
hosties mouuantes & tremblantes, que signifient 351 A
Hostilius deschira en deux parties le Roy d'Albe 487 C
le huict, pourquoy estimé conuenir aux femmes 476 A B
l'huile pourquoy appellee par Homere, seule humide, & son histoire 409 B C
l'huile du haut du vaisseau, pourquoy est la meilleure 412 E
l'huile s'amende à l'air, & empire de vieillesse 412 H, 413 A
l'huile pourquoy nage sur toutes les autres liqueurs, & de sa substance 531 D
l'huile ennemie de toutes plantes, & des abeilles 376 D, 534 B
huile parfumee d'Isis 321 C
l'huile quelle vertu a és parfums 43 C
huiles, qui n'ont odeur quelconque, bonnes à faire parfums 389 A, 548 A
si l'huile empesche la roüille 627 H, 628 A
l'huile pourquoy rend la mer claire, & calme 531 C, 536 E
huile de prognostication ne s'estimoit point, & belle histoire de ce 336 A B C D E
huiles de senteurs, bannies de Lacedæmone 220 G
huiles des Perses trompeuses 653 F
huiler le corps deuant le repas 151 D E
s'huiler defendu aux serfs par la loy de Solon 156 H
humanité vaillante d'Alexandre 310 H
humeur sans chaleur est oisiue, & n'engendre, & ne produit rien 460 G
l'humeur douce facilement esleuee du Soleil 368 D
humeurs du corps proportionnees, entretiennent la santé 460 D E
humeurs superflues causent les maladies 295 G
humeurs mauuaises d'où engendrees au corps humain 297 C
humeurs augmentees par la Lune 624 B
humidité, principe de toutes choses 325 H, 440 C
humidité, principe genital 397 E
humidité combien vtile à toutes choses 527 E
humidité nourriture & pasture de la chaleur 513 H
humidité nourriture du Soleil & de la Lune 325 C D
l'humidité au corps estre la voiture de la viande 403 H
l'humidité generatiue multipliee par la Lune 327 A
l'humidité rend les cheueux noirs és ieunes gens 325 B C
l'humidité chaude produist les plantes, & les fruicts 528 C
l'humidité rebousche la veuë & l'ouye 348 F
Hyagnis, le premier iouëur de fleutes 661 E
hyampie, roche à Delphes, d'où Æsope fut precipité 263 C
hyampolis, ville de la Phocide 230 D, 286 C, 388 E
hyanthia, ville, par qui, & à quelle occasion bastie 479 G H
hybristica feste, où les femmes s'habillent en hommes, & pourquoy 231 E
hydaspes, riuiere és Indes 317 E
hydor, signifie eau 325 D
hydra, quel serpent 316 B
hydropisie guarie en faisant d'vne grande pluye vne grande seicheresse 300 H
hyene, beste venimeuse, & son fiel souuerain en medecine 260 H
la peau de la hyene n'est frappee du tonnerre 390 H, 402 F
Hyes, surnom de Bacchus, & pourquoy 325 D
Hylas, grammairien morne & engrongné 434 A
hymenæus, chanson coniugale 392 D
hymenæus, chant nuptial, entonné par Alexandre 309 C D
hymenæus chanté parmy les guerres d'Alexandre 310 H
hymenæus chanté és nopces des Grecs 465 F
hymnes sacrez d'Osiris 329 C
hymnes chantez à Apollo 436 D E
Hymnus & ses freres, pourquoy muez en estoiles par leur pere Saturne 487 E F
hyos que signifie, & d'où deriué 325 D
hypate, quel accord en musique 33 D, 457 A, 544 B, 555 B
Hypares tyran, où & comment fut tué 648 C
Hypatos-crionton, le nom du Dieu souuerain 544 B
hypeccaustria, qu'estoit-ce iadis en la ville de Soly 478 B
hypenantia, quelle proportion arithmetique 550 D
hyperbolæon, accord des suprémes en musique 347 A, 555 G
Hyperbolus, mauuais orateur 649 C

TABLE ALPHABETIQVE SVR LES

Hyperbolus blasmé pour son gouuernement de republique 503 F
Hyperia ou Anthedonia de qui ainsi mee 480 D
Hyperides, disciple d'Isocrates 495 A
Hyperides orateur aspre, que respondit aux Atheniens, de son aspreté 50 G
Hyperides escriuit des iniures contre Demades 168 A
Hyperion l'vn des peres des Dieux, selon Hesiode 442 G
Hyperochus Roy des Inachiens, tué à cause de son chien en combat duel, par le Roy des Æniaiens 479 E
hypocrateridion, ioyau merueilleux du temple de Delphes 350 D
hyporchemates, quels cantiques 661 F
hyporchemes chansons à danser 439 C
hypotheses, quels ieux 419 B
hypothymides, quels chapeaux de fleurs 380 H
Hypsiphile la belle, quel nourrisson auoit 103 D E
Hyrcaniens, limitrophes de l'Empire Romain 306 A
Hyrcaniens enseignez par Alexandre, à contracter mariages 308 E
Hyrcaniens enseuelissoient leurs morts dedans les chiens 138 A
Hyrcanus, le chien de Lysimachus, se brusla auec le corps mort de son seigneur 514 B
hysæ, signifie plouuoir 325 D
Hysiris est Osiris, pourquoy 325 D
Hystaspes, pere du grand Darius 315 C
Hysteropotmi, quels hommes 461 E
l'hyuer & l'esté, comment se font 448 B, 451 C
l'hyuer n'est par tout semblable, ny froid 532 B
l'hyuer appellé Saturne 332 F
l'hyuer moins pourrissant que l'esté 526 F
l'hyuer à nos opposites, lors que nous auons l'esté 453 A
l'hyuer rompt les vaisseaux de cuiure & de terre tous pleins, & non les vuides 532 C D
la constance de l'hyuer & de l'esté, ont donné apprehension d'vn Dieu 442 F
hyoscyame herbe qui rend les hommes furieux 365 A

I

Ialousie est æmulation peruerse 112 A
Ialousie, passion propre à engendrer inimitié 109 A
ialousie change la couleur du visage 401 B
ialousie entre personnes de diuers estats 73 A
ialousie entre amis de vaine ceruelle 112 D. entre gens de mesme estat 12 D E
ialousie s'imprime és natures trop ambitieuses 85 H
ialousie suit les gouuerneurs de republ. 168 B
ialousie entre les freres, pernicieuse 83 G
ialousie entre les freres, mauuaise nourrice d'amitié 87 A
ialousie entre les freres, d'où procede 84 H
ialousie de deux femmes, qui fut cause qu'elles furent deschirees des chiens, & comment 489 B
ialousie de Vulcain contre Mars 468 B
ialoux choleres contre leurs femmes 58 D
Ianuier ordonné par Luctatius Catulus 487 E
à Ianuier pourquoy commance l'an des Romains 463 C
Ianuier iadis l'vnzième mois de l'annee 463 D
Ianuier consacré aux Dieux celestes, Feurier aux terrestres 464 D
aux Ides de Ianuier pourquoy les menestriers vont desguisez en femes 469 B
Ianus pourquoy peint & moulé à deux visages 463 H
Ianus à deux visages, pourquoy iadis engraué és monnoyes 467 B C
Ianus & ses freres pourquoy muez en estoiles, par leur pere Saturne 487 E F
le temple de Ianus fermé en temps de paix, & ouuert en temps de guerre 305 A
Ianus le Thebain ayant rauy Chrysippus comment & par qui absous 490 F
Iapetus l'vn des peres des Dieux, selon Hesiode 442 D
iardins suspendus à Babylone 316 D
iardins d'Adonis en des pots de terre 265 C D
iardiniers arrousent leurs iardins d'eau de pluyes 390 H
iardiniers comment font deuenir les roses meilleures 112 E
iardiniers pourquoy s'attribuent Thalia pour leur Muse & patrone 438 C D
bons iardiniers quels sont 2 H
Iase ville 522 H
Iason mary de Medee 658 A
Iason capitaine des Thessaliens 640 F
Iason tyran de Thessalie, disoit qu'il falloit faire iniustice en petites choses, pour faire iustice és grandes 173 E, 200 E, 309 F
la iaueline est la robbe à tout homme de cœur 210 H
la iaueline pourquoy consacree à Iuno 474 A
iaueline sacree du Preuost de la febue 648 A
la iaueline d'Amphiaraus deuint vn Laurier, & comment 487 A
la iaueline d'Achilles pourquoy laissee de Patroclus 46 A
iaueline des Lacedæmoniens, mesure de leur possessoire 215 F
iauelines auec trompettes pour inuoquer Bacchus 325 E
iauelot peint au temple des Iuifs, que signifie 395 D
couleur iaune d'où procede 325 C
la iaunisse guarie en regardant le loriot, & son histoire 400 H, 401 A
Iberiens par les Romains subiuguez 306 A
Ibis est vne cicogne noire, surnom de Lycurgus l'orateur 498 B C
Ibis cicogne noire a inuenté les clysteres 516 E
Ibis quel naturel a en sa vieillesse 183 G
Ibis iadis representoit Alpha aux Ægyptiens 433 D
Ibycus tué, & les meurtriers descouuerts par leur babil, & cry des gruës 94 C
Icarus montant au ciel, tomba en griéues calamitez 130 A
Ichneumon, ou rat de Pharaon, côment & de quoy s'arme pour combattre le crocodile 511 G, 520 D
Ichneumon pourquoy honoré des Ægyptiens 333 G
Icosaëdre, corps à vingt faces, d'où engendré 345 E
l'Icosaëdre est l'image de l'Autre & diuers 346 D
l'Icosaëdre, matiere de l'eau 446 G, 541 G
Ictinus, quel homme 163 F
Idathyrsus Roy de Scythie 575 C
Idathyrsus Roy des Tartares, contre Darius, & ses beaux dicts 189 D E
Ide l'vne des deux nourrices de Iupiter 386 E
Ide montaigne entouree de grandes forests 126 E
l'Idee patron de Dieu 652 E
Idee, des moules & patrós le plus beau, l'vn des trois principes de Platon 423 B
Idee, par Platon appellee le pere & patron 330 B
Idee est vne substance incorruptible en la pensee de Dieu 441 F
l'Idee est immobile, & ne se peut mesler auec ce qui est sensible 552 D E
l'Idee comment appellee Osiris 331 A
Idees qu'est-ce selon les anciens philosophes 444 A B
Idees sont les moules de toutes choses, & consideration de ce 342 H
Idees tiennent le premier degré des choses intelligibles 540 F
Idees de Platon, plus opiniastremét que philosophiquement reprinses par Aristote 592 D
belle consideration sur les Idees 330 G
Idees Dactyles par qui apportees en Grece 660 H
Dactyles Idees, quels dæmons 626 E
Ides, quel iour de chaque mois aux Romains, & pourquoy ainsi dictes 464 A B
aux Ides de Ianuier, pourquoy les menestriers ont permission d'aller desguisez en femmes 469 B
Ides d'Aoust comment festees iadis à Rome 475 F
Ides de Decembre, comment solennisees 475 A B
le lendemain des Ides, pourquoy reputé malencontreux 464 C
Idithya, ville d'Ægypte 333 F
Idmon deliura les Delphiens d'affliction pour la mort d'Æsope 263 C D
idole d'Æneas, pourquoy abbatuë 290 B C
Idomeneus amy d'Epicurus 593 F
Idomeneus presomptueux & arrogant 23 A
Idrieus, prince de Carie, receut vne belle missiue d'Agesilaus 199 D, 210 E
Ieïos, surnom d'Apollo 357 A
Iénz, aller en auant 331 A
Ieren, presbtresse de Diane 186 E
Ierosoly-

Ierofolymus fils de Typhon l'Ægyptien, & fable de ce 324 G
le ieu eſt vn oiſif paſſetemps 418 B
ieu auec plaiſir & profit 364 H
pris propoſé à inuenteurs de ieu honneſte 365 C
le ieu des fleutes eſt ſainct & auguſte 662 E
ieux ſont de grande deſpenſe 525 E
quel eſt le plus ancien des ieux 374 G
ieux Olympiques n'eſtoient acte de vertu 211 H
ieux Pythiques celebrez à Delphes 127 F, 261 A, 335 H
ieux Iſthmiés celebrez à Corinthe 127 F
ieux de pris des anciens, combien, & quels 396 G
ieux de pris des cinq exercices 664 D
ieux de pris de ceux qui boiroient & mangeroient le mieux 366 G
ieux celebrez de cinq ans en cinq ans, en l'honneur de l'amour 599 B
ieux de luicte, cauſe de la ſeruitude des Grecs 467 A
ieux furieux de Bacchus 354 G
ieux difficiles & ingenieux, plaiſent aux hommes 396 D
ieux ſans aucun profit, chaſſez des feſtins 365 A
ieux nommez hypotheſes, mimes, & pægmes 419 B
aux ieux publics ne doiuent aſſiſter les femmes, exemple 461 H
és ieux furent rauies les Sabines, par les Romains 465 F, 476 E
ieux de paſſetemps, quels, & comment doiuent eſtre faicts 510 G H
ieux à pleins theatres iadis à Rome 509 G
ieux inſtituez ſur le tombeau de Mauſolus, par ſa femme Artemiſia 495 C
ieux Carniens 659 D, 661 B C
ieux & feſtes commandees en l'honneur des Muſes 637 H
ieux parmy les expeditions d'Alexandre 310 H
des ieux ſacrez, & de leurs couronnes 424 F G
ieux funebres aux treſpas des grands perſonnages 193 H
ieux de dez, des ieunes gens mal apprins 3 D
ieux de dez, infames 7 D
ieune homme, comment doit compoſer ſes mœurs 119 B
ieune homme inſolent, qui ſe pendit pour auoir battu Socrates 6 C D
le ieune & le vieil, vne meſme choſe, ſelon Heraclitus 246 A
ieunes gens prompts, hardis, & boüillans 36 G H
ieunes gens legers, quelle contenance tiennent 116 E
ieunes gens, qui rougiſſent eſtans reprins, meilleurs que ceux qui palliſſent 76 C, 203 G H
ieunes gens pourquoy ont les cheueux noirs 325 B C
ieunes gens ſont formez à la vertu, par la muſique 664 G
ieunes gens, par quel ordre doiuent apprendre les arts & ſciences 561 F

ieunes gens comment preparez & accouſtumez à la philoſophie 14 A B
ieunes gens comment ſont rendus affectionnez à la vertu 19 H
ieunes gens ne peuuent entendre les diſcours de Platon 115 C
ieunes gens comment doiuent lire les poëtes, traicté de ce 8 H
ieunes gens tirent deux grandes vtilitez de la lecture des poëtes, & quelles 23 B
ieunes ne doiuent s'eſtudier à complaire au peuple 3 H
ieunes gens pourquoy ſe doiuent regarder en des miroirs, ſelon Socrates 147 D
ieunes gens doiuent faire ainſi que le lierre 166 A
ieunes doiuent obeïr, & honorer tous vieillards 186 F
ieunes enfans ſe doiuent exercer à l'art militaire 5 B C
ieunes garçons à quoy ſe doiuent accouſtumer 174 G H
lon doit accouſtumer les ieunes gens à dire touſiours verité 6 H
ieunes, quelles gens doiuent hanter 217 E
ieunes gens que doiuent apprendre 218 F
ieunes gens doiuent touſiours auoir à quoy s'exercer 218 F
ieunes gens comment ſe doiuent gouuerner, beau diſcours de ce 7 E
ieunes gens comment faut traitter en vn feſtin 362 F
ieunes gens doiuent eſtre ſobres en boire & manger 9 A
aux ieunes tout aduient & ſied bien 185 D E
ieunes gens pourquoy mangent plus que les vieux 404 A
ieunes hommes pourquoy ordinairement maigres 383 A
ieunes gens comment aiment leurs precepteurs 35 F
ieunes hommes non mariez, comment ſauuez en guerre 219 C
ieunes gens ſeduits par les flateurs 8 A
ieunes gens pourquoy conuiez par Zenon, à aller voir les theatres 555 E
ieunes gens ne peuuent eſtre bien corrigez par les peres mal viuans 8 E
ieunes gens s'exerçoient en Grece, tous nuds 601 A
ieunes gens vertueux, meurent auant que de deuenir vieux 254 B C
ieunes fils & filles iadis danſoient tous nuds 215 A
ieunes gens corrompus pour dormir & ſe promener à certaine meſure 467 B
ieunes hommes mignons ne font iamais bons gendarmes 467 B
ieunes gens deſireux d'ouyr 363 B
ieunes gens eſtoient les murailles de Sparte 215 B
ieunes Lacedæmoniens portoient tout honneur aux vieillards 226 C
ieunes, pourquoy honoroient les vieux à Lacedæmone 223 B
ieunes Laconiens, cõment auoient permiſſion de deſrober 214 C
ieunes gens Lacedæmoniens à quoy s'exerçoient 224 A

ieunes hommes qui meurent, ne doiuent eſtre lamentez 251 H
ieuneſſe eſt impetueuſe 183 C
ieuneſſe ſe doit garnir de temperance, ſobrieté & continence 5 B
ieuneſſe bien diſpoſee, eſt bon fondement de vieilleſſe 5 B
ieuneſſe prend la racine de bonté d'auoir bien eſté inſtruicte 2 H
ieuneſſe eſt faicte pour obeïr, la vieilleſſe pour commander 183 G
ieuneſſe boüillante, comment doit eſtre retenuë 183 G H
ieuneſſe petillante, comment peut eſtre domptee 8 C D
ieuneſſe chatoüilleuſe, a beſoin d'vne forte bride 7 D E
ieuneſſe gaſtee par les flateurs 7 G
ieuneſſe gaſtee par la folie des peres, & l'ignorance des precepteurs 3 C D
ieuneſſe plus apte à faire nopce, que n'eſt pas le grand aage 473 H
le ieufne, l'vne des feſtes des Iuifs 395 B
ieuſnes, à la ſanté bien vtiles 300 D
ieuſnes des Lacedæmoniens, tant de beſtes, qu'hommes, pour ſecourir leurs amis Smyrniens 49 A
ieuſnes des feſtes triſtes 340 E
ceux qui ieuſnent, pourquoy ont plus de ſoif que de faim 403 H, 404 A
ieuſneurs pourquoy maſchent laſchement au commencement 368 A
ignorance eſt la plus triſte choſe qui ſoit en la mort 282 A
ignorance, punition des meſchans en l'autre monde 292 F G
ignorance par ſur toutes choſes haye de l'ame 292 D
ignorance cauſe de toute erreur 252 F
ignorance, quels mauuais effets produit 133 H
ignorance, quels maux cauſe aux ignorans 120 A
on eſt contraint d'endurer des plus puiſſans l'ignorance & ſottiſe 128 F
ignorance excuſe la faute 483 A
faut pardonner à ceux qui faillent par ignorance 203 G
l'ignorance des precepteurs gaſte les enfans 3 C D
faut cacher ſon ignorance, diſoit Heraclitus 39 C
ignorance des Dieux, meſpartie en deux branches 119 E
ignorance, comment peut eſtre combatuë 30 E
ignorance, comment peut eſtre guarie 28 B
ignorance chaſſee par le moyen de la mer 527 H
les ignorances eſtre corps & animaux, ſelon les Stoïques 587 B C
l'ignorant faut en tout & par tout, ſelon les Stoïques 16 D
ignorans ne doiuent parler des ſciences 259 B
ignorans en quoy different des ſçauans, apres ceſte vie 453 F
ignorans bien fortunez, ſoudainement ſe ruinent 136 H
ignorans ne peuuent eſtre trompez de la poëſie 9 D

TABLE ALPHABETIQVE SVR LES

sept ignorās n'y auoit au monde du tēps d'Aristarchus, & pourquoy 81 B
l'Iliade d'Homere a son premier & dernier carme egal en syllabes, au premier & dernier de l'Odyssee 433 E
l'Iliade d'Homere estoit à Alexandre l'entretien de la guerre 308 C
Ilissus, quelle riuiere 599 C
Ilithya puissance de la Lune qui conioint 627 A
Ilithya diuinité qui preside à nostre naissance 604 G
Ilithya, surnom de Diane, & pourquoy 387 E
Illyriens briserent la teste d'Alexandre, d'vn coup de pierre 307 G
Ilotes estoient les esclaues des Lacedæmoniens 567 C
Ilotes laboureurs & fermiers des Lacedæmoniens 227 F G. & pourquoy 214 F
Ilotes se reuoltent contre leurs maistres 232 E
Ilotes yures proposez aux enfans pour exemple de ne s'enyurer 57 D, 227 D
Ilus pourquoy aueuglé : comment recouura la veuë 488 F
illusions estranges des Epicuriens 596 E
image vaine & tromperesse vagabonde, & quelle 134 A
image d'vn mauuais peintre, mocquee de bonne grace par Apelles 4 D
l'image d'vn dauphin graué en l'escu d'Vlysses, & pourquoy 523 B C
l'image de la fille Charila, pourquoy souffletee d'vn soulier de neuf ans en neuf ans 479 B C
l'image de Iupiter Lebadien, pourquoy tient en la main vne coignee haussee 484 A
l'image de Proserpine, iadis colloquee aux carrefours des villes 200 H, 201 A
l'image de fortune parla, & ce qu'elle dist 303 C D
image nommee Portant la foudre : vne autre, Appuyé sur la lance 312 E
image representant naïsuement Alexandre, & son inscription de mesme 312 D E F G
l'image du Prince la plus plaisante, quelle 135 G
l'image de Dieu est le prince 135 G
l'image d'Æneas pourquoy abbatué 290 B C
image d'Isis quelle merueilleuse inscription auoit 315 H
image de Sphinx d'argent, brocardee 207 F
image de Minerue estimee descenduë du ciel, & que ceux qui la regardoient deuenoient aueugles 488 F
l'image de Pallas mattelee des corbeaux, mauuais presage 629 A
l'image de Pallas desrobee, & portee à Lacedæmone 484 D E
l'image de Pluton enorme, pourquoy enleuee de Sinope 323 A
l'image d'Orus, de quoy & comment composee 326 F
l'image d'Orus tenant le membre viril de Typhon, que signifie 330 A
l'image d'Osiris effigiee ayant le membre viril droict 319 C
l'image apparente d'Osiris, qu'est-ce 328 H
image de Diane, gardee de pere en fils par les Toscans 232 F
l'image de Typhon, comment effigiee 329 A
l'image d'Apollo en Delos, comment effigiee 662 D
à l'image de Venus pourquoy estoit adioustee vne tortuë 334 C
image de Venus sepulchrale, deuant laquelle on euoquoit les ames des trespassez 464 A
l'image de Venus victorieuse, enuoyee à Rome 491 E
contre l'image d'vn Dieu ne faut pisser 567 C
images des Dieux adorees par les Stoïques 561 C
images des Dieux, des Tyriens enchainees de peur qu'ils ne s'en allassent 469 H
images des Dieux, armees à Sparte 223 C, 227 D
images des Dieux, appellees Dieux mesmes 333 A
images incorporelles, ausquelles Dieu est tousiours ententif 421 E
images des iuges n'ayans point de mains, & ayans les yeux bandez 320 B
images de verité, sont les mathematiques 421 D
images penetrantes au dedans des amoureux 610 E
images de Venus, de Mercure, des Graces, & de Suadele, pourquoy mises ioignant l'vne l'autre 145 D E
images des hommes morts pour le pays font de beaux temples 526 A
images des visions & songes d'où procedent 431 C D
images heureuses, quelles 341 B
deux images de deux Parques seulement au temple de Delphes, & pourquoy 352 F
images d'amitiez 81 H
images de la Lune, pourquoy cornuës 329 E
images plusieurs d'Osiris, & pourquoy 321 G
images de bronze aux poëtes Æschylus, Sophocles, & Euripides 497 C
images d'or des Princes & des Roys 631 B
images des yeux des enuieux ensorcellent les enuiez 401 G H
images d'hommes, pourquoy iettees en la riuiere au mois de May, par les Romains 465 G, 473 G
images de Iuno, appuyees sur vne iaueline 474 A
images d'Alexandre, quelles 310 B C
images des corps solides, tiennent le second degré des choses sensibles 540 F
images des anciens Romains, de quoy coulouree 475 D
images d'Apollo & de Bacchus, quelles 354 F G
images des Poëtes illustres, dressees à Athenes 494 H
images de victoire, toutes d'or, pour l'ornement de Minerue 503 A
images des viuans & des trespassez, comment discernees par les Pythagoriens 641 G
images sourdes 341 H
images aimees de femmes, dont elles enfanterent enfans semblables à icelles 457 H
images ou statuës, ouurages d'ouuriers coüards 312 F
trois images non bien composees par Homere 316 G
imagination, qu'est-ce 454 D
imagination, imaginable, imaginatif, & imaginé, en quoy sont differents 454 D
imagination, quelle impression fait en l'ame 265 H
l'imagination quand est appellee intelligence 454 C
imagination de l'aduenir, comment inspiree és ames des hommes 348 H
imaginations de deux sortes 580 A
imaginations ne s'impriment point par fatale destinee 573 D
imaginations par quelle partie de l'ame se font 455 G H
imaginations qui ne tombent point és bestes 454 E
imaginations produisans peu de songes signifient serenité de corps 403 F
imaginations de vaine gloire, quelles 294 D
imaginations des amoureux, peintes à huile auec brusluire de feu 605 F
toutes imaginations estre veritables, selon Epicurus 589 A B
l'imaginatiue puissance excite l'appetitiue auec actiuement 596 A
L. Imber, pourquoy creua les yeux de son gendre, & le crucifia 489 F
Imbros isle, de qui habitee 232 C
Imbros iadis habitee des Thyrrheniens 480 G
Imere ville en Sicile 343 B
imitation delecte le lisant 19 D
imiter les gens de bien, quel profit 118 G H, 119 A
immortalité sans cognoissance de verité, n'est ne vie ne temps 318 C
esperance d'immortalité retranchee par Epicurus 289 F
de l'immortalité de l'ame 453 E
l'immortel est opposite au mortel 507 H
immunitez de ceux qui enseuelissent les trespassez 480 H
l'impair d'où a origine 346 F
impair l'vn des bons principes des Pythagoriens 328 E
l'impair resembler au masle 354 A B
imperfections d'autruy, amassees par les curieux 65 H
impieté d'où premierement engendree 119 F
impieté n'est iamais causee de la part de Dieu 569 E
impieté, faux iugement de Dieu 120 A
impieté semee par le monde vniuersel, par Euemerus 322 H
impieté des ancestres horriblement punie en leur posterité 263 D E
impieté

OPVSCVLES DE PLVTARQVE.

impieté de l'atheiste, qu'est-ce 119 H
l'impieté de l'atheiste combien grande 121 E, 287 B
impieré de l'atheisme, & rude & pierreuse 124 B
impieté des atheistes, condamnee par les sages anciens 123 F
impieté grande, de n'honorer ses pere & mere 82 D
importuns demandeurs, comment nous pouuons refuser 80 D
l'impudent en quoy differe du honteux 76 B
Inachiens comment perdirent leurs terres, & furent chassez d'icelles 479 D E
Inachiens quel oracle eurent touchant la perdition de leur terre 479 D
Inachion pour sa deuise auoit vn dragon peint en son escu 634 H
Inachus, quel fleuue, & où 479 D
Inachus fleuue, pourquoy nommé Scamander 483 F
inanition est contre nature 390 E
fol est, qui laisse le certain, pour suiure l'incertain 91 E
inceste cause de peste par tout le pays 488 G H
incestueux comment punis 490 A B
inclination de l'homme, corrigee ou deprauee 266 D E
inclinations des peres, transfusee és enfans 365 A
inclinations, corps & animaux, selon les Stoïques 587 B C
incontinence & intemperance, en quoy different 33 G H, 34 D
incontinens quels propos tiennent ordinairement 34 A
l'incorporel est opposite au corporel 508 A
l'incorporel impassible, selon Epicurus 444 A
l'incorruptible est opposite au corruptible 507 H, 508 A
Indarnes, l'vn des capitaines du Roy Philippus 225 E
Indien prisonnier, deliuré pour estre excellent tireur d'arc 193 E
Indiens enseignez par Alexandre, d'adorer les Dieux des Grecs 208 A
sages Indiens se bruslent estimans estre bien-heureux 138 A
Indiénes s'entrobattent pour estre bruslees auec le corps de leurs defuncts maris 137 D
indigestion és corps humains d'où procede 460 E
indolence, vne des extremitez de clemence 331 E
inegalitez dangereuses entre freres, quelles 85 H, 86 C
infamie abolie à Lacedæmone 199 E
crainte d'infamie, est signe de vertueuse nature 233 G
infelicité a son essence du vice 565 E F
infinité est priuation de tout nombre 547 G
l'infiny non engendré, & non perissable, selon Epicurus 591 F
infiny estre principe de toutes choses 440 F
infiny, l'vn des mauuais principes des Pythagoriens 328 F
l'infiny n'a point de milieu 616 F
l'infiny auoit vn milieu, selon Chrysippus 344 G
l'infiny comment terminé, selon Platon 422 G H
l'infiny incorruptible, selon Epicurus 443 F
infiny hors le monde, n'ayant ny commencement, ny milieu, ny fin 572 A
infortune est chose à l'homme commune 74 D
ingenieurs chassez de Lacedæmone 219 G
ingratitude, qu'est-ce 579 A
l'ingratitude d'Iobates estrangement punie 232 H, 233 A
ingrats comparez aux arondelles 427 C D E
inimitié qu'est-ce 555 F
inimitié, quels vices introduit en nostre cœur 112 A
inimitié ne fait cesser enuie, ce que fait l'aduersité 108 E
inimitié la plus mauuaise, quelle 83 A B
inimitié effacee par le temps 466 E
inimitiez quelles commoditez causent aux hommes 109 G H
inimitiez suiuent de pres les amitiez 105 A
inimitiez suiuét les gouuerneurs de rep. 168 B
inimitiez de quelles passions engédrees 109 A
inimitiez ostees és festins 361 H
inimitiez d'entre Themistocles & Aristides, comment deposees & reprises 168 B
iniure faicte à Ambassadeurs vengee, & comment 485 F
iniures faictes aux philosophes, cõment par eux mesmes repoussees 588 F
iniures ne sont bien seantes en la bouche d'vn homme de bien 169 A
venger l'iniure faicte à ses parens, la plus belle chose du monde 311 H
iniures, que profitent aux iniuriez 110 H, 111 A
comment il se faut porter en maniere d'iniures 110 E F
iniures endurees vertueusement, & fort patiemment, par Socrates 6 C D
és iniures, les Pythagoriens gardoient le commandement de Dieu 87 B
en tolerance d'iniures y a de la grauité de Socrates, & magnanimité d'Hercules 111 F
iniures comment vengees par Agathocles 190 G
iniures les plus ordes, quelles 278 A
l'iniurier estre vn animal, selon les Stoïques 587 C
à iniurieux comment faut clore la bouche 169 B
iniustes tourmentez par les malings esprits, bourreaux des Dieux 468 F
iniustice fille de tyrannie 314 B
iniustice aucune n'y auoit au monde souz le regne de Saturne 467 D
iniustice d'où a eu son origine 578 G H
iniustice est chose infructueuse, sterile, & ingrate 262 E
iniustice est vne corruption de l'ame, & sedition intestine 565 B
iniustice est aux hommes vn tresgrand mal 262 D
iniustice la plus grande, est egalité 422 F
iniustice faut faire en petites choses, pour faire iustice és grandes, selon le tyran Iason 173 E
iniustice ne pouuoir estre contre soy-me, ains contre autruy 565 B C
l'homme sage ne commet iamais iniustice 21 A
c'est extreme iniustice, faire semblant d'estre iuste, & ne l'estre pas 41 A, 360 B, 648 H
plus dangereux est faire iniustice, que la souffrir 23 E
l'iniustice de la mort d'Æsope, horriblement punie 263 C D
iniustice contre les bestes introduitte par la gourmandise 510 F
iniustice des gourmans & frians, contre les bestes 276 D
iniustices des hommes, punies par les Dæmons 340 A
innocence de quoy embellie 109 H
innocens ne doiuent endurer pour les meschans 172 C D
Ino sçauoit bien parler, & bien se taire 92 B
Ino pourquoy deuint furieuse alencontre de son propre fils 463 A
Ino, tenant son enfant, se precipita dedans la mer 397 E
insolence vient d'estre trop nourri 471 B
insolence est au vice propre 262 B
inspiration prophetique comment s'engendre 351 E
inspiration prophetique, qu'est-ce 348 E
inspiration diuine, nommee Enthousiasme, comment se fait 605 C, 632 H
inspiration fanatique, quand estoit donnee à la Pythie de Delphes 351 G
bonne instruction des enfans, combien profitable 2 H
instrumens de musique ne sont ouurages des Muses 156 A
instrumens de musique pourquoy inuentez 32 D
instrumens de musique dequoy faicts anciennement 555 E
instrumens de musique passent outre le sentiment naturel 414 F
instrumens d'vn bon mesnager, quels 63 C
l'intelligence comment s'engendre en l'ame des hommes 454 E
intemperance & incontinence, en quoy different 33 G H, 34 D
reprimer l'intemperance deifie l'homme 318 D
intemperance fait les hommes laids 22 F
intemperance a ruiné infinis personnages 91 C
intemperance de manger, quels maux & vilainies engendre 276 D
l'intemperance de luxure, diminuë la chaleur naturelle 297 C
par intemperance Alcibiades finit malheureusement 162 F
intemperans pour quels vices ainsi

TABLE ALPHABETIQVE SVR LES

dicts 414 G
les intemperans donnent beaucoup d'affaires aux medecins 301 D
interrogations, quelles & comment doiuent eftre faictes 369 F G, 370 C D
interrogations Megariques 562 G
interrogatiös vilaines & facrileges faites à Apollo 337 F
inuention des chofes intellectuelles, requiert repos & folitude 66 F
inutiles n'eftre point inutilement 570 C
Io deifiee, a laiffé fon nom à plufieurs mers, & races Royales 649 H, 650 A
Iobates Roy de Licye, ingrat enuers Bellerophon, eftrangement puny, 232 H, 233 A
Iocafta comment peinte par Philoctetes 396 E
Iocafta tragœdie de Silanion 11 D
Iolas empoifonna Alexandre 501 E
Iolaüs, pourquoy appellé le couftcillier de Hercules 89 E
Iolaüs amoureux de Hercules, & pource le ferment de l'amour prins fur fa fepulture 607 A B
Iolaüs aagé de quinze ans, marié à vne femme de trente trois ans 602 G
Iolidas capitaine Thebain, mort en bataille 201 C
Ion poëte tragique 250 B
Ion poëte, a compofé en profe, fans vers 302 A
Ion, par quel moyen fanctifia les Atheniens 597 G
ioncs feichent s'il ne pleut, combien qu'ils foient és eaux 534 F
Ionie rauagee par les Tretiens 309 G
Ionie toute en combuftion 652 C
Ioniens bons efclaues, & mauuais hommes libres 217 F G
fe iouër fans offenfer perfonne, eft figne d'vn homme bien nay 372 H, 373 A
iouër aux dez, eft chofe diffolué 22 E
ioüeurs de dez condamnez par Alexandre 195 G
ioüeurs de fleutes pourquoy n'entroient au temple de Tenes 481 F
ioüeurs de fleutes pourquoy vont defguifez aux Ides de Ianuier 469 F
ioüeurs de aubois, iadis miniftres des poëtes 665 A
ioüeurs de comedies en quoy different des Orateurs 500 F G
ioüeurs de comœdies & tragœdies, quels doiuent eftre 142 G
le iour & la nuict font les premieres mefures des temps 543 D
le iour & la nuict ont donné aux hommes apprehenfion d'vn Dieu 442 F
le iour le plus court de l'an, quand eft 521 G
le iour quand commence felon les mathematiciens, & le vulgaire 473 E F
le iour pourquoy commence à minuict felon les Romains 473 D
le poinct du iour fignifié par vn coq peint fur, la main d'Apollo 630 E
le iour refpond à l'efté, & la nuict à l'hyuer 425 H
le fecond iour d'Aouft, pourquoy effacé par les Atheniens 434 G H
le feptiéme iour perilleux aux petits enfans 476 A

le iour de la bonne fortune 431 F
le neufiéme iour des maladies eft critique 17 A
iour d'obftruction, qu'eft-ce felon les Pythagoriens 327 B
le iour dura dix mois lors que l'homme fut engendré de la terre 458 E F
iours ouurables & de feftes, pourquoy inftituez 5 F
iours du decours de la Lune, comment fignifiez 327 C
des iours efquels font naiz quelques hommes illuftres 421 C
iours Epactes, comment & pourquoy adiouftez à l'an, par Mercure 320 E
iours de fanctification des prefbtres d'Ifis 319 A
iours des querelles entre freres, mis en perpetuelle oubliance 87 F G
iours malencontreux 340 B
iours malencontreux des Theffaliens 357 A
iours malencontreux, felon la fuperftition des Romains, quels 464 C D
iournees maudites & malencontreufes, quelles 87 G
ioyaux tefmoings de la iuftice 631 B
ioyaux d'or pour le feruice de Minerue 503 A
ioyaux du temple de Delphes, combien riches 350 D
ioyaux facrez monnoyez, dont la monnoye recueillie, offerte à Apollo 631 C D
ioyaux pendus au col des enfans de bonne maifon 468 H
ioyaux des dames Romaines, donnez par elles à Apollo 130 F
ioyaux enuoyez à des filles, refufez 215 F
ioyaux n'honorent pas les filles ny les femmes 147 E
ioyaux de la femme de Phocion, eftoient les beaux faicts d'armes de fon mary 660 B
ioyaux qui accablerent filles traiftreffes à leurs pays 488 C D
ioyaux bannis de Sparte 220 G
ioyaux predifans les chofes à aduenir 629 B
ioye d'où a fon principe 280 B
ioye de l'ame d'où procede 38 F
ioye de l'ame, quels effects produict 38 B
la vraye ioye d'où procede 282 H
ioye où logee 280 G
ioye n'eft en ce monde copftante 22 A
ioye la plus grande d'où engendree 134 D
ioye des Dieux, perpetuelle 13 B
ioye d'Epicurus meflee auec larmes 285
ioye fignifiee par Sarapis 324 D
ioye exceffiue refemble à la fieure chaude 37 E
ioye des plaideurs, fort babillarde 96 C
le Dieu de ioye faict par Oromazes 328 C
ioyes du corps, amorties par les voluptez des vertus 286 B
Iphicles frere de Hercules, tué en vne

bataille fanglante, entreprinfe pour vn chien 89 E, 474 C
Iphicrates vieil, bon gouuerneur de la republique 182 A
Iphicrates de cordonnier deuint vaillant capitaine, & fes faicts & dicts 196 H
Iphicrates tailla en pieces les Lacedæmoniens 526 G
Iphicrates rabroué par l'eloquence d'Ariftophon, que dift-il 163 E
Iphicrates mocqué de ce qu'il s'amufoit à harenguer en fa maifon 170 E
Iphicrates vaillant capitaine, & belle refponfe de luy, bien digne d'eftre notee 107 B
Iphicrates, quelle belle refponfe feit à Callias 39 F
Iphicrates emporta fon ennemy tout vif d'vne bataille 197 A
Iphigenia comment garentie d'eftre immolee 488 C
ire appetit de vengeance 31 H
ire eft chofe fragile 59 G
ire, font les nerfs de l'ame, felon Platon 36 D
l'ire eft corps & animal, felon les Stoïques 587 B
l'ire du magiftrat ne doit eftre prompte 473 A
en ire faut attacher fa langue 58 H
en ire ne faut rien faire deuant qu'on ait recité l'Alphabet 209 H
l'ire a fait mourir infinis hommes 59 C
l'ire de Iuno appaifee par trois mortalitez 263 B
Irene Dame, & Ifle ainfi appellee 480 D
Irene aimoit fon mary d'vne forte, & Alceftis d'vne autre 229 H
Iris, en Ægyptien fignifie œil 320 B
l'irraifonnable eft oppofite au raifonnable 608 A
Ifcus difciple d'Ifocrates 495 A
Ifæus orateur, precepteur de Demofthenes, & fa vie 496 E
Ifæus tenoit efchole de Rhetorique 526 F
Ifagoras cocu volontaire 652 A
Ifiacus eftimé fils de Hercules, & pere de Typhon 324 D
Ifia ou Ofia, ou Ifis, fignifie faincteté 331 A
Ifion temple d'Ifis, & fa fignification 318 D
religieux Ifiaques trefpaffez, comment habillez 318 E
Ifis eftimee fille de Prometheus, & femme de Bacchus 326 B, 318 D
Ifis eftimee eftre Pallas 319 H
Ifis eft Thetis, qui nourrit & allaicte tout le monde 325 D
Ifis la premiere des Mufes 318 E
Ifis & Proferpine, mefme chofe 323 H
Ifis où & à quel iour nafquit 320 F
d'où eft deriué ce mot Ifis 330 D
Ifis, fignifie, Ie fuis venu de moy-mefme 331 C
Ifis pourquoy furnömee Myrionymos 329 F
Ifis pourquoy appellee Mouth, Athyri, ou Methyer 330 D
Ifis entenduë par la terre 330 D
Ifis

Isis que signifie proprement 318 CD
Isis signifie la terre 324 H, 326 B
Isis dame de la terre 326 F
Isis estimee estre la Lune 329 E
Isis signifie nostre hemisphere 327 E
Isis, estant au ventre de sa mere Rhea, engendra Orus d'Osiris 320 F G
Isis enceinte de deux enfans par son mary Osiris ia mort 322 B
Isis couchee auec Osiris que signifie 327 D
Isis a toute la superintendence des amours 329 E, 331 G
Isis où & comment trouua Osiris son mary 321 C D
Isis tua vn enfant de son regard 321 E
Isis, ramassant les pieces d'Osiris, que signifie 329 G
cheueux d'Isis, quels arbres 625 H
Isis, habillee en dueil, pourquoy erroit par le monde 321 A
Isis, changee en vne arondelle, trouua Osiris son mary 321 D E
Isis muee en l'estoile caniculaire 322 E
Isis & Osiris, son frere & mary, de bons Dæmons conuertis en Dieux 323 H, 324 D
Isis comment effigiee par les Ægyptiens, & son inscription 319 H
fable d'Isis & d'Osiris tout au long interpretee 320 E F
isle produite de la mer 629 H
isle sortie du fond de la mer, auec grande quantité de feu 630 E
la grande isle, est la terre ferme 625 C D
isle seulement accessible aux presbtres d'Isis 322 D
l'isle de Saturne merueilleuse & admirable 625 A B
isles asseruies par les Romains 305 H
isles, où la nuict ne dure pas vne heure 625 E
és isles fortunees vont les gens de bien apres ceste vie 255 A
isles des Dæmons en Angleterre 341 E
Ismenias Chalcidien peintre 498 C
Ismenias, le plus opulent de Thebes 99 E
Ismenias estimé pour ses richesses 71 F G
Ismenias quelle largesse faisoit 177 B
Ismenias ioüeur de fleutes, brocarda dextrement celuy qui le reprint 371 D
Ismenias, excellent ioüeur de fleutes, prisonnier 189 E
Ismenias mesprisé du Roy des Scythes 283 G
Ismenias tué meschamment 636 D
Ismenius, c'est à dire sçauant, surnom d'Apollo 352 F
Ismenodora, dame honneste, poursuiuie en mariage par deux concurrens 599 E
Ismenodora comment se maria auec le beau Bacchon 602 H
Ismenus riuiere 129 D

Isocrates, precepteur d'Æschines 496 D
Isocrates tenoit eschole de Rhetorique 526 E
Isocrates craignoit de heurter vne voyelle contre vne autre, & quel aage il vesquit 526 F
Isocrates fut quinze ans à composer l'oraison Panegyrique 526 G
Isocrates eut douze mille escus de l'oraison dediee au Roy Nicocles 495 E
Isocrates pourquoy ne parloit à table 359 F
Isocrates vesquit cent ans, & se feit mourir soy-mesme de faim 495 B
Isocrates orateur, & sa vie 494 E
Isodætes, surnom de Bacchus 354 F
Issus riuiere, où Alexandre eut la cuisse percee par Darius 307 G, 315 H
Isthmia, surnom de la galere d'Antigonus, & pourquoy 398 A
Italie nommee marastre par Scipion 205 E
Italie rauagee par Hannibal 309 G
l'Italie bruslee & fourragee par la guerre Marsique 306 C
Ithaque quelle isle 279 C
Ithaque pays d'Vlysses, montueux & aspre 270 E
Ithaque pourquoy abandonnee de son seigneur Vlysses 479 C
Ithaque pourquoy pillee par Agathocles 263 E
Iuba hystorien des choses Libyques 489 E
Iudæus, fils de Typhon l'Ægyptien, & fable de ce 314 G
bon iuge ne doit estre prié de chose iuste, ne deprié de chose iniuste 203 H
chacun est pire iuge de soy-mesme, que des autres 35 F
nul ne peut estre iuste iuge de soy-mesme 39 H
iuge soigneux de s'attifer, deposé par le Roy Philippus 192 A
iuge bien equitable fut Antigonus, exemple 194 C
Bias ne voulut estre iuge entre deux siens amis 361 G
iuges que doiuent obseruer pour bien iuger 28 F
iuges effigiez n'ayans point de mains, & les yeux bandez 310 B
iuges doiuent iuger à l'exemple d'Agesilaus, & Themistocles 79 G
Iuges d'Ægypte comment iadis instalez 189 C
iuges des causes criminelles, quels à Lacedæmone 214 G
iuges des ames partant de ceste vie 255 A B
iuges des abysmes d'enfer 121 A
iuges des ieux de pris, & solennels 375 C, 396 G
iugement & passion different 36 A
le iugemens des hommes communs, en quoy differe de celuy des philosophes 311 C
erreur de iugement, est chose bien mauuaise 119 F
le iugement des voluptueux est corrompu 34 A

iugement contre deux meschans hommes, donné par Philippus, & quel 191 F
iugement des ames partant de ceste vie 255 B C
iugemens pleins de passions, donnent bien affaire à la raison 35 C D
iugemens des hommes pour quelle cause sont mauuais 255 B
aux iugemens on erre plus ou moins 36 E
Iugurtha liuré prisonnier à Sylla par Bocchus 166 E
Iuifs combien solennellement obseruent leur sabbat 122 F
Iuifs pourquoy s'abstiennent de manger chair de pourceau, & de quelques autres bestes 394 B C E
Iuifs quelles gracieusetez receurent d'Antiochus assiegeant leur ville de Ierusalem 195 F
Iuifs esmerueillez de la liberalité d'Antiochus leur ennemy 195 F
Iuillet iadis appellé Quintilis 464 G
Iuin consacré à Iuno, & d'où a prins son nom 473 G H
le second iour de Iuin pourquoy supprimé par les Atheniens 87 F G
Iules Cæsar esmeut tout le peuple du temps de Catilina, & comment appaisé 174 A
Iules Cæsar conspira la ruine de la chose publique 574 B
Iulia Sylvia, fille de Numitor, & religieuse de Iuno, & mere de Romulus & Remus 491 D
la loy Iulia contre les adulteres, par qui faicte 209 A
Iulius sous l'Empereur Vespasien, suscita la rebellion de la Gaule 612 G
Iulius Drusus Senateur, pourquoy vouloit que sa maison fust percee de tous costez 162 C
iumeaux comment naissent 457 F
iument d'Agamemnon, pour laquelle il exempta vn coüard d'aller à la guerre 202 B
iument qui feit vn poulain demy homme 152 B
iumens prouoquees à estre saillies par vn certain chant, & quel 414 F
iumens des Eliens pourquoy saillies des cheuaux hors de leurs confins 484
iumens aimees contre nature de quelques hommes 272 H
Iuno sœur & femme de Iupiter 232 D
Iuno nourrie par Eubœa 386 F G
Iuno & Iupiter protecteurs des villes 474 D
Iuno est vn des Dieux qui profitent 442 G
Iuno & Venus ont la cure des nopces 473 G
Iuno que signifie, empruntant le risu de Venus 12 E
Iuno signifiee par le quarré 324 F
Iuno signifie l'air, selon Empedocles 324 H, 441 E
Iuno la riche 439 B
Iuno redoutee des superstitieux 125 E

b

Iuno parfaicte necessaire à ceux qui se marient 461 A
à Iuno pourquoy sont les mois dediez, & à Iupiter les ans 472 B
Iuno dequoy lauoit & oignoit son corps immortel 407 F
Iuno chalcœcos, c'est à dire, maison de bronze 487 F
au temple de Iuno chalcœcos pillé on ne trouua qu'vne bouteille vuide, & ce qui en aduint 94 A
Iuno pourquoy surnommee Quiritis 474 A
Iuno Lucina pourquoy estimee aider aux femmes en trauail d'enfant 472 B
Iuno Leucadiene appaisee par trois mortalitez 263 E F
Iuno de quels sacrifices honoree 147 F
Iupiter, seigneur du monde, appellé clair-voyant par Homere 329 B
Iupiter nommé pere, souuerain iuridique, & parfaict ouurier 577 E
Iupiter, pere de tous, s'adopte pour enfans les gens de bien 193 A
Iupiter sauueur, createur, pere de iustice, de loy, & de paix 569 C, 582 E
Iupiter, entre tous les dieux, seul sempiternel 570 H
Iupiter, seul des dieux incorruptible, se retirera à la prouidence, le monde embrazé 583 H
Iupiter est vn des dieux qui profitent 442 G
Iupiter eut deux nourrices, Ide & Adrastia 386 F
Iupiter le grand dispose toutes choses 288 B
Iupiter est la plus ancienne & parfaite loy 136 A
Iupiter seigneur & pere de toutes choses 344 H
Iupiter est de tout commencement, le milieu, & l'accomplissement 350 G, 582 C
Iupiter, deité souueraine, mary de Iuno sa sœur germaine 432 D
Iupiter les astres regit 15 A
Iupiter a deux tonceaux, l'vn plein d'heur l'autre de malheur 15 E
le vray Iupiter comment habite & gouuerne plusieurs mondes 345 B
Iupiter garde & president aux conseils des villes 184 F G
Iupiter fait la vertu és hommes croistre & decroistre 16 E
Iupiter protecteur des amis, des hostes, des parens, & de ceux d'vn mesme païs 605 B
Iupiter estre vn grand feu continuel, se transformant en toutes choses · 617 B
Iupiter estre le monde, selon Parmenides 591 H
Iupiter au premier degré, Nature au second, Destinee au troisième 445 F
Iupiter tient en sa main la foudre, selon Pindare 362 D
Iupiter quels dons fait aux hommes 15 C D
Iupiter distribuoit à boire aux dieux par mesure 156 C D
Iupiter regne sur le mont Ide 15 B

à Iupiter est conuenable de se magnifier 563 F
à Iupiter pourquoy sont les ans dediez, & à Iuno les mois 472 B
tout ce que Iupiter propense, Saturne le songe 625 C
Iupiter, Neptune, & Pluton departirent entre eux l'Empire de leur pere Saturne 255 A
Iupiter sauueur imité des philosophes 131 F
Iupiter se mesle de tout par gloire, selon les Stoïques 185 B
Iupiter plus que tout autre Dieu pernicieux 16 G
Iupiter, protecteur de consanguinité 399 H
Iupiter, protecteur de l'Empire des Perses 314 E
Iupiter quel honneur bailla au duel 249 E
Iupiter pourquoy a engendré plusieurs Muses 436 F G
Iupiter parfaict necessaire à ceux qui se marient 461 A
à Iupiter l'ambrosie apportee par des coulombs 156 D
Iupiter s'augmenter tousiours iusques à ce que toutes choses soient en luy consumees 571 A
Iupiter comment nommé en Grec & en Ægyptien 319 H
Iupiter prins pour la fatale destinee 15 B
Iupiter prins pour l'air 544 B, 624 B
Iupiter prins pour le feu 441 E
Iupiter Carien 652 A
Iupiter surnommé Sthenien 664 D
à Iupiter Idæen pourquoy Midas dedia vn autel d'or 486 G
Iupiter pourquoy surnommé Ctesius, Epicarpius, & Charidotes 568 H
Iupiter conseiller 163 D
Iupiter hospital, & Iupiter le genital 610 C D
Iupiter Ptoïen 272 G
Iupiter possessoire 130 D
Iupiter pluuieux 157 D
Iupiter Olympien, est la bonne partie du monde 328 E
Iupiter hospital, à qui on faisoit tant d'honneurs 128 A
Iupiter pourquoy appellé le vent 326 A
Iupiter en cobien de manieres est prins des poëtes. 15. partout le feuillet.
Iupiter signifié par le Decagone 324 F
Iupiter pourquoy effigié n'ayant point d'oreilles 334 B C
Iupiter garde de trophees 486 D E
Iupiter terrestre inuoqué par les laboureurs 122 E
Iupiter en quoy trompé en la naissance d'Hercules 160 G
Iupiter Hammon pere d'Alexandre 310 A
Iupiter Capitolin bruslé & consumé par le feu 333 A
Iupiter nom vsurpé par le tyran Demetrius 314 A
Iupiter planette, a son an de douze annees communes 449 F
Iupiter, le quantiéme des planettes

447 G
Iupiters plusieurs 344 G H
le iurement est comme vne gehenne & torture, que lon donne aux personnes libres 467 G
tout iurement se termine à la fin en malediction de pariurement 467 G
le iurement des Perses estoit, par le Soleil 189 D
le iurement laissé par les Epicuriens 590 G
de iuremens defendus vient vn grand amendement à la republique 465 G
iuremens pour tromper les hommes, & osselets pour tromper les enfans 221 D, 310 A
iurer ne faut facilement ny soudainement 465 B C
enfans iurans par Hercules pourquoy chassez hors de la maison 465 A
ius diuers d'où procedent 460 G
Iusciame ou Hanebane trouble & aliene l'entendement 581 F
iustes viennent de vertu 15 B
l'homme iuste est deuot & religieux 288 C
qu'il ne faut sembler estre iuste, mais l'estre de faict 21 C
Pallas prend plaisir à l'homme iuste 20 A
que c'est extreme iniustice, faire semblant d'estre iuste, & ne l'estre pas 48 A
si nous estions tous iustes, vaillance n'auroit lieu 199 C
iustes nous faut estre enuers les animaux 276 G
iustice est deriuee de iuste 52 D
iustice a sa source de Iupiter 561 H
iustice fille de Iupiter 569 C
iustice qu'est-ce, selon Ariston & Zenon 31 C
iustice est vierge, selon Hesiode, tousiours logee chez pudicité 136 A
iustice est fin de la loy 135 G
iustice la premiere des Muses 318 E
iustice est la beauté de l'ame 187 G
iustice vengeresse de vice 21 B
la lumiere de iustice est l'image de Dieu 136 D
sans iustice nous ne sçaurions iouyr des dons de Dieu 135 G
iustice deesse des affaires 442 G
iustice regnoit au monde du temps de Saturne 462 F, 467 D
la iustice se tenoit au palais d'Athenes 638 H
la où iustice regne, force n'a lieu 212 E
iustice establie entre les hommes par Ianus 463 F
iustice necessaire à la vie humaine 100 G
l'œil diuin de iustice par tout s'estend 597 D
iustice & droicture, sont assesseurs de Iupiter 136 A
Dieu prend en protection ceux qui trauaillent pour la iustice 647 C
iustice tresbelle & tresbien seante aux Dieux 343 F
iustice vengeresse du forfaict, marche apres Dieu 597 D
iustice a besoing d'estre assistee de prudence

OPVSCVLES DE PLVTARQVE

dence 106 A
iustice est seruie & secondee des furies 127 D, 328 F
iustice signifie par la balance 7 F
iustice bien exercee fait habiter les villes seurement 218 H
l'obseruation de la iustice doit estre empreinte au cœur du Roy 135 G
iustice fait les grands Roys 212 E
iustice non faicte aux oppressez, quel mal à la republique 505 E F, 506 A
faut vser de iustice enuers nos ennemis mesmes 112 C
iustice comment executee en Perse enuers les criminels 268 C
en ostant la iustice on oste toutes les autres vertus 564 H
iustice de Dieu d'vn pied tardif arriue aux meschans 258 H
iustice diuine à punir les mesfaicts tardiue 257 G
la iustice diuine pourquoy differe la punition des maleficès 258 A
comment se peut on exercer à la iustice 66 H
iustice estoit la borne de l'Empire Romain 207 A
iustice reciproque entre le Roy Lysimachus, & son chien Hyrcanus 514 B
iustice d'Alexandre 310 G
la iustice d'Alexandre admiree par Darius son ennemy 314 F
iustice gardee vn seul iour en cinq annees par les Eliens 199 A, 214 A
le palais, où se rend la iustice, fait vn enfer par les vsuriers 130 H
iustice appellee lascheté par les flateurs 45 A
iustice non gardee en guerre 310 A
s'il est licite de violer iustice, c'est pour regner 11 E
iustice incogneuë aux bestes 597 E
iustice és animaux 514 A
si iustice se peut enseigner 39 A
Iustice, nom d'vne des filles de Dionysius 314 C
Ixion poursuiuant d'amour Iuno, tomba en vne nuee 134 D
Ixion cloué bras & iambes à vne rouë 12 C D

K

KAkia signifie vice 332 A
Kæmin que signifie 330 C
Kalendes est le plus sainct & sacré iour de tout le mois 130 C D
Keraplastes signifie vn muguet ou mignon 518 B
Keras combien a de significations 518 B
Koura signifie tonsure 518 B
Kyon pourquoy signifie l'estoile caniculaire 331 C
Kyon surnom d'Anubis, & pourquoy 327 F
Kyphi composition offerte au Soleil couchant 329 E

L

AGrec, qui vaut L Latin, accommodé à la creation de l'ame du monde 554 E
L proferé au lieu de R par les langues grasses 469 A
Laarchus homme de neant, & cruel tyran, massacré 240 H, 241 A
labeur & diligence combien ont d'efficace 1 H
le labeur rendu supportable par l'honneur 69 F
la fuitte de labeur naturellement nee auec nous 25 D
labeur assidu combien vaut 141 F
labeur desmesuré n'est de longue duree 23 F
la vie de l'homme diuisee en labeur & repos 5 F
Laborus reprint en peu de paroles vn grand langageard 218 F
le labour de la terre enseigné par Ianus 463 H
le labourage premierement monstré par le pourceau 394 B C
le labourage de la terre enseigné premierement par Bacchus 482 E F
le labourage de la terre inuenté en l'isle de Scyros 149 A
le labourage de la terre introduict en Italie par Saturne 467 D
labourage de la terre cessa pour l'auarice de Pythes 242 C
le labourage pourquoy fuy des curieux 65 B
au labourage trois choses requises 1 F G
trois labourages sacrez des Atheniens par chaque annee 149 A
le laboureur doit estre homme entendu 1 F G
le bon laboureur n'est curieux 65 B
laboureurs pourquoy souhaittent auoir mauuaise fenaison 516 G H
laboureurs paisibles en temps de guerre 480 E
les laboureurs des Lacedæmoniens estoient les Ilotes 217 F G
quels sont les bons laboureurs 5 A
Lacedæmone n'auoit aucunes murailles que les ieunes gens 211 A, 215 B, 221 B, 228 A
les confins de Lacedæmone, estoient les picques de leurs ieunes gens 211 A, 215 B
Lacedæmone punie par vn grand tremblement de terre, pour l'iniustice 507 A
Lacedæmone deliuree de peste par le moyen de la musique 667 E
Lacedæmone ruinee, les loix de Lycurgus estans negligees 227 H
vn Lacedæmonien allant à la guerre, quel bel apophthegme dist 211 B
vn Lacedæmonien espousant vne petite femme, que disoit 83 D
Lacedæmoniens pourquoy nommez de leurs premiers Roys 222 F
Lacedæmoniens sçauent & font ce qui est honneste 215 B C D
mœurs & façon de viure des Lacedæmoniens 227 B
Lacedæmoniens combien sobres en boire & manger 296 D
Lacedæmoniens fort austeres en leur viure, & mœurs 226 B
Lacedæmoniens viuoient de gros pain 222 D
Lacedæmoniés ou Spartiates pourquoy beuuoient si peu 218 F
les Lacedæmoniens apprenoient à se mocquer, & à estre mocquez, sans se fascher 371 A
Lacedæmoniens comment reformez par Lycurgus 219 D
Lacedæmoniens pourquoy portoient longs cheueux & longues barbes 222 A, 298 E
Lacedæmoniens sanctifiez par Lycurgus 597 G
Lacedæmoniens addonnez à l'amour, & par consequent belliqueux 607 A
Lacedæmoniens pourquoy les plus heureux du monde 212 A
quelle chose apprenoient les Lacedæmoniens 226 B
ieunes Lacedæmoniens prioient Dieu tous armez 323 C
Lacedæmoniens possedoient autant de terre qu'ils en pouuoient atteindre auec leurs iauelines 215 F
Lacedæmoniens appaiserent vne grande pestilence par le sacrifice d'vne fille 491 B
Lacedæmoniens appellez grossiers & ignorans 215 A, 222 G
Lacedæmoniens comment enseignoient à leurs enfans à ne s'enyurer point 57 D
Lacedæmoniens pourquoy vsent de fleutes entrans au combat, & sacrifient aux Muses 59 C, 211 B, 216 H
Lacedæmoniens auec leurs espees courtes assenent bien leurs ennemis 199 F
Lacedæmoniés pourquoy combattoient de si courtes espees 215 B
Lacedæmoniens quels en combatant 221 B C
Lacedæmoniens combien estoient en nombre 215 G
Lacedæmoniens pourquoy hardis és perils de la guerre 214 F, 222 H
Lacedæmoniens diuisez en petites tablees, auec leurs armes 219 H
Lacedæmoniés n'exerçoient aucun mestier mechanique 213 A
Lacedæmoniés meirent leur Roy en l'amende, pour auoir espousé vne petite femme 1 E
Lacedæmoniens voyageans deuenoient pires 218 H
Lacedæmoniens escriuirent au Roy Philippus ceste seule syllabe, Si, 94 H. & vne autre fois, Non. 96 A
Lacedæmoniens libres par leur maniere de viure 210 F
Lacedæmoniennes pourquoy s'exerçoient aux armes 220 D
Lacedæmoniens contemnoient la mort 216 C
les Lacedæmoniens ne demandoient point combien estoient leurs ennemis, ains où ils estoient 198 H
Lacedæmoniens victorieux ayans perdu tous leurs gens à la bataille 486 D
Lacedæmoniens portez par terre à Leu-

h ij

TABLE ALPHABETIQVE SVR LES

ctres par les Bœotiens 376 A
Lacedæmoniens desfaicts à Leuctres, & rendus infames 213 A, 167 E
Lacedæmoniens vaincus des Thebains n'oserent onc les assaillir 56 E
Lacedæmoniens vaincus par Epaminondas, oublierent leur peu parler 142 C, 200 G
Lacedæmoniens desfaicts par les Atheniens 211 F
Lacedæmoniens taillez en pieces par Iphicrates 526 D
Lacedæmoniens desconfits pour n'auoir faict bonne iustice 506 D
trois cens Lacedæmoniens vainquirent en bataille trois cens Argiens 228 G
Lacedæmoniens reduits en tyrannie, les loix de Lycurgus negligees 228 A
Lacedæmoniens amassans argent, condamnez à mort 227 G
Lacedæmoniens haïs de mort des Argiens 653 D
dicts des Lacedæmoniens dequoy faicts 226 C
Lacedæmoniens de quelle liberalité vserent à l'endroit des Smyrniens 49 A
Lacedæmoniens soubs quelles conditions feirent paix auec Antipater 99 C
Lacedæmoniens comment encouragez d'assaillir les murailles de Corinthe 199 B
vn traicté des dicts notables des Lacedæmoniens 209 E
Lacedæmoniennes faisoient mesmes exercices que les hommes 220 D E
la domination des Lacedæmoniens, ruinee en vn iour par Epaminondas 140 E
Laceter, quel lieu en l'isle de Co 485 E
Lachares despouilla Pallas 333 A
Lachares autant tourmenté par sa tyrannie, que les Syracusains 280 F
Lachares deshonneur à sa posterité 264 B
Lachesis, c'est à dire, le sort, & son office 644 F G
Lachesis fee, fille de Necessité 556 C D
Lachesis fee, gouuernante des festins 378 F
Lachesis, l'vne des trois fees ou parques 437 E
Lachesis logee en la terre, quel estat & office exerce 627 A B
Lachesis, est la plus basse partie de l'vniuers 556 D
Lachis, fils de Demosthenes 500 C D
Laconie pillee par Epaminondas 524 A
le pays de Laconie estoit comme heritage de plusieurs freres 219 E
Laconien mordant comme vn lion, & non comme vne femme 224 F
Laconien se faschant de mourir par vn effeminé 224 F
vn Laconien frappé à mort, combien gracieux & iuste enuers l'homicide 224 B
le pays Laconien bruslé par Epaminondas, qui de cinq cens ans n'auoit esté pillé 201 B

que dist vn Laconien boitteux allant à la guerre 224 F
enfant Laconien merueilleusement patient 224 F
belle response d'vn Laconien, de l'enseignement d'vn enfant 39 E
dicts notables d'vn Laconien 223 D E
Laconiens n'ont point d'escorce en leur parole 94 G
Laconiens sçauent estre libres, & ne seruir à personne 225 A
Laconiens merueilleusement sobres en leur boire & manger 224 F, 275 C D
Laconiens n'ont de coustume de follastrer 224 F
les Laconiens limitoient leur pays de la picque 462 H
Laconiens egaux en biens 219 F
deux Laconiens voulans mourir pour tous les autres 225 D E
Laconienne prisonniere se feit mourir pour garder sa liberté 229 D
Laconiennes engrossies par les Tyrrheniens, & pour ce chassez 480 G
Lacritus legislateur, disciple d'Isocrates 495 A
lacs pourquoy fument en hyuer 536 F
lacs comment defaillent 349 B C
lacs arrousez de fleuues profonds 532 B C
Lacydes, Roy des Argiens, pourquoy soupçonné impudique 111 A
Lacydes comment deliura son amy Cephisocrates, accusé de leze majesté 48 G
ladanon, quelle plante aromatique en Libye 261 B
Ladas bon coureur 165 D
ladrerie estimee n'estre qu'vne galle 429 F G
la ladrerie quand vint en euidence 429 B
Ca. Lælius, conseil de Scipion 187 F
Laërtes, pere d'Vlysses 483 H
Laërtes se tenant à la maison, reietté & mesprisé 181 G
Laërtes vescut vingt ans à part aux chaps 68 C D
Læsmodias, que signifie aux poëtes anciens 418 F
Lagisce, courtisane d'Isocrates 495 G
le laict quand se faict dedans l'animal 374 F
le laict se prend par le ius de figuier 409 G
laict de truye engendre la lepre 319 E F
laict és sacrifices 469 E
du cercle de laict, & que c'est 449 H
laid de soy ne peut estre beau 11 B
laid comment brocardé par Xenophon 371 B
quelle chose est laide 21 F G
laideur se doit corriger par vertu 147 D
laine engendree de superfluité 318 G
la laine des moutons mords du loup, pourquoy engendre des poux 377 E
pourquoy les espousees s'asseoient sur vne toison de laine 465 E
laines trempees en eau d'alun, s'en teignent mieux 405 C
Laïs, courtisane de grand pris 285 H,

294 E, 600 B
Laïs enflammant de son amour toute la Grece, lapidee & assommee par les femmes 611 C
laisse quelque chose pour les Medois, prouerbe d'où venu 413 H
Laïus, Roy de Thebes, tué par son fils Oedipus 67 A
Laïus pourquoy & comment soupçonné d'auoir tué son frere Chrysippus 490 F G
Lamachus sage capitaine Athenien 176 E
Lamachus, homme de trauail, associé de Nicias 174 E
lambda, lettre Grecque accommodee, pour sa figure, à la creation de l'ame du monde 554 G
lames flottantes sur l'eau 452 B
lamentations pour les morts, ostees par Lycurgus 227 G
lamentations donnees au dueil pour honneur par Iupiter 249 E, 256 F
lamentations horribles au trou de Trophonius 644 E
lamentations barbaresques ne conuiennent au dueil 251 B
Lamia, fille de Neptune, & mere de la premiere Sibylle 629 C
Lamia, fee, à la maison oste ses yeux, sortant dehors elle se les remet 63 D
lampe doree de Minerue 421 C
la lampe pourquoy non esteincte apres souper 413 B C
la lampe pourquoy iamais esteincte par les anciens Romains 471 E
la lampe iamais esteinte par Demosthenes 500 C
lampe qui iamais n'esteint 336 A
lampe n'esteignant iamais, par laquelle est prouué les ans estre plus courts les vns que les autres 336 E
lampes pourquoy ardent mieux y mettant du sel 368 G
Lampis, riche marchand, comment acquist ses biens 181 G
Lampis marchand fort opulent, ayant richesses attachees à des cordes 224 G
Lampon peupla la ville de Thuries 170 B C
Lamprias grand pere de Plutarque 399 C
Lamprias defendu par son frere Plutarque 373 A
Lamprias ayant beu se monstroit plus docte & plus aigu 365 E
Lamprias bon danseur de morisques 438 F
Lamproclés, fils de Socrates 644 E
Lamproclés musicien 662 F
Lampsace, fille traistresse, cause la ruine de l'estat de son pere Mandron 237 D E
la lance pourquoy consacree à Iuno 474 A
lance feée que donna Mars à Septimius 489 H
lance qui touchoit au ciel 314 A B
langage gracieux couure les fautes 649 A
langage superflu combien deshonneste 4 A

langage

OPVSCVLES DE PLVTARQVE.

langage bref loué, & pourquoy 164 F G
beau langage dequoy sert aux historiens 524 H
le langage elegant de quelle efficace 26 G
le langage d'vn orateur quel doit estre 4 D, 17 D
le langage d'vn harengueur fardé doit estre negligé de l'auditeur 27 B
le langage des Lacedæmoniens, simple & sans fard 226 F
le langage d'Herodote, beau, doux, & artificiel 659 F
le langage d'vn sage gouuerneur, quel doit estre 164 B
la langue n'est pas vne petite partie de la vertu 111 D
la langue est fortune, la langue est dæmon 332 E
quand les hommes n'auront plus qu'vne langue entre-eux 328 D
que chasque homme n'a qu'vne langue, & deux aureilles, & pourquoy 20 E, 89 F G
la langue mieux remparee que les autres parties du corps 90 C
la langue n'est necessaire à la parole diuine 333 H
langue diserte rend le laid beau & sage 13 D
la langue distingue les saueurs 455 C
la langue est la meilleure & la pire chair 25 A, 92 A, 150 F
refrener sa langue, est sagesse grande, & preceptes de ce 6 E F
l'homme prudent & sage tient sa langue en temps & lieu 128 F
de retenir sa langue, beaux exemples 91 E, 92 B F, 93 A
tenir sa langue par cinq annees, ordonnance de Pythagoras 65 D
la langue a besoing de plus forte bride que non pas la nature 91 C
la langue a precipité plusieurs en infinies calamitez, exemples 6 F
la langue liee par tout, par couardise, & lascheté 118 H, 129 A
la langue desliee par le dieu Bacchus 359 H
langue effencee en fin se trouuera mal fortunee 90 D
la langue d'vn babillard resemble aux parties du corps offensees 94 C
en cholere faut attacher sa langue 58 B
langue faulse rapportereffe, combien dangereuse 81 F
langue iniurieuse quel mal s'acquiert 110 G
langue grasse plaisante aux amoureux 118 G
la langue comment peut estre corrigee 95 C D
vaincus ont la langue liee de silence 110 C
Zenon cracha sa langue au visage du tyran, pour celer son secret 91 F
la langue Grecque non permise aux Barbares 337 A
la langue des Romains en vsage par tout le monde, n'a point d'articles 545 F

la langue de Theodotus le feit bannir 128 G
la langue empeschee de parler par le froid 533 B
les langues grasses proferent L, au lieu de R. 469 A
Lapon marchant, pourquoy inepte à l'estat public 182 E
Lar, dieu domestique, en forme d'vn membre viril, engrossa Ocrisia 305 F
Lares pourquoy appellez præstites, & reuestus de peaux de chien 468 F
Acca Larentia, deux femmes de ce nom, tant renommees des Romains, & pourquoy 466 A
largesse appaise vn peuple esmeu 174 B
largesses publiques corrompent le peuple 176 A B
les larmes dequoy s'engendrent 459 E
larmes sont les fruicts des douleurs 245 E
larmes baillees au dueil pour honneur par Iupiter 249 E, 256 F
larmes des sangliers pourquoy douces, & celles des cerfs salees 412 A B, 537 F
larrecin est chose fort deshonorable 6 C
larrecins permis aux ieunes Laconiens 224 C
larrecin d'vn orfeure comment descouuert par Archimedes 282 H
larrecins d'où procedent 570 A
larrecins des ieunes gens enormes 7 D
quels larrecins non punis à Lacedæmone 226 C
larrecins permis entre les Samiens 485 A
larron sacrilege descouuert, poursuiuy, & atteint par le chien Capparos 513 G H
vn larron bien à poinct brocardé par Demosthenes 164 E F
larrons à quel but tirent 3 E
larrons sont damnez, exemple de Patæcion 14 A
homme lasche de cœur ne vaut pas vn chien, ou vn asne 21 E
lasches brocardez en les appellant des Achilles 371 E
lasches de cœur quels sont 138 H
lascheté n'est fauorisee de la loy 130 B
Lasthenes traistre d'Olynthe, pour la panse 105 H, 196 A
Lasthenes traistre de sa ville, sagement brocardé par Philippus 191 E
Lasus, poëte musicien 664 H
les Latins en leur langage n'vsent point d'articles 545 F
Latins pourquoy reuerent le Piuert 463 F G
Latins vaincuz par Tarquinius 475 F G
Latone par son enfantement arresta l'isle de Delos, auparauant vagante 521 G
Latone outragee par Niobe, feit tuer ses six fils & ses six filles 123 B
Lauria, bourg pres d'Athenes 232 C
Lauria isle pourquoy iadis appellee Irene 489 D

le laurier pourquoy ne perd ses feuilles 460 B
laurier pour faire du parfum à Apollo 352 E F
laurier porté à Delphes par vn enfant, & comment 662 D
le laurier consacré aux ieux Pythiques 425 C
laurier faict de la iaueline d'Amphiaraus 487 B
couronne de laurier pour les bons gouuerneurs de republique 175 A
lauriers croissans en la mer Oceane 623 H
lauriers pourquoy tousiours feuillus 381 C D
Lautia sont presens faicts aux Ambassadeurs 467 E
Leæna pourquoy honoree d'vne statuë n'ayant point de langue 91 F G
Leander, tyran de Cyrene, cousu en vn sac de cuir, & ietté en la mer 238 D
Lebadie, ville de Bœoce 616 E
en Lebadie seule oracles rendus, en tous autres lieux deuenus muets 337 A
Lebadus ne fut participant du crime de son pere Lycaon alencontre de Iupiter 483 B
lebran est vne coignee en Carie, & pourquoy ainsi nommee 484 B
Lecheon port de mer où fut fait le banquet des sept Sages 150 E, 526 G
Leda premierement s'appelloit Mnesinoé 630 H
leger qu'est-ce 444 D
rien de leger n'est en bas, ny rien de pesant en haut 617 B C
substances legeres vont à droit fil contremont 617 E
legislateur des Thuriens, quelle ordonnance feit és ieux publics 65 C D
legislateurs, premiers Theologiens 608 E
legislateurs qu'obseruent en establissant leurs loix 37 F
legislateurs des Grecs, quels 593 C
legumages pourquoy seruis és banquets des funerailles 474 H
legumages pourquoy distribuez au sacrifice pour la fille Charila 479 B C
legumes non en vsage aux presbtres d'Isis 318 H
legumes pourquoy defendus à ceux qui veulent viure chastement 474 H
Legiens tuez en bataille par les Tralianiens 484 B C
Lemniennes tuerent iadis tous leurs hommes 603 B
Lemnos la belle Isle, où le diuin Thoas estoit la ville 126 H
Lemnos isle iadis habitee par les Tyrrheniens 232 C, 480 G
du lendemain il se faut souuenir 413 H, 470 C
le lendemain print vne fois querelle alencontre de la feste, & pourquoy 464 E F
les lendemains des Calendes, Nones & Ides, pourquoy reputez malencontreux 464 C
lentilles pourquoy offertes à Isis 331 H

h iij

augmenter le plat deuant la lentille, qu'est-ce 294 H
lentisques produisans des oliuiers 376 C
Leobates accusa & feit bannir Themistocles 128 D
Leochares peintre 495 E
Leodamas Athenien, disciple d'Isocrates 495 A
Leodamas precepteur d'Æschines 496 D
Leon, fils d'Eucratidas, & ses faicts notables 218 H
Leon Byzantin, homme fort petit, estant ambassadeur, que respondit touchant sa petitesse de corps 164 H, 165 A
Leon Byzantin iniurié d'vn bossu, gentillement luy repliqua 110 E
Leon Byzantin chassieux dextrement gaudit celuy qui le gaudissoit 372 A
Leon banny pour auoir tué son parent 483 DE
Leonidas, vaillãt capitaine, auoit le cœur velu 486 F
Leonidas, Roy de Lacedæmone, quelle sentence profera du poëte Tyrtæus 507 B
Leonidas quelle grande vision eut en dormant, touchant les villes de la Grece 654 GH
Leonidas comment anima Alexandre à faicts heroïques 192 E
Leonidas, allant à la guerre, dist à sa femme, qu'elle se mariast à vn homme de bien, & ses dicts notables 218 H, 219 A
Leonnatus tué en secourant son Roy Alexandre 317 F
Leonteus, l'vn des plus subtils disciples d'Epicurus 588 H
Leontiades tyran, défait par Pelopidas 286 C
Leontidas tyran occis en tuant celuy qui l'occist 648 B C
Leontie, l'vne des lignees des Atheniés 369 B
Leontide, dame d'honneur, loüée à son trespas 229 E
Leontion amoureuse d'Epicurus 284 H 291 G
le Leopard attire à luy les autres bestes, par son odeur 517 H
le leopard & le renard contestent deuant le iuge, & pourquoy 144 B, 155 D
Leopards ne ceder en hardiesse à leurs masles 271 C
Leophanes tient que les masles s'engendrent du genitoire droit, & les femelles du gauche 28 G
Leosthenes resembloit au cyprez 197 H
Leotychidas, fils d'Ariston, muable, & ses dicts notables 218 G
Leotichides reprẽd son hoste de sa maison trop somptueuse 220 C
lepidotes poisson pourquoy abominé des Ægyptiens 321 H
Lepidus menoit l'armee pour Cæsar Auguste 305 G
lepre estimee n'estre qu'vne galle 429 F G
lepre vient de manger chair de pourceau 394 F
Leptis, ville de Barbarie 148 D, 522 C

Lesbos isle, où posee 661 B
Lesbos l'heureux seiour des Dieux 127 A
Lesbos peuplee pour vn oracle 160 A
Leschenorius, c'est à dire eloquent, surnom d'Apollo 352 E
lethargie apporte priuation de sentiment 144 E
lethé, fleuue infernal, signifiant oubliance 268 E, 292 G
lettre contenant la demande qu'on deuoit faire à l'oracle 349 F
belle lettre d'Agesilaus, pour deliurer vn prisonnier 199 D
lettre de Cæsar à ses amis, Ie veins, ie vey, ie veinquy 208 E
lettres par quels hommes inuentees 433 D E
seize lettres seulement aux anciens 545 B
lettres de deux especes, voyelles, & muettes 73 E
lettres voyelles preceder les muettes, & diuisees selon leur quantité 432 H, 433 A
lettres voyelles, demy voyelles, & muettes 544 D
lettres muettes auec les voyelles, participent de quelque voix 360 A
lettres muettes se seruent d'Alpha, comme d'vne lumiere pour esclairer leur aueuglement 433 C
les lettres conseruees par la memoire 5 H
lettres cõment diuersifiees par les grammairiens 545 B
lettres meslees ensemble, font cent millions & deux cens mille syllabes 430 C
sept lettres seules rendent chacune leur voix propre 353 A
lettres apportees de Phœnicie, pour la conseruation de la memoire des choses 527 E
lettres, par lesquelles Dieu conseilloit & admonestoit les Grecs 637 H
lettres de recommandation auec quel examen des personnes doiuent estre baillees 79 A
les lettres quand se coulerent dedans Rome 303 B
lettres des Ægyptiens sont 25 en nombre 330 C
lettres Hieroglyphiques des Ægyptiens 320 B, 394 F
le sçauoir des lettres, combien aux hommes vtile 680 B
les lettres, & le sçauoir combien tenu cher 134 A
lettres à tous hommes necessaires 436 G
lettres bien tard enseignees pour salaire d'argent, & par qui premierement 469 F
c'est vn office honorable d'enseigner les lettres à ses parens & amis 469 F
les riches honorans les gens de lettres s'honorent eux-mesmes 148 A
les lettres trompent les mieux aduisez 525 C
lettres par cas fortuit ne pouuoir se rencontrer pour composer vn liure 630 B

gens de lettres pourquoy entretenus par Dionysius 190 E
lettres apprises des Laconiens, pour la necessité seulement 226 B
lettres anciennes, & merueilleuses, trouuees en la sepulture d'Alcmena 637 C
lettres trouuees dans la sepulture de Semiramis, & quelles 188 F
petites lettres comment offensent les yeux 62 F
lettres Ephesiennes pour les dæmoniaques 415 E
combats de lettres aux anciens 396 E
lettres ænigmatiques du Roy d'Ægypte, interpretees au banquet des sept Sages 153 B
lettres des Lacedæmoniens au Roy Philippus, qui ne contenoient que ceste syllabe, Si: & autres, que ceste syllabe, Non. 94 H, 96 A
lettres missiues, mesmes des ennemis, non ouuertes, bel exemple de ce 162 B
lettres d'or, & ce qu'elles contiennent 322 H
lettres secrettes par les curieux ouuertes 67 D
s'il faut parler des lettres à la table 359 C
faut reciter les lettres de l'Alphabet deuant que rien faire en courroux 209 A
hommes lettrez là où le Roy ayme les lettres 46 E
leuain pourquoy ne deuoit estre touché du presbtre de Iupiter 476 G H
le leuant estimé la face du monde 324 H
Leucade, roche en la mer 215 F
rochers Leucadiens 237 C
Leucas, peninsule 260 G
Leucippe bailla son fils Hippasus, pour démembrer, & manger à ses sœurs 481 H
Leucippus affermoit que la terre estoit comme vn tabourin, & quelle panchoit vers le midy 451 E
Leucipus comment definit le sentiment 453 G H
Leucippus tué fortuitement par Pœmander 482 F G
Leucomantide, appellee la Regardante, & conuertie en vne roche 610 C
Leucon, Roy de Pont 556 C
Leuconie, par qui, & pour quelle occasion bastie 230 G H, 231 A
Leucothea sœur d'Hercules, comment deifiee 89 E
au temple de Leucothea pourquoy n'entroient les seruantes 463 A
Leucothee qu'est-ce, selon Ariston 31 C
dueil & sacrifice faict à Leucothoé 228 A
Leuctres, petit village du territoire de Thespies 505 G
Leuctres plaine, où les Thebains desfirent les Lacedæmoniens 213 B
Leuites des Iuifs, d'où ont prins ce nom 395 C
leures cachetees pour celer vn secret 193 A

la lexiue

la lexiue pourquoy amere & falee 534 F
lexiue de cendre de figuier deterfiue à merueilles 409 G
liberal arbitre 434 E
liberal arbitre de l'ame 429 C
le liberal brocardé en l'appellant tyran & preneur d'hommes à force 371 F
liberalité en quelle mediocrité confifte 33 E
liberalité prôpte & oportune des Lacedæmoniens enuers les Smyrniés 49 A
liberalité mefnagere d'Alexandre 310 H
liberalitez publiques ruinent l'eftat 176 A B
liberté que fignifie 313 C
pour viure en liberté que nous conuient faire 130 F
liberté acquife par l'eftroicte maniere de viure 210 F
liberté maintenuë en mefprifant la mort 214 D
liberté par les Atheniens plantee 260 E
liberté fignifiee par les chapeaux de Bacchus 360 F
liberté propre aux Stoïques 559 H
liberté recommandee par vn ænigme, & quel 7 F
liberté faulfemét eftimee, qu'eft ce 24 E
liberté perduë chez les tyrans 21 G
la liberté des debteurs touchee par affiches par les vfuriers 130 G
liberté criee à Thebes, les tyrans tuez & occis 648 E ii
Libitine, quelle Deeffe entre les Romains 463 H
libres quels font 24 F
la Libye toute fablonneufe 452 H
Libys frere de Pittacus 155 G
lichanos quel accord de mufique 555 B, 663 A
Lichas donneur de fouper 177 E
Lichas lancé par Hercules au milieu de la mer 575 E
Licinia Veftale accufee d'impudicité, & punie 473 C
P. Licinius, vaincu par le Roy Perfeus, quelle paix vouloit faire auec luy 203 C
Licnites furnom de Bacchus, d'où detiué, & que fignifie 325 F
au lict où eft le lieu plus honnorable 363 F
brouiller le lict incontinent qu'on eft leué 427 A B
licts neceffaires en vn feftin 369 C
licts à faire feftins 399 F
licts feruans de tables aux anciens 363 F
licts magnifiques foulez d'vn Laconien 225 F
Lictores quels officiers iadis à Rome, & pourquoy ainfi dicts 470 E
Licymnius, neueu de Hercules, tué pour vn chien 474 C
lien de Iupiter 399 H
le lierre en quoy refemble à la vigne 381 C D E
le lierre de quel naturel eft 166 A
le lierre pourquoy confacré à Bacchus 383 G
fi le lierre de fa nature eft froid ou chaud 381 A
le lierre pourquoy toufiours feuillu 381 C D

le lierre blanc fait mourir ceux qui s'endorment deffoubs 380 F
la grappe de lierre enyure, trempee dans le vin 381 E F
le lierre engardé d'enyurer 380 D
le lierre pourquoy ne voulut aller habiter au pays de Babylone 382 A
le lierre pourquoy defendu au presbtre de Iupiter, & fon hiftoire naturelle 477 D E F
Lieffe pourquoy appellee Sairei par les Ægyptiens 324 D
le lieu qu'eft-ce, felon Platon & Ariftote 444 H
le lieu eft la plus grande chofe du monde 154 D
quel lieu à la table eft tenu le plus honorable 363 E
lieux communs ou memoires recueillis par Plutarque 67 H
les lieux n'honorent les hommes, ains les hommes honorent les lieux 209 G
lieuës Perfiennes 126 F
le lieure dort les yeux ouuerts, befte impure & pollué aux Iuifs, & fon hiftoire 394 E F
le feu fe prend facilement au poil de lieure 145 G
lieure qui fut caufe que les Corinthiens furent affaillis de leurs enfans 199 B
lieure marin, venin mortel à l'homme 240 H, 522 D
lieures quel foing ont de leurs petits, qu'ils ne foient trouuez des hommes & des chiens 514 G H
aux lieures pour leur fecondité, font comparez les vfuriers 131 A
lieures premierement pris par Arifteus 604 E
lieures gardez à l'ombre de la feuillee, à Sparte 224 E
ligne droicte, qu'eft-ce 635 C
la ligne droicte eft la moindre & la plus fimple de toutes les autres lignes 542 A
la ligne droicte, foit grande ou petite, garde toufiours vne mefme droicture 542 B
à la ligne facree, prouerbe 516 H, 593 B
la ligne à pefcher, quelle, & dequoy doit eftre 518 A
limma, qu'eft ce en mufique 551 B
limites des terres appellez Terminus, par Numa 463 A
Limnens tué en fecourant fon Roy Alexandre 307 H, 317 F
le lin reprefente la terre 326 H
le lin n'engendre point de poux 318 H
lin habit des religieux d'Ifis, & pourquoy F G
Linus poëte muficien, en quel age du monde fut 660 E
le lin pourquoy attribué au Soleil, & de fon naturel merueilleux 394 D
d'où procede la haine qui eft entre le lion & le coq 107 H
lion qui portoit les hardes de Harmo à la guerre 162 A
vn lion tombé de la Lune au Peloponefe 623 A
lions en marchant comment contregar-

dent leurs ongles 66 C
lions de quelle aftuce vfent à garder leurs petits 101 A
lions pourquoy cheminent toufiours les pieds clos 511 F
les lions fuyent le coq 521 B
les ieunes lions aident & fecourent les vieux, & leur hiftoire naturelle 515 D
lions prins par Hercules 316 C
armee de lions conduitte par vn cerf, moins à craindre, qu'vne de cerfs conduitee par vn lion 197 D
hommes transformez en lions 269 H
lions honorez des Ægyptiens, & ornement des portes des temples 326 H
lionnes ne cedent en hardieffe à leurs mafles 271 C
lionne fans langue erigee à Athenes, en bronze, & pourquoy 91 F G
lifards produicts d'eufs 374 G
liton que fignifie proprement 470 F
Liuia femme de Cæfar Augufte auoit vn Eid'or à Delphes 352 H
Linia & fon mary Fuluius fe tuerent eux mefmes, pour auoir defcouuert leur fecret 93 B
liure d'or confacré à la prophetiffe Erythrienne 397 E
liures font les vrais outils de la fcience 5 A
les liures difent la verité aux Rois 198 D
que continent les liures de Platon 418 C D
liures de Mercure que continent 331 B
liures Exoteriques, & ceux des Ethiques efcrits par Ariftote 592 A
liures Sibyllins, quand & par qui confultez à Rome 473 C, 629 E
liures les plus beaux, faicts en exil 128 B C
quels liures doiuent lire les enfans 5 A
liures de l'atheifte Eumenus 442 H, 443 A
Lochacus hôme fage & conftant 219 D
Lochia diuinité qui prefide à noftre naiffance 604 G
Lochia furnom de Diane, & pourquoy 387 E
Locriens pourquoy furnommez Oxolæ, c'eft à dire puans 479 H
Loctiens punis rigoureufement, pour la luxure d'Aiax 263 F
Locrus mordu d'vn chien de bois, felon l'oracle, & ce qui en aduint 479 G H
logique qu'eft-ce, & en quel rang doit eftre apprife 562 A B
logique premiere partie de philofophie 437 B
logos que fignifie 545 A
Loy fille de Iupiter 569 C
Loy eternelle qu'eft-ce, & quelle 445 F
la Loy eft le magiftrat 133 G
la Loy n'eft autre chofe que la raifon du fage 563 D
la Loy la plus ancienne, & la plus parfaicte, quelle 136 A
Loy diuine tranfgreffee, vengee de Dieu 125 E
la Loy ciuile ordonnee en general 556 H
la fin de la Loy eft la iuftice, & la Loy eft l'œuure du Prince 135 G

TABLE ALPHABETIQVE SVR LES

la loy doit fauoriser à la necessité, non à lascheté 130 B
loy de necessité stable, & quelle 129 F
si violer se peut la loy, c'est pour se faire Roy 294 G
loy ancienne entre les hommes, & les dieux, & quelle 255 A
loy de Solon, de n'obliger son corps 130 G
le Dieu de bonne loy, faict par Oromazes 328 F
la loy Royne des mortels & immortels, qui est la raison, commande aux Princes 135 E
loy volontaire, & particuliere, est la parole du Philosophe 560 F
loy contre ceux qui ne s'attachoient à l'vne des parties en sedition 259 D
loy pour les femmes enceintes 260 F
loy de Lycurgus, du bastiment des maisons 276 F
loy de Pittacus contre les yurongnes 155 G
la loy Iulia contre les adulteres, par qui faicte 209 A
loy d'abolissement des debtes à Athenes 167 B
loy de Platon, quand il est loisible de prendre de l'eau chez son voisin 130 B
loy de combien chacun doit boire 209 F
loix pourquoy dictes νόμοι 378 G H
loix humaines ne sont pas tousiours simplement raisonnables 259 C
loix du pays faut garder soigneusement, à l'exemple de Socrates 598 B
loix doiuent estre maistresses des hommes, non les hommes maistres des loix 222 E
les loix à Sparte, maistresses 216 D
les loix gouuernoient Sparte, & les magistrats suiuans les loix 215 D
loix doiuent commander aux Princes 211 C
contre les loix rien ne faut faire, mesme pour les amis 167 D E
loix plus respectees que les orateurs, rendent la republique bien policee 155 B
mesmes loix pour tous par tout le monde, quelles 125 E
loix repriment dissolution, & les malefices euidens 443 B
les raisons des Philosophes ont efficace de viues loix 134 H
sans loix nous ne sçaurions iouïr des dons de Dieu 135 G
loix de nature ne peuuent estre violees 190 B
loix anciennes estoient les sentences de Pythagoras & d'Empedocles 276 H
loix que Dieu a establies aux ames immortelles 556 D
nous sommes en ceste vie pour obeyr aux loix de Dieu 249 C
si les loix sont muables 153 E
loix de l'eschole des Stoïques 576 B C
les loix ne sont iamais cause de violer les droicts 569 F
loix de Solon touchant les donaisons d'entre l'homme & la femme 148 C, 461 H
loix de Solon, de Lycurgus, & de Clisthenes 561 A

loix de Lycurgus renuerserent l'ancien ordre de la republique de Lacedæmone 153 E
loix de Lycurgus nommees Retres 212 H
loix de Lycurgus non escrites 220 C
loix de Lycurgus negligees, Sparte fut ruinee 227 H, 228 A
loix d'Alexandre obseruees par innumerables milliers d'hommes 308 G
loix des ieux Pythiques 414 B
loix de Parmenides tresbonnes 598 B
loix aucunes n'y auoit à Sparte contre les adulteres, & pourquoy 220 H
loix par qui premierement establies en Ægypte 320 G
loix contre ceux qui ne se marioient 100 F
qu'il est malaisé de donner loix aux riches 135 B
loix de Zeleucus prises de Minerue 140 H
loix contraires en Homere exposees 435 H, 436 A B
loix harmoniques par qui portees en Grece 661 C
loix des fleutes composees premieremèt par Clonas 660 G
loix de la cithre quand inuentees 660 G
abondance de loisir à Lacedæmone 227 E
longanimité est vne diuine partie de la vertu 259 H
le loriot guarit la iaunisse en le regardant, & son histoire 400 H, 401 A
loüange de la vertu quelle doit estre 118 E
la loüange de ceux qui se loüent eux-mesmes, est bien vaine 139 A B
conuoiteux de loüange comment se doit corriger 143 E
s'il falloit la parole acheter, nul ne voudroit ses loüanges conter 138 E
ouyr ses loüanges, chose la plus plaisante 138 G, 180 H
affamez de loüanges resembler à ceux qui mangent leur propre corps 139 B
loüanges faulses & flateresses, ruine des Royaumes 44 E
loüanges des gens vertueux à Lacedæmone 216 G
loüanges couuertes touchent au cœur 371 G
loüanges comment faut obseruer 44 A B
loüanges receuës par la muse Clio 436 E
loüanges de soy, quand, comment, & quelles faut euiter 80 E F
qui loüe soy-mesme, est mal ouy 370 B
comment on se peut loüer soy-mesme, sans encourir enuie, vn traité de ce 138 E
ceux qui aiment estre loüez par flaterie, resemblent à des vases à deux anses 80 E
le loup repaire coustumierement où hante le piuert, & pourquoy 463 G
que dist le loup à des bergers qui mangeoient vn mouton 155 H
celuy qui tua le premier vn loup, en fut estimé gentil compagnon 507 F
le loup ne faut tenir par les aureilles,

prouerbe 164 A
loups premierement prins par Aristeus 604 E
les loups sentent bien le iour 353 E
loups mordans les moutons, pourquoy en rendent la chair plus tendre 377 E
loups pourquoy reuerez comme Dieux en Ægypte 333 D
deux louues, dont l'vne nourrit Lycastus & Parrhasus : & l'autre, Romulus & Remus 461 E, 491 C
lourdaux par mocquerie appellez poissons 517 A
loyauté regnoit au monde du temps de Saturne 467 D
loyauté principalement requise en mariage 611 B
loyauté merueilleuse de Camma enuers son mary 611 D E
Loxias, surnom d'Apollo, & pourquoy 95 A
Lucanien est à dire la gorge 410 G
Lucaniens, quels peuples 307 C
Lucanius grand Pontife de Neptune 397 D E
lucar estoit l'argét que l'on paye pour les ieux, & pourquoy ainsi appellé 474 B
Luci, lieux autour des villes consacrez aux Dieux 474 B
Lucifer le quantiéme des planettes 447 G
Lucius dispute de la face qui apparoist en la Lune 614 F
Lucius capitaine, tué pour son impudicité contre nature 205 H
Lucius Terentius prisonnier, comment deliuré 202 E
Lucius Titius, mot vsurpé souuent par les Iurisconsultes 465 E
Lucius Scipion, frere de Scipion l'ancien, défeit Antiochus 203 B C
Lucius Quintus aigrement brocardé, estant au lict malade 371 B
Lucius Imber pourquoy creua les yeux de son gendre, puis le crucifia 489 F
Lucius Glauco Romain perdit les deux mains en bataille contre Asdrubal 486 A
Lucius tyran, tua la vierge Micca, ne voulant obeyr à sa concupiscence 234 H
Lucretia, dame chaste & vertueuse, forcee & violee, se tua 234 B
Catul. Luctatius capitaine Romain 206
Luctatius pourquoy bastit vn temple à Saturne 487 B
Lucullus combien courtois enuers son frere puisné 85 A
Lucullus, côment & par qui vint à l'estat 166 A B
Lucullus capitaine tua cent mille Armeniens, & n'en perdit que cinq des siens 206 D E
Lucullus oyseux deuint hebeté & amorty, & charmé d'vn bruuage amatoire 184 D E
Lucullus dissolu sur sa vieillesse 180 D E, 207 A
Lucullus accusé de ce qu'il estoit friand 167 A
la luette à quel vsage faicte de nature 410

410 E, 411 B C
oyseaux pourquoy n'ont point de luette 411 C
seiche lueur, ame tressage 348 F
la luicte estre le second des combats 376 B
si la luicte est le plus ancien des combats 374 H
la lumiere est plus le bien de ceux qui voyent, que de ceux qui sont veuz 134 A
la lumiere est le signe de l'estre & de la vie 461 A
la lumiere est la plus belle chose du monde 154 B
la lumiere pourquoy estimee diuine 403 A
la lumiere n'estre si ancienne que les tenebres 394 B
la lumiere aux hommes combien vtile 291 H
sans lumiere l'œil est de nul effect 349 A
la lumiere du Soleil comment communiqué à tout l'vniuers 532 G
la lumiere generatiue descend de la Lune 327 D
la lumiere de la Lune est humide, & humecte 387 F
lumiere defenduë de nuict aux Lacedæmoniens, & pourquoy 226 B
la lumiere de iustice est l'image de Dieu 136 D
lumineux, l'vn des bons principes des Pythagoriens 328 F
la lune est l'image de la diuinité 135 G
la lune estre vne mixtion de tout l'air, & d'vn feu mol 614 E
la lune le plus excellent des miroirs 632 G
la lune la quantiéme des planetes 447 G
la lune estre vn engendré 570 H
la lune dame de rosee 387 F
la lune dequoy concreée 618 D
la lune faite & creée de Dieu, d'vne mixtion des choses hautes & basses 627 B
la lune composée du second solide, & de son propre air 626 C
la lune estimee estre vn animal de feu 624 D
la lune estimee terre celeste, ou vn feu trouble, vn marc ou vne lie 615 B, 621 B
la lune de nature terrestre, selon Thales 339 G, 448 G
la lune pierreuse, selon Empedocles 613 G
la lune appelée la mere du monde, estre masle & femelle 327 D
la lune estimee estre l'œil d'Orus 329 C
la lune appellee Venus 609 B
la lune appellee Glaucopis, par Empedocles 621 C
la lune appellee Diane & Minerue, par les Stoïques 614 E F
la lune materielle appellee Iuno, & pourquoy 472 E
la lune reputee des anciens, Diane, vierge, & sans generation 623 E
la lune aux confins des corps celestes 449 G
la lune egalement contrepesee de pesanteur & de legereté 626 B

la lune combien distante du Soleil, & de la terre 449 E, 616 D E
la lune estre pyramidale, selon aucuns 449 B
la lune combien grande, & de sa substance, & de quelle forme 449 B
la lune a la mesme proportion enuers le Soleil, que la terre enuers elle 627 B
la lune beaucoup plus petite que la terre 615 B
la lune de combien plus petite que le Soleil & que la terre 554 H
la lune estre aussi grande que le Peloponese, selon Anaxagoras 620 A
vne mesme lune par tout le monde 125 E
la lune aimee du Soleil 612 E
la lune reçoit sa lumiere du Soleil 618 D
la lune côment enluminee par le Soleil 619 B C D
la lune desire de se conioindre auec le Soleil, source de toute fertilité 616 F
la lune plus elle s'esloigne du Soleil, plus elle se monstre 145 H
la lune tempere l'ardeur du Soleil 623 E
la lune & le Soleil pourquoy appellez Dieux 442 F
la lune pourquoy appellee astre de fausse lumiere 449 E
la propre couleur de la lune, est la noire & terrestre 621 E
la lune pourquoy apparoist terrestre 449 D E
de la face qui apparoist dedans la lune, vn traicté de ce 613 F
la lune n'a pas la diuersité de son mouuement incertain 623 F
la lune se mouuoir de trois mouuemens, pour ce appellee Triuia 623 A
la lune a son an de trente iours 449 F
la lune a en chaque mois trois principales diuersitez, & quelles 464 A
la lune a toutes choses passibles souz soy 446 E
la lune n'estre incorruptible, selon les Stoïques 449 E
la portion du monde contenuë en la sphære de la lune, est corruptible 331 E
la lune, Dieu visible, fait les mois : le Soleil les ans 472 B
la lune pour l'inegalité de son cours, surpasse encores l'experience des mathematiciens 464 B
des illuminations de la lune 449 B
la lune combien loing decline hors du Zodiaque, & de ses aspects, & habitudes, ou illuminations 554 H, 555 B
œuures de la lune resembler aux actes de sagesse 327 A
la lune transmettre icy bas la chaleur des corps superieurs, & attirer des vapeurs 618 A
la lune eschauffe les semences 135 G
la pleine lune cause du flux & reflux de la mer 452 D, 624 B
la lune pourquoy corrompt plustost la chair, que le Soleil 386 G H
la mer Oceane representee en la lune 614 A
la lune pleine aide les femmes en leurs enfantemens, & sa puissance 387 D E, 472 B
la lune estant pleine, pourquoy difficilement les chiens suiuent les bestes à la trace 538 C D
la lune nourrie de vapeurs 325 C D, 327 A
la lune quand & comment eclipse 149 H, 327 E
la lune pourquoy eclipse plus souuent que le Soleil 453 A, 620 B
la lune eclipsant feit perdre la bataille à Nicias 122 C D
le decours de la lune comment signifié 330 A B
la lune representee par les plumes de la cicogne 334 B
la lune pourquoy peinte cornuë, & vestuë de noir 329 E
la lune nauiguer alentour du monde dedans vn bateau 325 C
la lune perdit la septantième partie de sa lumiere, iouänt aux dez contre Mercure 320 E
la lune desuoyee, nasquirent animaux fort estranges & monstrueux 429 F
le nom de la lune souloit l'honeur d'Anaxagoras 355 G
de la lune tomba vn lion 623 A
la lune element des ames 626 G H
le monde de la lune est Osiris 327 A
la lune appartenir aux dæmons terrestres, & receuoir des ames 614 G
en la lune habitent des hommes 622 H, 623 A B C
la lune tout alentour habitee d'animaux, selon les Pythagoriens 449 D
en la lune y a des arbres & plantes 624 A
ames habiter en la lune 626 A C
la lune contenir en soy des fondrieres & profondes vallees, où les ames souffrent 449 A C, 626 D
eau tomber en la lune 446 F
la lune attiree icy bas par les femmes Thessaliennes par enchantemens 149 H, 339 H, 630 D
la lune de quelle chose requist sa mere 156 E
la lune pourquoy reclamee és amourettes 329 E
la lune adoree comme maistresse de nostre vie 625 D E
la lune pourquoy honoree 157 B
la lune d'Athenes meilleure que celle de Corinthe 125 F
lunes nouuelles sont les plus saincts iours de tout le mois 130 C D
plusieurs lunes, & plusieurs soleils, selon Xenophanes 448 H
lunes infinies, mesme selon les Stoïques 344 H
lunes pourquoy portees és souliers, par les plus nobles des Romains 471 E
Valeria Luperca, destinee en sacrifice, garentie par vn aigle 491 B
Lupercales quelles festes, en quel mois, & comment celebrees 470 F, 477 D
Luperques pourquoy sacrifient vn chien & quelles personnes ce sont 470 F
lupus signifie vn loup, & lupercalia la feste aux loups 470 G
le lut chasse le boire & le manger 299 A
luts és festes des Iuifs 395 C
luxure prouoquee en mangeant des legumages 474 H

luxure excitee par l'vsage du sel 403 A
luxure a ruiné infinis personnages 91 C
luxure des frians & gourmans cause de cruauté contre les bestes 276 C D
luxure diminuë la chaleur naturelle 297 C
reprimer luxure deïfie l'homme 318 D
la luxure de Paris remplit les Grecs & Barbares de maux 147 A
la luxure d'Aiax rigoureusement punie 263 F
luxurieux loüez par les flateurs 45 A
luxurieux & paillards ne different en mal 295 A
luxurieux combien meschans enuers leurs femmes 267 B
luxurieux resembler aux boucs & chiens 145 H
que voit-on ordinairement deuant la maison d'vn luxurieux 61 H, 62 A
Lyæus, surnom de Bacchus, & pourquoy 400 C
Lybie par vne seule bataille conquise par les Romains 306 A
lybs, vent du midy 451 C
Lycæum, lieu sacré à Iupiter, & ceux qui y entrent assommez à coups de pierres 483 A
Lycaon se ietta aux pieds de son ennemy 19 F
Lycaon quel crime commeit alencontre de Iupiter 483 B
Lycastus & Parrhasius freres, nourris par vne louue 491 C
Lyceum, parc des philosophes 99 C
Lyceum, parc aux exercices 497 A
Lyceum eschole à Athenes 183 D E
Lyceum eschole de sapience 128 A
le Lyceum des Peripateticiens plus honoré que le vergier d'Epicurus 308 D, 373 B
Lycie toute inondee de la mer, par les prieres de Bellerophon 232 H, 233 A
Lyciens faisans dueil, pourquoy habillez de robbes de femmes 250 B
Lycienes comment arresterent Bellerophon suiuy de la mer 233 A
Lycoctonos tueur de loups, surnom d'Apollo 511 D
Lycon, excellent ioüeur de comœdies, pour vn vers receut six mille escus d'Alexandre 312 C
Lycon liure d'Ariston 8 H
Lycophanes, que signifie 226 C
Lycophron fils de Lycurgus de Bute, demande bouche à court 502 G
Lycophron fils de Lycurgus l'orateur 497 H
Lycopolites pourquoy ne sonnent des trompettes 324 B
Lycormas fleuue, pourquoy nommé Euenus 491 G
Lycospades, cheuaux recoux du loup, pourquoy plus courageux que les autres 377 C
Lyctus ville, habitation des Thoscans 132 G
Lycurgus amy de Iupiter 288 D
Lycurgus declara Roy son neueu Charillus estant au berceau 313 F
Lycurgus pourquoy alla en Ægypte 320 A

Lycurgus pourquoy feit si peu de loix 198 F, 223 B C
Lycurgus par ses loix abolit les voluptez à Sparte 210 F
Lycurgus pourquoy n'establit loix escrites, & ses dicts notables 220 C
Lycurgus quelles ordonnances feit touchant le bastiment des maisons 276 F
Lycurgus chassa hors de Lacedæmone la proportion Arithmetique 422 F
Lycurgus comment policea les Lacedæmoniens, & ses dicts & faicts 198 E
Lycurgus comment apprenoit ses citoyens à peu parler 94 G
Lycurgus renuersa par ses loix l'ancien ordre de la republique de Lacedæmone 253 E
Lycurgus pourquoy feit porter cheueux aux Lacedæmoniens 198 E
Lycurgus par quel moyen sanctifia les Lacedæmoniens 597 G
Lycurgus par deux chiens monstra combien vaut la bonne nourriture des enfans 2 B C
Lycurgus cóment reforma ses citoyens 219 D
Lycurgus pourquoy ordonna sacrifices de petite despense 188 B
Lycurgus estant courroucé, ne voulut punir son esclaue 198 E
Lycurgus punissoit ceux qui ne se marioient 100 F
Lycurgus pourquoy & comment eut vn œil creué 220 A
Lycurgus ne voulut qu'on luy erigeast aucune statuë 211 A
Lycurgus fort charitable & gracieux à ses ennemis mortels 220 C
Lycurgus maintenu fol par les Stoïques 561 A
Lycurgus, fils du fort Dryas, Roy de Thrace, pourquoy feit arracher les vignes 9 E, 37 B
Lycurgus orateur, le premier disciple de Platon, & sa vie 496 H
Lycurgus l'orateur en quoy se loüoit iustement 140 C D
Lycurgus orateur pourquoy surnommé Ibis 498 E G
Lycurgus orateur pourquoy dict tremper sa plume en sang 497 B
Lycurgus l'orateur pourquoy demandé par Alexandre 503 B
Lycus Roy de Lydie, sacrifioit les estrangers à son pere le dieu Mars 489 D E
Lyde la femme du poëte Antimachus 245 G
Lydiens en temps de famine ne mangent que de deux iours l'vn 299 A
Lydiens pourquoy propres à faire dueil 250 B
l'harmonie Lydiene defenduë aux ieunes 176 C
Lynceus voyoit à trauers les chesnes, pierres, & tuyles 109 F, 586 G H
Lyngurion, pierre fine qui s'engendre de l'vrine d'vn once 509 E
lyre ancienne quelle estoit 664 H
la lyre n'est sortable à chant lamentable 357 E
la lyre chasse le boire & le manger 299 A

la lyre chantant de beaux carmes, sert bien au faict des armes 412 D
la lyre iadis en vsage és batailles des Candiots 664 D
la lyre apte & conuenable és festins 189 F, 361 A
la lyre apte aux choleres, non aux festins 148 F
la lyre de Paris refusee par Alexandre, pour retenir celle d'Achilles 310 D
la lyre iadis ieu de pris 396 G
sonner de la lyre, estimé sollastrer par les Laconiens 224 E
lyres propres aux Grecs 160 D
lyres pourquoy inuentees 32 D
Lysander Lacedæmonien seditieux 212 A
Lysander comment escónduisoit ceux qui luy demandoient faueur enuers le Roy Agesilaus 79 C
Lysander fort sage à l'endroit de ses filles 199 A
Lysander sagement refusa les presens qu'enuoyoit Dionysius à ses filles 147, D E, 221 C
Lysander print & pilla Athenes 227 H, & ses dicts & faicts notables 221 D E
la statuë de Lysander ietta force broussaille, & herbe 629 A
Lysanias, chroniqueur Erethrien 652 D
Lysanoridas capitaine Spartain 636 H
Lysanoridas tyran occis, & comment 648 G
Lyscus traistre, diuinement & horriblement puny 257 F
Lysias orateur, & sa vie 493 G
Lysias en quoy approuué & loüé de Platon 28 H
Lysias quel style de parler auoit 27 E
Lysias fauorisé des Muses aux blonds cheueux 90 H, 91 A
Lysias expert en la musique 660 C
Lysien signifie desliant toutes difficultez, nom de Bacchus 152 E
Lysimache, prestresse de Minerue, comment esconduit deshontez demandeurs 579 E
Lysimachus garde des thresors 177 C
Lysimachus, l'vn des procureurs des Amphictyons 374 H
Lysimachus se disoit toucher au ciel du bout de sa lance 314 F
Lysimachus forcé de soif, se liura auec toute son armee aux Getes ses ennemis 26 F
Lysimachus, de Roy fait esclaue pour vn verre d'eau 195 A
Lysimachus pour vn court plaisir, perdit grande felicité 295 E
Lysippus à bon droict reprend Apelles 323 E
à Lysippus seul permis d'effigier Alexandre, & pourquoy 312 D E
Lysis honnestement & honorablement enseuely 640 C
Lysis honoré à sa sepulture 638 C
la mort de Lysis cogneuë par songes 641 G
de Lysis & de sa sepulture aupres de laquelle se leuoit vn homme la nuict 637 F
Lysistratus preuost d'Athenes 406 A

Lysius

Lyſius ou Lydius, ſurnom de Bacchus, & pourquoy 359 H, 384 H
Iyſſé eſt la maladie des animaux enragez 429 G

M

MQuel preſage à Dionyſius le pere 189 H
Macareus ayant engroſſy ſa ſœur, ſe tua 490 A
Macedoine legerement viſitee de la fortune 302 G
Macedoine par vne ſeule bataille conquiſe par les Romains 305 H, 306 A
Macedoine petite partie de l'Empire Romain 74 B
Macedoine vne des plus puiſſantes nations du monde 309 D
Macedoniens ſçauent combatre contre les hommes 189 E
Macedoniens vſent d'vn B, au lieu d'vn Phi 478 F
Macedoniens pourquoy appellez rudes & groſſiers par leur Roy Philippus 191 F
Macedoniens défaicts par Paulus Æmylius 302 H
Alexandre commanda qu'on razaſt les barbes aux Macedoniens, & pourquoy 192 G
Macellus voleur, duquel la boucherie eſt dicte en langage Romain Macellum 469 A
Machetas appella de Philippus dormant à Philippus eſueillé 192 A B
la Machine à trois pieds du temple de Delphes, que ſignifie 352 F
le maçon au maçon porte enuie 73 A
deux maçons entreprenans à l'enuy vne fabrique publique 163 F
macquereaux combien ruſez, exemple 299 B
macquereaux chaſſez par Scipion 205 C
Macyne abondante en raiſins, & ſouëfues odeurs 479 H, 480 H
Mæander tyran de Samos, s'enfuit à Sparte 218 E
Mæmactas Roy des Dieux, & pourquoy ainſi dit 59 A
Mænoles quel nom de Bacchus 61 D
Magas comment punit Philemon de ſa meſdiſance 36 C, 58 G H
Mages tyrans de Perſe, c'eſt à dire, Sages 41 A
Mages des Perſes pourquoy abominoient les rats & ſouris 107 C
Mages ont introduict l'opinion des dæmons 338 G
fables des Mages de l'heur des hommes 328 D
magiciens abhorrent les ſouris de mer 394 E
le magiſtrat eſt la loy 153 D
bon magiſtrat ne doit eſtre prié de choſe iuſte, ne deprié de choſe iniuſte 203 H
le magiſtrat Romain iamais ne faiſoit appoinctement ny accord apres midy 473 E
deuant le magiſtrat Romain pourquoy on portoit des faiſceaux de verges 472 H, 473 A
ſans magiſtrat nous ne ſçaurions iouyr des dons de Dieu 155 G

le magiſtrat doit obeïr aux loix de ſon pays 211 D
brigueurs de magiſtrat pourquoy habillez de robbes ſimples 468 C
magiſtrats de la ville de Gnidos, appellez Amnemones, quels eſtoient 478 C
les magiſtrats Romains auoient le tribunat pour vn contrecarre 472 G
magiſtrats Romains veſtus de pourpre, excepté le tribun, & pourquoy 472 F
magiſtrats pourquoy defendus aux preſbtres 477 F G
magiſtrats des Theſſaliens tous tuez, & ce qui en aduint 230 D
magiſtrats ordonnez en Chio par Hocrates 494 H
magiſtrats ſuiuans les loix gouuernoient la ville de Sparte 215 D
magiſtrats eſleuz par febues 7 F
magiſtrats pourquoy ne doiuent eſtre changez 183 C
brigues des magiſtrats ſōt furiales 126 D
meſmes magiſtrats pour tous par tout le monde, & quels 125 E
noirs de couleur magnanimes 28 G
magnanimité ne s'achepte point à pris d'argent 97 D
magnanimité guide & ſecours d'Alexandre 308 B
magnanimité d'Alexandre admiree par Darius, ſon ennemy 314 C
à magnanimité nul temple edifié 303 C, 305 B
à l'homme magnanime rien n'eſt eſpouuentable, ſinon le deshonneur 598 D
Magneſiens offroient les primices des hommes à Apollo 631 D
Magnus ſurnom de Pompeius 106 G
Maia mere de Mercure a donné nom au mois de May 473 H
Maillet de Valeria Luperca guariſſant de la peſte 491 B C
la main, cauſe de la ſapience de l'homme, ſelon Anaxagoras 81 C
ne touche pas à pluſieurs en la main, que ſignifie ſelon Pythagoras 7 F, 105 A
mal de manuaiſe main vient de manger chair de pourceau 394 F G
les mains pourquoy diuiſees en pluſieurs doigts inegaux 81 C
quelles mains propres à l'eſcrime 97 C
le maintenant comment doit eſtre pris & entendu 585 F G H
maiſon par nature n'eſt à l'homme diſtinguee 125 C
maiſon ſans porte, ne ſert de rien à ſon maiſtre 90 C
la maiſon d'vn bon meſnager de quoy pourueuë 63 C
maiſon mal ſaine comment peut eſtre faicte ſalubre 63 A
maiſon deshabitee ſe ruine 181 G H, 292 A
n'y a point de difference entre mettre les yeux ou les pieds en la maiſon d'autruy 66 C
la maiſon eſt honorable, où il y a feu perdurable 38 B, 607 F G
maiſon d'oubly, quelle 248 E
la maiſon de Druſus Senateur, percee de tous coſtez, & pourquoy 162 G
la maiſon du Conſul de Rome eſtoit

ouuerte de iour & de nuict 472 H
la maiſon de celuy qui a eſpouſé femme eſt entiere & parfaicte 468 D E
la maiſon d'vn nouueau marié non fouïllee 171 D
la maiſon d'vn luxurieux comment marquee 61 H, 62 A
pourquoy le chien ne ſe voulut baſtir vne maiſon 156 E
quelle maiſon eſt la meilleure, ſelon l'aduis des ſept Sages 155 C D E
maiſons curieuſement faictes comment repriſes par Ageſilaus 211 A
grandes maiſons ruinees par les flateurs 40 B
maiſons baſties auec la ſcie & la coignee à Lacedæmone 198 E, 220 C, 276 A, 474 A
maiſons de Neſtor & de Menelaus comment differoient 99 G
pourquoy on attache des marteaux aux portes des maiſons 63 G H
maiſons des traiſtres demolies 492 A B
hommes viuans ſans maiſons 527 D
maiſtre qui ne couſte rien, eſt l'ennemy 111 C
le bon maiſtre comment corrige 54 G
l'œil du maiſtre engraiſſe le cheual 5 G
le maiſtre qui enſeigne, reſembler au laboureur 1 F G
vn maiſtre d'eſchole receut vn ſoufflet pour n'auoir point d'Homere 196 G
maiſtre d'vn feſtin quel doit eſtre 364 A
maiſtres des enfans quels doiuent eſtre, & comment il les faut choiſir 2 H
maiſtres plus neceſſaires aux adoleſcens qu'aux enfans 7 G
maiſtres d'hoſtel quel ordre doiuent tenir en vn feſtin 361 E
maiſtres forſenez, quels 182 B
le mal eſtre vn germe de la matiere 556 A
le bien s'engendre de fuyr le mal 280 G, 281 B
Dieu n'eſt cauſe d'aucun mal 327 G, 548 C
mal aucun n'eſt auec vertu, ſelon les Stoïques 16 G
mal plus que bien és humains 85 C
mal faire eſt plus dommageable, que mal receuoir 24 F
entre le mal & le bien il y a vn milieu 578 A
le mal eſt touſiours meſlé auec le bien, en ce monde 16 E, 73 F, 327 G
la cauſe du mal, combat & noiſe 328 F
qui mal à autruy machine, à ſoy-meſme procure ruine 161 E
le mal de cœur d'où excité principalement 536 D
le mal caduc à quels hommes aduient le pluſtoſt 477 A B
le mal caduc pourquoy appellé ſacré 520 H
Malacia ſont poiſſons mols 537 B
le malade au malade ſuruient 41 F
difficile eſt contenter vn malade 68 H
malades iadis traittez publiquement 291 E
malades pourquoy ſont choleres 58 D
malades comment recouurent leur appetit perdu 373 G

malades sur la mer appetent de manger des saleures 162 H
malades comment congneuz des medecins deuoir mourir, ou non 538 FG
malades ausquels sortoient de petits serpenteaux, qui leur mangeoient les iambes, & des souris les bras 430 D
maladie n'aduient à Dieu 582 D
maladie qui prend volontiers les gens de marine 369 E
en maladie que souhaitoit Crantor Academique 243 B
maladies d'où commancerent à germer 245 D
maladies d'où nous suruiennent ordinairement 430 A B
maladies d'où engendrees au corps humain 158 CD, 460 D E
maladies d'où ont leur cause materielle 280 F
maladies nous viennent des choses mesmes dont nous viuons 429 E
maladies nouuelles d'où engendrees 429 B C, 430 G
maladies quels auantcoureurs enuoient annoncer leur venuë 295 H
maladies causees par repletion 295 G
faut s'enquerir diligemment des causes des maladies 297 A
maladies abbatent l'orgueil des hommes 194 B
maladies à quels hommes profitables 109 D E
maladies du corps quels destourbiers nous apportent 247 A
maladies diuerses pour manger chair 275 D
maladies enuoyees pour la mort d'Æsope 263 C
maladies engendrent appetits estranges 81 F
maladies celees ont esté à plusieurs cause de mort 64 H
maladies des ennemis plustost cogneuës, que celles des amis 109 F
maladies charmees 151 F
maladies des grands parleurs, quelles sont 90 A
maladies monstrans bons signes de guarir 118 C
maladies des esprits par quels medecins sont guaries 242 G
maladies de l'esprit guaries par la seule philosophie 4 G
maladies du corps facilemét se cognoissent, mais celles de l'ame auec grande difficulté 144 B C
maladies de l'ame pires que celles du corps 144 H, 145 A
maladies de l'ame sont toutes laides & mauuaises 120 A
maladies de l'ame transportent l'homme hors de son naturel 103 A
maladies de l'ame d'où procedent 244 D
maladies de l'ame faut descouurir 291 E F
des maladies de l'ame & du corps 144 B
quelles maladies sont les pires & incurables 144 D E
malades ne peuuent porter ny chaud ny froid 69 D

Malea, promontoire 522 E
toute malediction est odieuse & abominable 467 C
maledictions engrauees contre le Roy Minis, & pourquoy 319 F G
maledictions des Lyciens, comment & par qui faictes 342 E
maledictions du Soleil contre Rhea 310 E
malfaicts des ancestres punis en leur posterité 264 B
malefices euidens reprimez par la loy 443 B
malheur & bon-heur en deux tonneaux au ciel 15 E
contre malheur se faut munir 249 G
malheurs par Pandora aux hommes brassez 245 C
pour vn bien deux malheurs 246 D
malheurs deuoir estre apportez en commun, selon Socrates 245 D
malheureux sont rendus les hommes par le vice, vn traicté de ce 157 A
malheureux accusateurs de Socrates tant haïs des Atheniens qu'ils se pendirent 108 C
malice estre parmy toutes choses meslee 244 D
malice és meschans dés le commencement imprimee 266 E
de malice on trouue à foison 16 B
malice rend l'homme malheureux 138 A
malice n'est en Dieu 559 B
la malignité est corps & animal, selon les Stoïques 587 B
de la malignité d'Herodote 648 G
la malignité d'Herodote plus polie que celle de Theopompus 649 A
Malliens blesserent Alexandre en l'estomach 315 H
Malliens vaincus par Alexandre 307 G
Mamertins rebelles à Pompeius obtindrent pardon par son amy Stenon 172 D
Mamertins tous sauuez par leur orateur Stennius 206 F
Mammelle, aux anciens Latins, dicte Ruma, aux Grecs Thele 304 A B, 469 E
pourquoy les femmes ont deux mammelles 2 D
mammelles des animaux pourquoy sont souz le ventre, excepté de la femme 102 B
à Mana deesse pourquoy sacrifie lon vn chien 468 G
la mandragore de sa froideur prouoque à dormir 383 E
la mandragore croissant aupres de la vigne, quelle vertu luy transmet 9 F
Mandron, Roy equitable des Bebryciés, priué de son estat par sa fille 237 D E
Maneros inuenteur de la musique, & que signifie ce mot 321 F
Manethon Ægyptien 319 H
le manger est la premiere espece de volupté 13 G
le manger & le boire, est la plus honneste volupté du corps 157 E
la volupté du manger a bien peu de duree, & beaucoup de fascherie 158 C

manger sans se saouler est vn poinct de santé 297 G
pour manger & boire viuent les vicieux 13 H
ne manger dessus vne chaire, precepte de Pythagoras 320 A, 477 D
le manger pourquoy augmente la soif, veu que le boire fait passer la faim 405 D E
manger ensemble conioinct les citoyens par amitié 378 E
le manger & le boire egal à tous les Lacedæmoniens 219 H
hôme d'estude à quoy doit passer temps de peur de trop manger 299 A
boire deuant manger, n'est chose saine 430 G
ne manger point, estre le bien souuerain de l'homme, selon Solon 157 B
le manger & le boire causent la mort 158 C D
femme qui tous les ans estoit deux mois sans boire ny manger 430 E
manger beaucoup de chair rend le corps robuste, & l'ame imbecille 72 E
manger chair affoiblist l'ame 275 E
manger chair est contre nature 274 E, 275 B
du manger chair deux traictez, premier & second 276 B
en famine extrême on est contrainct de manger son propre corps 139 D
ieux de pris de boire & de manger 366 C D
si en mangeant est meilleur que chacun ait sa portion 377 H
en mangeant, les ieunes gens doiuent estre honnestes 9 A
pourquoy on mange plus en Automne, qu'en autre saison 173 A
on mangeoit iadis sur les licts 363 F
Lydiens en temps de famine ne mangent que de deux iours l'vn 292 A
mange, boy, paillarde, tout le reste n'est rien, inscription mise sur la statuë de Sardanapalus 313 B
manicordions doiuét estre loing du bon gouuerneur de republique 504 A
la manie est moindre maladie que l'ophthalmie 144 F
la manie guarie par l'hellebore 407 F
Manis ou Masdes, tressage & vaillant Roy d'Ægypte 323 G
Manius Curius viuant de naueaux, n'auoit que faire d'or, & ses beaux faicts & dicts 207 E
Manlius, grands chefs de guerre 107 A
Manliens pourquoy prohibez de prendre ceft auant-nom de Marcus 474 C D
Manlius feit trencher la teste à son fils victorieux, & pourquoy 488 D
Mansuetude, fille de Patience 87 G
mansuetude enuers les bestes recomandee par les Pythagoriens 507 G
de mansuetude vn traitté 55 F
le manteau propre aux Grecs 309 B
manteaux gelez se brisans en pieces 335 B
Mantinee comment deliuree du siege d'Epaminondas, par les Atheniens 524 B C

Mantōus

Mantoüs, c'est à dire, prophetique 72 D
Maracandiens domtez par Alexandre 316 B
Marathone plaine, où Miltiades vainquit les Barbares 195 G, 526 A
à Marathon la bataille fut le sixiéme iour de Nouembre 652 F
le marbre lie le fer fondu auec luy par le feu 546 B
marbre Attique & Lacedæmonien 362 G
Marcellinus auancé par Pompeius, se tourna auec Cæsar contre luy 207 C
Marcellus capitaine courageux, moins craint en combatant, que Fabius Max. se reposant 202 A
Marcellus print Syracuse 305 B
Sep. Marcellus pourquoy tua ses deux oncles 489 G H
marchand de Chio qui vendoit de bon vin, & buuoit du vinaigre 70 F
marchands chassez de Lacedæmone 219 G
marchandise comment se faisoit iadis en la ville de Duras 481 G
marchez des Romains d'où ont prins commancement, & pourquoy sacrez à Saturne 467 E
Marcus Crassus pourquoy dict auoir du foin à la corne 471 B
Marcus quelle voix nocturne ouyt annonceant la guerre aux Romains 303 D
Marcus grammairien 368 G, 434 E
pourquoy defendu aux Manliens de prendre cest auant-nom de Marcus 474 C D
Mardonius assommé ainsi qu'il auoit esté presignifié par l'oracle 337 B
le mary doit reuerer sa femme plus que toute autre personne 149 F
le mary doit voir sa femme pour le moins trois fois le moins 611 H
ne faut descouurir la faute du mary deuant sa femme 53 C
le mary doit resembler à l'abeille 149 G
vn mary priué de sa dignité pour auoir baillé à l'ennemi, sa fille presente 146 C
maris sages rongnent les ailes à leurs femmes 601 F
maris pourquoy s'approchoient de leurs espouses la premiere fois en tenebres 470 D
maris Romains pourquoy ne pouuoient contraindre leurs femmes à moudre ny à faire la cuisine 473 F
mariage est le lien pour retenir la ieunesse petillante 8 D
en mariage l'aimer est vn plus grand bien que d'estre aimé 612 C
le mariage a principalement besoing de pudicité & loyauté 611 B
par mariage on s'acquiert immortalité 601 B
quelles femmes faut prendre en mariage 8 D
mariage pourquoy signifié par le nombre de cinq 354 A B
mariage non en vsage aux sages d'Ægypte, ny aux Pythagoriens 428 A
des preceptes de mariage, vn traité 145 C

mariages sont dons de fortune 15 C D
mariages contractez au temple 239 C
mariages resemblent aux corps composez de plusieurs pieces 148 B C
mariages des filles auec quels hommes doiuent estre faits 196 B
mariages de filles pourquoy ne se faisoient aux iours de festes, ouy bien ceux des vesues 475 D
mariages des Romains pourquoy faits 100 F
mariages pourquoy ne se faisoient au mois de May entre les Romains 475 G
mariages auec parens, defendus entre les Romains 461 F
mariages pourquoy non faicts auec parens 476 G
mariages entre les meres & les enfans aux Perses 308 G
mariages faits communs par Alexandre 309 C
mariages enseignez aux Hyrcaniens par Alexandre 308 E
cent mariages faicts ensemble en la tente d'Alexandre 309 C D
mariages des bestes selon nature 100 F
mariees ayans barbes feintes au menton 231 E
nouuelles mariees pourquoy ont les cheueux mespartis auec le fer d'vn iauelot 473 H
nouuelles mariees pourquoy s'asseoient sur vne toison de laine, & portoient vne quenoüille & fuseau 465 E
nouuelles mariees pourquoy proferent ces mots, là où tu és Caïus, là ie seray Caïa 465 C D
nouuelles mariees pourquoy touchent au feu & à l'eau 460 G
nouuelles mariees pourquoy empruntoient vn pot à mettre au feu, de leur belle mere 148 D
nouuelles mariees pourquoy ne chochoient au seuil de l'huys de leurs maris 465 C
beaux preceptes pour les nouuelles mariees 145 E
marier ne se doit qui aime autre femme 107 E
en quel aage on se doit marier selon Hesiode 601 F
il ne se faut pas marier à l'appetit de ses yeux, ny au rapport de ses doigts 147 C D
loix contre ceux qui ne se marioient 100 F
mariez ont affaire de cinq Dieux, & quels 461 A
nouueaux mariez pourquoy receuoient leurs espouses habillez en femmes en l'isle de Co 485 E F
mariez ne se doiuent abandonner l'vn l'autre 460 G
mariez comment se doiuent gouuerner en leur conionction 149 B
mariez pourquoy conuient plusieurs gens au souper de leurs nopces 392 B
mariez comment s'entr'aiment 35 F
la maison d'vn nouueau marié non foüillee 171 D

communautez de biens doit estre entre gens mariez 146 H, 147 A
mariez pourquoy ne peuuent s'entrefaire donaison 148 C, 461 H
mariez Lacedæmoniens pourquoy n'habitoient auec leurs femmes qu'à la derobee 220 E
non mariez notez d'insamie 220 E
mariniers nuls à Lacedæmone 227 G
mariniers pourquoy iamais saluez des prestres d'Ægypte 325 A
mariniers qui auoient ietté Arion le musicien en la mer, prisonniers 152 E
mariolaine bastarde, medecine des tortuës, ayans mangé des serpents 558 E
C. Marius sorty de fort bas lieu, deuint grand 205 G
Marius pourquoy sacrifia sa fille Calpurnia 489 A
Marius défeit les Cimbres, & Teutons 306 B
Marius baillé pour medecine aux Romains 261 A
Marius recouure grande puissance dedans Rome 91 D
Marius enuieux de l'auancement de Sylla, dont fut ruiné 106 E
Marius le Goulu enuoye le Roy des Samnites prisonnier à Rome 486 E
Marpisse rauie cause la mort à son pere Euenus 491 E
marques des chemins ne faut gaster 413 E
marques d'vn mauuais historien 649 B C D
Mars le sanglant 163 D
Mars est vn des Dieux qui nuisent 441 C
Mars pourquoy surnommé Quiris 474 A B
Mars cruel, hargneux & querelleux 328 E
Mars gouuerne nostre cholere 604 D
Mars aueugle, rompant tout, rougissant de sang espandu 15 A
Mars aueugle, homicide, & mettant tout dessus dessoubs 664 C D
à Mars estrangers sacrifiez 489 D E
à Mars bœufs & cocqs sacrifiez 227 C
à Mars, le plus sanglant de tous les dieux, on sacrifioit des chiens fendus en deux 477 D
à Mars pourquoy les Romains immoloient vn cheual 475 B
Mars, transformé en berger, engrossa Sylnia, femme de Septimius, & ce qui en aduint 489 G H
Mars signifié par le triangle 324 E
que signifie l'adultere de Mars auec Venus 12 D
les seruiteurs de Mars doiuent estre en fleur d'aage 182 F
Mars le quantiéme des planetes 447 G
Mars, planette enflammee 555 G
Mars planette a son an de deux annees communes 449 F
Mars iadis le premier mois de l'an aux Romains mesmes 463 C
Marsyas, second ioüeur de fleutes 661 A
Marsyas quelle hanche inuenta 57 G

TABLE ALPHABETIQVE SVR LES

malades fur la mer appetent de manger des faleures 162 H
malades comment congneuz des medecins deuoir mourir, ou non 558 FG
malades aufquels fortoient de petits serpenteaux, qui leur mangeoient les iambes, & des fouris les bras 430 D
maladie n'aduient à Dieu 582 B
maladie qui prend volontiers les gens de marine 369 H
en maladie que fouhaitoit Crantor Academique 243 B
maladies d'où commancerent à germer 245 D
maladies d'où nous furuiennent ordinairement 430 A B
maladies d'où engendrees au corps humain 158 CD, 460 D
maladies d'où ont leur caufe materielle 280 F
maladies nous viennent des chofes mefmes dont nous viuons 429 E
maladies nouuelles d'où engendrees 429 B C, 430 G
maladies quels auantcoureurs enuoient annoncer leur venuë 295 H
maladies caufees par repletion 295 G
faut s'enquerir diligemment des caufes des maladies 297 A
maladies abbatent l'orgueil des hommes 194 B
maladies à quels hommes profitables 109 D E
maladies du corps quels destourbiers nous apportent 247 A
maladies diuerfes pour manger chair 275 D
maladies enuoyees pour la mort d'Æfope 263 C
maladies engendrent appetits estranges 81 F
maladies celees ont esté à plufieurs caufe de mort 64 H
maladies des ennemis pluftoft cognuës, que celles des amis 109 F
maladies charmees 151 F
maladies des grands parleurs, quelles font 90 A
maladies monstrans bons fignes de guarir 118 C
maladies des efprits par quels medecins font guaries 142 G
maladies de l'efprit guaties par la feule philofophie 4 G
maladies du corps facilemét fe cognoiffent, mais celles de l'ame auec grande difficulté 144 B C
maladies de l'ame pires que celles du corps 144 H, 145 A
maladies de l'ame font toutes laides & mauuaifes 120 A
maladies de l'ame tranfportent l'homme hors de fon naturel 103 A
maladies de l'ame d'où procedent 244 D
maladies de l'ame faut defcouurir 291 E F
des maladies de l'ame & du corps 144 B
quelles maladies font les pires & incurables 144 D E
maladifs ne peuuent porter ny chaud

ny froid 69 D
Malea, promontoire 522 E
toute malediction eft odieufe & abominable 467 C
maledictions engrauees contre le Roy Minis, & pourquoy 319 F G
maledictions des Lyciens, comment & par qui faictes 342 E
maledictions du Soleil contre Rhea 310 E
malfaicts des ancestres punis en leur pofterité 264 B
maleficees euidens reprimez par la loy 443 B
malheur & bon-heur en deux tonneaux au ciel 15 E
contre malheur fe faut munir 249 G
malheurs par Pandora aux hommes braffez 245 C
pour vn bien deux malheurs 246 D
malheurs deuoir eftre apportez en commun, felon Socrates 245 D
malheureux font rendus les hommes par le vice, vn traicté de ce 137 A
malheureux accufateurs de Socrates tant haïs des Atheniens qu'ils fe pendirent 108 C
malice eftre parmy toutes chofes meflee 244 D
malice és mefchans dés le commencement imprimee 266 E
de malice on trouue à foifon 16 B
malice rend l'homme malheureux 138 A
malice n'eft en Dieu 559 F
la malignité eft corps & animal, felon les Stoïques 587 B
de la malignité d'Herodote 648 G
la malignité d'Herodote plus polie que celle de Theopompus 649 A
Malliens bleferent Alexandre en l'eftomach 315 H
Malliens vaincus par Alexandre 307 G
Mamertins rebelles à Pompeius obtindrent pardon par fon amy Stenon 172 D
Mamertins tous fauuez par leur orateur Stennius 206 F
Mammelle, aux anciens Latins, dicte Ruma, aux Grecs Thele 304 A B, 469 E
pourquoy les femmes ont deux mammelles 2 D
mammelles des animaux pourquoy font fouz le ventre, excepté de la femme 102 B
à Mana deeffe pourquoy facrifie l'on vn chien 468 G
la mandragore de fa froideur prouoque à dormir 383 E
la mandragore croiffant aupres de la vigne, quelle vertu luy tranfmet 9 F
Mandron, Roy equitable des Bebryciés, priué de fon eftat par fa fille 237 D E
Maneros inuenteur de la mufique, & que fignifie ce mot 321 F
Manethon Ægyptien 319 H
le manger eft la premiere efpece de volupté 13 G
le manger & le boire, eft la plus honnefte volupté du corps 157 E
la volupté du manger a bien peu de duree, & beaucoup de fafcherie 158 C

manger fans fe faouler eft vn poinct de fanté 297 C
pour manger & boire viuent les vicieux 13 H
ne manger deffus vne chaire, precepte de Pythagoras 320 A, 477 D
le manger pourquoy augmente la foif, veu que le boire fait paffer la faim 405 D E
manger enfemble conioinct les citoyens par amitié 378 E
le manger & le boire egal à tous les Lacedæmoniens 219 H
hôme d'eftude à quoy doit paffer temps de peur de trop manger 299 A
boire deuant manger, n'eft chofe faine 430 G
ne manger point, eftre le bien fouuerain de l'homme, felon Solon 157 B
le manger & le boire caufent la mort 158 C D
femme qui tous les ans eftoit deux mois fans boire ny manger 430 E
manger beaucoup de chair rend le corps robufte, & l'ame imbecille 72 E
manger chair affoiblit l'ame 275 E
manger chair eft contre nature 274 E, 275 B
du manger chair deux traictez, premier & second 276 B
en famine extrême on eft contraint de manger fon propre corps 119 B
ieux de pris de boire & de manger 366 C D
fi en mangeant eft meilleur que chacun ait fa portion 377 H
en mangeant, les ieunes gens doiuent eftre honneftes 9 A
pourquoy on mange plus en Automne, qu'en autre faifon 173 A
on mangeoit iadis fur les licts 363 F
Lydiens en temps de famine ne mangent que de deux iours l'vn 192 A
mange, boy, paillarde, tout le refte n'eft rien, infcription mife fur la ftatuë de Sardanapalus 313 B
manicordions doiuent eftre loing du bon gouuerneur de republique 504 E
la manie eft moindre maladie que l'ophthalmie 144 F
la manie guarie par l'hellebore 407 F
Manis ou Mafdes, treffage & vaillant Roy d'Ægypte 323 A
Manius Curius viuant de naueaux, n'auoit que faire d'or, & fes beaux faicts & dicts 201 E
Manliens, grands chefs de guerre 107 A
Manliens pourquoy prohibez de prendre. ceft auant-nom de Marcus 474 C D
Manlius feit trencher la tefte à fon fils victorieux, & pourquoy 488 A
Manfuetude, fille de Patience 87 G
manfuetude enuers les beftes recommandee par les Pythagoriens 507 G
de manfuetude vn traitté 55 F
le manteau propre aux Grecs 309 B
manteaux gelez fe brifans en pieces 535 B
Mantinee comment deliuree du fiege d'Epaminondas, par les Atheniens 524 B C

Mantous

Mantoüs, c'est à dire, prophetique 72 D
Maracandiens domtez par Alexandre 316 B
Marathone plaine, où Miltiades vainquit les Barbares 195 G, 526 A
à Marathon la bataille fut le sixiéme iour de Nouembre. 652 F
le marbre lie le fer fondu auec luy par le feu 546 B
marbre Attique & Lacedæmonien 362 G
Marcellinus auancé par Pompeius, se tourna auec Cæsar contre luy 207 C
Marcellus capitaine courageux, moins craint en combatant, que Fabius Max. se reposant 202 A
Marcellus print Syracuse 305 B
Sep. Marcellus pourquoy tua ses deux oncles 489 G H
marchand de Chio qui vendoit de bon vin, & buuoit du vinaigre 70 F
marchands chassez de Lacedæmone 219 G
marchandise comment se faisoit iadis en la ville de Duras 481 G
marchez des Romains d'où ont prins commancement, & pourquoy sacrez à Saturne 467 E
Marcus Crassus pourquoy dict auoir du foin à la corne 471 B
Marcus quelle voix nocturne ouyt annonceant la guerre aux Romains 303 D
Marcus grammairien 368 G, 434 E
pourquoy defendu aux Manliens de prendre cest auant-nom de Marcus 474 C D
Mardonius assommé ainsi qu'il auoit esté presignifié par l'oracle 337 B
le mary doit reuerer sa femme plus que toute autre personne 149 F
le mary doit voir sa fême pour le moins trois fois le moins 611 H
ne doit descouurir la faute du mary deuant sa femme 53 D
le mary doit ressembler à l'abeille 149 G
vn mary priué de sa dignité pour auoir baisé sa femme, sa fille presente 146 C
maris sages rongnent les ailes à leurs femmes 601 F
maris pourquoy s'approchoient de leurs espouses la premiere fois en tenebres 470 D
maris Romains pourquoy ne pouuoient contraindre leurs femmes à moudre ny à faire la cuisine 473 F
mariage est le lien pour retenir la ieunesse petillante 8 D
en mariage l'aimer est vn plus grand bien que d'estre aimé 612 C
le mariage a principalement besoing de pudicité & loyauté 611 B
par mariage on s'acquiert immortalité 601 B
quelles femmes faut prendre en mariage 8 D
mariage pourquoy signifié par le nombre de cinq 354 A B
mariage non en vsage aux sages d'Ægypte, ny aux Pythagoriens 428 A
des preceptes de mariage, vn traicté 145 C

mariages sont dons de fortune 15 G D
mariages contractez au temple 239 C
mariages resemblent aux corps composez de plusieurs pieces 148 B C
mariages des filles auec quels hommes doiuent estre faits 196 B
mariages de filles pourquoy ne se faisoient aux iours de festes, ouy bien ceux des vefues 475 D
mariages des Romains pourquoy faits 100 F
mariages pourquoy ne se faisoient au mois de May entre les Romains 475 G
mariages auec parens, defendus entre les Romains 461 F
mariages pourquoy non faicts auec parens 476 G
mariages entre les meres & les enfans aux Perses 308 E
mariages faits communs par Alexandre 309 C
mariages enseignez aux Hyrcaniens par Alexandre 308 E
cent mariages faicts ensemble en la tente d'Alexandre 309 C D
mariages des bestes selon nature 100 F
mariées ayans barbes feintes au menton 231 E
nouuelles mariées pourquoy ont les cheueux mespartis auec le fer d'vn iauelot 473 H
nouuelles mariées pourquoy s'assoioient sur vne toison de laine, & portoient vne quenoüille & fuseau 465 E
nouuelles mariées pourquoy proferent ces mots, là où tu es Caius, la ie seray Caïa 465 C D
nouuelles mariées pourquoy touchent au feu & à l'eau 460 G
nouuelles mariées pourquoy empruntoient vn pot à mettre au feu, de leur belle mere 148 D
nouuelles mariées pourquoy ne touchoient au seuil de l'huys de leurs maris 465 C
beaux preceptes pour les nouuelles mariées 145 C
marier ne se doit qui aime autre femme 107 E
en quel aage on se doit marier selon Hesiode 601 G
il ne se faut pas marier à l'appetit de ses yeux, ny au rapport de ses doigts 147 C D
loix contre ceux qui ne se marioient 100 F
mariez ont affaire de cinq Dieux, & quels 461 A
nouueaux mariez pourquoy receuoient leurs espouses habillez en femmes en l'isle de Co 485 E F
mariez ne se doiuent abandonner l'vn l'autre 460 G
mariez comment se doiuent gouuerner en leur conionction 149 B
mariez pourquoy conuient plusieurs gens au souper de leurs nopces 392 B
mariez comment s'entr'aiment 35 F
la maison d'vn nouueau marié non fouillée 171 D

communautez de biens doit estre entre gens mariez 146 H, 147 A
mariez pourquoy ne peuuent s'entrefaire donaison 148 C, 461 H
mariez Lacedæmoniens pourquoy n'habitoient auec leurs femmes qu'à la derobee 220 G
non mariez notez d'infamie 220 E
mariniers nuls à Lacedæmone 227 G
mariniers pourquoy iamais saluez des prestres d'Ægypte 325 A
mariniers qui auoient ietté Arion le musicien en la mer, prisonniers 159 E
mariolaine bastarde, medecine des tortuës, ayans mangé des serpents 538 E
C. Marius sorty de fort bas lieu, deuint grand 205 G
Marius pourquoy sacrifia sa fille Calpurnia 489 A
Marius défeit les Cimbres, & Teutons 306 B
Marius baillé pour medecine aux Romains 161 A
Marius recouure grande puissance dedans Rome 91 D
Marius enuieux de l'auancement de Sylla, dont fut ruiné 166 D E
Marius le Goulu enuoye le Roy des Samnites prisonnier à Rome 486 E
Marpisse rauie causa la mort à son pere Euenus 491 E
marques des chemins ne faut gaster 413 E
marques d'vn mauuais historien 649 B C D
Mars le sanglant 163 D
Mars est vn des Dieux qui nuisent 442 G
Mars pourquoy surnommé Quiris 474 A B
Mars cruel, hargneux & querelleux 328 E
Mars gouuerne nostre cholere 604 D
Mars aueugle, rompant tout, rougissant de sang espandu 15 A
Mars aueugle, homicide, & mettant tout dessus dessoubs 664 C D
à Mars estrangers sacrifiez 489 D E
à Mars bœufs & cocqs sacrifiez 227 C
à Mars, le plus sanglant de tous les dieux, on sacrifioit des chiens fendus en deux 477 D
à Mars pourquoy les Romains immoloient vn cheual 475 B
Mars, transformé en berger, engrossa Sylvia, femme de Septimius, & ce qui en aduint 489 G H
Mars signifié par le triangle 324 E
que signifie l'adultere de Mars auec Venus 12 D
les seruiteurs de Mars doiuent estre en fleur d'aage 182 F
Mars le quantiéme des planettes 447 G
Mars, planette enflammee 555 C
Mars planette a son an de deux annees communes 449 F
Mars iadis le premier mois de l'an aux Romains mesmes 463 C
Marsyas, second iouëur de fleutes 661 A
Marsyas quelle hanche inuenta 57 G

TABLE ALPHABETIQVE SVR LES

Marsyas pourquoy puny par Apollon 419 E F
Marsyas ayant vn proces, comment iugé par le Roy Antigonus son frere 194 C
Martia Vestale accusee d'impudicité, & punie 473 C
Martius Coriolanus destourné par les dames de ruiner Rome 303 C, 303 B
Anc. Martius, neueu de Numa, fonda le premier temple à Rome 303 C
C. Martius se courrouçoit à fortune 302 F
le masle & la femelle pourquoy s'accouplent ensemble 374 D
le masle est sans effect sans la femelle 460 G
cohabitation de masle auec masle, brutale, infame, & detestable 600 H, 611 F G
masles en toutes parties plus forts que les femelles 557 B
les masles pourquoy semblét auoir trois noms, & les femmes deux 476 B
masles & femelles comme s'engendrent 457 C
les premiers masles nasquirent vers le Midy, & les femelles vers le Septentrion 457 C
masles en combien de temps se forment au ventre de leurs meres 459 D
masques infames 7 D
masques des ieunes gens mal apprins 3 D
masques és festes des payens 114 E
masques és processions 99 G
masques conuiennent au soir 384 H
Massinissa, maniant son estat, mourut aagé de quatre vingts dix ans, & ses faicts 184 B C
mathematiciens quelles opinions ont de l'eclipse de la Lune 449 D
mathematiciens quelle distance mettent entre le Soleil & la Lune 449 E
mathematiciens en quoy se trompent le plus 336 B
mathematique l'vn des trois genres de science, & ses especes 437 D
la mathematique est vne bonne partie de la philosophie 356 B
mathematiques sont les voluptez de l'ame 282 C
mathematiques miroüers de la verité 422 C
les mathematiques sont les anses de la philosophie, selon Xenocrates 37 H
mathematiques situees entre les premiers intelligibles & les sensibles 552 D
les mathematiques immobiles & intellectuelles 48 E
les mathematiques tiennent le second degré des choses intelligibles 540 F
les mathematiques ont besoing de repos & de loisir 72 E
les mathematiques du commancement tourmentent les ieunes enfans 612 D
les mathematiques viennent en auant en despit des ignorans 283 A
primices des mathematiques offertes à Apollo 353 H

la matiere premiere qu'est-ce, & quelle est, selon les anciens philosophes 442 A, 443 H, 444 A
la matiere estre la mere, le moule, & nourrice des formes 444 A
la matiere est le premier subiect de generation & corruption 441 F
la matiere pourquoy appellee Penia, c'est à dire pauureté 330 E
la matiere de soy est oiseuse, sans nul mouuement, exposee à receuoir les qualitez 572 A
la matiere du monde n'auoir esté creée, ains auoir tousiours esté 547 F
la matiere n'auoir forme, espece, ny figure, ny qualité 440 B, 444 A
la matiere premiere signifiee par Isis, & pourquoy nommee Myrionymos 329 F
la matiere ressembler à vn vaisseau percé 356 F G
la matiere appellee la place, & receptacle, a esté deuant le monde 552 H
la matiere terminee de Dieu en faisant ce monde, laquelle auparauant estoit infinie 422 G
la matiere appellee la mere, la nourrice, le fondement, & la place de la generation de toutes choses 330 B, 373 H, 374 A, 547 B
la matiere despoüillee de toutes qualitez 548 C
la matiere est subiette à toutes formes 105 F, 136 D, 334 F
la matiere sans cause mouuante ne peut venir à parfaict estre 440 D
de la matiere cinq mondes procreez 347 A
la matiere pleine du monde 330 D
la matiere subsister par ses qualitez 587 H
le matin pourquoy appellé Clytus 424 D
le matin estimé estre vn corps, par Chrysippus 587 C
le matin signifié par vn coq peint sur la main d'Apollo 630 E
la matrice estre deuant la femme 374 D
la matrice de la femme est comme vne bonne terre 101 F G
la matrice quand non apte à conceuoir 457 E F
matrices des mules pourquoy non aptes à engendrer 458 B
nul matricide en Argos 200 F
combien sommes nous obligez à nostre matrie 184 F
matuta, quelle feste des dames Romaines 89 E
Maure enfanté d'vne femme Grecque, & comment 266 H
Mausolus comment honoré apres sa mort par sa femme Artemilia 495 C
mauuaisité est raison errante 565 G
mauuaisité iointe à la puissance, que fait 136 F
mauuaisité se trouue en toute amitié 83 C
la mauue non cogneuë du sol 624 C
la mauue viande de l'homme, recommandee par Hesiode 156 G, 157 A

les mauuais facilement prenent les abeilles 517 G H
mauuis & chardonnerets encores ennemis estans morts 107 H
maux & biens au ciel en deux tonneaux pour distribuer aux hommes 125 A
tonneaux des biens & des maux sur le sueil de l'huis de Iupiter 73 B, 245 A B
maux par Pandora espanduz par toute la terre 245 C
maux proceder du mauuais Dieu, & les biens du bon 328 A
maux, depuis quand ont esté broüillez parmy les biens 228 C
maux en trouppe estans parmy le monde 245 D
maux sur maux enueloppent les hommes 251 E
plus de maux en la vie humaine, que de biens 251 H
maux procedans de chaque vice 69 C
maux infinis par les voluptez 85 B
des maux faut prendre le moindre 83 D
souuenance des maux passez, est chose fort turbulente 83 B
les maux ne sont pas tous en la vieillesse 54 F
maux mediocres par les superstitieux rédus mortels 122 E
à vn chacun ses maux secrets fascheux à descouurir 64 H
maudits sont ceux qui recueillent les maux d'autruy 65 G H
maux guaris par la mort 245 H, 246 A
maux eternels souz la terre 36 D
en May pourquoy ne se marioient les Romains 473 F
le mois de May d'où a prins ce nom 437 H
au mois de May pourquoy les Romains iettoient des hommes vifs en la riuiere, puis apres des images 473 G
Fab. Maximus appellé pædagogue de Hannibal, & ses beaux faicts & dicts 101 G H, 102 A
T. Maximus mourant tua son ennemy Hannibal 486 F
Mazæus laissa l'Euphrates par Alexandre 314 F
Mecœnas grand amy & familier de Cæsar Auguste 208 H
le medecin en quoy differe du philosophe 293 A, 330 A B
le medecin en quoy prend plus de plaisir 133 C
le medecin doit compatir auec son malade, selon Hippocrates 477 H
medecin se deifiant luy-mesme 212 D
medecin qui deffioit tout le monde à boire 366 E
medecin bien à poinct mocqué par Pausanias 212 D E
medecin traistre de Pyrrhus descouuert 201 G
medecins comment souhaittent que l'homme ne soit iamais malade 144 E
medecins des esprits, quels sont 242 G
medecins que doiuent obseruer & euiter 64 H
medecins commét preuoient la mort de leurs

leurs malades 538 FG
medecins bien empeschez à cause des cuisiniers 301 D
medecins où se tiennent coustumierement 222 C
medecine est vne belle, subtile, necessaire, & fructueuse science 393 B
la medecine inuentee des hommes pour la santé du corps 4 F
la medecine nee & accreuë par experience 291 E
la medecine par quels hommes premierement exercee 380 D
medecine naturelle à tous animaux 273 C
medecine sans honneur, si on de mangeoit point 158 B
medecine de Socrates guarissoit les ames 540 C
medecine pour guarir la faim 158 B
medecines allegent les malades, & gastent les corps sains 290 E
medecines laxatiues reçoiuent la vertu naturelle 299 H
medecines pour guarir le trop parler 94 F
medecines cogneuës & propres aux bestes 538 E F
laquelle des medecines est la plus vtile 298 F
Medee femme de Iason, pourquoy feit bastir vn temple à Venus 657 H, 558 A
Meden & Den que signifient 589 A
medicamens pour reserrer les playes 366 F
medicamens qui prouocquent à dormir, sont froids 383 E
medicamens cuicts auec du serment de vigne 387 C
medicamés appellez les mains des dieux 390 E
medicamens pour faire auorter les femmes 300 B
Medie, habitation des Roys de Perse pour l'esté 127 D
mediocritez sont entre le peu & le trop 33 B
mediocritez de plusieurs sortes, quelles 33 C
Mediphthe honoree à son sepulchre 322 D E
Medius chef du troupeau des flateurs d'Alexandre 49 G
Medius grand familier d'Alexandre 314 C
Medius buuoit & iouoit auec Alexandre 72 F
Medius feit tant boire Alexandre, qu'il en mourut 294 A B
Medius presbtre de Neptune 498 A
Medois adoroient le feu, & tout ce qui peut nuire 621 F
Medois mis à la boucherie par Miltiades 525 H
Medulline sacrifia son pere qui l'auoit depucelée, & comment 488 H, 489 A
Megabates beau fils par excellence, auquel Agesilaus refusa le baiser 210 B C
Megabyzus vn grand seigneur de Perse, comment reprins par Apelles 45 F, 72 C

Megalopolis tyrannisee, & remise à sa liberté par Lydiadas 260 D
Megare saccagee par Demetrius 3 G
Megariques diuisez en cinq parties 480 A B
interrogations Megariques 562 G
Megisto dame & patron d'honneur, & de vaillance 235 E F, 236 B C
Melampides poëte, inuenta la mode Lydiene 662 E
Melampus enseigna aux Grecs le nom de Bacchus 650 D
melancholie purgee par l'hellebore 368 D
melancholiques ne sentent pas leur mal 117 A
melancholiques subiects à beaucoup songer 351 E
Melanippides, poëte des Dithyrambes 664 H
Melanippus presbtre d'Apollon meschantement tué 237 D
Melanthe qu'est-ce, selon Ariston 31 C
Melanthia fille d'Alpheus 480 D
Melanthius philosophe 497 G
Melanthius que dist de la tragœdie de Dionysius 26 G
Melanthius dextrement brocarda l'orateur Archippus courbé 372 A
Melanthius brocardé, rend la pareille 370 H
Melanthius plaisant flateur d'Alexandre, tyran de Pheres 90 G
Melcander Roy de Byblus, & histoire de ce 321 D
Melchidas enuieux d'Epaminondas 140 E
Meleager fils de Mars & d'Althea 489 G
Meleager, comment & pourquoy introduit par Homere 17 D
Meleager colloqua Aridæus petit enfant dedans le throne d'Alexandre 315 G
Meleagres successeurs d'Alexandre de nulle valeur 313 D
Meletia & Hippo pucelles violees, & tuees par les violateurs, & ce qui en aduint 305 F
la meleze pourquoy propre à faire nauires 397 F
Melicerta mort, où trouué 397 E
Meliens desfirent leurs traistres par vne contre-trahison 232 A B
Meliens inscripts sur les trophées 659 D
melilot signe d'Osiris 324 B
le melilot descouurit l'adultere d'Osiris, que signifie 326 C
melisponda, quelles oblations 395 E
Melissa s'assiet au banquet des sept Sages 152 E
Melisse bourg au territoire de Corinthe 505 E
Melissus desfait les Atheniens en bataille 598 B
Melissus ne pouuant auoir iustice de l'iniure à luy faicte, se precipita 505 F
Melissus ioueur de fleutes 639 H
Melite isle 657 A
Melitus en accusant Socrates, ne luy

peut nuire 74 E, 138 C
Mellieten, quel nom des presbtresses de Diane 186 E
melodie Orthiene 664 F
Melon aide à tuer les tyrans de Thebes 647 F G
à Melpomené quel office attribué 438 E
membre viril qui apparut, dont fut conçeu Seruius Tullius 305 E F
membre naturel monstrueux porté en procession 325 G
le membre viril d'Osiris honoré 325 H
Memmius colonnel delicieux, aigrement reprins par Scipion 205 D
Memnon, s'estimant auoir atteint au comble de sagesse, combien mettoit de sortes de vertus 103 C
Memnon, capitaine de Darius, & ses beaux dicts 189 C
memoire, qu'est-ce 508 F
la memoire, est la veuë des aueugles, & l'ouye des sourds 348 C
la memoire, le thresor de science 5 H, & son vtilité 6 A
le thresor de la memoire, de quoy & par qui faict 660 C
memoire, mere des muses 599 D
la memoire & les muses pourquoy aupres d'Apollo 357 D
la memoire des curieux, est vn archiue mal-plaisant 65 H
la memoire soulagee par la verification 634 F
la memoire chassee par la peur 311 D
memoires, surnom des muses 436 E
plusieurs memoires engendrent experience 454 B
memoires, corps & animaux, selon les Stoïques 587 B C
memoires, ou lieux communs recueillis par Plutarque 67 H
Memphis, ville d'Egypte, sepulchre des riches 320 A, 321 D, 636 G
menace des choleres semble estre hardiesse 58 B, 59 B
Menander, homme bien entendu en l'amour 384 F
Menander quel en son stile, & comparé auec Aristophanes 504 C E
Menander doux en langage, & familier, sententieux & sortable és festins 418 G
Menander, bon & doux Roy, enterré en toutes les villes de son Royaume 175 H, 176 A
Mendes, ville d'Ægypte 333 G
mendians paresseux & truans 293 C
Menecrides portoit enuie à la vertu de l'orateur Epaminondas 165 B
Menecrates medecin se desfiant luy mesme 212 D
Menecrates medecin, surnommé Iupiter, comment resalué par Agesilaus 199 C
Menedemus, disciple de Platon, policea ceux de Pyrrha 598 C
Menedemus, personnage renomé pour sa sapience 562 C
Menedemus, pourquoy auoir plus d'auditeurs que Straton 72 G

i ij

Menedemus tenoit qu'il n'y auoit qu'vne vertu ayant diuers noms 31 B
Menedemus comment corrigea le fils de son amy 43 G
Menedemus loüé de ce qu'il refusa Alexandre 556 D
Menelaus puisné d'Atreus & frere d'Agamemnon 370 E
Menelaus vainquit Paris, mais il ne le défeit pas 435 E
Menelaus recouura sa femme Helene des mains de Proteus 650 B C
Menelaus & Vlysses parfaits amys 104 C
Menelaus quelle maison auoit 99 G
Menelaus quelle grande impertinence feit 361 G
Menelaus mathematicien 618 H
Menephyllus philosophe Peripatetique 434 H
menestriere sur la fin du souper des sept Sages 152 G
s'il est honneste d'introduire des menestrieres en vn festin 417 F
menestrieres de quels maux sont cause 602 E
menestrieres n'y a entre les Scythes 152 G
Menippus aide de Pericles aux expeditions de guerre 170 B
Meniscus ioüeur de tragœdies 525 E
Menœces, c'est à dire en Homere, cedant au courroux 299 C
à Mens deesse temple basty par Æmylius Scaurus 303 B
mensa signifie la table, & pourquoy ainsi dicte 426 H
mensonge voile la verité 443 B
le mensonge comment abandonné de la raison 35 C
le mensonge aimé de la partie irraisonnable 47 D
le mensonge meslé és poësies auec quelque similitude 9 H
mensonge d'vn Romain sagement controuué, pour esprouuer sa femme 92 F G
menterie des vsuriers procede d'auarice 131 G
menteries d'Herodote 649 A
menteur iamais n'apporta bon fruict 13 D
sophisme appellé le menteur 574 B C
menteurs estre cause de tous les pechez 216 E
mentir est vn vice seruil 6 H
mentir estimé des Perses le second peché : le premier, deuoir 131 B
mentir on peut en plusieurs sortes : mais dire verité, qu'en vne 430 B
les sages ne mentent iamais en leurs propos 20 H
mentir contre les trespassez est grande impieté 251 F
les menstrues des femmes d'où procedent 383 A
menstrues s'arrestent aux femmes ayans conceu 458 F
la mer est vn autre monde 393 H
la mer estre vn cinquiéme element 527 G
la mer element sauuage, ennemy mortel de nature humaine 428 A

la mer Oceane, pasture du Soleil, selon les Stoïques 448 E
la mer pourquoy appellee Amphitrite 33 A C
la mer Oceane bordee tout alentour de la terre ferme 624 G
la mer & la terre estre au monde, ainsi que le ventre & la vessie au corps d'vn animal 618 A
la mer estimee estre la larme de Saturne 325 A
la mer comment est concreée, & comment elle est amere 452 C D E
la mer Oceane representee en la Lune 614 A
la mer tourmentee des vents s'eschauffe, & les autres eaux s'effroidissent agitees, & pourquoy 536 A
la mer arrosee d'huile pourquoy se fait claire, & calme 531 C, 536 E
la mer dequoy sert 109 D
la mer d'où a son flux & reflux 452 D E, 624 B
la mer ne porte animal, où il y ait amour ny douceur 514 E
la mer pourquoy fait mal au cœur à ceux qui commencent à y nauiguer 536 D
malades sur la mer appetent à manger des saleures 162 H
la mer signifiee par Typhon 324 H
la mer pourquoy soustient plus pesant que les riuieres 368 B, 534 E
la mer & la terre plus chaudes au fond que dessus 536 F
la mer en hyuer n'estre si froide que les riuieres 406 D
la mer pourquoy moins amere en hyuer qu'en esté 536 B
la mer pourquoy salee & amere 368 B, 534 E, 535 E
la mer & la terre produisent tout pour l'homme 131 G
la mer defenduë aux Lacedæmoniens 227 G
la mer pourquoy abominee des prestres d'Ægypte 324 H
si la mer n'estoit point, l'homme seroit le plus sauuage animal, & le plus necessiteux 527 A
la mer pourquoy ne nourrit des arbres 534 D
arbres de la mer rouge pourquoy ne portent aucun fruict 534 F
mer estoit iadis Ægypte 326 G
la mer s'esloigne petit à petit de l'Ægypte 326 F
la mer Caspiene, image des faicts d'Alexandre 312 G
la mer Mediterranee, & la mer Caspie appellees golphes & fondrieres 626 D
mer Maiour, iadis le pont Euxin 126 A
mer Maiour ne nourrist point de balenes 320 H
question ænigmatique, de boire toute la mer, & la responce 153 B C
chiens creuez voulans boire toute la mer 578 E F
la mer suiuant Bellerophon, arrestee par les femmes en monstrant leurs deuants 233 A

eau de mer pourquoy versee és tonneaux de vin 536 C
la mer foüettee par Xerxes 57 C
mer chastiee par les Barbares 316 C
Mercure fils de Maia adoré au mois de May par les Latins 473 G H
Mercure estoit de petit corsage 322 F G
Mercure le plus docte des Dieux, & pource appellé chien 320 C
Mercure est vn des Dieux qui profitent 442 G
Mercure surnommé Charidotes 485 A
Mercure appellé la parole 604 D
Mercure fait silence là où il entre, & pourquoy 90 A
à Mercure harengueur autel dedié 498 E
Mercure, comment & pourquoy adiousta cinq iours à l'an 320 E
Mercure signifie le discours de la raison 329 H
Mercure reputé autheur de sapience, & de prouoyance 318 E
Mercure inuenteur des lettres en Ægypte 433 D
Mercure quels liures a escrit 331 B
Mercure estimé des Argiens receuoir les ames des trespassez 481 B C
le Mercure d'Andocides 493 F
Mercure defend Orus deuant les Dieux 322 A B
Mercure feit des cordes pour sa lyre, des nerfs de Typhon, & que signifie 330
à Mercure dernier libations offertes 410 B
Mercure le terrestre, & Mercure le celeste 625 H
Mercure Hegemon, Dieu de la parole 133 F
Mercure le trafficqueur 384 H
Mercure iadis gratuit, pourquoy deuenu trafficqueur 133
à Mercure pourquoy on erigeoit des statuës figurees en vieil aage sans pieds ny mains 187 G
Mercure le quantiéme des planettes 447 G
Mercure & Venus planettes ont mesme reuolution que le Soleil 555 C
Mercure conioinct auec la Lune, enuironne le monde 327 A
Mercure planette à son an de xij mois comme le Soleil 449 F
la mere pourquoy aime ses enfans, selon Epicurus 101 A
meres quelles angoisses endurent en enfantant 102 G
meres pourquoy aiment plus les fils que les filles 148 E
meres doiuent allaicter leurs enfans 2 D
bonnes meres, quel honneur font à leurs enfans 1 B C D
les meres Romaines pourquoy fonderent le temple de Carmenta 469 C
meres reprenans & tuans leurs enfans coüards 218 E F G
merites du bien & du mal remunerez apres ceste vie 265 B
merles apprennent à parler 515 F

Merope

Merope, femme virile, émeut les Theatres 248 D E
Meropiens habitans de l'isle de Co, vainquirent Hercules 485 E
Merope Tragique, se perdoit de vaine gloire 67 H
Meryllus historien des choses Italiques 489 H
Meryllus historien des choses Bœotiques 488 C
meschanceté est vne arme seante contre celuy qui fait œuure meschante 79 D
meschanceté n'est point asseuree en ce qu'elle veut 262 G H
meschanceté est fort copieuse en toutes sortes 429 C
meschanceté d'elle-mesme fabrique ses tourmens contre elle mesme 261 F
meschanceté abbrege bien chemin 218 B C
meschanceté extreme est d'estre hay des gens de bien 108 B
meschanceté à vn meschant est bonne 13 H
faut auoir honte d'estre tenu pour meschant 117 C
comment on peut garder vn homme d'estre meschant 55 C
meschans non punis, quel malheur à la republique 505 E, 506 H
ne peut estre bon, celuy qui n'est aspre aux meschans 44 A
la haine des meschans, est vne qualité d'homme de bien 108 A
qui est humain enuers les meschans, n'est digne de loüange 215 D
meschans estiment tous estrangers, & les bons tous parens 309 B
meschans font deshonneur à leur posterité 264 B
aux meschans rien n'est profitable 563 D
meschans pariures combien pernicieux en vne republique 467 G
où les meschans n'ont authorité de commander, la republique est bien heureuse 155 B
les meschans prosperent en ce monde, & les bons y souffrent 443 E
faut abuser des meschans, & vser des bons 191 F
plusieurs meschans deuiennent riches gens, & plusieurs bons demeurent indigens 12 G, 114 H
meschans souuent tuent les vaillans 435 F
meschans ne sont dignes de bienfaicts 549 A
meschans pourquoy auancez par Dionysius 190 D
meschans ne doiuent frequenter les ieunes gens 7 G
meschans peuuent engendrer de bons enfans 266 H
meschans resemblent aux ronces 417 C D
meschans resembler aux basteleurs, & comment 261 F
meschans brocardez en les appellant des Aristides 371 B
tous les meschans logez en la ville de Poneropolis par Philippus 65 H
deux meschans hommes comment iugez par le Roy Philippus 191 E
meschans parmy le monde punis de mort par Hercules 80 A, 199 G
meschans s'accumulent mal sur mal 119 D
meschans quelquefois seruent à Dieu de bourreaux 260 H
meschans sont de la iustice diuine prisonniers 261 A
meschans n'ont besoing de Dieu pour les punir 263 A B
meschans ne peuuent euiter par leurs ruses qu'ils ne soient punis 267 C
meschans pourquoy & comment punis de Dieu 266 F
meschans hommes punis par les malings esprits, bourreaux des Dieux 468 F
punition des meschans pourquoy retardee 258 D
meschans effroyez horriblement par songes espouuentables 262 C
meschans en quels lieux habitent apres ceste vie 292 E
meschans tourmentez en la fondriere du Tartare 645 C
mesdire des trespassez est grande impieté 251 F
mesdisant pourquoy non chassé par Philippus 191 B
mesdisans des gens de bien chasticz 222 A
mesdisans du Roy Antigonus humainement par luy admonestez 194 C
mese quel accord en musique 437 A, 544 E
Mesiphilus Athenien, familier de Solon au banquet des sept Sages 154 H
le Mesme, & l'Autre, deux principes selon Platon 328 E
le mesme l'vn des cinq principes de Platon 555 D
le mesme est l'idee des choses qui sont tousiours d'vne sorte 553 D
le mesme & l'autre, parties de l'ame du monde 31 F
tout ce qui est, est & mesme & autre, & mouuement & station 346 C
le mesme fort malaisé à mesler auec l'autre 546 F
le cercle du mesme va tousiours d'vne sorte 556 F
le mesme & l'autre ignorez des philosophes mesmes Platoniques 547 C
mesnage de quels biens a besoing pour son entretenement, selon l'aduis des sept Sages 156 D E
quel doit estre le bon mesnager 579 C
qu'ont les bons mesnagers chez eux 63 C
bons mesnagers font leur profit de tout 26 B
mauuais mesnagers resembler aux arbres 64 D
Mesogæon escueil, & où 160 A
Meson quelle note de musique 347 A, 555 B
Mesori quel mois aux Ægyptiens 332 D
Mesoromasdes, c'est à dire grand Dieu 335 F
mesprisé ne veut estre qui bien aime 88 H, 89 A
au mespriser est l'admirer contraire 26 E
messager racontant des nouuelles des enfers 434 D
Messene repeuplee par Epaminondas 173 E, 201 B
Messeniens pourquoy chassez hors des terres des Arcadiens 478 C
Messeniens comment mocquez par Antiochus Ephore de Sparte 199 H
mestiers humains ont Minerue pour leur patronne 106 H
sçauoir son mestier suffit à chacun ouurier 530 B
bons mestiers gastez par les arts de superfluitez 220 G H
tous mestiers cesserent par l'auarice de Pythes 242 C
mestiers mechaniques defendus à Lacedæmone 213 A, 227 F
mestiers estre corps & animaux, selon les Stoïques 587 B C
mesure de biens on ne sçauroit prescrire à vn fol 156 E
mesures banies des banquets 386 D
mesures s'appeller de mesme nom que les choses mesurees 339 D
Metagitnia quel sacrifice aux Atheniens 125 F
Metanira, amoureuse de l'orateur Lysias 494 C
Metapont, ville où furent bruslez les Pythagoriens 640 B
Metapontins coüards, & iniustes 223 F
metaux pourquoy facilement fondus par la foudre 391 G
Metella, femme de Sylla 91 D
Metellus combien clement & doux 59 A
Metellus comment haut-loüoit Scipion 85 E
Metellus ne vouloit pas seulement à sa chemise fier son secret 92 B
Cecil. Metellus, bon celeur de secrets 205 F G
Metellus voulant immoler sa fille, sauuee par la deesse Vesta 488 B
Metellus pourquoy aueuglé, & comment recouura la veuë 488 F
Cecil. Metellus porté au sepulchre par quatre siens fils cosulaires, & ses beaux faicts 303 A
Metellus Nepos ecerueslé & leger, sçauoit mieux voler que parler 107 E
Metellus Agrigentin, precepteur de Platon en musique 662 G
Meteores qu'est-ce, & où se font 449 G
Methon, predecesseur d'Orpheus, où habitoit 478 H
Methone ville, par qui fondee & nommee 478 H
Methy est vin pur, & partant Bacchus se nomma Methymnæus 381 D
Methyer, surnom d'Isis 330 D
Meriochus mal voulu de ses citoyens, pour vouloir tout entreprendre 169 H
Metrocles l'hyuer dormoit parmy les moutons, l'esté és portiques des temples 137 G

i iiij

TABLE ALPHABETIQVE SVR LES

Metrocles que dist à Stilpon de l'impudicité de sa fille 69 H
Metrodorus natif de Chio 617 H, 618 A
Metrodorus Epicurien en quoy se delectoit 283 H
Metrodorus reputé grand, & homme sage, par les Epicuriens, & pourquoy 597 E
Metrodorus estoit l'asseurance d'Epicurus 288 C D
Metrodorus immortalisé par Epicurus 291 F G
Metrodorus quelle opinion auoit des vents 451 C
Metrodorus quelle opinion auoit de l'amertume de la mer 452 C
Metrodorus estimoit la terre estre la lie de l'eau, & le Soleil de l'air 451 D
Metrodorus estimoit le Soleil estre vne pierre enflammee 448 C
Metrodorus quelle opinion auoit de l'arc en ciel 451 A
Metrodorus quelle opinion auoit du cercle de laict 449 H. & des cometes 450 C
Metrodorus preuue estre plusieurs mondes 442 B
Metrodorus a escrit contre les Sophistes 280 G
Metrodorus en ses escrits iniurie Homere 278 B
Metrodorus chroniqueur Ionique 408 B
meuriers sur des figuiers 376 C
meurs des hommes pourquoy appellees Tropos & Ethos 260 B
des meurs, & leur definition 32 F
les meurs sont la fontaine des actions de l'homme 44 C
les meurs sont qualitez qui s'impriment par long traict de temps 2 B
meurs douces rendent toutes miseres faciles 38 B
meurs des hômes representees és escrits des poëtes 284 A
meurs des hommes semblables aux plantes 188 D E
meurs des hommes par oysiueté corrompuës 292 A
meurs des hommes declarees par leurs propos 309 H
nulles meurs vertueuses sans passion 39 A
meurs semblables, commancement d'amitié 41 C E
meurs d'innocence dequoy embellies 109 H
meurs des petits enfans doiuent estre formees dés le premier commancement 2 F
meurs des estrangers defenduës à Lacedæmone 227 B
mœurs rudes addoucies par les philosophes 308 H
mauuaises mœurs engendrent cholere 60 F
meurs d'vne commune mauuaises à changer tout à vn coup 162 D
meurs & façon de viure des Lacedæmoniens 227 B C D
meurs des Lacedæmoniens reformees par les deux chiens de Lycurgus 219 D
bonnes meurs doiuent plustost esmou-

uoir que la parole, exemple 26 F G
bonnes meurs de l'orateur persuadent plus que son eloquence 22 A, 163 B
la science des meurs dependre de la Theologie 562 B C
la science des meurs en quel reng doit estre apprise 561 G H
meurs des bestes alleguees pour monstrer le dereglement des hômes 100 D
le meurthe pourquoy tousiours feuilly 581 G H
le meurthe en vsage és danses 361 G
le meurthe consacré à Venus, & pourquoy detesté des dames Romaines 463 F
meurthes produisans des grenadiers 376 C
tout meurtre faut euiter pour viure sainctement 276 B
meurtre fortuitement commis, comment purgé 482 G
meurtre d'vne féme permis au presbtre de Bacchus à la feste d'Agrionia 482 H, 483 A
meurtres d'où & quand commancerent à Athenes 277 A
Hercules comment feit cesser les meurtres de Busiris 316 C
primices des meurtres alentour d'Apollo 631 A
meurtriers diuinement punis 261 D E
meurtriers d'Hesiode comment punis 159 G
meurtriers d'Ibycus descouuerts par leur babil, & cry des grues 94 C
meurtrir & tuer les bestes, est chose contre nature 274, 275
Mezentius general des Toscains, vaincu par Æneas 467 H
Micca fille chaste; se laissa tuer pour garder sa virginité 234 G H
Midas pourquoy dedia vn autel d'or à Iupiter Idæen 486 G
Midas interroge Silenus de l'heur de l'homme 251 G
Midas desesperé par vn songe, se feit mourir, en beuuant du sang de taureau 122 C
Midias frappa d'vn soufflet Demosthenes 498 F
le Midy estimé le costé gauche du monde 324 H
le Midy comment peint par les Ægyptiens 325 G
le miel bon à ceux qui ont trop beu 385 F
le miel moins chaud & plus clair que la poix 531 D
le miel est froid 383 G
le miel du bas du vaisseau pourquoy est le meilleur, & son histoire 412 E
miel iadis bruuage des hommes, deuant que la vigne fust trouuee 395 E
miel roux est le plus aggreable 100 G
le miel le plus penetrant & sec est tiré du thym 69 E
le meilleur miel trouué par l'abeille parmy les plus aigres fleurs 21 D
le miel comment conserué 415 H
sacrifice de miel 62 G
mien & tien ostez de la republique, quel bien aduiendroit 84 G

la cité bien-heureuse, où il n'y a mien ny tien 146 G
mignons des Roys à quoy ressemblent 189 B
mignons des Princes offusquent la verité 195 E
mignons ne sont iamais bons gendarmes 467 B
Milesiens d'où descendus 611 B
Milesiens desfaicts pour vne adultere 236 G H
filles Milesienes comment engardees de plus se pendre 233 F
Milet, quelle ville, & où 480 F
Milet prise par la fortune d'Alexandre 314 F
Milichius Roy des Dieux, & pourquoy ainsi dit 59 A
le milieu du monde comment doit estre prins & consideré 344 B C
au milieu toutes choses pesantes tendent 615 E
milieu prins en plusieurs sortes, & quelles 33 C
milieu estre en l'infiny, selon Chrysippus 34 G
le milieu du lict, est le lieu plus honorable 363 F
Miltiades pere de Cimon 102 E
Miltiades de tyran deuint bon Prince 260 D
Miltiades gaigna la bataille de Marathon 526 F
Miltiades pour sa victoire de Marathon, engardoit de dormir Themistocles 112 F
Miltiades capitaine Athenien, par sa victoire de Marathon reforma Themistocles 195 G
Milriades, le boucher des Medois 525 H
Miltiades deliura Athenes du peril de seruitude 525 D
Miltiades loüé de tous les Atheniens pour sa proüesse & hardiesse 118 D
Miltiades mesprisé d'Epicurus 284 E
mines quels ieux 419 B
Mimnermus poëte musicien 661 D
Minerue fille de Iupiter, & mere des arts 106 H
Minerue assise aupres de Iupiter 361 C
Minerue prouidente 178 A
Minerue appellee la prudence 604 D
Minerue artisane & ouuriere, surnommee Poliade, gardiene des villes, & de iustice conseilliere 79 E, 163 F G, 384 H
Minerue la guerriere 163 D
Minerue Pæonienne 497 B
Minerue Chalcœcos 220 B
Minerue Itoniene 506 E
Minerue pourquoy nommee Optiletide par Lycurgus 110 G
le sept appellé Minerue 320 B
Minerue prend plaisir és hommes iustes & prudens 19 H, 20 A
Minerue admonestee par vn Satyre, de ne iouër des fleutes 57 G
Minerue & Neptune querellans 87 F
Minerue instilla à Achilles du Nectar & de l'Ambrosie 623 B C
Minerue assistoit à tous les trauaux & perils

OPVSCVLES DE PLVTARQVE.

perils d'Vlysses 638 F
Minerue feit raieunir Vlysses 560 B
pourquoy on ne fait qu'vne Minerue 436 G
Minerue ornee & honoree de ioyaux d'or 503 A
Minerue ornee d'images de victoire toutes d'or 503 A
l'image de Minerue estimee descenduë du ciel, & comment ceux qui la regardoient deuenoient aueugles 488 F
autel de Minerue nommé Chalcœcos 209 H
Minerue prinse en adultere 164 F
Minerue, surnom de la Lune, selon les Stoïques 614 E F
la presbrtresse de Minerue pourquoy appellee Hypeccaustria 478 B
la truye veut enseigner Minerue, prouerbe 164 F
mines d'argent 498 B
mines d'or de Pythes causerent grande famine 242 C
mines de metaux defaillies en d'aucuns pays 349 C
Minis Roy d'Ægypte, pourquoy maudit & abominé 319 F
Minos fils & disciple de Iupiter 239 C
Minos, Oaristes de Iupiter, c'est à dire, disciple 133 D
Minos & Radamanthus iuges des ames du costé d'Asie 255 C
Minos ne faisoit mourir les ieunes hommes que luy enuoyoient les Atheniens 482 E
Minos pourquoy osta la fleute des sacrifices 298 H, 299 A
Minos enseuelit Glaucus auec ses fleures 289 C
enfans de Minos où habitoient 126 G
Minotaures d'où engendrez 272 H
Minutius, capitaine trop hasardeux & temeraire 201 H
Minyas eut trois filles enragees, qui tirerent au sort de manger leurs enfans 482 H
Minyiens tuez en bataille par les Tralliaiuens 484 B C
miracles faicts par les dauphins 159 G H, 160 A B C
sept miracles du monde 522 C
miroir, duquel Democritus s'esteignit la veuë 66 E F
miroir pour appaiser sa cholere 57 F
bons miroirs quels sont 146 D
miroirs pourquoy en vsage, selon Socrates 147 D
comment se fait la veuë par les miroirs 450 G
des miroirs, & de leurs apparences 454 G H
miroirs doubles, & concaues, & leurs reflexions 619 A
miroirs obscurcis par l'humidité 348 F G
miroirs charmeux & sorciers 401 G
miroirs, quand & où quittez par Venus 302 G
miseres & biens en deux tonneaux au ciel, pour distribuer aux hommes 125 A
miseres suruiennent aux hommes par eux mesmes 252 F

miseres aux hommes par les voluptez 7 E
miseres ne sont fascheuses à cœur genereux 118 H
miseres des hommes deplorees par les sages 251 E
miseres de l'homme en brief narrees 102 A B
misericorde enuers les bestes recommandee par les Pythagoriens 507 G
Misogyne, temple de Hercules ainsi nommé, & pourquoy 632 D
missiue de Cæsar à ses amis, Ie veins, ie vey, ie vainquy 208 C
missiue de recommandation auec quel examen des personnes doiuent estre baillees 79 A
Mithres Syrien faict prisonnier 598 E
Mithres, Dieu des Perses, qui intercede & moyenne 328 B
Mithridates medecin de science, & de practique 45 C
Mithridates feit mettre à mort ses conspirateurs 239 H
Mithridates enuahit & rauit toute l'Asie 91 D
Mithridates emportoit le pris de boire & de manger, pour ce surnommé Dionysius 366 C D
Mithridates frappé deux fois de foudre, que signifie 366 D
Mithridates sauué par la iaueline de son amy 194 F
Mithridates, lieutenant du Roy de Perse, desfait pat Alexandre 307 F
Mitius Sufetius, Roy d'Albe, deschiré en deux pieces 487 C
Mitius Argien tué, & le meurtrier diuinement puny 261 C
Mixarchageuas, qu'est-ce en la ville d'Argos 481 B
Mixtion comment se fait, selon les Stoïques 584 A B
de la mixtion des elemens 444 C
Mnamon, est vn hostellier, & pourquoy ainsi dict 359 C
Mnasas, quel autheur 326 B
Mnemosyne, c'est à dire, memoire, mere des Muses, & pourquoy 5 H
Μνημοσύνη, mere des Muses, qui sont autant en nombre, que ce mot contient de lettres 437 A
Mnesinoé premier nom de Leda 630 H
Mnesarete, courtisane surnōmée Phryné, & sa statuë d'or 630 H
Mneuis, est le bœuf noir honoré des Ægyptiens 325 C
mocquerie, est reproche couuert & figuré de quelque faute 370 H
mocquerie importune combien dangereuse 51 D E
mocquerie que peut à l'endroit des delicats 114 F G
mocquerie & contremocquerie gentille du Roy Ptolomæus, & d'vn grammairien 58 F
mocquerie feit remplir Athenes de meurtres 91 D
mocquerie defenduë par Edict 65 C D
de mocquerie se doit abstenir celuy qui n'en sçait vser dextrement 370 F G
à mocquerie ne sont les vices du corps

23 A
mocquerie de Ciceron, de Caton, de Demosthenes, & de plusieurs autres 164 E F
mocqueries doiuent estre dictes proprement 372 G
mocqueries ioyeuses de quelle efficace sont 370 H
mocqueries comment doiuent estre accommodees 371 C
d'où on apprend à porter les mocqueries patiemment 23 B
se mocquer sans offenser personne, est signe d'vn homme bien nay 373 A
le commancement de bien viure, c'est estre blasmé & mocqué 30 H
faut se laisser mocquer, pour combattre l'ignorance 30 E
se mocquer sans fascher, & estre mocqué sans se fascher apprenoient les Lacedæmoniens 371 A
vn mocqueur bossu subtilement remocqué 110 E
mocqueurs comment peuuent estre repiquez 23 B
mocqueurs comment mocquez 110 E
mocqueurs mocquez à leurs despens, exemple 59 C D
mode Antigenidiene mesprisee des Dorioniens 663 C D
mode Orthiene 664 F
modes de musique de plusieurs sortes 665 G H
modes Phrygiene, Doriene, & Lydiene 661 E
modes Lydiene & Mixolydiene par qui inuentees 662 E
Moderatus, philosophe Pythagorique 427 A
modestie, fille de patience 87 G
Mœra, c'est à dire, la destinee 14 D
Mœra, fee gouuernante des festins 378 F
mœurs, voyez meurs.
moyen est l'vn des cinq genres du bien 356 A
celuy est bien aduisé qui sçait garder le moyen 243 B
les mois se font par la Lune 449 F
dix mois pour vn iour, lors que l'homme fut creé de la terre 458 E F
dix mois en l'an iadis aux Romains, & quels 463 G
mois à quels Dieux consacrez 464 D
mois pourquoy dediez à Iuno, & les ans à Iupiter 471 B
mois des transmigrations des Atheniens par eux solennitez 125 E
sept mois sociables, & huict insociables 458 G
en chaque mois pourquoy les Romains auoient trois prefixions 464 A
au mois de Ianuier pourquoy commence l'an des Romains 463 C
au mois de May pourquoy ne se marioient les Romains 473 G
la moisson du bled quand & comment se doit faire 102 D, 536 G H
Molionides iumeaux, & comment vnis & conioincts 586 G
Molionides auoient les corps collez ensemble 81 B
Molionides occis par Hercules 630 G

i iiij

TABLE ALPHABETIQVE SVR LES

Moloffide, ou Araua, quelle prouince 479 D
Molpagoras feigneur d'Ionie, & sa question 150 G H
Molpus ioüeur de fleutes faulfement accufa Tenes d'auoir couché auec fa belle mere, & ce qui en aduint 481 F
és mols & pareffeux amour s'engendre 604 B
Momus homme trouué fans tefte 340 D
Molus terrible & capitaine redouté, par qui tué 607 A
Molycrie ville où Hefiode fut enfeuely 159 F G
mommeries infames 7 D
mommeries des ieunes gens mal apprins 3 D
mommie pourquoy appellée ἀλόες 431 G H
Momus, repreneur des Dieux 174 H
monarchie quel eftat de republique 503 G
monarchie comment peut eftre faicte Democratie 153 E
monas eft vnité, & pourquoy ainfi dicte 92 D
mondains voluptueux en quoy prennent plaifir 33 H, 34 A
mondains refemblent aux ventofes 70 F
le monde eft vn corps parfaict 444 B C, 572 D
ce monde eft vne maffe de plufieurs corps differents conioinds enfemble 344 C
ce monde eft vn temple treffainct 75 E
le monde a efté deuant toutes chofes, & eft le plus parfaict 374 B
le monde eft la plus grande & plus belle chofe qui foit 154 B
ce monde eft le plus grand chef-d'œuure que iamais ait efté faict 547 E F
le monde animal felon Ariftote 459 B
le monde n'eft animal felon Straton Peripatetique 592 C D
le monde eftimé Dieu 443 G
le monde eftre Iupiter felon Parmenides 595 H
le monde quel en fa recente creation 274 D
le monde creé de Dieu à fon moule & patron 443 G
le monde comment & dequoy a efté faict de Dieu 259 E
le monde par quel ordre creé 422 G, 446 F, 549 A B
le monde fabriqué de Dieu par accord & harmonie 668 A
le monde faict du defordre changé en bon ordre 361 B
le monde compofé d'vn amas de petits corpufcules 445 C
le monde conftruict par raifon harmonique 347 A
le monde faict d'vne matiere non creée, ains auoir toufiours efté 547 E
vn feul monde aimé de Dieu, compofé de toute nature 343 D, 541 B
le monde comment & dequoy compofé felon Platon 345 D E F, 346 A B C D E F
le monde felon Platon, compofé & de corps & d'ame 540 E

le monde quant à fon corps, a eu fa generation de l'ame, felon Platon 541 E F
le monde comment & dequoy compofé felon les Pythagoriens 354 D
le monde concreé du feu & de la terre 302 B
le monde comment faict & compofé d'atomes 441 G
ce monde compofé de chofes contraires, eft regy par prouidence & raifon 265 F, 327 G H
le monde pourquoy & à quelle fin creé de Dieu 577 E
le monde a eu toutes chofes bonnes de fon autheur 548 C
le monde toufiours fecouru par fon pere & facteur 423 B C
le monde au commancement ne vouloit eftre monde, felon aucuns 302 C
le monde refpirer hors de foy 447 B
le monde auoir par deffus foy autant de vuide qu'il en faut pour refpirer le ciel 444 H
au monde n'y a rien de vuide 444 G H
où eft le haut & le bas du monde 616 F
le monde enueloppé d'vne tunique 446 H
le monde enuironné d'azur 318 G
le monde enuironné de l'Ocean 306 A
le monde vers quelles parties a fon cofté droict & gauche 314 H, 446 B, 472 D
le monde premierement diuifé par Homere en cinq parties 355 D
le monde diuifé en trois parties principales 437 E
le monde a deux parties, l'vne bonne qui eft Iupiter Olympien : l'autre mauuaife, qui eft Pluton infernal 328 E
le monde comment & pourquoy fe pencha vers le midy 447 A
ce monde ne fe manie point par vne feule ame 328 F
le monde exempt de mouuement local de lieu en autre, & pourquoy 626 B
le monde a fon mouuemét harmonieux 434 C D
de la figure du monde, de fon ame, s'il eft creé, s'il eft nourri 446 C, 448 A
le monde eft nourri de vapeurs 440 C D
le monde nourri & allaicté par Thetis 315 D
le môde fe nourrir de foy-mefme, s'augmenter, & contenir tout ce dont il a befoing, felon Chryfippus 571 B
le monde remply de Dieux par les Stoïques, neantmoins n'en font pas vn eternel, finon Iupiter 582 E
ce monde vifible appartenir au diable, felon Pythagoras 443 G
le monde du Soleil, eft Typhon: & celuy de la Lune, Ofiris 327 A
de ce monde ne nous faut amourer 126 F
tous hommes font en ce monde eftrangers, & bannis 326 A
ce monde inferieur fubiect à toutes mutations 126 G
le monde pourquoy incorruptible 541 C
la portion du monde, contenuë en la

Sphære de la Lune, eft corruptible 331 E
ce monde n'eft point immortel, ny impaffible 330 E
quand le monde fe refoudra 291 A
le monde fera embrazé, felon les Stoïques 339 D, 583 A
qu'vn monde commun à tous veillans. vn à chacun dormant 120 F
monde furnom de Bacchus 354 E
s'il y a plufieurs mondes 442 B
mondes prouuez eftre plufieurs 343 F G H, 344 A B C D
cinq mondes procreez d'vne mefme matiere 347 A
cinq mondes comprenans tout l'vniuers 343 C, 346 A
mondes cent quatre vingts & trois, felon Platon 343 E
mondes autant que d'eftoiles 447 E
mondes periffans hors de ceftuy-cy 430 E F
pluralité de mondes d'où caufee 346 G
mondes infinis, felon Anaximander, & Anaxarchus 69 A, 440 D
mondes infinis reiettez par Platon, mais il a toufiours douté du nombre d'iceux 342 G
l'infinité de mondes eft vne refuerie faulfe 345 C
à Monete deeffe, temple bafty à Rome 303 D
monnoye d'or & d'argent defcriee, & celle de fer mife en vfage 219 F
monnoye faicte de ioyaux facrez, recueillie, & offerte à Apollo 631 C D
quelle eft la bonne monnoye 633 G
monnoye marquee d'vn garçon cheuauchant vn dauphin, & pourquoy 523 A
monnoye d'amitié, quelle 103 F
monnoye ancienne pourquoy auoit d'vn cofté la tefte de Ianus, & de l'autre la pouppe d'vn batteau engrauee 467 B C
és monnoyes des Romains quelles beftes iadis engrauees 467 C D
Monophages, quels hommes en la ville d'Ægine, & que fignifie ce mot 483 H
Monogenes, furnom de Proferpine, & que fignifie ce mot 625 H
monftre né d'vne iument, homme & cheual 152 B
monftres comme s'engendrent 457 D
monftres fort eftranges nafquirent lors que la Lune fut deuoyee 429 H
monftres à trois corps & cent bras 81 C
monftres eftranges defcrits par Empedocles 596 E
monftres de nature affectueufement achetez 65 H
montaignes d'où & comment faictes 533 C D
montaignes pourquoy font fteriles 528 A
montaignes fi hautes qu'elles ne reçoiuent aucuns brouillas fur leurs cymes 531 H
montaignes fur lefquelles n'y a aucune agitation d'air ny de vent 623 B
montaignes Emodienes, images des faicts d'Alexandre 312 G

monu-

monumés des morts à l'entour des temples 227 A
Mopfus & fon oracle merueilleux 349 FG
morale, feconde partie de philofophie 437 B
la morale traitte de la bonté ou mauuaiftié de la vie humaine 459 FG
moralitez és banquets 396 A
morfures des chiens courroucez, dangereufes 401 B
mort qu'eft-ce, & fi c'eft le corps ou l'ame qui meurt 459 H
la mort eft la plus commune chofe du monde 153 B
la mort eft vn dormir eternel 443 D
la mort eft la feparation de l'ame d'auec le corps 255 D, 571 A
la mort eft feulement vne mutation de l'ame 289 B
mort eft priuation fans action quelconque 529 A
la mort eft la fin de tous maux aux humains 311 D
la mort eft la fin de vie à tous hommes, mais non pas de fuperftition 121 A
mort premiere, & mort feconde 625 F G H
dormir & mort font frere & fœur iumeaux 246 G
la mort & le fommeil comment fe font 459 E
fi la mort eft bonne ou mauuaife 36 D
la mort familiere à tous aages 248 D E F, 250 D E
la mort à perfonne, tant eft cruelle, ne pardonne 246 D
la mort à tous familiere, ordinaire, & naturelle 246 A
la mort à plufieurs donnee de Dieu pour recompenfe de religion 247 D
la mort commune à la nature, & propre aux gens de bien 219 C
la mort à grand tort haïe des hommes, laquelle des maux eft la fouueraine guarifon 245 H
craindre la mort, qu'eft-ce 247 C
la mort crainte des mefchans 262 H
en mefprifant la mort la liberté eft maintenuë 214 C
mort mefprifee des Lacedæmoniens 226 E
en mefprifant la mort Lycurgus acquift reputation 211 B
la mort meilleure que la vie 217 A
la mort prefente ne fait mal, ains eftant abfente 248 A B
la mort efpouuentable aux Epicuriens, & pourquoy 289 D
quelle mort eft la plus honnefte 200 A
mort par vertu eft honorable 15 H
mort facree, eft mourir en guerre pour le pays 525 H
la mort aux hommes caufee par le boire & manger 158 C D
en la mort quelle chofe eft la plus trifte & odieufe 282 C
la mort ne reçoit point plus ou moins 529 B
la mort deliure les hommes d'aduerfitez 253 A
la mort de Lyfis cogneuë & fceuë par

fonges 641 G
mort des malades comment preueuë par les medecins 538 F G
l'heure de noftre mort pourquoy nous eft incogneuë 246 C, 255 E
la mort du feu, eft la generation de l'air 356 E, 530 E
le mort & le vif, mefme chofe, felon Heraclitus 246 A
corps d'vn homme mort & fec s'appelle σκελετὸς 431 G H
nul mort enfeuely en Delos 222 B
les morts appellez les Demetriens ou Cerealiens 625 G
les morts s'appellent bons, ou de bonne memoire, & gentils 468 G
morts appellez Nerteros & Eneros 544 C
morts enfeuelis de draps blancs 464 H
morts auoir fouuenance de leurs amis viuans 289 B C
morts enterrez auec leurs meubles 289
morts apparoiffent apres la mort de leurs corps 262 D E, 506 D
ames des morts coniurees & euocquees 247 F, 464 A
ames des morts ne faire point d'ombre 483 C
pour les morts offrandes faictes au mois de Feurier 465 H
feruices pour les morts 466 A
anniuerfaires pour les morts en bataille 659 F
morts inhumez à l'entour des temples 227 A
la fepulture des morts côbien refpectee des anciens payens 480 G H
dauphins foigneux de la fepulture des hommes morts 159 G H
morts comment iadis enterrez aux Romains 462 F
morts iadis bruflez & eftimez deuenir Dieux 382 G, 462 G
morts pourquoy anciennement bruflez 475 A
corps des morts comment accouftrez par les Ægyptiens 157 F
morts defentraillez aux Ægyptiens, & pourquoy 276 D
les morts des Tartares enfeuelis dedans les chiens 138 A
morts inhumainement outragez par le tyran Nicocrates 237 G H
corps morts des Dieux d'Ægypte, incorruptibles 322 E
morts excommuniez, deterrez, & iettez hors du pays 257 F
morts plus à ietter dehors que non pas le fumier, felon Democritus 393 F
eftimez morts en pays eftranger, eftans retournez, pourquoy n'entrét és maifons par les portes 461 B
morts de la foudre ne fe corrompent 391 D, 403 D
morts feruans de pont à l'armee d'Alexandre 307 E, 315 E
le mortel eft oppofite à l'immortel 507 H
mortalité enuoyee de Dieu, pour efpuifer la trop grande multitude de peu-

ple 569 C D
pollutions des mortuaires retrenchees par Lycurgus 227 A
Mofchion naturellement enclin à la philofophie 293 A
les mots, felon la matiere diuerfe, fignifient diuerfement 14 F
mots poëtiques comment doiuent eftre prins 14 C D
moulins des Dieux, qui moulent tardiuement, quels 259 A
moulins à bled iadis en chacune maifon 67 E
mourir à iour prefix, eft à chacun determiné, felon Pindare 246 E
nous commencons à mourir auant que naiftre 356 D
fçauoir viure & mourir, eft chofe belle 248 C
mourir victorieux en bataille, combien honorable 219 B
mourir trop meilleur à l'homme que viure 246 C, 251 F
mourir incontinent apres eftre nay, eft le fecond heur de l'homme 251 G
rien ne meurt, felon Anaxagoras & Euripides 458 H, 459 A
le moufcher eftre vn animal 587 C
la moufche aime le laict 600 A
moufche grauee fur vne rondelle, & pourquoy 224 E
moufches guefpes des villes, qui ne veulent rien faire que picquer 173 H
la moufche cantharide porte poifon, & le contrepoifon 261 F
moufches cantharides quelle propriété merueilleufe ont 14 B
moufches cantharides s'attachent aux plus beaux bleds, &c. 108 C
moufches cantharides pourquoy plus abominables que les lions 98 F
moufches appelees Otacouftes, qui rendent les tyrans odieux, quelles 67 D E
pourquoy le regnard ne voulut que le heriffon luy chaffaft fes moufches 185 C
mouffe, viande des premiers hommes 274 E
le mouft pourquoy n'enyure point 383 D
le mouft comment gardé long temps doux 538 G H
Mouth furnom d'Ifis 330 D
le mouton attire le loup par le trac de fon pied 517 H
le mouton iette toufiours vne mefme voix, mais l'homme en change en diuerfes fortes 215 H
quelle partie d'vn mouton eft la meilleure, & la pire chair 92 A
celuy qui efcorcha vn mouton tout vif, condamné en l'amende 275 G
mouton pourquoy figuré és monnoyes des Romains 467 D
mouton de trente codees fur le tôbeau d'Ifocrates 495 C
moutons mords du loup pourquoy en ont la chair plus tendre 377 E
moutons pourquoy pluftoft offenfez de foudre feparez qu'eftans enfemble 391 H, 392 A

TABLE ALPHABETIQVE SVR LES

aux moutons pourquoy baille-lon du sel à manger 535 A
aux moutons Antipater reprochoit leur ordure 509 E
moutons ordonnez aux sacrifices par Vlysses, & pourquoy 479 G
moutons pourquoy non mangez en Ægypte 333 D
moutons pourquoy honorez des Ægyptiens 333 G
moutons reuerez des religieux d'Isis 318 F
mouuant l'vn des mauuais principes des Pythagoriens 328 F
le premier mouuant meut seulement, & ne peut estre meu 416 G
mouuemét qu'est-ce, & ses especes 445 B
le mouuement, l'vn des cinq principes de Platon 355 G
mouuement est priuation de station 528 H
tout ce qui est, est & mesme & autre, & mouuement & station 346 C
tout mouuement a son principe de l'ame 547 E
mouuement deuant le ciel, selon Platon 543 H
le mouuement des cieux d'où causé, selon Aristote 443 F
mouuement du monde quelle vertu a 331 C D
le mouuement du monde harmonieux 434 C D
du mouuement de la terre 451 G
du mouuement de l'ame 453 E
mouuement accessoire en l'ame 567 D
le mouuement du poulmon comment se meut 456 C
le mouuement de tous, feuille de figuier ainsi dicte 315 G
mouuemens du bal, qu'est-ce 438 F G
le mouuement chasse la froideur 532 A
mouuemens compassez par art corrompent les corps des ieunes gens 467 B
mouuemens broüillez & confondus par les Stoïques 586 A
mouuemens de cóbien de sortes 446 H
mouuemens de six especes, selon Platon 452 B
trois mouuemens en la Lune 623 A
mouuemens corybantiques 605 E
Mutius, homme si vaillant, qu'ayant la main dedans le feu, n'en feit que rire 489 C
muets ne reçoiuent point plus ou moins 529 E
mules & mulets ont membres genitoires, & ne peuuent engendrer 509 A
vn mulet s'estât veu en vne riuiere, quelle brauade feit 152 D E
le mulet du sage Thales, comment corrigé de ne plus alleger sa charge 514 F
mulet ayant pension du public, & pourquoy 513 H, 514 A
mulets & mules pourquoy steriles 458 A
mulets Pardiens se nourrissent de leur morue 511 C
multitude comment faicte nombre 346 E F
Mummius compagnon de Scipion au magistrat 172 F
munichia, forteresse à Athenes 602 E

& port 601 H
mur de bois, sauuegarde des Atheniens 130 F
Muræna fidelement accusé par Caton 112 C
la Muræne de Crassus morte, son maistre en plora 517 E F
murailles des villes pourquoy estimees sacrees, & les portes non 465 A
murailles defenduës d'estre assaillies, & pourquoy 221 A
Murcia, surnom de Venus, & pourquoy 463 F
la Musareigne est aueugle, pour ce deïfiee aux Ægyptiens, & d'où engendree 394 B C
Muscosus, fontaine à Rome 305 D
la muse des curieux, quelle 64 G
la muse iadis n'estoit auaricieuse 133 H
muses filles de dame Memoire 5 H, 599 D
muses pourquoy plusieurs engendrees de Iupiter 436 F G
muses toutes s'appeller memoires 436 E
muses appellees Sirenes, & Sphæres celestes 437 H
muses pourquoy ainsi appellees 81 F
muses sont les arts & sciences 604 D
muses combien en nombre, & ce qu'il s'en dit non vulgairement 436 H, 437 A B C
aux muses conuient fort bien le nombre nouenaire 432 B
neuf muses, huict entour les choses celestes, la neufiéme alentour des terrestres 555 D
Muses & les Graces conionctes, est la plus belle assemblee du monde 229 F
quel office à chacune des muses attribué 145 D, 156 A, 438 B C D
dons des muses font l'homme viure en plaisir 155 G
les muses cachent ce qu'il y a de furieux au vin 421 E
muses engendrent au cœur de l'homme vn desir furieux 282 C
les muses ont inspiré les hommes doctes estans en exil 128 B C
muses quels fruicts produisent 150 B
la premiere des muses, est Isis & Iustice 318 E
muses auancees par l'humanité des Princes 511 E F
muses aimees des esleuz de Iupiter 183 F G
les muses & la memoire aupres d'Apollo, & pourquoy 357 D
muses conduictes par Apollo, & leurs offices 436 D E F
les muses plus amiables que Venus 133 H, 134 A
il faut entrer au temple des muses, non pas en celuy de Venus 415 A
muses pourquoy auoient leurs temples loing des villes 66 F
muses pourquoy ont vn autel commun auec Hercules 469 F
muses non moins meslees auec Bacchus que les Nymphes 360 A
sacrifices offerts aux muses, en entrant en bataille 216 H
muses prouoquees à chanter par le mu-

sicien & poëte Thamyris 660 F
muses aux belles voix 365 D
muses Ardalienes, quelles 152 D
muses aux blonds cheueux, fauorables à Lysias 91 A
musicien qui gentiment ferma la bouche au Roy Philippus 51 C, 312 A, 372 F
- musicien deçeu & gaudy par Dionysius 311 F
- musicien touchant sa cithre des doigts, puny 224 B
- il est impossible d'estre parfaict musicien 666 F
- musiciens quels subiects doiuent prendre 12 F
- musiciens ne doiuent chanter contre mesure 195 B
- musiciens comment composent & temperent leurs accords 315 A
- musiciens d'auiourd'huy reiettét ce qu'il y a de beau en la musique 666 G
- bons musiciens en vn Royaume, où le Roy aime la musique 146 E
- vieux musiciens pourquoy entonnent plus haut & plus durement 367 A
- musiciens anciens nombrez en vn catalogue 660 F, 661 D
- musiciens & grammairiens en dissention 660 E
- combats des musiciens fascheux 599 E
- musiciens amuseurs de gens à peu de chose 216 G
- musiciens comparez à des cuisiniers & potagers 215 E, 217 D
- musique est la sciéce des sons & accords & la plus haute des mathematiques 540 H
- musique, seconde partie de mathematique 437 B
- la musique n'est inuention des hommes, & pourquoy 662 C
- musique n'est œuure des muses 156 A
- la musique inuentee par les cygnes & rossignols 516 D
- musique inuetee par Prometheus 318 C
- la musique inuentee par Maneros 321 F
- la musique introduicte par le poëte Pherecrates en habit de femme, ayant le corps deschiré de verges 665 A
- la musique pourquoy donnee de Dieu aux hommes 121 B
- musique enseignee par l'amour 607 D
- la musique traitee de la voix 660 C D
- la musique à trois principes, & quels 365 G
- musique diuisee en trois especes, & quelles 437 A
- la musique a les notes basses & hautes pour les elements 529 G
- la musique delecte Apollo Pythien 353 G
- musique à l'ame fort delectable 282 G
- la musique par l'ordre, l'accord, & la mesure, addoucit les ames des hommes 31 F, 667 H
- musique fortifiant l'ame de l'homme, quelle 662 G
- la musique forme les ames des ieunes gens à la vertu 664 C
- la musique chasser la pestilence des villes, & les seditions 667 E F
Homero nous apprend soubs la personne d'Achilles, comment il faut vser

de

de la musique 667 B C
— musique venerable, & aux Dieux agreable 662 B
la musique iadis seulement employee au seruice de Dieu 664 E
punition alencontre de ceux qui offenseroient contre la musique 666 G
la musique ancienne quelle estoit, & à quoy employee 667 C D
musique ancienne combien soigneusement traittee, & ses loix gardees 661 B
musique ancienne corrompuë 660 E
— la musique corrompuë par l'intemperance de l'ouye 276 H
musique, qui se fait par le iugement de l'ouye, reprise par Pythagoras 666 G
la musique enyure plus que ne fait le vin 414 C
— la musique conuient au soir 384 H
— musique vtile auant le dormir 335 H
— musique pourquoy introduicte és festins 359 F
— musique, & ses proportiós adaptees aux mediocritez des vertus 33 C D
— la musique plus venerable se fait par le mouuement des cieux 667 H, 668 A
— la musique ioincte auec les armes par Lycurgus 226 H
— musique sage & rassise, quelle 354 F
— la musique honoree d'Alexandre, pour ce qu'elle rend les cœurs magnanimes 312 C
— musique Lydiene & Phrygiene defenduë aux ieunes 176 C
— quelle musique ouyt Cadmus de Dieu 628 G
— musique non mortelle des Sirenes 437 G
— musique d'Osiris pour ciuiliser les peuples 320 G
— musique theatrale ignoree des Grecs, & pourquoy 664 E
— musique Enarmonique, Diatonique, ou Chromatique par qui inuentee 661 H
— la musique lasciue quels vices engendre és hommes 12 E
— instrumens de musique pourquoy inuentez 32 D
— musique iadis ieu de pris 396 H
— toute musique doit estre loing du bon gouuerneur de rep. 504 A
— musique des maisons des choleres, quelle 62 A
— la musique conuient aux choleres, non aux festins 148 F
— la musique sans exercice s'oublie 184 E
Mutonius quelle response feit à Rutilius, riche Romain 131 F
Muthias pourquoy & comment tué par son neueu Septimius 489 H
deux muys là sus au ciel, des biens & des maux 245 B C
mycone est vne messange confuse 361 F
Mycilus combatoit la faim en cardant la laine 131 G
mylephaton que signifie 476 E
Myles, ville en Lydie 484 B
Myre, ville de Lycie 517 G
Myrionymos, surnom d'Isis, & de la premiere matiere 329 F
Myro vierge condamnee auec sa sœur, de se pendre elle mesme 236 B
Myron tyran enuoyé de Dieu, pour punir les Sicyoniens 261 A
Myronides vainquit les Bœoriens 523 F
Myrrha, amoureuse de son pere, par quel moyen coucha auec luy 489 C
myrrhe offert au Soleil 329 E
myrrhe pourquoy offert à Dieu sur le midy 335 B
Myrrhine, la plus somptueuse courtisane qui fut onc 501 D
Myrtale, surnom de la mere d'Alexandre, & ses autres noms 630 H
Myrtea, surnom de Venus, & pourquoy 463 F
Myrtis poëtisse 483 E
confins des Mysiens & Phrygiens separez, prouerbe 293 A
à Myssion tissant vn van, que dist Chilon l'vn des sept Sages 473 D
vn mystere fait d'vn festin 364 G
mysteres d'Eleusine 607 C
mysteres semez par Alexandre 308 G
mysteres abolis par les Epicuriens 594 G
myrtis, vessie aupres du col du poisson nommé la Seche, où est son encre 518 H
Myuntins & Milesiens accordez par la pucelle Pieria, & son amoureux Phrygius 236 D E

N

Nabis, peste de sa cité 168 E
Nacre poisson, & son histoire 520 B
Namertes, ambassadeur Spartiate, & ses dicts notables 221 H, 222 A
napel, poison mortel, ne nuist à ceux qui le portent auec eux 138 B
naphthe de Babylone, s'allume en la monstrant au feu de loing 400 H
naratas, Satrape de Babylone 283 E F
le narcille, couronne des grands Dieux terrestres 380 E
narthecium, mont 211 G
nations comment different de façons de faire 19 B
nations assubiecties par les Romains 305 H
natiuitez d'hommes illustres, solennisees 421 C D E
nature qu'est-ce, selon les anciens philosophes 445 H, 446 A
nature est la plus saincte chose du monde 81 H
nature est le principe de mouuement & de repos 439 H
nature est le commencement de vertu, & des sciences 1 F
nature estre le fondement de felicité, selon Zenon 579 F
nature estre la destinee, la prouidence diuine, & Iupiter 569 F
nature en quelle signification se doit prendre 590 H, 591 A
nature mesuree par le temps, n'est immuable 356 G H
nature en tout & par tout est exquise, & n'a rien de friuole 101 F
nature toujours en perpetuel mouuement 113 H
nature tend toujours contremont 338 H
nature n'a autre chose que l'ordre, ou bien l'effect de l'ordre 430 H
en nature rien de vuide 542 D
la nature ou la matiere, le siege & nourriture de ce qui est engendré 547 G, 548 D
nature mesme estimee consister & proceder de la fortune 476 F
la nature des corps, vagabonde, incertaine, & inuable 422 D
nature cause du bien & du mal 326 A
nature ne peut estre violee 190 B
nature corporelle tend toujours à corruption 357 G
nature s'attache toujours aux choses plus salubres 301 B
nature diuine composee de trois choses 330 B
la nature de l'vniuers, confuse, comment changee en monde 259 E
la nature de l'vniuers resembler au triangle 330 B
nature requiert par tout vne egale distribution 346 D
nature produict beaucoup d'animaux, pour la beauté seulement 566 H
nature merueilleuse en ses effects, experience de ce 376 H, 411 H
nature, intelligence du ciel, appelee chariot volant 434 C D
ce qui est selon nature, est la plus facile chose du monde 154 D E
ce qui est contre nature, est incontinent indeterminé, & infiny 430 B
la nature de l'homme a deux parties principales, l'entendement & la parole 3 F
nature mauuaise & bestiale procede du mauuais Dæmon 333 F
nature corrompuë & aneantie par paresse 1 G
nature n'est pas si corrompuë és bestes, qu'és hommes, & pourquoy 100 D E
nature sans doctrine est aueugle 1 F
defaut de nature, par exercitation reparé 1 G
nature chaste & saincte n'admet point de volupté 628 F
contemplation de nature plus belle que toutes choses 438 D
la nature se dresse pensant à l'amour 401 B
le naturel de l'homme est vn Dæmon 539 F
la naturelle dispute du monde, & des choses contenuës en iceluy 439 F
des causes naturelles, vn traicté 534 D
naturels des hommes representez és escrits des hommes 284 A
nauigateurs en quoy se plaisent 369 H
nauigation quand doit on entreprendre 336 D
le nauiguer au long de la terre, est le plus plaisant 364 H
nauires de quels arbres doiuent estre faictes 397 F
nauires, où lon meine le sel, produisent des souris 403 C
nauires Salaminiene & Paralos, quel-

TABLE ALPHABETIQVE SVR LES

les 169 E
nauplia, roche à Delphes, d'où on precipitoit les sacrileges 263 D
Nauplius pourquoy s'enfuit vers les Chalcidiens, & gardé par les gaillards & ieunes hommes 482 C
Nausicaa pourquoy lauoit ses habillemens en la riuiere, non pas en la mer 368 A
Nausicaa accomparee à vn palmier en beauté 424 H
Nausinica, nom de la fille du capitaine Adimanthus, & que signifie ce mot 657 H
Nausithoüs, fuyant les hommes, habitoit au milieu de la mer 126 G
nauronniers de mer pourquoy iamais saluez des presbtres d'Ægypte 325 A
Naxe, isle, habitation d'Orion 126 C, 523 A
Naxiens & Milesiens s'entreguerroient mortellement pour deux adulteres 236 FG
Nœara femme impudique, causa la mort de ses citoyens 236 GH
Neanthes a escrit choses fabuleuses & non receuables 368 G
neatos, l'air d'au dessoubs de la Lune 544 B
necessité est la plus forte chose du monde 154 D
necessité principe desordonné, selon Platon 547 B
necessité, est celle puissance qui domine par tout l'vniuers 553 H
necessité rude & violente, & mere des Parques 437 E
necessité à Dieu rebelle 548 A
necessité fauorisee de la loy 150 B
par necessité ferree, nostre vie est alteree 244 B
necessité naturelle difficile à empescher 262 F
necessité comment se doit entendre 557 G
de la necessité, & de son essence 445 D E
necessité és choses humaines comment entenduë 15 B C
qui cede à necessité, entend ce que c'est que la diuinité 252 E
necessité à foison en l'isle Seriphe 126 A
il ne se peut faire naturellement, que ce qui est ne soit necessaire 243 D
nectar, bruuage de Iupiter, difficile à recouurer 156 D
nectar instillé à Achilles par Minerue 613 B C
la nege est claire & froide 531 D
la nege garde la chair de se corrompre 425 H
la nege se conserue dedans la paille, & habillemens 406 F
la nege se fond sur le lierre 581 B C
nege se fondant, engedre du vent 407 A
nege en Ægypte rare 294 D
neges quand & comment preueuës, & d'où procedent 530 G
neges comment se font 450 E
neges prouoquent la faim canine 408 C G
neges cause du debordement du Nil 432 H

peuples submergez és neges 315 F
negligé ne veut estre, qui bien aime 88 H, 89 A
negligence quel dommage apporte à son maistre 2 A
par negligence tout perit 106 C
Neleus vaillant capitaine Athenien 526 B C
Nemee ville, & belle histoire des dauphins, y faicte 522 G
Nemanon, Royne de Byblis, & histoire de ce 321 D
nemertes blanche, & nette comme yuoire 73 G
Neocles, pere de Themistocles & d'Agesilaus 102 E, 486 B
Neocles loué hautement son frere Epicurus 286 E
Neoptolemus quel accord feit entre Vlysses & les parens des poursuiuans de sa femme Peneloppe qu'il occit 479 F
Neoptolemus iouër de comœdies, precepteur de Demosthenes 498 E
nepenthes, drogue qui charme la douleur 360 E
nephalia, quels sacrifices 298 H, & oblations 395 E
Nepté, ou Teleuté, ou Venus, ou Victoire, à quel iour nasquit 320 F
Nepthé conceut Anubis de son frere Osiris 321 B
Nepthys, femme de Typhon, que signifie 326 C
Nepthys couchee auec Typhon, que signifie 330 G
Nepthys, engendrant Anubis, que signifie 327 E
Neptune dieu d'vn principe genital, qui est l'humidité 397 E
Neptune, Iupiter, & Pluton departirent entre eux l'Empire de leur pere Saturne 255 A
Neptune en quel lieu assis entre les dieux 362 C
Neptune protecteur des arbres 157 D
Neptune appellé le premier nombre cubique 320 B
Neptune Erechthien 498 A
Neptune nommé le cheualier 468 C
Neptune pourquoy surnommé Phytalmios & Protogenien 397 E F, 429 A
Neptune vaincu que signifie 434 H
Neptune signifie l'esprit, qui passa à trauers la mer 326 H
Neptune auec son trident que signifie 334 C
Neptune pourquoy opposé à Apollo par Homere 331 E
Neptune courroucé enuoya vne grande famine aux Corinthiens 505 F
que promit Neptune à Stilpon, qui ne voulut luy sacrifier vn bœuf 117 H
Neptune & Minerue querellans 87 F
Neptune & Ceres pourquoy logez en vn mesme temple 393 E
Neptunes infinis en infinies reuolutions 344 H
neueux doiuent estre aimez de leurs oncles 89 C
Nereides, nymphes de la mer 160 A
les nerfs de quels elemens s'engendrent

au ventre de la mere 459 E
les nerfs offensez du froid 533 D
Neron cruel tyran pourquoy feit mourir le bon iuge Thraseas 168 G
Neron brocardé de son pauillon par Seneque 61 B
Neron fait basteleur par les flateurs 44 F
Neron comment accoustra les amis de Plautus 105 B
Neron grieuement affligé en l'autre monde 269 E
Nerteros & Eneros, noms des morts 544 C
Nesiotes quel homme 163 F
Nessus, riuiere 479 H
du sang de Nessus, Deianira empoisonna la chemise de Hercules 469 FG
Nestis signifie l'eau selon Empedocles 441 E
Nestor fils de Neleus 370 E
Nestor le vieillard en honneur & reputation 181 FG
Nestor homme de bien, yssu d'vn meschant pere 266 H
Nestor prudent d'vne sorte, & Vlysses d'vne autre 229 H
Nestor dequoy auoit sa maison garnie 99 G
Nestor reprint modestement Aiax, qui trop parloit 90 H
Nestor en se loüant encourageoit ses capitaines 142 A
Nestor combien sagement reconcilia Agamemnon & Achilles 19 A B
Nestor meit le sort pour eslire celuy qui combattroit Hector 588 F
Neté quelle voix en musique 33 D, 437 A, 544 B
neté Dorienne inuentee par Terpander 664 F
netteté & curiosité en quoy different 407 F
le neuf fort bien seant aux Muses 432 B, 433 D
le neuf pourquoy estimé fauorable aux petits enfans 476 A B
le neufiéme iour est des maladies critiques 17 A
nez aquilin royal 44 D, le camus, gentil & plaisant 28 G
nez aquilin aimé des Perses, & pourquoy 176 A, 188 D
Xerxes pourquoy feit couper les oreilles & le nez à ses gens 71 E
Nicander grand presbtre de l'oracle de Delphes 351 F
Nicander pourquoy n'est reputé entre les poëtes 10 A
Nicander bien entendu à la chasse 511 H
Nicander Lacedæmonien, & ses dicts notables 122 A
Nicanor mesdisant du Roy Philippus, pourquoy non puny 191 B
à Nicarchus Diocles raconte ce qui fut faict au banquet des sept Sages 150 D
Nicedion amoureuse d'Epicurus 284 H
Niceratus deffrayeur de ieux 177 B
Niceratus le quatriéme occis à Athenes 277 A

Nicias

Nicias Syracusien 493 H
Nicias, foible de corps, s'associa Lamachus 174 E
Nicias adonné aux ceremonies des dieux 649 B
Nicias defraya en Delos la danse des Atheniens 425 C D
Nicias tant adonné à sa peinture, qu'il oublioit le boire & le manger 180 F, 282 D
Nicias malgré luy entrainé à col tors iusques en Sicile 163 H
Nicias espouuenté de l'eclipse de la Lune, perdit la bataille 122 C D
Nicias captif solicité par son Amy Agesilaus 210 E
Nicias quelles prouesses feit 523 F
Nicion capitaine des Macedoniens tué en bataille 198 A
Nicocles Roy de Cypre, donna à Isocrates douze mil escus, pour l'oraison qu'il luy dedia 495 B
Nicocles tyran, ruiné par Aratus 165 H
Nicocrates le plus cruel tyran qui onc fut, tué par son frere 238 E
Nicocreon tyran de Cypre 495 F
Nicocreon feit piler & briser Anaxarchus dedans vn mortier 36 C D
Nicolas surnom des grands dattes, & pourquoy 424 F G
Nicomachus peintre excellent 229 F
Nicomedes Roy de Bithynie, pourquoy se feit raire la teste 313 H
Nicomedes pauure boiteux estropié 201 C
Nicopolis ville sacree 392 H
Nicopolis courtisane de Sylla 303 A
à Nicostrata, ou Themis, ou Carmenta, mere d'Euander, pourquoy les dames Romaines fonderent vn temple 469 C D
Nicostratus bon & fidele capitaine des Argiens 199 E
Nicostratus que respondit à vn traistre 80 A
Nicostratus ioüeur de tragœdies 515 E
Niger orateur mourut d'vn arreste de poisson 297 H, 298 A
P. Nigidius conseil de Ciceron 187 F
nil, fleuue honoré des Ægyptiens 319 E
le nil pere & sauueur d'Ægypte 428 A B
le nil naist à la main gauche du monde, & meurt à la droicte 324 H
le nil appellé le decoulement d'Osiris 325 G
le nil apporte l'herbe nommee le papier 598 E
l'eau du nil pourquoy puisee auant le iour pour en vser 425 G
le nil a repoulsé la mer 326 G
le nil fecond & generatif, & sa proprieté 274 G
le nil rend la terre seconde 326 B
le nil signifié par Osiris 324 H
le nil est comme sang meslé auec la chair 426 B
le nil pourquoy & comment deborde 452 H
le nil desborde par les vents Etesiens 326 D
le nil en quelle saison de l'annee deborde 326 B
le nil de quelle hauteur desborde 327 C D
le nil preueu par le crocodile, iusques où il doit courir la terre en debordant 521 D E
Niloxenus, familier de Thales & de Solon, pourquoy enuoyé vers Bias 150 E
Niloxenus presente les lettres du Roy d'Ægypte à Bias, au banquet des sept Sages 153 A B
Niobe perdit six fils & six filles pour auoir outragé Latone 123 B
Nisus, Roy de Megare, pourquoy & comment perpetua la memoire de sa femme Abrote 480 A
noblesse est belle chose, mais c'est vn bien de nos ancestres 3 E
noblesse de race ne sert de rien, sans œuures vertueuses 219 E
noblesse mauuaise à repaistre 129 B
noësis est le mouuement de l'entendement & du iugement 331 A
le nœud que receut Vlysses de la Circe 579 C
le noir & le froid appartenir à vne mesme substance 531 B
noir, & rien d'auantage, respondit l'oracle de Mopsus 349 F
noirs hommes appellez viriles 44 D
noirs de couleur sont magnanimes 28 G
noise d'où a eu son origine 378 G H
noise & combat, cause du mal 328 F
noises de freres en leur enfance ne s'oublient qu'à grand' peine 86 H
le nom & le verbe composent l'oraison, & consideration de ce 545 A
le nom de Grand à quels hommes conuient 115 A, 142 C
plusieurs noms composez par les poëtes 438 H
noms poëtiques comment doiuent estre entendus 14 E
noms des escrits d'Homere ont mouuemens, selon Aristote 629 B
noms propres & honorables des Roys anciens 141 D
exprimer les parties secretes par leurs propres noms, n'est pas honneste 101 F
noms pourquoy imposez aux enfans masles au neusiéme iour, & aux femelles à l'huictiéme 475 H
noms des Ægyptiens signifient quelque chose 324 D
noms anciens des Romains, & quels 467 D
les premiers noms des Romains ne s'escriuent ordinairement que d'vne lettre 476 B C
noms, plusieurs eclipsez par les surnoms 630 H
noms des Dactyles Ideïens, preseruatifs contre les frayeurs 119 B
noms vsurpez par les tyrans 314 A B C
noms des Dieux pourquoy vsurpez par les hommes, & par les dæmons 542 F
Nomades campent tousiours où il y a printemps 612 F
Nomades ne viuent que de chair 510

Nomades rembarrez par les Romains 306 A
le nombre comment faict de l'vnité 346 E F
le nombre en general comment se diuise 354 A
le nombre non pair meilleur & plus parfaict que le pair 460 H
le nombre pair & non pair d'où procedent 346 F
le nombre non pair resembler au masle, & le pair à la femelle 354 A B
nombre impair attribué aux Dieux, & le pair aux Dæmons 323 E
le nombre pair est defectueux, imparfaict, & indefiny 464 E
le nombre pair pourquoy estimé femelle & le non pair masle 476 A
le nombre binaire est indefiny, & le commancement de diuorce 92 D
nombre ternaire choisi par les anciens 325 H
nombre triangle estimé estre la puissance des Dieux 524 C
le premier nombre cubique appellé Neptune 320 B
nombres sont deuant les figures 542 A
tous nombres ont leur commancement de l'vnité 355 F
les nombres engendrez de l'vn & du deux 546 H
nombres principes des choses, selon Pythagoras 440 G
nombres adaptez à la composition du monde 346 E F
les nombres aident la composition des corps selon Platon 422 G H
nombres harmoniques accommodez à la creation de l'ame du monde 549 F, 550 A, 551 A B, 554 E
toutes choses resembler aux nombres, selon les Pythagoriens 555 F
contemplation Pythagorique sur les nombres 354 A B C
nombres honorez des noms des Dieux par les Pythagoriens 334 C
nombres entendus des poissons 519 H
bœufs de Suse sçauent nombrer & compter 516 F G
le nombril de la femme resembler à vne ancre ou cable 101 G H
nombril, lieu où estoit le temple d'Apollo Pythien 335 G
non, les Lacedæmoniens escriuirent ceste seule syllabe à Philippus 96 A
nonnes quel iour de chaque mois aux Romains, & pourquoy ainsi dictes 474 A B
le lendemain des nonnes pourquoy reputé malencontreux 464 C
nonnes caprotines, quelle feste aux Romains 304 A
nopces comment celebrees iadis à Delphes 178 A
les premieres nopces sont desirables, mais les secondes abominables 476 D E
le plaisir des nopces conuient au soir 384 H
coustumes des nopces gardees par les anciens 145 E
aux nopces pourquoy c'est qu'on allume

k

TABLE ALPHABETIQVE SVR LES

cinq cierges, ny plus ny moins 460 H
aux nopces pourquoy conuie l'on plusieurs gens à souper 592 B
és nopces pourquoy on chantoit, Talasius 465 E
nopces parmy les guerres d'Alexandre 310 H
cent paires de nopces celebrees ensemble en la tente d'Alexandre 309 C D
Iuno & Venus ont la superintendance des nopces 473 G
nopces d'où sont venus les Minotaures, Ægipans, & Centaures 271 H
nopces des grenoüilles 521 F
norops en Homere est dict du cuiure 407 E
notes basses & hautes, elemens de la musique 519 G
des notices communes contre les Stoïques 573 G
notos est le vent qui souffle de dessoubs la terre 544 C
le nombre nouenaire fort bien seant aux Muses 432 B
la nourrice de Timon estoit tous les ans deux mois sans boire ny manger 430 E
nourrices quelles doiuent estre 2 E
nourrices n'ont qu'vn amour supposé, & non naturel enuers leurs nourrissons 2 D
nourrices de Bacchus pourquoy nommees Chalcodristæ 395 D
la nourriture est medecine pour guarir la faim 158 B
nourriture & accroissemẽt des animaux, comment se font 460 B
la nourriture de quelles parties du corps se fait 357 F
nourriture en abondance cause superfluité de semence. 337 H
nourriture trop grande cause les maladies du corps 460 E
nourriture d'aucune creature viuante n'est de choses viues 157 G
n'auoir besoin de nourriture, est le souuerain bien de l'homme 157 H
nourriture des enfans quelle doit estre 1 F
bonne nourriture des enfans repare le defaut de nature 1 G
Lycurgus monstra par deux chiens combien vaut la bonne nourriture des enfans 2 B C, 219 D E
nourritures de bestial estoient les richesses des anciens Romains 467 D
desir de nouueauté, insatiable 103 E
amende contre ceux qui demandent, Et bien y a il rien de nouueau? 65 C
nouuelle publique iamais en vain ne se trouua auoir esté dicte 432 E
nouuelles cerchees des curieux 65 B
porteurs de bonnes nouuelles comment recompensez 524 G
nouuelles mauuaises à homme ne faut demander 370 B
quel danger de porter mauuaises nouuelles 93 F
faulses nouuelles par qui controuuees 153 E
nouuelles des enfers racontees par vn Pamphylien en Platon 434 D

le noyer pourquoy appellé Caryon, & sa proprieté 380 E
Nuceria pourquoy bannie par son mary Hebius 490 G H
nuees comment se font 450 E
les nuees s'engendrent des vapeurs 452 H
nuees sont instrumens de Dieu 160 D
nuees quelquefois plus basses, ou plus hautes, & pourquoy 531 E
nuees appelees Ploiades, quelles 478 D E
nuees, comœdie d'Aristophanes ainsi nommee 6 C
la nuict fille & ombre de la terre 532 H, 543 F, 619 H
la nuict causee par la terre 123 F
la nuict & le iour, premieres mesures des temps 543 E
la nuict quand commence, selon les mathematiciens, & le vulgaire 473 E F
la constance du iour & de la nuict a donné aux hommes apprehension d'vn Dieu 442 F
la nuict aux hommes vient en cautelle 245 D
la nuict ne seroit point, si le Soleil n'estoir, selon Heraclitus 106 D, 527 H
la nuict respond à l'hyuer, & le iour à l'esté 425 H
la nuict pourquoy l'air n'est tant agité que de iour 414 D
la nuict pourquoy plus resonante que le iour 423 C D E
la nuict occupoit tout au commancemẽt de la naissance des hommes, selon Homere 619 G H
la nuict estimee estre vn corps par Chrysippus 587 C
la nuict surnommee Euphrone, à cause de Bacchus, c'est à dire, Sage 66 F, 420 B
la nuict pourquoy appellee Thoë 336 C, 615 D
le dedans de la terre appellé nuict 532 H
la nuict abuse & endort nature 384 G
la nuict appesantit les corps, & rend les esprits mornes 292 B
la nuict n'a honte de deshonneur 357 D
la nuict donne crainte au sage pilote 363 G
nuict aduenue au milieu du iour 619 G
nuict en la Lune 449 E
la nuict non tant fauorisee de Venus, que la fortune 303 B
Apollo n'a rien de commun auec la nuict 268 F
nuicts qui ne durent pas vne heure, & où 625 A
Numa Pompilius extraict des Sabins, grand mignon de Fortune 302 H
Numa estoit philosophe, & fort religieux 304 H
Numa aimé & enseigné par la fee Egeria, l'vne des Dryades 304 E
Numa, homme droicturier, pourquoy & comment borna sa terre 462 H, 463 A
Numa eut la fortune pour domestique 304 E
Numa par quel moyen sanctifia les Romains 597 G
Numa pourquoy ordonna que Ianuier

seroit le premier mois de l'annee 463 D E
Numance prise par Scipion puisné 205 E
Numantins estimez inuincibles 205 B
Numitor oncle de Romulus & Remus 304 B C
Nundinæ, quelles foires aux Romains, d'où ont eu commencement, & pourquoy sacrees à Saturne 467 D
Nyctelia, sacrifices de Bacchus, commẽt celebrez 395 D
Nyctelius surnom de Bacchus 354 F
Nycturus, surnom du planette de Saturne 624 H
Nymphæus, capitaine des Meliens, par son amoureuse sauua tous ses subiects 232 A B
Nymphe papillon qui se fait de chenille 373 H
la Nymphe Egeria l'vne des Dryades, & fee prudente, enseigna Numa Pompilius 304 E
Nymphes viuent dix phœnix 559 G
Nymphes pourquoy nourrices de Bacchus 386 G
Nymphes & Muses meslees auec Bacchus 360 A
Nymphes Dryades ont leur vie egale à celle des arbres 604 F
Nymphes Nomades 342 G
Nymphes Sphragitiennes 369 A
aux Nymphes, sacrifices offerts deuant les espousailles 505 C
Nymphes sont les fontaines 9 E
Nymphis, quel autheur 433 G

O

Oaristes, c'est à dire, familier & disciple 133 D
obeïr faut à ceux qui sont en authorité, à l'exemple de la Lune 472 C
qui n'a apprins à bien obeïr, ne peut bien commander 166 D
sçauoir obeïr & commander, est la plus belle discipline du monde 212 E
l'obeissance des citoyens maintient la cité entiere 217 G
obelisques de fer à Corinthe, dediez par la courtisanne Rodopis 630 D
oblations pour les trespassez 251 B
oblations pour appaiser les ames des trespassez 265 E
oblations aux trespassez au mois de May 473 G H
oblations nommees Nephalia & Melisponda 595 E
obligation de corps defenduë par Solon 130 G
Obliuion, quelle riuiere, & où 465 H
obscurité estre le partage des trespassez 534 B
obseques des anciens comment faictes 382 G H
obseques publiques des morts en la bataille 495 G
obseques publiques pour Lycurgus l'orateur 498 G
occupations vicieuses combien pernicieuses 467 G
l'Ocean bordé tout alentour de la terre ferme

ferme 624 G
l'Ocean enuironne le monde 306 A
l'Ocean, pere des hommes & des Dieux couure presque toute la terre 440 D, 623 D
l'Ocean pasture du Soleil, selon les Stoïques 448 F
l'Ocean signifié par Osiris 325 G
l'Ocean representé en la Lune 614 A
Ochemus banny pour auoir tué son parent 483 D E
Ochimus quel homme 481 E
Ochne pourquoy se precipita 483 D E
Ochus Roy bien fortuné 307 G
Ochus Roy des Perses tua & mangea le Dieu des Ægyptiens, nommé Apis 320 D
Ochus le plus auaricieux Roy qui fut onc 231 F
Ochus pourquoy surnommé l'Asne 324 G
Ochus pourquoy nommé l'Espee par les Ægyptiens 320 G
Ochus feit mourir de desplaisir le Roy Xerxes son pere, & pourquoy 82 D
Ocridion quel homme, & pourquoy les herauts n'entret en son temple 481 E
Ocrisia conceut Seruius par vne apparition d'vn membre viril 305 F
l'Octaëdre corps à huict faces, principe de l'air 541 G
l'Octaëdre matiere de l'air 345 G, 446 G
de l'Octaëdre dissolu & departy en pyramides s'engendre le feu 347 B C
Octauius Africain brocardé par Ciceron 370 G H
Odeum eschole de la musique à Athenes 128 A
l'odeur comment se coule dedans le cerueau à l'odorement 455 B
odeur soüefue sortoit du corps d'Alexandre, & d'où procede l'odeur 366 B C
odeur d'vne racine dont viuent les Astomes, hommes Indiens qui n'ont point de bouche 625 C
odeurs naturelles sont simples, pures & nettes 379 H
odeurs prennent vigueur meslees auec de l'huile 295 F
odeurs se sentent mieux d'vn peu loing que de bien pres 367 E
odeurs restreintes par le froid 538 E
odeurs soüefues vtiles à la santé 335 G
odeurs ou parfums corrompent femmes & hommes 172 E
odeurs admirables en l'isle de Saturne 625 B
l'odorement de quel esprit se fait 455 H
l'odorement comment se fait 455 B
l'odorement attribué au feu 355 C
l'odorement plus exquis que n'est le goust 272 C D
l'odorement entre tous les sentimens excite plus le mal de cœur 536 C
l'odorement à quelle fin à l'homme donné 106 D
l'odorement est resiouy par les parfums 257 B C
odorement des vieilles gens pourquoy ne s'esmeut que de fortes odeurs 367 A

l'Odyssee d'Homere a le premier & dernier carme égal en syllabes au premier & dernier de l'Iliade 433 E
l'Iliade & l'Odyssee d'Homere estoient à Alexandre l'entretien de la guerre 308 C
Oecetes Pythagorien estimoit estre deux terres 451 D
Oechalia ville saccagee par Hercules, & pourquoy 488 A
Oedipus par curiosité en de tresgrands maux enuelopé 67 A
Oedipus ses deux yeux se creua 102 H, 103 A
Oedipus parricide 200 F
Oedipus tua son pere 169 C
Oedipus en Colone, tragœdie de Sophocles 179 G
l'œil est vne des mains de la curiosité 66 C
l'œil n'est d'aucun effect sans la lumiere 349 A
l'œil malaisé à regir 420 C
comparaison du corps humain à l'œil remply d'humidité superflue 275 F
l'œil signifie prouoyance 329 B
l'œil du maistre engraisse le cheual 5 G
l'œil diuin de iustice par tout s'entend 597 D
le Roy des Ægyptiens peint par vn œil 320 B
l'œil d'Orus estimé estre le Soleil & la Lune 329 B
l'œil d'Isis tua vn enfant de son regard 321 E
l'œil immortel du monde, est le Soleil 289 C D
Oenanthe, baladine insigne 602 B
Oenomaüs pourquoy maudit les cheuaux qui couuriroient les iumens en Elide 484 G
Oenopides s'attribuë l'inuention de l'obliquité du zodiaque 447 D
Ocnophytes, quel lieu 323 F
Ocolycus aux funerailles duquel Homere & Hesiode feirent des carmes à l'enuy 397 A
Oenoloes quels hommes ainsi appellez 482 H
l'œuf est comme vne supergeneration 374 F
l'œuf estre plus ancien que la poule, & le principe de generation, selon Orpheus 373 E, 374 A
l'œuf resembler à la premiere matiere de generation 373 H
œuf aucun ne fut iamais engendré de la terre 374 C
l'œuf duquel furent engendrez les Tyndarides, tomba du ciel 374 C
œuf contenant vingt-quatre Dieux 328 C
l'œuf pourquoy consacré à Bacchus 374 B
œufs d'où ont leur essence 374 C
œufs de fourmis prognostique de pluye 512 F
œufs conceuz du vent, dicts ὑπηνέμια 25 C
œufs durs nourrissent beaucoup 298 D
œuure, & exercitation comment diffe-

rent 641 B C
œuure comment differe de generation 540 E
la difficulté & perfection de tout œuure gist en la fin 119 E
l'œuure de Dieu est ferme & stable 475 B C
œuures des hommes obseruees de l'œil de Dieu 528 H
œuures des Muses, de Venus, & de Bacchus, diuines 156 A B
œuures de sanctification des presbtres d'Isis 319 A
l'offrande de vin, que l'on faisoit aux Dieux par qui inuentee 476 D
offrandes faictes pour les trespassez au mois de Feurier 251 B, 322 D E, 464 A, 465 H
offrandes de petits chiens à Proserpine 470 G
Ogygie, isle loing en la mer, distante d'Angleterre de cinq iournees de nauigation 624 F
Ogygius geant où est colloqué 624 G
oicos aux Grecs que signifie 14 D
oignement duquel les femmes font deuenir leurs cheueux blonds comme fin or 613 B
oignemens frauduleux & trompeurs 379 H
l'oignon est la saulse du vin, selon Homere 417 G
l'oignon est comme l'attraict & friandise de boire 393 F
oignon hay des presbtres d'Isis, & sa proprieté 319 E, 339 F
oignons viande des gens de guerre des Atheniens 525 F
oignons semez aupres des roses, les rendent meilleures 112 E
oinos signifie le vin, & pourquoy 420 D
oiseau nommé Loriot, guarit la iaunisse en le regardant 400 H
oiseau appellé Piuert, consacré à Mars, & nourricier de Romulus 304 B
oiseau desert par Homere, qui se laisse mourir de faim pour nourrir ses petits 101 B, 115 H
oiseaux appartiennent au bon Dieu 328 B
oiseaux, herauts & messagers des Dieux selon Euripides 517 A
oiseaux ont vne nature prophetique, & leur histoire naturelle 516 H
oiseaux pourquoy non obseruez par les Augures, quand il faisoit nuit 471 D
d'oiseaux maleficiez on ne doit prendre augure ny presage 471 E
oiseaux volans du costé gauche estre bon presage 472 C D
oiseaux qui nourrissent Saturne d'ambrosie 625 B
oiseaux sepultures des Bactrianiens 138 A
oiseaux pourquoy n'ont point de luette 411 C
oiseaux quand bons à prendre presages 466 F
oiseaux engraisser en lieu obscur 600 A
oiseleurs comment vestus 309 F
oiseaux condamnez à Athenes 217 A
k ij

TABLE ALPHABETIQVE SVR LES

oisif comparé à vn palefrenier 184 E
oisifs loüez par les flateurs 45 A
oisiueté quel dommage apporte aux hommes 184 D, 292 A
oisiueté engendre beaucoup de maux és villes 467 B
oisiueté rend les citoyens pires 189 F
oisiueté corrompt les corps 2 A
oisiueté cause beaucoup de maladies 430 A B
oisiueté destruict la fin de la santé 300 D E
oisiueté gaste les gens d'armes 100 G
oisiueté diminuë la prudence 181 G
oisiueté doit estre fuye des Roys 133 D
oisiueté comment euitee par Philoxenus le chantre 132 E
oisiueté haye d'Alexandre 310 F
oisiueté defenduë par cest ænigme, Ne te sied point sur le boisseau 7 F
Oizyrous signifie souls & miserables 14 C
Oligarchie, quel estat de republique 505 G
Olinthe demolie par le Roy Philippus 59 A, 223 F, 499 C
l'oliue a produit la saueur amere 535 D
couronne d'oliue pour les bons gouuerneurs de republiques 175 B
ne faut passer par dessus l'oliue 295 A
oliue sacree au chasteau d'Athenes 175 B
l'oliue, quel ruisseau 337 B
oliues confites auec du sel font recouurer l'appetit 404 D E
oliues és festins 390 F
l'oliuier sain pour se chauffer, & mauuais à chauffer les estuues 387 A
oliuier consacré aux ieux Pythiques 415 C
oliuiers croissans en la mer Oceane 623 H
oliuiers pourquoy tousiours feuillus 381 C D, 460 B
oliuiers sortans de lentisques 376 C
oliuiers sacrez à Minerue, defendus d'estre couppez 413 F
ololygon, voix des grenoüilles 521 F
Olympe, mont surpassant la moyenne region de l'air 531 H
l'Olympe appellé monde 484 C
Olympias, femme du Roy Philippus, combien courtoise à l'endroit de l'amoureuse de son mary 147 E
Olympiade, troisiéme nom de la mere d'Alexandre 630 H
Olympiade commét reconciliee au Roy Philippus son mary 192 C
Olympiade magnanime d'vne sorte, & Cornelia d'vne autre 229 H
Olympie, ville 484 C
Olympius apporta en Grece les Idees Dactyles 660 H
ieux Olympiques n'estoient actes de vertu 211 H
tous les Grecs s'assembloient aux ieux Olympiques 149 B
Olympus, tiers ioüeur de fleutes 661 A
ombre, qui precede le corps, que signifie 415 H

l'ombre du noyer mauuaise 380 E
l'ombre d'vn asne debatuë, & pourquoy 500 F
l'ombre seulement d'vn amy, à l'homme grand heur 103 D
l'ombre du faict, est la parole 6 A
l'ombre de celuy qui entre au pourpris de Lycæum, ne tomber à terre 483 B
comment par l'ombre on peut sçauoir la hauteur d'vne Pyramide 150 G
là où finit l'ombre de la terre, c'est là où est le bout & fin de la terre, selon Homere 625 F
l'ombre de la terre, est la nuict 532 H, 619 H
l'ombre de la terre est pyramidale 336 C
l'ombre de la terre pourquoy appellee Typhon 327 F
l'ombre de la terre cause de l'eclipse de la lune 149 H, 449 D, 554 H
ames des morts ne faire point d'ombre 483 C
ombres ne sont là où le Soleil frappe à plomb 108 D
les ombres pourquoy quelquefois beaucoup plus grandes que leurs corps 612 A B
l'ombre du lierre blanc fait mourir ceux qui s'endorment dessoubs 380 H
de ceux que lon appelle ombres 415 G
ombres d'amitiez 81 H
coulouremens des ombres inuentez par Apollodorus 523 H
ombres nommees harpyes 416 H, 417 A
Omestes quel nom de Bacchus 61 D
omomi, quelle herbe és ceremonies du Dieu Mithres 328 B
Omphale, Royne de Lydie 180 C D
Omphale receut la coignee saincte de Hercules 484 A B
Omphis, surnom d'Osiris, qui signifie bienfaiteur 327 C
onces pourquoy vrinent en vn lieu à l'escart 509 E
oncles doiuent aimer leurs neueux 89 E
Onesicritus, disciple de Diogenes, faict capitaine d'Alexandre 310 E
ongles de quels elemens s'engendrent és animaux 459 E
ongles engendrez de superfluité 318 G
dés les tendres ongles, prouerbe 2 D
onguent parfumé d'Isis 321 E
Onobatis à Cumes estoit la femme prise en adultere, laquelle lon faisoit cheuaucher vn asne 478 A B
Onoclus, Roy des Ænianiens, pourquoy lapidé par ses subiects 481 D E
Onoclus assommé par ses subiects, par le commandement d'Apollo 479 D
Onomademus de Chio pourquoy ne voulut chasser tous les ennemis de la republique 170 E F
Onoscelis fut vne fort belle fille, engendree d'vn homme & d'vne asnesse 490 B

operations estre corps & animaux, selon les Stoïques 587 C
ophelesthai signifie s'augmenter 336 C
Ophiobori, surnom des Spartains, & que signifie ce mot 634 B
Ophthalmie, maladie des yeux, moindre que la manie 144 F
opiniastres quand se descouurent le plus 144 H
opiniastreté est vn maistre forsenné 182 B
opiniastreté est vne passion qui plus tourmente 83 A B
opiniastreté faut amortir en dispute 115 H
opiniastreté de ceux qui dominét, esteint les bonnes sciences 311 F
opiniastreté des choleres semble estre force 58 B
opiniastreté des freres, mauuaise nourrice d'amitié 87 A
opinion du bien, l'vn des deux principes des actions humaines 438 C
opinion nommee le nombre ternaire 441 B
opinion tenebreuse des Sophistes nocturnes 577 G H
auoir vraye opinion de Dieu, est le plus aggreable sacrifice qu'on luy peut faire 320 D
l'opinion des Dæmons d'où venuë 338 G
opinions diuerses touchant la creation de l'ame 546 G
opinions que les hommes ont euës de tout temps des dieux 582 C D
bonnes opinions ne nous peuuent estre desrobees 74 E
opinions des philosophes 439 F G
opinions de Pythagoras & d'Empedocles seruoient de loix 276 H
opinions estranges des Stoïques, appellees Paradoxes 16 D, 574 E, 583 F
des opinions les vnes vrayes, les autres faulses, selon Epicurus 453 H
viure selon les opiniõs des philosophes, ce n'est pas viure, disoit Epicurus 588 H, 589 A
Oplites, riuiere 634 H
l'opposition ennemie sans recõciliation 529 C
ὄφρα que signifie proprement, & d'où deriué 426 E
Opsophages, surnom des frians 392 E
Optiletide, surnom de Minerue 220 C
Optiles sont les yeux en langage Dorien 220 C
aux opulens est malaisé de donner loix 135 B
tous ne peuuent pas estre opulens 168 A
Opuntiens recueillirent la monnoye, faicte de ioyaux sacrez, & l'offrirent à Apollo 631 C D
l'or pourquoy entre les corps solides est le moins resonnant 423 G
l'or pourquoy facilement fondu par la foudre 391 G
l'or fondu auec feu de paille par les orféures 387 D
l'or au feu est tousiours tout vn 243 C
l'or

l'or se tourne en biens, & les biens en or 554 D
l'or reluit sur toute autre cheuance 527 A
or monnoyé descrié à Lacedæmone 219 F
vigne d'or à Babylone 316 D
viandes d'or presentees à l'auaricieux Pythes 242 B
oracle pour appaiser vne grande pestilence 487 E, 491 B
oracle pour recouurer santé 231 C
oracle pour la cessation des miseres des Grecs 638 A
oracle pour appaiser l'ame de la fille Charila 479 A B
oracle pour gaigner la victoire 483 G
oracle pour punir vn homicide 230 G
oracle pour le corps d'Hesiode 159 G H
oracle pour trouuer nouuelle habitation 232 A
oracle pour eslire le Roy d'Argos 315 D
Dieu donne tousiours quelque oracle aux sages 634 B
oracle où on euocquoit les ames des morts 247 F
oracle que receut Locrus, touchant le chien de bois, & ce qui en aduint 479 D
oracle donné à Cothus, pour chasser les Æoliens d'Eubœe 481 A B
oracle d'Amphitrite 522 H
oracle de Tegyres 337 D
oracle de Pluton en la ville de Canobus 323 H
oracle aduertissant les Atheniens de leurs conseils 197 E
oracle de la prophetisse Pythie, Boy de ton vin iusqu'à la lie 480 E
l'oracle d'Apollo pourquoy a cessé d'vser de vers 628 H, 629 A
oracle d'Apollon à Solon 153 C
oracle d'Apollo à Aristinus, merueilleux 461 D E
oracle d'Apollo à ceux de Cirrha, comment ils pourroient viure en paix 113 H
l'oracle d'Apollo pourquoy consulté ordinairement au mois de Bysius 478 F
l'oracle de Delphes quand & comment se monstra premierement 348 H
l'oracle de Delphes combien vtile fut à la Grece 350 B
oracle donné à Pindare touchant sa mort 247 E F
oracle cause du peuplement de Lesbos 160 A
oracle du trou de Trophonius 644 B
l'oracle de Tiresias cessa par vn tremblement de terre 349 E
oracle alentour duquel on sonnoit des vases de cuiure 462 D E
oracle par lequel Themistocles persuada aux Atheniens d'abandonner leur ville 593 C
oracle commandant qu'on secourust les fruicts de la terre 428 E
l'oracle d'Amphilochus 267 C
l'oracle respondu à Timesias, quel 105 B
oracle qui vouloit qu'on luy dist ce que

l'aueugle void, & ce que le sourd oyt 348 G
oracle respondu aux Inachiens de l'vsurpation de leurs terres par les Ænianiens 479 D E
oracle pour appaiser vne grande famine 505 F
oracle par lequel Socrates fut declaré homme sage 593 C
oracle prouuant que les Dieux sont 349 F G
oracles transmis du ciel en terre par les Dæmons 323 F
oracles ne sont sans diuinité 339 H
oracles diuers, qui florirent en diuers lieux, & en diuers temps 337 A B
oracles consultez par les gens deuots 370 E
oracles ambigus quand commancerent à estre blasmez 634 B C
oracles pleins de fautes, quant aux mesures & paroles, & pourquoy 628 C D
oracles rendus en carmes 565 H
oracles chantez en carmes par Carmenta 469 E
oracles des Sibylles, & de Bacchis, quels 229 G
oracles prononcez en prose par les Pythies anciennes 633 D
oracles prononcez par la religieuse Pythie, vierge toute sa vie 350 A B
des oracles de la prophetisse Pythie, vn traité 617 C
oracles de Delphes rendus en vne cauerne 351 F
oracles d'Apollo en reputation à Delphes plus de trois mil ans 635 B
oracles d'Apollo ænigmatiques 352 E
oracles d'Apollo pourquoy ambigus 353 D, 634 E F
oracles d'Apollo comment respondus par sa religieuse 95 G H
oracles diuers & contraires apportez aux Thebains 200 C
oracles pour reserrer deux abysmes 486 G H
oracles pour trouuer pays à habiter 232 F
oracles rendus à l'autel de Paulus Æmilius 487 B
oracles de Picus mué en vn piuert 463 G
oracles, responses de Demetrius Iupiter 314 A
oracles par tout deuenus muets, excepté en Lebadie 337 A
oracles quand deuenus muets & inutiles 347 F
oracles pourquoy ont eclipsé 337 H, 338 A
oracles non abolis de par Dieu 338 E
oracles cessent, les Dæmons defaillans 340 H
des oracles qui ont cessé, vn beau traitté 335 G, 336 A
oraison qu'est-ce 468 B
oraison est l'image du faict 525 B
l'oraison pourquoy seulement temperee de noms & de verbes, selon Platon 544 H

toutes les parties d'oraison comprises par Homere en vn vers 544 H
beau discours sur les parties de l'oraison de grammaire 545 A B C D
l'oraison d'vn gouuerneur, quelle doit estre 164 A B
oraison ou sermon, pourquoy comparee à vne estuue 27 C
oraison Plataïque d'Hyperides 526 C
l'oraison d'Isocrates dediee au Roy Nicocles, remuneree de douze cens escus 495 B
l'oraison Panegyrique cōposee en quinze ans par Isocrates 526 G
l'oraison de Demosthenes cōtre Æschines, de quelle vertu & efficace 496 E F
oraisons de Demosthenes appellees foudars, & celles d'Isocrates escrimeurs 499 E
oraisons Philippiques de Demosthenes nettes de toutes iniures 164 D, 169 A
oraisons de Demosthenes l'orateur, conferees aux faicts d'armes de Demosthenes le capitaine 526 H
oraisons de Demosthenes la plus part prononcees à l'improuueu 500 G
oraisons faictes à l'improuueu pleines de nonchalance, & de legereté 4 A
oraisons d'Isocrates, quelles, & combien 495 E
oraisons d'Æschines 496 F
oraisons de Lysias, quelles 90 H, 91 A
oraisons d'Isæus, quelles & combien 496 B C
l'orateur quel doit estre 141 B, 568 C D
l'orateur quelle efficace doit auoir 16 G
quel est l'office de l'orateur 436 E F
n'est necessaire que l'orateur & la loy sonnent vne mesme chose 560 E
l'orateur persuade plus par bōnes meurs, que par eloquence 163 B C
orateur ayant les oreilles bouschees, & pourquoy 59 D
orateur long en propos reprins & mocqué 215 D
l'orateur Niger mourut d'vne arreste de poisson 197 H, 298 A
orateurs dicts ῥήτορες en Homere 397 A
orateurs que doiuent obseruer en plaidoyant 79 H
orateurs arguent par coniectures & verisimilitudes 425 B
aux orateurs permis de defendre mauuaises propositions 649 D
orateurs pourquoy prohibez d'esmouuoir les affections 55 B C
orateurs postposez aux loix, fait la rep. mieux policee 155 B
orateurs diuisez entretenoient l'estat d'Athenes 12 G
orateurs comment donnent bon goust à leur langage 147 G
orateurs en quoy doiuent estre comparez aux capitaines 526 D
orateurs Atheniens rendoient Philippus plus homme de bien, en mesdisant de luy 191 G

k iij

orateurs commettent de grandes fautes par cholere 59 D
orateurs en quoy different des ioueurs de comœdies 500 F G
les vies des dix orateurs 492 B
orator, que signifie, & d'où deriué 468 B
Orchomeniens tombez en calamitez, permettans de tuer vne femme à la feste d'Agrionia 483 A
Orchomeniens auoient exprés cōmandement de Dieu de trouuer le corps d'Hesiode 159 G H
ordonnance pour repeter les vsures sur les vsuriers 480 D
ordonnance de Lycurgus touchant le bastiment des maisons 276 F
ordonnance d'Adrastia ineuitable 559 D
ordonnance de Solon, de n'obliger son corps 130 G
ordre excellent & necessaire en toutes choses 361 E
ordre gardé de Dieu en creant le monde 443 C
de l'ordre de la fabrique du monde 446 H, 549 A
nature n'a autre chose que l'ordre, ou bien l'effect de l'ordre 430 B
Oreames, nom des hommes, selon la Pythie 634 B
Oree, ville 500 E
oreilles, voy aureilles.
oreillettes de Xenocrates 415 D E
Orempotes, nom des fleuues, selon la Pythie 634 B
Orestes & Pylades, vne des couples d'amis anciennes 103 F
Orestes premieremét s'appelloit Acheus 630 H, 631 A
Orestes vengea la mort de son pere Agamemnon 491 E
Orestes tua sa mere 11 B, 169 C, 200 F
banquet du sacrifice d'Orestes 359 G H
silence au festin d'Orestes 378 A
orfeure larron descouuert par Archimedes, & comment 282 H
orfeures d'où engendrez 131 H
orfeures fondent l'or auec feu de paille 387 C
orfeures comment pourroient estre chassez 99 F
l'orge demande terre sablonneuse, & à estre semé en pouldre 536 H, 537 A
festu d'orge ietté par la verge d'vn homme 430 D
orge és sacrifices des Dieux & des diables 478 C
Orgilaus pourquoy precipité de la roche de Delphes 178 A
orgueil faut euiter 18 H
orgueil abbatu par les maladies 194 B
l'Orient comment representé & peint par les Ægyptiens 630 D
Origané guarist la tortuë ayant mangé d'vne vipere 273 D, 516 D, 538 E
Orion où habitoit 126 C D
Orion aimé d'vne Deesse 304 C
Orion, estoile faicte de l'ame d'Orus 322 E F

orizon, quel cercle en l'astrologie, & son office 473 E
orizon, cercle diuisant les deux hemispheres, signifié par Anubis 327 E
ornemens superflus bannis de Sparte 220 G
Oromasdes est Dieu, selon Zoroastres 553 H
Oromazes, nom du bon Dieu 328 A B
Oromazes, nay de la plus pure lumiere, a fait six Dieux, & quels 328 C
Oromazes orna le ciel d'astres & d'estoiles 328 C
Orontes, gendre d'Artaxerxes, priué de son estat, que dist 189 B
Orontes, sans flatter, disoit brusquement la verité à Dematatus 216 C
ὥρος iadis signifioit l'annee 398 F
Orpheus, le premier des poëtes musiciens, parquoy il n'imita personne 661 A
Orpheus ne mangeoit du tout point de chair 157 G
Orpheus tient l'œuf plus ancien que la poule 374 A
Orpheus quel faux propos sema entre les hommes 268 G
à Orpheus religion & ceremonies instituees 218 G
Orthagoras tyran, baillé de Dieu, pour punir les Sicyoniens 261 A
Orthie, quel surnom de Diane 227 F
Orthiene, quelle loy des fleutes 661 D
orthiens, quels chants 661 F
de l'ortie de mer pourquoy s'abstenoient les Pythagoriens 394 E
Ortrygia, fille d'Archias 505 C
Orus, fils d'Isis, le premier qui sacrifia au Soleil le quatriéme iour de la Lune 329 D E
Orus engendré deuant la naissance de ses pere & mere 310 F G
Orus d'où engendré, où & par qui nourry, & que signifie 326 B C
Orus prouué legitime deuant les Dieux, contre son oncle Typhon, & que signifie 322 B, 326 C
Orus l'aisné appellé Apollo 320 F
Orus pourquoy appellé Kæmin 330 C
Orus estoit blanc 322 F G
Orus enseigné par son pere Osiris la mort 321 H
Orus fortifié par vapeurs, que signifie 326 F
Orus l'ancien que signifie 329 H
Orus puny & desmembré, que signifie 553 H
Orus mué en l'estoile Orion 322 E F
Orus peint, tenant en ses mains le membre viril de Typhon, que signifie 330 A
Orus est Apollon 331 B
Orus n'est autre chose que ce monde terrestre 327 E
Orus, qui est ce monde, n'est point immortel, ny impassible 330 E
l'os d'Orus, est la pierre de l'aimant 331 F
Oryx, beste de prognostique, & astrologienne 516 G

Os, en Ægyptien, signifie plusieurs 326 B
os nommé la clef, & vn bel apophthegme de ce 191 D
l'os sacré pourquoy ainsi dict 510 H
les os de quels elemens s'engendrent au ventre de la mere 459 E
os pourquoy sont insensibles 528 C
os des excommuniez iettez hors du pays 257 F
osia signifie saincte 331 H
l'osier florissant, le raisin meurit 377 A
Osiris estant au ventre de sa mere Rhea, engendre Orus 320 F G
Osiris naissant fut ouye vne voix, que le seigneur du monde venoit en estre 310 E
Osiris appellé Hysiris, & pourquoy 325 D
Osiris, nom composé de Osios & Ieros, c'est à dire, sainct & sacré 331 A
Osiris seigneur d'humidité 325 D
Osiris estoit brun 322 F G
Osiris adopté de Iupiter & nommé Dionysius 356 E
Osiris & Bacchus, vn mesme Dieu 325 D
Osiris est bien faisant 327 C
Osiris enseigna l'agriculture aux Ægyptiens, & les policea 320 G
Osiris à sa puissance en la Lune 327 D
Osiris ietté en la mer, enfermé dedans vn coffre par son frere Typhon, & ce qui en aduint 320 H, 321 A, 326 D E
Osiris où & comment sauué & trouué 321 C
le corps d'Osiris trouué en vn bucher de bois 319 F
Osiris deschiré par Typhon, que signifie 329 C
Osiris couppé en quatorze pieces, que signifie 327 C
Osiris sainct & sacré habiter dedans la terre 334 C
Osiris à quel iour mourut 327 D
Osiris mort apparoit à son fils Orus, & l'enseigne 321 H
Osiris mort feit deux enfans à sa femme Isis 322 B
Osiris inhumé en plusieurs endroicts 321 G, 325 F
Osiris resuscité de plusieurs sepultures 325 F
Osiris quand est enseuely, & quand resuscité 331 G H
Osiris & Isis sa sœur & femme, de bons Dæmons conuertis en Dieux 323 H, 324 B
Osiris comment seruy & reueré 325 G
le membre viril d'Osiris honoré 321 H, 325 H
Osiris estimé estre le Soleil appellé des Grecs Sirius 329 E
Osiris estimé estre le monde de la Lune 327 A
Osiris est l'Ocean 325 D
Osiris, la puissance ordonnee sur le vent 331 B
Osiris entendu par l'amour 330 D
Osiris signifie pluuieux 326 B
Osiris signifie toute puissance generatiue

OPVSCVLES DE PLVTARQVE.

tiue 325 B
Osiris signifie la raison 328 G
Osiris s'estant disparu, que signifie 326 E
Osiris signifie le Nil 324 H
Osiris representé auec vn sceptre & vn œil peint 329 B
Osiris representé par le bœuf 326 E
Osiris peint ayant le membre viril droict 319 C
Osiris Roy des Ægyptiens, comment peint, & que signifie ce nom 320 B
Osiris bœuf, & dieu des Ægyptiens, par qui amené des Indes 324 B
fable d'Isis & d'Osiris tout au long interpretee 320 E F
osselets ranis par les enfans, & les paroles prises par les Academiques 435 D
osselets pour tromper enfans, & iuremés pour tromper les hommes 221 D
ossemens des hommes de vertu, pourquoy mis en depost dans la ville de Rome 472 E
ostages deux cens cinquante brisez auec des meules 230 D
est chose plus Royale d'adiouster que d'oster 188 G
Ostracisme quel bannissement aux Atheniens 196 E
Otardes aiment les cheuaux, & pourquoy 520 F
Otatus bon chasseur 511 F
Othryadas le plus vaillant des Spartains, voyant tous ses compagnons morts, s'accabla luy-mesme souz vn monceau de boucliers 650 H
Othryades mourant, & ayant entierement perdu tous les gens en bataille, fut victorieux 486 D
Orus où habitoit 126 C D
oüailles pourquoy saillies des beliers deuant le temple d'Agenor 484 F
oubly est la plus triste chose qui soit en la mort 282 A
oubliance plustost fille de Bacchus, que mere 414 F G
oubliance punition des meschans en l'autre monde 292 F G
oubliance de plusieurs fait esuanoüir toute action honneste 73 C
l'oubliance pourquoy consacree à Bacchus 359 D
oubliance generale à Athenes 171 C
oubliance pourquoy auprés de Pluto 357 D
portes d'oubliance & de dueil 324 C
à oubliance autel dedié 434 H
oublier le mal est grande sagesse 359 D
Oudetcros signifie homme de nulle valeur 191 F
Ouilj l'vn des noms des anciens Romains, & pourquoy 467 D
l'ouye est le sentiment qui apporte les plus violentes passions à l'ame 24 G, 392 A
l'ouye comment se fait, selon Platon 350 F
l'ouye de quel esprit se fait 455 H
l'ouye attribuee à l'air 355 C
l'ouye est fort prochain de l'entendement 9 A
l'ouye à quelle fin à l'homme donnee 106 D

l'ouye signifiee par le liéure 394 F
l'ouye par intemperance a corrompu la musique 276 E
l'ouye rebouchee par l'humidité 348 F
l'ouye s'enyure de la musique 414 C D E F
l'ouye alteree, d'vn bon propos doit estre lauee 415 E
l'ouye des ieunes gens doit estre bien guidee 9 C
l'ouye des vieillards estre dure & mousse 367 A
l'ouye des babillards quelle est 89 H
l'ouye des sourds est la memoire 348 C
de l'ouye, & cõment nous oyons 455 A
ouyr beaucoup, & peu parler 25 E
l'homme plus prompt à ouyr le mal, que le bien 64 ü
ouyr ne faut chose qui nous retienne outre besoing 66 Q
faut apprendre à ouyr, deuant que parler 25 C
quelles choses sont bonnes à ouyr à la table 418 C
comment faut ouyr haranguer 26 C
quels sont ceux qui prennent plaisir à ouyr haranguer 28 H
l'ours pourquoy le moins de toutes les bestes, rompt les rets & pans 558 H
l'ours pourquoy a la main douce, & la chair fort plaisante à manger 558 B
ours premierement prins par Aristeus 604 E
celuy qui tua le premier vn ours, en fut estimé gentil compagnon 507 F
ours de quelle astuce vsent se retirans en leurs cauernes 514 C
ours degoustez, se guarissent en mangeant des fourmis 516 D E, 558 E F
ourses forment leurs petits de leur langue 101 A
l'ourse estoile faicte de l'ame de Typhon 322 E F
ouurages humains ne dependent de fortune 106 F G H, 107 A
à chacun ouurier suffit sçauoir son mestier 530 B
ouuroirs des barbiers appellez banquets sans vin 399 A
oye amoureuse d'vn ieune enfant 515 F
oye portee en procession en vne litiere 306 H
oyes de la Cilicie prennent en leur bec vne pierre pour garder silence 512 B
oyes pour passer le mont Taurus en silence, prennent en leur bec vne pierre 94 D
oyes nourries du public à Rome, & pourquoy 475 C
oyes sacrees à Iuno preseruerent Rome 306 G H
dict notable prins de l'oyson 223 G
Oxydraques, ville prise d'assaut effroyable par Alexandre 317 B C D
oxyrinche poisson pourquoy abominé des Ægyptiens 321 H
Oxyrinchites peuple, pourquoy ainsi dict 333 D E
oxyrinchos poisson adoré des Ægyptiẽs 319 C
ozolæ signifie puans, surnom des Locriens, & pourquoy 479 H

P

PAciades dextrement gaudy pour son fils bossu 372 A
Pactyas l'vn des capitaines de Cyrus, calomnié par Herodote 651 B
Pæan Apollo, dieu des medecins 437 D
Pæan est vne sage façon de poësie & de musique 354 F
Pæan supprimé en hyuer 354 H
Pæans quels chants 661 F
Pædagogue qui receut vn soufflet de Diogenes, & pourquoy 39 C D
Pædagogues quels doiuent estre, & comment il les faut choisir 2 G H
Pædaretus capitaine Spartiate, & ses dicts notables 222 E
Pædaretus fort aise de n'auoir point esté esleu conseiller 199 F G
Pædaretus reprins & iugé de sa mere Teleutia 228 H
Pægmes quels ieux 419 B
Pæon Epibate, quelle mode de musique 666 A
Pætilius accusateur de Scipion 202 G
Pagi sont croppes des moutaignes, & pourquoy ainsi dictes 533 D
paillard de la mere de Pisistratus, comment traitté par luy 198 G
paillards & luxurieux ne different en mal 295 A
paillards resembler aux chiens & boucs 145 H
paillards punis par eux mesmes en dormant 262 H
paillardes combien pernicieuses 83 F
paillardes de quels maux sont cause, exemple 602 B C
paillardise ruina Antonius 303 G
paille conserue la neige 406 F
pain pourquoy dict panis en latin 426 H
pain manger, & eau boire, sont seulement necessaires à l'homme 24 B, 566 E
pain gros, viande des gens-d'armes Lacedæmoniens 212 D
pain d'orge, viande de grande volupté 189 F
le pain remedie à la boulimie 408 G
le pain plus aggreable d'estre salé 393 E
le bled combien desire de façons auant qu'estre mis en pain 407 H
pains d'or presentez à l'auaricieux Pythes 242 B
le pair d'où a son origine 346 F
pair l'vn des mauuais principes des Pythagoriens 328 C
le pair resembler à la femelle 354 A B
le pays plus à aimer que ses propres enfans 168 D
le pays combien chair & aimé, exemple d'Vlysses 270 E
combien sommes nous obligez à nostre pays 184 H
pays par nature n'est à l'homme distingué 125 C
paix fille de Iupiter 569 C
la paix & la guerre pourquoy donnez aux hommes 5 F
la guerre meilleure que la paix aux gens de bien 217 C
paix comment entretenuë entre les voisins 463 A

k iiij

TABLE ALPHABETIQVE SVR LES

paix entretenuë entre citoyens se contentans de peu 95 A
oracle pour viure en paix 113 H
paix entre quatre vingts freres comment enseignée par leur pere Scilurus 189 E
Atheniens ne traittoient de la paix, sinon qu'en robbes noires 295 D
paysan tué pour n'auoir retenu vn secret 93 D E
Palæstinus enfant tué du regard d'Isis, & honoré des Ægyptiens 321 H
Palæstra & Palé que signifient proprement 375 A
le Palais où se rend la iustice, fait vn enfer par les vsuriers 130 H
palais à Athenes, où se tenoit la iustice 638 H
Palamedes inuenta quatre lettres 433 E
Palamnæos est celuy qui pour sa meschanceté est digne d'estre fuy de tout le monde 481 C
Palamnuæi quels dæmons 340 G
Palemon que disoit de l'amour 135 F
Palintocia signifie repetition d'vsures sur les vsuriers 480 D
le Palladium de Minerue estimé descendu du ciel, & ceux qui le regardoient deuenir aueugles 488 F
Palladium, eschole de sapience à Athenes 128 A
Pallas nee du cerueau de Iupiter, pourquoy nommée Tritonia 334 C
Pallas estimée estre Isis 319 H
Pallas prend plaisir à l'hôme sage & iuste 20 A
l'escu de l'image de Pallas, martelé des corbeaux, mauuais presage 629 A
la Pallas de Pericles accoustrée de fin or, poisant 40 talents 130 D
palle couleur és ieunes gens n'est si plaisante que la rouge 203 G H
palle couleur aux amoureux plaisante 118 G
palles de couleur appellez face de miel 28 G
palles & maigres suspects 208 F
palme sacrée appellée Spadix 425 B
la palme pourquoy seruoit de couronne à tous les ieux sacrez, & son histoire 424 F G H, 425 A
la palme, quel ruisseau 337 B
palmier de bronze, alentour duquel y auoit des grenouilles & couleures elabourées 160 E, 630 B
la cyme du palmier mangée fait mal à la teste 299 C
ne planter point de palmier 320 A B
palmiers pourquoy ne perdent leurs feuilles 460 B
Pambœotia quelle feste en Bœoce 506 E
Pammenes, homme bien experimenté en l'amour 606 G
Pammenes poussa Epaminondas à l'estat 166 A B
Pammenes en quoy reprenoit Homere 363 A
Pamphiliaque, vn des quartiers de la ville d'Argos 231 D
Pamphylien racontant des nouuelles des enfers 434 D
Pamyle, nourrice du grand Roy Osiris

& festes de ce 320 E
Pan entendu de Pindare chanter vn de ses cantiques 288 D
le grand Pan de Mercure & de Penelopé proclamé mort 341 C D E
au Dieu Pan pourquoy les chiens agreables 470 G
Pan est ce monde, deriué de Penté, qui signifie cinq 330 C
pans des chasseurs inuentez par les araignees 511 H
Panæma, quel lieu en l'isle de Samos, & que signifie ce mot 485 B
Panætius philosophe, amy de Scipion 133 E F, 205 B
Panætius par le moyen de Scipion feit beaucoup de bien à son pays 171 E
panagro, quelle sorte de rets en Homere 518 F
Panaris ne sont guaris de l'anneau precieux 67 H
Panathenæes, quelle feste à Athenes 225 B G
de la pance vient la danse 537 H
Panchoniens peuples qui ne sont en nulle partie de la terre 322 H
Pancratiastes comment combattoient 376 E
Pancration meslé de la luicte & de la simple escrime 375 B
Pandarus apte pour troubler, Vlysses pour persuader 613 A
Pandarus par sa follie rompit les trefues 20 H, 21 A
Pandarus se maudit luy mesme 57 C
Pandasie, ville au Royaume de Naples 307 C
Pandionides, lignée à Athenes 501 C
Pandora les maux espandit par toute la terre 245 C
Panes murmurent de la trahison faicte à Osiris 321 A
Pangæon montagne en Thrace, & de sa fontaine 536 A
cent paniers d'or pour porter en procession 503 A
frayeurs Paniques d'où ainsi nommées 321 A
les terreurs Paniques n'aduenoient sans cause au camp d'Epaminondas 200 A
Pansa vainquoit pour Cæsar Auguste 303 G
Panta, qui signifie l'vniuers, pourquoy deriué de Penté qui est cinq 346 G
Pantaleon mal traitté par son frere le Roy Crœsus 651 A
Panthea par son triste silence saisit Araspes de son amour 118 G
qu'a escrit Xenophon de Panthea 282 C
la Panthere de quelle subtilité vse, pour se depestrer des filets 512 A
Panthoïdas, ambassadeur Lacedæmonien, & ses dicts notables 222 A B
Panticapæum, quelle ville 556 D
Panigres lieu où nasquit Isis 320 F
le paon produit de nature pour la beauté de sa queuë 566 H
le papier, herbe croissant au Nil en Ægypte 59 A
batteaux de papier conseruent ceux qui

sont dedans, & pourquoy 321 G
papillons viennent des chenilles 373 H
Papirius Volucer eut six fils, & autant de filles, & ce qui en aduint 490 B
Papyriens combien nobles 307 A
le paradis des gens de bien (apres ceste vie) estre les isles fortunees 255 A
paradoxes & estranges opinions des Stoïques 574 E
paralos galere sacrée 180 B
paralos nauire d'Athenes, & quelle 169 E
paramese, note de musique 662 F
paranete, accord de musique 663 A
paraues, peuples 479 D
Pardalus, quel homme 171 B
Patdalus commet cuida ruiner son pays 178 B
Pardiens sont mulets qui se nourrissent de leur morue 511 C
faut pardonner à ceux qui faillent par ignorance 203 H
le pareil tousiours son pareil cerche 455 D
parens pourquoy ne se marioient ensemble 476 G
paresse quels maux apporte 184 B
paresse aneantit & corrompt la bonté de nature 1 G
paresse engendre beaucoup de maux parmy les villes 466 B
paresse cause beaucoup de maladies 430 A B
paresse diffame par sur tout l'homme vieil 179 A
paresse pernicieuse aux Corinthiens 169 B
ennemis font euiter paresse 109 H
paresseux de bien faire, sont en frayeur perpetuelle 119 B C
és paresseux & mols amour s'engendre 604 B
paresseux commet loüez par les flateurs 45 A
parfaict par raison precede l'imparfaict 374 B
parfum est vne volupté qui ne sent point son honte 272 E
parfum resioüit l'odorement 256 B C
parfum offert à Dieu par Alexandre 192 E, 193 B
parfum offert au Soleil 329 E
parfum admirable en l'isle de Saturne 625 B
parfum de laurier à l'oracle de Delphes 351 E F
parfum, nommé Cyphy, de quoy composé, & sa puissance 335 C D
parfum d'vne racine duquel viuent des hommes qui n'ont point de bouche 623 C
parfums quelle force ont 43 D
parfums corrompent non seulement toutes femmes, mais aussi la plus part des hommes 272 E
parfums des femmes, sont curiositez 407 F
parfums font entrer les chats en fureur 149 C

par-

parfums és festins 379 F
parfums vtiles à la santé 335 C
parfums pour le cerueau 380 G
parfums moins odoriferans en hyuer qu'en esté 338 E
bons parfums de quelle huile doiuent estre faicts 389 A
parfums simples pour le iour, & composez pour la nuict 335 F
parfums faicts d'huiles, qui n'ont odeur quelconque 348 A
parfums de cinnamome, de ladanum & d'encens 528 E F
parfums bruslez és sacrifices dequoy seruent, & que signifient 335 A
parfums des Perses trompeurs 653 F
parfums bannis par les Stoïques 277 E
parfums rebutez des escharbots & vautours 283 H
parfumeurs d'où engendrez 131 H
parfumeurs de quelles gens entretenus 99 F
Parieren, quel nom des presbtresses de Diane 186 E
Paris de visage tresbeau 22 F
Paris adultere furieux 385 A
Paris luxurieux, & Helene auaricieuse 147 A
Paris lasche & incontinent 11 G
Paris lasche de cœur au combat contre Menelaus 54 F
Paris seul d'entre les princes, qui de iour se couchoit auec sa femme 385 A
Paris tua Achilles d'vn coup de flesche 435 F
Paris vaincu non desfaict par Menelaus 435 F
pariure puny de mort estrange par soy mesme 218 A
pariures combien dangereux en vne republique 467 C
ne se faut pariurer pour les amis 77 H
le parler cause de grands biens, & de grands maux 25 A
deuant que parler faut apprendre à escouter 25 C
faut premierement apprendre à se taire, qu'à parler 92 B
des hommes apprenons à parler, & des Dieux à nous taire 91 G
qui sçait bien parler, sçait aussi bien se taire 215 D
d'auoir parlé souuent on se repent: de s'estre teu, iamais 6 F, 97 B
bien parler, & bien faire 186 E
les sages parlent rondement, & peu 94
en parlant se faut contenir en ce qu'on a proposé 95 F
chacun ne doit parler que de son art 45 F
franchise de parler quelle doit estre 51 B
l'ame passionnee ne reçoit vn franc parler 53 H
le parler de soy-mesme porte auec soy fascherie 138 F
parler graciesement à tout le monde, se fait par science 20 F
doux parler de l'amy consolant, plaist au cœur dolent 52 C
le parler des vieilles gens, quel est 375 B

le parler des ieunes gens mal apprins n'est que vent 25 C
le parler discret combien vaut 92 E
le parler discret appellé Nepenthes 360 E
les mœurs, non pas le parler, persuadent 22 A
vn parler vain, & menteur, n'apporta iamais bon fruict 13 B
le parler du gouuerneur de la republique quel doit estre 164 C D
le parler des babillards est sterile 90 C
le parler simulé resemble aux morsures des femmes impudiques 47 C
quel est le parler des flateurs 41 D, 45 E
liberté de parler des flateurs resemble aux oreilles des femmes 46 B
parler à l'estourdy, quel mal 4 A
parler folement en vn banquet engendre insolence 421 B
parler par signe, chose loüable 95 A
peu parler, & ouyr beaucoup 25 E
ceux qui enquierent & sçauent beaucoup, parlent aussi beaucoup 65 D
ne faut gueres de loix à ceux qui parlent peu 223 C
au trop parler est ordinairement iointe curiosité 93 B C D
le trop parler familier à l'yuresse 90 E G
par trop parler vn sacrilege s'accusa luymesme 94 B
le trop parler engarda que Rome ne fust deliurée de tyrannie 91 B
trop parler comment peut estre guary 94 F
beaux exemples du trop parler 92 B F, 93 A B, 94 B
du trop parler, vn traicté 89 F
Epaminondas sçauoit beaucoup, & parloit peu 25 E
la liberté de parler des philosophes Cyniques 52 B
beau parler d'Æschylus 525 D
la rondeur du parler d'Euripide plaist 19 G
bon parleur quel doit estre 227 F
grands parleurs de quelles passions & maladies tourmentez 90 A
grands parleurs n'escoutent iamais personne 89 F
grands parleurs pourquoy ne sont creuz 90 D
Parmenides orna son pays de tresbonnes loix 598 B
Parmenides est le premier qui a limité la terre habitable 451 E F
Parmenides met la principale partie de l'ame en l'estomach 453 D E
Parmenides quelle opinion auoit du cercle de laict, & des tonnerres & foudres 450 A B
Parmenides tenoit la Lune estre egale au Soleil 449 B
Parmenides pourquoy n'est reputé entre les poëtes 10 A
Parmenides en quoy pouuoit estre repris 28 H
Parmenides, le premier de tous les philosophes, n'a rien laissé en nature dont il ait escrit 591 H
Parmenides a escrit en vers 631 H
Parmenides enfouy & enterré par De-

mocritus, & Colotes Epicurien 591 F
Parmenion seul capitaine trouué en Macedone 191 A
Parmenion capitaine trop auaricieux 192 H
Parmenion traistre d'Alexandre, puny de mort 195 A
Parmenion fait mourir par les gangrenes qui sont les flateurs 49 H
Parmeno prenoit plaisir à contrefaire le cochon 11 C D
Parmenon contrefaisant le grongnement de pourceau, prouerbe de ce 396 E F
Parnasse mont fort froid & neigeux 115 G, 533 B
Parnes, montagne 639 D
parole qu'est-ce, & à quoy elle sert 555 G
la parole est l'ombre du faict 6 A
la parole est l'instrument de la vertu 22 B
la parole est la plus legere chose du monde 91 E, 111 E
la parole est don de Mercure, sa definitio, & diuision en deux especes 133 G
la parole & l'entendement sont les deux parties principales de l'homme 3 F
la parole nourriture de l'ame, polluë par les meschans hommes 7 G
la parole appellee Mercure 604 D
qu'il n'y a rien si puissant que la parole de l'homme 213 G
quel est le but de la parole 90 D
la parole doit estre telle, qu'est la chose subiecte 218 E
la parole des anciens estoient carmes & vers 633 G
la parole demonstre les mœurs 309 H
parole prononcee par viue voix, conserue la santé 297 D E
parole retenuë resemble à l'vnité: laschee, au binaire 92 E
parole dicte ne seruit iamais tant, que plusieurs teuës ont profité 91 G
la parole de la philosophie réd les cœurs actifs & vifs 133 B C
la parole du philosophe estre vne loy volontaire & particuliere 560 F
la parole du gouuerneur quelle doit estre 165 B C
la parole doit estre l'instrumét d'vn gouuerneur d'vne republique 164 A
la saincte parole effacee par l'ignorance de Typhon 318 D
la parole diuine n'a besoin de voix ny de langue 333 H
s'il falloit la parole acheter, nul ne voudroit ses loüanges conter 138 E
la parole resembler aux tapisseries 196 C
la parole bien souuent effroye plus l'ennemy, que l'espee 204 B
la parole par tout empeschee par coüardise & lascheté 128 H, 129 A
quelle est la propre parole d'amitié 41 D
parole sage auec bon entendement vaut plus que l'or de Crœsus 176 F
parole bonne & sage, en mariage bien necessaire 145 E
la parole d'vne femme doit estre sobre 147 A

TABLE ALPHABETIQVE SVR LES

parole d'vn babillard resemble au froment enfermé 90 D E
la parole estimee par les babillards estre la plus vile chose du monde 90 D
la parole de la fee Lachesis, est la fatale destinee 556 C
la parole des Laconiens n'a point d'escorce 94 G
paroles signifient diuersement selon la matiere diuerse 14 F
paroles doiuent deuenir effects 118 D
paroles auec les actions quelle vertu ont 115 F
qui en peu de paroles embrasse beaucoup, est reputé sage 94 H
belles paroles dequoy seruent aux historiens 524 H
faut vser de parole de soye, en remonstrant à vn Roy 189 B
paroles douces lauent toute audition salee 276 H
paroles secrettes non teuës resemblent aux viperes 93 C
escouteurs de paroles secrettes, hays 189 G
paroles redites, sont fascheuses & odieuses 91 A
paroles prinses par les Academiques, & les osselets rauis par les enfans 435 G
endurer paroles malhonnestes, achemine aux faicts deshonnestes 416 C D
de paroles sales faut destourner les enfans 6 A
paroles des incontinens, quelles 34 A
paroles d'Herodote trompeuses 653 F
les paroles d'Antiphon guarissoient l'ame ennuiez & attristez 492 G
Paros, isle 523 A
Parques, filles de Necessité, & leurs noms 437 E F
Parques où colloquees, & leurs offices 627 A B
les trois Parques representent les trois parties de l'vniuers 556 D
trois Parques, leurs noms & offices 644 F G
deux Parques seulement effigiees au temple d'Apollo, & pourquoy 352 F
parricide puny de mort, descouuert par vne arondelle 261 B
nul parricide à Thebes 200 F
parricides d'où precedent 570 A
Parrhasius peignit la fureur d'Vlysses 11 B
Parrhasius comment peignit Theseus 523 H
Parrhasius & Lycastus freres, nourris par vne louue 491 C
Partage est fils de Silence 378 H
partages entre freres comment doiuent estre faicts 84 D
Parthenius, poëte 489 B
Parthenon, temple de Minerue 129 E, à Athenes 526 A
le particulier est comprins souz le general 556 H
la partie est apres son tout 374 B
aux parties du corps offensees toutes humeurs coulent 94 C
Parypate quel accord de musique 662 H
Parylatis, mere de Cyrus & d'Artaxerxes, & ses beaux dicts 189 B

Pasiphaé Royne aima vn taureau 145 H
le passé enchaîné auec le present 73 C
passion est vne deception qui nous tient en fieure 119 F
passion est raison, mais mauuaise, selon aucuns 31 E
passion en tous hommes estans en ce monde 16 E
passion aimee de la partie irraisonnable 47 D
passion en toute action vertueuse 39 A
passion & iugement different 36 A
passion naturelle difficile à domter 261 A
la plus manifeste passion est la cholere 56 H
la passion de nostre ame qu'est-ce 32 F
passion de l'ame la plus mauuaise, est la cholere 111 D
passions naissent auec l'homme 37 B
d'où vient la diuersité des passions 36 H
passions sont vehemences des emotions des actions 144 G
n'est vtile de deraciner les passions 32 F
passions dereglees sont la source de tous vices 259 E F
passions different selon plus ou moins 36 B
passions inutilement reiettees par les Stoïques 37 G
passions corps & animaux, selon les Stoïques 387 B C
passions des hommes obseruees de l'œil de Dieu 258 D
les passions de l'ame sont toutes laides & mauuaises 120 A
les passions affligent grandement l'ame par l'ouye 24 G
passions de l'ame changent l'habitude du corps 401 A B
passions de l'ame pestilentes faut chasser de tout poinct 63 B
des passions de l'ame & du corps, vn traicté 144 A
des passions corporelles, & si l'ame y compatist 457 D E
passions de l'ame comment surmontees 94 E
les passions de l'ame sont la matiere de la vertu morale 31 A, 33 F
passions qui plus tourmentent, quelles 83 A B
de toutes les passions la cholere est la plus haye & mesprisee 57 D
passiõs de la cholere chassent le discours de raison 36 F
passions enflammees par les fols en eux mesmes 20 D
passions mauuaises, sont vers & tignes 119 H
passions des meschans combien angoisseuses 262 A
passions des babillards quelles sont 90 A
passiõs esmeuës combien furieuses 24 E
les passions des ieunes gens sont les anses de la philosophie 37 H
passions resembler aux mauuaises plantes 76 A
passions promptes à engendrer inimitié 109 A
passions procedentes du froid 530 A
passions Titaniques 625 C
passions par quel moyen sont emoussees

118 C
quelles prouisions faut faire alencontre des passions 68 A
comment il faut temperer les passions 37 B
passions ont besoing d'accoustumance pour estre domtees 59 E
passions domtees par la philosophie 133 G
passions faictes Dieux 604 D
la paste se leue mieux durant la pleine Lune 387 B
Pasteur appellé Coreta, fut le premier inspiré de l'esprit prophetique à l'oracle de Delphes 348 H
pastisserie est delicatesse vaine & curieuse 390 E
pastisserie pour toutes viandes, ne faict point de mal 294 C
pastisserie pourquoy refusee par Agesilaus 210 H
pastisserie bannie par les Stoïques 277 E
pastisseries iadis és festins 378 G
pastissiers artificiels outrepassent l'vtilité 295 A
pastures vrayes & impolluës, quelles 287 C
Pataecion le larron comment puny en enfer 14 A
Pater Parratus quel estat à Rome, & pourquoy ainsi nommé 470 A
Aront. Paterculus experimenta le premier le cheual de bronze qu'il auoit inuenté pour tourmenter les innocens 491 F G
patience qu'est-ce selon Chrysippus 36 B
patience est vne diuine partie de la vertu 159 H
Modestie fille de Patience 87 G
l'hôme sage est armé de patience 124 H
patience des sages en tout ce qui aduient 559 F
patience grande de Socrates 6 C
patience merueilleuse d'vn enfant Laconien 224 G
patience merueilleuse des enfans Lacedæmoniens 227 F
patience compagne d'Alexandre 307 F
à patience nul temple edifié 303 C, 305 B
Patres Conscripti pourquoy ainsi appellez 469 F
Patriciens quels Senateurs, & pourquoy ainsi appellez 469 F
aux Patriciens pourquoy n'estoit permis d'habiter au mont du Capitole 474 C D
Patrocleas gendre de Plutarque 377 E
Patroclus & Achilles, vne des couples d'amis anciennes 103 F
Patroclus vestu des armes d'Achilles, pourquoy n'osa toucher à sa iaueline 46 A
Patroclus encouragé oyant les vaillances de Nestor 142 A
Patroclus cõment depeint par Homere 129 H
le pauillon de Neron, quel 61 G
Paulus Æmylius grand mignon de fortune, & ses merueilleux faicts 302 H
Paulus Æmylius couronné de fleurs, sacrifioit aux Dieux 74 B
Paulus Æmylius pourquoy esleu Consul pour la seconde fois 203 D

Paulus

Paulus Æmylius print cent soixante Elephans portans tours, en la bataille contre Pyrrhus 487 B
Paulus Æmylius en quoy comparoit vn festin auec vne bataille 361 D
le pauot de sa froideur prouoque à dormir 383 E
le pauot fait esuanouïr & tomber par terre 380 H
Pausanias fils de Cleombrotus, & ses dicts notables 222 B
les pere & mere de Pausanias capitaine Lacedæmonië le feiret mourir de faim, pour auoir esté traistre à son païs 487 F
Pausanias debile de corps combatoit les ennemis par mer & par terre 222 C
Pausanias se glorifiant comment admonesté par Simonides 244 G
Pausanias desfeit Mardonius, ainsi qu'il auoit esté presignifié par l'oracle 337 B
Pausanias fils de Plistonax, & ses dicts notables 212 D
Pausanias gardecorps de Philippus, luy machinoit la mort 123 D E
Pausanias traistre 649 E
Pausanias pour le rapt & homicide de Cleonice, de mort puny diuinement 262 D E
Pausanias mort, son ame coniuree & appaisee, & comment 265 E
Pauson peintre, peignit vn cheual courant, & se veautrat sur l'eschine 628 D
le pauure a sa langue au palais attachee 14 B
le pauure est d'vn autre pauure enuieux 363 C
le pauure ne peut iouyr de ses amours encor qu'il en iouysse 13 D
pauures gens de bien, admirez des gens vertueux 129 D
aux pauures, personne ne preste 131 H
pauures mesprisez des flateurs 8 A
pauures citoyens ne tiennent conte de leur prince 190 B
pauures gens pourquoy n'esleuent pas quelquefois leurs enfans 103 B
pauures gens ne peuuent entretenir grands cheuaux 40 B
pauures qui costoyent les riches, en sont de tant plus pauures 117 D
pauures & riches Lacedæmoniens, egaux 219 H
pauureté est la franchise des philosophes, exemple de Crates 132 E
pauureté de l'ame est auarice 97 H, 98 A
pauureté a de soy-mesme vn amas de miseres 131 E
pauureté estimee d'aucuns estre le plus grand mal de l'homme 103 B
pauureté estimee des vns n'estre mal: des autres, vn bien grand mal 36 D
pauureté reprochable, qui procede de paresse, & de folle despense 15 D
pauureté quand est en delices 38 H
il n'est pas laid de confesser sa pauureté 78 G
ce n'est honte de confesser sa pauureté, exemple 176 E
la pauureté de Socrates de qui non crainte 118 G
pauureté quel bien a par dessus la richesse 131 E

vile sentence du poëte Theognis, touchant pauureté 579 E
pauureté par quel moyen est portee patiemment 58 B
pauureté comment peut estre ioyeuse 38 H
paye moy, combien est fascheux ce mot aux pauures debteurs 131 F
qui respond paye, ce mot a empesché plusieurs de se marier, & fait plusieurs muets 160 E F
Payni quels mois aux Ægyptiens 324 E
Paxes isles, où situees 341 C
peaux des animaux comment renduës transparentes 533 A
peaux de parchemin sacrees, trouuees dedans la terre cachees 625 D
peaux pleines d'eau pour dormir 382 A
peaux de moutons, vestemens des barbares 380 B
peaux de moutons & de boucs, pourquoy donnerent ce nom Ozolæ aux Locriens 479 H
peaux de veaux marins, & de la hyene, ne sont frappees du tonnerre 390 G H, 402 F
peché qu'est-ce 565 C
peché d'où eut premierement sa source 259 E F
le premier peché est deuoir: le second, mentir, selon les Perses 131 B
tout homme qui peche, peche contre soy-mesme 569 C
maintiens-toy net de tout peché, precepte diuin d'Empedocles 62 F
peché chassé par accoustumance de bien faire 109 H
pechez, quels & comment procedent des voluptez 414 G
tous pechez causez par les menteurs 216 E
pechez causent les maladies & miseres 122 A B
pechez des hommes cogneuz aux hommes 214 H
pechez tous egaux, selon les Stoïques 509 B
pechez des ieunes gens enormes, & quels 7 D
pechez des peres reiettez sur les enfans 263 B E
petits pechez apparoissent grands en la vie des Princes 162 F
pechez des hommes punis par les dæmons 340 A
pechez purifiez és confrairies 122 E
pechez purgez apres ceste vie 625 H
pechez ostez, vertu periroit, selon aucuns 577 C D
pecheurs ont plus de honte de leurs ennemis que de leurs amis 110 A
quels pecheurs sont incorrigibles 117 A
Pedetes pourquoy signifie vne salle en l'isle de Samos 485 B
peganon ou ruë, herbe ennemic aux femmes grosses 380 E
Pegase cheual volant, estoit vn vaisseau sur mer fort leger 232 H
peigne d'or à toucher la lyre, offert à Apollo 631 D
peine renduë par l'honneur aggreable 69 F

crainte de peine est vn des fondemens de vertu 7 E
peine sur peine aux hommes sourds 246 D
chacun doit porter la peine de ses fautes 213 G
peine demesuree n'est de longue duree 23 F
la peine d'aage & de temps egale au peché 261 E
peines allegees par le dormir 120 C
peines deuës aux meschans ne peuuent estre euitees par leurs ruses 267 H
peines des pechez purgees apres ceste vie 625 H
peines apres la mort aux vicieux 265 F
peines pitoyables en l'autre monde 269 A
peines des enfers n'auront iamais fin 283 D
peintre qui par cas fortuit peignit parfaictement bien vn cheual 106 A, 107 A
peintre peignant fort mal des coqs, semblable à vn flateur 49 F
vn mauuais peintre reprins de bonne grace par Apelles 4 A
peintres comment rendent les choses claires plus apparentes 653 F
peintres comment iugent leurs ouurages 55 F
peintres excellens, quels 11 B
la peinture inuentee & accreuë à Athenes 523 H
la peinture est vne poësie muette, & la poësie vne peinture parlante 45 E, 524 D
peinture au temple de Minerue que signifioit 325 A
peintures faut suiure de l'œil & de ce pensee, & pourquoy 71 A
pelerins en quoy se plaisent 369 H
Peleus homme tresiuste, pere d'Achilles 667 C
Peleus aimé d'vne Deesse 304 E
Peleus calanier, mesprisé & reietté 181 G
Pella ville en Macedoine 126 H
Pelopidas & Epaminondas, vne des couples d'amis anciennes 103 F
Pelopidas s'associa Epaminondas pour bien parler 174 E, 201 C D
Pelopidas vaillant capitaine Thebain 129 D
Pelopidas hazarda sa vie pour la liberté de Thebes 275 E
Pelopidas prisonnier du tyran Alexandre, le reprint fort asprement 201 D
Pelopidas aide à tuer les tyrans de Thebes 648 B C
Pelopidas mort auec acte de vertu 317 C
Pelopidas mourut de courroux 59 C
le Peloponese iadis appellé Apia 484 G
le Peloponese suscité contre Philippus 308 A
au Peloponese tomba vn lion de la Lune 623 A
Peloponesiens sifflans le Roy Philippus 192 B
Pelops fils de Tantalus, pourquoy bannit sa femme Hippodamia 490 F G
Pelos quel poulsier 375 B
pelorons de pierre mols, qui se filoient 349 G

TABLE ALPHABETIQVE SVR LES

Pelusium ville d'Ægypte, par qui fondee & nommee 321 F
pembazin iadis signifioit nombrer, comme qui diroit quinter pour compter 330 C, 346 G, 354 A
Peneleus fils d'Hippalemus 482 G
Penelopé femme d'Vlysses, d'où natiue, 484 D E
Penelopé combien sage à l'endroict de ses poursuiuans 17 F
Penelopé ne resembloit aux lionnes, & pourquoy 271 C
Penelopé de larmes baignoit son visage, & pourquoy 32 B
Penelopé chaste, & Vlysses prudent 147 A, 271 G
penia signifie paureté, mere d'Amour 330 D
penitent portant la haire, condamné à mort 227 E
penitence des pechez, qu'est-ce 645 C
à penitence Dieu incite les vicieux 260 A
pensee est intelligence reseruee & mise à part 508 F
la pensee de l'homme entenduë par la parole 553 G
pensees comment s'engendrent, & en combien de sortes 454 B
nos pensees estre les idees, selon les Stoïques 444 B
pensement est intelligence qui est encore en mouuement 508 F
Pentagone, corps à cinq faces 541 H
penté signifie cinq, d'où est deriué ce mot Pan, qui est ce monde 330 C
Pentheus, quel homme 522 H
Pentheus voyoit deux Soleils, & deux tenebres 587 A
peptromene, que signifie 573 C
Perdiccas voulut participer à l'esperance d'Alexandre 316 H
Perdicques, successeurs d'Alexandre de nulle valeur 313 D
perdris criardes 427 B C
perdris masles couuent les œufs aussi bien que les femelles 509 D
perdris fines & industrieuses à sauuer leurs petits des chasseurs 321 C
perdris comment enseignent leurs petits à se sauuer 273 F, 514 G
perdris nourries pour plaisir 567 A
c'est fureur de se douloir de ce qui est perdu 70 G
le pere pourquoy aime le fils, selon Epicurus 101 D
le bon pere comment corrige 54 G
venger le tort faict à ses pere & mere, la plus belle chose du monde 321 C
ne faut descouurir la faute du pere deuant ses enfans 53 C
vn pere honorant & reuerant son fils Consul 202 B C
vn pere fol & ignorant mocqué de bonne grace par Aristippus 3 B A
vn pere priué de sa dignité, pour auoir baisé sa femme, sa fille presente 146 C
vn pere immolé par sa fille, laquelle puis apres s'immola, & pourquoy 488 G H
peres desobeys de leurs enfans par les flateurs 7 G
peres quel amour portent à leurs enfans 82 C D

peres & meres comment peuuent engendrer amitié entre leurs enfans 82 F
peres pour engendrer comment doiuent estre disposez 266 C D
peres vicieux engendrent enfans à eux semblables de mœurs 264 H
peres quel soing doiuent auoir à bien faire instruire leurs enfans 3 A B
peres doiuent aller voir comment leurs enfans apprennent chez les precepteurs 5 G
aux peres & meres pourquoy resemblent les enfans 457 G
peres qui trop aiment leurs enfans, en fin les hayent 5 E
bons peres & meres quel honneur font à leurs enfans 1 B C D
de la charité des peres enuers leurs enfans 100 B
peres pourquoy aiment plus les filles que les fils 148 E
peres quelle mediocrité doiuent tenir enuers leurs enfans 8 B
peres mal viuans, bien chastier ne peuuent leurs enfans 8 E
peres honorez de leurs fils côme Dieux 462 F
peres immolans leurs enfans 125 G
la perfection de l'œuure gist en la fin 119 E
Pergamenine qui inhuma le corps de son amy ietté aux chiens 240 A B
Periander tyran de Corinthe, vsurpa par force le nom de sage 120 F G, 352 G
Periander bon medecin, & mauuais poëte 215 F
Periander quelle republique disoit estre la meilleure 155 B
Periander donne à souper aux sept Sages 151, 152
Periander deuient tout pensif & chagrin ayant ouy l'aduis des sept Sages, touchant la gloire des Princes 153 F
Periander tyran d'Ambracie tué par vn garçon duquel il abusoit 611 G
la punition de Periander differe, combien profita 260 D
Pericles yssu d'vne maison excommuniee & maudite 261 D
Pericles fils de Xantippus 102 E, 493 G
Pericles se preferoit à Agamemnon 526 F G
Pericles suffisant à manier l'estat 316 H
Pericles esleu capitaine d'Athenes, que disoit en soy-mesme 364 C
Pericles pour son eloquence, nommé Olympien 253 F
Pericles de nom & d'apparence premier de la ville par son eloquence 163 G
Pericles ne feit iamais porter robbe noire à aucun Athenien 196 F
Pericles estant capitaine, que disoit en soy-mesme 196 F
Pericles combien sage & prudent en deliberation 4 A B
Pericles philosophoit en maniant les affaires publiques 5 A
Pericles auoit auec soy le philosophe Anaxagoras 133 E
Pericles enuié pour sa vertu 165 F
Pericles comment se loüoit honneste-

ment sans reprehension 139 C
Pericles grand sage homme, feit faire l'accoustrement de la statuë de sa Pallas, de fin or poisant 40 talents 130 D
Pericles orna Athenes de beaux temples 317 B
Pericles en sa grande vieillesse gouuernoit l'estat public 179 E
Pericles disoit qu'il failloit estre amy iusques aux autels 77 G, 167 D
Pericles prioit à Dieu qu'il ne luy eschappast parole qui ne seruist 164 G
Pericles s'addonnant à l'estat public, se reforma entierement 162 D E
Pericles homme vigilant 525 D E
Pericles sage gouuerneur de republique, & ses faicts 170 B D
Pericles sortant de sa maison, quel beau discours faisoit à soy 170 H
Pericles loüé pour son gouuernement de republique 503 F
preudhommie de Pericles 577 C
Pericles alluma la guerre côtre les Peloponesiens pour l'amour de sa courtisane 449 E
Pericles feit bastir le temple de Minerue, appellé Hecatompedon 513 H
Pericles de quelle maladie mourut 264 D
Pericles en mourant se resiouïssoit de ce que iamais citoyen n'auoit porté la robbe noire pour luy 141 A
Periclitus excellent ioüeur de cithre 662 B C
Perilaüs humainement affectioné à l'endroit de son frere Cassander 85 G
perils font les hommes sages 188 E
perils secourus par la mort 246 A
Perillus demandant dix talents à Alexâdre, en receut cinquante 192 F
Perillus perit de male mort dedans la vache par luy inuentee pour faire mourir les innocens 491 F
Perinthiens extraicts des Samiens 485 E
Peripateticiens surpassent les autres philosophes en certitude de doctrine 431 C
Peripateticiens quelle opinion auoient des cometes & cheurons de feu en l'air 450 B
tous les Peripatetiques ont suiuy la doctrine de Platon 592 C
Peripateticiens plus honorez que les Epicuriens 373 E
Peripateticiens ont escrit de la musique ancienne 660 E
l'eschole Peripatetique par dessus toutes les autres à Athenes 281 C
péripneumonie est la maladie des poulmons, & ses symptomes 411 D
periscylacisme, quelle purification 470 G
Perræbie, quelle region 463 H
perroquets apprennent à parler 515 F
Perse region aspre, & bossuë 188 D
Perses gourmands, vaincus par les Grecs 222 C
Perses ne banquetoient ny ne balloient auec leurs femmes 359 F
les Perses estiment deuoir, estre le premier peché: le second, mentir 131 B
Perses vilainement abusent des garsons 650

650 C
Perses aiment ceux qui ont le nez aquilin, & pourquoy 176 A, 188 D
Perses apprindrent d'Alexandre à n'espouser leurs meres 308 E
Perses en leurs vrgétes supplicatiós menassoient de ietter le feu en l'eau 531 F
les Perses iuroient par le Soleil 289 E
Perses voulans changer de pays, retenus par Cyrus, & pourquoy 188 D
Perses trompeurs en leurs habits 653 F
Perses meurtris par Themistocles 525 F
Perses quand abandonnez de la fortune 302 E
Perses ont tenu la principauté ou royauté 503 G
Perseus Assyrien 650 E
Perseus faisoit obliger ceux ausquels il prestoit 78 H
Perseus, quel stratageme dressa à son ennemy Eumenes 87 H
Perseus suiuy d'Alexandre 310 E
Perseus vaincu par les Romains 52 E
Perseus prisonnier de Paulus Æmylius 203 E
Perseus desfait par Paul. Æmylius 302 H
Perseus ietté de son Royaume de Macedoine, estimé malheureux 74 B
la mort du Roy Perseus presignifiee par celle du petit chien nommé Perseus 123 D
Persiens sobres & modestes en habits 309 D
Persiens ambassadeurs qu'apprindrent de Zenon 90 F G
vne Persienne que respondit touchant ses freres, & ses enfans 83 C
Persiennes feirent gaigner la victoire, en monstrant leurs deuans 231 F
persuasion se fait par bonnes mœurs, & par la parole ensemble 163 F
persuasion necessaire à ceux qui se marient 461 A
persuasion douce & gentille 437 F
qui perte à autruy procure, à soy-mesme ruine procure 261 E
perturbations d'iniustice, villaines & perilleuses 262 F
pesant qu'est-ce 444 D
rien de pesant n'est en haut, ny rien de leger en bas 617 B C
pesanteurs tendent toutes au milieu de la terre 615 E
pescher pourquoy consacré à Harpocrates 232 E
pescherie est œuure de gourmandise 428 F
la pescherie est vn art subtil & industrieux 517 H
pescheurs pourquoy vsent plustost des soies de cheual que de iument 537 A B
pescheurs que demandent ordinairement 65 C
la pesse pourquoy propre à faire nauires 397 F
pesses en quels terroirs croissent 381 C
peste amenee au monde par Arimanius 328 C
peste par tout le pays pour vn incestueux, & comment appaisee 488 G H
peste mise par tout vn pays, par vne baleine 510 F

Peste à Rome qui emporta tous les basteleurs 476 F
peste prognostiquee par la multitude des araignees 336 C D
peste guarie par vn maillet 491 B C
peste chassee par le feu 335 C
peste chassee par Empedocles, en faisant murer les trous des montaignes 63 B, 598 B
corps morts de peste, non mangez des bestes de proye 430 D
pestes d'ambition, quels maux apportent 174 G
pestilence grande à Athenes 105 C
pestilence suscitee par les malings esprits 340 D
pestilence grande pour vn homicide 487 E
pestilence qui emporta vn nombre infiny d'hommes, causee par vn tremblement de terre 349 D
pestilence assopie par sacrifice annuel d'vne fille 491 B
pestilence chassee de Lacedæmone, par le moyen de la musique 667 E
Petræus bruslé tout vif 172 B
Petron quelle opinion auoit de la pluralité des mondes 343 B
peu auec peu adiousté souuent, croist incontinent bien grand 5 H, 113 G
qui appete peu, ne peut auoir faute de beaucoup 60 G
se contenter de peu entretient les citoyens en paix 95 A
peuple corrompu perd son authorité 176 B
peuple dereglé ne peut estre reformé tout à vn coup 162 C D
plaire au peuple, est desplaire aux sages 3 H
le peuple faut prendre par les oreilles 164 A
le peuple comment amorsé par le gouuerneur 177 A
comment il faut gratifier au peuple 173 F
peuple comment peut estre reprimé 173 H, 174 A B
peuple comment allié par amitié 378 E
peuple qui n'a point de bouche, & vit du parfum d'vne racine 625 C
peuple submergez és neiges 315 H
la peur descrite par ses effects 120 B
la peur appelee circonspection par les Stoïques 35 G
où est la peur, là est la honte 39 E
l'homme de bien n'a iamais trop peur 37 H
la peur contraire à ceux qui consultent 420 H
la peur chasse la memoire, & toute bonne intention 311 D
la peur n'aduient aux Stoïques 559 H
la peur difficile à arrester 137 E
la peur du supplice destourne les mauuais de mal faire 289 A
la peur sur la mer cause le mal de cœur 68 H
les peurs du bruit troublent grandement l'ame 592 A
peurs Paniques d'où ainsi nómees 321 A
Phæaciens, gens delicats 319 D
Phædimus, mary d'Aretaphile, meschantement tué, & ce qui en aduint 237 G

Phædra accuse Theseus de son forfait d'elle mesme 18 A
Phædra ne pouuant iouyr de son beau fils Theseus, le feit briser meschantement, & elle se pendit 490 H, 491 A
Phædrus, pere des propos amoureux 540 D
le Phædrus de Platon enrichy d'vn beau commancement 199 C
Phænon, surnom du planete de Saturne 624 H
Phaëthon, monté iusqu'au ciel, pourquoy pleuroit 69 B
Phaëthon, montant au ciel, tomba en griefues calamitez 130 A
Phaëthon bruslé 281 G
la ruine de Phaëthon où & comment vengee 263 F
phagiles, quels moutons en l'isle d'Ithaque 479 E
phagre poisson pourquoy abominé des Ægyptiens 321 H
Phalaris, tyran d'Agrigente, combien hay de ses subiects 176 A
Phalaris iniuste 113 E
Phalaris appellé bon iusticier par les flateurs 44 E
Phalaris feit mettre Perillus en la vache de bronze qu'il auoit inuentee 491 F
Phalaris baillé pour medecine aux Agrigentins 261 A
Phalericus appaiserent vne grande pestilence par le sacrifice d'vne fille 491 B
phalerus, port de mer 633 B
phalium, quel lieu 484 E
phallephores, quelles festes en Grece 320 C
Phallus estoit le membre naturel d'Osiris, solennisé des Ægyptiens 321 H
Phallus porté en procession 99 F G
Phamenoth, quel mois aux Ægyptiens 327 D
Phaneus signifie luisant, surnom d'Apollo 352 E
Phaneus, c'est à dire, regardant, & monstrant, surnom d'Apollo 357 D
phantasie qu'est-ce, & comment se fait, & d'où est deriué ce mot 454 E
phantastique qu'est-ce, & comment se fait 454 E
phaos signifie clarté 454 E
Phaophi, quel mois des Ægyptiens 324 E, 329 D
Pharicum, poison mortel, ne nuist à ceux qui le portent auec eux 138 B
Pharinx que signifie proprement 410 H
Pharnabazus Persien fournit argent à refaire les murs d'Athenes 212 D
Pharnaces, Roy de Pont, défait par Cæsar 208 E
Pharnaces dispute de la face qui paroist en la Lune 615 A
Pharos iadis isle en Ægypte, ores terre contiuente 237 C, 326 H
Pharsalia baladine deschiree en pieces, comment & pourquoy 619 A B
Phasicles Preuost d'Athenes 493 G
Phaulius cocu volontaire, prostituant sa femme en habit d'vn page 606 B
Phauorinus grand amateur d'Aristote 431 C

i

phegos signifie la fouïne, & le fousteau ou hestre 15 H
phelte ville de Lycie 517 G
Phemius poëte ancien, feit le retour des Grecs 660 F
Phemius Roy des Aenianiens, comment occit le Roy des Inachiens en combat de duel 479 E
Pheneates & Tegeates vuiderent leur different par le combat de trois freres iumeaux, & comment 488 D
Pheneates punis par inondation continuelle pour vn sacrilege 263 E
Hercules Pheniciens & Aegyptiens, selon Herodote 650 E
Pherecrates poëte introduit la musique en habit de femme 665 A
Pherecydes grand personnage, tourmenté de griefues maladies 280 B
Pherecydes fut hydropique 576 E
Pheres ville en Thessalie 200 G
phi est pi mué en aspre son 433 C
Philadelphes nom honorable des Roys anciens, & que signifie 141 CD
Phidias pourquoy peignit Venus dessus la coque d'vne tortue 148 A
Phidias ruina les tyrans de son pays 284 F
Phiditia en Sparte que signifioit 420 A
Philager traistre 94 D
Philammon feit la natiuité d'Apollo & de Diane en chansons 660 F
Philarchus historien 316 F, 523 G
Philemon poëte comique, fort aagé iouoit encores ses comedies 180 A
Philemon comment puny de sa mesdisance 58 G H
Philemon eschappé d'entre les mains du bourreau 36 C
Philetaerus auec ses deux freres gardecorps du Roy Eumenes leur frere 82 D
Philetas poëte tousiours au lict attaché 184 B
Philinus nourrit son fils ainsi que Chiron feit Achilles 388 F
Philippé religieuse de Minerue 498 C
Philippi ville en Macedone 412 D
Philippides iouër de comedies bien sagement respondit au Roy Lysimachus 54 B, 93 B
Philippides poëte comique, se mocque de l'orateur Stratocles 600 C
Philippiques de Demosthenes, quelles oraisons 164 D, 499 B, 527 A
les Philippiques de Demosthenes nettes de toutes iniures 169 A
Philippiques de Theopompus 492 E F
Philippus Roy de Macedone, estant tombé, quelle belle sentence prononcea 126 C
Philippus homme de grande experience 316 H
Philippus le plus grand & meilleur Roy de Macedone, & ses faicts & dicts 19 A
Philippus comment & où perdit vn œil 487 C
Philippus veilloit quand les autres dormoient 192 C
Philippus amassa tous les meschans, & les logea en vne ville qu'il feit bastir, & l'appella Poneropolis 65 H

Philippus importuné par vne vieille, luy feit iustice 192 D
Philippus combien prudent à traicter beaucoup de conuiues de peu de viandes 293 G
Philippus comment guarit Arcadion de la mesdisance 58 F
Philippus que disoit des trauaux des Roys 183 B
Philippus admonestoit son fils Alexandre de faire beaucoup d'amis 166 C
à Philippus les Lacedaemoniens escriuirent ceste seule syllabe, Si. 94 H
Philippus vainquit les Grecs à Chaeronee 227 H
Philippus commandoit aux Macedoniens, qui sçauoient combattre contre les hommes 189 E
Philippus mal iugea Machaetas en dormant 192 A B
Philippus mal voulu de ses voisins, & fort endebté 308 A
Philippus quel iugement donna à deux meschans hommes 191 E
Philippus sage & modeste en prosperité 244 G
Philippus combien patient à endurer iniures 148 H
Philippus faisoit & enduroit toutes choses pour la gloire 191 D E
Philippus combien sagement se porta chez son hoste, ayant peu de viandes 191 G H
Philippus sagement reconcilié auec sa femme, & son fils Alexandre, par Demaratus 192 C
Philippus combien vaillant & patient 314 G
Philippus charmé par son amoureuse la Thessalienne, & comment 147 C
Philippus quand mourut 306 B C
Philippus fils de Demetrius feit faire vn cry superbe & barbare, & quel 231 A, 432 D
Philippus bien admonesté par vn musicien 192 C, 312 A. & gentiment brocardé 372 F
Philippus chassé de Macedone par vne seule bataille 305 H, 306 A. défaict par les Romains 630 A
Philippus ne peut sçauoir le secret de son pere Antigonus 194 B
Philippus tyran, comment tué 647 G H
Philippus le Prusien, de l'eschole Stoïque 417 F
Philippus l'historien 340 E
Philippus a escrit des figures que monstre la Lune 282 E
Philippus, pauure sacrificateur d'Orpheus, bien mocqué 218 G
Philippus plaisant bouffon 417 E
Philiscus familier d'Isocrates, & compagnon de l'orateur Lysias 494 C
Philistion medecin excellent a pensé que le boire passoit par les poulmons 411 B
Philistus escriuit ses liures en Epire 127 C
Philochorus, quel historien 523 C
Philocles Preuost d'Athenes 493 C
Philocrates achepta des putains, & des poissons precieux, & dequoy 105 H

Philocrates accusé de trahison, de luxure, & de gourmandise 393 A
Philocrates vescut opulentement de sa trahison 94 D
philocteres tragœdie d'Aristophon 11 E
philolacon, c'est à dire aimant les Lacedaemoniens 217 B
Philolaus Pythagorien disoit, la terre estre le foyer de l'vniuers 451 E
Philolaus tient que la terre se meut 451 G
Philolaus estimoit le Soleil estre vne maniere de verre 448 C
Philolaus admettoit double corruption 446 F
Philometores, nom honorable des Roys anciens, & que signifie 141 CD
Philon Thebain, hoste liberal du Roy Philippus, chez luy prisonnier 191 F
Philon fait vn festin à ses amis philosophes 388 E
Philonicus banquier 168 H
Philonome engrossie de Mars desguisé en berger, & ce qui en aduint 491 E
Philopappus amy de Plutarque, auquel il escriut de l'amy & du flateur 39 H
Philopappus presidoit fort honorablement és danses 368 F
Philophages surnom des gourmands 392 H
Philophages Rethoricien 209 E
Philopœmen capitaine, qui auoit mains & pieds sans ventre 203 B
Philopœmen menoit le Roy Attalus, frere d'Eumenes, par le nez 184 B
Philopœmen bon pilote 170 C
Philopœmen quel glorieux fait d'armes feit 173 D E
philosophe que signifie 115 H
le philosophe n'est pas dit tel pour sa barbe, ou son habit 318 F
le philosophe doit conuerser auec les Princes, traicté de ce 133 A
le philosophe en quoy differe le plus du medecin 530 E
le philosophe en quoy doit estre plus affectionné 133 C
vn philosophe n'a besoing d'argent 311 C
la vie du philosophe doit estre conforme à sa doctrine 560 F
c'est le propre du philosophe naturel, de recercher les causes 423 E
le philosophe parmy des ignorans imite Pisistratus 360 F
le philosophe resembler au bon laboureur 76 B
tout est comprins soubs ce mot, En philosophe 311 E
philosophes en quoy different des hommes communs 311 C
philosophes & medecins comment distinguez 293 A
philosophes en quoy different des orateurs 360 E
aux philosophes appartient enquerir, admirer, & doubter 352 E
philosophes anciens estoient Theologiens 555 G, 608 E
philosophes anciens publioient leurs doctrines en vers 631 H
philosophes combien vtiles à ouyr 28 G
philo-

OPVSCVLES DE PLVTARQVE.

philosophes enoquent leurs questions à la nature des bestes brutes 100 C
philosophes dequoy se magnifient 308 H
philosophes en quoy conuiennent tous 31 D
les philosophes de quelles grandes difficultez ont esté deliurez par Platō 338 F
philosophes pourquoy vient d'histoires 12 F G
les philosophes ont auancé la philosophie, en respondant aux iniures qu'on leur faisoit 588 F
philosophes qui n'ont point de fiel, se disent les sages 58 F
philosophes qui ont laissé leur pays pour viure en plus grand repos 128 A
philosophes de Grece pourquoy allerent en Ægypte 320 A
les philosophes comment ont defini l'ame, & ce qu'ils en ont estimé 453 B
les Roys honorans les philosophes, s'honorent eux mesmes 148 A
philosophes font les Roys iustes, en conuersant auec eux 134 F
quels philosophes resemblent au roseau 114 A
viure selon les opinions des philosophes ce n'est pas viure, disoit Epicurus 588 H, 589 A
Princes des philosophes iniuriez par les Epicuriens 278 A
philosophes blasmez par les flateurs 45 A
philosophes en quoy mocquez des vsuriers 131 B
philosophes du verger d'Epicurus ineptes à l'estat public 182 E
philosophes des anciens Perses, combien austeres 310 G
philosophes Elpistiques 393 D
philosophes deuenus idiots, & quels 116 G
discours des philosophes inutiles 222 B
philosophes charlatans resemblent à l'oiseau descrit par Homere 115 G
philosophes Ioniques nommez de Thales 440 C
philosophes Cyniques fort libres en parlant 52 B
philosopher qu'est-ce selon la commune opinion 130 A, 187 A
comment il faut se preparer pour bien philosopher 115 F
philosopher en maniant les affaires publiques, est chose bien profitable 4 H, 5 A
philosopher pour le public, est enseigner les Roys 134 F
si on doit philosopher à la table 359 E
philosophie l'vn des trois genres de science, & ses especes 437 B
philosophie est vne souueraine vertu, diuisee en trois generales parties 439 F
la philosophie est l'art de bien viure 359 G
la philosophie est le fort principal de toute autre estude 4 F
philosophie est profession de chose de grande importance 560 F
la philosophie est la franchise de pauureté, exemple de Crates 132 E
la philosophie, maistresse de la maison 359 F
la philosophie seule medecine des ames, & ce qu'elle nous enseigne 4 G

la fin de la philosophie est cognoistre ses maux 63 F
en quoy se doit terminer la philosophie 308 C D
philosophie a pour son but la Theologie 336 A
la philosophie consiste à bien entendre la verité 353 E
la philosophie a tousiours sa lumiere & splendeur 99 H, 100 A
la philosophie quel fruict produit, selon Pythagoras 28 D
la philosophie quels effects produit 133 G
la philosophie combat fortune & aduersité 124 H
la philosophie guarist ses morsures mesmes 29 H
la philosophie chasse toute mauuaise apprehension 311 D
la philosophie rend les cœurs actifs & vifs 133 B C
la philosophie doit despouiller l'ame de vice 113 B
les sentences de la philosophie valent de bonnes loix 134 H
la philosophie ancienne escrite en carmes 633 G
la philosophie mieux traictee en prose qu'en vers 634 A
la philosophie comment doit estre enseignee aux ieunes gens 8 H
la philosophie enseignee par Socrates sans fard quelconque 638 E
la philosophie premierement enseignee par Democritus 588 H
ieunes gens comment accoustumez à la philosophie 24 F G
la philosophie du commencement tourmente les ieunes hommes 612 D
la philosophie est renduë plus douce par les fables 9 F
la philosophie quels hommes cerche 134 B
ceux qui commancent à estudier en philosophie, comment resemblent aux coqs & poules 115 B
la philosophie corrompuë par les sophistes 573 H
la philosophie reiette les delicats 114 F
la philosophie par qui remplie de grandes perplexitez 113 E
la philosophie ne doit estre chassee hors des banquets 411 C
l'estude de la philosophie, par quelles choses empeschee 247 A
philosophie Epoptique, quelle 334 G
la philosophie de Platon dequoy seruoit à Dionysius 190 F
philosophie secrette des Ægyptiens 319 G
philosophie des Grecs accōmodee auec la Theologie 328 G
la philosophie recommandee aux Grecs par l'oracle 638 A
la philosophie guidoit & munissoit Alexandre 308 B
qu'est ce que profiter en la philosophie 113 H
quand & comment on cognoist qu'on profite en la philosophie 115 D
Philostratus Pellenien, capitaine general 492 H

Philotas hōme de fer, amolly & destrempé par l'amour d'vne femme 315 A
Philotas vaillant aux armes, mais à l'auarice & aux voluptez esclaue 314 F
Philotas fait mourir par les gangrenes, qui sont les flateurs 49 H
Philotimus medecin, que respondit à vn phthisique 27 G
Philotimus que dist à vn qui estoit suppuré 53 E
Philoxenus fils d'Eryxis, bon iuge des viandes 393 C
Philoxenus, poëte musicien 664 H
Philoxenus quelles chairs estimoit les plus sauoureuses 8 H
Philoxenus le chantre quitta ses richesses, & voilà pauureté, pour fuir les delices mondaines 132 F
Philoxenus ord & sale macquereau, hay d'Alexandre 286 B
Philoxenus vilain contre nature, aigrement repris par Alexandre 311 B
Philoxenus, homme glouton, se mouchoit dedans les plats en vn banquet 291 C
Philoxenus pourquoy ennoyé aux carrieres par Dionysius l'aisné 72 B, 311 H, 312 A
Philté Thebaine, courtisane de l'orateur Hyperides 501 D
Phineus Roy, quelles harpyes nourrissoit 132 F G
Phlegeton, fleuue ardent 430 H
Phlegias honoré en sa posterité 261 B
Phliatiens quels peuples 483 B
Phlœum, quel lieu en l'isle de Samos 485 B
Phlœus, quel surnom de Bacchus 402 D
Phobus signifie peur & frayeur 608 E
Phobus se iecta en la mer, & quel homme fut 237 C
Phocaeans desfirent leurs traistres par vne contretrahison 237 D E
la Phocide pleine de sacrifice 286 C
Phociens desfirent les Thessaliens 230 F
Phociennes conclurent de se brusler toutes ensemble 230 D E
Phociennes combien pitoyables, & hospitalleres enuers les Thyades 234 A
Phocion grand capitaine des Atheniens, sortit de l'eschole de Platon 598 C
Phocion apprint souz Chabrias 183 F
Phocion ne fut iamais veu rire, ny plorer 197 D
Phocion seul homme de bien & vertueux entre les Atheniens 197 G
Phoció sobre & frugal en son viure 98 D
Phocion comment, & par qui vint à l'estat 166 A B
Phocion sçauoit mieux dire, que Demosthenes, & pourquoy 164 F G
Phocion ne prenoit aucune inimitié alencontre de ses citoyens 168 D
Phocion aagé de quatre vingts ans, gouuernoit l'estat 176 B
Phocion honnestement refusa largesse aux Atheniens, leur monstrant son creancier 176 F
Phocion comme honnestement s'excusa des emprunts de la ville 78 G
Phocion de quelle ruse subtile vsa pour reprimer le peuple d'Athenes 174 G

l ij

TABLE ALPHABETIQVE SVR LES

Phocion combien patient à endurer iniures 169 B
Phocion quel bel apophthegme respondit aux harangueurs 142 G
Phocion que respondit à Antipater touchant l'amy & le flateur 49 B
Phocion respondit vn bel apophthegme à son amy Antipater, & quel 147 H
Phocion respond plaisamment à Demades 169 C
Phocion ne voulut fauoriser mesmes à son gendre en iugement 167 D
Phocion que dist aux Atheniens à la mort d'Alexandre 59 H
Phocion & ses amis condamnez iniustement à mourir de cigue 198 D
Phocion que dist à vn qui estoit condamné à mourir quand & luy 129 H
la condamnation de Phocion de qui non crainte 118 G
Phocus pourquoy & comment tué par son frere Telamon 489 FG
Phocus tué pour garder sa fille Callirrhoé, & sa mort vengée 506 F
Phocylides en quoy reprins 28 H
Phœbidas capitaine vaillant Lacedæmonien, pourquoy mis en l'amende 223 A, 636 C
Phœbidas pourquoy accusé d'auoir prins la Cadmée, chasteau de Thebes 167 B
phœbonomiser que signifie 357 A
Phœbus, c'est à dire luysant 357 D
Phœbus c'est à dire pur & net, surnom d'Apollo 357 A
Phœbus doit seul aux hommes deuiner 634 E
Phœbus comment reprouua son oracle qu'il perdit pour auoir tué le serpent Python 342 E
Phœbus chasseur 604 E
Phœbus comment occist Python 479 A
Phœbus amateur des ieux de pris 425 CD
Phœbus pourquoy a aupres de soy les Muses & la Memoire 357 G
Phœbus capitaine Thebain 506 F
Phœnix gouuerneur d'Achilles 2 H
Phœnix sagement reprenoit Achilles 53 G
Phœnix estant maudit de son pere, quel propos dist 17 CD
le Phœnix oiseau, quel aage vit 339 H
Pholia maladie des Ours 514 H
Phormion, disciple de Platon, policea les Eliens 598 C
Phormion comment s'acquitt l'honneur de son pays 165 H
Phormion logea Castor & Pollux 288 D
pourquoy l'homme a esté appellé Phota 292 D
Phraates, Roy des Parthes, refusé de Pompeius, & dequoy 207 A
phrenesie est vne apostume dedans le ceruean 144 F
phrenesie apporte priuation de sentiment 144 E
la phrenesie guarie par l'hellebore 407 F
Phronesis est le mouuement de l'entendement & du iugement 331 A
l'armonie Phrygiene defenduë aux ieunes 176 C
Phrygius & Pieria amoureux causerét la paix entre leurs citoyens 236 E F
Phryn grenoüille de buisson 630 H
Phryné courtisane de grand pris 294 E
Phryné sobriquet donné à la courtisanne Mnesarete, & sa statuë d'or 313 B, 602 B, 630 H
Phrynicus poëte, pourquoy condamné à l'amende 171 C, 430 B, 516 C
Phrynicus destourna la tragœdie en des fables 360 H
Phrynis musicien adiousta deux chordes de nouueau à la lyre 118 C
Phrynis violeur de musique 216 E
Phrynis vaincu par Timotheus 138 F G
Phrynon capitaine vaillant, tué par Pittacus 650 F
Phrysiens & Mysiens separez, prouerbe 293 A
phthisie maladie des poulmons 577 D
phthoræ signifie corruptio & mixtions de couleurs 426 A
Phycides poissons, quel soing ont de leurs petits 521 B
Phycion roche, où la Sphinx ourdissoit questions ambigües 271 B
Phygadotheras, c'est à dire chasseur de bannis, surnom d'Archias 499 H
Phylactus quel office iadis en la ville de Cumes 478 B
Phyle nom de ville 526 D
Phyle chasteau à Athenes 198 C
Phyleus homme de bien, yssu d'vn meschant pere 266 H
Physcius fils d'Amphictyon, & pere de Locrus l'aisné 479 G
physios que signifie 478 F
physis que signifie 583 F
la physique tierce partie de philosophie 437 B
Phytalmios quel surnom de Neptune 429 A
phyximelon que signifie 478 G
pi ne se sert d'Alpha pour exprimer son nom, comme toutes les autres muettes 433 C
la picque borne du pays des Laconiens 462 H
faut se laisser picquer pour combatre l'ignorance 30 E
picquotin de Pythagoras 413 G
Picus mué en vn piuert, donnoit des oracles, & rendoit responses 463 G
pie qui chantoit, parloit, & contrefaisoit la voix des bestes, & sons des instrumens & de la trompette 515 H, 516 A
les pies parlent & crient beaucoup 427 BC
pied de bois du deuin d'Arcadie 81 F
Pierie montaigne fleurie de roses 380 C
Pierius composa le poëme des Muses 660 E F
la pierre ne se concrece dedás les boyaux, ains en la vessie 411 E F
pierre fine qui s'engendre de l'vrine des onces 509 E
il faut accommoder la pierre à la regle, prouerbe 113 D
la pierre de l'aimant comment attire le fer 542 G
la pierre d'aimant frottée d'ail ne peut plus attirer le fer 376 H
pierre que laissa tomber vn aigle sur la maison d'Aristotimus 235 G
pierre où montoit vne femme adultere, abominée, & reputée polluë 478 A B
pierre dessus les sacrifices nocturnes 482 G
la pierre de Tantalus 164 C
pierre adorée par les Ænianiens, & pourquoy 479 E
pierres d'où & comment faictes 523 C D
pierres pourquoy entre les corps solides moins resonantes 423 G
pierres deuiennent plus tendres enfonyes en la terre 412 D
on voit attrauers les pierres transparentes 450 C
pierres qui se filoient 349 C
pierres nourriture de quelques animaux 109 C
pierres mangées par femmes grosses 162 H, 538 F
pierres rauies au ciel, dont sont faictes les estoiles 447 E
pieté enuers quels est exercée 242 F
pieté de freres enuers leur mere recompensée de mort, comme de la meilleure chose du monde 247 D E
pigeons nourris pour plaisir 567 A
pigeons masles cassent les œufs des femelles 509 E
pilotes pourquoy iamais saluez des prestres d'Ægypte 325 A
pin croist heureusement en terre argilleuse 397 E
le pin pourquoy ne se peut enter en escussion 376 G
pin de Peloponese bon à faire nauires 362 G
pin pourquoy consacré à Neptune & à Bacchus, & pourquoy seruoit de couronne aux ieux Isthmiques 397 D E
pins en quels terroirs croissent 391 C
Pinariens quelle famille aux Romains, & pourquoy ainsi dicts 469 F G
Pindare à quel iour nay 421 G
feste en l'honneur des descendans du poëte Pindare 263 H
Pindare que dist à vn qui l'alloit par tout loüiant 80 F
Pindare entendoit Pan chantant vn de ses cantiques 288 D
Pindare en quoy reprins 559 G
Pindare bien reprins de la courtisane Corinna 525 E
Pindare mourut selon la response de l'oracle 247 F
pinne quelle sorte de poisson 520 F
pinnothere poisson qui a tát cousté d'encre au philosophe Chrysippus 520 A
Piræ port à Athenes 93 F, 164 C, 284 E, 480 A B
Pirithous & Theseus, vne des couples d'amis anciennes 103 F
Pisæ quel mont 490 E
à Pise iadis combats à outrance 397 C
Pisias homme honnorable, discourt de l'amour 599 D E
Pisistratus fils d'Hippocrates, de tyran deuint Prince vertueux 260 G

Pisistra-

Pisistratus tyran d'Athenes, gracieux aux rebelles 198 B C
Pisistratus haïssant les nobles, & aimant hommes de bas estat, taillé en pieces, & ce qui en aduint 490 E
Pisistratus par ses flateries pretendant à la tyrannie, reprimé par Solon 185 H, 186 A
Pisistratus ayant debat auec ses enfans, pourquoy feit faire assemblee de ville 360 B
Pisistratus pourquoy se remaria en secondes nopces 82 E, 198 D
Pisistratus ne cognoissoit sa femme selon la loy de mariage & de nature 650 G, 653 D
Piso bastissant magnifiquement sa maison, comment reprins par Cæsar Auguste 209 C
Piso comment corrigea le babil de ses seruiteurs 95 B
ne faut pisser contre vne statuë, ny contre vn autel, ny dedans vne fontaine ou riuiere 567 C
pithœgia, iour auquel on gouste les vins nouueaux 431 F
Pithon bon iouëur de fleutes 195 D
pitié & bon sens ne peuuent estre ensemble 199 C
enuieux sont bien aises d'auoir pitié 108 E
pittacium champ, pourquoy & d'où ainsi dict 650 G
Pittacus Lesbien 169 A
Pittacus l'vn des cinq Sages anciens 352 F G
Pittacus esleu prince des Mytileneïens 608 G
Pittacus Roy de la grande Mytilene, mouloit son blé luy mesme 156 G
Pittacus refusa la monarchie, & dist qu'il estoit difficile d'y estre homme de bien 150 H
Pittacus en tout & par tout bienheureux, excepté en sa femme 71 F G
Pittacus enuoya au Roy d'Ægypte la langue d'vn mouton, pour la meilleure & pire chair 92 A
Pittacus ayant perdu son frere, disoit qu'il auoit des biens plus deux fois qu'il ne vouloit 84 G
Pittacus tua le vaillant capitaine Phrynon, & comment en fut recompensé 650 F G
Pittacus quelle response feit au Roy Alyathes 154 E
Pittacus quelle republique & quelle maison estimoit estre la meilleure 155 B E
Pittane, villette des Locriens 125 E
Pityoesseniens traistres défaicts par contre-trahison 237 D E
piuert oiseau, nourricier de Romulus & Remus 304 B, 463 G
le piuert pourquoy consacré à Mars 463 G. pourquoy reueré des Latins 463 F G
la place, qui est la matiere, a esté deuant le monde 552 H
la place consulaire pourquoy tenuë pour honorable 363 E
la place en quoy differe du lieu 445 A

places fortes prinses par argent 191 E
plaideurs grads côteurs de procez 96 D
plaideurs chassez de Lacedæmone 219 G
plaire au peuple, est desplaire aux sages 3 H
comment on peut tousiours aux hommes plaire 215 A
plaisanteurs plus prisez des Roys, que les sages 283 F
tu iras au manoir du plaisant, prouerbe 483 A
le plaisir des lettres trompent les mieux aduisez 525 C
vn court plaisir fait perdre longue felicité 295 E
vrais plaisirs, quels 282 F
chacun se plaist auec son semblable 41 E
chacun se plaist où il se treuue le mieux 369 G
ce qui plaist, est la plus facile chose du monde 154 B
planetes quels rochers 156 D
planetes estoiles errantes, tournent chacune en son ciel 127 C D, 553 B
planetes instrumens du temps, selon Timæus 543 D
planetes en quel ordre disposez au ciel 447 G
planetes comprises en cinq reuolutions 347 A
planetes sont en cinq distances, & de leurs reuolutions & ordres 555 C
planetes distans les vns des autres de grands interualles 616 C
planetes quelles proportions ont entre eux 555 B
planetes dictes stationaires 113 H
planetes se mouuent plus viste ou plus lentement les vnes que les autres 554 D
Dieux des planetes, selon les Chaldees, quels 328 E
planetes de Mars, Venus, & du Soleil, quelle influence on 12 D
planetes font sons & accords entre eux 555 C
de la grande annee de chacune des planetes 449 F
planetes destachees du crystal du ciel 447 G
planetes sont parties de l'vniuers 581 H
plantes d'où produictes 528 C
plantes comment premierement procreées, selon Empedocles 459 A
les plantes n'ont que puissance vegetatiue 31 H
plantes nourries d'humeur 440 C
plantes tout alentour de la Lune 449 D E
plantes estre animaux, selo Empedocles, & comment croissent 459 H, 460 A
plantes sont animaux terrestres, ou de terre: & pourquoy ne se nourrissent de l'eau de la mer 534 D
plantes s'empreignent du vent de Ponant 474 F
les plantes quand & pourquoy appellees Phyximela 478 G
plantes suiuent mieux nature que ne font les hommes & les bestes, & pourquoy 100 D E
plantes appartenantes au bon Dieu, autres au mauuais Dæmon 328 B

plantes doiuent moderément estre arrousees 5 E
plantes & les mœurs des hommes comparees 188 D E
en destruisant les plâtes on peche 157 G
plantes sauuages comment appriuoisees 376 C
plantes & arbres de la mer rouge, pourquoy ne portent aucuns fruicts 534 F
l'vsage des plantes enseigné de Dieu 37 C
plantes dedans la Lune 624 A
plantes meurent frottees d'huile 376 D, 534 E
plantes pourquoy donnent la gale à ceux qui sont mouillez de leur rosee 535 G
plantes Arabiques se meurent si on les mouille 624 A
plastre pourquoy mis és tonneaux de vin 556 C
Platanes portans des pommiers 376 C
platichetæ, que signifie aux Bœotiens 478 E
Platon, fils d'Ariston Athenien, a mesmes opinions que Socrates 441 E
la natiuité de Platon à quel iour solennisee 421 F
Platon ne sembloit pas estre engendré d'vn homme mortel 421 H
Platon à quel iour nay 421 G
Platon philosophe diligent, de grand & profond sçauoir, suiuy d'Aristote en sa doctrine, & de tous les Peripateticiens 592 C
Platon familier du prophete Conuphis Ægyptien 636 G
Platon habitoit en l'academie, petit verger, qui n'auoit cousté que 3000 drachmes 126 G
Platon estudia fort en musique soubs Dracon Athenien, & soubs Metellus Agrigentin 661 G
Platon par les malfaicts d'autruy corrigeoit sa vie 110 E
Platon preuue qu'il n'y a qu'vn monde, & que tout soit vn 442 A
Platon met six circonstances de mouuement 452 B
Platon admonestoit ses citoyens d'oster ces mots, Mien & Tien 84 G
Platon faisant du Theologien 360 G
Platon auec vehemence a reprins les Atheïstes, voulans abolir l'ame 547 D
Platon de quelles grandes difficultez a deliuré les philosophes 338 F G
Platon quelle opinion a eu de Dieu 443 F
Platon quelle opinion a eu de la veuë, comment elle se faisoit 454 F G
Platon a mis cent quatre vingts mondes 343 G
Platon a reietté l'infinité des mondes, mais il a tousiours doubté du nombre d'iceux 342 G
Platon n'admet rien de vuide dedans ny dehors le monde 447 B
Platon quelle opinion a eu des Idees 444 A
Platon quelle opinion auoit de l'arc en ciel 450 F
Platon quelle opinion auoit de l'ouye 455 B

I iiij

TABLE ALPHABETIQVE SVR LES

Platon difoit que la Lune tenoit plus du feu que de l'air 449 A
Platon de quelle fubftance eftimoit eftre le Soleil 448 C
Platon a eftimé les beftes eftre raifonnables 459 B
Platon quelle opinion auoit de l'amertume de la mer 452 C
Platon toufiours mefme en fa vie 42 C
l'integrité de Platon 113 E
Platon a acquis gloire immortelle 1 G
Platon comment & en quoy reprins de Socrates 53 D
Platon a affermé que chacun aftre eft compofé de feu & de terre 626 B C
Platon de quelles grandes voluptez iouyffoit 284 E F
Platon combien frugal & fobre en feftins 295 F
Platon met la principale partie de l'ame en la tefte 453 D
Platon a dict l'ame eftre l'ouurage de Dieu eternel & immortel 453 F
Platon comment definiffoit l'ame 453 A
Platon n'appella iamais l'ame nombre 547 B
Platon comment ramena au bon chemin fon neueu Speufippus fort defbauché 53 E, 89 B C
Platon fe tient auec Dion 133 C
Platon quoy & comment remonftra à Dion 52 D E
fi Platon n'euft cogneu Dion, Sicile n'euft efté deliuree de tyrannie 291 H
Platon haut-loüé de Diogenes 37 G H
Platon a erré auec plufieurs autres, difant, que le boire defcend aux poulmons 410 D, 568 D E
Platon conftitué vne venerable mufique és cieux 667 H, 668 D E
Platon eftant courroucé ne voulut foüetter fon valet 6 D E, 259 G, 588 E
Platon faifoit feftins non fîcureux 403 F
Platon comment a rendu fes freres renommez 85 A B
Platon comment loüoit Helicon mathematicien 62 B C
Platon vendu par Dionyfius l'aifné 72 B
Platon quel eft en fes œuures, & comment il les faut lire 115 E
Platon ne peut eftre entendu des ieunes gens 115 C
Platon ayant fait naufrage de la bonne grace de Dionyfius, retourna à la philofophie 69 G
Platon pourquoy fe courrouça à Dionyfius 42 B
Platon quels difciples a eu, & quel profit ils ont faict 598 B C
Platon dequoy admoneftoit fes difciples au fortir de fon efchole 300 E
Platon combien dolent de la mort de Socrates 36 C
les difciples de Platon contrefaifoient fes hautes efpaules 16 H, 17 A, 42 F
Platon pourquoy nauigua en Sicile 134: H. 135 A
Platon pourquoy alla en Ægypte 320 A
Platon precepteur d'Æfchines 496 D
Platon comment recommanda Helicon au tyran Dionyfius 79 A
Platon quelle chofe remonftra à Dionyfius 50 H, 51 A
Platon fauffement & par impofture allegué par Colotes Epicurien 592 E
Platon plus opiniaftrement que philofophiquement reprins par Ariftote touchant les Idees 592 D
Platon a efcrit vne forme de republique inutile 308 F
Platon efcriuit fes liures des loix, eftant ia vieil 328 F
que contiennent les dialogues de Platon 418 C D
Platon mangeur de figues 393 A
Plató poëte comique 162 H, 418 F, 492 G
queftions Platoniques 539 E
Platoniques mefmes, font d'opinions contraires touchant la creation de l'ame 546 E
Platoniques ont efcrit de la mufique ancienne 660 E
playes comment referrees 366 F
playes faictes auec lances de cuiure, faciles à guarir 387 G
pleger hommes fouffreteux, eft fouuent vn cas calamiteux 16 G
Pleïades mefmes par tout le môde 125 E
Pleïades fe couchás on doit le blé femer, fe leuans le moiffonner 102 D, 332 F
pleurs aux trefpaffez conuiennent 317 E
riuiere de pleurs en enfer 290 G
Pliftarchus, fils de Leonidas, & fes dicts notables 222 F
Pliftonax Lacedæmonien, & fes dicts notables 222 G
Ploïades quelles nuees ainfi appellees 478 D E
le plomb trempé en du vinaigre, fait la cerufe poifon mortel 406 E
le plomb fe fond de froid 530 G
plombees iettees dedans l'eau pourquoy la rendent plus froide 406 D E
plongeurs comment pefchent les efponges 531 C D
plongeurs portent de l'huile pour voir au fond de la mer 336 E F
le plorer eft vn animal, felon les Stoïques 587 C
en plorant, vne bonne partie de la douleur fe pert 249 C D
s'il faut plorer les trefpaffez 249 C D
Ploutis quelle ligue en la ville de Milet 482 A
plumes de la cicogne reprefentent la Lune 334 B
plumes des aigles font perir les autres 400 F
Plutarque Bœotien 170 H
Plutarque Academique 534 C
Plutarque fut lecteur publique à Rome 67 C
Plutarque prefbtre d'Apollo 184 G
Plutarque prefbtre auec Euthydemus 412 F
Plutarque de la confrairie de Bacchus 257 F
Plutarque grandement honoré de fon frere Timon 86 G
Plutarque fage & equitable iuge entre deux freres 81 H, 82 A
Plutarque defend fon frere Lamprias 373 A B
Plutarque confole fa femme de la mort de fa fille 255 F
Plutarque foigneux des affaires du public 169 C D
Plutarque efcrit à l'Empereur Traian 188 A
Pluton, c'eft à dire richeffe, eft aueugle 220 A
Pluton Dieu de cheuance 22 E
Pluton Dieu des enfers 121 A
Pluton infernal eft la mauuaife partie du monde 328 A
Pluton, Bacchus & Dionyfius, mefme chofe 321 A B
Pluton & Sarapis mefme chofe 323 F
Pluton n'obeit à autre Dieu qu'à l'amour 607 B
Pluton Dieu, qui commande aux trefpaffez 334 G H
Pluton Roy des morts, habite en la maifon d'oubly 248 E
Pluton ou Ades, fils d'Aide, c'eft à dire, de honte 324 D
Pluton humain, fage & riche, pourquoy appellé Ades 124 A
Pluton pourquoy furnommé Aidoneus, & Scotius 357 D
Pluton delaiffé, les hommes feront bien heureux 328 B
Pluton veut plorer & lamenter 357 E
Pluton, Iupiter, & Neptune departirent entr'eux l'Empire de leur pere Saturne 255 D
Pluton fignifié par le triangle 324 E
Pluton fignifie la terre felon Empedocles 441 E
Pluton pourquoy a aupres de foy oubliance & filence 357 D
le verger de Pluton, quel 625 H, 626 A
Pluton reclamé par les Perfes 328 B
Pluton rauit Proferpine en la montaigne de Ætna 538 C
pluye à venir, comment & par quels animaux prefignifiee 535 A
pluye prefignifiee par les grenoüilles 521 F
pluye prognoftiquee par les fourmis 512 F
comment on fe peut defendre de la pluye 124 H
la pluye pourquoy meilleure aux plantes, que toute autre eau 534 F
les pluyes font inftrumens de Dieu 160 G
pluyes comment s'engendrent 450 E
pluyes bonnes à arroufer 390 H
les pluyes accroiffent les femences 135 G
pluyes nourriffent les fruicts & les arbres 623 G
pluyes caufe du debordement du Nil 452 H
pluyes de tonnerre pourquoy meilleures pour arroufer 535 A
pluyes exceffiues caufes des tremblemens de terre 452 A
podagre maladie des pieds, moindre que la phrenefie 144 F
podargus cheual bon & vifte 610 F G
Pœmander comment purgé & abfouls du meurtre par luy commis fortuitement

ment 482 G
Pœmandrie, ville par qui bastie & nommee 482 F
poëmes faut suiure de l'œil & de pensee, & pourquoy 71 A
pœne, la premiere des ministres d'Adrastia, vengeresse des crimes 267 H
poësie est vne partie des lettres, & des Muses 9 E
poësie est vn art d'imiter 11 B
poësie de quelles choses est imitation 16 H
poësie est vne peinture parlante, & la peinture, vne poësie muette 524 D
poësie est vn bal parlant 439 E
la poësie consiste à bien inuenter des fables 525 B
poësie ramenee en la philosophie par Serapion 631 H
la poësie prepare les ieunes gens à la philosophie 24 A B
la poësie rend la philosophie plus douce 9 F
poësie soulage la memoire 634 F
poësie muette est la peinture 45 E
poësie sage & rassise, quelle 354 F
poësie quelle vertu a 37 F
le stile de la poësie estonner le monde 634 A
poësie & musique ancienne combien soigneusement traittee, & ses loix gardees 661 B
poësie iadis ieu de pris 396 G
poësie n'est sans fiction ny menterie 10 A
epigramme de la poësie 9 C
poësie vse fort de varieté sans la verité 16 E
poësie pourquoy estimee & prisee 524 H
poësie est grande & digne de loüange 138 F
poësie des hommes ne differe de celle des femmes 229 G
poësie quelle chose a de commun auec le bal 438 F
poësie ne se soucie pas gueres de dire verité 10 F
la poësie à quelles nations enseignee par Alexandre 308 F
poësie contribuee à la musique 437 C
poësie citharistique inuentee par Amphion, fils de Iupiter 660 E
poësie en quoy estre à approuuer, & en quoy à reietter 11 B C
poësie des oracles quand commencea à estre blasmee 634 B C
poësie grandement vilipendee par les basteleurs & triacleurs 634 D
poëte aupres d'vn autre poëte ne faut mettre 363 C
vn poete, entre les autres, dict par excellence 392 F
nul poete excellent n'a esté d'Athenes 525 B
le bon poete bien descrit 659 F G
poetes, premiers theologiens 608 F
poetes anciens, principaux auteurs de la musique 665 A
poetes anciens nombrez en vn catalogue 660 F, 661 D
poetes anciens pourquoy s'assembloient à certain iour au sepulchre d'Amphidamas 154 E
poëtes en quoy resemblent aux mousches cantharides 14 B
poetes comment corrigez 21 F
poetes quels subiects doiuent prendre 12 F
poetes quels en leurs escrits 284 A
poetes comment donnent bon goust à leurs escrits 147 G
poetes que doiuent obseruer en leurs vers 79 G H
poetes superstitieux 570 F G
les poetes reputent les choses plus necessaires, que non pas les paroles 525 A
les poetes composent plusieurs noms 438 H
poetes, ostans la foy les vns aux autres quel profit apportent 12 G
des poetes on tire profonde doctrine 21 D
comment on doit lire les poetes 115 D
poetes souuent font mal aux aureilles religieuses 577 E
poetes communément menteurs 9 G
de la lecture des poetes sortent deux grandes vtilitez, & quelles 13 B
la lecture des poetes profite diuersement 19 G
poetes comment peuuent estre leuz sans danger 18 E
poetes ne sont iamais mesmes hommes tousiours heureux 16 H
poetes ne peuuent tromper les lourdaux 9 D
poetes negligez des Epicuriens 283 B
poetes comiques comment ostent l'aigreur de leur mocquerie 372 F G
poetes comiques anciens en quoy blasmez 51 D E
à la poetisse Erythriente vn liure d'or consacré 397 B
le poil des hommes & femmes si procede 381 A B
le poil engendré de superfluité 318 G
faut prendre du poil de la beste 296 A
le poinct n'a nulle dimension 125 F
poires communément tardiues, & les pommes hastiues 402 B
poiriers produicts de chesnes 376 C
pois-chiches pourquoy defendus à ceux qui doiuent viure chastement 474 H
poison faite d'vn lieure marin 240 H
poison irremediable, est vin pur, meslé auec ius de cigue 47 C
poison mortel, nommé Aconit, ne nuist à ceux qui le portent auec eux 183 A
poisson commun n'a point d'arestes 378 E
le poisson est pour seruir de viande à l'homme 106 F
manger chair & poisson contrefait le corps 226 F
le poisson estre la plus excellente des viandes, & pour ce nommé ὄψον 392 H
poisson salé laué en de la saulmure, en deuient plus doux 367 H
prise de poisson, est œuure de gourmandise 428 F
vn poisson se vendoit plus qu'vn bœuf à Rome 203 G, 393 B

poisson prins à l'appast, est dangereux à manger 145 G
poisson, guide de la balene, & son histoire 520 E F
poisson, qui renuerse son corps le dedans dehors, estant prins de l'hameçon 513 C
poisson qui oste le sentiment à ceux qui le touchent, & son histoire merueilleuse 519 A
poisson par mocquerie, est le nom d'vn lourdaut 517 A
les poissons viuent en vn autre monde, & leur naturel 393 H, 394 A
poissons estimez peres & meres des hommes 429 A
les poissons ne respirent pas vn air en pureté semblable au nostre 393 G H
poissons ne nourrissent leurs petits 563 E
poissons ont soing merueilleux de leurs petits 521 B
tous poissons nagent contre vent & maree, & pourquoy 519 E
poissons naturellement prudens, & leur histoire 517 G H
poissons fins, & soupçonneux de toutes choses 517 H
poissons pourquoy sont si generatifs 403 D E
poissons arithmeticiens 519 G H
quels poissons sont les plus saoureux selon Philoxenus 8 H;
ne faut passer iusques aux delicieux poissons 295 A
poissons gelez se brisent en pieces 533 B
poissons mols impatiens de froid, & de la tormente 537 B
si les poissons sont plus delicats à manger, que les autres animaux 392 F G, 393
poissons prisonniers rachetez par Pythagoras 428 C D
poissons qui obeissent, quand on les appelle par leurs noms 517 E
poissons desquels s'abstenoient les Ægyptiens 319 G
poissons pourquoy abominez des Ægyptiens, & quels 321 H, 325 A
poix par nature espesse 571 H
la poix est plus chaude & obscure que le miel 531 D
Polemarchus, frere de l'orateur Lysias 494 A
Polemarchus philosophe, le sixiéme occis à Athenes 277 A
Polemon tenoit son eschole en l'Academie, où il passa toute sa vie sans en bouger 126 G
Polemon combien patient 61 F
Polemon non sommeillant recercheur des antiquitez 397 B
Polemon dissolu, tout reformé par le seul regard de Xenocrates 53 E
les poles du monde pourquoy sont penchans 447 A
la hauteur du pole comment trouuee & prise 336 D
Poletes, c'est à dire, le vendeur, quelle charge auoit iadis à Duras 481 G
Poliade, surnom de Minerue, & pourquoy 79 E
police que signifie, & de cõbien d'especes

l iiij

TABLE ALPHABETIQVE SVR LES

ces, & quelle est la meilleure 503 E F
bonne police decesse des affaires 442 G
bon politique quel doit estre 504 A
Pollis, capitaine des Tyrrheniens 480 G
Pollis Lacedæmonien, capitaine des Toscans 232 B
pollutions des mortuaires retrenchees par Lycurgus 227 A
Pollux comment voulut estre mortel, pour immortaliser son frere Castor 85 A
Pollux tua celuy qui luy parloit en l'oreille contre son frere Castor 84 C D
Pollux adoré en la ville d'Argos 481 B
Pollux & Castor logerent chez Phormion 288 D
feux de Castor & de Pollux 288 F
feux de Castor & de Pollux secourent les Nautonniers 345 B
Pollux & Castor, estoiles qu'on appelle le feu sainct Herme 448 A
pollution d'où procede 357 A
Poltys Roy de Thrace, par quelles conditions voulut accorder les Grecs & Troyens 189 C
Polus aagé de 70 ans, iouoit des tragœdies 173 A, 180 A, 525 E
Polyænus estoit l'asseurance d'Epicurus 288 C D
Polyænus dispute auec Epicurus 289 D E
Polyænus faisoit des enfans à moitié auec Epicurus 285 B C
Polyænus tourmenté de griefues maladies 280 A
Polyager, macquereau tant mocqué & picqué des poëtes 17 F
Polyarchus deliura ses citoyens de la tyrannie, en tuant Laarchus 241 C
Polybius apprint soubs Philopœmen 183 F
Polybius par le moyen de Scipion feit beaucoup de bien à son pays 171 E
Polybius quelle opinion auoit des enfans au ventre de leur mere 458 F
Polycephalus, quelle loy des fleutes 661 C
Polycharmus, orateur n'alloit iamais à vn festin, le dernier, & pourquoy 426 D
Polycletus excellent peintre 174 H
Polycletus imager, quelle plus grande difficulté trouuoit en son art 119 E
Polycletus que disoit de son art statuaire 573 E
Polycrates tyran de Samos, fut cause que Pythagoras transporta son eschole en Italie 120 F, 441 B
Polycratidas ambassadeur, & sa legation 222 H
Polycrite morte de ioye, & pourquoy 237 A
Polycritus architecte, faillit a estre tué par Pœmander, & comment & pourquoy 482 F G
Polydorus fils de Priam, Roy de Troye, tué par son beau frere par auarice 489 F
Polydorus Lacedæmonien, & ses dicts notables 222 G
Polyeuctus, ambassadeur 497 B C
Polyeuctus quel iugement fait de l'eloquence de Phocion & Demosthenes

Polyidus poëte musicien 663 D
polymathia, c'est à dire grand sçauoir, muse des Sicyoniens 438 D
Polymestor aueuglé par sa belle mere Hecuba, pour auoir tué Polydorus 489 F
polymnasties, loix des fleutes quand inuentees 660 G
Polymnestus poëte Colophonien 660 G
Polymnia muse qui reçoit les histoires 436 E
Polymnia conserue la vertu memoratiue 438 D
Polynices combien honoré en exil 129 C
Polyperchon, bon capitaine de Pyrrhus 195 D
Polyperchon admoneste Xenocrates de ne bailler lettres de recommandation à la volee 79 A
Polyperchon tua par trahison Hercules fils d'Alexandre 77 C
Polyphemus geant, nommé Cyclops, aueuglé par Vlysses 193 H
Polyxene, premier nom de la mere d'Alexandre, & ses autres noms 630 E
Polyxenus dialecticien, comment reprins par Dionysius 190 E
Polyzelus, capitaine Athenien, deuint aueugle par vne vision 486 A
pommes sont froides 383 G
pommes portees par cheuaux ou asnes, leur causent la faim canine 40 F
le pommier pourquoy appellé ἀγλαόκαρπος, & les pommiers ἰσόφλοια 402 A B
pommiers prodiuicts de Platanes 376 C
Pompeia pourquoy repudiee par son mary Cæsar 208 B
Pompeius estimé fils d'vn ioüeur de fleutes 204 C
Pompeius le grand, fils de Strabon, homme meschant, & fort hay des Romains 261 B
Pompeius apprint souz Sylla 183 F
Pompeius que respondit à Sylla, le voulant engarder de triompher 165 E
Pompeius fut tousiours à la guerre souz luy mesme capitaine 106 H
Pompeius appellé Magnus par son capitaine Sylla 206 G
Pompeius aima mieux imiter Themistocles, que Pericles 207 G
Pompeius pour ce qu'il grattoit sa teste d'vn doigt soupçonné d'estre lascif 111 A B, 162 F
Pompeius ambitieux, & conuoiteux de dominer 180 E
Pompeius autant aimé des Romains, que son pere fut hay, & ses beaux faicts & dicts 206 E
Pompeius enuié pour sa vertu 165 E
Pompeius sobre en son viure 107 A B
Pompeius pardonna aux Mamertins rebelles pour l'amour de son hoste Stenon 172 D
Pompeius desfeit l'armee des Pirates 134 G
Pompeius en ligue auec Iules Cæsar forceoit la ville de Rome 168 G
Pompeius s'enfuit de Rome 207 H, 208 D
Pompeius perdit la bataille de Pharsale

contre Cæsar 207 H
Pompeius mourut en Ægypte le mesme iour de sa natiuité 421 F
Pompeius tué par son hoste 303 F
Pompeius Silo, capitaine general contre Marius 206 A
Poncropolis ville en laquelle Philippus logea tous les meschans 65 H
Pont, Royaume par les Romains conquis 306 A
Pont Euxin, à present la mer maiour 126 A
pont faicts de corps morts 215 E F
le Pontife des Iuifs comment habillé 395 D
Popi, aux Dryopiens sont les Dieux 14 D
C. Popilius voulant estre tenu pour Iurisconsulte, picqué de Ciceron 207 F
Popilius, le plus hardy ambassadeur qui fut onc 206 B C
quel estat populaire est le mieux policé 155 A B
porc pourquoy engraué és monnoyes des Romains 467 C D
porc Bœotien, ancien reproche faict aux Bœotiens 275 F
porcs non en vsage aux religieux d'Isis 318 H. voy Pourceau.
porchers d'Arethuse 133 D
Porcia, femme magnanime 229 H
Porcij l'vn des noms des anciens Romains, & pourquoy 467 C
porreaux des parens renaistre és arriere-fils 266 H
Porsena, Roy de la Toscane, feit paix auec les Romains, craignant leur vaillance 134 C, 486 C
portes des villes pourquoy non estimees sacrees, ainsi que les murailles 464 A
portes d'oubliance, & de dueil 324 G
Porus, c'est à dire richesse, pere d'Amour 330 D
Porus au grand corps Roy des Indes, royalement traité par Alexandre quoy que prisonnier 193 H, 311, 317 D
Porus prins par Alexandre, & la sagesse & humanité de son elephant 514 B G
Posidonius quelle opinion auoit du cercle de laict 450 A
positions, principes en geometrie 423 E
positions monstrueuses & prodigieuses des Stoïques 183 H
possible & impossible comment se doit entendre 557 G
Posthumia vestale, pour ce qu'elle rioit trop facilement aux hômes, mescreue de forfaire à son honneur 111 A
Posthumius Albinus, ayant escrit des histoires en Grec, mocqué par Caton, & pourquoy 204 D
Posthumius Albinus, en mourant dressa le trophee contre les ennemis 486 E
le potier porte enuie au potier 73 A, 112 D E
potage lié, la plus exquise viande des Spartiates 226 A
potages mal accoustrez donnent beaucoup d'affaires aux medecins 301 D
vn poulain homme & cheual 52 B
poulains marchans à pas mesurez 273 E
poulains

poulains de Pyraichmes, quel lieu 487 B
poule croquetante fafche, mais la contrefaire plaift 396 E
fi la poule a efté deuant l'œuf 373 D E
la poule d'Æfope que refpondit au renard 88 C D
poules criardes 427 B C
poules pourquoy amaffent des pailles, quand elles ont pondu 411 H
poules diligentes & foigneufes à traitter leurs poulcins, & hardies à les defendre 101 C
Poulimon fignifie grãde famine, & d'où ce mot eft deriué 408 B
le poulmon comment fe meut 456 C
le Poulmon eft comme vn entonnoir, felon Afclepiades 456 B
poulmons receuoir le boire, felon Platon & Hippocrates, & plufieurs autres 410 D, 568 D E
poulmons malades d'inflammation, guaris en mangeant des aulx 538 F G
le poulpe, meffager du vent: & pourquoy, & comment il change de couleur 537 B C
le poulpe mange fes pieds en hyuer 511 C, 574 C
le poulpe va toufiours fa couleur changeant, & fon hiftoire 519 B C
le poulpe comment change de couleur 105 E
la chair de poulpe fait fonger de mauuais fonges 9 B C
poulpe tout crud auallé par Diogenes, & pourquoy 275 D, 527 D
chacun doit cognoiftre fon pouls 301 B
pourceau eft pour feruir de viande à l'homme 106 F
le pourceau pour fa nourriture cerche la racine 19 F
le pourceau auoir monftré à labourer la terre 394 B C
le pourceau fuy des elephans 521 B
pourceau condamné à mort, & pourquoy 507 F
pourceau de Parmenon, prouerbe 396 E F
chair de pourceau engendre la lepre, & fon hiftoire 394 F G
chair de pourceau morte dés fa naiffance 403 B C
d'où procede la haine qui eft entre l'elephant & le pourceau 107 H
pourceaux labourent la terre en Ægypte 394 C
pourceaux malades fe guariffent en mangeant des efcreuiffes 538 E
femelles des pourceaux priuees pourquoy portent cochons plufieurs fois l'annee, & les fauuages qu'vne fois 537 H
pourceaux pourquoy non mangez des Iuifs 394 B C
pourpre des Perfes trompeufe 653 F
pourpre, habit des magiftrats Romains, excepté du Tribun, & pourquoy 472 F
pourpres vont en troupe, & leur hiftoire 520 C
poux engendrez de la laine des moutons mords du loup 377 E
les poux pourquoy abandonnent les morts 40 C

vn pou tué fur l'autel par Agefilaus 209 H
Præneste, ville d'Italie, par qui & à quelle occafion fondee 492 A
Præneste faccagee auec les citoyens par Sylla 172 D
Præftires ou Lates pourquoy reueftus de peaux de chien 468 F
deuant les Præteurs Romains, pourquoy on portoit des faifceaux de verges 472 H, 473 A.
prandium fignifie le difner aux Romains, & pourquoy 426 G
Praxiteles Preuoft d'Athenes 493 H
Praxiteles geographe 397 E
Praxiteles l'hiftorien 425 B
Praxithea facrifie par fon pere, & pourquoy 488 A
precepte d'Apollo, Rien trop 354 A
beau precepte des Pythagoriens 126 B
preceptes Pythagoriques 427 A
preceptes ænigmatiques de Pythagoras interpretez 7 F
preceptes myftiques des Pythagoriens 320 D
preceptes allegoriques & fymboliques de Pythagoras 417 A B
deux preceptes à la vie humaine trefneceffaires 252 C
preceptes de mariage, & vn traicté de ce 145 C
le precepteur des enfans refembler au laboureur 1 F G, & aux bons iardiniers 2 H
precepteurs des enfans quels doiuent eftre, & comment il les faut choifir 2 H
precepteurs comment aimez de leur difciples 35 F
predictions des Sibylles, vrayes 629 D E
premeditation combien requife en confeil, deliberation, & harangues 4 A B
prepofitions en l'oraifon font comme pennaches 546 C
prefage fignifiant la mort proche d'Ariftotimus tyran 235 E
prefages obferuez par les gens deuots 370 E
prefages heureux venir de la partie gauche 472 D
prefages des oifeaux pourquoy non prins apres le mois d'Aouft 466 E
prefages pourquoy prins des vautours plus que de nuls autres oifeaux 474 E
prefbion que fignifie 181 D
au prefbtre de Iupiter, appellé flamen Dialis, pourquoy eftoit defendu de toucher de la farine du leuain 476 G
le prefbtre de Iupiter, vray refuge de tous pauures affligez 477 B C
le prefbtre de Iupiter pourquoy fe depofe de fa prefbtrife, fa femme morte 468 D
au prefbtre de Iupiter pourquoy n'eft permis de s'huiler hors du couuert 466 G H
au prefbtre de Iupiter pourquoy n'eftoit permis de iurer 467 F G
le prefbtre de Bacchus pourquoy tue vne femme à la fefte d'Agrionia 482 H
le prefbtre de Hercules pourquoy eftoit veftu en femme, facrifiant 485 D

prefbtres defcendus de la race de Deucalion, nommez prophetes 478 E F
aux prefbtres on doit honneur, & leur office 134 F
prefbtres nommez feciales, quelles charges auoient 470 A
prefbtres du temple Mifogyne ne touchoient aux femmes 632 D
prefbtres viciez ou vlcerez, pourquoy prohibez d'obferuer le vol des oifeaux 471 D
prefbtres Bacchanaux 594 G
prefbtres doiuent prier pour les hommes, non pas les maudire 467 G
prefbtres pourquoy appellez flamines, & leur propre deuoir 467 F
prefbtres pourquoy ne doiuet s'enyurer 477 E
prefbtres pourquoy n'adminiftroient aucun magiftrat, & comment honorez 477 F G
prefbtres nommez Seelleurs, & pourquoy 324 F
prefbtres d'Apollo commét facrifioient 355 A
prefbtres de Neptune appellez Hieramnemones, ne mãgent aucun poiffon 428 H, 429 A
prefbtres de Neptune luy facrifioient des bœufs 117 H
prefbtres de Neptune ne mangent chofe venant de la mer 522 C
deux prefbtres aux Opuntiens: l'vn pour les facrifices offerts aux Dieux, l'autre pour ceux des diables 478 D
prefbtres qui Phœbonomifent, & que fignifie ce mot 357 A
prefbtres des anciens Romains criminels comment punis 475 D E
prefbtres Ægyptiens philofophes 637 C D
prefbtres d'Ægypte fages 319 G
prefbtres des Ægyptiens viuent chaftement & fainctement, & pourquoy s'abftiennent de fel 402 H
prefbtres Ægyptiens enterrent eftrangement leur Dieu Apis 325 E
prefbtres d'Ifis tondus, & veftus de lin 318 F
prefbtres d'Ifis de quoy viuent, & quels doiuent eftre 318 H, 319 A B
prefbtres d'Ifis s'abftenoient de vin 319 B
prefbtres Ammoniens, & leur huile de prognoftication 336 A B C D E
prefbtreffe d'Apollo ne rendoit les refponfes qu'vne fois l'annee 478 G
prefbtreffe de Iuno appellee Flaminica, pourquoy rouffoirs en dueil 473 G
prefbtreffe de Minerue pourquoy appellee hypecauftria 478 B
prefbtreffe de Minerue, nommee Hefychia, & que fignifie ce mot 632 B
prefbtreffe de Pallas pourquoy ne voulut maudire Alcibiades 467 G
prefbtreffes de Delphes auoiét vn téps diuifé en trois parties, & quelles 186 E
prefbtreffes d'Argos enroollees en la ville de Sicyonie 660 G
la prefbtrife aux Grecs æquiualoit la Royauté 477 F G
prefcience prouuee par bonnes raifons

TABLE ALPHABETIQVE SVR LES

630 A B
presens deçoiuent les femmes 462 A
presens ambitieux faicts aux Romains 307 A
presens faicts aux ambassadeurs s'appelloient Lautia 467 F
presens defendus aux ambassadeurs 190 D
presens petits faut receuoir auec bon visage 188 A
presens qu'enuoyoit Dionysius aux filles de Lysander, refusez 147 D, 215 F
presens qu'Alcinoüs feit à Vlysses 579 C
presidens des ieux des anciens 396 H
mesmes presidens pour tous par tout le monde, quels 125 E
presomptueux ne profitent gueres à ouyr haranguer 26 E
en prestant, ioye: en rendant, noise 78 H, 79 A
quand on preste faut appeller tesmoins, exemple 78 H
personne ne preste aux pauures 131 H
preuoyance est belle & bonne chose 647 D
preuoyance est digne d'hommes Grecs 19 C
Priam infortuné 272 A
Priene quelle ville, & que c'est qu'on y appelloit, Les tenebres d'auprés du chesne 480 E. pays du sage Bias 150 F
on doit prier Dieu d'une bouche droicte & iuste 120 E
la priere qu'on doit à Dieu, laissée par les Epicuriens 590 G
prieres du professeur de sapience, quelles 61 F G
prieres des Sages faictes aux Dieux, quelles & dequoy doiuent estre 318 B
prieres enuers les Dieux introduictes par Deucalion 597 C
prieres publiques ne doiuent estre commises à gens meschans & pariures 467 G
prieres diuines iadis faictes en vers & carmes 633 H
prieres des hommes portees au ciel par les dæmons 323 E
prieres des Lacedæmoniés, quelles 227 C
prieres des bestes 275 A
primices des hommes, des mathematiques, des despoüilles des ennemis, & des meurtres, offertes à Apollo 353 H, 425 E, 631 A D, 658 B
primices des fruicts donnees aux Dieux 157 D
primices des herbes offertes à Chiron & à Agenorides 380 D
primices des lentilles pourquoy offertes à Isis 331 H
Primigenia surnom de la fortune 305 D
le Prince est l'image de Dieu 135 G
le Prince des Dieux estimé estre l'vniuers 319 H
le bon Prince se doit laisser commander par les loix 211 C
le Prince comment doit dresser sa principauté 135 E
vn Prince comment se peut rendre glorieux 153 E
sans Prince nous ne sçaurions iouyr des dons de Dieu 135 G

le Prince doit auoir la crainte de Dieu emprainte en son cœur 135 G
le Prince ne doit respõdre à tout le monde 18 H, 19 A
le Prince que doit craindre 136 B
le Prince doit estre sçauant, traitté de ce 135 B
qui entre libre en maison de Prince, deuient serf 207 D
les Princes sont ministres des dieux 135 F
les Princes doiuent conuerser auec les philosophes, traitté de ce 133 A
les Princes doiuent vser des gens de bien & abuser des meschans 191 F
Princes quels doiuent estre 133 D
combien difficile de conseiller les Princes 135 B
Princes sont les moules & patrons des subiects 134 F
Princes comment peuuent regner seurement 209 E
Princes quels noms honorables portoient iadis 141 C
aux Princes la loy qui est la raison, commande 135 C
petites fautes apparoissent grandes en la vie des Princes 162 E
Princes fols, imitent le tonnerre, dont en sont de Dieu punis 135 G
Princes ignorans resemblent aux colosses 135 B
Princes par quelles gens corrõpus 134 E
Princes aimez des Deesses 304 E
les bons Princes craignent pour leurs subjets, & les mauuais craignent leurs subjets 136 C
Princes de la guerre de Troye, professeurs de sobrieté, comme religieux 393 E
sentences dorees des sept Sages de la gloire des Princes 153 E
principauté, quel gouuernement de republique 503 D
principautez ruinees par les flateurs 401 B
le principe de toutes choses, Dieu & humidité 325 G H
tout principe par generation, se multiplie soy-mesme 325 G H
le principe de generatiõ, quel 31 F, 374 F
le principe de vie en l'homme n'est le sang, ne l'esprit vital 129 D
le principe du bien, est amour & amitié 328 F
principe infiny, autheur du nombre pair 346 F
principe & element en quoy different 440 F
des principes, & que c'est 440 C D
principes premiers & suprémes, sont l'unité & le binaire 346 E
trois principes posez par Platon, Dieu, la matiere, & l'idee, & definition d'iceux 423 B
les principes premierement enseignez par Democritus 388 H
les principes sont simples, & non meslez ny composez 587 F
deux principes des actions humaines 438 C
principes non necessaires, mais les sequens en sont necessaires 590 B

deux principes, l'vn tenebreux, l'autre insensé 547 G
deux principes contraires conduisans ceste vie 326 A
principes des corps, les quatre elemens 529 G
principes bons & mauuais, selon les Pythagoriens, & quels 328 F
cinq principes selon Platon 355 G
principes selon Aristote & Platon, & quels 328 F
principes d'Epicurus 373 F
principes estre impassibles, selon Epicurus 444 A
trois principes de musique, & quels 365 G
printemps appellé Proserpine 332 F
printemps a puissance generatiue 325 C
le printemps en quelle proportion est au regard des autres saisons de l'an 555 A
le printemps signifié par des grenoüilles 630 E
espoir de pris est vn des fondemens de vertu 7 E
prisonnier deliuré pour estre excellent tireur d'arc 193 E
vn prisonnier pour vn bel accident deliuré par le Roy Philippus 191 F G
prisonnier prest d'estre deliuré, se causa la mort, pour auoir descouuert vn secret 91 E
prisonnier Laconien à vendre 223 G
prisonniers moins prisez que leurs vestemens 210 B
prisonniers allegez par le dormir 220 G
prisonniers subtilemẽt deliurez par leurs femmes 232 E
prisonniers enchainez de chaines d'or en Æthiopie 601 G
prisonniers Magariens par quelle ruse deliurez 485 C D
prisonniers en guerre bien humainemẽt traictez 480 B
prisonniers d'Eretrie appellez esclaues par Herodote 653 A
prisoniers Salamiques vaillamment recoux par leurs femmes 233 D E
prisonniers Grecs pourquoy gardez par Alexandre 193 D
prisonniers de condition libres, cõment traittez à Athenes 497 D
prisonniers Atheniens deliurez sans rançon, par Philippus 191 F
prisonniers Romains deliurez sans rançon par Pyrrhus, & pourquoy 201 G
prisonniers des tyrans de Thebes, comment, & par qui deliurez 648 D
trois cens prisonniers de Cleon 523 F
priuation, qu'est-ce 529 A
priuation est negation de substance 529 D
priuation ne reçoit point plus ou moins 529 B
toute priuation est oisiue, & sans action quelconque 529 C
priuation rend les choses formees, informes 422 E
priuileges en faueur de ceux qui enseuelissent les trespassez 480 H
problemes d'Aristote portez aux Thermopyles 431 B
procez inciuils cõment reprimez 174 C
procez pourquoy durent si long temps 35 B

35 B
procession solennelle & publique, comment faicte 229 B
procession en l'honneur de Proserpine 652 G
procession où lon portoit cent corbeilles d'or 503 A
procession faicte auec vn chien crucifié, & vne oye portee en vne littiere 306 H
procession où estoit porté vn membre naturel monstrueux 325 D
procession où on crioit, A vendre les Sardianiens 468 H
procession de Bacchus comment faicte 99 F, 325 G
processions solennelles des Ethniques 184 G, 139 B, 287 F
processions abolies par les Epicuriens 594 G
Procles Academiques 398 D
Procles tyran tué, & son corps ietté en la mer 632 B C
Proclus pourquoy, & comment deifia Romulus 490 F
Proconsul larron aigrement brocardé 371 B
Prodicus sophiste tousiours au lict attaché 184 B
Prodicus disoit, le feu estre la meilleure sausse qui soit 295 G
prodigalité, l'vne des extremitez de liberalité 33 E
prodigalité appellee par les flateurs liberalité 44 D
prodige demy cheual, & demy homme 152 B
prodiges estranges descrits par Empedocles 596 E
profiter on ne peut à celuy qui ne le veut pas 134 A
la plus profitable chose du monde est Dieu 134 B
Progné tua ses enfans 427 C
prognostications du futur imprimees és hommes par les Dæmons 347 G
prognostications des Sibylles vrayes 629 D E
prognostications par les animaux & oiseaux 517 A
prognostique pourquoy prins des vautours plus que de tous autres oiseaux 474 E
le promener à quoy vtile 580 E F
le promener à certaine mesure corrõpt le corps des ieunes gens 467 B
le promener apres le souper vtile 299 F
le promener au long de l'eau est le plus plaisant 364 A
le promener des Peripateticiens plus honoré que le vergier d'Epicurus 373 B
le promener estre vn animal, selon les Stoïques 587 C
promesses discernent l'amy du flateur, & comment 48 A B
promesses sages comment recogneues d'auec les folles 19 C
promesses impossibles faictes par honte excessiue 79 B
promesses merueilleuses de Cyrus le ieune, faictes aux Lacedæmoniens 189 A
quelles promesses il faut tenir 209 F

Prometheus reputé autheur de la grammaire, & de la musique 318 E
Prometheus a inuenté le feu 527 D
Prometheus diuisa le feu 107 A
Prometheus engarde que les hommes ne sçachent plus le iour de leur mort 255 B
Prometheus signifie le discours de la raison 106 E
Prometheus que conseille à son frere Epimetheus 15 C, 107 D
Prometheus retint le Bouequin qui vouloit baiser le feu 109 D
Prometheus le Thessalien d'vn coup d'espee de son enuemy, guary de son aposthume 110 H
le pronom quelle partie d'oraison, & consideration de ce 546 B
propheties d'où & comment naissent, & leur office 645 C
prophetes, messagers & heraults de Dieu 633 C
prophetes comment inspirez de la fureur diuine 351 D
prophetes rauis en fureur diuine par les Dæmons 347 C
prophetes comment & par quels esprits parloient 338 F
prophetes respondent les oracles en carmes 365 H
propheties des Sibylles, vrayes 629 D E
propheties de Cassandra pourquoy ne seruoient de rien 173 F
propheties chantees en carmes par Carmenta 469 E
prophetisse Pythienne quel mur de bois promit pour sauuer les Atheniens 130 F
prophetisses anciennes reprises par les prophetes d'Epicurus 628 G
le rauissement prophetique comment esmeut son subiect 633 G
prophthasie, ville bastie par Alexandre 308 H
proportion, est l'vn des cinq genres de bien 336 A
proportion des qualitez au corps cause la santé : inegalité, la maladie 460 E
proportion Arithmetique & Geometrique 378 B
proportion Arithmetique introduite par Solon au lieu de la Geometrique 84 G
proportion Arithmetique chassee de Lacedæmone par Lycurgus 422 F
proportions harmoniques accommodees à la creation de l'ame du monde 549 E, 551 A B, 554 E
proportions de musique & contemplation sur ce 663 G H, 664 A
proportions de musique adaptees aux mediocritez de vertus 33 C D, 663
propos deliberé, qu'est-ce 508 F
propos de table, ou symposiaques 359 C D
propos en vn banquet doiuent estre communs à tous 360 F
les propos monstrent quelles sont les mœurs d'vn chacun 309 H
propos redits sont fascheux & odieux 91 A
bon propos ne faut mettre en vne meschante ame 72

propos des philosophes inutiles 222 B
les maris doiuent bailler des semences de bons propos à leurs femmes 150 A
propos d'entre les amis quels doiuent estre 124 C
auoir les propos des anciens à la main, est la chose plus Royale 588 C
mauuais propos rendent les mœurs desordonnees 12 E
propos estranges des Stoïques 559 G, 575 H, 576 A
propos superflu combien deshonneste 4 A
propos inutiles ne doiuent estre dits 97 A B
propos des incontinens, quels 34 A
propos vilains d'où causez 276 E
mauuais propos où s'attachent le plus 81 F
mauuais propos doiuent estre loing arriere des ieunes gens 25 A, 419 B C
propositions des Dialecticiens proposees du nom & du verbe 545 A
propositions des Stoïques, appellees paradoxes 574 E
toute proposition est ou vraye ou fausse 559 F
belle consideration sur les propositions tant negatiues qu'affirmatiues 430 C
proprieté & curiosité en quoy different 407 F
Προσαγωγεῖς, c'est à dire, rapporteurs des tyrans massacrez à Syracuse 67 E
la prose à plus bas style que la poësie 10 A
la prose plus apte pour traicter la philosophie, que les carmes 634 A
proseleni, c'est à dire, nez deuant la Lune, nom des Arcadiens, & pourquoy 471 H
Proserpine, fille de Ceres 158 A B
Proserpine, deesse à reietter, pour ce appellee Epane 14 G
Proserpine estimee estre l'esprit, qui penetre les fruicts de la terre 332 A
Proserpine & Isis, mesme chose 323 H
Proserpine appellee Coré par ceux qui habitent en la Lune 615 E
Proserpine celeste & terrestre 120 E, 339 G, 416 H
Proserpine estimee estre l'esprit de la terre penetratif 326 H
à Proserpine la rustique chéures sacrifiees 652 H
Proserpine appellee prime-vere 352 F
Proserpine deslie le corps d'auec l'ame 625 H
porter à souper à Proserpine 416 H
à Proserpine terrestre on enuoyoit vn chien pour souper 477 C
à Proserpine sacrifiees de chiens offerts 468 G, 470 G
Proserpine rauie par Pluton en la montaigne d'Ætna 538 C
la statué de Proserpine iadis colloquee aux carrefours des villes 200 H, 201 A
le champ de Proserpine en la Lune 626 E
proslambanomenos, quelle note de musique 555 B
prosodies qu'est-ce, & par qui inuentees 660 G
en prosperité principalement faut ho-

TABLE ALPHABETIQVE SVR LES

norer Dieu 68 A
prosperité rend les citoyens insolens, exemple 306 D
qui bien porte les prosperitez, sçait bien garder le moyen 243 B
en prosperité les fols sortent hors des gonds 69 D
Prospolus, lisez Propœtus 133 H
Protagoras sophiste combatu par Democritus 589 A
Proteus quád regnoit en Ægypte 133 G, 627 H
Proteus par enchantemens se transformoit d'vne figure en vne autre 105 F
des mains de Proteus Menelaus recoura sa femme 650 BC
Protogenié surnom de Neptune 429 A
Protogenes peintre tresexcellent 194 F
Protogenes le grammairien 425 B
Protogenes de Tharse discourt de l'amour 599 DE
prouerbe, Delay est tousiours dommageable 253 C
prouerbe, Tout vlceré il veut guarir les autres 53 F, 589 H
prouerbe, Mettre le pied en la danse d'autruy 361 B
prouerbe, Il faut accommoder la pierre à la regle 113 D
prouerbe de l'impertinence de Menelaus 361 G
prouerbe, Il ne faut pas tenir le loup par les oreilles 164 F
prouerbe, Inuoquer fortune en estendant la main 227 D
prouerbe sur la Mycone 361 F
prouerbe, Sparte t'est escheute 72 G
prouerbe, Esclairer à Harma 399 G
prouerbe de la Deesse Vesta 103 E
prouerbe, Boy cinq ou trois, & non pas quatre, que signifie 386 D
prouerbe, Fleurs naissent parmy les chardons 365 A
prouerbe du bulbe, appellé des appetits 300 G
prouerbe, Apres le sel & le cumin, expliqué 402 H
prouerbe, La truye veut enseigner Minerue 164 F
prouerbe du sobre & de l'yure 90 F
prouerbe du pourceau de Parmenon 396 E F
prouerbe, Dés les tendres ongles 2 D
prouerbe, Remuer la ligne sacree 593 B
prouerbe, Souffrir plus de maux que Sambicus, & 484 C
prouerbe, Ceste-cy l'emporte, & d'où procedé 483 G
prouerbe, Auec le picquotin de Pythagoras 413 H
prouerbe, Nul ne sacrifia onc bœuf à son bienfaicteur, sinon Pyrrhias 482 D
prouerbe, Ce qui est beau, est aussi difficile 4 A
prouerbe commun, A la ligne sacree 516 H
prouerbe, Mesler le feu auec l'eau 531 F
prouerbe, L'œil du maistre engraisse le cheual 5 G
prouerbe, Tu iras au lieu du peu soucié 483 A
prouerbe, Phrygiens & Mysiens separez 293 A
prouerbe prins de la force du corps 131 E
prouerbe, Celuy qui n'est à soy demande, &c.
prouerbe, Faut prendre du poil de la beste 296 A
prouerbe, Du bien du Corinthe de Iupiter 580 H
prouerbe du chariot de Lydie 49 F
prouerbe, Deuant que Theognis fut nay 133 G, 627 H
prouerbe des gouttes d'eau tombant sur la pierre 1 H
prouerbe, De la panse vient la danse 537 H
prouerbe, Laisse quelque chose pour le Medois, d'où venu 413 H
prouerbe, L'homme coüard souuent de couleur change 537 C
prouerbe, Victoire Cadmiene 6 AB
prouerbe, Si tu hantes auec vn boiteux, tu apprendras à clocher 2 G
prouësse n'est és hommes par nature 271 C
prouësse des citoyens est la forteresse des villes 211 A
la prouësse des iennes conserue les villes 182 G
prouësse des Grecs, sagesse coüarde 271 D
à prouësse temple basty à Rome 303 C, 305 B
prouësse ne requiert les friandises 210 H
prouësse des hommes perduë par engins de batterie 215 H
la prouësse des hommes perduë par les artilleries 199 F
prouidence diuine, qu'est-ce & ses especes 558 F G
la prouidence diuine, comme mere produict & conserue toutes choses 337 G H
la prouidence diuine ostee par Democritus & Epicurus 566 BC, 590 B
prouidence seconde comment remarquee par Platon 559 A
prouidence triple 559 C
prouision est action deuant action 508 F
prouoyance signifiee par l'œil 329 B
prudence, qu'est-ce selon Ariston & Zenon 31 C
prudence est la beauté de l'ame 187 G
prudence est la science des biens & des maus 577 H
prudence est vn bien produisant la beatitude, selon Epicurus 568 B
prudence est vne qualité diuine, Royale 20 G
prudence n'est point or, ny argent, ny gloire, ny richesse, ny santé, ny force, ny beauté: mais est celle qui sçait bien se seruir de tout cela 107 D
prudence gist au seul entendement 33 B
la prudence appellee Minerue 604 D
prudence vient par experience 183 C
sans prudence tous les arts ne sont d'aucune vtilité 39 F
prudence de nature en la generation de l'homme 101 F
prudence se diminuë par oysiueté 181 G
si prudence se peut enseigner 39 A
fragments de la prudence sont deuenus arts 107 A
prudence & sapience en quoy different 32 G H
prudence n'est ostee par l'hôme par changement de lieu 129 H
prudence fait que l'hôme surpasse tout 106 F
prudence quels effects produict 32 F
aucune prudence ne prouient du corps 247 A
prudence comment signifiee par Homere 329 E
prudence compaigne d'Alexandre 307 C
prudence guide & secours d'Alexandre 307 F, 308 B
la prudence des bestes ne cede à art quelconque 273 C
prudence des poissons 518 CD
le prudent ne se soucie des biens de ce monde 575 A
l'homme prudent tire profit de ses ennemis 109 H
l'homme prudent fuit les affaires, s'entremet de peu, & ne se mesle que des siens 566 B
Pallas ne delaisse point l'homme prudent 20 A
prudens viennent de vertu 15 B
Prytanes estoit l'estat souuerain de Rhodes 170 GH
psalterion és festins 419 E
psalterions pourquoy inuentez 32 D
Psammitichus, le premier Roy d'Ægypte qui commancea à boire vin 319 B
Psoloes, quels hommes ainsi appellez 482 H
psyché signifie l'ame à cause de sa refrigeration, selon Chrysippus 571 D
Ptolomæus Roy d'Ægypte reçcut humainement Demetrius le Phalerien, & pourquoy 125 H, 126 A
Ptolomæus 1. assembla vn college d'hômes de lettres 283 F
Ptolomæus soupoit & couchoit souuent chez ses amis, & ses faicts & dicts 194
Ptolomæus Philadelphus espousa sa propre sœur 6 F, 432 C
Ptolomæus Philadelphus couroné Roy son pere viuant 315 F G
Ptolomæus surnommé Soter 522 D
Ptolomæus le Sauueur pourquoy feit enleuer la statuë enorme de Pluton, la ville de Sinope 323 H
Ptolomæus emmuselé par les flateurs 44 F
Ptolomæus estonné d'vn horrible songe 262 CD
Ptolomæus se mocquant d'vn grammairien, comment remocqué 57 H
Ptolomæus tué en secourant son Roy Alexandre 317 F
Ptolomæus qui sembloit aimer les lettres, comment amadoué des flateurs 46 E
Ptolomæus puny d'auoir immolé des elephans 515 D
Ptolomæus general de la marine 177 A
Proüis Apollo en reputation pour son oracle 337 A

publi-

OPVSCVLES DE PLVTARQVE.

Publicola feit le trefor de l'efpargne publique du temple de Saturne 467 E
Val. Publicola pourquoy feit demolir fa maifon 474 D
Publius Sempronius le troifiéme des Romains, qui repudia fa femme, & pourquoy 461 H
Publius Decius par fa mort volontaire fauua les Romains 488 G
Publius Licinius, vaincu par le roy Perfeus, quelle paix vouloit faire auec luy 205 C
Pub. Nigidius confeil de Ciceron 187 F
Pucellage de toutes les Cienes gardé iufqu'en mariage 233 H
Pucelle fauuee par vn dauphin 160 A
Pucelles honorees au païs de Bœoce, & quelles, & pourquoy 483 F
aux Pucelles côuiennent les chappeaux de fleurs 379 E
c'eſt honeur aux Pucelles d'eſtre mariees à la veuë de tout le monde 476 D
deux pucelles condamnees à fe pendre elles mefmes 236 B
Pudicité eſt le doüaire des filles à marier 229 C
Pudicité attribuee à la fageſſe 21 B
Pudicité principalement requife en mariage 611 B
Pudicité grande des Lacedęmoniennes 220 H
Pudicité & loyauté merueilleufe de Cama enuers fon mary 611 D E
Puiſſance n'eſtre fans vne fubſtãce 517 F
la puiſſance de noſtre ame, qu'eſt-ce 32 F
Puiſſance qui domine par l'vniuers, eſt entendement & neceſſité 533 H
Puiſſance fuiuie de l'enuie felon Thucydides 80 D
Puiſſance ioincte à la mauuaiſtié ce fait 236 F
Puiſſance fignifiee par le fceptre 329 B
la plus Puiſſante chofe du monde eſt Fortune 154 B
Puis duquel bunoit le bœuf Apis 319. A
quand peut-on prédre de l'eau aux puits d'autruy 130 B
Puits d'Ægypte ont tous l'eau falee, & pourquoy 326 G
Pulces dequoy profitent aux hommes 566 H
Punition des vices comment, & pourquoy faicte de Dieu 166 F
Punition du peché des peres reiettee fur les enfans 263 B E, 269 D
la punition des fautes faictes à la table doit eſtre legere 319 D
Punition ne fe doit faire en cholere, exéples 6 C D
Punition des efclaues au fon des fleutes 60 C
Punition de l'yurongne, eſt la ferule de Bacchus 61 D
Punition des vicieux auec quelles circonſtances eſt de Dieu faicte 260 A
quelle eſt la plus ignominieufe Punition 265 F G
la Punition des Titans fignifie la refurrection 276 D
Punition des tyrans diuine & humaine 682 B C

Punition des mefchans non faicte, quel malheur à la republique 505 E, 506 A
Punition des mefchans apres ceſte vie, eſt oubliance & ignorance 292 F G
Punition d'vn facrilege faicte mille ans apres 263 E
Punition diuine contre les homicides, & facrileges 261 D E
Punition la plus ignominieufe des Iuifs, quelle 395 E
Punition differee, eſt plus grande punition 261 G H
Dieu ne haſte pas egalement la Punition à tous 260 B
Punition des malefices pourquoy retardee 258 C
quand il faut vfer de Punition 60 B
Punitions precedent les accufations à l'endroict des grands feigneurs 136 G
Punitions des crimes commët faictes en Perfe 268 A
Punitions des forfaicts faictes par les dæmons 340 A
Punitions pour quelque temps differees combien vtiles, exemples 260 F G
Dieu tire en longueur les Punitions 259 H
Punitions deuës aux mefchans ne peuuët eſtre euitees par leurs rufes 267 H
Punitiõs pour purger les vices en l'autre monde 268 A B
Punitions horribles & eternelles fous la terre 36 D, 265 H
Purgation du ventre quand vtile 299 F
Purgation des pechez apres ceſte vie 268 A B
Purgation & expiation des ames apres ceſte vie 625 H
Purgations d'vne femme quelle vertu ont 412 A. & d'où procedent 383 A
Purgations menſtruales s'arreſtent aux femmes aians conceu 458 F
Purification Perifcylaciſme, pourquoy ainfi dicte 470 G
Puſillanime quel eſt 133 A
Putains quelle couſtume ont ordinairement 103 D
Putains combien pernicieufes 83 F
Putains doiuent eſtre fuyes des mariez 149 C
Putains appellees honneſtes par les flateurs 45 B
Putrefaction empefchee par la cuyure, & que c'eſt que putrefaction 386 F
Putrefaction empefchee par le fel 403 B 534 E
Pyanepſion, quel mois aux Atheniens 332 F
Pydne, ville 502 C
Pylades & Oreſtes, vne des couples d'amis anciennes 103 F
la tragædie de Pylades reiettee d'entre les danfes, & pourquoy 418 E F
l'aſſemblee de Pylæ aupres de Delphes 635 D
Pyle, iſle 524 E
Pyle, fort 526 A
Pyraichmes roy des Euboiens, defchiré en deux parties par Hercules 487 B
la Pyramide compofee du triagle à trois F coſtez inegaux, principe du feu 541 G
la Pyramide feminaire du feu, & comment compofee 345 F G, 446 G
la Pyramide pourquoy reprefente la nature du feu 346 C
comment on peut prendre la hauteur d'vne Pyramide fans mefure 150 G
Pyramides d'Ægypte rendent quatre ou cinq retentiſſemens d'Echo 455 G
Pyramides fortans des yeux 367 C D
Pyrander, hiſtorien des chofes Peloponefiaques 491 E
Pyrander iniuſtement aſſommé à coups de pietres par les Atheniens, fes concitoyens 490 H
Pyree, port d'Athenes 598 E
Pyricai, furnom des Delphiens, & que fignifie ce mot 634 B
Pyrrhias comment de pauure marinier deuint riche en vn inſtant, & prouerbe de ce. 482 C D
Pyrrhieus policez par Menedemus diſciple de Platon 598 C
Pyrrhon Elien receut en pur don dix mille pieces d'or 310 E
Pyrrhon mettoit incertitude en toutes chofes 383 C D
que difoit Pyrrhon à fes difciples de l'auancement en la vertu 117 D E
Pyrrhus, Roy des Epirotes, quelle belle refponfe feit à fes enfans 195 D
Pyrrhus aduerty par fon ennemy Fabricius de la trahifon de fon medecin 201 G
Pyrrhus furnõmé l'Aigle par fes foldats, & fes faicts & dicts 195 D E
Pyrrhus bien aife d'eſtre appellé Aigle 517 A
Pyrrhus gaigna la bataille contre les Romains 185 H
Pyrrhus vainquit Labienus, non les Epirotes les Romains 201 F
Pyrrhus desfait par les Romains 487 B
Pyrriche, danfe nommee la Morifque armee 438 F
Pythagoras Samien, fils de Mnefarchus, le premier qui donna le nom à la philofophie, & fon opinion des principes 440 G
Pythagoras eſtimé auoir eſté Tofcan par fes preceptes fymboliques 427 A B
Pythagoras, prince des philofophes, iniurié des Epicuriens 278 A
Pythagoras, difciple de Zaratas 546 H
Pythagoras, auditeur d'Oenupheus Ægyptien 320 A
Pythagoras a conuerfé auec les fages d'Ægypte 428 A
Pythagoras definioit l'ame, eſtre vn nõbre fe mouuant foy mefme 453 A
Pythagoras a creu l'ame eſtre l'ouurage de Dieu eternel & immortel 453 F
Pythagoras tenoit les premieres caufes eſtre incorporelles 444 B C
Pythagoras pourquoy appliquoit la mufique à l'ame 31 F
Pythagoras conſtitue vne venerable mufique és cieux 667 H, 668 A
Pythagoras en quoy reprenoit la mufique 666 G
Pythagoras pourquoy facrifia vn bœuf aux Mufes 182 G
Pythagoras feit vn facrifice à Dieu pour l'inuention d'vn Theoréme geome-

TABLE ALPHABETIQVE SVR LES

rique 423 A
Pythagoras difoit, que la lune tire fur la nature du feu 449 A
Pythagoras le premier qui s'aduifa de l'obliquité du Zodiaque 447 D
Pythagoras en combien de bandes diuifoit la terre & l'vniuers 451 H
Pythagoras defendoit de s'affeoir fur le picquotin 413 G
Pythagoras pourquoy s'abftenoit de manger de la chair 274 A
Pythagoras defendoit de ne tuer aucune befte priuee, & pourquoy 112 B
Pythagoras s'abftenoit de cruauté iufques aux beftes mefmes 112 A B
Pythagoras a eftimé les beftes eftre raifonnables 459 B
Pythagoras mauuais iuge des viandes 393 C
Pythagoras quel fruict difoit auoir cueilly de la philofophie 28 D
Pythagoras quels beaux preceptes ænigmatiques commandoit 7 E F
les fentences de Pythagoras feruoient de loix 276 H
Pythagoras feit pendre vn de fes familiers en le reprenant 53 A
Pythagoras pourquoy ordonna cinq annees de filence à fes difciples 65 D
Pythagoras en quoy conuaincu de menfonge 337 E
Pythagoras a acquis gloire immortelle 1 G
Pythagoras n'a iamais rien efcrit 308 D
Pythagoras pourquoy alla tenir fon efchole en Italie 441 H
Pythagoras conuerfoit auec les princes de l'Italie 133 E
Pythagoras bruflé tout vif par les Cyloniens 570 E
Pythagoriens quels principes conftituoient 328 F
beau precepte des Pythagoriens 126 B
Pythagoriens difoient, que toutes chofes refembloient aux nombres 555 F
Pythagoriens eftimoient la mer eftre la larme de Saturne 325 A
Pythagoriens obferuoient le precepte du Chreftien touchant les iniures 87 D
Pythagoriens recommandoient la manfuetude enuers les beftes 507 G
Pythagoriens quelles eftranges couftumes auoient 78 D
Pythagoriens quelles chofes defendoient 477 D
Pythagoriens pourquoy auoient les féues en abomination 474 H
Pythagoriens que fignifient en defendant les febues 373 B
Pythagoriens celebroient, entre les autres nombres, le Quaternaire 554 F
Pythagoriens ont honoré les nombres, & les figures geometriques des noms des Dieux 334 C
preceptes myftiques des Pythagoriens 310 B
Pythagoriens par petites chofes en fignifioient de bien grandes 471 C
Pythagoriens pourquoy iouent des inftrumens de mufique auant que dormir 335 E
Pythagoriens entre tous animaux, pourquoy s'abftenoient de manger des poiffons 427 G H
Pythagoriens pourquoy adoroient vn coq blanc, & de quelles beftes s'abftenoient 194 E
Pythagoriens quelle opinion auoient de l'eclipfe de la lune 449 C
Pythagoriens tiennent la lune eftre tout alentour habitee d'animaux 449 D
Pythagoriens quelle opinion auoient du cercle de laict & des cometes 449 H, 450 B
Pythagoriens bruflez en la ville de Metapont 640 B
Pytharatus, preuoft d'Athenes 500 D
Pytheas, ieune homme, s'oppofe tout feul aux edicts publics 197 D
à Pytheas orateur quel brocard refpondit Alexandre 165 A
Pytheas que reprochoit à Demofthenes 164 B
Pytheas de Marfeille tient que la lune eft caufe du flux & reflux de la mer 452 D
Pythes Myntin, la fille duquel caufa la paix de fes citoiens 236 E
Pythes, le plus auare vilain qui fut onc au monde, s'enfeuelit tout vif par defefpoir 242 D E
Pythiades, qu'eft-ce 184 G
Pythias & Damon, vne des couples d'amis anciennes 103 F
Pythia religieufe prononceant les oracles, vierge toute fa vie 350 A B
Pythie de nature genereufe 635 A
la Pythie reffembloit en fon langage à la ligne droicte 635 C
la Pythie ne parloit elegamment ny doctement, & pourquoy 633 D
la Pythie montee fur la machine à trois pieds 608 C
Pythie à quel iour menee au palais 356 A
la Pythie pourquoy ne rend plus les oracles en vers 627 C
la Pythie quand ceffa de prophetifer en vers 632 D
la Pythie defcrite 628 E F
la Pythie où & comment receuoit l'efprit de fureur 605 E
la Pythie quand & comment deceda 351 F G
Pythies anciennes prononçoient plufieurs oracles en profe 633 D
Pythine, comædie de Cratinus 492 E
Pythius, c'eft à dire, enquerant, furnom d'Apollo 352 E
Pythocles, hiftorien des chofes d'Italie 488 B C
Pythocles Samien a efcrit des Georgiques 492 A
Pythocles exprimoit fes conceptions monftrueufement bien 597 B
Pythoclides, iouëur de aubois 662 F
Pytholaus tua Alexandre tyran de Pheres, & pourquoy 611 G
Python Nifibien de la race des Semez, & belle hiftoire de ce 267 A
Python Ænien bien honneftement fe loua deuant fes enuieux 140 H
Python, difciple de Platon, deliura la Thrace de tyrannie, & tua le Roy Cotys 598 D
Python hautement loué pour auoir tué le Roy Cotys 171 G
Python, ieune garfon corrompu 193 D
Python dragon empuantit toute la region des Locriens, dont furent appellez Ozolæ 479 E
Python ferpent tué par Apollo, dont en fut banny de tout le monde 342 E
Python alencontre d'Apollon tant chanté par les poëtes 323 C
Python coment occis par Phœbus 479 A
Pythons, qu'eft ce, & coment parloient és hommes 337 F
Pythopolites riuiere, où s'enfeuelit tout vif l'auaricieux Pythes 242 D E

Q

Qvalité diuine & immortelle en nous eft le fçauoir 31 F
chacune Qualité a fa vertu propre, felon Chryfippus 31 D
Qualitez premieres, principes des corps naturels 590 D
Qualitez former, mouler, & figurer les parties de la matiere 571 E
quatre premieres & fimples Qualitez, & quelles 529 G
cinq premieres Qualitez eftre les cinq premiers corps 347 C
Qualitez des elemens toutes contraires 85 B
Qualitez de mœurs f'impriment par long traict de temps 2 B
Qualitez eftre des animaux, & des corps felon les Stoïques 587 B C H
le Quarré propre à ftation & repos 346 G
le Quarré, l'vn des bons principes des Pythagoriens 328 F
le Quarré, principe de la terre, felon Platon 541 F
le Quarré, quelle deeffe fignifie 324 E F
du Quarré & de fa proprieté 345 H
le Quaternaire eft le premier quarré, 355 F
le Quaternaire quelle proprieté & vertu à 355 E
Quaternaire tant celebré par les Pythagoriens 554 F
le Quarré pourquoy eftimé fainct par Pythagoras 440 H, 450 A
le Quatre pourquoy attribué à Mercure 433 D E
quatre eftre trois felon les Stoïques 583 H
Quenouïlles pourquoy portees par les efpoufees 465 E
Querelles entre ieunes freres viennent en fin à grande confequence 86 E
Quefteur eftoit comme vn general des finances 167 F
Quefteur queftant pour les dieux 225 C
Quefteurs de Rome quelle charge auoient 467 F
Queftion de loix contraires, tiree de l'Iliade d'Homere 431 C D
Queftion ænigmatique, de boire toute la mer, & la refponfe 153 B G
Queftions de dialectique couftumieres à ieunes philofophes 115 E
Queftions Platoniques 539 E
belles Queftions ænigmatiques interpretees au banquet des fept fages, & quelles 154 A B
Queftions obfcures s'appellent ænigmes 151 E

Queftions

questions proposees par les anciens sçauans les vns aux autres 154 E
questions proposees au fort à la feste des Muses 432 H
questions naturelles d'Aristote, qui sont les problemes, portees aux Thermopyles 431 B
questions contemplatiues, & questions actiues 439 G
questions des philosophes euoquees à la nature des bestes brutes 100 C
ne faut souuent demáder questions 28 A
quelles questions plaisent, & quelles desplaisent 369 F G
questions faciles exercent les esprits commodément 360 F
questions resolues promptement par ceux qui ont beu 412 A
questions vaines empeschent la doctrine 30 F
dix questions en chaque liure des propos de table de Plutarque 369 G
ne gouste point de la queuë noire, quel ænigme 7 F
quinter iadis pour compter 354 A
Quintilis, le quantiéme mois iadis aux Romains 465 C
Quintilis appellé Iuillet 464 F
T. Quintius desfeit Philippus Roy de Macedone, & ses beaux faicts & dicts 202 G H
Quintus & Pætilius accusateurs de Scipion 202 G
Quintus Metellus pourquoy defendoit de ne prendre point presages des oiseaux apres le mois d'Aoust 466 F
Quirinalia la feste aux fols, & pourquoy 474 F
Quiris anciennement signifioit vne iaueline, & est le surnom de Mars 474 A
Quiritis surnom de Iuno, & pourquoy 474 A

R

Ne peut estre proferee par les langues grasses 469 A
racine Indienne, du parfum de laquelle viuent hommes qui n'ont point de bouche 623 C
racines de chiendent, viande des premiers hommes 274 E
primices des racines offertes à Chiron, & à Agenorides 380 D
racines qui viuent, & prennent pied par tout, quelles 125 H
racines & plantes dedans la Lune 624 A
Radamanthus & Minos iuges des ames du costé d'Asie 255 C
rage craignant l'eau, quelle maladie 429 B F G
rais qui sont comme feu, fluans de nos yeux 455 A
le raisin meurit, si l'osier florist 377 A
le raisin produict la saueur verte 135 D
raison eternelle qu'est-ce, & quelle 445 F
la raison de Dieu marche inuisiblement à generation 331 D
la raison diuine doit estre en l'entendement du Prince 135 D
la raison est la forme de la vertu morale 31 A
la raison est la principale partie de l'ame 31 D
la raison est la loy qui commande aux Princes 135 E
la raison principale partie de l'ame, est dedás le cerueau, selon Alcmæon 435 B
la raison guide de toutes les bonnes choses, signifiee par Osiris 328 G
droitte raison est l'image de Dieu 136 C
la raison bride de la langue 90 C D
la raison du sage est la loy 565 D
droitte raison n'est autre chose que la sapience 509 C
raison de deux especes, quelles 135 F
raison pourquoy logee dedans la teste, selon Platon 442 C D
la raison pourquoy appellee aile par Platon 542 D
la raison doit surmóter les voluptez 4 H
l'office de la raison actiue, quel 33 B
obeïr à raison, & suiure Dieu, est vne mesme chose 24 F
la raison cóbié necessaire és Princes 136 G
la raison signifiee par Prometheus 105 E
raison parfaite en Vlysses 91 H
la partie brutale priuee de raison en l'homme, appellee par les Titans 276 A
conseils pleins de passions donnent bien affaire à la raison 35 C D
que les bestes brutes vsent de raison 269 H, 271 G
raisons sont les medecins des esprits malades 242 G
raisons trop aguës & subtiles ne sont bonnes en vn gouuerneur de republique 164 B
raisons des philosophes ont efficace de viues loix 134 H
le raisonnable est opposite à l'irraisonnable 508 A
pourquoy les hommes sont nommez raisonnables 454 C
quatre genres de natures raisonnables 338 G H
rameau de laurier ou d'oliue, couronne des bons gouuerneurs de republiques 175 B
rameaux Isthmiaques, qu'est-ce 398 A
rameaux de palme pourquoy seruoient de couronne à tous ieux sacrez, & leur histoire 424 F G, 425 A
rameaux de suppliants 235 B, 242 B
Ramnus quel bourg 492 B
rapt de fille, de mort puny diuinement 162 D E
rapts de filles non punis, quel malheur à la republique 505 G H
rapines chassees de Lacedæmone 219 G
rapporteurs hays 189 G
Raria, quel lieu en Grece 149 A
rasoir, ce mot trouué en Homere 336 C
le rat de Pharaon comment s'arme pour combatre le crocodile 511 G
rats mangent la mine d'or 98 H
rats & souris pourquoy abominent 107 G
ratiocination dépend du present 353 F
ratiocinatió où syllogisme quels effects produict 441 B
rauissement d'esprit, l'vn des trois principes de musique 365 A
le rauissement prophetique comment esmeut son subiect 633 D

rauissement de Candie 7 C
rauissemens de filles és ieux publics, exemple des Sabines 465 F
rauissemens de filles, cause de la mort des peres 491 G H
rauissemens de filles propres aux Dæmons 340 D E
rauisseur de femme deschiré par les chiens 461 A
recompense de la vertu des ancestres, continuee en la posterité 264 B
redite est fascheuse & odieuse 91 A
reflexions du Soleil à la Lune comment se font 622 A B C
des reflexions des miroirs 619 A B
reformation d'vne commune ne peut estre faicte tout à vn coup 162 C D
refroidissement comment se fait 528 H
refuser cóment on peut honnestement les demandeurs déhontez 79, 80
le regard engendre amour 538 A
quelles merueilleuses vertus à le regard 401 A B C
la regardante par la fenestre, conuertie en vne roche 610 D
Regia, quelle chapelle à Rome 475 B
la regle ne doit estre accommodee à la pierre, ains au contraire 113 D
comment il faut dessaler vn regne 153 C
s'il est licite violer iustice, c'est pour regner 11 E
regrets baillez au dueil pour honneur par Iupiter 249 E, 256 F
Att. Regulus, consul Romain, & capitaine tres-vaillant 650 B
la Religieuse d'Apollo comment respódoit les oracles 95 G H
la Religieuse d'Apollo ne rendoit les responses qu'vne fois l'annee 478 G
la Religieuse de Diane pourquoy ne mange point de surmulet 521 D
Religieuses vierges ordónees pour pronócer les respóses des oracles 350 A B
Religieuses de Bacchus repoulsees par le tyran Aristorimus 235 B C
Religieux d'Apollo cóment sacrifioient 351 A
Religieux Isiaques tondus, & vestus de lin 318 F
Religieux Isiaques trespassez, comment habillez 318 E
Religieux quelles choses racontent ordinairement 370 E
Religion d'où a son fondement 318 C
Religion receuë & authorisee, ne doit estre violee 120 E F
Religion & pieté recompensee de mort, comme la meilleure chose du monde 247 D E
la vraye Religion est assise au milieu entre superstition & atheisme 124 B
la Religion par qui enseignee aux Ægyptiens 320 G
Religion semee & fondee aux barbares par Alexandre 308 G
Religion d'Orpheus, quelle 218 G
reliques des corps des vaillans hommes honorees de sepultures 516 E
reliques du Roy Menander en toutes les villes de son Royaume 175 H, 176 A
Remora, poisson arrestant les nauires 376 G

TABLE ALPHABETIQVE SVR LES

renard bien repoussé par la poule 88 C D
le renard conteste & plaide contre le leopard deuant le Iuge, & pourquoy 144 B, 155 D
le renard pourquoy ne vouloit que le herisson luy chassast ses mousches 183 C
renard de Telmesse, fine beste 271 B
le renard & la gruë frauduleusement s'entredomerent à disner, & comment 360 G
le renard marin prins de l'hameçon, renuerse son corps le dedans dehors 518 C
renardeau derobbé par vn enfant Laconien 224 C
renards de quelle astuce vsent pour passer vne riuiere gelee 513 C, 530 H
renards & serpens amis, pour combatre l'aigle 520 F
renards enragent, comme les chiens 509 H
renards meurent d'amendes ameres 366 G
renommee publique iamais en vain ne se trouua auoir esté semee 432 F
glorieuse renómee acquise en refrenant ses concupiscences 7 E
repentance dequoy sert aux hommes 80 G
repentance quelle vertu a 37 H
repletion dangereuse au corps 293 F
repletion plus à craindre que l'inanition 390 D E
repletion de vin affoiblist l'ame 275 E
repletions causent beaucoup de maladies 295 G, 430 A B
repos, l'vn des cinq principes de Platon 355 G
repos est belle chose, lettre missiue d'Archidamus 215 G
repos est la saulse du trauail 5 F
repos propre à contemplation 66 F
repos d'esprit ne s'achete point à pris d'argent 97 D
du repos de l'esprit, & vn traitté de ce 67 G
viure en repos comment monstré par les philosophes 128 B
la vie de l'homme diuisee en labeur & repos 5 F
repos tresprofond, estre le souuerain bien de l'hóme, selon Epicurus 134 D
repos est propre aux morts, selon Heraclitus 445 C
repos loüé d'Epicurus 5 F
reprehension toute cruë combien desplaisante 53 H
reprehension de l'amy quelle doit estre 50 G
reprehension de Pythagoras feit pendre celuy qu'il reprenoit 53 A
reprehensions que font les philosophes, ne sont à negliger 29 E
reprehensions en brigues d'estat, comment se doiuent faire, exemples 168 G H
craindre les reprehésions est chose honneste 19 B
qui reprend autruy, quel doit estre 53 E F, 110 D E
comment il faut reprendre 8 F, 29 G
cóment il faut souffrir estre reprins 30 A

republique dereglee ne peut estre reformee tout à vn coup 162 C D
vn gouuerneur de republique quel doit estre 161 B C
pourquoy Demus ne voulut chasser tous les ennemis de la republique 112 D
sentences des sept Sages de l'estat de la republique 155 A
trois sortes de gouuernement de republique, vn traicté de ce 503 D
la republique de Platon est inutile 308 F
republiques pourquoy ne doiuent changer de gouuerneurs 183 D
republiques bien policees, quelles 134 F
bonne reputation comment s'acquiert 212 F
bonne reputation des gouuerneurs de republique en quoy gist 175 G
requestes indignes de bonne reputation 167 G
resine bonifie & conserue le vin 397 F G
resine offerte au Soleil leuant 329 E
chasque chose se resioüit de son semblable 20 A
respiration du monde où se faict 447 B
respiration comment se fait, & de son essence 456 A B
la respiration empeschee, nous ne sentons point les odeurs 455 B
respiration prophetique de diuination 348 E
qui respond paye, escrit au temple d'Apollo, & par qui 94 E
qui respond paye, ce mot a empesché plusieurs de se marier, & fait plusieurs muets 160 E F
quel est le centre & la circonference d'vne responce 96 B C
responses de trois sortes 96 E
belles respóses des sept Sages à de beaux ænigmes 154 B
responses d'Apollo ambiguës 353 D
en responses que faut il obseruer 95 D E
responses subtiles par apophthegmes 169 B C
responses quelles doiuent estre 370 F
responses Laconiques bien à poinct 64 H
resurrection signifiee par la fable des Titans 276 A
resurrections chantees à Bacchus 354 F
Retana, seruante Romaine, comment deliura la ville du grand danger des ennemis Gaulois 490 D
retention non receuë par les Academiques 595 G H
retres, loix de Lycurgus; quelles 212 H, 276 F
retres, responses qui furent donnees à Lycurgus pour ordonner la chose publique 632 C
rets des chasseurs inuentez par les araignees 511 H
rets des pescheurs pourquoy se pourrissent plustost en hyuer, qu'en esté 536 F
reuelations des choses futures transmises par les Dæmons 323 F
reuerence premierement deuë à Dieu, secondement aux parens 82 A
reuerence combien puissante 421 C

cinq reuolutions des sept planetes 347 A
huict reuolutions, & huict sphæres celestes 556 E F
Rhea signifiee par le quarré 324 F
Rhea enfantant cinq dieux d'vne portee, que signifie 347 G
Rhea maudite par le Soleil, que signifie 320 E
Rhesus pourquoy & comment tua son frere Similius 489 E
rhetoricien mocqué, & reprins par le Roy Cleomenes 218 C D
le rhetoricien Cephisophon chassé de Lacedæmone 227 F
vn rhetoricien arrogant bien reprins 223 G
rhetoricien aupres d'vn autre rhetoricien ne faut mettre en vn festin 363 C
vn rhetoricien, voulant loüer Hercules, retenu tout court 200 A
rhetoriciens reprins d'Agesilaus, & de quoy 209 F
rhetoriciens sçauans en droict & en philosophie 435 F
deux rhetoriciens affettez, bien à poinct reprins par le Roy Antigonus 194 D E
rhetoriciens arguent par coniectures & verisimilitudes 425 B
aux rhetoriciens permis de defendre mauuaises propositions 640 D
rhetorique, qu'est-ce 568 C
rhetorique premierement mise par escrit par Antiphon 492 D
rhetorique, l'vn des trois genres des arts liberaux, & ses especes 437 G
la rhetorique rend les choses grandes petites, & les petites grandes 495 F
rhia, quel sacrifice des Locriens 159 G
rhion, promontoire, où les daulphins porterent le corps mort d'Hesiode 159 F G
rhodon, signifie la rose, & pourquoy ainsi appellee, & sa proprieté 380 H
riches reputez heureux, & pourquoy 568 G
riches ne sont heureux 16 C
riches sans vertu sont malheureux 23 H
trop riches ne sont bons en vne rep. 155 B
riches ignorans soudainement se ruinent 136 H
aux riches est malaisé de dóner loix 135 B
riches pourquoy participent plus du feu que les pauures 527 D
riches souffrent autant de mesaise que les pauures 68 G
riches hommes pourquoy donnoient la dixieme partie de leurs biens à Hercules 463 B
riches comment appellez par les flateurs 45 G
riches caressez des flateurs 8 A
les riches honorans les gens de lettres, s'honorent eux-mesmes 148 A
l'homme riche qui n'a point d'heritier, est chose puissante 102 G H
riches Lacedæmoniens pourquoy creuerent vn œil à Lycurgus 202 A
tous ne peuuent pas estre riches 168 A
riches comment exemptez d'aller à la guerre 210 B
esperance de deuenir riche, combien ardente

OPVSCVLES DE PLVTARQVE.

ardente 119 C
riches & pauures Lacedæmoniens égaux 219 H
riches pourquoy iadis inhumez és villes d'Abydus & Memphis 322 D
richesse est don de fortune 15 C D
richesse, est vn bien qui se peut par le plus mauuais acquerir 22 E F
richesse estimee estre le bien souuerain, rouille & ronge l'ame 119 G
la vraye richesse est la vertu 211 B
la richesse est incertaine & muable, la vertu tousiours perdurable 72 G, 112 F
richesse rendue non desirable par Lycurgus 216 H, 227 F
richesse suiuie de vertu & de gloire, côment s'entend ce 16 A
richesse gist en la puissance de fortune 3 E
richesse prend l'accessible & l'inaccessible 13 D
richesse est aueugle 100 A
richesse ne deliure de l'auarice 97 D
richesse n'apporte à l'auaricieux ny profit, ny honneur 99 D E
richesse excessiue comment retrenchee 463 B
richesse opulente vient de ruse frauduuente 15 E
richesse quant à l'homme ioyeuse 38 H
richesse hante mesme auec ceux qui sont de vie meschante 23 G
richesse sans sçauoir, est chose trop grossiere 12 H
richesse en quoy est inferieure à pauureté 131 E
le dieu de richesse faict par Oromazes 328 C
richesse de Tantalus 137 B
richesses attachees à des cordes, quelles 224 G
richesses donnees par les bons dæmons 323 F
richesses ne font pas l'homme heureux 97 C D
effeminé par abondance de richesses ne vaut pas vn chien, ou vn asne 21 E
nature a mis vne borne aux richesses 24 C
conuoitise des richesses retrenchee à Lacedæmone 219 G
les fols vsent mal des richesses 569 A
richesses comment rendues plus aggreables 38 B
richesses de quel vsage sont à la nature 99 E
richesses cause d'adulteres 220 H
richesses du capitole de Rome combien grandes 307 A
richesses des Romains iadis consistoient en nourriture de bestail 467 C D
richesses infinies d'Alexandre 316 C
rien ne se peut faire de rien: axiome de philosophie, mocqué des vsuriers 131 B
rien trop, precepte à la vie humaine fort necessaire 252 C
rien excessiuement, ce mot des sages loué grandement 252 D
rien trop, regle du sage Chilon 160 C
rien trop, escrit au temple d'Apollo, &

par qui 94 H, 352 F, 354 A, 635 B. explication de ce 160 E F
rigedane aux poëtes pourquoy signifie malle mort 14 C D
Rigulus luicteur beut vn tel coup, qu'il en mourut subitement 294 B
rire en profitant, & profiter en riant 364 H
quelles parties du corps excitent à rire 145 E
le rire excité par les aixelles, n'est point propre 294 F
le rire aduient à ceux qui ont assez beu 379 B
le rire defendu à ceux qui ont voué chasteté 403 A
le rire des Epicuriens, seruile & dissolu 598 H
le rire estre vn animal selon les Stoïques 587 G
ris Sardonien des Atheïstes 122 G. & quel il est 598 H
risee importune, combien dangereuse 51 D E
supporter vne risee, est chose gentille 29 F
risees doiuent estre dictes proprement 372 G
de risees se doit abstenir celuy qui n'en sçait vser dextrement 370 F
d'où on apprend à porter les risees patiemment 23 B
risees contre les iniurieux doiuent estre graues 169 B
risees que peuuent à l'endroit des delicats 114 F G
la riuiere d'Heraclitus change la nature de toutes choses 264 G
dedans vne riuiere ne faut pisser 567 C
riuiere de pleurs, nommee Cocytus en enfer 290 G
riuieres au commencement n'auoient ne fond ne riue 274 E
riuieres defaillir en aucuns lieux 349 B
riuieres plus froides en hyuer, que la mer 406 D
riuieres pourquoy fument en hyuer 536 F
riuieres profondes pourquoy ne gelent au bas 531 H
riuieres causer le flux & reflux de la mer 452 E
riuieres qui se cachent, puis se remonstrent 263 C
riuieres teintes de sang par Alexandre 315 E F
riuieres de l'autre monde, où habitent les bons & les mauuais 292 B
riuieres de feu 644 D E
riuieres bruslantes és enfers 10 E F
riuieres meslees auec vents & feu en fer 557 F G
riuieres de feu cruel és enfers 121 A
Rium port de mer 522 G H
la robbe de tout homme de cœur est la iaueline 230 H
la robbe ne fait pas le philosophe 318 F
de robbe de gros drap faut nous vestir, pour viure en liberté 130 F

robbe longue des Medois 309 E
robbes rouges pourquoy propres à la guerre 227 C
robbes blanches pourquoy portees en dueil par les femmes 464 G H
robbes blanches hayes des elephans, & les rouges des taureaux 149 D, 309 F
robbes de pourpre, habits des magistrats Romains, excepté du Tribun 472 F
Atheniens ne traittoient de la paix, sinon qu'en robbes noires 295 D
robbes simples pourquoy portees par ceux qui briguoient vn magistrat à Rome 468 C
les robbes & les couleurs sont trompereses 464 H
robbes des religieux d'Isis faictes de lin, & pourquoy 318 F G H
robbes de femmes à hommes, qui menent dueil, & pourquoy 250 B
robbes qu'enuoyoit Dionysius aux filles de Lysander, refusees 147 D E, 215 F, 221 H
roche, où s'assiet la premiere Sibylle 629 C
rocher du corbeau 133 D
rocher, où est endormy Saturne 625 B
rochers d'où & comment faicts 533 C D
rochers pourquoy steriles 528 A
Rodiens bastissoient comme immortels, & se rioient en cuisine comme mortels 98 C D
Rodopis, courtisanne de Corinthe, dedia des obelisques de fer 630 G
Romain sage taisant son secret, en esprouuant sa femme 92 G H
pour l'Empire Romain, vertu & fortune ont combatu 301 H
Romains descendus des Troyens 475 B
Romains par quel moyen sanctifiez par Numa 597 G
Romains anciés pourquoy se nómoient Ouilij, Suillij, Bubulci, Porcij 467 D
Romains rauirent leurs premieres femmes espousees 473 H, 474 A
Romains pourquoy se marioient 100 F
Romains pourquoy ne se marioiēt auec leurs parens 476 G
Romains, venans d'vn voyage lointain pourquoy enuoyent deuant, le faire sçauoir à leurs femmes 461 B
seigneurs Romains quelles marques auoient 171 A
Romains plus propres en leur langage, que les Grecs 416 G
Romains en leur langage n'vsent point d'articles 545 F
Romains n'escriuent ordinairemēt leurs premiers noms, que d'vne lettre 476 B C
Romains pourquoy adoroient Dieu la teste couuerte, & au contraire honoroient les hommes descouuerte 462 C
Romains pourquoy commácent le iour à la minuict 473 D
Romains pourquoy commancent leur annee au mois de Ianuier 463 C
Romains commandoient aux hommes: & les femmes, aux Romains 203 G
Romains passez en Asie 202 F
Romains defendans la vertu contre la fortune, quels 302 F

m iij

TABLE ALPHABETIQVE SVR LES

Romains fans guerres par quarante trois ans 304 H
Romains aduertis cinq cens ans aupara-uant qu'ils auroient guerre contre toutes nations 630 A B
Romains eftoient en nombre cent trente mille combatans 307 C
Romains ne vouloient vaincre par trahison, ains par vertu 201 G
Romains tuerent cent mille Armeniens, & ne perdirent que cinq des leurs 206 D E
Romains perdent, & regaignent la victoire 486 E
Romains payoient la dixiéme partie de leurs biens aux Tofcains, affranchis par Hercules 463 B
Romains accablerent les Gaulois par leurs feruantes 490 D
Romains efclaues, rachetez par les Grecs 202 H
Romains quelles grandes côqueftes ont faictes, & vn brief catalogue de ce 305 H, 306 A
Romains iufques où eftendoient leurs limites 306 A
la borne de l'Empire des Romains eftoit la Iuftice 207 A
Romains fauuez par la mort volontaire de P. Decius 488 G
Romains défaits par Pyrrhus, non par les Epirotes 201 F
Romains defconfis auprés de la riuiere d'Allia 306 D
Romains défaits par les Cimbres 206 A
de la fortune des Romains 302 A
Romaines pourquoy fonderent le temple de Carmenta 469 C
Romaines commét celebroient leur fefte de Maruta 89 E
Romaines pourquoy ne mouloient, ny metoient la main à la cuifine 473 F
Romaines baillerent leurs ioyaux d'or pour faire vne coupe à Apollo 120 E
demandes des chofes Romaines, & vn traicté de ce 460 G
Romaines pourquoy baifoient leurs parens en la bouche 461 F
Romanus, ayant engroffi fa fœur Canulia, fe tua 490 D
Rome, dame Troyenne, & fes vertueux faicts 230 B C
Rome comment & par quelles ceremonies fondee par Romulus 465 A B
Rome peuplee d'hommes agreftes, & de bouuiers 304 G
Rome a eu commancement & origine de fortune 476 E
Rome fondee & accreuë par la fortune 304 A F
Rome quand faite le domicile de la fortune 302 G
Rome nourrie, & fouftenuë de fortune 305 B
Rome eftoit le throne imperial de toute la terre 126 D
Rome bien-heureufe de la naiffance de Scipion 85 E
Rome ne pouuoit tomber tant que Scipion eftoit debout 205 F
Rome ne fuft demouree ville, fans Camillus 291 H

Rome combien iadis triomphante 306 H, 307 A
Rome abondoit iadis en banquets, ieux & fpectacles 309 G
Rome preferuee des ennemis par les oyes 306 G
Rome oftee du baffin de la balance par Camillus 303 D
Rome, iufques où eftendoit les limites de fon Empire 306 A
Rome ne fut deliuree de tyrannie par vn trop parler 91 E
Rome à quel iour prife par les Gaulois 307 B, 464 C
Rome toufiours fuiette au feu 463 C
Romulus fils de Mars, nay, nourry, & preferué par la fortune 303 H
Romulus & Remus allaictez par vne louue, & nourris par vn piuert 304 B, 463 G
Romulus & Remus freres, nourris par vne louue, ainfi que furent Lycaftus & Parrhafius auffi freres 491 C
Romulus nourry par vne femme, nommee Fabula 466 B
Romulus grand par vertu, mais fortune l'a conferué iufques à ce qu'il fuft grand 304 E
Romulus pourquoy tua fon frere Remus 465 A B
Romulus pourquoy ordonna que Mars feroit le premier mois de l'annee 463 D
Romulus pourquoy ne mift point de borne à fon pays 462 H
Romulus s'affocia Tatius au Royaume 468 B
Romulus conceu, & mort ou difparu, le Soleil eclipfant 304 A
Romulus tué au milieu du Senat, & pourquoy & comment fut deifié 490 E F
la ronce, appellee chien de bois, qui mordit Locrus, & ce qui en aduint 479 C
le rond eft la plus parfaicte & la premiere des figures 442 C
rondelle marquee d'vne moufche, & pourquoy 224 E
rondelle richement ornee, reprife par Scipion 205 D
la rondeur a le dedans courbe, & le dehors boffu 542 A
Roquaux poiffons, quel foing ont de leurs petits 521 B
rofe ou rodon, pourquoy ainfi dicte, & fa proprieté 380 H
rofes deuiennent meilleures, plantees auprés des aulx & oignons 112 E
rofes empefchent l'yureffe, & les douleurs de la tefte 380 F
rofes iadis iettees aux victorieux des ieux facrez 425 H
rofes deftinees aux Mufes 380 C
rofeau, & fon naturel 114 A
rofeaux feichent s'il ne pleut, combien qu'ils foient és eaux 534 F
rofee, fille de Iupiter & de la Lune, & que c'eft 538 C D, 624 B
rofee en grande quantité à la pleine Lune 387 F
la rofee des arbres, & autres plantes,

pourquoy engendre la gale 535 G
roffignol eft vne voix, & non autre chofe 223 F
roffignol qui enfeigna Æfope à parler tant de langues 157 B
femme merueilleufement bien contrefaifant le roffignol 199 D
homme contrefaifant naïuement le roffignol mefprifé d'Agefilaüs 212 D
roffignols nourris pour plaifir 567 A
roffignols inuenteurs de la mufique 516 D
roffignols enfeignent la mufique à leurs petits 273 F, 515 G
ceux qui nourriffent des roffignols, reprins par Chryfippus 566 H
rouge couleur és ieunes gens plus plaifante que la palle 203 G H
couleur rouge irrite les taureaux 309 F
rouges hommes font meilleurs que les palles 76 C
robbes rouges pourquoy propres à la guerre 217 C
la rouille comment empefchee & oftee 627 G H, 628 A
rouffeaux hais, & outragez par les Ægyptiens, & pourquoy 324 C
roux eftimez mefchans 324 F
le Roy doit auoir la crainte de Dieu empraintte en fon cœur 135 G
le Roy comment doit dreffer fa principauté 135 E
vn Roy comment peut regner feuremét 209 E
vn Roy comment fe peut rendre glorieux 153 E
quel eft l'office d'vn bon Roy 215 C
le Roy n'eft pas bien-heureux, s'il n'eft fçauant & vertueux 3 G
le Roy doit eftre fçauant, vn traicté de ce 135 F
fans Roy nous ne fçaurions iouyr des dons de Dieu 135 C
vn Roy ne doit eftre fi bening, qu'il fe faffe mefprifer 218 C
c'eft acte de Roy, de fouffrir eftre blafmé pour bien faire 193 H
remonftrant à vn Roy, faut vfer de paroles de foye 189 B
Roy creé d'vn pauure iardinier, nommé Alynomus 315 D E
Roy qui pour auoir donné vn aumofne perdit fon Royaume 479 D E
vn mefme Roy de tout le monde pour tous, qui eft Dieu 125 D
Roy declaré eftant au berceau 315 F
comment chacun peut eftre Roy 38 H
Roy peinct d'vne feuille de figuier 325 G
famine grande à Delphes pour le forfait du Roy 479 A
le Roy des Ægyptiens peinct par vn œil 320 C
Roy d'Argos efleu par vn aigle 315 D
le Roy de Perfe fe nommoit, le grand Roy 142 C
le Roy de Perfe, de quoy, & par qui eftoit admoneftré tous les matins 135 F
le grand Roy de Perfe paffoit fon hyuer en Perfe, & fon efté en Medie 137 D
le Roy Eumenes auoit fes trois freres pour

pour ſes garde-corps 82 D
Roy traiſtre à ſon pays,eſtranglé 214 D
tout eſt comprins ſoubs ce mot, en Roy 59 A, 311 D
le Roy des ſacrifices à Rome quelle charge auoit 470 B
le Roy d'vn feſtin, quel doit eſtre 364 A
le Roy des Dieux pourquoy appellé Milichius 59 A
Roy entre les abeilles 170 G
Roys quels doiuent eſtre 133 D
Roys quels noms honorables portoient iadis 141 C D
Roys pourquoy appellez reuerends & venerables 136 A
les Roys ſont miniſtres des Dieux 135 F
Roys ſont les moules & patrons des ſubiects 134 E F
Roys enfans de Iupiter 163 C
ſages ſeuls Roys 574 E
Roys comment appellez par Homere 361 E
Roys vſurpans les noms des Dieux, s'en ſont allez en vent & fumée 323 A
Roys iadis deïfiez 322 F
Roys & Royaumes gardez de Dieu 314 E
quel eſt le propre office des Roys 340 A
Roys doiuent acquerir la maieſté auec bons ſens & vaillance 213 D
Roys reputez heureux, & pourquoy 568 G
Roys pourquoy participent plus du feu que les priuez 527 F
les Roys faiſoient iadis la pluſpart des ſacrifices auec les preſbtres 470 B
les bons Roys craignent pour leurs ſubiects, & les mauuais craignent leurs ſubiects 136 C
les Roys doiuent vſer des gens de bien, & abuſer des meſchans 191 F
combien eſt difficile de conſeiller les Roys 135 D
Roys aimans les ſciences, rempliſſent leurs Royaumes d'hommes ſçauans 146 E
Roys ignorans comparez aux Coloſſes 135 C
Roys rendus plus moderez par la conuerſation des philoſophes 134 F
Roys honorans les gens de lettres, s'honorent eux-meſmes 148 A
Roys reçoiuent mieux les bouffons & plaiſanteurs, que les ſages 283 F
Roys par quelles gens corrompus 134 E
Roys comment appellez & deïfiez par les flateurs 44 F, 45 B
Roys auilis & aneantis par leurs concubines 602 B
ce qu'il y a de plus beau en l'eſtat des Roys, ſe monſtre au dehors 64 B
petites fautes apparoiſſent grandes en la vie des Roys 162 F
aux Roys la loy, qui eſt la raiſon, commande 135 E
ſi les Roys doiuent accomplir leurs promeſſes 209 F G
Apophthegmes des ſept Sages de la gloire des Roys 153 F
aux Roys barbares toutes choſes ſont iuſtes 194 D
les Roys tyrans imitent le tonnerre, dont

en ſont de Dieu punis 135 G
Roys de Sparte contrerollez & ſyndicquez par les Ephores 214 H
Roys de Cumes cõment corrigez 478 B
Roys d'Ægypte de quel ordre eſleuz 319 G
Roys d'Ægypte s'abſtenoient entierement de vin 319 B
Roys d'Ægypte cõment inſtalloient les iuges 189 C
Roys quels & comment eſleuz à Lacedæmone 221 G
Roys de Perſe quand boiuent & mangent auec leurs femmes, & quand non 146 E
Roys de Perſe ne boiuent iamais autre eau que de la riuiere de Choaſpes 125 G
Roys de Perſe comment nourriſſoient leurs eſclaues & chiens 413 F G
Roys de Lydie pourquoy portoient la coignée ſacrée 484 A B
Roys de Babylone où paſſoient leur hyuer, eſté & printemps 127 E
Roys des abeilles ne ſortent iamais de la ruche 345 A
Royalement, ce mot comprend tout le bon traittement d'vn Roy 193 F
vn Royaume cõment ſe peut bien conſeruer 217 B
Royaume conſerué en meſpriſant le gain 214 E
Royaumes renuerſez par les flateurs 40 B
Royaumes ſubiugez par les Romains 305 H
Royaumes combien muables & inconſtans 306 A
deſtructions de Royaumes predictes par les Sibylles 629 D
la Royauté, eſt le plus parfaict gouuernement qui ſoit au monde, & qui plus a de ſoucy 36 E
la Royauté egale l'homme à Dieu 36 E
different de la Royauté entre deux freres, accordé bien amiablement 87 D E
Royautez trainées par la fortune 302 G
le roytelet, petit oiſelet, garde ſoigneux du crocodile, & ſon hiſtoire 520 D
le roytelet porté au ciel ſur les eſpaules de l'aigle 166 F
Roxane eſpouſe d'Alexãdre 311 A, 314 D
Rubicon riuiere ſeparant la Gaule d'Italie 208 C D
la rue herbe plantée prés d'vn figuier, perd ſa trop grande peſanteur 402 G
la rue herbe, medecine des belettes, quand elles ont mangé des ſerpens 516 D
la rue herbe ennemie aux femmes groſſes 380 E
ruma aux anciens Latins ſignifie mammelle 304 A B, 469 E
Rumina quelle Deeſſe, & comment les femmes luy ſacrifioient 469 E
ruſe d'Ageſilaüs pour remettre le cœur à ſes gens 213 D
ruſe de taciturnité, qui gaigna vne belle bataille 92 C
ruſes des poiſſons 518 D E F
Ruſtius petit enfant, tué par ſon beau frere pour auarice 489 F

Rutilius, riche Romain, que diſt en l'aureille du philoſophe Muſonius 131 F
Rymetalcés Roy de Thrace, traiſtre reprins d'Auguſte 208 G
Rythine, liure d'Apollodorus 483 G
rythmes de quoy & comment faicts 662 B
rythmes des trimetres inuentez par Archilochus 664 F
rythmes par qui adiouſtez aux Dithyrambes 664 H
rythmes Pæoniques 666 B

S

Sabbat combien ſolennellement obſerué par les Iuifs 122 F
ſabbats des Iuifs non alienés de Bacchus 395 C
Sabbes ſuppos de Bacchus 395 C
Sabines rauies és ieux par les Romains 465 F, 473 F, 476 F
Sabinus continua plus de ſept mois aux enfers auec ſa femme Emponina 612 H, 613 A B
ſablons ſans eaux en Gedroſie 315 F
ſaburra tué à Rome 475 B
Sacadas poëte de chanſons & d'elegies 661 E
ſacieté de vin & de chair affoiblit l'ame 275 E
ſacré, que ſignifie proprement ce mot 520 H
ſacre, ſurnom du Roy Antiochus 517 A
ſacrificateur reprins par vn Laconien 225 G H
ſacrificateurs quels doiuent eſtre 318 G, 319 A B
ſacrifice le plus aggreable à Dieu, eſt auoir vraye opinion de luy 320 D
ſacrifice faict la teſte couuerte 462 E
ſacrifice où le preſbtre eſtoit veſtu en femme 485 D E
ſacrifice à l'amour 599 D
ſacrifice à la Phocide à Hyampolis 230 D
ſacrifice appellé le banniſſement de la faim, & pourquoy 408 A B
ſacrifice appellé la venue d'Iſis 329 A
ſacrifice à Bubroſtis comment faict 408 B
ſacrifice nommé la Neleide 236 E
ſacrifice de Pythagoras pour l'inuention d'vn theoréme geometrique 423 A
ſacrifice au Soleil le quatrième iour de la Lune 329 D E
ſacrifice ſans effuſion de vin 62 G
ſacrifice faict à vne pierre par les Æniens, & pourquoy 479 E F
ſacrifice où il n'y a point de Dieu, eſt athée 237 G
ſacrifice faict à Leucothoé 221 A
ſacrifice nuptial, ſacrifice de ſalut, & ſacrifice des funerailles 594 G
ſacrifice offert à Mercure, par ce qu'il eſt eſtimé receuoir les ames des treſpaſſez 481 B C
ſacrifice pour la victoire ordonné par l'oracle aux Nymphes Sphragitiennes 369 A
ſacrifice des Atheniens, appellé Metagitnia, quel 125 F

m iiii

sacrifice à Hercules, où on ne nomme nul autre dieu, & où ne comparoit aucun chien dedans le pourpris 474 B C
sacrifice de purification pour appaiser l'ame de la fille Chatila, instituté de neuf ans en neuf ans, & pourquoy 479 B C
sacrifice secret fait à Bacchus 325 F
sacrifice d'vne fille annuel, pour l'assopissement d'vne pestilence 491 B
sacrifice du pere faict par sa fille, & du pere de sa fille, & pourquoy 480 H, 489 A
sacrifices faicts iadis par les Roys auec les presbtres 470 B
sacrifices offerts à quelque Dieu, où & comment faicts 416 E
sacrifices faicts secrettement, & pourquoy 484 E
sacrifices aux Nymphes deuant les espousailles 505 C
sacrifices dicts Nephalia 298 H
sacrifices de chiens offert à Genita, Proserpine, & à Ilithya 468 C
en quel estat faut aller aux sacrifices 567 B C
sacrifices pour coniurer & euocquer les ames des morts 247 F, 262 D E
sacrifices offerts aux trespassez 322 D E
sacrifices pour appaiser les ames des trespassez 265 E
sacrifices du trou Trophonius 644 B
sacrifices meslez de dueil 322 C
sacrifices faicts aux portions 378 G
sacrifices de bœufs à Mars 227 C
sacrifices de bœufs roux comment faits 324 F
sacrifices voilez, & significatifs 323 C
sacrifices ordonnez de petite despense, & pourquoy 188 B
sacrifices dirigez par les dæmons 340 A
sacrifices des gens deuots 370 E
sacrifices publics ne doiuent estre commis à gens meschás & puriures 467 G
sacrifices à la bonne Fortune, & au bon Dæmon 385 E
sacrifices enuoyez des Hyperborees en Delos 662 D
sacrifices faicts au son des hubois & des fleutes 662 C
sacrifices de la mere des Dieux 661 C
sacrifices à la deesse Rumina, par qui, & comment faicts 469 E
és sacrifices commandé de garder silence 91 B
sacrifices simples pourquoy establis à Lacedæmone 221 A
sacrifices laissez & negligez des Epicuriens 590 A
sacrifices des Grecs renuersez par Herodote 650 E
sacrifices d'expiation 171 C D
sacrifices d'orge faicts aux Dieux, & aux diables 478 D
sacrifices nocturnes 482 G
sacrifices tristes, & sentans leur dueil 332 E F
sacrifices tristes, où lon mange la chair crue 340 B
sacrifices sans musique 287 G

sacrifices du Soleil comment faicts 324 E
sacrifices auant les semailles 594 G
sacrifices aux Muses 379 E
sacrifices aux Muses deuant vne bataille 216 H, 226 H
sacrifices de Iuno quels sont 147 F
sacrifices de Venus faicts à couuert en la mer 522 C
sacrifices de Bacchus nommez Nyctelia, comment celebrez 395 D
en tous sacrifices de purification chiens immolez 470 F G
sacrifices des Grecs establis par l'oracle Pythique 595 C
sacrifices semez par Alexandre 308 G
sacrifices de cent hommes 158 B
sacrifices d'hommes pour vsurper la tyrannie 263 A
sacrifices d'hommes à Saturne 189 F
sacrifices d'hommes iadis aux Gaulois, & Tartares 123 G
sacrifices d'hommes à nul Dieu aggreables 340 C
sacrifices abolis par les Epicuriens 594 G
sacrilege du temple de Iuno, par trop parler s'accusa luy-mesme 94 B
le sacrilege du temple Aristarchium comment puny 484 C D
sacrilege descouuert, poursuiuy, & atteint par le chien Capparos 513 G H
sacrilege puny estrangement mille ans apres 263 E
sacrilege commet celuy qui n'honnore ses pere & mere 82 B
sacrileges sont les gouuerneurs qni s'enrichissent de la republique 174 F
sacrileges precipitez à Delphes 178 A, 263 C D
sacrileges deterrez, & iettez hors du pays 257 F
saffran meslé parmy la bysse 348 G H
fleur de saffran attire doucement à dormir 380 F
le sage seul est bon capitaine 199 H
le sage selon les Stoïques, quel doit estre 85 B
le sage suit la partie de l'ame, qui a discours de raison 348 D
le sage fuit les affaires, & ne se mesle que des siens, sans estre curieux de ceux d'autruy 566 B
le sage n'est continent, ains temperant 34 D
le sage ne se soucie des biens de ce monde 575 A
l'homme sage ne commet iamais iniustice 21 A
l'homme sage est tousiours en authorité de magistrat en sa ville, comme le Roy entre les abeilles 170 G
le sage tombé en maladie s'en rit 270 A B
le sage reçoit enuie, & se fait enuier pour des grandes occasions 54 D
le sage se contente de soy-mesme 21 C
le sage tire profit de ses ennemis 109 B
Pallas prend plaisir à l'homme sage 20 A

au sage rien n'est estrange 563 D E
la raison du sage est la loy 563 D
l'homme sage comment & pourquoy va aux festins 151 B
la plus sage chose du monde est la verité & le temps 154 B
l'homme n'est fait sage en vn instant 113 C D
l'homme sage est armé de patience 124 H
le sage peut gaigner par trois moyens, & quels 566 D E
le sage selon les Stoïques, quel doit estre 72 D
le sage fait bien en tout & par tout, selon les Stoïques 16 D
le sage coinment depeint par les Stoïques 45 H
le sage des Stoïques forgé par vne impassibilité, & plus dur que diamant 559 H
le sage des Stoïques descrit de ses adioincts 575 G
sages viennent de vertu 15 G
sages, seuls Roys, seuls riches & beaux, seuls citoyens, & seuls iuges 574 E
peu d'hommes sages enseuelis en leur pays 127 G
sages en quoy different des ignorans apres ceste vie 453 F
dicts des sages ressembler aux riuieres serrees 635 B C
les sages auoir tousiours oracles de Dieu 634 B
sages ressembler aux abeilles 69 E
sages anciens appellez Sophistes, n'estoient que cinq, & quels 352 F, 650 E
sages sont tout par vertu 310 H
les sages ne mentent iamais en leurs propos 20 H
sages de Grece pourquoy allerent en Ægypte 320 A
les sages parlent rondement, & peu 94 F
sept sages seulement iadis en Grece, mais à grande peine y auoit sept ignorans du temps d'Aristarchus, & pourquoy 81 B
les sages auoient vn E de bois à Delphes 352 H
sages par la barbe 417 B
les sages iouyssent des biens passez 75 E
les sages reçoiuent aide les vns des autres 579 B C
sages sçauent tirer commoditez des inimitiez 109 H
les sages portent patiemment tout ce qui aduient 559 F
sages en leurs prieres que doiuent demander à Dieu 317 B
les sages ont deploré les miseres de l'homme 251 E
plaire au peuple est aux sages desplaire 3 H
aux sages quel temple est tousiours arriere-ouuert 130 F
sages quelles prouisions font à l'encôtre des passions 68 A
les sages n'ont point de fiel 58 F
sages d'Ægypte comme viuoient, & leur doctrine 428 A

sages

OPVSCVLES DE PLVTARQVE.

sages pourquoy allerent en Ægypte 320 A

sages Indiens se bruslent enx mesmes, esperans estre bienheureux 137 H

sages des Perses pourquoy abominoient les rats & souris 107 G

sages femmes recenans les enfans des accouchees, & leur office 458 D

le banquet des sept Sages, vn traicté de ce 150 D

sagesse vient par trauaux dangereux 184 E

sagesse prinse en plusieurs sortes 107 B

sagesse comment signifiee par Homere 324 B

à sagesse nul temple edifié 303 C, 305 B

sagesse qui fait parler tant de langues 157 B

sagesse grande, que de se taire en temps & lieu 6 E

Sains en extréme danger, panchent vers l'opposite, selon Hippocrates 401 F

Saïs, ville d'Ægypte 319 H

saisons de l'annee quottees par le Soleil 544 A

salaires des gouuerneurs de la republique 175 B

le coffre des salaires plein, & celuy des Graces vuide 65 F G

Salamine isle 525 C, 657 D

Salaminiene nauire d'Athenes, & quelle 169 F

choses salees, lauees en la saumure, en deuiennent plus douces 367 H

saleures desirees à manger de ceux qui sont malades sur la mer 162 H

Salia violee, causa la mort à son pere Anius 491 H

la salle des Corinthiens pourquoy n'estoit intitulee la salle de Cypselus, fondateur d'icelle 630 F

Salmatides subtilement deceurent Hannibal, & comment 253 D E

la ville Salmatique toute pillee sans ordre par Hannibal 253 D E

le Salnitre comment aide à la teincture de l'escarlatte 348 G

le saluer estre vn animal selon les Stoïques 587 C

les enfans doiuent saluër volontiers 6 A

la coustume de baiser en saluant d'où venuë 230 B C

salutation & resalutation d'Apollo, quelle 356 B

Sambaulas quel homme, & brocard sur ce 371 B

Sambicus sacrilege, comment puny 484 C D

Samiadas homme ardant de cholere, & violent 616 H

vn Samien comment mis en la malegrace de Philippus 41 F

Samiens pourquoy permettent le destrousser les passans 485 A

Samiens vaincus par Pericles 526 F G

Samiens comment & par qui garenties de leurs luxures & desbauches 484 H

Samnites gaignent & reperdent la victoire 486 E

Samnites vaincus par Manius Curius 201 E

Samothrace isle 315 A

Sana ville de Thrace, prise par trahison par les Chalcidiens & Andriens 481 H

Sandane quelle riuiere 481 C

le sang quand se faict dedans l'animal 374 F

le sang la principale force & vertu du corps, & quel doit estre 431 H

le sang n'est à l'homme propre pasture 273 B

le sang n'est la substance de l'ame 129 G

sangliers pourquoy par Homere appellez chlounes 538 A

sangliers aiguisent leurs defenses entrans au combat 511 F

sangliers iettent des larmes douces, & pourquoy 412 A B, 537 F

sangliers poursuiuis par Hercules 316 C

santé est chose precieuse, mais qui se change facilement 3 F

santé estimee la seule vertu par Ariston 31 F

santé, sans laquelle nul bien ny plaisir, se faict de contrarietez accordantes 81 E

sans santé les vertus ne seruent de rien, selon aucuns 36 B

la fin de la santé destruicte par oysiueté 300 D E

santé du corps d'où causee, & conseruee 460 D E

la santé du corps n'apporter accroissement à la felicité 576 E

si la santé est vtile & selon nature 36 D

la santé rend toutes choses aggreables 69 A

santé est aux voluptez, comme leur beau temps 295 C

santé parfaite est en grand danger, selon Hippocrates 280 D

les fols vsent mal de la santé 569 A

faut apprendre à garder sa santé aux despens d'autruy 297 C

precepte pour garder sa santé 143 C

pour garder sa santé trois poincts necessaires 297 C

preceptes de santé, & colloque ou deuis 292 D, 293 A

Saosis Royne de Byblus, & histoire de ce 321 D

sapience est la science des choses diuines & humaines 439 F

sapience est droicte raison 509 C

sapience gist au pur entendement 33 B

sapience & prudence en quoy different 32 G H

sapience n'est en vn instant acquise 113 D

sapience & fortune different: neantmoins produisent mesmes effects 302 A

la vraye sapience, est celle qui concerne Dieu 540 B C

le Dieu de sapience faict par Oromazes 328 C

que doit vouër celuy qui faict profession de sapience 62 D G

sapience ne se doit mesurer au cordeau Persien 126 F

la sapience de l'homme en la main, selon Anaxagoras 81 C

sapience des prestres d'Ægypte 319 G

sapience des Ægyptiens sous paroles ænigmatiques 319 H

la sapience des Ægyptiens non par eux prophanee 320 A

aimer sapience est signe d'vne ame philosophique 310 E

sapience austere & nuë des philosophes Persiens 310 G

sapience d'Euripide 525 E

eschole de sapience à Athenes 128 A

sapience des bestes à l'entretenement de leurs petits 100 G

sapience des grues 519 F

sapin, pourquoy ne se peut enter vn escusson 376 G

sapin, pourquoy bon à faire nauires 397 F

sapin pour entretenir le feu eternel à Delphes 352 E

sapins en quels terroirs croissent 381 C

Sappho femme poëtisse, escriuoit bien & promptement en vers 150 B

Sappho poëtisse excellente 229 G

Sappho inuenta la mode Mixolydiene 662 F

les paroles de Sappho estoient meslees de feu 607 G H. & sa chanson 608 A

Sappho destrempe les cœurs de ioye, par ses vers 628 I

Sapragoras quel auaricieux 98 E

Sarapion ramena la poësie en la philosophie 631 H

Sarapis appellee la puissance ordonnee sur le vent 331 B

Sarapis regit & embellit l'vniuers, & que signifie ce nom 324 B

Sarapis estimé estre le sepulchre d'Apis 324 C

le nom de Sarapis commun à Osiris & à Bacchus 323 B

Sarapis & Pluton, mesme chose 323 H

Sardanapalus de filandier deuenu vn grand Roy 307 F

Sardanapalus filoit la laine parmy les femmes 307 F

Sardanapalus parmy les concubines filoit la pourpre, & quelle estoit sa statuë, auec son inscription 313 B

Sardanapalus, & son epitaphe bien gentil 142 H

Sardiniens vaincus par les seruantes des Smyrniens leurs ennemis 490 C

Sardiniens pourquoy criez à vendre en vne procession à Rome 468 H

Sardis capitale ville de Lydie 171 A, 469 A

Sardis par qui prise 652 C

Satibarzanes quelle demande obtint facilement d'Artaxerxes 188 H

station propre aux morts, selon Heraclitus 445 C

Saturnales quelles festes, & en quel mois celebrees 466 A

Saturne reputé Dieu d'icy bas, & pere de la verité 462 E, 466 A

Saturne Dieu, autheur, & conseruateur de la felicité des Romains 467 E

Saturne appellé l'hyuer 351 F

soubs Saturne regnoit l'aage doré 462 F

Saturne quand & comment passa en Italie 463 B G

Saturne d'vn lict feit quatre fils à Eutoria, quels furent, & ce qui en aduint 487 D E

TABLE ALPHABETIQVE SVR LES

Saturne & ſes faicts abominables tant chanté par les poëtes 323 C
Saturne endormy en vn rocher reluiſant comme fin or 625 B
Saturne ſonge tout ce que Iupiter propenſe 625 C
Saturne ayant occis les Princes des Solymiens, s'enfuit, & ne ſçauent où 342 E F
Saturne detenu lié de ſommeil en Angleterre par Briareus 341 F
Saturne detenu priſonnier par Iupiter 624 H
Saturne puny pour ſon forfaict alencontre du ciel 342 E
à Saturne autel dreſſé à quatre faces, & pourquoy 487 E
à Saturne pourquoy ſacrifioient les Romains la teſte couuerte 462 E
Saturne ſeruy & adoré en vne iſle merueilleuſe 625 A B
à Saturne hommes iadis ſacrifiez par les Carthaginois 123 G, 189 F
Saturne pourquoy figuré tenant vne faulx 467 D E
Saturne eſtimé eſtre le tẽps par les philoſophes 324 GH, 462 F
Saturne planete, appellé Phænon & Nycturus 624 H
Saturne planete a ſon an de trente annees communes 499 F
Saturne le quantiéme des planetes 447 G
vn ſatyre admoneſta Minerue de ne iouër des fleutes, & pourquoy 57 F G
ſatyre qui vouloit baiſer le feu, retenu par Prometheus 109 F
ſatyres murmurent de la trahiſon faicte à Oſiris 321 A
ſatyrion herbe prouocquant à luxure 295 B
Satyrus orateur ayant les oreilles bouſchees, & pourquoy 59 D
ſaueurs d'où procedent 460 B
huict ſaueurs en tout, toutes engendrees de quelque fruict, excepté la ſalee, & pourquoy 535 D E
ſaueurs diſtinguees par la langue 455 F
ſaueurs piquantes pourquoy aimees des vieilles gens 567 A
ſaulſes outrepaſſent l'vtilité 295 A
la meilleure ſaulſe du monde eſt le feu 40 F, 295 C, 545 E
ſaulſes donnent beaucoup d'affaires aux medecins 301 D
ſaulſes ſont delicateſſes vaines & curieuſes 390 E
ſaulſes trompent & deçoiuent le gouſt 275 C
ſaulſes Syriaques 275 D
le ſauon eſt abſterſif 300 B
ſauterelles ont pluſieurs pieds, & naiſſent d'œufs 374 A
ſauterelles infinies engendrees de corps morts, qui rongerent tous les bleds 374 D
Sauueur, nom vſurpé par les tyrans 314 C
Scamander fleuue de qui & pourquoy ainſi nommé 483 F
ſcammonee quelle puiſſance a 300 A
ſcammonee medecine qu'on donne à l'extremité 52 A
ſcares poiſſons de quelle charité vſent enuers leurs compagnons prins 518 D
ſçauans hommes pourquoy entretenus par Dionyſius 190 E
ſçauans en quoy different des ignorans apres ceſte vie 453 F
qui ſçait beaucoup, parle beaucoup 65 D
Epaminondas ſçauoit plus, & parloit moins que nul autre 25 E, 45 E
le ſçauoir eſt la ſeule qualité diuine & immortelle en nous 3 F, 20 G
le ſçauoir eſt la plus deſirable choſe qui ſoit en l'homme 282 C
le ſçauoir des lettres eſt vn ſeminaire d'amitié 134 A
le ſçauoir des lettres combien aux hommes vtile 660 B
le ſçauoir n'eſt ſubiect à fortune ny à vieilleſſe 3 F G
le ſçauoir à tous hommes neceſſaire 456 G
en ſçauoir & vertu conſiſter la felicité de l'homme 3 G
richeſſe ſans ſçauoir eſt choſe trop groſſiere 12 G
ſçauoir l'antiquité eſt la choſe plus royale 588 C
gens de ſçauoir auancez par l'humanité des Princes 311 E F
ſçauoir beaucoup engendre beaucoup de doubtes 431 B
Scaurus de bas lieu fait Prince du Senat 303 A
Scaurus combien fidele à ſon ennemy Domitius 112 E
Scedaſus ne pouuant auoir iuſtice de ſes deux filles violees, ſe tua 506 C
Scedaſus apparut apres ſa mort, & pourquoy 506 E
Σκελετης eſt vne anatomie ſeiche 431 G H
ſceptre ſignifiant authorité & puiſſance 329 B
Sceuola où eut ſa main bruſlee 302 F
ſchœnion quelle loy des fleutes 661 A
Scholaſtiques en leur vie ne different rien des voluptueux 560 G
ſcience eſtre la vraye ſubſtance de felicité, & de ſon vtilité 660 B
ſcience diuine côment engendree 33 B C
la ſcience a l'ame de l'homme pour ſa matiere 330 F
ſcience côment ſe parfait en l'ame 552 F
la ſcience amoureuſe non inuentee des hommes 540 C
la ſcience d'vn gouuerneur quelle doit eſtre 163 B C
la ſcience militaire eſt la plus grande de toutes 598 A
ſcience de deuiner és animaux aquatiques 517 F G
ſciences d'où viennent 441 A
les liures ſont les vrais outils de la ſcience 5 A
les ſciences ſont l'vn des cinq genres du bien 356 A
ſciences liberales reduictes à trois genres principaux 437 A B
les ſciences combien belles & ſplendides 100 A
ſciences appellees les Muſes 604 D
ſciences iadis eſcrites en carmes 633 G
les ſciences par quel ordre doiuent eſtre appriſes 561 F
enfans de bonne maiſon doiuent apprendre les ſciences humaines 4 E
ſciences enſeignees par les liures des philoſophes 128 B
ſciences ſe prénent par raiſon & demonſtration 149 G
comment on ſçait qu'on profite és ſciences 113 A
les ſciences ne peuuent eſtre deſrobees 74 E
ſciences ſans exercice s'oublient 184 E
ſciences conſeruees par la memoire 5 H
le ſommeil contraire à apprendre les ſciences 5 B
ſciences recommandees aux Grecs par le Dieu Apollo 638 A
ſciences liberales retirent les femmes d'exercices indignes 149 H
ſciences mathematiques ſont les anſes de la philoſophie ſelon Xenocrates 37 H
ſciences, corps & animaux ſelon les Soïques 587 B C
ſciences bannies de Sparte 226 B
ſciences honorees par Alexandre 512 B
Scillonte eſt en la prouince d'Elide 127 C
Scillontie champ où Xenophon paſſa ſa vieilleſſe 126 G
Scilurus enſeigna concorde à ſes quatre vingts enfans maſles, par vn trouſſeau de iauelots 189 E
Scimbrates pourquoy & comment tué par ſon neueu Septimius 489 H
Cor. Scipion pour ſa proüeſſe creé conſul contre las loix 165 F
Scipion Naſica, capitaine ſoubs Paulus Æmylius 203 D
que diſt Scipion Naſica, des Romains eſtans ſans ennemis 110 A
Scipion fils de Paulus Æmylius, & arriere-fils de Scipion l'Africain qui défeit Hannibal 133 F
Scipion perſonnage admirable, pourquoy eſtimé preſumptueux 171 F
Scipion quelles grandes conqueſtes feit 306 A
Scipion comment haut loué par Metellus 85 E
Scipion ayant prins Carthage, ne toucha ny ne vit rien de tout le pillage 105 H
Scipion l'Africain honeſtement aduerty par ſon concurrent Appius 168 G
Scipion l'Africain, ſage gouuerneur de republique 169 F
Scipion l'ancien bien accompagné lors qu'il eſtoit ſeul, & ſes faicts & dicts 202 C
Scipion repurgea le camp des Romains de toutes diſſolutions 205 C
Scipion ſe ſeruoit du conſeil de C. Lælius 187 F
Scipion côbien aggreable aux Romains en racontant ſes loüanges 129 D
Cn. Scipion défeit les Galates en Aſie 239 F
Scipion blaſmé de ce qu'il aimoit à dormir 137 A, 162 F
Scipion comment calomnié de ſes enuieux 166 F
Scipion accuſé cômẽt ſe purgea 202 F G
Scipion

Scipion comment enseuely 202 F
Scipion porté en terre par ses ennemis 205 G
Scipion Numantin bastit vn temple à la vertu 303 B
L. Scipion, frere du grand Scipion, desfeit Antiochus 203 B C
Scipion le puisné eut Carthage en sa puissance, & ses beaux faicts & dicts, 204 D
Scipion puisné print Numance, & triompha deux fois 205 E F
Scipion desfait par Cæsar 208 E
Seiraphidas condāné à l'amende, pource que plusieurs luy faisoient tort 227 E
Scolia chansons des festins anciens 360 H, 664 F. & que signifie ce mot 361 A
Scopas que disoit de l'heur des riches 99 F
Scorpion de mer 518 F
Scorpions par quelles bestes mangez 109 E
Scorpions deuorez par les coqs 569 C
Scotius, c'est à dire tenebreux, surnom de Pluton 357 D
Scylla gouffre peint plus par affection que par artifice par Androcydes 391 E, 593 C
Scylurus roy des Tartares, comment en mourant enseigna ses quatre-vingts enfans à garder concorde 95 A
Scyros ville de Mars, aux armes bien apprise 127 A
Scyros, où premierement le labourage de la terre fut inuenté 149 A
Scytha comment tiré de captiuité par son amy Agesilaus 211 F
Scythes vagabons 345 B
Scythes Nomades campent tousiours où il y a printemps 612 F
Scythes apprindrent d'Alexandre à ne manger plus les trespassez 308 E F
Scythes défaits par Alexandre 315 H
en Scythie n'y a vignes, ny menestrieres 152 G, 153 E
Scytrinus poëte Lyrique 631 D
Sebenne ville d'Ægypte 319 H
Seche poisson en quoy imite les Dieux, de son encre, & de son histoire naturelle merueilleuse 518 H
Seches rendent de l'encre 268 C
Secret ne peut estre retenu par vn babillard 91 C
secret par lequel les conspirations contre Dionysius furent empeschees 190 B C
secret caché sur les léures 193 A, 315 B
vn barbier crucifié pour auoir dit son secret 93 E
secret euenté, cause de grandes ruines, 91 C
secrets pourquoy estimez estre reuelez par les enfans 321 G
secrets des sacrifices ne doiuent estre reuelez 475 E
secrets sont en silence 90 G
secrets bien celez par Cecilius Metellus 205 G
des secrets des princes ne faut s'approcher 64 B
ses maux secrets à vn chascun fascheux à descouurir 64 H
beaux exemples de taire ses secrets 91 D

E, 92 B F, 93 A B D E, 94 B
secrets des hommes doiuent estre teus auec grande fidelité 6 F
escouteurs de secrets hays 189 G
secrets non teus resemblent aux viperes 93 C
quels secrets de nature faut recercher, 64 C D
haults secrets d'Orpheus 374 A
secrets de la sapience des Ægyptiens, 319 H
Secretains grands ioüeurs de dez 466 B
Sedition merueilleuse à Delphes 178 A
Sedition grande pour deux adulteres 178 B
en Sedition qui ne se ioignoit à l'vne des parties, estoit puny 511 B, 259 D
Sedition pacifiee par la lyre de Thaletas 134 G
seditions furiales, quelles 126 D
és seditions la signification des mots transferee 44 D
seditions depeuplerent la Grèce 338 B
seditions suscitees par les Dæmons violens 340 D
seditions ciuiles causees par les delices & superfluitez 294 H
seditions comment peut on reprimer 174 A B
Seelleurs quels presbtres en Ægypte 324 F
Seigneurie quel gouuernement de republique 503 B
Seigneuries ruinees par les flateurs, 40 B
Seigneurs aians failly, comment punis, 188 H
Seistre, cresserelle d'ærain des sacrifices d'Isis 331 D
Seius mot vsité aux Iurisconsultes 465 E
Seize religieuses de Bacchus repoulsees par le tyran Aristotimus 235 B C
Sel amoureux des Comædies de Menander 504 H
le Sel est gras 368 C
le sel appellé l'escume de Typhon 324 H
defendu d'en manger à la table 325 A
sel pourquoy baillé à manger aux brebis & moutons, & son histoire naturelle 155 A B, 403 A
le sel surnommé la grace, & par Homere diuin 410 A
le sel aide beaucoup à la generation, 403 C
le sel sacré & sainct, selon Platon 402 H, 403 A
le sel n'est bon à ceux qui veulent viure sainctement 403 A
sel non en vsage aux presbtres d'Isis, & pourquoy 319 A
le sel abominé des sages d'Ægypte, & des Pythagoriens 428 A
apres le sel & le cumin, prouerbe expliqué 401 D
Seleucie en Mesopotamie, fondee par Alexandre 308 H
Seleucus couronné roy, son pere viuant 315 F G
Seleucus roy, pourquoy appellé capitaine des Elephans 177 A
que disoit Seleucus des trauaux des roys

183 A B
Seleucus feit tuer vn paysan pour n'auoir tenu sa langue 93 D E
Seleucus vaincu par les Galates, & esti mémort, & ce qui en aduint 87 E F 195 B
Seleucus le mathematicien fait la terre mobile 452 E
Seleuques successeurs d'Alexandre de nulle valeur 313 D
Selinunte ville en Sicile 215 B C
Selinuntins offrirent vne plante d'ache, quis'appelle Selinon, faicte d'or 630 G
Semailles des bleds en quelle saison faictes 102 D
chasque chose se resiouït de son semblable 26 A
chacun se plaist auec son semblable 41 E
Semelé mere de Bacchus 268 E
Semelé souleuee au ciel, & pour vne noucine d'ans instituee à Delphes, 479 A
la Semence principe de tous animaux est humide 440 C
Semence des animaux, qu'est-ce, & de sa substance 456 C
semence de l'animal, est le sixieme sentiment 455 H
semence genitale qu'est ce 539 B
semence est geniture appetante generation 374 C
semence est vn principe de la generation 373 G
semence est l'ouurage de la faculté generatiue 374 E
la semence estre plus grande que ce qui est engendré d'icelle, selon les Stoïques 583 E
la semence d'où engendree 583 E
la semence genitale se depart au plus en cinq 346 H
semence de l'homme, qu'est-ce selon Zenon 61 H
la semence de l'homme à quel aage commence à couler 459 E
semence des hommes quand plus apte à engendrer 401 B C
de la semence de l'homme comment se moule & se conforme l'enfant 101 G H, 356 D
la semence est de l'homme, non l'homme de la semence 374 B
la semence de l'homme esteinte par l'herbe nommee la rue 380 E
semence de la femme dequoy sert à la generation 330 F
la semence de la femme ne sert que de nourriture à celle de l'homme 382 H
si les femelles rendent semence aussi bien que les masles 457 A
semence superflue causee de l'abondance d'aliment 537 H
la semence de ceux qui souuent hantent les femmes n'est generatiue 90 C
conseruer sa semence est vn des poincts de santé 297 C
la semence des mulets pourquoy non apte à engendrer 458 B
la semence du bled quelle doit estre 1 F G
semences & plantes en la lune 624 A
semences comment doiuent estre semees, & gouuernees 412 C

TABLE ALPHABETIQVE SVR LES

Semences comment se produisent & accroissent 135 G
Semiramis, serue Syrienne, & concubine du grand roy Ninus, le feit tuer, & regna long temps 602 B C
Semiramis royne magnifique 229 H
Semiramis royne de haut cœur, & ses faicts heroïques 313 A B
Semiramis celebree pour ses hauts faicts 322 H
Semiramis quelle chose feit escrire sur sa sepulture 188 F
Semitonion quel accord de musique, 347 A
P. Sempronius fut le troisiéme des Romains qui repudia sa femme, & pourquoy 462 H
Senat, & que signifie ce mot 182 H
le sage senat fait la republique bien heureuse 155 B
au senat trop impetueux faut rongner les ailes 165 H
Senateur Romain fort sage en taisant son secret, & esprouuant sa femme 92 G H
vn senateur priué de sa dignité, pour auoir baisé sa femme, sa fille presente, 146 G
senateur flateur reprins en plein consistoire 46 G
des senateurs Romains pourquoy les vns appellez *Patres*, & les autres *Patres Conscripti* 469 E F
aux senateurs nouueaux creez pourquoy on donnoit vn bœuf 83 G
Seneque brocarde Neron de son pauillon 61 B
Sens commun qu'est-ce, & quel est son office 454 A
sens rassis acquis au gouuernement de la republique 184 E
bon sens & pitié ne peuuent estre ensemble 199 C
sens naturels quels, & comment se font 455 H
les cinq Sens de nature attribuez aux cinq premiers corps 355 C
les sens à quelle fin à l'homme donnez 106 D
Sentences des sages ressembler aux riuieres serrees 635 B C
sentences des sept Sages de la gloire des Princes 153 E
sentences escriptes aux portes du temple d'Apollo à Delphes 594 A, 635 B
sentences de Pythagoras & Empedocles seruoient de loix 276 C
sentences communes, ou memoires, recueillis par Plutarque 67 H
vne mesme sentence comment peut estre commune 22 D
Senteurs comment sont attirees dedans le cerueau à l'odorement 455 B
senteurs remedient aux defaillances de cœur 408 F G
senteurs douces vtiles à la santé 335 C
senteurs fortifient la teste contre l'yuresse 380 F
senteurs és festins 379 F
senteurs ou parfums corrompent femmes & hommes 272 C
senteurs fuis des escharbots & vautours 283 H

senteurs bannies de Lacedæmone 220 G
Sentiment se prent en plusieurs sortes, & que c'est 453 G
sentiment en l'entendement de l'homme 441 A
le sentiment de l'ame, est l'entendement 284 D
tout sentiment participe du feu 527 F
le sentiment nous deçoit 532 G
le sentiment exterieur ne doit estre vagabond 66 D E
qui besongne beaucoup de l'entendemét, se tert bien peu du sentiment 66 E
le sentiment non reçeu par les Academiques, pour principe de la proposition 595 G H
arbres tous egalement priuez de sentiment 273 C
sentimens ne font differer l'homme des bestes, ains l'entendement 106 D
les sentimens non bien instruits, precipitent l'entendement 66 E
sentimens de quelle partie de l'ame sont faicts 455 G H
sentimens inserez en nos corps par harmonie 664 B C
les sentimens n'ont leurs functions que par l'entendement 313 A
sentimens gastez & deprauez par intemperance 276 E
les sentimens des vieilles gens estre durs & mousses 367 A
si les sentimens sont veritables 453 H, & combien en y a, & quels, & leurs obiects, & offices 454 A B C D
des sentimens & choses sensibles 453 G
ne se Seoir sur vn boisseau 320 A B
Sept, & consideration sur ce nombre 353 A
le sept appellé Minerue 320 B
le sept attribué à Apollo 433 D
sept mois sociables & huict insociables, 458 G
sept miracles du monde 522 C
les sept princes de deuant Thebes, tragædie d'Æschylus ainsi intitulee 410 H
septeine sacree d'Apollo 356 B
le septiéme iour perilleux aux petits enfans 476 A
Septimus Marcellus pourquoy tua ses deux oncles 489 G H
Septentrion estimé le costé droict du monde 324 H
Septentrionaux pourquoy viuent plus long temps que les autres natiós 460 E F
Septerion, quelle noueine d'ans à Delphes & pourquoy instituee 478 H, 479 A
Septimontion quelle feste à Rome, & comment solennisee 470 G H
Sepulchre de l'enuie 237 A
le sepulchre d'Hesiode pourquoy celé, 159 G H
sepulchres plusieurs d'Osiris 321 G
la Sepulture des trespassez combien respectee des anciens payens 480 G H
sepulture couronnee de fleurs 322 D E
la sepulture d'Isocrates comment & dequoy ornee 495 D
la sepulture d'Alcmena ouuerte cause de grande sterilité 637 C D
sepulture de Lysis, aupres de laquelle se

leue vn homme la nuict 367 F
sepulture de Dirce cogneuë seulement aux capitaines de cheualerie 637 D
la sepulture d'Archias pourquoy tant honoree 651 H
Hector pria Achilles pour sa sepulture 19 F
à la sepulture d'Amphidamas pourquoy s'assembloient à certain iour les poëtes 154 F
sepulture de Semiramis, & son inscription 188 F
estre priué de sepulture, chose miserable 10 E F
sepultures deniees aux conspirateurs & traistres 492 B E
sepultures des Pythagoriens comment faictes 641 F G
sepultures des enfans empres les Chalcidiens, qu'est-ce 481 A
sepultures à l'entour des temples 227 A
sepultures combien soignees par les Ethniques, exemple 240 A B
sepultures des Peloponesiens 658 D
sepultures publiques en l'honneur des vaillans hommes 526 E
sepultures des Tartares estoiét les chiens, 138 A
mourir pour les sepultures des ancestres est mort sacree 525 H
Serapion le poëte dispute des vers des oracles 618 C D E
Serapis emporté de la ville de Sinope 522 D E
Serf est celuy qui n'ose franchement declarer son pensement 128 E F
estre serf de miserable maistre est grande calamité 120 H
serf deuient qui entre chez vn tyran, 21 G
serfs de Chio merueilleusement fideles 231 A
serfs comment doiuent estre nourris, 413 F G
serfs pourquoy festoyoient les Ides d'Aoust 475 F
serfs larrons & meschans pourquoy s'appelloient Furciferi 471 A
serfs yures monstrez aux enfans pour exéple de ne s'enyurer 57 E, 578 E
serfs chastiez au son des fleutes 60 G
serfs mariez aux vesues libres, & pourquoy 231 E
serfs reuoltez contre les Romains 630 A
serfs comment affranchis aux Romains 259 D
Seriphe isle où l'on a faison de toutes necessitez 126 A
Serment necessaire pour combatre contre l'ennemy en guerre 466 F
le serment des Perses estoit, Par le Soleil 189 B
serment solennel des Andriens, & pourquoy 482 A
sermens introduicts par Deucalion 597 G
serment de vigne pour faire cuire les medicamens 387 C
Sermon pourquoy comparé à vne estuue 27 C
le serpent venimeux se nourrit & se tient tousiours en lieux pestilents 64 E
Serpent

OPVSCVLES DE PLVTARQVE.

serpent enuoyé par Isis à Bocchoris pour mieux iuger 76 G H
le serpent Typhon, beste audacieuse & furieuse 594 E
serpent entortillé à l'entour d'vne clef, dict iouieux de ce 218 G
serpens n'ont aucuns pieds, & sont produicts d'œufs 374 A B
serpens produicts de la terre 374 C
serpens faciles à prendre aux cerfs 517 H
serpens comment annoncent la pluye à venir 555 A
serpens tous défaicts en Thessalie par les cicognes 333 G
serpens & renards amis pour combatre l'aigle 520 F
serpens par quelles bestes mangez 109 E
serpens mangez des belettes 516 D
serpens mangez des tortuës 538 E
serpenteaux sortis des malades qui leur mangeoient les iambes 430 D
Sertorius subiugua l'Espagne reuoltee 306 A
seruantes Smyrniennes & Romaines, deliurerent leurs villes du danger des ennemis, & comment 490 C D
seruantes pourquoy prohibees d'entrer au temple de Leucothea 463 A
seruice de Dieu auec quelle reuerence doit estre faict 6 F
seruices pour les trespassez 466 A
Seruiens grands chefs de guerre 307
seruiettes faictes de fil de pierre qu'on blanchissoit dedans le feu 349 C
Seruilius contraire à Pompeius, contrainct de l'appeller Magnus 206 G H
le seruiteur de Domitius traistreusement desloyal 112 B
le seruiteur de Piso luy respondit selon son commandement 95 C
seruiteurs comment communs à Lacedæmone 227 B
seruiteurs combien humainement traitez iadis entre les Romains 470 C
seruiteurs de Mars doiuent estre en fleur d'aage 182 F
seruitude plus hayë des bestes que des hommes 270 H
Seruius comment & de qui conceu, & merueilles racontees de luy 305 E
Seruius Tullius premier Céseur de Rome, couchoit auec la Fortune 305 C, 466 D
Seruius nay d'vne serue captiue, regna noblement & glorieusement à Rome 475 F, 476 E F
T. Seruius frustre Anthron de sa vache fatale 461 B
Seruius Tullius pourquoy fonda tant de temples à la Fortune 471 E F
Sesostris, quel Roy 229 H
Sesostris celebré pour ses haults faicts 322 H
Seth, surnom de Typhon, qui signifie dominant & forceant 327 A, 328 H, 331 C
Sextilis, le quantiéme mois iadis aux Romains 463 C

Sextius ne pouuant mordre és discours de la philosophie, se cuida ietter en la mer 114 E
Si, à quoy est propre ceste syllabe, & cósideration de ce 353 B
si, conioiction apte à continuer l'oraison 353 D
si, ce mot seul escrit par les Lacedæmoniens au Roy Philippes 94 H
Sibylla eut le don de prophetie 633 F
la Sibylle Erythriene, surnommee Herophile 630 H
la Sibylle emporta le pris de poësie és ieux d'Acastus 347 A
la premiere Sibylle ne cessera iamais de prophetiser de qui fille, par qui nourrie, & de son ame 629 C
la Sibylle auec sa bouche forsenee atteint de sa voix iusques à mille ans 628 F
Sibylle en la face de la Lune 268 H
des Sibylles, & de leurs oracles 229 G
liures Sibyllins quand & par qui consultez à Rome 473 C
Sicile combien a de tour 126 F
Sicile deliuree par Dion de la tyrannie de Dionysius 284 F
Sicyone ville où estoit le roolle des poëtes & musiciens 660 E
Sicioniens eurent besoing de maistres foüettans 261 A
Sigæum, port 650 F
signe des Pythagoriens pour discerner les viuans des trespassez 641 G
signe presagiant la mort du tyran Aristotimus 235 G
signes du Zodiaque, quels & combien 442 D E
signes celestes insociables, & quels 458 G
signes donnez de Dieu au commun des hommes, dont l'art de diuination est composee 645 H
Crass. Signifer feit mourir de faim son fils traistre à son pays 487 F G
Silanion quel poëte 11 D
silence est negation de voix 529 D
silence est priuation sans action quelconque 529 A
silence est grand ornement à vn ieune homme 25 E
le silence est response pour les sages 78 G
silence est vne profonde sapience, &c. 90 G
silence de cinq annees, ordonné de Pythagoras 65 D
silence doit estre estroitement gardé au seruice de Dieu 6 F
le silence n'est que d'vne sorte, la voix diuerse 529 E
anneau de silence au deuant de la bouche d'Harpocrates 332 D
silence seellé par Alexandre, En philosophe 311 B, 313 B
silence combien loüable 94 F
silence n'est subiect à payer amende 111 E
silence en temps & lieu requis 128 F
beaux exemples du silence 91 D E, 92 B F, 93 A B D, 94 B
le silence pourquoy aupres de Pluton 357 D

sans peril est le loyer de silence 209 A
curieux ne peuuent supporter le silence 65 A
silence n'est en vain 379 D
silence comment enseigné par Lycurgus 94 G
silence au festoyement d'Orestes 378 A
silence gardé par les oyes de la Cilicie, ayans vne pierre dedans le bec 512 G
silence signifié par les poissons 427 H
quel est le fils de silence 378 H
Silences estoient les flateurs de Bacchus ainsi nommez 46 F
Silon le superbe 304 H
similitudes des peres & meres comment se font és enfans 457 G
Similius pourquoy & comment tué par son frere Rhesus 489 G
Simmias disciple & familier de Socrates 638 F G
Simmias enuieux de Pericles 165 G
Simon le sauetier 153 B
Simonides n'auoit autre volupté que le gain 180 E
Simonides bien honnestement refusé de Themistocles, & en quoy 79 G, 166 G H
Simonides sagement reprins par Themistocles 195 B
Simonides pourquoy ne peut tromper les Thessaliens 9 D
Simonides inuenta quatre lettres 433 E
Simonides trouuoit le coffre des salaires plein: & celuy des Graces vuide 65 F G, 262 F
Simonides aagé de quatre vingts ans gaigna l'honneur de la carolle 179 G
Simonides où inhumé 127 H
simplicité garde seulement l'honneur 175 D
simplicité de Diogenes desiree par Alexandre 310 F
simplicité grande des Lacedæmoniens 210 F
simplicité des banquets des anciens 378 G
Sinatus tué par Sinorix pour auoir sa femme Camma, & ce qui en aduint 239 B, 611 D
sinere en Latin que signifie 471 C
le singe entre les autres bestes suit le leopard pour l'odeur 517 H
le singe descrit auec la comparaison du flateur 49 G
singes malfaisans 106 A
singes auoir raison selô aucuns 459 B C
sinistrum en Latin que signifie proprement, d'où vient ce mot 471 C
Sinope ville d'Ægypte, où estoit l'enorme statuë de Pluton 323 H
Sinorix en espousant mourut de poison auec son espouse, & pourquoy 239 B C D, 611 D E
sions qu'est-ce, & comment se font 450 D E
Siphniens insulaires 653 F G
Sipylus ville en Magnesie, abysmee par les Dieux qui vouloient punir Tantalus 574 B
Sitamnes, sage gentilhomme Persien,

n

pourquoy n'eſtoit heureux en faicts 188 C
Sirene des curieux, quelle 64 C
Sirenes de mer, que l'on celebre tant 522 C
Sirenes filles de Phorcus, recitent les loix & ſtatuts des enfers 437 H
Sirenes aſſignees au lieu des Muſes par Platon 437 B
Sirenes qui font tourner les cieux, & tēperent leurs voix harmoniques 555 D
Sirius appellé le Soleil par les Grecs 329 E
Siſacthia loy d'aboliſſement des debtes à Athenes 167 B
Siſyphus reputé pere d'Vlyſſes 483 H honoré en ſa poſterité 261 B
Siſyphus amoureux desbaucheur de filles 11 D
le ſix comment & pourquoy eſt nombre parfaict 433 E, 436 H
Smy ſurnom de Typhon 331 C
Smyrniens offrirent des gerbes d'or à Apollo 631 B
Smyrniens en quoy aidez liberalement par les Lacedæmoniens 49 A
Smyrniens accablerent les Sardiniens par leurs ſeruantes 490 C
ſobre maintiens-roy, precepte diuin d'Empedocles 62 F
le ſobre & l'yure en quoy eſt different 90 F
l'homme ſobre à quoy eſt apte 364 C
ſobrieté deifie l'homme 318 D
ſobrieté religieuſe des Princes de la guerre de Troye 393 E
ſobrieté rend le corps bien compoſé, 300 A
ſobrieté garde ſeurement l'honneur 175 D
ſobrieté bien vtile pour garder ſanté 293 F G
ſobrieté recommandee és ieunes gens 9 A
de ſobrieté ſe doit garnir la ieuneſſe 5 B
ſobrieté combien recommandee par les ſept ſages 156 F G H
coupe de ſobrieté 156 B
ſobrieté honneſte d'Ageſilaus 210 E
ſobrieté de Zoroaſtres, qui ne beut ny ne mangea en toute ſa vie que du laict 388 F
le ſoc de charruë enſeigné par le pourceau, pour ce s'appelle ὖρις 394 C
ſocieté de table engendre amitié 378 E
ſocieté amiable d'entre les poiſſons 518 D
Soclarus feſtoye ſes amis en vn beau verger 376 F
Socrates fils de Sophroniſcus Athenien, a meſmes opinions que Platon 441 E
Socrates combien clement & doux 59 A B, 588 E F
Socrates auoit dedans luy vne guide de ſa vie, meilleure que dix mille pædagogues 84 H
Socrates homme rauy de zele diuin à la vertu, declaré ſage par l'oracle 593 C
Socrates iamais abandonné de la diuinité 376 F
viſion qui accompagnoit & guidoit Socrates en toutes ſes actions 638 F
Socrates auoit vn eſprit, qui familierement parloit à luy 288 D
de l'eſprit familier de Socrates 535 G H
Socrates auoit l'entendement pur & net, non agité de paſſions 643 C
Socrates medecin des ames 421 G, 240 B
Socrates enſeignoit la philoſophie ſans fard quelconque 638 E
Socrates n'enſeignoit rien, ains mettoit ſeulement en auant des commencemens 540 C
Socrates couſin d'Iſocrates 495 D
à Socrates pourquoy commanda Dieu d'aider aux autres à enfanter, & luy defendit d'engendrer 539 E
Socrates aimoit à danſer 294 C
Socrates ſe diſoit eſtre du monde, non de la Grece 125 D
Socrates quelle opinion auoit du grand Roy 3 G
Socrates quelle opinion a eu de Dieu 443 F. & des Idees 444 B
Socrates comment rongna les ailes à Alcibiades 52 D
Socrates eſtant en vn feſtin, ſeul parloit 177 B
Socrates eut Calliſto pour femme, dont il eut Symmachus 498 A
Socrates demoura volontairement en pauureté toute ſa vie 639 C
la pauureté de Socrates de qui non crainte 118 G
Socrates appellé ignorant & diſſolu, par Ariſtoxenus 649 H
Socrates perſuadoit facilement aux ieunes gens du philoſopher 63 F
Socrates que conſeilloit aux ieunes gens qui ſe miroient 147 D
Socrates comment arguoit & corrigeoit les autres 53 F
Socrates quand & comment philoſophoit 187 A
Socrates que ſouloit dire des vicieux, & des vertueux 13 H
Socrates diſoit que chacun apportaſt ſes malheurs en commun, & pourquoy 245 G
Socrates comment s'accouſtumoit à reſtreindre ſa ſoif 96 A
Socrates prince des philoſophes iniurié des Epicuriens 278 A
Socrates graue en ſupportant les iniures 111 E
Socrates apprenoit de ſa femme à ſupporter les iniures d'autruy 111 F
Socrates merueilleuſement patient 6 C, 61 A
Socrates comment & dequoy reprint Platon 53 A
Socrates quelles viandes defendoit 294 B
Socrates quels feſtins faiſoit 403 G
Socrates conuerſoit auec les princes 133 B
Socrates n'a iamais rien eſcrit 308 B
Socrates aimoit mieux auoir Darius pour amy, que ſes Dariques 86 C
Socrates brocardé pour le bel Agathon 371 B C
Socrates par quels calomniateurs accuſé 138 C
Socrates deuiſoit familierement, en la priſon, de philoſophie 69 E
Socrates en auallant la poiſon dont il mourut, philoſophoit 130 A
Socrates quel bon propos dit aux Iuges de ſes accuſateurs 74 E
Socrates parla diuinement deuant les Iuges 247 C
Socrates aima mieux mourir iniuſtement, que ſe ſauuer en deſobeiſſant aux loix de ſon pays 598 B
Socrates puny de mort pour vouloir introduire de nouueaux Dieux 308 F
Socrates mourut volontairement, ayant le moyen de s'enſuir 639 C
Socrates beut doucement le venin, pour viure heureuſement en l'autre monde 137 G
Socrates conſeruiteur des cygnes 517 A
Socrates a acquis gloire immortelle 1 G
la natiuité de Socrates à quel iour ſolennifee 422 B
Socrates chroniqueur des choſes de Thrace 488 G
Socrates a eſcrit vn liure des ſainctes ceremonies 325 E F
liures de Socrates 597 C
Sogdianiens domtez par Alexandre 316 B
Sogdianiens apprindrent d'Alexandre à ne faire plus mourir leurs peres vieux 308 E
la ſoif d'où procede 404 D E
la ſoif pourquoy s'augmente en mangeant, veu que la faim ſe paſſe en buuant 405 D E
ceux qui ieuſnent, pourquoy ont plus de ſoif que de faim 403 H, 404 A
la ſoif pourquoy eſteinte en dormant 405 F
la ſoif d'vne armee dextrement eſtanchee 223 A
ſoing quel profit nous apporte H
ſoing aguiſe l'eſprit 181 G
par ſoing on trouue tout 106 C
ne faut conſumer ſon ame de ſoing 7 F
ſoing eſt l'image de la diuinité 135 G, 136 D
le Soleil dieu viſible, faict l'annee : la Lune, les mois 472 B
le Soleil eſtre vn dieu engendré 570 H
le Soleil ſource de toute fertilité 526 F
le Soleil eſtimé eſtre l'œil d'Otus 319 D
le Soleil eſt l'œil immortel du monde 289 C D
le Soleil grand gouuerneur & capitaine du ciel 424 C D
le Soleil dominateur, gouuerneur, & conducteur de toute ſubſtance tranſitoire 463 E
le Soleil roy & maiſtre de tout ce monde ſenſible, ſelon Platon 543 F
le Soleil regit & gouuerne tout en ce bas monde 135 G
le Soleil & la Lune pourquoy appellez Dieux 442 F
le Soleil & Apollo pourquoy vn meſme Dieu 292 C, 349 A, 353 A, 357 B, 630 F
le Soleil eſtimé eſtre vn animal de feu 624 D

vn mesme Soleil par tout le monde 125 E
le Soleil comment communique sa lumiere à tout l'vniuers 532 G
le Soleil ayant la vigueur du cœur, distribuë sa chaleur & lumiere à tout le monde 618 A
le Soleil & sa chaleur douce & generatiue 609 A
la chaleur du Soleil auance la vieillesse, exemple 460 E
le Soleil estre la lie de l'air, selon Metrodorus 451 D
le Soleil estre estimé vne pierre, par Anaxagoras 122 H
le Soleil estre estimé vne pierre enflammée, & vne maniere de verre 446 C
le Soleil de nature de crystal, selon Empedocles 448 D
le Soleil composé du feu & du premier solide 626 C
le Soleil produit par refrigeration selon les Stoïques 587 D
le Soleil pourquoy appellé quarré & cube par les Pythagoriens 554 G
le Soleil mis entre les estoiles fixes par Aristarchus 448 H
le Soleil s'esteint de froid selon Diogenes 448 F
de la forme du Soleil 448 E
le Soleil combien grãd, & de sa substance 448 C D E
la grandeur du Soleil comment mesuree 336 D
le Soleil de combien plus grand que la terre, & que la Lune 554 H
le Soleil plusieurs fois plus grand que tout le Peloponese 448 E
les Cimmeriens estimoient qu'il n'y auoit point totalement de Soleil 122 H
si le Soleil n'estoit, la nuict ne seroit point, selon Heraclitus 527 H
s'il n'y auoit point de Soleil, nous serions en perpetuelle nuict 106 D
au soleil les anciens sages n'ont sceu que reprendre 123 F
le Soleil s'esteindre tous les soirs, & tous les matins se rallumer selon aucuns 609 A
le Soleil auec les estoiles s'allumer de la mer 571 E
le Soleil estimé s'allumer, & se nourrir de la mer 327 A
le Soleil leuant estimé se rallumer, & comment peint par les Ægyptiens 320 C D
le Soleil auoir besoing de soustien, & de reconfort 329 D
le Soleil nourry d'humidité 325 C D
le Soleil se paist des vapeurs & exhalations selon les Stoïques 440 C D, 448 F
le Soleil sortir des eaux, s'en nourrir, & les conuertir en vapeurs 630 C
le Soleil esleue facilemẽt l'humeur douce 368 D
le Soleil attire ce qu'il y a de doux en la mer 336 B
comparaison du corps humain au soleil,

veu à trauers des vapeurs 275 F
le Soleil conuertir en soy les choses dont est composé 616 B
le Soleil n'outrepasse point ses bornes prefixes 127 D, 328 E, 336 D E
le Soleil ne sçauroit changer ses bornes sans grands inconueniens 336 E
le Soleil ne peut passer outre les deux Tropiques 448 F
le Soleil ne fait ombre là où il frappe à plomb 108 D
le Soleil remuë l'air d'vn mouuement tremblant 434 B
le Soleil demourant en vn chariot, commande à tous les Dieux 155 C
le Soleil perdu au cõmancement de la naissance des hommes 619 G H
le Soleil fut tardif dix mois en son mouuement sans se coucher, lors que l'hõme fut engendré de la terre 458 E F
le Soleil se recula & retarda à la conception d'Hercules 304 A
le Soleil au cõmancement n'auoit point de cours certain 274 D
le Soleil naniguer alentour du monde dedans vn bateau 325 C
le Soleil a son an de douze mois 449 F
le Soleil faict pour la distinction & garde des temps 543 E
le Soleil monstre & quotte les saisons de l'annee 544 A
le Soleil cause de l'esté & de l'hyuer 448 B
le Soleil le quantiéme en ordre entre les planetes 447 G
le Soleil quand chemine plus lentement 136 G
le Soleil, Mercure & Venus, planettes, ont mesme reuolution 555 C
le Soleil le second apres la Lune 353 A
le Soleil temperé par la Lune 623 E
le Soleil combien distant de la Lune & de la mer 449 E, 616 A
le Soleil distant du premier mobile de stades innumerables 616 C
le Soleil exciter le flux & reflux de la mer 452 D
le Soleil comment & quand eclipse 448 G, 620 B C D E
le Soleil eclipse par la Lune 619 H
le Soleil aime la Lune 612 E
le Soleil pourquoy ne corrompt si tost la chair que la Lune 386 G H
effects du Soleil resembler à ceux qui se font par force 327 A
le Soleil attiré icy bas par les femmes Thessaliennes, par enchantemens 630 D
le Soleil pourquoy maudit Rhea 310 E
le Soleil surmonta le vent de bise, fable bien accommodee 146 B
le monde du Soleil, est Typhon 327 A
Par le Soleil, serment des Perses 189 B
le Soleil pourquoy honoré 157 D
plus d'hommes adorent le Soleil leuant que le couchant 165 E, 206 G
deux Soleils mis par Empedocles, quels & comment 448 C
deux Soleils veuz par Pentheus 587 A
plusieurs Soleils, & plusieurs Lunes, selon Xenophanes 448 H

plusieurs Soleils apparoissent au pays de Pont 451 A
Soleils infinis, mesme selon les Stoïques 344 H
la terre ne peut porter deux Soleils 192 H
solennité des Bacchanales comment celebree 99 F
Soles ville & naissance de Zenon 128 A
Soli quelle ville, & que c'est que l'on y appelloit hypeccaustria 478 B
Soli, ville en Cilicie 267 B
solitude propre à contemplation 66 F
Solon, l'vn des cinq sages anciés 352 F G
Solon fut en Ægypte 150 E
Solon, auditeur de Sonchis Ægyptien 320 A
Solon quel oracle eut d'Apollo 153 G
Solon dit son aduis du gouuernement de la republique 155 A
Solon establit le gouuernement d'Athenes 317 A
Solon esleu legislateur, & pacificateur des Atheniens 608 F
Solon, premier legislateur des Atheniés 153 D E
Solon legislateur bien entẽdu en ce qui concerne le mariage 611 H
Solon comment commencea la police d'Athenes 165 H, 166 A
loy de Solon contre les serfs 153 G
Solon abolit les debtes par ses loix 167 B
Solon feit vne ordonnance, de n'obliger son corps 150 G
Solon punissoit ceux qui ne se marioient 100 F
Solon introduit la proportion Arithmetique, au lieu de la Geometrique 84 G
Solon quels vers escriuit en l'honneur de Bacchus 155 G
Solon le tressage, refusa d'estre tyran de son pays 150 H
Solon que respondit au Roy Crœsus de l'heur des hommes 45 G
Solon rallume les vieillards d'Athenes esteincts 186 A
Solon fondoit sa force, & asseurance sus sa vieillesse 185 H, 185 A
Solon parla librement à Crœsus, enflé d'vne felicité vaine 52 D
Solon quel precepte bailla aux nouuelles mariees 145 E
Solon maintenu fol par les Stoïques 568
le solstice d'hyuer est au iour le plus court de l'an 521 G
mesmes solstices d'hyuer & d'esté, par tout le monde 125 E
solstices enseignez à l'homme par le poisson nommé Thun 519 F
les solstices ne s'auroient s'approcher, ny s'esloigner sans grands inconueniens 336 F
solstices comment considerez 327 D
des solstices selon les opinions de plusieurs philosophes 448 F
Solymiens quels peuples 341 E
le sommeil est vne fiançaille de la mort 146 H
le sommeil est le seigneur de faict-

n ij

TABLE ALPHABETIQVE SVR LES

neant 357 D
le sommeil & la mort comment se font 459 D
le sommeil allege les ennuis 120 C
le sommeil donné de Dieu pour vne obliance de nos maux 120 F
le sommeil contraire à apprendre les sciences 5 B
sommeil gracieux signifie serenité de corps 403 F
le sommeil ne conuient aucunement à Dieu, & pourquoy 443 D
si le sommeil est de l'ame ou du corps 459 H
par somptuosité Alcibiades finit malheureusement 162 F
Sonchis Ægyptien, precepteur de Pythagoras 320 A
songe pour lequel Cambyses feit mourir son frere 88 B
songe de Stilpon 117 H
songe de Plutarque, qui le feit abstenir de manger des œufs 373 D
songes comment se font 456 G
songes comment receuz au cerueau 335 D E
songes semez par tout le monde 268 G
songes diuinement inspirez, se font par necessité, selon Herophilus 456 G
songes des hommes deuots 370 A
songes des bons & des mauuais hommes en quoy different 117 H, 118 A
songes des melancholiques plus veritables, & plus frequens 351 E
songes venteux & trompeurs 431 F
peu de songes signifie serenité de corps 403 F
pourquoy commandoit Zenon, que chacun print garde à ses songes 117 E F
songes troublans l'ame, quels 38 D E
songes turbulents de manger des febues 431 C
mauuais songes combien fascheux à l'ame 136 F
mauuais songes viennent de manger de la chair de poulpe 9 B C
songes hydeux espouuentent les meschans 262 G
pourquoy on ne croit aux songes d'Automne 431 B
songes estranges des Epicuriens 596 E
sonnettes aux petits enfans 420 D
sons diuers & contraires, comment s'accordent faisans l'harmonie 543 B C
huict sons en musique 555 D
sons de musique, & contemplation sur ce 663 GH, 664 A
sons harmoniques accommodez à la creation de l'ame du monde 544 B, 550 A
sons accommodez aux proportions d'entre les planettes 555 B
sons des Acrothoraces 386 E
Sophisine appellé le maistre, quel 360 H, 574 A B, 580 A
Sophiste à longue barbe 417 E
Sophiste vanteur 142 E
Sophiste ecerueé, qui vainquit Aristippus en dispute 116 A
Sophiste aupres d'vn autre Sophiste ne faut mettre en vn festin 363 C
Sophistes nom des sept Sages, selon Herodote 650 E

Sophistes surnom des anciens sages 352 F
Sophistes subtils en dispute 177 F
Sophistes contrefont les sages 81 B
Sophistes se remplissent de vaine persuasion de science 539 F G
Sophistes trompeurs 574 A
Sophistes corrupteurs de la philosophie 573 H
Sophistes combien ambitieux 141 D, 635 A
aux Sophistes permis de defendre mauuaises propositions 649 D
Sophistes comment haranguent 26 H
Sophistes sont ceux-là qui escriuent impudemment contre les excellens personnages 597 C
herbes propres aux Sophistes, quelles 27 B
Sophistes flateurs, combien pernicieux aux enfans 29 H
Sophistes quand se coulerent dedans Rome 303 B
Sophistes nocturnes 577 H
l'argument croissant des Sophistes 264 E
Sophocles que respondit à celuy qui s'enqueroit, s'il pouuoit encores auoir compagnie de femme 98 C
eloquence de Sophocles 525 D
Sophocles logea Æsculapius 288 C
Sophocles quelles victoires emporta 102 E
Sophocles en quoy reprins 18 H
Sophocles accusé par ses enfans, comment absous 179 G H
Sophocles bien aise d'estre deuenu vieil, & pourquoy 182 B, 285 C
tragœdies de Sophocles à quelles nations enseignees par Alexandre 308 F
Sophocles à faict desesperer vn million d'hommes par ses vers 13 H
Sophron poëte 353 C
Val. Soranus mourut, pour auoir osé proferer le Dieu tutelaire 469 D
sorcelleries des femmes incitás à amour 12 F
sorcelleries qui transformerent Picus en vn piuert, qui donnoit des oracles 463 G
sorcieres qui arrachent la Lune du ciel 339 H
sorcieras qui attirent le Soleil & la Lune icy bas 149 H, 630 D
sorcieres qui guarissent les maladies par breuets 122 B
sorcieres qui composent bruuages d'amours 145 G
sort ietté par les meres pour manger leurs enfans 482 H
le sort de partage, est fils de silence 378 H
Sosicles victorieux des poëtes 374 A
Sosigenes Preuost d'Athenes 496 A
Sospis Rhetoricien 434 A
Sospis iuge & directeur des ieux Isthmiques 414 F
Sostratus historien des choses Tyrrheniques 490 B
Sorades pourrit en prison pour auoir trop parlé 6 F
Soteles aidé de Dieu, desroba la statuë enorme de Pluton 323 A
Soterichus expert en la musique 660 C
Sothen en Ægyptien, est l'estoile canis-

culaire 616 G
Sothi que signifie en Ægyptien 331 H
Sotion combien honoré de son frere aisné Apollonius 86 G
les plus sots sont ceux qui n'ont esté à la guerre 2 B
sots celent leur intemperance 296 B
sottise est faute de sçauoir 20 G
le souchet attire doucement à dormir 380 F
soucy n'est tant en pauureté qu'en richesse 131 E
la vie de l'homme submergee en soucis 240 C
soucis comment ostez 335 D
tu iras au lieu du peu soucié, quel prouerbe 483 A
soudard Romain quel deuoit estre 205 D
quel doit estre le bon soudard 5 C, 200 A
soudard demandant plus qu'il ne meritoit, bien refusé par Antigonus 194 H
soudart cheminant des mains, & combatant des pieds, hay de Paul Æmyl. 203 G H
soudard mal soigneux cassé 193 A
le soudard glorieux comment se louë en Menander 143 F
vn soudard amoureux, combien fauory par Alexandre 193 D
soudards quand ne peuuent legitimement combatre contre l'ennemy 466 G
soudards de Scipion enrichis par luy 204 D
soudards de Scipion combien obeissans 202 A
soudards de Pyrrhus l'enleuoient au ciel 195 D
soudards hantans les tauernes, cassez par Antigonus 194 A
soudards fuyards notez d'infamie 199 E
soudards d'Alexandre combien vaillans 192 H, 193 A
le soulfre pourquoy appellé Θεῖον 391 E
souliers cornus, marques des seigneurs Romains 171 A
souper tard estoit iadis la coustume 425 E
au souper des nopces pourquoy conuie lon plusieurs gens 392 B
le souper des Romains en compagnie, & le disner à part soy 426 G
le cuisinier du souper d'Alexandre estoit peu manger à disner 192 G, 295 F
de ceux qui viennent tard au souper 426 C D
homme d'estude doit peu souper 299 A
si en soupant est meilleur que chacun ait sa portion 377 D
souper de cent victimes 388 G
apres le souper quels exercices vtiles 299 D E F
soupers appellez δεῖπνα 378 F
és soupers des funerailles pourquoy sert on des legumages 474 H
soupers de Platon combien simples & sobres 295 F
le sourd a la memoire pour l'ouye 348 C
Souris sans conionction du masle, en leschant du sel engrossissent 403 D
Souris mangent la mine d'or 98 H
souris

Souris facilement s'engendrent és bateaux qui portent du sel, & pourquoy 535 C
les souris dequoy profitent aux hommes 566 H, 567 A
souris sortir des bras des malades 430 D
souris qui incita Diogenes à philosopher 114 E
souris de mer abhorrees des magiciens 394 E
souris & rats pourquoy abominez 107 G
c'est à faire à vne souris de mordre 59 A B
chauues souris murmurent de courroux 269 E
souris qui mordit Brasidas 115 F, 198 G, 216 A
Soüs par grande dexterité & temperance sauua son armee mourant de soif 223 A
soufpeçons est en amitié mauuais compagnon 85 A
soufpeçons, quelles expositions 12 D
spadix palme sacree ainsi nommee, & pourquoy 425 B
Sparte n'auoit aucunes murailles que ses citoyens 211 A, 215 B
Sparte pourquoy non muree 221 B
Sparte gouuernee par les loix, & par les magistrats suiuans les loix 215 D
Sparte pourquoy se maintenoit en son entier 217 C
Sparte trauaillee de seditions ciuiles 126 B
les confins de Sparte estoient les picques des ieunes gens 215 B
à Sparte fait bon vieillir 215 D
Sparte debout, pour ce que les citoyens sçauoient bien obeyr 173 H
Sparte ruinee, les loix de Lycurgus estans negligees 217 H
Spartains notez d'infamie, iettans leurs boucliers 216 D
Spartains appellez Ophiobori, c'est à dire, deuoreurs de serpens 634 B
Spartiates pourquoy nommez de leurs premiers Roys 222 F
Spartiates quel estat de republique tenoient 503 G H
Spartiates pourquoy beuuoient si peu 218 F G
Spartiates pourquoy combatoient au son des fleutes 211 B
Spartiates comment coniurerent l'esprit de Pausanias 265 E
spectacles faut fuir pour guarir la curiosité 66 G
spelonques de Bacchus 268 E
sperma que signifie proprement 583 E
Spertis & Buris Laconiens voulans mourir pour tous les autres 225 D E
Speusippus nepueu de Platon 588 E
Speusippus fort desbauché, comment corrigé & reduit par son oncle Platon 89 B C
sphæres celestes composees de corps & d'ame, selon Aristote 443 F, 446 D
sphæres celestes en quel ordre creées de Dieu 559 A
sphæres composees de douze cuirs 541 G

les huict sphæres celestes comment sont leurs reuolutions 556 F. de leur vistesse & tardité 543 G
la premiere sphære de l'vniuers faicte du Dodecaëdre 446 G
la sphære de l'vniuers en combien de bandes diuisee 451 H
sphæres celestes se mouuent plus viste ou plus lentement les vnes que les autres 554 C
sphæres celestes font sons & accords entre elles 555 G H
sphæres celestes font vne harmonie plaisante aux ames des bienheureux 626 C D
Sphinx d'où engendree 272 H
la Sphinx ourdissant questions ambiguës 271 B
la Sphinx d'Hortensius à bonne occasion brocardee par Ciceron 207 F
Sphinges pourquoy mises aux portes des temples 319 G H
Sphinges bestes monstrueuses des poëtes 376 C
Sphodrias iniustement absouls par Agesilaus 167 C
Spintharus quel beau propos disoit d'Epaminondas 25 E
Spirasis que signifie 583 C
Spithridates lieutenant du Roy de Perse, defait par Alexandre 307 F
spondee & spondiasme, quels tons de musique 661 H
spongothere poisson qui garde & gouuerne l'esponge 520 B
Spurij, pourquoy sont ainsi appellez les bastards 476 B C
Spurius Caruilius, serf affranchi, fut le premier qui enseigna les lettres pour salaire d'argent 469 F
Caruil. Spurius inuenta la lettre G, 469 A
Stagira ville de la naissance d'Aristote, restauree par luy 128 A, 556 D, 598 E
Stagiriens policez par Aristote, disciple de Platon 598 C
Staficrates architecte entreprend de faire du mont Athos l'image d'Alexandre 312 E F
station est priuation de mouuement 528 H
tout ce qui est, est & Mesme & Autre : & Mouuement & Station 346 C
Statira fille de Darius, femme d'Alexandre pour le royaume 314 D
statuë d'or à Pise 630 F
statuë d'or de la putain Mnesarete, trophee de la luxure des Grecs 630 H
statuë d'or à la courtisane Phryné 313 B, 602 B
la statuë de l'ord & sale Sardanapalus, quelle 313 B
statuë de Pallas accoustree de fin or, poisant 40 talents 130 D
statuë surnommee, Portant la foudre : vne autre, Appuyé sur la lance 312 G
la statuë d'Aphareus, fils adoptif d'Isocrates, & son inscription 495 G H
statuë du tyran Hieron 628 H
la statuë de Hieron, tyran de Sicile, tomba le iour qu'il trespassa 629 A
les yeux tomberent à la statuë de Hieron

le iour deuant qu'il mourut en bataille 629 A
statuë de Bacchus pourquoy auoit la teste de taureau, & vn pied de bœuf 325 E
statuë de Proserpine iadis colloquee aux carrefours des villes 200 H, 261 A
statuë de Demosthenes aupres de l'autel des douze Dieux, & son inscription 500 A B
statuë de Pluton enorme, pourquoy enleuee de Sinope 323 A
statuë de Pluton pourquoy & par qui emportee de Cyrrha 322 E
statuë d'Apollo en Delos comment effigiee 662 D
pourquoy Caton ne voulut qu'on luy erigeast aucune statuë 175 A
statuë d'Aristonicus, iouëur de cithre, tué en bataille, comment effigiee 567 D
statuë representant naturellement Alexandre, & son inscription de mesme 312 D E F G
statuë de fortune parla, & ce qu'elle dist 303 C D
defendu de pisser contre vne statuë d'vn Dieu 587 B C
statuë de Chrysippus, lumiere des Stoïques, auec son inscription 560 H
statuë de Typhon, coment effigiee 329 A
statuë du prince la plus plaisante, quelle 132 G
statuë de Iupiter, pourquoy n'auoit point d'oreilles 334 G
statuë dediee à Mars par les femmes d'Argos, & pourquoy 231 D
statuë d'Isocrates, & son inscription 495 D
statuë de Lysander, qui iecta force brossaille, & herbe 629 A
statuë de lionne sans langue, à l'honneur de Leæna, & pourquoy 91 F G
Agesilaus ne voulut qu'on luy erigeast aucune statuë 211 A
statuës pleines de diuinité, & predisans les choses à aduenir 619 B
statuës des Dieux, franchise des ennemis mesmes 120 H
statuës des Dieux appelees Dieux mesmes 333 A
statuës des Dieux pourquoy repeintes par les Censeurs nouuellement establis 475 C
statuës de Iuno appuyees sur vne iaueline 474 A
statuës de Mercure pourquoy figurees en vieil aage, sans pieds ny mains 187 G
statuës de Mercure brisees par Androcides 493 C
statuës des iuges sans mains, & les yeux bandez 320 B
statuës de Demades, pourquoy fondues, & les 300 de Demetrius abbatues 175 D
statuë de Cassander pourquoy tonduë 264 H
statuës d'Harmodius & Aristogiton, quelles 492 F
statuës des capitaines de marine, faictes de bronze 627 E F
statuës d'Alexandre, quelles 310 B C

TABLE ALPHABETIQVE SVR LES

que dist Alexandre des grandes statues des champions de Milet 192 G
statues esleuees pour trophee 659 A B
statues d'vn trompette, & d'vn hallebardier, pourquoy loüees 174 H, 175 A
statues ne perpetuent la memoire des faicts vertueux 213 F
statues ouurages d'ouuriers couards 312 F
statues de bois, de Lycurgus l'orateur, & de ses enfans 498 C
statues ne peuuent perpetuer la memoire des beaux faicts 199 F
statues aimees de femmes, dont enfanterent enfans semblables à icelles 457 H
statues de Cæsar asseurees en releuant celles de son ennemy Pompee 111 G H
statues ausquelles Diogenes demandoit l'aumosne, & pourquoy 78 B
statues d'autruy faut suiure de l'œil & de pensee, & pourquoy 71 A
statues d'Armodius & Aristogiton pourquoy dittes estre le meilleur cuiure 51 C
statues des hommes morts pour le pays, sont de beaux temples 526 A
pourquoy Caton ne vouloit qu'on luy erigeast des statues 203 H
Stenelaidas Ephore de Sparte 164 H
Stenelaus dequoy se vantoit honnestement 129 E
Stennius orateur s'accusant, sauua tous ses citoyens les Mamertins 206 F
Stenon amy de Pompeius 172 D
Stephon quel lieu en la prouince Tanagræique 482 F
Stereometrie est la science de mesurer les corps solides 540 H
sterilité des hommes, femmes, mulets & mules, d'où procede 458 A
sterilité par les malings esprits 340 D
sterilité de la terre enuoyee pour la mort d'Æsope 263 C
sterilité grande, aduenue pour auoir ouuert la sepulture d'Alcmena 637 C D
sterinx en langage Grec signifie vne fourche 471 A
Stesichorus poëte musicien, n'imita personne 661 D
Stesimbrotus victorieux, eut la teste trenchee par son pere Epaminondas, pour auoir combatu contre son commandement 487 H
Stesiphon historien des choses Bœotiques 487 H
Stenelus comment repliqua à Agamemnon 18 G
Stilpon est la planete de Mercure 447 G
Stilpon personnage renommé pour sa sapience 562 G
Stilpon philosophe que respondit à Neptune en songeant 117 H
Stilpon philosophe tout ensemble loüé & vituperé par vn sophiste flateur 80 E F
Stilpon que respondit à Metrocles luy reprochant l'impudicité de sa fille 69 H
Stilpon quelle belle response feit à Demetrius, touchant son sçauoir 3 G

Stilpon reprins & combatu par Colotes Epicurien 594 F
Stilpon sa ville prinse ne perdit rien, & pourquoy 74 D E
Stoïques disciples de Zenon, qu'ont estimé des Idees 444 B
Stoïques fondez par Zenon, & leur doctrine 309 A
Stoïques comment definissent l'essence de Dieu 442 C
Stoïques de quelle substance estimoient estre le Soleil 448 C
Stoïques disoient le Soleil se paistre de la mer Oceane 448 F
Stoïques disoient le Soleil & les estoiles estre rondes comme le monde 448 H
Stoïques prononcent la Lune egale à la terre & au Soleil 449 A B
Stoïques disoient que la Lune estoit meslee de feu & d'air 449 A
Stoïques comment definissent le vent 451 B
Stoïques quelle opinion auoient des tonnerres & foudres 450 D
Stoïques comment descriuent l'homme sage 45 H, 72 D, 85 B
Stoïques croyoient l'embrasement du monde 339 D
Stoïques n'admettoient qu'vn monde 442 A
Stoïques tiennent le corps de la Lune n'estre pas incorruptible 449 E
que disent les Stoïques de Iupiter 185 B
Stoïques quelle opinion auoient de l'ame 453 B
Stoïques quelle opinion auoient des ames apres ceste vie 453 F
Stoïques estimoient l'ame des petits enfans estre comme vn papier à escrire 454 B
Stoïques à quoy attribuoient les tremblemens de terre 451 H
Stoïques ont vne dialectique contentieuse & disputatrice 580 A, 581 E
Stoïques philosophent contre les sens & conceptions communes 575 F
Stoïques faire comme la femme que descrit Archilochus, & quelle 579 G
Stoïques ne craignent aucunes calamitez ny douleurs 560 A
Stoïques inutilement reiettent les passions 37 G
Stoïques sophistes trompeurs 574 A
les conceptions communes contre les Stoïques 573 G
Stoïques ont opinions estranges 10 D, 556 H
contredicts des Stoïques 560 E
Strabon pere du grand Pompeius mort, foulé aux pieds par le peuple 261 B
stratageme subtil de Themistocles, qui causa la victoire de Salamine 195 H, 196 A
Stratis poëte comique 494 E F
Stratocles orateur, mocqué du poëte Philippides 600 C
Stratocles quelle moisson d'or se disoit auoir 161 E
Stratocles ayant institué feste pour vne fausse victoire, comment s'excuse 162 B C
Straton prince des Peripateticques 592 C

Straton Peripatetique, natif de Lampsaque 128 A
Straton philosophe naturel 508 D
Straton que dist de la multitude des auditeurs de Menedemus 72 G
Straton quelle opinion auoit des cometes 450 B
Straton met la principale partie de l'ame entre les deux sourcils 453 H
Straton transy d'amour, se tua sur le corps mort de son amoureuse 505 C D
Stratonice femme du Roy Eumenes, cruelle enuers ses enfans 88 B
Stratonice mere de Pœmander rauie par Achilles 482 H
Stratonice femme du Roy Deiotarus, estant sterile, comment suscita des enfans à son mary 239 E
Stratonice quatriéme nom de la mere d'Alexandre, & ses autres noms 630 H
Stratonicus estant en exil que dist à son hoste 126 A
Strophius pere nourricier d'Orestes 491 E
Styx eau si froide qu'elle rompt tous vaisseaux, excepté la corne du pied d'vn asne 533 F G
Styx riuiere qui conduit aux enfers 121 A, 644 F
Suadele pourquoy auoit son image ioignant celle de Venus, de Mercure, & des Graces 145 D
suasion a emprunt la face de merueilleuse & fort viue efficace 649 A
Comminius Suber pourquoy feit demembrer son fils par les cheuaux de Neptune 491 A
subiects sont comme enfans du prince 209 E
subiects doiuent estre dressez par les princes 135 E
subiects craints des mauuais princes 136 E
subiects pauures ne tiennent conte de leur prince 190 B
subsides comment amoindris par Cyrus 188 C
substance a esté deuant le monde 552 H
substance premiere, subiecte à toutes formes 105 F
substance subsister par ses qualitez, selon les Stoïques 587 H
la substance coule continuellement 73 C
la substance de l'ame appellee infinité par Platon 547 G
substances de trois sortes 546 F
substances ont plusieurs differences, & plusieurs puissances 529 E
Substances aneanties par priuation 529 A
sueur comment & dequoy s'engendre 459 E
sueur de la terre d'Ægypte, causant le debordement du Nil 452 H
sueur est deuant la vertu 15 H
Mutius Sufetius Roy d'Albe, deschiré en deux pieces 487 C
Suilij l'vn des noms des anciens Romains, & pourquoy 467 D
Sulpicius Gallus, le premier des Romains qui repudia sa femme, & pourquoy 462 H

Sunium promontoire 125 D
superbe appellé magnanime par les flateurs 44 D
superfetations comment se font 457 F
superfluité engendre les vsuriers 131 H
superfluité destruit les villes 203 G
superfluité de quels maux suiuie 276 F
superfluité mal aisée à chasser d'entre les femmes, si elle regne és hommes 149 F
superfluité de richesses comment retrenchee 463 B
superfluité des frians & gourmans cause de cruauté contre les bestes 276 C D
superfluité en grande abomination aux anciens 319 A
superfluité aucune ne faut laisser dedans nostre corps 297 C
superfluité reprise par Caton declamant 393 B
par superfluité Alcibiades finit malheureusement 162 F
superfluité des teintures des draps 464 H
superfluité de nature est orde & sale 318 G
superfluité comment chassee par Lycurgus 474 A
superfluitez de despenses quels maux apportent 130 C
superfluitez de despenses de la ieunesse mal apprise 5 D
superfluitez causent discords entre citoyens 95 A
superfluitez causent les guerres ciuiles 294 H
superfluitez des Rhodiens 98 C D
superfluitez au corps humain d'où engendrees 297 C
superfluitez faut bannir comme choses inutiles 99 F
superfluitez bannies de Lacedæmone 219 G
superstitieux quel iugemét ont des Dieux 123 D
superstitieux voyent les Dieux autrement qu'il ne faut 121 D
le dormir des superstitieux, estre comme vn enfer, & le lieu des damnez 120 D
superstitieux craignent, & adorent tout, opinion faulse 17 A
superstitieux & Atheïste en quoy different 121 F G H, 122 H
le superstitieux voudroit qu'il n'y eust point de Dieu, sentence faulse 123 E
le superstitieux est Atheïste de volonté, sentence faulse 123 E
superstitieux plus malheureux que les Atheïstes, opinion malheureuse 122 G
superstition, est vn amas de diuerses passions 121 E, 124 A
superstition, est vne passion procedant d'vn faux iugement 120 A
superstition d'où premierement engendree 119 F. & sa definition 120 A
superstition rend les hommes laids 22 F
superstition donne commencement à l'atheïsme, faulse sentence 123 E F
superstition s'entend iusques apres ceste vie, selon Plutarque 121 A

superstition des Iuifs, en obseruant leur sabbat, merueilleuse 122 F
superstition comment euitee 320 D
de la superstition vn traicté qui contient vne doctrine faulse 119 F
superstitions accablent les hommes 138 C
superstitions d'Orpheus, & de Pythagoras 373 E
supplications vrgentes comment faictes entre les Perses 531 F
supplications des bestes 275 A
supplices deuz aux meschans ne peuuent estre euitez par leurs ruses 267 H
supplices horribles en l'autre monde 269 A
supposition qu'est-ce 557 B
Sura, village en Lycie 517 G
surdité, est priuation sans action quelconque 529 A
Surmulets poissons honorez, & pourquoy 522 C
surnoms ont fait eclipser beaucoup de noms propres 630 H
Suse, habitation des Roys de Perse, pour l'esté 127 C
Suse conquise par Alexandre 308 B, 317 D
suspicion comparee aux maladies 81 F
Sybaris, ville d'Italie 489 B
Sybaris, colonie d'Atheniens, surnommee Thuries 493 G
Sybarites à vn banquet conuioient les femmes vn an deuant 151 B
Sybarites punis par trois mortalitez pour l'ire de Iuno 263 F
Sycophantes, signifie calomniateurs, & d'ou est venu ce mot 67 E F
Sylla, surnommé l'heureux, & enfant de la fortune 206 B, 303 A
Sylla se nommoit, & se soubsignoit, Epaphroditus, c'est à dire, aimé de Venus, & ses faicts 303 B
Sylla surnomma Pompeius son soudard Magnus 206 G
Sylla pour son anneau enuié de Marius 166 D
Sylla comment print Athenes, & pourquoy la remplit de meurtres 91 D
Cor. Sylla colloqué au souuerain degré de Monarque 303 A
Sylla comment brocardé par Pompee, le voulant engarder de triompher 165 E
Sylla comment osta l'enuie à ses faicts 140 H
l'hoste de Sylla voulut mourir auec ses citoyens 172 D
Sylla escriuit des commentaires de ses faicts 180 G H
Sylla, amy de Plutarque, quelle opinion auoit de l'œuf 373 F
Sylla & Fundanus deuisent de la cholere 55 F
Sylla dispute de la face qu'on void en la Lune 618 G H
syllabes breues & longues, elemens de la Grammaire 529 G
les syllabes des lettres meslees ensemble, font en nombre cent millions & deux cens mille 430 C
syllogisme quels effects produit 441 B
syllogismes des Stoïques, quels 574 C

syllogismes cousus & descousus des Stoïques 560 D
Syluanus, fils de sa sœur & de son grand pere 489 D
Iul. Syluia, religieuse de Iuno, mere de Romulus & Remus 491 D
Syluia, meslee auec Mars, engendra Romulus 304 A
Symbole, quel lieu à Athenes 638 G
Symmachus, fils de Socrates 498 F
Syncretisme des Candiots, qu'est-ce 88 C
Synemmenon, quel accord de musique 347 A, 555 B
Synenai que signifie 331 A
Synousia que signifie 325 D
Syntone, quelle harmonie de musique 667 A
Syracusains pourquoy contraints de labourer & guerroier 189 F
Syracuse, ville de Sicile, par qui fondee & nommee 505 F G
Syracuse prise par Marcellus 305 B
Syrie par les Romains conquise 306 A
Syrie, quelle deesse 123 C
Syriens pourquoy propres à faire le dueil nez à seruitude 250 B, 203 H
Syrtis, gouffre dangereux 175 A
à Syene au solstice d'esté n'y a point d'ombres à midy 336 E

T

TAblature des musiciens consister en cinq tetrachordes 555 B
la table pourquoy dicte mensa en Latin 426 H
la table est chose sacree, represente la terre, & pour ce nommee Estia 414 A
la table dequoy peut estre bien meublee & ornee 130 C
comment on se doit gouuerner à la table 151 H
comment on peut garder sobrieté à la table 294 H
à la table quelle place est tenüe plus honorable 363 E
la table fait les amis, & quels propos on y doit tenir 359 D E
la table conioint les citoyens par amitié 378 E
sortir de table auec plus d'amis que lon n'y estoit entré 388 C
si les anciens faisoient bien de consulter à la table 420 G
à la table quelles choses sont bonnes à ouyr 418 C
à la table se descouurent les conditions des hommes 379 E
pourquoy lon dressoit iadis la table en public 157 E
table chargee de viandes d'or 241 B
à table pourquoy on se trouue pressé au commancement, & à la fin au large 400 A
la table pourquoy non ostee vuide aux Romains 413 B C, 470 G
ostant la table, on ruine l'autel des dieux, d'amitié, & d'hospitalité 157 B C
faut emprunter de sa table propre, & comment 130 C
la table d'Achilles tousiours vuide & affamee 413 H

n iiij

TABLE ALPHABETIQVE SVR LES

table de cuyure sur vne sepulture 637 C
tables amiables & hospitales 273 C
tables iniustes, quelles 276 E
tables sebureuses 388 G
tables froides 430 G
tables communes d'Epicurus à quoy tendoient 291 F
tables faictes communes par Alexandre 309 C
le tableau du peintre Protogenes combien excellent & prisé 194 F
tabourins sonnans font enrager les tigres 149 D
tabourins imprimez au temple des Iuifs, que signifie 395 D
taciturnité saincte & graue 94 F
taciturnité en temps & lieu requise 128 F
taciturnité porte auec soy maintes commoditez 90 A
ruze de taciturnité qui gaigna vne belle bataille 92 C
taciturnité n'apporte point de desplaisir ny de douleur 97 B
Tænarus, mont 232 D
Tænarus chef en la Moree 533 F
Tænarus ville par qui bastie 265 E
le Tahon comment tourmente les taureaux 188 E
tailles comment amoindries par Cyrus 188 E
se taire en temps & lieu est sagesse grande 6 E
des Dieux apprenons à nous taire, & des hommes à parler 91 G
taire faut les choses impossibles, disoit Thales 118 F
qui sçait bien se taire, sçait aussi bien parler 215 D
à se taire premierement faut apprendre qu'à parler 92 B
le premier vice de ceux qui ne se peuuent taire, quel est 89 F
belle responce de Zenon touchant le taire 90 F G
de s'estre teu on ne se repent iamais, mais souuent d'auoir parlé 6 F
parole dicte ne seruit iamais tant que plusieurs teuës ont profité 91 G
le taire ne peut estre en vn babillard 91 C
vn fol ne se peut iamais taire 216 D
le taire n'est au vin 90 E
beaux exemples de se taire 91 D E, 92 E F, 93 A B D E, 94 B
Talasia mot Grec, & que signifie 465 E
vn Talent combien vaut 190 C, 192 F
Tamarix, où miraculeusement Osiris fut sauué & trouué 321 G
Tamynes quel lieu 496 F G
Tanaïs riuiere, image des faicts d'Alexandre 312 G, 315 H
Tanaquil femme prudente 229 H
Tanaquil dame sage, & femme du Roy Tarquinius 305 E F, 466 D
Tanitique vne des bouches du Nil, pourquoy abominable aux Ægyptiens 310 H, 321 E
Tantalus prononce vne fort belle sentence 126 F
Tantalus grand vsurier 130 H
richesse de Tantalus 137 B
thresors & seigneurie de Tantalus, prouerbe 605 H
Tantalus comment puny par les Dieux 574 B
la pierre de Tantalus 164 C
à Tantalus pend vne pierre sur sa teste 123 E
Taphositis est la sepulture d'Osiris 322 E
tarbos signifie la peur descripte par ses effects 120 B
la tardité & froideur estre le partage des trespassez 534 B
targue ou cimeterre propre aux barbares 309 B
Tarente recouuerte & saccagee par Fab. Max. 202 B
Tarentins hays de leurs Dieux 292 B
Tarpeïa accablee de ioyaux, en trahissant son pays 488 C D
Tarquinius Priscus, venu de la ville des Tarquins, grand mignon de fortune 302 H
Tarquinius Superbus Roy septiéme, dernier des Romains, pourquoy chassé de son estat 234 B, 487 G H
Tarquin combien preux & vaillant en la bataille contre les Latins & Toscans 475 F G
Tarrias vaillant aux armes, mais à l'auarice, & aux voluptez esclaue 314 F
Tarrutius estant ia aagé, comment s'accointa de la courtisane Acca Larentia 460 B C
Tarse ville de Cilicie 335 H, 348 H
tartare ou enfer est vne fondriere, ou baricaue profonde 576 H
tartare est l'enfer & prison de iustice, & de punition 255 A
tartare fondriere où sont tourmentez les meschans 645 C
Tartarus surnom de l'air, & pourquoy 530 E
Tartares sacrifioient iadis des hommes 123 G
les tartares enseuelis dedans les chiens 138 A
Tartares suscitez contre Alexandre, par la fortune 316 E
Tartares sçauoient combatre contre la faim & la soif 189 E
tartes iadis és festins 378 G
tartes sont delicatesses curieuses & vaines 390 E
tartes d'or presentees à l'auaricieux Pythes 292 B
Tatius compagnon de Romulus au royaume 468 B
Tatius Roy des Sabins, print le capitole par le moyen de Tarpeïa 488 C D
tauernes deshonnestes à gens d'estat, exemple 116 C, 500 D
Taugeta mont à Sparte 125 G, 232 E
la taupe quelle proprieté a 412 A
taureau farouche attaché à vn figuier, s'appaise 376 H, 409 G
taureau ietté en la mer pour Neptune, & pourquoy 160 A
taureaux hayssent les robbes rouges 149 D, 309 F
taureaux quels preparatifs font entrant au combat 511 F
taureaux pourquoy donnez de Dieu aux hommes 519 G
tourmens d'enfer par les diables enflammez 130 H
Taurus mont plein d'Aigles 94 D
Taxiles Roy des Indes, côbatoit de bienfaicts auec Alexandre 193 E
Technatis Roy d'Ægypte, zelateur de sobrieté 319 F G
Tegeates & Pheneates vuiderent leur different par le combat de trois freres iumeaux 488 F
teintures des draps sont superfluitez 464 H
teintures de simple couleur penetrent mieux 388 H
teintures d'où engendrees 131 H
teintures de draps auec eau d'alun 405 G
teintures chassees de Lacedæmone 220 G
Telamon pere & grand pere d'Aiax 489 H, 490 A
Telamon pourquoy & comment tua son frere Phocus 489 F G
Telechus Roy de Lacedæmone, dequoy se plaignoit de ses citoyens 198 F
Telecrus que dist de son pere mesdisant de luy, & ses dicts notables 223 B
Telegonus fils d'Vlysses & de Circé, à quelle occasion fonda la ville de Præneste en Italie 492 A
Telemachus fils d'Vlysses, sauué en la mer par vn dauphin 513 B C
Telemachus sagement corrigé par son pere Vlysses 10 A
Telemachus dequoy rauy en estase 99 G
Telephanes musicien ennemy des flustes 663 C
Telephus tua Archias qui auoit abusé de luy 505 G
Telephus guarit sa playe du fer qui auoit faict la blessure 29 H
Telephus à faute de medecin amy, contraint de soubmettre son vlcere au fer de son ennemy 110 H
Telesias Thebain bien nourry en la musique 665 E
Telesilla poëtisse d'Argos, & ses vertueux faicts 231 B
Telesippa de sa beauté vainquit le vaillant Antigenes 314 H
Telesippa affectueusement poursuiuie d'amour par Antigenes 193 D
Telesippus frere d'Isocrates l'orateur 494 E
Telesphorus pourquoy eut les yeux arrachez, le nez, les oreilles & la langue coupez 128 G
Telettas pourquoy demembré 161 A
Teleuté, ou Venus, à quel iour nasquit selon les Ægyptiens 320 F
Teleutia reprend & iuge son fils Pædaretus 218 H
Tellin mauuais ioueur de flustes 201 A
Tellus simple citoyen d'Athenes, estimé de Solon plus heureux que Crœsus 45 G
Ful. Tellus haïssant les femmes, eut vne belle fille d'vne iument 490 A
Temenus persuada à Hergiæus de destober l'image de Pallas 484 D E
temerité au vice propre 262 B
temerité fiere, chose barbaresque 19 C
temerité desesperee reputee vaillance és

és seditions 44 D
asseurance ne doit estre temerité 37 E
Temon desguisé en belistre, fut cause que les Ænianiens chasserent les Inachiens de leur pays, & comment 479 D E
Tempé, quelle vallee 479 A, 662 D
temperance qu'est-ce, & ses especes 31 C, 271 H
temperance est vne sorte de prudence 106 A
temperance est la beauté de l'ame 187 G
temperance en quelle extremité consiste 33 E
temperance n'est iamais qu'auec les gens de bien 23 G
temperance en quoy differe de continence 33 F, 34 D
de temperance se doit garnir la ieunesse 5 B
comment se peut on exercer à temperance 67 A
temperance appellee rusticité par les flateurs 45 A
temperance fait les Roys grands 212 E
temperance, nom d'vne des filles de Dionysius 314 C
à temperance nul temple edifié 303 C, 305 B
temperance, compaigne d'Alexandre 307 F, 310 G
par temperance femmes vaincuës par Alexandre 314 D
temperance plus grande és bestes, qu'és hommes 273 A
le temperāt en quelles choses se delecte 34 D
la temperature des elemens au corps cause la santé: l'inegalité, la maladie 460 E
Tempes, quel destroict 654 C
tempeste en la mer, par quels signes preueuë 122 D E
temple de vertu fort honoré 305 B
le temple de Ianus ouuert en temps de guerre, & fermé en temps de paix 305 A
temple du dieu Hammon 193 D
temple commun à Iupiter conseiller, quel 174 F
temple de Hercules à Rome, dedié par Scipion 172 F
le temple d'Eunostus pourquoy inaccessible aux femmes 483 E
temple dedié à Apollo par Cypselus, miraculeusement deliuré de mort 160 E
le temple de Carmenta à quelle occasion basty 469 C
le temple de Leucothea pourquoy defendu aux seruantes, & pourquoy on n'y prioit pour ses propres enfans 130 F, 463 A B
temple de Diane pourquoy defendu & inaccessible aux hommes 461 A
le temple de Diane, nōmé Aristarchium, pillé par Sambicus, & comment puny 484 C D
temple de Diane, retraicte des affligez 477 B
temple de Diane chalcœcos 215 E

temple de Diane la sage conseilliere 657 A
le tēple de Diane, franchise aux debteurs 130 F
au temple de Tenes pourquoy n'entrent les ioüeurs de fleutes, & qu'Achilles n'y est nommé 481 F G
au temple d'Ocridion pourquoy n'entroient les herauts 481 E
temple d'Agenor, deuant lequel on faisoit saillir les oüailles, & pourquoy 484 F
temple de la mere des Dieux 497 G
temple de Minerue, appellé Hecatompedon, par qui basty 513 H
temple nommé Græcostasis 515 H
le temple d'Æsculapius pourquoy hors la ville 474 G
le temple de la deesse Horta pourquoy ouuert en tout temps 468 A
le temple de Saturne par qui faict le thresor de l'espargne des Romains 467 E
le temple de Vulcan pourquoy hors la ville de Rome 468 B
au temple d'Espargne ne peuuent entrer les vsuriers 130 F
il faut euiter le temple de Venus, non pas celuy des Muses 415 A
temple de la Terre à Delphes 631 E
temple de Hercules pourquoy nommé Misogyne 632 D
temple de Venus homicide, d'où ainsi dict 611 C
temple de Venus, basty par Medee 657 H
temple d'Ammon, & belle histoire de ce, 336 A
temple d'Apollo Pythien, où basty 335 G
le temple d'Apollo à Delphes, par qui basty 247 E
temple d'Apollo Pythien, basty au milieu du monde 335 H
le temple d'Apollo plein de decimes de meurtres 631 E
sentences escrites aux portes du temple d'Apollo à Delphes 594 A
au temple de Iuno pillé on ne trouua qu'vne bouteille vuide, & ce qui en aduint 94 A
temple de Minerue, lieu de franchise 178 A, 220 B
comment chacun se peut bastir vn temple de franchise 130 F
au temple des Iuifs quelles peintures y a, & que signifie 395 D
temple trahy, vengé au fil de l'espee 263 D E
le temple & throsne de toute la terre, estoit Rome 126 D
temple de Theseus honoré par tout le monde 129 E
temple tressainct est ce monde 75 E
Zenon defendit de bastir temples aux Dieux 561 A
temple nommé Achillium, par qui & pourquoy basty 482 E
le tēple d'Vlysses pourquoy est ioignant celuy des Leucippides 484 D
seruir à Dieu dedans les temples, deifie l'homme 318 D
temples pourquoy ont des caueaux sous terre 312 C

tēples d'Æsculapius, pourquoy és lieux hauts 474 G
temples dediez à Agesilaus 210 H
temples des Grecs establis par responses de l'oracle Pythique 593 G
temples de fortune fort anciens 303 C, 305 B
temples diuers dediez à fortune, selon ses noms diuers 303 C D, 305 C D E, 471 E F
pourquoy lon fichoit des cornes de cerfs & de bœufs és temples de Diane 461 B
temples de Vertu, d'Honneur, & de la deesse Mens, par qui bastis 303 B
temples faicts aux Roys 576 F
portes des temples ornees de testes de lions 326 B
tēples des Muses pourquoy bastis loing des villes 66 F
temples de franchise 130 H
temples par qui premierement fondez à Rome 303 C D, 305 B
temples bastis du bien des excommuniez 178 B
temples bastis par Pericles & Alexandre 317 B
temps, qu'est-ce, & son essence 445 B
temps, selon Aristote, est la mesure du mouuement, & selon Pythagoras, l'ame du ciel 543 G
temps est vne espece de nombre 464 E
temps est chose mobile 356 F G
temps né quand & le ciel, selon Platon 543 H
le temps vient à bout de toutes choses qui sont soubs la Lune 351 H
instrumens du temps sont les planettes, selon Timæus 543 D
le temps pour son estre vieux, surpasse tous les autres dieux 543 G
temps passé, present, & à aduenir, comment entendu & prins des Stoïques 585 F G H, 586 A
le cours du temps apporte obscurité aux choses 150 D
le temps diminuë toutes choses, excepté l'entendement 3 F
le temps est alentour des Idees 342 H
le temps signifié par Saturne 543 H
le temps consume les marques d'inimitié 466 E
la constance des temps a doné aux hommes apprehension d'vn Dieu 442 F
le temps en fin guarit toutes douleurs 249 H
le temps est la plus vieille & plus sage chose du monde 154 B
les temps premierement mesurez par le iour & la nuict 543 E
Tenarus, promontoire 125 D
tenebres est la plus triste chose qui soit en la mort 282 A
tenebres sont priuation de lumiere 528 H
tenebres estimees plus anciennes que la lumiere 394 D
si les tenebres sont visibles 454 H, 455 A
tenebres occupoient tout au commencement de la naissance des hommes, selon Homere 619 G H

TABLE ALPHABETIQVE SVR LES

tenebres d'aupres du Chesne, qu'estoit-ce en la ville de Priene 480 E
deux tenebres veuës par Penthens 587 A
tenebres hayes de l'ame de l'homme 292 D E
tenebres reclamees par les Perses 328 B
tenebres au dedans de la terre, appellees Nuict, Chaos, Enfer, & Erebus 532 H
tenebres pleines de pleurs en enfer 121 A
tenebreux, l'vn des mauuais principes des Pythagoriens 328 F
Tenedos de quoy orne & meuble la table 130 C
Tenes faulsement accusé d'auoir couché auec sa belle mere, & ce qui en aduint 481 F
tenons & poissons de terre non offensez du tonnerre, le vin espandu 391 C
Luc. Terentius prisonnier, & comment deliuré 202 E
Teres disoit estant en paix qu'il differoit en rien de son palefrenier 189 C
Teribasus pourquoy se laissa prendre prisonnier 122 B
Terina, ville d'Italie 247 F
Terminalia quelle feste aux Romains, 462 H
Terminus appellé borne & limite des terres, par Numa 463 A
Terminus qui signifie Borne, pourquoy estimé estre vn Dieu aux Romains 462 H
le Ternaire nommé Opinion 441 B
Terpander poëte de chansons à chanter sur la Cithre 660 F
Terpander musicien excellent, pourquoy condamné à l'amende 226 H
Terpander imita les carmes d'Homere, & les chants d'Orpheus 661 A
à Terpsichoré quel office attribué 438 E
Terpsichoré aime la danse 84 H
la terre, l'vn des trois premiers corps engendrez 325 H
la terre & le feu premiers & necessaires elemens 301 B
la terre estimee la lie de l'eau, selon Metrodorus 451 A
la terre est comme la lie & la vase du monde 624 E
la Terre & le Ciel, pere & mere des fruicts 442 F
la terre & le feu, les deux extremitez du monde 553 C
la terre de tous costez tendant au milieu, sert de fondement aux autres elemens 343 A
la terre pure & naturelle, est aupres du centre 534 A
la terre & la mer estre au monde ainsi que le ventre & la vessie au corps d'vn animal 618 A
la terre comment engendree d'atomes 441 H
la terre quelle estoit à la creation recente du monde 274 E
la terre faicte du Cube 446 G
la terre concreée de feu & d'air, & fondee en vne infinie profondeur 451 D

la terre composee de l'eau & du feu, & du tiers solide 626 C
la terre n'est qu'vn poinct au regard du firmament 125 F
la terre est de parties semblables 343 G
la terre tient le centre de l'vniuers 449 G
la terre comment assise au milieu du monde 616 F
la terre stable situee au milieu de l'vniuers 532 F
la terre soustenuë de coulomnes de diamant selon Pindare 615 C D
la terre suspenduë en l'air & beaucoup plus grande que la Lune 615 B
la terre estimee d'aucuns estre portee sur l'eau 452 B
la terre est la plus pesante simplement, selon Aristote 444 C
la terre combien grande, sa substance, forme, situation, panchement, mouuement, diuision, & tremblement 451 D E F G H
la terre de combien plus petite que le Soleil, & plus grande que la Lune 554 H
la terre comment se tient immobile, & droictement au milieu de l'vniuers 452 A
la terre se soustient de sa pesanteur 344 F
la terre immobile selon Cleanthes 615 B
la terre estre immobile selon Aristarchus 448 H
la terre se remuer aussi bien que les planettes 543 D
la terre ronde comme vne boule 615 F G
la terre ne se pouuoir tourner en pas vn des autres elemens 444 G
la terre seule entre les corps qui iamais n'est esclairee au dedans par le Soleil, 532 G
la terre diuisee en cinq bandes 347 A
la terre pourquoy estimee vne deesse 403 A B
la terre pays commun de tous hommes, & le camp d'Alexandre le donjon d'icelle 309 B
la terre nourrice des animaux & des plantes 75 F
la terre n'appete nourriture 404 A
la terre, veu qu'elle est la plus esloignee du feu elementaire, deuroit estre le premier froid 532 F
la terre froide par nature, & le premier froid 533 E
la terre vers son centre toute gelee 533 C
la terre ne brusle aucunement ou bien peu, & d'où a sa pesanteur & froideur 533 G H
la terre signifiee par Isis 324 H, 326 B
la terre representee par le lin 326 F
la terre a eu son principe du corps quarré, selon Platon 541 F
la plus grande partie de la terre submergee en la mer, & bien peu du reste habité, & pourquoy 623 D
la terre finit là où se termine son ombre, selon Homere 625 F
la terre aimee du ciel 612 E
la terre n'imite pas la femme, ains la femme imite la terre 374 G
la terre ne produit, ains l'an, selon Homere 412 B
la terre est immortelle 318 H

la terre en son element n'est simple ne pure 347 D
la terre ostee de ce monde s'ensuiuroit confusion de toutes choses 157 C
la terre combien distante du Soleil 449 E
la terre ne peut porter deux Soleils 192 H
la terre sans chaleur demeure sterile 528 A
la terre & la mer plus chaudes au fond que dessus 536 F
la terre a son ombre pyramidale 336 C
la terre pourquoy à tous humains commune 469 H
la terre pourquoy appellee noire par les poëtes 533 A
la terre pourquoy appellee Vesta 533 H
la terre appellee Venus 609 B
la terre pourquoy appellee instrument du temps 543 E
la terre pourquoy appellee mere, & nourrice des premiers hommes 274 E F
la terre appellee monde 343 C
le dedans de la terre appellé Nuict, Chaos, Enfer, & Erebus 532 H
la terre ferme appellee la grande isle 623 C D
la terre ferme borne tout aletour la mer Oceane 624 G
la terre poussé hors de soy des exhalations diuines 348 H
la terre deuenuë en friche pour l'auarice de Pythes 242 H
la terre fait la nuict par son ombre 532 H, 543 F, 619 H
la terre cause du iour & de la nuict 123 F
la terre cause de l'eclipse de la Lune par son ombre 149 H, 449 D
la terre quand sera toute platte & vnie, 328 H
la terre & la mer produisent tout pour l'homme 131 C
terre argilleuse quel naturel a 130 B
terre conuertie en pierre 637 C
la terre muette d'elle-mesme 423 H
maux eternels soubs la terre 36 D
terre mangee par femmes grosses 538 F
le labourage de la terre inuenté en l'isle de Scyros 149 A
la terre premierement monstree à labourer par le pourceau 394 B C
toute terre restraint & refroidit 533 G
terre forte & grasse pourquoy bonne à froment, & la sablonneuse à l'orge, 536 H
bonne terre non bien cultiuee deuient en friche 2 A
la terre des Cyclopes produisoit fruicts sans estre labouree 270 C
terre de Colie en Attique, quelle 469 H
terre d'Ægypte n'est labouree que des pourceaux 394 G
la terre d'Ægypte fort noire 325 C
la terre d'Ægypte produit des animaux tous entiers 374 C
vne motte de terre donnee en aumosne par vn Roy, luy causa la perte de son royaume 479 D E
temple de la terre à Delphes 631 E
la terre adoree par toute la Grece 621 C
deux terres, selon Oecetes Pythagorien 451

451 D
tertres, qui se sont rendués à l'abry des Romains 305 H
si les choses terrestres se peuuent mesler auec les celestes 534 B
terreur panique espouuantant les Toscans 232 F
terreurs paniques n'aduenoient sans cause au camp d'Epaminondas 200 A
ne faut porter faux tesmoignage pour les amis 77 H
testamens comment faicts aux Romains 259 D
pourquoy on descouure sa teste deuant les gens d'honneur 462 E F
pourquoy les fils connoyent leurs peres en terre les testes couuertes, & les filles descouuertes, les cheueux pendans 462 F
Tetartus, quel mois des Argiens 231 D
Tetrachordes, desquels est composée la game, quels & combien 347 A
Tetractys, serment des Pythagoriens, & pourquoy 334 D
Tetrametres par qui inuentez 664 G
tettes de tous animaux sont souz le ventre, excepté de la femme, & pourquoy 102 B
Tettix bastit la ville de Tænarus 265 E
Teutons défaicts par Marius 306 D
Thaïs, comœdie de Menander 11 G
Thalasius pourquoy chanté és nopces 465 E
Thales, l'vn des cinq sages anciens 352 F G
Thales le plus ancien des sept sages, & de son mulet qui allegeoit sa charge de sel 514 F
Thales pourquoy alla en Ægypte 320 A
Thales retourna tout vieil d'Ægypte 440 F
Thales estimé le premier autheur de la philosophie 440 C
Thales disoit que Dieu estoit l'ame du monde 443 E
Thales definioit l'ame estre vne nature se mouuant tousiours 453 A
Thales a estimé l'eau estre le principe de toutes choses 325 D
Thales à quoy attribuoit les tremblemens de terre 451 H
Thales tenoit la Lune estre illuminée du Soleil 449 B
Thales quelle rep. & quelle maison estimoit estre la meilleure 155 B E
Thales dissoult sagement les ænigmes proposez aux sept sages 154 C D
Thales publioit sa doctrine en vers 651 H
Thales dextremet s'excusa enuers sa mere, qu'il ne fust marié 384 E
Thales le Candiot deliura les Lacedæmoniens de peste par le moyen de la musique 667 E
Thales Gortynien, poëte de chants de victoire 661 F
Thales Phenicien de nation, selon Herodote 650 E
Thaletas le Candiot, poëte de Pæans 661 G
Thaletas pacifia de sa lyre la grande sedition des Lacedæmoniens 134 G

Thalia, vne des trois Graces 134 D E
Thalia s'entremesle de rendre les hommes sociables, ciuils & honestes 438 D
Thalia, Muse & patrone des iardiniers 437 D
Thalia aime les banquets 384 H
Thamos pilote ouyt vne voix annonceant la mort du grand Pan 341 C D
Thamyras rauy du desir des Muses 282 D
Thamyris chastré si melodieux, qu'il prouoqua les Muses à chanter 660 F
Thargelia quelle feste à Athenes 421 G
Thasos isle fertile en bleds & vignes 127 E, 382 F, 499 D
Thaumas pere de l'arc en ciel, selon Platon 450 F
Theagenes capitaine Thebain de grande vertu 240 C
Theagenes ambitieux & opiniastre escrimeur, gaigna iusques à douze cens couronnes 169 F G
Theagenides Preuost d'Athenes 493 F
Theano femme d'honneur, quel bel apophthegme dist à vn quidam 147 H, 148 A, 150 B
Theano & Euippe pucelles violees, & tuees par les violateurs, & ce qui en aduint 505 G
Theaton ou Theon que signifie 330 H
Theatre deriué de ce mot Theos qui signifie Dieu 664 E
theatres pourquoy bastis 414 F
theatres faut fuir pour guarir la curiosité 66 G
theatres fols & estourdis 439 E
Thebaïde contree en Ægypte 322 F
Thebains aguerris par Agesilaus 220 D
Thebains apprindrent d'Agesilaus malgré eux à combatre 212 H, 215 A
Thebains vainquirent les Lacedæmoniens à Leuctres 223 H
Thebains apres auoir fait teste aux Lacedæmoniens, ne furent onc depuis vaincus par eux 56 E
Thebains seuls de tous les Grecs craints d'Alexandre 216 H
Thebains prisonniers pourquoy renuoyez par Alexandre 193 D E
Thebe par ialousie feit mourir Alexandre le tyran, son mary 549 F
Thebe femme du tyran Alexadre, comment admonestée par Pelopidas son prisonnier 201 D, 238 A
Thebes close de murailles de la lyre d'Amphion 134 G
à Thebes nul parricide 200 F
Thebes suscitée contre Alexandre par la fortune 316 D
Thebes prise, pillée, & destruicte par Alexandre 227 A, 240 C, 500 B
Thebes rebastie, & repeuplée par Cassander 171 C, 260 H
Thectamenes condamné à mourir, s'en alloit riant 217 C D
Thein que signifie 442 F G
Thelé en Grec signifie mammelle 469 E
Thelonæ en Grec signifie nourrices des petits enfans 469 E
Themis la venerable 439 B
Themis deesse, & son office 268 H
Themis prophetisse auec Dieu 652 A

Themis & Dicé assesseurs de Iupiter 136 A
à Themis ou Carméta mere d'Euander, pourquoy les dames Romaines fonderent vn temple 469 C D
Themis garde de l'oracle de Delphes, durant l'exil d'Apollo 342 E
Themisteas deuin, & homme vaillant 217 B
Themistocles fils de Neocles, frere d'Agesilaus 486 B
Themistocles gaigna la victoire de Salamine 101 E
Themistocles aigu d'entendement 316 H
Themistocles resembloit aux platanes 196 C
Themistocles, hôme de bon sens 525 D
Themistocles de vicieux & de desbauché deuint homme vertueux 260 D E
Themistocles desbauché, reformé par la victoire de Miltiades 195 G
Themistocles, patron des bons iuges, 79 G
Themistocles, commenceant à manier les affaires publiques se reforma du tout 162 D
Themistocles ne dit, ny ne feit iamais rien de superbe 140 B
Themistocles pour sa prudence surnommé Vlysses 657 G
Themistocles enuié pour sa vertu 165 G
Themistocles, le meurtrier des Perses, 525 H
Themistocles bien à propos proposa aux Atheniens la fable du lendemain & de la feste 464 B
Themistocles que disoit de l'enuie 108 C
Themistocles comment persuada aux Atheniens d'abandonner leur ville, 593 C
Themistocles ne pouuoit dormir pour la victoire de Miltiades 112 F, 118 D
Themistocles, malgré son capitaine feit gaigner la bataille de Salamine, & ses beaux dicts & faicts 105 H, 196 A, 526 A
Themistocles commandoit à la Grece, & à luy sa femme 196 B
sans Themistocles les Grecs n'eussent peu repousser Xerxes 291 H
Themistocles contre les Perses pour la liberté de la Grece 134 G
Themistocles releué & reconforté par Aristides 186 A
Themistocles & Aristides comment deposoient & reprenoient leurs inimitiez 168 B, 196 E
Themistocles pourquoy couronné publiquement 516 E
Themistocles en temps & lieu liberal, exemple 168 A
Themistocles mal voulu de ses citoyens, pour vouloir tout entreprendre 170 A
Themistocles par qui accusé, & exilé: & ce qu'il acquist estant banny 128 D
Themistocles pourquoy soupçonné traistre à la Grece 111 B
Themistocles banny, dist à sa femme & enfans, Nous estions perdus, si nous n'eussions esté perdus 126 A, 140 B, 196 D, 308 G H

Themistocles fils de Theophraste le porterorche 498 A
Themistocles philosophe Stoïque 357 H
Themistocles mesprisé d'Epicurus 284 F G
Themistogenes, quel historien 523 F G
Theocritus par vn mot honnestement esconduit deux ehontez demandeurs 79 E
Theocritus aide à tuer les tyrans de Thebes 648 A
Theocrite mal à propos brocarda vn tireur de laine 371 A
Theocritus par trop parler se feit trencher la teste 6 G H, 372 A
Theocritus le deuin 636 F
Theodectes fils d'Aristarchus 81 B
Theodectes, disciple d'Isocrates 494 H
Theodectes homme fort intemperant 414 G H
Theodorus natif de la ville de Soles 552 A
Theodorus archipresbtre, pere de l'orateur Isocrates 494 E
Theodorus donnoit sa doctrine de la main droicte, & ses auditeurs la prenoient de la gauche 69 D E, 332 C D
Theodorus comment rentra en la bonne grace de sa femme 432 E
Theodorus a escrit des Metamorphoses 489 C
Theodorus banny, que respondit au roy Lysimachus, de la franchise de parler, 128 G
Theodorus Cyrenien Atheïste 442 H
Theodorus, Diagoras, & Hippon atheïstes 582 E
Theodorus prenoit plaisir à contrefaire les roües à puiser l'eau 11 C D
Theodorus ne se soucioit, s'il pourriroit dessus ou dessouz la terre 138 A
Theodorus chauue, latron 208 H
Theodorus ioüeur de tragœdies, comment & en quoy reprins 142 G, 173 A, 525 E
Theognis, poëte de bas, lasche & vil courage, & pourquoy 579 E
Theognis pourquoy n'est reputé entre les poëtes 10 A
Deuant que Theognis fust nay, prouerbe 133 G, 627 G H
theologie combien vtile, & en quel reng doit estre apprise 562 B C
theologie des Ægyptiens accommodee auec la philosophie des Grecs 328 G
theologie des Ægyptiens soubs paroles ænigmatiques 319 G H
theologiens du temps iadis, les plus anciens philosophes 555 G
theologiens anciens pourquoy mettoient des instruments de musique és mains des Dieux 555 H
premiers theologiens quels ont esté 608 E
theologiques interpretations des Stoïques 326 H
Theon defend vaillamment la Dialectique contre Nicander grand presbtre d'Apollon 353 C D
Theon dispute de la face que l'on void en la Lune 622 H
Theon quel peintre 11 B

Theon & Dion, noms vsitez es escholes des philosophes 465 E
Theophile historien des choses Italiques 488 B
Theophile nom ancien des Roys anciens, & que signifie 141 D
Theophraste de qui fils 498 A
Theophraste natif de Chio, quelle chose reprochoit à Aristote 126 H
Theophraste Peripatetique, natif d'Eressus 128 A
Theophraste succeda à l'eschole d'Aristote 501 G H
Theophraste renómé pour auoir beaucoup d'auditeurs, & ce qu'en dist Zenon 115 A, 141 G
Theophraste en quoy se delectoit 283 H
Theophraste appelloit les bouticques des barbiers, banquets sans vin 421 A
Theophraste ruina les tyrans de son pays 284 F
Theopompus de Chio, disciple d'Isocrates 494 H
Theopompus orateur trop grand langageur 164 H
Theopompus a escrit des Philippiques 492 E F
Theopompus s'est estudié à esclarcir l'histoire de l'oracle d'Apollo 632 D
Theopompus n'est si poly qu'Herodote en sa malignité 649 A
Theopompus pourquoy vituperoit les belles murailles d'vne ville 198 F G
Theopompus aida à tuer les tyrans de Thebes 647 G
Theopompus pourquoy surnómé Philolacon 217 B
Theopompus Roy de Sparte, le premier qui introduisit les Ephores 135 E
Theopompus Roy des Lacedæmoniens, prononce vn bel apophthegme 172 H
Theorein que signifie 442 F G
Theores ambassadeurs ainsi appellez par Demetrius 314 A
Theorus quel surnom d'Apollo 357 D
Theos signifie Dieu, d'où est deriué le mot Theatre 664 E
Theos nom general de tous dieux & de toutes deelles, & d'où est deriué 330 H
Theotimus historien des choses Italiques 487 D
Theramenes abolit la tyrannie des trente tyrans d'Athenes 523 F
Theramenes quel brodequin auoit 177 C
Theramenes tyran d'Athenes, eschappé d'vn danger, tué par ses compagnons 244 H
Theramenes le cinquiéme occis à Athenes 277 A
Theriaque faicte de bestes venimeuses 390 C
Thericles ouurier de pierreries 205 C
Thermopyles quel destroict 219 A
Theron se coupa le poulce deuant son amy, & pourquoy 606 H
Therycion appelloit les Corinthiens, mauuais portiers du Peloponese 217 C
Thersites boiteux, bossu, chauue, teste pointuë, & babillard indiscret 108 E,

231 A, 577 C
Thersites haïssoit fort Achilles, & vouloit mal de mort à Vlysses 19 E
Thersites que dit à Agamemnon en le tensant 18 F
Thersites plaisanteur 111 D
Theseus & Pirithous, vne des couples d'amis anciennes 103 F
Theseus sagement muny contre la fortune 149 G
Theseus instirua le premier ieu de pris en Delos 425 B
Theseus banny d'Athenes, qu'il auoit fondee 129 F
Theseus auec son amy Pirithous emprisonné, & puny 105 C
Theseus pourquoy requist à son pere Neptune de briser son fils Hippolytus 490 H, 491 A
Theseus comment peint par Euphranor & Parrhasius 523 H
Thesmothetes, quels magistrats iadis à Athenes 493 A
Thesmothetes officiers d'Athenes, éleuz au sort 493 A
Thespesius trois iours entiers esuanouy où alla son ame, & ce qu'elle vit 267, 268, 269
Thespies, ville 599 D
Thessalie pays gras & fertil 193 D
Thessaliens pourquoy ne peurent estre trompez de Simonides 9 D
Thessaliens defaicts par les Phoceens 230 F
Thessaliens prisonniers pourquoy gardez par Alexandre 193 D
Thessaliennes tirerent icy bas le Soleil & la Lune par enchantemens 630 D
Thessalus poëte, vaincu en son art au grand regret d'Alexandre 312 B
Thetis & Iris qui nourrit & allaicte tout le monde 325 D
Thetis aimee de Iason 658 C
Thiases quelles assemblees 484 A
Thibiens pourquoy de leur haleine, regard & parole 400 C
Thin, particule de remplissage 353 B C
Thisbe haut-loüee par Theopompus, 282 C
Thoas homme diuin, où habitoit 126 H
Thoas, tyran de Milet, tué 482 C
Thoazin en Grec, que signifie 14 F
Thoé nom de la nuict, & pourquoy 356 C, 615 B C
Thoosa fée viste 7 G
Thouiris concubine de Typhon, poursuiuie d'vn serpent 322 A
Thraces frisent leurs femmes pour la mort d'Orpheus 263 F
Thraces vaincus par la mort du Roy des ennemis 488 G
Thraciens pourquoy vsent d'vn renard pour passer les riuieres gelees 513 C
Thraseas condamné à mort par Neron, pour estre bon iuge 168 G
Thrasonides mieux receuz des Roys que les sages 283 F
Thrasybulus comment eut la fille de Pisistrate en mariage 198 G
Thrasybulus ramena les Atheniens victorieux du fort de Pyle 526 H

Thrasy-

Thrasybulus tua les tyrans 291 F	derniers de sa vie 126 D	Timotheus escriuant luy mesme sa victoire, est à contrecœur des lecteurs 138 F G
Thrasybulus tyran chassé de sa domination 632 B	tien & mien ostez de la republique, quel bien aduiendroit 84 G	
Thrasyleons mieux receuz des roys que les sages 283 F	la cité est bien heureuse, où il n'y a mien ny tien 146 G	Timotheus accusé de trahison, & condamné 494 D E
Thrasyllus poëte musicien 663 C	Tigranes, accompagné de cent cinquante mil hommes, vaincu par Lucullus 206 D E	Timotheus poëte musicien 660 H
Thrasyllus philosophe Cynique, sagement refusé par le Roy Antigonus, 194 E		Timotheus le musicien brocarde l'auarice du Roy Archelaus 311 G
	Tigranes brocardé par Cyrus 372 E	Timotheus musicien reconforté, & encouragé par Euripides 186 D
Thrasymedes n'eut en toute sa vie aucun songe 351 E	Tigranes perdit son Royaume honteusement 313 C	Timotheus iouëur de cithre, frustré de son attente 190 H
le thresor de l'espargne des Romains au temple de Saturne 467 D	tygres sont dicte & abstinence 515 F	
	tygres oyans tabourins entrent en fureur, & se deschirent 121 C, 149 D	Timotheus quelles loüanges attribuoit à Diane 123 A
thresor caché, sagement mis en vsage par le moyen du tyran Dionysius 190 D E	Timæa, femme du Roy Agis, corrompuë par Alcibiades 69 H	Timotheus poëte comique 14 A
		Timotheus que dist du souper de Platon 295 F
le thresor de la memoire de quoy & par qui faict 660 C	Timæus natif de Sicile, escriuit ses liures à Athenes 127 C	Timotheus contraint d'abandonner son païs, & par qui 128 D
thresors de la ville de Delphes 397 B	Timæus donne la cause du flux & reflux de la mer aux riuieres 432 E	Timoxene fille de Plutarque, morte petite enfant 157 F
thresors de contentement, & de mescontentement 73 B	Timagenes proprement gaudit vne femme rendant sa gorge 372 A	
		la tique comment tourmente les chiens 44 A
thresoriers Lamies 504 C	Timagenes priué de la familiarité de Cesar pour n'auoir parlé sagement 51 D	
Thrion pourquoy signifie la feuille de figuier, & son histoire 402 E		Tiresias mort parloit aux viuans 434 D
	Timarchus comment descendit au trou Trophonius, & merueilles de ce 644 D	à Tiresias malheur de ne voir point ses enfans 121 C
le throne imperial de toute la terre, estoit Rome 126 D		l'oracle de Tiresias cessa par vn tremblement de terre 349 E
Thucydides Athenien où escriuit la guerre des Peloponesiens, & des Atheniens 127 B C	Timarchus accusé de tenir vn bordeau, se pendit 496 G	
	Timarchus accusé de conspiration par Æschines 526 D	Tirrhenus comment cuida ruiner sa cité de Sardis 178 B
Thucydides historiographe, disciple d'Antiphon l'orateur 492 D	Timarchus traistreusement tué, & son corps ietté en la mer, & ce qui en aduint 632 B C	Tisias Syracusien 493 H
Thucydides a les vrayes proprietez d'vn bon historien 524 E		Tissaphernes assiegé en vn chasteau 652 D
	Timesias mal voulu de ses citoyens pour vouloir tout entreprendre 169 H	Tissaphernes défait en bataille pour n'auoir gardé sa foy 210 B C
Thucydides quel est en ses concions 164 D		
Thucydides & Pericles en quoy differoient 163 H	Timesias quel oracle eut 105 B	tissu de Venus, quel est 91 B, 147 C
	timidité, est vne des extremitez de vaillance 33 E	la tissure inuentee par les araignees 511 H 516 C D
Thucydides disoit estre impossible d'auoir grande puissance, & n'estre point enuié 80 D	timidité appellee par les flateurs, seureté 44 D	titans quels dæmons 341 E
		titans foudroyez que signifient 276 G
Thun poisson enseigne à l'homme les æquinoces & solstices 519 F	Timoclea, sœur de Theagenes, dame d'honneur 150 B	la guerre des titans alencontre des dieux par qui composee 660 F
Thuns poissons coment dorment 519 G	Timoclea femme magnanime 229 B	titans, & leurs faicts tant chantez par les poëtes 323 G
Thurie, isle, habitation d'Ephialtes & d'Otus 126 C D	Timoclea par sa grande magnanimité, & rare vertu se sauua la vie à elle & à tous les siens 240 E F	Titiens faicts de mauuaises ames 627 A
Thurie quel bourg 493 G		Luc. Titius, nom vsité aux Iurisconsultes 465 E
Thuries ville peuplee par Lampon 170 B C	Timoclea haut-loüee par Aristobulus 282 C	
	Timocles poëte comique, pourquoy brocarda Demosthenes 499 A	Titus Emp. mort par se bagner & estuuer 193 F
Thuscia ville capitale des Samnites, saccagee par Fabius Fabricianus 491 E		Titus Quintius défeit Philippus Roy de Macedone, & ses beaux faicts & dicts 202 G H
	Timocrates, preuost d'Athenes 498 F	
Thyades femmes dediees à Bacchus, coment gardees de violemens 234 A	Timocrates, frere de Metrodorus Epicurien 598 C	Titus Petronius flateur que reprochoit à Neron 46 H
Thyades presbtresses de Bacchus 525 E F	Timoleon aida à tuer son frere tyran 167 D	Tlepolemus fils d'Hercules 482 G
Thyestes & Atreus enfans de Pelops & d'Hippodamia 490 H	Timoleon ruina les tyrannies de Sicile, & pource fonda vn temple à Fortune 162 G	Tlesimachus conspirateur contre son pere Pisistratus, & ce qui en aduint 490 E
le thym en quel terroir se plaist 382 A		
Thymoteles deliura les Cumains de seruitude, en tuant le tyran Aristodemus 241 H	Timoleon dedia vn autel à l'heureuse aduenture, & consacra sa maison à sa bonne fortune 140 G	la toile inuentee par les araignees 511 H
		toile de fil de pierre qu'on blanchissoit dedans le feu 549 C
Thyreatide quelle contree 486 D	Timomachus, quel peintre 11 B	
Thyree quelle region 653 G	Timon portoit grand honneur à son frere Plutarque 86 G	toiles des araignes tissuës sans aucune matiere 322 C
Thyrepanoictes signifie crocheteur de portes, surnom de Crates 371 E		le tombeau d'Isocrates comment & de quoy orné 49 D
	Timon comment picque Anaxarchus 34 C	
Thyrse ou iauelot peint au temple des Iuifs 395 D	Timotheus, capitaine plus heureux que vaillant 197 B	ton des Acrothoraces 386 E
Tibere comment accoustra les amis de Seianus 105 B		tons de la game, quels & combien 347
	Timotheus prenoit les villes en dormant 197 B, 649 D	tons de musique d'où engendrez, & discours sur ce 355 A
Tibere Empereur ne consultoit point deux fois d'vne chose 209 D		
Tiberius Cæsar faict inquisition de la mort du grand Pan 341 E	Timotheus vieil, bon gouuerneur de la republique 182 A	
Tiberius Cæsar où vescut les sept ans		

o

TABLE ALPHABETIQVE SVR LES

tons diuers & contraires comment s'accorden: faisans l'harmonie 543 B C
huict tons en musique 555 D
tons & passages passionnent l'ame 419 D
tons de musique, & contemplation sur ce 663 G H, 664 A
tons harmoniques accommodez à la creation de l'ame du monde 550 A
tons accommodez aux proportions d'entre les planetes 555 B
tonneaux des biens, & des maux sur le sueil de l'huis de Iupiter 15 E, 73 B
deux tonneaux au ciel, pleins de bonnes & mauuaises aduentures 125 A, 245 B C
tonneaux empoissez de resine bonifient & conseruent le vin 397 G
l'ouuerture des tonneaux pourquoy nommée πιθοιγια 385 D
tonneaux de terre non offensez du tonnerre, le vin espandu 391 C
comparaison du corps humain aux tonneaux vuides, & pleins 275 F
tonnerre qu'est-ce, & comment se fait 450 D E
apres le tonnerre l'esclair sort de la nuë, encores qu'il apparoisse deuant 136 G
le tonnerre estimé diuin, & pourquoy 403 B C
tonnerre pourquoy estimé engendrer les truffes, & ses merueilleux effects 390 F G, 391 A
tonnerre, presage de victoire à Æneas & à Ascanius son fils 472 C
eau de tonnerre pourquoy meilleure pour arrouser 535 C
tonnerre nul en Æthiopie 120 B
le tonnerre imité par les tyrans 135 G
tonnerre, nom du fils de Clearchus 314 B
tonnerres annonceans la victoire aux Thebains 200 C
tonnerres pourquoy rares en hyuer 535 C
tonus quel accord de musique 347 A. 353 B
torches portees deuant les espousees 392 D
Torebus musicien 662 E
torpille poisson, & son histoire merueilleuse 519 A
Torquatus exilé pour ses amours 519 A
la tortuë quel soing a de ses petits, & son histoire 511 C D
tortuë adioustee à l'image de Venus, pourquoy 334 C
tortuës, ayans mangé des serpens, prennent de l'origane 273 D, 516 D, 538 E
tortuës en danger, estendant leurs testes hors de leur cocque 203 A
Toscans d'où sortis, & de qui parens 232 F G
Toscans anciennement venus de Lydie 468 H, 469 A
Toscans tous prisonniers à Sparte, finement & subtilemét deliurez par leurs femmes 232 E
Toscans vaincus par Tarquin 475 F G
Tossiopiens, quels peuples 259 H
tourbillons comment s'engendrent 450 D E

tourmens de l'ame sont pires que ceux du corps 144 H
tourmens des meschans diuers en l'autre monde 268 A B C
tourmens horribles apres ceste vie 269 A
tourmens de toutes sortes en enfer 121 A
tourmens d'enfer espouuentables 10 E F
tourmens des enfers n'auront iamais fin 14 A, 281 D
tourmente de la mer comment prognostique 537 D
tourte de Samos rare & chere 294 D
garder lien à la tourte, qu'est-ce 293 C
ne faut passer iusques aux tourtes 293 A
le tout est deuant la partie 374 B
si tout est vn 442 A
toy, nom de Dieu, & pourquoy 356 H
tragan, que signifie proprement 539 B
tragœdie, est vne sorte de tromperie, selon Gorgias 9 D
la tragœdie ne sied pas bien à vn festin 418 E F
la tragœdie destournee en fables par Phrynicus & Æschylus 360 H
la tragœdie du tyran Dionysius toute raturee par le poëte Philoxenus, & ce qui en aduint 312 A
tragœdies iouees, quelle vertu ont 365 G
tragœdies amollissent le cœur mesmes des tyrans 311 G
tragœdies accompagnees, comme riches & somptueuses dames 525 E
tragœdies iadis en vogue, & en pris à Athenes 525 C
tragœdies iouees auec grande solicitude à Athenes 418 A B
tragœdies ont ouuert la porte à ieux infinis 396 G
tragœdies Lenaïques, c'est à dire, pour faire rire 496 A
les tragœdies d'Æschylus sont toutes de l'influence du bon Bacchus 420 G H
tragœdies d'Æschylus, Sophocles, & Euripides, gardees pour le public 497 C
incongruitez és tragœdies 65 G
iouëurs de tragœdies quels doiuent estre 142 G
tragœdies defendues à Lacedæmone 227 D
Tragus iouëur de tragœdies 525 E
trahisons aimee des princes, & les traistres haïs 208 G
les Romains ne vouloient vaincre par trahison, ains par vertu 201 G
trahison de Lyscus, diuinement, & horriblement punie 237 D
trahison subtile de Typhon contre son frere Osiris 320 H, & ce qui en aduint 321 A
trahison combien punissable, exemples 209 H
trahison du temple de Milet punie au fil de l'espee 263 D E
trahisons d'où procedent 570 A
vn traistre est la plus meschante personne du monde 94 D
on ne se sie iamais à vn traistre 199 F
traistre bien rembarré par Nicostra-

tus 30 A
traistre Lacedæmonien comment puny 217 D E
Hippocratidas à quelles peines iugea vn traistre 217 D E
traistre puny vingt ans apres sa trahison 218 E
vn Roy traistre estranglé 214 D
traistres infames mesmes aux estrangers, exemple 191 E
traistres à leur pays punis de mort par leurs propres peres 487 F G H
traistres comment punis à Athenes 492 A B
traistres de Mithridates punis de mort 240 A
traistres défaicts par vne contretrahison 232 A B, 237 D E
quatre cens traistres punis 492 E
Traian Empereur du temps de Plutarque 188 A
Trallianiens chassez & retournez en leur pays, & comment 484 B C
la source de tranquillité d'esprit est en nous 69 C
Trasiens deïfierent Lycurgus malgré luy 210 H
Trasyllus, capitaine vaillant 523 F
trauail à bien faire combien vaut 141 E
trauail fortifie les corps debiles 1 A
le trauail sert à la digestion 390 A
le trauail a le repos pour sa saulse 5 F
trauailler sans s'espargner, est vn des poincts de santé 297 C
trauaux par Pandora espandus par toute la terre 245 G
trauaux infinis produits par les deotes 131 A
grands trauaux depeschent promptement l'homme 23 F
trauaux à quoy profitent 107 E
trauaux dangereux font les hommes sages 184 E
apres les trauaux les voluptez sont plus vehementes 620 F
trauaux d'Alexandre non sans adoucissement 310 H
trefues gardees de iour, & rompues de nuict 217 H
trefues Pythiques, quelles 337 G
tremblement de terre horrible, qui causa vne espouuentable pestilence 349 E
tremblement de terre aduent à Lacedæmone, pour l'iniquité des habitans 507 A
tremblement de terre n'y a en Gaule 120 B
tremblemens de terre comment se font 451 H, 452 A
tremblemens de terre causans corruptions 430 E
trespassemens chantez à Bacchus 354 F
trepied, sur lequel la Pythie retenoit l'esprit de fureur, & prophetique 605 D
trepied prophetique emporté par Hercules 265 D
le trepied de l'oracle de Delphes, que signifie 352 F
le trepied d'Apollo remply de villaines & sa-

OPVSCVLES DE PLVTARQVE.

& sacrileges demandes 337 F
le trepied d'Apollo emporté par Hercules, estrangement vengé mil ans apres 263 E, 353 G
trepied consacré par Androcides 493 F
trepieds és temples des Dieux 659 F
trepieds d'or des poëtes, prins de leurs victoires 525 D
Treriens rauagerent Ionie 309 G
les trespassez s'appellent bons, ou de bonne memoire, & gentils 458 G
trespassez pourquoy appellez Halibantæ 517 C
trespassez appellez les Demetriens ou Cerealiens 625 G
trespassez iadis bruslez, & estimez deuenir Dieux 462 G
trespassez pourquoy iadis bruslez 475 A
trespassez enseuelis de draps blancs 464 H
trespassez enterrez auec leurs meubles 289 C
trespassez comment iadis enterrez aux Romains 462 F
la sepulture des trespassez combien respectee des anciens payens 480 G H
trespassez auoir souuenance de leurs amis viuans 289 B C
trespassez apparoissent aux viuans 506 D
trespassez euoquez 464 A
ames des trespassez coniurees & euoquees 265 A
trespassez reputez benicts 251 E
mesdire des trespassez est grande impieté 251 F
trespassez euentrez aux Ægyptiens, & pourquoy 276 B
trespassez mangez aux Scythes 308 E F
s'il faut plorer les trespassez 249 C D
aux trespassez pleurs & regrets conuiennent 357 E
effusions donnees aux trespassez 638 C
seruices pour les trespassez 466 A
pour les trespassez offrandes faictes au mois de Feurier 465 H
oblations aux trespassez au mois de May 473 G H
trespassez auoir pour leur partage la froideur, tardité, & l'obscurité 534 B
aimer les trespassez 251 E
aux trespassez quel Dieu commande 334 G H
trespassez excommuniez, deterrez, & iettez hors du pays 257 F
le triangle est deuant le cercle 542 A
le triangle estimé estre la puissance des Dieux 324 E
le triangle à deux iambes égales compose le corps quarré 141 E
le triangle à trois costez inégaux compose la pyramide 541 F G
triangle æquilatere resembler à la nature humaine 339 F
le triangle comment adapté par Platon à la composition du monde 330 B C
triangles pour prendre la hauteur d'vne pyramide sans autre mesure 150 G
Triballiens suscitez contre Alexandre par la fortune 316 E
le Tribun du peuple seul de tous les magistrats ne portoit robbe de pourpre 472 F
les dix Tribuns militaires succederent au

lieu des Consuls 469 B
Tribuns du peuple n'estoient vrais magistrats 472 F
le Tribunat estoit vn contrecarre du magistrat 472 G
le trident de Neptune que signifie 334 C
Triemitonion, quel accord de musique 347 A
triglobolos que signifie 511 D
triūmeaux cōment s'engendrent 457 F
Trimeres quelle loy de Musique 661 E
triomphateurs pourquoy inhumez dans la ville de Rome 472 E
triomphe de Paulus Æmylius 302 H, 303 A
triomphe de Scipion l'ancien 202 F
triomphe de Pompeius malgré Sylla 206 G
triomphe faict auec vn chien crucifié, & vne oye portee en vne littiere 306 H
Triphyliens peuples qui ne sont en nulle partie de la terre 312 H
tripied, voyez Trepied.
Tripodisceiens, partie des Megariques 480 A B
Triptolemus enseigna l'vsage de semer le bled 131 A
Trismacares que signifie 325 H
tristes s'enyurer plus tost que les ioyeux 364 E
tristesse, sœur germaine de la vie humaine 68 G
tristesse de Dieu aux hommes resignee 13 B
tristesse estoit toute la vie des premiers hommes 274 F
tristesse excessiue resemble à la heure chaude 73 E
rien en ce monde exempt de tristesse 22 A
tristesse n'aduient aux Stoïques 554 H
Tritonia, surnom de Pallas, & pourquoy 334 C
Tritons appellez les petits Dieux marins 334 C
Triuia surnom de la Lune, & pourquoy 623 A
Trochaliens défaits par Agesilaus 211 E
Troglodytique, region en Ægypte 335 H
Troglodytide fort sterile, & sans arbres 623 H
Troglodytes habitent soubs le solstice æstiual 623 B
Troglodytes ne viuēt que de chair 510 B
Troye iadis prise par vn cheual de bois 475 B
Troye visitee par Alexandre 310 D
Troyens combatent auec grands cris & fierté 19 B
Troyens plusieurs se iettent aux pieds de leurs ennemis 19 F
Troyens commēt vindrent habiter auec les Latins 230 C
Troyennes apporterent la constume de baiser en la bouche 461 A
Troyennes captiues du Roy des Eretriens 482 B
dames Troyennes, & leurs vertueux faits 230 B
Troïlus tué auec son maistre Hesiode 159 E F
le trois est le premier nombre parfaict

433 E, 436 H
le trois est le premier des nombres nō pairs 330 C, 346 F, 354 A, 461 A
le trois appellé iustice 334 D
le trois choisi par les anciens 325 H
trois estre quatre selon les Stoïques 583 H
Tromble ou Torpille, poisson, rend sans sentiment les mēbres qui la touchent, & son histoire merueilleuse 519 A
tromperies des femmes incitās à amour 12 F
trompettes és festes des Iuifs 395 B
trompettes és funerailles 516 B
trompettes pour inuoquer Bacchus 325 E
trompettes pourquoy defenduēs en Ægypte 324 E
trompettes font sortir les cancres de leurs trous par leur son 508 G
trompeur plus iuste que celuy qui ne trompe point 525 C
trompeurs resemblent au poulpe 337 D
Rien Trop, regle du sage Chilon 160 C
rien trop precepte à la vie humaine fort necessaire 251 C
rien trop, estoit au temple d'Apollo, & par qui 94 H, 352 F, 354 A, 635 B
rien trop, explication de ce 160 E F
tropes sont les mœurs des hommes, & pourquoy ainsi appellees 260 B
trophé que signifie proprement 404 G
trophé cause de grands debats 659 A B
trophé des biens de la fortune 313 B
trophé de la luxure des Grecs 313 B
trophées sur trophées erigez par les Romains 305 H
trophées des Atheniens nōbres en brief 516 A
trophées des victoires de Parmenion 523 F
trophées de boucliers de morts 486 D E
trophées Cimbriques de Marius 303 A
trophées cause de grands debats, & leurs inscriptions 659 B C D
trophées dediez à Apollo 425 E
Trophoniades, quels dæmons en la ville de Lebadie 626 E
Trophonius & Agamedes recompensez de mort par Apollo, comme de la meilleure chose du monde 247 E
Trophonius, & les merueilles de son trou 644 B
Tropiques quels cercles du ciel, & leurs offices & qualitez 447 D
deux Tropiques 347 A
Tropiques empeschent le Soleil de passer outre 448 F
les Tropiques ne sçauroient s'approcher ny s'esloigner sans grands inconueniens 339 E
Trosobius, Dieu seuere 342 E
truffes pourquoy estimees estre engendrees du tonnerre 590 F
truye pourquoy reputee immonde, & son naturel 319 E
truye Crommiene donna bien des affaires à Theseus 271 B
la truye veut enseigner Minerue, prouerbe 164 F
truyes priuees pourquoy portent cochons plusieurs fois l'annee, & les

o ij

sauuages qu'vne fois 537 H
truyes amenees furieusement de quelques hommes 272 H
Tryphon medecin 379 G
Tryphon fait vn beau discours sur les chappeaux de fleurs 380 C D E
tryx, c'est à dire lie, ainsi iadis se nommoit le vin, & pourquoy 407 D
Tubero, gendre de Paulus Æmylius, hôme de grande vertu 203 E F
Ser. Tullius comment & de qui conceu, & merueilles racontees de luy 305 E F
Tullius Seruius frustre Antron de sa vache fatale 461 B
Ser. Tullius, premier Censeur de Rome, couchoit auec la Fortune 305 C
Ser. Tullius pourquoy edifia tant de téples à la Fortune 471 E F
Tullus Hostilius deschira en deux parties le Roy d'Albe 487 C
tumultes de toutes sortes au trou Trophonius 644 E
Valeria Tusculanaria, amoureuse de son pere, par quel moyen coucha auec luy 489 D
Tybi, quel mois aux Ægyptiens 329 A
Tyliphus, quel pasteur 491 C
Tyndarides engendrez d'vn œuf tombé du ciel 374 A
Tynnichus Laconien porta fort patiemment la mort de son fils 224 G
Typhon sortit du vêtre de sa mere Rhea par le costé 320 F
Typhon, nom commun à toutes choses nuisibles 327 F G
Typhon rousseau que signifie aux Ægyptiens 324 D E
Typhon se nôme Seth, Bebon, & Smy, c'est à dire empeschant 327 A, 328 H, 331 C
Typhon signifie la partie de l'ame desraisonnable 328 H
Typhon signifie toute vertu desiccatiue 325 B
Typhon signifie la mer 324 H
Typhon couché auec Nephthy, que signifie 330 G
Typhon surmonté par Orus, que signifie 326 F
Typhon comment entédu par le Tartare 330 D
le fer appelé l'os de Typhon 331 C
Typhon estimé vne puissance dæmonique 324 E
Typhon estimé estre le monde du Soleil 327 A
Typhon estimé fils d'Isaiacus, fils de Hercules 324 B
Typhon estimé auoir mué les Dieux espouuentez és corps des bestes, quelle fable 333 B
Typhon enorgueilly par son ignorance 318 D
à Typhon rien luisant ny salutaire attribué 329 C
Typhon ietta son frere Osiris dedans la mer, enfermé en vn coffre, & ce qui en aduint 320 H, 321 A
Typhon vaincu par son neueu Orus 322 A
Typhon puny, pour auoir embrazé tout le monde 323 G

Typhon puny pour son forfaict alencontre d'Osiris 342 E
Typhon deuenu crocodile eschappa à Orus 329 A B
Typhon mué en l'estoile nommee l'ourse 322 F
Typhon comment effigié 329 A
fable de Typhon poursuiuant vne truye 319 F
Typhons qu'est-ce 328 H
Typhons quels dæmons 342 E
Typhons faicts de mauuaises ames 627 A
Typhons suscitez par la fortune contre Alexandre 316 B
Typhoniens, sont hommes bruslez & sacrifiez tous vifs 333 F
Tyr esbranlee par la fortune, pour Alexandre 314 F
le tyran est estimé la pire des bestes sauuages : & des priuees, le flateur 47 C, 150 G
vieil tyran est la plus estrange chose du monde 150 G H
vn tyran est la chose la plus estrange que lon sçauroit voir 637 E F
le tyran Clearchus s'enfermoit en vn coffre pour dormir 136 C
qui entre chez vn Tyran, deuient serf 21 G
le tyran aime mieux commander à des esclaues, qu'à des hommes 151 A
vn tyran tué par son frere 167 D
tyran massacré par le moyen d'vne bonne dame 241 E
tyrans enuoyez de Dieu pour punir les hommes 260 F G H, 261 A B
tyrans quand commancerent à commettre meurtres 277 A
tyrans ont vn seul bien, qui est l'honneur & la gloire 151 A
tyrans quels noms s'attribuent 314 A B C
tyrans vsurpans les noms des dieux, s'en sont allez en vent & fumee 323 A
tyrans iadis deifiez 322 F
tyrans comment aigris par les flateurs 46 H
tyrans rendus odieux par les mousches Otacoustes 67 D E
tyrans nourrissent les bourreaux & des gehenneurs 137 D
tyrans en quelle crainte viuent, exemples 136 C
tyrans non crains en vn gouuernement populaire 120 F G
les tyrans craignent leurs subiects 136 C
tyrans autant tourmentez par leurs tyrannies, que les autres 280 F
tyrans punis diuinement & humainement 632 E
citez libres comment se peuuent garder des tyrans 175 F
trente tyrans mis à mort 492 E
tyrans de Thebes occis, & comment, & par qui 647 F G H, 648 A B C
tyrans des Phociens feirent de la monnoye des ioyaux sacrez, laquelle fut recueillie & offerte à Apollo 631 C D
tyrannie qu'est-ce 503 H
tyrannie mere d'iniustice 314 B
la tyrannie aimee des barbares 24 B

tyrannie engrauee en vn Prince ne peut estre effacee 135 A
tyrannie de Dionysius plus mal-aisee à ruiner, que le diamant à rompre 93 E
tyrannies causees par les delices & superfluitez 294 H
la tyrannie de Dionysius, & de Phalaris appellee bonne iustice par les flateurs 44 E
tyrannie des trente tyrans d'Athenes, abolie par Theramenes 523 F
tyrannies de Sicile ruinees par Timoleon 172 G
és tyrannies quel bien y a 190 D
Tyriens enchainerent leurs Dieux de peur qu'ils ne s'en allassent 469 H
Tyrrheniens enleuerent les filles & femmes Atheniennes 480 F G
Tyrtæus, poëte Mantinian 663 C
Tyrtæus, poëte, faict citoyen de Lacedæmone 222 F
Tyrtæus, bon poëte pour aiguiser les courages des ieunes hommes 225 D, 507 B

V

Vache fatale & de presage 461 E
vaches du Soleil mangees par Vlysses & ses gens 428 H
vaillance, est la forteresse, & richesse des villes 211 B
vaillance n'est és hommes par nature 271 C
vaillance n'a besoing de cholere 59 B
vaillance n'auroit lieu, si nous estions tous iustes 299 C
vaillance en quelle mediocrité consiste 33 E
faut souhaiter à ses ennemis tous les biens, excepté la vaillance 312 H
à vaillance temple basty à Rome 305 C, 305 B
par vaillance hommes vaincus par Alexandre, & femmes par temperance 314 C
vaillance humaine d'Alexandre 310 H
vaillance, guide & secours d'Alexandre 307 F, 308 B
vaillance des gens de guerre d'Ægypte 319 G
par vaillance Agathocles de potier deuint Roy 190 F
vaillances ne se font par le beau parler 524 H
vaillantise des hommes aneantie par les artilleries 199 F
vaillantises d'Alcibiades, & de Trasyllus 523 F
vaillans hommes comment appellez par Homere 361 E
vaillans cogneuz au son des fleutes en bataille 211 B
vaillans souuent tuez des meschans 435 F
vaincre, & se laisser vaincre quelque fois, est belle chose 6 A
vaincre en combatant est valeur Grecque, ou mourir vertueusement 19 F
vaincre de prudence est plus que vaincre de force 215 G
les Romains ne vouloient vaincre par trahison, ains par vertu 101 G

vaincus

vaincus ont la langue liee de silence 110 C
les hommes aiment mieux estre vaincus par fortune que par vertu 140 H
le vainqueur comme se doit comporter enuers le vaincu 116 A
vaine gloire quelle impieté 287 B C
vaisseaux nauiguans à trauers les montaignes 316 F
vaisseaux ou nauires, où l'on méne du sel, produisent des souris 403 C
vaisseaux empoissez de resine bonifient & conseruent le vin 397 G
vaisseaux de cuyure pleins, rompus du froid, mais non les vuides 532 C D
vaisseaux de terre non offensez du tonnerre, se vin espandu 391 C
vaisseaux de vin pourquoy ensouys dedans la terre 412 G
des vaisseaux au ciel pleins des destinees des hommes, bonnes & mauuaises 125 A
deux vaisseaux là sus au ciel, des biens, & des maux 245 B C
vaisselle d'or & d'argent portee en procession 99 G
vaisselle de terre plus nette que celle d'argent 130 C
vaisselle de bois sur la table pour viure en liberté 130 F
Valeria dame Romaine pourquoy passa le Tibre sans nasselle 254 C
Valeria Luperca destinee par sort pour estre immolee, garentie par vn aigle 491 B
Valeria Tusculanaria amoureuse de son pere, par quel moyen coucha auec luy 489 D
Valerius Publicola feit du temple de Saturne le thresor de l'espargne publique 467 E
Valerius Publicola pourquoy feit demolir sa maison 474 D
Valerius Torquatus exilé pour ses amours 488 B
Valerius Gestius pourquoy aueuglé, & crucifié par son beau pere 489 F
Valerius Conatus englouty tout vif dedans la terre 487 A B
Valerius Soranus mourut pour auoir osé proferer le Dieu tutelaire 469 D
Valerius par ignorance ayant engrossi sa fille, se precipita 489 D
valeur Grecque, vaincre en combatant, ou mourir vertueusement 19 F
vallees profondes en la Lune 626 G
vanité des Epicuriens 598 G
vanitez de toutes sortes procedentes du corps 247 A
vanitez des grands seigneurs ne peuuent estre couuertes 136 H, 137 A
vans à vanner le bled comparez aux elemens 347 G
vantance digne d'vn capitaine & d'vn Roy 211 B
vantance chose mauuaise 18 H
vantance irrite les Dieux 12 C
qui se vante importunément, est fouruoyé d'entendement 138 F
vanterie d'Appius Claudius, reprimee par Scipion 24 H
vanterie bien reprise 199 A
vanterie payee de mesme 223 G

en vanterie n'est sagesse 138 F
vanterie aux vieilles gens permise 143 D
vanteries magnanimes & honnestes de Pericles 139 C
vanteurs rhetoriciens mocquez & punis 200 A, 217 F
vapeurs d'où engendrees 326 C
de vapeurs s'engendrent les nuees 452 G H
vapeurs estre la nourriture du Soleil & des astres, & de tout le monde 440 C D
vapeurs nourrissent la Lune 327 A
varices quelle maladie 105 H
varieté en toutes choses plaist 364 G H
vases d'or pleins d'argent 625 D
vases d'or & d'argent pour porter en procession 503 A
vases pleins de vin estouppez d'ache 398 A
vases de bronze pourquoy couuers de la main 324 C
vases tresprecieux rompus par le Roy Cotys, pour euiter courroux 189 D
vases de cuyure sonnez par les Romains allans à l'oracle 462 D E
comparaison du corps humain aux vases de cuyure delicz 275 F
Vatinius mauuais homme, & aduersaire de Ciceron 207 F
vautour vomissant ses entrailles, adapté aux debteurs 132 C
vautours affamez sont les vsuriers 130 H
vautours tous femelles, & deuiennent grosses du vent du Leuant 474 F
vautours attirez de tout loing par les charongnes 538 F
vautours sentent les corps pourris, non les sains 109 H
vautours ne mangent le foye des meschans 291 F
vautours refuyent les senteurs & parfums 283 H
vautours pourquoy plus certains à prendre presages que tous autres oyseaux, & leur histoire naturelle 474 E
le veau marin crache sa presure, quand on le prend 411 H
la peau du veau marin n'est frappee du tonnerre 390 H, 402 F
veaux engraissez en lieu obscur 600 A
Veïens vaincus, prins & vendus auec leur Roy mesme par Romulus 468 H
le veillant & le dormant mesme chose selon Heraclitus 146 A
veillans n'ont qu'vn monde commun, les dormans chacun vn 110 F
veillans pourquoy plustost frappez de la foudre que les dormans 391 G
le veiller & le dormir donnez de nature à l'homme 5 F
veines estimees estre les premieres formees 373 G
quand est le temps de vendanges 487 G
vendangeurs quelles estoiles ainsi appellees 487 E F
vendeur quel office iadis en la ville de Duras 481 G
vendition & emption d'où ont eu commancement 467 E
venditions comment faictes iadis en la

ville de Duras 481 G
veneralia feste de Venus, comment celebree 467 H
la venerie inuentee par Aristeus 604 E
capilli Veneris pourquoy tousiours verdoyans 381 G
capilli Veneris pour arrouser les salles où l'on mange 360 D
le Veneur ne peut pas appriuoiser toutes bestes 109 C
Veneurs comment contregardent leur venaison de corruption 386 H
bons Veneurs à quoy prennent plaisir 610 G
Veneurs commettent de grandes fautes par cholere 59 D
vengeance plus est esloignee, plus pres elle est du deuoir 259 G
vengeance des choleres combien impetueuse 59 B
vengeance de la mort d'Æsope, & d'Orpheus, comment faicte 263 C F
vengeance des forfaicts faicte par les dæmons 340 A
vengeances publiques comment faictes 264 E
és vengeances faut retrencher la haine des meschans 37 E
venger le tort faict à ses parens, la plus belle chose du monde 321 H
comment pouuons honnestement nous venger de nostre ennemy 110 B
vent qu'est-ce, & comment & dequoy s'engendre 441 G H, 451 B
le vent est vn des instrumens de Dieu 160 D
vent s'engendre de neige qui se fond 407 A
le vent nourrist le feu 372 G
ce qui est vaincu par le vent deuient air 533 B C.
le vent doux de l'esté vient des regions gelees 623 E
vent amorty ne peut estre remis sus 390 D
le vent de Ponant empreigne les plantes 474 F
le vent d'vne riuiere tousiours froid 532 C
le vent rend le bled dur en le vannant 412 D
vent prophetique de diuination 348 E
le vent d'inspiration est l'outil de diuination 350 H
vens selon les mutations des regions changent de noms 583 B C
vens anniuersaires soufflent aux iours caniculaires 283 B
vens Etesiens font deborder le Nil 326 D, 451 G
vens du Midy & de la bise quels effects produisent 330 G
vens Meridionaux signifiez par la royne d'Æthiopie, & pourquoy 326 D
vens coulis offensent plus que les autres 649 A
vens ne peuuent atteindre iusques aux cymes de quelques montagnes 623 B
aucuns vens font croistre les semences 135 G
quels vens haïssons le plus 63 H
vens bruslans qu'est-ce, & comment se font 450 D E

Q iij

TABLE ALPHABETIQVE SVR LES

vens tiedes fortans de la Lune 624 A
vens prefignifiez par le poulpe 537 B C
vens preneuz par le heriſſon 518 E
vens en enfer meſlez auec du feu 157 G
ventoſes quand & pourquoy miſes en vſage 154 H
ventoſes des medecins quels effects produiſent, & la cauſe 542 G
ventoſes attirẽt le plus mauuais ſang du corps humain 64 F, 70 F, 125 A
le ventre plein, on conſeille mieux 412 A
le ventre polu par incontinence 279 B C
le ventre arreſté comment ſe laſche facilement 200 B
le ventre n'a point d'oreilles 203 F G, 276 B
retrencher le ventre eſt choſe honneſte 157 H
le ventre du Cyclops, le plus grand des dæmons 349 H
au ventre conſiſte le ſouuerain bien des Epicuriens 285 E, 567 D E, 588 F
ventres des animaux pourquoy plus chauds en hyuer 531 H
Venus nee de la mer 504 E
Venus à quel iour naſquit ſelon les Ægyptiens 320 F
Venus, deeſſe douce & generatiue 328 E
Venus eſt la tierce eſpece de volupté 13 G
Venus deeſſe des paſſions 442 G
Venus eſt noſtre concupiſcence 604 G
Venus eſt l'ouuriere de la cõcorde d'entre les hommes & les femmes 156 B
Venus de Dexicreon, pourquoy ainſi appellée 484 F
Venus appellee l'eſté 332 F
Venus appellee Harma 611 H
Venus appellee fructueuſe par Sophocles 149 B
Venus pourquoy appellée ἀνοσία 403 D
Venus Beliſtiche, d'où ainſi nommée 602 C
Venus pourquoy ſurnommée Myrtea, & Murcia 463 F
Venus porte pluſieurs noms 604 B
Venus aux yeux noirs 439 B
Venus neceſſaire à ceux qui ſe marient 461 A
Venus renuoyee aux chambres nuptiales par Iupiter 72 D
Venus & Inno ont la cure des nopces 473 G
Venus à vaincre a beaucoup de pouuoir 605 G
Venus redoutee des ſuperſtitieux 123 B
Venus ſe doit terminer en volupté 295 C
Venus foible ſans l'amour 606 C
Venus exercee en tenebres 157 E
Venus par le moyen de l'amour, engendre vne amitié de deux en vn 604 A
Venus fauoriſe plus à la fortune, qu'à la nuict 303 B
Venus pourquoy mortellement courroucee contre les filles de Proſpolus (où il faut lire Propœtus) 133 H
que ſignifie l'adultere de Mars auec Venus 12 D
Venus ſignifiee par le quarré 224 E F
Venus en grande reuerence aux Ægyptiens 609 A

Venus ennemie de vieilleſſe 473 H
Venus courroucee aux vieillards 180 E
Venus renuoye arriere la vieilleſſe 384 F
il faut euiter le temple de Venus, non pas celuy des Muſes 415 A
Venus quãd & où quitta ſes delicateſſes, & print la lance 302 G
Venus armee des Lacedæmoniens honoree 227 D
Venus de quelle main bleſſa Diomedes 433 F
Venus fait emmy la mer ſes ſacrifices à couuert 522 C
à Venus Talaria autel dedié 305 E
quel eſt le tiſſu de Venus 147 C
au tiſſu de Venus ſont tous gracieux attraicts 91 B
à l'image de Venus pourquoy eſtoit adiouſtée vne tortuë 334 C
Venus pourquoy peinte deſſus la coque d'vne tortuë 148 A
Venus pourquoy auoit ſon image ioignant celle de Mercure 145 D
Venus, le quantiéme des planetes 447 G
Venus planete quelle proportion a auec la terre 554 H
Venus & Mercure planetes ont meſme reuolution que le Soleil 555 C
Venus planete a ſon an de douze mois comme le Soleil 449 F
le verbe & le nom compoſent l'oraiſon, & diſcours de ce 545 A
verbes poëtiques comment doiuẽt eſtre entendus 14 C D
malade qui ietta par la verge vn grand feſtu d'orge: & vn autre, vne beſte veluë & viue 430 D E
verges qui apparoiſſent quelquefois au ciel, comment s'engendrent 451 B
verges pourquoy portees deuant les præteurs de Rome 472 H, 473 A
le verger d'Epicurus inferieur au Lycæon des Peripatetiques 373 B
au verger d'Eunoſtus pourquoy ne peuuent entrer les femmes 483 D
verger de Melanthius le philoſophe 497 G
le verger de Pluton quel 625 H, 626 A
vergongne qu'eſt-ce, ſelon les honteux 76 C
verité pourquoy reputee fille de Saturne 462 E F
verité eſt choſe douce 332 D
verité le ſecond dieu faict par Oromazes 328 C
verité ſource de tous biens 40 A
verité la plus ſage choſe du monde 154 B
verité, le plus grand & magnifique don de Dieu donné aux hommes 318 B
verité combien excellente 138 B C
verité combien diuine 135 H
verité amiable & deſirable 281 H, 282 A
verité entenduë par demonſtration 353 E
verité vſe des Mathematiques au lieu de miroirs 422 D
verité meſlee de fables 24 A B
verité voilee de fables & de menſonge 319 G, 443 B
ſans verité la poëſie vſe de varieté & diuerſité 16 E

verité n'eſt gueres en poëſie 10 H
verité des ſciences combien belle 100 A
lon doit accouſtumer les enfans à dire touſiours verité 6 H
dire verité ne ſe peut qu'en vne ſorte, mais mentir en pluſieurs ſortes 430 B
verité deſcouuerte par le temps 462 F
en la verité rien couuert ny caché 462 E
verité par quelles choſes empeſchee 247 A B
verité ignoree aux Roys & Princes 195 E
le champ ou la plaine de verité, où eſt 342 H
entre le vray & le faux n'y a point de milieu 578 A
le verre ſe fond & ſe met en œuure auec feu de bruyere 387 C
verruë en la face de l'hõme, ennuyeuſe 162 F
verruës renaiſtre és fils & arriere-fils 266 H
vers ou carmes deriuez de Carmenta 469 D
vers & carmes eſtoient la parole des anciens 633 G
en vers eſtoient les doctrines des anciens philoſophes 631 H
vers eſtonnent le monde pour eſtre figurez 634 B
vers non ſi propres pour traicter la philoſophie que la proſe 634 A
vers ſoulagent la memoire 634 F
vers hexametres par qui inuentez 660 G
le premier vers heroique où & par qui inuenté 631 G
vers Saphicques chantez és feſtins 365 D
vers d'Homere qui comprend toutes les parties d'oraiſon 544 H
vers d'Homere defectueux 65 C
le premier vers d'Homere pourquoy defectueux en meſure 116 B
vers d'Homere à quelles nations enſeignez par Alexandre 308 F
vers d'Homere engrauez ſur vn grain de milet par Callicrates 186 H
le premier & dernier vers de l'Iliade, ſont égaux en ſyllabes au premier & dernier de l'Odyſſee 433 E
vers d'Heſiode de la naiſſance des Muſes 436 E
vers laſches de Theognis touchant pauureté 579 E
vers d'Archilochus, pour leſquels il fut chaſſé de Lacedæmone 227 D E
vers de Solon en l'honneur de Bacchus 155 G
vers de Sappho deſtrempent les cœurs de ioye 628 F
vers d'Epicurus en ſi grand nombre, à quoy tendoient 291 F G
vers des oracles par qui compoſez, pourquoy blaſmez 634 B C
vers des oracles faux en meſures & parolles 628 C D
vers pour lequel Alexandre donna ſix mil eſcus au poëte Lycon 313 C
vers damnables touchant la mort 248 A
vers opportunément ou importunément eſcriez & prononcez 432 A B C

vn vers

vn vers que respondit vn ambassadeur Lacedæmonien au Roy Demetrius 94 H
vers comment s'engendrent dedans le bois 373 H
vertu comment definie selon tous les philosophes 31 D
vertu estre le vray bien 3 E
vertu est la plus profitable chose du monde 154 D
vertu est la richesse des hommes 211 B
la vertu est la statuë d'vn prince la plus plaisante 135 G
toute vertu s'acquiert par discipline 21 C
deuant la vertu est mise la sueur 15 H
vertu acquise gratis, enuiee des hommes 141 H
vertu acquise auec la regle de la raison 119 D
vertu s'acquiert par trois choses, & quelles 1 F
la vertu est le fondement de la science d'vn gouuerneur 163 B C
deux fondemens de vertu, & quels 7 E
vertu a le port graue & doux, & le regard arresté 301 E
vertu periroit, si on ostoit les vices 577 C D
en vertu & sçauoir consister la felicité de l'homme 3 G
vertu obtiee à vn homme heureux, il demeure petit en toutes choses 313 E F
vertu seule en l'homme diuine, & aimee de Dieu 20 A
à vertu on impute l'estre honneste, mais inutile 301 H
la vertu n'a rien de mal auec soy, selon les Stoïques 16 D
vertu suffit à viure heureusement, selon les Stoïques 574 F
de vertu procede gloire 23 G
vertu n'est en vn instant acquise 113 B C
la vertu ne peut estre pillee par la guerre 3 G
vertu n'est ostee à l'homme par changement de lieu 129 H
la vertu est tousiours perdurable, la richesse incertaine & muable 112 G
vertu est ferme & perdurable 72 G
vertu n'auoir point de maistre 434 E
la vertu seule eligible & vtile, selon les Stoïques 576 F
à vertu comment sont les ieunes gens rendus affectionnez 19 H
vertu ne sçait que c'est de tromperie 270 G
la souuenance de vertu tollit la douleur 229 A
la vertu est puissante, & le vice debile 341 A
vertu quels fruicts produit 54 G
auec vertu toute façon de viure est aisee, 38 C
richesse sans vertu, est chose trop grossiere 12 H
vertu enuiee 108 C
l'excellence de vertu bien souuet esteint enuie 108 D
quelle affection conuient porter à la vertu 115 A
la vertu n'a qu'vne seule prinse sur les ieunes gens, le vice plusieurs 24 G

que la vertu se peut enseigner & apprendre, vn traicté de ce 39 A
vertu a besoin de grande diligence 115 F
vertu a tousiours sa lumiere & splendeur 100 A
l'instrument de vertu, est la parole 22 B
la vertu des ancestres continuëment guerdonnee en la posterité 264 B
la vertu a l'ame de l'homme pour sa matiere 330 F
vertu que opere és hommes qui la suiuent 15 G
vertu & gloire vont apres richesse, comment s'entend ce 16 A
vertu morale en quelle mediocrité consiste 33 C
vertu morale pourquoy a besoin de passions 33 C
la vertu morale a les passions de l'ame pour sa matiere : & pour sa forme la raison 31 A
toute vertu consiste en mediocrité 33 B
toute vertu n'est pas mediocrité, ny toute morale 32 G
de la vertu morale, vn traicté 31 A
vertu consiste en proportion de tous faicts & de tous dicts 249 A
vne vertu eminente en chacune action, 310 H
vertu de quels tesmoings & patrons defenduë contre la fortune 302 F
amour ardent de vertu comment s'engendre 30 B
la louange de la vertu quelle doit estre, 118 E
la vertu ny sa beauté non reueree des bestes, ny des Epicuriens 597 E
vertu distinction du Grec d'auec le Barbare 309 B
vertu & fortune ont combatu & plaidé pour l'Empire Romain 301 H, 302 A
Dieu est prince de toute vertu 135 H
Dieu est esperance de vertu 122 F
par vertu victoires gaignees 314 E
vertu a faict Romulus grand 304 C
la vertu d'Alexandre admiree par Darius son ennemy 314 F
les Romains vouloient vaincre par vertu, non par trahison 201 E
vertu mise à nonchaloir par les Epicuriens 289 E
vertu guerriere des Lacedæmoniens, 227 D
à vertu temple basty par Scipion Numantin 303 B
le temple de vertu fort honoré 305 B
vertu & vice estimez estre substances corporelles 119 G
vertu naturelle plus parfaicte és bestes, qu'és hommes 270 F
du vice & de la vertu, vn traicté 38 A
de l'exercice de vertu, vn traicté 113 A
vertu, nom d'vne des filles de Dionysius 314 C
vertus diuersement definies par les Stoïques 561 D E
vertus s'entresuiuent l'vne l'autre, & homme n'est parfaict qui ne les a toutes 568 E
toutes vertus perissent, la iustice ostee 564 H, 565 A
toutes vertus estimees passions 553 D

vertus morales ne sont pas impossibles, 32 F
vertus ny vices ne dependent de fortune 106 A B
vertus morales sont mediocritez entre le peu & le trop 33 B
vertus propres à la ieunesse 5 B
vertus morales s'acquierent par accoustumance 20 B, 39 E
combien il y a de sortes de vertus, selon Memnon 103 C
vertus corps & animaux, selon les Stoïques 587 B C
plusieurs opinions du nombre des vertus 31 B
vertus estimees inutiles par les Epicuriens 593 D
vertus sans santé ne seruent de rien, selon aucuns 36 E
donner les noms des vertus aux vices, quel danger 44 C D
vertus des peres comment s'impriment és enfans 266 C D
vertus des femmes comment distinguees d'auec celles des hommes 229 A
vertus d'Alexandre 316 F G
vertus toutes meslees ensemble parmy les actes d'Alexandre 310 H
toutes les vertus amassees en Alexandre, 316 H
vertus qui guidoient & secouroient Alexandre, quelles 307 F, 308 B
vertueux louez à Lacedæmone 226 G
vertueux égaux aux Dieux, selon Homere 316 F
quel est l'homme vertueux 116 C, 288 C
verueine bonne pour arrouser les sales où lon mange 360 D
Vespasian puny, & sa posterité esteinte, pour le meurtre d'Emponina 613 C
le vespre estimé estre vn corps par Chrysippus 587 C
vespres de l'annee quand commancent 466 F
en la vessie se concreent les pierres, non és boyaux 411 E F
Vesta surnom de la terre, & pourquoy 533 H
Vesta signifiee par le quarré 324 F
Vesta deité tutelaire 157 C
Deesse Vesta, prouerbe 103 E
Vesta comment sauua la fille que luy vouloit immoler son pere Metellus, 488 B
Vestales de Rome auoient leur temps diuisé en trois parties, & quelles 186 D E
Vestales accusees d'impudicité, & punies 473 C
Vestales impudiques pourquoy enfouyes toutes viues 474 H, 475 A
vestement de lin representant la terre 326 E
vestemens appellez Aphabroma, & pourquoy ainsi nommez 480 A
vestemens n'eschauffent d'eux mesmes, 38 A
vestemens excessifs blasmez 361 C
vestemens des Alemans ne sont que pour le froid, & ceux des Æthiopiens pour le chaud 406 G
vestemens precieux enuoyez à des filles

o iiij

TABLE ALPHABETIQVE SVR LES

pourquoy refusez 221 C
vestemens des femmes quels doiuent estre 150 B
vestemens des Lacedæmoniens 226 B
vestemens tachez d'huile, difficiles à nettoyer 409 E
vestemens des trespassez enterrez auec eux 289 C
la veuë le plus soudain des sentimens, & comme vn feu allumé, & son vtilité 528 F G
la veuë comment se faict, & à quel element attribuee 350 F, 355 C, 367 C
la veuë de quel esprit se fait 455 H
la veuë se fait par trois manieres 450 G
la veuë à quelle fin à l'homme donnee 106 D
la veuë soulagee par le cuyure, & ses proprietez 387 F
la veuë rebouchee par l'humidité 348 F
la veuë deuient trouble en vieillesse 8 C
veuë perduë recouuerte, & comment 488 F
la veuë de l'hôme deprauee par intemperance 276 E
la veuë d'aucuns hommes charme 400 E F
veuë sorciere 401 B C D
la veuë cause l'amour 400 G
la veuë passe vistemét à trauers du corps iusqu'à l'ame 384 G
la veuë des chiens esteinte pour estre acharnee apres les bestes 401 B
la veuë de quelques animaux pourquoy meilleure de nuict que de iour 367 G
la veuë des aueugles est la memoire 348 C
la veuë des secrets, est la fin de la religion mystique 422 C
de la veuë, & comment nous voyons 454 F G
veufues libres mariees auec esclaues, & pourquoy 231 E
veufues pourquoy ne se marioient qu'aux iours de festes 476 D
Via Flaminia, pourquoy ainsi appellee 470 E
viandes des hommes fruicts sans chair 274 C D
quelle est la meilleure viande 393 E
la viande plus exquise des Spartiates, estoit le potage lié 226 A
ne faut perdre la viande restee de la table 413 E
la viande menee aux parties du corps par l'humidité 405 H
ne ietter pas la viande en vn pot à pisser, ænigme interpreté 7 F
viandes des premiers hommes, quelles, 157 A, 274 E
quelles sont les meilleures viandes 298 C D
d'entre les viandes laquelle est la plus vtile 298 F
viandes simples entretiennenr la santé 295 A
viandes simples sont les plus salubres, 293 F
toutes viandes commét renduës aggreables 295 C
viandes sanpoudrees combien aggreables 393 G

si les viandes diuerses sont plus faciles à digerer que les simples 388 E
viandes causent les maladies és corps humains 158 C D
viandes prouoquantes l'appetit faut euiter 96 C
viandes illegitimes, quelles 276 E
viandes vrayes & impolluës, quelles, 281 F
si les viandes de la mer sont plus friandes que celles de la terre 392 E
quelles viandes defendoit Zocrates 294 B
viandes qui font songer 451 C
viandes des presbtres d'Isis non salees, & pourquoy 319 A
viandes d'or presentees à l'auaricieux Pythes 242 B
vice est l'essence d'infelicité 565 E F
le vice estre vn germe de la matiere 555 A
le vice est la plus dommageable chose du monde 154 D
vice d'où eut premierement sa source, 255 E F
vice & vertu estimez d'aucuns estre substances corporelles 119 G
le vice plus violent, que n'est ny le feu, ny le fer 137 E
tous hommes comprins soubs le vice, excepté le parfaict 113 E
herauts des vices, sont les voluptez 114 A
le vice n'auoir point de maistre 434 E
vice n'est plaisant ny aggreable 577 F
vice propre aux barbares 309 B
vice de quels outils de malheur est plein, 137 E
le vice tend l'homme malheureux 158 A
le vice suffisant pour faire l'homme malheureux, traitté de ce 137 A
vice n'a rien de bien auec soy selon les Stoïques 16 D
le vice de sa nature est aueugle, debile, & se precipité és perils 341 A
le vice à plusieurs entrees és ieunes gens: la vertu n'en a qu'vne 24 G
le vice quelle mutation fait au corps & à l'ame 268 G
le vice quels mauuais effects produist en l'homme 38 D
le vice de quels bourreaux tyrannise l'ame 137 E
le vice ioinct à la puissance que fait 136 F
vice és meschans dés le commencement imprimé 266 E
contre le vice faut continuellement combatre pour viure en paix 113 H
le vice n'est en vn instant chassé de l'ame, 113 B C
le vice en quels hommes est irremediable 144 D
vice de trop parler fascheux à guarir 89 F, & incorrigible 93 H
vice est laideur vilaine aux vieilles gens, 179 A, 104 A
le vice puny de Dieu 570 B
du vice & de la vertu, vn traitté 38 A
vices d'où procedent 570 A
vices ont leur source des voluptez 25 B
vices sont maladies de l'ame qui font les hommes laids 22 F
vices nommez maistres forsenez 181 B
vices corps & animaux selon les Stoïques 587 B C

vices offusquent le bon naturel és hommes 101 H
donner les noms des vertus aux vices, quel danger 44 C D, 144 F
vices estimez égaux 113 E F
vices des ieunes gens mal apprins 3 D
vices du corps ne sont mauuais ny reprochables 23 A
les fols se precipitent eux-mesmes és vices 20 D
vices des peres s'impriment és enfans, & comment 266 C D
vices des peres renaistre és arriere-fils, 266 H
vices comment surmontez 94 E
vices d'vne commune ne peuuent estre corrigez tous à vn coup 162 C D
vices ny vertus ne dependent de fortune, probation de ce 106 A B
vices causent les guerres 569 E
vices des hommes, les vns guerissables, les autres incurables 473 A
petits vices apparoissent grands en la vie des Princes 162 E
vices des Princes ne peuuent estre couuerts 136 G
vices ostez, vertu s'en va perduë selon aucuns 577 C D
vices purgez apres ceste vie 268 A B, 625 H
vicieuses occupations combien pernicieuses 467 E
vicieux tous barbares 309 B
vicieux engendrent enfans à eux semblables de mœurs 264 H
vicieux en niant leur vice, se fourrent dedans le vice 117 C D
à vn vicieux on ne sçauroit prescrire mesure de biens 156 E
vicieux craignent la mort 261 H
vicieux n'ont besoing de Dieu pour les punir 263 A B
vicieux auec quelles circonstances sont de Dieu punis 260 A
victimes plus à Dieu aggreables quelles 475 F
victoire à quel iour nasquit selon les Ægyptiens 320 F
comment on peut obtenir la victoire 215 G
victoire gaignee pour vn secret bien teu 92 B
victoire gaignee par prudence, plus glorieuse que par force 215 G
victoire gaignee par ceux qui moururent tous à la bataille 486 E
victoire gaignee & reperduë 486 E
victoire gaignee par les Atheniens, la mort de leur Roy Codrus 488 F
victoire gaignee par les Romains, où ne perdirent que cinq des leurs 226 D E
la victoire de Miltiades engardoit Themistocles de dormir 112 F
victoire de Marathon festiee par les Atheniens 286 C
victoire Cadmiene, prouerbe 6 A B, 87 A
victoire faulse festiee 162 B
victoire festiee tous les ans 230 F
festin pour la victoire 374 H
victoire, ce mot escrit en la main d'Agesilaus, & pourquoy 263 D

victoire

victoires gaignees par vertu 314 E
victoires gaignees par les peres, ayans sacrifié leurs filles 489 A
victoires gaignees à cause des femmes monstrans leurs deuans 231 F
victoires comment poursuiuies par les Spartiates 221 B
victoires merueilleuses des Romains 305 H
victoires des Atheniens racontees sommairement 526 A
victoires solennisees & festiees 526 B
victoires d'argent 497 B
victorieux, nom vsurpé par les tyrans 314 C
victorieux des ieux sacrez, de quelles couronnes honorez 425 H
vie donnee de Dieu aux hommes en depost 252 A
la vie de l'homme est vne entree de tresparfaicte religion 75 F
la vie de l'homme est vn court passage 246 D
vie des hommes en quoy consiste 438 B C
la vie des premiers hommes, quelle 274 E
la vie des hommes auparauant sauuage 527 D
la vie des premiers hommes toute en douleur 274 F
la vie de l'homme pleine de douleurs 246 C
la vie de l'homme laborieuse & penible 244 D
la vie des hômes remplies de vices 577 F
la vie de l'homme diuisee en labeur & repos 5 F
la vie des hommes diuisee en trois especes 4 H
ceste vie est peine continuelle 254 D
vie de l'homme mieux ordonnee à cause de ses ennemis 110 A
vie des hommes comparee aux feuilles des arbres, & pourquoy 280 G
quand n'y aura qu'vne vie de tous les hommes 328 D
la vie des hommes tresfuste soubs Saturne 462 F
vie heureuse côsister à viure selon vertu 574 F
vie humaine combien infirme 62 C
vie humaine comparee par Platon au ieu du tablier 69 C D
la vie humaine moins trauaillee, ignorant ses propres maux 251 G
la vie des hommes espiee par les malings esprits & diables 468 F
la vie à la vertu doit estre mesuree, non à la longueur du temps 249 C
la vie humaine tant longue qu'elle soit, n'est qu'vn instant 261 H
la vie de l'homme combien longue 339 B C
la plus longue vie de l'homme n'est pas la meilleure 249 A
la mort meilleure que la vie 217 A
deux preceptes à la vie humaine tresnecessaires 252 C
ceste vie est conduitte de deux principes contraires 328 A
vie dereglee d'vne commune ne peut estre reformee tout à vn coup 162 C D
vie mauuaise comparee au vent Cæcias 110 D E
vie estroicte & frugale acquiert liberté 210 F
vie sobre deïfie l'homme 318 D
la vie & doctrine du philosophe doiuent estre conformes 560 E
la vie scholastique ne differer de celle des voluptueux 560 G, 561 A
la vie dissoluë des Lacedæmoniens, reformee par les deux chiens de Lycurgus 219 D
la vie des Septentrionaux pourquoy plus longue que des autres 460 E F
quelle est la fontaine de vie 38 B
la vie des animaux depend de la chaleur 534 B
tout animal tasche de defendre sa vie, tesmoing la souris de Brasidas 115 F
si ce mot, Cache ta vie, est bien dict 291 B
la vie de l'vniuers d'où procedee 553 H
vies & mœurs des hommes pourquoy appellees Tropes & Ehos 260 B
vies des hommes illustres escrites par Plutarque 188 B C
le vieil & le ieune mesme chose, selon Heraclitus 246 A
qu'il fait bon vieillir à Sparte 225 D
vieillard qui se marie, fait autant pour ses voisins que pour soy 182 D
au vieillard plaist d'vn vieillard le langage 41 E
vn vieillard comment reprins de Caton l'ancien 131 D E
vieillard pourquoy mené deuât la pompe d'vne procession, par mocquerie 468 H
vn vieillard, à qui Pyrrhias immola vn bœuf, & pourquoy 482 C D
vieillard peint au temple de Minerue, & sa signification 325 A
vieillards pourquoy appellez χέροντες 381 D
vieillards pourquoy faicts presbtres du temple nommé Misogyne 632 D
vieillards doiuent instruire les ieunes 183 E
vieillards de soixante ans contraints d'aller à la guerre 174 A
vieillards parlans grauement, & sages par la barbe 417 B
vieillards en quoy doiuent imiter les fourmis & abeilles 179 A
quels vieillards ineptes au gouuernement de l'estat 181 F
vieillards quand requis pour s'entremettre de l'estat 181 H, 182 A
vieillards auares, dissolus & voluptueux hays 185 C
vieillards doiuét estre honorez des ieunes 186 F
vieillards soigneusement reuerez à Sparte 226 C
vieillards bien reuerez des Lacedæmoniens 225 B
vieillards d'Athenes ia esteints, rallumez par Solon 186 A
vieillards pourquoy ieusnent plus long temps que les ieunes 404 B
vieillards pourquoy plus choleres que les ieunes 58 D
vieillards en quoy prennent le plus de plaisir 370 E
vieillards grands conteurs 363 B
vieillards pourquoy aiment mieux le vin pur 366 H, 367 A
vieillards pourquoy s'enyurent facilemét, & les femmes malaisément 382 B
vieillards s'enyurent pluftost que les ieunes 364 E
où les vieillards sont déhontez, là les enfans le sont encore d'auantage 465 H
aux vieillards Venus est courroucee 180 E
vieilles gens quelles affections ont ordinairement 82 B C
vieilles gens doiuent se monstrer vergongneux deuant les ieunes 149 E
vieilles gens pourquoy lisent mieux de loing que de pres 367 B
vieilles gens parlent auec vne trainee de paroles 375 F
quelle est la plus vieille chose du monde 154 B
vieilles, qui attachent des breuets pour guarir les maladies 122 B
vieillesse d'où procede 460 E
vieillesse quelle liberté apporte à l'homme 98 C
vieillesse a bon fondement de la bonne disposition de ieunesse 5 B
vieillesse fait tarir les voluptez corporelles 283 C
vieillesse doit cômander, ieunesse obeïr 182 G
vieillesse est de grande efficace en la police, & à la guerre 183 A
vieillesse par quel moyen portee plus aisément 38 B
les maux ne sont pas tous en la vieillesse 54 F
vieillesse est assez laide, sans y adiouster le vice 179 A
vieillesse peu aimee de Venus 475 C
vieillesse apporte la veuë trouble 8 C
vieillesse nuist à l'huile, & profite au vin 412 H, 413 A
vieillesse n'aduient à Dieu 582 D
vierges de quelle beatitude iouyssent apres ceste vie 254 E
vierges vestales auoient leur temps diuisé en trois parties 186 D E
vierges vestales impudiques pourquoy ensouyes toutes viues 474 H, 475 A
deux vierges condamnees à se pendre elles mesmes 236 B
vieux pourquoy honorez des ieunes à Sparte 223 B
vigilance quel profit nous apporte 1 H
la vigne d'où produite 519 B
la vigne inuentee & enseignee par Saturne 487 E
la vigne apportee des Indes en Grece 527 F
la vigne aupres de la mandragore, quelle qualité acquiert 9 F
vigne arrosee de son propre vin, se seiche 519 D
vigne d'or à Babylone 316 D
ferment de vigne pour faire cuire les medicamens 287 C

TABLE ALPHABETIQVE SVR LES

vignes quand & par qui permises estre taillees 467 A
vignes en quelle saison doiuent estre labourees, & vendangees 102 D
vignes pourquoy ne produisent toutes mesme vin 460 B
vignes arrachees par l'edict de Lycurgus, & pourquoy 9 E
toute ville est le pays de celuy qui s'en sçait bien seruir 125 H
la ville resembler vn animal 164 E
vne ville est l'animal le plus aisé à tourner qui soit point 163 I
ville forte de muraille blasmee par Agesilaus 212 C
ville fermee de murailles est vn beau serrail à tenir femmes 222 B
ville confuse de gens ramassez, à grande peine vit en concorde 389 A
la ville enseigne & rend habile l'homme 179 C
la ville bien-heureuse où il n'y a mien ny tien 146 G
en quelle ville peut on habiter seuremēt 218 H
faut prendre la ville par les oreilles 164 A
ville où les paroles se gelent 115 BC
villes bien murees, sont habitations de femmes 213 G
les murs des villes pourquoy estimez sacrez, & les portes non 464 A
qui faict les villes heureuses 153 G
villes renduës sages 109 GH
villes comment entretenuës en paix 95 A
villes conseruees par le conseil des vieux, & proüesse des ieunes 182 G
villes quand demandent à estre regies par gens vieux 181 H
aux villes quelles choses sont bonnes, honnestes, & necessaires 467 C
villes dequoy doiuent estre fortifiees 211 A
villes contre villes souffrent, & font souffrir de grandes miseres 79 G
villes mal saines, faictes salubres, & comment 63 A
villes suffoquees par les vsuriers 131 A
villes ne se prennent en dormant 197 B
villes ruinees par les secrets euentez 91 C
villes imprenables gardees par gens coüards, sont prenables 193 E
villes imprenables prinses par argent 191 E
deuastations de villes predictes par les Sibylles 629 DE
soixante & dix villes basties par Alexandre 308 G
villes enfouyes dedans la terre 315 F
villes flotter sur la mer par songe 654 GH
vin pourquoy dict Oinos en Grec 420 D
le vin pourquoy iadis appellé Tryx, Æthops, & Erythros 407 D
le vin est vn Dieu fol & enragé 183 G
le vin dieu furieux rendu sage, meslé auec de l'eau 183 G
le vin le plus vtile des bruuages, & comment on le doit boire 298 EF

le vin est medecine puissante & plaisante 380 D
le vin apporté premierement par la mer 527 H
le vin inuenté & enseigné par Saturne 487 E
le vin non en vsage aux barbares 395 E
le vin se faict de l'eau se pourrissant, selon Empedocles 534 H
vin estimé estre le sang des geans 319 E
le vin adoucit les meurs trop rudes 156 B
le vin mediocrement prins, rend l'homme plus ioyeux, & plus facile 364 D
le vin rendre les personnes plus promptes à donner resolution 412 A
le vin rend les hommes audacieux, & hardis à parler 476 CD
le vin donne à plusieurs asseurance & hardiesse gaye 420 G
le vin commun en vn banquet 360 F
le vin en vieillissant se diminuë, & s'augmente en force 385 G
vin beu sans eau que faict 91 B
le vin se mesle auec les mœurs de ceux qui le boiuent 633 E
le vin fait deuenir les yurongnes chaudes 539 C
le vin plein de grand langage, & de babil importun 420 E
bon vin rend les hommes moins vertueux 228 C
boire vin affoiblist l'ame 275 F
boire force vin rend le corps robuste, & l'ame imbecille 72 E
le vin fait chanceler l'ame & le corps de ceux qui en vsent immoderément 667 H
le vin peut tant que le sage il destraue 90 E, 379 B
le vin est dessus la teste de ceux qui s'en yurent 477 E
le vin penetre plus auant les pores de l'eau 409 EF
vin sans eau pourquoy plus aimé des vieilles gens 366 H, 367 A
vin de quelle quantité d'eau doit estre domté 386 DEF
vin beu à grands traicts pourquoy n'enyure facilement 381 C
le vin emoussé auec douceurs 385 F
vin beu pur quels maux apporte à l'homme 380 F
vin pur demandé à beaucoup dormir 399 A
chasser le vin par le vin, prenant du poil de la beste 296 AB
trois accords du vin auec l'eau 386 F
vin nouueau quand bon à boire 431 F
vin nouueau n'enyure 385 F
vin non en vsage aux presbtres & Roys d'Ægypte 319 AB
de vin se doit abstenir le professeur de sapience 62 F
le vin defendu à ceux qui voüent chasteté 403 A
vin non receu és sacrifices de la Deesse Rumina 469 E
vin defendu aux femmes Romaines 461 F
femme foüettee pour auoir beu du vin 463 F

le vin du milieu du vaisseau, pourquoy le meilleur 412 E
le vin eschauffe & refroidit, & comment 589 DE
si le vin est de nature froid 383 C
le vin se consume dedans les cruches, enterrees dedans du froment 409 H
vin meslé de plusieurs vins, enyure prōptement 389 G
le vin contraire à engendrer 383 E
vin espandu par le tonnerre sans offenser les tenons de terre, où il estoit 391 BC
le vin se trouble du vent de Zephyre 385 E
vin de Falerne bon & delicat 294 G
vin Aruisien 285 H
vin en vsage és sacrifices 351 A
vin offert aux Dieux 526 B
vin respandu en l'honneur des Dieux 419 C
vin espandu à tous les Dieux, & aux Muses 668 A
vin porté en procession 99 F
vin beu apres la cigüe preserue de mort 44 B, 383 GH
vin pur contrepoison de la cigüe, meslé auec elle est poison irremediable 47 C
Boy de ton vin iusqu'à la lye, quel oracle 480 C
le vin pourquoy enfouy dedans la terre auec son vaisseau 412 G
s'il faut passer & couler le vin 407 B
vin teint auec aloës & cinamome 407 G
vin comment bonifié, & conserué 279 D, 397 B
le vin appellé moust, comment se garde long temps doux 538 GH
pourquoy l'on met de l'eau de mer, ou du plastre, és tonneaux de vin 536 G
le vin s'empire à l'air, & s'amende vieillesse 412 H, 413 A
vin empoissé croist en la Gaule Viennoise 397 G
le vin pourquoy rend moins d'odeur en hyuer qu'en esté 538 E
vne goutte de vin se pouuoir mesler par toute la mer, selon Chrysippus 584 CD
vins de Thasos delicieux 284 GH
d'où procede la diuersité des vins 460 B
vins des Phæaciens frians & delicieux 282 C
bons vins de Calydonie 316 C
en quel mois taste l'on les vins nouueaux 385 DE
vinaigre quelles grandes proprietez a 383 G
violement de femme puny de mort sur le champ 239 FG
violement puny estrangement par celle mesme qui fut violee 240 F
violement des filles combien odieux à Dieu 650 A
le violement de Lucretia causa l'abolissement des Roys de Rome 234 BC
violateur de femmes deschiré par les chiens 461 A
violemens de filles se terminans en mariages 418 H
viole-

violemens de filles non punis, quels malheurs à la republique 505 G H, 506 A B
violence iniuste de Dieu hayë 325 A
violes és festins 369 D
violettes empeschent l'yuresse, & les douleurs de la teste 380 F
violettes sont meilleures plantees aupres des aulx & oignons 112 E
viperes naistre des eaux par la vertu du Soleil 630 C
viperes se deschirent en enfantant leurs petits 93 C
viperes pourquoy plus abominables que les lions 98 F
viperes touchees de bois de fousteau, s'arrestent tout court 376 H
virginité est le douaire des filles à marier 229 C
vision de Stilpon en dormant 117 H
vision de Plutarque qui le feit abstenir de manger des œufs 373 D E
vision qui aueugla Polyzelus capitaine Athenien 486 A
visions des choses futures imprimees és hommes par les dæmons 347 G
visions hydeuses espouuentent les meschans 262 C
visions nocturnes s'esuanouïssent par la clarté du Soleil 609 D
visions turbulentes en dormant de manger des febues 431 E
visions des hommes deuots 370 E
le viure pourquoy appellé ζῆν en Grec 528 B
le viure est vn prest fatal 246 B C
le viure ne reçoit point plus ou moins 529 B
le viure mesme est vne punition 251 E
le mourir vaut mieux que le viure 251 F
viure selon les opiniōs des philosophes, n'est pas viure, disoit Epicurus 588 H, 589 A
le viure plus aux hommes necessaire que toutes choses 528 F
viure d'vne regle exquise corrompt le corps des ieunes gens 467 B
viure selon le vice, est autant que viure malheureusement 565 F
le bien viure qu'est-ce, & d'où nous viēt 588 F
le commencement de bien viure, c'est estre mocqué & blasmé 30 H
viure doucement & ioyeusement d'où procede 38 B
que lon ne sçauroit viure ioyeusement selon la doctrine d'Epicurus 278 A
sçauoir viure & mourir est chose belle 248 C
le viure des anciens moderé 426 B
viure sans ennemis est impossible 109 C
nos ennemis nous contraignent viure correctement 109 G
pour viure en liberté, que nous conuient faire 130 F
comme on peut viure tranquillement 68 B
oracle d'Apollo, comment on peut viure en paix 113 H
viure en repos comment monstré par les philosophes 128 B
viures naturels des hommes, quels 274 C D

viures des gens de guerre, ausquels il ne falloit point de feu 525 F
Vlysses de qui fils, & d'où natif 483 H
Vlysses fils de Laërtes 22 H
Vlysses le sage habitoit en vne isle 127 A
Vlysses seigneur d'Ithace, pays montueux, & aspre 270 E
Vlysses Roy d'Ithace, en contrefaisant le belistre, demādoit l'aumosne 560 D
Vlysses pourquoy boufcha les oreilles à ceux d'Ithace 9 D E
Vlysses apte pour persuader, & Pandarus pour troubler 633 A
Vlysses sage & agu 273 H
Vlysses le plus sage des hommes 270 F
Vlysses homme sage, & non curieux, descendit aux enfers 63 E
Vlysses sage, & par consequent heureux selon les Stoïques 576 E
Vlysses prudent, & Penelopé chaste 147 A
Vlysses prudent d'vne sorte, & Nestor d'vne autre 229 H
Vlysses eloquent, sage, & prudent 633 A B
Vlysses eloquent, taciturne, & peu parlant 91 G H. comment creua l'œil au Cyclops 92 A
Vlysses combien sage à l'endroit de son fils Telemachus 20 D
Vlysses surnommé le Vaillant, & le preneur de villes, & depeint de ses couleurs 270 F G
Vlysses appellé crocheteur, & fureteur 343 E
Vlysses approuuoit & louoit ceste sentence, Rien trop 160 F
Vlysses vouloit mal de mort à Thersites 108 A
Vlysses bien aimé de la Circé 145 H
Vlysses quel nœud reçeut de la Circé 579 C
Vlysses appellé le diuin 588 E
Vlysses de vertu diuine ennobly 43 G
Vlysses se rendit mortel, estant immortalisé par Calypso 132 D E
Vlysses comment aiguillonne Achilles 55 F
Vlysses & Menelaus parfaits amis 104 C
Vlysses pourquoy desiré en mariage par Calypso 17 F
Vlysses aigrement poingt Agamemnon, & pourquoy 50 F
Vlysses creua l'œil au geant Polyphemus, nommé Cyclops, en Sicile 193 H, 263 E
Vlysses eschappa le danger du Cyclops geant Polyphemus 377 D
Vlysses auoit besoing d'osier en la cauerne du Cyclops 546 A
Vlysses receu à Corfou, causa que ceste isle fut fourragee par Agathocles 263 E
Vlysses rauit & tua les bœufs & vaches du Soleil 428 H
Vlysses pleuroit pour la mort de son chien 74 B
Vlysses pourquoy mocqué en Homere 27 G
la mere d'Vlysses mourut de douleur 317 A

Vlysses de sa nature aimoit fort à dormir 17 H
Vlysses conuoiteux de gloire 370 A
Vlysses raieuny & faict beau par Minerue 560 B
Vlysses ayant tué les poursuiuans de sa femme, pourquoy s'en alla en Italie 479 F
Vlysses pourquoy auoir son temple ioignant celuy des Leucippides 484 D
vmbre, voyez ombre.
vn, l'vn des bons principes des Pythagoriens 328 F. l'vn est le pere, & le deux la mere des nombres 546 H
l'vn & le deux principes des choses, selon Pythagoras 440 G
si tout est vn 442 F
tout estre vn, refuté par Platon 346 C
vnité appellee Apollon 320 B, 334 C
vnité estimee estre Dieu: & le binaire, le diable 443 F
l'vnité est nombre en puissance 354 A
l'vnité est le commencement du nombre, & a ne sçay quoy de diuinité 464 E
l'vnité comment constituë la multitude 346 E F
vnité ne sort point hors de ses bornes 92 D
l'vnité est indiuisible, & la pluralité diuisible 546 G
l'vnité est quarree, & commancement de tous nombres 355 F
l'vnité pere du non pair 346 F
l'vnité & le binaire, sont principes premiers & suprémes 346 E
l'vnité ressembler au poinct, & estre triangulaire 542 A
l'vniuers n'estre ny corps, ny sans corps selon les Stoïques 581 G
l'vniuers estoit vn chaos, auant la creation du monde 547 F
l'vniuers estimé estre immobile 445 C
l'vniuers estimé estre le prince des dieux 319 H
l'vniuers comment composé, ordonné, & contemperé de Dieu 422 H
la vie de l'vniuers d'où procede 553 H
l'vniuers comment diuisé par Platon 540 F
l'vniuers diuisé en trois parties principales 437 E, 556 G
l'vniuers diuisé en quatre regimēs 644 F
l'vniuers diuisé en cinq mondes 343 G
rien plus grand que l'vniuers 582 A
vocables des poëtes comment doiuent estre obseruez 14 G
Voconius ayant trois fort laides filles comment brocardé par Ciceron 207 F
vœuz du professeur de sapience 62 F G
voyelles preceder toutes les muettes 432 H, 433 A
sept lettres voyelles 353 A
voir ne faut chose qui nous retienne outre besoin, exemple de Cyrus & d'Alexandre 66 G H
nous sommes tous desireux de voir 289 C
voisin maling & enuieux, combien dangereux 81 F
le voisin a ialousie de son voisin 112 E
quand on peut prendre de l'eau chez son voisin 130 B

TABLE ALPHABETIQVE SVR LES

auoir bon voisin combien est vtile 22 C
voisins comment entretenus en paix & amitié 463 A
voix qu'est-ce, & comment se faict 297 D, 455 CD
la voix comment definie par les Grammairiens 660 C
la voix est le septiéme sentiment selon Zenon 455 H
la voix a son corps & sa substance de l'air 424 B C
la premiere voix que iettent les petits enfans, est *aien* 433 B C
voix signifiante & articulee, est la parole 553 E
les hommes beaucoup à Dieu redeuables d'auoir la voix articulee 660 D
la premiere voix articulee que l'homme prononce, estre Alpha 433 B
si la voix n'a point de corps, comme se forme le retentissement d'Echo 455 F
la voix est diuerse, le silence est d'vne sorte seulement 529 E
voix diuerses & contraires coment s'accordent en faisant l'armonie 543 B C
viue voix vtile à la santé 297 D E
la voix se gaste par boire trop froid 46 E
voix mises en depost d'escriture par la Grammaire, pour le thresor de la memoire 660 H
la voix bien souuent effroye plus l'ennemy que la main 224 B
ceux qui ont la voix gresle sont subiects au mal caduc 477 A B
la voix n'est necessaire à la parole diuine 333 H
quelle est la propre voix d'amitié 41 D
voix annonceant & proclamant la mort du grand Pan 341 C D
voix ouye, que le seigneur du monde venoit en estre 320 E
voix nocturne annonceant la guerre aux Romains 303 D
voix des bestes outragees, sont prieres & supplications 275 A
volerie permise entre les Samiens 485 F
voleurs ont franchise és temples 120 H
volonté conduite par la philosophie 133 G
la volonté du philosophe non oisiue 118 E F
bonne volonté ne doit faillir deuant la puissance 187 F
la volonté est affoiblie par les affections non regies par raison 24 F
volupté est vn ioug & maistre furieux 383 C
volupté est priuation de douleur, selon Epicurus 373 B
volupté l'vn des trois principes de musique 365 G
volupté pure & simple, l'vn des cinq genres du bien 355 A
vraye volupté d'où procede 282 H
volupté diuisee en trois especes, & quelles 13 G
la volupté de la chair & du corps, reputee le souuerain bien de l'homme par les Epicuriens 277 G, 578 F G, 597 E
volupté naist de gloire, selon Epicurus 286 D

volupté des choses bien odorantes 272 C
volupté corporelle contraire à santé 293 F
qui aime la volupté mesprise sa santé 295 B
volupté extreme asprement afflige l'homme 262 H
volupté n'est qu'vn amorse & appast de douleur 290 H
volupté ordinairement accompagnee de douleur 78 E
volupté & douleur sont loing de la diuinité 23 B
pour vne volupté mille douleurs, exemple 262 F
volupté des frians & gourmans tiree d'iniustice 276 D
la volupté du mary faict sa femme lasciue 146 F
la volupté du manger a bien peu de duree, & beaucoup de fascherie 158 C
volupté comment delaissee de Philoxenus le chantre 132 F
volupté nous chatoüille & aux yeux & aux oreilles 415 A
volupté oyseuse, quelle 379 F
volupté propre aux bestes 597 E
volupté faict les hommes serfs 13 E F
volupté deshonneste tousiours de reproche est suiuie 13 F
volupté en grande abomination aux anciens 319 F
volupté condamnee des Stoïques, comme chose trop effeminee 277 E
volupté appellee ioye par les Stoïques 35 G
volupté des lettres trompe les mieux aduisez 525 G
volupté grande en lisant les escrits des sages 281 H
volupté merueilleuse de la lecture des poëtes 284 A B
à inuenteurs de nouuelle volupté pris propose 365 F
le clou de volupté contraint l'entendement de iuger plus par passion que par raison 422 C
voluptez d'où naissent 38 F
voluptez, sources des vices, sont naturellement nees auec nous 25 B
concupiscence des voluptez nee auec nous 554 B
voluptez sont maistresses furieuses 98 C
voluptez sont les herauts & messagers des vices 113 H, 114 A
voluptez sales, vilaines & seruiles 3 C
voluptez communes aux hommes & aux bestes 414 D
voluptez par où entrent en l'ame 379 F
voluptez des oreilles sont enchantemens 508 G
le ventre quelles voluptez produit 414 H
voluptez en embusches dedans les yeux 414 H
voluptez quelles fautes font commettre aux hommes 414 G
voluptez causent les guerres 569 C
voluptez resembler aux vens anniuersaires 283 B
volupté des vieillards hayes 185 C
voluptez ordes & salles és vieillards,

180 E
les voluptez plus vehementes apres les trauaux 620 F
quelles voluptez plus puissantes 415 B C
voluptez des hommes sans comparaison plus desordonnees que celles des bestes 273 A, 277 H
voluptez causent beaucoup de maladies 430 A B
voluptez abisment les hommes 7 E
contre les voluptez se faut exercer 115 F G
voluptez surmontees par la raison 4 H
voluptez surmontees par honte 21 B
prochasser voluptez est grande follie 157 E
aux voluptez faut retrencher la cupidité 37 E
voluptez charnelles des ieunes commets faut domter 8 D
voluptez abastardissent la generosité naturelle 271 A
voluptez d'Epicurus excessiues 284 H
voluptez de boire & de manger ont lieu mesme entre les sages 379 G
voluptez de peu de duree 12 C
voluptez corporelles passent incontinet 299 H
voluptez du boire & du manger n'ont vn souuenir liberal 403 F G
voluptez sont comme petites bouffees de vens gracieux 278 G
voluptez en mespris à Sparte par les loix de Lycurgus 210 F
voluptez propres à l'ame, & quelles 282 C
voluptez de musique parmy les dons de Bacchus 418 A
voluptez des Mathematiques 281 D E
voluptez des vertus obscurcissent les ioyes du corps 286 B
voluptez de Platon combien grandes 284 E F
voluptueux en quoy prennent plaisir 33 H, 34 A
que voit on ordinairement deuant la maison d'vn voluptueux 61 H, 62 A
voluptuosité infame à vn homme aagé 176 A
le vomissement pourquoy appellé *vauria* 408 C
vomissement comment prouoqué 300 A
vomissement excité par les chiens, en mangeant de l'herbe au chien 538 E
le vomissement d'où procede à ceux qui nauiguent sur mer 536 D E
vomissemens quand vtiles 299 F
vomissemens prouoquez auec medecines, offensent le corps 300 B
voyages és pays estrangers defendus, & pourquoy 227 B
voyageurs en quoy se plaisent 369 H
Vrania muse du ciel 438 B
vn malade d'vne retention d'vrine, ietta par la verge vn festu d'orge 430 D
l'vsage sans nature & doctrine, est chose imparfaicte 1 F
l'vsage necessaire pour acquerir vertu

l'vsage

OPVSCVLES DE PLVTARQVE.

l'vsage de semer le bled enseigné par Triptolemus 131 A
l'vsage des arbres fruictiers enseigné de Dieu 37 B
vsure s'engendre de ce qui n'est pas 131 B
vsure est chose vile 22 E
vsure rend vne fascheuse senteur 130 C
vsure des princes en la guerre de Troye 336 C
ceux qui empruntoient argent à vsure pourquoy le rauissoient par force 484 H
fourmis n'empruntent à vsure 131 F
qu'il ne faut emprunter à vsure, traicté de ce 130 B
vsures repetees sur les vsuriers par ordonnance 480 D, 485 F
vsures des graces des enfans enuers les pere & mere 82 B
vn vsurier est vn fardeau insupportable 131 E
vsuriers d'où engendrez 131 H
vsuriers sont vautours affamez 130 H
vsuriers sont harpyes, nourries par les debteurs 142 G
vsuriers quelles semences vont semant 131 A
vsuriers sont contre toutes loix du monde 131 B
vsuriers enfantent deuant que conceuoir 131 A
vsuriers les plus menteurs & desloyaux du monde 131 B
vsuriers, ennemis cruels, & tyranniques 130 G
vsuriers à quelles gens prestent ordinairement 130 C
vsuriers combien importuns, & tyrans 130 G
vsuriers pires que les diables d'enfer 130 G H
vsuriers en quoy se mocquent des philosophes 131 B
vsuriers en quoy comparez au Roy Darius 130 H
vsuriers en quoy resemblent aux lieures 131 A
vsuriers resemblent aux vens, & tempestes 132 E
vsuriers resemblans au feu gregois 131 C
vsuriers ne peuuent entrer au temple d'espargne 130 F
vsuriers combien tourmentez és enfers 11 E F
vtilité & grace accompagne tousiours l'amitié 41 C
deux grandes vtilitez de lire les poëtes, & quelles 23 B
cela est le plus vtile, qui ne porte iamais dommage 527 F
vuide est solitude de corps 329 D
le vuide infiny en magnitude 444 H
vuide parmy les Atomes 424 E
en quoy different le vuide & la place 445 A
vuide n'est en nature, selon l'aduis d'Aristote 344 B C, 542 D
vuide hors du monde 447 B
le vuide impassible 444 A
le vuide incorruptible, selon Epicurus 443 G.

du vuide selon les anciens philosophes 444 G H
Vulcain nay de Iuno sans grace 600 G
Vulcain estimé prince & maistre des arts & pourquoy 528 E F
Vulcain signifie l'air mué en feu 324 H
Vulcain prins pour le feu 14 H, 332 A
Vulcain pourquoy appellé le boiteux, 614 F
à Vulcain pourquoy est opposé le fleuue par Homere 531 E
pourquoy on ne fait qu'vn Vulcain, & plusieurs muses 436 G
le temple de Vulcain, pourquoy hors la ville de Rome 468 B
Vulcain, en forme d'vn membre viril, engrossit Ocrisia 305 F

X

Xanthiens, peuples nommez du costé de leur meres, non pas de leurs peres, & pourquoy 233 C
Xanthippé, femme de Socrates, fascheuse & iniurieuse 61 A
Xáthippé apprenoit à son mary Socrates à supporter les iniures d'autruy 111 F
Xanthippus, pere de Pericles 102 E, 493 B
Xenætus, mocqué de ce qu'il s'en estoit fuy, que dist 164 F
Xenius, preuost d'Athenes 501 G
Xenocles Epicurien reprins par Plutarque 373 A B
Xenocles comment retiré de prison par son amy Agesilaus 211 F
Xenocrates, l'vn des familiers de Platon 339 F
Xenocrates, estant vn peu grossier d'esprit, que disoit de soy-mesme 30 D
Xenocrates, excellent & grand personnage, mais vn peu trop rebours aux Graces 612 B
Xenocrates pourquoy admonesté par Platon de sacrifier aux Graces 147 F
Xenocrates, mauuais iuge des viandes 393 C
Xenocrates passa toute sa vie en l'Academie, excepté vn seul iour tous les ans 126 G
Xenocrates disoit que l'ame estoit vn nombre qui se mouuoit soy mesme. 546 G
Xenocrates que respondit à Lasus qui l'appella coüard 77 E
Xenocrates de son œil seul corrigea & reforma du tout Polemon 53 E
Xenocrates quel erreur commist en baillant lettres de faueur 79 A
oreillettes de Xenocrates 415 D E
Xenocrates dit qu'il faut mettre aux oreilles des enfans des oreillettes de fer 24 H
Xenocrates donna des preceptes à Alexandre, pour bien regner 598 C
Xenocrates loüé de ce qu'il refusa Alexandre 336 D
Xenocrates tant modeste, qu'il ne vouloit prendre cinquante talens d'Alexandre 193 G, 311 B
Xenocrates receut en pur don trente mil escus d'Alexandre 310 E

Xenocrates ia ancien cerchoit la verité parmy les escholiers 159 G H, 216 F
Xenocrite dame vertueuse, comment deliura les Cumains de tyrannie 241 D E H. pource eleuë prestresse de Ceres 242 A
Xenodamus poëte de chants de victoire 661 F
Xenon merueilleusement bien traitté par son frere pupille & mineur 84 F
dict de Xenon touchant les ennemis 109 B
Xenophanes de Colophone, reprenant Homere n'auoit de quoy viure 189 G
Xenophanes prononçoit sa doctrine en vers 631 H
Xenophanes de quelle substance estimoit estre le Soleil 448 G
Xenophanes disoit le Soleil eclipser par extinction 448 G
Xenophanes admettoit plusieurs Soleils & plusieurs Lunes 448 H
Xenophanes disoit que la Lune estoit vne nuee espesse & serree 449 A
Xenophanes quelle opinion auoit des cometes, & cheurons de feu 450 C
Xenophanes estimoit les estoiles estre nuees enflammees 447 E
Xenophanes estimoit que la terre estoit concreée de feu & d'air, & fondee en vne infinie profondeur 451 D E
que dist Xenophanes des anguilles viuantes en eau chaude 587 D
Xenophon familier de Socrates 253 G
Xenophon pourquoy surnomé le Chathuant 498 B G
Xenophon a esté luy-mesme son historien 523 F
Xenophon fort eloquent en ses annales 282 B
Xenophon où escriuit son histoire 127 G
Xenophon ayant fait le tant renommé voyage de Perse, où passa sa vieillesse 126 G
Xenophon en bien commandant, sauua tous les Grecs 173 D
Xenophon le philosophe amy d'Agesilaus 212 A
Xerxes, fils de Darius 184 E
Xerxes appellé barbare & eceruellé 309 D
Xerxes auoit douze cens voiles 584 B C
Xerxes auoit vn camp de cinq cens mille combatans 486 B
Xerxes passa l'hellespont sur vn pont de nauires: & feit couper les oreilles & le nez à ses gens 71 E, 146 E
Xerxes courroucé fouëtta la mer, & escriuit des missiues au mont Athos, 57 C
Xerxes & Ariamenes freres, bien sagement vuiderent leur different de la royauté 87 D E
Xerxes fort gracieux à l'endroit de son frere Ariamenes 188 F
Xerxes ne voulut manger des figues de Grece, plus tost qu'il ne l'eust conquise 188 G
Xerxes repoulsé par Themistocles 291 H
Xerxes défaict par Themistocles 593 C
Xerxes mourut de desplaisir pour la

TABLE ALPHABETIQVE SVR LES

meschanceté de son fils Ochus 82 D
Xois, ville en Ægypte 327 C
Xuthus quel homme fut 481 A

Y

YEux nommez Optiles 220 C
des yeux fluent des rais, qui sont cõme feu 455 A
les yeux ne font le sentiment de la veuë, ains l'entendement 508 D
yeux de quelques animaux pourquoy voyẽt mieux de nuict que de iour 367 G
estincelles sortans des yeux 448 A
le plus clair des yeux de l'ame, est la cognoissance de Dieu 121 B
yeux des vieilles gens pourquoy lisent mieux de loing que de pres 367 BC D
yeux du lyon reluisent en dormant 394 D
yeux du lieure ouuerts en dormant 394 E F
yeux allument l'amour dedans les ames 400 H
cupiditez des yeux attirent les hommes à malheur 138 C
és yeux les voluptez se cachent en embusches 414 H
qu'il n'y a point de difference entre mettre les yeux ou les pieds en la maison d'autruy 66 C
la fée Lamia à la maison oste ses yeux, sortant dehors, elle se les remet 63 D
yeux chassieux dequoy sont offensez 88 D
la maladie des yeux contagieuse 41 A
yeux malades de quoy offensez 110 D
yeux malades s'offensent de toute clarté 107 G
yeux malades soulagez par le cuyure, & ses proprietez 387 FG
yeux sorciers & charmeurs 400 D E, 401 C D
de ses yeux Eutelidas s'ensorcela 401 D
ne se faut marier à l'appetit de ses yeux 147 C D
yeux des images des iuges bandez 320 B
les yeux tomberent à la statuë de Hieron le Spartain le iour deuant qu'il mourust en bataille 629 A
yeux d'Orus comment solennisez 329 D
yuoire comment est mollifié 138 B
yuraye excite pesanteurs & douleurs de teste 387 CD
l'yure parle follement à la table, & le babillard par tout 90 G
entre estre yure & auoir bien beu, quelle difference 90 F
yures à demy dicts ἀκροθώρακες 385 H
yures tout à faict moins troublez que ceux qui le sont à demy, & pourquoy 385 H
yures engendrent yurongnes 1 E
yures pourquoy tremblent & deuiennent froids 385 E F
yeux sont audacieux, & hardis à parler 476 CD
yures estiment beaucoup de soy, s'estiment eloquens, beaux & riches 420 D
Ilotes yures pourquoy monstrez aux enfans 227 D, 578 E

yures punis au double 155 G
quels hommes plus faciles à s'enyurer 364 E
s'enyurer est grande villanie 578 E
la musique enyure plus que ne fait le vin 414 C
enfans Lacedæmoniens comment enseignez à ne s'enyurer 57 D
quelle difference y a il entre bien boire & s'enyurer 420 FG
on ne sçait que c'est qu'yuresse, ny quelle elle est 383 F
yuresse est la fureur mesme 90 C
yuresse, est vne indigestion de vin, qu'on ne peut cuire 389 A
yuresse est chose pleine de tumulte, vuide de sens & de raison 90 G
yuresse estre vn follastrer en buuant fol & indiscret 421 D
l'yuresse n'est ouurage de Bacchus 156 B
yuresse enuoyee de Bacchus à ceux qui le mesprisoient, & ce qui en aduint 488 H
yuresse defendue aux serfs par la loy de Solon 153 H
yuresse quels effects produit 365 E
yuresse oste les soucis 335 D
yuresse cause d'inceste d'vn pere auec sa fille 488 G H
l'yuresse empeschee par les senteurs, & l'amethyste 380 F
l'yuresse auoir beaucoup de diuination 348 F
yuresse pourquoy surprent plustost les vieillards, que les femmes 381 B C
yuresse comment empeschee 366 E
si l'yuresse peut estre empeschee par le lierre 380 D, 381 C D E
yuresses en plusieurs se terminent en resolution de membres, & pourquoy 385 F
yurongne sauué de mort pour son yurongnerie 190 C
vn yurongne ne s'abstient iamais de bon vin 98 A
yurógne n'est digne d'estre Roy 264 B C
punition de l'yurongne, est la ferule de Bacchus 61 D
aux yurongnes Bacchus a donné la ferule 420 D
deux yurongnes accusez & absous pour leur yurongnerie 195 E
yurongnes vieillissent fort tost, & deuiennent chauues 339 C, 383 FG
yurongnerie rend l'homme insolent & outrageux 364 B C
yurongnerie excitee és ieunes gens par les flateurs 7 G
yurongnerie est enorme és ieunes gens 7 D
yurongnerie des Roys de Perse cachee à leurs femmes 146 D
yurongnerie pourquoy principalement defenduë aux prestres 477 E
yurongnerie contraire à la santé 293 F
yurongnerie decele ce qu'il faut taire 379 B C
yurongnerie causa la mort aux Milesiens 237 A
yurongnerie ruina Antonius 303 D
resoudre yurongnerie par l'yurongnerie 269 A B

pour euiter yurongnerie Lycurgus feit arracher les vignes 9 E

Z

ZA, en composition augmente la signification 398 F
Zacynthe isle pourquoy abandonnee de son seigneur Vlysses 203 A, 479 F
Zacynthos isle, pourquoy appellee Cœranion 523 B
Zagreus, surnom de Bacchus 354 F
Zaleucus disoit auoir prins ses loix de Minerue s'apparoissante à luy 140 H
Zaratas, maistre de Pythagoras 546 H
zelateurs de vertu, aimez & auancez de Dieu 135 H
Zenon fils de Mnasees, natif de Citie, met deux principes, Dieu & la matiere 441 F
Zenon, disciple & familier de Parmenides 598 D
Zenon precepteur des Stoïques 444 B
Zenon, fondateur de la secte Stoïque, & sa doctrine 309 A
Zenon le Citieïen, le plus estimé d'entre les philosophes 194 H, 195 A
Zenon reprins en ce qu'il se contredit 561 D
Zenon pourquoy ne voulut estre faict citoyen d'Athenes 561 B
Zenon ayant perdu tous ses biens, remerciant fortune, commancea à philosopher 127 A B
Zenon ayant fait naufrage de ses biens, se retira en la philosophie 69 E, 109 E
Zenon abandonna son pays pour philosopher 560 H
Zenon persuada à Diogenes de philosopher 308 F
que dist Zenon de son auditoire, & de celuy de Theophraste 115 A, 142 G
Zenon pourquoy mena ses disciples au theatre 32 D, 555 E
escarquillements de Zenon 384 G
Zenon que disoit du refus des demandes irraisonnables 79 D
Zenon sçauoit bien se taire à la table 90 F G
Zenon pourquoy commandoit à vn chacun, de prendre garde à ses songes 117 E F
Zenon comment corrigeoit les vers de Sophocles 21 G
Zenon defendit de ne bastir temples aux Dieux 561 C
Zenon a beaucoup escrit 560 F
Zenon de peur de deceler son secret, cracha sa langue au visage du tyran Demylus 598 D
Zenon martyrisé par le tyran Demylus 570 E
Zenos que signifie 15 A
Zephiodorus amoureux d'Epaminondas 607 A
Zephyre, vent du Ponent, trouble le vin 385 E, 451 C
Zeuxidamus, & ses dicts notables 217 A
Zeuxippus Lacedæmonien, hoste de Plutarque 599 D
Zeuxis, peintre excellent 229 F
Zeuxis que respondit à ceux qui l'accusoient

soient de ce qu'il estoit long temps à
peindre 104 C
Zipœtus Roy de Bithynie, desfeit les
Chalcedoniens en bataille 484 E
zodiaque cercle oblique, par où chemine le Soleil en biaisant entre les deux
Tropiques 448 F
le zodiaque en combien de degrez distingué 541 H
zodiaque quel cercle du ciel, & son office, & son obliquité par qui premierement trouuee 447 D
le zodiaque de quelles images & figures
embelly, & quels signes côtient 442 D

Zoilus, presbtre de Bacchus, comment
puny du meurtre par luy commis, &
permis de ce faire 482 H, 483 A
zone de l'esté en laquelle nous habitons 453 A
zones du ciel quelles & combien, leurs
noms & qualitez 447 CD, 451 H
Zophodorpides, sont ceux qui soupent
tard 426 E
Zopyre capitaine se coupa le nez & les
oreilles, pour trahir Babylone à son
Roy Darius 188 E
Zopyrion grammairien 433 E
Zopyrus medecin fort versé és liures

d'Epicurus 384 A
Zopyrus Byzantin, historien 491 D
Zoroastres le magicien fut cinq cens ans
deuant la guerre de Troye 328 A
Zoroastres ne beut ny ne mangea en
toute sa vie que du laict 388 F
Zoroastres appelloit Dieu Oromasdes,
& le diable Arimanius 353 H
Zoroastres a introduit l'opinion des dæmons 338 G
Zoroastres, liure d'Heraclitus ainsi intitulé 592 C
Ζωρότερον ἢ κέραιρε, que veulent dire ces
deux mots en Homere 398 E

FIN DE LA TABLE DE TOVS LES
OPVSCVLES DE PLVTARQVE.

Sommaire du Priuilege.

PAR lettres patentes du Roy, donnees à Paris le vingt-vniesme iour de Mars, 1618. Signees, Par le Roy en son Conseil. RENOVARD. Et seellees du grand sceau sur simple queuë de cire iaune, Il est permis à Claude Morel marchand Libraire & Imprimeur d'imprimer ou faire imprimer en telle forme & charactere que bon luy semblera, Les Oeuures de Plutarque, reuciës & corrigees en infinité de lieux & endroicts par feu Monsieur Amiot, viuant Euesque d'Auxerre, & Grand Aumosnier de France, peu auparauant son deceds : Et augmentees de quelques traictez dudit Plutarque, mis en François par M. Federic Morel Lecteur & Interprete du Roy, & ce durant le temps & espace de neuf ans, sans qu'autres Libraires & Imprimeurs de son Royaume les puissent faire imprimer vendre & distribuer en façon quelconque, sur les peines portees par ledit Priuilege, & de tous les despens dommages & interests dudit Morel. Veut en outre sadite Majesté que mettant ledit Morel vn extraict sommaire du present Priuilege, à la fin ou au commencement dudit Plutarque, il soit tenu pour bien & deuëment signifié.

www.ingramcontent.com/pod-product-compliance
Lightning Source LLC
Chambersburg PA
CBHW061724300426
44115CB00009B/1100